1 MONTH OF FREE READING

at

www.ForgottenBooks.com

By purchasing this book you are eligible for one month membership to ForgottenBooks.com, giving you unlimited access to our entire collection of over 700,000 titles via our web site and mobile apps.

To claim your free month visit:
www.forgottenbooks.com/free1004021

* Offer is valid for 45 days from date of purchase. Terms and conditions apply.

ISBN 978-0-332-22248-6
PIBN 11004021

This book is a reproduction of an important historical work. Forgotten Books uses state-of-the-art technology to digitally reconstruct the work, preserving the original format whilst repairing imperfections present in the aged copy. In rare cases, an imperfection in the original, such as a blemish or missing page, may be replicated in our edition. We do, however, repair the vast majority of imperfections successfully; any imperfections that remain are intentionally left to preserve the state of such historical works.

Forgotten Books is a registered trademark of FB &c Ltd.
Copyright © 2017 FB &c Ltd.
FB &c Ltd, Dalton House, 60 Windsor Avenue, London, SW19 2RR.
Company number 08720141. Registered in England and Wales.

For support please visit www.forgottenbooks.com

LXII. Ordo. **Compositae** Vaill. in act. acad. Paris 1718 p. 143.

Dispositio tribuum generumque:

I. Divisio. *Tubuliflorae* DC. pr. V. p. 8. — Corollae omnes tubulosae vel marginales ligulatae.

1. Subdivisio. *Corymbiferae* Juss. gen. p. 177. — Stylus sub apice neque articulatus nec nodoso-inflatus.

1. Tribus. *Eupatoricae* Less. syn. p. 156. — Capitula homogama vel heterogama, interdum subdioica; receptaculum nudum; antherae ecaudatae; styli crura semicylindrica vel cylindrica, obtusa; achenia cylindrica, costata, pappo piloso coronata.

1. Subtribus. *Adenostyleae* DC. pr. V. p. 103. — Capitula homogama; corollae tubulosae; antherae basi rotundatae.

1. **Eupatorium** L.

2. Subtribus. *Tussilagineae* Less. syn. p. 158. — Capitula heterogama, plerumque subdioica; corollae florum femineorum limbo oblique truncato vel ligulato, florum hermaphroditorum vel abortu masculorum tubulosae; antherae basi excisae, lobis rotundatis.

a. Capitula heterogama-subdioica, in thyrsum disposita.

2. **Petasites** Tourn.

b. Capitulum heterogamum-monoicum, unicum, terminale.

3. **Tussilago** L.

2. Tribus. *Astereae* N. ab E. gen. et sp. ast. p. 158. — Capitula heterogama, rarius homogama; receptaculum nudum; antherae basi rotundatae, ecaudatae; styli crura compressa, apice rotundata, nuda; achenia compressa, ecostata, raro cylindrica, costata, pappo piloso, raro nullo vel scarioso coronata.

1. Subtribus. *Bellieae* DC. pr. V. p. 302, ampl. — Achenia antice compressa, marginata, ecostata, pappo nullo vel scarioso coronaeformi vel e paleis scariosis et setis alternantibus composito.

a. Pappus nullus vel scariosus, brevis, coronaeformis.

4. **Bellis** L.

b. Pappus e paleis scariosis setisque alternantibus compositus.

5. **Bellium** L.

2. Subtribus. *Erigeroneae* Gr. et Godr. fl. fr. II. p. 92. — Achenia antice compressa, raro cylindrica, plerumque ecostata, pappo piloso.

a. Achenia compressa, ecostata.

α. Flores marginales feminei, anguste ligulati, disci tubulosi; pappus uniserialis.

6. **Erigeron** L.

v. Halácsy, Flora Graeca. II.

β. Flores marginales feminei vel neutri, ligulati, disci tubulosi; pappus pluriserialis.
7. Aster L.
b. Achenia teretiuscula, costata; flores marginales feminei, ligulati, disci tubulosi; pappus uniserialis.
8. Solidago L.

3. Tribus. *Inuleae* Cass. in ann. sc. nat. 1829 p. 20. — Capitula heterogama vel homogama; receptaculum nudum vel paleaceum; antherae basi caudatae vel setiferae (in gen. Phagnalon interdum ecaudatae); styli crura linearia, obtusa, rarius truncata, non appendiculata, saepius clavata, subcompressa; achenia varia, pappo piloso vel scarioso coronaeformi, rarius setoso vel nullo.

1. Subtribus. *Buphthalmeae* Less. syn. p. 209. — Receptaculum rigide paleaceum; styli crura compressa, apice rotundata pubescentia; achenia conformia vel difformia, marginalia triquetra, cetera oblongo-obconica, facie interna carinata, omnia pappo scarioso coronaeformi lacero munita.
    a. Involucri phylla externa inermia; flosculi radii uniseriales, ligulati, 3 dentati, basi biauriculati, disci tubulosi, teretes, 5 dentati, tubo basi incrassato; achenia conformia, subtriquetra, aptera.
9. Asteriscus Moench.
    b. Involucri phylla externa spinescentia; flosculi radii biseriales, ligulati, acute trifidi, basi bialati, disci tubulosi, 5 fidi, tubo interne unialato; achenia difformia, radii compresso-bialata, triquetra, disci compresso-triquetra.
10. Pallenis Cass.

2. Subtribus. *Euinuleae* Bois. fl. or. III. p. 184. — Receptaculum nudum; styli crura compressa, apice rotundata, pubescentia; achenia conformia, tetragona vel cylindrica, pappo piloso.
    a. Pappus uniserialis, setis conformibus.
11. Inula L.
    b. Pappus biserialis, serie externa coronaeformi dentata persistente, interna setis paucis constante.
12. Pulicaria Gaertn.

3. Subtribus. *Gnaphalieae* Less. in Linnaea 1831 p. 221. — Receptaculum nudum aut marginem versus paleis obsitum; styli crura apice truncata vel obtusa; achenia cylindrica vel compressa, pappo plerumque piloso, rarius setoso aut nullo.
    a. Receptaculum nudum.
        α. Antherae basi sagittata breviter et tenuiter caudatae, interdum ecaudatae; achenia cylindrica, pappo piloso. Suffrutices.
13. Phagnalon Cass.
        β. Antherae basi caudatae; achenia oblongo-cylindrica, pappo piloso.
            × Flores omnes tubulosi, hermaphroditi, rarius nonnulli exteriores feminei uniseriales angustiores.
14. Helichrysum L.
            ×× Flores exteriores feminei filiformes pluriseriales, rarius subuniseriales, reliqui tubulosi hermaphroditi.
15. Gnaphalium L.
    b. Receptaculum margine vel inter flores femineos paleaceum, ceterum nudum.
        α. Achenia pappo piloso fragili caduco munita.
16. Filago L.
β. Achenia epapposa.

× Flores marginales feminei pluriseriales; receptaculum elongato-conicum, summo apice inter flores masculos nudum, inter flores femineos paleaceum.

17. Evax Gaertn.

×× Flores marginales feminei uniseriales; receptaculum angustum, ad peripheriam paleis uniserialibus flores femineos includentibus obsitum

18. Micropus L.

4. Tribus. *Helianlheae* Less. syn. p. 221. — Capitula heterogama vel homogama; receptaculum paleaceum; antherae basi ecaudatae; styli crura truncata vel breviter appendiculata; achenia conformia, pappo aristaeformi vel nullo.

19. Bidens L.

5. Tribus. *Anthemideae* Cass. opusc. phyt. III. p. 61. — Capitula heterogama vel rarius homogama; receptaculum paleaceum vel nudum; antherae basi ecaudatae; styli crura apice rotundata vel truncata, penicillata; achenia varia, pappo coronaeformi vel nullo.

1. Subtribus. *Euanthemideae* DC. pr. VI. p. 1. — Receptaculum paleaceum.
    a. Capitula plerumque parva, corymbosa, radio brevi vel nullo; achenia compressa, disco epigyno ecoronato.
        α. Capitula discoidea, homogama.

20. Diotis Desf.

β. Capitula radiata, heterogama.

21. Achillea L.

b. Capitula plerumque majuscula, solitaria, radio elongato rarius nullo, achenia varia, disco epigyno latere interno saepius membranaceo-coronato.
    α. Limbus corollarum disci aequaliter 5 fidus; achenia non alata.
        × Tubus corollarum disci compressus, basi demum ampliatus; achenia obconica, circacircum costata, apice nunc calva, nunc margine coronaeformi, nunc auricula laterali superata.

22. Anthemis L.

×× Tubus corollarum disci teres, basi lateraliter in calcar ampliatus, achenia caduca, obovata, subcompressa, apice rotundata, calva, facie exteriori laevia, interiori tenuiter 3 costata.

23. Ormenis Gay.

β. Limbus corollarum disci 5 fidus, lobis duobus (in nostris) ceteris longioribus; achenia compressa, laevia, saltem exteriora utrinque ala lata in auriculam abeunte obsita.

24. Anacyclus Pers.

2. Subtribus. *Chrysanthemeae* DC. pr. VI. p. 38. — Receptaculum epaleaceum, glabrum, rarius pilosum.
    a. Capitula saepissime radiata; styli crura non in conum producta; achenia varia, costata, calva vel saepius pappo scarioso, coronae-, auriculae- vel linguaeformi superata.
        α. Achenia conformia.
            × Achenia latere ventrali costata, dorso laevia.
                ○ Receptaculum elongato-conicum, cavum; achenia teretiuscula, ventre 5 costata, calva vel coronata, eglandulosa.

25. Matricaria L.

⊙ Receptaculum hemisphaericum vel conicum, farctum; achenia obpyramidata vel subcompressa, ventre tricostata, calva vel coronata, apice 1—2 glandulosa.

26. Chamaemelum Vis.

×× Achenia circumcirca subregulariter costata.
○ Tubus corollarum disci alato-compressus; achenia calva vel corona scariosa munita.
27. Leucanthemum Tourn.
○○ Tubus corollarum disci teres; achenia corona scariosa munita.
. Capitula radiata, radio longo; achenia eglandulosa, corona scariosa varia munita.
28. Pyrethrum Gaertn.
.. Capitula discoidea vel radio abbreviato munita; achenia pellucide-glandulosa, margine membranaceo vel corona abbreviata munita.
29. Tanacetum.
β. Achenia difformia, radii 2—3 alata, disci exalata.
30. Chrysanthemum L.
b. Capitula radiata vel discoidea; styli crura non in conum producta, achenia teretia, ecostata, obsolete striata, pappo coronaeformi brevi fimbriato-lacero superata.
31. Ammanthus Bois. et Heldr.
c. Capitula discoidea; styli crura saepius supra penicillum in conum producta; achenia compressa, ecostata, calva.
32. Artemisia L.

6. Tribus. *Senecioneae* Cass. in dict. sc. nat. XX. p. 377. — Capitula heterogama, rarius homogama; receptaculum nudum; antherae ecaudatae, basi breviter sagittatae; styli crura truncata, penicillata; achenia cylindrica, costata, omnia vel saltem disci pappo piloso coronata.
a. Anthodium explanatum, phyllis 2—3 serialibus; achenia radii calva, disci pappo piloso munita.
33. Doronicum L.
b. Anthodium cylindricum vel conicum, phyllis 1 serialibus; achenia omnia pappo piloso munita.
34. Senecio L.

7. Tribus. *Calenduleae* Less. syn. p. 89. — Capitula heterogama; receptaculum nudum; antherae basi sagittatae; styli crura linearia, compressa, crassa; achenia calva, in eodem capitulo saepius heteromorpha.
35. Calendula L.

2. Subdivisio. *Cynarocephalae* Juss. gen. p. 171. — Stylus florum hermaphroditorum superne nodoso-incrassatus, ad nodum saepe penicillatus et articulatus, cruribus liberis vel concretis. Corollae omnes tubulosae, rarius marginales ampliatae, bilabiatae vel ligulatae; receptaculum saepius dense setosum vel paleis onustum; antherae basi sagittatae.

8. Tribus. *Echinopsideae* Less. in Linnaea VI. p. 88. — Capitula uniflora, in receptaculo communi globoso in glomerulum globosum congesta; achenia sericeovillosa, areola basi recta; pappus coronaeformis.
36. Echinops L.

9. Tribus. *Carlineae* Less. syn. p. 11. — Capitula pluriflora, discreta vel subaggregata; achenia sericea vel villosa (cf. *Staehelina*), areola basilari recta, rarius subobliqua; pappus uniserialis, paleaceus vel setaceus, setis basi in fasciculos plures rarius in annulum concretis.
a. Herbae.
α. Pappi paleae aristato-acuminatae.

× Herbae spinosae, foliis pinnatipartitis, capitulis numerosissimis, subsessilibus, homogamis, pauci- et aequalifloris, in glomerulos bracteato-spinosissimos terminales, corymbosos congestis; receptaculum fimbrillatum.

37. Cardopatium Juss.

×× Herbae inermes, foliis integris, capitulis solitariis, longepedunculatis, heterogamis (floribus externis paucis neutris, corolla parva bilabiata donatis); receptaculum paleis concavis flores includentibus obsitum.

38. Xeranthemum L.

β. Pappi setae plumosae.

× Herbae spinosae; involucri phylla intima plerumque radiato-patentia; receptaculum paleaceum, paleis fissis; achenia adpresse serica; pappi paleae basi ternatim quaternatim in fasciculos concretae.

39. Carlina L.

×× Herbae spinosae; involucri phylla intima erecta, nec radiantia; receptaculum paleaceum, paleis fissis; achenia dense sericeo-villosa; pappi paleae basi in annulum coalitae.

40. Atractylis L.

b. Suffrutices inermes; capitulis angustis, solitariis vel aggregatis; involucri phylla imbricata; receptaculi paleae augustae, lacero-multifidae; achenia glabra vel sericea; pappo e pilis simplicibus, inaequalibus, sericeis, scabris, basi in fasciculos connatis composito.

41. Staehelina L.

10. Tribus. *Carduineae* Cass. tabl. p. 9. — Capitula pluriflora, saepius discreta; achenia glabra, areola basilari recta; pappus pluriserialis, pilosus vel plumosus, setis basi in annulum concretis.

a. Filamenta libera; pappi setae segregatim caducissimae; receptaculum fimbrillosum. Plantae elatae inermes, foliis amplis subintegris, involucri phyllis uncinatis.

42. Lappa Tourn.

b. Filamenta libera vel in vaginam connata; pappi setae basi in annulum concretae, cum eo deciduae.

α. Plantae spinosae.

× Filamenta libera.

○ Filamenta papilloso-pilosa vel glabriuscula; receptaculum fibrilliferum vel setosum.

. Pappus pilosus, scaber.

43. Carduus L.

.. Pappus plumosus.

; Involucri phylla basi non carnosa.

, Receptaculum fibrilliferum; achenia oblonga, compressa, hilo recto, disco epigyno margine brevi integro cincto.

— Involucri phylla in spinam simplicem attenuata vel inermia; stigmata coalita.

44. Cirsium Tourn.

= Involucri phylla in spinam pinnatam attenuata; stigmata libera.

45. Picnomon Lob.

,, Receptaculum lineari-paleaceum; achenia oblique-obovata, compressa, hilo obliquo, disco epigyno non marginato.

46. Notobasis Cass.

Compositae.

;; Involucri phylla basi carnosa, receptaculum carnosum, alveolatum, fibrilliferum.

47. Cynara L.

◯◯ Filamenta glabra; receptaculum foveolatum, vix brevissime fibrilliferum; pappus scaber vel plumosus.

48. Onopordon L.

✕✕ Filamenta in vaginam connata.

◯ Pappi pili brevissime ciliolati vel denticulati.

. Capitulum homogamum; receptaculum carnosum; filamenta papillosa; antherae breviter appendiculatae.

49 Silybum Vaill.

.. Capitulum heterogamum; receptaculum non carnosum; filamenta basi hirta; antherae obsolete caudatae.

50. Tyrimnus Cass.

◯◯ Pappus longe plumosus; capitulum heterogamum, floribus marginalibus radiantibus; filamenta papillosa.

51. Galactites Moench.

β. Plantae inermes.

✕ Suffrutices, foliis lineari-filiformibus; receptaculum fibrilliferum; filamenta plumosa; achenia obovata; pappus plumosus, seriebus aequilongis.

52. Chamaepeuce Prosp. Alp.

✕✕ Herbae (nostrae), foliis variis; receptaculum setosum; filamenta glabra; achenia obpyramidato-tetragona vel subcompressa; pappus barbellatus vel plumosus, serie intima ceteris longiore.

53. Jurinea Cass.

11. Tribus. *Centaurieae* Less. syn. p. 53. — Capitula pluriflora, discreta; achenia glabra, areola basilari obliqua vel laterali; pappus setosus, paleaceus, rarius nullus.

a. Capitula basi nuda, rarius basi foliis nonnullis inermibus suffulta.

α. Pappus conformis, persistens, plumosus vel barbellatus, pluriserialis, seriebus indistinctis, ab externis ad intimas sensim elongatis.

54. Phaeopappus Bois.

β. Pappus biformis (interdum nullus), externi setae vel paleae pluriseriales, ab externis ad intimas elongatae, interni uniseriati paleae vel et saepissime abbreviatae conniventes, vel et rarius elongatae, pappum externum superantes.

✕ Pappus persistens.

◯ Achenia intra pappum interiorem cupula crenulata non superata.

. Pappus (interdum nullus) externus paleis uniserialibus abbreviatis conniventibus constans.

55. Centaurea L.

.. Pappus internus paleis in squamam unilateralem excavatam acuminatis concretis constans.

56. Microlonchus Cass.

✕✕ Pappus in annulum deciduus.

58. Aegialophila Bois. et Heldr.

a. Capitula bracteis spinoso-dentatis involucrata.

α. Pappi setae pluriseriales.

✕ Pappus e paleis inaequalibus latis scabridis compositus, interdum nullus.

59. Carthamus L.

×× Pappus e setis ciliatis subplumosis, basi in annulum concretis compositus.
60. Carduncellus Ad.
β. Pappus e setis 10 exterioribus longis et 10 interioribus brevibus, cum illis alternantibus constans.
61. Cnicus L.

II. Divisio. *Liguliflorae* DC. pr. VII. p. 74. — Corollae omnes ligulatae, hermaphroditae; stylus sub apice neque articulatus nec nodoso-inflatus; antherae apice appendiculatae, basi sagittatae.

A. Herbae spinosae (Carthami facie); paleae achenia involventes, pericarpium late alatum simulantes.

12. Tribus. *Scolymeae* Less. syn. p. 126. — Receptaculum paleaceum; pappus coroniformis, brevis.
62. Scolymus L.
B. Herbae inermes; paleae cum adsunt achenia non involventes.

I. Receptaculum paleaceum vel setosum.

13. Tribus. *Catanancheae* Schultz in Bonpl. 1860. p. 367. — Receptaculum setosum vel margine paleaceum; pappus longe paleaceus.

a. Receptaculum setoso-fimbrilliferum.
63. Catananche L.
b. Receptaculum ad peripheriam paleis latis 1—2 serialibus obsitum, centro subfimbriatum.
64. Hymenonema Cass.

14. Tribus. *Hypochaerideae* Less. syn. p. 130. — Receptaculum paleaceum; pappus plumosus.

a. Pappus conformis, uni-vel biserialis, radiis plumosis, basi non dilatatis, externis cum adsunt brevibus setiformibus, aut biformis, acheniorum radii in coronam brevem fimbriatam mutatus, disci plumosus.
65. Hypochaeris L.
b. Pappus acheniorum centralium biserialis, radiis internis plumosis, basi paleaceo-dilatatis, externis brevissimis setiformibus; acheniorum marginalium saepius nullus vel abortivus.
66. Seriola L.

15. Tribus. *Rodigieae* DC. pr. VII. p. 98. — Receptaculum paleaceum vel longe setosum; pappus setosus.

a. Receptaculum paleis lanceolatis, acheniorum rostro vix brevioribus obsitum.
67. Rodigia Spreng.
b. Receptaculum setis achenia aequantibus vel superantibus obsitum.
68. Lagoseris M. B.

II. Receptaculum nec paleaceum nec setosum.

§ Achenia calva, aut pappo paleaceo vel cupuliformi, interiora interdum pappo setoso superata.

16. Tribus. *Hyoserideae* Less. syn. p. 127. — Pappus paleaceus vel cupuliformis, paleae saepe in pilum acuminatae, sed neque plumosae, neque a basi piliformes.

a. Ligulae coeruleae (raro roseae vel albae); achenia pappo brevi, 2—3 seriali, paleolis vel setulis constante coronata.
69. Cichorium L.

b. Ligulae flavae.

   α. Achenia difformia, externa teretiuscula, breviter apice setulosa, intermedia compressa, late alata, pappo setis brevibus paleisque dilatatis, intima angulato-cylindrica, pappo e paleis longe cuspidatis constante superata, interdum deficientia.

70. Hyoseris L.

   β. Achenia omnia teretiuscula, externa pappo brevi cupuliformi vel pelviformi, laciniato-denticulato, interna paleis lanceolatis vel subulatis, setis brevioribus stipatis, superata.

71. Hedypnois Tourn.

17. Tribus. *Lapsaneae* Less. syn. p. 126. — Achenia saltem marginalia calva vel coronulata, interiora interdum pappo setoso superata.

  a. Achenia subtetragona, peripherica pappo brevissimo, scarioso, fimbriato, reliqua pappo eodem setisque longis asperis superata.

72. Tolpis Gaertn.

  b. Achenia plus minus compressa, calva.

   α. Involucri phylla externa minima, interna 8—10, fructifera immutata, erecto-conniventia; achenia compressa, striata, margine obsoleto terminata, decidua.

73. Lapsana L.

   β. Involucri phylla externa minima, interna 5—8, fructifera accreta, indurata, patentia; achenia a dorso subcompressa, ecostata, omnino epapposa, externa persistentia.

74. Rhagadiolus Tourn.

§§. Pappus acheniorum interiorum saltem plumosus.

18. Tribus. *Leontodonteae* Schultz in Koch. syn. p. 417. — Pappus acheniorum omnium aut saltem interiorum plumosus, pilis setarum non intertextis, aut pappus acheniorum marginalium coroniformis.

  a. Involucrum imbricatum.

   α. Pappus difformis, acheniorum marginalium brevis, coroniformis, dentatus, acheniorum disci plumosus, radiis basi dilatatis.

75. Thrincia Roth.

   β. Pappus omnium acheniorum conformis, radiis 10 vel pluribus, basi interdum dilatatis, plumosis, additis interdum setis nonnullis externis brevibus piliformibus vel plumosis.

    × Caulis aphyllus; pappus persistens, radiis liberis, interdum basi dilatatis.

76. Leontodon L.

    ×× Caulis foliatus; pappus (in nostris) deciduus, radiis basi in annulum concretis, interioribus basi dilatatis.

77. Picris L.

  b. Involucrum duplex, externum phyllis 3—5 foliaceis latis, interius subbiseriale, phyllis angustis; achenia rugulosa, in rostrum capillare ruptile et cum pappo uniseriali secedens, abrupte abeuntia.

78. Helminthia Juss.

  c. Involucrum simplex, 8 phyllum, phyllis basi connatis; achenia muricato-lamellata, rostro cum achenio articulato, basi fistuloso et e semine septo separato, superata.

79. Urospermum Juss.

19. Tribus. *Scorzonereae* Schultz in Koch syn. p. 422. — Pappus acheniorum omnium aut saltem interiorum plumosus, pilis setarum intertextis.

a. Receptaculum ad peripheriam alveolato-fibrillosum; involucrum simplex, 8 phyllum, uniseriale; achenia in rostrum longum sensim attenuata, marginalia paleis 5 scabridis superata, disci multiradiata, radiis plumosis.

80. Geropogon L.

b. Receptaculum nudum.
  α. Involucrum simplex, phyllis 5—16 subaequalibus, basi subconnatis; achenia in rostrum attenuata, raro erostria, pappo conformi, multiradiato, plumoso.

81. Tragopogon L.

  β. Involucrum imbricatum.
  × Achenia apicem versus attenuata, erostria, basi callo brevi nunquam inflato suffulta; pappus plumosus, radiis numerosis saepius inaequalibus, longioribus tum apice nudis; folia integerrima.

82. Scorzonera L.

  ×× Achenia apicem versus non attenuata, erostria, basi callo elongato subinflato, achenio ipso crassiore suffulta; pappus plumosus, radiis numerosis aequalibus; folia divisa.

83. Podospermum DC.

§§§ Pappus pilosus.

20. Tribus. *Chondrilleae* Koch syn. p. 427. — Achenia teretiuscula, saepius rostrata et (in nostris) superne muricata vel coronula squamularum cincta.
  a. Involucrum imbricatum, subcalyculatum; flores multiseriales; achenia subcompresso-tetragona, undique vel superne squamuloso-muricata, in rostrum filiforme abeuntia; herbae acaules.

84. Taraxacum Hall.

  b. Involucrum calyculatum, oligophyllum; flores 7—12, biseriales; achenia pentagona, superne squamuloso-muricata et coronula basin rostri cingente terminata; herbae caulescentes, ramosissinae.

85. Chondrilla L.

21. Tribus. *Crepideae* Bois. fl. or. III. p. 712. — Achenia compressa vel teretia, nuda.
  a. Achenia plus minus a dorso compressa.
    α. Achenia erostria.
      × Involucrum imbricatum; flores multiseriales, flavi.

86. Sonchus L.

      ×× Involucrum subcalyculatum; flores 5, uniseriales, purpurei.

87. Prenanthes L.

    β. Achenia rostrata; involucrum imbricatum, interdum subbiseriale; flores 2—3 seriales.

88. Lactuca L.

  b. Achenia prismatica vel teretia, interdum a latere compressa.
    α. Achenia biformia.
      × Involucrum calyculatum, fructiferum angulato-torulosum, phyllis interioribus calloso-incrassatis, achenia marginalia foventibus; achenia marginalia a latere compressa, dorso valde gibba, in rostrum brevissimum attenuata, disci teretiuscula, erostria.

89. Zacintha Gaertn.

      ×× Involucrum imbricatum, fructiferum immutatum.
        ○ Capitulum pauciflorum; achenia externa 4—5 gona, 4—5 sulcata, transverse profunde crenato-rugosa, interna a basi sensim attenuata, subconica, saepe sublaevia.

90. Picridium Desf.

○○ Capitulum pauciflorum; achenia teretia, prismatico-columnaria, apice truncata vel brevissime acutata, externa rugoso-muriculata, centralia laevia.
91. Microrrhynchus Less.
β. Achenia conformia.
× Achenia apice attenuata vel rostrata.
○ Capitulum pauciflorum; involucrum imbricatum; achenia teretia, rostro filiformi-capillaceo; pappi setae disco rostrum terminanti insidentes, cito deciduae.
92. Cephalorrhynchus Bois.
○○ Capitulum multiflorum; involucrum calyculatum vel subimbricatum; achenia tereti-columnaria vel subprismatica, interdum subcompressiuscula, 10—30 striata, apice attenuata vel rostrata; pappi pili albi plerumque molles, flexiles.
93. Crepis L.
×× Achenia apice truncata.
○ Involucrum imbricatum; receptaculum areolatum, alveolis interdum minute dentatis vel ciliatulis; achenia cylindrica columnaria, striata, pappus sordide albus vel rufescens, pilis rigidis fragilibus.
94. Hieracium L.
○○ Involucrum uniseriale vel biseriale; receptaculum setosum, interdum margine paleaceum; achenia breviter columnari-turbinata, basi attenuata, 10 costata, apice minute denticulata; pappi pili valde caducae, basi plumosae.
95. Andryala L.

I. Divisio. TUBULIFLORAE DC. pr. VII. p. 8.

1. Subdivisio. CORYMBIFERAE Juss. gen. p. 177.

1. Tribus. EUPATORIEAE Less. syn. p. 156.

1. Eupatorium L. gen. n. 935.

1. E. cannabinum L. sp. p. 838; S. et S. pr. II. p. 164; Ch. et B. exp. p. 245, Fl. pelop. p. 57; Clem. sert. p. 59; Bois. fl. or. III. p. 154; Bald. riv. coll. bot. Alb. 1895 p. 45. —
Crispule-puberulum; caule erecto, parce et opposite ramoso, corymboso; foliis oppositis, plerisque trisectis, rarius indivisis, segmentis ovato-lanceolatis lanceolatisve, acuminatis, serrato-dentatis; capitulis 5—6 floris; involucri phyllis subbiseriatis, externis obtusis, multo brevioribus.

α. **typicum**. — Folia trisecta laciniis lanceolatis, acuminatis. — Icon: Fl. dan. t. 745. — Exsicc.: Heldr. fl. thessal. n. 86; Sint. et Bornm. it. turc. n. 1288; Bald. it. alb. epir. III. n. 157. —

β. **indivisum** DC. pr. V. p. 180; Hausk. symb. p. 118. — Folia omnia aut pleraque indivisa, lanceolata, acuminata. — Exsicc.: Sint. it. or. 1889 n. 1827.

γ. **syriacum** Jacq. misc. II. p. 349, ic. rar. t. 170; Form. in Ver. Brünn 1895 p. 27; pro sp.; Bois. fl. or. III. p. 154; Form. l. c. 1896 p. 47, 1897 p. 34. — Folia trisecta, segmentis ovato-lanceolatis ovatisve, brevioribus, basi brevius attenuatis vel rotundatis, subtus densius pubescentibus, saepe canescentibus. — Exsicc.: N. v.

δ. **simplicifolium.** — *E. syriacum v. indivisum* DC. pr. V. p. 180. — *E. cannabinum v. indivisum* Bois. fl. or. III. p. 155. — Folia pleraque indivisa, ovato-oblonga, brevia, basi brevius attenuata vel rotundata, subtus dense pubescentia. — Exsicc.: Heldr. herb. norm. n. 453, in Baen. herb. europ. n. 2371.

Ad rivos, fossas, locis irriguis regionis inferioris et montanae. Epirus: pr. Ianina (Bald.); Thessalia: pr. Litochori ad radices mt. Olympus (Sint.), ad aquas Kokkino Nero in mt. Ossa (Heldr.); pr. Pallantium Arcadiae, pr. Argos (Chaub.); — β. Thessalia: pr. Malakasi, ad monasterium Meteora, pr. Kalabaka (Haussk.), ad Hagios Dionysios in Olympo (Sint.); — γ. Epirus: pr. Prevesa (Form.); Thessalia: pr. Velestinos, Lechonia, Rapsani in Olympo (Form.); — δ. ad Cephissum pr. Athenas (Heldr.). — Jul. Sept. ♃.

2. Petasites Tourn. inst. t. 258.

1. **P. officinalis** Moench meth. p. 568; Heldr. fl. Cephal. p. 45. — *Tussilago petasites* L. sp. p. 866; S. et S. pr. II. p. 176. — *T. hybrida* L. sp. p. 866, planta femina. —

Ad rivulos. Indicatur a Sibthorp in umbrosis humidis Graeciae rarius, dein in Cephalonia ("civis insulae valde dubia" Heldr.); memini me vidisse folia ad rivulum in pago Theodoriana ad radices mt. Tsumerka in Epiro. — Mart. Apr. ♃.

3. Tussilago L. gen. n. 952.

1. **T. farfara** L. sp. p. 865; S. et S. pr. II. p. 176; Pieri corc. fl. p. 117; Dallap. prosp. p. 114; Ch. et B. exp. p. 248, Fl. pelop. p. 58; Marg. et R. fl. Zante p. 55; Friedr. Reise p. 280; Fraas fl. class. p. 209; Ung. Reise p. 123; Bois. fl. or. III. p. 377; Heldr. fl. cephal. p. 45, chlor. Parn. p. 21; Form. in D. bot. Monat. 1890 p. 18; Hal. Beitr. fl. Epir. p. 28, Beitr. fl. Thessal. p. 14; Haussk. symb. p. 118. — Icon: Fl. dan. t. 595. — Exsicc.: Heldr. pl. fl. hellen. a. 1875, fl. Thessal. a. 1883.

In argillosis, ad ripas regionis inferioris, in alpinam adscendens. Epirus: pr. Vulgarelion, Melisurgi (Hal.); Thessalia: mt. Oxya (Hal.), Zygos (Haussk.), pr. Velitsena in Pindo (Form.), mt. Pelion (Heldr.); mt. Parnassus, mt. Parnes Atticae (Heldr.), ad Cephissum pr. Athenas (Fraas); Arcadia: mt. Diaforti pr. Andrizena (Friedr.), pr. Phigalea Messeniae usque Arcadia (Chaub.); Zante (Marg.); Cephalonia: pr. Livadi (Dallap.), Lixuri (Heldr.); Corcyra (Pieri). — Mart. Maio. ♃.

2. Tribus. **ASTEREAE** N. a. E. gen. et sp. nst. p. 158.

4. Bellis L. gen. n. 962.

a. Perennes, scapigerae.

α. Folia obovato-spathulata, in petiolum abrupte contracta.

1. **B. perennis** L. sp. p. 886; S. et S. pr. II. p. 184; Pieri corc. fl. p. 119; Ch. et B. exp. p. 251, Fl. pelop. p. 58; Friedr. Reise p. 267; Fraas fl. class. p. 213; Raul. cret. p. 748; Bois. fl. or. III. p. 173, cum β. *microcephala* (f. capitulis minoribus, non *B. microcephala* Lange); Spreitz. in z. b. G. 1877 p. 713; Heldr. fl. cephal. p. 43; Form. in D. bot. Monat. 1890 p. 16, in Ver. Brünn 1896 p. 42, 1897 p. 32; Hal. Beitr. fl. Epir. p. 28, Beitr. fl. Thessal. p. 14, Beitr. fl. Achaia p. 24, f. *microcephala* Bois.; Haussk. symb. p. 114. — *B. longifolia* Bois. fl. or. suppl. p. 290. — *B. amoena* Heldr. it. gr. septentr. a. 1879. — Icon: Fl. dan. t. 503. — Exsicc.: Hal. it. gr. II. a. 1803.

Laete virens, pilis papillosis plus minus obsita vel subglabra; foliis rosulatis, uninerviis, obsolete crenatis vel serratis, scapis apice incrassatis, involucri phyllis oblongis, obtusis; ligulis albis vel subtus purpurascentibus.

In herbidis, pascuis ut videtur praesertim montanis et subalpinis, in regionem alpinam adscendens. Epirus: mt. Tsumerka, Strungula, Peristeri (Hal.); Thessalia: mt. Oxya (Hal.), Ghavellu, in oropedio Neuropolis, ad monasterium Korona (Haussk.), mt. Said Pascha, Karava, Baba inter Krania et Klinovo in Pindo, pr. Rapsani in Olympo (Form.); Eurytania: mt. Chelidoni (Heldr.); Attica: ad Cephissum pr. Athenas (Friedr.); Elis: pr. Lechaena, mt. Olenos (Heldr.); Achaia: mt. Panachaicon, Chelmos, Kyllene (Hal.); Argolis: pr. Tirynthum (Bois.); Laconia: mt. Taygetos (Chaub.); Creta: pr. Canea (Heldr.); Cephalonia: pr. Argostoli (Heldr.); Corcyra (Pieri); loca nonnulla ad sequentem pertinere videntur. — Mart. Aug. ♃.

2. **B. hybrida** Ten. syll. p. 436. — *B. perennis* $\times$ *silvestris* Haussk. symb. p. 14. — Exsicc.: Heldr. herb. norm. n. 944; Sint. it. thessal. n. 85; Baen. herb. europ. n. 9215. —

Differt a praecedente, quacum intermediis conjuncta esse videtur, indumento saepius copiosiori, foliis majoribus trinerviis, evidentius et argutius dentatis, scapis elatioribus, basi saepe 1—2 foliatis, capitulis saepe majoribus.

In herbidis, humidiusculis regionis inferioris et montanae, praecedenti ut videtur multo vulgatior. Thessalia: mt. Karava (Heldr.), ad Lechonia pr. Volo (Sint.); Attica: mt. Parnes, in valle Cephissi pr. Chelidonu (Heldr.); Achaia: mt. Omplo pr. Patras (Heldr.); Corcyra: pr. urbem (Sagburg), Kastrades (Baenitz.); — huc certe loca plura ad speciem praecedentem indicata. — Febr. Jun. ♃.

β. Folia oblongo-spathulata, sensim in petiolum attenuata

3. B. silvestris Cyr. pl. rar. II. p. 42, t. 4; Ch. et B. exp. p. 250, Fl. pelop. p. 58; Marg. et R. fl. Zante p. 56; Friedr. Reise p. 274; Ung. Reise p. 123; Raul. cret. p. 778; Bois. fl. or. III. p. 74; Heldr. fl. cephal. p. 43, Chlor. mykon. p. 245 *v. glabrescens*; Gelmi in bull. soc. bot. ital. 1889 p. 450; Haussk. symb. p. 115; Bald. riv. coll. bot Alb. 1896 p. 65. — *Doronicum bellidiastrum* S. et S. pr. II. p. 183, non L. — Exsicc.: Orph. fl. gr. n. 476; Heldr. herb. norm. n. 1350.

Obscure viridis, pubescens, foliis rosulatis, trinerviis, obsolete denticulatis vel serratis, scapis apice non vel vix incrassatis; involucri phyllis oblongo-lanceolatis, acutiusculis; ligulis albis vel roseis.

In herbidis regionis inferioris et submontanae. Epirus: mt. Micikeli (Bald.); Thessalia: pr. Litochoron (Krüper); Attica: pr. Cephissia, Tatoi (Heldr.); Corinthia: pr. Corinthum (Orph.), Kalamaki (Haussk.); Achaia: pr. Patras (Heldr.); Argolis: pr. Nauplia (Sart.), Poros (Friedr.); Messenia: pr. Phigalea, Messene, Methone, Navarin (Chaub.), Kalamata (Zahn); Cycladum insula Melos (Leon.),. Mykonos (Heldr.); Creta: pr. Platania (Reverch.), Malaxa (Raul.); Zante (Sibth.); Cephalonia (Schimp.); Corcyra (Ung.). — Oct. Mart. ♃.

4. B. longifolia Bois. et Heldr. diagn. XI. p. 1, Fl. or. III. p. 174; Raul. cret. p. 778. — Exsicc.: Rev. pl. cret. n. 253. —

Differt a praecedente foliis uninerviis, capitulis minoribus, involucri phyllis obtusissimis.

β. **glabrata** Raul. cret. p. 778. — Subglabra. — Exsicc.: Bald. it. cret. alt. n. 173. —

In regione subalpina Cretae: ad Amalos in mt. Sphacioticis (Rev.), mt. Aphendi-Kavutsi (Heldr.); — *β*. mt. Aphendi-Lassiti (Heldr.). — Apr. Jun. ♃.

b. Annuae, caulescentes.

5. B. annua L. sp. p. 887; S. et S. pr. II. p. 184; Sieb. avis p. 5; Ten. annot. p. 19; Ch. et B. exp. p. 251, Fl. pelop. p. 58; Marg. et R. fl. Zante p. 56, Friedr. Reise p. 267; Ung. Reise p. 123; Raul. cret. p. 778; Bois. fl. or. III. p. 175; Heldr. fl. cephal. p. 43; Haussk. symb. p. 114. — *B. dentata* DC. pr. V. p. 304; Weiss in z. b. G. 1869 p. 42. — *B. annua v. dentata* Clem. p. 59. — Icon: Fl. gr. t. 876. — Exsicc.: Orph. fl. gr. n. 34; Heldr. herb. fl. hellen. n. 54 et 55; Baen. herb. europ. n. 9214.

Puberula; caulibus pumilis, simplicibus vel basi ramosis, inferne foliatis, rarius scapiformibus; foliis obovato-spathulatis, dentatis crenatisve, in petiolum abrupte attenuatis; scapis apice vix incrassatis; involucri phyllis ellipticis, obtusis; ligulis albis, subtus purpurascentibus.

β. **minuta** DC. pr. IV. p. 304. — Minuta, capitulis minimis. — Habitu *Bellio minuto* similis, ab eo pappo coronaeformi discedens. — Exsicc.: Heldr. et Hal. fl. aeg. a. 1889.

In arenosis, pascuis, collibus regionis inferioris. Attica: pr. Athenas, ad Piraeum, Phalerum (Heldr.); Peloponnesus (Sibth.): pr. Arcadia Messeniae (Chaub.); Creta: pr. Canea (Raul.); Zante: ad Makri (Marg.); Cephalonia (Heldr.); Corcyra: pr. Potamo (Ung.). — β. Cycladum insula Melos (Leon.). — Jan. Maio. ☉.

5. Bellium L. mant. p. 157.

1. **B. minutum** L. mant. p. 286; Raul. cret. p. 778; Bois. fl. or. III. p. 173; Heldr. chlor. Thera p. 14. — *B. bellidioides* S. et S. pr. II. p. 184; Urv. enum. p. 112; non L., quod ex Bois. l. c. phyllis involucri 12—14 oblongo-lanceolatis, ligulis multo numerosioribus, linearibus, involucro plus duplo longioribus differt. — Exsicc.: Forsyth Major n. 802 (ex insula Kassos).

Nanum, papilloso-hirtulum; foliis omnibus radicalibus, ovato-spathulatis, obtusissimis, in petiolum eis sublongiorem attenuatis; scapis folio sublongioribus; capitulis minimis; involucri phyllis 7—8, subbiseriatis, ovato-oblongis, cucullatis, obtusissimis, margine scarioso-rubellis; ligulis tubo aequilongis, involucro sublongioribus; acheniis hirtis; pappi squamis 4, ovato-orbiculatis, truncatis, setis 4, 3—4 plo longioribus, tubum corollae aequantibus.

In rupestribus. Euboea (Sibth.); Cycladum insula Therasia pr. Thera (Urv.); Creta (Tourn. cor. 37). — Apr. Jun. ☉. N. v.

6. Erigeron L. gen. n. 951.

a. Flores feminei marginales discum aequantes.

α. Flores feminei marginales involucro parum longiores.

1. **E. linifolium** Willd. sp. pl. III. p. 1955; Bois. fl. or. III. p. 169; Heldr. fl. cephal. p. 43; Bald. viagg. cret. p. 61. — *Conyza ambigua* DC. fl. fr. V. p. 468; Haussk. symb. p. 119. — *E. crispum* Pourr. chl. narb. n. 470. — Exsicc.: Heldr. herb. norm. n. 332.

Cinereo-virens, scabridum; caule erecto, simplici vel apicem versus ramoso, folioso, ramis axim primariam superantibus; foliis undique breviter hirtis, inferioribus lanceolatis, in petiolum attenuatis, ceteris linearibus, sessilibus; capitulis laxe corymbosis, mediocribus; involucri phyllis subuniseriatis, linearibus, acuminatis, pappo brevioribus; floribus marginalibus pluriserialibus, filiformibus, flavescentibus, truncato 2—3 dentatis; acheniis parce hirtulis, pappo rufescenti 15—20seto triplo brevioribus.

In ruderatis, locis aridis, ad vias in cultis regionis inferioris. Thessalia: pr. Volo (Haussk.); Aetolia: pr. Mesolongion (Nieder); Attica: pr. Athenas (Heldr.); Achaia: pr. Aegion (Heldr.); Argolis: pr. Vromolimni in peninsula Methana (Heldr.); pr. Methone Messeniae, ad radices mt. Taygetos (Chaub.); Creta: pr. Canea (Bald.); Cephalonia: pr. Pessada, Lordata, Kutavo (Heldr.). — Maio, Sept. ☉.

2. **E. canadense** L. sp. p. 863; Ch. et B. exp. p. 248, Fl. pelop. p. 58; Marg. et R. fl. Zante p. 56; Bois. fl. or. III. p. 163; Form.

in D. bot. Mon. 1890 p. 16, in Ver. Brünn 1895 p. 25, 1896 p. 42, 1897 p. 32. — Icon: Fl. dan. t. 1274. — Exsicc.: Tunt. herb. a. 1900.

Virens, scabriusculum; caule erecto, simplici vel a medio pyramidatim ramosissimo, folioso; foliis lineari-lanceolatis, glabris vel breviter hirtis, margine rigido-ciliatis, inferioribus in petiolum attenuatis, superioribus sessilibus; capitulis minutis, numerosissimis, saepe paniculam pyramidatam amplam formantibus; involucri phyllis laxis, lineari-lanceolatis, acuminatis, pappo subbrevioribus; floribus marginalibus pluriserialibus, ligulatis, sordide albis; acheniis glabriusculis, pappo albo pauciseto triplo brevioribus.

— Differt a praecedente indumento valde scabro, capitulis duplo minoribus, floribus femineis ligulatis et pappo albido.

Ex America boreali ortum, nunc inquilinum. Frequens in ruderatis regionis inferioris in Epiro et Thessalia a Kalabaka ad Volo (Form.); Euboea: pr. Kurbatzi (Wild), Politika (Holzm.); Attica: pr. Athenas (Heldr.); Achaia: pr. Patras (Heldr.); Laconia: in distr. Alagonia (Zahn); Cycladum insula: Andros (Sart.), Tenos (Chaub.); Zante (Marg.); Corcyra (Form.); et probabiliter alibi. — Maio, Sept. ☉.

β. Flores feminei marginales involucro subduplo longiores.

3. **E. acre** L. sp. p. 863; Friedr. Reise p. 263; Bois. fl. or. III. p. 166; Form. in D. bot. Monat. 1890 p. 16, in Ver. Brünn 1895 p. 25, 1897 p. 32; Haussk. symb. p. 114. — Icon: Rchb. germ. t. 26. —

Scabrido-pubescens; caule erecto, simplici vel apicem versus ramoso, remotiuscule foliato; foliis inferioribus oblongo-spathulatis, in petiolum attenuatis, superioribus oblongo-vel lineari-lanceolatis, sessilibus; capitulis mediocribus, racemosis vel laxe corymbosis; involucri phyllis lineari-lanceolatis, acuminatis, pappo brevioribus; floribus marginalibus incarnatis, exterioribus ligulatis, interioribus filiformibus; acheniis hirtulis, pappo rufescenti triplo brevioribus.

In saxosis, sterilibus regionis praesertim montanae, in alpinam usque adscendens. Thessalia: mt. Zygos (Haussk.), pr. Vendista et Ochsa Despot, mt. Oxya, Chassia (Form.), mt. Olympus (Heldr); Achaia: pr. Patras (Friedr.); Corcyra: pr. urbem (Friedr.), Stratia (Form.). — Jun. Aug. ☉ et ♃. N. v.

b. Flores feminei marginales disco subduplo longiores.

4. **E. alpinum** L. sp. p. 864; Bois. fl. or. III. p. 165, cum β. *majus* (f. pleiocephala); Hal. in z. b. G. 1888 p. 758, Beitr. fl. Epir. p. 28, in ö. b. Z. 1897 p. 285; Heldr. chlor. Parn. p. 20, f. *majus* Bois.; Form. in Ver. Brünn 1896 p. 42. — *E. olympicum* Schott in ö. b. Wochenbl. VII. p. 230. — *E. uniflorum* Bald. riv. coll. bot. Alb. 1895 p. 45, 1896 p. 65, non L. — Icon: Rchb. t. 23. — Exsicc.: Hal. it. gr. II. a. 1893.

Pluricaule, pilis patulis plus minus obsitum; caulibus erectis vel adscendentibus, simplicibus vel pauciramosis, remote foliatis; foliis inferioribus-oblongo-spathulatis, in petiolum attenuatis, superioribus lineari-lanceolatis sessilibus; capitulis majusculis, solitariis vel 3—5; involucri hirsuti phyllis lineari-lanceolatis, acuminatis, pappo subaequilongis; floribus marginalibus purpureis, exterioribus ligulatis, interioribus filiformibus; acheniis hirtulis, pappo rufescenti duplo brevioribus.

In saxosis regionis alpinae. Epirus: mt. Papignon et Gamila distr. Zagorion, mt. Tsumerka (Bald.), mt. Peristeri (Hal.); Thessalia: mt. Olympus (Heldr.); Aetolia: mt. Korax (Tunt.); mt. Kiona (Hal.), mt. Parnassus (Heldr.). — Jul. Sept. ♃.

7. Aster L. gen. n. 954.

a. Caulis monocephalus.

1. **A. cylleneus** Bois. et Orph. diagn. ser. 2, III. p. 7 pro var. *A. alpini.* — *A. alpinus* Bois. fl. or. III. p. 157 quoad pl. graec., non L. — Exsicc.: Orph. fl. gr. n. 285.

Cinereo-pubescens, caespitosum; caulibus pumilis, foliatis; foliis integris, radicalibus oblongo-spathulatis, in petiolum brevem attenuatis, caulinis diminutis sessilibus; involucri phyllis lanceolatis, obtusis; ligulis pallide violaceis, disco duplo longioribus; acheniis hirtis. — Subspecies *A. alpini* L., a quo statura minori, indumento denso cano, foliis multo minoribus, involucri phyllis obtusis et ligulis pallidis discedit.

In rupestribus regionis alpinae, rarissime. Achaia: mt. Kyllene (Orph.). — Jul. Aug. ♃.

b. Caulis polycephalus.

2. **A. amellus** L. sp. p. 873; S. et S. pr. II. p. 179; Ch. et B. fl. pelop. p. 58; Fraas fl. class. p. 210; Bois. fl. or. III. p. 157. — Icon: Jacq. fl. austr. V. t. 425.

Pubescenti-scaber; caulibus erectis, firmis, foliatis, laxe corymbosis; foliis integris vel subserratis, inferioribus ellipticis, in petiolum attenuatis, superioribus lanceolatis, sessilibus; involucri phyllis oblongis, obtusis; ligulis coeruleis, disco subduplo longioribus; acheniis hirtis.

Attica: pr. Athenas (Sibth.), ad Phalerum (Fraas); a recentioribus non lectum. — Graeciae civis maxime dubia. — Aug. Sept. ♃. N. v.

3. **A. tripolium** L. sp. p. 872; S. et S. pr. II. p. 178; Pieri corc. fl. p. 118; Friedr. Reise p. 274; Bois. fl. or. III. p. 158; Haussk. symb. p. 114. — *Tripolium vulgare* N. ab E. gen. et sp. aster. p. 153. — Icon: Fl. dan. t. 615. — Exsicc.: Heldr. herb. norm. n. 943; Dörfl. fl. gr. n. 159. —

Glaber; caulibus erectis vel adscendentibus, foliatis, inferne saepe fistulosis, a basi interdum ramosis; foliis glaucescentibus, carnosis, subintegris, inferioribus oblongo-ellipticis, petiolatis, reliquis lineari-lanceolatis, sessilibus; involucri phyllis oblongis, obtusis; ligulis violaceis, disco subduplo longioribus; acheniis scabridulis.

In maritimis, humidis salsuginosis. — Aetolia: pr. Mesolongion (Nied.), insula Hagios Sostis (Reinhold); Attica: ad Phalerum, Eleusis (Heldr.); Euboea: pr. Kurbatzi (Wild); Argolis: pr. Nauplia (Haussk.), Poros (Friedr.); Messenia: pr. Pylos (Zahn); Archipelagus (Sibth.); Leucas (Mazz.), Corcyra (Pieri). — Oct. Apr. ♃.

8. Solidago L. gen. n. 955.

1. S. virgaurea L. sp. p. 880; Bois. fl. or. III. p. 156; Heldr. chlor. Parn. p. 20; Hal. in ö. b. Z. 1892 p. 371. — Icon: Fl. dan. t. 663. — Exsicc.: Heldr. herb. norm. n. 286; Sint. et Bornm. it. turc. n. 1294.

Caule elato, glabro vel superne puberulo, simplici vel superne ramoso; foliis ovatis oblongo-lanceolatisve, glabris vel puberulis, inferioribus in petiolum attenuatis, superioribus sessilibus; involucri phyllis inaequalibus, lineari-lanceolatis, glabriusculis; ligulis flavis, involucro sesquilongioribus.

β. **vestita.** — Caule folioso, superne dense puberulo, apice in paniculam brevem confertam abeunti; foliis minutis, ovatis, acuminatis, utrinque, subtus densius, aspero-tomentellis; involucri phyllis adpresse puberulis. — Exsicc.: Heldr. herb. a. 1895.

In rupestribus regionis abietinae et alpinae, rare. Thessalia: in valle Megarema pr. Litochori (Sint.); mt. Parnassus (Heldr.); — *β*. mt. Dirphys Euboeae (Heldr.). — Aug. Sept. ♃.

3. Tribus. INULEAE Cass. in ann. sc. nat. 1829 p. 20.

9. Asteriscus Moench meth. p. 592.

1. A. maritimus L. sp. p. 903; S. et S. pr. II. p. 196; Pieri corc. fl. p. 121; *(Buphthalmum)*; Less. syn. comp. p. 210; Friedr. Reise p. 274; Bois. fl. or. III. p. 179. — Icon: Rchb. t. 48. —

Perennis, papilloso-hirtus; caulibus e rhizomate lignoso ramoso adscendentibus, simplicibus vel ramosis; foliis obovato vel oblongo-spathulatis, in petiolum attenuatis; capitulis terminalibus, 1—2 foliis floralibus suffultis; involucri phyllis basi demum induratis, externis spathulatis, radio subaequilongis; ligulis aureis vel citrinis, disco longioribus; acheniis sericeis; pappi paleis denticulatis.

In rupestribus maritimis Atticae et Boeotiae (Sibth.); insula Poros (Friedr.); Zante (Bois.); Corcyra (Pieri). — Mart. Jun. ♃. N. v.

2. A. aquaticus L. sp. p. 903; S. et S. pr. II. p. 196; Pieri corc. fl. p. 121; Ch. et B. exp. p. 254, Fl. pelop. p. 59; *(Buphthalmum)*; Less. syn. comp. p. 210; Marg. et R. fl. Zante p. 57; Friedr. Reise p. 278; Clem. sert. p. 59; Raul cret. p. 780; Weiss in z. b. G. 1869 p. 42, cum f. *discoidea*; Bois. fl. or. III. p. 178, cum f. *nana*, forma macra caule brevissimo, 1—2 cephalo; Heldr. fl. cephal. p. 43, Fl. Aegina p. 304; Spreitz. in z. b. G. 1887 p. 662, 1890 p. 296; Form. in D. bot. Monat. 1890 p. 16, in Ver. Brünn 1895 p. 25, 1896 p. 42, 1897 p. 32; Haussk. symb. p. 115, cum f. *nana* Bois.; Hal. in ö. b. Z. 1895 p. 411. — Icon: Fl. gr. t. 899. — Exsicc.: Orph. fl. gr. n. 1145; Sint. et Bornm. it. turc. n. 1285; Sint. it. thessal. n. 407.

Annuus, villosulo-pubescens; caule erecto, simpliciter vel repetite bi-trichotomo; foliis oblongo-lanceolatis, inferioribus in petiolum attenuatis, superioribus sessilibus, semiamplexicaulibus; capitulis sessilibus, foliis summis cinctis, primario semper inter ramos sessili, axim primariam terminante; involucri phyllis basi demum induratis, externis radio multo longioribus; ligulis brevibus, flavis; acheniis sericeis; pappi paleis lacero-dentatis. — Differt a praecedente radice annua, foliorum forma, caule dichotomo nec alterne ramoso, involucri phyllis radium multo excedentibus et ligulis brevibus.

In fossis, locis humidis, arenosis regionis inferioris, frequens in Epiro, Thessalia, Attica, Peloponneso, Creta, Cythera, in insulis Jonicis, indicatur deinde in Sporadum insula Psathura, in Cycladum insula Melos, Syra, in insula Aegina et in Pharmacusis. — Apr. Jun. ☉.

3. **A. citriodorus** Heldr. et Hal. fl. aeg. exs. a. 1889, in ö. b. Z. 1895 p. 411. —

Differt a praecedente pubescentia glanduloso-viscosa citriodora, caule divaricato ramosissimo, ramis tenuioribus albidis, internodiis elongatis, foliis omnibus sessilibus, superioribus angustioribus acutiusculis, capitulis minoribus pallidioribus, praecipue alaribus valde diminutis, saepe vix pisum aequantibus, pappi paleis brevioribus.

In saxosis Cycladum insulae Jos, copiose circa urbem et inter urbem et portum (Heldr.). Jun. Jul. ☉.

10. Pallenis Cass. dict. sc. nat. 37 p. 275.

1. **P. spinosa** L. sp. p. 903; S. et S. pr. II. p. 195, Pieri corc. fl. p. 121; Sieb. avis p. 5, rem. p. 6; Cb. et B. exp. p. 254, Fl. pelop. p. 59; *(Buphthalmum);* Cass. l. c.; Marg. et R. fl. Zante p. 57; Friedr. Reise p. 263; Ung. Reise p. 123; Weiss in z. b. G. 1869 p. 42; Raul. cret. p. 780; Bois. fl. or. III. p. 180; Heldr. fl. cephal. p. 43, Fl. Aegina p. 304; Haussk. symb. p. 115; Hal. in ö. b. Z. 1899 p. 25. — Icon: Fl. gr. t. 898. — Exsicc.: Sint. et Bornm. it. turc. n. 1284; Baen. herb. europ. n. 9210; Dörfl. fl. aeg. n. 4, pl. cret. n. 129.

Annua, molliter subvillosa, interdum sublanata, rarius puberula; caule erecto, superne dichotome ramoso, rarius simplici; foliis inferioribus oblongo-spathulatis, in petiolum attenuatis, superioribus lanceolatis, sessilibus, subcordato-semiamplexicaulibus; capitulis pedunculatis, basi nudis; involucri phyllis externis elevatim nervosis, spinosis, stellatim patentibus, radio multo longioribus; ligulis flavis, brevibus; acheniis subglabris; pappo breviter coronaeformi. — *Asterisco aquatico* similis, ab eo praeter alias notas, capitulis foliis non cinctis et involucri phyllis spinosis statim diagnoscenda. — Specimina graeca nonnulla, praesertim e Creta et Cycladibus indumento sparso, pedunculis elongatis subnudis et capitulis diminutis a typo discedunt *(f. microcephala).* —

In herbidis, olivetis, collibus saxosis regionis inferioris per totam Graeciam. — Apr. Jul. ☉.

11. Inula L. gen. n. 956.

1. Sectio. *Corvisartia* Mer. fl. par. p. 328 pro gen. — Involucri phylla exteriora late foliacea, recurvata; receptaculum fimbriatum; achenia 5—4 gona, truncata, obsolete costata, glabra; pappi setae liberae. Capitula speciosa.

1. **I. helenium** L. sp. p. 881; S. et S. pr. II. p. 180; Bois. fl. or. III. p. 186; Heldr. in Sitzungsb. acad. Berlin 1883 p. 7. — Icon: Fl. gr. t. 873. — Exsicc.: Orph. herb. a. 1857.

Caule robusto, erecto, ramoso; foliis amplis, dentato-serratis, subtus plus minus molliter tomentosis, inferioribus elliptico-oblongis, in petiolum attenuatis, caulinis cordato-amplexicaulibus; involucri phyllis exterioribus ovatis, tomentosis, interioribus lineari-spathulatis, subcoriaceis, erectis; ligulis flavis, involucro plus duplo longioribus.

In dumosis regionis montanae. Thessalia (Sibth.): inter *Pterides* ad radices Olympi pr. Caterina (Orph.), pr. Laspochori ad mt. Ossa (Heldr.), ad Zagora in mt. Pelion (Aphentulis); Achaia: mt. Kyllene (Heldr.). — Jul. Sept. ♃.

2. Sectio. *Enula* Duby bot. gall. I. p. 267. — Involucri phylla exteriora apice appendiculo parvo foliaceo aucta et recurvata; receptaculum glabrum, achenia subcylindrica, costata, glabra vel hirsuta, apice truncata vel breviter attenuata; pappi setae liberae. Capitula mediocria, rarius parva.

a. Achenia glabra; pappus multisetus.

α. Folia caulina basi cordato-semiamplexicaulia.

2. **I. germanica** L. sp. p. 883; Bois. fl. or. III. p. 189; Haussk. symb. p. 115; Form. in Ver. Brünn 1895 p. 25, 1896 p. 42, 1897 p. 32. — Icon: Jacq. fl. austr. t. 134. — Exsicc.: Orph. fl. gr. n. 787; Sint. et Bornm. it. turc. n. 1299 b.

Caule erecto, hirto vel villosulo, apice corymboso; foliis oblongo-lanceolatis, acutis, integris vel denticulatis, reticulato-venosis, supra adpresse pilosulis, subtus praesertim nervo medio villosulis; capitulis cylindricis; involucri phyllis adpresse hirtulis; ligulis flavis, involucrum parum excedentibus.

In collibus dumosis, apricis regionis inferioris et montanae. Epirus: pr. Han Kamberga, Han Balduma, in valle Dipotami (Form.); Thessalia: pr. Malakasi, Kalabaka, ad monasterium Korona, Pharsalus (Haussk.), pr. Asproklisia, Kucuro, Kerasia Sina, mt. Cuka, mt. Chassia, pr. Vlacharo, Konisko, Velestinos (Form.), pr. Litochoron ad radices Olympi (Orph.). — Jun. Jul. ♃.

3. **I. cordata** Bois. diagn. IV. p. 3; Hal. in ö. b. Z. 1892 p. 371. — *I. salicina β. aspera* Beck. inul. europ. p. 22; Haussk. symb. p. 115, vix *I. aspera* Poir. enc. suppl. III. p. 154, quae sec. Haussk. l. c. probabiliter hybrida. — Icon: Fl. gr. t. 875. — Exsicc.: Sint. et Bornm. it. turc. n. 1299.

Caule erecto, setulis e tuberculo ortis plus minus scabrido, apice oligo rarius monocephalo; foliis coriaceis, oblongo-lanceolatis, acuminatis, reticulato-venosis, copiose scabro-denticulatis, supra glabris, subtus scabropilosis; capitulis hemisphaericis; involucri phyllis glabris, ciliatulis; ligulis flavis, involucro duplo longioribus.

In dumosis regionis montanae. Thessalia: ad monasterium Korona in Pindo (Haussk.), ad monasterium Metoji pr. Litochoron in Olympo (Sint.). — Jun. Jul. ♃.

β. Folia caulina basi rotundata vel attenuata.

4. **I. hirta** L. sp. p. 883; S. et S. pr. II. p. 182; Bois. fl. or. III. p. 187. — Icon: Jacq. fl. austr. t. 358.

Caule erecto, hirto, mono rarius oligocephalo; foliis oblongis vel oblongo-lanceolatis, acutis, reticulato-venosis, integris vel subdenticulatis, utrinque hirsutis, basi rotundata sessilibus; capitulis mediocribus; involucri phyllis reticulato-venosis, strigulosis, setuloso-ciliatis; ligulis flavis, involucro duplo longioribus.

In Archipelagi insulis (Sibth.); — a recentioribus non lecta. — Maio. Jun. ♃. N. v.

5. **I. ensifolia** L. sp. p. 883; Clem. sert. p. 60. — Icon: Jacq. fl. austr. t. 162.

Caule erecto, glabro vel superne albo-lanuginoso, mono vel 2—5 cephalo; foliis anguste lineari-lanceolatis, acutis, parallele-nerviis, margine scabridulis et parce lanuginosis, ceterum glabris, basi attenuata sessilibus; capitulis mediocribus; involucri phyllis parallele-nerviis, lanatulis; ligulis flavis, involucro duplo longioribus.

In Corcyra et Attica (Clem.), sed a recentioribus ut videtur non lecta. — Jul. Aug. ♃. N. v.

b. Achenia hirsuta.

α. Herbaceae; pappus multisetus.

× Ligulae brevissimae, involucrum vix superantes.

6. **I. vulgaris** Lam. fl. fr. II. p. 73 (*Conyza*); Trevis. fl. eugan p. 29. — *Conyza squarrosa* L. sp. p. 861. — *I. conyza* DC. pr. V. p. 464; Form. in D. bot. Monat. 1890 p. 16, in Ver. Brünn 1895 p. 28, 1896 p. 42, 1897 p. 32. — Icon: Fl. dan. t. 622. —

Pubescenti-subtomentosa; caule erecto, superne paniculato-corymboso, polycephalo; foliis elliptico-lanceolatis, integris vel denticulatis, inferioribus in petiolum attenuatis, superioribus basi angustata sessilibus; capitulis parvis; involucri phyllis puberulis; ligulis subtubulosis, flavis.

In rupestribus dumosis regionis inferioris et montanae. Corcyra: pr. Evropuli, Afra (Form.); Epirus: pr. Han Baldums, in valle Dipotami (Form.); Thessalia: pr. Han Kuraneos in valle Penei, pr. Kalabaka, mt. Mitrica in mt. Chassia, pr. Rapsani in Olympo (Form.); mt. Pelion pr. Zagora (Aphentulis). — Jul. Aug. ♃. N. v.

×× Ligulae involucro subduplo longiores.

7. **I. oculus Christi** L. sp. p. 881; S. et S. pr. II. p. 181; Ch. et B. exp. p. 250, Fl. pelop. p. 58; Bois. fl. or. III. p. 193; Hal. in z. b. G. 1888 p. 759, Beitr. fl. Thessal. p. 14, in ö. b. Z. 1895 p. 412; Form. in D. bot. Monat. 1890 p. 16, in Ver. Brünn 1895 p. 26, 1896 p. 42, 1897 p. 32; Haussk. symb. p. 115; Bald. riv. coll. bot. Alb. 1895 p. 46. — ? *I. bubonium* Pieri corc. fl. p. 119, non L. — Icon: Jacq. fl. austr. t. 223. — Exsicc.: Orph. fl. gr. n. 89; Sint. it. thessal. n. 1128.

Molliter et adpresse plus minus villosa; rhizomate repente; caule erecto, apice corymbose-oligocephalo; foliis oblongis vel oblongo-lanceolatis, integris vel subdenticulatis, inferioribus in petiolum attenuatis, superioribus basi cordata amplexicaulibus; capitulis mediocribus; involucri phyllis adpressis, dense sericeo-villosis, exterioribus sensim brevioribus; ligulis aureis; acheniis villosis.

In siccis, silvaticis regionis montanae et subalpinae. Epirus: pr. Janina (Bald.), mt. Peristeri (Form.); Thessalia: frequens in Pindo, mt. Chassia, Othrys (Form.), mt. Olympus (Orph.), Pelion (Heldr.); Aetolia: mt. Tymphrestus (Samar.), Korax (Heldr.); mt. Kiona (Hal.); Peloponnesus: mt. Kyllene, Malevo, pr. Zatuna (Orph.) et ad lacum Stymphalidem (Heldr.) Arcadiae, mt. Taygetos (Psarid.), in agro Messeniaco et Eliensi (Sibth.); Corcyra: pr. Kephalomanduchio, Potamos, Evropuli, Afra (Form.). — Jun. Jul. ♃.

8. **I. britannica** L. sp. p. 882; S. et S. pr. II. p. 181; Bois. fl. or. III. p. 193, cum f. *rupestris* Griseb. et Schenk it. hung. p. 337, forma foliis angustioribus, superioribus basi subamplexicaulibus fere exauriculatis, capitulis saepe minoribus, phyllis exterioribus a medio squarrosis; intermediis ad typum transiens; Heldr. in Sitzungsb. acad. Wiss. Berl. 1883 p. 6, Chlor. Parn. p. 20; Form. in Ver. Brünn 1896 p. 42, 1897 p. 32. — Icon: Fl. dan. t. 412. — Exsicc.: Heldr. it. thessal. n. 73; Sint. it. thessal. n. 1166.

Adpresse villosula; radice cylindracea, nodosa; caule erecto, apice 2—3 cephalo vel saepe a medio ramoso et corymbose-polycephalo; foliis oblongo-lanceolatis, integris vel subdenticulatis, inferioribus in petiolum attenuatis, superioribus basi cordata vel auriculata amplexicaulibus; capitulis mediocribus; involucri phyllis laxis, sericeis et subtiliter glandulosis, exterioribus interiora aequantibus vel superantibus; ligulis flavis; acheniis hirtis, apice glandulis paucissimis obsitis.

In humidiusculis montanis. Thessalia: pr. Sermeniko (Sint.), pr. Phlambures, Vlachava, Verenci, Koprana, Povelci, Larissa, Pharsalus (Form.), pr. Ampelakia in mt. Ossa (Heldr.); mt. Dirphys Euboeae, mt. Parnassus, ad lacum Stymphalidem Arcadiae (Heldr.). — Jul. Aug. ☉.

β. Basi suffrutescentes, pappus pauci (5—10)-setus.

✗ Involucri phylla adpressa.

9. **I. verbascifolia** Willd. sp. III. p. 1924 (*Conyza*); Haussk. symb. p. 115. ? Form. in Ver. Brünn 1895 p. 43, 1897 p. 32; Hal.

in z. b. G. 1899 p. 714. — *Conyza candida* Clem. sert. p. 59; non L. — *I. candida* Cass. dict. XXIII. p. 554; Spreitz. In z. b. G. 1887 p. 662. — *I. candida v. radiata* Bois. fl. or. suppl. p. 291. — Icon: Ten. fl. nap. t. 76. — Exsicc.: Hal. it. gr. a. 1888.

Tomento candido densissime pannosa; caulibus crassiusculis, adscendentibus vel erectis, simplicibus; foliis radicalibus oblongo-spathulatis, obtusis, in petiolum attenuatis, integris crenatisve, caulinis ovatis, sensim brevius petiolatis; capitulis magnis, diametro 20—25 mm, breviter pedunculatis subsessilibusve, solitariis, saepius approximatis, bracteis magnis foliis similibus suffultis; involucri phyllis exterioribus obtusissimis, ad interiora obtusa sensim auctis; flosculis flavis, marginalibus ligulatis, tridentatis; acheniis apice setoso-barbatis.

Ad rupes, muros regionis inferioris et submontanae. Corcyra (Clem.): in urbe (Hal.), pr. Palaeokastrizza (Spreitz.), Garuna (Letourn.); Thessalia: pr. Tyrnovo (Haussk.) et pr. Miluna, Patsios, Rapsani, in valle Tempe, ad Limogardi pr. Lamia, si *I. verbascifolia* Form. huc pertineat. — Jun. Jul. ♃.

10. **I. parnassica** Bois. et Heldr. diagn. ser. 2 III. p. 11; Hal. in z. b. G. 1888 p. 759, 1899 p. 714, cum var. *euboea*; Heldr. chlor. Parn p. 20. — *I. candida v. radiata* Bois. fl. or. III. p. 196. — *I. oxylepis* Schultz herb. sec. Nym. — *I. attica v. macrophylla* Heldr. herb. norm. n. 1553. — Exsicc.: Heldr. herb. norm. n. 49; Orph. fl. gr. n. 343.

Cinereo-tomentosa; caulibus gracilibus, adscendentibus vel declinatis, simplicibus; foliis oblongo-spathulatis, obtusis, in petiolum attenuatis, integris crenatisve, subtus reticulato-venosis, superioribus decrescentibus, brevius petiolatis; capitulis 1—3, solitariis, remotis, 15—20 mm. diametro, saepius longiuscule pedunculatis, basi non vel bractea oblonga vel oblongo-lineari suffultis; involucri phyllis exterioribus obtusiusculis, ad interiora tenuiora acuta sensim auctis; flosculis flavis, marginalibus ligulatis, tridentatis; acheniis glabrescentibus. — Differt a praecedente indumento tenuiore, caulibus gracilibus, remote oligocephalis, capitulis minoribus, saepe longiuscule pedunculatis.

Ad rupes regionis montanae et subalpinae. Aetolia: pr. Mesolongion (Nieder); Doris: mt. Kiona pr. Segditza (Hal.); mt. Parnassus pr. Rachova, mt. Telethrion Euboeae (Heldr.); Achaia: in faucibus Diakophto, mt. Kyllene pr. Trikala (Heldr.); Laconia: mt. Selitza pr. Kalamata (Zahn). — Jun. Jul. ♃.

11. **I. attica** Hal. in Heldr. herb. norm. n. 1040, in z. b. G. 1899 p. 713; Heldr. fl. Aegina p. 304. — *Conyza candida* S. et S. pr. II. p. 173; Ch. et B. exp. p. 247, Fl. pelop. p. 58, non L. — *I. verbascifolia v. limonifolia* DC. pr. V. p. 464 p. p. — *C. candida v. verbascifolia* Clem. sert. p. 59. — *I. candida* Bois. fl. or. III. p. 196 p. p.; ? Raul. cret. p. 779 *v. integrifolia*; Heldr. fl. cephal. p. 44; Form. in D. bot. Monat 1890 p. 16; Bald. riv. coll. bot. Alb. 1895 p. 46. — *I. oxylepis* Schultz herb. sec. Haussk. symb.

p. 115. — *I. Aschersoniana* Hal. in ö. b. Z. 1892 p. 371, non Janka — *I. methanea* Haussk. symb. p. 116. — *I. verbascifolia* Form. in D. bot. Monat. 1898 p. 78. — Icon: Fl. gr. t. 864. — Exsicc.: Heldr. herb. norm. n. 465, 1040, 1445, in Magn. fl. sel. n. 3796; Orph. fl. gr. n. 788; Sint. et Bornm. it. turc. n. 1305; Bald. it. alb. epir. III. n. 70.

Praecedenti maxime affinis et ad eam ut videtur intermediis transiens, differt tamen indumento saepissime densiore, foliis saepius non reticulatis, capitulis minoribus, discoideis, saepius longe pedunculatis.

β. **limonella** Heldr. ap. Hal. in z. b. G. 1899 p. 713. — Caulibus humilioribus, foliis oblongo-lanceolatis, dense adpresse albo-pannosis, subnitentibus, non reticulato-venosis, capitulis breviter pedunculatis. — Exsicc.: Heldr. herb. norm. n. 775.

In rupibus regionis submontanae, ad subalpinam adscendens. Epirus: mt. Zalongo pr. Prevesa (Bald.); Thessalia: pr. Velestinos (Form.), in fauce Megarema pr. Litochori (Sint.); Attica: mt. Lycabettus (Orph.), Parnes, Pentelicon, Hymettus (Heldr.), pr. Sunium (Gerold); insula Aegina ad Paleochora (Heldr.); Argolis (Sprun.): pr. Vromolimni (Haussk.); Achaia: pr. Kalavryta, mt. Chelmos (Orph.), mt. Kyllene (Heldr.); Laconia: pr. Megali Anastasova (Zahn), mt. Taygetos (Heldr.), pr. Lutro, Thuria, in Maina, pr. Kardamyle, Vitilos (Chaub.); Creta (Sibth.); Cephalonia: pr. Asso, Charakas (Heldr.); loca nonnulla probabiliter ad speciem praecedentem spectant; — β. mt. Dirphys Euboeae (Heldr.). — Jun. Jul. ♃.

×× Involucri phylla squarroso-patentia.

12. **I. candida** L. sp. p. 862, saltem pro max. p.; Willd. sp. III. p. 1923; Sieb. avis p. 5, rem. p. 6 (*Conyza*). — *C. limonifolia* S. et S. pr. II. p. 174, Fl. gr. IX. p. 50, t. 865; Sieb. avis p. 5; Ch. et B. exp. p. 247, Fl. pelop. p. 58. — *I. candida v. limonifolia* DC. pr. V. p. 464 p. p.; Bald. viagg. cret. p. 61. — *I. limonifolia* Bois. fl. or. III. p. 198; Raul. cret. p. 778; Heldr. in ö. b. Z. 1880 p. 346; Spreitz. in z. b. G. 1887 p. 662, 1890 p. 296; Fors. in bull. herb. Bois. V. p. 399; Hal. in z. b. G. 1899 p. 714. — Exsicc.: Heldr. pl. cret. n. 1579; Bald. it. cret. n. 22. —

Albo-pannosa; caulibus erectis vel adscendentibus, simplicibus vel ramosis; foliis integris, subnitentibus, radicalibus ovato- vel oblongo-spathulatis, in petiolum attenuatis, superioribus sensim diminutis, breviter petiolatis; capitulis majusculis, discoideis, subcorymboso-paniculatis, breviter pedunculatis subsessilibusque, basi saepe bracteatis; involucri phyllis obtusis; exterioribus subbrevioribus, intimis acutis; flosculis flavis; acheniis glabrescentibus. — Tomento adpressissimo subnitente et involucro squarroso insignis.

β. **rotundifolia.** — Foliis infimis rotundatis, ceteris ellipticis oblongisve. — Exsicc.: Chaub. pl. exs. Morée; Spreitz. it. ion. a. 1880. —

In rupibus maritimis, collibus saxosis regionis inferioris. Creta (Sibth.): pr. Kissamos Kastelli (Heldr.), ad promontorium Grabusa, pr.

Palaeokastro (Raul.), Aradhena (Spreitz.), Gonia (Bald.); Cythera: pr. Mylopotamo (Fors.), in fauce Kalamo, insula Prassonizza (Spreitz.); Laconia: promontorium Icrea et Malea (Chaub.). — Jun. Jul. ♃.

3. Sectio. *Limbarda* Adans. fam. II. p. 125 pro gen. — Involucri phylla exteriora membranacea, adpressa, omnino exappendiculata; receptaculum glabrum; achenia subcylindrica, obsolete costata, hirsuta apice truncata, pappi setae liberae. Capitula mediocria, folia carnosa.

13. **I. crithmoides** L. sp. p. 883; S. et S. pr. II. p. 182; Ch. et B. exp. p. 250, Fl. pelop. p. 58; Marg. et R. fl. Zante p. 56; Raul. cret. p. 779; Bois. fl. or. III. p. 195; Heldr. fl. cephal. p. 44; Form. in Ver. Brünn 1895 p. 26. — *I. crithmifolia* Willd. sp. III. p. 2101; Pieri corc. fl. p. 119; Sieb. avis p. 5, rem. p. 6; Friedr. Reise p. 274; Ung. Reise p. 123. — Icon: Engl. bot. t. 68.

Fruticulosa, glaberrima; caulibus erectis vel adscendentibus, apice mono vel oligocephalis; foliis linearibus, obtusis, inferioribus saepe apice tridentatis, axillis fasciculiferis; pedunculis elongatis, bracteolatis, apice incrassatis; involucri phyllis lineari-lanceolatis, acuminatis, exterioribus subbrevioribus; ligulis flavis, involucro subduplo longioribus.

Ad oras et rupes maritimas. Corcyra (Pieri): pr. Canone, Hagios Joannes (Form.); Cephalonia: pr. Drapano, Lixuri (Heldr.); Zante (Sibth.); Aetolia; pr. Mesolongion (Nied.); Thessalia: pr. Volo (Orph.); Peloponnesus: insula Poros (Friedr.), ad fl. Eurotas, pr. Navarin (Chaub.); Creta: ad Mandromolo pr. Kissamos, pr. Grabusa (Raul.); Archipelagus (Bois.). — Aug. Oct. ⟂ ♃. N. v.

4. Sectio. *Cupularia* Gr. et Godr. fl. fr. II. p. 180, pro gen. — Involucri phylla exteriora subfoliacea, adpressa, omnino exappendiculata; receptaculum nudum; achenia cylindrica, obtusangula, ecostata, hirsuta, apice constricta et glandulis pellucidis obsita, pappi setae basi in cupulam breviter coalitae. — Capitula parva.

14. **I. viscosa** L. sp. p. 863; S. et S. pr. II. p. 174; Sieb. avis p. 5, rem. p. 6; Ch. et B. exp. p. 247, Fl. pelop. p. 57; Fraas fl. class. p. 209; (*Erigeron*); Ait. hort. Kew. III. p. 233; Marg. et R. fl. Zante p. 56; Friedr. Reise p. 264; Clem. sert. p. 60; Raul. cret. p. 779; Bois. fl. or. III. p. 198; Heldr. fl. cephal. p. 44, chlor. Thera p. 14, chlor. Mykonos p. 245; Hal. in z. b. G. 1888 p. 759; Haussk. symb. p. 115; Form. in Ver. Brünn 1895 p. 26, 1897 p. 32. — *Solidago viscosa* Lam. fl. fr. II. p. 144. — *Pulicaria viscosa* Cass. ex. Koch syn. p. 361. — *Cupularia viscosa* Gr. et Godr. fl. fr. II. p. 181; Heldr. fl. Aegina p. 304. — Icon: Jacq. hort. vind. II. t. 165. — Exsicc.: Orph. fl. gr. n. 90; Sint. et Bornm. it. turc n. 1300.

Glanduloso-pubescens, viscosa, basi suffrutescens; caulibus virgatis, racemoso paniculatis; foliis lanceolatis, sessilibus, remote denticulatis, superioribus subcordato-auriculatis; capitulis breviter pedunculatis, approximatis; involucri phyllis lineari-lanceolatis, valde inaequalibus, margine scariosis; ligulis paucis, aureis, involucro sesquilongioribus.

In arenosis, olivetis, saxosis regionis inferioris et montanae. Epirus (Form.); Thessalia: ad Plaka pr. Litochori (Sint.), pr. Lechonia, Agria, Stylida, Lamia (Form.); Euboea: pr. Kurbatzi (Wild.), Kumi (Wurlisch); Doris: pr. Amphissa (Hal.); Attica: pr. Athenas (Orph.), ad Ilissum, insula Aegina (Heldr.); Argolis: pr. Nauplia (Sart.); Cyclades (Sibth.): insula Keos, Mykonos, Thera (Heldr.); Creta: pr. Canea, Nerokuru (Raul.); Zante (Marg.); Cephalonia: pr. Argostoli, Pessada, Piscardo (Heldr.); Corcyra (Friedr.). — Aug. Oct. ♃.

15. **I. graveolens** L. sp. ed. 2 p. 1210; S. et S. pr. II, p. 174: Sieb. avis p. 5, Ch. et B. fl. pelop. p. 58; Friedr. Reise p. 264; Fraas fl. class. p. 209 (*Erigeron*); Desf. fl. atl. II. p. 275; Marg. et R. fl. Zante p. 56; Clem. sert. p. 60; Raul. cret. p. 779; Bois. fl. or. III. p. 199; Heldr. fl. cephal. p. 44, chlor. Thera p. 14, chlor. Mykonos p. 246. — *Solidago graveolens* Lam. fl. fr. II. p. 145. — *Cupularia graveolens* Gr. et Godr. fl. pr. II. p. 180; Heldr. fl. Aegina p. 304. — Icon: Fl. gr. t. 866. — Exsicc.: Heldr. herb. fl. hellen. a. 1882.

Glanduloso-pubescens, viscosa, annua; caule erecto, a basi pyramidatim ramoso; foliis lanceolatis, sessilibus, integris vel obsolete denticulatis, basi interdum subauriculatis; capitulis breviter pedunculatis, approximatis; involucri phyllis lineari-lanceolatis, exterioribus herbaceis, interioribus scariosis, vitta viridi notatis; ligulis paucis, luteis vel violascentibus, involucrum vix excedentibus.

In arenosis humidis, ruderatis, rupestribus regionis inferioris. Boeotia (Fraas); Attica: pr. Athenas, Kephissia, Tatoi (Heldr.), Megara (Clem.), insula Aegina (Heldr.); Euboea: pr. Kurbatzi (Wild); Achaia: pr. Patras (Friedr.); Creta: mt. Psiloriti (Raul.); Cyclades (Sibth.): insula Mykonos, Thera (Heldr.); Zante (Marg.); Cephalonia: pr. Argostoli, Pessada (Heldr.); Corcyra (Pichler). — Aug. Oct. ⊙

12. Pulicaria Gaertn. fr. II. p. 461.

a. Perennes; flosculi radii discum subduplo superantes,

1. **P. odora** L. sp. p. 881; S. et S. pr. II. p. 180; Sieb. avis p. 5, rem. p. 6; Ch. et B. exp. p. 249, Fl. pelop. p. 58; Fraas fl. class. p. 211; (*Inula*); Rchb. fl. germ. exc. p. 239; Marg. et R. fl. Zante p. 57; Weiss in z. b. G. 1869 p. 42; Raul cret. p. 779; Bois. fl. or. III. p. 201; Heldr. fl. cephal. p. 44; Spreitz. in z. b. G. 1887 p. 662; Hal. Beitr. fl. Epir. p. 28; Haussk. symb. p. 118. — Icon: Desf. cor. Tourn. t. 38. — Exsicc.: Baen. herb. europ. n. 9316.

Rhizomate fibroso; caule erecto, fastigiato-ramoso, rarius simplici, villoso, foliis infimis ovalibus vel ovali-lanceolatis, in petiolum attenuatis, subtus lanuginosis, caulinis multo minoribus, cordato-semiamplexicaulibus; capitulis majusculis, longiuscule pedunculatis; involucri villosi phyllis inaequalibus, lineari-acuminatis, externis subherbaceis; ligulis aureis; pappi coronula laciniata.

In collibus, dumosis regionis inferioris et montanae. Epirus: pr. Kalentini, Mazuki (Hal.); Thessalia: mt. Ghavellu, in oropedio Neuropolis in Pindo (Haussk.); Aetolia: pr. Mesolongion (Nied.); Attica: mt. Parnes pr. Dekeleia (Hal.); Euboea: pr. Kurbatzi (Wild), mt. Dirphys (Sprun.); Elis: pr. Lintzi (Heldr.); Argolis (Sibth.): pr. Poros (Heldr.); Messenia: pr. Methone, Corone, Nisi, Kalamata, Zarnate, in Maina, mt. Taygetos Laconine (Chaub.); Cyclades (Sibth.): insula Cythnos (Tunt.), Tenos (Sart.); Creta: pr. Canea (Weiss), Khalepa, Nerokuru, Perivolia, Spili, Preveli, Voriza (Raul.); Zante (Marg.); Cephalonia: pr. Pessada, Lixuri (Heldr.); Corcyra: pr. Manducchio (Spreitz.), Palaeokastrizza (Baen.). — Maio, Jul. ♃

2. **P. dysenterica** L. sp. p. 882; Pieri corc. fl. p. 118; Ch. et B. exp. p. 249, Fl. pelop. p, 59; (*Inula*); Gaertn. fruct. II. p. 462; Marg. et R. fl. Zante p. 57; Clem. sert. p. 60; Hal. in ö. b. Z. 1890 p. 39; Form. in D. bot. Monat 1890 p. 16, in Ver. Brünn 1895 p. 26. — Icon: Fl. dan. t. 410. — Exsicc.: Sint. it or. a. 1889 n. 1830.

Rhizomate crassiusculo, turiones squamatos edente; caule erecto, ramoso, lanuginoso; foliis oblongis, undulatis, denticulatis, subtus canescenti-tomentosis, infimis in petiolum attenuatis, ceteris cordato-semiamlexicaulibus, late auriculatis; capitulis mediocribus, laxe cymosocorymbosis; involucri phyllis inaequalibus, lineari-cuspidatis, ciliatis, dorso glandulosis, externis foliaceis; ligulis flavis; pappi coronula denticulata.

β. **dentata** S. et S. pr. II. p. 181 pro sp. (*Inula*). — *P. uliginosa* Stev. in DC. pr. V. p. 478; Haussk. symb. p. 118; Heldr. in ö. b. Z. 1898 p. 184. — *P. dentata* DC. l. c. p. 480; Raul. cret. p. 779. — *P. dysenterica v. microcephala* Bois. fl. or. III. p. 202; Heldr. fl. cephal. p. 44; Form. in Ver. Brünn 1896 p. 43, 1897 p. 32. — A basi saepe ramosissima, viscidula, capitulis fere dimidio minoribus, ligulis brevioribus. Formis intermediis ad typum transit. — Icon: Fl. gr. t. 874. — Exsicc.: Heldr. herb. norm. n. 675 et 1151.

In humidis regionis inferioris et montanae per totam Graeciam β. typo multo vulgatior. Jul. Oct. ♃

b. Annuae flosculi radii discum non vel vix superantes.

3. **P. vulgaris** Gaertn. fruct. II. p. 461, t. 173; Marg. et R. fl. Zante p. 56; Bois. fl. or. III. p. 204; Form in D. bot. Monat. 1890 p. 16, in Ver. Brünn 1896 p. 43, 1897 p. 32; Haussk. symb. p. 118. — *Inula pulicaria* L. sp. p. 882; Pieri corc. fl. p. 119; Ch. et B. exp. p. 250. — *I. arabica* Sieb. avis p. 5, non L. — *P. crispa* Link in Linnaea IX. p. 583, non *Inula crispa* Pers. — *I. dentata* Ch. et B. fl. pelop. p. 58, non S. et S. — *I. pulegium* Friedr. Reise p. 264. — *I. undulata* Friedr. Reise p. 274, non L. — Icon: Fl. dan. t. 613. — Exsicc.: Orph. fl. gr. n. 748; Rev. pl. cret. n. 69; Sint. et. Bornm. it. turc. n. 1304; Sint. it. thessal. n. 1064.

Crispule tomentosa; caule erecto, fere a basi ramoso; foliis oblongis vel oblongo-lanceolatis, undulatis, obsolete denticulatis, inferioribus in petiolum attenuatis, ceteris basi rotundata semiamplexicaulibus; capitulis parvis, laxe cymoso-paniculatis; involucri villosi phyllis lineari-lanceolatis, acuminatis; ligulis flavis, discum vix superantibus, pappi coronula laciniata, setis 8—10, achenio subaequilongis.

Iu humidis regionis inferioris. Frequens in Thessalia; dein indicatur in Aetolia: pr. Vrachori (Samar.); Argolis: pr. Nauplia, Argos (Chaub.), insula Poros (Friedr.); Cyclades (Chaub.); Creta (Sieb.): pr. Canea (Rev.); Zante: in palude Macri (Marg.); Corcyra (Pieri): Lago di valle (Friedr.). — Jun. Aug. ⊙

4. P. sicula L. sp. p. 864; Sieb. avis p. 7, rem. p. 6; (*Erigeron*); Moris fl. sard. II. p. 363; Bois. fl. or. III. p. 205; Bald. riv. coll. bot. Alb. 1892 p. 46, in nuovo giorn. bot. ital. 1894 p. 97. — *Jasonia sicula* DC. in ann. sc. nat. 1834 p. 261; Marg. et R. fl. Zante p. 56; Raul. cret. p. 779. — Icon: Bocc. t. 31, f. 4. — Exsicc: Heldr. herb. norm. n. 540; Bald. it. alb. a. 1892 p. 249.

Puberula; caule erecto, saepe a basi ramoso; foliis rigidis, oblongo-lanceolatis vel linearibus, obsolete denticulatis, inferioribus in petiolum attenuatis, ceteris aurito-semiamplexicaulibus; capitulis parvis, laxe cymoso-racemosis; involucri puberuli phyllis linearibus, acutis; ligulis flavis, discum subaequantibus; pappi coronula ad basin partita, setis 18—25, achenio duplo longioribus.

In herbidis, humidis maritimis. Epirus: pr. Skafidaki et Camarina distr. Prevesa (Bald.); Aetolia: pr. Mesolongion (Nieder); Phocis: pr. Itaea (Heldr.); Argolis: pr. Tirynthum (Sart.); Zante: ad Agria (Marg.); Creta: pr. Canea (Sieb.). — Jul. Oct. ⊙

13. Phagnalon Cass.

1. P. methanaeum Haussk. in Mitth. thür. bot. Ver. 1887 V. p. 85, symb. p. 113. — *P. saxatile* Heldr. fl. Aegina p. 303, non (L.) Cass. — Exsicc.: Heldr. herb. norm. n. 941.

Suffruticosum; caulibus erectis vel adscendentibus, albo-tomentosis; foliis linearibus vel lineari-lanceolatis, integris, basi adnato-semiamplexicaulibus, supra viridibus subfloccosis, subtus adpresse albo-tomentosis; pedunculis elongatis, monocephalis, bracteis paucis squamaeformibus obsitis; involucri phyllis pallidis, glabris, membranaceo-scariosis, ad marginem subundulatis, infimis subpatulis brevibus, ovato-oblongis, obtusis, intermediis longioribus, oblongis, obtusis, intimis lineari-oblongis, abrupte mucronatis. — Ab affini *P. saxatili* (L.) squamis infimis non squarrosis, rodundatis, nec acutato-mucronatis facile diagnoscitur.

In rupibus calcareis regionis inferioris. Argolis: pr. Vromolimni in peninsula Methana (Haussk.), in urbe Poros, insula Hydra, Aegina Jos Cycladum (Heldr.). — Apr. Maio. ♄

2. P. graecum Bois. et Heldr. diagn. XI. p. 6, Fl. or. III. p. 221; Weiss in z. b. G. 1869 p. 42; Raul. cret. p. 778; Heldr. fl.

cephal. p. 44, Fl. Aegina p. 304, Chlor. Thera. p. 15, chlor. Mykonos p. 245; Spreitz. in z. b. G. 1887 p. 662; Hal. Beitr. fl. Aetol. p. 7: Haussk. symb. p. 113; Form. in Ver. Brünn 1895 p. 26. — *Conyza saxatilis* S. et. S. pr. II. p. 173, Fl. gr. t. 862 ex loco, sed icon dubium; Sieb. avis p. 5; Ch. et B. exp. p. 246, Fl. pelop. p. 58; non L. — *C. rupestris* Sieb. avis. rem. p. 6, non L, — *P. saxatile* DC. pr. V. p. 396, quoad loca graeca; Friedr. Reise p. 265 et 278; Marg. et -R. fl. Zante p. 56; non (L,) Cass. — *P. rupestre* Clem. sert. p. 59; Ung. Reise p. 123; Raul. cret. p. 778; Gelmi in bull. soc. bot. ital. 1889 p. 450; Bald. viagg. Creta p. 63; Hal. in ö. b. Z. 1899 p. 25; non (L.) DC. — *P. Tenorii* Bald. in nuovo giorn. bot. ital. 1894 p. 97, non Presl, quod ad *P. rupestrem* spectat. — Exsicc.: Heldr. herb. norm. n. 483, 942; Orph. fl. gr. n. 478; Rev. pl. cret. n. 68, in Baen. herb. europ. n. 4790; Bald. it. cret. n. 20; Baen. herb. europ. n. 9300; Sint. it. thessal. n. 76; Dörfl pl. cret. n. 131.

Suffruticosum; caulibus erectis vel adscendentibus, albo-tomentosis; foliis oblongo-vel lineari-lanceolatis, undulato-sinuatis, basi adnato-semi-amplexicaulibus, supra viridibus subfloccosis, subtus adpresse albo-tomentosis; pedunculis elongatis, monocephalis, bracteis paucis squamae-formibus obsitis; involucri phyllis adpressis, fuscescentibus, glabris, mem-branaceo-scariosis, obtusis, ad marginem non subundulatis, infimis brevi-bus triangulari-lanceolatis, intermediis longioribus, obtusiusculis, lineari-lanceolatis, sensim acutatis. — Differt a praecedente foliis undulato-sinuatis, capitulis subminoribus, involucri phyllis adpressis, angustis, acutis; — a *P. rupestri* (L.) involucri phyllis inferioribus conspicue angustioribus, longioribus, minusque scariosis, interioribus acutis. Planta dalmatica ob phylla interiora acutata medium tenet inter nostram et plantam occidentalem.

In rupestribus regionis inferioris, frequens. Thessalia: pr. Volo (Heldr.); Actolia: mt. Chalkis et Taphiassos ad sinum Patranum (Hal.); Attica: pr. Athenas, in Acropoli, mt. Lycabettus, Kerata, pr. Laurion, Pharmacusarum insula Lero et Mikra Kyra, insula Aegina (Heldr.); Achaia: pr. Patras (Bois.), Psatopyrgos (Heldr.); Acrocorinthus (Haussk.); Argolis: pr. Nauplia (Friedr.), mt. Palamidi, Tolon, in peninsula Methana (Haussk.), insula Hydra (Heldr.); Laconia: mt. Taygetos (Chaub.); Messenia: pr. Pylos (Heldr.), Methone, Arcadia (Chaub.); Cycladum insula: Mykonos, Keos, Thera (Heldr.), Syra (Weiss), Delos (Tunt.); Creta: pr. Topolia (Bald.), Kissamos, Malaxa (Rev.), Akroteri, Canea, Lutro, Candia (Raul.); Strophades (Reiser); Zante (Marg.); Cephalonia: pr. Argostoli, Steno (Heldr.); Corcyra: in urbe (Gelmi), pr. Palaeo-kastrizza (Ung.), Manducchio (Form.). — Mart. Jun. ♄.

3. **P. pumilum** S. et S. pr. II. p. 173, Fl. gr. IX. p. 49, t. 863, (*Conyza*); DC. pr. V. p. 397; Raul. cret. p. 778; Bois. fl. or. III. p. 222; Spreitz. in z. b. G. 1890 p. 297; Bald. viagg. Creta p. 64. — *Conyza pygmaea* Sieb. avis p. 5, Reise II. p. 322, t. 10.

Suffruticosum, nanum; rhizomate crasso, lignoso; caulibus brevissimis, ad rosulam saepe reductis; foliis oblongo-spathulatis, integris; pedunculis monocephalis, bracteis 1—2 squamaeformibus obsitis; involucri phyllis laxiusculis, pallidis, pauciseriatis, scariosis, non undulatis, lanceolatis, acuminatis, externis brevioribus. — Species insignis.

α. **tomentosum** Raul. cret. p. 778; Spreitz. in z. b. G. 1890 p. 297. — Totum cano-tomentosum. — Exsicc.: Heldr. pl. cret. n. 1620; Spreitz. it. cret. a. 1882. —

β. **glabrum** Bois. fl. or. III. p. 222; Bald. viagg. Creta p. 64. — Viride, glabrum, glandulis sessilibus obsitum. — Exsicc.: Heldr. pl. cret. a. 1846; Bald. it. cret. n. 71.

In rupium fissuris regionis subalpinae et superioris Cretae: ad Hellinoseli, Stravopodia (Raul.), Mavrus Lakus, Hagios Theodoros (Spreitz.), Hagion Pneuma (Heldr.) in mt. Sphacioticis (Sibth.); — β. mt. Hagion Pneuma, Volakia, Stravopodia (Heldr.), mt. Gigilos (Bald.). — Jun. Jul. ♄.

14. Helichrysum DC. pr. VI. p. 169.

a. Involucrum niveum, phyllis intermediis discum valde superantibus, patulis, demum radiantibus.

1. **H. amorginum** Bois. et Orph. diagn. ser 2, V. p. 110. — Exsicc.: Orph. fl. gr. n. 471; Dörfl. fl. aeg. n. 52, herb. norm. n. 3528.

Cano-tomentosum, basi suffruticosum; caulibus erectis, apice corymbosis; foliis radicalibus congestis, caulinisque inferioribus oblongo-spathulatis, in petiolum attenuatis, superioribus multo minoribus, linearibus, sessilibus; capitulis breviter pedicellatis, majusculis; involucri phyllis ellipticis, obtusis, glabris, nitidis, intermediis sublongioribus, infimis et intimis brevioribus, hisce lineari-spathulatis. — Species pulcherrima.

In rupibus insulae Amorgos Cycladum supra urbem (Griparis). — Apr. Maio. ♄.

b. Involucrum flavum, phyllis discum non vel vix superantibus, erectis, non radiantibus.

α. Folia latiuscula, plana, saltem infima oblongo-spathulata; capitula majuscula.

2. **H. orientale** L. sp. p. 853; S. et S. pr. II. p. 169, Fl. gr. IX. p. 45 t 858; (*Gnaphalium*); DC. pr. VI. p. 183; Ung. Reise p. 124; Raul. cret. p. 784; Bois. fl. or. III. p. 230; Heldr. fl. cephal. p. 44; Spreitz. in z. b. G. 1887 p. 662; Bald. viagg. Creta p. 65. — Exsicc.: Orph. fl. gr. n. 1143; Spreitz. it. ion. a. 1880.

Dense et adpresse albo-lanatum, basi suffruticosum, lignosum, tortuosum; caulibus erectis, apice densiuscule corymbosis; foliis radicalibus congestis, caulinisque inferioribus oblongo-spathulatis, obtusis, basi longe attenuatis, superioribus sensim minoribus, linearibus, acutiusculis, sessilibus; capitulis ovato-hemisphaericis, 1 cm latis, breviter pedicellatis; involucri citrini, nitidi, phyllis laxis, concavis, glabris, ab externis ovatis triplo brevioribus ad intima lineari-spathulata sublanata sensim auctis.

In rupestribus regionis calidae. Creta: pr. Katholiko, Hagios Joannes pr. Cydonia (Heldr.), ad promontorium Maleka (Raul.); Cythera: inter Hagios Nicolaos et Kapsali (Spreitz.); Cycladum insula: Pholegandros, Amorgos (Orph.); Cephalonia: in rupe Platyvalo pr. Lasi, pr. Same (Philippides); indicatur quoque ad lacum Hylike Bocotiae (Ung.). — Maio, Jul. ħ.

3. **H. plicatum** DC. pr. VI. p. 183; Bald. riv. coll. bot. Alb. 1896 p. 65. — *H. anatolicum* Bois. diagn. IV. p. 11, ex ipso in Fl. or. III. p. 231. — *H. plicatum v. anatolicum* Haussk. symb. p. 112; Form. in Ver. Brünn 1896 p. 46, 1897 p. 34. — Exsicc.: Orph. fl. gr. n. 1067 (Bitolia); Bald. it. alb. epir. IV. p. 176.

Parce areneosum et dense glandulosum, virens, basi suffruticosum; caulibus erectis, apice corymbosis; foliis radicalibus congestis, caulinisque inferioribus oblongo-spathulatis, obtusiusculis, in petiolum attenuatis, ceteris vix decrescentibus, lanceolatis, acutis vel acuminatis, sessilibus; capitulis globosis, 5 mm latis, breviter pedicellatis; involucri aurei, nitidi, phyllis laxiusculis, subconcavis, glabris, ab externis ovatis triplo brevioribus, ad intima oblongo-linearia sensim auctis. —

In herbidis regionis subalpinae. Epirus: mt. Kuruna supra Diovisda distr. Ljaskovik (Bald.); Thessalia: pr. Chaliki, Mandra Hodza (Form.), mt. Zygos, Oxya, Ghavellu et Karava (Haussk.) in Pindo. — Jul. Aug. ħ.

β. Folia angusta, linearia, margine revoluta; capitula parva.

× Involucri phylla inferiora intimis 2—3 plo tantum breviora.

4. **H. Heldreichii** Bois. fl. or. III. p. 229. — *H. panormitanum* Bois. diagn. XI. p. 31, non Tin. — *H. panormitanum v. angustifolium* Raul. cret. p. 784. — Exsicc.: Heldr. pl. cret. n. 1629.

Basi suffruticosum; caulibus adscendentibus, inferne crebre et longe foliatis; foliis linearibus, obtusis, utrinque dense cano-tomentosis; corymbo composito, denso; capitulis minutis, campanulatis, 4—5 mm. longis; involucri phyllis basi lanatis, superne glabris, stramineis, nitidis, externis oblongo-triangularibus acutis, internis duplo longioribus, linearibus, acuminatis. — Capitulis minutis et involucri phyllis acutis insigne. — Ab affinibus *H. rupestre* DC., *H. panormitano* Tin. et *H. nebrodensi* Heldr., capitulis duplo minoribus, phyllisque involucri duplo angustioribus et acutioribus, basi lanatis eximie differt.

In rupibus faucis Hagia Rumeli Cretae, rare (Heldr.). — Jun. ħ.

5. **H. siculum** Spreng. syst. III. p. 476 (*Gnaphalium*); Bois. fl. or. III. p. 229; Spreitz. in z. b. G. 1877 p. 713, 1887 p. 662; Heldr. fl. cephal. p. 44, Fl. Aegina p. 303; Haussk. symb. p. 112; Form. in D. bot. Monat. 1898 p. 78. — *G. scandens* Sieb. avis p. 5, rem. p. 6. — *G. stoechas* Ch. et B. exp. p. 246, Fl. pelop. p. 57; Fraas fl. class. p. 208; non L., quod differt odore aromatico, foliis tenuioribus, capitulis minus dense conglobatis, involucri phyllis numerosioribus, magis

inaequalibus, infimis acutiusculis. — *H. rupestre v. Cambessedesii* DC.
pr. VI. p. 182 quoad pl. graec.; Marg. et R. fl. Zante p. 58. — *H.
stoechas* Marg. et R. l. c. err. et corr. p. 96, non (L.) DC. — *G.
conglobatum* Friedr. Reise p. 271 et 277, non Viv., quod = *H. Fontanesii* Camb. — *H. conglobatum* Ung. Reise p. 124; Weiss in z. b.
G. 1869 p. 41, non (Viv.) Steud. — *H. scandens* Raul. cret. p. 784.
— ? *H. stoechas v. incanum* Bald. viagg. cret. p. 65. — Exsicc.:
Orph. fl. gr. n. 470; Heldr. herb. norm. n. 462, herb. fl. hellen. n.
93, in Baen. herb. europ. n. 3600, in Magn. fl. sel. n. 2498; Reverch.
pl. cret. n. 77, in Baen. herb. europ. n. 4880; Dörfl. pl. cret. n. 31.

Basi suffruticosum, multicaule; caulibus tenuibus, erectis vel adscendenti-decumbentibus, inferne crebre foliatis; foliis anguste-linearibus, obtusiusculis, supra arachnoideo-virentibus, subtus dense cano-tomentosis; corymbo oligocephalo, dense capitato; capitulis parvis, campanulato-subglobosis, 4—6 mm. longis; involucri phyllis basi glabris, stramineis, nitidis, ovatis, obtusis, internis duplo-longioribus, lineari-spathulatis, acutiusculis, dorso tomentellis. — Differt a praecedente foliis angustioribus brevioribusque, supra virentibus, capitulis majoribus, phyllis latioribus, obtusis, basi non lanatis.

β. **laureoticum** Haussk. symb. p. 112. — Caules elongati, folia angustiora, subtus leviter griseo-tomentosa, capitula minora, involucri phylla angustiora, acuta, interiora mucronulata. — Exsicc.: N. v.

γ. **brachyphyllum** Bois. fl. or. III. p. 230; Spreitz. in z. b. G.
1890 p. 296; Haussk. symb. p. 112. — *H. decumbens v. spathulata*
Raul. cret. p. 784. — Caules abbreviati, folia multo breviora, inferiora 3—5 mm. tantum longa, oblongo-spathulata, superiora lineari-subspathulata, 5—10 mm. longa. — Exsicc.: Heldr. pl. cret. n. 1452.

In collibus saxosis et rupestribus regionis inferioris et montanae,
freqnens. Boetia: mt. Helicon (Fraas); Attica: pr. Athenas, Phalerum,
mt. Lycabettus, in valle Cephissi pr. Podoniphti, mt. Parnes, Pentelicon,
Hymettus, pr. Raphina, Sunium, Laurion, Kamariza, Pharmacusarum
insula Mikra Kyra, insula Aegina et adjacente Metopi (Heldr.); Petalium
insula Xeronisi, (Holzm.); isthmus Corinthiacus pr. Lutraki (Heldr.);
Argolis: pr. Poros (Friedr.), Epidaurus (Chaub.); Messenia: pr. Pylos,
Arcadia, Methone, Corone (Chaub.), Kalamata (Zahn); Cycladum insula:
Cythnos (Orph.), Syra, Tenos (Weiss), Naxos (Bois.); Creta: pr. Vukolies
(Bald.), Kissamos (Reverch), Canea, Suda (Weiss), Sitia, Khalepa, Akroteri, Francocastello, Guves (Raul.), Males distr. Hierapetra (Leon.);
Cythera: pr. Hagios Nicolaos (Spreitz.); Zante et adjac. insula Peluso
(Marg.); Cephalonia: pr. coenobium Sisia (Heldr.); Corcyra: pr. Benizze
(Spreitz.); — *β*. pr. Kamariza distr. Laurion Atticae (Haussk.); —
γ. Creta: pr. Askyphos (Spreitz.), ad promontorium Sidero (Heldr.);
indicatur quoque ad Phalerum Atticae et Neocorinthum (Haussk.). —
Ap.r Jun. ♄.

×× Involucri phylla ab infimis brevissimis ad intima multo
longiora regulariter imbricata.

6. **H. italicum** Roth cat. bot. II. p. 115 (*Gnaphalium*); Guss. fl. sic. syn. II. p. 469; Weiss in z. b. G. 1869 p. 41; Bois. fl. or. III. p. 234; Hal. in ö. b. Z. 1895 p. 411; Heldr. chlor. Thera p. 14. — *G. stoechas* S. et S. pr. II. p. 169, Fl. gr. IX. p. 44, t. 857; Urv. enum. p. 108; non L. — *H. angustifolium* DC. fl. fr. V. p. 467, p. p. — *H. serotinum* v. *orientale* Bois. voy. esp. p. 328. — Exsicc:: Orph fl. gr. n. 1144; Dörfl. fl. aeg. n. 168.

Basi suffruticosum, multicaule, adpresse canescens; caulibus tenuibus, virgatis; foliis lineari-filiformibus, supra demum virentibus, inferioribus confertis brevioribus, superioribus saepe subincurvis; corymbo composito, capitulis parvis, oblongo-cylindricis; involucri phyllis adpresse imbricatis, scariosis, concavis, obtusis, ab externis ovatis, tomentellis, ad intima lineari-oblonga, dorso glandulis adspersa sensim auctis; acheniis minute glandulosis.

β. **microphyllum** Willd. sp. III. p. 1863; Sieb. avis p. 5, rem. p. 6, in Flora I. p. 275; pro sp.; (*Gnaphalium*); Bois. fl. or. III. p. 234; Heldr. in ö. b. Z. 1898 p. 184. — *H. microphyllum* Camb. in mem. mus. hist. nat. XIV. p. 272; Raul. cret. p. 784; Bald. viagg. Creta p. 65. — Caules abbreviati, folia multo breviora. — Exsicc.: Heldr. pl. cret. a. 1846; Bald. viagg. Creta n. 73.

In saxosis regionis inferioris. Cycladum insula: Syra (Weiss.), Evreo Kastron pr. Paros (Reis.), Kythnos, Seriphos, Tenos (Sart.), Siphnos, Ios, Naxos, Thera, Therasia (Heldr.); — β. Creta: pr. Akroteri, Drakona, Askyphos, Niato, mt. Volokia (Raul.), mt. Omalo (Bald.), mt. Ida (Bois.); Cycladum insula Naxos (Heldr.). — Maio, Jul. ♄.

15. Gnaphalium L. gen. n. 949.

a. Annua; capitula glomerata.

1. **G. luteoalbum** L. sp. p. 851; S. et S. pr. II, p. 170; Ch. et B. exp. p. 246, Fl. pelop. p. 57; Friedr. Reise p. 265 et 277; Raul. cret. p. 785; Bois. fl. or. III. 224; Haussk. symb. p. 112; Form. in Ver. Brünn 1897 p. 34. — Icon: Fl. dan. t. 1763. — Exsicc.: Orph. herb. n. 158; Heldr. herb. gr. dimorph. n. 34.

Albo-lanatum; caulibus erectis vel adscendentibus, simplicibus vel apice ramosis; foliis oblongo-lanceolatis, lanceolatisve, inferioribus obtusis, superioribus acutis; capitulis glomerato-cymosis, aphyllis; involucri phyllis glabris, pallide stramineis, nitidis, obtusis; floribus lutescentibus; acheniis tenuiter tuberculatis.

In arenosis praesertim humidiusculis regionis inferioris et montanae. Thessalia: pr. Limogardi (Form.); Attica: ad lacusculum Thalas in mt. Pentelicon (Heldr.); Corinthus, insula Poros (Friedr.); Argolis: pr. Astros (Sart.); Laconia: mt. Malevo pr. Castanitza et Platanos (Orph.), ad fluvium Eurotas (Chaub.); Creta (Sibth.): pr. Rumata, Platania (Raul.). — Apr. Oct. ☉.

2. **G. uliginosum** L. sp. 856; S. et S. pr. II. p. 171; Ch. et B. exp. p. 246, Fl. pelop. p. 57; Bois. fl. or. III. p. 225. — Icon: Fl. dan. t. 859. —

Molliter albo-tomentosum; caule a basi ramoso, ramis patulis vel diffusis; foliis lanceolato-linearibus, acutis; capitulis glomerato-aggregatis, foliosis; involucri phyllis apice glabriusculis, fuscis, nitidis, obtusiusculis; floribus lutescentibus; acheniis puberulis.

In Peloponneso (Sibth.), postea ut videtur a nemini lectum. — Jun. Sept. ☉. N. v.

b. Perennia; capitula racemosa.

α. Phylla involucri extima capitulo triplo breviora.

3. **G. silvaticum** L. sp. p. 856; Bois. fl. or. III. p. 226; Heldr. chlor. Parn. p. 20; Haussk. symb. p. 112. — *G. Sophiae* Heldr. ex ipso l. c. — Icon: Fl. dan. t. 1229. — Exsicc.: Heldr. pl. fl. hellen. a. 1887.

Caulibus firmis, erectis, adpresse lanatis, foliosis, 20—50 cm. altis; foliis cano-tomentosis, supra demum glabrescentibus, acutis, basin versus attenuatis, uninerviis, infimis lanceolatis, caeteris lineari-lanceolatis; capitulis in axillis foliorum superiorum glomeratis, racemum spiciformem, elongatum, foliosum, interruptum formantibus; involucri phyllis adpressis, a basi supra medium usque herbaceis, lanatulis, caeterum scariosis, obtusis, exterioribus ovatis, caeteris oblongis linearibusque, parte scariosa brunneis vel fuscis; acheniis puberulis.

In rupestribus regionis mediae. Thessalia: mt. Zygos in Pindo (Haussk.), mt. Pelion pr. Zagora (Aphentulis); mt. Parnassus (Guicc.). — Jul. Aug. ♃.

4. **G. Roeseri** Bois. et Heldr. diagn. ser. 2. VI. p. 102; Hal in z. b. G. 1899 p. 713. — *G. Hoppeanum* Bois. fl. or. III. p. 227 non Koch. — Exsicc.: Heldr. fl. gr. a. 1855. —

Caespitosum, nanum; caulibus subfiliformibus, erectiusculis, adpresse lanatis, oligophyllis, 2—7 cm. altis; foliis utrinque adpresse sericeo-lanatis, spathulato-lanceolatis, acutis, basi longe attenuatis, trinerviis; capitulis paucis, racemum spiciformem, ovatum, subinterruptum formantibus; involucri phyllis adpressis, a basi supra medium usque herbaceis, lanatis, caeterum scariosis, obtusis, exterioribus ovatis, caeteris oblongis, parte scariosa brunneis; acheniis adpresse sericeis. — *G. Hoppeano* Koch, capitulis numerosioribus, magis confertis, involucri phyllis acutiusculis fuscis, acheniis puberulis diverso, maxime affine.

In rupestribus regionis alpinae. Phocis mt. Parnassus (Guicc.); Laconia: mt. Taygetos (Zahn). — Jul. Aug. ♃.

β. Phylla involucri extima capitulum dimidium superantia.

5. **G. supinum** L. syst. ed. 12. III. p. 234. — *Omalotheca supina* Cass. dict. 56. p. 218. — Icon: Schk. t. 267. — Exsicc.: Bald. it. alb. epir. III. n. 161.

Caespitosum, nanum; caulibus subfiliformibus, erectiusculis, adpresse lanatis, oligophyllis, 2—10 cm. altis; foliis utrinque albo-lanatis, lineari-bus vel lineari-lanceolatis, acutis, basi attenuatis, uninerviis; capitulis paucis, racemum spiciformem, brevem, subinterruptum formantibus; involucri phyllis adpressis, a basi supra medium usque herbaceis, lanatis, caeterum scariosis, obtusis, exterioribus ovatis, caeteris oblongis, parte scariosa fuscis; acheniis sparsim puberulis.

β. **subacaule** Wahlenb. fl. lapp. p. 402 pro sp.; DC. pr. VI. p. 245 pro var. *Omalothecae supinae*; Bald. riv. coll. bot. Alb. 1896 p. 65. — *G. pusillum* Haenke Riesengeb. p. 93. — Caules brevissimi vel subnulli, capitula inter folia radicalia subsessilia. — Exsicc.: Bald. it. alb. epir. IV. n. 175. —

In pascuis alpinis. Epirus: mt. Tsumerka (Bald.); — *β*. Epirus: sub jugo Gamila distr. Zagorion (Bald.). — Jun. Aug. ♃.

Obs. *G. supracanum* S. et S. pr. II. p. 171, Fl. gr. IX. p. 47, t. 861 = *Ifloga spicata* Schultz, in Graecia erronee indicatum.

16. Filago L. gen. n. 995.

a. Receptaculum filiforme, elongatum; involucri phylla 5 seriata, cuspidata, in capitulo fructifero convergentia; achenia libera.

1. **F. germanica** L. sp. p. 857; S. et S. pr. II. p. 71; Sieb. avis rem. p. 6; Ch. et B. exp. p. 246, Fl. pelop. p. 57; Friedr. Reise p. 275; (*Gnaphalium*); L. sp. ed. 2 p. 1311; Weiss in z. b. G. 1869 p. 42; Raul. cret. p. 785.

Molliter lanato-tomentosa, simplex vel a collo pluricaulis; caulibus erectis vel adscendentibus, apice breviter et stricte ramoso-subcorymbosis; foliis crebris, sessilibus, lineari vel oblongo-lanceolatis; glomerulis densis, capitulis 20—30 constantibus, in dichotomiis atque ad ramorum apicem sessilibus, foliis floralibus eis brevioribus involucratis; involucro ad medium usque lana immerso, obconico, obtuse pentagono, phyllis laxis, longitudinaliter plicatis, longe subulato-acuminatis, acuminibus erectis.

α. **canescens** Jord. obs. III. p. 202 t. 7, f. a; Haussk. symb. p. 112; pro sp. — ? *F. pyramidata* L. sp. p. 1199. — *F. pyramidata v. canescens* Form. in D. bot. Mon. 1890 p. 18, 1898 p. 78, in Ver. Brünn 1895 p. 26, 1896 p. 46, 1897 p. 34. — Tota planta albo-tomentosa; phylla involucri apice pallida. — Exsicc.: Sint. it. thessal. n. 183.

β. **lutescens** Jord. obs. III. p. 201, t. 7, f. b; Raul. cret. p. 785; pro sp. — Tota planta lutescenti-tomentosa; phylla involucri fuscidula, apice saepe purpurascentia. — Exsicc.: N. v.

γ. **eriocephala** Guss. pl. rar. p. 344 t. 69; Hal. Beitr. fl. Epir. p. 27, in ö. b. Z. 1897 p. 95, 1899 p. 25; Haussk. symb. p. 112; pro sp.; Bois. fl. or. III. p. 245; Bald. riv. coll. bot. Alb. 1896 p. 65. — *F. germanica v. lanuginosa* DC. pr. VI. p. 247; Marg.

et R. fl. Zante p. 58. — Albo-tomentosa; involucrum usque ad $^3/_4$ longitudinis lana immersum, phyllis brevius acuminatis, saepe tantum acutis. — Intermediis ad var. *α* transit. — Exsicc.: Heldr. herb. norm. n. 850 a et b, 1444; Sint. it. thessal. n. 1132.

In arenosis, arvis, campis, olivetis, quericetis regionis inferioris et montanae. — *α*. Epirus: pr. Prevesa, Mitikas. Han Balduma (Form.); frequens in Thessalia tota (Form.); *β*. indicatur pr. Canea Cretae (Raul.); — *γ*. ut videtur multo vulgatior: Epirus: mt. Profetae Elias distr. Liaskovik (Bald.), pr. Kalentini (Hal.); Thessalia: pr. Sermenikon (Sint.), ad monasterium Korona, pr. Pharsalus (Heldr.); Euboea; pr. Kastaniotissa (Heldr.); Sporadum insula Skopelos (Leon.); Cycladum insula: Cythnos, Keos, Jos, Tenos (Heldr.), Amorgos (Orph.); Argolis: pr. Vromolimni in peninsula Methana (Heldr.); Messenia: pr. Kalamata, Diabolitzi (Zahn); Elis: in colle Chlemutzi (Heldr.); in Strophadum insula majore (Reiser); Zante (Marg.) — Typus dein indicatur in Peloponneso: iusula Poros (Friedr.), ad fluvium Eurotas, in Zarnate, pr. Methone, Corone, Messene (Chaub.); Creta: pr. Canea, Malaxa, Istovai ad promontorium Sidero (Raul.). — Maio, Jul. ⊙

2. **F. spathulata** Presl. del prag. p. 93; Weiss in z. b. G. 1869 pag. 41; Bois. fl. or. III. p. 246; Hal. Beitr. fl. Aetol. p. 7, Beitr. fl. Achaia p. 24 (*f. decalvans*), in ö. b. Z. 1897 p. 95; Haussk. symb. p. 112, cum *f. affinis*, caulibus pumilis erectis, dense foliatis, foliis abbreviatis, cauli adpressis; Form. in Ver. Brünn 1896 p. 46, 1897 p. 34. — *F. Jussiaei* Coss. et Germ. in ann. sc. nat. ser. 2 XX. p. 284, t. 13; Clem. sert. p. 60.

Differt a praecedente foliis oblongo-spathulatis, basi attenuatis; glomerulis e capitulis 12—15 constantibus, foliis floralibus eis longioribus involucratis; involucri basi vel ultra medium lanati, ovoidei, acutiuscule pentagoni, phyllis adpressis, carinatis, longe subulato-acuminatis, acuminibus subpatulis.

α. **typica.** — Simplex vel a collo pluricaulis; caulibus erectis vel basi adscendentibus, 30 cm. usque altis, apice vel a medio ramosis. — Exsicc.: Heldr. herb. norm. n. 849, mixta cum var. *β*.; Dörfl. pl. cret. n. 143.

β. **prostrata** Parl. pl. nov. p. 11; Raul. cret. p. 785; pro sp. onn DC. pr. VI. p. 249; Bois. fl. or. III. p. 246; Heldr. fl. cephal. p. 44, Fl. Aegina p. 303; Haussk. symb. p. 112. — Prostrata, ramosissima, glomeruli numerosi, saepe contigui, phylla praeter cuspidem lanata. — Intermediis ad typumtransit. Exsicc.: Heldr. herb. norm. n. 531.

γ. **siria** Heldr. herb. norm. n. 1443. — Pusilla, a collo ramosa, glomeruli parvi, involucri basi lanati phyllis glabriusculis, nitidis, brevius acuminatis vel tantum acutis. — An species propria.

In herbidis, campis, dumosis regionis inferioris et montanae. Epirus: mt. Peristeri (Form.); Thessalia: pr. Orman Magula, Pharsalum (Heldr.), pr. Neraida, mt. Pelion (Form.); Sporadum insula Scopelos (Leon.); Aetolia: pr. Mesolongion (Nied.), mt. Taphiassos (Hal.); Boeotia: pr. Mulki (Heldr.); Attica: pr. Athenas, Eleusis (Haussk.), mt. Pentelicon (Clem.), in valle Cephissi (Heldr.); Acrocorinthus (Haussk.); Achaia: mt. Olenos (Hal.); Cycladum insula Syra (Weiss); Creta: pr. Canea (Weiss), Males distr. Hierapetra (Leon.); — β. typo vulgatior, Thessalia: pr. Trikala, Sophates, Aivali, Pharsalus (Haussk.); Attica: pr. Athenas, Eleusis, mt. Pentelicon, insula Aegina (Heldr.); Argolis: peninsula Methana (Haussk.); Arcadia: pr. Carithena (Prinopulos); Messenia: pr. Kalamata (Zahn); Cycladum insula Keos, Cythnos, Tenos (Tuntas); Creta: pr. Francocastello, Rhodakino, mt. Aphendi Kavutsi (Raul.); Cephalonia: in oropedio Omala (Heldr.); — γ. insula Keos, in rimis humentibus pr. urbem (Heldr.). — Apr. Jul. ☉

Obs. Formas hybridas: *F. canescens* × *spathulata* (*F. intermedia*) et *F. eriocephala* × *spathulata* (*F. similata*) Haussk. symb. p. 113, observavit auctor pr. Pharsalum Thessaliae et pr. Vromolimni in peninsula Methana Argolidis.

b. Receptaculum breve, applanatum; involucri phylla 3 rarius 4-seriata, non cuspidata, in capitulo fructifero stellatim patentia.

3. **F. arvensis** L. sp. p. 856 (*Gnaphalium*); L. sp. in add. p. ult. post indicem n. 5; Form. in D. bot. Mon. 1890 p. 18, in Ver. Brünn 1896 p. 46, 1897 p. 34. — Icon: Fl. dan. t. 1275. — Exsicc.: N. v.

Molliter lanato-tomentosa; caulibus erectis, stricte paniculatis; foliis lineari-lanceolatis, acutis, floralibus glomerulos aequantibus; glomerulis oligocephalis, lateralibus terminalibusque; involucri ovati phyllis subbiseriatis, externis subfoliaceis, internis longioribus, scariosis, obtusiusculis, lanatis, apice glabrescentibus; acheniis liberis.

β. **lagopus** Steph. in Willd. sp. III. p. 1897 pro sp. (*Gnaphalium*); DC. pr. VI. p. 249; Bois. fl. or. III. p. 247; Haussk. symb. p. 113; Bald. riv. coll. bot. Alb. 1895 p. 47; Form. in Ver. Brünn 1897 p. 34. — *F. lagopus* Parl. pl. nov. p. 13; Raul. cret. p. 785, *v. alpina*. — Folia latiora, capitula minus aggregata, saepe solitaria, dense floccoso-lanata. — Exsicc.: Heldr. herb. norm. n. 347, it. thessal. n. 8; Orph. fl. gr. n. 776; Bald. it. alb. epir. III. n. 162; Sint. it. thessal. n. 590. —

In aridis, vineis, nemorosis siccis regionis inferioris, in alpinam usque adscendens. Thessalia: pr. Velitsena, Malakasi, Makrichori, Kalabaka, Vlachava, Kritsotades, mt. Cuka in mt. Chassia, Larissa, Volo (Form.); — β. Epirus: mt. Tsumerka (Bald.); Thessalia: mt. Zygos, pr. Malakasi, monasterium Korona (Haussk.), Phlambures et Mitrica in mt. Chassia (Form.), in cacumine mt. Pelion (Heldr.); mt. Parnassus, Pateras, Hymettus (Heldr.); Laconia: mt. Malevo pr. Castanitza (Orph.); Creta: mt. Ida (Raul.). — Jun. Aug. ☉

4. F. gallica L. sp. p. 857; S. et S pr. II. p. 171; Ch. et B. exp. p. 246, Fl. pelop. p. 57; (*Gnaphalium*); L. sp. in add. p. ult. post indicem n. 6; Urv. enum. p. 109; Weiss in z. b. G. 1869 p. 42; Raul. cret. p. 785; Bois. fl. or. III. p. 248; Form. in D. bot. Mon. 1890 p. 18, in Ver. Brünn 1896 p. 46; Haussk. symb. p. 113; Heldr. fl. Aegina p. 393, Chlor. Mykonos p. 245. — *F. tenuifolia* Presl del. prag. p. 101; Raul. cret. p. 785. — ? *F. minima* Form. in D. bot. Monat. 1890 p. 18, vix Fr. — Icon: Rchb. germ. t. 947. — Exsicc.: Orph. fl. gr. n. 775.

Adpresse albo-tomentosa, subsericea; caulibus erectis, saepe jam a basi ramosis, ramis gracilibus; foliis lineari-subulatis, floralibus glomerulos superantibus; glomerulis oligocephalis, lateralibus terminalibusque; involucri obtuse pentagoni phyllis triseriatis, externis herbaceis, internis longioribus, scariosis, obtusis, glabrescentibus; acheniis marginalibus phyllorum involucri omnino cinctis, ceteris liberis.

In campis, collibus aridis regionis inferioris et montanae. Thessalia: pr. Karditza, Palaeokastro, Korona, Kalabaka, Meteora (Haussk.), Han Kukleus in valle Penei, pr. Larissa, Makrichori, Patsios in Olympo (Form.), Caterina (Orph.); mt. Parnassus pr. Krisso (Guicc.); Attica: mt. Pentelicon, Hymettus (Haussk.); pr. Kurbatzi Euboeae (Wild.); insula Aegina, peninsula Methana Argolidis, pr. Patras Achaiae, pr. Chlemutzi Elidis (Heldr.); mt. Diaforti, mt. Kupe pr. Pylos (Chaub.), pr. Kalamata (Zahn); Cycladum insula Keos, Jos, Tenos (Heldr.). Cythnos (Tunt.), Melos (Urv.); Creta (Sibth.): pr. Enneachoria, Canea, Akroteri, Malaxa, Pilialimata (Raul.). — Apr. Aug. ☉.

17. Evax Gaertn. fr. II. p. 393.

a. Folia floralia glomerulis longiora.

1. E. pygmaea L. sp. ed. 2 p. 1311; S. et S. pr. II. p. 107; (*Filago*); Pers. syn. II. p. 422; Marg. et R. fl. Zante p. 56; Friedr. Reise p. 270; Fraas fl. class. p. 209; Weiss in z. b. G. 1869 p. 42; Raul. cret. p. 778; Bois. fl. or. III. p. 242; Spreitz. in z. b. G. 1877 p. 713, 1887 p. 662; Heldr. fl. cephal p. 44, Fl. Aegina p. 304; Gelmi in bull. soc. bot. ital. 1889 p. 450; Hal. Beitr. fl. Achaia p. 24, in ö. b. Z. 1895 p. 412, 1897 p. 95, 1899 p. 25; Haussk. symb. p. 118. — *Micropus pygmaeus* Desf. atl. II. p. 307; Urv. enum. p. 109; Ch. et B. exp. p. 246, Fl. pelop. p. 58. — Icon: Fl. gr. t. 921. — Exsicc.: Orph. fl. gr. n. 188; Baen. herb. europ. n. 9256; Dörfl. pl. cret. n. 17. —

Cano-tomentosa, simplex vel a collo ramosa; caule 1—5 cm. alto; foliis oblongo-spathulatis, oblongis, obtusis; capitulis in glomerulos terminales conglobatis, rarius solitariis; involucri phyllis paleisque dorso glabriusculis, ovatis, acuminatis, apice abrupte patulis; receptaculo elongato; acheniis obovatis, margine scabriusculis.

In arenosis, rupestribus, pascuis siccis regionis inferioris. Aetolia: pr. Mesolongion (Nied.), Krioneri ad sinum Patranum (Reis.); Attica:

ad Phalerum (Orph.), Piraeum (Heldr.), Geraka in planitie Mesogia; ad Acrocorinthum (Haussk.), Neocorinthum (Heldr.); insula Aegina: cap Perdicca (Friedr.); Achaia: pr Patras (Hal.), mt. Corphi (Orph.); Elis (Sibth.); Messenia: pr. Diabolitzi (Zahn), Arcadia, Methone, Messene, Zarnate (Chaub.); mt. Parnon (Fraas); Argolis (Sprun.); Sporadum insula Skiathos (Leon.); Cycladum insula: Keos (Heldr.), Cythnos, Mykonos (Tunt.), Syra (Weiss), Melos (Urv.); Creta: pr. Canea (Weiss), Akroteri (Raul.), Anatoli distr. Hierapetra (Leon.); Strophadum insula major (Reis.); Zante (Marg.); Cephalonia: pr. Argostoli, Pessada, Piscardo (Heldr.); Corcyra: pr. Benizze, cap Bianco (Spreitz.), Palaeokastrizza (Baen.). — Mart. Jun. ☉

b. Folia floralia glomerulis aequilonga vel breviora.

2. E. exigua S. et S. pr. II. p. 207 (*Filago*); DC. pr. V. p. 458; Parl. in ann. sc. nat. Paris 1841 p. 300; Bois. fl. or. III. p. 244; Heldr. chlor. Thera p. 14. — *Micropus exiguus* Urv. enum. p. 109. — *Filago congesta* Guss. in DC. pr. VI. p. 248; ex ipso in Fl. sic. syn. II. p. 460. — Icon: Fl. gr. t. 922.

Cano-tomentosa, a collo breviter ramosa; caule vix bipollicari; foliis oblongo-spathulatis, obtusis; capitulis in glomerulos terminales dense congestis, paucifloris; involucri phyllis externis lanatis, paleisque externis concavis, subcarinatis, acuminatis, internis obtusis, glabris; receptaculo brevi; acheniis oblongis scabriusculis.

In Archipelagi insulis (Sibth.); in summo vulcano novae Camini pr. Thera (Urv.). —' Maio. ☉ N. v.

3. E. perpusilla Bois. et Heldr. diagn. ser. 2, III. p. 18, Fl. or. III. p. 245; Heldr. chlor. Parn. p. 20. -- Exsicc.: Heldr. herb. norm. n. 244; Orph. fl. gr. n. 329.

Molliter lanato-tomentosa, simplex vel a collo pauciramosa; caule 5—20 mm. alto; foliis oblongis, obtusis; capitulis in glomerulos parvos dense congestis, paucifloris; involucri phyllis paleisque oblongis, concavis, obtusis, praeter basin glabram albo-lanatis; receptaculo brevi; acheniis ovato-oblongis, papilloso-hirtis. — A praecedentibus phyllis et paleis obtusis egregie differt.

In pascuis siccis regionis abietinae mt. Parnassus pr. Hagios Nicolaos, nec non in regione superiori pr. Messino nero (Orph.). — Jun, Jul. ☉

18. Micropus L. gen. n. 996.

1. M. erectus L. sp. in add. p. ult. post indicem n. 2; S. et S. pr. II. p. 208; Ung. Reise p. 123; Bois. fl. or. III. p. 241. — Icon: Lam. ill. III. t. 694. — Exsicc.: Orph. fl. gr. n. 773 (Macedonia).

Molliter lanato-tomentosus; caule erecto, strictiuscule ramoso vel a collo ramoso, ramis diffusis; foliis oblongis, margine undulatis, floralibus glomerulos superantibus; glomerulis globosis, lateralibus terminalibusque; involucri phyllis oblongis, obtusis, lanatis. — *Filagini arvensi* similis, sed acheniis epapposis ab ea statim diagnoscenda.

In variis Archipelagi insulis (Sibth.) et in Cephalonia (Ung.). — Maio, Jul. ☉. N. v.

2. **M. bombycinus** Lag. gen. et sp. p. 32; Bois. fl. or. III. p. 241; Spreitz. in z. b. G. 1887 p. 662. — Icon: Rchb. germ. t. 943. — Differt a praecedente lana copiosiori et longiori; foliis non undulatis, floralibus glomerulos non superantibus.

In aridis. Attica: mt. Kerata pr. Eleusis (Heldr.); Achaia: pr. Trikala (Heldr.); Leucas: pr. San Giovanni (Spreitz.). — Maio, Jul. ☉. N. v.

4. Tribus. HELIANTHEAE Less. syn. p. 221.

19. Bidens L. gen. n. 932.

1. **B. tripartita** L. sp. p. 831; Form. in D. bot. Monat. 1890 p. 16. — Icon: Fl. dan. t. 2178. — Exsicc.: Heldr. pl. fl. hellen. a. 1898.

Glabriuscula; caule erecto, ramoso; foliis petiolatis, tripartitis, segmentis lanceolatis, dentatis; capitulis erectis, solitariis, discoideis; acheniis biaristatis.

In paludosis, ad fossas, rare. Thessalia: pr. Trikala (Form.); Messenia: inter Kalamata et Nisi (Zahn). — Jul. Nov. ☉.

2 **B. cernua** L. sp. p. 832; Hal. in ö. b. Z. 1890 p. 39; Bald. riv. coll. bot. Alb. 1896 p. 65. — Icon: Fl. dan. t. 841. — Exsicc.: Sint. et Bornm. it. turc. n. 1289.

Glabriuscula; caule erecto, ramoso; foliis sessilibus, indivisis, lanceolatis, dentatis; capitulis cernuis, solitariis, radiatis vel discoideis; acheniis quadriaristatis.

In paludosis, ad fossas, rare. Epirus: ad lacum Janina (Bald.); Thessalia: ad Braiabalti pr. Litochori (Sint.). — Jul. Nov. ☉.

Obs. *Helianthus tuberosus* L. sp. p. 904; Heldr. Nutzpfl. p. 26. — Colitur pr. Athenas (Heldr.). —

5. Tribus. ANTHEMIDEAE Cass. opusc. phyt. III. p. 61.

20. Diotis Desf. fl. atl. II. p. 261.

1. **D. maritima** L. sp. p. 927 (*Filago*); Sm. engl. fl. III. p. 403; Bois. fl. or. III. p. 253; Hal. in ö. b. Z. 1895 p. 411; Heldr. in ö. b. Z. 1898 p. 184, chlor. Mykonos p. 245. — *Athanasia maritima* L. sp. ed. 2 p. 1182. — *Santolina maritima* Sm. fl. brit. II. p. 860; S. et S. pr. II. p. 165; Sieb. avis p. 5; Ch. et B. exp. p. 245, Fl. pelop. p. 57; Fraas fl. class. p. 208. — *D. candidissima* Desf. l. c.; Sieb. avis rem. p. 6; Raul. cret. p. 782; Spreitz. in z. b. G. 1887 p. 662; Bald. viagg. Creta p. 62. — *Otanthus maritimus* Lk.

fl. port. II. p. 365. — Icon: Fl. gr. t. 850. — Exsicc.: Sint. et Bornm. it. turc. n. 1282; Dörfl. fl. aeg. n. 131.

Albo-pannosa, basi suffruticosa; caulibus erectis vel adscendentibus simplicibus vel parce ramosis; foliis oblongis, semiamplexicaulibus, obtusis, integris; capitulis globosis, breviter pedunculatis, in corymbum dispositis; floribus luteis.

In arenosis maritimis. Thessalia: pr. Litochori (Sint.), pr. Zagora ad mt. Pelion (Aphent.); Sporadum insula Psathura (Reis.); Aetolia: pr. Mesolongion (Nied.); Attica: ad Phalerum (Fraas), Raphina, Laurion (Heldr.), Sunium (Chaub.), Salamis (Orph.); Argolis: peninsula Methana (Chaub.); Messenia: pr. Gialova (Zahn); Cycladum insula: Mykonos (Sart.), Tenos (Chaub.), Naxos (Reis.); Creta: pr. Kissamos, Platania, Rethymo, insula Dia, promontorium Sidero (Raul.); Zante (Mazz.); Corcyra: pr. Pelleca (Spreitz.). — Maio, Aug. ♄.

21. Achillea L. gen. n. 646.

Dispositio specierum:

1. Sectio. *Ptarmica* Tourn. — Ligulae 8—10, albae, saepius magnae et involucro aequilongae. Foliorum segmenta non transverse imbricata.

    a. Folia subintegerrima vel minute crenata vel subpinnatifida; capitula majuscula plerumque solitaria, rarissime 2—3 in corymbo laxiusculo.

        1. **A. ageratifolia** S. et S.   2. **A. aizoon** Griseb.

    b. Folia pinnatim partita vel secta, rarissime integra; capitula parva, fere semper numerosa, corymbosa, rarissime pauca vel solitaria.

        α. Caulis et folia plus minus tomentosa vel sericea, cana.

          × Ligulae adultae involucro aequilongae.

        3. **A. Clavennae** L.   4. **A. umbellata** S. et S.

          ×× Ligulae involucrum dimidium aequantes.

            ○ Folia inferiora pectinatim pinnatipartita segmentis integris, superiora integra.

        5. **A. Barbeyana** Heldr. et Heim.

            ○○ Folia inferiora bipinnatisecta, superiora pinnatisecta.

    6. **A. ambrosiaca** Bois. et Heldr.   7. **A. Fraasii** Schultz.

        β. Caulis et folia glabra vel hirtula, viridia.

        8. **A. olympica** Heim.   9. **A. abrotanoides** Vis.

2. Sectio. *Millefolium* Tourn. — Ligulae 4—5, rarissime numerosiores, albae vel flavae, involucro saepissime dimidio breviores, interdum brevissimae.

    a. Ligulae 4—5, albae vel dilute ochroleucae; foliorum segmenta non transverse imbricata.

        α. Foliorum segmenta utrinque 3—8, lata.

        10. **A. grandifolia** Friv.   11. **A. ligustica** All.

        β. Foliorum saltem inferiorum segmenta numerosa, angusta.

          × Folia ambitu ovalia vel oblongo-ovalia.

        12. **A. nobilis** L.   13. **A. odorata** L.

          ×× Folia ambitu oblongo- vel lineari-lanceolata, rhachide edentula.

14. **A. crithmifolia** W. et K. 15. **A. fililoba** Freyn. 16. **A. setacea** W. et K.

    b. Ligulae 4—5, flavae.

        α. Foliorum segmenta non transverse imbricata.

× Ligulae involucro duplo vel parum breviores.
17. **A. absinthoides** Hal.   18. **A. holosericea** S. et S.
×× Ligulae minimae, involucro multo breviores.
◠ Folia oblonga, indivisa, serrata.
19. **A. ageratum** L.
◯◯ Folia pinnatisecta.
. Caules herbacei; corymbus majusculus.
20. **A. clypeolata** S. et S.   21. **A. coarctata** Poir.
.. Caules basi suffruticosi; corymbus parvus.
22. **A. aegyptiaca** L.
β. Foliorum segmenta transverse imbricata.
23. **A. chrysocoma** Friv.
c. Ligulae 6—10, albae; foliorum segmenta transverse imbricata.
24. **A. cretica** L.

1. Sectio. *Ptarmica* Tourn. inst. t. 283. — Ligulae 8—10, albae, saepius magnae et involucro aequilongae. Foliorum segmenta non transverse imbricata.

   a. Folia subintegerrima vel minute crenata vel subpinnatifida; capitula majuscula, plerumque solitaria, rarissime 2—3 in corymbo laxiusculo.

1. **A. ageratifolia** S. et S. pr. II. p. 191, Fl. gr. IX. p. 68, t. 888; Raul. cret. p. 780 (*Anthemis*); Bois. fl. or. III. p. 275. — *Ptarmica ageratifolia* Nym. consp. p. 364. — *A. ageratifolia subsp. euageratifolia* Heim. monogr. ptarm. p. 21. — Exsicc.: Orph. fl. gr. n. 781; Sint. it. or. a. 1889 n. 1826.

Adpresse cano-tomentosa, caespitosa; caulibus adscendentibus, simplicibus, remote foliatis; foliis anguste linearibus, basi apiceque attenuatis, pectinatim et crebre pinnatifidis, segmentis brevissimis, rhachide brevioribus, saepe ad crenas reductis, foliis summis integris subintegrisve; capitulo majusculo, hemisphaerico, 15—25 mm. diametro; involucri phyllis pallidis, villosulis, oblongis, obtusiusculis, margine anguste fuscescenti-scariosis; ligulis oblongis, tricrenatis, involucro sublongioribus.

In rupestribus regionis mediae mt. Olympus Thessaliae supra Hagios Dionysios (Orph.); indicatur a Sibthorp in Creta, sed ut videtur per errorem. — Jul. Aug. ♃.

2. **A. aizoon** Griseb. Reise Rumel. II. p. 165 (*Ptarmica*). — *Anthemis aizoon* Griseb. sp. II. p. 210. — *Anth. aizoides* Bois. et Orph. in Orph. fl. gr. exs. n. 244. — *Ach. ageratifolia β. aizoon* Bois. fl. or. III. p. 276. — *Ach. ageratifolia subsp. aizoon* Heim. monogr. ptarm. p. 22. — Exsicc.: Orph. l. c.; Heldr. herb. norm. n. 611. —

Differt a praecedente foliis innovationum lineari-lingulatis, apicem versus latioribus, nec attenuatis, minutissime crenulatis vel subintegris.

In rupestribus regionis alpinae mt. Parnassus loco Dakalia (Heldr.) et Mavralitharia (Orph.) dicto. — Jun. Jul. ♃.

b. Folia pinntim partita vel secta, rarissime integra; capitula parva, fere semper numerosa, corymbosa, rarissime pauca vel solitaria.

α. Caulis et folia plus minus tomentosa vel sericea, cana.

× Ligulae adultae involucro aequilongae.

3. A. Clavennae L. sp. p. 897; Bald. riv. coll. bot. Alb. 1895 p. 48. — *A. capitata* Willd. tract. achill. p. 12, t. 1. — *A. Clavennae v. capitata* Heim. monogr. ptarm. p. 41; Hal. Beitr. fl. Epir. p. 27; Form. in Ver. Brünn 1896 p. 45. — *Ptarmica Clavennae* DC. pr. VI. p. 21. — Exsicc.: Hal. it. gr. II. a. 1893; Bald. it. alb. epir. III. n. 160.

Adpresse subsericeo-tomentosa, caespitosa; caulibus erectis vel adscendentibus, simplicibus, superne subnudis; foliis inferioribus oblongocuneatis, basi attenuatis, pinnatifidis, segmentis oblongis, obtusis, integris, foliis superioribus dentatis vel integris, sessilibus; corymbo simplici, rarius composito; involucri glabriusculi phyllis nigro-marginatis; ligulis oblongis vel obovatis, integris vel obsolete crenatis.

β. **pindicola** Haussk. symb. p. 109. — Caules glabrati, folia juniora tantum subcinerea, adulta glabrata, involucri phylla glaberrima. — Exsicc.: N. v.

γ. **integrifolia** Hal. Beitr. fl. Epir. p. 27; Bald. riv. coll. bot. Alb. 1895 p. 48; Form. in Ver. Brünn 1896 p. 45. — Folia omnia integerrima. — Varietas insignis; occurrit quoque (f. *depauperata*), caule monocephalo. — Exsicc.: Hal. it. gr. II. a. 1893.

In rupestribus regionis alpinae. Epirus: mt. Tsumerka et Peristeri (Hal.); — *β.* mt. Karava in Pindo (Haussk.); — *γ.* mt. Peristeri (Hal.). — Jul. Aug. ♃.

3 × 7. A. Clavennae × Fraasii (A. Kerneri) Hal. Beitr. fl. Epir. p. 27, t. 2. — Ab *A. Clavennae* tomento copiosiori longiori, foliis pinnaticectis, segmentis linearibus integris vel dentatis; — ab *A. Fraasii* foliis minus dissectis corymbo laxo, capitulis majoribus et ligulis longioribus, involucro aequilongis, distincta. — In regione alpina mt. Peristeri in Epiro, ubi caespitem unicum tantum legi (Hal.).

4. A. umbellata S. et S. pr. H. p. 192; Schultz in Flora XXV. Beibl. p. 159; Bois. fl. or. II. p. 276; Hal. in z. b. G. 1888 p. 758, Beitr. fl. Achaia p. 24; Heldr. chlor. Parn. p. 20. — Exsicc.: Heldr. herb norm. n. 401, 1348 et 1550; Orph. Fl. gr. n. 44; Dörfl. fl. gr. n. 418.

Molliter albo-tomentosa, opaca, caespitosa; caulibus erectis vel adscendentibus, simplicibus, superne subnudis; foliis inferioribus ovatospathulatis, petiolatis, pinnatifidis vel-partitis, segmentis subspathulatoovatis oblongisve, obtusis, saepissime integris, foliis superioribus brevius dentatis, sessilibus; corymbo simplici vel composito; involucri hirtuli phyllis fusco-marginatis; ligulis ovatis, integris vel obsolete crenatis. —

A praecedente indumento molliori, non sericeo, foliis inferioribus latioribus brevioribusque, basi non attenuatis, segmentis plerumque subspathulatis, relative multo longioribus specifice distincta. Occurrit quoque interdum caule monocephalo (*A. umbellata v. monocephala* Heldr. in Heim. monogr. ptarm. p. 44). —

β **pauciloba** Heldr. in Heim. l. c. p. 45. — *A. Millii* Heldr. in sched. — Folia calvescentia, segmentis utrinque perpaucis munita. — Exsicc,: Heldr. it. gr. septentr. a. 1879.

γ. **major** Bois. fl. or. III. p. 276. — *A. major (grandifolia* × *umbellata)* Heim. l. c. p. 45, t. 3. — Elatior, foliis majoribus, minus tomentosis, virescentibus, segmentis varie incisis integrisve, corymbo composito. — Meo sensu varietas luxurians, umbrosa, subalpina, intermediis cum typo conjuncta, nec hybrida. — Exsicc.: Heldr. reliqu. Orph. a. 1887.

Ad rupes regionis alpinae et subalpinae. Phthiotis: mt. Oeta (Heldr.); Doris: mt. Kiona (Hal.), mt. Parnassus (Heldr.); Euboea: mt. Xerovuni (Fraas), mt. Dirphys (Pichl.); Achaia: mt. Kyllene (Heldr.), Chelmos (Hal.), pr. Megaspilaeon f. *monocephala* (Mill.); Elis: mt. Olenos (Heldr.); Laconia: mt. Malevo (Orph.), Taygetos (Heldr.); — β. mt. Korax Aetoliae (Heldr.); mt. Chelmos Achaiae (Orph.); — γ. pr. Hagios Vlasios in mt. Kyllene (Orph.). — Jun. Aug. ♃.

×× Ligulae involucrum dimidium aequantes.

○ Folia inferiora pectinatim-pinnatipartita segmentis integris, superiora integra.

5. **A. Barbeyana** Heldr. et Heim. in Heim. monogr. ptarm. p. 49, t. 2. — *A. Boissieriana* Heldr. it. gr. septentr. a, 1879, non *A. Boissieri* Haussk. in Bois. fl. or. III. p. 272. —

Adpresse sericeo-villosa, nitens, caespitosa; caulibus humilibus, 5—15 cm. altis, erectiusculis simplicibus, superne subnudis; foliis inferioribus anguste-lanceolatis, in petiolum attenuatis, pectinatim pinnatipartitis, segmentis angusto-lanceolatis, acutis, integris, foliis superioribus diminutis, linearibus, integris, sessilibus; corymbo simplici, denso; involucri villosi phyllis nigro-marginatis; ligulis transverse latioribus, 2—3 crenatis. — Species elegans, indumento sericeo-nitido, foliis inferioribus simpliciter pinnatipartitis, superioribus integris insignis.

Ad summum cacumen mt. Korax Aetoliae rarissime (Heldr.). — Jul. Aug. ♃.

○○ Folia inferiora bipinnatisecta, superiora pinnatisecta.

6. **A. ambrosiaca** Bois. et Heldr. diagn. ser. 2, III. p. 19 (*Ptarmica*); Bois. fl. or. III. p. 276. — Icon: Rouy ill. p. 53 t. 59. — Exsicc.: Heldr. herb. n. 2469; Orph. fl. gr. n. 780.

Cano-tomentosa, opaca, caespitosa; caulibus 10—20 cm. altis, adscendentibus, simplicibus vel ramulo auctis, superne subnudis; foliis inferioribus oblongo-lanceolatis, petiolatis, in lacinias breviter oblongolineares, obtusas bipinnatisectis, superioribus pinnatisectis, sessilibus;

corymbo simplici, denso; involucri campanulati, crispule hirtuli phyllis fusco-marginatis; ligulis suborbicularibus, tricrenatis.

In rupestribus regionis alpinae mt. Olympus Thessaliae (Heldr.). — Jul. Aug. ♃.

7. **A. Fraasii** Schultz in Flora 1842 I. p. 159; Bois. fl. or. III. p. 277; Hal. in z. b. G. 1888 p. 758, Beitr. fl. Epir. p. 26; Heldr. chlor. Parn. p. 20; Haussk. symb. p. 109; Bald. riv. coll. bot. Alb. 1895 p. 48, 1896 p. 66. — *A. nivea* Sprun. in Flora 1842 II. p. 638. — *Ptarmica Fraasii* Nym. consp. p. 364. — *A. Neumayeri* Heldr. in sched. ex Heim. monogr. ptarm. p. 51. — Exsicc.: Orph. fl. gr. n. 250; Heldr. herb. norm. e. 603 ot 1349; Sint. it. thessal. n. 727; Dörfl. fl. gr. n. 317.

Sericeo-tomentosa, opaca vel subnitens, caespitosa; caulibus 10—40 cm. altis, erectis vel adscendentibus, simplicibus, superne subnudis; foliis inferioribus oblongo- vel lineari-lanceolatis, petiolatis, in lacinias 2—3 fidas et integras obtusas bipinnatisectis, superioribus, pinnatipartitis, sessilibus; corymbo composito, denso; involucri subcylindrici, hirti, phyllis pallide fusco-marginatis; ligulis transverse latioribus, tricrenatis. — Differt a praecedente caulibus robustioribus, indumento subsericeo, foliis angustioribus, capitulis numerosioribus, subcylindricis, in corymbum densiorem compositum congestis.

In saxosis regionis subalpinae et alpinae. Epirus: mt. Micikeli, Olycika (Bald.), Tsumerka, Strungula, Peristeri (Hal.), mt. Plaka (Sint.); Thessalia: mt. Ghavellu, Karava (Haussk.), Phteris (Neumayer), mt. Oeta (Heldr.); Aetolia: mt. Tymphrestus (Fraas), Korax (Leon.); Doris: mt. Kiona (Hal.); mt. Parnassus (Heldr.); Achaia: mt. Kyllene, Chelmos (Orph.); Laconia: mt. Malevo (Leon.); Zante: mt. Daphni (Mazz.); Leucas (Vrioni); Corcyra: ad Fano (Mazz.). — Jun. Jul. ♃.

β. Caulis et folia glabra vel hirtula, viridia.

8. **A. olympica** Heim. monogr. ptarm. p. 33; Bois. fl. or. suppl. p. 296; pro subspec. *A. moschatae* Wulf. — ? *A. moschata* S. et S. pr. II. p. 193. —

Caulibus erectis, simplicibus superne subnudis, cum pedunculis dense glanduliferis; foliis glabris, caulinis petiolatis, oblongo-ellipticis. pectinato-pinnatipartitis, segmentis lineari-oblongis, obtusiusculis, antice breviter attenuatis, inferioribus integris, mediis saepe lacinulis paucis auctis; corymbo dense conferto, oligocephalo; involucri glaberrimi phyllis rufo-brunneo marginatis, ligulis rotundatis, truncatis, involucro duplo brevioribus. — Ex binis speciminibus incompletis tantum nota.

In saxosis, ad nives aeternas mt. Olympus Thessaliae (Heldr.). — Jul. Aug. ♃. N. v.

9. **A. abrotanoides** Vis. fl. dalm. II. p. 81; Bald. riv. coll. bot. Alb. 1896 p. 66. — *Ptarmica abrotanoides* Vis. fl. dalm. t. 10. — Bald. it. alb. a. 4892 n. 142, it. alb. epir. IV. n. 174.

Caulibus erectis, simplicibus, pubescentibus, ad apicem usque decrescenti-foliatis; foliis breviter pubescentibus, oblongis, in lacinias angusto-lineares acutas divergentes bipinnatisectis, inferioribus petiolatis, superioribus sessilibus, pinnatifidis; corymbo composito, laxo; involucri phyllis puberulis, subconcoloribus; ligulis suborbicularibus, tricrenatis, involucrum aequantibus.

In rupestribus regionis subalpinae et alpinae. Epirus: mt. Papignon et Gamila distr. Zagorion ad confines ditionis nostrae, nec non mt. Kiore Acrocerauniae (Bald.). — Jun. Aug. ♃.

2. Sectio. *Millefolium* Tourn. inst. t. 283. — Ligulae 4—5, (rarissime numerosiores), albae vel flavae, involucro saepissime dimidio breviores, interdum brevissimae.

a. Ligulae 4—5, albae vel dilute ochroleucae; foliorum segmenta non transverse imbricata.

a. Foliorum segmenta utrinque 3—8, lata.

10. **A. grandifolia** Friv. in Flora 1836 p. 433; Bois. fl. or. II. p. 258, Heldr. in Sitzungsber. acad. Wiss. Berlin 1883 p. 4, chlor. Parn. p. 20; Haussk. symb. p. 110. — *A. pallescens* DC. pr. VII. p. 296 et *A. silvatica v. subvelutina* DC. l. c. p. 295, sec. Bois. l. c. — Cf. Celak. in Sitzungsb. böhm. Ges Wiss. 1887 p. 441. — Exsicc.: Orph. fl. gr. n. 339; Heldr. herb. norm. n. 703; Sint. it, thessal. n. 723.

Adpresse pubescens; caule elato, simplici, ad apicem usque foliato; foliis amplis, ambitu late ovato-oblongis, pinnatisectis, segmentis utrinque 4—8, secus rhachidem late alatam integram decurrentibus, cuneato-lanceolatis, dentato-lobatis, dentibus utrinque 2—4 acutis vel obtusiusculis; corymbo composito; involucri ovati hirtuli phyllis pallidis, obtusis, externis ovatis, caeteris oblongis; ligulis albis, involucrum dimidium aequantibus. — Planta graeca a balkanica capitulis majoribus differt.

In silvaticis regionis montanae et subalpinae. Thessalia: in valle Negerli pr. Chaliki (Sint.), ad monasterium Korona in Pindo (Haussk.), pr. Kissos et Makrinitza in mt. Pelion (Heldr.); mt. Parnassus pr. Rachova (Orph.); Achaia: mt Kyllene, Olenos. — Maio, Jul. ♃.

11. **A. ligustica** All. ped. I. p. 181, t. 53; S. et S. pr. II. p. 195, Fl. gr. t. 897; Raul. cret. p. 782; Bois. fl. or. III. p. 258; Heldr. fl. cephal. p. 44; Hal. in z. b. G. 1888 p. 758, Beitr. fl. Achaia p. 24; Haussk. symb. p. 110; Bald. in bull. herb. Bois. 1896 p. 205. — *A. magna* S. et S. pr. II. p. 194, Fl. gr. t. 896; Fraas. fl. class. p. 215; non L., quae probabiliter ad formas *A. millefolii* spectat. — *A. silvatica* Ten. syll. p. 442. — Exsicc.: Orph. fl. gr. n. 750 et 1141; Heldr. herb. norm. n. 751 et 1551; Bald. it. alb. epir. III. n. 68.

Adpresse hirta, caule stricto, folioso, simplici vel apice ramoso; foliis abbreviatis, ambitu ovatis, pinnatisectis, segmentis utrinque 3—4, secus rhachidem late alatam subintegram decurrentibus, lineari-lanceolatis, pinnatifidis vel paucidentatis, dentibus acutis; corymbo composito; involucri oblongi, hirtuli phyllis pallidis, obtusis; ligulis albis, involucro dimidio brevioribus. — Caule rigido, saepius valde folioso, foliis multo minoribus, capitulis oblongis minoribus et toto habitu a praecedente egregie diversa.

In dumosis regionis montanae et subalpinae. Thessalia: ad monasterium Korona (Heldr.), in oropedio Neuropolis (Haussk.); Aetolia: mt. Tymphrestus, Korax (Fraas); mt. Kiona (Hal.), Parnassus (Sibth.); Attica: mt. Parnes (Heldr.), mt. Dirphys Euboeae (Heldr.); Achaia: pr. Saradi, Megaspilaeon, Planideri (Hal.), ad lacum Pheneon, mt. Kyllene (Heldr.); Arcadia: pr. Zatuna (Orph.); Argolis: pr. Poros (Wiedem.); Laconia: mt. Malevo pr. Castanitza (Orph.), in Alagonia (Zahn), mt. Taygetos pr. Hagios Petros (Sart.), Gaitzies (Psarides); Cyclades: mt. Pittrophoro in insula Andros (Sart.); Creta (Sibth.): ad Enneachoria (Raul.); Cephalonia: pr. Balsamata, mt. Aenos, Gerolaki supra Akoli, mt. Rhudi (Heldr.); Leucas: pr. Eukluvi (Bald.). — Jun. Aug. ♃.

β. Foliorum saltem inferiorum segmenta numerosa, angusta.
× Folia ambitu ovalia vel oblongo-ovalia.

12. A. nobilis L. sp. p. 899; Ch. et B. exp. p. 253, Fl. pelop. p. 59; Bois. fl. or. III. p. 257; Form. in D. bot. Monat. 1890 p. 17. — Icon: Rcbb. germ. t. 133. — Exsicc.: N. v.

Adpresse hirta; caule erecto, folioso, simplici vel superne ramoso; foliis ambitu ovalibus, bipinnatisectis, segmentis remotiusculis, laciniis dentatis, rachide angusta a medio ad apicem folii lobulifera; corymbo composito, denso; involucri ovati, hirtuli phyllis pallidis obtusis; ligulis albis, involucro dimidio brevioribus.

β. **Neilreichii** Kern. in ö. b. Z. 1871 p. 141; Hal. Beitr. fl. thessal. p. 13; pr. sp.; Form. in Ver. Brünn 1897 p. 33. — *A. punctata* Ten. pr. fl. neap. p. 50, non Moench. — Flores ochroleuci. — Exsicc.: Heldr. it. thessal. IV. a. 1885; Hal. it. gr. II. a. 1893.

In dumosis regionis montanae et subalpinae. Thessalia: pr. Velitsena, Kastania (Form.); Eurytania: mt. Tymphrestus (Heldr.); pr. Carithena Arcadiae, mt. Taygetos (Chaub.); — *β*. Thessalia: pr. Kastania (Hal.), monasterium Korona (Heldr.) et pr. Neochorion in mt. Agrapha (Form.); Aetolia: pr. Musinitza in mt. Korax (Heldr.). — Jun. Jul. ♃.

13. A. odorata L. sp. ed. 2 p. 1268; S. et S. pr. II. p. 195; Haussk. symb. p. 110 *v. virescens* Fenzl. in Tchib. as. min. II. p. 264 et *v. laconica* Haussk. l. c. (f. patule dense villosa). — Exsicc.: Heldr. it. thessal. IV. a. 1885.

Differt a praecedente foliorum segmentorum laciniis integris vel unidentatis, rachide edentula vel subedentula; species ambae formis intermediis conjunctae esse videntur.

In dumosis regionis montanae et subalpinae. In montibus Graeciae (Sibth.); Thessalia: pr. Chaliki, Said Pascha (Form.), mt. Zygos supra Metzovo (Heldr.), pr. Malakasi, Uranaeos, Tsungeri, Meteora, Neuropolis, Korona, Karditza (Haussk.). — Jun. Jul. ♃.

×× Folia ambitu oblongo-vel lineari-lanceolata, rhachide edentula.

14. **A. crithmifolia** W. et K. pl. rar. hung. I. p. 68 t. 66; Haussk. symb. p. 110; Form. in Ver. Brünn 1896 p. 44, 1897 p. 33. — Exsicc.: Orph. fl. gr. n. 749 (Macedonia); Heldr. it. thessal. n. 7; Sint. et Bornm. it. turc. n. 1296, 1297 et 1825; Sint. it. thessal. n. 919.

Villoso-pubescens; caule erecto, folioso, simplici vel ramoso; foliis difformibus, rosularum late oblongo-lanceolatis, bipinnatisectis, segmentis approximatis laciniis fere setaceo-linearibus, caulinis lanceolatis saepe semel pinnatisectis, segmentis abbreviatis, in lobos breviter lineari-oblongos partitis; corymbo composito, fastigiato; involucri ovato-oblongi phyllis pallidis, obtusis; ligulis albidis, involucro dimidio brevioribus.

In dumosis regionis montanae et subalpinae. Thessalia: pr. Malakasi (Sint.), Kalabaka (Haussk.), Vlachava, Phlamburo in mt. Oxya (Form.), pr. Hagios Dionysios in Olympo (Sint.), mt. Pelion (Heldr.). — Jun. Aug. ♃.

15. **A. fililoba** Freyn. in Flora 1881 p. 210; Form. in D. bot. Monat. 1896 p. 17, in Ver. Brünn 1897 p. 33; Haussk. symb. p. 110. — *A. setacea v. filifolia* Bois. fl. or. suppl. p. 295. — Exsicc.: Heldr. it. gr. septentr. a. 1879, it. thessal. a. 1885.

Villosa; caule adscendente, ad apicem usque foliato, simplici vel ramoso; foliis conformibus, oblongo-lanceolatis, bipinnatisectis, segmentis tenuissimis, elongatis, remotiusculis, laciniis fere setaceo-linearibus; corymbo composito, fastigiato; involucri ovato-oblongi phyllis pallidis, obtusis; ligulis albidis, involucro dimidio brevioribus. — A praecedente foliis, omnibus in lacinias tenuissimas bipinnatisectis, capitulis minoribus; a sequente foliis ambitu latioribus, segmentis paucioribus laxioribus discedit.

In dumosis, silvaticis regionis montanae et abietinae. Thessalia: pr. Chaliki, Klinovo in Pindo (Haussk.), pr. Mavrika et Katasara in mt. Othrys (Form.), mt. Pelion, mt. Korax Aetoliae (Heldr.). — Jul. Aug. ♃.

16. **A. setacea** W. et K. pl. rar. hung. I. p. 82, t. 80; Bois. fl. or. III. p. 256; Hal. in z. b. G. 1888 p. 758, Beitr. fl. Epir. p. 27; Heldr. chlor. Parn. p. 20; Form. in D. bot. Monat. 1890 p. 17, in Ver. Brünn 1897 p. 33; Haussk. symb. p. 110. — *A. millefolium v. setacea* Koch. syn. p. 373; Bald. riv. coll. bot. Alb. 1896 p. 65. — *A. dolopica* Freyn. et Sint. in bull. herb. Bois. V. p. 625 (f. magis lanata). — Huc spectant probabiliter: *A. millefolium* Form. in D. bot. Monat. 1890 p. 17 et *A. pannonica* Form. l. c. et in Ver. Brünn 1896 p. 44. — Exsicc.: Orph. fl. gr. n. 43 et 1142; Sint. it. thessal. n. 1061 et 1062; Heldr. herb. norm. n. 1552 a et b. —

Plus minus lanato-hirsuta; caule erecto, simplici, foliato; foliis conformibus anguste lineari-lanceolatis, bipinnatisectis, segmentis tenuibus, abbreviatis, approximatis, numerosissimis, laciniis confertis, saepe imbricatis; corymbo composito, fastigiato; involucri ovato-oblongi phyllis pallidis, obtusis; ligulis albidis, involucro dimidio brevioribus.

In collibus apricis, dumosis regionis inferioris in subalpinam adscendens. Epirus: pr. Dobra (Bald.), Vulgarelion, Mazuki (Hal.); frequens in Thessalia tota; mt. Tymphrestus (Nied.), Kiona (Hal.), Parnassus (Heldr.); Achaia: mt. Kyllene (Heldr.); pr. Zatuna Arcadiae, mt. Malevo (Orph.), mt. Xirovuni et in faucibus Langada mt. Taygetos (Zahn) Laconiae. — Maio, Aug. ♃.

    b. Ligulae 4—5, flavae.

       α. Foliorum segmenta non transverse imbricata.

       × Ligulae involucro duplo vel parum breviores.

17. **A. absinthoides** Hal. Beitr. fl. Epir. p. 27, t. 2; Bald. riv. coll. bot. Alb. 1895 p. 47. — Exsicc.: Hal. it. gr. II. a. 1893; Bald. it. alb. epir. III. n. 163.

Breviter et adpresse sericeo-hirta; caule erecto, simplici; foliis turionum radicalibusque longe petiolatis, ambitu ovatis, pinnatipartitis, segmentis infimis integris, reliquis plerumque trifidis, laciniis anguste linearibus, foliis caulinis sursum decrescentibus, superioribus sessilibus; corymbo composito, denso; involucri ovati phyllis oblongis obtusis, margine ciliatis; ligulis late obovatis, trilobis, involucrum subaequantibus. — Species valde aromatica, distinctissima, cum nulla alia comparanda.

In rupestribus regionis mediae et superioris mt. Tsumerka supra Vulgarelion loco Spathes dicto (Hal.), nec non in ejusdem montis jugo Strungula et Bresani (Bald.). — Jun. Jul. ♃.

18. **A. holosericea** S. et S. pr. II. p. 194; Bois. fl. or. III. p. 259; Hal. in z. b. G. 1888 p. 758; Beitr. fl. Epir. p. 27, in δ. b. Z. 1895 p. 409; Heldr. chlor. Parn. p. 20; Haussk. symb. p. 111; Bald. riv. coll. bot. Alb. 1895 p. 47, 1896 p. 66; Form. in Ver. Brünn 1897 p. 33. — *A. flabelliformis* S. et S. fl. gr. IX. p. 72, t. 894. — ? *A. tomentosa* Fraas. fl. class. p. 215, non L. — Exsicc.: Orph. fl. gr. n. 251, herb. n. 3715; Heldr. herb. norm. n. 302; Sint. et Bornm. it. turc. n. 1298; Sint. it. thessal. n. 724; Bald. it. alb. 1892 p. 143, it. alb. epir. IV. n. 342; Dörfl. fl. gr. n. 194.

Sericeo-villosa; caule erecto, simplici; foliis turionum radicalibusque petiolatis, ambitu obovatis oblongisve, lyratis, segmentis ovatis, incisodentatis, ab inferioribus parvis distinctis ad superiora confluentia auctis, foliis caulinis sursum descrescentibus, lanceolatis pinnatipartitis; corymbo simplici vel composito, denso; involucri ovati phyllis oblongis, obtusis, villosulis; ligulis rotundatis, trilobis, involucro duplo subtriplo brevioribus. — Species pulcherrima, nulla cum alia comparanda.

In rupestribus regionis mediae et superioris. Epirus: in mt. Acrocerauniis, mt. Gamila, Nimercka, Kuruna, Micikeli, Murga (Bald.), Peristeri, Strungula, Tsumerka (Hal.); Thessalia: mt. Plaka pr. Chaliki (Sint.), mt. Zygos (Heldr.), Karava, Ghavellu, Gionscala (Haussk.), mt. Olympus (Orph.), mt. Pirgo, Mavrika et Katasara in mt. Othrys (Form.); Aetolia: mt. Tymphrestus (Sprun.), Korax (Reiser); Doris: mt. Kiona

(Hal.), mt. **Parnassus** (Sibth.); Euboea: mt. Dirphys et Xerovuni (Heldr.); Attica: mt. Pateras, Parnes (Heldr.), Pentelicon (Sprun.); Elis: mt. Olenos (Heldr.); Achaia: mt. Kyllene (Orph.); Laconia: mt. Malevo (Orph.), Taygetos (Heldr.). — Maio, Aug. ♃

×× Ligulae minimae, involucro multo breviores.

◯ Folia oblonga, indivisa, serrata.

19. A. ageratum L. sp. p. 897; Ch. et B. fl. pelop. p. 59. — Icon: Rchb. germ. t. 122.

Glabra vel puberula, graveolens; caule erecto, folioso, simplici vel ramoso; foliis oblongis, radicalibus petiolatis, caulinis sessilibus, fasciculatis; corymbo composito, denso; involucri ovati phyllis oblongis, obtusiusculis.

Messenia: pr. Kalamata (Chaub.). — Species pro Graecia dubia, a recentioribus non lecta. — Jun. Sept. ♃

◯◯ Folia pinnatisecta.

. Caules herbacei; corymbus majusculus.

20. A. clypeolata S. et S. pr. II. p. 193, Fl. gr. IX. p. 71, t. 863; Haussk. symb. 111; Bald. riv. col. bot. Alb. 1895 p. 47, 1896 p. 66. — Exsicc.: Bald. it. alb. epir. III. n. 66, IV. n. 173.

Adpresse cano-tomentosa; caule erecto, simplici; foliis ambitu lineari-lanceolatis, pinnatisectis, inferioribus petiolatis, caulinis decrescentibus, subsessilibus, segmentis ellipticis, acute inciso-pauciserratis, secus rhachidem integram cuneato-decurrentibus, foliorum superiorum subintegerrimis; corymbo composito, denso; involucri ovati, lanati phyllis oblongis, obtusiusculis; ligulis orbiculatis, involucri 5 plo brevioribus.

In rupestribus regionis montanae et subalpinae. Epirus: mt. Kuruna distr. Lyaskovik, mt. Micikeli et ad Syraku distr. Janina (Bald.); Thessalia: mt. Ghavellu pr. Sermeniko (Heldr.). — Jun. Jul. ♃

21. A. coarctata Poir. suppl. I. p. 94; Form. in D. bot. Monat. 1890 p. 17, in Ver. Brünn 1896 p. 45, 1897 p. 33; Hal. Beitr. fl. Thessal. p. 13. — *A. compacta* Willd. sp. III. p. 2206; Heldr. in Sitzungsb. acad. Wiss. Berlin 1883 p. 4; Haussk. symb. p. 111; non Lam. dict. I. p. 27, quae ad formas *A. magnae* L. spectat. — *A. glomerata* M. B. taur. cauc. III. p. 585. — *A. velutina* Desf. cat. h. par. ed. 3 p. 180. — *A. sericea* Janka in Linnaea 1860 p. 579; Form. in D. bot. Monat. 1890 p. 18. — Exsicc.: Orph. fl. gr. n. 751 (Macedonia); Heldr. it. thessal. n. 46; Sint. it. thessal. n. 477.

Dense villosa; caule erecto, simplici, rarius ramoso; foliis ambitu lineari-lanceolatis, pinnatisectis, inferioribus petiolatis, caulinis sessilibus, segmentis numerosissimis, oblongis, in lacinias lineares obtusas pinnatipartitis, rhachide tenui, hinc inde dentifera; corymbo composito, compacto; involucri turbinati, tomentosi phyllis oblongis, obtusis; ligulis minimis. — Differt a praecedente indumento villoso, foliis angustioribus, segmentis numerosioribus minoribus pinnatipartitis et ligulis exiguis.

In collibus apricis, dumosis regionis inferioris et montanae.
Thessalia: pr. Malakasi, monasterium Korona, Kalabaka (Haussk.), Han Kriavris, Trikala, Asproklisia, Vlachava, Konisko, Kastri, Kucuro, Agia Paraskevi, Phlambures, mt. Mtrica in mt. Chassia, pr. Tyrnovo, Patsios, Tafilvris, Baraktari, Miluna et Rapsani in Olympo, pr. Kapurna, Portaria (Form.) et Volo in mt. Pelion (Heldr.). — Jun. Aug. ♃

13 × 21. **A. odorata** × **coarctata**. — *A. compacta* × *odorata* v. *virescens* (*A. tymphaea*) Haussk. symb. p. 111. — Ab *A. odorata* caule subvilloso, foliis angustioribus, oblongis, cinereo-hirtis, segmentis abbreviatis, corymbo compacto, involucro dense et molliter hirto et ligulis sulfureis; ab *A. coarctata* foliis brevioribus latioribusque, cinereo-hirtis, segmentis angustioribus, longius dentatis, corymbo minus compacto et ligulis pallidioribus, discedens.

Inter parentes in herbidis inter Kalabaka et Tsungeri Thessaliae (Haussk.). — N. v.

.. Caules basi suffruticosi; corymbus parvus.

22. **A. aegyptiaca** L. sp. p. 900; S. et S. pr. II. p. 193 p. p.; Hal. in ö. b. Z. 1895 p. 410. — *A. Tournefortii* DC. pr. VI. p. 28; excl. pl. Laconiae; Bois. fl. or. III. p. 260. — Icon: Tourn. voy. p. 87. — Exsicc.: Dörfl. fl. aeg. n. 119.

Dense cano-tomentosa, saepe pannosa; caulibus adscendentibus, simplicibus, superne subnudis; foliis ambitu linearibus, pinnatisectis, inferioribus petiolatis, caulinis decrescentibus, subsessilibus, segmentis ovato-cuneatis, lobato-crenatis vel inciso-serratis; corymbo subcomposito, denso; involucri ovati, lanati, phyllis oblongis, obtusiusculis; ligulis minimis. — *A. clypeolatae* affinis, sed omnibus partibus minor.

β. **taygetea** Bois. et Heldr. diagn. XI. p. 16, Fl. or. III. p. 261; Hal. in ö. b. Z. 1895 p. 411; pro sp. — *A. aegyptiaca* S. et S. pr. II. p. 193 p. p.; Ch. et B. exp. p. 253, Fl. pelop. p. 59. — *A. Tournefortii* DC. pr. VI. p. 28, quoad pl. laconicam. — Caulibus saepius elatioribus, foliorum indumento saepius tenuiore, segmentis saepius magis incisis. — Aliquam differentiam graviorem inter plantam insularem et peloponnesiacam detegere nequeo. — Exsicc.: Orph. fl. gr. n. 1082; Heldr. herb. norm. n. 1442.

In rupestribus regionis inferioris. Cycladum insula: Stenosa (Tourn.), Makaria (Reiser), Caloyero (Sibth.); — β. Laconia (Sibth.): in regione alpina mt. Malevo, mt. Taygetos l. d. Kakochioni et Megala Zonaria (Heldr.). — Jun. Jul. ♄

β. Foliorum segmenta transverse imbricata.

23. **A. chrysocoma** Friv. in Flora 1835 p. 336; Bois. fl. or. III. p. 265; Haussk. symb. p. 111; Form. in Ver. Brünn 1896 p. 45. — ? *A. tomentosa* Ch. et B. exp. p. 253, Fl pelop. p. 59. — Exsicc.: Heldr. it. thessal, IV. a. 1885; Sint. it. thessal. n. 917.

Sericeo-villosa; caulibus erectis vel adscendentibus, simplicibus, foliosis; foliis ambitu lanceolato-linearibus, pinnatisectis, segmentis permultis, confertis, in lacinias minimas, lineari-setaceas, mucronatas partitis, in foliis superioribus subintegris; corymbo composito, denso; involucri ovato-campanulati, hirsuti phyllis ovatis, obtusis, margine fusco-scariosis; ligulis trilobis, involucro duplo brevioribus. — Subspecies austro-orientalis *A. tomentosae* L.. a qua differt indumento densiori, foliorum laciniis tenuioribus, involucri phyllis fuscomarginatis, saepe fimbriatis, capitulis submajoribus et ligulis intensius coloratis.

In herbidis regionis subalpinae. Thessalia: mt. Zygos (Heldr.). Dokimi (Form.); nec non in Arcadia: mt. Diaforti, Gortys, si *A. tomentosa* Ch. et B. re vera huc spectet. — Jun. Aug. ♃

c. Ligulae 6—10, albae; foliorum segmenta transverse imbricata.

24. **A. cretica** L. sp. p. 899: Sieb. avis p. 5, rem. p. 6; Weiss in z. b. G. 1869 p. 40; Raul. cret. p. 782; Bois. fl. or. III. p. 269. — *A. santolina* S. et S. fl. gr. IX. p. 70, t. 891, non L., quae ligulis minutissimis luteis a nostra discedit. — Exsicc.: Heldr. pl. cret. n. 1343.

Basi suffruticosa; caulibus erectis, simplicibus, foliosis, adpresse tomentosis; foliis linearibus, ad rhachidem canescentibus, pinnatisectis, segmentis minutis, plus minus arcte imbricatis, glabrescentibus, in lobos ovatos, concavos, margine callosos tripartitis; corymbo composito, laxiusculo; involucri lanatuli phyllis ovatis, obtusis; ligulis truncato-trilobis, involucro subbrevioribus. — Species ligulis numerosis magnis transitum ad *Ptarmicas* praebet.

In rupibus regionis inferioris Cretae: ad promontorium Maleka (Sieb.), in peninsula Akroteri pr. Canea (Weiss), Suda, promontorium Spada in fauce Katholiko (Raul.). — Mart. Jun. ♄

Obs. 1. Species incerta: *A. pubescens* S. et S. pr. II. p. 194. Fl. gr. t. 895 (e mt. Parnasso), non L., quae ex Bois. fl. or. III. p. 260 *Pyrethrum achilleaefolium* vel speciem affinem sistit. — Secundum auctores nonnulus = *A. micrantha* M. B., qua specie autem icon Sibthorpii minime quadrat, quae insuper in mt. Parnasso vix crescit.

Obs. 2. *Santolina chamaecyparissus* L. sp. p. 842, a Dallap. prosp. p. 111 in Cephalonia et *S. rosmarinifolia* L. l. c., a Raulin cret. p. 782 in Creta, probabiliter ex confusione indicantur.

22. Anthemis L. gen. n. 645.

Dispositio specierum:

1. Sectio. *Cota* Gay. — Achenia tetragono-compressa, ad angulos marginales acuta; paleae complicatae, flores et achenia amplexantes. Receptaculum in nostris hemisphaericum.

a. Perennes.

1. A. tinctoria L.

b. Annuae.
  α. Pedunculi fructiferi valde incrassati.
    2. A cota L.
  β. Pedunculi fructiferi vix incrassati.
3. A. brachycentros Gay.   **4. A. Brachmanni** Bois. et Heldr.

2. Sectio. *Euanthemis* Bois. — Achenia obconica vel turbinata, saepe angulata, nunquam compressa; paleae planiusculae vel carinatae, flores et achenia non amplexantes. Ligulae (cum adsunt) in nostris albae.
  a. Perennes.
    α. Foliorum laciniae obtusae vel acutae, nunquam mucronatae.
    × Receptaculum convexum.
      5. A. montana L.   **6. A. pindicola** Heldr.
    ×× Receptaculum elongato-conicum.
      7. A. panachaica Hal.
    β. Foliorum laciniae mucronatae vel setaceo-apiculatae.
      8. A. meteorica Haussk.   **9. A. pectinata** (Ch. et B.).
  b. Annuae.
    α. Achenia calva vel margine brevi obsita.
    × Pedunculi fructiferi incurvi, incrassati; capitula discoidea.
      10. A. cretica (L.)
    ×× Pedunculi fructiferi recti; capitula radiata, rarissime (*A. Muenteriana*) discoidea.
      ○ Ligulae fertiles.
        . Virentes vel plus minus pubescentes; foliorum laciniae lineares, acutae, mucronatae.
11. A. arvensis L.   **12. A. ruthenica** M. a. B.   **13. A. parnesia** Bois. et Heldr.
        .. Lanato-tomentosa; foliorum laciniae ovatae, obtusae.
          14. A. Muenteriana Heldr.
      ○○ Ligulae steriles.
15. A. tomentosa L.   **16. A. peregrina** L.   **17. A. Guicciardii** Heldr. et Sart.
    β. Achenia saltem exteriora auricula eis aequilonga vel subaequilonga superata.
    × Receptaculum conico-cylindricum.
      18. A. auriculata Bois.
    ×× Receptaculum hemisphaericum vel ovatum.
      19. A. chia L.

3. Sectio. *Maruta* Cass. — Achenia tuberculata, calva (in nostra teretiusculo-turbinata); paleae subulatae. Ligulae albae.
      20. A. cotula L.

1. Sectio. *Cota* Gay in Guss. fl. sic. syn. II. p. 866. — Achenia tetragono-compressa, ad angulos marginales acuta; paleae complicatae, flores et achenia amplexantes. Receptaculum in nostris hemisphaericum.
  a. Perennes.

  1. A. tinctoria L. sp. p. 896; S. et S. pr. II. p. 192; Ch. et B. fl. pelop. p. 59; Clem. sert. p. 62; Form. in D. bot Monat. 1890 p. 16, in Ver. Brünn 1896 p. 43; 1897 p. 32; Haussk. symb. p. 106 f. *brachyglossa*; Hal. Beitr. fl. Epir. p. 26, Beitr. fl. Aetol. p. 7,

Beitr. fl. Achaia p. 24. — *Cota tinctoria* Gay l. c. p. 867. — *A. brachyglossa* C. Koch in Linn. XXIV. p. 318, f. ligulis abbreviatis. — Icon: Fl. dan. t. 741. — Exsicc.: Heldr. it. thessal. IV. a. 1885.

Caulibus erectis vel adscendentibus, simplicibus vel ramosis, superne longe nudis; foliis adpresse hirtis, pinnatisectis, segmentis oblongis incisoserratis, dentibus breviter cuspidatis; involucri glabriusculi phyllis pallidis, externis lanceolatis, acutiusculis, internis oblongo-linearibus, apice obtuso scariosis; ligulis luteis, discum subaequantibus; paleis lanceolatis, in mucronem discum aequantem abrupte attenuatis; acheniis utraque facie pluristriatis, corona brevi scariosa subintegra.

β. **discoidea** Vahl. symb. I. p. 74; Bois. fl. or. III. p. 281; Heldr. chlor. Parn. p. 21; Haussk. symb. p. 106; Hal. Beitr. fl. Thessal. p. 13. — *A. discoidea* Willd. sp. III. p. 2188; S. et S. pr. II. p. 191, Fl. gr. IX. p. 69 t. 890. — Ligulae nullae. — Exsicc.: Orph. fl. gr. n. 785; Sint. it. thessal. n. 914; Dörfl. fl. gr. n. 407.

γ. **pallida** DC. pr. VI. p. 11; Bois. fl. or. III. p. 281; Haussk. symb. p. 106; Hal. Beitr. fl. Achaia p) 24; Form. in Ver. Brünn 1896 p. 43, 1897 p. 32, in D. bot. Mon. 1898 p. 78. — *A. Triumfetti* Bald. riv. coll. bot Alb. 1895 p. 48, 1896 p. 66, an *A. tinctoria* v. *Triumfetti* L. sp. p. 896, quae sec. DC. pr. VI. p. 11 varietatem *A. austriacae* Jacq. sistit. — Huc forsan: *A. pyrethrum* Fraas class. p. 215. — Ligulae albae. — Exsicc.: Orph. fl. gr. n. 782; Heldr. it. Thessal. n. 6; Sint. it. thessal. n. 915; Dörfl. fl. gr. n. 277.

δ. **parnassica** Bois. et Heldr. diagn. ser. 2, III. p. 20 pro sp. (*Cota*); Bois. fl. or. III. p. 281; Haussk. symb. p. 106; Form. in Ver. Brünn 1897 p. 32. — Huc refert sec. Bois. l. c.: *A. maritima* S. et S. pr. II. p. 188, Fl. gr. IX. p. 64, t. 882; Marg. et R. fl. Zante p. 57; an etiam Pieri corc. fl. p. 121 et Ung. Reise p. 123. — Adpresse canescens; involucri phylla fusco-marginata; ligulae albae, elongatae. — Intermediis ad γ. manifeste transit. — Exsicc.: Heldr. herb. norm. n. 210; Orph. fl. gr. n. 332.

In herbidis, rupestribus regionis inferioris in alpinam usque adscendens. Epirus: pr. Kalentini (Hal.); Thessalia: mt. Said Pascha, pr. Malakasi, Kastania, Han Kuraneos, mt. Agrapha in Pindo, mt. Chassia, pr. Spilia et Ambelakia in mt. Ossa, mt. Pelion, pr. Volo (Form.), mt. Olympus (Heldr.); Acarnania: pr. Kravassaras (Hal.); Achaia: pr. Patras (Hal.); Messenia: inter Pyrgos et Katakolo (Chaub.); Corcyra (Clem.); — β. Thessalia: pr. Kastania (Hal.), Malakasi, Kalabaka, Sermeniko, Korona (Haussk.); Eurytania: pr. Laspi (Samar.); mt. Parnassus (Sibth.); Attica: mt. Pateras (Heldr.); Achaia: pr. Kalavryta (Leon.), mt. Kyllene (Heldr.); Arcadia: pr. Tripolis (Sart.); Laconia: mt. Malevo pr. Kastanitza, mt. Taygetos (Heldr.); — γ. Epirus: mt. Murga, Micikeli (Bald.), pr. Chaliki (Sint.), Said Pascha, Malakasi (Form.), mt. Zygos, mt. Olympus, Pelion, pr. Aivali (Heldr.), Velestinos, Konisko, Stylida (Form.); Aetolia: mt. Korax (Leon.); Attica: mt. Citheron, Parnes, Pentelicon, mt. Dirphys Euboeae (Heldr.); Achaia: mt. Omplo

pr. Patras (Heldr.), pr. Lopesi (Hal.); — *d*. cum formis intermediis: Thessalia: mt. Zygos, Karava, Ghavellu, Korona, Orman Magula, Aivali, Pharsalus (Haussk.), mt. Olympus (Orph.); mt. Parnassus (Heldr.) f. typica *Cotae parnassicae*; Aetolia: mt. Arapocephalo pr. Prusso (Samar.); Zante (Sibth.); Corcyra (Pieri): pr. Palaeokastro (Ung.). — Maio, Aug. ♃
b. Annuae.
    a. Pedunculi fructiferi valde incrassati.

2. **A. cota** L. sp. p. 893; Ch. et B. exp. p. 252, Fl. pelop. p. 59; Haussk. symb. p. 106; Form. in Ver. Brünn 1897 p. 33. — *A. altissima* L. sp. p. 893; S. et S. pr. II. p. 188; Ch. et B. l. c.; Weiss in z. b. G. 1869 p. 39; Raul. cret. p. 780; Bois. fl. or. III. p. 282; Bald. viagg. Creta p. 62. — Nomen *A. cota* jure anterioritatis *A. altissimae* anteferendum est. — *Cota altissima* Gay in Guss. fl. sic. syn. II. p. 867. — Icon: Rchb. germ. t. 117. — Exsiss.: Orph. fl. gr. n. 783; Reverch. pl. cret. n. 71; Sint. it. thessal. n. 469.

Glabriuscula vel parce puberula, caule erecto, patule ramoso; foliis 2—3 pinnatipartitis, lacinulis lanceolatis, mucronato-spinulosis; capitulis magnis; involucri phyllis ab externis lanceolatis ad intima oblonga magis scariosa sensim auctis; paleis subspathulatis, abrupte in cuspidem rigidam aequilongam, flosculos disci superantem contractis; ligulis albis, disco aequilongis; acheniis utraque facie tenuiter 10-costatis, ad angulos marginales anguste marginatis, coronula brevissima superatis.

In cultis, vinetis, ruderatis regionis inferioris. Thessalia: ad Guwelzi pr. Kalabaka (Sint.), pr. Trikala, Kerasia Sina (Form.), Pharsalus, Volo (Haussk.); Euboea: pr. Kastaniotissa (Heldr.); pr. Athenas (Sart.); Achaia: pr. Trikala (Heldr.); Argolis: pr. Nauplia (Haussk.), Tirynthum (Orph.); Messenia: pr. Arcadia (Chaub.); Creta: pr. Rumata distr. Kissamos (Bald.), Canea (Weiss), Messara, Koenuriokorio, Sabres, mt. Aphendi Kavutsi (Raul.). — Maio, Jul. ☉.

β. Pedunculi fructiferi vix incrassati.

3. **A. brachycentros** Gay in Koch syn. ed. 2. p. 414; Bois. fl. or. III. p. 284; Haussk. symb. p. 106; Bald. riv. coll. bot. Alb. 1896 p. 66; Form. in Ver. Brünn 1897 p. 33. — *A. cota* Koch syn. p. 376, non L. — *A. pseudocota* Vis. fl. dalm. II. p. 78, t. 50. — *Cota brachycentros* Gay in Guss. fl. sic. syn. II. p. 867. — Exsicc.: Baen. pl. corc. a. 1896.

Glabriuscula vel parce puberula; caule erecto, patule ramoso; foliis bipinnatipartitis, lacinulis tenuiter linearibus, mucronato-spinulosis; capitulis mediocribus; involucri phyllis ab externis lanceolatis ad intima oblonga magis scariosa sensim auctis; paleis oblongo-lanceolatis, in cuspidem rigidam, brevem, flosculos disci subaequantem sensim attenuatis; ligulis albis, disco aequilongis; acheniis utraque facie tenuiter 5—7 costatis, ad angulos marginales argute marginatis, coronula brevissima superatis. — Praecedenti similis, differt pedunculis vix incrassatis, capitulis minoribus et praesertim paleis sensim, nec abrupte, in cuspidem breviorem attenuatis, nec non acheniis facie 5—7 costatis.

In arvis, herbidis regionis inferioris. Epirus: mt. Cuka distr. Janina (Bald.); Thessalia: Mavrika et Katasara in mt. Othrys (Form.); Arcadia: pr. Andrizena (Heldr.); Messenia: pr. Methone (Bois.); Corcyra (Haussk.): pr. Palaeokastrizza (Baen.). — Maio, Jul. ☉.

4. **A. Brachmanni** Bois. et Heldr. diagn. VI. p. 84, Fl. or. III. p. 285; Hal. Beitr. fl. Achaia p. 24. — *Cota Brachmanni* Bois. et Heldr. diagn. ser. 2, III. p. 21. — Exsicc: Heldr. pl. gr. n. 179.

Differt a praecedente paleis abrupte in cuspidem disco breviorem contractis, acheniis laevibus, parum compressis, tetragonis. Ultima nota transitum ad sectionem sequentem praebet. — *A. cota* differt ab ea pedunculis fructiferis incrassatis, capitulis majoribus, paleis in cuspidem elongatam contractis et acheniis evidenter compressis, 10 costatis.

In rupestribus regionis montanae et subalpinae. Achaia: mt. Panachaicon (Hal.), pr. Megaspilaeon (Heldr.); Arcadia: pr. Karitbena (Sart.); mt. Ithome Messeniae, pr. Androvista in mt. Taygetos Laconiae (Heldr.), — Maio, Jun. ☉.

2. Sectio. *Euanthemis* Bois. fl. or. III. p. 278. — Achenia obconica vel turbinata, saepe angulata, nunquam compressa; paleae planiusculae vel carinatae, flores et achenia non amplexantes. Ligulae (cum adsunt) in nostris albae.

a. Perennes.

a. Foliorum laciniae obtusae vel acutae, nunquam mucronatae.

× Receptaculum convexum.

5. **A. montana** L. sp. ed. 2. p. 1261; Bois. fl. or. III. p. 291. — *A. saxatilis* DC. syn. fl. fr. p. 291. — *A. pontica* Willd. sp. III. p. 2184; ? Sieb. avis p. 5 et Raul. cret. p. 780. — *A. montana v. Linnaeana* Gr. et Godr. fl. fr. II. p. 155; Haussk. symb. p. 106. cum f. *thracica* Griseb. spic. II. p. 209 (foliis demum glabratis, segmentis angustioribus, involucri phyllis pallidis et f. *macedonica* Griseb. l. c. (foliis incanis, segmentis latioribus, involucri phyllis fusco-marginatis); Hal. Beitr. fl. Achaia p. 24 p. p.; Bald. riv. coll. bot. Alb. 1895 p. 48, 1896 p. 67; Form. in Ver. Brünn 1895 p. 33. — *A. Gerardiana* Jord. obs. VII. p. 31. — *A. montana v. saxatilis* Heldr. fl. Aegina p. 303. — Huc pertinere videtur: *A. carpathica* Haussk. symb. p. 106, non W. et K., quae foliis glabriusculis, radicalium segmentis linearibus obtusis, dente obtuso uno alterove donatis, caulinorum segmentis integerrimis obtusis, capitulis majoribus et involucri phyllis late nigro-marginatis ab *A. montana* discedit et in Graecia vix crescit. —

Adpresse-pubescens vel sericea; caulibus adscendentibus, simplicibus, raro parce ramosis, superne longe nudis; foliis pinnatisectis, segmentis integris vel 2—3 fidis vel pinnatisectis, laciniisque linearibus; capitulis mediocribus; involucri phyllis exterioribus ovato-lanceolatis acutis, interioribus lanceolatis obtusis; paleis oblongo-lanceolatis, in mucronem brevem attenuatis, exterioribus saepe tridentatis vel sub mucrone excisis;

acheniis obtuse tetragonis, corona brevi superatis. — Stirps valde polymorpha.

a. Capitula radiata.

α. **typica.** — Adpresse pubescens, virescens; caulibus 10—30 cm., altis, saepissime simplicibus; foliis pinnatisectis, segmentis integris vel 2—3 fidis, latiusculis, obtusis. — Exsicc.: Heldr. it. thessal. IV. a. 1885. —

β. **olenaea.** — Adpresse pubescens, virescens; caulibus elatis, usque 40 cm. altis, infra medium in 2—3 ramos elongatos partitis; foliis saltem inferioribus bipinnatisectis, laciniis valde angustis, acutis. — Formis intermediis ad var. sequentem transire videtur. — Exsicc.: Heldr. herb. n. 2082.

γ. **cronia** Bois. et Heldr. diagn. ser. 2 III. p. 22 pro sp.; Bois fl. or. III. p. 291. — Adpresse sericea, canescens; caulibus saepius humilibus, sed interdum usque 30 cm. quoque altis, saepissime simplicibus; foliis pinnatisectis, segmentis 2—3fidis vel integris, laciniisque nunc angustatis acutiusculis, nunc brevibus, latiusculis, interdum (*f. breviloba*) brevissimis 2—3 mm. tantum longis (Heldr. herb. norm. n. 103, specimina a. 1876 lecta). — Exsicc : Heldr. herb. norm. n. 1250; Bald. it. alb. epir. III. n. 63, IV. n. 374; Dörfl. fl. gr. n. 305 (*f. angustisecta*).

b. Capitula discoidea.

δ. **pentelica** Bois. fl. or. III. p. 292; Hal. in z. b. G. 1888 p. 758; Haussk. symb. p. 106. — *A. chrysocephala* Heldr. herb. norm. n. 405 et Orph. fl. gr. n. 280, non Bois. — Adpresse-sericea, canescens; caulibus 10—30 cm. altis, saepius simplicibus; foliorum laciniis nunc angustis (*f. gracilior*, Heldr.), nunc latioribus, ut in var. *γ*., cujus formam discoideam probabiliter sistit; paleae apice erosulae; acheniorum corona saepius longior, dimidiata. — Exsicc.: Heldr. herb. norm. n. 405 et 1037, herb. dimorph. n. 32; Orph. fl. gr. n. 280.

ε. **tenuiloba** DC. pr. VI. p. 15 pro sp. (*Lyonnetia*); Bois. fl. or. III. p. 291. — *Anacyclus orientalis* L. sp. p. 892, sec. Bois. l. c. — Adpresse-sericea, canescens, gracilior; foliorum laciniis tenuibus, acutiusculis; capitulis minoribus; paleis eximie truncato-retusis; acheniorum margo brevissimus. — Exsicc.: Heldr. it. thessal. n. 5; Bald. it. cret. alt. n. 80.

ζ. **incana** Bois. diagn. ser. 2 III. p. 26; Raul. cret. p. 780; pro sp.; Bois. fl. or. III. p. 292 p. p. — *Santolina alpina* S. et S. pr. II. p. 165, Fl. gr. IX. p. 39 t. 851; Sieb. avis p. 5; non L. — *S. anthemoides* Sieb. in Flora V. 2 p. 639, non L. — ? *S. incana* Ch. et B. fl. pelop. p. 57, non Lam. — Sericeo-tomentosa, cana; caulibus 10—30 cm. altis, simplicibus vel in duos ramos elongatos, superne longe nudos abeuntibus; foliis inferioribus bipinnatisectis, laciniis brevibus, anguste linearibus, obtusiusculis; capitulis mediocribus, phyllis sericeo-tomentosis; paleis apice erosis; acheniis corona longiuscula aequali superatis. — Intermediis formis conjuncta esse videtur cum var. δ. — Exsicc.: Heldr. herb. norm. n. 1440.

η. **Spruneri** Bois. et Heldr. diagn. ser. 2 III. p. 24; Hal. in ö. b. Z. 1895 p. 409; pro sp. — *A. absinthifolia* Bois. et Sprun. diagn. IV. p. 8, p. p. — *A. montana v. incana* Bois. fl. or. III. p. 292 p. p.; Heldr. chlor. Parn. p. 21; Haussk. symb. p. 106. — Elatior. foliis multo majoribus, laciniis latiuscule lineari-spathulatis, obtusis, caeteris uti ζ. — Exsicc.: Orph. fl. gr. n. 333; Heldr. herb. norm. n. 5 (forma foliis minoribus, laciniis angustioribus transitum ad ζ. praebet).

In rupestribus regionis montanae et alpinae. Thessalia: mt. Ghavellu et Karava in Pindo dolopico (Heldr.); indicatur ceterum: mt. Pelion et Othrys (Form.); Aetolia: mt. Tymphrestus (Samar.); Boeotia; mt. Cithaeron pr. Platea (Bois.); Attica: mt. Parnes (Bois.); Euboea: mt. Dirphys (Sart.); insula Aegina: mt. Oros (Heldr.), sed loca probabiliter ad unam vel alteram varietatem pertinent; — β. mt. Olenos (Heldr.); γ. Epirus: mt. Kuruna, Murga, Micikeli (Bald.); Aetolia: mt. Korax (Leon.); Attica: mt. Parnes (Heldr.); Achaia: mt. Chelmos (Hal.); Laconia: mt. Malevo (Orph.); — δ. Thessalia: mt. Pelion (Heldr.); Attica: mt. Pateras (Bois.), Parnes (Sprun.), Pentelicon (Heldr); Achaia: mt. Kyllene (Orph.); Creta: mt. Ida (Heldr.); — ε. Thessalia: mt. Pelion (Heldr.); Creta: mt. Ida (Bald.); — ζ. Laconia: mt. Malevo, Taygetos (Heldr.); Creta: mt. Sphaciotici (Sibth.), mt. Ida (Heldr.), indicatur quoque in mt. Pelion (Haussk.), unde tantum var. δ. et ε. vidi, dein pr. Mykenas Argolidis, si *Santolina incana* Ch. et B. huc spectet; — η. Doris: mt. Kiona (Hal.), mt. Parnassus (Orph.). — Apr. Jul. ♃

6. **A. pindicola** Heldr. it. Thessal. IV. a. 1885. — Exsicc.: Heldr. l. c.; ? Sint. it thessal. n. 1167.

Adpresse-pubescens, virescens; caulibus adscendentibus vel erectis, elatis, usque 40 cm. altis, a medio corymbose-ramosis, ramis nudis vel subnudis; foliis bipinnatisectis, laciniis anguste - linearibus, elongatis, acutiusculis; involucri glabriusculi phyllis acutis, exterioribus ovato-lanceolatis, interioribus lanceolatis; paleis oblongo-lanceolatis, in mucronem brevem attenuatis; acheniis obtuse-tetragonis, corona brevi superatis. — A praecedente caulibus corymbose-ramosis, 4—6 cephalis discedit.

In rupestribus regionis superioris Pindi summi mt. Karava (Heldr.) in mt. Gionscala pr. Sermeniko (Sint.). — Jun. Jul. ♃

×× Receptaculum elongato-conicum.

7. **A. panachaica.** *A. montana v. Linnaeana* Hal. Beitr. fl. Achaia p. 24 p. p. — Exsicc.: Hal. it. gr. II. a. 1893.

Adpresse-pubescens, virescens; caulibus adscendentibus, 15—20 cm. altis, simplicibus vel parce ramosis, superne longe nudis; foliis pinnatisectis, segmentis brevibus, breviter 2—3 fidis vel integris; involucri hirtuli phyllis exterioribus ovato-lanceolatis, acutis, interioribus lanceolatis, obtusis; paleis oblongo-lanceolatis, in mucronem brevem abruptiuscule attenuatis; ligulis disco aequilongis; acheniis obtuse-tetragonis, corona brevissima superatis. — A praecedentibus receptaculo conico egregie distincta, *A. graveolenti* Bois. foliis tripinnatisectis, involucri phyllis glabris et acheniis exterioribus grosse costato-sulcatis diversae, affinis.

In rupestribus regionis mediae mt. Panachaicon Achaiae (Hal.). — Maio, Jun. ♃

β. Foliorum laciniae mucronatae vel setaceo-apiculatae.

8. **A. meteorica** Haussk. symb. p. 106. — Exsicc.: Haussk. it. gr. a. 1885.

Caulibus adscendentibus, 10—20 cm. altis, a basi ad apicem squarroso-ramosis, denique glabris, ramis elongatis, corymbosis, inferne foliatis; foliis indumento brevissimo griseo-viridibus, rosularum petiolatis, in lacinias divaricato-patentes lineares mucronatas pinnatisectis, caulinis inferioribus sessilibus, sensim diminutis, pinnatis, segmentis simplicibus, valde divaricatis, summis linearibus sensim indivisis; involucri glabri phyllis ab inferioribus lanceolatis acutis, ad suprema ovato-oblonga, late marginata, apice mucronulata sensim auctis; receptaculi conico-hemisphaerici paleis ovato-oblongis, apice abrupte et longiuscule mucronatis; ligulis disco aequilongis; acheniis cylindrico-turbinatis, in marginem brevissimum abeuntibus. — Sequenti affinis, quae foliis rosularum sessilibus, laciniis angustissimis subulato-setaceis et caulibus parce ramosis vel simplicibus discrepat.

In apricis saxosis supra Kalabaka Thessaliae ad monasteria meteora praecipue ad monasterium Hagios Stephanos (Haussk.). — Jun. Jul. ♃

9. **A. pectinata** Ch. et B. exp. p. 251, t. 28, Fl. pelop. p. 59, t. 30 (*Anacyclus*); Bois. et Reut. diagn. IV. p. 6 p. p.; non Bois. fl. or. III. p. 297, quae = *Cotula complanata* S. et S. pr. II. p. 187, Fl. gr. IX. p. 62 t. 879 et *Anthemis complanata* nominanda. — *A. taygetea* Bois. et Heldr. diagn. VI. p. 83, Fl. or. III. p. 296. — *Lyonnetia pectinata* DC. pr. VII. p. 295 p. p. — Exsicc.: Orph. fl. gr. n. 93 et 786; Heldr. herb. norm. 1548 et 1549.

Ad basin et rhachidem foliorum inferiorum adpresse-pubescens, ceterum glabra; caulibus adscendentibus, simplicibus vel pauciramosis, ramis divaricatis, inferne foliatis; foliis viridibus, sessilibus, pinnatis, segmentis subulato-setaceis mucronatis, simplicibus vel 2—3 fidis, foliis superioribus sensim diminutis, summis setaceis indivisis; involucri glabri phyllis ab inferioribus lanceolatis acutis ad suprema oblongo-linearia, apice obtuso scariosa sensim auctis; receptaculi conico-hemisphaerici paleis carinatis, apice breviter attenuato mucronatis; ligulis disco aequilongis vel nullis; acheniis cylindrico-turbinatis, in marginem brevissimum abeuntibus, exterioribus subquadrangulis, obsolete tuberculatis. — Variat: α. *ligulata* et β. *eligulata*.

In vinetis, pinetis regionis montanae, in alpinam adscendens. Achaia: mt. Kyllene (Orph.); Laconia: mt. Malevo pr. Kastanitza

(Orph.), pr. Hagios Petros ad Sarantapotamos (Sart.); Laconia: pr. Megali Anastasova (Zahn), Anavryti (Heldr.); Messenia: mt. Diaforti (Chaub.). — Maio, Jul. ♃

b. Annuae.

α. Achenia calva vel margine brevi obsita.

× Pedunculi fructiferi incurvi, incrassati; capitula discoidea.

10. **A. cretica** L. sp. p. 892; S. et S. pr. II. p. 188; Urv. enum. p. 113; (*Anacyclus*); Nym. syll. p. 7; Bois. fl. or. III. p. 299; Bald. viagg. Creta p. 62; Forsyth in bull. herb. Bois. III. p. 87; Heldr. fl. Aegina p. 303, in ö. b. Z. 1898 p. 184, chlor. Thera p. 14, chlor. Mykon. p. 245. — *Santolina anthemoides* L. sp. ed. 2, p. 1180; S. et S. pr. II. p. 166, Fl. gr. t. 854. — *S. rigida* S. et S. pr. II. p. 166, Fl. gr. t. 853. — *Cotula abrotanifolia* Willd. sp. III. p. 2167; Sieb. avis p. 5. — *Lyonnetia pusilla* Cass. dict. XXXIV. p. 106. — *L. rigida* DC. pr. VI. p. 14; Raul. cret. p. 781; Weiss in z. b. G. 1869 p. 40. — *L. abrotanifolia* Less. syn. p. 259; Raul. cret. p. 781. — *A. abrotanifolia* Guss. fl. sic. syn. II. p. 490. — *A. Urvillei* Nym. syll. p. 7. — Exsicc.: Orph. fl. gr. n. 291; Heldr. herb. norm. n. 503 et 1039; Reverch. pl. cret. n. 73; Bald. it. cret. n. 72; Dörfl. fl. aeg. n. 24 et 126.

Villoso-pubescens vel glabriuscula; caulibus a collo saepissime pluribus, diffusis, simplicibus vel ramosis; foliis petiolatis, pinnatisectis, segmentis indivisis vel saepius 2—6 fidis, laciniis oblongis, brevibus, acutis vel obtusis; involucri phyllis adpressis, lanceolatis, apice praesertim pilosis; receptaculi ovati paleis apice erosulis, breviter et abrupte mucronatis; acheniis turbinatis, striatis, margine brevissimo superatis.

In arenosis maritimis, locis aridis, herbidis regionis inferioris et montanae usque 1500 m. Boeotia (Sibth.); Euboea: pr. Chalkis (Sart.); insula Angistri pr. Aegina (Heldr.); Cyclades: Syra, Tenos (Weiss), Keos (Heldr.), Mykonos (Sart.), Cythnos, Delos, Rhenia (Tunt.), Naxos (Leon.), Melos, Kimolos, Thera, Mikra Kameni (Urv.), Amorgos (Sibth.); Creta: pr. Kissamos (Rev.), Canea (Weiss), Khalepa, Suda, Lutro, Francocastello, Askyphos, Anopolis (Raul.), Omalos (Bald.). — Mart. Jul. ☉.

×× Pedunculi fructiferi recti; capitula radiata, rarissime (*A. Muenteriana*) discoidea.

○ Ligulae fertiles.

. Virentes vel plus minus pubescentes; foliorum laciniae lineares, acutae, mucronatae.

11. **A. arvensis** L. sp. p. 894; S. et S. pr. II. p. 189; Urv. enum. p. 114; Ch. et B. exp. p. 253, Fl. pelop. p. 59; Bois. fl. or. III. p. 301; Form. in D. bot. Monat. 1890 p. 16, in Ver. Brünn 1897 p. 33; Haussk. symb. p. 107; Hal. Beitr. fl. Epir. p. 26; Bald. riv. coll. bot. Alb. 1895 p. 49. — Icon: Fl. dan. t. 1178. — Exsicc.: Heldr. it. thessal. IV. a. 1885; Bald. it. alb. epir. III. n. 62.

Adpresse-pubescens; caulibus erectis, adscendentibus vel diffusis, ramosis; foliis tripinnatisectis, laciniis lanceolatis, mucronatis; pedunculis elongatis, denum vix aut parum incrassatis; involucri pallidi phyllis ovato-lanceolatis, exterioribus acutis, ceteris obtusis, late scariosis; receptaculi conici paleis lanceolatis, integris, in mucronem discum superantem subabrupte attenuatis; ligulis ellipticis, disco subaequilongis; acheniis turbinato-quadrangulis, sulcatis, exterioribus annulo tumido, saepe radiatim rugoso-plicato, interioribus margine brevi acuto terminatis.

β. **incrassata** Lois. nat. p. 129 pro sp.; Bois. voy. bot. esp. p. 894; Haussk. symb. p. 107. — *A. multicaulis* Bois. et Heldr. in scbed. — Pedunculi post anthesin valde incrassati, saepe fere tubiformes, fistulosi. — Exsicc.: Orph. fl. gr. n. 784; Sint. it thessal. n. 405 et 536; Heldr. herb. norm. n. 1441 f. *microcephala*.

In herbidis, cultis regionis inferioris in subalpinam adscendens, varietas typo multo frequentior. Epirus: pr. Philippiada (Bald.), pr. Kalentini, mt. Tsumerka, Strungula, Peristeri (Hal.); Thessalia: mt. Zygos, Karava, Ghavellu, ad monasterium Korona (Haussk.) et Meteora, pr. Kalabaka (Sint.), Trikala, Vlachava, Kastri (Form.); Aetolia: mt. Tymphrestus (Samarit.), Mesolongion (Heldr.); Attica: pr. Athenas, mt. Hymettus (Heldr.); Euboea: pr. Kurbatzi (Wild.); Achaia: pr. Patras (Hal.), mt. Kyllene (Orph.); Argolis: pr. Tirynthum, Nauplia, Astros, pr. Castanitza in mt. Malevo (Orph.); Messenia: pr. Kalamata (Zahn); Cycladum insula: Melos (Urv.). — Apr. Jul. ☉.

12. **A. ruthenica** M. a B. taur. cauc. II. p. 330; Haussk. symb. p. 107. — *A. Neilreichii* Ortm. in z. b. G. 1852 II. p. 138. — Huc forsan: *A. austriaca* Form. in D. bot. Monat. 1890 p. 16, vix Jacq. —

Adpressiuscule-lanuginosa; caulibus adscendentibus vel diffusis, ramosis; foliis pipinnatisectis, laciniis lanceolatis, mucronatis; pedunculis elongatis, non incrassatis; involucri pallidi phyllis ovato-lanceolatis, exterioribus acutis, ceteris obtusis, late scariosis; receptaculi conici paleis oblongo-linearibus, antice eroso-denticulatis, in mucronem discum aequantem subabrupte attenuatis; ligulis ellipticis, disco subaequilongis; acheniis turbinato-quadrangulis, sulcatis, apice angustissime acute et saepe obsolete marginatis. — A praecedente odore aromatico, paleis eroso-denticulatis et acheniis discedit.

In collibus apricis supra Tyrnovo Thessaliae (Haussk.) nec non pr. Kapurna et Volo, si *A. austriaca* Form. huc pertineat. — Maio, Jul. ☉. N. v.

13. **A. parnesia** Bois. et Heldr. fl. or. III. p. 305; Haussk. symb. p. 107. — *A. misella* Heldr. et Sart. in Heldr. herb. norm. n. 6.

Adpresse-pubescens; caulibus adscendentibus vel diffusis, simplicibus vel parce ramosis; foliis 1—2 pinnatisectis, laciniis breviter-lanceolatis, mucronatis; pedunculis elongatis, non incrassatis; involucri phyllis margine late fusco-scariosis, exterioribus ovato-lanceolatis acutis, ad interioribus ellipticis sensim auctis; receptaculi conici paleis lineari-lanceolatis, in mucronem discum subaequantem attenuatis; ligulis ellipticis, disco subaequilongis; acheniis turbinato-quadrangulis, costato-striatis, auricula brevi subfungosa superatis. — A duabus antecedentibus phyllis eximie fusco-marginatis et acheniis breviter subfungoso-auriculatis discedit.

In herbidis, collibus, lapidosis regionis inferioris et abietinae. Aetolia: mt. Aropokephalo (Samarit.), mt. Vardusia (Heldr.); Attica: mt. Parnes (Heldr.); Corinthus, pr. Vromolimni in peninsula Methana et mt. Palamidi pr. Nauplia Argolidis (Haussk.). — Maio, Jul. ☉.

. . Lanato-tomentosa; foliorum laciniae ovatae, obtusae.

14. A. Muenteriana Heldr. in Bois. fl. or. suppl. p. 298. — Exsicc.: Heldr. herb. norm. n. 1038.

Caulibus adscendentibus vel diffusis, simplicibus vel ramosis; foliis pinnatisectis, segmentis breviter cuneatis, pinnati-lobatis vel individis, foliis superioribus sensim diminutis, summis indivisis, cuneatis, apicem versus paucilobatis vel lanceolatis, integris; pedunculis demum incrassatis; involucri pallidi phyllis externis triangularibus acutis, internis apice scariosis obtusis; receptaculi conici paleis lineari-lanceolatis, in mucronem discum subaequantem plus minus abrupte attenuatis; ligulis disco subbrevioribus vel nullis; acheniis subquadrangulis, sulcatis, margine acuto brevissimo coronatis. — Sequentibus habitu valde affinis. — Variat: α. *radiata* et β *discoidea*.

In arenosis maritimis. Attica: pr. Porto Rhaphti, nec non in Petalium insulis Phuntas, Pontikonisi, Xeonisi et Prasios (Heldr.). — Apr. Jun. ☉.

OO Ligulae steriles.

15. A. tomentosa L. sp. p. 893; S. et S. pr. II. p. 189; Ch. et B exp. p. 252, Fl. pelop. p. 59; Bois. fl. or. III. p. 309; Spreitz. in z. b. G. 1887 p. 662; Haussk. symb. p. 107; Bald. in nuov. giorn. bot. ital. 1894 p. 97. — Exsicc.: Orph. herb. n. 3652.

Lanato-tomentosa; caulibus decumbentibus vel adscendentibus, crassiusculis, divaricatim-ramosis; foliis parvis, in segmenta pauca obovata vel oblonga, obtusa, integra vel pauciloba pinnatipartitis, summis saepe lanceolatis, integris; pedunculis demum incrassatis; involucri phyllis externis acutis, internis obtusis, apice scariosis; receptaculi ovato-conici paleis oblongis, apice plus minus abrupte attenuatis, mucronatis, praeter nervum fuscum albohyalinis; ligulis disco brevioribus; acheniis subquadrangulis striatis, apice oblique truncatis vel margine angusto unilaterali brevi coronatis.

In arenosis maritimis. Thessalia: pr. Caterina (Orph.); Euboea: in Petalium insula Platera (Holzm.); Attica: pr. Ergastiria, Sunium (Haussk.); ad Corinthum et Lechaeum (Orph.); Argolis (Sibth.); Laconia: pr. Kranidi, Scutari, Marathonisi, Corone, Methone Messeniae (Chaub.); Elis: pr. Lintzi (Heldr.); Cycladum insula: Delos, Naxos (Chaub.); Leucas: pr. Amaxichi (Spreitz.); Corcyra: pr. Pyrgi, Ipso (Bald.); sed loca nonnulla probabiliter ad sequentem spectant, quae enim vix specifice diversa videtur. — Apr. Jul. ☉

16. A. peregrina L. syst. nat. ed. 10 p. 1223; Marg. et R. fl. Zante p. 57; Friedr. Reise p. 268; Bois. fl. or. III. p. 308; Heldr. fl. cephal. p. 45; Fl. Aegina p. 303, prosth. chlor. Thera p. 2; Haussk. symb. p. 107. — *A. tomentosa* Hal. Beitr. Fl. Achaia p. 24; Form. in D. bot. Monat. 1898 p. 78. — *A. Muenteriana* Hal. in ö. b. Z. 1897 p. 95, non Heldr. — Exsicc.: Orph. fl. gr. n. 472; Heldr. herb. norm. n. 104; Dörfl. fl. gr. n. 208.

Lanato-tomentosa; caulibus decumbentibus vel adscendentibus, crassiusculis, saepe divaricatim-ramosis; foliis mediocribus, in segmenta lineari-vel oblongo-cuneata, obtusiuscule pinnatilobata vel partita vel in foliis summis indivisa pinnatisectis; pedunculis demum incrassatis; involucri phyllis externis acutis, internis obtusis, apice scariosis; receptaculi breviter conici paleis oblongis, albohyalinis, apice erosulo plus minus abrupte mucronatis; ligulis disco aequilongis vel longioribus; acheniis subquadrangulis, sulcatis, auricula rotundata brevi coronatis. — Valde affinis praecedenti, a qua foliis magis dissectis laciniis minus obtusis, ligulis sublongioribus et acheniis valde sulcatis auriculatis discedit.

β. **heracleotica** Bois. et Heldr. diagn. ser. 2, III. p. 21, Fl. or. III. p. 309; Haussk. symb. p. 107. — Caules abbreviati; pedunculi valde incrassati; foliorum laciniae pauciores, abbreviatae; capitula minora, ligulis abbreviatis. — Exsicc.: Heldr. herb. norm. n. 502.

γ. **platyloba** Haussk. symb. p. 107. — Robustior, caulibus crassioribus, magis ramosis; foliis majoribus, in segmenta oblonga vel ovato-oblonga, integra vel apice 2—3 dentata, obtuse pinnatiloba vel partita, pinnatisectis; capitulis ligulisque majoribus. — Exsicc.: N. v.

In arenosis maritimis, in collibus et campis siccis. Thessalia: ad Lechonia pr. Volo (Heldr.); Euboea: pr. Kurbatzi (Wild.); Attica: pr. Athenas, ad Piraeum, Phalerum, mt. Hymettus (Heldr.), Laurion (Haussk.); insula Aegina (Friedr.), isthmus Corinthiacus (Heldr.); Argolis: peninsula Methana (Haussk.), pr. Astros (Bois.); Achaia: pr. Rhion (Hal.); Zante (Marg.); Cephalonia: pr. Drapano (Heldr.); Cycladum insula Thera (Heldr.); Sporadum insula Skiathos (Leon.). — β. Attica: mt. Lycabettus, pr. Heracleon (Heldr.), Kamariza Laurii (Haussk.). — γ. inter scorias pr. Kamariza Laurii (Haussk.). — Mart. Jun. ☉

17. A. Guicciardii Heldr. et Sart. in Heldr. pl. exs. a. 1855 n. 2238, herb. norm. n. 406, herb. fl. hellen. n. 56, Fl. Aegina p. 303. *A. peregrina v. Guicciardii* Bois. fl. or. III. p. 308; Haussk. symb. p. 107.

Differt a praecedente indumento adpresse-sericeo, caulibus gracilibus saepius simplicibus, foliorum laciniis tenuioribus acutiusculis, pedunculis parum incrassatis et acheniorum exteriorum auricula dimidio achenio saepe longiore. — Notis indicatis medium tenet inter praecedentem et sequentem.

In arvis, campis. Attica: pr. Athenas, Eleusis, Daphni, Heracleon, mt. Hymettus, Bari, insula Lero, Salamis, Aegina (Heldr.); isthmus

Corinthiacus: pr. Kalamoki, Corinthus (Haussk.); Argolis (Orph.); pr. Trikala Achaiae, Tripolis Arcadiae (Heldr.); Cynuria; pr. Hagios Lukas (Orph.). — Apr. Maio. ☉

β. Achenia saltem exteriora auricula eis aequilonga vel subaequilonga superata.

× Receptaculum conico-cylindricum.

18. A. auriculata Bois. diagn. IV. p. 5; Fl. or. III. p. 310; Haussk. symb. p. 109; Heldr. fl. Aegina p. 303. — *A. metallorum* Heldr. Haussk. et Holzm. in Heldr. herb. norm. n. 940; cf. Haussk. symb. p. 109. — Huc probabiliter: *A. melampodina* Ung. Reise p. 123, non Del.

Adpresse griseo-canescens; caulibus erectis vel adscendentibus, ramosis; foliis in lacinias lineares, acutas, integras vel lobatas bipinnatisectis; pedunculis elongatis, non incrassatis; involucri phyllis pallidis, praeter infima brevia acutata, oblongis, obtusis, late scariosis; paleis lineari-lanceolatis, in mucronem discum aequantem attenuatis; ligulis discum aequantibus; acheniis exterioribus brevioribus, turbinatis, costato-sulcatis, in auriculam subfungosam eis vix breviorem abeuntibus, interioribus cylindricis, striatis, auricula breviore hyalina superatis.

In arvis, pinetis regionis inferioris. Euboea: pr. Kastaniotissa (Heldr.); Attica: pr. Rheitro (Ung.), Athenas (Sart.), pr. Kamariza Laurii (Haussk.); insula Aegina: mt. Oros; insula Keos Cycladum (Heldr.). — Apr. Jun. ☉

×× Receptaculum hemisphaericum vel ovatum.

19. A. chia L. sp. p. 894; S. et S. pr. II. p. 189; Marg. et R. fl. Zante p. 57; Friedr. Reise p. 266; Fraas fl. class. p. 215; Clem. sert. p. 62; Ung. Reise p. 123; Weiss in z. b. G. 1869 p. 39; Raul. cret. p. 780; Bois. fl. or. III. p. 311; Spreitz. in z. b. G. 1877 p. 712; Heldr. fl. cephal. p. 45; Gelmi in bull. soc. bot. ital. 1889 p. 450; Hal. in ö. b. Z. 1895 p. 409, 1897 p. 95; Haussk. symb. p. 109; Bald. riv. coll. bot. alb. 1895 p. 49 *v. conica* (? f. receptaculo conico); Boissieu in bull. soc. bot. Fr. 1896 p. 286. — *A. Visianii* Weiss in z. b. G. 1869 p. 40; Haussk. symb. p. 108; quae ab *A. chia* receptaculo hemisphaerico, paleis medio herbaceis, acheniis pauci (7) costatis, omnibus coronatis, differe dicitur. — Huc pertinet probabiliter ex descriptione: *A. fuscata* Ch. et B. exp. p. 253, Fl. pelop. p. 59; non Brot., quae in Graecia non crescit. — Icon: Fl. Gr. t. 884. — Exsicc.: Orph. herb. n. 3458 (Chios), Fl. gr. n. 473; Heldr. herb. norm. n. 404 et 1251, herb. hellen. n. 92; Reverch. pl. cret. n. 72, in Baen. herb. europ. n. 5658; Sint. it. thessal. n. 86; Baen. herb. europ. n. 9206; Dörfl. pl. cret. n. 107.

Glabriuscula; caulibus erectis vel adscendentibus, simplicibus vel parce ramosis; foliis in lacinias breves, oblongas, acutas, saepe 3—5 fidas bipinnatisectis; pedunculis elongatis, non incrassatis; involucri phyllis fusco-marginatis, ab externis triangularibus acutiusculis, ad interna oblongo-linearia obtusa sensim auctis; paleis oblongo-linearibus, acutiusculis discum subaequantibus; ligulis disco longioribus; acheniis cylindricis, grosse costatis, exterioribus subcurvatis, auricula hyalina saepe aequilonga, interioribus auricula brevi vel corona aequali brevi acuta, superatis.

In cultis, vineis, rupestribus regionis inferioris et montanae frequens. — Mart. Maio. ⊙

3. Sectio. *Maruta* Cass. dict. XXIX. p. 174. — Achenia tuberculata, calva (in nostra teretiusculo-turbinata); paleae subulatae. Ligulae albae.

20. **A. cotula** L. sp. p. 894; Ch. et B. fl. pelop. p. 59; Bois. fl. or. III. p. 315; Heldr. fl. cephal. p. 45; Form. in D. bot. Mon. 1890 p. 16, in Ver. Brünn 1897 p. 33; Hal. Beitr. fl. Epir. p. 26; Haussk. symb. p. 108. — *Maruta cotula* DC. pr. VI. p. 13; Friedr. Reise p. 273. — *A. psorosperma* Ten. viagg. Abruzz. p. 128 (f. acheniis glandulosis). — *Maruta cotula* v. *psorosperma* Raul. cret. p. 781. — Icon: Fl. dan. t. 1179. — Exsicc.: Orph. fl. gr. n. 33; Reverch. pl. cret. n. 200, in Baen. herb. europ. n. 5659; Sint. et Bornm. it. turc. n. 1290; Sint. it. thessal. n. 497.

Glabriuscula, foetida; caulibus erectis, corymbose ramosis; foliis in lacinulas anguste lineares 2—3 pinnatisectis, pedunculis non incrassatis; involucri phyllis obtusis, anguste scariosis; receptaculo elongato-conico, parte inferiori paleis destituto; ligulis sterilibus; acheniis pallidis.

In cultis, arvis, ruderatis regionis inferioris et montanae. Epirus: pr. Kalentini ad septentrionem urbis Arta (Hal.); Thessalia: frequens a Pindo, per planitiem usque ad mare Aegaeum; Acarnania: pr. Voniza (Lakon.); Aetolia: pr. Mesolongion (Nied.), Karpenisi (Samar.); Attica: pr. Tatoi (Holzm.); Elis: pr. Lintzi (Heldr.), Olympia (Nied.); Achaia: pr. Trikala in mt. Kyllene (Orph.); Messenia: pr. Kalamata (Chaub.); Creta: pr. Canea, Askyphos, mt. Kedros, pr. Voriza ad pedem mt. Ida (Raul.); Cycladum insula: Keos (Heldr.), Andros (Sart.); insula Jonicae (Mazz.). — Mai, Sept. ⊙

Obs. *A. nobilis* L. sp. p. 894. — Erronee indicatur in Corcyra (Pieri corc. fl. p. 122) et in Cephalonia (Dallap. prosp. p. 117).

23. Ormenis Cass. dict. XXXVI. p. 355.

1. **O. mixta** L. sp. p. 894; Ch. et B. exp. p. 252, Fl. pelop. p. 59 (*Anthemis*); DC. pr. VI. p. 18; Raul. cret. p. 781; Bois. fl. or. III. p. 320; Bald. riv. coll. bot. Alb. 1895 p. 49. — *Anthemis cota* S. et S. pr. II. p. 188, Fl. gr. t. 880, non L. — Exsicc.: Heldr. pl. fl. hellen. a. 1899.

Pubescens; caule erecto saepe a basi ramoso, ramis interdum diffusis; foliis oblongis vel linearibus, inferioribus petiolatis, 1—2 pinnatipartitis, superioribus pectinatim pinnatifidis, laciniis brevibus mucronatis; pedunculis demum incrassatis; involucri phyllis oblongis, obtusis, margine scariosis; receptaculi elongato-conici paleis lineari-lanceolatis, complicatis, achenium involventibus; ligulis albis, basi flavescentibus; acheniis cuneato-obovatis, subcompressis, disco epigyno saepe obliquo. — Facie *Anthemidis*, a quo corollae et achenii structura differt.

In arenosis maritimis, herbidis, ad vias, rare. Epirus: ad pagum Kanali distr. Prevesa (Bald.); Elis: pr. Manolada, Lechaena, Kunupeli (Heldr.); Messenia: pr. Methone (Chaub.); Creta: pr. Suda, Acroteri, Malaxa, Askyphos, Anopolis (Raul.). — Maio, Oct. ☉

24. Anacyclus Pers. syn. II. p. 464.

1. A. clavatus Desf. fl. atl. II. p. 287 (*Anthemis*); Pers. syn. II. p. 465; Bois. fl. or. III. p. 321; Haussk. symb. p. 108. — *A. tomentosus* DC. fl. fr. V. p. 481. — Huc probabiliter: *Anthemis pedunculata* Ch. et B. exp. p. 252, Fl. pelop. p. 59 (= *Anacyclus Candollei* Nym. syll. p. 8), non Desf. — Icon: Rchb. t. 108, fr. 2. — Exsicc.: Heldr. herb. norm. n. 207 et 1252.

Villosulus; caule erecto, divaricatim ramoso; foliis bipinnatisectis, laciniis linearibus mucronulatis; pedunculis demum incrassatis; involucri phyllis ovato-lanceolatis, margine anguste scariosis; receptaculi breviter conici paleis cuneato-trapezoidiis, apice brevissime mucronatis, piliferis glabrisve; ligulis oblongis, albis; acheniis cuneiformibus, exterioribus alatis, alis latis, in auriculam acutam productis. — Facie *Anthemidis*, a qua lobis corollarum disci duobus ceteris longioribus statim diagnoscendus.

In aridis, arenosis maritimis, submontosis. Boeotia (Sprun.); Attica: pr. Villia ad radices mt. Cithaeron, pr. Marathon, in oliveto Athenarum, pr. Phalerum (Heldr.); Corinthus, Nauplia (Haussk.); Achaia: pr. Pellene in mt. Kyllene (Heldr.), Patras (Chaub.). — Apr. Jul. ☉

2. A. radiatus Lois. fl. gall. p. 583; Raul. cret. p. 780; Bois. fl. or. III. p. 321. — *Anthemis valentina* L. sp. p. 895, non *Anacyclus valentinus* L. sp. p. 892.; Ch. et B. fl. pelop. p. 59. — Icon: Rchb. t. 108, f. 3.

Differt a praecedente involucri phyllis apice appendice scariosa lacera munitis; paleis glabris; ligulis ellipticis, luteis; acheniis exterioribus latissime alatis, alis in auriculam longam erectam eroso-denticulatam productis.

In arenosis, herbidis regionis inferioris. Messenia: in maritimis pr. Nisi (Chaub.); Creta (Raul.); a recentioribus non lectum. — Apr. Maio. ☉ N. v.

Obs. *A. pyrethrum* L. sp. p. 895 (*Anthemis*); DC. fl. fr. suppl. p. 480; Raul. cret. p. 781. — A praecedentibus radice perenni, ligulis subtus purpureis, corollarum lobis disci aequalibus discedens, indicatur a Linnaeo in Creta, sed a recentioribus non lectum.

25. Matricaria L. gen. n. 967.

1. M. chamomilla L. sp. p. 891; S. et S. pr. II. p. 187; Dallap. prosp. p. 116; Ch. et B. exp. p. 251, Fl. pelop. p. 59; Marg. et R. fl. Zante p. 57; Friedr. Reise p. 265; Fraas fl. class. p. 215; Clem. sert. p. 63; Weiss in z. b. G. 1869 p. 41; Raul. cret. p. 782; Bois. fl. or. III. p. 323; Spreitz. in z. b. G. 1877 p. 713; Heldr. fl. cephal. p. 45; Form. in D. bot. Monat. 1891 p. 17, in Ver. Brünn 1895 p. 26; Hal. Beitr. fl. Achaia p. 24. — *M. suaveolens* L. fl. succ. p. 297; Ch. et B. exp. p. 251, Fl. pelop. p. 59. — *Chamomilla officinalis* C. Koch in Linnaea XVII. p. 45. — *M. chamaemelon* Heldr. fl. Aegina p. 303, chlor. Thera p. 14. — Icon: Fl. dan. t. 1764. — Exsicc.: Reverch. pl. cret. n. 74; Sint. it. thessal. n. 406.

Glabra, aromatica; caule erecto vel diffuso, ramoso; foliis in lacinias setaceas bipinnatisectis; involucri phyllis oblongis, late scariosis; receptaculo elongato-conico, ligulis albis.

α. **typica.** Acheniis margine minimo prominulo coronatis.

β. **pappulosa** Marg. et Reut. fl. Zante errat. et addend. p. 96. — *M. coronata* Gay ex Koch. syn. ed. 2 p. 416. — *M. chamomilla* v. *coronata* Bois. fl. or. III. p. 324; Haussk. symb. p. 112. — *Chamomilla meridionalis* C. Koch in Linnaea XVII. p. 45. — Acheniis omnibus vel ligularum corona longiuscula lobata instructis.

γ. **eradiata** Rupr. fl. ingr. p. 594; Baen. herb. europ. n. 9288. Ligulis nullis vel rudimentariis.

In ruderatis, cultis, inter segetes regionis inferioris, in abietinam adscendens, per totam Graeciam, *β.* typo ut videtur vulgatior, *γ.* in Corcyra: pr. Kastrades, Scripero (Baen.). — Non indicatur in insulis maris Aegaei. — Mart. Jul. ⊙

Obs. Quid sit *M. montana* Pieri corc. fl. p. 120, nescio.

26. Chamaemelum Vis. fl. dalm. II. p. 84.

1. C. tenuifolium Kit. in Schult. oest. Flora II. p. 498 (*Chrysanthemum*). — *Chrysanthemum trichophyllum* Bois. diagn. IV. p. 10. — *Pyrethrum trichophyllum* Griseb. spic. II. p. 201. — *Matricaria trichophylla* Bois. diagn. VI. p. 88; Haussk. symb. p. 111 p. p. — *Chamaemelum uniglandulosum* Vis. fl. dalm. II. p. 85, t. 51. — *Chamaemelum trichophyllum* Bois. diagn. XI. p. 21, Fl. or. III. p. 330. — Exsicc.: Heldr. it. thessal. IV. a. 1885.

Glabrum; caule erecto, elato, in corymbum simplicem vel compositum abeunti; foliis in lacinias capillaceas, elongatas, 2—3 pinnatisectis; capitulis radiatis; involucri pallidi phyllis oblongis, obtusis; scariosomarginatis, receptaculo hemisphaerico; ligulis albis, diametro disci longioribus; acheniis obconicis, crasse albo-costatis, ad dorsi subrugulosi apicem plus minus distincte 1—2 glandulosis, calvis.

In dumosis regionis montanae. Thessalia: ad monasterium Korona (Heldr.), in oropedio Neuropolis, mt. Ghavella, Karava (Haussk.) — Jun. Jul. ⊙ vel. ♃

2. **C. Tempskyaum** Freyn et Sint. in bull. herb. Bois. V. p. 791. — *Matricaria trichophylla v. discoidea* Form. in D. bot. Monat. 1891 p. 17; Haussk. symb. p. 111. — *Chrysanthemum tenuifolium* r. *discoideum* Hal. Beitr. fl. Thessal. p. 13. — *Chamaemelum trichophyllum* r. *discoideum* Form. in Ver. Brünn 1896 p. 44. — Exsicc.: Heldr. it. thessal. IV. a. 1885; Sint. it. thessal. n. 744.

Glabrum; caule erecto, elato, in corymbum simplicem abeunti; foliis in lacinias lineari-setaceas, breves, 2—3 pinnatisectis; capitulis saepissime discoideis; involucri pallidi phyllis oblongis, obtusis, scarioso-marginatis; receptaculo hemisphaerico; ligulis albis, disci dimidium aequantibus; acheniis obconicis, crasse albo-costatis, ad dorsi evidenter rugulosi apicem plus minus distincte 1—2 glandulosis, corona brevissima marginiformi superatis. — Praecedenti maxime affine, differt ab eo foliorum laciniis brevioribus, ligulis (cum adsunt) brevibus et praesertim acheniis dorso dense rugulosis, apice corona brevi munitis. — Formam discoideam tantum vidi.

In dumosis montanis. Thessalia: mt. Zygos (Heldr.), Dokimi, Said Pascha (Sint.), Oxya (Hal.) — Jun. Jul. ⊙ vel ♃

3. **C. rosellum** Bois. et Orph. in Bois. fl. or. III. p. 334. — Exsicc.: Orph. fl. gr. n. 778.

Glabriusculum, caule adscendenti, 1—2 cephalo; foliis in lacinias lineari-setaceas longiusculas 1—2 pinnatisectis; capitulis radiatis; involucri phyllis oblongis, obtusis, fuscescenti-marginatis; receptaculo convexo; ligulis pallide roseis, disco subbrevioribus; acheniis (immaturis) apice biglandulosis, corona lobato-partita superatis.

In regione media mt. Malevo Laconiae, rarissime (Orph.). — Maio, Jun. ♃.

Obs. *Plagius ageratifolius* L'Her. in DC. pr. VI. p. 135, — In Creta (tantum sec. P. Alp.) probabiliter erronee indicatur.

27. Leucanthemum Tourn. inst. p. 492.

a. Achenia omnia calva.

1. **L. vulgare** Lam. fl. or. II. p. 137, Bois. fl. or. III. p. 335. — *Chrysanthemum leucanthemum* L. sp. p. 888; S. et S. pr. II. p. 185. — Icon: Fl. dan. t. 994.

Glabrum vel pubescens, caule erecto, 1-oligocephalo; foliis inferioribus petiolatis, obovato-cuneatis, crenatis, ceteris sessilibus, oblongo-lanceolatis vel lanceolato-linearibus, serratis vel pinnatifidis; involucri phyllis externis lanceolatis, margine fuscescenti-scariosis, internis apice dilatatis, late lacero-scariosis; receptaculo convexo; ligulis albis.

In Archipelagi pascuis montosis (Sibth.), a recentioribus non lectum. — Maio, Aug. ♃. N. v.

b. Achenia disci calva, radii corona superata.

2. **L. pallens** Gay in Guill. ann. bot. 1833 II. p. 545 (*Chrysanthemum*); DC. pr. VI. p. 47; Boissieu in bull. soc. bot. Fr. 1896 p. 286. — Icon: Rchb. t. 98.

Plus minus hispidum, caule erecto, 1-oligocephalo; foliis inferioribus petiolatis, obovato-cuneatis, crenatis, ceteris sessilibus, ligulatis, dentatis, summis integris; involucri phyllis ovali-oblongis, margine pallidescariosis vel apicem versus dilute fuscis; receptaculo convexo; ligulis albis; acheniis radii corona scariosa bipartita munitis.

Creta: pr. Canea, forsan introducta (Boissieu). — Jun. Jul. ♃ N. v.

3. **L. montanum** L. sp. p. 888; S. et S. pr. II. p. 185 (*Chrysanthemum*); DC. pr. VI. p. 48. — Icon: Jacq. obs. IV. t. 91.

Glabrum; caule erecto vel adscendenti, monocephalo; foliis crassiusculis, dentatis, infimis obovato-lanceolatis, in petiolum attenuatis, ceteris sessilibus, oblongo-lanceolatis, summis oblongo-linearibus; involucri phyllis externis ovato-lanceolatis, anguste hyalino-scariosis, internis lanceolatis, apice late lacero-scariosis; acheniis radii corona scariosa, completa, cupuliformi, lacera superatis.

In Archipelagi pascuis montosis (Sibth.); a recentioribus non lectum. — Jun. Sept. ♃. N. v.

28. Pyrethrum Gaertn. fruct. p. 430.

a. Foliorum lacinulae acutiusculae.

P. parthenium L. sp. p. 890; Dallap. prosp. p. 116; Fraas fl. class. p. 214 (*Matricaria*); Sm. fl. brit. II. p. 900; S. et S. pr. II. p. 186; Raul. cret. p. 783; Bois. fl. or. III. p. 344; Heldr. fl. cephal. p. 45; Haussk. symb. p. 111; Form. in Ver. Brünn 1895 p. 26, 1896 p. 44, 1897 p. 33. — *Chrysanthemum parthenium* Pers. syn. II. p. 462; Form. in D. bot. Monat. 1891 p. 17. — Icon: Fl. dan. 674. — Exsicc.: Orph. fl. gr. n. 772; Sint. it. thessal. n. 914.

Puberulum; caule erecto, corymboso-ramoso; foliis petiolatis, pinnatisectis, segmentis elliptico-oblongis, pinnatifidis vel crenatis, superioribus confluentibus; involucri demum umbilicati phyllis oblongis, obtusis, apice scariosis; receptaculo convexo; ligulis obovatis, albis, discum aequantibus; acheniis corona brevissima crenata munitis.

In ruderatis, silvestribus regionis montanae. Epirus: pr. Govrica, in valle Dipotami (Form.); Thessalia: pr. Chaliki (Sint.), Koturi, Vendista, Kastania, Bisula, Sermeniko, mt. Ghavellu (Form.), Zygos, ad monasterium Korona (Haussk.) in Pindo, mt. Pelion pr. Zagora (Aphentulis); Euboea: pr. Steni (Fraas); Achaia: pr. Trikala in mt. Kyllene (Heldr.); Arcadia: ad Platano pr. Tripolis (Sart.), pr. Zatuna (Orph.); Laconia: mt. Malevo pr. Kastanitza (Orph.); Creta: pr. Canea (Raul.); Cephalonia (Dallap.). — Jun, Aug. ♃

b. Foliorum lacinulae mucronatae.

2. P. corymbosum L. sp. p. 890 (*Chrysanthemum*); Willd. sp. III. p. 2155; Haussk. symb. p. 111; Form. in Ver. Brünn 1897 p. 33; Bald. riv. coll. bot. Alb. 1896 p. 67. — Icon: Jacq. fl. austr. t. 379. — Exsicc.: Bald. it. alb. epir. IV. n. 123.

Caule erecto, apice corymboso, foliis pinnatisectis, adpressiuscule hirsutis, segmentis oblongo-lanceolatis, pinnatifidis et argute serratis, summis confluentibus, foliis superioribus sessilibus, segmentis lanceolatis, serratis; involucri non umbilicati, hirti, phyllis pallidis, obtusis, interioribus apice scariosis; ligulis oblongo-ellipticis, albis, discum aequantibus; acheniorum corona elongata, apice fissa.

In silvaticis regionis montanae. Epirus: mt. Maria distr. Ljaskovik (Bald.); Thessalia in oropedio Neuropolis (Haussk.), mt. Kerasia Sina in mt. Chassia (Form.); Phocis: mt. Parnassus (Kruper); Laconia: mt. Malevo pr. Kastanitza (Orph.). — Maio, Aug. ♃

3. P. cinereum Griseb. spic. II. p. 202. — Exsicc.: Sint. it. thessal. n. 719.

Differt a praecedente, cui proximum, foliis supra canescentibus subtus sericeo-canis, involucri phyllis longioribus acutis. Secundum Velenovsky fl. bulg. p. 269 varietas tantum praecedentis, nam occurrunt formae, quae transitum manifestum ad illum praebent.

Thessalia: in valle Negerli pr. Chaliki (Sint.). — Maio, Aug. ♃

Obs. *P. fuscatum* Willd. sp. III. p. 2156, species Tunetana, erronee indicatur in Graecia a S. et S. pr. II. p. 196.

29. Tanacetum L. gen. n. 944.

1. T. vulgare L sp. p. 844; Dallap. prosp. p. 112; Form. in Ver. Brünn 1896 p. 44, 1897 p. 33. — Icon: Fl. dan. t. 871.

Glabriusculum; caule erecto, apice composite-corymboso; foliis pinnatisectis, segmentis lineari-lanceolatis, elongatis, inciso-serratis vel pinnatifidis; capitulis hemisphaericis; involucri phyllis oblongis, obtusis, apice lacero-scariosis; corollis flavis, radii tubulosis, limbo brevissimo unilaterali.

In dumetis, nemorosis. Thessalia: pr. Mavreli, in valle fluvii Longi, pr. Jerakari, Vlachava, mt. Hagia Paraskevi et Cuka in mt. Chassia, mt. Godaman in Olympo (Form.); Cephalonia (Dallap.), sed sec. Heldr. fl. cephal. p. 45 ex confusione. — Jul. Aug. ♃

Obs. *T. annuum* L. sp. p. 844, a Ch. et B. fl. pelop. p. 57 pr. Philiatra in Peloponneso probabiliter ex confusione indicatur. — *T. balsamita* L. sp. p. 845; Dallap. prosp. p. 112; = *Pyrethrum tanacetum* DC. pr. VI. p. 63; Heldr. Nutzpfl. p. 26. Colitur in hortis.

30. Chrysanthemum L. gen. n. 966.

a. Achenia sensim in coronam amplam vaginaeformem abeuntia.

1. C. Myconis L. sp. ad 2 p. 1254; Weiss in z. b. G. 1896 p. 40; Bois. fl. or. III. p. 335; Spreitz. in z. b. G. 1877 p. 713.

1887 p. 662; Heldr. fl. cephal. p. 45; Bald. riv. coll. bot. alb. 1795 p. 49. — *Pyrethrum Myconis* Moench. suppl. p. 287. — *Coleostephus Myconis* Cass. dict. XLI. p. 43. — *Chrysanthemum hybridum* Guss. cat. hort. Bocc. 1821 p. 16 et 70; Gelmi in bull. soc. bot. ital. 1889 p. 450. — *Pyrethrum hybridum* Guss. fl. sic. syn. p. 483. — Huc sec. Guss. fl. sic. syn. p. 483: *Chrysanthemum paludosum* Sieb. avis p. 5, non Desf. = *Leucanthemum setabense* Raul. cret. p. 782, non DC.; nec non sec. Heldr. fl. cephal. p. 45: *Chrysanthemum leucanthemum* Dallap. prosp. p. 115, non L.; et *Chrysanthemum viscidum* Friedr. Reise p. 277. — Icon: Jacq. obs. IV. t. 94. — Exsicc.: Baen. herb. europ. n. 9242.

Glabrum vel pubescens; caulibus erectis vel adscendentibus, simplicibus vel saepius stricte ramosis; foliis serratis, inferioribus petiolatis, obovato-cuneatis, superioribus obovato-oblongis, oblongis linearibusve, basi subaurita semiamplexicaulibus; involucri phyllis lineari-oblongis, apice scariosis; ligulis luteis; acheniis incurvis, radii sterilibus, corona vaginaeformi eis sublongiore, apice lacera superatis, disci corona tubulosa, oblique truncata instructis.

β. **discolor** Guss. fl. sic. syn. II. p. 483 pro var. *Pyrethri hybridi*. — *Pyrethrum Myconis v. albidum* DC. pr. VI. p. 61; Raul. cret. p. 783; Weiss in z. b. G. 1869 p. 40. — Radio albo, basi luteolo. — Exsicc.: Reverch. pl. cret. p. 75.

In pratis, cultis, vineis, ad agrorum margines regionis inferioris. Epirus: pr. Mitikas (Bald.); Corcyra: pr. Potamo (Spreitz.); Cephalonia; pr. Lixuri (Heldr.); insula Poros (Friedr.); Creta: pr. Suda (Weiss); — β. Creta: pr. Kissamos (Rev.), ad fluvium Jordanus pr. Canea (Weiss), pr. Nerokuru, Suda (Raul.). — Apr. Jun. ☉

b. Achenia ecoronata.

2. **C. segetum** L. sp. p. 889; S. et S. pr. II. p. 185; Ch. et B. fl. pelop. p. 59; Marg. et R. fl. Zante p. 57; Friedr. Reise p. 272; Weiss in z. b. G. 1869 p. 41; Raul. cret. p. 783; Bois. fl. or. III. p. 336; Spreitz. in z. b. G. 1877 p. 713; Heldr. fl. cephal. p. 45; Fl. Aegina p. 303, prosth. chor. Thera p. 3; Gelmi in bull. soc. bot. ital. 1889 p. 450; Form. in D. bot. Monat. 1890 p. 17; Hal. Beitr. fl. Epir. p. 27; Haussk. symb. p. 111. — Icon: Rchb. germ. t. 95. — Exsicc.: Heldr. pl. fl. hellen. a. 1878 et 1890.

Glabrum; caule erecto, simplici vel ramoso; foliis inferioribus petiolatis, subcuneiformibus, inciso dentatis, caeteris subspathulatis, amplexicauli-auriculatis, apice trifidis, basi dentato-serratis, summis lanceolatis integris; involucri phyllis ovatis, obtusis, apice scariosis; ligulis luteis; acheniis radii compresso-trigonis, dorso plano 3 costatis, facie ventrali obtusangulo 4 costatis, disci subteretibus, circacircum 10 costatis.

In cultis, inter segetes. Epirus: pr. Kalentini (Hal.); Thessalia: pr. Orman Magula (Haussk.), Kapurna, Baba (Form.), Volo (Heldr.); Euboea: pr. Kurbatzi (Wild.), Kastaniotissa (Heldr.), Kumi (Wurlisch); Attica: pr. Stephani, Pikermi, Thoricos (Heldr.), Phaleron, Mesogia,

Laurion (Haussk.); insula Aegina: pr. Janitzio (Heldr.); Argolis: pr.
Vromolimni (Friedr.); Elis: ubique in planitie maritima (Heldr.);
Messenia: pr. Kalamata, Armyros (Chaub.); Cycladum insula: Mykonos
(Sart.), Tenos (Weiss), Naxos (Oertzen), Keos, Thera (Heldr.); Creta:
pr. Canea, Suda (Weiss); Zante (Marg.); Cephalonia: pr. Lixuri (Spreitz.),
Argostoli, Omala (Heldr.); Corcyra: pr. Gasturi, Benizze (Gelmi). —
Apr. Jun. ⊙

3. **C. coronarium** L. sp. p. 890; S. et S. pr. II. p. 186; Ch.
et B. exp. p. 251, Fl. pelop. p. 59; Marg. et R. fl. Zante p. 57;
Friedr. Reise p. 271; Fraas fl. class. p. 213; Raul. cret. p. 783; Bois.
fl. or. III. p. 336; Heldr. fl. cephal. p. 45; Bald. in nuov. giorn.
bot. ital. 1894 p. 97. — *Matricaria coronaria* Desr. in Lam. dict.
III. p. 737; Pieri core. fl. p. 120. — *Pinardia coronaria* Less. syn.
p. 255; Weiss in z. b. G. 1869 p. 40; Spreitz. in z. b. G. 1887 p.
662; .Haussk. symb. p. 111; Form. in Ver. Brünn 1895 p. 26;
Heldr. fl. Aegina p. 303; chlor. Thera p. 14; Hal. in ö. b. Z. 1899
p. 25. — Icon: Fl. gr. t. 877. — Exsicc.: Reverch. pl. cret. n. 76;
Baen. herb. europ. n. 9305.

Glabrum; caule erecto, ramoso; foliis bipinnatisectis, rhachide
lobato-dentata, laciniis lanceolatis; involucri phyllis ovato-oblongis, late
scariosis; ligulis luteis vel ochroleucis; acheniis striatis, inter strias
glandulosis, radii compresso-triquetris, disci lateraliter compressis.

β. **discolor** Urv. enum. p. 112. — Ligulae albae. — Exsicc.:
N. v.

Inter segetes, in cultis frequens. Attica: pr. Athenas, in Acropoli, ad Phalerum (Heldr.), Laurion (Haussk.); insula Xeronisi et Pontikonisi Petalium (Holzm.), Aegina (Friedr.); Corinthus (Haussk.); Elis:
ubique in planitie maritima (Heldr.); Arcadia: pr. Zulatika Gortyniae
(Nied.); Messenia: pr. Kalamata (Zahn); Cycladum insula: Kythnos
(Tunt.), Jos, Keos, Thera (Heldr.), Syra, Tenos (Weiss); Creta: pr.
Canea (Tourn. voy. p. 10), Kissamos (Reverch.), Retymo, Candia (Raul.);
Strophades (Reiser); Zante (Marg.); Cephalonia: pr. Argostoli, Lixuri,
Kontagionata (Heldr.); Corcyra (Pieri): pr. urbem (Baen.), Canali (Form.),
Melichia (Spreitz.); — β. copiose in insulis Archipelagi (Urv.). — Mart.
Jun. ⊙

31. **Ammanthus** Bois. et Heldr. diagn. XI. p. 18.

1. **A. filicaulis** Bois. et Heldr. l. c. p. 19, Fl. or. III. p. 357;
Raul. cret. p. 781. — Icon: Rouy ill. t. 10. — Exsicc.: Heldr. pl.
cret. n. 1459.

Adpresse hirtus; caulibus filiformibus, adscendentibus, subsimplicibus, monocephalis; foliis inferioribus petiolatis, in segmenta parva,
pauca, oblonga, integra vel lobata pinnatisectis, foliis superioribus subsessilibus diminutis, summis linearibus integris; capitulis radiatis; involucri phyllis oblongis, obtusis, latiuscule scariosis; ligulis albidis, ovatis,

disco brevioribus; acheniis parce glandulosis, corona dimidiata, triplo breviore superatis. — Herba pusilla, facie *Anthemidis*.

In saxosis inter frutices prope promontorium Sidero Cretae orientalis (Heldr.). — Apr. Maio. ☉

2. **A. maritimus** Bois. et Heldr. l. c. p. 19, Fl. or. III. p. 358; Raul. cret. a. 1846.

Differt a praecedente foliis obtuse 5—7 lobatis; capitulis discoideis; involucri phyllis angustius scariosis, acheniis pellucide glanduloso-tuberculatis. — An varietas discoidea praecedentis?

In arenosis maritimis promontorii Sidero Cretae orientalis (Heldr.). — Apr. Maio. ☉

32. Artemisia L. gen. n. 945.

1. Sectio. *Absinthum* DC. fl. fr. IV. p. 189. — Capitula heterogama, floribus radii femineis, disci hermaphroditis, omnibus fertilibus; receptaculum pilosum; involucri phylla exteriora tomentella.

a. Petioli exauriculati.

1. **A. arborescens** L. sp. ed 2 p. 1188; S. et S. pr. II. p. 168; Urv. enum. p. 108; Sieb. in Flora I. p. 270; Ch. et B. exp. p. 245, Fl. pelop. p. 57; Marg et R. fl. Zante p. 58; Fraas fl. class. p. 207; Heldr. Nutzpfl. p. 26, Fl cephal. p. 45, chlor. Thera p. 14; Raul. cret. p. 783; Bois. fl. or. III. p. 372; Spreitz. in z. b. G. 1887 p. 662; Bald. in nuov. giorn. bot. ital. 1894 p. 97; Form. in Ver. Brünn 1895 p. 26. — *A. absinthium* Dallap. prosp. p. 113, non L. — Icon: Fl. gr. t. 856. — Exsicc.: Baen. herb. europ. n. 9209; Dörfl. fl. aeg. n. 45.

Sericeo-argentea, frutescens; caulibus erectis, dense foliosis: foliis inferioribus petiolatis, tripinnatisectis, ceteris 2—1 pinnatisectis, brevius petiolatis sessilibusve, laciniis linearibus, obtusis; capitulis cernuis, demum erectis, pedicellatis, in racemos secundos, laterales, erectos, paniculam amplam angustam formantes, dispositis; involucri extus sericei phyllis oblongis, apice scariosis; acheniis flavo-glandulosis.

In rupestribus maritimis. Epirus: pr. Govrica (Form.); Corcyra: ad Fortozza vecchia in urbe (Baen.), pr. Palaeokastrizza (Spreitz.); Cephalonia: pr. Kalligata et in Sarlata (Heldr); Zante: pr. urbem (Marg.); frequens in regione maritima Messeniae et Laconiae (Chaub.): pr. Gythion (Pichl.); Creta: pr. Kalyves, Canea (Raul.), in fauce Serisso (Sieb.); Cycladum insula: Neokameni pr. Thera (Urv.), Anaphi (Leon.). — Maio, Aug. ħ

2. **A. absinthium** L. sp. p. 848; Haussk. symb. p. 112; Hal. Beitr. fl. Epir. p. 27, Beitr. fl. Thessal. p. 14; Form. in Ver. Brünn 1895 p. 26, 1896 p. 45, *v. montana*, 1897 p. 34. — Icon: Fl. dan. t. 1654. — Exsicc.: Sint. it. thessal. n. 721.

Sericeo-cana, herbacea; caulibus erectis, foliosis; foliis inferioribus petiolatis, tripinnatisectis, ceteris 2—1 pinnatisectis, brevius petiolatis sessilibusve, laciniis lineari-oblongis vel linearibus, capitulis cernuis, pedicellatis, in racemos secundos laterales, erecto-patulos, paniculam pyramidato-conicam formantes, dispositis; involucri extus sericei phyllis oblongis, apice scariosis; acheniis glabris.

In dumosis, silvaticis regionis montanae et subalpinae. Epirus: pr. Janina, mt. Micikeli, pr. Govrica (Form.), Vulgarelion (Hal); Thessalia: pr. Chaliki (Sint.), mt. Oxya (Hal.), Zygos, pr. Sermeniko, Bezula, mt. Karamanoli, ad monasterium Korona (Haussk.), mt. Dokimi, Ghavellu, pr. Neochorion, in valle fluvii Longi in Pindo, ad Godaman in Olympo (Form.). — Jun. Aug. ♃

b. Petioli ad basin auriculati.

3. **A. camphorata** Vill. fl. dauph. III. p. 242; Form. in D. bot. Monat. 1896 p. 18. — Icon: Rchb. t. 142. — Exsicc.: Sint. it. thessal. n. 1278.

Plus minus canescens, suffruticosa; caulibus, adscendentibus erecti-ve; foliis petiolatis, impresso-punctatis, inferioribus, bi-, superioribus pinnatisectis, summis tripartitis; capitulis cernuis, pedicellatis, in racemos secundos, laterales, erectos, paniculam saepius angustam formantes, dispositis; involucri extus tomentelli phyllis oblongis, apice scariosis; acheniis glabris.

In saxosis regionis inferioris et montanae. Thessalia: pr. Koturi Lepeniza, mt. Dokimi in Pindo, pr. Karditza, Portaria (Form.), Volo (Sint.). — Aug. Oct. ♄

2. Sectio. *Abrotanum* Bess. in nouv. mem. soc. Mosc. II. p. 105. -- Capitula heterogama, floribus radii femineis, disci hermaphroditis, omnibus fertilibus; receptaculum glabrum; involucri phylla exteriora tomentella.

4. **A. vulgaris** L. sp. p. 848; S. et S. pr. II. p. 169; Dallap. prosp. p. 113; Bois. fl. or. III. p. 371; Heldr. fl. cephal. p. 45; Form. in D. bot. Mon. 1890 p. 18, in Ver. Brünn 1895 p. 26, 1896 p. 46, 1897 p. 34. — Icon: Fl. dan. t. 1176. — Exsicc.: Sint. it. thessal. n. 1202.

Herbacea; caulibus erectis, elatis 60—130 cm. altis, glabris vel superne lanatulis; foliis supra glabris, obscure viridibus, subtus canotomentosis, ambitu ovatis, inferioribus petiolatis, pinnatipartitis, segmentis lanceolatis, integris vel inciso-serratis, superioribus sessilibus, subpalmatopartitis, basi auriculatis, summis lanceolatis, integris; capitulis sessilibus, secus ramulos glomeratis, paniculam longam pyramidatam formantibus; involucri extus tomentelli phyllis oblongis, late scariosis; acheniis glabris.

Ad sepes, in dumosis regionis inferioris et montanae. Epirus: pr. Luros, Han Levka et Hagios Nicolaos pr. Janina, Han Kanberga (Form.); Thessalia: pr. Neochorion, Pezula, Velitsena, Trikala, ad monasterium Korona (Form.), pr. Megala Kalyvia (Heldr.), mt. Olympus (Orph.); Eurytania: pr. Mikrochorio (Heldr.); Cephalonia (Dallap.). — Jul. Sept. ♃

5. **A. petrosa** Baumg. en. Trans. III. p. 90 (*Absinthium*); Fristch in Fl. exsicc, austro-hung. n. 2262. — *A. eriantha* Ten. sem. cat. hort. neap. 1730 p. 14. — *A. Baumgartenii* Bess. tent. abrot. p. 73. — *A. Villarsii* Gr. et Godr. fl. fr. II. p. 130. — *A. spicata β. eriantha* DC. pr. VI. p. 118; Bald. riv. coll. bot. Alb. 1896 p. 67. — Huc probabiliter: *A. spicata* S. et S. pr. II. p. 168, vix Wulf., quae foliis caulinis praesertim pinnatifidis discedit.

Herbacea, caulibus adscendentibus, 5—15 cm. altis, foliisque sericeo-tomentosis; foliis inferioribus longe petiolatis, ambitu oblongo-cuneatis, palmato-multifidis, basi non auriculatis, caulinis mediis digitato-partitis, breviter petiolatis, segmentis linearibus, summis simplicibus indivisis; capitulis breviter pedunculatis, in racemum simplicem dispositis; involucri tomentosi phyllis oblongis, margine spadiceo-scariosis; acheniis glabris.

In rupestribus alpinis summis mt. Smolika supra Kerasovo distr. Konitza in Epiro (Bald.); in montibus Graeciae (Sibth.). — Jul. Aug. ♃ N. v.

Obs. *A. abrotanum* L. sp. p. 845; Dallap. prosp. p. 113; Fraas fl. class. p. 207; Heldr. fl. cephal. p. 45. — Colitur in hortis.

3. Sectio *Dracunculus* Bess. in nouv. mem. soc. Mosc. VIII. p. 16. — Capitula heterogama, floribus radii femineis, fertilibus, disci hermaphroditis, sterilibus; receptaculum et involucri phylla glabra.

6. **A. campestris** L. sp. p. 846; S. et S. pr. II. p. 168; Ch. et B. exp. p. 245, Fl. pelop. p. 57; Bois. fl. or. III. p. 363; Heldr. in Sitzungsb. acad. Berlin 1883 p. 4 et 8; Form. in D. bot. Monat. 1890 p. 18; Haussk. symb. p. 112. — Icon: Fl. dan. 1175. — Exsicc.: Sint. et Bornm. it. turc. n. 1291.

Glabrescens, suffruticosa; caulibus adscendentibus, elatis; foliis inferioribus bipinnatisectis, ceteris pinnatifido-dentatis, laciniis linearibus, mucronatis, capitulis minutis, breviter pedicellatis, in racemos subsecundos, paniculam amplam formantes dispositis; involucri phyllis oblongis, scarioso-marginatis, acheniis glabris.

In saxosis, sterilibus regionis inferioris et submontanae. Thessalia: ad monasterium Meteora (Haussk.), pr. Kalabaka (Form.), Litochoron (Sint.); Peloponnesus (Chaub.), sine loci specialis indicatione. — Jun. Sept. ♄

7. **A. scoparia** W. et K. pl. rar. hung. I. p. 66, t. 65; Haussk. symb. p. 112. — Exsicc.: Heldr. herb. norm. n. 1149 (Thessalonica); it. thessal. n. 64; Sint. et Bornm. it. turc. n. 1292.

Herbacea, praeter folia radicalia, adpresse canescentia glabra; caule erecto, elato; foliis radicalibus petiolatis, in lacinias oblongo-spathulatas, obtusas bipinnatisectis, caulinis subsessilibus, in lacinias setaceas sectis; capitulis minimis, breviter pedicellatis, in racemos sub-secundos, paniculam amplam ramosissimam, effusam formantes dispositis; involucri phyllis oblongis, scarioso-marginatis; acheniis glabris. —

Praecedenti interdum persimile, ab ea radice annua, foliis radicalibus rosulatis, capitulis minoribus discedens.

In arenosis, glareosis regionis inferioris. Thessalia: pr. Aivali, Orman-Magula (Haussk.), mt. Pelion pr. Portaria (Heldr.), pr. Litochoron (Sint.). — Aug. Sept. ☉ et ⊙

Obs. *A. pontica* L. sp. p. 847 a Sieber in Flora I. p. 271 in fauce Perivoglia Cretae certissime ex confusione indicatur.

6. Tribus. **SENECIONEAE** Cass. in dict. sc. nat. XX. p. 377.

33. Doronicum L. gen. n. 959.

a. Caulis ample paniculatus

1. **D. Orphanidis** Bois. fl. or. III. p. 378; Haussk. symb. p. 105; Form. in Ver. Brünn 1896 p. 47, *v. oligocephalum.* — Exsicc.: Charrel fl. emp. ottom. a. 1888 (Macedonia).

Elatum, inferne subhirtum, superne glandulosum; foliis inferioribus e basi cordata ovato-oblongis, acutiusculis, crenatis, intermediis auriculato-petiolatis, superioribus amplexicaulibus, sessilibus, floralibus lineari-lanceolatis; involucri glandulosi phyllis lanceolatis, acuminatis, radio duplo brevioribus; receptaculo villoso; ligulis flavis basi hirtulis, disco $2^1/_2$plo longioribus; acheniis omnibus hirsutis.

Ad silvarum margines inter jugum Zygos et Oxya (Haussk.) et mt. Dokimi (Form.) in Pindo tymphaeo. — Jul. ♃

b. Caulis saepissime monocephalus.

2. **D. caucasicum** M. a. B. fl. taur. cauc. II. p. 322; Bois. fl. or. III. p. 380; Spreitz in z. b. G. 1877 p. 712; Gelmi in bull. soc. bot. ital. 1889 p. 450; Haussk. symb. p. 105; Boissieu in bull. bot. Fr. 1896 p. 286. — *D. orientale* Willd. en. hort. berol. p. 898. — *D. eriorrhizon* Guss. in litt. ad DC. a. 1841, ex ipso in Fl. sic. syn. II. p. 482. — *D. pardalianches* S. et S. pr. II. p. 183; Ch. et B. exp. p. 250, Fl. pelop. p. 58; Friedr. Reise p. 280; Fraas fl. class. p. 211; non L. — ? *D. Columnae* Link. in Linnaea IX. p. 583; Ung. Reise p. 124. — Exsicc.: Heldr. herb. norm. n. 122 et 1249; Orph. fl. gr. n. 196; Sint. it. thessal. n. 80.

Puberulum; radice horizontali, nodosa, stolonifera, squamosa, ad collum et squamas lanata; foliis radicalibus, petiolatis, orbiculari-cordatis, repando-dentatis vel obtuse crenatis, caulinis 1—2, cordato-amplexicaulibus, ovatis vel oblongis; involucri parce setulosi phyllis lineari-lanceolatis, acuminatis, radium subaequantibus; receptaculo pubescente; ligulis flavis, basi crispule hirsutis, disco $2^1/_2$plo longioribus; acheniis radii glabris, disci hirsutis.

In umbrosis, silvaticis regionis montanae et subalpinae. Thessalia: in oropedio Neuropolis (Haussk.), pr. Kalabaka (Boissieu), mt. Bulgara in mt. Agrapha, mt. Itamos, in mt. Othrys (Mazaraki), mt. Pelion (Heldr.), ad Thermopylas (Kupassari); mt. Parnassus (Sibth.); Bocotia:

mt. Helicon (Orph.); Euboea: mt. Kandyli (Wild), mt. Dirphys (Orph.); Attica: mt. Cithaeron, Parnes, Pentelicon, Hymettus (Heldr.); Achaia: mt. Olenos (Hal.), pr. Patras (Link). Kyllene, Chelmos (Orph.); Arcadia: pr. Alonistena (Heldr), Zulatika (Nied.), mt. Diaforti (Friedr.); Messenia: mt. Kupe, pr. Phigalea, Methone (Chaub.); Laconia (Sibth.): mt. Taygetos (Heldr.); Corcyra: mt. Pantocrator (Spreitz.). — Apr. Jun. ♃

3. **D. cordatum** Wulf. in Roem. arch. III. p. 408 (*Arnica*); Schultz in öst. bot. Wochenbl. 1854 p. 411; Hal. in z. b. G. 1888 p. 758; Beitr. fl. Epir. p. 26, in ö. b. Z. 1897 p. 284; Form. in Ver. Brünn 1896 p. 47; Bald. riv. coll. bot. Alb. 1896 p. 67. — *D. Columnae* Ten. fl. nap. pr. p. 49; Haussk. symb. p. 105. — *D. cordifolium* Sternb. in Denkschr. bayer. Ges. Regensb. II. p. 147; Bois. fl. or. HI. p. 381; Heldr. chlor. Parn. p. 21. — *Arnica scorpioides* S. et S. pr. II. p. 183, non L. — Icon: Ten. fl. nap. t. 79. — Exsicc.: Heldr. herb. norm. n. 38; Orph. fl. gr. n. 340; Sint. it. thessal. n. 733; Dörfl. fl. gr. n. 184 et 373.

Glabrum; radice obliqua, praemorsa, glaberrima; foliis acutiuscule dentato-lobatis, radicalibus petiolatis, cordato-reniformibus, caulinis saepius pluribus, inferioribus petiolo brevi basi auriculato, superioribus cordato-amplexicaulibus, ovatis; involucri glanduloso-puberuli phyllis lanceolatis, acuminatis, radio subdimidio brevioribus; receptaculo pubescente; ligulis flavis, basi hirtis, disco 2plo longioribus; acheniis radii glabriusculis, disci pubescentibus.

In rupestribus regionis subalpinae et alpinae. Epirus: mt. Olycika (Bald.), Peristeri, Strungula, Tsumerka (Hal.); Thessalia: mt. Karava (Haussk.), Olympus (Heldr.); Aetolia: mt. Korax (Heldr.); Doris: mt Kiona (Hal.); mt. Parnassus (Sibth.). — Jun. Aug. ♃

34. Senecio L.

Dispositio specierum:

a. Frutescentes, albo-tomentosae.
   α. Folia lyrata vel pinnatipartita.
    1. S. bicolor (Willd.).   **2. S. taygeteus** Bois. et Heldr.
   β. Folia anguste linearia, longa, integra vel hinc inde lobulo minutissimo aucta.
    3. S. gnaphalodes Sieb.
b. Perennes vel biennes.
   α. Involucrum ecalyculatum.
    × Achenia glabra.
      4. S. Aucheri DC.
    ×× Achenia pubescentia.
    5. S. Parnassi Bois. et Heldr.   **6. S. Heldreichii** Bois.
   β. Involucrum bracteolis (interdum perpaucis) calyculatum.
    × Capitula magna, 2—3 cm. diametro.
      ◯ Caulis corymbosus.
    7. S. euboeus Bois. et Heldr.   **8. S. macedonicus** Griseb.

∞ Caulis monocephalus.
9. S. arachnoideus Sieb.
×× Capitula parva, ad 1 cm. diametro vel minora.
○ Folia subtus adpresse niveo-tomentosa.
10. S. thapsoides DC.
C○ Folia utrinque viridia.
. Folia indivisa; caulis elatus, corymboso-paniculatus, polycephalus.
11. S. nemorensis L.
.. Folia incisa, pinnatisecta vel lyrata, rarissime indivisa et tunc caulis humilis, oligocephalus.
; Folia oblongo-vel lineari-lanceolata, inferiora runcinata.
12. S. barckhausiaefolius Bois. et Heldr.
;; Folia varie partita vel interdum indivisa, sed nunquam runcinata.
, Folia obovato-vel lanceolato-oblonga, indivisa, acutiuscule dentata.
13. S. fruticulosus S. et S.
„ Folia obovato-oblonga vel oblonga, pinnatifida, segmentis rhachique angulato-dentatis.
14. S. rupestris W. et K.
„, Folia varie partita, rhachi integra.
— Rhizoma repens; folia omnia pinnatipartita, segmentis lineari-lanceolatis, integris vel dentatis; achenia omnia hirta.
15. S. erucifolius L.
= Radix obliqua, praemorsa; folia lyrata vel lyrato-pinnatifida, infima interdum indivisa, summa pinnatipartita, segmenta oblonga vel oblongo-linearia, latiora; achenia marginis glabra, disci puberula.

16. S. Jacobaea L.   17. S. barbaraefolius Krock.
c. Annui.
α. Ligularum lamina involucrum valde superans.
18. S. coronopifolius Desf.   19. S. vernalis W. et K.
β. Ligulae nullae vel brevissimae, involucrum vix superantes, revolutae.
× Achenia glabra.
20. S. viscosus L.
×× Achenia pubescentia.
21. S. lividus L.   22. S. vulgaris L.

a. Frutescentes, albo-tomentosae.
α. Folia lyrata vel pinnatipartita.

1. **S. bicolor** Willd. sp. III. p. 2085 (*Cineraria*); Bois. fl. or. III. p. 395; Heldr. fl. cephal. p. 46; Spreitz. in z. b. G. 1867 p. 662; Hal. in ö. b. Z. 1897 p. 284. — Huc probabiliter: *Cineraria maritima* Ch. et B. exp. p. 249, Fl. pelop. p. 58, vix L., quae foliis magis dissectis et capitulis subminoribus discedit. — Exsicc.: Heldr. herb. norm. n. 1036.

Caulibus adpresse-tomentosis, simplicibus vel superne patule ramosis, inferne densiuscule, superne remote foliatis; foliis supra glabrescentibus, subtus dense niveo-tomentosis, ambitu oblongis, lyratis, vel pinnatifidis, segmentis integris vel obtuse 2—3 lobis; capitulis hemisphaericis, circa 1 cm. diametro latis, in corymbum simplicem vel compositum dispositis; involucri tomentosi, squamulis paucis brevissimis fulti, phyllis breviter acuminatis; ligulis luteis, disco parum longioribus; acheniis glabris.

In saxosis, vinetis regionis inferioris. Insula Leucas: ad promontorium Zuana (Spreitz.); Cephalonia: pr. Asso, Poros, Kipuria (Heldr.); insula Oxya Echinadum (Reis.); Peloponnesus: pr. Navarin (Sart.), ad promontorium Malea (Chaub.); Cycladum insula: Jos (Heldr.), Melos (Chaub.). — Jun. Aug. ħ

2. **S. taygeteus** Bois. et Heldr. diagn. VI. p. 95, Fl. or. III. p. 394. — *Cineraria taygetea* Nym. syll. p. 2. — Exsicc.: Heldr. pl. fl. hellen. a. 1844 et 1880.

Caulibus adpresse-tomentosis, simplicibus, fere ad apicem usque aequaliter foliatis; foliis supra canis, subtus niveo-tomentosis, ambitu oblongis, lyratis, segmentis integris vel obtuse 2—3 lobatis, terminali multo majore; capitulis hemisphaericis, circa 5 mm. diametro, in corymbum compositum dispositis; involucri glabrescentis vel farinosi phyllis breviter acuminatis, basi elevatim binerviis, squamulis subnullis; ligulis luteis, disco vix longioribus; acheniis glabris. — Indumento tenuiore, caulibus simplicibus, aequaliter foliatis, foliis minus profunde dissectis, capitulis duplo minoribus a praecedente specifice differt.

In regione abietina, rarissime. Euboea: mt. Xerovuni et Dirphys (Heldr.); Laconia: mt. Taygetos (Heldr.). — Jul. Aug. ħ

β. Folia anguste-linearia, longa, integra vel hinc inde lobulo minutissimo aucta.

4. **S. gnaphalodes** Sieb. Reise II. p. 322, t. 10 (*Conyza*); Sieb. avis. p. 5, rem. p. 6; Spreng. syst. III. p. 554; Raul. cret. p. 786; Bois. fl. or. III. p. 397. — *Cineraria gnaphalodes* Nym. consp. p. 351. — Exsicc.: Sieb. pl. cret. a. 1825.

Caulibus lanato-tomentosis, simplicibus; foliis supra glabrescentibus, subtus niveo-tomentosis; capitulis hemisphaeris, circa 5 mm. diametro, in corymbum compositum dispositis; involucri glabri phyllis acutis, squamulis paucis ovatis vel ovato-lanceolatis fultis; ligulis luteis, discum aequantibus, acheniis glabris.

In rupestribus regionis inferioris Cretae: ad Magula in mt. Lassiti, pr. Sitia, in promontorio Sidero (Sieb.); — nuper etiam in insula Karpathos a Pichler lectum. — Jun. Aug. ħ

b. Perennes vel biennes.

α. Involucrum ecalyculatum.

× Achenia glabra.

4. **S. Aucheri** DC. pr. VI. p. 361; Bois. fl. or. III. p. 413. — *Cineraria Aucheri* Nym. consp. p. 351. — Exsicc.: Heldr. herb. n. 2473.

Araneoso-lanatus; caule erecto, simplici; foliis radicalibus oblongis, repando-denticulatis, in petiolum eis breviorem attenuatis, caulinis remotis, inferioribus oblongo-lanceolatis, basi sessili attenuatis, superioribus diminutis linearibus; corymbo simplici, oligocephalo; involucro tandem glabrescente; ligulis flavis; pappo corollae tubum aequante. — Mihi ex unico specimine florifero tantum nota; habitu *Cinerariae ovirensi* Koch simillima. Ulteriu observandum, au re vera speciem propriam sistet.

In pascuis alpinis ad nives mt. Olympus Thessaliae (Heldr.). — Jul. Aug. ♃

×× Achenia pubescentia.

5. **S. Parnassi** Bois. et Heldr. fl. or. III. p. 412; Heldr. chlor. Parn. p. 21. — Exsicc.: Heldr. reliqu. Orph. a. 1887; Heldr. herb. norm. n. 1546 potius huc, nec ad *S. Heldreichii* spectare videtur.

Arachnoideo-canus; caule erecto, simplici; foliis integris vel repando-denticulatis, radicalibus oblongis, in petiolum eis breviorem attenuatis, caulinis remotis, inferioribus oblongo-lanceolatis, sessilibus, summis lineari-subulatis; corymbo simplici vel parce composito; involucro hirto; ligulis luteis; pappo tubum flosculorum superante. — Facies praecedentis, a quo achenis dense puberulis praesertim differt.

In pascuis regionis alpinae. — Phocis: mt. Parnassus (Heldr.); Euboea: mt. Kandyli (Orph.); Laconia: mt. Taygetos (Heldr.). — Jul. Aug. ♃

6. **S. Heldreichii** Bois. diagn. VI. p. 95, Fl. or. III. p. 396; Heldr. chlor. Parn. p. 21. — Exsicc.: Heldr. pl. gr. n. 385.

Arachnoideo-canus; caule erecto, simplici; foliis integris vel repando-denticulatis, inferioribus oblongis, in petiolum eis aequilongum vel subaequilongum attenuatis, mediis oblongo-lanceolatis, sessilibus, superioribus a basi sessili obtuse auriculata attenuatis, lanceolato-linearibus; corymbo subsimplici; involucro hirto; ligulis luteis; pappo flosculorum tubo superante. — Praecedenti robustior, folia ampliora, superiora auriculata.

In herbidis regionis mediae et superioris. Phocis: mt. Parnassus ad Cagna (Guicc.); Peloponnesus: mt. Olenos (Hal.), mt. Taygetos l. d. Chupata et Megali Zonaria (Heldr.). — Jul. Aug. ♃

β. Involucrum bracteolis (interdum perpaucis) calyculatum.

× Capitula magna, 2—3 cm. diametro.

○ Caulis corymbosus.

7. **S. euboeus** Bois. et Heldr. diagn. ser. 2, III. p. 36, Fl. or. III. p. 405. — Exsicc.: Heldr. pl. gr. a. 1848 et 1895.

Caule erecto, rigido, adpresse araneoso-cano, superne vel a medio sursum corymboso, corymbi ramis saepius simplicibus, elongatis, erecto-patulis; foliis rigidis, adpresse araneosis, demum glabrescentibus, integris vel obsolete repandis, inferioribus oblongo-spathulatis, in petiolum attenuatis, ceteris sessilibus, subsemiamplexicaulibus, oblongis vel lanceolatis; involucri campanulati, adpresse nivei phyllis coriaceis, lanceolatis, acuminatis; squamulis 6—8, lanceolatis, involucro tertia parte brevioribus; ligulis croceis, disco duplo longioribus; acheniis exterioribus hirtis, ceteris glabris. — Planta speciosa, sesquipedalis, capitulis magnis adpresse niveis insignis. — Achenia ab auctoribus glaberrima dicuntur, dum in speciminibus meis achenia peripherica semper hirta video.

In rupestribus regionis mt. Dirphys, Xerovuni (Heldr.) et Kandyli (Orph.) Euboeae. — Aug. ♃

8. **S. macedonicus** Griseb. spic. II. p. 221; Bois. fl. or. III. p. 403; Heldr. chlor. Parn. p. 21. — Exsicc.: Heldr. herb. norm. n. 792 et 939.

Caule erecto, glabriusculo, apice subsimpliciter corymboso; foliis subcoriaceis, demum glabratis, inferioribus argute denticulatis, oblongo-lanceolatis, in petiolum attenuatis, ceteris sessilibus, integris, intermediis lanceolatis, summis oblongo-subrhombeis; involucri hemisphaerici, glabriusculi phyllis linearibus, acuminatis; squamulis 10—12, lanceolatis, involucro duplo brevioribus; ligulis intense flavis, disco duplo longioribus; acheniis hirtis.

β. **bracteatus** Bois. et Orph. diagn. ser. 2, III. p. 36 pro sp. — *S. macedonicus* β. *brachyphyllus* Bois. fl. or. III. p. 404. — Folia minora, etiam inferiora integra, floralia confertiora. -- An species propria. — Exsicc.: Orph. fl. gr. n. 100.

In regione abietina. Thessalia: mt. Olympus pr. Hagios Dionysius (Orph.); mt. Parnassus (Guicc.); Peloponnesus: mt. Kyllene, Malevo (Orph.), Taygetos (Heldr.); — β. mt. Kyllene (Orph.). — Jun. Jul. ♃

○ Caulis monocephalus.

9. **S. arachnoideus** Sieb. pl. rar. n. 117 (1812); DC. pr. VI. p. 357. — *S. lanatus* Scop. fl. carn. ed. 2, II. p. 165, non L. — *S. Scopolii* Hoppe et Hornsch. Tageb. Reise Küstenl p. 34. — *Cineraria arachnoidea* Rchb. fl. exc. p. 242. — Exsicc.: Sint. it. thessal. n. 742.

Floccoso-lanuginosus; caule erecto, monocephalo; foliis inaequaliter serratis denticulatisve, inferioribus ovalibus lanceolatisque, in petiolum attenuatis, superioribus lanceolato-acuminatis, semiamplexicaulibus; involucri hemisphaerici phyllis lineari-acuminatis, squamulis lineari-filiformibus, involucro subbrevioribus; ligulis citrinis; acheniis glabris.

In pratis subalpinis. Epirus: mt. Tsumerka (Topali); Thessalia: pr. Mandra Hodza in Pindo tymphaeo (Sint.). — Maio, Jun. ♃

×× Capitula parva, ad 1 cm. diametro vel minora.

○ Folia subtus adpresse niveo-tomentosa.

10. **S. thapsoides** DC. pr. VII. p. 301; Bois. fl. or. III. p. 396; Hal. in z. b. G. 1888 p. 758, Beitr. fl. Epir. p. 26, Beitr. fl. thessal. p. 13, in ö. b. Z. 1897 p. 284; Heldr. chlor. Parn. p. 21; Form. in D. bot. Monat. 1890 p. 18, Bald. riv. coll. bot. Alb. 1895 p. 49. — *Cacalia verbascifolia* S. et S. pr. II. p. 164; Ch. et B. exp. p. 245, Fl. pelop. p. 57; Fraas fl. class. p. 210; non *S. verbascifolius* Jacq. — *Cineraria thapsoides* Nym. sylt. p. 2; Haussk. symb. p. 106. —

Icon: Fl. gr. t. 848. — Exsicc.: Heldr. herb. norm. n. 281 et 1439; Orph. fl. gr. n. 348; Bald. it. alb. a. 1892 n. 141; Sint. it. thessal. n. 740; Dörfl. fl. gr. n. 217 et 413.

Caulibus erectis, adpresse tomentosis, in racemum thyrsoideum compositum abeuntibus; foliis subtus niveo-tomentosis, supra glabrescentibus, inferioribus oblongo-spathulatis, crenulatis, in petiolum attenuatis, caulinis late auriculato-amplexicaulibus; capitulis hemisphaericis, discoideis, pedicellis eis aequilongis suffultis; involucri tomentosi phyllis linearibus, acuminatis, squamulis brevissimis; acheniis glabris.

In saxosis regionis subalpinae et alpinae, fere in omnibus montibus elatioribus frequens. Epirus: mt. Tsumerka, Peristeri (Hal.); Thessalia: pr. Chaliki, mt. Oxya, Zygos (Haussk.), Dokimi, Ochsa Despot, Baba, pr. Krania, Mandra Hodza (Form.), mt. Oeta (Heldr.); Aetolia: mt. Korax (Tunt.); mt. Kiona (Hal.), Parnassus (Sibth.); Euboea: mt. Dirphys (Fraas); Peloponnesus: mt. Olenos (Heldr.), Chelmos (Orph.), pr. Carithena, mt. Diaforti, Taygetos (Chaub.), Malevo (Orph.). — Jun. Aug. ♃

∞ Folia utrinque viridia.

. Folia indivisa; caulis elatus, corymboso-paniculatus, polycephalus.

11. S. nemorensis L. sp. p. 870; Bois. fl. or. III. p. 408; Hal. in ö. b. Z. 1895 p. 409. — *S. Jacquinianus* Rchb. ic. crit. III. p. 80. — *S. nemorensis v. Gmelini* Bald. riv. coll. bot. Alb. 1896 p. 68, vix *S. cacaliaster γ. Gmelini* Vis. fl. dalm. II. p. 71.

Caule erecto, glabro vel puberulo, superne corymboso-paniculato; foliis ovatis vel ovato-lanceolatis, acuminatis, serrulato-dentatis, glabris vel subtus papilloso-puberulis, inferioribus breviter petiolatis, ceteris basi attenuata sessilibus; capitulis obconico-cylindricis; involucri glabri vel parce hirtuti phyllis linearibus, abrupte acutatis, squamulis subulatis, involucro parum brevioribus; ligulis 5, flavis, involucro duplo longioribus; acheniis glabris.

β. **expansus** Bois. et Heldr. diagn. ser. 2, III. p. 34 pro var. *S. Jacquiniani*. — *S. nemorensis v. Gmelini* Bald. riv. coll. bot. Alb. 1896 p. 68, vix *S. cacaliaster γ. Gmelini* Vis. fl. dalm. II. p. 71 = *S. nemorensis v. dalmaticus* Grsb. ap. Pant. adnot. fl. Herceg. Crnag. p. 43. — Caulibus, foliis subtus praesertim ad nervum medium, pedicellis et involucris glanduloso-puberulis. — Glandulositate aliquo modo ad varietatem citatam dalmaticam propius accedit, quae autem ut videtur pedicellis tantum glandulosis gaudet. — Exsicc.: Heldr. it. gr. septentr. a. 1879, pl. fl. hellen. a. 1899; Reis. fl. gr. a. 1894.

In silvaticis montanis et subalpinis, rare. Epirus: mt. Gamila distr. Vratedon (Bald.); Thessalia: mt. Olympus, Oeta (Heldr.); Aetolia: mt. Vardusia pr. Granitza (Reiser); Achaia: mt. Chelmos (Orph.); Laconia: mt. Taygetos pr. Sitzova Alagoniae (Zahn); probabiliter loca omnia ad varietatem spectant. Typum e Graecia non vidi. — Jul. Aug. ♃

.. Folia incisa, pinnatisecta vel lyrata, rarissime indivisa et tunc caulis humilis oligocephalus.

; Folia oblongo-vel lineari-lanceolata, inferiora runcinata.

12. **S. barckhausiaefolius** Bois. et Heldr. diagn. ser. 2. VI. p. 101, Fl. or. III. p. 402. — Exsicc.: Heldr. pl. hellen. n. 3197.

Caule crassiusculo, erecto, glabrescenti, apice in corymbum 4—7 cephalum abeunti; foliis glabriusculis, inferioribus oblongo-lanceolatis, runcinatis, in petiolum attenuatis, lobis utrinque 2—3, triangularibus, 1—3 denticulatis, foliis superioribus sessilibus, lineari-lanceolatis, subdentatis, summis integris; capitulis mediocribus, hemisphaericis; involucri phyllis glabris, duris, linearibus, carinatis, squamulis numerosis, involucro tertia parte brevioribus; ligulis croceis, disco duplo longioribus; acheniis hirtis. — Species distinctissima.

In regione abietina mt. Pateras Atticae rarissime (Guicc.); postea a nemini lectus. — Maio. ♃

; Folia varie partita vel interdum indivisa, sed nunquam runcinata.

, Folia obovato-vel lanceolato-oblonga, indivisa, acutiuscule dentata.

13. **S. frutiulosus** S. et S. pr. II. p. 178, Fl. gr. IX. p. 54, t. 870; Sieb. avis p. 5, rem. p. 6, in Flora I. p. 275; Raul. cret. p. 785; Bois. fl. or. III. p. 391; Spreitz. in z. b. G. 1890 p. 296; Bald. viagg. Creta p. 63. — Exsicc.: Spreitz. it. cret. a. 1882 n. 48.

Glaber; caulibus erectis, 5—15 cm. altis, apice mono-vel laxe oligocephalis; foliis inferioribus in petiolum attenuatis, intermediis basi sessili minute auriculatis, summis anguste linearibus; involucri phyllis linearibus, bicarinatis, squamulis paucis, involucro 3 plo brevioribus; ligulis flavis, radiantibus; acheniis aspero-puberulis. — Sequenti valde affinis, a quo statura humili et foliis indivisis imprimis differt. — Nomen improprium, nam caules basi tantum indurati.

In saxosis regionis mediae et superioris Cretae: ad Krioneriti pr. Palaeolutra, mt. Stravopodia, Hagion Pneuma et Theodori (Raul.) in mt. Sphacioticis (Sibth.), mt. Ida (Heldr.). — Jul. Aug. ♃

,, Folia obovato-oblonga vel oblonga, pinnatifida, segmentis rhachique angulato-dentatis.

14. **S. rupestris** W. et K. pl. rar. hung. II. p. 136, t. 128; Friedr. Reise p. 279; Fraas fl. class. p. 210; Raul. cret. p. 785; Gelmi in bull. soc. bot. ital. 1889 p. 450; Hal. Beitr. fl. Epir. p. 26, Beitr. fl. Thessal. p. 13, Beitr. fl. Achaia p. 24, in ö. b. Z. 1897 p. 284; Form. in Ver. Brünn 1896 p. 46, 1897 p. 34. — *S nebrodensis* Raul. cret. p. 785; Bois. fl. or. III. p. 391; Hal. in ö. b. Z. 1888 p. 758; Heldr. chlor. Parn. p. 21; Haussk. symb. p. 106; Bald.

riv. coll. bot. Alb. 1896 p. 67; non L., qui foliis saepius obovatis, segmentis obtusioribus, brevius et minus acute dentatis (an semper) dis cedit; cf. Strobl Flora der Nebrod. p. 277. — Exsicc.: Heldr. herb. norm. n. 384 et 1547; Orph. fl. gr. n. 108; Sint. it. thessal. n. 741; Dörfl. fl. gr. n. 208 et 414.

Glaber vel parce arachnoideus; caulibus erectis, 10—40 cm. altis; laxe corymbosis; foliis inferioribus in petiolum attenuatis, ceteris auricula dentata amplexicaulibus; involucri phyllis linearibus, bicarinatis; squamulis involucro 4 plo brevioribus; ligulis flavis, radiantibus; acheniis pubescentibus. — Variat caulibus humilioribus vel elatioribus, poly-vel oligocephalis, foliis amplioribus vel angustis, valde dissectis vel tantum inciso-dentatis.

In rupestribus regionis subalpinae et alpinae. Epirus: mt. Smolika (Bald.), Tsumerka, Peristeri, pr. Chaliki (Hal.); Thessalia: pr. Krania, mt. Baba (Form.), Zygos, Karava, Ghavellu (Haussk.) et ad monasterium Korona in Pindo, mt. Olympus, Oeta (Heldr.); Euboea: mt. Kandyli (Orph.), Dirphys (Heldr.); Aetolia: mt. Korax (Tunt.); mt. Kiona (Hal.), Parnassus (Guicc.); Achaia: mt. Olenos (Heldr.), Panachaicon, Chelmos (Hal.); Arcadia: pr. Carithena (Friedr.); Laconia: mt. Malevo (Orph.), Taygetos (Zahn); Creta: ad Hagios Joannes Kaimenos (Raul.); Corcyra: pr. Signes (Gelmi). — Jun. Aug. ♃

,,, Folia varie partita, rhachi integra.

— Rhizoma repens; folia omnia pinnatipartita, segmentis lineari-lanceolatis, integris vel dentatis; achenia omnia hirta.

15. S. erucifolius L. sp. p. 869 n. 15, cf. errata; Bois. fl. or. III. p. 391; Form. in D. bot. Monat. 1890 p. 18, in Ver. Brünn 1896 p. 46. — *S. tenuifolius* Jacq. fl. austr. III. p. 42, t. 278; Ch. et B. exp. p. 249, Fl. pelop. p. 58; forma segmentis angustioribus, iterum saepe pinnatipartitis.

Araneoso-pubescens vel glabriusculus; caulibus erectis, elatis, laxe et composite-corymbosis; foliis inferioribus in petiolum attenuatis, ceteris sessilibus; involucri phyllis oblongis, squamulis involucrum dimidim aequantibus; ligulis flavis, radiantibus.

In fruticetis, ad vias regionis inferioris et montanae. Thessalia: pr. Velestinos, pr. Lokatamburia in mt. Olympo (Form.); Cyclades (Chaub.). — Jul. Aug. ♃. — N. v.

= Radix obliqua, praemorsa; folia lyrata vel lyratopinnatifida, infima interdum indivisa, summa pinnatipartita, segmenta oblonga vel oblongolinearia, latiora; achenia marginis glabra, disci puberula.

16. S. Jacobaea L. sp. p. 870; Form. in D. bot. Monat. 1890 p. 18; Bald. riv. coll. bot. Alb. 1895 p. 49. — *S. erucifolius v. macrophyllus* Form. in Ver. Brünn 1897 p. 34 ex descriptione potius huc pertinere videtur. — Icon: Fl. dan. t. 944. — Exsicc.: Bald. it. alb. epir. III. n. 158; Sint. it. thessal. n. 743.

Glaber vel araneoso-puberulus; caulibus erectis, elatis, composite et stricte corymbosis; foliis infimis petiolatis, oblongo-obovatis, lyrato-pinnatipartitis, interdum indivisis, caulinis auricula multipartita amplexicaulibus, in lacinias dentatas pinnatipartitis; pedunculis erectis; involucri phyllis lineari-lanceolatis; squamulis involucro multo brevioribus; ligulis flavis, patentibus, disco aequilongis.

In herbidis montanis, rarissime. Epirus: pr. Syraku ad radices mt. Peristeri (Bald.); Thessalia: in valle Negerli pr. Chaliki (Sint.), pr. Kerasia Sina in mt. Chassia (Form.). — Jul. Aug. ☉

17. **S. barbaraefolius** Krock. fl. siles. II. p. 421; Form. in Ver. Brünn 1895 p. 26. — *S. erraticus* Bert. amoen. p. 92; Marg. et R. fl. Zante p. 58; Friedr. Reise p. 264; Bois. fl. or. III. p. 392; Heldr. fl. cephal. p. 46; Form. in Ver. Brünn 1897 p. 34. — *S. aquaticus* S. et S. pr. II. p. 178; Marg. et R. fl. Zante p. 58; non L. — Cf. Pollak in ö. b. Z. 1896 p. 168 et Scholz in ö. b. Z. 1899 p. 284. — Icon: Rchb. pl. crit. IV. p. 538. — Exsicc.: Heldr. it. thessal. n. 82; Sint. it. thessal. n. 1229.

Differt a praecedente caule divaricatissime corymboso, foliorum segmentis patentissimis, terminali maximo, ovato, saepe subcordato, pedunculis patentibus, ligulis saepe brevioribus.

In pratis, salicetis, ad fossas regionis inferioris. Epirus: pr. Philippiades, in valle Dipotami (Form.); Thessalia: pr. Kalabaka (Sint.), ad ostia fluvii Peneios (Heldr.), ad Megalivris et Mavromandila pr. Lamia (Form.); Aetolia: pr. Mesolongion (Nied.); Boeotia: pr. Lebadia (Fraas); Euboea: ad Oreus (Orph.); Achaia: pr. Patras (Friedr.); Messenia: inter Nisi et Petalidi (Zahn); Zante (Marg.); Cephalonia: pr. Same (Heldr.); Corcyra: pr. urbem, Kipuria, Kanoni, Europuli, Afra (Form.). — Jul. Sept. ☉

c. Annui.

α. Ligularum lamina involucrum valde superans.

18. **S. coronopifolius** Desf. fl. alt. II. p. 273; Bois. fl. or. III. p. 390; Heldr. chlor. Thera p. 14, chlor. Mykon. p. 245. — *S. squalidus* Urv. enum. p. 110, non L. — Exsicc.: Sart. herb. n. 3370; Heldr. et Hal. fl. aeg. a. 1889.

Glabriusculus; caule erecto, saepe a basi ramoso; foliis pinnatipartitis, segmentis obovatis, oblongis vel linearibus, inciso-dentatis subintegrisve, rhachi subintegra, infimis petiolatis, ceteris auriculato-amplexicaulibus; capitulis laxe corymbosis, longe pedunculatis; involucri phyllis linearibus, acuminatis; squamulis lineari-lanceolatis, involucro multo brevioribus; ligulis flavis, subrevolutis, involucro subbrevioribus; acheniis costatis, adpresse hirtis, pappo deciduo, discum aequante.

Inter segetes, ad muros regionis inferioris, rare. Attica: in scopulo Rhaphti (Heldr.); Cycladum insula: Mykonos (Sart.), Melos (Urv.), Cythnos, Thera (Heldr.); Creta: mt. Cavutsi (Heldr.). — Mart. Maio. ☉

19. **S. vernalis** W. et K. pl. rar. hung. I. p. 23, t. 24; Marg. et R. fl. Zante p. 58; Friedr. Reise p. 266, 268 et 277; Clem. sert. p. 63, *v. nigropunctatus* (f. phyllis involucri exterioribus nigropunctatis), Ung. Reise p. 124; Bois. fl. or. III. p. 389; Spreitz. in z. b. G. 1877 p. 712; Heldr. fl. cephal. p. 46; Haussk. symb. p. 106; Hal. in ö. b. Z. 1897 p. 284. — Exsicc.: Heldr. herb. norm. n. 686; Orph. fl. gr. n. 1140; Sint. it. thessal. n. 77.

Araneoso-lanatus, tandem glabrescens; caule erecto, simplici vel ramoso, laxe corymboso; foliis infimis oblongis, breviter petiolatis, sinuatis vel dentatis, ceteris auriculato-amplexicaulibus, oblongo-linearibus, varie pinnatifidis, lobis oblongis, rhachique crispato-dentatis; capitulis longe pedunculatis; involucri phyllis linearibus, acuminatis; squamulis setaceis, involucro multo brevioribus; ligulis flavis, patentibus, involucro aequilongis; acheniis striatis, dense pubescentibus, pappo persistente, discum aequante. — Praecedenti affinis, ab eo distinctus indumento, foliis minus dissectis, lobis rhachique crispato-dentatis et ligulis longioribus.

In arenosis maritimis, nec non in saxosis montanis et subalpinis. Epirus: pr. Kestoration (Chodses), jam extra ditionem nostram; Thessalia: ad monasterium Hagios Stephanos pr. Kalabaka (Sint.); Acarnania: pr. Astakos (Nied.), insula Petala Echinadum (Reiser); Aetolia: pr. Mesolongion, mt. Chalkis (Nied.), mt. Tymphrestus (Samar.); Boeotia: pr. Lebadia (Orph.); Attica: pr. Eleusis (Haussk.), Marussi, Athenas (Friedr.), mt. Parnes, Pentelicon, Hymettus, ad Phalerum, insula Lero (Heldr.); Acrocorinthus (Haussk.); Argolis: pr. Nauplia (Orph.), Poros (Friedr.); Arcadia: pr. Zatuna (Orph.); Laconia: pr. Selitza (Zahn); Zante: ad colles Acroteri (Marg.); Cephalonia: pr. Argostoli, Pessada, Spartia (Heldr.); Corcyra: mt. Deca (Ung.), Pantocrator (Spreitz.). — Febr. Maio. ☉

β. Ligulae nullae vel brevissimae, involucrum vix superantes revolutae.

× Achenia glabra.

20. **S. viscosus** L. sp. p. 868; S. et S. pr. II. p. 177; Friedr. Reise p. 278; Ung. Reise p. 123; Bois. fl. or. III. p. 386; Haussk. symb. p. 106; Form. in Ver. Brünn 1896 p. 46. — *S. tymphresteus* Bois. et Heldr. diagn. ser. 2, VI. p. 99. — Icon: Fl. dan. t. 1230. -- Exsicc.: Heldr. it thessal. IV. a. 1885.

Glanduloso-hirtus, viscosus; caule erecto, ramoso; foliis oblongo-spathulatis oblongisve, inaequaliter lobatis vel sinuato-dentatis, inferioribus in petiolum attenuatis, superioribus sessilibus; involucri phyllis linearibus, acutis; squamulis involucro 2—3plo brevioribus; ligulis flavis, minimis, revolutis; pappo disco longiore.

In saxosis montanis, in regionem alpinam adscendens. Thessalia: mt. Baba inter Krania et Klinovo in Pindo (Haussk.); Eurytania: mt. Tymphrestus (Samarit.); Argolis: ad lacum Lerna (Friedr.); in agro Laconico (Sibth.); Corcyra (Ung.). — Jun. Aug. ☉

×× Achenia pubescentia.

21. S. lividus L. sp. p. 867; S. et S. pr. II. p. 177; Urv. enum. p. 110; Ch. et B. exp. p. 249, Fl. pelop. p. 58; Bois. fl. or. III. p. 388. — *S. trilobus* S. et S. pr. II. p. 177, Fl. gr. IX. t. 869, non L., sec. Bois. l. c. — *S. foeniculaceus* Ten. fl. nap. II. p. 216, t. 78.

Pube papillari articulata plus minus obsitus, superne glanduloso-puberulus, viscidus; caule erecto, simplici vel ramoso, laxe corymboso; foliis sinuato-lobatis vel pinnatifidis, inferioribus obovatis, in petiolum attenuatis, ceteris oblongo-lanceolatis, basi auriculato-amplexicaulibus, laciniis angulato-dentatis; involucri phyllis linearibus, acuminatis; squamulis involucro multo brevioribus; ligulis flavis, revolutis, parte exserta nvolucro 3—4 plo brevioribus; acheniis pappo brevioribus.

In arenosis regionis inferioris et montanae. Peloponnesus (Sibth.): pr. Carithena, Pylos, Messene, mt. Taygetos (Chaub.); Cycladum insula Skinosa (Sibth.), Camini pr. Thera (Urv.). — Mart. Jul. ☉ N. v.

22. S. vulgaris L. sp. p. 867; S. et S. pr. II. p. 176; Pieri corc. fl. p. 117; Dallap. prosp. p. 115; Ch. et B. exp. p. 248, Fl. pelop. p. 58; Marg. et R. fl. Zante p. 58; Friedr. Reise p. 273; Fraas fl. class. p. 210; Weiss in z. b. G. 1869 p. 39; Raul. cret. p. 785; Bois. fl. or. III. p. 386; Heldr. fl. cephal. p. 46; Haussk. symb. ip. 106; Hal. Beitr. fl. Epir. p. 26. — *S. delubrorum* Heldr. herb. norm. n. 1347. — Icon: Fl. dan. t. 513. — Exsicc.: Heldr. pl. fl. hellen. a. 1878.

Glaber vel arachnoideo-lanatus; caule erecto, simplici vel ramoso, apice coarctato-corymboso; foliis oblongis vel oblongo-spathulatis, sinuato-lobatis vel pinnatifidis, inferioribus in petiolum attenuatis, ceteris basi auriculato-amplexicaulibus, laciniis angulato-dentatis; involucri phyllis linearibus, acuminatis; squamulis involucro multo brevioribus; acheniis pappo brevioribus, — Differt a praecedente indumento eglanduloso, capitulis discoideis.

In herbidis, ruderatis, cultis, per omnem Graeciam. — Floret toto anno. — ☉

19 × 22. **S. vernalis × vulgaris.** — *S. vulgaris × vernalis f. pseudo-vernalis* Zabel in Verh. bot. Ver. Brand. 1869 p. 139. — *S. Weylii* Vatke in Verh. bot. Ver. Brandenb. 1872 p. 48. — Habitu *S. vernalis*, sed folia minus crispato-dentata, ligulae breviores vel nullae, capitula eis *S. vulgaris* majora. — Inter parentes ad monasterium Hagios Stephanos pr. Kalabaka Thessaliae (Sint. it. thessal. n. 87).

7 Tribus. **CALENDULEAE** Less, syn. p. 89.

35. Calendula L. gen. n. 990.

1. C. arvensis L. sp. ed 2 p. 1303; S. et S. pr. II. p. 207; Pieri corc. fl. p. 122; Ch. et B. exp. p. 257, Fl. pelop. p. 60; Friedr. Reise p. 266 et 272; Ung. Reise p. 124; Weiss in z. b. G. 1869

p. 45, *f. rugosa* Vis. fl. dalm. II. p. 26 (acheniis fere omnibus dorso transverse rugosis plicatisve, plicis granulatis vel breviter muricatis); Raul. cret. p. 786; Bois. fl. or. III. p. 418; Spreitz. in z. b. G. 1877 p. 713; Heldr. fl. cephal. p. 46, Fl. Aegina p. 304; Gelmi in bull. soc. bot. ital. 1889 p. 450; Haussk. symb. p. 118. — *C. micrantha* Tin. et Guss. in Guss. fl. sic. syn. II p. 874; Heldr. chlor. Thera. p. 15; (f. ligulis brevioribus, involucro parum longioribus). — Forsan ad hanc formam pertinet: *C. arvensis pygmaea* Clem. sert. p. 54. — *C. sublanata* Rchb. ic. XV. p. 99, t. 160 (f. caule foliisque tomentellis). — Huc quoque: ? *C. parviflora* Friedr. Reise p. 284, an Raf.; nec non *C. sicula* Friedr. l. c., non Cyr. — Icon: Fl. gr. t. 920. — Exsicc.: Heldr. herb. norm. n. 1041; Sint. it. thessal. n. 400.

Pubescens; caulibus erectis vel decumbentibus, ramosis; foliis oblongo-lanceolatis, subdentatis, infimis in petiolum attenuatis, ceteris sessilibus semiamplexicaulibus; capitulis mediocribus, radio explanato circa 2 cm. latis; ligulis sulfureis vel aurantiacis, involucro subduplo longioribus, disco concolore, acheniis exterioribus dorso plus minus longe aculeatis, rostratis, involucro sesqui vel duplo longioribus, intermediis cymbiformi inflatis intimisque annulatis dorso rugosis.

β. **bicolor** Raf. caract. p. 82; Bois. fl. or. III. p. 418; Haussk. symb. 118; Hal. in ö. b. Z. 1897 p. 95; Heldr. fl. Aegina p. 304; pro sp.; DC. pr. VI. p. 453; Marg. et R. fl. Zante p. 58. — Huc probabiliter: *C. officinalis* Pieri corc. fl. p. 122; Dallap. prosp. p. 117; Marg. et R. l. c.; Heldr. fl. cephal. p. 46; non L., quae foliis omnibus basi paulo angustioribus, floribus duplo majoribus, aureis atque acheniis plerisque cymbaeformibus discedit et in Graecia non indigena. — Involucri phylla apice crocea, corollae disci croceo-nigricantes. — Exsicc.: Orph. fl. gr. n. 474; Heldr. herb. norm. n. 315 et 1254.

In cultis, inter segetes, herbidis, vinetis, olivetis, collibus, aridis, regionis inferioris per totam Graeciam frequens. — Febr. Maio. ☉

C. aegyptiaca Desf. cat. hort. Par. 1804 p. 100; Bois. fl. or. III. p. 419; Heldr. Fl. Aegina p. 304, chlor. Thera p. 15, chlor. Mykon. p. 246. — Exsicc.: Orph. fl. gr. n. 475; Heldr. herb. norm. n. 514 et 1042; Dörfl. fl. aeg. n. 435, fl. cret. n. 136. —

Papilloso-hirta; caulibus decumbentibus vel adscendentibus, ramosis; foliis oblongo-lanceolatis lanceolatisve, remote denticulatis, infimis in petiolum attenuatis, ceteris sessilibus, semiamplexicaulibus; capitulis parvis, radio explanato circa 1 cm. latis; ligulis flavis, involucrum vix superantibus, disco concolore; acheniis exterioribus dorso longe aculeatis, in rostrum tenue aequilongum vel longius, involucrum superans, abeuntibus, intermediis alato-cristatis vel cymbaeformibus, dorso echinatis vel laevibus, intimis annularibus rugosis.

In arenosis, cultis, collibus aridis regionis inferioris. Attica: mt. Lycabettus, pr. Trakones ad radices mt. Hymetti, insula Aegina (Heldr.); isthmus Corinthiacus: pr. Lechaeum (Orph.); Cycladum insula: Syra Sart.), Melos (Armenis), Jos, Mykonos, Thera (Heldr.), Cythnos (Tunt.),

Tenos, Naxos (Leon.); Cretae: pr. Males distr. Hierapetra (Leon.). — Sept. Jun. ☉.

2. Subdivisio. **CYNAROCEPHALAE** Juss. gen. p. 171.

8. Tribus. **ECHINOPSIDEAE** Less. in Linnaea VI. p. 88.

36. Echinops L.

a. Involucri phylla quina intima inferne in tubum concreta.

1. **E. viscosus** DC. pr. VI. p. 525; Bois. fl. or. III. p. 429; Heldr. fl. cephal. p. 46, in ö. b. Z. 1898 p. 184, Chlor. Thera p. 15, Chlor. Mykon. p. 246; Bald. viagg. Creta p. 66; Hal. in z. b. G. 1899 p. 185. — *E. sphaerocephalus* S. et S. pr. II. p. 208, non L. — *E. spinosus* Sieb. avis p. 5, rcm. p. 6; Raul. cret. p. 786; Spreitz. in z. b. G. 1890 p. 296; an etiam S. et S. pr. II. p. 209 quoad plantam ex Archipelago, nec non Ch. et B. exp. p. 257, Fl. pelop. p. 60; non L. mant. p. 119, qui indumento eglanduloso, foliis parenchymate fere destitutis in spinas longas acerosas ramosas mutatis et penicilli (id est phyllorum involucri series extima) setis involucrum aequantibus discedit. — *E. creticus* Bois. et Heldr. diagn. X. p. 87; Raul. cret. p. 786. — *E. glandulosus* Weiss in z. b. G. 1868 p. 433, 1869 p. 42. — Icon: Fl. gr. t. 923. — Exsicc.: Rev. pl. cret. n. 78, in Baen. herb. europ. n. 4872; Bald. it. cret. n. 74; Dörfl. fl. aeg. n. 267.

Glanduloso-viscosus; caule elato, ramoso; foliis in lacinias lanceolatas lobatas, spinosas, pinnatim vel subbipinnatim partitis vel sectis, superne virentibus, glandulosis, subtus cano-tomentosis; penicilli involucri tertiam vel dimidiam partem aequantis setis scabridulis; involucri phyllis infimis a basi tenui abrupte triangulari-deltoideis, saepe transverse latioribus, glabris vel glandulis sessilibus obsitis, intermediis versus medium denticulatis et attenuato-subulatis, intimis a parte media in tubum cylindricum concretis, omnibus vel tribus brevioribus obtusis fimbriatis; corolla pallide coerulea; pappi setis paleaceis barbellatis, basi vel ad tertiam partem concretis.

In aridis, dumetosis regionis inferioris. Attica: mt. Hymettus (Heldr.); ? Corinthus, Argolis et Laconia (Chaub.); Cycladum insula Keos, Andros, Naxos, Siphnos, Thera (Heldr.), Mykonos (Sart.), Syra (Weiss); Creta: pr. Khalamia (Bald.), Kissamos, Khalepa, Candia, mt. Lassiti (Raul.), Anopolis, Lutro (Spreitz.); Cephalonia: inter Drapano et Pharaelata, pr. Hagios Soter (Heldr.). — Jun. Aug. ♃.

2. **E. graecus** Mill. dict. n. 3; Fraas fl. class. p. 203 et 216; Clem. sert. p. 54; Bois. fl. or. III. p. 432; Hal. Beitr. fl. Thessal. p. 14; Haussk. symb. p. 119; Form. in Ver. Brünn 1896 p. 55, 1897 p. 41, 1898 p. 78. — *E. lanuginosus* Lam. dict. III. p. 317; S. et S. pr. II. p. 209; Urv. enum. p. 118; Ch. et B. fl. pelop. p.

60. — *E. tenuissimus* S. et S. fl. gr. X. p. 19 t. 926. — Exsicc.: Orph. fl. gr. n. 269; Sint. it. thessal. n. 1275.

Eglandulosus, araneosus; caule humili, ramoso; foliis in lacinias angustas, lineari-lanceolatas, spinosas, pinnatisectis, supra nitidis, subtus cano-tomentosis; penicilli involucri tertiam partem aequantis setis laeviusculis; involucri glabri phyllis externis a basi tenui apice triangulari ovatis, 5—7 dentatis, intermediis supra medium subulato-attenuatis et adscendenti-dentatis, intimis longioribus, medium versus puberulis, ad $^2/_3$ in tubum oblongo-pentagonum concretis, apice subulatis; corolla, coerulea; pappi brevissimi paleis barbellatis, ultra medium concretis. — Statura humili, indumento eglanduloso, foliis creberrimis tenuissime sectis, capitulis minoribus coeruleis, involucri structura et toto habitu a praecedente diversissimus.

In arvis, ruderatis. Attica: frequens ubique circa Athenas; pr. Vatika (Fraas); Thessalia: pr. Volo (Hal.), Lalomeion, Koryza (Form.); Euboea: pr. Pisona (Orph.); Cycladum insula: Keos (Heldr.), Kythnos (Tunt.), Melos (Urv.). — Maio, Aug. ♃.

b. Involucri phylla omnia libera.

α. Capitula albo-virentia, floribus albis vel pallide coerulescentibus.

× Caulis totus valde glandulosus; involucri phylla saltem inferiora glandulosa.

3. **E. sphaerocephalus** L. sp. p. 814; Bois. fl. or. III. p. 438. — Icon: Fl. dan. t. 2179.

Caule elato, glanduloso-tomentoso, simplici vel ramoso; foliis mollibus, in segmenta oblongo-triangularia, lobata, spinulosa pinnatifidis, utrinque glandulosis, supra viridibus, subtus cano-tomentosis; penicilli setis dimidio involucro sublongioribus; involucri phyllis inferioribus glanduloso-puberulis, apice triangularibus, ceteris glabris, subulato-acuminatis, a medio sursum ciliato-pectinatis; pappi setis ad medium usque concretis.

In fruticetis Peloponnesi circa Megaspilaeon Achaiae (Heldr. ex Bois. l. c.). — Jul. Aug. ♃. N. v.

4. **E. taygeteus** Bois. et Heldr. diagn. VI. p. 98. — *E. sphaerocephalus β. taygeteus* Bois. fl. or. III. p. 439; Heldr. chlor. Parn. p. 21. — Exsicc.: Orph. herb. a. 1851; Hal. it. gr. a. 1888.

Differt a praecedente foliis coriaceis, in lacinias angustas, parenchymate saepe fere omnino destitutas, in spinas longas validasque terminales lateralesque abeuntes pinnatipartitis, involucri phyllis omnibus subulatis, saepius omnibus glanduloso-puberulis.

In regione abietina mt. Parnassus pr. Gurna (Heldr.), mt. Chelmos Achaiae (Orph.), mt. Taygetos supra Varvari (Heldr.). — Jul. Aug. ♃.

×× Caulis eglandulosus vel basi tantum glandulosus; involucri phylla omnia eglandulosa, glabra.

5. **E. albidus** Bois. et Sprun. diag. VI. p. 97; Clem. sert. p. 54; Haussk. symb. p. 118; Form. in D. bot. Monat. 1898 p. 78, *v. longifolius*. — *E. sphaerocephalus* γ. *albidus* Bois. fl. or. III. p. 439; Form. in D. bot. Monat. 1895 p. 29, 1897 p. 40. — Huc probabiliter: *E. sphaerocephalus* Ch. et B. exp. p. 257, Fl. pelop. p. 60; Form. in D. bot. Monat. 1890 p. 21. — Exsicc.: Heldr. herb. norm. n. 338 et 1255; Orph. fl. gr. n. 351.

Caule mediocri, araneoso-tomentoso, monocephalo vel apice oligocephalo, foliis coriaceis, in segmenta breviter triangularia, lobulata, crebre et longe spinosa pinnatifidis, supra virescentibus, dense breviterque glandulosis, subtus cano-tomentosis; penicilli setis involucro dimidio brevioribus; involucri phyllis inferioribus apice triangularibus, ceteris subulato-acuminatis, a medio sursum ciliato-pectinatis; pappi setis ad medium usque concretis. — Capitula magnitudinis *E. sphaerocephali*, qui autem longe differt caule ad apicem usque dense glanduloso, foliis majoribus mollibus, tenuius spinosis, supra longius glandulosis et involucri phyllis glandulosis; *E. taygeteus* foliis magis dissectis et indumento glanduloso discedit.

In collibus saxosis. Epirus: pr. Panegeia, Ephemiades, Han Mescho, Janina, Sadovica, mt. Prosgoli, in valle Dipotami (Form.); Thessalia: pr. Tyrnavos (Haussk.), Kapurna, Volo, Lalomeion, Velestinos, Limogardi, Megalivris (Form.); Euboea: ad radices mt. Dirphys (Heldr.); Attica: in colle Lycabetto, Ardetto, mt. Corydalus, Hymettus, ad Ilyssum, pr. Munychia, Phanari, Daphne (Heldr.); Boeotia: pr. Thebas (Sprun.); Acrocorinthus (Hal.); Argolis (Sart.); Laconia: pr. Vitilos, Chimova, ad fluvium Eurotas (Chaub.). — Jun. Aug. ♃.

β. Capitula cyanea.

× Penicillum involucro 3—4 plo brevius.

6. **E. banaticus** Roch. cat. hort. vindob. a. 1823, in Schrad. diss. blum. p. 48; Form. in Ver. Brünn 1895 p. 29, 1897 p. 41. — *E. ruthenicus* Roch. pl. ban. rar. t. 37, non M. a B. — *E. Rochelianus* Griseb. spic. II. p. 229. —

Eglandulosus; caule elato, arachnoideo-tomentoso, simplici vel ramoso; foliis membranaceis, teneris, supra viridibus, breviter papillosis, subtus cano-tomentosis, inferioribus petiolatis, lyratis vel in segmenta oblonga, grosse et parce lobata pinnatifidis, margine ciliato-spinulosis, lobis in spinam minutam debilem abeuntibus, foliis superioribus diminutis, amplexicauli-auriculatis; penicilli paleis involucro triplo brevioribus; involucri glabri phyllis extimis apice minute triangulari-spathulatis, denticulatis, ceteris lanceolato-attenuatis, a medio longe ciliatis; pappi setis inferne connatis. — Foliis teneris, grosse et parce lobatis, lobis minutissime spinuloso-ciliatis insignis.

In valle Dipotami in Epiro et in mt. Cuka in mt. Chassia Thessaliae (Form.). — Jul. Aug. ♃. N. v.

7. E. ritro L. sp. p. 815; Bois. fl. or. III. p. 439; Hal. in z. b. G. 1888 p. 759, in ö. b. Z. 1892 p. 41; Form. in D. bot. Monat. 1890 p. 22, in Ver. Brünn 1897 p. 55, 1897 p. 41; Haussk. symb. p. 119; Bald. riv. coll. bot. Alb. 1896 p. 68. — Exsicc.: Orph. herb. n. 2957.

Eglandulosus; caule mediocri, tomentoso; foliis coriaceis, supra viridibus, glabrescentibus vel sublanatis, subtus cano-tomentosis, inferioribus petiolatis, pinnatisectis, segmentis lanceolatis linearibusve, pinnatipartitis, breviter spinosis, foliis superioribus diminutis, sessilibus; penicilli paleis involucro 3—4plo brevioribus; involucri glabri phyllis extimis apice minute triangulari-spathulatis, denticulatis, ceteris lanceolato-attenuatis, a medio longe ciliatis; pappi setis fere ad medium irregulariter concretis.

β. **ruthenicus** M. a. B. fl. taur. cauc. III. p. 597 pro sp. — *E. ritro* β. *elegans* Bert. in Vis. stirp. dolm. sp. p. 34. — *E. ritro* β. *tenuifolius* DC. pr. VI. p. 524. — Foliorum segmenta angusta, longiora, linearia. — Exsicc.: Sint. et Bornm. it thessal. n. 1321.

γ. **Sartorianus** Bois. diagn. VI. p. 97; Heldr. chlor. Parn. p. 21; pro sp.; Bois. fl. or. III. p. 440. — Pappi setae longius et interdum prope apicem usque coalitae. — Exsicc.: Heldr. herb. n. 2478.

In saxosis regionis montanae, var. β. ut videtur aliis frequentior. Epirus: mt. Smolika (Bald.); Thessalia: pr. Malakasi (Haussk.), Said Pascha, Krania, Klinovo, Chaliki in Pindo (Form.), pr. Leptokaryes in Olympo (Sint.), pr. Selicany et Spilia in mt. Ossa, mt. Othrys (Form.); Aetolia: mt. Tymphrestus (Samar.), mt. Korax (Heldr.); mt. Kiona (Hal.), Parnassus (Guicc.); Peloponnesus: mt. Chelmos, Malevo (Orph.), Taygetos (Heldr.). — Jul. Aug. ♃.

×× Penicillum subnullum.

8. E. microcephalus S. et S. pr. II. p. 209; Bois. fl. or. III. p. 440; Heldr. in Sitzungsb. Acad. Wiss. Berl. 1883 p. 8; Form. in D. bot. Monat. 1890 p. 22, in Ver. Brünn 1896 p. 55, 1897 p. 41; Hal. Beitr. fl. Thessal. p. 14; Haussk. symb. p. 119. — Icon: Fl. gr. t. 925. — Exsicc.: Heldr. herb. norm. n. 40 et 1256; Orph. fl. gr. n. 350.

Araneoso-canescens, eglandulosus; caulibus mediocribus, fere a basi ramosis, dumosis; foliis rigidis, in segmenta lanceolata vel ovato-lanceolata, lobata, breviter spinosa, pinnatipartitis vel sectis; capitulis parvis; penicilli brevissimi setis paucis; involucri glabri phyllis pectinato-ciliatis; ab externis apice triangularibus ad superiora lanceolato-subulata sensim auctis; pappi paleis ad medium coalitis.

In campis, ad vias. Copiose in planitie Thessaliae; Aetolia (Sprun.); Boeotia: pr. Lebadea (Orph.); Achaia: pr. Xylocastron (Heldr.); Arcadia: pr. Tripolis (Sart.). — Jul. Aug. ♃.

9. Tribus. **CARLINEAE** Less. syn. p. 11.

37. Cardopatium Juss. in ann. mus. Par. VI. p. 324.

1. C. corymbosum L. sp. p. 815 *(Echinops)*; Pers. syn. II. p. 500; Bois. fl. or. III. p. 442; Heldr. fl. cephal. p. 46, in Sitzungsb. acad. Wiss. Berl. 1883 p. 8, Fl. Aegina p. 304; Form. in D. bot. Monat. 1890 p. 21, 1898 p. 78, in Ver. Brünn 1896 p. 53, 1897 p. 38; Haussk. symb. p. 119. — *Carthamus corymbosus* L. sp. ed. 2. p. 1164; S. et S. pr. II. p. 161; Ch. et B. exp. p. 244, Fl. pelop. p. 57; Fraas fl. class. p. 206. — *Brotera corymbosa* Willd. sp. III. p. 2399. — *Onobroma corymbosum* Spreng. syst. III. p. 393. — *C. orientale* Spach. in ann. sc. nat. 3, ser. V. p. 237; Raul. cret. p. 786. — Icon: Fl. gr. t. 844; Jaub. et Sp. ill. or. t. 426. — Exsicc.: Orph. fl. gr. n. 317; Heldr. herb. norm. n. 241 et 851.

Glabrum vel parce arachnoideum; caule humili, ramoso dense corymboso; foliis radicalibus petiolatis, oblongo-lanceolatis, pinnatipartitis, segmentis oblongis, inciso-pinnatifidis, spinosis, caulinis sursum diminutis sessilibus, secus caulem decurrentibus; capitulis numerosissimis, ovato-conicis, 8—10 floris, in glomerulos bracteatos spinosissimos congestis; involucri squarrosi phyllis spinulosis, in spinam recurvam abeuntibus, intimis subscariosis, subintegris; corolla cyanea, rarissime alba; pappi uniseriati paleis lanceolatis, fimbriatis, acuminatis, corollae tubo aequilongis.

In campis, collibus aridis regionis inferioris. Thessalia: frequens in planitie a Trikala, Pharsala, Karditza usque Larissa et Volo (Heldr.); Attica: pr. Athenas, Phalerum, insula Aegina (Heldr.); Peloponnesus: ad fluvium Eurotas, pr. Epidaurus Limera, Monembasia, Damala (Chaub.); Cycladum insula Naxos (Chaub.); Creta: in planitie Messara (Raul.); Cephalonia: pr. Argostoli (Heldr.). — Jun. Jul. ♃.

2. C. Vrionis Heldr. in Bois. fl. or. III. p. 443. — Icon: Rouy. ill. t. 160. — Exsicc.: Heldr. herb. fl. hellen. n. 112.

Praecedenti maxime affine, ab eo parum differt foliis minus spinosis, caulinis brevius decurrentibus, capitulis submajoribus, ovatis et pappi paleis corollae tubum dimidium aequantibus.

Aetolia: in halipedo pr. Mesolongion et ad ripas Eueni fluminis (Nieder). — Jun. Jul. ♃.

3. C. Boryi Spach in ann. sc. nat. 3 ser. V. p. 243; Bois. fl. or. III. p. 443. —

Ex descriptione praecedentibus simile, sed foliorum segmenta paulo latiora et capitula submajora, spinis validioribus; ab iis praesertim differt pappo duplici, externo paleis 10—13 liberis, ovario et tubo corollae duplo brevioribus constante, interno brevissime coroniformi 5-denticulato.

Laconia (Bory), sine loci speciali indicatione. Jun. Jul. ♃. N. v.

38. Xeranthemum L. gen. n. 947.

a. Involucri phylla glabra, abrupte mucronata; pappi paleae 5.

1. X. annuum L. sp. p. 857; S. et S. pr. II. p. 172; Bois. fl. or. III. p. 444; Hal. in z. b. G. 1888 p. 759; Form. in D. bot. Monat. 1890 p. 21, in Ver. Brünn 1896 p. 15, 1897 p. 40; Haussk. symb. p. 121; Bald. riv. coll. bot. Alb. 1896 p. 68. — Icon: Jacq. fl. austr. t. 388. — Exsicc.: Bald. it. alb. epir. IV. n. 126.

Lanato-tomentosum; caule erecto, stricte ramoso, ramis virgatis, apice nudis; foliis lanceolatis, sessilibus; capitulis hemisphaericis; involucri phyllis scariosis, externis pallidis, ovatis, intimis lanceolatis, disco duplo longioribus, radiantibus, roseis; antherarum caudis fimbriatis; pappi paleis e basi triangulari subulatis, achenio brevioribus.

In lapidosis, collibus apricis regionis inferioris et montanae. Epirus: pr. Vromonero distr. Ljaskovik (Bald.); Thessalia: pr. Aivali (Haussk.), pr. Pharsalum (Heldr.), Trikala, Drepani, mt. Chassia, Kapurna, Kalyvia (Form.); Doris: pr. Segditza ad radices mt. Kiona, Amphissa (Hal.). — Jun. Jul. ☉

2. X. inapertum L. sp. p. 858 pro var. *X. annui;* Willd. sp. III. p. 1902; Bois. fl. or. III. p. 445; Heldr. chlor. Parn. p. 21; Hal. Beitr. fl. Achaia p. 24; Bald. riv. coll. bot. Alb. 1896 p. 68. — *X. erectum* Presl del. Prag. p. 106; Haussk. symb. p. 121. — Icon: Rchb. t. 6. — Exsicc.: Heldr. herb. norm. n. 700; Orph. fl. gr. n. 753.

Differt a praecedente capitulis ovatis; involucri phyllis brevioribus, vix radiantibus, erectis; antherarum caudis integris; pappi paleis setaceo-acuminatis, achenio sublongioribus.

In locis similibus, quibus praecedens. Epirus: mt. Olycika (Bald.); Thessalia: mt. Ghavellu, ad monasterium Korona (Haussk.); Phocis: mt. Parnassus pr. Rachova (Samarit.); Attica: mt. Cithaeron, Pateras, Parnes, Hymettus (Heldr.); Achaia: mt. Kastro pr. Kalavryta (Hal.); Laconia: mt. Malevo pr. Hagios Joannes (Orph.); Creta: mt. Volakia (Reverch.). — Maio, Jul. ☉.

b. Involucri phylla exteriora obtusa, dorso tomentella; pappi paleae 8—10.

3. X. cylindraceum S. et S. pr. II. p. 172; Bois. fl. or. III. p. 446; Heldr. chlor. Parn. p. 21; Haussk. symb. p. 121; Bald. riv. coll. bot. Alb. 1896 p. 68; Form. in Ver. Brünn 1897 p. 40. — Icon: Rchb. t. 7. — Exsicc.: Orph. fl. gr. n. 754; Sint. et Bornm. it. turc. n. 1310; Sint. it. thessal. n. 916.

Lanato-tomentosum; caule erecto, stricte ramoso, ramis virgatis, apice nudis; foliis lanceolatis, sessilibus; capitulis oblongo-cylindricis, involucri phyllis scarioso-marginatis, externis pallidis, ellipticis, intimis lanceolatis acutis, vix radiantibus, roseis; antherarum caudis minute mucronatis; pappi paleis inaequalibus, e basi triangulari-lanceolata, subulatis, achenio brevioribus.

In aridis, ruderatis, vineis regionis inferioris. Epirus: mt. Muria distr. Ljaskovik (Bald.); Thessalia: pr. Malakasi (Sint.), Kastania (Form.), monasterium Korona (Haussk.), pr. Palaeokastron (Heldr.), Litochori (Sint.), Volo (Orph.); Euboea: pr. Kastaniotissa (Heldr.); mt. Parnassus pr. Pania (Orph.); Boeotia (Sprun.). — Jun. Jul. ☉

39. Carlina L. gen. n. 929.

a. Involucri phylla intima non radiantia; pappus biserialis.

1. **C. gummifera** L. sp. p. 829; Sieb. avis p. 5, rem. p. 6, in Flora I. p. 275; Dallap. prosp. p. 110; Urv. enum. p. 104; Ch. et B. exp. p. 244, Fl. pelop. p. 57; Fraas fl. class. p. 205; Clem. sert. p. 56; *(Atractylis)*; Less. syn. p. 12; Marg. et R. fl. Zante p. 59; Heldr. Nutzpfl. p. 26, Fl. cephalon. p. 46, chlor. Mykon p. 246; Weiss in z. b. G. 1869 p. 42; Raul. cret. p. 787; Bois. fl. or. III. p. 451; Bald. in nuov. giorn. bot. ital. 1894 p. 97, viagg. Creta p. 67. — *Acarna gummifera* Willd. sp. III. p. 1699; S. et S. pr. II. p. 159, Fl. gr. t. 838. — *C. acaulis* Dall. prosp. p. 110, non L. — Exsicc.: Orph. fl. gr. n. 208; Heldr. herb. norm. n. 424; Dörfl. fl. aeg. n. 430.

Subacaulis; foliis araneosis, fere omnibus basilaribus, in orbem expansis, oblongo-lanceolatis, in segmenta ovato-oblonga, pinnatifida, spinoso-dentata pinnatisectis; capitulis maximis, subsessilibus, solitariis vel 2—3 nis; involucri phyllis pluriserialibus, capitulum non superantibus, extimis coriaceis, lineari-lanceolatis, in spinam validam desinentibus, margine spinas digitatas gerentibus, mediis spinescentibus integris, intimis muticis, apice purpurascentibus; corollis purpureis; pappi pilis achenio 5 plo longioribus. — Rhizoma venenum homini mortiferum continet.

Ad vias, agrorum margines regionis inferioris. Epirus: ad Nicopolis pr. Prevesa (Bald.); Boeotia: pr. Lebadea (Guicc.); Attica: pr. Athenas (Orph.), Marussi, Kephissia, Tatoi (Heldr.); Corinthus (Chaub.); Argolis: pr. Nauplia (Sart.), Epidaurus Limera (Chaub.), Poros (Reinh.), Astros (Orph.); Laconia: pr. Monembasia (Chaub.), Skardamula (Heldr.); Cycladum insula: Andros (Fraas), Keos, Tenos, Syra, Mykonos (Heldr.), Rhenea (Tunt.), Naxos (Leon.); Creta: pr. Almyros (Tourn. voy. p. 13), Platania (Bald.), Canea, Retymo, insula Dia (Raul.); Zante: pr. Tsilivi (Marg.); Cephalonia: pr. Lasi, Gerolaki, Akoli, Kontogionata, Lixuri, Livatho (Heldr.). — Jul. Nov. ♃.

b. Involucri phylla intima radiantia; pappus uniserialis.

α. Caulis monocephalus; capitula maxima, 8—12 cm. diametro, solitaria, saepe in rosula subsessilia.

2. **C. utzka** Hacq. pl. alp. carn. p. 9, t. 1; Haussk. symb. p. 119; Form. in Ver. Brünn 1896 p. 54, 1897 p. 40. — *C. acanthifolia* All. fl. ped. I. p. 156, t. 51; Ch. et B. fl. pelop. p. 57; Bois. fl. or. III. p. 448; Form. in D. bot. Monat. 1890 p. 21, in Ver. Brünn 1895 p. 29; Hal. Beitr. fl. Epir. p. 28, Beitr. fl. thessal. p. 14. — Exsicc.: Heldr. it. gr. thessal. IV. a. 1885.

Acaulis; foliis rosulatis, coriaceis, subtus incano-lanatis, pinnatifidis, lobis spinoso-dentatis; involucri phyllis exterioribus lanceolatis, apice margineque breviter spinosis, mediis nigricantibus, linearibus, pectinatim-spinosis, intimis multo longioribus, linearibus, acuminatis, sulfureis; receptaculi palearum fibris acutis, longioribus sub apice paulo crassioribus; corollis luteis; pappi pilis achenio duplo longioribus.

In herbidis saxosis regionis montanae, subalpinae et alpinae. Epirus: mt. Micikeli, in colle Ardomista pr. Janina (Form.), mt. Peristeri, pr. Chaliki (Hal.); Thessalia: mt. Oxya, Zygos (Haussk.), pr. Lepenica, Vendista, Malakasi, Said Pascha, Gisel Tepe, Dokimi, Mandra Hodza Koturi, mt. Baba, Ochsa Despot (Form.), Kastania (Hal.) in Pindo, mt. Chassia, mt. Kerfi pr. Diodendron, mt. Godaman, pr. Baraktari, Lokatamburia et Tafilvris in Olympo (Form.); Messenia: pr. Arcadia (Chaub.). — Jul. Sept. ♃.

3. **C. simplex** W. et K. pl. rar. bung. II. p. 164, t. 152; Form in Ver. Brünn 1896 p. 55, *v. thessala* (sed quomodo haec a typo discedit ex descriptione vix patet, nisi foliorum lobis angustioribus et involucri phyllis intimis parte inferiore puberulis). —

Caulescens; caule erecto, foliato; foliis herbaceis, glabris vel subtus arachnoideis, pinnatifidis, lobis spinoso-dentatis; involucri phyllis nigricantibus, exterioribus lanceolatis, pinnatifidis, spinosis, mediis linearibus pectinatim-spinosis, intimis multo longioribus, linearibus, acuminatis, supra candidis, subtus parte inferiori fusco-purpurascentibus; receptaculi palearum fibris apice evidenter clavato-incrassatis; corollis albidis; pappi pilis achenio duplo longioribus. — Differt a praecedente foliis subtus non incanis, colore phyllorum involucri intimorum et palearum fibris clavatis.

In mt. Godaman in Olympo (Form.). — Jul. Sept. ♃. N. v.

β. Caulis pleiocephalus; capitula mediocria, 4—5 cm. diametro.

× Radius involucri pallidus.

○ Involucri phylla externa radio breviora vel aequilonga.

4. **C. vulgaris** L. sp. p. 828; Form. in D. bot. Monat. 1890 p. 21. — *C. rigida* Form. in Ver. Brünn 1896 p. 53, 1897 p. 38 cum var. *pallida, sordida, humilis* et *othryana*. — Icon: Fl. dan. 1174. — Exsicc.: Form. pl. thessal. a. 1896.

Caule erecto, araneoso, 1—2 cephalo vel corymboso; foliis subtus araneosis, dentato-spinosis, inferioribus oblongo-lanceolatis, in petiolum attenuatis, superioribus lanceolatis, basi semiamplexicauli sessilibus; involucri phyllis externis oblongo-lanceolatis, margine et apice spinosis, mediis spinis nigricantibus ramosis pectinatim marginatis, intimis longioribus, linearibus, acuminatis, scariosis, albidis; receptaculi palearum fibris omnibus subulatis; corollis lutescentibus. —

In rupestribus montanis. Thessalia: pr. Malakasi, mt. Ghavellu, Said Pascha, Zygos, Gisel Tepe in Pindo, mt. Phlamburo in mt. Oxya, mt. Mavrika et Katasara in mt. Othrys (Form.). — Jul. Aug. ☉.

Involucri phylla externa radio longiora, eum interdum duplo superantia.

5. C. acanthophylla Haussk. symb. p. 119; Form. in Ver. Brünn 1896 p. 53, 1897 p. 38. — *C. vulgaris* Bois. fl. or. suppl. p. 305, quoad locum, non L. — *C. semiamplexicaulis* Form. in D. bot. Monat. 1890 p. 21, in Ver. Brünn 1895 p. 29, 1896 p. 53, ex autore ipso, non *C. semiamplexicaulis* Form. in ö. b. Z. 1890 p. 86, quae ex autore speciem aliam sistere dicitur. — Huc quoque ex descriptione: *C. dolopica* Form. in D. bot. Monat. 1897 p. 74, in Ver. Brünn 1897 p. 39. — Exsicc.: Heldr. it. gr. septentr. a. 1879.

Caule erecto, araneoso, 3—4 cephalo, corymboso, dense folioso; foliis subtus araneosis, pinnatifidis, rhachide angusta, segmentis lanceolatis, spinoso-dentatis; involucri phyllis externis foliaceis, lanceolatis, subtus araneosis, pinnatim et tenuiter spinosis, radium superantibus, mediis lineari-lanceolatis, margine et apice spinosis, intimis radiantibus, lineari-lanceolatis, acuminatis, scariosis, albido-lutescentibus, in parte inferiore purpurascente tenuiter ciliatis; receptaculi palearum fibris longioribus superne anguste fusiformi-incrassatis, corollis purpurascentibus. — Differt a praecedente foliis longioribus, pinnatisectis, rhachide angusta 3—4 mm. tantum lata, spinis longioribus validioribus, phyllis involucri externis elongatis, radio longioribus et palearum fibris longioribus superne tenuiter fusiformibus. — Specimina originalia quidem non vidi, tamen plantam a Heldreich in mt. Chelidoni lectam, cum diagnosi bene congruentem, huc spectare censeo.

In apricis saxosis regionis montanae et subalpinae. Epirus: mt. Prosgoli (Form.); Thessalia: mt. Baba inter Krania et Klinovo (Haussk.), pr. Velitsena, mt. Ghavellu, pr. Kastri, Tafilvris in mt. Olympo, pr. Selicany in mt. Ossa, pr. Kalyvia, Kapurna (Form.), mt. Pelion supra Volo (Haussk.); Eurytania: mt. Chelidoni supra Mikrochorio (Held.). — Jul. Aug. ⊙.

6. C. frigida Bois. et Heldr. diagn. VI. p. 109, Fl. or. III. p. 450; Heldr. chlor. Parn. p. 21. — Exsicc.: Heldr. herb. norm. n. 516; Pichl. pl. gr. a. 1876.

Caule erecto, glaberrimo, 2—6 cephalo, congeste corymboso, dense folioso; foliis glaberrimis, pinnatifidis, rhachide angusta, segmentis lineari-lanceolatis, in spinas longas attenuatis; involucri phyllis externis foliaceis, lanceolatis, glabris, pinnatim et tenuiter spinosis, radium duplo superantibus, mediis lineari-lanceolatis, inermibus, subtus araneosis, intimis radiantibus, linearibus, acuminatis, scariosis, flavescentibus, ad medium usque ciliatis; receptaculi palearum fibris omnibus subulatis; corollis flavis. — A praecedente glabritie, phyllorum forma et palearum fibris omnibus subulatis; a formis *C. corymbosae* glabritie, radio pallide stramineo et palearum fibris non incrassatis discedens.

In saxosis regionis mediae et superioris mt. Parnassus, Kyllene et Taygetos (Heldr.). — Jul. Aug. ⊙.

×× Radius involucri luteus.
 ○ Involucri phylla externa radio breviora vel aequilonga.
 7. C. elegans Heldr. in herb. gr. norm. n. 1647. —
Caule erecto, glabriusculo, corymboso, folioso; foliis glaucis, subtus araneosis, tandem glabratis, pinnatifidis, divaricatim spinosis, rhachide latiuscula, inferioribus lanceolatis, subpetiolatis, ceteris oblongo-lanceolatis, auriculato-amplexicaulibus; capitulis parvis; involucri phyllis lanceolatis, externis foliaceis, spinoso-dentatis, mediis brevibus, integris, araneosis, intimis radiantibus, lineari-lanceolatis, acutis, scariosis, glabris; receptaculi palearum fibris longioribus superne anguste fusiformi-incrassatis; corollis flavis. — Sequenti affinis, ab ea glaucedine, foliis et phyllis angustioribus, profundius divisis et capitulis parvis, eis nuce avellanae subminoribus specifice discedit.
 In arenosis maritimis et in alveo fluminis Nedon pr. Kalamata Messeniae (Zahn). — Jul. Aug. ⊙

8. C. corymbosa L. sp. p. 828; Sieb. avis p. 5, rem. p. 5; Ch. et B. exp. p 243, Fl. pelop. p. 57; Marg. et R. fl. Zante p. 59; Raul. cret. p. 787; Bois fl. or. p. 449; Heldr. fl. cephal. p. 46; Form. in D. bot. Monat. 1890 p. 11; in Ver. Brünn 1895 p. 29, 1896 p. 54; Hal. in ö. b. Z. 1892 p. 371. — Icon: Rchb. t. 13. — Exsicc.: Sint. et Bornm. it turc. n. 1312; Sint it. thessal. n. 1192.
 Caule erecto, parce araneoso, corymboso, rarius simplici, folioso; foliis viridibus, subtus araneosis, tandem glabratis, pinnatifido-dentatis, divaricatim spinosis, rhachide lata, inferioribus lanceolatis, subpetiolatis, ceteris oblongo-lanceolatis, auriculato-amplexicaulibus; capitulis mediocribus; involucri phyllis externis foliaceis, oblongo-lanceolatis, spinoso-dentatis, mediis brevibus, integris, lanceolatis, araneoso-lanatis, spinula terminatis, intimis radiantibus, lineari-lanceolatis, acutis, scariosis, glabris vel ciliatis; receptaculi palearum fibris longioribus superne anguste fusiformi-incrassatis; corollis flavis.
 In campis, ruderatis regionis inferioris et montanae. Epirus: pr. Prevesa, Agiotoma, Nikopolis, Philippiades, Ephemiada, Han Mescho, Janina, Sadovica, mt. Micikeli, in valle Dipotami (Form.); Thessalia: pr. Sermeniko (Sint.), Han Kuraneos, Velestinos, Kapurna, in valle Tempe, pr. Rapsani, Ligaria, Miluna (Form.) et Litochori in Olympo (Sint.); Peloponnesus (Chaub.): Messenia (Bois.); Creta (Sieb.): pr. Drakona, mt. Ida (Raul.); Zante (Marg.); Cephalonia: pr. Argostoli, mt. Phalaris (Heldr.); sed loca plura probabiliter ad speciem sequentem cum nostra iterum confusam spectant. — Jul. Aug. ⊙

 ○○ Involucri phylla externa radio longiora.
 9. C. graeca Heldr. et Sart. in Heldr. herb. norm. n. 423, Fl. Aegina p. 305, in ö. b. Z. 1898 p. 184, chlor. Mykon. p. 246; Haussk. symb. p. 119. — *C. corymbosa* S. et S. pr. II. p. 158, Fl. gr. t. 837; Link in Linnaea IX. p. 581; Friedr. Reise p. 284; Fraas fl. class. p. 206. — *C. corymbosa* v. *graeca* Bois. fl. or. III. p. 449; Form. in Ver. Brünn 1896 p. 54, 1897 p. 40. —

Caule erecto, glabro vel parce araneoso, simplici vel corymboso, folioso; foliis glabrescentibus, pinnatifido-dentatis, divaricatim-spinosis, oblongo-lanceolatis lanceolatisve, inferioribus subpetiolatis, caeteris auriculato-amplexicaulibus; involucri phyllis externis foliaceis, patentissimis, longe spinoso-dentatis, capitulo duplo longioribus, mediis brevibus, integris, lanceolatis, araneoso-lanatis, spinula terminatis, intimis radiantibus, lineari-lanceolatis, acutis, scariosis, glabris vel ciliatis; receptaculi palearum fibris longioribus superne anguste fusiformi-incrassatis; corollis flavis. — A praecedente involucri phyllis externis elongatis, uti jam Link l. c. monuit, specifice differre videtur. — Variat:

α. **platyrhachis**. — Caulis elongatus, superne ramosus; foliorum et phyllorum extimorum rhachis latiuscula, circa 10—5 mm. lata, ideo folia eis *C. corymbosae* similia. — Exsicc.: Orph. fl. gr. n. 792.

β. **actinobola** Heldr. herb. gr. n. 1648 pro sp. — Caulis saepe a basi ramosus, depressus; foliorum et phyllorum rhachis circa 8—4 mm. lata; capitula majora, phyllis plerumqne explanatis.

γ. **stenorhachis**. — Huc forsan: *C. corymbosa* r. *gralilis* Form. in D. bot. Mon. 1890 p. 21, in Ver. Brünn 1896 p. 54. — Caulis erectus, superne ramosus; foliorum et phyllorum extimorum rhachis angusta, 5—3 mm. lata. — Exsicc.: Heldr. herb. norm. n. 423.

In campis, saxosis regionis inferioris et montanae. Thessalia: mt. Baba, pr. Chaliki, Klinovo (Haussk.), Malakasi in Pindo, in valle Tempe (Form.); Attica: frequens pr. Athenas, in mt. Parnes usque in regionem abietinam adscendens; insula Aegina, Mykonos, Delos, Naxos (Heldr.), Rhenia (Tunt.); Peloponnesus (Sibth.): pr. Patras (Marg.), Nauplia (Fried.), mt. Malevo (Orph.). — Jul. Aug. ⊙

10. **C. Rothii** Heldr. et Sart. pl. exsicc. a. 1855. — *C. corymbosa v. Rothii* Bois. fl. or. III. p. 449. — Exsicc.: Heldr. reliqu. Orph. a. 1886.

Involucri phyllis extimis spinis elongatis valde ramosis munitis, mediis toto margine vel saltem apicem versus infra spinam terminalem breviter spinuloso-scabris, ceteris ut in var β. praecedentis.

In mt. Parnassus pr. Rachova (Guicc.) et in mt. Chelmos (Orph.). — Jul. Aug. ⊙

11. **C. Curetum** Heldr. pl. in ins. Creta aestate 1870 coll. — *C. corymbosa v. involucrata* Bois. fl. or. III. p. 449; Bald. viagg. Creta p. 66; vix *C. involucrata* Poir. voy. II. p. 234, quae ex DC. pr. VI. p. 547 capitulis majoribus et foliis minus incisis, quam in *C. corymbosa*, cui simillima, gaudet. — Exsicc.: Heldr. l. c.; Bald. it. cret. n. 158.

Glabrescens; caule erecto, remotiuscule foliato, 1—2 cephalo; foliis elongatis, coriacissimis, pinnatifido-dentatis, divaricatim spinosis, spinis validis, rhachi angusto multo longioribus munitis; involucri phyllis externis foliis similibus, capitulo 2—2 $^1/_2$ plo longioribus, mediis brevibus integris, lanceolatis, araneosis, spinula terminatis, intimis pallide luteis, radiantibus, lineari-lanceolatis, acutis, scariosis, glabris; receptaculi palearum fibris longioribus superne anguste fusiformi-incrassatis; corollis flavis. — A praecedentibus caule 1—2 cephalo, remote foliato, foliis coriacissimis, longe et valide spinosis, capitulis minoribus et involucri phyllis externis longissimis egregie differt.

In regione silvatica mt. Ida Cretae (Heldr.). — Jul. Aug. ☉.

××× Radius involucri purpureus.

12. **C. lanata** L. sp. p. 828; S. et S. pr. II. p. 158; Sieb. avis p. 5; Ch. et B. exp. p. 244, Fl. pelop. p. 57; Marg. et R. fl. Zante p. 58; Weiss in z. b. G. 1869 p. 42; Raul. cret. p. 787; Bois. fl. or. III. p. 451; Held. fl. cephal. p. 46, Fl. Aegina p. 305; Form. in D. bot. Monat 1890 p. 21, in Ver. Brünn 1895 p. 29, 1896 p. 54, 1897 p. 40; Haussk. symb. p. 119. — Icon: Fl. gr. t. 836. — Exsicc.: Dörfl. fl. aeg. n. 49.

Araneoso-lanata; caule erecto, simplici vel corymbose ramoso; foliis oblongis vel lanceolatis, sinuato-pinnatifidis, spinosis, inferioribus in petiolum attenuatis, ceteris semiamplexicaulibus; involucri phyllis externis foliaceis, oblongo-lanceolatis, spinoso-dentatis, tomentosis, mediis brevioribus, lineari-lanceolatis, spina elongata terminatis, intimis scariosis, radiantibus, linearibus, glabris; receptaculi palearum fibris longioribus superne anguste fusiformi-incrassatis. — Radio purpureo ab omnibus distinctissima.

In arenosis, ruderatis, rupestribus regionis inferioris et montanae. Epirus: pr. Prevesa, Luros (Form.); Thessalia: pr. Karditza (Haussk.), Kapurna, Larissa, Velestinos, Aivali, Persufli, Pharsalus, mt. Pelion pr. Portaria, Mavro Mandila, Lamia (Form.); Euboea: pr. Kurbatzi (Wild); Aetolia: pr. Mesolongion (Nied.), Klissura (Samar.); Attica: pr. Munychia, insula Aegina (Heldr.); Corinthus (Hal.); Argolis: pr. Nauplia (Sart.), Epidaurus Limera (Chaub.); Laconia: pr. Monembasia, Zarex, promontorium Malea (Chaub.); Cyclades (Sibth.): Syra (Weiss), Naxos (Leon.); Creta: ad promontorium Grabusa, pr. Kissamos, Selino (Raul.), Canea (Weiss); Zante (Marg.); Cephalonia: pr. Piscardo, Lixuri (Heldr.); Corcyra: pr. Kanali, Kontokali (Form.). — Jun. Aug. ☉.

40. Atractylis L. gen. n. 930.

1. **A. cancellata** L. sp. p. 830; Ch. et. B. exp. p. 244, Fl. pelop. p. 57; Marg. et R. fl. Zante p. 59; Friedr. Reise p. 277 et 278; Clem. sert. p. 56; Weiss in z. b. G. 1869 p. 43; Raul. cret. p. 787; Bois. fl. or. III. p. 452; Heldr. fl. ceph. p. 46; Haussk. symb. p. 121; Hal. in ö. b. Z. 1895 p. 412; Form. in Ver. Brünn 1896 p. 55, 1897 p. 40, in D. bot. Monat. 1898 p. 78; Heldr. fl. Aegina p. 305. — *Acarna cancellata* All. fl. ped. I. p. 154; S. et S. pr. II. p. 159. Icon: Fl. gr. t. 839. — Exsicc.: Heldr. herb. norm. n. 616.

In collibus aridis. Thessalia: pr. Pharsalus, Konisko et Neraida Phthiotidis (Form.); Sporadum insula Jura (Reis.); Attica: pr. Athenas, in colle Lycebettus, Philopappus (Heldr.), mt. **Hymettus** (Clem.); insula Aegina et Hydra (Heldr.); Argolis (Sibth.): pr. Poros (Friedr.), Nauplia (Friedr.); Achaia: pr. Patras (Hal.); Laconia: pr. Vitilos, Chimova, Scardamula, ad promontorium Malea (Chaub.); Cycladum insula: Cythnos (Tunt.), Syra (Weiss), Tenos, Naxos (Chaub.); Creta: ad Akroteri, Canea (Raul.); Zante (Marg.); Cephalonia (Mazz.). — Apr. Jun. ☉.

41. Staehelina L. gen. n. 938.

a. Folia utrinque viridia, glandulosa; achenia sericea.

1. S. fruticosa L. sp. ed. 2 p. 1286 (*Centaurea*); L. syst. nat. ed. 12, II. p. 538; Sieb. avis p. 5, rem. p. 6; Raul. cret. p. 786; Bois. fl. or. III. p. 456. — *Serratula fruticosa* Lam. ill. t. 666, f. 3. — *Hirtellina lanceolata* Cass. dict. 50 p. 441. — Icon: Jaub. et Sp. ill. t. 397. — Exsicc.: Sieb. pl. cret.; Bald. it. cret. alt. n. 180.

Basi suffruticosa, glabriuscula; ramis flexuosis, crebre foliatis, composite corymbosis, foliisque glandulis sessilibus flavescentibus dense obsitis; foliis oblongo-spathulatis vel lanceolatis, acutis, mucronatis, integerrimis, infimis in petiolum attenuatis, ceteris sessilibus, summis valde diminutis; capitulis breviter pedunculatis, oblongo-cylindricis, paucifloris; involucri resinoso-pruinosi phyllis arcte imbricatis, acutis, mucronulatis, ciliatis, exterioribus ovatis vel oblongis, intimis elliptico-linearibus; flosculis roseis; pappo subscabrido, achenio sublongiore.

In rupestribus montanis Cretae: ad Theodori in mt. Sphacioticis (Sieb.), mt. Aphendi Kristo et Sarakeno (Bald.) in mt. Lassiti (Raul.). — Jun. Sept. ♃.

b. Folia subtus albo-tomentosa, eglandulosa; achenia glabra.

2. S. arborescens L. mant. p. 111; S. et S. pr. II. p. 162; Sieb. avis p. 5, rem. p. 6, in Flora I. p. 272; Raul. cret. p. 786; Bois. fl. or. III. p. 456; Spreitz. in z. b. G. 1890 p. 296; Bald. viagg. Creta p. 66. — *Barbellina sericea* Cass. dict. 50 p. 440. — Icon: Fl. gr. t. 845. — Exsicc.: Heldr. pl. cret. n. 1596.

Fruticosa, ramis erectis vel adscendentibus, tomentosis, foliatis, apice dense corymbosis; foliis ovatis vel ovato-oblongis, obtusis vel acutiusculis; integerrimis, supra viridibus, glabriusculis, subtus argenteo-sericeis, inferioribus longiuscule petiolatis, superioribus subsessilibus; capitulis subsessilibus, oblongo-cylindricis, paucifloris; involucri tomentosi phyllis arcte imbricatis, acutis, mucronulatis, ab infimis ovato-triangularibus ad intima elliptico-linearia auctis; flosculis roseis; pappi setis inferne barbellatis, achenio striato duplo longioribus. — Frutex foliis amplis discoloribus pulcherrimus.

In rupibus regionis inferioris et montanae Cretae: pr. Enneachoria, ad promontorium Grabusa (Raul.), in mt. Sphaciotis (Sibth.) pr. Theriso, Hagia Rumeli, Samaria, Aradhena, Lakus et Nipros, inter Selia et Hagios Joannes, Pharangi Khordaliotikon, mt. Kophino, insula Dia (Raul.). — Jul. Aug. ♃.

3. S. uniflosculosa S. et S. pr. II. p. 162; Bois. fl. or. III. p. 456; Heldr. chlor. Parn. p. 21; Hal. Beitr. fl. Epir. p. 28; Bald. riv. coll. bot. Alb. 1895 p. 49. — Icon: Fl. gr. t. 896. — Exsicc.: Heldr. herb. norm. n. 390 et 945; Orph. fl. gr. n. 100, in Magn. fl. sel. n. 2503, in Bacn. herb. europ. n. 5526; Sint. et Bornm. it. turc. n. 1821; Bald. it alb. n. 144, it. alb. epir. III. n. 166; Dörfl. herb. norm. n. 3543.

Fruticosa; ramis erectis vel adscendentibus, foliatis, junioribus tomentosis, apice simpliciter vel composite corymbosis; foliis oblongis, acutis, breviter petiolatis, glanduloso-serratis, supra viridibus, subtus adpresse tomeutosis; capitulis subsessilibus, anguste cylindricis, 1—2 floris; involucri glabriusculi phyllis arcte imbricatis, acutis, mucronulatis, ciliatis, ab infimis oblongis ad intima lanceolata auctis; flosculis roseis; pappi setis inferne scabridis, achenio striato duplo longioribus. — Foliis multo minoribus, serrulatis, subtus non sericeo-nitentibus, capitulis multo minoribus, 1—2 floris, involucri phyllis glabriusculis, rubiginosis a praecedente diversissima. — Species elegans. —

In rupestribus regionis montanae et subalpinae. Epirus: in mt. Acroceraunicis, pr. Suli distr. Paramythia, pr. Krapsi distr. Janina, pr. Syraku (Bald.) et Kalarrytes ad radices mt. Peristeri, pr. Melisurgi ad radices mt. Tsumerka (Hal.); Thessalia: mt. Olympus pr. Hagios Dionysios (Heldr.); Euboea: mt. Dirphys (Leon.); Aetolia: mt. Tymphrestus (Nicolaides), mt. Korax (Oertzen); mt. Parnassus (Sibth.); Achaia: mt. Chelmos supra Klukines (Orph.). — Jul. Sept. ♃.

Obs. *S. dubia* L. sp. p. 840, in Ch. et B. fl. pelop. p. 56 in Peloponneso, inter Pyrgos et Androvista certe ex confusione indicatur.

10 Tribus. **CARDUINEAE** Cass. tabl. p. 9.

42. Lappa Tourn. inst. p. 450.

1. L. major Gaertn. fruct. II. p. 379, t. 162, f. 3; Raul. cret. p. 793; Bois. fl. or. III. p. 457; Heldr. fl. cephal. p. 46; Form. in D. bot. Monat. 1890 p. 18, in Ver. Brünn 1895 p. 26, 1896 p. 47, 1897 p. 35. — *Arctium lappa* L. sp. p. 816 p. p.; S. et S. pr. II. p. 147; Dallap. prosp. p. 109; Fraas fl. class. p. 203. — *A. majus* Bernh. verz. Erf. 1800 p. 154; Haussk. symb. p. 121. —

Caule erecto, ramoso, lanuginoso-puberulo; foliis petiolatis, ovatis vel cordato-ovatis, subtus lanuginoso-tomentellis; capitulis subcorymbosis, glabris; involucri phyllis subulatis, uncinatis, flosculos superantibus; flosculis purpureis; acheniis maculatis, superne praesertim transverse rugosis.

In ruderatis, ad vias, sepes regionis inferioris et montanae. Epirus: pr. Luros, Janina, Kacka, Han Balduma (Form.); Thessalia: mt. Zygos, ad monasterium Korona (Haussk.), pr. Han Kriavris in valle Penci, Trikala, Velestinos, Pharsalus, Koturi, mt. Phlamburo in mt. Oxya, mt. Cuka in mt. Chassia, pr. Tafilvris in Olympo, Lamia Phthiotidis (Form.);

mt. Korax Aetoliae, mt. Dirphys Euboeae (Fraas); Archipelagus (Sibth.); Creta: pr. Enneachoria (Raul.); Cephalonia (Dall.). — Jul. Aug. ⊙ h. v.

2. **L. minor** Bernh. verz. Erf. 1806 p. 154; Schk. Handb. III. p. 49, t. 227; Haussk. symb. p. 121 (*Arctium*); DC. fl. fr. IV. p. 77; Bois. fl. or. III. p. 457. — Exsicc.: Heldr. pl. fl. hellen. a. 1890 et 1899.

Differt a praecedente capitulis fere duplo minoribus, subracemosis, involucri phyllis flores vix aequantibus, acheniis non nisi basi leviter transverse rugulosis.

In locis ubi praecedens. Thessalia: ad monasterium Korona (Haussk.); Euboea: pr. Kastaniotissa (Heldr.), Aetolia: mt. Arapocephalo (Samar.); Achaia: mt. Kyllene (Heldr.); Laconia: mt. Malevo (Orph.), Taygetos (Heldr.) pr. Megali Anastasova (Zahn). — Jul. Aug. ⊙

43. Carduus L. gen. n. 925.

a. Capitula globosa vel ovoidea.

α. Capitula solitaria, magna, 4—8 cm. diametro, globoso-depressa; involucri phylla media supra basin ovatam vel oblongam, adpressam constricta, supra stricturam in appendicem lanceolatam vel subulatam, patulam vel refractam abeuntia.

1. **C. leiophyllus** Petr. add. fl. Nyss. p. 105. — Huc probabiliter pertinet ex descriptione: *C. pindicolus* Haussk. in Mitth. thür. bot. Ver. 1887 p. 86, symb. p. 123. — Exsicc.: Orph. herb. n. 3704.

Caule erecto, simplici vel ramoso, alis angustis lobatis spinosis marginato, inferne glabro, apice plus minus longe nudo, tomentoso; foliis oblongo-lanceolatis lanceolatisve, sinuato-pinnatifidis, glabris vel ad nervos parce puberulis, laciniis trifidis vel dentatis, dentibus spinosis; capitulis erectis vel cernuis, involucri glabri phyllis exterioribus in appendicem latissimam, basi ad 9 mm. latam, eis latiorem et sublongiorem, patulam, in spinam rigidulam abruptiuscule attenuatam, abeuntibus; flosculis purpureis. — Differt a *C. nutante*, cui valde affinis, glabritie, capitulis saepius majoribus et praesertim phyllorum involucri appendicibus abbreviatis, latissimis, spina breviori terminatis.

β. **vestitus**. — Foliis subtus araneoso-lanatis, involucri phyllorum appendicibus brevioribus, brevissime acuminatis, spinula tenui brevi terminatis. — Species forsan propria. — Exsicc.: Sint. it thessal. n. 476 sub *C. pindicolus*.

In regione montana et alpina. Thessalia: mt. Ghavellu in Pindo (Haussk.), mt. Olympus (Orph.); — β. ad Guvelsi pr. Kalabaka Thessaliae (Sint.). — Maio, Aug. ⊙

2. **C. nutans** L. sp. p. 821; S. et S. pr. II. p. 149; Ch. et B. exp. p. 240, Fl. pelop. p. 50; Bois. fl. or. III. p. 515 p. p.; Form. in Ver. Brünn 1895 p. 28. — Exsicc.: N. v.

Caule erecto, simplici vel ramoso, alis angustis lobatis spinosissimis marginato, araneoso, apice plus minus longe nudo, tomentoso; foliis oblongo-lanceolatis lanceolatisve, sinuato-pinnatifidis, araneosis, laciniis trifidis vel dentatis, dentibus spinosis; capitulis erectis vel cernuis; involucri plus minus araneosi phyllis exterioribus in appendicem lanceolatam, basi 3—5 mm. latam, eis latiorem et longiorem, patulo-reflexam, in spinam rigidam sensim attenuatam abeuntibus, flosculis purpureis.

β. **brachycentros** Haussk. symb. p. 123. — Caule apice longe nudiusculo; involucri glabri phyllis glabris vel intus subciliatulis, in appendicem reflexam, spina breviori terminatam abruptius contractis. — Exsicc.: Held. it thessal. IV. a. 1885.

γ. **Sporadum.** — *C. nutans* Hal in ö. b. Z. 1895 p. 460, non L. — *C. macrocephalus* Hal. in ö. b. Z. 1897 p. 95, non Desf., qui phyllis involucri latissimis insignis. — Caule apice longe nudiusculo; foliis pinnatipartitis, laciniis longius spinosis; capitulis maximis, involucri glabri phyllis in appendicem stricte patentem, angustam, valde carinatam, eis multo longiorem, spina elongata valida revoluta terminatam, sensim abeuntibus. — Species forsan propria. — Exsicc.: Heldr. et Hal. fl. sporad. a. 1896. —

In ruderatis, sterilibus regionis inferioris et montanae. Epirus: in valle Dipotami (Form.); in Peloponnesi agris (Sibth.); — β.Thessalia: pr. Rivali, Pharsalus (Haussk.); — γ. Sporadum insula Jura (Leon). — Maio, Aug. ☉

3. **C. taygeteus** Bois. et Heldr. diagn. ser. 2, III. p. 42; Hal. in z. b. G. 1888 p. 759, Beitr. fl. Epir. p. 28, Beitr. fl. Achaia p. 25. — *C. nutans* Bois. fl. or. III. p. 516 p. p. — *C. nutans v. taygeteus* Heldr. chlor. Parn. p. 21. — Exsicc.: Heldr. herb. norm. n. 709.

Caule erecto, simplici vel ramoso, alis angustis lobatis spinosissimis marginato, araneoso, apice plus minus longe nudo, tomentoso; foliis oblongo-lanceolatis lanceolatisve, sinuato-pinnatifidis, parce araneosis, laciniis trifidis vel dentatis, dentibus spinosis, capitulis erectis vel cernuis; involucri glabriusculi vel araneosi phyllis exterioribus in appendicem lanceolato-subulatam, 2—4 mm. latam, eis vix latiorem, longiorem, refractam, in spinam validam revolutam sensim attenuatam, abeuntibus; flosculis purpureis. — Differt a praecedente, ad quam formis intermediis transire videtur, involucri phyllis in spinas refractas tenues, nec lanceolates patulo-reflexas abeuntibus.

β. **parnassicus.** — Involucri dense araneoso-lanati phyllis angustioribus, refractissimis, spina valde elongata rigida terminatis. — Exsicc.: Doerfl. fl. gr. n. 214.

In lapidosis regionis mediae. Epirus: mt. Tsumerka, Peristeri (Hal.); Doris: mt. Kiona (Hal.); mt. Parnassus (Heldr.); Peloponnesus: mt. Olenos (Hal.) Panachaicon, Taygetos (Heldr.). — Jul. Aug. ☉

β. Capitula mediocria, 2—4 cm. diametro, subglobosa vel ovata; involucri phylla anguste lanceolato- vel lineari-subulata, non constricta.

× Perennes; folia praesertim superiora parenchymate fere destituta, longe et valide spinosa.

4. **C. armatus** Bois. et Heldr. diagn. VI. p. 104. — *C. cronius* Bois. fl. or. III. p. 515 p. p. — Exsicc.: Held. fl. gr. exs. a. 1855; Bald. it alb. alt. n. 142; Dörfl. fl. gr. n. 213.

Multiceps; caulibus erectis, simplicibus, glabris vel parce araneosis, ad apicem usque foliosis, alatis, alis in lobos lanceolatos, longe spinosopartitis; foliis glabriusculis glabrisve, in segmenta anguste et longe lanceolata, longe spinosa, pinnatipartitis; capitulis subsessilibus, foliis summis saepe superatis, approximatim corymbosis vel racemum thyrsoideum foliosum formantibus; involucri glabrescentis phyllis erectis, a basi anguste lanceolata longe subulato-spinosis, externis vix brevioribus, intimis subscariosis, longe acuminatis; flosculis roseis. — Foliis laete viridibus, fere substantia foliacea orbatis, spinis flavis, acerosis, tenuibus, ad 4 cm. longis dense armatis, insignis.

β. **cronius** Bois. et Heldr. diagn. VI. p. 105; Bois fl. or. III. p. 515 p. p., suppl. p. 307; Hal. in z. b. G. 1888 p. 759, in ö. b. Z. 1897 p. 285; Heldr. chlor. Parn. p. 21; Form. in Ver. Brünn 1896 p. 50; pro sp. — Caulis et folia araneoso-cana, subtus interdum niveolanata; phylla externa intimis saepius manifeste breviora. — Specimina extrema a formis fere omnino glabris typi valde recedunt. — Exsicc.: Heldr. herb. norm. n. 226; Orph. fl. gr. n. 466 et 796; Dörfl. fl. gr. n. 425.

In regione abietina et superiori, gregarie. Epirus: mt. Cika in monte Acroceraunicis (Bald.); Thessalia: mt. Dokimi (Form.), Olympus (Heldr.); Euboea: mt. Dirphys (Heldr.); Aetolia: mt. Chelidoni, Tymphrestus (Heldr.), Korax (Tunt.); mt. Kiona (Tunt.), Parnassus (Guicc.); Achaia: mt. Kyllene, Klokos (Orph.), Chelmos (Leon.); Laconia: mt. Malevo (Orph.), Taygetos (Heldr.). — Jul. Aug. ♃.

×× Biennes; folia parenchymatosa, minus valide spinosa.

○ Caulis ramosus, pleiocephalus; capitula solitaria vel 2—3 aggregata, pedunculis crispatis spinosis suffulta.

5. **C. acanthoides** L. sp. p. 821; S. et S. pr. II. p. 149; Raul. cret. p. 792. — Icon: Jacq. austr. t. 249. — Exsicc.: N. v.

Caule erecto, araneoso, ad apicem usque alis angustis, in lobulos crebre spinosos partitis marginato; foliis glabris vel subtus an nervos pilosulis, sinuato-pinnatifidis, segmentis inciso-dentatis, dentibus spinulosociliatis, spinaque longiore terminatis; capitulis plerumque solitariis, erectis; involucri glabriusculi phyllis lineari-subulatis, erecto-patulis, rarius subsquarrosis, in spinam pungentem desinentibus; flosculis purpureis.

β. **thessalus** Bois. et Heldr. diagn. ser. 2, III. p. 46; Form. in D. bot. Monat. 1890 p. 20; pro sp.; Bois. fl. or. III. p. 518; Hal.

Beitr. fl. Thessal. p. 14; Haussk. symb. p. 124; Form. in Ver. Brünn 1895 p. 36, 1896 p. 50, 1897 p. 36. — Capitula brevius pedunculata, numerosiora, magis approximata, involucri phylla longius acuminata; planta interdum canescens. — Exsicc.: Orph. fl. gr. n. 795; Sint. it. thessal. n. 1193.

γ. **tymphaeus** Form. in Ver. Brünn 1896 p. 50, 1897 p. 36. — *C. armatus* Hal. Beitr. fl. Epir. p. 28; Sint. it. thessal. n. 1133 (f. *canescens*, foliis subtus araneosis). — Foliorum segmenta numerosiora, augustiora, elongata, crebre et longe spinosa, cetera ut in β. — Exsicc.: Hal. it. gr. II. a. 1893; Sint. it. thessal. n. 1133.

In campis, herbidis regionis inferioris in alpinam usque adscendens. Indicatur in Peloponneso et in Creta (Sibth.); — β. Epirus: pr. Janina (Form.); frequens in Thessalia a Pindo, per planitiem totam, usque ad Olympum; — γ. Epirus: mt. Tsumerka, Peristeri (Hal.); Thessalia: mt. Said Pascha, Zygos, Dokimi, Karava (Form.), Ghavellu (Sint.). — Jun. Sept. ⊙.

6. C. crispus L. sp. p. 821; S. et S. pr. II. p. 149; Ch. et B. exp. p. 241, Fl. pelop. p. 56. — Icon: Fl. dan. t. 621.

Caule erecto, superne lanato, ad apicem usque alis angustis, denticulatis, breviter spinulosis marginato; foliis supra sparsim pilosis, subtus lanato-tomentosis, oblongis, saepius parum profunde sinuato-lobatis, denticulatis, minute spinuloso-ciliatis, summis lineari-lanceolatis, saepius indivisis; capitulis solitariis vel saepius 2—3 aggregatis; involucri glabriusculi phyllis lineari-subulatis, breviter spinescentibus, exterioribus recurvo-patulis, intimis erectis; flosculis purpureis.

In Peloponneso (Sibth.). — Jul. Aug. ⊙. N. v.

CC Caulis simplex, monocephalus vel in ramos virgatos, monocephalos, superne nudos partitus.

7. C. hamulosus Ehrh. Beitr. VII. p. 166; Haussk. symb. p. 123. — Icon: W. et K. pl. rar. hung. t. 233.

Caule erecto, araneoso, anguste alato, alis in lacinias minutas, ovatas, minute spinulosas, partitis; foliis glabriusculis vel subtus araneosis, in lacinias rotundatas vel oblongas, obtusas, minute spinuloso-dentatas pinnatifidis; capitulis majusculis, solitariis, subglobosis; involucri glabri phyllis anguste lineari-subulatis, tenuiter mucronatis, intermediis recurvatis; flosculis purpureis.

In fruticetis regionis superioris mt. Ghavellu in Pindo dolopico (Haussk.). — Jul. Aug. ⊙. N. v.

Obs. *C. intercedens* (*hamulosus* × *pindicolus*) Haussk. symb. p. 124 indicatur ab auctore in mt. Ghavellu. — Habitu *C. hamuloso* propius accedere dicitur, sed caules crassiores, latius alatae, alis longius sed parcius spinosae, folia et saepius capitula majora, involucri phylla latiora sunt. N. v.

8. C. candicans W. et K. pl. rar. hung. I. p. 85, t. 83; Bald. riv. coll. bot. Alb. 1896 p. 68. — *C. collinus* Form. in Ver. Brünn

1897 p. 36, non W. et K., quae pedunculis fere ad capitulum crispato-alatis, involucri glabriusculi phyllis exterioribus patulis parum discedit. — Exsicc.: Form. pl. thessal. a. 1896; Bald. it. alb. epir. IV. n. 177.

Caule erecto, araneoso, anguste alato, alis in lacinias minutas, ovatas, minute-spinulosas partitis; foliis supra araneosis, subtus cano-tomentosis, in lacinias ovatas, spinuloso-dentatas vel lobatas pinnatifidis; capitulis majusculis, solitariis, subglobosis; involucri araneosi phyllis lineari-subulatis, tenuiter mucronatis, adpressis patentibusque; flosculis purpureis. — Praecedenti habitu valde affinis, ab eo praesertim foliis bicoloribus, supra viridibus, subtus cano-tomentosis et pedunculis longius nudis discrepat.

In herbidis montanis, Epirus: mt. Kuruna supra Vonicko distr. Ljaskovik (Bald.); Thessalia: mt. Cuka in mt. Chassia (Form.). — Jul. Aug. ☉.

b. Capitula oblonga, subcylindrica.

α. Acheniorum umbo crasse stipitatus, non angulatus.

9. **C. pycnocephalus** L. sp. ed. 2, p. 1151; Ch. et B. exp. p. 240, Fl. pelop. p. 56; Weiss in z. b. G. 1869 p. 44; Bois. fl. or. III. p. 520; Heldr. fl. cephal. p. 46, Fl. Aegina p. 305, Chlor. Mykon. p. 246; Spreitz. in z. b. G. 1887 p. 663; Hal. Beitr. fl. Epir. p. 28; Haussk. symb. p. 124; Form. in Ver. Brünn 1895 p. 28, 1897 p. 36. — *C. albidus* M. a. B. fl. taur. cauc. II. p. 269, qui sec. Bois. l. c. involucro magis tomentoso tantum discedit. — *C. tenuiflorus* S. et S. pr. II. 149; Ch. et B. exp. p. 241, Fl. pelop. p. 56; Marg. et R. fl. Zante p. 60; Fraas fl. class. p. 203; vix Curt. lond. fasc. t. 55, qui ramis latius et ad apicem usque alatis, capitulis numerosioribus angustioribus, involucri glabri phyllis angustioribus, exterioribus magis patulis, interioribus longius acuminatis, flosculos superantibus discedit et quem e Graecia nondum vidi. — *C. tenuiflorus v. albidus* Friedr. Reise p. 269. — *C. tenuiflorus v. pycnocephalus* Friedr. Reise p. 273 et 278. — *C. pycnocephalus v. albidus* Bois. fl. or. III. p. 521; Heldr. fl. Aegina p. 305. — Huc quoque probabiliter: *C. arabicus* Friedr. Reise p. 277; Weiss in z. b. G. 1869 p. 44; vix Jacq. coll. I. p. 56, qui involucri phyllis in spinulam subabrupte apiculatis differe videtur. — Icon: Jacq. hort. vind. I. t. 44. — Exsicc.: Heldr. pl. fl. hellen. a. 1886, 1892 et 1900; Baen. herb. europ. n. 9227; Sint. it. thessal. n. 412; Dörfl. pl. cret. n. 60.

Caule erecto, araneoso-lanuginoso, simplici vel ramoso, fere ad, apicem usque alato-spinoso; foliis subtus canescentibus vel tomentosis, sinuatis pinnatifidisque, laciniis ovatis, angulato-dentatis, spinosis; capitulis in caule ramisque terminalibus, oblongis, 2 pluribusve congestis, lateralibus sessilibus; involucri plus minus araneosi phyllis erectis, lanceolatis, in spinulam attenuatis, flosculos subaequantibus, flosculis purpureis, rarius albidis.

In ruderatis, herbidis regionis inferioris passim per totam Graeciam. Mart. Jul. ☉

10. **C. acicularis** Bert. ann. stor. nat. Bologn. 1829 I. 1, p. 274. — *C. neglectus* Ten. fl. nap. IV. p. 118, t. 187; Marg. et R. fl. Zante p. 60. — Exsicc.: Heldr. pl. fl. hellen. a. 1877 et 1899.

Caule erecto, araneoso-lanuginoso, ramoso, alato-spinoso, ramis superne nudis; foliis subtus canescentibus vel tomentosis, sinuatis pinnatifidisque, laciniis ovatis, angulato-dentatis, spinosis; capitulis solitariis subsolitariisque, involucri plus minus araneosi phyllis erecto-patulis, lineari-subulatis, in spinulam attenuatis, flosculos aequantibus; flosculis purpureis. — Differt a praecedente capitulis solitariis, pedunculis longe nudis suffultis et involucri phyllis augustioribus, longe subulatis.

In herbidis, arenosis regionis inferioris. In regione litorali pr. Corinthum, ad fossas pr. Manolas Elidis (Heldr.); Zante: mt. Scopo (Marg.); et probabiliter alibi. — Maio, Jun. ☉

β. Acheniorum umbo tenuiter stipitatus, radiatim sulcatus.

11. **C. marmoratus** Bois. et Heldr. diagn. ser. 2, III. p. 43, Fl. or. III. p. 521.

Caule erecto, araneoso, ramoso, fere ad apicem usque alato-spinoso; foliis supra albo-marmoratis, subtus araneoso-canescentibus, sinuatis pinnatifidisque, laciniis ovatis, angulato-dentatis, spinosis; capitulis in caule ramisque terminalibus, oblongis, 2 pluribusque congestis, lateralibus sessilibus; involucri plus minus araneosi phyllis erecto-patulis, lanceolatis, in spinulam attenuatis, flosculos aequantibus; flosculis purpureis. — Differt a *C. pycnocephalo*, cui affinis, spinis validis, saepe pollicaribus alarum et phyllorum superiorum et praesertim acheniorum umbone sulcato. — An a *C. argyroa* Biv. specifice distinctus?

α. **typicus.** — Alis ramorum angustis foliisque longe et valide spinosis. — Exsicc.: Heldr. pl. fl. hellen. n. 190.

β. **intermedius.** — Alis ramorum angustis, foliisque brevius et minus valide spinosis. — Exsicc.: Heldr. herb. norm. n. 1446 sub *C. argyroa.*

γ. **Halácsyi** Heldr. herb. n. 1258 pro sp. — Alis ramorum latiusculis, foliisque breviter spinosis, spinis mollioribus. — Exsicc.: Heldr. l. c.

In herbidis, ad vias, olivetis regionis inferioris. Messenia: pr. Diabolitzi, Pylos (Heldr.); — β. pr. Kalamata (Zahn); — γ. Achaia: pr. Patras (Hal.), Psathopyrgos (Heldr.). — Maio, Jun. ☉

12. **C. argentatus** L. mant. p. 288; Haussk. symb. p. 125. — Icon: Jacq. bort. vind. II. t. 192. — Exsicc.: Heldr. it thessal. IV. a. 1885.

Caule erecto, araneoso-lanuginoso, ramoso, anguste alato-spinoso, ramis superne nudis; foliis subtus canescentibus vel tomentosis sinuatis pinnatifidisque, laciniis ovatis, dentatis-spinulosis; capitulis solitariis subsolitariisque; involucri araneosi phyllis erecto-patulis, lineari-subulatis, in spinulam attenuatis, flosculos aequantibus; flosculis purpureis. — *C. aciculari* simile a quo praesertim umbone tenuiter stipitato angulato-sulcato distinctus; a formis praecedentis ramis superne longe nudis et involucri phyllis angustis discedit.

In neglectis Thessaliae pr. Aivali, Orman Magula, Pharsalus, in consortio *C. pycnocephali* (Haussk.). — Jun. Jul. ☉

44. Cirsium Tourn. inst. p. 447.

Dispositio specierum:

A. Corollae limbus ad medium 5 fidus; pappus corolla brevior.

1. Sectio. *Epitrachys* DC. in Duby bot. gall. I. p. 286. — Folia supra spinuloso-strigosa; achenia compressa, epicarpio membranaceo.
   a. Folia basi amplexicauli sessilia, non decurrentia.
      α. Involucri spinae sub apice spathulato-dilatatae, pectinato-spinulosae vel serrulatae.
         × Capitula magna, 5—8 cm. lata.
1. **C. spathulatum** Mor. 2. **C. ligulare** Bois. 3. **C. armatum** Vel.
         ×× Capitula parva, nucis magnitudinem non excedentia.
4. **C. Lobelii** Ten. 5. **C. morinaefolium** Bois. et Heldr.
      β. Involucri spinae sub apice non dilatatae, minute serrulatae.
6. **C. Heldreichii** Hal. 7. **C. leucocephalum** (Willd.).
   b. Folia caulina decurrentia.
8. **C. lanceolatum** (L.). 9. **C. italicum** (Savi).

2. Sectio. *Chamaeleon* DC. l. c. — Folia supra non strigosa; achenia compressa, epicarpio membranaceo.
   a. Folia non decurrentia.
      α. Flores purpurei.
         × Folia subtus albo-tomentosa; involucri phylla in spinam validam, patulam, phyllo ipso multo longiorem, flosculos subsuperantem abeuntia.
10. **C. cynaroides** (Lam.).
         ×× Folia glabra vel subtus araneoso-canescentia; involucri phylla mucronata vel breviter spinulosa.
           ○ Folia pinnatipartita.
11. **C. appendiculatum** Griseb.
           ○○ Folia breviter lobulata.
12. **C. tymphaeum** Haussk. 13. **C. pauciflorum** (W. et K.).
      β. Flores ochroleuci vel albi.
14. **C. oleraceum** (L.). 15. **C. candelabrum** Griseb.
   b. Folia caulina decurrentia.
16. **C. creticum** (Lam.). 17. **C. pindicolum** Haussk.

3. Sectio. *Lamyra* Cass. dict. 25 p. 218 pro gen.; Bois. fl. or. III. p. 524. — Folia supra non strigosa, achenia globosa, ovata vel pyriformia, non compressa, epicarpio duro.
   a. Capitula magna; involucri phylla non gibbosa.
18. **C. afrum** (Jacq.).

b. Capitula parva; involucri phylla exteriora ad spinae basin internam gibbosa.

19. C. strictum (Ten.). **20. C. stellatum** (L.).

B. Corollae limbus ad basin 5 partitus; pappus corolla demum longior.

4. Sectio. *Cephalonoplos* Neck. elem. p. 68. — Folia supra non strigosa; achenia lineari-oblonga, compressa, epicarpio membranaceo.

21. C. arvense (L.).

A. Corollae limbus ad medium 5 fidus; pappus corolla brevior.

1. Sectio. *Epitrachys* DC. in Duby bot. gall. I. p. 286. — Folia supra spinulose-strigulosa; achenia compressa, epicarpio membranaceo.

a. Folia caulina basi amplexiculi sessilia, non decurrentia.

α. Involucri spinae sub apice spathulato-dilatatae, pectinato-spinulosae vel serrulatae.

× Capitula magna, 5—8 cm. lata.

1. **C. spathulatum** Moretti pl. ital. dec. III. p. 6. *(Cnicus)*; Gaud. fl. helv. V. p. 202. — *C. decussatum* Janka in Linneaea XXX p. 582; Bois. fl. or. III. p. 529; Heldr. chlor. Parn, p. 21; Form. in D. bot. Monat. 1890 p. 21 cum?. — *Cnicus ferox* S. et. S. pr, II. p. 152; Fraas fl. class. p. 204; non L. sec. Bois. l. c. —? *Carduus ferox* Ch. et B. fl. pelop. p. 56. — Exsicc.: Sint. et Bornm. it. turc. n. 1939.

Caule erecto, ramoso, araneoso; foliis supra viridibus, subtus albo-lanuginosis, in lacinias lanceolatas, ad basin bipartitas, in spinas validas abeuntes, pinnatipartitis; capitulis globosis, foliis summis flores non superantibus bracteatis; involucri araneoso- lanati phyllis lineari-subulatis, recurvis vel patentibus, infra spinam dilatatis, lateraliter plus minusve spinulosis, in spinulam tenuem attenuatis; flosculis purpureis. — *C. eriophoro* affine, a quo involucri phyllis apice dilatatis et spinulosis differt.

β. **Parnassi.** — Differt a typo capitulis minoribus, valde araneoso-lanatis, foliis summis longioribus, capitulum saepius longe superantibus bracteatis, foliorum spinis longioribus validioribus. — An species propria?. — Exsicc.: Hal. it gr. a. 1888; Dörfl. fl. gr. n. 204.

In regione media. Thessalia: pr. Velitsena in Pindo (Form.), mt. Olympus (Heldr.); Aetolia: mt. Tymphrestus (Samar.); mt. Parnassus (Heldr.); Peloponnesus: inter Pyrgos et Olympia, si *Carduus ferox* Ch. et B. huc pertineat; — β. mt. Parnassus (Hal.). — Jul. Aug. ☉

Obs. Ad hanc, vel ad sequentes spectare videtur *C. eriophorum* Form. in D. bot. Mon. 1890 p. 20 non (L.), quod in Thessalia pr. Kastania, Velitsena, Koturi, Chaliki, mt. Zygos, pr. Han Kriavris in valle Penei, pr. Spilia et Selicany in mt. Ossa indicatur.

2. **C. ligulare** Bois. fl. o.r III. p. 529. — *C. Pelii* Form. in Ver. Brünn 1896 p. 51, quod meo sensu a planta thracica nullo modo differt. — *C. odontolepis* Heldr. in Sitzungsb. Acad. Wiss. Berlin 1883 p. 4; Haussk. symb. p. 121; non Bois. voy. esp. p. 362 t. 110,

quod foliis supra grosse, sed minus crebre spinosis, etiam supra plus minus araneosis, foliis involucrantibus numerosis, magnis, capitulo adpressissimis, eo valde interdum fere duplo longioribus et involucri phyllis virescentibus, superne minus dilatatis eximie discedit. — Exsicc.: Heldr. it. thessal. n. 62, Sint. it. thessal. n. 1334.

Caule erecto, ramoso, araneoso, foliis supra viridibus, subtus albolanuginosis, in lacinias lanceolatas, ad basin bipartitas, in spinas validas abeuntes pinnatipartitis; capitulis globosis, foliis summis, involucrum saepe aequantibus bracteatis; involucri parce lanati phyllis laxe erectis, in ligulas lineares atro-purpurascentes, spinuloso-denticulatas, spina terminatas, ab inferioribus ad interiora elongatas, abeuntibus; flosculis purpureis. — Praecedenti affinis, a qua spinis foliorum validioribus et praesertim involucri phyllis erectis, in ligulam latam longam, spina validiori terminatam abeuntibus egregie differt. — Formas intermedias nunquam observavi.

In regione media et superiori mt. Pelion Thessaliae (Heldr.); *C. Pelii* indicatur a Form. in Ver. Brünn p. 37 praeterea pr. Konisko, mt. Cuka, pr. Phlambures et mt. Mitrica in mt. Chssaia, pr. Katasara in mt. Othrys, et (var. *angustilobum*) in mt. Phlamburo in mt. Oxya, an hae loca revera ad *C. ligulare* pertineant, dijudicare nequeo, cum plantam solam pr. Konisko lectam vidi, quae tamen ad speciem sequentem spectat. — Jul. Sept. ☉

3. **C. armatum** Vel. in Sitzungsb. böhm. Ges. Wiss. 1888 p. 52. — *C. horridum* Form. in Ver. Brünn 1895 p. 28; non M. a. B. fl. taur. cauc. II. p. 278 (*Cnicus*), Bois. fl. or. III. p. 537. — *C. validum* Form in Ver. Brünn 1896 p. 51, cum var. *montanum et macrocephalum*, 1897 p. 37. — *C. Pelii* Form. in Ver. Brünn 1897 p. 37 saltem p. p. — Huc probabiliter: *C. odontolepis* Bois. fl. or. III. p. 529, non voy. esp. p. 362, quod foliis subtus virescentibus, supra spinulis longioribus strigulosis, foliis involucrantibus longioribus et capitulis densius araneosis a planta orientali etsi parum, tamen constanter differre videtur. — Exsicc.: Form. pl. Thessal. a. 1896; Sint. it. thessal. n. 1131.

Caule erecto, ramoso, araneoso; foliis supra viridibus, subtus cinereolanuginosis, in lacinias lanceolatas, ad basin bipartitas, in spinas validas abeuntes pinnatipartitis; capitulis globosis, foliis summis flores superantibus involucratis; involucri araneoso-lanati phyllis erectis, infra spinam dilatatis, lateraliter spinuloso-denticulatis, spina tenui abruptiuscule terminatis; flosculis purpureis. — Differt a praecedentibus praesertim foliis summis magnis, capitulum involucrantibus et eo longioribus, a *C. spathulato* insuper involucri phyllis latioribus erectis, sed non in ligulam longam dilatatis ut in *C. ligulare.* —

In regione montana et subalpina. Epirus: mt. Micikeli, Peristeri (Form.); Thessalia: in oropedio Neuropolis pr. Sermeniko (Sint.), mt. Said Pascha, Dokimi, Oxya, pr. Mandra Hodsa, Koniko in Pindo, pr. Patsios, Baraktari, Godaman, Diodendron, Nezeros et Rapsani in Olympo, mt. Alafovris in mt. Othrys (Form.); Peloponnesus: mt. Cotylus supra Andrizena (Heldr.). — Jul. Sept. ☉.

×× Capitula parva, nucis magnitudinem non excedentia.

4. C. Lobelii Ten. fl. nap. V. p. 211, t. 189; Bois. fl. or. III. p. 530. — *C. hellenicum* Bois. et Orph. mss. ex Bois. fl. or. l. c. — Probabiliter huc pertinet: *Cnicus eriophorus* S. et S. pr. II. p. 152 ex Arcadia. — Exsicc.: Orph. fl. gr. n. 469; Sint. it. thessal. n. 1124.

Caule erecto, racemoso-corymboso, araneoso; foliis supra viridibus, subtus araneoso-canescentibus, in lacinias anguste lanceolatas, basi 2—3 partitas, spina validiuscula terminatas, abeuntes pinnatipartitis; capitulis ovatis, foliis summis, flores aequantibus vel superantibus bracteatis; involucri araneoso-lanati phyllis lineari-lanceolatis, erecto-patulis, infra spinam dilatatis, lateraliter spinuloso-denticulatis, spina tenui abruptiuscule terminatis; floribus sordide albis. — Differt a praecedentibus foliorum segmentis gracilioribus, spina minus valida terminatis et praesertim capitulis 2—3 plo minoribus.

β. **hypopsilum** Bois. et Heldr. diagn. VI. p. 101 pro sp.; Bois. fl. or. III. p. 530. — Folia supra strigosa, subtus glaberrima, lucida. — A specie sequenti foliorum laciniis longioribus, floralibus magis parenchymatosis et phyllorum spinis longioribus (an satis?) differre dicitur. — Exsicc.: N. v.

In regione subalpina mt. Ghavellu Thessaliae (Sint.); mt. Clokos Achaiae et in mt. Malevo pr. Hagios Joannes Laconiae (Orph.); — β. ad limites regionis superioris regionis abietinae mt. Taygetos (Heldr.). — Jul. Aug. ☉.

5. C. morinaefolium Bois. et Heldr. fl. or. III. p. 530; Bald. viagg. Creta p. 67. — *C. hypopsilum* Raul. cret. p. 792, non Bois. et Heldr. — Exsicc.: Heldr. pl. cret. a. 1870; Rev. pl. cret. n. 187; Bald. it. cret. alt. n. 230.

Caule erecto, subracemoso-corymboso, glabriusculo; foliis utrinque viridibus, glabris, in lacinias triangulares, basi 2—3 partitas, spina valida terminatas abeuntes pinnatipartitis; capitulis ovatis, foliis summis flores superantibus bracteatis; involucri araneosi phyllis lineari-lanceolatis, erectis, infra spinam subdilatatis, lateraliter minutissime serrulatis in spinam tenuem attenuatis; floribus albis. — A *C. Lobelii* foliis glaberrimis, nec subtus araneoso-canescentibus, laciniis triangularibus, involucri phyllis erectis, apice parum dilatatis, minute denticulatis discedit.

In regione media et superiori. Creta: mt. Drakona (Rev.), Theodori et Korfikastron (Raul.) in mt. Sphacioticis, mt. Ida (Heldr.). — Jul. Aug. ☉.

β. Involucri spinae sub apice non dilatatae.

6. C. Heldreichii Hal. in ö. b. Z. 1890 p. 114. — *C. decussatum* Bois. fl. or. suppl. p. 308, non Janka. — *C. dolopicum* Form. in D. bot. Monat. 1897 p. 74, in Ver. Brünn 1897 p. 37. — Exsicc.: Heldr. it. gr. septentr. a. 1879; Form. pl. thessal. a. 1896.

Caule erecto, corymboso, araneoso; foliis supra viridibus, subtus albo-lanuginosis, in lacinias lineari-lanceolatas, basi 2—3 partitas, spina valida terminatas abeuntes pinnatipartitis; capitulis ovatis, nucis magnitudinem non excedentibus, foliis summis, flores aequantibus vel superantibus bracteatis; involucri parce araneosi phyllis anguste lineari-subulatis, minutissime serrulatis, in spinam erectam vel erecto-patulam, tenuem, longam attenuatis; floribus sordide albidis. — A praecedentibus praeter alias notas, praesertim involucri spinis sub apice non dilatatis discedens; habitu *C. Lobelii* simile.

In regione media et superiori. Thessalia: mt. Ghavellu et Karava (Form.); Eurytania: mt. Tymphrestus (Heldr.). — Jul. Aug. ☉.

7. C. leucocephalum Willd. sp. III. p. 1668 (*Cnicus*); Spreng. syst. III. p. 377; Raul. cret. p. 792. — *Carduus leucocephalus* Pers. syn. II. p. 387. — *Serratula leucocephala* Poir. dict. VI. p. 565. — *C. lappaceum v. leucocephalum* Bois. fl. or. III. p. 532. —

Caule erecto, subracemoso, araneoso; foliis supra viridibus, subtus tomentosis, in lacinias lanceolatas, basi bipartitas, in spinas tenues abeuntes pinnatipartitis; capitulis cylindraceis, parvis, solitariis vel binis, in racemum simplicem longum interruptum dispositis, foliis summis involucro brevioribus vel aequilongis bracteatis; involucri araneosi phyllis adpressis, ab infimis ad superiora valde elongatis, in spinam subrecurvopatulam, tenuem, longam attenuatis; floribus purpurascentibus.

In Creta (Willdenow l. c.); a recentioribus non lectum. — Jul. Aug. ☉. N. v.

b. Folia caulina decurrentia.

8. C. lanceolatum L. sp. p. 821 (*Carduus*); Scop. fl. carn. ed. 2, II. p. 130; Marg. et R. fl. Zante p. 60; Clem. sert. p. 55; Bois. fl. or. III. p. 538; Heldr. fl. cephalon. p. 47; Form. in D. bot. Monat. 1890 p. 20, 1897 p. 74 var. *brunneum*, in Ver. Brünn 1895 p. 28 cum f. *opacum*, 1896 p. 53, 1897 p. 38 cum var. *brunneum*; Hal. in ö. b. Z. 1897 p. 285. — *C. nemorale* Rchb. fl. germ. exc. p. 286, f. foliis hypoleucis. — Icon: Rchb. t. 95. — Exsicc.: Sint. et Bornm. it. turc. n. 1316.

Caule erecto, superne ramoso; foliis supra viridibus, subtus plus minus araneoso-canis, in lacinias inaequaliter et divaricatim lobatas, spinosas sinuatim pinnatifidis partitisve, caulinis in alas angustas lobatas decurrentibus; capitulis magnis, breviter et anguste bracteatis; involucri araneosi phyllis lanceolato-subulatis, apice non dilatatis, in spinam erectopatulam sensim attenuatis; floribus purpureis.

In regione inferiori et montana. Frequens in Epiro et Thessalia a Pindo per planitiem usque ad Olympium et Pelion (Form.); Aetolia: pr. Prusso (Samar.); Locris: pr. Granitza (Tunt.); Boetia: ad Cephissum (Sart.); Attica: mt. Parnes, Pentelicon, pr. Kephissia (Heldr.), mt. Hymettus pr. Caesariani (Clem.); Zante (Marg.); Cephalonia: pr. Poros (Heldr.); Corcyra (Form.). — Jul. Aug. ☉

9. C. italicum Savi bot. etrur. III. p. 140; Ch. et B. exp. p. 242, Fl. pelop. p. 56; (*Carduus*); DC. hort. monsp. p. 96; Link in Linnaea

IX. p. 580; Marg. et R. fl. Zante p. 60; Bois. fl. or. III. p. 538, Heldr. fl. cephal. p. 47, chlor. Parn. p. 21; Hal. Beitr. fl. Aetol. p. 7, in ö. b. Z. 1895 p. 412; Bald. in nuov. giorn. bot. 1894 p. 97, riv. coll. bot. Alb. 1895 p. 50; Haussk. symb. p. 121; Form in Ver. Brünn 1897 p. 38. — Icon: Rchb. t. 96. — Exsicc.: Orph. fl. gr. n. 349; Sint. it. thessal. n. 1231.

Caule erecto, superne ramoso; foliis utrinque plus minus araneosocanis vel supra viridibus, in lacinias anguste lanceolatas, spina terminatas, pinnatipartitis, longe acuminatis, caulinis in alam brevem auriculaeformem integram decurrentibus; capitulis parvis, avellanae magnitudinem non excedentibus, foliis summis, flores superantibus bracteatis; involucri glabriusculi vel parum araneosi phyllis oblongo-lanceolatis, apice non dilatatis, in spinam erecto-patulam abruptiuscule abeuntibus; floribus purpureis.

In campis regionis inferioris et montanae,' saepissime gregarie. Epirus: pr. Prevesa, Nicopolis, Philippiada (Bald.); Thessalia: ad monasterium Korona, pr. Kataphygi, Kalabaka, Ruso, Povelci (Form.), Trikala, Demirli, Larissa (Haussk.), Palaeokastro (Leon.), Mavro Mandila, Lamia, Limogardi (Form.), pr. Khani ad mt. Kukkos Phthiotidis (Heldr.); pr. Rachova in mt. Parnasso (Orph.); Acarnania: pr. Sorovigli (Hal.); Aetolia: pr. Mesolongion (Nied.); Euboea: pr. Kurbatzi (Wild); Argolis: pr. Nauplia (Link), Argos (Chaub.), Tyrins (Heider); Laconia: pr. Sparta (Heldr.), Xerocampos (Pichl.); Messenia (Bois.); Zante (Marg.); Cephalonia: in oropedio Omala pr. Francata, in valle Heracleon, in halipedo Livadi, pr. Lixuri (Heldr.). — Jun. Aug. ☉

2. Sectio. *Chamaeleon* DC. l. c. — Folia supra non strigosa; achenia compressa, epicarpio membranaceo.

a. Folia non decurrentia.

α. Flores purpurei.

× Folia subtus albo-tomentosa; involucri phylla in spinam validam, patulam, phyllo ipso multo longiorem, flosculos subsuperantem abeuntia.

10. **C. cynaroides** Lam. dict. I. p. 705; Ch. et B. fl. pelop. p. 56; (*Carduus*); Spreng. syst. III. p. 372; Bois. fl. or. III. p. 546, suppl. p. 309; Heldr. fl. cephal. p. 47; Spreitz. in z. b. G. 1890 p. 296; Bald. viagg. Creta p. 68. — *Chamaepeuce cynaroides* DC. pr. VI. p. 659; Raul. cret. p. 793. — *Cnicus cynaroides* Willd. sp. III. p. 1670; Desf. cor. p. 46, t. 35. — *Cnicus afer* Sieb. avis p. 5, rem. p. 8, non Willd. — Exsicc.: Orph. fl. gr. n. 793; Heldr. herb. norm. n. 627; Rev. pl. cret. n. 87, in Baen. herb. europ. n. 4862.

Caule erecto, niveo-tomentoso, simplici vel ramoso, 1—3 cephalo; foliis lanceolatis, supra glabriusculis, viridibus, subtus adpresse niveo vel cano-tomentosis, in segmenta ovata, 3—5 lobata, spinosa, pinnatipartitis, caulinis diminutis amplexicaulibus; capitulis majusculis, terminalibus, solitariis; involucri parce araneosi phyllis in spinam lanceolatam, infimorum reflexam, intermediorum patulam abeuntibus, intimis purpureis scariosis, erectis. — Species pulchra, habitu ad sectionem sequentem accedens; sed ob acheniis compressis epicarpio membranaceo nec duro praeditis, huic sectioni adnumerandum.

In olivetis, pinetis, rupestribus regionis inferioris et montanae. Argolis: adversus insulam Poros, in insula Poros, Hydra (Heldr.); Laconia: mt. Malevo pr. Meligon (Orph.), mt. Taygetos supra Mistra (Bois.); Messenia: pr. Pylos (Chaub.); Cephalonia: pr. Vuttes, in eparchia Koroni (Heldr.); Zante: pr. Litakia (Letourn.); Cythaera: pr. Gatuni (Spreitz.); Creta: pr. Rumata (Bald.), Malaxa, Amalos (Rev.), Askyphos (Spreitz.), Candia (Raul.). — Apr. Jun. ♃.

×× Folia glabra vel subtus araneoso-canescentia, involucri phylla mucronata vel breviter spinulosa.

○ Folia pinnatipartita.

11. C. appendiculatum Griseb. spic. II. p. 250; Bois. fl. or. suppl. p. 309; Haussk. symb. p. 121; Bald. riv. coll. bot. Alb. 1895 p. 50; Form. in Ver. Brünn 1896 p. 51, v. *thessalum* (quod a typo nullomodo discedit). — Icon: Vis. fl. dalm. suppl. alt. t. 3, — Exsicc.: Bald. it. alb. epir. III. n. 164, Sint. it. thessal. n. 728.

Glabriusculum, virens; caule erecto, simplici vel parce ramoso, superne subnudo; foliis concoloribus, oblongis, amplexicaulibus, in lacinias oblongas, lobatas, breviter spinosas pinnatipartitis, acuminatis; capitulis mediocribus, terminalibus, saepius glomeratis; involucri glabriusculi phyllis ovato-lanceolatis, adpressis, dorso nigro-purpurascentibus, in spinulam erecto-patentem attenuatis, interioribus lanceolatis, inermibus. — *C. montano* (W. et K.) affine, ab eo spinis foliorum elongatis flavicantibus et involucri phyllis angustioribus longius spinosis diversum.

Ad rivulos regionis subalpinae. Epirus: in jugo Bresani mt. Tsumerka (Bald.), in valle Negerli supra Chaliki (Sint.), mt. Zygos (Haussk.); Phthiotis: mt. Oeta loco dicto Lupakia (Heldr.). — Jul. Aug. ♃

○○ Folia breviter lobulata.

12. C. tymphaeum Haussk. symb. p. 121. — Exsicc.: Heldr. it. IV. Thessal. a. 1885.

Caule erecto, leviter araneoso, superne ramoso, subnudo; foliis coriaceis, rigidis, glaucis, glaberrimis vel subaraneosis, oblongo-lanceolatis, late truncato-sessilibus, parum breviterque lobulatis, lobulis tenuiter spinulosis, in spinam longiusculam, stramineam, pungentem attenuatis; capitulis mediocribus, terminalibus, solitariis vel binis; involucri leviter araneosi phyllis exterioribus triangulari-lanceolatis, adpressis, apice nigricantibus, in spinulam recurvatam attenuatis, interioribus lanceolatis, inermibus, superne subconstrictis, in appendiculum purpureo-scariosum abeuntibus. — Caules pluripedales, crassitie pennae anserinae et ultra, pedunculi ad 30 cm. longi, folia circa 15 mm. lata.

In scaturiginosis supra Malakasi et in glareosis humidis fluminis Salamvrias pr. Uranaeos in Pindo tymphaco Thessaliae (Haussk.). — Jul. Aug. ♃.

13. C. pauciflorum W. et K. pl. rar. hung. II. p. 175, t. 161 (*Cnicus*); Spreng. syst. III. p. 375; Rchb. icon. XXV. p. 63 et 80 n. 47, obs. t. 102; Bois. fl. or. III. p. 545; Heldr. fl. cephal. p. 47. —

Caule erecto, araneoso, simplici vel subramoso, superne subnudo; foliis membranaceis, supra pilosulis, subtus araneoso-canescentibus, amplissimis, ovatis, breviter lobatis dentatisque, spinuloso-ciliatis, inferioribus petiolatis, intermediis petiolo alato, basi auriculato amplexicaulibus, superioribus diminutis, basi cordata sessilibus; capitulis mediocribus, terminalibus, 2—4 conglobatis; involucri sub lente velutini phyllis nigricantibus, triangulari-lanceolatis, mucronatis, internis lanceolatis, scarioso-marginatis.

In silvaticis mt. Aenos Cephaloniae (Mazziari); postea a nemini lectum. — Jul. Aug. ♃. N. v.

β. Flores ochroleuci vel albi.

14. C. oleraceum L. sp. p. 826 (*Cnicus*); Scop. fl. carn. ed. 2, II. p. 124; Form. in D. bot. Monat. 1890 p. 21. —

Caule erecto, simplici vel superne parce ramoso, foliisque glabriusculo; foliis oblongis vel ellipticis, spinuloso-ciliatis, amplexicaulibus, inferioribus pinnatifidis, superioribus integris; capitulis mediocribus, terminalibus, congestis, foliis summis latis, pallidis, capitula superantibus involucratis; involucri glabri vel parce araneosi phyllis lanceolatis, in spinulam terminatis, apice patentibus; floribus pallide ochroleucis.

In locis humidiusculis pr. Vendista in Pindo Thessaliae (Form.), si determinationi fides habenda. — Jul. Aug. ♃. N. v.

15. C. candelabrum Griseb. spic. II. p. 251; Bois. fl. or. III. p. 540; Heldr. in Sitzungsb. acad. Wiss. Berl. 1883 p. 4; Form. in D. bot. Monat. 1890 p. 21, in Ver. Brünn 1895 p. 28, 1896 p. 53; Hal. Beitr. fl. Epir. p. 28, Beitr. fl. Thessal. p. 14; Haussk. symb. p. 121. — *C. chelmeum* Orph. in Bois. diagn. ser. 2, III. p. 41. — Exsicc.: Sint. it. thessal. n. 1201; Heldr. herb. norm. n. 1555.

Glabrum; caule erecto, folioso, longe racemoso-paniculato; foliis lanceolatis, sinuato-lobatis, creberrime et tenuiter spinoso-marginatis, infimis in petiolum attenuatis, ceteris sessilibus, basi auriculatis; capitulis parvis, ad racemi ramos subsessilibus, glomeratis, paniculam amplam, polycephalam formantibus, foliis floralibus, involucrum aequantibus bracteatis; involucri phyllis lanceolatis, in spinam brevem, erectam attenuatis, intimis scariosis, apice serrulatis; floribus albidis. — Species insignis, usque 2 m. alta, capitula eis *C. arvensis* haud minora, nutantia, saepe numerosissima.

In dumosis regionis montanae et subalpinae. Epirus: pr. Ephemiades, Safikbi, Han Balduma, in valle Dipotami, mt. Prosgoli (Form.), mt. Tsumerka, Peristeri, pr. Chaliki (Hal.); Thessalia: mt. Baba, pr. Neuropolis (Haussk.), Sermeniko (Sint.), Kastania (Hal.), Krania, Klinovo, Vendista, Velitsena, Koturi, Malakasi, mt. Said Pascha, Borovikon, Han Kukleus et Kriavris (Form.), mt. Ossa, Pelion (Heldr.); Eurytania: mt. Chelidoni (Heldr.), Tymphrestus (Samar.), Korax pr. Musinitza (Heldr.); Peloponnesus: mt. Kyllene pr. Trikala (Heldr.), mt.

Chelmos pr. Zaruchla, mt. Malevo (Orph.), in distr. Alagonia pr. Megali-Anastasova et in faucibus Langada mt. Taygetos (Zahn). — Jul. Aug. ⊙.

b. Folia caulina decurrentia.

16. **C. creticum** Lam. enc. I. p. 701 (*Carduus*); Urv. enum. p. 107; Raul. cret. p. 792. — *Cnicus palustris* S. et S. pr. II. p. 151, non Willd. — *Cirsium siculum* DC. pr. VI. p. 642; Bois. fl. or. III. p. 548; Heldr. fl. cephal. p. 47, in Sitzungsb. acad. Wiss. Berl. 1883 p. 4; Hal. Beitr. fl. thessal. p. 14; Haussk. symb. p. 123; Bald. in nuov. giorn. bot. 1894 p. 97, viagg. Creta p. 67, riv. coll. bot. Alb. 1896 p. 68; Form. in Ver. Brünn 1895 p. 28, 1896 p. 50, 1897 p. 37; non Spreng. neue Entd. p. 36, quod = *Galactites tomentosa* Moench. (cf. Schultz in ö. b. Z. 1858 p. 246). — *Cnicus siculus* Guss. fl. sic. II. p. 442. — *Cirsium microcephalum* Schultz l. c. — *C. siculum v. longispinum* Bois. fl. or. III. p. 548; Heldr. chlor. Parn. p. 21 (forma spinis foliorum et praesertim alarum creberrimis elongatis). — *Cirsium palustre* Form. in D. bot. Monat. 1890 p. 21, non Scop. — Formae involucri phyllis spinula brevissima saepe ad mucronem reducta terminatis: *Cirsium polyanthos* Urv. enum. p. 107; Marg. et R. fl. Zante p. 60. — *Carduus polyanthos* Ch. et B. fl. pelop. p. 56. — *Carduus Hippolyti* Ch. et B. exp. p. 241, t. 29, Fl. pelop. p. 56, t. 31. — *Cirsium Hippolyti* Link in Linn. IX. p. 580. — Exsicc.: Orph. fl. gr. n. 790; Heldr. herb. norm. n. 437 et 946; Rev. pl. cret. n. 88 et 89, in Baen. herb. europ. n. 4861; Sint. et Bornm. it. turc. n. 1318; Sint. it. thessal. n. 1227.

Caule erecto, araneoso, superne stricte ramoso, polycephalo; foliis superne saepissime tuberculato-hirtis, subtus plus minus araneoso-canescentibus, in lacinias triangulares lobatas longe spinosas sinuato-pinnatifidis, caulis alis lobatis, spinosis; capitulis parvis, ovatis, approximatis, involucri phyllis margine araneosis, ovatis vel oblongis, spina eis aequilonga vel breviore terminatis, internis abrupte in appendicem scariosam triangularem purpurascentem abeuntibus; floribus purpureis. — *C. palustri* Scop. proximum, a quo foliorum spinis crassioribus longioribus praesertim discedit.

In humidis, secus rivulos regionis inferioris et montanae per totam Graeciam. — Jun. Sept. ⊙.

17. **C. pindicolum** Haussk. symb. p. 122. —

Caule erecto, leviter araneoso, superne breviter ramoso, mono-vel oligocephalo; foliis glaucis, supra glabriusculis, subtus araneoso-canescentibus, oblongo-lanceolatis, breviter triangulato-lobatis, spinosis, inferioribus ad medium internodium usque, intermediis brevius spinosodecurrentibus; capitulis mediocribus, semiglobosis, subsolitariis vel ad apicem ramorum 2—3 congestis; involucri phyllis apice subaraneosis, oblongo-lanceolatis, in spinam brevem, intimis sensim in apicem setaceum purpurascentem angustatis; floribus purpureis. — Capitula magnitudine *C. cani*. — Species mihi ignota.

In scaturiginosis subalpinis mt. Baba inter Krania et Klinovo in Pindo (Haussk.). — Jul. Aug. ☉ vel ♃? — N. v.

3. Sectio. **Lamyra** Cass. dict. 25 p. 218 pro gen.; Bois. fl. or. III. p. 524. — Folia supra non strigosa, achenia globosa, ovata vel pyriformia, non compressa, epicarpio duro.

a. Capitula magna; involucri phylla non gibbosa.

18. **C. afrum** Jacq. hort. schoenbr. II. p. 180, t. 145 (*Carduus*); DC. cat. hort. monsp. p. 96; Link in Linn. IX. p. 580; Bois. fl. or. III. p. 552; Heldr. chlor. Parn. p. 21. — *Cnicus afer* Willd. sp. III. p 1682; S. et S. pr. II. p. 154, Fl. gr. IX. t. 829. — *Chamaepeuce afra* DC. pr. VI. p. 659; Heldr. in Sitzungsb. acad. Wiss. Berl. 1883 p. 4; Hal. in ö. b. Z. 1888 p. 759, in ö. b. Z. 1892 p. 371, Beitr. fl. Epir. p. 28, Beitr. fl. thessal. p. 14, Beitr. fl. Achaia p. 24; Form. in D. bot. Monat. 1890 p. 20, in Ver. Brünn 1895 p. 27, 1896 p. 50, 1897 p. 36; Haussk. symb. p. 121. — *Carduus Casabonae* Ch. et B. fl. pelop. p. 56, non L. -- Exsicc.: Sint. et Bornm. it. turc. n. 1322; Sint. it. thessal. n. 1200.

Caule erecto, crasso, corymboso, polycephalo; foliis sessilibus, lineari-lanceolatis, supra parce arachneoideis, subtus niveo-tomentosis, in lacinias lanceolatas, ad spinas validas fere reductas pinnatipartitis; capitulis solitariis; involucri araneosi phyllis lanceolatis, acuminato-spinosis, intimis scariosis purpureis; floribus purpureis. — Species pulchra.

In saxosis regionis submontanae, in subalpinam adscendens. Frequens in Epiro et in Thessaliae montibus omnibus; dein in mt. Korax (Tunt.), Kiona (Hal.), Parnassus (Sibth.); Peloponnesus: mt. Olenos, Chelmos, Kyllene (Hal.), pr. Tripolis (Sart.), mt. Taygetos (Heldr.). — Jul. Aug. ☉.

b. Capitula parva; involucri phylla exteriora ad spinae basin internam gibbosa.

19. **C. strictum** Ten. pr. p. 48 (*Cnicus*); Spreng. syst. III. p. 370; Bois. fl. or. III. p. 550. — *Chamaepeuce stricta* DC. pr. VI. p. 659; Hal. Beitr. fl. thessal. p. 14; Haussk. symb. p. 121; Form. in Ver. Brünn 1897 p. 37. — *Chamaepeuce stricta v. graeca* Bois. et Heldr. diagn. ser. 2, III. p. 47. — *Chamaepeuce atropurpurea* Bois. et Heldr. l. c.; Form. in D. bot. Monat. 1890 p. 20. — Exsicc.: Orph. fl. gr. n. 794; Heldr. herb. norm. n. 712; Sint. et Bornm. it. turc. n. 1315.

Caule erecto, simplici, anguste alato, superne breviter racemoso, oligocephalo; foliis supra glabris, subtus cano-tomentosis, decurrentibus, lanceolatis, sinuato-dentatis, dentibus triangularibus, in spinam tenuem attenuatis; capitulis solitariis vel 2—3 approximatis, involucri parce araneosi phyllis adpressis, in spinam erecto-patulam abeuntibus, intimis erectis, purpurascentibus; flosculis purpureis.

In nemorosis regionis montanae. Thessalia: pr. Tsungeri, Malakasi, mt. Oxya, pr. Chaliki, Klinovo (Haussk.), Kastania (Hal.), Han Kuraneos in valle Penei superioris, pr. Neochorion in mt. Agrapha (Form.), pr. Mikrochorio Eurytaniae (Samar.), mt. Olympus ad Hagios Dionysios (Orph). — Jul. Aug. ♃.

20. **C. stellatum** L. sp. p. 823; Ch. et B. exp. p. 242, Fl. pelop. p. 56; (*Carduus*); All. fl. ped. I. p. 153; Bois. fl. or. III. p. 550; Heldr. fl. cephal. p. 47. — *Chamaepeuce stellata* DC. pr. VI. p. 658; Clem. sert. p. 55; Gelmi in bull. soc. bot. ital. 1889 p. 450; Hal. Beitr. fl. Achaia p. 24; Form. in Ver. Brünn 1895 p. 27. — Icon: Fl. gr. t. 830. — Exsicc.: Orph. fl. gr. n. 263.

Caule erecto, exalato, simplici et superne breviter racemoso oligocephalo vel a medio ramoso pleiocephalo; foliis sessilibus, supra glabris, subtus cano-tomentosis, lanceolatis vel linearibus, integerrimis, utrinque ad axillam spinas 1—2 gerentibus; capitulis solitariis; involucri glabri phyllis adpressis, in spinam erecto-patentem abeuntibus, intimis erectis, viridibus; flosculis purpureis.

In nemorosis regionis montanae. Corcyra (Clem.): pr. Pyrgi (Bickn.), Scripero (Gelmi), Gasturi (Form.); Cephalonia: mt. Gerolaki, pr. Pylaros, Valeriano, Koroni, Skala, Elios (Heldr.); Achaia: pr. Megaspilaeon (Hal), Trikala (Orph.); Arcadia: pr. Tripolis (Bois.); Messenia: mt. Ithome (Sart.); Laconia: pr. Marathonisi, Vitilos, Chimova (Chaub.), Selitza (Zahn). — Maio, Jul. ⊙.

B. Corollae limbus ad basin 5partitus; pappus corolla demum longior.

4 Setio. *Cephalonoplos* Neck. elem. p. 68. — Folia supra non strigosa; achenia lineari-oblonga, compressa, epicarpio membranaceo.

21. **C. arvense** L. sp. p. 820 (*Serratula*); Scop. fl. carn. ed. 2, II. p. 126; Friedr. Reise p. 264; Bois. fl. or. III. p. 552; Hal. Beitr. fl. Epir. p. 28, in ö. b. Z. 1895 p. 412; Haussk. symb. p. 123; Form. in Ver. Brünn 1895 p. 28, 1896 p. 50, 1897 p. 37; Bald. riv. coll. bot. Alb. 1896 p. 69. — Icon: Rchb. XXV. t. 111. — Exsicc.: Orph. herb. n. 2031.

Caule erecto, superne ramoso; foliis subdecurrentibus, oblongolanceolatis, spinuloso-ciliatis, integris vel pinnatifido-sinuatis, apice lobisque spina validiore terminatis, glabriusculis vel utrinque subtus densius canis; capitulis parvis; involucri phyllis adpressis, margine araneosis, in spinam brevissimam acuminatis; flosculis purpureis. — Formam foliis hypoleucis validiuscule spinosis tantum e ditione vidi.

In arvis, cultis, lapidosis regionis inferioris, in alpinam usque adscendens. Epirus: pr. Kurenta (Bald.), Janina (Form.), Theodoriana, Mazuki (Hal.); passim per totam Thessaliam; Aetolia: mt. Korax, Arapokephalo (Heldr.); Achaia: pr. Patras (Friedr.), mt. Chelmos, Kyllene (Orph.) et probabiliter alibi. — Jul. Sept. ♃.

Obs. Erronee in Graecia indicantur: *C. rivulare* Jacq. fl. austr. I. t. 91; Ch. et B. exp. p. 241, Fl. pelop. p. 56 (*Carduus*); Link en. hort. berol. II. p. 301; = *Cnicus rivularis* Willd. sp. III. p. 1676

S. et S. pr. II. p. 153; in Peloponneso; dein *C. spinosissimum* L. sp. p. 826; Pieri corc. fl. p. 116 (*Cnicus*); Scop. fl. carn. ed. 2. II. p. 129; in Corcyra.

45. Picnomon Lob. ic. II. t. 14.

1. P. acarna L. sp. p. 820; Ch. et B. exp. p. 242, Fl. pelop. p. 56 (*Carduus*); Cass. dict. 40 p. 188; Clem. sert. p. 57; Raul. cret. p. 792; Weiss in z. b. G. 1869 p. 43; Spreitz. in z. b. G. 1887 p. 663, 1890 p. 296; Form. in D. bot. Mon. 1890 p. 20, in Ver. Brünn 1895 p. 27, 1896 p. 50, 1897 p. 37; Bald. viagg. Creta p. 68; Heldr. fl. Aegina p. 305, chlor. Thera p. 15. — *Cnicus acarna* L. sp. ed. 2 p. 1158; S. et S. pr. II. p. 151; Fraas fl. class. p. 205. — *Cirsium acarna* Moench. suppl. p. 226; Friedr. Reise p. 274; Bois. fl. or. III. 549; Heldr. fl. cephal. p. 47; Hal. in z. b. G. 1888 p. 759; Beitr. fl. Epir. p. 28, Beitr. fl. Aetol. p. 7, Beitr. fl. Thessal. p. 14; Hauss-k. symb. p. 123. — Icon: Fl. gr. t. 827. — Exsicc.: Rev. pl. cret. n. 190; Sint. et Bornm. it. turc. n. 1314.

Lanuginoso-tomentosum; caule erecto, ramoso, alato, alis spinuloso-ciliatis; foliis lanceolatis, sinuato et spinoso-dentatis, spinuloso-ciliatis; capitulis mediocribus, saepius 2—4 aggregratis, foliis summis ea superantibus bracteatis; involucri phyllis adpressis, praeter intima scarioso-cuspidata, spina pinnata terminatis; flosculis purpureis.

In ruderatis, sterilibus, agris, aridis regionis inferioris et montanae passim per totam Graeciam. — Jun. Aug. ⊙.

46. Notobasis Cass. dict. 25 p. 225 et 35 p. 170.

1. N. syriaca L. sp. p. 823; Ch. et B. exp. p. 242, Fl. pelop. p. 56 (*Carduus*); Cass. l. c.; Marg. et R. fl. Zante p. 60; Ung. Reise p. 124; Weiss. in z. b. G. 1869 p. 43; Raul. cret. p. 793; Bois. fl. or. III. p. 553; Heldr. fl. cephal. p. 47, Fl. Aegina p. 305; Hal. Beitr. fl. Thessal. p. 14, in ö. b. Z. 1897 p. 95; Haussk. symb. p. 121. Form. in Ver. Brünn 1896 p. 50, 1897 p. 37. — *Cirsium syriacum* Gaertn. fr. II. p. 383, t. 163; Urv. enum. p. 107. — *Cnicus syriacus* Willd. sp. III. p. 1683; S. et S. pr. II. p. 154, Fl. gr. t. 831. — *Cirsium bracteatum* Link in Linn. IX. p. 580. — Exsicc.: Rev. pl. cret. n. 91; Dörfl. fl. Aeg. n. 63.

Caule erecto, araneoso, simplici vel superne ramoso; foliis supra glabrescentibus, albo-venosis, subtus pubescentibus, oblongis, sinuato-lobatis, lobis spinoso-dentatis, inferioribus in petiolum attenuatis, ceteris amplexicauli-auriculatis, superioribus fere ad spinas validas reductis, floralibus capitula bracteantibus et superantibus; capitulis mediocribus, ad ramorum apicem glomeratis; involucri subaraneosi phyllis adpressis, spina brevi subpatula terminatis; flosculis dilute purpureis.

Ad vias, fossas, ad sepes, in ruderatis regionis inferioris, per Graeciam totam. — Maio, Jun. ⊙

47. Cynara L. gen. n. 928.

1. C. cardunculus L. sp. p. 827; Marg. et R. fl. Zante p. 60; Heldr. Nutzpfl. p. 27, Fl. cephal. p. 47; Raul. cret. p. 791; Bois. fl. or. III. p. 557; Hal. in z. b. G. 1888 p. 759 et 763, Beitr. fl. Aetol. p. 7, Beitr. fl. Achaia p. 24; Form. in Ver. Brünn 1895 p. 27. — *C. scolymus* S. et S pr. II. p. 157; Ch. et B. exp. p. 243; Fl. pelop. p. 57; non L. — *C. horrida* Ait. hort. Kew. III. p. 148; S. et S. pr. II. p. 157, Fl. gr. t. 834; Ch. et B. exp. p. 343; Fl. pelop. p. 57; Friedr. Reise p. 285. — *C. humilis* Heldr. Nutzpfl. p. 27, non L. — Exsicc.: Hal. it. gr. a. 1888.

Caule robusto, simplici vel ramoso, foliis supra glabrescentibus, subtus cano-tomentosis, oblongis, in lacinias lanceolatas, pinnatilobas, valide spinosas, secus rachidem decurrentes pinnatisectis; capitulis magnis, solitariis, involucri glabriusculi phyllis late oblongo-triangularibus, infimis spina brevi terminatis, intermediis in acumen longum, lanceolatum, supra canaliculatum, erecto-patulum abeuntibus, intimis subscariosis; flosculis coeruleis.

In arvis, pratis, collibus arenosis regionis inferioris. Epirus: pr. Nikopolis, Luros, Philippiades (Form.); Aetolia: pr. Mesolongion et copiosissime in planitie pr. Antirrhion, pr. Amphissa Doridis (Hal.); in planitie Thebana, pr. Lebadia Boeotiae; pr. Oropos Atticae (Heldr.); Corinthus (Hal.); Argolis (Chaub.); pr. Nauplia (Friedr.); Achaia: pr. Patras (Hal.); Elis, Messenia (Sibth.); pr. Navarin (Chaub.); Creta (Sibth.): in planitie Messara (Raul.); Zante: pr. Argassi, ad paludem Makri (Marg.); Cephalonia: pr. Lixuri, Lychata (Heldr.); Corcyra: pr. Alipu, Kanali (Form.); Cycladum insula Naxos (Sibth.). — Jul. Aug. ♃.

Obs. *C. scolymus* L. sp. p. 827; Dallap. prosp. p. 109, Marg. et Reut. fl. Zante p. 85; Fraas fl. class. p. 202; Raul. cret. p. 791; Heldr. chlor. Thera p. 29. — Forma culta praecedentis, a quo differt capitulis maximis, involucri phyllis inermibus, basi valde carnosis. — Colitur in hortis.

2. C. Sibthorpiana Bois. et Heldr. diagn. X. p. 94, Fl. or. III. p. 557; Raul. cret. p. 792, t. 15. — *C. humilis* S. et S. pr. II. p. 157, Fl. gr. IX. p. 25, t. 835; Ch. et B. exp. p. 243; Fl. pelop. p. 57; non L. —

Differt a praecedente foliorum breviter et tenuiter spinosorum segmentis minus dissectis, non decurrentibus, involucri phyllis in acumina contractis, flosculis albis.

In Peloponneso et Creta (Sibth.): pr. Piskokephali eparchiae Sitia (Heldr.). — Apr. Maio. ♃. N v.

48. Onopordon L. gen. n. 927.

a. Involucri phylla angusta, in spinas elongatas subulatas, basi adpresse manifeste longiores abruptiuscule angustata, exteriora interiorum fere longitudine.

α. Virescentia.

× Folia grosse et irregulariter lobata.

1. O. acanthium L. sp. p 827; S. et S. pr. II. p. 157; Pieri corc. fl. p. 116; Hal. in ö. b. Z. 1895 p. 412; Haussk. symb. p. 121; Form. in Ver. Brünn 1895 p. 27, 1896 p. 50, 1897 p. 36. — Icon: Fl. dan. t. 909. — Exsicc.: Heldr. it. thessal. IV. a. 1885.

Adpresse araneosum; caule elato ramoso, late alato, alis sinuatolobatis, spinosis; foliis ovato-oblongis, sinuato-lobatis, lobis spinosodentatis; capitulis globosis, basi truncato-concavis; involucri parce araneosi et glandulosi phyllis attenuato-subulatis, triquetris, margine scabris, exterioribus patenti-curvatis, interioribus erectis, flosculos non aequantibus; flosculis purpureis, glabris; acheniis griseis, nigro-maculatis, pappo dimidio brevioribus.

β. **parnassicum** Bois. et Heldr. diagn. ser. 2, VI p. 114, Fl. or. III. p. 559; Heldr. chlor. Parn. p. 21; pro sp.; Rouy rev. Onop. p. 10. — Indumento parco, tandem evanido, alis caulinis angustis, interruptis, involucro magis araneoso. — Exsicc.: Heldr. herb. norm. n. 666.

In incultis, ruderatis regionis inferioris et montanae rarius. Corcyra (Pieri); Epirus: pr. Janina, Katschka (Form.); Thessalia: ad monasterium Korona (Heldr.), pr. Sophates, Karditza, Pharsalus, Demirli (Haussk.), mt. Phlamburo, pr. Mavreli, Konisko, Palaeokastro, Trikala, Ligaria, Lamia (Form.); — β. mt. Parnassus pr. Gurna (Samar.). — Jun. Sept. ⊙.

2. O. elatum S. et S. pr. II. p. 156; Fl. gr. IX. p. 23, t. 833; Ten. annot. fl. gr. in rendic. real. acad. sc. n. 2 p. 17; Raul. cret. p. 791; Haussk. symb. p. 121. — *O. tauricum v. elatum* Bois. fl. or. III. p. 559; Spreitz. in z. b. G. 1890 p. 296. — Exsicc.: Heldr. pl. fl. hellen. a. 1885 et 1898.

* Viride; pube brevi glandulosa obductum; caule elato, ramoso, anguste alato, alis lobatis, spinosis; foliis oblongo-lanceolatis, grosse et irregulariter lobatis, lobis spinoso-dentatis; capitulis globosis, basi truncato-concavis, involucri denudati, glanduloso-viscidi phyllis lanceolatis, triquetris, margine scabriusculis, exterioribus patentissimis, interioribus erectis, flosculos non aequantibus; flosculis purpureis, glabris; acheniis brunneis, pappo duplo brevioribus. — Ab *O. taurico* Willd. sp. III. p. 1687 vix distinctum. — Differt a praecedente indumento viscido et involucri phyllis latioribus.

β. **argolicum** Bois. diag. X. p. 91; Hal. Beitr. fl. Achaia p. 24; Heldr. chlor. Thera p. 15; pro sp.; Bois. fl or. III. p. 560. — Huc forsan *O. arabicum* S. et S. pr. II. p. 156. — Folia et capitula plus minus araneosa, involucri phylla angustiora, longius subulata. — Formis intermediis ad typum transire videtur. — Exsicc.: Dörfl. pl. aeg. n. 81.

Ad vias, in incultis, ruderatis regionis inferioris. Boeotia (Sprun.); Achaia: pr. Trikala (Heldr.); Argolis: pr. Vromolimni in peninsula Methana (Haussk.), insula Hydra, Keos Cycladum (Heldr.); Creta: pr. Askyphos (Spreitz.), Kalyves, in planitie Messara (Raul.); — *β.* pr. Corinthum (Hal.); Argolis: pr. Nauplia (Bois.); Cycladum insula Naxos, Anaphi (Leon.), Thera, Therasia (Heldr.). — Maio, Jun. ☉.

×× Folia pinnatisecta, rhachide angustissima.

3. **O. messeniacum.** — Exsicc.: Heldr. pl. fl. hellen. a. 1899 n. 874.

Parce et adpresse araneosum; caule humili, ramoso, alis angustissimis, interruptis, ad spinas fere reductis; foliis oblongo-lanceolatis, supra glabriusculis, subtus adpresse canis, in lacinias lanceolatas, breviter spinosas pinnatisectis; capitulis globosis, basi truncatis; involucri parce araneosi et glandulosi phyllis lanceolatis, triquetris, margine scabris, exterioribus reflexis, interioribus erectis, flosculos non aequantibus; flosculis purpureis, viscidulis; acheniis brunneis, pappo duplo brevioribus. — Species foliis profunde divisis, eis *Galactitis tomentosae* similibus, segmentis remotis angustis ab omnibus affinibus egregie diversa.

In aridis Messeniae pr. Kalamata (Zahn). — Maio, Jun. ☉.

β. Albo-tomentosa.

4. **O. Sibthorpianum** Bois. et Heldr. fl. or. III. p. 561; Haussk. symb. p. 121; Heldr. fl. Aegina p. 305. — *O. macracanthum* S. et S. pr. II. p. 157, Fl. gr. IX. p. 23, t. 832; Raul. cret. p. 791; non Schousb. — *O. graecum* Ch. et B. exp. p. 243, Fl. pelop. p. 57, sec. Bois. l. c.; an quoque S. et S. pr. II. p. 156; Sieb. avis p. 5; Urv. enum. p. 105; non Gou. ill. t. 25. — ? *C. horridum* Haussk. symb. p. 121, vix Viv.; sec. Rouy. rev. Onop. p. 19. — Exsicc.: Heldr. herb. norm. n. 479; Orph. fl. gr. n. 768 (ambo sub *O. alexandrinum*); Dörfl. fl. aeg. n. 58.

Caule humili, simplici vel ramoso, albo-tomentoso, alis angustissimis, crebre spinoso-lobatis, ad spinas interdum reductis; foliis oblongo-lanceolatis, pinnatilobatis partitisve, supra arachnoideo-canis, subtus dense albo-tomentosis, lobis triangulari-lanceolatis, spinoso-dentatis, interdum ad spinas fere reductis; capitulis depresse globosis; involucri araneosi, vix glandulosi phyllis lanceolatis, margine scabriusculis, in spinam semitereti-subulatam, carinatam angustatis, exterioribus patentissimis vel reflexis, intimis erectis, flosculos aequantibus; flosculis purpureis, viscidulis; acheniis griseis, pappo duplo brevioribus.

In campis sterilibus. Thessalia: pr. Sophates, Pharsalus, si *O. horridum* Haussk. huc pertineat; Attica: pr. Athenas, insula Aegina (Heldr.); Laconia et Messenia (Sibth.): pr. Navarin, Methone (Chaub.); Cyclades

(Sibth.): insula Melos (Urv.), Anaphi (Leon.); Creta (Sibth.). — Maoi, Jun. ☉.

5. **O. caulescens** Urv. enum. p. 105; Cb. et B. fl. pelop. p. 57; Heldr. in ö. b. Z. 1898 p. 184, chlor. Thera p. 15, chlor. Mykon. p. 246. — *O. Weissianum* Aschers. ap. Weiss. in z. b. G. 1869 p. 43; Rouy rev. Onop. p. 20, cum f. *brevicaule*, t. 24. — Exsicc.: Heldr. herb. norm. n. 1043; Dörfl. fl. aeg. n. 120.

Differt a praecedente foliis longioribus latioribusque, lobis majoribus, triangularibus, pinnatilobatis, spinis validioribus armatis; capitulis ovoideis; involucri phyllis parce glandulosis, basi latioribus, intimis flosculis brevioribus. — Certe species propria.

In locis aridis Cycladum, in insula Syra (Weiss), Cythnos, Mykonos, Naxos, Thera (Heldr.), Melos (Urv.). — Jun. Jul. ☉.

b. Involucri phylla lata, in spinas breves attenuata, exteriora interioribus evidenter breviora.

α. Albo-tomentosa.

6. **O. illyricum** L. Sp. p. 827; S. et S. pr. II. p. 155; Ch. et B. exp. p. 243, Fl. pelop. p. 57; Friedr. Reise p. 278; Fraas fl. class. p. 205; Clem. sert. p. 56; Raul. cret. p. 791; Weiss in z. b. G. 1869 p. 43; Bois. fl. or. III. p. 560; Heldr. fl. cephal. p. 47; Hal. in z. b. G. 1888 p. 759, Beitr. fl. Epir. p. 28, Beitr. fl. Aetol. p. 7, Beitr. fl. Thessal. p. 14, Beitr. fl. Achaia p. 24; Form. in D. bot. Monat. 1890 p. 20, in Ver. Brünn 1895 p. 27, 1897 p. 36; Haussk. symb. p. 121. — *O. elongatum* Lam. fl. fr. II. p. 6. — *O. graecum* Gou. ill. t. 25. — *O. orientale* Mill. dict. n. 4. — *O. illex* Janka in Természz. füz. II., 1 p. 2, quod ex descriptione vix differre videtur. — *O. myriacanthum* Hal. in z. b. G. 1888 p. 759, non Bois. — *O. euboeum* Heldr. pl. fl. hellen a. 1890. — Icon: Jacq. hort. vind. II. t. 148. — Exsicc.: Rev. pl. cret. n. 86; Sint. et Bornm. it. turc. n. 1308; Sint. it. thessal. n. 1023.

Caule elato, stricto, simplici vel ramoso, alis angustis dentato spinosissimis marginato; foliis oblongo-lanceolatis, utrinque albo-tomentosis, in lacinias lobatas spinosas pinnatifidis partitisve; capitulis depressoglobosis; involucri glabriusculi phyllis ab infimis brevibus triangularibus ad interiora sensim auctis, apice purpurascentibus, margine scabris, praeter intima erecto-patula saepius recurvo-reflexis, parte reflexa inferiori adpressa aequilonga; flosculis purpureis, viscidulis; acheniis brunneis, pappo dimidio brevioribus. — Variat involucri phyllis in spinam abruptiuscule vel sensim attenuatis.

In incultis, ruderatis, campis regionis inferioris et montanae per totam Graeciam. — Jun. Aug. ☉.

7. **O. myriacanthum** Bois. diagn. ser. 2 VI. p. 114, Fl. or. III. p. 561; Heldr. chlor. Parn. p. 21. — Exsicc.: Orph. fl. gr. n. 55; Bald. it. cret. alt. n. 32.

Differt a praecedente, cui maxime affine, foliis angustioribus, in lacinias angustiores profundius partitis et praesertim involucri phyllis longe attenuatis, parte reflexa inferiori adpressa duplo longiore; — an tamen hujus varietas subalpina? (Bois. l. c.).

In sterilibus, dumosis regionis montanae. Attica: ad radices mt. Parnes pr. Dekeleiam (Hal.); Euboea: mt. Dirphys pr. Steni; mt. Parnassus pr. Rachova (Heldr.); Laconia: mt. Malevo pr. Xerocampos (Orph.); Creta: mt. Aphendi-Kristo in mt. Lassiti (Bald.). — Jun. Aug. ⊙.

β. Virescens.

8. **O. laconicum** Heldr. et Sart. ap. Rouy rev. Onop. p. 9. — *O. tauricum v, elatum* Spreitz. in z. b. G. 1887 p. 662, non Bois. — Exsicc.: Heldr. herb. norm. n. 1554.

Parce araneosum et pube brevi glandulosa obductum; caule elato, ramoso, alis angustis dentato-spinosissimis marginato; foliis oblongo-lanceolatis lanceolatisve, subtus valde insculpto-nervosis, in lacinias lobatas valide spinosas pinnatifidis partitisve; capitulis subglobosis; involucri glabri phyllis lanceolatis, ab externis recurvo-reflexis ad interna erecto-patentia sensim auctis, apice purpurascentibus, margine scabris, parte reflexa inferiori adpressa breviore;' flosculis purpureis, glabris; acheniis brunneis, pappo dimidio brevioribus. — Foliis vix araneosis, viridibus, subtus eximie reticulato-venosis ab affinibus distinctum.

In sterilibus, dumosis, ad vias regionis inferioris. Laconia: in distr. Alagonia l. d. Dyrrhemma (Zahn), inter Levetzova et Marathonisi (Sart.); Cythaera: pr. Katuni (Spreitz.). — Jun. Aug. ⊙.

Obs. Quid sit *O. acaulon* S. et S. pr. II. p. 157; Ch. et B. exp. p, 243, Fl. pelop. p. 57; Friedr. Reise p. 275; Fraas fl. class. p. 205; mihi ignotum est.

49. Silybum Vaill. act. acad. Par. 1718 p. 172.

1. **S. marianum** L. sp. p. 823; S. et S. pr. II. p. 150; Ch. et B. exp. p. 240, Fl. pelop. p. 56; (*Carduus*); Gaertn. fruct. II. p. 378. t. 168; Friedr. Reise p. 274; Fraas fl. class. p. 206; Ung. Reise p. 124; Raul. cret. p. 790; Bois. fl. or. III. p. 556; Heldr. fl. cephal. p. 47, prosth. chlor. Thera p. 3; Hal. in z. b. G. 1888 p. 759, Beitr. fl. thessal. p. 14; Haussk. symb. p. 121. — Exsicc.: Orph. fl. gr. n. 769 *f. pygmaea* (Chios); Sint. it. thessal. n. 471.

Glabrum; caule simplici vel ramoso; foliis sinuato-pinnatifidis, supra secus nervos albovittatis, lobis rotundatis, spinosis, inferioribus basi attenuatis, superioribus diminutis, auriculato-amplexicaulibus; capitulis globosis; involucri phyllis exterioribus ovato-oblongis, in appendicem spinuloso-pectinatam, spina flavescente terminatam abeuntibus, intimis integris, cuspidatis; flosculis purpureis; acheniis pappo triplo brevioribus.

In herbidis, cultis regionis inferioris, probabiliter per totam Graeciam. Indicatur in Thessalia: pr. Kalabaka (Sint.), Karditza, Pharsalus

(Haussk.), ad viam ferream (Hal.); Doris: pr. Amphissa (Hal.); Attica: in oliveto Athenarum (Heldr.), insulae Petali (Münter); Argolis: pr. Nauplia (Haussk.), Poros (Friedr.); Cephalonia (Ung.): pr. Argostoli (Heldr.); Cycladum insula Thera (Heldr.); Creta: in planitie Messara (Raul.). — Maio, Jul. ☉.

50. Tyrimnus Cass. dict. 41 p. 335.

1. **T. leucographus** L. sp. p. 820; S. et S. pr. II. p. 148; Sieb. avis p. 5; Ch. et B. fl. pelop. p. 56; Friedr. Reise p. 283; (*Carduus*); Cass. l. c.; Weiss in z. b. G. 1869 p. 44; Raul. cret. p. 791; Bois. fl. or. III. p. 555; Heldr. fl. cephal. p. 47; Form. in D. bot. Mon. 1890 p. 18, in Ver. Brünn 1896 p. 47, 1897 p. 34; Hal. Beitr. fl. Epir. p. 28, Beitr. fl. Aetol. p. 7, in ö. b. Z. 1897 p. 96; Haussk. symb. p. 125. — *Cirsium maculatum* Lam. fl. fr. II. p. 22. — *Carduus seminudus* Ch. et. B. exp. p. 240, non M. a. B. — Icon: Jacq. vind. III. t. 23. - Exsicc.: Rev. pl. cret. n. 85; Sint. it. thessal. n. 411.

Araneosum; caule gracili, erecto, inferne foliato alato, superne in ramos virgatos nudos abeunte; foliis tenuibus, breviter lobatis, spinuloso-ciliatis, supra secus nervos albo-vittatis, inferioribus obovato-oblongis, in petiolum brevem attenuatis, superioribus lanceolatis, decurrentibus; capitulis parvis ovatis; involucri phyllis lanceolatis, in spinulam brevem attenuatis; flosculis dilute purpureis; acheniis fuscis, pappo triplo brevioribus. — Habitu *C. pycnocephalo* similis, a quo generice filamentis monadelphis differt.

In herbidis, arenosis regionis inferioris et montanae. Epirus: ad Kalentini pr. Arta (Hal.); Thessalia: pr. Kalabaka (Sint.), Trikala, Povelci, Kataphygi, Larissa, Velestinos (Form.), Pharsalus, Karditza (Haussk.), mt. Pelion pr. Milies (Heldr.); Sporadum insula Jura (Leon.); Euboea: pr. Oreus (Reinhold), Petalium insula Xeronisi (Holzm); Acarnania: pr. Sorovigli (Hal.); Aetolia: pr. Mesolongion (Nied.), mt. Taphiassos (Hal.); mt. Parnassus pr. Pania (Heldr.); Attica: mt. Kerata (Heldr.), ad Phalerum (Haussk.); Achaia: pr. Patras, Psatopyrgos (Hal.), Xylocastron (Orph.); Arcadia (Sibth.); Argolis: pr. Nauplia (Haussk.), Argos (Chaub.); Laconia: mt. Malevo (Orph.); Messenia: mt. Ithome (Heldr.), pr. Methone, Kalamata (Chaub.); Cephalonia: pr. Argostoli (Heldr.); Creta: pr. Platania (Rev.), Canea (Weiss), Aradhena, Aludha, Kritza (Raul.). — Maio, Jun. ☉.

51. Galactites Moench. meth. p. 558.

1. **G. tomentosa** Moench. l. c.; DC. pr. VI. p. 616, cum β. *alata* (f. foliis longe decurrentibus); Marg. et R. fl. Zante p. 59; Ung. Reise p. 124; Weiss in z. b. G. 1869 p. 43; Raul. cret. p. 791; Bois. fl. or. III. p. 556; Spreitz. in z. b. G. 1877 p. 713; Heldr. fl. cephal. p. 47; Gelmi in bull. soc. bot. ital. 1889 p. 450; Hal. Beitr. fl. Epir. p. 28, Beitr. fl. Aetol. p. 7, Beitr. fl. Achaia p. 24, in ö. b. Z. 1899

p. 25. — *Centaurea galactites* L. sp. p. 919; S. et S. pr. II p. 206; Sieb. avis. rem. p. 6. — *Calcitrapa galactites* Lam. fl. fr. II. p. 30. — *Cnicus galoctites* Lois. fl. gall. p. 538. — *Carduus galactites* Ch. et B. exp. p. 242, Fl. pelop. p. 56. — Icon: Rchb. t. 151. — Exsicc.: Baen. herb. europ. n. 9262.

Caule gracili, erecto, ramoso, albo-tomentoso; foliis supra viridibus, glabratis, subtus albo-tomentosis, in lacinias triangulares vel lanceolatas, breviter spinosas, pinnatilobis partitisve, caulinis plus minus decurrentibus; capitulis mediocribus, pedunculatis, corymbosis; involucri parce araneosi phyllis in spinas subulato-triquetras abeuntibus; flosculis roseis, rarissime albis, marginalibus valde radiantibus; acheniis fuscis, pappo 4 plo brevioribus.

β. **elegans** All. fl. ped. I. p. 163 (*Centaurea*), pro sp.; DC. pr. VI. p. 617. — Foliis subintegris. — Exsicc.: Reis. fl. gr. a. 1898.

In herbidis, collibus, ad vias, in cultis regionis inferioris et montanae. Epirus: pr. Kalentini ad septentrionem urbis Arta (Hal.); Aetolia: pr. Mesolongion (Heldr.), Antirrhion (Hal.); Achaia: pr. Patras (Hal.); Elis: pr. Bartholomeo, Olympia (Heldr.); Messenia: pr. Methone (Chaub.); Laconia: pr. Sparta (Sart.), ad Xerocampos (Pichl.), mt. Taygetos (Chaub.); Cyclades (Sibth.): insula Andros (Sart.); Creta: pr. Canea (Weiss), Askyphos, Anopolis, Francocastello (Raul.); Zante (Marg.); Cephalonia: pr. Argostoli (Spreitz.), Pessada, Koroni, Poros (Heldr.); Corcyra (Gelmi): Fortezza Abramo (Baen.); — β. in Strophadum insula majore (Reiser). — Maio, Jul. ☉.

52. **Chamaepeuce** Prosp. Alp. exot. 77.

1. **C. mutica** Cass. dict. 44 p. 59 (*Ptilostemon*); DC. pr. VI. p. 657; Marg. et R. fl. Zante p. 60; Clem. sert. p. 55; Raul. cret. p. 792; Haussk. symb. p. 121. — *Staehelina chamaepeuce* L. syst. nat. ed. 12 II. p. 538; S. et S. pr. II. p. 163; Fl. gr. t. 847; Sieb. avis p. 5, rem. p. 6, in Flora I. p. 272. — *Serratula chamaepeuce* L. sp. ed. 2. p. 1147; Ch. et B. exp. p. 239; Fraas fl class. p. 210. — *Pteronia chamaepeuce* Spreng. syst. III. p. 440. — *C. Alpini* Jaub. et Sp. ill. or. V. p. 26, t. 425; Bois. fl. or. III. p. 554; Spreitz. in z. b. G. 1877 p. 663; Heldr. fl. cephal. p. 47; Bald. viagg. Creta p. 68. — *C. gnaphaodes* Gelmi in bull. soc. bot. 1889 p. 450, an DC. pr. VI. p. 658, quae axillis foliorum superiorum bispinulosis et involucri phyllis elongatis spinescentibus parum differre videtur. — Exsicc.: Orph. fl. gr. n. 261; Heldr. herb. norm. n. 433 et 1257; Rev. pl. cret. n. 80; Bald. it. cret. n. 23; Dörfl. fl. aeg. n. 61.

Fructicosa; ramis novellis parte inferiori foliosis, tomentosis, superiori sparsius et brevius foliatis saepe glabrescentibus; foliis lineari-filiformibus, margine revolutis, supra glabris, subtus incano-tomentosis; capitulis terminalibus, 1—9, ovatis, pedunculatis, corymbosis; involucri parce tomentelli vel glabrescentis phyllis imbricatis, ab inferioribus triangularibus, muticis vel breviter spinescentibus, ab intima lanceolata elongatis; flosculis purpureis.

α. **typica.** — *C. Alpini α. mutica* Bois. fl. or. III. p. 554. — Involucri phylla adpressa.

β. **polycephala** DC. pr. VI. p. 658 pro sp. — *Ch. Alpini β. camptolepis* Bois. fl or. III. p. 554. suppl. p. 309; Heldr. in ö. b. Z. 1898 p. 184. — Involucri phylla apice breviter patulo-curvata, saepe manifestius spinescentia. — Intermediis ad typum transit.

In rupium fissuis regionis inferioris et montanae. Aetolia: pr. Mesolongion (Nied.); mt. Parnassus (Fraas); Attica: mt. Parnes, Hymettus (Heldr.); Euboea: mt. Dirphys (Pichl.); Argolis (Sibth.); Messenia: pr. Pylos (Daenzer); Laconia: mt. Taygetos (Psarid.); Cyclades (Chaub.): insula Amorgos (Heldr.); Creta: pr. Malaxa (Rev.), secus rivulum Tavroniti infra Vukolies (Bald.), ad Palaeokastro pr. Kissamos, Aradhena, Pharangi Khordaliotikon, Spili et Smili ad radices mt. Kedros (Raul.) et ad Omalos (Rev.) in mt. Sphacioticis (Sieb.); Zante: inter urbem et Krionero (Marg.); Cephalonia: pr. Pharsa, Steno, Poros, Kipuria (Heldr.); Leucas: ad promontorium Zuana (Spreitz.); Corcyra: pr. Garuna (Letourn.), Dukades (Grimb.), Palaeokastrizza (Gelmi). — Maio, Jul. ♃.

2. **C. fruticosa** Desf. cat. hort. Par p. 91 (*Carduus*); DC. pr. VI. p. 658; Bois. fl. or. III. p. 554; Hal. Beitr. fl. Achaia p. 5; Haussk. symb. p. 121. — *Ptilostemon appendiculatum* Cass. dict. 44 p. 59. — Exsicc.: Orph. fl. gr. n. 262.

Differt a praecedente statura robustiore, foliis longioribus, capitulis majoribus, phyllis in cuspidem apice spinosam multo longioribus attenuatis. — Flosculi in speciminibus a me in Aetolia lectis albi erant, an quoque in iis Argolidis e planta siccata dijudicare nequeo. — Certe species propria.

In rupibus mt. Chalkis ad sinum Patranum Aetolia (Hal.) et mt. Palamidi pr. Nauplia (Zuccar.). — Maio, Jun. ♃.

53. Jurinea Cass. in bull. philom. 1821 p. 140.

1. **J. mollis** L. amoen. IV. p. 328; S. et S. pr. II. p. 150: Ch. et B. exp. p. 240; Fl. pelop. p. 56 (*Carduus*); Rchb. fl. germ. exp. p. 290; Ung. Reise p. 124; Bois. fl. or. III. p. 575; Hal. in ö. b. Z. 1892 p. 371; Haussk. symb. p. 125. — Icon: Jacq. fl. austr. I. t. 18. — Exsicc.: Orph. fl. gr. n. 1118; Sint. et Borum. it. turc. n. 1307.

Caule erecto, simplici, monocephalo, araneoso-floccoso, inferne tantum folioso; foliis supra araneosis, subtus albo-tomentosis, in lacinias oblongas vel lineari-lanceolatas, margine subrevolutas pinnatipartitis, rarius indivisis, radicalibus in petiolum attenuatis, caulinis sessilibus vel subdecurrentibus; capitulo majusculo, hemisphaerico; involucri plus minus arachnoideo-lanati phyllis herbaceis, lanceolatis, parte superiori patentibus vel refractis, intimis chartaceis, acuminatis, rectis; flosculis purpureis; acheniis transverse lamellatis; pappi barbellati paleis intimis paulo longioribus et sublatioribus.

In saxosis montanis. Thessalia: pr. Litochoron ad radices Olympi (Sint.); Euboea: mt. Dirphys (Sprun.), pr. Kurbatzi (Wild.); Attica: mt. Parnes (Bois.), Pentelicon (Ung.), Hymettus, pr. Pikermi, Eleusis, mt. Pateras, pr. Megara (Heldr.); Peloponnesus (Sibth.): pr. Corinthum Chaub.). — Maio, Jun. ♃.

2. **J. glycacantha** S. et S. pr. II. p. 150; Fl. gr. IX. t. 826; Ch. et B. exp. p. 240; Fl. pelop. p. 56 (*Carduus*); DC. pr. VI. p. 677; Bois. fl. or. III. p. 576; Heldr. chlor. Parn. p. 21; Hal. Beitr. fl. Achaia p. 25, in ö. b. Z. 1897 p. 285; Haussk. symb. p. 125; Bald. riv. coll. bot. Alb. 1896 p. 69. — Exsicc.: Heldr. reliqu. Orph. a. 1887; Bald. it. alb. epir. IV. n. 178.

Praecedenti nimis forte affinis, ab ea differt foliis minus divisis, saepe integris, capitulo majore et praesertim involucri dense araneoso-lanati phyllis longe subulato-acuminatis.

In collibus herbidis, rupestribus montanis. Epirus: mt. Profetae Elias, ad Vromonero et mt. Kuruna distr. Ljaskovik (Bald.); Thessalia: pr. Pharsalus, Aivali, Orman Magula (Haussk.); Aetolia: mt. Korax (Tunt.); mt. Parnassus (Sibth.); Achaia: pr. Megaspilaeon (Hal.), mt. Chelmos (Orph.); Laconia (Sibth.): mt. Taygetos, pr. Megali Anastasova (Zahn). — Maio, Jul. ♃.

3. **J. anatolica** Bois. diagn. IV. p. 21, Fl. or. III. p. 574; Heldr. in ö. b. Z. 1898 p. 184. — *J. chia* Bois. et Orph. in Orph. fl. gr. exs. n. 771. — Exsicc.: Heldr. reliqu. Orph. a. 1887; Dörfl. fl. aeg. n. 133 a.

Caule erecto, simplici vel parce ramoso, 1—5 cephalo, araneoso-floccoso, inferne praesertim folioso; foliis supra araneosis, subtus albo-tomentosis, in lacinias oblongas vel lineari-lanceolatas, margine subrevolutas pinnatipartitis, infimis interdum indivisis, radicalibus in petiolum attenuatis, caulinis sessilibus vel subdecurrentibus; capitulis mediocribus, subglobosis; involucri plus minus arachnoideo-lanati phyllis herbaceis, lanceolatis, apice patentibus vel reflexis, intimis chartaceis, subulato-acuminatis, subpungentibus, rectis; flosculis purpureis; acheniis scrobiculatis; pappi barbellati setis 4—5 intimis elongatis, latioribus et longioribus. — Differt ab antecedentibus caule saepius ramoso, capitulis minoribus et pappi serie intima longiori latiorique.

In rupestribus montanis pr. Apiranthos insulae Naxos (Orph.) et probabiliter in aliis Cycladum insulis. — Maio, Jul. ♃.

11. Tribus. **CENTAUREAE** Less. Syn. p. 53.

54. **Phaeopappus** Bois. diagn. VI. p. 122.

1. **P. saxatilis** C. Koch in Linn. XXIV. p. 419 (*Centaurea*); Bois. fl. or. III. p. 602. —

Glabrescens; caulibus a collo fibroso simplicibus, monocephalis, folia radicalia non superantibus; foliis viridibus, margine papillari-ciliatis, radicalibus crebris, oblongis, acutis, obsolete denticulatis, in petiolum longe attenuatis, caulinis paucis, brevius petiolatis, capitulum superantibus; capitulo mediocri, ovato-haemisphaerico; involucri glabri phyllis paucis, viridi-lutescentibus, adpressis, infimis breviter lanceolatis, integris, breviter spinosis, ceteris oblongo-lanceolatis, sub spina brevi margine angusto, decurrenti, brevissime ciliolato obsitis; flosculis....; ovario dense villoso.

Creta (Gundelsh.); a recentioribus non lectum. — ♃. N. v.

55. Centaurea L. gen. n. 984.

Dispositio specierum:

1. Sectio. *Aplolepideae* DC. pr. VI. p. 565 p. p. — Appendix phyllorum, involucri scariosa, hyalina, obtusa vel molliter cuspidata, integra vel denticulata, saepius lacera, raro decurrens, nunquam ciliata; achenia saepissime papposa, hilo nudo. — Perennes vel biennes, capitulis mediocribus (1—2 cm. diam.), raro minoribus (*C. subciliaris*), flosculis purpureis vel flavis.

1. Subsectio. *Centaurium* DC. l. c. p. 566. — Involucri phylla adpressa, appendice obtusiuscula, anguste decurrente; achenia (in nostra) transverse rugulosa, papposa; pappi series exteriores setosae, intima brevior, late paleacea.

   1. C. amplifolia Bois. et Heldr.

2. Subsectio. *Phalolepis* DC. l. c. p. 568. — Involucri phylla saepius subpatula, appendice obtusiuscula vel molliter cuspidata, non decurrente; achenia laevia, saepissime papposa; pappus setosus, serie intima brevissima.

   a. Plantae caespitosae, saepius albo-tomentosae.
   α. Flosculi flavi.

   2. C. musarum Bois. et Orph.

   β. Flosculi purpurei.
   × Folia saltem inferiora bipinnatisecta.

   3. C. Heldreichii Hal.   **4. C. ustulata** Hal.

   ×× Folia lyrata vel pinnatisecta.

   5. C. cadmea Bois.   **6. C. epirotica** Bald.

   b. Plantae non caespitosae, plus minus pilosae.
   a. Biennes.
   × Phyllorum appendices centro pallide fuscae.

   7. C. princeps Bois. et Heldr.   **8. C. brunnea** Hal.

   ×× Phyllorum appendices centro nigrae.

   9. C. deusta Ten.

   ××× Phyllorum appendices immaculatae.

   10. C. alba L.

   β. Perennes.

   11. C. subciliaris Bois. et Heldr.   **12. C. amara** L.

2. Sectio. *Jaceineae* DC. l. c. p. 570. — Appendix phyllorum involucri scariosa, fuscidula, exteriorum saltem pectinatim-ciliata, phylla tegens, non decurrens; achenia papposa vel epapposa, hilo nudo. — Perennes, capitulis mediocribus, flosculis purpureis.

1. Subsectio. *Jacea* Cass. dict. 24 p. 88. — Appendix phyllorum subrotunda, obtusa, saltem exteriorum pectinatim-ciliata.

13. C. nigrescens Willd.

2. Subsectio. *Lepteranthus* DC. diss. comp. I. p. 24. — Appendix phyllorum lanceolato-subulata, crebro pectinatim-ciliata.

14. C. plumosa Lam.

3. Sectio. *Cyaneae* DC. pr. VI. p. 577. — Appendix phyllorum involucri scariosa, plerumque nigricans, pectinatim-ciliata, saepius mucrone vel spina terminata, phylla raro tegens, utrinque decurrens; achenia papposa vel epapposa, hilo barbato vel nudo. — Annuae, biennes vel perennes, capitulis parvis vel magnis, flosculis varie coloratis.

1. Subsectio. *Cyanus* DC. l. c. p. 578. — Appendix plerumque usque ad basin phyllorum decurrens, obtusa vel acutiuscula; achenia papposa, hilo barbato. — Annuae vel perennes, capitulis mediocribus, flosculis plerumque azureis, rarius flavis, albis vel purpureis.

a. Annuae.

15. C. cyanus L. 16. C. depressa M. a. B.

b. Perennes.

a. Flosculi azurei vel purpurei.

17. C. variegata Lam. 18. C. epirota Hal.

β. Flosculi ochroleuci.

19. C. pindicola Griseb. 20. C. Baldaccii Deg.

2. Subsectio. *Acrolophus* DC. l. c. p. 581. — Appendix phyllorum plerumque breviter vel vix decurrens, saepius mucronata; achenia saepissime papposa, hilo nudo. — Biennes vel perennes, capitulis parvis vel mediocribus, flosculis purpureis, raro flavis vel albis.

§. Biennes vel perennes.

a. Capitula solitaria, pedunculata.

a. Capitula ovata vel ovato-globosa. — Caulis plerumque parce ramosus: phyllorum mucro plerumque brevis (ciliis saepe non longior), raro validior.

× Pappus achenio sesquilongior; planta albo-tomentosa.

21. C. Niederi Heldr.

×× Pappus achenio plerumque brevior, raro sublongior.

○ Flosculi lutei; planta albo-tomentosa.

22. C. argentea L.

○○ Flosculi purpurei, rarissime (*C. laureotica*) ochroleuci.

. Folia caulina vel earum laciniae latiusculae, ovatae vel ellipticae; appendix phyllorum pallida, mucrone debili, ciliis breviori terminata.

23. C. sublanata (DC.). 24. C. pallida Friv.

.. Folia caulina vel earum laciniae angustae, oblongae vel lineares.

; Capitula ovata, circa 8 mm. diametro; appendix phyllorum pallida vel fuscidula, triangulari-lanceolata, mucronata, ad basin hyalino-marginata, ciliis mucrone brevioribus, saltem apice hyalinis.

,. Flosculi purpurei.

.— Folia viridia vel leviter canescentia, plus minus asperula.

— Folia radicalia lyrata, lobo terminali oblongo, 5—8 mm. lato.

25. C. kalambakensis Fr. et Sint. 26. C. transiens Hal.

= Folia radicalia pinnatisecta, laciniis anguste linearibus.
27. C. pentelica Haussk. 28. C. asperula Hal.
:= Folia albo-tomentosa, vix asperula.
29. C. attica Nym.
,, Flosculi ochroleuci.
30. C. laureotica Heldr.
;; Capitula ovata vel ovato-globosa, 5—12 mm. diametro;
appendix phyllorum pallida, fusca vel nigricans, triangulari-rotundata et breviter mucronata vel semilunata, ad basin
hyalino-marginata, ciliis mucrone aequilongis vel longioribus,
raro brevioribus (et tunc capitula ovato-globosa 12 mm.
diametro).
, Caulis et folia dense albo-lanata, non aspera; appendix
phyllorum nigra, mucrone recurvato.
31. C. ossaea Hal.
,, Caulis et folia puberula vel leviter araneoso-lanata, plus
minus aspera; appendix pallida vel nigra, mucrone erecto.
32. C. lacerata Haussk. 33. C. affinis Friv. 34. C. macedonica Griseb.
β. Capitula ovato-oblonga, parva. — Caulis valde ramosus; phyllorum
mucro validior, ciliis plerumque longior et patens vel recurvatus.
× Flosculi purpurei.
○ Appendix phyllorum in spinulam erectam attenuata; capitula
10 mm. longa.
35. C. tymphaea Haussk. 36. C. brevispina Haussk.
◐◯ Appendix phyllorum in spinulam patulam attenuata; capitula
10 mm. longa.
37. C. Orphanidea Heldr. et Sart.
◐◯◯ Appendix phyllorum in spinulam recurvatam attenuata, capi-
tula 10—15 mm. longa.
38. C. drakiensis Fr. et Sint.
×× Flosculi lutei.
39. C. pelia DC.
××× Flosculi albi.
40. C. lactiflora Hal. 41. C. diffusa Lam.
b. Capitula sessilia, in glomerulos terminales aggregata.
42. C. Zuccariniana DC.
§§ Suffruticosa, erinaceo-dumosa, caulibus spinosis.
43. C. spinosa L.

3. Subsectio. *Acrocentron* DC. l. c. p. 586. — Appendix phyllorum breviter
vel vix decurrens, plerumque spina valida terminata, raro inermis; achenia papposa,
hilo barbato. — Perennes capitulis magnis vel mediocribus, flosculis purpureis, raro
luteis.
a. Flosculi purpurei.
α. Caulescentes, saepius elatae.
× Appendix phyllorum mutica vel breviter mucronata.
44. C. Oliveriana DC. 45. C. ebenoides Heldr.
×× Appendix phyllorum spina valida terminata (cf. *C. Guicciardii*
var. β.).
○ Appendix phyllorum magna, ovata, phylla tegens.
46. C. Sibthorpii Hal. 47. C. achaia Bois. et Heldr.

○ Appendix phyllorum semilunata, saepe angustissima, phylla non tegens.
. Appendix phyllorum nigra.
  48. C. redempta Heldr.
.. Appendix phyllorum pallida vel fusca.
; Folia inferiora bipinnatisecta.
49. C. subarachnoidea (Bois. et Heldr.). **50. C. psilacantha** Bois. et Heldr.
;; Folia inferiora pinnatisecta vel indivisa.
, Folia laevia, arachnoideo-cana, segmentis petiolatis.
  51. C. graeca Griseb.
,, Folia scabrida puberula, saepius asperula, segmentis sessilibus.
.— Folia inferiora lyrato-pinnatisecta vel pinnatisecta.
 52. C. Spruneriana Schultz. **53. C. Guicciardii** Bois.
   54. C. Halácsyi Dörfl.
:= Folia inferiora obovata integra vel alia lyrata.
   55. C. minor Heldr.
β. Caulis nullus vel brevis, capitula radicalia.
56. C. mixta DC. **57. C. myconia** Bois. et Sart. **58. C. raphanina** S. et S.
b. Flosculi flavi.
 α. Caulis 20—60 cm. altus.
  59. C. Tuntasia Heldr. **60. C. salonitana** Vis.
 β. Caulis 1—3 cm. altus.
   61. C. parnonia Hal.

4. Sectio *Calcitrapeae* DC l. c. p. 592. — Appendix phyllorum involucri cornea, pallida vel fuscidula, non decurrens, spina saepe utrinque spinulosa terminata, phylla non tegens; achenia papposa vel epapposa, hilo nudo. — Annuae vel biennes, capitulis mediocribus, flosculis flavis vel purpureis.
 a. Folia caulina decurrentia; flosculi flavi.
  α. Flosculi eglandulosi.
   62. C. solstitialis L. **63. C. idaea** Bois. et Heldr.
  β. Flosculi glandulosi.
   64. C. melitensis L.
 b. Folia non decurrentia.
  α. Flosculi purpurei.
   65. C. calcitrapa L. **66. C. iberica** Trev.
  β. Flosculi sulfurei.
   67. C. hyalolepis Bois.

5. Sectio. *Seridicae* DC. l. c. p. 598. — Appendix phyllorum involucri cornea, pallida vel nigrescens, non decurrens, palmato-spinosa, phylla non tegens; achenia omnia aut saltem disci papposa, hilo nudo. — Annuae vel perennes, capitulis mediocribus, flosculis purpureis vel flavis.
 a. Flosculi purpurei.
  α. Folia caulina basi auriculato-amplexicaulia, non decurrentia.
   68. C. sphaerocephala L.
  β. Folia caulina decurrentia.
   69. C. sonchifolia L. **70. C. napifolia** L.
 b. Flosculi lutei.
   71. C. lancifolia L.

1. Sectio. **Aplolepideae** DC. pr. VI. p. 565 p. p. —

1. Subsectio. **Centaurium** DC. l. c. p. 566. —

1. **C. amplifolia** Bois. et Heldr. diagn. pl. or. ser. 2, III. p. 68, Fl. or. III. p. 623; Hal. in bull. herb. Bois. VI. p. 571. Exsicc.: Heldr. herb. n. 2067; Orph. fl. gr. n. 125.

Caule elato, glabro vel inferne hirsuto, in ramos 2—4, nudos abeunti; foliis cartilagineis, inferioribus amplis, petiolatis, lobato-pinnatisectis, glabris vel ad petiolum et subtus ad nervum hirsutis, segmentis 3—5, ovato-rotundatis vel oblongis, duplicato-serratis, secus rhachidem decurrentibus, terminali plerumque multo majore, foliis superioribus 2—3 diminutis, sessilibus, pinnatipartitis vel lyratis; capitulis mediocribus, ovatis, nudis; involucri glabri phyllis striatis, apicem versus nigro-marginatis, exterioribus orbiculatis, scarioso-marginatis, mediis ovatis, cum intimis lineari-ellipticis, appendice suborbiculata, hyalina, saepissime lacera, concava, mutica terminatis; flosculis pallide purpureis, valde radiantibus; acheniis transverse rugulosis, glabris; pappi serie penultima achenio vix breviore, interiore tertia parte breviore, late paleacea. — Planta spectabilis, 50—150 cm. alta.

In faucibus umbrosis regionis abietinae rarissime, hucusque tantum in mt. Kyllene pr. Flamburitza (Heldr.). — Jun. Jul. ♃.

2. Subsectio. **Phalolepis** DC. l. c. p. 568.
   a. Plantae caespitosae, saepius albotomentosae.
   α. Flosculi flavi.

2. **C. musarum** Bois. et Orph. diagn. ser. 2, V. p. 112, Fl. or. III. p. 623; Heldr. chlor. Parn. p. 21; Hal. in bull. herb. Bois. VI. p. 572. — Exsicc.: Orph. fl. gr. n. 308; Heldr. herb. norm. n. 321.

Adpressissime albo-tomentosa; caulibus pumilis, simplicibus vel parce ramosis, 1—4 cephalis, tota longitudine foliatis; foliis oblongis vel obovato-oblongis, lyratis vel pinnatisectis, inferioribus in petiolum attenuatis, superioribus sessilibus, summis diminutis, plerumque indivisis, segmentis ovatis vel oblongis, obtusiusculis; capitulis mediocribus, subglobosis, nudis; involucri glabri phyllis fuscescentibus, striatis, appendicibus orbiculatis, hyalinis, cucullatis, obtusis, erosulo-denticulatis obtectis; flosculis vix radiantibus; acheniis glabris, pappo dimidio brevioribus. — Species pulcherrima, caulibus 10—20 cm. altis, inter affines floribus luteis insignis.

In rupestribus regionis abietinae mt. Parnassi loco Klistozasteno dicto, rarissime (Orph.). — Jul. Aug. ♃.

   β. Flosculi purpurei.
   × Folia saltem inferiora bipinnatisecta.

3. **C. Heldreichii** Hal. Beitr. fl Aetol. p. 7, t. 2, in bull. herb. Bois. VI. p. 573. — Exsicc.: Hal. it. gr. II. a. 1893; Heldr. herb. norm. n. 1259.

Adpresse albo-tomentosa; caulibus erectis vel adscendentibus, composite et corymbose ramosissimis, polycephalis, foliatis, foliis rosularum sterilium et caulinis inferioribus longe petiolatis, bipinnatisectis, laciniis oblongo-linearibus, mucronulatis, superioribus sursum diminutis, pinnatisectis; capitulis mediocribus, subglobosis, nudis; involucri glabri phyllis striatis in appendices scariosas, late-orbiculatas, centro pallide fuscas, margine hyalinas, denticulatas, laceras, breviter molliterque aristatas abeuntibus; flosculis radiantibus; acheniis puberulis, pappo aequilongis. — Species elegans, 20—30 cm. alta, habitu *C. cinereae* Lam. non absimilis.

In rupibus calcareis mare imminentibus mt. Chalkis — Varassova hodie — pr. Krioneri ad sinum Patranum Aetoliae (Hal.). — Apr. Maio. ♃.

4. **C. ustulata.** — *C. deusta* Bald. riv. coll. bot. Alb. 1896 p. 69, non Ten. — Exsicc.: Bald. it. alb. epir. IV. n. 179.

Canescens, caulibus erectis vel adscendentibus, parce ramosis, 2—4 cephalis, foliatis, petiolisque papillis crispulis patulis crebre obsitis, viscidulis; foliis hirtis, rosularum sterilium et caulinis inferioribus petiolatis, bipinnatisectis, laciniis anguste linearibus, mucronulatis, superioribus sursum diminutis, pinnatisectis; capitulis mediocribus, subglobosis, nudis; involucri glabri phyllis vix striatis, in appendices scariosas, late orbiculatas, centro pallide fuscas, margine hyalinas, denticulatas, laceras, breviter molliterque aristatas abeuntibus; flosculis parum radiantibus; acheniis puberulis, pappo subbrevioribus. — Praecedenti affinis, ab ea indumento viscidulo, non albo-tomentoso, caulibus gracilioribus, parce ramosis, foliorum laciniis multo angustioribus, involucri phyllis vix striatis, margine latius hyalinis specifice differt. — A. *C. deusta* Ten. toto coelo diversa.

In praeruptis mt. Konitza supra Gorica secus viam ad Papingon in Epiro boreali (Bald.). — Jul. ♃.

×× Folia pinnatisecta vel lyrata.

5. **C. cadmea** Bois. diagn. VI. p. 16; Hal. in bull. herb. Bois. VI. p. 572. — Exsicc.: Guicc. pl. graec. a. 1856.

Adpresse albo-tomentosa; rhizomate indurato; caulibus extrarosularibus, adscendentibus vel decumbentibus, 15—30 cm. altis, dichotome et subdivaricatim 5—7 cephalis; foliis radicalibus petiolatis, lyratis, segmentis subintegris, mucronulatis, lateralibus utrinque 3—5, oblongis, terminali ovato, 2—3 plo majore, foliis caulinis sessilibus, pinnatipartitis, summis oblongo-linearibus, minimis; capitulis mediocribus, ovatis; involucri phyllis glabris, appendicibus orbiculatis, centro fuscis, margine late albo-hyalinis, denticulatis vel laceris, setaceo-cuspidatis obtectis; flosculis purpureis; acheniis glabriusculis, pappo subbrevioribus.

In regione abietina mt. Cithaeron Atticae, ubi Guicciardi a. 1856 specimen unicum legit. — Jun. Jul. ♃.

6. **C. epirotica** Bald. riv. coll. bot. Alb. 1896 p. 69 pro var. *C. deustae.* — Exsicc.: Bald. it. alb. epir. IV. n. 243.

Floccoso-lanata, canescens; rhizomate indurato; caulibus extrarosularibus, 7—12 cm. altis, monocephalis; foliis pectinato-pinnatifidis, segmentis utrinque 4—8, brevibus, integris vel parce denticulatis, mucronulatis, inferioribus breviter petiolatis, superioribus sursum diminutis, sessilibus; capitulis parvis, ovatis; involucri phyllis glabris, appendicibus orbiculatis, centro nigris, margine late albo-hyalinis, laceris, setaceocuspidatis, obtectis; flosculis? purpureis; acheniis . . . — Species pumila, foliis pectinatis, capitulis parvis, involucri phyllis nigris egregia; a. *C. deusta* jam rhizomate caespitoso diversissima.

In lapidosis mobilibus summis mt. Smolika supra Kerasovo distr. Konitza in Epiro (Bald.). — Jul. Aug. ♃.

b. Plantae non caespitosae, plus minus pilosae.

a. Biennes.

× Phyllorum appendices centro pallide fuscae.

7. **C. princeps** Bois. et Heldr. diagn. ser. 2, VI. p. 111; Hal. in bull. herb. Bois. VI. p. 573. — *C. alba γ. princeps* Bois. fl. or. III. p. 621. — Exsicc.: Heldr. pl. gr. n. 3298.

Caule erecto, crassiusculo, scabrido et papillis crispulis patulis viscidulo, paulo supra basin composite et corymbose ramosissimo, polycephalo; foliis papilloso-scabridis, punctatis, radicalibus sub anthesi jam emarcidis, petiolatis, bipinnatisectis, laciniis oblongo-linearibus, mucronulatis, caulinis sessilibus, late lanceolatis, pinnatilobatis, summis oblongolanceolatis, integris, capitulo approximatis; capitulis ovatis; involucri phyllis omnino scarioso-membranaceis, glabris, pallidis, squarroso-patentibus, appendicibus orbiculatis vel ovatis, cucullatis, centro pallide fuscescentibus, margine hyalinis, denticulatis, saepe fissis, longiuscule setaceo-cuspidatis obtectis; flosculis albidis, parum radiantibus; acheniis glabriusculis, pappo subtriplo longioribus. — Indumento viscido, caulibus et ramis crassiusculis strictis, foliis caulinis vix dissectis, capitulis fere duplo majoribus et appendicibus centro fuscis ab affini *C. alba* specifice differt.

In summo cacumine Petra mt. Veluchi Eurytaniae (Samarit.). — Jul. Aug. ☉

8. **C. brunnea** Hal. in bull. herb. Bois. VI. p. 575 pro var. *C. deustae.* — *C. alba v. princeps* Bald. riv. coll. bot. Alb. 1895 p. 50, non Bois. — Exsicc.: Bald. it. alb. epir. III. n. 72.

Caule erecto, crassiusculo, scabro et parce subfloccoso, non viscidulo, a medio composite et corymbose ramosissimo, polycephalo; foliis coriaceis, valde scabris, punctatis, inferioribus petiolatis, pinnatipartitis, segmentis elongatis, oblongo-linearibus, mucronulatis, summis lanceolatis, integris; capitulis ovatis; involucri phyllis omnino scarioso-membranaceis, glabris, pallidis, subpatentibus, appendicibus ovatis, convexis, centro fuscescentibus, margine hyalinis, integris, saepe fissis, breviter setaceocuspidatis, obtectis; flosculis roseis, vix radiantibus; acheniis glabriusculis, pappo subtriplo longioribus. — A praecedente indumento non papillosoviscidulo, caulibus elatioribus, foliis coriaceis, eis *C. scabiosae* similibus, capitulis minoribus, phyllis angustioribus, appendicibus integris, breviter cuspidatis; a sequente caule corymboso, ramis brevioribus crebre foliatis, foliis amplioribus, segmentis elongatis, capitulis subminoribus ovatis, phyllis pallide maculatis distinguitur.

In rupestribus mt. Zalongos distr. Prevesa in Epiro (Bald.). — Jun. Jul. ☉.

×× Phyllorum appendices centro nigrae.

9. **C. deusta** Ten. fl. nap. pr. p. 57, Fl. neap. t. 84; Bald. in bull. herb. Bois. IV. p. 205; Hal. in bull. herb. Bois. VI. p. 574. — *C. alba β. deusta* DC. pr. VI. p. 569; Bois. fl. or. III. p. 621, suppl. p. 312. — Exsicc.: Orph. fl. gr. n. 1086 (Macedonia); Heldr. pl. fl. hellen. a. 1887.

Caule erecto, scabrido, inferne saepe papilloso-subviscidulo, patule ramoso, ramis elongatis, parce foliatis; foliis scabridis, inferioribus petiolatis, pinnatipartitis, segmentis oblongo-lanceolatis, mucronulatis, ceteris diminutis, sessilibus, pinnatisectis, summis lanceolatis, integris; capitulis subglobosis; involucri phyllis scarioso-membranaceis, glabris, fuscis, subpatentibus, appendicibus ovatis, centro nigris, margine hyalinis, integris vel denticulatis, saepe fissis, breviter setaceo-cuspidatis obtectis; flosculis roseis, vix radiantibus; acheniis glabriusculis, pappo subtriplo longioribus. —

In dumosis regionis montanae. Thessalia: mt. Olympus (Auch.), mt. Pelion pr. Zagora (Aphentulis); Leucas: pr. Euklivi (Bald.); Cephalonia: pr. Livadi (Letourn.). — Jun. Aug. ☉.

××× Phyllorum appendices immaculatae.

10. **C. alba** L. sp. p. 914; Clem sert. p. 58; Hal. in bull. herb. Bois. VI. p. 575. — ? *C. princeps* Haussk. symb. p. 125; Form. in Ver. Brünn 1897 p. 35; vix Bois. — Exsicc.: Heldr. it. thessal. IV. a. 1885; Sint. it. thessal. n. 145.

Differt a praecedente caulibus corymbose ramosis, ramis brevioribus, crebrius foliatis, capitulis minoribus, involucri phyllis concoloribus, albidis.

In dumosis regionis montanae. Thessalia: mt. Baba pr. Klinovo in Pindo (Heldr.), ad monasterium Hagios Stephanos pr. Kalabaka (Heldr.), mt. Pirgo et Jurti in mt. Othrys (Form.); Corcyra (Clem.). — Jun. Aug. ☉.

β. Perennes.

11. **C. subciliaris** Bois. et Heldr. fl. or. III. p. 627; Heldr. fl. cephal. p. 47; Hal. in bull. herb. Bois. VI. p. 576. — Exsicc.: Heldr. pl. cephal. a. 1872.

Adpresse araneoso-canescens; caulibus erectis, simplicibus vel divaricatim ramosis; foliis inferioribus oblongo-spathulatis, in petiolum attenuatis, integris vel sublyratis, lobis utrinque 1—4, minutis, mucronatis, foliis intermediis in lacinias lineares breves pinnatipartitis, summis squamaeformibus; capitulis oblongis, basi nudis; involucri phyllis scariosis, glabris, adpressis, appendicibus ovatis, centro fuscidulis, margine late hyalinis, denticulatis, cuspide brevi subspinosa terminatis; flosculis roseis, breviter radiantibus; acheniis glabris, pappo 4 plo longioribus. — Caulis 2—25 cm. altus, capitula 5—10 mm. diametro. — Habitu *C. amarae*, ab ea foliis, capitulis minoribus, appendicibus cuspidatis et acheniis papposis distincta.

In regione media mt. Aeni pr. Balsamata oropedii Omala, nec non in regione abietina mt. Rhudi Cephaloniae (Heldr.). — Aug. ♃.

12. **C. amara** L. sp. ed. 2, p. 1292; Haussk. symb. p. 125; Form. in Ver. Brünn 1896 p. 48; Hal. in bull. herb. Bois. VI. p. 576. — *C. jacea* Form. in D. bot. Mon. 1890 p. 19, in Ver. Brünn 1895 p. 27. — *C. jacea v. montana* Form. in Ver. Brünn 1896 p. 48, 1897 p. 35. — Exsicc.: Sint. it. thessal. n. 1074.

Adpresse araneoso-canescens; caulibus erectis vel adscendentibus, simplicibus vel divaricatim ramosis; foliis oblongo-vel lineari-lanceolatis, integris, mucronatis, inferioribus in petiolum attenuatis, interdum pinnatifidis, superioribus sessilibus; capitulis ovato-globosis, foliis summis suffultis; involucri phyllis scariosis, glabriusculis, appendicibus orbiculatis vel ovatis, concavis, fuscidulis, margine anguste hyalinis, denticulatis, muticis; flosculis roseis, breviter radiantibus; acheniis puberulis, calvis. — Subspecies australis *C. jaceae* L., a qua indumento araneoso, foliis angustioribus et ramis virgatis discrepat et cum praecedente ad sectionem sequentem transitum praebet.

In herbidis montanis. Epirus: pr. Prevesa, Han Balduma, in valle Dipotami (Form.); Thessalia: in oropedio Neuropolis pr. Sermenikon (Haussk.), pr. Korona, Koturi, Velitsena, mt. Dokimi in Pindo, mt. Godaman in Olympo (Form.). — Jul. Sept. ♃.

2 Sectio. *Jaceineae* DC. pr. VI. p. 570.

1. Subsectio *Jacea* Cass. dict. 24 p. 88.

13. **C. nigrescens** Willd. sp. III. p. 2288; Bois. fl. or. suppl. p. 313; Form. in Ver. Brünn 1896 p. 48; Hal. in bull. herb. Bois. VI. p. 577. — Icon: Rchb XXV. t. 25.

Papilloso-asperula, viridis; caulibus erectis vel adscendentibus, simplicibus vel parce ramosis; foliis oblongis oblongo-lanceolatisve, integris, dentatis vel lyrato-sinuatis, inferioribus petiolatis, superioribus sessilibus, capitulis ovato-globosis, foliis summis suffultis; involucri nigricantis phyllis appendice scariosa orbiculari-ovata, profunde pectinatim ciliata superatis; flosculis roseis, radiantibus; acheniis puberulis, calvis. — Habitu praecedentis, ab ea virescentia, ramis brevioribus, foliis latioribus et praecipue appendicibus crebre et profunde pectinatim-ciliatis distincta.

In herbidis subalpinis. Thessalia: mt. Dokimi in Pindo (Form.), mt. Oeta Phthiotidis (Heldr.). — Jul. Sept. ♃. N. v.

2. Subsectio. *Lepteranthus* DC. diss. comp. I. p. 24.

14. C. plumosa Lam. fl. fr. II. p. 51 (*Jacea*); Kern in ö. b. Z. 1872 p. 44; Hal. in bull. herb. Bois. VI. p. 578. — *C. nervosa* Willd. en. hort. berol. II. p. 925; Haussk. symb. p. 125. — Icon: Rchb. IV. t. 554.

Papilloso-asperula, viridis; caulibus erectis, simplicibus, monocephalis; foliis lanceolatis, denticulatis, inferioribus in petiolum attenuatis, superioribus sessilibus; capitulis subrotundis, foliis summis suffultis; involucri fuscescentis phyllis exterionibus appendice e basi lanceolata, longe subulata, recurvata, pinnato-fimbriata, phyllis intimis appendice subrotunda, lacero-dentata superatis; flosculis roseis, radiantibus; acheniis glabris, pappo triplo longioribus.

In nemorosis supra monasterium Korona in Pindo (Haussk.). — Jul. Aug. ♃. N. v.

3 Sectio. *Cyaneae* DC. pr. VI. p. 577.

1. Subsectio. *Cyanus* DC. l. c. p. 588.

a. Annuae.

15. C. cyanus L. sp. p. 911; S. et S. pr. II. p. 198; Ch. et B. exp. p. 255, Fl. pelop. p. 59; Fraas fl. class. p. 204; Ung. Reise p. 124; Bois. fl. or. III. p. 634; Spreitz. in z. b. G. 1877 p. 713, 1887 p. 663; Heldr. chlor. Parn. p. 22; Hal. Beitr. fl. Aetol. p. 8, Beitr. fl. Achaia p. 25, in ö. b. Z. 1897 p. 285, in bull. herb. Bois. VI. p. 578; Form. in Ver. Brünn. 1897 p. 35; Bald. riv. coll. Alb. 1896 p. 70. — Icon: Fl. dan. t. 993. — Exsicc.: Heldr. herb. norm. n. 623.

Arachnoideo-tomentella; caulibus erectis vel adscendentibus, saepe a basi ramosis; foliis radicalibus obovato-lanceolatis vel lyratis, in petiolum attenuatis, caulinis lineari-lanceolatis, sessilibus; capitulis ovatis; involucri phyliis laxe arachnoideis, pallidis, appendice scariosa, fuscescenti, in dentes acute triangulares, apice argenteos, phylli latitudine duplo breviore-partita marginatis; flosculis azureis, valde radiantibus; acheniis puberulis, pappo sublongioribus.

In rupestribus regionis inferioris et montanae. Epirus: pr. Janina (Bald.); Thessalia: mt. Cuka et Hagios Elias mt. Chassia (Form.), mt. Agrapha in Pindo (Heldr.); pr. Pagna ad radices Parnassi (Samar.); Aetolia: pr. Krioneri ad radices mt. Chalkis (Hal.), pr. Agrinion. Mesolongion (Nied.); Arcadia: pr. Zatuna (Orph.): Laconia: mt. Malevo (Orph.); Taygetos (Psarid.); Messenia: pr. Kalamata (Zahn); Achaia: mt. Omplo pr. Patras (Heldr.); Ithaca (Ung.): pr. Vathy (Spreitz.); Leucas: ad monasterium Hagios Georgios (Spreitz.); Corcyra: mt. Pantocrator et Hagios Deca (Baen). — Apr. Jul. ☉.

16. C. depressa M. a Bieb. fl. taur. cauc. II. p. 346; Haussk. symb. p. 125; Hal in bull. herb. Bois. VI. p. 579. — Exsicc.: Heldr. herb. norm. n. 947.

Adpresse-canescens; caulibus erectis vel adscendentibus, parce ramosis; foliis inferioribus petiolatis, oblongis, integris vel lyrato-pinnatifidis, superioribus lineari-lanceolatis; capitulis ovatis; involucri phyllis glabris, pallidis, appendice scariosa, alba vel fuscescenti, in dentes lanceolatos, albos, phylli latitudinem subaequantes partita marginatis; flosculis azureis, valde radiantibus; acheniis puberulis, pappo aequilongis vel subbrevioribus. — Foliis latioribus, caulinis etiam inferioribus pinnatifidis, capitulis majoribus, appendicibus latioribus, longius dentatis et pappo longiore a praecedente diversa.

Inter segetes in arvis. Thessalia: pr. Pharsalus (Haussk.), Volo (Heldr.); Attica: pr. Paliokundura, Amarysia, Liosia (Heldr.); Arcadia: pr. Tripolis, Zatuna (Orph.). — Mart. Apr. ☉.

Obs. *C. cyanoides* Bergg. et Wahlenb. in Isis 1828 p. 21; Heldr. herb. norm. n. 1261. — A praecedente acheniis praesertim calvis distincta, a Charrel pr. Thessalonicam lecta, in Thessalia inquirenda.

b. Perennes.

α. Flosculi azurei vel purpurei.

17. **C. variegata** Lam. dict. I. p. 668; Hal. in bull. herb. Bois. VI. p. 580. — *C. seusana* Chaix in Vill. fl. Dauph. III. 52. — *C. cana* S. et. S. pr. II. p. 198; Hal. Beitr. fl. Achaia p. 25; Bald. riv. coll. bot. alb. 1895 p. 50, 1896 p. 70. — *C. lingulata* Lag. elench. p. 32. — *C. axillaris* Ch. et B. fl. pelop. p. 59; non Willd. — *C. axillaris v. cana* Bois. fl. or. III. p. 636; Haussk. symb. p. 125; Form. in Ver. Brünn 1897 p. 35. — Huc. probabiliter quoque: *C. montana* S. et S. pr. II. p. 198; Ch. et B. exp. p. 254, Fl. pelop. p. 60. — *C. uniflora* S. et S pr. II. p. 197; Ch. et B. fl. pelop. p. 59. — *C. axillaris v. angustifolia* Form. in D. bot. Monat. 1890 p. 19. — Exsicc.: Heldr. herb. norm. n. 318 et 1260; Orph. fl. gr. n. 121.

Adpresse-lanuginosa; rhizomate multicipite, nodoso; caulibus adscendentibus vel erectis, mono-vel oligocephalis; foliis oblongis lanceolatisve, integris vel repando-dentatis, anguste et breviter decurrentibus; capitulis ovatis; involucri phyllis pallidis, glabris vel puberulis, appendice scariosa, nigrescenti, in dentes lanceolatos, argenteos, phylli latitudine subaequantes partita, marginatis; flosculis azureis, valde radiantibus; acheniis puberulis, pappo triplo longioribus.

In rupestribus regionis subalpinae et alpinae. Epirus: mt. Micikeli, Olycika (Bald.); Thessalia: ad monasterium Korona, pr. Sermenikon (Haussk.), mt. Mitrica in mt. Chassia, mt. Ossa (Form.); mt. Oeta Phthiotidis, mt. Tymphrestus Eurytaniae (Heldr.); mt. Parnassus (Guicc.); Helicon (Orph.), Pateras et Parnes Atticae (Heldr.); Euboea: mt. Kandyli (Orph.); Peloponnesus: mt. Panachaicon, Chelmos (Hal.), Kyllene (Heldr.), Malevo (Orph.), Taygetos, pr. Tripolis, Zatuna (Nied.), Navarin (Chaub). — Apr. Juli. ♃.

18. **C. epirota** Hal. in bull. herb. Bois. VI. p. 581. — *C. cana v. pindicola* Bald. riv. coll. bot. Alb. 1895 p. 50, 1896 p. 70, non Griseb. — Exsicc.: Bald. it. alb. epir. III. n. 73, IV. n. 82.

Differt a praecedente rhizomate repente tenui, foliis lyrato-pinnatifidis, lobis utrinque 2—3 majusculis oblongis, terminali ovato vel orbiculato, multo majore et flosculis purpureis.

In declivibus mt. Micekili et in jugo Kakardista mt. Tsumerka in Epiro, nec non extra ditionem nostram in mt. Kudesi distr. Valona Albaniae (Bald.). — Maio, Jun. ♃.

β. Flosculi ochroleuci.

19. **C. pindicola** Griseb. it rum. II. p. 164, Bois. fl. or. III. p. 637; Hal. in bull. herb. Bois. VI. p. 581. — *C. cana v. pindicola* Griseb. spic. II. p. 236. — Exsicc.: Orph. pl. gr. a. 1857; Heldr. pl. gr. a. 1884.

Adpresse araneoso-cana; rhizomate brevi, truncato; caule erecto, pumilo, monocephalo; foliis lyrato-pinnatisectis, inferioribus in petiolum attenuatis, superioribus breviter decurrentibus, lobis utrinque 2—3, majusculis, oblongis, terminali ovato, multo majore; capitulis ovatis, involucri phyllis pallidis, glabris vel puberulis, appendice scariosa, nigrescenti, in dentes lanceolatos, apice pallidos, phylli latitudine breviores partita, marginatis; flosculis ochroleucis, valde radiantibus; acheniis puberulis, pappo triplo longioribus. — Rhizomate truncato et flosculis ochroleucis a praecedente discedit.

In regione media mt. Olympus supra Hagios Dionysios (Orph.) et in regione superiori mt. Ossa (Heldr.). — Jul. Aug. ♃.

20. **C. Baldaccii** Deg. ap. Bald. viagg. Creta p. 69; Hal. in bull. herb. Bois. VI. p. 582. —. *C cana v. albiflora* Raul. cret. p. 788, non *C. albiflora* C. Koch. — Exsicc.: Bald. it. cret. n. 76.

Differt a praecedente caule fere nullo, capitulis duplo minoribus subsessilibus, foliis lineari-lanceolatis, capitulum superantibus et flosculis albidis.

In summis mt. Volakia in mt Sphacioticis Cretae (Heldr.). — Jul. ♃.

Obs. *C. orbelica* Vel. in Sitzungsber. böhm. Ges. Wiss. 1890 p. 51. — *C. variegata v. albida* Ces. in Griseb. spic. II. p. 235, = *C. albida* Heldr herb. norm. n. 1154 non *C. montana v. albida* DC. pr. VI. p 579. — A Charrel in mt. Korthiati pr. Thessalonicam lecta, in montibus Thessaliae borealis inquirenda. A praecedentibus fibris radicis napuliformi-incrassatis et foliis lineari-elongatis, inferioribus longe et tenuiter petiolatis discedit.

2. Subsectio. *Acrolophus* DC. XI. p. 581. —

§. Biennes vel perennes.

a. Capitula solitaria, pedunculata.

α. Capitula ovata vel ovato-globosa. — Caulis plerumque parce ramosus; phyllorum mucro plerumque brevis (ciliis saepe non longior), raro validior.

× Pappus achenio sesquilongior; planta albo-tomentosa.

21. **C. Niederi** Heldr. in Bois. fl. or. III. p. 641, suppl. p. 313; Hal. in bull. herb. Bois. VI. p. 583. — Exsicc.: Heldr. herb. fl. hell. a. 1878.

Adpresse albo-tomentosa; caulibus erectis vel adscendentibus, parce ramosis, ramis monocephalis; foliis radicalibus petiolatis, bipinnatipartitis, ceteris sessilibus, pinnatipartitis, laciniis oblongis vel oblongolinearibus, basi attenuata decurrentibus, summis saepe indivisis vel trilobis; capitulis ovato-globosis, foliis summis bracteatis; involucri phyllis pallidis, in appendicem scariosam pallide fuscam, erecto-patentem, longe triangularem, pectinato-ciliatam, aristatam, abeuntibus, ciliis argenteis, diametro appendicis longioribus, arista terminali ciliis sublongiore, phyllorum intimorum appendice ovata, denticulata; flosculis laete purpureis, radiantibus; acheniis puberulis, pappo dimidio brevioribus. — Caules 20—40 cm. alti, fragiles, capitula 2 cm. diametro.

In faucibus Klissura dictis mt. Arakynthos Aetoliae (Nied.). — Apr. Maio. ♃.

Obs. Ex affinitate praecedentis esse videtur *C. incompleta* Hal. in bull. herb. Bois. VI. p. 583. — Adpresse albo-tomentosa; caulibus adscendentibus, superne parce ramosis, ramis monocephalis; foliis pinnatipartitis, laciniis anguste lineari-lanceolatis; capitulis 1 cm. diametro; involucri straminei phyllis in appendicem patule-recurvam, aristatam, longe ciliatam abeuntibus; flosculis et acheniis ignotis. — In rupibus pr. Bitos vallis Megarema in Olympo (Sint. et Bornm. it. turc. n. 1332). —

×× Pappus achenio plerumque brevior, raro sublongior.

○ Flosculi lutei; planta albo-tomentosa.

22. **C. argentea** L. sp. p. 912; Sieb. nvis p. 5, rem. p. 6; Raul. cret. p. 788; Bois. fl. or. III. p. 642; Bald. viagg. Creta p. 70; Hal. in bull. herb. Bois. VI. p. 589. — *C. ragusina* S. et S. pr. II. p. 199, Fl. gr. X. p. 2, t. 903; Sieb. in Flora I. p. 272. — *C. cineraria* Sieb. in Flora I. p. 272: Raul. cret. p. 788. — Exsicc.: Heldr. pl. cret. a. 1846; Bald. it. cret. n. 25, it. cret. alt. n. 128.

Adpresse albo-pannosa; caulibus erectis vel adscendentibus, parce ramosis, ramis brevibus, monocephalis; foliis inferioribus petiolatis, lyratopinnatisectis, segmentis utrinque 3—4, oblongis, integris vel subdentatis, terminali majori, ovato, foliis superioribus sessilibus, paucilobis vel indivisis; capitulis parvis, 5—7 mm. diametro, minute subbracteatis; involucri phyllis pallidis, puberulis, appendice scariosa, pallide fusca, adpressa, breviter pectinato-ciliata terminatis, phyllorum intimorum appendice denticulata; flosculis luteis, non radiantibus; acheniis puberulis, pappo aequilongis.

In rupibus regionis inferioris et montanae Cretae: ad promontorium Grabusa (Sieb.), mt. Hagios Elias distr. Kissamos, mt. Kophino distr. Monofatri (Bald.), in fauce Hagia Rumeli (Heldr.), pr. Muliana (Raul.). — Jun. Jul. ♃.

⊙⊙ Flosculi purpurei; rarissime (*C. laureotica*) ochroleuci.

. Folia caulina vel earum laciniae latiusculae, ovatae vel ellipticae;· appendix phyllorum pallida, mucrone debili ciliis breviore terminata.

23. C. sublanata DC. pr. VI p. 584 pro var. *C. paniculatae*; Bois. fl. or. III. p. 645; Hal. in bull. herb. Bois. VI. p. 585. — Exsicc.: Orph. fl. gr. n. 745; Sint. it. or. a. 1889 n. 1828 et 1533.

Adpresse araneoso-cana; caulibus fere a basi divaricato-ramosis; foliis inferioribus petiolatis, lyratis, segmentis ovatis vel oblongis, integris vel parce dentatis, superioribus sessilibus, ovatis vel ellipticis, integris vel basi unijugis; capitulis solitariis, ovatis, nudis vel subbracteatis; involucri phyllis adpressis, oblongis, pallidis, araneoso-puberulis, in appendicem pallide fuscam, 5—7 pectinatim ciliatam, mucrone ciliis non longiore terminatam abeuntibus; flosculis purpureis, breviter radiantibus; acheniis puberulis, pappo duplo longioribus. — Foliis caulinis latiusculis, canis 10—15 mm. longis, 5—7 mm. latis, capitulis araneoso-puberulis insignis.

In arenosis maritimis Thessaliae pr. Katerina (Orph.) et Litochori (Sint.). — Jul. Sept. ♃.

24. C. pallida Friv. in Flora 1835 p. 333; Haussk. symb. p. 126; Form. in Ver. Brünn 1896 p. 48; Hal. in bull. herb. Bois. VI. p. 585. — *C. ciliata* Friv. l. c. p. 334, f. capitulis minoribus. — *C. macedonica* Hal. Beitr. fl. Epir. p. 28, Beitr. fl. thessal. p. 15, non alior. — Exsicc.: Sint. it. thessal. n. 997.

Glabriuscula, viridis, asperula; caulibus saepe a basi divaricato-ramosis; foliis inferioribus petiolatis, lyratis, segmentis ovatis vel oblongis, integris vel parce dentatis, superioribus sessilibus, ovatis vel ellipticis, integris vel basi unijugis; capitulis solitariis, ovatis; involucri phyllis adpressis, ovatis, pallidis, glabriusculis, in appendicem pallide fuscam, 5—7 pectinatim ciliatam, mucrone ciliis non longiore terminatam abeuntibus; flosculis pallide purpureis, breviter radiantibus; acheniis glabris, pappo triplo longioribus. — Praecedenti valde affinis et ab ea praesertim indumento subnullo discedit.

In vinetis, fruticetis, saxosis. Epirus: in regione inferiori mt. Peristeri (Hal.); Thessalia: pr. Velitsena, Koturi (Form.), Kastania (Hal.), Klinovo, Malakasi, Tsungeri, Meteora, Kalabaka (Haussk.). — Jul. Aug. ♃.

24 × 35. C. pallida × tymphaea Haussk. symb. p. 127. — Habitu *C. pallidae*, sed capitula minora, phyllorum appendices angustiores et firmiores; a *C. tymphaea* capitulis majoribus, ovatis, ciliis magis decurrentibus differre dicitur. — Thessalia: pr. Klinovo (Haussk.). N. v.

.. Folia caulina vel earum laciniae angustae, oblongae vel lineares.

; Capitula ovata, circa 8 mm diametro; appendix phyllorum pallida vel fuscidula, triangulari-lanceolata, mucronata, ad basin hyalino-marginata, ciliis mucrone brevioribus, saltem apice hyalinis.

, Flosculi purpurei.

.— Folia viridia vel leviter canescentia, plus minus asperula.

— Folia radicalia lyrata, lobo terminali oblongo, 5—8 mm. lato.

25. **C. kalambakensis** Freyn. et Sint. in bull. herb. Bois. V. p. 784; Hal. in bull. herb. Bois. VI. p. 586. — Exsicc.: Sint. it. thessal. n. 409.

Glabriuscula, viridis, subasperula; caulibus erectis, foliosis, superne ramosis; foliis radicalibus petiolatis, lyratis, ceteris sessilibus, pinnatisectis, laciniis lineari-lanceolatis, summis integris vel basi unijugis; capitulis solitariis, ovatis; involucri phyllis pallidis, glabris, in appendicem stramineam, pectinatim-ciliatam, mucrone subsetacea, ciliis validiore et 2—3 plo longiore terminatam abeuntibus; flosculis roseis, vix radiantibus; acheniis glabris, pappo aequilongis vel subbrevioribus. — Caulis 25—50 cm. altus, capitula 1 cm. diametro. — Colore laete viridi, caulibus foliosis, flosculis vix radiantibus et pappo longo insignis.

In rupibus ad Guwelzi pr. Kalabaka Thessaliae (Sint.). — Maio, Jun. ♃.

26. **C. transiens** Hall. in bull. herb. Bois. VI. p. 587. — Exsicc.: Sint. it. or. p. 1889 n. 1829.

Parce araneosa, canescens, asperula; caulibus erectis, remote foliatis, a medio ramosis; foliis radicalibus petiolatis, lyratis vel subindivisis, ceteris sessilibus, pinnatisectis, laciniis oblongo-lanceolatis, summis integris vel basi unijugis; capitulis solitariis, ovatis; involucri phyllis pallidis, glabris, in appendicem pallide fuscam, pectinato-ciliatam, mucrone ciliis validiore et 2—3 plo longiore terminatam abeuntibus; flosculis purpureis, radiantibus; acheniis glabris, pappo 4 plo longioribus. — Caulis 15—30 cm. altus, capitula 6—8 mm. diametro. — A praecedente habitu, indumento, caule non folioso, flosculis radiantibus et pappo brevi discedens et notis nonnullis *C. macedonicae* accedens, a qua autem jam phyllorum mucrone elongato statim diagnoscitur.

In declivibus mt. Olympus pr. Hagios Dionysios Thessaliae (Sint.). — Aug. Sept. ♃.

= Folia radicalia pinnatisecta, laciniis anguste linearibus.

27. **C. pentelica** Haussk. symb. p. 128; Hal. in bull. herb. Bois. VI. p. 588. — Exsicc.: Heldr. herb. norm. n. 1351.

Parce araneosa, canescens, asperula; caulibus erectis, superne remote foliatis, a medio vel a basi ramosis; foliis pinnatisectis, inferioribus petiolatis, superioribus sessilibus, laciniis anguste linearibus, summis indivisis; capitulis solitariis, ovatis; involucri phyllis pallidis, glabriusculis, in appendicem pallide fuscam, pectinato-ciliatam, mucrone ciliis validiore et subduplo longiore terminatam abeuntibus; flosculis roseis, vix radiantibus; acheniis glabris, pappo duplo longioribus. — Ex affinitate *C. kalambakensis* et *C.! atticae*, a priori foliis radicalibus non lyratis, superioribus remotis, phyllorum mucrone validiori et pappo breviori; ab altero, quacum formis intermediis conjuncta esse videtur, habitu robustiore, indumento non albo-tomentoso, involucri phyllis brevius mucronatis discedit

In saxosis mt. Pentelicon (Haussk.), Parnes et Hymettus (Heldr.) Atticae. — Maio, Jun. ♃.

28. **C. asperula** Hal. in bull. herb. Bois. VI. p. 588. — Exsicc.: Heldr. pl. fl. hellen. a. 1886 sub *C. Parlatoris v. Boissieri*.

Differt a praecedente caulibus crassioribus, rigidis, foliis valde asperis, radicalibus exceptis, oblongis, integris, rarius nonnullis basi 1—2 jugis, et pappo acheniis aequilongo; ab affini *C. attica* insuper tomenti defectu. Ceterum ulterius observandum est in loco natali anne omnes tres formas varias, intermediis forsan conjunctas unius speciei sistent.

In regione Laurii pr Kamariza Atticae (Heldr.). — Jun. ♃.

: = Folia albo-tomentosa, vix asperula.

29. **C. attica** Nym. syll. fl. europ. p. 33; Hal. in bull. herb. Bois. VI. 589 — *C. graeca* Bois. et Spr. diagn. XI. p. 128, Fl. or. III. p. 664; Haussk. symb. p. 128; non Griseb. — *C. Parlatoris v. Boissieri* Heldr. et Sart. in Bois. diagn. ser. 2, III. p. 74. — *C. Boissieri* Walp. rep. VI. p. 298, non DC. — ? *C. paniculata* S. et S. pr. II. p. 199. — Exsicc.: Orph. fl. gr. n. 122.

Albo-tomentosa, sublaevis; caulibus erectis vel adscendentibus, saepe caespitosis, a basi vel paulo supra ramosis; foliis pinnatisectis, radicalibus petiolatis, ceteris sessilibus, laciniis anguste linearibus, summis indivisis; capitulis solitariis, ovatis; involucri phyllis pallidis, puberulis, in appendicem pallide fuscam, pectinato-ciliatam, mucrone ciliis validiore et duplo longiore terminatam abeuntibus; flosculis roseis, vix radiantibus, glabriusculis, pappo duplo longioribus.

β. **pateraea** Hal. in bull. herb. Bois. VI. p. 590. — Phyllorum mucro ciliis 3—4 plo longior, phyllo ipso sublongior. — Exsicc.: Pichl. pl. gr. a. 1876; Heldr. pl. fl. hellen. a. 1876.

In saxosis submontanis montanisque. Attica: pr. Eleusis (Sprun.); mt. Kerata (Haussk.), Hymettus (Orph.), Pentelicon, Parnes (Heldr.); Euboea (Auch.); — β. mt. Pateras Atticae (Heldr.). — Maio, Jul.

,, Flosculi ochroleuci.

30. **C. laureotica** Heldr. ap. Hal. in bull. herb. Bois. VI. p. 590. — Huc forsan pertinet: *C. graeca v. ochroleuca* Heldr. et Sart. in Bois. diagn. ser. 2, III. p. 75, e mt. Anhydros (Hymetti pars meridionalis). — Exsicc.: Heldr. herb. norm. n. 948.

Parce araneoso-canescens, aspera; caulibus erectis, a medio divaricatim ramosis; foliis inferioribus petiolatis, superioribus sessilibus, pinnatisectis, laciniis oblongis, breviusculis, summis subintegris; capitulis solitariis, ovatis; involucri phyllis pallidis, glabriusculis, in appendicem pallide fuscam pectinato-ciliatam, mucrone ciliis validiore et 2—3 plo longiore terminatam abeuntibus; flosculis ochroleucis, vix radiantibus; acheniis glabriusculis, pappo aequilongis. — Caulis 20—35 cm. altus, foliorum laciniae eis praecedentium latiores brevioresque; hac nota et flosculis ochroleucis facile diagnoscenda.

In pinetis apricis montium Laurii circa Kamariza Atticae (Heldr.). — Maio, Jun. ♃.

;; Capitula ovata vel ovato- globosa, 5—12 mm. diametro; appendix phyllorum pallida, fusca vel nigricans, triangulari-rotundata et breviter mucronata vel semilunata, ad basin hyalino-marginata, ciliis mucrone aequilongis vel longioribus, raro brevioribus (et tunc capitula ovato-globosa 12 mm. diametro).

, Caulis et folia albo-lanata, non aspera; appendix phyllorum nigra, mucrone recurvato.

31. **C. ossaea** Hal. in bull. herb. Bois. VI. p. 591. — *C. dissecta v. alpina* Heldr. pl. exs. a. 1884, non Heldr. in Bois. fl. or. III. p. 645.

Caulibus pumilis, adscendentibus, parce ramosis; foliis inferioribus petiolatis, bipinnatisectis, superioribus sessilibus, pinnatisectis, laciniis anguste linearibus vel lanceolatis; capitulis solitariis, ovatis; involucri phyllis pallidis, puberulis, in appendicem breviter triangularem, nigram, pectinato-ciliatam, mucrone ciliis hyalinis subvalidiore, aequilongo, recurvato terminatam abeuntibus; flosculis purpureis; acheniis puberulis, pappo triplo longioribus. — Caulis 8—15 cm. altus, ramis 2—6 brevibus, erecto-patulis. — Species pulchra, *C. dissectae* affinis, a qua differt indumento dense lanato, foliorum laciniis angustioribus, phyllorum mucrone recurvato et ciliis setaceo-elongatis.

In regione superiori mt. Ossa Thessaliae (Heldr.) — Jul. ♃.

,, Caulis et folia puberula vel leviter araneoso-lanata, plus minus aspera; appendix pallida vel nigra, mucrone erecto.

. — Capitula plerumque ovato-globosa, 10—12 mm. diametro; appendix phyllorom plerumque nigra, raro fusca; folia asperula

32. **C. lacerata** Haussk. symb. p. 126 pro var. *C. affinis*; Hal. in bull. herb. Bois. VI. p. 591. — *C. affinis* Haussk. l. c.; Form. in Ver. Brünn 1896 p. 48, non Friv. — Exsicc.: Haussk. it gr. a. 1885; Form. pl. thessal. a. 1895.

Asperula, pubescens; caulibus adscendentibus vel erectis, a basi vel a medio ramosis; foliis pinnatisectis, inferioribus petiolatis, superioribus sessilibus, laciniis anguste linearibus, summis unijugis vel integris, capitulis solitariis, ovatis; involucri phyllis pallidis, glabris, in appendicem nigram, breviter setaceo-mucronatam, membrana plus minus lata, hyalina, lacerata, denticulata vel pectinato-ciliata marginatam abeuntibus; flosculis purpureis, parum radiantibus; acheniis glabris, pappo 4 plo longioribus — Caulis 10—30 cm. altus, folia 1—3 cm. longa, capitulis vix 1 cm. diametro. — Phyllorum appendices in speciminibus nonnullis regulariter pectinato-ciliatae, ad basin tantum hyalino-marginatae, ciliis hyalinis, mucrone longioribus, in aliis autem circumcirca late hyalino-marginatae et irregulariter laceratae, fere ut in speciebus sectionis *Phalolepis*, sunt. Has formas ultimas distinxit Hausknecht sensu stricto sub nomine *C. affinis v. lacerata*; cum autem hae notae valde variant, nomen pro specie adoptavi. — A *C. affini* Friv. praeter characteres phyllorum, indumento tenuiore aspero, foliis minoribus, minus divisis, laciniis brevioribus et angustioribus et capitulis minoribus, specifice differre videtur.

In schistosis pr. Klinovo, Malakasi (Haussk.), mt. Dokimi (Form.) in Pindo tymphaeo. — Jul. Aug. ♃.

33. **C. affinis** Friv. in Flora XIX. p. 435; Hal. in bull. herb. Bois. VI. p. 592. — *C. Parlatoris* Heldr in ann. acad. aspir. nat. I. p. 286, in Flora XXVII. p. 68 (ex specim. Tod. fl. sic. n. 915). — *C. dissecta* Bois. fl. or III. p. 644; Heldr. chlor. Parn. p. 22; Hal. Beitr. fl. Epir. p. 29; non Ten. fl. nap. I. p. 51, quae ex specim. a Groves in Aprutio lectis capitulis globosis, duplo majoribus, appendicibus intense nigris longe argenteo-ciliatis differt. — Huc forsan: *C. paniculata* Ch. et B. exp. p. 254, Fl. pelop. p. 59. — Exsicc.: Heldr. herb. norm. n. 27 et 1556; Dörfl. fl. gr. n. 195.

Asperula, plus minus araneoso-canescens; caulibus erectis, a basi vel a medio ramosis; foliis inferioribus petiolatis, pinnatisectis, laciniis oblongo-lanceolatis, superioribus sessilibus, minus divisis vel integris; capitulis solitariis, ovatis; involucri phyllis pallidis, glabris, in appendicem nigram, breviter mucronatam, pectinato-ciliatam, basi membrana hyalina angusta marginatam, abeuntibus; flosculis purpureis, parum radiantibus, acheniis glabris, pappo 4 plo longioribus. — Caulis 20—40 cm. altus, plerumque ramosus, raro simplex et humilis vix 10 cm. altus (*C. dissecta v. alpina* Heldr. in Bois. fl. or. III. p. 645). — Species polymorpha, variat praesertim indumento, foliorum divisione, capitulorum magnitudine et colore appendicorum. — Formae sequentes intermediis transientes seorsim notandae.

β. **denudata** Hal. in bull. herb. Bois. VI. p. 593. — Caulis superne tantum et brevius ramosus; folia viridia, aspera; capitula angustiora. — Exsicc.: Sint. it thessal. n. 1126.

γ. **peloponnesiaca** Hal. l. c. — Virescens; caulis a basi divaricatim ramosus; folia caulina indivisa vel unijuga; appendix fusca, mucrone validiore. — Exsicc: Orph. pl. exs. a. 1850 et 1852.

δ. **pallidior** Bois. fl. or. III. p. 645 pro forma *C. dissectae*. — *C. pallidior* Hal. l. c. p. 594. — Virescens, caulis a basi divaricatim ramosus; appendix phyllorum pallescens. — Variat insuper capitulis minoribus (*C. affinis v. microcephala* Hal. l. c., = *C. Parlatoris* Haussk. symb. p. 126, ex exsicc., = *C. paucijuga v. melanolepis*

Hal. l. c. p. 596); capitulis itidem minoribus, et foliis inferioribus paucijugis, caeteris fere omnibus indivisis (*C. paucijuga* Hal. l. c.). — Exsicc.: Heldr. herb. norm. n. 710, it gr. septentr. a. 1879.

In siccis regionis montanae et abietinae. Epirus: mt. Tsumerka (Hal.); mt. Parnassus (Heldr.); in faucibus Langada mt. Taygetos (Zahn); — β. pr. Sermenikon in Pindo (Sint.); — γ. mt. Malevo, Chelmos (Orph.), Kyllene (Heldr.); — δ. pr. Karpenisi Eurytaniae (Samar.), mt. Korax Aetoliae (Heldr.), *f. microcephala* in collibus inter Kalabaka et Malakasi in Pindo (Haussk.), pr. Segditza in mt. Kiona, cum *f. paucijuga* (Hal.). — Jul. Aug. ♃.

34. **C. macedonica** Griseb. spic. II. p. 240 pro var. *C. paniculatae*; Form. in Ver. Brünn 1895 p. 27; Hal. in bull. herb. Bois. VI. p. 595 (non *C. macedonica* Bois. diagn. VI. p. 130). — *C. graeca v. macedonica* Bois. fl. or. III. p. 644. — *C. Grisebachii* Nym. consp. p. 427; Form. in Ver. Brünn 1896 p. 48, 1897 p. 35; Haussk. symb. p. 126. — Forsan huc etiam: *C. affinis* × *Grisebachii* Haussk. l. c. p. 127. — *C. graeca v. Grisebachii* Bald. riv. coll. bot. Alb. 1895 p. 50. — ? *C. Biebersteinii* Form. in D. bot. Monat. 1896 p. 19. — *C. pallidior v. pallidissima* Hal. in bull. herb. Bois. VI. p. 594. — *C. confusa* Hal. l. c. p. 596. — Exsicc.: Sint. et Bornm. it. turc. a. 1891 n. 1331; Bald. it. alb. epir. III. n. 165; Orph. fl. gr. n. 746 e mt. Korfiati; Heldr. herb. norm. n. 1155, Kavala Macedoniae.

Adpresse pubescens, pallide virens, asperula; caulibus erectis, a medio vel superne ramosis; foliis inferioribus petiolatis, pinnatisectis, laciniis oblongo-lanceolatis linearibusve, superioribus sessilibus, minus divisis vel integris; capitulis solitariis, ovatis, apice plus minus constrictis; involucri phyllis pallidis, glabris vel puberulis, in appendicem pallide fuscam, breviter mucronatam, pectinato-ciliatam, basi membrana hyalina angusta marginatam abeuntibus; flosculis purpureis, parum radiantibus; acheniis puberulis, pappo 3—4 plo longioribus. — Species polymorpha, ulterius observanda; a praecedentibus capitulis praesertim minoribus, appendicibus pallidis, longius ciliatis discedit, sed transitus ad var. δ. speciei praecedentis adesse videntur.

In dumosis montanis. Epirus: in valle Dipotamo, mt. Micikeli, pr. Govrica, mt. Peristeri (Form.), pr. Janina (Bald.); Thessalia: pr. Koturi, Malakasi, mt. Zygos, Dokimi, Ghavellu (Form.), pr. Klinovo, mt. Baba (Haussk.), pr. Phlamburo in mt. Oxya, pr. Vlachava, Asproklisia, Hagios Paraskevi, mt. Hagios Elias et Mitrica in mt. Chassia (Form.), pr. Paligriatzano (Heldr.), pr. Metochi (Heldr.), Hagios Dionysios (Sint.) et Rapsani in Olympo, pr. Longici, Stylida (Form.); Doris: pr. Segditza ad radices mt. Kiona (Hal.). — ? ⊙ et ♃.

    β. Capitula ovato-oblonga, parva. — Caulis valde ramosus; phyllorum mucro validior, ciliis plerumque longior et patens vel recurvatus.

    × Flosculi purpurei.

○ Appendix phyllorum in spinulam erectam attenuata; capitula 10 mm. longa.

35. C. tymphaea Haussk. symb. p. 127; Form. in Ver. Brünn 1896 p. 48; Hal. in bull. herb. Bois. VI. p. 597. — *C. brevispina* Form. l. c. p. 49 p. p. — Exsicc.: Haussk. it. gr. a. 1885.

Asperula, glabrescens; caulibns erectis, a basi vel a medio ramosissimis; foliis in lacinias oblongo-lanceolatas vel lineares pinnatipartitis, inferioribus petiolatis, ceteris sessilibus minus divisis, summis integris; capitulis solitariis, ovato-oblongis, 5—8 mm. longis; involucri phyllis pallidis, glabris, in appendicem pallide fuscam, pectinato-ciliatam, mucrone subspinescente, ciliis aequilonga terminatam, abeuntibus; flosculis purpureis, parum radiantibus; acheniis glabris, pappo triplo longioribus.

In herbidis regionis inferioris et montanae. Thessalia: pr. Malakasi (Heldr.), Prevenda, Klinovo (Haussk.) in Pindo, pr. Kucuro et Vanaluka in mt. Chassia, pr. Tafilvris et Lokatamburia in mt. Olympo (Form.). — Jul. Aug, ⊙.

36. C. brevispina Haussk. symb. p. 129; Form. in Ver. Brünn 1896 p. 49, 1897 p. 35; Hal. in bull. herb. Bois. VI. p. 598. — *C. macedonica* Heldr. in Sitzungsb. acad. Wiss. Berlin 1883 p. 4, non (Griseb). — *C. Orphanidea* Hal. in bull. herb. Bois. VI. p. 599 p. p. — Exsicc.: Haussk. it. gr. a. 1885; Heldr. it. Thessal. n. 21; Sint. et Bornm. it. turc. n. 1330.

Asperula, araneoso-subcanescens; caulibus erectis, a medio vel superne stricte ramosis, foliis in lacinias lineari-ellipticas pinnatisectis, inferioribus petiolatis, ceteris sessilibus, minus divisis vel unijugis, summis integris; capitulis solitariis, 8 -10 mm. longis; involucri phyllis pallidis, glabris, in appendicem pallide fuscam, pectinato-ciliatam, spinula pungente, ciliis validiore terminatam, abeuntibus; flosculis purpureis, parum radiantibus; acheniis glabris, pappo triplo longioribus. — Praecedenti similis, ab ea caulibus elatioribus, 30 - 60 cm. altis, indumento canescente, ramis superne tantum ramulosis, minus divaricatis, foliorum laciniis brevioribus latioribusque et capitulis majoribus discedit. An a sequente caulibus minus divaricatim ramosis, phyllorum spinulis vix patulis et pappi setis brevioribus specifice diversa, ulterius observandum.

β. **fusconigra** Haussk. l. c.; Hal. l. c. — Appendicibus intensius fuscis vel fusconigris. — Exsicc.: Heldr. it. thessal. n. 22.

In nemorosis Thessaliae: pr Litochoron (Sint.), mt. Pelion supra Volo cum var. β. (Haussk.), pr. Koryza, Kastri, pr. Neraida et Lamia Phthiotidis (Form.). — Jul. Aug. ⊙.

36 × 39. *C. brevispina* × *pelia* Haussk. symb. p. 130. — Habitus *C. peliae*, sed flores flavorubentes. — Thessalia: mt. Pelion (Haussk.). N. v.

⊂○ Appendix phyllorum in spinulam patulam attenuata; capitula 10 mm. longa.

37. C. Orphanidea Heldr. et Sart. in Bois. diagn. ser. 2, III. p. 73, fl. or. III. p. 650; Hal. in bull. herb. Bois. VI. p. 599 p. p. —

? *C. squarrosa* S. et S. pr. II. p. 203. — Exsicc.: Orph. fl. gr. n. 124; Heldr. herb. norm. n. 227 et 949.

Asperula, araneoso-canescens; caulibus erectis, a basi divaricatim ramosissimis; foliis in lacinias oblongas, parce lobatas vel integras pinnatipartitis, inferioribus petiolatis, caeteris sessilibus, minus divisis, summis integris; capitulis solitariis, ovato-oblongis, 8—10 mm. longis; involucri phyllis pallidis, glabris vel arachnoideo-puberulis, in appendicem fuscam, pectinato-ciliatam, spinula pungente, ciliis validiore terminatam, abeuntibus; flosculis purpureis, parum radiantibus; acheniis puberulis, pappo sublongioribus.

β. **thessala** Haussk. in Mittheil. thür. bot. Ver. V. p. 86, symb. p. 130; Form. in D. bot. Monat. 1890 p. 49; pro sp.; Hal. in bull. herb. Bois. VI. p. 599. — Indumento tenuiore, caulibus altioribus, ramis minus divaricatis, appendicibus plerumque pallidioribus. — Intermediis ad typum transit. — Exsicc.: Haussk. it. gr. a. 1885.

In arvis, derelictis, ad vias regionis inferioris. Attica: pr. Athenas, Eleusis, Hagia Glycaria, Heracleon, Dekeleia, Kephissia, Patissia, Kato Liosia, Chelidonu (Heldr.); — β. Thessalia: pr. Tyrnavos (Haussk.), Patsios, Drepani, Kapurna (Form.). — Maio, Aug. ⊙.

Appendix phyllorum in spinulam recurvatam attenuata; capitula 10—15 mm. longa.

38. **C. drakiensis** Freyn et Sint. in bull. herb. Bois. V. p. 783; Hal. ibid. VI. p. 600. — Exsicc.: Sint. it. thessal. n. 1316.

Asperula, virens vel araneoso-canescens; caulibus erectis, a medio breviter ramosis; foliis in lacinias oblongo-lanceolatas pinnatipartitis, inferioribus petiolatis, caeteris sessilibus, sensim diminutis, summis integris; capitulis solitariis, ovato-oblongis; involucri phyllis pallidis, glabris, in appendicem pallide fuscam, spinuloso-ciliatam, spinula pungente, ciliis validiore, recurvata terminatam, abeuntibus; flosculis purpureis, parum radiantibus; acheniis glabris, pappo triplo longioribus — Ab affinibus caulibus plerumque racemoso-ramosis, ramis ab infimis brevissimis, capitulo brevioribus vel paulo longioribus, ad summa capitula saepe 5—6 plo longiora sensim elongatis et praecipue capitulis majusculis et appendicibus recurvatis insignis.

In aridis mt. Pelion pr. Drakia (Sint.), pr. Koryza ad Volo, pr. Patsios in Olympo (Form.). — Jul. Sept. ⊙.

×× Flosculi lutei.

39. **C. pelia** DC. pr. VI. p. 586; Bois. fl. or. III. p. 649, suppl. p. 313; Heldr. in Sitzungsb. acad. Wiss. Berlin 1883 p. 4; chlor. Parn. p. 22; Hal. in z. b. Ges. Wien 1888 p. 759, Beitr. fl. thessal. p. 15; Form. in D. bot. Monat. 1890 p. 19, in Ver. Brünn 1896 p. 48, 1897 p. 35; Haussk. symb. p. 29. — *C. xanthina* Bois. et Heldr. in Heldr. pl. exs. a. 1852, non Spreng. — Exsicc.: Orph. fl. gr. n. 307 et 736; Heldr. herb. norm. n. 323; Sint. it. thessal. n. 1068.

Asperula, parce arachnoidea; caulibus a basi divaricatim ramosissimis; foliis in lacinias lineari-oblongas, parce lobatas vel integras pinnatipartitis, inferioribus petiolatis, caeteris sessilibus, sensim diminutis, summis integris; capitulis solitariis, ovato-oblongis; involucri phyllis pallidis, flavidis, in appendicem pallidam, spinuloso-ciliatam, spinula pungente, ciliis validiore, recta vel patula terminatam abeuntibus; flosculis luteis, non radiantibus; acheniis glabris, pappo sublongioribus. — Flosculis luteis insignis.

β. **refracta** Haussk. symb. p. 129. — Appendicibus hamatorefractis. — Exsicc.: N. v.

In aridis saxosis regionis inferioris et submontanae. Thessalia: ad radices mt. Pelion pr. Volo (Aucher), Portaria, Koryza, Bubulifra, in planitie pr. Ambelakia, Velestinos, Larissa (Form.), Tyrnavos, Aivali, Pharsalus, pr. Meteora, Tsungeri, Malakasi in Pindo (Haussk.), pr. Hypata ad radices mt. Oeta (Heldr.); pr. Rachova et Livadi in Parnasso (Heldr.), pr. Segditza ad radices mt. Kiona (Hal.); pr. Lutraki in isthmo Corinthiaco (Samar.); — *β*. pr Meteora (Haussk.). — Jun. Aug. ☉.

××× Flosculi albi.

40. **C. lactiflora** Hal. in bull. herb. Bois. VI. p. 601. — *C. ovina* Form. in Ver. Brünn 1897 p. 35, non Pall. — Exsicc.: Form. pl. thessal. a. 1896.

Asperula, parce arachnoidea, virens; caulibus a medio divaricatim ramosis; foliis in lacinias lineares pinnatipartitis, inferioribus petiolatis, caeteris sessilibus, minus divisis, summis integris; capitulis solitariis, ovato-oblongis; involucri phyllis pallidis, glabris, in appendicem pallidam, spinuloso-ciliatam, spinula subpungente, ciliis aequilonga, subpatula terminatam abeuntibus; flosculis albis, parum radiantibus; acheniis glabris, pappo duplo longioribus. — Caulis 20—40 cm. altus, foliorum laciniae angustae, capitula 1 cm. longa, 5—6 mm. lata. Flosculis albis a praecedentibus distincta; *C. ovinae* Pall. similis, a qua indumento tenuiori, capitulis minoribus et pappo longiore discedit.

Thessalia: pr. Konisko (Form.). — Jul. Aug. ☉.

41. **C. diffusa** Lam. dict. I. p. 675; Bois. fl. or. III. p. 650; Hal. in ö. b. Z. 1890 p. 39; Form. in D. bot. Monat. 1890 p. 19; in Ver. Brünn 1896 p. 48. — *C. parviflora* S. et S pr. II. p. 203; Fl. gr. X. p. 9, t. 912. — Exsicc.: Orph fl. gr. n. 743 (Thessalonica); Sint. it. or. a. 1889 n 1837; Sint. et Bornm. it turc. n. 1324 et 1325.

Asperula, parce arachnoidea, virens; caulibus a basi divaricatim et intricatim ramosissimis; foliis subpetiolatis vel sessilibus, in lacinias oblongas pinnatipartitis, caulinis abbreviatis, paucilaciniatis, summis integris; capitulis solitariis, ovato-oblongis; involucri phyllis coriaceis, flavidis, pruinosis, in appendicem pallidam, spinuloso-ciliatam, spinula pungente, ciliis validiore et multo longiore, patulo-recurva terminatam, abeuntibus; flosculis albis, vix radiantibus; acheniis glabris, calvis. — Praeter alias notas, pappi defectu ab omnibus affinibus distinctissima.

In sterilibus regionis inferioris. Thessalia: pr. Katerina et Litochori
(Sint.), Makrichori, Larissa (Form.) — Jul. Sept. ☉.

b. Capitula sessilia, in glomerulos terminales aggregata.

42. **C. Zuccariniana** DC. pr. VI p. 574; Bois. fl. or. III.
p. 653; Form. in D. bot. Monat. 1890 p. 19, in Ver. Brünn 1896
p. 48. 1897 p. 35; Hal. Beitr. fl. Thessal. p. 15. Beitr. fl. Achaia
p. 25; Bald. riv. coll. bot. Alb. 1895 p. 51, 1896 p. 70. — Exsicc.:
Orph. fl. gr. n. 126: Heldr. herb. norm. n. 625 et 950; Bald. it.
alb. epir. III. n. 74, IV. n. 35; Sint. it. thessal. n. 561; Dörfl. fl.
gr. n. 397. —

Papilloso-hirtella, asperula; caulibus erectis, superne breviter ramosis; foliis in lacinias oblongo-lineares pinnatipartitis, inferioribus petiolatis, caeteris sessilibus, summis indivisis, glomerulos bracteantibus; capitulis cylindricis, paucifloris; involucri phyllis flavidis, glabris, in cilia longissima, setacea, sursum directa pinnatipartitis, plumosis, patentisubrecurvis; flosculis roseis, non radiantibus; acheniis glabris, pappo triplo longioribus. — Species elegantissima, nulla cum alia comparanda.

In montosis. Epirus: mt. Murga et Kurenta pr. Janina (Bald.); Thessalia: pr. Meteora, Trikala (Haussk.), Kalabaka, Kataphygi, Kastania, Povelci, Kastri, Verenci, Vlachava, Aspro-Klisia, Neochorion (Form.); Eurytania: pr. Karpenisi et Hagios Sostis (Samar.), Achaia: pr. Megaspilaeon, in valle Voreikos pr. Kalavryta (Orph.), pr. Sudena (Hal.). — Jul. Aug. ☉.

§§. Suffruticosa, erinaceo-dumosa, caulibus spinosis.

43. **C. spinosa** L. sp. p. 912; S. et. S. pr. II. p. 199, Fl.
gr. X. p. 1. t. 902; Urv. enum. p. 115; Sieb. avis p. 5, rem. p. 6; Ch. et B. exp. p. 255, Fl. pelop. p. 60; Raul. cret. p. 788; Weiss in z. b. G. 1869 p. 44; Hal. in ö. b. Z. 1895 p. 460; Haussk. symb. p. 131; Bald. viagg. Creta p. 70; Heldr. fl. Aegina p. 306.
— Exsicc.: Heldr. herb. norm. p. 428 et 1044; Orph. fl. gr. n. 304; Rev. pl. cret. n. 79, in Baen. herb. europ. p. 4858; Bald. it. cret. n. 24, it. cret. alb. n. 129.

Adpresse albo-tomentosa vel glabrescens; caulibus pumilis, fere a basi intricatim ramosissimis, apice demum spinosis; foliis radicalibus oblongo-lanceolatis, in petiolum attenuatis, integris vel lyratis, caulinis sessilibus, in lacinias lineares pinnatipartitis, summis squamaeformibus; capitulis sub spina terminali solitariis, sessilibus vel breviter pedunculatis, oblongo-cylindricis, paucifloris; involucri glabri phyllis pallidis, in appendicem breviter mucronatam, vix spinescentem, fimbriato-ciliatam abeuntibus; flosculis pallide roseis, vix radiantibus; acheniis glabris, calvis. — Caules 10—25 cm. alti, caespites pulviniformes formantes, capitula parva, cum flosculis 1 cm. longa, facile secedentia.

α. **tomentosa** Hal. in bull. herb. Bois. VI. p. 634. — Caulis et folia dense adpresse albo-tomentosa. --

β. **glabrata** Heldr. herb. norm. n. 1045. — Caulis et folia fere glabra. Intermediis ad typum transit.

In araneosis maritimis, nec non in collibus aridis saxosis. Attica: ad Phalerum, promontorium Colias (Heldr.), Sunium (Haussk.), insula Aegina (Sprun.); Euboea: pr. Kurbatzi (Wild.), Petalium insula Pontikonisi (Holzm.); Cycladum insula Cythnos (Krinos), Syra (Weiss), Andros, Tenos, Naxos, usque ad alt. 1000 m. adscendens, Siphnos, Seriphos (Heldr.), Melos (Urv.), Antimilos (Reis.); Laconia: pr. Gythion (Psarid.); Creta: pr. Kissamos (Rev.), Gonia, Gurnes (Bald.), Platania, Canea (Heldr.). — Jun. Jul. *h*.

3. Subsectio. *Acrocentron* DC. l. c. p. 586.

a. Flosculi purpurei.

α. Caulescentes, saepius elatae.

× Appendix phyllorum mutica vel breviter mucronata.

44. C. Oliveriana DC. pr. VI. p. 590; Bois. fl. or. III. p. 657; Hal. in bull herb. Bois. VI. p. 634. — *C. Oliveriana β. amorgina* Bois. et Orph. in Bois. fl. or suppl. p. 314, f. phyllorum appendice minima, ciliis nigris brevioribus obsita, subinermi. — *C. atropurpurea* Oliv. voy. I. p. 313, non Willd. — *Hyalea Oliveri* Jaub. et Sp. ill. t. 292. — Exsicc.: Orph. fl. gr. n. 1149; Dörfl. fl. aeg. n. 51.

Caulibus erectis, simplicibus vel 2—3 ramosis, inferne adpresse albo-tomentosis, crebre foliatis, superne glabrescentibus, nudiusculis; foliis ovatis vel ellipticis, indivisis vel lyrato-pinnatisectis, demum glabrescentibus, inferioribus petiolatis, caeteris sessilibus, segmentis utrinque 3—7 parvis, terminali magno, ovato, obsolete repando-dentato, foliis summis 1—3 parvis, denticulatis; capitulis solitariis, ovato-globosis; involucri phyllis ovatis, coriaceis, pallidis, parce araneosis, appendice minuta, fusca, breviter pectinatim ciliata, submutica vel brevissime mucronata terminatis; flosculis atropurpureis, non radiantibus; acheniis pubescentibus, pappo aequilongis. — Species pulchra, caulibus 30—50 cm. altis, capitulis 2—3 cm. diametro.

In rupibus mt. Dzia in insula Naxos (Oliv.), nec non in rupestribus maritimis insulae Mykonos et Amorgos (Orph.). — Jun. Jul. ♃.

45. C. ebenoides Heldr. in journ. of bot. 1878 p. 188; Bois. fl. or. suppl. p. 314; Hal. in bull. herb. Bois. VI. p. 635. — Exsicc.: Mill in Heldr. pl. fl. hellen. a. 1862.

Araneoso-cana, demum glabrescens; caulibus gracilibus, erectis, simplicibus vel subsimplicibus, remote foliatis; foliis petiolatis, pinnatisectis vel lyratis, segmentis lateralibus lanceolatis vel deltoideis, integris vel obscure paucilobis, terminali ovato; capitulis solitariis, ovatis; involucri phyllis ovatis, coriaceis, pallidis, subaraneosis, in appendicem minutam, fuscam, breviter pectinatim ciliatam, mucrone ciliis triplo longiore terminatam abeuntibus; flosculis roseis, breviter radiantibus; acheniis pubescentibus, pappo triplo brevioribus. — Caules 15—30 cm. alti, capitula 15 mm. diametro, pappus conspicue longus. — Habitu *C. scabiosae* similis.

In silvis Euboeae septentrionalis (J. Stuart-Mill), loco speciali ignoto. — Maio. ♃.

×× Appendix phyllorum spina valida terminata (cf. *Guicciardii* var. β.).

○ Appendix phyllorum spina magna, ovata, phylla tegens.

46. **C. Sibthorpii** Hal. in bull. herb. Bois. VI. p. 635. — *C. eryngioides* S. et S. pr. II. p. 204, Fl. gr. X. p. 9, t. 913, an etiam Urv. enum. p. 116 ex insula Melos; non Lam. — *C. achaia* γ. *ferox* Bois. et Heldr. diagn. ser. 2, III. p. 79, non *C. ferox* Desf. — *C. achaia* Bois. fl. or. III. p. 661 p. p. — Exsicc.: Heldr. herb. norm. n. 426.

Caulibus erectis, adpresse araneosis, asperulis, stricte ramosis; foliis coriaceis, valde asperis, in lacinias oblongas vel lanceolatas, integras, dentatas vel pinnatipartitas pinnatisectis; capitulis ovato-globosis; involucri phyllis ovatis, coriaceis, glabris, pallidis, in appendicem ovatam, duram, flavidam, pectinato-ciliatam, intermediis spina latissima canaliculata, erecto-patula, inferne interdum parce spinulosa, flosculos aequante vel superante terminatam abeuntibus, ciliis albidis latitudine appendicis multo brevioribus; flosculis roseis, non radiantibus; acheniis adpresse hirsutis, pappo duplo brevioribus. — Species pulchra capitulis 3 cm. diametro, spinis phyllorum intermediorum 15—20 mm. longis; a sequente ramis brevioribus, foliis magis asperis, laciniis latioribus, phyllis pallidis breviter ciliatis diversa.

In campis et vinetis pr. Mesoitis Atticae (Heldr.). — Jun. Jul. ♃.

47. **C. achaia** Bois. et Heldr. diagn. ser. 2, III. p. 79, Fl. or. III. p. 661 p. p.; Hal. in bull. herb. Bois. VI. p. 636. — Exsicc.: Orph. fl. gr. n. 305.

Caulibus erectis, adpresse-araneosis, asperulis, stricte ramosis; foliis coriaceis, asperulis, in lacinias lanceolatas, integras vel dentatas pinnatisectis; capitulis ovato-globosis; involucri phyllis ovatis, coriaceis, glabris, pallidis, in appendicem ovatam, duram, pallidam, pectinato-ciliatam, intermediis spina lata, canaliculata, erecto-patula, inferne interdum parce spinulosa, flosculis breviore terminatam abeuntibus, ciliis flavidis, latitudine appendicis aequilongis; flosculis roseis, non radiantibus; acheniis adpresse hirsutis, pappo duplo brevioribus.

β. **submutica** Bois. fl. or. III. p. 661. — Phyllorum spina brevis, ciliis parum validior. — Exsicc.: N. v.

γ. **corinthiaca** Bois. et Heldr. diagn. ser. 2, VI. p. 113 pro sp.; Bois. fl. or. III. p. 661. — Minus elata, foliorum segmenta minuta, oblongo-linearia approximata, flosculi basi aurantiaci. — Exsicc.: N. v.

In regione subalpina mt. Chelmos pr. Klukines, Peristera (Orph.), in vinetis pr. Tripolis (Sart.); — β. pr. Sudena ad radices mt. Chelmos

(Heldr.); — γ. inter Kalamaki et Lutraki in isthmo Corinthiaco (Samar.). — Jun. Jul. ♃.

○○ Appendix phyllorum semilunata, saepe angustissima, phylla non tegens.

. Appendix phyllorum nigra.

48. **C. redempta** Heldr. in bull. soc. bot. Fr. XXXVII. p. 242. — *C. scopulorum et eryngioides* Raul. cret. p. 788 et 789. — Exsicc.: Reverch. pl. cret. n. 82.

Caulibus erectis, simplicibus vel parce ramosis, ad collum dense albo-lanatis, superne arachnoideis; foliis detersiliter arachnoideis, demum glabrescentibus, inferioribus petiolatis, in lacinias oblongo-lanceolatas, dentatas vel dentato-lobatas pinnatisectis, superioribus sessilibus diminutis, minus divisis, summis integris; capitulis ovato-globosis; involucri phyllis orbiculatis, glabris, pallide virentibus, in appendicem semilunatam, nigram, breviter pectinato-ciliatam, spina canaliculata, erecto-patula, fusca, inferne interdum parce spinulosa, flosculis breviore terminatam abeuntibus; flosculis atropurpureis, non radiantibus; acheniis adpresse hirsutis, pappo duplo brevioribus. — Caulis 20—40 cm. altus, folia inferiora 20—25 cm. longa, 5 - 9 cm. lata, capitula 3—4 cm. diametro. — A sequente collo valde bombycino, foliis pinnatisectis, laciniis amplioribus, capitulis majoribus, appendicibus nigris et flosculis atropurpureis specifice discedit.

In rupestribus Cretae: pr. Kissamos (Heldr.), Malaxa et in oropedio Homalos in mt. Sphacioticis (Reverch.). — Jun. Jul. ♃.

.. Appendix phyllorum pallida vel fusca.

; Folia inferiora bipinnatisecta.

49. **C. subarachnoidea** Bois. et Heldr. diagn. ser. 2, III. p. 80 pro var. *C, eryngioidis*; Hal. in bull. herb. Bois. VI. p. 638. — *C. laconica* Bois. fl. or. III. p. 660. — ? *C. eryngioides* Ch. et B. exp. p. 256, Fl. pelop. p. 60. — Exsicc.: Orph. pl. exs. a. 1857; Heldr. herb. norm. n. 1557.

Caulibus erectis, simplicibus vel parce ramosis, arachnoideis, inferne foliosis, superne nudiusculis; foliis parce arachnoideis, inferioribus petiolatis, sublyrato-subbipinnatisectis, laciniis oblongis dentatis, superioribus sessilibus, pinnatisectis; capitulis ovato-globosis, 2—3 cm. diametro; involucri phyllis ovatis, puberulis, pallidis, in appendicem semilunatam, fuscam, breviter pectinato-ciliatam, spina canaliculata, patula, inferne parce spinulosa, flosculos superante, 20—25 mm. longa terminatam, abeuntibus; flosculis purpureis, non radiantibus; acheniis adpresse hirsutis, pappo duplo brevioribus.

In saxosis regionis inferioris mt. Malevo pr. Kastanitza (Orph.), in districtu Alagonia l. d. Dyrrhemma (Zahn) et in mt. Taygetos (Heldr.). — Maio, Jul. ♃.

50. **C. psilacantha** Bois. et Heldr. diagn. ser. 2, III. p. 82, Fl. or. III. p. 663; Heldr. chlor. Parn. p. 22; Hal. in z. b. G. Wien

1888 p. 759, in bull. herb. Bois. VI. p. 639. — Exsicc.: Orph. fl. gr. n. 309.

Caulibus erectis, stricte ramosis, arachnoideis, inferne foliatis, superne nudiusculis; foliis parce arachnoideis, inferioribus petiolatis, in lacinias parvas ovatas vel oblongas bipinnatisectis, superioribus sessilibus, pinnatisectis; capitulis ovatis, 10—15 mm. diametro; involucri phyllis ovatis, puberulis, pallide-virentibus, in appendicem semilunatam, pallidam, breviter pectinato-ciliatam, spina aciculari, patula, inferne parce spinulosa, flosculis aequilonga vel longiore, 10—30 mm. longa terminatam, abeuntibus; flosculis purpureis, non radiantibus; acheniis parce hirsutis, pappo subduplo brevioribus. — Praecedenti multo gracilior, capitula duplo minora, phyllorum spina acicularis.

In dumosis regionis submontanae et montanae, rarissime. Ad radices mt. Parnassus pr. Rachova (Guicc.) et in montosis supra Amphissa (Hal.). — Jul. Aug. ♃.

;; Folia inferiora pinnatisecta vel indivisa.

, Folia laeviuscula, arachnoideo-cana, segmentis petiolulatis.

51. **C. graeca** Griseb. spic. II. p. 242; Hal. in bull. herb. Bois. VI. p. 639. — *C. Ceccariniana β. brachycentra* Bois. fl. or. III. p. 663. — *C. Cordonis* Bois. et Orph. l. c. . — *C. Ceccariniana* Haussk. symb. p. 131. — *C. Guicciardii* Form. in Ver. Brünn 1896 p. 49, 1897 p. 35, non Bois. — *C. Guicciardii v. minutispina* Hal. in bull. herb. Bois. VI. p. 642. — Exsicc.: Sint. it. thessal. n. 1125.

Caulibus erectis, stricte ramosis, arachnoideis; foliis arachnoideocanis, tandem glabrescentibus, inferioribus petiolatis, oblongis, indivisis vel in segmenta ovata vel ovato-oblonga, integra vel angulato-dentata, basi attenuata, petiolulata pinnatisectis, superioribus valde diminutis, sessilibus, dentatis integrisve; capitulis ovato-globosis, 2—3 cm. diametro; involucri phyllis suborbicularibus, glabris, pallidis, in appendicem semilunatam, albidam, breviter pectinato-ciliatam, spina aciculari vel subulata, ciliis vix validiori vel usque 15 mm. longa, erecto-patula, inferne interdum parce spinulosa terminatam, abeuntibus; flosculis purpureis, non radiantibus; acheniis adpresse hirsutis, pappo aequilongis. —

β. **Ceccariniana** Bois. et Heldr. diagn. ser. 2, III. p. 81, Fl. or. III. p. 662; Heldr. chlor. Parn. p. 22; pro sp.; Hal. in bull. herb. Bois. VI. p. 640. — Phyllorum spinae validiores, usque 20 mm. longae. — Exsicc.: Heldr. herb. n. 2725.

In submontosis, in regionem abietinam usque adscendens. Thessalia: pr. Aivali (Haussk.), ad Acropolin pr. Pharsalum (Heldr.), ad Gionscala pr. Sermeniko (Sint.), mt. Ghavellu, ad monasterium Korona, pr. Kastri, Asproklisia, Patsios in Olympo; — *β.* pr. Livadi supra Delphi in Parnasso (Heldr.). Jun. Aug. ♃.

,, Folia puberula, saepius asperula, segmentis sessilibus.

.— Folia inferiora lyrato-pinnatisecta vel pinnatisecta.

52. C. Spruneriana C. H. Schultz in Flora XXV., Beibl. p. 160, pro var. *C. saxicolae*; Hal. in bull. herb. Bois. VI. p. 641. — *C. Spruneri* Bois. et Heldr. diagn. VI. p 132 p. p.; Bois. Fl. or. III. p. 663; Hal. in z. b. Ges. Wien 1888 p. 763; Haussk. symb. p. 131. — *C. Guicciardii* Form. in D. bot. Monat. 1898 p. 78, non Bois. — Exsicc.: Heldr. herb. norm. n. 322.

Caule erecto, crasso, arachnoideo, breviter et stricte ramoso; foliis parce arachnoideis, asperulis, inferioribus sub anthesi emarcidis, petiolatis lyrato-pinnatisectis, segmentis integris vel repandis, terminali ovato vel oblongo, lateralibus utrinque 3—6 triangularibus vel subrotundis, lobulis intermixtis, foliis superioribus diminutis pinnatisectis vel subintegris; capitulis maximis, 30—35 mm. diametro, ovato-globosis; involucri phyllis ovatis, glabris, pallide virentibus, in appendicem semilunatam, fuscidulam, breviter pectinato-ciliatam, spina validissima, 25—35 mm. longa, erectopatula, canaliculata, basi spinulosa terminatam, abeuntibus; flosculis purpureis, non radiantibus; acheniis adpresse hirsutis, pappo triplo brevioribus. — Omnium validissima, characteribus sequenti affinis, sed omnibus partibus multo major.

In campis et vinetis Atticae: inter Athenas et Phalerum (Heldr.), pr. Chalandra (Heid.), Laurion (Haussk.). — Jun. Jul. ♃.

53. C. Guicciardii Bois. fl. or. III. p. 661, suppl. p. 314; Hal. in z. b. G. Wien 1888 p. 759, Beitr. fl. Aetol. p. 8, in bull. herb. Bois. VI. p. 641; Form. in Ver. Brünn 1895 p. 27; Bald. riv. coll. bot. Alb. 1895 p. 51, in bull. herb. Bois. IV. p. 205. — Exsicc.: Orph. fl. gr. n. 467; Heldr. it. gr. septentr. a. 1879; Hal. it. gr. II. a. 1893.

Caule erecto, crassiusculo, arachnoideo, breviter et stricte ramoso; foliis parce arachnoideis, asperis, lyrato-pinnatifidis, segmentis ovatis vel oblongis, repandis vel obtuse-dentatis, terminali paulo majore, foliis inferioribus petiolatis, superioribus sursum diminutis, sessilibus; capitulis ovato-globosis, 15—20 mm. diametro; involucri phyllis ovatis, puberulis, pallidis, in appendicem semilunatam, fuscidulam, breviter pectinatociliatam, spina valida, 2—3 cm. longa, canaliculata, basi spinulosa terminatam, abeuntibus; flosculis purpureis, non radiantibus; acheniis adpresse hirsutis, pappo triplo brevioribus. — *C. graecae* similis, quae foliis laeviusculis, arachnoideo-canis, phyllis spina tenuiori et breviori armatis et pappo breviori discedit.

β. lineariloba Hal. et Dörfl. in Jahresent. 1900 der Wien. bot. Tauschanst. p. 130. — Foliorum segmenta multo angustiora, plerumque anguste-linearia. — An species propria. — Exsicc.: Dörfl. fl. aeg. n. 62.

In collibus apricis, lapidosis, ad agrorum margines. Epirus: pr. Janina, ad monasterium Hagios Paraskevi (Form.); Acarnania: pr. Agrinion (Hal.); Aetolia: mt. Arapocephala pr. Prustoro et Mikrochorio, pr. Karpenisi (Heldr.); Doris: pr. Segditza (Hal.); Boeotia: pr. Livadia (Guicc.); Achaia: pr. Zugra in mt. Kyllene (Orph.), pr. Megaspilaeon (Heldr.); Cephalonia: pr. Dilinata (Heldr.); Leucas: pr. Karya (Bald.); — β. Cycladum insula Cythnos (Tuntas), Paros (Leon.). — Maio, Aug. ♃.

54. **C. Halácsyi** Dörfl. in ö. b. Z. 1901 p. 204. — Exsicc.: Dörfl. fl. aeg. n. 42.

Caule erecto, crassiusculo, parce arachnoideo, breviter ramoso; foliis parce arachnoideis, laeviusculis, inferioribus petiolatis, lyratis, segmentis lateralibus oblongis, integris vel remote dentatis, terminali multo majore, ovato, acute-dentato, foliis superioribus sursum diminutis, in petiolum attenuatis, lobato-dentatis; capitulis ovato-globosis, 2 cm. diametro; involucri phyllis ovatis, glabris, pallidis, in appendicem semilunatam, fuscidulam, breviter pectinato-ciliatam, spina aciculari, ciliis vix validiori, erecto-patula terminatam, abeuntibus; flosculis purpureis, basi aurantiacis, non radiantibus; acheniis adpresse hirsutis, pappo subbrevioribus. — Praecedenti affinis, ab ea foliis laeviusculis, segmento terminali multo majore et spina aciculari brevi phyllorum distincta; nota ultima accedit ad *C. graecam*, quae autem foliorum forma et indumento facile distinguitur.

In Cycladum insula Amorgos (Leon.). — Maio, Jun. ♃.

:= Folia inferiora obovata integra vel alia lyrata.

55. **C. Minoa** Heldr. in Bois. fl. or. III. p. 662; Hal. in bull. herb. Bois. VI. p. 642. — Exsicc.: Heldr. pl. cret. a. 1870, herb. gr. norm. n. 1046.

Caule erecto, crassiusculo, parce arachnoideo, breviter et stricte ramoso; foliis parce arachnoideis, asperulis, inferioribus petiolatis, aliis ovatis oblongisve indivisis dentatis, aliis lyratis, segmentis lateralibus rotundatis, terminali multo majore, foliis superioribus sessilibus, pinnatisectis, summis subintegris; capitulis ovato-globosis, 20—25 mm. diametro; involucri phyllis ovatis, glabriusculis, pallide virentibus, in appendicem semilunatam, pallidam, breviter pectinato-ciliatam, spina valida, 15—25 mm. longa, canaliculata, basi spinulosa terminatam, abeuntibus; flosculis purpureis, non radiantibus; acheniis adpresse hirsutis, pappo triplo brevioribus. — *C. Sprunerianae* maxime affinis et ab ea statura humiliori, foliis infimis indivisis, foliorum pinnatisectorum lobis obtusioribus et capitulis minoribus (an specifice) differt.

In campis, agris derelictis. Attica: pr. Eleusis (Heider); Creta: pr. Candia (Heldr.). — Jun. Jul. ♃.

β. Caulis nullus vel brevissimus, capitula radicalia.

56. **C. mixta** DC. pr. VI. p. 594 excl. loc. asiat.; Hal. in bull. herb. Bois. VI. p. 665. — *C. raphanina* Ch. et B. exp. p. 256, Fl. pelop. p. 60; Link in Linn. IX. p. 581. — ? *C. saxicola* β. *Fraa-*

siana C. H. Schultz in Flora XXV Beibl. p. 160, e descriptione „caule humillimo folia vix superante, capituli longitudine, 1 cephalo". — *C. hellenica* Bois. et Spr. diagn. VI. p. 131, Fl. or. III. p. 675; Clem. sert. p. 59; Ung. Reise p. 124; Raul. cret. p. 789; Weiss in z. b. G. Wien 1869 p. 44; Hal. Beitr. fl. Achaia p. 25; Boissieu in bull. soc. bot. Fr. 1896 p. 286; Heldr. fl. Aegina p. 306, chlor. Thera p. 15. — Exsicc.: Heldr. herb. norm. n. 320, 1047, 1047 b (f. intermedia) et 1448; Orph. fl. gr. n. 123.

Radice crassa, verticali; caule subnullo; foliis radicalibus, rosulatis, parce papilloso-puberulis, sublyrato-pinnatisectis, segmentis parvis, lanceolatis, acutis, denticulatis, basi attenuatis, lobulis intermixtis; capitulis ad collum subsessilibus, 1—4 aggregatis, ovatis; involucri phyllis ovatis, puberulis, pallide-virentibus, in appendicem semilunatam, fuscidulam, pectinato-ciliatam, spina 5—15 mm. longa, erecto-patula, basi spinulosa terminatam, abeuntibus; flosculis purpureis, non radiantibus; acheniis glabris vel sericeis, pappo subbrevioribus. — Radix circa 2 cm. crassa, folia 3—15 cm. longa, capitula 15—20 mm. diametro.

β. **caulescens** Hal. in bull. herb. Bois. VI. p. 644. — Caulis 2—7 cm. longus. —

In rupestribus regionis montanae et subalpinae. Boeotia: pr. Thebas (Zuccar.); Attica: pr. Athenas, mt. Pentelicon, Hymettus (Orph.), Laurion (Heldr.), in Petalium insulis (Holzm.), insula Aegina, pr. Kumi Euboeae (Heldr.); Peloponnesus: mt. Kyllene, Malevo, Taygetos (Heldr.), Chelmos, Panachaicon, Olenos (Hal.), pr. Patras (Link), Messene (Chaub.), insula Poros (Wied.), Hydra (Heldr.); Cycladum insula: Keos, Andros (Heldr.), Syra, Tenos (Weiss), Thera (Letourn.); Creta: pr. Askyphos (Raul.); Cephalonia (Mazz.). — Apr. Juli. ♃.

57. **C. myconia** Bois. et Sart. diagn. ser. 2, VI. p. 113; Hal. in bull. herb. Bois. VI. p. 643; Heldr. chlor. Mykon. p. 246. — *C. Urvillei* Bois. fl. or. III. p. 665 p. p., non DC. — Exsicc.: Heldr. et Hal. fl. aeg. a. 1889.

Differt (an specifice) a praecedente caule longiore usque 8 cm. alto, foliorum segmentis majoribus, petiolulatis, capitulis submajoribus et phyllorum spinis longioribus.

In Cycladum insulis Tenos (Leon.) et Mykonos (Sart.). — Apr. Maio. ♃.

58. **C. raphanina** S. et S. pr. II. p. 205, Fl. gr. X. p. 12, t. 917; Sieb. avis p. 5, rem. p. 6; Raul. cret. p. 789; Weiss. in z. b. G. Wien 1869 p. 741; Bois. fl. or. III. p. 675; Bald. viagg. Creta p. 71; Heldr. chlor. Mykon. p. 246, Hal. in bull. herb. Bois. VI. p. 645; — *C. nana* Sieb. in Flora V. 2 p. 639, sec. Raul. cret p. 789. — *C. pumila* Urv. enum. p. 118 non L. et *C. carduncella* DC. pr. VI. p. 591, sec. Bois. l. c. — Exsicc.: Rev. pl. cret. n. 255, in Baen. herb. europ. n. 5222.

Duabus praecedentibus nimis affinis, ab eis involucri phyllis brevissime spinosis, breviter et parce ciliatis, interdum ciliis fere omnino destitutis specifice differt.

In saxosis regionis inferioris et montanae. Creta: in mt. Sphacioticis (Sibth.), mt. Volokia (Rev.) et Hagion Pneuma (Bald.), in mt. Ida (Sieb.), Lassiti (Heldr.), dein pr. Candia, Strombolo, Karadagh, Kaenurio-Khorio, Spinalonga, Hagios Joannes in distr. Sitia (Raul.); ? Cycladum insula Melos (Urv.) et Mykonos (Heldr.). — Jun. Jul. ♃.

Obs. *C. exscapa* Urv. enum. p. 117, species subacaulis flaviflora, indicatur a Bois. fl. or. III. p. 678 in insula Naxos, ubi ab Urville lecta esse dicitur, sed probabiliter erronee, nam autor speciem suam in insulis asiaticis Cos et Leros tantum indicat. — *C. crocodylium* L. sp. p. 919 indicatur in Lam. dist. I. p. 677 in Creta, sed a recentioribus ibi non lecta fuit.

b. Flosculi flavi.

α. Caulis 20—60 cm. altus.

59. **C. Tuntasia** Heldr. ap. Hal. in bull. herb. Bois. VI. p. 646. — Exsicc.: Heldr. herb. norm. n. 1447.

Papilloso-scabrida; caulibus erectis, stricte ramosis, rarius simplicibus; foliis coriaceis, canescentibus, in segmenta oblonga, integra vel parce denticulata sublyrato-pinnatisectis, inferioribus petiolatis, superioribus sessilibus, summis subintegris; capitulis ovatis, 15—20 mm. diametro; involucri phyllis ovatis, glabris, in appendicem late semilunatam, pectinato-ciliatam, phylla subtegentem, phyllorum intermediorum adpressam, spina valida, canaliculata, inferne spinulosa terminatam, superiorum convexam, muticam, abeuntibus; flosculis ochroleucis, non radiantibus; acheniis sericeis, pappo 4 plo brevioribus. — Sequenti affinis, ab ea canescentia, phyllorum appendicibus majoribus, phylla subtegentibus, superioribus convexis et pappo longiore distinctissima.

In locis cultis, ad vineta pr. Liosia Atticae (Tuntas). — Jun. Jul. ♃.

60. **C. salonitana** Vis. in Flora XII. Erg.Bl. I. p. 23, Fl. dalm. II. p. 35, t. 13; Bois. fl. or. III. p. 666; Heldr. in Sitzungsb. acad. Berlin 1883 p. 4 et 8, chlor. Parn. p. 22; Hal. in z. b. G. 1888 p. 759, Beitr. fl. Thessal. p. 15, in ö. b. Z. 1897 p. 285, in bull. herb. Bois. VI. p. 645; Form. in D. bot. Monat. 1890 p. 19, in Ver. Brünn 1895 p. 27, 1896 p. 49, 1897 p. 35; Haussk. symb. p. 131; Bald. riv. coll. bot. Alb. 1895 p. 51, 1896 p. 70. — *C. latisquama* DC. pr. VI. p. 589. — *C. collina* S. et S. pr. II. p. 204, Fl. gr. X. p. 10 t. 914; Sieb. in Flora I. p. 275; Ch. et B. fl. pelop. p. 60; Raul. cret. p. 789; non L. — *C. centauroides* S. et S. pr. II. p. 204; Ch. et B. exp. p. 255, Fl. pelop. p. 60; non L. -- Exsicc.: Orph. fl. gr. n. 306; Heldr. herb. norm. n. 624; Sint. it. thessal. 1228.

Papilloso-scabrida; caulibus erectis, stricte ramosis; foliis coriaceis, viridibus, in segmenta oblonga vel oblongo-lanceolata, integra vel rarius parce denticulata pinnatisectis, inferioribus petiolatis, superioribus sessilibus, summis indivisis; capitulis ovatis, 15—20 mm. diametro; involucri phyllis ovatis, glabris, in appendicem adpressam, anguste semilunatam, pectinato-ciliatam, phylla non tegentem, muticam vel spina usque 4 cm. longa, canaliculata, inferne spinulosa terminatam, abeuntibus; flosculis suffureis, non radiantibus; acheniis sericeis, pappo subbrevioribus.

α. **subinermis** Bois. fl. or. III p. 666. — Involucri phylla mutica vel spina ciliis non vel parum longiore terminata. — Intermediis ad

β. **macracantha** Bois. diagn. ser. 2, III. p. 78, spinis validioribus usque 4 cm. longis, transit.

In campis, arvis, vinetis regionis inferioris et montanae. Epirus: in valle Dipotamo, pr. Han Kanberga (Form.), mt. Smolika, Prosgoli (Bald.); frequens in Thessalia a Pindo, mt. Oxya et Chassia, per planitiem usque ad mt. Olympus, Ossa et Pelion, Oeta et in Phthiotide; Aetolia: mt. Korax (Heldr.); mt. Kiona pr. Segditza, mt. Parnassus pr. Livadi (Hal.) et Rachova (Orph.); Attica: pr. Mesoitis, Amarysia, Kephissia, Dekeleia (Heldr.), mt. Pentelicon (Leutwein); Arcadia: pr. Tripolizza (Sart.); Cycladum insula Melos (Armenis); Creta: pr. Candia, Pedhiada, in oropedio Nida in mt. Ida (Raul.). — Jul. Aug. ♃.

Obs. *C. macedonica* Bois. diagn. VI. p. 130, Orph. fl. gr. exs. n. 747; Heldr. herb. gr. norm. n. 1156 (nomen specificum ceteroqui mutandum est ob homonymum Grisebachianum in *C. thessalonica*), praecedenti similis, sed ab ea foliorum segmentis longis angustis, phyllis araneosis parce et brevissime pectinato-ciliatis diversissima, ad confines ditionis nostrae pr. Thessalonicam crescens, in Thessalia septentrionali probabiliter occurrit. — Ibidem quoque forsitan inquirenda species altera, flaviflora, *C. chrysolepidae* Vis. affinis, splendidissima, a Charrel pr. Vodena Macedoniae detecta et a nobis sub nomine *C. Charrelii* Hal. et Dörfl. in Dörfl. Jahrescat. 1894 Wien. bot. Tauschver. p. 6 descripta (Caule elato, 50—70 cm. alto, subarachnoideo, breviter ramoso, folioso; foliis oblongo-lanceolatis, integris, asperulis, secus caulem longe lateque decurrentibus, summis capitula subbracteantibus; capitulis ovato-globosis, 4 - 5 $\frac{1}{2}$ cm. diametro; involucri pallidi phyllis ovatis, in appendicem magnam, stramineam, brevissime puberulam, ovato-lanceolatam, pectinato-ciliatam, phylla tegentem, spina ciliis latitudine appendicis aequilongis subvalidiore et subduplo longiore terminatam, abeuntibus; flosculis flavis, non radiantibus; acheniis glabris, pappo subduplo brevioribus).

β. Caulis 1—3 cm. altus.

61. **C. parnonia** Hal. in bull. herb. Bois. VI. p. 648. — *C. rupestris v. minor* Bois. fl. or. III. p. 668, non *C. minor* Willd. — Exsicc.: Orph. pl. gr. a. 1858.

Arachnoidea, cana; caulibus erectis, nanis, simplicibus, monocephalis; foliis in lacinias oblongas, angustas, breves pinnatisectis, radicalibus petiolatis, caulinis sessilibus; capitulis ovatis, 10—15 mm. diametro; involucri phyllis ovatis, parce araneosis, pallidis, in appendicem ovatam, centro fuscidulam, margine hyalinam, pectinato-ciliatam, spina brevi, ciliis validiore terminatam, abeuntibus; flosculis luteis, non radiantibus; acheniis subsericeis, pappo aequilongis. — Affinis *C. rupestris* L. differt ab ea caulibus saepissime elatis et ramosis, glabrescentia, foliis viridibus, laciniis anguste linearibus, longis et pappo breviore.

In cacumine mt. Malevo — Parnon veterum — Laconiae (Orph.), rarissime. — Jul. Aug. ♃.

4. Sectio. *Calcitrapeae* DC. l. c. p. 592. —

a. Folia caulina decurrentia; flosculi flavi.

α. Flosculi eglandulosi.

62. **C. solstitialis** L. sp. p. 917; S. et S. pr. II. p. 202, Fl. gr. X. p. 6 t. 908; Ch. et B. exp. p. 255, Fl. pelop. p. 60; Marg. et R. fl. Zante p. 59; Friedr. Reise p. 273 et 284; Fraas fl. class. p. 204; Raul. cret. p. 789; Weiss in z. b. G. Wien 1869 p. 44; Bois. fl. or. III. p. 685; Heldr. fl. cephal. p. 48, in ö. b. Z. 1898 p. 184, var. *insularis* (f. ramulis elongatis); Spreitz. in z. b. G. Wien 1887 p. 663, 1890 p. 296; Hal. in z. b. G. Wien 1888 p. 759, Beitr. fl. Epir. p. 29, Beitr. fl. thessal. p. 15, in bull. herb. Bois. VI. p. 649; Form. in D. bot. Monat. 1890 p. 19, in Ver. Brünn 1895 p. 27, 1896 p. 49, 1897 p. 35; Haussk. symb. p. 131; Bald. viagg. Creta p. 71. — ? *C. sicula* S. et S. pr. II. p. 202. — Exsicc.: Heldr. herb. norm. n. 1449 var. *pycnoclada* (f. capitulis numerosioribus in ramulis abbreviatis; Dörfl. fl. gr. n. 210 et 394).

Araneoso-canescens; caule erecto, paulo supra basin divaricatim ramosissimo; foliis radicalibus petiolatis, lyratis, laciniis oblongis, integris vel dentatis, caulinis sessilibus, lineari-lanceolatis, integris, decurrentibus; capitulis solitariis, ovatis, 6—10 mm. diametro; involucri phyllis virescentibus, parce araneosis, in appendicem parvam, stramineam, spina patula, acerosa, 10—20 mm. longa, basi utrinque 1—2 spinulosa terminatam, abeuntibus; flosculis luteis, non radiantibus; acheniis glabris, pappo aequilongis vel subbrevioribus.

β. **Adami** Willd. sp. III. p. 2310; Friedr. Reise p. 273; Hal. in ö. b. Z. 1890 p. 39; pro sp.; Bois. fl. or. III. p. 685; Haussk. symb. p. 131; Hal. in bull. herb. Bois. VI. p. 650. — Phyllorum spina tenuior et brevior, spinulas laterales saepe parum superans. — Exsicc.: Sint. it. or. 1889 n. 1835; Heldr. it. IV. Thessal. a. 1885.

In aridis, ruderatis, arvis regionis inferioris, per totam Graeciam vulgaris; — β. Thessalia: pr. Trikala (Heldr.), Megala Kalyvia (Haussk.), Katerina (Sint.); Argolis: pr. Poros (Friedr.). — Jun. Jul. ⊙.

63. **C. idaea** Bois. et Heldr. diagn. X. p. 119, Fl. or. III. p. 686 suppl. p. 316; Raul. cret. p. 789; Hal. in bull. herb. Bois. VI.

p. 650. — *C. solstitialis v. idaea* Bald. viagg. Creta p. 71. — Exsicc.: Heldr. pl. cret. a. 1870; Rev. pl. cret. n. 81; Bald. it. cret. alt. n. 33.

Araneoso-cana; caulibus a collo pluribus, pumilis, centrali brevissimo, monocephalo, lateralibus divaricatim ramosis, pleiocephalis; foliis radicalibus rosulatis, petiolatis, in segmenta ovato-triangularia pinnatipartitis, caulinis inferioribus minoribus, decurrentibus, summis integris diminutis, oblongo-linearibus; capitulis solitariis, ovatis, 6—10 mm. diametro; involucri phyllis virentibus, araneosis, in appendicem parvam stramineam vel fuscidulam, spina patula, acerosa, 10—20 mm. longa, basi utrinque 1—2 spinulosa terminatam abeuntibus; flosculis luteis, non radiantibus; acheniis glabris, pappo aequilongis. — A praecedente radice crassiuscula bienni, caulibus a collo numerosis, centrali brevissimo simplici, foliis radicalibus rosulatis, segmentis parvis numerosis specifice diversissima.

In aridis regionis inferioris et montanae. Cretae: pr. Kissamos, Malaxa (Reverch.), Stylo, Kephala, Anopolis, Aradhena in mt. Sphacioticis, mt. Ida (Raul.), pr. Spilia ultra Temenos (Bald.). — Jun. Aug. ☉.

β. Flosculi glandulosi.

64. **C. melitensis** L. sp. p. 917; S. et S. pr. II. p. 202, Fl. gr. X. p. 6 t. 909; Ch. et B. exp. p. 256, Fl. pelop. p. 60; Heldr. fl. Aegina p. 306; Hal. in bull. herb. Bois. VI. p. 651. — *C. apula* Lam. dict. I. p. 674; ?Raul. cret. p. 789. — ? *C. lyrata* Sieb. avis. p. 5. — Exsicc.: Heldr. pl. fl. bellen. n. 2069.

Asperulo-pubescens, tandem glabrata; caule erecto, ramoso; foliis in petiolum attenuatis, inferioribus lyrato-pinnatifidis, laciniis paucis brevibus obtusis, ceteris oblongo-linearibus linearibusve, integris, decurrentibus; capitulis ovatis, solitariis vel aggregatis; involucri phyllis virescentibus, parce araneosis, in appendicem parvam, fuscidulam, spina patulo-recurva, acerosa, utrinque 2—3 spinulosa terminatam, abeuntibus; flosculis pallide luteis, glandulosis, non radiantibus; acheniis glabris, pappo sublongioribus.

In collibus aridis, ruderatis, rarissime. Prope Perivolia et Hagia Marina in insula Aegina (Heldr.); dein in Laconia (Sibth.) et si planta Sieberi huc spectet, in Creta pr. Canea. — Jun. Aug. ☉.

b. Folia non decurrentia.

α. Flosculi purpurei.

65. **C. calcitrapa** L. sp. p. 917; S. et S. pr. II. p. 201; Sieb. avis p. 5, rem. p. 6; Ch. et B. exp. p. 255, Fl. pelop. p. 60; Fraas fl. class. p. 204; Raul. cret. p. 789; Bois. fl. or. III. 689; Heldr. fl. cephal. p. 48; Hal. in z. b. G. Wien 1888 p. 763, Beitr. fl. Epir. p. 29, Beitr. fl. Achaia p. 25, in bull. herb. Bois. VI. p. 651; Spreitz. in z. b. G. Wien 1890 p. 296; Form. in D. bot. Monat. 1890 p. 19, in Ver. Brünn 1895 p. 27, 1896 p. 49, 1897 p. 35; Haussk. symb.

p. 131. — *C. calcitrapa* v. *longispina* Aschers. in z. b. G. 1889 p. 44. — Icon: Rchb. t. 67. — Exsicc.: Dörfl. fl. gr. n. 420. —

Caule erecto, a basi divaricatim ramosissimo; foliis viridibus, asperulo-puberulis, radicalibus rosulatis, in lacinias lineares dentatas vel pinnatilobatas pinnatisectis, caulinis sessilibus, laciniis paucis, elongatis, summis indivisis; capitulis solitariis, ovatis, terminalibus et lateraliter ad ramos vel in dichotomiis subsessilibus; involucri phyllis ovatis, glabris, pallidis, anguste hyalino-marginatis, in appendicem parvam, spina patula, basi utrinque 2—3 spinulosa terminatam, abeuntibus; flosculis purpureis, non radiantibus; acheniis glabris, calvis.

In ruderatis, ad vias, sepes regionis inferioris et montanae per omnem fortasse Graeciam continentalem frequens; dein in Corcyra, Cephalonia et Creta, probabiliter etiam in insulis ceteris. — Jun. Sept. ⊙.

66. **C. iberica** Trev. in Spreng. syst. III. p. 406; Bois. fl. or. III. p. 690; Haussk. symb. p. 131; Form. in Ver. Brünn 1896 p. 49, 1897 p. 35. — *C. aegyptiaca* S. et S. pr. II. p. 201, Fl. gr. X. p. 5 t. 907; Ch. et B. fl. pelop. p. 60; non L. — *C. calcitrapoides* DC. pr. VI. p. 597, an L. — Exsicc.: Heldr. it. IV. Thessal. a. 1885.

Praecedenti simillima, ab ea praesertim acheniis pappo eis dimidio breviore superatis distincta.

β. **Holzmanniana** Heldr. herb. fl. hellen. n. 111 pro sp.; Bois. fl. or. suppl. p. 316; Hal. in bull. herb. Bois. VI. p. 653. — Involucri spinae validiores, 3 cm. longae, basi 5 mm. latae, pappus achenio parum brevior.

In ruderatis, ad vias. Thessalia: pr. Trikala (Heldr.), ad monasterium Korona, pr. Tyrnavos, Larissa, Karditza, Volo (Haussk.), Ilias Parapansa, Palaeokastro, Sermeniko, Mavro Mandila, Limogardi, Velestino, Ligaria, Godaman, Nezeros (Form.); Attica: in oliveto Athenarum (Heldr.); Achaia (Sibth.); — β. pr. Hagios Mercurios in mt. Parnes Atticae (Heldr.). — Jul. Sept. ⊙.

β. Flosculi sulfurei.

67. **C. hyalolepis** Bois. diagn. VI. p. 133; Haussk. symb. p. 131; Hal. in bull. herb. Bois. VI. p. 653. — *C. pallescens* v. *hyalolepis* Bois. fl. or. III. p. 691, suppl. p. 316. — Exsicc.: Reverch. pl. cret. n. 80; Heldr. herb. norm. n. 852.

Caule erecto, a basi divaricatim ramosissimo; foliis viridibus, puberulis, radicalibus rosulatis, in segmenta oblonga vel lanceolata, dentata vel lobata pinnatisectis vel lyratis, superioribus sessilibus, linearibus, dentatis; capitulis solitariis, ovatis, terminalibus et lateraliter ad ramos vel in dichotomiis subsessilibus; involucri phyllis ovatis, glabris, pallidis, in appendicem semilunatam, hyalinam, spina patula, interdum utrinque 1 spinulosa terminatam, abeuntibus; flosculis sulfureis, non radiantibus; acheniis glabris, pappo aequilongis. — A *C. iberica* praesertim florum colore discedit. —

In valle Cephissi pr. Myli oliveti Athenarum (Heldr.) et pr. Kissamos et Canea Cretae (Reverch.). — Maio, Jun. ☉.

5. Sectio. *Seridieae* DC. l. c. p. 598.
   a. Flosculi purpurei.
   α. Folia caulina basi auriculato-amplexicaulia, non decurrentia.

68. **C. sphaerocephala** L. sp. p. 916; S. et S. pr. II. p. 201, Fl. gr. X. p. 3, t. 904; Raul. cret. p. 789; Bois. fl. or. III. p. 691; Hal. in bull. herb. Bois. VI. p. 654. — Icon: Rchb. t. 69.

Subaraneosa, asperula; caulibus erectis vel procumbentibus, ramosis; foliis lyratis vel sinuato-lobatis, lobis obtusis dentatis, infimis petiolatis, ceteris basi rotundato-auriculatis, summis saepe integris; capitulis bracteatis, solitariis, ovato-globosis; involucri phyllis ovatis, glabris vel puberulis, in appendicem parvam, pallidam, patulo-reflexam, in 5—7 spinulas tenues, phyllo subaequilongas palmatipartitam abeuntibus; flosculis purpureis, radiantibus; acheniis glabris, exterioribus pappo nullo, centralibus pappo brevissimo coronatis.

In arenosis Archipelagi (Sibth.), in Creta (Raul.). — Apr. Jun. ♃. N. v.

β. Folia caulina decurrentia.

69. **C. sonchifolia** L. sp. p. 915; Marg. et R. fl. Zante p. 59; Bois. fl. or. III. p. 692; Hal. in bull. herb. Bois. VI. p. 655. — Huc probabiliter *C. romana* Ch. et B. exp. p. 256, Fl. pelop. p. 60, e Methone et Kardamyle. — Exsicc.: Heldr. herb. norm. n. 1558.

Subaraneosa, asperula; caulibus erectis vel adscendentibus, ramosis; foliis lyratis vel obtuse lobatis, spinuloso-denticulatis, infimis petiolatis, ceteris lanceolatis, oblongisve, remote-dentatis, decurrentibus; capitulis bracteatis, solitariis, ovatis; involucri phyllis ovatis, glabris, in appendicem parvam, pallidam, reflexam, in 5—7 spinulas tenues, phyllo subaequilongas vel breviores palmatipartitam abeuntibus; flosculis purpureis, subradiantibus; acheniis glabris, pappo 2—3 plo longioribus. — Habitus praecedentis, sed folia decurrentia.

In arenosis maritimis, rarissime. Corcyra: pr. Melikia (Bicknell); Zante: pr. Tsilivi (Marg.); Elis: pr. Lintzi (Heldr.); Messenia: pr. Navarin (Heldr.). — Maio, Jun. ♃.

70. **C. napifolia** L. sp. p. 916; S. et S. pr. II. p. 201, Fl. gr. X. p. 3 t. 905; Sieb. avis rem. p. 6; Friedr. Reise p. 203; Raul. cret. p. 789; Bois. fl. or. III. p. 694; Hal. in bull. herb. Bois. VI. p. 655. —

Lanuginosa; caulibus erectis, ramosis; foliis inferioribus petiolatis, lyratis, segmentis obtuse dentatis, lateralibus utrinque 1—3, terminali ovato-rotundo, multo majore, mediis et superioribus sublyratis, decurrentibus, summis lanceolatis; capitulis vix bracteatis, solitariis, ovatis; involucri phyllis ovatis, glabris, in appendicem pallidam, semiorbicularem, erecto-patulam, pectinatim breviter 5—9 spinulosam abeuntibus; flosculis

purpureis, valde radiantibus; acheniis glabris, pappo duplo longioribus.
— Differt a praecedente radice annua, foliorum segmento terminali multo majore, appendicibus phyllorum transverse latioribus et flosculis valde radiantibus.

Teste Linné, Sibthorp et Sieber in Creta et secundum Friedrichsthal in valle fluminis Eurotas inter Leondari et Misitra, sed a recentioribus non lecta. — Maio, Jun. ⊙. N. v.

b. Flosculi lutei.

71. **C. lancifolia** Sieb. in Spreng. syst. III. p. 405, in avis p. 5, rem. p. 6; Bois. fl. or. III. p. 694; Hal. in bull. herb. Bois. III. p. 656. — *Amberboa lancifolia* DC. pr. VI. p. 561; Raul. cret. p. 788. — *Chartolepis lancifolia* Fenzl. in Tchih. As. min. III. p. 327. — Exsicc.: Sieb. pl. cret.; Reverch. pl. cret. n. 90.

Minute asperula; caulibus erectis, simplicibus vel superne parce ramosis; foliis rigidulis, lanceolatis, elevatim nervosis, infimis in petiolum attenuatis, ceteris subauriculatis, brevissime decurrentibus; capitulis solitariis, ovatis, foliis summis bracteatis; involucri phyllis ovatis, glabriusculis, in appendicem fusco-nigram, erectam, palmato-subpectinatim 9—13 spinulosam abeuntibus; flosculis luteis, non radiantibus; acheniis glabris, pappo aequilongis. — Caulis 10—20 cm. altus, folia 5—6 cm. longa, 4—6 mm. lata, eis *Inulae salicinae* similia; capitula 15 mm. diametro.

In montibus pr. Sphakia (Sieb.) et Drakona Cretae (Reverch.). — Jul. ♃.

Species dubiae:

C. armoracifolia S. et S. pr. II. p. 205, e mt. Peloponnesi. Cf. Spreng. syst. III. p. 396; Ch. et B. exp. p. 256, Fl. pelop. p. 60; DC. pr. VI. p. 603; Bois. fl. or. III. p. 656. —

C. coronopifolia S. et S. pr. II. p. 204, e Graecia, sine loci specialis indicatione.

C. dalmatica Fraas fl. class. p. 204, in Euboea pr. Mantudi et Limni (fibris radicis napuliformi-incrassatis).

C. eumorpha Sieb. avis rem. p. 6 (solum nomen), e Creta.

56. Microlonchus Cass. bull. phil. 1818 p. 142.

1. **M. salmanticus** L. sp. p. 918 *(Centaurea)*; DC. pr. VI. p. 565; Form. in Ver. Brünn 1896 p. 49; Heldr. fl. Aegina p. 306. Icon: Jacq. vindob. t. 64. — Exsicc.: Heldr. pl. fl. hellen. a. 1848 et 1877.

Caule erecto, virgatim ramoso, inferne parce puberulo; foliis inferioribus petiolatis, runcinato-vel lyrato-pinnatipartitis, mucronato-denticulatis, superioribus sessilibus, linearibus; capitulis solitariis, ovato-conicis; involucri glabri phyllis adpressis, ovatis, apice nigro-maculatis, mucrone brevissimo caduco terminatis; flosculis purpureis, non radiantibus;

acheniis inter costas transverse rugulosis; pappo sordido, achenio subbreviore.

In sterilibus, incultis, vineis, ad vias, **rarissime.** Thessalia: pr. Velestinos (Form.); Attica: ad ostia Cephissi pr. Phalerum (Kyriakos); pr. Corinthum et in insula Aegina (Heldr.); Argolis: pr. Nauplia (Sart.). — Maio, Jul. ♃.

57. Crupina Cass. dict. 12 p. 67.

1. **C. vulgaris** Cass. dict. 44 p. 39; Marg. et R. fl. Zante p. 59; Ung. Reise p. 124; Form. in D. bot. Monat. 1890 p. 20; in Ver. Brünn 1896 p. 49 et 1897 p. 36 *v. serrata* (f. foliorum segmentis denticulatis); Haussk. symb. p. 131; Bald. riv. coll. bot. Alb. 1896 p. 70. — *Centaurea crupina* L. sp. p. 909; Clem. sert. p. 57. — *Serratula crupina* Vill. dauph. III. p. 38. — Icon: Rchb. XXV. t. 18. — Exsicc.: Sint. it. thessal. n. 910.

Asperula; caule erecto, stricte ramoso, ramis tenuibus, nudis; foliis primordialibus indivisis, oblongis, basi attenuatis, ceteris in segmenta tenuiter linearia, integra vel denticulata pinnatisectis; capitulis anguste oblongis, 3—5 floris, basi attenuatis; involucri pruinosi phyllis pallide virentibus, membranaceo marginatis, apice saepe purpurascentibus, ab infimis ovatis ad superiora lanceolata acuminata auctis; flosculis purpureis, involucrum parum superantibus; acheniis subcylindricis, basi non compressis, hilo basilari orbiculari; pappi interni paleis triangularibus, acutis.

In collibus siccis regionis inferioris et submontanae. Epirus: pr. Vromonero distr. Ljaskovik (Bald.); Thessalia: pr. Kastania, Velitsena, Koturi, Malakasi, Chilniades in valle Penei, Kucuro in mt. Chassia, pr. Trikala, Velestinos, Kapurna, Kalyvia, Portaria, Volo, mt. Pelion (Form.), Pharsalus, Aivali, ad monasterium Korona (Haussk.); Euboea: pr. Kurbatzi (Wild); Attica: pr. Athenas (Ung.); Zante: mt. Scopo (Marg.); Corcyra: pr. Spartilla (Clem.); — sed loca nonnulla probabiliter ad sequentem spectant. — Maio, Jul. ☉.

2. **C. crupinastrum** Mor. en. sem. hort. taur. 1842 p. 12 (*Centaurea*); Vis. fl. dalm. II. p. 42, t. 51; Weiss in z. b. G. 1869 p. 45; Bois. fl. or. III. p. 699; Spreitz. in z. b. G. 1877 p. 713; Heldr. fl. cephal. p. 48, Fl. Aegina p. 306, chlor. Thera p. 15; Hal. Beitr. fl. Epir. p. 29, Beitr. fl. Achaia p. 25, in ö. b. Z. 1895 p. 460, 1897 p. 96; Haussk. symb. p. 131; Form. in Ver. Brünn 1895 p. 27, 1896 p. 49, 1897 p. 36. — *Centaurea crupina* S. et S. pr. II. p. 197, Fl. gr. t. 900; Urv. enum. p. 115; Ch. et B. exp. p. 254, Fl. pelop. p. 59; Friedr. Reise p. 283. — *Crupina Morisii* Bor. fl. centr. II. p. 292; Raul. cret. p. 788. — Huc probabiliter *Serratula attica* Fraas fl. class. p. 210. — Exsicc.: Heldr. herb. norm. n. 319 et 1352; Orph. fl. gr. n. 468; Reverch. pl. cret. n. 196.

Differt a praecedente, cui habitu simillima, capitulis basi rotundatis, saepe plurifloris (9—15), flosculis involucro fere sesquilongioribus, acheniis basi acute compressis, hilo obliquo lineari, pappi interni paleis oblongis denticulatis.

In iisdem locis, praecedenti multo frequentior, passim per Graeciam totam. — Maio, Jul. ☉.

58. Aegialophila Bois. et Heldr. diag. X. p. 105.

1. **A. cretica** Bois. et Heldr. diagn. X. p. 106, Fl. or. III. p. 704; Raul. cret. p. 790. — *Centaurea pumila* S. et S. pr. II. p. 206, Fl. gr. X. p. 13 t. 918; Sieb. avis. p. 5, rem. p. 6; Raul. cret. p. 789; Ch. et B. fl. pelop. p. 60; non L. — Exsicc.: Heldr. pl. cret. n. 1451; Sint. et Rigo it. cypr. n. 296 (Cyprus).

Araneoso-canescens; radice crassa; caulibus brevissimis, parce ramosis; foliis petiolatis, capitula superantibus, aliis indivisis, ovato-oblongis, aliis lyratis, segmento terminali multo majore; capitulis ovatis; involucri glabriusculi phyllis ovatis, membranaceo-marginatis, in spinulam phyllo 4 plo breviorem attenuatis; flosculis purpureis, subradiantibus; pappi setis externis achenio sericeo subtriplo longioribus, seriei intimae paleolis pappi externi tertiam partem aequantibus. — *A. pumilae* (L.) Bois. foliis pinnatisectis, phyllis brevius spinosis et seriei intimae paleolis pappi externi sextam partem aequantibus, diversae, valde affinis.

In arenosis maritimis ad portum Sitia Cretae orientalis (Heldr.). — Apr. Maio. ♃.

59. Carthamus L. gen. n. 411.

a. Flosculi flavi.

1. **C. lanatus** L. sp. p. 830; S. et S. pr. II. p. 160, Fl. gr. t. 841; Sieb. avis. p. 5, rem. p. 5; Ch. et B. exp. p. 244, Fl. pelop. p. 57; Friedr. Reise p. 284; Fraas fl. class. p. 206; Bois. fl. or. III. p. 706; Heldr. fl. cephal. p. 48, Fl. Aegina p. 305, in ö. b. Z. 1898 p. 184; Hal. in z. b. G. 1888 p. 759, 1899 p. 186, Beitr. fl. Epir. p. 28, Beitr. fl. thessal. p. 14; Haussk. symb. p. 125; Form. in Ver. Brünn 1895 p. 27, 1896 p. 49, 1897 p. 36. — *Kentrophyllum lanatum* Duby bot. gall. I. p. 293; Marg. et R. fl. Zante p. 59; Weiss in z. b. G. 1896 p. 45; Raul. cret. p. 790; Spreitz. in z. b. G. 1887 p. 663; Form. in D. bot. Monat. 1890 p. 20. — Exsicc.: Sint. it. thessal. n. 908; Dörfl. fl. gr. n. 395.

Caule erecto, corymboso, plus minus arachnoideo; foliis coriaceis, glanduloso-viscidulis, elevatim nervosis, inferioribus pinnatipartitis, superioribus pinnatifidis vel sinuatis, omnibus inaequaliter spinoso-dentatis; capitulis ovatis; involucri phyllis externis foliaceis, erecto-patentibus, pinnatim dentato-spinosis, flores aequantibus vel parum superantibus, intimis scariosis, lineari-lanceolatis, integris; flosculis luteis; acheniis turbinato-tetragonis, superne excavato-punctatis; pappi paleis ab externis brevissimis retusis, ad intermedias acutas, achenio triplo longiores auctis, abbreviatis.

β. **creticus** L. sp. ed. 2 p. 1163, syst. nat. ed. 12, II. p. 533 Sieb. avis p. 5, rem. p. 5; Ch. et B. fl. pelop. p. 57; Celak. in Sitzungsb. böhm. Ges. Wiss. 1885 p. 8; Hal. in z. b. G. 1899 p. 185; pro sp. — *C. lanatus v. graecus* Heldr. herb. norm. n. 1152. — *C. cycladum* Heldr. pl. fl. hellen. a. 1897. — Vix arachnoidea, foliis nitidis, angustioribus longioribusque, capitulis submajoribus, involucri phyllis externis patentissimis, flores pallide-luteos manifeste superantibus. — Formae ad typum transientes adesse videntur. — Exsicc.: Heldr. l. c.; Orph. fl. gr. n. 789; Dörfl. fl. aeg. n. 48.

In ruderatis, cultis, campis regionis inferioris per totam Graeciam, varietas typo ut videtur multo frequentior. — Maio, Aug. ☉.

b. Flosculi purpurei.

α. Pappi series intima serie intermedia 3—4 plo brevior.

× Involucri phylla intermedia apice non constricta, sensim in spinam integram vel utrinque spinula instructam abeuntia.

2. **C. Boissieri** Hal. in z. b. G. 1899 p. 186. — *Kentrophyllum creticum* Bois. diagn. X. p. 99; Weiss in z. b. G. 1869 p. 741; Raul. cret. p. 790. — *C. glaucus v. syriacus* Bois. fl. or. III. p. 707, saltem quoad pl. cret. — *C. glaucus* Bois. fl. or. suppl. p. 317, non M. B. — *K. tauricum* Raul. cret. p. 790, non (M. B.). — *C. ruber* Bald. viagg. cret. p. 68, non Link. — Exsicc.: Reverch. pl. cret. n. 83, in Baen. herb. europ. n. 4883; Bald. it. cret. n. 126.

Caule erecto, corymboso, arachnoideo; foliis oblongo-lanceolatis, coriaceis, arachnoideis, glanduloso-viscidulis; elevatim nervosis, spinoso-dentatis; capitulis oblongis; involucri phyllis externis foliaceis, patentibus, spinoso-dentatis, capitulum superantibus; acheniis ovato-tetragonis, superne parce excavato-punctatis; pappi paleis ab extimis brevissimis retusis, ad intermedias acutas sensim auctis, intimis abbreviatis.

In locis aridis, collibus, cultis. Creta: pr. Kissamos, Canea, Khalepa (Reverch.), Armeni (Bald.), Melidoni (Raul.); Cycladum insula Amorgos (Heldr.). — Jun. Aug. ☉.

3. **C. leucocaulos** S. et S. pr. II. p. 160, Fl. gr. t. 842; Sieb. avis p. 5, rem. p. 5; Urv. enum. p. 104; Bois. fl. or. III. p. 708; Bald. viagg. cret. p. 68; Heldr. fl. Aegina p. 305, in ö. b. Z. 1898 p. 184, chor. Thera p. 15. — *Kentrophyllum leucocaulon* DC. pr. VI. p. 610; Weiss in z. b. G. 1869 p. 45; Raul. cret. p. 790. — Exsicc.: Bald. it. cret. n. 159; Dörfl. fl. aeg. n. 265.

Differt a praecedente caule nitido, glaberrimo, candido, foliis angustis, nitidis glabris, longius spinoso-dentatis, involucri phyllis externis capitulo plus duplo longioribus.

In locis aridis regionis inferioris. Argolis: pr. Nauplia (Sart.); insula Aegina, Poros, Naxos, Siphnos, Amorgos, Thera (Heldr.), Thermia (Auch.), Syra (Urv.); Creta: pr. Asomatos distr. Amari (Bald.), insula Dia (Sieb.). — Jul. Aug. ☉.

×× Involucri phylla intermedia apice constricta, in appendicem oblongam, pectinato-spinulosam, apice spinosam dilatata.

4. C. ambiguus Heldr. ap. Hal. in z. b. G. 1899 p. 186. — Huc probabiliter *C. dentatus* Urv. enum. p. 104, Heldr. in ö. b. Z. 1898 p. 184 et *Kentrophyllum dentatum* Weiss in z. b. G. 1869 p. 45. — Exsicc.: Heldr. pl. fl. hellen. a. 1897; Dörfl. fl. aeg. n. 266.

Caulo erecto, arachnoideo, mox supra basin patule ramosissimo; foliis coriaceis, pubescenti-viscidulis, elevatim nervosis, semiamplexicaulibus, oblongo-lanceolatis, spinoso-dentatis; capitulis oblongis; involucri phyllis externis foliis similibus, patentibus, capitulo duplo longioribus, interioribus scariosis, in appendicem oblongam, pectinato-spinulosam, apice tenuiter spinosam dilatatis; acheniis turbinato-tetragonis; pappi paleis ab extimis brevissimis retusis, ad intermedias acuminatas, serrulato-dentatas, achenio triplo longiores elongatis, seriei intimae eis 2—3 plo brevioribus. — Sequenti valde affinis et ab eo forsan vix specifice distinctus.

In aridis regionis inferioris insulae Aegina (Tunt.), Paros, Naxos (Heldr.), ? Syra (Urv.). — Jun. Oct. ☉.

5. C. dentatus Vahl symb. I. p. 69, t. 17; Bois. fl. or. III. p. 708 p. p.; Heldr. in Sitzungsb. acad. Wiss. Berl. 1883 p. 8, in ö. b. Z. 1898 p. 184; Celak. in böhm. Ges. Wiss. 1885 p. 2; Haussk. symb. p. 125; Form. in Ver. Brünn 1896 p. 49, 1897 p. 36; Hal. in z. b. G. 1899 p. 188. — *Kentrophyllum dentatum* DC. pr. VI. p. 611; Form. in D. bot. Monat. 1890 p. 19. — Exsicc.: Heldr. it. thessal. n. 95; Sint. et Bornm. it. turc. n. 1313; Sint. it. thessal. n. 1018; Dörfl. fl. gr. n. 190.

Differt a praecedente caule elatiore, minus arachnoideo, superne vel a medio ramoso, interdum simplici, monocephalo et involucri phyllis externis brevioribus, capitulum aequantibus vel parum superantibus.

In locis aridis, collibus, ad vias. Frequens in Thessalia a Malakasi in Pindo, per planitiem usque ad radices mt. Olympus, Ossa et Pelion; pr. Agoriani in mt. Parnasso (Leon.); ? pr. Athenas (Haussk.). — Jun Aug. ☉.

β. Pappi series intima serie intermedia longior vel aequilonga (involucri phylla intermedia uti duorum antecedentium).

6. C. ruber Link in Linnaea 1834 p. 580; Ch. et B. fl. pelop. p. 57; Celak. in böhm. Ges. Wiss. 1885 p. 2; Hal. in z. b. G. 1899 p. 188. — *Kentrophyllum rubrum* Link. l. c. — *C. dentatus* Bois. fl. or. III. p. 708 p. p.; Hal. in z. b. G. 1888 p. 759; non Vahl. — *C. Sartorii* Heldr. fl. Aegina p. 305. — Exsicc.: Heldr. herb. norm. n. 430 et 1153.

Caule erecto, parce arachnoideo, patule corymboso; foliis coriaceis, parce pubescenti-viscidulis, elevatim nervosis, inferioribus in lacinias lineari-lanceolatas pinnatipartitis, superioribus semiamplexicaulibus, spinoso-dentatis; capitulis oblongis; involucri phyllis externis foliis similibus, capitulo duplo longioribus, interioribus scariosis, in appendicem oblongam, pectinato-spinulosam, apice tenuiter spinosam dilatatis; acheniis turbinato-tetragonis; pappi paleis ab extimis brevissimis, ad intermedias acuminatas, serrulato-dentatas, achenio triplo longiores elongatis, seriei intimae eis aequilongis vel longioribus. — Praecedenti affinis, ab eo colore virenti, pubescentia parciori, foliis longioribus, angustioribus, inferioribus profunde pinnatipartitis, capitulis subminoribus, flosculis paucioribus, pallidioribus et pappi series intima elongata differt.

In locis aridis, arvis, campis regionis inferioris. Frequens in Attica pr. Athenas; Euboea: pr. Steni (Orph.); insula Aegina (Heldr.); Argolis: pr. Nauplia (Sart.); Laconia: pr. Sparta (Heldr.), ad radices mt. Taygetos (Psarid.); Creta: pr. Skylus distr. Temenos (Heldr.); et probabiliter alibi. — Jun. Aug. ☉.

Obs. *C. tinctorius* L. sp. p. 830; Dallap. prosp. p. 111; Fraas fl. class. p. 206; Bois. fl. or. III. p. 709; Heldr. fl. cephal. p. 48. Hinc inde colitur.

60. Carduncellus Ad. fam. II. p. 116.

1. **C. coeruleus** L. sp. p. 830; S. et S. pr. II. p. 161, Fl. gr. t. 843; Sieb. avis p. 5, rem. p. 5; Ch. et B. exp. p. 244, Fl. pelop. p. 57; Bois. fl. or. III. p. 710; Heldr. fl. cephal. p. 48; *(Carthamus)*; DC. pr. VI. p. 615; Weiss in z. b. G. 1869 p. 43; Raul. cret. p. 790; Hal. Beitr. fl. Aetol. p. 7; Bald. viagg. Creta p. 69. — Exsicc.: Reverch. pl. cret. n. 15.

Araneoso-puberulus; caule erecto, plerumque simplici; foliis subcoriaceis, elevatim nervosis, inferioribus lanceolatis, in petiolum attenuatis, superioribus sessilibus, e basi cordata oblongo-lanceolatis; capitulis ovatis; involucri phyllis externis foliaceis, breviter spinoso-dentatis, internis sublongioribus, scariosis, in appendicem pectinato-ciliatam, dilatatis; flosculis coeruleis; acheniis obscure tetragonis, pappo dimidio brevioribus.

α. **dentatus** DC. l. c.; Weiss l. c. — Foliis indivisis, spinoso-dentatis. — Exsicc.: Reverch. pl. cret. n. 15.

β. **tingitanus** L. sp. ed. 2, p. 1163 pro sp. *(Carthamus).* — *Carduncellus coeruleus v. incisus* DC. l. c.; Marg. et R. l. c.; Weiss l. c. — Foliis pinnatifidis vel pinnatipartitis, spinoso-dentatis. — Exsicc.: Reverch. pl. cret. n. 84.

In herbidis, cultis regionis inferioris, rare. Corcyra (Bickn.); Cephalonia: pr. Lixuri (Heldr.); Zante (Marg.); Aetolia: pr. Antirrhion (Hal.); Messenia: pr. Methone (Chaub.); Creta: pr. Kissamos (Reverch.), Canea (Weiss), Akroteri (Bald.), Khalepa, Candia, Aludha (Raul.). — Maio, Jul. ♃.

61. Cnicus Vaill. act. acad. 1718 p. 163.

1. C. benedictus L. sp. p. 826; Heldr. Nutzpfl. p. 27, Fl. Aegina p. 306; Raul. cret. p. 790; Bois. fl. or. III. p. 705; Hal. Beitr. fl. Thessal. p. 14; Haussk. symb. p. 125. — *Centaurea benedicta* L. sp. ed. 2 p. 1296; S. et S. pr. II. p. 201, Fl. gr. t. 906; Ch. et B. exp. p. 255, Fl. pelop. p. 60; Friedr. Reise p. 274. — *Carduus benedictus* Camer. epit. 566 ic.; Fraas fl. class. p. 203. — Exsicc.: Sint. it. thessal. n. 401.

Villoso-lanuginosus; caule erecto, interdum brevissimo, divaricatim ramoso; foliis mollibus, oblongo-lanceolatis, sinuato-pinnatifidis partitisve, segmentis spinuloso dentatis, radicalibus in petiolum attenuatis, caulinis breviter decurrentibus, summis capitulum involucrantibus; involucri phyllis in spinam pinnatam abeuntibus; flosculis flavidis; acheniis cylindricis, pappum subaequantibus.

In arvis, cultis, herbidis regionis inferioris. Thessalia: pr. Kastania (Hal.), Kalabaka (Sint.); Attica: pr. Eleusis (Haussk.), Athenas, insula Salamis, Aegina (Heldr.); in Petalium insula Megalonisi (Holzm.); pr. Kalamaki in isthmo Corinthiaco (Haussk.); Peloponnesus: Argolis (Fraas), Poros (Friedr.), pr. Kalamata Messeniae (Zahn); Creta (Sibth.): pr. Akroteri (Raul.); et certe alibi. — Maio, Jul. ⊙.

II. Divisio. LIGULIFLORAE DC. pr. VII. p. 74.

12. Tribus SCOLYMEAE Less. syn. p. 126.

62. Scolymus L. gen. n. 922.

1. S. hispanicus L. sp. p. 813; S. et S. pr. II. p. 147, Fl. gr. t. 825; Ch. et B. exp. p. 239, Fl. pelop. p. 56; Marg. et R. fl. Zante p. 60; Friedr. Reise p. 263; Clem. sert. p. 57; Weiss in z. b. G. 1869 p. 46; Raul. cret. p. 793; Bois. fl. or. III. p. 713; Heldr. fl. cephal. p. 48, Fl. Aegina p. 307, chlor. Thera p. 16; Spreitz. in z. b. G. 1887 p. 663, 1890 p. 296; Hal. in z. b. G. 1888 p. 759, Beitr. fl. Epir. p. 30, Beitr. fl. Thessal. p. 15, in ö. b. Z. 1899 p. 25; Haussk. symb. p. 142; Form. in Ver. Brünn 1896 p. 49. — *S. maculatus* Fraas fl. class. p. 201, non L. — Exsicc.: Orph. fl. gr. n. 763.

Crispule-pubescens; caule erecto, ramoso, ramis subracemosis; foliis oblongo-lanceolatis, sinuato-pinnatipartitis, spinosis, ala deorsum attenuata decurrentibus; capitulis axillaribus, solitariis vel 2—4 congestis, foliis arcte involucratis; involucri phyllis lineari-lanceolatis; receptaculi paleis apice coarctatis; ligulis flavis, glabris; antheris flavis; acheniis clavatis; pappi corona intus aristis binis aucta.

In incultis, ruderatis, derelictis per totam Graeciam. — Jun. Aug. ⊙.

2. S. maculatus L. sp. p. 813; S. et S. pr. II. p. 147, Fl. gr. t. 824; Sieb. avis rem. p. 5; Marg. et R. fl. Zante p. 60; Raul. cret. p. 794; Bois. fl. or. III. p. 713; Bald. viagg. Creta p. 69. —
Differt a praecedente praecipue foliis ala aequali lobata decurrentibus, floralibus pectinatis, capitulis terminalibus, solitariis vel 2—3 aggregatis, receptaculi paleis apice dilatatis, ligulis extus nigro-pilosis, antheris fuscis, acheniis obovatis, corona brevissima, denticulata, inermi superatis.

In ruderatis, incultis, rare. Creta (Sieb.): ad Almyros (Raul.), pr Kalyves et Kalamia (Bald.); in insula Zante et in Archipelago (Sibth.). — Jun. Aug. ⊙ N. v.

13. Tribus CATANANCHEAE Schultz in Bonpl. 1860 p. 367.

63. Catananche Vaill. act. Par. 1721 p. 215.

1. C. lutea L. sp. p. 812; Ch. et B. exp. p. 238, Fl. pelop. p. 55; Raul. cret. p. 795; Bois. fl. or. III. p. 714; Heldr. fl. Aegina p. 308; Hal. in ö. b. Z. 1899 p. 25. — Icon: Fl. gr. t. 821. — Exsicc.: Sart. pl. gr. a. 1835; Reis. fl. gr. a. 1898.

Villosula; caulibus erectis, parce ramosis; foliis lanceolatis, integris vel parce dentatis, radicalibus in petiolum attenuatis, caulinis paucis, sessilibus; capitulis solitariis, longe pedunculatis; involucri phyllis albo-hyalinis, ab infimis ovatis ad intima lanceolata elongatis; flosculis luteis, involucro brevioribus; pappi paleis 5—6, achenio 5 plo longioribus.

In collibus regionis inferioris rarissime Peloponnesus (Chaub.); insula Aegina (Sart.); in Strophadum insula majore (Reiser); Creta (Raul.). — Apr. Maio. ⊙.

64. Hymenonema Cass. bull. philom. 1817, dict. 22 p. 316.

1. H. graecum L. sp. p. 813; *(Catananche)*; DC. pr. VII. p. 116; Weiss in z. b. G. 1869 p. 46; Raul. cret. p. 797; Bois. fl. or. III. p. 714; Hal. in ö. b. Z. 1895 p. 460; Heldr. in ö. b. Z. 1898 p. 184, chlor. Mykon. p. 247. — *H. Tournefortii* Cass. dict. 22 p. 316. — *Scorzonera elongata* Willd. sp. III. p. 1508; S. et S. pr. II. p. 124; Urv. enum. p. 99. — Icon: Tourn. voy. p. 86; Fl. gr. t. 789. — Exsicc.: Heldr. herb. norm. n. 1055 et 1660; Dörfl. fl. aeg. n. 56 et 122.

Asperum, inferne plus minus villosum; caulibus erectis vel adscendentibus, simplicibus vel parce ramosis; foliis pinnatisectis, sublyratis, segmentis oblongis, denticulatis, rhachide lobulata, radicalibus in petiolum attenuatis, caulinis paucis, diminutis, sessilibus; capitulis ovatis, longe pedunculatis; involucri phyllis coriaceis, albo-marginatis, ciliatulis, ab externis ovatis obtusis, ad interna oblonga acutiuscula elongatis; ligulis luteis, concoloribus; receptaculi paleis fructiferis auctis, deciduis, seriei exterioris ovato-lanceolatis, facie interna, basi plicata achenia radii includentibus, seriei interioris spongioso-incrassatis, rugosis; acheniis radii cylindricis, glabris, palea inclusis, pappi paleolis 5—7, trifidis, laciniis lateralibus brevibus, intermedia in setam longam abeunti, superatis; acheniis disci turbinatis, villosis, liberis, pappi paleolis 10—12, indivisis, aequilongis, achenio multo longioribus, setaceo-attenuatis, fulvis, scabris, superatis.

In montosis, collibus, ad vias. Cyclades: insula Tenos, Keos (Heldr.), Kythnos, Syra, Mykonos, Siphnos (Sart), Naxos (Tourn.), Melos, Amorgos (Sibth), Anaphi (Leon.); Creta: pr. Akrotori, Malaxa (Raul.). — Maio, Jul. ♃.

2. **H. laconicum** Bois. et Heldr. fl. or. III. p. 715; Rouy ill. p. 29 t. 90 *v. minus* (f. caulibus monocephalis, foliis radicalibus brevioribus, saepe ovatis, basi sublobatis, lobo terminali semper lateralibus multo majore). — *Catananche graeca* Ch. et B. exp. p. 238, Fl. pelop. p. 55, non L. — Exsicc.: Orph. fl. gr. n. 1152; Pichl. pl. gr. a. 1876; Heldr. herb. norm. n. 1355.

Differt a praecedente, cui habitu maxime affinis, indumento copiosiore, ligulis basi purpureis et pappi paleolis acheniorum disci 15—20, inaequalibus, externis 4—5 brevioribus setiformibus, ceteris setaceoattenuatis, scabris, superne subplumosis, purpureis.

In collibus apricis, herbidis regionis inferioris. Arcadia: mt. Maenalus (Sart.); Laconia: mt. Malevo pr. Platanos (Orph.), mt. Taygetos pr. Androvista, Anavryti, Mistra, Palaeochori (Heldr.), Golass (Pichl.), mt. Selitza (Zahn), pr. Kalamata (Chaub.). — Maio, Jul. ♃.

14. Tribus. **HYPOCHAERIDEAE** Less. syn. p. 130.

65. Hypochaeris L. gen. n. 918.

a. Pappus conformis, biserialis, radiis externis brevioribus scabris, internis plumosis.

1. **H. glabra** L. sp. p. 811; Weiss in z. b. G. 1869 p. 46; Bois. fl. or. III. p. 783. — Icon: Fl. dan. t. 424. — *H. dimorpha* Brot. fl. lusit. I. p. 332. — Exsicc.: Heldr. pl. fl. hellen. a. 1887 et 1900.

Radice annua, tenui; caulibus erectis vel adscendentibus, glabris, simplicibus vel furcato-ramosis, aphyllis, squamatis; foliis radicalibus, rosulatis, glabris vel setulosis, oblongo-spathulatis, obtuse sinuato-dentatis; pedunculis apice subincrassatis; involucri phyllis glabris; flosculis luteis, marginalibus involucrum aequantibus; acheniis muricatis, radii erostribus, disci rostratis.

β. **minima** Cyr. pl. rar. neap. fasc. I. p. 10; S. et S. or. II. p. 143, Fl. gr. t. 816; pro sp.; DC. pr. VII. p. 90; Heldr. fl. Aegina p. 307. — Caulibus pumilis, simplicibus; acheniis saepe omnibus erostribus. — Exsicc.: Heldr. pl. fl. hell. a. 1879.

In arvis, collibus aridis, campis regionis inferioris. Attica: in regione Laurii pr. Spilazeza (Heldr.); Cycladum insula Cythnos (Tunt.), Tenos (Sart.), Syra (Weiss); — β. in Peloponneso (Sibth.); insula Aegina, mt. Pentelicon Atticae (Heldr.). — Apr. Jun. ☉.

2. **H. radicata** L. sp. p. 811; S. et S. pr. II. p. 143; Ch. et B. exp. p. 237, Fl. pelop p. 55; Marg. et R. fl. Zante p. 61; Weiss in z. b. G. 1869 p. 742; Heldr. fl. cephal. p. 49; Form. in D. bot. Monat. 1890 p. 15; Bald. riv. coll. bot. Alb. 1896 p. 73. — Icon: Fl. dan. t. 150. — Exsicc.: N. v.

Rhizomate perenni, ramoso, crasso; caulibus erectis, glabris vel inferne parce setulosis, furcato-ramosis, raro simplicibus, aphyllis squamatis; foliis radicalibus, rosulatis, setulosis, oblongo-lanceolatis, dentatis vel runcinato-pinnatifidis; pedunculis apice subincrassatis; involucri phyllis glabris vel parce setulosis; flosculis luteis, marginalibus involucro longioribus; acheniis striatis, rugulosis, rostratis.

β. **neapolitana** DC. pr. VII. p. 91; Raul. cret. p. 796; Hal Beitr. fl. Epir. p. 30; Heldr. fl. Aegina p. 307; pro sp. — *H. dimorpha* Ten. syn. p. 407; Sieb. avis p. 5; non Brot. — *H. radicata v. heterocarpa* Mor. fl. sard. II. p. 487; Bois. fl. or. III. p. 784; Haussk. symb. p. 142; Form. in Ver. Brünn 1896 p. 42, 1897 p. 31. — Achenia radii erostria vel brevissime rostrata, disci longe rostrata. — Exsicc.: Sint. et Bornm. it. turc. n. 1340; Dörfl. fl. aeg. n. 80; Heldr. herb. norm. n. 1659.

In herbidis regionis inferioris et montanae. Epirus: pr. Janina (Bald.); Thessalia: pr. Malakasi, Velestinos, mt Pelion (Form.); Peloponnesus (Sibth.); Cycladum insula Tenos (Weiss); Cephalonia: inter Mavrata et Foramine (Heldr.); Zante (Marg.); — β. Epirus: pr. Kalentini ad septentrionem urbis Arta (Hal.); Thessalia: pr. Konisko, mt. Cuka et Mitrica in mt. Chassia (Form.), pr. Litochori in Olympo (Sint.), mt. Pelion (Haussk.); Euboea: mt. Telethrion pr. Kastaniotissa (Heldr.); Attica: mt. Parnes pr. Dekeleia (Hal.), mt. Pentelicon, pr. Geraka (Haussk.), ad Phalerum (Sprun.), insula Aegina (Heldr.); Laconia: mt. Malevo supra Castanitza (Orph.); Cycladum insula Keos (Heldr.), Naxos (Leon.); Creta: pr. Nerokuru (Raul.). — Maio, Sept. ♃.

b. Pappus uniserialis, biformis, acheniorum radii coroniformis, disci plumosus.

3. **H. cretensis** L. sp. ed. 2 p. 1139; Sieb. avis rem. p. 5; (*Seriola*); Ch. et B. exp. p. 237, Fl. pelop. p. 55; Bois. fl. or. III. p. 784; Hal. Beitr. fl. Aetol. p. 8, Beitr. fl. Achaia p. 26, in ö. b. Z. 1895 p. 460; Bald. riv. coll. bot. Alb. 1896 p. 73; Heldr. fl. Aegina p. 307. — *Achyrophorus serioloides* DC. pr. VII. p. 93. — *Metabasis hymettia* DC. l. c. p. 97. — *M. cretensis* DC. l. c. p. 307; Marg. et R. fl. Zante p. 61; Raul. cret. p. 796; Gelmi giorn. bot. ital. 1889 p. 450; Bald. giorn bot. ital. 1894 p. 98; Haussk. symb. p. 142. — *Achyrophorus cretensis* Bois. ap. Weiss in z. b. G. 1869

p. 742. — *Seriola urens* S. et S. pr. II. p. 143; Ch. et B. fl. pelop. p. 55; Friedr. Reise p. 269, 270 et 276; vix L. sp. ed. 2 p. 1139, cujus species e Sicilia dubia videtur. — *Fabera hispida* Schultz in nov. act. Leop. Carol. 1845 p. 131. — *F. cretensis* Schultz l. c. p. 137. — *H. pinnatifida* Hal. Beitr. fl. Epir. p. 30, non Cyr. — Exsicc.: Heldr. herb. norm. n. 855; Sint. it. thessal. n. 248.

Perennis; caulibus erectis, glabris vel inferne parce setulosis, furcato-ramosis, foliatis; foliis parce setulosis, radicalibus rosulatis obovato-oblongis, dentatis vel saepius in lacinias triangulari-lanceolatas pinnatipartito-lyratis, caulinis inferioribus sursum minoribus, superioribus lanceolato-linearibus, integris; pedunculis apice subincrassatis; involucri phyllis tomentellis et saepe uniserialiter setosis; flosculis luteis, marginalibus involucro longioribus, fructiferis dorso induratis; acheniis rugulosis, radii apice attenuatis, disci longe rostratis. — Species forma foliorum et indumento summopere variabilis.

In collibus, herbidis, vineis, ad vias regionis inferioris et montanae. Epirus: ad Skafidaki pr. Prevesa, pr. Muspina distr. Janina (Bald.), pr. Vulgarelion ad radices mt. Tsumerka (Hal.); Thessalia: pr. Kalabaka (Sint.), Malakasi, ad monasterium Korona (Haussk.); Aetolia: pr. Karpenisi (Fraas), Aetolikon (Reis.), Antirrhion (Hal.); Boeotia: pr. Lebadea (Fraas); Attica: in valle Cephissi pr. Athenas (Orph.), Kukuvanes, pr. Marathon, mt. Parnes, Pentelicon, pr. Liopesi ad radices Hymetti, pr. Spata, Phaleron (Heldr.), Turcovuni, Laurion, Corinthus (Haussk.); Achaia (Sibth.); Elis: mt. Olenos (Hal.), pr. Kunupeli, Olympia (Heldr.); Messenia: a Kyparissia usque Gargaliano, pr. Halmyron, Kytriais (Chaub.); Argolis (Sprun.): pr. Nauplia (Borga), insula Poros; Aegina (Friedr.); Cycladum insula Keos, Naxos (Heldr.), Tenos (Weiss), Syra (Sart.); Creta: pr. Nerokuru, Khalepa, Aludha, Kritza, insula Dia (Raul.); Zante (Marg.); Corcyra (Gelmi). — Apr. Jul. ♃.

c. Pappus conformis, uniserialis, plumosus.

4· **H. tenuiflora** Bois. diagn. XI. p. 35; Raul. cret. p. 796 (*Robertia*); Bois. fl. or. III. p. 785. — Huc forsitan: *H. acaulis* Sieb. avis rem. p. 5. —

Perennis, nana; caulibus tenuissimis, monocephalis, squamatis, folia vix duplo superantibus; foliis radicalibus, rosulatis, parce setulosis, runcinato-pinnatifidis, lobo terminali longiore; capitulis parvis; involucri phyllis paucis, lineari-lanceolatis, albo-puberulis, basi parce crinitis; ligulis concoloribus; acheniis tenuiter rugulosis, exterioribus apice subattenuatis, internis breviter attenuato-rostratis. — Planta bipollicaris, ex unico specimine descripta, habitu *Robertiae taraxacoidis*, ab ea foliis minus profunde divisis, capitulis minoribus et insuper involucri phyllis imbricatis nec uniserialibus differre dicitur.

In regione subalpina superiore mt. Hellinoseli distr. Sphakia Cretae (Raul.). — Jun. ♃. N. v.

66. Seriola L. gen. n. 927.

1. S. aethnensis L. sp. ed. 2 p. 1139; S. et S. pr. II. p. 143, Fl. gr. t. 815; Sieb. avis p. 5; Ch. et B. fl. pelop. p. 55; Link in Linn. IX. p. 582; Friedr. Reise p. 277; Weiss in z. b. G. 1869 p. 46; Bois. fl. or. III. p. 785; Heldr. fl. cephal. p: 49, Fl. Aegina p. 307; Haussk. symb. p. 142; Hal. in ö. b. Z. 1897 p. 96; Form. in D. bot. Monat. 1898 p. 78. — *Metabasis aethnensis* DC. pr. VII. p. 307; Raul. cret. p. 796. — Exsicc.: Sint. it. thessal. n. 1471.

Caulibus erectis vel adscendentibus, furcato-ramosis, rarius simplicibus, glabris vel saepius saltem superne setoso-hispidis; foliis fere omnibus radicalibus, rosulatis, oblongis vel obovatis, in petiolum brevem attenuatis, repandis vel dentatis, hirtis; involucri phyllis setoso-hispidis; ligulis flavis; acheniis fusiformibus, rugosis, longe rostratis.

In herbidis, arenosis, glareosis regionis inferioris per totam ut videtur Graeciam. Indicatur: Thessalia: pr. Kalabaka (Sint.), Pharsalus (Haussk.); Aetolia: pr. Aetolikon (Reis.), Antirrhion (Hal.); Attica: mt. Lycabettus, Hymettus, pr. Eleusis, ad Phalerum, Rhaphti, insula Salamis, Aegina (Heldr.); Argolis: pr. Nauplia (Haussk.), Poros (Friedr.), insula Hydra (Heldr.); Achaia: pr. Patras (Link); pr. Messene (Chaub.); Sporadum insula Skiathos (Leon.); Cyclades: Cythnos (Tunt.), Syra, Tenos (Weiss), Melos, Kimolos (Leon.); Creta: pr. Canea, Akroteri, Malaxa, Askyphos, Anopolis, Istovai in promontorio Sidero (Raul.); Cephalonia: pr. Argostoli, Lixuri (Heldr.); Corcyra (Haussk.). — Mart. Jun. ⊙.

15. Tribus. RODIGIEAE DC. pr. VII. p. 98.

67. Rodigia Spreng. neue Entd. I. p. 273.

1. R. commutata Spreng. l. c.; Weiss in z. b. G. 1869 p. 46; Raul. cret. p. 796; Bois. fl. or. III. p. 880; Haussk. symb. p. 142. — *Seriola commutata* Less. syn. p. 131. — Exsicc.: Rev. pl. cret. n. 98; Heldr. herb. norm. n. 1054; Dörfl. pl. cret. n. 11.

Parce setulosa; caulibus adscendentibus, furcato-ramosis; foliis inferioribus oblongis vel obovatis, in petiolum attenuatis, dentatis vel lyrato-pinnatipartitis; involucri phyllis setoso-hispidis, externis dimidio brevioribus, demum patulo-incurvis, internis demum induratis, subcurvatis; ligulis flavis; acheniis fusiformibus, subrugosis, interioribus in rostrum eis 4 plo longius attenuatis, externis brevius rostratis.

In herbidis, olivetis, ad vias, in cultis regionis inferioris. Thessalia: ad monasterium Korona (Haussk.); Attica: pr. Palaeokundura, Eleusis, Geraka ad radices mt. Pentelicon (Heldr.), pr. Phalerum, Laurion (Haussk.); Euboea (Pichl.), Petalium insula Xeronisi (Holzm.); Argolis: in peninsula Methana (Heldr.), pr. Nauplia (Sart.), Poros (Reinh.); Cycladum insula Keos, Kythnos (Tunt.), Syra, Tenos (Weiss), Amorgos (Heldr.); Creta: pr. Kissamos (Rev.), Canen, Nerokuru (Raul.), pr.

Males distr. Hierapetra (Leon.); Zante: in colle Hagios Joannes (Mazz.). Apr. Jun. ☉.

68. Lagoseris M. B. fl. taur. cauc. III. p. 538.

1. **L. bifida** Vis. stirp. dalm. p. 19 t. 7 (*Trichocrepis*); Koch. syn. p. 435; Bois. fl. or. III. p. 881; Gelmi in bull. soc. bot. ital. 1869 p. 450; Hal. Beitr. fl. Achaia p. 25; Haussk. symb. p. 138. — *Crepis nemausensis* Sieb. avis p. 5; Ch. et B. exp. p. 234, Fl. pelop. p. 54, non Gou. — *Pterotheca bifida* Fisch. et Mey. ind. hort. petrop. 1837 n. 1736. — *P. nemausensis* Rchb. fl. exc. p. 269, Raul. cret. p. 800; non Cass. — Exsicc.: Heldr. herb. norm. n. 1263.

Hispidula; caulibus erectis vel adscendentibus, nudis, superne ramosis; foliis radicalibus, rosulatis, oblongis, in petiolum attenuatis, dentatis vel sublyrato-pinnatifidis; involucri phyllis externis calyculiformibus, internis 3—4 plo longioribus, glanduloso-pilosis vel glabratis; ligulis flavis; acheniis apice attenuatis, marginalibus laevibus, oblongis, corticosis, dorso convexis, ventre obtuse carinatis, bisulcatis, interioribus cylindricis, striatis, aliis magis externis scabridis, ceteris laevibus. — *L. nemausensi* Koch affinis, quae differt acheniis marginalibus ventre 3—5 alatis.

In collibus, saxosis, incultis regionis inferioris et montanae. Thessalia: mt. Ghavellu, ad monasterium Korona (Haussk.); Boeotia: pr. Thebas (Heldr.); Attica: pr. Athenas, mt. Lycabettus, Turcovuni, Parnes, pr. Palaeokundura ad mt. Pateras (Heldr.); Achaia: mt. Panachaicon (Hal.); Arcadia: pr. Tripolis, Alonistena, Nemnitza (Heldr.), Phigalea (Chaub.); Laconia: ad radices mt. Taygetos (Zahn); Creta (Raul.). — Mart. Jun. ☉.

16. Tribus. HYOSERIDEAE Less. syn. p. 127.

69. Cichorium L.

1. Sectio. *Eucichorium* DC. pr. VII. p. 84. — Capitula multiflora; rami inermes.

1. **C. intybus** L. sp. p. 813; S. et S. pr. II. p. 146; Pieri corc. fl. p. 115; Dallap. prosp. p. 108; Ch. et B. exp. p. 239, Fl. pelop. p. 56; Fraas fl. class. p. 197; Raul. cret. p. 795; Bois. fl. or. III. p. 715; Heldr. fl. cephal. p. 48; Hal. in z. b. G. 1888 p. 759, Beitr. Fl. Epir. p. 30, Beitr. fl. thessal. p. 15; Form. in D. bot. Mon. 1890 p. 14, in Ver. Brünn 1895 p. 25, 1896 p. 39, 1897 p. 30; Haussk. symb. p. 142. — Icon: Fl. dan. t. 907. — Exsicc.: Sint. et Bornm. it. turc. n. 1341.

Perenne, laete virens; caule erecto, aspero, divaricatim ramoso; foliis radicalibus rosulatis, runcinatis, caulinis paucis, lanceolatis, semiamplexicaulibus; capitulis lateralibus sessilibus, geminis ternisve, terminalibus solitariis, in apice ramulorum fistulosorum subincrassatorum involucri phyllis externis ovato-lanceolatis, acutis, internis linearibus, duplo longioribus, omnibus glanduloso-ciliatis; acheniis foveolatis, transverse striolatis, pappo paliaceo 8—10 plo longioribus.

β. **glabratum** Presl fl. sic. I. p. 32; Haussk. symb. p. 142; pro sp.; Gr. et Godr. fl. fr. II. p. 286. — Subglabrum; capitulis geminis, alio sessili, alio longe pedunculato; involucri phyllis glabris vel glanduloso-ciliatis; flosculis dimidio minoribus. — Exsicc.: Heldr. it IV. Thessal. a. 1885.

In arvis, ruderatis, ad vias regionis inferioris et montanae ut videtur per totam Graeciam; — β. Thessalia: pr. Pharsalum (Heldr.), Volo (Haussk.); Cycladum insula Rhenea (Tunt.) et certe alibi. — Maio, Sept. ♃.

2. **C. pumilum** Jacq. obs. bot. IV. p. 3 t. 80; Ung. Reise p. 125; Haussk. symb. p. 142. — *C. divaricatum* Schousb. Beob. Gewächsr. Marokko p. 184; Ch. et B. fl. pelop. p. 56; Bois. fl. or. III. p. 716; Heldr. Nutzpfl. p. 28, Fl. cephal. p. 48, Fl. Aegina p. 308, chlor. Mykon. p. 247. — *C. minimum* Port. en. pl. Dalm. p. 16, t. 12. — *C. endivia v. pumilum* Vis. fl. dalm. II. p. 97; Weiss in z. b. G. 1869 p. 46. — *C. intybus v. divaricatum* DC. pr. VII. p. 84; Marg. et R. fl. Zante p. 61; Raul. cret. p. 795. —

Differt a praecedente radice annua; foliis glauco-virentibus, caulinis ovato-lanceolatis ovatisve; capitulis terminalibus in apice ramulorum fistulosorum valde incrassatorum, subtubaeformium insidentibus; involucri phyllis externis ovatis, obtusis, longe ciliatis, eglandulosis, interiora subaequantibus; acheniis laevibus, pappo 3 plo longioribus.

Ad vias, in herbosis, arvis regionis inferioris. Indicatur: Attica: pr. Dramesi (Ung.), Kamariza Laurii (Haussk.), insula Aegina (Heldr.); Cycladum insula Syra (Weiss), Rhenea (Heldr.); Messenia: pr. Kalamata (Gittard.); Creta: pr. Canea (Weiss), Guves (Raul.); Zante (Marg.); Cephalonia: pr. Argostoli, Lixuri (Heldr.); sed loca forsan plurima ad var. β. speciei praecedentis spectant. — Maio, Sept. ☉. N. v.

Obs. *C. endivia* L. sp. p. 813; S. et S. pr. II. p. 146; Dall. prosp. p. 109; Ch. et B. exp. p. 239, Fl. pelop. p. 56; Marg. et R. fl. Zante p. 85; Fraas fl. class. p. 197; Heldr. Nutzpfl. p. 28. — Differt a praecedente foliis caulinis basi hastatis, involucri phyllis externis angustioribus glanduloso-ciliatis et pappo achenio quater breviori. — Colitur in hortis ad usum culinarem.

2. Sectio. *Acanthophyton* Less. syn. p. 128 pro gen.; DC. pr. VII. p. 84. — Capitula 5—6 flora; rami spinescentes,

3. **C. spinosum** L. sp. p. 813; S. et S. pr. II. p. 146, Fl. gr. t. 823; Sieb. avis p. 5, rem. p. 5; Ch. et B. exp. p. 239, Fl. pelop. p. 56; Weiss in z. b. G. 1869 p. 46; Raul. cret. p. 795; Bois. fl. or. III. p. 717; Heldr. fl. cephal. p. 48, Fl. Aegina p. 308, in ö. b. Z. 1898 p. 184, chlor. Mykon. p. 247; Haussk. symb. p. 142; Bald.

viagg. Creta p. 71. — Exsicc.: Heldr. pl. gr. n. 1474, herb. norm. n. 1661; Rev. pl. cret. n. 93, in Baen. herb. europ. n. 4860; Dörfl. fl. aeg. n. 50.

Perenne, glaucovirens; caulibus nanis, a basi intricatim ramosissimis, ramis demum apice spinescentibus; foliis radicalibus rosulatis, sinuatodentatis vel pinnatifido-lyratis, caulinis linearibus, saepius integris; capitulis in dichotomiis sessilibus, solitariis, rarius 2—3 aggregatis, terminalibus paucis, in apice ramulorum non incrassatorum insidentibus; involucri glabriusculi phyllis externis ovatis, obtusis, internis linearibus, triplo longioribus; pappo setoso-subpaleaceo, achenio 8—10 plo breviore.

In saxosis et arenosis maritimis. Attica: pr. Eleusis, Megara (Sprun.), ad Phalerum, pr. Laurion (Haussk.); in isthmo Corinthiaco pr. Kalamaki, Corinthus; insula Metopi pr. Aegina (Heldr.); Cycladum insula Syra (Weiss), Naxos (Leon.), Tenos, Mykonos (Heldr.); Laconia: a Marathonisi usque promontorium Tenare (Chaub.); Creta: pr. Canea (Tourn. voy. p. 10), Kissamos (Rev.), Khalepa, Suda, Askyphos, insula Gaidaronisi (Raul.); Cythaera: pr. Kapsali, San Nicolo (Spreitz.); Cephalonia: pr. Drapano (Heldr.). — Jun. Aug. ♃.

2 × 3. **C. pumilum × spinosum.** — *C. hybridum* Heldr. herb. gr. norm. n. 1662. — Habitu inter parentes intermedia, a *C. pumilo* caulibus intricatim ramosissimis, ramulis demum non incrassatis, capitulis paucifloris; a *C. spinoso* radice annua, caulibus elatioribus, ramulis vix spinescentibus differt. Achenia abortiva. — In oropedio Anoraera insulae Mykonos Cycladum, inter parentes (Heldr.). —

70. Hyoseris L. gen. n. 916.

1. **H. radiata** L. sp. p. 808; Weiss in z. b. G. 1869 p 46. — Huc probabiliter: *H. lucida* Sieb. avis p. 5; Ch. et B. exp. p. 237, Fl. pelop. p. 55; vix L. mant. p. 103, quae calyculo biseriali, involucro fructifero erecto, nec stellatim expanso et foliorum segmentis imbricatis integris obtusioribus a *H. radiata* distinguitur. — Icon: Rchb. t. 9, f. 1. — Exsicc.: Dörfl. fl. aeg. n. 19.

Perennis; radice crassa verticali; foliis radicalibus, rosulatis, glabris vel ciliatis, saepe pulverulentis, in segmenta rhomboidea, dentata vel incisa runcinatim pinnatipartitis; scapis monocephalis, folia superantibus, fructiferis vix incrassatis; calyculi squamis involucro triplo brevioribus; involucri phyllis oblongo-linearibus, fructiferis stellatim expansis; acheniis marginalibus compressis, exalatis, oblongo-linearibus, striatis, pappo paleolato brevissimo, ceteris oblongo-linearibus, late alatis, costatis, margine scabris, pappo radiis numerosis, aliis setiformibus, aliis basi paleaceodilatatis constante superatis, intimis anguste linearibus, exalatis. — Planta graeca, saltem illa e Naxos, foliis crassiusculis, glaucovirentibus, segmentis parvis, dentatis, involucri phyllis latioribus et pappi setis basi parum paleaceo-dilatatis, magis piliformibus, ab occidentali discedit et subspeciem propriam — *graecam* — sistere videtur.

In arenosis maritimis, cultis regionis inferioris. Cycladum insula Naxòs: pr. Haliki (Leon.); Creta: pr. Canea (Weiss); ? Peloponnesus: pr. Pylos, Methone, Kalamata, Mavrovuni in Maina (Chaub.), si *H. lucida* Ch. et B. huc spectet. — Mart. Maio. ♃.

2. **H. scabra** L. sp. p. 809; Sieb. avis rem. p. 5; Weiss in z. b. G. 1869 p. 47; Bois. fl. or. III. p. 718, suppl. p. 318; Spreitz. in z. b. G. 1877 p. 714; Heldr. fl. cephal. p. 48, Fl. Aegina p. 308; Haussk. symb. p. 143; Hal. in ö. b. Z. 1895 p. 461. — *H. microcephala* Cass. dict. 22 p. 338; Marg. et R. fl. Zante p. 61; Clem. sert. p. 51; Raul. cret. p. 794. — Icon: Rchb. t. 9, f. 9. — Exsicc.: Dörfl. fl. gr. n. 457.

Annua; radice tenui, filiformi; foliis radicalibus, rosulatis, scabriusculis, in segmenta ovata, dentata runcinatim pinnatipartitis; scapis monocephalis, foliis aequilongis vel vix longioribus, clavato-incrassatis; calyculi squamis involucro 5 plo brevioribus; involucri phyllis lanceolatis, fructiferis erecto-conniventibus; acheniis marginalibus compressis, linearibus, exalatis, pappo paleolato brevissimo, ceteris oblongo-lanceolatis, late alatis, costatis, margine scabris, pappo radiis aliis setiformibus, aliis 5 paleaceo-dilatatis constante superatis, intimis linearibus, exalatis.

In cultis, arenosis maritimis, ad vias regionis inferioris. Aetolia: pr. Krioneri ad sinum Patranum (Reiser); Attica: pr. Piraeum (Clem.), Eleusis, Athenas, mt. Lycabettus, pr. Patissia, Kephissia, Phaleron, promontorium Colias, insula Salamis, Aegina (Heldr); Corinthus: pr. Asso (Heldr.), Acrocorinthus (Haussk.); Peloponnesus (Bois.); Cycladum insula Keos, Kythnos (Tunt.), Syra, Tenos (Weiss), Melos (Leon.); Creta: pr. Sitia (Raul.); Zante (Marg.); Cephalonia: pr. Argostoli (Spreitz.). — Febr. Maio. ☉.

71. Hedypnois Tourn. inst. p. 478.

1. **H. rhagadioloides** L. sp. p. 809; Ch. et B. exp. p. 257, Fl. pelop. p. 55; (*Hyoseris*); Willd. sp. III. p. 1617; S. et S. pr. II. p. 142, Fl. gr. t. 812. — *H. tubaeformis* Ten. fl. nap. II. p. 173, t. 73; Clem. sert. p. 51, Raul. cret. p. 794; Heldr. fl. Aegina p. 308, chlor. Thera p. 16, chlor. Mykon. p. 247. — *H. cretica* Bois. fl. or. III. p. 719 p. p.; ? Haussk. symb. p. 143. — Exsicc.: Heldr. herb. fl. hellen. 1878.

Setuloso-scabra; caulibus erectis vel diffusis, parce ramosis vel simplicibus; foliis radicalibus rosulatis, obovato-oblongis, sinuato-dentatis vel pinnatifidis, caulinis minoribus, summis lanceolatis, integris; pedunculis fistulosis, fructiferis in tubam insignem ampliatis (diam. 4—6 mm.); capitulis majusculis, globosis; involucri phyllis setoso-hispidis, arcte inter se adpressis; acheniis scabridis, interioribus cum pappo subaequilongo involucrum parum superantibus.

In herbidis, sterilibus aridis, regionis inferioris. Indicatur in Aetolia: pr. Mesolongion (Nied.); Attica: insula Salamis, Pharmacusarum insula Leros, pr. Marathon, Tatoi, Piraeus, Phaleron, Eleusis, mt. Lycabettus, pr. Athenas, insula Aegina (Heldr.); Cycladum insula Keos, Kythnos, Rhenea (Tunt.), Thera (Heldr.); Messenia: pr. Methone (Chaub.); Creta: ad Kalyves (Raul); et certe alibi. — Mart. Jul. ☉.

2. **H. cretica** L. sp. p. 810; Urv. enum. p. 100 (*Hyoseris*); Willd. sp. III. p. 1617; S. et S. pr. II. p. 142, Fl. gr. t. 813; Marg. et R. fl. Zante p. 81; Weiss in z. b. G. 1869 p. 46; Raul. cret. p. 794; Spreitz in z. b. G. 1877 p. 713, 1890 p. 296; Heldr. fl. cephal. p. 48, chlor. Mykon. p. 247; Gelmi in bull. soc. bot. ital. 1889 p. 450. — *H. pendula* Willd. sp. III. p. 1618; Marg. et R. l. c.; Weiss l. c.; Raul. l. c. — *H. polymorpha* DC. pr. VII. p. 81; Marg. et R. l. c.; Raul. l. c. — *H. cretica v. gracilior* Bois. fl. or. III. p. 719; Haussk. symb. p. 143. — Exsicc.: Heldr. herb. fl. hellen. a. 1878, 1889, 1897.

Differt a praecedente pedunculis fructiferis siquidem fistulosis ac incrassatis, sed minime clavaeformibus, capitulis minoribus, involucri phyllis fructiferis inter se remotiusculis, demum subpatentibus.

β. **monspeliensis** Willd. sp. III. p. 1616; S. et S. pr. II. p. 142; Bald. cret. p. 794; pro sp. — *Hyo-eris hedypnois* L. sp. p. 809. — Pedunculis et involucri phyllis glabris. — Intermediis ad typum transit. — Exsicc.: Heldr. herb. fl. hellen. 1878; Orph. herb. n. 618.

In arenosis, herbidis, incultis regionis inferioris per totam Graeciam. — Mart. Jul. ☉.

17. Tribus. **LAPSANEAE** Less. syn. p. 126.

72. **Tolpis** Gaertn. fr. II. p. 371.

1. **T. umbellata** Bert. rar. lig. pl. dec. I. p. 13; Weiss in z. b. G. 1869 p. 46; Bois. fl. or. III. p. 725; Hal. Beitr. fl. Aetol. p. 8; Haussk. symb. p. 142; Boissieu in bull. soc. bot. Fr. 1896 p. 286; Heldr. fl. Aegina p. 308, chlor. Mykon. p. 247. — *T. quadriaristata* Biv. monogr. p. 9, t. 1. — *T. barbata* S. et S. pr. II. p. 140; Friedr. Reise p. 285; Raul. cret. p. 735; non L. sp. p. 805 (*Crepis*), Gaertn. fr. II. p. 372, quae differt capitulis duplo majoribus, ligulis involucro duplo longioribus, centralibus purpurascentibus, calyculi phyllis eximie squarroso-patentibus et pappo subbiseto. — Icon: Rchb. t. 8. — Exsicc.: Heldr. herb. norm. n. 191 et 953; Dörfl. fl. aeg. n. 115.

Scabrido-puberula; caule erecto, patule ramoso, rarius simplici; foliis radicalibus rosulatis, oblongo-spathulatis, integris, dentatis vel pinnatifidis, caulinis paucis, linearibus; capitulis solitariis, in dichotomiis pedunculo brevi, tandem fistuloso, incrassato suffultis, lateralibus longe tenuiterque pedunculatis; calyculi phyllis setaceis, subarcuatis, involucri phylla lanceolata superantibus; ligulis flavis, involucrum vix superantibus; acheniis striatis, externis corona setulis brevissimis constante, ceteris 4—5 setis eis triplo longioribus superatis.

In collibus siccis, incultis, arenosis regionis inferioris et submontanae. Thessalia: ad monasterium Korona, Meteora, pr. Kalabaka

(Haussk.), Palaeokastron pr. Karditza, mt. Pelion pr. Milies (Heldr.); Euboea: mt. Dirphys (Heldr.), Petalium insula Megalonisi (Holzm.); Aetolia: ad radices mt. Taphiassos (Hal.); Attica: pr. Marathon, mt. Pentelicon, pr. Raphina, Laurion, insula Aegina (Heldr.); Argolis: pr. Nauplia (Friedr.), Vromolimni peninsulae Methana (Heldr.), Poros (Reinb.); mt. Chelmos Achaiae, mt. Malevo (Orph.), mt. Taygetos pr. Golas (Sart.); Cycladum insula: Andros (Sart.), Tenos (Weiss), Keos (Boissieu), Kythnos, Mykonos, Seriphos (Tunt.), Naxos, Kimolos (Leon.); Creta (Sibth.): pr. Canea (Weiss). — Mart. Jul. ⊙.

2. **T. virgata** Desf. fl. atl. II. p. 230 (*Crepis*); Bert. rar. lig. pl. dec. I. p. 15; Weiss in z. b. G. 1869 p. 46; Haussk. symb. p. 143; Hal. in ö. b. Z. 1895 p. 460. — *Crepis virgata* Desf. fl. atl. II. p. 230; Ch. et B. exp. p. 236, Fl. pelop. p. 55. — *Crepis altissima* Balb. cat. pl. hort. Taur. 1804 p. 15. — *T. altissima* Pers. ench. II. p. 377; Marg. et R. fl. Zante p. 61; Raul. cret. p. 795; Bois. fl. or. III. p. 725. — *T. quadriaristata* S. et S. fl. gr. IX. p. 6 t. 810; non Biv. — Huc forsan: *T. cretica* Sieb. avis p. 5, rem. p. 5. — Exsicc.: Orph. fl. gr. n. 758; Heldr. it. thessal. n. 42; Reverch. pl. cret. n. 94.

Differt a praecedente radice bienni; caulibus elatis, strictiuscule ramosis; pedunculis dichotomiarum vix incrassatis; calyculi phyllis linearibus, erectiusculis, involucro multo brevioribus; ligulis involucro quarta parte longioribus; acheniis omnibus 6—12 setis, rarius 4—6 setis terminatis.

In iisdem locis, ubi praecedens. Thessalia: ad monasterium Korona (Haussk.), Palaeokastron pr. Karditza, mt. Pelion pr. Portaria; pr. Kastaniotissa Euboeae (Heldr.); Achaia: pr. Patras (Reinh.); ad lacum Pheneon Arcadiae (Heldr.); Messenia: pr. Kube, Phigalea (Chaub.); Laconia: mt. Malevo pr. Kastanitza (Orph.); Cycladum insula Andros, Tenos, Mykonos (Sart.), Keos, Kythnos (Tunt.), Naxos (Reiser); Creta: pr. Canea (Weiss), inter Chersonesos et Malia, pr. Suda, Akroteri, Aradhena, Lutro, Embaro in mt. Lassiti (Raul.); Zante (Marg.). — Maio, Aug. ⊙.

73. Lapsana L. gen. n. 919.

1. **L. communis** L. sp. p. 811; S. et S. pr. II. p. 144; Ch. et B. exp. p. 237, Fl. pelop. p. 55; Bois. fl. or. III. p. 720; Form. in D. bot. Monat. 1890 p. 14, in Ver. Brünn 1897 p. 30; Hal. Beitr. fl. Thessal. p. 15, in ö. b. Z. 1897 p. 286; Haussk. symb. p. 143, v. *glandulosa* Freyn. Fl. Südistr. p. 125 (pedicellis et saepe involucris parce pilis glanduliferis obsitis, forma ut videtur in ditione frequentior). — Icon: Fl. dan. t. 500. — Exsicc.: Heldr. it. thessal. IV. a. 1885.

Glabrescens vel inferne pubescens, superne saepe parce glandulosa; caule erecto, paniculato-ramoso; foliis inferioribus petiolatis, lyratis, intermediis subsessilibus, ovatis, grosse dentatis, superioribus sessilibus, oblongis vel lanceolatis, saepius integris; ligulis flavis, involucro glabro vel parce glandulifero sesquilongioribus; acheniis nitidis.

In silvaticis montanis, rare. Thessalia; in fagetis mt. Oxya supra Chaliki (Hal.), ad monasterium Korona, pr. Sermenikon (Haussk.), pr. Velitsena, pr. Hepdominta Aderfia, pr. Vlachava, mt. Hagios Paraskevi, mt. Cuka, ad Phlambures et Mitrica in mt. Chassia (Form.); Peloponnesus (Sibth.): mt. Malevo pr. Castanitza (Orph.), mt. Taygetos pr. Anavryti (Heldr.); Cyclades (Chaub.). — Jun. Aug. ☉.

Obs. *L. tubiflora* Friedr. Reise p. 269 ex insula Aegina, mihi ignota et a Heldreichio ipso in sua Flore d'Égine non commemorata.

74. Rhagadiolus Tourn. inst. p. 479.

1. **R. stellatus** L. sp. p. 811; S. et S. pr. II. p. 144, Fl. gr. t. 817; Pieri corc. fl. p. 115; Ch. et B. exp. p. 237, Fl. pelop. p. 55; (*Lapsana*); Willd. sp. III. p. 1625; Ung. Reise p. 125; Weiss in z. b. G. 1869 p. 47; Raul. cret. p. 794; Spreitz. in z. b. G. 1877 p. 714; Heldr. fl. cephal. p. 48, Fl. Aegina p. 308; Haussk. symb. p. 143. —

Glaber vel puberulus; caule erecto, furcato et patule ramoso; foliis subintegris, dentatis vel lyratis; capitulis laxissime cymoso-paniculatis; involucri phyllis externis minimis, calyculiformibus, internis 5—8, fructiferis induratis, cylindricis, stellato-expansis, achenia marginalia omnino involventibus et cum eis persistentibus; ligulis flavis; acheniis centralibus 1—3, liberis, incurvatis. —

α. **typicus.** — *R. stellatus v. leiocarpus* DC. pr. VII. p. 77. — *R. stellatus v. leiolaenus* Bois. fl. or. III. p. 722. — *R. intermedius* Ten. fl. med. II. p. 25 (f. foliis inferioribus sinuato-lyratis) = *R. stellatus v. intermedius* DC. l. c.; Weiss l. c. — Achenia interna glaberrima; folia dentata vel sinuato-lyrata. — Exsicc.: N. v.

β. **edulis** Gaertn. fr. II. p. 354; Friedr. Reise p. 272; Hal. in ö. b. Z. 1897 p. 94; pro sp.; DC. pr. VII. p. 77; Marg. et R. fl. Zante p. 61; Raul. cret. p. 794; Weiss in z. b. G. 1869 p. 47; Heldr. fl. Aegina p. 308. — *R. stellatus v. hebaelenus* DC. l. c.; Weiss l. c.; Bois. fl. or. III. p. 722; Heldr. fl. Aegina p. 308; (f. foliis sinuatodentatis). — *Lapsana rhagadiolus* L. sp. p. 812. — Achenia interna pubescentia, folia lyrata vel sinuato-dentata. — Exsicc.: Heldr. pl. fl. hellen. a. 1878.

In cultis, arvis, ad vias regionis inferioris per totam Graeciam; varietas ut videtur multo frequentior. — Mart. Jun. ☉.

Obs. *Koelpinia linearis* Pall. it. III. app. p. 755 a Raulia cret. p. 794 ex Tourn. cor. 36 in Creta probabiliter erronee indicata.

18. Tribus. **LEONTODONTEAE** Schultz in Koch syn. p. 417.

75. Thrincia Roth cat. bot. I. p. 97.

1. T. hirta L. sp. ed. 2 p. 1123; Ch. et B. exp. p. 232, Fl. pelop. p. 54; (*Leontodon*); Roth. l. c. p. 98. — *Apargia hirta* Sm. engl. fl. III. p. 552; S. et S. pr. II. p. 131. — Icon: Rchb. t. 24.

Rhizomate truncato, fibris filiformibus; foliis oblongis, sinuatis, dentatis vel runcinato-pinnatifidis, plus minus setulosis; scapis nudis, monocephalis; involucri phyllis glabris vel hispidulis; ligulis flavis; acheniis marginalibus vix rugosis, subattenuatis, cupula brevi coronatis, disci rugosis, in rostrum eis 4 plo brevius attenuatis, pappo plumoso superatis.

In Arcadia (Sibth.); Messenia: pr. Navarin, Methone (Chaub.); a recentioribus non lecta. — Jun. Aug. ♃· N. v.

2. T. tuberosa L. sp. p. 799; Ch. et B. exp. p. 233, Fl. pelop. p. 54; (*Leontodon*); DC. fl. fr. IV. p. 52; Marg. et R. fl. Zante p. 62; Friedr. Reise p. 286; Ung. Reise p. 124; Weiss in z. b. G. 1869 p. 46; Raul. cret. p. 796; Bois. fl. or. III. p. 726; Gelmi in bull. soc. bot. ital. 1889 p. 450; Hal. in ö. b. Z. 1897 p. 96; Heldr. fl. Aegina p. 307, chlor. Thera p. 16, chlor. Mykon. p. 247. — *Apargia tuberosa* Willd. sp. III. p. 1549; S. et S. pr. II. p. 130, Fl. gr. t. 797; Sieb. avis p. 5.

Rhizomate truncato, fibris napiformibus; foliis oblongis, sinuatis, dentatis, runcinatis vel lyratis, plus minus setulosis; scapis nudis, monocephalis; involucri phyllis glabris vel hispidis; ligulis flavis; acheniis marginalibus vix rugosis, apice attenuatis, muticis vel cupula fimbriata coronatis, disci muricato-rugosis, in rostrum eis dimidia vel tertia parte brevius attenuatis, pappo plumoso superatis. — Fibris napiformibus a praecedente statim diagnoscenda.

α. **typica.** — Glabrescens; involucri phylla glabra vel parce hispida; achenia disci crassiora, breviora, 4 mm. longa, in rostrum 1¹/₂ —3 mm. longum abruptiuscule attenuata. — Exsicc.: Sint. it. thessal. n. 247; Heldr. herb. norm. n. 1560.

β. **Oliverii** DC. pr. VII. p. 100. — *T. Olivieri* Haussk. symb. p. 141. — Folia magis utrinque setulosa; capitula saepius eximie majora; involucri phylla hirsutissima; achenia disci ⁓ 5 mm. longa, in rostrum 3—6 mm. longum sensim attenuata. — Etsi in formis extremis a typo valde discedit, tamen intermediis ad eum transit, quamobrem dubito, quin revera specifice differat. Exsicc.: Heldr. herb. norm. n. 1053; Dörfl. pl. cret. n. 86.

In herbidis, dumosis, cultis regionis inferioris et montanae, varietas ut videtur typo frequentior. Thessalia: pr. Vitomo in Pindo tymphaeo (Sint.); Attica: pr. Athenas (Friedr.), insula Salamis, mt. Hymettus, Parnes, pr. Tatoi, Kephissia (Heldr.), pr. Eleusis, Laurion (Haussk.), insula Aegina (Heldr.); Argolis: pr. Argos (Heldr.), peninsula Methana (Haussk.); Laconia: pr. Gythion (Psarides); Messenia: pr. Kalamata (Zahn), Pylos, Methone, insula Sapienza (Chaub.); Sporadum insula Skopelos (Leon.); Cycladum insula: Tenos, Syra (Weiss), Kythnos, Mykonos, Rhenia (Tunt.), Melos (Leon.), Thera (Heldr.); Creta: pr. Canea, Askyphos (Raul.), Anatoli distr. Hierapetra (Leon.); Zante (Sibth.); Corcyra (Ung.). — Nov. Maio. ♃.

76. Leontodon L. gen. n. 912.

1. Sectio. *Perennes* Bois. fl. or. III. p. 727. — Pappi radii 15—40.

a. Rhizoma truncatum, fibris napiformibus.

1. **L. fasçiculatus** Biv. manip. II. p. 7 t. 2 (*Apargia*); Nym. syll. p. 53; Haussk. symb. p. 140. — *Apargia cichoracea* Ten. fl. nap. pr. p. 46. — *L. cichoraceum* Sanguin. cent. p. 111; Bois. fl. or. III. p. 729; Hal. Beitr. fl. Epir. p. 30, Beitr. fl. Achaia p. 26; non Schleich. — *Millina leontodontoides* Cass. dict. 31 p. 90; Raul. cret. p. 796. — Exsicc.: Sint. it. thessal. n. 1464.

Glabriuscula vel parce pilosa; foliis oblongo-vel lanceolato-spathulatis, dentatis vel runcinatis; scapis squamulosis, monocephalis, apice incrassatis; involucri phyllis lanceolatis, puberulis et pilis longioribus hirsutis, externis abbreviatis; ligulis flavis; acheniis rugulosis, in rostrum eis longius attenuatis; pappi sordidi, achenio brevioris radiis plumosis, basi paululum dilatatis, externis nonnullis subinde brevioribus. — Habitu *Thrinciae tuberosae* persimilis, ab ea praeter pappum omnium acheniorum conformem, scapis squamulosis, infra capitulum eximie incrassatis et acheniis longius rostratis facile diagnoscitur.

In herbidis regionis mediae et superioris. Epirus: mt. Tsumerka (Hal.); Thessalia: mt. Karava, Ghavellu in Pindo (Haussk.), ad Metochi pr. Kalabaka (Sint.), mt. Pelion pr. Zagora (Heldr.); Attica: mt. Parnes (Sprun.); Achaia: mt. Panachaicon, Olenos (Hal.); mt. Taygetos pr. Androvista (Heldr.); Creta: pr. Askyphos (Raul.). — Maio, Jul. ♃.

b. Rhizoma truncatum vel fusiforme, fibrosum.

α. Rhizoma truncatum.

2. **L. hispidus** L. sp. p. 799; Ch. et B. exp. p. 233, Fl. pelop. p. 54. — *Apargia hispida* Host syn. p. 424; S. et S. pr. II. p. 130. — *L. hastilis v. hispidus* Bois. fl. or. III. p. 730. — Huc etiam, sed vix varietas dicenda: *L. hastilis v. banaticus* Heuf. en. pl. Ban. p. 109; Haussk. symb. p. 141. — Icon: Fl. dan. t. 862. — Exsicc.: Heldr. it. thessal. IV. a. 1885.

Totus vel ad folia tantum pilis 2—3 furcatis hirsutus; foliis oblongo-lanceolatis, in petiolum attenuatis, dentatis pinnatifidisve; scapis monocephalis, nudis vel apice 1—2 squamulosis, subincrassatis; involucri phyllis lanceolatis, hirtis; ligulis flavis; acheniis superne tenuiter ruguloso-muricatis, apice subattenuatis; pappi sordidi, achenium aequantis vel longioris, radiis plumosis, basi dilatatis, extimis brevibus, scabris.

β. **hastilis** L. sp. ed. 2 p. 1123; Heldr. chlor. Parn. p. 22; Hal. Beitr. fl. Thessal. p. 15; pro sp. — *Apargia hastilis* Host. syn. p. 423; Friedr. Reise p. 272. — *L. hastilis v. glabratus* Koch syn. p. 419; Bois. fl. or. III. p. 730. — Foliis, scapis involucrisque glabris vel pilis paucis adspersis. — Exsicc.: Heldr. fl. gr. a. 1855.

In pascuis regionis montanae in alpinam usque adscendens, rarior. Thessalia: mt. Oxya supra Chaliki (Hal.), pr. Malakasi, mt. Zygos, Karava, Ghavellu (Haussk.) in Pindo, mt. Olympus, Pelion ad Megarheuma, mt. Oeta Phthiotidis (Heldr.); Aetolia: mt. Tymphrestus (Samarit.), Korax (Tunt.); mt. Parnassus (Guicc.); Peloponnesus (Sibth.): pr. Troezene Argolidis (Friedr.). —

β. Rhizoma fusiforme, elongatum.

× Capitula magna; achenia 20—22 mm. longa; pappi setae omnes conformes elongatae.

3. **L. asperrimus** Willd. sp. III. p. 1507 (*Scorzonera*); Bois. fl. or. III. p. 732; Bald. riv. coll. bot. Alb. 1896 p. 71. — *Apargia strigosa* M. B. fl. taur. cauc. II. p. 249. — *Asterothrix asperrima* Cass. dict. 48 p. 434. — *Hypochaeris setosa* Form. in D. bot. Monat. 1897 p. 197, in Ver. Brünn 1897 p. 31. — Exsicc.: Bald. it. alb. epir. IV. n. 244; Form. pl. thessal. a. 1896.

Pilis rigidis, confertis, stellato-furcatis scaberrimus; foliis anguste oblongo-lanceolatis lanceolatisve, remote dentatis; scapis monocephalis vel inferne ramulo auctis, validis, squamulis linearibus vel setaceis obsitis, superne incrassatis; involucri cylindracei phyllis imbricatis, ab externis oblongis ad interna lanceolata elongatis, praeter indumentum brevissimum margine et ad nervum pilis albis, validis, apice stellatis pectinato-ciliatis; ligulis flavis; acheniis scabridis, a medio sursum attenuatis; pappi sordidi, achenio subbrevioris setis numerosis, 30—35, omnibus plumosis, basi non dilatatis. — Species capitulis maximis insignis.

In herbidis saxosis regionis mediae mt. Smolika distr. Konitza in Epiro (Bald.) et in mt. Cuka in mt. Chassia Thessaliae (Form.). — Jun. Jul. ♃.

×× Capitula mediocria; achenia 10—12 mm. longa; pappi setae externae nonnullae multo breviores.

4. **L. asper** W. et K. pl. rar. hung. II. p. 114 t. 110 (*Apargia*); Poir. enc. suppl. III. p. 453; Rchb. fl. germ. exc. p. 252; Form. in D. bot. Monat. 1890 p. 15; Hal. Beitr. fl. Epir. p. 30; Haussk. symb. p. 140; Bald. riv. coll. bot. Alb. 1896 p. 71. —

Pilis 3—4 furcatis, crebris asper; foliis oblongo-lanceolatis, sinuatodentatis pinnatifidisve; scapis monocephalis, parce squamulosis vel subnudis, rarius furcato 2—3 cephalis et tunc ad bifurcationes folio instructis, apice incrassatis; involucri phyllis imbricatis, ab externis triangularibus ad interiora lanceolata elongatis, pilis brevibus albis, 4—5 furcatis eximie fimbriato-ciliatulis, dorso glabris vel ad nervum setulosis; ligulis flavis; acheniis scabridis, a parte interiori sursum attenuatis; pappi sordidi, achenio subbrevioris setis 15—20, omnibus plumosis, basi non dilatatis.

α. **typicus**. — Indumentum foliorum e pilis longioribus et brevioribus mixtis, apice 4—3 furcatis, radiis erecto-patentibus constans; involucri phylla omnia vel saltem exteriora eleganter ciliata, dorso glabra. — Exsicc.: Bald. it. alb. epir. IV. n. 181 et 245.

β. **setulosus** Hal. in ö. b. Z. 1892 p. 372. — *L. asper v. Huetii* Form. in Ver. Brünn 1896 p. 42, non Bois. — Indumentum foliorum ut in α., sed copiosius; involucri phylla praeter marginem ciliatam, dorso pilis albis longis, flexuosis setulosa. — Transitum praebere videtur ad var. β. speciei sequentis. — Exsicc.: Sint. et Bornm. it. turc. n. 870 e mt. Athos; Heldr. it. thessal. IV. a. 1885.

γ. **Haussknechtii** Uechtr. ap. Haussk. in Mitth. thür. bot. Ver. V. p. 87, symb. p. 140. — Indumentum foliorum e pilis brevibus conformibus, basi dilatatis, apice brevissime uncinato-trifurcatis constans; indumentum phyllorum ut in α., sed brevissimus. — Exsicc.: Heldr. it. thessal. IV. a. 1885.

δ. **saxatilis** Ten. syll. pl. p. 393, Fl. nap. II. p. 168 t. 72 (*Apargia*); Rchb. fl. germ. exc. p. 252; Bald. riv. coll. bot. Alb. 1895 p. 52; pro sp. — Huc forsan *L. squamosum* Pieri corc. fl. p. 114, non Lam. — Indumentum foliorum ut in α.; involucri phylla pilis albis, flexuosis setulosa, margine (interdum phylla extima excepta) non ciliata. — Exsicc.: Baen. herb. europ. n. 9281.

In saxosis, praeruptis regionis montanae et subalpinae. Epirus: mt. Kuruna distr. Ljaskovik, mt. Smolika distr. Konitza, mt. Vratedon distr. Zagorion (Bald.), mt. Tsumerka supra Vulgarelion (Hal.); Thessalia: mt. Baba supra Klinovo, mt. Karava, Gionscala supra Sermenikon (Haussk.), pr. Kalabaka (Form.); — β. mt. Karava in Pindo dolopico (Heldr.), mt. Zygos (Form.); — γ. pr. Malakasi, mt. Zygos in Pindo (Haussk.); — δ. mt. Peristeri in Pindo (Bald.); Corcyra: mt. Deka supra Garuna (Baen.). — Maio, Jul. ♃.

5. **L. graecus** Bois. et Heldr. diagn. XI. p. 39, Fl. or. III. p. 731; Heldr. fl. cephal. p. 48, Fl. Aegina p. 307; Hal. Beitr. fl. Achaia p. 26, in ö. b. Z. 1897 p. 96; Haussk. symb. p. 140; Bald. riv. coll. bot. Alb. 1895 p. 52, 1896 p. 71. — *L. incanus* Ch. et B. exp. p. 233, Fl. pelop. p. 54, non (L.) Schrank. — *L. crispus* Ung. Reise p. 124, non Vill. — *L. abietum* Heldr. herb. norm. n. 1561. — Exsicc.: Heldr. herb. norm. n. 145; 1052 et 1561; Orph. fl. gr. n. 1085; Sint. et Bornm. it. turc. n. 1335; Bald. it. alb. epir. III. n. 168, f. phyllorum indumento ad *L. asperum* vergens.

Pilis brevissimis, crebris, stellatis, et saepe longioribus 3—4 furcatis plus minus asper; foliis oblongo-lanceolatis, sinuato-dentatis vel in lacinias triangulares vel lanceolatas pinnatipartitis, interdum sublyratis; scapis monocephalis, rarius ramo auctis, nudis vel parce squamulosis, apice incrassatis; involucri phyllis imbricatis, ab externis triangularibus ad interiora lanceolata elongatis, brevissime pulverulento-canis, praetereaque secus nervum plus minus et breviter setulosis, margine non fimbriato-ciliatulis; ligulis flavis; acheniis scabridis, superne subattenuatis; pappi sordidi, achenio subbrevioris setis 15—25, omnibus plumosis, basi subdilatatis. — Praecedenti maxime affinis et ab eo praesertim indumento discedit, attamen formis intermediis ad eum transire videtur.

β. **Heldreichianus** Bois. fl. or. III. p. 731; Heldr. chlor. Parn. p. 22; Hal. in ö. b. Z. 1897 p. 286. — *L. Heldreichianus* Hal. in z. b. G. 1888 p. 759. — *L. graecus v. alpinus* Bois. diagn. XI. p. 39, non *L. alpinus* Jacq. — Indumentum densius canum; involucri phylla praeter indumentum breve pilis longis flexuosis obsita. — Intermediis ad typum transit. — Exsicc.: Orph. fl. gr. n. 331.

In saxosis regionis montanae et alpinae; Epirus: mt. Kuruna, Tsumerka (Bald.); Thessalia: mt. Olympus pr. Litochori (Sint.); Sporadum insula Jura (Leon.); Euboea: mt. Dirphys (Heldr.); Boeotia: pr. Thebas (Heldr.); Attica: mt. Lycabettus (Orph.), Kerata (Haussk.), Pateras, Parnes, Pentelicon, Hymettus, pr. Laurion, Kamariza, insula Salamis, Aegina (Heldr.); Elis: mt. Olenos (Heldr.); Achaia: pr. Lopesi (Hal.), mt. Chelmos, Kyllene (Heldr.); ad Acrocorinthum, in peninsula Methana Argolidis (Haussk.); Arcadia: pr. Carithena (Heldr.); Laconia: mt. Malevo (Orph.), Taygetos (Heldr.); — *β*. Aetolia: mt. Korax (Heldr.); mt. Kiona (Hal.), Parnassus (Orph.); mt. Taygetos (Zahn). — Apr. Jul. ♃.

2. Sectio. *Annui* Bois. l. c. — Pappi radii 10.

6. **L. taraxacifolius** Cass. dict. 31 p. 89 (*Deloderium*). — *Apargia hyoseroides* Sieb. avis p. 5. in Spreng. syst. III. p. 664, non Vest. — *Millina hyoseroides* DC. pr. VII. p. 110; Raul. cret. p. 796. — *L. creticum* Bois. fl. or. III. p. 720.

Crispule et minute setulosum; scapis numerosis, tenuibus, 1—2 cephalis, folia parum superantibus, foliis lineari-oblongis, sinuato-pinnatifidis; capitulis parvis; involucri phyllis imbricatis, lanceolatis, praeter setulas secus nervum paucas glabris, ab externis apice sphacelatis ad intima elongatis; acheniis rugulosis, in rostrum eis subduplo brevius attenuatis; pappi albidi, achenio brevioris, setis 10, plumosis, basi paleaceo-dilatatis.

Creta (Sieb.). — N. v.

Obs. Species non satis nota: *L. daedaleum* Sieb. in Flora V. I. p. 243. „Squamis calycinis omnibus patentibus, lineari-lanceolatis; scapo abbreviato; foliis glabris, runcinato-pinnatis, pinnis runcinatis, contortuplicatis, inaequalibus. — In pascuis montosis in omni Cretae campo Cydoniensi. — Mart. Apr." N. v.

77. Picris L. gen. n. 907.

a. Biennis; caulis superne stricto breviterque ramosus, racemoso-paniculatus; capitula fructifera sub apice subconstricta.

1. **P. spinulosa** Bert. in Guss. syn. II. p. 400; Form. in Ver-Brünn 1895 p. 25. — *P. stricta* Jord. cat. Dijon 1848 p. 19; Bois. fl. or. III. p. 735; Haussk. symb. p. 140; Form. in Ver. Brünn 1896 p. 42, 1897 p. 31. — *P. hieracioides* S. et S. pr. II. p. 132; Ch. et B. fl. pelop. p. 55; Friedr. Reise p. 263; Form. in D. bot. Monat. 1890 p. 15; non L., quae caule patule ramoso, corymboso, interdum subumbellato, capitulis majoribus et acheniis subtiliter rugosis discedit. — Exsicc.: Orph. fl. gr. n. 1084 (Macedonia); Sint. et Bornm. it. turc. n. 1334.

Pilis simplicibus et glochidiatis aspera; caule erecto; foliis oblongo-lanceolatis, dentatis vel sinuatis, radicalibus basi attenuatis, caulinis semiamplexicaulibus; pedunculis brevibus, apice non incrassatis; involucri phyllis linearibus, pulverulento-canis et saepe ad carinam setis glochidiatis hispidis, exterioribus brevibus, patulis; ligulis flavis; acheniis subincurvis, transverse rugosis, apice in umbonem contractis.

In ruderatis, vineis, dumetis, saxosis regionis inferioris et montanae. Epirus: in valle Dipotami (Form.); Thessalia: pr. Chaliki (Haussk.), Malakasi, Koturi in Pindo, pr. Trikala, Volo (Form.), pr. Litochori (Sint.) et Hagios Dionysios in Olympo (Heldr.); Attica: pr. Athenas (Sibth.); Argolis: pr. Nauplia (Haussk.); Zante (Sibth.); Corcyra (Friedr.). — Jun. Sept. ☉

b. Annuae; caulis divaricato-ramosus, laxe corymbosus; capitula fructifera sub apice strangulata.

2. **P. Sprengeriana** L. Sp. p. 804 (*Hieracium*); Lam. dict. V. p. 310; Marg. et R. fl. Zante p. 62, Raul cret. p. 797, Bois. fl. or. III. p. 738; Heldr. fl. Cephal. p. 49, Flor Aegina p. 307, chlor. Thera p. 6; Spreitz. in z. b. G. 1887 p. 663; Haussk. symb. p. 140; Form in Ver. Brünn 1895 p. 25. — *Crepis rhagadioloides* L. mant. p. 108. — *C. Sprengeriana* Willd. sp. III p. 1598. — *Hieracium ciliatum* Willd. sp. III p. 1585; Raul. cret. p. 801. — *P. rhagadioloides* Pers. ench. II p. 370. — Icon: Jacq. hort. Schönbr. t. 144. — Exsicc.: Reverch. pl. cret. n. 97; Dörfl. fl. aeg. n. 18, pl. cret. n. 104.

Pilis simplicibus et glochidiatis aspera; caule erecto; foliis oblongo-lanceolotis, sinuato-dentatis vel integris, radicalibus basi attenuatis, caulinis aurito-amplexicaulibus; pedunculis elongatis, apice non incrassatis; involucri phyllis exterioribus lineari-setaceis, brevibus, interioribus demum cymbaeformibus, acuminatis, dorso medio calloso-carinatis, glochidiato-setosis; ligulis flavis; acheniis curvatis, transverse rugosis, apice breviter attenuatis, non rostratis.

In herbidis, collibus siccis, ad vias regionis inferioris. Acarnania: pr. Bonitza (Lakon); Thessalia: pr. Aivali, Orman Magula, Pharsalus (Haussk.); Euboea: pr. Kastaniotissa (Held.); Aetolia: pr. Guritza (Reis.);

Corinthus: ad Lechaeon; insula Aegina (Heldr.); Elis: pr. Bartholomeo (Heldr.); Achaia: pr. Psatopyrgos (Hal.), Trikala (Heldr.); Argolis: pr. Nauplia (Heldr.); Messenia: pr. Kalamata (Zahn); Cycladum insula: Kythnos (Tunt.), Naxos (Leon.), Amorgos, Thera (Heldr.); Creta: pr. Kissamos (Rev.), Malaxa, Canea, Akroteri (Raul.), pr. Males distr. Hierapetra (Leon.); Cythaera: pr. Katuni, Kapsali (Spreitz.); Zante (Marg.); Cephalonia: pr. Pessada, Piscardo (Heldr.); Corcyra: pr. Kephalomanduchion (Form.). — Maio, Jul. ☉

3. **P. pauciflora** Willd. sp. III p. 1557; S. et S. pr. II p. 132; Weiss in z. b. G. 1869 p. 46; Bois. fl. or. III p. 737; Hal. Beitr. fl. Achaia p. 26; Haussk. symb. p. 140; Boissieu in bull. soc. bot. Fr. 1896 p. 286; Bald. riv. coll. bot. Alb. 1896 p. 71; Heldr. fl. Aegina p. 307. — Icon: Rchb. t. 22. — Exsicc.: Sint. it. thessal. n. 399.

Differt a praecedente, cui habitu similis, pedunculis fructiferis valde inflatis, sub apice strangulatis, praeter glochides dorso albo-tomentellis et acheniis in rostrum crassum eis 4 plo brevius attenuatis.

In iisdem locis, ubi praecedens. Epirus: mt. Micikeli (Bald.); Thessalia: pr. Kalabaka (Sint.); Euboea: pr. Steni (Pichl.); Attica: pr. Sunium, ad Ilyssum, mt. Lycabettus, Hymettus, Corydalus, Pentelicon, insula Salamis, Lero Pharmacusarum, Aegina (Heldr.); Booetia: pr. Larmes (Boissieu); pr. Kalamaki in isthmo Corinthiaco, in peninsula Methana Argolidis (Haussk.); insula Poros, Keos (Heldr.) et Syra (Weiss) Cycladum; Achaia: pr. Patras (Hal.). — Apr. Jun. ☉

78. Helminthia Juss. gen. p. 170.

1. **H. echioides** L. sp. p. 792; S. et S. pr. II p. 131; Ch. et B. fl. pelop. p. 55; (*Picris*); Gärtn. fr. II p. 368; Sieb. avis rem. p. 5; Friedr. Reise p. 264; Fraas fl. class. p. 198; Clem. sert. p. 50; Raul. cret. p. 798; Bois. fl. or. III p. 742; Haussk. symb. p. 140; Form. in Ver. Brünn 1895 p. 25, 1897 p. 31; Heldr. fl. Aegina p. 307. — Icon: Rchb. t. 27. — Exsicc.: Heldr. pl. fl. hellen. a. 1882.

Setis simplicibus et glochidiatis hispida; caule erecto vel decumbente, a basi divaricatim ramoso; foliis oblongo-lanceolatis, sinuatodentatis vel integris, radicalibus in petiolum attenuatis, caulinis cordato-amplexicaulibus; capitulis breve-pedunculatis, approximatis; involucri phyllis externis cordato-ovatis, interiora lanceolata subaequantibus; ligulis flavis; acheniis rugulosis, in rostrum tenue eis sublongius abrupte attenuatis.

In herbidis, arvis, cultis regionis inferioris et submontanae. Thessalia: pr. Pharsalus (Haussk.); Phthiotis: pr. Stylida (Form.): Aetolia: pr. Klissura (Samar.); Phocis: pr. Amplissa (Fraas); Attica: pr. Athenas (Sibth.), Cephissia (Heldr.), Tatoi (Hal.), Myli (Haussk.); insula Aegina (Heldr.); Argolis: pr. Poros (Cadet); Achaia: pr. Patras (Friedr.); Messenia: pr. Kalamata (Zahn): Creta: pr. Canea, Nerokuru, Enneachoria (Raul.); Corcyra: pr. Cephalomanduchion (Form.). — Maio, Jul. ☉

Obs *H. asplenioides* L. sp. p. 793; S. et S. pr. II. p. 132; (*Picris*); DC. pr. VII. p. 132; Marg. et R. fl. Zante p. 62; Bois. fl. or. III. p. 742. — *Leontodon muricatum* L'Her. stirp. p. 173 t. 82; Ch. et B. exp. p. 233, Fl. pelop. p. 54. — Indicatur probabiliter ex confusione a Sibthorp in insula Zante et a Chaubard et Bory pr. Messene, sed ibi a recentioribus non reperta fuit.

79. Urospermum Juss. gen. p. 170.

1. **U. picroides** L. sp. p. 790; Ch. et B. fl. pelop. p. 53; Fraas fl. class. p. 97; (*Tragopogon*); Desf. cat. hort. par. p. 90; Marg. et R. fl. Zante p. 62; Friedr. Reise p. 262; Clem. sert. p. 51; Ung. Reise p. 124; Weiss in z. b. G. 1869 p. 46; Raul. cret. p. 797; Bois. fl. or. III. p. 743; Heldr. fl. cephal. p. 49, Fl. Aegina p. 307, chlor. Mykon. p. 247; Haussk. symb. p. 140. — *Tragopogon asperum* L. sp. p. 790. — *U. asperum* DC. fl. fr. n. 2987. — *U. picroides β. asperum* DC. et Duby bot. gall. I. p. 295; Weiss, in z. b. G. 1869 p. 46. — *Arnopogon picroides* Willd. sp. III. p. 1496; S. et S. pr. II. p. 121, t. 781; Sieb. avis p. 4, rem. p. 5 (loco ultimo err. typogr. *Andropogon*). — ? *U.echioides* Fraas fl. class. p. 198. — Exsicc.: Baen. herb. europ. n. 9365.

Parce setuloso-hispidum; caule erecto, parce ramoso, rarius simplici; foliis teneris, inferioribus oblongo-spathulatis, in petiolum attenuatis, superioribus auriculato-amplexicaulibus, omnibus dentatis, pinnatifidis vel lyratis, summis lanceolato-linearibus; involucri phyllis ovato-lanceolatis, basi connatis; ligulis luteis; acheniis transverse lamellatis, rostro basi inflato superatis. — *U. asperum* (L.) formam caule submonocephalo, foliis superioribus subintegris sistit.

In herbidis, dumetis, cultis regionis inferioris. Acarnania: pr. Astakos (Nied.); Attica: pr. Athenas, mt. Pentelicon (Clem.), Hymettus (Hal.), ad Phalerum, Sunium, insula Lero Pharmacusarum (Heldr.), Aegina (Friedr.); Corinthus (Fraas); Argolis; peninsula Methana, pr. Nauplia (Haussk.); Achaia: pr. Patras (Hal.); Elis: pr. Lintzi (Heldr.); Messenia: pr. Methone (Chaub.); Cycladum insula: Keos, Kythnos (Heldr.), Tenos, Syra (Weiss), Mykonos (Sart.); Creta: pr. Nerokuru, Malaxa, Candia (Raul.); Zante (Marg.); Cephalonia (Ung.): pr. Argostoli, Pessada (Heldr.); Corcyra: pr. Kastrades (Baen.). — Apr. Maio. ⊙.

Obs. *U. Dalechampii* L. sp. p. 790 (*Tragopogon*); Desf. l. c.; Bois. fl. or. III. p. 742. — *Arnopogon Dalechampii* Willd. sp. III. p. 1496; S. et S. pr. II. p. 121. — Indicatur a Sibthorp cum? in Archipelagi insulis, sed recenter non lectum est.

19. Tribus. **SCORZONEREAE** Schultz in Koch. syn. p. 422.

80. Geropogon L. gen. n. 904.

1. **G. glaber** L. sp. ed. 2. p. 1109; S. et S. pr. II. p. 119; Pieri corc. fl. p. 113; Ch. et B. exp. p. 230, Fl. pelop. p. 53; Raul.

cret. p. 797; Bois. fl. or. III. p. 744; Heldr. fl. Cephal. p. 49, Fl. Aegina p. 307; Haussk. symb. p. 138. — Icon: Jacq. hort. vind. t. 33. — Exsicc.: Heldr. pl. fl. hellen. a. 1881; Bald. it. erct. alt. n. 35.

Glaber; caule erecto, simplici vel stricte ramoso; foliis elongato-linearibus, semiamplexicaulibus; pedunculis fistulosis, demum incrassatis; involucri phyllis lineari-lanceolatis, ligulas violaceo-roseas superantibus; acheniis scabridis. — Habitu omnino *Tragopogonis*.

In collibus herbidis, rupestribus regionis inferioris. Boeotia (Bois.); Attica: mt. Lycabettus, ad Piraeum, insula Salamis, Aegina (Heldr.); Acrocorinthus (Haussk.); Argolis: pr. Nauplia (Sart.), insula Hydra (Heldr.); Elis, Laconia (Sibth.); Messenia: pr. Arcadia, Messene (Chaub.); Creta: pr. Kalyves, Francocastello (Raul.), Candia (Bald.); Cephalonia: pr. Argostoli, Aphrata (Heldr.); Corcyra (Pieri). — Apr. Maio. ☉.

81. Tragopogon L. gen. n. 905.

a. Ligulae purpureae vel lilacinae.

1. **T. porrifolius** L. sp. p. 789; Pieri core. fl. p. 113; Ch. et B. exp. p. 230, Fl. pelop. p. 53; Friedr. Reise p. 276; Fraas fl. class. p. 196; Ung. Reise p. 124; Raul. cret. p. 797; Bois. fl. or. III. p. 745; Heldr. fl. cephal. p. 49, chlor. Mykon. p. 247; Spreitz. in z. b. G. 1887 p. 663; Haussk. symb. p. 138; Bald. riv. coll. bot. Alb. 1896 p. 71; Hal. in ö. b. Z. 1897 p. 96; non Jord. cat. Dijon 1848 p. 32, nec Gr. et G. fl. Fr. II. p. 312, nec Willk. et L. pr. fl. hisp. II, p. 226, quorum stirps a Linnaeana ligulis involucrum superantibus, acheniis fulvis subito in rostrum tenue eis brevius contractis distiguitur. — *T. australis* Jord. cat. Dijon 1848 p. 32; Weiss in z. b. G. 1869 p. 45; Hal. Beitr. fl. Achaia p. 25; Heldr. fl. Aegina p. 307. — *Geropogon hirsutus* Urv. enum. p. 98, non L., sec. Bois. fl. or. III. p. 745. — Huc forsan: *T. Cupani* Guss. in DC. pr. VII. p. 113, saltem quoad plantam e Zacyntho; Marg. et R. fl. Zante p. 62. — Exsicc.: Heldr. herb. norm. n. 395; Rev. pl. cret. n. 96; Sint. it. thessal. n. 402.

Glaber vel subfloccosus; caule erecto, crassiusculo, simplici vel saepius ramoso; foliis a basi plus minus dilatata, semiamplexicauli, lanceolato-linearibus; pedunculis valde incrassato-clavatis; capitulis magnis; involucri phyllis suboctonis, flores superantibus; acheniis testaceis, exterioribus muricato-squamulosis, interioribus sublaevibus, omnibus in rostrum crassiusculum, laeve, eis sublongius vel aequilongum, apice non incrassatum, sub pappo constrictum et hic interdum lanatum, sensim abeuntibus.

β. **brachyphyllum** Bois. fl. or. III. p. 745. — Involucri phylla flores non vel vix superantia. — Exsicc.: Heldr. et Hal. fl. aeg. a. 1889.

In herbidis, collibus, incultis regionis inferioris. Epirus: pr. Kusmera distr. Janina (Bald.); Thessalia: ad monasterium Korona (Haussk.), pr. Kalabaka (Sint.), pr. Milies, Volo (Heldr.); Sporadum insula Skopelos (Leon.); Euboea: pr. Kurbatzi, Kumi (Wild), in Petaliarum insulis (Münter); Aetolia: pr. Mesolongbion (Nieder); Attica: pr. Athenas, in Acropoli, in colle Lycabetto, ad Piraeum, Phalerum, in colle Ardetto, pr. Heracleon, Tatoi, Menidi, mt. Pentelicon, Hymettus, Eleusis, Rhaphti, Kyprianos, Laurion, insula Salamis, Lero, Aegina (Heldr.); Achaia: pr. Patras (Hal.); Acrocorinthus (Haussk.); Argolis: pr. Poros (Friedr.); in Tzakonia (Fraas); Messenia: pr. Kalamata (Zahn), Petalidi, Andruso, Arcadia (Chaub.); Cycladum insula Keos, Kythnos (Heldr.), Tenos, Syra (Weiss), Mykonos (Sart.), Melos (Urv.); Creta: pr. Canea, Akroteri, Malaxa, Rhodakino, Selia, in oropedio Omalos (Raul.); Zante (Marg.); Cephalonia: pr. Drapano (Heldr.); Corcyra: ad Cap Bianco (Spreitz.), mt. Hagios Deka (Baen.). — Apr. Maio. ☉.

2. **T. balcanicus** Vel. in böhm. Ges. Wiss. VII. p. 28, Fl. bulg. p. 355; Hal. Beitr. fl. Epir. p. 30. — Exsicc.: Hal. it. gr. II. a. 1893.

Inferne floccosus; caule erecto vel adscendente, gracili, saepius a collo in ramos elongatos diviso, raro subsimplici; foliis angustissime linearibus, gramineis, basi parum dilatatis, vix semiamplexicaulibus; pedunculis parum incrassatis; capitulis sub anthesi parvis, tenuibus, paucifloris; involucri phyllis 4—7 nis, flores aequantibus; acheniis fuscescentibus, a basi fere ad rostri apicem muricato-squamulosis, in rostrum eis brevius vel aequilongum, apice clavato-incrassatum, sub pappo constrictum sensim abeuntibus. — Subspecies orientalis *T. crocifolii* L., qui foliis latioribus, involucri phyllis longioribus et acheniorum rostro laevi a nostro parum differt. Maxime affinis quoque *T. nebrodensi* Guss. syn. II. p. 384, qui a *T. crocifolio* foliis angustis, involucri phyllis flores aequantibus et a nostro acheniorum rostro laevi tantum discedit.

In saxosis regionis mediae mt. Tsumerka supra Vulgarelion et Theodoriana in Epiro (Hal.). — Jul. ☉.

Obs. Quid sint *T. crocifolius* Ch. et B. fl. pelop. p. 53 e Methone Messeniae et planta ex Attica et Tzakonia sub eodem nomine a Fraas fl. class. p. 197 enumerata, nescio.

b. Ligulae flavae.

α. Rostrum achenio longius vel subaequilongum.

× Folia angustissime linearia, graminea, basi vix dilatata.

3. **T. Samaritanii** Heldr. et Sart. in Bois. diagn. ser. 2, V. p. 116, Fl. or. III. p. 748; Hal. in z. b. G. 1888 p. 759, Beitr. fl. Epir. p. 30, Beitr. fl. Achaia p. 25, in ö. b. Z. 1897 p. 285; Heldr. chlor. Parn. p. 22; Haussk. symb. p. 138. — Exsicc.: Heldr. herb. norm. n. 690 et 1559.

Inferne floccosus; caule erecto vel adscendente, saepius a collo in ramos elongatos diviso, rarius simplici; foliis angustissime linearibus, gramineis, basi parum dilatatis, vix semiamplexicaulibus; pedunculis vix incrassatis; capitulis sub anthesi parvis, tenuibus, paucifloris; involucri phyllis 5—7 nis, flores aequantibus; acheniis fuscescentibus, muricato-squamulois, in rostrum subaequilongum, apice clavato-incrassatum sensim abeuntibus. — Praecedenti valde affinis et ab eo flosculis flavis (sed marginalibus ad apicem interdum violaceis) et rostro laevi vix specifice distinctus.

In herbidis, saxosis regionis mediae et superioris. Epirus: mt. Tsumerka supra Theodoriana (Hal.); Thessalia: in oropedio Neuropolis ad monasterium Korona, pr. Sermenikon (Haussk.) in Pindo, mt. Olympus (Orph.); Aetolia: mt. Tymphrestus (Samarit.), Korax (Tuntas); mt. Kiona (Hal.), Parnassus pr. Gurna (Guicc.) et Livadi (Hal.); Attica: mt. Parnes (Heldr); Achaia: mt. Panachaicon (Hal.), Kyllene (Heldr.); mt. Taygetos (Reis.). — Maio, Aug. ⊙

×× Folia e basi dilatata semiamplexicauli lanceolata.

◯ Pedunculi non aut leviter incrassati.

4. **T. pratensis** L. sp. p. 789; Dallap. prosp. p. 107, sed secundum Heldr. fl. cephal. p. 49 determinatio incerta et planta cephalonica forte ad *Scorzoneram crocifoliam* pertinet; Haussk. symb. p. 138. — Icon: Fl. dan. t. 424. — Exsicc.: Heldr. it. thessal. IV a. 1895; Sint. it. thessal. n. 474.

Glaber, junior interdum subfloccosus; caule erecto, stricte ramoso; foliis a basi dilatata semiamplexicauli lanceolatis, strictis, vel apice reflexis contortisve; pedunculis sub capitulo parum incrassatis; involucro octophyllo, flores aequante vel superante; acheniis marginalibus squamuloso-muricatis, in rostrum filiforme aequilongum vel paulo longius, apice vix incrassatum, attenuatis.

β. **orientalis** L. sp. p. 789; Friedr. Reise p. 278 et 285; Haussk. symb. p. 138, cum *β*. *tortilis* (f. foliis undulatis, apice contortis); Form. in Ver. Brünn 1897 p. 31; pro sp.; Garcke Fl. Deutschl. ed. 13. p. 234. — Capitula majora; involucrum floribus tertia parte brevius; flores saturatiores, achenia rostro apice subclavato-incrassato, $^1/_3$ longiora. Sed omnes hae notae valde variare videntur; quamobrem iis libenter assentior, qui in *T. orientali* varietatem tantum agnoscunt. — Exsicc.: N. v.

In pratis regionis inferioris et montanae. Thessalia: in oropedio Neuropolis (Haussk.), ad Guvelzi pr. Kalabaka (Sint.), ad ripas Enipei pr. Ormanmagula (Heldr.); Cephalonia (Dallap.); — *β*. Thessalia: pr. Trikala (Form.), Ormanmagula (Haussk.); Argolis: pr. Nauplia (Friedr.). — Maio, Jul. ⊙.

5. **T. Tommasinii** Schultz in Bisch. Beitr. Fl. Deutschl. I. p. 97; Rchb. ic. fl. germ. XIX. p. 19 t. 40; Bois. fl. or. III. p. 748. —

Floccoso-tomentosus, floccis ad foliorum basin persistentibus; caule erecto, stricte ramoso; foliis a basi dilatata semiamplexicauli lanceolatis, flexuosis contortisve; pedunculis leviter subclavato-incrassatis; involucro octophyllo, flores aequante; acheniis marginalibus squamuloso-muricatis, in rostrum filiforme, eis sesquilongius, apice clavato-incrassatum, attenuatis. — Differt a praecedente, cui habitu persimilis, indumento persistente, acheniis tenuius costatis et longius rostratis.

In pratis siccis Atticae: pr. Marathon (Vrioni). — Maio, Jun. ⊙ N. v.

⊂⊃ Pedunculi valde incrassato-clavati.

6. **T. majus** Jacq. fl. austr. I. p. 19 t. 29; S. et S. p. II. p. 120; Ch. et B. exp. p. 230, Fl. pelop. p. 53; Marg. et R. fl. Zante p. 62; Haussk. symb. p. 138; Form. in Ver. Brünn 1897 p. 31. — Exsicc.: Sint. it. thessal. n. 468.

Glaber; caule erecto, parce ramoso; foliis a basi dilatata semiamplexicauli linearibus; involucri phyllis 8—12, flores superantibus; acheniis squamuloso-muricatis, in rostrum aequilongum vel sublongius, apice clavato-incrassatum attenuatis.

In collibus et herbidis siccis. Thessalia: pr. Kalabaka (Sint.), Karditza, Sophates, Pharsalus, Aivali (Haussk.), ad Hagios Paraskevi et Phlambures in mt. Chassia (Form.); Laconia et Arcadia (Chaub.); Zante (Sibth.). — Jun. Jul. ⊙.

β. Rostrum achenio 3—4 plo brevius.

7. **T. floccosus** W. et K. pl. rar. hung. II. p. 116 t. 112; Bald. riv. coll. bot. Alb. 1896 p. 71. — Icon: Rchb. t. 42.

Floccoso-tomentosus, floccis subpersistentibus; caule erecto vel adscendente, saepe a basi ramoso; foliis anguste linearibus, canaliculatis, flexuosis, inferioribus valde elongatis, superioribus basi dilatata semiamplexicaulibus, abbreviatis; pedunculis vix incrassatis; involucro octophyllo, flores subaequante; acheniis marginalibus muricatis, in rostrum brevissimum attenuatis, centralibus submuricatis, longius rostratis.

In humidis ad margines lacus Janina (Panajotis). — Jun. Aug. ⊙ N. v.

8. **T. longifolius** Heldr. et Sart. in Bois. diagn. ser. 2, III. p. 90, Fl. or. III. p. 749; Haussk. symb. p. 138; Form. in D. bot. Monat. 1898 p. 78. — Exsicc.: Heldr. herb. norm. n. 396 et 1157.

Glaber; caule erecto vel adscendente, simplici vel ramoso; foliis anguste linearibus, planis, flexuosis, inferioribus saepe elongatis, superioribus abbreviatis, basi vix dilatatis; pedunculis vix incrassatis; involucro octophyllo, flores subaequante; acheniis muriculatis vel laeviusculis in rostrum eis 3—4 plo brevius attenuatis.

In pascuis subhumidis, juncetis regionis inferioris et montanae. Attica: ad Phalerum (Heldr.); Argolis: pr. Nauplia (Haussk.), Tirynthum (Orph.); Laconia: mt. Malevo (Orph.); Achaia: mt. Panachaicon (Hal.). — Apr. Jun. ⊙.

82. Scorzonera L. gen. n. 986.

a. Achenia glabra.
  α. Rhizoma cylindricum.
    × Ligulae flavae.

1. **S. crocifolia** S. et S. pr. II. p. 123, Fl. gr. VIII. p. 63 t. 786; Marg. et R. fl. Zante p. 62; Ung. Reise p. 124; Bois. fl. or. III. p. 767; Heldr. fl. cephal. p. 49, Fl. Aegina p. 307; Hal. Beitr. fl. Achaia p. 25, in ö. b. Z. 1895 p. 460, 1897 p. 96; Haussk. symb. p. 138. — *S. graminifolia* Ch. et B. exp. p. 230, Fl. pelop. p. 53; probabiliter etiam S. et S. pr. II. p. 122 quoad pl. Zacynthiam nec non Marg. et R. fl. Zante p. 62; non L. — *S. angustifolia* Friedr. Reise p. 275 et 284, non L. — Exsicc.: Heldr. herb. norm. n. 180 et 1051.

Rhizomate crasso, elongato, verticali, ad collum squamato-lanato; caulibus erectis vel adscendentibus, glabris, simplicibus vel una basi furcatis, superne subnudis; foliis radicalibus numerosis, caespitosis, anguste linearibus, crasse uninerviis, basi dilatatis, duris, late vaginaeformibus, hirtulis, caulinis paucis, abbreviatis; involucri cylindrici phyllis ciliolatis, infimis ovato-lanceolatis, brevibus, intimis lanceolatis, acuminatis; ligulis involucro sesquilongioribus; acheniis eximie muriculatis; pappi sordidi, achenio aequilongi radiis basi dilatatis, liberis, longioribus apice scabris.

In collinis, rupestribus regionis inferioris et montanae. Thessalia: pr. Kalabaka (Haussk.); Sporadum insula Scopelos (Leon.); Attica: mt. Pentelicon, Hymettus (Sprun.), pr. Kephissia (Pichl.), mt. Kerata (Haussk.), mt. Parnes, pr. Bari, Piraeus, Phanari, Laurion, insula Aegina, Lero (Heldr.), Salamis (Reis.), pr. Megara (Orph.); Argolis: pr. Nauplia, Poros (Friedr.), insula Hydra (Heldr.); Achaia: mt. Omplo pr. Patras, pr. Psathopyrgos (Heldr.), Megaspilaeon (Hal.); Arcadia: pr. Zulatika (Nied.); Laconia: mt. Malevo pr. Kastanitza (Orph.); Messenia: Kalamata (Zahn), Messene, Methone, Arcadia (Chaub.); Zante (Sibth.): mt. Scopo (Marg.); Cephalonia: pr. Argostoli (Heldr.); Cycladum insula: Keos (Heldr.), Poros, Naxos (Wiedem.), Thera, Therasia (Letourn.). — Apr. Jun. ♃.

2. **S. parviflora** Jacq. fl. austr. IV. p. 3 t. 305; Haussk. symb. p. 138. —

Rhizomate crassiusculo, praemorso, obliquo, fibras cylindricas crassas edente, ad collum nudo vel vix squamato; caulibus erectis vel adscendentibus, glabris, simplicibus vel parce ramosis, nudiusculis; foliis radicalibus lanceolatis vel lineari-lanceolatis, plurinerviis, basi vix dilatata vaginaeformibus, glabris, caulinis paucis, abbreviatis; involucri breviter cylindrici phyllis glabris, ab infimis triangulari-lanceolatis ad intima lanceolata elongatis; ligulis involucro vix longioribus; acheniis laevibus; pappi albidi, achenio duplo longioris radiis basi in annulum cito secedentem coalitis, longioribus apice scabris.

In nemorosis oropedii Neuropolis in Pindo dolopico (Haussk.). — Maio, Jul. ♃; N. v.

×× Ligulae purpureae.

3. **S. rosea** W. et K. pl. rar. hung. II. p. 127 t. 121. — Exsicc.: Sint. it. thessal. n. 720.

Rhizomate crassiusculo, cylindrico, ad collum fibroso-comato; caule elato, 20—40 cm. alto, foliato, glabro, simplici vel basi ramo uno alterove instructo; foliis lineari-lanceolatis, planis, basi villosulis, ceterum glabris; involucri breviter cylindrici, araneosi, glabrescentis, phyllis ab externis ovato-lanceolatis ad interna lanceolata elongatis; ligulis involucro sesquilongioribus; acheniis superne ad costas scabriusculis, ceterum laevibus, pappo aequilongis; pappi setis longioribus apice scabris. — *S. purpureae* L., in Graecia vix obviae, foliis anguste linearibus et acheniis omnino laevibus tantum diversae, affinis, sed ab ea certe specifice distincta.

In pascuis montanis, hucusque solum ad Said Pascha in Pindo tymphaeo (Sint.). — Jun. Jul. ♃.

4. **S. rhodantha** Haussk. in Mitth. thür. bot. Ver. V. p. 86, symb. p. 139; Bald. riv. coll. bot. Alb. 1895 p. 52, 1896 p. 72, Form. in Ver. Brünn 1897 p. 31. — *S. purpurea* Bois. fl. or. suppl. p. 321; forsan quoque S. et S. pr. II. p. 123 e Creta. — Exsicc.: Heldr. it. gr. septentr. a. 1879; Bald. it. alb. epir. III. n. 167, IV. n. 180.

Rhizomate crasso, tortuoso, ad collum plus minus fibroso-comato; caule pumili, 3—10 cm. alto, nudo vel paucifoliato, glabro vel araneoso, simplici; foliis anguste linearibus, plicatis, saepe recurvis, glabris vel basi villosulis; involucri breviter cylindrici, araneosi vel glabri, phyllis ab externis ovato-lanceolatis ad interna lanceolata elongatis; ligulis involucro longioribus; acheniis superne ad costas vix scabridulis, pappo aequilongis; pappi setis longioribus apice scabris. — Vix specifice a *S. purpurea* distincta.

In aridis alpinis. Epirus: mt. Gamila distr. Zagorion, mt. Peristeri (Bald.); Thessalia: mt. Karava, Ghavellu (Haussk.); Aetolia: mt. Korax (Heldr.). — Jul. Aug. ♃.

β. Rhizoma ovato-tuberosum.

5. **S. mollis** M. a. B. fl. taur. cauc. III p. 522; Bois. fl. or. III p. 761; suppl. p. 320, *v. euboea* (f. caulibus abbreviatis capitulis paucifloris); Bald. riv. coll. bot. Alb. 1896 p. 72 v. *glabrata*; Heldr. fl. Aegina p. 307. — *S. tomentosa* Pall. it. III p. 513 non L. — *Podospermum molle* Fisch. et Mey. ind. petrop. VI p. 21. — *P. villosum* Stev. in DC. pr. VII p. 111; Raul. cret. p. 796. — *S. araneosa* Urv. enum. p. 98, non S. et S. — *S. undulata* Vahl symb. II p. 86, quoad. pl. graec. — *S. ambigua* DC. pr. VII p. 126. — *S. villosa* Friedr. Reise p. 269, non Scop. — Exsicc.: Orph. fl. gr. n. 899; Heldr. herb. norm. n. 371.

Adpresse araneoso-canescens; caulibus brevibus, simplicibus vel una basi ramosis, inferne foliosis, scapiformibus, folia parum superantibus; foliis linearibus, flexuosis, basi dilatatis, vaginantibus; involucri phyllis infimis ovatis, acutis, brevibus, intimis lanceolatis; ligulis luteis, extus rubellis, involucro sesquilongioribus; acheniis sulcatis, externis muricato-squamulosis, internis laevibus; pappi sordidi eis subbrevioris setis longioribus apice scabris. — Radice tuberosa, caulibus scapiformibus, indumento cano et toto habitu a praecedentibus distinctissima.

In aridis, saxosis regionis inferioris et montanae. Epirus: mt. Smolika (Bald.); Attica: in colle Lycabetto (Orph.), Turcovuni, Corydalus, ad Ilyssum, pr. Phaleron, mt. Hymettus, insula Aegina (Heldr.); Euboea: mt. Dirphys (Pichl); Argolis (Sprun.); Cycladum insula Melos (Urv.); Creta: ad Katharos in mt. Lassiti (Raul.); Corcyra: in cacumine mt. Pantocrator (Bickn.). — Mart. Apr. ♃

b. Achenia villosissima.

α. Rhizoma in tuberem ovato-globosum incrassatum.

6. S. lanata L. amoen. IV p. 287 (*Leontodon*); M. a. B. fl. taur. cauc. II p. 237; Link in Linn. IX p. 582; Ch. et B. fl. pelop. p. 53; Bois fl. or. III p. 776; Haussk. symb. p. 138; Heldr. fl. Aegina p. 307. — *Tragopogon lanatus* Willd. sp. III p. 1495. — Exsicc.: Orph. fl. gr. n. 260; Heldr. herb. norm. n. 278, in Magn. fl. sel. n. 3313.

Sericeo-lanuginosum; caulibus brevibus, simplicibus vel una basi ramosis, inferne foliosis, scapiformibus, folia parum superantibus; foliis linearibus, flexuosis, basi subdilatatis, vaginantibus; involucri phyllis lanceolatis, externis brevibus vel saepius interna subaequantibus; ligulis luteis, extus rubellis, involucro vix longioribus; acheniis obconicis, basi acutis, pappo rufo quadruplo longiore, plumoso superatis.

In collibus saxosis, locis aridis regionis inferioris et montanae. Attica: in colle Lycabetto (Orph.), mt. Corydalus, Pentelicon, Hymettus, pr. Phanari, in Pharmacusarum insula Lero, insula Aegina (Heldr.); Euboea: mt. Dirphys (Pichl.); Argolis: pr. Nauplia (Link), Astros (Bois.). — Mart. Maio. ♃

β. Rhizoma crassum, cylindricum.

7. S. cretica Willd. sp. III p. 1504; S. et S. pr. II p. 123; Sieb. avis. p. 5, rem. p. 5; Raul. cret. p. 797; Bois. fl. or. III p. 779. — Exsicc.: Sieb. pl. cret.; Heldr. pl. cret. a. 1846; Dörfl. pl. cret. n. 67.

Parce lanata vel glabrescens; caulibus crassiusculis, adscendentibus, ramosis, inferne foliosis, superne nudis; foliis linearibus, 5—7 nerviis, saepe elongatis, capitula subaequantibus; capitulis majusculis, sub anthesi 20—25 mm. longis; involucri plus minus lanuginosi phyllis lanceolatis, margine membranaceis, externis brevibus, acuminatis, subpatulis; ligulis flavis, extus saepe rubellis, involucro sesquilongioribus; acheniis oblongis, basi attenuatis, pappo duplo longiore, rufescente, plumoso, apice scabro superatis. — Sequenti valde affinis et ab ea caulibus crassioribus, foliis elongatis latioribus, capitulis majoribus, involucro saepius dense lanuginoso, vix specifice distincta; specimina quidem sicula *S. hirsutae* a Huet du Pavillon pr. Mazzara lecta, cum planta cretica fere omnino congruunt.

In saxosis collinis Cretae: in mt. Sphacioticis (Sibth.) pr. Selia et Strombolo (Heldr.), pr. Parsas distr. Viano (Leon.) — Apr. Maio. ♃

8. **S. hirsuta** L. mant. p. 278; Freyn in bull. herb. Bois. V p. 785.
— Icon: Jacq. hort. vind. t. 106. — Exsicc.: Sint. it. thessal. n. 404.

Parce lanata vel glabrescens; caulibus tenuibus, adscendentibus, simplicibus vel parce ramosis, inferne foliosis, superne longe nudis; foliis anguste linearibus, 3—5 nerviis, carinatis, curvatis, sursum valde decrescentibus; capitulis mediocribus, sub anthesi circa 15 mm. longis; involucri glabri phyllis lanceolatis, margine membranaceis, externis brevibus, acutis, subpatulis; ligulis flavis, involucro dimidio longioribus; acheniis oblongis, pappo triplo longiore rufescente, plumoso, apice scabro, superatis.

In glareosis pr. Kalabaka et in vineis pr. Kastreiki Thessaliae (Sint.). — Maio, Jul. ♃

9. **S. Doriae** Deg. et Bald. in ö. b. Z. 1896 p. 417. — *S. hirsuta v. Doriae* Deg. et Bald. riv. coll. bot. Alb. 1896 p. 72. — Exsicc.: Bald. it. alb. epir. IV n. 128.

Differt a praecedente capitulis parvis, sub anthesi 8—10 mm. longis; acheniis obconicis, brevioribus, 5 mm. longis, pappo violaceo sesquilongiore, 7—8 mm. longo superatis. Pappi radii insuper magis distant, ita ut capitulum fructiferum hemisphaericum, *Pterocephalo plumoso* simile (nec oblongum, ut in *S. hirsuta*), pappo violaceo ab acheniis albo-villosis valde discrepante insigne, evadit.

In saxosis alvei Sarandaporos ad Vromonero dist. Ljaskovik et in summo mt. Smolika distr. Konitza in Epiro (Bald.). — Jun. Jul. ♃.

Obs. *S. austriaca* Willd. sp. III p. 1498 in Graeciae montibus et *S. tomentosa* L. sp. ed. 2 p. 1112 in S. et S. pr. II p. 122 in scopulo Caloyero, porro *S. humilis* L. sp. p. 790 in Dallap. prosp. p. 107 in Cephalonia, probabiliter erronee in ditione nostra indicantur.

83. Podospermum DC. fl. fr. IV p. 61.

1. **P. canum** C. A. Mey. Verz. Pflanz. Cauc. und Kasp. Meer. 1831 p. 62; Weiss in z. b. G. 1869 p. 742. — *Scorzonera messeniaca* Ch. et B. exp. p. 231 t. 28, Fl. pelop. p. 53 t. 30. — *S. laciniata* Jacq. en. p. 40, Fl. austr. IV t. 356; S. et S. pr. II p. 124 t. 788; non L. — *P. Jacquinianum* Koch. syn. p. 425; Haussk. symb. p. 139, cum var. *subintegra* Bois. fl. or. III p. 758 (f. humilis, foliis linearibus integris vel laciniis paucis saepe brevibus auctis, manifeste ad typum transiens). — *P. octangulare* DC pr. VII p. 110. — *S. Jacquiniana* Bois. fl. or. III p. 757. — *S. Jacquiniana v. messeniaca* Hal. Beitr. fl. Achaia p. 25. — *P. pindicolum* Haussk. symb. p. 139 (f. nana, magis caespitosa, caulibus simplicibus). — Exsicc.: Sint. it. thessal. n. 592 et 969; Bald. it. alb. epir. IV n. 129.

Perenne, glabrescens vel plus minus canescens; collo caules floriferos et fasciculos foliorum steriles edente; caulibus erectis vel adscendentibus, ramosis, rarius simplicibus, superne sulcatis; foliis, exceptis interdum inferioribus anguste linearibus indivisis, pinnatipartitis, laciniis linearibus vel lineari - lanceolatis, terminali elongata; involucro ligulis flavis duplo breviore; acheniis glabris, pappo sublongiore superatis.

β. **alpinum** Bois. fl. or. III. p. 758 pro var. *J. Jacquinianae* (saltem pro p.) — Humile, saepe condensatum; rhizomate plerumque indurato; caulibus saepissime simplicibus, monocephalis; foliorum laciniis oblongis suborbiculatisve, terminali majore, subrotunda vel lanceolato-elongata. — Formis innumeris ad typum transit. — Exsicc.: Heldr. herb. norm. n. 273; Orph. fl. gr. n. 371 (f. *transiens*); Dörfl. fl. aeg. n. 53.

In collibus, herbidis regionis inferioris, in alpinam usque adscendens, varietas et praesertim formae intermediae typo multo vulgatiores — Epirus: mt. Nimercka (Bald.), jam extra ditionem nostram; Thessalia: mt. Ghavellu, Karava, pr. Malakasi, Kalabaka (Haussk.); Aetolia: mt. Tymphrestus (Neumayer); mt. Parnassus (Guicc.); Attica: mt. Pateras, pr. Eleusis, Athenas, in colle Philopappo, pr. Kephissia, Tatoi, mt. Parnes, Pentelicon, Hymettus, pr. Trakones, Phaleron, Piraeus, Megara (Heldr.); Achaia: mt. Olenos, Panachaicon, in collibus arenosis pr. Patras, mt. Chelmos (Hal.), Kyllene (Orph.); Arcadia: pr. Leontari, Zulatika (Nied.); Argolis: pr. Nauplia (Orph.), Torniki (Heldr.); Laconia: mt. Taygetos (Sart.); Messenia: a Pylos usque Arcadia (Chaub.); Cycladum insula Tenos (Weiss), Syra (Orph.). — Mart. Jul. ♃.

2. **P. laciniatum** L. sp. p. 791; Willd. sp. III. p. 1506; Bois. fl. or. III. p. 757 (*Scorzonera*); DC. fl. fr. IV. p. 62; Link in Linnaea IX. p. 582; Weiss in z. b. G. 1869 p. 45. — *S. octangularis* Willd. l. c. — Icon: Rchb. t. 34.

Bienne, glabrescens vel canescens; collo fasciculis sterilibus nullis; caulibus adscendentibus vel procumbentibus, ramosis, minute striatis; foliis pinnatipartitis, laciniis linearibus vel lanceolatis, terminali majore, involucro ligulis flavis duplo breviore, acheniis glabris, pappum aequantibus. — Polymorpha, uti praecedens.

β. **calcitrapifolia** Vahl symb. II. p. 87; Urv. enum. p. 99; Friedr. Reise p. 275; (*Scorzonera*) pro sp.; Bois. fl. or. III. p. 757 pro var. *S. laciniatae*. — *S. resedifolia* Retz. obs. III. p. 42; Ch. et B. fl. pelop. p. 54; Fraas fl. class. p. 197; non L. — *P. calcitrapifolium* DC. fl. fr. V. p. 455; Haussk. symb. p. 139. — Foliorum laciniae lanceolatae, ellipticae, oblongae vel obovatae.

In herbidis regionis inferioris. Bocotia: pr. Oropos (Bois.); Attica: pr. Eleusis (Haussk.), Athenas, Megara (Bois.); Euboea (Fraas); Acrocoriuthus (Haussk.); Argolis pr. Nauplia (Link), insula Poros (Friedr.); Cycladum insula Syra, Tenos (Weiss), Melos (Urv.); Laconia et Messenia (Chaub.); sed loca nonnulla probabiliter ad speciem praecedentem spectant. — Maio, Jul. ☉. N. v.

20. Tribus CHONDRILLEAE Koch. syn. p. 427.

84. Taraxacum Hall. hist. stirp. helv. I. p. 23.

a. Folia subcoriacea, rigidula, laciniarum dentibus mucrone albo cartilagineo terminatis.

1. T. Haussknechtii Uechtr. in Nym. consp. suppl. II. p. 190 solum nomen; Haussk. symb. p. 132. — *Leontodon serotinus* S. et S. pr. II. p. 129, Fl. gr. VIII. p. 71 t. 796, non W. et K. — *L. taraxacum v. laevigatum* Bois. fl. or. III. p. 789 p. p. — *T. gymnanthum* Hal. in ö. b. Z. 1890 p. 39, non (Link). — *T. leptocephalum* Hal. in ö. b. Z. 1892 p. 371, non Rchb. — Forsan huc.: *T. vulgare v. pindicolum* Bald. riv. coll. bot. Alb. 1896 p. 73. — Exsicc.: Sint. it. or. a. 1889 n. 1828; Sint. et Bornm. it. turc. n. 1333.

Rhizomate crasso, saepe pluricipiti, collo inter folia lanuginoso; foliis synanthiis, rosulatis, terrae adpressis, glaucovirentibus, araneosopuberulis, demum glabrescentibus, oblongis, vel oblongo-lanceolatis, runcinato-pinnatifidis, laciniis, minoribus interjectis, triangularibus; scapis floccoso-araneosis, demum glabrescentibus, monocephalis; involucri phyllis glabris vel ciliolatis, lividis, externis triangulari-lanceolatis, subadpressis, internis 2—3plo longioribus, lineari-lanceolatis; ligulis pallide flavis; acheniis pallidis, superne muricatis, in rostrum subaequilongum vel eis dimidio longius abeuntibus. — Ex affinitate *T. serotini* (W. et K.) Poir., cujus folia sunt majora, subintegra vel runcinata, sed tunc laciniis multo latioribus, scapi crassiores, capitula majora, achenia longiora. — Planta nostra cum icone Sibthorpii optime congruit.

In arenosis, herbidis regionis inferioris et montanae. Epirus: mt. Smolika (Bald.); Thessalia: pr. Malakasi in Pindo tymphaeo (Haussk.), pr. Litochori et ad Hagios Dionysios in Olympo (Sint.). — Jul. Sept. ♃.

b. Folia tenera, laciniarum dentibus mucrone molli terminatis.

α. Folia synanthia.

2. T. officinale Wigg. prim. fl. Holsat. p. 56; Bois. fl. or. III. p. 787; Form. in D. bot. Monat. 1890 p. 15. — *Leontodon taraxacum* L. sp. p. 798; S. et S. pr. II. p. 129; Dallap. prosp. p. 108; Ch. et B. exp. p. 232, Fl. pelop. p. 54; Fraas fl. class. p. 201. — *T. vulgare* Lam. fl. fr. II. p. 113. —

Glabrum vel subglabrum; rhizomate crasso, saepe pluricipiti; foliis rosulatis, oblongis vel oblongo-lanceolatis, runcinato-pinnatifidis, laciniis, denticulatis, interdum minoribus interjectis, triangularibus vel triangulari-lanceolatis; scapis monocephalis; involucri phyllis virescentibus, ecorniculatis, externis linearibus vel ovatis, adpressis vel reflexis, internis linearibus 2—3plo longioribus; ligulis flavis; acheniis pallide olivaceis, superne muricatis, in rostrum eis longius abeuntibas. — Stirps polymorpha.

α. **typicum.** — Folia profunde lobata vel partita; involucri phylla omnia linearia vel exteriora oblonga vel ovato-oblonga, deflexa; flores plerumque aurei. — Exsicc.: Sint. it. thessal. n. 182.

β. **alpinum** Hoppe in Sturm Heft 41 (*Leontodon*) pro sp.; Koch. syn. p. 428; Bois. fl. or. III. p. 788; Spreitz. in z. b. G. 1877 p. 713; Heldr. fl. cephal. p. 49. — *T. officinale v. alpestre* Ung. Reise p. 125. — *T. vulgare v. alpinum* Bald. riv. coll. bot. alb. 1896 p. 73. — *T. Steveni* Hal. Beitr. fl. Epir. p. 29, quod phyllis corniculatis discedit. — *T. vulgare v. alpinum et Steveni* Bald. riv. coll. bot. Alb. 1896 p. 73 et 74. — Scapi humiles 5—20 cm. alti; involucri phylla sicca saepe nigrescentia, externa ovata, patentia vel deflexa. — Intermediis ad typum transit. — Exsicc.: Bald. it. alb. epir. IV. n. 246.

γ. **paludosum** Scop. fl. carn. ed. 2, II. p. 100 t. 48 (*Hedypnois*) pro sp. — *Leontondon palustre* Huds. fl. angl. ed. 2 p. 339. — *L. lividus* W. et K. pl. rar. hung. II. p. 120, t. 115; Friedr. Reise p. 263. — *T. palustre* DC. fl. fr. IV. p. 45; Haussk. symb. p. 133. — Folia anguste oblongo-lanceolata vel lanceolato-linearia, subintegra, sinuata, rarius pinnatifida; involucri phylla omnia adpressa, externa late ovata. — Exsicc.: N. v.

In pascuis regionis montanae in alpinam adscendens. Epirus: mt. Nimercka, Gamila, Smolika (Bald.), Peristeri, Tsumerka (Hal.); Thessalia: mt. Tringia (Hartl), pr. Kalabaka (Sint.), mt. Olympus, Pelion (Heldr.), Ossa (Form.); Aetolia: mt. Korax (Tunt.); Attica: mt. Parnes, Hymettus (Orph.); Euboea: mt. Dirphys (Heldr.); Argolis (Fraas); Achaia: mt. Panachaicon (Hal.), Kyllene (Heldr.); mt. Taygetos (Chaub.); Arcadia (Sibth.); Creta: mt. Sphaciotici (Bois.); Cephalonia: mt. Aenos (Ung.); — γ. in humidis mt. Ghavellu in Pindo (Haussk.); Corcyra (Friedr.). — Febr. in alpinis usque Aug. ♃.

3. **T. laevigatum** Willd. sp. pl. III. p. 1546; S. et S. pr. II. p. 129; (*Leontodon*); DC. pr. VII. p. 146; Raul. cret. p. 798 *v. polycephala*; Hal. Beitr. Fl. Epir. p. 29, Beitr. fl. thessal. p. 15; Haussk. symb. p. 133; Heldr. fl. Aegina p. 306 *f. stenolobum* (f. scapis decumbentibus foliis brevioribus, foliorum laciniis crebris anguste lineari-lanceolatis), chlor. Mykon. p. 246. — *L. taraxacoides* Hoppe in Sturm Heft 41; Friedr. Reise p. 267. — Exsicc.: Heldr. herb. norm. n. 951; Sint. it thessal. n. 735. —

Glabrum; rhizomate crasso, saepe pluricipiti; foliis rosulatis, oblongis vel oblongo-lanceolatis, runcinato-pinnatifidis, laciniis denticulatis, saepius minoribus interjectis, triangularibus vel triangulari-lanceolatis, acuminatis; scapis monocephalis; involucri phyllis virescentibus, apice corniculatis, externis lanceolatis, patulis vel reflexis, intimis linearibus 2—3 plo longioribus; ligulis pallide flavis; acheniis griseis, lateritiis vel purpurascentibus (*T. erythrospermum* Andrz. in Bess. en. volh. p. 75), superne muricatis, in rostrum eis longius abeuntibus. — Differt a praecedente statura humiliore, capitulis minoribus; involucri phyllis corniculatis et floribus pallidis. — Species ceteroqui, quoad foliorum formam scaporum longitudinem, acheniorum colorem etc. uti istud variabile.

β. **scolopendrinum** Heldr. in Nym. syll. suppl. II. p. 190 pro sp., nomen solum. — Folia lanceolata, laciniis integerrimis, retrorsum versis, omnibus aequalibus, minoribus non interjectis. — Forma singularis. — Exsicc.: Heldr. in Baen. herb. europ. n. 4216.

In herbidis regionis inferioris in alpinam usque adscendens. Epirus: mt. Tsumerka, Peristeri (Hal.); Thessalia: mt. Tringia (Hartl.), Karava (Haussk.), pr. Pheras (Heldr.); Attica: pr. Athenas (Friedr.), mt. Parnes, pr. Menidi, Amarysia, Kephissia, mt. Pentelicon, Hymettus, ad promontorium Colias, pr. Ergastiria Laurii, insula Aegina (Heldr.); Petalium insula Megalonisi et Xeronisi (Holzm.); Cycladum insula Melos (Leon.); Achaia: mt. Chelmos pr. Sudena (Hal.); Laconia (Sibth.); Creta: ad Askyphos, Niato (Raul.). — Mart. Apr., in alpinis usque Aug. ♃.

4. **T. minimum** Brig. in Guss. syn. II. p. 397 (*Leontodon*); Tod. fl. sic. exs. n. 688; Haussk. symb. p. 136; Heldr. fl. Aegina p. 306. — *T. humifusum* Heldr. et Sart. in sched. sec. Haussk. l. c. — *T. gymnanthum* Heldr. herb. norm. n. 853 b, forma foliis synanthiis, non Link.

Differt a praecedente foliis primis oblongo-obovatis, denticulatis, reliquis runcinato-pinnatifidis, laciniis ovatis integris denticulatisve acutiusculis, involucri phyllis externis ovatis, adpressis et praesertim inflorescentia autumnali.

In montosis. Achaia: mt. Omplo pr. Patras (Heldr.); Attica: ad radices mt. Hymettus versus Caesariani, mt. Parnes, pr. Daphni (Heldr.), insula Aegina (Tunt.); Cycladum insula Keos (Tunt.); et probabiliter alibi. — Oct. Nov. ♃.

β. Folia hysteranthia.

5. **T. gymnanthum** Link in Linn IX. p. 582 (*Leontodon*); DC. pr. VII. p. 145; Clem. sert. p. 53; Bois. fl. or. III. p. 788; Heldr. chlor. Mykon. p. 246, prosth. chlor. Thera p. 3. — Exsicc.: Orph. fl. gr. n. 87; Heldr. herb. norm. n. 853 a (mixtum cum T. minimo).

Rhizomate crasso, saepe pluricipiti, collo inter folia lanuginoso; foliis rosulatis, subtus araneosis, demum glabriusculis, oblongo-lanceolatis, in lacinias triangulares vel ovatas, acutas vel obtusas, subintegras sublyrato-pinnatipartitis; scapis araneosis, monocephalis; involucri glabri, lividi, phyllis adpressis, externis ovato-oblongis, saepe corniculatis, intimis linearibus 2—3 plo longioribus; ligulis pallide flavis, extus rubentibus; acheniis fuscidulis, superne muricatis, in rostrum eis longius abeuntibus.

In collibus siccis, locis aridis, ad vias regionis inferioris. Attica: pr. Athenas (Orph.), Daphni, Kephissia, Tatoi (Heldr.), ad radices Hymetti pr. Caesariani (Clem.); Argolis: ad ripas Erasini pr. Argos (Heldr.), pr. Nauplia, Poros (Link); Cycladum insula: Naxos (Leon.), Delos, Rhenea (Tunt.), Thera (Heldr.). — Sept. Nov. ♃.

85. Chondrilla L. gen. n. 910.

1. C. ramosissima S. et S. pr. II p. 128, Fl. gr. VIII p. 70 t. 795; Urv. en. p. 100; Link in Linnaea IX p. 582; Ch. et B. fl. pelop. p. 54; Fraas fl. class. p. 199; Clem. sert. p. 53; Raul cret. p. 798; Bois. fl. or. III p. 791; Haussk. symb. p. 132; Heldr. fl. Aegina p. 306; Form. in D. bot. Mon. 1898 p. 77. — *Prenanthes attica* Spreng. syst III p. 654. — Exsicc.: Heldr. herb. norm. n. 436 et 1450; Orph. fl. gr. n. 757.

Caule divaricato-ramosissimo, angulato-sulcato, cano, setulis rigidis scabro; foliis radicalibus et inferioribus cito evanidis, glabris, oblongo-spathulatis, runcinato-dentatis, caulinis minimis, oblongo-linearibus, spinuloso-ciliatis, cito emarcidis; capitulis lateralibus, sessilibus, 2—5 glomeratis vel solitariis, paucifloris; involucri cylindrici, cani, phyllis extimis minimis, squamaeformibus, ceteris linearibus, dorso setosis; ligulis flavis; acheniis a medio sursum aculeolatis, in rostrum tenuissimum eis sesquilongius abeuntibus.

In campis, arvis, locis incultis regionis inferioris. Boeotia (Fraas); vulgatissima circa Athenas, nec non in planitia Attica tota; insula Aegina (Heldr.); in Peloponneso (Link) et Creta (Raul.), sine loci specialis indicatione. — Jun. Sept. ☉

2. C. juncea L. sp. p. 796; S. et S. pr. II p. 127; Sieb. avis p. 4; Friedr. Reise p. 273 et 284; Weiss in z. b. G. 1869 p. 45; Bois. fl. or. III p. 792; Heldr. fl. cephal. p. 49, chlor. Thera p. 15; Form. in D. bot. Monat. 1890 p. 15, in Ver. Brünn 1895 p. 25, 1896 p. 42, 1897 p. 31; Bald. in nuov. giorn. bot. 1894 p. 98; Haussk. symb. p. 131; Hal. in ö. b. Z. 1895 p. 460. — Icon: Fl. dan. t. 1652. — Exsicc.: Sint. et Bornm. it. turc. n. 1336; Sint. it. thessal. n. 1286.

Caule longe et virgatim ramosissimo, teretiusculo, glaucescente, inferne setoso-hispido, superne glabro; foliis radicalibus cito evanidis, glabris, oblongo-spathulatis, runcinato-dentatis, caulinis parvis, lanceolatis vel linearibus, integris vel denticulatis; capitulis lateralibus et terminalibus, solitariis vel 2—5 nis, subsessilibus, paucifloris; involucri cylindrici, glaucescentis, phyllis extimis minimis, squamaeformibus, ceteris linearibus, minutissime puberulis; ligulis flavis; acheniis superne muriculatis, in rostrum tenuissimum eis sesquilongius abeuntibus.

β. **acantholepis** Bois. diagn. XI p. 48 pro sp.; Bois fl. or. III p. 792. — Involucri phylla secus nervum setoso-aculeata. — Exsicc.: N. v.

In vineis, arenosis, ad vias regionis inferioris. Epirus: pr. Janina. Han Balduma, mt. Prosgoli (Form.); Thessalia: frequens a Pindo usque ad mare Aegaeum; Aetolia: pr. Mesolongion (Nied.); Attica: pr. Tatoi, Kephissia (Heldr.); Achaia: pr. Patras (Reinh.); Argolis: pr. Nauplia (Sart.), Poros (Friedr.); Cyclades (Sibth.): Andros (Sart.), Naxos (Philoti), Thera (Heldr.); Creta: pr. Canea (Weiss); Cephalonia: pr. Pessada (Heldr.); Corcyra (Bald.): pr. urbem, Kanali, Potamo, Kontokali (Form.). *β.* Attica: pr. Kephissia (Heldr.). — Jul. Sept. ☉

Obs. *C. capitata* Sieb. in Flora V, 2 p. 639; sec. DC. pr. VII p. 180 = *Lomatolepis glomerata* Cass., in Creta erronee indicatur.

21 Tribus. **CREPIDEAE** Bois. fl. or. III p. 712.

86. Sonchus L. gen. n. 908.

a. Perennes.

1. **S. palustris** L. sp. p. 793; S. et S. pr. II p. 124; Ch. et B. exp. p. 231, Fl. pelop. p. 54; Bois. fl. or. III p. 798. — Icon: Fl. dan. t. 1109.

Rhizomate crasso, subtuberoso, non repente; caule elato, 1—2 m. alto, crasso, apice fastigiatim ramoso, superne glanduloso-piloso, ceterum glabro; foliis glabris, spinuloso-denticulatis, inferioribus in lacinias 1—2 retrorsas, late lanceolatas runcinato-pinnatifidis, mediis lanceolatis, sagittato-amplexicaulibus, summis lineari-lanceolatis, semiamplexicaulibus; capitulis numerosis, cymosis; involucri nigricantis, dense glanduloso-pilosi, phyllis lanceolato-linearibus; acheniis testaceis, oblongo-linearibus, subcompressis, utrinque crasse 5 costatis, transverse tenuissime rugulosis.

In Elidis paludibus (Sibth.); postea a nemini lectum. — Jul. Sept. ♃ N. v.

2. **S. maritimus** L. sp. ed. 2 p. 1116; S. et S. pr. II p. 125; Friedr. Reise p. 275, Raul. cret. p. 800. — Icon: Rchb. t. 62.

Rhizomate tenui, repente; caule erecto, 30—100 cm. alto, simplici, vel apice parce ramoso, glabro; foliis glabris, longe et anguste lanceolato-linearibus, rarius parce sinuato-denticulatis, infimis in petiolum vaginantem attenuatis, superioribus breviter auriculato-amplexicaulibus; capitulis paucis, solitariis vel cymosis; involucri nigricantis, glabri, phyllis extimis oblongis, intimis oblongo-lanceolatis; acheniis testaceis, linearibus, subcompressis, utrinque tricostatis, transverse tenuissime rugulosis.

In humidis regionis litoralis. Insula Poros (Friedr.); Creta (Sibth.); a recentioribus ut videtur non lectum. Jul. Aug. ♃ N. v.

b. Annui vel biennes, raro (f. perennis *S. tenerrimi*) perennes sed tunc folia fere omnia petiolata, pinnatipartita.

α. Achenia transverse rugulosa.

3. **S. tenerrimus** L. sp. p. 794; S. et S. pr. II p. 125, Fl. gr. t. 790; Friedr. Reise p. 270 et 283, cum v. *spinulosa;* Clem. sert. p. 49 v. *muriculatus* (anthodiis praesertim inferne muriculatis; Ung. Reise p. 125; Raul. cret. p. 800; Bois. fl. or. III p. 797, suppl. p. 321; Hal. in z. b. G. 1888 p. 763; Haussk. symb. p. 132; Heldr. fl. Aegina p. 306, chlor. Thera p. 15. — *S. lacerus* Sieb. avis rem. p. 5, sec. Raul. cret. p. 800. non Willd. sp. III p. 1503. —

Biennis vel perennans; radice fusiformi; caule erecto, glabro, ramoso; foliis glabris, fere omnibus petiolatis, pinnatisectis vel pinnatipartitis, petiolo foliorum caulinorum saepe basi valde dilatato, sagittato-amplexicauli, segmentis foliorum inferiorum rhomboideis vel ovalibus, superiorum elongato-linearibus vel lineari-lanceolatis, integris vel pinnatifidis, foliis summis sagittatis longe acuminatis; pedunculis glabris vel glandulosis, involucri nigricanti, glabri, basi saepissime niveo-floccosi, phyllis lanceolatis; acheniis dilute fuscis, oblongis, subcompressis, multistriatis, subtiliterque transverse rugulosis, immarginatis.

α. **typicus.** — Folia subconformia, segmentis nempe foliorum superiorum parum angustioribus. — Exsicc.: Heldr. pl. fl. hellen. a. 1900

β. **heterophyllus.** — Folia valde difformia, segmenta nempe foliorum inferiorum brevia late ovalia vel rhomboidea, superiorum valde elongata, anguste linearia. — Exsicc.: Heldr. pl. fl. hellen. a. 1891.

Ad rupes, muros regionis calidae. Attica: in colle Lycabetto, Pharmacusarum insula Lero et Arpedoni, in scopulo Rhaphti (Heldr.), ad Piraeum (Clem.), Phaleron, Laurion (Haussk:), Sunium (Heider), insula Aegina ad cap Perdicca (Friedr.); Laconia (Sibth.): pr. Misitra (Friedr.); Cycladum insula Cythnos (Tunt.), Thera (Heldr.); Creta (Sibth.); Corcyra (Ung.). — Mart. Jul. ☉ et ♃

4. **S. oleraceus** L. sp. p. 794 α. *laevis*; S. et S. pr. II. p. 125; Pieri corc. fl. p. 114; Dallap. prosp. p. 107; Friedr. Reise p. 267, 269 et 270; Fraas fl. class. p. 198; Weiss in z. b. G. 1869 p. 45; Bois. fl. or. III. p. 795; Heldr. fl. cephal. p. 49, Fl. Aegina p. 306, Chlor. Thera p. 15, Chlor. Mykon. p. 246; Haussk. symb. p. 132. — *S. laevis* Vill. hist. pl. Dauph. III. p. 158; Form. in D. bot. Monat. 1890 p. 15. — *S. ciliatus* Lam. fl. fr. II. p. 87; Marg. et R. fl. Zante p. 63; Raul. cret. p. 800. — Icon: Rchb. t. 59.

Annuus; radice fusiformi; caule erecto, glabro, ramoso; foliis glabris, oblongis, indivisis, runcinato-lyratis vel runcinato-pinnatifidis, inferioribus petiolatis, superioribus auriculato-amplexicaulibus, auriculis horizontaliter patentibus, acuminatis; pedunculis glabris vel glandulosis; involucri nigricanti, glabri vel sparsim glandulosi, basi saepe niveo-floccosi, phyllis lanceolato-linearibus; acheniis ferrugineis, obovato-oblongis, compressis, utrinque tricostatis, transverse rugulosis, angustissime marginatis.

α. **typicus.** — Folia subintegra. — Exsicc.: N. v.

β. **lacerus** Willd. sp. III. p. 1503 pro sp.; Wallr. sched. crit. p. 432. — Folia runcinato-lyrata vel pinnatifida. — Exsicc.: Heldr. herb. fl. hellen. a. 1882, 1885 et 1898.

In cultis, ruderatis regionis inferioris et montanae per totam ut videtur Graeciam. — Mart. Sept. ☉.

β. Achenia laevia.

5. **S. Nymani** Tin. et Guss. syn. II. p. 860; Haussk. symb. p. 131, cum β. *versicolor* (f. flosculis sulfureo-albidis, siccatione violascentibus). — *S. arvensis* S. et S. pr. II. p. 125; Friedr. Reise p. 270;

Fraas fl. class. p. 198; .non L. — *S. glaucescens* Jord. obs. V. p. 75 t. 5; Bois. fl. or. III. p. 796; Hal. Beitr. fl. Aetol. p. 8, in ö. b. Z. 1899 p. 25; Heldr. fl. Aegina p. 306, chlor. Mykon p. 245, prosth. chlor. Thera p. 3. — *S. graecus* Reut. ap. Weiss in z. b. G. 1869 p. 9. — Exsicc.: Heldr. herb. norm. n. 1262; Sint. it. thessal. n. 403; Baen. herb. europ. n. 9347, Dörfl. fl. aeg. n. 104, pl. cret. n. 10.

Biennis, glaucescens; radice verticali, parum ramoso; caule erecto, ramoso, superne glanduloso-piloso, ceterum glabro; foliis glabris, subtus glaucis, in lacinias triangulares, ovatas vel lanceolatas, dentato-spinulosas, pinnatifidis partitisve, inferioribus petiolatis, caulinis basi adpresse et obtuse cordato-auriculatis; pedunculis glanduloso-pilosis, rarius subglabris; involucri basi saepe niveo-floccosi phyllis ad nervum medium glanduloso-pilosis. lanceolato-linearibus; acheniis obovatis, dilute fuscis, compressis, latiuscule marginatis, tristriatis, margine retrorsum scabridis. — Acheniis laevibus sequenti affinis, qui differt foliis minus glaucis, inferioribus minus profunde et magis irregulariter runcinatis, capitulis subduplo minoribus, ligulis pallidioribus et acheniis margine non vel vix scabridis.

In argillosis humentibus, paludosis, herbosis, vineis, regionis inferioris et submontanae. Thessalia: pr. Guwelzi (Sint.), Malakasi, monasterium Korona, Karditza, Ormanmagula, Pharsalus, Volo (Haussk.); Acarnania: pr. Kravassaras (Hal.); Aetolia: ad Krioneri (Hal.); Phocis: pr. Salona (Fraas); Attica: pr. Athenas (Haussk.), in agro Acharnano ad radices mt. Parnes (Heldr.), Megara (Orph.), insula Aegina (Friedr.); Corinthus, Nauplia Argolidis (Haussk.); Cycladum insula: Keos (Heldr.), Kythnos (Tunt.), Syra (Weiss), Paros (Leon.), Mykonos (Sart.), Thera (Heldr.); Creta: pr. Males distr. Hierapetra (Leon.); in Strophadum insula majore (Reiser); Corcyra: pr. Kastrades (Baen.). — Mart. Jun. ⊙.

6. **S. asper** L. sp. p. 704 pro var. *S. oleracei*; Vill. hist. pl. Dauph. III. p. 158; Friedr. Reise p. 266; Bois. fl. or. III. p. 796; Heldr. fl. cephal. p. 49, Fl. Aegina p. 306; Form. in D. bot. Monat. 1890 p. 15, 1896 p. 41, 1897 p. 30; Haussk. symb. p. 49. — Icon: Rchb. t. 60. — Exsicc.: Heldr. it. thessal. IV. a. 1885.

Annuus; radice fusiformi; caule erecto, ramoso, glabro vel superne glanduloso-piloso; foliis glabris, ovato-oblongis, integris vel runcinatim laciniatis, crebre spinuloso-denticulatis, inferioribus in petiolum attenuatis, caulinis basi adpresse et obtuse cordato-auriculatis; pedunculis glabris vel glanduloso-pilosis; involucri basi saepe niveo-floccosi phyllis glabris vel sparsim glanduloso-pilosis, lanceolato-linearibus; acheniis obovatis, dilute fuscis, compressis, latiuscule marginatis, tristriatis, margine laevibus.

In arvis, cultis, ruderatis regionis inferioris. Thessalia: pr. Malakasi, Koturi (Form.), ad monasterium Korona, pr. Karditza, Aivali, Pharsalus (Haussk.), Ormanmagula (Heldr.), Volo (Form.); Aetolia: in insula Torlida pr. Mesolongion (Heldr.); Attica: pr. Athenas (Friedr.), in valle Cephissi, insula Aegina (Heldr.); Euboea: ad Oreus (Reinh.); et probabiliter alibi. — Maio, Jul. ⊙.

87. Prenanthes L. gen. n. 911.

1. **P. purpurea** L. sp. p. 797; Bois. fl. or. III. p. 803. — Icon: Jacq. fl. austr. IV. t. 317. — Exsicc.: Orph. herb. a. 1857.

Glabra; caule erecto, ramosissime et ample paniculato; foliis inferioribus ovatis oblongisve, dentatis vel sinuatis, in petiolum alatum contractis, superioribus a basi rotundata auriculata, oblongis vel lanceolatis, integris; capitulis cernuis, tenuiter cylindricis; acheniis oblongo-linearibus, subcompressis, striatis, pappo albo brevioribus.

In regione silvatica mt. Olympus Thessaliae (Orph). — Jul. Aug. ♃.

88. Lactuca L. gen. n. 909.

1. Sectio. *Scariola* DC. pr. VII. p. 133. — Capitula pluriflora, involucro imbricato; achenia abrupte rostrata.

a. Achenia 1 vel 3 nervia.

1. **L. cretica** Desf. ann. mus. XI. p. 160, t. 19, cor. Tourn. 44 t. 34; Urv. en. p. 100; Ch. et B. exp. p. 232, Fl. pelop. p. 54; Weiss in z. b. G. 1869 p. 45; Raul. cret. p. 798; Bois. fl. or. III. p. 305; Haussk. symb. p. 132; Heldr. fl. Aegina p. 306, chlor. Thera p. 15. — *L. leucophaea* S. et S. pr. II. p. 127, Fl. gr. VIII. p. 69 t. 794. — *L. sonchifolia* Sieb. avis rem. p. 5; Raul. cret. p. 798; non Willd. sp. III. p. 1530, quae flosculis coeruleo-purpurascentibus differt. — Exsicc.: Heldr. pl. gr. n. 3090, herb. norm. n. 1048; Sint. it. thessal. n. 538.

Glabra, glaucescens; rhizomate crasso, subtuberoso; caule crasso, erecto, fistuloso, simplici, in paniculam terminalem abeunte; foliis oblongo-lanceloatis, in lacinias ovatas vel oblongas, dentatas, runcinato-pinnatifidis, infimis in petiolum attenuatis, ceteris cordato-auriculatis, non decurrentibus, floralibus squamaeformibus, lanceolatis, integris; pedunculis patentibus, squamulosis, brevibus, capitulis solitariis magnis, 1 cm latis, ovato-cylindricis, multifloris; involucri phyllis nigricantibus, ab infimis ovatis ad superiora late linearia sensim auctis; flosculis luteis, acheniis nigris, ovatis, valde compressis, abrupte mucronulatis, latiuscule marginatis, subtrinerviis, minutissime rugulosis, rostro albo eis parum usque 3 plo longiore superatis.

In collibus, olivetis, fruticetis regionis inferioris et montanae. Thessalia: pr. Kalabaka (Sint.); Phocis: mt. Parnassus pr. Pagna (Guicc.); Attica: mt. Cithaeron, pr. Eleusis, mt. Parnes, Pentelicon, Hymettus (Heldr.), Lycabettus (Orph.), Phaleron (Haussk.), Pharmacusarum insula Lero et Mikrakyra, pr. Leopesi, Laurion; insula Aegina, in isthmo Corinthiaco pr. Lutraki (Heldr.); Argolis: in peninsula Methana (Haussk.), in collibus litoris oppido Poros oppositis (Heldr.); Messenia: mt. Ithome (Heldr.), pr. Methone, Kardamyle, Mavrovuni (Chaub.); pr. Megali-Anastasova distr. Alagoniae (Zahn.); Cycladum insula Syra (Weiss), Melos, Thera (Urv.); Creta (Tourn.). — Apr. Jun. ☉.

2. **L. graeca** Bois. fl. or. III, p. 812; Heldr. chlor. Parn. p. 22. — *L. intricata* Haussk. symb. p. 132, an Bois. diagn. IV. p. 27, quae sec. auctorem acheniis minoribus, minus acutis, non marginatis, subtrinerviis, sed meo sensu vix specifice differt. — *L. tenerrima* Bald. riv. coll. bot. Alb. 1895 p. 641, 1896 p. 74, non Pourr. act. Toul. III. p. 321, quae praesertim acheniis nigris obovatis a *L. graeca* specifice discedit. — Exsicc.: Heldr. fl. gr. a. 1855, herb. n. 1488; Orph. fl. gr. n. 766; Haussk. it. gr. n. 1885; Bald. it. alb. alt. n. 94.

Glaucescens; rhizomate crasso, multicipiti; caulibus gracilibus, erectis, fistulosis, glabris, a basi divaricatim ramosis, ramis virgatis, monocephalis; foliis subtus crispule puberulis, radicalibus petiolo basi dilatato suffultis, oblongis, sublyratis vel pinnatipartitis, laciniis linearibus, integris dentatisve, caulinis paucis, minutis, linearibus, integris, basi auriculatis, non decurrentibus; pedunculis elongatis; capitulis solitariis, mediocribus, 3—4 mm. latis. cylindricis, plurifloris; involucri glabri phyllis caesiis, ab infimis ovatis ad superiora linearia, auctis; flosculis coeruleis, acheniis pallide rufescentibus, elliptico-linearibus, compressis, apice acutatis, tumidulo marginatis, subtrinerviis, minutissime rugulosis, rostro albo, eis aequilongo vel breviore superatis.

In saxosis, glareosis regionis mediae et superioris. Epirus: ad radices mt. Peristeri · supra Chaliki (Haussk.), mt. Konitza, nec non extra ditionem nostram in mt. Cika in mt. Acrocraunicis (Bald.); Phocis: mt. Parnassus in summo jugo Mavrolithari dicto (Guicc.); Thessalia: mt. Olympus supra Hagios Dionysios (Heldr.). — Jul. Aug. ♃.

b. Achenia 5—9 nervia.

α. Caulis fistulosus, viridis; rostrum acheniorum nigrum.

3. **L. Chaixi** Vill. prosp. p. 33, hist. pl. Dauph. III. p. 155 t. 32. — *L. sagittata* W. et K. pl. rar. hung. I. p. 1 t. 1; Form. in Ver. Brünn 1895 p. 25. —

Glabra, radice napiformi; caule erecto, simplici, superne paniculato-corymboso; foliis radicalibus in petiolum attenuatis, sinuato-dentatis, caulinis a basi acute sagittata oblongis, denticulatis, non decurrentibus summis ovato-lanceolatis, integris; capitulis cylindricis, 8—13 floris; involucri phyllis ab externis ovatis, ad interna linearia sensim auctis; flosculis pallide luteis; acheniis oblongis, nigris, compressis, utrinque 5 striatis, in rostrum concolor eis dimidio brevius attenuatis.

In nemorosis. Epirus: pr. Safikbi et Han Balduma (Form.). — Jun. Aug. ⊙. N. v.

β. Caulis solidus, albicans; rostrum acheniorum album.

× Folia ovali-oblonga, mucronato-denticulata, runcinato-pinnatifida vel indivisa; capitula paniculam amplam formantia; rostrum achenio aequilongum vel brevius.

4. **L. virosa** L. sp. p. 795 excl. *β. γ. δ.*; L. sp. pl. ed. 2. p, 1119; Form. in D. bot. Mon. 1890 p. 15, in Ver. Brünn 1895 p. 25. 1196, p. 42, 1897 p. 31. — Icon. Rchb. t. 71.

Caule elato, saepe ramoso, inferne interdum parce aculeolato; foliis horizontalibus, glauco-virentibus, subtus ad nervum venasque aculeolato-setosis, radicalibus obovatis, petiolatis, caulinis a basi sagittata subcordata ovato-oblongis, indivisis vel sinuatis, rarius subruncinato-lobatis, non decurrentibus; capitulis cylindricis; involucri glabri phyllis obtusiusculis, sensim auctis; flosculis sulfureis; acheniis ellipticis, nigris, compressis, utrinque 5—7 costatis, glabris, apice margineque scabris, in rostrum eis subaequilongum attenuatis.

In rupestribus, fruticetis regionis inferioris et montanae. Thessalia: pr. Trikala, Karditza, Povelci, Larissa, Velestinos, Lechonia, Volo (Form.); Corcyra: pr. urbem et pr. Alipu (Form.). — Jul. Sept. ☉ N. v.

5. **L. scariola** L. amoen. acad. IV p. 328 (*L. serriola*); L. sp. ed. 2 p. 1119; S. et S. pr. II p. 126; Fraas fl. class. p. 199; Clem. sert. p. 53; Bois. fl. or. III p. 809; Heldr. fl. cephal. p. 49; Form. in D. bot. Monat. 1890 p. 15, in Ver. Brünn 1895 p. 25, 1896 p. 41, 1897 p. 31; Haussk. symb. p. 132; Bald. viagg. cret. p. 71. — Icon: Rchb. t. 70.

Caule elato, superne ramoso, inferne interdum aculeolato; foliis erectis, glaucis, subtus ad nervum medium aculeolatis vel inermibus, ovali-oblongis, runcinato-pinnatifidis, caulinis basi sagittato-amplexicaulibus, non decurrentibus; capitulis cylindricis; involucri glabri phyllis obtusiusculis, sensim auctis; flosculis citrinis; acheniis ellipticis, spadiceis, compressis, utrinque 7—9 costatis, apice setuloso-puberulis, in rostrum eis aequilongum attenuatis. — Foliis erectis, plerumque runcinato-pinnatifidis, acheniis apice setuloso-puberulis a praecedente diversa.

β. **coriacea** Schultz in Linnaea XV. p. 725, in Flora XXV. p. 174; Fraas fl. class. p. 200. — *L. albicaulis* Bois. mss. ex Fl. or. III. p. 809. — Caulibus usque ad inflorescentiam foliisque crebre aculeolatis. — Exsicc.: Bald. it. cret. n. 129.

γ. **angustana** All. fl. ped. II. p. 224 t. 52; Friedr. Reise p. 273; pro sp. — Foliis omnibus indivisis. —

In cultis, dumetis, ad sepes regionis inferioris et montanae. Epirus: pr. Janina, Katschka, mt. Micikeli et Prosgoli (Form.); Thessalia: pr. Koturi, Said Pascha, Kalabaka, Trikala, mt. Chassia, Demirli, Hadsi Obasi, Larissa, Tyrnavos, Tafilvris, Rapsani, Pharsalus, Velestinos, Volo, Stylida, Megalivris, Lamia (Form.); Euboea: pr. Kurbatzi (Willd.); Attica: pr. Tatoi (Haussk.), in valle Cephissi (Heldr.), in Acropoli Athenarum (Clem.); Elis: pr. Olympia (Nied.); Argolis (Fraas); Cycladum insula Keos (Heldr.), Kythnos (Tunt.); Creta: pr. Suda (Bald.); Cephalonia: pr. Argostoli, Omala (Heldr.); Corcyra: pr. Kanali (Form.); — *γ*. Argolis: pr. Poros (Friedr.). — Typum et var. *γ*. non vidi. — Jul. Sept. ☉

Obs. *L. sativa* L. sp. p. 795; Dallap. prosp. p. 107; Marg. et R. fl. Zante p. 85; Friedr. Reise p. 275; Fraas fl. class. p. 199;

Heldr. Nutzpfl. p. 28, Fl. cephal. p. 48, chlor. Thera p. 29. — Colitur ad usum culinarem.

×× Folia elongato-linearia, integerrima, infima tantum runcinato-pinnatifida (laciniis integris vel denticulatis); capitula racemoso-spicata; rostrum achenio aequilongum vel duplo longius.

6. **L. saligna** L. sp. p. 796; Marg. et R. fl. Zante p. 69; Friedr. Reise p. 284; Schultz in Flora XXV Beibl. p. 160; Bois. fl. or. III p. 810; Heldr. fl. cephal. p. 49, Fl. Aegina p. 306, chlor. Mykon. p. 246; Form. in D. bot. Monat. p. 15, in Ver. Brünn 1896 p. 41, 1897 p. 31; Haussk. symb. p. 132; Bald. viagg. Creta p. 72. — Huc vel ad praecedentem spectat: *L. Tommasiniana* Schultz in Flora XXV Beibl. p. 160, ex Atticae locis humidis a Fraas lecta („foliis carina laevibus, caulinis oblongo-lanceolatis, omnibus runcinatis, ramis linearibus subintegris"). — Icon: Jacq. fl. austr. III t. 250. — Exsicc.: Sint. it. thessal. n. 1071.

Caule erecto, glabro, simplici vel ramoso, ramis elongatis, virgatis; foliis inermibus vel ad nervum aculeolato-setosis, infimis in petiolum attenuatis, caulinis basi sagittatis, non decurrentibus; capitulis cylindricis, brevissime pedicellatis, fasciculatis vel solitariis; involucri glabri phyllis externis ovatis, intimis linearibus; flosculis luteis; acheniis brunneis, obovato-oblongis, utrinque 5—7 striatis, apice scabridis.

In cultis, ruderatis, ad sepes regionis inferioris et submontanae. Thessalia: pr. Velitsena, Malakasi, Han Kriavris in valle Penei, Kalabaka, Karditza, Trikala, Pharsalus, Demirli, Plessidi, Lechonia, Volo (Form.); Eurytania: pr. Mikrochorio (Heldr.); Attica: pr. Tatoi (Haussk.), mt. Hymettus (Hal.), pr. Caesariani, Heracleon, Phaleron, insula Aegina (Heldr.); Argolis: pr. Nauplia (Friedr.); Laconia: mt. Malevo (Orph.); Cycladum insula Keos, Rhenea (Tunt.); Creta: mt. Ida (Bald.); Zante: pr. Agria (Marg.); Cephalonia: pr. Same (Heldr.). — Jul. Oct. ☉.

2. Sectio. *Phaenixopus* Cass. dict. 39 p. 391. — Capitula 5 flora, involucro imbricato; achenia in rostrum sensim attenuata.

a. Folia caulina non decurrentia.

7. **L. acanthifolia** Willd. sp. III. p. 1542; Sieb. avis p. 5; (*Prenanthes*); Bois. fl. or. III. p. 818. — *Phaenixopus acanthifolius* Cass. dict. 48 p. 426. — *Phaenopus acanthifolius* DC. pr. VII. p. 176; Raul. cret. p. 799. — ? *Prenanthes aconitifolia* Sieb. in Flora I. p. 271. —

Caule erecto, simplici?, superne nudo, densiuscule spicato; foliis amplis, inferne secus costam latam arachnoideis, ceterum glabris, inferioribus late oblongo-spathulatis, in petiolum brevem attenuatis, grosse lobatis, basi sublyratis, caulinis amplexicaulibus pinnatipartitis, laciniis oblongo-triangularibus, dentatis; capitulis sessilibus, cylindricis, in fasciculos sessiles congestis, spicam longam formantibus; involucri phyllis 5—6, inferioribus ovatis, internis linearibus; flosculis?; acheniis lineari-lanceolatis, compressis, scabridulis, utrinque 6—7 striatis, in rostrum eis subdimidio brevius sensim attenuatis. — Species incomplete nota; folia fere *Acanthi mollis*, pedalia, flores magnitudine *Prenanthis purpureae*. — Creta (Tourn. cor. 35): in collibus ad promontorium Meleka (Sieb.). — Febr. N. v.

8. **L. amorgina** Heldr. et Orph. in ö. b. Z. 1898 p. 184 nomen solum; Hal. in z. b. G. 1899 p. 188. — Exsicc.: Heldr. pl. fl. hellen. a. 1897.

Caule erecto, simplici, fistuloso, collo lanato-villoso excepto glabro, superne nudo; foliis glaberrimis, glaucescentibus, oblongis, inferioribus grosse lobatis, in petiolum brevem attenuatis, ceteris integris, acutis, appendicula brevi semiamplexicaulibus; capitulis sessilibus, cylindricis, in fasciculos sessiles congestis, spicam longam, superne densiusculam formantibus; involucri phyllis 5—7, apice lanatulis, externis ovatis, internis linearibus; flosculis luteis; acheniis pallidis, lineari-lanceolatis, compressis, scabridulis, utrinque 5—7 costatis, in rostrum eis subdimidio brevius sensim attenuatis. — Ut videtur praecedenti maxime affinis et ab ea foliis glaberrimis, caulinis sagittatis forsan vix specifice distincta. Ceteroqui ambae ulterius observandae.

In Cycladum insula Amorgos, in mt. Profetae Elias ab autoribus a. 1861 detecta et nuper a Leonis lecta. — Jul. ⊙. ?

b. Folia caulina longe decurrentia.

9. **L. viminea** L. sp. p. 797; S. et S. pr. II. p. 128 (*Prenanthes*); Presl fl. cech. 160; Bois. fl. or. III. p. 818; Heldr. fl. cephal. p. 49, chlor. Parn. p. 22; Form. in D. bot. Monat. 1890 p. 15, in Ver. Brünn 1895 p. 25, 1896 p. 41, 1897 p. 30; Haussk. symb. p. 132. — *Prenanthes ramosissima* All. fl. ped. I. p. 226 t. 33; Ch. et B. fl. pelop. p. 54. — *Phaenopus vimineus* DC. pr. VII. p. 176; Raul. cret. p. 799. — Exsicc.: Sint. et Bornm. it. turc. n. 1337; Sint. it. thessal. n. 1123; Dörfl. fl. gr. n. 207.

Glabra, caulibus erectis, solidis, a basi vel a medio in ramos virgatos, racemoso-spicatos abeuntibus; foliis in lacinias lineares, saepe dentatas pinnatipartitis, infimis breviter petiolatis, ceteris appendicula adnata longe decurrentibus, summis linearibus integris; capitulis cylindricis, brevissime pedicellatis; iuvolucri phyllis externis ovato-oblongis, internis linearibus; flosculis luteis; acheniis lineari-lanceolatis, nigris, scabridulis, utrinque 7—9 costatis, in rostrum concolor, aequilongum sensim attenuatis. — Foliis decurrentibus et acheniis omnino nigris ab affinibus statim diagnoscenda.

In saxosis, fruticetis, regionis montanae in alpinam usque adscendens. Epirus: pr. Janina, Hagios Paraskevi (Form.); Thessalia: pr. Chaliki, Malakasi, Koturi, mt. Ghavellu, Agrapha, Chassia, pr. Patsios et Rapsani in Olympo (Form.), pr. Litochori (Sint.), mt. Pelion (Haussk.), Othrys (Form.); mt. Parnassus (Heldr.); Attica: mt. Parnes, Hymettus (Heldr.); Achaia: mt. Olenos, Kyllene (Heldr.); Laconia: mt. Malevo (Orph.), Taygetos (Zahn); Messenia: pr. Kalamata (Gittard); Creta: pr. Drakona,

Omalos in mt. Sphacioticis (Raul.); Cephalonia: mt Aenos, Phalaris (Heldr.). — Jul. Aug. ☉.

3. Sectio. *Mycelis* DC. pr. VII. p. 139. — Capitula 5 flora, involucro squamis minutis calyculato; achenia in rostrum breve attenuata.

10. **L. muralis** L. sp. p. 797; S. et S. pr. II. p. 128; Ch. et B. exp. p. 232, Fl. pelop. p. 54; Gaertn. fr. II. t. 158; Bois. fl. or. III. p. 817; Heldr. chlor. Parn. p. 22; Hal. Beitr. Fl. Epir. p. 29, Beitr. fl. thessal. p. 15, in ö. b. Z. 1897 p. 285; Haussk. symb. p. 132; Form. in Ver. Brünn 1896 p. 41, 1897 p. 30. — Exsicc.: Sint. it. thessal. n. 729.

Glabra; caule erecto, fistuloso, superne laxe panicato; foliis in segmenta ovato-rhomboidea, **angulato-dentata**, terminali multo majore, lyrato-pinnatisectis, inferioribus petiolatis, ceteris sagittato-amplexicaulibus, summis lanceolatis, saepius indivisis; capitulis cylindricis, involucri phyllis externis minimis, calyculiformibus, intimis lanceolatis; flosculis sulfureis; acheniis nigris, ellipticis, compressis, utrinque 5 costatis, in rostrum albidum eis 2—3 plo brevius attenuatis.

In silvaticis regionis montanae et subalpinae. Epirus: pr. Kalentini ad septentrionem urbis Arta, pr. Vulgarelion in mt. Tsumerka, pr. Mazuki (Hal.); Thessalia: pr. Chaliki (Sint.), mt. Oxya (Hal.), Zygos (Haussk.), Chassia (Form.), Olympus, Oeta (Heldr.); mt. Parnassus, mt. Telethrion et Dirphys Euboeae (Heldr.); Peloponnesus: mt. Olenos, Kyllene (Heldr.), Malevo (Orph.). — Jul. Aug. ♃.

89. Zacintha Gaertn. fr. II. p. 358.

1. **Z. verrucosa** Gaertn. l. c.; S. et S. pr. II. p. 145; Sieb. avis p. 5, rem. p. 5; Marg. et R. fl. Zante p. 63; Weiss in z. b. G. 1869 p. 45; Raul. cret. p. 800; Bois. fl. or. III. p. 830; Spreitz. in z. b. G. 1897 p. 713; Heldr. fl. cephal. p. 49, Fl. Aeginae p. 307; Form. in D. bot. Monat. 1890 p. 16; Hal. Beitr. fl. Epir. p. 30, in z. b. G. 1899 p. 190; Haussk. symb. p. 138; Bald. viagg. Creta p. 71. — *Lapsana zacintha* L. sp. p. 811; Ch. et B. exp. p. 238, Fl. pelop. p. 55. — Icon: Fl. gr. t. 820. — Exsicc.: Rev. pl. cret. n. 99; Dörfl. pl. cret. n. 13.

Parce setulosa, plerumque multicaulis; caulibus rigidis, divaricato-ramosis, subnudis, fructiferis incrassatis; foliis fere omnibus radicalibus, lyrato- vel runcinato-pinnatifidis dentatisve, caulinis paucis, sagittato-amplexicaulibus; capitulis laxe cymosis, aliis terminalibus, aliis in bifurcationibus subsessilibus; flosculis flavis; acheniis pallidis, pappo albo plus duplo longioribus.

In collibus, cultis, ruderatis regionis inferioris et submontanae. Epirus: pr. Kalentini ad septentrionem urbis Arta (Hal.); Thessalia: ad monasterium Meteora, pr. Pharsalum, Aivali (Haussk.), Kapurna (Form.); Sporadum insula Scopelos (Philippides); Attica: pr. Marathon, in valle Cephissi pr. Chelidonu, Kephissia, pr. Podoniphti, Tatoi, mt.

Pentelicon, pr. Oropos (Heldr.), mt. Geraka, Turcovuni, pr. Laurion (Haussk.); insula Aegina (Heldr.), Andros (Sart.); pr. Corinthum (Heldr.); Argolis (Chaub.); Elis: pr. Chlemutzi (Heldr.); Messenia: in collibus litoris insulae Prodano oppositis (Chaub.), pr. Kalamata (Zahn); Creta: mt. Hagios Ilias pr. Kissamos (Bald.), pr. Canea (Weiss), Akroteri, Suda, Candia, Guves, Avdu, Potamies, Istovai, in promontorio Sidero (Raul.), pr. Males distr. Hierapetra (Leon.); Zante (Sibth.); Cephalonia: pr. Drapano, Katelios, Piscardo, Omala (Heldr.); Ithaca: mt. Skino (Spreitz.); Corcyra (Bickn.). — Maio. Jul. ☉

90. Picridium Desf. fl. atl. II p. 220.

a. Achenia conformia, omnia valde rugoso-tuberculata.

1. P. tingitanum L. sp. p. 791 (*Scorzonera*); Desf. l. c.; Bois. fl. or. III p. 827; Heldr. chlor. Mykon. p. 346. — *P. hispanicum* Poir. dict. 40 p. 197. — Icon: Fl. gr. t. 792.

Glabrum; caulibus erectis vel adscendentibus, simplicibus vel ramosis, inferne foliisque papillis minutis albis plus minus crebre obsitis; foliis glaucis, spinuloso-denticulatis, pinnatifidis integrisve, caulinis basi cordato-amplexicaulibus; capitulis terminalibus, pedunculo apice tubaeformi-incrassato suffultis; involucri phyllis exterioribus squarrosis, ovatis, interioribus lineari-lanceolatis, omnibus late albo-marginatis; ligulis aureis, extus purpurascentibus; acheniis tetragonis, quadrisulcatis, valde rugoso-tuberculatis, demum fuscescentibus, pappo duplo brevioribus.

In cultis et arenosis Atticae (Sprun.) et in Cycladum insula Mykonos (Heldr.). — Apr. Jun. ☉ sec. Bois., ♃ sec. DC., Willk. et Lge. — N. v.

b. Achenia difformia, exteriora valde tuberculato-rugosa, intima sublaevia.

2. P. intermedium Schultz ap. Webb. phytogr. Canar. II p. 451; Bois. fl. or. III p. 828. — *Sonchus picroides* S. et S. pr. II p. 126, Fl. gr. VIII p. 68 t. 793; Sieb. avis p. 4; Ch. et B. exp. p. 231, Fl. pelop. p. 54; non (L.) Lam.. —

Annuum, glabrum; caulibus erectis, simplicibus vel ramosis, foliisque laevibus; foliis laete viridibus vel glaucescentibus, argute et inaequaliter spinuloso-denticulatis, radicalibus obovato-oblongis vel repando-lobatis, superioribus a basi cordato-auriculata lanceolatis; capitulis terminalibus, pedunculo apice incrassato suffulis; involucri phyllis adpressis, anguste albo-marginatis, exterioribus ovatis, cordato-auriculatis, interioribus oblongo-linearibus; ligulis dilute aureis, concoloribus; acheniis externis ovato-oblongis, sulcatis, fuscis, valde tuberculato-rugosis, intimis prismaticis, albidis, sublaevibus. — A sequente radice annua, foliis subintegris, ligulis concoloribus distinctum.

In arenosis, cultis, herbidis regionis inferioris Achaia, Laconia (Sibth.): ad promontorium Malea, pr. Chimova, Kardamyle (Chaub.); Archipelagus (Sibth.); Creta (Sieb.). — Jan. Maio. ☉ N. v.

3. **P. picroides** L. sp. p. 792 (*Scorzonera*); Hal. Beitr. fl. Epir. p. 30, in ö. b. Z. 1899 p. 25; Heldr. fl. Aegina p. 307, in ö. b. Z. 1898 p. 184, chlor. Thera p. 16, chlor. Mycon. p. 246. — *P. vulgare* Desf. fl. atl. II p. 221; Friedr. Reise p. 263, 265, 270 et 278; Clem. sert. p. 51; Weiss in z. b. G. 1869 p. 45; Raul. cret. p. 800; Bois. fl. or. III p. 828; Spreitz. in z. b. G. 1877 p. 713; Heldr. fl. cephal. p. 49; Form. in D. bot. Monat. 1890 p. 15; Haussk. symb. p. 138. — *Sonchus chondrilloides* S. et S. pr. II p. 125, Fl. gr. VIII p. 67 t. 791. — *Picridium ligulatum* DC. pr. VII p. 182 quoad plantam Zacynthiam; Marg. et R. fl. Zante p. 63. — *Zollikoferia chondrilloides* Marg. et R. l. c. — ? *Scorzonera orientalis* Dallap. prosp. p. 107, non L.. — *P. perenne* Fraas fl. class. p. 197. — Exsicc.: Heldr. herb. dimorph. n. 35; Baen. herb. europ. n. 9304; Dörfl. fl. aeg. n. 71 et 440, pl. cret. n. 128.

Perenne, glabrum; caulibus erectis vel adscendentibus, simplicibus vel ramosis; foliis glaucescentibus, plerumque denticulatis, interdum parce albo-papillosis, inferioribus sinuatis vel pinnatim lobatis partitisve, superioribus a basi cordato-amplexicauli lanceolatis; capitulis terminalibus, pedunculo apice incrassato suffultis; involucri phyllis adpressis, anguste albo-marginatis, exterioribus ovatis, cordato-auriculatis, interioribus oblongo-linearibus; ligulis flavis, subtus lividis; acheniis externis oblongis, sulcatis, olivaceis, valde tuberculato-rugosis, intimis prismaticis, albis, sublaevibus.

In arenosis, herbidis, rupestribus regionis inferioris, per omnem Graeciam. — Oct. Jul. ♃

91. **Microrrhynchus** Less. syn. p. 139.

1. **M. nudicaulis** L. mant. p. 273 (*Chondrilla*); Less. l. c.; Raul. cret. p. 800. — *Crepis nudicaulis* Sieb. avis p. 5, in Spreng. syst. III p. 634. — *Sonchus divaricatus* Desf. ann. mus. II p. 212 t. 46; Sieb. in Flora V, 2, p. 639. — Exsicc.: Samar. del. pl. Aeg. inf. cur. Heldr. n. 3050 (Alexandria).

Glaber; caulibus erectis vel decumbentibus, divaricatim ramosis; foliis radicalibus rosulatis, runcinatim partitis, laciniis numerosis, cartilagineo-denticulatis, caulinis paucis, minutis, pectinato-dentatis integrisve; capitulis cylindricis, pedunculo brevi dense squamato-suffultis; involucri phyllis late albo-marginatis, exterioribus ovatis, interioribus linearibus; ligulis flavis; acheniis anguste 5—6 sulcatis, nigricantibus, pappo 4 plo brevioribus.

In collibus, arenosis. Creta: pr. Vrises ad radices mt. Kedros, pr. Avdu, inter Prina et Hierapetra (Raul.). — Apr. Maio. ♃ N. v.

92. **Cephalorrynchus** Bois. diagn. IV p. 28.

1. **C. glandulosus** Bois. l. c.; Haussk. symb. p. 55. — Icon: Rouy ill. t. 162. —

Caule elato, fistuloso, glanduloso, superne ramosissimo; foliis glabris, inferioribus runcinatim lyrato-pinnatipartitis, in petiolum basi sensim dilatatum abeuntibus, mediis runcinatis vel subintegris, basi sessili late et obtuse auriculatis, summis lanceolatis, integris; capitulis cylindricis, 8—10 floris; involucri glabri phyllis externis lanceolatis, acuminatis, internis triplo longioribus, obtusis; ligulis flavis; acheniis elliptico-linearibus, nigris, minute rugulosis, apice asperis, rostro 2—3 plo breviore, albo terminatis.

In collibus dumosis pr. monasterium Meteora supra Kalabaka Thessaliae (Haussk.). — Jun. Jul. ⊙ N. v.

93. Crepis L. gen. n. 914.

Dispositio specierum:

1. Sectio. *Eucrepis* Bois. fl. or. III. p. 831. — Achenia exalata, apice plus minus attenuata, sed non rostrata.
  a. Estolonosa; non tuberifera.
    α. Perennes.
      × Caulis foliatus (foliis interdum minimis), normaliter pleiocephalus.
        ○ Involucri phylla eglandulosa, praeter indumentum farinosum, dorso pilis crebis longis nigricantibus ciliata.
          1. C. **geracioides** Haussk.
        ○○ Involucri phylla plus minus farinoso-tomentella, interdum glandulosa, pilis longis nigricantibus nullis.
          . Folia radicalia obovato-oblonga, oblonga vel ovato-lanceolata, varie partita vel dentata.
          ; Rhizoma fusiforme.
          , Flosculi lutei.
          .— Folia glandulosa.
            2. C. **Baldaccii** Hal. 3. C. **Raulini** Bois.
          := Folia eglandulosa.
            — Achenia scabra; folia tenera, dentata.
              4. C. **auriculaefolia** Sieb.
            = Achenia laevia; folia radicalia runcinata; plantae omnino eglandulosae.
              5. C. **turcica** Deg. et Bald. 6. C. **divaricata** Bois. et Heldr.
              7. C. **Sibthorpiana** Bois. et Heldr.
          „ Flosculi rosei.
              8. C. **incana** S. et S.
          ;; Rhizoma praemorsum, longe et dense fibrosum.
          , Involucrum pedunculisque glandulosum.
            9. C. **Fraasii** Schultz. 10. C. **smyrnaea** DC.
          „ Involucrum pedunculisque eglandulosum.
            11. C. **Reuteriana** Bois.
          .. Folia radicalia linearia, graminea, integra.
            12. C. **crocifolia** Bois. et Heldr.
      ×× Caulis nanus, aphyllus vel subnudus, scapiformis, mono vel dicephalus.
        13. C. **bithynica** Bois. 14. C. **Columnae** Ten.

β. Annuae vel biennes.
> × Involucri phylla glaberrima, externa minima, multo breviora, adpressa, interna fructifera indurata, nervo incrassato.
> **15. C. pulchra** L.
> ×× Involucri phylla pubescentia, externa 2—3plo breviora, laxiuscula, interna fructifera immutata.
>> ◯ Involucri phylla interna facie interna hirta.
>> **16. C. biennis** L.   **17. C. tectorum** L.
>> ◯◯ Involucri phylla interna facie interna glabra.
>> **18. C. virens** L.   **19. C. neglecta** L.

b. Rhizoma ramos filiformes tuberiferos edens, collo stoloniferum.
20. C. bulbosa L.

2. Sectio. *Barkhausia* Moench meth. p. 537. — Achenia exalata, omnia vel centralia manifeste rostrata.
> a. Involucri phylla externa lanceolata vel oblongo-lanceolata.
>> *α.* Ligulae roseae.
>> **21. C. rubra** L.
>> *β.* Ligulae luteae.
>> **22. C. foetida** L.   **23. C. setosa** Hall.
> b. Involucri phylla externa ampla, ovata, concava, omnino scariosa.
>> **24. C. vesicaria** L.

3. Sectio. *Gatyona* Cass. dict. 18 p. 184. — Achenia apice attenuata vel rostrata, radii intus carinata vel alata.
> a. Achenia apice breviter attenuata.
>> *α.* Pedunculi demum vix incrassati; involucri fructiferi ovati, apice non contracti, phylla interna obtuse carinata, achenia marginalia intus carinata non includentia.
>> **25. C. multiflora** S. et S.
>> *β.* Pedunculi demum evidenter incrassati; involucri fructiferi globosi, apice contracti, phylla interna basi valde incrassata, achenia marginalia intus carinato-alata includentia.
>> **26. C. Dioscoridis** L.   **27. C. tubaeformis** Hal.
> b. Achenia interna in rostrum eis 2—3plo longius abeuntia.
>> **28. C. aspera** L.

1. Sectio. *Eucrepis* Bois. fl. or. III. p. 831. — Achenia exalata, apice plus minus attenuata, sed non rostrata.
> a. Estolonosa, non tuberifera.
>> *α.* Perennes.
>>> × Caulis foliatus (foliis interdum minimis), normaliter pleiocephalus.
>>>> ☉ Involucri phylla eglandulosa, praeter indumentum farinosum, dorso pilis crebris longis nigricantibus ciliata.

1. C. geracioides Haussk. symb. p. 135. — Exsicc.: Sint. it. thessal. n. 912.

Rhizomate obliquo, fusiformi; caule elato, paucifoliato, sparse piloso, a medio in ramos paucos, elongatos, monocephalos diviso; foliis obscure viridibus, subtus ad nervum pilosis, inferioribus breviter petiolatis, oblongis, lyrato-pinnatipartitis, segmentis oblongis, denticulatis, terminali multo majore, irregulariter sinuato-dentato, foliis superioribus 1—2, ovatis vel ovato-lanceolatis, denticulatis, basi cordata amplexicaulibus, summis squamaeformibus; pedunculis apice incrassatis, capitulis majusculis; involucri phyllis externis triangulari-lanceolatis, dimidio brevioribus, internis lineari-lanceolatis; receptaculo glabro; ligulis flavis; acheniis brunneis, tenuiter striatis, apice vix attenuatis. — Ex affinitate *C. sibiricae* L. et *C. blattarioidis* (L.) Vill., ab ambabus praesertim foliis inferioribus lyrato-pinnatipartitis distincta.

In subhumidis jugi Zygos in Pindo tymphaeo (Haussk.). — Jun. Jul. ♃.

⊙⊙ Involucri phylla plus minus farinoso-tomentella, interdum glandulosa, pilis longis nigricantibus nullis.

. Folia radicalia obovato-oblonga, oblonga vel ovato-lanceolata, varie partita vel dentata.

; Rhizoma fusiforme.

, Flosculi lutei.

. — Folia glandulosa.

2. **C. Baldaccii** Hal. in z. b. G. 1892 p. 577. — Exsicc.: Bald. it. alb. 1892 n. 209, it. alb. alt. a. 1894 n. 144, it. alb. epir. IV. a. 1896 n. 183.

Caule erecto, paucifoliato, glanduloso, infra medium longe ramoso, rarius subsimplici; foliis viridibus, utrinque pilis glanduliferis obsitis, radicalibus in petiolum longum attenuatis, oblongis vel oblongo-lanceolatis, lyrato-runcinatis, segmentis irregulariter dentatis, lateralibus parvis, triangularibus, terminali maximo, foliis caulinis minoribus, inferioribus radicalibus similibus, basi amplexicauli sessilibus, summis diminutis, lanceolatis subintegris; pedunculis crassiusculis; capitulis majusculis; involucri phyllis lineari-lanceolatis, densissime glandulosis, externis 2—3plo brevioribus; receptaculo glabro; acheniis brunneis, striatis, scabridulis, apice subattenuatis. — Caulis 20—30 cm. altus, folia 12—20 cm. longa, 3—5 cm. lata.

In praeruptis regionis mediae et superioris. Epirus: mt. Konitza, nec non extra ditionem nostram in mt. Cika in mt. Acroceraunicis et in mt. Tomor Maja Albaniae (Bald.). — Jul. Aug. ♃.

3. **C. Raulini** Bois. diagn. XI. p. 58, Fl. or. III. p. 836; Raul. cret. p. 799; Bald. viagg. Cret. p. 72. — Exsicc.: Bald. it. cret. n. 77.

Caule erecto, subnudo, glanduloso, simplici vel furcato-dicephalo; foliis viridibus, utrinque pilis glanduliferis obsitis, radicalibus oblongis, in petiolum attenuatis, repando-denticulatis, caulinis ad 1—2 squamulas lineares reductis; pedunculis tenuibus; capitulis mediocribus; involucri phyllis lineari-lanceolatis, densissime glandulosis, externis 3 plo brevioribus; receptaculo glabro; acheniis brunneis, striatis, scabridulis, apice subattenuatis. — Caulis 5 cm. altus, folia 3 cm. longe, 1 cm. lata.

In regione alpina, ad nives. Creta: mt. Volakia distr. Sphakia (Bald.), mt. Psiloriti (Raul.). — Maio, Jul. ♃.

:= Folia eglandulosa.
— Achenia scabra; folia tenera, dentata.

4. C. auriculaefolia Sieb. avis p. 5, rem. p. 5, in Spreng. syst. III. p. 634; Raul. cret. p. 799 cum var. *minor*; Bois. fl. or. III. p. 834. — Exsicc.: Heldr. pl. cret. n. 1435; Bald. it. cret. alt. n. 233.

Caule erecto, subnudo, collo lanato, ceterum glabro vel parce glanduloso, superne ramoso; foliis radicalibus oblongis vel obovato-oblongis, acute dentatis, glabriusculis, in petiolum brevem attenuatis, caulinis paucis, diminutis, lanceolatis linearibusve, ad dichotomias sessilibus, basi lanatis; pedunculis vix incrassatis; capitulis mediocribus; involucri farinosi, interdum parce glandulosi, phyllis lanceolatis, externis duplo brevioribus; receptaculo setuloso; acheniis brunneis, apice sensim attenuatis. — Caulis 20—30 cm. altus, folia radicalia 10—15 cm. longa, 3—4 cm. lata, tenerrima.

In rupestribus regionis inferioris et montanae. Creta: mt. Sphaciotici (Raul.), mt. Lazaro in mt. Lassiti (Bald.), pr. Kritza distr. Mirobello (Heldr.). — Apr. Jun. ♃.

= Achenia laevia; folia radicalia runcinata; plantae omnino eglandulosae.

5. C. turcica Deg. et Bald. in ö. b. Z. 1896 p. 417; Bald. riv. coll. bot. Alb. 1895 p. 53, 1896 p. 74. — Exsicc.: Bald. it. alb. epir. IV. n. 182.

Caule elato, floccoso-lanuginoso, demum glabrescente, inferne folioso, superne subnudo, a medio ramoso polycephalo; foliis utrinque tenuiter lanuginosis, oblongo-lanceolatis, acute runcinato-dentatis, inferioribus petiolatis, superioribus basi semiamplexicauli, acute auriculata sessilibus, summis lineari-lanceolatis, subintegris; pedunculis crassiusculis; capitulis mediocribus; involucri dense niveo-tomentosi phyllis lanceolatis, externis triplo brevioribus; receptaculo glabro; ligulis flavis concoloribus; acheniis brunneis, striatis, apice vix attenuatis. — Ex affinitate *C. lacerae* Ten. et *C. rigidae* W. et K., a quibus foliorum forma et praesertim indumento involucri niveo-tomentoso distinguitur.

In rupestribus montanis. Epirus: mt. Profeta Elias et Kuruna supra Vonicko distr. Ljaskovik, mt. Vratedon supra Cepelovon distr. Zagorion, ad radices mt. Peristeri pr. Kalarrytes (Bald.). — Jun. Jul. ♃.

6. C. divaricata Bois. et Heldr. diagn. VII. p. 13, Fl. or. III. p. 836. — Exsicc.: Heldr. herb. norm. n. 1453.

Caule erecto, a basi divaricatim ramoso, glabro vel inferne parce lanuginoso; foliis viridibus, parce breviterque papilloso-asperulis, radicalibus lanceolatis, in petiolum brevem attenuatis, in lobos triangulares versus basin diminutos pinnatipartitis runcinatis, caulinis ad dichotomias minutis; pedunculis rigidis, crassiusculis; capitulis mediocribus; involucri tomentelli phyllis lanceolatis, externis subtriplo brevioribus, medio dorso nigricantibus; receptaculo glabro; ligulis flavis, extus saepe rubentibus; acheniis brunneis, striatis, apice vix attenuatis. — Caulis 15—20 cm. altus, folia 5—10 cm. longa, 10—15 mm. lata.

Ad rupes regionis alpinae mt. Taygetos Laconiae loco unico Kakochioni dicto (Heldr.). — Jun. Aug. ♃.

7. **C. Sibthorpiana** Bois. et Heldr. diagn. XI. p. 56, Fl. or. III. p. 836; Raul. cret. p. 799; Spreitz. in z. b. G. 1890 p. 296; Bald. viagg. Creta p. 72. — *Hieracium foetidum* S. et S. pr. II. p. 134, Fl. gr. t. 799, non Willd. — Exsicc.: Heldr. pl. cret. n. 1637; Bald. it. cret. alt. n. 236.

Differt a praecedente, cujus forsan forma macra, caule nano, 3—10 cm. alto, parce breviterque ramoso, 1—4 cephalo et indumento foliorum et phyllorum densiori.

In rupestribus regionis mediae et superioris. Creta (Sibth.): mt. Stravopodia, Theodori (Raul.) et Hagion Pneuma (Bald.) in mt. Sphacioticis, mt. Ida (Heldr.). — Jun. Aug. ♃.

,, Flosculi rosei.

8. **C. incana** S. et S. pr. II. p. 136, Fl. gr. IX. p. 1 t. 802; Bois. fl. or. III. p. 835; Heldr. chlor. Parn. p. 22. — *C. albida* Ch. et B. fl. pelop. p. 54, non All. — Exsicc.: Heldr. herb. norm. n. 333 et 1657, Orph. fl. gr. n. 477.

Tota pube arachnoidea, pilis glandulosis immixtis cana; caulibus pumilis, erectis vel adscendentibus, a basi divaricatim semel vel pluries dichotomis; foliis radicalibus in petiolum brevem attenuatis, oblongo-lanceolatis, runcinato-pinnatipartitis vel sublyratis, caulinis sessilibus, amplexicaulibus, pedunculis rigidis, crassiusculis, dense glandulosis; capitulis mediocribus; involucri phyllis linearibus, externis paucis brevibus; receptaculo glabro; acheniis brunneis, striatis, apice sensim attenuatis. — Floribus pulchre roseis insignis.

Ad rupes regionis mediae et alpinae. Phocis: mt. Parnassus ad Gurna (Heldr.); Attica: mt. Parnes (Sart.); Euboea (Sibth.): mt. Dirphys (Heldr.); Elis: mt. Olenos (Heldr.); Achaia: mt. Clocos (Orph.); Laconia: mt. Malevo (Orph.); Messenia: pr. Andrusa (Chaub.). — Jun. Jul. ♃.

;; Rhizoma praemorsum, longe et dense fibrosam.
,, Involucrum pedunculisque glandulosum.

9. **C. Fraasii** Schultz in Flora 1842 p. 173; Haussk. symb. p. 135. — *C. Sieberi* Bois. diagn. XI. p. 53, Fl. or. III. p. 844; Raul. cret. p. 799; Spreitz. in z. b. G. 1877 p. 713, 1887 p. 663; Heldr. fl. cephal. p. 49, Hal. Beitr. fl. Achaia p. 25. — *C. interrupta* Sieb. avis p. 5, rem. p. 5, in Flora I. p. 272, DC. pr. VII. p. 161; Marg. et R. fl. Zante p. 63; non S. et S. — Exsicc.: Orph. fl. gr. n. 764; Heldr. herb. norm. n. 236 et 1050; Rev. pl. cret. n. 256 (specimina alia ad typum spectant, alia transitum ad var. praebent).

Colle dense rufo-lanato; caulibus elatis, glabris pilosulisve, superne laxe corymboso-paniculatis, glandulosis; foliis teneris, laete virentibus, supra glabrescentibus, subtus parce setulosis, radicalibus petiolatis, interrupte lyrato-pinnatipartitis, segmentis lateralibus utrinque 5—7, ab infimis triangularibus ad superiora ovata vel ovato-triangularia, obtusa vel acutiuscula, margine saepius integra sensim auctis, terminali majori, basi truncato vel subcordato, obsolete dentato, folio caulino ad ramum inferiorem sito, sublyrato vel lobato, basi amplexicauli, ceteris minimis, linearibus integris; pedunculis gracilibus, glandulosis; capitulis mediocribus; involucri glandulosi phyllis externis triangularibus, 4 plo brevioribus, interioribus lanceolatis, ligulis flavis; acheniis striatis, apice attenuatis.

β. **Mungierii** Bois. et Heldr. diagn. XI. p. 55; Raul. cret. p. 799; pro sp.; Bois. fl. or. III. p. 845. — Caulis nanus, foliis vix sesquilongior, saepe a basi dichotomus, oligocephalus; indumentum saepe copiosius, interdum inferne et ad folia glandulosum. — Exsicc.: Heldr. pl. cret. a. 1846; Bald. it. cret. n. 78, it. cret. alt. n. 333.

In dumosis, silvaticis, rupestribus humidis regionis montanae et subalpinae. Thessalia: mt. Pelion pr. Zagora, Milies (Heldr.); Attica: mt. Pateras, Parnes, Pentelicon, Hymettus (Heldr.), pr. Kamariza (Haussk.); Achaia mt. Olenos, Panachaicon (Hal.); Argolis pr. Nauplia (Raul.); Laconia: mt. Malevo (Orph.), mt. Taygetos pr. Anavryti (Heldr.); Creta: ad promontorium Meleka, Hagios Joannes Kaimenos (Raul.), Omalos (Rev.); Zante (Marg.); Cephalonia: pr. Argostoli (Heldr.); Corcyra: mt. San Deca, pr. Lacones, mt. Pantocrator pr. Barbati (Spreitz.); — β. Creta: ad Hellinoseli in mt. Sphacioticis, mt. Psiloriti supra Voriza (Raul.). — Apr. Jun. ♃.

10. **C. smyrnaea** DC. pr. VII. p. 170; Haussk. symb. p. 135. — Exsicc.: Pichl. pl. fl. rum. et bithyn. a. 1874.

Differt ab affini *C. Fraasii* colle glabro, foliorum segmentis paucis, acutis, sinuato-dentatis, segmento terminali multo minoribus, pedunculis glandulosissimis, crassioribus, involucri phyllis externis brevissimis.

In silvis deustis mt. Pentelicon Atticae (Hausk.). — Maio, Jul. ♃. N. v.

,, Involucrum pedunculisque eglandulosum.

11. **C. Reuteriana** Bois. diagn. XI. p. 55. — Exsicc.: Grimb. pl. corc. a. 1897.

Collo glabro; caulibus elatis, inferne hirtulis, ceterum glabris, a medio stricte longeque ramosis; foliis teneris, supra glabrescentibus, subtus ad nervum medium crebrius setulosis, radicalibus petiolatis, runcinato-lyratis, segmentis saepius integris, lateralibus utrinque 3—5, oblongo-triangularibus, retrorsis, acutissimis, terminali basi truncato vel cordato triangulari, aliis 2—3 plo majori, foliis caulinis 1—2, lineari-lanceolatis, integris; pedunculis gracilibus, glabris vel parce araneosis; capitulis mediocribus; involucri glabri vel parce hirtuli phyllis externis triangularibus, 4 plo brevioribus, interioribus linearibus, fructiferis ad carinam incrassatis; ligulis flavis; acheniis striatis apice vix attenuatis. — Specimina nostra cum asiaticis bene congruunt.

In collibus, fruticetis pr. Potamos Corcyrae (Grieseb.). — Apr. Maio. ♃.

.. Folia radicalia linearia, graminea, integra.

12. C. crocifolia Bois. et Heldr. diagn. VII. p. 14, Fl. or. III. p. 837. — Exsicc.: Heldr. herb. norm. n. 1452.

Glabra, rhizomate fusiformi, verticali, collo squamoso; caulibus erectis, tenuiter virgatis, simplicibus vel a parte inferiori parce ramosis, 1—4 cephalis; foliis glauco-caesiis, radicalibus numerosis, linearibus, infimis subspathulatis obtusiusculis, ceteris acutis, caulinis paucis, minoribus; pedunculis apice subincrassatis; capitulis sat parvis; involucri farinoso-puberuli phyllis dorso nigricantibus, infimis brevissimis subpatulis, ceteris linearibus; ligulis flavis; acheniis pallidis, tenuissime striatis, apice paululum attenuatis. — Habitu *Hieracio porrifolio* L. simillima.

In regione alpina mt. Taygetos Laconiae loco unico Megala Zonaria et Chupata dicto (Heldr.). — Jun. Aug. ♃.

×× Caulis nanus, aphyllus vel subnudus, scapiformis, monovel dicephalus.

13. C. bithynica Bois. diagn. IV. p. 29, Fl. or. III. p. 29. — Exsicc.: Heldr. herb. n. 2484.

Rhizomate praemorso, fibrosissimo; foliis radicalibus, pube brevi papillari subglanduloso hirtis, obovatis, runcinato-lyratis, lobis triangularibus, deorsum decrescentibus, terminali maximo, rotundato; scapis adscendentibus, flexuosis, foliis parum longioribus, nudis, monocephalis vel furcatis, foliolo lineari-instructis, dicephalis, superne praesertim glanduloso-setosis; capitulis mediocribus; involucri nigricantis, parce farinosotomentelli, pilisque sparsis longioribus obsiti, phyllis lanceolatis, externis dimidio brevioribus; acheniis striatis, apice vix attenuatis. — Differt a *C. Raulini* radice praemorsa, foliorum forma et indumento minus glanduloso.

In herbidis regionis alpinae mt. Olympus (Heldr.). — Jul. Aug. ♃

14. C. Columnae Ten. syll. p. 398 *(Hieracium);* Froel. in DC. pr. VII. p. 167; Bois. fl. or. III. p. 841, suppl. p. 324; Hal. Beitr. fl. thessal. p. 15, in ö. b. Z. 1897 p. 285; Haussk. symb. p. 136; Bald. riv. coll. bot. Alb. 1895 p. 53. — *C. Sartoriana* Bois. et Heldr. diagn. ser. 2, III. p. 100. — Huc forsan: *Hieracium alpestre* S. et S. pr. II. p. 132, non Jacq. — Exsicc.: Bald. it. alb. epir. III. n. 169.

Rhizomate praemorso, fibroso; foliis radicalibus, expansis, glabriusculis, lanceolatis, runcinato-dentatis vel pinnatipartitis, laciniis triangularibus irregularibus, terminali saepius majori; scapis decumbentibus, foliis 2—3 plo longioribus, nudis vel squamulis setaceis paucis obsitis, monocephalis, glabris puberulisve; capitulis sat parvis; involucri livescentis, puberuli phyllis lanceolatis, externis triplo brevioribus; acheniis striatis, apice vix attenuatis. — Differt a praecedente rhizomate non fibrosissimo, foliis glabris, non obovato-lyratis, capitulo tenuiori, involucro non setuloso.

In pascuis alpinis. Epirus: in jugo Kakardista mt. Tsumerka (Bald.), mt. Peristeri (Hartl.); Thessalia: mt. Tringia (Hartl.), Zygos, Karava (Haussk.); mt. Tymphrestus Eurytaniae, mt. Oeta Phthiotidis (Heldr.); mt. Korax (Tuntas); Achaia: mt. Olenos, Kyllene (Heldr.). — Jul. Aug. ♃.

β. Annuae vel biennes.

× Involucri phylla glaberrima, externa minima, multo breviora, adpressa, interna fructifera indurata, nervo incrassato.

15. **C. pulchra** L. sp. p. 806. — Icon: Rchb. t. 80.

Caule erecto, inferne pubescenti, saepe glanduloso, superne glabro, laxe paniculato-corymboso; foliis puberulis, interdum glandulosis, inferioribus oblongo-spathulatis, in petiolum attenuatis, dentatis vel runcinatis, superioribus ovato-lanceolatis lanceolatisve, dentatis vel integris, basi truncata vel subsagittata sessilibus; capitulis cylindraceis; receptaculo glabro, ligulis flavis; acheniis linearibus, obsolete striatis, apice vix attenuatis, marginalibus scabriusculis, interioribus laevibus.

β. **adenoclada** Haussk. symb. p. 136. — Caulis ad inflorescentiam usque dense glandulosus, pedunculi parte superiore tantum glabri, folia utrinque glandulosa, achenia etiam interiora scabriuscula. — Exsicc.: Sint. it. thessal. n. 408.

In dumetis saxosis, vineis Thessaliae: pr. monasterium Meteora (Haussk.) et Kalabaka (Sint.), ubi var. tantum lecta fuit. — Maio, Jun. ⊙.

×× Involucri phylla pubescentia, externa 2 — 3 plo breviora, laxiuscula, interna fructifera immutata.

○ Involucri phylla interna facie interna hirta.

16. **C. biennis** L. sp. p. 807; Friedr. Reise p. 283; Ung. Reise p. 125. — Icon: Fl. dan. t. 1997.

Pilis brevibus asperula; caule erecto, corymboso; foliis oblongis, runcinatis, sinuato-dentatis vel subintegris, margine non revolutis, inferioribus in petiolum attenuatis, superioribus basi rotundata, auriculata vel subsagittata sessilibus; capitulis majusculis; involucri adpresse canescentis phyllis internis facie interna sericeo-pubescentibus; receptaculo villoso; ligulis luteis; stylis flavis; acheniis striatis, superne subattenuatis.

In herbidis regionis inferioris. Indicatur in: Corcyra (Ung.) et inter Pyrgos et Arcadia Elidis (Friedr.); species pro Graecia dubia. — Maio, Jul. ⊙ N. v.

17. C. tectorum L. sp. p. 807; Ch. et B. exp. p. 236, Fl. pelop. p. 55. — Icon: Curt. fl. lond. V. t. 55.

Glabra vel adpresse puberula; caule erecto, corymboso; foliis inferioribus oblongis vel lanceolatis, sinuato-dentatis vel runcinatis, in petiolum attenuatis, superioribus linearibus, integris, margine revolutis, basi sagittata sessilibus; capitulis mediocribus; involucri cano-pubescentis phyllis internis facie interna adpresse hirtis; receptaculo breviter setuloso; ligulis flavis; stylis siccis nigricantibus; acheniis striatis, apice valde attenuato contractis.

Ad radices mt. Taygetos pr. Andruvista (Chaub.); species pro Graecia dubia. — Maio, Jun. ⊙ N. v.

CO Involucri phylla interna facie interna glabra.

18. C. virens L. sp. ed. 2 p. 1134; Ch. et B. exp. p. 235, Fl. pelop. p. 55, var. *α. arvensis, β. silvatica et γ. bellidifolia*; Friedr. Reise p. 277. — *C. polymorpha* Wallr. sched. crit. p. 426; Clem. sert. p. 53 v. *humilis* DC. pr. VII p. 162. — Icon: Rchb. t. 90.

Glabriuscula; caule erecto, laxe corymboso; foliis margine non revolutis, inferioribus oblongis lanceolatisve, sinuato-dentatis vel runcinato-pinnatipartitis, in petiolum attenuatis, superioribus lanceolatis linearibusve, integris vel inferne inciso-dentatis, basi sagittata sessilibus; capitulis parvis, erectis; involucri adpresse puberuli, interdum glandulosi phyllis externis brevissimis, internis lanceolato-linearibus; receptaculo glabro; ligulis luteis; stylis flavis vel siccis virescentibus; acheniis striatis, apice breviter attenuatis.

In herbidis, arvis. Indicatur in: Attica: mt. Pentelicon (Clem.); Elis (Ch. et B. fl. pelop.); Messenia: pr. Pylos, Chimova, Messene (Ch. et B. exp.); Cycladum insula Syra (Orph. ex Bois. l. c.); loca nonnulla forsan ad *C. neglectam* spectant. — Jun. Jul. ⊙ N. v.

19. C. neglecta L. mant. p. 107; S. et S. pr. II p. 137, Fl. gr. t. 805; Ch. et B. fl. pelop. p. 55; Bois. fl. or. III p. 849; Spreitz. in z. b. G. 1877 p. 713; Heldr. fl. cephal. p. 49, Fl. Aegina p. 307, chlor. Thera p. 16; Form. in D. bot. Monat. 1890 p. 14; Hal. Beitr. fl. Epir. p. 29; Haussk. symb. p. 137. — *C. stricta* Scop. fl. carn. ed. 2 II p. 99 t. 47. — *C. cernua* Ten. fl. neap. pr. p. 47, Fl. nap. t. 183, annot. fl. gr. p. 15. — *C. cretica* Bois. diagn. XI p. 53, Fl. or. III p. 849, suppl. p. 325; Raul. cret. p. 799; quae ex descriptione et speciminibus a Reverchon lectis, ab auctore ipso sub hoc nomine enumeratis a *C. neglecta* nullo modo discedit. — Exsicc.: Heldr. herb. norm. n. 520, 952 et 1353; Orph. fl. gr. n. 1083; Rev. pl. cret. n. 92; Sint. it. thessal. n. 246. —

Parce setuloso-hirta; caulibus gracilibus, adscendentibus vel erectis, saepe numerosis, a basi ramosis, superne laxe cymosis; foliis margine non revolutis, inferioribus obovato-oblongis vel oblongo-lanceolatis, dentatis vel runcinatis, in petiolum attenuatis, superioribus lanceolato-linearibus, integris vel inferne pectinato-pinnatifidis, basi sagittata sessilibus; capitulis minutis, ante anthesin nutantibus; involucri glabriusculi vel puberuli phyllis externis bevissimis, internis lanceolato-linearibus; receptaculo glabro; ligulis luteis; stylis flavis; acheniis striatis, apice sensim attenuatis. — Caules usque 25 cm. alti, ramosi, occurunt tamen specimina 5 cm. alta, mono- vel dicephala. — Stirps acheniis subrostratis transitum praebet ad sectionem sequentem, habitu toto attamen a speciebus praecedentibus non sejungenda. — Differt a *C. virenti* capitulis minoribus, ante anthesin nutantibus et acheniis subrostratis.

β. **fuliginosa** S. et S. pr. II p. 138; Urv. enum p. 102; DC. pr. VII p. 161 cum β. *adscendens* (forma caule adscendente); Marg. et R. fl. Zante p. 63; Ung. Reise p. 125; Weiss in z. b. G. 1869 p. 45; pro sp.; Ch. et B. fl. pelop. p. 55; Raul. cret. p. 799. — Huc forsan: *C. leontodontoides* Gelmi in bull. soc. bot. ital. 1889 p. 450, vix All. — Involucrum plus minus dense setulosum. — Exsicc.: Heldr. et Hal. fl. aeg. a. 1889; Baen. herb. europ. n. 9244.

In collibus herbidis, ad vias, in pascuis regionis inferioris totius Graeciae, in superiorem usque adscendens. — Mart. Jul. ☉

b. Rhizoma ramos filiformes tuberiferos edens, collo stoloniferum.

20. C. **bulbosa** L. sp. p. 798; Ch. et B. exp. p. 232, Fl. pelop. p. 54; Tausch in Flora XI p. 78; Weiss in z. b. G. 1869 p. 45; Bois. fl. or. III p. 832; Heldr. fl. cephal. p. 49, Fl. Aegina p. 307; Gelmi in bull. soc. bot. it. 1889 p. 450; Haussk. symb. p. 136; Hal. in ö. b. Z. 1897 p. 96. — *Hieracium bulbosum* Willd. sp. III p. 1562; S. et S. pr. II p. 133, Fl. gr. t. 798; Sieb. avis rem. p. 5. — *Aetheorrhiza bulbosa* Cass. dict. sc. nat. 48 p. 425; Marg. et. R. fl. Zante p. 63; Raul. cret. p. 798. — Exsicc.: Heldr. et Hal. fl. aegaea a. 1889, fl. Sporad. a. 1896.

Caule erecto, simplici, monocephalo, ima basi paucifolio, ceterum nudo, apice glanduloso; foliis glabris, oblongo-lanceolatis, dentatis, in petiolum attenuatis; capitulo mediocri; involucri basi glandulosi phyllis adpressis, lineari-lanceolatis, externis dimidio brevioribus; ligulis flavis; acheniis testaceis, paucistriatis, fusiformi-subtetragonis.

In arenosis, olivetis, rupestribus maritimis. Thessalia: pr. Volo (Heldr.); Sporadum insula Scopelos (Leon.); Attica: pr. Laurion (Heldr.); Phaleron, Pikermi, mt. Hymettus, insula Salamis, Lero, Aegina et in scopulo adjacente Angistri (Heldr.); Corinthus (Haussk.); Argolis (Sprun.): pr. Nauplia (Haussk.); Cycladum insula: Keos, Kythnos (Tunt.), Syra (Weiss), Melos (Leon.); Laconia (Sibth.); Messenia: pr. Pylos (Chaub.); Creta: inter Perama et Damasta (Raul.); Zante (Sibth.); Cephalonia: pr. Drapano (Heldr.); Corcyra (Gelmi). — Febr. Jun. ♃.

2. Sectio. *Barkhausia* Moench meth. p. 537. — Achenia exalata, omnia vel centralia manifeste rostrata.

a. Involucri phylla externa lanceolata vel oblongo-lanceolata.

α. Ligulae roseae.

21. C. rubra L. sp. p. 806; S. et S. pr. p. 136, Fl. gr. t. 805; Ch. et B. exp. p. 234, Fl. pelop. p. 54; Bois. fl. or. III p. 855; Spreitz. in z. b. G. 1877 p. 713, 1887 p. 663; Heldr. fl. cephal. p. 50; Gelmi in bull. soc. bot. ital. 1889 p. 450; Hal. Beitr. fl. Aetol. p. 8, Beitr. fl. Achaia p. 25, in ö. b. Z. 1895 p. 460; Haussk. symb. p. 136; Bald. riv. coll. bot. Alb. 1896 p. 74. — *Barkhausia rubra* Moench meth. p. 537; Marg. et R. fl. Zante p. 62; Friedr. Reise p. 282; Raul. cret. p. 798. — *C. incarnata* Vis. stirp. dalm. sp. p. 17; Friedr. Reise p. 283; non (Wulf.) Tausch. — *B. purpurea* Ung. Reise p. 125 et Heldr. fl. cephal. p. 50, ex speciminibus in herb. mus. palat. vindob. asservatis; non (Biv.) Guss.. — Exsicc.: Baen. herb. europ. n. 9245; Sint. it. thessal. n. 82; Dörfl. fl. gr. n. 408.

Parce puberula; caulibus solitariis, erectis aut numerosis adscendentibus, simplicibus vel parce ramosis, superne nudis; foliis plerisque radicalibus, in petiolum attenuatis, oblongis, runcinato-dentatis vel pinnatipartitis, rarius indivisis, acute dentatis; pedunculis elongatis, monocephalis; capitulis majusculis, ante anthesin cernuis; involucri pallidi phyllis ab externis subpatulis, glabrescentibus, ovato-oblongis, ad interna oblongo-lanceolata, glanduloso-hispida sensim auctis; acheniis tuberculato-striatis, externis breviter attenuatis, ceteris in rostrum eis longius abeuntibus.

β. **integrifolia.** — Foliis indivisis, oblongo-spathulatis, acute dentatis. — Exsicc.: Baen. herb. europ. n. 9245 b; Reis. fl. gr. n. 1898.

In collinis, ad vias agrestes, in rupestribus regionis inferioris et subalpinae. Epirus: mt. Cuka distr. Janina (Bald.); Thessalia: pr. (Kalabaka (Sint.), Pharsalus, Aivali, Ormanmagula (Haussk.), Volo (Heldr.); Acarnania: pr. Vonitza (Lacon); Aetolia: mt. Arapokephalo (Heldr.), Aetolikon (Reis.), Mesolongion (Nied.), mt. Taphiassos ad sinum Patranum (Hal.); Eurytania: pr. Karpenisi (Samarit.); Attica: mt. Cithaeron (Guicc.), mt. Parnes pr. Tatoi, Megalivrysi et Menidi (Heldr.); Petalium insula Xeronisi (Holzm.); Achaia: mt. Olenos (Hal.), pr. Kalavryta (Leon.), Trikala (Orph.); Argolis: mt. Palamidi pr. Nauplia (Haussk.); Messenia: mt. Ithome (Heldr.), pr. Arcadia, Pylos, insula Sapienza (Chaub.); Laconia (Sibth.); Creta (Sibth.): pr. Malaxa, Prosnero, Askyphos, Kritza, Prina (Raul.); Zante (Marg.); Cephalonia: pr. Argostoli (Spreitz.), mt. Aenos pr. Omala (Heldr.); Ithaca: pr. Vathy (Spreitz.); Corcyra: pr. San Deca (Spreitz.), Garuna (Baen.). — *β.* ut videtur multo rarior: Zante (Reiser); Corcyra: pr. San Deca (Baen.) — Apr. Jun. ⊙

Obs. Habeo *Crepidem* rubrifloram e Corcyra (Sagb.) et Aetolikon Aetoliae (Reis.), habitu *C. bienni* simillimam, caulibus crassibus, fistulosis, elatis, 30—60 cm. altis, longe stricteque ramosis, foliatis, foliis runcinatis vel acute dentatis, capitulis eis *C. rubrae* similibus, sed acheniis nondum evolutis, quamombrem dijudicare nequeo, an huic sectioni vel priori adnumeranda sit. Ulterius observandum anne forte speciem propriam (*C. corcyrensis*) sistet. — Huc forsan spectat *C. purpurea* Gelmi in bull. soc. bot. ital. 1889 p. 450 e Corcyra pr. Signes.

β. Ligulae luteae.

22. **C. foetida** L. sp. p. 807; Ch. et B. fl. pelop. p. 55; Weiss in z. b. G. 1869 p. 45; Bois. fl. or. III. p. 851; Heldr. fl. cephal. p. 50, Fl. Aegina p. 307, chlor. Thera p. 16; Form. in D. bot. Monat. 1890 p. 14, in Ver. Brünn 1895 p. 25; Hal. Beitr. fl. Achaia p. 25. — *Barkhausia foetida* DC. fl. fr. IV. p. 42; Raul. cret. p. 798. — Icon: Rchb. t. 83.

Pubescens vel hirsuta, saepe glandulosa; caulibus solitariis, erectis vel numerosis, adscendentibus, simplicibus vel ramosis; foliis inferioribus in petiolum attenuatis, runcinato-pinnatifidis, interdum sublyratis, rarius sinuato vel repando-dentatis, caulinis auriculato-amplexicaulibus, inciso-dentatis, summis integris; capitulis solitariis cymosisve, majusculis, ante anthesin cernuis; involucro cano-tomentello et plus minus longe et crebre setuloso, simulque saepissime glanduloso, phyllis lanceolatis, adpressis, internis triplo longioribus, demum ad carinam induratis; acheniis subtiliter striatis, externis breviter attenuatis, ceteris in rostrum eis longius abeuntibus. — Stirps valde polymorpha.

α. **typica.** — Annua, caule erecto, solitario, infra medium vel superne ramoso; involucro cano-tomentello, pilisque glandulosis brevibus obsito. — Exsicc.: N. v.

β. **interrupta** S. et S. pr. fl. gr. II. p. 137, Fl. gr. IX. p. 2 t. 803 pro sp. — *C. glandulosa v. interrupta* Haussk. symb. p. 136. — *C. glandulosa v. acutiloba* Haussk. l. c. p. 137 (f. foliis profunde pinnatifidis, laciniis angustis, longe acutatis). — *C. foetida v. lagoserioides* Bald. viagg. Creta p. 72. — Annua, caulibus solitariis vel pluribus, adscendentibus, humilibus, a collo ramosis; involucro cano-tomentello pilisque longioribus et brevioribus, glandulosis obsito. — Exsicc.: Orph. fl. gr. n. 342; Sint. et Bornm. it. turc. n. 1339; Bald. it. cret. n. 79.

γ. **glandulosa** Guss. ind. sem. hort. Bocc. 1825 p. 4, pro sp.; Bisch. Beitr. p. 252. — *C. foetida v. rhoeadifolia* Bois. fl. or. III. p. 851, saltem quoad loca graeca; non *Barkhausia rhoeadifolia* M. a. B. fl. taur. cauc. II. p. 259, quae involucro setis longis rigidis, plerisque eglandulosis hispido differt. — *C. glandulosa v. simplex* Haussk. symb. p. 136; Form. in Ver. Brünn 1897 p. 30. — Annua, caule erecto, solitario, infra medium vel superne ramoso; involucro pilis longis flavescentibus glanduliferis dense hispido. — Exsicc.: Heldr. herb. norm. n. 310; Dörfl. fl. aeg. n. 17.

δ. **radicata** S. et S. pr. II. p. 136, Fl. gr. VIII. p. 74 t. 800. — *C. foetida v. maritima* Bois. fl. or. III. p. 851. — *C. glandulosa v. maritima* Haussk. symb. p. 137. — Perennans, caulibus humilibus, adscendentibus, parce ramosis vel monocephalis; foliis glabrescentibus; involucro pilis flavescentibus longis, brevioribusque glandulosis intermixtis obsito. — Exsicc.: N. v.

ε. **zacynthia** Marg. et R. in DC. pr. VII. p. 158, Fl. Zante p. 62 (*Barkhausia*) pro sp. — *C. glandulosa v. eglandulosa* Haussk. symb. p. 136. — Annua, caule a basi ramosissimo, ramis elongatis subnudis; foliis subdentatis, incisis; involucro longe hispido, eglanduloso. — Exsicc.: N. v.

In ruderatis, cultis, glareosis regionis inferioris et montanae. Typum e Graecia non vidi et loca indicata probabiliter omnia ad varietatem β. et γ. spectant, quae per omnem territorium divulgatae videntur; — δ. indicatur tantum in arenosis maritimis Thessaliae pr. Caterina (Orph.) et ad Ergastiria pr. Laurion Atticae (Haussk.); — ε. in Zacyntho pr. Pisinonda et Litakia (Marg.) et in mt. Palamidi supra Naupliam Argolidis (Haussk.). — Maio, Jul. ⊙ vel ⊙.

23. **C. setosa** Hall. in Roem. arch. 1797, I. 2 p. 1; Bois. fl. or. III. p. 853; Hal. Beitr. fl. Epir. p. 29; Haussk. symb. p. 137. — *C. hispida* W. et K. pl. rar. hung. I. p. 42, t. 43; Ch. et B. exp. p. 234, Fl. pelop. p. 54. — *Barkhausia setosa* DC. fl. fr. IV. p. 44. — *B. hispida* Link. en. hort. berol. II. p. 290; Friedr. Reise p. 286. — Exsicc.: Sint. it. thessal. n. 245 et 1075.

Caule erecto, ramosissimo, foliisque plus minus setuloso; foliis inferioribus runcinato-dentatis vel pinnatifidis, in petiolum attenuatis, superioribus basi sagittata, saepe inciso-dentata, sessilibus; capitulis parvis, laxe cymosis, semper erectis; involucri phyllis valde hispidospinulosis, demum ad carinam induratis, externis patulis vel reflexis, 2—3 plo brevioribus; acheniis striato-tuberculatis, omnibus rostro eis vix breviore superatis.

In pratis, herbidis, arvis regionis inferioris et montanae. Epirus: pr. Kalentini, Vulgarelion (Hal.); Thessalia: frequens in Pindo dolopico et in planitie (Haussk.); Aetolia: pr. Mesolongion (Nieder); Attica: pr. Athenas (Sart.), in valle Cephissi (Orph.) pr. Podoniphti (Heldr.); Arcadia: ad lacum Pheneon (Heldr.); Laconia: mt. Malevo (Orph.); Elis: pr. Olympia (Nied.); Messenia: pr. Methone, Kalamata (Chaub.). — Maio, Aug. ⊙.

b. Involucri phylla externa ampla, ovata, concava, omnino scariosa.

24. **C. vesicaria** L. sp. p. 805; S. et S. pr. II. p. 136; Pieri corc. fl. p. 114; Sieb. avis p. 5, rem. p. 5; Ch. et B. fl. pelop. p. 54; Bois. fl. or. III. p. 853; Haussk. symb. p. 137. — *Barkhausia vesicaria* Spreng. syst. III. p. 652; Raul. cret. p. 798. — Icon: Rchb. t. 86. — Exsicc.: Rev. pl. cret. n. 95; Sint. it. thessal. n. 243; Bald. it. cret. alt. n. 88; Dörfl. pl. cret. n. 12.

Parce setuloso-pubescens; caule erecto, superne ramoso, corymboso; foliis inferioribus oblongo-spathulatis, in petiolum attenuatis, dentatis, runcinato-pinnatifidis sublyratisve, caulinis lanceolatis, basi sessili auriculatis; pedunculis basi bractea scariosa, ovato-oblonga, cucullata suffultis; capitulis mediocribus, semper erectis; involucri phyllis externis glabris, calyculum formantibus, dimidio brevioribus, interioribus linearibus, hirtis vel villosis, ligulis flavis, acheniis striatis, marginalibus apice attenuatis, interioribus in rostrum eis longius abeuntibus.

β. **scariosa** Willd. sp. III. p. 1595, pro sp.; Vis. fl. dalm. II. p. 117; Weiss in z. b. G. 1869 p. 45. — Calyculum involucrum subaequans. — Exsicc.: N. v.

In herbidis, agrorum marginibus regionis inferioris et montanae. Thessalia: ad Metochi pr. Kalabaka (Sint.); Attica: ad radices mt. Pentelicon pr. Pikermi, pr. Chelidomi, Menidi, mt. Pateras (Heldr.), pr. Kamariza Laurii (Haussk.); Achaia: ad Gerokomion pr. Patras (Heldr.); Messenia: inter Armyros et Kalamata (Gittard); Creta: pr. Canea, Epanochorio, mt. Karadagh pr. Candia (Raul.), pr. Stavraka distr. Malevisi (Bald.), pr. Males distr. Hierapetra (Leon.); Corcyra (Pieri); — β. pr. Canea Cretae (Weiss). — Maio, Jun, $\odot$.

Obs. *C. bursifolia* L. sp. p. 805; S. et S. pr. II. p. 135; Ch. et B. exp. p. 234, Fl. pelop. p. 54. — Probabiliter erronee indicatur in Laconia (Sibth.) et pr. Navarin Messeniae (Chaub.).

3. Sectio. *Gatyona* Cass. dist. 18, p. 184 sensu ampl.; Bois. fl. or. III. p. 832. — Achenia apice attenuata vel rostrata, radii intus carinata vel alata.

a. Achenia apice breviter attenuata.

α. Pedunculi demum vix incrassati; involucri fructiferi, ovati, apice non contracti, phylla interna obtuse carinata, achenia marginalia intus carinata non includentia.

25. **C. multiflora** S. et S. pr. II. p. 138, Fl. gr. IX. p. 4 t. 806; Bois. fl. or. III. p. 855; Hal. in ö. b. Z. 1895 p. 460, 1897 p. 96, Heldr. chlor. Thera p. 16. — *Endoptera dichotoma* Bois. et Bal. diagn. ser. 2 III. p. 98; Weiss in z. b. G. 1869 p. 45; Heldr. Gartenfl. 1873 p. 323, chlor. Mykon. p. 246; Haussk. symb. p. 138. — Exsicc.: Heldr. herb. fl. hellen. n. 26.

Caule erecto, solitario, glabro vel parce pilosulo, interdum glanduloso, paulo supra basin dichotome ramoso; foliis glabris, inferioribus oblongo-spathulatis, dentatis vel runcinato-pinnatifidis, breviter petiolatis, mediis oblongis, acute auriculato-amplexicaulibus, summis lineari-lanceolatis, subintegris; capitulis parvis; involucri tomentelli simulque parce glandulosi phyllis externis brevissimis, lineari-setaceis, interioribus linearibus, demum navicularibus, carinatis; ligulis luteis, involucrum parum superantibus; acheniis leviter incurvis, 5 costatis, apice breviter attenuatis; pappo caduco, involucrum vix superante. — Praeter notas indicatas, capitulis multo minoribus, eis *C. virentis* aeque magnis, a sequente diversissima.

In saxosis, collibus apricis, maritimis. Attica: pr. Laurion, Sunium, Buliasmene, in scopulo Rhaphti, Pharmacusarum insula Lero et Mikra

Kyra (Heldr.); Argolis: pr. Nauplia (Haussk.), Vromolimni, in scopulo Angistri (Heldr.); Sporadum insula Jura (Leon.); insula Pontikonisi ad septentrionem Euboeae (Wild); Cycladum insula: Tenos, Syra (Weiss); Keos, Kythnos (Tunt.), Mykonos (Sart.), Thera (Heldr.); Creta pr. Canea (Weiss). — Apr. Jun. ⊙.

β. Pedunculi demum evidenter incrassati; involucri fructiferi, globosi apice contracti, phylla intima basi valde incrassata, achenia marginalia intus carinato-alata includentia.

26. **C. Dioscoridis** L. sp. ed. 2 p. 1133; S. et S. pr. II. p. 139, Fl. gr. t. 808; Urv. enum. p. 102; Ch. et B. exp. p. 235, Fl. pelop. p. 54; Bois. fl. or. III. p. 856; Heldr. fl. cephal. p. 50, chlor. Thera p. 16; Hal. Beitr. fl. Epir. p. 29, Beitr. fl. Achaia p. 25, in ö. b. Z. 1895 p. 460, in z. b. G. 1899 p. 190. — *C. globifera* Hall. in naturw. Anz. 1818 p. 91. — *C. croatica* Horn. hort. hafn. suppl. p. 90. — *Gatyona globulifera* Cass. dict. 18 p. 184. — *G. Dioscoridis* Rchb. fl. germ. exc. p. 254. — *Endoptera Dioscoridis* DC. pr. VII. p. 172; Raul. cret. p. 800; Spreitz. in z. b. G. 1877 p. 663; Haussk. symb. p. 137. — Exsicc.: Orph. fl. gr. n. 765; Heldr. herb. norm. n. 242 et 1354.

Parce papilloso-puberula vel glabra; caule erecto, solitario, superne vel a basi dichotome ramoso, ramis subdivaricatis, raro simplici, monocephalo; foliis inferioribus obovatis vel oblongis, runcinato-dentatis vel lyratis, in petiolum attenuatis, mediis lanceolatis, basi laciniata sagittata sessilibus, summis linearibus integris; pedunculis glabris vel parce glandulosis, fructiferis parum incrassatis; capitulis mediocribus; involucri tomentelli, interdum parce glandulosi, phyllis externis brevissimis, linearisetaceis, interioribus lanceolatis, demum incurvatis, basi valde incrassatis; ligulis luteis, involucro subduplo longioribus; acheniis incurvis, 5 costatis, apice breviter attenuatis; pappo caduco, involucrum parum superante.

In saxosis regionis inferioris et submontanae. Epirus: pr. Kalentini, Mazuki (Hal.); Thessalia: pr. Klinovo (Haussk.); Aetolia: pr. Guritza (Reis.), Mesolongion (Nied.), mt. Taphiassos (Hal.); Attica: insula Salamis, mt. Lycabettus, Hymettus, Parnes (Heldr.), pr. Geraka, Laurion (Haussk.); Acrocorinthus (Orph.); Argolis: in peninsula Methana (Haussk.), pr. Nauplia (Orph.), Astros (Bois.); Achaia: pr. Trikala (Heldr.), mt. Panachaicon, pr. Lopesi (Hal.); Messenia: pr. Pylos (Chaub.), Kalamata (Zahn); Laconia: pr. Androvista (Heldr.); Cythaera: pr. San Nicolo (Spreitz.); Creta (Raul.); Cycladum insula Camini pr. Thera (Urv.); Zante (Mazz.); Cephalonia: pr. Kastro (Heldr.). — Apr. Jun. ⊙

27. **C. tubaeformis**. — Exsicc.: Hal. it. gr. secund. a. 1893.

Glabra; caulibus numerosis, erectis vel adscendentibus, gracilibus, simplicibus monocephalis vel inferne furcatis dicephalis, superne nudis, valde tuboloso-incrassatis; foliis fere omnibus radicalibus, anguste lanceolatis, dentatis, in petiolum attenuatis, caulinis paucis, valde diminutis, anguste linearibus, integris vel basi laciniatis; capitulis parvulis; involucri tomentelli, eglandulosi, phyllis externis lineari-setaceis, interioribus lanceolatis, demum incurvatis, basi valde incrassatis; ligulis ignotis; acheniis incurvis, 5 costatis, apice breviter attenuatis; pappo caduco, involucro breviore. — Differt a praecedente, cui affinis, caulibus numerosis simplicibus vel tantum semel furcatis, valde elongatis, subnudis, superne tubaeformibus, capitulis minoribus, pappo breviore et toto habitu, eo *Arnoseridis minimae* simili.

In rupestribus calcareis mt. Taphiassos ad sinum Patranum loco Kakiskala dicto Aetoliae (Hal.). — Maio. ⊙

b. Achenia interna in rostrum eis 2—3 plo longius abeuntia.

28. **C. aspera** L. sp. ed. 2 p. 1132; S. et S. pr. II p. 137, Fl. gr. t. 804; Bois. fl. or. III p. 857. — *Nemauchenes aculeata* Cass. dict. 34 p. 362. — *Endoptera aspera* DC. pr. VII p. 178; Raul cret. p. 800. —

Caulibus a medio dichotome ramosis, laxe cymoso-corymbosis, setis rigidis aculeiformibus hispidis; foliis margine asperis vel setoso-ciliatis, radicalibus oblongo-spathulatis, in petiolum brevem attenuatis, acute multidentatis, caulinis oblongis, laciniato-dentatis, auriculato-amplexicaulibus, summis linearibus, integris; capitulis parvis, centralibus et saepe lateralibus cymarum subsessilibus; pedunculis fructiferis crassiusculis; involucri fructiferi phyllis externis ovatis, scariosis, parvis, deciduis, internis tandem induratis, tomentellis, navicularibus, dorso incrassato aculeatis; acheniis marginalibus intus carinato-alatis, apice acutatis, internis, rostratis.

In graminosis Cretae (Sibth.); a recentioribus non lecta. — Maio, Jun. ⊙

94. Hieracium L. gen. n. 913.

Dispositio specierum:

1. Sectio. *Pilosella* Tausch in Flora 1828 Ergbl. I. p. 50. — Achenia ad summum 1½ mm. longa, nigra, costis apice in dentem brevem procurrentibus. — Rhizoma saepe stoloniferum; folia omnia vel plurima radicalia, rosulata; caulis scapiformis, aphyllus vel oligophyllus; innovatio per stolones, raro per rosulas.

  a. Caulis monocephalus.

    1. H. macranthum Ten.

  b. Caulis pleiocephalus.

    α. Caulis humilis, aphyllus vel monophyllus, apice 2—5cephalus.

      2. H. auricula L.

    β. Caulis elatior, foliatus, polycephalus, corymbosus.

      × Folia elliptica, oblonga vel lanceolata, viridia, mollia, apice (praesertim superiora) saepius glandulosa; involucrum dense setosum griseum.

        3. H. cymosum L.

      ×× Folia linearia vel lanceolata, glauca, apice eglandulosa; involucrum glabrum vel breviter puberulum et glanduliferum.

    4. H. florentinum All.   **5. H. Bauhini** Schult.

2. Sectio. *Euhieracium* Scheele in Linn. XVI. p. 652. — Achenia minima 3 mm. longa, pallida, fusca vel nigra, costis apice plica annuliforme connexis. — Rhizoma rarissime stoloniferum; folia rarius rosulata; caulis saepissime pleiophyllus; innovatio per rosulas vel gemmas, rarissime per soboles.

1. Subsectio. *Graeca*. — Rhizoma repens, soboles (stolones subterraneos) edens; folia glauca, glabra vel villosa, radicalia sub anthesi adhuc vigentia; caulis scapiformis, 1—3phyllus, monocephalus, rarius furcatus dicephalus; involucrum irregulariter imbricatum, phyllis acutis vel acuminatis; ligulae apice glabrae vel ciliatae; pappus albus.

6. H. Naegelianum Panc.   **7. H. graecum** Bois. et Heldr.

2. Subsectio. *Andryaloidea* Monn. ess. p. 51. — Rhizoma cylindricum, induratum, nunquam soboliferum; folia cinerea, pilis distincte plumosis villosa vel tomentosa, radicalia saepius sub anthesi adhuc vigentia; caulis plerumque pleiocephalus, foliatus; involucrum irregulariter imbricatum, phyllis acutis vel acuminatis; ligulae (in nostris) apice glabrae; pappus rufescenti-albus.

    a. Achenia fusco-atra.

8. H. Parnassi Fr.

    b. Achenia testacea vel brunnea.

       a. Caulis praeter pubem stellatam pilis longis patulis plus minus crebre obsitus.

          × Involucrum dense villosum.

            ○ Ligulae glabrae.

              . Folia rosulata, sub anthesi vigentia.

9. H. aetolicum Hal.   **10. H. Heldreichii** Bois.

              .. Folia infima sub anthesi emarcida.

11. H. euboeum Hal.

            ○○ Ligulae extus pilosae.

12. H. pannosum Bois.   **13. H. Gaudryi** Bois. et Orph.

          ×× Involucrum pilis stellatis minutis cano-tomentellum.

14. H. thessalum Form.

       β. Caulis glaber.

15. H. oligadenum Belli.

3. Subsectio. *Glutinosa* Koch syn. p. 459. — Rhizoma cylindricum, induratum, nunquam soboliferum; folia viridia, glanduloso-viscida, radicalia sub anthesi saepe adhuc vigentia; caulis scapiformis vel plus minusve foliatus, mono-vel polycephalus; involucrum imbricatum, phyllis acutis; ligulae apice glabrae, pappus rufescenti-albus.

16. H. scapigerum Bois. Orph. et Heldr.

4. Subsectio. *Pulmonaroidea* Koch syn. p. 454. — Rhizoma cylindricum, induratum, nunquam soboliferum; folia viridia vel glaucescentia, nunquam tomentosa vel glandulosa, radicalia sub anthesi adhuc vigentia; caulis scapiformis vel plus minusve foliatus, plerumque pleiocephalus; involucrum irregulariter imbricatum, phyllis acutis; ligulae apice glabrae; pappus rufescenti-albus.

    a. Folia pleraque lanceolata vel oblongo-lanceolata, basi longe attenuata.

17. H. Sartorianum Bois. et Heldr.

    b. Folia pleraque ovata vel oblonga, basi subcordata vel rotundata, rarius attenuata.

18. H. incisum Hoppe.   **19. H. murorum** L.   **20. H. abietinum** Bois. et Heldr.

5. Subsectio. *Italica* Fr. epicr. p. 107. — Rhizoma cylindricum, induratum, nunquam soboliferum; folia viridia, nunquam tomentosa vel glandulosa, radicalia

sub anthesi saepe jam emarcida; caulis foliatus; inflorescentia racemosa; involucrum imbricatum, phyllis obtusis; ligulae apice glabrae; pappus rufescenti-albus.

    a. Caulis stricte ramosus, rarius simplex, ramis tenuibus, saepe virgatis, elongatis, glabris vel parce pilosis.

        21. H. bracteolatum S. et S.   22. H. Koracis Bois.

    b. Caulis simplex, crassiusculus, foliatus, stricte racemosus, patule pilosus.

        23. H. racemosum W. et K.   24. H. crinitum S. et S.

    1. Sectio. *Pilosella* Tausch in Flora 1828 Ergbl. I. p. 50. — Achenia ad summum $2^{1}/_{2}$ mm. longa, nigra, costis apice in dentem brevem procurrentibus. — Rhizoma saepe stoloniferum; folia omnia vel plurima radicalia, rosulata; caulis scapiformis, aphyllus vel oligophyllus; innovatio per stolones, raro per rosulas.

    a. Caulis monocephalus.

    1. **H. macranthum** Ten. fl. nap. IV. p. 114 pro var. *H. pilosellae*; Ten. fl. nap. V. p. 190 t. 184; Bois. fl. or. III. p. 860; Heldr. in Sitzungsb. acad. Wiss. Berl. 1883 p. 4, chlor. Parn. p. 22; Hal. in z. b. G. 1888 p. 759, Hal. Beitr. fl. Epir. p. 29, in ö. b. Z. 1897 p. 285; Haussk. symb. p. 135; Bald. riv. coll. bot. Alb. 1895 p. 54, 1896 p. 75. — *H. pilosella* S. et S. pr. II. p. 133, quoad locum peloponnesiacum; Ch. et B. exp. p. 233, Fl. pelop. p. 54; Form. in D. bot. Monat. 1890 p. 15, in Ver. Brünn 1896 p. 39, 1897 p. 30; non L. — Exsicc.: Orph. fl. gr. n. 79; Heldr. herb. norm. n. 772, it. Thessal. n. 9; Bald. it. alb. epir. III. n. 176.

    Rhizomate repente, stolones breves edente; caule erecto vel adscendente, aphyllo, pube brevissimo obducto, praesertim inferne plus minus setuloso et insuper superne saepe breviter glanduloso; foliis radicalibus, obovato-lanceolatis lanceolatisve, in petiolum attenuatis, subtus canotomentosis, utrinque setoso-pilosis; capitulis majusculis; involucri adpresse cano-tomentelli pilisque brevissimis nigris, saepe glandulosis conspersi vel simul pilis longis albidis hispidi, phyllis ab externis ovatis vel oblongis, obtusis ad interna lanceolata auctis; ligulis flavis, marginalibus extus saepe rubellis. — Subspecies *H. pilosellae* L. sp. p. 800, quod differt stolonibus elongatis, phyllis externis lanceolatis acutis, internis linearibus. — Variat caulibus 2—3 cm. usque 25 cm. longis, capitulis parvulis (*v. obscurius* Naeg. et. P. Pilos. p. 125) vel majusculis, involucro adpresse tomentello pilisque brevibus nigris glandulosis (*v. glandulosum* Naeg. et. P. I. c.) vel eglandulosis (*v. eglandulosum* Naeg. et P. I. c.) consperso et pilis albidis elongatis nullis vel (*v. anatolicum* Naeg. et. P. I. c. p. 126) plus minus crebris obducto.

    In pascuis regionis mediae et superioris fere omnium montium altiorum. Epirus: mt. Profetae Elias distr. Ljaskovik, mt. Micikeli, Peristeri (Bald.), Tsumerka (Hal.); Thessalia: in Pindo tymphaeo pr. Malakasi (Heldr.), in oropedio Neuropolis (Haussk.), mt. Giseltepe, Dokimi, Chassia (Form.), mt. Olympus, Pelion (Heldr.); Aetolia: mt. Korax (Tunt.); mt. Kiona (Hal.), Parnassus (Heldr.); Euboea: mt. Ocha (Sart.),

Dirphys (Heldr.); Attica: mt. Parnes (Heldr.); Peloponnesus (Sibth.): mt. Malevo (Orph.), Kyllene, Taygetos (Heldr.). — Jun. Aug. ♃.
    b. Caulis pleiocephalus.
        α. Caulis humilis, aphyllus vel monophyllus, apice 2—5 cephalus.

2. **H. auricula** L. sp. p. 800; S. et S. pr. II. p. 133. — Icon: Fl. dan. t. 1111. —

Rhizomate repente, stolonifero; caule erecto, superne puberulo pilisque brevibus nigricantibus, saepius glanduliferis obsito; foliis radicalibus, glaucis, lanceolato-spathulatis, glabris, basin versus ciliatis, inferioribus obtusis; pedunculis brevibus; involucri phyllis nigricantibus, dorso breviter setoso-glandulosis, lineari-lanceolatis, obtusis; ligulis flavis.

In montosis (Sibth.), sine loco speciali; a recentioribus non lectum. — Maio, Jul. ♃. N. v.

        β. Caulis elatior, oligophyllus, polycephalus, corymbosus.
            × Folia elliptica, oblonga vel lanceolata, viridia, mollia, apice (praesertim superiora) saepius glandulosa; involucrum dense setosum, griseum.

3. **H. cymosum** L. sp. ed. 2, p. 1126; Bald. riv. coll. bot. Alb. 1895 p. 54, 1896 p. 75. —

Rhizomate truncato, obliquo, estolonoso; caule erecto, 1—4 phyllo, stellatim puberulo, setisque patulis saltem inferne plus minus dense obsito, superne saepe glandulifero, in cymam umbelliformem laxiusculam vel compactam abeunti; foliis oblongo-lanceolatis, setosis, pubeque stellata minuta adspersis, infimis obtusis, ceteris acutis, caulinis diminutis; capitulis parvis; involucri dense setosi, grisei, phyllis acutis; ligulis flavis.

    α. **typicum.** — Caulis saepius 3 phyllus; setae caulis diametrum aequantes vel breviores; inflorescentia laxiuscula, eglandulosa vel involucri phylla apice pedunculisque uti caulis superne parce breviterque glandulosa. — Exsicc.: Sint. it. thessal. n. 737.

    β. **sabinum** Seb. rom. pl. fasc. I. p. 8 t. 1; Seb. et Maur. fl. rom. pr. p. 270, t. 6; Bois. fl. or. III. p. 863 p. p.; Hal. in z. b. G. 1888 p. 759, Beitr. fl. Epir. p. 29, Beitr. fl. Achaia p. 25; Heldr. chlor. Parn. p. 22; Haussk. symb. p. 135; Bald. riv. coll. bot. Alb. 1895 p. 54; Form. in Ver. Brünn 1896 p. 39; pro sp.; Naeg. et Pet. pilosell. p. 407. — Caulis saepissime 2 phyllus; setae caulis diametro saepius longiores; inflorescentia congesta; involucri phylla apice parce, pedunculi et caulis superne crebrius glandulosa. — Exsicc.: Bald. it. alb. epir. III. n. 174.

    γ. **Heldreichianum** Naeg. et Pet. pilosell. p. 408. — *H. sabinum v. Heldreichianum* Hal. in z. b. G. 1888 p. 759. — *H. Heldreichianum* Haussk. symb. p. 135. — Caulis saepissime 2 phyllus; setae caulis diametro saepius longiores; inflorescentia laxiuscula vel congesta; involucri phylla apice parce glandulosa, caulis et pedunculi omnino eglandulosi. — Intermediis cum β. conjuncta est. — Exsicc.: Heldr. herb. n. 2729; Orph. herb. n. 2741; Bald. it. alb. epir. III. n. 175; Dörfl. fl. gr. n. 289.

In herbidis regionis subalpinae et alpinae. Thessalia: in valle Negerli pr. Chaliki (Sint.); — β. et γ. Epirus: mt. Gamila (Bald.), Tsumerka, Peristeri (Hal.); Thessalia: mt. Zygos, mt. Karava, in oropedio Neuropolis (Haussk.), mt. Oeta (Heldr.); Aetolia: mt. Tymphrestus (Samar.), Korax (Tunt.); mt. Kiona (Hal.), Parnassus (Heldr.); Attica: mt. Parnes (Heldr.); Achaia: mt. Olenos, Panachaicon (Hal.). — Jun. Aug. ♃.

1 × 3. **H. macranthum × Heldreichianum.** — *H. Halacsyi* Heldr. herb. norm. n. 1656. — Rhizomate praemorso, estolonoso; caule furcato, oligocephalo, stellatim puberulo, pilisque patulis parce obsito, eglanduloso, foliis paucis squamiformibus munito; foliis radicalibus lanceolatis, subtus cano-tomentosis, utrinque setoso-pilosis; capitulis mediocribus; involucri phyllis cano-tomentellis, pilisque brevissimis nigris eglandulosis simulque longis albis hispidis; ligulis extus rubellis. — Hybrida manifeste inter parentes intermedia, habitu *H. cano (cymosum × pilosella)* Naeg. et Pet. pilos. p. 425 simile, a *H. macrantho* praesertim caulibus furcatis, capitulis dimidio minoribus, a *H. Heldreichiano* caulibus humilibus, furcatis, oligocephalis, nec corymbosis, foliis subtus canis, capitulis multo majoribus, ligulis extus rubellis discedens. — In regione abietina mt. Parnes Atticae (Heldr.). — Jun. Jul. ♃.

3 × 5. **H. sabinum × Bauhini.** — (*H. panachaicum.*) — Habitu magis *H. Bauhini* accedens, differt tamen ab ea foliis latioribus, mollioribus, vix glaucescentibus, inflorescentia congesta et praesertim involucro dense longeque setoso, griseo, a *H. sabino* rhizomate longe stolonifero. — In herbidis regionis mt. Panachaicon Achaiae (Hal.). —

Obs. Hybridam aliam, *H. Heldreichianum × praealtum* memorat sine descriptione Haussknecht in symb. p. 135 ex oropedio Neuropolis Thessaliae.

×× Folia linearia vel lanceolata, glauca, apice eglandulosa; involucrum glabrum vel breviter puberulum et glanduliferum.

4. **H. florentinum** All. fl. ped. I. p. 213; Hal. in ö. b. Z. 1890 p. 39; Haussk. symb. p. 135; Form. in Ver. Brünn 1896 p. 39, 1897 p. 30. — *H. piloselloides* Vill. hist. pl. Dauph. III. p. 100 t. 27. —

Rhizomate praemorso, estolonoso; caulibus gracilibus, glabris, a medio vel superne ramosis, 1—3 phyllis; foliis glabris vel basi petioloque ciliatis, foliis lineari-lanceolatis linearibusve, acutiusculis, radicalibus in petiolum attenuatis, caulinis basi angusta sessilibus; capitulis minutis, in corymbum laxum dispositis; involucri phyllis linearibus petiolisque glandulosis; ligulis flavis.

β. **hololeion** Naeg. et P. pilos. p. 524. — Folia caulina basi parum dilatata sessilibus; involucrum omnino glabrum. — Exsicc.: Sint. et Bornm. it. turc. n. 1342 et 1824.

γ. **praealtum** Vill. voy. bot. p. 62; Haussk. symb. p. 135; Bald. riv. coll. bot. Alb. 1896 p. 75; pro sp. — Caules crassiores, inflorescentia minus laxa, capitula majora, involucrum obscurum, breviter puberulum et glanduliferum. — Exsicc.: N. v.

In herbidis, fruticetis, glareosis regionis montanae et subalpinae. Indicatur in Thessalia: mt. Zygos (Haussk.), Mandra Hodza, mt. Mitritza in mt. Chassia (Form.): — *β*. ad Hagios Dionysios in Olympo (Sint.); — *γ*. Epirus: mt Olycika (Bald.); Thessalia: in oropedio Neuropolis, ad monasterium Korona (Haussk.); Attica: mt. Pentelicon (Haussk.). — Jul. Aug. ♃.

5. **H. Bauhini** Schult. obs. bot. p. 164; Bess. prim. fl. gal. II. p. 149; Hal. Beitr. fl. Epir. p. 29, Beitr. fl. Achaia p. 25. — *H. praealtum* Ch. et B. exp. p. 234, Fl. pelop. p, 54; Bois. fl. or. III. p. 862 cum *β. hispidissimum*; Bois. fl. or. suppl. p. 326; Heldr. chlor. Parn. p. 22, non Vill. — *H. praealtum v. Baulini* Griesb. revis. p. 13; Bald. riv. coll. bot. Alb. 1896 p. 75. - *H. atticum* Nym. consp. p. 452. — *H. magyaricum* Naeg. et Pet. pilos. p. 576, cum var. *laconicum* et subsp. *graecum* p. 579. — Huc quoque verosimiliter: *H. pannonicum subsp. leiocaulon* Naeg. et P. pilos. p. 759, quoad locum mt. Malevo, quod dicitur hybrida e *H. magyarico* et *H. echioide*, tametsi species ultima in omni Graecia desideratur. — Exsicc.: Heldr. herb. norm. n. 46, 1049, 1655 f. *subexstolonosum*; Orph. fl. gr. n. 759; Sint. it. thessal. n. 911.

Rhizomate praemorso, longe stolonifero; caulibus elongatis, glabriusculis vel puberulis, simulque setis longis patentibus plus minus dense hispidis, interdum glanduliferis, 1—4 phyllis, apice corymbosis; foliis lanceolatis oblongo-lanceolatisve, plus minus dense setoso-hispidis, radicalibus in petiolum attenuatis, caulinis basi angusta sessilibus; capitulis minutis in corymbum laxiusculum dispositis; involucri phyllis linearibus, petiolisque pube brevi stellata, setis simplicibus basi nigricantibus, et brevioribus glanduliferis obsitis. — Differt a praecedente praesertim rhizomate valde stolonifero.

In montosis, in regionem subalpinam adscendens per totam Graeciam continentalem; deesse videtur in insulis Ionicis et maris Aegaei, nec non in Creta. — Maio, Jul. ♃.

2. Sectio. *Euhieracium* Scheele in Linn. XVI. p. 652. — Achenia minime 3 mm. longa, pallida, fusca vel nigra, costis apice plica annuliformi connexis. — Rhizoma rarissime stoloniferum; folia rarius rosulata; caulis saepissime pleiophyllus; innovatio per rosulas vel gemmas, rarissime per soboles.

1. Subsectio. *Graeca*. — Rhizoma repens, soboles (stolones subterraneos) edens; folia glauca, glabra vel villosa, radicalia sub anthesi

adhuc vigentia; caulis scapiformis, 1—3 phyllus, monocephalus, rarius furcatus dicephalus; involucrum irregulariter imbricatum, phyllis acutis vel acuminatis; ligulae apice glabrae vel ciliatae; pappus albus (characteribus nonnullis ad sectionem *Pilosella*, aliis ad *Stenotheca* vergens, a priori acheniis, ab altera involucro non biseriali discedens).

6. **H. Naegelianum** Panc elench. pl. vasc. Crnag. p. 57; Naeg. et P. archierac. p. 6; Bald. riv. coll. bot. Alb. 1895 p. 54. — *H. undulatum* Bois. fl. or. III. p. 867, suppl. p. 327; Hal. Beitr. fl. Epir. p. 29; non Ait. — Exsicc.: Heldr. it. gr. septentr. a. 1879; Hal. it. gr. sec. a. 1893; Bald. it. alb. epir. III. n. 173.

Glaucum; rhizomate repente, multicipite, soboles squamatos, apice demum rosulam ferentibus edente; caulibus gracilibus, glabris, monocephalis, foliis 1—3 minutis, anguste linearibus obsitis; foliis radicalibus rosulatis, glabris vel subtus ad nervum et margine parce setosis, infimis spathulatis, ceteris linearibus, margine undulatis; involucri phyllis nigricantibus, lineari-lanceolatis, acuminatis, parce setulosis et glandulosis; ligulis flavis; glabris; acheniis pallidis.

In saxosis herbidis regionis alpinae, rarissima. Epirus: in cacumine mt. Peristeri (Hal.); Thessalia: mt. Olympus, Oeta (Heldr.); Aetolia: mt. Tymphrestus, Korax (Heldr.). — Jul. Aug. ♃.

7. **H. graecum** Bois. et Heldr. diagn. ser. 2 III. p. 101; Fl. or, III. p. 866, suppl. p. 327; Heldr. chlor. Parn. p. 22. — Fortasse huc: *H. alpinum* S. et S. pr. III. p. 133, non L. — Exsicc.: Heldr. herb. norm. n. 723; Orph. herb. n. 2725.

Glaucum; rhizomate repente, collo squamoso; caulibus flexuosis, monocephalis, rarius supra basin furcatis, dicephalis, foliisque pilis longissimis flexuosis denticulatis villosis, foliis 1—3 minutis, linearibus obsitis; foliis radicalibus rosulatis, infimis oblongo-spathulatis, obtusis, ceteris late linearibus, margine interdum obsolete repandis; involucri phyllis lineari-lanceolatis, acutiusculis, pilis flexuosis, denticulatis, eglandulosis villosissimis; ligulis flavis, eximie ciliatis; acheniis . . . — Praecedenti affine et probabiliter etiam soboliferum, differt ab eo praeter indumentum villosum et ligulis ciliatis, capitulis multo majoribus.

In regione alpina mt. Parnassus loco Trypios vrachos (Held.) et Kedrozasteno (Orph.) dicto, dein in mt. Chelmos Achaiae ad fontem Stygis (Heldr.) et in mt. Taygetos (Zahn), rarissime. — Jul. Aug. ♃.

2. Subsectio. *Andryaloidea* Monn. ess. p. 51. — Rhizoma cylindricum, induratum, nunquam soboliferum; folia cinerea, pilis distincte plumosis villosa vel tomentosa, radicalia saepius sub anthesi adhuc vigentia; caulis plerumque pleiocephalus, foliatus; involucrum irregulariter imbricatum, phyllis acutis vel acuminatis; ligulae (in nostris) apice glabrae; pappus rufescenti-albus.

a. Achenia fusco-atra.

8. **H. Parnassi** Fr. symb. p. 86, epicr. p. 76; Bois. fl. or. III p. 867; Heldr. chlor. Parn. p. 22; Freyn in bull. herb. Bois. III

p. 509. — *H. Heldreichii* Bois. diagn. ser. 2 III p. 102 p. p. quoad. plant. Parn. —

Pilis elongatis, flexuosis, remote plumosis tenuiter villosum; caulibus e collo 1—3, monocephalis vel furcato-dicephalis, nudis vel ad dichotomiam folio parvo lineari obsitis; foliis radicalibus sub anthesi vigentibus, rosulatis, obovatis, sinuato-dentatis, obtusis, in petiolum brevissimum attenuatis; capitulis mediocribus; involucri pilis simplicibus, basi nigricantibus, eglandulosis, hirsuti, phyllis acuminatis; ligulis flavis, extus pilosis. — Species mihi ignota.

In mt. Parnasso (Sprun.). — N. v.

b. Achenia testacea vel brunnea.

    a. Caulis praeter pubem stellatam pilis longis patulis plus minus crebre obsitus.

       × Involucrum dense villosum.

          ○ Ligulae glabrae.

            · Folia rosulata, sub anthesi vigentia.

9. H. aetolicum. — *H. Gaudryi* Heldr. it. gr. septentr. a. 1879, non Bois. —

Pilis elongatis, flexuosis, plumoso-scabris tenuiter villosum; caulibus e collo 1—2, tenuibus, furcato 2—3 cephalis, ad dichotomiam folio parvo lanceolato obsitis, superne 1—2 squamulosis; foliis radicalibus rosulatis, oblongis oblongo-lanceolatisve, acutis, integris, basi attenuatis; capitulis mediocribus; involucri pilis patulis longis villosi, vix stellulato-puberuli, eglandulosi, phyllis acutis; ligulis flavis; acheniis immaturis brunneis. — Caulis 15—25 cm. altus, folia 7—9 cm. longa, 2 cm. lata. — Sequenti affine, ab eo caulibus crebrius pilosis, foliis lanceolatis, acutis, angustioribus, integris et involucro pilis stellulatis fere omnino destituto differt. *H. Gaudryi* caule elatiori crassiusculo, superne divaricatim et dichotome 2—4 cephalo, foliis remote denticulatis, ligulis extus pilosulis et indumento copiosiori discedit.

In rupibus regionis alpinae mt. Korax Aetoliae, rarissime (Heldr.). — Jul. Aug. ♃.

10. H. Heldreichii Bois. diagn. ser. 2 III p. 102 excl. plant. Parnass., Fl. or. III p. 868; Fr. epicr. p. 75; Hal. Beitr. fl. Thessal. p. 15; Freyn in bull. herb. Bois. III p. 655. — Exsicc.: Heldr. herb. norm. n. 1654.

Pilis elongatis, flexuosis, plumoso-scabris tenuiter villosum; caulibus e collo 1—3, tenuibus, monocephalis vel furcato 2—3 cephalis, foliis 1—3 minimis obsitis; foliis radicalibus rosulatis, obovatis vel obovato-oblongis, obtusis, integris vel inferne repando-denticulatis, subsessilibus; capitulis mediocribus; involucri dense stellato-puberuli, pilisque patulis longis villosi, eglandulosi, phyllis acutis; ligulis flavis; acheniis pallidis. — Ab *H. Parnassi*, facie simili, ligulis glabris et acheniis pallidis, a formis scaposis *H. pannosi* indumento adeo tenui, ut color viridis transluceat, foliis tenuiter membranaceis et ligulis glabris discedit.

Ad rupes regionis subalpinae. — Thessalia: mt. Oxya supra Chaliki (Hal.); Attica: mt. Parnes (Sart.); Arcadia: ad lacum Pheneon (Heldr.). — Jun. Jul. ♃.

•• Folia infima sub anthesi emarcida.

11. **H. euboeum** Hal. in z. b. G. 1899 p. 189. — Exsicc.: Heldr. pl. fl. hellen. a. 1895 et 1896.

Pilis elongatis, plumoso-scabris villosum, papillisque minutis asperulum; caule crasso, abbreviato, rigido, folioso, apice subito in pedunculos paucos, elongatos, monocephalos diviso; foliis oblongis, acutis, remote acuteque denticulatis, basi attenuatis; pedunculis praeter pubem stellatam papilloso-asperulis et parce patule pilosis, foliis squamaeformibus jubatis obsitis; capitulis mediocribus; involucri stellato-puberuli, pilisque patulis longis villosi, eglandulosi phyllis acutis; ligulis flavis; acheniis pallidis. — *H. pannoso* affine, ab eo foliis acute dentatis, capitulis duplo minoribus, ligulis glabris et praesertim indumento alio, asperulo, nec molli specifice differre videtur.

In mt. Dirphys Euboeae et ad summum cacumen mt. Pentelicou Atticae, rare (Heldr.). — Jul. Aug. ♃.

CO Ligulae extus pilosae.

12. **H. pannosum** Bois. diagn. IV p. 32, Fl. or. III p. 869, suppl. p. 327; Hal. in z. b. G. 1888 p. 759, Beitr. fl. Thessal. p. 15, in ö. b. Z. 1897 p. 285; Heldr. chlor. Parn. p. 22; Form. in D. bot. Monat. 1890 p. 15, in Ver. Brünn 1896 p. 40; Bald. riv. coll. bot. Alb. 1895 p. 55; Freyn in bull. herb. Bois. III p. 508. — *Andryala lanata* S. et S. pr. II p. 141, non L. . — *H. chalcidicum* Hal. in ö. b. Z. 1890 p. 39, non Bois. et Heldr. — *H. dolopicum* Freyn. et Sint. in bull. herb. Bois. V p. 785 (f. foliis basin versus longius angustatis). — Exsicc.: Orph. herb. a. 1851; Heldr. it. gr. sept. a. 1879, herb. fl. hellen. a. 1896; Sint. et Bornm. it. turc. n. 1343; Sint. it. thessal. n. 1265; Bald. it. alb. epir. III n. 172.

Pilis flexuosis, plumosis, densis pannosum; caule nunc abbreviato, supra partem inferiorem, crebre foliosam ramoso, nudo, 3—5 cephalo, nunc elongato et remotiuscule foliato, vel interdum contracto ad rosulam reducto et monocephalo; foliis amplis, ovato- vel oblongo-spathulatis, obtusis vel acutis, basi sessili attenuatis, integris vel denticulato-repandis, superioribus semiamplexicaulibus; capitulis majusculis; involucri pilis longis flexuosis lanati, eglandulosi phyllis linearibus acutis; ligulis flavis; acheniis pallidis. — Stirps quoad caulis longitudinem, foliorum formam, indumentum valde polymorpha, variat nempe caule plus minus elongato vel abbreviato usque contracto brevissimo, phyllopodo, hypophyllopodo vel aphyllopodo, foliis obovatis usque lanceolatis, indumento breviori pannoso vel longo, jubato, argenteo-sericeo, pilis longius vel brevius plumosis; occurrit insuper flosculis monstrosis, tubulose deformatis.

β. **taygeteum** Bois. et Heldr. diagn. VII. p. 15; Haussk. symb. p. 135; Form. in Ver. Brünn 1897 p. 30; pro sp.; Bois. fl. or. III.

p. 869; Bald. riv. coll. bot. Alb. 1896 p. 75. — Indumentum longius, argenteo-sericeum, praesertim ad margines et costam foliorum et ad caules longe villosum. Occurrit quoque (*v. scapiferum* Bois. l. c. p. 16) caule brevissimo, foliis subrosulatis. — Intermediis ad typum transit. — Exsicc.: Heldr. herb. norm. sc. 47, n. 1451 (*f. scapifera*); Orph. fl. gr. n. 346; Bald. it. alb. epir. IV. n. 398.

γ. **Friwaldii** Rchb. ic. XIX. p. 94 t. 196; Raul. cret. p. 801; Bald. riv. coll. bot. Alb. 1895 p. 55; pro sp.; Bois. fl. or. suppl. p. 327. — *H. versutum* Friv. exs. sec. Fries epicr. p. 77; Raul. cret. p. 801. — Folia angustiora, minora, oblongo-lanceolata vel lanceolata, acuta. — Exsicc.: Bald. it. alb. epir. n. 170.

Ad rupes regionis abietinae et superioris. Epirus: pr. Kalarrytes et Syraku in mt. Peristeri (Bald.); Thessalia: mt. Oxya supra Chaliki (Hal.), pr. Sermeniko (Sint.), Malakasi, mt. Dokimi, pr. Velitsena, Vendista, Kastania in Pindo, pr. Patsios (Form.) et Hagios Dionysios (Sint.) in Olympo, mt. Oeta Phthiotidis (Heldr.); Aetolia: mt. Tymphrestus (Samar.), mt. Korax (Tunt.); mt. Kiona (Hal.), Parnassus (Heldr.); Peloponnesus: mt. Kyllene, Chelmos (Orph.), Olenos, Taygetos (Heldr.); — β. Epirus: mt. Gamila, Micikeli (Bald.); Thessalia: pr. Chaliki, mt. Zygos, Oxya (Haussk.), Ghavellu in Pindo, mt. Pyrgo in Othrys (Form.), Olympus (Heldr.); mt. Dirphys Euboeae, mt. Parnassus, Parnes Atticae, mt. Taygetos (Heldr.); — γ. Epirus: mt. Peristeri (Bald.); Creta (Frid.): mt. Drakona (Rev.). — Forma *monstrosa* flosculis tubulosis in mt. Kiona (Hal.). — Jul. Aug. ♃.

13. **H. Gaudryi** Bois. et Orph. diagn. ser. 2 III. p. 105, Fl. or. III. p. 869; Fr. epicr. p. 75; Heldr. chlor. Parn. p. 22; Naeg. et Pet. archier. p. 331, ubi autores hybridam autumant inter *H. pannosum* et *H. prenanthoides*, sed certissime erronee, nam species ultima in Graecia non provenit; Freyn in bull. herb. Bois. III. p. 511. — Exsicc.: Orph. fl. gr. n. 347.

Pilis elongatis, plumosis sericeo-villosum; caule elongato, foliato, superne divaricatim et dichotome 2—4 cephalo, rarius monocephalo; foliis ab infimis sub anthesi adhuc vigentibus, ad superiora sensim diminutis, acutis, inferioribus lingulato-oblongis, basi attenuatis, remote denticulatis, superioribus oblongis, basi rotundata semiamplexicaulibus, dichotomialibus ad squamas lineares reductis; capitulis mediocribus; involucri nigricantis, breviuscule hirsuti vel villosi, eglandulosi, phyllis lanceolatis, acutiusculis; ligulis flavis; acheniis pallidis. — Caulis 25—40 cm. altus, folia eis praecedentis angustiora, non ut in eo secus caulis partem inferiorem condensata, sed superne sparsa, diminuta, capitula minora, involucri phylla latiora, indumento breviori obducta; sed formae intermediae adesse videntur.

In regione superiori mt. Parnassus pr. Kedrozasteno (Orph.). — Jun. Aug. ♃.

×× Involucrum pilis stellatis minutis cano-tomentellum.

14. H. thessalum Form. in Ver. Brünn 1896 p. 40. — Exsicc.: Form. pl. thessal. a. 1895.

Caule erecto, foliato, pilis plumoso-scabris inferne dense superne sparsim obsito, a medio vel superne ramoso, oligocephalo; foliis sericeo-villosis, ab infimis, sub anthesi jam emarcidis, ad superiora sensim diminutis, acutis, inferioribus oblongo-lanceolatis, acute denticulatis, basi attenuatis, superioribus ovato-lanceolatis lanceolatisve, semiamplexicaulibus, summis ad squamas lineares reductis; capitulis mediocribus; involucri stellato-cani, eglandulosi phyllis lanceolatis, acutis; ligulis flavis, extus pilosis; acheniis pallidis. — Praecedenti affine, ab eo caule aphyllopodo, involucro brevissime tomentello, nec pilis elongatis hirsuto certe distinctum, mihi ex unico specimine male praeparato tantum notum.

Thessalia: pr. Tafilvris in mt. Olympo (Form.). — Jul. Aug. ♃.

β. Caulis glaber.

15. H. oligadenum Belli ap. Bald. riv. coll. bot. Alb. 1895 p. 55 pro forma *H. Waldsteinii* Tausch. — Exsicc.: Bald. it. alb. epir. III. n. 171.

Caule elato, nigricante, glabro, parte infima folioso, ceterum foliis minutis squamaeformibus munito, superne parce ramoso, 2—4 cephalo; foliis pilis plumosis flexuosis pannosis, oblongis, obtusis, integris vel repando-subdenticulatis, basi attenuatis, infimis sub anthesi adhuc vigentibus; capitulis mediocribus; involucri pedunculisque minute stellato-puberuli, eglandulosi, phyllis lanceolatis, acutis; ligulis flavis, extus pilosis; acheniis pallide fuscis. — *H. plumuloso* Kern in ö. b. Z. 1874 p. 170, dinarico, caule pilis crispulis et involucro praeter indumentum stellatum, pilis glanduliferis brevibus obsito, diverso, proximum. — *H. Waldsteinii* caulibus villosis, involucro hirsuto glandulifero, acheniis fusco-atris longius distat.

In rupestribus ad Jeranovuni in mt. Tsumerka in Epiro (Bald.). Jul. Aug. ♃.

3. Subsectio. *Glutinosa* Koch syn. p. 459. — Rhizoma cylindricum, induratum, nunquam soboliferum; folia viridia, glanduloso-viscida, radicalia sub anthesi saepe adhuc vigentia; caulis scapiformis vel plus minusve foliatus, mono- vel polycephalus; involucrum imbricatum, phyllis acutis; ligulae apice glabrae, pappus rufescenti-albus.

16. H. scapigerum Bois. Orph. et Heldr. diagn. ser. 2, III. p. 103, Fl. or. III. p. 870, suppl. p. 328; Hal. in z. b. G. 1888 p. 759, in ö. b. Z. 1897 p. 285; Heldr. chlor. Parn. p. 22; Rouy ill. p. 39 t. 121. — Exsicc.: Orph. fl. gr. n. 345.

Caulibus erectis, 5—15 cm. altis, simplicibus et monocephalis vel furcato 2—3 cephalis, pilis densis glanduliferis et longioribus scabris hispidis, nudis vel 1—2 foliis minutis obsitis; foliis fere omnibus rosulatis, oblongo-lanceolatis, basi sessili attenuatis, grosse sinuato-dentatis, **glandulosis**; capitulis majusculis; involucri dense glandulosi pilisque longioribus hispidi phyllis nigricantibus lanceolato-linearibus, acutis; ligulis flavis, extus pilosulis; acheniis pallidis.

In rupestribus regionis alpinae, rarc. Phthiotis: mt. Oeta (Heldr.); Aetolia: mt. Korax (Tunt.); mt. Kiona (Hal.), Parnassus (Orph.); Achaia: mt. Kyllene (Orph.). — Jun. Aug. ♃.

4. Subsectio. *Pulmonaroidea* Koch syn. p. 454. — Rhizoma cylindricum, induratum, nunquam soboliferum; folia viridia vel glaucescentia, nunquam tomentosa vel glandulosa, radicalia sub anthesi adhuc vigentia; caulis scapiformis vel plus minusve foliatus, plerumque pleiocephalus; involucrum irregulariter imbricatum, phyllis acutis; ligulae apice glabrae; pappus rufescenti-albus.

    a. Folia pleraque lanceolata vel oblongo-lanceolata, basi longe attenuata.

17. **H. Sartorianum** Bois. et Heldr. diagn. VII. p. 15; Bois. fl. or. III. p. 870 probab. tantum pro p.; Heldr. chlor. Parn. p. 22; Haussk. symb. p. 134; Bald. riv. coll. bot. Alb. 1895 p. 15, 1896 p. 75. — Exsicc.: Hal. it. gr. a. 1888.

Glaucovirens; caule scapiformi, mono — rarius dicephalo, 1—2 squamis linearibus aucto, pilis albis, scabridulis, basi nigricantibus, diametro suo longioribus, aliquando evanidis, tomento raro brevissimo et interdum apicem versus pilis glandulosis rarissimis intermixtis hirsuto; foliis radicalibus rosulatis, lanceolatis oblongo-lanceolatisve, acutis, basi longe attenuatis, integris vel remote denticulatis, superne glabris, subtus et margine pilis albis longis patulis ciliatis; capitulis mediocribus; involucri phyllis anguste linearibus, pilis albis longis hirsutis, eglandulosis; ligulis flavis, extus pilosulis; acheniis nigris.

    β. **Leithneri** Heldr. et Sart. in sched. pro sp.; Bois. fl. or. suppl. p. 328. — Huc spectare videtur: *H. eriobasis* Freyn. et Sint. in bull. herb. Bois. V. p. 787. — Folia radicalia sublatiora, exteriora interdum oblonga, obtusa, caulis superne glandulosus, capitula submajora. — Exsicc.: Orph. fl. gr. n. 1151, teste Heldr. ipso.

In rupibus regionis alpinae. Epirus: mt. Smolika, Tsumerka (Bald.), pr. Chaliki (Haussk.); mt. Olympus, Parnassus, Olenos, Taygetos (Heldr.); — β. mt. Parnassus (Orph.). — Jul. Aug ♃.

    b. Folia pleraque ovata vel oblonga, basi subcordata vel rotundata, rarius attenuata.

18. **H. incisum** Hoppe in Sturm Heft n. 39; Koch. syn. p. 457. — *H. oligocephalum* Hal. Beitr. fl. Epir. p. 29, non Arv. Touv. — Huc probabiliter ut forma: *H. murorum* Sieb. avis rem. p. 5; Raul. cret. p. 800; = *H. murorum v. pilosissimum* Bois. fl. or. III. p. 873. — Exsicc.: Heldr. it. gr. sept. a. 1879; Hal. it. gr. sec. a. 1893. —

Caule erecto, 1—oligocephalo, nudo vel foliis 1—2 diminutis, linearibus, sessilibus obsito, inferne parce piloso, superne pedunculis involucroque canescentibus, hirsutis, saepe simulque glanduliferis; foliis radicaulibus rosulatis, petiolatis, ovatis ovato-oblongisve, sinuato-dentatis, saepe purpureo-maculatis, subtus margineque hirsutis, basi rotundatis subcordatisve; capitulis mediocribus; involucri phyllis acuminatis; ligulis flavis, glabris; acheniis fusco-nigris. — Specimina graeca ab eis alpium non differunt.

In regione subalpina et alpina. Epirus: in herbidis lapidosis ad summum cacumen mt. Peristeri (Hal.); Phthiotis: in subalpinis mt. Oeta (Heldr.); nec non in Creta (Sieb.): ad Hellinoseli, Stravopodia, Hagion Pneuma, si. *H. murorum* Sieb. et Raul. huc. pertineat. — Jul. Aug. ♃.

19. H. murorum L. sp. p. 802 p. p.; Bois. fl. or. III. p. 871; Heldr. chlor. Parn. p. 22; Haussk. symb. p. 134. — *H. vulgatum* Hal. Beitr. fl. Thessal. p. 15, non Fr. — Exsicc.: Heldr. it. thessal. IV. a. 1885; Hal. it. gr. sec. a. 1893.

Caule elato, apice corymboso, unifolio, inferne parce piloso, superne pedunculis involucroque canescentibus, hirsutis, glanduliferis; foliis radicalibus rosulatis, petiolatis, ovatis ovato-oblongisve, sinuato-dentatis, laete viridibus, subtus praesertim ad nervos hirsutis, basi subcordatis, rotundatis vel attenuatis; capitulis mediocribus; involucri phyllis acuminatis; ligulis flavis, glabris; acheniis fusco-nigris. — Praecedenti elatius, apice corymbosus, folia multo majora, subtus minus hirsuta, caulina radicalibus subsimilia.

In rupestribus, fagetis subalpinis. Thessalia: mt. Oxya supra Chaliki (Hal.), mt. Ghavellu, Zygos Haussk.); mt. Parnassus et Kyllene (Heldr.). — Jul. Aug. ♃.

20. H. abietinum Bois. et Heldr. diagn. ser. 2 III. p. 105 pro var. *H. vulgati*; Reut. in Bois. fl. or. III. p. 872; Heldr. chlor. Parn. p. 22; Haussk. symb. p. 134. — Exsicc.: Heldr. herb. n. 2731.

Caule tenui, 3—5 folio, apice corymboso, inferne parce piloso, superne pedunculis involucroque canescentibus, hirsutis, glanduliferis; foliis membranaceis, orbiculatis ovatisve, minute denticulatis, subtus ad nervos hirtis, basi cordatis rotundatisve, radicalibus longiuscule petiolatis, caulinis subsessilibus vel breviter petiolatis; capitulis parvis; involucri phyllis acutis; ligulis flavis, glabris; acheniis fusco-nigris. — A praecedentibus forma foliorum, caule foliato et capitulis minoribus discedit.

In faucibus umbrosis regionis abietinae mt. Parnassus ad Dipotamo (Heldr.) et in fagetis jugi Zygos in Pindo tymphaeo (Haussk.). — Jul. Aug. ♃.

5. Subsectio. *Italica* Fr. epicr. p. 107. — Rhizoma cylindricum, induratum, nunquam soboliferum, folia viridia, nunquam tomentosa vel glandulosa, radicalia sub anthesi saepe jam emarcida; caulis foliatus, inflorescentia racemosa; involucrum imbricatum, phyllis obtusis; ligulae apice glabrae, pappus rufescenti-albus.

    α. Caulis stricte ramosus, rarius simplex, ramis tenuibus, saepe virgatis, elongatis, glabris vel parce pilosis.

21. H. bracteolatum S. et S. pr. II, p. 135; Bois. fl. or. III. p. 874; Heldr. chlor. Parn. p. 22; Freyn. in bull. herb. Bois. V. p. 788. — *H. Reinholdii* Heldr. et Sart. in Boiss. diagn. ser. 2 V. p. 117. — Exsicc.: Orph. herb. n. 44 (Athos).

Caule erecto, angulato, glabro vel pilis albis longis patulis obsito, simplici vel stricte et tenuiter ramoso; foliis parce hirtulo-asperulis, radicalibus et caulinis inferioribus, sub anthesi adhuc vigentibus, oblongo-lanceolatis, acutis, in petiolum patule pilosum attenuatis, grosse et remote dentatis vel basi pinnatifidis, foliis caulinis superioribus parvis, sessilibus, lanceolatis, obsolete 1—2 denticulatis, integrisve; capitulis tenuibus, paucifloris, pedunculo eis pluries longiori suffultis; involucri phyllis glabris vel medio dorso parce et minutissime hirtulis; ligulis flavis, glabris; acheniis pallidis.

β. **laxum** Bois. fl. or. III. p. 874; Haussk. symb. p. 134. — Caulis simplex; folia abbreviata; capitula 2—3, longe pedunculata. — Exsicc.: Heldr. herb. norm. n. 724.

γ. **pelium.** — *H. Koracis* Haussk. symb. p. 134, non Bois. — Caulis virgato-ramosus, rarius simplex, ramis elongatis, glabris, capitulis subsessilibus. — Exsicc.: Heldr. it. thessal. n. 67; Haussk. it. gr. a. 1885; Sint. it. thessal. n. 1283.

In nemorosis, fagetis regionis montanae et subalpinae. Phocis: mt. Parnassus pr. Rachova (Guicc.) sec. Boissier, sed specimina non vidi. — β. Thessalia: ad monasterium Korona et Meteora (Haussk.); Eurytania: pr. Laspi (Heldr.); — γ. Thessalia: mt. Pelion pr. Volo (Haussk.), Makrinitza (Heldr.), Zagora (Aphentulis); Attica: mt. Parnes (Heldr.). — Jun. Sept.

22. H. Koracis Bois. fl. or. suppl. p. 328. — Exsicc.: Heldr. it. gr. sept. a. 1879.

Caule erecto, angulato, parce et minute piloso, in paniculam laxam, strictam abeunte; foliis minute et adpresse setulosis, oblongis, obtusiusculis, grosse dentato-crenatis, radicalibus sub anthesi emarcidis et inferioribus in petiolum attenuatis, ceteris sessilibus, sensim diminutis, summis bracteaeformibus, integris; capitulis tenuibus, paucifloris, ad ramorum brevium paniculae apicem 2—5 confertis, pedunculis involucro brevioribus suffultis; involucri phyllis pedunculisque praeter glandulas sessiles pilis glanduliferis hirtis; ligulis flavis, glabris; acheniis pallidis. — Praecedenti affine, ab eo praeter inflorescentiam thyrsoideam, involucro glanduloso praesertim discedit.

In regione abietina et superiori mt. Korax Aetoliae (Heldr.). — Jul. Aug. ♃.

    b. Caulis simplex, crassiusculus, foliatus, stricte racemosus, patule pilosus.

23. H. racemosum W. et K. pl. rar. hung. II p. 211 t. 193; Freyn in bull. herb. Bois. V p. 790. — Icon: Rchb. t. 178. — Exsicc.: Sint. it. or. a. 1889 p. 1823, it. thessal. n. 1197 b.

Caule erecto, simplici, stricte racemoso, praeter pubem minimam pilis patulis obducto; foliis praeter setas secus petiolos et subtus ad nervos sparsas glabriusculis, infimis sub anthesi saepe jam emarcidis, inferioribus rosulatis, ovatis vel oblongo-lanceolatis, acutis, denticulatis, in petiolium attenuatis, ceteris diminutis, sessilibus, ovato-oblongis; capitulis mediocribus, pedunculo brevissimo vel elongato suffultis; involucri pallidi phyllis glabriusculis vel parce setulosis, interdum parce glandulosis; ligulis flavis, glabris; acheniis fuscis.

In silvis montanis Thessaliae: pr. Sermeniko in Pindo et in Olympo (Sint.). — Aug. Sept.

21 × 23 **H. bracteolatum × racemosum.** — *H. sermenikense* Freyn et Sint. in bull. herb. Bois. V p. 790. — Probabiliter hybrida harum specierum; differt a *H. bracteolato* caule superne parce ramoso, patentim piloso breviterque puberulo, foliis inferioribus acute dentatis, involucro hirtulo et interdum parce glanduloso; a *H. racemoso* caule tenui virgato, capitulis minoribus, paucifloris, longe pedunculatis et acheniis pallidis. — In silvis montanis pr. Sermeniko in Pindo dolopico, nec non in mt. Pelion (Sint.). — Exsicc.: Sint. it. thessal. n. 1179.

24. **H. crinitum** S. et S. pr. II p. 134; Bois. fl. or. III p. 875; Heldr. chlor. Parn. p. 22; Form. in Ver. Brünn 1896 p. 40. — *H. eriopus* Bois. et Heldr. diagn. ser. 2 III p. 106. — Exsicc.: Sint. et Bornm. it. turc. n. 1346 et 1347.

Caule erecto, simplici, praeter pubem minimam pilis patulis crinitum; foliis ad petiolos et subtus ad costam crinitis, infimis sub anthesi jam emarcidis, inferioribus rosulatis, ovato-oblongis, acutis, acute dentatis, in petiolum attenuatis, ceteris sessilibus, saepe semiamplexicaulibus, cito decrescentibus; capitulis mediocribus, pedunculo brevi suffultis; involucri pallidi phyllis minute puberulis, parce breviterque setulosis, interdum parce glandulosis, ligulis flavis, glabris; acheniis pallidis. — Valde affine *H. racemoso*, a quo differt hispiditate et acheniis pallidis. Formae intermediae adesse videntur.

In montosis et silvaticis. Thessalia: mt. Olympus, mt. Pelion (Heldr.); mt. Parnassus (Heldr.); mt. Malevo Laconiae (Orph.). — Aug. Sept.

Obs. Species dubia, nomine tantum nota: *H. nudicaule* Sieb. avis rem. p. 5.

95. Andryala L. gen. n. 915.

1. **A. dentata** S. et S. pr. II. p. 140, Fl. gr. IX. p. 7 t. 811; Bois. fl. or. III. p. 879; Haussk. symb. p. 134; Heldr. chlor. Thera p. 16. — *A. integrifolia* Urv. enum. p. 103, non L. — Exsicc.: Heldr. herb. norm. n. 854.

Caule erecto, foliato, superne vel a parte inferiori ramoso, laxiuscule corymboso, breviter tomentello, glandulifero; foliis tenuiter tomentosis, infimis in petiolum brevem attenuatis, obovatis, obtusis, repandis, ceteris oblongo-lanceolatis acutatis, dentatis vel pinnatifidis, sessilibus; capitulis parvis, globosis; involucro pilis glanduliferis hispidissimo, phyllis acuminatis basilaribus paucissimis vel nullis; ligulis flavis; acheniis nigris.

In cultis, vineis, arenosis, ad litora maris, rare. Argolis: pr. Vromolimni in peninsula Methana (Heldr.), insula Poros (Reinh.), Andros (Sart.), Melos (Sibth.), Ios, Thera, Therasia (Heldr.) et Kameni (Urv.). — Maio, Jul. ☉.

LXIII. Ordo. Ambrosiaceae Cass. in bull. soc. phil. 1815 p. 173.

1. Ambrosia L. gen. n. 1057.

1. **A. maritima** L. sp. p. 988; Sieb. avis p. 5; Ch. et B. exp. p. 270, Fl. pelop. p. 63; Raul. cret. p. 780; Bois. fl. or. III. p. 252; Heldr. fl. cephal. p. 44, chlor. Thera p. 16; Bald. in nov. giorn. bot. 1894 p. 97; Form. in Ver. Brünn 1895 p. 25. — Icon: Rchb. XIX. t. 216. — Exsicc.: Reverch. pl. cret. n. 70.

Villoso-canescens; caule stricto, divaricatim ramoso, folioso; foliis petiolatis, in lacinias oblongas, obtusiuscule dentatas bipinnati-partitis; capitulis ad apicem ramorum dense spicatis; spicis basi femineis, superne masculis; involucro viridi, femineo cornubus rectis 4—5 echinato; floribus flavis.

In arenosis maritimis. Epirus: pr. Prevesa (Bald.); Cephalonia: pr. Drapano, Lixuri (Heldr.); Argolis, Maina (Chaub.); Messenia: pr. Gialova (Zahn); Cycladum insula Paros (Sart.), Andros, Naxos, Thera (Heldr.); Creta (Sieb.): pr. Platania (Rev.), Retymo (Raul.). — Jul. Sept. ☉.

2. Xanthium L. gen. n. 1056.

1. **X. strumarium** L. sp. p. 987; S. et S. pr. II. p. 234; Ch. et B. exp. p. 270, Fl. pelop. p. 63; Friedr. Reise p. 273; Fraas fl. class. p. 216; Raul cret. p. 780; Bois. fl. or. III. p. 251; Heldr. fl. cephal. p. 44; Form. in D. bot. Monat. 1890 p. 14, in Ver. Brünn 1895 p. 25, 1896 p. 39, 1897 p. 30; Haussk. symb. p. 143. — Icon: Fl. dan. t. 970.

Caule erecto, asperulo, ramoso, foliato, inermi: foliis asperis, longe petiolatis, cordato-ovatis, irregulariter lobato-dentatis; capitulis apice caulis et in axillis ramorum glomerato-racemosis, superioribus masculis; involucris fructiferis ovatis vel oblongis, breviter pubescentibus, spinis apice uncinatis obsitis, rostris binis superatis.

α. **typicum.** — Involucri apex spinis destitutus, rostra subdivergentia. — Exsicc.: Orph. herb. a. 1850. —

β. **antiquorum** Wallr. Beitr. bot. I. p. 229; Haussk. symb. p. 143; pro sp.; Bois. fl. or. III. p. 252; Form. in Ver. Brünn 1896

p. 39, 1897 p. 30. — Involucrum usque ad apicem spinis obsitum, rostra magis divergentia. — Exsicc.: Orph. fl. gr. n. 752; Sint. et Bornm. it. turc. n. 1323 b.

Ad vias, in ruderatis totae Graeciae, varietas ut videtur typo vulgatior. — Jun. Sept. ☉.

2. **X. spinosum** L. sp. p. 987; Ch. et B. exp. p. 270, Fl. pelop. p. 63; Friedr. Reise p. 263; Weiss in z. b. G. 1869 p. 47; Bois. fl. or. III. p. 252; Heldr. fl. cephal. p. 44, in Sitzungsb. acad. Wiss. Berl. 1883 p. 8; Form. in D. bot. Monat. 1890 p. 14, in Ver. Brünn 1895 p. 25, 1896 p. 39, 1897 p. 30; Hal. Beitr. fl. Aetol. p. 8; Haussk. symb. p. 143. — Icon: Rchb. t. 214. — Exsicc.: Heldr. pl. fl. hellen. a. 1879.

Caule erecto, puberulo, ramoso, foliato, spinis tripartitis, longis, flavicantibus armato; foliis subtus canis, superne praeter nervum medium canescentem viridibus, breviter petiolatis, oblongo-lanceolatis, cuneatis, indivisis vel trilobis, lobo medio multo longiore; capitulis masculis terminalibus; involucris femineis ad axillas foliorum subsolitariis, tandem cernuis, oblongis, puberulis, spinis apice uncinatis obsitis, rostro saepius unico recto superatis.

Ad vias, in ruderatis regionis inferioris et submontanae per totam ut videtur Graeciam. — Jul. Sept. ☉.

LXIV. Ordo. **Campanulaceae** Juss. gen. p. 163.

Dispositio tribuum generumque:

1. Tribus. *Campanuleae* Don gard. dict. III. p. 732. — Capsula lateraliter poris dehiscens.
   a. Corolla 5 loba vel 5 fida.
      α. Antherae connatae; corolla campanulata, 5 loba; stylus pilosus; stigmata 3; capsula 3 locularis, poris 3, lateralibus ad basin dehiscens.
         #### 1. **Symphyandra** DC.
      β. Antherae liberae.
         × Corolla campanulata vel infundibuliformis, rarius tubulosa vel subrotata; stylus pilis collectoribus obsitus; stigmata 3—5; capsula turbinata vel obconica, raro subglobosa vel disciformis, 2—5 locularis, poris 3—5, lateralibus ad basin, ad medium vel sub apice dehiscens.
            #### 2. **Campanula** L.
         ×× Corolla rotata; stylus pilosus, stigmata 3; capsula linearis vel oblonga, prismatica, 3 locularis. poris 3, lateralibus, versus apicem sitis dehiscens.
            #### 3. **Specularia** Heist.
   b. Corolla 5 partita.
      α. Stylus glaber, stigmatibus in capitulum sphaericum connatis; capsula 3 locularis, poris 3, lateralibus, versus medium sitis dehiscens.
         #### 4. **Petromarula** DC.
      β. Stylus pilosus, stigmatibus 2—3 liberis.

× Corolla profunde 5 partita; stigmata 3, filiformia; capsula 3 locularis, poris 3, lateralibus, apice, ad medium vel basi dehiscens.

5. Podanthum Don.

×× Corolla ultra medium 5 partita; stigmata 2—3, brevissima; capsula 2—3 locularis, poris 2—3, lateralibus basi dehiscens.

6. Diosphaera Buser*).

2. Tribus. *Wahlenbergieae* Endl. gen. pl. p. 514. — Capsula apice intra calycem dehiscens.

    a. Corolla 5 fida, tubuloso-campanulata; antherae liberae; stigmata 2—3; capsula 2—3 locularis, superne intra calycem fragmentis irregularibus lacera.

7. Edrajanthus DC.

    b. Corolla profunde 5 partita, laciniis lineari-lanceolatis; antherae basi connatae; stigmata 2; capsula 2 locularis, apice intra calycem foramine lato dehiscens.

8. Jasione L.

1. Tribus. **CAMPANULEAE** Don. gard. dict. III. p. 732.

1. Symphyandra DC. mon. camp. p. 365.

1. S. cretica DC. mon. camp. p. 366 t. 8; Raul. cret. p. 804; Bois. fl. or. III. p. 888; Spreitz. in z. b. G. 1890 p. 296. — *Campanula nutans* Sieb. avis p. 3, rem. p. 3, non Lam. — Exsicc.: Spreitz. it. cret. n. 75; Bald. it. cret. alt. n. 262.

    Glabra; caule simplici, inferne parce foliato; foliis radicalibus et caulinis inferioribus amplis, longe petiolatis, ovato-cordatis, acutis, acute et grosse subduplicatim serratis, superioribus diminutis, breviter petiolatis subsessilibusve, floralibus anguste lanceolatis, serratis, pedunculo multo longioribus; floribus paucis, in racemum terminalem dispositis, brevissime pedunculatis, solitariis, nutantibus; calycis exappendiculati laciniis lanceolato-acuminatis, integris vel denticulatis, tubo obconico-hemisphaerico triplo longioribus, erectis; corolla infundibuliformi-campanulata, coerulea, glabra, breviter lobata, calycis laciniis duplo longiore. — Caulis 30—45 cm. altus, foliorum radicalium lamina 10—15 cm. longa, 8—10 cm. lata, corolla 4 cm. longa.

    Ad rupes faucium Cretae (Sieb.): pr. Enneachoria, Hagia Rumeli, Samaria, Aradhena (Raul.). — Jun. Jul. ♃.

2. S. Sporadum Hal. in ö. b. Z. 1895 p. 461, 1897 p. 96. — Icon: Hal. in ö. b. Z. 1895 p. 461. — Exsicc.: Heldr. et Hal. fl. sporad. a. 1896.

    Glabra; caule simplici, subnudo; foliis radicalibus parvis, longe petiolatis, repando-crenatis, obtusis, aliis reniformibus, aliis ovato-cordatis, caulinis minimis, squamaeformibus, sessilibus, floralibus pedunculo brevioribus; floribus paucis, in racemum terminalem dispositis, breviter

---

    *) Genus affine *Trachelium* differt praeter alias notas (cf. Bus. in bull. herb. Bois. II. p. 511) corolla breviter 5 loba, filamentis glabris, nec hispido-villosulis, antheris inclusis vel vix exsertis, nec longe exsertis.

pedunculatis, solitariis, nutantibus; calycis exappendiculati laciniis lineari-setaceis, integerrimis, tubo depresso-conico 3—5 plo longioribus, demum patulis vel reflexis; corolla e basi angustata ventricoso-campanulata, coerulea, glabra, breviter lobata, calycis laciniis dimidio usque triplo longiore. — Caules tenues, 10—25 cm. alti, foliorum lamina 1—5 cm. longa, 1—4 cm. lata, saepe purpurascens, corolla 2 cm. longa, medio ventricosa. — Affinis *S. samothracicae* Deg. in ö. b. Z. 1891 p. 333 pro var. *S. creticae;* Hal. in ö. b. Z. 1895 p. 463; caulibus foliatis, foliis irregulariter serratis, racemo composito, calycis laciniis lanceolato-linearibus callosis diversae.

In rupestribus Sporadum insulae Jura — Gyaros — veterum (Reiser). — Maio, Jun. ♃.

2. Campanula L.

Dispositio specierum.

1. Sectio. *Medium* Bois. fl. or. III. p. 893. — Capsula poris vel valvulis prope basin sitis dehiscens.

  1. Subsectio. *Quinqueloculares* Bois. l. c. — Stigmata 5, capsula 5 locularis calycis sinus appendiculati.

    a. Folia radicalia ovata vel oblonga, crenato-dentata, petiolis non lobulatis.
      α. Corolla ampla, tubo 2—3 cm. lato.
        1. **C. pelviformis** Lam.   2. **C. corymbosa** Desf.
      β. Corolla mediocris, tubulosa, tubo 1 cm. lato.
        3. **C. tubulosa** Lam.   4. **C. saxatilis** L.
    b. Folia inferiora vel saltem radicalia irregulariter laciniata vel lyrata, petiolis nempe lobulatis (cf. *C. rupestris* γ *gracilis*).
      α. Corolla lata et breviter campanulata, ampla, antice 4—5 cm. lata.
        5. **C. laciniata** L.
      β. Corolla tubuloso-campanulata.
        × Calycis laciniae tubo aequilongae; corolla majuscula; stylus exsertus.
          6. **C. Reiseri** Hal.
        ×× Calycis lacinine tubo 3—4 plo longiores; corolla mediocris; stylus inclusus.
          ◯ Corolla cylindrica, pulchre cyanea, lobis patentibus.
            7. **C. anchusiflora** S. et S.
          ◯◯ Corolla pallide coerulea, a basi sensim ampliata, lobis erecto-patulis.
  8. **C. Celsii** DC.   9. **C. Andrewsii** DC.   10. **C. rupestris** S. et S.

  2. Subsectio. *Triloculares* Bois. l. c. — Stigmata 3, capsula 3 locularis.
    a. Calycis sinus appendiculati.
      α. Folia inferiora basi cordata.
        11. **C. incurva** Auch.
      β. Folia basi non cordata.
        × Flores sessiles, fasciculati.
          12. **C. lingulata** W. et K.
        ×× Flores pedunculati, non fasciculati.
          ⊙ Perennes, caespitosae.

. Caules remote foliati; corolla majuscula, 3 cm. longa, campanulata.

13. C. oreadum Bois. et Heldr. **14. C. rupicola** Bois. et Spr.

.. Caules foliosi; corolla parva, 10—15 mm. longa, tubuloso-infundibuliformis.

15. C. heterophylla L. **16. C. calaminthifolia** Lam.

⚭ Annua.

17. C. dichotoma L.

b. Calycis sinus exappendiculati.
   α. Perennes.
      × Flores sessiles, in fasciculos axillares subsessiles et capitulum terminale, bracteis ovatis acuminatis arcte involucratum congesti; capsula erecta.
         ○ Radix cylindrica, subrepens, simplex vel ramosa, caulem solitarium erectum vel plures e basi adscendente erectos edens; folia sub anthesi saepius jam emarcida.

18. C. glomerata L. **19. C. stenosiphon** Bois. et Heldr. **20. C. foliosa** Ten.

○○ Radix fusiformis, verticalis, simplex, caulem centralem erectum et laterales flagelliformes, decumbentes vel arcuato-adscendentes edens; folia radicalia rosulata, sub anthesi adhuc vigentia.

21. C. tymphaea Haussk.

×× Flores pedicellati, solitarii vel fasciculati, in racemum simplicem vel compositum dispositi.
   ○ Caules erecti, elati crassiusculi.
      . Corolla campanulata; capsula nutans.

22. C. athoa Bois. et Heldr. **23. C. bononiensis** L.

.. Corolla subrotata; capsula erecta.

24. C. versicolor Andr.

○○ Caules humiles, tenues, saepius decumbentes.
   . Folia difformia, radicalia reniformi-cordata, caulina lineari-lanceolata; capsula nutans.

25. C. rotundifolia L.

.. Folia subconformia; capsula erecta.

; Calyx papillis pellucidis dense obsitus, glaber.

26. C. Hawkinsiana Haussk. et Heldr.

;; Calyx laevis, glaber vel hirsutus.

, Folia cordato-orbiculata vel cordato-ovata.

27. C. cephallenica Feer. **28. C. Sartorii** Bois. et Heldr.

,, Folia oblonga, basi attenuata.

29. C. radicosa Chaub. et Bory.

β. Annuae; capsula nutans.
   × Corolla majuscula, calyce duplo longior.

30. C. scutellata Griseb. **31. C. drabifolia** S. et S.

×× Corolla minuta, calyce aequilonga.

32. C. erinus L.

2. Sectio. *Rapunculus* Bois. fl. or. III. p. 895. — Capsula 3 locularis, poris vel valvulis prope apicem, rarius versus medium sitis debiscens.

a. Perennes.
   α. Radix cylindrica.

33. C. persicifolia L. **34. C. abietina** Griseb. et Sch.

β. Radix napiformis.
35. **C. Spruneriana** Hampe.   36. **C. Sibthorpiana** Hal.
b. Biennes vel annuae.
  α. Folia radicalia numerosissima, in rosulam densam congesta; calycis laciniae tubo aequilongae vel parum longiores.
37. **C. aizoon** Bois. et Sprun.
  β. Folia radicalia pauca; calycis laciniae tubo saepius multo longiores.
  × Corolla infundibuliformis vel campanulata.
  ○ Radix fusiformis, carnosa.
38. **C. rapunculus** L.
  ○○ Radix cylindrica, ramosa.
    . Biennis; folia radicalia sub anthesi adhuc vigentia; panicula subcorymbosa; calycis laciniae tubo 2—3 plo longiores.
39. **C. patula** L.
    .. Annuae; folia radicalia sub anthesi jam emarcida; panicula racemosa vel thyrsoidea; calycis laciniae tubo multoties longiores.
40. **C. sparsa** Friv.   41. **C. sphaerothrix** Griseb.
  ×× Corolla breviter obconica, subrotata.
42. **C. phrygia**.   43. **C. ramosissima** S. et S.

1. Sectio. *Medium* Bois. fl. or. III. p. 893. — Capsula poris vel valvulis prope basin sitis dehiscens.

1. Subsectio. *Quinqueloculares* Bois. l. c. — Stigmata 5, capsula 5 locularis; calycis sinus appendiculati.
  a. Folia radicalia ovata vel oblonga, crenato-dentata, petiolis non lobulatis.
    α. Corolla ampla, tubo 2—3 cm. lato.

1. **C. pelviformis** Lam. dict. I. p. 586; Desf. choix. pl. p. 41 t. 31; Sieb. avis p. 3, rem. p. 3, in Flora V. I. p. 15; DC. mon. camp. p. 223; Raul. cret. p. 803; Bois. fl. or. III. p. 900 p. p. — Hirsuta; caulibus adscendentibus, simplicibus vel ramulis paucis, unifloris auctis; foliis ovatis, acutis, denticulato-serratis, radicalibus petiolatis, caulinis subsessilibus; calycis setosi laciniis ovato-acuminatis, tubo triplo longioribus, appendicibus ovato-rotundatis, laciniis longitudine subaequalibus; corolla campanulata, ampla, calyce 2—2 $^1/_2$ plo longiore, griseo-coerulea, glabriuscula; capsula ... — Secundum Sieber in Flora l. c. forma tantum a capris mutilata *C. corymbosae*, corollis majoribus eis *C. medii* aequimagnis, a qua tamen ex descriptione et icone Desfontainesii, caulibus adscendentibus, appendicibus ovato-rotundatis, tubum obtegentibus, corolla ampliore, tubo 3 cm. lato, medio inflato specifice differre videtur.

In collinis Cretae (Tourn.): mt. Karadagh (Raul.). — Apr. Maio. ☉ N. v.

2. **C. corymbosa** Desf. choix. pl. p. 40 t. 30; DC. mon. camp. p. 223; Raul. cret. p. 803. — Exsicc.: Heldr. pl. cret. n. 1424; Bald. it. cret. alt. n. 335.

Hirsuta; caulibus erectis, superne ramosis, corymbosis; foliis ovatis, acutis, acute denticulato-serratis, radicalibus petiolatis, caulinis subsessilibus; calycis setosi laciniis ovatis, longe acuminatis, tubo triplo longioribus, appendicibus ovato-rotundatis, laciniis longitudine dimidio brevioribus; corolla campanulato-tubulosa, calyce duplo longiore, coerulea, undique sed ad nervos longius setulosa; capsula hemisphaerica, appendicibus auctis, reticulatis occultata. — Caules 25—50 cm. alti, corollae tubus 20—25 mm. latus, medio non inflatus. — Secundum Boissier fl. or. III. p. 900 forma praecedentis floribus minoribus.

In collinis, locis umbrosis Cretae (Tourn.): ad Kaenuriokorio, Kritsa, ad ripas Sklavotiae pr. Piskokephalo (Raul.), pr. Mirabello (Heldr.), mt. Lazari in mt. Lassiti (Bald.). — Apr. Jul. ☉.

β. Corolla mediocris, tubulosa, tubo 1 cm. lato.

3. **C. tubulosa** Lam. dict. I. p. 586; Desf. choix. pl. p. 42 t. 32; DC. mon. camp. p. 222; Raul. cret. p. 803; Bois. fl. or. III. p. 900. — *C. pelviformis β. micrantha* DC. mon. camp. p. 222; pr. V. p. 459. — Exsicc.: Sieb. herb. cret. sub *C. pelviformis*; Bald. it cret. alt. n. 37.

Caulibus e radice fusiformi divergentibus vel adscendentibus, brevibus, patule pilosis, 1—3 floris; foliis pilosis, radicalibus ovato-oblongis, crenato-dentatis, in petiolum attenuatis, caulinis ovato-lanceolatis, subsessilibus sessilibusve, serrato-dentatis; calycis setulosi, reticulati, laciniis ovato-lanceolatis, acutis, tubo duplo longioribus, appendicibus ovato-rotundatis, laciniis dimidio brevioribus; corolla violaceo-cinerea, pubescente, calyce duplo longiore; capsula hemisphaerica, appendicibus auctis, reticulatis omnino occultata. — Caules 3—15 cm. longi, corolla 20—25 mm. longa.

In rupium fissuris Cretae (Tourn.): inter Askyphos et Anopolis (Raul.), supra Kani Kastelli distr. Temenos (Bald.). — Maio, Jun. ☉.

Obs. Praecedenti affinem, sed ab ea foliis argute subbiserratis, calycis laciniis tubo 3 plo longioribus, appendicibus pilis densissimis tomentum album formantibus vestitis, corolla longiore antice ampliata, certe specifice diversam, quod scio speciem adhuc non descriptam, *C. carpatha* nominandam, sistit planta a Pichler a. 1883 in insula Karpathos lecta et a Boissier in fl. or. suppl. p. 330, nec non a Rouy ill. pl. p. 13 t. 40 erronee ad *C. saxatilem* L., caulibus foliisque subglabris, foliis oblongo-spathulatis crenulatis, calyce adpresse brevissimeque canescente, appendicibus parvis tubo 2—3 plo brevioribus, corolla velutina antice subangustata diversissimam, ducta.

4. **C. saxatilis** L. sp. p. 167; S. et S. pr. I. p. 139; DC. mon. camp. p. 232; Raul. cret. p. 803; Bois. fl. or. III. p. 898; Bald. viagg. Creta p. 73. — *C. tubulosa* Heldr. in ö. b. Z. 1880 p. 346; Spreitz. in z. b. G. 1887 p. 663; Forsyth in bull. herb. Bois. V. p. 399; non Lam. — Icon: Jaub. et Sp. ill. or. t. 392. — Exsicc.: Spreitz. it. jon. a. 1880; Bald. it. cret. n. 229; Bois. fl. gr. a. 1898.

Pallide virens, caulibus a rhizomate crasso, caespitoso erectis vel adscendentibus, fragilibus, glabris, simplicibus vel ramoso-racemosis, paucifloris; foliis glabris vel minutissime puberulis, crenulatis, radicalibus rosulatis, oblongo-spathulatis in petiolum attenuatis, caulinis sessilibus, oblongis lineari-oblongisve; calycis adpresse canescentis laciniis triangulari-lanceolatis, acutis, tubo 2—3 plo longioribus, appendicibus obtusis, laciniis multo brevioribus; corolla laete coerulea, velutina, calyce duplo longiore; capsula obconica, appendicibus non reticulatis non occultata.
— Species pulchra, eximia; a praecedente caulium et foliorum glabrescentia, calyce adpresse canescente, appendicibus parvis, corolla laete coerulea velutina, antice angustata diversissima.

β. **Simonellii** Bald. viagg. Creta p. 73. — Caules suberosi, brevissimi, uniflori; folia puberula caulina approximata. — Exsicc.: N. v.

In rupium fissuris regionis inferioris, rarissime. Cythaera: in fauce Kalamo (Spreitz.), pr. Kapsali (Reiser); Creta (Sibth.): ad promontorium Maleka, cum varietate (Bald.). — Jun. Jul. ☉ an ♃.

b. Folia inferiora vel saltem radicalia irregulariter laciniata vel lyrata, petiolis nempe lobulatis.

a. Corolla late et breviter campanulata, ampla, antice 4—5 cm. lata.

5. **C. laciniata** L. sp. p. 165; DC. mon. camp. p. 220; Bois. fl. or. III. p. 896. — Icon: Tourn. voy. p. 99; Jaub. et Sp. ill. or. t. 421, optima; Rouy ill. t. 65. — Exsicc.: Veneris in Orph. fl. gr. n. 1119.

Minute puberula, pallide virens; caulibus elatis, crassis, laxe racemoso-paniculatis; foliis inferioribus ovato-lanceolatis, in petiolum lobulatum decurrentibus, grosse laciniatis, laciniis ovatis, obtuse dentatis, foliis superioribus sursum diminutis ovatis, sessilibus, irregulariter dentatis; paniculae ramis brevibus, 2—4 floris; calycis laciniis triangulari-lanceolatis, tubo sublongioribus; appendicibus ovatis, obtusis, tubi longitudine; corolla pallide coerulea, puberula, calyce duplo longiore; capsula sphaeroidea, appendicibus occultata.

Ad rupes scopuli Cardiotissa pr. insulam Pholegondros Cycladum (Tourn.). — Apr. Majo. ☉.

β Corolla tubuloso-campanulata.

× Calycis laciniae tubo aequilongae; corolla majuscula, stylus exsertus.

6. **C. Reiseri** Hal. in ö. b. Z. 1896 p. 14, 1897 p. 96. — Exsicc.: Heldr. et Hal. fl. Sporad. n. 1896,

Pubescens; caulibus adscendentibus vel decumbentibus, flexuosis, elongatis, laxe et subunilateraliter racemoso-spicatis, simplicibus vel parce breviterque ramulosis; foliis radicalibus ignotis, caulinis ovato- vel oblongo-spathulatis, crenato-dentatis, inferioribus in petiolum, parce lobulatum attenuatis, superioribus sursum minoribus, sessilibus; floribus breviter pedunculatis, racemum elongatum, simplicem vel subcompositum formantibus; calycis dense setulosi laciniis triangulari-lanceolatis, tubo aequilongis, appendicibus ovatis, acutis, tubo aequilongis; corolla puberula, pallide coerulea, tuboloso-campanulata, antice ampliata, calyce 3—4 plo longiore. — Caules 25—45 cm. longi, crassiusculi, folia inferiora cum petiolo ad 9 cm. longa, corolla 4 cm. longa, tubus antice 15—20 cm. latus. — A sequentibus caulibus crassioribus, calycis laciniis brevibus, corolla manifeste majori, antice manifeste ampliata et stylo exserto discedit.

β. **Leonis** Hal. in ö. b. b. Z. 1897 p. 96. — Caulis et folia glabra; flores simpliciter racemosi. — Exsicc.: Heldr. et Hal. fl. Sporad. a. 1896.

In Sporadum insula Jura (Leon.). — Maio, Jun. ⊙.

×× Calycis laciniae tubo 3—4 plo longiores; corolla mediocris, stylus inclusus.

○ Corolla cylindrica, pulchre cyanea, lobis patentibus.

7. C. anchusiflora S. et S. pr. I. p. 141, Fl. gr. III. p. 9 t. 212; DC. mon. camp. p. 221; Bois. fl. or. III. p. 897; Heldr. in bot. Centralbl. 1890 n. 46 p. 212; Hal. in ö. b. Z. 1896 p. 13. — Exsicc.: Heldr. herb. norm. n. 1056.

Breviter pubescens, subincana; caulibus adscendentibus vel erectis, ramosis, paniculatis, multifloris; foliis radicalibus lyratis, segmentis obtuse crenatis, terminali magno, ovato-cordato, lateralibus parvis, secus petiolum lobulatum decurrentibus, foliis caulinis diminutis, sessilibus, obovatis; floribus pedunculatis; calycis laciniis triangulari-lanceolatis, tubo duplo longioribus, appendicibus rotundatis, tubo multo brevioribus; corollae extus pubescentis tubo cylindrico, lobis ovatis vel ovato-oblongis, obtusiusculis, patentibus duplo longiore; capsula turbinata. — Sequenti simillima et ab ea in herbario vix discernenda, sed sec. Heldreich, qui plantam vivam observavit, corolla pulchre cyanea, apice vix ampliata, limbo horizontali, specifice distincta.

Ad muros, in rupium fissuris. Attica: ad muros coenobii Panagia Cliston in mt. Parnes (Heldr.); Argolis: insula Hydra (Sibth.); Cycladum insula Pholegandros (Sibth.). — Apr. Maio. ⊙.

∞ Corolla pallide coerulea, a basi sensim ampliata, lobis erecto patulis.

8. C. Celsii DC. mon. camp. p. 217; Hal. in ö. b. Z. 1896 p. 11, 1897 p. 96. — *C. tomentosa* Vent. descr. pl. jard. Cels. p. 18 t. 18; Bois. fl. or. III. p. 847 p. p.; Haussk. p. 143 p. p.; Heldr. in bot. Centralbl. 1890 n. 46 p. 213, α. *typica* et β. *diffusa*, Fl. Aegina p. 308; non Lam. — *C. eriantha* Hampe in Flora XXV. p. 76. — Huc vel ad sequentes pertinere videtur: *C. lyrata* Link. in Linn. IX. p. 579; Ch. et B. fl. pelop. p. 14; non Lam. — Exsicc.: Heldr. herb. norm. n. 345 et 1057, herb. dimorph. n. 71.

Breviter pubescens, subincana; caulibus adscendentibus vel decumbentibus, flexuosis, elongatis, laxe et subunilateraliter racemoso-spicatis, simplicibus vel parce ramulosis; foliis radicalibus oblongo-spathulatis, in petiolum lobulatum decurrentibus, crenato-dentatis, laciniatis vel lyratis, segmento terminali oblongo, acutiusculo, lateralibus parvis, foliis caulinis diminutis, ovatis, infimis petiolatis, ceteris sessilibus; calycis laciniis ovato-lanceolatis, tubo 2—4 plo longioribus, appendicibus parvis, tubo saepius multo brevioribus; corollae extus pubescentis tubo antice parum ampliato, calyce 2—3 plo longiore; capsula turbinata.

Ad rupes regionis inferioris et montanae. Attica: mt. Lycabettus, Parnes, Pentelicon, Hymettns (Heldr.); in Petalium insulis, insula Aegina, in Peloponneso, insula Hydra, Cyclades (Heldr.); Sporadum insula Skopelos (Leon.). — Apr. Jun. ⊙.

9. **C. Andrewsii** DC. mon. camp. p. 220; Hal. in ö. b. Z. 1895 p. 463. — *C. laciniata* Andrews bot. repos. VI. t. 385; S. et S. pr. I. p. 141; ? Ch. et B. fl. pelop. p. 14; non L. — *C. tomentosa* Bois. fl. or. III. p. 897, p. p.; Haussk. symb. p. 143 p. p.; Heldr. in bot. Centralbl. 1890 p. 213, γ. *bracteosa*; non Lam. nec. Vent. — Exsicc.: Orph. fl. gr. n. 660 et 1081; Sint. it. thessal. n. 1; Dörfl. fl. gr. n. 192.

Molliter villosa, cinerascens; caulibus adscendentibus vel decumbentibus, flexuosis, racemoso-paniculatis; foliis radicalibus et caulinis inferioribus lyratis, segmento terminali maximo, orbiculato vel ovato, inciso-crenato, lateralibus parvis, incisis integrisve, secus petiolum lobulatum decurrentibus, foliis caulinis sensim diminutis, superioribus sessilibus, ovatis, crenato-dentatis; calycis laciniis triangulari-lanceolatis, tubo 3—4 plo longioribus, appendicibus ovatis, tubo aequilongis; corollae extus pubescentis tubo antice ampliato, calyce 2—3 plo longiore. — A praecedente meo sensu, indumento molliter villoso foliorum inferiorum segmento rotundato et corolla majore antice manifeste ampliato, specifice diversa.

In rupium fissuris regionis inferioris et montanae. Thessalia: pr. Pharsalus (Haussk.)?, ad lacum Karla (Reis.), pr. Volo (Sint.); mt. Parnassus (Heldr.), pr. Lebadea Boeotiae (Orph.); Acrocorinthus (Bois.)?; Argolis: pr. Nauplia (Orph.), peninsula Methana (Haussk.)?. — Apr. Jul. ⊙.

10. **C. rupestris** S. et S. pr. I. p. 142, Fl. gr. III. p. 10 t. 213; DC. mon. camp. p. 218; Ch. et B. exp. p. 71, Fl. pelop. p. 14; Friedr. Reise p. 278; Ung. Reise p. 125; Hal. in ö. b. Z. 1896 p. 13. — *C. lanuginosa* Willd. en. hort. berol. I. p. 213; cf. Vatke in Linnaea 1874 p. 705, non Lam. — *C. tomentosa β. brachyantha* Bois. fl. or. III. p. 898; Heldr. in bot. Centralbl. 1890 p. 213; Haussk. symb. p. 143. — *C. tomentosa* Hal. Beitr. fl. Achaia p. 26, non Lam. — Exsicc.: Heldr. pl. fl. hellen. a 1887, 1895, 1897; Pichl. pl. gr. a. 1876.

Incano-cinerea; caulibus decumbentibus, flexuosis, laxe et subunilateraliter racemoso-spicatis, simplicibus vel parce ramulosis, saepius abbreviatis; foliis radicalibus lyratis, segmento terminali multo majori, ovato, crenato, lateralibus minutis, secus petiolum decurrentibus, foliis caulinis sessilibus, ovatis vel spathulatis, crenatis; calycis laciniis triangulari-lanceolatis, tubo 3—4 plo, appendicibus ovatis, tubo aequilongis; corollae extus pubescentis, tubo antice parum ampliato, calyce saepius parum longiore. — A praecedente, quacum formis intermediis ut videtur conjuncta est, foliis radicalibus multo minoribus, segmentis lateralibus minimis, paucis, interdum fere nullis instructis, indumento saepius densiori, sed breviori, corollis manifeste minoribus antice parum ampliatis, calycis lacinias saepe parum superantibus discedit.

β. **virescens.** — Folia tenera, parva, parce puberula, virescentia, radicalia uno alterove lobulo tantum ad petiolum munita. — Exsicc.: Orph. herb. a. 1850; Pichl. pl. gr. a. 1876.

γ. **gracilis** Heldr. ap. Hal. in ö. b. Z. 1896 p. 13. — Caules graciles, simplices, folia minuta, cano-tomentosa, omnia indivisa, minute crenulata, radicalia in petiolum integrum attenuata. — Exsicc.: Heldr. pl. fl. bellen. an. 1880.

δ. **calycina** Heldr. in bot. Centralbl. 1890 p. 214, pro var. *C. tomentosae*. — Virescens, caulibus abbreviatis, calycis laciniis valde acuminatis, corollam aequantibus. — Exsicc.: N. v.

In rupestribus regionis montanae. Locris: ad Thermopylas (Heldr.); Euboea: pr. Steni (Pichl.), Kyme (Ung.); Boeotia (Sibth.): pr. Lebadia (Heldr.); Attica: mt. Hymettus (Heldr.), Pentelicon (Haussk.), Lycabettus (Ung.); Achaia: pr. Sudena, mt. Kastro pr. Kalavryta, in valle Voreikos, pr. Megaspilaeon (Hal.), mt. Kyllene pr. Trikala, pr. Diakophto (Heldr.); Arcadia: pr. Zulatika (Nied.); Messenia: pr. Phigalea (Chaub.); Laconia: pr. Selitza (Zahn), Gythion, mt. Taygetos, pr. Androvista (Chaub.); Cycladum insula Naxos (Chaub.). — *β*. mt. Malevo (Orph.); — *γ*. mt. Cithaeron Atticae (Heldr.); — *δ*. Euboea: pr. Kumi (Heldr.). — Maio, Jul. ☉.

Obs. *C. stricta* S. et S. pr. I. p. 140, non Lab. = *C. lyrata* Lam. dict. I. p. 588, in ditione nostra non crescit.

2. Subsectio. *Triloculares* Bois. fl. or. III. p. 893. — Stigmata 3, capsula 3 locularis.

a. Calycis sinus appendiculati.

α. Folia inferiora basi cordata.

11. **C. incurva** Auch. in DC. pr. VII. p. 464. — *C. Leutweinii* Heldr. cat. sem. hort. Athen. a. 1860 p. 7, in Sitzungsb. acad. Wiss. Berlin 1883 p. 4; Bois. fl. or. III. p. 896. — Exsicc.: Aucher n. 1864; Heldr. it. thessal. n. 65. —

Pubescens; caulibus elongatis, laxe racemoso-paniculatis, rarius simplicibus; foliis ovatis ovato-oblongisve, obtuse crenatis, radicalibus et inferioribus longiuscule petiolotis, basi cordatis, superioribus breviter petiolatis, basi truncatis, summis sessilibus; floribus magnis; calycis pilosiusculi laciniis late ovato-triangularibus, tubo 3 plo longioribus, appendicibus ovatis, obtusis, tubo subaequilongis; corolla pallide coerulea, ample campanulata, calyce subtriplo longiore, extus ad nervos et ore setulosa, ceterum glabra; capsula hemisphaerica, appendicibus auctis, reticulatis occultata. — Caules 20—40 cm. alti, folia radicalia cum petiolo 10—15 cm. longi, corolla 4 cm. longa, 20—25 mm. lata. — Foliis cordatis ab omnibus affinibus distincta.

In dumetis, rupestribus regionis submontanae et montanae. Thessalia: mt. Olympus juxta sinum Thermaicum (Auch.), mt. Ossa pr. Tzaisi (Heldr.), mt. Pelion pr. Zagora (Aphentulis); Euboea septentrionalis: supra Orobias et in mt. Kavallari supra Agianako (Leutwein). — Jul. Aug. ⊙.

β. Folia basi non cordata.

× Flores sessiles, fasciculati.

12. C. lingulata W. et K. pl. rar. hung. I. p. 65 t. 64; Bois. fl. or. III. p. 926; Form. in D. bot. Monat. 1890 p. 14, in Ver. Brünn 1896 p. 38. — Exsicc.: N. v.

Hispida; caulibus erectis, simplicibus; foliis subundulatis, repandodentatis, inferioribus oblongo-spathulatis, in petiolum attenuatis, caulinis basi ovata sessilibus, oblongis vel lanceolatis; floribus 5—9, terminalibus, fasciculatis, foliis summis bracteatis; calycis laciniis oblongis, obtusis, appendicibus ovatis, tubo sublongioribus, laciniis vix brevioribus; corolla anguste tubulosa, limbo infundibuliformi, coerulea, glabra vel ad nervos setulosa, laciniis calycis 3—4 plo longiore.

β. **cichoracea** S. et S. pr. I. p. 140, Fl. gr. III. p. 7 t. 209 pro sp.; Griseb. spic. II. p. 288; Bois. fl. or. III. p. 926; Haussk. symb. p. 143; Bald. riv. coll. bot. Alb. 1896 p. 77. — *C. capitata* Sims. in Curt. bot. mag. XXI. p. 811 t. 811. — Caulibus elatis, ramosis; fasciculis florum axillaribus et terminalibus. — Exsicc.: Sint. et Bornm. it turc. n. 1351 et 1352; Sint. it. thessal. n. 323. —

In saxosis apricis. Thessalia: mt. Dokimi in Pindo, pr. Patsios in Olympo (Form.). — β. Epirus: mt. Profeta Ilias et Maria distr. Ljaskovik (Bald.); Thessalia (Sibth.): pr. Tsungeri et Malakasi (Haussk.), Kastreiki ad Meteora (Sint.), mt. Olympus (Auch.) ad Hagios Dionysios et Litochori (Sint.). — Apr. Jul. ⊙.

×× Flores pedunculati, non fasciculati.

○ Perennes, caespitosae.

. Caules remote foliati; corolla majuscula, 3 cm. longa, campanulata.

13. C. oreadum Bois. et H-ldr. diagn. ser. 2 III. p. 107, Fl. or. III. p. 908. — Exsicc.: Heldr. herb. n. 1851; Orph. fl. gr. n. 655.

Adpresse birta, pumila; caulibus tenuibus; erectis vel adscendentibus, 1—5 floris; foliis integris, radicalibus oblongo-spathulatis, obtusis, in petiolum attenuatis, caulinis lanceolatis, sessilibus, acutis; floribus longiuscule pedunculatis; calycis dense hirsuti laciniis lanceolatis, acutis, integris, tubo 3—4 plo longioribus, appendicibus parvis, tubo brevioribus; corolla coerulea, campanulata, glabriuscula, laciniis calycis multo longiore. — Rhizoma crassum, caules 5—8 cm. alti, corolla 3 cm. longa, 20—25 mm. lata. — Species pulchra, egregia.

In rupestribus regionis alpinae mt. Olympus prope cacumina (Heldr.). — Jul. Aug. ♃.

14. **C. rupicola** Bois. et Sprun. diagn. VII. p. 17, Fl. or. III. p. 908; Hal. in z. b. G. 1888 p. 759, in ö. b. Z. 1897 p. 286; Heldr. chlor. Parn. p. 22. — Exsicc.: Heldr. herb. norm. n. 224; Orph. fl. gr. n. 418; Dörfl. fl. gr. n. 185.

Parce pubescens; caulibus tenuibus, flexuosis, decumbentibus, 1—3 floris; foliis denticulatis, inferioribus ovatis vel orbiculatis, basi breviter cuneatis, longe petiolatis, superioribus ovatis vel oblongis, breviter petiolatis; floribus breviter vel longiuscule pedunculatis; calycis glabri, laciniis ovato-lanceolatis, obtusiusculis, ciliatis, saepe denticulatis, tubo 2—3 plo longioribus, appendicibus minutissimis; corolla coerulea, campanulata, glabra, laciniis calycis multo longiore. — Caules 5—15 cm. longi, corolla 3 cm. longa 2 cm. lata, pulcherrime coerulea.

In rupestribus regionis alpinae. Aetolia: mt. Korax (Tunt.); mt. Kiona (Hal.), Parnassus (Sprun.). — Jul. Aug. ♃.

.. Caulis foliosi; corolla parva, 10—15 mm. longa, tubuloso-infundibuliformis.

15. **C. heterophylla** L. sp. ed. 2 p. 240; S. et S. pr. I. p. 139, Fl. gr. III. p. 6 t. 208; Ch. et B. fl. pelop. p. 15; Bois. fl. or. III. p. 912, suppl. p. 331. — Exsicc.: Heldr. pl. Cyclad. a 1881.

Viridis, inferne glabrata, superne minutissime puberula; caulibus e rhizomate verticali, carnosulo decumbentibus, fragilibus, foliosis, subsimplicibus; foliis integris, crassiusculis, radicalibus oblongo-spathulatis, obtusis, in petiolum attenuatis, caulinis subsessilibus, orbiculatis; floribus parvis, axillaribus, breviter pedicellatis, inferioribus 2—3 nis vel omnibus solitariis, racemosis; calycis puberuli laciniis triangulari-lanceolatis, tubo subaequilongis, appendicibus brevissimis; corolla tubuloso-infundibuliformi, coerulea, pubescente, calyce subduplo longiore.

In rupibus insulae Amorgos pr. Panagia (Heldr.) et in scopulo adjacente Cheros (Tourn. voy. p. 95 cum t.); indicatur in Ant. ion. V. 206 quoque in mt. Pantocrator et pr. Caragallo in insula Corcyra, sed certe ex confusione. — Jun. Jul. ♃.

16. **C. calaminthifolia** Lam. dict. I. p. 585; Desf. choix pl. p. 37 t. 27; Bois. fl. or. III. p. 912, Heldr. in ö. b. Z. 1898 p. 184. chlor. Mykon p. 247. — Exsicc.: Heldr. herb. norm. n. 1454.

Tota pubescens, cinerea; caulibus e rhizomate verticali, carnosulo decumbentibus, fragilibus, foliosis, simplicibus vel breviter ramulosis; foliis crenato-dentatis, crassiusculis, radicalibus oblongo-spathulatis, obtusis, in petiolum attenuatis, caulinis subsessilibus, ovatis; floribus parvis, axillaribus, breviter pedicellatis, ad apicem caulis subconfertis vel ad apicem ramulorum solitariis; calycis tomentelli laciniis triangulari-lanceolatis, tubo subaequilongis, appendicibus brevibus; corolla tubuloso-infundibuliformi, coerulea, tomentella, calyce duplo longiore. — Differt a praecedente foliis pubescentibus, cinereis, crenato-dentatis.

β. **Olivieri** DC. mon. camp. p. 233 t. 9, pro sp. — Folia caulina orbiculata vel ovato-orbiculata, saepius integra; flores ut videtur submajores. — Exsicc.: Orph. fl. gr. n. 1118. —

In rupium fissuris. Cycladum insula Naxos (Tourn.) pr. Apirantos (Heldr.); — β. ad muros templi Iovis insulae Delos (Oliv.), insula Pholegandros (Veneris). — Jun. Jul. ♃.

○○ Annua.

17. C. dichotoma L. amoen. IV. p. 306; S. et S. pr. I. p. 141, Fl. gr. t. 211; Ch. et B. fl. pelop. p. 15; Friedr. Reise p. 277; Bois. fl. or. III. p. 929. —

Setis patulis hispidula; caule erecto, dichotome ramoso; foliis oblongis, integris vel repando-denticulatis; floribus solitariis, terminalibus et alaribus, breviter pedicellatis; calycis laciniis lanceolatis, acuminatis, appendicibus acutis, calycis tubo longioribus; corolla coerulea, glabra, vel parce setulosa, campanulata, calyce sesquilongiore; capsula nutante. In collibus apricis. Attica: pr. Athenas (Sibth.); insula Poros (Friedr.); sed a recentioribus non lecta. — Jun. Jul. ☉. N. v.

b. Calycis sinus **exappendiculati**.

α. Perennes.

× Flores sessiles, in fasciculos axillares subsessiles et capitulum terminale, bracteis ovatis acuminatis arcte involucratum congesti; capsula erecta.

○ Radix cylindrica, subrepens, simplex vel ramosa, caulem solitarium erectum vel plures e basi adscendente erectos edens; folia sub anthesi saepius jam emarcida.

18. C. glomerata L. sp. p. 166. — *C. foliosa* Form. in Ver. Brünn 1897 p. 28, non Ten. — Exsicc.: Form. pl. thessal. a. 1896.

Hirta vel glabrata; caule erecto vel basi adscendente, foliato; foliis minute crenatis, inferioribus a basi cordata vel rotundata ovato-lanceolatis, longe petiolatis, petiolis non alatis, foliis superioribus sessilibus, oblongo-lanceolatis, basi cordata semiamplexicaulibus; floribus in fasciculos axillares et terminales congestis; bracteis ovato-acuminatis, floribus brevioribus; calycis laciniis plus minusve pubescentibus, tubo 3—4plo longioribus; corolla infundibuliformi, violacea, hirta, calycis laciniis sesqui vel duplo longiore. — Corolla 20—25 mm. longa.

β. **Vlachavae** Bois. et Orph in Orph. fl. gr. exs. n. 653. — Bracteae et calycis laciniae breviter setuloso-ciliatae; corolla magna, glabriuscula, circa 3 cm. longa.

In subalpinis Thessaliae, rarissime: mt. Ghavellu in Pindo (Form);
— β. mt. Olympus pr. Mavros Longhos (Orph.). — Jul. Aug. ♃.

19. **C. stenosiphon** Bois. et Heldr. diagn. VII. p. 18. — *C. glomerata* β. *stenosiphon* Bois. fl. or. III. p. 928. — Exsicc.: Heldr. herb. norm. n. 1562.

Pilis albis substrigosis hispida; caulibus e collo pluribus, erectis vel adscendentibus, foliatis; foliis minute crenatis, inferioribus oblongis vel lanceolatis, anguste in petiolum attenuatis, superioribus sessilibus ovato-oblongis, basi cordata semiamplexicaulibus; floribus in fasciculos axillares 2—3 floros et terminales 4—7 floros congestis; bracteis late ovato-acuminatis, recurvis, floribus subbrevioribus; calycis laciniis margine et ad nervum medium albo-strigosis, tubo secus nervos strigoso, ceterum glabro, longioribus; corolla infundibuliformi, violacea, basi parce hispida, calycis laciniis duplo longiore. — Corolla circa 20 mm. longa.
— Indumento strigoso-hispido, foliis radicalibus angustis in petiolum attenuatis, corolla minore, superne glabriuscula praecedenti discrepat.

β. **majoriflora**. — Bracteae floribus subduplo breviores; corolla magna, 25 mm. longa. — Forma parallela varietatis praecedentis, a qua indumento magis strigoso et praesertim foliis radicalibus angustioribus, in petiolum sensim attenuatis differt. — Exsicc.: Orph. fl. gr. n. 659.

In regione abietina. Peloponnesus: in faucibus Langada, pr. Anavryti et Neraidovuni in mt. Taygetos (Heldr.); — β. mt. Malevo pr. Castanitza (Orph.). — Jun. Jul. ♃.

20. **C. foliosa** Ten. fl. nap. I. p. 71 t. 18; Hal. Beitr. fl. Thessal. p. 15; Haussk. symb. p. 143. — Exsicc.: Sint. it. thessal. n. 903.

Pilosiuscula; caule erecto, foliato; foliis irregulariter biserratis, radicalibus a basi subcordata vel rotundata ovatis, caulinis inferioribus ovato-oblongis, radicalibusque longe petiolatis, petiolis alatis, foliis superioribus sessilibus; floribus in fasciculos terminales, multifloros congestis; bracteis ovato-acuminatis, flores subaequantibus vel subsuperantibus, margine et ad nervos albo-ciliatis, ceterum glabris; calycis laciniis albo-ciliatis, tubo glabro 3—4 plo longioribus; corolla infundibuliformi, violacea, glabra, calycis laciniis sesquilongiore. — Differt a praecedentibus foliis multo majoribus, irregulariter biserratis, petiolis alatis, bracteis majoribus, capitulo multo majori, multifloro.

In subalpinis, ad silvarum margines, in fagetis. Thessalia: mt. Zygos, pr. Chaliki (Haussk.) et mt. Oxya (Hal.) in Pindo tymphaeo. — Jul. Aug. ♃.

∞ Radix fusiformis, verticalis, simplex, caulem centralem erectum et laterales flagelliformes, decumbentes vel arcuato-adscendentes edens; folia radicalia rosulata, sub anthesi adhuc vigentia.

21. **C. tymphaea** Haussk. in Mitth. thür. bot. Ver. V. p. 87, symb. p. 143. — *C. flagellaris* Hal. Beitr. fl. Epir. p. 30 t. 3, Beitr.

fl. Thessal. p. 15; Form. in Ver. Brünn 1896 p. 38; non Humb. Bonpl. et Kunth nov. gen. Am. III. p. 301. — *C. glomerata* Bald. riv. coll. bot. Alb. 1895 p. 57, non L. — *C. parnassica* Bald. riv. coll. bot. Alb. 1896 p. 76, non Bois. et Spr. — Exsicc.: Hal. it. gr. II. a. 1893; Bald. it. alb. epir. III. n. 179, IV. n. 184; Sint. it. thessal. n. 667 et 901.

Glabrata vel parce setulosa, viridis; caulibus foliatis; foliis minute crenulatis, radicalibus rosulatis, oblongo-spathulatis, in petiolum attenuatis, caulinis oblongis vel ovato-lanceolatis, sessilibus, semiamplexicaulibus; floribus in fasciculos terminales 4—7 floros, interdum quoque axillares 2—3 floros congestis; bracteis ovatis, breviter acuminatis, saepe denticulatis, margine ciliatis; calycis laciniis ciliatis, tubo glabro sublongioribus; corolla infundibuliformi, violacea, glabra, calycis laciniis 2—3 plo longiore. — Caulis 10—35 cm. altus, laterales breviores tenuiores, saepe stoloniformes, folia radicalia 5 cm. longa, 1 cm. lata, corolla 15—20 mm. longa. — Species eximia, in Pindo endemica, a *C. glomerata* et affinibus, nec non a *Edrajantho parnassico*, quocum etiam ab auctoribus, incredibile dictu, confusa fuit, certe distinctissima. Formae a capris vel ovibus mutilatae caespitem depressum, caulibus abbreviatis, paucifloris formant et a planta intacta habitu valde differunt.

In pascuis subalpinis et alpinis. Epirus: mt. Gamila, Smolika Micikeli (Bald.), Peristeri, Tsumerka (Hal.); Thessalia: mt. Baba, Zygos (Haussk.), Oxya (Hal.), Dokimi, Mandra Hodza in Pindo (Form.). — Jul. Aug. ♃.

×× Flores pedicellati, solitarii vel fasciculati, in racemum simplicem vel compositum dispositi.

○ Caules erecti, elati, crassiusculi.

× Corolla campanulata; capsula nutans.

22. **C. athoa** Bois. et Heldr. diagn. ser. 2 III. p. 110; Hal. Beitr. fl. Thessal. p. 15, in ö. b. Z. 1897 p. 286. — *C. trachelium β. orientalis* Bois. fl. or. III. p. 922; Heldr. in Sitzungs. acad. Wiss. Berl. 1883 p. 4, chlor. Parn. p. 23; Form. in Ver. Brünn 1896 p. 38. — *C. trachelium v. parviflora* Form. in D. bot. Monat. 1890 p. 13, in Ver. Brünn 1896 p. 38. — *C. trachelium v. balcanica* Form. in Ver. Brünn 1897 p. 29. — Huc probabiliter: *C. trachelium* Mazz. in ant. ion. V. p. 202; Haussk. symb. p. 143; Bald. riv. coll. bot. Alb. 1896 p. 76; vix L.; nec non *C. urticaefolia* Mazz. l. c.; non Turra, nec Schm. — Exsicc.: Heldr. herb. norm. n. 620, it. thessal. n. 49; Sint. it. thessal. n. 1014.

Tota pilis patulis strigosa; caule argute angulato, simplici vel ramuloso, foliato; foliis scabris, duplicato-serratis, inferioribus petiolatis, e basi cordata triangulari-elongatis, superioribus sessilibus, oblongis vel lanceolatis; floribus in axillis foliorum superiorum subsessilibus, fasciculatis; calycis tubo angulato, pilis patulis praesertim ad angulos strigosissimo, laciniis erectis, lanceolatis, strigosis, tubo duplo longioribus; corolla tuboloso-campanulata, glabra, violacea, calycis laciniis parum vel duplo longiore. — Subspecies austro-orientalis *C. trachelii* L., sed strigosior, florum fasciculi subsessiles, corolla diminuta, 15—20 mm. tantum longa et angustior.

In umbrosis, silvaticis regionis montanae et subalpinae. Epirus: pr. Cepelovon distr. Zagorion (Bald.); Thessalia: ad monasterium Korona (Haussk.), pr. Han Uranaeos (Sint.) et Kukleus in valle Penei, pr. Sermenikon et mt. Ghavellu in Pindo, pr. Kerasia Sina, mt. Cuka, Phlambures et mt. Mitrica in mt. Chassia, mt. Ossa (Form.), Olympus (Orph.), Pelion (Heldr.); Euboea: mt. Telethrion (Heldr.); Eurytania: pr. Karpenisi (Samarit.), mt. Chelidoni pr. Mikrochorio (Heldr.); Aetolia: mt. Korax (Tunt.); mt. Parnassus (Heldr.); Peloponnesus: mt. Kyllene (Heldr.), Malevo (Orph.); Corcyra: mt. St. Stefana et pr. Sidari, si plantae Mazziarii supra enumeratae huc spectent. — Jul. Aug. ♃.

Obs. *C. rapunculoides* L. sp. p. 165 a Mazziari in ant. ion. V. p. 202 pr. Curamades in Corcyra certe ex confusione quadam indicatur.

23. **C. bononiensis** L. sp. p. 165; Bois. fl. or. III. p. 923; Form. in D. bot. Monat. 1890 p. 13. — Icon: Rchb. t. 237.

Canescens; caule tereti; simplici vel ramuloso, folioso; foliis inaequaliter crenatis vel serratis, superne adpresse pilosis, subtus canotomentellis, ab infimis cordato-oblongis, petiolatis, ad intermedia sessilia, semiamplexicaulia, ovata vel acuminata diminutis, summis linearibus; floribus 2—3 nis, solitariisque, breviter pedunculatis, racemum longum, spiciformem, simplicem vel subpaniculatum formantibus; calycis minutissime puberuli laciniis patentibus, breviter triangulari-lanceolatis, tubo sublongioribus; corolla infundibuliformi, glabra, coerulea, calycis laciniis multo longiore.

In dumosis montanis. Thessalia: ad Han Kriavris in valle Penei (Form.), ad radices mt. Olympus (Orph.). — Jul. Aug. ♃ N. v.

×× Corolla subrotata; capsula erecta.

24. **C. versicolor** Andrews bot. repos. t. 396; S. et S. pr. I. p. 138, Fl. gr. III. p. 5 t. 207; Ch. et B. exp. p. 87, Fl. pelop. p. 14; Mazz. in ant. ion. V. p. 200; Ten. annot. fl. gr. p. 8; Heldr. Nutzpfl. p. 28 et 79, Fl. cephal. p. 50, chlor. Parn. p. 23; Bois. fl. or. III. p. 914; Spreitz. in z. b. G. 1887 p. 664; Hal. in z. b. G. 1888 p. 759. —

Caulibus e rhizomate crasso, carnoso erectis, curvatis, crassiusculis, foliatis, in racemum compositum thyrsoideum abeuntibus; foliis subcoriaceis, crenatis vel serrulatis, inferioribus longe petiolatis, ovato-vel oblongo-cordatis, ceteris sursum brevius petiolatis, oblongis, basi attenuatis; florum fasciculis breviter pedunculatis, 3—7 floris; pedicellis calyce brevioribus; calycis laciniis anguste lineari-lanceolatis, patentibus vel reflexis, tubo 3 plo longioribus; corolla pallide coerulea, fundo violacea, in lobos ovatos partita, calycis laciniis duplo longiore.

α. **typica.** — Omnino glabra. — Exsicc.: Heldr. herb. norm. n. 515, 1356 et 1455.

β. **thessala** Bois. fl. or. III. p. 915. — Folia argutius serrata, basi attenuata nec cordata; flores minores; calycis laciniae abbreviatae. Formis intermediis ad typum transit. Planta glabra vel (f. *tomentella* Hal. in ö. b. Z. 1892 p. 372) ad caules et folia undique adpresse puberula vel tomentella. — Exsicc.: Sint. et Bornm. it turc. n. 1353, 1354 et 1847, in Baen. herb. europ. n. 7628.

In rupibus regionis submontanae in subalpinam adscendens. Thessalia: pr. Sermeniko (Sint.); Eurytania: mt. Chelidoni (Heldr.), mt. Tymphrestus (Sprun.), mt. Vardusia supra Vustinitza (Tuntas), pr. Mesolonghion (Nied.); mt. Kiona supra Segditza (Hal.), mt. Parnassus (Heldr.); Achaia: mt. Olenos, Kyllene (Heldr.); Arcadia: mt. Menalus et Diaforti (Chaub.); Laconia: mt. Malevo (Heldr.), pr. Mistra, mt. Taygetos (Bois.); Cephalonia: ad Hagios Varvaros supra Drapano, inter Valeriano et Markopulo, pr. Steno (Heldr.); Leucas: ad promontorium Zuana (Spreitz.); Corcyra: insula Othonus (Mazz.); — β. Thessalia: pr. Kalabaka (Haussk.), mt. Olympus pr. Hagios Dionysios, Litochoron (Heldr.), in fauce Megarema (Sint.). — Jul. Sept. ♃.

○○ Caules humiles, tenues, saepius decumbentes.

. Folia difformia, radicalia reniformi-cordata, caulina lineari-lanceolata; capsula nutans.

25. **C. rotundifolia** L. sp. 163; S. et S. pr. I. p. 137; Ch. et B. exp. p. 70, Fl. pelop. p. 14; ? Mazz. in ant. ion. V. p. 200; Bois. fl. or. III. p. 919; Bald. riv. coll. bot. Alb. 1895 p. 56; Form. in Ver. Brünn 1896 p. 37, 1897 p. 29; Hal. in ö b. Z. 1897 p. 286; non L. — Exsicc.: Bald. it. alb. epir. III. n. 180; Sint. it. thessal. n. 1269.

Glabra; radice verticali, caudiculosa, caules floriferos, adscendentes rosulasque steriles edente; foliis rosularum longe petiolatis, orbiculatis, cordatis vel ovato-lanceolatis, denticulatis, caulinis lanceolatis linearibusque, sessilibus, integris; floribus erectis, longiuscule pedunculatis; calycis laciniis lineari-filiformibus, erecto-patulis, tubo subduplo longioribus; corolla campanulata, violacea, calyce triplo longiore. — Caulis plantae graecae humilis, 1—2 florus.

In saxosis regionis superioris. Epirus: mt. Peristeri (Bald.); Thessalia: mt. Kokkino Lithari pr. Sermeniko (Sint.), mt. Karava (Form.) in Pindo; Aetolia: mt. Korax (Tunt.); Euboea: mt. Hagios Elias (Sart.); Achaia: mt. Kyllene (Orph.); Laconia (Sibth.); *C. rotundifolia* indicatur quoque in insula Samatrachi ad septentrionem Corcyrae (Mazz.), sed dubito quin identica sit cum planta alpina e Graecia. — Jul. Aug. ♃.

.. Folia subconformia; capsula erecta.

; Calyx papillis pellucidis dense obsitus, glaber.

26. **C. Hawkinsiana** Haussk. et Heldr. in Mitth. thür. bot. Ver. V. p. 87, symb. p. 144; Form. in D. bot. Monat. 1890 p. 14, in Ver. Brünn 1896 p. 38; Bald. riv. coll. bot. Alb. 1896 p. 76; Hal. Beitr.

fl. Thessal. p. 15. — *C. Halácsyana* Bald. riv. crit. coll. bot. Alb. 1892 p. 56. — Exsicc.: Heldr. herb. norm. n. 856; Bald. it. alb. IV. n. 248; Sint. it. thessal. n. 622 et 622b. —

Radice verticali, caudiculosa; caulibus e collo numerosissimis, decumbentibus vel adscendentibus, flexuosis, laxe foliatis, simplicibus vel ramulosis, glabris vel rarius (*β. scabriuscula* Haussk. l. c.) inferne pilis papillaribus plus minus obsitis; foliis carnosulis, glabris, suborbiculatis, ovatis vel ovalibus, integris vel leviter crenulatis, inferioribus in petiolum brevem attenuatis, superioribus diminutis, subsessilibus; floribus solitariis, longiuscule pedunculatis; calycis glabri laciniis lanceolatis, erecto-patulis, laevibus, tubo papilloso subtriplo longioribus; corolla subrotata, glabra, intense coeruleo-violacea, in lobos ovatos partita, calyce 2—3 plo longiore. — Species elegans, egregia, nulla cum alia comparanda. Caules 10—20 cm. longi, folia caulina minuta, corolla 15—20 mm. longa, capsula 5—7 mm. longa.

In rupium fissuris et lapidosis regionis subalpinae, substratu siliceo-serpentino. Epirus: mt. Smolika (Bald.); Thessalia: mt. Said Pascha (Form.), pr. Malakasi, mt. Zygos, pr. Chaliki, Krania, mt. Baba (Haussk.), mt. Oxya (Hal.); occurrit quoque in mt. Tomor Maja Albaniae (Bald.). — Jun. Aug. ♃.

;; Calyx laevis, glaber vel hirsutus.
, Folia cordato-orbiculata vel cordato-ovata.

27. C. cephallenica Feer in journ. bot. XXVIII. p. 273 (1890). — *C. garganica* Bois. fl. or. III. p. 918; Heldr. fl. cephal. p. 50; non Ten. — Exsicc.: Heldr. pl. cephal. a. 1867.

Pubescens; caulibus e rhizomate carnoso procumbentibus, foliatis, simplicibus vel ramulosis, racemosis; foliis cordato-ovatis, grosse crenato-dentatis, radicalibus petiolatis, caulinis diminutis, summis breviter petiolatis; floribus parvis, paucis, pedunculis arcuato-patulis subaequilongis, in racemum terminalem laxum dispositis; calycis laciniis lineari-lanceolatis, acutissimis, patentibus; corolla plus minus pubescente, scutellato-patula, coerulea, quinque-partita, duplo brevioribus; stylo exserto. — Affinis *C. garganica* Ten. differt floribus numerosis, majoribus, pedunculis 3—5 plo longioribus patulis suffultis; calycis laciniis acutis; corolla 10 mm. alta, 15 mm. lata (nec 6—8 mm. alta et 10—12 mm. lata); staminum squamis cordato acuminatis, filamentis aequilongis (nec ovatis filamentis duplo fere longioribus); antheris longioribus; capsula 3—4 mm. (nec 2—2 $^1/_2$ mm.) longa et seminibus planiusculis, opacis, rugulosis (nec subovalibus, crassiusculis, nitidis).

Cephalonia: in rupibus regionis litoralis pr. Hagios Soter, pr. Athera et pr. coenobium Taphius (Heldr.), nec non in regione superiori mt. Aenos (Letourn.). — Jul. Aug. ♃.

28. C. Sartorii Bois. et Heldr. fl. or. III. p. 919. — Exsicc.: Heldr. herb. norm. n. 954.

Velutino-pubescens; caulibus e rhizomate carnosulo procumbentibus, flexuosis, foliatis, laxe racemosis; foliis caulinis minutis, orbicularisubcordatis, obtuse 5—7 crenatis, inferioribus petiolo aequilongo, superioribus breviore suffultis, foliis rosularum sterilium multo majoribus, reniformi-cordatis, multicrenatis, longe petiolatis; floribus parvis, paucis, pedunculis arcuato-patulis, calyci subaequilongis suffultis, in racemum laxum dispositis; calycis laciniis lanceolatis, acutis, patentibus, corolla velutina, albida vel coerulescente, infundibuliformi-campanulata, quinquelobata subduplo brevioribus; stylo exserto. — Caules 3—15 cm. longi, folia caulina 5—10 mm., rosularum sterilium 25 mm. lata, flores circa 10 mm. longa.

In stillicidiis et rupinis umbrosis ad coenobium Panagia Panachrantos, alt. 500 m. circiter, in insula Andros Cycladum (Sart.). — Jul. Aug. ♃.

„ Folia oblonga, basi attenuata.

29. **C. radicosa** Ch. et B. fl. pelop. p. 14 t. 7; Bois. fl. or. III. p. 915; Hal. in z. b. G. 1888 p. 760, in ö. b. Z. 1896 p. 286; Heldr. chlor. Parn. p. 23. — Exsicc.: Heldr. herb. norm. n. 223 et 1456; Orph. fl. gr. n. 99; Dörfl. fl. gr. n. 230 et 315.

Hirsuta, subcanescens; radice verticali, crassa; caulibus extrarosularibus, numerosis, decumbentibus, solo adpressis, foliatis, in racemum spiciformem, unilateralem abeuntibus, interdum uni vel paucifloris; foliis rosularum oblongo-spathulatis, obtusis, in petiolum attenuatis, denticulatis, caulinis diminutis, oblongis; floribus parvis, ad axillas solitariis, pedicello cernuo, calyce subbreviore suffultis; calycis laciniis lanceolatis, acutiusculis, tubo aequilongis; corolla violacea, glabriuscula, breviter obconica, in lobos oblongos patentes partita, calycis laciniis duplo longiore; capsula ignota. — Stirps singularis, caulibus 3—8 cm. longis, saepissime solo adpressis, foliis rosularum 25—40 mm. longis, floribus minutis, intense violaceis.

In pascuis alpinis. Aetolia: mt. Tymphrestus (Sprun.), Korax (Tunt.); mt. Kiona (Hal.), Parnassus (Heldr.); Peloponnesus: mt. Kyllene pr. Malakadia (Orph.), Taygetos (Chauh.). — Jun. Aug. ♃.

β. Annuae; capsula nutans.

× Corolla majuscula, calyce duplo longior.

30. **C. scutellata** Griseb. spic. II. p. 282; Form. in D. bot. Mon. 1890 p. 14, in Ver. Brünn 1896 p. 38, 1897 p. 29; Haussk. symb. p. 145. — Exsicc.: Orph. fl. gr. n. 1080 (Macedonia); Sint. it. thessal. n. 1480.

Patule hispidula; caule erecto, a basi vel superne dichotome ramoso; foliis oblongo-lanceolatis, acutiusculis, integris vel repandis, sessilibus, ima sub anthesi emarcidis; floribus in dichotomiis et terminalibus, solitariis, breviter pedicellatis; calycis laciniis ovato-lanceolatis, acuminatis, corolla subduplo brevioribus, post anthesin auctis, stellatim patentibus; corolla subrotata, coerulea, glabra vel ad nervum parce setulosa, lobis ovatis. — Caulis 10—30 cm. altus, flores 15—25 mm. longi. — Habitu *C. dichotomae* et *C. ramosissimae* similis, a priore calyce exappendiculato, ab altera calyce poris basilaribus, nec apicularibus dehiscente diversa.

In rupestribus umbrosis, fruticetis regionis inferioris et montanae. Thessalia: pr. Malakasi, Uranaeos, Tsungeri, Meteora (Haussk.), Kalabaka Kastri, Vlachava (Form.). — Jun. Jul. ☉.

31. **C. drabifolia** S. et. S. pr. I. p. 142, Fl. gr. III. p. 11 p. 215; Ch. et B. exp. p. 71, Fl. pelop. p. 15; Ung. Reise p. 125; Hal. Beitr. fl. Aetol. p. 8; Haussk. symb. p. 145; Form. in D. bot. Monat. 1898 p. 77. — *C. attica* Bois. et Heldr. diagn. XI. p. 67; Haussk. symb. p. 145. — *C. drabifolia β. major* Bois. fl. or. III. p. 933; Heldr. fl. cephal. p. 50. — Exsicc.: Heldr. herb. norm. n. 420 et 857; Orph. fl. gr. n. 249.

Patule hispidula; caulibus e collo pluribus vel solitariis, erectis vel diffusis, dichotome ramosis; foliis oblongis, obtusis vel acutiusculis, dentatis, radicalibus in petiolum brevem attenuatis, sub anthesi saepe jam emarcidis, ceteris sessilibus, saepe profundius dentatis vel trifidis; floribus in dichotomiis et terminalibus, solitariis, breviter pedicellatis; calycis laciniis lanceolatis, acutis, corolla duplo brevioribus, post anthesin auctis, stellatim-patentibus; corolla campanulata, coerulescente, glabra, lobis ovatis, violaceis. — Caules 5—25 cm. longi, flores 10—18 mm. longi. — A praecedente foliis dentatis et corolla campanulata diversissima. — *C. attica* ab auctoribus caulibus longioribus magis diffusis, foliis latioribus, floralibus profunde et acute trifidis, corolla 8 nec 4 lineas longa a *C. drabifolia* differre dicitur, sed omnes hae notae valde variabiles et inconstantes sunt, quamobrem *C. attica* meo sensu vix varietas speciei Sibthorpiani dicenda.

In arvis, rupestribus regionis inferioris. Thessalia: ad monasterium Korona, pr. Sophates, Karditza (Haussk.); Aetolia: pr. Mesolonghion (Nieder), ad radices mt. Chalkis (Hal.); Attica: frequens pr. Athenas (Sibth.), in colle Philopappo, Lycabetto, ad Phalerum, mt. Corydalus, pr. Eleusis, Buliasmene, mt. Hymettus (Heldr.); Acrocorinthus (Haussk.): Argolis: pr. Nauplia (Sprun.), Vromolimni (Haussk.); Laconia: pr. Androvista, Scutari, in Maina, mt. Ithome Messeniae (Chaub.); Cephalonia: pr. Argostoli (Heldr.). — Apr. Jun. ☉.

×× Corolla minuta, calyce aequilonga.

32. **C. erinus** L. sp. p. 169; S. et S. pr. I. p. 142, Fl. gr. III. p. 10 t. 214; Sieb. avis p. 3, rem. p. 3; Ch. et B. exp. p. 71, Fl. pelop. p. 15; Mazz. in ant. ion. V. p. 202; Friedr. Reise p. 283 et 286; Weiss in z. b. G. 1869 p. 49; Raul. cret. p. 804; Bois. fl. or. III. p. 932; Gelmi in bull. soc. bot. ital. 1889 p. 450; Haussk. symb. p. 145; Hal. in ö. b. Z. 1897 p. 96; Held. fl. Aegina p. 308. — Exsicc.: Sint. it. thessal. n. 504; Dörfl. fl. aeg. n. 1, Fl. cret. n. 38.

Hirta; caule erecto, dichotome ramoso; foliis dentatis, inferioribus obovatis, breviter petiolatis, superioribus oblongis, sessilibus, floralibus 3—5 lobis; floribus axillaribus et terminalibus, solitariis, subsessilibus;

calycis laciniis triangulari-lanceolatis, acutis, corolla aequilongis, post anthesin auctis, stellatim patentibus; corolla tubulosa, albida vel roseo-coerulescente, glabra, lobis brevibus, patentibus. — Corolla minuta insignis.

In saxosis, graminosis regionis inferioris et submontanae. Thessalia: pr. Guvelzi (Sint.); Attica: pr. Athenas (Sart.), Laurion, Acrocorinthus (Haussk.); insula Aegina: pr. Perivolia (Heldr.); Argolis (Sibth.); Laconia pr. Misitra (Friedr.); Sporadum insula Peristeri (Leon.); Cyclades (Chaub.): insula Amorgos (Leon.); Creta: pr. Canea, Retymo (Raul.), Males distr. Hierapetra (Leon.); Corcyra (Mazz.). — Apr. Jun. ⊙

2. Sectio. *Rapunculus* Bois. fl. or. III. p. 895. — Capsula 3 locularis, poris vel valvulis prope apicem, rarius versus medium sitis dehiscens.

a. Perennes.

α. Radix cylindrica.

33. **C. persicifolia** L. sp. p. 154; Bois. fl. or. III. p. 935; Form. in Ver. Brünn 1896 p. 39, 1897 p. 29. — Icon: Fl. gr. t. 205. — Exsicc.: Heldr. herb. n. 2367.

Radice crassiuscula, subrepente; caule erecto, glabro vel inferne hirtulo, foliato, paucifloro, rarius unifloro; foliis firmis, lucidis, glabris, integris vel minute denticulatis, radicalibus anguste spathulato-oblongis, in petiolum attenuatis, caulinis sessilibus, lineari-lanceolatis linearibusve, superioribus valde diminutis; pedunculis calyce brevioribus; calycis laciniis tubo glabro vel hispidulo triplo longioribus; corolla late campanulata, glabra, coeruleo-violacea, ad quartam partem lobata, calyce duplo longiore; capsula recta.

In umbrosis regionis montanae, rarissime. Thessalia: mt. Mitrica et pr. Phlambures in mt. Chassia (Form.), mt. Olympus (Heldr.). — Jun. Jul. ♃.

34. **C. abietina** Griseb. et Schenk in Wiegm. arch. XV. I. p. 333; Bald. riv. coll. bot. Alb. 1895 p. 57. — *C. patula v. pauciflora* Roch. pl. Banat. rar. p. 42 t. 6, non *C. pauciflora* Lam. nec Desf. — *C. Rochelii* Schur sert. fl. Trans p. 47, in ö. b. Z. 1861 p. 45. —

Radice tenui, repente, caudiculos numerosos, filiformes, subterraneos, steriles, apice foliosos, caulesque adscendentes, tenues, remote foliatos, pauci vel multifloros edente; foliis membranaceis, crenatis, glabris vel margine setulosis, radicalibus ovatis vel ellipticis, basi rotundatis, longe petiolatis, caulinis inferioribus oblongo-spathulatis, breviter petiolatis, ad superiora lanceolata, sessilia sensim decrescentibus; floribus longiuscule pedunculatis; calycis glabri laciniis lineari-lanceolatis, erecto-patulis vel reflexis, tubo 3—4 plo longioribus; corolla patule infundibuliformi, coerulea, glabra, ad medium quinquefida, calyce duplo longiore.

In saxosis et pratis in summo jugo mt. Peristeri et in regione silvatica mt. Olycika distr. Janina in Epiro (Bald.). — Jun. Aug. ♃. N. v.

β. Radix napiformis.

35. **C. Spruneriana** Hampe in Flora 1842 p. 76; Spreitz. in z. b. G. 1886 p. 664; Haussk. symb. p. 145. — *C. patula* S. et S. pr. I. p. 137; Ch. et B. exp. p. 70, Fl. pelop. p. 14; M. et R. fl. Zante p. 64; non L. — *C. spathulata* Friedr. Reise p. 272; Ung. Reise p. 125; Hal. in ö. b. Z. 1897 p. 96 et 286 pro p.; non W. et K., nec S. et S. — *C. Spruneri* Raul. cret. p. 804; Bois. fl. or. III. p. 937; Spreitz. in z. b. G. 1877 p. 714; Heldr. fl. cephal. p. 50. — Exsicc.: Heldr. herb. norm. n. 23 et 1058a; Sint. it. thessal. n. 207; Dörfl. fl. gr. n. 333.

Radice napiformi, globosa, ovata vel oblonga, caudiculos numerosos, nudos, procumbentes vel subterraneos, in caules erectos abeuntes, edente; caulibus saepissime elatis, glabris vel inferne hirtis, patule ramosis, rarius simplicibus, ramis unifloris; foliis glabris vel breviter hirtis, remote et obsolete crenatis, inferioribus ovatis vel oblongis, in petiolum attenuatis, ceteris lanceolatis, elongatis, acuminatis, sessilibus; calycis glabri laciniis lanceolato-subulatis, basin versus interdum remote et obsolete denticulatis, alabastro dimidio usque duplo longioribus, corollam subaequantibus; corolla coerulea, infundibuliformi, ad medium in lobos oblongos, acutos partita; capsula obconica, laciniis calycis rectis, ea longioribus coronata. — Caules 15—50 cm. alti, corolla spectabilis, 25—30 mm. longa.

β. **hirsuta** Heldr. in Pichl. pl. gr. exs. a. 1876. — Caules simplices, inferne foliisque dense hirti.

In dumosis regionis sempervirentis et montanae. Thessalia: pr. Kalabaka (Sint.), mt. Pelion pr. Kissos et Milies (Heldr.); Sporadum insula Skopelos (Leon.); Euboea: mt. Telethrion (Heldr.); Aetolia: mt. Korax pr. Musinitza (Tunt.); mt. Parnassus (Sprun.); Attica: pr. Marathon, mt. Pentelicon (Heldr.); Acrocorinthus (Orph.); Argolis: pr. Vromolimni (Friedr.), insula Poros (Wied.), in olivetis insulae Poros oppositis (Heldr.), mt. Artemision supra Argos (Kalondzis), Port Tolon, mt. Palamidi pr. Nauplia (Haussk.); Achaia: mt. Kyllene (Heldr.); Messenia: mt. Diaforti, pr. Methone, Corone (Chaub.); Laconia: pr. Mistra (Bois.), mt. Taygetos (Chaub.); Creta: pr. Kaenuriokorio, in eparchia Sitia (Raul.); Zante (Marg.); Cephalonia: in oropedio Omala, pr. Lixuri, Dallaportata, Vorikes (Heldr.); Ithaca (Ung.): pr. Vathy (Spreitz.); Corcyra: pr. San Deca (Spreitz.). — *β*. in castanetis pr. Steni Euboeae (Pichl.). — Apr. Jun. ♃.

36. **C. Sibthorpiana.** — *C. spathulata* S. et S. pr. I. p. 137, Fl. gr. III. p. 2 t. 203 (specimen gracile, caule solitario, sine tubere); Hal. in z. b. G. 1888 p. 760; Beitr. fl. Epir. p. 31, Beitr. fl. thessal. p. 15, Beitr. fl. Achaia p. 26, in ö. b. Z. 1897 p. 286 p. p.; Heldr. chlor. Parn. p. 23; Form. in Ver. Brünn 1896 p. 39; non W. et K.

— *C. Spruneri β. alpina* Bois. fl. or. III. p. 937; Haussk. symb. p. 145; Form. in Ver. Brünn p. 30, non *C. alpina* Jacq. — Exsicc.: Heldr. herb. norm. n. 1058 b p. p.; Sint. it. thessal. 668 et 900.

Radice napiformi, globosa, ovata vel oblonga, (rarissime vix incrassata, cylindrica), caudiculos numerosos, nudos procumbentes vel subterraneos, in caules erectos abeuntes, edente; caulibus glabris vel inferne hirtis, simplicibus, unifloris, rarius ramulo auctis; foliis glabris vel breviter hirtis, remote et obsolete crenatis, inferioribus spathulatis, obovatis vel rotundatis, in petiolum attenuatis, ceteris oblongis vel breviter oblongo-lanceolatis, acutis, sessilibus, summis lanceolatis; calycis glabri laciniis lanceolatis, basin versus interdum remote et obsolete denticulatis, alabastro brevioribus vel sublongioribus, corolla duplo vel triente brevioribus; corolla coerulea, infundibuliformi, ad medium in lobos oblongos, acutos partita; capsula obconica, laciniis calycis rectis, ea longioribus coronata. — Caulis 6—25 cm. alti, corolla 12—25 mm. longa. — Differt a praecedente caulibus humilioribus, foliis caulinis abbreviatis, latioribus brevioribusque, calycis laciniis brevioribus et corolla minore.

β. **filicaulis.** — Caules filiformes, flaccidi, flexuosi, paucifoliati, simplicissimi, uniflori; folia membranacea, inferiora et media petiolata, ovata vel elliptica, capsula breviter obconica. — Ex paucis speciminibus incompletis, radice destitutis mihi tantum nota et ulterius observanda, anne speciem propriam sistet. — Exsicc.: Bald. it. cret. n. 336.

In pascuis et rupestribus regionis subalpinae et alpinae. Epirus: mt. Tsumerka, Peristeri (Hal.); Thessalia: pr. Chaliki, Malakasi (Sint.), mt. Zygos, Karava, Ghavellu (Haussk.), Dokimi, Mandra Hodza (Form.), mt. Oxya (Hal.), Tringia (Hartl); Aetolia: mt. Korax (Tunt.); mt. Kiona (Hal.), Parnassus (Sibth.), Cithaeron (Heldr.); Achaia: mt. Olenos, Panachaicon, Chelmos (Hal.), Kyllene (Heldr.); Laconia: mt. Malevo (Leon.); — *β*. in lapidosis mobilibus mt. Lazaro in mt. Lassiti Cretae (Bald.). — Jun. Aug. ♃

b. Biennes vel annuae.

α. Folia radicalia numerosissima, in rosulam densam congesta; calycis laciniae tubo aequilongae vel parum longiores.

37. **C. aizoon** Bois. et Sprun. diagn. IV. p. 34; Hal. in z. b. G. 1888 p. 760; Heldr. chlor. Parn. p. 23. — Exsicc.: Heldr. herb. norm. n. 22; Orph. fl. gr. n. 417.

Glabra; radice crassa, cylindrica; caule crasso, sulcato, parce foliato, fere a basi thyrsoideo-paniculato, ramis numerosis, rigidis, erecto-patulis; foliis rosularum lingulatis, ex apice spathulato, obtuso, saepe mucronulato, sensim attenuatis, margine cartilagineis, integris vel crenatis, laevibus vel sub lente spinuloso-ciliatis; caulinis parvis, triangulari-lanceolatis, acutis, sessilibus; floribus secus ramos strictis, solitariis, pedicello calyce breviori suffultis, terminalibus saepius longius pedicellatis; calycis glabri laciniis triangularibus; corolla coerulea, campanulata, breviter lobata, calyce 4 plo longiore; capsula erecta, globosa, valvis supra medium sitis dehiscente. — Species egregia, nulla cum alia comparanda, caule crasso 15—50 cm. alto, floribus circa 15 mm. longis; in mt. Kiona observavi specimina robusta, pulcherrima, floribus numerosissimis.

In rupibus regionis abietinae et superioris mt. Kiona (Hal.) et Parnassus (Sprun.), rarissime. — Jun. Aug. ☉

β. Folia radicalia pauca; calycis laciniae tubo saepius multo longiores.

× Corolla infundibuliformis vel campanulata.

○ Radix fusiformis, carnosa.

38. **C. rapunculus** L. sp. p. 164; Pieri corc. fl. p. 30; Mazz. in ant. ion. V. p. 200; Form. in D. bot. Monat. 1890 p. 14. — *C. rapunculus v. Lambertiana* Haussk. symb. p. 145, f. calycis laciniis denticulatis; an *C. Lambertiana* DC. mon. camp. p. 327. — Icon: Fl. dan. t. 1326.

Glabra vel pubescens; caule erecto, inferne foliato, in racemum angustum, elongatum simplicem vel compositum, basi ramulis erectis auctum abeunti; foliis obtuse crenatis, radicalibus sub anthesi jam emarcidis, in petiolum decurrentibus, superioribus lanceolatis vel lineari-lanceolatis, sessilibus; floribus solitariis, rarius subternis, flore intermedio longius pedunculato; calycis laciniis lanceolato-subulatis, integris vel inferne parce et minute denticulatis, tubo obconico 2—3 plo longioribus; corolla infundibuliformi, coeruleo-violacea, ad tertiam partem in lobos oblongo-lanceolatos fissa; capsula obconica, erecta. — Caulis strictus, 45—80 cm. altus, corolla 20—25 mm. longa.

In nemorosis regionis inferioris et montanae. Thessalia: pr. Volo, Plessidi (Form.), Karditza, Palaeokastron, ad monasterium Korona, in oropedio Neuropolis (Haussk.); Corcyra (Pieri): pr. Calefactiones (Mazz.). — Maio, Jun. ☉ N. v.

○○ Radix cylindrica, ramosa.

. Biennis; folia radicalia sub anthesi saepius adhuc vigentia: panicula subcorymbosa; calycis laciniae tubo 2—3 plo longiores.

39. **C. patula** L. sp. p. 163; Haussk. symb. p. 145; ? Form. in Ver. Brünn 1897 p. 29 subsp. *chassia*, quae a typo pedunculis multo longioribus, arcuato-adscendentibus, calycis laciniis tubo plus 3 plo longioribus, corollae lobis triangulari-ovatis, subobtusis, differre dicitur. — Icon: Fl. dan. t. 373. — Exsicc.: Sint. it. thessal. n. 902.

Glabra vel pubescens, caulibus solitariis vel pluribus, erectis, foliatis, patule ramosis, ramis paniculatis; foliis crenatis vel subintegris, radicalibus rosulatis obovato vel oblongo-lanceolatis, in petiolum decurrentibus, caulinis oblongo-lanceolatis lanceolatisve, sessilibus; floribus solitariis, longiuscule pedunculatis; calycis laciniis lineari-lanceolatis, integris vel inferne parce et minute denticulatis, tubo obconico 2—4 plo longioribus; corolla campanulata, lilacina, ad medium in lobos oblongo-lanceolatos fissa; capsula ovoideo-cylindrica. — Caulis 30—50 cm altus, corolla 20—25 mm. longa.

In nemorosis Thessaliae: in jugo Zygos, supra Malakasi (Haussk.), pr. Hapdominta Aderfia et Phlamburo in mt. Oxya, pr. Phlambures et mt. Mitrica in mt. Chassia (Form.). — Maio, Jun. ☉

   .. Annuae, folia radicalia sub anthesi jam emarcida; panicula racemosa vel thyrsoidea; calycis laciniae tubo multoties longiores.

40. **C. sparsa** Friv. in magy. tud. társ. évk. 1840 p. 291. — *C. expansa* Friv. in Flora 1836 II. p. 434; Bois. fl. or. III. p. 941; non Rud., in mem. acad. St. Petersb. IV. p. 340. — *C. Frivaldszkyi* Steud. nom. bot. ed. 2 I. p. 267. — Exsicc.: Orph. fl. gr. n. 657.

Caulibus elatis, solitariis vel pluribus, foliatis, angulato-subalatis, praesertim ad angulos patule pilosis, saepius jam infra medium in paniculam diffusam, multifloram, rarius in racemum compositum abeuntibus, ramis inferioribus elongatis, superioribus sursum brevioribus; foliis crenatis, pilosulis, radicalibus oblongo-spathulatis, in petiolum decurrentibus, ceteris oblongo-lanceolatis, acutis, basi lata semiamplexicauli sessilibus, floralibus lineari-lanceolatis; floribus magnis, solitariis vel subternis, flore intermedio longius pedunculato; calycis laevis laciniis linearilanceolatis, erecto-patulis, inferne saepius parce et minute denticulatis, corollam subaequantibus; corolla infundibuliformi-campanulata, lilacina, ad tertiam partem in lobos oblongo-lanceolatos fissa; capsula obconica. — Caulis 50—100 cm. altus, folia media 5—6 cm. longa, basi 2 cm. lata, corolla 3 cm. longa. — Specimina originalia non vidi, sed si planta Frivaldszkyana cum planta ex Olympo revera identica sit, speciem certe propriam, a sequente distinctissimam sistit.

In regione silvatica mt. Olympus supra Hagios Dionysios, rare (Orph.). — Jul. Aug. ☉

41. **C. sphaerothrix** Grieseb. Reise Rumal. II. p. 263, sol. nom., Spicil. fl. rum. II. p. 280; Haussk. symb. p. 145. — *C. Welandii* Heuff. in ö. b. Z. 1857, p. 118, in z. b. G. 1858 p. 154; Celak. in ö. b. Z. 1871 p. 6. — *C. expansa v. sphaerothrix* Bois. fl. or. III. p. 941. — Exsicc.: Sint. it. thessal. n. 1221.

Caulibus erectis, solitariis vel pluribus, striato-sulcatis, breviter pilosis, a medio vel superne in paniculam diffusam, multifloram abeuntibus, ramis tenuibus, sursum decrescentibus; foliis crenatis, pilosulis, radicalibus oblongo-spathulatis, in petiolum decurrentibus, ceteris ovato- vel oblongo-lanceolatis, acutis, basi lata, semiamplexicauli sessilibus, floralibus lineari-setaceis; floribus parvis, solitariis, pedunculis filiformibus elongatis suffultis; calycis tubo glandulis sphaericis plus minus exasperato, praeterea laevi, laciniis lineari-setaceis, patentibus, inferne saepius parce et minute denticulatis, corollam subaequantibus, cum fructu etiam excrescentibus; corolla infundibuliformi-campanulata, lilacina, ad tertiam partem in lobos oblongo-lanceolatos fissa; capsula obconica. — Differt a praecedente statura graciliori, ramis tenuioribus, pedunculis filiformibus, calycis laciniis setaceis, patentibus et praesertim floribus duplo minoribus, 12—16 mm. longis. Affinis quoque *C. patulae*, a qua radice annua, caulibus acutius angulatis, magis asperis, foliis radicalibus sub anthesi emarcidis, caulinis magis approximatis, inflorescentia thyrsoidea, calycis laciniis setaceis, longioribus et corollae minoris tubo angustiore, discedit.

β. **oxya**. — *C. expansa* Hal. Beitr. fl. Thessal. p. 16, non Friv — Folia caulina majora, obtusa, inflorescentiae rami firmiores, calycis laciniae latiores, erecti, capsula ovoidea. — An species propria. — Exsicc.: Hal. it. gr. II. a. 1893.

In collibus dumosis et silvaticis regionis montanae et subalpinae Thessaliae: pr. Aivali (Haussk.), pr. Pezula in oropedio Neuropolis (Heldr.); — β. in silvis caeduis mt. Oxya supra Chaliki (Hal.). — Jun. Jul. ☉.

×× Corolla breviter obconica, subrotata.

42. **C. phrygia** Jaub. et Sp. ill. or. III. t. 233; Haussk. symb. p. 146. — Heldr. it. thessal. a. 1885.

Puberula; caule tenui, a basi ramuloso, flexuoso; foliis parvis, inferioribus subsessilibus, obovatis, obtusis, crenulatis, superioribus breviter lanceolatis linearibusve; floribus parvis, solitariis, longe pedunculatis; calycis glabri vel puberuli laciniis lanceolato-subulatis, uninerviis, inferne interdum 1—2 denticulatis, tubo obconico duplo longioribus; corolla lilacina, ad tertiam partem lobata; capsula erecta, turbinato-obconica, profunde sulcata, laevi, calycis laciniis ea vix longioribus superata. — Planta tenera, 5—15 cm. alta, floribus minutis, 6—7 mm. longis, hac nota et calycis laciniis abbreviatis, angustissimis, a sequentis formis parvis, capsula laevi interdum occurrentibus, discrepat; specimina tamen quaedam in herbario dubia.

In pascuis siccis Thessaliae rarissime: pr. Karditza (Heldr.), Sophates (Haussk.). — Maio. Jun. ☉.

43. **C. ramosissima** S. et S. pr. I. p. 137, Fl. gr. III. p. 3 t. 204; Ch. et B. exp. p. 70, Fl. pelop. p. 14; Mazz. in ant. ion. V. p. 204; Marg. et R. fl. Zante p. 63; Bois. fl. or. III. p. 942; Spreitz. in z. b. G. 1877 p. 714 f. calyce glabro; Heldr. fl. cephal. p. 50; Hal. Beitr. fl. Epir. p. 31, Beitr. fl. Achaia p. 26, in ö. b. Z. 1896 p. 15, 1897 p. 286; Haussk. symb. p. 146, cum f. *glabrescens* (caulibus foliisque glabrescentibus, superne glaberrimis). — *C. Loreyi* Poll. elem. bot. II. p. 148, Fl. veron. I. p. 271 t. 2; Friedr. Reise p. 292; Gelmi in bull. soc. bot. it. 1889 p. 450. — Exsicc.: Orph. fl. gr. n. 654; Sint. it. thessal. n. 338, Baen. herb. europ. n. 9225. —

Pilosa vel glabrescens, a collo simplex vel multicaulis; caulibus erectis vel adscendentibus, ramosis vel simplicibus et unifloris; foliis crenatis, inferioribus obovato-spathulatis, in petiolum attenuatis, caulinis ovali-lanceolatis lanceolatisque, acutis vel obtusis, sessilibus; floribus saepius majusculis, solitariis, longe pedunculatis; calycis laciniis lanceolatis, plus minus manifeste trinerviis, inferne saepius denticulatis, tubo hemisphaerico, albo-strigoso, rarius glabro, multo longioribus, patentibus; corolla lilacina, ad ²/₃ lobata; capsula erecta, immatura sphaeroida, demum turbinato-obconica, profunde sulcata, papilloso-strigosa, rarius glabra, calycis laciniis accretis ea multo longioribus superata. — Species polymorpha, variat nempe indumento, caule solitario et simplici vel e collo pluribus, ramosis, foliorum forma, calyce nunc dense albo-strigoso, nunc glabro, laciniis denticulatis vel integris, floribus magnis, 3 cm. et parvis 1 cm. tantum longis.

In herbidis, saxosis regionis inferioris et montanae. Epirus: pr. Kalentini, Mazuki, Vulgarelion (Hal.); Thessalia: pr. Klinovo, Malakasi, ad monasterium Korona et Meteora (Haussk.), pr. Kalabaka (Sint.), in oropedio Neuropolis (Heldr.); Acarnania: pr. Agrinion (Nied.); Aetolia: pr. Aetolikon (Reis.), mt. Taphiassos (Hal.); mt. Parnassus (Sibth.); Achaia: pr. Patras (Hal.), mt. Olenos, Kyllene (Heldr.); Argolis: pr. Nauplia (Orph.), Port Tolon, peninsula Methana (Haussk.); Laconia: mt. Malevo (Leon.), Taygetos (Chaub.); Messenia: pr. Methone, Pylos, Phigalea (Chaub.), Diabolitzi (Heldr.), Pyrgos, Arcadia (Friedr.); Zante (Sibth.); Cephalonia: pr. Argostoli, in oropedio Omala (Heldr.); Ithaca (Spreitz.); Corcyra: pr. Kastrades (Maen.), Pelleca (Gelmi), Garizza, Anemomylo (Mazz.). — Apr. Jul. ☉

Obs. Species dubiae: *C. pauciflora* Desf. choix pl. p. 36 t. 26 a Tournefort in Creta lecta, autoribus recentioribus incognita, sec. Bois. fl. or. III. p. 937 ad *C. Sprunerianum* referenda videtur. — *C. lilifolia* L. sp. p. 165, quae a S. et S. pr. I. p. 138 in Cretae montibus elatioribus nive obductis, sed probabiliter ex confusione quadam, indicatur. — *C. mollis* L. sp. ed. 2 p. 237, in DC. mon. camp. p. 238 e Creta (Tourn.), probabiliter etiam ex confusione. — *C. uniflora* L. sp. p. 163, species arctica, indicatur certissime erronee a Pieri corc. fl. φ. 30 et Mazz. in ant. ion. V. p. 202 in Corcyra. — *C. bicaulis* Lap. fl. pyr. p. 13 = *C. speciosa* Pourr. act. tol. III. p. 309, a Mazz. in ant. ion. V. p. 202, ex confusione in Corcyra. — Dein species novae: *C. muscosa et pruinosa* Mazz. l. c. p. 204 e Corcyra, e descriptione incompleta non recognoscendae.

3. Specularia Heist. syst. gen. p. 8.

a. Corolla majuscula, calycis laciniis longior vel aequilonga.

1. **S. pentagonia** L. sp. p. 169; Mazz. in ant. ion. V. p. 206; (*Campanula*); DC. mon. camp. p. 44; Raul. cret. p. 804; Bois. fl. or. III. p. 959. — *Prismatocarpus pentagonius* L'Her. sert. angl. p. 2. — Icon: Desf. choix pl. t. 33. — Exsicc.: Reverch. pl. cret. a. 1884 n. 103, in Baen. herb. europ. n. 5691; Dörfl. fl. aeg. n. 2, pl. cret. n. 89.

Pubescenti-hirta vel glabriuscula, simplex vel a collo ramosa; caulibus foliatis, centrali erecto, lateralibus adscendentibus, simplicibus vel apicem versus ramosis; foliis obsolete undulato-crenatis, inferioribus orbiculatis, obovatis vel oblongo-spathulatis, saepe petiolatis, ceteris sessilibus, oblongo-lanceolatis lanceolatisve; floribus sessilibus, solitariis raro binis, terminalibus et axillaribus; calycis laciniis lanceolatis, sub anthesi plerumque tubo 2—3plo brevioribus, demum patulis; corolla majuscula violacea, calycis lacinias aequante vel superante; capsula apice non constricta. — Corolla ampla, 15—18 mm. longa.

In cultis, inter segetes. Creta: pr. Kissamos (Rev.), Malaxa, Canea, Askyphos, Anopolis, Komitades (Raul.), Males distr. Hierapetra (Leon.); Cycladum insula Amorgos (Leon); indicatur quoque pr. Messongi et Lefchimo Corcyrae (Mazz.). — Mart. Maio. ⊙

2. **S. speculum** L. sp. p. 168; S. et S. pr. I. p. 142, Fl. gr. III. p. 12 t. 216; Ch. et B. exp. p. 71, Fl. pelop. p. 15; (*Campanula*); DC. mon. camp. p. 346; Marg. et R. fl. Zante p. 64; Bois. fl. or. III. p. 959; Spreitz. in z. b. G. 1877 p. 715; Heldr. fl. cephal. p. 50, Fl. Aegina p. 308; Haussk. symb. p. 146; Hal. in ö. b. Z. 1897 p. 286, in z. b. G. 1899 p. 190. — *Prismatocarpus speculum* L'Her. sert. angl. p. 2; Mazz. in ant. ion. V. p. 206; Friedr. Reise p. 274; Ung. Reise p. 125. — Exsicc.: Rev. pl. cret. a. 1883 n. 103; Sint. it. thessal. n. 337 et 906.

Scabrido-pubescens, simplex vel a collo ramosa; caulibus foliatis, centrali erecto, lateralibus adscendenti-diffusis, ramulosis; foliis undulato-crenatis, inferioribus obovatis, in petiolum attenuatis, ceteris oblongis, semiamplexicaulibus; floribus subsessilibus, ad apicem caulis fasciculato-cymosis, ramulorum saepius solitariis; calycis laciniis lineari-lanceolatis, sub anthesi tubo aequilongis vel parum brevioribus, demum patenti-reflexis; corolla mediocri, violacea, calycis lacinias aequante; capsula apice constricta. — Habitu magis diffuso, floribus fere duplo minoribus, calycis laciniis minoribus, demum patenti - reflexis et capsula apice constricta a praecedente distincta.

β. **calycina** DC. mon. camp. p. 347; Raul. cret. p. 804. — Calycis laciniae latiores, oblongae. — Exsicc.: N. v.

γ. **racemosa** Bois. fl. or. III. p. 959. — Inflorescentia ob ramos laterales brevissimos fasciculiformes, ut in *S. falcata*, racemosa. — Exsicc.: N. v.

In cultis, inter segetes regionis inferioris et montanae. Thessalia: pr. Malakasi, Meteora (Sint.); Attica: mt. Hymettus, pr. Stephani, insula Aegina (Heldr.); Achaia: pr. Patras (Chaub.); Argolis (Chaub.): insula Poros (Friedr.); Laconia: mt. Malevo (Leon.), in Maina pr. Androvista, usque Methone Messeniae (Chaub.); Elis: in silva Kapellis pr. Lala (Reiser); Cyclades (Sibt.); Creta: pr. Malaxa (Rev.); Zante: pr. Litakia (Marg.); Cephalonia (Ung.): pr. Argostoli (Spreitz.), Pessada, Aphrata (Heldr.); Corcyra: pr. Ascensione, Anemomylo (Mazz.); — β. Creta: pr. Khalepa, inter Askyphos et Anopolis (Raul.); — γ. in Peloponneso (Gittard.). — Apr. Jul. ⊙

b. Corolla parva, calycis laciniis duplo brevior.

3. **S. falcata** Ten. pr. fl. nap. p. 16, fl. nap. I. p. 77 t. 20; Friedr. Reise p. 274; (*Prismatocarpus*); DC. mon. camp. p. 345; Bois. fl. or. III. p. 960; Hal. in ö. b. Z. 1897 p. 96. — *Campanula falcata* Roem. et Schult. syst. V. p. 154. — Exsicc.: Heldr. et Hal. fl. sporad. a. 1896.

Glabra vel parce pubescens, simplex vel a collo ramosa; caulibus foliatis, centrali erecto, lateralibus adscendentibus, inferne saepe ramulosis, in spicam interruptam abeuntibus; foliis obsolete crenatis, inferioribus oblongis, in petiolum attenuatis; ceteris lanceolatis vel ovato-lanceolatis, semiamplexicaulibus; floribus sessilibus, ad axillas solitariis vel geminatis, inferioribus remotis, superioribus approximatis; calycis laciniis a basi lanceolato-lineari longe attenuato-acuminatis, arcuato-reflexis, tubo subbrevioribus; corolla coerulea; capsula apice non constricta.

In arvis, saxosis regionis inferioris et montanae, raro. Sporadum insula Peristeri et Skopelos (Leon.); mt. Parnes Atticae, Acrocorinthus (Heldr.); insula Poros (Friedr.); mt. Taygetos in Alagonia (Zahn). — Apr. Jul. ☉

4. **S. hybrida** L. sp. p. 168; S. et S. pr. I. p. 143; Ch. et B. exp. p. 72, Fl. pelop. p. 15; (*Campanula*); DC. mon. camp. p. 348; Raul. cret. p. 804; Bois. fl. or. III. p. 960; Hal. Beitr. fl. Achaia p. 26; Haussk. symb. p. 146. — *Prismatocarpus hybridus* L'Hér. sert. angl. p. 2; Mazz. in ant. ion. V. p. 206. — Icon: Rchb. t. 255. — Exsicc.: Heldr. herb. norm. n. 89; Dörfl. pl. cret. n. 55.

Differt a praecedente foliis magis undulatis et crenatis, laciniis calycis acutis, basi angustatis, erectis, tubo 3—4 plo brevioribus, capsula apice constricta.

In arvis, saxosis regionis inferioris et montanae. Thessalia: mt. Ghavellu in Pindo (Haussk.); Attica: mt. Parnes, Lycabettus, Pateras (Heldr.), Kerata; ad Acrocorinthum (Haussk.); Achaia: mt. Panachaicon (Hal.); Argolis: pr. Nauplia (Sprun.), insula Hydra (Heldr.); Cycladum insula: Kythnos (Tunt.), Tenos (Leon.); Creta: inter Askyphos et Anopolis, mt. Ida (Raul.), pr. Males distr. Hierapetra (Leon.); Corcyra: pr. Ascensione, Anemomyla (Mazz.). — Apr. Jul. ☉

4. Petromarula DC. mon. camp. p. 209.

1. **P. pinnata** L. sp. p. 171; S. et S. pr. I. p. 144, Fl. gr. III. p. 15 t. 220; Sieb. avis p. 3, rem. p. 3, in Flora I. p. 271; (*Phyteuma*); DC. l. c.; Weiss in z. b. G. 1869 p. 49; Raul. cret. p. 803; Bois. fl. or. III. p. 957; Bald. viagg. Creta p. 75. — Exsicc.: Rev. pl. cret. n. 101; Dörfl. pl. cret. n. 27a et 132.

Rhizomate crasso; caulibus elatis, simplicibus vel ramosis, glabris superne puberulis, in racemum longum vel paniculam multifloram abeuntibus; foliis glabris, radicalibus numerosis caulinisque inferioribus longe petiolatis, pinnatisectis, segmentis utrinque 3—4 ovatis, grosse lobato-dentatis, terminali multo majore cordato, foliis superioribus diminutis, breviter petiolatis vel sessilibus; calycis glabri vel puberuli laciniis lanceolatis, tubo hemisphaerico subduplo longioribus; corollae azureae laciniis linearibus, demum patenti-reflexis; capsula sphaerica. — Species pulcherrima, caulibus 40—120 cm. altis. Radix et folia edulia.

Ad rupes regionis maritimae et collinae Cretae (Belli in Clus. hist. p. 299): pr. Rumata (Bald.), Malaxa (Rev.), Canea (Weiss), Kissamos, Theriso, Almyros, Spili, Voriza, insula Dia, Kritsa, Males, Strovodoxare (Raul.). — Apr. Jun. ♃.

5. Podanthum Don gen. syst. III. p. 748.

a. Capsula nutans, poris basilaribus dehiscens.

1. **P. trichocalycinum** Ten. fl. nap. I. p. 67 t. 16; Sieb. avis p. 3, rem. p. 3, in Flora I. p. 275; *(Campanula)*; Bois. fl. or. III. p. 955, suppl. p. 335; Heldr. chlor. Parn. p. 23; Haussk. symb. p. 146, cum var. *densiflora*. — *Campanula Pichleri* Vis. fl. dalm. suppl. p. 74 t. 6. — Exsicc.: Rev. pl. cret. n. 102, in Baen. herb. europ. n. 4857; Sint. it. thessal. n. 904.

Rhizomate fusiformi, carnoso; caulibus elatis, glabris vel inferne hirtis, in racemum brevem vel elongatum, simplicem vel inferne ramulis auctum abeuntibus; foliis tenuibus, glabris, sessilibus subsessilibusve, ovatis vel oblongis, grosse inaequaliter et acute dentato-serratis, superioribus acuminatis; floribus solitariis vel 2—3 nis, pedicellis tenuissimis, bractea setacea longioribus, suffultis; calycis glabri laciniis setaceis, patentibus, tubo ovato-hemisphaerico triplo longioribus; corolla glabra, coerulea, in lacinias lineares basin usque partita, calycis laciniis duplo longiore; capsula ovata, angulato-sulcata. — Caulis 25—80 cm. altus, folia usque ad 8 cm. longa 35 mm. longa, corolla angusta, circa 15 mm. longa.

In umbrosis, silvaticis regionis montanae et subalpinae, rare. Thessalia: mt. Zygos, Oxya (Haussk.); Phocis: mt. Parnassus pr. Carcaria (Heldr.); Creta: mt. Drakona et Volokia (Rev.) in mt. Sphacioticis (Sieb.). — Jun. Jul. ♃.

b. Capsula erecta, poris sub apicem sitis dehiscens.

α. Caulis tota longitudine foliosus.

2. **P. canescens** W. et K. pl. rar. hung. I. p. 12 t. 14 *(Phyteuma)*; Bois. fl. or. III. p. 950; Hal. in ö. b. Z. 1897 p. 286. — Exsicc.: Heldr. pl. fl. hellen. a. 1896.

Canescenti-scabridum vel glabrescens; caulibus elatis, virgatis, in racemum brevem vel elongatum, simplicem vel inferne ramulis auctum abeuntibus; foliis crenulatis, subtus pallidioribus, inferioribus ovatis oblongisve, breviter petiolatis, ceteris sensim decrescentibus, oblongo-lanceolatis lanceolatisve, sessilibus, in bracteas lineares transeuntibus; floribus axillaribus, subsessilibus, solitariis vel 2—3 nis, ¦calycis laciniis lanceolatis, tubo obconico vix longioribus; corolla pallide violacea, calycis laciniis triplo longiore; capsula ovoidea.

In saxosis regionis superioris mt. Korax Aetoliae (Tunt.). — Jul. Aug. ♃.

β. Caulis ima basi foliosus, ceterum subnudus.

3. **P. limonifolium** L. sp. ed. 2 p. 239 *(Campanula)*; Bois. fl. or. III. p. 951; Heldr. chlor. Parn. p. 23; Hal. Beitr. fl. Epir. p. 31; Beitr. fl. Thessal. p. 16, Beitr. fl. Achaia p. 26; Haussk. symb. p. 146, cum var. *ramosum* (f. caule ramoso); Bald. riv. coll. bot. Alb. 1895 p. 57, 1896 p. 77, in bull. herb. Bois. IV. p. 205; Form. in Ver. Brünn 1896 p. 36, 1897 p. 29, in D. bot. Monat. 1896 p. 77. — *Phyteuma limonifolium* S. et S. pr. I. p. 144, Fl. gr. III. p. 14 t. 218; Mazz. in ant. ion. V. p. 206; Clem. sert. p. 64; Hal. in z. b. G. 1888 p. 760. — *Ph. stricta* Sims. bot. mag. t. 2145. — *Campanula virgata* Lodd. bot. cat. t. 667, non Labill. ic. pl. dec. II. p. 11. — *Ph. virgata* Ch. et B. exp. p. 72, Fl. pelop. p. 15, non Willd. sp. I. p. 924. — Exsicc.: Heldr. herb. norm. n. 816 et 1563; Sint. it. thessal. n. 905; Bald. it. alb. epir. IV. n. 132; Dörfl. fl. gr. n. 218.

Pubescenti-scabridum vel glabrum; caulibus rigidis, virgatis, simplicibus vel ramosis, in spicas longas, tenues, laxas abeuntibus; foliis radicalibus numerosis, caulinisque imis lanceolatis vel lanceolato-linearibus repando-dentatis vel integris, acutis, in petiolum decurrentibus, ceteris paucis, linearibus, valde diminutis, bracteiformibus; floribus sessilibus, 2—3 fasciculatis vel solitariis; calycis laciniis lanceolatis, tubo obconico-oblongo aequilongis vel brevioribus; corolla violacea, calycis laciniis triplo longiore; capsula ellipsoidea, asperula, costis valde prominulis.

β. **repandum** S. et S. pr. I. p. 143; Hal. in z. b. G. 1888 p. 760; *(Phyteum)* pro sp. — *P. limonifolium β. alpinum* Bois. fl. or. III. p. 951; Haussk. symb. p. 146. — Caules humiles, nani, simplices; spica brevis. — Forma regionis alpinae, quae sine limites typo confluit. — Exsicc.: Hal. it. gr. II. a. 1893.

In dumosis, silvaticis, pascuis regionis montanae et alpinae. Epirus, mt. Tsumerka, pr. Kalarrytes, mt. Peristeri (Hal.), mt. Murga, Profeti: Elias, Nimercka (Bald.); Thessalia: mt. Tringia (Hartl.), pr. Tsungera Malakasi, Uranaeos, mt. Zygos, Ghavellu (Haussk.), pr. Miluna et Tafilvris in Olympo, mt. Othrys (Form.); mt. Kiona (Hal.), mt. Oeta, Parnassus, Pateras, Pentelicon, Hymettus (Heldr.); Achaia: mt. Omplo pr. Patras, Kyllene (Heldr.), Chelmos (Hal.); Arcadia: pr. Zatuna (Orph.); Laconia: mt. Taygetos (Chaub.); Leucas: pr. Eukluvi (Bald.); Corcyra: ad litora (Clem.), pr. Spartilla (Mazz.), Myrtiotissa (Bickn.). — Maio, Jul. ♃.

4. **P. Psaridis** Heldr. herb. gr. norm. n. 1564. —

Differt (an specifice) a praecedente caulibus gracilibus flexuosis; floribus semper solitariis; calycis laciniis sublongioribus; capsula ovoidea laeviuscula, costis parum prominulis.

In regione alpina mt. Taygetos l. d. Megala Zonaria (Zahn). — Jun. Jul. ♃.

Obs. *Phyteuma Micheli* All. fl. ped. I. p. 115, indicatur a Mazziari in ant. ion. V. p. 208 pr. Spartilla Corcyrae, sed probabiliter erronee

6. Diosphaera Buser in bull. herb. Bois. II. p. 519.

a. Caules breves vel elongati, pulvinaria non formantes; flores numerosi, in corymbum densum capitatum congesti.

1. **D. Jacquini** Sieb. avis p. 3, rem. p. 3, Reise I. p. 437, II. p. 316 t. 6, in Flora V. I. p. 247; Spreng. syst. I. p. 724; Raul. cret. p. 803; Bald. viagg. Creta p. 75 (*Phyteuma*); Buser in bull. herb. Bois. II. p. 520. — *Sedum aizoon* S. et S. pr. I. p. 309; Sieb. avis rem. p. 4, Flora I. p. 272; Spreng. syst. II. p. 433, quoad pl. cret.; Raul. cret. p. 757; non L. — *Campanula Jacquini* DC. mon. camp. p. 251. — *Trachelium Jacquini* Bois. fl. or. III. p. 961, snppl. p. 335. — Exsicc.: Rev. pl. cret. a. 1883; Bald. it cret. n. 187.

Rhizomate crasso, multicauli; caulibus erectis, ved adscendentibus, 5—15 cm. altis, subangulatis, glabris vel ad angulos vel undique breviter puberulis; foliis coriaceis, nitidis, glabris vel puberulis, ovatis vel ellipticis, remote crenulatis vel serratis, radicalibus in petiolum sensim attenuatis, caulinis sessilibus; floribus pedicellis calyce brevioribus suffultis; bracteolis minimis, linearibus; calycis pubescentis laciniis lanceolatis, tubo brevioribus vel aequilongis; corolla tubulosa, coerulea, rarius albido-carnea, fere ad medium in lacinias lineares partita, calyce 3—4 plo longiore; capsula 3—2 loculari.

In rupium fissuris regionis subalpinae et alpinae. Creta: mt. Drakona (Rev.) et supra Anoia (Raul.) in mt. Sphacioticis (Sibth.), mt. Ida Sieb.). — Jul. Nov. ♃.

2. **D. dubia** Friv. pl. turc. exp. 1836 n. 74 (*Phyteuma*); Buser in bull. herb. Bois. II. p. 522. — *Trachelium rumelianum* Hampe in Flora 1837 p. 234; Hal. in ö. b. Z. 1897 p. 96. — *Phyteuma rumelicum* Grieseb. spic. II. p. 291. — *Campanula rumeliana* Vatke in Linnaea 1874 p. 705. — *T. rumelicum* Bois. fl. or. III. p. 961. — Exsicc.: Heldr. herb. n. 2493; Orph. fl. gr. n. 662, Sint. et Bornm. it. turc. n. 1846.

Praecedenti maxime affinis et ab ea caulibus elongatis, 15—35 cm. altis, foliis minoribus, minus coriaceis, vix lucidis, argutius serratis, capitulis majoribus floribus numerosioribus compositis tantum discedit. — Variat uti illa, caulibus et foliis glabriusculis vel puberulis.

Ad parietes rupium regionis submontanae et subalpinae. Thessalia: pr. Litochoron (Orph.) et Hagios Dionysios (Heldr.) in Olympo; in Sporadum insula Jura — Gyaros veterum — (Leon.). — Jun. Sept. ♃.

b. Caules nani, numerosissimi, pulvinaria densa formantes; flores 1—5, in axillis foliorum summorum.

3. **D. asperuloides** Orph. in Fl. gr. exs. n. 248 (*Campanula*); Buser in bull. herb. Bois. II. p. 523. — *Trachelium asperuloides* Bois. et Orph. diagn. ser. 2. III. p. 117, Fl. or. III. p. 962.

Rhizomate crassiusculo, multicauli; caulibus angulatis, crebre foliatis; foliis minimis, nitidis, ciliatis, suborbiculatis vel ovato-spathulatis, sessilibus; pedicellis calyci subaequilongis, medium versus bibracteolatis; calycis glabri vel hispiduli laciniis subulatis, tubo subduplo longioribus; corolla tubulosa, carnea, ad tertiam partem in lacinias lineares, erectopatulas fissa; capsula biloculari. — Species pulchella habitu *Asperulae* quaedam pulvinaris.

In rupibus regionis mediae mt. Chelmos Arcadiae pr. Stygem, rarissime (Orph.). — Jul. Aug. ♃.

2. Tribus. **WAHLENBERGIEAE** End. gen. pl. p. 514.

7. Edrajanthus DC. pr. VII. p. 448.

a. Folia radicalia elliptica vel oblonga, in petiolum longiusculum attenuata.

1. E. parnassicus Bois. et Spr. diagn. VII. p. 17, Fl. or. III. p. 916, suppl. p. 332; Hal. in ö. b. Z. 1888 p. 760, Heldr. chlor. Parn. p. 23; (*Campanula*); Hal. Beitr. fl. Epir. p. 31, in ö. b. Z. 1897 p. 286. — Exsicc.: Heldr. herb. a. 1857, it. gr. septentr. a. 1879, pl. hellen. a. 1896; Hal. it. gr. a. 1888; Reis. pl. gr. a. 1894.

Pubescens; rhizomate crassiusculo, pleiocephalo, rosulas steriles caulesque floriferos edente; caulibus adscendentibus vel decumbentibus, simplicibus, remote foliatis; foliis obsolete repando-crenatis, rosularum et caulinis inferioribus ellipticis vel oblongis, in petiolum saepe elongatum attenuatis, superioribus lanceolatis, sessilibus; floribus brevissime pedunculatis, 2—5 in fasciculos terminales congestis, rarius solitariis, bracteis a basi ovata caudatis, patulis, floribus aequilongis vel brevioribus cinctis; calycis hispiduli, exappendiculati laciniis lanceolatis, tubo duplo longioribus; corolla anguste campanulata, violacea, glabra vel parce hirtula, laciniis calycis duplo longiore, lobis erecto-patulis. — Auctores, qui probabiliter formas tantum putatas, facie alienas, viderunt, speciem hanc ob capsulae dehiscentiam in genere *Edrajantho* collocandam, *Campanulae radicosae* affinem esse dicunt, a qua tamen specimina saltem intacta non solum notis fere omnibus, sed etiam habitu toto distinctissima sunt.

In saxosis regionis alpinae, rare. Aetolia: mt. Tymphrestus (Samarit.), Korax (Tunt.); mt. Kiona (Hal.), Parnassus (Sprun.), Oeta (Heldr.); Elis: mt. Olenos (Heldr.). — Jul. Aug. ♃.

β. Folia linearia.

2. E. graminifolius L. sp. p. 166; S. et S. pr. I. p. 158, Fl. gr. II. p. 5 t. 206; Marg. et R. fl. Zante p. 64 (*Campanula*); DC. pr. VII. p. 448; Bois. fl. or. III. p. 887; Hal in z. b. G. 1888 p. 760; Beitr. fl. Epir. p. 31, in ö. b, Z. 1897 p. 286; Heldr. chlor. Parn. p. 22; Bald. riv. coll. bot. Alb. 1895 p. 56, 1896 p. 76. — *Wahlenbergia graminifolia* DC. mon. camp. p. 130. — *E. tenui-*

folius Bois. fl. or. III. p. 887, non (W. et K.) DC., qui foliis angustioribus ad apicem usque ciliatis, floribus minoribus, bracteis e basi lata abrupte caudatis, denticulatis et calycis laciniis multo angustioribus, linearibus, denticulatis specifice discedit et in Graecia non crescit. — *Hedraeanthus graminifolius* Wettst. monogr. p. 16. — *H. Kitaibelii* Wettst. l. c. p. 12 quoad pl. e mt. Parnasso, non *Edrajanthus Kitaibelii* DC., qui foliis latioribus denticulatis, bracteis denticulatis, calycis laciniis longioribus, sinubus appendiculatis discedit et in Graecia non crescit. — Exsicc.: Orph. fl. gr. n. 661; Hal. it. gr. II. a. 1893; Sint. it. thessal. n. 669.

Rhizomate crassiusculo, pleiocephalo, rosulas steriles caulesque floriferos edente; caulibus pilosis, erectis vel adscendentibus, simplicibus, foliatis; foliis integris, basin versus patenter ciliatis, glabris vel hirtulis; floribus brevissime pedunculatis, 3—8 in fasciculos terminales congestis, bracteis ovatis, caudatis, patulis, parte inferiori glabris, superiori hirsutis, crispule albo-ciliatis, floribus aequilongis vel brevioribus cinctis; calycis parce crispule pilosi, exappendiculati, laciniis triangulari-lanceolatis, tubo sublongioribus; corolla tubuloso-campanulata, coeruleo-violacea, parce hirtula, laciniis calycis duplo longiore, lobis erecto-patulis. — Occurrit caulibus elatioribus 12—20 cm. et nanis 4—7 cm. longis (*f. elatus et pusillus* Wettst. mon. p. 17).

β. **australis** Wettst. monogr. p. 17. — In omnibus partibus vegetivis pilis albis retroflexis villosus. — Intermediis cum typo conjuncta est. — Exsicc.: Orph. fl. gr. n. 419; Heldr. herb. n. 2735, herb. gr. norm. n. 721.

In rupestribus regionis alpinae. Epirus: mt. Tsumerka, Gamila (Buld.), Peristeri (Hal.), mt. Plaka pr. Chaliki (Sint.); Thessalia: mt. Olympus (Orph.); Aetolia: mt. Korax (Tunt.); mt. Kiona (Hal.), Parnassus (Orph.); Zante (Sibth.). — Jul. Aug. ♃.

8. Jasione L. gen. n. 1005.

1. **J. dentata** DC. pr. VII. p. 415; Bois. fl. or. III. p. 885; pro var. *J. montanae*. — *J. Heldreichii* Bois. et Orph. diagn. ser. 2 VI. p. 120; Haussk. symb. p. 147; Form. in Ver. Brünn 1897 p. 28. — *J. montana* Form. in Ver. Brünn 1896 p. 36, non L. — Exsicc.: Orph. fl. gr. n. 663 (mt. Corfiati Macedoniae).

Biennis, pilis albis plus minus hispida; radice simplici, caules adscendentes vel erectos, simplices vel parce ramosos, inferne foliosos edente; foliis sessilibus, lineari-lanceolatis, undulatis; pedunculis elongatis, nudis; floribus in capitulum terminalem congestis; bracteis lanceolatis, setaceo-acuminatis, utrinque setaceo-dentatis, capitulo brevioribus; pedicellis calyci subaequilongis; calycis laciniis subulatis, tubo triplo longioribus, corolla cyanea dimidio brevioribus. — *J. montanae* L., bracteis ovatis integris vel dentatis, dentibus acutis nec setaceo-aristatis et pedicellis brevioribus, ideo capitulis densioribus diversae, proxima.

In rupestribus regionis montanae. Thessalia: pr. Tsungeri, Uranaeos, Malakasi (Haussk.), Konisko, Kerasia Sina, mt. Cuka, Hagios Elias, Phlambures et Mitrica in mt. Chassia, pr. Hepdominta Aderfia et Phlamburo in mt. Oxya, pr. Patsios in Olympo (Form.). — Jun. Jul. ☉ N. v.

2. **J. supina** Sieb. in Spreng. syst. I. p. 810; Bald. riv. coll. bot. Alb. 1896 p. 76. — *J. orbiculata* Griseb. Reise I. p. 304, quae ex auctore ipso in spic. II. p. 293 synonimum speciei Sieberiani. —

Perennis, glabriuscula, caespitosa; radice simplici, caudiculos foliosos caulesque diffusos vel adscendentes, humiles, foliosos, simplices edente; foliis integris subcrenatisve, radicalibus spathulato-lanceolatis, ciliatis, in petiolum brevem decurrentibus, caulinis oblongis lanceolatisve, sessilibus; pedunculis superne nudis; floribus in capitulum terminalem congestis; bracteis late ovatis, acute dentatis, capitulum subaequantibus; pedicellis calyce brevioribus; calycis laciniis lanceolato-linearibus, tubo sesquilongioribus, corolla cyanea dimidio brevioribus.

In pascuis alpinis mt. Smolika supra Kerasovo distr. Konitza in Epiro (Bald.). — Jul. Aug. ♃. N. v.

LXV. Ordo. **Lobeliaceae** Juss. ann. mus. 18 p. 1.

1. **Laurentia** Mich. nov. gen. p. 18. t. 14.

1. **L. tenella** Biv. cent. I. p. 53 t. 2 (*Lobelia*); DC. pr. VII. p. 410; Weiss in z. b. G. 1869 p. 49; Raul. cret. p. 802; Bois. fl. or. III. p. 884; Bald. viagg. Creta p. 73. — *Lobelia laurentia* Willd. sp. I. p. 948 p. p.; Sieb. avis p. 3, rem. p. 3, in Flora I. p. 276, non L. — *Lob. setacea* S. et S. pr. I. p. 145, Fl. gr. III. p. 16 t. 221; Mazz. in ant. ion. V. p. 208. — *Lob. Bivonae* Tin. cat. hort. Pan. 1827 p. 279. — *Lob. cretica* Juss. herb. ex DC. pr. VII. p. 410. — Exsicc.: Rev. pl. cret. n. 100; Bald. it. cret. n. 31.

Acaulis, nana, glabra; foliis radicalibus, oblongo-spathulatis, integris, in petiolum attenuatis; scapis unifloris, folia multo superantibus, bracteolis 1—2 minimis obsitis; calycis laciniis lanceolatis, tubo duplo longioribus; corolla pallide coerulea, calyce subduplo longiori.

In locis uliginosis, ad scaturigines. Creta: ad Kastelli et Lusakies distr. Kissamos (Bald.), pr. Platania (Rev.), Canea (Weiss), Ipos, Malaxa, Almyros, Rhodakino, Francocastello, Embaro, Hierapetra, Turtuli (Raul.), in fauce Serisso (Sieb.); indicatur quoque pr. Manduchio et San Pantaleone Corcyrae (Mazz.). — Apr. Jun. ♃.

LXVI. Ordo. Ericaceae DC. fl. fr. III. p. 675.

1. Tribus. *Ericeae* Don gen. syst. III. p. 843. — Corolla marcescens; fructus capsularis, loculicide vel rarius septicide dehiscens.

1. Erica L. gen. n. 192.

1. **E. arborea** L. sp. p. 353; S. et S. pr. I. p. 256, Fl. gr. t. 351; Sieb. avis p. 3, rem. p. 4, in Flora I. p. 271,; Ch. et B. exp. p. 111, Fl. pelop. p. 25; Marg. et R. fl. Zante p. 64; Friedr. Reise p. 264, 268 et 277; Fraas fl. class. p. 194; Ung. Reise p. 129; Raul. cret. p. 805; Bois. fl. or. III. p. 970; Heldr. fl. cephal. p. 50, in Sitzungsb. acad. Wiss. Berlin 1883 p. 4 et 5; Spreitz. in z. b. G. 1877 p. 728, 1887 p. 664; Gelmi in bull. soc. bot. ital. 1889 p. 450; Hal. Beitr. fl. Epir. p. 31; Haussk. symb. p. 147; Form. in Ver. Brünn 1895 p. 37. — *E. scoparia* Pieri corc. fl. p. 49, non L. — Exsicc.: Heldr. herb. dimorph. n. 70; Baen. herb. europ. n. 9253.

Fruticosa, elata; ramulis hirtis; foliis 3—4 nis, glabris, dorso sulcatis; corolla breviter campanulata, alba, calyce duplo longiore; antheris inclusis, basi appendiculatis; stylo exserto, stigmate peltato.

In fruticetis regionis inferioris et montanae passim per totam Graeciam. — Mart. Jun. ♄.

2. **E. verticillata** Forsk. descr. pl. fl. aeg. arab. p. 210; Ch. et B. exp. p. 110, Fl. pelop. p. 25; Link in Linnaea 1834 p. 578; Marg. et R. fl. Zante p. 64; Fraas fl. class. p. 194; Clem. sert. p. 65; Ung. Reise p. 129; Weiss in z. b. G. 1869 p. 752; Raul. cret. p. 805; Bois. fl. or. III. p. 970; Spreitz. in z. b. G. 1877 p. 728; Heldr. fl. cephal. p. 51, in Sitzungsb. acad. Wiss. Berlin 1883 p. 5, Fl. Aegina p. 308, chlor. Thera p. 16; Bald. in nuovo giorn. bot. ital. 1894 p. 98, viagg. Creta p. 76; Haussk. symb. p. 147. — *E. manipuliflora* Salisb. in trans. linn. VI. p. 344; S. et S. pr. I. p. 257. — *E. cinerea* Pieri corc. fl. p. 58, non L. — *E. mediterranea* Sieb. avis p. 3, rem. p. 4, in Flora I. p. 270; Fraas fl. class. p. 194; non L. — *E. cretica* Tausch in Flora XXII. p. 637. — *E. vagans* Benth. in DC. pr. VII. p. 667 p. p.; Friedr. Reise p. 264, non L. — Huc probabiliter: *E. multiflora* S. et S. pr. I. p. 256; Ch. et B. exp. p. 111, Fl. pelop. p. 25; Fraas fl. class. p. 194; Bois. fl. or. III. p. 970, quoad pl. graecam; Spreitz. in z. b. G. 1887 p. 664; vix L. — Exsicc.: Orph. fl. gr. n. 215; Heldr. herb. norm. n. 950 et 955, in Magn. fl. sel. n. 3059, in Baen. herb. europ. n. 5520; Rev. pl. cret. n. 104; Bald. it. bot. penins. balkan. a. 1889, it. cret. n. 186.

Fruticosa, humilis vel elata; ramulis glabris; foliis ternis, glabris, dorso convexis; corolla campanulata, carnea, calyce plus duplo longiore; antheris exsertis, non appendiculatis; stylo exserto, stigmate crassiusculo, stylo vix latiore.

In fruticetis regionis inferioris et montanae passim per totam Graeciam. — Aug. Mart. ♄.

Obs. *E. herbacea* L. sp. p. 352; S. et S. pr. I. p. 257; Fraas fl. class. p. 195; = *E. carnea* L. sp. p. 355. — Sec. Sibthorp „in Graecia ubique vulgaris", certe ex confusione quadam indicatur.

2 Tribus. **Arbuteae** DC. pr. VII. p. 580. — Corolla decidua; fructus baccatus, indehiscens.

2. Arbutus L. gen. n. 552.

1. **A. unedo** L. sp. p. 395; S. et S. pr. I. p. 274, Fl. gr. t. 373; Pieri corc. fl. p. 53; Urv. enum. p. 44; Ch. et B. exp. p. 115, Fl. pelop. p. 26; Marg. et R. fl. Zante p. 64; Friedr. Reise p. 272; Fraas fl. class. p. 195; Clem. sert. p. 65; Ung. Reise p. 130; Heldr. Nutzpfl. p. 39, fl. cephal. p. 50, in Sitzungsb. acad. Wiss. Berlin 1883 p. 5; Raul. cret. p. 805; Bois. fl. or. III. p. 966; Spreitz. in z. b. G. 1877 p. 728; Gelmi in bull. soc. bot. ital. 1889 p. 450; Haussk. symb. p. 147; Bald. viagg. Creta p. 76; Form. in Ver. Brünn 1895 p. 37, 1897 p. 55. — Exsicc.: Heldr. herb. norm. n. 211 et 956; Orph. fl. gr. n. 489.

Fruticosa, cortice rugoso, fusco; foliis coriaceis, persistentibus, glabris, obovatis, oblongis vel lanceolatis, acutis vel obtusis, acute vel obtuse serratis, breviter petiolatis; racemis nutantibus, glabris, subpaniculatis; calycis lobis breviter triangularibus; corolla ovoideo-urceolata, cerino-albida, obtuse 5 loba; baccis globosis, amplis, muricato-verrucosis, coccineis, carnosis.

β. **turbinata** Pers. syn. I. p. 482; Bois. fl. or. III. p. 966; Haussk. symb. p. 147. — Baccae turbinatae, majores. — Exsicc.: N. v.

In regione inferiori et montanae, fruticeta sempervirentia efformans, per totam Graeciam. — Sept. Maio. ħ

2. **A. andrachne** L. sp. ed. 2 p. 566; S. et S. pr. I. p. 274, Fl. gr. t. 374; Sieb. avis rem. p. 4; Urv. enum. p. 44; Ch. et B. exp. p. 115, Fl. pelop. p. 26; Friedr. Reise p. 264, 268 et 273; Fraas fl. class. p. 195; Clem. sert. p. 65; Ung. Reise p. 130; Heldr. Nutzpfl. p. 39, fl. Cephalon. p. 50; Bois. fl. or. III. p. 966; Spreitz. in z. b. G. 1877 p. 728; Chlor. Waldverh. p. 30; Hal. in ö. b. Z. 1890 p. 39, Beitr. fl. Epir. p. 31; Haussk. symb. p. 147; Bald. riv. coll. bot. Alb. 1896 p. 77. — *A. integrifolia* Lam. dict. I. p. 227; Sieb. avis p. 3, in Flor. V, 1 p. 247. — *A. Sieberi* Klotzsch in Linnaea XXIV. p. 9; Raul. cret. p. 805. — Exsicc.: Orph. fl. gr. n. 78; Heldr. herb. norm. n. 957; Sint. et Bornm. it. or. n. 1356 et 1927; Bald. it. alb. epir. IV. n. 133.

Fruticosa vel arborea, cortice laevi, rubro; foliis coriaceis, persistentibus, glabris, ovatis, integris, longiuscule petiolatis; racemis erectis, parce glanduloso-pilosis, paniculatis; calycis lobis rotundatis; corolla ovoidea, cerina, obtuse 5 loba; baccis globosis, parvis, reticulato-rimosis, aurantiacis, duris.

In fruticetis sempervirentibus regionis inferioris et montanae per totam Graeciam passim; sed in insulis Jonicis in Cephalonia tantum indicatur. — Mart. Maio. ♃

1 × 2, **A. unedo × andrachne** Bois. fl. or. III. p. 966. — *A. hybrida* Ker. bot. reg. t. 619. — *A. andrachnoides* Link en. I. p. 395. — *A. intermedia* Heldr. in Flora 1844 p. 14. — *A. nothocomaros* Heldr. herb. norm. n. 959. — *A. andrachne × unedo* Haussk. symb. p. 147. — Hybrida, characteribus et habitu nunc exacte intermedia, nunc vel ad unum alterum parentum vergens. — Attica: mt. Pentelicon, pr. Paphi (Heldr.); Argolis: mt. Chelone in peninsula Methana (Haussk.). —

LXVII. Ordo. Pyrolaceae Lindl. syst. bot. p. 62.

1. Pyrola L. gen. n. 554.

1. P. chlorantha Sw. in vet. acad. handl. 1810 p. 190 t. 5; Bois. fl. or. III. p. 974; Hal. in z. b. G. 1899 p. 190. — Icon: Fl. dan. t. 1693. — Exsicc.: Reis. fl. gr. a. 1898.

Glabra, rhizomate tenui, repente; caulibus erectis, ad basin foliatis, ceterum squamis 1—2 minutis munita; foliis ovatis vel orbiculatis, obtusis, integris; racemo laxo, brevi, vago; calycis laciniis ovatis, corolla 4 plo brevioribus; petalis obovatis, albo-viridulis; stylo inferne declinato, apice arcuato-adscendente incrassato et annulato, stigmatibus erectis, concretis.

In silvaticis montanis rarissime. Thessalia: mt. Olympus (Heldr.); Laconia: mt. Xerovuni pr. Langhada (Reiser). — Maio, Jul. ♃

2. P. secunda L. sp. p. 396; Bois. fl. or. III. p. 973; Haussk. symb. p. 147. — Icon: Fl. dan. t. 402. — Exsicc.: Orph. fl. gr. n. 797.

Glabra; rhizomate tenui, repente; caulibus erectis vel adscendentibus, inferne foliatis, ceterum squamis 1—4 minutis munitis; foliis ovatis vel ellipticis, acutis, tenuiter serrulatis; racemo denso, elongato, secundo; calycis laciniis ovatis, corolla 4 plo brevioribus; petalis ovalibus, albidis; stylo recto, apice nec incrassato, nec annulato, stigmatibus depressis.

In silvaticis subalpinis, rarissime. Thessalia: mt. Ghavellu in Pindo (Haussk.), mt. Olympus supra Hagios Dionysios (Orph.). — Jun. Aug. ♃

LXVIII. Ordo. Monotropaceae Nutt. gen. north. amer. pl. I. p. 272.

1. Monotropa L. gen. n. 536.

1. M. hypopitys L. sp. p. 387; Bois. fl. or. III. p. 975, suppl. p. 337; Heldr. fl. Cephal. p. 51. — *Hypopitys multiflora* Scop. fl. carn. ed. 2 I. p. 285. —

Aphylla; radice grumulosa; caule erecto, simplici, carnoso, squamis ovatis pellucidis obsito; racemo sub anthesi nutante, densifloro, demum erecto, elongato, floribus breviter pedicellatis; sepalis spathulato-lanceolatis; petalis obovato-cuneatis, pallide fusco-luteis, basi saccatis. — Planta aphylla, sicca nigricans, facie *Orobanches*.

α. **glabra** Roth tent. I. p. 180; Haussk. symb. p. 147. — *M. hypophegea* Wallr. sched. p. 191. — Icon: Rchb. f. 675. — Glabra. — Exsicc.: Orph. fl. gr. n. 335.

β. **hirsuta** Roth l. c.; Form. in Ver. Brünn 1897 p. 55. — Bracteae, sepala, petala, stamina et stylus hirti. — Exsicc.: N. v.

In silvaticis montanis, rare. Thessalia: in oropedio Neuropolis (Haussk.), pr. Phlambures et Mitrica in mt. Chassia (Form.), mt. Olympus (Heldr.); Peloponnesus: mt. Chelmos (Orph.), in faucibus Langada in mt. Taygetos (Zahn); Cephalonia: mt. Aenos (Letourn.). — Jul. Aug. ♃

III. Subclassis **Corolliflorae** DC. pr.

LXIX. Ordo. **Styraceae** DC. pr. VIII. p. 244.

1. S t y r a x Tourn. inst. p. 598.

1. **S. officinalis** L. sp. p. 444; S. et S. pr. I. p. 275, t. 375; Sieb. avis. p. 3, rem. p. 4; Ch. et B. fl. pelop. p. 30; Fraas fl. class. p. 194; Clem. sert. p. 80; Heldr. Nutzpfl. p. 38; Raul. cret. p. 807; Bois. fl. or. IV. p. 35; Chloros Waldverh. p. 37; Bald. viagg. Creta p. 76. — Exsicc.: Orph. fl. gr. n. 5; Heldr. herb. norm. n. 497; Rev. pl. cret. n. 106, in Baen. herb. europ. n. 4895, in Magn. fl. sel. n. 1756; Dörfl. fl. aeg. n. 106.

Fruticosa vel arborescens; foliis petiolatis, ovatis vel ellipticis, integris, supra viridibus glabriusculis, subtus cano-tomentosis; cymis terminalibus, paucifloris; pedicellis calyce truncato longioribus, eoque cano-tomentosis; corollae albae, tomentosae laciniis lanceolatis, calyce 3—4 plo longioribus; fructu globoso, calyce persistente basi adnato. — Flores suaveolentes.

Ad rivos, in fruticetis regionis inferioris et montanae. Boeotia: pr. Orchomenos (Fraas); Attica: mt. Parnes, ad Cephissum, mt. Pentelicon (Fraas); mt. Parnassus (Sprun.); Achaia: pr. Dervenion (Hal.); Messenia: pr. Andrusa (Chaub.); Creta (Sibth.): pr. Topolia (Bald.), Platania, Rumata, Askyphos, Retymo, Rustika, Dramia, Vrisinas, Perama, Damasta, insula Dia (Raul.); Cycladum insula Naxos (Leon.). — Apr. Maio. ♄

LXX. Ordo. Ebenaceae Vent. tabl. p. 445.

1. Diospyros L. gen. n. 1151.

1. D. lotus L. sp. p. 1057. — Icon: Pall. fl. ross. t. 58. — Exsicc.: Heldr. it. gr. septentr. a. 1879.

Arborea; foliis petiolatis, oblongis, acuminatis, integris, supra glabriusculis, subtus pubescentibus, discoloribus; floribus minutis, axillaribus, brevissime pedicellatis; calyce brevi, acute 4 lobo, ciliato et intus villoso; corolla mascula calyce triplo longiore, urceolato-campanulata, rubro-viridula, ad tertiam partem in lobos reflexos, rotundatos, ciliatos fissa; bacca fulva, calyce aucto suffulta.

Phthiotis: pr. Hypata ad radices mt. Aeta (Heldr.); vix spontanea. — Maio, Jun. ♄

LXXI. Ordo. Jasminaceae R. Br. pr. p. 520.

1. Jasminum Tourn. inst. p. 597.

1. J. fruticans L. sp. p. 7; Heldr. Nutzpfl. p. 29; Form. in D. bot. Monat. 1890 p. 24, in Ver. Brünn 1896 p. 59, 1897 p. 43; Bald. it. alb. epir. 1896 p. 77. — Icon: Rchb. t. 36. — Exsicc.: Heldr. it. thessal. IV. a. 1885.

Fruticosum, glabrum, ramis angulatis; foliis trifoliatis, rarius simplicibus, foliolis oblongis, obtusis, integris; floribus 2—4, terminalibus; calycis dentibus subulatis, tubo 2—3 plo longioribus; corollae flavae tubo calyce duplo longiore, laciniis obtusis.

In dumetis, rupestribus, silvaticis regionis inferioris et montanae. Epirus: pr. Mesojefira et Vromonero distr. Ljaskovik (Bald.); Thessalia: ad monasterium Korona (Heldr.), pr. Chaliki, Koturi, Velitsena, Kataphygi, Vlazda in Pindo, pr. Palaeokastro, Pharsalus, Suilismen, Diodendron, Nezeros, Rapsani in Olympo, in valle Tempe, mt. Pelion (Form.); Messenia (Heldr.). — Apr. Jun. ♄

2. J. humile L. sp. p. 7; Ch. et B. exp. p. 14, Fl. pelop. p. 1; Bois. fl. or. IV. p. 42. — Icon: Bot. reg. t. 350. —

Fruticosum, glabrum, ramis teretiusculis; foliis trifoliolatis, foliolis ovatis, integris, terminali acutato; floribus 1—3, subterminalibus; calyce brevissime dentato; corollae flavae tubo calyce multoties longiore, laciniis obtusis.

In collibus siccis pr. Methone Messeniae (Chaub.). — Apr. Jun. ♄ N. v.

Obs. In hortis coluntur: *J. sambac* L. sp. p. 6; Heldr. Nutzpfl. p. 29. — *J. odoratissimum* L. sp. p. 7; Dallap. prosp. p. 1; Heldr. l. c. — *J. grandiflorum* L. sp. ed. 2 p. 9; Dallap. l. c.; Heldr. l. c. — *J. officinale* L. sp. p. 7; Heldr. l. c. —

LXXII. Ordo. Oleaceae Lindl. syst. bot. p. 67.

1. Tribus. *Oleineae* Don in Loud. arb. p. 283. — Fructus carnosus.

1. Olea L. gen. n. 20. — Corolla induplicato-valvata, subrotata; stamina exserta; drupa putamine osseo. Inflorescentia axillaris.

1. **O. europaea** L. sp. p. 8; S. et S. pr. I. p. 4, Fl. gr. I. p. 3 t. 3; Sieb. avis p. 2, rem. p. 2; Dallap. prosp. p. 2; Urv. enum. p. 1; Ch. et B. exp. p. 14, Fl. pelop. p. 1; Mazz. in ant. ion. II. p. 432—440, ubi 35 s. d. species enumerantur; Marg. et R. fl. Zante p. 65; Friedr. Reise p. 263 et 269; Fraas fl. class. p. 154; Ung. Reise p. 126; Heldr. Nutzpfl. p. 30, in Sitzungs. acad. Wiss. Berlin 1883 p. 5 et 7, Fl. cephal. p. 51, Fl. Aegina p. 379, chlor. Thera p. 27; Raul. cret. p. 807; Bois. fl. or. IV. p. 36; Chlor. Waldverh. p. 33; Hal. in z. b. G. 1888 p. 760, Beitr. fl. Epir. p. 31, Beitr. fl. Thessal. p. 16, in ö. b. Z. 1896 p. 15, 1897 p. 97; Form. in D. bot. Mon. 1890 p. 24, in Ver. Brünn 1895 p. 31, 1896 p. 59, 1897 p. 43; Haussk. symb. p. 148; Bald. viagg. Creta p. 77. — Exsicc.: Heldr. herb. norm. n. 858—861; Baen. herb. europ. n. 9294.

Arborea vel fruticosa, sempervirens, foliis coriaceis, glabris, oblongis vel lanceolatis, integris, mucronulatis, supra cinereo-virentibus, subtus lepidoto-canis; floribus in racemis axillaribus; corolla alba; drupis globosis vel ellipsoideis.

α. **typica**. — *O. sativa* Hoffm. et Lk. fl. port. I. p. 387. — Arborea, ramis inermibus, foliis lanceolatis, fructu majore; magis carnoso. — Valde variat quoad fructus magnitudinem et formam, nec non putaminis superficiem.

β. **oleaster** Hoffm. et Lk. fl. port. I. p. 387. — Arborea vel fruticosa, ramis plus minus indurato-spinescentibus, foliis oblongis praecipue in formis fruticosis saepe diminutis, fructu minore, minus carnoso.

Stirps silvestris in collibus apricis regionis calidae totius Graeciae; — *α*. colitur abunde in formis innumeris. — Maio, Jun. ♄

2. Phillyrea Tourn. inst. t. 367. — Corolla imbricata, subrotata; stamina exserta; drupa putamine chartaceo, fragili. Inflorescentia axillaris.

1. **P. media** L. sp. ed. 2 p. 10; S. et S. pr. I. p. 3; Pieri corc. fl. p. 2; Sieb. in Flora I. p. 271, avis rem. p. 2; Ch. et B. exp. p. 14, Fl. pelop. p. 1; Marg. et R. fl. Zante p. 65; Friedr. Reise p. 271; Fraas fl. class. p. 153; Ung. Reise p. 126; Heldr. Nutzpfl. p. 29, in Sitzungs. acad. Wiss. Berl. 1883 p. 7, Fl. cephal. p. 51; Raul. cret. p. 807; Bois. fl. or. IV. p. 37; Chloros Waldv. p. 34; Gelmi in bull. soc. bot. it. 1889 p. 450; Form. in D. bot. Monat. p. 24, in Ver. Brünn 1896 p. 59, 1897 p. 43; Hal. Beitr. fl. Epir.

p. 31; Haussk. symb. p. 148. — *P. latifolia* S. et S. pr. I. p. 4, Fl. gr. I. p. 2 t. 2; Pieri corc. fl. p. 2; Sieb. avis p. 2, rem. p. 2; Mazz. in ant. ion. II. p. 440; Fraas fl. class. p. 153; Heldr. Nutzpfl. p. 29; Raul. cret. p. 807; Chlor. Waldverh. p. 34; non L.; quae folia cordato-ovata habet. — *P. pedunculata* Ch. et B. exp. p. 14, Fl. pelop. p. 1 (f. pedunculis elongatis, fructu duplo longioribus). — *P. spinosa* Tausch in Flora XIV. p. 642 (f. foliis ovatis vel lanceolatis, spinuloso-serratis, serraturis patulo-recurvatis). — *P. angustifolia* Mazz. in ant. ion. II. p. 440; Ch. et B. fl. pelop. p. 1; non L., quae folia lineari-lanceolata integerrima habet. — *P. obliqua* Willd. sp. pl. I. p. 43; Mazz. in ant. ion. II. p. 440 (f. foliis lanceolato-oblongis, serratis, oblique flexis). — Exsicc.: Heldr. reliqu. Orph. a. 1886; Bald. it. bot. penins. balk. a. 1889; Sint. et Bornm. it. turc. n. 1364.

Fruticosa vel arborea; foliis coriaceis, glabris, ovatis, oblongis vel ovato-lanceolatis, obtusis acutisve, serratis integrisve, breviter petiolatis vel subsessilibus; floribus ad axillas fasciculatis, pedicellis brevissimis vel eis sublongioribus suffultis; calycis lobis obtusis; corolla viridi-alba, lobis ovatis; drupa globosa, mutica vel apiculata. — *P. latifolia et angustifolia* L. a. variis auctoribus in Graecia indicata, ibi non occurrunt et sec. Bois. fl. or. IV. p. 37 in Oriente toto deesse videntur.

In fruticetis et silvaticis regionis inferioris et montanae per totam Graeciam. — Maio, Jun. ♄.

3. Ligustrum L. gen. n. 22. — Corolla subinduplicato-valvata, infundibuliformis; stamina inclusa; bacca, loculis membrana tenuissima vestitis. Inflorescentia terminalis.

1. **L. vulgare** L. sp. p. 7; Pieri corc. fl. p. 1; Ch. et B. exp. p. 14, Fl. pelop. p. 1; Mazz. in ant. ion. II. p. 432; Fraas fl. class. p. 153; Bois. fl. or. IV. p. 37; Hal. Beitr. fl. Achaia p. 26; Haussk. symb. p. 148. — *L. sempervirens* Mazz. in ant ion. II. p. 432 (f. foliis persistentibus). — Icon: Rchb. t. 33. — Exsicc.: Sint. et Bornm. it. turc. n. 1365.

Fruticosa; foliis subcoriaceis, glabris, oblongis ellipticisve, acutis obtusisve, integris, breviter petiolatis; floribus in paniculam thyrsoideam dispositis, breviter pedicellatis; calyce breviter et obtuse dentato; corolla alba, tubo calyce longiore; bacca pisiformi, nigra.

Ad sepes, in dumosis regionis montanae, rare. Thessalia: in oropedio Neuropolis (Haussk.), pr. Litochori iu Olympo (Sint.); Euboea: mt. Telethrion (Heldr.); Boeotia: ad Cephissum, pr. Lebadea (Fraas); Achaia: mt. Chelmos (Orph.), pr. Kalavryta (Heldr.), Sudena, Planideri (Hal.); Arcadia (Chaub.); Corcyra (Pieri): pr. Synarades, Calefactiones, Fano, in scopulis Diapulo et Diascopo (Mazz). — Apr. Jun. ♄.

2. Tribus. *Fraxineae* Bartl. ord. nat. p. 218. — Fructus siccus, samaroideus.

4. Fraxinus L. gen. n. 1166.

1. Sectio. *Ornus* Pers. syn. I. p. 9 pro gen.; Pers. syn. II. p. 605. — Flores corollati.

1. **F. ornus** L. sp. p. 1057; S. et S. pr. I. p. 5, Fl. gr.` I. p. 4 t. 4; Ch. et B. exp. p. 14, Fl. pelop. p. 1; Mazz. in ant. ion. II. p. 440; Friedr. Reise p. 281; Fraas fl. class. p. 153; Landerer in Flora XV. p. 394; Heldr. Nutzpfl. p. 31, in Sitzungsb. acad. wiss. Berlin 1883 p. 4 et 7; Bois. fl. or. IV. p. 39; Haussk. symb. p. 148; Hal. in ö. b. Z. 1896 p. 15; Bald. riv. coll. bot. Alb. 1895 p. 58; Form. in Ver. Brünn 1896 p. 59, 1897 p. 43. — *F. rotundifolia* Lam. dict. II. p. 546; Fraas fl. class. p. 153; (f. foliolis rotundatis). — *Ornus europaea* Pers. syn. I. p. 9. — Exsicc.: Orph. fl. gr. n. 705 et 706; Heldr. it. thessal. n. 105; Sint. it. or. a. 1889 n. 1930, it. thessal. n. 415; Sint. et Bornm. it. turc. 1366; Bald. it. alb. epir. III. n. 190.

Arborea; follis synanthiis, imparipinnatis, foliolis 3—4 jugis, petiolulatis, ovali-lanceolatis, acuminatis, crenatis, glabris vel subtus ad nervum barbatis; floribus in cymas racemoso-paniculatas, terminales et axillares dispositis; petalis albis, linearibus, calyce multo longioribus; samaris lineari-lanceolatis, emarginatis vel truncatis.

In dumetis nemoribusque regionis montanae. Epirus: pr. Philippiada (Bald.); Thessalia: pr. Chaliki, Klinovo, in oropedio Neuropolis, pr. Meteora (Haussk.), Kalabaka (Sint.), mt. Mitrica in mt. Chassia, pr. Patsios (Form.) et Hagios Dionysios (Orph.) in Olympo, in valle Tempe, pr. Laspochory, mt. Ossa (Heldr.); Euboea: pr. Mantudi (Fraas); Aetolia: pr. Aetolikon (Reis.); mt. Parnassus (Sibth.); Attica: mt. Parnes pr. Panagia Kliston (Heldr.); Arcadia: pr. Trikala (Fraas), mt. Diaforti pr. Andrizena (Friedr.), pr. Phigalea (Chaub.); Laconia: mt. Malevo (Fraas), Taygetos (Orph.); Corcyra: mt. San Stefano pr. Benizze (Mazz.). — Apr. Maio. ђ.

2. Sectio. *Fraxinaster* DC. pr. VIII. p. 276. — Flores apetali.

2. **F. excelsior** L. sp. p. 1057; Fraas fl. class. p. 154; Bois. fl. or. IV. p. 39, suppl. p. 343; Heldr. in Sitzungsb. acad. wiss. Berl. 1883 p. 5; Chloros Waldverh. p. 32; Hal. Beitr. fl. epir. p. 31; Haussk. symb. p. 148. — Icon: Rchb. t. 31. —

Arborea; foliis hysteranthiis, imparipinnatis, foliolis 4—6 jugis, subsessilibus, oblongo-lanceolatis, acuminatis, serratis, glabris vel subtus ad nervum puberulis; floribus nigricantibus, in cymas ad ramorum apicem erectas, dein pendulas dispositis; samaris ellipticis, obtusis vel retusis. —

In silvis montanis, 'rare. Epirus: pr. Kalentini ad septentrionem urbis Arta (Hal.); Thessalia: mt. Pindus (Fraas) in oropedio Neuropolis, pr. Karditza (Haussk.), mt. Oeta, Ossa (Heldr.); Aetolia (Chloros). — Mart. Apr. ђ.

LXXIII. Ordo. Asclepiadaceae R. Br. in Wern. soc. I. p. 12.

Dispositio generum:

a. Corolla 5 partita, fauce corona, e squamis in aristam uncinatam elongatis constante, munita; filamenta omnino vel superne saltem libera; antherae apice cohaerentes, dorso barbatae.

1. Periploca L.

b. Corolla 5 loba vel 5 partita, fauce corona 5—10 loba vel 5 phylla munita; filamenta connata; antherae appendice membranacea terminatae.

α. Folliculi laeves.

× Corona scutelliformis, carnosa, lobis 5—10, rotundatis vel obscure apiculatis.

2. Vincetoxicum Moench.

×× Corona tuboloso-campanulata, laciniis 10, ligulatis.

3. Cynanchum L.

××× Corona phyllis 5, liberis, oblongo-linearibus constans.

4. Cionura Griseb.

β. Folliculi echinati; corona phyllis 5, gynostegio adnatis, cucullaribus vel navicularibus constans.

5. Gomphocarpus R. Br.

1. Periploca L. gen. n. 300.

1. **P. graeca** L. sp. p. 211; Desf. arb. I. p. 199; Raul. cret. p. 808; Bois. fl. or. IV. p. 49; Haussk. symb. p. 148. — Icon: Fl. gr. t. 249. — Exsicc.: Heldr. herb. a. 1878.

Fruticosa, volubilis; foliis ovatis vel ovato-lanceolatis, obtusis vel acutis, integris, glabris, breviter petiolatis; cymis ramulos terminantibus, laxifloris; corollae fuscae, viridi marginatae, laciniis oblongis, patulis, superne barbatis, subtus glabris; parapetalis basi biauriculatis, in aristam, petalorum dimidium aequantem abeuntibus; folliculis cylindraceis, 9—10 cm. longis.

Ad sepes, rivulos regionis inferioris, rarissime. Acarnania (Heldr.); Aetolia: pr. Aetolikon (Heldr.); Argolis: peninsula Methana (Haussk.); Creta (Desf.). — Maio, Jun. ♃.

2. Vincetoxicum Moench meth. p. 317.

a. Corolla intus hirsuta.

α. Corolla flava.

1. **V. canescens** Willd. nov. act. nat. cur. III. p. 418 (*Asclepias*); Decaisne in DC. pr. VIII. p. 523; Raul. cret. p. 808; Bois. fl. or. IV. p. 52. — *V. luteum* Sieb. avis rem. p. 3. — *Cynanchum luteum* Spreng. syst. I. p. 852. — Exsicc.: Orph. herb. n. 3436 (Chios).

Tomentello-canescens; caulibus erectis, flexuosis, simplicibus vel inferne ramosis, foliis ovatis, acutis, breviter petiolatis; umbellis subsessilibus, axillaribus et terminalibus; floribus brevissime pedicellatis; corollae laciniis oblongo triangularibus; coronae lobis 5, obtusis, concaviusculis; folliculis inferne inflatis.

In petrosis regionis inferioris montium. Creta mt. Lassiti (Sieb.). — Maio, Jun. ⚥. N. v.

β. Corolla atropurpurea.

2. **V. speciosum** Bois. et Sprun. diagn. IV. p. 39, Fl. or. IV. p. 53; Haussk. symb. p. 53. — *V. triste* Griseb. spic. II. p. 68. — *Asclepias Dioscoridis* Fraas fl. class. p. 159. — Exsicc.: Heldr. it. thessal. IV. a. 1885, reliqu. Orph. a. 1886; Sint. it. thessal. n. 1182.

Caulibus elatis, simplicibus, crispule velutinis; foliis pubescentibus, brevissime petiolatis et sessilibus, cordato-ovatis, obtusis vel acutis, superioribus oblongis, acuminatis; umbellis axillaribus, subsessilibus; pedicellis crispo-lanatis, flori aequilongis; calycis lanati laciniis lanceolatis; corollae majusculae laciniis lanceolatis; coronae 5 fidae lobis latis, obtusis, apice incrassatis; folliculis tomentellis, apice longe attenuatis. — Caulis bipedalis et longior, folia saepe 10 cm. longa, 5—6 cm. lata, corolla diametro 1 cm. lata.

In regione montana et alpina. Thessalia: in oropedio Neuropolis, mt. Ghavellu (Haussk.), supra Prioni pr. Sermeniko (Sint.); Aetolia: mt. Tymphrestus (Sprun.); Euboea: mt. Dirphys (Fraas). — Jun. Jul. ♃.

3. **V. nigrum** L. sp. p. 216 (*Asclepias*); Moench meth. p. 317. — *Cynanchum nigrum* R. Br. mem. wern. I. p. 147. — Exsicc.: Sint. it. thessal. n. 690; Dörfl. fl. gr. n. 287.

Caulibus erectis, saepe volubilibus, puberulis; foliis breviter petiolatis vel sessilibus, ovatis vel ovato-lanceolatis, acutis vel acuminatis, ad nervos puberulis, inferioribus basi interdum cordatis; umbellis axillaribus, pedunculatis vel sessilibus; pedicellis puberulis, flore 2—3 plo longioribus; calycis puberuli laciniis lanceolatis; corollae parvae laciniis oblongis, obtusiusculis; coronae 10 lobae lobis obtusis, alternatim brevioribus; folliculis glabrescentibus, apice longe attenuatis.

In subalpinis mt. Plaka supra Chaliki Thessaliae (Sint.) et mt. Korax Aetoliae (Leon.). — Jun. Jul. ♃.

b. Corolla glabra.

4. **V. rivale** Bois. et Heldr. diagn. VII. p. 20, Fl. or. IV. p. 55; Heldr. chlor. Parn. p. 23. — Huc forsan e loco: *Asclepias vincetoxicum* S. et S. pr. I. p. 166, vix L.; nec non *V. fuscatum* Hal. in z. b. G. 1888 p. 760 (specimina deflorata). — Exsicc.: Pichl. pl. gr. a. 1876; Dörfl. fl. gr. n. 287.

Caulibus erectis, simplicibus, pubescentibus; foliis subsessilibus sessilibusve, ad nervos puberulis, inferioribus a basi truncata vel subcordata ovatis, superioribus oblongis, acuminatis; umbellis axillaribus, pedunculatis; pedicellis puberulis, flore aequilongis; calycis glabri laciniis lanceolatis; corollae luteae laciniis oblongis; corona breviter in lobos 5 crassiusculos, obtusos fissa; folliculis ignotis. — Caules 10—35 cm. alti.

β. **undulatum** Heldr. in Bois. diagn. ser. 2 VI. p. 121. — Folia petiolata, margine subundulata, corolla intus pilis nonnullis obsoletis obsita. — Exsicc.: N. v.

In saxosis regionis superioris. Thessalia: mt. Olympus (Heldr.); Aetolia: mt. Korax (Leon.); mt. Parnassus (Sprun.); Peloponnesus: mt. Chelmos ad fontem Stygis (Orph.), mt. Taygetos ad nives cacuminis Hagios Paraskevi (Heldr.); — *β*. Eurytania: mt. Tymphrestus loco Cancellia dicto (Samar.). — Jun. Jul. ♃.

Obs. Ulterius observandum anne *V. fuscatum* Bois. fl. or. IV. p. 55 e mt. Parnasso ad speciem praecedentem pertineat. — Quid sit *V. laxum* Sieb. avis p. 3 e Creta et *Asclepias vincetoxicum* Dallap. prosp. p. 35, nescio.

3. Cynanchum L. gen. n. 301.

1. **C. acutum** L. sp. p. 212; S. et S. pr. I. p. 165, Fl. gr. III. p. 45 t. 250; Urv. enum. p. 27; Weiss in z. b. G. 1869 p. 744; Bois. fl. or. IV. p. 60; Heldr. fl. cephal. p. 52, in Sitzungsb. acad. Wiss. Berl. 1883 p. 9; Form. in D. bot. Monat. 1891 p. 24, 1898 p. 78, in Ver. Brünn 1895 p. 32, 1896 p. 59, 1897 p. 43; Bald. in nuov. giorn. bot. ital. 1894 p. 98; Haussk. symb. p. 148. — *C. monspeliacum* L. sp. p. 212; S. et S. pr. I. p. 165, Fl. gr. III. p. 46 t. 251; Ch. et B. exp. p. 79, Fl. pelop. p. 17; Marg. et R. fl. Zante p. 66; Fraas fl. class. p. 160; Ung. Reise p. 126. — Exsicc.: Heldr. herb. norm. n. 119; Orph. fl. gr. n. 37; Sint. et Bornm. it. turc. n. 1367.

Glaucum, caulibus elongatis, volubilibus, glabris vel parce puberulis; foliis a basi cordata ovatis vel oblongis, acutis, glabris; petiolis puberulis, limbo brevioribus; floribus in cymas axillares pedunculatas dispositis; calycis pubescentis laciniis oblongis; corollae albae vel roseae laciniis oblongis, obtusis; folliculis acuminatis, glabris.

In dumetis, ad sepes, in ruderatis, olivetis, maritimis. Epirus: pr. Luros, Ranca (Form.), pr. Prevesa (Bald.); Thessalia: pr. Kalabaka, Trikala, Velestino, Larissa, Makrichori, Baba, Kapurna, Koryza, Volo, Lechonia, Agria, Stylida, Lamia, Miluna in Olympo (Form.), Litochoron (Sint.); Boeotia: pr. Lebadea (Fraas); Attica: frequens pr. Athenas, ad Phaleron, Piraeum (Heldr.), pr. Eleusis (Ung.); Peloponnesus: ad fl. Eurotas, in planitie Helos (Chaub.); Cycladum insula Syra (Weiss), Melos (Urv.); Zante (Marg.); Cephalonia: pr. Lixuri (Heldr.). — Jun. Aug. ♃.

4. Cionura Griseb. spic. II. p. 69.

1. **C. erecta** L. sp. p. 213; S. et S. pr. p. 166; Sieb. avis p. 3, rem. p. 3; Urv. enum. p. 27; Ch. et B. exp. p. 78, Fl. pelop. p. 16; Fraas fl. class. p. 160; (*Cynanchum*); Griseb. l. c.; Bois. fl. or. IV. p. 62; Hal. in z. b. G. 1888 p. 760, Beitr. fl. Thessal. p. 16. —

Marsdenia erecta R. Br. mem. Wern. I. p. 29; Heldr. Nutzpfl. p. 31, in ö. b. Z. 1898 p. 184; Weiss in z. b. G. 1869 p. 744; Raul. cret. p. 808; Bald. viagg. Creta p. 77; Haussk. symb. p. 148; Hal. in z. b. G. 1899 p. 190. — Huc sec. Raul. l. c.: *Cynanchum acutum* Sieb. avis rem. p. 3, in Flora I. p. 272, non L. — Icon: Jacq. misc. t. 2. — Exsicc.: Orph. fl. gr. n. 88; Heldr. herb. norm. n. 258, in Magn. fl. sel. n. 2526; Rev. pl. cret. n. 108.

Glabra, basi suffrutescens; caulibus superne interdum subvolubilibus; foliis petiolatis, cordato-ovatis, breviter acuminatis; cymis pedunculatis, axillaribus et terminalibus; calycis laciniis ovatis; corollae albae laciniis linearibus; folliculis oblongis, apice attenuatis.

In collibus siccis, olivetis, arenosis maritimis. Thessalia: pr. Kalabaka (Hal.); Phocis: pr. Amphissa (Hal.); Boeotia (Fraas); Attica: pr. Athenas, ad Cephissum, pr. Oropos, Phaleron (Heldr.); Euboea: pr. Chalkis (Pichl.); Achaia: pr. Patras (Heldr.); Laconia: pr. Sotirianika (Zahn), Kalamata, Armyros, Zarnate, Megalopolis, Gortys, Sparta, ad fl. Eurotas (Chaub.); Cycladum insula: Tenos (Weiss), Syra (Urv.), Naxos (Heldr.); Creta: pr. Kissamos (Rev.), Canea (Weiss), Kladiso, Platania, Hagios Paulos, Hagios Nicolaos supra Samaria, Theriso (Raul.). — Maio, Jul. ♄.

5. Gomphocarpus R. Br. mem. Wern. I. p. 38.

1. **G. fruticosus** L. sp. p. 216; Ch. et B. exp. p. 78, Fl. pelop. p. 16; (*Asclepias*); R. Br. l. c.; Marg. et R. fl. Zante p. 66; Heldr. Nutzpfl. p. 31, in ö. b. Z. 1898 p. 184, chlor. Thera p. 30; Bois. fl. or. IV. p. 61; Spreitz. in z. b. G. 1890 p. 297; Hal. in ö. b. Z. 1896 p. 15, in z. b. G. 1899 p. 190. — Icon: Jacq. misc. t. 2. — Exsicc.: Dörfl. fl. gr. n. 175.

Glabrescens vel minute pubescens, basi suffrutescens; ramis virgatis, stricte foliosis; foliis lineari-lanceolatis, subpetiolatis; floribus umbellatis; umbellis pedunculatis, axillaribus; calycis laciniis lanceolatis; corollae albae laciniis ovatis, ciliatis; folliculis ovato-acuminatis, brevissime puberulis, muricibus linearibus elongatis obsitis.

Ad vias, rivulos regionis inferioris, olim cultus, nunc subspontaneus. Zacynthus (Marg.); Peloponnesus (Guerin): pr. Gaitzies (Zahn); Cyclades: Naxos (Chaub.), Andros, Thera et fere in omnibus ceteris insulis (Heldr.); Creta: pr. Hagia Rumeli (Spreitz.). — Jun. Aug. ♄.

LXXIV. Ordo. Apocynaceae R. Br. mem. wern. I. p. 59.

1. Nerium L. gen. n. 181.

1. **N. oleander** L. sp. p. 209; S. et S. pr. I. p. 164, Fl. gr. III. p. 42 t. 248; Sieb. avis p. 3, in Flora I. p. 273; Dallap. prosp. p. 34; Urv. enum. p. 27; Ch. et B. exp. p. 78, Fl. pelop. p. 16; Marg. et R. fl. Zante p. 66; Friedr. Reise p. 264; Fraas fl. class. p. 159;

Heldr. Nutzpfl. p. 31, Fl. cephal. p. 52, chlor. Thera p. 16, chlor. Mykon. p. 247; Weiss in z. b. G. 1869 p. 744; Raul. cret. p. 808; Bois. fl. or. IV. p. 47; Spreitz. in z. b. G. 1887 p. 664; Hal. in z. b. G. 1888 p. 760; Bald. viagg. Creta p. 76; Haussk. symb. p. 148; Form. in Ver. Brünn 1895 p. 32, 1897 p. 43. — Exsicc.: Heldr. herb. norm. n. 960; Rev. pl. cret. n. 107.

In torrentium alveis et ad ripas rivulorum regionis inferioris frequens; deesse videtur in Epiro. — Maio, Aug. ♄.

2. Vinca L. gen. n. 295.

a. Folia ovata, basi rotundata vel subcordata, apice attenuata.

1. **V. major** L. sp. p. 209; Raul. cret. p. 808; Bois. fl. or. IV. p. 45. — Icon: Rchb. t. 22. — Exsicc.: Pichl. pl. gr. a. 1876; Sagb. pl. corc. n. 42.

Caulibus sterilibus prostratis, non radicantibus, floriferis erectis; foliis breviter petiolatis, margine ciliatis, ceterum glabris; pedunculis ex axillis superioribus solitariis, folio brevioribus; calycis laciniis linearibus, acuminatis, ciliatis, tubum corollae saepe subaequantibus; corolla violacea. — Sequentibus omnibus partibus multo major.

In umbrosis regionis inferioris, rarissime. Corcyra: pr. urbem (Sagb.), an sponte; Attica: pr. Marathon (Pichler), sed dubito an specimina re vera in Attica lecta sint; Creta: ad radices mt. Karadagh pr. Candia (Heldr.). — Febr. Apr. ♃.

a. Folia elliptica vel ovato-lanceolata, utrinque attenuata.

2. **V. minor** L. sp. p. 209. — Icon: Rchb. t. 21. — Exsicc.: Heldr. fl. thessal. a. 1883.

Caulibus sterilibus prostratis, radicantibus, floriferis erectis; foliis brevissime petiolatis, omnino glabris; pedunculis ex axillis superioribus solitariis, folio aequilongis vel longioribus; calycis laciniis lanceolatis, acutis, glabris, tubo corollae multo brevioribus; corolla violacea.

In nemorosis Thessaliae pr. Velestinos (Heldr.); indicatur quoque a S. et S. pr. I. p. 164, in Arcadia, agro Eliensi et Argolica, nec non a Fraas fl. class. p. 159 in mt. Kyllene, sed loca probabiliter ad sequentem speciem spectant. — Mart. Maio. ♃.

3. **V. herbacea** W. et K. pl. rar. Hung. I. p. 8 t. 9; Ch. et B. exp. p. 78, Fl. pelop. p. 16; Marg. et R. fl. Zante p. 66; Friedr. Reise p. 279; Ung. Reise p. 126; Weiss in z. b. G. 1869 p. 744; Bois. fl. or. IV. p. 45; Heldr. fl. cephal. p. 52, chlor. Parn. p. 23; Haussk. symb. p. 148; Hal. in ö. b. Z. 1897 p. 286. — Exsicc.: Heldr. herb. norm. n. 698 et 1059; Orph. fl. gr. n. 397.

Caulibus omnibus procumbentibus vel declinatis, non radicantibus; foliis brevissime petiolatis, margine brevissime scabridis; pedunculis ex axillis superioribus solitariis, folio aequilongis vel longioribus; calycis laciniis lineari-lanceolatis, acutis, margine breviter ciliato-scabridis, tubo corollae duplo brevioribus. — Planta graeca ab austro-hungarica saepius foliis latioribus, minus manifeste ciliato-scabris et calycis laciniis glabris discedit et his notis *V. mixtae* Vel. fl. bulg. p. 380 et 646 accedit.

In fruticetis, umbrosis siccis, circa vineta regionis inferioris et montanae. Thessalia: in oropedio Neuropolis (Haussk.); Aetolia: pr. Mesolongion (Reis.); mt. Parnassus, Cithaeron, Parnes Atticae, pr. Assos Corinthiae (Heldr.); Achaia: mt. Kyllene pr. Flamburitza (Orph.); Arcadia: mt. Parthenion pr. Tripoliza (Friedr.); Messenia: pr. Navarin, Methone, mt. Kupe, insula Sapienza (Chaub.); Laconia: mt. Selitza pr. Kalamata (Zahn), mt. Malevo (Orph.); Zante (Marg.); Cephalonia: pr. Lixuri (Ung.). — Febr. Maio. ♃

LXXV. Ordo. Gentianaceae Juss. gen. p. 141.

Dispositio generum:

1. Tribus. *Gentianeae* Griseb. in DC. pr. IX. p. 38. — Corollae aestivatio contorta; testa membranacea; folia saepius opposita.

a. Stylus 1 vel subnullus, stigmata sessilia, in capsula persistentia.

1. Gentiana L.

b. Stylus conspicuus, deciduus.

α. Calyx 6—8 partitus; corolla hypocrateriformis, limbo 6—8 partito; stamina 6—8.

2. Chlora L.

β. Calyx 5 fidus; coralla infundibuliformis, limbo 5 fido; stamina 5.

3. Erythraea Ren.

γ. Calyx 4 dentatus vel 4 partitus; corolla infundibuliformis, limbo 4 partito; stamina 4.

4. Cicendia Adans.

2. Tribus. *Menyantheae* Endl. gen. p. 605. — Corollae aestivatio induplicativa; testa lignosa; folia alterna.

5. Limnanthemum Gmel.

1. Gentiana L. gen. n. 322.

a. Corolla lutea.

1. G. symphyandra Murb. Beitr. fl. Südbosn. p. 89. — Exsicc.: Orph. fl. gr. n. 1001 (Macedonia); Heldr. it. gr. septentr. a. 1879.

Rhizomate longo, cylindrico, ramoso, crasso, multicipite; caule erecto, elato, crasso, simplici; foliis glaucescentibus, infimis ellipticis, in petiolum attenuatis, caulinis mediis et superioribus ovatis, acutis; floribus pedicellatis, fasciculatis, in pseudoverticillos, bracteis cucullatis involucratos dispositis; calyce membranaceo, spathaceo-dimidiato, inaequaliter-dentato; corolla calycem duplo excedente, in lobos 5—7, lanceolato-lineares, acutos profunde partita, fauce plicis destituta; antheris in tubum connatis; stigmatibus erecto-patentibus. — Subspecies orientalis *G. luteae* L., quae floribus subminoribus longius pedicellatis, antheris liberis et stigmatibus spiraliter revolutis discedit.

In pascuis subalpinis, rarissime, hucusque solum in mt. Oeta Phthiotidis loco Terratza dicto (Heldr.). — Jul. Aug. ♃

b. Corolla azurea.

2. **G. asclepiadea** L. sp. p. 227; Bois. fl. or. IV. p. 76. — Icon: Jacq. fl. austr. IV. t. 328. — Exsicc.: Heldr. it. gr. septentr. a. 1879.

Rhizomate indurato, fibroso, multicipite; caulibus erectis, elatis, simplicibus, foliosis; foliis viridibus, decussatis, a basi ovata vel subcordata lanceolato-acuminatis, radicalibus nullis; floribus 1—3 in axillis foliorum superiorum, subsessilibus, spicam foliosam formantibus; calycis tubulosi, corolla 4 plo brevioris, apice truncati, dentibus linearibus, brevibus; corolla tuboloso-campanulata, lobis ovatis, acutis, plicis brevibus auctis; antheris coalitis; stigmatibus distinctis.

In subalpinis, rarissime. Thessalia: mt. Olympus et in faucibus Ruphias mt. Oeta Phthiotidis (Heldr.). — Jul. Sept. ♃

3. **G. verna** L. sp. p. 228; Bois. fl. or. IV. p. 73; Heldr. in Sitzungsb. acad. Wiss. Berl. 1883 p. 9. — *Hippion aestivum* Schm. fl. boem. cent. II. p. 20. — *G. aestiva* R. et Sch. sept. VI. p. 156. — *G. verna v. aestiva* Bald. riv. coll. bot. Alb. 1896 p. 77. — Exsicc.: Orph. herb. n. 3699; Bald. it. alb. epir. IV. n. 185. —

Caespitosa; rhizomate tenui, multicipite, ramos breves floriferos et steriles rosuliferos edente; caulibus pumilis, unifloris; foliis sessilibus, radicalibus rosulatis, breviter oblongo-lanceolatis, acutis, caulinis 2—4, multo minoribus; calycis tubulosi, anguste-alati dentibus lanceolatis, acutis, corollae tubo brevioribus; corolla hypocraterimorpha, lobis ovatis, obtusiusculis, plicis bifidis auctis; antheris liberis; stigmatibus contiguis. — Specimina a me visa propter calycem anguste alatam ad speciem Linnaeanam, nec ad *G. tergestinam* Beck spectant.

In herbidis alpinis, rarissime. Epirus: mt. Smolika, Papignon et Gamila (Bald.); Thessalia: mt. Olympus (Orph.). — Jul. Aug. ♃

2. Chlora L. gen. n. 1258.

C. perfoliata L. sp. p. 232 (*Gentiana*); L. syst. ed. 12 II. p. 267; S. et S. pr. I. p. 255; Pieri corc. fl. p. 49; Sieb. avis p. 3, rem. p. 4; Cb. et B. exp. p. 110, Fl. pelop. p. 24; Marg. et R. fl. Zante p. 66; Friedr. Reise p. 254; Clem. sert p. 66; Weiss in z. b. G. 1869 p. 744; Raul. cret. p. 809; Bois. fl. or. IV. p. 66; Spreitz. in z. b. G. 1877 p. 716, 1887 p. 664; Heldr. fl. Cephal. p. 52; Haussk. symb. p. 148; Form. in Ver. Brünn 1895 p. 32; Hal. in ö. b. Z. 1897 p. 97, 1899 p. 25. — *C. intermedia* Ten. syll. p. 565, Haussk. symb. p. 148. — Icon: Rchb. t. 19 f. I. — Exsicc.: Orph. herb. n. 653.

Glauca; caule erecto, in cymam corymbosam plus minus multifloram abeunti, rarius unifloro; foliis radicalibus rosulatis, subpetiolatis, obovatis, obtusis, caulinis triangulari-ovatis, tota sua latitudine connatis;

calycis, ad basin usque partiti, laciniis subulatis, uninerviis, corolla brevioribus; corollae flavae laciniis oblongis, obtusis.

In humidis, pinguibus regionis inferioris et montanae. Attica: mt. Parnes pr. Tatoi (Heldr.), mt. Pentelicon, pr. Sunium (Haussk.); Achaia: pr. Patras (Hal.); Corinthus (Haussk.); Argolis (Sibth.): pr. Nauplia (Friedr.); Sporadum insula Jura (Leon.); Euboea: pr. Steni (Orph.); Cycladum insula Naxos (Reis.); Creta: pr. Canea (Weiss), Suda, Ipos, Acroteri, promontorium Meleka, inter Francocastello et Rhodakino (Raul.); in Strophadum insula majore (Reis.); Zante (Marg.); Cephalonia: pr. Pessada, Lordata, Piscardo (Heldr.); Corcyra (Pieri): pr. Alipu, Kanali, Kontokali (Form.), Benizze, Palaeokastrizza (Spreitz.). — Maio, Jul. ⊙

2. **C. serotina** Koch in Rchb. icon. III. p. 6 f. 351; Marg. et R. fl. Zante p. 66; Bois. fl. or. IV. p. 66; Haussk. symb. p. 148. — Huc forsan: *C. imperfoliata* Ch. et B. fl. pelop. p. 25; an L. fil. suppl. p. 218, quae calycis laciniis ad quartam partem connatis, foliis inferioribus non connatis discedit et in Graecia vix crescit. — Exsicc.: Heldr. pl. fl. hellen. a. 1897; Baen. herb. europ. n. 9241.

Differt a praecedente foliis ovatis vel ovato-lanceolatis, basi subangustiore ovata connatis, calycis profunde partiti laciniis lanceolato-subulatis, subtrinerviis, corollam subaequantibus, corollae laciniis acutiusculis.

In maritimis, pinetis regionis inferioris, pr. Pharsalum Thessaliae; Nauplia Argolidis (Haussk.); Messene (Chaub.); pr. Kunupeli Elidis (Heldr.); Zante (Marg.); Corcyra: pr. Kanone (Baen.); et forsan loca nonnulla ad praecedentem enumerata, quacum facile commutatur. — Maio, Jul. ⊙

3. Erythraea Ren.

a. Corolla rosea (rarissime alba).

α. Flores in paniculam plus minus fastigiatam dispositi; stylus indivisus, stigmate bilobo.

× Folia ima rosulata; corolla majuscula.

1. **E. centaurium** L. sp. p. 229 excl. var.; Pieri corc. fl. p. 35; Dallap. prosp. p. 36; (*Gentiana*); Pers. syn. I. p. 283; Ch. et B. exp. p. 75, Fl. pelop. p. 16; Marg. et R. fl. Zante p. 66; Fraas fl. class. p. 160; Heldr. Nutzpfl. p. 32, Fl. cephal. p. 52, chlor. Parn. p. 23; Weiss in z. b. G. 1869 p. 744; Raul. cret. p. 809; Bois. fl. or. IV. p. 68; Spreitz. in z. b. G. 1887 p. 664; Form. in D. bot. Monat. 1891 p. 24, in Ver. Brünn 1895 p. 32, 1896 p. 59, 1897 p. 43; Hal. Beitr. fl. Epir. p. 31, Beitr. fl. Aetol. p. 8, in ö. b. Z. 1896 p. 15, 1897 p. 97, 1899 p. 25; Haussk. symb. p. 148; Bald. riv. coll. bot. Alb. 1896 p. 77. — *Chironia centaurium* Curt. fl. lond. IV. t. 22; S. et S. pr. I. p. 156; Sieb. avis rem. p. 3. — Exsicc.: Heldr. it. thessal. n. 1084 b.

Caule erecto, quadrangulari, saepe inde a basi opposite ramoso; foliis integris, radicalibus rosulatis, obovato vel spathulato-oblongis, obtusis, in petiolum brevem attenuatis, caulinis sessilibus, ovato-oblongis vel lanceolatis, acutis; floribus sessilibus, ad apicem ramorum fasciculatis, corymbum saepius compactum formantibus; corollae tubo sub anthesi calyce subduplo longiore lobis ellipticis, obtusis vel acutiusculis.

β. **grandiflora** Pers. syn. I. p. 283. — *E. grandiflora* Biv. ap. Roem. et Sch. syst. IV. p. 167; Raul. cret. p. 809. — Major, limbo majusculo, lobis fere duplo majoribus, obtusis, 6—7 mm. longis. — Intermediis ad typum transit. — Exsicc.: Rev. pl. cret. a. 1883.

In collibus dumosis, silvaticis, pascuis praesertim montanis passim per totam Graeciam, in insulis Jonicis, in Creta et Sporadibus; non indicatur in Cycladibus, sed in iis probabiliter etiam provenit; — *β*. Creta: pr. Canea (Rev.), Enneachoria, inter Kastelliana et Pyrgos in Messara, pr. Potamies (Raul.). — Maio, Jul. ☉.

×× Folia ima non rosulata; corolla parva.

2. **E. tenuiflora** Hoffm. et Link fl. port. I. p. 354 t. 67; Ung. Reise p. 126; Heldr. Nutzpfl. p. 32. — *E. latifolia* Bois. fl. or. IV. p. 67; Heldr. fl. cephal. p. 53, Fl. Aegina p. 379; Haussk. symb. p. 148; Form. in Ver. Brünn 1895 p. 32; Hal. in ö. b. Z. 1897 p. 97; vix Sm. engl. bot. I. p. 321. — *E. latifolia v. tenuiflora* Griseb. spic. II. p. 62; Weiss in z. b. G. 1869 p. 743; Raul. cret. p. 809. — Exsicc.: Orph. fl. gr. n. 198.

Caule erecto, quadrangulari, superne stricte ramoso, cymis densis; foliis oblongis, obtusis, sessilibus, saepius approximatis et internodium subaequantibus; floribus subsessilibus, ad apicem ramorum fasciculatis, corymbum saepe compactum formantibus; corollae tubo tenuissimo, sub anthesi calycem parum superante, lobis lanceolatis, acutiusculis; capsula calyce aequilongo vel parum longiore. — Specimina typica cymis densis et foliis approximatis a sequente facile diagnoscuntur, attamen occurrunt formae, cymis laxioribus, quae saltem in herbariis dubiae manent.

In pascuis regionis inferioris et montanae, in maritimis ut videtur per totam Graeciam. — Apr. Jul. ☉.

3. **E. pulchella** Sw. in vet. acad. handl. 1783 p. 85 t. 3 (*Gentiana*); Fr. nov. fl. suec. p. 30; Ch. et B. fl pelop. p. 16; Weiss in z. b. G. 1869 p. 744; Hal. in ö. b. Z. 1897 p. 97; Form. in Ver. Brünn 1897 p. 43; Heldr. fl. Aegina p. 379, in ö. b. Z. 1898 p. 184. — *E. ramosissima* Pers. syn. I. p. 283; Heldr. Nutzpfl. p. 32; Raul. cret. p. 808; Bois. fl. or. IV. p. 67; Spreitz. in z. b. G. 1887 p. 664; Haussk. symb. p. 148; Bald. riv. coll. bot. Alb. 1896 p. 77. — Exsicc.: Sint. it. thessal. n. 985; Dörfl. pl. cret. n. 91.

Caule erecto, quadrangulari, a basi vel superne ramosissimo, laxe cymoso-fastigiato; foliis oblongis vel oblongo-linearibus, acutiusculis, sessilibus, saepius remotis et internodio multo brevioribus; floribus sessilibus et pedicellatis, solitariis, cymam laxam subfastigiatam formantibus; corollae tubo tenui, sub anthesi calyce sublongiore, lobis lanceolatis, acutiusculis; capsula calyce longiore.

In locis similibus, quibus praecedens, per totam ut videtur Graeciam. — Apr. Jul. ☉.

β. Flores in spicas longas, laxiusculas, simplices vel bifidas dispositi; stylus indivisus, stigmate infundibuliformi.

4. **E. spicata** L. sp. p. 230 (*Gentiana*); Pers. syn. I. p. 283; Ch. et B. exp. p. 76, Fl. pelop. p. 16; Marg. et R. fl. Zante p. 67; Friedr. Reise p. 273; Heldr. Nutzpfl. p. 32, Fl. cephal. p. 52, in ö. b. Z. 1898 p. 184, chlor. Mykon. p. 247; Raul. cret. p. 809; Weiss in z. b. G. 1869 p. 744; Bois. fl. or. IV. p. 69; Hal. in ö. b. Z. 1890 p. 39, 1896 p. 15; Haussk. symb. p. 149; Form. in Ver. Brünn 1895 p. 32. — *Chironia spicata* Willd. sp. I. p. 1069; S. et S. pr. I. p. 156, Fl. gr. III. p. 32 t. 238; Sieb. avis rem. p. 3. — Exsicc.: Orph. fl. gr. n. 192; Sint. it. or. a. 1889 n. 1923; Dörfl. fl. aeg. n. 248.

Caule erecto, quadrangulari, superne stricte ramoso; foliis oblongis lanceolatisve, sessilibus, superioribus acutis; floribus subsessilibus; corollae tubo, calyci aequilongo, lobis lanceolatis, obtusiusculis.

In uliginosis, salsuginosis, graminosis regionis inferioris et submontanae. Epirus: pr. Prevesa, Agiotoma (Form.); Thessalia: pr. Trikala, Larissa (Haussk.), Caterina (Sint.); Aetolia (Nied.); Doris: ad radices mt. Kiona (Reis.); Attica: pr. Athenas (Sibth.), Phaleron, Podoniphti (Heldr.), Sunium (Chaub.); Argolis: pr. Argos (Chaub.), Poros (Friedr.); Laconia: ad fl. Eurotas (Chaub.); Cycladum insula: Syra (Weiss), Naxos (Heldr.), Rhenea (Leon.); Creta (Sieb.): pr. Suda (Rev.); Zante (Sibth.); Cephalonia: pr. Kutavo, Drapano, Same (Heldr.); Corcyra: pr. Kanali (Form.). — Maio, Sept. ☉.

b. Corolla flava; cyma dichotoma; stylus bicruris.

5. **E. maritima** L. mant. I. p. 55 (*Gentiana*); Pers. syn. I. p. 383; Sieb. avis p. 3; Ch. et B. exp. p. 76, Fl. pelop. p. 16; Marg. et R. fl. Zante p. 67; Weiss in z. b. G. 1869 p. 744; Raul. cret. p. 809; Bois. fl. or. IV. p. 68; Hal. Beitr. fl. Aetol. p. 8. — *Chironia maritima* Willd. sp. I. p. 1069; S. et S. pr. I. p. 156, Fl. gr. III. p. 31 t. 237. — Exsicc.: Dörfl. pl. cret. n. 54.

Caule erecto, quadrangulari, ramoso vel simplici et unifloro; foliis sessilibus, inferioribus ellipticis ovatisve, superioribus ovato-lanceolatis lanceolatisve; cyma pauciflora, laxa; floribus pedunculatis; corollae tubo calyci subbreviore, lobis ovatis, acutiusculis; capsula calyce longiore.

In arenosis maritimis, herbidis regionis inferioris et montanae, rarior. Aetolia (Nied.): pr. Antirrhion (Hal.); Attica: mt. Pentelicon (Heldr.); Elis: pr. Kunupeli, Lintzi (Heldr.); Messenia (Sibth.): inter Arcadia et Pylos, pr. Methone (Chaub.); Zante (Sibth.); Creta (Sieb.): pr. Canea (Weiss), Nerokuru, Suda, Francocastello, Melidoni, inter Rukaka et Istakria (Raul.), pr. Males distr. Hierapetra (Leon.). — Apr. Jun. ☉.

Obs. Species dubia: *E. virescens* Willd. in Roem. et Schult. syst. veg. IV. p. 787, = *Centaurium minus* Sieb. Reise p. 297. — Creta (Sieb.). —

4. Cicendia Adans. fam. II. p. 503.

1. C. filiformis L. sp. p. 231 (*Gentiana*); Delarb. fl. arv. I. p. 20. — *Exacum filiforme* S. et S. pr. I. p. 98; Ch. et B. fl. pelop. p. 10; Mazz. in ant. ion. IV. p. 946. — Icon: Fl. dan. t. 324.

Pusilla; caule erecto, simplici et unifloro vel a basi dichotome plurifloro; foliis imis 4—6 approximatis, oblongo-lanceolatis, caulinis paucis, linearibus; calycis dentibus triangulari-lanceolatis; corolla flava, calyce duplo longiore; capsula uniloculari.

In pratis humidis. Elis (Sibth.); Corcyra: ad lacum Stavropotamo (Mazz.); a recentioribus ut videtur non lecta. — Apr. Jul. ☉.

5. Limnanthemum Gmel. act. petrop. 1769 XV. p. 567.

1. L. nymphoides L. sp. p. 145; S. et S. pr. I. p. 128; (*Menyanthes*); Hoffm. et Link fl. port. I. p. 344; Bois. fl. or. IV. p. 65; Form. in Ver. Brünn 1896 p. 60. — *Villarsia nymphoides* Vent. choix pl. p. 9. — Icon: Fl. dan. t. 339. —

Caule elongato, submerso, radicante; foliis suboppositis, petiolatis, natantibus, cordato-suborbiculatis; floribus in axillis foliorum cymoso fasciculatis, pedunculatis, natantibus; calycis laciniis lanceolatis; corollae flavae laciniis obovatis, breviter fimbriolatis; capsula ovata, acuminata.

In aquis Graeciae (Sibth.), in lacu Nezeros ad Olympum (Form.). — Jul. Aug. ♃. N. v.

Obs. Ex ordine *Sesamaceae* DC. colitur et hinc inde subspontaneum: *S. orientale* L. sp. p. 634, Dall. prosp. p. 87; Fraas fl. class. p. 187; Clem. sert. p. 67; Heldr. Nutzpfl. p. 38; = *S. indicum* v. *subindivisum* DC. pr. IX. p. 250; Raul. cret. p. 809. — Dein: *S. indicum* L. l. c.; Sieb. avis p. 4; Urv. enum. p. 76; Ch. et B. exp. p. 178, Fl. pelop. p. 40; Bois. fl. or. IV. p. 81; Heldr. in Sitzungsb. acad. Wiss. Berlin 1883 p. 7, chlor. Thera p. 29; Bald. viagg. Creta p. 77, —

LXXVI Ordo Cyrtandraceae Jack. in trans. Linn. soc. XIV. p. 23.

1. Ramonda Pers. syn. I. p. 216.

1. R. Nathaliae Panc. et Petr. in fl. agri Nyss. p. 574, in Glasnik 1885 p. 121 t. 2. — Exsicc.: Bald. it. alb. epir.

Rhizomate fibroso, collo rufo-lanato; foliis rosulatis, obovatis vel obovato-orbiculatis, grosse crenatis, in petiolum attenuatis, rugosis, supra virentibus, griseo-hirsutis, subtus dense ferrugineo-lanatis; scapis glanduloso-hirtis, 1—3 floris, ebracteatis, pedicellis calyce longioribus; calycis glandulosi laciniis ovatis, obtusis, corollae tubo longioribus; corolla violacea, rotata, fauce aurantiaco-villosa, fere ad basin in lobos 4, rarissime 5 subaequales, obovato-orbiculatos partita; staminibus 4, filamentis rectis, anthera obtusa brevioribus; capsula glanduloso-pubescente, calyce duplo longiore. — *R. pyrenaicae* Pers. floribus pentameris et antheris acutis praesertim diversae habitu similis. Species tertia generis *R. serbica* Panc., floribus minoribus, pentameris corolla subcampanulata et filamentis longioribus a nostra discedit.

In fissuris rupium umbrosarum. Epirus: mt. Micikeli distr. Zagorion et mt. Konitza supra Gorica (Bald.). — Maio, Jul. ♃.

2. R. Heldreichii Bois. diagn. ser. 2 III. p. 141 (*Haberlea*); Benth. et Hook. gen. II. p. 1024; Fritsch in Engl. nat. Pflanzenfam. IV. 3b p. 144. -- *Jankaea Heldreichii* Bois. dec. prima p. 4, Fl. or. IV. p. 82. — Icon: Clarke cyrtand. mon. V. t. 18. — Exsicc.: Orph. fl. gr. n. 625; Sint. it. or. a. 1889 n. 1855.

Rhizomate fibroso, collo rufo-lanato; foliis rosulatis, ovatis ellipticisve, integris, basi breviter attenuatis, supra adpresse albo-sericeis, subtus ferrugineo-lanatis; scapis glanduloso-hirtis, 1—3 floris, ebracteatis; pedicellis calyce longioribus; calycis glandulosi laciniis ovatis, obtusis, corollae tubo brevioribus; corolla violacea, campanulata, fauce non aurantiaco-villosa, ad medium in lobos 4, subaequales, obovatos partita; staminibus 4, filamentis rectis, anthera obtusa aequilongis; capsula glanduloso-pubescente, calyce duplo longiore. — Species pulcherrima, foliis integris albo-sericeis, corolla campanulata a praecedenti diversissima.

In rupibus regionis mediae mt. Olympus supra Hagios Dionysios, loco unico (Heldr.). — Jun. Aug. ♃.

LXXVII. Ordo. **Polemoniaceae** Vent. tabl. II. p. 398.

1. **Polemonium** L. gen. n. 217.

1. P. coeruleum L. sp. p. 162; Form. in Ver. Brünn 1896 p. 61. — Icon: Fl. dan. t. 255. —

Glabrum vel superne glanduloso-puberulum; caule elato; foliis pinnatis, segmentis ovato-lanceolatis lanceolatisve, integris; panicula elongata; calycis laciniis ovatis, acutis; corolla coerulea, raro alba, calyce triplo longiore; antheris ovatis, aurantiacis.

In montosis, rarissime. Thessalia: pr. Patsios in mt. Olympus (Form.). — Jun. Jul. ♃. N. v.

LXXVIII. Ordo. **Convolvulaceae** Vent. tabl. II. p. 394.

1. **Ipomaea** L. gen. n. 216. —

Corolla praefloratione contorta; stamina inclusa; stylus unicus, stigmate capitato; capsula 2—5 valvis.

1. I. sagittata Poir. voy. barb. II. p. 122. — Icon: Cav. ic. pl. II. t. 107. —

Glabra; caulibus scandentibus; foliis petiolatis, integris, inferioribus cordato-suborbiculatis, ceteris sagittatis, sensim angustioribus, lanceolatis et lineari-lanceolatis, acutis, auriculis saepe longissimis; pedunculis axillaribus, folio brevioribus, 1—2 floris; sepalis ellipticis, obtusis; corolla purpurea; capsula globosa.

In paludosis ad Actium Acarnaniae (Bald.). — Maio, Aug. ♃. N. v.

Obs. *Batatas litoralis* L. sp. ed. 2 p. 227; Pieri corc. fl. p. 29 (*Convolvulus*); Chois. conv. rar. p. 124. — In Corcyra ex confusione indicatur. — *B. edulis* Chois. conv. or. p. 53; Heldr. Nutzpfl. p. 35. — Colitur ob tubera edulia in insulis Jonicis, pr. Pyrgos, Athenas et in insula Naxos (Heldr.). — Exsicc.: Heldr. a. 1855.

2. Convolvulus L. gen. n. 215. —

Corolla praefloratione contorta; stigmata inclusa; stylus unicus, stigmatibus 2, distinctis; capsula 2—4 valvis.

1. Sectio. *Calystegia* R. Br. pr. fl. nov. holl. p. 483. — Calyx bracteis 2—4, foliaceis involucratus; stigmata ovata, planiuscula; capsula subunilocularis.

a. Caulis scandens; corolla alba.

1. **C. sepium** L. sp. p. 153; S. et S. pr. I. p. 123; Pieri corc. fl. p. 28; Dall. prosp p. 22; Mazz. in ant. ion. V. p. 200; Fraas fl. class. p. 170. — *Calystegia sepium* R. Br. p. 483; Marg. et R. fl. Zante p. 67; Raul. cret. p. 811; Bois. fl. or. IV. p. 111; Heldr. fl. cephal. p. 52; Haussk. symb. p. 149; Form. in Ver. Brünn 1897 p. 44. — Icon: Fl. dan. t. 458. — Exsicc.: Heldr. pl. fl. hellen. a. 1879, Fl. thessala a. 1883.

Glaber; caulibus proceris, volubilibus; foliis petiolatis, ovatis vel oblongis, acutis vel acuminatis, basi cordato-sagittatis, auriculis integris vel angulatis; pedunculis longis, unifloris; bracteis ovatis ovalibusque, basi subcordatis, planiusculis, apice attenuatis.

Ad sepes, fossas. Thessalia: pr. Trikala (Form.), Ormanmagula (Haussk.), Paxedes pr. Volo (Heldr.); Boeotia (Fraas); Attica: ad Cephissum, Phaleron (Fraas); Creta: pr. Candia (Heldr.), Platania (Raul.); Zante (Marg.); Cephalonia (Dallap.); Corcyra (Pieri): pr. Garizza (Mazz.); et certe alibi. — Maio, Sept. ♃.

2. **C. silvaticus** W. et K. pl. rar. hung. III. p. 390 t. 261; Ung. Reise p. 128; Hal. Beitr. fl. Epir. p. 32. — *C. silvestris* Willd. en. I. p. 202. — *Calystegia silvestris* R. et Schult. syst. IV, p. 183; Form. in Ver. Brünn 1895 p. 33, 1896 p. 61, 1897 p. 44. — *Calystegia silvatica* Chois. in DC. pr. IX. p. 433; Raul. cret. p. 811; Bois. fl. or. IV. p. 111; Gelmi in bull. soc. bot. it. 1889 p. 450; Form. in D. bot. Monat. 1891 p. 25; Haussk. symb. p. 149. — Exsicc.: Heldr. it. Thessal. IV. a. 1885.

Differt a praecedente bracteis ovatis, basi inflato-ventricosis, apice rotundatis.

Ad sepes, in silvaticis. Epirus: pr. Kalentini ad septentrionem urbis Arta (Hal.), pr. Philippiades, ad lacum Janina, pr. Chartmut,

Han Levka (Form.); Thessalia: ad monasterium Korona (Heldr.), pr. Trikala, Velestinos, Lamia (Form.); Laconia: pr. Kastanitza (Heldr.); Creta: pr. Haghia, Platania, Kaenuriokorio (Raul.); Corcyra (Ung.). — Maio, Sept. ♃

    b. Caulis prostratus; corolla purpurea.

    3. **C. soldanella** L. sp. p. 159; S. et S. pr. I. p. 136; Ch. et B. exp. p. 69, Fl. pelop. p. 14; Mazz. in ant. ion. V. p. 200; Fraas fl. class. p. 171. — *Calystegia soldanella* R. Br. pr. p. 433; Marg. et R. fl. Zante p. 67; Bois. fl. or. IV. p. 112; Heldr. in ö. b. Z. 1898 p. 184. — Icon: Rchb. t. 140. — Exsicc.: Sint. et Bornm. it. turc. n. 1373.

    Glaber vel interdum caulibus pedunculisque pubescens; rhizomate tenui, longissimo; caulibus procumbentibus, 5—25 cm. longis; foliis carnosulis, longe petiolatis, reniformibus, integris vel repandis; pedunculis unifloris; bracteis ovatis, concavis.

    In arenosis maritimis. Thessalia: pr. Litochoron (Sint.); Attica: ad Phaleron (Fraas), Pikrodaphni (Heldr.); Messenia: pr. Methone et in Laconia (Chaub.); Cycladum insula Naxos (Chaub.); Zante (Sibth.): ad Tsilivi (Marg.); Corcyra: pr. Sidari, Messongi (Mazz.). — Maio, Jul. ♃

    2. Sectio. *Euconvolvulus* Neilr. fl. Niederöst. p. 530. — Calyx nudus; stigmata lineari-cylindrica, saepe revoluta, capsula bilocularis.

    a. Caulis non volubilis; folia nec hastata, nec palmatipartita.

    α. Perennes.

    × Rami vetusti spinescentes; ovarium glabrum.

    4. **C. lanatus** Vahl. symb. I. p. 16; S. et S. pr. I. p. 136, Fl. gr. III. p. 1 t. 202; Bois. fl. or. IV. p. 89. — *C. sericeus* Chois. in DC. pr. IX. p. 400; Raul. cret. p. 809; non L. —

    Fruticosus, humilis, ramosus; caule erecto, ramis rigidis, erectopatulis, junioribus tomentosis, vetustis denudatis, spinescentibus; foliis cinerascenti-tomentosis, inferioribus oblongo-vel lineari-spathulatis, in petiolum attenuatis, superioribus sessilibus, breviter lanceolatis; floribus fasciculatis, fasciculis capituliformibus, 5—10floris, sessilibus, ad axillas foliorum superiorum spicas interruptas formantibus; bracteis ovatis; sepalis lanceolatis, hirsutis; corolla albo-rosea, sericea, calyce 2¹/₂ plo longiore. — Folia inferiora 20—25 mm. longa, 6—10 mm. lata, corolla 15—17 mm. longa.

    In collibus siccis Cretae (Sibth.), sine loci specialis indicatione; a recentioribus non lectum. — Maio. ♄ N. v.

    5. **C. dorycnium** L. sp. ed. 2 p. 224; S. et S. pr. I. p. 136, Fl. gr. III. p. 1 t. 201; Sieb. avis p. 3, rem. p. 3; Ch. et B. exp. p. 70, Fl. pelop. p. 14; Fraas fl. class. p. 171; Clem. sert. p. 67; Raul. cret. p. 810; Bois. fl. or. IV. p. 91; Spreitz. in z. b. G. 1890 p. 297; Haussk. symb. p. 149; Bald. viagg. Creta p. 77; Heldr. fl.

Aegina p. 380, chlor. Thera p. 17; Form. in D. bot. Monat. 1898 p. 78. — Exsicc.: Orph. fl. gr. n. 205; Heldr. herb. norm. n. 438 et 1264, herb. dimorph. n. 36; Rev. pl. cret. n. 109; Dörfl. fl. aeg. n. 44.

Erinaceo-dumosus; caule erecto, ramis rigidis, patule villosis, divaricatim ramosissimis, amplissime paniculatis, ramulis demum spinescentibus; foliis sessilibus, villosis, inferioribus oblongo-spathulatis vel ellipticis, superioribus linearibus; floribus breviter pedicellatis, in cymis terminalibus, trifloris vel abortu saepe unifloris dispositis; bracteis minutis; sepalis obovato-rotundis, sericeis; corolla rosea, extus ad angulos hirsuta, calyce multo longiore. — Caules 40—60 cm. alti, dumos latos, subglobosos, intricatos efformans, corolla 15 mm. longa.

In aridis regionis inferioris. Attica: pr. Athenas (Orph.), ad Phalerum, Piraeum, insula Aegina (Heldr.); pr. Megara (Chaub.); Corinthus (Sibth.); Creta: pr. Kissamos, Platania (Rev.), Perivolia (Bald.), Canea, Sina, Hagia Rumeli, Alikampos, Askyphos, Rethymo, Hierapetra (Raul.); Cycladum insula: Thera (Heldr.), Anaphi (Leon.). — Maio, Jul. ♃

×× Rami inermes; ovarium hirsutum.

○ Folia lanceolata, flores 1—3, cymosi.

. Fruticosus, ramis adultis lignosis, hornotinis herbaceis.

6. **C. oleaefolius** Desf. enc. III. p. 552; Urv. enum. p. 24; Raul. cret. p. 810; Bois. fl. or. IV. p. 93; Haussk. symb. p. 149; Hal. in ö. b. Z. 1896 p. 15; Heldr. fl. Aegina p. 380, chlor. Thera p. 17. — *C. Tournefortii* Sieb. avis. p. 3, rem. p. 3. — *C. lineatus* S. et S. pr. I. p. 135, Fl. gr. II. p. 81 t. 199, non L. — *C. cneorum* L. sp. p. 157 pro p. quoad pl. creticam; Ch. et B. exp. p. 70, Fl. pelop. p. 14. — Exsicc.: Orph. fl. gr. n. 481; Heldr. herb. norm, n. 439 et 1158, herb. dimorph. n. 37; Dörfl. fl. aeg. n. 144.

Adpresse argenteo-sericeus, basi fruticosus; ramis herbaceis, erectis, elongatis, simplicibus vel stricte ramosis; foliis lineari-lanceolatis, angustis, obtusiusculis; floribus terminalibus, cymoso-subcapitatis; pedicellis calyce brevioribus; bracteis subulatis; sepalis lanceolatis, villosis; corolla rosea, ad angulos sericea, calyce 4 plo longiore.

In collibus saxosis, maritimis. Attica: pr. Phaleron, Piraeum, in scopulo Hagios Georgios pr. Salamis, in insula Arpedoni, Aegina et adjacente scopulo Metopi (Heldr.), pr. Megara (Orph.), isthmus Corinthiacus (Chaub.); Euboea (Wild); Laconia (Chaub.); Cycladum insula Makaria pr. Naxos (Leon.), Caloyero (Sibth.), in scopulo St. Istad pr. Cimolos (Urv.), Thera (Heldr.); Creta: ad promontorium Meleka (Raul.). — Maio. Jun. ♄

.. Rami e rhizomate suffrutescente herbacei.

7. **C. lineatus** L. sp. ed. 2 p. 224; Raul. cret. p. 810; Hal. in ö. b. Z. 1899 p. 25. — Icon: Rchb. t. 134. — Exsicc.: Reiser fl. gr. a. 1898.

Caulibus herbaceis, adpresse sericeis, e rhizomate pluricipiti adscendentibus, simplicibus vel parum ramosis, 5—20 cm. altis, interdum brevissimis; foliis lanceolatis vel lineari-lanceolatis, utrinque adpresse sericeis, infimis in petiolum attenuatis, superioribus subsessilibus; cymis 1—4 floris; breviter pedunculatis; floribus breviter pedicellatis; bracteis linearibus; sepalis oblongo-lanceolatis, sericeis; corolla rosea, ad angulos sericea, calyce 4 plo longiore.

In collibus siccis regionis inferioris. In Strophadum insula majore (Reis.); indicatur quoque in Creta, sed probabiliter ex confusione. — Maio, Jul. ♃

8. **C. cantabricus** L. sp. p. 158; S. et S. pr. I. p. 135; Pieri corc. fl. p. 29; Ch. et B. exp. p. 70, Fl. pelop. p. 14; Friedr. Reise p. 284; Raul. cret. p. 810; Bois. fl. or. IV. p. 95; Heldr. fl. cephal. p. 52; Form in D. bot. Mon. 1891 p. 25, in Ver. Brünn 1895 p. 33, 1896 p. 61, 1897 p. 45; Hal. Beitr. fl. Epir. p. 32, Beitr. fl. Thessal. p. 16; Haussk. symb. p. 149. — Icon: Jacq. fl. austr. III. t. 296. — Exsicc.: Orph. herb. n. 2878; Sint. it. thessal. n. 359.

Caulibus herbaceis, patule rarius adpresse hirsutis, e rhizomate indurato adscendentibus, 15—40 cm. altis; foliis lanceolatis vel linearilanceolatis, utrinque hirsutis, inferioribus in petiolum attenuatis, superioribus sessilibus; cymis 1—4 floris, longe pedunculatis, paniculam laxam formantibus; floribus breviter pedicellatis; bracteis lineari-subulatis; sepalis lanceolatis, hirsutis; corolla rosea, extus ad angulos hirsuta, calyce 3 plo longiore. — A praecedenti indumento patulo, caulibus saepius elatis, cymis longe pedunculatis, paniculam effusam formantibus diversissimus.

In collibus siccis, saxosis regionis inferioris et montanae. Epirus: pr. Sadovica, ad monasterium Hagios Paraskevi (Form.), mt. Tsumerka (Hal.); Thessalia: pr. Kastania (Hal.), mt. Baba (Form.), in Pindo dolopico (Haussk.), pr. Kalabaka (Sint.), Pharsalus, Aivali (Heldr.), mt. Chassia, pr. Selicany in mt. Ossa, pr. Plessidi, Portaria, Volo, mt. Othrys (Form.); Attica: mt. Cithaeron (Heldr.), Lycabettus (Orph.), pr. Athenas, Laurion (Haussk.); Achaia: mt. Kyllene (Heldr.); Argolis: pr. Nauplia (Friedr.), Argos (Chaub.); Laconia et Messenia (Chaub.); Creta (Raul.); Cephalonia: pr. Drapano, Rasata (Heldr.); Corcyra (Pieri). — Maio, Jul. ♃

9. **C. radicosus** Heldr. et Sart. in Bois. diagn. ser. 2 III. p. 124, Fl. or. IV. p. 99. — Exsicc.: Heldr. herb. norm. n. 961.

Caulibus herbaceis, adpressiuscule hirsutis, e rhizomate sublignoso pumilis, dense caespitosis, 1—3 cm. longis, saepius brevissimis; foliis linearibus vel lanceolato-spathulatis, subsessilibus, supra glabris, subtus adpresse hirsutis; cymis 1—3 floris, breviter pedunculatis; floribus breviter pedicellatis; bracteis folio conformibus; sepalis ovato-oblongis, hirsutis; corolla rosea, an angulos hirsuta. — Praecedenti valde affinis, cujus formam abbreviatam alpinam forsan sistit.

Achaia: in oropedio Livadi regionis superioris mt. Kyllene, in terra argillosa compacta (Heldr.). — Jun. Jul. ♃.

○○ Folia ovata, minima; flores solitarii.

10. **C. cochlearis** Griseb. spic. II. p. 76; Bois. fl. or. IV. p. 98, suppl. p. 348; Heldr. chlor. Parn. p. 23. — *C. parnassicus* Bois. et Orph. diagn. ser. 2 III. p. 125. — Exsicc.: Orph. fl. gr. n. 480; Heldr. pl. fl. hellen. a. 1876 et 1878.

Dense pulvinatus, adpresse argyreo-sericeus; rhizomate crasso, lignoso, multicipiti; foliis minimis, ovatis, cuneatis, petiolo eis subaequilongo suffultis; floribus solitariis, in caespite subsessilibus; sepalis ovatis, acuminatis; corolla purpurea, ad angulos sericea. — Foliorum limbus 4—5 mm. longus.

In saxosis regionis abietinae, rare. Attica: mt. Parnes (Heldr.), Pateras (Bartholomatos); mt. Parnassus ad Hagios Nicolaos et Carcaria (Orph.). — Jun. Jul. ♃.

b. Annui.

α. Capsula pubescens.

11. **C. tricolor** L. sp. p. 158; Marg. et R. fl. Zante p. 67. — Icon: Rchb. t. 137.

Pubescens; caulibus adscendentibus vel decumbentibus, subsimplicibus; foliis obovatis, oblongis vel oblongo-lanceolatis, inferioribus in petiolum brevem attenuatis, ceteris sessilibus; pedunculis axillaribus, solitariis, unifloris, folium aequantibus vel superantibus, minute bibracteolatis, fructiferis recurvis; sepalis ovatis, hirsutis; corolla calyce 3—4 plo longiore, limbo coeruleo, tubo flavescente, ad angulos pubescente.

In sepibus insulae Zacynthus (Marg.). — Mart. Maio. ⊙ N. v.

β. Capsula glabra.

12. **C. pentapetaloides** L. syst. nat. ed. 12 III. p. 229; S. et S. pr. I. p. 134, Fl. gr. II. p. 80 t. 197; Ch. et B. exp. p. 69, Fl. pelop. p. 14; Bois. fl. or. IV. p. 110; Heldr. fl. Aegina p. 380. —

Pubescens; caulibus adscendentibus vel decumbentibus, subsimplicibus; foliis radicalibus oblongo-spathulatis, in petiolum longe attenuatis, superioribus oblongo-lanceolatis, sessilibus; pedunculis axillaribus, solitariis, unifloris, folio brevioribus, minute bibracteolatis, fructiferis recurvis; sepalis ovatis, glabris; corolla calyce duplo longiore, limbo coeruleo, tubo flavescente, pubescente. — Differt a praecedente, cui habitu similis, praesertim sepalis et capsulis glabris et corolla multo minori.

In rupestribus siccis et graminosis. Messenia usque ad mt. Ithome (Chaub.); Argolis (Sprun.); insula Aegina: pr. Janitzio (Heldr.); Archipelagus (Sibth.). — Apr. Maio. ⊙. N. v.

13. **C. siculus** L. sp. p. 156; S. et S. pr. I. p. 134, Fl. gr. II. p. 79 t. 196; Ch. et B. exp. p. 69, Fl. pelop. p. 14; Friedr. Reise p. 271; Weiss in z. b. G. 1869 p. 742; Raul. cret. p. 810; Bois. fl. or. IV. p. 109; Haussk. symb. p. 149; Hal. in ö. b. Z. 1897

p. 97; Heldr. chlor. Mykon. p. 247. — Exsicc.: Heldr. et Hal. fl. aeg. a. 1889.

Pubescens; caulibus adscendentibus vel decumbentibus, subsimplicibus; foliis petiolatis, ovatis, basi cordatis vel truncatis; pedunculis axillaribus, solitariis, unifloris, folio brevioribus, bracteis binis calycem aequantibus vel superantibus obsitis, fructiferis recurvis; sepalis ellipticis, hirsutis; corolla calyce vix duplo longiore, limbo· coeruleo, tubo flavescente, pubescente. — Foliis subcordato vel truncato-ovatis; omnibus petiolatis et calyce hirsuto a praecedente statim diagnoscitur.

In rupestribus, arenosis siccis regionis inferioris. Attica (Sprun.); Argolis: pr. Nauplia, Tolon (Haussk.), Poros (Friedr.); Messenia: pr. Pylos (Fauché), Methone, Corone (Chaub.); Creta (Sibth.); Cycladum insula Mykonos (Sart.), Cimolos (Heldr.), Syra (Weiss); Sporadum insula Peristeri (Leon.). — Mart. Maio. ☉.

b. Caulis volubilis; folia hastata vel (superiora palmatipartita).

α. Folia hastata, nunquam palmatipartita.

14. C. arvensis L. sp. p. 253; S. et S. pr. I. p. 123; Pieri corc. fl. p. 29; Ch. et B. exp. p. 68, Fl. pelop. p. 14; Marg. et R. fl. Zante p. 67; Mazz. in ant. ion. V. p. 196; Friedr. Reise p. 275; Fraas fl. class. p. 170; Weiss in z. b. G. 1869 p. 742; Raul. cret. p. 810; Bois. fl. or. IV. p. 108; Heldr. fl. cephal. p. 52, Fl. Aegina p. 380, chlor. Thera p. 17, chlor. Mykon. p. 247; Form. in D. bot. Mon. 1891 p. 25, in Ver. Brünn 1895 p. 32, 1896 p. 61; Haussk. symb. p. 149. — Icon: Rchb. t. 136.

Glaber vel puberulus; caulibus prostratis vel volubilibus, saepe valde elongatis, ad 1 m. longis; foliis petiolatis, triangulari-ovatis vel oblongis, acutis, obtuse vel acute sagittato-hastatis; pedunculis axillaribus, solitariis, subunifloris, folium superantibus, bibracteolatis; sepalis ovato-oblongis, obtusis; corolla alba vel rosea, glabra, calyce multo longiore; capsula glabra.

β. **Cherleri** Ag. in Roem. et Schult. syst. IV. p. 261 pro sp.; Heldr. fl. Aegina p. 380. — *C. auriculatus* Mazz. in ant. ion. V. p. 196, an Desr. . — *C. arvensis* β. *linearifolius* Chois. in DC. pr. IX. p. 407. — Foliorum limbus elongatus, late linearis vel lineari-lanceolatus, auriculis longioribus, divaricatis. — Exsicc.: Heldr. pl. fl. hellen. a. 1897.

In arvis, ad vias, sepes regionis inferioris et montanae per omnem Graeciam. — Maio, Aug. ♃.

15. C. hirsutus Stev. in M. a. B. fl. taur. cauc. I. p. 422; Sieb. avis rem. p. 3; Ch. et B. exp. p. 68, Fl. pelop. p. 14; Bois. fl. or. IV. p. 105; Haussk. symb. p. 149; Form. in Ver. Brünn 1897 p. 45. — Icon: M. a. B. cent. rar. I. t. 6. — Exsicc.: Heldr. pl. fl. hellen. a. 1890.

Hirsutus; caulibus decumbentibus vel scandentibus; foliis petiolatis, ovatis ovalibusque, cordato-hastatis, sinuato-subdentatis, acutis vel obtusiusculis, auriculis rotundatis; pedunculis axillaribus, solitariis, 1—3 floris, folio multo longioribus; pedicellis bibracteolatis; sepalis ovato-oblongis, acuminatis; corolla albo-rosea vel flavida, ad angulos pilosa, calyce 4 plo longiore; capsula hirsuta. — Species polymorpha, praecedenti omnibus partibus major, a quo insuper indumento, sepalis acuminatis et capsula hirsutissima discedit.

β. **Sibthorpii** Roem. et Schult. syst. IV. p. 285; Mazz. in ant. ion. V. p. 196; pro sp. — *C. sagittifolius* S. et S, pr. I. p. 133, Fl. gr. II. p. 77 t. 193; Haussk. symb. p. 149; non Mich. — Minus hirsutus, foliis a basi sagittato-hastato triangulari-lanceolatis, in apicem angustissimum longe productis, auriculis divaricatis, obtuse bilobulatis, sepalis angustioribus longioribusque. — Intermediis ad typum transit. — Exsicc.: Heldr. it. IV. Thessal. a. 1883.

In agris, collibus herbosis, ad sepes regionis inferioris. Thessalia: ad monasterium Meteora, pr. Pharsalus, Aivali, Persufli (Haussk.), Trikala, in Phthiotide (Heldr.); Boeotia (Sprun.); Euboea: pr. Xerochori (Heldr.); Peloponnesus (Chaub.): pr. Nauplia (Haussk.); Archipelagus (Sibth.); Creta (Sieb.); Corcyra: pr. Ermones, Castrades (Mazz.). — Maio, Aug. ♃

β. Folia inferiora cordato-ovata, superiora palmatipartita.

16. **C. althaeoides** L. sp. p. 156, excl. var. β.; S. et S. pr. I. p. 133, Fl. gr. II. p. 78 t. 194; Urv. enum. p. 23; Mazz. in ant. ion. V. p. 196; Marg. et R. fl. Zante p. 67; Friedr. Reise p. 202; Fraas. fl. class. p. 171; Ung. Reise p. 128; Weiss in z. b. G. 1869 p. 742; Bois. fl or. IV. p. 106; Heldr. fl. cephal. p. 52, Fl. Aegina p. 380; Spreitz. in z. b. G. 1887 p. 664; Haussk. symb. p. 149. — *C. alceaefolius* Ch. et B. exp. p. 68, Fl. pelop. p. 14, non Lam. — Exsicc.: Heldr. herb. norm. n. 962; Dörfl. fl. aeg. n. 70.

Villoso-hirsutus, opacus; caulibus diffusis, apice volubilibus; foliis petiolatis, inferioribus cordato-ovatis, obtuse crenatis vel lobatis, superioribus subpedatim palmatifidis partitisve, laciniis lanceolatis vel linearibus, integris vel dentatis, terminali longiore; pedunculis axillaribus, solitariis, uni rarius bifloris, folio multo longioribus; pedicellis bibracteolatis; sepalis ovato-oblongis, obtusis, margine scariosis; corolla rosea, ad angulos parce pilosa, calyce 4—5 plo longiore; capsula ellipsoidea, glabra.

β. **italicus** Roem. et Sch. syst. IV. p. 266; Sieb. avis. p. 3; Raul. cret. p. 810; pro sp. — Caules et folia parce et adpresse pubescentia. — Exsicc.: Rev. pl. cret. n. 110.

In herbidis, maritimis, dumosis regionis inferioris. Attica: mt. Hymettus (Fraas), pr. Laurion (Haussk.), Porto Rhaphti, insula Aegina (Heldr.); Petalium insula Megalonisi (Holzm.); Corinthus (Heldr.), Acrocorinthus, Nauplia (Haussk.); Elis: pr. Pyrgos, Arcadia (Friedr.); Messenia: pr. Methone, Corone (Chaub.); Cycladum insula: Syra, Tenos (Weiss), Naxos (Leon.), Melos (Urv.); Creta: pr. Canea (Weiss); Zante (Marg.); Cephalonia (Ung.); Leucas: ad monasterium Hagios Georgios

(Spreitz.); Corcyra: pr. Spartilla (Mazz.); — β. Cycladum insula Keos (Heldr.); Creta: pr. Akroteri (Rev.), Khalepa, Lutro (Raul.). — Apr. Jun. ♃

17. **C. tenuissimus** S. et S. pr. I p. 134, Fl. gr. II. p. 7 t. 195; Sieb. avis p. 3, rem. p. 3; Mazz. in ant. ion. V. p. 196; Marg. et R. fl. Zante p. 67; Friedr. Reise p. 271; Clem. sert. p. 67; Weiss in z. b. G. 1869 p. 742; Raul. cret. p. 811; Bois. fl. or. IV. p. 107; Heldr. fl. Cephal. p. 52, Fl. Aegina p. 380, chlor. Thera p. 17; Spreitz in z. b. G. 1877 p. 715; Hal. in z. b. G. 1888 p. 760; Gelmi in bull. soc. bot. ital. 1889 p. 450; Form. in D. bot. Mon. 1891 p. 25, in Ver. Brünn 1895 p. 32, 1896 p. 61, 1897 p. 45; Haussk. symb. p. 149. — *C. althaeoides* β. L. sp. p. 156; Ch. et B. exp. p. 69, Fl. pelop. p. 14. — *C. argyreus* DC. fl. fr. V. p. 423. — *C. althaeoides v. argyreus et pedatus* Chois. in DC. pr. IX. p. 409. — Exsicc.: Orph. fl. gr. n. 482; Sint. it. thessal. n. 131; Dörfl. pl. cret. n. 92.

Adpresse argyreo-sericeus, nitens; caulibus diffusis, apice volubilibus; foliis petiolatis, inferioribus cordato-oblongis, obtuse crenatis vel lobatis, superioribus palmatim vel pedatim partitis, laciniis-linearibus, plerisque integris, terminali longiore; pedunculis axillaribus, solitariis, unifloris, folio multo longioribus; pedicellis bibracteolatis; sepalis ovato-oblongis, obtusis, margine scariosis; corolla rosea, ad angulos parce pilosa, calyce 4—5 plo longiore; capsula subglobosa, glabra. — Indumento nitide sericeo, foliis caulinis angustius et profundius divisis et corolla subminore a praecedente specifice differt.

β. virescens. — Foliis viridibus, breviter adpresse pilosis. — A var. β. speciei praecedentis, foliis caulinis tenuiter partitis, corolla minori et capsula ellipsoidea discedit. — Exsicc.: Heldr. pl. fl. hellen. a. 1900.

In collibus siccis, dumosis regionis inferioris et montanae per totam Graeciam; — β. mt. Pentelicon Atticae (Heldr.). — Apr. Jul. ♃

Obs. *C. suffruticosus* Desf. atl. I. p. 175 et *C. farinosus* L. mant. II. p. 203, a S. et S. pr. I. p. 133 et 135 in Graecia probabiliter ex confusione quadam indicantur.

3. Cressa L. gen. n. 179. — Corolla praefloratione imbricata; stigmata exserta; styli 2, stigmatibus capitatis; capsula 2 valvis.

1. **C. cretica** L. sp. p. 223; S. et S. pr. I. p. 171, Fl. gr. III. p. 51 t. 256; Sieb. avis p. 3, rem. p. 3; Ch. et B. exp. p. 81, Fl. pelop. p. 17; Fraas fl. class. p. 171; Raul. cret. p. 811; Bois. fl. or. IV. p. 114; Spreitz. in z. b. G. 1887 p. 664; Haussk. symb. p. 149; Form. in Ver. Brünn 1895 p. 32, 1896 p. 61; Heldr. in ö. b. Z. 1898 p. 184, chlor. Mykon. p. 247. — Exsicc.: Orph. fl. gr. n. 479; Dörfl. fl. aeg. n. 257.

Villosula, cinerea; caulibus erectiusculis vel diffusis, a basi ramosissimis; foliis minutis, ovato-lanceolatis, sessilibus, floribus sessilibus, ad ramorum apicem spicato-capitatis; sepalis ovato-lanceolatis, corolla parva, profunde 5 fida, flava, parum brevioribus; capsula ovata, monosperma.

In argillosis salsis, maritimis. Epirus: pr. Prevesa (Form.); Thessalia: ad Karacair pr. Larissa (Form.); Attica: ad Phaleron (Fraas), Pikrodaphni (Heldr.); Peloponnesus: Argolis, in planitie Helos (Chaub.), pr. Kunupeli Elidis (Heldr.); Cycladum insula: Kythnos, Rhenea (Tunt.), Delos, Antiparos, Naxos, Melos (Chaub.); Creta (Sieb.): pr. Hierapetra (Raul.); Corcyra: pr. Potamo (Spreitz.), Alipu, Kanali, Kipuria, Kanoni (Form.). — Jul. Aug. ⚇|

LXXIX. Ordo. Cuscutaceae Endl. gen. pl. p. 655.

1. Cuscuta L. gen. n. 170.

1. Sectio. *Monogynella* Engelm. gen. cusc. sp. p. 74. — Stylus unicus; stigmata capitata vel ovata; capsula regulariter circumscissa.

1. C. monogyna Vahl symb. II. p. 32; Fraas fl. class. p. 770; Bois. fl. or. IV. p. 121; Haussk. symb. p. 149; Form. in Ver. Brünn 1897 p. 45. — Icon: Fl. gr. t. 257. — Exsicc.: Orph. fl. gr. n. 281; Sint. it. thessal. n. 1328.

Floribus racemoso-spicatis; calycis laciniis ovatis, obtusis; corollae tubo calyce vix longiore, laciniis tubo dimidio brevioribus, ovatis, obtusis, erectis; squamulis hippocrepidiformibus; denticulatis, medio tubo adnatis; antheris cordato-ovatis, paulo sub fauce subsessilibus; stylo stigmati aequilongo, ovario multo breviore. — Floribus demum manifeste pedicellatis et capsula magna (fere magnitudine pisi) insignis.

Ad frutices parasitica. Thessalia: mt. Pelion (Haussk.), Othrys (Form.); Attica: ad Phaleron (Heldr.); Corinthia: pr. Lutraki (Heldr.); Laconia: mt. Malevo (Orph.). — Jun. Aug. ☉

2. Sectio. *Eucuscuta* Engelm. l. c. p. 10. — Styli duo, stigmata filiformia; capsula regulariter circumscissa.

a. Styli ovario breviores.

2. C. europaea L. sp. p. 124; Friedr. Reise p. 275; Bois. fl. or. IV. p. 117; Haussk. symb. p. 149. — Icon: Fl. dan. t 199. — Exsicc.: Sint. it. thessal. n. 1428.

Floribus sessilibus, globoso-capitatis, calycis laciniis ovatis, obtusis; corollae tubo calyce sublongiore, laciniis tubo brevioribus, ovatis, obtusis, erecto-patulis, squamulis parvis, tenuissime bifidis vel truncatis, tubo adpressis; stylis stigmatibus et ovario multo brevioribus.

Ad frutices et herbas parasitica. Thessalia: pr. Kriovrisi in valle Penei (Sint.), ad monasterium Korona, pr. Palaeokastron, Karditza (Haussk.),

Pharsalus (Heldr.); Peloponnesus (Bois.): insula Poros (Friedr.) — Jul. Aug. ☉
    b. Styli ovario longiores.
      α. Flores pentameri.

    3. **C. epithymum** L. sp. p. 124; S. et S. pr. I. p. 173; Sieb. avis p. 3, rem. p. 3; Dallap. prosp. p. 19; Fraas fl. class. p. 170; Bois. fl. or. IV. p. 115; Heldr. fl. cephal. p. 52; Hal. Beitr. fl. Epir. p. 32. — *C. minor* Ch. et B. exp. p. 58, Fl. pelop. p. 11; Marg. et R. fl. Zante p. 67; Ung. Reise p. 128; Raul. cret. p. 811. — Exsicc.: N. v.

    Floribus sessilibus, globoso-capitatis; calycis laciniis, ovatis, acutis, patulis; corollae tubo calycem superante, limbi tubo brevioris laciniis ovatis, acutis, patulis, demum reflexis; squamulis majusculis, conniventibus, fimbriatis.

    β. **macranthera** Heldr. et Sart. in Bois. diag. ser. 2 III. p. 126; Haussk. symb. p. 149; pro sp; Engelm. l. c. p. 11; Bois. fl. or. IV. p. 115. — *C. Calliopes* (sphalmate *Cassiopes*) Heldr. et Sart. in Bois. diagn. ser. 2 III. p. 128; Heldr. chlor. Parn. p. 123. — *C. epithymum* γ. *Calliopes* Bois. fl. or. IV. p. 115. — Flores brevissime pedicellati; calyx basi longius obconicus, laciniis acutis vel obtusiusculis; antherae submajores, magis exsertae. — Exsicc.: Orph. herb. n. 743.

    γ. **alba** Presl del. Prag. p. 87; Weiss in z. b. G. 1869 p. 742; Haussk. symb. p. 149; pro sp.; Engelm. l. c. p. 13. — *C. epithymum* δ. *micrantha* Bois. fl. or. IV. p. 116. — Flores minores; calyx corollae tubum subaequans, ejus et corollae lobi acutiores. — Exsicc.: Heldr. herb. norm. n. 237.

    Ad herbas diversas parasitica. Indicatur in Graecia (Bois.) et ejus insulis (Sibth.); Attica: mt. Hymettus (Ung.); Laconia pr. Skardamyle, in Maina (Chaub.); Creta (Sieb.): ad Akroteri (Raul.); Zante (Marg.); Cephalonia (Dallap.): mt. Aenos, pr. Lixuri (Heldr.); — β. Epirus: pr. Kalarrytes ad radices mt. Peristeri (Hal.); Thessalia: ad monasterium Korona (Haussk.); mt. Parnassus et Taygetos (Heldr.); — γ. Thessalia: ad monasterium Korona (Haussk.), mt. Oeta Phthiotidis (Heldr.); Attica: mt. Lycabettus (Haussk.), Hymettus (Heldr.); Elis: in colle castri Chlemutzi (Heldr.); Argolis: peninsula Methana (Haussk.); Cycladam insula Syra et Tenos (Weiss). — Maio. Jul. ☉.

    4. **C. planiflora** Ten. syll. p. 128, Fl. neap. t. 220; Weiss. in z. b. G. 1869 p. 742; Bois. fl. or. IV. p. 116. —

    Floribus sessilibus, globoso-capitatis; calycis laciniis ovatis, obtusiusculis, patulis; corollae tubo calycem superante, limbi tubo longioris laciniis ovatis, obtusis, breviter acuminatis, patulis, nunquam reflexis; squamulis majusculis, conniventibus, fimbriatis. — Praecedenti proxima et ab ea saepe aegre discernenda; differt corollae subrotatae limbo tubo proportione longiore, valde expanso, lobis obtusioribus, staminibus stylisque magis exsertis.

α. **Tenorii** Engelm. l. c. p. 17; Bois. fl. or. IV. p. 116. — Calycis et corollae lobi turgidi, apice saepe cucullati; flores minores; styli ovario parum longiores, capsulae aequilongi vel breviores. — Exsicc.: Orph. fl. gr. n. 517.

β. **approximata** Babingt. in ann. nat. hist. XIII. p. 253, pro sp.; Engelm. l. c. p. 15; Bois. fl. or. IV. p. 116; Haussk. symb. p. 149; Form. in Ver. Brünn 1897 p. 45. — *C. leucosphaera* Bois. et Heldr. in Heldr. herb. norm. n. 33, Heldr. chlor. Parn. p. 23, in Sitzungsb. acad. Wiss. Berlin 1883 p. 4. — *C. epispartos* Bois. et Orph. in Orph. fl. gr. n. 518. — Calycis laciniae membranaceae, vix carnosae; corollae lobi apice tantum turgidi; flores et capitula majora; styli ovario subduplo longiores. — Intermediis ad typum transit. — Exsicc.: Orph. l. c.; Heldr. l. c., fl. Thessal. n. 4; Sint. et Bornm. it. turc. n. 1374; Sint. it. thessal. n. 1045.

Ad herbas varias parasitica. Thessalia: ad monasterium Korona (Heldr.); Aetolia: mt. Korax (Heldr.); Peloponnesus: mt. Kyllene (Heldr.), Malevo (Orph.); Cycladum insula Syra (Weiss); — β. Thessalia: ad monasterium Korona et Meteora, pr. Kalabaka, Orman Magula, Aivali, Pharsalus (Haussk.), mt. Chassia (Form.), Olympus (Sint.), Pelion (Heldr.); Laconia: mt. Malevo (Orph.). Jun. — Aug. ☉.

β. Flores plerumque tetrameri, saepe tantum trimeri (flos centralis tantum saepe 5merus).

5. **C. globularis** Bert. fl. ital. VII. p. 625; Haussk. symb. p. 150; Hal. Beitr. fl. Aetol. p. 8; Heldr. fl. Aegina p. 380. — *C. micrantha* Tin. in Guss. syn. II. p. 887, non Chois. — *C. palaestina* Bois. diagn. XI. p. 86, Fl. or. VI. p. 116; Bald. viagg. Creta p. 77. — Exsicc.: Heldr. pl. fl. hellen. a. 1877 et 1878.

Floribus sessilibus, in capitula minima glomeratis; calycis carnosuli laciniis latis, brevibus, carinato-costatis, obtusis; corollae calycem vix excedentis laciniis breviter ovatis, obtusis; squamulis majusculis, late spathulatis, denticulatis.

Ad herbas varias parasitica. Aetolia: mt. Taphiassos (Hal.); Attica: in colle Turcovuni (Haussk.), Lycabettus, in Pharmacusarum insula Megali Kyra, in insula Aegina (Heldr.); Achaia: pr. Patras (Hal.), Trika (Heldr.), mt. Malevo (Orph.); Creta (Sieb.): mt. Hagion Pneuma, Ida (Bald.); Archipelagus (Engelm.). — Apr. Jun. ☉.

3. Sectio. **Clistogrammica** Engelm. l. c. p. 47. — Styli duo, stigmata capitata; capsula nunquam basi dehiscens, baccata.

6. **C. breviflora** Vis. fl. dalm. II. p. 231. — *C. obtusiflora* Humb. Bonpl. et Kunth nov. gen. III. p. 122 var. *breviflora* Engelm. l. c. p. 47; Bois. fl. or. IV. p. 121. — Exsicc.: Orph. fl. gr. n. 615 (*C. atheniensis*).

Floribus pedicellatis; laxiuscule capitato-glomeratis, pedicellis calyci aequilongis vel longioribus; calycis laciniis ovatis, obtusis; corollae calyce sublongioris, tubo brevi scutellato, lobis ovatis, obtusis, mox reflexis squamulis minimis, bifidis; stylis crassis, ovario brevioribus; capsula irregulariter rumpente. — Caules intense aurantiaci, flores saepe tetrameri, suaveolentes.

In *Ocimo* et *Solano melongena* parasitans. Graecia (Zucc.): pr. Athenas (Orph.). — Jul. Sept. ☉.

LXXX. Ordo. Borraginaceae Juss. gen. p. 128.
Dispositio tribuum generumque.

1. Tribus. *Heliotropeae* Endl. gen. p. 646. — Stylus terminalis.
1. Heliotropium L.

2. Tribus. *Borragineae* Endl. gen. p. 647. — Stylus a basi centro gynobaseos ortus.

1. Subtribus. *Cerintheae* DC. pr. X. 2. — Nuculae 2, biloculares, areola plana toro insidentes, a gynobasi vel stylo liberae.
2. Cerinthe L.

2. Subtribus. *Anchuseae* Koch. syn. p. 497. — Nuculae 4, (raro abortu 3—2) uniloculares, basi excavata toro insidentes et ibidem saepius annulo tumido instructae, a gynobasi vel stylo liberae.
   a. Corolla rotata; filamenta sub apice appendice obtusa extus aucta.
3. Borrago L.
   b. Corolla infundibuliformis vel cylindrica; filamenta exappendiculata.
      α. Corolla breviter cylindrica, limbo in lacinias lineares, tubo multo longiores partita; filamenta longe exserta.
4. Trachystemon Don.
      β. Corolla infundibuliformis, laciniis latis, brevibus; filamenta non exserta.
   × Nuculae basi annulo tumido cinctae.
      ○ Corolla fauce aperta, squamulis minutis, pilosis vel laciniatis obsita.
5. Nonnea Med.
      ○○ Corolla fauce fornicibus, obtusis, papillosis clausa.
6. Anchusa L.
      ○○○ Corolla fauce fornicibus 5, subulatis, in conum collocatis clausa.
7. Symphytum L.
   ×× Nuculae basi planae; corolla fornicibus destituta.
8. Pulmonaria L.

3. Subtribus. *Lithospermeae* Koch syn. p. 500. — Nuculae 4, rarius 2, uniloculares, areola plana toro insidentes, a gynobasi vel stylo liberae.
   a. Antherae basi sagittato-bicalcaratae.
9. Onosma L.
   b. Antherae ovales vel oblongae.
      α. Corollae limbus irregularis, subbilabiatus.
10. Echium L.
      β. Corollae limbus regularis.
         α. Stamina exserta.
11. Moltkia Lehm.
         β. Stamina inclusa.
           × Corolla fauce aperta.

○ Corolla fauce nuda, tubo longissimo.
12. Macrotomia DC.
○○ Corolla fauce saepissime plicis vel gibbis munita, tubo brevi.
. Nuculae valde curvatae, basi in collum contractae.
13. Alkanna Tausch.
.. Nuculae ovoideae vel trigonae, basi non contractae.
14. Lithospermum L.
×× Corolla fauce fornicibus 5 obtusis clausa.
15. Myosotis L.

4. Subtribus. *Cynoglosseae* DC. pr. X. p. 117. — Nuculae 4 vel abortu pauciores, gynobasi vel stylo, areola plana elongata, plus minus laterali insertae et cum eo saepius coalitae.
  a. Fructus in nuculas 4 monospermas vel rarius in carpella 2 disperma secedens.
    α. Calyx 5 fidus vel 5 partitus, basi non sinuato-dentatus, fructifer non vel parum auctus, non compressus.
    × Nuculae membranaceo-marginatae.
      ○ Corolla rotata, tubo brevissimo; nuculae excavatae.
16. Omphalodes Tourn.
      ○○ Corolla infundibuliformis vel cylindrica, tubo plus minus elongato; nuculae depresso-planae vel urceolatae.
        . Corolla cylindrica.
17. Paracaryum Bois.
        .. Corolla infundibuliformis.
18. Mattia Schult.
    ×× Nuculae non membranaceo-marginatae.
      ○ Nuculae styli basi affixae, subrotundae, convexae vel depressae, fere undique muricatae.
19. Cynoglossum L.
      ○○ Nuculae lateraliter columnae centrale affixae, trigonae vel compressae, margine muricatae.
20. Lappula Gilib.
    β. Calyx 5 fidus, lobis basi sinuato-dentatis, fructifer valde accretus, compressus, bivalvis, valvis latis, dentato-lobatis.
21. Asperago L.
  b. Fructus in nuculas 2 monospermas secedens.
22. Rochelia Rchb.

1. Tribus. HELIOTROPEAE Endl. gen. p. 646.

1. Heliotropium L. gen. n 139.

1. Sectio. *Euheliotropium* DC. pr. IX. p. 534. — Calyx nuculis deciduis persistens; nuculae 4 (abortu interdum 2—3).
  a. Stigma pileiforme.

1. **H. villosum** Willd. sp. I. p. 741; Ch. et B. exp. p. 60, Fl. pelop. p. 12; Fraas fl. class. p. 160; Clem. sert. p. 67; Weiss in z. b. G. 1869 p. 742; Raul. cret. p. 812; Bois. fl. or. IV. p. 133; Heldr. fl. cephal. p. 53, Fl. Aegina p. 380, in ö. b. Z. 1898 p. 184, chlor.

Mykon. p. 247; Hal. in z. b. G. 1888 p. 761; Haussk. symb. p. 150; Bald. viagg. Creta p. 78; Form. in Ver. Brünn 1897 p. 44. — *H. europaeum v. hirsutum* Sieb. avis rem. p. 3. — Icon: Desf. cor. t. 16. — Exsicc.: Orph. fl. gr. n. 234; Heldr. herb. norm. n. 464 et 862, in Baen. herb. europ. n. 5718 et 7283, in Magn. fl. sel. n. 2794; Bald. it. cret. n. 131; Sint. it thessal. n. 1238; Dörfl. fl. gr. n. 426, Fl. aeg. n. 443.

Villosum, canescens; caule erecto, saepe a basi ramoso; foliis petiolatis, ovatis, obtusis; spicis solitariis et conjugatis, tandem valde elongatis; calycis villosi, corollae tubo fere duplo brevioris, laciniis linearibus, fructiferis erectis; corolla alba, extus et intus hirta, limbo tubo aequilongo; stigmate subsessili, glabro, conico-pileiformi; nuculis glabris, tuberculatis. — Indumento villoso et floribus magnis insignis.

In cultis, arvis, ruderatis regionis inferioris, frequens. Thessalia: pr. Kalabaka, Trikala, Larissa, Karditza, Aivali, Pharsalus, Volo (Haussk.), Lechonia, Agria, Stylida, Lamia (Form.); Doris: pr. Amphissa (Hal.); Attica: ubique circa Athenas, insula Aegina (Heldr.); Achaia: pr. Patras (Fraas); Argolis: pr. Damala (Chaub.), peninsula Methana (Haussk.); Laconia: pr. Sparta, Marathonisi, in Maina, ad promontorium Malea, pr. Monembasia, Zarrax (Chaub.); Cycladum insula: Tenos, Syra (Weiss), Keos, Rhenea (Tunt.), Naxos (Tourn. voy. p. 85), Melos (Willdenow), Jos, Amorgos (Heldr.); Creta: pr. Vamos distr. Apokorona (Bald.), Canea, Akroteri, Almyros (Raul.); Cephalonia: pr. Argostoli, Dilinata, Hagia Euthymia, Steno (Heldr.). — Jun. Nov ⊙.

2. **H. suaveolens** M. a. B. fl. taur. cauc. III. p. 116; Heldr. in Sitzungsb. acad. Wiss. Berl. 1883 p. 6, chlor. Thera p. 17; Haussk. symb. p. 150; Form. in Ver. Brünn 1896 p. 60. — *H. turcicum* Friv. in Flora 1836 p. 436. — *H. odorum* Stev. in bull. mosq. 1851 p. 567. — Exsicc.: Orph. fl. gr. n. 866 (Thessalonica); Heldr. herb. norm. n. 1159 (Thessalonica), It. thessal. n. 98; Sint. et Bornm. it. turc. n. 1402b. —

Pilis brevibus adpressis obsitum, viride; caule erecto, saepe a basi ramoso; foliis petiolatis, ovatis, obtusis; spicis solitariis et conjugatis, tandem elongatis; calycis hirsuti, corollae tubo subbrevioris, laciniis linearibus, fructiferis erectiusculis; corolla alba, extus hirta, intus glabra, limbo tubo aequilongo; stigmate subsessili, glabro, breviter et acute conico; nuculis glabris, verrucosis. — Differt a praecedente, indumento brevi, adpresso, corollae intus glabrae tubo breviore et stigmate acute conico; ultima nota transitum ad sequentes, stigmatibus e basi conica longe attenuatis praeditis, praebet. — Flores odoratissimi.

In cultis, arenosis regionis inferioris. Thessalia: pr. Larissa, Trikala, Pharsalus, Orman Magula (Haussk.), Velestinos (Form.), Litochori (Sint.), in valle Agya mt. Ossa (Heldr.); Cycladum insula Thera: pr. Perissa (Heldr.). — Jul. Sept. ⊙.

b. Stigma e basi dilatata conico-attenuatum.

α. Corolla majuscula, limbo 4—5 mm. lato; stigma glabrum.

3. H. Bocconi Guss. ind. sem. hort. Bocc. 1825, pr. fl. sic. I. p. 204; Link in Linnaea IX. p. 577; Bois. fl. or. IV. p. 131; Heldr. fl. cephal. p. 53; Hal. Beitr. fl. Aetol. p. 8. — Icon: Bocc. sic. t. 49. — Exsicc.: Hal. it. gr. sec. a. 1893.

Pilis brevibus adpressis obsitum, viride; caule erecto, saepe a basi ramoso; foliis petiolatis, ovatis, obtusis; spicis solitariis et conjugatis, tandem elongatis; calycis hirsuti, corollae tubo subbrevioris, laciniis linearibus, fructiferis subpatulis; corolla alba, extus hirta, limbo tubo aequilongo; stigmate e stylo brevissimo, glabro, a basi conica longe subulato-attenuato; nuculis glabris, verrucosis. — A praecedente, cui habitu et corollis magnis valde affine, stigmate longe subulato-attenuato, nec breviter conico; a sequentibus corolla magna diversum. — Flores odori.

In ruderatis, cultis, collibus siccis, rare. Acarnania: pr. Kravassaras (Hal.); Aetolia: pr. Mesolongion (Nied.); Peloponnesus (Link); Cephalonia: pr. Hagia Euthymia, Piscardo, in oropedio Omala (Heldr.). — Jun. Aug. ☉.

β. Corolla parva, limbo 2—3 mm. lato; stigma puberulum.

4. H. europaeum L. sp. p. 130; S. et S. pr. I. p. 111; Pieri corc. fl. p. 22; Sieb. avis p. 3; Ch. et B. exp. p. 60, Fl. pelop. p. 12; Mazz. in ant. ion. V. p. 180; Link in Linnaea IX. p. 577; Marg. et R. fl. Zante p. 68; Friedr. Reise p. 263 et 275; Clem. sert. p. 67; Weiss in z. b. G. 1869 p. 742; Bois. fl. or. IV. p. 130; Heldr. fl. cephal. p. 53, Fl. Aegina p. 380, chlor. Thera p. 17; Form. in D. bot. Monat. 1891 p. 24, 1898 p. 78, in Ver. Brünn 1895 p. 32; Haussk. symb. p. 150. — *H. europaeum β. tenuiflorum* Guss. fl. sic. syn. I. p. 212; Bois. fl. or. IV. p. 130; Heldr. fl. cephal. p. 53; Spreitz. in z. b. G. 1890 p. 297; Form. in Ver. Brünn 1896 p. 60, 1897 p. 44; (f. indumento magis canescenti, corolla minore lobis erectiusculis, stigmate subbreviore, quae notae autem mihi valde inconstantes videntur et saltem in herbario saepe vix percipiendae sunt). — Exsicc.: Heldr. herb. norm. n. 863 a et b, it. Thessal. n. 89; Sint. et Bornm. it. turc. n. 1400, 1402 et 1904; Sint. it. thessal. n. 545.

Pilis brevibus adpressis obsitum, viride vel subcanescens; caule erecto, saepe a basi ramoso; foliis petiolatis, ovatis vel ellipticis, obtusis, basi saepius attenuatis; spicis solitariis et conjugatis, tandem elongatis; calycis hirsuti, corollae tubo aequilongi, laciniis linearibus, fructiferis subpatulis; corolla alba, extus hirta, limbo tubo subbreviore; stigmate e stylo brevi elongato-conico, basi tenuissime puberulo ceterum glabro; nuculis glabris vel parce hispidulis, scrobiculato-rugosis. Flores inodori.

In ruderatis, cultis, arvis regionis inferioris et montanae. Epirus: pr. Prevesa, Ephemiades, Han Mescho, Janina, Hag. Paraskevi, mt. Micikeli (Form.); Thessalia: mt. Baba, pr. Makrichori, Kalabaka, Trikala, Karditza Velestinos, Larissa, pr. Kalyvia, Volo (Form), Aivali, Pharsalus (Haussk.), mt. Ossa (Heldr.), pr. Litochori, Caterine (Sint.); Euboea: pr. Chalkis (Heldr.); Attica: ubique in agro Atheniensi, mt.

Pentelicon, insula Aegina (Heldr.); Achaia: pr. Patras (Link); pr. Carithena Arcadiae, pr. Chimova in Maina (Chaub.); Argolis: pr. Poros (Friedr.); Cyclades (Sibth.): insula Syra (Weiss), Jos, Thera (Heldr.); Creta (Sieb.): pr. Platania (Rev.), Hagia Rumeli (Spreitz.); Zante (Marg.); Cephalonia: pr. Drapano, Same, Pyrgi, Piscardo, Hagia Euthymia (Heldr.); Corcyra (Pieri): pr. urbem (Friedr.). — Jun. Sept. ☉.

5. **H. dolosum** Notar. rep. fl. lig. p. 319; Haussk. symb. p. 150; Heldr. in ö. b. Z. 1898 p. 184, chlor. Thera p. 17. — *H. macrocarpum* Guss. en. pl. inar. p. 214, t. 7. — *H. Eichwaldi* Bois. fl. or. IV. p. 131, suppl. p. 350; Spreitz. in z. b. G. 1887 p. 664; non Steud. nom. I. p. 744, quod synon. *H. elliptici* Led. — *H. ellipticum* Nym. consp. p. 508, quoad pl. graecam, non Led. — Exsicc.: Heldr. herb. norm. n. 537 et 864; Sint. et Bornm. it. thessal. n. 1401.

Adpresse canescens; caule erecto, saepe a basi ramoso; foliis petiolatis, ovatis, obtusis, basi rotundatis; spicis solitariis et conjugatis; calycis hirsuti, corollae tubo aequilongi, laciniis oblongis, fructiferis fructu applicatis; corolla alba, extus hirta, limbo tubo subbreviore; stigmate e stylo subnullo elongato-conico, hispidulo; nuculis glabris, minutissime verruculosis. — Flores odori, folia saepe minora quam in specie praecedente.

In arenosis maritimis. Thessalia: pr. Litochori (Sint.); Phthiotis: pr. Lamia (Heldr.); Attica: pr. Athenas (Haussk.), ad Phalerum (Heldr.); Doris: pr. Amphissa (Heldr.); Cycladum insula: Syra, Siphnos, Naxos, Thera (Heldr.); Cythaera: pr. Hagios Nicolaos (Spreitz.). — Jul. Sept. ☉.

2. Sectio. *Piptoclaina* Don gen. syst. gard. IV. p. 364. — Calyx cum fructu deciduus; nuculae in caryopsem unicam concretae.

6. **H. supinum** L. sp. p. 130; S. et S. pr. I. p. 111, Fl. gr. II; p. 48 t. 157; Sieb. avis p. 3, rem. p. 3; Ch. et B. exp. p. 60, Fl. pelop. p. 12; Mazz. in ant. ion. V. p. 180; Fraas fl. class. p. 161. Raul. cret. p. 811; Bois. fl. or. IV. p. 127; Heldr. fl. cephal. p. 53. in Sitzungsb. acad. Wiss. Berl. 1883 p. 8, in ö. b. Z. 1898 p. 184, chlor. Thera p. 17; Form. in D. bot. Monat. 1891 p. 24, in Ver. Brünn 1896 p. 60; Bald. in nuovo giorn. bot. ital. 1894 p. 99; Haussk. symb. p. 150. — Exsicc.: Orph. fl. gr. n. 235; Rev. pl. cret. n. 111; Sint. it. or. a. 1889 n. 1895; Dörfl. fl. aeg. n. 256 et 443.

Cano-tomentellum; caule erecto, a basi ramoso, lateralibus saepe prostratis; foliis petiolatis, ovatis, obtusis; spicis lateralibus et terminalibus, subsolitariis, tandem elongatis; calyce 5 dentato, corollam subaequante, fructifero fructum cingente; corolla minuta, alba, extus hirta, lobis ovatis; stigmate elongato-conico, stylo aequilongo; nucula unica, verrucosa, glabra.

In maritimis, arenosis, ruderatis regionis inferioris. Epirus: pr. Prevesa (Bald.); Thessalia: pr. Karditza, Sophates (Haussk.), ad ripas Penei pr. Larissa (Heldr.), ad Karacair, Velestinos, Volo (Form.), Katerina (Sint.); Attica: ad Phalerum (Orph.); Argolis (Fraas); Laconia: ad Vasilipotamos, Trinissa (Chaub.); Cycladum insula: Tenos, Naxos

(Chaub.), Amorgos (Sibth.), Thera (Heldr.); Creta: pr. Kissamos, Canea (Rev.), Aradhena, Hierapetra (Raul.); Cephalonia: pr. Drapano (Heldr.); Corcyra (Mazz.). — Jun. Nov. ☉.

2. Tribus. *Borragineae* Endl. gen. p. 647.

1. Subtribus. *Cerintheae* DC. pr. X. p. 2. —

2. Cerinthe L. gen. n. 186.

a. Corolla 5 dentata, dentibus breviter triangularibus, demum reflexis.

1. **C. major** L. sp. p. 136; Pieri corc. fl. p. 25; Mazz. in ant. ion. V. p. 186; Bois. fl. or. IV. p. 149; Heldr. fl. cephal. p. 53. — *C. aspera* Roth cat. I. p. 33; S. et S. pr. I. p. 119, Fl. gr. II. p. 59 t. 170; Sieb. avis p. 3, rem. p. 3; Tausch in Flora XII. p. 641; Ch. et B. exp. p. 66, Fl. pelop. p. 13; Mazz. in ant. ion. V. p. 188; Marg. et R. fl. Zante p. 68; Friedr. Reise p. 266; Fraas fl. class. p. 164; Ung. Reise p. 128; Weiss in z. b. G. 1869 p. 743; Spreitz. in z. b. G. 1877 p. 715; Gelmi in bull. soc. bot. ital. 1889 p. 450; Haussk. symb. p. 152. — *C. strigosa* Rchb. pl. crit. VIII. f. 984, Fl. exc. p. 340. — Exsicc.: Heldr. herb. norm. n. 431; Baen. herb. europ. n. 9239.

Glauca; caulibus glabris, erectis vet adscendentibus, simplicibus vel ramosis; foliis ellipticis vel obovato-oblongis, tuberculis albis interdum setiferis plus minus adspersis et praesertim apicem versus saepius ciliatis, inferioribus in petiolum attenuatis, superioribus basi cordatis, rotundato-auriculatis; racemis scorpioideis, densis; bracteis cordatis, viridibus, calyces aequantibus vel superantibus; calycis laciniis oblongis; corolla lata, recta, flava, ad staminum insertionem zona purpurea picta, calyce plus duplo longiore; antheris inclusis, filamento subaequilongis; carpellis laevibus. — Corolla 2 cm. longa, 1 cm. lata.

β. **pallida** Guss. pl. rar. p. 85; Raul. cret. p. 812, pro var. *C. asperae*. — Corollis flavis, concoloribus. — Exsicc.: Rev. pl. cret. n. 191.

In cultis, vinetis, inter segetes. Attica: pr. Athenas (Fraas), ad Illyssum (Friedr.); Boeotia (Orph.); Elis: pr. Lechaena (Heldr.); Messenia: pr. Pylos usque Monsusta et mt. Kupe (Chaub.); Cycladum insula: Syra (Weiss), Melos (Leon.); Creta: pr. Kissamos (Rev.), Canea (Weiss), Perivolia (Raul.); Zante (Sibth.); Cephalonia: pr. Palike, Lixuri (Heldr.); Corcyra (Pieri). — Febr. Jun. ☉.

2. **C. retorta** S. et S. pr. I. p. 120, Fl. gr. II. p. 60 t. 171; Ch. et B. exp. p. 66, Fl. pelop. p. 13; Friedr. Reise p. 283; Bois. fl. or. IV. p. 149; Hal. in ö. b. Z. 1896 p. 15; 1897 p. 286; Haussk. symb. p. 152. — *C. purpurea* Vis. in bot. Zeit. Ergbl. 1829 I. p. 8, Fl. dalm. t. 21; Clem. sert. p. 68. — Exsicc.: Orph. fl. gr. n. 484;

Heldr. herb. norm. n. 327 et 1357, herb. fl. hellen. n. 59; Rev. pl. cret. n. 192; Sint. it. thessal. n. 507; Dörfl. fl. gr. n. 307.

Glauca; caulibus erectis, ramosis, glabris; foliis ovatis, ellipticis vel oblongo-spathulatis, tuberculis albis plus minus obsitis, inferioribus in petiolum attenuatis, superioribus basi cordatis, late rotundato-auriculatis; racemis scorpioideis, densis; bracteis cordatis, violaceis, calyces aequantibus vel superantibus; calycis laciniis oblongis; corolla angusta, ochroleuca, apice subincurva, violacea, calyce duplo longiore, fauce constricta; antheris inclusis, filamento sublongioribus; carpellis laevibus. — Floribus in racemos violaceos, exsiccatione atropurpureos vel cyaneos digestis, insignis. — Corolla 15 mm. longa, 3 mm. lata.

In rupestribus regionis inferioris et montanae, rare. Thessalia: pr. Guvelzi (Sint.); Acarnia: pr. Astacos (Nied.), insula Oxya Echinadum (Reis.); Aetolia: pr. Aetolikon (Reis.); Attica: in faucibus Hymetti (Heldr.); Acrocorinthus (Orph.); Elis: mt. Sekhi pr. Alithura (Friedr.); Messenia: pr. Messene (Chaub.), mt. Ithome (Heldr.); Creta: pr. Malaxa (Rev.); Corcyra: mt. Pantocrator (Clem.). — Febr. Jun. ☉.

b. Corolla ultra tertiam partem in lacinias lanceolatas erecto-conniventes fissa.

3. C. minor L. sp. p. 137; S. et S. pr. I. p. 120; Mazz. in ant. ion. V. p. 186; Bois. fl. or. IV. p. 148; Bald. riv. coll. bot. Alb. 1896 p. 78; Form. in Ver. Brünn 1897 p. 44. — *C. cleiostoma* Bois. et Spr. diagn. IV. p. 44, quae a *C. minori* pedicellis fructiferis erectis, sepalis ovatis auriculato cordatis et corollae laciniis subulatis, inter se arcte conniventibus (notis meo sensu valde vagis), differre dicitur, sed postea ab auctore ipso Boissier in Fl. or. IV. p. 148 inter synonima *C. minoris* enumeratur. — *C. maculata* Raul. cret. p. 812, vix L sp. p. 137, quae species dubia et ab auctoribus nunc ad *C. majorem*, nunc ad *C. alpinam* ducitur vel ab aliis pro mera *C. minoris* forma declaratur. — *C. macrophylla* Bois. et Heldr. in Heldr. pl. exs. n. 384; Heldr. herb. norm n. 1457 (f. caule foliisque majoribus DC. pr. X. p. 3). — Icon: Jacq. fl. austr. t. 224. — Exsicc.: Heldr. pl. exs. n. 384, herb. norm. n. 432 et 1457; Orph. fl. gr. n. 191, 1006 et 1157; Sint. it. thessal. n. 634.

Glauca; caulibus glabris, erectis, ramosis; foliis ellipticis vel obovato-oblongis, tuberculis albis plus minus adspersis, inferioribus in petiolum attenuatis, superioribus basi cordatis, rotundato-auriculatis; racemis scorpioideis, fructiferis valde elongatis; bracteis cordatis, viridibus, calyces superantibus; calycis laciniis inaequalibus; corolla angusta, recta, flava, sub limbo interdum maculis purpureis picta (f. *maculata*) calyce sesquilongiore; antheris filamento brevissimo suffultis, corolla subbrevioribus; carpellis laevibus.

In faucibus, rupestribus umbrosis regionis montanae, rare. Epirus: pr. Kastrica distr. Janina (Bald.); Thessalia: in valle Negerli pr. Chaliki (Sint.), mt. Ghavellu (Form.), Olympus (Heldr.); Euboea: mt. Telethrion (Heldr.); Attica: mt. Hymettus (Sprun.); Peloponnesus: mt. Kyllene pr. Hagios

Vlasios, mt. Malevo pr. Platanos (Orph.), mt. Taygetos (Heldr.); Creta: pr. Sphinkia (Heldr.); Corcyra (Mazz.). — Apr. Jul. ☉ vel ♃.

2. Subtribus. *Anchuseae* Koch. syn. p. 497.

3. Borrago L. gen. n. 182.

1. **B. officinalis** L. sp. p. 137; S. et S. pr. I. p. 122; Pieri corc. fl. p. 26; Dallap. prosp. p. 21; Ch. et B. exp. p. 63, Fl. pelop. p. 13; Mazz. in ant. ion. V. p. 188; Marg. et R. fl. Zante p. 69; Ung. Reise p. 128; Heldr. Nutzpfl. p. 34, Fl. cephal. p. 53; Raul. cret. p. 813; Weiss in z. b. G. 1869 p. 742; Bois. fl. or. IV. p. 150; Spreitz. in z. b. G. 1877 p. 715. — Icon: Rchb. t. 101. — Exsicc.: Heldr. pl. fl. hellen. a. 1883.

Patule setosa; caule crasso, succulento, erecto, superne paniculato-corymboso, foliis inferioribus ovatis, petiolatis, floralibus oblongis, sessilibus; calycis laciniis linearibus; corolla azurea, fornicibus albis; antheris exsertis, violaceis; nuculis rugosis.

In ruderatis, cultis regionis inferioris, colitur ad usum culinarem et saepius ut videtur quasi sponte tantum proveniens. Indicatur: Attica: pr. Athenas (Heldr.); Peloponnesus (Sibth.): pr. Astros (Chaub.); Cycladum insula: Syra (Weiss), Tenos, Naxos (Chauh.); Creta: pr. Canea (Raul.); Zante (Marg.); Cephalonia (Dallap.); Ithaca: pr. Vathy (Spreitz.); Corcyra (Pieri). — Mart. Jun. ☉.

4. Trachystemon Don in Edinb. new. phil. journ. XIII. p. 259.

1. **T. creticum** Willd. sp. I. p. 778; S. et S. pr. I. p. 123, Fl. gr. II. p. 64 t. 176; Sieb. avis p. 3; Ch. et B. exp. p. 63, Fl. pelop. p. 13; Marg. et R. fl. Zante p. 69; (*Borrago*); Don. l. c. — *Psilostemon creticum* DC. pr. X. p. 36; Raul. cret. p. 813; Bois. fl. or. IV. p. 177. — Exsicc.: Heldr. pl. cret. n. 1339.

Puberula breviterque setuloso-hispida; caule erecto vel adscendente, fere a basi ramoso; foliis ovatis vel oblongis, petiolatis, summis diminutis sessilibus; racemis scorpioideis, demum elongatis; calycis laciniis lanceolatis; corollae albidae tubo ima basi intus glanduloso, limbo tubo subtriplo longiore, in lacinias lineares partito, fornicibus linearibus, petaloideis, papillosis, longe exsertis, sed laciniis corollae brevioribus; filamentis squamula ciliata ima basi obsitis, ceterum glabris, rubris, fornices superantibus; nuculis areolato-rugosis.

In rupestribus umbrosis. Euboea (Auch.); Zacynthus (Sibth.); Messenia: inter Arcadia et Gargaliano, insula Sapienza (Chaub.); Creta (Sibth.): ad Acrotiri (Heldr.), Theriso, Almyros, in fauce Katholiko, inter Selia et Hagios Joannes Kaimenos, insula Dia (Raul.). — Mart. Apr. ♃.

5. Nonnea Med. phil. bot. I. p. 31.

1. N. obtusifolia Willd. sp. I. p. 780 (*Lycopsis*); Roem. et Sch. syst. IV. p. 71; Bois. fl. or. IV. p. 164; Haussk. symb. p. 152. — *Anchusa leiosperma* Fauch. et Ch. in Fl. pelop. p. 12 t. 7. — *N. lamprocarpa* Griseb. spic. II. p. 93, ubi erronee mt. Parnassus pro mt. Parnes ut locus natalis indicatur. — Huc forsan: *Lycopsis vesicaria* Friedr. Reise p. 277, non L. — Exsicc.: Orph. fl. gr. n. 166.

Setulis brevibus, basi tuberculatis aspera, multicaulis; caulibus erectiusculis vel decumbentibus, simplicibus vel subsimplicibus, foliis obovato-oblongis oblongisve, radicalibus basi attenuatis, caulinis sessilibus, breviter decurrentibus; floribus axillaribus, foliis superatis, racemos laxos formantibus; calycis 5 fidi, fructiferi cernui, inflati, laciniis lanceolatis, acutis; corolla coerulescente, calycem vix superante; nuculis oblongis, erectis, basi affixis, acutiusculis, atris, laevigatis, nitidis, parce puberulis.

In rupestribus umbrosis regionis inferioris et submontanae, rare. Attica: ad Cephissum pr. Chelidonu, pr. Haschia (Heldr.) in mt. Parnes (Sprun.), pr. Asteri in mt. Hymettus (Orph.), pr. Kamariza Laurii (Haussk.); Elis: pr. Olympia (Daenzer); in insula Poros, si *L. vesicaria* Friedr. huc pertineat. — Apr. Maio. ☉.

2. N. ventricosa S. et S. pr. I. p. 117, Fl. gr. II. p. 58 t. 168; Ch. et B. fl. pelop. p. 12; Mazz. in ant. ion. V. p 182; (*Anchusa*); Griseb. spic. II. p. 93; Raul. cret. p. 813; Bois. fl. or. IV. p. 169; Haussk. symb. p. 152. — *Lycopsis Sibthorpiana* Roem. et Sch. syst. IV. p. 770; Lehm. asper. p. 258. — *N. Sibthorpiana* Don gen. syst. IV. p. 336. — Exsicc.: Heldr. herb norm. n. 557 et 1062.

Setulis brevibus, basi tuberculatis asperula, multicaulis; caulibus adscendentibus vel decumbentibus, simplicibus vel subsimplicibus; foliis oblongis oblongo-lanceolatisve, radicalibus basi attenuatis, caulinis sessilibus, breviter decurrentibus; racemo terminali, simplici vel bifido, tandem laxiusculo; calycis 5 fidi, fructiferi cernui, subvesiculosi, laciniis lanceolatis, acutis; corolla albida, calycem parum superante; nuculis reniformibus, depressis, ad medium sinus renalis affixis, obtusis, brunneis, areolato-rugosis, opacis, glabris. — Nucularum forma a praecedente statim distinguenda.

In arenosis, vinetis, incultis regionis inferioris, rare. Attica: pr. Haschia in mt. Parnes, ad Phalerum (Heldr.); Corinthia: pr. Asso (Heldr.), Kalamaki (Haussk.); Messenia (Chaub.); Creta: mt. Sphakia (Lehm.); Corcyra: pr. Synarades (Mazz.). — Mart. Maio. ☉.

Obs. *N. pulla* L. syst. ed. 10 p. 916 (*Lycopsis*); DC. fl. fr. III. p. 626; Raul. cret. p. 813; in Creta ex confusione indicatur.

6. Anchusa L. gen. n. 182.

Dispositio specierum:

1. Sectio. *Caryolopha* Fisch et. Mey. ind. tert. hort. petrop. p. 31. — Corollae tubus rectus, limbus regularis; nuculae basi in stipitem areoligeram contractae.

1. A. sempervirens L.

2. Sectio. *Euanchusa* Gr. et Godr. fl. fr. II. p. 512. — Corollae tubus rectus, limbus regularis; nuculae basi in stipitem non contractae.
  a. Calyx 5 fidus.
    α. Folia integra vel subrepanda, margine non undulato-crispa.
      × Calycis laciniae acutae.
      2. A. officinalis L.   **3. A. parnassica** Bois. et Orph.
      ×× Calycis laciniae obtusae.
      4. A. ochroleuca M. a. B.   **5. A. Gmelini** Led.
    β. Folia sinuato-dentata vel undulato-crispa.
      6. A. hybrida Ten. **7. A. undulata** L. **8. A. aspera** Bois.
  b. Calyx 5 partitus.
    α. Nuculae rectae.
      × Corolla coerulea.
      9. A. italica Retz.   **10. A. thessala** Bois. et Spr.
      ×× Corolla flava.
      11. A. aegyptiaca (L.).
    β. Nuculae in rostrum obliquum abeuntes.
      12. A. stylosa M. a. B.   **13. A. caespitosa** Lam.
    γ. Nuculae horizontaliter curvatae.
      14. A. aggregata Lehm.

3. Sectio. *Lycopsis* Griseb. spic. II. p. 95. — Corollae tubus ad medium inflexo-curvatus, limbus subirregularis, obliquus; nuculae basi in stipitem non contractae.
      15. A. arvensis L.   **16. A. variegata** L.

1. Sectio. *Caryolopha* Fisch. et Mey. ind. tert. hort. petrop. p. 31. — Corollae tubus rectus, limbus regularis; nuculae basi in stipitem areoligeram contractae.

1. **A. sempervirens** L. sp. p. 134. — *Caryolopha sempervirens* Fisch. et Mey. l. c.; DC. pr. X. p. 41. — *A. Adami* Mazz. in ant. ion. V. p. 182, sec. DC. l. c. — Icon: Rchb. t. 105.

Scabrido-pubescens, breviterque setoso-hispidula; caulibus erectis, superne ramosis; foliis ovali-lanceolatis, radicalibus in petiolum longum contractis, persistentibus, superioribus sessilibus, summis diminutis, cordato-ovatis; racemis brevibus, laxifloris; bracteis foliaceis, lanceolatis; pedicellis calyce brevioribus; calycis laciniis lanceolatis; corolla calyce paulo longiore, coerulea; nuculis ovatis, rectis, rostratis, reticulato-rugosis.

In umbrosis humidis. Corcyra: pr. Arcudilla (Mazz.); species pro Graecia dubia, a recentioribus non lecta. — Maio, Jun. ♃. N. v.

2. Sectio. *Euanchusa* Gr. et Godr. fl. fr. II. p. 512. — Corollae tubus rectus, limbus regularis; nuculae basi in stipitem non contractae.
  a. Calyx 5 fidus.
    α. Folia integra vel subrepanda, margine non undulato-crispa.
      × Calycis laciniae acutae.

2. A. officinalis L. sp. p. 133; Pieri corc. fl p. 22; Dallap. prosp. p. 19; Mazz. in ant. ion. V. p. 180; Friedr. Reise p. 279; Bois. fl. or. IV. p. 151 p. p.; Heldr. fl. cephal. p. 53; Form. in D. bot. Mon. 1891 p. 24, in Ver. Brünn 1895 p. 32; Bald. riv. coll. bot. Alb. 1896 p. 78. — *A. angustifolia* L. sp. p. 133; ? Mazz. in ant. ion. V. p. 182. — Icon: Fl. dan. t. 572. — Exsicc: Sint. et Bornm. it. turc. n. 1397; Bald. it. alb. epir. IV. n. 249.

Pilis patulis brevibus e tuberculis ortis hispida; caulibus erectis, saepe elatis, superne paniculatis; foliis oblongo-lanceolatis lanceolatisve, integris vel subrepandis, inferioribus in petiolum attenuatis, superioribus semiamplexicaulibus; racemis tandem laxifloris; bracteis triangulari-lanceolatis; pedicellis calyce brevioribus; calycis hispidi, fructiferi accreti, laciniis lanceolatis; corollae violaceo-coeruleae tubo calycem subsuperante; fornicibus ovatis, velutinis; nuculis oblique ovatis et rostratis, latere altero tuberculato-rugosis.

β. **macrocalyx** Haussk. in Mitth. thür. bot. Ver. V. 3 p. 71, symb. p. 150; Form. in Ver. Brünn 1897 p. 44; pro sp. — Robusta, tuberculis majoribus obsita; calyce majore, laciniis latioribus; corollae laete cyaneae lobis longioribus; nuculis majoribus, brevissime rostratis, grosse plicato-rugosis. — Exsicc.: Sint. it. thessal. n. 531 et 544.

In herbidis regionis inferioris et montanae. Epirus: pr. Ruvilastro, Han Mescho, Janina, mt. Micikeli, Prosgoli, in valle Dipotami (Form.), mt. Smolika (Bald.); Thessalia: pr. Chaliki et Koturi in Pindo, mt. Ossa (Form.), mt. Olympus (Heldr.); Aetolia: mt. Tymphrestus (Samar.); Euboea: mt. Dirphys (Orph.); Peloponnesus: pr. Lintzi Elidis (Heldr.), mt. Kyllene (Orph.), pr. Carithena Arcadiae (Friedr.), mt. Taygetos ad Hagios Dimitri (Heldr.); Cephalonia (Dallap.); Corcyra (Pieri): pr. Platiterra, Cunicades (Mazz.); sed loca nonnulla, praesertim alpina probabiliter ad speciem sequentem spectant; — *β.* mt. Gionskala et Ghavellu in Pindo (Haussk.), mt. Mavrika et Katasara in mt. Othrys (Form.). — Maio, Aug. ⊙ et ♃.

3. A. parnassica Bois. et Orph. diagn. ser. 2 III. p, 134. — *A. officinails* Bois. fl. or. IV. p. 151 p. p., non L. . — Icon: Hal. it. gr. II. a. 1893; Tunt. et Leon. pl. gr. a. 1896.

Pilis albis, patulis, elongatis, plurimis basi non tuberculatis hispida; caulibus erectis, subsimplicibus; foliis lanceolatis lineari-lanceolatisve, integris vel subrepandis, inferibribus in petiolum attenuatis, superioribus semiamplexicaulibus; racemis densis; bracteis lanceolatis; pedicellis calyce brevioribus; calycis dense longeque albo-hispidi, fructiferi accreti, laciniis anguste lineari-lanceolatis; corollae azureae tubo calycem subsuperante; fornicibus oblongis, velutinis; nuculis oblique ovatis et rostratis, latere altero tuberculato-rugosis — Praecedenti affine, sed ab ea habitu minus elato (caulibus interdum 10 cm. tantum altis), bracteis lanceolatis, calycis longioris densissime albo-setosi, profundius fissi, laciniis angustioribus, corolla pulcherrime azurea et nuculis minoribus, specifice meo sensu distincta.

In herbidis lapidosis regionis mediae et superioris. Aetolia: mt. Korax (Tunt.); mt. Parnassus (Orph.); Achaia: mt. Panachaicon (Hal.); et probabiliter loca nonnulla ad praecedentem enumerata. — Jun. Aug. ♃

×× Calycis laciniae obtusae.

4. A. ochroleuca M. B. fl. taur. cauc. I. p. 125; Bois. fl. or. IV. p. 153. — *A. angustifolia* S. et S. pr. I. p. 115, Fl. gr. II. p. 55 t. 164; Urv. enum. p. 19; Tausch in Flora 1824 p. 226; Ch. et B. fl. pelop. p. 12; Raul. cret. p. 814. —

Pilis rigidis, tuberculo demum aucto insidentibus, undique hispida; caulibus erectis, ramosis, paniculatis; foliis integerrimis, infimis lineari-oblongis, basi attenuatis, ceteris lanceolatis linearibusve, semiamplexicaulibus; racemis demum laxis; bracteis parvis, oblongis vel ovato-oblongis, calyce brevioribus; pedicellis brevissimis; calycis hispidi, fructiferi inflati, campanulati, laciniis oblongis, obtusis; corollae ochroleucae, albae, roseae vel coerulescentis tubo calyce subduplo longiore; fornicibus ovatis, valde exsertis, pilis crassis dense obtectis; nuculis oblique ovatis et rostratis, latere altero areolato-rugosis, crebro et minute tuberculatis.

In neglectis, collibus argillosis, ad ripas. Archipelagus (Sibth.): insula Melos (Urv.); Creta (Sieb.); sed specimina non vidi, ideoque nescio, an planta graeca re vera ad *A. ochroleucum* M. B. pertineat. — Maio, Jul. ♃ N. v.

5. A. Gmelini Led. in Panders beitr. naturk. I. p. 62, Fl. ross. III. p. 118; Haussk. symb. p. 151. — *A. linearifolia* Urv. enum. p. 20. — Huc spectare videtur ex descriptione et icone: *A. obliqua* Vis. in mem. ist. venet. I. p. 13 t. 5; Bois. fl. or. IV. p. 153. —

Caulibus erectis, parce strigoso-hispidis, simplicibus vel ramosis; foliis anguste lanceolatis linearibusve, integerrimis, supra setis crebris, tuberculo insidentibus strigoso-hispidis, subtus setis rarioribus adspersis vel praeter carinam glabris, inferioribus in petiolum attenuatis, superioribus semiamplexicaulibus; racemis densis; bracteis parvis, ovato-lanceolatis lanceolatisve, calyce brevioribus; pedicellis brevissimis; calycis setosi, fructiferi parum accreti, laciniis lineari-oblongis, obtusis; corollae azureae tubo calyce subduplo longiore; fornicibus ovatis, exsertis, margine dense villosis; nuculis oblique ovatis et rostratis, latere altero areolato-rugosis, tuberculatis. — Foliis angustis praecedenti similis, ab ea foliis subtus parce hispidis, racemis elongatis, calycibus parvis, fructiferis vix accretis et florum colore specifice discedit.

In cretaceis isthmi Corinthiaci pr. Kalamaki (Haussk.); Cycladum insula Tenos (Sart.), si *A. obliqua* Bois. re vera huc pertineat. — Maio, Jul. ♃. N. v.

β. Folia sinuato dentata vel undulato-crispa.

6. A. hybrida Ten. fl. nap. I. p. 45 t. 11; Ch. et B. exp. p. 62, Fl. pelop. p. 12; Friedr. Reise p. 267; Weiss in z. b. G. 1869 p. 742; Bois. fl. or. IV. p. 152; Heldr. fl. Aegina p. 380, chlor. Thera p. 17; Form. in D. bot. Monat. 1898 p. 78. — Exsicc.: Heldr.

herb. norm. n. 307 et 1061; Rev. pl. cret. n. 114; Sint. it. thessal. n. 50; Baen. herb. europ. n. 9202.

Plus minus hispida, virescens; caulibus erectis vel adscendentibus, superne paniculatis; foliis oblongis oblongo-lanceolatisve, obtusis, margine sinuato-dentatis, subundulatis, praecipue supra plus minusve tuberculatis, inferioribus in petiolum attenuatis, superioribus sessilibus; racemis tandem laxiusculis; bracteis ovato-lanceolatis lanceolatisve, calyce brevioribus; pedicellis calyce brevioribus; calyce fructifero inflato, saepius ad medium 5 fido, laciniis triangulari-lanceolatis, obtusis; corollae coeruleae tubo calyce subduplo longiore; fornicibus ovatis, velutinis; nuculis oblique ovatis et subrostratis, latere altero crebrius tuberculato-rugosis. — Inter *A. officinalem* et *A. undulatam* quasi intermedia; ab illa foliis undulato-dentatis et calycis laciniis obtusis praesertim distincta.

β. **setigera.** — Tota setis patulis, elongatis, albis obsita. — Intermediis ad typum transit. — Exsicc.: Dörfl. fl. aeg. n. 78, pl. cret. n. 145.

In cultis, vinetis, arvis herbidis regionis inferioris. Corcyra: mt. Pantocrator (Baen.); Thessalia: ad Agria pr. Volo (Sint.); Attica: pr. Athenas (Heldr.), ad Phalerum (Friedr.); Achaia: pr. Patras (Hal.); Messenia: pr. Diabolitzi (Heldr.), Methone (Chaub.); Laconia pr. Marathonisi, Damala (Chaub.); insula Poros (Wied.), Aegina, Tenos, Melos, Thera (Heldr.); Creta: pr. Kissamos (Rev.), Canea (Weiss). — *β*. Cycladum insula Paros et pr. Anatoli Cretae (Leon.). — Mart. Jul. ☉

7. **A. undulata** L. sp. p. 133; S. et S. pr. I. p. 116, Fl. gr. II p. 56 t. 165; Urv. enum. p. 19; Friedr. Reise p. 267; Weiss in z. b. G. 1869 p. 742; Raul. cret. p. 814; Bois. fl. or. IV. p. 152; Spreitz. in z. b. G. 1877 p. 715; Gelmi in bull. soc. bot. ital. 1889 p. 450; Haussk. symb. p. 151; Form. in Ver. Brünn 1896 p. 61; Bald. riv. coll. bot. Alb. 1896 p. 78; Heldr. fl. Aegina p. 380, chlor. Thera p. 17. — Exsicc.: Orph. fl. gr. n. 62; Heldr. herb. norm. n. 308.

Cinerascens, adpressiuscule tomentello-aspera; caulibus erectis vel adscendentibus, superne paniculatis; foliis lineari-oblongis et anguste linearibus, obtusis, margine undulato-crispis, praecipue supra plus minusve tuberculatis, inferioribus in petiolum attenuatis, superioribus saepe breviter decurrentibus; racemis tandem laxiusculis; bracteis ovato-lanceolatis lanceolatisve, calyce brevioribus; pedicellis calyce brevioribus; calyce fructifero inflato, saepius ad tertiam partem 5 fido, laciniis triangulari-lanceolatis, acutis vel acutiusculis; corollae coeruleae tubo calyce subduplo longiore; fornicibus ovatis, velutinis; nuculis oblique ovatis et subrostratis, latere altero crebrius tuberculato-rugosis. — Praecedenti maxime affinis et formis transitoriis, interdum difficillime distinguendis cum ea ut videtur conjuncta; formae typicae attamen foliis linearibus, angustis, manifeste undulato-crispis et calycibus plerumque ad tertiam partem in lacinias acutiores 5 fidis facile diagnoscuntur. — Cf. ceteroqui Guss. pl. rar. p. 82 et Haussk. symb. p. 151. — Variat uti praecedens:

β. **maritima** Heldr. herb. norm. n. 1265. — Tota setis patulis, elongatis, albis obsita. — Intermediis ad typum transit. — Exsicc.: Heldr. l. c.; Dörfl. fl. aeg. n. 171.

In collibus aridis, arvis, arenosis regionis inferioris et montanae. Corcyra: mt. Pantocrator (Spreitz.); Epirus: mt. Micikeli (Bald.); Thessalia: pr. Klinovo, Kalabaka (Form.), mt. Pelion (Heldr.); Boeotia (Sprun.); Attica: pr. Athenas (Sprun.), Daphni (Pichl.), Phaleron (Friedr.); insula Aegina: pr. Mesagros (Heldr.); Tenos (Weiss), Melos (Sibth.), Thera (Heldr.); — *β*. in arenosis praesertim maritimis ad Phaleron, Raphina (Heldr.); Cycladum insula Naxos (Reis.). — Loca nonnulla ad speciem praecedentem spectare videntur. — Mart. Oct. ☉

8. **A. aspera** Bois. in ann. sc. nat. IV. 2 p. 243; Haussk. symb. p. 151. — *A. ochroleuca β. canescens* Bois. fl. or. IV. p. 154 p. p., sec. Haussk. l. c. — *A. Sartorii* Heldr. herb. norm. n. 1060. —

Tota setis patulis, albis, elongatis hispidissima, canescens; caulibus e collo plurimis, decumbentibus vel adscendentibus, saepius mox supra basin in racemos elongatos abeuntibus; foliis lanceolatis, obtusis, margine undulato-crispis, utrinque crebre tuberculatis, inferioribus in **petiolum** attenuatis, superioribus sessilibus; racemis multifloris, densiusculis; bracteis lanceolatis, calyce brevioribus; pedicellis brevissimis; calyce fructifero inflato, ad medium 5 fido, laciniis lanceolatis, acutis; corollae coeruleae tubo calyce duplo longiore; fornicibus ovatis, velutinis; nuculis oblique ovatis et subrostratis, tuberculato-rugosis. — Varietati *β*. praecedentis affinis, ab ea caulibus prostratis, in racemos densos multifloros mox abeuntibus, calycis laciniis angustioribus acutis, corolla minore, e calyce longius exserta et indumento hispidissimo, diversa. — Variat calycibus parvis — fructiferis 7 mm. longis — et fere duplo majoribus.

In agris argillosis. Attica: ad radices mt. Parnes pr. Varipopi (Heldr.), pr. Athenas (Hal.), ad Phalerum, pr. Kamariza Laurii; ad radices Acrocorinthi (Haussk.); indicatur quoque a Form. in Ver. Brünn 1897 p. 44 pr. Konisko, Jerakari et in valle fl. Longi in Thessalia, sed determinationibus saepe falsis hujus auctoris loca thessala ad interim dubia manent. — Maio, Jul. ☉

   b. Calyx 5partitus.
     α. Nuculae rectae.
     × Corolla coerulea.

9. **A. italica** Retz obs. I. p. 12; Mazz. in ant. ion. V. p. 182; Fraas fl. class. p. 162; Raul. cret. p. 814; Bois. fl. or. IV. p. 154; Heldr. fl. cephal. p. 53, Fl. Aegina p. 380; Spreitz. in z. b. G. 1887 p. 664; Form. in D. bot. Mon. 1891 p. 25, in Ver. Brünn 1896 p. 61. — *A. paniculata* Ait. hort. Kew. I. p. 177; S. et S. pr. I. p. 115, Fl. gr. II. p. 53 t. 163; Ch. et B. exp. p. 62, Fl. pelop. p.

121; Marg. et R. fl. Zante p. 69; Friedr. Reise p. 277. — Exsicc.: Heldr. pl. fl. hellen. a. 1878 et 1896.

Perennis, setis tuberculatis hispida; caule crasso, elato, ramoso, paniculato; foliis oblongis vel lanceolatis, integris vel subrepando-denticulatis, inferioribus in petiolum attenuatis, superioribus sessilibus; racemis saepius conjugatis, demum laxis; bracteis lanceolato-linearibus, pedicello brevioribus; calycis laciniis lineari-acuminatis, demum accretis; corollae azureae tubo calyce non longiore; fornicibus dense penicillatis, exsertis; nuculis angulato-trigonis, elevato-rugosis, inter rugas tenuissime pappulosis.

In arvis, ad vias regionis inferioris et montanae. Thessalia: pr. Trikala, Ambelakia, Baba, Velestino (Form.); Aetolia: mt. Korax (Tunt.); Attica: mt. Parnes, pr. Megara (Fraas), insula Metopi pr. Aegina (Heldr.); Corinthus (Fraas), insula Poros (Friedr.); Creta: pr. Canea, Perama (Raul.); Zante (Marg.); Cephalonia: pr. Drapano, Spilaea, Argostoli (Heldr.); Corcyra: pr. Manducchio (Mazz.). — Maio. Jul. ♃.

10. **A. thessala** Bois. et Sprun. diagn. XI. p. 99, Fl. or. IV. p. 160.. — Icon: Rouy ill. pl. eur. rar. t. 267. — Exsicc.: Aznavour fl. constatip. a. 1897 (Makriköy).

Annua, setis tuberculatis hispida; caule gracili, erecto, parce ramoso; foliis integris, vix repandis, inferioribus oblongis, in petiolum attenuatis, superioribus lineari-lanceolatis, sessilibus; racemis saepius conjugatis, demum laxis; bracteis lanceolatis, calyce aequilongis; calycis laciniis linearibus, demum accretis; corollae pallide coeruleae tubo calyce sesquilongiore; fornicibus papillosis, subexsertis; nuculis semioblongis, parce rugosis et tuberculatis. — Habitu et florum magnitudine *A. stylosae* simillima, sed distinctissima stylo calyce fructifero breviore, nec longiore, calycis laciniis fructu duplo longioribus et praesertim nuculis rectis.

Inter segetes in Thessalia pr. Zeitun (Sprun.). — Apr. Jun, ☉ N. v.

×× Corolla flava.

11. **A. aegyptiaca** L. sp. p. 138 (*Lycopsis*); DC. pr. X. p. 48; Raul. cret. p. 814; Heldr. in ö. b. Z. 1877 p. 157; Bois. fl. or. IV. p. 159, suppl. p. 351, — *Asperugo aegyptiaca* L. sp. ed. 2 1. 198. — Icon: Jacq. hort. vind. III. t. 21. — Exsicc.: Heldr. pl. fl. hellen. a. 1876.

Annua, setis tuberculatis hispida; caulibus flaccidis, diffusis, vel adscendentibus simplicibus vel ramosis; foliis oblongo-lanceolatis, utrinque attenuatis, denticulatis, inferioribus petiolatis, superioribus sessilibus; racemis laxissimis, foliatis; pedicellis calyci aequilongis; calycis laciniis lanceolatis, demum accretis; corollae tubo calyce breviore; fornicibus velutinis, exsertis; nuculis semiovatis, elevatim reticulatis. — Caules interdum pedem et amplius longi, in speciminibus ex insula Salamis nani, 5—8 cm. tantum longi.

In saxosis maritimis, rarissime. Attica: insula Salamis (Heldr.); Creta: ad Hierapetra (Raul.). — Mart. Maio. ☉.

β. Nuculae in rostrum obliquum abeuntes.

12. A. stylosa M. a. B. fl. taur. cauc. I. p. 123. — Icon: Rchb. pl. cret. VIII. f. 966. — Exsicc.: Heldr. fl. thessal. a. 1885.

Annua, setis tuberculatis parce obsita; caule gracili, erecto, superne ramoso-paniculato; foliis subnudulato-repandis, inferioribus oblongis, in petiolum attenuatis, superioribus semiamplexicaulibus; racemis saepius conjugatis, tandem laxis; bracteis pedicello brevioribus; pedicellis calyci aequilongis vel longioribus; calycis laciniis linearibus, obtusiusculis; corollae coeruleae tubo duplo vel subtriplo longiore; fornicibus papillosis, subexsertis; stylo calyce duplo subtriplo longiore; nuculis oblique ovatis, in rostrum breve subcurvatis, areolato-rugosis, minute tuberculatis.

β. **major** DC. pr. X. p. 48; Bois. fl. or. IV. p. 160. — *A. Spruneri* Bois. diagn. XI. p. 98; Haussk. symb. p. 152; Heldr. fl. Aegina p. 380. — Corollae tubus calyce sublongior; stylus calyce parum longior. — Exsicc.: Heldr. herb. norm. n. 208.

In campis, vineis, arvis regionis inferioris. Thessalia: pr. Velestinos (Heldr.); — β. Attica: pr. Eleusis (Haussk.), Athenas, insula Aegina (Heldr.); Acrocorinthus (Haussk.). — Mart. Maio. ☉.

13. A. caespitosa Lam. enc. I. p. 498; S. et S. pr. I. p. 117, Fl. gr. II. p. 59 t. 169; Sieb. avis p. 3, in Flora I. p. 275; Raul. cret. p. 814; Bois. fl. or. IV. p. 156; Spreitz. in z. b. G. 1890 p. 297; Bald. viagg. Creta p. 78. — Exsicc.: Spreitz. in cret. a. 1882; Bald. it. cret. n. 81.

Perennis, e rhizomate sublignoso, pluricipite caespitosa, nana, setis tuberculatis hispida; caulibus brevissimis, racemo 3—5 floro, interdum in rosula subsessili, terminatis; foliis rosulatis, linearibus, undulato-dentatis vel integris, obtusis, caules superantibus; pedicellis calyce subbrevioribus; calycis laciniis linearibus, obtusis; corollae cyaneae tubo calyce subduplo longiore; fornicibus penicillatis, exsertis; stylo calyce longiore; nuculis oblique ovatis, in rostrum elongatum abeuntibus, areolato-rugosis. — Species insignis, foliis solo adpressis.

In saxosis regionis alpinae Cretae: mt. Volakia, Stravopodia, Hagios Theodoros, Hagion Pneuma (Raul.) et Mavrus Lakus (Spreitz.) in mt. Sphacioticis (Sibth.). — Jun. Aug. ♃.

γ. Nuculae horizontaliter curvatae.

14. A. aggregata Lehm. asp. p. 219 t. 47; Mazz. in ant. ion. V. p. 182; Bois. fl. or. IV. p. 157. — *A. parviflora* S. et S. pr. I. p. 117, Fl. gr. II. p. 57 t. 167, non Willd. — *A. micrantha* R. et Sch. syst. IV. p. 93 et 771. — *Lycopsis glomerata* Urv. en. p. 22.

Annua, setis tuberculatis hispidissima; caulibus erectis vel diffusis, ramosis; foliis lineari-oblongis linearibusve, repandis, inferioribus in petiolum attenuatis, superioribus sessilibus; racemis densissimis, corymboso-capituliformibus; floribus subsessilibus, bracteis linearibus, calyce longioribus; calycis laciniis demum accretis, triangulari-lanceolatis; corollae cyaneae parvae tubo e calyce breviter exserto; fornicibus penicillatis, exsertis; nuculis lateraliter compressis, breviter rostratis, reticulato-rugosis.

In arenosis maritimis. Attica: pr. Athenas (Sibth.); Corcyra: pr. Carumades (Mazz.); species pro Graecia dubia, a recentioribus non lecta. — Apr. Maio. ☉ N. v.

3. Sectio. *Lycopsis* Griseb. spic. II. p. 95. — Corollae tubus ad medium inflexo-curvatus, limbus subirregularis, obliquus; nuculae basi in stipitem non contractae.

15. **A. arvensis** L. sp. p. 139; Pieri corc. fl. p. 26; Ch. et B. fl. pelop. p. 13; (*Lycopsis*); M. a. B. fl. taur. cauc. I. p. 123; Mazz. in ant. ion. V. p. 188; Bois. fl. or. IV. p. 160. — Icon: Fl. dan. t. 485.

Setis tuberculatis hispida; caulibus erectis, superne ramosis, corymboso-paniculatis; foliis lanceolatis, repando-dentatis, inferioribus in petiolum attenuatis, superioribus semiamplexicaulibus; racemis saepius bifidis, tandem laxis, bracteis calyces aequantibus vel superantibus foliatis; pedicellis calyce brevioribus; calycis 5 partiti laciniis lanceolatis; corollae coeruleae tubo calyce sublongiore, medium versus curvato; fornicibus papillosis; nuculis magnis, transverse ovatis, curvato-rostratis, elevatim reticulato-areolatis, tuberculatis.

In arvis, incultis. Corcyra (Pieri); Peloponnesus: austro-occidentalis (Chaub.), pr. Nisi et Kalamata (Fauché); a recentioribus non lecta. — Maio, Jul. ☉ N. v.

16. **A. variegata** L. sp. p. 138; S. et S. pr. I. p. 123, Fl. gr. II. p. 66 t. 178; Ch. et B. exp. p. 63, Fl. pelop. p. 13; Marg. et B. fl. Zante p. 69; Ung. Reise p. 128; Weiss in z. b. G. 1869 p. 742; Raul. cret. p. 814; Spreitz. in z. b. G. 1877 p. 715; Haussk. symb. p. 152; Heldr. fl. Aegina p. 380; (*Lycopsis*); Lehm. asp. p. 223; Mazz. in ant. ion. V. p. 180; Bois. fl. or. IV. p. 161, suppl. p. 351; Heldr. fl. cephal. p. 53; Fors. in bull. herb. Bois. III. p. 88; Form. in D. bot. Mon. 1898 p. 78. — *L. bullata* Cyr. pl. rar. I. p. 34 t. 11; Mazz. l. c. p. 188. — Huc probabiliter: *A. ovata* Mazz. l. c. p. 182; Friedr. Reise p. 265. — Exsicc.: Sint. it. thessal. n. 46; Baen. herb. europ. n. 9285.

Hispidula setisque sparsis tuberculatis obsita; caulibus erectis vel adscendentibus, simplicibus vel ramosis; foliis oblongis, repando-dentatis, inferioribus in petiolum attenuatis, superioribus semiamplexicaulibus; racemis solitariis, tandem laxiusculis, saepe elongatis; bracteis lanceolatis, calyce brevioribus; pedicellis calyce brevioribus; calycis 5 partiti laciniis lanceolato-linearibus; corollae cyaneae, saepe albo-variegatae, rarissime albae tubo calyci aequilongo, antrorsum curvato; fornicibus papillosis; nuculis parvis, transverse ovatis, breviter acutiuscule rostratis, tenuiter rugulosis.

In apricis, herbidis, ad vias regionis inferioris et montanae. Thessalia: pr. Kalabaka (Sint.), Pharsalus (Haussk.); Aetolia: mt. Mesolongion,

Krioneri (Reis.); Attica: pr. Athenas (Friedr.), mt. Kerata (Haussk.), Hymettus, Pharmacusarum insula Megali Kyra, insula Aegina (Heldr.); Peloponnesus (Sibth.); Acrocorinthus (Haussk.); pr. Manesi, Hagios Vlasios ad radices mt. Olenos Achaiae (Hal.), pr. Methone Messeniae (Chaub.); Creta (Sibth.): pr. Malaxa (Rev.), Canea (Weiss); Archipelagus (Sibth.): in insulae Syra (Weiss) mt. Pyrgos (Fors.); Zante: ad colles Acroteri, pr. Litakia (Marg.); Cephalonia: pr. Argostoli, mt. Aenos (Heldr.); Ithaca (Spreitz.); Corcyra: pr. Socracchi, Sidari, Magulades (Mazz.), Kanone (Baen.). — Febr. Jun. ☉

7. Symphytum L. gen. n. 185.

a. Fornices inclusae.

1. **S. officinale** L. sp. p. 136; S. et S. pr. I. p. 119; Bois. fl. or. IV. p. 171; Form. in D. bot. Mon. 1891 p. 25. — Icon: Fl. dan. t. 664.

Praeter pubem minutam, setis albis, saepius tuberculatis asperum; radice fusiformi, ramosa; caulibus erectis, elatis, alatis, superne ramosis; foliis ovato-lanceolatis lanceolatisve, acuminatis, integris, inferioribus in petiolum decurrentibus, superioribus sessilibus, longe lateque decurrentibus; calycis hispiduli laciniis lanceolatis, tubo subduplo longioribus; corollae violaceae, rarius albidae, calyce triplo longioris, obconico-tubulosae, dentibus breviter triangularibus, obtusis, recurvis; fornicibus inclusis, antheras filamentis 2—3 longiores subsuperantibus; nuculis obliquis, ovato-trigonis, laevibus, lucidis.

In Graeciae provinciis et insulis (Sibth.); Thessalia: pr. Chaliki in Pindo, pr. Selicany in mt. Ossa (Form.); species pro ditione nostra dubia. — Maio, Jul. ♃.

2. **S. anatolicum** Bois. diagn. IV. p. 43, Fl. or. IV. p. 173. — Exsicc.: Dörfl. fl. aeg. n. 27.

Praeter pubem minutam, setis albis, saepius tuberculatis hirsutum; radice fusiformi, ramosa; caulibus flaccidulis, exalatis, fere a basi ramosis; foliis oblongis, acutis, subrepandis, inferioribus in petiolum attenuatis, superioribus sessilibus, non vel brevissime decurrentibus; calycis dense albo-strigosi laciniis lanceolato-linearibus, tubo 3—4 plo longioribus; corollae albae vel violaceae, calyce duplo longioris, tubuloso-infundibuliformis, dentibus brevibus ovatis, obtusis, erectis; fornicibus inclusis, antheras filamentis aequilongas vix superantibus; nuculis rectiusculis, oblongis, areolato-nervosis, minute tuberculatis, subopacis.

In humidis umbrosis, in fauce Chalandra insulae Naxos (Leonis). — Apr. Maio. ♃.

b. Fornices longe exsertae.

3. **S. bulbosum** Schimp. in Flora VIII (1825) p. 17; Marg. et R. fl. Zante p. 68; Ung. Reise p. 127; Spreitz. in z. b. G. 1877 p. 715, 1887 p. 664; Bois. fl. or. IV. p. 176; Heldr. fl. cephal. p. 53, chlor. Parn. p. 24; Gelmi in bull. soc. bot. ital. 1889 p. 450; Hal.

in ö. b. Z. 1896 p. 15, 1897 p. 97; Haussk. symb. p. 150; Form. in Ver. Brünn 1896 p. 60. — *S. tuberosum* S. et S. pr. I. p. 119; Mazz. in ant. ion. V. p. 186,; non L. — *S. officinale* Pieri corc. fl. p. 24; Dallap. prosp. p. 20; non L. — *S. macrolepis* Gay. in Rchb. fl. germ. exc. p. 347; Friedr. Reise p. 280. — *S. brochum* Ch. et B. exp. p. 65 t. 7, Fl. pelop. p. 13 t. 9; Fraas fl. class. p. 163. — Probabiliter huc ex DC. pr. X. p. 52: *Anchusa bulbosa* Mazz. in ant. ion. V. p. 182. — Exsicc.: Orph. fl. gr. n. 863; Sint it. thessal. n. 49 et 637.

Praeter pubem minutam, setis albis, saepius tuberculatis hirsutum; rhizomate gracili, elongato, tubera subglobosa gerente; caulibus erectis, exalatis, simplicibus vel parce ramosis; foliis ovato-oblongis, acutis, integris, inferioribus in petiolum attenuatis, superioribus sessilibus, interdum breviter decurrentibus; calycis viscidi laciniis lanceolatis, tubo subduplo longioribus; corolla ochroleuca, calyce duplo longiore, dentibus ovatis, obtusis, erectis; fornicibus denticulatis, dimidia corolla longioribus; antheris filamento aequilongis; nuculis obliquis tuberculatis, annulo basilari basi dentato.

In umbrosis regionis montanae et subalpinae. Thessalia: pr. Chaliki (Form.), mt. Ghavellu, in oropedio Neuropolis (Haussk.), pr. Kalabaka, Lechonia ad Volo (Sint.), mt. Pelion (Heldr.); Sporadum insula Skiathos (Leon.); mt. Parnassus, in Boeotia (Heldr); Attica: ad Cephissum (Fraas); Achaia: pr. Patras (Reis.), mt. Panachaicon (Hal.); Messenia: pr. Methone, mt. Kupe, pr. Messene (Chaub.); Arcadia: mt. Diaforti pr. Andrizena (Friedr.); Laconia: mt. Malevo pr. Hagios Petros (Orph.); Zante (Sibth.); Cephalonia: in oropedio Omala (Heldr.); Leucas: pr. monasterium Hagios Georgios (Spreitz.); Corcyra: pr. San Deca (Spreitz.), Socracchi, Benizze, Casopitza, Figareto (Mazz.). — Apr. Jun. ♃.

4. **S. ottomanum** Friv. in Flora 1836 p. 439; Ung. Reise p. 127; Bald. riv. coll. bot. alb. 1896 p. 78. — Icon: Rchb. t. 104. — Exsicc.: Bald. it. alb. ep. IV. n. 189; Sint. it. thessal. n. 636.

Differt a praecedente radice fusiformi; caulibus valde ramosis; corolla brevi, dentibus parum e calyce emersis; fornicibus valde exsertis corolla aequilongis; antheris filamento longioribus.

In silvaticis subalpinis, rarissime. Epirus: ad Bocikopulon distr. Ljaskovik (Bald.); Thessalia: in valle Negerli pr. Chaliki (Sint.); Euboea: pr. Aqueductum (Ung.). — Apr. Jul. ♃.

8. Pulmonaria L. gen. n. 184.

1. **P. auriculata** Bois. diagn. XI. p. 95 (*Nonnea*). — *P. officinalis* S. et S. pr. I. p. 118; Ch. et B. exp. p. 63, Fl. pelop. p. 13. — *P. mollis* Bois. fl. or. IV. p. 170, vix Wolff. — *Anchusa Cesatiana* Fenzl et Friedr. in Friedr. Reise p. 282; sec. Bois. fl. or. IV. p. 162 et 1199. — Exsicc.: Heldr. pl. fl. hellen. a. 1899.

Rhizomate crasso, cylindrico, obliquo; caule erecto, simplici, breviter glanduloso-pubescenti, setulis albis intermixtis; foliis setulis brevibus, adpressis scabridis, supra parce glandulosis, radicalibus oblongo-ovatis, acutis, in petiolum longum, alatum decurrentibus, caulinis paucis, oblongis, sessilibus, paulo supra basin utrinque rotundato-auriculatam, subangustatis, floralibus breviter ovatis, acutioribus, basi rotundatis; floribus in paniculam terminalem contractum dispositis; calyce glanduloso, ad tertiam partem acute 5 lobo, post anthesin inflato; corollae violaceae, glabrae, tubo calyci aequilongo, lobis rotundatis. — Species mihi ex unico specimine deflorato tantum nota, *P. molli* Wolff certe maxime affinis, ab ea tamen foliis caulinis paucis, oblongis, supra basin late rotundato-auriculatam subangustatis diversa videtur.

In silvaticis montanis, rarissime. Arcadia: in quercetis pr. Bassae (Friedr.); Messenia: in humidis vallis fl. Neda pr. Phigalea (Chaub.); Laconia: in regione abietina inter Langada et Neraidovuno (Zahn). — Mart. Maio. ♃.

3. Subtribus. *Lithospermeae* Koch. syn. p. 500.

9. Onosma L. gen. n. 159.

1. Sectio. *Asterotricha* Bois. fl. or. IV. p. 180. — Foliorum setae tuberculo stellatim piloso insidentes.

a. Caules herbacei; indumentum caulis adpressissimum.

1. O. Spruneri Bois. diagn. XI. p. 109, Fl. or. IV. p. 202. — Exsicc.: Orph. fl. gr. n. 744.

Totum setis brevibus, adpressissimis, e tuberculo minute stellatim piloso ortis cinereum; caulibus e radice verticali, simplici, 1—3, erectis, elatis, simplicibus; foliis longe lanceolatis, acutis, inferioribus in petiolum attenuatis, superioribus semiamplexicaulibus; floribus breviter pedicellatis; calyce adpressissime setoso, laciniis lanceolatis; corolla albida, pubescenti, calyce subtriplo longiore, dentibus triangulari-ovatis, deflexis; antheris inclusis, filamentorum parte libera aequilongis; nuculis magnis oblongis, obtusiusculis, obscure granulato-tuberculatis, nitidis. — Caules 30—35 cm. alti, folia ad 10 cm. longa, 1 cm. lata, corolla 25 mm. longa, ore fere 1 cm. lata. — Caulibus herbaceis et indumento adpressissimo insigne.

Ad radices mt. Cithaeron Boeotiae pr. Kriekuki et in regione inferiori mt. Kyllene Achaiae, rarissime (Orph.). — Maio. Jun. ☉.

b. Caules basi suffrutescentes; indumentum caulis patulum.

α. Antherae inclusae.

2. O. tauricum Pall. in nov. act. Petrop. 1792 p. 306. — *O. laconicum* Bois. et Orph. in Orph. fl. gr. exs. n. 860. — *O. stellulatum* v. *angustifolium* Bois. fl. or. IV. p. 201 p. p.; non *O. angustifolium* Lehm. pl. asperif. p. 361, quod foliis flavido-cinerascentibus, superioribus basi dilatatis discedit. — Exsicc.: Orph. l. c.; Heldr. herb. norm. n. 1458.

Basi suffrutescens, multicaule; caulibus humilibus, erectiusculis vel adscendentibus, simplicibus, caespitosis, praeter pubem minutam, setis sparsis patulis obsitis; foliis linearibus, oblongo-linearibusve, obtusiusculis, planiusculis, latitudine multoties longioribus, setis longis, adpressis, e tuberculo stellatim piloso ortis, obsitis, cinereis, radicalibus confertissimis, in petiolum attenuatis, caulinis sessilibus; floribus subsessilibus; calycis laciniis anguste lanceolatis, obtusiusculis, margine setis albis, longis, tuberculo non insidentibus, dense ciliatis, dorso breviter et adpressissime hirtis; corolla glabra, citrina, calyce duplo subtriplo longiore, dentibus triangulari-ovatis, deflexis; antheris filamentorum parte libera longioribus; nuculis ovato-trigonis, subinflexo-rostratis, obscure granulato-tuberculatis, nitidis. — Differt ab affine *O. stellulato* W. et K. foliis angustioribus, longioribus et floribus subsessilibus, nec pedicello post anthesin calycem aequante suffultis. — Specimina graeca cum tauricis a Callier it. taur. n. 81 distributis optime quadrant. Caules 10—25 cm. alti.

In rupestribus regionis montanae. Laconia: mt. Malevo pr. Hagios Joannes (Orph.), in valle fl. Nedon et in mt. Xirovuni Alagoniae (Zahn.). — Apr. Maio. ♃.

Obs. Nescio an huc spectent: *O. angustifolium* Form. in Ver. Brünn 1895 p. 32, ex Epiro pr. Ephemiades; et *O. stellulatum v. angustifolium* Bois. fl. or. IV. p. 201, e mt. Cithaeron, Kyllene et e Megaspilaeon, nec non Form. in Ver. Brünn 1896 p. 60, e Patsios in Olympo.

3. **O. erectum** S. et S. pr. I. p. 121, Fl. gr. II. p. 62 t. 173; Sieb. avis rem. p. 3; ?Urv. enum. p. 20; Raul. cret. p. 815. — *O. stellulatum v. erectum* Bois. fl. or. IV. p. 202 p. p.; Spreitz. in z. b. G. 1890 p. 297. — Exsicc.: Rev. pl. cret. p. 115; Dörfl. pl. cret. n. 64.

Basi suffrutescens, multicaule; caulibus humilibus, erectiusculis vel adscendentibus, simplicibus, caespitosis, praeter pubem minutam, setis patulis obsitis; foliis anguste linearibus oblongo-linearibusve, obtusiusculis, margine revolutis, latitudine multoties longioribus, setis longis adpressis et subpatulis, e tuberculo stellatim piloso ortis, obsitis, cinereis, radicalibus confertissimis, in petiolum attenuatis, caulinis sessilibus; floribus subsessilibus; calycis laciniis anguste lanceolatis, obtusiusculis, undique setis albis, longis, plerisque tuberculo non insidentibus, adpressis et subpatulis obsitis; corolla glabra, flava, calyce duplo longiore, dentibus triangulari-ovatis, deflexis; antheris filamentorum parte libera longioribus; nuculis ovato-trigonis, subinflexo-rostratis, laevibus, nitidis. — Differt a praecedente setis tuberculo majore longius stellatim piloso insidentibus obsitis, calycis laciniis undique fere aequaliter setosis, setis minus adpressis et colore corollae saturatiore.

β. **pubiflorum**. — *O. erectum* Clem. sert. p. 68. — Corolla pubescens. — Exsicc.: Heldr. herb. norm. n. 558 et 1358; Orph. fl. gr. n. 60.

In rupestribus montanis. Creta: mt. Lakus, in oropedio Omalo (Rev.), pr. Askyphos (Spreitz.), ad Hagia Rumeli, promontorium Meleka, pr. Malaxa, mt. Ida (Raul.); ? Cycladum insula Melos (Urv.); — β. Euboea: pr. Steni (Pichl.); Attica: mt. Hymettus, Pateras (Heldr.); Achaia: mt. Panachaicon (Hal.). — Apr. Jun. ♃.

4. **O. echioides** L. sp. p. 137 (*Cerinthe*); L. sp. ed. 2 p. 196; Pieri. fl. corc. p. 25; Mazz. in ant. ion. V. p. 188; Friedr. Reise p. 271 (v. *sparsiflora*); Fraas fl. class. p. 164; Fors. in bull. herb. Bois. III. p. 88; Raul. cret. p. 815; non Jacq. fl. austr. III. t. 295, nec ant. mult. — *O. stellulatum* Ch. et B. exp. p. 64, Fl. pelop. p. 13, Raul. cret. p. 815; Form. in D. bot. Monat. 1891 p. 24; Bald. riv. coll. bot. Alb. 1895 p. 58. — *O. pallidum* Bois. diagn. XI. p. 112; Haussk. symb. p. 153. — *O. Orphanidis* Bois. in Heldr. herb. norm. n. 729; Ung. Reise p. 128. — *O. stellulatum v. genuinum* Bois. fl. or. IV. p. 201. — *O. stellulatum v. pallidum* Bois. l. c.; Heldr. chlor. Parn. p. 24; Form. in Ver. Brünn 1896 p. 61. — Exsicc.: Heldr. herb. norm. n. 729; Orph. fl. gr. n. 862 et 1005. —

Basi suffrutescens, multicaule; caulibus erectis, saepius elatis, praeter pubem minutam, setis patulis obsitis, foliis oblongo-linearibus oblongisve, obtusis, planiusculis, setis longis adpressis, e tuberculo stellatim piloso ortis obsitis, virescentibus, radicalibus sub anthesi saepe emarcidis, in petiolum attenuatis, caulinis sessilibus; floribus subsessilibus; calycis laciniis anguste lanceolatis, undique setis albis, longis, plerisque tuberculo non insidentibus, erecto-patulis obsitis; corolla pubescente, pallide flava, calyce 2—3 plo longiore, dentibus triangulari-ovatis, deflexis; antheris filamentorum parte libera longioribus; nuculis ovato-trigonis, subinflexo-rostratis, laevibus, nitidis. — Species ab auctoribus multis cum *O. stellulato* W. et K. confusa, quod autem egregie differt pedicellis post anthesin calycem aequantibus, nec brevissimis.

α. **typicum.** — Folia oblongo-linearia, latitudine multo longiora, virescentia, radicalia sub anthesi emarcida, corolla calyce duplo longior. — Exsicc.: Orph. fl. gr. n. 862 et 1005; Heldr. herb. norm. n, 719.

β. **brachyphyllum.** — Folia oblonga latitudine triplo longiora, radicalia sub anthesi emarcida; corolla elongata calyce triplo longior. — Exsicc.: Dörfl. fl. gr. n. 285.

γ. **brachycalyx.** — Folia anguste oblongo-lineari vel lineari, latitudine multoties longiora, radicalia caespitosa; corolla elongata, calyce triplo longior. — An forte species propria. — Exsicc.: Hal. it. gr. II. a 1893.

In saxosis regionis montanae. Epirus: mt. Micikeli (Bald.); Thessalia: ad monasterium Meteora, pr. Malakasi, Uranaeos, Tsungeri in Pindo, mt. Pelion (Haussk.), pr. Kapurna, pr. Miluna in Olympo (Form.); Euboea: mt. Dirphys (Heldr.); Aetolia: mt. Arapocephala supra Agrinion (Heldr.); Phocis (Sprun.): mt. Parnassus pr. Rachova (Orph.); Boeotia: pr. Lebadea (Orph.); Attica: mt. Cithaeron (Heldr.), Parnes, Hymettus (Fraas); Achaia: mt. Kyllene (Fraas); Argolis: pr. Poros (Friedr.);

Arcadia: pr. Carithena, Androvista (Chaub,); Cycladum insula Syra: mt. Pyrgos (Fors); Creta: ad promontorium Meleka (Raul.); Corcyra: pr. Spagus, Ducade, Afiona (Mazz.); sed ob confusionem permultam hujus speciei loca indicata nonnulla vix huc pertinent; — *β*. Aetolia: mt. Korax pr. Musinitza (Leon.); — *γ*. Achaia: mt. Kastro pr. Kalavryta (Hal.). — Maio, Jun. ♃.

β. Antherae exsertae.

5. **O. leptanthum** Heldr. herb. norm. 1565.

Basi suffrutescens, multicaule; caulibus humilibus, erectiusculis vel adscendentibus, simplicibus, caespitosis, patule setosis; foliis oblongo-linearibus, obtusis, planis, latitudine multoties longioribus, setis patulis, e tuberculo stellatim piloso ortis obsitis, cinerascentibus, radicalibus confertis, in petiolum attenuatis, caulinis sessilibus; floribus pedicellatis, pedicellis post anthesin calyce dimidio brevioribus; calycis laciniis anguste lanceolatis, acutiusculis, setis patulis longis undique obsitis; corolla flava, glabra, calyce parum longiore, dentibus triangularibus, deflexis; antheris filamentorum parte libera sublongioribus; nuculis ovato-trigonis, subinflexo-rostratis, obscure granulato-tuberculatis, nitidis. — Species distinctissima, habitu *O. frutescentis*, sed asterotricha.

In rupestribus regionis mediae et superioris mt. Taygetos, l. d. Megalo Stephani, Chalasmeno (Zahn) et Hagia Barbara (Pichl.). — Jun. Jul. ♃.

2. Sectio. *Heterotricha* Bois. fl. or. IV. p. 180. — Foliorum setae tuberculo ad folia inferiora saepius glabro, ad superiora praesertim in pagina inferiori stellatim piloso insidentes.

6. **O. helveticum** DC. pr. X. p. 62 pro var. *O. echioides*; Bois. diagn. XI. p. 111; Hal. Beitr. fl. Epir. p. 32. — Exsicc.: Hal. it. gr. II. a. 1893.

Totum setis longis, patulis, e tuberculo glabro vel sparse et brevissime stellatim piloso ortis obsitum, virescens; caulibus e radice verticali simplici, herbaceis, erectiusculis, mediocribus, simplicibus vel parce ramosis; foliis lanceolato-linearibus, acutiusculis, inferioribus in petiolum attenuatis, superioribus semiamplexicaulibus; floribus breviter pedicellatis; calycis subpatule et longe setosi laciniis lanceolatis; corolla pallide flava, puberula, calyce subduplo longiore, dentibus triangularibus, brevibus, deflexis; antheris inclusis, filamentorum parte libera aequilongis, nuculis ovato-trigonis, subinflexo-rostratis, sublaevibus, nitidis. — Indumento mixto inter sectionem praecedentem et sequentem media, habitu *O. arenaria* W. et K. simile.

In rupestribus regionis superioris mt. Strungula supra Melisurgi in Epiro (Hal.); Creta: ad promontorium Meleka (Sieb.). — Jun. Jul. ☉.

3. Sectio. *Haplotricha* Bois. fl. or. IV. p 179. — Foliorum setae tuberculo glabro insidentes.

a. Herbacea, biennia.

7. **O. graecum** Bois. diagn. XI. p. 106, Fl. or. IV. p. 182; Weiss in z. b. G. 1869 p. 742. — *O. echioides* Sieb. avis p. 3. — *O. tinctorium* Ch. et B. exp. p. 65, Fl. pelop. p. 13; non M. a. B. Huc forsan: *O. arenarium* Ung. Reise p. 128 (e Boeotia ad lacum Hylike), non W. et K. —

Totum setis adpressis, tuberculo minuto glabro insidentibus pubeque brevi, velutina cinerascens, vix strigosum; caule erecto, crassiusculo, mediocri, superne ramoso-paniculato; foliis radicalibus lanceolato-linearibus, obtusis, basi attenuatis, superioribus sessilibus, a basi rotundata oblongis; floribus subsessilbus; calycis fructiferi valde accreti laciniis linearibus; corolla anguste tubulosa, pubescenti, lutea, demum violascenti, calyce subduplo longiore, dentibus brevissimis; antheris summo apice vix exsertis, filamento brevissimo; nuculis trigonis, profunde scrobiculatis et tuberculatis. — Rarius pede dimidio elatius, corolla anguste tubulosa et nuculis profunde scrobiculato-tuberculatis insigne.

In siccis regionis submontanae. Attica: mt. Hymettus (Bois.); Messenia: pr. Methone (Chaub.), Navarin (Fauché); Creta: pr. Canea (Weiss), Malaxa (Raul.); Cycladum insula Syra (Bois). — Maio. ⊙. N. v.

8. **O. taygeteum** Bois. et Heldr. diagn. XI. p. 101, Fl. or. IV. p. 182. — Icon: Rouy. ill. t. 18. — Exsicc.: Heldr. pl. fl. hellen. n. 421.

Totum setis longis patentibus, tuberculo majusculo glabro insidentibus strigosissimum, virescens; caule erecto, crasso, a basi ramosissimo; foliis radicalibus linearibus, longis, obtusis, caulinis abbreviatis, lanceolatis ovato-lanceolatisve, sessilibus; floribus pedicellatis, pedicellis calyce 3—4plo brevioribus; calycis fructiferi valde accreti laciniis lanceolatis, binis vel ternis saepius coalitis; corolla clavata, pubescenti, pallida, calyce vix longiore, dentibus brevissimis; antheris apice breviter exsertis, filamento brevissimo; nuculis trigonis, magnis, rugoso-tuberculatis, nitidis, in rostrum anceps, acutum, rectum abrupte angustatis. — *O. setoso* Led. (*O. echioides* Jacq. non L. = *O. Visianii* Clem. = *O. calycinum* Stev.) affine, quod foliis summus basi valde dilatatis semiamplexicaulibus et antheris inclusis differe videtur. — *O. rhodopeum* Vel. in Sitzungsb. böhm. Ges. Wiss. 1894 p. 22 vix a nostro discedit.

Inter lapides in alveo exsiccato torrentis inter Varvara et Hagios Paraskevi in regione silvatica mt. Taygetos (Heldr.). — Jul. ⊙.

b. Suffruticosum.

9. **O. frutescens** Lam. ill. gen. n, 1837; Raul. cret. p. 815; Bois. fl. or. IV. p. 190; Hal. Beitr, fl. Aetol. p. 8, Beitr. fl. Achaia p. 26; Haussk. symb. p. 153. — *O. echioides* S. et S. pr. I. p. 121, Fl. gr. t. 172; Ch. et B. exp. p. 65, Fl. pelop. p. 13, non L. — *O. orientale* Lehm. asp. p. 376; non Pall. quod = *Arnebia cornuta* Fisch. et Mey.; nec *Cerinthe orientalis* L. am. ac. IV. p. 267, quae species dubia. — Exsicc.: Orph. fl. gr. n. 61; Heldr. herb. norm. n. 367 et 1359.

Basi suffruticosum; multicaule, totum setis, tuberculo glabro insidentibus hispidum, cinerascens; caulibus hornotinis herbaceis, humilibus, erectiusculis vel adscendentibus, simplicibus; foliis oblongis vel oblongo-lanceolatis, basi attenuatis; floribus pedicellatis, pedicellis calyce brevioribus; calycis fructiferi valde accreti laciniis lanceolatis; corolla glabra, flava, apice violacea, ampliata, calyce tertia parte longiore, dentibus breviter triangularibus, deflexis; antheris exsertis, filamentorum parte libera longioribus, nuculis subglobosis, breviter rostratis, laevibus, nitidis, marmoratis.

In rupium fissuris regionis inferioris et montanae. Acarnania (Nied.); Aetolia: mt. Chalkis et Taphiassos ad sinum Patranum (Hal.); Boeotia: pr. Drachmano (Heldr.); Attica: mt. Cithaeron, Parnes, Lycabettus, Hymettus (Heldr.), Kerata (Haussk.), in Pharmacusarum insula Lero (Heldr.); Acrocorinthus (Sprun.); Achaia: pr. Psatopyrgos (Heldr.), Kalavryta, in valle Voreikos pr. Megaspilaeon (Hal.), mt. Kyllene (Orph.); Argolis: in peninsula Vromolimni, mt. Palamidi pr. Nauplia (Haussk.); Arcadia, Messenia (Chaub); Laconia: pr. Sparta, Leondari (Bois.); Creta: pr. Acroteri, Malaxa (Raul.). — Apr. Jun.

Obs. *O. simplicissimum* L. sp. ed. 2 p. 196; Raul. cret. p. 815. — In Creta certissime erronee indicatur.

10. Echium L. gen. n. 191.

a. Stamina exserta.

α. Corolla albida.

1. **E. italicum** L. sp. p. 139; S. et S. pr. I. p. 124; Sieb. avis p. 3, rem. p. 3; Ch. et B. exp. p. 64, Fl. pelop. p. 13; Mazz. in ant. ion. V. p. 190; Marg. et R. fl. Zante p. 68; Fraas fl. class. p. 164; Weiss in z. b. G. 1869 p. 742; Bois. fl. or. IV. p. 205; Heldr. fl. cephal. p. 53, Fl. Aegina p. 380; Spreitz. in z. b. G. 1887 p. 665; Hal. in z. b. G. 1888 p. 760, Beitr. fl. Epir. p. 32, Beitr. fl. Aetol. p. 8, Beitr. fl. Thessal. p. 16; Form. in D. bot. Monat. 1891 p. 24, in Ver. Brünn 1895 p. 32, 1896 p. 60, 1897 p. 44; Haussk. symb. p. 152. — *E. pyramidatum* DC. pr. X. p. 23; Raul. cret. p. 813. — *E. altissimum* Raul. l. c, vix Jacq. fl. austr. V. p. 35, quod panicula ob ramos florales abbreviatos in racemum elongatum spiciformem abeunti, spiculis brevibus, folio florali brevioribus, calyce minori et corolla calyce duplo longiore discedit et in Graecia vix crescit. — Exsicc.: Dörfl. fl. aeg. n. 72.

Caule erecto, setoso-hispidissimo, in paniculam amplam pyramidatam abeunti; foliis lineari-lanceolatis, setis basi tuberculatis, adpressiusculis hispidis; spiculis elongatis, inferioribus saepius bifidis trifidisve, folia floralia superantibus; calycis laciniis lanceolatis; corolla hirta, sub anthesi calycem parum excedente; nuculis trigonis, acuminatis, muricato-tuberculatis.

In aridis, cultis derelictis regionis inferioris et submontanae per totam Graeciam. — Apr. Jul. ☉

β. Corolla coerulea, violacea vel punicea.

× Folia linearia vel lanceolata, basi non cordata.

○ Biennia; corolla coerulea; nuculae breviter tuberculatae.

2. **E. vulgare** L. sp. p. 139; S. et S. pr. I. p. 125; Pieri corc. fl. p. 26; Ch. et B. exp. p. 64, Fl. pelop. p. 13; Mazz. in ant. ion. V. p. 190; Fraas fl. class. p. 163; Hal. in z. b. G. 1888 p. 763. — Icon.: Fl. dan. t. 445. — Exsicc.: Hal. it. gr. a. 1888.

Viride, setis homomorphis, basi tuberculatis obsitum; caule unico vel pluribus, erectis, elatis, in paniculam angustam vel pyramidatam abeuntibus; foliis lanceolatis vel lineari-lanceolatis; spiculis brevibus, inferioribus interdum bifidis, folia floralia superantibus; calycis adpresse setoso-strigosi laciniis lineari-lanceolatis, erectis; corolla hirta, calyce duplo subtriplo longiore; nuculis subtrigonis, acutis, tenuiter et inaequaliter tuberculatis.

In arvis arenosis, rupestribus regionis inferioris, rerissime. Thessalia (Fraas); Attica: pr. Tatoi (Hal.); Laconia (Sibth.); Corcyra (Pieri): pr. Stavro (Mazz.). — Maio, Jul. ☉

3. **E. pustulatum** S. et S. pr. I. p. 125, Fl. gr. II. p. 68 t. 180; Marg. et R. fl. Zante p. 68; Friedr. Reise p. 271; Weiss in z. b. G. 1869 p. 742; Bois. fl. or. IV. p. 206.

Differt a praecedente, cui valde affine, indumento setis dimorphis, aliis minutis adpressiusculis, aliis longis e tuberculo valido ortis, strigoso-hispido, cinerascenti, panicula pyramidata laxiuscula, corolla majori et nuculis magis tuberculatis.

In arvis, herbidis regionis inferioris, rarissime. Zacynthus (Marg.); insula Poros (Friedr.), Syra et pr. Canea Cretae (Weiss). — Apr. Jul. ☉ N. v.

∞ Perennia; corolla punicea (sicca violacea); nuculae acute tuberculatae.

4. **E. elegans** Lehm. asper. p. 459; Weiss in z. b. G. 1869 p. 742. — *E. hispidum* S. et S. pr. I. p. 125, Fl. gr. II. p. 68 t. 181; Link. in Linnaea IX. p. 578; Haussk. symb. p. 152; Heldr. in ö. b. Z. 1898 p. 104, chlor. Thera p. 17; non Burm. prodr. p. 5, quod *E. capitatum* L. mant. p. 42 = *Lobostemon capitatus* Buek in Linnaea 1837 p. 143; nec Thunb. in Schrad. journ. 1806 p. 40 = *Lobostemon hispidus* DC. pr. X. p. 10; ambae species Capenses. — *E. Sibthorpii* Roem. et Sch. syst. IV. p. 26. — *E. diffusum* Ch. et B. exp. p. 339, non S. et S. — *E. setosum* Ch. et B. fl. pelop. p. 13; non Vahl symb. II. p. 35, quod species aegyptiaca. — *E. rubrum* Fraas fl. class. p. 163, non Jacq. — *E. sericeum v. hispidum* Bois. fl. or. IV. p. 207; Form. in D. bot. Monat. 1898 p. 78. — Exsicc.:

Heldr. herb. norm. n. 240 et 1160; Orph. fl. gr. n. 864; Rev. pl. cret. n. 112; Dörfl. fl. aeg. n. 125, pl. cret. n. 146.

Pluricaule, totum setis patulis, basi tuberculatis hispidissimum, canum; caulibus erectis, elatis, basi interdum lignosis, in paniculam angustam, laxam abeuntibus; foliis linearibus vel lineari-lanceolatis; spiculis simplicibus, brevibus, demum elongatis, folia floralia superantibus; calycis laciniis linearibus, erectis; corolla pubescente, praeterea setis longioribus obsita, calyce subtriplo longiore.

In arenosis praesertim maritimis. Attica: pr. Athenas (Orph.), in colle Turcovuni (Haussk.), ad Phalerum (Heldr.); Achaia: pr. Exocampos (Heldr.); Sycionia, Corinthus (Chaub.); Argolis: pr. Nauplia (Sibth.), insula Hydra (Pichl.); Laconia: pr. Monembasia, Vatica (Fraas); Cycladum insula Syra (Weiss), Naxos, Thera (Heldr.); Creta: pr. Kissamos (Rev.), Canea (Weiss), Anatoli distr. Hierapetra (Leon.). — Apr. Jun. ♃

5. **E. sericeum** Vahl symb. II. p. 35; Bois. fl. or. IV. p. 207. — *E. elegans v. incanum* Bois. et Heldr. diagn. XI. p. 93; Raul. cret. p. 812. — Exsicc.: Heldr. pl. cret. a. 1846.

Differt a praecedente indumento e pube duplici, altera brevissima densa, altera e setis elongatis constanti, adpressissime cinereo; foliis margine subundulatis, floralibus abbreviatis; calycis laciniis obtusioribus.

In arenosis maritimis Cretae: pr. Canea (Heldr.), Khalepa, Retymo, Candia (Raul.). — Apr. Jun. ♃

×× Folia radicalia ovata vel oblonga, superiora e basi cordata semiamplexicauli attenuata.

6. **E. plantagineum** L. mant. alt. p. 202; S. et S. pr. I. p. 124, Fl. gr. II. p. 67 t. 179; Sieb. avis p. 3; Ch. et B. exp. p. 64, Fl. pelop. p. 13; Mazz. in ant. ion. V. p. 188; Friedr. Reise p. 271; Raul. cret. p. 813; Bois. fl. or. IV. p. 208; Heldr. fl. cephal. p. 53, Fl. Aegina p. 380, chlor. Mykon. p. 247, prosth. chlor. Thera p. 3; Gelmi in bull. soc. bot. it. 1889 p. 450; Form. in D. bot. Monat. 1891 p. 24, in Ver. Brünn 1895 p. 32, 1896 p. 60, 1897 p. 44; Haussk. symb. p. 152; Hal. Beitr. fl. Epir. p. 32, in ö. b. Z. 1897 p. 97. — *E. violaceum* Urv. enum. p. 22; Tausch in Flora XII. p. 641; Mazz. in ant. ion. V. p. 190; Marg. et R. fl. Zante p. 68; Friedr. Reise p. 277; Ung. Reise p. 127; Weiss in z. b. G. 1869 p. 742; non L. mant. p. 42, quod sec. Gr. et Godr. fl. fr. II. p. 524 probabiliter ad *E. rubrum* Jacq., sec. alios ad *E. pustulatum* S. et S. spectat. — Huc forsan: *E. maritimum* Sieb. avis rem. p. 3, vix Willd. sp. I. p. 788. — Exsicc.: Sint. it. thessal. n. 1492 et 299 b. (*v. versicolor* Haussk. symb. p. 152, virescens sparse setosum, caules elongati laxe paniculati, flores minores); Dörfl. fl. aeg. n. 136.

Pilis subadpressis, flexibilibus, basi tuberculatis, molliter hispidum; caulibus solitariis vel pluribus, erectis vel adscendentibus, ramosis vel simplicibus, laxiuscule paniculatis; foliis radicalibus ovatis oblongisve, in petiolum attenuatis, praeter nervum medium nevis lateralibus conpicuis munitis, caulinis saepius valde decrescentibus, semiamplexicaulibus; racemis dissitifloris, demum valde elongatis; calycis laciniis linearilanceolatis; corolla violacea, calyce 3—4 plo longiore, tubo in limbum amplum, superne paucisetosum abrupte ampliato; nuculis grosse tuberculato-asperis, obtusiusculis. — Stirps sat polymorpha, a speciebus aliis nostris tamen foliis radicalibus ovatis, nervosis et floribus magnis facile distinguenda. — Variat interdum floribus albis: *E. niveum* Mazz. in ant. ion. V. p. 190. — *E. plantagineum v. albiflorum* Raul. cret. p. 813.

In herbidis, pratis, collibus aridis regionis inferioris per totam Graeciam. — Mart. Jun. ☉

β. Stamina inclusa.

7. **E. diffusum** S. et S. pr. I p. 125, Fl. gr. II. p. 69 t. 182; Sieb. avis p. 2, rem. p. 3, in Flora V. 2 p. 639; Guss. cat. pl. Bocc. a. 1821 p. 23. — *E. arenarium* Guss. pl. rar. p. 88 t. 17, pr. fl. sic. I. p. 227, fl. sic. syn. I. p. 233; Clem. sert. p. 68; Weiss in z. b. G. 1869 p. 742; Raul. cret. p. 812; Bois. fl. or. IV. p. 210; Spreitz. in z. b. G. 1887 p. 665; Haussk. symb. p. 152; Heldr. fl. Aegina p. 380; chlor. Mykon. p. 247. — ? *E. setosum* β. Ch. et B. fl. pelop. p. 13. — *E. sericeum v. diffusum* Bois. fl. or. IV. p. 207. — Exsicc.: Heldr. herb. norm. n. 339; Rev. pl. cret. n. 113; Dörfl. fl. aeg. n. 143.

Setis basi tuberculatis hispidum; caulibus adscendentibus vel prostratis, simplicibus vel ramosis; foliis radicalibus oblongo-spathulatis, obtusis, in petiolum attenuatis, caulinis sessilibus, a basi subdilatata, saepe semiamplexicauli lanceolatis; spicis demum elongatis; calycis patule strigoso-hispidi, fructiferi feri immutati, laciniis lanceolatis; corolla parva, hirta, calyce subduplo longiore; nuculis acuminatis, acute tuberculatis. — *E. diffusum* S. et S., ex descriptione et icone meo sensu ab *E. arenario* Guss. non differt, ideoque nec ad formas *E. sericei*, nec ad eas *E. hispidi* pertinet.

In arenosis maritimis. Attica: ad Piraeum, Phalerum, pr. Raphina (Heldr.), Laurion (Haussk.); Argolis (Sprun.); insula Aegina, Tenos, Syra (Weiss), Cythnos (Heldr.), Rhenea (Tunt.), Naxos (Sart.), Makaria (Leon.), Thera (Heldr.); Creta (Sibth.): pr. Kissamos, Platania (Rev.), Francocastello, insula Gaidaronisi (Raul.); Cythaera (Spreitz.). — Apr. Jul ☉ et ☉.

8. **E. parviflorum** Moench meth. p. 423. — *E. calycinum* Viv. ann. bot. I. 2 p. 164; Urv. enum p. 22; Mazz. in ant. ion. V. p. 190; Marg. et R. fl. Zante p. 68; Friedr. Reise p. 268 et 277; Ung. Reise p. 128; Raul. cret. p. 812; Bois. fl. or. IV. p. 210; Haussk. symb. p. 152; Heldr. fl. Aegina p. 380. — *E. creticum* S. et S. pr. I. p. 126, Fl. gr. II. p. 69 t. 183; Pieri corc. fl. p. 27; Ch. et B. exp. p. 338, Fl. pelop. p. 13; an L. sp. p. 139. — *E. prostratum* Ten. pr. p. 14, fl. neap. I. p. 60 t. 12; Mazz. in ant. ion. V. p. 192; non Desf. — Exsicc.: Heldr. herb. norm. n. 523.

Setis basi tuberculatis piloso-hispidum; caulibus adscendentibus vel prostratis, simplicibus, rarius parce ramosis; foliis radicalibus oblongis oblongo-spathulatisve, obtusis, in petiolum attenuatis, caulinis sessilibûs, interdum semiamplexicaulibus; spicis demum elongatis; calycis adpresse setosi, fructiferi valde aucti, laciniis foliaceis, oblongis; corolla parva, hirta, calyce subduplo longiore; nuculis acuminatis; acute tuberculatis. A praecedente indumento molliori, foliis latioribus, calyce adpresse setoso, laciniis foliaceis distinguitur.

β. **erectum** DC. pr. X. p. 21. — Caulibus erectis. — Exsicc.: Heldr. pl. fl. hellen. a. 1878.

In collibus siccis, arenosis maritimis, aridis regionis inferioris. — Attica: ad Rheitro pr. Eleusis (Ung.), mt. Kerata (Haussk.), in colle Lycabetto, ad Piraeum, Phalerum, in Pharmacusarum insula Lero (Heldr.), pr. Laurion (Haussk.); insula Aegina, Poros (Friedr.); Messenia: pr. Navarin (Chaub.); Cycladum insula: Melos (Urv.), Naxos (Chaub.); Creta: pr. Lutro (Raul.); Zante: mt. Scopo (Marg.); Corcyra (Pieri); pr. Stavropotamo, Chiefaloipso (Mazz.). — Mart. Maio. ⊙

11. Moltkia Lehm. in act. soc. nat. scrut. halens. III. 2. p. 3.

1. **M. petraea** Tratt. thesaur. bot. p. 8 t. 34 (*Echium*); Griseb. spic. II. p. 515; Bois. fl. or. IV. p. 221; Bald. riv. coll. bot. alb. 1895 p. 58, 1896 p. 79. — *Lithospermum petraeum* DC. pr. X. p. 82. — Exsicc.: Bald. it. alb. epir. III. a. 1875.

Suffruticosum, ramosissimum; foliis oblongo-linearibus linearibusve, obtusis, supra strigulosis, subtus incanis, margine subrevolutis; racemis cymosis, confertis; calycis laciniis linearibus, cano-sericeis; corolla azurea, rarissime alba, tubuloso-infundibuliformi, calyce subtriplo longiore; nuculis ovatis, laevissimis, oblique attenuato-rostratis.

In rupium fissuris regionis montanae, rarissime. Epirus: pr. Vonicko, ad Klissura distr. Philippiada (Bald.); mt. Oeta pr. Thermopylas (Sprun.). — Maio, Jul. ♃

12. Macrotomia DC. in Meisn. comm. p. 190.

1. **M. cephalotes** DC. pr. X. p. 96 (*Arnebia*); Bois. fl. or. IV. p. 213. — *Munbya cephalotes* Bois. diagn. XI. p. 116. — Exsicc.: *Munbya jasminiflora* Orph. fl. gr. n. 112.

Collo crasso, valde squamoso; caule erecto, simplici; foliis adpressissime setosis, canis, radicalibus crebris, longe lineari-lanceolatis, caulinis brevioribus, acuminatis; racemis terminalibus, in capitulum amplum congestis; calycis albo-villosi laciniis lineari-acuminatis; corollae aureae, pubescentis, calyce parum vel sesqui-longiore, limbo amplo, lobis subrotundis; nuculis scrobiculato-punctatis, obsolete tuberculatis, triquetro-ovatis, apice attenuatis, acutis, ancipitibus. — Planta pulcherrima, ad 30 cm. alta, foliis radicalibus ad 10 cm. longis, 1 cm. latis, corymbo multifloro, corolla circa 3 cm. longa.

In rupestribus regionis mediae mt. Chelmos pr. Stygem, rare (Orph.).
— Jun. Jul. ♃

13. Alkanna Tausch in Flora 1824 p. 234.

a. Nuculae valde curvatae, vermiformes, sinu basilari angusto, rostro fere deorsum flexo.

α. Folia undulato-crispa.

1. **A. orientalis** L. sp. p. 133 (*Anchusa*); Bois. diagn. IV. p. 46, Fl. or. p. 228. — *Lithospermum orientale* L. syst. veg. p. 156; S. et S. pr. I. p. 114, Fl. gr. p. 51 t. 160; Ch. et B. exp. p. 61, Fl. pelop. p. 12.

Tota indumento brevi glanduloso-viscida, insuper setis brevibus tuberculatis interdum sparsissimis obsita; caulibus erectiusculis, superne ramosis; foliis acutis, rosularum elongato-lanceolatis, inferne longe attenuatis, caulinis semiamplexicaulibus, inferioribus oblongo-lanceolatis lanceolatisve, superioribus ovato-lanceolatis, in bracteas sursum diminutas abeuntibus; racemis fructiferis valde elongatis; calycis fructiferi accreti, breviter pedicellati, deflexi, laciniis lanceolatis; corolla extus glabra, saturate lutea, calyce duplo longiore, limbo majusculo; nuculis scrobiculato-reticulatis, areola basilari breviter stipitata.

α. **typica.** — Bracteae ovatae, obtusae; racemi fructiferi densiusculi. — Exsicc.: N. v.

β. **hellenica** Bois. fl. or. IV. p. 228; Hal. Beitr. fl. Aetol. p. 9; Haussk. symb. p. 155. — Bracteae breviter lanceolatae, acutae; racemi fructiferi laxiusculi. — Exsicc.: Heldr. herb. norm. n. 204; Orph. fl. gr. n. 297; Dörfl. fl. aeg. n. 379.

In rupestribus regionis inferioris et montanae. Archipelagus (Sibth.); — β. Aetolia: mt. Arakynthos (Heldr.), pr. Mesolongion (Nieder), mt. Chalkis (Hal.); Phocis: pr. Delphi (Leon.); Peloponnesus: Acrocorinthus (Bois.), mt. Malevo (Sprun.), Argolis, in Maina, pr. Messene, Corone, Methone, mt. Kupe (Chaub.). — Febr. Maio. ♃

β. Folia non undulato-crispa.

× Calyx glanduloso-hispidus.

○ Corolla extus pubescens.

2. **A. calliensis** Heldr. in Bois. fl. or. suppl. p. 353. — Exsicc.: Heldr. it. gr. sept. a. 1879; Dörfl. fl. gr. n. 337.

Tota indumento brevi glanduloso-viscida, insuper setis brevibus, tuberculatis, interdum sparsissimis obsita; caulibus erectiusculis, superne ramosis; foliis inferioribus oblongis, obtusis, basi attenuatis, superioribus basi subdilatata semiamplexicaulibus, oblongis oblongo-lanceolatisve, acutis, in bracteas sursum diminutas abeuntibus; racemis fructiferis valde elongatis, densifloris; calycis fructiferi subaccreti, brevissime pedicellati, deflexi, laciniis lanceolatis; corolla pubescente, lutea, tubo calycem parum excedente, limbo parvo; nuculis scrobiculato-reticulatis, areola basilari stipitata. — A praecedente foliis non undulatis, racemis densifloris, calyce et corolla fere duplo minore discedit.

In regione abietina mt. Korax pr. Musinitza Aetoliae (Heldr.). — Maio. Jul. ♃

3. **A. pindicola** Haussk. in Mitth. thür. bot. Ver. 1888 p. 32, symb. p. 153. — *A. pulmonaria* Form. in D. bot. Mon. 1891 p. 24; Hal. Beitr. fl. Thessal. p. 16; vix Griseb. spic. II. p. 90 (cf. Griseb. l. c. p. 515 et Haussk. l. c. p. 154). — Huc probabiliter: *A. scardica* Form. in Ver. Brünn 1896 p. 60, vix Griseb. — Exsicc.: Sint. it. thessal. n. 1494.

Tota indumento brevi glanduloso-viscida, insuper setis brevibus, tuberculatis, interdum sparsissimis obsita; caulibus erectiusculis, superne ramosis; foliis acutis, inferioribus oblongo-lanceolatis, basi attenuatis, superioribus basi dilatata semiamplexicaulibus, oblongis vel ovato-lanceolatis in bracteas sursum diminutas abeuntibus; racemis fructiferis laxiusculis; calycis fructiferi subaccreti, brevissime pedicellati, deflexi, laciniis lanceolatis; corolla pubescente, sordide flavida, striis violascentibus longitudinaliter percursa, tubo longe exserto, calyce duplo longiore, limbo parvo; nuculis scrobiculato-reticulatis, areola basilari breviter stipitata. — A praecedente foliis tenuioribus, majoribus, omnibus acutis, corolla longe exserta, pallida, violaceo-striata discedit.

β. **conferta** Haussk. symb. p. 154. — Caules breviores, dodrantales, tenuiores, densius foliosi; folia minora; racemi fructiferi conferti; nuculae apice breviter carinatae. — Exsicc.: N. v.

In saxosis regionis inferioris et montanae Thessaliae: pr. Malakasi, Said Pascha, Korona, Vlazda, Hagios Paraskevi, Kritsotades, Konisko, Kastri, Kalabaka (Form.), mt. Ghavellu (Haussk.); — *β*. ad Gionskala supra Sermeniko (Haussk.). — Maio, Jun. ♃

4. **A. methanaea** Haussk. in Mitth. thür. bot. Ver. 1888 p. 32, symb. p. 153. — *A. pulmonaria* Hal. Beitr. fl. Achaia p. 26, vix Griseb. — *A. graeca* Hal. in z. b. G. 1899 p. 190, non Bois. et Spr. — Exsicc.: Haussk. it. gr. a. 1885; Heldr. pl. fl. hell. a. 1887; Hal. it. gr. sec. a. 1893.

Caulibus erectiusculis; mox supra basin vel a medio ramosis, glanduloso-viscidis, pilisque longioribus saepe tuberculatis obsitis; foliis acutis, pilis setaceis, minute tuberculatis strigulosis, radicalibus elongato-lanceolatis, basi attenuatis, caulinis semiamplexicaulibus, inferioribus oblongis oblongo-lanceolatisve, superioribus saepe basi dilatatis, in bracteas anguste lanceolatas sursum abeuntibus; racemis fructiferis laxifloris, elongatis: calycis fructiferi accreti, pedicellati, deflexi, laciniis lanceolatis, molliter glanduloso-villosis; corolla pubescente, flavida, tubo fuscescente, calyce longiore, limbo mediocri; nuculis scrobiculato-reticulatis, areola basilari stipitata. — Habitu et characteribus magis ad sequentem, nec ad praecedentes spectat, sed corolla extus pubescens, ab ea insuper bracteis angustioribus, saepe anguste lanceolatis specifice differre videtur.

In saxosis montanis. In peninsula Methana pr. Vromolimni, ad Acrocorinthum (Haussk.); Achaia: in faucibus Phlamburitza mt. Kyllene (Heldr.), pr. Megaspilaeon (Hal.); Elis: in silva Kapellis pr. Lala (Weiss). — Maio, Jul. ♃

OO Corolla extus glabra.

5. A. graeca Bois. et Spr. diagn. IV. p. 47, Fl. or. IV. p. 230; Spreitz. in z. b. G. 1877 p. 715, 1887 p. 665; Heldr. fl. cephal. p. 53; Bald. riv. coll. bot. alb. 1896 p. 79. — *Nonnea lutea* Ch. et B. fl. pelop. p. 12, non (Lam.) Rchb.. — *Anchusa lutea* Friedr. Reise p. 277, non M. a. B. — Exsicc.: Orph. fl. gr. n. 298.

Caulibus erectiusculis, simplicibus vel ramosis, glanduloso-viscidis, pilisque longioribus saepe tuberculatis obsitis; foliis acutis, pilis setaceis, minute tuberculatis, adpressis strigulosis, radicalibus elongato-lanceolatis, basi attenuatis, caulinis semiamplexicaulibus, inferioribus oblongis oblongo-lanceolatisve, superioribus basi dilatatis, in bracteas ovato-lanceolatas, sursum decrescentes abeuntibus; racemis fructiferis laxifloris, elongatis; calycis fructiferi accreti, pedicellati, deflexi, laciniis lanceolatis, molliter glanduloso-villosis; corolla extus glabra, lutea, tubo fuscescente, calyce longiore, limbo majusculo; nuculis scrobiculato-reticulatis, areola basilari stipitata.

In saxosis montanis. Phthiotis: in silva Muntzuraki ad mt. Kukkos (Heldr.); Achaia: mt. Kyllene (Orph.); Argolis (Bois.): pr. Potamia (Friedr.); Laconia: mt. Malevo (Orph.); Messenia: pr. Andrusa (Chaub.); Cephalonia: mt. Aenos (Spreitz.); Leucas: ad monasterium Hagios Georgios (Spreitz.). — Maio, Jul. ♃

×× Calyx dense albo-villosus.

6. A. boeotica DC. pr. X. p. 98; Hal. in ö. b. Z. 1897 p. 286. — *A. graeca* Ung. Reise p. 128, non Bois. et Spr.. — *A. graeca v. hispidior* Bois. fl. or. IV. p. 230; Heldr. chlor. Parn. p. 24. — Exsicc.: Heldr. herb. norm. n. 1 et 1459; Orph. fl. gr. n. 859, herb. n. 490.

Caulibus erectiusculis, simplicibus vel superne ramosis, patule pilosis, eglandulosis; foliis acutis, pilis setaceis, minute tuberculatis, adpressis strigulosis, radicalibus elongato-lanceolatis, basi attenuatis, caulinis semiamplexicaulibus, inferioribus oblongis oblongo-lanceolatisve, superioribus basi dilatatis, in bracteas sursum abeuntibus; racemis fructiferis laxifloris, elongatis; calycis fructiferi accreti, pedicellati, deflexi, laciniis lanceolatis, albo-villosis, eglandulosis; corolla extus glabra, lutea vel coeruleo-lutescenti, tubo calyce longiore, limbo mediocri; nuculis scrobiculato-reticulatis, areola basilari stipitata. — *A. methaneae et A. graecae* valde affinis, ab ambabus indumento praesertim inflorescentia dense albo-villosa, eglandulosa, a priori insuper corolla glabra discrepat.

β. **versicolor** Bois. fl. or. IV. p. 231; Bald. riv. coll. bot. alb. 1896 p. 79; pro var. *A. graecae*. — Inflorescentia praeter indumentum albo-villosum, parce glandulifera. — Exsicc.: Orph. fl. gr. n. 858.

In saxosis montanis. Euboea (Ung.): mt. Telethrion (Heldr.), Dirphys (Orph.); Aetolia: ad lacum Trichonis (Reis.); mt. Parnassus (Heldr.); Boeotia (Auch.); Attica: mt. Cithaeron (Heldr.), Parnes (Orph.); mt. Xerovuni Taygeti Alagoniae (Zahn.); — β. Epirus: mt. Maria distr. Ljaskovik (Bald.); Argolis: mt. Artemision supra Argos (Heldr.); mt. Malevo Laconiae (Orph.). — Apr. Jul. ♃

7. **A. Stribrnyi** Vel. fl. bulg. p. 647. — *A. graeca* Baen. prosp. herb. europ. 1897 p. 6, non Bois. et Sprun. — Exsicc.: Baen. herb. europ. n. 9199.

Caulibus erectiusculis, simplicibus vel superne ramosis, foliisque patule hirtis, pilis glanduliferis intermixtis, praetera setis firmis tuberculatis aspera; foliis radicalibus oblongo-lingulatis, apice rotundatis, caulinis sessilibus, obtusis, inferioribus oblongis vel oblongo-linearibus, superioribus basi saepe dilatatis, sursum in bracteas abeuntibus; racemis fructiferis densiusculis, elongatis; calycis fructiferi accreti, breviter pedicellati, deflexi, laciniis lanceolatis, patule albo-setosis, glandulosis; corolla extus glabra vel tenuiter puberula, coeruleo-lutescenti, tubo calyce sublongiore, limbo mediocri; nuculis scrobiculato-reticulatis, areola basilari stipitata. — A praecedentibus indumento aspero-setoso, foliis omnibus obtusis egregie discedit, cum speciminibus bulgaricis ab auctore ipso et a Stribrny in Baen. herb. europ. n. 7270 distributis bene congruit.

β. **pelia.** — Vix glandulosa, setis mollioribus obsita, ideo minus aspera. — Exsicc.: Heldr. it. thessal. a. 1883.

In saxosis montanis. Corcyra: inter Scripero et jugum Panteleimon (Baen.); — β. Thessalia: in regione media mt. Pelion (Heldr.). — Apr. Maio. ♃

b. Nuculae parum curvatae, capiti arietis similes, sinu basilari lato, rostro horizontali.

8. **A. Sartoriana** Bois. et Heldr. diagn. ser. 2 III. p. 134, Fl. or. IV. p. 229; Haussk. symb. p. 155. — Exsicc.: Heldr. pl. fl. hellen. n. 1721.

Praeter pubem brevissimam, setis patulis basi saepissime tuberculatis hispida, glanduloso-viscidula; caulibus adscendentibus vel prostratis, simplicibus vel parce ramosis; foliis obtusis, inferioribus subrepandis, oblongis, in petiolum attenuatis, superioribus oblongo-lanceolatis, basi rotundato-cuneata sessilibus, in bracteas sursum abeuntibus; racemis densifloris; calycis fructiferi accreti, brevissime pedicellati, patuli, laciniis lanceolatis; corolla extus glabra, albida, siccatione pallide flavescenti, tubo calycem non superante, limbo mediocri; nuculis rugoso-tuberculatis, tuberculis in rugas subquinas concentricas confluentibus, areola basilari substipitata. — A sequentibus visciditate, foliis repandis, floribus pallidis et nuculis non irregulariter tuberculatis differt.

In arenosis regionis inferioris. Argolis: inter Nauplia et Tolon (Heldr.). — Apr. Maio. ♃

9. A. Sieberi DC. pr. X. p. 99; Raul. cret. p. 815; Bois. fl. or. IV. p. 228. — Exsicc.: Heldr. pl. cret. n. 1341; Dörfl. pl. cret. n. 69.

Praeter pubem brevissimam, setis patulis, basi saepissime tuberculatis, aspera, cinerea, eglandulosa; caulibus adscendentibus vel prostratis, subsimplicibus; foliis oblongis oblongo-lanceolatisve, obtusis, radicalibus basi attenuatis, superioribus basi subdilatata semiamplexicaulibus, sursum in bracteas abeuntibus; racemis fructiferis laxifloris; calycis fructiferi accreti, breviter pedicellati, deflexi, laciniis lanceolatis; corolla extus glabra, coerulescente, tubo fusco, calyce duplo longiore, limbo luteolo, parvo; nuculis irregulariter rugoso-tuberculatis, areola basilari substipitata. — Sequenti affinis, ab ea indumento rariore, magis patulo, aspero, e setis validioribus constante, foliis brevioribus sublatioribusque, corolla versicolori, tubo longiore discedens.

In arenosis praesertim maritimis Creta: ad promontorium Maleka (Sieb.), Acroteri, pr. Hagia Triada, Francocastello, Males, mt. Lassiti (Raul.), pr. Anatoli distr. Hierapetra (Leon.). — Mart. Majo ♃.

10. A. tinctoria L. sp. p. 132; Ch. et B. exp. p. 62, Fl. pelop. p. 12; Link in Linnaea IX. p. 578; Friedr. Reise p. 266 et 273; (*Lithospermum*); Tausch in Flora 1824 p. 234; Clem. sert. p. 68; Ung. Reise p. 128; Weiss in z. b. G. 1869 p. 742 cum var *incana*; Raul. cret. p. 816; Bois. fl. or. IV. p. 227; Spreitz. in z. b. G. 1887 p. 665; Gelmi in bull. soc. bot. ital. 1889 p. 451; Haussk. symb. p. 155; Fors. in bull. herb. Bois. III. p. 88; Form. in D. bot. Monat. 1898 p. 78; Heldr. fl. Aegina p. 381, chlor. Thera p. 17. — *Anchusa tinctoria* ? L. sp. ed. 2 p. 192; S. et S. pr. I. p. 116, Fl. gr. II. p. 36 t. 166; Pieri corc. fl. p. 23; Sieb. avis p. 3, rem. p. 3; Ch. et B. exp. p. 62, Fl. pelop. p. 12; Mazz. in ant. ion. V. p. 182: Fraas fl. class. p. 162. — *Alkanna Matthioli* Tausch in Flora 1824 p. 235, („simillima *A. tinctoriae*, quacum saepe confusa, sed differt magnitudine minori, caulibus procumbentibus, foliis angustioribus, tubo corollae duplo longiore, duplove angustiore, denique hirsutie minore, non incanescente"). — Exsicc.: Heldr. herb. norm. n. 704.

Praeter pubem velutinam, setis adpressis vel patulis, basi saepe tuberculatis plus minus strigosa, canescens, eglandulosa; caulibus adscendentibus vel prostratis, subsimplicibus; foliis lanceolatis, obtusis, radicalibus basi attenuatis, superioribus basi subdilatata semiamplexicaulibus, sursum in bracteas abeuntibus; racemis fructiferis laxiusculis; calycis fructiferi accreti, breviter pedicellati, subdeflexi, laciniis lanceolatis; corolla azurea, extus glabra, tubo calycem aequante vel paulo longiore, limbo parvo; nuculis irregulariter rugoso-tuberculatis, areola basilari substipitata.

β. **Lehmani** Tin in Guss. fl. sic. syn. II. p. 791. — Magis strigosa, canescens; corollae tubus calycem excedens. — Exsicc.: Heldr. reliqu. Orph. a. 1887.

In arenosis, rupestribus aridis regionis inferioris et montanae. Attica: frequens pr. Athenas, in colle Lycabettus, Turcovuni, mt. Kerata, Pentelicon, Hymettus, ad Piraeum, Phalerum; in insula Aegina, Thera (Heldr.), Syra, Tenos (Weiss); Peloponnesus (Sibth.): in isthmo Dara Argolidis (Friedr.), mt. Taygetos (Chaub.); Creta: ad promontorium Meleka, pr. Francocastello, Candia (Raul.); Leucas: pr. Amaxichi (Spreitz.); Corcyra (Pieri), mt. Deca (Ung.), ad Scripero (Gelmi), cap Bianco (Spreitz.), pr. Menades, Sidari, Tiflo (Mazz.); — β. ad saxa Scyronica pr. Megara (Orph.). — Mart. Maio. ♃

14. Lithospermum L. gen. n. 181.

1. Sectio. *Lithodora* Griseb. spic. II. p. 85. — Corollae faux plicis destituta; nuculae ovato-triquetrae, laeves vel minntissime tuberculatae. Frutices vel suffrutices.

1. **L. Zahnii** Heldr. herb. gr. norm. n. 1360; Hal. in z. b. G. 1899 p. 190. — *L. fruticosum* β. L. sp. p. 133, nam planta ex insula Samos haud dubie huc spectat; S. et S. pr. I. p. 114, Fl. gr. II. p. 52 t. 161. — *L. rosmarinifolium* Bois. fl. or. IV. p. 220, non Ten. fl. nap. III. p. 178, quod foliis latioribus, minus revolutis, subtus canis, supra adpresse pubescentibus et corolla extus pubescente specifice differt. — Exsicc.: Heldr. l. c.

Fruticosum, ramosissimum; ramis patulis, vetustis denudatis, novellis crebre foliosis, patule hirsutis; foliis lineari-lanceolatis, obtusis, supra viridibus, nitidis, setis basi tuberculatis, praesertim ad marginem valde revolutam obsitis, subtus pallidioribus, adpresse pilosis; floribus 5—10 inter folia superiora sessilibus, congestis; calycis laciniis lineari-lanceolatis, adpresse strigulosis; corolla azurea, glabra, calyce duplo longiore, lobis majusculis; nuculis laevibus. — Frutex sempervirens, foliis 3—4 cm. longis, eis *Roris marini* similibus.

Ad rupes excelsas in mt. Selitza inter Mantinia et Kampos et pr. Sotirianika Laconiae boreo-occidentalis (Zahn.); a Sibthorpio in montosis Graeciae et Archipelagi insulis indicatur. — Mart. Apr. ♃

2. **L. hispidulum** S. et S. pr. I. p. 114, Fl. gr. II. p. 53 t. 162; Raul. cret. p. 815; Bois. fl. or. IV. p. 219. — Exsicc.: Sint. et Rigo it cypr. n. 102 (Cyprus).

Suffruticosum, intricatim ramosissimum; ramis vetustis denudatis, novellis crebre foliosis, adpressissime cano-sericeis; foliis elliptico-oblongis, obtusis, obscure viridibus, opacis, setulis adpressissimis, ad marginem subrevolutum et nervum validioribus, basi tuberculatis obsitis; floribus 1—4 inter folia superiora sessilibus, congestis; calycis laciniis lineari-lanceolatis, adpresse strigulosis; corolla purpureo-coerulescente, calyce duplo longiore, lobis mediocribus; nuculis minutissime tuberculatis. — Dumi semipedales, folia parva 5—12 mm. longa, flores eis praecedentis minores.

In saxosis maritimis Cretae, in littore meridionali inter Hagios Paulos et Hagia Rumeli (Heldr.); occurrit quoque in insula Karpathos (Pichl.). — Mart. Apr. ♃ N. v.

2. Sectio. *Eulithospermum* Griseb. l. c.. — Corollae faux sub lobis gibbis vel plicis velutinis instructa; nuculae ovatae, laevissimae. Herbae perennes.

3. **L. purpureocoeruleum** L. sp. p. 132; S. et S. pr. I. p. 114; Ch. et B. fl. pelop. p. 12; Mazz. in ant. ion. V. 180; Friedr. Reise p. 281; Ung. Reise p. 128; Spreitz. in z. b. G. 1877 p. 715; Bois. fl. or. IV. p. 218, suppl. p. 352; Haussk. symb. p. 155; Hal. in ö. b. Z. 1896 p. 16. — Icon: Jacq. fl. austr. t. 14. — Exsicc.: Orph. fl. gr. n. 1158.

Caulibus patule hispidis, florigeris erectis, apice 2—3 fidis, sterilibus diffusis; foliis lanceolatis, acutiusculis, adpresse hirtis; floribus laxiuscule racemosis, breviter pedicellatis; calycis laciniis anguste linearibus; corolla violacea tandem azurea, extus hirta, calyce duplo longiore, limbo amplo; nuculis ovato-globosis, albis.

In nemorosis, silvaticis, praesertim montanis, rare. Thessalia: pr. Malakasi, Kalabaka, Neuropolis, Orman Magula (Haussk.), mt. Pelion pr. Makrinitza et Portaria (Heldr.); Euboea: mt. Telethrion (Heldr.), pr. Achmet Aga (Orph.); Achaia; pr. Patras (Reiser); Arcadia: pr. Andrizena, mt. Diaforti (Friedr.); Messenia: pr. Andrusa (Chaub.); Corcyra: pr. Castagna, Calefactiones (Mazz.), Bragagniotica (Ung.), mt. Deca (Spreitz.). — Apr. Maio. ♃

4. **L. officinale** L. sp. p. 132; Bois. fl. or. IV. p. 218; Form. in Ver. Brünn 1896 p. 61. — Icon: Fl. dan. t. 1084.

Caule firmo, erecto, scabro, superne ramosissimo; foliis lanceolatis, acutis, scaberrimis; floribus numerosissimis, subsessilibus, racemos longos formantibus; calycis laciniis lanceolatis; corolla albido-flavida, extus hirta, calycem parum superante, limbo parvo; nuculis ovato-globosis, albis.

Indicatur in valle Tempe Thessaliae (Form.) et in Peloponneso (Bois.). — Maio, Jul. ♃ N. v.

3. Sectio. *Rhytispermum* Link handb. II. p. 579. — Corollae faux plicis longitudinalibus, velutinis obsita; nuculae ovato-triquetrae, tuberculatae, scrobiculatae vel echinatae. Herbae annuae.

a. Flores albi vel coerulei.

α. Nuculae ovoideo-trigonae, acutae, scrobiculatae.

5. **L. arvense** L. sp. p. 132; S. et S. pr. I. p. 113; Ch. et B. exp. p. 61, Fl. pelop. p. 12; Mazz. in ant. ion. V. p. 180; Marg. et R. fl. Zante p. 68; Friedr. Reise p. 267; Weiss in z. b. G. 1869 p. 742; Bois. fl. or. IV. p. 216; Heldr. fl. cephal. p. 53, fl. Aegina p. 381; Haussk. symb. p. 155; Form. in Ver. Brünn 1896 p. 61; Bald. riv. coll. bot. Alb. 1896 p. 79. — *L. Leithneri* Heldr. et Sart. in

Heldr. herb. norm. n. 146. — Icon: Fl. dan. t. 456. — Exsicc.: Orph. fl. gr. n. 16; Heldr. herb. norm. n. 146 et 146b, in Baen. herb. europ. n. 4186; Sint. it. thessal. n. 39; Dörfl. fl. gr. n. 458.

Adpresse strigulosum; caulibus erectis vel adscendentibus, saepe a basi ramosis; foliis inferioribus obovato-oblongis, in petiolum attenuatis, superioribus lanceolatis; racemis fructiferis laxis; pedicellis fructiferis brevissimis, vix incrassatis; bracteis flores superantibus; corollae albae, rarius coerulescentis, tubo hirto, calyce non longiore; nuculis scrobiculatis et acute tuberculatis.

β. **Sibthorpianum** Griseb. spic. II. p. 86; Clem. sert. p. 68; Raul. cret. p. 815; Bois. fl. or. IV. p. 216; Haussk. symb. p. 155; pro sp. — *L. tenuiflorum* S. et S. fl. gr. II. p. 50 t. 159, non L. — Canescens, a collo ramosum, ramis brevibus, prostratis; nuculis scrobiculatis, subtuberculatis, minoribus. — Exsicc.: Orph. fl. gr. n. 1116.

In arvis, inter segetes regionis inferioris et montanae. Epirus: mt. Micikeli (Bald.); Thessalia: mt. Said Pascha (Form.), pr. Volo (Sint.); Attica: ad Phalerum (Friedr.), pr. Athenas, mt. Pentelicon, Hymettus, insula Aegina (Heldr.); insula Hydra (Pichl.), Syra (Weiss), Melos (Leon.); Messenia: pr. Methone, Stenicleros (Chaub.); Zante (Marg.); Cephalonia: pr. Francata (Heldr.); Corcyra (Mazz.); — β. Attica: mt. Parnes, Pentelicon, Hymettus (Heldr.), ad Phalerum (Clem.); Creta: pr. Canea (Raul.). — Febr. Maio. ☉

6. **L. incrassatum** Guss. pr. fl. sic. I. p. 211; Friedr. Reise p. 279; Raul. cret. p. 815; Bois. fl. or. IV. p. 217; Heldr. fl. cephal. p. 53; Hal. Beitr. fl. Epir. p. 32; Haussk. symb. p. 155. — Exsicc.: Dörfl. fl. gr. n. 344.

Adpresse strigulosum; caulibus erectis vel decumbentibus, saepe a basi ramosis; foliis inferioribus obovatis, in petiolum attenuatis, superioribus lanceolatis linearibusve; racemis fructiferis laxis; pedicellis fructiferis valde incrassatis, obconicis, apice calyci aequilatis; corollae coerulescentis vel albae, tubo hirto, calyce non longiore; nuculis scrobiculatis, subtuberculatis.

In herbidis montanis in regionem alpinam adscendens. Epirus: mt. Peristeri (Hal.); Thessalia: pr. Pharsalus (Haussk.); Aetolia: mt. Korax (Leon.); Attica: mt. Parnes (Sprun.); Achaia: mt. Panachaicon (Heldr.); Arcadia: pr. Tripoliza (Friedr.); Laconia: mt. Taygetos (Bois.); Creta: pr. Askyphos, Theodori, Mavri in mt. Sphacioticis, mt. Ida, Lazaro in Lassiti (Raul.); Cephalonia: mt. Aenos (Heldr.). — Apr. Jul. ☉

β. Nuculae ovato-trigonae, lateraliter saepe bigibbae, in rostrum breve contractae.

7. **L. tenuiflorum** L. fil. suppl. p. 130; Fraas fl. class. p. 162; Clem. sert. p. 69; Bois. fl. or. IV. p. 217; Haussk. symb. p. 155. — Icon: Jacq. ic. rar. II. t. 313. — Exsicc.: Orph. fl. gr. n. 15; Heldr. herb. norm. n. 472, in Baen. herb. europ. n. 2401.

Adpresse strigulosum; caule erecto, superne ramoso; foliis inferioribus oblongo-spathulatis, breviter petiolatis, superioribus oblongo-linearibus; racemis fructiferis laxiusculis; pedicellis fructiferis brevissimis, non incrassatis; bracteis flores parum superantibus; corollae coeruleae vel albae, tubo hirto, calyce sublongiore; nuculis tuberculatis.

In collibus et cultis, rare. Euboea: pr. Chalkis (Sprun.); Attica: pr. Eleusis (Haussk.), Athenas (Orph.), mt. Hymettus (Heldr.); Argolis (Sprun.). — Mart. Maio ⊙.

b. Flores lutei.

8. **L. apulum** L. sp. p. 131; Vahl. symb. II. p. 32; S. et S. pr. I. p. 118, Fl. gr. II. p. 49 t. 158; Sieb. avis p. 3, rem. p. 3; Ch. et B. exp. p. 61, Fl. pelop. p. 12; Friedr. Reise p. 270; Fraas fl. class. p. 162; Weiss in z. b. G. 1869 p. 742; Raul. cret. p. 815; Bois. fl. or. IV. p. 218; Haussk. symb. p. 155; Heldr. fl. Aegina p. 381. — Exsicc.: Dörfl. pr. cret. n. 52.

Patule hispidum; caule erecto, apice ramoso; foliis oblongo-linearibus, inferioribus in petiolum attenuatis; racemis subcorymbosis, densis; pedicellis fructiferis brevissimis; bracteis flores superantibus; corollae tubo pubescente, calycem superante; nuculis ovato-acuminatis, gibbosis, tuberculatis, dorso laevibus.

In siccis apricis, saxosis. Attica: pr. Athenas (Sprun.); Eleusis (Haussk.); Corinthia: pr. Kalamaki, Acrocorinthus (Haussk.); Achaia: pr. Megaspilaeon (Hal.); Messenia: pr. Arcadia, mt. Kupe, pr. Messene (Chaub.); insula Aegina: ad monasterium (Heldr.), promontorium Perdicca (Friedr.); Cyclades: Syra (Weiss), Melos, Kimolos (Leon.); Creta: cap Meleka (Sieb.), ad Canea, Akroteri, Malaxa, Francocastello (Raul.), Males distr. Hierapetra (Leon.). — Mart. Jun. ⊙

15. Myosotis L. gen. n. 180.

Dispositio specierum:

a. Calycis pili adpressissimi, nunquam uncinati.
 α. Perennes vel biennes; corollae limbus planus.
  1. **M. palustris** L. 2. **M. lingulata** Lehm.
 β. Annuae; corollae limbus concavus.
  × Racemi ebracteati.
   ○ Planta parce et adpressissime hirta.
    3. **M. sicula** Guss.
   ○○ Planta inferne subpatentim, superne adpressiuscule hirta.
    . Racemi fructiferi elongati, laxiusculi.
     4. **M. idaea** Bois. et Heldr.
    .. Racemi fructiferi breves, imbricatim densiflori.
     5. **M. littoralis** Stev.
  ×× Racemi bracteati
    6. **M. pusilla** Lois.
b. Calycis pili patuli, baseos uncinati.
 α. Pedicelli fructiferi erecti vel patuli.

× Racemi aphylli.
○ Corollae limbus planus.
7. **M. olympica** Bois.   8. **M. silvatica** Hoffm.
◯◗ Corollae limbus concavus.
. Corollae tubus calyce aequilongus.
9. **M. arvensis** L.   10. **M. collina** Hoffm.
.. Corollae tubus calyce duplo longior.
11. **M. versicolor** Pers.
×× Racemi inferne foliati.
12. **M. stricta** Link.
β. Pedicelli fructiferi refracti.
13. **M. refracta** Bois.

a. Calycis pili adpressissimi, nunquam uncinati.

α. Perennes vel biennes; corollae limbus planus.

1. **M. palustris** L. sp. p. 131 pro var. *M. scorpioides*; With. arr. brit. pl. II. p. 225; Mazz. in ant. ion. IV. p. 960; Bald. riv. coll. bot. alb. 1896 p. 79. — Icon: Rchb. t. 119.

Caule erecto vel adscendente, angulato, ramoso, glabriusculo vel adpresse, inferne saepius patule hirto, foliis oblongo-lanceolatis lanceolatisve, acutiusculis, adpresse hirtis; racemis nudis, laxifloris; pedicellis post anthesin horizontalibus, fructiferis calyce aperto longioribus; corollae coeruleae, majusculae limbo 6—8 mm. diametro lato, plano; stylo calyci aequilongo; nuculis ovatis. — Occurit interdum floribus albis (*M. alba* Mazz. in ant. ion. IV. p. 960).

α. **typica**. — Caule crassiusculo, robustiore, adscendente, patentipiloso. — Exsicc.: N. v.

β. **strigulosa** Rchb. in Sturm. deutschl. fl. h. 42 pro sp.; Gr. et Godr. fl. fr. II. p. 529. — Gracilior, erecta, glabriuscula vel adpresse pilosa. — Exsicc.: Heldr. it. gr. septentr. a. 1879.

In humidis, ad fossas regionis inferioris et montanae, rarissime. Indicatur in Corcyra: ad lacum Stavropotamo et S. Onufrio (Mazz.); dein in Epiro: ad lacum Janina (Bald.); — β. in subalpinis mt. Oeta Phthiotidis l. c. Livadies (Heldr.). — Maio, Jul. ♃

2. **M. lingulata** Lehm. asper. p. 110; Hal. Beitr. fl. Aetol. p. 9. — *M. caespitosa* Schultz. fl. starg. suppl. p. 11. — Huc probabiliter: *M. commutata* Roem. et Sch. syst. IV. p. 102; Mazz. in ant. ion. IV. p. 960. — Icon: Rchb. t. 120. — Exsicc.: Hal. it. gr. sec. a 1893.

Adpresse hirta vel glabriuscula; caule flaccido, tereti, longe ramoso; foliis oblongo-linearibus vel linguaeformibus, obtusiusculis; racemis laxifloris, basi plerumque paucifoliatis; pedicellis post anthesin horizontalibus, florum infimorum demum calyce aperto 2—3 plo longioribus; corollae pallide coeruleae, parvae, limbo 2—4 mm. diametro lato, plano; stylo brevissimo; nuculis late ovatis, basi truncatis.

In paludibus Aetoliae: ad lacum Lysimachiae pr. Sikya (Heldr.), in palude pr. Krioneri ad radices mt. Chalkis ad sinum Patranum (Hal.); Corcyra: mt. Abramo (Mazz.). — Maio, Jun. ☉

β. Annuae; corollae limbus concavus.

× Racemi ebracteati.

○ Planta parce et adpressissime hirta.

3. **M. sicula** Guss. syn. I. p. 214; Ch et B. exp. p. 61, Fl. pelop. p. 12; Bois. fl. or. IV. p. 235; Haussk. symb. p. 155; Bald. riv. coll. bot. alb. 1896 p. 79. — *M. micrantha* Guss. pr. I. p. 207, non Pall. — Icon: Rchb. t. 120. — Exsicc.: Bald. it. alb. epir. IV. p. 86.

Caule erectiusculo, valde ramoso, inferne saepe radicante; foliis oblongo-lanceolatis, obtusis; racemis nudis, demum laxis; pedicellis patentibus deflexisque, fructiferis inferioribus calyce parum longioribus; calycis fructiferi dentibus obtusis, subconniventibus; corollae parvae, coeruleae limbo concavo. — Praecedenti affinis, sed annua, racemi basi non foliati, pedicelli breviores, corolla minor limbo concavo.

In pratis humidis. Epirus: pr. Janina (Bald.); Thessalia: pr. Sermeniko, Neuropolis (Haussk.); Argolis: pr. Tyrinthum (Orph.); Messenia: inter Methone et Corone, mt. Taygetos (Chaub.); Cycladum insula Naxos (Chaub.). — Maio. Jun. ☉

○○ Planta inferne subpatentim, superne adpressiuscule hirta.

. Racemi fructiferi elongati, laxiusculi.

4. **M. idaea** Bois. et Heldr. diagn. XI. p. 21, Fl. or. IV. p. 236; Raul. cret. p. 816; Haussk. symb. p. 155; Fors. in bull. herb. Bois. III. p. 88. — *M. cadmea* Hal. Beitr. fl. Achaia p. 26, non Bois. — Huc forsan: *M. cretica* Ung. Reise p. 127, vix Bois. et Heldr.; — nec non *M. stricta* Weiss in z. b. G. 1869 p. 742, vix Lk. —

Caulibus solitariis vel plus minusve numerosis, erectis vel diffusis, pumilis vel elongatis, simplicibus vel jam a basi ramosis; foliis radicalibus obovato-spathulatis, caulinis oblongo-linearibus; pedicellis fructiferis erecto-patentibus vel patenti-subdeflexis, saepe incrassatis, calyci aequilongis vel longioribus; calycis fructiferi dentibus acutiusculis, erectis, non conniventibus; corollae parvae, coeruleae vel albae limbo concavo.

α. **typica**. — Corolla exigua, limbo tubum non aequante; pedicelli fructiferi plerumque fere horizontales, calyci aequilongi vel sesquilongiores, parum incrassati. — Exsicc.: Orph. fl. gr. n. 218.

β. **boeotica** Reut. in Orph. fl. gr. n. 1002. — *M. idaea v. grandiflora* Bois. fl. or. IV. p. 236, p. p. — *M. idaea v. cadmea* Bois. l. c., quoad pl. boeoticam; Heldr. fl. Aegina p. 381; non *M. cadmea* Bois. diagn. XI. p. 122, quae ex diagnosi autoris et speciminibus byzantinis (Aznav. pl. de Turqu. a. 1896) corollae limbo amplo explanato, eo *M. palustris* aequilato, speciem propriam distinctissimam sistit. — Corolla parva, limbo tubum aequante vel superante; pedicelli fructiferi horizontales vel subdeflexi, calyce sesquilongiores, vix incrassati. — Exsicc.: Orph. l. c.; Heldr. herb. norm. n. 158 et 865.

γ. **Kiesenwetteri** Heldr. in sched. — Huc forsan: *M. stricta* Friedr. Reise p. 268, vix Link. — Corolla parva, limbo tubum subaequante; pedicelli fructiferi erecti vel erecto-patuli, calyce aequilongi, manifeste incrassati. — Exsicc.: Orph. fl. gr. n. 219; Heldr. in Baen. herb. europ. n. 4192.

In collibus saxosis regionis inferioris et montanae. Attica: pr. Athenas (Orph.), mt. Keratu, Pentelicon (Haussk.), Hymettus, in colle Ardetto, Lycabetto, mt. Cithaeron, insula Aegina (Heldr.); Acrocorinthus (Haussk.); Achaia: mt. Panachaicon (Hal); Laconia: mt. Malevo (Orph.); Cycladum insula: Cythnos (Tunt.), Syra (Fors.); Creta: pr. Askyphos, Anopolis, mt. Ida, Lassiti (Raul.). — β. Thessalia: pr. Velestinos, mt. Pelion (Heldr.); Attica: mt. Parnes, Pentelicon, Hymettus (Heldr.); Boeotia: mt. Helicon (Orph.); mt. Parnassus (Guicc.); Euboea: mt. Dirphys (Orph.); Laconia: mt. Malevo (Orph.); — γ. Attica: mt. Pentelicon (Heldr.); Cycladum insula: Cythnos (Tunt.), Tenos (Leon.). — Mart. Jun. ☉

.. Racemi fructiferi breves, imbricatim densiflori.

5. **M. littoralis** Stev. cat. hort. gorenk. a. 1812 p. 27; Clem. sert. p. 69; Bois. fl. or. IV. p. 236; Heldr. fl. Aegina p. 381. — *M. stricta* Friedr. Reise p. 270, sec. Heldr. fl. Aegina p. 381, non Link. — Huc probabiliter: *M. pusilla* Clem. sert. p. 69, ex loco. — Exsicc.: Orph. fl. gr. n. 220; Heldr. herb. norm. n. 554.

Nana, ad folia patule, secus inflorescentiam adpresse hispida; caulibus simplicibus vel a collo ramosis; foliis radicalibus aggregatis, obovatis obtusis, caulinis oblongis; pedicellis brevissimis, strictis, demum incrassatis, calyce aequilongis; calycis fructiferi dentibus acutiusculis, erectis, non conniventibus; corollae exiguae, coeruleae vel albae, limbo concavo, tubum non aequante. — Plantula 1—2 pollicaris, a collo saepe ramosissima.

In arenosis praesertim maritimis, rarissime. Attica: pr. Stadion (Clem.), ad Phalerum, insula Aegina (Heldr.). — Febr. Maio. ☉

×× Racemi bracteati.

6. **M. pusilla** Lois. in Desv. journ. II. p. 260, t. 8; Bois. fl. or. IV. p. 236; Heldr. fl. cephal. p. 53. — *M. cretica* Bois. et Heldr. diagn. XI. p. 121; Raul. cret. p. 816. — *M. littoralis* Ung. Reise p. 127, non Stev. — *M. littoralis v. aenesia* Heldr. apud Spreitz. in z. b. G. 1877 p. 715. — *M. aenesia* Heldr. fl. cephal. n. 3563. — Icon: Mor. fl. sard. t. 96. — Exsicc.: Heldr. et Hal. fl. aeg. a. 1889; Dörfl. pl. cret. n. 27.

Pumila, ad folia patule, secus inflorescentiam adpresse hispida; caulibus simplicibus vel a collo ramosis; foliis radicalibus obovatis, obtusis, caulinis oblongis; racemis fructiferis laxiusculis; pedicellis fructiferis erecto-patulis, vix incrassatis, calyci aequilongis vel sublongioribus; calycis fructiferi dentibus acutiusculis, erectis, non conniventibus; corollae exiguae, coeruleae vel albae, limbo concavo, tubum non aequante. — Plantula nana, praecedenti affinis, ab ea racemis fructiferis laxiusculis, bracteatis, pedicellis longioribus, erecto-patulis diversa. In apricis montosis, in regionem abietinam adscendens. Cephalonia: mt. Aenos (Ung.); Creta: mt. Volakia (Raul.), Ida, Lassiti (Heldr.); insula Melos (Leon.). — Mart. Maio. ☉

b. Calycis pili patuli, baseos uncinati.

a. Pedicelli fructiferi erecti vel patuli.

× Racemi aphylli.

○ Corollae limbus planus.

7. **M. olympica** Bois. diagn. IV. p. 50; Haussk. symb. p. 156. — *M. alpestris* Hal. Beitr. fl. Epir. p. 32; Bald. riv. coll. bot. Alb. 1895 p. 58; Form. in Ver. Brünn 1896 p. 60, non Schmidt fl. bohem. III. p. 26, quae calyce pilis adpressiusculis, paucis uncinatis et nuculis rotundato-ovatis parum discedit. — Exsicc.: Orph. herb. n. 713; Sint. it. thessal. n. 641.

Perennis; adpressiuscule hispida; caulibus pumilis, parce ramosis; foliis crassiusculis, radicalibus oblongo-spathulatis, in petiolum attenuatis, caulinis oblongis, sessilibus; racemis fructiferis laxis; pedicellis fructiferis erecto-patulis, calyce subbrevioribus; calyce pilis patulis uncinulatis albo-strigoso, laciniis fructiferis erectis; corollae majusculae azureae limbo plano, tubo longiore; nuculis oblongis, compressis, utraque facie subcarinatis. — Planta nostra ab ea ex Olympo bithynico pedicellis fructiferis minus strictis parum discedit, ab affini *M. pyrenaica* Pourr. indumento breviore et rariore tantum, a *M. alpestri* calycis pilis patulis plerisque uncinatis, nec adpressiusculis paucis uncinatis differt.

In regione subalpina et alpina. Epirus: mt. Peristeri, Tsumerka (Hal.), Kakardista (Bald.); Thessalia: mt. Karava (Haussk.); Doris: mt. Kiona (Hal.); Peloponnesus: pr. Zatuna (Orph.). — Jun. Jul. ♃

8. **M. silvatica** Hoffm. deutschl. fl. I. p. 85; Bois. fl. or. IV. p. 237; Hal. in z. b. G. 1888 p. 760, Beitr. fl. Epir. p. 32, Beitr. fl. Thessal. p. 16; Heldr. chlor. Parn. p. 24; Haussk. symb. p. 155; Form. in Ver. Brünn 1896 p. 60. — Icon: Rchb. t. 121. — *M. cyanea* Bois. et Heldr. fl. gr. exs. a. 1855, forma montium elatiorum, racemis abbreviatis, pedicellis brevioribus et floribus minoribus, quae sine limites in typum transit. — *M. alpestris* Ung. Reise p. 127, non Schmidt. — Exsicc.: Heldr. herb. norm. n. 157 et 157b; Orph. fl. gr. n. 483 et 1003; Sint. it. thessal. n. 638; Dörfl. fl. gr. n. 227.

Biennis; adpressiuscule hispida; caulibus saepius elatis, parce ramosis; foliis tenuibus, radicalibus oblongo-obovatis, in petiolum attenuatis, caulinis oblongis, sessilibus; racemis fructiferis laxis; pedicellis fructiferis patentibus, calycem aequantibus vel eo duplo longioribus; calyce pilis patulis uncinulatis albostrigoso, laciniis fructiferis erectis; corollae majusculae vel mediocris, azureae, rarius albae limbo plano, tubo longiore; nuculis ovatis, submarginatis, altera facie obscure marginatis. — Praecedenti saepius elatior, folia tenuiora, indumentum mollius, habitus laxior, racemi elongati, pedicelli longiores magis patuli, calyces minores. In silvaticis et umbrosis humidis regionis montanae et subalpinae. Epirus: pr. Mazuki (Hal.); Thessalia: pr. Chaliki, mt. Oxya (Hal.), Zygos (Form.), pr. Witomo (Sint.), mt. Ghavellu, ad Gionscala, Sermeniko, Neuropolis, Korona (Haussk.), mt. Ossa, Pelion (Heldr.); Euboea: mt. Dirphys (Orph.); Aetolia: mt. Korax (Heldr.); mt. Kiona (Hal.), Parnassus, Helicon (Orph.); Attica: mt. Cithaeron, Parnes (Heldr.); Achaia: mt. Panachaicon (Heldr.), Kyllene (Orph.), Taygetos (Zahn). — Maio, Aug. ☉

Obs. *M. Mathildae* Haussk. symb. p. 158. — *M. silvatica v. Mathildae* Form. in Ver. Brünn 1897 p. 44. — „Ex affinitate *M. silvaticae*, sed habitu expanso, caulibus a basi ramosis duris non herbaceis, teretibus non angulosis, floribus minoribus, nuculis majoribus, ovato-oblongis, nec ovatis pallidioribus discedens," mihi ignota est, sed ex diagnosi ad ejus formas pertinere videtur. — Indicatur in mt. Ghavellu Pindi dolopici (Haussk.).

○⏑ Corollae limbus concavus.

. Corollae tubus calyce aequilongus.

9. M. arvensis L. sp. p. 131 pro var. *M. scorpioides;* Roth bot. Abhandl. p. 20; Urv. enum. p. 19; Ch. et B. exp. p. 60, Fl. pelop. p. 12; Mazz. in ant. ion. IV. p. 960; Friedr. Reise p. 269; Hal. Beitr. fl. Epir. p. 32, Beitr. fl. Achaia p. 26; Haussk. symb. p. 158; Bald. riv. coll. bot. alb. 1896 p. 79. — *M. scorpioides* L. sp. p. 131 p. p.; S. et S. pr. I. p. 112 p. p.; ? Mazz. l. c. p. 958. — *M. intermedia* Link en. hort. berol. I. p. 164; ? Mazz. l. c.; Bois. fl. or. IV. p. 239. — Icon: Rchb. t. 122. — Exsicc.: Bald. it. alb. epir. IV. n. 40; Dörfl. fl. aeg. n. 116.

Biennis, pilis patulis hispida; caulibus erectis, elatis, parce ramosis; foliis inferioribus spathulato-oblongis, in petiolum attenuatis, superioribus oblongo-lanceolatis, sessilibus; racemis laxifloris; pedicellis fructiferis patentibus, calyce duplo longioribus; calyce pilis uncinatis obsito, fructifero subclauso; corolla parva, coerulea.

In cultis et arenosis, praesertim montanis. Epirus: ad Kalentini pr. Arta (Hal.), mt. Micikeli pr. Janina (Bald.); Thessalia: in oropedio Neuropolis pr. Pezula (Heldr.), pr. Korona (Haussk.); Attica: mt. Parnes (Heldr.); Peloponnesus (Chaub.): mt. Panachaicon (Hal.), Malevo (Orph.); insula Aegina (Friedr.), Naxos in mt. Koroni (Leon.), Melos (Urv.); Corcyra: pr. Carocollo, Missostrati, Stratie, mt. Abramo (Mazz.). — Maio, Jul. ☉

10. M. collina Hoffm. deutschl. fl. p. 61; Mazz. in ant. ion. IV. p. 960; Hal. in ö. b. Z. 1897 p. 97; Heldr. fl. Aegina p. 381. — *M. hispida* Schlecht. mag. nat. Berlin VIII. p. 230; Spreitz. in z. b. G. 1877 p. 715; Bois. fl. or. IV. p. 239, suppl. p. 353; Heldr. fl. cephal. p. 54. — Icon: Fl. dan. t. 2284. — Exsicc.: Sint. it. thessal. n. 40 b.

Annua, pilis patulis hispida; caulibus erectiusculis, gracilibus, saepius a medio ramosis; foliis inferioribus spathulato-oblongis, in petiolum attenuatis, superioribus oblongis, sessilibus; racemis laxifloris; pedicellis fructiferis patentibus, calyce aequilongis vel brevioribus; calyce pilis uncinatis obsito, fructifero aperto; corolla exigua, coerulea.

β. **grandiflora** Bois. et Heldr. diagn. XI. p. 123, Fl. or. IV. p. 239; Raul. cret. p. 816. — Corollae limbus major calycem manifeste superans. — Exsicc.: N. v.

γ. **gracillima** Losc. ser. inconf. p. 72; Willk. ill. hisp. II. t. 162; pro sp.; Haussk. symb. p. 158. — Racemi valde elongati, laxissimi; calyces minores. — Exsicc.: Heldr. et Hal. fl. Sporad. a. 1896. —

In collibus herbidis regionis inferioris et montanae. Thessalia: pr. Kalabaka (Sint.), Velestinos (Heldr.); Euboea (Orph.); Attica: mt. Parnes, pr. Kephissia, Buliasmene, mt. Hymettus, insula Salamis, Aegina (Heldr.); Cycladum insula Cythnos (Tunt.); Creta: mt. Lakus (Rev.); Cephalonia: mt. Aenos (Heldr.); Corcyra: mt. Deca (Spreitz), pr. Rodostamo (Mazz.); — *β*. Creta: pr. Platania, Canea, Murnies, Nerokuru, Tuzla (Raul.); — *γ*. Thessalia: mt. Zygos (Haussk.); Sporadum insula Scopelos (Leon.); mt. Hymettus et Kerata Atticae (Haussk.); Boeotia: mt. Helicon (Heldr.). — Mart. Maio. ⊙

.. Corollae tubus demum calyce duplo longior.

11. **M. versicolor** Pers. syn. I. p. 156 pro var. M. *arvensis*; Schlecht. mag. nat. Berlin VIII. p. 230; Mazz. in ant. ion. IV. p. 960. — Icon: Rchb. t. 124.

Annua, pilis patulis hispida; caulibus erectis, ramosis; foliis inferioribus spathulato-oblongis, in petiolum attenuatis, superioribus lineari-oblongis, sessilibus; racemis laxifloris; pedicellis fructiferis erecto-patulis, calyce brevioribus; calyce pilis uncinatis obsito, fructifero clauso; corolla parva, primo lutea, deinde coerulea, demum violacea.

Corcyra: pr. urbem (Mazz.); a recentioribus non lecta. — Mart. Maio ⊙ N. v.

×× Racemi inferne foliati.

12. **M. stricta** Link. en. hort. berol. I. p. 164; Hal. Beitr. fl. Epir. p. 32; Bald. riv. coll. bot. Alb. 1896 p. 80. — Icon: Fl. dan. t. 2285. Exsicc.: Hal. it. gr. II. a. 1893.

Annua, pilis patulis hispida; caulibus erectis, parce ramosis; foliis inferioribus spathulato-oblongis, in petiolum attenuatis, superioribus oblongis, sessilibus; racemis laxifloris; pedicellis fructiferis erecto-patulis, calyce brevioribus; calyce fructifero clauso, ad medium usque pilis uncinatis obsito; corolla exigua, coerulea, limbo concavo.

In herbidis regionis montanae et subalpinae, rarissime. Epirus: mt. Smolika (Bald.), mt. Tsumerka supra Theodoriana (Hal.). — Jun. Jul. ⊙

β. Pedicelli fructiferi refracti.

13. **M. refracta** Bois. voy. esp. p. 433 t. 125, Fl. or. IV. p. 240; Hal. Beitr. fl. Achaia p. 27; Haussk. symb. p. 158; Bald. riv. coll. bot. alb. 1895 p. 58. — Huc spectare videtur: *M. hispida v. pygmaea* Hal. Beitr. fl. Achaia p. 27 (specimina juvenilia, minutissima). — Exsicc.: Heldr. pl. fl. hellen. a. 1878 et 1895, it. thessal. IV. a. 1885. —

Annua, pilis patulis hispida; caulibus erectiusculis, saepe a basi ramosis; foliis oblongis; racemis laxiusculis; pedicellis brevissimis; calyce pilis uncinatis obsito, fructifero elongato; corolla minuta, coerulea, limbo concavo.

In lapidosis regionis subalpinae et alpinae, rarissime. Epirus: mt. Olycika (Bald.); Thessalia: mt. Zygos (Heldr.), Karava (Haussk.); Attica: mt. Parnes (Heldr.); Achaia: mt. Chelmos (Hal.); Creta: mt. Ida (Heldr.). — Maio, Jul. ☉

Obs. Quid sit *M. nana* S. et S. pr. I. p. 112; Ch. et B. exp. p. 61, Fl. pelop. p. 12; in Argolide et Arcadia indicata, nescio; certe non Vill. fl. delph. II. p. 459, quae in Graecia non crescit.

4. Subtribus. **Cynoglosseae** DC. pr. X. p. 117.

16. Omphalodes Tourn. inst. t. 58.

1. **O. verna** Moench meth. p. 420. — *Cynoglossum omphalodes* L. sp. p. 135; Mazz. in ant. ion. V. p. 186. — Icon: Rchb. t. 125.

Pilis adpressis parce hirta, viridis; caulibus adscendentibus vel erectis; foliis inferioribus longe petiolatis, ovatis, acuminatis, basi cordatis, superioribus breviter petiolatis, ovato-lanceolatis; floribus in axillis foliorum superiorum breviter racemosis; pedicellis fructiferis elongatis, calyce multo longioribus, cernuis vel recurvis; calycis adpresse strigosi, fructiferi aucti, laciniis ovato-lanceolatis, acuminatis; corollae coeruleae limbo tubo multo longiore; nuculis laevibus, margine introflexo, integro.

In herbosis pr. Signes Corcyrae (Mazz.). — Mart. Maio ♃ N. v.

2. **O. Luciliae** Bois. diagn. IV. p. 41, Fl. or. IV. p. 267; Heldr. chlor. Parn. p. 24; Hal. in ö. b. Z. 1896 p. 16. — Icon: Jaub. et Sp. ill. t. 366. — Exsicc.: Heldr. fl. gr. n. 2977; Reiser fl. gr. a. 1894.

Glabra, glaucovirens; caulibus adscendentibus; foliis inferioribus longe petiolatis, ovatis vel oblongis, obtusiusculis, basi rotundatis vel cuneatis, superioribus breviter petiolatis, oblongo-ellipticis; floribus in axillis foliorum superiorum breviter racemosis; pedicellis fructiferis elongatis, calyce multo longioribus, cernuis vel recurvis; calycis glabri, fructiferi aucti, laciniis ovato-oblongis, obtusiusculis; corollae coeruleae limbo tubo multo longiore; nuculis ventre scrobiculato-rugosis, margine non introflexo, integro. — Glaucedine et glabritie, foliis basi non cordatis, calycis glabri laciniis ovatis et corolla majori a praecedente specifice diversa.

In fissuris rupium regionis abietinae et superioris rarissime, hucusque tantum in mt. Kiona (Reiser) et loco dicto Gurna in mt. Parnasso pr. Rachova (Heldr.). — Jun. Jul. ♃

Obs. *O. linifolia* L. sp. p. 134; Mazz. in ant. ion. V. p. 186; *(Cynoglossum)*; Moench. meth. p. 419. — Colitur in hortis Corcyrae (Mazz.).

17. Paracaryum Bois. diagn. XI. p. 128.

1. **P. myosotoides** Lab. pl. syr. dec. II. p. 6 t. 2; S. et S. pr. I. p. 118; Sieb. in Flora I. p. 276; *(Cynoglossum)*; Bois. l. c. p. 130; Raul. cret. p. 817; Bald. viagg. Creta p. 78. -- *Omphalodes myosotoides* Schrank. in denkschr. acad. wiss. Münch. 1811 p. 222. — *P. Sibthorpianum* Bois. diagn. XI. p. 130.

Pilis adpressis, basi tuberculatis cinerascens; caulibus adscendentibus pumilis, simplicibus vel fere a basi racemiferis; foliis radicalibus oblongis petiolatis, caulinis angustis, sessilibus; racemis fructiferis laxis; corollae coerulea-violaceae, parvae, limbo tubo subbreviore; pedicellis fructiferis patenti-recurvis, calyce brevioribus; nuculis disco echinatis, rarius laevibus, membrana subconcava, nitida, margine denticulis horizontaliter curvatis obsita, rarius integra instructis; stylo nucula 5 plo breviore.

In regione alpina mt. Mavri, Theodori, et Hagion Pneuma (Raul.) in mt. Sphacioticis (Sibth.) Cretae. — Jul. ♃ N. v.

18. Mattia Schult. obs. p. 30.

1. **M. graeca** Bois. et Heldr. diagn. VII. p. 30 *(Rindera);* DC. pr. X. p. 168; Bois. fl. or. IV. p. 273; Heldr. chlor. Parn. p. 24; Bald. riv. coll. bot. Alb. 1896 p. 80; Hal. in z. b. G. 1899 p. 190. — *M. Schmidtii* Heldr. ind. sem. Athen. a. 1860; Ung. Reise p. 128. — Exsicc.: Heldr. herb. norm. n. 575 et 1567; Orph. fl. gr. n. 168; Bald. it. alb. epir. IV. n. 186.

Adpresse argento-sericea; rhizomate caespitoso; caulibus erectis, simplicibus, corymboso-umbellatis; foliis radicalibus linearibus lineari-lanceolatisque, basi longe attenuatis, caulinis praeter infima paucis squamaeformibus; pedicellis floriferis brevibus, fructiferis fructu multo longioribus; calycis lanati laciniis linearibus; corolla purpurea, calyce sesquilongiore, ultra tertiam partem in lacinias oblongo-spathulatas fissa; antheris et praecipue stylo ultra faucem exsertis; nuculis laevibus, ala eis sublatiore, margine repando cinctis. — Stirps pulchra, caulibus floriferis 5—10 cm., fructiferis elongatis ad 20 cm. altis, nuculae 15 mm. latae saepe pulchre coerulescentes.

In rupestribus regionis abietinae et superioris. Epirus: mt. Gamila distr. Zagorion (Bald.); mt. Parnassus (Guicc.), Cithaeron (Heldr.); Euboea: mt. Dirphys (Schmidt); Peloponnesus: mt. Chelmos (Orph.), Kyllene, Malevo (Heldr.), Taygetos (Reis.); insula Poros (Wied. ex Bois. fl. or.). — Maio, Jul. ♃

19. Cynoglossum L. gen. n. 183.

a. Nuculae immarginatae.

α. Perenne, rhizomate squamoso, ramoso.

1. C. sphacioticum Bois. et Heldr. diagn. XI. p. 125, Fl. or. IV. p. 263; Raul. cret. p. 816, t. 16. — Exsicc.: Heldr. pl. cret. n. 1633.

Molliter hirsutum, cinerascenti-virens; caulibus nanis, erectis, in racemum simplicem vel bifidum, pauciflorum, laxum, brevem abeuntibus; foliis inferioribus oblongis, in petiolum attenuatis, ceteris a basi semiamplexicauli oblong-linearibus; corolla atroviolacea, calyce sesquilongiore; pedicellis erectis, fructu subaequilongis; nuculis plano-convexis, undique dense glochidiatis. — Species pulchella *Paracaryo myosotoidi* habitu similis, caulibus gracilibus, 8—12 cm. altis, foliis radicalibus 15—25 mm. longis, 3—6 mm. latis, floribus parvis.

In saxosis regionis superioris mt. Stravopodia, Mavri et Theodori in mt. Sphacioticis Cretae, rarissime (Heldr.). — Jul. Aug. ♃

β. Biennia, radice fusiformi.

☓ Folia caulina basi cordato-semiamplexicaulia.

2. C. nebrodense Guss pr. I. p. 216; Bois. fl. or. IV. p. 265, suppl. p. 354; Haussk. symb. p. 158. — Icon: Rchb. t. 131. — Orph. fl. gr. n. 1117.

Molliter hirsutum, cinerascenti-virens; caule erecto, paniculato; foliis inferioribus oblongis, in petiolum attenuatis, ceteris a basi semiamplexicauli lanceolatis; racemis ebracteatis; fructiferis elongatis, laxiusculis; corolla rubra, calyce parum longiore; pedicellis fructiferis patenti-recurvis, fructu brevioribus; nuculis depressis, planiusculis, undique dense aculeato-glochidiatis.

In rupestribus subalpinis alpinisque. Thessalia: mt. Ghavellu, in oropedio Neuropolis (Haussk.), mt. Pelion (Heldr.); Euboea: mt. Dirphys (Heldr.); Achaia: mt. Chelmos (Orph.). — Apr. Jun. ☉

3. C. pictum Ait. hort. Kew. I. p. 179; Sieb.· avis p. 3, rem. p. 3; Ch. et B. exp. p. 63, Fl. pelop. p. 13; Mazz. in ant. ion. V. p. 186; Marg. et R. fl. Zante p. 69; Friedr. Reise p. 273; Fraas fl. class. p. 162; Ung. Reise p. 128; Weiss in z b. G. 1869 p. 743; Raul. cret. p. 816; Spreitz. in z. b. G. 1877 p. 715, 1887 p. 665; Bois. fl. or. IV. p. 265; Heldr. fl. cephal. p. 54, Fl. Aegina p. 381; Haussk. symb. p. 158. — *C. creticum* Vill. fl. dauph. II. p. 157. — Huc probabiliter: *C. apenninum* S. et S. pr. I. p. 118; Pieri fl. corc. p. 24; Marg. et R. l. c.; vix L. . — Icon: Rchb. t. 130. — Exsicc.: Sint. it. thessal. n. 44; Baen. herb. europ. n. 9248.

Tomento tenui, molli canescens; caule elato, paniculato; foliis inferioribus oblongis, in petiolum longum attenuatis, ceteris a basi cordato-semiamplexicauli lanceolatis; racemis ebracteatis, fructiferis elongatis, densiusculis; corolla pallide coerulea, reticulatim picta, calyce sesquilongiore; pedicellis fructiferis arcuato-recurvatis, fructu subbrevioribus; nuculis plano-convexis, undique dense aculeato-glochidiatis. — Corolla pallide coerulea, venis saturate coeruleis picta insigne.

Ad vias, sepes, in arvis, ruderatis regionis inferioris et submontanae, passim per totam Graeciam; non indicatur in insulis maris Aegaei, sed sine dubio ibi etiam occurrit. — Apr. Jul. ☉

×× Folia caulina basi rotundato-angustata.

4. C. albanicum Deg. et Bald. in Bald. riv. coll. bot. Alb. 1896 p. 80. — Exsicc.: Bald. it. alb. IV. n. 188.

Tomento tenui, molli canescens; caule elato, crasso, stricte et anguste paniculato; foliis inferioribus ignotis, superioribus ovato-lanceolatis vel ovato-rhombeis, basi rotundato-angustata sessilibus; racemis ebracteatis, fructiferis parum elongatis, densis; corolla ignota; pedicellis fructiferis erecto-patulis, brevissimis; nuculis paulo depressis, undique aculeis glochidiatis crassis obsitis. — Praeter foliorum formam a praecedentibus nuculis magnis, crasse aculeatis, a sequente et a *C. officinale* nuculis immarginatis diversum. — Ulterius observandum.

In aridis alpestribus ad fontem Bocikopulon distr. Pogoni in Epiro boreali (Bald.). — Maio, Jun. ☉

b. Nuculae margine elevato, denticulato-glochidiato cinctae.

5. C. Columnae Ten. fl. nap. pr. p. 14, Fl. nap. t. 116; Marg. et R. fl. Zante p. 69; Ung. Reise p. 128; Weiss in z. b. G. 1869 p. 743; Raul. cret. p. 816; Bois. fl. or. IV. p. 265; Heldr. fl. cephal. p. 54; Hal. Beitr. fl. Epir. p. 32; Haussk. symb. p. 159; Form. in Ver. Brünn 1897 p. 44. — Huc spectant saltem pro maxima parte: *C. officinale* S. et S. pr. I. p. 117; Pieri core. fl. p. 23; Dallap. prosp. p. 20; Mazz. in ant. ion. V. p. 184; Friedr. Reise p. 279; Bois. fl. or. IV. p. 264, quoad pl. graecam; Form. in D. bot. Monat. 1891 p. 24, in Ver. Brünn 1895 p. 92; non L. sp. p. 134, quod corolla sordide rubra, pedicellis infimis bracteatis, fructiferis longioribus, nuculis undique aequaliter glochidiatis, margine crassiusculo prominulo cinctis, differt. — *C. montanum* Ch. et B. exp. p. 63, Fl. pelop. p. 13; non Lam. quod in Graecia certe non provenit. — *C. silvaticum* Mazz. l. c., non Haenke. — *C. cheirifolium* Mazz. l. c. p. 186; Raul. cret. p. 816; non L. sp. p 134, quod praeter alias notas, racemis bracteatis discedit. — Exsicc.: Orph. fl. gr. n. 865; Heldr. herb. dimorph. n. 38; Sint. it. thessal. n. 633.

Tomento molli canescens vel canum; caule erecto, paniculato; foliis inferioribus oblongis, in petiolum attenuatis, ceteris a basi cordato-semi-amplexicauli breviter lanceolatis; racemis ebracteatis, fructiferis elongatis; corolla rubra vel rarius albida; pedicellis fructiferis erecto-patulis, fructu brevioribus; nuculis plano-compressis, aculeato-glochidiatis, margine elevato cinctis.

β. **dolopicum** Haussk. symb. p. 159. — Obscure virens, breviter pilosum; calycis laciniae latiores, valde obtusatae; corolla violacea. — Exsicc.: Heldr. it. thessal. IV. a. 1883.

Ad sepes, vias, in herbidis regionis inferioris et montanae passim per totam Graeciam; — β. Epirus: in regione abietina mt. Tsumerka pr. Vulgarelion (Hal.); Thessalia: mt. Karava (Heldr.), ad monasterium Korona in Pindo (Haussk.). — Mart. Jul. ☉

20. Lappula Gilib. fl. lith. I. p. 25.

1. **L. echinata** Gilib. l. c.; Form. in Ver. Brünn 1896 p. 60. — *Myosotis lappula* L. sp. p. 131; S. et S. pr. I. p. 112; Ch. et B. exp. p. 61, Fl. pelop. p. 12. — *L. myosotis* Moench meth. p. 417. — *Echinospermum lappula* Lehm. asp. p. 121; Bois. fl. or. IV. p. 249; Haussk. symb. p. 159; Form. in Ver. Brünn 1895 p. 32. — *M. echinosperma* Mazz. in ant. ion. IV. p. 960. — *L. vulgaris* Mazz. l. c. V. p. 180. — Icon: Fl. dan. t. 692. — Exsicc.: Heldr. it. thessal. IV. a. 1885.

Pilis adpressiusculis, basi tuberculatis hirsuta; caule erecto, rigido, ramoso, ramis in racemos bracteatos, demum elongatos abeuntibus; foliis lanceolatis, inferioribus in petiolum attenuatis, ceteris sessilibus; pedicellis fructiferis erectis, calyce brevioribus; corolla parva, coerulea; nuculis facie tuberculatis, margine 2—3 seriatim glochidiatis.

Ad vias, in ruderatis, saxosis regionis inferioris, in subalpinam adscendens, rare. Epirus: mt. Prosgoli (Bald.); Thessalia: pr. Chaliki, mt. Zygos (Haussk.), Dokimi (Form.), pr. Malakasi (Heldr.); Argolis (Sibth.); Laconia, pr. Andrusa Messeniae (Chaub.); Corcyra: pr. Castrades, Mattia (Mazz.). — Maio, Aug. ☉

21. Asperugo L. gen. n. 189.

1. **A. procumbens** L. sp. p. 138; S. et S. pr. I. p. 123, Fl. gr. II. p. 65 t. 177; Ch. et B. exp. p. 63, Fl. pelop. p. 13; Mazz. in ant. ion. V. p. 192; Friedr. Reise p. 266; Fraas fl. class. p. 161; Clem. sert. p. 69; Bois. fl. or. IV. p. 275; Haussk. symb. p. 159. — *A. alba* Mazz. l. c.; f. floribus albis. — Icon: Fl. dan. t. 552. — Exsicc.: Heldr. pl. fl. hellen. a. 1892.

Setis rigidis aspera; caule decumbente, a basi ramosa; foliis elliptico-oblongis, inferioribus in petiolum attenuatis, ceteris sessilibus; floribus axillaribus, brevissime pedicellatis, 3—4 fasciculatis, foliis oppositis; pedicellis fructiferis cernuis; corolla minuta, coerulea, rarissime alba; nuculis verruculosis.

In ruderatis, ad vias regionis inferioris. Boeotia: pr. Lebadea (Fraas); Attica: pr. Athenas (Friedr.), mt. Hymettus (Orph.); Corinthus (Fraas); Argolis (Sibth.): pr. Argos (Fraas); Messenia: pr. Pylos (Chaub.). — Mart. Maio ☉

22. Rochelia Rchb. in Flora 1824 p. 243.

1. **R. disperma** L. sp. ed. 2 p. 191; S. et S. pr. I. p. 115; (*Lithospermum*); Stapf in bot. Ergebn. Polak exp. Pers. I. p. 31. — *R. stellulata* Rchb. pl. cret. II. t. 123.

Setulis tuberculatis adpressis canescens; caule erecto, apice vel a basi ramoso; foliis inferioribus oblongo-spathulatis, in petiolum attenuatis, ceteris linearibus, sessilibus; racemis cymosis vel paniculatis, densifloris, bracteatis; pedicellis fructiferis recurvatis, calyce aequilongis; calycis laciniis linearibus, hamato-incurvis; corolla minuta, coerulea; nuculis glochidibus stellatis, sessilibus tuberculatis.

Thessalia: mt. Ossa (Sibth.), sed a recentioribus non lecta. — Mart. Maio ☉

Obs. *Cordia myxa* L. sp. p. 190 ex ordine *Cordiacearum* R. Br., colitur in hortis pr. Athenas et in insula Syra (Heldr. Nutzpfl. p. 35).

LXXXI. Ordo. Solanaceae Juss. gen. p. 124.

Dispositio tribuum generumque:

1. Tribus. *Datureae* Endl. gen. p. 663. — Ovarium incomplete quadriloculare; fructus capsularis, apice valvis dehiscens.

1. Datura L.

2. Tribus. *Solaneae* Don syst. IV. p. 400. — Ovarium biloculare.
a. Fructus capsularis, operculo circumscisse dehiscens.

2. Hyosciamus L.

b. Fructus baccatus indehiscens.
α. Calyx fructifer valde auctus, baccam plus minus includens.
× Calyx fructifer baccam includens; corolla anguste campanulata. Frutex.

3. Withania Pauq.

×× Calyx fructifer baccam omnino tegens; corolla subrotata. Herba.

4. Physalis L.

β. Calyx fructifer parum auctus, baccam basi cingens.
× Antherae rima longitudinali dehiscentes.
◯ Herbae acaules, floribus radicalibus, longe pedunculatis.

5. Mandragora Tourn.

☉◯ Herbae cauligerae.

6. Atropa L.

◯◯◯ Frutices.

7. Lycium L.

×× Antherae poris 2 dehiscentes.

8. Solanum L.

1. Tribus. **DATUREAE** Endl. gen. p. 663.

1. Datura L.

1. **D. stramonium** L. sp. p. 179; S. et S. pr. I. p. 152; Pieri corc. fl. p. 32; Ch. et B. exp. p. 7, Fl. pelop. p. 15; Mazz. in ant. ion. V. p. 214; Fraas fl. class. p. 166; Clem. sert. p. 70; Heldr. Nutzpfl. p. 37; Bois. fl. or. IV. p. 292; Heldr. fl. cephal. p. 54, in Sitzungsb.

acad. wiss. Berl. 1883 p. 163; Form. in D. bot. Mon. 1891 p. 25, in Ver. Brünn 1895 p. 62, 1896 p. 33, 1897 p. 45; Haussk. symb. p. 159. — Icon: Fl. dan. t. 436. — Exsicc.: Heldr. it. gr. septentr. n. 1879.

Sparsim papillosa; caule erecto, ramoso; foliis petiolatis, ovatis oblongisve, inaequaliter sinuato-dentatis; floribus solitariis, axillaribus, erectis; corolla infundibuliformi, alba, calyce pentagono subduplo longiore, lobis tenuiter mucronatis; capsula oblonga, erecta, aculeata. — Planta foetida, floribus magnis, 5—10 cm. longis, capsula 3—5 cm. longa.

In locis cultis, ruderatis regionis inferioris et submontanae. Frequens in Epiro et Thessalia; Aetolia: pr. Musinitza (Heldr.); Attica: pr. Eleusis, Athenas (Fraas), ad Cephissum (Clem.); Arcadia (Sibth.): pr. Tripoliza (Fraas); Messenia (Sibth.): pr. Methone (Chaub.); Laconia: ad fl. Eurotas, in planitie Helos (Chaub.); Cephalonia: mt. Phalaris, pr. Lordata, Lixuri (Heldr.); Corcyra (Pieri): pr. Garizza, San Rocco (Mazz.). — Jun. Sept. ☉

Obs. *D. metel* L. sp. p. 179; Ch. et B. fl. pelop. p. 15. — Dense pubescens, cinerascens, foliis repandis integrisve, corollae limbo purpurascente, capsula pendula a praecedente discedens, occurrit introducta ad ostia fl. Eurotas pr. Limonia et in planitie Helos (Chaub.).

2. Tribus. **SOLANEAE** Don syst. IV. p. 400.

2. Hyosciamus L. gen. n. 247.

a. Folia caulina sessilia.

1. **H. niger** L. sp. p. 179; S. et S. pr. I. p. 152; Dallap. prosp. p. 24; Mazz. in ant. ion. V. p. 214; Fraas fl. class. p. 166; Heldr. Nutzpfl. p. 37; Raul. cret. p. 817; Bois. fl. or. IV. p. 294; Hal. Beitr. fl. Epir. p. 32; Form. in D. bot. Monat. 1891 p. 25, in Ver. Brünn 1895 p. 33. — Icon: Fl. dan. t. 1452. — Exsicc.: Sint. it. thessal. n. 434.

Villosus, viscidulus; caule erecto, simplici vel ramoso; foliis ovatis vel oblongis, sinuatis vel sinuato-pinnatifidis, inferioribus in petiolum attenuatis, ceteris semiamplexicaulibus; floribus sessilibus, in spicam foliosam, unilateralem, scorpioideam, tandem elongatam, rectam dispositis; foliis floralibus sessilibus, oblongo-lanceolatis, calyces superantibus, superioribus integris; calyce fructifero stricto, supra medium constricto, dentibus erecto-patulis, triangularibus, mucronatis; corolla subaequali, pallida, violaceo-reticulata, fundo violaceo; staminibus faucem parum excedentibus.

β. **pallidus** Kit. in Willd. en. hort. berol. I. p. 227, pro sp.; Koch syn. p. 509; Haussk. symb. p. 159; Form. in Ver. Brünn 1897 p. 45. — Floribus unicoloribus, pallidis. — Exsicc.: N. v.

In ruderatis, arvis regionis inferioris et montanae. Epirus: pr. Sadovica, Hagios Paraskevi (Form.), Kalarrytes (Hal.); Thessalia: pr. Said Pascha, Malakasi, Velestinos (Form.), Kalabaka (Sint.); Euboea: pr. Kastaniotissa (Heldr.), Steni (Fraas); Laconia: pr. Kastanitza in mt. Malevo (Fraas); Creta: pr. Neochori distr. Apokorona (Raul.); Cephalonia (Dallap.); Corcyra: mt. Abramo (Mazz.); — β. Thessalia: mt. Zygos, monasterium Korona, pr. Karditza, Pharsalus, Volo (Haussk.), Mavreli (Form.). — Apr. Jul. ☉ et ☉

2. **H. reticulatus** L. sp. ed. 2 p. 257; Raul. cret. p. 817. — Icon: Jaub. et Sp. ill. V. t. 416. — Exsicc.: Heldr. herb. n. 695 (Pisidia).

Adpresse puberulus; caule erecto, simplici vel ramoso; foliis oblongis vel lanceolatis; sinuato-dentatis vel pinnatifidis, inferioribus in petiolum attenuatis, ceteris sessilibus, vix amplexicaulibus; floribus sessilibus, in spicam foliosam, unilateralem, scorpioideam, tandem elongatam, rectam dispositis; foliis floralibus sessilibus, oblongis vel lanceolatis, integris, flores superantibus; calyce fructifero stricto, non constricto, dentibus patulis, spinosis; corolla aequali, purpureo-violacea, reticulata; staminibus fauce sublongioribus. — Corolla saturate purpureo-violacea insignis.

Indicatur a Linnaeo in Creta, sed a recentioribus non lecta. — Apr. Jul. ☉ et ☉ N. v.

b. Folia omnia petiolata.

3. **H. albus** L. sp. p. 180; S. et S. pr. I. p. 153, Fl. gr. III. p. 24 t. 230; Pieri corc. fl. p. 33; Dallap. prosp. p. 23; Ch. et B. exp. p. 73, Fl. pelop. p. 15; Mazz in ant. ion. V. p. 214; Marg. et R. fl. Zante p. 70; Friedr. Reise p 271; Fraas fl. class. p. 166; Weiss in z. b. G. 1869 p. 744; Bois. fl. or. IV. p. 295; Heldr. fl. cephal. p. 54; Fl. Aegina p. 381 *v. major*, in ö. b. Z. 1898 p. 184, chlor. Thera p. 17, chlor. Mykon. p. 248; Bald. viagg. Creta p. 79; Haussk. symb. p. 159 *v. minor*; Form. in Ver. Brünn 1895 p. 33, 1896 p. 62. — *H. major* Mill. dict. n. 2; Heldr. Nutzpfl. p. 37; Raul. cret. p. 818; f. corollae fundo violaceo. — *H. minor* Mill. dict. n. 4; Weiss in z. b. G. 1869 p. 744; f. corolla fundo virescente. — *H. varians* Vis. fl. dalm. t. 24. — *H. graecus* Heldr. chlor. Mykon. p. 248, nomen solum. — Exsicc.: Sint. et Bornm. it. turc. n. 1377; Sint. it. thessal. n. 548; Bald. it. cret. alt. n. 351; Dörfl. fl. aeg. n. 38.

Villoso-viscosus; caulibus erectis vel decumbentibus; foliis petiolatis, a basi subcordata, truncata vel breviter cuneata ovato-orbiculatis, grosse triangulari-lobatis vel obtuse repando-lobatis; floribus praeter infima, saepe breviter pedunculata, sessilibus, in spicam foliosam, unilateralem, scorpioideam, tandem elongatam, rectam dispositis; foliis floralibus petiolatis, flores superantibus, cordatis, ovatis, dentatis vel saepius oblongis, integris, basi attenuatis; calyce fructifero stricto, non constricto, dentibus erectis, breviter triangularibus, acutis, pungentibus; corolla pallida, non reticulata, fundo virente vel violaceo, lobis subinaequalibus; staminibus fauce sublongioribus. — Variat caule plus minus robusto, indumento plus minus copioso, foliorum forma et florum magnitudine et colore, sed folia diversa et corollae basi virescentes vel violaceae saepe in uno eodemque specimine occurrunt, quamobrem hae formae, ab autoribus nonnullis ut species propositae, nequidem ut varietates distinguendae sunt. Cf. Vis. fl. dalm. II. p. 234, Bois. fl. or. IV. p. 296 et Parl. fl. ital. VI. p. 672.

In ruderatis, ad vias, muros regionis inferioris. Thessalia: pr. Kalabaka, Litochori (Sint.), Trikala (Haussk.), Volo (Haussk.), mt. Pelion (Heldr.); Attica: in Acropoli Athenarum; insula Aegina (Heldr.), Poros (Heldr.); Cycladum insula: Tenos, Syra (Weiss), Keos, Cythnos (Tunt.), Mykonos (Sart.), Naxos, Kameni pr. Thera (Heldr.), Amorgos (Leon.); pr. Sparta et in Messenia littorali (Chaub.); Creta: pr. Canea, Kissamos (Raul.), pr. Purphuras ad radices Idae, pr. Myron distr. Malevisi (Bald.); Zante (Marg.); Cephalonia (Dall.): pr. Argostoli, Lordata, Same. Piscardo, Lixuri (Heldr.); Corcyra (Pieri): pr. urbem, Evropuli, Afra (Form.). — Febr. Oct. ⊙ et ♃

4. H. aureus L. sp. p. 180; S. et S. pr. I. p. 153, Fl. gr. III. p. 25 t. 231; Sieb. avis p. 3, rem. p. 3; Fraas fl. class. p. 166; Raul. cret. p. 818; Bois. fl. or. IV. p. 296. — Exsicc.: Sint. et Rigo it. cypr. n. 9.

Villoso-viscosus; caulibus decumbentibus vel pendulis, ramosis; foliis petiolatis, cordatis, ovatis vel orbiculatis, triangulari-lobatis, lobis acute dentatis; floribus omnibus pedunculis calyce brevioribus suffultis, in racemum foliosum, unilateralem, scorpioideum, tandem elongatum, rectum dispositis; foliis floralibus petiolatis, flores superantibus, triangulari-ovatis vel oblongis, acute dentatis; calyce fructifero erecto-patulo vel nutante, non constricto, membranaceo, dentibus erectis, triangulari-lanceolatis, acutis non pungentibus; corolla aurea, fundo violaceo, lobis valde inaequalibus; staminibus exsertis.

Ad moenia et muros regionis inferioris Cretae: pr. Candia (Heldr.); erronee copiose dicitur a Sibthorpio in muris et ruderatis Graeciae. — Mart. Jun. ♃

3. Withania Pauquy diss. bellad. in Feruss. bull. sc. nat. V. p. 254.

1. W. somnifera L. sp. p. 182; S. et S. pr. I. p. 154, Fl. gr. III. p. 27 t. 233; Sieb. avis p. 3, rem. p. 3; Ch. et B. exp. p. 74, Fl. pelop. p. 15; Fraas fl. class. p. 165; Raul. cret. p. 818; *(Physalis)*; Mor. fl. sard. III. p. 156; Bois. fl. or. IV. p. 287. — Exsicc.: Orph. fl. gr. n. 723; Rev. pl. cret. p. 116.

Fruticosa, parce tomentosa; ramis flexuosis; foliis petiolatis, ovatis, integris; floribus brevissime pedunculatis, axillaribus, aggregatis, rarius solitariis; calycis albo-lanati laciniis linearibus, brevibus, muticis; corolla parva, luteo-virenti; bacca globosa, rubra, calyce vesiculoso, virente, marcescente inclusa.

In collibus, ad sepes, vias regionis inferioris, rare. Euboea (Sibth.): pr. Chalkis (Fraas); Peloponnesus: pr. Epidaurus, Kalamata (Chaub.), Monembasia (Fraas); Creta: pr. Kissamos, Malaxa (Rev.), Khalepa, Candia (Heldr.), Perama (Bald.). — Apr. Oct. ħ

4. Physalis L. gen. n. 250.

1. P. alkekengi L. sp. p. 183; S. et S. pr. 1. p. 154, Fl. gr. III. p. 28 t. 234; Dallap. prosp. p. 27; Bois. fl. or. IV. p. 287; Heldr. in Sitzungsb. acad. wiss. Berlin 1883 p. 160; Hal. Beitr. fl. Epir. p. 32; Haussk. symb. p. 159. — Exsicc.: Heldr. it. thessal. n. 83; herb. norm. n. 1567.

Viridis, parce hirtula; rhizomate repente; caulibus erectis vel adscendentibus; foliis petiolatis, ovatis, repandis; floribus pedunculatis, axillaribus, solitariis; pedunculis fructiferis nutantibus; calycis villosuli laciniis breviter triangularibus, acuminatis; corolla albida; bacca globosa, rubra, calyce ample vesiculoso, ovato, igneo inclusa.

In umbrosis regionis montanae, rare. Epirus: pr. Mazuki (Hal.); Thessalia: ad monasterium Korona in Pindo (Haussk.), mt. Ossa pr. coenobium Hagios Demetrius (Heldr.), mt. Pelion pr. Zagora (Aphentulis); mt. Parnassus (Sibth.); Laconia: mt. Malevo (Orph.), pr. Megali Anastasova (Zahn); Cephalonia (Dall.). — Maio, Jul. ♃

Obs. *C. annuum* L. sp. p. 188; Dallap. prosp. p. 27; Ch. et B. exp. p. 74, Fl. pelop. p. 15; Marg. et R. fl. Zante p. 85; Heldr. Nutzpfl. p. 36, Fl. cephal. p. 54; Raul. cret. p. 818. — *C. grossum* Willd. en. hort. berol. I. p. 21; Dallap. p. 27. — *C. longum* DC. cat. hort. monsp. 1813 p. 86; Fraas fl. class. p. 169. — Coluntur ad usum culinarem.

5. Mandragora Tourn. inst. p. 76.

a. Corolla albo-virens; bacca globosa.

1. M. officinarum L. sp. p. 181; Sieb. avis p. 3; Dallap. prosp. p. 24; Weiss in z. b. G. 1869 p. 744; Bois. fl. or. IV. p. 291; Boissieu in bull. soc. bot. fr. 1896 p. 287. — *Atropa mandragora* L. sp. ed. 2 p. 259; Sieb. avis p. 3, in Flora I. p. 271; Ch. et B. exp. p. 74, Fl. pelop. p. 15. — *M. vernalis* Bert. comm. mandrag. p. 9, t. 1; Raul. cret. p. 819; Heldr. Nutzpfl. p. 36, in Mitth. geogr. Ges. Thüring. V. p. 77, chlor. Mykon p. 248; Haussk. symb. p. 159. — Exsicc.: Heldr. pl. fl. hellen. a. 1899.

Radice crassa, carnosa, fusiformi, simplici vel ramosa; foliis rosulatis, breviter petiolatis, ovato-oblongis oblongisve, corrugato-crispis, saepe sinuato-dentatis, pilosulis vel glabris, inferioribus obtusis, ceteris acutis vel acuminatis; pedunculis e collo fasciculatis, uhifloris, calyce longioribus, hirtulis; calycis laciniis lanceolatis, acutis, corolla duplo brevioribus, bacca subbrevioribus; bacca lutea. — Radix ad 60 cm. longa, extus albida; folia viridia, carnosula, ad 40 cm. longa, 20 cm. lata, foetida; pedunculi 2—5 cm. longi; corolla 3 cm. longa; bacca 2—3 cm. diametro.

In apricis, incultis regionis inferioris. Thessalia: pr. Zeitun, Lamia (Sprun.); Corinthus (Heldr.); Messenia: pr. Pylos, Methone, insula Sapienza, in Maina (Chaub.); Cycladum insula Keos (Boissieu), Syra, Mykonos, Rhenea (Heldr.); Creta: pr. Suda (Weiss), in fauce Perivoglia (Sieb.), pr. Canea, Hierapetra, insula Dia (Heldr.); Cephalonia (Dallap.); sed loca nonnula forsan ad sequentem spectant. — Dec. Mart. ♃

1 × 2. **M. officinarum** × **Haussknechtii.** — *M. hybrida (Haussknechtii × vernalis)* Haussk. et Heldr. in Mitth. geogr. Ges. Thür. V. p. 77; Haussk. symb. p. 159. — Folia ovato-oblonga, rugulosa, eis *M. officinarum* longius petiolata; flores longe pedunculati, steriles; calycis laciniae acuminatae, sed eis *M. Haussknechtii* breviores; corollae pallide violaceae, magnitudine eis parentium intermedia. Specimen valde mancum tantum vidi. — Exsicc.: Heldr. pl. fl. bellen. a. 1885.

In arenosis maritimis pr. Corinthum, inter parentes (Haussk.).

b. Corolla violacea; bacca ellipsoidea.

2. **M. Hausknechtii** Heldr. in Mitth. geogr. Ges. Thür. V. p. 77, chlor. Mykon. p. 248; Haussk. sym. p. 159. — Exsicc.: Rev. pl. cret. n. 117, in Baen. herb. europ. n. 5050; Heldr. pl. fl. hellen. a. 1885.

Radice crassa, carnosa, fusiformi, simplici vel ramosa; foliis rosulatis, longiuscule petiolatis, oblongo-lanceolatis, acuminatis, corrugatocrispis, saepe sinuato-dentatis, pilosulis vel glabris; pedunculis e collo fasciculatis, unifloris, calyce multoties longioribus, hirtulis; calycis laciniis lanceolatis, acuminatis, corollae fere aequilongis, bacca longioribus; bacca lutea. — Folia ad 30—40 cm. longa, 5—9 cm. lata; pedunculi ad 15 cm. longi; corollae eis speciei praecedentis submajores; bacca 3 cm. longa, 2 cm. lata. — Differt a *M. officinarum* foliis acuminatis angustioribus, calycis laciniis longe acuminatis, corolla violacea et bacca ellipsoidea.

In arenosis maritimis, locis incultis. Corinthus (Haussk.); Cycladum insula Rhenea (Heldr.); Creta: pr. Canea (Rev.). — Mart. Apr. ♃

3. **M. autumnalis** Spreng. syst. I. p. 699; Bois. fl. or. IV. p. 291; Heldr. in Mitth. geogr. Ges. Thür. V. p. 77. — *Atropa mandragora* S. et S. pr. I. p. 153, Fl. gr. III. p. 26 t. 232; Fraas fl. class. p. 166; non L. . — *M. officinarum* Bert. comm. mandrag. p. 10 t. 2; Dun. in DC. pr. XIII. p. 466; Heldr. Nutzpfl. p. 36; non L. . — *M. microcarpa* Bert. l. c. p. 12 t. 3; Heldr. Nutzpfl. p. 36; Weiss in z. b. G. 1869 p. 744; Heldr. in Mitth. geogr. Ges. Thür. V. p. 77; Haussk. symb. p. 159. — Exsicc.: Orph. fl. gr. n. 75; Heldr. herb. norm. n. 257.

Radice crassa, carnosa, fusiformi, simplici vel ramosa; foliis rosulatis, longiuscule petiolatis, oblongis oblongo-lanceolatisve, subrepandis, supra glabriusculis, subtus puberulis, infimis obtusis, ceteris acutis vel acuminatis; pedunculis e collo fasciculatis, unifloris, calyce longioribus, glabriusculis; calycis laciniis lanceolatis, corolla subtriplo brevioribus, baccam subaequantibus; bacca luteo-purpurascente. — Radix extus nigricans, minor; folia minora coerulescenti-viridia, subtus pallidiora, petioli subpurpurascentes; bacca parva, 2 cm. longa.

In locis incultis. Phthiotis: in valle fl. Sperchius (Fraas); Attica: pr. Athenas (Sibth.), Eleusis, Brahami (Heldr.); Elis (Sibth.); Archipelagus (Sibth): insula Syra (Weiss); huc quoque forsan loca nonnulla ad *M. officinarum* indicata. — Sept. Nov. ♃

6. Atropa L. gen. n. 249.

1. A. belladonna L. sp. p. 181; Fraas fl. class. p. 166; Heldr. Nutzpfl. p. 36; Bois. fl. or. IV. p. 291; Form. in D. bot. Mon. 1891 p. 25, in Ver. Brünn 1897 p. 45. — Icon: Fl. dan. t. 758.

Caule crasso, elato, herbaceo, viscidulo-pubescente; foliis breviter petiolatis, ovatis vel oblongis, integris, glabris vel puberulis; floribus axillaribus, solitariis, pedunculatis, nutantibus; corolla squalide violacea; bacca globosa, nigra.

In umbrosis, silvaticis montanis. Thessalia: mt. Strugo pr. Kastania in Pindo, pr. Hepdominta Aderfia in mt. Oxya (Form.), mt. Olympus (Heldr.), mt. Oeta supra Patradjik (Fraas); mt. Parnassus (Heldr.). — Jun. Jul. ♃ N. v.

7. Lycium L. gen. n. 262.

1. L. europaeum L. sp. p. 192; S. et S. pr. I. p. 155, Fl. gr. III. p. 30 t. 236; Ch. et B. exp. p. 75, Fl. pelop. p. 16; Mazz. in ant. ion. V. p. 214; Marg. et R. fl. Zante p. 69; Fraas fl. class. p. 166; Clem. sert. p. 70; Bois. fl. or. IV. p. 288; Heldr. fl. cephal. p. 54, Fl. Aegina p. 381, chlor. Thera p. 18; Spreitz in z. b. G. 1887 p. 665; Terrac. in Malpigh. 1890 p. 60; Bald. in Malpigh. 1894 p. 60; Haussk. symb. p. 159. — *L. mediterraneum* Dun. in DC. pr. XIII. p. 523. — Exsicc.: Heldr. herb. norm. n. 1266.

Fruticosum; ramis erectis, spinosis, glabris vel pruinosis; foliis fasciculatis, petiolatis, obovato-lanceolatis, integris, acutis vel obtusis, glabris; floribus e fasciculis solitariis vel geminis, pedunculatis; calyce subaequaliter 5 dentato, subbilabiato; corolla violacea, tubo infundibuliformi, lobis tubo triplo brevioribus; bacca globosa, rubra.

Ad sepes, vias. Epirus: pr. Prevesa (Bald.); Thessalia: pr. Velestinos, Aivali, Orman Magula (Haussk.); pr. Athenas, Corinthum (Heldr.); Laconia: pr. Astros (Fraas), ad fl. Eurotas (Chaub.); Cythaera: pr. Kapsali (Spreitz.); Cephalonia: pr. Lixuri, in oropedo Omalo (Heldr.); Corcyra: pr. Anemomylo, Garizza, Manducchio (Mazz.). — Febr. Jun. ♄

2. L. barbarum L. sp. p. 192 p. p.; S. et S. pr. I. p. 155; Fraas fl. class. p. 166. — *L. vulgare* Dun. in DC. pr. XIII. p. 509.

Differt a praecedente ramis evolutis virgatis, arcuato-nutantibus pendulisve, corollae lobis tubo dimidio longioribus et baccis ellipsoideis.

Indicatur a Fraas pr. Athenas et in insula Tenos, a Sibthorp in insula Naxos. — Febr. Jun. ♄ N. v.

Obs. *Cestrum Parqui* L'Her. stirp. I. p. 73. Colitur et hinc inde e. g. pr. Kastrades Corcyrae (Baen. herb. europ. n. 9240) subspontaneum.

8. Solanum L. gen. n. 251.

a. Rami volubiles; corolla violacea; bacca ellipsoidea, rubra.

1. **S. dulcamara** L. sp. p. 185; S. et S. pr. I. p. 154; Ch. et B. exp. p. 74, Fl. pelop. p. 15; Mazz. in ant. ion. V. p. 215; Fraas fl. class. p. 165; Land. in Flora 1856 p. 307; Heldr. Nutzpfl. p. 36, in Sitzungsb. acad. Wiss. Berlin 1883 p. 160; Bois. fl. or. IV. p. 285; Form. in D. bot. Mon. 1891 p. 25, in Ver. Brünn 1895 p. 33, 1896 p. 61, 1897 p. 45; Haussk. symb. p. 159. — Icon: Fl. dan. t. 607. — Exsicc.: Heldr. it. gr. septentr. a. 1879, it. thessal. n. 91.

Caule fruticoso, ramis herbaceis; foliis petiolatis, minute pubescentibus vel tomentellis, ovatis vel ovato-oblongis, saepe cordatis, integris vel superioribus hastatis vel utrinque lobulo auctis; cymis extraaxillaribus, longe pedunculatis, laxis; calycis lobis late triangularibus; corollae laciniis lanceolatis, saepe reflexis.

In humidis, ad ripas, salicetis regionis inferioris et montanae. Epirus: pr. Prevesa, Philippiades, Janina, Kacka (Form.); Thessalia: pr. Malakasi, Kastania, Neochorion (Form.), mt. Karava, pr. Trikala (Haussk.), Karditza, Larissa, Velestinos, Megalivris (Form.), mt. Ossa pr. Retziani (Heldr.); Euboea (Fraas); Aetolia: pr. Musinitza in mt. Korax (Heldr.); Boeotia: ad Cephissum, pr. Lebadea (Fraas); Argolis: in palude Lerna (Sart.); Achaia: pr. Kalavryta (Hal.); Laconia: ad Magula pr. Sparta (Chaub.); Cycladum insula Andros (Fraas). — Maio, Aug. ♄.

Obs. *S. sodomaeum* L. sp. p. 187; Bald. in nuov. giorn. bot. it. I. p. 99; et *S. citrullifolium* A. Br. ind. sem. h. Frib. a. 1849; ramis foliisque aculeis validis rectis luteis pungentibus obsitis, foliis sinuatopinnatilobis, coluntur ornamenti gratia et hinc inde, e. g. pr. Prevesa (Bald.), Athenas (Heldr.), subsponte ocurrunt.

b. Rami non volubiles; corolla alba; bacca globosa.

2. **S. suffruticosum** Schousb. in Willd. en. hort. berol. I. p. 236; Haussk. symb. p. 159.

Perenne; caule elato, lignescente, glabro, ramis herbaceis; foliis petiolatis, glabris, ovatis vel ovato-lanceolatis, repandis vel sinuato-dentatis; cymis pedunculatis, umbelliformibus; calycis lobis ovatis, corolla duplo brevioribus; bacca nigra.

In saxosis peninsulae Methana pr. Vromolimni Argolidis (Haussk.). — Maio, Sept. ♃ N. v.

3. S. nigrum L. sp. p. 186; S. et S. pr. I. p. 155; Pieri corc. fl. p. 34; Dallap. prosp. p. 25; Ch. et B. exp. p. 75, Fl. pelop. p. 16; Marg. et R. fl. Zante p. 71; Friedr. Reise p. 264 et 271; Clem. sert. p. 70; Fraas fl. class. p. 166; Raul. cret. p. 818; Weiss in z. b. G. 1869 p. 744; Bois. fl. or. IV. p. 284; Form. in D. bot. Mon. 1891 p. 25, in Ver. Brünn 1895 p. 33, 1896 p. 61, 1897 p. 45; Haussk. symb. p. 159; Heldr. fl. Aegina p. 381, chlor. Thera p. 18, chlor. Mykon. p. 248. — Icon: Fl. dan. t. 460. — Exsicc.: Heldr. herb. norm. n. 586; Sint. et Bornm. it. turc. n. 1375; Dörfl. pl. cret. n. 137.

Annuum; caule erecto, herbaceo, ramoso, foliisque glabriusculo; foliis petiolatis, ovatis vel deltoideo-rhombeis, repandis vel sinuato-dentatis; cymis pedunculatis, umbelliformibus; calycis lobis ovatis, corolla 2—3 plo brevioribus; bacca nigra. — Species indumento et praesertim baccarum colore, in herbario vix distinguendo, variabilis.

β. **humile** Bernh. in Willd. en. hort. berol. I. p. 236; Clem. sert. p. 70; Raul. cret. p. 819; pro sp.; Bois. fl. or. IV. p. 284. — Bacca viridis vel viridi-lutescens.

γ. **flavum** Kit. in Schult. oestr. fl. ed. 2 I. p. 294, Fraas fl. class. p. 166; pro sp. — *S. chlorocarpum* Spenn. fl. frib. p. 1074. — *S. nigrum v. chlorocarpum* Bois. fl. or. IV. p. 284; Heldr. fl. cephal. p. 54. — Bacca ceraceo-flava.

δ. **miniatum** Bernh. in Willd. en. hort. berol. I. p. 236; Mazz. in ant. ion. V. p. 214; Marg. et R. p. 70; Bois. fl. or. IV. p. 284; pro sp.. — Bacca miniata.

ε. **villosum** L. sp. p. 186. — *S. villosum* Lam. ill. II. p. 18; Ch. et B. fl. pelop. p. 16; Raul. cret. p. 218; Bois. fl. or. IV. p. 285. — Undique patule tomentoso-villosum; bacca miniata vel crocea.

In ruderatis, cultis et incultis per totam Graeciam. — Jan. Jul ☉

Obs. Late coluntur ad usum domesticum: *S. melongena* L. sp. p. 186. — *S. tuberosum* L. sp. p. 185. — *S. pseudocapsicum* L. sp. p. 184. — *Lycopersicum esculentum* Mill. gard. dict. n. 2. — Dein: *Nicotiana tabacum* L. sp. p. 180, *N. rustica* L. sp. p. 180 et ornamenti gratia *N. glauca* Grah. in Edinb. phil. journ. 1828 p. 175.

LXXXII. Ordo. **Scrofulariaceae** Lindl. Key. syst. bot. p. 66.

Dispositio tribuum generumque:

A Corollae labium inferius praefloratione a labio superiore inclusum.

1. Tribus. *Verbasceae* Benth. in DC pr. X. p. 224. — Corolla rotata, subirregularis, tubo brevissimo; stamina 5 vel 4; capsula bivalvis.

a. Stamina 5.

1. Verbascum L.

b. Stamina 4.
2. Celsia L.

2. Tribus. *Cheloneae* Benth. in DC. pr. X. p. 298. — Corolla campanulata vel tubulosa, irregularis, non saccata nec calcarata; stamina 5 vel 4; capsula bivalvis.
   a. Corolla oblique campanulata, tubo subgloboso; stamina fertilia 4, didynama, sterile 1, squamaeforme, ad tubi apicem inter lobos binos superiores insertum, interdum nullum; antherae 1 loculares, transverse dehiscentes.
3. Scrofularia L.
   b. Corolla tubulosa, tubo cylindrico-elongato; stamina fertilia 2, sterilia 2; antherae 2 loculares, longitudinaliter dehiscentes.
4. Gratiola L.

3. Tribus. *Antirrhineae* Chav. monogr. antirrh. p. 73. — Corolla campanulata vel tubulosa, irregularis, tubo basi saepe saccato vel calcarato; stamina 4, raro 2, omnia fertilia; capsula poris vel dentibus valvaeformibus dehiscens.
   a. Corolla basi calcarata.
     α. Corollae faux palato clausa.
5. Linaria Tourn.
     β. Corollae faux palato depresso pervio.
6. Chaenorrhinum DC.
   b. Corolla basi saccata.
7. Antirrhinum L.
B. Corollae labium superius praefloratione a labio inferiore inclusum.

4. Tribus. *Digitaleae* Benth. in DC. pr. X. p. 448. — Corolla tubulosa, campanulata vel rotata, irregularis, lobis planis vel reflexis; stamina 4 vel 2; antherarum loculi apice confluentes; capsula bivalvis.
   a. Corolla campanulata vel tubulosa, limbo valde inaequali, subbilabio; stamina 4; capsula septicide dehiscens.
8. Digitalis L.
   b. Corolla rotata, tubo brevissimo, limbo parum inaequali; capsula loculicide dehiscens.
     α. Stamina 4.
9. Sibthorpia L.
     β. Stamina 2.
10. Veronica L.

5. Tribus. *Rhinantheae* Spreng. aul. II. 1 p. 390. -- Corolla irregularis bilabiata, labio superiore galeato, rarius plano; stamina 4 vel 2; antherarum loculi distincti; capsula (in nostris) loculicide dehiscens.
   a. Ovarii loculi pluriovulati.
     α. Calyx subregulariter 4 dentatus vel 4 fidus.
       × Semina parva, non lenticulari-compressa.
         ○ Semina laevia.
11. Parentucellia Viv.
         ○○ Semina longitudinaliter elevato-costata.
       . Capsula compressa.
       ; Lobi corollae labii inferioris integri.
12. Odontites Hall.
       ;; Lobi corollae labii inferioris emarginati.
13. Euphrasia L.
      .. Capsula turgida.
14. Bellardia All.

×× Semina majuscula, lenticulari-compressa.
15. Alectorolophus Hall.
β. Calyx inaequaliter 5 fidus vel bilabiatus.
× Calyx bibracteolatus.
16. Siphonostegia Benth.
×× Calyx ebracteatus.
○ Calyx tubulosus, saepe inflatus.
17. Pedicularis L.
⊙ Calyx a latere compressus.
18. Rhinanthus L.
b. Ovarii loculi biovulati.
19. Melampyrum L.

1. Tribus. **VERBASCEAE** Benth. in DC. pr. X. p. 224.

1. Verbascum L. gen. n. 245.

Dispositio specierum:

A. Herbae inermes.

1. Sectio. *Thapsus* Rchb. fl. germ. p. 383. — Flores fasciculati vel glomerati; staminum longiorum (2 inferiorum) antherae adnato-decurrentes.
  a. Filamentorum lana albida vel lutescens.
    α. Corolla concava.
1. V. thapsus L.
    β. Corolla omnino explanata.
      × Plantae tomento denso, albo vel lutescenti vestitae.
        ○ Folia caulina a folio ad folium late decurrentia.
2. V. densiflorum Bert.   3. V. macrurum Ten.
        ○○ Folia caulina non ad folium proximum usque decurrentia.
          . Flores brevissime pedicellati.
4. V. phlomoides L.   5. V. Sartorii Bois. et Heldr.
          .. Flores longiuscule pedicellati, pedicellis nempe aliis calyci aequilongis, aliis eo 2—3 plo longioribus.
6. V. longifolium Ten.
      ×× Planta indumento tenui subdetersili obsitum, viridi-cinerascens; flores pedicellati, pedicellis calyce subaequilongis.
7. V. Guicciardii Bois. et Heldr.
  b. Filamentorum lana purpurea vel violacea.
    α. Flores subsessiles vel pedicellis calyce brevioribus suffulti.
      × Caulis elatus, ramosus.
8. V. malacotrichum Bois. et Heldr.   9. V. foetidum Bois. et Heldr.
      ×× Caulis simplex.
10. V. epixanthinum Bois. et Heldr.
    β. Flores pedicellati, pedicellis calyce aequilongis vel longioribus.
      × Folia radicalia et caulina inferiora in petiolum attenuata.
        ○ Flores in racemum simplicem vel basi parce breviterque ramulosum dispositi.
          . Flores omnes fasciculati.
11. V. taygeteum Hal.   12. V. pindicolum Freyn. et Sint.
13. V. epirotum Hal.

.. Flores solitarii et 2—3 fasciculati.
  14. V. agrimonoides Deg. et Borb.
○C Flores in paniculam amplam pyramidatam dispositi.
  15. V. adenotrichum Hal..
×× Folia radicalia et caulina inferiora petiolata, basi cordata.
  16. V. pelium Hal.

2. Sectio. *Lychnitis* Rchb. fl. germ. p. 380. — Flores fasciculati vel glomerati; antherae omnes reniformes, subaequales.
  a. Calyx majusculus, 8—10 mm longus; corolla extus stellatim pilosa.
   × Flores pedicellati, pedicellis calyce aequilongis; filamentorum lana lutescens.
     17. V. Reiseri Hal.
   ×× Flores sessiles.
     ◯ Filamentorum lana lutescens.
       18. V. undulatum Lam.   **19. V. pinnatifidum** Vahl.
     ◯◯ Filamentorum lana purpurea.
       20. V. Boerhavii L.
  b. Calyx parvus, 2 mm, ad maximum 6 mm longus.
   α. Capsula globosa vel ellipsoides, calyce ad $2^{1}/_{2}$ plo longior; corolla extus stellatim pilosa.
    × Filamentorum lana albida vel lutescens.
      ⊙ Planta tota pilis glanduliferis creberrimis viscosa.
        21. V. gloeotrichum Haussk. et Heldr.
      ◯◯ Planta eglandulosa.
       . Flores in racemum simplicem vel basi parce breviterque ramosum dispositi.
         22. V. delphicum Bois. et Heldr.   **23. V. acutifolium** Hal.
       .. Flores in paniculam amplam dispositi.
         ; Folia (saltem juniora) utrinque vel saltem subtus dense tomentosa.
          , Folia utrinque tomento denso persistente vestita.
            24. V. mucronatum Lam.   **25. V. megaphlomos** Bois. et Heldr.
          ,, Folia utrinque tomento floccoso tandem detersili obsita.
            26. V. pulverulentum Vill.
          ,,, Folia viridia, supra fere glabra, subtus tomento tenuissimo obsita.
            27. V. banaticum Schrad.   **28. V. Heldreichii** Bois.
         ;; Folia (saltem juniora) indumento adpresso, tenuissime arachnoideo cinerascentia, subnitentia.
            29. V. Haussknechtii Heldr.   **30. V. leucophyllum** Griseb.
    ×× Filamentorum lana purpurea vel violacea.
      ◯ Folia inferiora in petiolum attenuata.
       . Planta eglandulosa.
        ; Folia crenulata vel integra.
          31. V. Adeliae Heldr.   **32. V. mallophorum** Bois. et Heldr.
        ;; Folia sinuato-pinnatifida.
           33. V. sinuatum L.
       .. Planta glandulosa.
           34. V. meteoricum Haussk.

∞ Folia inferiora basi cordata vel rotundata.
35. V. thyrsoideum Host.
β. Capsula cylindrica, calyce 3—5 plo longior; corolla glabra.
36. V. graecum Heldr. et Sart.

3. Sectio. *Blattaria* Rchb. fl. germ. p. 379. — Flores solitarii, racemosi vel spicati; antherae adnato-decurrentes vel reniformes.
   a. Corolla lutea, antherae staminum longiorum adnato-decurrentes, breviorum reniformes.
37. V. blattaria L.
   b. Corolla violacea, antherae omnes reniformes.
38. V. phoeniceum L.

B. Suffrutex erinaceus, ramis spinescentibus.

4. Sectio. *Spinosae* Bois. fl. or. IV. p. 300. — Flores solitarii; antherae reniformes.
39. V. spinosum L.

A. Herbae inermes.

1. Sectio. **Thapsus** Rchb. fl. germ. p. 383. — Flores fasciculati vel glomerati; staminum longiorum (2 inferiorum) antherae adnato-decurrentes.

   a. Filamentorum lana albida vel lutescens.

   α. Corolla concava.

1. **V. thapsus** L. sp. p. 177; S. et S. pr. I. p. 149; Mazz. in ant. ion. V. p. 210; Ch. et B. exp. p. 73, Fl. pelop. p. 15; Marg. et R. fl. Zante p. 70; Fraas fl. class. p. 191; Bois. fl. or. IV. p. 301; Hal. in z. b. G. 1898 p. 121. — *V. Schraderi* Mey. chlor. hanov. p. 326. — Icon: Fl. dan. t. 631.

Dense lutescenti-tomentosum; simplex vel parce ramosum; foliis crenulatis, radicalibus oblongis, obtusis, in petiolum attenuatis, caulinis oblongo-lanceolatis, acutiusculis, a folio ad folium late decurrentibus; floribus fasciculatis, brevissime pedicellatis, spicam compactam vel basi interruptam formantibus; antheris staminum longiorum glabrescentium breviter decurrentibus, filamento 4 plo brevioribus, breviorum albo-lanatorum reniformibus; capsula ovata, calyce sublongiore. — Corolla flava, parva, circa 15—20 mm. diametro, hac nota primo aspectu a sequentibus distinguendum.

In siccis, lapidosis regionis inferioris. In Graeciae provinciis et insulis frequens (Sibth.); Euboea et Phthiotis (Fraas); Arcadia: pr. Tripolis (Chaub.); Zante (Marg.); Corcyra: pr. Spartilla (Mazz.); an saepius cum aliis speciebus confusum. — Maio, Jul. ⊙ N. v.

   β. Corolla omnino explanata.

   × Plantae tomento denso, albo vel lutescenti vestitae.

   ○ Folia caulina a folio ad folium late decurrentia.

2. **V. densiflorum** Bert. rar. pl. dec. III. p. 52, Fl. ital. II. p. 574; Hal. in z. b. G. 1898 p. 122. — Exsicc.: Sint. it. thessal. n. 924.

Dense lutescenti-tomentosum, simplex vel rarius ramosum; foliis crenulatis, radicalibus oblongis, obtusis, in petiolum attenuatis, caulinis oblongis vel oblongo-lanceolatis, acutis vel acuminatis; floribus fasciculatis, brevissime pedicellatis, spicam compactam formantibus; antheris staminum longiorum glabrescentium longe decurrentibus, filamento subduplo brevioribus, breviorum albo-lanatorum reniformibus; capsula ovata, calyce sublongiore. — Corolla flava 3—5 cm. diametro.

β. **thapsiforme** Schrad. in comm. Goett. II. p. 13; Heldr. fl. cephal. p. 55; pro sp.; Vis. fl. dalm. II. p. 154; Hal. l. c.. — *V. thapsus* Dallap. prosp. p. 23, non L.. — Spica laxiuscula, basi saepe ramosa. — Exsicc.: N. v.

In lapidosis, sterilibus regionis inferioris et montanae. Thessalia: mt. Sina pr. Malakasi (Sint.); — β. Cephalonia: pr. Argostoli, Pessada, mt. Aenos (Heldr.). — Maio, Jul. ⊙

3. **V. macrurum** Ten. fl. neap. pr. app. V. p. 9, Fl. nap. III. p. 216 t. 214; Form. in D. bot. Mon. 1891 p. 26; Hal. Beitr. fl. Achaia p. 27, in z. b. G. 1898 p. 122; Bald. viagg. Creta p. 79. — *V. Schraderi* Raul. cret. p. 819, non Mey.. — *V. thapsiforme* Bois. fl. or. IV. p. 301, saltem quoad pl. graecam, non Schrad.. — Exsicc.: Orph. fl. gr. n. 733; Heldr. pl. fl. hellen. a. 1887.

Dense albido-tomentosum, simplex; foliis crenulatis, oblongo-lanceolatis, radicalibus obtusiusculis, in petiolum attenuatis, caulinis acutis vel acuminatis; floribus fasciculatis, brevissime pedicellatis, spicam longissimam et densissimam formantibus; antheris staminum longiorum glabrescentium breviter decurrentibus, filamento 4 plo brevioribus, breviorum albo-lanatorum reniformibus; capsula ovata, calyce sublongiore. — Certe species propria, a praecedente spica valde elongata, densissima, valde lanata et antheris breviter decurrentibus optime distincta.

In lapidosis praesertim montanis. Thessalia: mt. Ossa pr. Selicany et Spilia (Form.); Peloponnesus: in regione abietina mt. Panachaicon (Hal.), mt. Kyllene (Heldr.), mt. Malevo supra Kastanitza (Orph.); Creta: ad promontorium Meleka, pr. Lutro, Rhodakino, Avdhu (Raul.), mt. Ida (Bald.). Maio, Jul. ⊙

∞ Folia caulina non ad folium proximum usque decurrentia.

. Flores brevissime pedicellati.

4. **V. phlomoides** L. sp. p. 1194; Mazz. in ant. ion. V. p. 210; Bois. fl. or. IV. p. 301; Form. in D. bot. Monat. 1891 p. 26, in Ver. Brünn 1896 p. 62; Haussk. symb. p. 161; Hal. in z. b. G. 1898 p. 123. — *V. australe* Schrad. in comm. goett. II. p. 24 t. 2. — Exsicc.: Sint. et Bornm. it. thessal. n. 1391; Orph. fl. gr. n. 1008, mt. Korthiati.

Dense tomentosum, simplex vel superne ramosum; foliis crenulatis, radicalibus ellipticis vel oblongo-lanceolatis, in petiolum attenuatis, caulinis ovatis, ellipticis vel oblongo-lanceolatis, acutis vel acuminatis, amplexicaulibus, saepe cordatis vel brevissime decurrentibus; floribus fasciculatis, brevissime pedicellatis, spicam longam inferne interruptam et saepius laxam formantibus; antheris staminum longiorum glabrescentium longe decurrentibus, filamento subduplo brevioribus, breviorum albo-lanatorum reniformibus; capsula ovata, capsula sesquilongiore. — Corolla magna 3—5 cm. diametro, flava.

In siccis montanis. Epirus: mt. Peristeri (Form.); Thessalia: pr. Karditza, mt. Pelion (Form.), pr. Katherina (Sint.); Euboea: mt. Tympanon, Dirphys (Heldr.); Argolis: mt. Chelone in peninsula Methana (Haussk.); Cycladum insula Tenos (Sart.); Corcyra: pr. Klonu, Pauliana (Mazz.). — Maio, Aug. ☉

Obs. *V. phlomoides* S. et S. pr. I. p. 149 (circa Byzantium), Fl. gr. III. p. 19 t. 224; Ch. et B. fl. pelop. p. 15 (Kalamata Messeniae) ob filamentorum lanam purpuream ad speciem aliam mihi ignotam spectant.

5. **V. Sartorii** Bois. et Heldr. diagn. VII. p. 38; Hal. Beitr. fl. Achaia p. 27; Haussk. symb. p. 160. — *V. phlomoides β. Sartorii* Bois. fl. or. IV. p. 302. — Exsicc.: Dörfl. fl. aeg. n. 108.

Praecedenti valde affine, ab eo inflorescentia saepe densius tomentosa, filamentis omnibus albo-lanatis, antheris staminum longiorum breviter decurrentibus, filamento 3—4 plo brevioribus specifice differre videtur.

In siccis montanis et regionis inferioris. Thessalia: in Pindo dolopico, pr. Aivali, Volo (Haussk.); Attica: mt. Pentelicon (Heldr.); Achaia: mt. Omplo pr. Patras (Heldr.), mt. Kastro pr. Kalavryta (Hal.); Messenia: mt. Ithome (Heldr.); Cycladum insula Paros (Leon.); Zante (Marg.). — Maio, Jul. ☉

5 × 18. **V. Sartorii × rigidum** Hal. in z. b. G. 1898 p. 124. — *V. phlomoides × rigidum* (*V. semirigidum*) Haussk. in Mitth. thür. bot. Ver. V. p. 72. — *V. rigidum × Sartorii* (*V. semirigidum*) Haussk. symb. p. 166. — Habitu quasi quodam *V. Sartorii* ramoso, fasciculis remotis et hac nota ac calycis laciniis longius acuminatis ad *V. rigidum* accedens, sed indumento densius, magis lutescens et non detersile; capsulae steriles. — In dumetis inter parentes pr. Volo et in ruderatis pr. Karditza Thessaliae (Haussk.). — N. v.

5 × 26. **V. Sartorii pulverulentum** Hal. in z. b. G. 1898 p. 124. — *V. floccosum × phlomoides* (*V. subphlomoides*) Haussk. in Mitth. thür. bot. Ver. V. 71. — *V. pulverulentum × Sartorii* (*V. subphlomoides*) Haussk. symb. p. 164. — Differt a *V. Sartorii* indumento dilutiore, facile detersile, caule magis ramoso, foliis minute crenulatis, floribus minoribus, manifeste pedicellatis et antheris staminum longiorum brevius decurrentibus; a *V. pulverulento* ramis crassioribus brevioribusque, florum fasciculis densioribus, floribus majoribus, antheris staminum longiorum breviter decurrentibus et indumento minus floccoso. — Ad monasterium Korona in Pindo (Haussk.). — N. v.

5 × 28. V. Sartorii × Heldreichii Hal. in z. b. G. 1898 p. 125. — *V. Heldreichii × phlomoides* (*V. coenobitarum* Haussk. et Heldr. in Mitth. thür. bot. Ver. V. p. 72. — *V. Heldreichii × Sartorii* (*V. coenobitarum*) Haussk. et Heldr. in Haussk. symb. p. 165.

— A *V. Sartorii* inflorescentia paniculata, foliis inferioribus grosse crenatis, tenuiter tomentellis, floribus minoribus et antheris staminum longiorum brevius decurrentibus; a *V. Heldreichii* ramorum indumento magis tomentoso, florum fasciculis minus remotis, floribus fere duplo majoribus, brevius pedicellatis et antheris staminum longiorum subdecurrentibus, discedens; capsulae steriles. — Exsicc.: Heldr. it. IV. thessal. a. 1885. — In nemorosis quercinis regionis inferioris mt. Pindus circa monasterium Korona (Heldr.).

5 × 33. V. Sartorii × sinuatum (*V. pseudosinuatum*) Haussk. symb. p. 166; Hal. in z. b. G. 1898 p. 125. — *V. phlomoides × sinuatum* (*V. pseudosinuatum*) Haussk. in Mitth. thür. bot. Ver. V. p. 72. — Quoad foliorum formam nunc ad unam nunc ad alteram stirpem accedens; a *V. Sartorii* foliis inferioribus irregulariter sinuatis, superioribus sinuato-crenatis et filamentorum lana purpurascente; a *V. sinuato* tomento crassiore, caulibus strictis, crassioribus, dense tomentellis, nec glabrescentibus, ramis crassioribus brevioribus, strictis, nec divaricatis, fasciculis florum irregulariter congestis, foliis inferioribus minus profunde sinuatis, superioribus basi rotundato sessilibus, floribus majoribus et antheris staminum longiorum breviter decurrentibus distinctum; capsulae steriles. — Thessalia: ad monasterium Korona in Pindo (Haussk.). — N. v.

.. Flores longiuscule pedicellati, pedicellis aliis nempe calyce aequilongis, aliis eo 2—3 plo longioribus.

6. V. longifolium Ten. fl. nap. I. p. 89, t. 21; Bald. riv. coll. bot. Alb. 1896 p. 80. — Exsicc.: Bald. it. alb. epir. IV. n. 135.

Dense lutescenti-tomentosum, spica simplici vel inferne parce et breviter ramulosa; foliis acutis, integris crenulatisve, radicalibus longe oblongo-lanceolatis, in petiolum attenuatis, caulinis oblongis, subcordato-amplexicaulibus; floribus fasciculatis, dense racemosis; antheris staminum longiorum glabrescentium decurrentibus, filamento 3—4 plo brevioribus, breviorum albo-lanatorum reniformibus; capsula ovata, calyce sublongiore. — Floribus longiuscule pedicellatis, calycibus lutescenti-tomentosis a praecedentibus distinctum.

In herbidis alpinis mt. Papignon distr. Zagorion in Epiro (Bald.). — Jul. Aug. ⊙

×× Planta indumento tenui subdetersili obsitum, viridi-cinerascens; flores pedicellati, pedicellis calyce subaequilongis.

7. V. Guicciardii Bois. et Heldr. diagn. ser. 2 VI. p. 127, Fl. or. IV. p. 303; Heldr. chlor. Parn. p. 24; Hal. Beitr. fl. Aetol. p. 9; in z. b. G. 1898 p. 125; Haussk. symb. p. 160. — Exsicc.: Heldr. herb. norm. n. 696; Hal. it. gr. II. a. 1893.

Caule simplici, glabriusculo, in racemum longum, angustum, laxiusculum, inferne interruptum abeunti; foliis repando-crenatis, subtus tenuiter tomentellis, supra subglabris, infimis oblongis, in petiolum attenuatis, caulinis cordato-amplexicaulibus; floribus fasciculatis; antheris staminum longiorum glabrescentium breviter decurrentibus, filamento multoties brevioribus, breviorum albo-lanatorum reniformibus; capsula sphaerica, calyce sublongiore. — Caulis 50—130 cm. altus, fuscus, subnitens, florum fasciculis praesertim infimis valde remotis, racemum ad 70 cm. longum formantibus; corolla flava, 25—30 mm. diametro; capsula magnitudine pisi.

In fruticetis, ad sepes regionis inferioris et montanae, rarissime. Thessalia: mt. Ghavellu in Pindo dolopico (Haussk.); Acarnania: in marginibus silvularum sempervirentium ad pedem mt. Makrinoros non procul a pago Menidion ad sinum Ambracicum (Hal.); ad radices mt. Parnassus l. d. Pagna (Guicc.). — Jun. Jul. ☉

7 × 33. **V. Guicciardii × sinuatum** Hal. Beitr. fl. Aetol. p. 9, in z. b. G. 1898 p. 126. — *V. ambracicum* Hal. l. c. . — Indumento tenui subdetersili obsitum, viridi-canescens; foliis radicalibus oblongo-spathulatis, sinuato-dentatis, in petiolum attenuatis, caulinis oblongis, sessilibus; floribus breviter pedicellatis, fasciculatis, in paniculam pyramidatam dispositis; corolla ampla, 3 cm. diametro; filamentis albo-lanatis; antheris omnibus reniformibus; capsula sterili. — Differt a *V. Guicciardii* indumento subdensiori, inflorescentia paniculata, foliis radicalibus sinuato-dentatis et antheris omnibus reniformibus; a *V. sinuato* praesertim corolla magna et filamentis albo-lanatis. — Acarnania: ad pedem mt. Makrinoros pr. Menidion ad sinum Ambracicum (Hal.).

b. Filamentorum lana purpurea vel violacea.

α. Flores subsessiles vel pedicellis calyce brevioribus suffulti.

× Caulis elatus, ramosus.

8. **V. malacotrichum** Bois. et Heldr. diagn. ser. 2 III. p. 142, Fl. or. IV. p. 305; Hal. in z. b. G. 1898 p. 126. — Exsicc.: Orph. fl. gr. n. 734 (mt. Corthiati); Sint. et Bornm. it. turc. n. 1390.

Totum lana alba, floccosa, tandem detersili obsitum; foliis subcrenatis, inferioribus oblongis, in petiolum attenuatis, ceteris basi rotundata vel cordata sessilibus; floribus fasciculatis, breviter pedicellatis, racemos longos laxiusculos formantibus; bracteis lanceolatis, glanduliferis, calyce aequilongis; calycis laciniis lanceolatis, glanduliferis; filamentis violaceo-barbatis, antheris longiorum longe adnato-decurrentibus, breviorum reniformibus; capsula subglobosa, calyce sublongiore. — Caulis elatus (observante Sintenis ad 3—4 m. altus), fuscus, inferne parum, superne densius floccosus et hic sicuti bracteae et calyces pilis glanduliferis brevibus obsitus; corolla flava.

In regione silvatica mt. Olympus prope coenobium Hagios Dionysios (Heldr.). — Jul. Aug. ☉

9. **V. foetidum** Bois. et Heldr. diagn. ser. 2 III. p. 141, Fl. or. IV. p. 305; Heldr. chlor. Parn. p. 24; Hal. in z. b. G. 1898 p. 127. — Exsicc.: Orph. herb. a. 1854.

Tenuiter tomentosum, flavo-virens; foliis radicalibus amplis, repando-crenatis, ovatis vel oblongis, breviter petiolatis, caulinis basi rotundata vel cordata sessilibus; floribus fasciculatis, breviter pedicellatis, racemos longos laxos formantibus; bracteis linearibus, glanduliferis, calyce aequilongis; calycis laciniis lanceolatis, glanduliferis; filamentis violaceo-barbatis, antheris longiorum tota longitudine adnatis, breviorum reniformibus; capsula ovata, calycinis laciniis duplo longiore. — Species autoribus ipsis incerta videtur, mihi ex unico specimine incompletissimo tantum nota et ulterius observanda. — Odor totius plantae fere *Daturae stramonii*. Characteribus ad *V. malacotrichum* accedit, quod vero indumento albido, capsula duplo minori subglobosa differre dicitur.

In regione abietina mt. Parnassus ad Dipotamo (Heldr.). — Jul. ⊙
×× Caulis simplex.

10. **V. epixanthinum** Bois. et Heldr. diagn. VII. p. 39, Fl. or. IV. p. 304; Heldr. chlor. Parn. p. 24, in Sitzungsb. acad. Wiss. Berl. 1883 p. 4; Hal. in z. b. G. 1898 p. 127. — Exsicc.: Heldr. herb. norm. n. 695.

Caule erecto, breviter tomentello, dense glanduloso; foliis oblongis, obtusiusculis, obsolete crenulatis, utrinque dense albo-tomentosis, subtus dilutioribus, inferioribus in petiolum attenuatis, superioribus multo minoribus, basi attenuata sessilibus; floribus fasciculatis, subsessilibus, laxe spicatis; bracteis et calycis laciniis dense tomentosis, glandulosis; filamentis violaceo-barbatis, antheris longiorum adnato-decurrentibus, filamento 3 plo brevioribus, breviorum reniformibus. — Caulis 25—50 cm. altus; corolla 20—25 mm. diametro, lutea, basi saepe violacea. — A duobus praecedentibus caule nano, simplici, foliis infimis approximatis, tomento denso et inflorescentia crebre glandulosa egregie distinctum.

β. **Samaritanii** Heldr. in Bois. diagn. ser. 2 VI. p. 127; Hal. in z. b. G. 1888 p. 18; Heldr. chlor. Parn. p. 24, pro sp.; Bois. fl. or. IV. p. 304; Hal. in z. b. G. 1898 p. 128. — Caulis densissime glandulosus; folia superne aeruginoso-aureo, subtus cano-griseo tomentosis; flores alii subsessiles, alii pedicellati. — Exsicc.: Hal. it. gr. a. 1888.

In herbidis lapidosis regionis alpinae mt. Parnassus, Olenos et Taygetos (Heldr.); indicatur quoque in mt. Pelion Thessaliae (Heldr.), sed probabiliter ex confusione; — *β.* mt. Tymphrestus (Samar.), Kiona (Hal.). — Jul. Aug. ⊙

    β. Flores pedicellati, pedicellis calyce aequilongis vel longioribus.
      × Folia radicalia et caulina inferiora in petiolum attenuata.
        ○ Flores in racemum simplicem vel basi parce breviterque ramulosum dispositi.
         . Flores omnes fasciculati.

11. V. taygeteum Hal. in z. b. G. 1898 p. 128. — Exsicc.: Pichl. pl. gr. a. 1876.

Caule erecto, tomentoso, parce glanduloso; foliis oblongo-lanceolatis, acuminatis, obsolete crenulatis, utrinque albotomentosis, subtus dilutioribus, infimis in petiolum brevissimum attenuatis, caulinis paucis, multo minoribus, basi attenuata sessilibus; floribus fasciculatis, laxiuscule racemosis; pedicellis calyce aequilongis vel duplo longioribus; bracteis et calycis laciniis tomentosis, parce glandulosis; filamentis violaceo-barbatis, antheris longiorum adnato-decurrentibus, filamento 4 plo brevioribus, breviorum reniformibus. — Caulis 25 cm. altus, folia 10 cm. longa, 3 cm. lata; corolla lutea 20—25 mm. diametro. — Praecedenti affine, quocum habitu et praesertim foliis infimis approximatis, caulinis subito decrescentibus congruit, sed ab eo tomento laxiore, foliis acuminatis, floribus longe pedicellatis et glandulositate parciore specifice differre videtur.

In regione alpina mt. Taygetos Laconiae (Pichl.). — Jul. Aug. ☉

12. V. pindicolum Freyn. et Sint. in bull. herb. Bois. V. p. 793; Hal. in z. b. G. 1898 p. 129. — *V. Samaritanii* Haussk. symb. p. 160, vix Bois. — *V. tymphaeum* Freyn. et Sint. in bull. herb. Bois. V. p. 795; Hal. in z. b. G. 1898 p. 135; quod ex exsiccatis Sint. it. thessal. n. 923 iterum examinatis a *V. pindicolo* meo sensu non differt. — Exsicc.: it. thessal. IV. a. 1885; Sint. it. thessal. n. 922.

Caule erecto, tomentoso, parce glanduloso; foliis oblongis vel oblongo-lanceolatis, acutis vel acuminatis, obsolete crenulatis, superne aeruginoso-aureo, subtus cano-griseo tomentosis, inferioribus in petiolum longum attenuatis, superioribus sursum decrescentibus, basi subrotundata sessilibus; floribus fasciculatis, laxiuscule racemosis; pedicellis calyce aequilongis vel duplo longioribus; bracteis et calycis laciniis tomentosis, parce glandulosis; filamentis violaceo-barbatis, antheris longiorum breviter adnato-decurrentibus, filamento multoties brevioribus, breviorum reniformibus. — Caulis 40—70 cm. altus; folia inferiora cum petiolo ad 20 cm. longa, 7 cm. lata, corolla 30—35 mm. diametro. — *V. Samaritanii*, nec *V. sinuato* et *V. Adeliae*, ut voluerunt auctores, maxime affine et ab eo foliis acuminatis et floribus longius pedicellatis probabiliter vix specifice distinctum. Affine quoque *V. taygeteo*, foliis infimis brevissime petiolatis, caulinis paucis, antheris longius decurrentibus, diverso.

In regione subalpina Thessaliae: mt. Plaka pr. Chaliki, mt. Dokimi. (Sint.), mt. Ghavellu (Haussk.) et Karava (Heldr.) in Pindo. — Jun. Jul. ☉

13. V. epirotum Hal. in z. b. G. 1898 p. 129. — *V. epixanthinum* Hal. Beitr. Fl. Epir. p. 32, non Bois. et Heldr. . — Exsicc.: Hal. it. gr. II. a. 1893.

Caule erecto, breviter tomentello, eglanduloso, aequaliter foliato; foliis lanceolatis oblongo-lanceolatisve, acutis vel acuminatis, obsolete crenulatis, superne tenuiter tomentosis, viridibus, subtus cano-tomentosis ab infimis parvis ad intermedia sursum auctis, in petiolum attenuatis, superioribus basi subrodundata sessilibus; floribus fasciculatis, densiuscule racemosis; pedicellis calyce aequilongis; bracteis parce glandulosis calycis laciniisque lutescenti-tomentosis; filamentis violaceo-barbatis, antheris longiorum adnato-decurrentibus, filamento 4 plo brevioribus, breviorum reniformibus. — Caulis 40—50 cm. altus, simplicissimus, folia media 15 cm. longa, 3—5 cm lata; corolla lutea, 20—25 mm. diametro, basi saepe violacea. — A praecedente foliis supra tenuiter tomentosis, viridibus, ab infimis ad intermedia sursum auctis, inflorescentia flavido-tomentosa, glandulis fere omnino destituta et pedicellis brevioribus specifice distinctum.

.. Flores solitarii et 2—3 fasciculati.

14. V. agrimoniodes Deg. et Borb. in természettud. közl. pótfüz. XLI. p. 85; Form. in Ver. Brünn 1897 p. 46. — Exsicc.: Form. pl. thessal. a. 1896.

Totum lana detersili obsitum, superne glandulosum; caule rubescente, in racemum elongatum, angustum, simplicissimum, laxissimum abeunte; foliis oblongis vel oblongo-lanceolatis, acutis, obsolete crenulatis, inferioribus in petiolum longum attenuatis, superne demum viridescentibus, superioribus sursum diminutis, sessilibus; pedicellis calyce aequilongis vel longioribus; filamentis purpureo-barbatis, antheris longiorum adnato-decurrentibus, breviorum reniformibus. — Species ex unico specimine incompleto, in herbario Borbasiano asservato, descripta, *V. pindicolo* ut videtur maxima affinis, ulterius inquirenda et observanda.

Prope Phlambures et in mt. Mitriza in mt. Chassia Thessaliae (Form.). — Jul. Aug. ☉

OO Flores in paniculam amplam pyramidatam dispositi.

15. V. adenotrichum Hal. in z. b. G. 1898 p. 130. — *V. Samaritanii* Hal. Beitr. fl. Thessal. p. 16, non Heldr.. — *V. viscidulum* Freyn. et Sint. in bull. herb. Bois. V. p. 792, non Pers. syn. I. p. 215. — Exsicc.: Hal. it. gr. II. a. 1893; Sint. it. thessal. n. 1218.

Totum glanduloso-viscidum, parce tomentellum, viride; caule elato, in paniculam amplam, virgato-ramosissimam abeunte; foliis inferioribus amplis, late ellipticis, acutis, in petiolum attenuatis, superioribus sursum diminutis ellipticis vel lanceolatis, crenulatis vel serratis, acuminatis, sessilibus; floribus fasciculatis, in racemos laxiusculos dispositis; pedicellis calyce aequilongis vel longioribus; antheris staminum longiorum parce lanatorum breviter decurrentibus, breviorum omnino lanatorum reniformibus. — Species egregia, caule 1½—2 m. alto, paniculae ramis ad 56 cm. longis, foliis radicalibus 25—30 cm. longis, 10—15 cm. latis, corolla 3 cm. diametro.

Ad silvarum oras regionis montanae, rarissime. Thessalia: in valle fluvii Prion (Sint.), mt. Oxya supra Kastania non procul a statione militari (Hal.). — Jul. ☉

×× Folia radicalia et caulina inferiora petiolata, basi cordata.

16. **V. pelium** Hal. in z. b. G. 1898 p. 131. — Exsicc.: Hal. it. thess. a. 1882; Heldr. pl. fl. hell. a. 1887, quod prius incaute pro *V. mallophoro* habui.

Caule elato, ? simplici, parce floccoso, eglanduloso; foliis obtuse crenatis, superne tenuiter, subtus dense flavido-tomentosis, inferioribus cordato-ovatis ellipticisve, obtusis, petiolatis, superioribus ovatis vel ovato-oblongis, acuminatis, cordato-semiamplexicaulibus; floribus fasciculatis, in racemum densiusculum dispositis; bracteis et calycis laciniis lanceolatis, tomentoso-floccosis, parce glandulosis; antheris staminum longiorum glabrescentium adnato-decurrentibus, filamento 3 plo brevioribus, breviorum purpureo-lanatorum reniformibus. — Foliis inferioribus cordatis insigne.

In regione superiori mt. Pelion supra Portaria (Heldr.) et Zagora (Aphentulis). — Jul. Aug. ☉

2. Sectio. *Lychnitis* Rchb. fl. germ. p. 380. — Flores fasciculati vel glomerati; antherae omnes reniformes, subaequales.

    a. Calyx majusculus, 8—10 mm. longus; corolla extus stellatim pilosa.

        ✕ Flores pedicellati, pedicellis calyce aequilongis; filamentorum lana lutescens.

17. **V. Reiseri** Hal. in z. b. G. 1898 p. 132. — Exsicc.: Reis. fl. gr. a. 1894.

Totum dense albo-tomentosum; caule erecto, simplici; foliis obsolete crenulatis; inferioribus ellipticis vel elliptico-rotundatis, obtusis, breviter apiculatis, in petiolum longum attenuatis, superioribus ovatis, sessilibus sursum in bracteas abeuntibus; floribus fasciculatis, in racemum densum simplicem dispositis; calycis laciniis lanceolatis; corolla flava. — Ex unico specimine mihi tantum notum, caule 20 cm. alto, densissime floccoso-tomentoso, crassiusculo, foliis inferioribus cum petiolo 10—12 cm. longis, 4 cm. latis, calyce 8 mm. longo, corolla 2 cm. diametro. Habitu magis ad species sectionis praecedentis accedens, sed antherae omnes reniformes.

Aetolia: in mt. Vardusia pr. Granitza (Reis.). — Jul. ☉

        ✕✕ Flores sessiles.

        ○ Filamentorum lana lutescens.

18. **V. undulatum** Lam. dict. IV. p. 221 p. p.; Ch. et B. fl. pelop. p. 15; Friedr. Reise p. 274; Clem. sert. p. 71; Hal. in z. b. G. 1898 p. 132. — *V. plicatum* S. et S. pr. I. p. 150, Fl. gr. III. p. 21 t. 226; Link in Linnaea IX. p. 577; Fraas fl. class. p. 190; Bois. fl. or. IV. p. 312; Haussk. symb. p. 160; Heldr. fl. Aegina p. 381. — Exsicc.: Heldr. herb. norm. n. 399 et 1161; Orph. fl. gr. n. 1160; Dörfl. fl. gr. n. 225.

Totum adpresse albo-tomentosum; caule erecto, simplici vel ramoso; foliis inferioribus in petiolum brevem attenuatis, oblongo-spathulatis, undulato-plicatis, sinuato-pinnatifidis, lobis rotundatis, subimbricatis, superioribus cordato-amplexicaulibus, ovatis, subintegris; floribus fasciculatis, racemos longos interruptos formantibus; calycis laciniis lanceolatis; corolla lutea; capsula ovato-globosa, calyce aequilonga. — Foliis undulato-plicatis insigne. Caulis 50—100 cm. altus, folia inferiora 10—25 cm. longa, calyx 10 mm. longus, corolla 25—35 mm. diametro.

β. **rigidum** Bois. et Heldr. diagn. ser. 2 II. p. 143; Hal. in ö. b. Z. 1892 p. 375; Haussk. symb. p. 161; pro sp.; Bois. fl. or. IV. p. 312; Hal. Beitr. fl. Aetol. p. 9, Beitr. fl. Achaia p. 27, in z. b. G. 1898 p. 132; Bald. riv. coll. bot. Alb. 1896 p. 81. — Indumentum tenuius, griseum; folia inferiora remote sinuata, parum undulato-plicata vel (*V. calaurium* Heldr. exs. a. 1854) plana, leviter sinuato-undulata. — Formis intermediis cum typo conjunctum. — Exsicc.: Orph. fl. gr. n. 732 (mt. Corthiati); Sint. et Bornm. it. turc. n. 394; Sint. it. thessal. n. 30.

In collibus arenosis, locis asperis regionis inferioris et submontanae. Attica: copiose, saepe gregarie pr. Athenas, in Acropoli, ad Phalerum, mt. Parnes, Pentelicon, Hymettus, pr. Sunium; Phocis: ad radices Parnassi pr. Rachova (Leon.); Achaia: pr. Patras (Link.); insula Aegina (Heldr.); Argolis: pr. Nauplia (Link.), Poros (Friedr.), insula Hydra (Sibth.); Cycladum insula Keos, Kythnos (Tourn. voy. p. 25); — *β*. Epirus: ad Vromonero distr. Ljaskovik (Bald.); Thessalia: monasterium Meteora, pr. Karditza, Pharsalus, Aivali, Pirsufli, Volo (Haussk.), mt. Pelion pr. Volo et Milies (Heldr.), pr. Katerina (Sint.); insula Scopelos (Leon.); Euboea: mt. Telethrion (Heldr.); Aetolia: mt. Taphiassos et Chalkis (Hal.); Achaia: pr. Patras (Hal.); Argolis: peninsula Methana (Haussk.), insula Poros (Haussk.). — Jun. Jul. ☉

18 × 19. V. undulatum pinnatifidum Hal. in z. b. G. 1898 p. 133. — *V. pinnatifidum × plicatum* (*V. paradoxum*) Haussk. in Mitth. thür. bot. Ver. V. p. 72, symb. p. 167. — A *V. undulato* caule graciliori, foliis minoribus, dentatis vel pinnatifidis, non undulato-plicatis et indumento tenui; a *V. pinnatifido* caule firmiore, minus ramoso, foliis minus divisis; saepe tantum dentatis, fasciculis florum magis approximatis et corolla majori distinctum. — In arenosis maritimis ad Phaleron Atticae (Haussk.). — Exsicc.: Haussk. it. gr. a. 1885.

18 × 33. V. undulatum sinuatum Hal. in z. b. G. 1898 p. 133. — *V. plicatum × sinuatum* (*V. erraticum*) Haussk. in Mitth. thür. bot. Ver. V. p. 72, symb. p. 167; Hal. in z. b. G. 1888 p. 763. — Hybrida sat frequens, nunc (*f. undulatiforme*), ad *V. undulato* nunc (*f. sinuatiforme*) ad *V. sinuato* magis accedens, a priori caule graciliori, ramosiori, foliis minoribus, minus undulato-plicatis, superioribus saepius subdecurrentibus, floribus duplo minoribus, nonnullis areviter pedicellatis et filamentorum lana pallide purpurascente; ab bltero caule minus ramoso, ramis brevioribus, foliis undulato-plicatis et floribus brevius pedicellatis, nonnullis sessilibus distinctum. — Exsicc.: Haussk. it. gr. a. 1885; Heldr. herb. norm. n. 1064. — Attica: ad

Phalerum, Kephissia, ad monasterium Mendeli in mt. Pentelicon (Haussk.), pr. Tatoi ad radices mt. Parnes (Hal.); Euboea: mt. Telethrion (Heldr.).

19. **V. pinnatifidum** Vahl symb. II. p. 39; Urv. enum. p. 25; Ch. et B. fl. pelop. p. 15; Bois. fl. or. IV. p. 312; Haussk. symb. p. 161; Heldr. fl. Aegina p. 38; Hal. in z. b. G. 1898 p. 133. — Icon: S. et S. fl. gr. III. t. 228. — Exsicc.: Orph. fl. gr. n. 369; Heldr. herb. norm. n. 398 et 1162.

Tenuiter tomentosum, tandem plus minusve glabratum, caule rigido, a basi pyramidatim paniculato; foliis oblongo-lanceolatis, radicalibus petiolatis, pinnatifidis partitisque, segmentis obtuse lobatis, foliis caulinis sessilibus pinnatifidis vel dentatis; floribus fasciculatis, racemos virgatos interruptos formantibus; calycis laciniis lanceolatis; corolla lutea; capsula ovata, calyce aequilonga. — Caulis 30—45 cm. altus, a basi longe ramosus, ramis fere pungentibus; calyx 8 mm. longus; corolla 25 mm. diametro.

β. **dentatum** Haussk. l. c.; Hal. l. c. — Foliis inferioribus dentatis. — Exsicc.: Heldr. pl. fl. hell. a. 1890.

In arenosis maritimis. Thessalia (Aucher); insula Euboea, Aegina, Hydra (Sprun.); frequens ad Phalerum pr. Athenas; insula Syra (Urv.); — *β*. ad Phalerum (Haussk.); Euboea: pr. Oreus (Heldr.). — Jun. Jul. ☉

19 × 33. V. pinnatifidum × sinuatum (*V. phalereum*) Haussk. in Mitth. thür. bot. Ver. V. p. 72, symb. p. 68. — Caule longe divaricatim ramoso; foliis eis *V. pinnatifidi* duplo majoribus, segmentis longioribus, acutis, dentatis et breviter lobatis; floribus sessilibus et breviter pedicellatis; filamentorum lana pallide purpurescente; capsula sterili. — In arenosis maritimis ad Phalerum Atticae (Haussk.). — N. v.

○○ Filamentorum lana purpurea.

20. **V. Boerhavii** L. mant. p. 45; Bois. fl. or. IV. p. 314; Hal. in z. b. G. 1898 p. 134. — Icon: Rchb. t. 33.

Tomento floccoso, tantum detersili obsitum; caule elato, in racemum longum, inferne interruptum abeunti; foliis crenato-dentatis, inferioribus ovatis, obtusis, petiolatis, superioribus cordato-amplexicaulibus, acutis vel acuminatis; floribus fasciculatis, subsessilibus; calycis laciniis lanceolatis, glandulosis; corolla lutea, ad faucem violaceo-maculata; capsula ellipsoidea, calyce tertia parte longiore.

Messenia: pr. Kalamata (Gittard), sed schedulis hujus collectoris pauca fides habenda (Bois. l. c.); nemini postea lectum. — Maio, Jul. ☉ N. v.

b. Calyx parvus, 2 mm., ad maximum 6 mm. longus.

α. Capsula globosa vel ellipsoidea, calyce ad $2^1/_2$ plo longior; corolla extus stellatim pilosa.

× Filamentorum lana albida vel lutescens.

○ Planta tota pilis glanduliferis creberrimis viscosa.

21. **V. gloeotrichum***) Haussk. et Heldr. in Mitth. thür. bot. Ver. V. p. 87, symb. p. 162; Hal. in z. b. G. 1898 p. 134. — *V. perviscosum* Borb. ap. Form. in Ver. Brünn 1897 p. 46, solum nomen (ex specimine authentico Formanekiano). — Exsicc.: Heldr. it. thessal. IV. a. 1885; Sint. it. thessal. n. 1000.

Caule erecto, paulo supra basin in ramos virgatos diviso; foliis crenulatis, cinereo-tomentosis, radicalibus ovato- vel oblongo-spathulatis, obtusiusculis, in petiolum attenuatis, caulinis oblongo-lanceolatis, acutis vel acuminatis, semiamplexicaulibus; florum fasciculis dissitis, 1—6 floris; pedicellis calyce aequilongis vel subbrevioribus; calycis laciniis lanceolatis; filamentis longioribus ad tertiam partem, brevioribus tota longitudine sordide albo-lanatis; capsula ovata, calyce aequilonga. — Species egregia, siccando facile nigricans, caule pluripedali, corolla lutea, pellucido-punctata, 25—35 mm. diametro.

In collibus herbosis Thessaliae: pr. Meteora, Kalabaka, Trikala, Zarkos (Haussk.), Povelci, Kerasia Sina (Form.). — Jun. Jul. ☉

○○ Planta eglandulosa.

. Flores in racemum simplicem vel basi parce breviterque ramosum dispositi.

22. **V. delphicum** Bois. et Heldr. diagn. ser. 2 III. p. 146, Fl. or. IV. p. 324; Hal. in z. b. G. 1898 p. 136. — Exsicc.: Heldr. herb. norm. n. 799.

Caule erecto, glabrescenti, in racemum simplicem vel inferne parce breviterque ramosum abeunti; foliis ovatis, crenatis, supra viridibus, subtus tomentoso-canescentibus, infimis petiolatis, basi rotundatis vel cordatis, superioribus diminutis, cordato-semiamplexicaulibus; florum glomerulis racemos densiusculos formantibus; pedicellis calyce longioribus; calycis tomentosi laciniis lanceolatis; filamentis albo-barbatis; capsula ovata, calyce duplo longiore. — Caulis 40—60 cm. altus, fuscus; foliorum infimorum lamina 15 cm. longa, 8 cm. lata, supra tenuiter tomentella; petiolus 5 cm. longus; calyx 2—3 mm. longus; corolla flava, 20 mm. diametro; capsula 4—5 mm. longa. Habitu *V. lanato* Schrad. accedens, quod autem filamentis purpureo-lanatis specifice discedit.

In regione silvatica et superiori mt. Dirphys, usque ad cacumen l. d. Fleba (Heldr.). — Jun. Jul. ☉

23. **V. acutifolium** Hal. in z. b. G. 1898 p. 136. — *V. pulverulentum* Hal. Beitr. fl. Epir. p. 33 p. p. — Exsicc.: Hal. it. gr. II. a. 1893.

Caule erecto, glabrescenti, in racemum inferne parce breviterque ramosum abeunti; foliis integris, supra tenuiter tomentellis, viridibus, subtus cano-tomentosis, infimis oblongo-lanceolatis, acutissimis, in petiolum brevissimum attenuatis, superioribus subito decrescentibus, oblongis vel ovatis, acuminatis, basi semiamplexicauli sessilibus; floribus fasciculatis, in racemum elongatum, laxiusculum, basi ramulosum dispositis; pedicellis calyce aequilongis vel parum longioribus; calycis floccosi laciniis

---

* Nomen specificum deductum a γλοιός = viscositas et θρίξ = pilum, ideo *gloeotrichum* nec *glocotrichum*, ut vult Hansaknecht, scribendum est.

lanceolatis; filamentis lutescenti-barbatis; capsula globosa, calyce aequilonga. — Caulis 70—80 cm. altus, fuscus, subnitens, parce floccosus; folia radicalia 10—13 cm. longa, 2—3 cm. lata; corolla lutea, 20—25 mm. diametro; capsula minuta. — A praecedente omnino diversum, characteribus saltem quoad indumentum, racemum laxum, florum magnitudinem magis ad *V. pulverulentum* accedens, a quo autem racemo subsimplici et praesentim forma foliorum radicalium egregie discedit.

In herbidis lapidosis regionis montanae pr. Kalentini ad septentrionem urbis Arta in Epiro (Hal.). — Jun. Jul. ⊙

.. Flores in paniculam amplam dispositi.

; Folia (saltem juniora) utrinque vel saltem subtus dense tomentosa.

, Folia utrinque tomento denso persistente vestita.

24. V. mucronatum Lam. dict. IV. p. 218; Raul. cret. p. 819; Bois. fl. or. IV. p. 315; Hal. in z. b. G. 1898 p. 137. — *V. auriculatum* S. et S. pr. I. p. 149, Fl. gr. III. p. 20 t. 225. — *V. candidissimum* DC. fl. fr. suppl. p. 413. — Exsicc.: Heldr. herb. a. 1845 (Pisidia).

Tomento denso niveo-pannosum; caule elato, ample paniculato; foliis crassis, radicalibus crenatis, interdum sublobatis, abrupte mucronatis; florum glomerulis globosis, valde dissitis, racemos virgatos formantibus; floribus subsessilibus; calyce lana bombycina occultato, laciniis late lanceolatis; capsula globosa, calyce non longiore. — Caulis 1—1½ altus, folia radicalia ampla, ad 25 cm. longa; calyx 4—5 mm. longus; capsula semine *Cannabeos* non major. - *V. pulverulento* affine, sed robustior caule crasso, foliis radicalibus amplis crenatis, caulinis decurrentibus.

Creta (Labill. ex Bois. l. c.), sine loci specialis indicatione; recenter non lectum. — Jul. Aug. ⊙

Obs. *V. auriculatum* Mazz. in ant. ion. V. p. 210 e Corcyra: pr. Granades, certe ad aliam speciem spectat.

25. V. megaphlomos Bois. et Heldr. diagn. ser. 2 III. p. 144; Hal. in z. b. G. 1898 p. 137. — *V. speciosum v. megaphlomos* Bois. et Heldr. l. c., Fl. or. IV. p. 325. — Exsicc.: Orph. fl. gr. n. 370; Dörfl. fl. gr. n. 222.

Tomento denso flavescenti-pannosum; caule elato, in paniculam pyramidatam amplam abeunti; foliis crassis, integris, radicalibus oblongo-lanceolatis, basi attenuatis, caulinis brevibus, cordato-amplexicaulibus; florum fasciculis laxiusculis, racemos floribundos formantibus; pedicellis calyce aequilongis vel longioribus; calyce tomentoso, laciniis anguste lanceolatis; capsula ovato-oblonga, calyce subduplo longiore. — Caulis orgyalis; folia radicalia 30—35 cm. longa, 5—7 cm. lata; calyx 3 mm. longus; corolla flava, 20—25 mm. diametro; capsula 5 mm. longa. Subspecies *V. speciosi* Schrad.. quod tomento tenuiori et pedicellis longioribus gaudet.

β. **macrophyllum** Hal. in z. b. G. 1898 p. 137. — Folia radicalia ovalia vel elliptica, amplissima, circa 30 cm. longa, 15 cm. lata. — Exsicc.: Heldr. pl. fl. bellen. a. 1896.

γ. **microcalyx** Hal. l. c. . — Calyx fere duplo minor, longiuscule pedicellatus; capsula minor. — Exsicc.: Heldr. it. thessal. n. 2.

In regione abietina mt. Parnassus et Kyllene (Heldr.); — β. mt. Korax (Tunt.), mt. Kiona pr. Segditza (Hal.); — γ. mt. Pelion Thessaliae (Heldr.). — Jul. Aug. ☉

,, Folia utrinque tomento floccoso tandem detersili obsita.

26. **V. pulverulentum** Vill. hist. pl. dauph. II. p. 490; Pieri corc. fl. p. 32; Mazz. in ant. ion. V. p. 210; Bois. fl. or. IV. p. 322; Hal. Beitr. fl. Epir. p. 33 p. p., Beitr. fl. Aetol. p. 9; Haussk. symb. p. 161; Bald. riv. coll. bot. alb. 1895 p. 38. — *V. floccosum* W. et K. pl. rar. hung. I. p. 81 t. 79; Mazz. l. c. p. 212; Form. in Ver. Brünn 1895 p. 34, 1896 p. 62. — Exsicc.: Sint. it. thessal. n. 535.

Tomento denso, floccoso, niveo, tandem deciduo obsitum; caule erecto, in paniculam amplam abeunte; foliis integris vel obsolete crenulatis, inferioribus ellipticis vel oblongis, obtusis, in petiolum brevem attenuatis, superioribus ovatis vel rotundatis, amplexicaulibus, plus minus abrupte acuminatis; floribus fasciculatis, in racemos laxiusculos dispositis; pedicellis calyce sublongioribus; calycis laciniis lanceolatis; capsula ovato-globosa, obtusa, calyce longiore. — Caulis 40—100 cm. altus; corolla flava, 15—20 mm. diametro; capsula parva, 2—3 mm. longa.

Ad sepes, vias, in herbidis regionis inferioris in subalpinam adscendens. Epirus: pr. Muzakia (Bald.), Preveza, Han Mescho, Janina, Sadovica, Han Levka, Govrica (Form.), Vulgarelion, Arta (Hal.); Acarnania: pr. Arapis, Anina (Hal.); Thessalia: pr. Korona, Pezula (Haussk.), Kalabaka (Sint.), pr. Miluna in Olympo (Form.); Aetolia: pr. Sikya, Karpenisi (Heldr.); Corcyra: pr. Signes, Manducchio (Mazz.). Jun. Aug. ☉

26 × 28. **V. pulverulentum × Heldreichii** Hal. in z. b. G. 1898 p. 138. — *V. Heldreichii × pulverulentum* (*V. sterile*) Haussk. symb. p. 170. — A *V. pulverulento* indumento tenuiore et foliis inaequaliter lobatis; a *V. Heldreichii* indumento foliorum tomentoso, inflorescentiae parce floccoso discedens; capsulae steriles. — In ruderatis ad monasterium Korona in Pindo dolopico (Haussk.). — N. v.

26 × 35. **V. pulverulentum × thyrsoideum** (*V. permixtum*) Hal. in z. b. G. 1898 p. 139. — *V. nigrum × pulverulentum* Haussk. symb. p. 164. — A *V. pulverulento* foliis inferioribus longiuscule petiolatis, grosse crenatis, floribus longius petiolatis et filamentis purpureo-lanatis; a *V. thyrsoideo* indumento denso, foliis inferioribus in petiolum attenuatis diversum. — In valle Aspropotami pr. Kodri in Pindo (Haussk.). — N. v.

,,, Folia viridia, supra fere glabra, subtus tomento tenuissimo obsita.

27. V. banaticum Roch. ap. Schrad. monogr. verb. II. p. 28, pl. Ban. rar. p. 55 t. 18; Form. in D. bot. Monat. 1891 p. 25, in Ver. Brünn 1895 p. 34; Bald. riv. coll. bot. alb. 1896 p. 82. — Exsicc.: Bald. it. alb. epir. IV. n. 191.

Indumento tenui, tandem evanescenti obsitum, viride; caule erecto, a medio paniculato, ramis tenuiter virgatis, in racemos elongatos, laxos abeuntibus; foliis inferioribus oblongis, sinuato-crenatis, in petiolum attenuatis, versus basin auriculatis vel pinnati-lobatis, superioribus ovatis vel ovato-oblongis, crenato-dentatis, basi rotundata vel subcordata sessilibus; florum glomerulis subdissitis; pedicellis calyce aequilongis; calycis tomentosi laciniis lanceolatis, apice glabrescentibus; corolla lutea, tomentella; capsula ovata, calyce subduplo longiore. — Caulis 50—100 cm. altus; corolla parva; capsula 3—4 mm. longa. — Habitu *V. thyrsoidei*, sed filamentorum lana non purpurea.

In arvis et in pratis in valle Dipotami (Form.), infra Vromonero et Liaskovik in Epiro (Bald.); Thessalia: pr. Malakasi, Kastania (Form.). — Jun. Jul. ☉

28. V. Heldreichii Bois. diagn. ser. 2 III. p. 147, Fl. or. IV. p. 326; Hal. Beitr. fl. Thessal. p. 16, in z. b. G. 1898 p. 139; Haussk. symb. p. 162. — Exsicc.: Orph. fl. gr. n. 733 (Thessalonica); Sint. et Bornm. it. turc. n. 807 et 1852; Sint. it. thessal. n. 1504.

Indumento tenui, tandem evanescenti obsitum, viride; caule erecto, a medio paniculato, ramis tenuiter virgatis, in racemos elongatos, laxos abeuntibus; foliis inferioribus lyratis, in petiolum attenuatis, segmentis lateralibus utrinque 1—3, parvis, oblongis, irregularibus, terminali magno, oblongo, foliis superioribus ovatis, crenato-dentatis, basi subcordata sessilibus; florum glomerulis subdissitis; pedicellis inaequalibus, calyce aequilongis vel duplo longioribus; calycis tomentosi laciniis lanceolatis, apice glabrescentibus; corolla lutea, tomentella; capsula ovata calyce subduplo longiore. — *V. banatico* nimis affine, quod tantum diagnoscitur sec. Velenovsky (fl. bulg. suppl. p. 208), qui species ambas vivas observavit, segmentis foliorum inferiorum paucis (pro more unico), infra lobum terminalem auriculatim sitis et ut lobi folii reliqui obtusis, foliis caulinis minus profunde cordatis, floribus et capsula paulo minoribus.

In collibus apricis, fruticetis, ad vias regionis inferioris et montanae. Thessalia: pr. Tsungeri, Malakasi, Korona, Karditza, Aivali (Haussk.), Palaeocastro (Leon.), Orman Magula (Heldr.), ad Hagios Dionysios in Olympo, pr. Drakia in mt. Pelion (Sint.). — Jun. Jul. ☉

Obs. *V. lychnitis* L. sp. p. 177. — A Mazziari in ant. ion. V. p. 210 prope San Marco Corcyrae probabiliter ex confusione quadam indicatur.

;; Folia (saltem juniora) indumento adpresso, tenuissime arachnoideo cinerascentia, subnitentia.

29. **V. Haussknechtii** Heldr. ap. Haussk. in Mitth. thür. bot. Ver. V. p. 71, symb. p. 161; Hal. in z. b. G. 1898 p. 139. — Exsicc.: Heldr. it. IV. Thessal. a. 1885.

Caule erecto, glabrato, a basi vel a medio in ramos elongatos, arcuato-adscendentes diviso; foliis crenulatis, inferioribus ovato-oblongis, acutis, in petiolum attenuatis, supra glabrescentibus, subtus leviter incanis, caulinis ovatis, subintegris, breviter acuminatis, basi subcordata sessilibus; floribus 3—5 fasciculatis, in racemos laxos dispositis; pedicellis calyce aequilongis vel brevioribus; calycis floccosi laciniis lanceolatis; capsula globosa, calyce aequilonga. — Caulis pluripedalis, teres, fuscus, nitidus; folia basilaria 25 cm. longa, 7—10 cm. lata, caulina fere omnino glabra, obscure viridia; calyx 3—4 mm. longus, laciniis mox glabratis; corolla lutea 25—30 mm. diametro. — Ex affinitate praecedentis, quod colore flavo-virenti, caule stricto, densius foliato, foliis inciso-lyratis, racemis stricte erectis, magis confertis, corolla intensius stellato-tomentella specifice differt.

In collibus herbosis pr. Aivali (Heldr.), Orman Magula, Pharsalus, Karditza (Haussk.). — Jun. Jul. ☉

18 × 29. **V. rigidum × Haussknechtii** Hal. in z. b. G. 1898 p. 140. — *V. Haussknechtii × rigidum (V. dervichorum)* Haussk. et Heldr. in Mitth. thür. bot. Ver. V. p. 72, symb. p. 169. — Habitu et colore *V. Haussknechtii*, ab eo foliis inferioribus in petiolum longe attenuatis, densius tomentosis et calyce duplo majore; a *V. rigido* caulibus fuscis, subglabris, virgato-ramosis, foliis inferioribus majoribus, subintegris et calyce minore, discedens. — Exsicc.: Heldr. it. IV. Thessal. a. 1885.

30. **V. leucophyllum** Griseb. spic. II. p. 46; Bois. fl. or. IV. p. 320; Haussk. symb. p. 161; Hal. in z. b. G. 1898 p. 141. — Exsicc.: Heldr. it. thessal. IV. a. 1885; Sint. it. thessal. n. 217.

Caule erecto, parce arachnoideo a basi vel a medio in ramos strictos, rigidulos diviso; foliis utrinque adpressissime canis, radicalibus confertis, oblongis, in petiolum attenuatis, profunde sinuato-lobatis, lobis rotundatis, foliis caulinis diminutis, sessilibus, obtuse-dentatis; floribus 1—5 fasciculatis, in racemos laxos dispositis; pedicellis calyce vix brevioribus; calycis tomentelli, tandem glabrati laciniis lanceolatis; capsula ellipsoidea, calyce duplo longiore. — Stirps gracilis, pulchra, caule 20—50 cm. alto, foliis ad 13 cm. longis, 3 cm. latis, interdum subundulatis, calyce 3 mm. longo, corolla flava, 10 mm. diametro.

γ. **integrifolium** Haussk. symb. p. 161; Hal. in z. b. G. 1898 p. 141. — Foliis inferioribus integris, planis. — Exsicc.: Sint. it. thessal. n. 217 cum typo.

In collibus herbosis Thessaliae: pr. Kalabaka (Sint.), ad Acropolin pr. Pharsalum (Heldr.), pr. Aivali (Haussk.). — Maio, Jun. ☉

×× Filamentorum lana purpurea vel violacea.
 ⊂ Folia inferiora in petiolum attenuata.
 . Planta eglandulosa.

; Folia crenulata vel integra.

31. **V. Adeliae** Heldr. in Bois. diagn. ser. 2 III. p. 145, in ö. b. Z. 1898 p. 184, chlor. Mykon. p. 248; Bois. fl. or. IV. p. 321; Hal. in z. b. G. 1898 p. 141. — Exsicc.: Heldr. herb. norm. n. 1063; Dörfl. fl. aeg. n. 121 et 255.

Totum tomento flavido, denso, persistente obsitum; caule erecto, crebre foliato, in paniculam confertam, densifloram abeunti; foliis minute crenulatis, inferioribus ovato-oblongis, obtusis, in petiolum attenuatis, superioribus ovatis, breviter acuminatis, cordato-auriculatis; florum fasciculis approximatis; pedicellis calyce aequilongis vel brevioribus; calycis tomentosi laciniis triangulari-lanceolatis; filamentis violaceobarbatis; capsula ovata, obtusa, calyce duplo longiore. — Caulis 30—60 cm. altus, folia basilaria ad 20 cm. longa, 9 cm. lata, sed saepius minora; panicula nunc pauciramosa, nunc plus minus ampla, illae *V. megaphlomos* similis, calyx 2 mm. longus, corolla flava 15 mm. diametro, capsula 4 mm. longa.

In subhumidis regionis litoralis, nec non in montosis Cycladum: insula Naxos (Heldr.), Mykonos, Rhenea (Tunt.). — Jun. Jul. ☉

32. **V. mallophorum** Bois. et Heldr. diagn. VII. p. 39, Fl. or. IV. p. 323; Heldr. in Sitzungsb. acad. Wiss. Berl. 1883 p. 156, chlor. Parn. p. 24; Haussk. symb. p. 161; Hal. in z. b. G. 1898 p. 142. — Huc forsan e descriptione: *V. limnense* Fraas fl. class. p. 191 ex Euboea boreali pr. Limni. — Exsicc.: Orph. fl. gr. n. 1161; Sint. it. thessal. n. 921 b.

Totum tomento niveo, denso, floccoso, plus minus detersili obsitum; caule erecto, in paniculam amplam abeunti; foliis minute crenulatis vel integris, inferioribus ovato-oblongis oblongisve, acutiusculis, in petiolum brevem attenuatis, superioribus ovatis, acutis, basi rotundatis; florum fasciculis approximatis vel dissitis; pedicellis calyce aequilongis vel longioribus; calycis dense floccosi laciniis anguste linearibus; filamentis rufescenti-lanatis; capsula oblonga, mucronata, calyce triplo longiore. — Caulis 40—80 cm. altus, detersili-floccosus, saepissime ample paniculatus, rarius subsimplex, folia basilaria ad 35 cm. longa, 10 cm. lata, praesertim subtus dense niveo-tomentosa, pedicelli ad 5 mm. longi, calyx 2—3 mm. longus, corolla flava, 25 mm. diametro, capsula 5—6 mm. longa. — Indumento niveo-floccoso, foliis radicalibus brevissime petiolatis, pedicellis longioribus, filamentorum lana dilute purpurascenti et capsula ellipsoidea a praecedente egregie distinctum et magis *V. pulverulento* affine, quod autem filamentorum lana albida et capsula ovato-globosa differt.

In regione montana et subalpina. Thessalia: mt. Kokkino Lithari pr. Sermeniko (Sint.), mt. Ghavellu, Karava, Baba, Zygos (Haussk.); mt. Pelion (Heldr.); Euboea: mt. Dirphys (Heldr.); mt. Parnassus (Orph.); Peloponnesus: mt. Olenos, Taygetos (Heldr.), Malevo, Kyllene (Orph.). — Jun. Jul. ☉

;; Folia sinuato-pinnatifida.

33. **V. sinuatum** L. sp. p. 178; S. et S. pr. I. p. 150, Fl. gr. III. p. 22 t. 227; Mazz. in ant. ion. V. p. 212; Ch. et B. exp. p. 73, Fl. pelop. p. 15; Marg. et R. fl. Zante p. 70; Friedr. Reise p. 271; Fraas fl. class. p. 191; Raul. cret. p. 819; Weiss in z. b. G. 1869 p. 745; Bois. fl. or. IV. p. 322; Heldr. fl. cephal. p. 55, chlor. Mykon. p. 248, chlor. Thera p. 18; Hal. in z. b. G. 1888 p. 760; Haussk. symb. p. 161; Bald. viagg. Creta p. 80; Form. in D. bot. Mon, 1891 p. 26, in Ver. Brünn 1895 p. 33, 1896 p. 62, 1897 p. 46. — Huc probabiliter: *V. undulatum* Sieb. avis p. 3, rem. p. 3; Pieri fl. corc. p. 31; Mazz. l. c. — Exsicc.: Orph. fl. gr. n. 731; Sint. et Bornm. it. turc. n. 1395.

Plus minus dense tomentosum, lutescens vel griseum; caule erecto, saepe jam a basi subdivaricatim ramoso; foliis radicalibus oblongo-spathulatis, obtusis, subsessilibus, sinuato-pinnatifidis, saepe undulatis, caulinis superioribus oblongis, acutis, integris, breviter decurrentibus; florum glomerulis dissitis, in racemos virgatos dispositis; pedicellis calyce aequilongis; calycis tomentelli laciniis breviter lanceolatis; filamentis purpureo-lanatis; capsula globosa, calycem subaequante. — Caulis 50—80 cm. altus, folia basilaria circa 10—20 cm. longa, caulina valde diminuta, calyx 2—3 mm. longus, corolla flava, 20 mm. diametro.

In sterilibus, ad vias regionis inferioris per totam Graeciam frequens. — Jun. Aug. ☉

26 × 43. **V. pulverulentum** × **sinuatum** Hal. in z. b. G. 1898 p. 143. — *V. hybridum* Brot. fl. lusit. p. 210; Form. in Ver. Brünn 1895 p. 33. — A *V. pulverulento* indumento parum floccoso, foliis caulinis subdecurrentibus et filamenits purpureo-lanatis; a *V. sinuato* caule superne ramoso, foliis crenatis, nec sinuatis discedens. — Corcyra: pr. Kanali et Hagios Joannes (Form.). — N. v.

28 × 33. **V. Heldreichii** × **sinuatum** (*V. ambigens*) Haussk. in Mitth. thür. bot. Ver. V. p. 72, symb. p. 169; Hal. in z. b. G. 1898 p. 143. — A *V. Heldreichii* indumento densiori, foliis inferioribus brevissime petiolatis, profunde dentatis, subundulatis et filamentis purpurascenti-lanatis; a *V. sinuato* indumento tenuiori, filamentorum lana pallide purpurascenti et habitu discedens; capsulae steriles. — Ad monasterium Korona in Pindo (Haussk.). — N. v.

29 × 33. .**V. Haussknechtii** × **sinuatum** (*V. thessalum*) Haussk. in Mitth. thür. bot. Ver. V. p. 72, symb. p. 169; Hal. in z. b. G. 1898 p. 143. — A *V. Haussknechtii* caule tomentello, foliis basilaribus brevissime petiolatis, inaequaliter undulato-subsinuatis, superioribus crenatis et filamentis rufescenti-lanatis; a *V. sinuato* indumento tenuiori, foliis subsinuatis discedens; capsulae steriles. — In ruderatis pr. Karditza Thessaliae (Haussk.). — N. v.

.. Planta glandulosa.

34. **V. meteoricum** Haussk. symb. p. 163; Hal. in z. b. G. 1898 p. 143.

Caule tomento tenui detersili obsito, fere a basi paniculato-ramoso; foliis utrinque tomento brevi denso cinereis, radicalibus anguste oblongo-lanceolatis, in petiolum longe decurrentibus, irregulariter lobulato-crenatis, caulinis elliptico-lanceolatis, levissime crenulatis, superioribus diminutis subsessilibus, integris, in apicem valde elongatum, uncinato-curvatum angustatis; florum glomerulis 2—5 floris, bractea lanceolata, falcata, dense glandulifera suffultis; calyce subsessili, glanduloso, laciniis ovato-lanceolatis, acuminatis; filamentis binis longioribus dimidia parte inferiori roseo-barbatis, reliquis glabris. — Caulis rubellus, bipedalis, folia radicalia ad 20 cm. longa, 5—10 mm. tantum lata, calyx 5 mm. longus, corolla lutea, pellucido-punctata, 2 cm. diametro.

In collibus herbosis supra Kalabaka pr. monasterium Hagios Stephanos in societate *V. gloeotrichi* (Haussk.). — Jul. ☉ N. v.

∞ Folia inferiora basi cordata vel rotundata.

35. **V. thyrsoideum** Host fl. austr. I. p. 289; Hal. in z. b. G. 1898 p. 144. — *V. nigrum* Mazz. in ant. ion. V. p. 212; Bois. fl. or. IV. p. 328; Haussk. symb. p. 162; non L. . — *V. Chaixi* Hal. Beitr. fl. Epir. p. 33, Beitr. fl. Thessal. p. 16, non Vill. — Exsicc.: Orph. herb. n. 559; Sint. it. thessal. n. 925.

Caule erecto, tomentello, in paniculam strictam abeunti; foliis obtuse crenatis, supra virentibus, subtus tomentoso-canescentibus, inferioribus ovato-oblongis oblongisve, longe petiolatis, superioribus brevius petiolatis vel sessilibus; floribus fasciculatis, in racemos laxiusculos dispositis; pedicellis calyce longioribus; calycis tomentosi laciniis lanceolatis; filamentis violaceo-barbatis; capsula ellipsoidea, calyce longiore. — Caulis 60—100 cm. altus, superne angulatus, folia ad 25 cm. longa, 15 cm. lata, petiolis fere aequilongis, calyx 2 mm. longus, corolla lutea, basi saepe violacea, 10—15 mm. diametro. — *V. nigri* L. sp. p. 178 subspecies thyrsoidea, foliis subtus cano-tomentosis. Affine *V. Chaixi* Vill. hist. pl. Dauph. II. p. 491, caule tereti, foliis inferioribus lobulato-dentatis, basi inciso-lyratis et pedicellis calyce aequilongis diverso.

In silvaticis montanis. Epirus: pr. Kalarrytes, Chaliki (Hal.); Thessalia: pr. Tsungeri, Kodri, Neuropolis (Haussk.), Korona (Heldr.); Achaia: mt. Kyllene pr. Flamburitza (Orph.). — Jun. Jul. ☉

? 32 × 35. **V. mallophorum × thyrsoideum** Hal. in z. b G. 1898 p. 145. — *V. hypoleucum (nigrum × ? mallophorum)* Bois. et Heldr. diagn. ser. 2 III. p. 147. — *V. hypoleucum (nigrum × ? sinuatum)* Bois. fl. or. IV. p. 329.

Caule erecto, crasso, glabrescenti, superne in paniculam strictam abeunti; foliis inferioribus petiolatis, amplis, supra glabrescentibus, subtus canis, oblongis, grosse lobatis, integris vel repando-crenatis, basi rotundatis vel breviter cuneatis, caulinis superioribus diminutis, ovato-rotundis, attenuato-acuminatis, basi cordata sessilibus; floribus in glomerulos paucifloros dispositis, racemos longos laxiusculos formantibus; pedicellis calyce 2—3 plo longioribus; filamentis purpurascentibus. — In faucibus umbrosis regionis abietinae mt. Kyllene Achaiae (Heldr.). — N. v.

β. Capsula cylindrica, calyce 3—5 plo longior; corolla glabra.

36. V. graecum Heldr. et Sart. in Bois. diagn. ser. 2 III. p. 148, Fl. or. IV. p. 336; Hal. in z. b. G. 1888 p. 760, 1898 p. 145. — Exsicc.: Orph. fl. gr. n. 371; Sint. it. thessal. n. 29.

Caule erecto, praeter basin foliosam floccoso-tomentosam glabro, in paniculam amplam abeunte; foliis utrinque dense albo-tomentosis, inferioribus oblongis vel obovato-oblongis, in petiolum attenuatis, integris vel subrepandis, interdum subundulatis, caulinis oblongis vel ovatis, sessilibus; floribus 4—5 fasciculatis in racemos virgatos, laxos dispositis; pedicellis calyce aequilongis vel longioribus; calyce floccoso vel glabriusculo, laciniis linearibus; filamentis albo-barbatis; capsula demum glabra. — Caulis 50—70 cm. altus; folia radicalia ad 30 cm. longa, calyx 15—25 mm. longus, corolla lutea, 15—20 mm. diametro, capsula 6—8 mm. longa. — Species pulchra, inflorescentia fere glabra et capsulis cylindricis eximia.

β. **aetolicum** Bois. fl. or. IV. p. 336; Haussk. symb. p. 162; Hal. in z. b. G. 1898 p. 145. — Folia majora, tenuius tomentosa, subvirentia; capsulae submajores. — Exsicc.: Sint. et Bornm. it. turc. n. 1389.

γ. **Zuccarinii** Bois. l. c.; Hal. l. c. — *Celsia tomentosa* Zucc. pl. nov. II. p. 22. — Folia radicalia obtusiora, spathulato-suborbiculata; fasciculi 1—2 flori; calycis laciniae obtusiores. — Exsicc.: N. v.

In dumosis regionis submontanae in abietinam adscendens. Thessalia: mt. Olympus, mt. Pelion pr. Agria (Sint.); Attica: mt. Parnes (Heldr.); mt. Parnassus pr. Rachova, pr. Amphissa (Hal.); Aetolia: mt. Arapokephala (Heldr.); — *γ*. pr. Zeitun Thessaliae (Berger) — Apr. Jun. ☉

3. Sectio. *Blattaria* Rchb. fl. germ. p. 379. — Flores solitarii, racemosi vel spicati, antherae adnato-decurrentes vel reniformes.

a. Corolla lutea; antherae staminum longiorum adnato-decurrentes, breviorum reniformes.

37. V. blattaria L. sp. p. 178; S. et S. pr. I. p. 151; Pieri fl. corc. p. 31; Mazz. in ant. ion. V. p. 212; Ch. et B. exp. p. 73, Fl. pelop. p. 15; Marg. et R. fl. Zante p. 70; Bois. fl. or. IV. p. 308; Heldr. fl. cephal. p 55; Gelmi in bull. soc. bot. ital. XXI. p. 450; Form. in D. bot. Mon. 1891 p. 26, in Ver. Brünn 1895 p. 33, 1896 p. 62, 1897 p. 46; Hal. Beitr. fl. Epir. p. 32, in z. b. G. 1898 p. 146; Haussk. symb. p. 160; Bald. riv. coll. bot. Alb. 1896 p. 82. — Icon: Rchb. t. 32. — Exsicc.: Heldr. pl. hellen. a. 1890 et 1899.

Caule erecto, simplici vel parce ramoso, glabro vel superne glanduloso-puberulo; foliis glabris, inferioribus oblongis vel obovato-oblongis, obtusis, in petiolum attenuatis, sinuato-pinnatifidis vel dentatis, superioribus oblongis, acutis, dentatis, cordato-amplexicaulibus; floribus in racemum laxum dispositis, pedicellis eis 2—3 plo longioribus suffultis; calyce glanduloso, laciniis lanceolatis; corolla flava, glabra; filamentis violaceo-barbatis; capsula globosa, calyce longiore. — Caulis 50—150 cm. altus; corolla 25—30 mm. diametro.

β. **blattariforme** Griseb. in Wiegm. arch. XVIII. p. 321; Haussk. symb. p. 160, pro sp.; Hal. in z. b. G. 1898 p. 146. — *V. repandum* Griseb. spic. II. p. 41; Spreitz. in z. b. G. 1887 p. 665, non Willd. en. p. 226, quod pedicellis brevissimis discedit. — ? *V. viscidulum* Mazz. in ant. ion. V. p. 212, non Pers. syn. I. p. 215. — Pedicelli calyce 4—5 plo longiores; bracteae saepius minores, angustiores. — Intermediis ad typum transit. — Exsicc.: Sint. it. thessal. n. 1301.

In herbidis, dumosis regionis inferioris et montanae. Frequens in Epiro et Thessalia; Euboea: pr. Kastaniotissa (Heldr.), Steni (Pichl.); mt. Parnassus (Heldr.); Peloponnesus: pr. Lechaena Elidis (Heldr.), pr. Methone, Messene, mt. Kupe, ad fl. Pamisum, in Zarnate, pr. Sparta (Chaub.); Zante, Cephalonia, Corcyra. — Maio, Jun. ☉

5 × 37. **V. Sartorii × blattaria** Hal. in z. b. G. 1898 p. 147. — *V. blattaria × phlomoides* (*V. flagriforme*) Haussk. in Mitth. thür. bot. Ver. V. p. 71, non Pfund. — *V. blattaria × Sartorii* (*V. pseudoflagriforme*) Haussk. symb. p. 164. — *V. blattariforme × Sartorii* (*V. parallelum*) Haussk. symb. p. 165. — A *V. Sartorii* caule graciliore, indumento tenuiore, glanduloso, floribus minoribus, longe pedicellatis; a *V. blattaria* pubescentia, foliis caulinis multo majoribus, subdecurrentibus, floribus approximatis, breviter pedicellatis; ab ambobus foliis inaequaliter sinuato-crenatis, floribus 1—3 fasciculatis et filamentorum lana pallide rubescenti discedens. — Prope Karditza Thessaliae (Haussk.). — Exsicc.: Haussk. it. thessal. a. 1885.

23 × 37. **V. acutifolium × blattaria** (*V. petrophilum*) Hal. in z. b. G. 1898 p. 147. — *V. macilentum* Hal. Beitr. fl. Epir. p. 32, non Franchet. — Habitu nunc ad unum nunc ad alterum parentium accedens; a *V. acutifolio* foliis viridibus, parce pubescentibus, foliis crenatis, fasciculis paucifloris, pedicellis longioribus, inflorescentia glandulosa et filamentis violaceo-barbatis; a *V. blattaria* foliis non sinuato-pinnatifidis, utrinque pubescentibus, floribus fasciculatis, brevius pedicellatis et antheris omnibus reniformibus discedens.

In montosis petrosis pr. Kalentini ad septentrionem urbis Arta in Epiro (Hal.).

b. Corolla violacea; antherae omnes reniformes.

38. **V. phoeniceum** L. sp. p. 178; Mazz. in ant. ion. V. p. 212; Form. in D. bot. Monat. 1891 p. 25. — *V. ferrugineum* Andr. bot. rep. t. 162; Pieri corc. fl. p. 32. — *V. triste* S. et S. pr. I. p. 151. — Icon: Jacq. fl. austr. t. 125.

Caule erecto, puberulo, superne glanduloso; foliis crenatis vel repandis, supra glabriusculis, subtus puberulis, inferioribus ovatis vel ellipticis, obtusis, basi rotundatis vel in petiolum brevem attenuatis, superioribus oblongis vel ovato-oblongis, acutis, valde decrescentibus, sessilibus; floribus in racemum laxum dispositis; pedicellis calyce 2—

3 plo longioribus; calyce glanduloso, laciniis ellipticis, obtusiusculis; filamentis purpureo-lanatis; capsula ovata, calyce longiore. — Caulis 30—80 cm. altus, superne subnudus; corolla glabra, 25 mm. diametro.

In dumosis, rarissime. Corcyra (Pieri): pr. Kasopo (Mazz.); Thessalia: in valle Penei pr. Han Kuraneos (Form.). — Maio, Jun. ☉

B. Suffrutex erinaceus, ramis spinescentibus.

4. Sectio. *Spinosa* Bois. fl. or. IV. p. 300. — Flores solitarii; antherae reniformes.

39. **V. spinosum** L. sp. ed. 2 p. 254; S. et S. pr. I. p. 151, Fl. gr. III. p. 23 t. 229; Sieb. Reise II. p. 318 t. 7, in Flora I. p. 275, avis p. 3; Raul. cret. p. 820; Spreitz. in z. b. G. 1890 p. 297; Bald. viagg. Creta p. 80. — Exsicc.: Rev. pl. cret. n. 118; Bald. it. cret. n. 83.

Frutex humilis, ramosissimus, ramis intricatis, spinescentibus, inferne foliosis, foliisque tenuiter tomentellis; foliis oblongis, in petiolum attenuatis, integris vel sinuato-lobatis; floribus solitariis, pedicello calyce aequilongo, demum elongato suffultis; calycis laciniis lanceolatis obtusiusculis; corolla flava, parva; filamentis sordide-lutescenti barbatis; capsula calyce duplo longiore.

In dumetis, rupestribus a mare ad alt. 1500 m. adscendens. Creta: mt. Lakkus (Rev.), Drakona, Hagios Paulos (Raul.), in oropedio Omalo, pr. Askyphos, mt. Hagios Theodoros (Spreitz.) in mt. Sphacioticis. — Jun. Jul. ♄

2. Celsia L. gen. n. 757.

1. Sectio. *Arcturus* Benth. in DC. pr. X. p. 244. — Staminorum longiorum antherae adnato-decurrentes.

a. Flores subsessiles.

1. **C. cretica** L. fil. suppl. p. 281; Sieb. avis rem. p. 5; Raul. cret. p. 820; Bois, fl. or. IV. p. 352. — Icon: Jacq. hort. Schoenbr. t. 480.

Pubescenti hirta, viridis, superne glandulosa; caule erecto, simplici, in racemum laxum abeunte; foliis inferioribus petiolatis, lyrato-pinnatifidis vel indivisis, ovatis vel oblongis, sublobatis et dentatis, superioribus sensim diminutis, cordato-auriculatis, ovatis oblongisve, dentatis; bracteis lanceolatis, serratis vel integris, calycem superantibus; calycis laciniis latis, serratis; corolla flava, purpureo-maculata; filamentis brevioribus violaceo-barbatis, longioribus glabris; capsula globosa, calyce breviore. — Caulis 30--80 cm. altus, corolla 25 mm. diametro.

Creta, sed a recentioribus non lecta. — Apr. Maio. ☉ N. v.

b. Flores longe pedicellati.

α. Folia lanata, cana vel canescentia.

2. **C. arcturus** L. sp. p. 178 (*Verbascum*); Murr. syst. p. 469; S. et S. pr. I. p. 438; Sieb. avis. p. 4; Raul. cret. p. 821; Bois. fl.

or. IV. p. 352; Bald. viagg. Creta p. 80. — *C. sublanata* Jacq. fragm. p. 79 t. 126. — Exsicc.: Rev. pl. cret. n. 184; Bald. it. cret. n. 133, it. cret. alt. n. 264.

Caule erecto, simplici, glanduloso-pubescente, in racemum laxum abeunte; foliis infimis petiolatis, ovatis vel oblongis, indivisis vel lyratis, grosse crenatis, caulinis paucis, diminutis, semiamplexicaulibus, cito in bracteas abeuntibus; bracteis triangularibus, denticulatis, pedicello multo brevioribus; calycis glandulosi laciniis ellipticis, acutis; corolla flava; filamentis violaceo-barbatis; capsula globosa, calyce subtriplo longiore.

— Valde variat quoad indumentum, magnitudinem et formam foliorum. — Caules 15—50 cm. alti, folia nunc parva indivisa, cum petiolo 4 cm. longa, nunc multo majora lyrata, interdum cum petiolo ad 25 cm. longa, lobo terminali maximo ad 10 cm. lato, corolla 25 mm. diametro.

Ad muros, rupes regionis inferioris et collinae Cretae: pr. Kissamos, Malaxa (Rev.), Palaeokastro, Epanochoria, Hagia Erini et Rumeli, Hagios Paulos, Aradhena, promontorium Meleka, ad Hagia Triada, Kritsa (Raul.), Hagios Joannes, pr. Anopolis, in fauce Nipros (Bald.). — Apr. Jun. ♃

β. Folia glabra vel glabriuscula.

× Pedicelli bractea subduplo longiores.

3. C. speciosa Fenzl. in Friedr. Reise p. 280; Bois. fl. or. IV. p. 353. — Exsicc.: Friedr. herb. n. 919.

Caule erecto, glanduloso-puberulo, basi parce ramoso, in racemum laxum abeunte; foliis glabriusculis, triangulari-ovatis, acutis, infimis petiolatis, inciso-serratis, reliquis subsessilibus sessilibusve, amplexicaulibus, in bracteas abeuntibus; bracteis cordato-ovatis, acuminatis, serratis; calycis glandulosi laciniis anguste lanceolatis; corolla flava; filamentis violaceo-barbatis, longioribus apice nudis; capsula ignota.

Arcadia: ad ripas fl. Alpheus pr. Carithena (Friedr.); a recentioribus non lecta. — Maio, Jun. ☉

×× Pedicelli bractea multoties longiores.

4. C. Daenzeri Fauché et Chaub. in exp. mor. p. 342, Fl. pelop. p. 40; Bois. fl. or. IV. p. 353; Hal. Beitr. fl. Achaia p. 27. — Exsicc.: Orph. fl gr. n. 1114.

Caulibus solitariis vel e collo pluribus, simplicibus vel ramosis, pilosulis, superne parce glandulosis, in racemum laxum, elongatum abeuntibus; foliis pilosulis, infimis oblongo-lanceolatis, in segmenta oblongo-lanceolata, dentata pinnatisectis vel lyratis, superioribus triangulari-lanceolatis, inciso-dentatis, sessilibus, in bracteas abeuntibus; bracteis triangularibus, acuminatis, dentatis, superioribus linearibus, integris; calycis glandulosi laciniis oblongis, obtusiusculis; corolla flava; filamentis violaceo-barbatis, longioribus apice nudis; capsula globosa, obtusa, calyce duplo longiore. — Caules 50—150 cm. alti, folia radicalia 10—15 cm. longa, corolla 3 cm. diametro.

In silvaticis montanis. Achaia: mt. Kyllene pr. Trikala (Orph.), pr. Megaspilaeon (Hal.); Messenia: ad templum Apollinis pr. Phigalea

(Daenzer); Laconia: mt Malevo (Orph.), mt. Taygetos supra Mistra (Bois.) et Anavryti (Heldr.). — Maio, Jun. ☉

5. **C. Boissieri** Heldr. et Sart. in Bois. diagn. ser. 2 III. p. 151, Fl. or. IV. p. 353; Haussk. symb. p. 170. — *C. Daenzeri v. lyrata* Bois. et Heldr. diagn. l. c.. — Exsicc.: Heldr. herb. norm. n. 317 et 1267; Orph. fl. gr. n. 221; Sint. it. thessal. n. 632.

Caulibus solitariis vel e collo pluribus, simplicibus, glabris, superne parce glandulosis, in racemum laxum, elongatum abeuntibus; foliis glabris, oblongo-lanceolatis, lobato-dentatis vel pinnatifidis, lobis inciso-dentatis, superioribus diminutis, sessilibus, dentatis, in bracteas abeuntibus; bracteis minimis, lineari-lanceolatis, integris; calycis glandulosi laciniis lanceolatis, acuminatis; corolla flava; filamentis violaceo-barbatis, longioribus apice nudis; capsula ovata, acutiuscula, mucronata, calyce duplo longiore. — Differt ab affini praecedente caulibus simplicibus, foliis brevioribus, minus divisis, bracteis angustis integris et capsula acutiuscula.

In dumosis regionis inferioris et montanae. Thessalia: pr. Malakasi in Pindo (Sint.); Attica: mt. Parnes (Heldr.), Kerata pr. Eleusis (Haussk.). — Maio, Jun. ♃

2. Sectio. *Nefflea* Benth. in DC. pr. X. p. 246. — Antherae omnes reniformes.

a. Folia crenato-dentata.

6. **C. cyllenea** Bois. et Heldr. fl. or. IV. p. 355. — Icon: Rouy ill. t. 93. — Exsicc.: Heldr. pl. fl. hellen. a. 1887.

Cauligera, glanduloso-puberula, viridis; caulibus erectis, humilibus, simplicibus, aphyllis, in racemum laxum abeuntibus; foliis radicalibus, oblongis, crenato-dentatis, in petiolum aequilongum vel longiorem attenuatis; bracteis minutis, linearibus, pedicello multo brevioribus; pedicellis calyce 3—4 plo longioribus; calycis laciniis linearibus, obtusiusculis; corolla lutea; filamentis inferne flavido, superne violaceo-barbatis; capsula ignota. — Caulis 10—20 cm. altus, foliorum lamina 20—35 mm. longa, corolla 20—25 mm. diametro.

In regione alpina mt. Kyllene Achaiae rarissime (Heldr.). — Jun. Jul. ♃

7. **C. acaulis** Bory et Chaub. exp. p. 177 t. 18, Fl. pelop. p. 40 t. 19; Bois. fl. or. IV. p. 354; Hal. Beitr. fl. Achaia p. 27. — Exsicc.: Heldr. herb. norm. n. 963 et 1460; Orph. fl. gr. 1115; Dörfl. fl. gr. n. 399.

Subacaulis, glanduloso-puberula, viridis; caulibus subnullis, ad racemum brevissimum radicalem reductis; foliis radicalibus, oblongis, crenato-dentatis, in petiolum aequilongum vel longiorem attenuatis; bracteis minutis, linearibus, pedicello multo brevioribus; pedicellis calyce multoties longioribus; calycis laciniis linearibus, obtusiusculis; corolla lutea; filamentis aurantiaco-barbatis; capsula ovato-globosa, acuta, mucronata. — Species pulchella, egregia, a praecedente caulibus subnullis, caespitosis, pedicellis longioribus, interdum valde elongatis, ad 8 cm. longis et filamentis aurantiaco-lanatis specifice diversa.

In regione alpina Peloponnesi: mt. Chelmos supra fontem Stygis (Heldr.) et supra Sudena (Hal.), mt. Taygetos (Chaub). — Jun. Jul. ♃.

b. Folia bipinnatisecta.

8. **C. orientalis** L. sp. p. 621; S. et S. pr. I. p. 438, Fl. gr. t. 605; Ch. et B. exp. p. 177, Fl. pelop. p. 40; Bois. fl. or. IV. p. 360.

Minute tomentella, viridis; caule erecto, simplici vel parce ramoso, folioso, in racemum laxum abeunti; foliis ambitu ovato-oblongis, in lacinias divergentes bipinnatisectis, inferioribus petiolatis, segmentis oblongis, superioribus sessilibus, laciniis anguste linearibus; floribus pedicello calyce breviori suffultis; bracteis inferioribus pinnatisectis, ceteris oblongo-lanceolatis, calyce longioribus; calyce glanduloso-puberulo, laciniis lanceolatis; corolla parva, lutea; filamentis flavido-barbatis; capsula ovata, calyce breviore.

In collibus saxosis regionis inferioris. Argolis (Sibth.); Cyclades (Chaub.). — Apr. Maio. ☉ N. v.

2. Tribus. **CHELONEAE** Benth. in DC. pr. X. 298.

3. Scrofularia L. gen. n. 312.

Dispositio specierum:

1. Sectio. *Scorodonia* Don gard. dict. IV. p. 508. — Staminodium squamaeforme; flores pedicellis saepissime calyce longioribus suffulti; folia indivisa.

a. Cymae axillares, 2—9 flori; calycis laciniae non marginatae.

   1. S. peregrina L.   2. S. aestivalis Griseb.

b. Cymae in paniculam terminalem aphyllam vel basi subfoliatam dispositi; calycis laciniae membranaceo-marginatae.

  α. Folia plus minus pubescentia.

   3. S. Scopolii Hoppe.   4. S. cretica Bois. et Heldr.

  β. Folia glabra.

    × Rhizoma tuberculoso-nodosum; calycis laciniae obsolete marginatae.

      5. S. nodosa L.

    ×× Rhizoma non tuberculoso-nodosum; calycis laciniae late membranaceo-marginatae.

   6. S. Neslii Wirtg.   7. S. Samaritanii Bois. et Heldr.

2. Sectio. *Tomoiophyllum* Benth. in DC. pr. X. p. 310. — Staminodium squamaeforme vel lineare; flores pedicellis saepissime calyce aequilongis vel brevioribus suffulti; folia varie partita, rarius indivisa et tunc pedicelli calyce breviores.

a. Staminodium squamaeforme.

  α. Biennes.

   8. S. laxa Bois. et Heldr.   9. S. lucida L.

  β. Perennes, rhizomate lignescente.

    × Plantae glabrae, inflorescentia tantum glanduloso-puberulae.

   10. S. heterophylla Willd.   11. S. laciniata W. et K.

×× Planta tota pube patula crispa glandulosa obsita.
12. S. taygetea Bois.
b. Staminodium anguste lineare.
13. S. canina L.

1. Sectio. *Scorodonia* Don gard. dict. IV. p. 508.
   a. Cymae axillares, 2—9 flori; calycis laciniae non marginatae.

1. S. peregrina L. sp. p. 621; S. et S. pr. I. p. 435, Fl. gr. t. 597; Sieb. avis p. 4, rem. p. 5; Ch. et B. exp. p. 176, Fl. pelop. p. 39; Marg. et R. fl. Zante p. 70; Friedr. Reise p. 269; Ung. Reise p. 129; Raul. cret. p. 822; Spreitz. in z. b. G. 1877 p. 716; Bois. fl. or. IV. p. 395; Heldr. fl. cephal. p. 55, Fl. Aegina p. 382, in ö. b. Z. 1898 p. 184; Haussk. symb. p. 170, cum *v. trachytica* (f. a basi ramosa, foliis minoribus, cymis uni-paucifloris, floribus et capsulis minoribus). — Huc forsan: *S. scorodonia* Pieri corc. fl. p. 84, non L. sp. p. 620, quae species occidentalis et discedit: pubescentia, caule non fistuloso, cymis plurifloris, calycis laciniis obtusis, late membranaceo-marginatis. — Exsicc.: Baen. herb. europ. n. 9339.

Caule erecto, fistuloso, quadrangulo, simplici vel ramoso, brevissime puberulo, superne pedicellisque glanduloso; foliis petiolatis, ovato-cordatis, grosse dentatis, glabris, inferioribus oppositis, superioribus sparsis; cymis axillaribus, laxe 2—5 floris; pedicellis calyce 2—3 plo longioribus; calycis glabri laciniis ovato-lanceolatis, acutis, non marginatis; corolla fusco-purpurea; staminodio obovato-orbiculari, obtuso; capsula subglobosa, obtusa, mucronata.

In ruderatis, ad vias, sepes regionis inferioris. Aetolia: pr. Krioneri (Reis.); Attica: pr. Athenas (Heldr.), insula Aegina (Friedr.); Peloponnesus (Chaub.): pr. Nauplia, in peninsula Methana (Haussk.); Cycladum insula: Cythnos (Tunt.), Amorgos (Heldr.); Creta (Sieb.): pr. Canea, Malaxa (Raul.); Zante (Marg.); Cephalonia: pr. Pessada (Heldr.); Ithaca: pr. Vathy (Spreitz.); Corcyra (Ung.): pr. Castrades (Spreitz.). — Apr. Jun. ☉

2. S. aestivalis Griseb. spic. II. p. 36; Hal. in ö. b. Z. 1892 p. 375. — *S. silvatica* Bois. et Heldr. diagn. ser. 2 III. p. 153, Fl. or. IV. p. 398; quae meo sensu a specie Griseb. nullo modo discedit. — Exsicc.: Orph. fl. gr. n. 730; Sint. et Bornm. it. turc. n. 1387.

Caule erecto, farcto, quadrangulo, simplici vel ramoso, glanduloso-pubescente; foliis oppositis, petiolatis, ovatis, grosse inaequaliter duplicato-serratis, basi cordatis vel subtruncatis, utrinque villosiusculis, summis sparsis; cymis axillaribus, laxe 3—9 floris; pedicellis calyce aequilongis vel longioribus; calycis glanduloso-puberuli laciniis ovatis, obtusis, non marginatis; corolla flavo-virenti; staminodio subrotundo; capsula ovata, acutissima, calyce subduplo longiore. — A praecedente pubescentia viscosa, radice perenni, foliis majoribus, calycis glandulosi laciniis obtusis, corolla virenti, capsula acutissima et toto habitu diversissima.

In silvaticis regionis montanae, rarissime. Thessalia: mt. Olympus pr. Hagios Dionysios (Heldr.) et Malathria (Sint.). — Jul. Aug. ♃

b. Cymae in paniculam terminalem aphyllam vel basi subfoliatam dispositi; calycis laciniae membranaceo-marginatae.

α. Folia plus minus pubescentia.

3. **S. Scopolii** Hoppe in Pers. syn. II. p. 160; Bois. fl. or. IV. p. 395; Form. in D. bot Monat. 1891 p. 26, in Ver. Brünn 1896 p. 63; Hal. Beitr. fl. Thessal. p. 16; Haussk. symb. p. 170; Boissieu in bull. soc. bot. Fr. 1896 p. 287. — *S. auriculata* Scop. fl. carn. ed. 2 I. p. 446 t. 32; ? Pieri corc. fl. p. 84; non L. sp. p. 620, quae statura elatiori, foliis saepius auriculato-appendiculatis, cymis breviter pedunculatis, pedicellis brevissimis, calycis laciniis latius marginatis discedit. — *S. glandulosa* W. et K. pl. rar. III. p. 238 t. 214. — Exsicc.: Orph. herb. n. 3519.

Caule erecto, obtuse quadrangulo, simplici vel ramoso, pubescente, superne pedicellisque glanduloso; foliis oppositis, petiolatis, ovato-oblongis, cordatis, crenato-dentatis, utrinque plus minus pubescentibus; panicula oblonga, cymis longiuscule pedunculatis; pedicellis calyce subduplo longioribus; calycis glabriusculi laciniis ovato-orbiculatis, membranaceo-marginatis; corolla virenti-purpurascenti; staminodio transverse latiore; capsula ovato-globosa, mucronata, calyce subduplo longiore.

β. **grandidentata** Ten. fl. nap. I. prodr. suppl. II. p. 69, pro sp.; Bois. fl. or. IV. p. 396; Haussk. symb. p. 170. — Foliorum saepe acutiorum et magis oblongorum dentes majores, acutiores, saepe denticulis 1—2 aucti. — Specimina typica, cum planta italica (Tod. fl. sic. n. 783; Lojac. pl. sic. rar. n. 459) congruentia e Graecia nondum vidi, omnia quoad foliorum serraturam immo potius formam intermediam sistunt inter plantam hungaricam et italicam, talia sunt e. g. a Heldr. it. thessal. IV. a. 1885 et a Sint. it. thessal. n. 757 distributa.

γ. **oligantha** Bois. et Heldr. diagn. XII. p. 33 pro sp.; Bois. fl. or. IV. p. 396; Haussk. symb. p. 170. — Humilior, folia minora, panicula depauperata; sec. Boissier forma alpina. Exsicc.: N. v.

In silvaticis regionis montanae et subalpinae. Thessalia: mt. Oxya (Hal.), pr. Vitomo (Sint.), mt. Zygos, pr. Sermeniko, mt. Ghavellu, Karava (Haussk.) in Pindo, pr. Selicany et Spilia in mt. Ossa, ad Nezeros in Olympo (Form.); Euboea: mt. Dirphys (Heldr.); Aetolia: mt. Tymphrestus (Heldr.); Boeotia: pr. Larmes (Boissieu); Laconia: mt. Malevo (Orph.); Corcyra si S. auriculata Pieri huc pertineat; — γ. in summis mt. Taygetos (Heldr.) et sec. Haussknecht in Thessalia in societate typi. — Maio, Jul. ☉

4. **S. cretica** Bois. et Heldr. in Bois. fl. or. IV. p. 400. — *S. auriculata* Raul. cret. p. 822, non L. sp. p. 620, quae foliis saepius auriculato-appendiculatis, pedicellis brevissimis et calyce glabro differt. Exsicc.: — Rev. pl. cret n. 123.

Caule erecto, acute quadrangulo, simplici vel ramoso, glabro, superne pedicellisque sparse glanduloso; foliis oppositis, petiolatis, oblongis, basi cordatis vel subtruncatis, obtuse dentatis, utrinque sparse pubescentibus vel supra glabriusculis; panicula elongata, valde interrupta, cymis breviter pedunculatis; pedicellis calyce aequilongis; calycis glabri vel papilloso-puberuli laciniis ovatis, membranaceo-marginatis; corolla fusco-purpurascente; staminodio ovato-orbiculari; capsula globosa, mucronata, calyce sesquilongiore. — Differt a praecedente indumento sparso, foliis oblongis, minutius dentatis, cymis breviter pedunculatis, remotis, pedicellis brevioribus; magis accedit sequentibus, a quibus praesertim foliis pubescentibus, panicula valde interrupta et pedicellis brevibus discedit. — Huc forsan spectat: *S. salicifolia* Sieb. in Flora I p. 271 e fauce Perivoglia Cretae.

In locis humidis Cretae: pr. Canea (Heldr.). — Maio, Jun. ♃

β. Folia glabra.

× Rhizoma tuberculoso-nodosum, calycis laciniae obsolete marginatae.

5. **S. nodosa** L. sp. p. 619; S. et S. pr. I. p. 435; Dallap. prosp. p. 86; Ch. et B. exp. p. 176, Fl. pelop. p. 39; Bois. fl. or. IV. p. 399; Haussk. symb. p. 170. — Icon: Fl. dan. t. 1167.

Caule erecto, argute quadrangulo, simplici vel ramoso, glabro, superne pedicellisque glanduloso; foliis oppositis, petiolatis, ovato-oblongis, basi cordatis vel truncatis, subduplicatim et argute serratis, glabris; panicula angusta, ramis erecto-patulis; pedicellis calyce 2—3 plo longioribus; calycis glabri laciniis ovatis, obsolete marginatis; corolla brunneo-virenti; staminodio transverse latiore, truncato vel retuso; capsula ovata, acuta, calyce 3—4 plo longiore.

In nemorosis subhumidis. Thessalia: in oropedio Neuropolis (Haussk.); Laconia (Sibth.); Cephalonia (Dallap.). — Jun. Jul. ♃ N. v.

×× Rhizoma non tuberculoso-nodosum; calycis laciniis late membranaceo-marginatae.

6. **S. Neesii** Wirtg. in Verh. naturhist. Ver. I. p. 29. — Exsicc.: Heldr. it. thessal. n. 44.

Caule erecto, quadrangulo, anguste alato, simplici vel ramoso, glabro, superne pedicellisque glanduloso; foliis oppositis, petiolatis, oblongis, basi truncatis vel subcordatis, obtusiuscule serratis, glabris; panicula elongata, ramis patulis; pedicellis calyce 2—3 plo longioribus; calycis glabri laciniis ovatis vel subrotundis, late membranaceo-marginatis; corolla viridi-purpurea; staminodio transverse latiore, truncato vel retuso; capsula subglobosa, acuta, calyce 2—3 plo longiore. — *S. alatae* Gilib. fl. lith. II. p. 127 = *S. Ehrharti* Stev. in ann. nat. hist. V. 3 t. 1 sec. Bab. bret. bot. p. 218 = *S. aquaticae* L. sp. p. 620 pro p., valde affinis, sed omnibus partibus tenerior, rami caulis et paniculae magis, fere rectangule patentes, corolla minor, staminodium non obcordato-bilobum. — A praecedente rhizomate non nodoso, caule cum petiolis alato et calycis laciniis late membranaceo-marginatis distincta.

Ad rivulos pr. Portaria in regione media mt. Pelion Thessaliae (Heldr.). — Jul. Aug. ♃

7. **S. Samaritanii** Bois. et Heldr. diagn. ser. 2 III. p. 153. — *S. Ehrharti v. Samaritani* Bois. et Heldr. ibidem. — *S. alata* Bois. fl. or. IV. p. 399, quoad pl. parnass.; Heldr. chlor. Parn. p. 24; non Gilib. . — Exsicc.: Heldr. herb. norm. n. 83; Orph. fl. gr. n. 443.

Caule erecto, quadrangulo, anguste alato, simplici vel ramoso, glabro superne pedicellisque glanduloso; foliis oppositis, petiolatis, ovato-oblongis oblongisve, crenatis, basi truncatis, in petiolum late alatum decurrentibus; panicula elongata, ramis erecto-patulis; pedicellis calyce 2—3plo longioribus; calycis glabri laciniis ovatis, late membranaceo-marginatis; corolla livido-flavescenti; staminodio transverse latiore, obcordato-bilobo; capsula subglobosa, acuta, calyce 2—3plo longiore. — Differt a praecedente foliis obtuse crenatis, in petiolum latum decurrentibus, paniculae ramis strictiusculis, corolla majore et staminodii forma; a *S. alata* quacum a Boissier postea conjuncta fuit, caule angustius alata, foliis obtuse crenatis, in petiolum latum decurrentibus, corolla majori.

In scaturiginosis regionis abietinae mt. Parnassus l. d. Gurna pr. Rachova (Heldr.); probabiliter huc pertinet quoque planta e mt. Malevo Laconiae, a Boissier prope *S. alatam* commemorata. — Jul. Aug. ♃

2. Sectio. *Tomoiophyllum* Benth. in DC. pr. X. p. 310.

a. Staminodium squamaeforme.

α. Biennes.

8. **S. laxa** Bois. et Heldr. diagn. ser. 2 III. p. 154, Fl. or. IV. p. 404. — Exsicc : Orph. fl. gr. n. 243.

A collo saepius pluricaulis; caulibus erectis, obtuse tetragonis, simplicibus vel a basi parce ramosis, inferne tantum foliatis, glabris vel superne pedicellisque glandulosis; foliis oppositis, glabris, omnibus tenuiter bipinnatisectis, segmentis minutis, oblongis, acute dentatis; panicula elongata, aphylla, cymis inferioribus 5 floris, superioribus 3—1 floris; pedicellis calyce brevioribus; calycis glabri laciniis orbiculatis, membrana scariosa lata, denticulato-lacera marginatis; corollae lividae lobis atropurpureis; staminibus apice breviter exsertis; staminodio semicirculari; capsula globosa, mucronata, calyce duplo longiore. — Sequenti maxime affinis, ab ea foliis omnibus tenuissime sectis et calycis margine denticulato-lacera diversa.

In rupestribus regionis alpinae mt. Kyllene et Taygetos Peloponnesi (Heldr.). — Jun. Jul. ☉

9. **S. lucida** L. sp. ed. 2 p. 865; S. et S. pr. I. p. 436; Urv. enum p. 75; Ch. et B. exp. p. 177, Fl. pelop. p. 40; Weiss in z. b. G. 1869 p. 745; Bois. fl. or. IV. p. 403. — Exsicc.: Rev. pl. cret. n. 122; Bald. it. cret. alt. n. 89; Dörfl. fl. aeg. n. 130, pl. cret. n. 25, 25 a et 58.

Caule saepissime solitario, erecto, obtuse tetragono, simplici vel parce ramoso, glabro vel superne pedicellisque glanduloso; foliis oppositis, glabris, glaucescentibus, imis parvis lobatis, ceteris semel vel bis pinnatisectis, segmentis oblongis, inciso-dentatis; panicula elongata, aphylla, cymis inferioribus plurifloris, superioribus sursum decrescentibus, summis 2—1 floris; pedicellis calyce brevioribus; calycis glabri laciniis orbiculatis, membrana scariosa lata, integra marginatis; corollae lividae lobis atropurpureis; staminibus majoribus exsertis; staminodio late orbiculato; capsula globosa, mucronata, calyce duplo longiore. — Stirps variabilis, caulis 15—50 cm. altus, paniculae rami nunc (interdum omnes) breves et pauciflori, nunc praesertim inferiores elongati et pluriflori, ideo panicula nunc angusta, nunc plus minus pyramidata, folia saepius prope basin caulis approximata, nunc tenuiter nun late dissecta, flores semper magni, eis *S. caninae* duplo majores.

α. **glauca** S. et S. fl. gr. VI. p. 78 t. 599 pr. sp. — *S. lucida* v. *genuina* Bois. fl. or. IV. p. 403. — Saepius humilior, foliorum laciniae interdum angustiores.

β. **filicifolia** Mill. dict. n. 10; S. et S. pr. I. p. 436, Fl. gr. IV. p. 79 t. 600; Sieb. avis p. 4, rem. p. 5; Weiss in z. b. G. 1869 p. 744; Raul. cret. p. 822; Spreitz. in z. b. G. 1877 p. 716; Haussk. symb. p. 171; Heldr. fl. Aegina p. 383; pro sp.; Benth. in DC. pr. X. p. 312; Bois. fl. or. IV. p. 403; Spreitz. in z. b. G. 1890 p. 297; Heldr. chlor. Thera p. 18, chlor. Mykon. p. 248. — Saepius elatior, foliorum laciniae latiores, saepe minus dissectae. — Formis intermediis sine limitibus ad α. transit.

In collibus saxosis, rupestribus regionis inferioris et montanae. Thessalia: mt. Pelion pr. Lechonia (Heldr.); mt. Parnassus (Guicc.); Attica: mt. Parnes, Pentelicon (Sprun.), Kerata, pr. Laurion (Haussk.), mt. Hymettus; insula Aegina, Hydra (Heldr.); Cycladum insula: Andros (Sart.), Tenos (Chaub.), Delos, Mykonos (Tunt.), Naxos (Tourn. voy. p. 85), Melos, Thera, Mikra Kameni (Urv.); Creta: pr. Askyphos (Spreitz.), ad fl. Jardanus pr. Canea (Weiss), Akroteri, Malaxa, Rhamni, Nerokuru, Prosnero, insula Dia (Raul.), ad Hagios Myron distr. Mallevisi (Bald.), pr. Kritsa distr. Mirabello, pr. Parsas distr. Viano, pr. Michti distr. Hierapetra (Leon.); Zante: mt. Scopo (Weiss); Corcyra: mt. Pantocrator (Spreitz.). — Mart. Jun. ☉

Obs. Ad formas *S. lucidae* quoque pertinet ex descriptione *S. methanaea* Haussk. symb. p. 170, e peninsula Methana pr. Vromolimni, quae nulla nota graviori, nisi panicula multiflora, squarrosorigidissima, ramis elongatis, horizontaliter patentibus a typo differre videtur.

β. Perennes, rhizomate lignescente.

×× Plantae glabrae, in inflorescentia tantum glandulosopuberulae.

10. **S. heterophylla** Willd. sp. III. p. 274; S. et S. fl. gr. p. 2 t. 603; Urv. enum. p. 75; Raul. cret. p. 822; Bois. fl. or. IV. p. 408; Heldr. chlor. Parn. p. 24, in ö. b. Z. 1898 p. 184, chlor. Thera p. 18; Hal. in ö. b. Z. 1896 p. 16; Haussk. symb. p. 172. — *S. frutescens* S. et S. pr. I. p. 437, non L. — *S. caesia* S. et S. pr.

I. p. 438, Fl. gr. VII. p. 3 t. 604; Ch. et B. fl. pelop. p. 40; Ung.
Reise p. 129; Raul. cret. p. 822; Weiss in z. b. G. 1869 p. 745 pro
var. *S. heterophyllae*; (f. foliis glaucescentibus, lyrato-pinnatifidis, incisis, caulibus numerosis, panicula abbreviata pauciflora). — *S. micrantha*
Urv. enum. p. 39 (f. foliis oblongis, basi auriculatis, grosse dentatis,
caulibus pedalibus sesquipedalibusque, floribus et capsulis minoribus).
— *S. Sibthorpiana* Spreng. syst. II p. 786. — *S. Oliveriana* Wydl.
monogr scrof. p. 39 (f. foliis ovatis, inciso-dentato-crenatis, basi plus
minus pinnatisectis, segmentis petiolulatis subrotundis). — *S. Urvilleana*
Wydl. l. c. p. 40; Weiss in z. b. G. 1869 p. 745 pro var. *S. heterophyllae* (f. foliis subrotundo-cordatis, sublobatis, rarius crenulatis). —
S. Urvillei Wydl. l. c. t. 2 et 3. — *S. chysanthenifolia* Ch. et B.
exp. p. 176, Fl. pelop. p. 40; Fraas fl. class. p. 189; sec. Bois. fl.
or. IV. p. 408; non Willd.; (f. foliis pinnatisectis). — *S. laciniata*
v. *obtusiloba* Marg. et R. fl. Zante p. 70. — *S. heterophylla v.*
pinnatisecta Bois. l. c.; Heldr. fl. cephal. p. 55; Haussk. symb.
p. 172 *f. viridis et caesia*; (f. foliis profundius divisis, pinnatisectis,
segmento terminali non majore, caulibus saepe procerioribus). — *S.*
laciniata Spreitz. in z. b. G. 1877 p. 716; Gelmi in bull. soc. bot.
ital. 1889 p. 450; Form. in Ver. Brünn 1896 p. 63; Bald. riv. coll.
bot. Alb. 1895 p. 59; non W. et K. — Huc spectare videtur etiam
ex descriptione: *S. tenuis* Haussk. symb. p. 173 e peninsula Methana
Argolidis. — Exsicc.: Orph. fl. gr. n. 244 et 728; Heldr. herb. norm.
n. 383 et 1461; Sint. et Bornm. it. turc. n. 1386; Sint. it. thessal.
n. 26; Baen. herb. europ. n. 9338; Dörfl. fl. aeg. n. 11 et 66.

A collo pluricaulis; caulibus erectis vel adscendentibus, fragilibus,
tetragonis, simplicibus vel parce ramosis, glabris, superne pedicellisque
glanduloso-puberulis; foliis oppositis, petiolatis, glabris, carnosulis, saepius
glaucescentibus, ovatis vel oblongis, obtusis, basi subcuneatis, truncatis
vel subcordatis, inciso-crenatis, indivisis vel lyrato-pinnatifidis sectisve,
segmentis lateralibus 1—2 multo minoribus; panicula pyramidata, aphylla,
cymis laxe 5—9 floris; pedicellis calyce subaequilongis; calycis glabri
laciniis ovatis, latiuscule albo - marginatis; corolla luride purpurea;
antheris subexsertis; staminodio transverse latiori, reniformi, interdum
subretuso; capsula globosa, apiculata, calyce subtriplo longiore. —
Stirps, uti jam ex synonymia patet, quoad foliorum formam praesertim
valde variabilis; cum autem folia diversissima in unoeodem specimine
saepe occurrunt, varietates perfecte describere mihi impossibile videtur.

Ad muros, in rupestribus regionis inferioris et submontanae. Epirus:
ad Camarina distr. Prevesa (Bald.); Thessalia: pr. Kalabaka, Pharsalus,
Han Tripa, Larissa, Nezeros, Rapsani, mt. Pelion (Form.), ad Lechonia
pr. Volo, pr. Litochori (Sint.); Acarnania: in pago Katochi; mt. Parnassus (Heldr.); Boeotia: pr. Livadia (Orph.), ad lacum Hylike (Ung.);
Attica: in Acropoli, Lycabetto, Turcovuni, mt. Hymettus (Heldr.), mt.
Kerata (Haussk.); Argolis: pr. Nauplia (Orph.); Messenia: pr. Kalamata (Zahn.), Pylos, insula Sapienza (Chaub.); Laconia (Sibth.); Cyclades:
insula Keos (Heldr.), Syra (Fraas), Paros (Leon.), Evreokastron (Reis.),

Naxos (Bois.), Amorgos (Heldr.), Melos, Thera, Therasia (Urv.); Creta: ad promontorium Grabusa (Raul.); Zante: pr. Litakia (Marg.), mt. Scopo (Weiss); Cephalonia: pr. Poros, mt. Atro et Gerolaki, ad coenobium Phanentes (Heldr.); Corcyra: pr. Castrades (Baen.), mt. Deca (Spreitz.). — Febr. Maio. ♃

11. **S. laciniata** W. et K. pl. rar. hung. II. p. 185 t. 170; Bois. fl. or. IV. p. 408; Hal. Beitr. fl. Epir. p. 33; Form. in Ver. Brünn 1895 p. 34, 1896 p. 63, cum. v. *pindicola*; Haussk. symb. p. 173; Boissieu in bull. soc. bot. Fr. 1896 p. 287; Bald. riv. coll. bot. Alb. 1896 p. 83. — *S. multifida* Willd. hort. berol. t. 58; Hal. in z. b. G. 1888 p. 761; (f. foliis in lacinias angustas dissecta, ad typum manifeste transiens). — *S. laciniata v. multifida* Bois. fl. or. IV. p. 409; Hal. Beitr. fl. Epir. p. 33 f. *puberula*, in ö. b. Z. 1897, p. 287; Form. in Ver. Brünn 1896 p. 63, 1897 p. 46. — Exsicc.: Orph. fl. gr. n. 729; Heldr. herb. norm. n. 682; Sint. it. thessal. n. 673; Dörfl. fl. gr. n. 226.

A collo pluricaulis; caulibus erectis vel adscendentibus, tetragonis, simplicibus vel parce ramosis, glabris, superne pedicellisque glanduloso-puberulis; foliis oppositis, petiolatis, glabris, tenuibus, laete viridibus, lyratis vel pinnatipartitis sectisve, segmentis acute dentatis vel incisis; panicula subpyramidata, subaphylla, cymis inferioribus plurifloris; pedicellis calyce brevioribus vel aequilongis; calycis glabri laciniis orbiculatis, late albo-marginatis; corolla luride purpurea; antheris inclusis; staminodio late orbiculato-reniforme, interdum retuso; capsula globosa, apiculata, calyce vix duplo longiore. — „Valde affinis formis pinnatisectis *S. heterophyllae*, pro cujus stirpe subalpina et alpina haberi posset, differt tamen colore laete viridi, foliis tenuius membranaceis, nec carnosis, lobis et dentibus saepius acutis, nec obtusis, caulibus non adeo fragilibus, capsula calycis proportione breviore" (Bois. fl. or. IV. p. 409), attamen in herbario interdum difficile diagnoscenda.

In rupestribus regionis alpinae et subalpinae. Epirus: mt. Papignon, Smolika (Bald.), pr. Janina (Form.), mt. Peristeri (Hal.); Thessalia: mt. Salatura pr. Chaliki (Sint.), pr. Koturi, Velitsena, mt. Baba pr. Krania (Form.), Ghavellu, Karava (Haussk.), Agrapha, Othrys, pr. Neraida (Form.), mt. Olympus (Orph.), Oeta (Heldr.); Aetolia: mt. Tymphrestus (Samar.), Korax (Tunt.); mt. Kiona (Hal.), Parnassus (Heldr.); Boeotia: pr. Larmes (Boissieu); Peloponnesus: mt. Olenos, pr. Megaspilaeon, mt. Chelmos, Kyllene, Taygetos (Heldr.), mt. Arachneon Argolidis (Sprun.). — Jun. Aug. ♃

×× Planta tota pube patula crispa glandulosa obsita.

12. **S. taygetea** Bois. diagn. IV. p. 68, Fl. or. IV. p. 406.

A collo pluricaulis; caulibus teretiusculis, fragillimis; foliis oppositis, petiolatis, triangulari-ovatis, cuneato-truncatis vel subcordatis, acutis, acute et subduplicatim dentatis, saepe lobatis; panicula abbreviata, aphylla, cymis breviter pedunculatis, 7—3 floris, summis unifloris; pedicellis calyce subaequilongis; calycis glabri laciniis orbiculatis, late membranaceo-marginatis; corolla virescenti-flavida; antheris inclusis; staminodio transverse latiore, reniforme; capsula globosa, apiculata, calyce subduplo longiore. — A praecedentibus indumento viscido et floribus flavidis distincta.

In fissuris rupium regionis inferioris mt. Taygetos pr. Mistra (Bois.). — Apr. ⚥ N. v.

b. Staminodium anguste lineare.

13. **S. canina** L. sp. p. 621; S. et S. pr. I. p. 436, non Fl. gr. t. 598, quae a Rchb. fl. germ. exc. certe erronee ad *S. lucidam* ducitur et sec. Bois. fl. or. IV. p. 403 ad *S. sphaerocarpam* probabiliter referenda est.; Pieri corc. fl. p. 84; Ch. et B. exp. p. 177, Fl. pelop. p. 40; Friedr. Reise p. 265, 269, 275 et 283; Ung. Reise p. 129; Raul. cret. p. 822; Bois. l. c. p. 419; Heldr. fl. ceph. p. 55, Fl. Aegina p. 382; Spreitz. in z. b. G. 1887 p. 665; Form. in D. bot. Mon. 1891 p. 26, in Ver. Brünn 1895 p. 34; Hal. Beitr. fl. Epir. p. 33, Beitr. fl. Thessal. p. 16; Haussk. symb. p. 171, cum v. *pallida* (f. colore subcaesio-viridi, inflorescentia vix glandulosa, corolla late flavido-marginata) et v. *dolopica* (f. foliorum segmentis brevibus, latiusculis, subobtusis, panicula angusta, magis glandulosa, cymis paucifloris, abbreviatis, capsula minore). — *S. bicolor* S. et S. pr. I. p. 437, Fl. gr. VI. p. 1 t. 602; Weiss in z. b. G. 1869 p. 745. — *S. chrysanthemifolia* Willd. hort. berol. t. 59. — *S. ramosissima* Urv. enum. p. 75; Haussk. symb. p. 171 pr. var. *S. caninae*; non Lois. fl. gall. II. p. 381; (f. caulibus a basi ramosissimis, ramis elongatis, intricatis). = *S. pyramidalis* Wydl. mon. scrof. p. 45; Marg. et R. fl. Zante p. 71. = *S. scoparia* Marg. et R. l. c. p. 24 et 71. — *S. pindicola* Haussk. symb. p. 172 (f. a basi intricato-ramosa, ramis tenuibus, foliorum infimorum bipinnatorum segmentis paucidentatis, foliis superioribus plerisque trisectis, segmento terminali elongato, foliis summis integris, corolla late flavido-marginata, capsula minore). — Exsicc.: Orph. fl. gr. n. 727; Sint. et Bornm. it. turc. n. 1384; Sint. it. thessal. n. 174, 674 et 1186; Baen. herb. europ. n. 9335; Dörfl. fl. aeg. n. 68.

Pluricaulis; caulibus erectis vel adscendentibus, rigidis, obtusangulis, simplicibus vel ramosis, glabris vel superne pedicellisque glandulosis; foliis plerisque oppositis, pinnatifidis vel pinnati-vel bipinnatisectis, inferioribus petiolatis, segmentis oblongis vel lanceolatis, dentatis vel integris, panicula elongata vel pyramidata, cymis semel vel pluries bifidis, laxe 9—3 floris; pedicellis calyce brevioribus; calycis glabri laciniis orbiculatis, late scariosis; corolla minuta, purpurea, lobis superioribus margine albidis; staminibus exsertis; staminodio anguste-lineari, rarius nullo; capsula globosa, apiculata. — Stirps quoad ramificationem et praesertim foliorum divisionem et laciniarum formam maxime polymorpha, sed inter omnes formas transitus observantur; ab omnibus praecedentibus floribus minutis et staminibus longe exsertis insignis.

In siccis, collibus, lapidosis regionis inferioris et montanae, frequens. Epirus: pr. Epheniades, Safikbi, Pruvilastro, Sadovica, mt. Micikeli,

Han Kanberga, in valle Dipotami, mt. Prosgoli (Form.), pr. Theodoriana, Kalarrytes (Hal.).; Thessalia: pr. Chaliki (Hal.), Malakasi, mt. Zygos, Ghavellu, pr. Sermeniko (Haussk.), Klinovo, ad monasterium Korona (Heldr.), Kastania, Vendista, Velitsena, Koturi, Spilia et Selicany in mt. Ossa, pr. Portaria, Volo (Form.), Lithochori in Olympo (Sint.); pr. Rachova ad radices mt. Parnassus (Hal.); Euboea (Ung).; Attica: pr. Athenas (Friedr.), Menidi (Pichl.), Piraeum (Heldr.), mt. Kerata, Pentelicon (Haussk.); insula Aegina, Poros (Friedr.), Syra (Urv.), Paros (Leon.); Peloponnesus (Sibth.): in Arcadia, Messenia, mt. Taygetos (Chaub.), pr. Misitra Laconiae (Friedr.); Creta (Sibth.); Zante: mt. Scopo (Marg.); Cephalonia: pr. Argostoli, Drapano, Pessada, Omala (Heldr.); Leucas: ad monasterium Hagios Georgios (Spreitz.); Corcyra (Pieri): pr. Spartilla (Baen.). — Mart. Jul. ♃

4. Gratiola L. gen. 29.

1. **G. officinalis** L. sp. p. 17; Dallap. prosp. p. 9; Ch. et B. fl. pelop. p. 1; Heldr. fl. ceph. p. 55; Hal. in ö b. Z 1896 p. 16; Bald. riv. coll. bot. Alb. 1896 p. 83; Form. in Ver. Brünn 1897 p. 47; Haussk. symb. p. 174. — Icon: Fl. dan. t. 363. — Exsicc.: Heldr. it. thessal. IV. a. 1885.

Glabra; rhizomate repente; caule erecto vel adscendente, simplici vel ramoso; foliis sessilibus, lanceolatis, integris vel serrulatis; floribus axillaribus, pedunculatis; calycis laciniis lanceolatis; corollae calyce 5 plo longioris tubo luteolo, limbo roseo, fauce intus barbata; capsula ovata, acuta, calyce aequilonga.

Ad fossas, in humidis rarissime. Epirus: pr. Kastriza, Lapsista (Bald.).; Thessalia: ad monasterium Korona in Pindo (Heldr.), pr. Palaeokastro (Leon.); Peloponnesus: pr. Philiatra (Gittard); Cephalonia (Dall.). — Jun. Aug. ♃

3. Tribus. **ANTIRRHINEAE** Chav. monogr. antirrh. p. 73.

5. Linaria Tourn. inst. t. 76.

Dispositio specierum.

1. Sectio. *Linariastrum* Chav. monogr. antirrh. p. 114. — Folia sessilia, penninervia, integra; capsula 4—10 valvulis vel dentibus apice dehiscens; semina oblonga vel reniformia vel angulosa, immarginata, aut discoidea, membranaceo-marginata.
 a. Semina angulato triquetra, immarginata.
  α. Corolla lutea, interdum coerulea variegata.
   × Perennes.
    ○ Calycis laciniae lanceolatae, acutae, immarginatae.
1. L. **dalmatica** (L.). 2. L. **genistifolia** (L.).
    ○ Calycis laciniae ovatae vel oblongae, obtusae, membranaceo-marginatae.
3. L. **peloponnesiaca** Bois. et Heldr.

×× Annua.
4. L. triphylla (L.).
β. Corolla alba vel purpurea.
5. L. chalepensis (L.). 6. L. purpurea (L.).
b. Semina oblonga, immarginata.
7. L. reflexa (L.).
c. Semina discoidea, plana, membranaceo-marginata.
α. Perennis; corolla majuscula, cum calcare 25—30 mm longa, flava.
8. L. vulgaris Mill.
β. Annuae; corolla parva, cum calcare 4—15 mm longa, violacea vel coerulescens, raro flava.
× Corolla cum calcare 12—15 mm. longa, intense violacea; seminum ala fimbriato-ciliata.
9. L. Pelisseriana (L.).
×× Corolla minuta, cum calcare 4—6 mm. longa, coerulescens vel flava; seminum ala non ciliata.
○ Corolla minuta, tubo calyce breviore, calcare subulato, corolla subaequilongo.
10. L. arvensis (L.). 11. L. parviflora (Jacq.)
○○ Corolla minima, calycem parum excedente, calcare brevissimo, conico.
12. L. micrantha (Cav.).

2. Sectio *Elatinoides* Chav. monogr. antirrh. p. 103. — Folia penninervia, saepius breve petiolata, dentata lobatave, interdum integra; capsula operculis binis circumsciasis latere dehiscens; semina ovata vel oblonga.
a. Semina reticulato-foveolata vel lacunosa; capsula membranacea.
13. L. spuria (L.). 14. L. Sieberi Rchb.
b. Semina tuberculata; capsula coriacea.
15. L. commutata Bernh. 16. L. cirrhosa (L).

3. Sectio. *Cymbalaria* Chav. monogr. antirrh. p. 98. — Folia palminervia, saepissime lobata, longe petiolata; capsula 6 valvulis apice dehiscens; semina oblonga.
a. Planta glaberrima.
17. L. cymbalaria (L). 18. L. longipes Bois. et Heldr.
b. Planta lana longa alba crispa villosa.
19. L. microcalyx Bois.

1. Sectio. *Linariastrum* Chav. mon. antirrh. p. 114.
a. Semina angulato-triquetra, immarginata.
α. Corolla lutea, interdum coeruleo-variegata.
× Perennes.
○ Calycis laciniae lanceolatae, acutae, immarginatae.

1. **L. dalmatica** L. sp. p. 616 (*Antirrhinum*); Mill. dict. n. 13; Raul. cret. p. 821; Bois. fl. or. IV. p. 376; Form. in Ver. Brünn 1895 p. 34. — *L. Smithii* Bois. et Orph. in Orph. fl. gr. n. 711. — Icon: Rchb. t. 65.

Glabra, simplex vel saepius paniculatim-ramosa, surculis sterilibus nullis; foliis alternis, ovato-lanceolatis lanceolatisve, semiamplexicaulibus racemis tandem elongatis, laxis; bracteis ovato-lanceolatis, pedicello brevioribus; calycis laciniis ovato-lanceolatis, corollae tubo subbrevioribus; corolla magna, sine calcare ad 1 cm longa, lutea, palato villoso, calcare recto, corolla breviore; capsula ovata, calyce subbreviore; seminibus ovatis, triquetris, muricato-rugosis.

β. **macedonica** Griseb. spic. II. p. 19; Heldr. in Sitzungsb. acad. wiss. Berl. 1883 p. 4; pro sp.; Fenzl in Tchih. as. min. II. p. 25. — *L. dalmatica* Haussk. symb. p. 174; Form. in Ver. Brünn 1895 p. 64; 1897 p. 47 v. *thessala*. — Calycis laciniae corollae tubo manifeste breviores; pedicelli longiores; corolla minor. — Exsicc: Heldr. it thessal. n. 51; Form. pl. gr. a. 1896; Sint. it. thessal. n. 998 et 998b.

In vinetis, apricis montanis. Epirus: mt. Micikeli (Form.); Euboea: mt. Dirphys (Sprun); Laconia: mt. Malevo pr. Platanos (Orph.); Creta (Linné). — β. Thessalia: pr. Kalabaka (Sint.), Pharsalus, Aivali (Haussk.), ad Phlambures et mt. Mitriza in mt. Chassia, pr. Patsios et Godaman in Olympo (Form.), mt. Pelion pr. Portaria (Heldr.). — Jun. Jul. ♃

2. **L. genistifolia** L. sp. p. 616 (*Antirrhinum*); Mill. dict. n. 14; Form. in D. bot. Mon. 1891 p. 26. — *L. dolopica* Form in Ver. Brünn. 1897 p. 47. — ? *L. dalmatica* v. *ramosissima* Haussk. symb. p. 174. — Icon: Jacq. fl. austr. t. 244. — Exsicc.: Orph. fl. gr. n. 714 (Thessalonica, f. *angustifolia*); Heldr. it. thessal. IVa. 1885 (f. *latifolia*); Sint. it. thessal. n. 1300 (f. *brevicalcarata*).

Glabra, paniculatim-ramosa, surculis sterilibus nullis; foliis alternis, lanceolatis vel oblongo-lanceolatis, sessilibus; racemis laxiusculis, virgatis; bracteis lanceolatis, pedicello longioribus; calycis laciniis lanceolatis, corollae tubum aequantibus; corolla mediocri, sine calcare ad 1 cm longa, lutea, palato barbato, calcare rectiusculo, corolla aequilonga vel breviore; capsula ovata, calyce subbreviore; seminibus ovatis, triquetris, muricato-rugosis. — Foliis angustioribus, pedicellis brevioribus et floribus fere duplo minoribus a praecedente distincta.

In vineis, dumosis regionis inferioris et montanae. Thessalia: ad monasterium Korona (Held.), pr. Vendista Kalabaka (Form.), pr. Portaria in mt. Pelion (Sint.). — Jun. Aug. ♃

OO Calycis laciniae ovatae vel oblongae, obtusae, membranaceo-marginatae.

3. **L. peloponnesiaca** Bois. et Heldr. diagn. ser. 2. III. p. 163; Hal. Beitr. fl. Epir. p. 33, in ö. b. Z. 1897 p. 324. — *L. Sibthorpiana* α. *peloponnesiaca* Bois. fl. or. IV. p. 378. — Exsicc.: Orph. fl. gr. n. 137; Heldr. herb. norm. n. 1462.

Glabra, pluricaulis, a collo surculos steriles edente; caulibus erectis vel adscendentibus, foliosis, simplicibus vel paniculato-ramosis; foliis alternis, anguste-linearibus, sessilibus; racemis confertifloris, oblongis, fructiferis parum elongatis; bracteis squamaeformibus; pedicellis glabris, calyce aequilongis vel sublongioribus; calycis glabri laciniis ovatis; corolla mediocri, pallide lutea, palato barbato, calcare rectiusculo, corollae aequilongo; capsula ovata, calyce 2—3 plo longiore; seminibus triquetris, minute tuberculatis. — Stirps ad 60 cm. alta et tunc saepius ramosa, sed in alpinis ad 10 cm. tantum alta et simplex. Surculi steriles, qui a Boissier negantur, saepe adsunt.

β. **parnassica** Bois. et Heldr. diagn. ser. 2. III. p. 164; Hal. in z. b. G. 1888 p. 761; pro sp.; Hal. in ö. b. Z. 1897 p. 324. — *Antirrhinum strictum* S. et S. pr. I p. 433 p. p. (cum et plantam orientalem et siculam = *L. strictam* Guss. pl. rar. p. 250, a nostra calycis laciniis lineari-lanceolatis longioribus, corolla majori palato intense luteo diversam, amplectit), Fl. gr. t. 594. — *L. Sibthorpiana* β *parnassica* Bois. fl. or. IV. p. 378; Heldr. in Sitzungsb. acad. Wiss. Berl. 1883 p. 6, chlor. Parn. p. 24; Form. in D. bot. Mon. 1891 p. 26; Bald. riv. coll. bot. Alb. 1896 p. 82; Haussk. symb. p. 175. — *L. Sibthorpiana* Form. in Ver. Brünn 1896 p. 63. — *L. olympica* Form. l. c. — Calycis laciniae oblongo-lineares pedicellisque pubescenti-glandulosi. — Exsicc.: Orph. fl. gr. n. 715 et 1009; Heldr. herb. norm. n 655; Bald. it. alb. epir. IV. n. 192; Sint. it. thessal. n. 920.

In herbidis lapidosis regionis montanae et alpinae. Epirus: in summis mt. Peristeri (Hal.); Achaia: mt. Kyllene (Heldr.); Arcadia: pr. Zatuna (Orph.); Laconia: mt. Malevo (Orph.), Taygetos (Heldr.); — β. Epirus: mt. Gamila distr. Zagorion (Bald.); Thessalia: pr. Malakasi (Sint.), mt. Zygos (Haussk.), Olympus (Orph.), Godaman (Form.), Ossa (Heldr.), Pelion (Form.); Eurytania: mt. Chelidoni (Heldr.); mt. Kiona (Hal.), Parnassus (Sprun.). — Jul. Aug. ♃

×× Annua.

4. **L. triphylla** L. sp. ed. 2. p. 852; Ch. et B. exp. p. 341, Fl. pelop. p. 39 (*Antirrhinum*); Mill. dict. n. 2; Urv. enum. p. 74; Friedr. Reise p. 269; Clem. sert. p. 71; Weiss in z. b. G. 1869 p. 744; Raul. cret. p. 821; Bois. fl. or. IV. p. 380; Haussk. symb. p. 175; Heldr. fl. Aegina p. 382. — Icon: Rchb. t. 63. — Exsicc.: Orph. fl. gr. n. 779; Heldr. herb. norm. n. 471, herb. dimorph. n. 39; Rev. pl. cret. n. 121; Dörfl. fl. gr. n. 467.

Glabra, 1 — pluricaulis, a collo surculos steriles edente; caulibus erectis, simplicibus vel parce breviterque ramulosis; foliis sessilibus, ovatis vel ellipticis, obtusis, surculorum oppositis, caulium ternatis; spica densiuscula, floribus sessilibus; calycis laciniis ovato-oblongis, obtusis; corolla lutea, lilacino vel coeruleo variegata, calcare leviter arcuato, corollae subaequilongo; capsula ovata, calyce aequilonga; seminibus triquetris, grosse reticulatis.

In arvis, vinetis, inter segetes regionis calidae. Attica: ubique cica Athenas; Corinthus, Acrocorinthus (Haussk.); Argolis: pr. Argos, Nauplia (Daenzer); insula Aegina (Friedr.), Melos (Urv.); Creta: pr. Canea (Raul.). — Febr. Maio. ☉

β. Corolla alba vel purpurea.

5. **L. chalepensis** L. sp. p. 617; S. et S. pr. I. p. 433; Ch. et B. exp. p. 175, Fl. pelop. p. 39; (*Antirrhinum*); Mill. dict. n. 12;

Marg. et R. fl. Zante p. 71; Friedr. Reise p. 269; Raul. cret. p. 821; Bois. fl. or. IV. p. 381; Heldr. fl. cephal. p. 55, Fl. Aegina p. 382; Bald. riv. coll. bot. alb. 1896 p. 62; Haussk. symb. p. 175. — Icon: Fl. gr. t. 592. — Exsicc.: Orph. fl. gr. n. 394; Dörfl. fl. gr. n. 475.

Glabra, 1 — pluricaulis, a collo surculos steriles edente; caulibus erectis, simplicibus vel parce ramosis; foliis sessilibus surculorum et caulinis inferioribus oblongis, oppositis, ceteris linearibus, alternis; racemo laxo; pedicellis calyce multo brevioribus; bracteis linearibus, pedicello longioribus; calycis laciniis linearibus, acutis, corollam aequantibus vel superantibus; corolla alba, calcare gracillimo, arcuato, corolla sesqui vel duplo longiore; capsula ovata, calyce acuto valde superata; seminibus triquetris, rugoso-scrobiculatis.

In arenosis, arvis, cultis regionis inferioris. Epirus: pr. Dodona, Kurenta (Bald.); Thessalia: pr. Volo (Heldr.); Euboea (Sprun.); Attica: pr. Athenas (Heldr.), Oropos (Orph.); Peloponnesus (Sibth.): pr. Nauplia (Haussk.), Phigalea (Chaub.); insula Aegina (Friedr.), Cyclades (Oliv.); Creta: pr. Canea (Raul.); Zante (Marg.); Cephalonia: pr. Drapano (Heldr.). — Mart. Maio. ⊙

6. **L. purpurea** L. sp. p. 613; S. et S. pr. I. p. 432 (*Antirrhinum*); Mill. dict. n. 5; Bois. fl. or. IV. p. 380. — Icon: Fl. gr. t. 589. —

Glabra, 1 — pluricaulis, a collo surculos steriles edente; caulibus erectis, foliosis, simplicibus vel fastigiatim paniculatis; foliis sessilibus, lineari-lanceolatis linearibusve, inferioribus et surculorum verticillatis, ceteris alternis; racemis densiusculis; pedicellis calyce aequilongis vel sublongioribus; bracteis linearibus, pedicello aequilongis vel brevioribus; calycis laciniis anguste lanceolatis, acutiusculis, corollae tubo brevioribus; corolla violacea, calcare arcuato, corollae tubo longiore; capsula globosa, retusa, calyce subtriplo longiore; seminibus triquetris, rugosis.

In Graecia (Sibth.), loco non notato. — Jun. Jul. ♃ N. v.

b. Semina oblonga, immarginata.

7. **L. reflexa** L. sp. ed. 2 p. 857; S et S. pr. I. p. 433; Ch. et B. exp. p. 176, Fl. pelop. p. 39; (*Antirrhinum*); Desf. fl. atl. II. p. 42; Bois. fl. or. IV. p. 380. — Icon: Fl. gr. t. 593. —

Glabra, multicaulis, a collo surculos steriles edente; caulibus diffusis, adscendentibus simplicibus vel parce ramosis; foliis sessilibus, ovatis vel oblongis, acutis, surculorum et inferioribus ternis, ceteris alternis; floribus ad axillas racemum pauciflorum, laxum, foliatum formantibus; pedicellis folio brevioribus vel aequilongis, demum arcuato-reflexis, elongatis, folio longioribus; calycis laciniis lanceolatis, acutis, corollae tubum subaequantibus; corolla coerulea vel albida, calcare gracili rectiusculo, corollae subaequilongo; capsula globosa, calyce breviore; seminibus subincurvis, profunde rugoso-foveolatis.

In agro Argolico (Sibth.). — Jan. Apr. ⊙ N. v.

c. Semina discoidea, plana, membranaceo-marginata.

α. Perennis; corolla majuscula, cum calcare 25—30 mm. longa, flava.

8. **L. vulgaris** Mill. dict. n. 1; Bois. fl. or. IV. p. 372; Heldr. fl. cephal. p. 55. — *Antirrhinum linaria* L. sp. p. 616; S. et S. pr. I. p. 434; Dallap. prosp. p. 86; Ch. et B. exp. p. 176, Fl. pelop. p. 39. — Icon: Fl. dan. t. 982.

Glabra vel inflorescentia pubescenti-glandulosa, 1 — pluricaulis, a collo surculos steriles edente; caulibus erectis, foliosis, simplicibus vel superne ramosis; foliis sessilibus, anguste lineari-lanceolatis, acutis; racemis densis; pedicellis calyce brevioribus; bracteis breviter lanceolatis, pedicellum superantibus; calycis laciniis triangulari-ovatis, corollae tubo multo brevioribus; corolla flava, palato aurantiaco, calcare rectiusculo subaequilongo; capsula ovata, calyce duplo longiore; seminibus marginatis, disco saepius tuberculatis.

In arvis, cultis, rarissime. Attica: pr. Ampelokipos (Heldr.); in agro Laconico (Sibth.); Cephalonia (Dallap.). — Jun. Aug. ♃ N. v.

β. Annuae; corolla parva cum calcare 4—15 mm. longa, violacea vel coerulescens, raro flava.

× Corolla cum calcare 12—15 mm. longa, intense violacea; seminum ala fimbriato-ciliata.

9. **L. Pelisseriana** L. sp. p. 615; S. et S. pr. I. p. 432; Fl. gr. t. 591; Sieb. avis p. 4, rem. p. 5; Ch. et B. exp. p. 176, Fl. pelop. p. 39 (*Antirrhinum*); Mill dict. n. 11; Urv. enum. p. 74; Friedr. Reise p. 276; Ung. Reise p. 129; Weiss in z. b. G. 1869 p. 745; Raul. cret. p. 821; Bois. fl. or. IV. p. 375; Gelmi in bull. soc. bot. it. 1889 p. 451; Hal. Beitr. fl. Epir. p. 33, in ö. b. Z. 1897 p. 77; Bald. riv. coll. bot. alb. 1896 p. 82; Haussk. symb. p. 175; Heldr. fl. Aegina p. 382, chlor. Mykon. p. 248. — *Antirrhinum saphirinum* Sieb. in Flora V. II. p. 639. — Exsicc.: Orph. fl. gr. n. 713; Sint. it. thessal. n. 506; Dörfl. pl. cret. n. 54.

Glabra 1—pluricaulis, a collo surculos steriles edente; caulibus gracilibus, erectis, simplicibus vel ramosis; foliis sessilibus, surculorum oblongis, verticillatis, caulinis remotis, alternis, anguste linearibus, acutis; floribus paucis, capitatis, tandem laxe racemosis; pedicellis calyce sublongioribus; bracteis linearibus, pedicello brevioribus; corolla violacea, calcari rectiusculo subaequilonga; capsula globosa, calyce breviore; seminibus marginatis, radiatim ciliatis, disco laeviusculis.

In herbidis regionis inferioris et montanae. Epirus: pr. Kalentini supra Arta (Hal.), mt. Cuka, pr. Janina (Bald.); Thessalia: pr. Vutades in Pindo tymphaeo (Sint.), monasterium Korona, Kalabaka (Haussk.); Sporadum insula Scopelos (Leon.); Euboea: pr. Kurbatzi (Willd.), mt. Dirphys (Ung.); Attica: pr. Athenas, mt. Pentelicon, insula Aegina (Heldr.); Argolis: peninsula Methana (Haussk.), pr. Poros (Friedr.), Astros (Orph.); Elis (Sibth.): in silva Kapellis pr. Lala (Reis.);

Messenia (Sibth.): pr. Pylos, Arcadia usque Messene (Chaub.); Cycladum insula: Tenos, Kythnos, Mykonos, Kimolos (Heldr.), Melos (Urv.); Creta: pr. Canea (Weiss), Nerokuru (Raul.), Males distr. Hierapetra (Leon.); Corcyra: pr. Signes (Gelmi). — Apr. Jul. ☉

    ×× Corolla minuta, cum calcare 4—6 mm. longa, coerulescens vel flava; seminum ala non ciliata.

    ○ Corolla minuta, tubo calyce breviore, calcare subulato, corolla subaequilongo.

10. **L. arvensis** L. sp. p. 614; S. et S. pr. I. p. 432; Ch. et B. exp. p. 175, Fl. pelop. p. 39 (*Antirrhinum*); Desf. fl. alt. II. p. 45; Bois. fl. or. IV. p. 375. — Icon: Rcbb. t. 62.

Glabra, in inflorescentia glandulosa, 1—pluricaulis, a collo surculos steriles edente; caulibus gracilibus, erectis, simplicibus vel ramosis; foliis sessilibus, linearibus, acutis, inferioribus verticillatis, superioribus alternis; floribus paucis, capitatis, tandem laxe racemosis; pedicellis calyce brevioribus; bracteis linearibus, pedicello sublongioribus; corolla lilacina, violaceo-striata, calcare subulato, curvato, fere angulum rectum cum tubo formante, corolla subaequilongo; capsula subglobosa, calycem excedente; seminibus marginatis, disco laevi vel minute punctulato.

In agris, campis incultis, arenosis regionis inferioris Peloponnesi (Sibth.): pr. Navarin (Chaub.). — Apr. Jun. ☉ N. v.

11. **L. parviflora** Jacq. ic. rar. III. t. 499, collect. IV. p. 204 (*Antirrhinum*). — *A. simplex* Willd. sp. III. p. 243. — *L. simplex* DC. fl. fr. III. p. 588; Weiss. in z. b. G. 1869 p. 744; Bald. riv. coll. bot. alb. 1896 p. 82; Haussk. symb. p. 175. — *L. arvensis* β. *flaviflora* Bois. fl. or. IV. p. 375. — Icon: Fl. gr. t. 590. — Exsicc.: Sint. it. thessal. n. 25.

Differt a praecedente corolla paullo majore, lutea, interdum violaceo-striata, calcare recto, seminibus saepius minute tuberculatis.

In herbidis, rupestribus regionis inferioris et montanae. Epirus: mt. Maria distr. Ljaskovik (Bald.); Thessalia: ad radices mt. Pelion pr. Volo (Heldr.), Agria (Sint.); Attica: ad Phalerum (Haussk.); Arcadia: ad radices mt. Chelmos pr. Planideri (Hald.); Cycladum insula Syra (Weiss). — Apr. Jun. ○

    ○○ Corolla minima, calycem parum excedente, calcare brevissimo, conico.

12. **L. micrantha** Cav. ic. I. p. 51 t. 59 (*Antirrhinum*); Spreng. syst. II. p. 793; Clem. sert. p. 7; Bois. fl. or. IV. p. 375; Haussk. symb. p. 175; Heldr. fl. Aegina p. 382. — *L. parviflora* Desf. fl. atl. II. p. 44, non (Jacq.). — *A. parviflorum* Willd. sp. III. p. 245, non Jacq. — Icon: Fl. gr. t. 587. — Exsicc.: Orph. fl. gr. n. 46; Heldr. herb. norm. n. 358; Dörfl. fl. gr. n. 468.

Glabra vel in inflorescentia plus minus glandulosa, 1—pluricaulis, a collo surculos steriles edente; caulibus erectis, simplicibus vel ramosis; foliis sessilibus, surculorum linearibus, caulinis oblongo-lanceolatis, acutis floribus paucis, capitatis, tandem laxe racemosis; pedicellis brevissimis; bracteis linearibus, pedicello multo longioribus; corolla coerulea, calcare conico brevissimo, fere angulum rectum cum tubo formante; capsula subglobosa, calycem excedente; seminibus marginatis, disco minute tuberculatis. — A praecedentibus forma foliorum, floribus minoribus brevissime pedicellatis, calcare gibbiformi distincta.

In arvis, Attica: pr. Athenas (Orph.), insula Aegina (Heldr.); Acrocorinthus (Haussk.); Euboea (Sprun.); insula Syra (Heldr.). — Febr. Apr. ☉

2. Sectio. *Elatinoides* Chav. mon. antirrh. p. 103.

a. Semina reticulato-foveolata vel lacunosa; capsula membranacea.

13. **L. spuria** L. sp. p. 613; S. et S. pr. I. p. 430; Pieri corc. fl. p. 83; Ch. et B. fl. pelop. p. 39 (*Antirrhinum*); Mill. dict. n. 15; Marg. et R. fl. Zante p. 71; Friedr. Reise p. 275; Clem. sert. p. 71; Raul. cret. p. 821; Bois. fl. or. IV. p. 366; Heldr. fl. cephal. p. 55; Bald. viagg. Creta p. 81; Form. in Ver. Brünn 1895 p. 34, 1896 p. 63, 1897 p. 47; Haussk. symb. p. 175. — Icon: Fl. dan. t. 913. — Exsicc.: Heldr. herb. norm. n. 656 et 866.

Villosa, multicaulis; caulibus prostratis, elongatis, subsimplicibus; foliis sessilibus vel brevissime petiolatis, ovatis, obtusis vel acutiusculis, integris vel subdentatis, basi rotundatis rarius cordatis; inferioribus oppositis, ceteris alternis; pedicellis axillaribus, villosis, patentibus, inferioribus folio brevioribus, superioribus eo longioribus; calycis villosuli laciniis ovato-oblongis, acutis, basi subcordatis; corollae hirtulae, flavae, labio superiore atroviolaceo, calcare incurvo, corollae aequilongo; capsula globosa, minutissime puberula; seminibus reticulato-foveolatis.

In arvis, vinetis, olivetis regionis inferioris. Epirus: pr. Prevesa, Ephemiades, Safikbi, mt. Prosgoli (Form.); Thessalia: pr. Han Tripa in valle Penei, Trikala, Pharsalus, Agria, Lechonia, Volo (Form.); Euboea: pr. Kastaniotissa (Heldr.); Attica: pr. Athenas, Phalerum (Heldr.); Peloponnesus (Chaub.): pr. Poros (Friedr.); Archipelagus (Sibth.); Creta: pr. Hagios Deka, Istovai in promontorio Sidero (Raul.), Gonia, Rustika (Bald.); Zante (Marg.); Cephalonia: pr. Drapano, Heno, Akoli (Heldr.); Corcyra (Pieri): pr. Alipu, Kanali, Stratia, Analypsis, Hagios Elias, Potamos, Kontokali (Form.). — Jun. Sept. ☉

14. **L. Sieberi** Rchb. fl. exc. p. 374; Haussk. symb. p. 175; Heldr. fl. Aegina p. 382, in ö. b. Z. 1898 p. 184, chlor. Thera p. 18, chlor. Mykon. p. 248. — *Antirrhinum elatine* S. et S. pr. I. p. 430; Sieb. avis p. 4, rem. p. 6; non L. sp. p. 612, quod statura graciliore, caulibus minus ramosis, indumento multo parciore, pedicellis glabris, floribus subminoribus discedit. — *L. lanigera* Link in Linn. IX. p. 577, non Desf. fl. atl. II. p. 38, quae foliis floralibus orbiculari-cordatis, non triangularibus nec hastatis et inflorescentia paniculata differt. — *A. lanigerum* Ch. et B. fl. pelop. p. 39, non Willd. sp.

III. p. 235. — *L. elatine* Friedr. Reise p. 263, non Mill. dict. n. 16. — *L. elatine v. lasiopoda* Vis. fl. dalm. II. p. 161; Weiss in z. b. G. 1869 p. 744 — *L. Prestandreae* Tin. in Guss. Syn. II. p. 842. — *L. elatine β. villosa* Bois. fl. or. IV. p. 367; Bald. in nuov. giorn. bot. ital. 1894 p. 99, viagg. Creta p. 81. — Exsicc.: Heldr. herb. norm. n. 656, 867 a et b.

Dense villosa, multicaulis; caulibus prostratis, elongatis, ramosis, rarius subsimplicibus; foliis breviter petiolatis, ovatis, obtusis vel acutiusculis, integris vel remote dentatis, saepe hastatis vel sagittatis, inferioribus oppositis, ceteris alternis; pedicellis axillaribus, glabris vel hirsutis, patentibus, folio axillari saepius multo longioribus; calycis dense villosi laciniis lanceolatis, acutis; corolla hirtula, albida, labio superiore violaceo, calcare subincurvo, corollae subaequilongo; capsula globosa, minutissime puberula; seminibus foveolato-lacunosis. — Indumento copiosiori, foliis hastatis, calycis laciniis angustioribus, basi non cordatis a praecedente distincta.

β. **bombycina** Bois. et Blanche diagn. ser. 2 III. p. 161, pro sp. — Tota lana crispa bombycina obducta, pedicellis saepe folio axillari brevioribus. — Intermediis ad typum transit. — Exsicc.: Rev. pl. cret. n. 120.

In locis aridis, campis, cultis regionis inferioris. Epirus: pr. Prevesa (Bald.); Thessalia: pr. Pharsalus (Haussk.); Attica: pr. Athenas Tatoi, Phaleron; insula Aegina, Corinthus (Heldr.); Argolis: peninsula Methana (Haussk.); Achaia: pr. Diakophto (Heldr.); Cycladum insula: Rhenea (Tunt.), Syra (Weiss), Naxos, Amorgos, Thera (Heldr.); Creta: pr. Kissamos, Canea (Rev.), Kladiso (Raul.), Armeni (Bald.); Corcyra (Friedr.). — Maio, Sept. ☉

b. Semina tuberculata; capsula coriacea.

15. **L. commutata** Bernh. in Rchb. ic. IX. p. 6 t. 815, Fl. exc. p. 373; Haussk. symb. p. 175. — *Antirrhinum graecum* Ch. et B. exp. p. 175 t 21, Fl. pelop. p. 39 t. 22. — *L. graeca* Chav. monogr. antirrh. p. 108; Vis. ill. alc. piante p. 11; Fraas fl. class. p. 189; Raul. cret. p. 821; Bois. fl. or. IV. p. 367; Hal. Beitr. fl. Epir. p. 33, Beitr. fl. Aetol. p. 9; Bald. in nuov. giorn. bot. ital. 1894 p. 99; Heldr. fl. Aegina p. 382, *f. gracilior*, foliis superioribus remotis, valde diminutis hastatis, pedunculis sublongioribus. — Huc forsan: *A. aegyptiacum* S. et S. pr. I. p. 431 non L. — Exsicc.: Heldr. pl. fl. hellen. a. 1885 et 1899.

Pilosa, multicaulis; caulibus prostratis, elongatis, simplicibus vel ramosis; foliis breviter petiolatis, inferioribus ovato-oblongis, oppositis, superioribus sensim diminutis, alternis, ovatis vel ovato-lanceolatis, hastatis; pedicellis axillaribus, glabris, patentibus, folio multo longioribus, apice plerumque inflexis; calycis hirti laciniis lanceolatis, acutis; corolla cum calcare 12—15 mm. longa, flavida vel coerulescenti, hirtula, calcare rectiusculo, corollae subaequilongo; capsula globosa, glabra.

β. **polygonoides** Rev. pl. cret. n. 119 pro var. *L. elatines.* — Glabra vel minutissime puberula.

In collibus herbidis, montosis, aridis, fruticetis. Epirus: pr. Kalentini supra Arta (Hal.); Thessalia: ad monasterium Korona, pr. Malakasi, Kalabaka, Pharsalus, Sophates, Karditza (Haussk.); Acarnania: pr. Agrinion (Hal.); Aetolia (Nied.); Attica: mt. Parnes, insula Aegina (Heldr.); Argolis (Fraas): peninsula Methana (Haussk.); Elis: pr. Lintzi (Heldr.); Laconia: pr. Kardamyle, Chimova (Chaub.); Creta: pr. Theriso, Platania, Akroteri (Raul.); Cycladum insula Rhenea (Parolini); Corcyra: pr. Spartilla (Bald.); — *β.* Creta: pr. Platania, Kissamos (Rev.). — Maio, Aug. ☉

16. **L. cirrhosa** L. mant. p. 249; S. et S. pr. I. p. 431; Ch. et B. fl. pelop. p. 39 (*Antirrhinum*); Dum. cours. bot. cult. II. p. 92; Raul. cret. p. 829; Bois. fl. or. IV. p. 368. — Icon: Jacq. hort. vind. t. 82.

Inferne pubescens, superne glabrescens, multicaulis; caulibus gracillimis, prostratis, elongatis, simplicibus vel ramosis; foliis parvis, petiolatis, inferioribus ovato-oblongis, oppositis, ceteris valde diminutis, alternis, triangulari- et lineari-lanceolatis, acutis, sagittatis; pedicellis axillaribus, capillaribus, glabris, patentibus, folio multo longioribus, apice cernuis; calycis glabri laciniis lineari-lanceolatis, acutis; corolla cum calcare 4—5 mm. longa, coerulescente, glabriuscula, calcare recto, corollae aequilongo; capsula globosa, glabra. — Habitu gracillimo, foliis lanceolato-sagittatis, corolla duplo minori, capsula minuta a praecedente distincta.

In planitie pr. Korone Messeniae (Chaub.) et in vineis Cretae (Sibth.). — Jun. Aug. ☉ N. v.

3. Sectio. *Cymbalaria* Chav. monogr. antirrh. p. 98.

a. Planta glaberrima.

17. **L. cymbalaria** L. sp. p. 612; S. et S. pr. I. p. 430; (*Antirrhinum*); Mill. dict. n. 17; Raul. cret. p. 821. — Icon: Fl. dan. t. 1220. — Exsicc.: Heldr. pl. fl. bellen. a. 1899.

Multicaulis; caulibus elongatis, filiformibus, diffusis, intricatis, ramosis; foliis longe petiolatis, cordato-reniformibus, 5—7 lobis, lobis late ovatis, obtusis vel acutiusculis, mucronatis; pedicellis axillaribus, folio aequilongis vel longioribus; calycis laciniis lineari-lanceolatis, acutis, corollae subtriplo brevioribus; corolla violacea, palato flavo, calcare subcurvato, tubo corollae breviore; capsula subglobosa; seminibus rugosis.

In muris, inter saxa. Arcadia: pr. Andrizena (Heldr.); Laconia (Sibth.); Creta: inter Platania et Canea, pr. Dramya, Retymo (Raul.); loca nonnula forsan ad sequentem pertinent. — Maio, Oct. ♃

18. **L. longipes** Bois. et Heldr. diagn. XII. p. 40, Fl. or. IV. p. 365; Heldr. in ö. b. Z. 1877 p. 157; Haussk. symb. p. 175. — *L. cymbalaria v. Sieberi* Chav. monogr. antirrh. p. 99. — *L. cym-*

balaria Friedr. Reise p. 273, non L. — Exsicc.: Heldr. pl. fl. hell. a. 1876 et 1878, herb. norm. n. 964.

Differt a praecedente foliis infimis integris, ceteris minus profunde 3—5 lobatis, lobis obtusissimis, calycis laciniis minutis, oblongis, obtusis, corollae tubo multo brevioribus, calcare corollae saepius parum breviore; sed formae intermediae, uti specimina in Heldr. herb. norm. n. 964 distributa docent, adesse videntur.

In rupibus maritimis. Attica: insula Salamis et Mikra Kyra Pharmacusarum (Heldr.); Argolis: pr. Vromolimni in peninsula Methana (Heldr.); Creta (Sieb.). — Febr. Maio. ♃

b. Planta lana longa alba crispa villosa.

19. **L. microcalyx** Bois. diagn. IV. p. 72, Fl. or. IV. p. 365; Hal. in ö. b. Z. 1897 p. 324. — *Antirrhinum pilosum* Ch. et B. exp. p. 175, Fl. pelop. p. 39, sec. Bois. l. c.; non L., quod indumento saepius breviori, foliorum lobis numerosioribus, mucronatis, calycis minuti pilosi laciniis lanceolatis, duplo longioribus, corolla minore puberula distinguitur. — Huc forsan: *L. pilosa* Spreitz. in z. b. G. 1887 p. 665, vix DC. — Orph. fl. gr. n. 712; Dörfl. fl. aeg. n. 39.

Multicaulis; caulibus diffusis, filiformibus, valde intricatis, ramosis; foliis longe petiolatis, cordato-orbiculatis, 3—5 lobis, lobis obtusissimis; pedicellis axillaribus, folio longioribus; calycis laciniis minutis, ovatis, obtusis, corollae tubo multo brevioribus; corolla glabra, violacea, palato aurantiaco, calcare recto, corolla dimidio breviore.

In fissuris rupium regionis montanae inferioris et alpinae. Elis: mt. Olenos (Heldr.); Laconia: mt. Malevo pr. Platanos (Orph.), mt. Taygetos pr. Mistra, pr. Gortys (Chaub.); Cyladum insula: Naxos in mt. Dia (Chaub.), Amorgos in mt. Hagios Elias (Leon.); Cephalonia: mt. Aenos (Griseb.); Leucas: cap Zuana (Spreitz.). — Mart. Jul. ♃

Obs. Quid sit *L. monspeliensis* Friedr. Reise p. 266 (pr. Athenas) nescio.

6. Chaenorrhinum DC. fl. fr. V. p. 410.

a. Semina costata costis muricatis.

1. **C. rubrifolium** Rob. et Cast. in DC. fl. fr. V. p. 410; Bois. fl. or. IV. p. 383 (*Linaria*); Willk. et Lange pr. fl. hisp. II. p. 578. — Icon: Mor. fl. sard. t. 101. — Exsicc.: Heldr. pl. fl. hellen. a. 1878.

Glanduloso-pilosum; caule erecto, fere a basi ramoso; foliis subtus purpurascentibus, infimis oppositis, breviter petiolatis, ovatis, ceteris alternis, sessilibus, oblongis vel oblongo-linearibus; racemis laxissimis, paucifloris; pedicellis, calyce 3—4 plo longioribus, erecto-patulis; calycis laciniis lineari-spathulatis, obtusis, capsula longioribus; corolla pubescente, violascente, calcare recto, acuto, corolla duplo breviore; capsula ovato-globosa.

In collibus aridis, saxosis regionis inferioris et montanae, rarissime. Attica: mt. Pentelicon (Sprun.), pr. Pikermi, mt. Hymettus, insula Salamis (Heldr.). — Apr. Maio. ☉

b. Semina costata, costis laevibus.

2. C. minus L. sp. p. 617; S. et S. pr. I. p. 431 (*Antirrhinum*); Willk. et Lange pr. fl. hisp. II. p. 577. — *L. minor* Desf. fl. atl. II. p. 46; Bois. fl. or. IV. p. 383; Hal. in ö. b. Z. 1892 p. 375, Beitr. fl. Epir. p. 33, Beitr. fl. Thessal. p. 16, in ö. b. Z. 1897 p. 324; Form. in Ver. Brünn 1895 p. 34; Bald. riv. coll. bot. Alb. 1895 p. 59, 1896 p. 82; Haussk. symb. p. 175. — Icon: Fl. dan. t. 502. — Exsicc.: Sint. et Bornm. it. turc. n. 1389.

Glanduloso-pilosum; caule erecto, saepe a basi ramoso; foliis sessilibus, lanceolatis linearibusve, obtusiusculis, fere omnibus alternis; racemis laxissimis, paucifloris, pedicellis calyce 2—3 plo longioribus, patulis; calycis laciniis lineari-spathulatis, capsula sublongioribus; corollae pubescentis, violaceae lobis labii superioris divaricatis, calcare conico, corolla duplo breviore; capsula ovata.

In arenosis, cultis, herbidis praesertim montanis. Epirus: pr. Panagia, Safikbi, in valle Dipotami (Form.), mt. Murga, pr. Cepelovon distr. Zagorion (Bald.), mt. Tsumerka, Peristeri (Hal.); Thessalia: mt. Oxya (Hal.), ad monasterium Korona (Haussk.), Hagios Dionysios in Olympo (Sint.); Aetolia: mt. Korax (Tunt.); mt. Parnassus (Sprun.). — Jun. Sept. ☉

3. C. litorale Bernh. in DC. fl. pr. V. p. 410 (*Antirrhinum*); Fritsch exc. p. 494. — *Linaria litoralis* Willd. en. hort. berol. p. 641; Haussk. symb. p. 175. — Exsicc.: Hal. it. gr. sec. a. 1893.

Praecedenti proximum, sed robustius, caulibus crassioribus, etiam pedalibus et paulo ultra, ramis magis strictis, pedunculis abbreviatis, et saepe calyce ipso brevioribus, rarius sublongioribus, corolla submajore, pallidiore, lobis labii superioribus parallelis.

In incultis, herbidis montanis. Epirus: pr. Kalarrytes (Hal.); Argolis: in peninsula Methana (Haussk.). — Jun. Sept. ☉

7. Antirrhinum L. gen. n. 750.

a. Annua; capsula calyce brevior; semina compressa, marginata, dorso laevia, carinata, ventre sulcata et ad marginem sulci crenulata.

1. A. orontium L. p. p. 617; S. et. S. pr. I. p. 435; Pieri corc. fl. p. 83; Friedr. Reise p. 273; Fraas fl. class. p. 188; Weiss in z. b. G. 1869 p. 744; Bois. fl. or. IV. p. 385; Heldr. fl. cephal. p. 55, chlor. Thera p. 18, chlor. Mykon. p. 248; Bald. riv. coll. bot. alb. 1896 p. 83; Haussk. symb. p. 174; Hal. in ö. b. Z. 1897 p. 97. — Icon: Fl. dan. t. 941. — Exsicc.: Sint. it. thessal. n. 675.

Glabriusculum, superne glanduloso-pilosum; caule erecto, simplici vel parce ramoso; foliis subpetiolatis, margine revolutis, inferioribus oppositis, oblongo-lanceolatis lanceolatisve, superioribus alternis, linearibus; floribus axillaribus, in racemum spiciformem laxissimum dispositis; pedicellis brevissimis; calycis longe albo-pilosi laciniis linearibus, corollam purpuream glabriusculam aequantibus vel superantibus; capsula ovata, pilosa. — Variat foliis angustioribus et latioribus, corollae magnitudine, sed *A. calycinum* Lam. enc. IV. p. 365 = *A. orontium β. grandiflorum* Chav. mon. p. 89 t. 4 a Raul. cret. p. 821 in Creta et a Heldr. fl. Aegina p. 382 in insula Aegina indicatum, typice (corolla magna, speciosa, calycem manifeste excedente) in ditione non provenit.

In collibus aridis, rupestribus, cultis, vinetis regionis inferioris. Epirus: ad Kurenta distr. Janina (Bald.); Thessalia: pr. Malakasi (Sint.), Klinovo, Korona (Haussk.); Aetolia: mt. Chalkis ad sinum Patranum (Hal.); Attica: pr. Athenas, in colle Lycabettus, insula Aegina (Heldr.); insula Poros (Friedr.); Sporadum insula Skopelos (Leon.); Cycladum insula: Tenos (Weiss), Rhenea (Tunt.), Kimolos, Thera (Heldr.); Cephalonia: pr. Drapano, in oropedio Omala (Heldr.); Corcyra (Pieri); Creta: pr. Khalepa, Nerokuru, Kephala, Istovai (Raul.). — Mart. Jun. ☉

b. Perennia; capsula calyce longior; semina non compressa, nec marginata, undique foveolato-cristata.

2. **A. majus** L. sp. p. 617; S. et S. pr. I. p. 434; Pieri corc. fl. p. 83; Ch. et B. exp. p. 176, Fl. pelop. p. 39; Fraas fl. class. p. 188; Raul. cret. p. 821; Bois. fl. or. IV. p. 385. — Icon: Rchb. t. 58. — Exsicc.: Heldr. et Hal. fl. aeg. a. 1889.

Basi tortuoso-ramosum, saepe lignescens, caulibus erectis, crebre foliatis, simplicibus vel parce ramosis, inferne glabris, superne pedicellis calycibusque glanduloso-pubescentibus; foliis oppositis, subternis vel alternis, oblongo-lanceolatis linearibusque, glabris; racemo densifloro, fructifero laxe elongato; pedicellis calyce brevioribus; calycis laciniis ovatis, obtusis, corollae tubo multo brevioribus; corolla violaceo-purpurea, ampla, pubescente, palato flavescente; capsula oblique ovato, glandulosopubescente.

β. **angustifolium** Chav. monogr. antirrh. p. 86; Bois. fl. or. IV. p. 385; Haussk. symb. p. 174. — Folia anguste linearia, margine interdum revoluta. — Exsicc.: N. v.

Ad muros vetustos, rupes regionis inferioris. Attica (Fraas); Laconia (Sibth.); in Maina (Chaub.); insula Hydra: ad muros coenobii Profetae Elias subsponte (Heldr.); Cyladum insula Tenos (Chaub.); Corcyra (Pieri); — *β*. Argolis: pr. Nauplia (Haussk.); Cycladum insula Andros (Sart.); Creta: in faucibus mt. Icari pr. Candia (Heldr.). — Mart. Sept. ♃

3. **A. siculum** Ucria pl. ad Linn. op. add. in Roem. arch. bot. I. p. 69; Raul. cret. p. 822.

Basi tortuoso-ramosum, lignescens; caulibus erectis, crebre foliatis, simplicibus vel ramosis, inferne glabris, superne pedicellis calycibusque glanduloso-pubescentibus; foliis oppositis ternisve, lineari-lanceolatis linearibusque, glabris; racemo laxo, fructifero valde elongato; pedicellis calyce brevioribus vel subaequilongis, fructiferis elongatis, capsula subaequilongis; calycis laciniis ovato-lanceolatis, acutiusculis, corollae tubo triplo brevioribus; corolla albida vel lutescente, mediocri, pubescente; capsula oblique ovata, glanduloso-pubescente. — Praecedenti simile, ab eo racemo laxo, floribus fere dimidio minoribus, flavidis, suaveolentibus et calycis laciniis acutiusculis discedit.

In collibus saxosis Cretae: pr. Samaria (Heldr.). — Mart. Sept. ♃

Obs. *A. asarina* L. sp. p. 612, a Fraas fl. class. p. 189 ex confusione quadam pr. Lamia indicatur. — *A. altissimum* Sieb. avis p. 5 e Creta, species ignota est. — *A. bellidifolium* L. sp. p. 617; Ch. et B. fl. pelop. p. 39; = *Anarrhinum bellidifolium* Desf. fl. atl. II. p. 51, „ex schedula mendaci Gittardi in Peloponneso erronee indicatur," cf. Bois. fl. or. IV. p. 363.

4. Tribus. **DIGITALEAE** Benth. in DC. pr. X. p. 448, sensu ampl.

8. Digitalis L. gen. n. 758.

a. Corollae tubus abrupte inflatus, subglobosus, lobo medio labii inferioris aequilongus vel sublongior.

α. Calycis laciniae oblongae, obtusae.

1. **D. ferruginea** L. sp. p. 622; S. et S. pr. I. p. 439, Fl. gr. t. 606; Fraas fl. class. p. 189; Bois. fl. or. IV. p. 429; Heldr. chlor. Parn. p. 24; Form. in D. bot. Monat. 1891 p. 26, in Ver. Brünn 1896 p. 64, 1897 p. 47; Hal. Beitr. fl. Thessal. p. 16, Beitr. fl. Achaia p. 27; Bald. riv. coll. bot. Alb. 1895 p. 59; Haussk. symb. p. 174. — Exsicc.: Orph. fl. gr. n. 40 et 1164; Heldr. herb. norm. n. 239; Sint. it. thessal. n. 1189.

Caule erecto, glabro, simplici, in racemum densiflorum vel laxiusculum abeunti; foliis oblongo-lanceolatis vel lanceolatis, integris vel obscure repandis, glabris vel ad margines et subtus parce puberulis, inferioribus in petiolum attenuatis, superioribus sessilibus; calycis glabri laciniis oblongis, obtusis, late scarioso-marginatis; corollae glanduloso-pubescentis, fulvae, ferrugineo-reticulatae lobis superioribus abbreviatis, rotundatis, lateralibus brevibus, acutis, inferiore elongato, oblongo, integro vel obscure trilobo, intus villoso.

In silvaticis regionis montanae et subalpinae. Epirus: pr. Syraku ad radices mt. Peristeri (Bald.); Thessalia: pr. Chaliki, mt. Baba (Haussk.), Oxya (Hal.), Koturi, Velitsena, Vendista, mt. Zygos, Ghavellu in Pindo, mt. Godaman in Olympo (Form.); Phthiotis: in valle fl. Sperchius (Fraas); mt. Parnassus (Sibth.); Euboea: mt. Dirphys (Heldr.); Peloponnesus: mt. Olenos, Kyllene (Hal.), Malevo (Orph.), Taygetos (Fraas). — Jul. Aug. ♃

β. Calycis laciniae lanceolatae, acutae.

2. **D. laevigata** W. et K. pl. rar. hung. II. p. 171 t. 158; Ch. et B. exp. p. 178, Fl. pelop. p. 40; Bois. fl. or. IV. p. 430; Heldr. in Sitzungsb. acad. Wiss. Berlin 1883 p. 4, chlor. Parn. p. 24; Hal. Beitr. fl. Epir. p. 33; Bald. in nuov. giorn. bot. ital. 1894 p. 99, riv. coll. bot. Alb. 1896 p. 83; Haussk. symb. p. 174; Form. in Ver. Brünn 1897 p. 47. — Exsicc.: Orph. fl. gr. n. 41; Heldr. herb. norm. n. 445, it. thessal. n. 25; Sint. et Bornm. it. turc. n. 1382.

Caule erecto, glabro, simplici, in racemum elongatum laxum abeunti; foliis oblongo-lanceolatis vel lanceolatis, integris, glabris, inferioribus in petiolum attenuatis, superioribus sessilibus; calycis glabri laciniis lanceolatis, acutis vel acuminatis, margine subscariosis; corollae glanduloso-puberulae, fulvae, purpureo-venosae lobis superioribus et lateralibus brevibus, inferiore elongato, oblongo, repando, intus barbato.

In silvaticis regionis montanae et subalpinae. Epirus: mt. Vratedon distr. Zagorion, pr. Vutzindro (Bald.), Kalarrytes (Hal.); Thessalia: mt. Oxya, Karava, in oropedio Neuropolis (Haussk.), mt. Agrapha, Othrys (Form.), mt. Olympus, Pelion (Heldr.); Phocis: mt. Parnassus (Heldr.); Peloponnesus: mt. Kyllene, Malevo (Orph.), Taygetos (Chaub.). — Jun. Jul. ♃

3. **D. lanata** Ehrh. Beitr. VII. p. 153; Bois. fl. or. IV. p. 430; Heldr. chlor. Parn. p. 24; Hal. Beitr. fl. Epir. p. 33; Form. in Ver. Brünn 1895 p. 34; Bald. riv. coll. bot. Alb. 1896 p. 83; Haussk. symb. p. 174, *v. abbreviata* (f. inflorescentiae indumento breviori, corollae lobo inferiore abbreviato). — Exsicc.: W. et K. pl. rar. hung. t. 74. — Exsicc.: Orph. fl. gr. n. 726 (Macedonia); Hal. it. gr. II. a. 1893.

Caule erecto, glabro, apice lanato, in racemum densum vel laxum, interdum ramulosum abeunti; foliis oblongo-lanceolatis vel lanceolatis, integris vel subrepandis, glabris vel ciliatis, inferioribus in petiolum attenuatis, superioribus sessilibus; calycis lanati laciniis lanceolatis, acutis, margine non scariosis; corollae glanduloso-villosae, pallide fusco-coerulescentis, ferrugineo-reticulatae lobis superioribus et lateralibus brevibus, inferiore elongato, ovato vel oblongo, albido.

In dumosis regionis inferioris et montanae. Epirus: pr. Prevesa (Form.), Kalentini supra Arta (Hal.), mt. Gamila distr. Zagorion (Bald.); Thessalia: pr. Karditza (Haussk.); mt. Parnassus (Sprun.). — Jun. Jul. ♃

b. Corollae tubus late campanulatus, lobis omnibus brevibus.

4. **D. ambigua** Murr. pr. stirp. gotting. p. 62; Bald. riv. coll. bot. Alb. 1895 p. 59; Form. in Ver. Brünn 1896 p. 64, 1897 p. 47; Haussk. symb. p. 174, *v. obtusioba* Neilr. fl. Niederöst. p. 547 = *D. grandiflora v. obtusiflora* Koch. syn. p. 518 (f. lobis labii inferioris obtusis). — *D. ochroleuca* Jacq. fl. austr. I. p. 36, Fl. austr. t. 57 (f. lobis labii inferioris acutis). — *D. grandiflora* Lam. fl. fr. II. p. 332; Bois. fl. or. IV. p. 432; Heldr. in Sitzungsb. acad. Wiss.

Berlin 1883 p. 4; Hal. Beitr. fl. Epir. p. 33. — Exsicc.: Orph. fl. gr. n. 754; Heldr. fl. thessal. n. 31.

Caule erecto, simplici, puberulo, superne glanduloso, in racemum laxum, secundum abeunte; foliis oblongis oblongo-lanceolatisve, denticulatis, supra glabris, subtus parce puberulis, inferioribus in petiolum attenuatis, superioribus sessilibus; calycis glanduloso-puberuli laciniis lanceolatis, acutiusculis, non scarioso-marginatis; corolla ochroleuca, glanduloso-puberula, labio superiore brevissimo, late emarginato, lobis labii inferioribus acutis vel obtusis, intermedio majore.

In silvaticis, dumosis regionis montanae et subalpinae. Epirus: mt. Strungula (Hal.); Thessalia: ad monasterium Korona, in oropedio Neuropolis in Pindo dolopico (Haussk.); mt. Oxya, Chassia (Form.), mt. Olympus (Orph.), Pelion (Heldr.). — Jun. Jul. ♃

c. Corollae tubus tenuiter cylindricus, lobis omnibus brevibus.

5. **D. lutea** L. sp. p. 622; S. et S. pr. IV. p. 439. — Icon: Jacq. hort. vindob. II. t. 105.

Caule erecto, simplici, glabro vel apice parce glanduloso-puberulo, in racemum densiusculum secundum abeunte; foliis oblongis vel oblongo-lanceolatis, denticulatis, glabris vel ciliatis, subtus interdum parce puberulis, inferioribus in petiolum attenuatis, superioribus sessilibus; bracteis inferioribus corolla, superioribus calyce brevioribus; calycis laciniis lanceolatis, acutis, emarginatis, glanduloso-ciliatis; corollae ochroleucae, glabriusculae, tubo subventricoso, lobo infimo ceteris dimidio longiore.

In Arcadia (Sibth.), sine loci specialis indicatione; a recentioribus non lecta. — Jun. Jul. ♃

6. **D. viridiflora** Lindl. mon. p. 21 t. 18. — Exsicc.: Sint. it. thessal. n. 963; Orph. fl. gr. n. 725 (mt. Corfiati Macedoniae).

Tota glanduloso-pubescens; caule erecto, simplici, in racemum densiusculum abeunte; foliis oblongis vel ovato-lanceolatis, denticulatis, inferioribus in petiolum attenuatis, superioribus sessilibus; bracteis inferioribus corolla, superioribus calyce longioribus; calycis laciniis lanceolatis, acutis, emarginatis; corollae lutescenti-virentis, viscoso-pubescentis, tubo vix ventricoso, lobis patentibus, parum inaequalibus. — Species a praecedente optime distincta.

In mt. Tragopetra pr. Malakasi Thessaliae (Sint.). — Jul. Aug. ♃

9. Sibthorpia L. gen. n. 775.

1. **S. africana** L. sp. p. 631; Raul. cret. p. 822; Bois. fl. or. IV. p. 428; Heldr. in Sitzungsb. acad. Wiss. Berlin 1883 p. 3. — *S. europaea* S. et S. pr. I. p. 439, II. p. 359; Sieb. in Flora I. p. 276; non L., quae differt floribus minoribus, corolla carneola, calycem vix excedente, ovario cum stylo basi barbatis. — *Disandra africana* Camb. enum. pl. bal. p. 117 t. 9. — Exsicc.: Heldr. it. thessal. n. 32.

Caespitosa, hispidula; ramis teneris, filiformibus, prostratis radicantibus; foliis longe petiolatis; orbiculatis, 7—9 crenatis; pedicellis axillaribus, petiolum aequantibus vel superantibus; calycis laciniis triangularibus, acutis; corollae flavae laciniis ovatis, calyce subduplo longioribus; antheris corollam subaequantibus; stylo glabro; capsula depresse globosa, calyce breviore.

Ad rivulos, in rupibus irrigatis, inter muscos regionis montanae, rare. Thessalia: mt. Pelion (Hawkins); Laconia: ad Hagios Petros (Bois.); Creta (Hawkins): in castanetis pr. Enneachoria (Heldr.), Vrisinas (Raul.), Serisso (Sieb.). — Jun. Sept. ♃

10. Veronica L. gen. n. 25.

Dispositio specierum:

A. Radix perennis.

1. Sectio. *Pseudolysimachium* Koch syn. p. 527. — Racemi terminales; corollae tubus latitudine sua longior.

    1. V. longifolia L.   2. V. spicata L.

2. Sectio. *Chamaedrys* Koch syn. p. 524. — Racemi axillares, oppositi vel rarius alterni; corollae tubus brevissimus.

  a. Capsulae valvulae columnae placentiferae arcte cohaerentes.
    α. Caulis pilosus; capsula cuneata, ovata vel orbiculata.
      × Caulis elongatus.
        ○ Capsula basi cuneata.
          . Folia parva, circa 1 cm. longa, oblonga vel linearia, integra, revoluta.

          3. V. thymifolia S. et S.

          .. Folia majuscula, ovata vel elliptica, dentata, margine non revoluta.

      4. V. officinalis L.   5. V. chamaedrys L.
      ○○ Capsula basi rotundata.
        . Capsula calyce duplo longior.

          6. V. latifolia L.

        .. Capsula calyce aequilonga.
        , Folia indivisa.

        7. V. teucrium L.   8. V. austriaca L.
        ,, Folia pinnatisecta.

          9. V. multifida L.

      ×× Caulis brevissimus, fere subnullus.

        10. V. aphylla L.

    β. Caulis glaberrimus; capsula transverse latior.

        11. V. scutellata L.

  b. Capsulae valvulae demum bipartitae, altera vel utraque a columna placentifera secedens.
    α. Folia sessilia, acuta.

      12. V. anagallis L.   13. V. anagalloides Guss.

    β. Folia petiolata, obtusa.

      14. V. beccabunga L.

3. Sectio. *Veronicastrum* Benth. in DC. pr. X. p. 479. — Racemi terminales; corollae tubus brevissimus.

a. Caules herbacei; folia integra vel crenulata; capsula basi rotundata.
  15. **V. balcanica** Vel.   16. **V. serpyllifolia** L.
b. Caules basi lignosi; folia acute dentata; capsula cuneata.
  17. **V. thessalica** Benth.
B. Radix annua.
  4. Sectio. *Alsinebe* Griseb. spic. II. p. 23. — Flores in racemum terminalem dispositi vel axillares solitarii.
  a. Semina plano-biconvexa, facie plus minus manifeste umbilicata.
    α. Pedicelli calyce 3—4 plo longiores.
      18. **V. acinifolia** L.
    β. Pedicelli calyce breviores.
      × Folia pinnatifida.
        19. **V. verna** L.
      ×× Folia indivisa, crenata.
      20. **V. arvensis** L.   21. **V. Sartoriana** Bois. et Heldr.
  b. Semina cyathiformia.
    α. Folia floralia saltem superiora bracteiformia.
      × Folia dentata.
        ○ Pedicelli calyce 2 — multo longiores.
          . Planta crispule et breviter pubescens.
    22. **V. glauca** S. et S.   23. **V. Chaubardi** Bois. et Reut.
          .. Planta patule glanduloso-pilosa.
            24. **V. peloponnesiaca** Bois. et Orph.
        ○○ Pedicelli calyce breviores vel parum longiores.
            25. **V. praecox** All.
      ×× Folia palmatisecta.
            26. **V. triphyllos** L.
    β. Folia floralia omnia caulinis conformia.
      × Folia ovata, crenato-dentata; capsulae loculi 4—10 spermi; semina minora ovalia.
        ○ Capsula elevatim reticulato-venosa, lobis divaricatis.
            27. **V. persica** Poir.
        ○○ Capsula laevis vel tenuiter reticulata, lobis non divaricatis.
          28. **V. agrestis** L.   29. **V. didyma** Ten.
      ×× Folia suborbiculata, 3—9 loba; capsulae loculi 1—2 spermi; semina magna, subglobosa.
        30. **V. cymbalaria** Bodard.   31. **V. hederifolia** L.

A. Radix perennis.

1. Sectio. *Pseudolysimachium* Koch syn. p. 527. — Racemi terminales; corollae tubus latitudine sua longior.

1. **V. longifolia** L. sp. p. 10; Bois. fl. or. IV. p. 455. — *V. spuria* S. et S. pr. I. p. 5, non L. (teste Bois. l. c.). — Icon: Rchb. t. 93. —

Breviter pubescens; caulibus elatis, strictis, racemis terminalibus, densiusculis, paniculatis; foliis breviter petiolatis, oppositis, ternis quaternisve, a basi ovata vel cordata lanceolatis, acuminatis, argute duplicato-serratis; calycis laciniis acutis; corolla coerulea; capsula obcordato-rotundata, turgida glabra.

In locis humidiusculis Arcadiae (Bois.) et Laconiae (Sibth.); a recentioribus non lecta et ulterius inquirenda. — Jul. Aug. ♃ N. v.

2. **V. spicata** L. sp. p. 10; S. et S. pr. I. p. 6; Pieri corc. fl. p. 2; Ch. et B. exp. p. 15, Fl. pelop. p. 1; Mazz. in ant. ion. II. p. 444; Bois. fl. or. IV. p. 455. — ? *V. australis* Schrad. comm. p. 24; Mazz. l. c. p. 442. — Icon: Fl. dan. t. 52. —

Plus minus tomentella, canescens; caulibus erectis vel adscendentibus, racemis solitariis vel pluribus, densis; foliis oppositis, petiolatis, crenatis, apice integris, inferioribus ovatis, obtusis, superioribus lanceolatis; calycis laciniis oblongis, obtusiusculis; corolla coerulea; capsula obcordato-rotundata, turgida, puberula.

In pascuis siccis. Laconia (Sibth.); Messenia: inter Gargaliano et Philatra (Chaub.); Corcyra (Pieri): pr. Afiona et Messongi (Mazz.); a recentioribus non lecta. — Jul. Aug. ♃ N. v.

2. Sectio. *Chamaedrys* Koch syn. p. 524. — Racemi axillares, oppositi vel rarius alterni; corollae tubus brevissimus.

a. Capsulae valvulae columnae placentiferae arcte cohaerentes.

α. Caulis pilosus, capsula cuneata, ovata vel orbiculata.

× Caulis elongatus.

○ Capsula basi cuneata.

. Folia parva, circa 1 cm. longa, oblonga vel linearia, integra, revoluta.

3. **V. thymifolia** S. et S. pr. I. p. 6, Fl. gr. I p. 5 t. 6; Sieb. in Flora I. p. 275; Raul. cret. p. 823; Bois. fl. or. IV. p. 444; Heldr. chlor. Parn. p. 24; Hal. Beitr. fl. Achaia p. 27; Bald. viagg. Creta p. 81. — *V. cretica* Pall. in Link Jahrb. I. p. 41; Raul. l. c. — *V. tymphrestea* Bois. et Sprun. diag. IV. p. 77; cf. Hal. l. c. — Exsicc.: Heldr. pl. cret. n. 1488; Hal. it gr. II. a. 1893.

Breviter et crispule velutina, cinerea, caespitosa, basi suffrutescens; caudiculis prostratis, radicantibus, ramis adscendentibus, crebre foliatis; foliis sessilibus, lineari-vel rarius oblongo-spathulatis, integris, margine revolutis; racemis breviter pedunculatis, dense capitatis, 1—2 in axillis supremis, interdum gemmae terminalis abortu pseudo-terminalibus; pedicellis calyce brevioribus; calycis laciniis quaternis, oblongis, subinaequalibus; corolla rosea vel coerulea, calyce parum longiore; capsula obtriangulari, hirta, calyce longiore. — Species egregia, rara.

In rupestribus regionis alpinae. ? Aetolia: mt. Tymphrestus (Sprun.); mt. Parnassus (Sprun.); Achaia: in cacumine mt. Kyllene in pulvinaribus *Astragali angustifolii* caespites fere inextricabiles formans (Hal.); Creta: inter Prosnero et Askyphos (Raul.) et mt. Hagion Pneuma (Bald.) montium Sphacioticorum (Sibth.), mt. Ida, Lassiti (Heldr.). — Maio, Jul. ♃

. . Folia majuscula, ovata vel elliptica, dentata, margine non revoluta.

4. **V. officinalis** L. sp. p. 11; Dallap. prosp. p. 5, sed. sec. Heldr. fl. cephal. p. 56 confusa; Form. in D. bot. Monat. 1891 p. 26, in Ver. Brünn 1897 p. 48 v. *glandulosa*; Haussk. symb. p. 175. — Icon: Fl. dan. t. 248. — Exsicc.: Heldr. it. thessal. IV. a. 1885.

Pubescens, in inflorescentia plus minus glandulosa; caulibus prostratis, radicantibus, circumcirca pilosis; foliis ovatis vel ellipticis, serratis, breviter petiolatis; racemis ex axillis superioribus ortis, densiusculis; pedicellis calyce brevioribus; calycis laciniis quaternis, lanceolatis, subinaequalibus; corolla pallide coerulea, calyce sublongiore; capsula obtriangulari, glandulosa, calyce dimidio longiore.

In silvaticis montanis et subalpinis. Thessalia: mt. Zygos supra Metzovo (Heldr.), pr. Vlachava, Hepdominta Aderfia in mt. Oxya (Form.), in oropedio Neuropolis (Haussk.); ? Cephalonia (Dallap.). — Jun. Jul. ♃

5. **V. chamaedrys** L. sp. p. 13; S. et S. pr. I. p. 8; Mazz. in ant. ion. II. p. 442; Friedr. Reise p. 280; Bois. fl. or. IV. p. 446; Gelmi in bull. soc. bot. ital. p. 451; Form. in D. bot. Monat. 1890 p. 26, in Ver. Brünn 1895 p. 34, 1896 p. 65, 1897 p. 48; Haussk. symb. p. 175 v. *pindica* (f. racemis densis, breviter pedunculatis, capsulis brevius et crasse pedicellatis, calycis laciniis brevioribus). — *V. chamaedryoides* Ch. et B. exp. p. 15 t. 1, Fl. pelop. p. 1 t. 1; Spreitz in z. b. G. 1887 p. 665; (f. caulibus undique pilosis; nota in speciminibus unius et ejusdem loci saepe inconstans); = *V. chamaedrys v. pilosa* Benth. in DC. pr. X. p. 475; Bois. fl. or. IV. p. 447; Heldr. chlor. Parn. p. 24. — Exsicc.: Orph. fl. gr. n. 717; Heldr. herb. norm. n. 287, 697 et 1568; Sint. it. thessal. n. 351; Dörfl. fl. gr. 334.

Pubescens; caulibus adscendentibus, basi prostrata radicantibus, bifariam vel superne circumcirca pilosis; foliis ovatis vel cordato-ovatis, inciso-crenato-serratis, inferioribus breviter petiolatis, superioribus sessilibus; racemis ex axillis supremis ortis, laxis; pedicellis calyce sublongioribus; calycis laciniis quaternis, lanceolatis, subinaequalibus; corolla calyce subduplo longiore, coerulea, lobo inferiore albido; capsula obtriangulari, hirta, calyce breviore.

In dumosis montanis et subalpinis. Epirus: mt. Prosgoli (Bald.); Thessalia: pr. Vitomo in Pindo tymphaeo (Sint.), mt. Karava, Ghavellu, monasterium Korona (Haussk.), Klinovo, Mandra Hodza, mt. Agrapha, Oxya, Chassia (Form.), mt. Olympus, Pelion, mt. Telethrion et Dirphys Euboeae (Heldr.); Aetolia: mt. Arapocephala (Heldr.), Korax (Leon.), mt. Parnassus (Heldr.); Achaia (Bois.); Arcadia: mt. Diaforti pr. Andrizena (Friedr.); Messenia: pr. Phigalea (Chaub.); Laconia (Sibth.): pr. Hagios Petros (Orph.), Megali Anastasova (Zahn), mt. Taygetos (Chaub.); Corcyra: pr. Castagna (Mazz.), mt. Deca (Spreitz.). — Apr. Maio. ♃

OO Capsula basi rotundata.

. Capsula calyce duplo longior.

6. **V. latifolia** L. sp. p. 13. — *V. urticaefolia* Jacq. fl. austr. I. p. 37 t. 59; Bois. fl. or. IV. p. 448.

Parce hirta; caulibus erectis; foliis sessilibus, ovatis, argute serratis, superioribus acuminatis, basi subcordatis; racemis axillaribus, oppositis, laxis; pedicellis erecto-patulis, calyce 3—4 plo longioribus; calycis laciniis quaternis, minutis, lanceolatis, obtusiusculis; corolla griseo-coerulea, calyce longiore; capsula glabriuscula, orbiculari, calyce duplo longiore.

In silvaticis subalpinis mt. Olympus Thessaliae (Heldr.). — Jun. Jul. ♃ N. v.

.. Capsula calyce aequilonga.
, Folia indivisa.

7. **V. teucrium** L. sp. ed 2 p. 16; Kern. in ö. b. Z. 1873 p. 371. — *V latifolia* Jacq. obs. I. p. 41; Ch. et B. exp. p. 15, Fl. pelop. p. 1; Bois. fl. or. IV. p. 449; non L. — *V. pseudochamaedrys* Jacq. fl. austr. I. p. 38 t. 60. —

Pubescens; caulibus erectis, elatis; foliis sessilibus, ovatis vel ovato-oblongis, inciso-crenatis; racemis 2—4 ex axillis supremis ortis, tandem elongatis; pedicellis strictis, calyce longioribus; calycis laciniis quinis, lanceolatis, inaequalibus; corolla coerulea; capsula puberula, obovato-obcordata, calyce vix longiore.

β. **glandulosa** Form. in Ver. Brünn 1896 p. 64. — Inflorescentia glanduloso-hirta.

In montosis pr. Skardamula Laconiae rare (Chaub.); — β. mt. Dokimi in Pindo (Form.) — Maio, Jun. ♃ N. v.

8. **V. austriaca** L. sp. ed 2 p. 17; Kern. in ö. b. Z. 1873 p. 372; Bald. riv. coll. bot. Alb. 1896 p. 84. — *V. dentata* Schmidt fl. boem. I. p. 20; Form. in Ver. Brünn 1896 p. 65. — *V. teucrium* Jacq. obs. I. p. 41; Ch. et B. fl. pelop. p. 1; Bois. fl. or. IV. p. 448; Heldr. chlor. Parn. p. 24; Haussk. symb. p. 175. — *V. Schmidtii* Roem. et Schult. syst. I. p. 115. — Exsicc.: Sint. it. thessal. n. 631; Bald. it. alb. epir. IV. n. 193.

Pubescens; caulibus adscendentibus; foliis oblongo- vel lineari-lanceolatis, obtuse inciso-crenatis vel remote dentatis, infimis subpetiolatis, ceteris sessilibus; racemis 2—4, ex axillis supremis ortis, tandem elongatis; pedicellis strictis, calyce aequilongis vel longioribus; calycis laciniis quinis rarius quaternis, oblongo-linearibus, inaequalibus; corolla coerulea; capsula puberula, obovato-obcordata, calyce subaequilonga. — A praecedente foliis angustis distincta.

β. **teucrioides** Bois. et Heldr. diagn. ser. 2 III. p. 169 pro sp. — *V. prostrata* v. *filicaulis* Hal. in z. b. G. 1888 p. 761. — Caulibus tenuiter filiformibus, diffusis, basi procumbentibus; racemis solitariis binisque; calycis laciniis quaternis. — Sine dubio huc, nec ad *V thymifoliam*, ut vult Bois. in fl. or. IV. p. 441, pertinet. — Exsicc.: Heldr. (pl. fl. hellen. n. 2505 et 3312.

In herbidis rupestribus regionis montanae et alpinae. Epirus: mt. Gamila distr. Zagorion (Bald.); Thessalia: mt. Said Pascha, Dokimi Form.), Ghavellu, Karava (Haussk.); Peloponnesus: pr. Messene (Chaub.).

— β. Aetolia: mt. Tymphrestus (Samar.); mt. Kiona (Hal.), mt. Parnassus et mt. Olympus (Held.). — Jun. Aug. ♃

„ Folia pinnatisecta.

9. **V. multifida** L. sp. p. 13; Jacq. austr. t. 327; Mazz. in ant. ion. II. p. 442; Kern. in ö. b. Z. 1873 p. 373; Bald. riv. coll. bot. alb. 1896 p. 84. — *V. Jacquini* Baumg. en. trans. I. p. 26; Schott in Roem. et Schult. syst. I. p. 108. — *V. austriaca* Bois. fl. or. IV. p. 449; non L. — Exsicc.: Bald. it. alb. a. 1892 n. 292.

Pubescens; caulibus erectis vel adscendentibus; foliis sessilibus, ambitu ovatis, in lacinias oblongas vel lineares, integras vel incisas pinnatisectis; racemis 1—4, ex axillis supremis ortis, tandem elongatis; pedicellis strictis, calyce longioribus; calycis laciniis quinis, rarius quaternis, linearibus, inaequalibus; corolla coerulea; capsula glabra vel puberula, obovato-obcordata vel orbiculata, emarginata, calyce aequilonga vel breviore.
— Foliis pinnatisectis insignis.

In herbidis, saxosis montanis. Epirus: mt. Olycika distr. Janina, mt. Sasica distr. Vallona (Bald.); Aetolia: mt. Tymphrestus (Sprun.); Corcyra: pr. Spartilla (Mazz.). — Maio, Jul. ♃

×× Caulis brevissimus, fere subnullus.

10. **V. aphylla** L. sp. p. 11; Bois. fl. or. IV. p. 450; Hal. in z. b. G. 1888 p. 761; Heldr. chlor. Parn. p. 24. — *V. depauperata* W. et K. pl. rar. hung. III. p. 272 t. 245. — Exsicc.: Hal. it. gr. a. 1888.

Pubescens, superne glandulosa, caespitosa; caudiculis tenuibus, radicantibus; caulibus brevissimis, rosulatim foliosis; foliis ovatis vel rotundatis, integris vel crenatis, breviter petiolatis; racemis ex axilla superiore longe pedunculatis, corymbose 3—5 floris; pedicellis calyce longioribus; calycis laciniis quaternis, oblongis; corolla coerulea; capsula glandulosa, ovato-obcordata, calyce duplo longiore. — Plantula 3—8 cm. alta; habitu egregia.

In rupium fissuris regionis alpinae, rarissime. Doris: mt. Kiona (Hal.), mt. Parnassus (Heldr.). — Jun. Aug. ♃

β. Caulis glaberrimus; capsula transverse latior.

11. **V. scutellata** L. sp. p. 12; Mazz. in ant. ion. II. p. 444. — Icon: Fl. dan. t. 209.

Glaberrima; caulibus tenuibus, debilibus, basi radicantibus; foliis lineari-lanceolatis, integris vel remote denticulatis, acuminatis, basi semiamplexicauli sessilibus; racemis axillaribus, plerumque alternis, longe pedunculatis, laxifloris; pedicellis calyce 3—5 plo longioribus, patulis vel reflexis; calycis laciniis quaternis, ellipticis, acutiusculis; corolla parva, coerulescente; capsula obreniformi, subdidyma, calyce longiore.

In locis humidiusculis. Corcyra: ad Rodostamo pr. Castagna (Mazz.). — Jun. Sept. ♃ N. v.

    b. Capsulae valvulae demum bipartitae, altera vel utraque a columna placentifera secedens.

α. Folia sessilia, acuta.

12. **V. anagallis** L. sp. p. 12; S. et S. pr. I. p. 7; Pieri corc. fl. p. 4; Sieb. avis rem. p. 2; Ch. et B. exp. p. 15; Mazz. in ant. ion. p. 442; Marg. et R. fl. Zante p. 71; Friedr. Reise p. 272; Weiss in z. b. G. 1896 p. 744; Raul. cret. p. 823; Bois. fl. or. IV. p. 437; Heldr. fl. cephal. p. 55, Fl. Aegina p. 382; Gelmi in bull. soc. bot. it. 1889 p. 451; Form. in D. bot. Mon. 1891 p. 26, in Ver. Brünn 1896 p. 64, 1897 p. 47; Hal. Beitr. fl. Epir. p. 33; Bald. riv. coll. bot. Alb. 1895 p. 59, 1896 p. 83; Haussk. symb. 175. — Icon: Fl. dan. t. 903. — Exsicc.: Heldr. herb. norm. n. 1065.

Glabra; caulibus erectis, fistulosis; foliis sessilibus, integris vel serratis, a basi saepius cordato-amplexicauli ovatis vel lanceolatis; racemis axillaribus, oppositis, elongatis, laxifloris; pedicellis erecto-patulis, calyce longioribus; calycis laciniis quaternis, ellipticis, acutis; corolla pallide coerulea, parva; capsula orbiculata vel ovata, calyce saepius breviore. — Caules saepius crassi, usque 1 m. alti, capsulae $2^{1}/_{2}$—$3^{1}/_{3}$ mm. longae, saepius orbiculatae et calyce breviores, occurrunt tamen interdum in eodem specimine capsulae ovatae calyce breviores.

β. **anagalliformis** Bor. fl. centr. ed. 3 II. p. 489. Inflorescentia capsulisque glandulosa. — Exsicc.: Heldr. pl. fl. bellen. a. 1886, 1887, 1888, 1898, 1899; Dörfl. pl. cret. n. 7.

In humidis, ad fossas, rivos per totam Graeciam. — Apr. Aug. ♃

13. **V. anagalloides** Guss. pl. rar. I. p. 5 t. 3; Ch. et B. fl. pelop. p. 1; Weiss in z. b. G. 1869 p. 744; Bois. fl. or. IV. p. 437; Bald. riv. coll. bot. Alb. 1896 p. 83; Haussk. symb. p. 175. — Huc forsan: *V. graminea* Mazz. in ant. ion. II. p. 442. — Exsicc.: Heldr. herb. norm. n. 1066; Bald. it. alb. epir. IV. n. 88.

Differt a praecedente caulibus subsolidis, racemis numerosioribus, saepe compositis, capsula minore 2—$2^{1}/_{2}$ mm. longa, elliptica, latitudine fere duplo longiore, calyce saepissime longiore. Inflorescentia ut videtur semper glandulosa.

In iisdem locis quibus praecedens et saepe promiscue cum ea, ubi tunc formae intermediae (hybridae?) occurrere videntur. Epirus: pr. Kastrica, Lapsista (Bald.); Thessalia: pr. Karditza, Sophades (Haussk.); pr. Kastaniotissa Euboeae, ad rivulum Podoniphti Cephissi affluentem et ad Phalerum Atticae, in Boeotia (Heldr.); Messenia: mt. Kupe (Chaub.); insula Tenos (Weiss); Corcyra: ad Porta reale (Mazz.); et certe alibi, sed saepe cum praecedente confusa. — Apr. Aug. ♃

β. Folia petiolata, obtusa.

14. **V. beccabunga** L. sp. p. 12; S. et S. pr. I. p. 7; Dallap. prosp. p. 5; Ch. et B. exp. p. 15, Fl. pelop. p. 1; Mazz. in ant. ion. II. p. 442; Clem. sert. p. 72; Bois. fl. or. IV. p. 438; Heldr. fl. cephal. p. 55; Hal. Beitr. fl. Epir. p. 33; Bald. riv. coll. bot. alb. 1896 p. 83. — Exsicc.: Heldr. fl. thessal. a. 1883; Hal. it. gr. secund. a. 1893.

Glabra; caulibus basi radicantibus, fistulosis; foliis breviter petiolatis, oblongo-ellipticis, crenato-serratis; racemis axillaribus; saepius oppositis, laxifloris; pedicellis patulis, calyce longioribus; calycis laciniis quaternis, ovato-lanceolatis, acutis; corolla coerulea; capsula orbiculata, calyce aequilonga.

Ad aquas regionis submontanae in alpinam adscendens. Epirus: mt. Papignon (Bald.), Peristeri (Hal.); Thessalia: mt. Pelion pr. Portaria (Heldr.); Attica: pr. Athenas, mt. Pentelicon (Clem.), pr. Chelidonu (Heldr.); Achaia: mt. Panachaicon, Kyllene (Hal.); Arcadia, Elis (Sibth.); Messenia (Chaub.); Cephalonia (Dallap.); Corcyra: pr. Chrisidas, Canale (Mazz.). — Apr. Jul. ♃

3. Sectio. *Veronicastrum* Benth. in DC. pr. X. p. 479. — Racemi terminales; corollae tubus brevissimus.

    a. Caules herbacei; folia integra vel crenulata; capsula basi rotundata.

15. V. balcanica Vel. fl. bulg. p. 431; Hal. Beitr. fl. Epir. p. 33; Bald. riv. coll. bot. alb. 1895 p. 59, 1896 p. 84. — *V. serpyllifolia v. glandulosa* Haussk. symb. p. 175, non Wirtg. fl. Rheinprov. p. 333. — Exsicc.: Hal. it. gr. sec. a. 1893; Bald. it. alb. epir. IV. n. 194; Sint. it. thessal. n. 676.

Caulibus pumilis, tenuibus glanduloso-pilosis, basi radicantibus; foliis glabris vel superioribus glanduloso-puberulis, integris, inferioribus suborbiculatis vel ovatis, breviter petiolatis, superioribus ellipticis, sessilibus subsessilibusve; racemo terminali, sub 10 floro, laxo, dense glanduloso, demum elongato; pedicellis calyce 3—4 plo longioribus; calycis laciniis oblongis, corolla azurea multo brevioribus; capsula orbiculato-obcordata, glandulosa, calyce sublongiore. — Nana, 3—6 cm. alta, sequenti affinis, sed ab ea meo sensu, racemo paucifloro dense glanduloso-piloso, calyce minore et praesertim corolla majore, 5—7 mm. diametro, saturate azurea specifice differt.

Ad rivulos, in scaturiginosis regionis subalpinae et alpinae. Epirus: mt. Papignon, Gamila, Smolika, Tsumerka (Bald.), Peristeri (Hal.), Turnara pr. Chaliki (Sint.); Thessalia: mt. Karava, Ghavellu, in oropedio Neuropolis (Haussk.). — Jun. Jul. ♃

16. V. serpyllifolia L. sp. p. 12; Mazz. in ant. ion. II. p. 444; Form. in Ver. Brünn 1897 p. 48, *v. oxya*, quae ex descriptione a typo non differre videtur.

Caulibus saepius elongatis, basi radicantibus, minute puberulis, superne saepe parce glandulosis; foliis glabris vel parce puberulis, integris vel crenulatis, inferioribus breviter petiolatis, ovatis, superioribus oblongis oblongo-lanceolatisve; racemo terminali, multifloro, laxo, demum valde elongato; pedicellis calyce 2—3 plo longioribus; calycis laciniis oblongis, corolla albida vel pallide coerulea parum brevioribus; capsula orbiculato-obcordata, parce glandulosa, calyce sublongiore.

In umbrosis praesertim montanis. Indicatur in Corcyra: pr. Viro, Castagna, Missostrati, Combizzi (Mazz.); Thessalia: ad Hepdominta Aderfia in mt. Oxya (Form.). — Maio, Jul. ⚁ N. v.

b. Caules basi lignosi, folia acute dentata; capsula cuneata.

17. **V. thessalica** Benth. in DC. pr. X. p. 480; Bois. fl. or. IV. p. 453. — *V. erinoides* Bois. et Sprun. diagn. IV. p. 78. — Exsicc.: Heldr. pl. fl. hellen. a. 1887.

Pilis crispulis parce velutina, superne glandulosa, caespitosa; caudiculis prostratis radicantibus, ramis adscendentibus, crebriuscule foliatis; foliis sessilibus, ovato-rhombeis, acute dentatis; floribus 3—5, ad ramorum apicem approximatis; pedicellis calyce brevioribus; calycis laciniis oblongis, corolla violacea duplo brevioribus; capsula obtriangulari, glandulosa, calyce sublongiore. — Species egregia, caulibus nanis, floribus subcapitatis, corolla et capsula majuscula.

In rupestribus regionis alpinae, rarissime. Thessalia: mt. Olympus (Auch.); Phocis: mt. Parnassus (Sprun.); Achaia: mt. Kyllene, ad cacumen (Heldr.). — Jun. Jul. ⚁

B. Radix annua.

4. Sectio. *Alsinebe* Griseb. spic. II. p. 23. — Flores in racemum terminalem dispositi vel axillares solitarii.

a. Semina plano-biconnexa, facie plus minus manifeste umbilicata.

α. Pedicelli calyce 3—4 plo longiores.

18. **V. acinifolia** L. sp. ed. 2 p. 19; Pieri corc. fl. p. 3; Mazz. in ant. ion. II. p. 442; Ch. et B. fl. pelop. p. 1; Raul. cret. p. 823; Bois. fl. or. IV. p. 458. — Icon: Rchb. t. 38. — Exsicc.: Heldr. fl. thessala a. 1883.

Glanduloso-hirta, pumila, simplex vel a basi ramosa, caulibus lateralibus adscendentibus; foliis ovatis, subcrenatis, inferioribus petiolatis, superioribus sessilibus; racemo tandem elongato, laxo; calycis laciniis, ovali-ellipticis, corolla coerulea subbrevioribus; capsula obreniforme, profunde emarginato-biloba, glanduloso-ciliata, calyce submajore; seminibus ovatis.

In cultis, herbidis, praesertim montanis et subalpinis. Thessalia: mt. Pelion pr. Portaria (Heldr.); Attica: in cacumine mt. Parnes (Heldr.); pr. Messene (Gittard); Creta: pr. Nerokuru (Raul.); Corcyra (Pieri): ad muros urbis (Mazz.). — Apr. Maio. ⊙

β. Pedicelli calyce breviores.

× Folia pinnatifida.

19. **V. verna** L. sp. p. 14; Pieri corc. fl. p. 3; Bois. fl. or. IV. p. 456; Form. in Ver. Brünn 1897 p. 48. — Icon: Fl. dan. t. 252. — Exsicc.: Orph. herb. n. 2971; Hal. it. gr. II. a. 1893.

Erecta, inferne pubescens, superne glanduloso-puberula; caule simplici vel ramoso, ramis erectis; foliis ovatis, inferioribus breviter petiolatis, crenatis; ceteris sessilibus, profunde 3—7 sectis, floralibus lanceolato-linearibus, integris; pedicello longioribus; racemis elongatis, densifloris vel demum laxiusculis; calycis laciniis lineari-lanceolatis, corollam parvam coeruleam superantibus; capsula glandulosa, obcordata, biloba; seminibus ovatis, minute umbilicatis.

In herbidis, rupestribus regionis montanae et alpinae. Corcyra (Pieri); Epirus: in cacumine mt. Peristeri (Hal.); Thessalia: ad Hepdominta Aderfia in mt. Oxya (Hal.); Laconia: in cacumine mt. Malevo (Orph.). — Apr. Jul. ☉

×× Folia indivisa, crenata.

20. **V. arvensis** L. sp. p. 13; S. et S. pr. I. p. 9; Pieri corc. fl. 3; Ch. et B. exp. p. 16, Fl. pelop. p. 1; Mazz. in ant. ion. p. 442; Friedr. Reise p. 266; Weiss in z. b. G. 1869 p. 744; Raul. cret. p. 823; Bois. fl. or. IV. p. 457; Heldr. fl. cephal. p. 55, Fl. Aegina p. 382; Hal. Beitr. fl. Epir. p. 34, Beitr. fl. Achaia p. 28, in ö. b. Z. 1897 p. 97; Form. in Ver. Brünn 1896 p. 65, 1897 p. 48; Haussk. symb. p. 176. — Icon: Fl. dan. t. 515. — Exsicc.: Heldr. herb. norm. n. 747 et 1569; Dörfl. fl. gr. n. 377.

Erecta vel adscendens, pilosiuscula, superne saepius glandulosopuberula; caule simplici vel ramoso, ramis crenato-adscendentibus; foliis ovatis, crenatis, inferioribus breviter petiolatis, superioribus sessilibus, floralibus lanceolato-linearibus, integris, pedicello multo longioribus; racemis demum elongatis, laxiusculis; calycis laciniis lineari-lanceolatis, corollam parvam, coeruleam superantibus; capsula glandulosa, obcordata, biloba; seminibus ovatis, minute umbilicatis.

In herbidis, rupestribus praesertim montanis, in alpinam usque adscendens. Epirus: mt. Strungula, Peristeri (Hal.); Thessalia: pr. Klinovo, Vlachava (Form.), mt. Karava, pr. Velestinos (Heldr.), Pharsalus, Orman Magula (Haussk.); Sporadum insula Peristeri (Leon.); Aetolia: mt. Korax (Leon.); mt. Parnassus pr. Rachova (Heldr.); Attica: ad Ilyssum (Friedr.), pr. Athenas, mt. Parnes (Heldr.), pr. Eleusis, Geraka (Haussk.); insula Aegina (Heldr.), Melos (Leon.); Peloponnesus (Sibth.): mt. Panachaicon pr. Patras (Hal.), pr. Nauplia Argolidis (Haussk.), pr. Gargaliano (Chaub.) et Kalamata (Zahn) Messeniae; Creta: pr. Canea (Weiss); Cephalonia: pr. Francata (Heldr.) Corcyra: pr. Botumia (Mazz.). — Apr. Jul. ☉

21. **V. Sartoriana** Bois. et Heldr. diagn. ser. 2 III. p. 171, Fl. or. IV. p. 457; Heldr. chlor. Parn. p. 24. — Exsicc.: Heldr. herb. norm. n. 748.

Praecedenti maxime affinis, ab ea racemis paucifloris (5—9), foliis floralibus pedicello aequilongis vel sublongioribus, pedicellis calyce aequilongis vel sublongioribus discedit. — Semina ovata vel suborbiculata, uti in praecedente.

In pascuis saxosis mt. Parnes Atticae et mt. Parnassus pr. Rachova in consortio *V. arvensis*, rara (Heldr.). — Maio, Jun. ☉

b. Semina cyathiformia.

α. Folia floralia saltem superiora bracteiformia.
× Folia dentata.
○ Pedicelli calyce 2—multo longiores.
. Planta crispule et breviter pubescens.

22. **V. glauca** S. et S. pr. I. p. 9, Fl. gr. I. p 6 t. 7; Friedr. Reise p. 267; Clem. sert. p. 72; Bois. fl. or. IV. p. 461; Haussk. symb. p. 176. — *V. graeca* Sprun. in schedis. — Exsicc.: Orph. fl. gr. n. 45; Heldr. herb. norm. n. 400 sub *V. amoena* (non Stev. quae indumento glanduloso discedit) et 1163, herb. fl. hellen. a. 1889, in Baen. herb. europ. n. 3612; Rev. pl. cret. n. 258; Dörfl. fl. gr. n. 466.

Glauca, patentim ramosa, ramis adscendentibus; foliis ovatis, dentatis, inferioribus petiolatis, superioribus sessilibus, floralibus diminutis, praeter infimas dentatas integris, linearibus; racemis laxis; pedicellis filiformibus, calyce et bractea 3—5 plo longioribus, fructiferis patentibus, apice incurvis; calycis laciniis oblongo-linearibus, corolla ampla, coerulea, basi albido-maculata triplo brevioribus; capsula orbiculata, turgida, glabra, truncato-subretusa, calyce subbreviore. — Corolla magna, ad 15 mm. diametro, pulcherrime azurea insignis.

In campis, arvis Atticae ubique circa Athenas in montibus ad 1000 m. adscendens. — Febr. Apr. ⊙

23. **V. Chaubardi** Bois. et Reut. diagn. ser. 2 III. p. 174, Fl. or. IV. p. 461; Haussk. symb. p. 176. — *V. peduncularis* Ch. et B. exp. p. 15, Fl. pelop. p. 1; non M. a B., quae planta perennis, diversissima, ex affinitate *V. chamaedrys*.

Praecedenti affinis, sed non glauca, pilis longioribus obducta, pedicelli arcuato-deflexi, tandem longissimi capsula fere ad medium usque biloba, semina majora.

In herbidis, arenosis. Messenia: a Phigalea usque Pylos (Chaub.), pr. Methone, Kalamata, Armyros (Bois.); indicatur quoque a Haussknecht in mt. Hymettus Atticae. — Febr. Apr. ⊙ N. v.

.. Planta patule glanduloso-pilosa.

24. **V. peloponnesiaca** Bois. et Orph. fl. or. IV. p. 462; Heldr. fl. cephal. p. 55; Gelmi in bull. soc. bot. it. 1889 p. 451; Hal. Beitr. fl Achaia p. 28; Bald. riv. coll. bot. alb. 1895 p. 60, 1896 p. 84, Boissieu in bull. soc. bot. Fr. 1896 p. 287; Haussk. symb. p. 176. — *V. glauca* Ung. Reise p. 129, non S. et S. — *V. Chaubardi* Spreitz. in z. b. G. 1879 p. 716, non Bois. et Reut. — Exsicc.: Orph. fl. gr. n. 716; Bald. it. alb. epir. III. n. 77, IV. n. 89; Sint. it. thessal. n. 31.

Subsimplex vel saepius patentim ramosa, ramis adscendentibus; foliis ovatis, dentatis, inferioribus petiolatis, superioribus sessilibus, floralibus diminutis, praeter infimas dentatas integris, linearibus; racemis laxis; pedicellis filiformibus, calyce et bractea 2—4 plo longioribus, fructiferis recurvis; calycis laciniis oblongo-linearibus, corolla coerulea 2—3 plo brevioribus; capsula orbiculata, turgida, glandulosa, truncato-subretusa, calyce subbreviore. — Duabus praecedentibus affinis, ab eis differt indumento glanduloso et ut videtur floribus minoribus, a *V. Chaubardi* insuper capsula non biloba.

In arvis, rupestribus regionis montanae et subalpinae. Epirus: mt. Micikeli, Ciuka, Olycika distr. Janina (Bald.); Thessalia: pr. Kalabaka (Boissieu); mt. Helicon (Orph.); Achaia: mt. Panachaicon, Kastro pr. Kalavryta (Hal.); Argolis (Sprun.): mt. Palamidi pr. Nauplia (Haussk.); Laconia: mt. Malevo supra Hagios Joannes (Orph.); Cephalonia: mt. Aenos (Heldr.); Corcyra: mt. Deca (Spreitz.) — Mart. Jun. ⊙

OO Pedicelli calyce breviores vel parum longiores.

25. V praecox All. auct. ad fl. ped. p. 5 t. 1; Mazz. in ant. ion. II. p. 444; Raul. cret. p. 823; Bois. fl. or. IV. p. 463. — *V. thessala* Form. in D. bot. Monat. 1897 p. 197, in Ver. Brünn 1897 p. 48, = *V. Formanekii* Heldr. in D. bot. Monat. 1897 p. 321, quae ex descriptione nullo modo discrepat. —

Glanduloso-pilosa, simplex vel saepius a basi ramosa, ramis adscendentibus; foliis ovatis, dentatis, inferioribus breviter petiolatis, superioribus sessilibus, floralibus praeter infimas dentatas integris, linearibus; racemis laxis; pedicellis crassiusculis, calyce et bractea brevioribus vel sublongioribus, fructiferis erecto-patulis; calycis laciniis oblongo-linearibus, corolla coerulea subbrevioribus; capsula suborbiculata, turgidula, glandulosa, emarginata, calyce breviore.

In herbidis, rupestribus montanis. Corcyra: pr. Canale, Evangelistra (Mazz.); Thessalia: pr. Konisko, Asproklisia (Form.); Creta: mt. Ida, Lazaro in mt. Lassiti (Raul.). — Apr. Maio. ⊙ N. v.

×× Folia palmatisecta.

26. V triphyllos L. sp. p. 14; Mazz. in ant. ion. II. p. 442; Bois. fl. or. IV. p. 463. — Icon: Fl. dan. t. 627. — Exsicc.: Heldr. fl. thessala a. 1883.

Glanduloso-pilosa, simplex vel saepius a basi ramosa, ramis adscendentibus; foliis imis ovatis, petiolatis, integris vel crenatis, intermediis in 3—5 lacinias oblongo-spathulatas palmatisectis, floralibus sessilibus, trisectis vel summis indivisis; racemis laxis; pedicellis crassiusculis, calyce et bractea aequilongis vel longioribus, fructiferis erecto-patulis; calycis laciniis oblongis, corolla coerulea longioribus; capsula suborbiculata, turgidula, glandulosa, emarginata, calyce aequilonga.

In arvis, arenosis Graeciae (Bois.): ad radices mt. Pelion pr. Volo (Heldr.); Corcyra: pr. Castellanus (Mazz.). — Mart. Maio. ⊙

β. Folia floralia omnia caulinis conformia.

× Folia ovata, crenato-dentata; capsulae loculi 4—10 spermi; semina minora ovalia.

O Capsula elevatim reticulato-venosa, lobis divaricatis.

27. V. persica Poir. dict. VIII. p. 542. — *V. Tournefortii* Gmel. fl. bad. I. p. 36, non Vill. — *V. agrestis v. byzantina* S. et S. fl. gr. I. p. 6 t. 8. — *V. Buxbaumii* Ten. fl. nap. I. p. VI. et 7 t. 1;

Mazz. in ant. ion. II. p. 444; Friedr. Reise p. 268; Ung. Reise p. 128; Bois. fl. or. IV. p. 465. — *V. filiformis* DC. fl. fr. suppl. p. 388; Ch. et B. exp. p. 16, Fl. pelop. p. 1; non Sm. — ? *V. byzantina* Mazz. in ant. ion. II. p. 444. — Exsicc.: Heldr. herb. norm. n. 747; Sint. it. thessal. n. 964.

Pubescens; caulibus elongatis, prostratis, inferne ramosis et saepe radicantibus; foliis petiolatis, ovatis vel cordato-ovatis, crenato-serratis; pedicellis filiformibus, folio longioribus, fructiferis patulo-recurvis; calycis laciniis ovato-oblongis, fructiferis valde divaricatis, capsula longioribus; corolla cyanea, calycem superante; capsula obreniforme, late et obtusangule emarginata, puberula.

In cultis regionis inferioris. Thessalia: pr. Malakasi (Sint.); Attica: pr. Athenas, Patissia (Held.), Marussi (Friedr.); Achaia: pr. Patras (Chaub.); Corcyra: pr. Castrades, Garizza, San Rocco (Mazz.). — Febr. Jul. ○

○○ Capsula laevis vel tenuiter reticulata, lobis non divaricatis.

28. **V. agrestis** L. sp. p. 13; Ch. et B. exp. p. 16, Fl. pelop. p. 1; Mazz. in ant. ion. II. p. 442; Raul. cret. p. 823; Bois. fl. or. IV. p. 466; Heldr. fl. cephal. p. 56. — *V. alba* Mazz. l. c. — Icon: Rchb. t. 79. —

Parce et breviter papillari-hirta; caulibus elongatis, prostratis, a basi ramosis; foliis breviter petiolatis, ovatis, crenato-dentatis; pedicellis folio aequilongis vel brevioribus, fructiferis recurvis; calycis laciniis oblongis, obtusis, corollam coerulestem vel albidam, striatam superantibus; capsula calyce subbreviore, glanduloso-pilosa, profunde emarginata, stylo emarginatura subbreviore, loculis 4—5 spermis.

In cultis. Corcyra: pr. Ascensione (Mazz.); Cephalonia: mt. Aenos (Heldr.); Achaia: pr. Patras (Chaub.); Creta: pr. Murnies, Canea (Raul.). — Febr. Apr. ☉ N. v.

29. **V. polita** Fr. nov. fl. succ. p. 63; Haussk. symb. p. 176. — *V. didyma* Ten. in Spreng. syst. I. p. 75, Fl. nap. II. 2 fl. neap. syll. p. 7 (1830). — Icon: Rchb. t. 77. — Exsicc.: Heldr. herb. norm. n. 1164.

Parce pubescens; caulibus elongatis, prostratis, a basi ramosis; foliis breviter petiolatis, ovatis, crenato-dentatis; pedicellis folio aequilongis vel brevioribus, fructiferis recurvis; calycis laciniis ovatis, acutiusculis, corollam coeruleam aequantibus; capsula calyce subbreviore, breviter tomentella, emarginata, stylo emarginatura longiore, loculis 8—10 spermis.

In cultis. Thessalia: ad monasterium Korona (Haussk.), pr. Velestinos (Heldr.); Attica: pr. Athenas (Heldr.); Acrocorinthus (Haussk.); insula Melos (Leon.). — Dec. Apr. ☉

×× Folia suborbiculata, 3—9 loba; capsulae loculi 1—2 spermi, semina magna subglobosa.

30. **V. cymbalaria** Bodard diss. p. 3; S. et S. pr. I. p. 10, Fl. gr. I. p. 7 t. 9; Sieb. avis p. 2, rem. p. 2; Ch. et B. exp. p. 16, Fl.

pelop. p. 1; Mazz. in ant. ion. II. p. 444; Marg. et R. fl. Zante p. 71;
Ung. Reise p. 128; Weiss in z. b. G. 1869 p. 744; Raul. cret. p. 823;
Bois. fl. or. IV. p. 467; Heldr. fl. cephal. p. 56, Fl. Aegina p. 382;
Haussk. symb. p. 176. — Exsicc.: Orph. fl. gr. n. 718 (Chios); Heldr.
herb. norm. n. 1165.

Parce hirsuta; caulibus flaccidis, decumbentibus; a basi ramosis
foliis subcordato-semiorbiculatis vel cuneatis, petiolatis, 5—9 lobis; pedicellis folio longioribus, fructiferis patentibus; calycis laciniis ovatis vel
ellipticis, obtusis, ciliatis, basi attenuatis, fructiferis patulis vel reflexis;
corolla alba, calyce vix majore; capsula inflata, didyma, hispida.

β. **panormitana** Tin. in Guss. pr. suppl. p. 4; Hal. Beitr. fl.
Achaia p. 28, in ö. b. Z. 1897 p. 97. — Capsula glabra. — Exsicc.:
Heldr. pl. fl. bellen. a. 1872 et 1900.

In cultis, muris, ruderatis, rupestribus regionis inferioris et montanae per totam Graeciam. — Febr. Maio. ☉

31. V hederifolia L. sp. p. 13; S. et S. pr. I. p. 9; Pieri corc.
fl. p. 3; Ch. et B. exp. p. 16, Fl. pelop. p. 1; Mazz. in ant. ion. II.
p. 444; Friedr. Reise p. 265; Bois. fl. or. IV. p. 468; Haussk. symb.
p. 176. — Icon: Fl. dan. t. 428. — Exsicc.: Heldr. in Baen. herb.
europ. n. 2463; Dörfl. fl. gr. n. 478.

Plus minus hirsuta; caulibus decumbentibus, a basi ramosis; foliis
suborbiculatis, petiolatis, infimis subintegris, ceteris 5—3 lobis; pedicellis
folio subbrevioribus vel longioribus, fructiferis patenti-recurvis; calycis
laciniis late cordatis, acutis, ciliatis, fructiferis erectis; corolla lilacina
vel albida, calyce breviore; capsula globoso-quadriloba, glabra.

β. **triloba** Opiz hesper. a. 1815 pro sp. — Folia saepius 3 loba,
pedicelli calyce aequilongi vel breviores. — Exsicc.: Heldr. fl. thessala
a. 1883.

Inter segetes, in cultis, ruderatis, regionis inferioris in alpinam usque
adscendens, (ubi f. *nana*, 2—4 cm. alta, simplex tantum occurrit) per
totam ut videtur Graeciam. — Febr. Jun. ☉

Obs. Ex confusione quadam indicantur: *V. pectinata* L. mant.
p. 24, a S. et S. pr. I. p. 8, in summis jugis mt. Sphacioticorum Cretae
et *V. syriaca* Roem. et Sch. syst. I. p. 116, a Mazz. ant. ion. II. p. 444,
pr. Synadares Corcyrae.

5. Tribus. **RHINANTHEAE** Spreng. aul. II. 1 p. 390.

11. Parentucellia Viv. fl. lyb. spec. p. 31.

1. **P. latifolia** L. sp. p. 604; Sieb. avis p. 4, rem. p. 5; Urv.
enum. p. 73; Ung. Reise p. 129; (*Euphrasia*); Car. in Parl. fl. ital.
VI. p. 480. — *Bartsia latifolia* S. et S. pr. I. p. 428, Fl. gr. VI.
p. 69 t. 586; Ch. et B. exp. p. 174, Fl. pelop. p. 39; Marg. et R.
fl Zante p. 72; Friedr. Reise p. 269 et 271. — *Trixago latifolia*
Rchb. fl. germ. exc. p. 360; Weiss in z. b. G. 1869 p. 745; Haussk.

symb. p. 176; Form. in Ver. Brünn 1897 p. 48. — *Eufragia latifolia* Griseb. spic. II. p. 14; Raul. cret. p. 823; Spreitz. in z. b. G. 1877 p. 716; Bois. fl. or. IV. p. 473; Heldr. fl. cephal. p. 56, Fl. Aegina p. 382; Hal. in ö. b. Z. 1897 p. 97. — Exsicc.: Orph. fl. gr. n. 710; Heldr. herb. norm. n. 1268 (f. *major*), 1268b, 1570 (*v. pycnantha*, f. spica etiam fructifera densa); Sint. it. thessal. n. 350; Dörfl. pl. cret. n. 51.

Glanduloso-pilosa; caule erecto, 3—20 cm. alto, simplici vel basi ramoso; foliis sessilibus, ovatis, crenato-pinnatilobis; bracteis palmatifidis, flores vix superantibus; spica compacta, subcapitata, demum elongata, inferne saepius interrupta; calyce vix ad tertiam partem in lacinias oblongo-lanceolatas, erectas diviso; corollae purpureae, tubo albae, rarius omnino albae (v. *albiflora* Raul. cret. p. 823) labio inferiore superiori aequilongo; antheris styloque glabris, capsula glabra vel breviter pilosa.

In collibus siccis, graminosis, pascuis regionis inferioris, in subalpinam adscendens. Thessalia: ad monasterium Meteora (Sint.), mt. Othrys (Form.), Pelion pr. Portaria (Heldr.); Sporadum insula Scopelos et Sciathos (Leon.); Attica: pr. Eleusis (Haussk.), Chelidonu, Kalyvia, Hagia Glycaria, mt. Parnes (Heldr.), insula Aegina (Friedr.); Elis (Sibth.): mt. Olenos (Hal.); Messenia (Sibth.): pr. Pylos (Chaub.); Argolis (Sibth.): pr. Nauplia (Haussk.), Poros (Friedr.); Cycladum insula: Cythnos (Tunt.), Melos (Urv.); Creta (Sieb.): pr. Nerokuru, Suda (Raul.), Mesalakonia distr. Mirabello (Leon.); Zante: ad paludem Makri (Marg.); Cephalonia: mt. Atro (Heldr.); Corcyra: pr. urbem (Sagb.), Bragagniotica (Ung.), mt. Deca (Spreitz.) — Mart. Jun. ☉

2. **P. viscosa** L. sp. p. 602; S. et S. pr. I. p. 427; Sieb. in Flora V. 2. p. 639; Ch. et B. exp. p. 174, Fl. pelop. p. 39; Marg. et R. fl. Zante p. 71; Friedr. Reise p. 283 (*Bartsia*); Caruel in Parl. fl. ital. IV. p. 482. — *Rhinanthus viscosus* Lam. fl. fr. H. p. 354; Pieri corc fl. p. 82. — *Eufrasia viscosa* Sieb. avis p. 4, non L. . — *Trixago viscosa* Rchb. fl. germ. exc. p. 360; Ung. Reise p. 129; Weiss in z. b. G. 1869 p. 745; Gelmi in bull. soc. bot. ital. 1889 p. 451; Haussk. symb. p. 176. — *Eufragia viscosa* Benth. in DC. pr. X. p. 543; Raul. cret. p. 823; Spreitz. in z. b. G. 1877 p. 717, 1887 p. 665; Bois. fl. or. IV. p. 474; Heldr. fl. cephal. p. 56. — Icon.: Rchb. t. 105. — Exsicc.: Orph. fl. gr. n. 709; Baen. herb. europ. n. 9362; Dörfl. fl. aeg. n. 35.

Glanduloso-pilosa; caule erecto, 10 – 50 cm. alto, simplici vel rarius ramuloso; foliis sessilibus, oblongis, crenato-dentatis; bracteis dentatis, inferioribus flores superantibus; spica elongata, inferne interrupta; calyce ad medium in lacinias lineari-lanceolatas, erecto-patulas diviso; corollae flavae labio inferiore superiori longiori; antheris barbatis; stylo hispido; capsula pilosa. — Praecedenti omnibus partibus major.

In pratis, locis arenosis regionis inferioris et montanae. Aetolia: pr. Aetolikon (Reis.); Euboea (Ung.): mt. Dirphys (Heldr.); Peloponnesus: pr. Patras (Hal.), pr. Carithena, ad fl. Alpheus, Sarandapotamos

(Chaub.), Kalamata (Friedr.), Tirynthum Argolidis (Orph.); insula Naxos (Leon.); Creta (Sieb.); pr. Canea, Suda (Weiss); Zante (Marg.); Cephalonia: pr. Lixuri (Heldr.); Corcyra (Pieri): pr. Kastrades (Baen.), Manducchio, Potamo (Spreitz.). — Apr. Jun. ☉

12. Odontites Hall. hist. stirp. helv. p. 133.

a. Corolla lutea.

α. Planta suffruticosa, glabra.

1. **O. frutescens** Sieb. avis p. 4 (*Euphrasia*). — *E. fruticosa* Sieb. avis rem. p. 5. — *O. Bocconi* Walp. rep. III. p. 400; Benth. in DC. pr. X. p. 551; quoad pl. creticam; Raul. cret. p. 824; an *E. Bocconi* Guss. cat. hort. Baccad. p. 76. — *O. cretica* Bois. fl. or. IV. p. 477. — Excicc.: Sieb. pl. cret.

Caudice ramos steriles, abbreviatos, foliosos et floriferos elongatos, simplices vel apice in spicas 4—5 breviter paniculatas abeuntes, edente; foliis anguste lineari-lanceolatis, uninerviis; bracteis lineari-lanceolatis, calyce subaequilongis; calycis dentibus triangularibus, tubo triplo brevioribus; corolla glabra, tubo calyce sublongiore; antheris glabris, breviter mucronatis, capsula glabra, calyce sublongiore. — Tota planta siccitate nigrescit. — Species mihi ex unico specimine tantum nota et ulterius observanda, an revera ab *O. Bocconi* (Guss.), quae ex Boissier bracteis longioribus apice recurvis et capsulis puberulis differre dicitur, distincta sit. — Planta sicula praeterea ut videtur robustior, foliis latioribus.

Creta: ad Omalo in mt. Sphacioticis (Sieb.) — Aug. Sept. ♃

2. **O. Linkii** Heldr. et Sart. in Bois. diagn. ser. 2 III. p. 177; Fl. or. IV. p. 476; Heldr. in Sitzungsb. acad. Wiss. Berl. 1883 p. 4, chlor. Parn. p. 24; Haussk. symb. p. 176. — Exsicc.: Heldr. herb. n. 67 et 1571. it. thessal. n. 68.

Caudice ramos steriles, abbreviatos, foliosos et floriferos elatos, saepius jam a medio in ramulos florales, elongatos, virgatos divisos, paniculam amplam formantes, edente; foliis anguste lineari-lanceolatis, uninerviis; bracteis lineari-lanceolatis, calyce subaequilongis; calycis dentibus triangularibus, tubo quadruplo brevioribus; corolla glabra, tubo calyce sublongiore; antheris breviter mucronatis, ad insertionem parce lanatis; capsula glabra, calyce sublongiore. — Praecedenti et *O. Bocconi* (Guss.) maxime affinis, ab illa calycis dentibus brevioribus, ab altera foliis angustioribus, bracteis brevioribus, apice non recurvis, ab ambabus caulibus ample paniculatis et antheris sublanatis differre videtur; characteres certiores invenire nequeo.

In petrosis regionis inferioris et montanae. Thessalia: mt. Pelion pr. Makrinitza (Heldr.) et Volo (Haussk.); mt. Parnassus ad Pagna et Gurna pr. Rachova (Heldr.); Laconia: in districtu Alagonia, l. d. Strasti pr. Megali-Anastasova (Zahn.). — Aug. Sept. ♃

β. Planta annua, glanduloso-pubescens.

3. **O. glutinosa** M. a B. fl. taur. cauc. II. p. 70 (*Euphrasia*); Benth. in DC. pr. X. p. 549; Bois. fl. or. IV. p. 475; Rouy ill. p. 55; t. 164. — *O. ixodes* Bois. et Heldr. diagn. VII. p. 45. —

Caule erecto, simplici vel stricte ramoso; foliis linearibus, floralibus abbreviatis, calyce longioribus; spicis angustis, demum laxiusculis; calycis dentibus linearibus, tubo sublongioribus; corollae tubo glanduloso, calyce 2—3plo longiore, limbo margine glabro; antheris mucronatis, ad insertionem villosis; capsula glandulosa, calyce subbreviore.

In regione alpina mt. Taygetos (Heldr.). — Aug. Sept. ⊙ N. v.

b. Corolla purpurea.

4. **O. serotina** Lam. fl. fr. ed. 2 II. p. 350 (*Euphrasia*); Rchb. fl. germ. p. 359; Bois. fl. or. IV. p. 476. — *E. odontites* L. sp. p. 604 var. β; Ch. et B. fl. pelop. p. 39. — *O. divergens* Jord. arch. fl. fr. et all. p. 191. — Exsicc.: Orph. herb. n. 564; Sint. et Bornm. it. turc. n. 1381; Heldr. herb. norm. n. 1463.

Pubescens, caule procero, divaricatim ramoso; foliis sessilibus, lanceolatis remote serratis; bracteis oblongo-linearibus, integris, flore brevioribus; spicis elongatis, laxiusculis; calycis dentibus lanceolatis, tubo aequilongis; corollae pubescentis tubo non exserto; antheris apiculatis, basi barbulatis; capsula calyci aequilonga, apice hispida. — Planta graeca ad var. *canescens* Rchb. fl. germ. p. 359 pertinet.

In cultis, herbidis regionis inferioris et montanae, rare. Thessalia: ad Litochori in Olympo (Sint.); Laconia: pr. Megali Anastasova (Zahn), mt. Taygetos (Orph.), pr. Kalamata (Gittard.). — Jul. Sept. ⊙

13. Euphrasia L. gen. n. 741.

1. **E. pectinata** Ten. fl. nap. I. pr. p. 36; Wettst. monogr. p. 82; Haussk. symb. p. 176. — *E. puberula* Hal. Beitr. fl. Epir. p. 34; Form. in Ver. Brünn 1896 p. 65; non Jord. pug. pl. nov. p. 133; quae = *E. tatarica* Form. in Ver. Brünn 1897 p. 48, non Fisch. in Spreng. syst. II. p. 777, et quae indumento magis setuloso et bracteis basi rotundatis parum discedit. — Huc forsan: *E. officinalis* S. et S. pr. I. p. 429; Dallap. prosp. p. 85; Ch. et B. exp. p. 175, Fl. pelop. p. 39; non L. . — Icon: Wettst. monogr. t. 7. — Exsicc.: Heldr. it. thessal. IV. a. 1885; Sint. it. thessal. n. 677.

Caule stricto, simplici vel rarius inferne ramo uno alterove praedito, pilis crispulis, brevibus, eglandulosis obsito; foliis glabris vel plus minus puberulis, inferioribus cuneatis, obtusis, utrinque obtusiuscule 1—3 dentatis, superioribus ovatis, acutis, utrinque aristato 4—6 dentatis; bracteis ovatis, rhomboideis vel ovato-lanceolatis, medio latissimis, basi cuneatis, utrinque elongato-aristato 3—5 dentatis; spica densiuscula, demum elongata; calycis setulosi dentibus lanceolatis; corolla 1 cm. longa, pallide lilalicina, violaceo-striata, puberula; capsula truncata, pilosa.

In pascuis subalpinis alpinisque, rare. Epirus: mt. Tsumerka (Hal.); Thessalia: in valle Negerli pr. Chaliki (Sint.), mt. Zygos, Karava, Ghavellu (Haussk.), in oropedio Neuropolis (Heldr.), mt. Dokimi, pr. Malakasi, Kerasia Sina, Mitrica, mt. Oxya (Form.); Aetolia (Wettst.); ? in Laconia (Sibth.) et Cephalonia (Dall.). — Jun. Jul. ☉

2. **E. salisburgensis** Funk in Hoppe bot. Taschenb. 1799 p. 184 et 190; Bois. fl. or. IV. p. 473; Form. in D. bot. Mon. 1891 p. 27 cum ?; Wettst. monogr. p. 278; Bald. viagg. Creta p. 81. — Icon: Wettst. monogr. t. 10. — Exsicc.: N. v.

Caule erecto, valde ramoso, rarius simplici, pilis crispulis, brevibus, eglandulosis obsito; foliis glabris vel parcissime setulosis, lanceolatis, acutis, utrinque aristato 2—3 dentatis, bracteis lanceolatis, utrinque elongato-aristato 2—5 (plerumque 3) dentatis; spica densa, demum elongata; calycis glabri vel parcissime setulosi dentibus lanceolatis; corolla 6—8 mm. longa, albida vel coerulea, puberula; capsula truncato-emarginata, glabra.

β. **olympica** Hal. in Sint. it. or. a. 1889 n. 1854. — *E. olympica* Hal. et Sint. in ö. b. Z. 1890 p. 39. — *E. Sintenisii* Hal. ap. Wettst. in Engl. et Prantl pflanzenfam. IV. 3 b. p. 101. — Folia et bracteae anguste linearia vel lineari-lanceolata, dentibus elongatis, longe setaceo-aristatis, laminae latitudine saepe plus duplo longioribus, antrorsum curvatis. —

In rupestribus regionis subalpinae et alpinae, rare. Thessalia: mt. Dokimi in Pindo (Form.); mt. Parnassus (Heldr.); Creta: supra Hellinoseli distr. Sphakia (Bald.); — β. ad Hagios Dionysios in Olympo (Sint.). — Aug. Sept. ☉

14. Bellardia All. fl. ped. I. p. 61.

1. **B. trixago** L. sp. p. 602; S. et S. I. p. 427, Fl. gr. t. 585; Ch. et B. exp. p. 174, Fl. pelop. p. 39; Marg. et R. fl. Zante p. 71; Friedr. Reise p. 274 et 283; (*Bartsia*); All. l. c. . — *Rhinanthus trixago* L. sp. ed. 2 p. 840; Pieri corc. fl. p. 82. — *R. maximus* Willd. sp. III. p. 189; Sieb. avis p. 4, rem. p. 5. — *Bartsia versicolor* Pers. syn. II. p. 151; Urv. enum. p. 73. — *Trixago apula* Stev. in mem. mosq. VI. p. 4; Ung. Reise p. 29; Raul. cret. p. 824; Spreitz. in z. b. G. 1877 p. 717; Bois. fl. or. IV. p. 474; Heldr. fl. cephal. p. 56, Fl. Aegina p. 382; Gelmi in bull. soc. bot. ital. 1889 p. 451; Haussk. symb. p. 176; Hal. in ö. b. Z. 1897 p. 97. — *T. carnea* Griseb. spic. II. p. 12; Weiss in z. b. G. 1869 p. 745. — Exsicc.: Baen. herb. europ. n. 9361; Dörfl. fl. aeg. n. 36, pl. cret. n. 142.

Pubescenti-scabra, superne glandulosa; caule erecto, simplici rarius ramoso; foliis sessilibus, lineari-lanceolatis, obtuse serrato-dentatis; spica brevi, densiflora, tandem subcylindrica; calycis dentibus ovatis, obtusis, corollae tubo brevioribus; corolla alba, purpureo-variegata vel lutescenti, pubescente; capsula villosa, calyce aequilonga.

In pratis praesertim humidis, locis arenosis regionis inferioris. Thessalia: ad lacum Karla (Reiser); Sporadum insula Scopelos (Leon.); Aetolia: pr. Antirrhion (Hal.); Attica: pr. Athenas (Heldr.), Eleusis, Phaleron (Haussk.); Achaia: pr. Patras (Hal.); Messenia: pr. Arcadia, Methone, Messene, mt. Diaforti (Chaub.), Kalamata (Friedr.), Selitza (Zahn); Argolis: pr. Nauplia (Haussk.), Poros (Friedr.); insula Aegina (Heldr.), Cythnos (Tunt.), Tenos, Syra (Weiss), Melos (Urv.), Naxos (Leon.); Creta: pr. Canea, Akroteri, Tokadapora, Retymo, mt. Karadagh pr. Candia (Raul.), Males distr. Hierapetra (Leon.); Zante (Marg): pr. urbem (Reis); Cephalonia: pr. Argostoli (Spreitz); Corcyra (Pieri): pr. urbem (Baen.), Manducchio (Spreitz.). — Apr. Maio. ☉

15. Alectorolophus Hal. hist. I. p. 137.

a. Calyx undique dense glanduloso-pubescens.

1. A. pubescens Bois. et Heldr. in Orph. fl. gr. n. 442 (*Rhinanthus*); Stern. in ö. b. Z. 1895 p. 126 t. 7, monogr. p. 49. — *R. major β. parnassicus* Bois. fl. or. IV. p. 479.

Caule erecto, 10—12 cm. alto, glanduloso-piloso, simplici vel rarissime parce ramoso, ramis brevibus; foliis caulinis internodio subaequilongis, ovatis oblongisve, obtusis, crenato-dentatis; bracteis dense glanduloso-pilosis, triangularibus, calycem paulo superantibus, in dentes breviter triangulares incisis; calyce undique dense glanduloso-piloso; corolla flava, 18 mm. longa, tubo paulum sursum curvato, dente labii superioris breviter triangulari, obtuso, labio inferiore recto, superius aequante et saepius dentem obtegente, eo dense adpresso, faucem occludente.

In regione superiori mt. Parnassus pr. Ses rarissime (Orph.). — Jun. Jul. ☉

b. Calyx margine excepto glaberrimus.

2. A. pindicus Stern. in ö. b. Z. 1902 p. 177 t. 6. — Huc probabiliter: *A. alpinus* Fraas fl. class. p. 188, non (Baumg.) Stern. — *A. glandulosus* Haussk. symb. p. 176, (non Simonk.) Stern. — *A. minor* Stern. monogr. p. 103, quoad pl. graec., non (Ehrh.) Wim. et Grab. — Exsicc.: Heldr. it. thessal. IV. a. 1885.

Caule erecto, 30—40 cm. alto, subglabro, ramis virgatis, pari foliorum intercalarium unico instructis; foliis caulinis internodio brevioribus, oblongo-lanceolatis, crenato-dentatis; bracteis minute scabridis, triangularibus, calycem aequantibus, in dentes lanceolatos, apicem bracteae versus sursum decrescentes incisis; calyce margine scabrido, ceterum glaberrimo; corolla flava, 18 mm. longa, tubo paulum sursum curvato, dente labii superioris breviter triangulari, obtuso, labio inferiore recto, superius ad $^3/_4$ aequante, eo fere adpresso, faucem fere occludente. — Differt a praecedente caule elato, virgato-ramoso, foliis angustioribus, corollae labio inferiore subbreviori, superiori minus adpresso et praesertim indumento eglanduloso.

In nemorosis oropedii Neuropolis in Pindo dolopico (Heldr.). — Jun. Jul. ☉

3. A. Sintenisii Stern. in ö. b. Z. 1902 p. 179 t. 6. — Exsicc.: Sint. it. thessal. n. 630.

Caule erecto, 25—40 cm. alto, sparsim piloso, simplici vel parce ramoso, ramis brevibus; foliis caulinis internodio subduplo brevioribus, ovato- vel oblongo-lanceolatis, crenato-dentatis; bracteis minute scabridis, triangularibus, calyce brevioribus, in dentes elongatos, lanceolatos, apicem bracteae versus sursum decrescentes incisis; calyce margine glanduloso-scabrido, ceterum glaberrimo; corolla flava, 20 mm. longa, tubo paulum sursum curvato, dente labii superioris breviter triangulari, obtuso, labio inferiore recto, superius ad $^3/_4$ aequante, eo adpresso, faucem occludente. — A praecedente caule subsimplici, foliis intercalaribus nullis, internodiis longioribus, bracteis brevioribus, calyce margine glanduloso, corolla majori, tubo magis curvato discedit.

In pratis montanis pr. Malakasi in Pindo tymphaeo (Sint.); memini me vidisse speciem *Alectrolophi*, forsan huc spectantem, in rupibus inadscensibilibus regionis alpinae inferioris mt. Tsumerka inter pagum Tsumerka et Melisurgi in Epiro. — Jun. Jul. ☉

Obs. Alectrolophi species a Pieri corc. fl. p. 82 sub nomine *R. crista galli* L. in Corcyra indicata, ibi inquirenda.

16. Siphonostegia Benth. Hook. et Arn. bot. Beech. p. 203.

1. S. syriaca Bois. et Reut. diagn. XII. p. 44 (*Lesquereuxia*); Bois. fl. or. IV. p. 471; Heldr. in Sitzungsb. acad Wiss. Berl. 1883 p. 3; Hal. in ö. b. Z. 1892 p. 375. — Exsicc.: Heldr. it. thessal. n. 30; Sint. et Bornm. it. turc. n. 1378.

Glanduloso-hirsuta; caulibus erectis, virgatis, simplicibus vel parce ramosis, in spicam foliosam, laxiusculam abeuntibus; foliis sessilibus, oblongo-lanceolatis, floralibus calycem aequantibus vel superantibus; bracteolis linearibus; floribus subsessilibus; calycis glandulosissimi, elevato-costati laciniis oblongo-lanceolatis, tubo triplo brevioribus; corollae purpureae, glanduloso-puberulae tubo exserto, limbo parvo. — Caulis 30—50 cm. altus, crebre foliatus, folia 3—4 cm. longa, circa 5 mm. lata, flores 30—35 mm. longi. — Species egregia, rarissima. — Planta graeca ab asiatica indumento copiosiori et bracteolis brevioribus latioribusque differre videtur.

In fruticetis vallis Megarema pr. Bitos in Olympo (Sint.) et pr. Anilios in mt. Pelion (Heldr.). — Jul. Aug. ♃

17. Pedicularis L. gen. n. 746.

1. P. graeca Bunge in bull. phys. math. Petersb. I. p. 10; Bois. fl. or. IV. p. 490; Hal. in z. b. G. 1888 p. 761; Beitr. fl. Epir. p. 34; Heldr. chlor. Parn. p. 24; Bald. riv. coll. bot. alb. 1895 p. 60; Haussk.

symb. p. 176. — *P. rupestris* Bois. et Orph. diagn. ser. 2. III. p. 175; Heldr. herb. norm. n. 669.

Radicis fibris cylindricis, longis; caulibus erectis, parte superiore praesertim arachnoideo lanatis; foliis petiolatis, glabriusculis, ambitu ovato-oblongis, in lacinias breviter lineares bipinnatisectis, caulinis superioribus subsessilibus; spica densa, floriflera ovata, dein elongata; bracteis linearibus, pinnatifidis, inferioribus calycem superantibus; calycis albo-lanati dentibus lanceolatis, subdenticulatis, dimidium tubum aequantibus; corollae ochroleucae, glabrae galea incurva, erostri, apice truncata, subulato-bidentata, labii inferioris lobis denticulatis, cristis binis longis parallelis; filamentis duobus puberulis; capsula oblonga, acuta, subobliqua, rostrata, calyce triente longiore.

β. **inermis** Bald. riv. coll. bot. alb. 1896 p. 84. — Corollae galea sub apice truncato non subulato-bidentata. — Exsicc.: N. v.

In pascuis alpinis. Epirus: mt. Tsumerka, Peristeri (Hal.), Olycika (Bald.); Thessalia: mt. Karava (Haussk.); Aetolia: mt. Tymphrestus (Fraas), Korax (Heldr.); mt. Kiona (Hal.); Parnassus (Heldr.); Achaia: mt. Chelmos, Kyllene (Orph.); — β. mt. Smolika supra Kerasovo in Epiro boreali (Bald.). — Jun. Jul. ♃

2. **P. brachyodonta** Schloss. et Vuk. syll. fl. croat. p. 89, Fl. croat. p. 682; Haussk. symb. p. 176. — *P. ochroleuca* Schloss. in ö. b. Wochenbl. VII. p. 248; Rchb. icon. XXX. t. 134. — Exsicc.: Heldr. it. thessal. IV. a. 1885.

Radicis fibris fusiformibus interdum napuliformibus; caulibus erectis, pubescentibus; foliis petiolatis, glabris, ambitu oblongo-lanceolatis, in lacinias lanceolatas, pinnatipartitas, calcareo-denticulatas pinnatisectis, caulinis superioribus sessilibus; spica oblonga, densa; bracteis lanceolatis, pinnatifidis et integris, calycem aequantibus; calycis parce pilosi dentibus triangularibus, latitudini aequilongis, tubo multo brevioribus; corollae ochroleucae, glabrae galea incurva, subrostrata, apice truncata, bidentata, labii inferioris lobis denticulatis, cristis ad gibbos ovatos binos sub lobo intermedio reductis; filamentis duobus superne puberulis; capsula oblongo-lanceolata, falcato-rostrata, calyce subduplo longiore.

In pratis oropedii Neuropolis in Pindo dolopico (Heldr.). — Jun. ♃

18. Rhinanthus L. gen. n. 740.

1. **R. elephas** L. sp. p. 603. — *Elephas Columnae* Guss. fl. sic. pr. II. p. 155. — *Rhynchocorys elephas* Griseb. spic. II. p. 12; Haussk. symb. p. 176. — Exsicc.: Heldr. it. gr. septentr. a. 1879, it. thessal. IV. a. 1885.

Parce pilosa, superne glandulosa; caulibus flaccidis, simplicibus vel ramosis; foliis brevissime petiolatis, ovatis, obtusis, dentato-crenatis, floralibus sensim diminutis, ellipticis; floribus in axillis solitariis, pedicellatis, racemum laxum formantibus; calycis labiis inaequalibus, inferiore longiore, profundius bifido; corolla lutea, glabra, calyce subduplo longiore, galea in rostrum subulatum, supra basin dentibus binis dependentibus instructum abeunti, labio inferiori amplo, obtuse trilobo; capsula hirta, globosa, calyce breviore.

Ad rivulos, locis humidiusculis regionis subalpinae, rarissime. Thessalia: in oropedio Neuropolis pr. Bezula et Sermeniko in Pindo dolopico (Haussk.); in faucibus Ruphias mt. Oeta Phthiotidis (Heldr.). — Jun. Jul. ♃

19. Melampyrum L. gen. n. 305.

1. **M. ciliatum** Bois. et Heldr. diagn. ser. 2. III. p. 176. — *M. barbatum* Bois. fl. or. IV. p. 481, non W. et K. pl. rar. Hung. I. p. 89, quod differt foliis saepius latioribus, spicis latioribus, minus elongatis, laciniis bractearum lateralibus margine scabris vel breviter ciliatis, calycis tubo hispido. — Exsicc.: Orph. fl. gr. n. 722.

Breviter asperulo-hirtum; caule erecto, patule ramoso; foliis anguste linearibus; spicis terminalibus, densifloris; bracteis ovatis, in lacinias e basi lanceolata subulatas, margine valde albo-ciliatas partitis, lacinia intermedia aliis multo longiori et latiori; calycis tubo glabro, dentibus e basi lanceolata setaceis, ciliatis subbreviore; corollae luteae, tomentellae tubo calyce subduplo longiore.

Inter frutices sempervirentes ad radices mt. Olympus pr. Skala Thessaliae (Orph.). — Jul. Aug. ☉

LXXXIII. Ordo. Orobanchaceae[*].
Lindl. Nat. syst. ed. II. 287; Beck in Engl. Prantl Nat. Pflanzenfam. IV. 3 b, 123.

Orobanche
(Tourn., Inst., 175 t. 181); L. gen. ed. VI. 321 nr. 779 p. p. rectius Beck Monogr. Orobanche (1890) 73 et in Nat. Pflanzenfam. l. c. 129.

1. Sectio. *Trionychon* Wallr. Sched. crit. I. p. 314 (1822); Beck Orob. p. 86. — *Kopsia* Dum. Comm. p. 16 (1822). — *Phelipaea* sect. E. A. Mey. in Led. Fl. alt. II. p. 459 (1830). — Flores bractea et bracteolis duabus minoribus, pedunculo vel calycis basi affixis suffulti; calyx gamosepalus, 4- rarius 5 dentatus; corolla (in nostris) coeruleoviolacea, supra staminum insertionem constricta; capsula bivalvis (Spec. 1—7).

a. Scapus ramosus (solum in plantis minoribus vel rarius simplex), saepius gracilis. (Spec. 1—5.)

α. Flores parvi, 10 summum 17 mm. longi. (Spec. 1—2).

1. **Orobanche ramosa** L. spec. pl. p. 633; S. et S. pr. p. 440; Urv. enum. p. 76; Ch. et B. exp. p. 179; Fl. pelop. p. 40

---

[*] Auctore: G. Beck de Mannagetta.

Marg. et R. fl. Zante p. 72; Beck, Orob. 87. — *Phelipaea ramosa*
C. A. Mey. Enum. pl. Cauc. p. 104 (1831); Raul. cret. p. 824. —
Icon: Fl. Graec. VII. p. 7 t. 608; Reichenb. Iconogr. VII. f. 933—
934 et Ic. fl. germ. XX. t. 152.

Spica laxi- et multiflora, demum elongata; floribus paulo pronus curvatis; dentibus calycis triangularibus, acuminatis, tubo suo brevioribus; corolla plurimum coerulea, laciniis rotundato-obtusis; filamentis basi puberulis; antheris plurimum glabris; stylo parce glanduloso-piloso; stigmate obsolete lobato, plurimum albido.

Plantae nutrices: *Cannabis sativa* L., *Nicotiana tabacum* L., *Lycopersicum esculentum* Mill. et plantae cultae aliae.

In cultis. Laconia: mt. Taygetos, pr. Androvista, in Maina pr. Vitylos (Chaub.); Messenia: (Sibth.), pr. Kubeh (Chaub.); Melos (Urv.); Creta (Sibth.); Zante (Marg.) — Aug., Sept. ⊙ N. v. Certo sequente contusa.

2. **O. nana** Noë in Reich. herb. norm. n. 1352; Beck Orob., 92; Hal. Beitr. fl. Epir. 34. — *Phelipaea Muteli* β. *nana* Reut. in DC. Prodr. XI. p. 9. — *Ph. nana* Reich. f. Icon. XX. 88. — *Ph. ramosa* γ. *nana* Boiss. Fl. or. IV. 499. — *O. Muteli* Hal. in ö. b. Z. 1897 p. 97, non Schultz. — Icon: Reich. f., l. c., t. 151. — Exsicc.: Heldr. herb. fl. hell. a. 1877 et 1879. —

Scapo simplici, gracili, rarius ramoso; spica brevi rarius elongata; floribus pronus curvatis; dentibus calycis subulatis, apicem versus filiformibus, tubum suum longitudine aequantibus; corolla intense violaceocoerulea, laciniis ellipticis, subacutis; filamentis basi villosulis; antheris comosis vel glabris.

Plantae nutrices: Plantae annuae perplures (*Trifolium-*, *Vicia-*, *Coronilla-*, *Thlaspi-*, *Glechoma* spec. etc.).

In graminosis et herbidis. Epirus: mt. Tsumerka pr. Vulgarelion (Hal.); Attica: mt. Parnes p. Tatoi, in Pharmacusarum insula Megáli Kyrá (Heldr.!); Euboea: prope Kumi, Kurbatzi!; Argolis: pr. Nauplia!; Laconia: pr. Vitylos!; Sporadum ins. Skopelos (Leonis!); Cycladum insula Amorgos; Corcyra: pr. urbem (Sagb.) — April. Julio. ⊙ ?

β. Flores majores, 15—37 mm. longi (Spec. 3 – 4).

3. **O. Muteli** F. Schultz in Mutel Fl. franç. II. p. 353; Beck Orob. p. 95; Weiss in z. b. G. 1869 p. 744. — *Phelipaea Muteli* Reut. in DC. Prodr. XI. p. 8; Raul. cret. p. 824; Heldr. fl. Aegina p. 382, chlor. Mykon. p. 248. — *Ph. ramosa* β. *Muteli* Boiss. Fl. orient. IV. p. 499 p. p. — Icon: Mutel l. c. Atlas t. 43 f. 314 et Suppl. t. 2 f. 5; Reich. Icon. fl. Germ. XX. t. 150.

Spica plurimum densi- et multiflora; floribus pronus curvatis, 15—22 plurimum 20 mm. longis; calycis dentibus subulato-lanceolatis, tubum suum longitudine aequantibus; corollae plurimum dilute coeruleae laciniis rotundatis; filamentis basi pilosulis; antheris glabris v. comosis.

Plantae nutrices: *Anthemis cotula* L., *Pinardia coronaria* Less., *Endoptera Diosoridis* DC., *Filago spathulata* Presl, *Orlaya maritima* L. etc.

α. **typica** Beck Orob. p. 97. — Scapus ramosus; spica multiflora plurimum densiflora et apice acuminata; corollae 2 cm. longae, rarius minores, paulo pronus curvatae, laciniis latis praeditae. — Exsicc.: Heldr. pl. fl. hell. a. 1875.

β. **spissa** Beck Orob. p. 96; Haussk. symb. p. 177. — *Phelipaea caesia* Gris. Spic. fl. rumel. II. 59 (1844) p. p. — *O. lavandulacea* Hal. in ö. b. Z. 1897 p. 97, non Rchb. — Icon. Buxb. Cent. III. t. I f. 2. — Scapus plurimum simplex; spica densiflora, apice rotundata; corollae circa 2 cm. longae, laciniis latis praeditae. — Exsicc.: Heldr. et Hal. fl. sporad. a. 1896.

In graminosis et herbidis. Attica!, ins. Aegina (Heldr.); Euboea!; Aetolia!; Argolis!; Cyclades: ins. Syros! (Weiss), Cythnos (Tuntas!), Mykonos (Heldr.); Creta: pr. Lutro, Damasta, in mt. Aphendi Kavutsi (Raul); Cephalonia, Zante. — β. Attica: pr. Peristeri (Heldr.!), in mt. Hymetto et pr. Kamaritza (Haussk.); Sporades: ins. Skopelos (Leonis!). April. Maio. ♃

4. O. aegyptiaca Pers. Ench. II. p. 181; Beck Orob. 100. — *Phelipaea aegyptiaca* Walp. Rep. III. 463; Reut. in DC. Prodr. XI. p. 9; Boiss. fl. orient. IV. p. 499; ?Heldr. fl. cephal. p. 56. —

Spica multi- saepe laxiflora, serius elongata; floribus paulo curvatis, subrectis, 20—37 plurimum 30 mm. longis; calycis dentibus lanceolato-subulatis, tubum suum longitudine aequantibus vel superantibus; corollae cyaneae laciniis latis, rotundatis, saepe suborbicularibus; filamentis basi pilosulis, supra saepe parce glanduloso-pilosis; antheris copiose lanuginoso-pilosis.

Plantae nutrices: *Gossypium herbaceum* L., *Solanum melongena* L., *Cucumis sativa* L.

Cephalonia: pr. Drapano (Heldr.), certe commutata. — Aug. Oct. ☉ N. v.

5. O. lavandulacea Reich. Iconogr. VII. p. 48 (1829); Marg. et R. fl. Zante p. 72; Heldr. fl. cephal. p. 56; Beck Orob. p. 105. — *Phelipaea lavandulacea* Reuter in DC. Prodr. XI p. 7 et Schultz Archiv. p. 101; ?Bois. fl. or. IV. p. 497. — *O. Fraasii* F. Schultz in Flora XXVI. (1893) p. 127 = *Phel. Fraasii* Walp. Repert. III. p. 460. — Icon: Reich. l. c. f. 935 (optime) et Icon. fl. Germ., XX. t. 147 (mediocriter).

Spica multi- et in apice densiflora, demum elongata laxa; floribus pronus curvatis, subhorizontaliter patentibus, 17—20 mm. longis; bracteis ovato-lanceolatis; calycis dentibus e basi triangulari subulatis, tubum suum longitudine subaequantibus vel eo paulo longioribus; laciniis corollae azureae, siccae pullae, copiose pilis intense azureis praeditis, rotundato-obtusis, rarius acutis; filamentis basi saepe pilosulis, supra parce glanduloso-pilosis; antheris circa basim ciliato-lanuginosis, rarius subcalvis.

Planta nutriens: *Psoralea bituminosa* L.

In herbidis. Attica: pr. Athenas (Heldr.!), ins. Salamis (Heldr.!); Argolis: pr. Nauplium (Heldr.!); Arcadia: pr. Tripolitsam (Fraas);

Cephalonia: pr. Argostoli, Livatho (Heldr.!); Zakynthos (Mazz.!); Corcyra!: pr. Pelleca (Gelmi). — April. Majo. ♃

b. Scapus plurimum simplex (rarius sub spica breviter ramosus) (spec. 6 — 7).

α. Scapus plurimum gracilis, saepe tener; calycis tubus inter dentes albo-membranaceus, paucis nervis praeditus (spec. 6).

6. O. Schultzii Mutel fl. franç. II. p. 352 (1835), add. p. 429; Beck Orob. 111. — *Ph. Schultzii* F. Schultz apud Mutel l. c. — *O. stricta* Moris Pl. sard. exs. (1840)!; Bert. Fl. ital. VI. p. 450 = *Phelipaea stricta* Moris ap. Reut. in DC. Prodr. XI. p. 7. — Icon: Mutel l. c., suppl. t. II. f. 4 (optime); Moris Fl. Sard. III. t. 102 (p. p. bene). — Exsicc.: Heldr. reliqu. Orph. a. 1886.

Spica multi- et densiflora, demum laxa, in apice plurimum pyramidaliter acuminata et subcomosa; floribus summo 20 mm. longis; calycis dentibus lineari-lanceolatis, apicem versus subsetaceis, semper saepe triplo tubo suo longioribus; corollae pronus curvatae coeruleo-violaceae laciniis ellipticis, acuminatis rarius rotundatis; filamentis basi pilosulis, supra parce glanduloso-pilosis; antheris comosis v. glabris.

Plantae nutrientes: *Ferula nodiflora* L., *Rubia peregrina* L., *Rumices*.

α. **typica** Beck, Orob., 112. — Scapus simplex v. ramosus; spica densi- v. laxiflora saepius pyramidaliter elongata; corollae laciniae acutae vel ellipticae.

? β. **pyramidalis** Beck Orob. 112; Haussk. symb. p. 177. — *Phelipaea pyramidalis* Reut. in Boiss., Fl. orient., IV, 498 (an Reuter in DC. Prodr. XI. 7?). Scapus plurimum simplex; spica densiflora; flores inferiores conspicue pedicellati, saepe verticillato-conferti; laciniae corollae ovatae, saepe suborbiculares, obtusae.

In herbidis. Thessalia: in mt. Pindo pr. Korona et Neuropolis (Haussk.!); Laconia: mt. Malevo pr. Hagios Petros (Orph.!), mt. Taygetos pr. Androuvista (Heldr.!) et pr. Gaïtzes (Psarides!); — β. Argolis: in mt. Kyllene pr. Trikalam (Orph.). — April. Junio. ♃

β. Scapus firmus, saepe crassior et altior; calycis tubus firmus, nervis copiose praeditus (Spec. 7).

7. O. purpurea Jacq. Enum. agr. Vind. p. 108 et observ. p. 252 (1762); Beck Orob. p. 123; Haussk. symb. p. 177. — *O. coerulea* Vill. Pl. Dauph. II. p. 406 (1787); — ?S. et S. pr. I. p. 440; Ch. et B. exp. p. 179, Fl. pelop. p. 40; Friedr. Reise p. 283; Schulz in Flora XXVI. p. 127; Ung. Reise p. 129. — *Phelipaea purpurea* Asch. Fl. Brand. p. 499 (1864). — *Phel. coerulea* C. A. Mey. Enum. pl. cauc. p. 104 (1831); Reut. in DC. Prodr. XI. p. 5; Bois. Fl. orient. IV. p. 495. — Icon: Jacqu. Fl austr. III. t. 276; Reich. Iconogr. VII. f. 928 (bene), XX. t. 149 (male).

Scapo cum calyce dense furfuraceo- vel farinoso-glanduloso, parce squamato; spica in apice rotundata, plurimum laxiflora; floribus paulo pronus curvatis, 25—30 mm. longis, rarius brevioribus; calycis dentibus saepe tubo suo brevioribus; corolla coeruleo-violascente, limbum versus intensius colorata; labii inferi laciniis ellipticis, plurimum rotundato-acuminatis; filamentis basi glabris vel pilosulis; antheris plurimum calvis vel comose pilosis.

Plantae nutrientes: *Achillea setacea* W. K., *A. nobilis* L.. *Artemisia vulgaris* L., *Anthemis*.

In herbidis. Thessalia: pr. Klinovo in Pindo tymphaeo (Haussk.!); Attica: mt. Pentelicon (Sartori!); Peloponnesus (Sibth.): mt. Ithome Messeniae (Friedr.), mt. Kupe (Chaub.); Cephalonia (Unger); Creta (Sibth.). — Junio, Julio. ♃

2. Sectio. *Osproleon* Wallr. Scbed. I. p. 307 (1822); Beck Orob. p. 132. — *Orobanche* C. A. Mey. in Ledeb. Fl. alt. II. p. 450 (1830); Reut. in DC. Prodr. XI. p. 15; Boiss. Fl. orient. IV. p. 502. — Flores bractea modo suffulti; calyx plurimum postice et antice fissus, segmenta 1—2 dentata formans, rarius connatus; capsula saepius birimosa. (Spec. 8—24 et adnexae.)

1. Subsectio. *Inflatae* Beck in Hal. Braun Nachtr. Fl. Nied. Oest. p. 124 (1882) et Orob. p. 136. — Corolla sub insertione staminum inflata, in media parte constricta, limbum versus (in nostris) coeruleo-amethystina; stigma dilute coloratum (spec. 8).

8. **O. cernua** Loefl. It bisp. p. 152 (1758); Boiss. Fl. or. IV. p. 514; Beck Orob. p. 141.

Tota subfurfuraceo breviter glandulosa, saepe glabrescens; calycis partibus in apice rarius profundius bidentatis v. integris; corolla 10—20 mm. longa, acriter pronus curvata, cum fauce saepe deflexo, coerulescente, parce glandulosa v. glabrescente, laciniis in margine glabris; antheris plurimum, filamentis et stylo saepius glabris.

Indicatur modo β. **cumana** Beck Orob. p. 143. — *O. cumana* Wallr. Orob. gen. διασχ. p. 58 (1825); Reut. in DC. Prodr. XI. p. 33; ?Raul. cret. p. 825. — *O. arenaria* M. Bieb. Fl. taur. cauc. II. p. 83 (1808) et III. Suppl. 418, non Borkh. — *O. bicolor* C A. Mey. in Ledeb. Fl. alt. II. p. 458 (1830). — Icon: Reich., Iconogr., VII. 926 (optime), XX. t. 189; Ledeb., Icon. t. 390. — Scapus saepius gracilis; spica laxiflora rarius in parte supera densior; corolla 15—18 mm. longa, acriter pronus curvata, supra tertiam infimam genuflexa et fauce iterum deflexa, limbo parvulo.

Plantae nutrientes: *Artemisiae* species, *Nicotiana rustica* L., *Lycium europaeum* L.

In herbidis Cretae (s. Raul.); certissime commutata. April. Julio. ♃

2. Subsectio. *Angustatae* Beck in Hal. Braun Nachtr. Fl. Nied. Oest. p. 125 (1882) et Orob. p. 152. Corolla sub insertione staminum angustior, supra insertionem sensim ampliata v. inflato-ventricosa; stigma saepissime coloratum (Spec. 9—14 et adnexae).

a. Corolla major 20—35 mm. longa (rarius minor), late tubulosa vel ampla (Spec. 9—14).

α. Calycis segmenta lateralia plurimum bidentata (Spec. 9—12).
× Stigma typice fuscopurpureum v. rubrum (Spec. 9).

9. **O. caryophyllacea** Sm. in Transact. Linn. soc. IV. (1797) p. 169; S. et S. pr. I. p. 440; Urv. enum. p. 76; Ch. et B. exp. p. 178, Fl. pelop. p. 40; Beck Orob. p. 155. — *O. Galii* Duby Bot. Gall. I. p. 349 (1828); Marg. et R. fl. Zante p. 72; Schultz in Flora XXVI. p. 129; Reut. in DC. Prodr. XI. p. 20; Boiss. Fl. or. IV. p. 508. — Icones: formae typicae et aliarum: Reich. Iconogr. V. f. 662, VII. f. 890—895, 905—907, 910, 913; IX. f. 1127—1128; XX. t. 162, 217; Dietr., Fl. boruss. t. 147, 253, 437—441; Sturm Deutschl. Fl. Heft 94.

Calycis partibus liberis v. antice coalitis, conspicue nervosis, vix dimidium corollae tubi aequantibus; corolla 20—35 mm. longa rarius minore, normaliter fusco-lilacina, sicca obscure fusca v. fusco-purpurea, cum linea dorsali e basi curvata, in medio dorso subrecta v. concava, in labio supero late lobato acriter curvata et declivi, laciniis margine glanduloso-pilosis; filamentis ad basim (rarius — 5 mm. supra basim corollae) insertis, infra usque ad mediam copiose pilosis, supra cum stylo plurimum copiose glanduloso-pilosis; stigmate normaliter fusco-purpureo. — Scapo saepe firmiore, squamis oblongo-lanceolatis, ad 2,5 cm. longis numerosis praedito.

Plantae nutrices: *Galii, Asperulae* et *Sherardiae* species.

In herbidis, inter frutices in Graecia et insulis (Sibth.); Euboea: (Fraas); Achaia: pr. Patras (Heldr.!); Laconia: pr. Vitylos, Chimova (Chaub.); Messenia inf. (Chaub.); Zacynthos: in mt. Scopo (Marg.); Cycladum ins. Melos (Urv.). — Julio ♃

×× Stigma luteum (Spec. 10—11).

10. **O. major** L. spec. pl. p. 632; Pieri corc. fl. p. 85; Beck Orob. p. 169. — *O. elatior* Sutt. in Trans. Linn. Soc. IV. p. 178 (1797); Friedr. Reise p. 275 cum?; Reut. in DC. Prodr. XI. p. 25. — *O. stigmatodes* Wimm. Fl. siles. p. 280 (1840). — *O. Kochii* F. Schultz in Flora (1847) I. p. 66. — Icones: Sutton l. c. t. 17 f. 4; Reich., Icon. fl. Germ., XX. t. 173 (male), t. 215 fig. II.; Schultz, l. c. t. II, f. 1.

Scapo plurimum firmo, squamis copiosis, basi imbricatis, oblongo-lanceolatis, glanduloso-pilosis; spica densi- et multiflora; corolla 15—26 plurimum 20 mm. longa, supra staminum insertionem non inflata, in dorso aequaliter plus minus curvata, rosea, demum pallide luteola v. sulphurea, labio superiore integro vel emarginato, lobis patentibus, laciniis in margine inaequaliter denticulato-crenato rarius repando subglabris; staminibus 4—6 mm. supra basim corollae insertis; filamentis supra glanduloso-pilosis, infra copiose pilosis; antheris oblongis, sensim acuminatis; stylo glanduloso piloso; stigmate luteo.

Plantae nutrices; *Centaureae* et *Echinopis* species.

In herbidis. Argolis: insula Poros (Friedr.); Corcyra (Pieri). — Junio, Aug. ♃ N. v.

11. **O. gracilis** Smith in Trans. Linn. soc. IV. (1797) p. 172; Beck Orob. p. 196. — *O. cruenta* Bert. rar. it. pl. dec. III. p. 56 (1810) et Fl. ital. VI. p. 430 (1844); Marg. et R. fl. Zante p. 72; Fraas fl. class. p. 188; Reut. in DC. Prodr. XI. p. 15; Bois. fl. or. IV. p. 505. — Icones: Reich. Iconogr. VII. f. 896, 898—899, 903; XX. t. 159; Coss. Germ. Fl. Paris. Atlas t. XIX. B. (optime).

Scapo gracili v. firmiore, infra dense supra parcius squamato; spica primum densi- serius saepe laxiflora; calycis segmentis bidentatis (rarius integris), corollae tubo brevioribus; corolla ampla, 20—25 mm. longa rarius minore, supra staminum insertionem valde ventricosa, in dorso aequaliter curvata, typice lutea, limbum versus rubra — fusco-purpurea, sicca fusco-purpurea v. subatra, intus intensius colorata et nitente, extus plurimum cum bracteis glanduloso-pilosa, labio supero integro cum laciniis brevibus, laciniis labii inferi saepe brevibus, medio paulo majore, omnibus inaequaliter denticulatis et glanduliferis; staminibus in basi corollae insertis; filamentis infra pilosis, supra sicut stylus glanduloso-pilosis (v. glabrescentibus); stigmate luteo, purpureo cincto; germine in basi antica 3—5gibboso. — Odor gratus caryophyllaceus.

Plantae nutrientes: *Leguminosae* variae, imprimis *Dorycnii, Trifolii, Loti, Coronillae, Spartii, Genistae, Cytisi* species.

α. **typica** Beck Orob. p. 196. — *O. gracilis* Sm. l. c. etc. — Corolla 15—25 plurimum 20 mm. longa; lobi labii superi breves; filamenta basi pilosa, supra glanduloso-pilosa. Scapus firmus vel gracilis, spica densi- v. latiflora. — Plantae nutrices s. c.

β. **Spruneri** F. G. Schultz in Flora XXVI. (1843) p. 130; Reuter in DC. Prodr. XI. p. 16; Boiss. Fl. Or. IV. p. 506; Hal. Beitr. fl. Achaia p. 28; Haussk. symb. p. 177; Heldr. fl Aegina p. 383; pro sp.; Beck Orob. p. 198. — Forma corolla tam longa quam lata, amplissima est *O. breviflora* Schultz in Flora XXVI. (1843) p. 130; Bois. fl. or. IV. p. 517. — Icones: Beck, l. c. f. 59 (2). — Exsicc. Heldr. herb. graec. norm. nr. 75! et Exsicc. nr. 1904! — Corolla magna, 20—25 mm. longa; lobi labii superioris saepe latiores, nervis obscuris subreticulatis perducti; filamenta supra parce glanduloso-pilosa, ea labii superioris ibidem saepe subglabra; scapus firmus, crassus, saepe copiose et late squamatus; spica cylindracea, multiflora, plurimum subdensa. Saepe transit ad α.

Plantae nutrices: sec. aut. *Cisti* spec. et *Spartium junceum* L.

In herbidis, graminosis, inter frutices. Euboea: pr. Kumi (Heldr.!); Attica: mt. Hymettus, Parnes pr. Dekeleia (Heldr.!); Boeotia: pr. Haliartus (Fraas); Argolis: pr. Nauplia (Heldr.!), Mykene (Boiss.); Creta: pr Zulatika Gortyniae (Heldr.!); Zante (Marg.); — β. Attica: mt. Pentelikon (Heldr.!), ins. Aegina (Heldr.!); Argolis: pr. Naupliam,

Mykenas (Heldr.!); Achaia: ad mt. Chelmos pr. Kalavryta (Hal.!) — April. Junio. ♃

    ×× Stigma pallidum (Spec. 12).

12. O. crenata Forsk. Fl. Aeg. p. LXVIII. et 113 (1775); Beck Orob. p. 225; Haussk. symb. p. 177. — *O. speciosa* DC. fl. franç. VI. p. 393 (1815); Reut. in DC. Prodr. XI. p. 19; Ung. Reise p. 129; Raul. cret. p. 824; Spreitz. in z. b. G. 1877 p. 717; Boiss. Fl. or. IV. p. 506, suppl. p. 357. — *O. pruinosa* Lapeyr. Abr. Pyr. suppl. p. 87 (1818); Marg. et R. fl. Zante p. 72; Weiss in z. b. G. 1869 p. 744; Heldr. fl. cephal. p. 56, Fl. Aegina p. 383; Gelmi in bull. soc. bot. ital. 1889 p. 451. — *O. grandiflora* Ch. et B. Exp. p. 178, Fl. pelop. p. 40, non Presl. — *O. segetum* Sprun. in Flora (1843) p. 129 et *O. canescens* Sprun. l. c. non Presl. — *O. angustisepala* Schultz in Flora (1843) 130 (ex mt. Hymetto) est forma calycis segmentis bifidis v. integris et dentibus angustissimis subulatis v. subfiliformibus, corolla saepe minore, c. 2 cm. longa. Icones: Reich. Icon, VII. f. 911 (optime) et XX. t. 161; Ch. et B. l. c. t. 22, Fl. Pelop. t. 23; Buxb., Cent. Byzanth III. t. II. — Exs.: Leonis Fl. Aeg. n. 95; Reverch. pl. creta n. 259.

Scapo firmo, spica cylindracea, multi- et plurimum densiflora; calycis partibus profunde bidentatis, cum dentibus angustissimis, plurinerviis, corollam subaequantibus; corolla 20—30 mm. longa, campanulata, ampla, supra staminum insertionem ampliata, cum linea dorsali in dorso subrecta, et in labio supero subdeclivi et ad marginem surrecta, alba v. ochroleuca, limbum versus imprimis in nervis rubra, coerulea v. purpurea, sicca tenui, papyracea, extus glabrescente, laciniis omnibus maximis, in margine crenulato-dentato glabris; filamentis 2—3 rarius 5 mm. supra basim corollae insertis, infra pilosis supra glanduloso-pilosis v. glabris; stylo glanduloso-piloso; stigmate pallide colorato.

Plantae nutrices: *Leguminosae* variae imprimis cultae sicut *Vicia faba* L., *Pisum sativum* L., *Lathyrus cicera* L., *Ervum lens* L., *E. ervilia* L. etc.

In cultis totius Graeciae et insularum frequens. Aprili, Majo. ♃

    β. Calycis segmenta lateralia plurimum integra, lanceolato-acuminata (Spec. 13—14).

13. O. alba Steph. in Willd. spec. pl. III. p. 350 (1800); Reut. in DC. Prodr. XI. p. 20; Beck Orob. 209; Hal. in ö. b. Z. 1897 p. 97; Haussk. symb. p. 177. — *O. Epithymum* DC. Fl. franç. III. p. 490 (1805); Ch. et B. exp. p. 179, Fl. pelop. 40; Reuter l. c. p. 21; Ung. Reise p. 129; Raul. cret. p. 824; Bois. fl. or. IV. p. 509; Heldr. fl. cephal. p. 56. — *O. diaphana, O. punctata, O. crassistyla* Schultz in Flora (1843) I. p. 130—131; Boiss. Fl. or. IV. p. 506, 509. — *O. gracilis* Hal. in ö. b. Z. 1897 p. 97, non Sm. — Icones: Reich., Icon., VII. f. 895—889, 912, 914—915; XX. t. 215 f. 1, t. 163.

Scapo gracili paucifloro v. firmiore multifloro, spica saepe laxiuscula; calycis partibus plurimum indivisis (rarius bidentatis), cum dentibus 1—3nerviis, in siccitate fuscescentibus; corolla ampla, 10—28 mm. longa, cum linea dorsali plurimum leviter curvata, in labio superiore integro v. plicato emarginato declivi, albida v. ochroleuca limbum versus imprimis in nervis rarius tota rubra, amethystea vel purpurea et pilis glanduliferis coloratis saepe tuberculo brevi insidentibus praedita, sicca saepe purpurascente, laciniis magnis, in margine crenulato-denticulatis glanduloso-pilosis; filamentis fere in basi corollae insertis, infra pilosis (rarissime glabris) supra sicut stylus copiose (rare parce) glanduloso-pilosis; stigmate typice purpureo, rubro v. coccineo.

Plantae nutrices: *Labiatae* variae, imprimis *Thymi*, *Thymbrae*, *Salviae*, *Origani*, *Calaminthae*, *Clinopodii*, *Melissae*-Species.

Formae sequentes observatae sunt. 1. *communis* (Beck Orob. p. 209). Caulis gracilis, floribus paucis, laxifloris rarius appropinquatis, summo 20 mm. longis. — 2. *subalpina* (Beck Orob. p. 210; Haussk. symb. p. 177). Caulis subfirmus, spica pluriflora saepe densiore, floribus ultra 20 mm. longis, corollis purpureo pictis. — 3. *minutiflora* (Beck l. c. p. 210). Corollis minimis, 10—13 mm. longis. — 4. *microsepala* (Beck l. c. p. 211). Calycis partes integrae, brevissimae, suboccultae, vix sextam v. septimam corollae longitudine aequantes. — 5. *bidentata* (Beck l. c.). Calycis partes separatae, in omnibus v. pluribus floribus plus minus profunde saepe inaequaliter bidentatae. — 6. *glabrata* C. A. Meyer in Eichw. Pl. Casp. Cauc. I. p. 16. t. XVII (1831); Reuter in DC. Prodr. XI. p. 33 p. sp.; Beck Orob., p. 212; Haussk. symb. p. 177. Filamenta in basi glaberrima supra sicut stylus parce glandulosa v. eglandulosa. — 7. *leptocalamus* (Beck Orob., p. 210; Hausk. symb. p. 177). Scapus elongatus, tenuissimus; floribus remotissimis.

In herbidis et graminosis sat frequens. Attica: circa Athenas, mt. Hymettus, Parnassus; Lycabettus, Pentelikon, pr. Laurion etc. (Heldr.! et al.); Thessalia: mt. Zygos, pr. Klinovo (Haussk.), pr. Chaliki (Sint. s. *O. crinita*); Sporadum insula Skopelos (Leonis!); Phthiotis (Bois.); Argolis: pr. Naupliam (Heldr.!); Corinthus!, Messenia: pr. Kubeh et Messene (Chaub.); Cephalonia (Ung.): pr. Omala (Heldr.); Zante (Boiss.); Creta: pr. Retymo, Candia (Raul); f. 1—2 pervulgatae; f. 3—5 in Sporadum ins. Skopelos (Leonis); f. 6 Attica: pr. Laurion (Heldr.!), pr. Kamariza (Haussk.); f. 7. Argolis: in peninsula Methana (Hausskn.). — April. Majo. ♃

14. **O. reticulata** Wallr. Orob. gen. διασκ. p. 42 (1825); Beck Orob. p. 217.

Scapo plurimum firmo; spica cylindracea, multi- et plurimum densiflora; calycis partibus plurimum indivisis (rarius bidentatis), cum dentibus uninerviis, in siccitate nigrescentibus; corolla tubulosa, 20—22 mm. longa rarius minore, cum linea dorsali in dorso subrecta concava v. leviter curvata, in labio supero bilobo declivi, alba v. ochroleuca, in labium superum amethystina v. purpurascente et pilis glanduliferis purpureis saepe e tuberculo ortis tecta, sicca saepe nigrescente, laciniis magnis, in margine denticulato plurimum subglabris; filamentis 2—4 mm. supra basim corollae insertis, infra parce pilosis, supra parce glanduloso-pilosis vel utroque subglabris; stylo plurimum parce glanduloso-piloso; stigma typice rubro v. purpureo.

Formas sequentes ostendit:

α) **typica** Beck Orob. p. 219. — *O. reticulata* Wallr. l. c. — *O. platystigma* Reich. Iconogr. VII. 31 (1829); Hal. in z. b. G. 1888 p. 761. — *O. scabiosae* Koch Deutschl. Fl. IV. p. 440 (1833); Reut. in DC. Prodr. XI. p. 22. — Icones: Reich. Ic. fl. Germ., XX. t. 164. — Exsicc.: Hal. it. gr. a. 1888. — Corolla pilis glanduliferis obscuris copiose praedita. — Plantae nutrices: *Cirsii*, *Cardui*, *Knautiae* et *Scabiosae*-species.

β. **pallidiflora** Wimm. Grab. Fl. Sil., II. 1 p. 233 (1829); Reut. in DC. Prodr. XI. 22; Beck Orob. 218. — *O. Cirsii* Fries Mant. III p. 58 (1842). — *O. leucantha* Gris. Spic. fl. Rum. II. p. 57 (1844); Hal. in ö. b. Z. 1897 p. 97. — Icon.: Reich., Icon. XX. t. 168 et 211 (male). — Corolla pilis glanduliferis obscuris parcius obsita. Plantae nutrices: *Cirsii* et *Cardui*-Species.

In herbidis. Doris: α. in regione alpina montis Kionae (Hal.!). — Julio. — β. Phocis: mt. Parnassus (Guicc.!); Argolis: pr. Naupliam (Heldr.!); Sporadum ins. Skopelos (Hal.) non vidi. — Majo. ♃

b. Corolla minor, 10—20 post anthesim modo —23 mm. longa, anguste tubulosa, albida v. ochroleuca, limbum versus saepius coerulea, violacea v. purpurascens, sicca papyracea, laciniis in margine glabris; stamina in quadrante vel tertio infimo corollae inserta (Spec. 15—23).

α. Corolla supra staminum insertionem faucem versus sensim ampliata nec sub limbo constricta (Spec. 15—22).

× Stigma luteum (Spec. 15—16).

15. **O. attica** Reut. in DC. Prodr. XI. p. 28; Hal. in z. b. G. 1888 p. 761 et 763; Haussk. symb. p. 177. — *O. amethystea* Thuill. γ. *attica* Beck Orob. p. 230. — *O. amethystea* Boiss. Fl. or. IV. p. 512 (p. p.). — *O. major* Hal. Beitr. fl. Epir. p. 34, non L. — Icon. Beck l. c. f. 70 (2). — Exsicc.: Sint. It. thess. nr. 759 s. *O. crinita*.

Scapo subfirmo; spica cylindracea, multi- et densiflora, bracteis flores 15—23 mm. longos superantibus; calycis segmentis plurimum bidentatis, dentibus angustis, corollae tubum aequantibus; corolla a basi curvata pronus curvata serius saepius genuflexa vel deflexa, alba, limbum versus in nervis saepe amethystea, extus subglabra, sicca dilute fusca, basi alba, labio superiore profunde bilobo, laciniis crenulato-lobatis, in margine glaberrimis; filamentis 3—6 mm. supra basim corollae insertis, infra ad medium pilosis, supra parce glandulosis v. glabris; stylo parce glanduloso-piloso v. glabro; stigmate luteo.

O. amethystea Thuill. Fl. Paris, ed. 2 I. p. 317 (1797) typica glabritie corollae, filamentis basi parce puberulis, stigmate rubro fusco mox nigrescente paulo differt.

Planta nutriens adhuc nota: *Ballota acetabulosa* Bth.
In herbidis, pascuis, rupestribus. Epirus: pr. Kalarrytes (Hal.!); Thessalia: pr. Chaliki (Sint. s. *O. crinita!*), monasterium Korona (Haussk.!); Attica: mt. Lycabettus, pr. Oropos, Phaleron (Heldr.!); Doris: in reg. alpina mt. Kionae alt. 6000 (Hal.!), pr. Itea, Amphissa (Heldr.!), mt. Parnassus (Hal.!). — Junio, Julio. ♃

16. **O. canescens** J. et C. Presl Del. Prag. I. p. 72 (1822); F. W. Schultz in Flora XXVI. p. 129; Raul. cret. p. 825; Gelmi in bull. soc. bot. it. 1889 p. 451; Beck Orob. p. 235; Haussk. symb. p. 177. — *O. australis* Moris ap. Bert. Fl. ital. VI. p. 440 (1844); Reut. in DC. Prodr. XI. p. 29. — *O. tridentata* = *O. grandisepala* F. G. Schultz in Flora (1843) p. 128 (f. segmentis calycis tridentatis); Bois. fl. or. IV. p. 516. — Icones: Reich., Icon., XX. t. 210. — Exsicc: Sint. It. thess. n. 552 s. *O. procera*.

Scapo firmo; spica cylindracea, saepe longissima, densi- in basi modo laxiflora; bracteis flores plurimum superantibus; calycis segmentis bidentatis, dentibus angustis, corollae tubum longitudine aequantibus; corolla 13—16 mm. longa, erecto-patente cum linea dorsali e basi curvata porrecta, sordide lutea vel rubescente, sicca dilute in limbo intensius fusca, extus glanduloso-pilosa, glabrescente, labio supero emarginato v. bilobo, laciniis in margine crenulato-dentatis, glabris; filamentis 3—4 mm. alte insertis, basi ad medium copiose pilosis, supra glabris; stylo parce glanduloso-piloso; stigmate luteo. — Ab *O. versicolore* spica densi- et multiflora, saepe longissima, corollis extus non villosis, porrectis, indumento staminum, stigmate luteo, ab *O. attica* corollis minoribus, gracilibus, earum tubo multo angustiore distinguitur.

Plantae nutrientes incognitae.
In herbidis. Thessalia: pr. Kalabaka (Sint.! s. *O. procera*); Attica: ad Phalerum pr. Athenas (Heldr.!), pr. Kamariza (Haussk.); Argolis: pr. Naupliam, Tolon (Haussk.), ibidem *O. grandisepala* (Fraas); Corfu: pr. Pelleca (Gelmi); Creta (Friv. et Raul). — Majo, Junio. ♃
×× Stigma violaceum v. fusco-purpureum (Spec. 17—22).

17. **O. versicolor** F. G. Schultz in Flora (1843) I. p. 129; Beck Orob. p. 237. — *O. pubescens* Urv. Enum. pl. or. p. 76; Ch. et B. fl. pelop. p. 40 (1822); Reut. in DC. Prodr. XI. p. 27; Ung. Reise p. 129; Weiss in z. b. G. 1869 p. 744; Raul. cret. p. 825; Spreitz. in z. b. G. 1877 p. 717; Boiss. Fl. Or. IV. p. 507, suppl. p. 357; Heldr. fl. ceph. p. 56, Fl. Aegina p. 383, chlor. Thera p. 18; Hal. in ö. b. Z. 1897 p. 97; Haussk. symb. p. 177. — *O. villosa* Schultz in litt. — *O. villiflora* Koch in litt. = *villosiflora* Schultz in Flora (1845) p. 737 et 740. — *O. arachnoidea* Schultz in Linnaea XIX.

p. 26 et XXII. (1849) p. 669. — *O. fragrans* Gris. Spic. fl. Rum. II. p. 58, non Koch. — *O. livida* Hal. in ö. b. z. 1897 p. 97, non Sendt. — Icones: Beck Orob. t. IV. f. 75 (flos.). — Exsicc.: Heldr. herb. norm. nr. 668!; Reverch. pl. cret. (1883) nr. 124!; Orphan., Fl. Graec., nr. 21!

Scapo longe saepe copiose glanduloso-piloso, gracili paucifloro v. firmiore et spica cylindrica, multiflora, laxa v. densa praedita; bracteis subvillosis, flores plurimum superantibus; calycis segmentis bidentatis, dentibus angustis, corollae tubum saepe superantibus; corolla 10—20 mm. longa, e basi curvata porrecta cum dorso recto vel acrius pronus curvato saepe subgenuflexa, ochroleuca limbum versus lilacina v. violascente ibidem sicca saepe fusco-purpureo- v. nigrescente, extus imprimis in labio supero longe lanuginoso-pilosa, labio supero integro, emarginato v. bilobo, laciniis in margine glabro crenulato-dentatis; filamentis 3—4 mm. alte insertis, ad mediam v. ultra longe pilosis, supra sicut stylus glanduloso-pilosis; stigmate violaceo-coeruleo.

Plantae nutrientes: *Compositae, Labiatae, Umbelliferae* variae: *Pinardia coronaria* Less., *Orlaya maritima* L. etc.—

Formae permultae observantur: (cfr. Beck Orob., 238—239). 1. *monochroa* (Beck = f. *pallida* Reut. l. c. non Schultz). Corollae limbus non intensius colorata. — 2. *typica* (Beck). — Corolla in limbo lilacina v. fuscopurpurea, sicca pulla v. nigrescens. — 3. *pseudobarbata* (Beck). Bracteae flores conspicue superantes, in spicae apice comosae. — 4. *macrophyllon* (Beck. — *O. minor v. adenostyla* Hal. Beitr. fl. Achaia p. 28, non Vis.) — Bracteae flores superantes; calycis dentes angustissimi, in apice filiformes, corollae longitudinem aequantes. — 5. *lanifera* (Beck). In omnibus partibus copiosissime albido-arachnoideo-villosa. — 6. *campuliflora* (Lo Jacono Crit. Orob. in Natural. Sic. 1882—1883 p. 57 nr. 35 t. IX. fig. 1 a. p. sp.; Beck l. c. p. 239). Corolla exigue pronus curvata, dilute colorata, 10—12 mm. longa (in f. 1—5, 12—15 post anthesim — 20 mm. longa).

Pervulgata imprimis in incultis, arenosis maritimis per totam Graeciam et in insulis. — Aprili, Majo in calidioribus Martio. ♃

Obs. *O. arcuata* F. G. Schultz in Flora (1843) p. 129; Boiss., Fl. Or., IV. 517; Beck, Orob., p. 240, ex Attica (Fraas) forma quaedam parviflora, corollis magis pronus curvatis esse videtur. Non vidi.

18. **O. Grisebachii** Reut. in DC. Prodr. XI. p. 28 (1847); Beck Orob. p. 240; Hausk. symb. p. 177. — *O. condensata* Gris. Spic. fl. Rum. II. p. 56, non Moris. — *O. striata* Reut. l. c. (p. max. p.). — *O. palaestina* Boiss. Fl. Or. IV. p. 506 p. p. — Icon.: Beck Orob. t. IV. f. 76 (flos). — Exsicc.: Reverch. Pl. Crète nr. 124!

Scapo firmiore, breviter glanduloso-piloso, spica cylindracea, densi- et multiflora, basi modo laxiflora; bracteis flores aequantibus v. superantibus; calycis segmentis bidentatis, dentibus longe acuminatis, tubum corollae aequantibus; corolla 12—15 mm. longa, erecto-patente, cum linea dorsali in dorso subrecta, limbum versus complanata vel arcuato-declivi, albida v. violascente, extus glanduloso-pilosa, labio supero integro

v. plicato-emarginato, laciniis in margine glabro inciso-crenulato-dentatis; filamentis 3—4 mm. alte insertis, ultra medium longe pilosis, supra glabris; stylo parce glanduloso-piloso; stigmate violaceo-purpureo. Difficillime ab *O. versicolore* indumento caulis et corollae, ab *O. Picridis* scapo brevius piloso, squamis minoribus, floribus minoribus, labio superiore vix emarginato, ab *O. attica* corolla minore, erecto patente, labio supero subintegro, stigmate violaceo-purpurea distinguitur.

Planta nutriens: *Coronilla parviflora* W.

In campis, arenosis et incultis. Attica: Athenis in Acropoli (Haussk.!), pr. Phaleron (Heldr.!); Laconia: pr. Spartam (Heldr.!); Creta: pr. Canea (Reverch.!). — Aprili, Majo. ♃?

19. **O. loricata** Reich. Iconogr., VII. p. 41 (1829); Marg. et R. fl. Zante p. 72; Reut. in DC. Prodr. XI. p. 27; Beck Orob. p. 243. — *O. Artemisiae campestris* Vauch. in Gaud. Fl. Helv. IV. p. 179 (1829). — Icon.: Reichenb. l. c. VII. f. 917; XX. t. 176, 216 f. 1; Dietr. Fl. boruss. IX. t. 580.

Scapo plurimum firmiore; spica cylindracea, multi- et plurimum densiflora, serius basi laxiflora, bracteis apice comosa; calycis segmentis profunde bidentatis rarius integris, dentibus angustis, corollae tubum longitudine aequantibus; corolla 14—22 mm. longa, erecto-patente, cum linea dorsali in dorso subrecta in labio supero curvata declivi, ochroleuca, limbum versus violacea, sicca dilute fusca, extus glandulosopilosa, labio supero plicato-emarginato v. bilobo, laciniis in margine glabro crenulato-lobatis; filamentis 3—4 mm. alte insertis, usque ad mediam pilosis supra plurimum sicut stylus glanduloso-pilosis; stigmate rubro-violaceo.

Planta nutriens: *Artemisia campestris.* L.

In herbidis. Zante in mt. Scopo (Marg.) non vidi et valde in dubium revoco.

20. **O. picridis** Schultz in Flora (1830) Litt. Bl. p. 500; Reut. in DC. Prodr. XI. p. 26; Beck Orob. p. 245. — *O. Reichardiae* Freyn in z. b. G. (1877) p. 392.

Scapo gracili, paucifloro v. firmiore, spica cylindracea multiflora ornato, glanduloso-piloso; bracteis flores vix superantibus; calycis segmentis ad mediam bidentatis (rarius integris), dentibus saepe subulatis, tubum corollae aequantibus; corolla 15—20 mm. longa, erecto-patente v. patula, cum linea dorsali in dorso subrecta limbum versus declivi, alba v. ochroleuca, limbum versus saepe violacea, sicca dilute fusco-lutea, extus glanduloso-pilosa v. subglabra, labio supero plicato-emarginato v. bilobo, laciniis in margine glabro crenulatis; filamentis 3—5 mm. alte insertis, usque ad mediam pilosis, supra plurimum glabris; stylo glandulosopiloso; stigmate violaceo-purpureo.

Plantae nutrices: *Compositae* nonnullae, *Picridis, Crepidis, Tragopogonis* species, porro *Dauci* et *Orlayae* species.

Variat: *α.* **typica** Beck Orob. p. 245; Synon. l. c. — Corolla sicut tota copiose glanduloso-pilosa. — Icon.: Reich. Icon. XX. t. 175 (*α*). — Exsicc. Heldr. pl. Cephal. nr. 3565!

β. **carotae** Des Moul. in Ann. sc. nat. III. (1835) p. 78 pro spec.; Beck Orob. p. 246. — *O. ambigua* Moris diagn. sard. p. 2 et fl. sard. III. p. 251. — *O. Tommasinii* Reich. f. Icon. XX. p. 92 = *O. elatior* b. ibidem 118. — *O. lilacina* Schultz in Flora (1843) I. p. 129; Bois. fl. or. IV. p. 517. — *O. Freynii* Nym. consp. p. 561. — Icon. Reich. l. c. t. 209, 216. — Corolla sicut tota parce glanduloso-pilosa, subglabra; spica plurimum multi- et densiflora, bracteis rubro violaceis, siccis nigrescentibus.

O. picridis ab *O. loricata* calycis segmentis minus profunde bidentatis, filamentis supra subglabris, ab *O. attica* floribus erecto-patentibus, stigmatis colore, ab *O. minore* corollis majoribus, laciniis labii superi patulis majoribus, filamentis infra copiose pilosis distinguitur.

In herbidis et rupestribus. In insulis jonicis!; Cephalonia: pr. Argostolis (Heldr.!); Aetolia: in mt. Taphiassos ad sinum Patranum (Hal.!); Attica: mt. Lycabettus, Hymettus, pr. Laurion (Heldr.!), Kamariza (Haussk.); Argolis: pr. Naupliam! — *β.* Attica: in mt. Lycabetto (Heldr.!). — Majo, Junio. ♃

21. **O. fuliginosa** Reut. in DC. Prodr. XI. p. 23; Boiss. Fl. or. IV. p. 510; Beck Orob. p. 248. — Icon. Jord. observ. III. t. 9 fig. B. (male); Beck l. c., t. IV, f. 80 (flos.)

Scapo subfirmo, breviter glanduloso-piloso; spica ovata v. cylindrica, multi- et densiflora in basi saepe laxiflora; calycis segmentis integris (rarius bidentatis), dentibus angustis, tubo corollae subbrevioribus; corolla 15—18 mm. longa, pronus curvata, cum linea dorsali in dorso subrecta, in labio supero subbilobo complanata v. declivi, in margine arrecta, ochroleuca, limbum versus rubescente v. violaceo-fusca, extus parce glanduloso-pilosa, glabrescente; filamentis 2—3 mm. alte insertis, infra pilosulis, supra glabris rarius sicut stylus glanduloso-pilosis; antheris brevissime apiculatis; stigmate violaceo-aurantiaco.

Plantae nutrientes sec. aut. *Anthemis maritima* L., *Cephalaria ambrosioides* Boiss., *Cineraria maritima* L.

Variat: *α.* **typica** Beck Orob. p. 249. — Laciniae corollae rotundatae; filamenta supra glabra (v. subglabra).

β. **oxycheilos** Beck l. c. — Flores erecto-patentes; laciniae corollae omnes acuminatae, profundius crenato-denticulatae; corolla in labio supero insigniter galeata et biloba.

In herbidis. *α.* Attica: in mt. Hymetto (Heldr.!); Laconia: in mt. Taygetos pr. Anavryti (Heldr.!); Cycladum insula Syra (Weiss!). — *β.* in mt. Hymetto Atticae (Heldr.!). — Majo, Junio. ♃

22. **O. minor** Sutton in Trans. Linn. soc. IV. (1797) p. 179; Reut. in DC. Prodr. XI. p. 29 p. p.; Ung. Reise p. 129; Spreitz. in z. b. G. 1877 p. 717; Bois. fl. or. IV. p. 512; Heldr. fl. ceph. p. 56;

Beck Orob. p. 251; Haussk. symb. p. 177. — *O. nudiflora* Wallr. Sched. crit. I. p. 310 (1822) ex p. — *O. apiculata* Wallr. l. c. — *O. hyalina* Sprun. apud Reut. l. c. p. 24; Bois. fl. or. IV. p. 508, suppl. p. 357; Heldr. fl. ceph. p. 56, Fl. Aegina p. 383; = *O. Reuteri* Schultz in litt. fide Reut. — Icones: Reich., Icon., VII, f. 876—880, 883—884, 916, XX. t. 183.

Scapo gracili rarius firmiore; spica cylindrica, plurimum multiflora, basi v. tota laxiflora; bracteis flores plurimum aequantibus; calycis segmentis integris v. bidentatis, dentibus longe subulatis, corollam longitudine plurimum aequantibus; corolla 10—18 mm. longa, erecto-patula v. pronus curvata, cum linea dorsali aequaliter curvata, ad limbum complanata, ochroleuca, limbum versus saepius coerulea v. violascente, extus glanduloso-pilosa (v. subglabra), laciniis labii superi emarginati v. bilobi porrectis, in margine glabro crenulato-dentatis; filamentis 2—3 mm. alte insertis, infra parce pilosis, supra sicut stylus glabris v. subglabris; stigmate violaceo-purpureo.

Plantae nutrientes: imprimis Leguminosae, Compositae (*Trifolii, Ornithopi, Helichrysi*-Species) sed etiam permultae aliae, atque cultae.

Formae sequentes observantur. 1. *minima* (Beck Orob. p. 252). Corolla minutissima, c. 10 mm. longa. — 2. *typica* (Beck l. c.). Spica densi- v. laxiflora, corolla c. 15 mm. longa, extus glanduloso-pilosa, ochroleuca, limbum versus violascens. — 3. *pumila* (Koch in Noë exs.; Reich. f., Icon., XX, 104 t. 165 f. II. p. sp.; Beck Orob. p. 252. — *O. livida* Sendt. (fide Freyn.) v. *adenostyla* Vis. Fl. Dalm. II 179). — Spica mox laxiflora; corolla primum parce glanduloso-pilosa, mox glabrescens.

In herbidis et graminosis. Attica: in mt. Lycabetto (Unger), ad Phalerum (Boiss.), ins. Aegina (Boiss.), Angistri (Heldr.); Argolis: pr. Naupliam (f. 2!); Sporadum ins. Skopelos (Leonis!); Aetolia: pr. Mesolongion (Heldr.!); Cephalonia: pr. Thaphion (Heldr.), Argostoli (Spreitz.); Corcyra: pr. Potamos (f. 3, Grimb.!); Thessalia: in mt. Karava Pindi (Haussk.!). — Aprili, Julio. ♃

β. Corolla sub limbo conspicue constricta, stigmate luteo (Spec. 23).

23. **O. hederae** Duby Bot. Gall. I. p. 350 (1828); Reut. in DC. Prodr. XI. p. 28; Beck Orob. p. 259. — *O. medicaginis* Reich. Iconogr. VII. p. 41; Griseb. Spic. fl. Rum. II, 57; non Duby. — *O. laurina* Reich. f., Icon., XX. 104, non Ch. Bonap.

Scapo subfirmo; spica cylindracea, multiflora, plurimum densi- rarius laxiflora; calycis segmentis integris v. bidentatis, dentibus saepe filiformibus, plurimum tubo corollae brevioribus; corolla 10—20 mm. longa, erecto-patula v. pronus curvata, sub limbo constricta, ochroleuca v. flavescens, in labium superum integrum v. plicato-emarginatum rubescens v. lilacea, laciniis in margine glabro crenato-denticulatis; filamentis 3—4 mm. alte insertis, infra breviter pilosis supra glabris; stylo plurimum parce glanduloso-piloso; stigmate luteo v. aurantiaco.

Planta nutriens: *Hedera helix* L.

Observata est forma spica elongata subtota laxiflora, floribus infimis remotissimis = f. *stenantha* Lo Jacono Crit. Orob. in Nat. Sic. I—II. 1882—1883, 53 p. sp.; Beck Orob. 260; Haussk. symb. p. 177. — Attica: pr. Athenas (Heldr.!). — Majo, Julio. ♃

Species insufficienter descriptae et incertae sedis:

O. lycica F. G. Schultz in Flora (1843) 128; Boiss., Fl. or., IV, 516; Beck, Orob., 264. — Sepalis plurinerviis, ovatis, bifidis rarissime cum dente altero truncato praeditis, dentibus lanceolato-subulatis, tubum corollae aequantibus v. longioribus; corolla tubuloso-campanulata, in dorso curvata, in fauce ampliata, labio supero bilobo, laciniis inaequaliter et acute dentatis; staminibus sub medio tubi insertis, a basi ad medium subvillosis. — Attica: ad Lycos (Fraas), non vidi. E minoribus, *O. atticae* affinis.

O. subverticillata F. G. Schultz in Flora (1843), 128; Boiss., Fl. or., IV. 516; Beck, Orob., 264. — Sepalis obsolete 5 nerviis, ovatis; inaequaliter bifidis v. indivisis, tubum corollae aequantibus; corolla tubuloso-campanulata, arcuata, labio supero vix bilobo, laciniis inaequaliter denticulatis; filamentis in curvatura corollae insertis, a basi ad medium subvillosis. — Boeotia: in *Vicia* sp. ad Thebas (Fraas), non vidi.

O. parviloba F. G. Schultz in Flora (1843) 128; Boiss., Fl. or., IV. 516; Beck, Orob., 265. — Planta, praesertim inflorescentia pilis albidis subvillosa, exsiccata griseo-ochroleuca; sepalis obsolete 3—6 nerviis, e basi ovata lanceolato-subulatis, bifidis, rarissime indivisis, corollae tubum superantibus; corolla tubulosa, subarcuata, laciniis parvis, obsolete denticulatis; staminibus infra medium tubi insertis, sparsim villoso-pilosis. — Argolis: ad Naupliam (Fraas). *O. canescenti* affinis?.

O. chassia Form. in Deutsch. bot. Mon., 1897 p. 197, in Ver. Brünn, 1897, 45. — Scapo breviter et remote squamoso; spica longa, laxiuscula, bracteis corollae tubo longioribus; calycis segmentis bidentatis, dentibus lineari-subulatis, corollae tubo sublongioribus; corolla dorso leviter arcuata, sicca rubella, labio supero bilobo, lobis retusis, laciniis non ciliatis, subdenticulatis; filamentis paulo supra basim corollae insertis, inferne puberulis; stigmate e sicco rubro; ovario superne parce glanduloso. — Thessalia: pr. Mitrica in mt. Chassia (Form.) non vidi. — *O. amethysteae* Thuill., nec *O. cupreae* Boiss. ex descriptione affinis.

O. prosgolica Form. in Ver. Brünn 1895 p. 52 = *O. pruinosa* Form. non Lapeyr. l. c. p. 33. — Caule crassiusculo minute et tenuissime pruinoso; spica laxiuscula, bracteis pruinoso-puberulis, corollae tubo longioribus; calycis segmentis bidentatis, dentibus lineari-subulatis tubum corollae aequantibus v. subsuperantibus; corolla flavo-rubella, glabra, dorso leviter arcuata, labio supero bilobo, laciniis labii inferi subrotundis subaequalibus, omnibus denticulatis non ciliatis; filamentis supra tertiam tubi insertis, basi puberulis; stigmate e sicco fusco rubro. —

Epirus: in mt. Prosgoli, 1000 m. s. m. (Form.) non vidi. — Ex descriptione forma *O. crenatae* Forsk., certe negligenter descripta.

LXXXIV. Ordo. Acanthaceae Juss. gen. p. 102.

1. Acanthus L. gen. n. 893.

a. Foliorum laciniae ovatae, dentatae, inermes.

1. **A. longifolius** Host. fl. austr. II. p. 217. — Exsicc.: Sint. it. thessal. n. 691. —

Caule erecto, simplici, puberulo, in spicam crassam abeunte; foliis glabriusculis, pinnatipartitis, laciniis divaricatis, ovatis, lobato-dentatis, dentibus inermibus; bractea ovato-lanceolata, lateraliter longe dentato-spinosa, in cuspidem subrecurvam, pungentem abeunti; bracteolis lineari-subulatis, puberulis, acerosis, bractea brevioribus; calycis glabriusculi lacinia superiore obovato-oblonga, violacea, apice denticulata, inferiore breviore et angustiore, apice denticulata, lateralibus multo brevioribus, obovato-orbiculatis, scariosis, glabris; corollae albidae labio glabro, obtuse trilobo.

In declivibus vallis Negerli pr. Chaliki in Pindo tymphaeo (Sint.). — Jun. Jul. ♃

b. Foliorum laciniae longe lanceolatae, spinoso-dentatae.

2. **A. Caroli Alexandri** Haussk. in Mitth. thür. bot. Ver. 1886 p. 62, in Reg. et Engl. Gartenfl. XXXV. p. 626 f. 73—75, in symb. p. 178. — Exsicc.: Sint. it. thessal. n. 442.

Caule erecto, simplici, puberulo, in spicam crassam abeunte; foliis glabriusculis, pinnatipartitis, laciniis divaricatis, longe lanceolatis, lobato-dentatis, dentibus spina subpungente terminatis; bractea ovato-lanceolata, lateraliter longe dentato-spinosa, in cuspidem subrecurvam, spinosam abeunti; bracteolis lanceolatis, puberulis, acerosis, bracteae subaequilongis; calycis puberuli lacinia superiore oblongo-spathulata, violacea, apice spinuloso-denticulata, inferiore breviore et angustiore, apice spinuloso-denticulata, lateralibus multo minoribus, a basi ovati lanceolatis, sensim in spinam excurrentibus, hirtulis; corollae albidae labio glabro, obtuse trilobo. — Differt a praecedente foliis spinoso-dentatis, a sequente spinis foliorum mollioribus, ab ambobus floribus majoribus et praesertim calycis laciniarum lateralium forma.

β. **tenuissimus** Haussk. in Reg. et Engl. l. c. p. 633. — Foliis brevioribus, in lacinias angustas pinnatipartitis.

γ. **minor** Haussk. l. c. . — Caule spithameo vel dodrantali, densius villoso, spica subcapitata, pauciflora.

In regione montana Pindi Agraphae in nemorosis quercinis, praecipue ad monasterium Korona et in toto tractu ad Pindum tymphaeum usque (Haussk.). — Maio, Jul. ♃

3. **A. spinosus** L. sp. p. 939; S. et S. pr. I. p. 141, Fl. gr. VII. p. 10 t. 611; Pieri corc. fl. p. 86; Sieb. avis rem. p. 5; Ch. et

B. exp. p. 179, Fl. pelop. p. 40; Marg. et R. fl. Zante p. 77; Fraas fl. class. p. 185; Weiss in z. b. G. p. 782; Raul. cret. p. 842; Bois. fl. or. IV. p. 522; Heldr. fl. cephal. p. 56, Fl. Aegina p. 383, chlor. Mykon. p. 248; Spreitz. in z. b. G. 1887 p. 665; Form. in D. bot. Monat. 1890 p. 25, in Ver. Brünn 1895 p. 33; Hal. Beitr. fl. Epir. p. 34, Beitr. fl. Aetol. p. 9, Beitr. fl. Thessal. p. 16; Haussk. symb. p. 178. — *A. spinosissimus* Pers. syn. II. p. 179; Sieb. avis p. 4; Raul. cret. p. 842; Gelmi in bull. soc. bot. ital. 1899 p. 451; qui ab *A. spinoso* vix differre videtur. — *A. mollis* Dallap. prosp. p. 87, non L. sp. p. 939, qui foliorum dentibus inermibus et calycis laciniis lateralibus ovato-acutis discedit et in ditione nostra vix occurrit. — *A. spinulosus* Friedr. Reise p. 277, non Host fl. austr. II. p. 217, qui probabiliter hybrida inter *A. mollem* et *A. spinosum* et ab ulteriore dentibus foliorum brevibus, triangularibus nec lanceolato-acuminatis, molliter spinosis discedit (cf. Vis. fl. dalm. II. p. 227). — Exsicc.: Heldr. herb. norm. n. 301 et 1166; Orph. fl. gr. n. 869; Rev. pl. cret. n. 145; Sint. et Bornm. it. turc. n. 1436. —

Caule erecto, simplici, puberulo, in spicam crassam abeunte; foliis glabriusculis, elevatim nervosis, pinnati- vel bipinnati-partitis, laciniis primariis divaricatis, longe lanceolatis, secundariis triangulari-lanceolatis, apice et lateraliter in spinas pungentes abeuntibus, bractea ovato- vel oblongo-lanceolata, lateraliter longe dentato-spinosa, in spinam validam subrecurvam abeunte; bracteolis lanceolato-subulatis, pubescentibus, acerosis, bracteae subaequilongis; calycis puberuli lacinia superiore oblongo-spathulata, violacea, integra vel apice spinuloso-denticulata, inferiore breviore et angustiore, apice spinuloso-denticulata, lateralibus multo brevioribus, obovato-orbiculatis, scariosis, glabriusculis; corollae albidae labio glabro, apice obtuse trilobo.

β. **thessalus** Form. in Ver. Brünn 1896 p. 62, 1897 p. 45. — Caulis, folia, bracteae, bracteolae et calycis laciniae dense hirsutae, corollae labium parce puberulum. — Exsicc.: Form. pl. gr. a. 1889.

In collibus apricis, cultis derelictis regionis inferioris et submontanae, per totam Graeciam; — β. frequens in Thessalia (Form.). — Maio, Jul. ♃

LXXXV. Ordo. Verbenaceae Juss. ann. mus. VII. p. 63.

1. Vitex L. gen. n. 790.

1. **V. agnus castus** L. sp. p. 938; S. et S. pr. I. p. 441, Fl. gr. t. 541; Pieri corc. fl. p. 85; Sieb. avis p. 4, rem. p. 5; Dallap. prosp. p. 87; Urv. enum. p. 73; Ch. et B. exp. p. 179, Fl. pelop. p. 40; Marg. et R. fl. Zante p. 76; Friedr. Reise p. 264 et 275; Fraas fl. class. p. 185; Clem. sert. p. 79; Weiss in z. b. G. 1869 p. 744; Raul. cret. p. 842; Bois. fl. or. IV. p. 535; Heldr. fl. cephal. p. 57, in Sitzungsb. acad. Wiss. Berl. 1883 p. 7, Fl. Aegina p. 383,

chlor. Thera p. 18; Chloros Waldverh. p. 38; Spreitz. in z. b. G. 1877 p. 665, 1890 p. 297; Hal. in z. b. G. 1888 p. 761, Beitr. fl. Epir. p. 34, Beitr. fl. Thessal. p. 16; Form. in D. bot. Mon. 1891 p. 27, in Ver. Brünn 1895 p. 34, 1896 p. 65, 1897 p. 49; Haussk. symb. p. 178. — Exsicc.: Rev. pl. cret. n. 185.

Frutex erectus, 1—3 m. altus; ramis tomentellis; foliis longe petiolatis, digitatim 5—7 foliolatis; foliolis lanceolatis, supra obscure viridibus, subtus incano-tomentellis; floribus in cymas compactas, subsessiles, verticillastros formantes dispositis, verticillastris in racemos longos terminales interruptos aggregatis; bracteis parvis, linearibus; calyce tomentoso, dentibus triangularibus, obtusis; corolla campanulato-bilabiata, lilacina, violacea vel raro alba, calyce triplo longiore; drupa sphaerica.

In dumetis, alveis, ad ripas regionis inferioris totius ditionis. — Jun. Aug. ♄

2. Verbena L. gen. n. 32.

1. **V. officinalis** L. sp. p. 20; S. et S. pr. I. p. 402; Pieri corc. fl. p. 4; Dallap. prosp. p. 6; Ch. et B. exp. p. 164, Fl. pelop. p. 36; Marg. et R. fl. Zante p. 76; Friedr. Reise p. 263 et 273; Fraas fl. class. p. 186; Weiss in z. b. G. 1869 p. 744; Raul. cret. p. 841; Bois. fl. or. IV. p. 534; Heldr. fl. cephal. p. 56, chlor. Mykon. p. 248; Spreitz. in z. b. G. 1890 p. 297; Form. in D. bot. Mon. 1891 p. 27, in Ver. Brünn 1895 p. 34, 1896 p. 65, 1897 p. 49; Hal. Beitr. fl. Epir. p. 34, Beitr. fl. Thessal. p. 16; Haussk. symb. p. 178, cum var. *grandiflora* (f. floribus fere duplo majoribus). — Icon: Fl. dan. t. 628. — Exsicc.: Sint. it. thessal. n. 981.

Caule erecto, ad angulos scabridulo, a medio paniculato-ramoso; foliis oblongis vel oblongo-lanceolatis, strigulosis, incisis vel laciniatis vel lyrato-pinnatifidis, in petiolum brevem contractis; floribus parvis, subsessilibus, bractea oblongo-lanceolata, calyce breviore suffultis; calycis strigosi dentibus acutis; corolla lilacina.

In ruderatis, ad vias, muros passim per totam Graeciam. — Maio. Sept. ☉

2. **V. supina** L. sp. p. 21; Raul. cret. p. 842; Bois. fl. or. IV p. 534; Heldr. chlor. Parn. p. 25; Haussk. symb. p. 178. — Icon: Fl. gr. t. 554. — Exsicc.: Heldr. it. thessal. a. 1886.

Caule procumbente, rarius erecto, undique strigoso-hispido, valde ramoso; foliis strigosis, canescentibus, in petiolum attenuatis, infimis oblongis, incisis, ceteris in lacinias ovato-oblongas, integras vel dentatas bipinnatisectis; floribus minimis, subsessilibus, bractea lanceolata, calyce breviore suffultis; calycis strigosi dentibus brevibus, corolla lilacina. — Foliis mollioribus, tenuius dissectis, spicis brevioribus et floribus minoribus a praecedente distincta.

In ruderatis, arenosis hyeme inundatis, rare. Thessalia: pr. Trikala, Sophades, Karditza (Haussk.); mt. Parnassus pr. Livadi (Heldr.); Creta: pr. Aradhena (Raul.). — Jun, Jul. ☉

1 × 2. **V. officinalis × supina.** — *V. Haussknechtii* Heldr. it. IV. pr. Thessal. a. 1885. — *V. adulterina* Haussk. symb. p. 178. — Differt a. *V. officinali* foliis minoribus, magis dissectis et indumento canescente; a *V. supina* foliis minus dissectis et indumento tenuiore. — Thessalia: pr. Karditza (Heldr.).

3. Lippia L. gen. n. 781.

1. L. nodiflora L. sp. p. 20; S. et S. pr. I. p. 401, Fl. gr. t. 553; Sieb. avis p. 4, rem. p. 5; Ch. et B. exp. p. 164, Fl. pelop. p. 36; (*Verbena*); Rich. in Michx. fl. bor. amer. II. p. 15; Raul. cret. p. 842; Bois. fl. or. IV. p. 532. — *Zapania nodiflora* Lam. ill. p. 248 t. 17. — *L. repens* Spreng. syst. II. p. 752; Haussk. symb. p. 178; f. bracteis obtusis, haud vel obsolete mucronatis. — Exsicc.: Pichl. pl. gr. a. 1876.

Adpresse strigulosa; caulibus procumbentibus, radicantibus; foliis cuneato-spathulatis, breviter petiolatis, a medio ad apicem usque argute serratis; floribus parvis, in capitula ovoidea, demum cylindrica, pedunculo axillari, folio longiore insidentia congestis; bracteis imbricatis, obovatis, concavis, mucronatis vel muticis, erosulis; calyce bipartito; corolla exigua, rosea; fructu ovoideo.

In arenosis, inundatis, maritimis, paludosis regionis inferioris. Acarnania: pr. Actium (Bald.); Attica: pr. Tatoi (Haussk.); Messenia: pr. Skala (Chaub.); Laconia: in planitie Helos (Heldr.), pr. Marathonisi (Pichl.); Creta: pr. Platania (Sibth.), Canea, Kladiso (Raul.); insula Syra (Chaub.). — Jun. Oct. ♃

LXXXVI. Ordo. Labiatae Juss. gen. p. 110.

Dispositio tribuum generumque:

A. Corolla ob labium superius brevissimum subunilabiata.

1. Tribus. *Ajugoideae* Benth. lab. p. 657. — Stamina (in nostris) 4, adscendentia, approximata, inferiora longiora; nuculae siccae.

   a. Corollae tubus intus saepe piloso-annulatus; labium superius brevissimum, emarginatum vel fissum, inferius elongatum, patens trifidum.

1. Ajuga L.

   b. Corollae tubus intus exannulatus; labium superius bipartitum, laciniis margini labii inferioris impositis, inferius trilobum, lobo medio maximo.

2. Teucrium L.

B. Corolla bilabiata.

  I. Nuculae carnosae, subbaccatae.

2. Tribus. *Prasieae* Benth. lab. p. 646. — Stamina 4, adscendentia, approximata, inferiora longiora.

3. Prasium L.

  II. Nuculae siccae.

    1. Stamina adscendentia approximata vel recta divergentia.

    § Stamina 2.

3. Tribus. *Monardeae* Benth. lab. p. 190. — Stamina adscendentia.

a. Connectivum elongatum, filiforme, transverse in filamentum articulatum postice adscendens et loculum fertilem ferens, antice porrectum vel deflexum, loculum cassum, rarius polliniferum ferens vel nudum.

4. Salvia L.

b. Connectivum parvum; antherae loculi divaricati, confluentes.

α. Calyx ovato-campanulatus, bilabiatus, fauce nudus; corollae labium inferius trilobum, lobis lateralibus oblongis erectis, medio maximo concavo dependente.

5. Rosmarinus L.

β. Calyx tubulosus, bilabiatus, fauce villosus; corollae labium inferius trifidum, lobis rotundatis, medio longiore emarginato.

6. Zizyphora L.

§§ Stamina 4.

4. Tribus. *Stachydeae* Benth. in DC. pr. XII. p. 407. — Stamina sub labio superiore adscendentia, approximata, inferiora longiora.

1. Subtribus. *Scutellarieae* Benth. in DC. pr. XII. p. 407. — Calyx bilabiatus, non inflatus, labiis in fructu clausis; stamina exserta.

a. Calycis labia integra, superius squamigerum.

7. Scutellaria L.

b. Calycis labia dentata, superius non squamigerum.

8. Prunella L.

2. Subtribus. *Marrubieae* Endl. gen. p. 627. — Calyx bilabiatus vel 5 dentatus, non inflatus, fructifer non clausus; stamina inclusa.

a. Nuculae apice rotundatae.

9. Sideritis L.

b. Nuculae apice truncatae.

10. Marrubium L.

3. Subtribus. *Melitteae* Willk. et Lange pr. fl. hisp. II. p. 460. — Calyx bilabiatus, inflatus, fructifer apertus; stamina exserta.

a. Calyx obconicus, labio superiore breviter 2—3 dentato, inferiore bifido; corollae tubus longe exsertus; nuculae trigonae, apice rotundatae.

11. Melittis L.

b. Calyx maximus, campanulatus, labio superiore integro, inferiore denticulato; nuculae triquetrae, apice truncatae.

12. Moluccella L.

4. Subtribus. *Lamieae* Endl. gen. p. 624. — Calyx 5 dentatus, non inflatus, fructifer apertus; stamina exserta.

a. Labium corollae superius valde concavum, galeatum.

α. Galea lateraliter compressa, dorso carinata, extus plus minus tomentosa.

13. Phlomis L.

β. Galea dorso non carinata, extus glabra aut margine solum ciliata.

14. Lamium L.

b. Labium corollae superius concaviusculum vel subplanum, erectum.

× Nuculae apice rotundatae.

◯ Antherae loculi paralleli vel subparalleli; stamina inferiora demum ad latere non recurvata.

15. Betonica L.

○○ Antherae loculi divergentes vel divaricati.
. Stamina inferiora demum ad latera recurvata; antherae loculi rima longitudinali dehiscentes.
16. Stachys L.
.. Stamina inferiora demum ad latera non recurvata; antherae loculi rima longitudinali propria dehiscentes.
17. Ballota L.
×× Nuculae apice plano triangulari truncatae.
18. Leonurus L.

5. Tribus. *Nepeteae* Benth. lab. p. 462. — Stamina sub labio superiore adscendentia, approximata, superiora longiora.
a. Antherae per paria in crucem dispositae.
19. Glechoma L.
b. Antherae non in crucem dispositae.
20. Nepeta L.

6. Tribus. *Satureieae* Benth. lab. p. 324, s. ampl. — Stamina distantia, atque vel superne divergentia vel sub labio superiore conniventia, inferiora longiora.
a. Stamina superne plus minus conniventia.
α. Calyx bilabiatus.
× Antherae loculi divergentes, apice connexi.
21. Melissa L.
×× Antherae loculi divergentes, apice sejuncti.
22. Calamintha Tourn.
β. Calyx 5 dentatus.
× Calycis tubus anguste cylindricus, 13—15 nervius.
23. Micromeria Benth.
×× Calycis tubus campanulatus, 10 nervius.
24. Satureia L.
b. Stamina superne patula vel divergentia.
α. Calyx campanulatus vel turbinatus.
25. Origanum L.
β. Calyx a dorso plano-compressus, subanceps.
26. Thymbra L.
γ. Calyx ovoideus.
27. Thymus L.
2. Stamina declinata.

7. Tribus. *Ocymoideae* Benth. lab. p. 1. — Stamina 4, inferiora longiora.
28. Lavandula L.
C. Corolla subregularis, limbo 4—5 fido.

8. Tribus. *Menthoideae* Benth. lab. p. 152. — Stamina 2—4, distantia, recta, superne divergentia.
a. Stamina 2.
29. Lycopus L.
b. Stamina 4.
30. Mentha L.

1. Tribus. AJUGOIDEAE Benth. lab. p. 657.

1. Ajuga L. gen. n. 705.

1. Sectio. *Bugula* Benth. lab. p. 692. — Verticillastri multiflori; corolla saepissime coerulea, raro rosea vel alba, nunquam flava.

1. **A. reptans** L. sp. p. 561; S. et S. pr. I. p. 389; Pieri corc. fl. p. 73; Ch. et B. exp. p. 161, Fl. pelop. p. 35; Marg. et R. fl. Zante p. 76; Friedr. Reise p. 282; Ung. Reise p. 127; Bois. fl. or. IV. p. 798; Gelmi in bull. soc. bot. it. 1889 p. 451; Hal. in ö. b. Z. 1896 p. 16, 1895 p. 325; Form. in Ver. Brünn 1896 p. 72; Haussk. symb. p. 33. — Icon: Fl. dan. t. 925. — Exsicc.: Sint. it. thessal. n. 35; Dörfl. fl. gr. n. 295.

Rhizomate truncato, stolones elongatos edente; caule erecto, bifariam piloso; foliis obovato-oblongis oblongisve, crenatis vel dentatis, glabriusculis, inferioribus in petiolum attenuatis, ceteris sessilibus, sensim in bracteas abeuntibus; calycis laciniis lanceolatis, villosis, tubo aequilongis; corollae tubo exserto, recto; staminibus exsertis; nuculis reticulato-rugosis.

In herbidis, nemorosis, ad rivulos regionis inferioris et subalpinae. Thessalia: pr. Klinovo (Form.), Bezula, Sermeniko, in oropedio Neuropolis (Gaussk.) in Pindo, pr. Kissos (Heldr.) et Lechonia (Sint.) in mt. Pelion; Aetolia: pr. Krioneri, Naupactos (Reis.), mt. Korax pr. Musinitza (Leon.); Peloponnesus: mt. Kyllene (Orph.), mt. Alvena et Smirna pr. Krysthena Arcadiae (Friedr.), mt. Kupe, pr. Messene (Chaub.), mt. Taygetos (Heldr.); Zante: pr. Argassi (Marg.); Corcyra (Pieri.): pr. urbem (Sagb.). — Mart. Maio. ♃

2. **A. orientalis** L. sp. p. 561; Ung. Reise p. 127; Spreitz. in z. b. G. 1877 p. 715; Bois. fl. or. IV. p. 800; Gelmi in bull. soc. bot. it. 1889 p. 451; Hal. Beitr. fl. Achaia p. 28, in ö. b. Z. 1897 p. 97; Haussk. symb. p. 33. — Icon: Dill. hort. elth. t. 53. — Exsicc.: Orph. fl. gr. n. 1113; Heldr. herb. dimorph. n. 41; Baen. herb. europ. n. 4198.

Rhizomate truncato, estolonoso; caule erecto, foliisque villoso; foliis oblongis, sinuato-crenatis vel inciso-lobulatis, inferioribus in petiolum attenuatis, superioribus sessilibus, sensim in bracteas ovatas, lobulatas abeuntibus; calycis laciniis lanceolatis, villosis, tubo duplo longioribus: corollae tubo breviter exserto, torto, limbo resupinato; staminibus inclusis; nuculis reticulato-rugosis.

β. **aenesia** Heldr. fl. cephal. p. 59; Spreitz. in z. b. G. 1877 p. 715. — Bracteis pulchre violaceo-purpurascentibus, profunde paucidentatis; corolla intensius coerulea, immaculata. — Exsicc.: N. v.

In pascuis, herbidis, dumosis regionis inferioris et subalpinae. Thessalia: mt. Pelion pr. Milies (Heldr.); Sporadum insula Skiathos (Leon.); Attica: mt. Pentelicon (Orph.), Parnes, Cithaeron (Heldr.); Boeotia, mt. Parnassus (Sprun.); Acrocorinthus (Haussk.); Laconia: pr. Megali Anastasova (Zahn); Elis: mt. Olenos (Hal.); Corcyra: mt. Pantocrator (Spreitz.); — β. Cephalonia: mt. Aenos et Rhudi (Heldr.). — Mart. Jun ♃

2. Sectio. *Chamaepitys* Benth. lab. p. 697. — Verticillastri biflori, raro quadriflori; corolla flava vel rosea.
   a. Corollae labium superius emarginatum.
      α. Folia indivisa.

3. **A. iva** L. sp. p. 563; Sieb. avis p. 4, rem. p. 5; Ch. et B. exp. p. 161, Fl. pelop. p. 35; (*Teucrium*); Schreb. unilab. p. 25; S. et S. pr. I. p. 389; Marg. et R. fl. Zante p. 76; Friedr. Reise p. 277; Fraas fl. class. p. 172; Ung. Reise p. 127; Weiss in z. b. G. 1869 p 743; Raul. cret. p. 841; Bois. fl. or. IV. p. 802; Heldr. fl. cephal. p. 59; Gelmi in bull. soc. bot. ital. 1889 p. 451; Haussk. symb. p. 33. — Icon: Rchb. t. 34 f. 3. — Exsicc.: Heldr. pl. fl. hellen. a. 1899.

Canescens vel villosa, a basi ramosa, caespitosa; caulibus prostratis vel adscendentibus, foliosis; foliis sessilibus, lineari-oblongis linearibusve, integris vel utrinque remote 1—3 dentatis; floribus in axillis foliorum superiorum sessilibus; calycis dentibus lanceolatis, tubo brevioribus; corolla rosea, calyce triplo longiore; nuculis reticulato-rugosis. — Planta tota moschum redolens, occurrit saepe floribus apetalis (*f. cleistogama* Heldr. fl. Aegina p. 383).

β. **pseudoiva** Rob. et Cast. ap. DC. fl. fr. suppl. p. 395; Heldr. fl. Aegina p. 383, chlor. Thera p. 19; pro sp.; Benth. in DC. pr. XII. p. 600; Weiss in z. b. G. 1869 p. 743. — Icon: S. et S. fl. gr. t. 525. — Flores lutei. — Exsicc.: Heldr. herb. norm. n. 1465.

In arvis, olivetis, locis aridis regionis inferioris et submontanae. Attica: pr. Athenas, Liosia, mt. Pentelicon (Heldr.), Eleusis, Kamariza Laurii (Haussk.); insula Aegina (Heldr.); Argolis: pr. Argos (Heldr.), Poros (Friedr.); Messenia (Chaub.); Elis: pr. Bartholomeo (Heldr.); Cycladum insula Syra (Weiss), Thera (Heldr.); Creta (Sibth.): pr. Candia (Raul.); Zante (Sibth.); Cephalonia: pr. Kundurata, Pessada (Heldr.); Corcyra (Gelmi). — Maio, Oct. ♃

β. Folia in lacinias lineares tripartita.

4. **A. chamaepitys** L. sp. p. 562; Dallap. prosp. p. 80; Ch. et B. exp. p. 161, Fl. pelop. p. 35; (*Teucrium*); Schreb. unilab. p. 24; S. et S. pr. I. p. 389; Friedr. Reise p. 282; Clem. sert. p. 78; Bois. fl. or. IV. p 802; Heldr. fl. cephal. p. 59; Form. in D. bot. Monat. 1891 p. 31; Bald. riv. coll. bot. alb. 1895 p. 66, 1896 p. 68. — Icon: Fl. dan. t. 733.

Pilosa; caulibus diffusis, filiosis; foliis in lacinias anguste lineares tripartitis, floralibus flores superantibus; calycis dentibus lanceolatis, tubo sublongioribus; corolla lutea, calyce triplo longiore; nucularum areolis plerisque pentagonis.

In arvis, cultis regionis inferioris et montanae. Epirus: pr. Janina, mt. Micikeli (Bald.); Thessalia: pr. Han Kuraneos in valle Penei, pr. Kalabaka, Koryza, Volo (Form.); Attica: mt. Pentelicon (Clem.); Peloponnesus (Sibth.); mt. Alvena et Smirna pr. Krysthena Arcadiae (Friedr.); Archipelagus (Sibth.); Cephalonia (Dall.); loca plurima, forsitan omnia probabiliter ad sequentem spectant. — Maio, Oct. ☉ N. v.

5. **A. chia** Poir. dict. suppl. II. p. 772 (*Teucrium*); Schreb. unilab. p. 25; S. et S. pr. I. p. 389, Fl. gr. VI. p. 21 t 524; Fraas fl. class. p. 172; Bois fl. or. IV. p. 802; Form. in Ver. Brünn 1897 p. 54; Haussk. symb. p. 33. — Exsicc.: Orph. fl. gr. n. 533; Heldr. herb. norm. n. 202 et 869, herb. dimorph. n. 40.

Albo-hispida; caulibus diffusis, foliosis; foliis in lacinias latiuscule lineares tripartitis, floralibus floribus saepius subbrevioribus; calycis dentibus lanceolatis, tubo brevioribus; corolla lutea purpureo-striata vel omnino purpurea, calyce quintuplo longiore; nuculis praeter areolas paucas terminales pentagonas transverse corrugatis. — A praecedente vix differre videtur, nisi corollis duplo majoribus et indumento densiori.

β. **intermedia** Bois. et Orph. in Bois. fl. or. IV. p. 802, solum nomen; Heldr. herb. norm. n. 1466. — Corolla parva, calyce triplo longiore. — Medium tenet inter *A. chiam* et *chamaepityn*.

In campis, cultis, ad vias regionis inferioris et submontanae. Thessalia: pr. Malakasi, Klinovo, Korona, Meteora, Pharsalus (Haussk.), Neraida (Form.); Attica: ubique circa Athenas; Aetolia: ad radices mt. Chalkis ad sinum Patranum (Hal.); Peloponnesus: mt. Xerovuni Alagoniae, pr. Kalamata (Zahn); Archipelagus (Sibth.); et probabiliter loca omnia ad speciem praecedentem enumerata. — Mart. Jun. ☉, sec. Bois. ♃

b. Corollae labium superius fissum.

6. **A. Piskoi** Deg. et Bald. egy uj ajuga faj. 1896 p. 1, in Bald. riv. coll. bot. Alb. 1896 p. 88. — *A. Halácsyana* Zahlbr. in z. b. G. 1896 p. 447. — Exsicc.: Bald. it. alb. epir. n. 136.

Viridis; caulibus pluribus, erectis, ramosis, parce hispidulis; foliis oppositis breviter petiolatis, ovato-oblongis, acutis, parce hispidulis, margine ciliatis, inferioribus grosse remoteque dentatis, ceteris integris, floralibus flores multoties superantibus; verticillastris bifloris; floribus breviter pedicellatis; calycis laciniis lineari-lanceolatis, hispidulis, tubo multo longioribus; corolla rosea, purpureo-venosa, calyce subtriplo longiore. — Species egregia, foliis 6—7 cm. longis, 3—4 cm. latis, corolla 2—3 cm. longa.

In humidis pr. Diovisda distr. Ljaskovik Albaniae australis (Bald.), jam extra ditionem nostram, in Epiro boreali inquirenda. — Jul. ♃

2. Teucrium L. gen. n. 706.

Dispositio specierum:

1. Sectio. *Teucris* Benth. lab. p. 665. — Pedunculi oppositi, 1—3 flori, racemosi vel paniculati; calyx aequaliter 5 dentatus.

1. **T. aroanium** Orph.   2. **T. creticum** L.   3. **T. brevifolium** Schreb.

2. Sectio. *Stachyobotrys* Benth. lab. p. 672. — Flores sparsi vel irregulariter subverticillati, in racemum simplicem dispositi; calyx 5 dentatus, dente supremo ovato, latiore.

4. **T. Halácsyanum** Heldr.   5. **T. cuspidatum** Celak.

3. Sectio. *Scorodonia* Benth. lab. p 674. — Pedunculi oppositi, uniflori, secundi, racemosi; calyx 5 dentatus, dente supremo ovato, latiore.

6. **T. massiliense** L.   7. **T. scorodonia** L.

4. Sectio. *Scordium* Benth. lab. p. 678. — Flores in verticillastros 2—6 floros, axillares, distantes dispositi; calyx subaequaliter 5 dentatus, basi infra gibbus.

8. **T. scordioides** Schreb.

5. Sectio. *Chamaedrys* Benth. lab. p. 680. — Flores in verticillastros 2—6 floros, racemum laxum formantes dispositi; calyx subaequaliter 5 dentatus.
 a. Herbaceum.

9. **T. chamaedrys** L.

 b. Suffruticosa.
  α. Corolla flava.

10. **T. flavum** L.

  β. Corolla purpurea.

11. **T. divaricatum** Sieb.   12. **T. microphyllum** Desf.

6. Sectio. *Polium* Benth. lab. p. 684. — Flores in verticillastros, capitula globosa vel ovata terminalia formantes, dispositi; calyx dentibus subaequalibus vel inferioribus subangustioribus et acutioribus.
 a. Folia integra; corolla calyce subduplo longior.

13. **T. montanum** L.

 b. Folia crenata (cf. T. polium v. capitatum).
  α. Capitula laxiflora; corolla calyce subduplo longior.

14. **T. cuneifolium** S. et S.   15. **T. alpestre** S. et S.

  β. Capitula densiflora; corolla calyce parum longior.

16. **T. polium** L.

1. Sectio. *Teucris* Benth. lab. p. 665.

1. **T. aroanium** Orph. in Bois. diagn. ser. 2 IV. p. 55, Fl. or. IV. p. 807. — Exsicc.: Orph. fl. gr. n. 102.

Suffruticosum, ramosissimum, caespitosum; caudiculis duris, nudis, radicantibus; ramis novellis brevibus, herbaceis, adscendentibus, foliosis, adpresse canis; foliis parvis, obovatis vel ovato-oblongis, integris, in petiolum brevem attenuatis, utrinque adpresse sed subtus intensius canis; floribus oppositis, pedicellatis, in racemum ovatum, pauciflorum dispositis, bracteis ellipticis, acutis, calyce brevioribus suffultis; calycis campanulati, minute glandulosi dentibus ovato-triangularibus, tubo aequilongis; corolla coerulescente, calyce multo longiore, laciniis oblongis, lateralibus glabriusculis, inferiori multo majori, subtus papillis crispulis hirta; staminibus longissime exsertis. — Stirps pulcherrima, foliis 5—15 mm. longis, corolla circa 15 mm. longa.

In regione superiori mt. Chelmos Achaiae pr. Stygem, ubi rupes laetis vestit tapetibus (Orph.). — Jul. ♄

2. T. creticum L. sp. p. 563; Raul. cret. p. 839. — *T. hyssopifolium* Schreb. unilab. p. 28. — *T. rosmarinifolium* Lam. dict II. p. 693. — Icon: Fl. gr. t. 529. — Exsicc.: Sint. et Rigo. it. cypr. n. 565 (Cyprus).

Fruticosum; ramis virgatis, elongatis, demum glabrescentibus; foliis supra viridibus, subtus adpresse canis, margine revolutis, integris, inferioribus crebris, elliptico-linearibus, inferne attenuatis, ceteris anguste-linearibus, remotis; floribus solitariis ternisve, pedicellatis, in racemum elongatum, interruptum dispositis, bracteis calyce aequilongis vel longioribus suffultis; calycis campanulati, adpresse cani dentibus triangulari-lanceolatis, acutis, tubo brevioribus; corolla purpurascenti-coerulea, pubescente, calyce subduplo longiore, laciniis lateralibus oblongis, inferiori multo majori; staminibus exsertis, corolla subbrevioribus.

In saxosis regionis inferioris. Indicatur a Linnaeo in Creta, ubi tamen sec. Bois. fl. or. IV. p. 806 non crescit. — Maio, Jul. ♄ N. v.

3. T. brevifolium Schreb. unilab. p. 27; S. et S. pr. I. p. 397, Fl. gr. VI. p. 24 t. 528; Urv. enum. p. 63; Ch. et B. fl. pelop. p. 36; Raul. cret. p. 839; Heldr. in Gartenfl. 1873 p. 323; Bois. fl. or. IV. p. 807; Haussk. symb. p. 31. — *T. creticum* Lam. dict. II. p. 592; Sieb. avis. p. 4, rem. p. 5; non L. — Exsicc.: Heldr. herb. norm. n. 965; Rev. pl. cret. n. 205, in Baen. herb. europ. n. 5241.

Fruticosum, ramosissimum, ramis foliosis, saepe intricatis; foliis adpresse canescentibus, subsericeis, oblongis linearibusve, margine revolutis, integris, floralibus conformibus, calyces superantibus; floribus oppositis, pedicellatis, racemos breves formantibus; calycis campanulati adpresse tomentelli dentibus oblongis, obtusiusculis, tubo subbrevioribus; corolla coerulea, purpureo-striata, pubescente, calyce triplo longiore, laciniis oblongis, inferiori multe majore; staminibus exsertis, corolla brevioribus. — Frutex 1—2 pedalis.

In aridis, collibus saxosis, maritimis, rare. Attica: pr. Laurion Sunium (Heldr.); insula Poros, Naxos (Wiedem.), Melos (Urv.); Creta (Schreb.): ad promontorium Meleka (Raul.), pr. Topolia distr. Kissamos (Rev.). — Febr. Maio. ♄

2. Sectio. *Stachyobotrys* Benth. lab. p. 672.

4. T. Halácsyanum Heldr. in ö. b. Z. 1879 p. 241; Bois. fl. or. suppl. p. 363; Hal. Beitr. fl. Aetol. p. 9 t. 1. — Exsicc.: Heldr. pl. fl. hellen. a. 1878; Hal. it. gr. sec. a. 1893; Bickn. pl. Corc. a. 1891.

Suffruticosum, caespitosum, molliter villoso-tomentosum; ramis e caudice brevi, crasso, lignoso numerosis, flexuosis, fragillimis; foliis petiolatis, e basi truncata vel in superioribus breviter attenuata ovatis vel subrhombeis, obtusis, crenatis; floribus sparsis, pedicellatis, racemos subsecundos, densos formantibus; bracteis linearibus vel lanceolatis, calycem aequantibus vel eo brevioribus; pedicellis calyce aequilongis vel paulo brevioribus; calycis campanulati dentibus triangulari-lanceolatis, acutis, superiore latiore; corolla violacea, pubescente, calyce duplo longiore, laciniis lateralibus lineari - oblongis, inferiori multo majore; staminibus exsertis, corolla brevioribus. — Species distinctissima, typice caespites humiles, ramis 3—5 pollicaribus, foliis cum petiolo 10—15 mm. longis, racemis 1—2 pollicaribus formans, vidi tamen in umbrosis specimina (*f. laxa* Hal. it. gr. secund. a. 1893) caulibus ad 50 cm. longis valde intricatis.

In rupestribus regionis inferioris. Aetolia: ad radices mt. Taphiassos (Heldr.) et Chalkis (Hal.) ad sinum Patranum; Achaia: in faucibus Diakophto (Heldr.); Corcyra: pr. Palaeokastrizza (Bicknell). — Maio, Jun. ♄

5. **T. cuspidatum** Celak. in bot. Centralbl. 1883 p. 222; Bois. fl. or. suppl. p. 363. — Huc forsan: *T. coloratum* Scheele in Flora 1843 p. 568.

Suffruticosum, ramosissimum, hirsutum, superne subvillosum; ramis adscendentibus; foliis petiolatis, e basi truncata vel subcuneata ovatis, obtusis, crenatis, floralibus conformibus, minoribus, superioribus bracteaeformibus, ovato-lanceolatis, cuspidatis in petiolum brevem spathulato-attenuatis, calyce brevioribus; floribus sparsis, pedicello calyce dimidio breviore suffultis; calycis campanulati dentibus triangulari - lanceolatis, cuspidatis, supremo late breviterque ovali; corolla parva, rosea, calyce parum longiore; staminibus parum exsertis. — Species mihi ignota, e descriptione in hac sectione ut videtur collocanda.

Creta: pr. Mirabello (Sieb.). — Flor. ?. ♄ N. v.

Abs. *Scutellaria cretica* L. sp. p. 600, sec. Bois. fl. or. IV. p. 811 = *Teucrium lamiifolium* Urv. enum. p. 64 (non L.) = *T. Arduini* S. et S. fl. gr. VI. p. 26 t. 581 et Raul. cret. p. 839. — Erronee ut videtur in Creta indicatur.

3. Sectio. *Scorodonia* Benth. lab. p. 674.

6. **T. massiliense** L. sp. ed. 2 p. 789; S. et S. pr. I. p. 392; Sieb. avis. p. 4, rem. p. 5; Raul. cret. p. 840; Bois. fl. or. IV. p. 812; Bald. viagg. Creta p. 87. — Icon: Jacq. hort. vind. t. 94.

Pubescens, e rhizomate indurato pluricaule; caulibus erectis vel adscendentibus, ramosis; foliis petiolatis, ovato-oblongis, crenatis, basi rotundatis vel cordatis, floribus oppositis, pedicellis calyce subaequilongis suffultis, racemum laxiusculum, secundum formantibus; bracteis ovatis lanceolatisve, calyce brevioribus; calycis glanduloso-puberuli breviter campanulati dentibus ovatis, cuspidatis, supremo majore cordato-ovato, mucronato; corollae purpureae tubo incluso; staminibus exsertis, corolla aequilongis.

In rupestribus regionis inferioris. Creta: pr. Enneachoria, Rumata, mt. Lassiti (Raul.). — Jun. Jul. ♃ N. v.

7. **T. scorodonia** L. sp. p. 564; S. et S. pr. I. p. 392; Ch. et B. exp. p. 161, Fl. pelop. p. 31. — *T. silvestre* Lam. fl. fr. II. p. 412. — *Scorodonia heteromalla* Moench. meth. p. 384. — Icon: Rchb. t. 36.

Pubescens, e rhizomate stolonifero pluricaule; caulibus erectis, simplicibus vel ramosis; foliis petiolatis, ovato-oblongis, crenatis, basi rotundatis vel cordatis; floribus oppositis, pedicellis calyce subaequilongis suffultis, racemum laxiusculum, secundum formantibus; bracteis ovalibus vel suspathulatis, pedicello aequilongis; calycis glabriusculi, breviter campanulati dentibus ovatis, cuspidatis, supremo majore, orbiculato, mucronato; corollae lutescentis tubo calyce duplo longiore; staminibus exsertis, corolla aequilongis. — Differt ab affini praecedente praesertim calyce glabriusculo, corolla lutescenti, tubo calyce duplo longiore.

In rupestribus regionis inferioris. Laconia (Sibth.); Messenia: in montosis ad fl. Neda (Chaub.); Naxos (Chaub.). — Jun. Jul. ⚄ N. v.

4. Sectio. *Scordium* Benth. lab. p. 678.

8. **T. scordioides** Schreb. unilab. p. 37; S. et S. pr. I. p. 393; Sieb. avis p. 4, rem. p. 5; Ch. et B. exp. p. 161, Fl. pelop. p. 35; Marg. et R. fl. Zante p. 76; Friedr. Reise p. 284; Clem. sert. p. 79; Raul. cret. p. 840; Bois. fl. or. IV. p. 813; Heldr. fl. cephal. p. 59; Form. in D. bot. Monat. 1891 p. 31, in Ver. Brünn 1895 p. 37, 1896 p. 72, 1897 p. 54 *f. acuminata* („calyce lanuginoso, eglanduloso, dentibus acuminatis"); Haussk. symb. p. 31. — *T. scordium* Pieri corc. fl. p. 74; Dallap. prosp. p. 80; Fraas fl. class. p. 172; Form. in Ver. Brünn 1895 p. 37; non L. sp. p. 565, quae indumento tenuiori, stolonibus saepissime foliiferis, foliis caulinis non amplexicaulibus, ramealibus attenuatis, a basi ad medium integris, discedit. — *T. lanuginosum* Hoffm. et Link. fl. port. p. 84 t. 3. — Exsicc.: Orph fl. gr. n. 540; Sint. et. Bornm. it. turc. n. 1414; Sint. it. thessal. n. 1253.

Lanuginosum; rhizomate repente, stolones saepissime aphyllos edente; caule adscendente vel erecto, ramoso, folioso; foliis ovato-oblongis, crenatis, caulinis basi cordato-amplexicaulibus, ramealibus basi rotundatis, floralibus flores superantibus; floribus 2—4 axillaribus, pedicellatis, paniculam longam formantibus; calycis campanulati, hispidi dentibus lanceolatis, acutis, tubo duplo brevioribus; corolla purpurascente, calyce duplo longiore; staminibus subexsertis. — Subspecies australis *T. scordii* L.

In humidis regionis inferioris et montanae. Epirus: pr. Prevesa, Janina (Form.); Thessalia: frequens a Malakasi per planitiem totam usque Litochoron ad mare Aegaeum; Boeotia (Fraas); Attica: mt. Pentelicon (Clem.), ad Phaleron (Haussk.); Argolis: pr. Nauplia, Argos, Astros (Chaub.); Creta: pr. Kladiso, Candia (Raul.); Zante (Sibth.); Cephalonia: pr. Lixuri, Cranea (Dallap.), Samoli, Livadi, Pessada (Heldr.); Corcyra (Pieri): pr. Kanali, Kontokali (Form.). — Maio, Aug. ⚄

5. Sectio. *Chamaedrys* Benth. lab. p. 680.

a. Herbaceum.

9. **T. chamaedrys** L. sp. p. 565; S. et S. pr. I. p. 393; Pieri corc. fl. p. 74; Dallap. p. 80; Ch. et B. exp. p. 161, Fl. pelop.

p. 35; Bois. fl. or. IV. p. 816; Heldr. fl. cephal. p. 60; Form. in D. bot. Monat. 1891 p. 31, in Ver. Brünn 1895 p. 37 *v. canescens*, 1896 p. 72 *v. canum et revolutum*, 1897 p. 54; Hal. Beitr. fl. Epir. p. 34; Haussk. symb. p. 31. — Icon: Rchb. t. 38. — Exsicc.: Sint. it. thessal. 1177.

Pubescens vel patule hirsutum; caulibus adscendentibus vel prostratis, ramosis, basi sublignosis, ramis foliosis, in racemum oblongum, foliatum abeuntibus; foliis ovatis vel oblongis, inciso-crenatis, inferioribus in petiolum brevem attenuatis, superioribus subsessilibus, floralibus minoribus, summis subintegris; verticillastris 2—6 floris; pedicellis calyce subbrevioribus; calycis rubelli dentibus lanceolatis, acuminatis, tubo subbrevioribus; corolla purpurea, calyce duplo longiore; staminibus exsertis, corolla brevioribus. — Stirps praesertim quoad indumentum satis polymorpha.

β. **glanduliferum** Haussk. symb. p. 31. — Caules pilis patentibus ad 1¹/₂ mm. longis, brevioribus intermixtis, omnibus glanduliferis obsiti; folia ad nervos marginesque sicuti pedunculi et calyces glanduloso-pilosa. — Exsicc.: N. v.

γ. **oxyodon** Heldr. et Hal. in ö. b. Z. 1897 p. 324. — Caules breviter pubescentes; folia oblongo-lanceolata, glabriuscula, argute profundeque serrata; calycis glabri dentes ciliati. — Varietas egregia. — Exsicc.: Heldr. pl. fl. hellen. a. 1896.

In dumosis, silvaticis regionis montanae et subalpinae. Epirus: in valle Dipotami, mt. Peristeri (Form.), pr. Kalentini, Mazuki (Hal.); frequens in Thessalia a Pindo per planitiem usque ad mt. Olympum et Pelion; Aetolia: mt. Korax (Tunt.); Achaia: mt. Panachaicon, pr. Megaspilaeon (Hal.), pr. Hiero Argolidis, mt. Diaforti Arcadiae, pr. Skardamula Laconiae (Chaub.); Cycladum insula Tenos, Naxos (Chaub.); Cephalonia (Dall.); Corcyra (Pieri); — *β*. ad monasterium Korona, pr. Aivali, Pharsalus (Haussk.); — *γ*. mt. Malevo pr. Kastanitza (Leon.). Maio, Aug. ♃

b. Suffruticosa.

α. Corolla flava.

10. **T. flavum** L. sp. p. 565; S. et S. pr. I. p, 394, Fl. gr. t. 533; Ch. et B. exp. p. 162, Fl. pelop. p. 36; Marg. et R. fl. Zante p. 76; Fraas fl. class. p. 173; Clem. sert. p. 79; Raul. cret. p. 840; Bois. fl. or. IV. p. 816; Heldr. fl. cephal. p. 60; Bald. riv. coll. bot. alb. 1896 p. 88; Form. in Ver. Brünn 1897 p. 54, 1898 p. 79. — Exsicc.: Orph. fl. gr. n. 541.

Basi ramosum; ramis erectis, crispule-pubescentibus, in racemum densiusculum abeuntibus; foliis subcoriaceis, petiolatis, a basi truncata vel cuneata ovatis, crenato-dentatis, utrinque velutino-pubescentibus, subtus pallidioribus, floralibus lanceolatis, integris, acutis, calyce subbrevioribus; verticillastris 4—6 floris; calycis campanulati, pedicello eo subbreviore suffulti, hirsuti dentibus lanceolatis, acutis, tubo subbrevioribus; corolla flava, pubescente, calyce $2^1/_2$ plo longiore; staminibus exsertis, corolla longioribus.

β. **leiophyllum** Celak. in bot. Centralbl. 1883 p. 219. — ? *T. flavum v. glaucum* Haussk. symb. p. 31. — Folia glabra, supra laete viridia, subtus, glaucescentia. — Exsicc.: Heldr. pl. fl. hellen. a. 1878.

In rupestribus regionis inferioris et montanae. Epirus: pr. Vromonero distr. Ljaskovik (Bald.); Thessalia: pr. Pharsalus (Heldr.), Neraida (Form.); Euboea: mt. Telethrion (Heldr.), Hagios Elias (Fraas); Phocis (Fraas): mt. Parnassus (Orph.); Attica: mt. Pentelicon (Heldr.); Peloponnesus: mt. Malevo (Fraas), Taygetos (Heldr.), pr. Selitza (Zahn), Androvista, Turia, Phigalea (Chaub.); Archipelagus (Sibth.); Creta: pr. Enneachoria, in fauce Laki, pr. Mirabello (Raul.); Zante (Sibth.); Cephalonia: pr. Argostoli, Pessada, mt. Rhudi, pr. Lixuri, Kontogianuata, Kipuria (Heldr.); Corcyra: mt. Pantocrator (Clem.); — *β*. Attica: mt. Parnes, Pentelicon (Heldr.); ? Thessalia: pr. Pharsalus (Haussk.). — Maio, Jul. ♄

β. Corolla purpurea.

11. **T. divaricatum** Sieb. avis p. 4, rem. p. 5; Raul. cret. p. 840; Bois. fl. or. IV. p. 816; Heldr. chlor. Parn. p. 26; Hal. in ö. b. Z. 1892 p. 375; Bald. viagg. Creta p. 87; Haussk. symb. p. 32. — *T. flavum β*. Willd. sp. III. p. 31; Urv. enum. p. 63. — *T. lucidum* S. et S. pr. I. p. 393, Fl. gr. t. 532; Fraas. fl. class. p. 173; non L. — *T. flavum v. humilior* Ch. et B. exp. p. 162, Fl. pelop. p. 36. — *T. flavum v. purpureum* Benth. lab. p. 682; Weiss in z. b. G. 1869 p. 743. — *T. Sieberi* Celak. in bot. Centralbl. 1883 p. 214; Bois. fl. or. suppl. p. 363. — *T. graecum* Hal. in ö. b. Z. 1896 p. 16, 1897 p. 97; Heldr. fl. Aegina p. 383 *f. minor*, Chlor. Thera p. 18; non Celak. — Exsicc.: Heldr. herb. norm. n. 290 et 868; Rev. pl. cret. n. 261, in Baen. herb. europ. n. 5242; Sint. et Bornm. it turc. n. 1411 (spec. deflorata, forsan ad *T. flavum* spect.); Dörfl. fl. aeg. n. 10.

Basi ramosum; ramis erectis vel adscendentibus, patule vel adpresse hirtis, in racemum saepius laxum interruptum abeuntibus; foliis subcoriaceis, petiolatis, a basi truncata vel cuneata ovatis, crenato-dentatis, utrinque velutino-pubescentibus, subtus pallidioribus, floralibus ovatolanceolatis lanceolatisve, integris, acutis, calyce subbrevioribus; verticillastris 4—6 floris; calycis campanulati, pedicello eo breviore suffulti, adpresse puberuli vel patule hirsuti, saepissime purpurascentis dentibus lanceolatis, acutis, tubo subbrevioribus; corolla purpurea, pubescente, calyce duplo longiore; staminibus exsertis, corolla longioribus. — Stirps, a praecedente praesertim florum colore discedens, variat indumento e pilis longioribus patulis, uti saepissime specimina cretica (*T. Sieberi* Celak. sensu strict.), vel brevissimis crispulis, uti saepius specimina graeca (*f. vulgaris*) demonstrant, constante; rarius.

β. **graecum** Celak. in bot. Centralbl. 1883 p. 217; Bois. fl. or. suppl. p. 863; pro sp.; Haussk. symb. p. 32. — Inflorescentia tantum hirta, caules et folia glabra. — Exsicc.: Orph. fl. gr. n. 542 (mixtum cum *f. vulgari*).

In rupestribus regionis inferioris et montanae. Thessalia: in valle Megarema in Olympo (Sint.); mt. Parnassus (Sibth.); Attica: mt. Hymettus, Lycabettus (Orph.), Parnes, Pateras, ad Piraeum (Heldr.), pr. Kamariza, Laurion (Haussk.); promontorium Icrea, insula Aegina, Poros (Chaub.); Elis: pr. Lintzi (Heldr.); Sporadum insula Peristeri (Reis.) et Pelagonisi (Leon.); Euboea (Heldr.); Cycladum insula: Syra (Weiss), St Istad pr. Kimolos (Urv.), Antimilos (Reis.), Thera (Heldr.), Amorgos (Leon.); Creta: pr. Acroteri (Weiss), Kissamos. Malaxa (Rev.), mt. Kedros pr. Spili, pr. Avdu (Raul.), mt. Volakia (Bald.); — *β.* mt. Lycabettus (Celak.), Hymettus (Orph.), peninsula Methana pr. Vromolimni (Haussk.). — Apr. Jul. ♄

12. **T. microphyllum** Desf. choix pl. p. 18 t. 11; Raul. cret. p. 840; Bois. fl. or. IV. p. 817; Bald. viagg. Creta p. 87. — *T. quadratulum* S. et S. pr. I. p. 391, Fl. gr. VI. p. 25 t. 530, non Schreb. — *T. ramosissimum* Sieb. avis p. 4, rem. p. 5, in Flora I. p. 274, V. p. 639, non Desf. — Exsicc.: Rev. pl. cret. n. 206, in Baen. herb. europ. n. 5241; Bald. it. cret. n. 37; Dörfl. pl. cret. n. 130.

Basi ramosum; ramis tenuibus, flexuosis, prostratis vel adscendentibus, adpresse canis, in racemum brevem, pauciflorum abeuntibus; foliis minimis, petiolatis, cuneato-ovatis, crenato-dentatis, supra viridibus, subtus canis, floralibus subintegris, calyce subbrevioribus; verticillastris bifloris, calycis campanulati, pedicello eo triplo breviore suffulti, adpresse canescentis dentibus lanceolatis, acutis, tubo brevioribus; corolla rosea, pubescente, calyce duplo longiore; staminibus exsertis, corolla subaequilongis. — Ramis flexuosis, diffusis, foliis minutis et verticillastris bifloris a praecedente egregie discedit.

In saxosis regionis inferioris. Creta (Sibth.): pr. Kissamos (Rev.), Epanochorio, Akroteri, promontorium Meleka, pr. Apokorona, Pedhiada, Hierapetra, Voriza, Embaro, mt. Lassiti, pr. Anatoli (Raul.). — Maio, Jun. ♄

Obs. *T. marum* L. sp. p. 564, species maditerranea occidentalis in Ch. et B. fl. pelop. p. 36, fide schedulae mendacis Gittardii erronee pr. Armyros Peloponnesi indicatur.

6. Sectio. *Polium* Benth. lab. p. 684.

a. Folia integra; corolla calyce subduplo longior.

13. **T. montanum** L. sp. p. 565. — *T. supinum* L. sp. p. 566 (f. foliis anguste linearibus, valde revolutis).

Suffruticosum, laxe caespitosum, basi ramosissimum; caulibus adscendentibus, foliosis, cano-tomentellis; foliis coriaceis, oblongo-lanceolatis, lanceolatis linearibusve, in petiolum brevem attenuatis, margine parum revolutis, supra glabrescentibus, nitidis, viridibus, subtus adpresse cano-tomentellis, floralibus minoribus, angustioribus, magis revolutis;

floribus brevissime pedicellatis, in capitula corymbosa, densiflora congestis; calycis glabri dentibus lanceolatis, acuminato-subulatis, tubo duplo brevioribus; corolla lutescente, puberula, calyce subduplo longiore; staminibus exsertis, corolla subaequilongis.

β. **parnassicum** Celak. in bot. Centralbl. 1883 p. 153; Bois. fl. or. suppl. p. 364; Heldr. chlor. Parn. p. 26; Hal. Beitr. fl. Epir. p. 34; Bald. riv. coll. bot. Alb. 1896 p. 88. — *T. montanum* S. et S. pr. I. p. 394, Fl. gr. VI. p. 28 t. 534; Bois. fl. or. IV. p. 818; Form. in Ver. Brünn 1896 p. 73; Haussk. symb. p. 33. — *T. prostratum* Hal. Beitr. fl. Achaia p. 28, non Schur (= *T. pannonicum* Kern in ö. b. Z. 1863 p. 384), quod habitu robustiori, foliis latioribus caulibusque patule hispidis et calycis dentibus ciliatis discedit. — Caules praesertim superne dense et adpresse albo-tomentosi; folia supra adpresse pubescentia, obscure viridia, subtus cano-tomentosa, calyx adpresse pubescens. Variat (*f. lanceoatum*) follis oblongo-lanceolatis lanceolativse, parum revolutis et (*f. lineare*) anguste linearibus, valde revolutis. Ambae formis intermediis crebris conjunguntur. — Exsicc.: Orph. fl. gr. n. 435; Heldr. herb. norm. n. 393, 1364 et 1464 (*v. modestum*, f. capitulis paucifloris, minoribus); Bald. it. alb. epir IV. n. 140 (*f. lineare*).

γ. **hirsutum** Bois. fl. or. IV. p. 819. — Caules, folia linearia vel lineari-lanceolata et calyces patule hispidi. — Exsicc.: Sint. it. or. a. 1889 n. 1886.

In rupestribus regionis subalpinae et alpinae. Planta typica in ditione non provenit; — β. Thessalia: mt. Zygos (Haussk.), mt. Dokimi, Mandra Hodza (Form.) in Pindo; Aetolia: mt. Vardussia (Tunt.); mt. Parnassus (Heldr.); Achaia: mt. Olenos, Panachaicon (Hal.), Chelmos (Orph.); Taygetos (Heldr.); — *f. lineare*. Epirus: ad Vromonero, mt. Vratedon (Bald.), mt. Strungala, Tsumerka (Hal.); Laconia: mt. Malevo (Orph.); — γ. mt. Olympus Thessalia et mt. Dirphys Euboeae (Heldr.). — Jun. Aug. ♄

b. Folia crenata (cf. *T. polium v. capitatum*).

α. Capitula laxiflora; corolla calyce subduplo longior.

14. **T. cuneifolium** S. et S. pr. I. p. 395, Fl. gr. VI. p. 30 t. 537; Sieb. avis p. 4, rem. p. 5, in Flora I. p. 272; Raul. cret. p. 841; Bois. fl. or. IV. p. 820. — Exsicc.: Heldr. herb. n. 1671.

Dense tomentoso-lanatum, ramosum; ramis crassis, inferne nudis, procumbentibus, superne adscendentibus, ramulosis, foliosis; foliis crassiusculis, cuneato-ovatis vel rotundis, basi attenuatis, crenatis, floralibus minoribus, summis integris; verticillastris paucifloris, in capitula terminalia approximatis; calycis tubulosi, dense tomentosi dentibus tubo 4 plo brevioribus, obtusiusculis; corolla pubescente alba, basi flavescenti; staminibus exsertis, corolla subbrevioribus. — Indumento dense tomentoso insigne

In rupestribus regionis inferioris et montanae, rarissime. Creta: pr. Suia (Raul.), Hagia Rumeli (Heldr.), mt. Sphaciotici (Sibth.). — Maio, Jun. ♃

15. **T. alpestre** S. et S. pr. I. p. 395, Fl. gr. VI. p. 31 t. 538; Raul. cret. p. 841; Bois. fl. or. IV. p. 819; Spreitz. in z. b. G. 1890 p. 297 cum *f. laxior*. — *T. saxatile* Sieb. avis p. 4, rem. p. 5, non Cav. — Exsicc.: Rev. pl. cret. n. 262.

Patule villosulum, canescens, suffruticosum, ramosissimum; ramis vetustis tortuosis, lignosis, procumbentibus, novellis brevibus, simplicibus vel saepius opposite ramulosis; foliis minimis, subsessilibus, obovato vel rotundato-cuneatis, crenatis, floralibus caulinis similibus, summis trilobis; verticillastris paucifloris, in capitula terminalia parva approximatis; calycis tubuloso-campanulati, hirsuti dentibus tubo 2 plo brevioribus, acutiusculis; corolla albida, pubescente; staminibus exsertis, corolla subbrevioribus. — Foliis minutis, 4—6 mm. longis insigne.

β. **majus** Bois. fl. or. IV. p. 819. — Rami crassiusculi, firmiores, divaricatim ramulosiores; folia submajora, obovato-oblonga, margine saepe revoluta; capitula majora, 7—12 flora, densiora. — Exsicc.: N. v.

In saxosis regionis montanae et alpinae. Creta: pr. Omalos (Rev.), Askyphos, mt. Hagios Theodoros (Spreitz.) in mt. Sphacioticis (Sibth.), pr. Drakona, Mirabello (Raul.); — *β*. pr. Norisa ad latus meridionale mt. Ida et in arenosis insulae Gaidaronisi (Heldr.). — Jun. Jul. ♄

β. Capitula densiflora; corolla calyce parum longior.

16. **T. polium** L. sp. p. 566; S. et S. pr. I. p. 394, Fl. gr. VI. p. 29 t. 535; Ch. et B. exp. p. 162, Fl. pelop. p. 36; Friedr. Reise p. 264 et 277; Fraas fl. class. p. 173; Clem. sert. p. 79; Raul. cret. p. 841; Weiss in z. b. G. 1869 p. 743; Spreitz. in z. b. G. 1877 p. 715, 1888 p. 666; Bois. fl. or. IV. p. 821; Heldr. fl. cephal. p. 60, chlor. Thera p. 18, chlor. Mykon p. 248; Form. in D. bot. Mon. 1891 p. 31, in Ver. Brünn 1895 p. 37, 1896 p. 72, 1897 p. 54; Hal. Beitr. fl. Epir. p. 34, Beitr. fl. Thessal. p. 16; Bald. in bull. herb. Bois. 1896 p. 206.

Plus minus albo-, cano- vel griseo-tomentosum, basi suffrutescens, ramosum; ramis adscendentibus, apice breviter paniculatis vel saepius corymbosis; foliis sessilibus, oblongis vel lineari-oblongis linearibusve, capitulis densifloris, subglobosis ovatisve, breviter pedunculatis; bracteis lineari-spathulatis, flores non aequantibus; calycis subsessilis, breviter campanulati dentibus tomentosis, brevibus, obtusis; corolla pubescente, calycem parum superante; filamentis exsertis, corolla subbrevioribus. — Stirps maxime polymorpha.

α. **pseudohyssopus** Schreb. unilab. p. 45; Sieb. avis p. 4; pro sp. — *T. teuthrion* Schreb. l. c. p. 36, f. pedunculis abbreviatis. — *T. polium v. vulgare* Benth. lab. p. 685; Bois. fl. or. IV. p. 821; Heldr. fl. Aegina p. 383; Form. in D. bot. Mon. 1898 p. 79. — *T. polium v. lanuginosum* Cel. in bot. Centralbl. 1883 p. 1883 p. 152; Haussk. symb. p. 33. — Folia oblonga plana vel margine non vel parum revoluta, crenata; corolla alba. — Variat (*f. virescens*) indumento tenui usque (*f. bombycinum* Heldr. herb. norm. n. 1363, = *T.*

polium v. gnaphalodes Raul. cret. p. 841, non *T. gnaphalodes* Vahl symb. I. p. 41, quod sec. Willk. et Lange pr. fl. hisp. II. p. 480 speciem propriam sistit) bombycino. — Exsicc.: Heldr. pl. fl. hellen. a. 1890, 1896, 1899, 1900 (*f. virescens*); herb. norm. n. 1363 (*f. bombycinum*).

β. **intermedium** Celak. in bot. Centralbl. 1883 p. 152; Haussk. symb. p. 33. — *T. polium v. angustifolium* Benth. lab. p. 686 p. p.; Marg. et R. fl. Zante p. 76; Weiss in z. b. G. 1869 p. 753. — Folia angusta, oblongo-linearia vel linearia, crenata, magis revoluta; corolla alba. — Variat uti α. indumento plus minus denso et (*f. virens*) tenui. — Exsicc.: Heldr. herb. norm. n. 1362; Heldr. herb. fl. hellen. a. 1899 (*f. virens*).

γ. **Achaemenis** Schreb. unilab. p. 44, Hal. in z. b. G. 1888 p. 764; pro sp. — *T. capitatum* S. et S. pr. I. p. 395, Fl. gr. VI. p. 30 t. 536; Fraas fl. class. p. 174; non L. — *T. polium v. purpurascens* Benth. lab. p. 686. — *T. polium v. roseum* Bois. fl. or. IV. p. 821; Heldr. fl. cephal. p. 60. — Folia oblonga vel lineari-oblonga, plus minus revoluta et crenata; corolla purpurea. — Variat uti α. et β. indumento copiosiori vel (*f. viridula*) parciori et foliis latioribus vel angustioribus. — Exsicc.: Baen. herb. europ. n. 9352; Sint. it. thessal. n. 1038; Heldr. pl. fl. hellen. a. 1899 (*f. viridula*).

δ. **capitatum** L. sp. p. 566 pro sp. — *T. polium v. angustifolium* Benth. lab. p. 686 p. p. — *T. polium angustissimum* Celak. l. c., an *T. angustissimum* Schreb. unilab. p. 48. — Folia linearia vel lanceolato-linearia, revoluta, fere omnia integerrima, breviter tomentella; capitula minora, globosa; corolla minor, alba vel rosea. — Exsicc.: Sint. et Bornm. it. turc. n. 1313.

In collibus siccis, locis glareosis, rupestribus regionis inferioris in subalpinam adscendens, var. α. β. et γ. passim per totam ditionem, var. δ autem ut videtur rarissime, cum tantum e Thessalia: ad monasterium Metoji pr. Litochoron vidi. — Maio, Aug. ♃

II. Tribus. **PRASIEAE** Benth. lab. p. 646.

3. Prasium L. gen. n. 302.

1. **P. majus** L. sp. p. 601; S. et S. pr. I. p. 426, Fl. gr. VI. t. 584; Sieb. avis. p. 4; Urv. enum. p. 72; Ch. et B. exp. p, 174, Fl. pelop. p. 39; Marg. et R. fl. Zante p. 76; Friedr. Reise p. 269; Ung. Reise p. 127; Weiss in z. b. G. 1869 p. 743; Raul. cret. p. 839; Bois. fl. or. IV. p. 798; Heldr. fl. cephal. p. 59, in ö. b. Z. 1898 p. 184, Fl. Aegina p. 383, chlor. Thera p. 18; Spreitz. in z. b. G. 1887 p. 666; Haussk. symb. p. 30. — Exsicc.: Orph. fl. gr. n. 527.

Fruticosum, glabrum vel parce hispidulum; ramis virgatis; foliis petiolatis, a basi truncata vel cordata ovatis, crenatis vel serratis, floralibus integris; verticillastris bifloris, plus minus approximatis; calycis breviter pedicellati dentibus ovatis, mucronatis; corolla albida vel pallide purpurascente.

β. **creticum** Rchb. fl. germ. exc. p. 334 pro sp.; Haussk. symb. p. 30. — Folia floralia serrata. — Exsicc.: Rev. pl. cret. n. 194; Dörfl. pl. cret. n. 98.

In dumosis, rupestribus regionis inferioris et submontanae. Attica: pr. Athenas, in Pharmacusarum insula Lero (Heldr.); Boeotia (Ung.); Peloponnesus (Sibth.): pr. Corinthum, in peninsula Methana (Haussk.), pr. Psatopyrgos Achaiae (Reis.), ad radices mt. Taygetos (Zahn); insula Aegina (Friedr.); Sporadum insula Jura (Leon.); Cycladum insula Syra, Tenos (Weiss), Melos (Urv.), Naxos, Thera (Heldr.); Creta: pr. Canea, Acroteri, Malaxa, insula Gaidaronisi (Raul.), pr. Males distr. Hierapetra (Leon.); in Strophadum insula majore (Reis.); Zante (Sibth.); Cephalonia: pr. Livatho, Pessada, Lixuri (Heldr.); Leucas: pr. Amaxichi (Spreitz.); Corcyra (Ung.). — Mart. Jun. ħ

3. Tribus. **MONARDEAE** Benth. lab. p. 190.

4. Salvia L. gen. n. 39.

Dispositio specierum:

A. Tubus corollae intus pilorum annulo munitus.
  I. Antherarum connectiva crure postico loculum cassum ferentia.
    1. Calyx post anthesin auctus, membranaceo-dilatatus.

1. Sectio. *Hymenosphace* Benth. in Hook. bot. misc. III. p. 373. — Calyx campanulatus, labio superiore integro, repando vel brevissime tridentato; corollae labium superius subrectum.

  1. S. **calycina** S. et S.   2. S. **pomifera** L.
  2. Calyx post anthesin, vix auctus.

2. Sectio. *Eusphace* Benth. in Hook. bot. misc. III. p. 372. — Calyx campanulatus, labio superiore inaequaliter tridentato; corollae labium superius subrectum.
  a. Folia indivisa vel triloba; corollae tubus subrectus.
    α. Herbacea; folia ampla, cum petiolo ad 30 cm. longa, basi cordata.
  3. S. **Eichleriana** Heldr.
    β. Fruticosae; folia multo minora, basi rotundata vel attenuata.
  4. S. **officinalis** L.   5. S. **triloba** L.
  b. Folia pinnatisecta; corollae tubus recurvo-adscendens.
  6. S. **ringens** S. et S.

3. Sectio. *Drymosphace* Benth. in Hook. bot. misc. III. p. 273. — Calyx campanulatus vel tubulosus, labio superiore integro vel brevissime tridentato; corollae labium superius falcatum, compressum.
  7. S. **glutinosa** L.

II. Antherarum connectiva crure postico loculo casso carentia.

4. Sectio. *Hemisphace* Benth. in Hook. bot. misc. III. p. 374. — Calyx tubulosus, post anthesin vix auctus, labio superiore truncato, 3 dentato; corollae labium superius erecto-patens.

    8. S. verticillata L.   **9. S. peloponnesiaca** Bois. et Heldr.

B. Tubus corollae pilorum annulo carens; antherarum connectiva loculo casso carentia, extremitate callosa connexa.

5. Sectio. *Horminum* Benth. in Hook. bot. misc. III. p. 373. — Calyx tubulosus, fructifer auctus, labio superiore truncato, remote bidentato; corollae labium superius rectum.

    10. S. viridis L.   **11. S. horminum** L.

6. Sectio. *Aethiopis* Benth. in Hook. bot. misc. III. p. 373. — Calyx campanulatus vel tubulosus, fructifer vix auctus, labio superiore tridentato; corollae labium superius falcatum, compressum.

  a. Folia floralia membranacea, purpurascentia, calyce longiora, tandem deflexa.
    12. S. sclarea L.

  b. Folia floralia herbacea, virescentia, calyce parum — duplo breviora, erecta.
    13. S. Aethiopis L.   **14. S. argentea** L.

  c. Folia floralia minima, submembranacea, pedicello aequilonga.
    15. S. candidissima Vahl.

6. Sectio. *Plethiosphace* Benth. in Hook. bot. misc. III. p. 373. — Calyx ovatus, vel campanulatus; fructifer vix auctus, labio superiore concavo-bisulcato, dentibus tribus brevissimis conniventibus; corollae labium superius erectum vel falcato-compressum.

  a. Folia ad basin caulis nunquam rosulata, sub anthesi jam emarcida; caulis crebre foliosus.
    16. S. amplexicaulis Lam.

  c. Folia ad basin caulis rosulata, sub anthesi vigentia; caulis paucifolius.
    α. Calyx campanulatus.
      × Corolla magna, ad 2 cm. longa, pulcherrime azurea vel rosea.
        17. S. Tenorii Spreng.
      ×× Corolla mediocris, 10—15 mm. longa, purpureo-violacea vel albida.
      18. S. virgata Ait.   **19. S. similata** Haussk.
    β. Calyx ovatus.
        20. S. verbenaca L.

1. Sectio. *Hymenosphace* Benth. in Hook. bot. misc. III. p. 373.

1. S. calycina S. et S. pr. I. p. 13, Fl. gr. I. p. 13 t. 16; Ch. et B. exp. p. 17, Fl. pelop. p. 2; Fraas fl. class. p. 184; Bois. fl. or. IV. p. 605; Haussk. symb. p. 34; Hal. in ö. b. Z. 1897 p. 97, in z. b. G. 1899 p. 190; Form. in D. bot. Mon. 1898 p. 79; Heldr. prosth. chlor. Thera p. 3. — Exsicc.: Heldr. herb. norm. n. 173 et 1364; Orph. fl. gr. n. 400.

Fruticosa, adpressissime cana; ramis elongatis, simplicibus vel apice anguste paniculatis; foliis petiolatis, rugulosis, planis, minutissime crenulatis, a basi rotundata vel subcordata ovatis vel oblongis; verticillastris 2—6 floris, racemos breves formantibus, inferioribus remotis; bracteis membranaceis, coloratis, deciduis; calycis brevissime pedicellati, late campanulati, hirti, labiis membranaceis, margine purpureis, superiore integro, repando vel brevissime mucronato, inferiore bilobo, lobis obovato-cuneatis; corolla roseo-violacea, puberula, calyce duplo longiore.

In rupestribus regionis inferioris et montanae. Boeotia (Auch.); Attica: mt. Lycabettus, Parnes, Pentelicon (Heldr.), Hymettus (Sibth.), pr. Sunium (Sprun.); Argolis: in peninsula Methana, pr. Nauplia (Haussk.), Poros (Zuccar.), Kranidi (Chaub.); Sporadum insula Scopelos (Leon.); Cycladum insula: Naxos (Urv.), Melos (Chaub.), Thera (Heldr.). — Mart. Jul. ♄

2. **S. pomifera** L. sp. p. 24; S. et S. pr. I. p. 13, Fl. gr. I. p. 12 t. 15; Sieb. avis p. 2, rem. p. 2, in Flora I. p. 273; Raul. cret. p. 832; Bois. fl. or. IV. p. 604; Heldr. in ö. b. Z. 1880 p. 346; Spreitz. in z. b. G. 1887 p. 666, 1890 p. 297; Bald. viagg. Creta p. 85; Fors. in bull. herb. Bois. V. p. 399. — *S. fragifera* Ettl. salv. n. 5. — Exsicc.: Rev. pl. cret. n. 135.

A praecedente, cui maxime affinis, ramis simplicibus, foliis oblongis vel oblongo-linearibus, saepe undulato-crispis, calycibus majoribus, minus hirtis differre dicitur. — Ad ramorum apicem saepe gallas esculentas, cerasi vel nucis magnitudine, foliis abortivis coronatas, fert; inde nomen „pomifera".

In aridis, rupestribus regionis inferioris et montanae. Creta: pr. Neocorio (Tourn. voy. p. 30 cum icone „S. cretica frutescens pomifera"), Kissamos (Rev.), Malaxa, Rustica, Omalos (Raul.), Madaro (Bald.); Cythaera: in fauce Kalamo (Spreitz.); indicatur quoque a S. et S. l. c. in Graecia, et a Mazz. in ant. ion. II. p. 446 pr. Spartilla et Messongi Corcyrae. — Jun. Jul. ♄

2. Sectio. *Eusphace* Benth. in Hook. bot. misc. III. p. 372.

   a. Folia indivisa vel triloba; corollae tubus rectus.

      α. Herbacea, folia ampla, cum petiolo ad 30 cm. longa, basi cordata.

3. **S. Eichleriana** Heldr. it. thessal. a. 1882 n. 40, in Sitzungsb. acad. wiss. Berlin 1883 p. 157; Hal. in z. b. G. 1899 p. 191.

Herbacea; caule elato, pubescenti-tomentello, simplici vel apice anguste paniculato; foliis amplis, remotis, oppositis, e basi cordata ovatis, crenato-dentatis, supra viridibus, rugulosis, parce pubescentibus, subtus cinereo-tomentellis, inferioribus et mediis longe petiolatis, superioribus sessilibus, verticillastris 4—10 floris, confertis; floribus brevissime pedicellatis; calyce campanulato viscidulo-hirto, subbilabiato, dentibus triangulari-lanceolatis, acuminatis; corolla coerulescente, puberula, calyce triplo longiore. — Planta orgyalis, foliis cum petiolo ad 30 cm. longis. 15 cm. latis, floribus 5—6 cm. longis; *S. grandiflorae* Ettl. statura humiliori, foliis multo minoribus basi rotundatis, verticillastris remotis, floribus minoribus longius pedicellatis et indumento tenuiori diversae, affinis.

Inter *Pterides* regionis superioris mt. Pelion supra Drakia Thessaliae (Heldr.). — Jul. Aug. ♃.

b. Fruticosae; folia multo minora, basi attenuata vel rotundata.

4. S. officinalis L. sp. p. 23; S. et S. pr. I. p. 13; Pieri corc. fl. p. 5; Dallap. prosp. p. 8; Fraas fl. class. p. 184; Heldr. Nutzpfl. p. 33, chlor. Thera p. 29; Gelmi in bull. soc. bot. ital. 1889 p. 451. — Icon: Lam. ill. t. 515.

Fruticosa, adpresse pubescenti-incana, ramosissima, ramis erectis, simplicibus vel parce ramulosis, eglandulosis; foliis e basi rotundata vel attenuata ovato- vel oblongo-lanceolatis, crenulatis, rugulosis, inferioribus petiolatis, superioribus sessilibus, verticillastris 3—5 floris, distantibus; floribus pedicellatis; calycis campanulati, adpresse hirti, bilabiati dentibus triangulari-lanceolatis, aristatis, tubo subbrevioribus; corolla violacea, puberula, calyce 2—3 plo longiore.

In collibus regionis calidae (Sibth.): Phthiotis, Tzakonia (Fraas); Cycladum insula: Syra (Fraas), Thera (Heldr.); Cephalonia (Dall.); Corcyra (Pieri): mt. Pantocrator (Gelmi); loca nonnulla probabiliter ad sequentem spectant. — Apr. Jul. ♄ N. v.

Obs. *S. cretica* L. sp. p. 23; Sieb. in Flora I. p. 273; Raul. cret. p. 831. — Secundum Bois. fl. or. IV. p. 594 probabiliter forma hortensis submonstrosa speciei praecedentis est.

5. S. triloba L. fil. suppl. p. 88; S. et S. pr. I. p. 14, Fl. gr. I. p. 13 t. 17; Sieb. avis p. 2, rem. p. 2; Urv. enum. p. 3; Ch. et B. exp. p. 17, Fl. pelop. p. 1; Marg. et R. fl. Zante p. 17; Friedr. Reise p. 272; Ung. Reise p. 126; Weiss in z. b. G. 1869 p. 743; Raul. cret. p. 831; Spreitz. in z. b. G. 1877 p. 716; Bois. fl. or. IV. p. 595; Heldr. fl. cephal. p. 58, Fl. Aegina p. 283, prosth. chlor. Thera p. 3; Haussk. symb. p. 33; Hal. in ö. b. Z. 1897 p. 97. — *S. baccifera* Ettl. salv. n. 4; ? Urv. enum. p. 3. — Exsicc.: Orph. fl. gr. n. 548 (Chios); Rev. pl. cret. n. 197 (*v. integrifolia*); Baen. herb. europ. n. 9331; Dörfl. pl. cret. n. 80.

Fruticosa, cano-tomentosa, ramosissima, ramis erectis, simplicibus vel ramulosis, tomentellis et superne saepe glandulosis, rarius glabriusculis; foliis petiolatis a basi truncata vel subcordata oblongis vel lanceolotis, crenulatis, rugulosis, saepius ad laminae basin segmentis binis parvis auctis; verticillastris 4—6 floris, plus minus distantibus; floribus pedicellatis; calycis campanulati, glanduloso-birti, viscosi, subbilabiati dentibus triangularibus, acutis, tubo multo brevioribus; corolla violacea, puberula, calyce 3—4 plo longiore. — Differt a praecedente statura elatiori, indumento copiosiore, foliis saepius trilobis, calyce glandulosohirto, dentibus brevibus, non aristatis; corolla violacea, puberula, calyce triplo longiore.

In rupestribus regionis calidae, frequens. Aetolia: mt. Chalkis pr. Krioneri (Hal.); Attica: mt Parnes pr. Panagia-Kliston, insula Aegina (Heldr.); Peloponnesus (Chaub.): pr. Acrocorinthum, Nauplia (Haussk.),

Troezene (Friedr.); Sporadum insula Skiathos (Leon.); Cycladum insula Cythnos (Tunt.), Syra (Weiss), Melos (Leon.), Thera (Heldr.); Creta pr. Kissamos, Malaxa (Rev.), promontorium Meleka, Aradhena, insula Dia (Raul.), pr. Parsas distr. Viano (Leon.); Zante (Marg.); Cephalonia: pr. Argostoli, mt. Gerolaki, pr. Valeriano, Marcopulo, Valtes, Koroni, Same (Heldr.); Corcyra: pr. San Deca, Barbati, Signes (Spreitz.), Scripero (Baen.), Palaeokastro (Ung.); et certe alibi. — Mart. Maio. ħ

b. Folia pinnatisecta; corollae tubus recurvo-adscendens.

6. **S. ringens** S. et S. pr. I. p. 14, Fl. gr. I. p. 14 t. 18; Ch. et B. exp. p. 17, Fl. pelop. p. 2; Bois. fl. or. IV. p. 600; Heldr. chlor. Parn. p. 25. — Exsicc.: Orph. fl. gr. n. 160; Heldr. herb. norm. n. 380 et 1269; Sint. it. or. a. 1889 n. 1879; Sint. et Bornm. it. turc. n. 1405 b.

Rhizomate indurato, ramoso; caulibus erectis, pruinosis, glabris, superne glanduloso-pilosis, in racemum vel in paniculam parce ramosam abeuntibus; foliis virentibus, rugulosis, inferne praesertim pubescentibus, irregulariter pinnatisectis, segmentis 2—4 jugis, crenatis, lateralibus ovatis ellipticisve, saepe sufpetiolulatis, terminali multo majore, ovato vel oblongo, saepe acutiusculo; verticillastris 2—6 floris, distantibus; floribus pedicellatis; calycis campanulati, glanduloso-pilosi, bilabiati, labio superiore breviter tridentato, inferiore bifido; corolla speciosa, coeruleo-violacea, glanduloso-pilosa, calyce 4 plo longiore. — Species elegans, floribus ad 4 cm. longis.

In petrosis regionis submontanae et abietinae, rare. Thessalia: mt. Olympus (Heldr.); Attica: mt. Parnes, Pateras (Heldr.); mt. Parnassus (Sprun.); Achaia: pr. Megaspilaeon (Sibth.), mt. Kyllene pr. Trikala (Orph.). — Maio, Sept. ♃

3. Sectio. *Drymosphace* Benth. in Hook. bot. misc. III. p. 373.

7. **S. glutinosa** L. sp. p. 26; Form. in D. bot. Mon. 1891 p. 28, in Ver. Brünn 1896 p. 66, 1897 p. 49; Haussk. symb. p. 34. Icon: Rchb. t. 45. — Exsicc.: Orph. fl. gr. n. 1046 (Macedonia); Sint. it. thessal. n. 1115.

Herbacea; molliter pubescens, superne pedicellis, calycibus corollisque glandulosa; caule erecto, simplici vel ramoso; foliis petiolatis, ovato-oblongis, grosse serratis, acuminatis, cordato-hastatis, verticillastris 2—6 floris, racemum elongatum, interruptum formantibus; floribus pedicellatis; calycis campanulati, bilabiati, labio superiore integro vel minute tridentato, inferiore bifido; corolla speciosa, flava.

In silvaticis montanis et subalpinis, rarissime. Thessalia: ad Ochsa Despot (Form.), in oropedio Neuropolis, pr. Sermeniko (Haussk.) in Pindo. — Jul. Sept. ♃

4. Sectio. *Hemisphace* Benth. in Hook. bot. misc. III. p. 374.

8. **S. verticillata** L. sp. p. 26; Benth. lab. p. 311; Mazz. in ant. ion. II. p. 448, Bois. fl. or. IV. p. 634; Haussk. symb. p. 37;

Form. in Ver. Brünn 1897 p. 49. — Huc probabiliter quoque: *S. napifolia* Mazz. l. c.; vix Jacq. hort. vind. II. t. 152, quae verticillastris paucifloris (5—10), floribus fere duplo majoribus, intense violaceis discedit. — Icon: Rchb. t. 54. — Exsicc.: Heldr. it. gr. septentr. a. 1879.

Herbacea, breviter hirta, viridis; caulibus erectis vel adscendentibus, ramosis; foliis crenatis, inferioribus petiolatis, ovatis, basi cordatis, saepius lyratis, unijugis, segmentis lateralibus auriculiformibus, parvis, foliis superioribus a basi sessili, cordato-amplexicauli ovatis; verticillastris distantibus, 20—40 floris, racemum elongatum formantibus; floribus pedicellatis; calycis tubulosi, subbilabiati labio superiore breviter tridentato, inferiore bidentato; corollae purpureo-violaceae, puberulae, calyce duplo longioris tubo breviter exserto. — Floribus parvis, 8—12 mm. longis, in verticillos globosos, multifloros congestis insignis.

In dumosis, silvaticis regionis montanae rarissime. Thessalia: pr. Klinovo in Pindo (Haussk.), pr. Phlambures et mt. Mitriza in mt. Chassia (Form.); Aetolia: pr. Musinitza in mt. Korax (Heldr.); Boeotia (Swainson ex Benth. l. c.); Corcyra: pr. Castrades et Cacochieri (Mazz.). — Jun. Aug. ♃

9. **S. peloponnesiaca** Bois. et Heldr. diagn. VII. p. 47, Fl. or. IV. p. 634; Hal. Beitr. fl. Aetol. p. 9, Fl. Achaia p. 1899 p. 191. — *S. verticillata* S. et S. pr. I. p. 17, quod pl. peloponn.; Ch. et B. exp. p. 19, Fl. pelop. 2. — Exsicc.: Heldr. herb. norm. n. 1270; Bald. it. alb. a. 1892 n. 33.

Praecedenti maxime affinis, ab ea indumento sericeo-canescenti, foliis pinnatipartito-lyratis, segmentis lateralibus 2—3 jugis, sat magnis, terminali cuneato-oblongo, distincta.

In herbidis, vineis, dumosis regionis inferioris et submontanae. Epirus: pr. Vallona (Bald.); Aetolia: pr. Mesolongion (Heldr.), Krioneri (Hal.); Achaia: pr. Psatopyrgos (Heldr.), Patras (Hal.); Elis: pr. Lintzi (Heldr.), Olympia (Reis.); Arcadia: pr. Zatuna (Orph.); Messenia: pr. Pylos, mt. Ithome (Heldr.), mt. Kupe, pr. Methone, Messene, Kalamata (Chaub.). — Maio, Jul. ♃

4. Sectio. *Horminum* Benth. in Hook. bot. misc. III. p. 373.

10. **S. viridis** L. sp. p. 24; Mazz. in ant. ion. II. p. 446; Marg. et R. fl. Zante p. 73; Friedr. Reise p. 269; Ung. Reise p. 126; Raul. cret. p. 832; Bois. fl. or. IV. p. 630; Heldr. fl. cephal. p. 58; Gelmi in bull. soc. bot. ital. 1889 p. 451; Haussk. symb. p. 37. — *S. horminum v. viridis et comosula* Heldr. fl. Aegina p. 384. — Icon: Fl. gr. t. 19. — Exsicc.: Orph. fl. gr. n. 434; Heldr. herb. norm. n. 578 et 1167; Dörfl. pl. cret. n. 82.

Annua, villoso-hispidula, virens, simplex vel a collo pluricaulis; caulibus erectis, simplicibus vel 1--2 ramulos auctis; foliis a basi rotundata vel subcordata ovatis oblongisve, crenulatis, inferioribus petiolatis, superioribus sessilibus, floralibus late cordato-ovatis, persistentibus, basi utrinque bractea subulata auctis, terminalibus diminutis, viridibus vel parce coloratis; verticillastris 4—6 floris, distantibus; calyce tubuloso, sulcato-striato, labio superiore oblique truncato, dentibus binis parvis, remotis, inferiore tridentato, dentibus ternis, lanceolatis, spinosis, fructifero aucto, reflexo, corollo rosea vel violacea, parce pubescente, calyce vix duplo longiore. — Corolla parva, 10—12 mm. longa.

In arvis, collibus arenosis, saxosis regionis inferioris. Attica: pr. Athenas, in colle Lycabetto (Orph.), pr. Heracleon, Piraeum (Heldr.), insula Aegina (Friedr.); Acrocorinthus, Nauplia (Haussk.); Achaia: pr. Patras (Hal.); Laconia: ad radices mt. Taygetos (Zahn); Cycladum insula Cythnos (Tunt.); Creta: pr. Canea, Drapano (Raul.), Hierapetra (Leon.); Zante: mt. Scopo (Marg.); Cephalonia: pr. Argostoli (Ung.); Corcyra: pr. Ipso (Mazz.), San Deca, Signes (Gelmi); et certe alibi. — Mart. Jun. ☉

11. **S. horminum** L. sp. p. 24; S. et S. pr. I. p. 14, Fl. gr. I. p. 15 t. 20; Pieri corc. fl. p. 6; Ch. et B. exp. p. 18, Fl. pelop. p. 2; Mazz. in ant. ion. II. p. 446; Friedr. Reise p. 275; Fraas fl. class. p. 184; Ung. Reise p. 126; Raul. cret. p. 833; Spreitz. in z. b. G. 1877 p. 716; Bois. fl. or. IV. p. 631; Gelmi in bull. soc. bot. ital. 1889 p. 451; Form. in D. bot. Monat. 1891 p. 28, in Ver. Brünn 1895 p. 35, 1896 p. 66, 1897 p. 49; Hal. Beitr. fl. Epir. p. 35, in ö. b. Z. 1896 p. 16; Bald. riv. coll. bot. alb. 1896 p. 86; Haussk. symb. p. 37; Heldr. fl. Aegina p. 384. — *S. viridis v. comata* Heldr. fl. cephal. p. 58. — Exsicc.: Rev. pl. cret. n. 136; Sint. et Bornm. it. turc. n. 1406; Sint. it. thessal. n. 34.

Differt a praecedente foliis floralibus terminalibus amplis, intense violaceis, comantibus.

In cultis, arvis, collinis regionis inferioris, passim per totam Graeciam. — Apr. Jul. ☉

5. Sectio. *Aethiopis* Benth. in Hook. bot. misc. III. p. 373.

a. Folia floralia membranacea, purpurascentia calyce longiora, tandem deflexa.

12. **S. sclarea** L. sp. p. 27; Mazz. in ant. ion. II. p. 448; Bois. fl. or. IV. p. 616; Heldr. fl. cephal. p. 58, chlor. Parn. p. 25; Form. in D. bot. Mon. 1891 p. 18, in Ver. Brünn 1895 p. 35, 1897 p. 49; Hal. Beitr. fl. Epir. p. 34, Beitr. fl. Thessal. p. 16, in ö. b. Z. 1897 p. 325; Bald. riv. coll. bot alb. 1896 p. 86; Haussk. symb. p. 34. — Icon: Fl. gr. t. 25. — Exsicc.: Hal. it gr. secund. a. 1893.

Viscoso-villosa; caule erecto, in paniculam ramosam strictam abeunte; foliis viridibus, cordato-ovatis, irregulariter crenatis, inferioribus petiolatis, superioribus amplexicaulibus, floralibus bracteaeformibus, subito cuspidato-acuminatis, membranaceis, purpurascentibus, calyces superantibus; verticillastris confertis, 4—6 floris; floribus breviter pedicellatis; calyce campanulato, glanduloso, dentibus in setam rigidulam abeuntibus; corolla pallide rosea, parce glandulosa, calyce triplo longiore. — Foliis floralibus magnis, concavis, purpureo-suffusis insignis.

In herbidis regionis inferioris et subalpinae. Epirus: ad monasterium Hagios Paraskevi, in valle Dipotami, mt. Prosgoli (Form.), mt. Micikeli (Bald.), pr. Theodoriana, Pramanta, Mazuki, Chaliki (Hal.), Kastania, Vendista, Velitsena, Koturi, Lepeniza, Kalabaka (Form.), Korona, Bezula, Sermeniko (Haussk.) in Pindo, pr. Kastri, Vlachava, Kucuro in mt. Chassia (Form.); Aetolia: mt. Korax; mt. Parnassus (Heldr.); Peloponnesus: mt. Kyllene (Heldr.), Malevo (Leon.); Cephalonia: pr. Drapano, Peratata (Heldr.); Corcyra: mt. Deka, insula Merlere (Mazz.). — Jun. Jul. ♃

b. Folia floralia herbacea, virescentia, calyce parum — duplo breviora, erecta.

13. S. Aethiopis L. sp. p. 27; S. et S. pr. I. p. 18; Fraas fl. class. p. 185; Bois. fl. or. IV. p. 616. — Icon: Jacq. fl. austr. III. t. 211.

Molliter lanato-tomentosa; pilis glanduliferis destituta; caule erecto, a parte inferiori in paniculam ramosissimam, ample pyramidatam abeunte; foliis canescentibus, fere omnibus ad collum confertis, expansis, breviter petiolatis, cordato-ovatis, irregulariter inciso-dentatis, caulinis paucis ovatis, amplexicaulibus, floralibus bracteaeformibus, subrotundo-ovatis, subito cuspidato-acuminatis, herbaceis, calyce subbrevioribus; verticillastris distantibus, 6—10 floris; floribus breviter pedicellatis; calyce campanulato, albo-lanato, dentibus in setam rigidulam abeuntibus; corolla alba, pubescente, calyce duplo longiore.

Attica: circa Athenas (Sibth.); Corinthus (Fraas); a recentioribus non lecta et forsan cum sequente confusa. — Graeciae civis dubia. — Jun. Jul. ♃ N. v.

14. S. argentea L. sp. ed. 2 p. 38; S. et S. pr. I. p. 18, Fl. gr. I. p. 20 t. 27; Ten. adnot. fl. gr. p. 3; Fraas fl. class. p. 185; Raul. cret. p. 833; Bois. fl. or. IV. p. 618; Form. in Ver. Brünn 1895 p. 35, in D. bot. Mon. 1898 p. 79; Haussk. symb. p. 34 v. *thessala* (f. foliis rosularibus elliptico-lanceolatis, calycis dentibus longius spinulosis). — Huc spectare videtur quoque *S. macedonica* Griseb. spic. II. p. 110 pro var. *S. argenteae;* Haussk. symb. p. 34; = *S. alpestris* Haussk. in Nym. consp. suppl. II. 248; Bald. riv. coll. bot. alb. 1896 p. 86. — Exsicc.: Orph. fl. gr. n. 547; Heldr. herb. norm. n. 172.

Caule erecto, ample paniculato, villosulo et saltem superne glanduloso-piloso; foliis canescentibus, fere omnibus ad collum confertis, breviter petiolatis, ovatis vel oblongis, basi cuneatis, rotundatis vel subcordatis, sinuato-lobatis, eroso-dentatis, utrinque sed subtus densius arachnoideo-lanatis, caulinis paucis, ovato-lanceolatis, amplexicaulibus, floralibus bracteaeformibus, subrotundo-ovatis, subito acuminatis vel breviter cuspidatis, herbaceis, calyce duplo brevioribus; verticillastris distantibus, 4—10 floris, summis saepius abortientibus; floribus breviter pedicellatis; calyce campanulato, glanduloso-piloso, dentibus breviter spinosis; corolla alba, parce glandulosa, calyce triplo longiore. — A praecedente indumento glanduloso, foliis floralibus minoribus et corolla majore specifice discedit.

β. **alpina** Heldr. chlor. Parn. p. 25. — Caulis pumilus, 20—25 cm. altus, parce breviterque ramosus, ramis apice saepius verticillastro fertili terminatis. — Exsicc.: Pichl. pl. gr. a. 1876; Heldr. pl. fl. hellen. a. 1876; Bald. it. alb. epir. IV. n. 43.

In campis, segetibus. Epirus: pr. Ephemiades (Form.); Thessalia: pr. Pharsalus (Haussk.); Attica: pr. Athenas (Orph.), pr. Kallitea, ad Phaleron (Heldr.); Creta (Linné), sed hic a recentioribus non reperta; — *β*. Epirus: mt. Micikeli (Bald.); Thessalia: ad Gionskala pr. Sermeniko (Haussk.); mt. Parnassus (Sibth.); Euboea: mt. Dirphys (Heldr.). — Apr. Jun. ♃

c. Folia floralia minima, submembranacea, pedicello aequilonga.

15. **S. candidissima** Vahl enum. I. p. 278; Bois. fl. or. IV. p. 621; Bald. riv. coll. bot. alb. 1896 p. 86. — *S. odorata* Willd. en. berol. I. p. 43; Jacq. ecl. II. p. 26 t. 16; sec Bois. l. c. — *S. candidissima v. odorata* Bald. riv. coll. bot. alb. 1895 t. 61. — Exsicc.: Bald. it. alb. epir. III. n. 194, IV. n. 138.

Caule erecto, anguste vel ample paniculato, tomentello, superne minute glanduloso-piloso; foliis ad partem inferiorem caulis congestis, petiolatis, a basi subcordata, rotundata vel attenuata ovatis, oblongis vel oblongo-lanceolatis, crenatis, utrinque albo-pannosis, superioribus diminutis, sessilibus, floralibus bracteaeformibus, minutis, setaceo-acuminatis, pedicello aequilongis; verticillastris remotis, 2--6 floris, summis saepe abortientibus; floribus breviter pedicellatis; calyce campanulato, tomentello, dentibus in setam rigidulam abeuntibus; corolla alba, parce puberula, calyce triplo longiore. — A praecedente distinctissima foliis albo-pannosis, pilis glanduliferis caulis brevissimis, verticillastris paucifloris et foliis floralibus minutis.

In saxosis, alveis, aridis, collibus siccis regionis inferioris et montanae rarissime. Epirus: ad Vromonero distr. Ljaskovik, mt. Smolika distr. Konitza, in alveo fl. Metzovo pr. Han Drysko distr. Janina (Bald.); Aetolia: mt. Tymphrestus (Nicolaidis); mt. Geranion in isthmo Corinthiaco (Stuart Mill). — Jun. Aug. ♃

6. Sectio. *Plethiosphace* Benth. in Hook. bot. misc. III. p. 373.

a. Folia ad basin caulis nunquam rosulata, sub anthesi jam emarcida; caulis crebre foliosus.

16. **S. amplexicaulis** Lam. ill. I. p. 68; Hal. Beitr. fl. Epir. p. 35, Beitr. fl. Thessal. p. 17; Form. in Ver. Brünn 1896 p. 66, 1897 p. 49; Haussk. symb. p. 35. — *S. silvestris* Mazz. in ant. ion. II. p. 446; Bois. fl. or. IV. p. 628 quoad pl. olymp.; Bald. riv. coll. bot. Alb. 1896 p. 86; non L. — *S. villicaulis* Borb. a magy. homok. növ. p. 83 (1886); Form. in D. bot. Mon. 1891 p. 27. — Exsicc.: Bald. it. alb. epir. IV. n. 139; Sint. it. thessal. n. 991.

Caule erecto, crebre foliato, bracteis, calycibus corollisque pilis patentibus eglandulosis villosulo, in paniculam strictam vel amplam abeunte; foliis e basi cordata vel rotundata oblongo-lanceolatis, crenatis, utrinque sed subtus densius hispidulis, infimis breviter petiolatis, mediis amplexicaulibus, superioribus semiamplexicaulibus, floralibus bracteaeformibus, cordato-ovatis vel subrotundis, acutis, saepe coloratis, calyce brevioribus; verticillastris subsexfloris, approximatis; calyce tubuloso-campanulato, breviter pedicellato, dentibus acuminato-mucronatis; corolla violacea, calyce duplo longiore, labio superiore falcato. — Maxime affinis *S. silvestri* L. sp. p. 24, p. p.; Jacq. fl. austr. III. p. 7 et plur. aut. (*S. nemorosae* L. sp. ed. 2 p. 35), indumento minute et brevissime tomentello, foliis mediis semiamplexicaulibus, floralibus longioribus calycem superantibus, verticillis remotioribus diversae.

In herbidis regionis inferioris et montanae. Epirus: mt. Maria et pr. Dobra distr. Ljaskovik (Bald.), pr. Kalarrytes, Mazuki, Pramanta, Theodoriana, Vulgarelion (Hal.); Thessalia: frequens in Pindo tymphaeo et dolopico, mt. Oxia, Chassia, nec non in planitie pr. Trikala, Karditza, Pharsalus, Orman Magula et in Olympo; Corcyra: pr. Viro, cum *S. silvestris* Mazz. probabiliter huc spectat. — Jun. Jul. ♃

b. Folia ad basin caulis rosulata, sub anthesi vigentia; caulis paucifolius.

a. Calyx campanulatus.

× Corolla magna, ad 2 cm. longa, pulcherrime azurea vel rosea.

17. **S. Tenorii** Spreng. pug. I. p. 2; Roem. et Schult. syst. I. p. 242; ?Mazz. in ant. ion. II. p. 448. — *S. pratensis* ?S. et S. pr. I. p. 15, ?Mazz. in ant. ion. II. p. 446; ? Form. in D. bot. Mon. 1890 p. 28; Bois. fl. or. IV. p. 626, quoad pl. gr.; Heldr. fl. cephal. p. 58; non L. — *S. Barrelieri* Ten. fl. nap. I. p. 9, t. 2; Hal. Beitr. fl. epir. p. 34, Beitr. fl. Achaia p. 28; Form. in Ver. Brünn 1896 p. 66, 1897 p. 49; Heldr. fl. Aegina p. 384; non Ettl. salv. 46, quae = *S. inamoena* Vahl. — Exsicc.: Hal. it. gr. secund. a. 1893.

Caule erecto, pilis brevibus asperulo, in paniculam amplam abeunte; foliis viridibus, supra glabris, subtus parce asperulis, radicalibus petiolatis, e basi cordata vel rotundata ovatis vel oblongis, duplicato-crenatis, interdum lobulatis, caulinis sessilibus, saepe semiamplexicaulibus, floralibus bracteaeformibus, cordato-ovatis rotundativse, acutis vel acuminatis, calyce triplo vel ultra brevioribus; verticillastris subsexfloris, distantibus; calyce campanulato, breviter pedicellato, glandulis sessilibus lucidis pilisque albis hirto, labio superiore brevissime tridenticulato, inferiore dentibus binis, a basi ovata mucronatis; corolla pilis albis eglandulosis glandulosisque paucis intermixtis et glandulis sessilibus lucidis obsita, calyce triplo longiore, labio superiore falcato. — Species decora, caule ad 80 cm. alto, saepissime ample paniculato, floribundo, foliis radicalibus saepe amplis, ad 30 cm. longis et 12 cm. latis; ab affini *S. pratensi*

L., quacum ab autoribus commutata fuit, caule elatiore ample paniculato, foliis caulinis superioribus amplexicaulibus, indumento asperulo, pilis glandulosis corolla excepta destituto et praesertim florum colore pulcherrime azureo specifice distincta. — Sec. Heldr. fl. Aegina p. 384 occurrit quoque flore roseo.

In herbidis, dumosis regionis inferioris et montanae, rare. Epirus: pr. Kalentini (Hal.); Thessalia: pr. Malakasi, Sermeniko, Neuropolis, Trikala (Form.); Aetolia: pr. Aetolikon (Heldr.); Attica (Orph.); insula Aegina: mt. Oros (Heldr.); Achaia: pr. Iliospulos, Kalavryta (Hal.); Arcadia: pr. Zatuna (Orph.); Messenia: mt. Ithome (Heldr.); Cephalonia: pr. Same, Lixuri (Heldr.); Corcyra: pr. Casopo, insula Vido (Mazz.). — Maio, Jul. ♃

×× Corolla mediocris, 10—15 mm. longa, purpureo-violacea vel albida.

18. **S. virgata** Ait. hort. Kew. I. p. 39; Jacq. hort. vind. I. p. 14 t. 37; Ch. et B. exp. p. 18, Fl. pelop. p. 2; Raul. cret. p. 833; Bois. fl. or. IV. p. 627; Hal. Beitr. fl. Thessal. p. 17, Beitr. fl. Achaia p. 29; Form. in Ver. Brünn 1895 p. 35, 1896 p. 66, 1897 p. 49; Haussk. symb. p. 35. — *S. Sibthorpii* S. et S. pr. I. p. 16, Fl. gr. I. p. 17 t. 22; Urv. enum. p. 3; Marg. et R. fl. Zante p. 73; Mazz. in ant. ion. II. p. 448. — Huc forsan: *S. viscosa* Mazz. l. c. p. 446, vix Jacq. — Exsicc.: Heldr. herb. norm. n. 679; Orph. fl. gr. n. 161; Sint. it. thessal. n. 946; Dörfl. fl. gr. n. 403.

Caule erecto, bracteis calycibusque glanduloso-piloso, simplici vel virgato-ramoso; foliis lobulato-crenatis, utrinque crispule-pubescentibus, radicalibus petiolatis, e basi rotundata vel subcordata ovatis oblongisve, caulinis paucis, diminutis breviter petiolatis et sessilibus, acutis, floralibus bracteaeformibus, ovatis, acuminatis, saepe coloratis, calyce triplo vel ultra brevioribus; verticillastris subsexfloris, distantibus, longe racemosis; calyce campanulato, breviter pedicellato, labio superiore breviter tridentato, inferiore dentibus binis, ovatis, subulato-attenuatis; corollae pubescentis, calyce 2—2^1/$_2$ plo longioris, labio superiore falcato. — Species caulibus elongatis, virgatis, simplicibus vel pauciramosis insignis.

In collibus, campis, herbidis regionis inferioris et montanae. Epirus: pr. Han Balduma, in valle Dipotami (Form.); Thessalia: pr. Malakasi (Sint.), Kastania (Hal.), Korona, Klinovo, Ormanmagula, Karditza, Pharsalus (Haussk.), Kastri, Trikala, Kopraena, Vlachava, Palaeocastro, Ruso, Stylida, Avlaki (Form.); Euboea: pr. Kastaniotissa (Heldr.); Aetolia: pr. Mesolongion (Heldr.); mt. Parnassus (Sibth.); Boeotia (Sprun.); Peloponnesus (Sibth.): pr. Patras, Kalavryta, Planideri (Hal.), Sudena (Leon.) Achaiae, pr. Messene, Methone, Corone Messeniae (Chaub.), mt. Malevo Laconiae (Orph.); insula Syra (Urv.); Creta (Raul.); Zante (Sibth.); Corcyra: mt. Pantaleone, pr. Lavcki, Anaplades (Mazz.). — Maio, Jul. ♃

16 × 18. **S. amplexicaulis × virgata** (*S. adulterina*) Haussk. symb. p. 35. — Differt a *S. amplexicauli* indumento glanduloso-piloso

foliis radicalibus sub anthesi vigentibus, verticillastris remotioribus; — a *S. virgata* caule folioso, magis ramoso, foliis radicalibus brevius petiolatis, in petiolum attenuatis, crenatis nec lobulatis. — Inter parentes supra Klinovo et prope monasterium Korona in Pindo (Haussk.). — N. v.

19. **S. similata** Haussk. symb. p. 36. —

Ex affinitate *S. virgatae*, a qua differt ramis magis elongatis, foliis radicalibus brevius petiolatis, angustioribus longioribusque, oblongo-lanceolatis, acutis, nec obtusis, caulibus ramosissimis, pilis brevissimis, eglandulosis asperulis, verticillastris magis approximatis, calycibus violaceis, minoribus, angustioribus, duplo longius pedicellatis, pilis simplicibus, sparse nec dense glandulosis obsitis, dentibus inferioribus longius productis, floribus minoribus.

In schistosis regionis mediae mt. Pindus supra Klinovo (Haussk.). — Jul. ⚴ N. v.

β. Calyx ovatus.

20. **S. verbenaca** L. sp. p. 25; S. et S. pr. I. p. 16; Marg. et R. fl. Zante p. 73; Mazz. in ant. ion. II. p. 446; Gelmi in bull. soc. bot. ital. 1889 p. 451; Heldr. chlor. Thera p. 19. — *S. Sibthorpii* Ch. et B. exp. p. 18, Fl. pelop. p. 2, sec. Bois. fl. or. IV. p. 629. — *S. clandestina* Ch. et B. exp. p. 19, Fl. pl. p. 2. — *S. verbenaca a. serotina* Bois. voy. bot. esp. p. 484, Fl. or. IV. p. 629; Raul. cret. p. 833; Heldr. fl. cephal. p. 58, Fl. Aegina p. 384; Haussk. symb. p. 37. — Icon: Rchb. t. 703. — Exsicc.: Orph. fl. gr. n. 546; Heldr. herb. norm. n. 577; herb. dimorph. n. 58.

Caule erecto vel adscendente, simplici vel ramoso, molliter villoso vel breviter pubescente, superne saepius glanduloso; foliis ovatis vel oblongis, crenatis vel lobulatis, basi cordatis vel rotundatis, glabriusculis, inferioribus petiolatis, superioribus sessilibus, saepe amplexicaulibus, floralibus bracteaeformibus, cordato-orbicularibus, apiculatis, calyce brevioribus; verticillastris 4—6 floris, distantibus; calycis ovati, breviter pedicellati, hirsuti labio superiore late ovato, brevissime denticulato, inferiore dentibus binis, ovato-lanceolatis, cuspidatis; corollae coeruleae rarius albidae, glabriusculae, calyce subaequilongae vel duplo longioris, labio superiore subincurvo. — Species polymorpha.

β. **clandestina** L. sp. ed. 2 p. 36; Marg. et R. fl. Zante p. 73; Friedr. Reise p. 266; Raul. cret. p. 833 *v. multifida*; pro sp. — *S. praecox* Savi fl. pis. I. p. 22; Mazz. in ant. ion. II. p. 448. — *S. multifida* S. et S. pr. I. p. 16, Fl. gr. I. p. 17 t. 23. — *S. verbenaca* Ch. et B. exp. p. 18, Fl. pelop. p. 2. — *S. verbenaca β. vernalis* Bois. voy. bot. esp. p. 484, Fl. or. IV. p. 629; Heldr. fl. Aegina p. 384, chlor. Mykon. p. 248; Haussk. symb. p. 37. — Folia profunde incisa vel pinnatifida. — Sine limites ad typum transit. — Exsicc.: Heldr. herb. dimorph. n. 44; Sint. it. thessal. n. 1512; Dörfl. fl. gr. n. 464.

In herbidis, arvis, collibus regionis inferioris per omnem Graeciam. — Febr. Jun. ♃

Obs. Species ex confusione quadam in ditione indicatae: *S. Forskahlei* L. mant. p. 26, a Mazz. in ant. ion. II. p. 448, pr. Sisermones Corcyrae; *S. nilotica* Vahl. en. I. p. 258, a Pieri corc fl. p. 5, in Corcyra; *S. pinnata* L. sp. p. 27, a Willd. sp. I. p. 149 in Creta.

5. Rosmarinus L. gen. n. 38.

1. **R. officinalis** L. sp. p. 23; S. et S. pr. I. p. 12, Fl. gr. I. p. 11, t. 14; Dallap. prosp. p. 7; Ch. et B. exp. p. 17, Fl. pelop. p. 2; Mazz. ant. ion. II. p. 446; Marg. et R. fl. Zante p. 73; Friedr. Reise p. 270; Fraas fl. class. p. 183; Ung. Reise p. 126; Heldr. Nutzpfl. p. 33, Fl. cephal. p. 58, Fl. Aegina p. 385, chlor. Thera p. 29; Raul. cret. p. 833; Bois. fl. or. IV. p. 636. — *R. prostratus* Mazz. l. c. — Exsicc.: Baen. herb. europ. n. 9326.

Frutex; ramis crebre foliosis; foliis persistentibus, linearibus, margine revolutis, supra glabris, nitidis, subtus cano-tomentellis; floribus breviter pedicellatis, in racemos breves, axillares dispositis; bracteis parvis, caducis; calyce pulverulento-puberulo; corolla coerulescente. — Planta valde aromatica.

In collibus regionis calidae, sponte ut videtur rare, sed frequenter colitur et tunc plerumque subsponte occurrens. Indicatur: Boeotia (Sibth.): mt. Messapios, Klephtovuni (Fraas); Attica: pr. Athenas, Kephissia, in colle Turcovuni (Heldr.), insula Aegina (Friedr.); Laconia (Chaub.); Cycladum insula Melos (Sibth.), Thera (Heldr.); Creta: pr. Melezes in eparchia Pedhiada (Raul.); Zante (Sibth.): pr. Sculicado (Marg.); Cephalonia (Dall.); Corcyra: pr. Kastrades (Baen.), Garunna, Synarades, Afiona, Palaeokastrizza (Mazz.). — Sept. Jun. ♄

6. Zizyphora L. gen. n. 30.

1. **Z. capitata** L. sp. p. 21; Friedr. Reise p. 276; Fraas fl. class. p. 183; Bois. fl. or. IV. p. 586; Hal. Beitr. fl. Epir. p. 35, Beitr. fl. Achaia p. 29; Bald. riv. coll. bot. Alb. 1895 p. 61, 1896 p. 86; Haussk. symb. p. 37; Heldr. fl. Aegina p. 385. — Icon: Fl. gr. I. p. 10 t. 13. — Exsicc.: Heldr. herb. norm. n. 600.

Caule erecto vel adscendente, simplici vel saepius a basi divaricatim ramoso, tomentello; foliis lanceolatis vel linearibus, adpresse canescentibus, floralibus dilatatis, rhombeo-ovatis, acuminatis, margine longe ciliatis, capitula involucrantibus et superantibus; verticillastris in capitulum terminale congestis; calycibus brevissime pedicellatis, hispidis; corolla rosea.

In collibus saxosis, ad agrorum margines regionis inferioris et montanae. Epirus: pr. Arta, Pramanta (Hal.), mt. Micikeli, Kurenta, Prosgoli (Bald.); Thessalia: pr. Klinovo, Kalabaka, Trikala, Aivali,

Pharsalus (Haussk.); Aetolia (Sprun.); Boeotia: pr. Thebas, Lebadia (Fraas); Attica: pr. Athenas, insula Aegina (Heldr.); Achaia: pr. Kalavryta (Hal.); Argolis: pr. Poros (Friedr.); Laconia: mt. Malevo (Orph.). — Apr. Jul. ☉

4. Tribus. **STACHYDEAE** Benth. in DC. pr. XII. p. 407.

7. Scutellaria L. gen. n. 734.

1. Sectio. *Lupulinaria* Hamilt. monogr. p. 11. — Flores tetragono-spicati vel racemosi, non secundi.

1. S. orientalis L. sp. p. 598; Raul. cret. p. 834, var. *angusta*; Bois. fl. or. IV. p. 682; Hal. in z. b. G. 1888 p. 761; Heldr. chlor. Parn. p. 761. — Icon: Fl. gr. t. 580.

A basi ramosissima; caulibus decumbenti-adscendentibus, pubescentibus; foliis petiolatis, ovatis vel oblongis, crenato-dentatis, supra virentibus, glabris vel pubescentibus, subtus adpresse canis, floralibus imbricatis, viridibus, integris vel utrinque 1—2 dentatis, calyces occultantibus; floribus in axillis solitariis, spicam densam formantibus; corolla pubescente, flava, rarius labio inferiore purpurascente.

β. **pinnatifida** Rchb. ic. pl. crit. I. p. 10; Bois. fl. or. IV. p. 682; Hal. in ö. b. Z. 1897 p. 325; Bald. riv. coll. bot. alb. 1896 p. 86. — Folia profunde pinnatifida. — Exsicc.: Heldr. herb. norm. n. 684; Bald. it. alb. epir. IV. n. 195.

In saxosis regionis subalpinae; in ditione ut videtur *β.* tantum hucusque observata. Epirus: mt. Smolika (Bald.); Aetolia: mt. Tymphrestus (Sprun.), Korax (Tunt.); mt. Kiona (Hal.), Parnassus (Heldr.); Achaia: mt. Kyllene supra Trikala (Pichl.); Creta (Raul.). — Jun. Aug. ♃

2. S. alpina L. sp. p. 599; Bois. fl. or. IV. p. 683; Hal. Beitr. fl. Epir. p. 35. — Icon: W. et K. pl. rar. Hung. t. 137. — Exsicc.: Hal. it. gr. sec. a. 1893.

A basi ramosissima; caulibus decumbenti-adscendentibus, pubescentibus; foliis ovatis vel oblongis, crenatis, utrinque viridibus, pubescentibus, inferioribus breviter petiolatis, superioribus subsessilibus, floralibus imbricatis, purpurascentibus, integris, calyces occultantibus; floribus in axillis solitariis, spicam densam formantibus; corolla pubescente, violacea, labio inferiore albido.

In saxosis regionis alpinae, rarissime. Hucusque tantum in cacumine mt. Peristeri in Epiro (Hal.) et mt. Olenos Elidis (Heldr.). — Jul. Aug. ♃

2. Sectio. *Vulgares* Benth. et Hook. gen. II. p. 1202. — Flores oppositi, racemosi, secundi.

    a. Folia caulina longiuscula petiolata, floralia bracteaeformia.

        α. Corolla calyce 6 plo longior, purpurea.

3. **S. Columnae** All. fl. ped. I. p. 40 t. 84; Ch. et B. exp. p. 173, Fl. pelop. p. 39; Bois. fl. or. IV. p. 687; Hal. Beitr. fl. Epir. p. 35; Bald. riv. coll. bot. Alb. 1895 p. 63; Haussk. symb. p. 37. — Exsicc.: Orph. fl. gr. n. 545; Bald. it, alb. epir. III. n. 82.

Caulibus erectis, simplicibus vel parce ramosis, inferne breviter tomentellis, superne bracteis calycibusque glanduloso-villosis, petiolatis, pubescentibus, a basi truncata vel subcordata ovatis vel ovato-oblongis, grosse crenatis; racemis elongatis, laxis; bracteis subpetiolatis, ovatis, acutis, integris, calyce brevioribus; corolla purpurea, glanduloso-pubescenti; nuculis granulatis, minutissime stellatim-puberulis.

In umbrosis montanis et subalpinis. Epirus: mt. Zalongos distr. Prevesa (Bald.), pr. Kalentini supra Arta (Hal.); Thessalia: mt. Ghavellu, in oropedio Neuropolis (Haussk.), mt. Olympus pr. Hagios Dionysios (Orph.); Aetolia: pr. Karpenisi (Samar.); Euboea: mt. Telethrion (Heldr.), pr. Kurbatzi (Wild.); Peloponnesus: mt. Malevo (Orph.), pr. Scardamyle, Petalidi, Methone, Phigalea, mt. Kupe (Chaub.), sed loca a Ch. et B. indicata, saltem nonnulla probabiliter ad *S. Sibthorpii* pertinent. — Apr. Jul. ♃

β. Corolla calyce 3—4 plo longior.

× Corolla violacea.

4. **S. peregrina** L. sp. p. 599; Clem. sert. p. 78; Bois. fl. or. IV. p. 688; Haussk. symb. p. 37. — *S. adenotricha* Bois. et Heldr; in Heldr. pl. exsicc. a 1852 n. 2749. — *S. peregrina v. adenotricha* Bois et Heldr. diagn. ser. 2 IV. p. 27; Hal. Beitr. fl. Epir. p. 35. Form. in Ver. Brünn 1895 p. 37. — *S. Linnaeana* Caruel in Parl. fl. ital. VI. p. 322; Bald. in nuovo giorn. bot. it. 1894 p. 100. — *S. Columnae v. Sibthorpii* Bald. riv. coll. bot. alb. 1895 p. 63, non Benth. — Exsicc.: Heldr. l. c., herb. norm. n. 84; Orph. fl. gr. n. 430; Bald. it. alb. epir. III. n. 195; Sint. it. thessal. n. 691.

Caulibus erectis vel adscendentibus, paniculatim-ramosis, glabris vel glabriusculis, superne praeter indumentum breve crispulum, breviter glanduloso-pilosis; foliis petiolatis, laete viridibus, glabris, a basi truncata vel subcordata ovatis, grandidentatis; racemis elongatis, laxis; bracteis subpetiolatis, ovatis, acutis, integris, calyce longioribus; corolla coeruleo-violacea, dense pubescente; nuculis punctulatis, pube stellata minutissima canescentibus. — Differt a praecedente caulibus paniculatim ramosis, inferne glabris, superne breviter hirtis, foliis minoribus glabris, bracteis longioribus, corolla breviore, coerulea, dense pubescente et nuculis magis puberulis.

In rupestribus regionis montanae et subalpinae. Epirus: pr. Hagios Paraskevi, Sadovica, mt. Micikeli (Form.), pr. Syraku (Bald.) et Kalarrytes (Hal.) ad radices mt. Peristeri; Thessalia: mt. Baba, pr. Chaliki, mt. Karava, Ghavellu (Haussk.); Aetolia: mt. Korax (Heldr.); Phocis: mt. Parnassus (Heldr.); Boeotia (Sprun.); Attica: mt. Parnes (Orph.); Corcyra (Clem.): pr. Spartilla (Bald.). — Maio, Jul. ♃

5. **S. Sibthorpii** Benth. in DC. pr. XII. p. 419 pro var. *S. Columnae*; Bois. et Reut. diagn. ser. 2 IV. p. 28; Hal. in ö. b. Z. 1892 p. 375; Haussk. symb. p. 37. — *S. peregrina* S. et S. fl. gr. VI. p. 66 t. 582, non L. — *S. peregrina v. Sibthorpii* Bois. et R. l. c., Fl. or. IV. p. 688; Hal. Beitr. fl. Achaia p. 29; Form. in Ver. Brünn 1896 p. 72, 1897 p. 53. — *S. peregrina v. parnassica* Bois. diagn. ser. 2 IV. p. 28, Fl. or. IV. p. 688; Heldr. chlor. Parn. p. 25; Haussk. symb. p. 37; (forma humilior, plerumque simplex). — *S. altissima* Form. in D. bot. Mon. 1891 p. 31, non L. — Exsicc.: Orph. fl. gr. n. 66; Heldr. herb. norm. n. 85; Sint. et Bornm. it. turc. n. 1421; Sint. it. thessal. n. 465.

Caulibus erectis vel adscendentibus, paniculatim ramosis, rarius simplicibus, velutino-hirtis, superne simulque glanduloso-pilosis; foliis petiolatis, velutino-canescentibus, a basi truncata vel subcordata ovatis, grandidentatis; racemis elongatis, laxis; bracteis subpetiolatis, ovatis. integris, calyce longioribus; corolla coeruleo-violacea, dense pubescente; nuculis punctulatis, pube stellata minutissima canescentibus. — Indumento canescenti praesertim foliorum a praecedente meo sensu specifice discedit.

In rupestribus montanis et subalpinis. Thessalia: pr. Kalabaka, Meteora, mt. Agrapha, Chassia, pr. Limogardi, Neraida, Portaria (Form.), Pharsalus, Aivali, Ormanmagula (Hausk.), in fauce Megarema pr. Litochori in Olympo (Sint.); mt. Parnassus, mt. Cithaeron, Pateras et Parnes Atticae, mt. Dirphys Euboeae (Heldr.); Achaia: mt. Kyllene pr. Gura (Hal.) et Trikala (Heldr.); Laconia: mt. Malevo pr. Hagios Joannes (Orph.); insula Naxos (Sart.). — Maio, Jul. ♃

×× Corolla purpurea.

6. **S. rupestris** Bois. et Heldr. diagn. VII. p. 60. — *S. hirta β. brachystegia* Bois. fl. or. IV. p. 690. — *S. peregrina v. Sibthorpii* Hal. in ö. b. Z. 1896 p. 16, 1897 p. 98; non Bois. — Exsicc.: Pichl. pl. gr. a. 1876; Heldr. et Hal. fl. sporad. a. 1896.

Caulibus diffusis vel adscendentibus, ramosis, patule hispidis, superne simulque glanduloso-pilosis; foliis petiolatis, pilosis, canescentibus, a basi truncata vel cordata ovatis, grosse crenatis; racemis laxis; bracteis subpetiolatis, ovatis, acutis, integris, calyce sublongioribus; calyce villoso; corolla purpurea, dense pubescente; nuculis granulatis, pube stellata minutissima canescentibus. — Species certe propria, nec cum *S. hirta*, racemis densifloris et corolla lutea diversa, nec cum *S. Sibthorpii*, indumento brevi et corolla violacea distincta, commutanda. Planta Sporadum certe non *S. Sibthorpii* et omnibus notis huc spectare videtur.

In saxosis. Laconia: in regione alpina mt. Taygetos (Heldr.); Cephalonia: mt. Aenos (Heldr.); Sporadum insula Scopelos et Jura (Leon.). — Maio Jul. in alpinis Aug. ♃

××× Corolla ochroleuca.

7. **S. Sieberi** Benth. in DC. pr. XII. p. 420; Raul. cret. p. 834; Bois. fl. or. IV. p. 689. — *S. hirta* Sieb. avis. p. 4, non S. et S. — Huc spectare videtur: *S. cretica* Sieb. in Flora I. p. 271, non L., et *S. albida* Weiss in z. b. G. 1869 p. 743, Raul. cret. p. 834. — Exsicc.: Rev. pl. cret. n. 144; Dörfl. pl. cret. n. 83.

Caulibus erectis, 30—50 cm. altis, ramosis, brevissime et adpresse pubescentibus, superne bracteis calycibusque pilis patulis, glandulosis intermixtis, villosis; foliis petiolatis, adpresse canescentibus, a basi truncata vel subcordata ovatis, grosse crenatis; racemis confertifloris; bracteis subpetiolatis, oblongis, integris, acuminatis, calyce longioribus; corolla ochroleuca, labio superiore rubello, pubescente, calyce 4 plo longiore; nuculis granulatis, pube stellata minutissima obsitis.

In rupestribus regionis inferioris et montanae. Creta: pr. Kissamos (Rev.), ad promontorium Meleka, pr. Malaxa, Canea, Aradhena, Voriza (Raul.) ad mt. Ida, in fauce Perivoglia (Sieb.), pr. Anatoli (Heldr.) et Males (Leon.) distr. Hierapetra, pr. Kritza distr. Mirabello (Heldr.). — Apr. Jun. ♃

8. **S. hirta** S. et S. pr. I. p. 425, Fl. gr. VI. p. 66 t. 583; Raul. cret. p. 834; Bois. fl. or. IV. p. 690; Spreitz. in z. b. G. 1890 p. 298. — *S. decumbens* Sieb. avis p. 4, rem. p. 5. — Exsicc.: Rev. pl. cret. a. 1883.

Caulibus erectiusculis vel adscendentibus, 10—25 cm. altis, simplicibus vel ramosis, praeter indumentum adpressum pilis longis patulis, superne glandulosis intermixtis, obsitis; foliis petiolatis, utrinque patule pilosis, a basi truncata vel subcordata ovatis, grosse crenatis, canescentibus; racemis confertifloris; bracteis subpetiolatis, ovatis, acutis, integris, calyce sublongioribus; corolla ochroleuca, labio superiore rubello, pubescente, calyce 3 plo longiore; nuculis granulatis, pube stellata minutissima obsitis. — Praecedenti maxime affinis, sed humilis et caulibus fragilibus, saepe decumbentibus, bracteis non acuminatis, corolla breviore et indumento patulo ut videtur specifice distincta.

In rupestribus regionis subalpina et superioris. Creta (Sibth.): ad Hellinoseli, mt. Hagion Pneuma, Stravopodia (Raul.), Hagios Theodoros, Mavrus Lakus (Spreitz.) in mt. Sphacioticis, mt. Ida et Aphendi Kavutsi (Heldr.). — Maio, Jul. ♃

b. Folia caulina subpetiolata, floralia conformia.

9. **S. galericulata** L. sp. p. 599; Form. in Ver. Brünn 1895 p. 36; Bald. riv. coll. bot. alb. 1896 p. 86. — Icon: Rchb. t. 55. — Exsicc.: Orph. fl. gr. n. 1041 (Macedonia); Heldr. it. gr. septentr. a. 1879.

Parce brevissimeque puberula; rhizomate repente; caulibus erectis, saepissime ramosis; foliis a basi cordata vel truncata oblongo-lanceolatis, remote et obtusissime crenatis, floralibus sursum decrescentibus; floribus axillaribus, oppositis, secundis; corolla coerulea, calyce multoties longiore; nuculis tuberculatis, glabris.

In pratis humidis regionis inferioris et montanae, rarissime. Epirus: ad lacum Janina (Form.); Eurytania: ad Laspi pr. Karpenisi (Heldr.). — Jul. Aug. ⚳

8. Prunella L. gen. n. 735.

1. **P. vulgaris** L. sp. p. 600; S. et S. pr. I. p. 425; Pieri corc. fl. p. 81; Ch. et B. exp. p. 174, Fl. pelop. p. 39; Marg. et R. fl. Zante p. 74; Friedr. Reise p. 273; Ung. Reise p. 127; Raul. cret. p. 834; Bois. fl. or. IV. p. 691; Form. in D. bot. Mon. 1891 p. 31, in Ver. Brünn 1895 p. 37, 1896 p. 72, 1897 p. 53; Hal. Beitr. fl. Epir. p. 35, Beitr. fl. Thessal. p. 17; Haussk. symb. p. 37 *f. parvi- et grandiflora.* — Icon: Fl. dan. t. 910. — Exsicc.: Sint. it. thessal. n. 990; Baen. herb. europ. n. 9315 *f. Herculis* Borb. („f. robusta grandifolia, foliis oblongo-ovatis").

Glabriuscula vel pubescens; rhizomate repente; caulibus adscendentibus vel erectis, simplicibus vel ramosis; foliis petiolatis, ovato-oblongis oblongisve, integris vel dentatis; verticillastris 6 floris, spicam oblongam, densam formantibus; bracteis orbiculatis, ciliatis, abrupte acuminatis; calycis dentibus ciliatis, labii superioris brevissimis, truncatis, mucronatis, inferioris lanceolatis; corolla violacea.

β. **cretica** Bois. fl. or. IV. p. 692. — Pusilla, macra, calycis labium superius subintegrum. — Exsicc.: N. v.

In olivetis, nemorosis, silvaticis regionis inferioris et montanae. Frequens in Pindo epirotico et thessalo; in mt. Oxya, Pelion (Form.); Attica: pr. Athenas, mt. Pentelicon (Haussk.); Peloponnesus: pr. Carithena, mt. Kupe, Taygetos, pr. Kardamyle (Chaub.), insula Poros (Friedr.) et certe alibi; Creta: pr. Platania Enneachoria (Raul.); Zante (Marg.); Corcyra (Pieri): pr. Psarari (Baen.); non indicatur in insulis maris Aegaei; — *β.* in quercetis meridionalibus mt. Ida supra Voriza. — Maio, Aug. ⚳

2. **P. laciniata** L. sp. p. 600; Ch. et B. exp. p. 174, Fl. pelop. p. 39; pro var. *P. vulgaris*; L. sp. ed. 2 p. 837; S. et S. pr. I. p. 426; Pieri corc. fl. p. 81; Marg. et R. fl. Zante p. 75; Raul. cret. p. 834; Form. in D. bot. Monat. 1891 p. 31, in Ver. Brünn 1895 p. 37; Hal. Beitr. fl. Epir. p. 35, Beitr. fl. Thessal. p. 17, Beitr. fl. Achaia p. 29; Haussk. symb. p 37, *f. micrantha, macrantha, laciniata et integrifolia.* — *P. alba* Pall. ap. M. a B. fl. taur. cauc. II. p. 67; Bois. fl. or. IV. p. 692; Form. in Ver. Brünn 1896 p. 72, 1897 p. 54. — Icon: Jacq. fl. austr. t. 378. — Exsicc.: Sint. it. thessal. n. 464.

Pubescens; rhizomate repente; caulibus adscendentibus, simplicibus vel ramosis; foliis petiolatis, ovato-oblongis oblongisve, subintegris vel dentatis vel pinnatifidis; verticillastris 6 floris, spicam oblongam, densam formantibus; bracteis orbiculatis, hirtis, abrupte acuminatis; calycis dentibus ciliatis, labii superioris late ovatis, truncatis, abrupte mucronatis, inferioris lanceolatis; corolla alba; rarius carnea.

In nemorosis, silvaticis regionis inferioris et montanae. Frequens in Pindo epirotico et thessalo; mt. Chassia (Form.), Olympus (Heldr.); Attica: mt. Parnes (Heldr.), Pentelicon (Haussk.); Peloponnesus: pr. Patras (Hal.), pr. Carithena, mt. Kupe, pr. Kardamyle, mt. Taygetos (Chaub.), mt. Selitza pr. Kalamata (Zahn), mt. Malevo (Orph.); Creta (Sibth.): pr. Voriza (Raul.); Zante (Marg.); Corcyra (Pieri): pr. Psorari (Baen.). — Maio, Aug. ♃

1 × 2. **P. vulgaris** × **laciniata.** — *P. intermedia* Link in Annal. Naturgesch. I. (1791) sec. Kern. fl. exs. austro-hung. n. 1420. — *P. hybrida* Knaf in Lotos XIV. p. 84; Haussk. symb. p. 37. — Hybrida, characteribus inter parentes intermedia, foliis pinnatifidis, floribus violaceis; nunc parce pubescens, calycibus ut in *P. vulgaris*, sed foliis pinnatifidis; nunc dense pubescens, calycibus ut in *P. laciniata*, sed floribus violaceis. — Prope Malakasi, Klinovo, mt. Ghavellu et pr. Neuropolis Thessaliae, et in mt. Pentelicon Atticae (Haussk.). — N. v.

9. Sideritis L. gen. n. 712.

1. Sectio. *Empedoclea* Benth. lab. p. 574. — Perennes, basi suffrutescentes; folia floralia flores amplectentia, inferioribus difformia.

   a. Folia floralia verticillastris 2—3 plo longiora.

    α. Folia basi cordato-amplexicaulia.

1. **S. perfoliata** L. sp. p. 575; Heldr. in delt. syllog. Parn. 1900 p. 4. — *S. pindicola* Heldr. l. c. — Exsicc.: Heldr. it. thessal. n. 115.

Breviter glanduloso-hirta, in partibus junioribus lana detersili albo-hirsuta; caulibus erectis, simplicibus vel superne opposite ramosis; foliis coriaceis, valde reticulatis, oblongis vel oblongo-lanceolatis, acutis, denticulatis vel integris, infimis in petiolum attenuatis, ceteris semi-amplexicaulibus, floralibus late ovato-lanceolatis, acuminato-attenuatis, erecto-patulis, verticillastro 2—3 plo longioribus; verticillastris distinctis, inferioribus distantibus; calycis dentibus lanceolatis, tubo dimidio brevioribus; corollae flavae tubo incluso. — Species foliis caulibusque demum glabrescentibus, pube brevissima glandulosa adspersis, coriaceis, virentibus, caulinis basi non attenuata semiamplexicaulibus, floralibus latissimis, verticillastra fere omnino occultantibus, insignis.

In saxosis dumosis regionis montanae, rarissime. Thessalia: mt. Agrapha in Pindo (Heldr.). — Jun. Jul. ♃

    β. Folia basi angustata.

2. **S. theezans** Bois. et Heldr. diagn. VII. p. 58, Fl. or. IV. p. 710; Heldr. Nutzpfl. p. 33, in delt. syll. Parn. 1900 p. 4. — *S. cretica* S. et S. pr. I. p. 400 p. p. quoad pl. lacon.; Ch. et B. exp. p. 163, Fl. pelop. p. 36; non L. — *Phlomis clandestina* Ch. et B. exp. p. 170 t. 20. — *S. syriaca* Ch. et B. fl. pelop. p. 36

t. 21; Fraas fl. class. p. 175 p. p.; non L. — Exsicc.: Orph. fl. gr. n. 14; Heldr. herb. norm. n. 1367 et 1469.

Caulibus dense tomentosis, adscendentibus vel erectis, simplicibus vel superne opposite ramosis; foliis crassiusculis, dense cano-tomentosis, obsolete crenulatis vel integris, inferioribus oblongo-spathulatis obtusis, petiolatis, superioribus late lineari-lanceolatis, sessilibus, floralibus subreticulatis, interdum tenuius tomentosis, a basi subrotunda vel ovata abruptiuscule longe lanceolato-acuminatis, patulis, verticillastro duplo longioribus; verticillastris inferioribus distantibus, ceteris in spicam cylindricam condensatis; calycis adpresse pubescentis dentibus lanceolatis, tubo subbrevioribus; corollae luteae tubo incluso. — Indumento cano-tomentoso, non glanduloso, foliis floralibus minus amplis, abruptiuscule acuminatis a praecedente distincta.

β. **peloponnesiaca** Bois. et Heldr. diagn. ser. 2 IV. p. 32; Heldr. Nutzpfl. p. 34, in delt. syll. Parn. 1900 p. 4; pro sp. — *S. theezans v. cyllenea* Bois. fl. or. IV. p. 711. — Verticillastra magis distantia, folia floralia brevius acuminata, tenuius tomentosa. — Exsicc.: Heldr. pl. fl. hellen. a. 1871 et 1881; Pichl. pl. gr. a. 1876.

In saxosis regionis abietinae et superioris. Laconia: mt. Malevo, Taygetos (Heldr.); — *β*. Achaia: mt. Kyllene (Heldr.). — Jun. Jul. ♃

3. **S. scardica** Griseb. spic. II. p. 144; Bois. fl. or. IV. p. 170; Form. in Ver. Brünn 1896 p. 72; Heldr. in delt. syll. Parn. 1900 p. 4. — *S. florida* Bois. et Heldr. diagn. ser. 2 IV. p. 31; Heldr. Nutzpfl. p. 34. — Exsicc.: Orph. fl. gr. n. 539; Sint. et Bornm. it. turc. n. 1429 et 1881.

Adpresse albo-lanata; caulibus adscendentibus vel erectis, simplicibus vel superne opposite ramosis; foliis obsolete crenulatis, inferioribus oblongo-lanceolatis, obtusis, in petiolum attenuatis, superioribus lineari-lanceolatis, acutiusculis, sessilibus, floralibus reticulatis, brevissime glanduloso-pubescentibus, a basi subrotunda vel ovata abruptiuscule in cuspidem patentissimam, apice subrecurvam attenuatis, verticillastro subduplo longioribus; verticillastris in spicam crassam, oblongam confertis; calycis hirsuti dentibus lanceolatis, tubo aequilongis; corollae luteae tubo incluso. — Spica densissima, ad 8 cm. longa et 3 cm. lata, foliis floralibus e spica horizontaliter exsertis, acutissimis, demum glabrescentibus et flavidis, corolla magna, calyce subduplo longiore, labio profunde bifido ab omnibus affinibus facile distinguitur.

β. **pelia.** — *S. scardica* Heldr. in Sitzungsb. acad. wiss. Berlin 1883 p. 4; Form. in D. bot. Mon. 1891 p. 30, quoad pl. thessal.; Hal. Beitr. fl. thessal. p. 17. — Verticillastra inferiora distantia, superiora in spicam angustiorem conferta; folia floralia brevius acuminata, densius tomentella. — Transitum ad *S. Roeseri* praebere videtur. — Exsicc.: Heldr. it. thessal. n. 3.

In regione silvatica mt. Olympus Thessaliae ad monasterium Hagios Dionysios (Heldr.) et in mt. Godaman (Form.); — *β*. in regione media et superiore mt. Pelion (Heldr.). — Jul. Aug. ♃

b. Folia floralia verticillastris non vel parum longiora.

α. Folia floralia viridia, reticulata, brevissime glanduloso-puberula.

4. S. Roeseri Bois. et Heldr. diagn. ser. 2 IV. p. 30, Fl. or. IV. p. 710; Heldr. Nutzpfl. p. 34, chlor. Parn. p. 25, in delt. syll. Parn. 1900 p. 5; Hal. in z. b. G. 1888 p. 761, Beitr. fl. Epir. p. 36, in ö. b. Z. 1897 p. 325; Bald. riv. coll. bot. alb. 1895 p. 64; Form. in Ver. Brünn 1896 p. 72, 1897 p. 53; Haussk. symb. p. 45. — *S. syriaca* Fraas fl. class. p. 175 p. p., non L. — *S. attica* Heldr. in delt. syllog. Parn. 1900 p. 5, f. magis incana. — Exsicc.: Heldr. herb. norm. n. 490; Orph. fl. gr. n. 429; Sint. it. thessal. n. 1142; Dörfl. fl. gr. n. 212.

Caulibus adpresse tomentosis, adscendentibus vel erectis, simplicibus vel ramosis; foliis integris vel obsolete crenulatis, infimis cano-tomentosis, elliptico-spathulatis, obtusis, petiolatis, ceteris oblongo-linearibus, acutiusculis, sessilibus, plus minus canis vel virescentibus, floralibus a basi rotundata vel ovata breviter acuminatis, reticulatis, glanduloso-puberulis, virescentibus, calyces non aequantibus; verticillastris distantibus; calycis glandulosi dentibus lanceolatis, tubo subbrevioribus; corollae luteae tubo non exserto. — Species ab italica *S. sicula* Ucr. pl. ad Linn. op. add. n. 16 vix specifice diversa, variat quoad indumentum, foliorum formam et verticillorum magnitudinem.

β. **lanceolata.** — Foliis elongatis, anguste lineari-lanceolatis, floralibus amplis, longius acuminatis. — Exsicc.: Bald. it. alb. epir. III. n. 81.

In saxosis regionis mediae et superioris. Epirus: mt. Peristeri pr. Kalarrytes (Hal.); Thessalia: mt. Baba, Karava, Ghavellu, Gionskala in Pindo (Haussk.), mt. Pelion, mt. Pirgo, Alafovris, Mavrika et Katasara in mt. Othrys (Form.), mt. Oeta (Heldr.); Aetolia: mt. Tymphrestus (Fraas), Arapocephala, Chelidoni, Korax (Heldr.); mt. Kiona (Hal.), Parnassus (Heldr.); Attica: mt. Paterns (Pichl.); — β. Epirus: mt. Murga supra Suli et Sirizana distr. Paramythia (Bald.). — Jun. Aug. ♃

β. Folia floralia dense tomentosa.

5. S. euboea Heldr. in delt. syll. Parn. 1900 p. 4. — *S. cretica* S. et S. pr. I. p. 400 p. p. quoad pl. euboeam, non L. — *S. syriaca v. condensata* Bois. et Heldr. diagn. ser. 2 IV. p. 31, non *S. condensata* Bois. et Heldr. diagn. XII. p. 71. — *S. taurica* Heldr. Nutzpfl. p. 34. — *S. cretica v. condensata* Bois. fl. or. IV. p. 708. — Exsicc.: Heldr. herb. norm. n. 793.

Albo-tomentosa; caulibus adscendentibus vel erectis, simplicibus vel parce ramosis; foliis oblongis, obtusis, integris vel crenulatis, inferioribus in petiolum attenuatis, ceteris breviter petiolatis subsessilibusve, floralibus ovato-rotundatis, breviter acuminatis, calyces aequantibus; verticillastris omnibus vel superioribus in spicam cylindricam condensatis; calycis lanati dentibus lanceolatis, tubo subduplo brevioribus;

corollae luteae tubo subincluso. — Sequenti affinis, ab ea indumento verticillorum minus denso, foliis mediis obtusis, subpetiolatis et praesertim verticillis condensatis discedit.

In saxosis regionis superioris mt. Dirphys Euboeae (Heldr.). — Jul. Aug. ♃

6. **S. syriaca** L. sp. p. 574; S. et S. pr. I. p. 400, Fl. gr. VI. p. 41 t. 550; Sieb. avis p. 4, in Flora I. p. 275; Heldr. Nutzpfl. p. 34; Raul. cret. p. 835. — *S. cretica* Bois. fl. or. IV. p. 708; Spreitz. in z. b. G. 1890 p. 298; Bald. viagg. Creta p. 85; Heldr. in delt. syll. Parn. 1900 p. 4; non L. sp. p. 574, quae (*S. candicans* Ait. hort. Kew. II. p. 289) insulae Teneriffae incola et erronee ab autore in Creta indicatur. — *S. Boissieri* Magn. in scrin. fl. sel. IV. p. 85. -- Exsicc.: Rev. pl. cret. n. 137, in Magn. fl. sel. n. 944; Bald. it. cret. n. 88, it. cret. alt. n. 242.

Niveo-tomentosa; caulibus simplicibus vel rarius ramosis; foliis oblongis oblongo-lanceolatisve, integris vel crenulatis, infimis breviter petiolatis, obtusis, ceteris sessilibus, acutiusculis, floralibus ovato-rotundatis, breviter acuminatis, calyces aequantibus; verticillastris distantibus; calycis dentibus lanceolatis, tubo subduplo brevioribus; corolla luteae tubo subincluso. — Omnium sectionis densissime pannosa, verticillastris parvis, avellanae minoribus.

In saxosis regionis montanae et subalpinae Cretae: frequens in mt. Sphacioticis et in mt. Ida. — ♃

2. Sectio. *Hesiodia* Benth. lab. 582. — Annuae; folia floralia inferioribus conformia, sed minora.

    a. Calycis dentes subaequales, supremus ceteris paulo major.

        α. Planta patule villosissima; corolla alba, labiis atro purpureis.

7. **S. lanata** L. sp. ed. 2 p. 804; Raul. cret. p. 835; Bois. fl. or. IV. p. 705; Haussk. symb. p. 45; Heldr. fl. Aegina p. 385, chlor. Thera p. 19. — *S. elegans* Murr. nov. comm. Gott. 1778 p. 92 t. 4; Friedr. Reise p. 272; Fraas fl. class. p. 175. — *S. nigricans* Pers. syn. II. p. 117. — Exsicc.: Heldr. herb. norm. n. 871.

Longe et patule villosa, a collo saepius pluricaulis; caulibus saepius ramosis, erectis vel adscendentibus; foliis ovatis, crenatis, inferioribus petiolatis, ceteris sessilibus, floralibus deflexis, verticillastro longioribus; verticillastris numerosis, distinctis, approximatis; calycis villosi subbilabiati dentibus lanceolatis, spinula terminatis, tubo subbrevioribus, supremo ceteris paulo majore; corollae limbo subexserto.

In maritimis, cultis regionis inferioris. Attica (Fraas): insula Aegina (Heldr.); Argolis: pr. Vromolimni in peninsula Methana (Friedr.); Cycladum insula Keos (Heldr.), Thera (Letourn.); Creta (Sieber). — Apr. Maio. ☉

        β. Planta plus minus lanata; corolla lutea, demum fuscescens.

8. **S. montana** L. sp. p. 575; Bois. fl. or. IV. p. 706; Form. in D. bot. Mon. 1891 p. 30, in Ver. Brünn 1895 p. 36, 1896 p. 72,

1897 p. 53; Bald. riv. coll. bot. alb. 1895 p. 64, 1896 p. 87; Haussk. symb. p. 45. — Icon: Jacq. fl. austr. t. 434. — Exsicc.: Sint. et Bornm. it. turc. n. 1434; Sint. it. thessal. n. 533.

Longe et laxe pilosa, a collo saepe pluricaulis; caulibus simplicibus vel ramosis, erectis vel adscendentibus; foliis oblongo-lanceolatis, integris vel antice dentatis, inferioribus subpetiolatis, ceteris sessilibus, floralibus oblongis, spinuloso-mucronatis, verticillastro sublongioribus, summis saepe flavidis, comatis (*f. comata* Bois. l. c.); verticillastris numerosis, distinctis, approximatis; calycis patule pilosi, subbilabiati dentibus subaequalibus, oblongis, spinuloso-mucronatis, tubo subbrevioribus, demum patentibus, supremo ceteris parum majore; corollae limbo breviter exserto.

In collibus siccis regionis inferioris et montanae. Epirus: pr. Prevesa, Mitikas (Form.), mt. Smolika, Olycika, Micikeli (Bald.); Thessalia: mt. Baba pr. Klinovo (Heldr.), pr. Kastania, Vendista, Kalabaka, Trikala, Pharsalus, Velestinos, Hagios Georgios, Kapurna, Koryza, Volo, Konisko, Neraida, pr. Drepani, Miluna, Patsios et Rapsani in Olympo (Form.), pr. Plaka ad Litochori (Sint.); Corcyra: pr. Kanali, Potamo (Form.). — Jun. Jul. ☉

9. **S. remota** Urv. enum. p. 66; Bois. fl. or. IV. p. 707; Haussk. symb. p. 45; Form. in D. bot. Mon. 1898 p. 79. — *S. montana* S. et S. pr. I. p. 400, Fl. gr. VI. p. 42 t. 551; et probabiliter Ung. Reise p. 127; non L. — Exsicc.: Orph. fl. gr. n. 428; Heldr. herb. norm. n. 386.

Albo-lanata, a collo saepius pluricaulis; caulibus simplicibus vel ramosis, rigidis; foliis oblongo-spathulatis, integris vel remote denticulatis, inferioribus subpetiolatis, ceteris sessilibus, floralibus caulinis similibus, mucronatis, verticillastro brevioribus vel sublongioribus, summis interdum flavidis, comatis; verticillastris numerosis, saepius distantibus; calycis albo-lanati, subbilabiati dentibus subaequalibus, spinuloso - mucronatis, tubo aequilongis, demum patentibus, supremo ceteris vix majore; corollae limbo breviter exserto. — Praecedenti maxime affinis, ab ea caulibus rigidis, crassioribus, verticillastris saepius remotis, indumento lanato et calycis dentibus elongatis, spina validiore terminatis discedit.

In collibus siccis. Attica: pr. Athenas (Heldr.), Rheitro (Ung.), Kamariza Laurii (Haussk.); Euboea (Sprun.); Acrocorinthus (Haussk.). — Apr. Maio. ☉

b. Calycis dens supremus ceteris multo latior et subduplo longior.

10. **S. romana** L. sp. p. 575; S. et S. pr. I. p. 401, Fl. gr. VI. p. 43 t. 552; Sieb. avis rem. p. 5; Ch. et B. exp. p. 164, Fl. pelop. p. 36; Friedr. Reise p. 270 et 284; Fraas fl. class. p. 175; Ung. Reise p. 127; Weiss in z. b. G. 1869 p. 743; Raul. cret. p. 835; Bois. fl. or. IV. p. 706; Heldr. fl. cephal. p. 58, Fl. Aegina p. 385; Spreitz. in z. b. G. 1887 p. 666; Haussk. symb. p. 45; Form. in Ver. Brünn 1897 p. 53, in D. bot. Mon. 1898 p. 79; Hal. in ö. b. Z. 1897 p. 98. — Exsicc.: Orph. fl. gr. n. 537; Dörfl. pl. cret. n. 36.

Molliter pilosa, simplex vel saepius a collo ramosa; caulibus adscendentibus vel diffusis; foliis ovatis vel oblongis, crenato-dentatis integrisve, inferioribus subpetiolatis, ceteris sessilibus, floralibus mucronatis, verticillastro sublongioribus; verticillastris distantibus; calycis hirsuti, basi valde gibbi, subbilabiati dentibus spinuloso-aristatis, demum patentibus vel recurvis, 4 inferioribus lanceolatis, supremo multo majore, ovato; corollae albae limbo breviter exserto.

In siccis regionis inferioris et montanae. Phthiotis: pr. Stylida, Lamia (Form.); Attica: pr. Athenas (Heldr.), mt. Kerata (Haussk.), ad promontorium Perdicca in insula Aegina (Friedr.); Peloponnesus: pr. Nauplia (Friedr.), Argos, Tripoliza, Sparta, Pallantium, Gortys, Megalopolis, Zarnate, Methone, Arcadia (Chaub.); Sporadum insula Scopelos (Leon.); Cyclades (Sibth.): insula Cythnos (Heldr.), Tenos, Syra (Weiss); Creta: pr. Canea, Acroteri, insula Gaidaronisi (Raul.), Hierapetra (Leon.); Cythaera: pr. Hagios Nicolaus (Spreitz.); Cephalonia: pr. Pessada, Metaxata (Heldr.). — Mart. Maio. ⊙

11. **S. purpurea** Talbot in Benth. lab. p. 742; Marg. et R. fl. Zante p. 75; Raul. cret. p. 835; Bois. fl. or. IV. p. 706; Spreitz. in z. b. G. 1887 p. 666; Gelmi in bull. soc. bot. it. 1889 p. 451; Hal. Beitr. fl. Epir. p. 36, Beitr. fl. Aetol. p. 10, in ö. b. Z. 1896 p. 17; Haussk. symb. p. 45. — *S. romana v. purpurea* Bald. riv. coll. bot. alb. 1896 p. 87. — Icon: Rchb. t. 25. — Exsicc.: Orph. fl. gr. n. 538; Heldr. herb. fl. hellen. n. 90, in Baen. herb. europ. n. 3606, herb. norm. n. 1273; Sint. it. thessal. n. 461; Baen. herb. europ. n. 9340.

Molliter villosa, simplex vel saepius a collo ramosa; caulibus adscendentibus vel diffusis; foliis ovatis vel oblongis, crenato-dentatis integrisve, inferioribus subpetiolatis, ceteris sessilibus, floralibus mucronatis, verticillastro sublongioribus; verticillastris distantibus; calycis villosi, basi gibbi, subbilabiati dentibus spinuloso-aristatis, demum patentibus, 4 inferioribus lanceolatis, supremo multo majore, ovato; corollae purpureae limbo exserto. — Praecedenti affinis, ab ea indumento longiore, calyce basi minus gibboso, corolla purpurea, majore, magis exserto discedit.

In siccis, olivetis regionis inferioris. Epirus: pr. Kalentini supra Arta (Hal.), pr. Kastriza distr. Janina (Bald.); Thessalia: pr. Vutades (Sint), Klinovo, Korona, Ormanmagula, Aivali, Pharsalus (Haussk.), Palaeokastro (Heldr.), ad lacum Karla (Reis.), pr. Volo (Orph.); Acarnania: pr. Kravassaras, Agrinion (Hal.); Aetolia: pr. Aetolikon (Heldr.), ad radices mt. Taphiassos (Hal.); Achaia: pr. Corinthum, Psatopyrgos (Heldr.), Patras (Hal.); Elis: pr. Chlemutzi, Lechaena (Heldr.); Messenia: pr. Diabolitzi (Zahn); Creta (Raul.); Zante (Marg.); Leucas: pr. Amaxichi, monasterium Hagios Georgios (Spreitz.); Corcyra (Talbot): pr. Signes (Gelmi), ad lacum Corissia (Bickn.). — Maio, Jul. ⊙

Obs. *S. tragoriganum* Lag. nov. gen. et sp. p. 18; Raul. cret. p. 835. — In Benth. lab. p. 581 „probabilissime ex schedulae commutatione erronee ex Creta indicatur" (Bois. fl. or. IV. p. 714).

10. Marrubium L. gen. n. 721.

a. Calycis dentes deni.

1. **M. vulgare** L. sp. p. 853; S. et S. pr. I. p. 412; Dallap. prosp. p. 83; Ch. et B. exp. p. 169, Fl. pelop. p. 38; Friedr. Reise p. 264 et 267; Fraas fl. class. p. 180; Weiss in z. b. G. 1869 p. 743; Raul. cret. p. 835; Bois. fl. or. IV. p. 703; Heldr. fl. cephal. p. 58, chlor. Thera p. 19; Hal. Beitr. fl. Epir. p. 36; Form. in Ver. Brünn 1895 p. 36, 1896 p. 71, 1897 p. 53; Haussk. symb. p. 43. — Icon: Fl. dan. t. 1036. — *M. canescens* Sieb. avis rem. p. 5. — Exsicc.: Sint. it. thessal. n. 562; Baen. herb. europ. n. 9287.

Caulibus erectis vel adscendentibus, albo-lanatis, simplicibus vel ramosis; foliis petiolatis, ovato-orbiculatis vel ovatis, irregulariter crenatis, plus minus tomentellis, supra virescentibus, subtus canis, floralibus subsessilibus, deflexis, oblongo-cuneatis, verticillastro-longioribus; verticillastris globosis, distantibus; bracteis subulatis, uncinatis; calycis villosi dentibus subulatis, patentibus, uncinatis; corolla parva, alba, puberula.

β. **apulum** Ten. fl. nap. V. p. 16; Link. in Linn. IX. p. 576; pro sp.; Heldr. fl. aeg. p. 385, chlor. Mykon. p. 249. — *M. vulgare v. lanatum* Benth. lab. p. 591; Bald. viagg. Creta p. 85. — ? *M. candidissimum* Form. in Ver. Brünn 1895 p. 36, 1896 p. 71; vix L. sp. p. 583, quod a nemini antea vel postea nec in Epiro nec in Thessalia observatum fuit; neque in Creta, ubi in Linnaeo ipso cum ? indicatur, crescit. — Folia minora, suborbicularia, utrinque molliter et niveo-lanato-tomentosa. — Formis intermediis, in ditione vulgatioribus, ad typum transit. — Exsicc.: Heldr. herb. norm. n. 1170a.

In ruderatis, ad vias regionis inferioris et montanae per totam Graeciam. -- Maio, Sept. ♃

1 × 2. **M. vulgare × peregrinum.** — *M. remotum* Kit. in Schult. öst. fl. ed. 2 II. p. 161. — *M. pannonicum* Rchb. fl. germ. p. 325. — *M. peregrinum × vulgare* Reichardt in z. b. G. 1861 p. 342; Haussk. symb. p. 44. — *M. peregrinum β. platyphyllum* Haussk. symb. p. 43 (f. dentibus calycinis, semper quinis, rectis). — Hybrida, nunc ad unum, nunc ad alterum parentium magis vergens; a *M. vulgare* caule magis ramoso, indumento densiori, foliis angustioribus, floribus paucioribus verticillastrorum, calycis dentibus 5—10, plerisque rectis; a *M. peregrino* caule minus ramoso, indumento minus denso, foliis latioribus, floribus verticillastrorum numerosioribus, calycis dentibus 5—10, saepius patentibus, discedens. — Thessalia: ad monasterium Korona, pr. Trikala, Karditza, Pharsalus (Haussk.); Euboea: pr. Kastaniotissa (Heldr.). — Exsicc.: Heldr. herb. norm. n. 1171.

b. Calycis dentes quini.

α. Caules patentim ramosissimi.

2. **M. peregrinum** L. sp. p. 582; S. et S. pr. I. p. 411; Ch. et B. fl. pelop. p. 38; Raul. cret. p. 835; Bois. fl. or. IV. p. 694;

Heldr. in Sitzungsb. acad. Wiss. Berl. 1883 p. 8; Hal. in z. b. G. 1888 p. 761, in ö. b. Z. 1890 p. 40, 1897 p. 325, Beitr. fl. Thessal. p. 17; Form. in D. bot. Mon. 1891 p. 30, in Ver. Brünn 1895 p. 36, 1896 p. 71, 1897 p. 53; Bald. in nuovo giorn. bot. ital. 1894 p. 100, riv. coll. bot. alb. 1896 p. 87; Haussk. symb. p. 43. — *M. creticum* Mill. dict. n. 3; S. et S. pr. I. p. 412; Fraas fl. class. p. 180. — Icon: Jacq. fl. austr. II. t. 160. — Exsicc.: Heldr. herb. norm. n. 60 et 1170 b; Orph. fl. gr. n. 521; Sint. et Bornm. it. turc. n. 1424 et 1885; Sint. it. thessal. n. 1110; Dörfl. fl. gr. n. 204.

Adpresse cano-tomentosum; caulibus erectis, patentim ramosissimis; foliis breviter petiolatis, oblongo-cuneatis, crenato-dentatis, floralibus diminutis, verticillastro longioribus; verticillastris 6—10 floris, ad ramorum apicem congestis; bracteis calyce multo brevioribus; calycis adpresse tomentosi dentibus lanceolatis, erectis, tubo triplo brevioribus; corolla parva, alba, puberula.

In campis, ruderatis, olivetis regionis inferioris et montanae. Frequens in Epiro et Thessalia tota, a Pindo per planitiem usque ad mare Aegaeum, nec non in Phthiotide; Locris: pr. Granitza (Tunt.); Doris: pr. Amphissa, Itea (Hal.); ad radices Parnassi pr. Rachova (Heldr.); Boeotia: pr. Orchomenos (Sibth.); Attica borealis (Fraas); Euboea: pr. Kastaniotissa (Heldr.), Chalkis (Fraas); Arcadia: ad lacum Pheneon (Orph:); Creta (Sibth.). — Jun. Sept. ♃

β. Caules simplices. Species inter se valde affines et notis minus gravioribus tantum distinctae.

✕. Calyces dentes tubo manifeste breviores, corollam non aequantes.

3. M. thessalum Bois. et Heldr. diagn. ser. 2 IV. p. 50, Fl. or. IV. p. 699; Form. in Ver. Brünn 1896 p. 71. — Exsicc.: Orph. fl. gr. n. 520.

Caulibus erectis vel adscendentibus, lanato-tomentosis; foliis petiolatis, ovatis oblongisve, basi cuneatis, crenatis, supra sericeo-lanatis, subtus cano-tomentosis, floralibus subsessilibus, oblongo-cuneatis, verticillastro longioribus; verticillastris multifloris, globosis, distantibus; bracteis subulatis, lanato-villosis, tubo calycino subbrevioribus; calyce breviter tomentoso, dentibus subulatis, rectis, villosis, tubo duplo brevioribus; corolla alba, tomentella, calycis dentes superante. — Indumento foliorum pannoso et verticillastris lana longa, bracteas et calyces recondenti, obsitis, ab affinibus facile distinguenda.

In regione subalpina et alpina mt. Olympus et Ossa Thessaline (Heldr.). — Jul. Aug. ♃

4. M. cyllenum Bois. et Heldr. diagn. ser. 2 IV. p. 51. — *M. velutinum v. cylleneum* Bois. fl. or. IV. p. 702. — Exsicc.: Heldr. herb. norm. n. 967; Orph. fl. gr. n. 299; Dörfl. fl. gr. n. 423.

Caulibus erectis vel adscendentibus; adpresse-tomentosis; foliis petiolatis, orbiculatis vel ovato-orbiculatis, basi rotundatis crenatis, supra adpresse sericeis, subtus cano-tomentosis, floralibus subsessilibus, suborbiculatis vel ovato-oblongis, verticillastro longioribus; verticillastris multifloris, globosis, distantibus; bracteis subulatis, breviter tomentosis, tubo calycino subbrevioribus; calyce breviter tomentoso, dentibus subulatis, patulis, breviter tomentosis, tubo triplo brevioribus; corolla flavida, tomentella, calycis dentes superante. — Indumento flavido, minus copioso, foliis rotundatis, verticillastris non lanato-villosis et calycis dentibus brevioribus, patulis a praecedente; calycis dentibus tubo triplo brevioribus a sequente discedit.

In regione silvatica et alpina mt. Chelmos et Kyllene Achaiae (Heldr.). — Jun. Aug. ♃

×× Calycis dentes tubo subaequilongi vel aequilongi, corollam superantes.

5. **M. velutinum** S. et S. pr. I. p. 412, Fl. gr. VI. p. 49 t. 561; Bois. fl. or. IV. p. 702; Hal. in z. b. G. 1888 p. 761; Heldr. chlor. Parn. p. 25; Bald. riv. coll. bot. alb. 1895 p. 63. — Exsicc.: Heldr. herb. norm. n. 364; Orph. fl. gr. n. 431; Bald. it. alb. epir. III. n. 193; Dörfl. fl. gr. n. 242.

Caulibus erectis vel adscendentibus, adpresse tomentosis; foliis petiolatis, orbiculatis vel ovato-orbiculatis, basi rotundatis, crenatis, supra adpresse-sericeis, subtus cano-tomentosis, floralibus subsessilibus, suborbiculatis vel ovato-oblongis, verticillastro longioribus; verticillastris multifloris, globosis, distantibus; bracteis subulatis, villosis vel breviter tomentosis, tubo calycino subbrevioribus; calyce breviter tomentoso, dentibus subulatis, patulis, saepe villosis, tubo subbrevioribus vel aequilongis; corolla flavida, tomentella, calycis dentes subaequante.

β. **Frivaldszkyanum** Bois. diagn. XII. p. 74; Hal. Beitr. fl. Epir. p. 36; Form. in Ver. Brünn 1896 p. 71, 1897 p. 53, pr. sp. — *M. Haussknechtii* Uechtr. in Haussk. symb. p. 44. — Folia adpresse breviterque tomentosa, superiora saepius acute dentata; verticillastra breviter tomentosa; calycis dentes tubo aequilongi. — Intermediis ad typum transit. — Planta nostra cum rumelica (Deg. pl. rum. or. exs. n. 123) optime congruit. — Exsicc.: Sint. it. thessal. n. 686.

In rupestribus regionis mediae et superioris. In mt. Parnasso (Sibth.), Kiona (Hal.), Velugo (Sprun.), Oeta (Heldr.), mt. Strungula et Micikeli (Bald.); specimina e mt. Velugo, Oeta et ex Epiro transitum ad var. β. praebent; — β. Epirus: mt. Tsumerka pr. Vulgarelion et Theodoriana, mt. Peristeri (Hal.); Thessalia: mt. Baba, Zygos, Karava, Ghavellu (Haussk.), pr. Vlachi, Kalivia, Numaria, Karamanol, Beluja, mt. Oxya, Dokimi in Pindo, mt. Pirgo, Alafovris et Mavrika in mt. Othrys, pr. Lokatamburia et Godaman in Olympo (Form.). — Jun. Aug. ♃

11. Melittis L. gen. n. 731.

1. **M. melissophyllum** L. sp. p. 597; S. et S. pr. I. p. 424; Ch. et B. exp. p. 173, Fl. pelop. p. 39; Ung. Reise p. 126; Bois. fl. or. IV. p. 754; Hal. Beitr. fl. Achaia p. 29; Bald. riv. coll. bot. alb.

1895 p. 66; Haussk. symb. p. 38. — *M. grandiflora* Sm. fl. brit. II. p. 644. — *M. albida* Guss. pr. II. p. 140. — *M. cordifolia* Bois. et Heldr. exs. — Icon: Jacq. fl. austr. t. 26. — Exsicc.: Orph. fl. gr. n. 1165.

Pubescens vel hirsuta; caule erecto, simplici vel rarius ramoso; foliis petiolatis, ovatis oblongisve, crenatis, basi truncatis vel cordatis; verticillastris ad axillas superiores 2—6 floris, subsecundis; pedicellis calyce brevioribus; corolla pollicari et ultra, albo-rosea, purpureo-maculata, vel omnino alba.

In silvaticis regionis montanae et subalpinae. Epirus: mt. Olycika (Bald.); Thessalia: mt. Ghavellu, in oropedio Neuropolis (Haussk.) in Pindo, mt. Olympus (Auch.); Euboea (Ung.): mt. Telethrion (Heldr.); Aetolia: mt. Arapocephala (Heldr.); Achaia: mt. Chelmos pr. Planideri et Syvista (Hal.), mt. Kyllene (Orph.); in valle fl. Neda, pr. Phigalea, Androvista (Chaub.) et Anavryti (Heldr.) in mt. Taygetos, insula Poros (Wiedem.). — Jun. Aug. ♃

12. Moluccella L. gen. n. 296.

1. M. spinosa L. sp. p. 587; S. et S. pr. I. p. 415, Fl. gr. VI. p. 54 t. 567; Ch. et B. exp. p. 170, Fl. pelop. p. 38; Raul. cret. p. 837.

Glabra; caule erecto, procero, simplici vel inferne parce ramoso; foliis petiolatis, ovatis, grosse vel incise mucronato-serratis, floralibus verticillastra subsuperantibus; verticillastris multifloris, distantibus; bracteis tenuiter subulato-spinosis, deflexis, calycis tubo brevioribus; calycis tubo obconico, papillari-glanduloso, labio superiore triangulari, spinescente, inferiore 7—8 dentato, dentibus latis, spinosis; corolla albida, calyce vix longiore, extus villosa.

In mt. Parnasso (Sibth.); in collibus aridis pr. Navarin Messeniae (Chaub.); Creta: pr. Annato (Sieb. ex Raul.); a recentioribus ut videtur non lecta. — Jun. Jul. ☉ N. v.

13. Phlomis L. gen. n. 723.

a. Frutices.

α. Folia ovato-oblonga vel oblonga, obtusa vel acutiuscula, ad 10 cm. longa.

1. P. fruticosa L. sp. p. 584; S. et S. pr. I. p. 414, Fl. gr. VI. p. 51 t. 563; Pieri corc. fl. p. 78; Sieb. in Flora I. p. 270; Urv. enum. p. 70; Ch. et B. exp. p. 38, Fl. pelop. p; 170; Marg. et R. fl. Zante p. 75; Friedr. Reise p. 273; Fraas fl. class. p. 181; Clem. sert. p. 77, Weiss in z. b. G. 1869 p. 743; Spreitz. in z. b. G. 1877 p. 716; Bois. fl. or. IV. p. 784; Heldr. fl. cephal. p. 59, Fl. Aegina p. 385; Hal. in z. b. G. 1888 p. 761, Beitr. fl. Epir. p. 35, Beitr. fl. Aetol. p. 2, Beitr. fl. Achaia p. 30; Gelmi in bull. soc. bot. it. 1889 p. 451; Form. in D. bot. Mon. 1891 p. 30, in Ver.

Brünn 1895 p. 36, 1896 p. 71, 1897 p. 53; Bald. viagg. Creta p. 87; Haussk. symb. p. 43; Fors. in bull. herb. Bois. III. p. 88. — Exsicc.: Rev. pl. cret. n. 143; Sint. it. thessal. n. 38; Bald. it. cret. alt. n. 348.

Ramis novellis adpresse cano-tomentosis; foliis ovato-oblongis oblongisve, basi truncatis vel cuneatis, cano-tomentosis, subtus magis canis, inferioribus breviter petiolatis, superioribus subsessilibus; verticillastris binis, remotis, vel unico terminali, multifloris, foliis floralibus binis sessilibus, eis longioribus suffultis; bracteis ovato-ellipticis vel late lanceolatis, acutis, tomentosis, calyce brevioribus; calyce tomentoso pilisque elongatis plus minus hispido, dentibus brevissimis, abrupte in mucronem subulatum, patulum vel rubrecurvum abeuntibus; corolla lutea, tomentosa, calyce duplo longiore; nuculis glabris vel apice hirtis.

In siccis apricis regionis inferioris in subalpinam usque adscendens, saepe dumeta extensa formans, per omnem Graeciam. — Febr. Jul. ħ

2. **P. viscosa** Poir. enc. V. p. 271 (1804). — *P. ferruginea* Ten. fl. nap. I. pr. p. 35 (1811), II. p. 36 t. 57; Sieb. avis. p. 4, rem. p. 5; Bois. fl. or. IV. p. 387. — *P. virens* DC. cat. monsp. p. 132 (1813). — *P. cretica* Presl del. prag. p. 84; Weiss in z. b. G. 1869 p. 743. — *P. ferruginea β. cretica* Benth. lab. p. 627; Raul. cret. p. 838. — *P. polymorpha* Clos in bull. soc. bot. Fr. XV. p. 6. — Exsicc.: Orph. fl. gr. n. 523; Rev. pl. cret. n. 143 et 202.

Ramis novellis laxe floccoso-tomentosis et superne pilis glanduliferis plus minus obsitis; foliis supra velutinis, virentibus, subtus floccoso-tomentosis, canis, inferioribus longiuscule petiolatis, oblongo-lanceolatis oblongisve, basi truncatis vel attenuatis, superioribus breviter petiolatis, cordato-ovatis; verticillastris 2—3, remotis, vel unico terminali, multifloris, foliis floralibus binis, sessilibus, eis longioribus suffultis; bracteis lanceolatis vel subulatis, acutis, villosis, calyce subaequilongis; calyce tomentoso, pilisque elongatis hispido, dentibus brevissimis, abrupte in mucronem subulatum, patulum abeuntibus; corolla lutea, tomentosa, calyce duplo longiore; nuculis glabris. — Praecedenti similis, ab ea indumento floccoso, sicco cito ferrugineo, foliis longius petiolatis, superioribus e basi profunde cordata subtriangularibus, bracteis angustis, longioribus, longe villosis, calycis dentibus longius mucronatis specifice distincta.

In regione inferiori et montana, rare. Laconia: mt. Malevo pr. Hagios Joannes (Orph.); Creta: pr. Kissamos, Canea (Rev.), Suda, Acroteri (Weiss), Malaxa, Sphakia, Retymo (Raul.). — Mart. Jun. ħ

b. Folia ovato-subrotunda vel elliptica, obtusissima, ad 25 mm. longa.

3. **P. lanata** Willd. en. hort. berol. suppl. p. 41; Raul. cret. p. 838; Bois. fl. or. IV. p. 785. — *P. parvifolia* Presl del. prag. p. 86. — *P. microphylla* Sieb. avis p. 4, in Flora 1822 I. p. 244, Reise II. p. 319 t. 8. — Exsicc.: Heldr. pl. cret. n. 1425; Bald. it. cret. alt. n. 43; Dörfl. pl. cret. n. 34.

Ramis novellis floccoso-tomentosis; foliis ovato-subrotundis vel ellipticis, basi rotundatis vel attenuatis, breviter petiolatis, supra velutinis, virentibus, subtus albo-lanatis; verticillastris binis, remotis, vel unico, terminali, 6—8 floris, foliis floralibus binis, sessilibus, eis subbrevioribus suffultis; bracteis oblongo-lanceolatis, acutis, tomentosis, calyce subduplo brevioribus; calyce tomentoso, dentibus brevissimis, truncatis, obtusis vel brevissime mucronatis; corolla lutea, tomentosa, calyce duplo longiore; nuculis apice hirtis. — Species egregia, praecedentibus omnibus partibus minor.

β. **biflora**. — Indumentum tenuius, rami graciles, parce decalvati, verticillastri saepissime 2, rarius 3—4 flori. — Exsicc.: Bald. it. cret. alt. n. 349.

In aridis, dumetis regionis inferioris Cretae: inter Hagia Rumeli et Lutro (Raul.), pr. Retymo (Tourn. voy. p. 15), Spilia distr. Candia (Bald.), Melidoni, Aludha pr. Spinalunga (Heldr.), pr. Parsas distr. Viano (Leon.); — *β*. in dumetis Nida sub mt. Psiloriti versus distr. Malevisi (Bald.). — Apr. Jun. ♄

b. Herbae.

α. Caulis simplex vel parce ramosus; folia ampla, ovata, basi profunde cordata; verticillastri magni, multiflori.

4. **P. samia** L. sp. p. 585; S. et S. pr. I. p. 414, Fl. gr. VI. p. 52 t. 564; Bois. fl. or. IV. p. 790; Heldr. in Sitzungsb. acad. Wiss. Berl. 1883 p. 4, chlor. Parn. p. 25; Hal. in ö. b. Z. 1890 p. 40, Beitr. fl. Thessal. p. 17, Beitr. fl. Achaia p. 30; Form. in Ver. Brünn 1896 p. 72, 1897 p. 53; Haussk. symb. p. 43. — *P. samia v. graeca et achaia* Bornm. in ö. b. Z. 1892 p. 115. — Exsicc.: Orph. fl. gr. n. 522; Sint. et Bornm. it. turc. n. 1425 et 1883; Sint. it. thessal. n. 1510; Heldr. herb. norm. n. 1573.

Caule erecto, glanduloso-pubescente, simplici vel opposite ramoso; foliis ovatis, acutiusculis, crenatis, basi profunde cordatis, supra viridibus, tomentellis, subtus cano-tomentosis, radicalibus longe, caulinis breviter petiolatis, floralibus subsessilibus, verticillastra superantibus; verticillastris 2—7, maximis, multifloris, distantibus vel superioribus approximatis; bracteis subulatis, pungentibus, calyces aequantibus, eisque patule glanduloso-viscidis; calycis dentibus lanceolatis, pungentibus, erectis, tubo subtriplo brevioribus; corolla purpurea, tomentosa, calyce duplo longiore, nuculis glabris. — Caulis crassus, 30—100 cm. altus, folia radicalia cum petiolo ad 35 cm. longa, calyx 2 cm. longus, corolla ampla.

In silvaticis regionis montanae et subalpinae. Thessalia: pr. Kastania (Hal.), Kalabaka (Sint.), mt. Oxya, pr. Vlachava, in valle Asproklisia, pr. Longi, Jerakuri, Konisko, Kucuro, mt. Mitrica et Phlambures in mt. Chassia, pr. Selicani et Spilia in mt. Ossa, pr. Tafilvris, Lokatamburia (Form.) et Hagios Dionysios (Sint.) in Olympo, mt. Pelion (Heldr.); Euboea (Sibth.); mt. Parnassus (Heldr.); Achaia: pr. Megaspilaeon, Planideri ad radices mt. Chelmos (Hal.), mt. Kyllene (Pichl.); Laconia: mt. Malevo (Orph.), Taygetos (Heldr.). — Jun. Aug. ♃

5. P. lunarifolia S. et S. pr. I. p. 414; Ch. et B. exp. p. 170, Fl. pelop. p. 38.

Foliis cordatis, crenatis, subtus tomentosis; bracteis ovato-lanceolatis, fasciculato-ciliatis, mucronatis. — Habitus praecedentis, sed bracteae latae, dense ciliatae ac setosae, setis fasciculatis; calycis dentes horizontaliter patentes, spinosi, rigidi; corolla flava.

In variis Peloponnesi locis (Sibth.): mt. Diaforti (Chaub.). — Species autoribus hodiernis ignota („exemplar in herb. Sibthorpiano pessimum" Benth. lab. p. 629), denuo inquirenda. — N. v.

β. Caulis patentim ramosissimus; folia oblongo-lanceolata, basi attenuata; verticillastri parvi, 2—8 flori.

6. P. pungens Willd. sp. III. p. 121; Heldr. chlor. Parn. p. 26; Form. in D. bot. Monat. 1891 p. 30, in Ver. Brünn 1896 p. 72, 1897 p. 53; Haussk. symb. p. 43. — *P. herba venti* S. et S. pr. I. p. 415, quoad pl. graecam; Fl. gr. VI. p. 51 t. 564; Ch. et B. exp. p. 170, Fl. pelop. p. 38; non L. — *P. herba venti* β. *tomentosa* et probabiliter quoque α. *typica* Bois. fl. or. IV. p. 791. — Exsicc.: Orph. fl. gr. n. 65; Heldr. herb. norm. n. 77.

Caule erecto, fere jam a basi divaricatim ramosissimo, adpresse-tomentoso, inferne simulque plus minus patule piloso; foliis breviter petiolatis, a medio minute serratis vel omnino integris, supra lucidis, viridibus, sparsim hirtis, subtus tenuiter cano-tomentellis; verticillastris 2—5, remotis, foliis floralibus binis longe superatis; bracteis subulatis, subpungentibus, calyces subsuperantibus, eisque minute tomentellis et pilis patulis, basi tuberculatis sparse hirsutis; calycis dentibus subulatis, subpungentibus, erecto-patulis, inaequalibus, calyce 2—3 plo brevioribus; corolla purpurea, tomentella, calyce duplo longiore; nuculis glabris. — Affinis *P. herba venti* L. distinguitur, caule robustiore, ramisque patule pilosis, foliis latioribus ovato-oblongis, crenatis, saepius utrinque viridibus, verticillastris plurifloris, pilosissimis, corollis majoribus.

β. **hispidula**. — Caulis ramisque, praeter indumentum tomentosum, ad apicem usque pilis patulis longis hispidula, folia subtus magis cano-tomentosa. — Exsicc.: Hal. it. gr. a. 1888.

In sterilibus siccis regionis inferioris et subalpinae. Thessalia: pr. Pharsalus (Heldr.), Orman Magula (Haussk.), Aivali, Persufli, Velestinos, Larissa, Limogardi et Metalion pr. Lamia (Form.); Boeotia (Heldr.); Attica (Sibth.); Laconia: mt. Malevo pr. Sarantapsychron (Orph.), Kalamata (Bois.); Arcadia: pr. Francovritzi, Pallantium (Chaub.); — β. pr. Livadi in mt. Parnasso (Heldr.). — Jun. Jul. ♃

14. Lamium L. gen. n. 716.

1. Sectio. *Galeobdolon* Benth. lab. p. 515. — Corollae tubus intus annulato-pilosus; antherae glabrae.

1. L. galeobdolon L. sp. p. 580 (*Galeopsis*); Crantz stirp. austr. ed. 2 p. 262. — *Galeobdolon luteum* Huds. fl. angl. ed 2 I. p. 258. — Icon: Fl. dan. t. 1272.

Parce pubescens; caulibus erectis vel adscendentibus, simplicibus; foliis petiolatis, ovatis vel ovato-lanceolatis, acute dentatis, floralibus verticillastra superantibus; verticillastris distantibus, plurifloris; bracteis lanceolatis, calyce brevioribus; calycis dentibus lanceolatis, subulato-spinulosis, tubo brevioribus; corolla lutea, puberula.

In nemorosis Pindi dolopici pr. Sermeniko (Haussk.). — Apr. Jun. ♃ N. v.

2. Sectio. *Lamiotypus* Dum. fl. belg. p. 45. — Corollae tubus intus annulato-pilosus; antherae hirsutae.

a. Corollae tubus calyce brevior.

2. **L. moschatum** Mill. dict. n. 4; Raul. cret. p. 837; Bois. fl. or. IV. p. 765; Haussk. symb. p. 38. — *L. calycinum* Urv. enum. p. 67; Ch. et B. exp. p. 341, Fl. pelop. p. 37. — *L. ochroleucum* Link in Linnaea 1834 p. 574. — *L. maculatum* var. β. Ch. et B. fl. pelop. p. 37. — *L. album* Friedr. Reise p. 266, non L. — Exsicc.: Orph. fl. gr. n. 441; Heldr. herb. norm. n. 469, herb. fl. bellen. n. 91, in Baen. herb. europ. n. 3601; Dörfl. fl. gr. n. 380.

Caulibus crassiusculis, glabris, fistulosis, saepe ramosis; foliis petiolatis, ovatis, saepe cordatis, viridibus, pilosulis, crenatis, floralibus subsessilibus, verticillastra superantibus; verticillastris distinctis, plurifloris; bracteis lanceolatis, ciliatis, tubo calycino brevioribus; calyce glabriusculo, fructifero aucto, dentibus triangulari-lanceolatis, tubo longioribus, demum stellatim patentibus; corolla alba, lobis lateralibus triangularibus, galeae basi valde attenuata oblonga, incurva, villosa. — Species tubo corollino brevissimo insignis; corolla in toto circa 2 cm. longa.

In ruderatis, saxosis regionis inferioris. Phocis: pr. Delphi (Leonis); Attica: pr. Athenas (Sprun.), in Acropoli (Heldr.); Argolis: pr. Nauplia (Link.), Mykene (Daenzer), Epidaurus (Zuccar.); Creta: pr. Almyros (Heldr.). — Mart. Maio. ☉

b. Corollae tubus calyce longior.

α. Perennia.

3. **L. album** L. sp. p. 579; Pieri corc. fl. p. 77; Ung. Reise p. 126. — Icon: Fl. dan. t. 594.

Plus minus pubescens, caulibus e basi prostrata, radicante adscendentibus vel erectis, simplicibus vel ramosis; foliis petiolatis, ovato-cordatis, acuminatis, inaequaliter serratis, floralibus breviter petiolatis verticillastra superantibus; verticillastris distinctis, plurifloris; bracteis parvis; calycis dentibus lanceolatis, longe subulato-acuminatis, tubo longioribus, demum patulis; corolla alba, tubo recurvo-porrecto, annulo pilorum obliquo, lobis lateralibus in 2—3 dentes, altero saepe subulato abeuntibus, galea e basi subattenuata, oblonga, subincurva, villosa. — Differt a praecedente radice perenni, caulibus saepissime patule pilosis, calyce fructifero vix aucto, dentibus angustioribus et corolla e tubo calyce longiore.

Indicatur in Corcyra (Pieri): ad sepes (Ung.). — Maio, Jul. ♃ N. v.

4. **L. maculatum** L. sp. p. 579 pro var. *L. albi*; L. sp. ed. 2 p. 809; S. et S. pr. I. p. 405, Fl. gr. VI. p. 46 t. 556; Ch. et B. fl. pelop. p. 37; Bois. fl. or. IV. p. 763. — Exsicc.: Orph. fl. gr. n. 543.

Differt a praecedente corolla purpurea, puberula vel tamen minus villosa, annulo pilorum transverso, nec obliquo munita. — Forma albiflora in Graecia hucusque ut videtur non reperta fuit.

In umbrosis regionis montanae. Argolis (Sibth.); Laconia: mt. Malevo pr. Hagios Petros, rarissime (Orph.). — Apr. Maio. ♃

β. Annuum.

5. **L. purpureum** L. sp. p. 579; Ch. et B. exp. p. 166, Fl. pelop. p. 37; Bois. fl. or. IV. p. 766; Haussk. symb. p. 39.

Plus minus pubescens; caulibus e basi saepe prostrata et radicante adscendentibus vel erectis, simplicibus vel ramosis, inferne et superne foliatis, medio nudis; foliis petiolatis, ovato-cordatis, crenatis, inferioribus obtusis, floralibus acutis, verticillastra superantibus; verticillastris in capitulum confertis, plurifloris, inferiore interdum subdistante; bracteis subulatis, brevibus; calycis dentibus lanceolato-subulatis, tubo longioribus; corolla purpurea, rarissime alba, tubo recto, lobis lateralibus subbidentatis, galea ovata, obtusa, pubescente.

In ruderatis, cultis ut videtur rare. Indicatur tantum in Thessalia: ad monasterium Meteora (Haussk.); in Peloponneso et Archipelago (Chaub.). — Mart. Nov. ☉ N. v.

3. Sectio. *Lamiopsis* Dum. fl. belg. p. 45. — Corollae tubus annulo pilorum carens; antherae hirsutae.

a. Perennia.

6. **L. garganicum** L. sp. p. 578 (*Orvala*); L. sp. ed. 2 p. 808; S. et S. pr. I. p. 504; Ch. et B. exp. p. 165, Fl pelop. p. 36; Friedr. Reise p. 286; Raul. cret. p. 837; Haussk. symb. p. 38.

Plus minus pubescens; caulibus erectis vel adscendentibus, simplicibus vel ramosis; foliis cordato-ovatis, crenatis vel dentatis, inferioribus longe petiolatis, saepe obtusis, superioribus brevius petiolatis, saepius acutis vel acuminatis, floralibus saepius brevissime petiolatis, verticillastro brevioribus vel eum superantibus; verticillastris plurifloris, inferioribus distantibus; bracteis lanceolatis, calyce brevioribus; calycis dentibus triangulari-lanceolatis, dimidio tubo sublongioribus; corolla rosea, purpureo-striata, tubo recto, lobis lateralibus obsolete denticulatis, galea elongata, integra, denticulata emarginata vel bifida, pubescente. — Stirps quoad indumentum, foliorum formam et marginatudinem, galeae marginem valde variabilis et ab auctoribus in species permultas divisa, quae tamen sine limites una in alteram transeunt, quamobrem eas ut varietates *L. garganici* sensu amplo enumerare malui.

α. **typicum**. — Molliter villosulum; galea integra vel leviter emarginata. — Exsicc.: Hal. it. gr. sec. a. 1893.

β. **nivale** Bois. et Heldr. diagn. VII. p. 54; Hal. in z. b. G. 1888 p. 761, Beitr. fl. Achaia p. 29. — *L. striatum v. cylleneum*

Bois. et Heldr. diagn. ser. 2 IV. p. 45. — *L. cylleneum* Bois. et Heldr. fl. or. IV. p. 757. — *L. striatum v. minus* Bois. fl. or. IV. p. 757; Heldr. chlor. Parn. p. 25. — *L. pictum* Hal. in z. b. G. 1888 p. 761; Beitr. fl. Epir. p. 35; Form. in Ver. Brünn 1896 p. 71; non Bois. et Heldr. — Pubescens, caules saepe breviores, flores subminores, galea profunde emarginata. Transitum praebet ad var. *striatum*. — Exsicc.: Orph. fl. gr. n. 1166; Dörfl. fl. gr. n. 388.

γ. **longiflorum** Ten. fl. nap. I. prodr. p. 34, Fl. nap. V. p. 10 t. 152; Gelmi in bull. soc. bot. ital. 1889 p. 451; pro sp. — Glabriusculum; galea emarginata, lobis saepe bidenticulatis. — Exsicc.: Sint. it. thessal. n. 36, 304 et 682; Baen. herb. europ. n. 9277.

δ. **glabratum** Griseb. spic. II. p. 133; Haussk. symb. p. 38. — *L. bithynicum* Benth. in DC. pr. XII. p. 505. — *L. garganicum v. nivale* Bald. riv. coll. bot. alb. 1895 p. 65. — Glabriusculum; corolla integra. — Exsicc.: Heldr. it. thessal. n. 41.

ε. **striatum** S. et S. pr. I. p. 405, Fl. gr. VI. p. 46 t. 557; Ch. et B. fl. pelop. p. 37; Ung. Reise p. 126; Raul. cret. p. 837; Spreitz. in z. b. G. 1877 p. 716; Bois. fl. or. p. 757; Heldr. fl. cephal. p. 59; Boissieu in bull. soc. bot. Fr. 1896 p. 287; Haussk. symb. p. 39; pro sp.; Bald. riv. coll. bot. alb. 1895 p. 65. — *Dracocephalum lamiifolium* Desf. choix p. 33 t. 15. — *L. grandiflorum* Sieb. avis rem. p. 5, non Pourr. act. tolos. III. p. 322, quod ad *L. maculatum* pertinet. — *L. rugosum* Ch. et B. exp. p. 165, non Ait. hort. Kew. II. p. 296, quod etiam ad *L. maculatum* pertinet. — *L. Columnae* Friedr. Reise p. 280, non Ten. syll. p. 285, quod sec. Benth. lab. p. 514 ad *L. tomentosum* Willd., sec. Bert. fl. ital. VI. p. 113 ad *L. maculatum*, sec. Car. in Parl. fl. ital. VI. p. 208 ad *L. longiflorum* spectat. — Galea bifida. — Variat *f. hymettium* Heldr. herb. norm. n. 468 (f. robustior, pubescentia majore et colore florum saturatiori) et *f. glabrescens* Heldr. herb. norm. n. 1271 (glabriuscula, calyce breviore, fauce angustiore). — Exsicc.: Heldr. l. c.; Orph. fl. gr. n. 97; Dörfl. fl. gr. n. 363.

In rupestribus regionis montanae et alpinae omnium montium; non indicatur in insulis Archipelagi. — Mart., in alpinis ad Aug. ♃

7. **L. pictum** Bois. et Heldr. diagn. ser. 2 IV. p. 44; Heldr. chlor. Parn. p. 25. — *L. striatum v. pictum* Bois. fl. or. IV. p. 758. — Exsicc.: Heldr. herb. norm. n. 727 et 1467; Orph. fl. gr. n. 440.

Glabriusculum vel parce puberulum; caulibus filiformibus, diffusis, simplicibus; foliis parvis, reniformibus vel ovato-orbiculatis, obtusis, crenatis, inferioribus longe, superioribus brevius petiolatis, floralibus calycem aequantibus vel superantibus; verticillastris 2—4 floris, paucis vel unico terminali; bracteis minutis; calycis dentibus triangularibus, tubo dimidio brevioribus; corolla rosea, purpureo-striata, hirtula, tubo recto, lobis lateralibus angulatis, galea elongata, biloba. — Caespites densiusculos formans, caulibus brevibus, filiformibus, foliorum forma et verticillis paucifloris a praecedente distincta; formas intermedias hucusque non vidi.

In rupestribus regionis alpinae mt. Korax, Parnassus et Taygetos (Heldr.). — Jul. Aug. ♃

b. **Annua.**

α. Corollae galea bifida.

8. **L. bifidum** Cyr. pl. rar. neap. I. p. 22; Ch. et B. exp. p. 165, Fl. pelop. p. 37; Marg. et R. fl. Zante p. 75; Friedr. Reise p. 280; Raul. cret. p. 837; Bois. fl. or. IV. p. 760; Haussk. symb. p. 39. — Icon: Ten. fl. nap. t. 153. — Exsicc.: Heldr. fl. thessal. a. 1883.

Parce pubescens; caulibus adscendentibus, simplicibus vel basi ramosis, medio saepe nudis; foliis inferioribus longe petiolatis, cordato-ovatis, crenatis vel subincisis, floralibus breviter petiolatis, ovato-triangularibus, inciso-dentatis; verticillastris plurifloris, inferioribus distantibus; bracteis linearibus, calyce brevioribus; calycis hirti dentibus lanceolato-subulatis, tubo brevioribus, demum patentibus; corolla alba, pubescente, tubo recto, calyce 3—4 plo longiore, galea bifida, lobis obovatis; acheniis granulatis.

In arvis, ruderatis regionis inferioris. Thessalia: pr. Chaliki in Pindo tymphaeo (Haussk.), pr. Mares in mt. Pelion (Heldr.); Euboea (Wiedem.); Attica (Bois.); Arcadia: pr. Carithena (Friedr.); Messenia: pr. Pylos, Methone (Chaub.), Kalamata (Zahn); Creta: ad ripas fl. Kladiso pr. Garipa (Heldr.); Zante: pr. Litakia (Marg.); Corcyra: pr. urbem (Baen.). — Mart. Maio. ☉

β. Corollae galea integra.

9. **L. hybridum** Vill. hist. pl. Dauph. I. p. 291. — *L. incisum* Willd. sp. III. p. 89; Friedr. Reise p. 279; Boissieu in bull. soc. bot. Fr. 1896 p. 287. — Icon: Rchb. t. 3. — Exsicc.: Sint. it. thessal. n. 1516.

Parce pubescens; caulibus adscendentibus, simplicibus vel basi ramosis, medio saepe nudis; foliis inferioribus longe petiolatis, subcordato-ovatis, crenatis vel subincisis, floralibus breviter petiolatis, ovato-triangularibus, inciso-dentatis; verticillastris plurifloris, inferioribus distantibus; bracteis linearibus, calyce brevioribus; calycis hirti dentibus lanceolato-subulatis, tubo brevioribus, demum patentibus; corolla purpurascenti, pubescente, tubo recto, calyce breviore, galea integra, acheniis laevibus.

— Habitu praecedentis, a qua corolla purpurea, tubo calyce breviore et acheniis laevibus distinguitur.

In herbidis, arvis, ruderatis regionis inferioris. Thessalia: in valle Negerli pr. Chaliki in Pindo tymphaeo (Sint.), pr. Kalabaka (Boissieu); Arcadia: mt. Trikorfo pr. Sinano (Friedr.). — Apr. Jun. ☉

10. **L. amplexicaule** L. sp. p. 579; S. et S. pr. I. p. 406; Pieri corc. fl. p. 77; Ch. et B. exp. p. 166, Fl. pelop. p. 37; Marg. et R. fl. Zante p. 75; Friedr. Reise p. 266; Clem. sert. p. 76; Ung. Reise

p. 126; Raul. cret. p. 837; Weiss in z. b. G. 1869 p. 743; Bois. fl. or. IV. p. 760; Heldr. fl. cephal. p. 59, Fl. Aegina p. 385, chlor. Thera p. 19, chlor. Mykon p. 249 *f. microphylla*; Haussk. symb. p. 39. — Icon: Fl. dan. t. 752. — Exsicc.: Sint. it. thessal. n. 37.

Parce pubescens; caulibus adscendentibus, simplicibus vel basi ramosis, medio saepe nudis; foliis inferioribus petiolatis, subcordato-ovatis, crenatis, floralibus sessilibus, reniformibus, amplexicaulibus; verticillastris plurifloris, distantibus; bracteis nullis; calycis villosi dentibus lanceolato-subulatis, tubo subbrevioribus, conniventibus; corolla purpurea, rarissime alba, pubescente, tubo recto, calyce triplo longiore, galea integra.

β. **clandestinum** Rchb. ic. pl. crit. t. 708. — *L. mesogaeum* Heldr. fl. hellen. a. 1875. — Corolla abbreviata, calyce subinclusa, abortiente.

In cultis, arvis, vinetis regionis inferioris et montanae per totam Graeciam. — Febr. Oct. ☉

15. Betonica L. gen. n. 718.

a. Corollae tubus intus nudus.

α. Corolla purpurea vel alba; antherae flavidae.

1. **B. officinalis** L. sp. p. 573; S. et S. pr. I. p. 407; Dallap. prosp. p. 83; Ch. et B. fl. pelop. p. 38; Bois. fl. or. IV. p. 752. — *Stachys betonica* Benth. lab. p. 532. — Icon: Fl. dan. t. 726.

Pubescens vel glabrata; caulibus erectis vel adscendentibus, simplicibus; foliis inferioribus a basi cordata ovatis vel ovato-oblongis, crenatis, inferioribus longe petiolatis, caulinis remotis, sessilibus, floralibus inferioribus lanceolatis, serratis, summis linearibus, integris; spica oblongo-cylindrica, basi interrupta; bracteis ovato-lanceolatis, mucronatis; calycis dentibus lanceolatis, spinulosis, tubo vix brevioribus; corollae pubescentis, purpureae rarius albae tubo calyce longiore.

In dumosis regionis montanae. Laconia (Sibth.); Cephalonia Dallap.). — Jun. Aug. ♃ N. v.

2. **B. Haussknechtii** Uechtr. in Haussk. symb. p. 39. — *B. officinalis* Form. D. bot. Mon. 1891 p. 30, quoad pl. thessal., non L., quae in Pindo sec. Haussk. l. c. non obvia. — Exsicc.: Sint. it. thessal. n. 1112.

Praecedenti valde affinis, ab ea differt statura robustiore, bracteis ad margines longius densiusque ciliatis, calycis tubo fauce excepto glabro, sinubus acutis, nec rotundatis, corolla submajore, constanter niveo, tubo crassiore, galea longiore, integerrima, nec crenulata, labio inferiore latiore, subtruncato.

In quercinis oropedii Neuropolis in Pindo dolopico (Haussk.) et in mt. Zygos Pindi tymphaei (Form.). — Jun. Aug. ♃

β. Corolla ochroleuca, roseo suffusa; antherae purpureae.

3. B. scardica Griseb. Reise Rumel. II. p. 189 (*Stachys*); Griseb. spic. II. p. 138; Hal. Beitr. fl. Thessal. p. 17; Bald. riv. coll. bot. alb. 1896 p. 87; Haussk. symb. p. 39. — *B. graeca* Bois. et Sprun. diagn. V. p. 27, Fl. or. IV. p. 751; Form. in Ver. Brünn 1896 p. 70 *v. tymphaea*, 1897 p. 52 *v. petiolata*; ambae sic dictae varietates typo nullo modo discrepant — Exsicc.: Heldr. herb. norm. n. 870; Sint. it. thessal. n. 565 b; Bald. it. alb. n. 88.

Hirsuta; caulibus erectis vel adscendentibus, simplicibus; foliis e basi subcordata oblongo-lanceolatis, crenato-dentatis, subtus canescentibus, inferioribus breviter petiolatis, superioribus sessilibus, floralibus inferioribus saepe deflexis; spica ob verticillastra inferiora distincta laxe cylindrica; bracteis oblongo-lanceolatis, acuminatis; calycis dentibus lanceolato-subulatis, spinulosis tubo duplo brevioribus; corollae pubescentis tubo calyce vix longiore.

In quercetis, dumosis regionis montanae et subalpinae. Epirus: mt. Cika in mt. Acroceraunicis, mt. Smolika (Bald.), mt. Peristeri (Form.); Thessalia: mt. Zygos, pr. Malakasi (Haussk.), mt. Oxya (Hal.), ad monasterium Korona, in oropedio Neuropolis (Heldr.), mt. Beluja, Itamos in mt. Agrapha, mt. Said Pascha, Dokimi, pr. Vlachava, Hagios Paraskevi, mt. Kerasia Sina, Cuka et mt. Mitrica in mt. Chassia (Form.); Eurytania: mt. Tymphrestus (Sprun.) — Maio, Aug. ♃

b. Corollae tubus intus annulatus.

4. B. Jacquini Gr. et Godr. fl. fr. II. p. 694; Bois. fl. or. IV. p. 749; Heldr. chlor. Parn. p. 25; Hal. in ö. b. Z. 1896 p. 16. — *B. alopecurus* L. sp. p. 573 p. p.; Jacq. fl. austr. I. p. 50 t. 78; S. et S. pr. I. p. 407. — Exsicc.: Orph. fl. gr. n. 311; Dörfl. fl. gr. n. 183.

Hirsuta; caulibus erectis vel adscendentibus, simplicibus; foliis cordato-ovatis, crenatis vel dentatis, inferioribus longe petiolatis, superioribus remotis, subsessilibus, floralibus parvis, ovatis ovato-lanceolatisve; spica ob verticillastra inferiora distincta laxe cylindrica; bracteis lanceolatis, mucronatis; calycis dentibus lanceolato-subulatis, spinulosis, tubo duplo brevioribus; corollae flavae, pubescentis, tubo calyce vix longiore. — Planta alpium Europae occidentalis — *B. alopecurus* L. pro maxima parte — differt parum a nostra spica ovata, densa, crassiori et foliis floralibus infimis amplis, late ovatis, verticillastro multo longioribus.

In rupestribus regionis abietinae et alpinae. Thessalia: mt. Olympus mt. Oeta (Heldr.); mt. Kiona (Reiser), Parnassus (Sibth.); Achaia: mt. Chelmos et Kyllene (Orph.). — Jun. Aug. ♃

16. Stachys L. gen. n. 719.

Dispositio specierum:

1. Sectio. *Eriostachys* Bois. fl. or. IV. p. 715. — Perennes; verticillastra multiflora, bracteis dimidium calycem aequantibus vel superantibus; calycis dentes rigidi vel pungentes; corollae tubus inclusus.

a. Corollae labium superius integrum vel retusum.

a. Corolla ochroleuca.
1. S. orientalis L.
β. Corolla purpurascens, rarissime alba.
× Folia saltem radicalia oblonga vel lineari-oblonga, basi attenuata.
2. S. cretica L.   3. S. italica Mill.   4. S. cassia Bois.
×× Folia radicalia ovata vel ovato-oblonga, basi cordata, vel late rotundata.
○ Plantae albo-pannosae, sericeae; calyx ore rectus.
5. S. Tournefortii Poir.   6. S. sericophylla Hal.
○○ Plantae pubescentes vel plus minus tomentosae; calyx ore subobliquus.
. Calyx eglandulosus.
7. S. germanica L.
.. Calyx praeter indumentum villosum ad dentes pilis glanduliferis parce obsitum.
8. S. Reinerti Heldr.
b. Corollae labium superius profunde bifidum.
9. S. acutifolia Ch. et B.

2. Sectio. *Stachyotypus* Bois. fl. or. IV. p. 715. — Perennes; verticillastra saepius pauciflora, bracteis (exc *S. decumbens*) brevissimis vel nullis.
a. Rhizoma repens; corolla purpurea, rarissime alba.
10. S. silvatica L.   11. S. palustris L.
b. Rhizoma non repens.
  a. Herbaceae.
    × Rhizoma caules floriferos tantum edens.
      ○ Verticillastra 4—10 flora.
        . Caulis praeter pilos patentes, pilis brevissimis glandulosis obsitus
12. S. viridis Bois. et Heldr.   13. S. Freynii Haussk.
.. Caulis eglandulosus.
; Caules adscendentes, patule hirsuti; folia molliter tomentella, plus minus canescentia.
14. S. messeniaca Bois.   15. S. canescens Ch. et B.
;; Caules erecti, riguli breviter hirti; folia parce hirta, viridia.
, Corolla ochroleuca; antherae labium superius subaequantes.
16. S. Parolinii Vis.   17. S. recta L.
,, Corolla purpurea; antherae inclusae.
18. S. iberica M. a. B.
○○ Verticillastra 2 flora.
19. S. virgata Ch. et B.   20. S. tenuifolia Pall.
×× Rhizoma caules floriferos et rosulas steriles edens.
21. S. maritima L.   22. S. pubescens Ten.
β. Basi fruticulosae.
× Bracteae calyce subaequilongae.
23. S. decumbens Pers.
×× Bracteae minutae vel nullae.
○ Rami inermes.
. Folia elliptica vel oblonga, nunquam dense pannosa.
; Flores subsessiles vel breviter pedicellati.

, Caules patule hirsuti; verticillastra saltem superiora in spicam ovatam vel oblongam congesta.

24. **S. argolica** Bois.   25. **S. Swainsoni** Benth.   26. **S. Spruneri** Bois.

,, Caules virgati, saltem in parte superiori glabri; verticillastra remotissima.

27. **S. tetragona** Bois. et Heldr.

;; Flores crassiuscule pedicellati; pedicelli tubo calycis subaequilongi.

28. **S. mucronata** Sieb.

.. Folia ovato-subrotunda, dense pannosa.

; Calyx eglandulosus.

29. **S. candida** Ch. et B.   30. **S. chrysantha** Bois. et Heldr.

; Calyx glandulosus.

31. **S. Spreitzenhoferi** Heldr.

OO Rami spinescentes.

32. **S. spinosa** L.

3. Sectio. *Olisia* Bois. fl. or. IV. p. 716. — Species annuae.

a. Corolla albido-ochroleuca.

33. **S. annua** L.   34. **S. spinulosa** S. et S.

b. Corolla purpurea.

35. **S. serbica** Panc.   36. **S. arvensis** L.

1. Sectio. *Eriostachys* Bois. fl. or. IV. p. 715. — Perennes; verticillastra multiflora, bracteis dimidium calycem aequantibus vel superantibus; calycis dentes rigidi vel pungentes; corollae tubus inclusus.

a. Corollae labium superius integrum vel retusum.

α. Corolla ochroleuca.

1. **S. orientalis** L. sp. p. 582?; Vahl. symb. II. p. 64; S. et S. pr. I. p. 409; Fl. gr. VI. p. 48 t. 560; Bald. in bull. herb. Bois. 1896 p. 205.

Molliter villosa, virens; caulibus erectis, simplicibus vel subsimplicibus; foliis oblongo-lanceolatis, crenulatis, basi subattenuatis vel rotundatis, rarius subcordatis, inferioribus longe, mediis breviter petiolatis, floralibus sessilibus, ovato-lanceolatis; verticillastris 6—10 floris, inferioribus remotis; bracteis elliptico-rhombeis, acutis, calyces subaequantibus vel superantibus; calycis villosi, recti, dentibus lanceolato-subulatis, dimidium tubum aequantibus; corollae villosae labio superiore integro vel retuso. — Caulis elatus, foliorum radicalium lamina ad 13 cm. longa, petiolo aequilongo suffulta, indumentum e pilis elongatis sed non densis constans, ideo folia viridia; hac nota et corolla ochroleuca ab affinibus distinctissima.

In agro Messeniaco (Sibth.); in saxosis vinearum pr. Eukluvi insulae Leucas (Bald.). — Jun. Aug. ♃ N. v.

β. Corolla purpurascens, rarissime alba.

× Folia saltem radicalia oblonga vel lineari-oblonga, basi attenuata.

2. **S. cretica** L. sp. p. 581; S. et S. pr. I. p. 408, Fl. gr. VI. p. 47 t. 558; Weiss in z. b. G. 1869 p. 743; Raul. cret. p. 836; Bois. fl. or. IV. p. 719 p. p.; Hal. in ö. b. Z. 1897 p. 98; Haussk. symb. p. 10, cum *v. condensata,* f. caulibus pumilis, verticillastris approximatis. — *S. salviaefolia* Friedr. Reise p. 284, non Ten. — *S. germanica v. Boissieri* Briq. lab. alp. marit. p. 222. — Exsicc.: Heldr. herb. norm. n. 288, 1168 *f. canescens,* 1169 *f. virens;* Orph. fl. gr. n. 77; Rev. pl. cret. n. 138, in Baen. herb. europ. n. 4892; Dörfl. fl. aeg. n. 28, pl. cret. n. 127.

Adpresse tomentosa, canescens; caulibus erectis vel adscendentibus, simplicibus vel subsimplicibus; foliis oblongis vel oblongo-linearibus, crenulatis, basi attenuatis, inferioribus petiolatis, mediis subsessilibus, floralibus sessilibus, ovato-oblongis; verticillastris multifloris, remotis; bracteis lanceolatis, calyces subaequantibus; calycis lanati, ore subobliqui dentibus triangulari-lanceolatis, inter lanam suboccultatis, spinula lutescenti vel purpurascenti terminatis, fructiferis erectis, tubo triplo brevioribus; corollae roseae labio superiore lanato, integro vel retuso.

In lapidosis regionis inferioris et montanae, ut videtur in parte magis orientali ditionis. Boeotia (Sprun.); Attica: pr. Athenas, in colle Lycabettus, mt. Pentelicon, Hymettus (Heldr.), pr. Kamariza, Laurion, Sunium (Haussk.); Argolis: pr. Nauplia (Sart.), mt. Palamidi pr. Nauplia, Tolon (Haussk.); Sporadum insula Scopelos (Leon.); Euboea: mt. Telethrion, Dirphys (Heldr.), in Petalium insula Tragonisi (Holzm.); Cyclades (Sibth.): insula Naxos (Leon.); Creta: pr. Kissamos (Reverch.), Canea (Weiss), Acroteri, promontorium Meleka, pr. Malaxa, Hagios Deka, Omalos (Raul.). — Maio, Jul. ♃

3. **S. italica** Mill. dict. n. 3; Marg. et R. fl. Zante p. 75; Raul. cret. p. 835. — *S. cretica* Pieri corc. fl. p. 78; ? Ch. et B. exp. p. 168, Fl. pelop. p. 37; Bois. fl. or. IV. p. 719 p. p.; Heldr. fl. cephal. p. 59; Hal. Beitr. fl. Achaia p. 30; non L. — *S. salviaefolia* Ten. fl. nap. II. p. 23 t. 53; Link. in Linnaea IX. p. 576. — *S. cretica* Hal. Beitr. fl. Achaia p. 30. — *S. Heldreichii* Form. in Ver. Brünn 1896 p. 70, non Bois. — Exsicc.: Dörfl. fl. gr. n. 279.

Adpresse tomentosa, canescens vel pallide virens; caulibus erectis vel adscendentibus, simplicibus; foliis oblongis vel oblongo-linearibus, crenulatis, basi attenuatis, inferioribus petiolatis, mediis subsessilibus, floralibus sessilibus, ovato-oblongis; verticillastris multifloris, superioribus saepius contiguis; bracteis lanceolatis, calyce brevioribus; calycis lanati ore subobliqui, dentibus triangulari-lanceolatis, spinula saepius purpurascenti terminatis, fructiferis erecto-patulis, tubo subtriplo brevioribus, inter lanam non occultatis; corollae roseae labio superiore lanato, integro vel retuso. — Praecedenti maxime affinis et ab ea verticillastris minus remotis, superioribus saepissime approximatis, calycis dentibus submajoribus, brevius spinulosis, demum erecto-patulis, inter lanum non occultatis vix specifice diversa et ut videtur intermediis cum ea conjuncta. A *S. germanica* foliis radicalibus basi non cordatis differt.

β. **albiflora** Hal. Beitr. fl. Achaia p. 30 pro var. *S. creticae.* — Corolla alba. — Exsicc.: Hal. it. gr. sec. a. 1893.

In lapidosis regionis inferioris et montanae, ut videtur in parte magis occidentali ditionis. Thessalia: pr. Pharsalus (Heldr.), Velestinos (Form.); Aetolia: mt. Korax pr. Musinitza (Leon.); Doris: pr. Amphissa (Hal.); Elis: pr. Manolas, Chlemutzi (Heldr.); Achaia: pr. Patras (Link.), Megaspilaeon cum var. *β.* (Hal.); Messenia: pr. Messene, mt. Diaforti (Chaub.); Laconia: pr. Sparta, mt. Taygetos (Chaub.); Creta: pr. Guves, Avdu, inter Pyrgos et Karakas (Heldr.); Zante (Marg.); Cephalonia: pr. Argostoli, Pessada, Erisso, Lixuri (Heldr.); Corcyra (Pieri). — Maio, Jul. ♃

4. **S. cassia** Bois. diagn. XII. p. 76, Fl. or. IV. p. 721. — *S. italica v. chondrostachys* Heldr. in Bois. diagn. ser. 2 IV. p. 37. — Exsicc.: Orph. fl. gr. n. 535 (mt. Korfiati); Heldr. it. gr. septentr. a. 1879, it. thessal. IV. a. 1885.

Differt a praecedente indumento saepius parciore et praesertim calycis dentibus longe subulato-spinosis, tubo subbreviorrbus. — Specimina graeca a macedonicis indumento densiore et foliis caulinis vix subcordatis parum discedunt.

In lapidosis, collibus siccis pr. Tyrnovo Thessaliae et in mt. Korax Aetoliae (Heldr.). — Jun. Jul.

×× Folia radicalia ovata vel ovato-oblonga, basi cordata vel late rotundata.

○ Plantae albo-pannosae, sericeae; calyx ore rectus.

5. **S. Tournefortii** Poir. dict. V. p. 227; Raul. cret. p. 837; Bois. fl. or. IV. p. 718. — *S. cretica* Sieb. avis p. 4, rem. p. 5, non L. — *S. Sieberi* C. Koch in Linnaea XXI. p. 685. — Icon: Tourn. voy. I. p. 29. — Exsicc.: Rev. pl. cret. n. 140.

Dense pannoso-lanata; caulibus elatis, simplicibus vel parce ramosis; foliis inferioribus petiolatis, ovatis, obtusis, crenulatis, basi manifeste cordatis, floralibus sessilibus, oblongis vel oblongo-lanceolatis, superioribus verticillastro brevioribus; verticillastris multifloris, distantibus; bracteis lanceolatis, calyce brevioribus; calycis albo-lanati dentibus rectis, lanceolatis, spinula purpurascenti terminatis, tubo triplo brevioribus; corollae purpureae labio superiore lanato, integro. — Indumento albo-pannoso sericeo et calyce ore recto, nec obliquo, ideo dentibus fere aequilongis a *S. germanica* et affinibus distincta.

In locis aridis regionis inferioris et montanae. Creta: pr. Kissamos (Rev.), Canea (Tourn.), Malaxa, Omalo (Bois.), pr. Gortyna distr. Messara (Heldr.). — Maio, Jul. ♃

6. **S. sericophylla.** — *S. germanica v. penicillata* Bald. in bull. herb. Bois. IV. p. 646, non (Heldr. et Sart.) Bois. — Exsicc.: Bald. it. alb. alt. 1894 n. 102.

Molliter sericeo-lanata, nitidula; caulibus humilibus, adscendentibus; foliis inferioribus breviter petiolatis, ovatis, acutis, crenulatis, basi rotundatis vel subcordatis, floralibus sessilibus, ovato-lanceolatis, verticillastro longioribus, verticillastris plurifloris, distantibus; bracteis lineari-subulatis, calyce brevioribus; calycis albo-lanati dentibus rectis, lanceolato-subulatis, spinula elongata purpurascenti terminatis, tubo subtriplo brevioribus; corollae purpureae labio superiore lanato, integro. — Stirps elegans, caulibus humilibus, 15—30 cm. altis, indumento sericeo-nitente, foliis inferioribus brevibus, cum petiolo circa 4 cm. longis, basi lata rotundatis vel subcordatis, floralibus verticillastra superantibus, verticillastris paucis (2—4), bracteis subulatis, calycis dentibus longioribus a praecedente specifice distincta.

In saxosis alpinis mt. Nimercka l. d. Pljepista distr. Premeti (Bald.) Albaniae meridionalis, jam extra ditionem nostram; in montibus Epiri inquirenda. — Jul. Aug.

∞ Plantae pubescentes vel plus minus tomentosae; calyx ore subobliquus.

. Calyx eglandulosus.

7. S. germanica L. sp. p. 581; S. et S. pr. I. p. 408; Ch. et B. fl. pelop. p. 37; Fraas fl. class. p. 180; Bois. fl. or. IV. p. 720; Form. in D. bot. Mon. 1891 p. 30. — Icon: Jacq. fl. austr. t. 319. — Exsicc.: Heldr. herb. norm. n. 1468.

Plus minus tomentosa, cana vel canescens; caulibus erectis vel adscendentibus, simplicibus vel ramosis; foliis inferioribus petiolatis, ovatis, crenulatis, basi cordatis, floralibus sessilibus, oblongis vel lanceolatis, inferioribus verticillastrum superantibus; verticillastris multifloris, superioribus approximatis; bracteis lanceolatis, calyce brevioribus; calycis villosi, ore subobliqui dentibus triangularibus, acutis, spinula brevi terminatis, erectis, tubo triplo brevioribus; corollae roseae labio superiore lanato, integro vel retuso.

β. **penicillata** Heldr. et Sart. in Bois. diagn. ser. 2 IV. p. 37; Heldr. in Sitzungsb. acad. Wiss. Berlin 1883 p. 4, chlor. Parn. p. 25; Hal. Beitr. fl. Epir. p. 35, Beitr. fl. thessal. p. 17; Haussk. symb. p. 40; pro sp.; Bois. fl. or. p. 720. — *S. lanata* S. et S. pr. I. p. 408?; Ch. et B. exp. p. 169, Fl. pelop. p. 37; non Jacq. ic. rar. I. p. 11, quae indumento densissime pannoso sericeo et foliis radicalibus in petiolum attenuatis differt. — *S. dasyanthes Raf. v. alpina* Heldr. herb. norm. n. 91. — Corollae labium superius longe albo-penicillatum. — Intermediis ad typum transit. — Exsicc.: Heldr. herb. norm. n. 91, it. thessal. n. 39; Orph. fl. gr. n. 439; Dörfl. fl. gr. n. 411.

γ. **Heldreichii** Bois. fl. or. IV. p. 719; Heldr. chlor. Parn. p. 25; Hal. Beitr. fl. Epir. p. 35; Haussk. symb. p. 40; pro sp. — *S. germanica v. stricta* Form. in Ver. Brünn 1896 p. 70, 1897 p. 52. — Elatior, ramosa vel paniculata, foliis majoribus, profundius crenatis, floralibus saepius dentatis, verticillastra numerosa, spicam elongatam formantia. — Exsicc.: Orph. fl. gr. n. 1045; Sint. et Bornm. it. turc. n. 1428; Sint. it. thessal. n. 1111.

In collibus siccis, silvaticis regionis inferioris in subalpinam adscendens. Epirus: mt. Tsumerka (Hal.); Thessalia: mt. Zygos, pr. Malakasi, Chaliki, mt. Baba, pr. Klinovo, Kalabaka, Korona, mt. Ghavellu (Haussk.), mt. Chassia, pr. Karditza, Velestinos, Hadzi Obasi, Larissa, Selicany, Ambelakia, Volo (Form.), mt. Pelion, Ossa, Olympus, Oeta (Heldr.); Aetolia: mt. Tymphrestus (Fraas); mt. Kiona (Hal), Parnassus (Heldr.); Euboea: mt. Dirphys (Bois.); Achaia (Sibth.): mt. Olenos, Chelmos, Kyllene (Heldr.); Laconia: mt. Taygetos (Heldr.); Corcyra (Form.); — *γ*. rarior: Epirus: pr. Kalentini (Hal.); Thessalia: pr. Sermenikon (Sint.), mt. Ghavellu, Chassia, Velestinos, Hagios Georgios, Trikala, Sophades, Karditza, Pharsalus (Haussk.), pr. Godaman (Form.) et Catherine (Heldr.) in Olympo; Euboea: pr. Oreos (Orph.); Boeotia: pr. Lebadea, mt. Parnassus (Heldr.). — Loca nonnulla forsan ad *S. italicam* spectant, quacum defectu foliorum radicalium facillime confunditur. — Maio, Aug. ♃

.. Calyx praeter indumentum villosum ad dentes pilis glanduliferis parce obsitum.

8. S. Reinerti Heldr. herb. norm. n. 743 (1857); Murb. Beitr. fl. Südbosn. p. 62; Hal. Beitr. fl. Epir. p. 35. — *S. alpina v. discolor* Bois. fl. or. IV. p. 719. — *S. tymphaea* Haussk. in Mitth. thür. bot. Ver. V. II. p. 70, symb. p. 40 cum. f. f. *lacmonica et petiolata*. — *S. alpina v. Reinerti* Bald. riv. coll. bot. alb. 1895 p. 64. — *S. alpina* Form. in D. bot. Monat. 1891 p. 30; forsan etiam S. et S. pr. I. p. 408. — *S. alpina v. turcica* Form. in Ver. Brünn 1896 p. 69, 1897 p. 52. — Exsicc.: Heldr. l. c., Orph. fl. gr. n. 1044 mt. Peristeri Macedoniae; Sint. it. thessal. n. 950.

Molliter tomentella, virens; caulibus adscendentibus vel erectis, simplicibus vel subsimplicibus; foliis ovatis vel ovato-oblongis, acutis vel obtusis, crenulatis, inferioribus petiolatis, basi cordatis, floralibus ovato-lanceolatis, sessilibus; verticillastris multifloris, distinctis, inferioribus remotis; bracteis lanceolatis, calyces subaequantibus; calycis villosi, ore subobliqui dentibus triangulari-lanceolatis, spinula terminatis, parce glanduloso-pilosis, tubo triplo brevioribus; corollae roseae labio superiore lanato, integro. — Habitu *S. alpinae* L., indumento tenuiore, inflorescentia glandulosa, calycis dentibus latioribus diverso, accedens.

β. **abbreviata.** — *S. penicillata* Hal. in z. b. G. 1888 p. 761, non Heldr. et Sart. — Caulibus nanis, 8—15 cm. altis; foliis parvis, brevissime petiolatis, cum petiolo 10—20 mm. longis, ovato-rotundatis vel ovatis, plerisque obtusissimis; verticillastris 2—4; corollae labio superiore longe albo-penicillato. — Exsicc.: Hal. it. gr. a. 1888; Reis. fl. gr. a. 1894.

In herbidis saxosis regionis subalpinae et alpinae. Epirus: mt. Tsumerka (Bald.), Peristeri (Hal.); Thessalia: mt. Zygos, pr. Malakasi (Haussk.), mt. Ghavellu (Heldr.), Ochsa Despot, Dokimi, Gisel Tepe, Oxya, Karava, pr. Phlambures, mt. Cuka et Mitrica in mt. Chassia, pr. Suilismen, Godaman et Rapsani in Olympo, mt. Pelion, mt. Alafovris, Mavrika et Katasara in mt. Othrys (Form.), mt. Oeta (Heldr.); Eurytania: mt. Tymphrestus (Samar.); Laconia (Sibth.), si *S. alpina* S. et S. huc pertineat. — β. in cacumine mt. Kiona (Hal.). — Jun. Aug. ♃

b. Corollae labium superius profunde bifidum.

9. S. acutifolia Ch. et B. exp. p. 168; Link in Linnaea IX. p. 575. — *S. lusitanica* Ch. et B. fl. pelop. p. 37; non Brot. — *S. graeca* Bois. et Heldr. diagn. XII. p. 77, Fl. or. IV. p. 723; Hal. Beitr. fl. Achaia p. 30; Haussk. symb. p. 40. — Exsicc.: Heldr. fl. gr. n. 688; Orph. fl. gr. n. 1043; Sint. it. thessal. n. 466.

Caulibus erectis vel adscendentibus, simplicibus vel ramosis, patule hispidis; foliis ovatis vel ovato-oblongis, obtusis vel acutis, basi rotundatis vel subcordatis, crenatis, adpresse hirsutis, virentibus, inferioribus petiolatis, floralibus sessilibus; verticillastris multifloris, distantibus; bracteis lanceolato-subulatis, calyce subbrevioribus; calycis hirsuti, recti dentibus triangulari-lanceolatis, spinula terminatis, saepius parce glanduloso-pilosis, tubo triplo brevioribus; corollae roseae limbo amplo, labio superiore lanato, bifido. — Ab omnibus antecedentibus corolla majore, ad 15 mm. longa, labio inferiore amplo, ad 8 mm. lato, superiore profunde bifido distincta.

In rupestribus, herbidis, olivetis regionis inferioris et subalpinae. Thessalia: pr. Vutades in Pindo tymphaeo (Sint.), pr. Aivali, Orman Magula (Haussk.); Aetolia: pr. Angelocastron (Heldr.); Boeotia: pr. Lebadea (Orph.); Attica: mt. Cithaeron, Pateras, Parnes (Heldr.); Euboea: mt. Dirphys (Sprun.); Elis: mt. Olenos (Hal.); Achaia: pr. Patras (Link.); Argolis: pr. Nauplia (Berger), Tolon, in peninsula Vromolimni (Haussk.), insula Poros (Wiedem.); Laconia: mt. Malevo (Sprun.); Messenia (Chaub.).

2. Sectio. *Stachyotypus* Bois. fl. or. IV. p. 715. — Perennes; verticillastra saepius pauciflora, bracteis (excl. *S. decumbens*) brevissimis vel nullis.

a. Rhizoma repens; corolla purpurea, rarissime alba.

10. S. silvatica L. sp. p. 580; S. et S. pr. I. p. 407; Ch. et B. fl. pelop. p. 37; Bois. fl. or. IV. p. 726; Haussk. symb. p. 41. — Icon: Fl. dan. t. 1102.

Herbacea, hirsuta, viridis; caulibus erectis, simplicibus vel ramosis, superne glanduloso-pilosis; foliis petiolatis, cordato-ovatis, acuminatis, crenatis vel serratis, floralibus lanceolatis, subsessilibus; verticillastris distinctis, 2—6 floris; calycis glandulosi dentibus triangulari-lanceolatis, tubo subbrevioribus; corollae glanduloso-puberulae tubo exserto.

β. **pallida** Haussk. symb. p. 41. — Corolla pallide-rosea vel alba. — Exsicc.: Heldr. it. thessal. IV. a. 1885.

In umbrosis, silvaticis regionis montanae, rarissime. Thessalia: pr. Pezula (Heldr.) et Sermeniko in Pindo dolopico, cum. β. (Haussk.); in agro Laconico (Sibth.). — Jun. Jul. ♃

11. **S. palustris** L. sp. p. 580; Bois. fl. or. IV. p. 726; Form. in Ver. Brünn 1895 p. 36; Haussk. symb. p. 41. — Icon: Fl. dan. t. 1103. — Exsicc.: Sint. et Bornm. it. turc. n. 1430.

Herbacea, viridis; caulibus erectis, simplicibus vel ramosis, retrorsum setulosis, eglandulosis; foliis oblongis vel oblongo-lanceolatis, acutis, crenatis, pubescentibus, inferioribus breviter petiolatis, ceteris subsessilibus sessilibusve; verticillastris 6—8 floris, superioribus approximatis; calycis hirsuti dentibus lanceolato-subulatis, tubo vix brevioribus; corollae puberulae tubo incluso.

Ad ripas, in humidis, rarissime. Epirus: pr. Safikbi (Form.); Thessalia: pr. Trikala, Karditza (Haussk.); Boeotia: pr. Lebadea (Orph.). — Jul. Aug. ♃

b. Rhizoma non repens.

α. Herbaceae.

× Rhizoma caules floriferos tantum edens.

○ Verticillastra 4—10 flora.

. Caulis praeter pilos patentes, pilis brevissimis glandulosis obsitus.

12. **S. viridis** Bois. et Heldr. diagn. ser. 2 IV. p. 39, Fl. or. IV. p. 727; Haussk. symb. p. 42. — Exsicc.: Sint. et Bornm. it. turc. 1431, 1431b, 1432.

Laete viridis; caulibus erectis, ramosis, pilis brevissimis glandulosis aliisque elongatis patulis sparsis hirsutis; foliis sessilibus, oblongo-lanceolatis, acutis, crenulatis, basi attenuatis, brevissime glanduloso-pubescentibus; verticillastris numerosis, 6—8 floris, in spicam elongatam congestis, inferioribus distantibus; calycis breviter glandulosi, pilisque patulis sparsissimis obsiti, dentibus lanceolatis, longe aristatis, tubo aequilongis; corollae carneae tubo incluso, labio superiore puberulo. — Caules elati, ad 60 cm. alti.

In rupestribus regionis inferioris et montanae, rare. Thessalia: pr. Malakasi, Gionscala, Kalabaka in Pindo (Haussk.), ad monasterium Metoji (Heldr.), in fauce Megarema et ad Plaka pr. Litochori (Sint.) in Olympo. — Jun. Jul. ♃

13. **S. Freynii** Haussk. in Mitth. thür. bot. Ver. 1886 p. 70, symb. p. 42. — *S. dolopica* Form. in D. bot. Mon. 1897 p. 75, in Ver. Brünn 1897 p. 52. — Exsicc.: Heldr. it. thessal. a. 1885.

Obscure viridis; caulibus erectis, simplicibus vel ramosis, pilis brevissimis glandulosis aliisque elongatis patulis hirsutis; foliis ovato-oblongis vel ovato-lanceolatis, acutis, crenatis, basi attenuatis, brevissime glanduloso-pubescentibus pilisque longioribus obsitis, inferioribus petiolatis, superioribus sessilibus; verticillastris numerosis, 6—15 floris, in spicam elongatam congestis, inferioribus distantibus; calycis breviter glandulosi, pilisque patulis crebris obsiti, dentibus lanceolatis, longe aristatis, tubo aequilongis; corollae sordidae ochroleucae tubo incluso, labio superiore piloso. — Praecedenti maxime affinis, ab ea colore obscure viridi, foliis densius pubescentibus, calyce pilis elongatis crebris subvilloso, corolla majore, ochroleuca specifice distincta; affinis quoque *S. menthaefoliae* Vis. dalmaticae et nuper a Baldacci in Albania australi detectae, quae indumento minus hirsuto et praesertim calycis dentibus latioribus, breviter mucronatis, nec in aristam elongatis differt.

In subalpinis Pindi dolopici ad Gionskala supra Sermeniko (Haussk.) et in mt. Ghavellu (Form.(. — Jul. Aug. ♃

.. Caulis eglandulosus.

; Caules adscendentes, patule hirsuti; folia molliter tomentella, plus minus canescentia.

14. S. messeniaca Bois. diagn. XII. p. 81, Fl. or. IV. p. 728. — *S. Tournefortii* Ch. et B. exp. p. 167, Fl. pelop. p. 37, non Poir., sec. Bois. l. c. — Exsicc.: Heldr. pl. fl. hellen. a. 1862.

Caulibus adscendentibus, simplicibus vel parce ramosis, pilis patulis mollibus dense hirsutis; foliis ovato-oblongis, obtusis, obtuse-crenatis, basi cordatis, utrinque sed subtus densius tomentellis, inferioribus petiolatis, superioribus sessilibus; verticillastris 3—6 floris, in spicam brevem approximatis; calycis glandulosi pilisque longioribus patulis hirsuti dentibus triangulari-lanceolatis, breviter mucronatis, rectis, tubo triplo brevioribus; corollae ochroleucae, purpureo-maculatae tubo incluso, labio superiore glanduloso-puberulo. — Differt a duabus antecedentibus statura minori, foliis minoribus, obtusis, basi cordatis et calycis dentibus breviter mucronatis, nec longe aristatis, a *S. menthaefolia* Vis. indumento densiore, foliis cordatis, foliis fere duplo minoribus.

In rupestribus regionis inferioris et montanae. Messenia: pr. Pylos usque ad mt. Diaforti, pr. Phigalea, Androvista ad radices mt. Taygetos (Chaub.); indicatur quoque in mt. Dia insulae Naxos (Chaub.), sed probabiliter ex confusione. — Apr. Jun. ♃

15. S. canescens Ch. et B. exp. p. 167, Fl. pelop. p. 37; Bois. fl. or. IV. p. 728. — Exsicc.: Heldr. herb. norm. n. 1365 sub *S. messeniaca*.

Differt a praecedente, cui valde affinis, foliis oblongis vel oblongo-lanceolatis, angustioribus, acutis vel acutiusculis, basi rotundatis vel attenuatis, magis canescentibus et praesertim calycis dentibus lanceolato-subulatis, erecto-patulis, tubo aequilongis.

In rupestribus regionis inferioris et submontanae. Laconia: mt. Selitza, pr. Kalamata (Zahn.), Chimova, Vitilos, Kisternes, ad promontorium Taenaron, pr. Monembasia (Chaub.). — Apr. Jun. ♃

;; Caules erecti, riguliduli, breviter hirti; folia parce hirta, viridia.

, Corolla ochroleuca; antherae labium superius subaequantes.

16. S. Parolinii Vis. in mem. ist. venet. I. p. 10 t. 4; Bois. fl. or. IV. p. 730; Heldr. fl. cephal. p. 59; Hal. Beitr. fl. Aetol. p. 2, Beitr. fl. Achaia p. 30. — Exsicc.: Hal. it. gr. a. 1893.

Caulibus retrorsum hispidulis, inferne ramulosis; foliis oblongis vel lanceolatis, acutis, serratis, basi attennatis, inferioribus breviter petiolatis, superioribus sessilibus; verticillastris 4—6 floris, in spicam brevem approximatis, inferioribus distantibus, summis capitulum ovatum formantibus; calycis glanduloso-pilosi, pilisque longioribus obsiti dentibus lanceolatis, aristatis, erecto-patulis, tubo subbrevioribus; corollae tubo subexserto, labio superiore piloso. — Sequenti affinis, ab ea spica brevi, verticillastris summis in capitulum ovatum conglobatis et calycis dentibus longe aristatis discedit.

In rupestribus, dumosis regionis inferioris et montanae. Aetolia: ad radices mt. Taphiassos pr. Antirrhion (Hal.), pr. Naupactos (Parol.); Achaia: in fauce Diakophto (Heldr.), pr. Megaspilaeon (Hal.); Cephalonia: pr. Argostoli, Omala, Valeriano, mt. Atro (Heldr.). — Maio, Jun. ♃

17. **S. recta** L. mant. p. 82; S. et S. pr. I. p. 410; Ch. et B. fl. pelop. p. 38; Raul. cret. p. 836; Bois. fl. or. IV. p. 729; Bald. riv. coll. bot. alb. 1895 p. 65. — Icon: Jacq. fl. austr. t. 359.

Caulibus breviter hispidis, simplicibus vel ramosis; foliis oblongis vel lanceolatis, acutis, crenatis, basi attenuatis, inferioribus petiolatis, superioribus sessilibus; verticillastris 6—10 floris, in spicam elongatam, interruptam dispositis; calycis breviter hirti dentibus triangularibus, breviter mucronatis, erectis, tubo triplo brevioribus; corollae tubo incluso, labio superiore pubescente.

Indicatur in agro Laconico (Sibth.), Creta (Benth. lab. p. 557) et forma quaedam alpina collectori ipso dubia in mt. Tsumerka in Epiro (Bald.). — Species pro ditione nostra valde dubia. — Maio, Jul. ♃ N. v.

„ Corolla purpurea; antherae subinclusae.

18. **S. iberica** M. a. B. fl. taur. cauc. II. p. 51; Bois. fl. or. IV. p. 731. — Exsicc.: Ozanon in Magn. fl. sel. n. 1269, e semine thessalo culta.

Caulibus sparse hirsutis, simplicibus vel ramosis; foliis oblongis vel lanceolatis, acutis, serratis, basi attenuatis, inferioribus subpetiolatis, superioribus sessilibus; verticillastris 6—10 floris, distinctis; calycis hirsuti dentibus triangulari-lanceolatis, purpureo-aristatis, erecto-patulis, tubo subaequilongis; corollae hirsutae tubo subincluso.

Thessalia: mt. Oeta supra Mustapha Bey (Sprun.). — Jun. Jul. ♃

CO Verticillastra 2 flora.

19. **S. virgata** Ch. et B. exp. p. 166 t. 17; Fl. pelop. p. 37 t. 18; Bois. fl. or. IV. p. 731. — *S. Zuccarinii* Benth. lab. p. 731.

Adpresse sericeo-lanata; caulibus virgatis, ramosis, sparsim foliatis; foliis integris, linearibus, inferioribus obtusis, in petiolum attenuatis, superioribus acutis; verticillastris remotis; floribus subsessilibus; calycis dense sericei dentibus lanceolatis, mucronatis, tubo 4 plo brevioribus; corollae albae, sericeae tubo calyce breviore.

In rupestribus regionis inferioris. Acrocorinthus (Zuccar.); Argolis: pr. Kranidi, Troezena (Chaub.). — Jun. Jul. ♃ N. v.

20. **S. tenuifolia** Pall. cat. esp. veg. spont. Taur. in nov. act. acad. Petrop. X. (1797) p. 313 (nomen solum). — *S. angustifolia* M. a. B. fl. taur. cauc. II. p. 51; Form. in Ver. Brünn 1896 p. 70, 1897 p. 52; Haussk. symb. p. 43. — *S. abrotanifolia* Bois. et Heldr. pl. exs. n. 1851. — Exsicc.: Orph. fl. gr. n. 536 (mt. Korfiati Macedoniae); Sint. it. thessal. n. 1037.

Glabra; caulibus virgatis, ramosis; foliis sessilibus, inferioribus in lacinias angustissime lineares pinnatifidis partitisve, superioribus remotis; angustissime linearibus, integris vel lacinula auctis; verticillastris remotis; floribus pedicellatis; calycis glabri vel parce hirto-scabridi dentibus lanceolatis, mucronatis, tubo duplo brevioribus; corollae ochroleucae, roseo suffusae, pubescentis tubo breviter exserto.

In rupinis regionis inferioris et montanae. Thessalia: pr. monasterium Hagios Stephanos supra Kalabaka (Haussk.), mt. Cuka et Hagios Elias in mt. Chassia, pr. Patsios in Olympo (Form.). — Jun. Aug. ♃

×× Rhizoma caules floriferos et rosulas steriles edens.

21. **S. maritima** L. mant. p. 82; S. et S. pr. I. p. 409; Ch. et B. fl. pelop. p. 37; Bois. fl. or. IV. p. 745. — Icon: Jacq. hort. vind. t. 70.

Breviter tomentella, canescenti-virens; caulibus floriferis infra rosulas steriles adscendentibus, subsimplicibus; foliis oblongis, obtusis, crenulatis, basi rotundatis vel attenuatis, inferioribus petiolatis, superioribus sessilibus; verticillastris 4—6 floris, in spicam brevem approximatis; calycis tomentoso-villosi dentibus lanceolatis, breviter mucronatis, tubo triplo brevioribus; corollae ochroleucae, pubescentis tubo incluso.

In arenosis maritimis regionis occidentalis Peloponnesi (Chaub.) et in rupibus maritimis insulae Hydrae (Sibth.). — Apr. Jul. ♃ N. v.

22. **S. pubescens** Ten. syll. p. 289, Fl. nap. t. 239; Link in Linnaea IX. p. 575; Marg. et R. fl. Zante p. 75. — Huc forsan: *S. arenaria* Friedr. Reise p. 278, vix Vahl, e Nauplia.

Differt a praecedente, cui maxime affinis, caulibus elongatis, decumbentibus, foliis minus rugosis et calycis dentibus lanceolatis, aristatis, tubo duplo brevioribus.

Indicatur in insula Zacyntho et pr. Nauplia Argolidis (Link); a recentioribus non reperta. — Apr. Jul. ♃ N. v.

β. Basi fruticulosae.

× Bracteae calyce subaequilongae.

23. **S. decumbens** Pers. syn. II. p. 123. — *S. mollissima* Willd. en. hort. berol. p. 60 t. 60; Aschers. in bot. Zeit. 1872 p. 629; Bois. fl. or. IV. p. 727; Spreitz. in z. b. G. 1887 p. 686; Gelmi in bull. soc. bot. it. 1889 p. 451. — *S. hirta* Pieri corc. fl. p. 78, non L. — Exsicc.: Spreitz. it. ion. II. n. 139; Baen. herb. europ. n. 9349.

Molliter villosa, canescens; caulibus adscendentibus vel erectis, simplicibus vel ramosis; foliis petiolatis, cordato-ovatis, acutis vel obtusiusculis, crenatis, floralibus sessilibus; verticillastris 5—multifloris, in spicam brevem, ovatam vel oblongam congestis; bracteis lineari-lanceolatis; calycis villosi dentibus late lanceolatis, aristatis, calyce subaequilongis; corollae ochroleuca, pubescentis tubo subexserto. — Species basi manifeste suffruticosa, ramis vetustis lignosissimis, duris, ab omnibus aliis hujus sectionis bracteis evolutis discedens et hac nota ad *Eriostachydes* accedens, habitu toto, sequenti valde simili, tamen huic inserenda.

Ad muros, in rupestribus regionis inferioris et montanae Corcyrae: pr. Potamo, Peleka (Bickn.), Benizze, Gasturi (Baen.), mt. Deca, pr. Palaeokastrizza, Lacones (Spreitz.), Scripero, San Pantaleone, Spartilla (Gelmi). — Maio, Jun. ♃

 ×× Bracteae minutae vel nullae.
  ○ Rami inermes.
   . Folia elliptica vel oblonga, nunquam dense pannosa.
   ; Flores subsessiles vel breviter pedicellati.
    , Caules patule hirsuti; verticillastra saltem superiora in spicam ovatam vel oblongam congesta.

24. **S. argolica** Bois. diagn. XII. p. 83. — *S. Swainsoni v. argolica* Bois. fl. or. IV. p. 735; Haussk. symb. p. 43. — *S. Swainsoni* Haussk. l. c., non Benth. — Huc forsan: *S. circinnata* Friedr. Reise p. 274, non L'Hér. — Exsicc.: Orph. fl. gr. n. 1167; Heldr. herb. norm. n. 1067.

Patule hirsuta, viridis; caulibus adscendentibus, simplicibus vel ramosis; foliis petiolatis, rugosis, ellipticis vel oblongis, obtusis, crenatis, basi rotundatis vel cuneatis, floralibus sessilibus, verticillastra superantibus, verticillastris 6—10 floris in spicam brevem, ovatam vel oblongam condensatis; bracteis minutis; calycis hirsuti, glandulosi dentibus triangularibus, breviter mucronatis, tubo paulo brevioribus; corollae pallide carneae, pubescentis tubo subexserto. — Caules caespites e fissuris rupium oriundos formantes, basi prostrati, 10—30 cm. longi.

In rupibus regionis inferioris, rarissime. Argolis: pr. Nauplia (Sprun.), Tolon, Mykene (Haussk.), pr. Vromolimni, insula Hydra (Heldr.). — Apr. Maio. ♃

25. **S. Swainsoni** Benth. lab. p. 535; Vis. in mem. ist. ven. I. p. 9 t. 3; Bois. fl. or. IV. p. 735 cum var. *β. scyronica*; Heldr. chlor. Parn. p. 25. — *S. scyronica* Bois. diagn. V. p. 31, XII. p. 83; Heldr. fl. cephal. p. 59 et Spreitz. in z. b. G. 1887 p. 666 pro var. *S. Swainsoni*. — Probabiliter huc: *S. candida* Ung. p. 127, non Ch. et B., sec. Heldr. fl cephal. p. 39. — Exsicc.: Heldr. herb. norm. n. 90; Orph. fl. gr. n. 436 et 438.

Molliter sericeo-cinerea; caulibus prostratis vel adscendentibus; foliis parvis, rugulosis, oblongis vel ellipticis, obtusiusculis, denticulatis, inferioribus in petiolum brevissimum attenuatis; floralibus sessilibus, calycem aequantibus; verticillastris 2—4 floris, in spicam brevem, oblongam, inferne interdum laxiusculam condensatis; bracteis minutis; calycis hirsuti, glandulosi dentibus triangularibus, breviter mucronatis, tubo paulo brevioribus; corollae purpurascentis, pubescentis tubo subexserto. — Differt a praecedente statura minori, indumento densiori cinereo, foliis parvis, verticillis paucifloris et floribus minoribus.

In rupium fissuris. Megara: ad Scyronides petras — nunc Kakiskala —, pr. Lutraki in isthmo Corinthiaco (Heldr.), ad radices mt. Parnassus pr. Rachova (Swains.); Cephalonia: pr. Karakas, Asso, Poros, Steno, Kipuria, Tafius (Heldr.); Leucas: ad promontorium Zuana (Spreitz.); Ithaca (Webb.): ad castellum Ulysses (Vis.). — Apr. Jul. ♃.

26. **S. Spruneri** Bois. diagn. XII. p. 82, Fl. or. IV. p. 736; Ung. Reise p. 127; Haussk. symb. p. 43. — Exsicc.: Orph. fl. gr. n. 437; Heldr. herb. norm. n. 389 et 1272.

Sparsim et patule hispida, viridis; caulibus rigidis, simplicibus vel parce ramosis; foliis rigidis, valde rugosis, argute serratis, infimis oblongo-ellipticis, obtusiusculis, in petiolum attenuatis, ceteris sessilibus lineari-lanceolatis, acutis, floralibus basi dilatatis, acuminatis, subintegris, flores superantibus; verticillastris 4—6 floris, in spicam ovatam congestis, inferioribus saepe remotis; bracteis nullis; calycis hirsuti, eglandulosi, dentibus lanceolatis, mucronatis, tubo dimidio brevioribus; corollae albidae tubo incluso, labio superiore piloso. — A duabus praecedentibus, caulibus et foliis rigidis, indumento rariore obductis, foliis anguste serratis, floralibus dilatatis acuminatis specifice differt.

In rupestribus regionis submontanae in abietinam adscendens, rare. Attica: mt. Parnes (Sprun.), Kerata, Pateras, Cithaeron (Heldr.). — Maio, Jun. ♃.

„ Caules virgati, saltem in parte superiori glabri; verticillastra remotissima.

27. **S. tetragona** Bois. et Heldr. in Bois. fl. or. IV. p. 736; Hal. in ö. b. Z. 1896 p. 16, 1897 p. 98. — Icon: Rouy. pl. europ. rar. t. 270. — Exsicc.: Heldr. et Hal. fl. sporad. a. 1896.

Viridis; caulibus virgatis, flexuosis, simplicibus vel ramosis, glabris vel inferne plus minus setulosis; foliis ad caulis basin congestis, oblongo-spathulatis, obtusis, dentatis, adpressiuscule hirtis, in petiolum attenuatis, superioribus sessilibus, oblongo-linearibus, integris, floralibus minimis, superioribus calyce multo brevioribus; verticillastris 2—6 floris, remotissimis; calycis parce setosi, dentibus triangularibus, breviter mucronatis, tubo triplo brevioribus; corollae flavidae, purpureo-maculatae tubo incluso, labio superiore hispido. — Caules rigidi, flexuosi, ad 30 cm. alti, acute quadranguli, ad basin dense foliosi, ceterum subnudi.

In rupestribus regionis inferioris et montanae, rarissime. Euboea: pr. Steni in mt. Dirphys (Heldr); Sporadum insula Jura (Reis.). — Maio, Jun. ♃.

;; Flores crassiuscule pedicellati; pedicelli tubo calycis subaequilongi.

28. **S. mucronata** Sieb. avis p. 4, rem. p. 5; Raul. cret. p. 837; Bois. fl. or. IV. p. 737. — Exsicc.: Heldr. pl. cret. n. 1458.

Molliter lanata; caulibus rigidis, ramosis; foliis oblongis, obtusis, crenatis, in petiolum attenuatis, floralibus sessilibus, superioribus calyce brevioribus; verticillastris 2—4 floris, approximatis; calycis coriacei, sulcato-costati, hirsuti glandulisque sessilibus obsiti dentibus pungentibus, tubo subaequilongis; corollae carneae, villosae tubo incluso. — Caules 5—15 cm. alti; floribus manifeste pedicellatis, calycibus elevato-costatis, dentibus pungentibus insignis.

In saxosis regionis inferioris Cretae (Sieb.): ad promontorium Sidero (Heldr.), inter Palaeokastro et Zakro (Raul.). — Apr. Maio. ♃

.. Folia ovato-subrotunda, dense pannosa.

; Calyx eglandulosus.

29. **S. candida** Ch. et B. exp. p. 167 t. 19, Fl. pelop. p. 37 t. 20; Bois. fl. or. IV. p. 742. — Exsicc.: Pichl. pl. gr. a. 1876.

Niveo-pannosa, sericeo-nitens; caulibus prostratis vel adscendentibus, subsimplicibus; foliis breviter petiolatis, ovato-subrotundis, obscure crenulatis; verticillastris 4—6 floris, in spicam oblongam approximatis; bracteis subnullis; calycis lanato-tomentosi dentibus lanceolatis, mucronatis, tubo subaequilongis; corolla alba, pubescente, fauce purpureomaculata. — Caules 10—20 cm. longi, fragiles.

In rupium fissuris regionis submontanae. Arcadia: mt. Diaforti, pr. Thuria Messeniae, pr. Mistra, mt. Taygetos et pr. Zarnate Laconiae (Chaub.). — Maio, Jul. ♃

30. **S. chrysantha** Bois. et Heldr. diagn. VII. p. 56, Fl. or. IV. p. 743. — *S. candida β. chrysantha* Benth. in DC. pr. XII. p. 475. — Exsicc.: Orph. fl. gr. n. 76; Heldr. herb. norm. n. 1366.

Praecedenti maxime affinis, ab ea indumento absque nitore et corolla lutea vix specifice differre videtur.

In rupium fissuris regionis submontanae. Laconia: mt. Malevo pr. Ajanni (Orph.) et Kastanitza (Heldr.). — Maio, Jul. ♃

;; Calyx glandulosus.

31. **S. Spreitzenhoferi** Heldr. in ö. b. Z. 1880 p. 344; Spreitz. in z. b. G. 1887 p. 666; Bois. fl. or. suppl. p. 362; Fors. in bull. Bois. V. p. 399. — Exsicc.: Spreitz. it. ion. IV. a. 1880.

Cano-pannosa, opaca; caulibus prostratis vel adscendentibus, simplicibus; foliis breviter petiolatis, ovato-subrotundis, crenulatis; verticillastris 4—6 floris, in spicam oblongam approximatis; bracteis linearisetaceis, calyce brevioribus; calycis cano-tomentosi et glandulosi dentibus triangularibus, muticis, tubo triplo brevioribus; corolla alba, pubescente, fauce roseo-picta.

In rupium fissuris insulae Cythaera ad castrum Kapsali et in faucibus Kalamo ad antrum Mylopotamo (Spreitz.). — Maio, Jul. ♃

○○ Rami spinescentes.

32. S. spinosa L. sp. p. 581; S. et S. pr. I. p. 409; Sieb. avis p. 4. rem. p. 5; Raul. cret. p. 837; Bois. fl. or. IV. p. 736; Bald. viagg. Creta p. 85. — Icon: Fl. gr. t. 559. — Exsicc.: Rev. pl. cret. n. 139; Bald. it. cret. n. 35; Dörfl. fl. aeg. n. 43.

Dumuloso-erinacea, adpresse sericeo-lanata; caulibus humilibus, rigidis, ramosis, ramis apice spinescentibus; foliis oblongo-linearibus, integris, inferioribus in petiolum attenuatis, ceteris sessilibus, floralibus calyce brevioribus; verticillastris 1—4 floris; floribus sessilibus; calycis sericei dentibus triangulari-lanceolatis, spinosis, tubo triplo brevioribus; corollae albidae, pilosae tubo incluso.

In collibus aridis regionis inferioris et montanae. Creta: pr. Hagia Triada (Bald.), Lakus (Rev.), Suia, Hagios Paulos, Embaro, Rhizokastron, Hodhegetria (Raul.); Cycladum insula Anaphi (Leon.). — Maio, Jul. ♃

Obs. *S. glutinosa* L. sp. p. 581, species corsica, erronee a S. et S. pr. I. p. 409 in Creta indicatur.

3. Sectio. Olisia Bois. fl. or. IV. p. 716. — Species annuae.

a. Corolla albido-ochroleuca.

33. S. annua L. sp. p. 573 (*Betonica*); L. sp. ed. 2 p. 813; Bois. fl. or. IV. p. 745; Heldr. chlor. Parn. p. 25; Hal. Beitr. fl. Epir. p. 35; Bald. riv. coll. bot. alb. 1896 p. 87. — *S. annua v. parnassica* Heldr. et Sart. in Heldr. herb. norm. n. 287.

Glabriuscula, superne pubescens et saepius plus minus glandulosa; caulibus erectis vel adscendentibus, simplicibus vel divaricato-ramosis; foliis breviter petiolatis, ovatis oblongisve, crenatis, basi rotundatis vel cuneatis, floralibus lanceolatis, sessilibus; verticillastris 3—6 floris, summis approximatis; bracteis minutis; calycis tubuloso-campanulati, hirsuti glandulisque sessilibus adspersi, dentibus lanceolato-subulatis, longe cuspidatis, tubo duplo brevioribus; corollae albido-ochroleucae, pubescentis tubo exserto.

β. **adenocalyx** C. Koch in Linnaea XXI. p. 691 pro sp.; Haussk. symb. p. 43. — *S. thessala* Sint. it. thessal. n. 684. — Caules superne, folia floralia et calyces dense glanduloso-pilosi. — Intermediis ad typum transit. — Exsicc.: Sint. l. c.; Bald. it. alb. epir. IV. n. 42.

In saxosis, dumosis regionis montanae, rare. Epirus: mt. Micikeli (Bald.), Peristeri, Tsumerka (Hal.), pr. Chaliki (Haussk.); mt. Parnassus (Heldr.); in ditione formae plus minusve glandulosae tantum occurrere videntur. — Maio, Aug. ☉

34. S. spinulosa S. et S. pr. I. p. 410; Sieb. avis p. 4, rem. p. 5, Marg. et R. fl. Zante p. 75; Friedr. Reise p. 275; Ung. Reise p. 177; Raul. cret. p. 826; Spreitz. in z. b. G. 1877 p. 716; Bois. fl. or. IV. p. 746; Heldr. fl. cephal. p. 59; Gelmi in bull. soc. bot. ital. 1889 p. 451; Hal. in ö. b. Z. 1896 p. 16; Haussk. symb. p. 42. — *S. betonicaefolia* Desf. choix p. 22 t. 14; Ch. et B. exp. p. 166, Fl. pelop. p. 37. — Exsicc.: Heldr. herb. norm. n. 966 et 966b.

Hispidula, superne glanduloso-pilosa; caulibus erectis vel adscendentibus, simplicibus vel parce ramosis; foliis cordato-ovatis, crenatis, parce hirtis, inferioribus longe petiolatis, floralibus oblongis, sessilibus; verticillastris 4—6 floris, distinctis; bracteis subnullis; calycis late campanulati, glanduloso-pilosi dentibus late ovatis, breviter mucronatis, tubo subtriplo brevioribus; corollae albido-ochroleucae, glandulosae tubo subexserto. — Foliis inferioribus longe petiolatis, cordatis, floribus duplo majoribus a praecedente facillime distinguitur.

In collibus apricis, arvis derelictis regionis inferioris, rarior. Aetolia: pr. Aetolikon (Reis.); Attica: pr. Athenas, Porto Rhaphti (Heldr.); Achaia: pr. Psatopyrgos (Heldr.); insula Poros (Friedr.); Messenia: pr. Methone, Pylos (Chaub.); Creta (Sibth.): pr. Almyros, Lutro (Raul.); Zante (Marg.); Cephalonia: pr. Aphrato (Heldr.); Ithaca (Spreitz.); Corcyra: pr. Potamo (Spreitz.). — Apr. Jun. ⊙

b. Corolla purpurea.

35. **S. serbica** Panc. fl. princ. Serb. p. 564; Haussk. symb. p. 43.

Patule hirsuta; caulibus erectis, simplicibus vel ramosis; foliis petiolatis, ovatis, crenatis, basi rotundatis vel subcordatis, floralibus subsessilibus, varticillastra superantibus; verticillastris 4—8 floris, distantibus; bracteis lanceolatis, calyce aequilongis; calycis hirsuti, demum aucti dentibus lanceolatis, cuspidatis, tubo aequilongis; corollae puberulae limbo calycem vix excedente. — Caulis 10—30 cm. altus.

In herbidis oropedii Neuropolis in Pindo dolopico (Haussk.). — Maio, Jul. ⊙ N. v.

36. **S. arvensis** L. sp. p. 578 (*Glecoma*); L. sp. ed. 2 p. 814; Ch. et B. fl. pelop. p. 37; Weiss in z. b. G. 1869 p. 743; Raul. cret. p. 836; Bois. fl. or. IV. p. 747; Gelmi in bull. soc. bot. ital. 1889 p. 451; Hal. in ö. b. Z. 1897 p. 325. — Icon: Fl. dan. t. 587. — Exsicc.: Heldr. herb. norm. n. 1572.

Patule hirsuta; caulibus erectis vel adscendentibus, simplicibus vel parce ramosis; foliis petiolatis, ovato-cordatis, crenatis, floralibus sessilibus, oblongis, calyce sublongioribus; verticillastris 4—6 floris, distantibus; bracteis nullis; calycis hirsuti dentibus lanceolatis, mucronatis, tubo subaequilongis; corollae puberulae limbo calycem vix excedente.

In locis aridis, ad vias regionis inferioris, rare. Messenia: pr. Messene, Kalamata (Chaub.), Petalidi (Zahn); Creta: pr. Canea (Weiss); Corcyra (Gelmi). — Apr. Jul. ⊙

Obs. *S. palaestina* L. sp. ed. 2 p. 1674, species asiatica, a S. et S. pr. I. p. 409 certe ex confusione quadam „per totam Graeciam copiose" indicatur. — *S. lamioides* Sieb. in Flora I. p. 273, solum nomen: indicatur in Creta, mihi ignota.

17. Ballota L. gen. n. 720.

a. Calycis limbus 5 dentatus.

1. **B. nigra** L. sp. p. 582; S. et S. pr. I. p. 411; Ch. et B. exp. p. 169; Fraas fl. class. p. 180; Clem. sert. p. 77; Weiss in z. b. G. 1869 p. 743; Raul. cret. p. 838; Bois. fl. or. IV. p. 775; Heldr. fl. cephal. p. 59; Form. in D. bot. Mon. 1891 p. 30, in Ver. Brünn 1895 p. 36, 1896 p. 71, 1897 p. 53; Hal. Beitr. fl. Epir. p. 35; Haussk. symb. p. 43. — *B. alba* L. fl. suec. p. 206; Ch. et B. fl. pelop. p. 38; Friedr. Reise p. 274; f. floribus albis. — *B. foetida* Lam. fl. fr. II. p. 381. — *B. rupestris* Form. in D. bot. Mon. 1891 p. 30, in Ver. Brünn 1896 p. 71, non Vis. — Icon: Rchb. t. 17. — Exsicc.: Sint. et Bornm. it. turc. n. 1423; Dörfl. fl. gr. n. 202.

Plus minus hirsuta; caulibus erectis vel adscendentibus, ramosis vel simplicibus; foliis petiolatis, ovatis, grosse dentatis, floralibus verticillastra superantibus; verticillastris multifloris, distantibus; calycis dentibus triangulari lanceolatis, brevibus, in spinulam subpungentem attenuatis; corollae roseae, rarius albae tubo subexserto.

In ruderatis regionis inferioris et montanae passim per totam Graeciam. — Jun. Aug. ♃.

b. Calycis limbus 10 dentatus.

2. **B. hirsuta** Willd. sp. III. p. 113; Sieb. in Flora V. II. p. 639; (*Marrubium*); Nym. syll. p. 98; Hal. Beitr. fl. Epir. p. 35; non Benth. lab. p. 595 et in DC. pr. XII. p. 518, quae ad *Marrubium hispanicum* L. sp. p. 583 spectat. — *Marrubium rupestre* Biv. manip. II. p. 1 t. 1. — *B. hispanica* Benth. lab. p. 597, quoad pl. ital. et dalm. — *B. rupestris* Vis. fl. dalm. II. p. 216; Form. in Ver. Brünn 1895 p. 36. — *B italica* Benth in DC. pr. XII. p. 519; Raul. cret. p. 838. — *B. saxatilis* Guss. fl. sic. syn. II. p. 82, non Sieb. in Benth. lab. p. 596. — Exsicc.: Hal. it. gr. secund. a. 1893.

Hirsuta; caulibus erectis, simplicibus vel ramosis; foliis petiolatis, ovato-cordatis, crenato-dentatis, subtus canescentibus, floralibus verticillastra superantibus vel aequantibus; verticillastris multifloris, distantibus; calycis dentibus lanceolatis, brevibus, abrupte aristatis; corollae carneae tubo exserto.

In dumosis regionis montanae, rarissime. Epirus: pr. Govrica, mt. Micikeli (Form.), infra Kalarrytes (Hal.); ?Creta (Sieb.). — Jul. Aug. ♃

c. Calycis limbus late membranaceo-expansus, crenatus.

3. **B. acetabulosa** L. sp. p. 584; Urv. enum. p. 69; Ch. et B. exp. p 169, Fl. pelop. p. 38; Link in Linn. IX. p. 576; (*Marrubium*); Benth. lab. p. 595; Clem. sert. p. 77; Raul. cret. p. 838; Bois. fl. or. IV. p. 772; Hal. in z. b. G. 1888 p. 761; Hal. Beitr. fl. Aetol. p. 9, Beitr. fl. Thessal. p. 17, Beitr. fl. Achaia p. 30, in ö. b. Z. 1896 p. 16; Form. in D. bot. Mon. 1891 p. 30, 1898 p. 79, in Ver. Brünn

1896 p. 71, 1897 p. 53; Haussk. symb. p. 43; Heldr. fl. Aegina p. 385, chlor. Thera p. 19, chlor. Mykon. p. 249. — *Marrubium pseudodictamnus* S. et S. pr. I. p. 413, Fl. gr. VI. p. 50, t. 562; Friedr. Reise p. 274; Fraas fl. class. p. 181; non L. — *Beringeria acetabulosa* Neck. elem. bot. p. 312; Weiss in z. b. G. 1869 p. 743; Spreitz. in z. b. G. 1887 p. 666. — Exsicc.: Orph. fl. gr. n. 526; Heldr. herb. norm. n. 215, herb. dimorph. n. 42; Sint. it. thessal. n. 1513.

Caulibus erectis vel adscendentibus, simplicibus vel ramosis, patule villosulis; foliis breviter petiolatis, ovatis vel orbiculatis, basi cordatis, grosse crenatis, junioribus utrinque dense albo-lanatis, demum tenuiter canescentibus, floralibus verticillastra aequantibus vel superantibus; verticillastris parum distantibus vel contiguis; calycis tomentelli limbo expanso, membranaceo, tubo multo longiore, irregulariter multicrenato, crenis muticis vel brevissime mucronatis; corollae purpurascentis tubo breviter exserto, labio superiore hirsuto.

In ruderatis, saxosis regionis inferioris et montanae. Thessalia: frequens a Meteora et Kalabaka per planitiem usque ad mare Aegaeum, in Phthiotide et Attica; dein in Aetolia: ad radices mt. Chalkis ad sinum Patranum; pr. Segditza ad radices mt. Kiona (Hal.); Peloponnesus: pr. Nauplia (Link), Poros (Friedr.), in valle fl. Voreikos pr. Megaspilaeon, pr. Kalavryta, Planideri Achaiae (Hal.), mt. Diaforti, pr. Gortys, Francovritzi, Vitiolos, Sparta, Scutari, Monembasia (Chaub.); Sporadum insula Jura (Reiser); Petalium insula Tragonisi (Holzm.); insula Aegina (Heldr.); Cycladum insula: Syra (Weiss), Tenos, Naxos (Chaub.), Rhenea (Tunt.), Melos, Thera (Urv.); Cythaera: mt. Hagios Georgios (Spreitz.); Creta: pr. Aradhena, Anopolis (Raul.). — Apr. Jun. ♃

4. **B. pseudodictamnus** L. sp. p. 583; Sieb. avis p. 4, rem. p. 5, in Flora I. p. 273; (*Marrubium*); Benth. lab. p. 594; Raul. cret. p. 838; Bois. fl. or. IV. p. 772; Spreitz. in ö. b. Z. 1880 p. 346, in z. b. G. 1887 p. 666, 1890 p. 298; Bald. viagg. Creta p. 86. — *Marrubium acetabulosum* S. et S. pr. I. p. 413; non L. — *Beringeria pseudodictamnus* Neck. elem. bot. p. 312; Weiss in z. b. G. 1869 p. 743. — Exsicc.: Rev. pl. cret. n. 142, in Baen. herb. europ. n. 4887, in Magn. fl. sel. n. 941; Bald. it. cret. n. 36.

Praecedenti maxime affinis, ab ea differt foliis multo minoribus, ad 2 cm. tantum (nec ad 6 cm.) longis, etiam adultis dense albo-lanatis, verticillastris distantibus; calycis dense lanati limbo tubo parum longiore, 5 lobo, lobulis accessoriis interdum quinis minimis aucto et corollae labio superiore dense villoso.

In ruderatis, locis aridis regionis inferioris. Creta: pr. Kissamos (Rev.), Canea, Akroteri, Malaxa, Sphakia (Raul.), Herakleion (Heldr.), Kalyves, Vamos, Anopolis (Spreitz.); Anticythera et Cythera (Spreitz.). —. Jun. Jul. ♃

18. Leonurus L. gen. n. 722.

1. L. cardiaca L. sp. p. 584; Ch. et B. fl. pelop. p. 38; Bois. fl. or. IV. p. 753; Form. in D. bot. Mon. 1891 p. 30, in Ver. Brünn 1895 p. 36, 1896 p. 71, 1897 p. 53; Haussk. symb. p. 43. — Icon: Fl. dan. t. 727. — Exsicc.: Sint. et Bornm. it. turc. n. 1403.

Adpresse pubescens vel glabriusculus; caule elato, ramoso; foliis petiolatis, ovatis oblongisve, inferioribus palmatifidis, floralibus trifidis, verticillastro multo longioribus; verticillastris distantibus; calycis glabri dentibus tubo subbrevioribus; corollae roseae, hirsutae tubo intus oblique annulato, labio inferiore trifido, lobo medio integro.

In collibus, ruderatis regionis inferioris et montanae. Epirus: pr. Han Kauberga, Govrica (Form.); Thessalia: mt. Zygos, pr. Chaliki, Klinovo, Korona, Kalabaka, Karditza (Haussk.), Velitsena, Koturi, Said Pascha, Bisula, Mavreli, Vlachava, Jerakari, pr. Portaria et Plessidi in mt. Pelion (Form.), pr. Litochori in Olympo (Sint.); Eurytania: pr. Karpenisi (Samarit.); Achaia: pr. Patras (Daenzer). — Jun. Aug. ♃

2. L. marrubiastrum L. sp. p. 584; Bois. fl. or. IV. p. 754. — *Chaiturus marrubiastrum* Rchb. fl. germ. p. 317, icon. XXVIII. t. 32. —

Adpresse pubescens; caule elato, ramoso; foliis petiolatis, ovato-lanceolatis lanceolatisve, subinciso-dentatis, floralibus verticillastro multo longioribus; verticillastris distantibus; calycis pubescentis dentibus tubo 2—3 plo brevioribus; corollae pallide roseae, pubescentis tubo exannulato, labio inferiore trifido, lobo medio subintegro.

In dumosis humidiusculis pr. Katerina in Olympo thessalo (Heldr.). — Jul. Aug. ♃ N. v.

5. Tribus. NEPETEAE Benth. lab. p. 462.

19. Glechoma L. gen. n. 714.

1. G. hederacea L. sp. p. 578; S. et S. pr. I. p. 404; Ch. et B. fl. pelop. p. 36; Dallap. prosp. p. 82. — Icon: Fl. dan. t. 789.

Glabra vel pubescens; caulibus repentibus, ramis adscendentibus; foliis petiolatis, reniformi-orbiculatis, crenatis; verticillastris 2—3 floris, axillaribus; calycis dentibus triangulari-lanceolatis, tubo 3—4 plo brevioribus; corollae violaceae tubo calyce subtriplo longiore.

In umbrosis Laconiae (Sibth.) et in Cephalonia (Dall.). — Apr. Jun. ♃ N. v.

20. Nepeta L. gen. n. 710.

a. Nuculae laeves.

1. N. cataria L. sp. p. 570; Pieri corc. fl. p. 76; Bois. fl. or. IV. p. 643; Heldr. chlor. Parn. p. 25; Form. in D. bot. Mon. 1891 p. 29, in Ver. Brünn 1895 p. 36, 1896 p. 69, 1897 p. 51; Hal. in ö. b. Z. 1897 p. 325; Haussk. symb. p. 45. — Icon: Fl. dan. t. 580. — Exsicc.: Orph. fl. gr. n. 551; Sint. et Bornm. it. turc. n. 1422.

Pubescenti - canescens; caulibus erectis, ramosis; foliis petiolatis, cordato-ovatis, grosse dentatis, subtus magis canescentibus; cymis breviter pedunculatis, in racemos oblongos, subinterruptos, interdum ramosos congestis; bracteis subulatis, calycis tubo brevioribus; calycis pubescentis, ovati, ore obliqui dentibus lanceolatis, spinuloso-mucronatis, tubo subbrevioribus, superioribus sublongioribus; corollae hirtae, albidae, saepe rubello-punctatae tubo incluso.

In dumosis regionis praesertim montanae et subalpinae. Epirus: pr. Ephemiades, mt. Micikeli (Form.); Thessalia: pr. Sermeniko, mt. Karava, pr. Kastreiki (Haussk.), Kalabaka (Heldr.), Koturi, Kastania et Kataphygi in Pindo, pr. Velestinos, pr. Spilia in mt. Ossa, pr. Miluna (Form.) et Hagios Dionysios (Heldr.) in Olympo; Aetolia: mt. Korax pr. Vustinitza (Tuntas); mt. Parnassus pr. Delphi (Orph.); Achaia: mt. Kyllene (Heldr.); Corcyra (Pieri). — Jun. Aug. ♃

b. Nuculae tuberculatae.

α. Bracteae late ovatae, acutae.

2. **N. scordotis** L. sp. ed. 2 p. 798; Sieb. avis rem. p. 5; Raul. cret. p. 833; Weiss in z. b. G. 1869 p. 743. — *N. tomentosa* Sieb. avis p. 4. — *N. incana* Sieb. avis p. 4, rem. p. 5, sec. Raul. l. c. — Exsicc.: Rev. pl. cret. n. 141.

Tomentoso-lanata; caulibus adscendentibus, elatis, simplicibus vel inferne ramosis; foliis petiolatis, cordato-ovatis, grosse crenatis, subtus magis canescentibus, floralibus sessilibus; verticillastris multifloris, densis, inferioribus distinctis, superioribus approximatis; bracteis calycem aequantibus; calycis villoso-lanati dentibus subaequalibus, lanceolato-subulatis, tubo aequilongis; corollae puberulae, coerulescentis tubo calyce sesquilongiore. — Stirps pulchra, habitu *Stachydis circinnatae*.

In incultis, siccis regionis inferioris Cretae: pr. Kissamos (Rev.), Canea, promontorium Meleka, Perama (Raul). — Mart. Maio. ♃

β. Bracteae oblongo-lanceolatae, lineares vel subulatae.

× Radix fasciculato-fusiformis.

3. **N. melissaefolia** Lam. dict. I. p. 703; Desf. choix pl. p. 19 t. 12; Urv. enum. p. 65; Raul. cret. p. 633; Bois. fl. or. IV. p. 659. — Exsicc.: Heldr. pl. cret. n. 1460.

Pubescens; caulibus adscendentibus, simplicibus; foliis petiolatis, cordato-ovatis, crenatis, floralibus oblongis, sessilibus; verticillastris plurifloris, distinctis; bracteis subulatis, calyce multo brevioribus; calycis breviter hirti, ore obliqui dentibus lanceolatis, acutis, tubo 4 plo brevioribus, superioribus submajoribus; corollae puberulae, coerulescentis tubo breviter exserto, labio inferiore coeruleo, rubro-punctato. — Ab omnibus radice fibris fusiformibus, fasciculatis distinctissima.

In dumosis regionis inferioris. Creta: inter Chersonesos et Malea (Raul.), pr. Sakro distr. Sitia (Heldr.); Cycladum insula Melos (Urv.). — Apr. Maio. ♃

×× Radix non fasciculato-fusiformis.

○ Folia pleraque sessilia; verticillastra laxiuscula, laxe racemosa; calycis dentes acuti; flores saepissime violacei.

4. **N. nuda** L. sp. p. 570; S. et S. pr. I. p. 398, Fl. gr. VI. t. 547; Benth. lab. p. 486; Bois. fl. or. IV. p. 663, suppl. p. 362; Freyn. in Flora 1884 p. 682; Hal. in z. b. G. 1888 p. 761; Heldr. chlor. Parn. p. 25. — *N. violacea* Vill. fl. delph. II. p. 367; Form. in D. bot. Mon. 1891 p. 29; Hal. Beitr. fl. Epir. p. 36, in ö. b. Z. 1897 p. 325; non L. — Exsicc.: Orph. fl. gr. n. 432; Heldr. herb. norm. n. 261; Dörfl. fl. gr. n. 211.

Minute pubescens vel glabriuscula; caulibus erectis, stricte paniculatis, ramis subaequilongis; foliis sessilibus vel inferioribus breviter petiolatis, oblongis vel oblongo-lanceolatis, crenatis, basi cordatis; verticillastris secus paniculae ramos densiuscule racemosis, breviter pedunculatis inflorescentiam plus minus confertam formantibus; bracteis subulatis, calyce brevioribus; calycis pubescentis, fructiferi ovati dentibus subaequalibus, lanceolatis, acutis, tubo subbrevioribus; corollae violaceae, pubescentis tubo subexserto. — Bracteae, calycis dentes et corollae plantae graecae fere semper violaceae; flores nunc androdynami, majores, nunc gynodynami minores.

β. **epirota**. — Verticillastra longiuscule pedunculata, multiflora, racemum simplicem, densiusculum, angustum, elongatum formantia; flores parvi; ulterius observanda. — Exsicc.: Hal. it. gr. sec. a. 1893.

In herbidis saxosis regionis subalpinae et alpinae mt. Tymphrestus, Oeta (Heldr.), Korax (Tunt.), Kiona (Hal.), Parnassus (Sibth.), Ossa (Form.); — *β*. mt. Tsumerka pr. Vulgarelion in Epiro (Hal.). — Jun. Aug. ♃

5. **N. pannonica** L. sp. p. 570; Jacq. en. pl. vind. p. 106, Fl. austr. II. t. 129; Haussk. symb. p. 45; Form. in Ver. Brünn 1897 p. 51. — Exsicc.: Sint. it. thessal. n. 1144.

Differt (an specifice) a praecedente ramis paniculae inferioribus patulis, longioribus, inflorescentiam laxam pyramidatam formantibus, verticillastris distantibus.

In dumosis, silvaticis subalpinis. Thessalia: in oropedio Neuropolis, pr. monasterium Korona (Haussk.), mt. Agrapha, Karava, Ghavellu, pr. Kalivia, Sermenikon in Pindo, mt. Pirgo, Alafovris, Mavrika et Katasara in mt. Othrys (Form.), mt. Ossa (Heldr.); Doris: mt. Kiona pr. Segditza (Hal.). — Jun. Aug. ♃

○○ Folia petiolata; verticillastra densa, superiora in spicam oblongam congesta; calycis dentes aristato-mucronati; flores albi. Species valde affines.

. Calycis dentes tubo aequilongi.

6. **N. Sibthorpii** Benth. lab. p. 474; Bois. fl. or. IV. p. 652. — *N. italica* S. et S. pr. I. p. 399, Fl. gr. VI. t. 548; Link in

Linnaea IX. p. 575; Ch. et B. fl. pelop. p. 36; Friedr. Reise p. 277; non L. sp. p. 571, quae indumento tenuiore, verticillastris distinctis et calyce minus profunde fisso specifice differre videtur. — *N. argolica* Ch. et B. exp. p. 163 t. 16, Fl. pelop. p. 36 t. 17; Link l. c. — Exsicc.: Heldr. herb. norm. n. 555, herb. fl. hellen. n. 76, in Baen. herb. europ. n. 3219; Orph. fl. gr. n. 210 et 210 bis; Dörfl. fl. gr. n. 422.

Caulibus erectis vel adscendentibus, adpressissime cinereo-velutinis, simplicibus vel parce ramosis; foliis adpresse cano-tomentosis, breviter petiolatis, ovato-oblongis, cordatis, crenatis; verticillastris in spicam oblongam condensatis, inferioribus saepius distantibus; bracteis oblongo-lanceolatis, subulato-aristatis, late scarioso-marginatis, calycem aequantibus; calycis adpresse tomentelli dentibus subaequalibus, aristatis, tubo aequilongis; corollae albae, pubescentis tubo calycem non excedente.

In dumosis saxosis regionis inferioris, in subalpinam adscendens. Attica: pr. Athenas (Sibth.), mt. Parnes, Pateras (Heldr.); isthmus Corinthiacus (Chaub.); Argolis: pr. Nauplia (Link), Argos, in peninsula Methana (Chaub.), pr. Poros (Friedr.); Achaia: mt. Kyllene (Orph.), pr. Patras (Link). — Maio, Jul. ♃

7. **N. parnassica** Heldr. et Sart. in Bois. diagn. ser. 2. IV. p. 22, Fl. or. IV. p. 654; Heldr. chlor. Parn. p. 25. — *N. Sibthorpii* Form. in Ver. Brünn 1896 p. 69; Haussk. symb. p. 45; non Benth. — Huc probabiliter: *N. Spruneri* Form. in Ver. Brünn 1896 p. 69, 1897 p. 51, vix Bois. — Exsicc.: Heldr. herb. norm. n. 66, it. thessal. IV. p. 1885; Orph. fl. gr. n. 433; Dörfl. fl. gr. n. 198.

Caulibus erectis vel adscendentibus, pilis patulo-crispulis, viscidulis villosulis, simplicibus vel ramosis; foliis villoso-sublanatis, viscidulis, virentibus, breviter petiolatis, ovato-oblongis, truncato-subcordatis, crenatis; verticillastris in spicam oblongam condensatis, inferioribus saepius distantibus; bracteis lanceolatis, subulato-aristatis, anguste scarioso-marginatis, calycem subaequantibus; calycis breviter patuleque hirti dentibus subaequalibus, aristatis, tubo aequilongis; corollae albae, pubescentis tubo calycem non excedente. — *N. Sibthorpii* maxime affinis, ab ea indumento patulo, viscidulo, foliis virentibus, bracteis anguste marginatis discedit.

β. **Orphanidea** Bois. diagn. ser. 2 IV. p. 22 pro sp.; Bois. fl. or. IV. p. 654. — *N. laconica* Orph. fl. gr. n. 84. — Indumentum subbrevius, vix viscidulum, folia canescentia.

In rupestribus regionis mediae et superioris. Thessalia: mt. Baba pr. Klinovo in Pindo tymphaeo (Heldr.), pr. Miluna, Patsios, Godaman et Diodendron in Olympo, pr. Longici in mt. Othrys (Form.). mt. Ossa et in mt. Parnassus (Heldr.); — β. mt. Malevo supra Kastanitza (Orph.). — Jun. Aug. ♃

8. **N. Spruneri** Bois. diagn. ser. 2 IV. p. 23, Fl. or. IV. p. 654; Form. in D. bot. Monat. 1890 p. 29, in Ver. Brünn 1895 p. 36; Hal. Beitr. fl. Epir. p. 36, in ö. b. Z. 1897 p. 325; Haussk. symb.

p. 45. — *N. tymphrestea* Heldr. et Sart. in Heldr. herb. norm. n. 663. — *N. italica v. Spruneri* Bald riv. coll. bot. alb. 1895 p. 63. — Exsicc.: Heldr. l. c.; Bald. it. alb. epir. III. n. 80; Sint. it. thessal. n. 683.

Caulibus erectis vel adscendentibns, adpressissime cinereo-velutinis, stricte ramosis; foliis adpresse tomentellis, virentibus, breviter petiolatis, ovato-oblongis, cordatis, crenatis; verticillastris in spicam oblongam condensatis, inferioribus distantibus; bracteis lineari-lanceolatis, breviter aristatis, angustissime marginatis; calycis adpresse tomentelli dentibus subaequalibus, breviter aristatis, tubo subaequilongis; corollae albae, pubescentis tubo calycem vix excedente. — Differt a *N. Sibthorpii*, cui indumento affinis, verticillastris magis dissitis et praesertim bracteis lineari-lanceolatis, angustissime marginatis; a *N. parnassica* indumento adpresso, non viscidulo, calyce minus profunde fisso.

In saxosis subalpinis. Epirus: mt. Micikeli (Form.), pr. Dodona (Bald.), pr. Vulgarelion in mt. Tsumerka, pr. Kalarrytes in mt. Peristeri (Hal.); Thessalia: pr. Chaliki, Lepeniza (Form.), mt. Oeta (Heldr.); Aetolia: mt. Tymphrestus (Samar.), Korax (Tunt.). — Jun. Aug. ♃

.. Calycis dentes tubo subduplo breviores.

9. **N. dirphya** Heldr. herb. norm. n. 777. — *N. Sibthorpii β. dirphya* Bois. fl. or. IV. p. 652.

Caulibus erectis vel adscendentibus, tomentoso-lanatis, simplicibus vel ramulosis; foliis adpresse cano-tomentosis, breviter petiolatis, ovato-oblongis, cordatis, crenatis; verticillastris in spicam oblongam condensatis, inferioribus saepe distantibus; bracteis lineari-subulatis, angustissime marginatis, calycis tubum aequantibus vel eo brevioribus; calycis tomentelli dentibus subaequalibus, breviter aristatis, tubum dimidium aequantibus; corollae albae, purpureo-punctatae, pubescentis tubo calycem non excedente. — A *N. Sibthorpii* caulibus tomentoso-lanatis, nec adpressissime cinero-velutinis, a *N. parnassica* indumento breviore, vix viscidulo, foliis manifeste canis, ab ambabus bracteis brevioribus subulatis, angustissime marginatis et calycis dentibus tubo subduplo brevioribus, nec eum aequantibus, a *N. Spruneri* indumento tomentoso-lanato, foliis canis, verticillastris approximatis et calyce minus profunde fisso distinguitur.

In rupestribus cacuminis mt. Dirphys Euboeae (Heldr.). — Jul. Aug. ♃

10. **N. camphorata** Bois. et Heldr. diagn. VII. p. 49, Fl. or. IV. p. 653. — Exsicc.: Heldr. herb. a. 1876; Pichl. pl. gr. a. 1876.

Caulibus erectis vel adscendentibus, pilis patulo-crispulis, viscidulis villosulis, inferne ramosis; foliis villoso-sublanatis, viscidulis, virentibus, breviter petiolatis, ovatis, cordatis, crenatis; verticillastris remotis, longe racemosis; bracteis subulatis, calyce duplo brevioribus; calycis patule hirti dentibus subaequalibus, aristatis, tubum dimidium aequantibus; corollae albae, purpureo-punctatae, pubescentis tubo calycem vix excedente. — Ab omnibus antecedentibus gracilitate, foliis parvis, verticillastris omnibus remotis, parvis, avellanae minoribus distincta.

In alveo torrentis Pentaplon in regione abietina mt. Taygetos (Heldr.). — Jun. Jul. ♃

11. **N. Heldreichii.** — *N. camphorata* Heldr. herb. norm. n. 1470, non Bois. et Heldr. l. c.

Caulibus erectis vel adscendentibus, adpressissime cinereo-velutinis, inferne ramosis; foliis minutis, adpresse canis, breviter petiolatis, ovatis, cordatis, crenulatis; verticillastris remotis, longe racemosis; bracteis subulatis, calyce 2—3 plo brevioribus; calycis viridis, tenuissime adpresse tomentelli dentibus subaequalibus, aristatis, tubum dimidium aequantibus; corollae albae, purpureo-punctatae, pubescentis tubo calycem vix excedente. — Stirps gracilis, foliis circiter 5—10 mm. longis, adultis interdum majoribus. A praecedente, cui habitu maxime affinis, indumento adpressissimo caulis, non viscidulo, foliis minoribus, canis, calycibus viridibus, sub lente tantum tenuissime tomentellis, glandulis sessilibus pellucidis punctatis, statim diagnoscitur, id est ab ea fere eodem modo differt, uti *N. Spruneri* a *N. parnassica.*

In regione abietina mt. Taygetos Laconiae (Zahn). — Jun. Jul. ♃

6. Tribus. **SATUREIEAE** Benth. lab. p. 324.

21. **Melissa** L. gen. n. 728.

1. **M. officinalis** L. sp. p. 592; S. et S. pr. I. p. 423; Pieri corc. fl. p. 80; Dallap. prosp. p. 84; Ch. et B. exp. p. 173, Fl. pelop. p. 39; Marg. et R. fl. Zante p. 74; Friedr. Reise p. 275; Heldr. Nutzpfl. p. 33, Fl. cephal. p. 58; Bois. fl. or. IV. p. 584; Form. in D. bot. Mon. 1891 p. 29, in Ver. Brünn 1895 p. 36, 1896 p. 68, 1897 p. 51; Hal. Beitr. fl. Epir. p. 36; Haussk. symb. p. 45. — *M. cordifolia* Pers. syn. II. p. 132. — *M. altissima* S. et S. pr. I. p. 423, Fl. gr. VI. p. 62 t. 579; Sieb. avis p. 4, rem. p. 5; Ch. et B. l. c.; Fraas fl. class. p. 182; Heldr. Nutzpfl. p. 33; Raul. cret. p. 831. — Exsicc.: Orph. fl. gr. n. 534; Rev. pl. cret. n. 133; Sint. et Bornm. it. turc. n. 1427; Sint. it. thessal. n. 1034.

Hirsuta vel villosa; caulibus elatis, ramosis; foliis ovatis, serrato-dentatis, basi saepe cordatis, floralibus sensim diminutis; cymis axillaribus subsessilibus, 3—5 floris; calyce campanulato, bilabiato, labio superiore breviter tridentato, inferiore bipartito; corolla alba, calyce subduplo longiore. — Variat indumento, magnitudine foliorum, forma eorum baseos nunc truncato, nunc cordato, longitudine corollarum.

In dumosis regionis inferioris et montanae passim per totam Graeciam. — Jun. Aug. ♃

22. Calamintha Tourn. inst. t. 92.

1. Sectio. *Clinopodium* L. gen. n. 725. — Flores in verticillastra globosa congesti, bracteis setaceis numerosis involucrati; calycis tubus non gibbus.

1. **C. clinopodium** Benth. in DC. pr. XII. p. 233; Bois. fl. or. IV. p 579; Heldr. fl. cephal. p. 58; Form. in Ver. Brünn 1896 p. 68, 1897 p. 51, in D. bot. Mon. 1898 p. 79. — *Clinopodium vulgare* L. sp. p. 587; S. et S. pr. I. p. 416; Ch. et B. exp. p. 171, Fl. pelop. p. 38; Raul. cret. p. 831; Hal. Beitr. fl. Epir. p. 36, Beitr. fl. Thessal. p. 17; Form. in Ver. Brünn 1895 p. 36. — *C. plumosum* Sieb. in Flora 1822 p. 242. — *C. Plumieri* Fraas fl. class. p. 181. Icon: Fl. dan. t. 930. — Exsicc.: Heldr. it. thessal. n. 60.

Patule pubescens vel villosa; caulibus erectis vel adscendentibus, simplicibus vel ramosis; foliis breviter petiolatis, ovatis vel ovato-oblongis, subcrenatis; verticillastris multifloris, distantibus, summo capitulum terminale formante; bracteis calyces aequantibus, longe ciliatis; calycis breviter pedicellati, incurvi, breviter birti ciliisque longis obsiti, fauce nudi dentibus lanceolatis, labii inferioris multo profundius fissis; corolla purpurea, rarissime alba, calyce duplo longiore.

In silvaticis dumosisque regionis montanae. Frequens in Epiro et Thessalia, in montibus Atticae et Peloponnesi; Euboea: mt. Telethrion (Heldr.); Creta (Sibth.): pr. Enneachoria (Raul.); Cephalonia: pr. Spartia, Omala, mt. Gerolaki, Akoli (Heldr.); Corcyra (Form.). — Jun. Aug. ⚹|

2. Sectio. *Eucalamintha* Gr. et Godr. fl. fr. II. p. 662. — Flores in cymas 3—multifloras dispositi, ad apicem caulis vel ramorum racemum plus minus laxum formantes; bracteae parvae; calycis tubus vix gibbus.

a. Corolla ampla, ad 3 cm. longa.

2. **C. grandiflora** L sp. p. 592; S. et S. pr. I. p. 423; Ch. et B. exp. p. 173, Fl. pelop. p. 39; (*Melissa*); Moench meth. p. 408; Bois fl. or. IV. p. 576; Hal. Beitr. fl. Thessal. p. 17; Form. in Ver. Brünn 1896 p. 69, 1897 p. 51; Haussk. symb. p. 46. — Icon: Rchb. t. 75. — Exsicc.: Orph. fl. gr. n. 293; Heldr. herb. norm. n. 21.

Pubescens vel glabrescens; rhizomate repente; caulibus erectis vel adscendentibus, simplicibus vel parce ramosis; foliis petiolatis, ovatis vel oblongis, grosse serratis, basi rotundatis vel cuneatis; cymis pedunculatis, 3—7 floris, laxis; bracteis lanceolatis; calycis sparsim birti, fauce subnudi dentibus lanceolatis, superioribus adscendentibus, inferioribus sublongioribus, porrectis; corolla rosea, calyce 2—3 plo longiore; nuculis atris. — Foliis magnis, laete viridibus, profunde serratis et corolla ampla eximia.

In silvis regionis subalpinae. Thessalia: mt. Oxya pr. Chaliki (Hal.), mt. Zygos, Karava, Ghavellu (Haussk.), pr. Mandra Kalivia et Munari in mt. Agrapha, pr. Hepdominta Aderfia in mt. Oxya, mt. Mitrica et pr. Phlambures in mt. Chassia (Form.), mt. Olympus (Orph.), mt. Oeta (Heldr.); Euboea: mt. Dirphys (Leon.); mt. Parnassus (Guicc.); Achaia: mt. Kyllene (Orph.); Laconia (Sibth.); mt. Taygetos (Heldr.). — Jun. Aug. ♃

    b. Corolla parva, ad 15 mm. longa.
        α. Folia dentato-serrata.
           × Calycis dentes valde inaequales, inferiores multo longiores tubo aequilongi.

3. **C. officinalis** Moench meth. p. 409; Bald. riv. coll. bot. alb. 1896 p. 85; Haussk. symb. p. 46; Form. in Ver. Brünn 1897 p. 51. — *Melissa calamintha* L. sp. p. 593; Friedr. Reise p. 264. — *Thymus calamintha* Sm. fl. brit. II. p. 641. — Icon: Rchb. t. 75. — Exsicc.: Sint. it. thessal. n. 1215.

Rhizomate subrepente; caulibus erectis vel adscendentibus, simplicibus vel ramosis, hirtis; foliis majusculis, petiolatis. ovatis, dentato-serratis, utrinque pubescentibus; cymis axillaribus, paucifloris, longiuscule pedunculatis, inferioribus folio florali aequilongis; pedicellis calyce aequilongis vel longioribus; bracteis parvis, subulatis; calycis hirti, fauce subnudi dentibus superioribus lanceolatis, recurvis, inferioribus multo longioribus, lineari-subulatis, rectis, tubo aequilongis; corolla rosea, calyce 2—3 plo longiore; nuculis subglobosis.

In dumosis montanis, rare. Epirus: mt. Micikeli (Bald.); Thessalia: mt. Baba, Ghavellu (Haussk.), pr. Sermeniko et Bisula in mt. Agrapha, pr. Phlambures et mt. Mitrica in mt. Chassia (Form.); Achaia: pr. Patras (Friedr.). — Jul. Aug. ♃

          ×× Calycis dentes minus inaequales, inferiores parum longiores, tubo breviores.

4. **C. thessala** Haussk. symb. p. 46. — Exsicc.: Sint. it. thessal. n. 1032.

Rhizomate subrepente; caulibus erectis vel adscendentibus, simplicibus vel ramosis, sparsim pilosis; foliis majusculis, petiolatis, ovatis, dentato-serratis, laete viridibus, supra glabris, subtus ad nervos parce pilosis; cymis axillaribus, paucifloris, longiuscule pedunculatis, inferioribus folio florali aequilongis; pedicellis calyce brevioribus; bracteis parvis, subulatis; calycis parce hirtuli, fauce subnudi dentibus lanceolato-subulatis, superioribus subrecurvis, inferioribus longioribus, rectis, tubo brevioribus; corolla rosea, calyce duplo longiore; nuculis ovoideis. — Differt a praecedente indumento parcissimo, foliis laete viridibus et calycis dentibus minus inaequalibus.

In rupestribus ad Kastreiki (Sint.) et ad monasterium Meteora pr. Kalabaka Thessaliae (Haussk.). — Jul. Aug. ♃

5. **C. nepetoides** Jord. obs. IV. p. 16 t. 2. — *C. officinalis* Hal. in ö. b. Z. 1890 p. 40, non Moench. — Exsicc.: Orph. fl. gr. n. 531 (*f. cana*); Sint. it. or. a. 1889 n. 1878 (*f. virescens*).

Rhizomate repente; caulibus erectis vel adscendentibus, simplicibus vel ramosis, molliter hirtis; foliis mediocribus, petiolatis, ovatis, dentatis, pubescenti-canescentibus; cymis axillaribus, saepius plurifloris, longe pedunculatis, folia floralia superantibus; pedicellis calyce aequilongis; bracteis minutis; calycis birti, fauce villis exsertis vestiti dentibus superioribus lanceolatis, subrecurvis, inferioribus parum longioribus, lineari-subulatis, rectis, tubo brevioribus; corolla rosea, calyce duplo longiore; nuculis ovoideis. — A praecedentibus cymis longe pedunculatis, folio florali multo longioribus discedit.

In dumosis, silvaticis. Thessalia: pr. Litochoron (Orph.) et Hagios Dionysios (Sint.) in Olympo; Eurytania: mt. Chelidoni (Heldr.). — Jul. Aug. ♃

β. Folia crenata.

6. **C. nepeta** L. sp. p. 593; Ch. et B. exp. p. 173, Fl. pelop. p. 39; Marg. et R. fl. Zante p. 74; Friedr. Reise p. 264; (*Melissa*); Savi fl. pis. II. p. 63; Raul. cret. p. 830; Bois. fl. or. IV. p. 577; Heldr. fl. cephal. p. 58; Form. in Ver. Brünn 1895 p. 36, 1896 p. 69, 1897 p. 51; Haussk. symb. p. 46. — *Thymus nepeta* Sm. fl. brit. II. p. 642; S. et S. pr. I. p. 422. — *Melissa calamintha* Dall. prosp. p. 85, sec. Heldr. l. c., non L. — *Thymus calamintha* Fraas fl. class. p. 177, non Sm. — *C. Spruneri* Bois. diagn. XII. p. 53. — *C. incana* Clem. sert. p. 75 p. p., non Bois. et Heldr. — *C. adscendens* Form. in D. bot. Mon. 1891 p. 29, non Jord. — Icon: Rchb. t. 76. — Exsicc.: Heldr. herb. norm. n. 222 et 872, herb. fl. hellen. n. 113, in Magn. fl. sel. 3830 et 3831; Sint. it. thessal. n. 1252.

Molliter pubescenti-canescens; rhizomate obliquo, lignoso; caulibus adscendentibus, simplicibus vel ramosis; foliis parvis, petiolatis, ovatorhombeis, crenatis; cymis axillaribus, paucifloris, breviter pedunculatis, folio florali longioribus; pedicellis calyce subbrevioribus; bracteis minutis; calycis pubescentis, fauce villis exsertis vestiti dentibus superioribus lanceolatis, subrecurvis, inferioribus parum longioribus, lineari-subulatis, rectis, tubo brevioribus; corolla rosea, calyce subduplo longiore; nuculis ovoideis. — A praecedente rhizomate lignoso, foliis minoribus, crenatis, cymis paucifloris, breviter pedunculatis, pedicellis brevioribus et floribus minoribus discedit.

In saxosis, locis sterilibus regionis calidae, passim per totam Graeciam. — Jul. Aug. ♃

γ. Folia parva, subintegerrima.

7. **C. incana** S. et S. pr. I. p. 421, Fl. gr. VI. p. 62 t. 577; Ch. et B. fl. pelop. p. 38; Fraas fl. class. p. 178; (*Thymus*); Bois. et Heldr. in DC. pr. XII. p. 226, diagn. XII. p. 52, Fl. or. IV. p. 578; Clem. sert. p. 75 p. p.; Haussk. symb. p. 46; Heldr. fl. Aegina p. 385. — *Thymus lanuginosus* Ch. et B. exp. p. 172, non Mill. — Exsicc.: Orph. fl. gr. n. 258; Heldr. herb. norm. 419 et 873a, in Baen. herb. europ. n. 7274, it. thessal. n. 61.

Tota dense tomentoso-cana; rhizomate obliquo, lignoso; caulibus decumbentibus, ramosis; foliis parvis, petiolatis, orbiculatis, subintegerrimis; cymis axillaribus, 2—6 floris, brevissime pedunculatis, folio florali longioribus; pedicellis calyce longioribus; bracteis minimis; calycis fauce villosi labio superiore lato, brevissime tridentato, inferioris aequilongi dentibus lanceolatis; corolla rosea, calyce duplo longiore; nuculis ovatoglobosis. — Transitum ad sectionem sequentem praebet.

β. **calvescens** Heldr. herb. norm. n. 873 b. — Tomento praesertim in parte superiori plantae rarescenti; corolla majore, calyce triplo longiore.

In campis incultis, aggeribus regionis inferioris et montanae. Attica: ubique pr. Athenas, pr. Stadion in colle Turcovuni, mt. Hymettus, insula Aegina (Heldr.); Argolis: pr. Troezene, insula Tenos Cycladum (Chaub.). — Sept. Nov. ♃

Obs. Secundum Bois. fl. or. IV. p. 578 circa Athenas formae inter *C. nepetam* et *C. incanam* hybridae (*C. Boissieri* Briqu. lab. alp. marit. p. 432 sub *Satureia*) interdum occurrunt.

8. **C. cretica** L. sp. p. 593 (*Melissa*); Benth. in DC. pr. XII. p. 227; Raul. cret. p. 830; Bois. fl. or. IV. p. 578; Bald. viagg. Creta p 84. — *Thymus hirtus* Sieb. avis p. 4, rem. p. 5, non Willd. nec alior. — Huc probabiliter: *Micromeria marifolia* Raul. cret. p. 830, non Benth. — Exsicc.: Rev. pl. cret. n. 131; Bald. it. cret. n. 86, it. cret. alt. n. 347.

Tota dense cano-villosa; rhizomate obliquo, lignoso; caulibus decumbentibus, ramosis; foliis parvis, petiolatis, ovatis, subintegris; cymis axillaribus, 2—6 floris, breviter pedunculatis, fólio florali sublongioribus; pedicellis calyce subbrevioribus; bracteis minimis; calycis fauce villosi dentibus labii superioris lanceolatis, inferioribus parum longioribus lanceolato-subulatis, tubo brevioribus; corolla albida, calyce duplo longiore; nuculis globosis. — Indumento e pilis patulis flexuosis constante egregia.

In lapidosis regionis subalpinae. Cretae: pr. Askyphos, Omalos, mt. Volakia (Raul.), ad Hellinoseli (Bald.), mt. Lakus (Rev.). — Jun. Aug. ♃

3. Sectio. *Acinos* Moench. meth. p. 407. — Flores axillares, singillatim pedicellati; bracteae minutae vel nullae, calycis tubus supra basin gibbus.

a. Perennes vel perennantes.

α. Dentes calycis labii superioris eis inferioris duplo latiores, fructiferi patuli.

9. **C. alpina** L. sp. p. 591; S. et S. pr. I. p. 420; Pieri corc. fl. p. 80 (*Thymus*); Lam. fl. fr. II. p. 394; Bois. fl. or. IV. p. 581; Heldr. fl. cephal. p. 58, cblor. Parn. p. 25; Hal. Beitr. fl. Epir. p. 36, Beitr. fl. Thessal. p. 17, Beitr. fl. Achaia p. 30; Bald. riv. coll. bot. alb. 1896 p. 85; Form. in Ver. Brünn 1897 p. 51; Haussk. symb. p. 47. — *Acinos alpinus* Moench. meth. p. 407; Raul. cret.

p. 828. — *Thymus acinos* Ch. et B. exp. p. 172, Fl. pelop. p. 38 p. p. — Icon: Jacq. fl. austr. I. t. 97. — Exsicc.: Orph. fl. gr. n. 532.

Caespitosa; caulibus e basi diffusa, radicanti adscendentibus, reflexopuberulis, basi lignosis, flexuosis; foliis petiolatis, ovatis vel ellipticis, acutis, a medio dentatis vel subintegerrimis, glabris vel glabriusculis, floralibus calyces aequantibus; floribus 2—5 ad axillas superiores breviter pedunculatis; calycis patule hirti, fauce villosi, basi gibbi labiis tubo duplo brevioribus; corollae violaceae, calyce $2^1/_2$ plo longioris tubo superne valde ampliato.

β. **nebrodensis** Kern. et Strobl. in ö. b. Z. 1897 p. 171, Fl. nebrod. p. 398, pro sp. — *C. alpina v. meridionalis* Haussk. symb. p. 47. — *C. suaveolens* Hal. Beitr. fl. Achaia p. 30, non Bois. — Folia ad nervos vel omnino puberula; calyx breviter vel longe hirsutus. — Intermediis ad typum transit. — Exsicc.: Orph. fl. gr. n. 283.

γ. **granatensis** Bois. et Reut. pug. p. 94 pro sp. — *C. aetnensis* Strobl. in ö. b. Z. 1874 p. 29. — *C. meridionalis* Nym. consp. p. 589. — Minor, folia parva, circa 5 mm. longa, glabriuscula vel puberula; flores fere dimidio minores; calyx pilis subaduncis hirtus. — Intermediis ad typum transit. — Exsicc.: Dörfl. fl. gr. n. 331.

δ. **pentelica** Haussk. symb. p. 48. — Folia magis conferta, utrinque pube brevi denso tomentella, incana, floralia calyces superantia; verticillastra conferta. — Exsicc.: Leon. pl. gr. a. 1897.

ε. **major** Haussk. symb. p. 47, pro var. *C. patavinae*. — Caules firmiores; folia majora, elliptica, acutissima, glabra vel margine ciliata, floralia flores superantia; calyx submajor, longe denseque hirsutus, fauce valde villosus. — Propter calycis labii superioris dentes patentes meo sensu ad formas *C. alpinae*, nec *C. patavinae* pertinet. — Exsicc.: Sint. it. thessal. n. 198.

In lapidosis regionis subalpinae et alpinae. Epirus: mt. Vratedon distr. Zagorion (Bald.), mt. Tsumerka, Peristeri (Hal.); Thessalia: mt. Oxya pr. Chaliki (Hal.), Zygos (Haussk.) et Karava in Pindo, mt. Pirgo et Mavrika in mt. Othrys (Form.), mt. Olympus; mt. Korax Aetoliae, mt. Parnassus (Heldr.); Peloponnesus: pr. Megaspilaeon (Hal.), mt. Chelmos, Kyllene, Malevo (Orph.), Diaforti (Chaub.); Creta: mt. Hellinoseli (Heldr.) in mt. Sphacioticis (Sibth.), mt. Ida (Raul.); Cephalonia: mt. Aenos (Heldr.); Corcyra (Pieri); — γ. mt. Parnes (Heldr.) et Pentelicon (Haussk.) Atticae; — δ. pr. Klinovo in Pindo tymphaeo)Sint.). — Maio, Aug. ♃.

β. Dentes calycis labii superioris eis labii inferioris subsimiles, fructiferi porrecti.

10. **C. suaveolens** S. et S. pr. I. p. 420 (*Thymus*); Bois. fl. or. IV. p. 582; Hal. in z. b. G. 1888 p. 761; Heldr. chlor. Parn. p. 25; Form. in D. bot. Mon. 1891 p. 29, in Ver. Brünn 1896 p. 69, 1897 p. 51; Haussk. symb. p. 47 *v. canescens*; Bald. riv. coll. bot. alb.

1896 p. 36. — Probabiliter: *T. acinos* Ch. et B. exp. p. 172, Fl. pelop. p. 38, p. p. — Exsicc.: Heldr. herb. norm. n. 221; Orph. fl. gr. n. 550.

Perennis, molliter et patule canescens; caulibus e rhizomate indurato adscendentibus; foliis petiolatis, ellipticis vel elliptico-lanceolatis, acutis, parce denticulatis, floralibus calycem parum superantibus; verticillastris 5—9 floris, spicam longam, laxiusculam formantibus; calycis patule hirsuti, fauce villosi, basi gibbi dentibus subaequilongis, a basi sublatiore subulatis, rectis, tubo triplo brevioribus; corollae roseae calyce duplo longioris tubo exserto.

β. **viridis** Heldr. et Haussk. symb. p. 47. — Caulibus brevissime, interdum ad angulos tantum pilosiusculis; foliis glabris, viridibus, ellipticolanceolatis, acute denticulatis; spica abbreviata; calyce breviter et adpressiuscule hirto. — Exsicc.: Sint. it. thessal. n. 463 et 1033; Bald. it. alb. epir. IV. n. 85.

γ. **meteorica** Haussk. symb. p. 47. — Caulibus glabris vel ad angulos tantum sparse pilosiusculis; foliis glaberrimis, viridibus, anguste lanceolatis, acutissimis, acute denticulatis; spica abbreviata; calyce breviter et adpressiuscule hirto. — Exsicc.: Heldr. it. thessal. IV. a. 1885.

In rupestribus regionis montanae et subalpinae. Thessalia: mt. Zygos, Said Pascha, Karava, Oxya, Chassia, pr. Kalabaka, Trikala, Velestinos (Form.), Tyrnovo, Pharsalus, Aivali (Haussk.), mt. Olympus (Auch.), Ossa, Pelion (Form.), Oeta (Heldr.); mt. Kiona pr. Segditza (Hal.), mt. Parnassus, Pateras (Heldr.); Peloponnesus: mt. Kyllene, Taygetos (Heldr.); — *β*. Epirus: mt. Olycika, Micikeli (Haussk.); Thessalia: pr. Chaliki, Kalabaka (Haussk.); — *γ*. pr. Malakasi, Meteora (Haussk.). — Maio, Jul. ♃

11. **C. patavina** Jacq. obs. IV. p. 7 t. 87 (*Thymus*); Host. fl. austr. II. p. 133; Haussk. symb. p. 46. — *C. suaveolens* Hal. Beitr. fl. Thessal. p. 36, non Bois. — Exsicc.: Sint. it. thessal. n. 678.

Perennans, pubescens; caulibus e basi diffusa, radicanti adscendentibus; foliis petiolatis, ellipticis, acutis, parce denticulatis, floralibus calycem superantibus; verticillastris 3—6 floris, spicam interruptam formantibus; calycis patule hirti, fauce villosi, basi gibbi dentibus subaequilongis, labii superioris lanceolatis, subinclinatis, inferioris subulatis, porrectis, tubo subtriplo brevioribus; corollae roseae, calyce duplo longioris tubo exserto. — An a praecedente specifice diversa; Briquet in lab. alp. marit. p. 448—454 omnes tres species sectionis *Acinos* hucusque enumeratas pro subspecies vel varietates unius et ejusdem speciei (*C. alpinae*) habet.

In rupestribus regionis montanae et subalpinae. Epirus: pr. Kalarrytes ad radices mt. Peristeri (Hal.); Thessalia: pr. Chaliki, mt. Baba, Zygos, Gionskala, Ghavellu, Karava in Pindo, mt. Pelion (Haussk.). — Jun. Aug. ⊙

b. **Annuae.**

12. C. acinos L. sp. p. 591; S. et S pr. I. p. 420; Fraas fl. class. p. 177; (*Thymus*); Clairv. in Gaud. fl. helv. IV. p. 84; Bois. fl. or. IV. p. 583; Form. in Ver. Brünn 1897 p. 51. — Icon: Fl. dan. t. 814.

Pubescens vel villosula; caulibus adscendentibus, simplicibus vel ramosis; foliis petiolatis, ovatis vel ellipticis, integris vel pauciserratis, acutis, floralibus flores aequantibus; verticillastris 2—6 floris; calycis basi gibbi dentibus tubo duplo brevioribus, fructiferis porrectis; corolla violacea, tubo exserto.

Indicatur pr. Lamia Phthiotidis (Form.), pr. Corinthum (Fraas) et in agro Laconico (Sibth.), sed probabiliter ex confusione cum sequente. — Maio, Jul. ⊙ N. v.

13. C. exigua S. et S. pr. I. p. 421, Fl. gr. VI. p. 61 t. 575 (*Thymus*). — *Thymus graveolens* M. B. fl. taur. cauc. II. p. 60. — *Acinos graveolens* Link. en. hort. berol. II. p. 117; Raul. cret. p. 8 v. *integrifolia*. — *C. graveolens* Benth. in DC. pr. XII. p. 231; Bois. fl. or. IV. p. 583; Heldr. chlor. Parn. p. 25, Fl. Aegina p. 385; Haussk. symb. p. 48; Form. in D. bot. Mon. 1898 p. 79. — Exsicc.: Heldr. herb. norm. n. 619 et 1274; Dörfl. pl. cret. n. 22.

Differt a praecedente foliis elliptico-subrotundis, abrupte acuminatis, floralibus flores superantibus, calycis dentibus dimidio tubo sublongioribus, corollae tubo incluso.

In collibus siccis, arvis derelictis regionis inferioris et montanae. Thessalia: ad monasterium Korona, pr. Kalabaka (Haussk.); Attica: pr. Kephissia ad radices mt. Pentelicon, mt. Hymettus (Heldr.), Kerata (Haussk.); mt. Parnassus pr. Rachova (Heldr.); Laconia: mt. Malevo (Sprun.); insula Aegina (Heldr.); Cyclades (Oliv.); Creta: mt. Aphendi Kavutsi (Raul.), pr. Anatoli distr. Hierapetra (Leon.). — Apr. Jun. ⊙

23. Micromeria Benth. in bot. reg. XV. n. 1282.

a. Flores sessiles.

1. M. juliana L. sp. p. 567; S. et S. pr. I. p. 396, Fl. gr. VI. p. 32 t. 540; Sieb. avis p. 4, in Flora 1818 p. 270; Ch. et B. exp. p. 162, Fl. pelop. p. 36; Link in Linnaea IX. p. 574; Fraas fl. class. p. 174; (*Satureia*); Benth. lab. p. 378; Marg. et R. fl. Zante p. 74; Friedr. Reise p. 265; Clem. sert. p. 74; Weiss in z. b. G. 1869 p. 744; Raul. cret. p. 829; Bois. fl. or. IV. p. 569; Heldr. fl. cephal. p. 57, Fl. Aegina p. 385, prosth. chlor. Thera p. 3; Form. in D. bot. Mon. 1891 p. 29, in Ver. Brünn 1895 p. 35, 1896 p. 68, 1897 p. 50; Bald. in nuovo giorn. bot. 1894 p. 99; Haussk. symb. p. 48. — *Hyssopus officinalis* Dallap. prosp. p. 80, sec. Heldr. l. c., non L. — Exsicc.: Orph. fl. gr. n. 530; Heldr. herb. norm. n. 153 et 968, herb. dimorph. n. 43; Rev. pl. cret. n. 260; Sint. it. or. a. 1889 n. 1882, it. thessal. n. 1042; Sint. et Bornm. it. turc. n. 1420.

Pubescens; caulibus e rhizomate suffrutescenti numerosis, erectis vel adscendentibus, simplicibus vel ramosis; foliis sessilibus, obtusiusculis, inferioribus ovato-oblongis, superioribus linearibus; cymulis breviter pedunculatis, densifloris, racemum interruptum formantibus; floribus singulis sessilibus; bracteis calycem subaequantibus; calycis fauce nudi dentibus subulatis, strictis, tubo subbrevioribus; corollae purpureae tubo incluso; nuculis mucronatis.

In rupestribus regionis inferioris et subalpinae totius Graeciae. — Maio, Jul. ♃

2. **M. myrtifolia** Bois. et Hoh. diagn. V. p. 19. — *M. juliana* β. *myrtifolia* Bois. fl. or. IV. p. 570; Haussk. symb. p. 48. — *M. Reinholdi* Heldr. scbed. sec. Bois. l. c.

Differt a praecedente foliis inferioribus ovatis, breviter petiolatis, superioribus oblongo-lanceolatis, floribus dimidio minoribus et nuculis obtusiusculis. Cf. Murb. Beitr. fl. Südbosn. p. 57.

In rupestribus regionis inferioris, pr. Aivali Thessaliae, pr. Chalkis Euboeae, in peninsula Methana (Haussk.) et in insula Poros Argolidis (Heldr.). — Maio, Jul. ♃ N. v.

b. **Flores pedicellati.**

α. Nuculae mucronatae.

3. **M. cremnophila** Bois. et Heldr. fl. or. IV. p. 570; Heldr. chlor. Parn. p. 25; Form. in D. bot. Mon. 1891 p. 29, in Ver. Brünn 1896 p. 68, 1897 p. 50 *v. thessala*, quae autem nullo modo a typo discedit; Hal. Beitr. fl. Epir. p. 36, Beitr. fl. Thessal. p. 17; Haussk. symb. p. 48. — Exsicc.: Sint. it. thessal. n. 1040.

Minutissime pubescens; caulibus e rhizomate suffrutescenti numerosis, tenuibus, adscendentibus, simplicibus vel parce ramosis; foliis subsessilibus, obtusiusculis, inferioribus ellipticis, superioribus linearibus; cymulis longiuscule pedunculatis, 2—5 floris, laxis, racemum interruptum formantibus; floribus singulis pedicellatis; bracteis pedicello sublongioribus; calycis fauce sparsim villosi dentibus lanceolatis, rectis, tubo quadruplo brevioribus; corollae purpureae tubo incluso. — Colore laete viridi, caulibus filiformibus, cymulis longiuscule pedunculatis paucifloris, laxis, calycis dentibus brevibus et nuculis mucronatis insignis.

In rupestribus regionis inferioris et subalpinae. Epirus: ad radices mt. Peristeri pr. Kalarrytes (Hal.); Thessalia: mt. Baba, pr. Klinovo, Krania, Kotura, Chaliki, Malakasi, Meteora, Kalabaka (Haussk.), Kastania, Kastri, Vlachava (Form.) in Pindo; mt. Oeta Phthiotidis, mt. Parnassus pr. Gurna (Heldr.). — Jul. Aug. ♃

1 × 3. **M. juliana × cremnophila.** — *M. meteorica* Haussk. symb. p. 48. — Exsicc.: Heldr. it. thessal. IV. a. 1885. — Differt a *M. juliana* caulibus tenuioribus, cymulis paucifloris, floribus breviter pedicellatis, bracteis brevioribus; a *M. cremnophila* caulibus firmioribus, foliis latioribus, cymulis densiusculis, floribus brevius pedicellatis, calycis dentibus tubo subbrevioribus et indumento copiosiori. — Inter parentes pr. Kalabaka (Heldr.).

β. Nuculae obtusiusculae.

× Planta plus minus hirsuta, superne tantum interdum hispida.
○ Caules firmi, virgati.

4. M. nervosa Desf. fl. atl. II. p. 9 t. 121; S. et S. pr. I. p. 396; Sieb. in Flora I. p. 270; Urv. enum. p. 65; (*Satureia*); Benth. lab. p. 376; Marg. et R. fl. Zante p. 74; Weiss in z. b. G. 1869 p. 743; Raul. cret. p. 829; Bois. fl. or. IV. p. 569; Heldr. fl. cephal. p. 57, prosth. chlor. Thera p. 3; Boissieu in bull. soc. bot. Fr. 1896 p. 287; Hal. in ö. b. Z. 1897 p. 98, 1899 p. 25; Haussk. symb. p. 48. — *S. filiformis* Sieb. avis p. 4, rem. p. 5; Link. in Linn. IX. p. 574; non (Ait.) Benth. — **Thymus mastichina** S. et S. pr. I. p. 422; Ch. et B. fl. pelop. p. 38, non L. — *S. graeca* Ch. et B. fl. pelop. p. 36 p. p., non Benth. — *S. plumosa* Hampe in Flora 1842 p. 127. — *M. plumosa* Heldr. herb. norm. n. 259, Fl. Aegina p. 385. — Exsicc.: Heldr. l. c.; Orph. fl. gr. n. 1040; Rev. pl. cret. n. 130; Dörfl. pl. cret. n. 99.

Caulibus e basi suffrutescenti numerosis, pubescentibus, erectis vel adscendentibus, simplicibus vel parce ramosis; foliis brevissime petiolatis, ovatis, acutis, pubescentibus, cymulis breviter pedunculatis, 2—10 floris, laxiusculis, racemum inferne interruptum, superne densum formantibus; floribus singulis pedicellatis; bracteis pedicello longioribus; calycis patule longeque villosi, fauce hispiduli dentibus setaceis, erecto-patulis, tubo subbrevioribus; corollae purpureae tubo incluso. — Caules usque 50 cm. alti; cymulis valde villosis insignis.

In collibus apricis, saxosis regionis inferioris et submontanae. Boeotia (Sprun.); Attica: pr. Athenas, mt. Hymettus (Sibth.), Phaleron, insula Aegina (Heldr.), Laurion (Haussk.); Achaia: pr. Vostizza (Chaub.); Argolis: pr. Nauplia (Link), insula Hydra (Heldr.); Sporadum insula Jura (Leonis); Cycladum insula Keos (Boissieu), Syra, Tenos (Weiss), Melos (Urv.), Thera (Heldr.); Creta: pr. Kissamos (Rev), Canea, Akroteri, Rethymo (Raul.), in fauce Serisso (Sieb.), pr. Males distr. Hierapetra (Leon.); Strophadum insula major (Reiser); Zante (Sibth.); Cephalonia: pr. Argostoli (Heldr.). — Mart. Jun. ♃.

5. M. graeca L. sp. p. 567; S. et S. pr. I. p. 397, Fl. gr. VI. p. 34 t. 542; Sieb. avis p. 4, rem. p. 5; Ch. et B. exp. p. 162, Fl. pelop. p. 36 p. p.; Link in Linnaea IX. p. 574; (*Satureia*); Benth. lab. p. 373; Marg. et R. fl. Zante p. 74; Friedr. Reise p. 270 et 273; Clem. sert. p. 74; Raul. cret. p. 829; Bois. fl. or. IV. p. 571; Heldr. fl. cephal. p. 58, Fl. Aegina p. 385, chlor. Thera p. 19; Gelmi in bull. soc. bot. ital. 1889 p. 451; Haussk. symb. p. 48. — Exsicc.: Heldr. herb. norm. n. 152.

Caulibus e rhizomate suffrutescenti numerosis, foliisque adpresse pubescentibus, erectis vel adscendentibus, simplicibus vel parce ramosis; foliis sessilibus, inferioribus ovatis vel ovato-oblongis, acutis, superioribus lanceolatis vel linearibus; cymulis pedunculatis, 2—7 floris, laxiusculis, racemum interruptum formantibus; floribus singulis pedicellatis; bracteis pedicello longioribus; calycis adpresse pubescentis, fauce villosi dentibus setaceis, erecto-patulis, tubo subduplo brevioribus; corollae purpureae tubo breviter exserto. — Differt a praecedente foliis sessilibus, superioribus lineari-lanceolatis, calyce adpresse pubescente, nec patule villoso, dentibus brevioribus.

β. **villicaulis** Borb. ap. Form. in Ver. Brünn 1895 p. 35. — Huc forsan: *S. canescens* Link in Linn. IX. p. 574, vix Guss., = *M. canescens* Marg. et R. fl. Zante p. 74; Raul. cret. p. 829; vix Benth. — Caulibus, foliis calycibusque patentim pilosis; cymulis 1—4 floris. — Exsicc.: Form. pl. corc. a. 1894.

In collibus apricis, saxosis regionis inferioris et submontanae, Attica: mt. Parnes, Pentelicon (Heldr.), insula Aegina (Friedr.); Euboea (Sprun.); Peloponnesus (Sibth.): peninsula Methana (Haussk.), insula Poros (Friedr.) Argolidis, pr. Methone, Corone, Navarin, Pylos usque Messene, pr. Androvista, in Maina (Chaub.); Cyclades (Bois.): insula Thera (Heldr.); Creta (Sibth.); Zante (Marg.); Cephalonia; pr. Argostoli (Heldr.); Corcyra (Clem.); — β. Corcyra: pr. Manducchio (Spreitz.), Analypsis, Kanali (Form.); Zante (Link); Creta: pr. Canea (Raul.), si *M. canescens* aut. supra cit. huc spectet. — Apr. Jul. ♃

∞ Caules filiformes, saepius decumbentes.

6. **M. microphylla** Urv. enum. p. 71 (*Thymus*); Benth. lab. p. 377; Raul. cret. p. 829; Bois. fl. or. IV. p. 572. — *M. sphaciotica* Bois. et Heldr. diagn. XII. p. 48.

Pubescens; caulibus e rhizomate suffrutescenti numerosis, tenuibus, simplicibus vel parce ramosis, decumbentibus vel adscendentibus; foliis parvis, subsessilibus, ovatis vel oblongis, acutiusculis; cymulis pedunculatis, 1—3 floris, racemum laxum formantibus; floribus singulis pedicellatis; bracteis pedicello saepius brevioribus; calycis ovato-cylindrici, patule hispiduli, fauce villosi dentibus lanceolatis, erecto-patulis, tubo 2—3 plo brevioribus; corollae purpureae tubo brevissime exserto. — Differt ab omnibus foliis minutis, 5 mm. longis, 2—3 mm. latis et calycibus maximum 3 mm. longis, vix 1 mm. latis.

In rupestribus regionis inferioris. Cretae: ad Hagios Rumeli et Aradhena (Raul.). — Apr. Jul. ♃ N. v.

×× Planta tota dense patentim hispida, grisea.

7. **M. hispida** Bois. et Heldr. diagn. XII. p. 48, Fl. or. IV. p. 572; Raul. cret. p. 829. — Exsicc.: Heldr. herb. n. 1422.

Caulibus e rhizomate suffrutescenti numerosis, diffusis, simplicibus vel parce ramosis; foliis parvis, subsessilibus, ovatis vel ellipticis, acutis; cymulis longiuscule pedunculatis, 1—3 floris, racemum laxum formantibus; floribus singulis pedicellatis; bracteis pedicello brevioribus; calycis cylindrici, hispidi, fauce birti dentibus lanceolato-subulatis, erecto-patulis tubum dimidium aequantibus; corollae purpureae tubo subincluso. — Folia et inflorescentia pauciflora praecedentis, a qua abunde differt indumento totius plantae multo copiosiori, calyce cylindrico, 4 mm. longo.

In rupestribus submontosis Cretae: pr. Aradhena distr. Sphakia (Raul.), pr. Kaenuriokorio distr. Mirabello (Heldr.). — Apr. Maio. ♃

24. Satureia L. gen. n. 707.

a. Verticillastra dense globosa, multiflora, remota, bracteis longis suffulta.

1. **S. thymbra** L. sp. p. 567; S. et S. pr. I. p. 396, Fl. gr. VI. p. 33 t. 541; Pieri corc. fl. p. 75; Sieb. avis rem. p. 5, in Flora I. p. 270; Urv. enum. p. 65; Link in Linnaea IX. p. 574; Marg. et R. fl. Zante p. 74; Friedr. Reise p. 277 et 286; Fraas fl. class. p. 174; Clem. sert. p. 75; Heldr. Nutzpfl. p. 33, chlor. Thera p. 19; Ung. Reise p. 126; Raul. cret. p. 829; Weiss in z. b. G. 1869 p. 743; Bois. fl. or. IV. p. 567; Bald. viagg. Creta p. 84; Haussk. symb. p. 49; Form. in D. bot. Mon. 1898 p. 79. — *Thymus tragoriganum* L. mant. p. 84; S. et S. pr. I. p. 421; Sieb. avis p. 4, in Flora I. p. 270; Ch. et B. exp. p. 172, Fl. pelop. p. 38. — *Thymbra hirsuta* Pers. syn. II. p. 114. — Exsicc.: Orph. fl. gr. n. 395; Heldr. herb. norm. n. 175; Rev. pl. cret. n. 129.

Suffruticosa, scabrido-canescens; caulibus erectis, ramosis; foliis obovato-cuneatis, acutis, subsessilibus; verticillastris multifloris, globosis, valde distantibus, bracteis numerosis, oblongis, acuminatis suffultis; calycis patule albo-hirsuti dentibus subaequalibus, lanceolato-subulatis, tubo subbrevioribus; corollae roseae tubo incluso.

In collibus siccis regionis inferioris et submontanae. Boeotia (Sibth.), pr. Klephto Vuno (Ung.); Attica: pr. Athenas, mt. Parnes, Pentelicon, Hymettus (Orph.), insula Salamis, Lero Pharmacusarum (Heldr.), pr. Laurion (Haussk.); Euboea: mt. Dirphys (Heldr.); Argolis: pr. Nauplia (Haussk.), insula Poros (Friedr.); Laconia: mt. Taygetos (Zahn); pr. Messene (Chaub.); Cyclades (Sibth.): insula Syra (Weiss), Keos, Thera (Heldr.); Creta: pr. Kissamos (Rev.), Canea (Weiss), Akroteri, Suda, Rethymo (Raul.), in fauce Serisso (Sieb.); Zante: pr. Lagana, mt. Scopo (Marg.); Corcyra (Pieri). — Maio, Jul. ♃

b. Verticillastra pauciflora, saepius approximata.

α. Rami inermes.

2. **S. cuneifolia** Ten. fl. nap. pr. p. 33, Fl. nap. p. 3 t. 155; Bois. fl. or. IV. p. 564; Heldr. fl. cephal. p. 57; Form. in Ver. Brünn 1895 p. 35. — *S. fasciculata* Tausch in syll. soc. Ratisb. II. p. 248, non Raf. — *S. virgata* Vis. in Benth. lab. p. 353, Fl. dalm. t. 18. — Exsicc.: Heldr. fl. cephal. a. 1867.

Suffruticosa, grisea; caulibus erectis vel adscendentibus, virgatis, pubescentibus, ramosis, in spicas longas, tenues, interruptas abeuntibus; foliis sessilibus, lineari-lanceolatis, acutis vel inferioribus oblongo-spathulatis, hirtis, punctatis, floralibus saepius abbreviatis; cymulis subtrifloris, subsessilibus; calycis scabrido-hirsuti dentibus aequalibus, lanceolatis, acutis, tubo subaequilongis; corollae albo-roseae tubo subincluso. —

A *S. montana* differt imprimis inflorescentia; calycis dentes etiam parum breviores et flores minores.

In saxosis montosis. Epirus: mt. Micikeli (Form.); Cephalonia: mt. Aenos, Rhudi et Phalaris (Heldr.). — Aug. Sept. ♃

3. **S. montana** L. sp. p. 568; Bald. riv. coll. bot. alb. 1895 p. 61, 1896 p. 85. — Icon: Rchb. t. 72. — Exsicc.: N. v.

Suffruticosa, viridis; caulibus erectis vel adscendentibus, in racemos spicaeformes densiusculos abeuntibus; foliis sessilibus, lineari-lanceolatis, acutis, pellucide-punctatis, glabris vel ciliatis, floralibus flores aequantibus vel superantibus; cymulis 3—5 floris, pedunculatis; calycis hirtuli dentibus subaequalibus, lanceolatis, acutis, tubo subaequilongis; corollae albae tubo subincluso.

β. **pisidica** Wettst. in Sitzungsb. acad. Wiss. Wien 1889 p. 374; Hal. in ö. b. Z. 1890 p. 40; pro sp. — *S. olympica* Hal. l. c. — *S. cuneifolia* β. *Wiedemanniana* Bois. fl. or. IV. p. 564, saltem pro p. — Griseo-viridis; caulibus et foliis magis hirtis; cymulis sessilibus subsessilibusve. — Exsicc.: Sint. it. or. a. 1889 n. 1876; Sint. et Bornm. it. turc. n. 1435.

γ. **hellenica** Heldr. ap. Hal. in z. b. G. 1899 p. 192 pro sp. — *S. parnassica* Bois. fl. or. IV. p. 563, quoad pl. euboeam. — Caulibus abbreviatis, caespitosis; foliis densius hirtis; racemis brevissimis; cymulis sessilibus; calycis dentibus minus acutis, tubo brevioribus; corolla albido-rosea. — Foliis anguste lineari-lanceolatis a sequente discedit. — Exsicc.: Heldr. pl. fl. bellen. a. 1895.

In saxosis montosis. Epirus: ad Paleochori Syraku distr. Janina, pr. Cepelovon distr. Zagorion (Bald.); — β. Thessalia: pr. Hagios Dionysios et Litochoron in Olympo (Sint.); — γ. mt. Dirphys Euboeae (Heldr.). — Aug. Sept. ♃

Obs. *S. pygmaea* Sieb. in Koch syn. p. 559, a praecedente caulibus tetragonis, saepius glabris, calycis purpurascentis dentibus inferioribus longioribus, corollae purpureae lobo intermedio labii inferioris latiore obcordato discedens, indicatur a Form. in D. bot. Mon. 1891 p. 28, probabiliter ex confusione, pr. Chaliki, Velitsena et Vendista Thessaliae.

4. **S. parnassica** Heldr. et Sart. pl. exs. a. 1846 n. 1871, herb. norm. n. 80, pro var. *S. spinosae*; Heldr. et Sart. in Bois. fl. or. IV. p. 563; Heldr. chlor. Parn. p. 25; Hal. in ö. b. Z. 1897 p. 325, in . b. G. 1899 p. 191. — *S. approximata* Friv. in Flora 1836 p. 438, non Biv. stirp. in sic. man. IV. p. 13.

Suffruticosa, griseo-viridis; caulibus brevibus, caespitosis, procumbentibus, hispidis, ramosis, in racemos breves, densiusculos, paucifloros abeuntibus; foliis sessilibus, hispidulis, pellucido-punctatis, inferioribus obovatis, obtusis, superioribus spathulatis, acutis, floralibus flores aequantibus vel superantibus; cymulis 1—3 floris, subsessilibus; calycis hispidi dentibus aequalibus, lanceolatis, tubo subbrevioribus; corollae albidae tubo incluso. — Differt a *S. montana* rhizomate crasso, tortuoso, caulibus nanis, 3—5 cm. longis, caespitosis, procumbentibus, foliis parvis, 5—7 mm. latis, 3—4 mm. latis, hispidis, inferioribus obtusis, verticillastris paucis.

β. **stygia** Orph. fl. gr. exs. n. 622 pro var. *S. spinosae*. — Foliis canis, dense hispido-tomentellis, fere omnibus obovatis, obtusis.

γ. **macrophylla** Hal. in z. b. G. 1899 p. 191. — Caulibus ad 10 cm. longis, foliis virentibus, minus hispidis, majoribus, ad 25 mm. longis et 7 mm. latis; cymulis numerosioribus, breviter pedunculatis. — Exsicc.: Heldr. pl. fl. hellen. a. 1896; Sint. it. thessal. n. 1141 b.

In saxosis regionis subalpinae et alpinae mt. Parnassus et Taygetos (Heldr.); — *β*. mt. Chelmos (Orph.); — *γ*. Thessalia: mt. Kokino Lithari pr. Sermeniko (Sint.); Aetolia: mt. Korax (Tunt.). — Jul. Aug. ♃

β. Rami spinescentes.

5. **S. spinosa** L. sp. ed. 2. p. 795; S. et S. pr. I. p. 398, Fl. gr. VI. p. 36 t. 545; Sieb. avis p. 4, rem. p. 5; Raul. cret. p. 828; Bois. fl. or. IV. p. 563; Bald. viagg. Creta p. 83. — Exsicc.: Bald. it. cret. n. 134, it. cret. alt n. 188.

Suffruticosa, ramosissima; ramis crassis, lignosis, intricatis, spinescentibus, hornotinis brevissimis, tomentellis; foliis minimis, sessilibus, oblongo-lanceolatis, acutis, sparsim hirtis, pellucide-punctatis; floribus paucis, axillaribus, solitariis, subsessilibus; calycis scabriusculi dentibus aequalibus, lanceolatis, tubo subbrevioribus; corollae albidae tubo incluso. — Dumulus erinaceus, palmaris.

In saxosis regionis subalpinae et alpinae. Creta: mt. Sphakia, Ida et Lassiti. — Jul. Aug. ♃.

25. Origanum L. gen. n. 726.

1. Sectio. *Amaracus* Moench meth. suppl. p. 137. — Folia floralia ampla; calyx bilabiatus, labium superius elongatum, integrum, inferius multo brevius, dentibus angustis vel obsoletis.

1. **O. dictamnus** L. sp. p. 589; S. et S. pr. I. p. 416; Sieb. avis p. 4, rem. p. 5; Fraas fl. class. p. 181; Weiss in z. b. G. 1869 p. 744; Bois. fl. or. IV. p. 547; Spreitz. in z. b. G. 1890 p. 299; Bald. viagg. Creta p. 83. — *O. pseudodictamnus* Sieb. in Flora I. p. 273. — *Amaracus dictamnus* Benth. lab. p. 333; Raul. cret. p. 826. — Icon: Curt. bot. mag. t. 298. — Exsicc.: Spreitz. it. cret. a. 1882.

Rhizomate suffrutescenti; caulibus numerosis, adscendentibus, lanatis, simplicibus vel parce paniculato-ramosis, foliosis, superne subnudis; foliis suborbiculatis, utrinque lanatis, inferioribus breviter petiolatis, ceteris sessilibus; spicis terminalibus, solitariis, ovatis vel oblongis; bracteis coloratis, calyces superantibus; calycis labio inferiore subretuso; corollae roseae, calyce duplo longioris tubo non gibbo.

Ad rupes umbrosas faucium regionis inferioris et montanae. Creta: ad Akroteri pr. Canea (Weiss), promontorium Meleka (Tourn. voy. p. 12), pr. Katholiko, promontorium Spada, pr. Sina, Aradhena, Laki, Asprokremnos, in fauce Nipros, mt. Ida, Kophino, Lassiti supra Males (Raul.), Asomatos-Kavutsi (Bald.); Argolis: in montibus pr. Poros (Sart.). — Maio, Jul. ♃

2. **O. Tournefortii** Sibth. in Ait. Kew. II. p. 311; S. et S. pr. I. p. 416, Fl. gr. VI. p. 56 t 569; Bois. fl. or. IV. p. 547; Heldr. in ö. b. Z. 1898 p. 184. — *O. dictamnus* Ch. et B. fl. pelop. p. 38, non L. — *Amaracus Tournefortii* Benth. lab. p. 333. — Exsicc.: Orph. fl. gr. n. 1168.

Rhizomate crasso, suffrutescenti; caulibus numerosis, fragillimis, adscendentibus, lanatis, subsimplicibus, tota longitudine foliosis; foliis suborbiculatis vel ellipticis, lanatis vel ciliatis, glaucis; spicis terminalibus, solitariis vel 2—3 nis, oblongis; bracteis purpureis, calyces superantibus; calycis labio inferiore bidentato; corollae roseae, calyce triplo longioris tubo medium versus gibbo. — Differt a praecedente indumento tenuiore, caulibus omnino foliatis, foliis coriaceis, glaucis, corollae tubo longiore, gibbo.

In rupibus insulae Amorgos, prope divae virginis coenobium (Tourn.). — Apr. Aug. ♃

2. Sectio. *Anatolicon* Benth. in DC. pr. XII. p. 192. — Folia floralia ampla, colorata; calyx bilabiatus, labium superius distincte tridentatum, inferius bidentatum, dentibus angustioribus vel abbreviatis.

a. Caulis glaber: folia subcordata.

3. **O. scabrum** Bois. et Heldr. diagn. VII. p. 48, Fl. or. IV. p. 549. — *Amaracus scaber* Briqu. lab. in Engl. et Prantl. nat. Pflanzenfam. IV. p. 306. — Exsicc.: Orph. fl. gr. n. 42; Heldr. herb. norm. n. 1471.

Rhizomate repente; caulibus erectis, foliosis, apice breviter racemosis; foliis sessilibus, coriaceis, glaucis, punctatis, cordato-ovatis, acutiusculis, glabris, margine scabris; spicis ovatis, nutantibus; bracteis coloratis, ovatis, glabris, calyces superantibus; calycis glabriusculi, punctati labio superiore ad tertiam partem obtuse tridentato, inferiore triplo breviore, in dentes lanceolatos bipartito; corollae roseae, tubo calyce duplo longiore. — Species pulcherrima.

In rupestribus regionis silvaticae mt. Malevo pr. Vromopigadon (Orph.) et mt. Taygetos (Heldr.). — Jul. Aug. ♃

4. **O. pulchrum** Bois. et Heldr. diagn. ser. 2. IV. p. 11, Fl. or. IV. p. 549. — *O. sipyleum* S. et S. pr. I. p. 417 quoad pl. euboeam; Fraas fl. class. p. 182; non L. — *Amaracus pulcher* Briqu. lab. in Engl. et Prantl nat. Pflanzenfam. IV. p. 306. — Exsicc.: Heldr. herb. norm. n. 784 et 969.

Differt a praecedente, cui maxime affine, foliis margine laeviusculis, spicis longius pedunculatis, bracteis obtusiusculis, calycis labio superiore ad medium tridentato, inferiore vix breviore.

In lapidosis regionis superioris mt. Dirphys et Kandyli (Heldr.) Euboeae (Sibth.). — Jul. Aug. ♃

b. Caulis breviter hirtulus; folia basi rotundata.

5. **O. lirium** Heldr. herb. norm. n. 753 b; Hal. in z. b. G. 1899 p. 192. — *O. hybridum* Heldr. herb. norm. n. 753, non Mill.

Rhizomate repente; caulibus erectis, foliosis, in paniculam plus minus compositam abeuntibus; foliis sessilibus, coriaceis, glaucis, punctatis, ovatis, basi rotundatis; spicis oblongis, nutantibus; bracteis coloratis, ovatis, hirtulis, calyces superantibus; calycis glabriusculi, punctati labio superiore breviter obtusiuscule tridentato, inferiore vix breviore, breviter bidentato; corollae roseae tubo calyce duplo longiore. — Spicae eis praecedentium multo minores, saepe confertae. — „Cum cl. Boissier olim pro stirpe inter *O. pulchrum* et *O. hirtum* hybrida habui, sed nunc potius species propria mihi videtur" (Heldr. l. c.).

Euboea: in regione abietina mt. Dirphys l. d. Elatakia, circa fontem Liri, nec non in mt. Xerovuni (Heldr.). — Jul. Aug. ♃

3. Sectio. *Euoriganum* Vog. in Limnaea 1841 p. 79. — Folia floralia mediocria, interdum colorata; calyx quinquedentatus, dentibus subaequilongis.

6. **O. viride** Bois. fl. or. IV. p. 551; Haussk. symb. p. 49; Form. in Ver. Brünn 1897 p. 49; pro var. *O. vulgaris*; Hal. Beitr. fl. Thessal. p. 17. — *O. viridulum* Heldr. in ö. b. Z. 1898 p. 184, an Mart. Don. fl. Tarn. p. 551. — Huc probabiliter: *O. vulgare* S. et S. pr. I. p. 418; Pieri corc. fl. p. 79; Ch. et B. exp. p. 171, Fl. pelop. p. 38; Fraas fl. class. p. 181 v. *album*; Heldr. chlor. Parn. p. 25; Form. in D. bot. Mon. 1891 p. 28, in Ver. Brünn 1895 p. 35, 1896 p. 66, 1897 p. 49; vix L. sp. p. 590, quod indumento copiosiori, floribus dimidio majoribus, saepissime purpureis, in paniculam saepius corymbiformem dispositis, bracteis saepe coloratis discedit et in Graecia vix occurrit. — Exsicc.: Hal. it. gr. secund. a. 1893.

Rhizomate obliquo; caulibus erectis, foliatis, foliisque pilosulis; foliis petiolatis, ovatis vel oblongis, punctatis, subtus glaucescentibus; spicis densifloris, ovatis vel oblongis, glomeratis, racemoso-paniculatis; bracteis viridibus, ovatis, acutis, glabris, non punctatis, calycem superantibus; calycis glabri vel pilosuli, vix punctati dentibus ovatis, acutis; corollae albae, rarissime roseae tubo breviter exserto.

In dumosis regionis praesertim montanae. Frequens ut videtur in Epiro in Pindo thessalo, dein pr. Pharsalum (Haussk.), pr. Selicany et Spilia in mt. Ossa (Form.), mt. Olympus (Heldr.), indicatur quoque in mt. Parnasso (Heldr.); Euboea (Fraas), pr. Gortys, Marathonisi et Carithena in Peloponneso (Chaub.), Cephalonia (Dall.), Corcyra (Pieri), insula Naxos (Heldr.); sed loca nonnulla probabiliter ad speciem sequentem spectant, quacum ut videtur saepe confunditur. — Jun. Aug. ♃

7. **O. heracleoticum** L. sp. p. 589; S. et S. pr. I. p. 418; Benth. lab. p. 336; Marg. et R. fl. Zante p. 73; Ch. et B. fl. pelop. p. 38; Friedr. Reise p. 275; Fraas fl. class. p. 181. — *O. smyrnaeum* S. et S. pr. I. p. 417, Fl. gr. VI. p. 57 t. 571; ? Link in Linnaea IX. p. 576; Raul. cret. p. 827; non L. sp. p. 589, quod sec. Benth. lab. p. 339 = *O. onites* L. — *O. hirtum* Link en hort. berol. II. p. 114; Vog. in Linnaea 1841 p. 86; Clem. sert. p. 74; Raul. cret. p. 827; Bois. fl. or. IV. p. 552; Heldr. fl. cephal. p. 57, in Sitzungsb. acad. Wiss. Berl. 1883 p. 4, chlor. Parn. p. 25; Hal. Beitr. fl. Epir. p. 36; Haussk. symb. p. 49. — *O. parviflorum* Urv. enum. p. 71; Ch. et B. exp. p. 171. — *O. neglectum* Vog. l. c. p. 81; Raul. cret. p. 827. — ? *O. vulgare v. latebracteatum* Form. in Ver. Brünn 1895 p. 35; vix Beck fl. Südbosn. p. 142, quod bracteis latissimis intense purpureis gaudet et in Graecia vix provenit.

Rhizomate obliquo; caulibus erectis, foliatis, foliisque plus minusve hirtis; foliis ovatis vel oblongis, punctatis, subtus pallidioribus; spicis densifloris, ovatis vel oblongis, glomeratis, racemoso-paniculatis; bracteis viridibus, glabris vel hirsutis, glanduloso-punctatis, calyce sublongioribus; calycis glabri vel hirti, glanduloso-punctati dentibus lanceolatis acutis; corollae albae, rarius roseae tubo subincluso. — A praecedente praesertim indumento et bracteis calycibusque glanduloso-punctatis vix specifice discedit. Variat:

α. **albiflorum** Haussk. symb. p. 49, pro var. *O. hirti*. — Spicae breves; bracteae virides, glabrae, corolla alba. — Exsicc.: Heldr. it. thessal. n. 24; Sint. it. thessal. n. 1515; Dörfl. fl. gr. n. 200.

β. **rubriflorum** Haussk. l. c. pro var. *O. hirti*. — Spicae breves; bracteae supernae purpurascentes, glabrae; corolla purpurascens. — Exsicc.: Heldr. it. thessal. IV. a. 1885.

γ. **trichocalycinum** Haussk. symb. p. 50, pro var. *O. hirti*. — Spicae breves; bracteae et calyces dense patule hirsuti; indumentum caulium et foliorum copiosius. — Exsicc.: Orph. fl. gr. n. 528; Heldr. herb. norm. n. 782; Rev. pl. cret. n. 134; Dörfl. fl. aeg. n. 133.

δ. **creticum** L. sp. p. 589?; S. et S. pr. I. p. 417; Sieb. avis p. 4, rem. p. 5; Urv. enum. p. 70; Fraas fl. class. p. 181; pro sp. — *O. vulgare v. prismaticum* Raul. cret. p. 826, non Gaud. fl. helv. IV. p. 78. — *O. hirtum v. prismaticum* Haussk. symb. p. 49. — *O. vulgare v. elongatum* Form. in ö. b. Z. 1890 p. 92, in Ver. Brünn 1895 p. 35, 1896 p. 67, 1897 p. 49. — Spicae fructiferae elongatae, prismaticae; bracteae virides nunc glabrae nunc hirsutae. — Exsicc.: Sint. et Bornm. it. turc. n. 1404 b (*f. glabra*); Heldr. pl. fl. hellen. a. 1897 (*f. hirsuta*).

In dumosis regionis inferioris et montanae passim per totam Graeciam. — Jun. Aug. ♃

4. Sectio. *Majorana* Moench meth. p. 406. — Folia floralia minima, non colorata, dense imbricata; calyx bilabiatus, labium superius integrum vel rarius denticulatum, inferius minimum, bidentatum truncatum vel nullum.

    a. Folia mediocria, viridi-canescentia; corolla alba.

    8. **0. onites** L. sp. p. 590; S. et S. pr. I. p. 418, Fl. gr. VI. p. 58 t. 572; Bois. fl. or. IV. p. 553; Bald. viagg. Creta p. 83; Hal. in ö. b. Z. 1896 p 17, 1897 p. 98, 1898 p. 184; Haussk. symb. p. 50; Heldr. chlor. Thera p. 19. — *O smyrnaeum* L. sp. p. 589, sec. Benth. lab. p. 339; Sieb. avis p. 4, rem. p. 5; Ch. et B. exp. p. 171, Fl. pelop. p. 38. — *Majorana onites* Benth. lab. p. 339; Raul. cret. p. 828. — *Schizocalyx smyrnaeus* Scheele in Flora 1843 p. 575. — Exsicc.: Orph. fl. gr. n. 143 et 1112; Dörfl. fl. aeg. n. 25.

    Basi suffruticosum; caulibus erectis, foliatis, hirsutis; foliis ovatis, tomentellis, punctatis, subserratis, infimis brevissime petiolatis, ceteris sessilibus, acutis; spicis ovatis, compactis, in corymbum planiusculum congestis; bracteis ovato-orbiculatis, acutiusculis, hirtis, punctatis, calyce sublongioribus; calyce ovato-spathulato, antice fisso, unilabiato, obsoletissime tridenticulato; corollae albae tubo incluso.

    In dumosis, collibus siccis regionis inferioris. Attica: mt. Pateras (Pichl.); Acrocorinthus, pr. Vromolimni (Heldr.) et Nauplia (Orph.) Argolidis, ad fl. Eurotas versus Scala, pr. Marathonisi, Scutari, Kardamyle, Vitilos, Monembasia (Chaub.); Sporadum insula Jura (Reis.); Cycladum insula: Tenos (Chaub.), Cythnos (Orph.), Jos, Naxos, Thera (Heldr.); Creta: pr. Melidoni (Bald.), Suda, Aludha pr. Spinalonga, Zakro (Raul.). — Apr. Jul. ♃

    9. **0. dubium** Bois. fl. or. IV. p. 553.

    Basi suffruticosum; caulibus erectis, foliatis, glabriusculis vel tomentellis; foliis petiolatis, adpresse canescentibus, ovatis, obtusis, integris; spicis ovatis, glomeratis, paniculatis; bracteis tomentellis, ovato-spathulatis, obtusis, calyce sublongioribus; calyce ovato-spathulato, antice fisso, unilabiato, obtuso; corollae albae tubo incluso. — Species mihi ignota, a praecedente inflorescentia paniculata et foliis integris differre dicitur.

    In Cycladum insula Naxos (Lenormand). — ♃

        b. Folia minima, ad 5 mm. longa, albo-tomentosa; corolla purpurea.

    10. **0. maru** L. sp. ed. 2 p. 825; S. et S. pr. I. p. 419, Fl. gr. VI. p. 59 t. 573; Sieb. avis p. 4, rem. p. 5, in Flora I. p. 275. — *O. microphyllum* Sieb. in Benth. lab. p. 338; Bois. fl. or. IV. p. 552; Spreitz. in z. b. G. 1890 p. 298; Bald. viagg. Creta p. 83. — *Majorana microphylla* Benth. l. c.; Raul. cret. p. 827. — Exsicc.: Rev. pl. cret. n. 128; Bald. it. cret. n. 85.

    Basi suffruticosum; caulibus erectis, remote foliatis, rubellis, glabriusculis; foliis minimis, ovatis vel oblongis, integris, breviter petiolatis;

spicis subglobosis, solitariis vel ternis, albo-lanatis; bracteis spathulato-ovatis, obtusis, calyce longioribus; calyce glabro, glanduloso-punctato, turbinato, oblique truncato, edentulo, fauce barbato; corollae purpureae tubo vix exserto. — Species eximia, habitu *O. majoranae* L., capitulis piso minoribus. — Linnaeus sub suo *O. maru* certe nostram plantam habuit, uti ex descriptione sua accurata atque plantae patriae patet; **Maru creticum** Alp. exot. t. 288 a Linnaeo ipso pro sua specie citatum insuper nostram bene exhibet.

In saxosis regionis montanae Cretae: mt. Lakus (Rev.), Omalos (Raul.), pr. Askyphos (Spreitz.) in mt. Sphacioticis (Sibth.). — Jun. Jul. ♃

Obs. *O. majorana* L. sp. p. 590; Dallap. prosp. p. 84; Heldr. Nutzpfl. p. 32. — Colitur ad usum culinarem in hortis. — *O. crassifolium* Benth. lab. p. 339; Raul. cret. p. 827; (*Majorana*); a Bentham ex confusione cum *O. maru* L. in Creta indicatur.

26. Thymbra L. gen. n. 708.

1. **T. spicata** L. sp. p. 569; S. et S. pr. I. p. 398, Fl. gr. VI. p. 37 t. 546; Benth. lab. p. 413; Ch. et B. fl. pelop. p. 36; Friedr. Reise p. 263; Fraas fl. class. p. 176; Raul. cret. p. 831; Bois. fl. or. IV. p. 561. — ? *Satureia spicata* Sieb. in Flora I. p. 270. — Exsicc.: Orph. fl. gr. n. 529.

Fruticulus dumulosus; ramis erectis, novellis bifariam puberulis; foliis sessilibus, linearibus, punctatis, glabris; spicis oblongo-cylindricis; bracteis lanceolatis, ciliatis, corollae tubum aequantibus; calycis ciliati labio superiore dentibus breviter triangularibus, inferiore aequilongo dentibus lineari-subulatis; corollae roseae tubo exserto; staminibus vix exsertis.

In collibus apricis regionis inferioris, rare. Boeotia: pr. Lebadea (Orph.); Attica: pr. Marathon (Fraas), Oropos (Heldr.); Achaia (Sibth.); Cycladum insula Melos (Beaupré); Creta (Sibth.): Corcyra: pr. urbem (Friedr.). — Jun. Aug. ♄

2. **T. capitata** L. sp. p. 568; S. et S. pr. I. p. 397, Fl. gr. VI. p. 36 t. 544; Sieb. avis p. 4, rem. p. 5; Urv. enum. p. 65; Link in Linnaea 1834 p. 574; Fraas fl. class. p. 174; (*Satureia*); Griseb. spic. II. p. 127; Clem. sert. p. 75; Heldr. Nutzpfl. p. 33; Raul. cret. p. 830. — *Thymus capitatus* Hoffm. et Link fl. port. I. p. 123; Marg. et R. fl. Zante p. 74; Friedr. Reise p. 274; Weiss in z. b. G. 1869 p. 744; Bois. fl. or. IV. p. 560; Heldr. fl. cephal. p. 57, Fl. Aegina p. 385, chlor. Thera p. 19, chlor. Mykon p. 249; Spreitz. in z. b. G. 1887 p. 666; Form. in D. bot. Mon. 1891 p. 28, 1898 p. 79, in Ver. Brünn 1895 p. 35, 1896 p. 67, 1897 p. 50; Hal. Beitr. fl. Epir. p. 38; Bald. viagg. Creta p. 82; Haussk. symb. p. 50. — *T. creticus* Brot. lusit. I. p. 174; Ch. et B. exp. p. 171, Fl. pelop. p. 38. — *T. vulgaris* Pieri corc. fl. p. 79; Dallap. prosp. p. 79.

non L. — Exsicc.: Orph. fl. gr. n. 525; Rev. pl. cret. n. 132; Bald. it. cret. n. 135; Heldr. herb. norm. n. 1369.

Fruticulus dumulosus; ramis erectis, novellis undique tomentellis; foliis sessilibus, brevissimis, oblongo-linearibus, punctatis, basi ciliatis; spicis ovatis; bracteis ovatis vel oblongis, ciliatis, calycem aequantibus; calycis ciliati labio superiore dentibus brevissimis, inferiore sublongiore dentibus subulatis; corollae roseae, rarissime albae tubo breviter exserto; staminibus longe exsertis.

β. **albo-spinosa** Bald. viagg. Creta p. 82 pro var. *Thymi capitati*. — Erinacea, ramis induratis, apice spinosis; spicis depauperatis; floribus albis. — Exsicc.: Bald. it. cret. n. 164.

In aridis, campis, collibus saxosis regionis calidae copiosissime per totam Graeciam; — *β*. in alpestribus mt. Ida Cretae (Bald.). — Maio, Sept. ♃!

27. Thymus L. gen. n. 727.

Dispositio specierum:

1. Sectio. *Euthymus* Borb. in math. term. Közl. XXIV. p. 48. — Calycis non gibbi labium superius ovatum, saepisaime ad tertiam vel mediam partem in dentes lanceolatos vel triangulares, aequales divisum.
   a. Folia margine revoluta.
     α. Folia floralia caulinis subconformia.
      1. T. Boissieri Hal.   **2. T. ciliatopubescens** Hal.
     β. Folia floralia caulinis manifeste latiora.
      × Folia praeter marginem parce ciliatum glabra.
        3. T. tymphresteus Hal.
      ×× Folia undique hirta.
        ○ Calyx pellucide punctatus.
          4. T. euboeus Hal.
        ○○ Calyx impunctatus.
        5. T. leucotrichus Hal.   **6. T. parnassicus** Hal.
   b. Folia margine non revoluta.
     β. Folia pube minutissima velutina.
        7. T. leucadicus (Rchb.).
     β. Folia glabra vel hirsuta, sed nunquam velutina.
      × Folia linearia, rigida; calycis dentes labii superioris lanceolato-acuminati
        8. T. atticus Celak.   **9. T. striatus** Vahl.
      ×× Folia latiora, lineari-elliptica, oblonga vel ovata, vix rigida; calycis dentes labii superioris triangulari-lanceolati.
        ○ Rami teretiusculi, folia parva vel mediocria.
         . Rami floriferi plus minus elongati; capitula non involucrata.
10. T. Sibthorpii Benth. **11. T. serpyllum** L. **12. T. lanuginosus** Mill.
         .. Rami floriferi brevissimi; capitula foliis summis involucrata.
          13. T. ocheus Heldr. et Sart.
        ○○ Rami tetragoni; folia majuscula, ad 15 mm. longa et 8 mm. lata
          14. T. montanus W. et K.

2. Sectio. *Piperella* Willk. et Lange pr. fl. hisp. II. p. 404. — Calycis subgibbi labium superius late ovatum, ad quartam partem in dentes breviter et late triangulares, acutos, subaequales, laterales nempe medio subminores, divisum.

15. **T. teucrioides** Bois. et Spr.

1. Sectio. *Euthymus* Borb. in math. termész. Közl. XXIV. p. 48. — Calycis non gibbi labium superius ovatum saepissime ad tertiam vel mediam partem in dentes lanceolatos vel triangulares, aequales divisum.

a. Folia margine revoluta.

α. Folia floralia caulinis subconformia.

1. **T. Boissieri** Hal. Beitr. fl. Epir. p. 37; Form. in Ver. Brünn 1896 p. 67. — *T. hirsutus* Bois. fl. or. IV. p. 557 p. p.; non M. a B. — *T. hirsutus v. humillimus* Bald. riv. coll. bot. alb. 1895 p. 61; non *T. humillimus* Celak. in Flora 1884 p. 534, qui = *T. cherlerioides* Vis. ill. alc. piante Grec. c. As. min. 1842 p. 8 (*T. hirsutus* Sint. it. trojan. 1883 n. 1176) et a nostro differt ramis brevissimis, caespites densissimos formantibus, capitulis e caespite vix exsertis, foliis minoribus, velutino-puberulis et calycis minus ciliati dentibus labii superioris brevioribus. — Exsicc.: Hal. it. gr. sec. a. 1893; Bald. it. alb. epir. III. n. 184.

Rhizomate suffruticoso; caulibus numerosissimis, caespites pulvinatos formantibus, ramis brevibus, dense foliosis, circumcirca patule pilosis; foliis anguste linearibus, obtusis, viridibus, impunctatis, margine revoluto longe albo-ciliatis, ceterum glaberrimis, nervis secundariis obsoletis instructis, floralibus sublatioribus, rubentibus, penninerviis, calyces parum superantibus; floribus pedicellatis, in capitula subglobosa vel ovata congestis; calycis bilabiati, rubentis, patule hirsuti, impunctati labio superiore ad medium in dentes lanceolatos fisso, labii inferioris, superiori aequilongi dentibus subulatis; corollae parvae, purpureae tubo calycis dentes vix superante. — Species elegans, *T. hirsuto* M. a. B. foliis punctatis, undique hirsutis, canescentibus, calycis labii superioris dentibus latioribus brevioribusque et corolla pellucide punctata egregie diverso, affinis.

In herbidis saxosis regionis superioris. Epirus: mt. Tsumerka (Bald.), frequentissime in cacumine mt. Peristeri (Hal.); Thessalia: mt. Olympus et Ossa (Heldr.). — Jul. Aug. ♃

2. **T. ciliato-pubescens** Hal. Beitr. fl. Epir. p. 37 pro var. *T. Boissieri.* — *T. hirsutus* Hal. in z. b. G. 1888 p. 761, non M. a B. — Exsicc.: Hal. it. gr. a. 1888.

Rhizomate suffruticoso; caulibus numerosis, caespites densos formantibus, ramis brevibus, dense foliosis, circumcirca patule pilosis; foliis linearibus, obtusis, viridibus, parce punctatis, undique pube minutissima velutinis, margine revoluto longe albo-ciliatis, nervis secundariis obsoletis instructis, floralibus sublatioribus, vix coloratis, penninerviis, calyces parum superantibus; floribus pedicellatis, in capitula ovata vel subglobosa congestis; calycis bilabiati, rubentis, patule hirsuti, impunctati labio superiore fere ad medium in dentes lanceolatos fisso, labii inferioris, superiori aequilongi dentibus subulatis; corollae parvae, roseae tubo calycis dentes vix superante. — Differt a praecedente rhizomate crassiore, foliis latioribus, dense velutinis, parce punctatis, capitulis submajoribus et calycis labii superioris dentibus basi latioribus. — *T. hirsutus* M. a. B. ex speciminibus tauricis (Callier it. taur. sec. a. 1896 n. 228) discedit a nostra foliis rubenti punctatis, patule hirsutis, calycis labii superioris dentibus latioribus brevioribusque et corolla punctata.

In rupestribus regionis alpinae. Doris: mt. Kiona (Hal.). — Jul. Aug. ♃

β. Folia floralia caulinis manifeste latiora.

× Folia praeter marginem parce ciliatum glabra.

3. **T. tymphrestus.** — *T. hirsutus* Bois. fl. or. IV. p. 557 p. p., non M. a B. — Exsicc.: Heldr. it. graec. septentr. a. 1879.

Rhizomate suffruticoso, crasso; caulibus numerosis, lignosis, caespitosis, ramis brevibus, dense foliosis, floriferis circumcirca breviter puberulis, sterilibus glabriusculis; foliis linearibus, obtusis, viridibus, parce punctatis, margine revoluto parce ciliatis, ceterum glabris, nervis secundariis obsoletis vel parum prominentibus instructis, floralibus ovatis vel oblongis, non coloratis, subtus elevatim penninerviis, calyces superantibus; floribus pedicellatis, in capitula subglobosa congestis; calycis bilabiati, rubentis, patule hirsuti, impunctati labio superiore ad medium in dentes lanceolatos fisso, labii inferioris, superiori aequilongi dentibus lanceolato-subulatis; corollae parvae, roseae tubo calycis dentes vix superante. — A *T. Boissieri*, quocum indumento convenit, rhizomate crasso, valde lignoso, foliis rigidis, punctatis, floralibus difformibus discedit.

In regione alpina mt. Tymphrestus Eurytaniae (Heldr.). — Jul. Aug. ♃

×× Folia undique hirta.

○ Calyx pellucide punctatus.

4. **T. euboeus.** — Exsicc.: Leonis pl. gr. a. 1901.

Rhizomate suffruticoso; caulibus numerosis, decumbentibus, ramis praesertim sterilibus elongatis, foliosis, circumcirca hirsutis; foliis lineari-lanceolatis, acutiusculis, obscure viridibus, rubenti-punctatis, undique dense velutino-pubescentibus, margine subrevolutis, basin versus albociliatis, nervis secundariis obsoletis instructis, floralibus ovato-oblongis, non coloratis, subtus penninerviis, calyce aequilongis; floribus pedicellatis, in capitula magna, ovata vel oblonga, inferne interdum interrupta congestis; calycis bilabiati, vix colorati, hirsuti, pellucide punctati labio superiore ad medium in dentes lanceolatos fisso, labii inferioris, superiori brevioris dentibus subulatis; corollae parvae, intense purpureae tubo calycis dentibus breviore. — Species colore obscure viridi, capitulis magnis, 15 mm. et ultra diametro latis, calycibus pellucide punctatis, corollis parvis, intense purpureis, ab affinibus egregie distincta.

Euboea: in cacumine mt. Dirphys (Leonis). — Jul. Aug. ♃

○○ Calyx impunctatus.

5. **T. leucotrichus.** — *T. hirsutus* Bois. fl. or. IV. p. 557 p. p. — *T. parnassicus* Hal. in z. b. G. 1899 p. 193, non Beitr. fl. Epir. p. 38. — Huc forsan *T. vulgaris* S. et S. pr. I. p. 419, non L. — Exsicc.: Orph. herb. a. 1854; Heldr. pl. fl. hellen. a. 1897.

Rhizomate suffruticoso; caulibus numerosis, decumbentibus, ramis foliosis, circumcirca patule hirsutis; foliis lineari-lanceolatis, obtusiusculis, impunctatis, undique pilis brevibus longisque dense obsitis, canescentibus, margine subrevolutis, nervis secundariis obsoletis instructis, floralibus ovato-oblongis oblongisve, non coloratis, subtus penninerviis, calyce longioribus; floribus pedicellatis, in capitula ovata vel globosa congestis; calycis bilabiati, subrubentis, albo-villosi, impunctati labio superiore ad medium in dentes lanceolatos fisso, labii inferioris, superiori aequilongi dentibus subulatis; corollae roseae tubo calycis dentes subsuperante. — *T. revoluto* Celak. in Flora 1883 p. 171, mihi e descriptione tantum noto, ut videtur similis, qui autem foliis floralibus rotundatis, abrupte acuminatis calycibusque rubenti punctatis discedit. — *T. hirsutus* M. a. B. foliis floralibus conformibus, calycis labii superioris dentibus brevioribus et floribus minoribus a nostro differt.

β. **Degenii.** — *T. revolutus* v. *creticus* Deg. in Bald. viagg. Creta p. 82, non *T. creticus* Brot., nec DC. — Huc probabiliter: *T. serpyllum* S. et S. pr. I. p. 418 quoad pl. cret.; Raul. cret. p. 828; non L. — *T. striatus* Raul. l. c., non Vahl. — *T. hirsutus* Spreitz. in z. b. G. 1890 p. 299, non M. a. B. — Rhizomate tortuoso, crasso, valde lignoso, caulibus abbreviatis, ramis floriferis brevissimis, foliis minoribus, minus copiose hirsutis. — Forma macra ut videtur speciei. — Exsicc.: Bald. it. cret. n. 137.

In rupestribus regionis alpinae. Peloponnesus: mt. Kyllene, Chelmos (Orph.), Taygetos (Heldr.); — *β.* Creta: mt. Mavrus Lakus (Spreitz) et Hagion Pneuma (Bald.) in mt. Sphacioticis. — Jun. Jul. ♃

6. **T. parnassicus** Hal. Beitr. fl. Epir. p. 38. — *T. hirsutus* Bois. fl. or. IV. p. 557 p. p., non M. B. — Exsicc.: Hal. it. gr. a. 1888.

Rhizomate suffruticoso; caulibus elongatis, decumbentibus, ramis foliosis, brevibus, undique retrorsum puberulis; foliis linearibus, obtusis, parce punctatis, undique pube minutissima velutino-canescentibus margineque revoluto albo-ciliatis, nervis secundariis obsoletis instructis, floralibus ovatis vel oblongis, non coloratis, subtus penninerviis, calyce aequilongis; floribus pedicellatis, in capitula globosa congestis; calycis bilabiati, vix colorati, adpresse hirti, impunctati labio superiore ad medium in dentes lanceolatos fisso, labii inferioris, superiori aequilongi dentibus subulatis, omnibus longe pectinato-ciliatis; corollae roseae tubo calycis dentes superante. — Ab affinibus praesertim indumento brevissime velutino discedit.

In rupestribus regionis alpinae mt. Parnassus, rarissime (Hal.); forsan quoque in mt. Pateras Atticae, cum *T. hirsutus* a Boissier ibi indicatur. — Jul. Aug. ♃

   b. Folia margine non revoluta.

      α. Folia pube minutissima velutina.

   7. **T. leucadicus** Rchb. ic. fl. germ. et helv. XVIII. p. 36; Bald. in bull. herb. Bois. IV. p. 205; pro var. *T. striati.* — *T. striatus* Bois. fl. or. IV. p. 557 p. p.; Heldr. fl. cephal. p. 57; non Vahl. — Exsicc.: Heldr. pl. cephal. a. 1867; Bald. it. alb. epir. III. n. 79.

   Rhizomate suffruticoso; caulibus decumbentibus, ramis foliosis, undique brevissime tomentellis; foliis lineari-lanceolatis, acutissimis, punctatis, undique pube minutissima velutino-canescentibus, margine ciliatis, nervis secundariis parum prominentibus vel obsoletis instructis, floralibus ovatis, acutis, valide penninerviis, calyce longioribus; floribus pedicellatis, in capitula magna, ovata congestis; calycis bilabiati, non colorati, velutini, pellucide punctati labio superiore vix ad quartam partem in dentes breviter lanceolatos fisso, labii inferioris, superiori subaequilongi dentibus subulatis, omnibus pectinato-ciliatis; corollae roseae tubo calycis dentes superante. — Species foliis acutissimis, velutinis, non revolutis, capitulis magnis, calycis labio superiore brevissime dentato, corolla majuscula distinctissima.

   In rupestribus regionis inferioris et montanae. Cephalonia: mt. Aenos, Phalaris (Heldr.); Leucas (Mazz.): pr. Karya (Bald.). — Jun. Aug. ♃

      β. Folia glabra vel hirsuta, sed nunquam velutina.

         × Folia linearia, rigida; calycis dentes labii superioris lanceolato-acuminati.

   8. **T. atticus** Celak. in Flora 1882 p. 564, 1883 p. 165; Bois. fl. or. suppl. p. 360; Hal. Beitr. fl. Achaia p. 30; Form. in Ver. Brünn 1896 p. 67, in D. bot. Mon. 1898 p. 79; Haussk. symb. p. 50. — *T. zygis* S. et S. pr. I. p. 420, Fl. gr. VI. p. 60 t. 574; Ch. et B. fl. pelop. p. 38; Fraas fl. class. p. 178; Clem. sert. p. 75; non L. sp. p. 591, qui Hispaniae civis et foliis tomentellis, verticillastris distinctis, spicam longam interruptam formantibus, foliis floralibus caulinis conformibus, floribus multo minoribus diversissimus est. — *T. striatus* Bois. fl. or. IV. p. 557 p. p., non Vahl. — Exsicc.: Orph. fl. gr. n. 199; Heldr. herb. norm. n. 291 et 874.

   Rhizomate suffruticoso; caulibus procumbentibus, ramis floriferis strictis, undique hirtis; foliis viridibus, linearibus, obtusis, basin versus longe spathulato-angustatis, punctatis, ciliatis, ceterum glaberrimis, subtus nervo mediano valido secundariisque parum prominulis instructis, floralibus ovato-lanceolatis, puberulis, pectinato-ciliatis, subtus valide plurinerviis; floribus breviter pedicellatis, in capitula globosa vel ovata congestis; calycis bilabiati, pallidi, breviter hirti, pellucide punctati labio superiore ad medium in dentes lanceolatos fisso, labii inferioris, superiori aequilongi dentibus subulatis, omnibus pectinato-ciliatis; corollae albae tubo calycis dentes non superante. — Species foliis rigidis, linearibus, glabris et floribus albis egregia.

In saxosis regionis montanae, ut videtur rare. Thessalia: pr. Miluna in Olympo (Form.); Attica: mt. Hymettus, Pentelicon (Heldr.); Achaia: pr. Megaspilaeon (Hal.). — Maio, Jun. ♃

9. **T. striatus** Vahl. symb. p. 78; Bald. riv. coll. bot. alb. 1895 p. 61, 1896 p. 85; Form. in Ver. Brünn 1896 p. 67. — *T. Chaubardi* Hal. Beitr. fl. Epir. p. 36, non Bois. et Heldr. — *T. paronychioides* Haussk. symb. p. 50 ex speciminibus in Sint. it. thessal. n. 462 distributis; non Celak. in Flora 1882 p. 564, qui foliis sat latis, supra longe hirsutis, bracteis maximis, calycis labio superiore ad quartam partem tantum fisso, dente medio lateralibus majore a planta thessala valde discedit. — Huc forsan spectat: *T. serpyllum v. angustifolius* Bois. fl. or. IV. p. 556 quoad pl. e mt. Dirphys Euboeae. — Exsicc.: Hal. it. gr. sec. a. 1893; Sint. it. thessal. n. 462 et 1519.

Rhizomate suffruticoso; caulibus procumbentibus, saepe elongatis, ramis floriferis erectis vel adscendentibus, undique hirtis; foliis viridibus, linearibus, obtusiusculis, basin versus breviter angustatis, punctatis, ciliatis, ceterum glaberrimis, subtus nervo validiori secundariisque parum prominulis instructis, floralibus ovato-lanceolatis, glabriusculis, ciliatis subtus plurinerviis; floribus breviter pedicellatis, in capitula globosa vel ovata congestis; calycis bilabiati, saepius rubentis, hirtuli, parce punctati labio superiore ad tertiam partem in dentes lanceolatos fisso, labii inferioris, superiori aequilongi dentibus subulatis, omnibus breviter pectinato-ciliatis; corollae roseae tubo calycis dentes non superante. — Praecedenti valde affinis, ab eo caulibus floriferis tenuioribus, foliis minus rigidis, basin versus non longe attenuatis, floralibus subangustioribus, calycis dentibus labii superioris latioribus, brevius acuminatis et corolla rosea discedit.

In herbidis regionis montanae et subalpinae. Epirus: mt. Maria distr. Ljaskovik, pr. Cepelovon, mt. Olycika, Strungula (Raul.), Tsumerka, Peristeri (Hal.); Thessalia: mt. Zygos (Haussk.), Wutades pr. Sermeniko (Sint.), Chaliki in Pindo, mt. Pelion (Form.). — Jun. Jul. ♃

×× Folia latiora, lineari-elliptica, oblonga vel ovata, vix rigida; calycis dentes labii superioris triangulari-lanceolati.

○ Rami teretiusculi; folia parva vel mediocria.

. Rami floriferi plus minus elongati; capitula involucrata.

10. **T. Sibthorpii** Benth. lab. p. 345; Haussk. symb. p. 50 (cum f. *spicata, capitata, grandiflora et parviflora*). — *T. lanceolatus* S. et S. pr. I. p. 419, non Desf. — *T. glabratus* Ch. et B. exp. p. 38, Fl. pelop. p. 172; Fraas fl. class. p. 178; non Hoffm. et Link. —

T. serpyllum Clem. sert. p. 75, non L. — *T. Chaubardi* Bois. et Heldr. pl. exs. a. 1851 n. 269; Hal. in z. b. G. 1888 p. 761, Beitr. fl. Achaia p. 30, in ö. b. Z. 1897 p. 98 et 325; Haussk. symb. p. 50. — *T. angustifolius v. Chaubardi* Bois. et Heldr. diagn. ser. 2 IV. p. 6. — *T. serpyllum v. Chaubardi* Bois. fl. or. IV. p. 555; Heldr. chlor. Parn. p. 25. — Huc probabiliter: *T. pindicolus* Form. in Ver. Brünn 1896 p. 67. — Exsicc.: Heldr. herb. norm. n. 498 et 1368; Orph. fl. gr. n. 396; Sint. it. thessal. n. 303.

Rhizomate suffruticoso; caulibus procumbentibus, elongatis, ramis floriferis erectis vel adscendentibus, undique pubescentibus; foliis viridibus, ellipticis vel lineari-ellipticis, obtusis, punctatis, glabris, basin versus breviter ciliatis, subtus elevatim nervulosis, floralibus oblongo-ellipticis; floribus breviter pedicellatis, in capitula ovata vel oblonga, basi saepe laxiuscula congestis; calycis bilabiati, plus minus patule pilosi, punctati labio superiore ad tertiam partem in dentes triangulari-lanceolatos fisso, labii inferioris, superiori aequilongi dentibus lanceolato-subulatis, breviter ciliatis; corollae roseae tubo calycis dentes non superante. — *T. serpyllo* maxime affinis, sed omnibus partibus robustior, rami undique puberuli, folia elongata, floralia majora, capitula majora et formis extremis ad illum valde accedit, formae aliae angustifoliae contra transitum ad *T. striatum* praebere videntur.

In herbidis regionis montanae et subalpinae. Epirus: mt. Peristeri (Form.); Thessalia: mt. Zygos, Ghavellu, Karava, in oropedio Neuropolis, ad monasterium Korona, pr. Malakasi, Kalabaka, Pharsalus, Aivali (Haussk.), mt. Olympus, Pelion (Heldr.); Sporadum insula Scopelos (Leon.); Euboea: mt. Hagios Elias (Fraas); Aetolia: mt. Korax (Tunt.); mt. Kiona (Hal.), Parnassus, Cithaeron, Pateras (Heldr.), Parnes, Hymettus (Orph.); Peloponnesus (Chaub.): mt. Chelmos (Hal.), Taygetos (Heldr.); Cyclades (Chaub.). — Apr. Jul. ♃

11. **T. serpyllum** L. sp. p. 590; Fraas fl. class. p. 177; Bois. fl. or. IV. p. 555 *v. genuinus*; Bald. riv. coll. bot. alb. 1896 p. 85. — *T. longicaulis* Hal. Beitr. fl. Epir. p. 36, an Presl. — Exsicc.: Bald. it. alb. epir. IV. n. 41.

Rhizomate suffruticoso; caulibus prostratis, elongatis, radicantibus, ramis floriferis erectis vel adscendentibus, bifariam puberulis; foliis viridibus, ellipticis vel oblongis, obtusis, punctatis, glabris vel glabriusculis, basin versus parce ciliatis, subtus elevatim nervulosis, floralibus subconformibus; floribus breviter pedicellatis, in capitula globosa congestis; calycis bilabiati, pilosi, punctati, saepe colorati labio superiore ad tertiam partem in dentes triangulari-lanceolatos fisso, labii inferioris, superiori aequilongi dentibus subulatis, breviter ciliatis; corollae roseae tubo calycis dentes non superante. — Specimina omnia a me visa ramis bifariam pilosis a typo suecico recedunt, ceterum cum illo conveniunt.

In herbidis regionis subalpinae et alpinae rare. Epirus: mt. Olycika (Bald.), Tsumerka, Peristeri (Hal.); Thessalia: mt. Ghavellu (Heldr.); Euboea: mt. Dirphys (Bóis.). — Jun. Jul. ♃

12. T. lanuginosus Mill. dict. n. 8. — Huc spectare videtur, quatenus ex frustulo incompleto dijudicare queo: *T. dolopicus* Form. in D. bot. Mon. 1897 p. 75, in Ver. Brünn 1897 p. 50. — Exsicc.: Orph. fl. gr. n. 524 (mt. Korfiati Macedoniae).

Rhizomate suffruticoso; caulibus adscendentibus, ramis elongatis, undique lanuginosis; foliis ellipticis vel oblongis, obtusiusculis, punctatis utrinque pilosis, canescentibus, subtus elevatim nervulosis, floralibus conformibus; floribus petiolatis, in verticillastra multiflora, distincta congestis, racemum saepius elongatum, inferne ramulosum formantibus; calycis bilabiati, villosi labio superiore ad tertiam partem in dentes triangulari-lanceolatos fisso, labii inferioris, superiori aequilongi dentibus subulatis; corollae roseae tubo incluso.

β. **Marschallianus** Willd. sp. III. p. 141; Form. in D. bot. Mon. 1891 p. 28; pro sp. — *T. serpyllum v. Marschallianus* Bois. fl. or. IV. p. 555. — Folia lineari-oblonga, acutiuscula, utrinque glabra, basin versus ciliata. — Exsicc.: ? Sint. et Bornm. it. turc. n. 1408 (specimina incompleta, omnino deflorata).

In collibus herbosis. Thessalia: mt. Ghavellu in Pindo (Form.), si re vera *T. dolopicus* huc spectat; — β. pr. Litochori (Sint.), pr. Plessidi et Portaria in mt. Pelion (Form.). — Jun. Aug. ♃

Obs. *T. heterotrichus* Griseb. spic. II. p. 116. — Species ab autoribus varie interpretata (cf. Benth. in DC. pr. XII. p. 199; Bois. fl. or. IV. p. 556; Borb. in math. term. Közl. XXIV. p. 61; Vel. fl. bulg. p. 469), mihi ignota; indicatur a Form. in Ver. Brünn 1896 p. 67, 1897 p. 50, in Thessalia: pr. Kalabaka, Pharsalus, pr. Phlamburo in mt. Oxya, pr. Metochi, Varlani, Vlachava, mt. Cuka, Phlambures et Mitrica in mt. Chassia, pr. Patsios, Tafilvris, Godaman, Nezeros in Olympo, pr. Longici, Pirgo, Alofovris, Mavrika, Katasara, Jurti in mt. Othrys, pr. Neraida.

.. Rami floriferi brevissimi; capitula foliis summis involucrata.

13. T. ocheus Heldr. et Sart. in Bois. diagn. ser. 2 IV. p. 6. — *T. serpyllum v. ocheus* Bois. fl. or. IV. p. 555. — Exsicc.: Sart. herb. a. 1847; Sint. et Bornm. it. turc. n. 851 b (Athos).

Rhizomate suffruticoso; caulibus prostratis, radicantibus, ramis floriferis brevissimis, undique patule hirsutis; foliis ovato-oblongis, obtusis, punctatis, setoso-villosis, cinerascentibus, subtus elevatim nervulosis, floralibus conformibus, imis capitulum involucrantibus; floribus breviter pedicellatis in capitula globosa congestis; calycis bilabiati, setuloso-villosi, punctati, rubentis labio superiore ad medium in dentes triangulari-lanceolatos fisso, labii inferioris, superiori aequilongi, dentibus subulatis; corolla roseae tubo calycis dentes superante. — Species pubescentia setulosa omnium partium, caulibus prostratis, capitulis involucratis insignis.

In summis mt. Hagios Elias — Ocha veterum — pr. Karisto

Euboeae (Sart.); provenit quoque in cacumine mt. Athos peninsulae Hagion Oros. — Jun. Jul. ♃

OO Rami tetragoni; folia majuscula, ad 15 mm. longa et 8 mm lata.

14. **T. montanus** W. et K. in Willd. sp. III. p. 143. — *T. serpyllum v. latifolius* Bois. fl. or. IV. p. 555. — Huc forsan: *T. pulegioides* S. et S. pr. I. p. 419. — Exsicc.: Sint. it. thessal. n. 948.

Rhizomate suffruticoso; caulibus prostratis, radicantibus, ramis elongatis, floriferis adscendentibus vel erectis, tetragonis, bifariam vel ad angulos reflexo-puberulis; foliis ovato-ellipticis oblongisve, acutiusculis, punctatis, glabris, viridibus, ad petiolum parce ciliatis, subtus elevatim nervulosis, floralibus conformibus; floribus pedicellatis, in capitula ovata, inferne saepe interrupta congestis; calycis bilabiati, glabriusculi, punctati, viridis labio superiore ad medium in dentes lanceolatos fisso, labii inferioris, superiori aequilongi dentibus subulatis, omnibus ciliatis; corollae parvae, roseae tubo calycis dentes non superante. — Foliis magnis, glabris viridibus insignis.

In subalpinis rarissime, hucusque tantum in mt. Sina pr. Malakasi in Pindo tymphaeo (Sint.). — Maio, Jul. ♃

2. Sectio. *Piperella* Willk. et Lange pr. fl. hisp. II. p. 404.
— Calycis subgibbi labium superius late ovatum, ad quartam partem in dentes breviter et late triangulares, acutos, subaequales, laterales nempe medio subminores, divisum.

15. **T. teucrioides** Bois. et Spr. diagn. n. V. p. 15, Fl. or. IV. p. 554; Hal. in z. b. G. 1888 p. 761, Beitr. fl. Epir. p. 36, Beitr. fl. Thessal. p. 17, Heldr. chlor. Parn. p. 25; Bald. riv. coll. bot. alb. 1895 p. 61, 1896 p. 84; Form. in Ver. Brünn 1896 p. 68 subsp. *tymphaeus*; Haussk. symb. p. 50. — *T. graveolens* S. et S. pr. I. p. 421, Fl. gr. VI. p. 61 t. 576; Fraas fl. class. p. 178; non M. a. B. — Exsicc.: Heldr. herb. norm. n. 594; Bald. it. alb. epir. III. n. 192; Sint. it. thessal. n. 563 b.

Rhizomate suffruticoso; caulibus prostratis, ramis elongatis, adscendentibus, undique puberulis; foliis minutis, petiolatis, ovato-rhombeis, obtusiusculis, punctatis, glabriusculis, viridibus, margine revolutis, subtus nervo mediano valido nervulisque lateralibus obsoletis instructis, floralibus conformibus; floribus pedicellatis, in axillis superioribus 2—6, verticillastra remota formantibus; calycis bilabiati, basi subgibbi, glabri vel hirtuli, colorati, punctati labio superiore ad quartam partem in dentes late triangulares diviso, labii inferioris longioribus, lanceolati-subulatis, ciliatis; corollae magnae lilacinae tubo calycis dentibus longiore. — Facies *Calaminthae alpinae*.

In herbidis lapidosis regionis alpinae. Epirus: mt. Smolika, Vratedon (Bald.), Peristeri, Strungula, Tsumerka (Hal.); Thessalia: mt. Tringia (Hartl.), Zygos, pr. Malakasi, Uranaeos, Tsungeri, mt. Karava, Ghavellu (Haussk.), Dokimi, Said Pascha (Form.), in Pindo, mt. Oeta

(Sprun.); Aetolia: mt. Tymphrestus, Korax (Heldr.); mt. Kiona (Hal.); mt. Parnassus (Sibth.); Peloponnesus: mt. Chelmos (Heldr.). — Jul. Aug. ♃

Obs. *T. Billardieri* Bois. diagn. ser. 2 IV. p. 8, Fl. or. IV. p. 560 = *T. villosus* S. et S. pr. I. p. 422, Fl. gr. VI. p. 62 t. 578, non L. — Indicatur a Sibthorp in Archipelagi insulis, sed probabiliter erronee.

7. Tribus. OCIMOIDEAE Benth. lab. p. 1.
28. Lavandula L. gen. n. 711.

1. **L. stoechas** L. sp. p. 573; S. et S. pr. I. p. 399, Fl. gr. VI. t. 549; Sieb. avis p. 4, rem. p. 5, in Flora I. p. 270; Ch. et B. exp. p. 163, Fl. pelop. p. 36; Marg. et R. fl. Zante p. 72; Friedr. Reise p. 270; Fraas fl. class p. 175; Weiss in z. b. G. 1869 p. 743; Raul. cret. p. 825; Bois. fl. or. IV. p. 540; Gelmi in bull. soc. bot. ital. 1889 p. 451; Bald. viagg. Creta p. 81; Hal. in ö. b. Z. 1897 p. 98; Haussk. symb. p. 37; Heldr. fl. Aegina p. 385. — Exsicc.: Orph. fl. gr. n. 273; Heldr. herb. fl. hellen. n. 60, in Baen. herb. europ. n. 3113; Baen. herb. europ. n. 9280; Dörfl. fl. aeg. n. 107.

Fruticulus erectus, ramis pubescentibus; foliis linearibus oblongo-linearibusve, pube minutissima incanis, margine revolutis, integris, axillis inferioribus fasciculigeris; spicis oblongis, densis, breviter pedunculatis; bracteis rhombeo-cordatis, acuminatis, tomentoso-pubescentibus, violascentibus, calyce sublongioribus, summis sterilibus, membranaceis, comosis, ellipticis vel oblongis, saepe denticulatis, violaceis; calyce ovato, incano; corolla atro-purpurea.

In collibus, dumosis regionis inferioris et submontanae. Attica: mt. Hymettus (Orph.); insula Aegina (Friedr.); Corinthia: pr. Kenada in isthmo (Fraas); Argolis: mt. Chelone in peninsula Methana, pr. Poros, insula Hydra (Heldr.); Laconia: pr. Sparta, Gythion (Heldr.); Sporadum insula Scopelos (Leon.); Cyclades: insula Tenos, Kimolos (Weiss), Melos, Naxos (Leon.); Creta: pr. Canea, Suda (Raul.), Gonia (Bald.), in fauce Serisso (Sieb.); Zante (Marg.); Corcyra: pr. Alippi (Gelmi), Pellekn (Baen.). — Mart. Jul. ♄

2. **L. spica** L. sp. p. 572; S. et S. pr. I. p. 399; Dallap. prosp. p. 81; Ch. et B. exp. p. 163, Fl. pelop. p. 36; Heldr. Nutzpfl. p. 32, Fl. cephal. p. 57. — Icon: Rchb. t. 26.

Fruticulus erectus, ramis pubescentibus; foliis oblongo-linearibus linearibusve, pube minuta incanis, margine revolutis, integris, adultis virentibus, subplanis; spicis cylindricis, interruptis, longe pedunculatis; bracteis ovato-rhombeis, acuminatis, membranaceis, pubescentibus, albicantibus, calyce brevioribus, summis conformibus; calyce tubuloso, amethystino-tomentello; corolla coerulea.

In locis petrosis regionis inferioris. In agro Laconico (Sibth.); Argolis, Cyclades (Chaub.); saepe colitur. — Jun. Aug. ♄ N. v.

Obs. *L. dentata* L. sp. p. 572; S. et S. pr. I. p. 399; Marg. et R. fl. Zante p. 72. — Indicatur in Zacyntho, at vix spontanea. — *Ocimum basilicum* L. sp. p. 597; Dallap. prosp. p. 85; Heldr. Nutzpfl. p. 32, Fl. cephal. p. 57, chlor. Thera p. 29; Form. in D. bot. Mon. 1891 p. 28. — Frequenter colitur in hortis.

8. Tribus. **MENTHOIDEAE** Benth. lab. p. 152.

29. Lycopus L. gen. n. 33.

1. **L. europaeus** L. sp. p. 21; S. et S. pr. I. p. 12; Mazz. in ant. ion. II. p. 444; Friedr. Reise p. 278 et 284; Bois. fl. or. IV. p. 545; Heldr. fl. cephal. p. 57; Form. in D. bot. Mon. 1891 p. 27. in Ver. Brünn 1897 p. 49; Haussk. symb. p. 51. — *L. exaltatus* Fraas fl. class. p. 179, non L. — Icon: Fl. dan. t. 1081.

Caule erecto, simplici vel ramoso, glabro vel leviter pubescente; foliis oblongis vel lanceolatis, grosse vel inciso-dentatis, glabris vel puberulis, in petiolum brevem attenuatis; floribus fasciculatis, in verticillastra axillaria congestis; corolla parva, alba; filamentis sterilibus minutissimis vel nullis.

β. **pubescens** Benth. lab. p. 186. — *L. mollis* Kern. in ö. b. Z. 1866 p. 371; Hal. in ö. b. Z. 1892 p. 400. — Caulis lanuginosus; folia ovata vel oblonga, utrinque canescentia. — Exsicc.: Sint. et Bornm. it. turc. n. 1426; Heldr. pl. fl. hellen. a. 1886 et 1895.

In paludosis, ad ripas, in humidis regionis inferioris. Thessalia: pr. Malakasi, Karditza (Form.), Trikala, Orman Magula (Haussk.), pr. Litochori ad Olympum (Sint.); Attica: in valle Cephissi pr. Athenas (Heldr.); Argolis: ad ripas Lernae, pr. Nauplia (Friedr.); Elis (Sibth.); Cephalonia: pr. Akoli, Livadi (Heldr.); Corcyra: pr. Kanale, Botumia (Mazz.). — Jul. Oct. ♃

2. **L. exaltatus** L. fil. suppl. p. 87; Mazz. in ant. ion. II. p. 444; Hal. in ö. b. Z. 1890 p. 41, 1896 p. 17; Form. in Ver. Brünn 1896 p. 66; Haussk. symb. p. 51. — *L. albus* Mazz. l. c. p. 446. — Icon: Fl. gr. I. p. 9 t. 12. — Exsicc.: Sint. it. or. 1889 n. 1887.

Caule erecto, ramoso, pubescente; foliis oblongis lanceolatisve, pinnatifidis partitisve, puberulis, in petiolum brevem attenuatis; floribus fasciculatis, in verticillastra axillaria congestis; corolla parva, alba; filamentis sterilibus acute capitatis.

In paludosis regionis inferioris. Thessalia: pr. Trikala, Karditza (Haussk.), Phanari (Heldr.), Palaeokastro (Reis.), Katerina (Sint.); Corcyra: ad lacum Corizia (Mazz.). — Jul. Oct. ♃

1 × 2. **L. europaeus × exaltatus** (*L. intermedius*) Haussk. symb. p. 51. — A *L. exaltato* foliis minus incisis, lobis brevioribus, latioribus, plus minus obtusis, nec longe acutatis diversa; notae aliae

in verticillastris, calycibus et filamentis intermediae dicuntur. — Inter parentes pr. Karditza Thessaliae (Haussk.). — N. v.

30. Mentha L. gen. n. 713.

1. Sectio. *Menthastrum* Coss. et Germ. fl. env. Paris p. 387.
— Calycis faux nudus, dentes subaequales.

1. Subsectio. *Spicatae* L. sp. ed. 2 p. 804. — Verticillastra spicam conicam vel cylindricam, densam vel interruptam formantia; calyx campanulatus, obsolete 10 nervius; corolla intus glabra.

a. Folia ovato-rotundata, obtusa, crenata.

1. **M. rotundifolia** L. sp. p. 576 pro var. *M. spicatae*; L. sp. ed. 2 p. 805; S. et S. pr. I. p. 402; Ch. et B. exp. p. 164, Fl. pelop. p. 36; Friedr. Reise p. 264 et 275; Raul. cret. p. 825; Bois. fl. or. IV. p. 543; Haussk. symb. p. 50. — *M. rugosa* Lam. fl. fr. II. p. 420. — Icon: Rchb. t. 81. — Exsicc: Heldr. herb. norm. p. 970.

Caulibus erectis, molliter pubescentibus vel lanato-tomentosis; foliis sessilibus, ovato-rotundatis, basi saepe subcordatis, crenatis, supra pubescentibus, subtus cinereo-vel incano-tomentosis; verticillastris numerosis, in spicam cylindrico-conicam densam dispositis; bracteis lanceolatis; calyce ovato-globoso, hirto, dentibus breviter lanceolatis; corolla alba rarius rosea. — Foliorum forma et indumento e pilis simplicibus ramosisque intermixto egregia.

In paludosis, ad ripas, fossas regionis inferioris, rare. Thessalia: pr. arcem urbis Volo (Haussk.); Boeotia (Sprun.); Peloponnesus (Sibth.): pr. Patras Achaiae (Friedr.), ad fontem Lernae pr. Myli (Heldr.) et pr. Poros (Friedr.) in Argolide (Chaub.); Creta (Sibth.): pr. Epanochorio (Raul.). — Jun. Oct. ♃

b. Folia ovato-lanceolata vel oblonga, acuta vel acuminata, acute serrata.

2. **M. longifolia** L. sp. p. 576 pro var. *M. spicatae*; Huds. fl. angl. p. 221. — *M. silvestris* L. sp. ed. 2 p. 804; S. et S. pr. I. p. 402; Pieri corc. fl. p. 76; Ch. et B. fl. pelop. p. 36; Friedr. Reise p. 275; Bois. fl. or. IV. p. 543; Heldr. chlor. Parn. p. 25, chlor. Thera p. 3; Bald. riv. coll. bot. alb. 1895 p. 60; Form. in Ver. Brünn 1896 p. 66, f. *stenotricha* Borb. in term. füz. IX. p. 24 (f. spica angusta, inferne interrupta, calyce saepe violaceo-suffuso).

Caulibus erectis vel adscendentibus, tomentellis; foliis sessilibus, ovato-lanceolatis oblongisve, acutis, acute serratis, subtus vel utrinque tomentosis; verticillastris numerosis, in spicam conicam, densam vel interruptam, conico-cylindricam dispositis; bracteis lineari-setaceis; calyce campanulato, dense hirto, dentibus subulatis; corolla lilacina. — Speciei quoad indumentum, foliorum magnitudinem, formam et serraturam, spicas breves, densas, crassiusculas vel elongatas, interruptas, angustas maxime polymorphae, habitu saepe diversissimae, sed intermediis innumeris conjunctae, varietates sequentes, a menthologo quodam perito ulterius observandas, e Graecia mihi innotuerunt.

α. **typica**. — Folia elongato-lanceolata, 6—12 cm. longa, supra viridia, glabriuscula, subtus cano-pubescentia; spica crassiuscula, densa. — Exsicca: N. v.

β. **candicans** Crantz stirp. IV. p. 330 pro sp. — *M. silvestris v. candicans* Haussk. symb. p. 50. — Folia lanceolata, 5—7 cm. longa, supra pubescentia, viridia, subtus adpresse albo-tomentosa, spica crassiuscula, densa. — Exsicc.: Heldr. it. thessal. IV. a. 1883; Dörfl. fl. gr. n. 201.

γ. **mollissima** Borkh. fl. Wetter. II. p. 348; Form. in Ver. Brünn 1896 p. 65; pro sp.; Benth. lab. p. 171. — *M. incana* Sm. in Rees Cyclop. XXIII. sub Mentha n. 5. — *M. undulata* Willd. en. berol. VI. p. 608; Friedr. Reise p. 273; f. foliis undulatis. — Folia oblongo-lanceolata, 5—8 cm. longa, supra dense incano-pubescentia, subtus adpresse albo-tomentosa; spica crassiuscula, densa. — Variat (*M. Rocheliana* Borb. et Br. in z. b. G. 1890 p. 384; Form. in Ver. Brünn 1897 p. 49) spica elongata ad 9 cm. longa. — Exsicc.: Sint. it. thessal. n. 1295.

δ. **Wierzbickiana** Opiz in Flora 1824 p. 525; Form. in D. bot. Mon. 1891 p. 27, in Ver. Brünn 1895 p. 34, 1896 p. 65, 1897 p. 49. — Folia elliptico-lanceolata, 20—35 mm. longa, supra dense incano-pubescentia, subtus albo-tomentosa; spica elongata, 6—12 cm. longa, verticillastris 3—4 inferioribus, saepissime distantibus. — Exsicc.: Orph. fl. gr. n. 549; Sint. it. thessal. n. 987 et 1113.

ε. **minutiflora** Borb. in bot. Centralbl. 1886 p. 239; Form. in Ver. Brünn 1896 p. 65, 1897 p. 49. — Folia oblongo-lanceolata, 2—5 cm. longa, supra viridia, pubescentia, subtus cano-tomentosa; spica angustissima, virgata, verticillastris minutis distantibus, violaceis vel (*M. viridescens* Borb. in Békésvárm. fl. p. 74, Form. in Ver. Brünn 1896 p. 65, 1897 p. 49) viridibus. — Exsicc.: Sint. it. or. n. 1877; Sint. et Bornm. it. turc. n. 1417, 1418 et 1419.

ζ. **Sieberi** C. Koch in Linn. 1848 p. 649; Hal. Beitr. fl. Epir. p. 38, in z. b. G. 1899 p. 193; Form. in Ver. Brünn 1895 p. 34, 1896 p. 66. — *M. canescens* Sieb. avis p. 4, non Roth. — *M. tomentosa* Urv. enum. p. 67; Ch. et B. exp. p. 164, Fl. pelop. p. 36; Friedr. Reise p. 264; Fraas fl. class. p. 176; Clem. sert. p. 73; Raul. cret. p. 825; Heldr. fl. cephal. p. 57. — *M. silvestris v. stenostachya* Bois. fl. or. IV. p. 543; Bald. viagg. Creta p. 81; Haussk. symb. p. 51; Heldr. in ö. b. Z. 1898 p. 184. — Huc forsan: *M. niliaca* Link. in Linn. IX. p. 576; vix Jacq. hort. vind. p. 46 t. 3, quae hybrida inter *M. rotundifoliam* et *M. longifoliam*. — Folia ovato-lanceolata vel lanceolata, 2—5 cm. longa, reflexa, utrinque albo-tomentosa; spica angusta, elongata, verticillastris parvis, demum distantibus.

— Variat (*M. cretica* Portenschl. ap. Braun in z. b. G. 1890 p. 42; Form. in Ver. Brünn 1895 p. 34, 1896 p. 66, 1897 p. 49) foliis elongato-lanceolatis, margine breviter, saepe subundulato-serratis, spica breviore, verticillastris minus distantibus. — Huc spectat quoque: *M. ilissia* Heldr. herb. norm. n. 982, quae foliis lanceolatis, minus tomentosis et verticillastris minutis, valde distantibus transitum ad var. ε. manifeste praebet. — Exsicc.: Heldr. herb. norm. n. 64 et 971, 1574 v. *viridula* (f. foliis oblongis, tomento minus denso-obsitis, supra viridulis); Rev. pl. cret. n. 125 et 126, in Baen. herb. europ. n. 4886 et 5051, in Magn. fl. sel. n. 643; Bald. it. cret. n. 84.

Ad ripas, fossas, in paludosis, arvis derelictis regionis inferioris et montanae, formae microphyllae magis tomentosae in calidioribus. — Majo. Sept. ♃

Obs. Formam inter *M. rotundifoliam* et *M. Sieberi* intermediam ut videtur hybridam, caule pyramidatim-ramoso, foliis late ovatis, acutis, serratis, tomentoso-lanatis, spicis brevibus, verticillastris paucifloris, laxiusculis, calycis dentibus breviter lanceolatis, legit Reverchon pr. Platania Cretae (*M. Sieberi v. rotundifolia* Rev. pl. cret. a. 1883 sine n.). *M. Reverchoni* Hal. in herb. — Alia *M. pubescens* Willd. enum. berol. p. 608 (*mollissima* × *aquatica*) indicatur a Form. in D. bot. mon. 1891 p. 27 pr. Velitsena in Pindo.

3. **M. viridis** L. sp. p. 576 pro var. *M. spicatae*; L. sp. ed. 2 p. 804; Ch. et B. exp. p. 165, Fl. pelop. p. 36; Form. in Ver. Brünn 1895 p. 35 v. *graciliflora* Borb. in ö. b. Z. 1884 p. 169 (f. spica elongata, angusta, interrupta, floribus minoribus); Haussk. symb. p. 51. — Exsicc.: Heldr. it. thessal. IV. a. 1885.

Caulibus erectis, glabris vel sparse pilosulis; foliis sessilibus, lanceolatis vel oblongo-lanceolatis, acutis, acute serratis, glabris vel subtus ad nervos pilosulis; verticillastris numerosis, in spicam conico-cylindricam, inferne interruptam dispositis; bracteis lineari-setaceis; calyce campanulato, glabriusculo, dentibus lineari-subulatis; corolla lilacina. — Glabritie insignis.

In humidis, nemorosis. Corcyra: pr. Kanali (Form.): Epirus: pr. Janina (Form.); Thessalia: ad monasterium Korona in Pindo dolopico (Heldr.); Argolis et Cycladum insula Tenos (Chaub.). — Jun. Sept. ♃

Obs. *M. piperita* L. sp. p. 576; Fraas fl. class. p. 176; Heldr. Nutzpfl. p. 32. — A praecedente foliis petiolatis praesertim diversa, colitur hin inde in hortis.

2. Subsectio. *Capitatae* L. sp. ed. 2 p. 805. — Verticillastra in capitula terminalia congesta; calyx tubulosus, elevatim 13 nervius; corolla intus pilosa.

4. **M. aquatica** L. sp. p. 576; Fraas fl. class. p. 177; Clem. sert. p. 73; Bois. fl. or. IV. p. 544; Haussk. symb. p. 51.

Caulibus erectis, retrorsum hirsutis; foliis petiolatis, ovatis vel oblongis, acutis, serratis, glabratis vel pubescentibus; verticillastris 2—3 terminalibus, remotiusculis vel in capitulum terminale congestis; bracteis lanceolatis; calyce tubuloso, dentibus a basi triangulari subulatis; corolla bilacina.

α. **typica.** — Folia longiuscule petiolata, crenato-serrata, basi subcordata, utrinque sparsim pubescentia. — Exsicc.: Heldr. herb. a. 1886.

β. **hirsuta** L. mant. p. 81; Ch. et B. fl. pelop. p. 36; Hal. in ö. b. Z. 1892 p. 400; pro sp.; Benth. lab. p. 177; Friedr. Reise p. 264 et 274. — Huc forsan: *M. litoralis* Borb. ap. Form. in Ver. Brünn 1896 p. 66. — Folia breviter petiolata, acute serrata, basi subattenuata vel rotundata, utrinque adpresse pubescentia. — Exsicc.: Sint. et Bornm. it. turc. n. 1416.

γ. **crispa** L. sp. ed. 2 p. 805; S. et S. pr. I. p. 403; pro sp.; Benth. lab. p. 177. — Folia breviter petiolata, crispato-plicata, lacerodentata, pubescentia. — Exsicc : N. v.

In humidis regionis inferioris. Thessalia: pr. Krania in Pindo (Form.), pr. Trikala, Palaeokastro, Karditza (Haussk.), Litochori ad Olympum (Sint.); Boeotia: ad Cephissum (Fraas); Attica: pr. Athenas (Clem.), ad Cephissum pr. Podoniphti (Heldr.); Elis (Heldr.); Achaia: pr. Patras (Daenzer); Argolis: ad ripas Erasini pr. Argos (Heldr.), pr. Poros (Friedr.); — γ. in agro Laconico (Sibth.). — Jul. Sept. ♃

2. Sectio. *Pulegium* Lam. fl. fr. III. p. 537. — Calycis faux annulo pilorum clausa, dentes subbilabiati, inferioribus binis angustioribus.

5. **M. pulegium** L. sp. p. 577; S. et S. pr. I. p. 404; Dallap. prosp. p. 82; Ch. et B. exp. p. 165, Fl. pelop. p. 36; Marg. et R. fl. Zante p. 73; Friedr. Reise p. 264; Clem. sert. p. 73; Bois. fl. or. IV. p. 545; Heldr. fl. cephal. p. 57; Form. in D. bot. Mon. 1891 p. 27, in Ver. Brünn 1895 p. 35, 1896 p. 66; Haussk. symb. p. 51.

Caulibus erectis vel adscendentibus, simplicibus vel ramosis; foliis breviter petiolatis, ovatis vel oblongis, acutis vel obtusis, minute et obscure denticulatis, floralibus conformibus; verticillastris numerosis, globosis, remotis; calyce tubuloso-infundibuliformi, dentibus lanceolatosubulatis; corolla rosea.

α. **typica.** — Caulis et folia glabra vel parce puberula, viridia; calyx puberulus. — Variat (*M. erinoides* Heldr. chlor. Mykon p. 249) caulibus prostratis, foliis minutis suborbiculatis, verticillastris paucifloris. — Exsicc.: Heldr. pl. fl. hellen. a. 1887.

β. **pulegioides** Sieb. avis rem. p. 5; pro sp. — *M. pulegium v. subtomentella* Braun in z. b. G. 1890 p. 144; Hal. Beitr. fl. Epir. p. 38. — *M. pulegium v. villicaulis* Borb. ap. Form. in D. bot. Mon. 1891 p. 27, in Ver. Brünn 1896 p. 66. — Caulis dense adpresse vel patule hirsutus, folia patule hirsuta, canescentia; calyx hirsutus. — Variat (*M. cephalonia* Braun in z. b. G. 1890 p. 144, Form. in Ver. Brünn 1895 p. 35) foliis minoribus late ovatis vel subrotundis, verticillastris minoribus. — Exsicc.: Rev. pl. cret. n. 127, in Magn. fl. sel. n. 649; Sint. et Bornm. it. turc. n. 1415; Sint. it. thessal. n. 1249.

γ. **tomentella** Hoffm. et Link fl. port. I. p. 73; Link in Linnaea IX. p. 576; Fraas fl. class. p. 177; Hal. in z. b. G. 1888 p. 761; Bald. in nuov. giorn. bot. ital. 1894 p. 99; Heldr. chlor. Mykon p. 249; pro sp.; Marg. et R. fl. Zante p. 73; Raul. cret. p. 825; Spreitz. in z. b. G. 1897 p. 666. — *M. gibraltarica* Willd. en. berol. p. 611. — *M. pulegium v. tomentosa* Vis. fl. dalm. II. p. 185; Haussk. symb. p. 51. — *M. pulegium v. villosa* Benth. in DC. pr. XII. p. 175; Weiss in z. b. G. 1869 p. 744. — Caulis, folia et verticillastra dense albo-villosa. — Exsicc.: Bald. it. bot. penins. balk. a. 1889.

Ad ripas, in arvis humidis, ruderatis regionis inferioris et montanae totius Graeciae, β. et γ. typo multo vulgatiores. — Jul. Oct. ♃

Index

ordinum, generum, specierum, varietatum et synonymorum.

A.

	pag.
Absinthium petrosum Baumg.	74
Acanthaceae Juss.	460
Acanthus L.	460
Caroli Alexandri Haussk.	460
v. minor Haussk.	460
v. tenuissimus Haussk.	460
longifolius Host	460
mollis Dall.	461
spinosissimus Pers.	461
spinosus L.	460
v. thessalus Form.	461
spinulosus Friedr.	461
spinulosus Host	461
Acarna cancellata All.	99
gummifera Willd.	94
Achillea L.	40
abrotanoides Vis.	44
absinthoides Hal.	48
aegyptiaca L.	50
v. taygetea B. et H.	50
ageratifolia Bois.	41
v. aizoon Bois.	41
v. euageratifolia Heim.	41
ageratum L.	49
aizoon Griseb.	41
ambrosiaca Bois.	43
Barbeyana Heldr. et Heim.	43
Boissieri Haussk.	43
Boissieriana Heldr.	43
capitata Willd.	42
chrysocoma Friv.	50
Clavennae L.	42
v. capitata Heim.	42
v. depauperata Hal.	42
v. integrifolia Hal.	42
v. pindicola Haussk.	42

	pag.
Clavennae × Fraasii Hal.	42
clypeolata S. et S.	49
coarctata Poir.	49
compacta Will.	49
compacta × odorata Haussk.	50
cretica L.	51
crithmifolia W. et K.	47
dolopica Fr. et Sint.	47
fililoba Freyn.	47
flabelliformis S. et S.	48
Fraasii Schultz	44
glomerata M. B.	49
grandifolia Friv.	45
grandifolia × umbellata Heim.	43
holosericea S. et S.	48
Kerneri Hal.	42
ligustica All.	45
magna L.	49
magna S. et S.	45
major Heim.	43
micrantha M. B.	51
millefolium L.	47
v. setacea Koch.	47
Millii Heldr.	43
moschata Wulf.	44
v. olympica Heim.	44
Neumayeri Heldr.	44
nobilis L.	46
v. Neilreichii (Kern.)	46
odorata L.	46
v. lacmonica Haussk.	46
v. virescens Fenzl.	46
odorata × coarctata Hal.	50
olympica Heim.	44
pallescens DC.	45
pannonica Form.	47
pubescens S. et S.	51
punctata Ten.	46

	pag.
santolina S. S.	51
sericea Janka	49
setacea W. et K.	47
silvatica Ten.	45
v. filifolia Bois.	47
v. subvelutina DC.	45
taygetea B. et H.	50
tomentosa Ch. et B.	50
tomentosa Fraas	48
tomentosa L.	51
Tournefortii DC.	51
tymphaea Haussk.	50
umbellata S. et S.	42
v. major Bois.	43
v. monocephala Heldr.	43
v. pauciloba Heldr.	43
velutina Desf.	49
chyrophorus cretensis Bois.	174
serioloides DC.	174
cinos alpinus Moench.	543
graveolens Link	546
v integrifolia Raul.	546
Aegialophila B. et H.	167
cretica B. et H.	167
pumila (L.)	167
Ajuga L.	466
chamaepitys Schreb.	467
chia Schreb.	468
v. intermedia B. et O.	468
Halácsyana Zahlbr.	468
iva Schreb.	467
v. pseudoiva Benth.	467
orientalis L.	466
v. aenesia Heldr.	466
Piskoi Deg. et Bald.	468
pseudoiva Rob. et Cast.	467
reptans L	466
Alectorolophus Hall.	441
alpinus Fraas	441
glandulosus Haussk.	441
minor Stern.	441
pindicus Stern.	441
pubescens Stern.	441
Sintenisii Stern.	442
Alkanna Tausch	342
boeotica DC.	344
v. versicolor Bois.	344
calliensis Heldr.	342
graeca Baen.	345
graeca Bois. et Spr.	344
v. hispidior Bois.	344
v. versicolor Bois.	344
graeca Hal.	343

	pag.
graeca Ung.	344
Matthioli Tausch.	346
methanaea Haussk.	343
orientalis Bois.	342
v. hellenica Bois.	342
pindicola Haussk.	343
v. conferta Haussk.	343
pulmonaria Form.	343
pulmonaria Hal.	343
Sartoriana B. et H.	345
scardica Form.	343
Sieberi DC.	446
Stribrnyi Vel.	345
v. pelia Hal.	345
tinctoria Tausch.	346
v. incana Weiss.	346
v. Lehmani Tin.	346
Amaracus dictamnus Benth.	552
pulcher Briqu.	553
scaber Briqu.	553
Tournefortii Benth.	553
Amberboa lancifolia DC.	165
Ambrosia L.	246
maritima L.	246
Ambrosiaceae Cass.	246
Anacyclus Pers.	65
Candollei Nym.	65
clavatus Pers.	65
creticus L	59
orientalis L.	56
pectinatus Ch. et B.	58
pyrethrum DC.	65
radiatus Lois	65
tomentosus DC.	65
valentinus L.	65
Anarrhinum bellidifolium Dsf.	420
Anchusa L.	321
Adami Mazz.	322
aegyptiaca DC.	327
aggregata Lehm.	328
angustifolia L.	323
angustifolia S. et S.	324
arvensis M. B.	329
aspera Bois.	326
bulbosa Mazz.	331
caespitosa Lam.	328
Cesatiana Fenzl.	331
Gmelini Led.	324
hybrida Ten.	324
v. setigera Hal.	325
italica Retz	326
leiosperma Fauch et Ch.	321

	pag.
linearifolia Urv.	324
lutea Friedr.	344
macrocalyx Haussk.	323
micrantha R. et Sch.	328
obliqua Vis.	324
ochroleuca M. B.	324
v. canescens Bois.	326
officinalis Bois.	323
officinalis L.	323
v. macrocalyx (Haussk.)	323
orientalis L.	342
ovata Mazz.	329
paniculata Ait.	326
parnassica B. et O.	323
parviflora S. et S.	328
Sartorii Heldr.	326
sempervirens L.	322
Spruneri Bois.	328
stylosa M. B.	328
v. major DC.	328
thessala B. et Spr.	327
tinctoria L.	346
undulata L.	325
v. maritima Heldr.	326
variegata Lehm.	329
ventricosa S. et S.	321
Andryala L.	245
dentata S. et S.	245
integrifolia Urv.	245
lanata S. et S.	239
Anthemis L.	51
absinthifolia B. et Spr.	57
ageratifolia S. et S.	41
aizoides B. et O.	41
aizoon Grsb.	41
altissima L.	54
arvensis L.	59
v. incrassata Bois.	60
v. microcephala Heldr.	60
auriculata Bois.	63
austriaca Form.	60
Brachmanni B. et H.	55
brachycentros Gay	54
brachyglossa C. Koch	57
carpathica Haussk.	56
chia L.	63
v. conica Bald.	63
chrysocephala Heldr.	56
clavata Desf.	65
complanata Hal.	58
cota Koch	54
cota L.	54
cota S. et S.	64

	pag.
cotula L.	64
cretica Nym.	59
cronia B. et H.	56
discoidea Willd.	53
fuscata Ch. et B.	63
Gerardiana Jord.	55
graveolens Bois.	58
Guicciardii Heldr. et Sart.	62
incana Bois.	56
incrassata Bois.	60
maritima S. et S.	53
melampodina Ung.	63
meteorica Haussk.	58
misella Heldr. et Sart.	60
mixta L.	64
montana L.	55
v. angustisecta Hal.	56
v. breviloba Hal.	56
v. cronia Bois.	56
v. gracilior Heldr.	56
v. incana Bois.	56
v. Linnaeana G. et G.	55
v. Linnaeana Hal.	57
v. macedonica Grisb.	55
v. olenaea Hal.	56
v. pentelica Bois.	56
v. saxatilis Heldr.	55
v. Spruneri (B. et H.)	56
v. tenuiloba Bois.	56
v. thracica Grisb.	55
Muenteriana Hal.	62
Muenteriana Heldr.	61
multicaulis B. et H.	60
Neilreichii Ortm.	60
nobilis L.	64
panachaica Hal.	54
parnesia B. et H.	60
pectinata B. et R.	58
pedunculata Ch. et B.	65
peregrina L.	62
v. Guicciardii Bois.	62
v. heracleotica B. et H.	62
v. platyloba Haussk.	62
pindicola Heldr.	57
pontica Willd.	55
pseudocota Vis.	54
psorosperma Ten.	64
pyrethrum Fraas	53
pyrethrum L.	65
ruthenica M. B.	60
saxatilis DC.	55
Spruneri B. et H.	57
taygetea B. et H.	58
tenuiloba DC.	56
tinctoria L.	52

	pag.		pag.
v. discoidea Vahl	53	tuberosa Willd.	189
v. pallida DC.	53	**Apocynaceae** R. Br.	293
v. parnassica Bois.	53	**Arbutus** L.	283
v. Triumfetti L.	53	**andrachne** L.	283
tomentosa Hal.	62	andrachne × unedo Haussk.	284
tomentosa L.	61	andrachnoides Link.	284
Triumfetti Bald.	53	hybrida Ker.	284
Urvillei Nym.	59	integrifolia Lam.	282
valentina L.	65	intermedia Heldr.	284
Visianii Weiss.	63	nothocomaros Heldr.	284
Antirrhinum L.	418	Sieberi Klotsch	283
aegyptiacum S. et S.	416	**unedo** L.	283
altissimum Sieb.	420	v. turbinata Pers.	283
arvense L.	418	unedo × andrachne Bois.	284
asarina L.	420	Arctium lappa L.	101
bellidifolium L.	420	majus Bernh.	101
calycinum Lam	419	minus Bernh.	102
chalepense L.	410	Arnebia cephalotes DC.	341
cirrhosum L.	416	cornuta Fisch. et M.	336
cymbalaria L.	446	Arnica cordata Wulf.	76
dalmaticum L.	408	scorpioides S. et S.	76
elatine S. et S.	414	Arnopogon Dalechampii W.	191
genistifolium L.	408	picroides W.	191
graecum Ch. et B.	415	**Artemisia** L.	72
lanigerum Ch. et B.	414	abrotanum L.	74
linaria L.	412	absinthium Dall.	72
litorale Bernh.	418	**absinthium** L.	72
majus L.	419	v. montana Form.	72
v. angustifolium Chav.	419	**arborescens** L.	72
micranthum Cav.	413	Baumgartenii Bess.	74
minus L.	418	**campestris** L.	74
orontium L.	418	**camphorata** Vill.	73
v. grandiflorum Chav.	418	eriantha Ten.	74
parviflorum Jacq.	413	**petrosa** (Baumg.)	74
parviflorum Willd	413	pontica L.	75
Pelisserianum L.	412	**scoparia** W. et K.	74
pilosum Ch. et B.	417	spicata S. et S.	74
purpureum L.	411	v. eriantha DC.	74
reflexum L.	411	Villarsii G. et G.	74
siculum Ucr.	419	**vulgaris** L.	72
simplex Willd	413	**Asclepiadaceae** R. Br.	290
spurium L.	414	Asclepias canescens W.	290
strictum S. et S.	410	Dioscoridis Fraas	291
triphyllum L.	410	fruticosa L.	293
Ammanthus B. et H.	71	nigra L.	291
filicaulis B. et H.	71	vincetoxicum Dall.	292
maritimus B. et H.	71	vincetoxicum S. et S.	291
Apargia aspera W. et K.	186	**Asperugo** L.	361
cichoracea Ten.	185	aegyptiaca L.	327
fasciculata Biv	185	**procumbens** L.	361
hastilis Host	186	**Aster** L.	16
hirta Sm.	184	alpinus Bois.	16
hispida Host	185	alpinus L.	16
hyoseroides Sieb.	188		
saxatilis Ten.	187		
strigosa M. B.	186		

	pag.
amellus L.	16
cylleneus B. et O.	16
tripolium L.	16
Asteriscus Moench	17
aquaticus Less.	17
v. discoideus Weiss	17
v. nanus Bois.	17
citriodorus Heldr. et Hal.	18
maritimus Less.	17
Asterothrix asperrima Cass.	186
Athanasia maritima L.	39
Atractylis L.	99
cancellata L.	99
gummifera L.	94
Atropa L.	368
belladonna L.	368
mandragora L.	366
mandragora S. et S.	367

B.

Ballota L.	532
acetabulosa Benth.	532
alba L.	532
foetida Lam.	532
hirsuta Nym.	532
hispanica Benth.	532
italica Benth.	532
nigra L.	532
pseudodictamnus Benth.	533
rupestris Form.	532
rupestris Vis.	532
saxatilis Guss.	532
Barbellina sericea Cass.	100
Bartsia latifolia S. et S.	436
trixago L.	440
versicolor Pers.	440
viscosa L.	437
Batatas edulis Chois.	302
litoralis Chois.	302
Barkhausia foetida DC.	227
hispida Link	228
purpurea Ung.	226
rhoeadifolia M. B.	227
rubra Moench	226
scariosa Willd.	229
setosa DC.	228
vesicaria Spreng.	228
zacynthia M. et R.	228
Bellardia All.	440
trixago All.	440
Bellis L.	12
amoena Heldr.	12
annua L.	13

	pag.
v. dentata Clem.	13
v. minuta DC.	13
dentata DC.	13
hybrida Ten.	12
longifolia Bois.	12
longifolia B. et H.	13
v. glabrata Raul.	13
perennis L.	12
v. microcephala Bois.	12
perennis × silvestris Haussk.	12
silvestris Cyr.	13
v. glabrescens Heldr.	13
Bellium L.	14
bellidioides S. et S.	14
minutum L.	14
Beringeria acetabulosa Neck.	533
pseudodictamnus Neck.	533
Betonica L.	514
alopecurus L.	515
annua L.	530
graeca B. et Spr.	515
v. petiolata Form.	515
v. tymphaea Form.	515
Haussknechtii Uechtr.	514
Jacquini G et G.	515
officinalis Form.	514
officinalis L.	514
scardica Grisb.	515
Bidens L.	39
cernua L.	39
bipartita L.	39
Borraginaceae Juss.	313
Borrago L.	320
cretica Willd.	320
officinalis L.	320
Brotera corymbosa W.	92
Buphthalmum aquaticum L.	17
maritimum L.	17
spinosum L.	18

C.

Cacalia verbascifolia S. et S.	80
Calamintha Tourn.	540
acinos (L.)	546
adscendens Form.	542
alpina Lam.	543
v. major (Haussk.)	544
v. meridionalis Haussk.	544
v. nebrodensis Kern. et Str.	544
v. pentelica Haussk.	544
Boissieri Briqu.	543
clinopodium Benth.	540
cretica Benth.	543

Index. 579

	pag.
exigua (S. et S.)	546
grandiflora Moench.	540
graveolens Benth.	546
incana Bois.	542
v. calvescens Heldr.	543
incana Clem.	542
meridionalis Nym.	544
nebrodensis Kern. et Str.	544
nepeta Savi	542
nepetoides Jord.	541
officinalis Hal.	541
officinalis Moench	541
patavina Host.	545
v. major Haussk.	544
Spruneri Bois.	542
suaveolens Bois.	544
v. canescens Haussk.	544
v. meteorica Haussk.	545
v. viridis Heldr. et Haussk.	545
suaveolens Hal.	545
thessala Haussk.	541
alcitrapa galactites Lam.	126
Calendula L.	86
aegyptiaca Desf.	87
arvensis L.	86
v. bicolor DC.	87
v. pygmaea Clem.	87
v. rugosa Vis.	87
bicolor Raf.	87
micrantha Tin	87
officinalis Pieri	87
parviflora Friedr.	87
sicula Friedr.	87
alystegia sepium R. Br.	302
silvatica Chois.	302
silvestris R. et Sch.	302
soldanella R. Br.	303
Campanula L.	249
abietina Grisb. et Sch.	267
aizoon B. et Spr.	269
anchusiflora S. et S.	254
Andrewsii DC.	255
asperuloides Orph	278
athoa B. et H.	261
attica B. et H.	266
bicaulis Lap.	273
bononiensis L.	262
calaminthifolia Lam.	258
v. Olivieri (DC.)	259
capitata Sims.	257
carpatha Hal.	252
Celsii DC.	254

	pag.
cephallenica Feer.	264
cichoracea S. et S.	257
corymbosa Desf.	251
dichotoma L.	259
drabifolia S. et S.	266
eriantha Hampe	254
erinus L.	266
expansa Friv.	271
v. sphaerothrix Bois.	271
expansa Hal.	272
falcata R. et Sch.	275
flagellaris Hal.	260
foliosa Form.	259
foliosa Ten.	260
Frivaldszkyi Steud.	271
garganica Bois.	264
garganica Ten.	264
glomerata Bald.	261
glomerata L.	259
v. stenosiphon Bois.	260
v. Vlachavae B. et O.	259
graminifolia L.	279
Halácsyana Bald.	264
Hawkinsiana Haussk. et Heldr.	264
heterophylla L.	258
hybrida L.	275
Jacquini DC.	278
incurva Auch.	256
laciniata Andr.	255
laciniata L.	253
Lambertiana DC.	270
lanuginosa W.	255
Leutweinii Heldr.	256
lilifolia L.	273
limonifolia L.	277
lingulata W. et K.	257
v. cichoracea Grsb.	257
lyrata Lam.	256
lyrata Link.	254
mollis L.	273
muscosa Mazz.	278
nutans Sieb.	248
Olivieri DC.	259
oreadum B. et H.	257
parnassica Bald.	261
parnassica B. et Spr.	279
patula L.	270
v. chassia Form.	270
v. pauciflora Roch.	267
patula S. et S.	268
pauciflora Desf.	273
pauciflora Lam.	267
pelviformis Lam.	251

	pag.		pag.
v. micrantha DC.	252	trichocalycina Ten.	276
pentagonia L.	273	tubulosa Heldr.	252
persicifolia L.	267	**tubulosa** Lam.	252
phrygia Jaub. et Sp.	272	**tymphaea** Haussk.	260
Pichleri Vis.	276	uniflora L.	273
pruinosa Mazz.	273	urticaefolia Mazz.	261
radicosa Ch. et B.	265	**versicolor** Andr.	262
ramosissima S. et S.	272	v. thessala Bois.	262
rapunculoides L.	262	v. tomentella Hal.	262
rapunculus L.	270	virgata Lodd.	277
v. Lambertiana Haussk.	270	Welandii Heuff.	271
Reiseri Hal.	253	**Campanulaceae** Juss.	247
v. Leonis Hal.	254	Capsicum annuum L.	366
Rochelii Schur	267	grossum W.	366
rotundifolia L.	263	longum DC.	366
rumeliana Vatke	278	**Cardopatium** Juss.	92
rupestris S. et S.	255	**Boryi** Spach	92
v. calycina Heldr.	256	**corynbosum** Pers.	92
v. gracilis Heldr.	256	orientale Spach	92
v. virescens Hal.	256	**Vrionis** Heldr.	92
rupicola B. et Spr.	258	**Carduncellus** Ad.	170
Sartorii B. et S.	264	**coeruleus** DC.	170
saxatilis L.	252	v. dentatus DC.	170
v. Simonellii Bald.	253	v. tingitanus (L.)	170
scutellata Grisb.	265	v. incisus DC.	170
Sibthorpiana Hal.	268	**Carduus** L.	102
v. filicaulis Hal.	269	**acanthoides** L.	104
sparsa Friv.	271	v. thessalus B. et H.	104
spathulata Friedr.	268	v. tymphaeus Form.	105
spathulata S. et S.	268	acarna L.	119
speciosa Pourr.	273	**acicularis** Bert.	107
speculum L.	274	afer Jacq.	117
sphaerothrix Grsb.	271	albidus M. B.	106
v. oxya Hal.	272	arabicus Friedr.	106
Spruneri Raul.	268	**argentatus** L.	107
v. alpina Bois.	269	argyroa Biv.	107
Spruneriana Hampe	268	**armatus** B. et H.	104
v. hirsuta Heldr.	268	v. cronius B. et H.	104
stenosiphon B. et H.	260	armatus Hal.	105
v. majoriflora Hal.	260	benedictus Camer.	171
stricta S. et S.	256	**candicans** W. et K.	105
tomentosa Bois.	255	Casabonae Ch. et B.	117
tomentosa Hal.	255	collinus Form.	105
tomentosa Vent.	254	creticus Lam.	116
v. brachyantha Bois.	255	**crispus** L.	105
v. bracteosa Heldr.	255	cynaroides Lam.	116
v. calycina Heldr.	256	ferox Ch. et B.	109
v. diffusa Heldr.	254	fruticosus Dsf.	127
trachelium L.	262	galactites Ch. et B.	126
v. balcanica Form.	261	glycacanthus S. et S.	171
v. orientalis Bois.	261	Halácsyi Heldr.	107
v. parviflora Form.	261	**hamulosus** Ehrh.	105
trachelium Mazz.	261	hamulosus × pindicolus Haussk.	105

		pag.
Hippolyti Ch. et B.	. . .	116
intercedens Haussk.	. . .	105
italicus Savi	. . . . . .	112
lanceolatus L.	. . . . .	112
leiophyllus Petr.	. . . .	102
v. vestitus Hal.	. . . .	102
leucographus L.	. . . . .	125
macrocephalus Hal.	. . .	103
marianus L.	. . . . .	124
marmoratus B. et H.	. .	107
v. Halácsyi (Heldr)	. . .	107
v. intermedius Hal.	. . .	107
mollis L.	. . . . . .	127
neglectus Ten.	. . . . .	107
nutans Bois.	. . . . .	103
nutans Hal.	. . . . .	103
nutans L.	. . . . . .	102
v. brachycentros Haussk.	.	103
v. sporadum Hal.	. . . .	103
v. taygeteus Heldr.	. . .	103
pindicolus Haussk.	. . .	102
polyanthus Ch. et B.	. . .	116
pycnocephalus L.	. . .	106
v. albidus Bois.	. . . .	106
rivularis Jacq.	. . . . .	118
seminudus Ch. et B.	. . .	125
stellatus L.	. . . . . .	118
syriacus L.	. . . . . .	119
taygeteus B. et H.	. .	103
v. parnassicus Hal.	. . .	103
tenuiflorus S. et S.	. . .	106
v. albidus Friedr.	. . .	106
v. pycnocephalus Friedr.	.	106
Carlina L.	. . . . . .	94
acanthifolia All.	. . . .	94
acanthophylla Haussk.	.	96
acaulis Dall.	. . . . .	94
corymbosa L.	. . . .	97
v. gracilis Form.	. . . .	98
v. graeca Bois.	. . . . .	97
v. involucrata Bois.	. . .	98
v. Rothii Bois.	. . . . .	98
corymbosa S. et S.	. . .	97
curetum Heldr.	. . . .	98
dolopica Form.	. . . . .	96
elegans Heldr.	. . . .	97
frigida B. et H.	. . .	96
graeca Heldr. et Sart.	. .	97
v. actinobola Heldr.	. . .	98
v. platyrrhachis Hal.	. .	98
v. stenorrhachis Hal.	. .	98
gummifera Less.	. . .	94
involucrata Poir.	. . . .	98
lanata L.	. . . . . .	99

		pag.
rigida Form.	. . . . . .	95
v. humilis Form.	. . . .	95
v. othryana Form.	. . .	95
v. pallida Form.	. . . .	95
v. sordida Form.	. . . .	95
Rothii Heldr. et Sart.	.	98
semiamplexicaulis Form.	.	96
simplex W. et K.	. . . .	95
v. thessala Form.	. . . .	95
utzka Hacq.	. . . . .	94
vulgaris Bois.	. . . . .	96
Carthamus L.	. . . .	167
ambiguus Heldr.	. . .	169
Boissieri Hal.	. . . .	168
coeruleus L.	. . . . . .	170
corymbosus L.	. . . . .	92
creticus L.	. . . . . .	168
cycladum Heldr.	. . . .	168
dentatus Bois.	. . . . .	169
dentatus Urv.	. . . . .	169
dentatus Vahl.	. . . .	169
glaucus Bois.	. . . . .	168
v. syriacus Bois.	. . . .	168
lanatus L.	. . . . . .	167
v. creticus (L.)	. . . . .	168
v. graecus Heldr.	. . . .	168
leucocaulos S. et S.	. . .	168
ruber Bald.	. . . . . .	168
ruber Link.	. . . . .	169
Sartorii Heldr.	. . . . .	160
tinctorius L.	. . . . . .	170
tingitanus L.	. . . . .	170
Caryolopha sempervirens F. et M.		322
Catananche Vaill.	. .	172
graeca Ch. et B.	. . . .	173
graeca L.	. . . .	172
lutea L.	. . . . . .	172
Celsia L.	. . . . . .	395
acaulis B. et Ch.	. . .	398
arcturus Murr.	. . . .	395
Boissieri Heldr. et Sart.		397
cretica L.	. . . . . .	395
cyllenea B. et H.	. . .	397
Daenzeri Heldr. et Sart.		396
v. lyrata B. et H.	. . .	397
orientalis L.	. . . .	398
speciosa Fenzl	. . . .	396
sublanata Jacq.	. . . .	396
tomentosa Zucc.	. . . .	393
Centaurea L.	. . . .	129
achaia B. et H.	. . . .	153
v. corinthiaca Bois.	. . .	153

	pag.
v. ferox B. et H.	153
v. submutica Bois.	153
Adami Willd.	161
aegyptiaca S. et S.	163
affinis Haussk.	145
affinis Friv.	146
v. denudata Hal.	146
v. lacerata Haussk.	145
v. pallidior Bois.	146
v. peloponnesiaca Hal.	146
affinis × Grisebachii Haussk.	147
alba L.	136
v. deusta DC.	136
v. princeps Bois.	135
albanica Hal.	134
albida Heldr.	140
albiflora C. Koch	140
amara L.	134
amplifolia B. et H.	133
apula Lam.	162
argentea L.	141
armoracifolia S. et S.	165
asperula Hal.	144
atropurpurea Oliv.	152
attica Nym.	144
v. pateraea Hal.	144
axillaris Ch. et B.	139
v. angustifolia Form.	139
v. cana Bois.	139
Baldaccii Deg.	140
benedicta L.	171
Biebersteinii Form.	147
Boissieri Walp.	144
brevispina Form.	148
brevispina Haussk.	148
v. fusconigra Haussk.	148
brevispina × pelia Haussk.	148
brunnea Hal.	135
cadmea Bois.	134
calcitrapa L.	162
v. longispina Asch.	163
calcitrapoides DC.	163
cana S. et S.	139
v. albiflora Raul.	140
v. pindicola Bald.	139
v. pindicola Grisb.	140
corduncella DC.	158
Ceccariniana B. et H.	155
v. brachycentra Bois.	155
Ceccariniana Haussk.	155
centauroides S. et S.	159
Charrelii Hal. et Dörfl.	160
chrysolepis Vis.	160
ciliata Frid.	142

	pag.
cineraria Sieb.	141
collina S. et S.	159
confusa Hal.	147
cordonis B. et O.	155
corinthiaca B. et H.	153
coronopifolia S. et S.	165
crupina L.	166
crupina S. et S.	166
cyanoides Berg.	139
cyanus L.	138
dalmatica Fraas.	165
depressa M. B.	138
deusta Bald.	134
deusta Ten.	136
v. brunnea Hal.	135
v. epirotica Bald.	134
diffusa Lam.	150
dissecta Bois.	146
v. alpina Heldr.	145
v. microcephala Hal.	146
drakiensis Fr. et Sint.	149
ebenoides Heldr.	152
elegans All.	126
epirota Hal.	139
eryngioides Ch. et B.	154
v. subarachnoidea B. H.	154
eryngioides Raul.	154
eryngioides S. et S.	153
eumorpha Sieb.	165
exscapa Urv.	159
fruticosa L.	100
galactites L.	126
graeca B. et Spr.	144
v. Grisebachii Bald.	147
v. macedonica Bois.	147
v. ochroleuca Heldr. et Sart.	144
graeca Griseb.	155
v. Ceccariniana (B. et H.)	155
Grisebachii Nym.	147
Guicciardii Bois.	156
v. linearilöba Hal. et Dörfl.	156
v. minutispina Hal.	155
Guicciardii Form.	155
Halácsyi Dörfl.	157
Heldreichii Hal.	133
hellenica B. et Spr.	158
Holzmanniana Heldr.	163
hyalolepis Bois.	163
iberica Frev.	163
v. Holzmanniana Bois.	163
idaea B. et H.	161
incompleta Hal.	137
jacea Form.	137
v. montana Form.	137

	pag.
Kalambakensis Fr. et Sint.	143
lacerata Haussk.	145
laconica Bois.	154
lactiflora Hal.	150
lancifolia Sieb.	165
latisquama DC.	159
laureotica Heldr.	144
lingulata Lag.	139
lyrata Sieb.	162
macedonica Bois.	160
macedonica Grsb.	147
v. pallidior Hal.	146
v. pallidissima Hal.	147
macedonica Hal.	142
macedonica Heldr.	148
melitensis L.	162
minoa Heldr.	157
mixta DC.	157
v. caulescens Hal.	158
montana S. et S.	139
v. albida DC.	140
musarum B. et O.	133
myconia B. et Sart.	158
nana Sieb.	158
napifolia L.	164
nervosa Willd.	138
Niederi Heldr.	140
nigrescens Willd.	137
Oliveriana DC.	152
v. amorgina B. et O.	152
orbelica Vel.	140
Orphanidea Hal.	148
Orphanidea Heldr.	148
v. thessala Haussk.	149
ossaea Hal.	145
ovina Form.	150
pallescens v. hyalolepis Bois.	163
pallida Friv.	142
pallida × tymphaea Haussk.	142
paniculata Ch. et B.	146
paniculata S. et S.	144
v. macedonica Grsb.	147
v. sublanata DC.	142
Parlatoris Heldr.	145
v. Boissieri H. et S.	144
Parlatoris Haussk.	146
parnonia Hal.	160
parviflora S. et S.	150
paucijuga Hal.	146
v. melanolepis Hal.	146
pelia DC.	149
v. refracta Haussk.	150
pentelica Haussk.	143

	pag.
pindicola (Grsb.)	140
plumosa (Lam.)	138
princeps B. et H.	135
princeps Haussk.	136
psilacantha B. et H.	154
ptarmicoides Hal.	134
pumila S. et S.	167
pumila Urv.	158
ragusina S. et S.	141
raphanina Ch. et B.	157
raphanina S. et S.	158
redempta Heldr.	154
romana Ch. et B.	164
rupestris v. minor Bois.	160
salmantica L.	165
salonitana Vis.	159
v. macracantha Bois.	160
v. subinermis Bois.	160
saxatilis C. Koch	128
saxicola v. Frassiana Schultz	157
v. Spruneriana Schultz	156
scopulorum Raul.	154
seusana Chaix	139
Sibthorpii Hal.	153
sicula S. et S.	161
solstitialis L.	161
v. Adami Bois.	161
v. idaea Bald.	162
v. insularis Heldr.	161
v. pycnoclada Heldr.	161
sonchifolia L.	164
squarrosa S. et S.	149
sphaerocephala L.	164
spinosa L.	151
v. glabrata Heldr.	152
v. tomentosa Hal.	151
Spruneri B. et H.	156
Spruneriana (Schultz)	156
subarachnoidea(B. et H.)	154
subciliaris B. et H.	136
sublanata Bois.	142
thessalonica Hal.	160
transiens Hal.	143
Tuntasia Heldr.	159
tymphaea Haussk.	148
uniflora S. et S.	139
Urvillei Bois.	158
variegata Lam.	139
v. albida Ces.	140
Zuccariniana DC.	151
Centaurium minus Sieb.	299
Cephalorrhynchus Bois.	215

	pag.
glandulosus Bois.	215
Cerinthe L.	318
aspera Roth	318
v. pallida Guss.	318
cleiostoma B. et Spr.	319
echioides L.	334
macrophylla B. et H.	319
maculata L.	319
maculata Raul.	319
major L.	318
v. pallida (Guss.)	318
minor L.	319
orientalis L.	336
purpurea Vis.	318
retorta S. et S.	318
strigosa Rchb.	318
Cestrum Parqui L'Her.	369
Chaenorrhinum DC.	417
litorale Fritsch.	418
minus Willk. et L.	418
rubrifolium Willk. et L.	417
Chaiturus marrubiastrum Rchb.	534
Chamaemelum Vis.	66
rosellum B. et O.	67
Tempskyanum Fr. et Sint.	67
tenuifolium (Veit)	66
trichophyllum Bois.	66
v. discoideum Form.	67
uniglandulosum Vis.	66
Chamaepeuce Alp.	126
afra DC.	117
Alpini Jaub. et Sp.	126
v. camptolepis Bois.	127
v. mutica Bois.	127
v. polycephala DC.	127
atropurpurea B. et H.	117
cynaroides DC.	113
fruticosa DC.	127
gnaphalodes Gelmi	126
mutica DC.	126
polycephala DC.	127
stellata DC.	118
stricta DC.	117
v. graeca B. et H.	117
Chamomilla meridionalis C. Koch	66
officinalis C. Koch	66
Chartolepis lancifolia Fenzl	165
Chironia centaurium Curt.	297
maritima W.	299
spicata W.	299
Chlora L.	296
imperfoliata Ch. et B.	297
intermedia Ten.	296

	pag.
perfoliata L.	296
serotina Koch	297
Chondrilla L.	204
acantholepis Bois.	204
capitata Sieb.	205
juncea L.	204
v. acantholepis Bois.	204
nudicaulis L.	215
ramosissima S. S.	204
Chrysanthemum L.	69
coronarium L.	71
v. discolor Urv.	71
corymbosum L.	69
hybridum Guss.	70
leucanthemum Dall.	70
leucanthemum L.	67
montanum DC.	68
myconis L.	69
v. discolor Hal.	70
pallens Gay.	68
paludosum Sieb.	70
parthenium Pers.	68
segetum L.	70
tenuifolium v. discoideum Hal.	67
trichophyllum Bois.	66
viscidum Friedr.	70
Cicendia Ad.	300
filiformis Delarb.	300
Cichorium L.	177
divaricatum Schousb.	178
endivia L.	178
v. pumilum Vis.	178
glabratum Presl	178
hybridum Heldr.	179
intybus L.	177
v. divaricatum DC.	178
v. glabratum (Presl)	178
minimum Port.	178
pumilum Jacq.	178
pumilum × spinosum Hal.	179
spinosum L.	178
Cineraria arachnoidea Rchb.	80
Aucheri Nym.	78
bicolor Willd.	77
gnaphalodes Nym.	78
maritima Ch. et B.	77
taygetea Nym.	78
thapsoides Nym.	80
Cionura Grisb.	292
erecta Grisb.	292
Cirsium Tourn.	108
acarna Moench	119
afrum DC.	117

	pag.
appendiculatum Grisb.	114
v. thessalum Form.	114
armatum Vel.	110
arvense Scop.	118
bracteatum Link	119
candelabrum Grisb.	115
chelmeum Orph.	115
creticum Urv.	116
cynaroides Spreng.	113
decussatum Bois.	111
dolopicum Form.	111
eriophorum Form.	109
Heldreichii Hal.	111
hellenicum B. et O.	111
Hippolyti Link	116
horridum Form.	110
hypopsilum B. et H.	111
hypopsilum Raul.	111
italicum DC.	112
lanceolatum Scop.	112
v. brunneum Form.	112
v. opacum Form.	112
leucocephalum Spreng.	112
ligulare Bois.	109
Lobelii Ten.	111
v. hypopsilum Bois.	111
maculatum Lam.	125
microcephalum Schultz.	116
montanum W. et K.	114
morinaefolium B. et H.	111
nemorale Rchb.	112
odontolepis Bois.	110
odontolepis Heldr.	109
oleraceum Scop.	115
palustre Form.	116
pauciflorum Spreng.	115
Pelii Form.	109
pindicolum Haussk.	116
polyanthos Urv.	116
rivulare Link	118
siculum DC.	116
v. longispinum Bois.	116
spathulatum Gaud.	109
v. Parnassi Hal.	109
spinosissimum Scop.	119
stellatum All.	118
strictum Spreng.	117
tymphaeum Haussk.	114
validum Form.	110
v. macrocephalum Form.	110
v. montanum Form.	110
Clinopodium Plumieri Fraas	540
plumosum Sieb.	540

	pag.
vulgare L.	540
Cnicus Vaill.	171
acarna L.	119
afer Sieb.	118
afer Willd.	117
benedictus L.	171
cynaroides Willd.	113
eriophorus S. et S.	111
ferox S. et S.	109
galactites Lois.	126
leucocephalus Willd.	112
oleraceus L.	115
palustris S. et S.	116
pauciflorus W. et K.	115
rivularis Willd.	118
siculus Guss.	116
spathulatus Mor.	109
spinosissimus L.	119
strictus Ten.	117
syriacus Willd.	119
Coleostephus Myconis Cass.	70
Compositae Vaill.	1
Convolvulaceae Vent.	301
Convolvulus L.	301
alceaefolius Ch. et B.	308
althaeoides L.	308
v. argyreus Chois.	309
v. italicus (R. et Sch.)	308
v. pedatus Chois.	309
argyreus DC.	309
arvensis L.	307
v. Cherleri (Ag.)	307
v. linearifolius Chois.	307
cantabricus L.	305
Cherleri Ag.	307
cneorum L.	304
cochlearis Griseb.	306
dorycnium L.	303
farinosus L.	309
hirsutus Stev.	307
v. Sibthorpii (R. et Sch.)	308
italicus R. et Sch.	308
lanatus Vahl	308
lineatus L.	304
lineatus S. et S.	304
litoralis L.	302
oleaefolius DC.	304
parnassicus B. et O.	306
pentapetaloides L.	306
radicosus Heldr. et Sart.	305
sagittifolius S. et S.	308
sepium L.	302
sericeus Chois.	303

	pag.
Sibthorpii R. et Sch.	308
siculus L.	306
silvaticus W. et K.	302
silvestris Willd.	302
soldanella L.	303
suffruticosus Desf.	309
tenuissimus S. et S.	309
v. virescens Hal.	309
Tournefortii Sieb.	304
tricolor L.	306
Conyza ambigua DC.	14
candida Clem.	22
candida L.	23
candida S. et S.	22
gnaphalodes Sieb.	78
limonifolia S. et S.	23
pumila S et S.	28
pygmaea Sieb.	28
rupestris Sieb.	28
saxatilis S. et S.	28
squarrosa L.	20
verbascifolia W.	21
vulgaris Lam.	20
Cordia myxa L.	362
Cota altissima Gay.	54
Brachmanni B. et H.	55
brachycentros Gay.	54
parnassica B. et H.	53
tinctoria Gay.	53
Cotula abrotanifolia W.	59
complanata S. et S.	58
Crepis L.	216
albida Ch. et B.	220
altissima Bald.	182
auriculaefolia Sieb.	219
v. minor Raul.	219
Baldaccii Hal.	218
barbata L.	181
biennis L.	223
bithynica Bois.	222
blattarioides Vill.	218
bulbosa L.	225
bursifolia L.	229
cernua Ten.	224
Columnae Froel.	222
corcyrensis Hal.	227
cretica Bois.	224
croatica Horn.	230
crocifolia B. et R.	222
Dioscoridis L.	230
divaricata B. et H.	219
foetida L.	227
v. glandulosa (Guss.)	227
v. interrupta (S. et S.)	227

	pag.
v. lagoserioides Bald.	227
v. maritima Bois.	227
v. radicata S. et S.	227
v. rhoeadifolia (M. B.)	227
Fraasii Schultz.	220
v. Mungierii (B. et H.)	221
fuliginosa S. et S.	225
geracioides Haussk.	217
glandulosa Guss.	227
v. acutiloba Haussk.	227
v. eglandulosa Haussk.	227
v. interrupta Haussk.	227
v. maritima Haussk.	227
v. simplex Haussk.	227
globifera Hall.	230
hispida W. et K.	228
incana S. et S.	220
incarnata Vis.	226
interrupta Sieb.	220
interrupta S. et S.	227
lacera Ten.	229
leontodontoides Gelmi	225
multiflora S. et S.	229
Mungierii B. et H.	221
neglecta L.	224
v. fuliginosa Ch. et B.	225
nemausensis Sieb.	177
nudicaulis Sieb.	225
polymorpha Wallr.	224
v. humilis DC.	224
pulchra L.	223
v. adenoclada Haussk.	223
radicata S. et S.	227
Raulini Bois.	218
Reuteriana Bois.	221
rhagadioloides L.	189
rigida W. et K.	219
rubra L.	226
v. integrifolia Hal.	226
Sartoriana B. et H.	222
setosa Hall.	228
scariosa W.	229
sibirica L.	218
Sibthorpiana B. et H.	220
Sieberi Bois.	220
smyrnaea DC.	221
Sprengeriana W.	189
stricta Scop.	224
tectorum L.	224
tubaeformis Hal.	230
turcica Deg. et Bald.	219
vesicaria L.	228
v. scariosa (W.)	214
virens L.	224

	pag.		pag.
v. arvensis Ch. et B.	224	scolymus L.	120
v. bellidifolia Ch. et B.	224	**Sibthorpiana** B. et H.	120
v. silvatica Ch. et B.	224	**Cynoglossum** L.	359
virgata Desf.	182	**albanicum** Deg. et Bald.	360
Cressa L.	309	apenninum S. et S.	359
cretica L.	309	cheirifolium Mazz.	360
Crupina Cass.	166	**Columnae** Ten.	360
crupinastrum (Mor.)	166	v. dolopicum Haussk.	360
Morisii Bor.	166	creticum Vill.	359
vulgaris Cass.	166	linifolium L.	357
v. serrata Forn.	166	montanum Ch. et B.	360
Cupularia graveolens G. et G.	25	myosotoides Lab.	358
viscosa G. et G.	24	**nebrodense** Guss.	359
Cuscuta L.	310	officinale S. et S.	360
alba Presl	311	omphalodes L.	357
approximata Bab.	312	**pictum** Ait.	359
atheniensis Orph.	312	silvaticum Mazz.	360
breviflora Vis.	312	**sphacioticum** B. et H.	359
calliopes Heldr. et Sart.	311	**Cyrtandraceae** Jack.	300
cassiopes Heldr. et Sart.	311		
epispartos B. et O.	312		
epithymum L.	311	**D.**	
v. alba Presl	311	**Datura** L.	362
v. Calliopes Bois.	311	metel L.	362
v. macranthera Heldr. et Sart.	311	**stramonium** L.	362
v. micrantha Bois.	311	Deloderium taraxacifolium Cass.	188
europaea L.	310	**Digitalis** L.	420
globularis Bert.	312	**ambigua** Murr.	421
leucosphaera B. et H.	312	v. obtusiloba Neilr.	421
macranthera Heldr. et Sart.	311	**ferruginea** L.	420
micrantha Tin.	312	grandiflora Lam.	421
minor Ch. et B.	311	v. obtusiflora Koch	421
monogyna Vahl.	310	**laevigata** W. et K.	421
obtusiflora Humb. et Bonpl.	312	**lanata** Ehrh.	421
v. breviflora Engelm.	312	v. abbreviata Haussk.	421
palaestina Bois.	312	**lutea** L.	422
planiflora Ten.	311	ochroleuca Jacq.	421
v. approximata Engelm.	312	**viridiflora** Lindl.	422
v. Tenorii Engelm.	312	**Diosphaera** Bus.	278
Cuscutaceae Endl.	310	**asperuloides** Bus.	278
Cynanchum L.	292	**dubia** Bus.	278
acutum L.	292	**Jacquini** Bus.	278
acutum Sieb.	293	**Diospyros** L.	286
erectum L.	292	**lotus** L.	286
luteum Spreng.	290	**Diotis** Desf.	39
monspeliacum L	292	candidissima Desf.	39
nigrum R. Br.	291	**maritima** Sm.	39
Cynara L.	120	Disandra africana Camb.	422
cardunculus L.	120	**Doronicum** L.	75
horrida Ait.	120	bellidiastrum S. et S.	13
humilis Heldr.	120	**caucasicum** M. B.	75
humilis S. et S.	120		
scolymus L.	120		

	pag.
Columnae Link	75
Columnae Ten.	76
cordatum Schultz	76
cordifolium Sternb.	76
eriorrhizon Guss.	75
orientale Willd.	75
Orphanidis Bois.	75
v. oligocephalum Form.	75
pardalianches S. et S.	75
Dracocephalum lamiifolium Desf.	512

E.

Ebenaceae Vent.	286
Echinops L.	88
albidus B. et Spr.	90
v. longifolius Form.	90
banaticus Roch.	90
corymbosus L.	92
creticus B. et H.	88
glandulosus Weiss.	88
graecus Mill.	88
lanuginosus Lam.	88
microcephalus S. et S.	91
ritro L.	91
v. elegans Bert.	91
v. ruthenicus (M. B.)	91
v. Sartorianus Bois.	91
v. tenuifolius DC.	91
Rochelianus Grisb.	90
ruthenicus M. B.	91
ruthenicus Roch.	90
Sartorianus Bois.	91
sphaerocephalus Ch. et B.	90
sphaerocephalus L.	89
v. albidus Bois.	90
v. taygeteus Bois.	89
sphaerocephalus S. et S	88
spinosus Lieb	88
taygeteus B. et H.	89
tenuissimus S. et S.	89
viscosus DC.	88
Echinospermum lappula Lehm.	361
Echium L.	337
altissimum Raul.	337
arenarium Guss.	340
calycinum Viv.	340
capitatum L	338
creticum S. et S.	340
diffusum Ch. et B	338
diffusum S. et S.	340
elegans Lehm.	338
v. incanum B. et H.	339
hispidum S. et S.	338

	pag.
italicum L.	337
maritimum Sieb.	339
niveum Mazz.	340
parviflorum Moench	340
v. erectum DC.	341
petraeum Tratt.	341
plantagineum L.	339
v. albiflorum Raul.	340
v. versicolor Haussk.	339
prostratum Ten.	340
pustulatum S. et S.	338
pyramidatum DC.	337
rubrum Fraas	338
sericeum Vahl	339
v. diffusum Bois.	340
v. hispidum Bois	338
setosum Ch. et B.	338
Sibthorpii R. et Sch.	338
violaceum Urv.	339
vulgare L.	338
Edrajanthus DC.	279
graminifolius DC.	279
v. australis Wettst.	280
Kitaibelii DC.	280
parnassicus (B. et Spr.)	279
tenuifolius Bois.	279
Elephas Columnae Guss.	443
Endoptera aspera DC.	231
dichotoma B. et Bal.	229
Dioscoridis DC.	230
Erica L.	282
arborea L.	282
carnea L.	283
cinerea Pieri	282
cretica Tausch	282
herbacea L.	283
manipuliflora Salisb.	282
mediterranea Sieb.	282
multiflora S. et S.	282
scoparia Pieri	282
vagans Benth.	282
verticillata Forsk.	282
Ericaceae DC.	282
Erigeron L.	14
acre L.	15
alpinum L.	15
v. majus Bois.	15
canadense L.	14
crispum Pourr.	14
graveolens L.	25
linifolium W.	14
olympicum Schott	15
siculum L.	27

Index. 589

	pag
uniflorum Bald.	15
viscosum L.	24
Erythraea Ren.	297
centaurium Pers.	297
v. grandiflora Pers.	298
grandiflora Biv.	298
latifolia Bois.	298
v. tenuiflora Grisb.	298
maritima Pers.	299
pulchella Fr.	298
ramosissima Pers.	298
spicata Pers.	299
tenuiflora Hoffm. et L.	298
virescens Willd.	299
Eufragia latifolia Grisb.	437
viscosa Benth.	417
Eupatorium L.	10
cannabinum L.	10
v. indivisum Bois.	11
v. simplicifolium Hal.	11
v. syriacum Bois.	11
syriacum Jacq.	11
v. indivisum DC.	11
Euphrasia L.	439
frutescens Sieb.	438
glutinosa M. B.	439
latifolia L.	436
odontites L.	439
officinalis S. et S.	439
olympica Hal. et Sint.	440
pectinata Ten.	439
puberula Hal.	439
salisburgensis Funk	440
v. olympica Hal.	440
serotina Lam.	439
Sintenisii Hal.	440
tatarica Form.	439
viscosa Sieb.	437
Evax Gaertn.	37
exigua DC.	38
perpusilla B. et H.	38
pygmaea Pers.	37
Exacum filiforme S. et S.	300

F.

Fabera cretensis Schultz	175
hispida Schultz	175
Filago L.	39
arvensis L.	36
v. lagopus DC.	36
canescens Jord.	34

	pag.
canescens × spathulata Hssk.	36
congesta Guss.	38
eriocephala Guss.	34
eriocephala×spathulata Hssk.	36
exigua L.	38
gallica L.	37
germanica L.	37
v. canescens (Jord.)	34
v. eriocephala Guss.	34
v. lanuginosa DC.	34
v. lutescens (Jord.)	34
intermedia Haussk.	36
lagopus Parl.	36
v. alpina Raul.	36
lutescens Jord.	34
maritima L.	39
minima Form.	37
prostrata Parl.	35
pygmaea L.	37
pyramidata L.	34
v. canescens Form.	34
similata Haussk.	36
spathulata Presl.	35
v. affinis Haussk.	35
v. decalvans Hal.	35
v. prostrata Bois.	35
v. siria Heldr.	35
tenuifolia Presl	37
Fraxinus L.	289
excelsior L.	289
ornus L.	289
rotundifolia Lam.	289

G.

Galactites Moench.	125
tomentosa Moench.	125
v. alata DC.	125
v. elegans DC.	126
Galeobdolon luteum Huds.	509
Galeopsis galeobdolon L.	509
Gatyona Dioscoridis Rchb.	230
globulifera Cass.	230
Gentiana L.	295
aestiva R. et Sch.	296
asclepiadea L.	296
centaurium L.	297
filiformis L.	300
lutea L.	295
maritima L.	299
perfoliata L.	296
pulchella Sw.	298
spicata L.	299
symphyandra Murb.	295

	pag.
tergestina Beck	296
verna L.	296
v. aestiva Bald.	296
Gentianaceae Juss.	295
Geropogon L.	191
glaber L.	191
hirsutus Urv.	191
Glechoma L.	539
arvensis L.	531
hederacea L.	534
Gnaphalium L.	32
arvense L.	36
conglobatum Friedr.	31
Fontanesii Camb.	31
gallicum L.	37
germanicum L.	34
Hoppeanum Bois.	33
italicum Roth	32
lagopus Steph.	36
luteoalbum L.	32
microphyllum W.	32
orientale L.	29
pusillum Haenke	34
Roeseri B. et H.	33
scandens Sieb.	33
siculum Spreng.	30
silvaticum L.	33
Sophiae Heldr.	33
stoechas Ch. et B.	30
stoechas S. et S.	32
supinum L.	33
v. subacaule (Wahlenb.)	34
supracanum S. et S.	34
uliginosum L.	33
Gomphocarpus R. Br.	239
fruticosus R. Br.	293
Gratiola L.	407
officinalis L.	407

H.

Haberlea Heldreichii Bois.	301
Hedraeanthus graminifolius Wettst.	280
Kitaibelii Wettst.	280
Hedypnois Tourn.	180
cretica Bois.	180
cretica Willd.	181
v. gracilior Bois.	181
v. monspeliensis (W.)	181
monspeliensis W.	181
paludosa Scop.	202
pendula W.	181

	pag.
polymorpha DC.	181
rhagadioloides W.	180
tubaeformis Ten.	180
Helianthus tuberosus L.	39
Heliotropium L.	314
Bocconi Guss.	316
dolosum Not.	379
Eichwaldi Bois.	317
ellipticum Led.	317
ellipticum Nym.	317
europaeum L.	316
v. hirsutum Sieb.	315
v. tenuiflorum Guss.	316
macrocarpum Guss.	317
odorum Stev.	316
suaveolens M. B.	316
turcicum Friv.	316
villosum W.	314
Helichrysum DC.	29
amorginum B. et O.	29
anatolicum Bois.	30
angustifolium DC.	32
conglobatum Ung.	31
decumbens Raul.	31
Heldreichii Bois.	30
italicum Guss.	32
v. microphyllum Bois.	32
microphyllum Camb.	32
nebrodense Heldr.	30
orientale DC.	29
panormitanum Bois.	30
v. angustifolium Raul.	30
panormitanum Tin.	30
plicatum DC.	30
v. anatolicum Haussk.	30
rupestre DC.	30
v. Cambessedesii DC.	31
scandens Raul.	31
serotinum v. orientale Bois.	32
siculum Bois.	30
v. brachyphyllum Spreitz.	31
v. laureoticum Haussk.	31
stoechas M. et R.	31
v. incanum Bald.	31
Helminthia Juss.	190
asplenioides DC.	191
echioides Gaertn.	190
Hieracium L.	231
abietinum (B. et H.)	243
aetolicum Hal.	238
alpestre S. et S.	222
alpinum S. et S.	237
atticum Nym.	236

Index. 591

auricula L. 234
Bauhini Schult. . . . 236
bracteolatum S. et S. . 244
  v. laxum Bois. 244
  v. pelium Hal. 244
bracteolatum × racemo-
  sum. 245
bulbosum W. 225
chalcidicum Hal. . . . 239
ciliatum W. 189
Columnae Ten. 222
crinitum S. et S. . . . 245
cymosum L. 234
  v. Heldreichianum N. P. . 234
  v. sabinum (Seb.) . . . 234
dolopicum Fr. et Sint. . . 239
eriobasis Fr. et Sint. . . 242
eriopus B. et H. . . . 245
euboeum Hal. . . . 239
florentinum All. . . . 235
  v. hololeion N. P. . . 236
  v. praealtum (Vill.) . . 236
foetidum S. et S. . . . 222
Friwaldii Rchb. 240
Gaudryi B. et O. . . . 240
Gaudryi Heldr. 238
graecum B. et H. . . . 237
Halacsyi Heldr. 235
Heldreichii Bois. 238
Heldreichianum Haussk. . . 234
Heldreichianum × praealtum
  Haussk. 235
incisum Hoppe 242
Koracis Bois. 244
Koracis Haussk. . . . 244
Leithneri Heldr. et Sart. . . 242
macranthum Ten. . . . 233
macranthum × Heldreichia-
  num Hal. 235
magyaricum N. P. . . . 236
  v. graecum N. P. . . . 236
  v. laconicum N. P. . . 236
murorum L. 243
  v. pilosissimum Bois. . . 242
murorum Sieb. 242
Naegelianum Panc. . . 237
nudicaule Sieb. 245
oligadenum (Belli) . . 241
oligocephalum Hal. . . . 242
panachaicum Hal. . . . 235
pannonicum N. P. . . . 236
  v. leiocaulon N. P. . . 236
pannosum Bois. 239
  v. Friwaldii (Rchb.) . . . 240

  v. scapiferum Bois. . . . 240
  v. taygeteum Bois. . . . 239
Parnassi Fr. 237
pilosella L. 233
  v. anatolicum N. P. . . 233
  v. eglandulosum N. P. . . 233
  v. glandulosum N. P. . . 233
  v. macranthum (Ten.) . . 233
  v. obscurius N. P. . . . 233
piloselloides Vill. 235
plumulosum Kern. 241
praealtum Ch. et B. . . . 236
praealtum Vill. 236
  v. Bauhini Grab. . . . 236
  v. hispidissimum Bois. . . 236
racemosum W. et K. . . 245
Reinholdi Heldr. et Sart. . . 244
sabinum Seb. 234
  v. Heldreichianum Hal. . . 234
sabinum × Bauhini Hal. 232
Sartorianum B. et H. . 242
  v. Leithneri Bois. . . . 242
scapigerum B. O. et H. 241
sermenikense Fr. et Sint. . 245
Sprengerianum L. . . . 189
taygeteum B. et H. . . . 239
thessalum Form. . . . 241
undulatum Bois. 237
versutum Friv. 240
vulgatum Hal. 243
  v. abietinum B. et H. . . 243
Waldsteinii Tausch . . . 241
  v. oligadenum Belli . . . 241
Hippion aestivum Schm. . . . 296
Hirtellina lanceolata Cass. . . . 100
Hyalea Olivieri Jaub. et Sp. . . 152
Hymenonema Cass. . . 172
  graecum DC. 172
  laconicum B. et H. . . 173
    v. minus Rouy 173
  Tournefortii Cass. 172
Hyosciamus L. 363
  albus L. 364
    v. major Heldr. 364
    v. minor Haussk. . . . 364
  aureus L. 365
  graecus Heldr. 364
  major Mill. 364
  minor Mill. 364
  niger L. 363
    v. pallidus Koch . . . 363
  pallidus W. et K. . . . 363
  reticulatus L. 364
    varians Vis. 364

	pag.
Hyoseris L.	179
cretica L.	181
lucida Sieb.	179
microcephala Cass.	180
radiata L.	179
v. graeca Hal.	179
rhagadioloides L.	180
scabra L.	180
Hypochaeris L.	173
acaulis Sieb.	175
cretensis Ch. et B.	174
dimorpha Brot.	173
dimorpha Ten.	174
glabra L.	173
v. minima DC.	173
hedypnois L.	181
minima Cyr.	173
neapolitana DC.	174
pinnatifida Hal.	175
radicata L.	174
v. heterocarpa Nov.	174
v. neapolitana (DC.)	174
setosa Form.	186
tenuiflora Bois.	175
Hypopitys multiflora Scop.	284
Hyssopus officinalis Dall.	546

I.

Jankaea Heldreichii Bois.	301
Jasione L.	280
dentata (DC.)	280
Heldreichii B. et O.	280
montana Form.	280
v. dentata DC.	280
orbiculata Grisb.	281
supina Sieb.	281
Jasminaceae R. Br.	286
Jasminum Tourn.	286
fruticans L.	286
grandiflorum L.	286
humile L.	286
odoratissimum L.	286
officinale L.	286
sambac L.	286
Jasonia sicula DC.	27
Ifloga spicata Schultz	34
Inula L.	19
arabica Sieb.	23
Aschersoniana Hal.	23
aspera Poir.	19

	pag.
attica Hal.	23
v. limonella Heldr.	23
v. macrophylla Heldr.	22
britannica L.	21
v. rupestris Gr. et Sch.	21
bubonium Pieri	21
candida Bois.	22
candida Cass.	22
candida (L.)	23
v. integrifolia Raul.	22
v. limonifolia DC.	23
v. radiata Bois.	22
v. rotundifolia Hal.	23
v. verbascifolia Clem.	22
conyza DC.	20
cordata Bois.	19
crispa Pers.	26
crithmifolia W.	24
crithmoides L.	24
dentata S. et S.	26
dysenterica L.	26
ensifolia L.	20
germanica L.	19
graveolens Desf.	25
helenium L.	19
hirta L.	20
limonifolia Bois.	23
methanaea Haussk.	23
oculus christi L.	21
odora L.	25
oxylepis Schultz	22
parnassica B. et H.	22
v. euboea Hal.	22
pulegium Friedr.	26
pulicaria L.	26
salicina v. aspera Beck	19
undulata Friedr.	26
verbascifolia Form.	23
verbascifolia (W.)	21
v. limonifolia DC.	22
viscosa Ait.	24
vulgaris Trev.	20
Ipomaea L.	301
sagittata Poir.	301
Jurinea Cass.	127
anatolica Bois.	128
chia B. et O.	128
glycacantha DC.	128
mollis Rchb.	127

K.

	pag.
Kentrophyllum creticum Bois.	168
dentatum DC.	169
dentatum Weiss	169
lanatum Duby	167
leucocaulon DC.	168
rubrum Link	169
tauricum Raul.	168
Koelpinia linearis Pall.	183

L.

Labiatae Juss.	463
Lactuca L.	208
acanthifolia Bois.	211
albicaulis Bois.	210
amorgina Heldr. et Orph.	212
angustana All.	210
Chaixi Vill.	209
cretica Desf.	208
graeca Bois.	209
leucophaea S. et S.	208
muralis L.	213
sagittata W. et K.	209
saligna L.	211
sativa L.	210
scariola L.	210
v. angustana All.	210
v. coriacea Schultz	210
sonchifolia Sieb.	208
tenerrima Bald.	209
Tommasiniana Schultz	211
viminea Presl	212
virosa L.	209
Lagoseris M. B.	177
bifida Koch	177
nemausensis Koch	177
Lamium L.	509
album Friedr.	510
album L.	510
v. maculatum L.	511
amplexicaule L.	513
v. clandestinum Rchb.	514
v. microphyllum Heldr.	514
bifidum Cyr.	513
bithynicum Benth.	512
calycinum Urv.	510
Columnae Friedr.	512
cylleneum B. et H.	512
galeobdolon L.	519
garganicum L.	511

	pag.
v. glabratum Grisb.	512
v. longiflorum (Ten.)	512
v. nivale Bald.	512
v. nivale B. et H.	511
v. striatum S. et S.	512
grandiflorum Sieb.	512
hybridum Vill.	513
incisum W.	513
longiflorum Ten.	512
maculatum L.	511
mesogaeum Heldr.	514
moschatum Mill.	510
ochroleucum Link	510
pictum B. et H.	512
pictum Hal.	512
purpureum L.	511
rugosum Ch. et B	512
striatum S. et S.	512
v. cylleneum B. et H.	511
v. glabrescens Heldr.	512
v. hymettium Heldr.	512
v. minus Hal.	512
v. pictum Bois.	512
tomentosum W.	512
Lappa Tourn.	101
major Gaertn.	101
minor DC.	102
Lappula Gilib.	361
echinata Gilib.	361
myosotis Moench	361
vulgaris Mazz.	361
Lapsana L.	182
communis L.	182
v. glandulosa Form.	182
rhagadiolus L.	183
stellata L.	183
tubiflora Friedr.	183
zacintha L.	213
Laurentia Mich.	281
tenella DC.	281
Lavandula L.	567
dentata L.	568
spica L.	567
stoechas L.	567
Leontodon L.	185
abietum Heldr.	187
alpinus Hoppe	202
alpinus Jacq.	188
asper Poir.	186
v. Haussknechtii (Uechtr.)	187
v. Huetii Form.	187
v. saxatilis (Ten.)	187
v. setulosus Hal.	187

	pag.		pag.
asperrimus Bois.	186	commutata Bernh.	415
cichoraceum Sang.	185	v. polygonoides (Rev.)	416
creticum Bois.	188	cymbalaria Friedr.	416
crispus Ung.	187	**cymbalaria** Mill.	416
daedaleum Sieb.	188	v. Sieberi Chav.	416
fasciculatus Nym.	185	**dalmatica** Mill.	408
graecus B. et H.	187	v. macedonica Fenzl	409
v. alpinus Bois.	188	v. ramosissima Haussk.	409
v. Heldreichianus Bois.	188	v. thessala Haussk.	409
gymnanthum Link	203	elatine Friedr.	415
hastilis L.	186	v. lasiopoda Vis.	415
v. banaticus Heuff.	185	v. polygonoides Rev.	416
v. glabratus Koch	186	v. villosa Bois.	415
v. hispidus Bois.	185	**genistifolia** Mill.	409
Heldreichianus Hal.	188	v. angustifolia Hal.	409
hirtus L.	184	v. brevicalcarata Hal.	409
hispidus L.	185	graeca Chav.	415
v. hastilis (L.)	186	v. gracilior Heldr.	415
incanus Ch. et B.	187	lanigera Link	414
laevigatus W.	202	litoralis W.	418
lanatus L	198	**longipes** B. et H.	416
leptocephalum Hal.	201	macedonica Grisb.	409
lividus W. et K.	202	**micrantha** Spreng.	413
minimus Brig	203	**microcalyx** Bois.	417
muricatum L'Her.	198	minor Desf.	418
palustre Huds	202	monspeliensis Friedr.	417
saxatilis Rchb.	187	olympica Form.	410
serotinus S. et S.	201	parnassica B. et H.	410
squamosum Pieri	187	parviflora Desf.	413
taraxacifolius (Cass.)	188	**parviflora** (Jacq.)	413
taraxacoides Hoppe	202	**Pelisseriana** Mill.	412
taraxacum L.	201	**peloponnesiaca** B. et H.	409
v. laevigatum Bois.	201	v. parnassica (B. et H.)	410
tuberosus L.	184	pilosa Spreitz.	417
Leonurus L.	534	Prestandreae Tin.	415
cardiaca L.	534	**purpurea** Mill.	411
marrubiastrum L.	534	**reflexa** Desf.	411
Lesquereuxia syriaca B. et R.	442	rubrifolia Rob. et Cast.	417
Leucanthemum Tourn.	67	Sibthorpiana Bois.	410
montanum DC.	68	v. parnassica Bois.	410
pallens DC.	68	v. peloponnesiaca Bois.	409
setabense Raul.	70	**Sieberi** Rchb.	414
vulgare Lam.	67	v. bombycina (B. et Bal.)	415
Ligustrum L.	288	simplex DC.	413
vulgare L.	288	Smithii B. et O.	408
sempervirens Mazz.	288	**spuria** Mill.	414
Limnanthemum Gm.	300	stricta Guss.	410
nymphoides H. et L.	300	**triphylla** Mill.	410
Linaria Tourn.	407	**vulgaris** Mill.	412
arvensis Desf.	413	**Lippia** L.	463
v. flaviflora Bois.	413	**nodiflora** Rich.	463
bombycina B. et Bal.	415	repens Spreng.	463
chalepensis Mill.	410	**Lithospermum** L.	347
cirrhosa Dum.	410		

	pag.		pag.
apulum L.	350	rigida DC.	59
arvense L.	348	tenuiloba DC.	56
v. Sibthorpianum (Grisb.)	349		
dispermum L.	361	**M.**	
fruticosum L.	347	**Macrotomia** DC.	391
hispidulum S. et S.	347	**cephalotes** Bois.	341
incrassatum Guss.	349	Majorana crassifolia Benth.	557
Leithneri Heldr. et Sart.	348	microphylla Benth.	556
officinale L.	348	onites Benth	556
orientale L.	342	**Mandragora** Tourn.	366
petraeum DC.	341	**autumnalis** Spreng.	367
purpureocoeruleum L.	348	**Haussknechtii** Heldr.	367
rosmarinifolium Bois.	347	Haussknechtii × vernalis	
Sibthorpianum Grisb.	349	Haussk. et Heldr.	367
tenuiflorum L.	349	hybrida Haussk. et Heldr.	367
tenuiflorum S. et S.	349	microcarpa Bert.	367
tinctorium L.	346	officinarum Bert.	367
Zahnii Heldr.	347	**officinarum** L.	366
Lobelia Bivonae Ten.	281	**officinarum** × **Hauss-**	
cretica Juss.	281	**knechtii**	367
laurentia W.	281	vernalis Bert.	366
setacea S. et S.	281	**Marrubium** L.	503
tenella Biv.	281	acetabulosum L.	532
Lobeliaceae Juss.	281	acetabulosum S. et S.	533
Lobostemon capitatus Buek	338	apulum Ten.	503
hispidus DC.	338	candidissimum Form.	503
Lomatolepis glomerata Cass.	205	canescens Sieb.	503
Lycium L.	368	creticum Mill.	503
barbarum L.	368	**cylleneum** B. et H.	504
europaeum L.	368	Haussknechtii Uechtr.	505
mediterraneum Dun.	368	hirsutum W.	532
vulgare Dun.	368	hispanicum L.	532
Lycopersicum esculentum Mill.	370	pannonicum Rchb.	503
Lycopsis aegyptiaca L.	327	**peregrinum** L.	503
arvensis L.	329	v. platyphyllum Haussk.	503
bullata Cyr.	329	peregrinum × vulgare Reichb.	503
glomerata Urv.	328	pseudodictamnus L.	533
obtusifolia W.	321	pseudodictamnus S. et S.	533
Sibthorpiana R. et Sch.	321	remotum Kit.	503
variegata L.	329	rupestre Biv.	532
vesicaria Friedr.	321	**thessalum** B. et H.	504
Lycopus L.	568	**velutinum** S. et S.	505
albus Mazz.	568	v. cylleneum Bois.	504
europaeus L.	568	v. Frivaldszkyanum Bois.	505
v. pubescens Benth.	568	**vulgare** L.	503
europaeus × **exaltatus**		v. apulum (Ten.)	503
Haussk.	568	v. lanatum Benth.	503
exaltatus Fraas	568	**vulgare** × **peregrinum**	503
intermedius Haussk.	568	Marsdenia erecta R. Br.	293
mollis Kern.	568	Maruta cotula DC.	64
Lyonnetia abrotanifolia Less.	59	v. psorosperma Raul.	64
pectinata DC.		**Matricaria** L.	66
pusilla Cass.	59	**chamomilla** L.	66

38*

	pag.
v. coronata Bois.	66
v. eradiata Rupr.	66
v. pappulosa M. et R.	66
chamaemelon Heldr.	66
coronaria Desr.	71
coronata Gay.	66
montana Pieri	66
parthenium L.	68
suaveolens L.	66
trichophylla Bois.	66
v. discoidea Form.	67
Mattia Schult.	358
graeca B. et H.	358
Schmidtii Heldr.	358
Melampyrum L.	444
barbatum Bois.	444
ciliatum B. et H.	444
Melissa L.	539
altissima S. et S.	539
calamintha Dall.	542
calamintha L.	541
cordifolia Pers.	539
cretica L.	543
grandiflora L.	540
nepeta L.	542
officinalis L.	539
Melittis L.	505
albida Gun.	406
cordifolia B. et H.	506
grandiflora Sm.	506
melissophyllum L.	505
Mentha L.	569
aquatica L.	571
v. crispa Benth.	572
v. hirsuta Benth.	572
canescens Sieb.	570
cephalonica Br.	572
cretica Port.	571
crispa L.	572
erinoides Heldr.	572
gibraltarica W.	573
hirsuta L.	572
ilissia Heldr.	571
incana Sm.	570
litoralis Borb.	572
longifolia Huds.	569
v. candicans (Cr.)	570
v. mollissima (Borkh.)	570
v. minutiflora (Borb.)	570
v. Sieberi (Koch)	570
v. Wierzbickiana (Op.)	570
minutiflora Bobb.	570
mollissima Borkh.	570
mollissima × aquatica	571
niliaca Link	570

	pag.
piperita L.	571
pubescens W.	571
pulegioides Sieb.	572
pulegium L.	572
v. pulegioides (Sieb.)	572
v. subtomentella Br.	572
v. tomentella (H. et L.)	573
v. tomentosa Vis.	573
v. villicaulis Borb.	572
v. villosa Benth.	573
Reverchoni Hal.	571
Rocheliana Borb.	570
rotundifolia L.	569
rugosa Lam.	569
Sieberi C. Koch	570
v. rotundifolia Rev.	571
silvestris L.	569
v. candicans (Cr.)	570
v. stenotricha Borb.	569
v. stenostachya Bois.	570
spicata L.	569
v. longifolia	569
v. rotundifolia L.	569
v. viridis L.	571
tomentella H. et L.	571
tomentosa Urv.	570
v. viridula Heldr.	571
undulata W.	570
viridescens Borb.	570
viridis L.	571
v. graciliflora Borb.	571
Wierzbickiana Op.	570
Menyanthes nymphoides S.	300
Metabasis aethnensis DC.	170
cretensis DC.	174
hymettia DC.	174
Microlonchus L.	165
salmanticus DC.	165
Micromeria Benth.	546
canescens M. et B.	549
cremnophila B. et H.	547
v. thessala Form.	547
graeca Benth.	548
v. villicaulis Borb.	549
hispida B. et H.	549
juliana Benth.	546
v. myrtifolia Bois.	547
juliana × cremnophila	547
marifolia Raul.	543
meteorica Haussk.	547
microphylla Benth.	549
myrtifolia B. et Hoh.	547
nervosa Benth.	548
plumosa Heldr.	548

	pag.
sphaciotica B. et H.	549
Micropus L.	38
bombycinus Lag.	39
erectus L.	38
exiguus Urv.	48
pygmaeus Desf.	37
Microrrhynchus Less.	215
nudicaulis Less.	215
Millina leontodontoides Cass.	185
hyoserioides DC.	188
Moltkia Lehm.	
petraea Grisb.	341
Molluccella L.	506
spinosa L.	506
Monotropa L.	284
hypophegea Wallr.	285
hypopitys L.	284
v. glabra Roth	285
v. hirsuta Roth	285
Monotropaceae Nutt.	284
Munbya cephalotes Bois.	341
jasminiflora Orph.	341
Myosotis L.	350
aenesia Heldr.	353
alpestris Hal.	354
alpestris Ung.	354
arvensis Roth.	355
v. versicolor Pers.	356
cadmea Hal.	352
caespitosa Schultz	351
collina Hoffm.	355
v. gracillima (Losc.)	356
v. grandiflora B. et H.	356
commutata R. et Sch.	351
cretica B. et H.	353
cretica Ung.	352
cyanea B. et H.	354
echinosperma Mazz.	361
gracillima Losc.	356
hispida Schlecht.	355
v. pygmaea Hal.	357
idaea B. et H.	352
v. boeotica Reut.	352
v. cadmea Bois.	352
v. grandiflora Bois.	352
v. Kiesenwetteri Heldr.	353
intermedia Link	355
lappula L.	361
lingulata Lehm.	351
litoralis Stev.	353
v. aenesia Heldr.	353
litoralis Ung.	353
Mathildae Haussk.	355

	pag.
micrantha Guss.	352
nana S. et S.	357
olympica Bois.	354
palustris With.	351
v. strigulosa G. et G.	351
pusilla Clem.	353
pusilla Lois.	353
refracta Bois.	357
scorpioides L.	351
v. arvensis L.	355
v. palustris L.	351
sicula Guss.	352
silvatica Hoffm.	354
v. Mathildae Form.	355
stricta Friedr.	352
stricta Link.	356
stricta Weiss.	352
strigulosa Rchb.	351
versicolor Schlecht.	356

N.

Nemauchenes aculeata Cass.	231
Nepeta L.	534
argolica Ch. et B.	537
camphorata B. et H.	538
camphorata Heldr.	539
cataria L.	534
dirphya Heldr.	538
Heldreichii Hal.	539
incana Sieb.	535
italica S. et S.	536
v. Spruneri Bald.	538
laconica Orph.	537
melissaefolia Lam.	535
nuda L.	536
v. epirota Hal.	536
pannonica L.	536
parnassica Heldr. et Sart.	537
v. Orphanidea Bois.	537
scordotis L.	535
Sibthorpii Benth.	536
v. dirphya Bois.	538
Sibthorpii Form.	537
Spruneri Bois.	537
tomentosa Sieb.	535
tymphrestea Heldr. et Sart.	538
violacea Vill.	536
Nerium L.	293
oleander L.	293
Nicotiana glauca Grah.	370
rustica L.	370
tabacum L.	370

Nonnea Med. 321
auriculata Bois. 331
lamprocarpa Griesb. . . . 321
lutea Ch. et B. 344
obtusifolia R. et Sch. . 321
Sibthorpiana Don. 321
ventricosa Grisb. . . . 321
Notobasis Cass. 119
syriaca Cass. 119

O.

Ocimum basilicum L. 568
Odontites Hall. 438
Bocconi (Guss.) 438
cretica Bois. . . . , . . 438
divergens Jord. 439
frutescens (Sieb.) . . . 438
glutinosa Benth. . . . 439
ixodes B. et H. 439
Linkii Heldr. et Sart. . 438
serotina Rchb. 439
Omalotheca supina Cass. . . . 33
Olea L. 387
europaea L. 287
v. oleaster H. et S. . . . 287
sativa H. et L. 287
Oleaceae Lindl. 287
Omphalodes Tourn. . . 357
linifolia Moench. 357
Luciliae Bois. 357
myosotoides Schrank . . . 358
verna Moench 357
Onobroma corymbosum Spreng. . 92
Onopordon L. 121
acanthium L. 121
v. parnassicum B. et R. . 121
acaulon S. et S. 129
alexandrinum Heldr. . . . 122
argolicum Bois. 121
arabicum S. et S. 122
caulescens Urv. 123
elatum S. et S. 121
v. argolicum Bois. 121
elongatum Lam. 123
euboeum Heldr. 123
graecum Ch. et B. 122
graecum Gou. 123
horridum Haussk. 122
illex Janka 123
illyricum L. 123

laconicum Heldr. et Sart. 124
macracanthum S. et S. . . 122
messeniacum Hal. . . 122
myriacanthum Bois. . . . 123
myriacanthum Hal. . . . 123
orientale Mill. 123
parnassicum B. et H. . . 121
Sibthorpianum B. et H. 122
tauricum W. 121
v. elatum Bois. 121
v. elatum Spreitz. 124
Weissianum Asch. 123
v. brevicaule Rouy . . . 123
Onosma L. 332
angustifolium Form. . . . 333
angustifolium Lehm. . . . 332
arenarium W. et K. . . . 335
arenarium Ung. 336
calycinum Stev. 336
echioides Jacq. 336
echioides L. 334
v. brachycalyx Hal. . . . 334
v. brachyphyllum Hal . . 334
v. helveticum DC. 335
v. sparsiflorum Friedr. . . 334
echioides S. et S. 336
echioides Sieb. 336
erectum Clem. 333
erectum S. et S. . . . 333
v. pubiflorum Hal. . . . 333
frutescens Lam. . . . 336
graecum Bois. 336
helveticum Bois. . . . 335
laconicum B. et O. . . . 332
leptanthum Heldr. . . 335
orientale Lehm. 336
Orphanidis B. et H. . . . 334
pallidum Bois. 334
rhodopeum Vel. 336
simplicissimum L. 337
Spruneri Bois. 332
stellulatum Ch. et B. . . 334
stellulatum W. et K. . . . 333
v. angustifolium Bois. . . 332
v. erectum Bois. 333
v. pallidum Bois. 334
tauricum Pall. 332
taygeteum B. et H. . . 336
tinctorium Ch. et B. . . . 336
Visianii Clem. 336
Origanum L. 552
creticum L. 555
crassifolium (Benth.) . . . 557
dictamnus Ch. et B. . . . 553

	pag.		pag.
dictamnus L.	552	arachnoidea Schultz	455
dubium Bois.	556	arcuata Schultz	455
heracleoticum L.	555	arenaria M. B.	448
v. albiflorum (Haussk.)	555	artemisiae campestris Vauch.	456
v. creticum Hal.	555	**attica** Reut.	453
v. rubriflorum (Haussk.)	555	australis Mor.	454
v. trichocalycinum (Haussk.)	555	breviflora Schultz	450
hirtum Link	555	bicolor C. A. May	448
v. albiflorum Haussk.	555	**canescens** Presl	454
v. prismaticum Haussk.	555	canescens Sprun.	451
v. rubriflorum Haussk.	555	carotae Desm.	457
v. trichocalycinum Haussk.	555	**caryophyllacea** Sm.	449
hybridum Heldr.	554	**cernua** Loefl.	448
lirium Heldr.	554	v. cumana Beck	448
majorana L.	557	chassia Form.	459
maru L.	556	cirsii Fr.	453
microphyllum Sieb.	556	coerulea Vill.	447
neglectum Vog.	555	condensata Grisb.	455
onites L.	556	crassistyla Schultz	451
parviflorum Urv.	555	**crenata** Forsk.	451
pseudodictamnus Sieb.	552	cruenta Bert.	450
pulchrum B. et H.	552	cumana Wallr.	448
scabrum B. et H.	553	diaphana Schultz	451
sipyleum S. et S.	553	elatior Rchb.	457
smyrnaeum L.	556	elatior Sutt.	449
smyrnaeum S. et S.	555	epithymum DC.	451
Tournefortii Sibth.	553	Fraasii Schultz	446
viride (Bois.)	554	fragrans Grisb.	445
viridulum Heldr.	554	Freynii Nym.	457
vulgare L.	554	**fuliginosa** Reut.	457
v. album Fraas	554	v. oxycheilos Beck	457
v. elongatum Form.	555	galii Duby	449
v. latebracteatum Form.	555	glabrata C. A. Mey	452
v. prismaticum Raul.	555	gracilis Hal.	451
v. viride Bois.	554	**gracilis** Sm.	450
vulgare S. et S.	554	v. Spruneri Beck	450
Ormenis Cass.	64	grandiflora Cb. et B.	451
mixta DC.	64	grandisepala Schultz	454
Ornus europaea Pers.	289	**Grisebachii** Reut.	455
Orobanche Tourn.	444	**hederae** Duby	458
aegyptiaca Pers.	446	v. stenantha Lojac.	459
alba Steph.	451	hyalina Sprun.	458
v. bidentata Beck	452	Kochii Schultz	449
v. communis Beck	452	laurina Rchb.	458
v. glabrata (C A. Mey)	452	lavandulacea Hal.	446
v. leptocalamus Beck	452	**lavandulacea** Rchb.	446
v. microsepala Beck	452	leucantha Grisb.	453
v. minutiflora Beck	452	lilacina Schultz	457
v. subalpina Beck	452	livida Hal.	455
ambigua Mor.	457	livida Sendt.	458
amethystea Thuill	453	v. adenostyla Vis.	458
v. attica Beck	453	**loricata** Rchb.	456
angustisepala Schultz	451	lycica Schultz	549
apiculata Wallr.	458	major Hal.	453
		major L.	449

	pag.
medicaginis Rchb.	458
minor Sutt.	457
v. adenostyla Hal.	455
v. minima Beck	458
v. pumila Koch	458
Muteli Hal.	445
Muteli Schultz	445
v. spissa Beck	446
nana Noe	445
nudiflora Wallr.	458
palaestina Bois.	455
parviloba Schultz	459
picridis Schultz	456
v. carotae Beck	457
platystigma Rchb.	458
prosgolica Form.	459
pruinosa Lap.	451
pubescens Urv.	454
punctata Schultz	451
purpurea Jacq.	447
ramosa L.	444
Reichardiae Freyn	456
reticulata Wallr.	452
v. pallidiflora W. et Gr.	453
Reuteri Schultz	458
scabiosae Koch	453
Schultzii Mut.	447
v. pyramidalis Beck	447
segetum Sprun.	451
speciosa DC.	451
Spruneri Schultz	450
stigmatodes Wim.	449
striata Reut.	455
stricta Mor.	447
subverticillata Schultz	459
Tommasinii Rchb.	457
tridentata Schultz	454
versicolor Schultz	454
v. campuliflora Loj.	455
v. lanifera Beck	455
v. macrophyllon Beck	455
v. monochroa Beck	455
v. pallida Reut.	455
v. pseudobarbata Beck	455
villiflora Koch	454
villosa Schultz	454
villosiflora Schultz	454
Orobanchaceae Lindl.	444
Orvala garganica L	511
Otanthus maritimus Link	39

P.

Pallenis L.	18
spinosa Cass.	18

	pag.
v. microcephala Hal.	18
Paracaryum Bois.	358
myosotoides Bois.	358
Sibthorpianum Bois.	358
Parentucellia Viv.	436
latifolia Car.	436
v. major Heldr	439
v. pycnantha Heldr.	437
viscosa Car.	437
Pedicularis L.	442
brachyodonta Schl. et V.	443
graeca Bunge	442
v. inermis Bald.	443
rupestris B. et O	443
Petasites Tourn.	11
officinalis Moench.	11
Periploca L.	290
graeca L	290
Petromarula DC.	275
pinnata DC.	275
Phaenixopus acanthifolius Cass.	211
Phaenopus acanthifolius DC.	211
vimineus DC.	212
Phaeopappus Bois.	128
saxatilis Bois.	128
Phagnalon Cass.	27
graecum B. et H.	27
methanaeum Haussk.	27
pumilum DC.	28
v. glabrum Bois.	29
v. tomentosum Bois.	29
rupestre Clem.	28
rupestre (L.)	28
saxatile DC.	28
saxatile Heldr.	27
saxatile (L.)	27
Tenorii Bald.	28
Phelipaea aegyptiaca Walp.	446
caesia Grisb.	446
coerulea C A. Mey	447
Fraasii Walp.	446
lavandulacea Reut.	446
Muteli Schultz	445
v. nana Reut.	445
nana Rchb.	445
purpurea Asch.	447
pyramidalis Reut.	447
ramosa C. A. Mey	445
v. Muteli Bois.	445
v. nana Bois.	445
Schultzii Schultz	447
stricta Mor.	447
Phillyrea Tourn.	287

	pag.
angustifolia L.	288
angustifolia Mass.	288
latifolia L.	288
latifolia S. et S.	288
media L.	287
obliqua W.	288
pedunculata Ch. et B.	288
spinosa Tausch	288
Phlomis L.	506
clandestina Ch. et B.	497
cretica Presl	507
ferruginea Ten.	507
v. cretica Benth.	507
fruticosa L.	506
herba venti S. et S.	509
v. tomentosa Bois.	509
lanata W.	507
v. biflora Hal.	508
lunarifolia S. et S.	509
microphylla Sieb.	507
parvifolia Presl	507
pungens W.	509
v. hispidula Hal.	509
samia L.	508
v. achaia Born.	508
v. graeca Born.	508
virens DC.	507
viscosa Poir.	507
Physalis L.	366
alkekengi L.	366
somnifera L.	365
Phyteuma canescens W. et K.	276
dubia Friv.	278
Jacquini Sieb.	278
limonifolium S. et S.	277
pinnatum L.	275
repandum S. et S.	277
rumelicum Grisb.	278
strictum Sims.	277
virgatum Ch. et B.	277
Picnomon Lob.	119
acarna Cass.	119
Picridium Desf.	219
hispanicum Poir.	214
intermedium Schultz	214
ligulatum DC.	215
perenne Fraas	215
picroides Hal.	215
tingitanum Desf.	214
vulgare Desf.	215
Picris L.	189
asplenioides L.	191
echioides L.	190
hieracioides S. et S.	189

	pag.
pauciflora W.	190
rhagadioloides Pers.	189
spinulosa Bert.	189
Sprengeriana Lam.	189
stricta Jord.	189
Pinardia coronaria Less.	71
Plagius ageratifolius L'Her.	67
Podanthum Don.	276
canescens Bois.	276
limonifolium Bois.	277
v. alpinum Bois.	277
v. ramosum Haussk.	277
v. repandum (S. et S.)	277
Psaridis Heldr.	277
trichocalycinum Bois.	276
v. densiflorum Haussk.	276
Podospermum C. A. Mey	199
calcitrapifolium DC.	200
canum C. A. Mey	199
v. alpinum (Bois.)	200
Jacquinianum Koch	199
v. subintegrum Bois.	199
laciniatum DC.	200
v. calcitrapifolium Bois.	200
octangulare DC.	199
pindicolum Haussk.	199
villosum Stev.	197
Polemoniaceae Vent.	301
Polemonium L.	301
coeruleum L.	301
Prasium L.	478
creticum Rchb.	478
majus L.	478
v. creticum (Rchb.)	478
Prenanthes L.	208
acanthifolia W.	211
aconitifolia Sieb.	211
attica Spreng.	204
purpurea L.	208
ramosissima All.	212
viminea L.	212
Prismatocarpus falcatus Ten.	275
hybridus L'Her.	275
pentagonus L'Her.	273
speculum L'Her.	274
Prunella L.	496
hybrida Knaf	497
intermedia Link	497
laciniata L.	496
vulgaris L.	496
v. cretica Bois.	496
v. grandiflora Haussk.	496

602 Index.

	pag.
v. Herculis Borb.	496
vulgaris×laciniata	497
Psilostemon creticum DC.	320
Ptarmica abrotanoides Vis.	44
ageratifolia Nym.	41
aizoon Grisb.	41
ambrosiaca B. et H.	43
Clavennae DC.	42
Fraasii Nym	43
Pteronia chamaepeuce Spreng.	126
Pterotheca bifida F. et M.	177
nemausensis Rchb.	177
Ptilostemon appendiculatum Cass.	127
muticum Cass.	126
Pulicaria Gaertn.	25
crispa Link	26
dentata DC.	26
dysenterica Gaertn.	26
v. dentata (S. et S.)	26
v. microcephala Bois.	26
odora Rchb.	25
viscosa Cass.	24
vulgaris Gaertn.	26
Pulmonaria L.	331
auriculata (Bois).	331
mollis Bois.	331
officinalis S. et S.	331
Pyrethrum Gaertn.	68
cinereum Grisb.	69
corymbosum W.	69
fuscatum W.	69
hybridum Guss.	70
v. discolor Guss.	70
Myconis Moench	70
parthenium Sm.	68
tanacetum DC.	69
trichophyllum Grisb.	66
Pyrola L.	284
clorantha Sw.	284
secunda L.	284
Pyrolaceae Lindl.	284

R.

Ramonda Pers.	300
Heldreichii Benth.et Hok.	301
Nathaliae Panc. et Petr.	300
pyrenaica Pers.	301
Rhagadiolus Tourn.	183
edulis Gaertn.	183

	pag.
intermedius Ten.	183
stellatus W.	183
v. edulis DC.	183
v. hebaelenus DC.	183
v. intermedius (Ten.)	182
v. leiocarpus DC.	183
v. leiolaenus DC.	183
Rhinanthus L.	443
crista galli L.	442
elephas L.	443
major v. parnassicus Bois.	441
maximus W.	440
pubescens B. et H.	441
trixago L.	440
viscosus Lam.	437
Rhynchocorys elephas Griesb.	443
Rindera graeca B. et H	358
Robertia tenuiflora Bois.	175
Rochelia Rchb.	361
disperma Stapf	361
stellulata Rchb.	361
Rodigia Spreng.	176
commutata Spreng.	176
Rosmarinus L.	491
officinalis L.	491
prostratus Mazz.	491

S.

Salvia L.	479
adulterina Haussk.	489
aethiopis L.	486
alpestris Haussk.	486
amplexicaulis Lam.	487
amplexicaulis × virgata Haussk.	489
argentea L.	486
v. alpina Heldr.	486
v. macedonica Grisb.	486
v. thessala Haussk.	486
baccifera Ettl.	482
Barrelieri Ten.	488
calycina S. et S.	479
candidissima Vahl	487
v. odorata Bald.	487
clandestina Ch. et B	490
clandestina L.	490
Eichleriana Heldr.	481
Forskahlei L.	491
fragifera Ettl.	481

	pag.
glutinosa L.	483
grandiflora Ettl.	481
horminum L.	485
v. comata Heldr.	485
v. comosula Heldr.	484
v. viridis Heldr.	484
inamoena Vahl	488
macedonica Hausskn.	486
nemorosa L.	488
nilotica Vahl	491
odorata W.	487
officinalis L.	482
peloponnesiaca B. et H.	484
pinnata L.	491
pomifera L.	481
praecox Savi	490
pratensis S. et S.	488
ringens S. et S.	483
sclarea L.	485
Sibthorpii Ch. et B.	490
Sibthorpii S. et S.	489
silvestris L.	488
silvestris Mazz.	487
similata Haussk.	490
Tenorii Spreng.	488
triloba L.	482
v. integrifolia Rev.	482
verbenaca L.	490
v. clandestina (L.)	490
v. multifida Raul.	490
v. serotina Bois.	490
v. vernalis Bois.	490
verticillata L.	483
verticillata S. et S.	484
villicaulis Borb.	487
virgata Ait.	489
viridis L.	484
viscosa Mazz.	489
Santolina alpina S. et S.	56
anthemoides L.	59
anthemoides Sieb.	56
chamaecyparissus L.	51
incana Ch. et B.	56
maritima Sm.	39
rigida S. et S.	59
Satureia L.	550
approximata Friv.	551
canescens Link	549
capitata L.	557
cuneifolia Ten.	550
v. Wiedemanniana Bois.	551
fasciculata Tausch.	550
filiformis Sieb.	548
graeca Ch. et B.	548

	pag.
graeca L.	548
juliana L.	546
montana L.	551
v. hellenica Heldr.	551
v. pisidica (Wettst.)	551
nervosa Desf.	547
olympica Hal.	551
parnassica Bois.	551
parnassica Heldr. et Sart.	551
v. macrophylla Hal.	552
v. stygia (Orph.)	552
plumosa Hampe	548
pygmaea Sieb.	551
spicata Sieb.	557
spinosa L.	552
v. parnassica Heldr. et Sart.	551
v. stygia Orph.	552
thymbra L.	550
virgata Vis.	550
Schizocalyx smyrnaeus Schule	556
Scolymus L.	171
hispanicus L.	171
maculatus Fraas	171
maculatus L.	171
Scorodonia heteromalla Moench	471
Scorzonera L.	195
ambigua DC.	197
angustifolia Friedr.	196
araneosa Urv.	197
asperrima W.	186
austriaca W.	199
calcitrapifolia Vahl	200
cretica W.	198
crocifolia S. et S.	196
Doriae Deg. et Bald.	199
elongata W.	172
graminifolia Ch. et B.	196
hirsuta L.	199
v. Doriae Deg. et Bald.	199
humilis L.	199
Jacquiniana Bois.	199
v. alpina Bois.	200
v. messeniaca Hal.	199
laciniata Jacq.	199
lacinata L.	200
lanata M. B.	198
messeniaca Ch. et B.	199
mollis M. B.	197
v. euboea Bois.	197
octangularis W.	200
orientalis Dall.	215
parviflora Jacq.	196
picroides L.	215
purpurea Bois.	197

	pag.
resedifolia Retz	200
rhodantha Haussk.	197
rosea W. et K.	196
tingitana L.	214
tomentosa L.	199
tomentosa Pall.	197
undulata Vahl.	197
villosa Friedr.	197
Scrofularia L.	348
aestivalis Grisb.	399
alata Gilib.	401
aquatica L.	401
auriculata Raul.	400
auriculata Scop.	400
bicolor S. et S.	406
caesia S. et S.	403
canina L.	406
v. dolopica Haussk.	406
v. pallida Haussk.	406
v. ramosissima Haussk.	406
chrysanthemifolia Ch. et B.	404
chrysanthemifolia W.	406
cretica B. et H.	400
Ehrharti Stev.	401
v. Samaritanii B. et H.	402
filicifolia Mill.	403
frutescens S. et S.	403
glandulosa W. et K.	400
glauca S. et S.	403
grandidentata Ten.	400
heterophylla W.	403
v. caesia Weiss	404
v. pinnatisecta Haussk.	404
v. Urvilleana Weiss	404
laciniata W. et K.	406
v. multifida Bois.	405
v. obtusiloba M. et R.	404
v. pindicola Form.	405
v. puberula Hal.	405
laciniata Spreitz.	404
laxa B. et H.	402
lucida L.	402
v. filicifolia Benth.	403
v. glauca (S. et S.)	403
methanaea Haussk.	403
micrantha Urv.	404
multifida W.	405
Neesii Wirtg.	401
nodosa L.	401
oligantha B. et H.	400
Oliveriana Wydl.	404
peregrina L.	399
v. trachytica Haussk.	399
pindicola Haussk.	406
pyramidalis Wydl.	406

	pag.
ramosissima Urv.	406
salicifolia Sieb.	401
Samaritanii B. et H.	402
scoparia M. et R.	406
Scopolii Hoppe	400
v. grandidentata (Ten.)	400
v. oligantha Bois.	400
scorodonia Pieri	399
Sibthorpiana Spreng.	404
silvatica B. et H.	399
taygetea Bois.	405
tenuis Haussk.	404
Urvilleana Wydl.	404
Urvillei Wydl.	404
Scrofulariaceae Lindl.	370
Scutellaria L.	492
adenotricha B. et H.	493
albida Weiss	495
alpina L.	492
Columnae All.	493
v. Sibthorpii Bald.	493
v. Sibthorpii Benth.	494
cretica L.	471
cretica Sieb	495
decumbens Sieb.	495
galericulata L.	495
hirta S. et S.	495
v. brachystegia Bois.	494
hirta Sieb.	495
Linnaeana Car.	498
orientalis L.	492
v. pinnatifida Rchb.	492
peregrina L.	493
v. adenotricha B. et H.	493
v. parnassica Bois.	494
v. Sibthorpii B. et R.	494
v. Sibthorpii Hal.	494
rupestris B. et H.	494
Sibthorpii (Benth.)	494
Sedum aizoon S. et S.	278
Senecio L.	76
aquaticus S. et S.	84
arachnoideus Sieb.	80
Aucheri DC.	78
barbaraefolius Krock.	84
barkhausiaefolius B.et H.	82
bicolor Bois.	77
cacaliaster v. Gmelini Vis.	81
coronopifolius Desf.	84
delubrorum Heldr.	86
erraticus Bert.	84
erucifolius L.	88
v. macrophyllus Form.	83

	pag.		pag.
euboeus B. et H.	79	Boissieri Magn.	500
foeniculaceus Ten.	86	candicans Ait.	500
fruticulosus S. et S.	82	condensata B. et H.	494
graphalodes Sieb.	78	cretica Bois	500
Heldreichii Bois.	79	v. condensata Bois.	499
Jacquinianus Rchb.	80	cretica S. et S.	499
v. expansus B. et H.	81	elegans Murr.	500
Jacobaea L.	83	**euboea** Heldr.	499
lanatus Scop.	80	florida B. et H.	498
lividus L.	86	**lanata** L.	500
macedonicus Grisb.	80	**montana** L.	500
v. brachyphyllus Bois.	80	v. comata Bois.	501
v. bracteatus (B. et O.)	80	montana S. et S.	501
nebrodensis Raul.	82	nigricans Pers.	500
nemorensis L.	81	peloponnesiaca B. et H.	498
v. dalmaticus Grisb.	81	**perfoliata** L.	497
v. expansus (B. et H.)	81	pindicola Heldr.	497
v. Gmelini Bald.	81	**purpurea** Talb.	502
Parnassi B. et H.	79	**remota** Urv.	501
rupestris W. et K.	82	**Roeseri** B. et H.	499
Scopolii Hoppe	80	v. lanceolata Hal.	499
squalidus Urv.	84	**romana** L.	501
taygeteus B. et H.	78	v. purpurea Bald.	502
tenuifolius Jacq.	83	**scardica** Grisb.	498
thapsoides DC.	80	v. pelia Hal.	498
trilobus S. et S.	86	scardica Heldr.	498
tymphresteus Helldr.	85	syriaca Ch. et B.	497
vernalis W. et H.	85	syriaca Fraas	499
v. nigropunctatus Clem.	85	**syriaca** L.	500
vernalis × **vulgaris**	86	v. condensata B. et H.	499
viscosus L.	85	taurica Heldr.	499
vulgaris L.	86	**theezans** B. et H.	497
vulgaris × vernalis Zab.	86	v. cyllenea Bois.	498
f. pseudovernalis Zab.	86	v. peloponnesiaca (B. et H.)	498
Weylii Vatke	86	tragoriganum Lag.	502
Seriola L.	176	**Silybum** Vaill.	124
aethnensis L.	176	marianum Gaertn.	124
commutata Less.	176	v. pygmaeum Orph.	124
cretensis L.	174	**Siphonostegia** Benth. et Hook.	442
urens S. et S.	175	syriaca Bois.	442
Serratula arvensis L.	118		
attica Fraas	166	**Solanaceae** Juss.	362
chamaepeuce L.	126	**Solanum** L.	369
crupina Vill.	166	citrullifolium R. Br.	369
fruticosa Lam.	100	**dulcamara** L.	369
leucocephala Poir.	112	flavum Kit.	370
Sesamum indicum L.	300	humile Bernh.	370
v. subindivisum DC.	300	melongena L.	370
orientale L.	300	miniatum Bernh.	370
Sibthorpia L.	422	**nigrum** L.	370
africana L.	422	v. flavum (Kit.)	370
europaea S. et S.	422	v. humile (Bernh.)	370
Sideritis L.	497	v. miniatum (Bernh.)	370

	pag.
v. villosum L.	370
pseudocapsicum L.	370
sodomacum L.	369
suffruticosum Schousb.	369
tuberosum L.	370
villosum Lam.	370
Solidago L.	17
graveolens Lam.	25
virgaurea L.	17
v. vestita Hal.	17
viscosa Lam.	35
Sonchus L.	205
arvensis S. et S.	206
asper Vill.	207
chondrilloides S. et S.	215
ciliatus Lam.	206
divaricatus Desf.	215
glaucescens Jord.	207
graecus Reut.	207
lacerus Sieb.	205
laevis Vill.	206
maritimus L.	205
Nymani Tin. et Guss.	206
v. versicolor Haussk.	206
oleraceus L.	206
v. asper L.	207
v. lacerus W.	206
v. laevis L.	206
palustris L.	205
picroides S. et S.	214
tenerrimus L.	205
v. heterophyllus Hal.	206
v. muriculatus Clem.	205
v. spinulosus Friedr.	205
Specularia Heist.	273
falcata DC.	275
hybrida DC.	275
pentagonia DC.	273
speculum DC.	274
v. calycina DC.	274
v. racemosa Bois.	274
Stachys L.	515
abrotanifolia B. et H.	576
acutifolia Ch. et B.	522
adenocalyx C. Koch	530
alpina Form.	521
alpina L.	521
v. discolor Bois.	521
v. Reinerti Bald.	521
v. turcica Form.	521
angustifolia M. B.	526
annua L.	530
v. adenocalyx Haussk.	530

	pag.
v. parnassica Heldr. et Sart.	530
arenaria Friedr.	526
argolica Bois.	527
arvensis L.	531
betonica Benth.	514
betonicaefolia Desf.	530
candida Ch. et B.	529
v. chrysantha Benth.	529
candida Ung.	527
canescens Ch. et B.	524
cassia Bois.	519
chrysantha B. et H.	529
cicinnata Friedr.	527
cretica Hal.	518
cretica L.	518
v. albiflora Hal.	519
v. condensata Haussk.	518
cretica Pieri	518
cretica Sieb.	519
dasyanthes Raf.	520
v. alpina Heldr.	520
decumbens Pers.	526
dolopica Form.	523
Freynii Haussk.	523
germanica L.	520
v. Boissieri Briq.	518
v. Heldreichii (Bois.)	520
v. penicillata Bald.	519
v. penicillata (Heldr. et Sart.)	520
v. stricta Form.	520
glutinosa L.	530
graeca B. et H.	522
Heldreichii Bois.	520
Heldreichii Form.	518
hirta Pieri	526
iberica M. B.	525
italica Müll.	518
v. albiflora Hal.	519
v. chondrostachys Heldr.	519
lamioides Sieb.	531
lanata S. et S.	520
lusitanica Ch. et B.	522
maritima L.	526
menthaefolia Vis.	524
messeniaca Bois.	524
mollissima W.	526
mucronata Sieb.	529
orientalis L.	517
palaestina L.	531
palustris L.	523
Parolinii Vis.	524
penicillata Heldr. et Sart.	520
pubescens Ten.	526

Index.

	pag.		pag.
recta L.	525	ottomanum Frid.	331
Reinerti Heldr.	521	tuberosum S. et S.	331
v. abbreviata Hal.	521		
salviaefolia Friedr.	518		
salviaefolia Ten.	518		
scardica Grisb.	515	**T.**	
scyronica Bois.	527		
serbica Panc.	531		
sericophylla Hal.	519	**Tanacetum** L.	69
Sieberi C. Koch	519	annuum L.	69
silvatica L.	522	balsamita L.	69
v. pallida Haussk.	522	**vulgare** L.	69
spinosa L.	530	**Taraxacum** Hall.	201
spinulosa S. et S.	530	erythrospermum Andrz.	202
Spreitzenhoferi Heldr.	529	gymnanthum Hal.	201
Spruneri Bois.	528	gymnanthum Heldr.	203
Swainsoni Benth.	527	**gymnanthum** Link.	203
v. argolica Bois.	527	**Haussknechtii** Uechtr.	201
v. scyronica Bois.	527	humifusum Heldr. et Sart.	203
Swainsoni Haussk.	527	**laevigatum** DC.	202
tenuifolia Pall.	526	v. polycephalum Raul.	202
tetragona B et H.	528	v. scolopendrinum Heldr.	202
Tournefortii Ch. et B.	524	v. stenolobum Heldr.	202
Tournefortii Poir.	519	**minimum** Tod.	203
tymphaea Haussk.	521	**officinale** Wigg.	201
v. lacmonica Haussk.	521	v. alpestre Ung.	202
v. petiolata Haussk.	521	v. alpinum (Hoppe)	202
virgata Ch. et B.	525	v. paludosum (Scop.)	202
viridis B. et H.	523	palustre DC.	202
Zuccarinii Benth.	525	vulgare Lam.	201
Stachelina L.	100	v. alpinum Bald.	202
arborescens L.	100	v. pindicolum Bald.	201
chamaepeuce L.	126	v. Steveni Bald.	202
dubia L.	101	**Teucrium** L.	469
fruticosa L.	100	Achaemenis Schreb.	478
uniflosculosa S. et S.	101	**alpestre** S. et S.	477
tyraceae DC.	285	v. laxior Spreitz.	477
Styrax Tourn.	285	v. major Bois.	477
officinalis L.	285	**brevifolium** Schreb.	470
Symphyandra DC.	248	capitatum L.	478
cretica DC.	248	capitatum S. et S.	478
samothracica Deg.	249	**chamaedrys** L.	472
sporadum Hal.	248	v. canescens Form.	473
Symphytum L.	330	v. canum Form.	473
anatolicum Bois.	330	v. glanduliferum Haussk.	473
brochum Ch. et B.	231	v. oxyodon Heldr. et Hal.	474
bulbosum Schimp.	330	v. revolutum Form.	473
macrolepis Gay.	331	chamaepitys L.	467
officinale L.	330	chium Poir.	468
officinale Pieri.	331	**creticum** L.	470
		creticum Lam.	470
		creticum Scheele	471
		cuneifolium S. et S.	476
		cuspidatum Cel.	471

	pag.
divaricatum Sieb.	474
v. graecum (Cel.)	474
flavum L.	473
v. glaucum Haussk.	474
v. humilior Ch. et B.	474
v. leiophyllum Cel.	474
v. purpureum Benth.	474
graecum Cel.	474
graecum Hal.	474
v. minor Heldr.	474
Halácsyanum Heldr.	470
v. laxum Hal.	471
hyssopifolium Schreb.	470
iva L.	467
lamiifolium Urv.	471
lanuginosum H. et S.	472
lucidum S. et S.	474
marum L.	475
massiliense L.	471
microphyllum Desf.	475
montanum L.	475
v. hirsutum Bois.	476
v. parnassicum Cel.	476
montanum S. et S.	476
pannonicum Kern.	476
parnassicum Cel.	476
polium L.	477
v. Achaemenis (Schreb.)	478
v. angustifolium Benth.	478
v. angustissimum Cel.	478
v. bombycinum Heldr.	477
v. capitatum (L.)	478
v. gnaphalodes Raul.	477
v. intermedium Cel	478
v. lanuginosum Cel.	477
v. pseudohyssopus (Schreb.)	477
v. purpurascens Benth.	478
v. roseum Bois.	478
v. virescens Hal.	477
prostratum Hal.	476
pseudohyssopus Schreb.	477
quadratulum S. et S.	475
ramosissimum Sieb.	475
rosmarinifolium Lam.	470
saxatile Sieb.	477
scordioides Schreb.	472
scordium L	472
scordium Pieri	472
scorodonia L.	471
Sieberi Cel.	474
silvestre Lam.	471
supinum L.	475
tenthrion Schreb.	477
Thrincia Roth	184
hirta Roth	184

	pag.
Oliverii DC.	184
tuberosa DC.	184
v. Olivieri Haussk.	184
Thymbra L.	557
capitata Grisb.	557
v. albospinosa (Balv.)	558
hirsuta Pers.	550
spicata L.	557
Thymus L.	558
acinos Ch. et B.	544
acinos L.	546
alpinus L.	543
angustifolius v. Chaubardi B. et H.	564
atticus Cel.	562
Billardieri Bois.	567
Boissieri Hal.	559
v. ciliatopubescens Hal.	559
calamintha Fraas	542
calamintha Sm.	541
capitatus H. et L.	557
v. albospinosus Bald.	558
Chaubardi B. et H.	564
Chaubardi Hal.	563
cherlerioides Vis.	559
ciliatopubescens Hal.	559
creticus Brot	557
dolopicus Form.	565
euboeus Hal.	560
exiguus S. et S.	546
glabratus Ch. et B.	563
graveolens M. B.	546
graveolens S. et S.	566
heterotrichus Grisb.	565
hirsutus Bois.	559
v. humillimus Bald.	557
hirsutus Hal.	559
hirsutus M. B.	559
hirsutus Sint	559
hirsutus Spreitz	561
hirtus Sieb.	543
humillimus Cel.	559
incanus S. et S.	542
lanceolatus S. et S.	563
lanuginosus Ch. et B.	542
lanuginosus Mill.	565
v. Marschallianus (W.)	565
leucadicus (Rchb.)	562
leucotrichus Hal.	561
v. Degenii Hal.	561
longicaulis Hal.	564
Marschallianus W.	565
mastichina S. et S.	547
microphyllus Urv.	549
montanus W. et K.	566

	pag.		pag.
nepeta Sm.	542	**Samaritanii** Heldr. et Sart.	193
ocheus Heldr. et Sart.	565	Tommasinii Schultz	194
patavinus Jacq.	545	Trachelium asperuloides B. et O.	278
parnassicus Hal.	561	Jacquini Bois.	278
paronychioides Haussk.	563	rumelianum Hampe	278
pindicolus Form.	564	rumelicum Bois.	278
pulegioides S. et S.	566	**Trachystemon** Don.	320
revolutus Cel.	561	**creticum** Don.	320
v. creticus Deg.	561	Trichocrepis bifida Vis.	177
serpyllum Clem.	564	Tripolium vulgare Nees.	16
v. angustifolius Bois.	563	Trixago apula Stev.	440
v. Chaubardi Bois.	564	latifolia Rchb.	436
v. latifolius Bois.	566	viscosa Rchb.	437
v. Marschallianus Bois.	565	**Tussilago** L.	11
v. ocheus Bois.	565	farfara L.	11
Sibthorpii Benth.	563	hybrida L.	11
striatus Bois.	562	petasites L.	11
striatus Raul.	561	**Tyrimnus** Cass.	125
striatus Vahl.	563	leucographus Cass.	125
v. leucadicus Rchb.	562		
suaveolens S. et S.	544		
teucrioides B. et Spr.	566	**U.**	
v. tymphaeus Form.	566		
tragoriganum L.	550		
tymphresteus Hal.	560	**Urospermum** Juss.	191
villosus S. et S.	567	asperum DC.	191
vulgaris Pieri.	557	Dalechampii DC.	191
vulgaris S. et S.	561	echioides Fraas	191
zygis S. et S.	562	**picroides** Def.	191
Tolpis Gaertn.	181	v. asperum DC.	191
altissima Pers.	182		
barbata S. et S.	181		
cretica Sieb.	182	**V.**	
quadriaristata Biv.	181		
quadriaristata S. et S.	182	**Verbascum** L.	372
umbellata Bert.	181	**acutifolium** Hal.	385
virgata Bert.	182	acutifolium × blattaria.	394
Tragopogon L.	192	**Adeliae** Heldr.	390
asper L.	191	**adenotrichum** Hal.	381
australis Jord.	192	**agrimoniodes** Deg. et Bh.	381
balcanicus Vel.	193	ambiguus Haussk.	391
crocifolius L.	193	ambracicum Hal.	378
Cupani Guss.	192	arcturus L.	395
Dalechampii L.	191	auriculatum Mazz.	386
floccosus W. et K.	195	auriculatum S. et S.	386
lanatus W.	198	australe Schrad.	375
longifolius Heldr. et Sart.	195	**banaticum** Roch.	388
majus Jacq.	195	**blattaria** L.	393
orientalis L.	194	v. blattariforme (Grisb.)	394
picroides L.	191	blattaria × phlomoides Hssk.	394
porrifollus L.	192	blattaria × Sartorii Haussk.	394
v. brachyphyllus Bois.	192	blattariforme Grisb.	394
pratensis L.	194	blattariforme × Sartorii Hssk.	394
v. orientalis (L.)	194	**Boerhavii** L.	384

v. Halácsy, Flora Graeca. II.   39

	pag.
calaurium Heldr.	383
candidissimum DC.	386
Chaixi Hal.	392
Chaixi Vill.	392
coenobitarum Hssk. et Heldr.	377
delphicum B. et H.	855
densiflorum Bert.	374
v. thapsiforme Vis.	375
dervichorum Hssk. et Heldr.	389
epirotum Hal.	380
epixanthinum B. et H.	379
v. Samaritanii Bois.	379
epixanthinum Hal.	380
erraticum Haussk.	386
ferrugineum Andr.	394
flagriforme Haussk.	394
floccosum W. et K.	887
floccosum × phlomoides Hssk.	876
foetidum B. et H.	379
gloeotrichum Haussk. et Heldr.	385
graecum Heldr. et Sart.	393
v. aetolicum Bois.	393
v. Zuccarinii Bois.	393
Guicciardii B. et H.	377
Guicciardii × sinuatum Hal.	378
Haussknechtii Heldr.	389
Haussknechtii × rigidum Hk.	389
Haussknechtii × sinuatum Haussk.	391
Heldreichii Bois.	388
Heldreichii × phlomoides Hk.	377
Heldreichii × pulverulentum Haussk.	387
Heldreichii × Sartorii Haussk. et H.	377
Heldreichii × sinuatum Haussk.	391
hybridum Brot.	391
hypoleucum B. et H.	392
leucophyllum Grisb.	389
v. integrifolium Haussk.	389
limnense Fraas	390
longifolium Ten.	377
lychnitis L.	388
macilentum Hal.	394
macrurum Ten.	375
malacotrichum B. et H.	378
mallophorum B. et H.	390
mallophorum × thyrsoideum Hal.	392

	pag.
megaphlomos B. et H.	886
v. macrophyllum Hal.	387
v. microcalyx Hal.	387
meteoricum Haussk.	391
mucronatum Lam.	386
nigrum L.	392
nigrum Mazz.	392
nigrum × mallophorum B. et H.	392
nigrum × pulverulentum Hk.	387
nigrum × sinuatum Bois.	392
paradoxum Haussk.	383
parallelum Haussk.	394
pelium Hal.	882
permixtum Hal.	387
perviscosum Borb.	885
petrophilum Hal.	394
phalereum Haussk.	384
phlomoides L.	375
v. Sartorii Bois.	376
phlomoides S. et S.	376
phlomoides × rigidum Hssk.	376
phlomoides × sinuatum Hssk.	377
phoeniceum L.	394
pindicolum Fr. et Sint.	380
pinnatifidum Vahl.	384
v. dentatum Haussk.	384
pinnatifidum × plicatum Hssk.	383
pinnatifidum × sinuatum Haussk.	384
plicatum S. et S.	382
plicatum × sinuatum Haussk.	383
pseudoflagriforme Haussk.	394
pseudosinuatum Haussk.	877
pulverulentum Hal.	885
pulverulentum Vill.	887
pulverulentum × Heldreichii Hal.	887
pulverulentum × Sartorii Haussk.	876
pulverulentum × sinuatum Hal.	391
pulverulentum × thyrsoideum Hal.	387
Reiseri Hal.	382
repandum Grisb.	394
rigidum × Haussknechtii Hal.	389
rigidum × Sartorii Haussk.	376
Samaritanii Hal.	381
Samaritanii Haussk.	380
Samaritanii Heldr.	379
Sartorii B. et H.	376
Sartorii × blattaria Hal.	394

	pag.		pag.
Sartorii × **Heldreichii** Hal.	377	**aphylla** L.	428
Sartorii × **pulverulentum** Hal.	376	**arvensis** L.	432
		australis Schrad.	425
		austriaca Bois.	428
Sartorii × **rigidum** Hal.	376	**austriaca** L.	427
Sartorii × **sinuatum** Hk.	377	v. teucrioides (B. et H.)	427
Schraderi Mey.	374	**balcanica** Vel.	430
Schraderi Raul.	375	**beccabunga** L.	429
sinuatum L.	391	Buxbaumii Ten.	434
semirigidum Haussk.	376	byzantina Mazz.	435
speciosum Schrad.	386	chamaedryoides Ch. et B.	426
v. megaphlomos B. et H.	386	**chamaedrys** L.	426
spinosum L.	395	v. pilosa Benth.	426
sterile Haussk.	387	v. pindica Haussk.	426
subphlomoides Haussk.	377	**Chaubardi** B. et R.	433
taygeteum Hal.	380	Chaubardi Spreitz.	433
thapsiforme Bois.	376	cretica Pall.	425
thapsiforme Schrad.	375	cymbalaria Bod.	435
thapsus Dall.	375	v. panormitana Tin.	436
thapsus L.	374	dentata Schm.	427
thessalum Haussk.	391	depauperata W. et K.	428
thyrsoideum Host.	392	didyma Ten.	435
triste S. et S.	394	erinoides B. et Spr.	431
tymphaeum Fr. et Sint.	380	filiformis DC.	435
undulatum Lam.	382	Formanekii Heldr.	434
v. rigidum (B. et H.)	383	glauca Ung.	433
undulatum Sieb.	391	**glauca** S. et S.	433
undulatum × **pinnatifidum** Hal.	383	graeca Sprun.	433
		graminea Mazz.	429
undulatum × **sinuatum** Hal.	383	**hederifolia** L.	436
		v. triloba (Op.)	436
v. sinuatiforme Hal.	383	Jacquini Baumg.	428
v. undulatiforme Hal.	383	latifolia Jacq.	427
viscidulum Fr. et Sint.	381	**latifolia** L.	426
viscidulum Mazz.	394	**longifolia** L.	424
Verbena L.	462	**multifida** L.	428
adulterina Haussk.	463	**officinalis** L.	426
Haussknechtii Heldr.	463	v. glandulosa Form.	426
nodiflora L.	463	pectinata L.	436
officinalis L.	462	peduncularis Ch. et B.	433
v. grandiflora Haussk.	462	**peloponnesiaca** B. et O.	433
officinalis × **supina**	463	**persica** Poir.	434
supina L.	462	polita Fr.	435
Verbenaceae Juss.	461	**praecox** All.	434
		prostrata v. filicaulis Hal.	427
Veronica L.	423	pseudochamaedrys Jacq.	427
acinifolia L.	431	**Sartoriana** B. et H.	432
agrestis L.	435	Schmidtii R. et Sch.	427
v. byzantina S. et S.	434	**scutellata** L.	428
alba Mazz.	435	**serpyllifolia** L.	430
anagallis L	429	v. glandulosa Haussk.	430
v. anagalliformis Bor.	429	v. oxya Form.	430
anagalloides Guss.	429	**spicata** L.	425

	pag.
spuria S. et S.	424
syriaca R. et Sch.	486
teucrioides B. et H.	427
teucrium Jacq.	427
teucrium L.	427
v. glandulosa Form.	427
thessala Form.	434
thessalica Benth.	431
thymifolia S. et S.	425
Tournefortii Gm.	434
triloba Op..	436
triphyllos L.	434
tymphrestea B. et Spr.	425
urticaefolia Jacq.	426
verna L.	431
Villarsia nymphoides Vent.	300
Vinca L.	294
herbacea W. et K.	294
major L.	294
minor L.	294
mixta Vel.	295
Vincetoxicum Moench.	290
canescens Dec.	290
fuscatum Bois	292
fuscatum Hal.	291
laxum Sieb.	292
luteum Sieb.	290
nigrum Moench.	291
nivale B. et H.	291
v. undulatum Heldr.	292
speciosum B. et Spr.	291

	pag.
triste Grisb.	291
Vitex L.	461
agnus castus L.	461

W.

Wahlenbergia graminifolia DC.	279
Withania Pauq.	365
somnifera Mor.	365

X.

Xanthium L.	246
antiquorum Wallr.	246
spinosum L.	247
strumarium L.	246
v. antiquorum Bois.	246
Xeranthemum L.	93
annuum L.	93
v. inapertum L.	93
cylindraceum S. et S.	93
erectum Presl.	93
inapertum W.	93

Z.

Zacintha Gaertn.	213
verrucosa Gaertn.	213
Zapania nodiflora Lam.	463
Zizyphora L.	491
capitata L.	491
Zollikoferia chondrilloides M. et R.	215

CONSPECTUS
FLORAE GRAECAE

AUCTORE

E. DE HALÁCSY

VOLUMEN III

LIPSIAE
SUMPTIBUS GUILELMI ENGELMANN
1904

Jus traductionis reservatum.

Wirceburgi, ex typis H Stürtz

Praefatio.

Floram Graeciae, quae semper animos rerum naturae inquisitorum oblectatos tenebat, quamquam iam exeunte saeculo XVII. et ineunte saeculo XVIII. quaestionibus virorum doctorum patuit, primus Johannes Sibthorpius tractavit, qui in peregrinationibus, quas saeculo XVIII. exeunte suscepit, magnam huius terrae partem, quod ad floram attinet, pervestigavit. Atque „monumentum aere perennius" exactum est in libris illis duobus, quos Sibthorpio mortuo J. E. Smithius et partim J. Lindleyus ediderunt, quibus libris „Florae Graecae prodromus" inscribitur, imprimis autem libris illis decem forma maxima a. F. Bauero illustratis atque „Flora Graeca" inscriptis; qui vir in arte sua multum versatus Sibthorpium perigrinantem comitatus erat atque hos libros ad veritatem optime illustravit, quare in quaestionibus de flora Graeca faciendis semper fundamentum quasi erunt. Plus 1000 species in his libris enumerantur atque partim describuntur sive depinguntur.

Quaestionibus, quae ex illo tempore institutae sunt, et numerus hic multo auctus est et nonnullae tractationes egregiae incitatae sunt. Quae ex quaestionibus, quae usque ad annum 1880 institutae sunt, efficiuntur, maxima quidem ex parte in Boissierii libro insigni, qui „Flora orientalis" inscribitur, collecta, sed propter copiam materiae in hoc libro tractatae ita dissipata sunt, ut rerum statum, quod ad floram Graecam attinet, qualis nunc sit, nisi difficillime non cognoscere possis; praeterea ex tempore, quo ille liber scriptus est, quaestiones in hac terra pervestiganda non paullum processerunt, ut non indignae esse videantur, quae comprehendantur. Quare ius mihi datum esse puto, ut hunc libellum, in quo de Graeciae ipsius flora agitur, edam, praesertim cum iam satis multos annos huic florae operam dem; deinde, cum berbaram materiam, quam copiosissimam possideam; denique, cum ipse in peregrinationibus haud parvam huius terrae partem cognoverim atque his ex causis cognitionem huius florae comparare potuerim.

Quod ad dispositionem materiae pertinet, dispositione in Decandollei „prodromo" adhibita usus sum non, quod rationem in opere illo gravissimo adhibitam rectissimam phylogeneticam esse putem, sed utilitatis causa, ut ita dicam, cum haec dispositio maxime pervulgata sit. Ceterum in flora regionis, si cum aliis comparaveris, tam parvae tractanda non tam multum differre mihi videtur, quam rationem sequaris, cum propter lacunas et multas et magnas naturalis singulorum ordinum affinibus omnino non intelligi possit.

Quod ad species pertinet, in universum opera de floris recentiora, imprimis Boissierium secutus sum, quamquam haud raro discessi; nam imprimis nonnullae species a Boissero ipso institutae sed postea exemptae restituendae esse mihi videbantur, cum alia ex parte nonnullas species, quae in „flora orientalis" inveniuntur, eximendas mihi esse putaverim. Cum, qualis species definienda sit, decerni non possit, in rebus ancipitibus fieri non posse mihi videtur, quin mei ipsius opinionem sequar.

Quod ad nomina indenda pertinet, prioritatis rationem, quam solam rectam esse puto, secutus sum, neglectis sententiis virorum doctorum, qui nomina quaedam obsoleta esse putaverunt, cum haec ratio constanter adhibita non solum difficilis, sed etiam iniusta esse atque fidei historicae repugnare mihi videatur. Nomina duplicia, cum naturae meae resistant, non adhibui, quamquam ea omnino adhiberi non licere non adfirmaverim.

Deinde mihi haud alienum a re visum est, postquam nomina auctorum citavissim, opera quoque laudare, in quibus viri docti de singulis speciebus ab ipsis observatis disputant, primum ut demonstrem, quibus fontibus usus de speciebus, quales sint atque ubi inveniantur, dicam; deinde, ut in narrationibus dubiis, de quibus, cum certis exemplaribus uti non potuerim, decernere non potui, etiam ex auctorum nominibus concludi possit, utrum veri similes an ex errore ortae esse putandae sint. Quare hic liber multo amplior factus est; sed spero me hanc magnam operam non perdidisse. His testimoniis nisus etiam species recepi, de quibus, num in Graecia inveniantur, mihi maxime dubium esse videbatur, quod singulis locis adnotavi. Narrationes de speciebus, quas omnino non inveniri putavi, ubi de singulis speciebus disputavi, in adnotatione tantum commemoravi. Futuris quaestionibus hi errores, qui imprimis in libris vetustioribus inveniuntur, corrigendae erunt. Synonima non nisi maxime necessaria attuli, atque imprimis ea nomina, quibus hae species in libris, in quibus de flora Graeca agitur, nominantur.

Imprimis operam dedi, ut exsiccata indicarem, de quibus descriptiones factae sunt, cum iis saepe descriptiones non satis accuratae magnopere aut suppleri aut corrigi possint. In qua re imprimis collectiones numeris notatae allatae sunt, cum maxime pervulgata sint, ut Heldreichii herbarium Graecum normale et Orphanidis flora Graeca exsiccata, optimae collectiones, quales de paucis terris habemus; tum quidem, cum collectiones numeris notatae non aderant, collectiones numeris non ornatas citavi.

Diagnoses optimas et accuratissimas a Boissiero in flora orientali adhibitas maxima quidem ex parte secutus sum neque mutavi, nisi, ubi mutationes propter species denuo institutas sive aliis ex causis necessarias esse, aut, ubi speciem aliter definiendam esse putavi.

Ut species facilius statui possent, operam dedi, ut praeter dispositionem secundum sectiones dividerem in partes minores, quae duas tantum species concluderent atque contrariis diagnosticis discernerentur; signa anteposui haec: a α × ○ . ; , —. Simul conspectum operis clariorem fieri putavi, si hunc conspectum signorum singulorum generum, quibus complures species sunt, descriptioni praeposuissem.

Quod ad loca, ubi species inveniuntur, notanda pertinet, omnia, quae sive ex litteratura sive ex herbariis cognoscere potui, attuli, quod hoc solo modo, quibus in regionibus terrae, quod ad floram pertinet, non satis pervestigatae, species inveniantur, certe discerni potest. In paucis tantum speciebus, quas ubique inveniri constat, hanc rationem neglexi. Nomina locorum ita scripsi, ut sive in libris sive in titulis sive in charta regni Graeciae geographica a militari instituto geographico Vindobonensi modulo 1 : 3000000 anno 1885 edita atque ab H. Kieperto perspecta aut in charta Cretae ab H. Kieperto edita inveni. Qua in re uniformitatem difficillime conservari potuisse, facile intelligitur, praesertim cum et locis et montibus et fluminibus, nisi complura, duo saltem nomina sint, alterum antiquo, alterum posteriore tempore inditum. Sed cum locis, ubi species inveniuntur, semper provinciae nomen praeposuerim, plerumque haud difficiliter loca, si quidem in chartis geographicis descripta sunt, inveniri posse mihi videntur.

Restat denique, ut omnibus, qui me in hoc opere conficiendo adiuverunt, gratias agam, imprimis Th. de Heldreich, amico meo mortuo, qui multos per annos materia herbarum subpeditanda ad hoc opus conficiendum plurimum valuit. Gratias quoque maximas illustrissimae academiae litterarum caesareae Vindobonensi debeo, quae me et in peregrinatione mea per Graeciam secunda et in editione huius operis liberalissima munificentia adiuvit.

Spero hunc librum, quem ad modum sit mancus, tamen omnibus, qui florae Graecae operam dant, magistrum atque iis, qui posthac de hac re quaerent, fundamentum fore, quare operam multos per annos in hanc rem consumptam me non perdidisse puto.

Auctor.

Fontes florae Graecae.

(Enumeratio publicationum praecipue de plantis Graeciae terrarumque finitimarum tractantium.)

Ascherson P., Kleine phytographische Bemerkungen, in Bot. Zeitung XXXVIII. p. 17 (1880).
— Note sur le genre Anosmia, in Bull. mens. soc. Linn. I. n. 29 p. 225 (1879).
— Rückreise von Alexandrien nach Berlin, in Verh. bot. Ver. Brandenb. XXII. p. 50 (1880).
Aznavour M., Plantes recueillies par M. F. X. Lobry dans l'Ile de Syra, in Magy. bot. lap. I. p. 193 (1902).
Balansa M. B., Note sur un nouveau Rumex de l'Asie mineure, in Bull. soc. bot. France I. p. 281 (1854).
Baldacci A., Flora di Corfu, in Rivista italiana di scienze nat. die Siena IX. p. 135 (1889).
— Ricordi di un viaggio botan. fra Prevesa e Janina, in Bull. della soc. bot. ital. 1893 p. 84.
— Contributo alla connoscenza della flora dalmata, montenegrina, albanese, epirota e graeca, in Nuovo giorn. bot. ital. (nuova serie) I. 2 (1894).
— Rivista critica della collezione botanica fatta nel 1892 in Albania; estratto dalla Malpighia 1894.
— Risultati botanici del viaggio compiute in Creta nel 1893; estratto del giornale Malpighia anno IX. (1895).
— Una corsa botanica nell' isola di Santa Maura, in Bull. de l'herb. Boiss. IV. (1896).
— Rivista della collezione botanica fatta nel 1894 in Albania, in Bull. de l'herbier Boissier IV. n. 9 (1896).
— Rivista della collezione botanica fatta nel 1895 in Albania, in nuovo giorn. bot. ital. IV. n. 4 (1897) et V. n. 1 (1898).
— Rivista della collezione botanica fatta nel 1896 in Albania, in nuovo giorn. bot. ital. VI (1899).
— Itinerari fitogeografici del mio secondo viaggio in Creta 1899; estratto della serie V., tomo X., delle Memorie della R. Academia delle scienze dell' istituto di Bologna 1903.
Beck G., Die Armeria-Arten der Balkanhalbinsel, in Verh. zool. bot. Ges. Wien XLVII. p. 577 (1897).
Belon P., Les observations de plusieurs singularités et choses memorables trouvées en Grèce. Paris, 1553.
Bertrand Ch. E., Note sur le genre Abies, in Bull. soc. bot. France XVIII. p. 376 (1871).
Billerbeck J., Flora classica. Leipzig 1824.
Boissier E., Diagnoses plantarum orientalium novarum. Lipsiae 1842—1854.
— Diagnoses plantarum novarum praesertim orientalium. Series secunda. Neocomi 1853—1859.
— Flora orientalis. Basileae 1867—1888.

Boissieu M., Quelques notes sur la flore d'orient, in bull. soc. bot. France XLIII. p. 283 (1896).
Bornmüller J., Ein Beitrag zur Eichenflora des südöstlichen Europa, in bot. Centralblatt XXXVII p. 129 (1889).
— Nachtrag zur Florula insulae Thasos, in Öst. bot. Zeitschr. 1894 p. 124 et 173.
Boué, La Turquie d'Europe. Paris, 1840.
Buser R., Contributions à la connaissance des Campanulées, in Bull. de l'herb. Boiss. II. p. 501 (1894).
Celakovsky L., Diagnosen einiger neuer Thymus-Arten, in Flora LXV. p. 563 (1882).
— Über einige Arten resp. Rassen der Gattung Thymus, in Flora LXVI. p. 120 (1883).
— Über einige Arten der Gattung Teucrium, in bot. Centralbl. XIV. p. 151 (1883).
— Über einige verkannte orientalische Carthamus-Arten, in Sitzungsbericht der k. böhm. Ges. Wissensch. 1885.
— Über das Verhältniss des Rumex acetoselloides Bal. zum R. angiocarpus Murb., in Sitzungsb. der k. böhm. Ges. Wissensch. 1892.
— Beitrag zur Kenntniss der Flora der Athos-Halbinsel, in Sitzungsb. der k. böhm. Ges. Wissensch. 1887.
Chaubard M. et Bory M., Nouvelle Flore du Péloponnèse et des Cyclades, Paris 1838.
Chloros N. A., Waldverhältnisse Griechenlands. München 1884.
Clementi J., Sertulum orientale. Taurini 1855.
Clusius C., Rariorum plantarum historia. Antverpiae, 1601.
Conti P., Classification et distributions des espèces europ. du genre Matthiola, in Bull. herb Boiss. V. p. 315 (1897).
Crepin F., Les roses recueillies en Thessalie par M. Paul Sintenis en 1896, in bull. de l'herb. Boiss. V. Nr. 2 (1897).
Dallaporta N., Prospetto delle piante che si trovano nell' isola di Cefalonia. Corfu 1821.
Daveau M. J., Note sur quelques Lotus de la section Tetragonolobus, in Bull. soc. bot. France XLIII. p. 358 (1896).
Desfontaines M., Choix de plantes du corollaire des instituts de Tournefort. Paris, 1808.
Dierbach J. H., Flora Mythologica. Frankfurt am Main 1833.
Dörfler J., Centaurea Halacsyi, in Öst. bot Zeitschr. 1901 p. 204.
Drude O, E. Boissier und seine Flora orientalis, in Abhandl. naturw. Ges. Isis in Dresden 1886 I. p. 33.
Dumont d'Urville J., Enumeratio plantarum quas in insulis Archipelagi aut littoribus Ponti-Euxini, annis 1819 et 1820 collegit atque detexit, 1822. Extrait du I. vol. des Mémoires de la soc. Linn. de Paris.
Duval Jouve M. J., Étude sur les Aira de France, in Bull. soc. bot. France XII. p. 6 (1865).
Fauché A., Brongniart, Chaubard et Bory de Saint Vincent, Expédition scientifique de Morée, Tome III., 2 part, Botanique. Paris 1832.
Fellner St., Die Homerische Flora. Wien 1897.
Fenzl Ed., Sedum magellense Ten. et olympicum Bois. nebst einer Notiz über Armeria rumelica und canescens Bois., in Verh. zool. bot. Ges. 1866 p 917.
Fiedler K. G., Übersicht der Gewächse des Königreichs Griechenland. Dresden 1840.
Formanek E., Beitrag zur Flora von Serbien, Macedonien und Thessalien, in Deutsche bot. Monatsschrift 1890 et 1891.
— Beitrag zur Flora von Albanien, Korfu und Epirus, in Verh. naturforsch Vereines in Brünn XXXIII. (1895).
— Zweiter Beitrag zur Flora von Serbien, Macedonien und Thessalien, in Verh. naturforsch. Ver. in Brünn XXXIV. (1896).
— Einige neue Arten aus Thessalien, in Deutsche bot. Monatsschrift XV. p. 73 et 197 (1897).
— Dritter Beitrag zur Flora von Thessalien, in Verh. naturforsch. Vereines in Brünn XXXV (1897).

Formanek E., Berichtigung zum Artikel „Neue Arten aus Thessalien", in Deutsche bot. Monatschr. XV. p. 320 (1897).
— Beitrag zur Flora von Griechenland, in Deutsche bot. Monatschr. XVI. p. 77 (1898).
— Zur Flora Thessaliens, in Deutsche bot. Monatsschr. XVI. p. 172 (1898).
— Kleinere Mittheilungen, in Deutsche bot. Monatschr. XVI. p. 173 (1898).
Forsyth-Major C. J. et Barbey W., Matériaux pour la flore de Syra, in Bulletin de l'herb. Boiss. III. p. 82 (1895).
— Sertum cerigense, in Bulletin de l'herb. Boiss. V. p. 398 (1897).
Fournier E., Monographie du genre Farsetia, in Bull. soc. bot. France XI. p. 51 (1864).
— Monographie du genre Hesperis, in Bull. soc. bot. France XIII. p. 326 (1866).
Fraas C., Synopsis plantarum florae classicae. München, 1845.
— Zur neuen arcadischen Tannenspecies (Ab. reginae Amaliae), in Flora XLIV. p. 62 (1861).
Franchet M. A., A propos du Maillea Urvillei Parl., in Bullet. soc. bot. France XXXIX. p. 270 (1892).
Freyn J., Muscari Weissii n. sp., in Öst. bot. Zeitschr. 1898 p. 87.
— Fünf bisher unbeschriebene Arten der Mediterranflora, in Flora LXIII. p. 24 (1880).
— Phytographische Notizen, in Flora LXIV. p. 209 (1881).
— Phytographische Notizen insbesondere aus dem Mittelmeergebiete, in Flora LXVII. p. 677 (1884).
— Trifolium xanthinum, eine bisher unbeschriebene Art der griech. Flora, in Bot. Centralbl. I. p. 308 (1880).
— Über neue und bemerkenswerthe orientalische Pflanzenarten, in Bull. de l'herb. Boiss. III. p. 497 et 643 (1895).
— Über neue und bemerkenswerte orientalische Pflanzenarten, in Bull. de l'herb. Boiss. V. p. 579 (1897).
Friedrichsthal E. R., Reise in den südlichen Theilen von Neugriechenland. Leipzig, 1838.
Fritsch C., Beiträge zur Flora der Balkanhalbinsel, in Verh. zool. bot. Ges. Wien 1894 p. 93 et 301, 1895 p. 12.
Frivaldszky E., Succinctae diagnoses specierum plantarum novarum europaeo-turcicarum in catalogo meo occurrentium, in Flora XVIII. p. 331 (1835) et XIX. p. 432 (1836).
Gandoger M., Note sur le Maillea Urvillei Parl., in Bull. soc. bot. France XXXIX. p. 21 et 352 (1892).
Gelmi E., Contribuzione alla flora dell' isola Corfu, in nuovo giornale bot. italiano XXI. p. 446 (1889).
Grisebach A., Spicilegium florae rumelicae et bithynicae Brunsvigae, 1843—44.
Gubernatis A., Mythologie des plantes. Paris, 1882.
Hackel E., Zwei kritische Gräser der griechischen Flora, in Öst. bot. Zeitschr. 1878 p. 189.
Halácsy E., Goniolimon Heldreichii, in Verh. zool. bot. Ges. XXXVI. p. 241 (1886).
— Beitrag zur Flora der Landschaft Doris, in Verh. zool. bot. Ges. XXXVIII. p. 745 (1888).
— Beiträge zur Flora der Balkanhalbinsel, in Öst. bot. Zeitschr. 1890 p. 37 et 114, 1892 p. 368.
— Novitäten aus der Flora Albaniens, in Verh. zool. bot. Ges. XLII. p. 576 (1892).
— Botanische Ergebnisse einer im Auftrage der hoh. kais. Akademie der Wiss. unternommenen Forschungsreise in Griechenland, in Denkschr. der math. naturw. Classe der kais. Akad. Wiss. LXI. (1894).
— Beitrag zur Flora von Griechenland, in Öst. bot. Zeitschr. 1895—96.
— Über eine neue Lonicera aus der Balkanhalbinsel, in Verh. zool. bot. Ges. 1896 p. 473.
— Florula Sporadum, in öst. bot. Zeitschr. 1897 p. 60.

Halácsy E., Beitrag zur Flora von Griechenland, in öst. bot. Zeitschr. 1897 p. 128.
— Die bisher bekannten Verbascum-Arten Griechenlands, in Verh. zool. bot. Ges. 1898.
— Die bisher bekannten Centaurea-Arten Griechenlands, in Bull. de l'herb. Boissier 1898.
— Florula Strophadum, in öst. bot. Zeitschr. 1899 p. 24.
— Beitrag zur Flora Griechenlands, in Verh. zool. bot. Ges. 1899 p. 700.
— Eine neue Statice-Art der griechischen Flora, im Allg. bot. Zeitschr. 1899 p. 1.
— Aspidium lonchitiforme, in Verh zool. bot. Ges. 1904.
Hampe E, Correspondenz, in Flora XXV. p. 57 (1842).
— Nachschrift zu dem Berichte über die Spruner'schen Pflanzen, in Flora XXV. p. 127 (1842).
Haussknecht C., Beitrag zur Kenntnis der Arten von Fumaria, in Flora LVI. p. 401 (1873).
— Mittheilungen des bot. Ver. für Gesammt-Thüringen V. p. 85 (1886) et p. 60 (1887).
— Symbolae ad floram graecam, in Mitth. des Thüring. bot. Vereins 1893—1899.
— Bornmüllera (Vesicaria tymphaea), eine neue Gattung aus Griechenland, in Mittheil. thür. bot. Ver. XI. p. 70 (1897).
Hehn V., Die Kulturpflanzen und Hausthiere in ihrem Übergange aus Asien nach Griechenland, Berlin 1870. — Zweite umgearbeitete Auflage, Berlin 1874.
Heldreich Th., Einige Bemerkungen über griechische Arbutus-Arten, in Flora XXVII p. 13 (1844).
— Catalogo delle piante raccolte nel Peloponneso nell' anno 1844, in Giorn. bot. ital. 1846.
— Über die neue arcadische Tanne (Abies reginae Amaliae), in Gartenflora 1860.
— Descriptio specierum novarum, in appendice ad catalog. sem. horti bot. Atheniensis 1860.
— Zur Kenntniss der griechischen Tannen, in Gartenflora 1861.
— Über Pflanzen der griechischen, insbesondere der attischen Flora, in Gartenflora 1861.
— Tulipa Orphanidea Bois. und die Tulpen Griechenlands, in Gartenflora 1862.
— Die Nutzpflanzen Griechenlands. Athen 1862.
— Glaucium Serpieri, in Gartenflora 1873 p. 323.
— Tulipa Hageri, eine neue Tulpenart der griechischen Flora, in Gartenflora 1873.
— Sertulum plantarum novarum vel minus cognitarum flore Hellenicae, in atti del congresso internazionale botanico in Firenze tenuto nel mese di Maggio 1874 (1876).
— Asperula Baenitzii, in Verh. bot. Ver. Brandenb. 1876 p. 131.
— Pflanzengeographische Notizen über drei neue Arten der europäischen Flora, in öst bot. Zeitschr. 1877 p. 156.
— Die Pflanzen der attischen Ebene, in Mommsen Griechische Jahreszeiten V. Schleswig 1877.
— Catalogus systematicus herbarii Th Orphanidis. Florentiae, 1877.
— Zwei neue Pflanzenarten der jonischen Inseln, in öst. bot. Zeitschr. 1878 p. 50.
— Über Silene Ungeri Fenzl, in Öst. bot. Zeitschr. 1878 p. 27.
— Über die Liliaceen-Gattung Leopoldia. Moskau 1878.
— Beiträge zur Kenntniss des Vaterlandes der Rosskastanie, des Nussbaumes und der Buche, in bot. Ver. Prov. Brandenburg XXI. (1879).
— Eine insektenfressende Pflanze der griechischen Flora, in Öst. bot. Zeitschr. 1879 p. 295.
— Teucrium Halacsyanum n. sp., in Öst. bot Zeitschr. 1879 p. 241.
— Beitrag zur Flora von Epirus, in Bot. Ver. Brandenburg 1879 p. 61.
— Una planta insectivora en Grecia, in cronica cientifica por Raf. Roig y Torres, Barcelona 1879
— L'Attique au point de vue des caractères de sa végétation, in Congr. internat. de bot. et horticult. Paris 1888.
— Stachys Spreitzenhoferi n. sp., in Öst. bot. Zeitschr. 1880 p. 344.
— Musinitza, eine Idylle vom Korax, in M. Deffner Archiv für mittel- u. neugriech. Philologie, Athen 1880.

Heldreich Th., Der Asphodelos, ein griechisches Pflanzenbild, in C. Bolle, Deutscher Garten 1881.
— Die Ferulastaude, in Verh. bot. Ver. Brandenb. 1881 p. 21.
— Ein Homerischer Pflanzenname, in Bot. Centralbl 1881.
— Nachträgliches über das wilde Vorkommen der Rosskastanie, in Bot. Ver. Brandenb. 1882.
— Flore de l'Ile de Cephalonie. Lausanne, 1883.
— Bericht über die botan. Ergebnisse einer Bereisung Thessaliens, in Sitzungsber. der kön. preuß. Akad. Wiss. VI. 1883 p. 155.
— Peri Hyoskyamou, in Periodikon Pharmakeutikes Hetaireias, 1884.
— Bemerkungen über die Gattung Mandragora und Beschreibung einer neuen Art, in Mittheil. bot. Ver. Thüringen 1886 p. 75.
— Die Malabaila-Arten der griechischen Flora, in Öst. bot. Zeitschr. 1888 p. 241.
— Centranthus Sieberi et Leopoldia Spreitzenhoferi, in Osterm. Beitr. zur Flora von Kreta, in Verh. zool. bot. Ges. 1890.
— Über Campanula anchusiflora und C. tomentosa der griechischen Flora, in Bot. Centralblatt 1890 p. 209.
— Note sur une nouvelle espèce de Centaurea, iu Bull. soc. bot. France 1890 p. 242.
— Note sur une varieté nouvelle ou peu connue de Lentille, in revue scienc. nat. appliqu. 1890.
— Chloris tou Parnassou, in Parnassos 1890.
— Chloris tou Peliou, in Palingenesia 1891.
— Les Onagrariées de la flore Grecque, in Monde de plantes, 1894.
- Chloris Homerike, Athen 1896.
— Flore de l'Ile de l'Egine, in bull. herb. Boissier 1898.
— Ergebnisse einer bot. Exkursion auf die Cycladen, in Öst. bot. Zeitschr. 1898 p. 182.
— Chloris tes Theras, in Parnassos 1899.
— Die Flora von Thera, in Hiller von Gaertingen Thera, Berlin 1899.
— Une Graminée de l'Atlas retrouvée sur le mont Taygète en Grèce, in bull. internat. acad. geogr. bot. 1899 n. 117.
— Peri ton phyton ton parechonton to Hellenikon Tsai, Athen. 1900.
— Symbolai pros syntaxin chloridos tou Kykladou, in Parnassos 1901.
— Prosthekai eis ten Chlorida tes Theras, Athen. 1901.
— Un nouveau Myosurus, in Bull. acad. internat. de géogr. bot. 1902.
Hildebrand F., Über Cyclamen Pentelici n. sp., in Engl. bot. Jahrb. XVIII. (1894).
— Zur Benennung der Cyclamen-Arten, in Engl. bot. Jahrb. XXI. (1896).
Janka V., Bemerkungen zu Boissier's Flora orientalis, in Öst. bot. Zeitschr. 1870 p. 111.
— Iris humilis, in öst. bot. Zeitschr. 1868 p. 376.
— Megjegyzések Boissier Flora orientalisának ötödik kötetének elsö füzetéhez, in Magy. növényt. lapok. VI. p. 113 (1882); idem második füzetéhez l. c. VIII. p. 81 (1884).
— Adnotationes botanicae, in Magy. növenyt. lapok. X. p. 146 (1886).
Jaubert et Spach E., Illustrationes plantarum orientalium. Paris 1842—57.
Keissler C., Über eine neue Daphne-Art, in Verh. zool. bot. Ges. 1896 p. 214.
Koch K., Die Bäume und Sträucher des alten Griechenlands, Stuttgart, 1879; II. Auflage. Berlin 1884.
Körnicke F., Beiträge zur Kenntniss der Gattung Crocus, in Flora XXXIX. p. 465 (1856).
Landerer X., Über die in Griechenland vorkommenden Arzneipflanzen, in Flora XXXIX. p. 305 (1856).
— Botanische Notizen aus Griechenland, in Flora XXXIX. p. 449, 647 et 753 (1856).
— Botanische Notizen aus Griechenland, in Flora XL. p. 128 (1857).
— Über die Forstgewächse in Griechenland, in Flora XL. p. 385 (1857).
— Zusammenstellung der am Meeresstrande in Griechenland sich findenden Pflanzen, in Flora XLII. p. 516 (1859).

Langkavel B, Botanik der späteren Griechen. Berlin, 1866.
Lenz H. O., Botanik der alten Griechen und Römer. Gotha, 1859.
Link H. Fr., Symbolae ad floram graecam, in Linnaea IX. p. 128 (1834).
Margot H. et *Reuter J. G.*, Essai d'une flore de l'île de Zante. 1838.
Murr J., Die Pflanzenwelt in der griechischen Mythologie. Innsbruck, 1890.
Olivier G. A., Voyage dans l'empire ottoman. Paris 1801—4.
Orphanides Th., Enumeratio chloridis Hellenicae. Athen 1866.
— Sur l'état actuel de la flore grecque, in actes du congrès international de botanique tenu à Paris en août 1867.
— Sur les caractères spécifiques du genre Colchicum et sur quelques espèces nouvellement découvertes en Grèce, in atti del congresso internationale botanico tenuto in Firenze nel mese di Maggio 1874 p. 27. Firenze 1876.
— Piante nuove et rare di Grecia, in atti del congresso internationale botanico tenuto in Firenze nel mese di Maggio 1874 p. 214. Firenze 1876.
Ostermeyer F., Beitrag zur Flora der jonischen Inseln, in Verh. zool. bot. Ges. XXXVII. p. 651 (1887).
— Beitrag zur Flora von Kreta, in Verh. zool. bot. Ges. XL. p. 291 (1890).
Partsch J., Bericht über die wissenschaftlichen Ergebnisse seiner Reisen auf den Inseln des jonischen Meeres, in Sitzungsb. der kön. preuss. Akad. Wiss. Berlin 1886 p. 615.
Philippson A., Der Wald in Griechenland, in Naturwiss. Wochenschr. 1890 p. 334.
— Über das Vorkommen der Rosskastanie und der Buche in Nordgriechenland, in Naturwiss. Wochenschr. IX. n. 35 (1894).
— Zur Vegetationskarte des Peloponnes, in Petermanns geogr. Mitteil. XII. 1895.
Pieri M. T., Della corciresa flora centuria prima, seconda e terza. Corfu, 1814.
— Flora Corcirensis. Corcirae, 1824.
Poniropoulos E. J., Trois familles de la flore hellenique et énumeration des plantes ligneuses de la Grèce, in Bull. soc. bot. France XXXVI. (1889).
Prillieux A. et *Du Bois*, Les plantes alimentaires spontanées en Grèce, in Rev. sc. nat. appliquées 1890.
Raulin V., Description physique de l'île de Crète. Paris, 1869.
Rechinger C., Über einen neuen hybriden Rumex aus Griechenland, in Verh. zool. bot. Ges. 1899.
Rouy M. G., Notes sur la géographie botanique de l'Europe, in bull. soc. bot. France XXXV. p. 32 (1888).
— Illustrationes plantarum Europae rariorum Paris 1895.
Scheele A., Beiträge zur deutschen und schweizerischen Flora, in Flora XXVI. p. 557 (1843).
Schenk A., Genera et species cyperacearum, quae in regno Graeco, Archipelago et in insulis Jonicis, nec non in insula Creta crescentes hucusque notae sunt. Monachii, 1841.
Schmidt J. F. J., Geographie von Griechenland. Athen, 1860.
Schultz C. H., Notiz über einige neue und wenig bekannte Compositae, welche Herr Dr. Fraas in Griechenland gesammelt hat, in Flora XXV., Beibl. p. 158 (1842).
— Correspondenz in Flora XXV. p. 172 (1842).
Schultz F. W., Andeutungen zur Kenntniss einiger Orobanchen Griechenlands, in Flora XXIV. p. 125 (1843).
— Nachträgliche Bemerkungen zu meinen Andeutungen, in Flora XXVIII. p. 737 (1845).
Sibthorp J. et *Smith J. E.*, Florae graecae prodromus. Londini, 1806—1813.
— Flora graeca. Londini, 1806—40.
Sieber F. G., Correspondenz in Flora I. p. 269 (1818).
— Avis des plantes. Prag, 1821.
— Neue und seltene Gewächse, in Flora V. p. 241 (1822).
— Berichtigungen des Sieber'schen cretischen Herbariums, in Flora VI. p. 593 (1822).
— Bemerkungen über Cenchrus frutescens L, Eryngium trifolium Alp. und Campanula pelviformis Lam., in Flora V. p. 14 (1822).

Sieber F. G., Reise nach der Insel Creta. Leipzig und Soran, 1823.
— Recension über Sieber's Reise nach der Insel Creta, in Flora VI. p. 593 (1823).
Sonnini, Voyage en Grèce et au Turquie. Paris 1801.
Spreitzenhofer G. C, Beitrag zur Flora der jonischen Inseln, in Verh. zool. bot. Ges. XXVII. p. 711 (1877).
Spruner W., Verzeichniss griechischer Pflanzen, in Flora XXII., Intelligenzbl. 2 p. 24 (1839).
Spruner W., Correspondenz in Flora 1842 p. 636.
Stefani C., Forsyth Major C. J. et Barbey W., Samos. Bale, Genève, Lyon, 1892.
Sternberg, Systematische Bestimmung derjenigen Pflanzen, welche in Tournefort's Reisen nach dem Oriente abgebildet sind, in Botan. Zeitung (Regensburg) VII. p. 313 (1807).
Tausch J. F., Bemerkungen über Anchusa angustifolia und einige minder bekannte Arten, in Flora VII. p. 225 (1824).
— Bemerkungen über einige Arten der Gattung Paeonia, in Flora XI. p. 81 (1828).
— Botanische Bemerkungen, in Flora XII. p. 9 et 65 (1829).
— Bemerkungen über Lavatera, in Flora XII. p. 177 (1829).
— Bemerkungen über Acer, in Flora XII. p. 550 (1829).
— Botanische Beobachtungen, in Flora XII. p. 641 (1829), XIII. p. 241 (1830), XIV. p. 641 (1831).
— Bemerkungen über Galium und einige verwandte Gattungen, in Flora XVIII. p. 337 (1835).
Tenore, Annotazioni alla flora graeca, estratto dal n. 2 del rendiconto della reale accad. della scienze.
Terraciano A., Specie rare e critiche di Geranii italiani, in Malpighia IV. p. 193 (1890).
Tommasini, Über die griechischen Pflanzen des Hrn. Wilhelm v. Spruner, in Flora XXIII. p. 728 (1840).
Tournefort J. P., Institutiones rei herbariae. Parisiis, 1700.
— Corollarium institutionum rei herbarii. Parisiis, 1703.
— Relation d'un voyage au Levant. Amsterdam, 1718.
Unger Fr., Wissenschaftliche Ergebnisse einer Reise in Griechenland und in den jonischen Inseln. Wien, 1862.
Visiani R., Illustrazione di alcune piante della Grecia e dell' Asia minore, in memorie dell' J. R istituto veneto di scienze lettere ed arti, I. (1842).
Vogel J. R. Th., Bemerkungen über einige Arten aus den Gattungen Thymus und Origanum, in Linnaea XV. p. 74 (1841).
Walpole, Plants of Greece from Dr. Sibthorp's papers. London. 1818.
Weiss M. E., Eine neue Kugeldistel-Art, in Verh. zool. bot. Ges. XVIII. p. 433 (1868).
— Beiträge zur Flora von Griechenland und Creta, in Verh. zool. bot. Ges. 1869 p. 37 et 741.
Wettstein R., Isoetes Heldreichii, in Verh. zool. bot. Ges. XXXVI. p. 239 (1886).
— Globulariaceen-Studien, in bull. de l'herb. Boiss. III. p. 271 (1895).
Anonymus, Über die botanischen Untersuchungen, welche in Griechenland seit der Ankunft des Königs Otto I. gemacht worden sind, in Flora XLII. p. 283 (1859).

Introductio.

I. De finibus regionis tractandae.

Fines regionis, de qua in hoc libro agimus, complectuntur regnum, quod nunc est, Graeciae atque eam partem Epiri et Cretae, quam Turci obtinent. Quae regio, ob cuius natura nunc agamus, septemtriones versus Albaniae et Macedoniae finitima est; dividitur in tres partes satis disiunctas, quarum prima **Epirum** et **Thessaliam** et eam regionem continet, quae ab his provinciis occidentem versus sinu Ambracio (de Arta), orientem versus sinu Maliaco (de Lamia) seclusa, **media Graecia** sive **Hellas** nominatur, quae regio has continet provincias: **Acarnaniam, Aetoliam, Doridem, Phocidem, Locridem, Boeotiam. Atticam;** altera pars **Peloponnesum** cum Graecia media isthmo Corinthio cohaerentem complectitur, cuius provinciae hae sunt: **Elis, Achaia, Corinthus, Argolis, Arcadia, Messenia, Laconia;** tertia pars insulas continet, quarum in mari Jonico sitae sunt haec: **Corcyra, Leukas** sive **Santa Maura, Ithaca, Cephalonia, Zacynthus**, quibus insulis nonnullae insulae minores aggregantur, ut ab insula Corfu aquilonis partes versus **Erikusa, Fano, Mathrathi,** ab eadem insula meridiem versus **Paxos** et **Antipaxos**, deinde insula inter continentem altera ex parte, altera ex parte Leucadem et Ithacam sitae, ex quibus imprimis commemorandae sunt **Echinades**, denique **Strophades**, quae ab insula Zacyntho meridiem versus sitae sunt; deinde insulas a Peloponneso meridiem versus sitas ut **Sapiensam, Schiram, Elaphonisos, Cytheram** sive **Cerigo, Anticytheram** sive **Cerigotto**, quarum maxima est **Creta,** quae ipsa nonnullis insulis minoribus circumdatur; denique insulas in mari Aegaeo sitas, quae sunt: **Sporades, Euboea,** cui **Petali** insulae adnum erandae sunt, **Pharmacusae, Salamis, Aegina, Hydra, Spetsai, Cyclades,** in quibus **Andros, Tenos, Keos** sive **Cea, Kythnos** sive **Thermia, Syra, Delos, Mykonos, Piperi, Seriphos, Seriphopulos, Siphnos, Antiparos, Paros, Naxos, Makaria, Denusa, Eremomelos, Melos, Kimolos, Polynos, Pholegandros, Kardiotissa, Sikinos, Jos, Herakleia, Schoinussa, Kuphonesos, Karos, Amorgos, Therasia, Thera** sive **Santorin, Anaphe,** cum nonnullis scogliis.

II. De terrae formatione:

Quod ad terrae formationem pertinet, Graecia tota fere montuosa est. Tractus montium Epiroticorum, qui cohaerent cum montibus Albanis, omnino a regione inter septemtriones et occasum solis spectante ad regionem inter meridiem et ortum solis spectantem porriguntur; quorum montium summi aequore maris plus 2000 m. altiores eminent, ut **Smolika** m. (2570 m.), **Peristeri** (2290 m.), **Kakardista** (2320 m.), **Strungula** (2018 m.), **Tsumerka** (2336 m). Parallelo fere ordine in parte Thessaliae occidentem versus sita **Pindi** tractus pertinet, cuius multa cacumina usque ad 2000 m., nonnulla altius eminent ut **Karava** mons (2124 m.), **Butsikaki** (2156 m.), **Turnara** (1168 m.). A quibus montibus continuis iugis conjunctis orientem versus Macedoniam finientes **Oxya** et **Chassia** montes initium capiunt, quorum summa cacumina **Mitritza** (1347 m.) et **Phlamburo** (1207 m.) sunt. Cuius tractus in fine notus ille **Olympus** (2985 m.), altissimus Graeciae mons, eminet, a quo Tempe valle Penei flumine vi atque impetu erosa divisi montes perpetuis iugis conjuncti ad regionem inter ortum solis et meridiem spectantem versus per Magnesiam peninsulam pertinent, qui campum Thessaliae atque colles a mari disjungunt; in quibus **Ossa** sive **Kissavos** (1955 m.) mons arduus, et dorsum illud **Pelionis** sive **Plessidi** (1618 m.) montis longe porrectum. Quibus cum tractibus montium Epiroticorum atque Thessalicorum ad regionem inter orientem et meridiem spectantem atque meridiem versus Arcananiae montes cohaerent, quorum altissimi **Hypsili Koriphi** (1590 m.) et **Bumisto** (1581 m.) montes sunt, deinde Aetoliae mons **Arapokephalon** (1927 m.) atque pulcherrimi illi **Chalkis** sive **Varassova** (917 m.) et **Taphiassos** sive **Klokova** (1041 m.) montes, qui in sinum Patrensem praerumpuntur. A Pindo ipso meridiem versus porriguntur **Thymphrestus** sive **Veluchi** (2319 m.), **Kaliakuda** (2104 m.), **Oxya** (1927 m.) montes, quibus orientem versus ad sinum Lamiacum porrecti applicantur **Othrys** (1728 m.) et **Oeta** (2152 m.) montes, qui Sperchei valle disjunguntur. Ab Oeta monte meridiem versus siti sunt **Korax** (2352 m) et **Vardusia** (2495 m.) montes, a Vardusia monte inter ortum brumalem et meridiem spectans **Kiona** sive **Ghiona** (2512 m.) in provincia Doride situs, a quo valle Amphissana **Parnassus** (2459 m.) mons ille Musis sacer dividitur, cuius culmina altissima **Liakura** et **Gerontovrachos** montes sunt. A quo monte orientem versus **Helicon** (1749 m.) atque **Cithaeron** (1411 m.) montes porriguntur, deinde **Pateras** (1092 m.), mons, qui, ipse iam in septemtrionali Isthmi parte situs, meridiem versus **Geranion** (1370 m.) promittit, denique montes Attici, in quibus **Parnes** sive **Ozia** (1313 m.), **Pentelicon** sive **Mendeli** (1100 m.), marmore ille uberrimus mons, **Hymettus** (1027 m.).

Peloponnesus, quoque, quae cum mori folio forma similis sit, medio aevo, Morea appellata est, montibus nonnullis in diversas regiones spectantes impletur. Arcadiae regio montana in media Peloponneso sita atque 660 m. aequore maris altior, in qua **Hagios Elias** mons (1981 m.)

altissimus est, undique saltibus altis cingitur, qui septemtrionali in parte plus 2000 m. aequore maris altiores sunt; qua in parte commemorandi sunt **Panachaicon** sive **Voidia** (1927 m.) mons ad Patras situs, a quo meridiem versus **Olenos** sive **Erymanthos** (2214 m.), orientem versus **Chelmos** sive **Aroania** (2355 m.) mons situs est,. Aroania valle a **Kyllene** monte (2374 m.) divisus. Montes ab Arcadia occidentem versus sitae omnino humiliores sunt, ut **Santomeri** (1016 m.), **Diaphorti** sive **Lykaion** (1588 m.) apud Andrizenam situs, **Ithome** (802 m.), **Hagia Varvara** (1220 m.), **Lykodimo** mons in Messenia situs. In meridionali parte **Taygeti** sive **Pentadactyli** dorsum per Laconiam porrigitur, cuius summus mons **Hagios Elias** est, qui saltus in Maina peninsula **Tainarone** sive **Matapanio** promontorio finitur, quod totius Graeciae continentis maxime ad meridiem porrigitur. In orientali parte orientem versus **Koelossa** (1210 m.), **Titane** (1211 m.), **Opesa** (873 m.) montes porriguntur et **Onion** (1580 m.), qui ab Acrocorintho meridiem versus situs est; meridiem versus montes Argolici, Cynurici, Epidaurici, in quibus **Oliertus** sive **Skipiesa** (1930 m.), **Lykaeon** sive **Megalovuni** (1270 m.), **Trachys** sive **Kerumbalo** (1809 m.), **Artemision** (1772 m.), **Kreopoles** sive **Ktenas** (1599 m.), **Parthenion** (1217 m.), **Parnon** sive **Malevo** (1937 m.), **Kulochera** (1121 m.), **Madara** (1263 m.), **Zavitza** (973 m.), **Krithina** (593 m.).

Montes quoque spectabiles in insulis Jonicis inveniuntur, ut in insula Corfu **Pantokrator** sive **San Salvatore** (911 m.) mons; in Leucade insula **Meganoros** (1036 m.), **Elati** (1159 m.), **Stavrotas** (1180 m.) montes; in Cephalonia **Aenos** (1036 m.) mons; in Zacyntho **Gyri** (756 m.) mons. — Magni montium tractus, qui cum montibus Magnesinae peninsulae quasi cohaerent, Euboeam insulam implent, in quibus **Kandili** mons in fretum Euboeum praeruptus, cuius culmen altissimum **Kurublia** (1209 m.) est; a quo monte orientem versus **Pyxaria** (1352 m.) et **Gerakovuni** (1197 m.) montes; **Dirphys** sive **Delphi** (1745 m.), altissimus totius insulae mons; a quo meridiem versus **Olympos** mons (1175 m.) situs est; denique **Ocha** sive **Hagios Elias** (1475 m.) mons, in parte insulae maxime ad meridiem spectante situs. Neque Sporadum neque Cycladum insularum montes aequore maris 1000 m. altiores sunt.

Cretae insulae montes in quatuor partes divisi sunt, quarum prima occidentem versus sita **sphatioticis** sive **albis** montibus continetur, in quibus **Apopigari** (1388 m.), **Volakia** (2100 m.), **Mavri** (2104 m.), **Hagion Pneuma** (2300 m.), **Hagios Theodoros** (2375 m.) montes; altera pars in media insula sita **Psiloriti** montibus, in quibus **Ida** (2498 m.) mons, a quo meridiem versus **Kedros** (1802 m.) mons Platypotami valle disiungitur; tertia pars **Lassiti** montibus, in quibus **Aphendi Sarakinos** (1592 m.), **Aphendi Kristos** (2155 m.), **Tsilero** (1583 m.) montes; denique in parte maxime orientem versus spectante **Aphendi Kavutsi** (1472 m.) mons.

Si loca demissa in litoribus sita neglexeris, in Graecia planities non invenias nisi Thessalicam, Boeoticam, Atticam.

III. De irrigatione.

Graecia plurimis fluminibus irrigatur, quorum plurimorum cursus brevis est, quare aestate saepe prorsus exsiccantur.

In montibus Epiri septemtrionalibus, a quibus flumina in Albaniam divertuntur, haec flumina originem habent, quae in regionem inter meridiem et occidentem spectantem recta in fretum inter Corcyram insulam et continentem sitam influunt: **Kalesiotis** flumen, quod, postquam **Bistricam** in se recepit, in **Butrinto** lacum influit; a quo meridiem versus **Pavla** et **Thyamis** sive **Kalamas** flumina quae inter Corcyram insulam et continentem influunt. Pars insulae contrarium **Acheron** flumen influit, postquam paullo ante cum **Cocyto** fl. se coniunxit, in quod ipsum **Margarition** fl. influit. In sinum Ambracicum **Luros** et **Arachthos** flumina influunt. In Peristeri montibus, **Achelous** sive **Aspropotamos**, unum ex maximis Graeciae fluminibus, oritur, qui in meridiem rectus Pindi valles et occidentalem Aetoliae partem perfluit atque multis minoribus fluminibus receptis in regione a Missolunghi occidentem versus sita in mare influit; qua ab urbe orientem versus **Evenos** sive **Phidaris**, quod flumen multo breviore cursu est, in sinum Patranum se praecipitat. In Lakmone sive Zygo monte, qui in Pindo septemtrionali situs est, apud Malakasi **Peneios** sive **Salambria** fluvius oritur, qui, postquam magno flexu planitiem Thessalicam perfluxit, Olympo et Ossa montibus in angustias compulsus per Tempe vallem in mare se praecipitat; cuius fluminis sinistram in ripam **Georgitrias** fluvius, qui ex montibus in finibus Macedoniae sitis originem capit, **Murgan, Trikalinos, Xerias** fluvii, in dexteram ripam cum **Kastaniotikos** tum **Enipeus**, qui ipse multos fluvios recipit, influunt. Vallis angusta, quae inter Othrym et Oetam montem sita est, **Sperchio** flumine perfluitur, quod Thermopylas praeter fluens in sinum Lamianum influit. In latere Parnassi septemtrionales versus sito **Mavropotamos** sive **Cepissus Boeoticus** originem capit, qui multis fluviis auctus in **lacum Copaidem** influit. In Boeotia quoque **Ismeno** et **Dirce** fluviis lacus **Hylike** sive **Lykeri** parvus fit. Planitiem Atticam **Cephissus** flumen perfluit, quod ex Parnethe et Pentelico montibus ortum **Ilysso** fl. recepto apud Phaleron in mare se praecipitat.

Multi fluvii parvi in tractibus montium in septemtrionali Peleponnesi parte sita originem capiunt atque in sinum Corinthiacum influunt. Quibus maior **Peneius** fluvius, qui Zacyntho insulae contrarius in mare jonicum influit; a quo meridiem versus **Alpheus** sive **Ruphias**, ex Arcadiae montibus ortus influit, porro meridiem versus **Buni** sive **Neda** fl., qui ex Diaphorti monte oritur. Messeniae maximum flumen **Pamisus** sive **Pirnatza** est, quod in sinum Messenicum influit. Haud longe ab Alphei fontibus **Eurotae** sive **Iri** origo distat, qui Spartam praeterfluens inter tractus Taygeti et Malevo montium receptis multis fluviis ex his montibus ortis in sinum Marathonisinum influit. Pauper fluminum orientalis Peloponnesi pars est, in qua **Inachus** solus apud Argos fluens commemoratione dignus est.

Insularum fluvios brevi cursu esse ex rerum natura ipsa intelligitur. Multi fluvii non nisi in Creta inveniuntur, quorum plurimi torrentes sunt; aliqua magnitudine hi soli fluvii sunt: in litore septemtrionali **Mylopotamus**, in litore meridionali **Platypotamos, Hyerapotamos, Anapodharis**.

Lacus in Graecia non multi iique parvi sunt: in Epiro **Butrinto** et **Risa** lacus, lacus **Acherusia** seu **Janissaeus, Logaru** lacus, apud sinum Ambracium situs; in Thessalia **Nezeros** lacus in radicibus Olympi situs, lacus eiusdem nominis in Othrys monte situs, **Karla** lacus a Larissa meridiem versus situs; in Acarnania: **Vulcharia** l., lacus apud **Ampelakion** situs, **Ambrakia** lacus, quocum angustiis, quibus pons impositus est, **Rivios** lacus coniungitur, **Ozeros** l., lacus apud **Angelocastron** situs, **Agrinion** sive **Trichonis** lacus; in Boeotia: **Copais** sive **Topolia** lacus, **Lykeri** sive **Hylike** l., **Para** sive **Harma** l.; in Peloponnesi occidentali parte: lacus apud **Kunupeli** situs, **Lechaena** et **Kotiki** l. in Elide siti, **Muria** et **Agulinitza** lacus in Messenia siti; denique lacus nonnulli media in Achaia apud Sudena siti, **Phonia** l. in Aroania valle situs, lacus **Stymphalicus**; nonnulli parvi lacus etiam in Corcyra et Creta insulis siti sunt

Loca demissa atque palustria, quae nonnullis in regionibus lacuum munere funguntur, imprimis in litoribus inveniuntur, ut (ne minora adferam): in meridionali parte Epiri et Aetoliae, in Thessalia in ore Penei; deinde commemoratione digna sunt: palus apud **Karacair** prope Larissam sita, loca demissa apud sinum Pagasaeum sita, Topolia lacus paludes, loca demissa in litoribus Atticae, Argolidis, Elidis, in ore Eurotae apud Helos sita.

IV. De humi structura.

Continentis Graeci atque insularum finitimarum humus maxima quidem ex parte e saxis sedimentariis formata est; vulcania saxa raro inveniuntur. Imprimis humus e saxis calcariis exstructa est; praeter ea quoque schisti, margae, saxa arenaria, saxa conglomerata nonnullis in regionibus haud raro inveniuntur. Cuius aetatis haec saxa sint, difficillime decerni potest neque plane constat. Schistos crystallinos, cum omnino vetustissimis saxis adnumerentur, in Graecia quidem plurimi viri docti ex formationibus recentioribus transformatos esse putant; sed nuperrime in saxis calcariis, quae adhuc tertiaria esse putabantur, fossilia formationis triassicae inventa sunt, unde nunc palaeozoicas quoque formationes statuendas viri docti putant.

a) Antiquissima Graeciae saxa **schisti crystallini Cycladum** insularum sunt, qui Epidot, Glaucophon atque micam, talcum continent. Quibuscum saxis invicem marmora inveniuntur. In Creta quoque schisti et calces crystallini sunt.

b) Quibus Cycladum saxis recentiores **schisti** continentis Graeci sunt, in quibus imprimis schisti argillas et micas continentes, saxa silicata, minus saepe schisti cloritici et albidi schisti micas continentes.

His quoque schistis marmora et albida et nigricantia instrata sunt. Talibus ex schistis et marmoribus montes circa Athenas siti compositi sunt ut Hymettus et Pentelicon, deinde meridionalis Atticae et Euboeae partes, regiones apud sinum Pagasaeum sitae. In Peloponneso schisti argillas et micas continentes et saxa silicata inveniuntur in Chelmi montis parte septemtriones versus decliva, in Arcadiae parte meridionali, in Parnon monte, in ambobus Taygeti lateribus, quo loco marmora tam multa sunt, ut Maina peninsula tota fere ex marmoribus nigricantibus exstructa sit.

c) A quibus schistis, **schisti** qui in **Argolide** inveniuntur distinguendi sunt, ex quibus cum saxis arenariis et petrosilicibus squamosis conjunctis inferiores Arachnaeonis montis partes in meridiem spectantes et Aderes mons compositus est; praeterea in regionibus ab 'Isthmo septemtriones versus sitis inveniuntur.

d) **Calcaria saxa**, quae in montibus Graecis inveniuntur, praecipue formationi cretacicae adnumeranda sunt. Cuius formationis fundamentis saxa calcaria propria sunt, quae per Argolidem septemtrionalem pertinent. Ex saxis calcariis formationi cretacicae adnumerandis Oeta mons, Kiona m., Parnassus m., montes circa Copaidem lacum siti, Kythaeron m., Pateras et Parnes m., mediae Euboeae pars, Geraniae pars orientem versus sita, Argolidis pars inter Arachnaeon et Aderes montes sita componuntur. In nonnullis Graeciae partibus calces inveniuntur, quibus Rudistae et Numulitides inclusae sunt, quae fossilia in terris circa mare mediterraneum sitis formationi cretacicae et vetustiori formationis tertiariae aetati propria sunt. Talibus ex saxis calcariis insulae Jonicae atque Acarnaniae et Aetoliae montes compositi sunt, in Peleponneso: Chelmos m., Kyllene m., Maenalos m. apud Tripolim situs, tractus montium media in Arcadia situs, Taygetos m., maxima Laconiae orientalis pars.

e) Haud raro invenitur in Graecia aetatis tertiariae formatio illa, quae in Alpibus „**Flysch**", in Italia „**Macigno**" atque „**Jasello**" nominatur; sunt saxa marnosa et arenaria, quibus calces nummuliticae atque calcaria conglomerata includuntur. Cuius modi strata in Graecia ipsa in Acheloi et Sperchei superioris regione, in Peloponneso in collibus Oleno monti occidentem versus praepositis, in nonnullis Arcadiae et Messeniae partibus, quibus in provinciis minore extensione sunt, inveniuntur.

f) Ex saxis de quibus adhuc egimus, maxima quidem ex parte Graeciae montes, priusquam strata aetatis tertiariae posterioris exstiterunt, formati sunt; in quorum montium rugas atque sinus aetatis tertiariae minoris saxa, quae aut **marnosa arenaria** aut **conglomerata et arenaria** sunt, strata sunt. Quae saxa imprimis in Peleponneso inveniuntur; ex iis partes litoris Corinthii et sinus Patraei meridionales, deinde maxima Elidis pars exstructa est; praeterea quoque in Messenia, in Laconia, in Argolidis ora meridiem versus sita inveniuntur. In media Graecia strata aetatis tertiariae minoris clivosas Locridis, Boeotiae, Atticae, Euboeae partes obtegunt.

g) Recentissimae aetatis in Graecia sunt **strata lutulenta** atque **arenaria** et **rudera** in vallibus fluminum vi aggerata.

h) **Saxa** Graeciae **plutonica** et prioris et recentioris aetatis sunt. In saxis prioris aetatis vulcaniis **granites** saxa nominanda sunt, quae cum schistis Cycladum crystallinis cohaerent (ut in Delo, in Mycono, in Naxo, in Teno insulis), deinde **porpyrites** saxa, quae in schistis continentis Graeci crystallinis inveniuntur (ut apud Krokeas in Laconia, apud Mesorgnio in Chelmo monte, apud Lada in Taygeto), **serpentini** saxa, quae in calcibus cretacicis insita in Argolide, in Megara, in orientali Graeciae mediae parte, multis Euboeae locis inveniuntur. Saxa vulcania minoris aetatis, quae **trachytibus** adnumeranda sunt, in Paro, in Methana, in Aegina insulis atque in nonnullis Cycladum insulis (ut in Antimelo, in Melo, in Kimolo) inveniuntur. Saxa Graeciae plutonica recentissimae aetatis in insula Santorin inveniuntur, ubi eruptionem ante non tam multos annos factam meminimus.

V. De coeli natura.

De coeli Graeci natura adhuc pauca scripta sunt. Indicia, quae a viris doctis speculae astronomicae Atheniensis observata ex M. Chloros libro, qui „die Waldverhältnisse Griechenlands" inscribitur, prolata adferemus, imprimis ad Atticam referanda sunt.

a) **De aëris pondere:** barometri status in aequoris maris altitudinem reductus, si per annum observaveris plus minus 761.9 mm. est; maximus mensibus hibernis (ab Nov. mense usque ad Febr.), mensibus aestivis (a Jun. mense usque ad Aug.) minimus fit.

b) **De aëris temperie:** temperies aëris, si per annum observaveris in Attica quidem plus minus 17.27^0 thermometri Celsiani est; in aliis Graeciae partibus usque ad plus minus 14^0 C. minuitur. Temperies aëris, si ad menses respexeris, plus minus hae sunt: Jan. mense 8.01^0, Febr. m. 8.70^0, Mart. m. 11.32^0, April. m. 15.03^0, Mai. m. 19.96^0, Jun. 24.41^0, Jul. m. 27.00^0, Aug. m. 26.66^0, Sept. m. 23.30^0, Oct. m. 18.77^0, Nov. 14.06^0, Dec. m. 9.97^0. Maxima temperatura, quae adhuc observata est, 40.70^0 C. est, minima -6.60^0 C.

c) **De pluviarum frequentia:** Pluviales dies per annum plus minus 94 observantur, et quidem: Jan. mense 11, Febr. m. 11, Mart. m. 11, Apr. m. 8, Mai. m. 8 (7?), Jun. m. 4, Jul. m. 3, Aug. m. 3, Sept. m. 4, Oct m. 9, Nov. m. 11, Dec. m. 12. Altitudinem pluviae per annum effusae si messus eris, 409 mm. est. Nives per annum plus minus diebus se decidunt atque quidem binis diebus Jan. et Febr. mensibus, singulis diebus Mart. et Dec. mensibus. Tempestates per annum plus minus 19 numerantur, quarum plures Oct. et Nov. mensibus. In summis montium iugis tempestates aestate plurimae sunt, cum quidem Maio mense nives decadant.

d) **De aëris humore** hic numeri singulis mensibus observati sunt: Jan. mense plus minus $72.8^0/_0$, Febr. m. $74.4^0/_0$, Mart. m. $70.4^0/_0$,

Apr. m. 63.7%, Mai. m. 58.8%, Jun. m. 48.3%, Jul. m. 50.5%, Aug. m. 40.3%, Sept. m. 53.0%, Oct. m. 62.6%, Nov. m. 76.7%, Dez. m. 77.9%. Quibus ex numeris aestate magnam esse siccitatem intelligitur.

e) **Quantum aquae evanescat.** Copia aquae per annum evanescentis plus minus 2.267 m. est, quae copia quinties tanta amplior est, quam quanto pluviis decidit, unde Graeciam aquarum inopem esse intelligitur. Cum dies non nubiles per annum 180 numerentur, magnam aquarum copiam evanescere facile intelligitur, praesertim si magnam humi temperiem respexeris, quae per singulos menses observatus plus minus haec est: Jan. m. 34.6^0 C., Febr. m. 28.0^0, Mart. m. 41.8^0, April. m. 50.3^0, Mai. m. 53.3^0, Jun. m. 61.0^0, Jul. m. 59.8^0, Aug. m. 64.0^0, Sept. m. 58.9^0, Oct. m. 49.3^0, Nov. m. 34.5^0, Dec. m. 29.0^0. Maximi humi temperies, quae omnino per menses observantur hae sunt: Jan. m. 47.6^0 C., Febr. m. 35.8^0, Mart. m. 51.5^0, Apr. m. 62.7^0, Mai. m. 59.3^0, Jun. m. 67.9^0, Jul. m. 68.2^0, Aug. m. 71.7^0, Sept. m. 72.4^0, Oct. m. 61.2^0, Nov. m. 42.1^0, Dec. m. 42.5^0.

f) **De ventis:** Venti pro frequentia per annum enumerati hi sunt: meridionalis-occidentalis: centies duodevicies; septemtrionalis-orientalis: centies novies; meridionalis: quadragiester; occidentalis: tricies semel; septemtrionalis vicies septies; septemtrionalis-occidentalis: vicies; meridionalis-orientalis: undecies; orientalis: sexies. Procellae rarae sunt.

g) **De aquae temperie:** aquae temperies, si in litore 0.50 m. sub aequore maris messus eris, per singulos menses invenies plus minus hos: Jan. m. 16.4^0 C., Febr. m. 14.2^0, Mart. m. 15.6^0, Apr. m. 17.9^0, Mai. m. 20.6^0, Jun. m. 23.1^0, Jul. m. 26.2^0, Aug. m. 26.6^0, Sept. m. 25.0^0, Oct. m. 22.3, Nov. m. 19.3^0, Dec. m. 17.0^0, quibus ex numeris media aequae per annum temperatura 20.3^0 C. efficitur, quae temperatura in maris partibus vadosis, quo venti minus pervenire possunt, usque ad 33^0 C. augetur. Puteorum sive fontium aquae, aquis montanis exceptis, si per annum mensus eris, maiorem temperiem habent, quam quanta media aëris temperatura annalis est.

Qua ex coeli natura Decembrem, Januarium, Februarium menses frigidissimos esse atque temperies grado 0 minores raras neque diuturnas esse intelligitur, quare nivis, signa cadit, plerumque, cum cadit, liquefit atque glacies raro exsistit; deinde temperiem a Martio mense celeriter augeri atque a Maio mense usque ad Septembrem mensem magnam fieri efficitur; denique ab Octobri mense usque ad Martium mensem imbres multos fieri. Quam rem in floram magni momenti esse facile intelligitur; in regione enim inferiore iam Decembri et Januario mensibus herbae florescunt atque flora celerrime crescit usque ad Aprilem et Maium menses, quibus maxima fit; post quos quasi consistit. In locis altius sitis hunc rerum progressum tardiorem esse apparet; in regione vero alpina haec res item se habet atque in mediae Europae Alpibus, ubi Junio et Julio mensibus vegetatio maxima fit.

VI. De vegetatione:

Maxima coeli Graeci varietas locorum, quod ad altitudinem pertinet, magnam quoque vegetationis varietatem efficit; nam cum locis humilioribus imbres aestate rari sint, qua ex causa temperies valde augetur, in locis altius sitis imbres crebri et frigora noctium non raro efficiunt, ut temperies usque ad 4⁰ C. minuatur, quibus ex causis tres regiones quod ad altitudinem pertinet, satis divisae distinguuntur.

a) Regio inferior:

Quae regio, quamquam maxima quidem ex parte litoribus continetur, tamen non parvas regiones mediterraneas comprehendit; complectitur etiam magnis Thessaliae planities mediterraneas, planitiem apud Agrinion in Aetolia sitam, planities Boeotiae, Phocidis, Atticae, Argolidis, Spartae usque ad Helum ed Marathonisi, Mesarae in Creta, magnam plurimarum insularum partem. Formationes in hac regione imprimis inveniuntur hae: α. **Formatio herbarum oriarum ammophilarum**, in qua imprimis: *Hypecoum, Wilckia flexuosa, Cakile, Silene colorata, Medicago marina, Eryngium maritimum, Anthemis tomentosa* et *peregrina, Cionura, Echium arenarium*, nonnulla *Verbasci* et *Statices* species, *Salsola, Polygonum maritimum, Pancratium, Cyperus Kalli*, aliaeque herbae. β. **Formatio locorum demissorum et palustrium in litoribus sitorum (halipeda)** priori formatione arte coniuncta, qua multa genera herbarum et fruticum comprehenduntur, ut *Lepidium graminifolium, Erucaria, Frankenia, Spergulariae, Linum maritimum, Lavatera cretica, Athaea officinalis, Melilotus, Trifolia, Alhagi, Oenanthe, Eryngium creticum, Bupleurum semicompositum* et *Marschallianum, Galium elongatum* et *constrictum, Scabiosa maritima, Aster tripolium, Bellis annua, Cardopatium, Carlina lanata, Cirsium siculum, Tragopogon longifolius, Cynanchum acutum, Erythraea tenuiflora* et *maritima, Cressa, Heliotropium supinum, Teucrium scordioides, Statice sinuata* et *limonium, Plumbago, Plantago crassifolia, Beta, Atriplex, Arthromemum, Suaeda, Salicornia, Euphorbia pubescens* et *stricta, Typha angustifolia, Orchis laxiflora, Narcissus serotinus, Iris monophylla, Asphodelus, Erythraea maritima, Triglochin Barrelieri, Juncus, Carex divisa, Alopecurus utriculatus, Oryzopsis miliacea, Agrostis alba, Phragmites, Hordeum maritimum*; frutices quoque ut *Tamarix, Lycium*. Talia halipeda imprimis in sinu Ambracio, apud Missolunghi, in sinu Pagasaeo, in sinu Maliaco, in Phalero apud Athenas, in litore Elidis et Argolidis, in ore fl. Eurotas inveniuntur. γ. **Formatio campi inculti**, quae agros incultos, novales, campos comprehendit, in qua maxima ex parte cardua, ut *Echinops graecus, Notobasis, Scolymus, Onopordon, Kentrophyllum*. Quarum herbarum nonnullae species quibusdam locis magnas regiones implent, ut *Echinus graecus* in planitie Attica, *Hypericum crispum, Eryngium creticum, Ammi visnaga, Scolynus hispanicus*, quae herbae exempli causa per magnas planities

Thessaliae partes diffusae his regionibus vel flavum vel caeruleum vel album colorem afferunt ita, ut satae esse videantur. δ. **Formatio suffruticum humilium** sive **Phryganorum**, in qua nonnulla *Cisti genera, Genista acanthoclada, Anthyllis Hermanniae, Poterium spinosum, Phlomis fruticosa, Satureia thymbra, Thymus capitatus, Globularia alypum, Thymelaea hirsuta* et *tartonraira, Euphorbia acanthothamnos,* quae huius formationis species gravissimae sunt, et multa herbarum tenerarum atque suffruticum genera, quae illorum quasi tutela contra solis ardorem atque alia incommoda utuntur. Nonnullis locis haec formatio una fere specie sola continetur, cuius herbae singulae innumerabiles sunt ut in planitie Attica *Thymus capitatus*, in collibus apud Kravassaras et Arta sitis *Phlomis fruticosa*. Qui colles hac formatione obtecti ab incolis **Xerovuna** nominati tota in terra (saepe) inveniuntur. Quae formatio nonnullis locis usque ad regiones 60—1000 m. aequore maris altiores invenitur ut in Pentelico atque Hymetto montibus in Attica, in Euboea, in Ithome monte Messeniae. ε. **Formatio fruticum sempervirorum** sive **Macchiorum**, in qua *Myrtus, Arbutus, Erica, Calycotome, Spartium, Rosa sempervirens, Rubus ulmifolius, Pistacia, Ceratonia, Olea, Rhus cotinus, Phyllirea, Cercis, Quercus ilex* et *coccifera, Lonicera etrusca, Juniperus phoenicea, Ruscus aculeatus*, quae species virgulta modo densa efficiunt, sub quibus paucae herbae sunt, modo soluta, sub quibus plurimas herbas ex variis familiis invenias. ζ. **Formatio Oleae.** Incultae oleae, quae virgulta spinosa sunt, totam per terram dispersae, sed singulis locis rarae in Macchiorum aut *quercus cocciferae* formationibus inveniuntur; cultae demum efficiuntur arbores sine spinis, quae in altitudinem 3—7 m. crescunt neque densae sunt; quibus sub oleis cultis similiter atque sub Macchiis herbae humiles sive virgulta *Rubi ulmifolii* singula inveniuntur; coluntur quoque sub iis vites et frumenta. Quae arbores tota in terra inveniuntur; notae sunt propter extensionem olivarum silvae in Phocide apud Amphissam, in Megara, apud Athenas, ubi per totam Cephissi vallem usque ad Pentelicon montem in longitudinem usque ad 15 km. in latitudinem usque ad 2 km. porriguntur. η. **Formatio Quercus cocciferae:** Quercus cocciferae solae fere arbores in hac formatione inveniuntur; 1 m. fere altae atque densae, magnas regiones obtegunt singularem aspectum praebentes. Nam arbores singulae vere mancae sunt, quod sine ulla ratione exciduntur, deinde, quod oves et caprae, quarum greges his in regionibus multi pascuntur, cum meliorem pastum non inveniant, germina quamvis foliis spissa derodunt, quae res, quominus altiores fiant, impedimento est; rem ita se habere inde intelligitur, quod interdum arbores adultae inveniuntur. Virgulta ex quercubus cocciferis composita nonnullis locis magna per spatia pascuis exilibus interrumpuntur, quorum in humo lapidosa vegetatio exigua est. Rarae arbores *Aceri monspessulani, Piri amygdaliformis, Ostryae* aut frutices *Juniperi oxycedri, Phyllireae, Coluteae, Calycotomae* sive *Pistaciae* sunt. Herbae humiles continentur pro altitudine locorum speciebus aut regionis inferioris aut montanae, quin etiam abietinae. Formatio haec usque ad 1000 m. in altitudinem porrigitur. ϑ. **Formatio Pini halepensis,** cuius formationis arbores modo singulae modo ad silvas magnas coniunctae ut in Locride, apud Thebas, in Attica apud Tatoi, in isthmo Corinthiaco, in Argolide apud Sophidikon, in Elide ab litore usque ad 1000 m. in altitudinem porrectae inveniuntur. Virgulta sub iis saepe ex *Genista acanthoclada* composita sunt, vel aliis formationum, de quibus egimus, fruticibus vel semifruticibus. Herbae humiles imprimis ex herbis florae mediterraneae compositae sunt. Nonnullis locis huius formationis loco *P. pineae* formatio invenitur ut apud Marathonem, apud Manolada in Elide, locis inter Alpheum et Nedam sitis. ι. **Formatio Platani,** cuius arbores sunt *Platani orientales*, quibus *Populi* et *Salices* immixtae sunt. Quae arbores, cum locis humidis proveniant, imprimis prope virorum atque fluminum ripas inveniuntur. Virgulta saepe ex *Vitice* vel *Nerio* composita sunt. Platanus usque ad loca 1000 m. aequore maris altiora invenitur, ubi non raro marcescit.

Adnotatio. De agro culto: frumenta in Graecia coluntur imprimis haec: *Hordeum vulgare* et *hexastichum*, *Triticum vulgare*, minus saepe *Secale cereale;* deinde: *Zea mays*, cuius speciei in Tsumerka monte apud Theodorianam in Epiro sito campum iam super finem regionis abietinae vidi, in quo singulae herbae palma non altiores erant; legumina coluntur haec: *Cicer arietinum, Pisum sativum, Ervum lens, Vicia faba, Phaseolus.* Plantae tuberosae coluntur hae: *Solanum tuberosum;* deinde *Gossypium herbaceum, Rubia tinctorum, Nicotiana tabacum,* quae herba optima qualitate in Acarnania esse dicitur. Magna arva vineis implentur, imprimis litus Peleponnesi inter septemtriones et orientem spectans. Olera coluntur haec: nonnulla *Brassicae* species *Raphanus, Sinapis nigra* et *alba, Lactuca sativa, Cichorium endivia, Apium graveolens, Daucus carota, Beta vulgaris, Spinacia, Allium porrum, sativum, cepa, Hibiscus esculentus, Dolichos melanophthalmus, Lycopersicum, Cynara scolymus, Cucurbita pepo, Citrullus vulgaris, Cucumis melo* et *sativus:* arbores pomiferae vel frutices coluntur hae: *Amygdalus communis, Persica vulgaris, Prunus armenia, avium, cerasus, Cydonia. Pyrus communis* et *malus, Eriobotrya japonica. Punica granatum. Juglans regia, Citrigenera* nonnulla, *Ficus, Morus nigra* et *alba, Ribes grossularia* et *rubrum*.

b) Regio montana et subalpina:

Quercum cocciferam in altitudinem usque ad loca 1000 m. aequore maris altiora porrigi iam supra dicimus, qua ex causa saepe regionem montanam ipsam tangit. Aliis locis saltus montani interpositi sunt, post quos demum regio montana initium capit. Propria huic formationi sunt magnae silvae, quarum quatuor genera inter se differentia in Graecia inveniuntur, quare quatuor formationes nobis statuendae sunt: α. **Formatio silvarum mixtarum,** quae nunc quidem in Epiro et in Pindo restare videtur atque in radicibus montium valde diffusa est; cuius formationis arbores inveniuntur hae: *Quercus pubescens, ilex, coccifera, Phyllirea, Cercis, Ulmus, Carpinus duinensis, Ostrya, Platanus Cercis, Fraxinus excelsior, Castanea, Cornus mas, Laurus, Acer pseudoplatanus, Pirus communis*, quibus arboribus saepe usque ad culmina *Clematis* sive *Vitis* se circumvolvit. Ex humo satis pingui multa plantarum genera gignuntur ut *Nigella damascena, Delphinum ajacis, Papaver rhoeas, Lychnis coronaria, Melandrium album, Saponaria calabrica, Dianthus viscidus, Tunica glumacea, Linum liburnicum, Lavatera thuringiaca, Trifolium hirtum, Dorycnium hirsutum* et *pentaphyllum, Hippocrepis comosa, Rubus tomentosus, Geum urbanum, Agrimonia eupatoria, Sedum cepaea, Peucedanum vittijugum, Putoria calabrica, Galium laconicum* et *verum, Pulicaria odora, Cirsium acarna, Lactuca muralis, Crepis setosa* et *Dioscoridis, Cichorium intybus, Campanula ramosissima, Echium italicum, Myosotis silvatica, Cynoglossum Columnae, Prunella laciniata, Phlomis samia, Betonica scardica, Stachys Heldreichii, Ballota nigra, Calamintha clinopodium, Melissa officinalis, Origanum hirtum, Lysimachia punctata, Anagallis caerulea, Polygonum convolvulus* et *aviculare, Thesium Bergeri, Holcus lanatus, Dactylis, Hordeum bulbosum, Juniperus oxycedrus, Ceterach, Pteris aquilina, Adianthum, Asplenium trichomanes* et *onopteris.* Nonnullae huius formationis arborum genera sola silvas efficiunt ut *Fraxinus excelsior* apud Pramanta in Epiro, quercus aestivae in Epiro, Thessalia, in nonnullis locis Achaiae, Elidis, Messeniae (cuius provinciae quercuum silva Kapellis apud Salam in Elide sita maxima est); *Castaneae* in Sperchei valle, in Euboea, in Arcadia, in Ida monte in Creta sito. β. **Formatio Fagi**, quae arbor septemtrionalibus Graeciae regionibus continetur, ubi magnas silvas 900—1800 m. aequore maris sitas componit ut in Pindo, in Oxya et Chassia montibus, in Olympo, Ossa, Pelione montibus. Maxime ad meridiem haec formatio locis porrigitur his: in Prenzesi silva apud Karoplesos in Acarnania sita, in montibus apud Kravara in Naupacto eparchia in Aetolia, in Oxya, qui mons ab Oeta monte occidentem versus porrigitur. Quarum silvarum magnificarum in humo opaca inveniuntur herbae hae: *Arabis crepidipoda, Fragaria vesca, Rubus idaeus, Saxifraga rotundifolia, Epilobium montanum, Galium rotundifolium, Asperula odorata, Lactuca muralis, Hieracium murorum, Lapsana communis, Myosotis silvatica, Atropa, Calamintha grandiflora, Poa nemoralis;* in caedibus arborum: *Dianthus inodorus, Trifolium alpestre, Rubus tomentosus, Artemisia absinthium, Campanula oxya, Digitalis ferruginea, Chaenorrhinum minus, Clinopodium, Urtica dioica, Pteris aquilina;* in marginibus silvarum sparsae: *Acer monspessulanum, Pirus malus, communis, amygdaliformis, Crataegus orientalis.* In locis silvarum apertis luxuriosa formatio pratensis gignitur, in qua imprimis herbae hae: *Veratrum Lobelianum, Pteris aquilina*, quae herba nonnullis locis late perfusa est, *Clematis vitalba, Helianthemum vulgare, Viola Orphanidis*, quacum saepe coniuncta *Urtica dioica* invenitur, *Silene italica* et *Roemeri, Dianthus* *deltoides*, *Linum catharticum*, *Hypericum pindicolum*, *Geranium asphodeloides*, *Medicago falcata* et *lupulina*, *Trifolium arvense* et *Orphanideum*, *Lotus corniculatus*, *Lathyrus pratensis*, *Spiraea filipendula*, *Agrimonia eupatoria*, *Eryngium campestre*, *Bellis perennis*, *Carlina utzka*, *Leontodon hastilis*, *Campanula tymphaea*, *Verbascum adenotrichum*, *Scrofularia Scopolii*, *Calamintha alpina*, *Armeria canescens*, *Chenopodium bonus Henricus*, *Scirpus holoschoenus*, *Trisetum flavescens*, *Dactylis glomerata* etc. γ. **Formatio Pini laricionis**, ex qua silvae amplae in altitudinem 1000—1640 m. (qui finis nondum satis accurate pervestigatus est) componuntur, ut in Pindo, in Tymphresto, in Oeta, in Parnasso, Graeciae septemtrionalis montibus, in Xeronoro monte in Euboea sito, in Peleponneso in montibus Chelmo, Kyllene, Parnoni, Taygeto praepositis. In Oxya monte super Kastania in Pindo sito plantae a me inventae sunt hae: virgulta *Rubus ulmifolius*, *Juniperus oxycedrus*, *Buxus* (cuius virgulta maxima silvas circumdant); plantae humiles hae: *Helleborus cyclophyllus*, *Alyssum Heldreichii*, *Helianthemum vulgare*, *Trifolium arvense*, *Lotus corniculatus*, *Fragaria vesca*, *Eryngium campestre*, *Chamaepeuce afra*, *Echium italicum*, *Prunella laciniata*, *Calamintha alpina*, *Euphorbia myrsinites*, *Cynosurus echinatus*, in saxis serpentinis *Silene Haussknechtii*, ad fontes *Pinguicula hirtiflora*, *Scirpus holoschoenus; Taxi baccatae* nonnullas arbores magnas inveni. In silva magna pinea in Durduvana iugo Chelmi orientalis per Aroania vallem septemtriones versus usque ad Zachuli vicum porrigitur a me pervestigata inveniuntur herbae hae: *Clematis vitalba*, *Erysimum cuspidatum*, *Hammatolobium lotoides*, *Orobus niger*, *Astragalus Chaubardi*, *Rosa baldensis*, *Crataegus pycnoloba*, *Galium cruciata*, *Bellis perennis*, *Chamaepeuce afra*, *Podanthum limonifolium*, *Melittis melissophyllum*, *Pinguicula hirtiflora*, *Ostrya*, *Anthericum liliago*, *Carex macrolepis* et *distans*, *Melica uniflora*. In Messeniae et Cretae nonnullis regionibus huius formationis loco formatio **Cupressi** esse videtur. δ. **Formatio Abietis**, quae regioni alpinae praepositae est atque omnes Graeciae montes altos quasi clavus cingit. Finis huius formationis inferior in regione septemtrionali 100—1000 m., in regione meridionali 1100—1200 m. aequore altior situs est; eadem varietate finis superior est, quem in his regionibus ita constitui: in Epiro in orientali Tsumerkae ascensu apud Vulgarelion 1390 m.; in orientali Peristeri montis ascensu 1500 m., eiusdem montis in ascensu meridionali apud Kalarrytes 1140 m., in Peleponneso in Oleni parte regionem inter septemtrionales et occidentem versus sitam exposita 1280 m., in m. Panachaicon parte septemtrionales versus exposita 1500 m., in Chelmi parte supra Sudenam occidentem versus sita 1820 m., in Kyllenes parte occidentem versus exposita 1910 m. Arbores huius formationis sunt: **Abies cephalonica** sive **Abies Apollinis**, quae plerumque non aliis arboribus mixta invenitur; nonnullis autem locis (imprimis in fine inferiore) etiam *Pyrus amygdaliformis* et *Quercus lanuginosa* inveniuntur, vel *Pinus laricio* vel in Olympo *Pinus leucodermis*, *Juniperus foetidissima*, qua nonnullis locis ut apud Hagia Euthymia in Parnasso et in Oleno supra Hagios Vlasios silvae huius formationis parvae componuntur; idem in mt. Malevo de *Junipero drupacea* statuendum est. Virgulta huius formationis pauca componunt frutices hi: *Juniperus communis* et *oxycedrus*, *Rhamni*, *Lonicerae*, *Crataegi* nonnullae species, *Rosae*, *Prunus prostrata*, *Ribes grossularia*, imprimis *Daphne oleoides*, qui frutex huic formationi proprius usque in regionem alpinam loco quasi Rhododendri medio europaei porrigitur. Quamquam humus tam tenuis atque saxosa vegetationi magnae importuna est, tamen fruticum et herbarum flora maxime varia est atque multas species endemicas comprehendit, quarum quasdam unus quisque mons proprias habet. Longum est, partim tantum nomina huius formationis generum enumerare; nam magna totius florae Graeciae pars enumeranda esset. Quare *Pteridem aquilinam* solam commemoremus, quae filex nonnullis locis arboribus vacuis tam densa invenitur, ut aliae herbae provenire non possint; copiosa etiam *Helleborus cyclophyllus* in montibus Epiroticis atque Thessalicis invenitur. Prope multos vicos hae in formatione sitos *Juglans regia* colitur, quam arborem in Muntzuraki silva in monte Phthiotidis Kukkos sita saepissime inveniri Heldreichius dicit.

c) Regio alpina:

Haec regio a locis 1500 m. usque ad loca 1800 m. aequore maris et altiora sita porrigitur. Regio abietina locis minus arduis per zonam formationis quasi pratensis, ex elementis formationis abietinae compositae, in qua marcidi *Juniperi oxycedri* frutices passim inveniuntur, transit in regionem alpinam, locis magis arduis continuatur cum regione alpina; cuius loca saxis, rupibus abscissis, ruderibus plena, procul visa plantis (omnino) carere videntur, cum prata omnino desint; tamen haec formatio multas species comprehendit, quarum multae locis parvis quin etiam culminibus montium singulorum continentur. Herbae sunt caespitosae atque humiles, nonnullis locis densissimae; sed inveniuntur quoque herbae elatiores et frutices ut *Senecio thapsoides*, *Cardus armatus*, *Verbascum epianthinum*, *Urtica dioica*, *Prunus prostrata*, *Daphne oleoides*. Enumeraverim hoc loco species solas regioni Graeciae alpinae proprias, neglectis locis, ubi inveniantur; sunt hae: *Anemone blanda*, *Ficaria ficarioides*, *Ranunculus oreophilus*, *demissus*, *cupreus*, *cadmicus*, *brevifolius*, *Corydalis parnassica*, *Arabis caucasia*, *Aubrietiae*, *Drabae*, *Viola gracilis*, *chelmea*, *cretica*, *delphinantha*, *Polygala microcarpa* et *subuniflora*, *Silene auriculata*, *variegata*, *parnassica*, *Barbeyana*, *Gypsophila nana*, *Dianthus ventricosus* et *tymphresteus*, *Arenaria cretica*, *graeca*, *rotundifolia*, *nana*, *Alsine stellata*, *recurva*, *Gerardi*, *Hypericum trichanthum*, *Geranium subcaulescens*, *Erodium Guicciardii* et *chrysanthum*, *Trifolium praetutianum* et *Ottonis*, *Astragalus Apollineus*, *sericophyllos*, *idaeus*, *Agraniotii*, *angustifolius*, *tymphresteus*, *creticus*, *cephalonicus*, *depressus*, *Potentilla speciosa*, *deorum*, *kionaea*, *Epilobium alsinefolium*, *Herniaria parnassica*.

Scleranthus neglectus, Sempervivum reginae Amaliae, Sedum atratum, multa *Saxifragarum species, Lasepitium pseudomeum, Sclerochorton, Freyerae* species nonnullae, *Carum meoides* et *Heldreichii,* nonnulla species *Galii, Valeriana olenaea* et *bertiscaea, Pterocephalus perennis, Scabiosa sphaciotica, Aster cylleneus, Bellis perennis, Gnaphalium Roeseri* et *supinum, Achillea aizoon, Clarennae, umbellata, Barbeyana, ambrosiaca, holosericea, taygetea, Doronicum cordatum, Leontodon graecus, Scorzonera rhoduntha, Taraxacum alpinum, Crepis Raulini, crocifolia, bithynica, Hieracium Naegelianum, graecum, aetolicum, pannosum, scapigerum, incisum, Campanula oreadum, rupicola, radicosa, Sibthorpiana, aizoon, Podanthum repandum, Diosphaera asperuloides, Edrajanthus parnassicus* et *graminifolius, Anchusa caespitosa, Myosotis olympica, Paracaryum myosotoides, Celsia cyllenea* et *acaulis, Linaria peleponnesiaca, Veronica thymifolia* et *thessalica, Alectorolophus pubescens, Pedicularis graeca, Teucrium aroanium, Scutellaria alpina, Lamium pictum, Satureia parnassica, Thymus teucrioides, Boissieri* et affines, *Lysimachia anagalloides, Androsace villosa, Primula Columnae, Globularia stygia* et *cordifolia, Acantholimon, Armeria majellensis, Plantago graeca, Chenopodium bonus Henricus, Euphorbia deflexa, herniariaefolia* et *myrsinites, Crocus veluchensis* et *Sieberi, Fritillaria Guicciardii, Tulipa montana, Scilla bifolia, Chionodoxa nana, Muscari Heldreichii, Carex laevis, Alopecurus Gerardi, Stipa pennata, Agrostis alba* et *vulgaris, Seslesia nitida* et *coerulans, Avenastrum compactum, Trisetum flavescens, Dactylis hispanica, Bromus fibrosus* et *tomentellus, Festuca varia, affinis ovina, Briza media, Poa alpina, trichopoda, cenisia, caesia, violacea, Secale montanum, Haynaldia hordeacea, Nardus stricta, Cystopteris regia,* plurima lichenum saxigenorum genera. Quae species, quibus multo plura enumerari possunt, per saxa atque rudera dispersa sunt neque prata umquam componunt, qualia in Alpibus medioeuropaeis inveniuntur; locis solis Julio etiam mense nivosis interdum vegetatio variis coloribus pulchra invenitur, in qua *Anemone blanda, Ficaria ficarioides, Ranunculus brevifolius, Corydalis densiflora, Crocus Sieberi, Scilla bifolia.*

LXXXVII. Ordo. Lentibulariaceae Rich. fl. Par. 1. p. 26.

1. Utricularia L. gen. n. 31.

1. **U. vulgaris** L. sp. p. 18; S. et S. pr. I. p. 11; Bois. fl. or. IV. p. 4. — Icon: Fl. dan. t. 138.
In aquis Argolicis (Sibth.). — Jun. Aug. ♃. N. v.

2. Pinguicula L. gen. n. 30.

1. **P. alpina** L. sp. p. 17; Bald. riv. coll. bot. Alb. 1896. p. 89. — Icon: Fl. dan. t. 453.

Laete virens; foliis rosulatis, oblongis, obtusis, glandulis sessilibus plus minus adspersis; scapis erectis, superne glandulosis; calycis vix glandulosi lobis ovalibus, obtusis; corolla alba, fauce maculis luteis 2 notata; calcare brevi, lato, conico, recurvato, corolla 4 plo breviore; capsula ovoidea.

In herbidis humidis mt. Smolika supra Kerasovo et Grizban distr. Konitza in Epiro (Bald.). — Apr. Jun. ♃. N. v.

2. **P. hirtiflora** Ten. fl. nap. III. p. 18 t. 201; Bois. fl. or. IV. p. 2, suppl. p. 339; Heldr. in ö. b. Z. 1879 p. 291, chlor. Parn. p. 23; Haussk. in Mitth. bot. Ver. Thür. 1886 p. 61, symb. p. 51; Form. in D. bot. Mon. 1891 p. 32, in Ver. Brünn 1896 p. 74; Hal. Beitr. fl. Thessal. p. 17, Beitr. Fl. Achaia p. 30; Bald. riv. coll. bot. alb. 1895 p. 66. — *P. megaspilaea* Bois. et Heldr. diagn. ser. 2 IV p. 60. — Exsicc.: Orph. fl. gr. n. 719.

Laete virens; foliis rosulatis, oblongis vel lineari-ligulatis, obtusis, glandulis sessilibus plus minus adspersis; scapis erectis, glandulosis; calycis glandulosi lobis oblongis, obtusis; corolla albo-rosea vel lilacina, fauce luteo-barbata; calcare subulato, recto vel subincurvo, corollae subaequilongo; capsula globosa. — Calcare elongato praesertim a praecedente discedit.

In scaturiginosis, ad rupium stillicidia regionis montanae et subalpinae, rare. Epirus: pr. Melisurgi (Bald.); Thessalia: mt. Zygos, pr. Malakasi (Haussk.), mt. Baba, pr. Krania, Velitsena, Vendista (Form.), mt. Oxya (Hal.) in Pindo, mt. Olympus (Heldr.); Aetolia: mt.

Korax (Heldr.); mt. Parnassus ad Dipotamo (Heldr.); Achaia: mt. Chelmos pr. Stygem (Orph.), pr. Megaspilaeon (Heldr.), Zachuli (Hal.); insula Poros (Wiedem.). — Maio, Jul. ♃.

LXXXVIII. Ordo. Primulaceae Vent. tabl. II. p. 285.

Dispositio tribuum generumque.

1. Tribus. *Primuleae* Endl. gen. p. 730. — Capsula libera, valvis vel dentibus rarissime operculo dehiscens.
 1. Subtribus. *Lysimachieae* Endl. gen. p. 732. — Plantae caulescentes.
  a. Corolla regularis.
   α. Corolla calyce longior; semina laevigata.
     1. Lysimachia L.
   β. Corolla calyce multo brevior; semina transverse rugosa.
     2. Asterolinum Hoffm. et Lk.
  b. Corolla bilabiata.
     3. Coris L.
 2. Subtribus. *Androsaceae* Endl. gen p. 730. — Plantae acaules.
  a. Rhizoma fibrosum vel radix annua: corollae limbus non reflexus.
   α. Capsula valvis vel dentibus dehiscens.
    × Corolla fauce coarctata.
      4. Androsace L.
    ×× Corolla fauce ampliata.
      5. Primula L.
   β. Capsula apice operculo dehiscens.
      6. Soldanella L.
  b. Rhizoma tuberosum; corollae limbus reflexus.
      7. Cyclamen L.
2. Tribus. *Anagallideae* Endl. gen p. 733. — Capsula libera, circumscisse dehiscens.
 a. Corolla calyce 4 partito brevior, suburceolata; stamina 4.
      8. Centunculus L.
 b. Corolla calyce 5 partito longior, hypocraterimorpha; stamina 5.
      9. Anagallis L.
3. Tribus *Samoleae* Endl. gen. p. 734. — Capsula cum calyce coalita, valvis dehiscens.
      10. Samolus L.

I. Tribus. PRIMULEAE Endl. gen. p. 730.

1. Lysimachia L. gen. n. 205.

a. Annuae; flores albi vel rosei.

1. **L. atropurpurea** L. sp. p. 147; S. et S. pr. I p. 129; Ch. et B. exp. p. 67, Fl. pelop. p. 14; Fraas fl. class. p. 193; Bois. fl. or. IV. p. 7; Hal. in z. b. G. 1888 p. 761, 1899 p. 193, Beitr. fl.

Thessal. p. 17, Beitr. fl. Achaia p. 30; Heldr. chlor. Parn. p. 23; Bald. riv. coll. bot. Alb. 1896 p. 89; Haussk. symb. p. 52; Form. in Ver. Brünn 1897 p. 55 v. *thessala*, quae autem ex specimine authentico a typo nullo modo differt. — *Palladia atropurpurea* Jaub. et Sp. ill. t. 423. — Icon: Fl. gr. t. 187. — Exsicc.: Orph. fl. gr. n. 410; Heldr. herb. norm. n. 59 et 1472; Sint. it. thessal. n. 703.

Glabriuscula; caule erecto, folioso, in spicam simplicem vel longeramosam abeunti; foliis alternis, integris vel crispule denticulatis, infimis oblongis, in petiolum attenuatis, caeteris lanceolatis, subsessilibus; floribus sessilibus; calycis laciniis obtusis; corolla saturate rubra, calyce dimidio longiore, segmentis erectis, oblongis, acutiusculis; staminibus exsertis, antheris purpureis.

In arvis derelictis, locis incultis, arenosis humidiusculis regionis submontanae, passim. Epirus: mt. Micikeli et pr. Kusmera distr. Janina (Bald.); Thessalia: pr. Uranaeos Chan in valle Penei (Sint.), pr. Kalabaka (Hal), Megali Kastania in mt. Agrapha (Form.), ad monasterium Korona, pr. Sophades, Palaeokastro, Karditza (Haussk.); Phocis pr. Distomo, Lamia (Fraas.); mt. Parnassus (Sibth.), pr. Rachova (Orph.), pr. Amphissa (Hal.); Achaia: pr. Manesi, Kalavryta (Hal.); Laconia: pr. Megali Anastasova (Zohn), Anavryti ad radices mt. Taygetos (Heldr.), Manglava, Katzovuni, ad Alpheum pr. Francovritzi (Chaub.). — Maio, Jul. ☉.

2. **L. dubia** Ait. kew. I. p. 199; Bois. fl. or. IV. p. 8. — Icon: Fl. gr. t. 188. — Exsicc.: Heldr. it. IV Thessal. a. 1885.

Glabriuscula; caule erecto, folioso, in racemum simplicem vel longe ramosum abeunti; foliis alternis, integris, oblongis oblongo-lanceolatisve, in petiolum attenuatis; floribus pedicello calyce aequilongo vel sublongiore suffultis; calycis laciniis acutiusculis; corolla rubello-alba, calyce duplo longiore, segmentis erecto-patulis, obtusis; staminibus subinclusis, antheris flavidis. — Praecedenti valde similis, ab ea praesertim floribus sessilibus, calycis laciniis acutiusculis, corolla albida, majori, staminibus subinclusis et antheris flavidis discedit.

In dumetis humidis, ad fossas, rare. Thessalia: in valle superiori Penei circa Malakasi (Heldr.); Euboea septentrionalis (Wiedem.). — Maio, Jul. ☉.

b. Perennes; flores lutei.

× Herbae erectae, spectabiles, floribus paniculatis vel verticillatis; stamina a basi ad medium connata.

3. **L. vulgaris** L. sp. p. 146; Mazz. in ant. ion. V p. 192; Form. in D. bot. Mon. 1891 p. 32, in Ver. Brünn 1895 p. 37, 1896 p. 74, 1897 p. 55; Bald. riv. coll. bot. alb. 1895 p. 66. — Icon: Fl. dan. t. 689.

Caule stricto, simplici vel ramoso, pubescente; foliis oppositis vel trenatis quaternatisve, breviter petiolatis, ovatis vel oblongo-lanceolatis, subtus pubescentibus; pedunculis alternis verticillatisve, racemosis; calycis laciniis lanceolatis, rubro-marginatis; corollae laciniis margine glabris.

In paludosis, ad ripas regionis inferioris et montanae. Epirus: pr. Janina (Bald.); Thessalia: pr. Vlachava, pr. Patsios in mt. Olympo, pr. Selicany in mt. Ossa (Form.); Corcyra: lacus Corizia (Mazz.). — Jun. Jul. ♃ N. v.

4. L. punctata L. sp. p. 147; Fraas fl. class. p. 193; Heldr. in Sitzungsb. acad. Wiss. Berlin 1883 p. 4; Hal. Beitr. fl. Epir. p. 38, *v. villicaulis* (f. caulibus petiolisque pilis longis mollibus dense villosis); Bald. riv. coll. bot. alb. 1899 p. 89; Haussk. symb. p. 52; Form. in Ver. Brünn 1897 p. 55. — Icon: Rchb. t. 43. — Exsicc.: Orph. fl. gr. n. 508 (Macedonia); Heldr. it. thessal. n. 57; Sint. it. thessal. n. 1043.

Caule stricto, simplici vel ramoso, crispule et papilloso-hirto; foliis oppositis vel ternatis quaternatisve, breviter petiolatis, ovatis vel oblongo-lanceolatis, utrinque pubescentibus; pedunculis oppositis verticillatisve, 1—3 floris; calycis laciniis lineari-lanceolatis, immarginatis; corollae laciniis glanduloso-ciliatis.

In umbrosis humidis regionis montanae et subalpinae. Epirus: secus viam Vromonero-Ljaskovik (Bald.), pr. Kalentini ad septentrionem urbis Arta (Hal.); Thessalia: pr. Malakasi (Sint.) mt. Ghavellu, in oropedio Neuropolis (Haussk.), mt. Itamos (Form.) in Pindo, mt. Pelion (Heldr.); Aetolia: ad radices mt. Korax pr. Artodina (Fraass). — Jun. Jul. ♃.

×× Herbae procumbentes vel prostratae, floribus axillaribus solitariis; stamina libera vel basi brevissime connata.

5. L. nummularia L. sp. p. 148; Haussk. symb. p. 52. — Icon: Fl. dan. t. 493. — Exsicc.: Heldr. it. IV thessal. a. 1885.

Glabra, herbacea; caule prostrato, repente; foliis oppositis, cordato-subrotundis, brevissime petiolatis; pedunculis folio brevioribus vel aequilongis; calycis laciniis cordato-ovatis; corolla calyce 2—3 plo longiore; staminibus basi brevissime connatis.

In nemorosis humidis Thessaliae: in oropedio Neuropolis (Heldr.), pr. Pezula, Sermeniko (Haussk.). — Jun. Sept. ♃.

6. L. anagalloides S. et S. pr. I p. 130, Fl. gr. II p. 74 t. 190; Sieb. in Flora I p. 275, avis p. 3, rem. p. 3; Ch. et B. exp. p. 68, Fl. pelop. p. 14; Raul. cret. p. 806; Bois. fl. or. IV p. 9; Hal. in z. b. G. 1888 p. 761; Heldr. chlor. Parn. p. 23. — Exsicc.: Rev. pl. cret. n. 257.

Glabra, basi suffruticosa; caulibus procumbentibus vel adscendentibus, basi induratis; foliis oppositis, ovatis, subsessilibus; pedunculis folio 3—4 plo longioribus; calycis laciniis lineari-lanceolatis; corolla calyce paulo longiore; staminibus liberis. — Habitu *L. nemorum* L.

In saxosis et ad frutices regionis mediae et superioris. Euboea: mt. Dirphys (Heldr.); mt. Parnassus (Heldr.), Kiona (Hal.); Achaia: mt. Kyllene (Orph.); Laconia: mt. Taygetos (Chaub.); insula Poros (Wiedem.); Creta (Sibth.): mt. Volokia (Rev.), pr. Rustika, Askyphos,

Hellinoseli, Theodori in mt. Sphacioticis, mt. Aphendi Kavutsi (Raul.), mt. Ida (Bois.). — Maio, Jul. ♃.

2. Asterolinum Hoffm. et Lk. fl. portug. p. 332.

1. **A. linum stellatum** L. sp. p. 148; S. et S. pr. I p. 130; Fl. gr. II p. 74 t. 189; Sieb. avis p. 3, rem. p. 3; Urv. enum. p. 23, Ch. et B. exp. p. 68, Fl. pelop. p. 14; Friedr. Reise p. 265 (*Lysimachia*); Hoffm. et Lk. l. c.; Weiss in z. b. G. 1869 p. 745; Raul. cret. p. 806; Bois. fl. or. IV p. 10; Hal. in ö. b. Z. 1897 p. 98; Haussk. symb. p. 52. — Icon: Rcbb. t. 45. — Exsicc.: Heldr. pl. fl. hellen. a. 1878 et 1879.

Pusilla, simplex vel a collo ramosa; caule erecto; foliis oppositis, sessilibus, lanceolatis, margine scabriusculis; floribus axillaribus, solitariis, pedunculatis; calycis laciniis cuspidatis, corolla albida triplo longioribus.

In apricis, saxosis regionis inferioris et montanae. Thessalia: pr. Pharsalus (Haussk.); Sporadum insula Peristeri (Leon.); Attica: pr. Athenas (Friedr.), mt. Lycabettus, Pentelicon, in Pharmacusarum insula Lero (Heldr.); Peloponnesus (Sibth.): ad Acrocorinthum (Haussk.); Cycladum insula: Cythnos (Tunt.), Melos (Urv.); Creta: pr. Canea (Weiss), promontorium Meleka, pr. Anopolis, mt. Aphendi Kavutsi (Raul.). — Mart. Maio ☉.

3. Coris L. gen. n. 243.

1. **C. monspeliensis** L. sp. p. 177; S. et. S. pr. I p. 149. — Icon: Rchb. t. 46. — Exsicc.: Bald. it. alb. n. 36.

Simplex vel a collo ramosa; caulibus erectis vel adscendentibus, saepe caespitem laxum formantibus, rubentibus, puberulis, foliosis; foliis alternis, linearibus, obtusis, glabris; floribus subsessilibus, spicam densam formantibus; calyce tuboloso-campanulato, obliquo, limbo duplici, exterioris dentibus subulatis, spinescentibus, interioris lobis triangulari-ovatis, fimbriatis, macula nigra notatis; corolla lilacina, tubo calycem aequante.

In arenosis maritimis Graeciae (Sibth.); nuper a *Baldacci* pr. Valona Albaniae meridionalis reperta. — Apr. Jun. ☉.

4. Androsace L. gen. n. 196.

1. **A. villosa** L. sp. p. 142. — Icon: Jacq. coll. t. 12. — Exsicc.: Heldr. herb. a. 1884.

Caespitosa; foliis in rosulas congestis, oblongo vel lineari-lanceolatis, integris, albo-villosis; scapo villoso, sub anthesi umbellae aequilongo; pedicellis brevissimis; involucri phyllis ellipticis, calyce villoso subbrevioribus; corolla alba, calycem superante.

In regione superiori mt. Ossa Thessaliae (Heldr.). — Jun. Aug. ♃.

5. Primula L. gen. n. 197.

1. **P. acaulis** L. sp. p. 143 pro var. *P. veris*; Jacq. misc. I p. 158; Ch. et B. exp. p. 66, Fl. pelop. p. 13; Friedr. Reise p. 282; Fraas fl. class. p. 192; Bois. fl. or. IV p. 24; Heldr. in Sitzungsb. acad. Wiss. Berlin p. 4, chlor. Parn. p. 23; Hal. Beitr. fl. Achaia p. 30, in ö. b. Z. 1896 p. 17 *v. hypoleuca* (f. foliis subtus magis canescenti-tomentellis); Boissieu in bull. soc. bot. France 1896 p. 286; Form. in Ver. Brünn 1896 p. 74. — *P. vulgaris* Huds. fl. angl. p. 70; S. et S. pr. I p. 127. — *P. grandiflora* Lam. fl. fr. II p. 248; Raul. cret. p. 806. — Icon: Fl. dan. t. 194. — Exsicc.: Orph. fl. gr. n. 330; Sint. it. thessal. n. 10; Heldr. herb. norm. n. 1473.

Foliis ovato-oblongis, rugulosis, dentatis, in petiolum attenuatis, subtus hirtis, junioribus plus minus canescenti-tomentellis; scapis unifloris, numerosis, folia aequantibus vel eis brevioribus; corollae flavae limbo plano, tubum aequante.

β. **rubra** S. et S. fl. gr. II p. 70 t. 184 pro var. *P. vulgaris*. — *P. Sibthorpii* Rchb. fl. germ. exc. p. 402. — *P. acaulis v. rosea* Bois. fl. or. IV p. 24, suppl. p. 341; Hal. in z. b. G. 1899 p. 193. — Corolla purpurea. — Exsicc.: Heldr. fl. Thessal. a. 1888.

In silvaticis regionis montanae et subalpinae. Thessalia: mt. Olympus (Boissieu), mt. Pelion (Heldr.), ad Lechonia pr. Volo (Sint.); mt. Parnassus (Heldr.); Achaia: mt. Chelmos pr. Syvista (Hal.), mt. Kyllene pr. Flamburitza (Orph.); Elis: ad Alpheum pr. Olympia (Sibth.); Arcadia: pr. Bassae (Friedr.), Bytina, mt. Maenalus (Heldr.), pr. Carithena (Chaub.); Laconia: mt. Malevo pr. Hagios Joannes (Leon.), pr. Megali Anastasova (Zahn), mt. Taygetos, pr. Chimova, Methone, Korone (Chaub.); Creta: pr. Enneachoria (Heldr.); — *β*. mt. Pelion Thessaliae (Heldr.); mt. Ocha (Münter) et Dirphys (Heldr.) Euboeae; Cycladum insula Andros pr. coenobium Panegia (Heldr.). — Febr. Maio. ♃.

2. **P. Columnae** Ten. fl. nap. prodr. p. XIV, (1811), fl. nap. I p. 54 t. 13; Form. in Ver. Brünn 1897 p. 55. — *P. suaveolens* Bert. journ. bot. Paris IV p. 76 (1813); Fraas fl. class. p. 192; Bois. fl. or. IV p. 25; Hal. Beitr. fl. Epir. p. 38; Bald. riv. coll. bot. Alb. 1895 p. 66, 1896 p. 90; Haussk. symb. p. 53. — *P. officinalis* Ch. et B. exp. p. 66, Fl. pelop. p. 13; non Jacq. — Exsicc.: Sint. it. thessal. n. 609; Dörfl. fl. gr. n. 372.

Foliis ovatis vel subcordatis, rugulosis, dentatis, in petiolum saepius abrupte abeuntibus, subtus canescenti-tomentosis; scapis umbelliferis, foliis multo longioribus; corollae flavae limbo concaviusculo, tubo breviore.

In pascuis alpinis, ad nives. Epirus: mt. Tsumerka (Hal.), Olycika, Micikeli (Bald.); Thessalia: mt. Tragopetra pr. Malakasi (Sint.), mt. Karava (Haussk.), mt. Itamos in Agrapha, mt. Phlambures et Mitrica in mt. Chassia, mt. Mavrika et Katasara in mt. Othrys (Form.), mt. Olympus (Heldr.); Aetolia: mt. Korax (Heldr.), Vardusia (Leon.); Peloponnesus: pr. Gargaliano, Bassae (Chaub.). — Maio, Jul. ♃.

6. Soldanella L. gen. n. 199.

1. S. pindicola Haussk. in Mitt. thür. bot. Ver. V p. 61, symb. p. 52. — Exsicc.: Haussk. it. gr. a. 1885.

Foliis subrotundis, basi anguste arguteque emarginatis, margine subundulato-revolutis, supra opaco-viridibus, subtus pallide caesiis et dense lacunoso-punctatis, petiolisque glabris; scapo erecto, 1—3 floro, superne pedicellisque glandulis minutis sessilibus et brevissime stipitatis obsitis; floribus ignotis; capsula cylindrico-conica, stylo longo, filiformi terminata. — A *S. alpina* L. affini differt statura robustiore, foliis crassioribus, subtus intense caesis et lacunoso-punctatis, capsulis longioribus basi magis ventricosis, stylo longiore, seminibus dimidio majoribus utrinque longius attenuatis.

In scaturiginosis frigidis jugi Zygos in Pindo tymphaeo in soc. Pinguiculae hirtiflorae (Haussk.). — Maio, Jun. ♃.

7. Cyclamen L. gen. n. 201.

a. Corollae faux edentula.

α. Folia angulata.

1. C. repandum S. et S. pr. I p. 128, Fl. gr. II p. 72 t. 186; Ch. et B. exp. p. 67, Fl. pelop. p. 14; Raul. cret. p. 806; Bois. fl. or. IV p. 12. — *C. hederaefolium* Ait. Kew. I p. 106. — *C. vernum* Rchb. fl. exc. p. 407. — Exsicc.: Orph. fl. gr. n. 509; Heldr. herb. norm. n. 1576.

Vernale; tubere saepius parvo et depresso; foliis synanthiis, ovato-triangularibus, basi sinu aperto cordatis, angulato-repandis, angulis mucronulatis; pedunculis fructiferis circinnatis; calycis laciniis ovatis, acuminatis; corolla fauce purpurea, laciniis roseis, longe lineari-ellipticis, obtusis, tubo 5 plo longioribus.

In nemorosis regionis inferioris et subalpinae. Laconia: mt. Chelmos, Malevo (Orph.), pr. Megali Anastasova (Zahn), mt. Taygetos (Chaub.); Messenia: mt. Selitza pr. Kalamata (Zahn), mt. Kupe (Chaub.); Creta: inter Tuzla et Kalyves, pr. Murnies, Malaxa (Raul.). — Mart. Jun. ♃.

β. Folia exangulata.

2. C. latifolium S. et S. pr. II. p. 356, Fl. gr. II p. 71 t. 185. — *C. hederifolium* S. et S. pr. I p. 270, non Ait. — Exsicc.: Rev. pl. cret. n. 105.

Vernale; tubere magno, depresso; foliis synanthiis, ovatis, basi sinu plus minus apertocordatis, exangulatis, circumcirca crebre et inaequaliter, denticulato-crenatis; pedunculis fructiferis non circinnatis; calycis laciniis ovatis, acutiusculis; corolla rosea, laciniis longe lineari-ellipticis, acutiusculis, tubo 5 plo longioribus. — Differt a praecedente foliis magnis, exangulatis sed multidenticulatis, pedunculis fructiferis non circinnatis.

In umbrosis Graeciae (Sibth.); Creta: in saxosis pr. Malaxa (Rev.). — Jan. Maio. ♃.

3. **C. Mindleri** Heldr. Fl. Aegina in bull. herb. Bois. VI p. 386. — Autumnale; tubere irregulariter globoso; foliis synanthiis, ovatis, basi cordatis, exangulatis, crenulato-dentatis; pedunculis . . . .; calycis laciniis lanceolatis, acutis, angustissime albo-marginatis et prope marginem utrinque glandulis quatuor nigris obsitis; corolla fauce purpurea, laciniis intense roseis, longe lineari-ellipticis, subacutis, tubo 3 plo longioribus. — Differre dicitur a praecedente, habitu alieno, tubere non depresso, foliis et floribus minoribus, florescentia autumnali.

In saxosis vulcanicis mt. Oros in insula Aegina (Mindler). — Nov. ♃. N. v.

b. Corollae faux dentata..

4. **C. neapolitanum** Ten. fl. nap. III p. 197 t. 118; Bois. fl. or. IV p. 12; Spreitz. in z. b. G. 1877 p. 717; Heldr. fl. cephal. p. 31. — *C. hederaefolium* Willd. sp. I p. 810; Friedr. Reise p. 279; non Ait. — Huc probabiliter: *C. europaeum* S. et S. pr. I p. 127; Pieri corc. fl. p. 27; Dallap. prosp. p. 21; Sieb. in Flora I p. 272; Ch. et B. exp. p. 67, Fl. pelop. p. 14; Mazz. in ant. ion. V p. 192; Raul. cret. p. 806; non L. . .—? *C. coum* Mazz. l. c. — Exsicc.: Sint. it. or. a. 1889 n. 1946.

Autumnale; tubere crasso, discoideo-depresso, circumcirca fibrillifero; foliis subhysteranthiis, ovato-triangularibus, basi sinu plus minus aperto cordatis, 5—7 angulato-lobatis, lobis muticis, margine crenulatis, pedunculis fructiferis circinnatis; calycis laciniis ovatis, abrupte acuminatis; corollae fauce purpureo-maculatae laciniis albidis, oblongo-ellipticis, obtusis, tubo triplo longioribus.

In umbrosis regionis montanae. Thessalia: mt. Olympus pr. Hagios Dionysios, mt. Pelion pr. Portaria (Heldr.); Euboea (Sart.); Attica: in valle superiore Cephissi, mt. Parnes (Heldr.); Achaia: ad coenobium Omplo pr. Patras (Heldr.); Messenia: pr. Navarin, Methone, Hagios Nikolaos, insula Sapienza (Chaub.); ? Creta: pr. Tripodo (Raul.); Cephalonia: pr. Argostoli (Heldr.); Ithaca et Corcyra (Spreitz.). — Sept. Nov. ♃.

5. **C. graecum** Link in Linnaea IX p. 573; Fraas fl. class. p. 192; Bois. fl. or. IV p. 13; Heldr. fl. cephal. p. 51, Fl. Aegina p. 386; Haussk. symb. p. 52. — *C. persicum* S. et S. pr. I p. 128; Ch. et B. exp. p. 66, Fl. pelop. p. 14; Mazz. in ant. ion. V p. 192; Clem. sert. p. 80; non Mill. dict. n. 3, quod teste Bois. forma hortensis *C. latifolii* (sed in Persia non crescit). — *C. hederaefolium* Sieb. avis. p. 3; ? Urv. enum. p. 23; ? Mazz. in ant. ion. V p. 192; ? Marg. et R. fl. Zante p. 77; Clem. sert. p. 80; non Ait. — *C. hederaceum*

Sieb. in Flora V p. 639. — ? *C. immaculatum* Mazz. l. c. — *C. europaeum* Friedr. Reise p. 268, non L. — *C. hederaefolium* v. *graecum* Heldr. et Sart. in Raul. cret. p. 806. — *C. Pentelici* Hildebr. in Engl. bot. Jahrb. 1894 Beibl. 44 p. 1, 1896 Beibl. 54 p. 15. — *C. Miliarakesii* Heldr. herb. norm. n. 1575, quod meo sensu a *C. graeco* nullo modo differt. — Exsicc.: Orph. fl. gr. n. 216; Heldr. herb. norm. n. 118, 1275 et 1575.

Autumnale; tubere crasso, ovato-globoso, tandem irregulari, basi tantum fibrillifero; foliis subhysteranthiis, ovatis ovato-rotundatisve, basi sinu aperto cordatis, exangulatis, circumcirca crebre et irregulariter denticulato-crenatis; pedunculis fructiferis circinnatis; calycis laciniis ovato-lanceolatis, acutis; corolla fauce purpureo-maculata, laciniis roseis, oblongo-ellipticis, obtusis, tubo 3—5 plo longioribus. — A praecedente praesertim foliis exangulatis egregie differt.

In collibus saxosis regionis inferioris et montanae. Attica: pr. Athenas (Sibth.), mt. Lycabettus, Parnes, Pentelicon, Hymettus (Sprun.), ad Piraeum, in insula Aegina (Heldr.); Acrocorinthus, pr. Vromolimni in peninsula Methana (Haussk.), pr. Nauplia (Link); Arcadia: in valle Alphei pr. Carithena (Friedr.); Messenia: pr. Kalamata (Zahn), Navarin, Methone, Hagios Nicolaus, insula Sapienza (Chaub.); Creta: pr. Apokorona, Arkadi, Theriso, Malaxa (Raul.); ? Zante (Marg.); ? Corcyra (Mazz.); ? Sporadum insula Scopelos (Urv.). — Oct. Nov. ♃.

II. Tribus. **ANAGALLIDEAE** Endl. gen. p. 733.

8. Centunculus L. gen. n. 145.

1. **C. minimus** L. sp. p. 116; Mazz. in ant. ion. IV p. 952. — Icon: Fl. dan. t. 177.

Pusilla, glabra; caule erecto, simplici vel ramoso; foliis alternis, sessilibus, ovatis, mucronatis; floribus axillaribus, solitariis, subsessilibus; calycis laciniis lineari-lanceolatis, corolla alba vel rosea longioribus.

In graminosis humidis. Corcyra: pr. Sidari (Mazz.). — Maio, Jun. ⊙ N. v.

9. Anagallis L. gen. n. 206.

a. Calyx omnino herbaceus; corolla infundibuliformis.

1. **A. tenella** L. mant. p. 335; S. et S. pr. I p. 131; Sieb. Reise II p. 321; Mazz. in ant. ion. V p. 194; Bois. fl. or. IV p. 6. — *Jirasekia tenella* Rchb. fl. exc. p. 408; Raul. cret. p. 806. — Icon: Fl. dan. t. 1085. — Exsicc.: Bald. it. cret. alt. n. 136.

Glabra; caulibus filiformibus, basi repentibus, radicantibus; foliis oppositis, breviter petiolatis, subrotundis ovatisve; pedunculis folio demum multo longioribus; calycis laciniis lineari-lanceolatis; corolla rosea, calyce triplo longiore.

In scaturiginosis, ad fontes regionis inferioris et montanae. Creta: pr. Platania (Sibth.), Enneachoria (Raul.), mt. Sphaciotici (Sieb.), mt. Aphendi Kavutsi, mt. Kophino distr. Messara (Heldr.); Corcyra: pr. Afiona (Mazz.). — Majo. Jul. ♃.

b. Calyx margine hyalinus; corolla rotata.

2. **A. arvensis** L. sp. p. 148; S. et S. pr. I p. 131; Pieri corc. fl. p. 28; Ch. et B. exp. p. 67, Fl. pelop. p. 14; Fraas fl. class. p. 192; Bois. fl. or. IV p. 6; Heldr. fl. Aegina p. 386, chlor. Mykon. p. 249. — *A. phoenicea* Scop. fl. carn. ed. 2 I p. 139; Marg. et R. fl. Zante p. 77; Clem. sert. p. 79; Weiss in z. b. G. 1869 p. 745; Form. in D. bot. Mon. 1891 p. 32, in Ver. Brünn 1895 p. 38, 1897 p. 55; Haussk. symb. p. 52. — *A. arvensis v. phoenicea* Mazz. in ant. ion. V p. 194; Raul. cret. p. 807; Heldr. fl. cephal. p. 51. — Icon: Fl. dan. t. 88. — Exsicc.: Heldr. herb. norm. n. 1173; Sint. it. thessal. n. 8.

Glabra; caulibus diffusis vel adscendentibus, simplicibus vel ramosis; foliis oppositis vel ternatis, sessilibus, ovatis; pedunculis folio demum longioribus; calycis laciniis lineari-lanceolatis; corolla rubra calyce parum longiore, lobis saepissime glanduloso-ciliatis.

In arenosis, cultis, herbidis regionis inferioris et montanae per totam Graeciam. — Mart. Oct. ☉.

3. **A. coerulea** Schreb. spic. lips. p. 5; Friedr. Reise p. 268; Clem. sert. p. 79; Ung. Reise p. 129; Weiss in z. b. G. 1869 p. 745; Form. in D. bot. Mon. 1891 p. 32, in Ver. Brünn 1895 p. 37; Hal. Beitr. fl. Epir. p. 38; Haussk. symb. p. 52; Heldr. fl. Aegina p. 386, chlor. Thera p. 19. — *A. arvensis v. coerulea* Mazz. in ant. ion. V p. 194; Raul. cret. p. 807; Bois. fl. or. IV p. 6. — *A. Monelli* L. sp. p. 148; Mazz. l. c.; teste Vis. fl. dalm. II p. 152 subvar. *A. coeruleae* foliis lanceolatis. — *A. verticillata* All. fl. ped. I p. 87; Ch. et B. exp. p. 67, Fl. pelop. p. 14; Mazz. l. c.; f. foliis verticillatis. — Icon: Fl. dan. t. 1570. — Exsicc.: Heldr. pl. fl. hell. a. 1885.

Differt a praecedente corolla coerulea vel lilacina, lobis saepissime eglandulosis.

β. **latifolia** L. sp. p. 149; Mazz. in ant. ion. V p. 194; Marg. et R. fl. Zante p. 77; Bois. fl. or. IV p. 6; Heldr. fl. cephal. p. 51; Haussk. symb. p. 52; pro sp. — Corollae lobi tenuissime serrulati. — Plerumque omnibus partibus major. — Exsicc.: Heldr. herb. norm. n. 1172.

γ. **parviflora** Salzm. in Lois. gall. I p. 163; Hal. in ö. b. Z. 1897 p. 325; pro sp. — Corolla parva, calycem aequante. — Exsicc.: Grimb. p. corc. a. 1897.

In arenosis, cultis regionis inferioris et montanae typus cum var. β. per totam Graeciam; — γ. mihi tantum e paludosis maritimis Corcyrae pr. Potamo (Grimb.) nota. — Mart. Oct. ☉.

Obs. *A. amoena* Heldr. herb. norm. n. 1174. — Corolla pallidissime rosea vel albida, fauce purpurascente, lobis tenuissime glanduloso-ciliatis. — Inter *A. arvensem* et *A. latifoliam* crescens forte ambarum hybrida est. — Attica: in valle Cephissi superiori l. d. Chelidonu Atticae (Heldr.).

III. Tribus. SAMOLEAE Endl. gen. p. 734.

10. Samolus L. gen. n. 222.

1. **S. Valerandi** L. sp. p. 171; S. et S. pr. I p. 147; Sieb. avis. rem. p. 3; Ch. et B. exp. p. 72, Fl. pelop. p. 15; Mazz. in ant. ion. V p. 208; Marg. et R. fl. Zante p. 77; Friedr. Reise p. 277; Clem. sert. p. 80; Raul. cret. p. 807; Bois. fl. or. IV p. 5; Heldr. fl. cephal. p. 51, in ö. b. Z. 1898 p. 184, chlor. Mykon. p. 249; Spreitz. in z. b. G. 1887 p. 667, 1890 p. 298; Bald. viagg. Creta p. 87; Haussk. symb. p. 52. — Icon: Fl. dan. t. 198. — Exsicc: Orph. fl. gr. n. 531; Bald. it. cret. n. 38; Dörfl. fl. aeg. n. 23.

Glaber; caule erecto, simplici vel ramoso; foliis obovatis vel oblongo-spathulatis, inferioribus in petiolum attenuatis, superioribus subsessilibus; floribus racemosis, racemis demum elongatis, laxis; corolla alba, calyce sublongiore.

In humidis uliginosisque regionis inferioris et montanae. Aetolia: pr. Krioneri ad sinum Patranum (Hal.); Attica: mt. Pentelicon (Clem.), ad Phalerum (Haussk.); Elis: pr. Lechaena (Heldr.); Achaia: pr. Psatopyrgos (Hal.); insula Poros (Friedr.), Keos, Mykonos (Heldr.), Tenos, Naxos (Chaub.); Laconia: ad. fl. Eurotas, pr. Kardamyle, inter Methone et Corone (Chaub.); Cythaera: in valle Katochori (Spreitz.); Creta (Sibth.): pr. Anopolis (Spreitz.), Kasteli, Kakopetra (Bald.), Enneachoria, Francocastello, mt. Aphendi Kavutsi (Raul.); Zante (Marg.); Cephalonia: pr. Kutavo, Livadi, Pessada, Steno, Kalligata (Heldr.); Corcyra: pr. Pantaleone (Mazz.). — Maio, Sept. ♃.

LXXXIX. Ordo. Globulariaceae DC. fl. fr. III p. 427.

1. Globularia L. gen. n. 112.

a. Frutex erectus rarius prostratus, ramosissimus.

1. **G. alypum** L. sp. p. 95; S. et S. pr. I p. 78; Sieb. avis p. 2; Ch. et B. exp. p. 48, Fl. pelop. p. 9; Marg. et R. fl. Zante p. 77; Friedr. Reise p. 268; Fraas fl. class. p. 218; Clem. sert. p. 80; Ung. Reise p. 127; Raul. cret. p. 842; Bois. fl. or. IV p. 531; Haussk. symb. p. 53; Heldr. fl. Aegina p. 386. — Icon: Rchb. t. 197. — Exsicc: Orph. fl. gr. n. 29; Heldr. in Baen. herb. europ. n. 2380.

Frutex erectus, bipedalis et ultra, rarius prostratus, ramis junioribus virgatis; foliis rigidis, subpetiolatis, oblongis, mucronatis vel tridentatis, glabris; capitulis terminalibus vel versus ramorum apicem racemoso-approximatis; involucri phyllis imbricatis, ovatis, mucronatis, margine ciliatis; paleis subulatis, villosis; calyce longe barbato, profunde 5 fido, laciniis lineari-subulatis; corolla coerulea, labio superiore rudimentario, inferiore longissimo, liguliformi, breviter tridentato.

In collibus dumosis regionis inferioris et montanae. Attica: mt. Pentelicon (Friedr.), Kerata (Haussk.), Parnes, ad Piraeum, in Pharmacusarum scopelo Mikra Kyra, insula Aegina (Heldr.), Salamis, Helena (Sibth.); Peloponnesus (Sibth.): pr. Nauplia (Sterneck) Argolidis, ad fl. Eurotas, in Messenia (Chaub.); Cyclades (Sibth.); Creta: pr. Asomatos, Kalolimniones, insula Gaudhos (Raul.); Zante (Sibth.). — Febr. Maio. ♄.

b. Suffrutices scapigeri.

2. **G. stygia** Orph. in Bois. diagn. ser. 2 IV p. 60, Fl. or. IV p. 530; Hal. Beitr. fl. Achaia p. 30. — Icon: Rouy. pl. europ. rar. t. 245.

Caudiculis tenuibus, prostratis, radicantibus, parte exserta foliosis; foliis coriaceis, ovato-subrotundis, obtusis vel subretusis, basi cuneatis, in petiolum brevem abeuntibus, glabris; capitulis terminalibus, scapo eis vix longiore, nudo vel folio squamaeformi obsito suffultis; involucri phyllis oblongo-lanceolatis, acuminatis, margine ciliatis; paleis lineari-lanceolatis, glabris; calyce fere ad basin in lacinias subaequales lanceolato-subulatas, undique longe albo-ciliatas partito; corolla coerulea, labio superiore in lacinias anguste lineares bipartito, inferiore tertia parte longiore tripartito, laciniis linearibus. — A *G. cordifolia* distinctissima caudiculis multo tenuioribus minusque suffruticosis, foliis et capitulis majoribus, involucri squamis angustioribus, calyce non bilabiato, quinquepartito nec quinquefido.

In rupium fissuris regionis alpinae mt. Chelmos Achaiae supra Stygem (Orph.) et supra pagum Sudena (Hal.) rarissime. — Jun. Jul. ♃.

3. **G. cordifolia** L. sp. p. 96; Bois. fl. or. IV p. 529; Hal. in z. b. G. 1888 p. 761. — Icon: Jacq. fl. austr. t. 245. — Exsicc.: Hal. it. gr. a. 1888.

Caudiculis crassiusculis, prostratis, radicantibus, parte exserta foliosis; foliis coriaceis, obovatis, obtusis vel subemarginatis, basi cuneatis, in petiolum attenuatis, glabris; capitulis terminalibus, scapo eis vix vel multo longiore, nudo vel foliis 1—2 squamaeformibus obsito suffultis; involucri phyllis obovato-oblongis, mucronatis, margine ciliatis; paleis lanceolatis, margine breviter ciliatis; calyce bilabiato, laciniis tubo setuloso sublongioribus, lanceolatis, labii superioris paulo angustioribus, erectis, inferioris patulis; corolla coerulea, labio superiore in lacinias lineares bipartito, inferiore sublongiore, trifido, laciniis linearibus.

In rupestribus regionis alpinae mt. Olympus (Heldr.) et mt. Kiona (Hal.) rarissime. — Jun. Jul. ♃.

Obs. *G. nana* Lam. dict. II p. 723 a Ch. et B. fl. pelop. p. 9, teste Boissier, fide schedulae mendacis Gittardianae erronee in Peloponneso indicata est; idem est cum indicatione *G. vulgaris* L. in mt. Pentelicon Atticae (Friedr. Reise p. 268).

XC. Ordo. Plumbaginaceae Vent. tabl. II. p. 267.

Dispositio tribuum generumque.

1. Tribus. *Plumbageae* Spach. veg. phan. X. p. 334. — Styli ad apicem usque in unicum connati; pericarpium a basi subvalvatim dehíscens.

 1. Plumbago L.

2. Tribus. *Staticeae* Bartl. ord. p. 127. — Styli a basi vel parte superiore saltem liberi; pericarpium utriculare, a basi lacerum vel apice circumscissum.

 a. Stigmata capitata.
  α. Styli glabri, basi connati; filamenta basi non glandulosa; scapi ramique teretes; folia acerosa, triquetra.

   2. Acantholimon Bois.

  β. Styli papillosi, a basi distincti; filamenta basi glandulosa; scapi ramique trigoni; folia plana.

   3. Goniolimon Bois.

 b. Stigmata filiformi-cylindrica.
  α. Styli glabri, a basi liberi vel ima basi concreti; spiculae tribracteatae; scapi ramosi.

   4. Statice L.

  β. Styli glabri, ad medium usque connati; spiculae tribracteatae; frutices foliosae.

   5. Limoniastrum Moench.

  γ. Styli plumosi, ima basi concreti; spiculae unibracteatae; scapi simplices, capituliferi.

   6. Armeria Willd.

1. Plumbago L. gen. n. 213.

1. **P. europaea** L. sp. p. 151; S. et S. pr. I p. 131, Fl. gr. II p. 75 t. 191; Dallap. prosp. p. 22; Sieb. avis p. 3, rem. p. 3; Ch. et B. exp. p. 66, Fl. pelop. p. 13; Mazz. in ant. ion. V p. 194; Friedr. Reise p. 273; Clem. sert. p. 81; Raul. cret. p. 842; Bois. fl. or. IV p. 875; Heldr. fl. cephal. p. 60; Form. in D. bot. Mon. 1891 p. 31, 1898 p. 79, in Ver. Brünn 1895 p. 37, 1897 p. 54; Hal. Beitr. fl. Thessal. p. 17, in z. b. G. 1899 p. 193; Haussk. symb. p. 53. — Exsicc.: Sint. it. or. a. 1889 n. 1899, it. thessal. n. 1520.

 Caule erecto, ramosissimo, ramis elongatis, angulato-striatis, glabris; foliis glanduloso-denticulatis, inferioribus obovatis, in petiolum attenuatis, ceteris sessilibus, lanceolatis vel linearibus, auriculatis; floribus subsessilibus, spicatis, paniculam laxam formantibus; calycis cylindrici, glanduloso-setosi, dentibus brevibus; corolla rosea vel lilacina, calyce subduplo longiore.

 In ruderatis, arenosis regionis inferioris et montanae.   Epirus: pr.

Janina, Han Balduma, mt. Micikeli (Form.); Thessalia: ad ripas Penei pr. Kalabaka (Hal.), ad monasterium Korona, pr. Karditza (Haussk.), Trikala, Velestinos, mt. Ossa, Kopreina, Neraida, Mavro Mandila, Lamia (Form.), mt. Pelion pr. Portaria, pr. Katerina ad Olympum (Sint.); Attica: pr. Athenas (Clem.), in oliveto, pr. Phalerum (Heldr.); Peloponnesus: insula Poros (Friedr.), pr. Argos, Sparta, mt. Kupe, pr. Pylos, Methone (Chaub.); Creta (Sieb.): pr. Almyros (Raul.); Archipelagus (Sibth.); Cephalonia (Dallap.): pr. Livatho, Pylaros, Peratata, Kastro, Lordata, Petricata, Hagia Thekla, Kontogianata (Heldr.); Corcyra: pr. Casopo, Ypso (Mazz.). — Jul. Oct. ♃.

2. Acantholimon Bois. diagn. VII p. 69.

1. **A. echinus** L. sp. p. 276; S. et S. pr. I p. 213, Fl. gr. III p. 92 t. 300; Sieb. avis p. 3, rem. p. 3; (*Statice*); Bois. fl. or. IV p. 840; Heldr. fl. cephal. p. 60, chlor. Parn. p. 26; Hal. in z. b. G. 1888 p. 761; Bald. riv. coll. bot. alb. 1895 p. 67, 1896 p. 91. — *Statice androsacea* Jaub. et Sp. ill. I t. 89. — *A. androsaceum* Bois. diagn. VII p. 73; Spreitz. in z. b. G. 1890 p. 298. — Exsicc.: Orph. fl. gr. n. 80 et 1170; Heldr. herb. norm. n. 602 et 1876; Bald. it. alb. epir. III n. 20.

Erinaceo-caespitosum, ramis brevissimis, dense horridis, annotinis rosulaeformibus; foliis rigidis, subulato-triquetris, acerosis, glabris; scapis subnullis vel brevibus et folia aequantibus, monostachys; spica abbreviata, confertim et distiche 3—7 spiculata, rhachide puberula; bracteis mucronatis; calycis tubo puberulo, limbo albo, costis atropurpureis, mutico vel breviter mucronulato; corolla purpurea, limbo exserto.

β. **creticum** Bois. diagn. l. c., Fl. or. IV p. 841; Raul. cret. p 842; Bald. viagg. Creta p. 88. — Folia brevissima, velutino-puberula; spica sessilis, 2—3 flora. — Exsicc.: Heldr. pl. cret. a. 1870; Rev. pl. cret. n. 146; Bald. it. cret. n. 89.

In rupestribus regionis abietinae superioris et alpinae. Epirus: mt. Kuruna, Olycika (Bald.); mt. Tymphrestus (Sprun.), Oeta Phthiotidis, Parnassus (Heldr.), Kiona (Hal.); Peloponnesus: mt. Malevo (Orph.), Olenos, Taygetos (Heldr.); Cephalonia; mt. Aenos (Letourn.); — β. Creta: mt. Drakona (Rev.), Hagios Theodoros (Spreitz.), Volakia et Hagion Pneuma (Bald.) in mt. Sphacioticis (Sibth.), mt. Ida (Held.). — Jul. Aug. ♃.

3. Goniolimon Bois. in DC. pr. XII p. 632.

1. **G. Sartorii** Bois. diagn. ser. 2 IV p. 67, Fl. or. IV p. 856; Heldr. in Reg. Gartenfl. 1873 p. 323, chlor. Mykon. p. 249; Janka in Magy. növ. lap. X p. 150; Haussk. symb. p. 54. — Exsicc.: Heldr. herb. norm. n. 875.

Glaucum, glabrum; rhizomate lignoso; foliis omnibus radicalibus, oblongis vel oblongo-rhombeis, mucronatis, basi cuneatis, in petiolum plus minus longum attenuatis; scapis simplicibus vel dichotome ramosis, praeter squamas lanceolatas nudis; floribus in spicas breves fasciculiformes confertas dispositis; bracteis coriaceis, viridibus, basi late albo-marginatis, inferiore breviore deltoidea, acuminata, interiore breviter tricuspidata; calycis tubo pallido, costis crassis viridibus, limbo albido, lobis breviter triangularibus, corolla albida.

In saxosis ad litora maris pr. Ergastiria Laurii Atticae (Heldr.) et in Cycladum insula Mykonos (Sart.). — Maio, Jul. ♃.

2. G. Heldreichii Hal. in x. b. G. 1886 p. 241 t. 9; Hausak. symb. p. 54; Form. in Ver. Brünn 1896 p. 74. — *Statice Heldreichii* Hal. l. c. — Exsicc.: Sint. it. thessal. n. 1057.

Glaucum, glabrum; rhizomate lignoso; foliis omnibus radicalibus, oblongis vel oblongo-rhombeis, mucronatis, basi cuneatis, in petiolum brevem attenuatis; scapis dichotome ramosis, praeter squamas minutas nudis; floribus in spicas elongatas, laxas, unilaterales dispositis; bracteis coriaceis, rufescentibus, albo-marginatis, inferiore subbreviore, deltoidea, abrupte acuminata, interiore breviter tricuspidata; calycis tubo omnino rufo, limbo albido, lobis breviter triangularis; corolla albida. — A praecedente specifice distincta floribus in spicas laxas, nec breves fasciculiformes dispositis et calyce intense rufo, non viridi costato.

In collibus apricis saxosis regionis inferioris et submontanae Thessaliae: ad Hagios Elias pr. Tyrnovo (Heldr.), pr. Miluna, Tafilvris et Lokatamburia in Olympo (Form.). — Jun. Aug. ♃.

4. Statice L. gen. n. 388.

Dispositio specierum.

1. Sectio. *Pterocladus* Bois. — Calyx insertione rectus, limbo amplissimo, plicatissimo, colorato; scapi alati: folia sinuato vel lyrato pinnatifida. Perennes.

    1. S. sinuata L.

2. Sectio. *Limonium* Bois. — Calyx insertione subobliquus, limbo 5 lobo, albo; scapi non alati; folia integra. Perennes.

  a. Bracteae inferiores margine tantum membranaceae.

    α. Folia pinnatinervia.

      2. S. limonium L.   3. S. Gmelini Willd.

    β. Folia palmatinervia.

      × Rami steriles nulli vel subnulli.

4. S. cerinthiaca Bois. et Heldr. 5. S. ocimifolia Pois. 6. S. Dörfleri Hal.

      ×× Rami steriles plerumque numerosi.

        ○ Calycis limbus tubo brevior.

          . Scapi stricte vel infracto-ramosi; spiculae mediocres.

          ; Scapi et folia laevisaequla.

            7. S. Sieberi Bois.   8. S. virgata Willd.

          ;; Scapi et folia tuberculato-aspera.

            9. S. graeca Poir.

          .. Scapi cancellatim ramosissimi; spiculae minutae.

            10. S. cancellata Bernh.

        ○○ Calycis limbus tubo subaequilongus; spiculae minutae.

            11. S. cosyrensis Guss.

b. Bracteae inferiores fere omnino hyalinae.
12. S. caspia Willd.

3. Sectio. *Schizymenium* Bois. — Calyx insertione rectus, limbus in 5—10 lacinias partitus, albus; scapi non alati; folia integra. Annuae.
13. S. echioides L.

1. Sectio. *Pteroclados* Bois. in DC. pr. XII p. 635. — Calyx insertione rectus, limbo amplissimo, plicatissimo, colorato; scapi alati; folia sinuato-vel lyrato-pinnatifida. Perennes.

1. S. sinuata L. sp. p. 276; S. et S. pr. I p. 214, Fl. gr. t. 301; Sieb. avis p. 3, rem. p. 3; Urv. enum. p. 36; Ch. et B. exp. p. 95, Fl. pelop. p. 21; Friedr. Reise p. 275; Fraas fl. class. p. 218; Ung. Reise p. 122; Weiss in z. b. G. 1869 p. 746; Raul. cret. p. 873; Bois. fl. or. IV p. 857; Bald. viagg. Creta p. 88; Haussk. symb. p. 53; Form. in D. b. Mon. 1898 p. 79; Heldr. fl. Aegina p. 386, chlor. Mykon. p. 249. — Exsicc.: Heldr. herb. norm. n. 188 et 1175; Rev. pl. cret. n. 263; Dörfl. fl. aeg. n. 103.

Hispido-scabra: rhizomate indurato; foliis rosulatis, sinuato vel pinnatifido-lobatis; scapis erectis, apice vel supra medium dichotomis, 3—5 alatis, alis crispatis, ad nodos in appendices lineari-lanceolatas acutas productis; squamis fusco-scariosis; spiculis 3—4 floris, in spicas breves secundas, corymbum compactum formantes, dispositis; bracteis inferioribus lanceolato-subulatis, membranaceis, interiore viridi, dorso bicarinata, apice truncata, 2—3 dentata; calycis tubo glabro, limbo coeruleo aequilongo; corolla parva, lutea.

In arenosis, incultis regionis inferioris, praesertim maritimae. Aetolia: pr. Antirrhion (Hal.); Attica: pr. Rheitro (Ung.), Athenas, Eleusis, Buliasmene, Piraeum, Phaleron Laurion, insula Aegina (Heldr.); isthmus Corinthiacus (Chaub.); Argolis: pr. Nauplia (Haussk.), insula Poros (Friedr.); Laconia: pr. Monembasia, Kisternes, Marathonisi, Kitries, Methone Messeniae (Chaub.); Cycladum insula: Tenos, Mykonos (Heldr.), Syra (Weiss), Naxos (Chaub.), Rhenea (Tunt.), Melos (Urv.); Creta: pr. Canea (Weiss), Gonia (Bald.), Kissamos, Suda, Dramia, Retymo, Candia (Raul.). — Mart. Aug. ♃.

Obs. *S. Thouini* Viv. cat. hort. Negro p. 34; Bois. fl. or. IV p. 858. — Indicatur in insula Aegina, ibi non crescit. Cf. Heldr. fl. Aegina p. 386.

2. Sectio. *Limonium* Bois. in DC. pr. XII p. 643. — Calyx insertione subobliquus, limbo 5 lobo, albo; scapi non alati; folia integra. Perennes.

a. Bracteae inferiores margine tantum membranaceae.
α. Folia pinnatinervia.

2. S. limonium L. sp. p. 274; S. et S. pr. I p. 211; Pieri corc. fl. p. 40; Sieb. avis rem. p. 3; Ch. et B. exp. p. 94, Fl. pelop. p. 21; Marg. et R. fl. Zante p. 78; Fraas fl. class. p. 218; Raul. cret. p. 843;

Bois. fl. or. IV p. 858; Heldr. fl. cephal. p. 60, in Sitzungsb. acad. Wiss. Berlin p. 9, chlor. Mykon. p. 249; Bald. in nuovo giorn. bot. ital. 1894 p. 100; Form. in Ver. Brünn 1895 p. 37, in D. bot. Mon. 1898 p. 79. — *S. serotina* Rchb. icon. crit. VIII f. 998. — *S. Gmelini* Friedr. Reise p. 264; Koch syn. ed. 2 p. 684; Hal. in ö. b. Z. 1890 p. 41; non Willd. — ? *S. scoparia* Friedr. Reise p. 274, non Willd. — *S. limonium* α. *genuina* Bois. in DC. pr. XII p. 644. — *S. limonium* γ. *macroclada* Bois. l. c. p. 645; Haussk. symb. p. 53; f. paniculae ramosissimae ramis elongatis patentissimis. — *S. Meyeri* Bois. l. c. p. 645 quoad loca graeca. — Exsicc.: Orph. fl. gr. n. 266.

Glaucescens, glabra; rhizomate crasso; foliis rosulatis, plerumque amplis, oblongis vel oblongo-lanceolatis, obtusis, mucronulatis, in petiolum attenuatis; scapis elatis, superne paniculato-corymbosis, ramis elongatis, sterilibus nullis; spiculis 2—3 floris in spicas secundas distiche congestis; bracteis late membranaceo-marginatis, inferioribus herbaceis, muticis vel submucronatis, interiore triplo majore mutica; calycis tubo ad costas piloso, limbi tubo brevioris lobis acutiusculis; corolla lilacina.

In arenosis praesertim maritimis. Epirus: pr. Prevesa (Bald.); Thessalia: in planitie, pr. Volo (Heldr.), Caterina (Sint.); Euboea: insula Pontikonisi (Wild); Attica: ad Phalerum (Sprun.); Argolis: pr. Poros (Friedr.); Laconia: in planitie Helos, ad ostia fl. Eurotas (Chaub.); Cycladum insula: Mykonos (Heldr.), Delos, Rhenea, Antiparos, Naxos, Melos (Chaub.); Creta (Sieb.); Zante (Marg.); Cephalonia: pr. Drapano, Same, Livadi (Heldr.); Corcyra (Pieri). — Jul. Nov. ♃.

3. S. Gmelini Willd. sp. I p. 1524; Bois. fl. or. IV p. 859. — Icon: Rchb. pl. crit. III f. 391.

Differt a praecedente floribus minoribus; bracteis externis fere omnino membranaceis et calycis lobis obtusis. „Specimina quaedam tamen (in sicco) interdum subdubia." Bois. fl. or. IV. p. 859.

In maritimis Euboeae septentrionalis (Wiedem.). - Jul. Nov. ♃ N. v.

β. *Folia palmatinervia.*

× Rami steriles nulli vel subnulli.

4. S. corinthiaca Bois. et Heldr. diagn. ser. 2 IV. p. 69, Fl. or. IV. p. 860. — Icon: Rouy ill. pl. europ. rar. t. 421. — Exsicc.: Heldr. pl. fl. hellen. n. 2759.

Glaucescens, glabra; rhizomate indurato; foliis rosulatis, obovato- vel oblongo-spathulatis, obtusis, brevissime mucronatis, in petiolum attenuatis; scapis errectis, paniculato-corymbosis, ramis sterilibus nullis; spiculis 2—3 floris, rectis, in spicas longiusculas, unilaterales dense imbricatis; bracteis rufescentibus, coriaceis, anguste membranaceo-marginatis, inferiore ovato-triangulari, superiore triplo majore, obtusa; calycis tubo inferne ad costas pilosiusculo, limbi minuti lobis ovatis obtusis; corolla albida. — A sequente spicis densioribus, spiculis dimidio minoribus, calycis tubo basi tantum pilosulo discedit.

In saxosis maritimis promontorii Macro Nicolaos ad sinum Corinthiacum (Heldr.). — Jul. Sept. ♃.

5. S. ocimifolia Poir. dict. V. p. 238; Urv. enum. p. 35; Bois. fl. or. IV. p. 861; Hal. in z. b. G. 1899 p. 193. — *S. bellidifolia* S. et S. pr. I. p. 211, Fl. gr. III. p. 90 t. 295; non Gou. = *S. ocimifolia β. bellidifolia* Bois. fl. or. IV. p. 861; Hal. in z. b. G. 1899 p. 193 (f. spiculis magis dissitis). — Exsicc.: Orph. fl. gr. n. 694; Heldr. herb. norm. n. 1068.

Glaucescens, glabra; rhizomate indurato; foliis rosulatis, obovatospathulatis, obtusissimis, muticis, in petiolum attenuatis; scapis erectis, paniculato-corymbosis, ramis sterilibus subnullis; spiculis 2—3 floris, rectis, in spicas unilaterales densiuscule approximatis; bracteis rufescentibus, coriaceis, anguste membranaceo-marginatis, inferiore ovato-triangulari, superiore triplo majore, obtusissima; calycis tubo adpresse piloso, limbi minuti lobis ovatis, obtusis; corolla lilacina.

In saxosis maritimis. Attica: in scopula Rhaphti (Urv.); Cyclades (Sibth.): insula Cythnos, Syros, Siphnos (Heldr.), Melos (Urv.). — Jun. Aug. ♃.

6. S. Dörfleri Hal. in allg. bot. Zeitschr. 1899 p. 1. — *S. ocimifolia* Hal. in ö. b. Z. 1895 p. 17, non Poir. — Exsicc.: Dörfl. fl. aeg. n. 172.

Glaucescens, glabra; rhizomate indurato; foliis rosulatis, obovatospathulatis, acutiusculis, manifeste mucronatis, in petiolum attenuatis; scapis erectis, paniculato-corymbosis, ramis sterilibus subnullis; spiculis 1—3 floris, rectis, in spicas breves, unilaterales densiuscule approximatis; bracteis rufescentibus, coriaceis, anguste membranaceo-marginatis, inferiore ovato-triangulari, superiore triplo majore, obtusa; calycis tubo longe patuleque piloso, limbi minuti lobis ovatis, obtusis; corolla lilacina. — Differt a praecedente foliis acutis, mucronatis, spicis brevibus, spiculis saepius 1—2 floris et calycis tubo longe piloso; a *S. Sieberi* foliis majoribus, ramis sterilibus nullis, spicis brevioribus densioribusque.

In Cycladum insulis parvis Makaria (Reis.) et Denusa (Leon.) ad orientem insulae Naxos sitis. — Jun. Jul. ♃.

×× Rami steriles plerumque numerosi.

○ Calycis limbus tubo brevior.

. Scapi non cancellatim ramosi; spiculae majusculae.

; Scapi et folia laeviuscula.

7. S. Sieberi Bois. voy. esp. p. 530, Fl. or. IV. p. 861; Heldr. in ö. b. Z. 1880 p. 346, chlor. Mykon. p. 249; Spreitz. in z. b. G. 1887 p. 667. — ? *S. bellidifolia* Urv. enum. p. 35; Ch. et B. exp. p. 94; non Gou. — *S. spathulata* Sieb. avis. p. 3, rem. p. 3; ? Ch. et B. fl. pelop. p. 21; non Willd. — ?*S. Willdenowiana* Friedr. Reise p. 266, non Rchb. — *S. graeca v. Sieberi* Bois. in DC. pr. XII. p. 650; Raul. cret. p. 843. — *S. rorida × virgata* Haussk. symb. p. 54. — Exsicc.: Heldr. herb. norm. n. 973, 975 et 1069.

Glaucescens, glabra; rhizomate indurato; foliis rosulatis, obovato-spathulatis, obtusis vel acutiusculis, mucronatis, in petiolum attenuatis; scapis erectis, flexuosis, dichotome ramosis, ramis inferioribus sterilibus, rigidis, abbreviatis, superioribus paniculatis; spiculis 1—4 floris, rectis, dissitis, spicas longas, laxas, unilaterales formantibus; bracteis rufescentibus, coriaceis, anguste membranaceo-marginatis, inferiore oblonga, acutiuscula, superiore 3—4 plo majore, involuta; calycis tubo adpresse pilosulo, limbi parvi lobis ovatis, obtusis; corolla lilacina. — Haud recte a Haussknecht l. c. pro hybrida inter *S. virgatam* et *S. roridam* habetur, mihi potius cum illa ut varietas conjungenda, quacum, uti jam Boissier ipse monet, formas transitorias interdum vix distinguendas saepe praebet et a qua typice spiculis tertia parte longioribus, rectis nec incurvis tantum discedit.

In arenosis praesertim maritimis. Attica: pr. Thorikos Laurii, pr. Pikrodaphni, Phaleron, Piraeum, Munychia, Buliasmene, Kalamaki in isthmo Corinthiaco (Heldr.); Argolis (Chaub.): ad Lernam (Urv.); Laconia: in Maina, ad ostia fl. Eurotas, pr. Marathonisi (Chaub.); Messenia: pr. Petalidi (Zahn); Cythera: pr. Kapsali, Cherko (Spreitz); Creta: ad Retymo (Sieb.), Canea (Raul.); Cycladum insula: Tenos, Mykonos, Naxos (Heldr.). — Jun. Oct. ♃.

8. S. virgata Willd. en. berol. I. p. 336; Weiss. in z. b. G. 1896 p. 746; Bois. fl. or. IV. p. 863; Heldr. fl. cephal. p. 60; Haussk. symb. p. 53. — *S. oleifolia* S. et S. pr. I. p 212; Ch. et B. exp. p. 94; Marg. et R. fl. Zante p. 78; Friedr. Reise p. 273; non Pourr. — *S. viminea* Schrad. in Horn. reg. hafn. suppl. p. 97; Raul. cret. p. 843. — *S. cordata* Sieb. arvis p. 3, non L. — *S. cancellata* Spreitz. in z. b. G. 1887 p. 667, non Bernh. — Exsicc.: Orph. fl. gr. n. 264; Heldr. herb. norm. n. 289 et 1070; Rev. pl. cret. n. 147, in Baen. herb. europ. n. 4893.

Glaucescens, glabra; rhizomate indurato; foliis rosulatis, oblongo-spathulatis, obtusis, muticis vel mucronatis, in petiolum attenuatis; scapis plerumque numerosis, erectis, flexuosis, ramosissimis, ramis inferioribus sterilibus, rigidis, abbreviatis, superioribus paniculatis; spiculis 1—4 floris, saepius incurvis, dissitis, spicas longas, laxas, unilaterales formantibus; bracteis rufescentibus, coriaceis, anguste membranaceo-marginatis, inferiore ovata, acutiuscula 3—4 plo majore, involuta; calycis tubo adpresse pilosulo, limbi tubo duplo brevioris lobis ovatis, obtusis; corolla lilacina.

In arenosis maritimis. Attica: ad Phalerum (Heldr.); Euboea: pr. Aedipso (Heldr.); pr. Lutraki et Corinthum in isthmo Corinthiaco (Heldr.); Elis: pr. Lintzi (Heldr.); Argolis: pr. Argos (Chaub.), Poros (Friedr.); Laconia: pr. Kisternes, promontorium Tenare et Matapan (Chaub.); Cycladum insula: Syra (Weiss), Jos, Paros (Heldr.), Melos (Armenis); Creta: pr. Suda, Platania (Rev.), Canea (Weiss), Kissamos, insula Gaidaronisi (Raul.); Zante (Marg.); Cephalonia: pr. Pessada, Piscardo,

Athera, Mantzavinata (Heldr.); Leucas: ad promontorium Juana (Spreitz.).
— Jun. Oct. ♃
;; Scapi et folia tuberculato-aspera.

9. **S. graeca** Poir. dict. suppl. V. p. 237; Bois. in DC. pr. XII. p. 650 excl. var. α.; ? Spreitz. in z. b. G. 1887 p. 667. — *S. echioides* S. et S. pr. I. p. 213, non L. — *S. rorida* S. et S. fl. gr. III. p. 91 t. 298; Ch. et B. fl. pelop. p. 21; Bois. fl. or. IV. p. 862 cum var β.; Heldr. fl. cephal. p. 60, Fl. Aegina p. 387, in ö. b. Z. 1898 p. 184, chlor. Thera p. 19, chlor. Mykon. p. 249; Haussk. symb. p. 53. — *S. palmaris* S. et S. pr. I. p. 213, Fl. gr. III. p. 91 t. 297; Ch. et B. exp. p. 95; Heldr. in ö. b. Z. 1898 p. 184, chlor. ·Mykon p. 249; (f. nana, spicis brevioribus, paucispiculatis). — *S. graeca β. microphylla* Bois. in DC. pr. XII. p. 650; Clem. sert. p. 81; Weiss in z. b. G. 1869 p. 746; Raul. cret. p. 843. — Exsicc.: Orph. fl. gr. n. 265 et 1169; Heldr. herb. norm. n. 1474; Dörfl. fl. aeg. n. 166 et 249 a.

Glauca, glabra, tuberculato-aspera; rhizomate indurato; foliis rosulatis, ovato-vel oblongo-spathulatis, obtusis, muticis, in petiolum attenuatis; scapis a basi infracto ramosissimis, angulato-flexis, ramis inferioribus sterilibus, rigidis, divergentibus, superioribus paniculatis; spiculis 1—3 floris, rectis, dissitis, spicas laxas unilaterales formantibus; bracteis rufescentibus, coriaceis, latiuscule membranaceo-marginatis, inferiore ovata, acutiuscula, superiore 3—4 plo majore, involuta; calycis tubo hirtulo, limbi parvi lobis ovatis, obtusis; corolla albida vel lilacina. — Duabus praecedentibus affinis, ab iis scapis et foliis tuberculato-asperis praesertim distincta.

β. **prolifera** Urv. enum. p. 35 pro sp.; Bois. fl. or. IV. p. 862; Haussk. symb. p. 53; Heldr. chlor. Thera p. 19. — Icon: Jaub. et Sp. ill. t. 390. — Scapi ad dichotomias fasciculos foliorum radicalibus similes edentes. — Exsicc.: Heldr. herb. norm. n. 974, mixta cum typo.

γ. **hyssopifolia** Girard in ann. sc. nat. ser. 3 II. p. 329; Bald. viagg. Creta p. 88; pro sp.; Bois. in DC. pr. XII. p. 650; Raul. cret. p. 843. — *S. rorida v. hyssopifolia* Bois. Fl. or. IV. p. 862. — Minus aspera vel laeviuscula; scapis saepissime quoque ad dichotomias folioso-proliferis; foliis acutiusculis; spicis elongatis, laxis, spiculis submajoribus. — Forte species propria. — Exsicc.: Bald. it. cret, alt. n. 246.

In arenosis et saxosis maritimis, cum var β. frequens. Attica: pr. Eleusis (Orph.), Munychia, Phaleron, Pikrodaphni, Thorikos in regione Laurii, pr. Megara, insula Metopi pr. Aegina (Heldr.), Macronisi (Tourn.); Corinthia: pr. Kalamaki (Heldr.), Corinthum (Pichl.); Cycladum insula: Tenos (Sart.), Syra (Weiss), Delos, Mykonos, Paros, Antiparos, Naxos (Chaub.), Rhenea (Tunt.), Melos (Sibth.), Amorgos (Orph.), Thera (Heldr.), Therasia, Kameni (Urv.); Creta (Sibth.): pr. Mavromolo, Canea, Suda, Suia (Raul.); Cephalonia: pr. Poros (Heldr.);

Leucas: pr. Amaxichi (Spreitz.); — γ. Creta: pr. Kissamos (Olivier), promontorium Maleka, Rethymo (Bald.). — Maio, Oct. ♃

.. Scapi cancellatim ramosissimi; spiculae minutae.

10. **S. cancellata** Bernh. in Bert. fl. ital. III. p. 525; Bois. fl. or. IV. p. 863; Heldr. fl. cephal. p. 60. — *S. minuta* Ch. et B. exp. p. 95, non L. — *S. reticulata* Ch. et B. fl. pelop. p. 21; ? Friedr. Reise p. 284; non L. — *S. furfuracea* Rchb. ic. crit. f. 327, non Lag.

Cinereo-pubescens, rarius glabra; rhizomate indurato; foliis rosulatis, obovato-spathulatis, obtusis, in petiolum attenuatis; scapis brevibus, a basi articulatim ramosissimis, cancellatim infractis, ramis divaricatissimis, intricatis, saepe refractis, inferioribus sterilibus; spiculis parvis rectis, subtrifloris, in spicas laxas distichas dispositis; bracteis anguste membranaceo-marginalis, inferiore triangulari, acuta, superiore 4 plo longiore, acutiuscula; calycis tubo hirsuto, limbi lobis oblongis, acutiusculis; corolla lilacina.

α. **typica.** — Cinereo-pubescens.

β. **glabra** Bois. in DC. pr. XII. p. 656, Fl. or. IV. p. 863; Heldr. fl. cephal. p. 60. — Glabra.

γ. **laxa** Bois. fl. or. IV. p. 863. — Glabra; folia submajora; scapi elongati, articulis longioribus; rami floriferi arcuato-recurvi, spicis laxissimis.

In arenosis maritimis; α. non indicatur; — β. pr. Kiniti Petra Cephaloniae (Heldr.) et in Peloponneso pr. Gargaliano et Pylos (Chaub.); — γ. Cephalonia: pr. Kipuria, Athera et Poros (Heldr.). — Jul. Sept. ♃. N. v.

OO Calycis limbus tubo subaequilongus; spiculae minutae.

11. **S. cosyrensis** Guss. pr. fl. sic. suppl. p. 90; Bois. fl. or. IV. p. 863. — *S. cordata* Guss. pr. fl. sic. I. p. 382, non L. — Exsicc.: Heldr. herb. norm. n. 1475.

Glabra, viridis; rhizomate indurato; foliis rosulatis, obovato-vel oblongo-spathulatis, obtusis vel retusis, in petiolum attenuatis; scapis erectis, a basi stricte ramosissimis, ramis inferioribus sterilibus; spiculis parvis, tenuibus, rectis, subunifloris, in spicas tenues, unilaterales vel distichas laxe dispositis; bracteis angusto-membranaceo-marginatis, arcte involutis, inferiore triangulari, acutiuscula, superiore 4 plo longiore, obtusiuscula; calycis tubo basi hirtulo, limbo tubo subaequilongo, lobis oblongis, acutiusculis; corolla lilacina.

β. **major** Bois. in DC. pr. XII. p. 656 pro var. *S. cordatae*; Bois. fl. or. IV. p. 864. — *S. dichotoma* S. et S. pr. I. p. 212; Urv. enum. p. 35; Ch. et B. exp. p. 94; non Cav. — *S. melia* Nym. consp. p. 612. — Spiculae 2—3 florae. — Exsicc.: N. v.

In rupestribus maritimis. Messenia: pr. Corone (Zahn); — β. ibidem et pr. Argos (Bois.). pr. Portocajo et promontorium Malea (Chaub.); insula Melos (Urv.). — Maio. Sept. ♃.

b. Bracteae inferiores fere omnino hyalinae.

12. S. caspia Willd. enum. hort. berol. I. p. 336; Bois. fl. or. IV. p. 865. — Icon: Rchb. crit. f. 335. — Exsicc.: Orph. fl. gr. n. 695.

Glabra, tuberculato-aspera; rhizomate indurato; foliis obovato-vel oblongo-spathulatis, obtusis, muticis vel mucronulatis, in petiolum attenuatis; scapis erectis, fere a basi dichotome ramosis, ramis inferioribus sterilibus, capillaceo-multifidis; spiculis parvis, 2—3 floris, in spicas confertas, breves, saepe subcapitatas, distichas confertis; bracteis inferioribus hyalinis, ovatis, obtusis, superiore duplo majore, ad medium hyalina; calycis tubo brevi ad angulos ciliato, limbi tubo longioris lobis ovatis, erosulis; corolla albida. — Ramis sterilibus capillaceo-multifidis, bracteis inferioribus hyalinis, calycis tubo abbreviato, lobis limbi erosulis ab omnibus distincta.

In arenosis maritimis. Attica: pr. Skaramanga, rare (Orph.). — Maio. Aug. ♃

3. Sectio. *Schizhymenium* Bois. in DC. pr. XII. p. 665. — Calyx insertione rectus, limbus in 5—10 lacinias partitus, albus; scapi non alati; folia integra. Annuae.

13. S. echioides L. sp. p. 275; Sieb. avis p. 3; Ch. et B. exp. p. 95, Fl. pelop. p. 21; Raul. cret. p. 843; Bois. fl. or. IV. p. 870; Hal. in ö. b. Z. 1896 p. 17; Haussk. symb. p. 54; Heldr. fl. Aegina p. 387. — *S. aristata* S. et S. pr. I. p. 213, Fl. gr. III. p. 92 t. 299. — Exsicc.: Heldr. herb. norm. n. 391.

Glabra, glaucescens; radice annua; foliis rosulatis, oblongo-spathulatis, obtusis, muticis vel mucronatis, in petiolum brevem attenuatis; scapis erectis, flexuosis, dichotome ramosis, ramis elongatis, patentibus, secus totam longitudinem spiculas distantes ferentibus; spiculis unifloris, rarius bifloris; bracteis inferioribus minimis, ovato-rotundis, superiore 5 plo longiore, coriacea, scabra, angustissime marginata; calycis tubo adpresse hirtulo, limbi tubo triplo brevioris, tandem laceri lobis in aristam rubram emarginatam, uncinatam abeuntibus; corolla albida.

β. **exaristata** Murb. contr. conn. fl. nord-ouest Afrique III. p. 1. — Calycis lobi in aristam ad apicem usque albo-marginatam rectam abeuntes. — Exsicc.: Heldr. pl. fl. hellen. a. 1878.

In collibus aridis, maritimis. Attica: ad radices Hymetti, in colle Turcovuni, ad Phalerum (Heldr.); insula Aegina (Sart.), Euboea (Sprun.); Laconia (Chaub.); Cythaera: ad Hagios Nicolaos (Sterneck); Creta: pr. Kalolimniones, Hierapetra, promontorium Sidero, insula Gaidaronisi (Raul.); Cycladum insula: Mykonos, Naxos (Chaub.); — *β*. Attica: ad Piraeum (Heldr.); Argolis: pr. Nauplia (Sart.). — Maio, Jul. ☉

5. Limoniastrum Moench meth. p. 432.

1. L. monopetalum L. sp. p. 276; Sieb. avis p. 3, rem. p. 3; (*Statice*); Bois. in DC. pr. XII. p. 874; Raul. cret. p. 843. — Icon: Bocc. sic. t. 17.

Fruticosum, lepidoto-incanum; ramis virgatis, superne foliosis; foliis oblongo-vel lineari-lanceolatis, obtusis, in petiolum basi vaginantem attenuatis; spiculis bifloris, in spicas interruptas dispositis; bractea infima cyathiforme, media lineari-triquetra, superiore longiore flores involvente; calycis tubo membranaceo, limbi minuti lobis acutis; corolla rosea.

In arenosis maritimis Cretae (Sieb.): in insula Gaidaronisi (Heldr.). — Jul. Oct. ħ. N. v.

6. Armeria Willd. enum. hort. berol. I. p. 333.

1. A. canescens Host fl. austr. I. p. 407 (*Statice*); Host in Ebel arm. gen. p. 28; Bois. in DC. pr. XII. p. 686; Beck fl. Südbosn. III. p. 145, IX. p. 12, in z. b. G. 1897 p. 579; Hal. Beitr. fl. Epir. p. 38, Beitr. fl. thessal. p. 17; Form. in Ver. Brünn 1896 p. 74, 1897 p. 54. — ? *S. armeria* S. et S. pr. I. p. 210; Ch. et B. exp. p. 94, Fl. pelop. p. 21; non L. — *A. Orphanidis* Bois. diagn. ser. 2 IV. p. 71. — *A. majellensis β. brachyphylla* Bois. fl. or. IV. p. 873. — *A. canescens v. majellensis* Bald. riv. coll. bot. alb. 1895 p. 67, 1896 p. 91. — *A. lacmonica* Haussk. symb. p. 55, quae ex descriptione non differre videtur. — Exsicc.: Hal. it. gr. II. a. 1893; Bald. it. alb. epir. III. n. 84, IV. n. 45; Heldr. herb. norm. n. 1477; Dörfl. fl. gr. n. 393.

Glabra; rhizomate crasso, multicipite; foliis biformibus, externis brevioribus, lineari-lanceolatis, internis angustis, elongatis; scapis saepius elongatis, 30—60 cm. altis, sub capitulo vagina tubulosa longa cinctis; capitulis mediocribus; involucri pallide brunnei phyllis externis ovatis, breviter cuspidatis, internis latioribus longioribusque; bracteis albo-scariosis, calyces amplectantibus; spiculis sessilibus subsessilibusve; pedicellis inaequalibus, infimo spicularum caeteris longiore, calycis tubo triplo breviore; calycis tubo ad costas piloso, foveola basilari ovata vel oblonga, limbi lobis breviter triangularibus, in aristas longas attenuatis; corolla rosea vel purpurea.

β. **majellensis** Bois. in DC. pr. XII. p. 685, Fl. or. IV. p. 873 excl. var. *γ.*; Heldr. chlor. Parn. p. 26; Form. in D. bot. Mon. 1891 p. 32; Beck in z. b. G. 1897 p. 579, Beitr. fl. Südbosn. IX. p. 13; pro sp.; Hal. Beitr. fl. Epir. p. 38, in ö. b. Z. 1897 p. 325; Bald. riv. coll. bot. Alb. 1895 p. 67, 1896 p. 91; Form. in Ver. Brünn 1896 p. 74, 1897 p. 54. — *A. canescens v. rumelica* Bald. riv. coll. bot. alb. 1895 p. 67. — Folia abbreviata, latiora; scapi 8—22 cm. alti, raro altiores. — Forma alpina, quae intermediis ad typum transit. — Exsicc.: Hal. it. gr. II. a. 1893; Bald. it. alb. epir. III. n. 197; Dörfl. fl. gr. n. 305.

In pascuis regionis subalpinae et alpinae. Epirus: mt. Tsumerka (Hal.), Olycika, Micikeli (Bald.); Thessalia: mt. Zygos (Heldr.), Oxya (Hal.), pr. Konisko, Longi, Vlachava, Asproklisia, mt. Chassia, pr. Patsios, Tafilvris, Lokatamburia, Suilismen et Godaman in Olympo (Form.); Phthiotis: mt. Oeta (Heldr.); Euboea: mt. Dirphys (Sart.); Aetolia: mt. Tymphrestus (Samarit.); Peloponnesus: mt. Chelmos, Malevo (Orph.), Taygetos (Heldr.); — β. Epirus: mt. Tsumerka, Peristeri (Hal.); Thessal: mt. Oxya, Gisel tepe, Dokimi, Zygos, Said Pascha, Ghavellu, pr. Korona, Kalivia, Karamanol in Pindo, pr. Alafovris, mt. Mavrika et Katasara in mt. Othrys (Form.); Aetolia: mt. Korax (Tunt.), Tymphrestus (Samarit.); mt. Kiona (Reiser), Parnassus (Heldr.); Peloponnesus: mt. Olenos (Heldr.). — Sed loca nonnulla forsan ad sequentem spectant. — Jun. Aug. ♃

2. **A. rumelica** Bois. in DC. pr. XII. p. 677; Beck in z. b. G. 1897 p. 579, Fl. Südbosn. IX. p. 19; Haussk. symb. p. 54. — *A. thessala* Bois. et Heldr. diagn. ser. 2 IV. p. 70; Form. in D. bot. Mon. 1891 p. 32. — *A. cariensis β. rumelica* et *γ. thessala* Bois. fl. or. IV. p. 874. — Exsicc.: Heldr. fl. hellen. a. 1851; Sint. it. thessal. n. 581.

Glabra; rhizomate crasso, multicipete; foliis biformibus, externis brevioribus, lineari-lanceolatis, internis angustis, elongatis; scapis 20—45 cm. altis, sub capitulo vagina tubulosa longa cinctis; capitulis mediocribus; involucri pallide brunnei phyllis externis ovatis acutiusculis, ad internas obtusas sensim elongatis; bracteis albo-scariosis, calyces amplectantibus; spiculis stipitatis; pedicellis inaequalibus, infimo spicularum caeteris longiore, calycis tubum aequante; calycis tubo ad costas piloso, foveola basilari oblonga vel lineari, limbi lobis triangularibus, in aristas longas attenuatis; corolla purpurea. — Praecedenti habitu omnino similis et ab ea spiculis stipitatis et pedicellis longioribus tantum differt, attamen formae intermediae adesse videntur.

In pascuis regionis subalpinae et alpinae. Thessalia: pr. Chaliki (Sint.), mt. Zygos, Karava et Ghavellu (Haussk.) in Pindo, mt. Olympus (Heldr.); planta mt. Oeta Phthiotidis (Heldr.) a Beck in Fl. Südbosn. IX. p. 20 huc ducta, meo sensu potius ad speciem praecedentem spectat. — Jun. Aug. ♃

3. **A. undulata** Ch. et B. exp. p. 93 t. 10, Fl. pelop. p. 20 t. 11 *(Statice)*; Bois. in DC. pr. XII. p. 685; Hal. Beitr. fl. Achaia p. 30. — *S. alliacea* S. et S. pr. I. p. 211, Fl. gr. III. p. 89 t. 294, non Cav. — *A. argyrocephala* Wallr. Beitr. bot. I. p. 206; Haussk. symb. p. 54; Beck in z. b. G. 1897 p. 579, Beitr. fl. Südbosn. IX. p. 16. — *A. majellensis v. leucantha* Bois. fl. or. IV. p. 873. — Exsicc.: Heldr. herb. norm. n. 212 et 1276; Orph. fl. gr. n. 696; Sint. it. thessal. n. 681 b.

Glabra; rhizomate crasso; foliis biformibus, externis brevioribus, lineari-lanceolatis, margine saepe sinuato-undulatis, internis angustis, elongatis; scapis 20—40 cm. altis, sub capitulo vagina tubulosa longa cinctis; capitulis mediocribus; involucri pallidissime brunnei phyllis externis ovatis, cuspidatis, ad internas oblongas obtusas sensim elongatis; bracteis splendidissime albo-membranaceis, calyces amplectantibus; spiculis sessilibus; pedicellis inaequalibus, infimo spicularum caeteris longiore, calycis tubo paulo breviore; calycis tubo ad costas piloso, foveola basilari oblonga, limbi lobis triangulari-elongatis, in aristas longas attenuatis; corolla ampla, alba. — Differt a praecedentibus floribus majoribus, corolla alba. — Variat (f. *minor* Haussk. l. c.) scapis abbreviatis, foliis rigidis brevibus et (f. *longifolia* Haussk. l. c.) scapis elongatis, foliis flaccidis ad 20 cm. longis, porro capitula parvis et majusculis.

β. **graeca** Beck Beitr. fl. Südbosn. IX. p. 17. — Folia pilosula; corolla roseo-suffusa. — Exsicc.: Heldr. herb. norm. n. 566; Orph. herb. n. 580.

In pascuis regionis montanae et subalpinae. Thessalia: mt. Sina pr. Malakasi (Sint.); Attica: mt. Hymettus (Sibth.), Pentelicon, Parnes, Pateras (Heldr.); Achaia: mt. Olenos, Chelmos (Hal.); Arcadia: pr. Zatuna (Orph.), pr. Megalopolis, mt. Diaforti (Chaub.); Laconia: mt. Taygetos (Heldr.); — β. Attica: mt. Cithaeron (Heldr.); Arcadia: mt. Glynitza pr. Zatuna (Orph.). — Maio, Jul. ♃

XCI. Ordo. **Plantaginaceae** Juss. gen. p. 39.

Dispositio specierum.

1. Sectio. *Psyllium* Tourn. — Species cauligerae, foliis oppositis; corollae tubus glaber, transversim plicatus; capsula disperma; semina cymbiformia.
   a. Suffrutex.
               1. P. cynops L.
   b. Herbae annuae.
      2. P. arenaria W. et K.   **3. P. psyllium** L.

2. Sectio. *Euplantago* Bois. — Species acaules, rarius (*P. amplexicaulis*) breviter caulescentes et tunc folia alterna; corollae tubus glaber vel villosus, laevis; capsula 2-polysperma; semina varia.
   a. Corollae tubus pilosus; semina plano-convexa.
     α. Capsula ob placentas 3—4 alatas 3—4 locellata, locellis monospermis.
              4. P. coronopus L.
     β. Capsula placentis bialatis bilocularis disperma.
       × Rhizoma carnosum; folia saepissime dentata, latiuscula.
         5. P. serraria L.   **6. P. crassifolia** Forsk.
       ×× Rhizoma lignosum; folia subintegerrima, anguste linearia.
              7. P. recurvata L.
   b. Corollae tubus glaber.
     α. Capsula trilocularis, loculis monospermis, altero rarissime dispermo; semina facie interiore sulcata vel cymbiformia.
       × Corolla omnino glabra.
         ○ Perennes.
           . Spicae subglobosae vel breviter cylindricae, densae; bracteae non cucullatae nec penicillatae.

; Scapi teretes.
    8. **P. montana** Lam.
;; Scapi angulato-sulcati.
    9. **P. lanceolata** L.
.. Spicae elongato-cylindricae, laxae, basi saepe interruptae; bracteae cucullatae, margine et apice penicillatae.
    10. **P. albicans** L.

○○ Annuae.
. Plantae saepius caulescentes; folia in petiolum late vaginantem amplexicaulem angustata.
    11. **P. amplexicaulis** Cav.
.. Plantae acaules; folia in petiolum non vaginantem attenuata.
    12. **P. Bellardi** All.   13. **P. cretica** L.
×× Corollae lobi ad nervum dorsalem pilosuli.
    14. **P. lagopus** L.
β. Capsula bilocularis, loculis dispermis, sed saepius abortu monospermis; semina facie interiore planiuscula, foveola notata.
    15. **P. media** L.
γ. Capsula bilocularis, loculis 4—8 spermis; semina angulata.
    16. **P. major** L.

1. Sectio. *Psyllium* Tourn. inst. t. 49. — Species cauligerae, foliis oppositis; corollae tubus glaber, transversim plicatus; capsula disperma; semina cymbiformia.

a. Suffrutex.

1. **P. cynops** L. Sp. ed. 2 p. 167; Sieb. avis p. 3, rem. p. 3; Raul. cret. p. 844. — Icon: Jacq. fragm. t. 81.

Papilloso-puberula vel glabriuscula; caulibus suffruticosis, erectis vel adscendentibus, valde ramosis, ramis herbaceis; foliis sessilibus, lineari-subulatis, integris; spicis oblongis, densis, subfastigiatis; bracteis infimis in cuspidem herbaceum attenuatis, superioribus lanceolatis, mucronatis; calycis laciniis anticis ovatis, mucronatis, posticis lanceolatis acutis, carinatis, ad carinam setulosis; corollae lobis ovato-lanceolatis, acutis.

In argillosis regionis inferioris et montanae. Indicatur in Corcyra (Mazz.) et in Creta (Sieb.), sed a recentioribus non lecta. — Apr. Jun. ♄. N. v.

b. Herbae annuae.

2. **P. arenaria** W. et K. pl. rar. hung. I. p. 51 t. 51; Raul. cret. p. 844; Bois. fl. or. IV. p. 892; Form. in Ver. Brünn 1895 p. 37, 1897 p. 54; Haussk. symb. p. 55; Heldr. chlor. Thera p. 20, chlor. Mykon. p. 250. — Exsicc.: Heldr. pl. fl. bellen. a. 1878, it. IV. Thessal. a. 1885.

Pubescens, vix glandulosa; caule erecto, simplici vel stricte ramoso; foliis sessilibus, linearibus, integris vel subdenticulatis; pedunculis axillaribus, folio longioribus, saepe subumbellato-thyrsoideis; spicis ovatis, densis; bracteis difformibus, infimis ovatis, in cuspidem attenuatis, superioribus late obovatis, obtusissimis; calycis laciniis anticis obliqueovatis, obtusissimis, posticis lanceolatis, acutiusculis; corollae lobis ovatolanceolatis.

β. **divaricata** Bois. fl. or. IV. p. 892. — Huc probabiliter: *P. squarrosa* S. et S. pr. I. p. 102, non Willd. — Divaricatim ramosa, folia abbreviata sublatiora. Forma maritima. — Exsicc.: Orph. herb. n. 2951; Sint. et Bornm. it. turc. n. 1440.

In arvis, arenosis maritimis. Epirus: pr. Prevesa, in valle Dipotami (Form.); Thessalia: pr. Trikala (Haussk.), Larissa (Heldr.), Lechonia pr. Volo (Form.); Attica: pr. Raphina (Heldr.); Cycladum insula: Mykonos (Heldr.), Naxos, Thera (Sart.); Creta: pr. Platania (Raul.); Corcyra: pr. Stratia, Kipuria (Form,); — β. Thessalia: pr. Litochori (Sint.); Argolis: pr. Astros (Orph.); Cycladum insula: Andros (Sart.), Tenos (Heldr.), Melos (Sibth.), Naxos (Rets.). — Maio, Jul.

3. **P. psyllium** L. sp. p. 115; S. et S. pr. I. p. 102, Fl. gr. II. p. 38 t. 149; Pieri corc. fl. p. 19; Dallap. prosp. p. 18; Ch. et B. exp. p. 56, Fl. pelop. p. 11; Mazz. in ant. ion. IV. p. 948; Marg. et R. fl. Zante p. 78; Friedr. Reise p. 276; Fraas fl. class. p. 220; Clem. sert. p. 82; Ung. Reise p. 122; Weiss in z. b. G. 1869 p. 746; Raul. cret. p. 844; Spreitz. in z. b. G. 1877 p. 717, 1887 p. 667; Bois. fl. or. IV. p. 891; Heldr. fl. cephal. p. 61, Fl. Aegina p. 387, chlor. Thera p. 19, chlor. Mykon. p. 250; Gelmi in bull. soc. bot. ital. 1889 p. 451; Form. in D. bot. Mon. 1891 p. 32, 1895 p. 79, in Ver. Brünn 1897 p. 54; Bald. riv. coll. bot. alb. 1895 p. 67; Haussk. symb. p. 55; Hal. in ö. b. Z. 1897 p. 98, 1899 p. 25; Aznav. in magy. növ. lap. I. p. 196. — *P. afra* S. et S. pr. I. p. 102; Link in Linnaea IX. p. 573; Marg. et R. fl. Zante p. 79; non L. sp. ed. 2 p. 168, quae ex autore ipso species frutescens. — *P. pumila* S. et S. pr. I. p. 102; Ch. et B. exp. p. 56, Fl. pelop. p. 11. — Exsicc.: Sint. it. thessal. n. 6; Baen. herb. europ. n. 9313; Dörfl. fl. aeg. n. 20, Fl. gr. 456.

Glanduloso-pubescens; caule erecto, simplici vel ramoso; foliis sessilibus, linearibus vel lineari-lanceolatis, integris vel denticulatis; pedunculis axillaribus, folio longioribus, saepe corymboso-thyrsoideis; spicis ovato-sphaericis, densis; bracteis conformibus, lanceolatis, acutis vel acuminatis; calycis laciniis omnibus oblongis, acutis; corollae lobis lanceolatis. — Praecedenti similis, ab ea praesertim bracteis lanceolatis et calycis laciniis conformibus oblongis differt.

In herbidis, cultis, olivetis, vineis regionis inferioris et montanae per totam Graeciam. — Febr. Jul. ☉

2. Sectio. *Euplantago* Bois. fl. or. IV. p. 877. — Species acaules, rarius *(P. amplexicaulis)* breviter caulescentes et tunc folia alterna; corollae tubus glaber vel villosus, laevis; capsula 2-polysperma; semina varia.

a. Corollae tubus pilosus; semina plano-convexa.

α. Capsula ob placentas 3—4 alatas 3—4 locellata, locellis monospermis.

4. **P. coronopus** L. sp. p. 115; S. et S. pr. I. p. 101; Sieb. avis p. 3, rem. p. 3; Ch. et B. exp. p. 56, Fl. pelop. p. 11; Mazz. in ant. ion. IV. p. 948; Friedr. Reise p. 270 et 284; Weiss in z. b. G. 1869 p. 746; Bois. fl. or. IV. p. 888; Heldr. fl. cephal. p. 61, Fl. Aegina p. 387, in ö. b. Z. 1898 p. 185, prosth. chlor. Thera p. 3, chlor. Mykon. p. 250; Spreitz. in z. b. G. 1887 p. 667, 1890 p. 298; Gelmi in bull. soc. bot. ital. 1889 p. 451; Form. in D. bot. Mon. 1891 p. 32; Bald. riv. coll. bot. alb. 1895 p. 67; Haussk. symb. p. 55. — *P. Columnae* Gou. ill. p. 6; Ch. et B. exp. p. 56, Fl. pelop. p. 11. = *P. Jacquini* Roem. et Sch. syst. III. p. 140; f. foliorum rhachi latiuscula trinervia. — *P. commutata* Guss. suppl. I. p. 46; Link in Linnaea IX. p. 575 cum f. *longifolia* (f. scapis abbreviatis, spicae aequilongis). — *P. hirsuta* Mazz. in ant. ion. IV. p. 948. — Icon: Fl. dan. t. 272. — Exsicc.: Heldr. herb. norm. n. 1176; Sint. et Bornm. it. turc. n. 1439; Sint. it thessal. n. 1241; Baen. herb. europ. n. 9311; Dörfl. fl. aeg. n. 251, pl. cret. n. 87.

Plus minus hirsuta; foliis oblongo-lanceolatis, lanceolatis vel linearibus, 1—3 nerviis, pinnatifido-dentatis vel pinnatifidis vel bipinnatifidis, laciniis linearibus vel lanceolatis; scapis adscendentibus vel erectis foliis longioribus vel brevioribus; spicis cylindricis, densis; bracteis ovatis vel ovato-lanceolatis, acutis vel acuminatis, calycem aequantibus vel superantibus; calycis laciniis anticis hirsutis, posticis dorso carinatoalatis, ciliolatis; corollae lobis ovato-lanceolatis.

β. **integrata** Gr. et Godr. fl. fr. II. p. 722. — *P. coronopus* β. *simplex* Dcne in DC. pr. XIII. p. 732; Raul. cret. p. 843; Bois. fl. or. IV. p. 888; Haussk. symb. p. 55. — Folia carnosula, linearia, acuminata, integra vel paucidentata. — Exsicc.: Heldr. pl. fl. hellen. a. 1878.

In sterilibus, glareosis regionis inferioris per totam Graeciam. — Febr. Oct. ☉ et ☉

β. Capsula placentis bialatis bilocularis disperma.

× Rhizoma carnosum; folia saepissime dentata, latiuscula.

5. **P. serraria** L. sp. ed. 2 p. 166; S. et S. pr. I. p. 101; Ch. et B. exp. p. 56, Fl. pelop. p. 11; Mazz. in ant. ion. IV. p. 948; Marg. et R. fl. Zante p. 78; Spreitz. in z. b. G. 1877 p. 717, 1887 p. 667; Bois. fl. or. IV. p. 889; Heldr. fl. cephal. p. 61; Gelmi in bull. soc. bot. ital. 1889 p. 451; Hal. in ö. b. Z. 1899 p. 25. — Icon: Rchb. t. 79. — Exsicc.: Spreitz. it jon. II. a. 1878.

Papillari-hirsuta; rhizomate crasso; foliis planis, oblongo-lanceolatis vel lanceolatis, 3—5 nerviis, in lacinias lineari-lanceolatas integras vel ima basi denticulo auctas inciso-serratis; scapis adscendentibus, foliis aequilongis vel longioribus; spicis cylindricis, densis; bracteis ovato-lanceolatis, acutiusculis, carinatis, calycem subaequantibus; calycis laciniis glabriusculis, anticis ovatis, posticis ad carinam late membranaceoalatis, saepius ciliolatis; corollae lobis ovatis, acutis. — Habitu formis latifoliis praecedentis affinis, a qua vero differt radice perenni, bracteis vix acutis et praesertim capsula biloculari, nec 3—4 loculari.

In arenosis maritimis, rare. Peloponnesus: pr. Messene (Chaub.), Lintzi (Sart.); in Strophadum insula majore (Reiser); Zante (Sibth.); Cephalonia: pr. Lixuri (Spreitz.), Argostoli, Spartia, Steno, Hagios Soter (Heldr.); Leucas: pr. Amaxichi (Spreitz.); Corcyra: ad urbem (Mazz.), pr. Potamo, Hagios Deka (Spreitz.). — Maio, Sept. ♃.

6. **P. crassifolia** Forsk. fl. aeg. arab. p. 31; Hal. in z. b. G. 1888 p. 764; Haussk. symb. p. 55. — *P. maritima* S. et S. pr. I. p. 101, Fl. gr. II. p. 37 t. 148; Urv. enum. p. 18; Ch. et B. fl. pelop. p. 11; Mazz. in ant. ion. IV. p. 948; Bois. fl. or. IV. p. 889; Heldr. fl. cephal. p. 61; non L. — Exsicc : Orph. fl. gr. n. 693; Heldr. herb. norm. n. 1177.

Glabra vel parce hispidula; rhizomate crasso; foliis carnosis, semicylindricis, supra leviter canaliculatis, 1—3 nerviis, integris vel remote dentatis; scapis erectis vel adscendentibus, foliis saepius longioribus; spicis cylindricis, densis; bracteis ovatis, acutiusculis, ecarinatis, calyce subdimidio brevioribus; calycis laciniis glabriusculis, anticis ovatis, posticis ad carinam late membranaceo-alatis, cristato-fimbriolatis; corollae lobis ovatis, acutis. — Differt a *P. maritima* L. sp. p. 114, quacum saepe commutata fuit, foliis carnosis semicylindricis, obtusis, supra canaliculatis, bracteis brevioribus ecarinatis, latius membranaceo-marginatis.

β. **compacta** Willk. et Lange pr. fl. hisp. II. p. 355; Haussk. symb. p. 56. — Foliis abbreviatis, angustis, dense caespitosis; scapis humilibus, saepe diffusis; spicis brevibus. — Exsicc.: N. v.

In salsis, maritimis. Attica: ad Phalerum (Orph.), Laurion (Haussk.); Argolis: pr. Nauplia, Tyrinth (Haussk.); Cycladum insula Melos (Urv.); Cephalonia: pr. Argostoli (Heldr.); Corcyra: pr. Pagus, Afiona (Mazz.); — β. pr. Phalerum, Nauplia (Haussk.). — Maio, Aug. ♃.

×× Rhizoma lignosum; folia subintegerrima, anguste linearia.

7. **P. recurvata** L. mant. II. 198; Ch. et B. fl. pelop. p. 11; Haussk. symb. p. 56. — *P. carinata* Schrad. cat. hort. goett.; Bois. fl. or. IV. p. 889; Hal. in z. b. G. 1888 p. 761; Form. in D. bot. Mon. 1891 p. 32, in Ver. Brünn 1896 p. 73, 1897 p. 54. — *P. subulata* Wulf. in Jacq. coll. I. p. 204 t. 10; Mazz. in ant. ion. IV. p. 946; non L. — *P. humilis* Jan. elench. p. 3; Hal. Beitr. fl. Achaia p. 31; Bald. riv. coll. bot alb. 1895 p. 67, 1896 p. 91, in bull. herb. Bois. IV, p. 206; (f. scapis spicisque abbreviatis). — Exsicc.: Orph. fl. gr. n. 12; Heldr. herb. norm. n. 671; Sint. it. thessal. n. 953.

Dense caespitosa; rhizomate crasso, lignoso; foliis lineari-triquetris, integris, subtus carinatis, glabriusculis; scapis tenuibus, foliis longioribus; spicis cylindricis, densis, interdum abbreviatis, ovato-globosis;

bracteis ovato-lanceolatis, acutis, vix carinatis, calycem subaequantibus; calycis laciniis late scariosis, posticis carinatis; corollae lobis ovato-lanceolatis, acutis.

In rupestribus, glareosis regionis montanae, in alpinam adscendens. Epirus: mt. Tsumerka, Papignon, Gamila, Smolika (Bald.); Thessalia: mt. Zygos (Heldr.), pr. Tsungeri, Malakasi (Haussk.), Said Pascha, Chaliki, Lepeniza, Konisko in Pindo, mt. Jurti in mt. Othrys, pr. Baraktari, Godaman, Diodendron in Olympo (Form.); Aetolia: mt. Tymphrestus (Sprun.); mt. Kiona (Hal.); Peloponnesus: mt. Kyllene supra Gura (Hal.), mt. Malevo (Orph.), Taygetos (Heldr.), pr. Messene (Chaub.); Leucas: mt. Hagios Elias (Bald.); Corcyra (Mazz.) — Jun. Aug. ♃

    b. Corollae tubus glaber.

        α. Capsula trilocularis, loculis monospermis, altero rarissime dispermo; semina facie interiore sulcata vel cymbiformia.

        × Corolla omnino glabra.

           ⊙ Perennes.

            . Spicae subglobosae vel breviter cylindricae; densae; bracteae non cucullatae.

           ; Scapi teretes.

    8. **P. montana** Lam. ill. n. 1670, dict. V. p. 381; Bois. fl. or. IV. p. 880; Bald. riv. coll. bot. alb. 1896 p. 90. — Icon: Rchb. t. 83.

Rhizomate crasso, fusco; foliis lineari-lanceolatis lanceolativse, integris vel remote denticulatis, glabris vel villosulis, 3—5 nerviis; scapis adscendentibus vel erectis, foliis longioribus; spicis subglobosis, densis; bracteis late obovatis, praeter nervum virentem scariosis, fuscis, obtusis, breviter et obtuse mucronatis, apice ciliatulis, calyce longioribus; calycis laciniis membranaceis, ecarinatis, obtusis, apice barbatis; corollae lobis lanceolatis, acutis; seminibus lineari-oblongis, hinc convexis, illinc concaviusculis.

    β. **graeca** Hal. in z. b. G. 1887 p. 761 t. 22; Beitr. fl. Epir. p. 38, Beitr. fl. Achaia p. 31; Bald. riv. coll. bot. alb. 1895 p. 67; Form. in Ver. Brünn 1896 p. 73; pro sp. — Folia utrinque plus minus dense sericeo-lanata; bracteae et calycis laciniae interdum glabrae. — Planta saepissime nana et caespites compactos densissimos, solo adpressos formans, hac nota et indumento sericeo habitum valde alienum praebet, attamen formis intermediis certe ad typum transit. — Exsicc.: Hal. it. gr. II. a. 1893; Bald. it. alb. epir. III. n. 181; Sint. it. thessal. n. 708; Dörfl. fl. gr. n. 354.

In rupestribus, pascuis regionis alpinae. Epirus: mt. Nimercka (Bald.); Aetolia: mt. Tymphrestus (Bois.); sed typum e ditione nostra non vidi; — β. Epirus: mt. Tsumerka, Peristeri (Hal.); Aetolia: mt. Korax (Heldr.); mt. Kiona (Hal.); Achaia: mt. Panachaicon, Chelmos, Kyllene (Hal.). — Maio, Aug. ♃

           ;; Scapi angulato-sulcati.

9. P. lanceolata L. sp. p. 113; S. et S. pr. I. p. 99; Pieri corc. fl. p. 19; Mazz. in ant. ion. IV. p. 948; cum formis *P. minor*, *trinervis* et *longiscapa;* Ch. et B. fl. pelop. p. 11; Marg. et R. fl. Zante p. 78; Bois. fl. or. IV. p. 881; Heldr. fl. cephal. p. 60, Fl. Aegina p. 387; Form. in D. bot. Mon. 1891 p. 32, in Ver. Brünn 1895 p. 37, 1896 p. 73, 1897 p. 54; Hal. Beitr. fl. Epir. p. 39, Beitr. fl. Thessal. p. 18; Bald. riv. coll. bot. alb. 1896 p. 90; Haussk. symb. p. 56. — Icon: Fl. dan. t. 437. — Exsicc.: Heldr. et Hal. fl. aeg. a. 1889.

Rhizomate verticali; foliis oblongo-lanceolatis-lanceolatisve, 3—7 nerviis, glabris vel pilosis, in petiolum attenuatis; scapis erectis vel adscendentibus, angulato-sulcatis, foliis longioribus; spicis oblongo-cylindricis, ovato-oblongis vel globosis, densis; bracteis ovatis, scariosis, fuscescentibus, acutis vel acuminatis, saepissime glabris, calycem aequantibus; calycis laciniis glabris, anticis saepe in unicam binervem coalitis, posticis carinatis, acuminatis; corollae lobis ovatis, acuminatis; seminibus oblongis, hinc convexis, illinc planiusculis. — Species mirimode varia.

α. **typica.** — Scapi et folia elongata, ea 3—5 nervia, glabra vel piloso, plus minus late lanceolata et longe petiolata, spicae ovato-oblongae. — Exsicc.: Heldr. et Hal. fl. aeg. a. 1889.

β. **altissima** L. sp. ed. 2 p. 164; Pieri corc. fl. p. 18; Mazz. in ant. ion. IV. p. 946; Fraas fl. class. p. 220; Weiss in z. b. G. 1869 p. 746; pro sp.; Dcne. in DC. pr. XIII. p. 714; Raul. cret. p. 843; Bois. fl. or. IV. p. 884; Heldr. fl. cephal. p. 60. — Elata, saepius glabra; scapis ultra bipedalibus; foliis $^1/_2$—1 pedalibus, ad 6 cm. latis, 5—7 nerviis, longe petiolatis; spicis oblongo-cylindricis.

γ. **capitata** Presl. fl. sic. p. 64; Spreitz. in z. b. G. 1877 p. 717; Bois. fl. or. IV. p. 881; Heldr. fl. ceph. p. 60, chlor. Parn. p. 26; Form. in Ver. Brünn 1895 p. 37, 1897 p. 54; Bald. riv. coll. bot. alb. 1896 p. 90. — *P. capitata* Ten. fl. nap. p. 59; Form. in D. bot. Mon. 1891 p. 32. — *P. lanceolata v. capitulata* Haussk. symb. p. 56. — *P. ambigua* Guss. pr. I. p. 185; Link in Linnaea IX. p. 571. — Humilior, folia breviter petiolata plus minus hirsuta vel lanata, spica globosa. — Exsicc.: Orph. fl. gr. n. 1111; Sint. it. thessal. n. 1180.

δ. **eriophora** Hoffm. et Lk. fl. port. I. p. 423 pro sp. — *P. nutans* Poir. dict. V. p. 381; Mazz. in ant. ion. IV. p. 950. — *P. lanceolata v. eriophylla* Dcne. in DC. pr. XIII. p. 715; Bois. fl. or. IV. p. 881; Form. in Ver. Brünn 1895 p. 37, 1896 p. 73, 1897 p. 54. — *P. eriophylla* Form. in D. bot. Mon. 1891 p. 32. — Huc probabiliter: *P. victorialis* Raul. cret. p. 844, vix Poir. — Folia dense lanata, spicae ovatae vel subglobosae. Variat foliis angustioribus vel latioribus et bracteis interdum pubescentibus. — Exsicc.: Hal. it. gr. a. 1888; Heldr. et Hal. fl. aeg. a. 1889 (f. *latifolia*).

In pascuis siccis regionis inferioris et montanae per totam Graeciam; var β. praesertim in humidis. — Apr. Jul. ♃

.. Spicae elongato-cylindricae, laxae; basi saepe interruptae; bracteae cucullatae, margine et apice penicillatae.

10. P. albicans L. sp. p. 114; S. et S. pr. I. p. 100, Fl. gr. II. p. 35 t. 145; Sieb. avis p. 3, rem. p. 3; Urv. enum. p. 18; Ch. et B. exp. p. 55, Fl. pelop. p. 11; Friedr. Reise p. 270; Fraas fl. class. p. 220; Bois. fl. or. IV. p. 882; Haussk. symb. p. 56; Heldr. fl. Aegina p. 387. — Exsicc.: Orph. fl. gr. n. 692; Rev. pl. cret. n. 148.

Rhizomate obliquo, ramoso; foliis linearibus lineari-lanceolatisve, obscure 3 nerviis, integris, saepius undulatis; scapis erectis vel adscendentibus, teretibus, foliis longioribus; bracteis late membranaceis, pallidis, calycem aequantibus; calycis laciniis ovatis, apice pilosis, dorso carinanti herbaceo excepto scariosis; corollae lobis ovato-oblongis, breviter acuminatis; seminibus cymbiformibus.

In arenosis, sterilibus regionis inferioris. Thessalia: ad monasterium Korona (Haussk.); Attica: pr. Athenas (Orph.), in oliveto, Acropoli (Heldr.), insula Aegina (Friedr.); Acrocorinthus (Haussk.); Argolis: pr. Nauplia (Sterneck); Laconia: ad promontorium Hieraki (Chaub.); Archipelagus (Urv.); Creta: pr. Canea (Rev.), Caudia, Guves, Hierapetra, insula Gaidaronisi (Raul.). — Apr. Jul. ♃

○○ Annuae.

. Plantae saepius caulescentes; folia in petiolum late vaginantem amplexicaulem angustata.

11. P. amplexicaulis Cav. ic. II. p. 22 t. 125; Friedr. Reise p. 270; Bois. fl. or. IV. p. 883; Haussk. symb. p. 56; Heldr. fl. Aegina p. 387. — Exsicc.: Orph. fl. gr. n. 11; Heldr. herb. norm. n. 484 et 1178.

Plus minus pilosa, simplex vel a collo ramosa; foliis lanceolatis, 3—5 nerviis, integris vel calloso-denticulatis, in caule abbreviato fere omnibus basilaribus; pedunculis axillaribus, teretibus, folio longioribus; spicis ovato-globosis, densis; bracteis ovato-orbiculatis, cucullatis, latissime membranaceis, glabris, calycem aequantibus; calycis laciniis ovato-rotundis, anticis carinatis, posticis omnino membranaceis; corollae lobis ovatis, breviter acuminatis; seminibus cymbiformibus.

In collibus apricis regionis inferioris, rara. Attica: in Lycabetto, Pharmacusarum insula Lero (Heldr.), Salamis (Orph.); insula Aegina: ad promontorium Perdicca (Friedr.), mt. Oros (Heldr.); Argolis: pr. Nauplia (Sprun.), in peninsula Methana (Haussk.). — Apr. Jun. ☉

.. Plantae acaules; folia in petiolum non vaginantem attenuata.

12. P. Bellardi All. fl. ped. I. p. 82 t. 85; Sieb. avis p. 3, rem. p. 3; Mazz. in ant. ion. IV. p. 948; Marg. et R. fl. Zante p. 78;

Friedr. Reise p. 265; Raul. cret. p. 844; Bois. fl. or. IV. p. 884; Heldr. fl. cephal. p. 61, Fl. Aegina p. 387, chlor. Mykon. p. 250; Spreitz. in z. b. G. 1887 p. 667; Gelmi in bull. soc. bot. ital. 1889 p. 451; Form. in D. bot. Mon. 1891 p. 32, in Ver. Brünn 1896 p. 73, 1897 p. 54; Hal. Beitr. fl. Epir. p. 39, Beitr. fl. Aetol. p. 10, Beitr. fl. Achaia p. 31, in ö. b. Z. 1897 p. 98; Haussk. symb. p. 56. — *P. pilosa* Pourr. in act. Toul. III. p. 324; Mazz. in ant. ion. IV. p. 950; Weiss in z. b. G. 1877 p. 718. — *P. pygmaea* Lam. ill. p. 341; Friedr. Reise p. 272. — *P. cretica* Ch. et B. exp. p. 56, Fl. pelop. p. 11, non L. — Icon: Fl. gr. II. t. 146. — Exsicc.: Orph. fl. gr. n. 376; Heldr. herb. norm. n. 670a. et 1577; Sint. it. thessal. n. 335; Dörfl. fl. aeg. n. 86.

Villosa; foliis lanceolatis vel lineari-lanceolatis, 3 nerviis, integris vel paucidenticulatis; scapis teretibus, erectis vel subrecurvis, folia superantibus vel aequantibus; spicis ovatis vel breviter cylindricis, densis; bracteis herbaceis, lanceolatis, villosis, calycem aequantibus vel subsuperantibus; calycis laciniis oblongis, exterioribus herbaceis, interioribus late scariosis; corollae lobis oblongo-lanceolatis, acuminatis; seminibus cymbiformibus.

In pascuis siccis, arenosis regionis inferioris et montanae per totam Graeciam. — Mart. Jul. ⊙.

13. **P. cretica** L. sp. p. 114; S. et S. pr. I. p. 100, Fl. gr. II. p. 37 t. 147; Sieb. avis p. 3; Weiss in z. b. G. 1869 p. 746; Raul. cret. p. 844; Bois. fl. or. IV. p. 884; Asnav. in magy. bot. lap. I. p. 196. — Exsicc.: Rev. pl. cret. n. 149, in Baen. herb. europ. n. 4891; Heldr. herb. norm. n. 1071; Dörfl. fl. gr. n. 85.

Villosa; foliis lanceolatis vel lineari-lanceolatis, 3 nerviis, integris vel paucid enticulatis; scapis teretibus, erectis vel patulis, foliis multo brevioribus, demum valde induratis, incurvis; spicis ovato-globosis, densis; bracteis herbaceis, oblongo-lanceolatis, dense albo-lanatis, calycem superantibus; calycis laciniis ovatis, exterioribus subherbaceis, interioribus membranaceis; corollae lobis ovatis, breviter acuminatis; seminibus cymbiformibus. — Planta fructifera demum globulum depressum, lanatum, radice et foliis orbatum format.

In locis aridis, collibus siccis regionis inferioris, rara. Cycladum insula Syra (Heldr.), Tenos (Weiss), Naxos (Leon.); Creta (Sibth.): pr. Kissamos, Akroteri (Rev.), promontorium Meleka, pr. Malaxa, Lutro (Raul.). — Apr. Maio. ⊙.

×× Corollae lobi ad nervum dorsalem pilosuli.

14. **P. lagopus** L. sp. p. 114; S. et S. pr. I. p. 100, Fl. gr. II. p. 34 t. 144; Pieri corc. fl. p. 19; Link. in Linnaea IX. p. 572; Mazz. in ant. ion. IV. p. 948; Ch. et B. fl. pelop. p. 11; Marg. et R. fl. Zante p. 78; Friedr. Reise p. 265; Fraas. fl. class. p. 219; Ung. Reise p. 122; Weiss in z. b. G. 1869 p. 746; Raul. cret. p. 844; Spreitz. in z. b. G. 1877 p. 717, 1887 p. 667, 1890 p. 298; Bois. fl. or. IV. p. 886; Heldr. fl. cephal. p. 61, Fl. Aegina p. 387, chlor.

Thera p. 20, chlor. Mykon. p. 250; Haussk. symb. p. 56; Hal. in ö. b. Z. 1899 p. 25. — *P. pilosa* Ch. et B. exp. p. 56, non Pourr. — Exsicc.: Orph. fl. gr. n. 691; Sint. it. thessal. n. 336; Baen. herb. europ. n. 9312, f. *macra*.

Collo villoso-lanata; foliis lanceolatis, 3—5 nerviis, integris vel remote denticulatis, glabriusculis vel pubescentibus; scapis sulcatis, erectis vel adscendentibus, foliis multo longioribus; spicis ovatis vel oblongis, densis, eriophoris; bracteis ovato-lanceolatis, nervo dorsali excepto scariosis, apicem versus longe villosis; calycis laciniis obovatis, apice longe villosis, posticis carinatis; corollae lobis ovatis, acutis; seminibus cymbiformibus.

β. **lusitanica** Willd. sp. I. p. 644; Ch. et B. exp. p. 55, Fl. pelop. p. 11; Mazz. in ant. ion. IV. p. 950; pro sp. — *P. lagopus v. major* Bois. fl. or. IV. p. 886. — Major, saepe subcaulescens, folia latiora, 5—7 nervia. — Exsicc.: N. v.

In locis aridis, sterilibus regionis inferioribus per totam Graeciam. β. Attica (Sprun.); Aetolia (Nied.); Peloponnesus: pr. Methone, insula Sapienza (Chaub.); Corcyra: pr. S. Catherina (Mazz.). — Apr. Jul. ☉.

β. Capsula bilocularis, loculis dispermis sed saepius abortu monospermis; semina facie interiore planiuscula, foveola notata.

15. **P. media** L. sp. p. 113; Mazz. in ant. ion. IV. p. 946. — Icon: Fl. dan. t. 581. — Exsicc.: N. v.

Breviter pubescens; foliis ovatis vel ellipticis, expansis, in petiolum brevem latum attenuatis, 5—9 nerviis, integris vel paucidenticulatis; scapis erectis vel adscendentibus, foliis multo longioribus; spicis oblongocylindricis, densis; bracteis ovatis, obtusis, glabris, late membranaceomarginatis, calyce brevioribus; calycis laciniis ovatis, obtusis, glabris; corollae lobis ovato-oblongis, acutiusculis; filamentis longe exsertis, violaceis.

β. **epirota** Hal. Beitr. fl. Epir. p. 39 pro var. *P. brutiae.* — *P. brutia* Bald. riv. coll. bot. alb. 1896 p. 90, vix Ten. — *P. media v. pindica* Haussk symb. p. 56. — Humilior; spicis ovatis, brevibus; calycis laciniis acutiusculis; corollae lobis oblongo-lanceolatis, acutis; filamentis viridi-albicantibus. — Medium tenet inter *P. mediam* et *P. brutiam*, a priori notis indicatis, ab hac foliis non profunde dentatis discedens. — Exsicc.: Hal. it. gr. II. a. 1893; Bald. it alb. epir. IV. n. 253.

Typus indicatur tantum in Corcyra (Mazz.); — β. in pascuis alpinis rare, mt. Tsumerka, Strungula (Hal.) et Smolika (Bald.) in Epiro, mt. Karava (Haussk.) in Thessalia. — Jul. Aug. 2|.

γ. Capsula bilocularis, loculis 4—8 spermis; semina angulata.

16. **P. major** L. sp. p. 112; S. et S. pr. I. p. 99; Dallap. prosp. p. 18; Ch. et B. exp. p. 55, Fl. pelop. p. 11; Mazz. in ant. ion. IV. p. 946 cum f. *P. dentata* et *P. polystachia*; Raul. cret. p. 843;

Bois. fl. or. IV. p. 878; Heldr. fl. cephal. p. 60, Fl. Aegina p. 387; Form. in D. bot. Mon. 1891 p. 32, in Ver. Brünn 1895 p. 37, 1896 p. 73, 1897 p. 54; Hal. Beitr. fl. Epir. p. 39; Haussk. symb. p. 57. — Icon: Fl. dan. t. 461.

Glabra vel sparsim puberula; foliis ovatis vel ovato-oblongis, in petiolum attenuatis, 3—7 nerviis, integris vel irregulariter repando-dentatis; scapis erectis vel adscendentibus, foliis aequilongis vel longioribus; spicis cylindricis elongatis, densis; bracteis ovatis, carinatis, membranaceo-marginatis, calyci aequilongis; calycis laciniis ovatis, obtusis; corollae lobis ovatis, obtusiusculis.

β. **intermedia** Gilib. elem. I. p. 123, pro sp.; Dcne. in DC. pr. XIII. p. 695. — *P. minor* Mazz. l. c., non Fr. — *P. asiatica* Fraas fl. class. p. 219, non L. — *P. major v. minor* Bois. fl. or. IV. p. 878. — Folia brevius petiolata, inferne grosse dentato-sinuata, spica saepe abbreviata.

In cultis, subhumidis, pascuis regionis inferioris in alpinam adscendens per totam Graeciam. — Apr. Sept. ♃.

Obs. Species incomplete descripta: *P. pulla* Mazz. in ant. ion. IV. p. 950. Prope Sisermones Corcyrae.

IV. Subclassis. **Monochlamydeae** DC. pr. XIII. 2 p. 1.

XCII. Ordo. **Amarantaceae** Juss. gen. p. 87.

1. **Amarantus** Juss. gen. p. 87.

Flores polygamo-monoici, tribracteati, in axillis glomerati vel glomerato-spicati; stamina 3 vel 5, libera.

1. Sectio. *Euamarantus* Moqu. in DC. pr. XIII. 255. — Utriculus circumscissus.

a. Sepala 5; stamina 5.

1. **A. retroflexus** L. sp. p. 991; Ch. et B. exp. p. 271, Fl. pelop. p. 63; Friedr. Reise p. 273; Heldr. Nutzpfl. p. 80, Fl. cephal. p. 62; Raul. cret. v. 845; Bois. fl. or. IV. p. 989; Form. in D. bot. Mon. 1890 p. 13, in Ver. Brünn 1895 p. 24, 1896 p. 35, 1897 p. 28; Haussk. symb. p. 57. — Icon: Willd. hist. amarant. t. 11. — Exsicc.: Heldr. pl. fl. hellen. a. 1883.

Breviter pubescens; caule erecto, simplici vel ramoso; foliis petiolatis, ovatis vel oblongis, integris vel repandis, basi attenuatis, subtus punctatis; florum glomerulis dense spicatis, spicis viridibus, brevibus, sessilibus, inferioribus saepe remotis, terminali parum longiore; bracteis lanceolatis, spinescentibus, perigonio duplo longioribus; perigonii phyllis lineari-oblongis, retusis, mucronatis; utriculis inclusis.

In ruderatis, argillosis regionis inferioris. Epirus: pr. Han Mescho, Janina (Form.); Thessalia: pr. Kalabaka, Trikala, Karditza, Pharsala, Velestino, Hagios Georgios, Larissa, Selicany, Miluna (Form.), Volo (Haussk.), Lechonia, Lamia (Form.); Euboea: pr. Achmet Aga (Orph.); Attica: pr. Athenas, Tatoi (Heldr.); Argolis: pr. Argos (Chaub.), Poros (Friedr.); Creta: pr. Canea (Raul.); Cephalonia: pr. Same (Heldr.); et certe alibi. — Jul. Sept. ⊙.

2. **A. chlorostachys** Willd. hist. amarant. p. 34 t. 10; Bois. fl. or. IV. p. 988; Heldr. fl. Aegina p. 387. — Exsicc.: Orph. fl. gr. n. 1110.

Minute pubescens; caule erecto, simplici vel ramoso; foliis petiolatis, ovatis vel oblongis, integris vel repandis, basi attenuatis, subtus punctatis; florum glomerulis dense spicatis, spicis viridibus, brevibus, sessilibus, inferioribus remotis, terminali multo longiore; bracteis lanceolatis, spinescentibus, perigonio subduplo longioribus; perigonii phyllis ovato-lanceolatis, acuminatis, mucronatis; utriculis perigonio longioribus. — A praecedente, cui valde affinis, differt spicis tenuioribus, terminali longiore, bracteis brevioribus, floribus minoribus, perigonii phyllis acuminatis, utriculis exsertis.

In ruderatis. Achaia: pr. Klukines et Hagia Varvara ad mt. Chelmos (Orph.); insula Aegina: pr. Perivolia (Orph.), Konto (Tunt.). — Jul. Sept. ⊙.

Obs. *A. caudatus* L. sp. p. 990. — Colitur in hortis et subspontaneus hinc inde in ruderatis.

b. Sepala 3; stamina 3.

3. **A. blitum** L. sp. p. 990; S. et S. pr. I. p. 235; Dallap. prosp. p. 22; Ch. et B. exp. p. 270, Fl. pelop. p. 63; Friedr. Reise p. 273; Fraas fl. class. p. 232; Heldr. Nutzpfl. p. 80. — *A. silvestris* Desf. table école bot. 1804 p. 44; Ch. et B. exp. p. 270, Fl. pelop. p. 63; Raul. cret. p. 845; Bois. fl. or. IV. p. 990; Form. in D. bot. Mon. 1890 p. 13. — *A. viridis* Willd. hist. amarant. t. 8; Haussk. symb. p. 57; Heldr. fl. Aegina p. 387, prosth. chlor. Thera p. 3; non L. — Icon: Rchb. ic. bot. cent. V. t. 667. — Exsicc.: Heldr. herb. norm. n. 1179.

Glabriusculus; caule erecto vel adscendente, simplici vel saepius a basi ramoso; foliis petiolatis, ovatis vel rhombeo-ovatis, integris vel repandis, basi attenuatis, apice saepe emarginatis, subtus punctatis; florum glomerulis paucifloris, omnibus axillaribus, sessilibus, remotiusculis vel approximatis, foliis longe superatis; bracteis lanceolatis, perigonio aequilongis, non spinescentibus; perigonii phyllis linearibus, mucronatis; utriculis perigonio duplo longioribus.

β. **graecicans** L. sp. p. 990; Haussk. symb. p. 57; Heldr. chlor. Thera p. 20; pro sp.; Moqu. in DC. pr. XIII. 2 p. 263; Bois. fl. or. IV. p. 990. — Foliis lanceolatis, obtusis. — Exsicc.: Heldr. herb. norm. n. 1180.

In ruderatis, cultis.regionis inferioris. Thessalia: pr. Trikala (Form.); Attica: pr. Athenas, ins. Aegina (Heldr.); Corinthus, Argos, Nauplia, Astros (Chaub.), insula Poros (Friedr.); Cycladum insula Tenos (Chaub.), Thera (Heldr.); Creta: pr. Canea (Raul.); Cephalonia (Dall.); et certe alibi; — β. in oliveto Athenarum (Heldr.); Cycladum insula Thera (Heldr.). — Jul. Sept. ☉.

4. A. albus L. sp. ed 2 p. 1404; Dallap. prosp. p. 122; Bois. fl. or. IV. p. 990; Heldr. fl. cephal. p. 62; Haussk. symb. p. 57; Form. in Ver. Brünn 1897 p. 28. — Icon: Willd. hist. amarant. t. 1. — Exsicc.: Heldr. herb. norm. n. 1181.

Glabriusculus; caule erecto, rigido, albicante, ramosissimo, ramis virgatis, erecto-patulis; foliis parvis, petiolatis, obovatis vel spathulato-lanceolatis, integris vel repandis, basi attenuatis, subtus punctatis; florum glomerulis paucifloris, omnibus axillaribus, sessilibus; remotiusculis, foliis longe superatis; bracteis subulato-attenuatis, perigonio longioribus, spinescentibus; perigonii phyllis oblongo-lanceolatis, aristulatis; utriculis perigonio longioribus.

In ruderatis, cultis; ex America oriundus. Phthiotis: pr. Stylida, Lamia (Form.); Attica: pr. Athenas (Heldr.); Peloponnesus (Bois.); Cephalonia (Dall.): in hortis pr. Argostoli (Heldr.). — Jul. Sept. ☉.

2. Sectio. *Albersia* Kunth fl. berol. ed. 2 II. p. 144. — Fructus indehiscens.

5. A. viridis L. sp. ed. 2 p. 1405. — *A. blitum* Jacq. en. p. 70; Koch syn. p. 601; Fl. dan. t. 2246; non L. — *Albersia blitum* Kunth fl. berol. ed. 2 II. p. 144; Bois. fl. or. IV. p. 991. — *Euxolus viridis* Moq. in DC. pr. XIII. 2 p. 273; Heldr. Nutzpfl. p. 80; Haussk. symb. p. 57. — Exsicc.: Heldr. herb. norm. n. 1183.

Annuus, glaber; caule erecto vel adscendente, a basi ramoso vel simplici; foliis petiolatis, rhombeo-ovatis vel oblongis, integris vel repandis, basi attenuatis, apice saepe emarginatis, subtus punctatis; florum glomerulis densifloris, axillaribus, remotiusculis, foliis longe superatis, superioribus plerumque in spicam terminalem erectam dispositis; bracteis triangulari-lanceolatis, perigonio triphyllo subduplo brevioribus, non spinescentibus; perigonii phyllis lanceolatis, acutiusculis; utriculis perigonio longioribus.

In ruderatis, cultis. Thessalia: pr. Trikala (Haussk.); Attica: pr. Athenas (Heldr.); et certe alibi. — Jul. Sept. ☉.

6. A. deflexus L. mant. p. 295; Hal. Beitr. fl. Epir. p. 39, Beitr. fl. Aetol. p. 10. — *A. prostratus* Balb. misc. taur. p. 44 t. 10; Form. in Ver. Brünn 1896 p. 35, 1897 p. 28. - *Albersia prostrata* Kunth fl. berol. ed. 2 II. p. 144. — *Euxolus deflexus* Raf. fl. tell. p. 42; Haussk. symb. p. 57. — *Albersia deflexa* Bois. fl. or. IV. p. 992; Heldr. fl. cephal. p. 62. — Exsicc.: Heldr. herb. norm. n. 1182; Sint. et Bornm. it. turc. n. 1441 et 1443; Sint. it. thessal. n. 1245.

Perennis, puberulus; rhizomate cylindrico; caulibus permultis, diffusis, ramosis; foliis petiolatis, oblongo-rhombeis vel lanceolatis, integris vel repandis, basi attenuatis, subtus vix punctatis; florum glomerulis densifloris, inferioribus axillaribus, remotis, superioribus in spicam terminalem, saepe subpaniculatam dispositis; bracteis ovato-triangularibus, perigonio triphyllo subaequilongis, non spinescentibus; perigonii phyllis lineari-lanceolatis, mucronulatis; utriculis perigonio multo longioribus.

In ruderatis, cultis. Epirus: pr. Arta (Hal.); Thessalia: pr. Kalabaka (Sint.), Trikala, Karditza, Volo (Haussk.), Katherina, Litochori (Bornm.), Lechonia, Lamia (Form.); Sporadum insula Sciathos (Orph.); Aetolia: pr. Agrinion (Hal.); Attica: pr. Athenas (Heldr.); Elis: pr. Lechaena (Heldr.); Cephalonia: pr. Kutavo (Heldr.); et certe alibi. — Maio, Sept. ♃.

2. Polycnemum L. gen. n. 53.

Flores hermaphroditi, in axillis solitarii; stamina 1 vel 3 vel 5, ima basi coalita.

1. **P. majus** A. Br. in Koch Taschenh. p. 436; Hal. in ö. b. Z. 1890 p. 41; Form. in D. bot. Mon. 1890 p. 12, in Ver. Brünn 1895 p. 24, 1897 p. 28; Bald. riv. coll. bot. Alb. 1895 p. 67. — Exsicc.: Sint. it. or. a. 1889 n. 1915.

Glabrum vel asperulum, a collo ramosum; caulibus prostratis, elongatis, ramulosis; foliis confertis, erecto-patulis, a basi dilatata subulatis, triquetris; bracteolis scariosis, perigonio longioribus. — Sequenti robustius, fructibus duplo majoribus.

In arenosis, aridis regionis inferioris et montanae. Epirus: pr. Han Balduma, in valle Dipotami (Form.), pr. Syraku (Bald.); Thessalia: pr. Kalabaka, Trikala, Konisko (Form.), pr. Hagios Dionysios in Olympo (Sint.). — Jul. Sept. ☉.

2. **P. arvense** L. sp. p. 35; Mazz. in ant. ion. II. p. 454; Haussk. symb. p. 57.

Differt a praecedente, caulibus parum elongatis foliisque brevioribus, gracilioribus, bracteolis perigonium vix aequantibus.

In collibus aridis, arenosis. Thessalia: pr. Trikala, Kalabaka, mt. Ghavellu (Haussk.); Corcyra: pr. Canale, Mammalus (Mazz.). — Jul. Sept. ☉ N. v.

3. **P. Heuffelii** Láng in syll. pl. ratib. II. p. 219; Haussk. symb. p. 57.

Glabrum vel asperulum, a collo ramosum; caulibus prostratis vel adscendentibus, parum elongatis, ramulosis; foliis remotiusculis, filiformibus, patulis vel recurvis; bracteolis scariosis, perigonium vix aequantibus. — Praecedenti gracilior, caulibus saepius pyramidatim-ramulosis.

In alpinis mt. Ghavellu in Pindo dolopico (Haussk.). — Jul. Sept. ☉ N. v.

XCIII. Ordo. Phytolaccaceae Endl. gen. p. 975.

1. Phytolacca L. gen. n. 588.

1. **P. decandra** L. sp. ed. 2 p. 631; ·S. et S. pr. I. p. 318; Dallap. prosp. p. 60; Ch. et B. fl. pelop. p. 29; Marg. et R. fl. Zante p. 79; Fraas fl. class. p. 109; Raul. cret. p. 845; Bois. fl. or. IV. p. 895; Heldr. fl. cephal. p. 61; Form. in D. bot. Mon. 1890 p. 13, in Ver. Brünn 1896 p. 34; Hal. Beitr. fl. Epir. p. 39; Haussk. symb. p. 57. — Icon: Lam. ill. t. 393. — Exsicc.: Sint. it. thessal. n. 1190.

Glabra; caule erecto, crasso, ad 2 m. alto, ramoso; foliis ovato-lanceolatis, integris, in petiolum brevem attenuatis; racemis oppositifoliis; floribus pallide virentibus; baccis nigris. — Baccae succum tinctorium praebent.

Ex America boreali oriunda, nunc ad vias, fossas subspontanea. Epirus: pr. Arta (Hal.); Thessalia: pr. Tsungeri, Malakasi (Haussk.), Kalabaka, Velestinos, Peritaria, Baba, in valle Tempe (Form.); Euboea: ad mt. Dirphys (Sibth.); Attica: ad Mavrovuni, Marussi (Fraas); Boeotia (Sprun.); Arcadia: pr. Andrusa (Chaub.); Creta: pr. Rumata, Enneachoria (Raul.); Zante (Sibth.); Cephalonia (Dall.). — Jul. Sept. ♃.

Obs. *P. dioica* L. sp. ed. 2 p. 632. — Arbor pulchra, foliis sempervirentibus, floribus dioicis, 20—30 andris; colitur hinc inde in ambulacris, hortis.

XCIV. Ordo. Chenopodiaceae Vent. tab. II. p. 153.

Dispositio tribuum generumque.

I. Subordo. *Cyclolobeae* C. A. Mey. in Led · fl. act. I. p. 370. — Embryo annularis, albumen plerumque copiosum cingens.

A. Caulis continuus.

1. Tribus. *Chenopodieae* C. A. Mey. l. c. — Flores hermaphroditi, interdum polygami, ebracteati, omnes conformes; seminis integumentum crustaceum. — Folia plana, saepius plus minus triangulari-rhomboidea.
   a. Utriculus globosus, perigonii tubo inclusus et basi adhaerens.

   1. Beta L.

   b. Utriculus depresso-globosus, perigonio inclusus et ab eo liber.

   2. Chenopodium L.

2. Tribus. *Atripliceae* C. A. Mey. l. c. — Flores monoici vel dioici, interdum polygami, ebracteati aut bibracteati, masculi et feminei dissimiles; seminis integumentum crustaceum vel coriaceum. — Folia plana, plerumque plus minus triangulari-hastata.
   a. Flores dioici, ebracteati; masculi perigonio 4—5 partito, phyllis exappendiculatis; feminei perigonio 2—4 fido, demum subgloboso, phyllis exappendiculatis vel demum in corniculis spinosis accrescentibus; styli 4.

   3. Spinacia L.

b. Flores monoici vel polygami; masculi et hermaphroditi ebracteati, perigonio 4—5partito, phyllis exappendiculatis; feminei aut perigonio carentes, bibracteati, bracteis demum accrescentibus, aut cum masculis conformes; styli 2.

4. Atriplex L.

c. Flores monoici vel dioici; masculi ebracteati, perigonio 4—5 partito, phyllis exappendiculatis; feminei bibracteati, perigonio carentes, bracteis demum accrescentibus, integumentum capsuliforme, induratum, fructus includens formantibus; styli 2.

5. Obione Gärtn.

3. Tribus. *Camphorosmeae* Moqu. chenop. enum. p. 83. — Flores hermaphroditi vel polygami, ebracteati, omnes conformes; seminis integumentum membranaceum. — Folia lineari-subulata (in nostris).

6. Camphorosma L.

B. Caulis (in nostris) articulatus.

4 Tribus. *Salicornicae* Dum. fl. belg. p. 23. — Flores hermaphroditi, ebracteati, in rhacheos excavationibus immersi aut foliorum axillae inserti. — Folia carnosa, brevissima, saepius nulla.

a. Bracteae connatae, persistentes; flores terni, connati; perigonium apice plano-convexum, medio 3—4 denticulatum; albumen subnullum. — Herbae vel suffrutices.

7. Salicornia L.

b. Bracteae connatae, persistentes; flores terni, non vel vix connati; perigonium apice trifidum, obtuse pyramidatum; albumen copiosum. — Suffrutices.

8. Arthrocnemum Moq.

c. Bracteae inter se liberae, deciduae; flores terni, non connati; perigonium triphyllum, clavatum, phyllis apice fornicato-inflexis; albumen copiosum. — Suffrutices.

9. Halocnemum M. Bieb.

II. Subordo. *Spirolobeae* C. A. Mey. l. c. — Embryo spiralis, albumen tenue vel subnullum.

5. Tribus. *Suaedeae* Moqu. in ann. sc. nat. ser. 2 IV. p. 215. — Flores hermaphroditi, minutissime bracteolati, omnes conformes; embryo plano-spiralis. — Caules continui.

10. Suaeda Forsk.

6. Tribus. *Salsoleae* Moqu. in ann. sc. nat. ser. 2 IV. p. 209. — Flores hermaphroditi, bracteolati, omnes conformes; embryo conico-spiralis. — Caules (in nostris) continui.

a. Semen horizontale; perigonium ultra medium vel fere ad basin 5 partitum, laciniis demum auctis, dorso transversim alatis.

11. Salsola L.

b. Semen verticale.
    α. Perigonii phylla 5, basi breviter connata, fructifera alata. Suffruticosa (nostra), ramis spinosis

12. Noaea Moqu.

β. Perigonii phylla libera, interiora tria vel omnia vel 1—2 interdum abortiva, fructifera immutata.

13. Petrosimonia Bunge.

1. Tribus. **CHENOPODIEAE** C. A. Mey. in Led. fl. alt. I. p. 370.

1. Beta L. gen. n. 310.

a. Cauligerae.

1. **B. perennis** L. sp. p. 222 pro var. *B. vulgaris*. — *B. maritima* L. sp. ed. 2 p. 322; S. et S. pr. I. p. 169, Fl. gr. III. p. 49 t. 254; Sieb. avis. p. 3; Marg. et R. fl. Zante p. 79; Friedr. Reise p. 274; Weiss in z. b. G. 1869 p. 753; Raul. cret. p. 845; Spreitz. in z. b. G. 1887 p. 729; Hal. in z. b. G. 1888 p. 764; Form. in Ver. Brünn 1895 p. 24; Haussk. symb. p. 57. — *B. vulgaris v. maritima* Koch syn. p. 608; Fraas fl. class. p. 233; Heldr. Nutzpfl. p. 22 et 80, Fl. cephal. p. 61; Bois. fl. or. IV. p. 899. — Exsicc.: Heldr. herb. norm. n. 1184.

Glabra vel parce pilosula, pluricaulis; radice fusiformi, perenni; caulibus adscendentibus vel prostratis, sulcato-angulatis, a basi longe ramosis; foliis basilaribus ovato-rhombeis, longiuscule petiolatis, caulinis ovato-vel rhombeo-lanceolatis, in petiolum brevem attenuatis, summis, linearibus, sessilibus, omnibus acutis, integris; florum glomerulis numerosis, parvis, 2—3 floris, spicas longas, laxas, tenues formantibus; perigonii phyllis oblongis, fructiferis conniventibus. — Icon florae graecae ob radicem annuam forsan ad speciem sequentem spectat.

In maritimis, subhumidis, ad fossas, inter vineta, interdum in montosis herbidis. Thessalia: pr. Trikala, Karditza, Volo (Haussk.); Attica: ad Phaleron, in faucibus mt. Hymettus (Hal.), pr. Laurion (Haussk.); Argolis: in peninsula Methana pr. Vromolimni (Heldr.), insula Poros (Friedr.); Cycladum insula Syra (Weiss); Creta: pr. Retymo (Raul.); Zante (Sibth.); Cephalonia: pr. Argostoli (Spreitz.); Corcyra: pr. Kanali (Form.). — Maio, Sept. ♃.

Obs. *B. vulgaris* L. sp. p. 222; Dall. prosp. p. 36; Marg. et R. fl. Zante p. 85; Fraas fl. class. p. 233; Haussk. symb. p. 57; Heldr. chlor. Thera p. 29. — *B. cicla* L. sp. p. 222; Heldr. Nutzpfl. p. 22, Fl. cephal. p. 61; pro var. *B. vulgaris*; Plenk. icon. bot. II. t. 170; Dallap. prosp. p. 36; Fraas fl. class. p. 233. — *B. rubra* L. sp. p. 222; Heldr. Nutzpfl. p. 23, Fl. Cephal. p. 61; pro var. *B. vulgaris*. — Coluntur ad usum oeconomicum.

2. **B. macrocarpa** Guss. pr. fl. sic. I. p. 302; Haussk. symb. p. 57, f. *elata*. — *B. Bourgaei* Coss. not. esp. p. 44; Haussk. l. c. — *B. macrocarpa f. minor* Haussk. l. c. — Exsicc.: Heldr. herb. norm. n. 1185.

Glabra, pluricaulis; radice gracili, annua; caulibus decumbenti-adscendentibus, angulatis, subsimplicibus, ad apicem usque foliatis; foliis ovato-vel oblongo-spathulatis, in petiolum attenuatis, summis lanceolatis, sessilibus, omnibus acutis, integris; florum glomerulis paucis, magnis, 2—3 floris, spicas interruptas, breviusculas, foliatas formantibus; perigonii phyllis oblongis, fructiferis erecto-patulis vel subconniventibus. —

Florum glomeruli eis praecedentis multo majores, a qua insuper caulibus brevioribus, simplicibus, ad apicem usque foliatis, spicis valde interruptis, e glomerulis paucis constantibus, primo aspectu egregie discedit.

In maritimis collibus aridis, ad agrorum margines, rarissime. Attica: ad Phalerum (Heldr.), pr. Ergastiria Laurii (Haussk.). — Apr. Maio. ☉.

b. Acaulis.

3. **B. nana** Bois. et Heldr. diagn. VII. p. 82, Fl. or. IV. p. 898; Heldr. chlor. Parn. p. 26. — Icon: Rouy. ill. t. 44. — Exsicc.: Orph. fl. gr. n. 415.

Glabra, nana; radice fusiformi, elongata, perenni; foliis radicalibus, oblongis, integris, in petiolum eis aequilongum vel longiorem attenuatis; scapis decumbentibus, foliis longioribus; floribus solitariis, subsessilibus, ad axillam bracteae eis longiorem sitis, racemum laxiusculum formantibus; perigonii phyllis oblongis sursum conniventibus.

In herbidis humidiusculis regionis alpinae, rarissime, hucusque tantum in mt. Parnasso (Guicc.) et Taygeto (Heldr.). — Jul. Sept. ♃.

2. Chenopodium L. gen. n. 309.

1. Sectio. *Orthosporum* C. A. Mey. in Led. fl. alt. I. p. 11. — Semina omnia verticalia vel verticalia et horizontalia. — Plantae laeves vel farinoso-pulverulentae, nunquam pubescenti-glandulosae.

a. Folia triangularia, concoloria.

1. **C. bonus Henricus** L. sp. p. 218; S. et S. pr. I. p. 167; Ch. et B. exp. p. 79, Fl. pelop. p. 17; Fraas fl. class. p. 233; Hal. in z. b. G. 1888 p. 762; Bald. riv. coll. bot. alb. 1896 p. 91. — *Blitum bonus Henricus* C. A. Mey. in Led. fl. alt. I. p. 11; Heldr. Nutzpfl. p. 23 et 80; Bois. fl. or. IV. p. 904, cum β. *nanum;* Hal. Beitr. fl. Epir. p. 39, Beitr. fl. Thessal. p. 18, in ö. b. Z. 1897 p. 325; Haussk. symb. p. 58. — *Agathophyton bonus Henricus* Moqu. in ann. sc. nat. II. 1 p. 291; Heldr. chlor. Parn. p. 26. — Icon: Fl. dan. t. 579. — Exsicc.: Sint. it. thessal. n. 685.

Perenne, inodorum, viride vel subfarinosum; caulibus erectis vel adscendentibus, simplicibus vel ramosis; foliis petiolatis, triangulari-hastatis, integris, saepe undulatis; florum glomerulis in racemos densos aphyllos, paniculam strictam, basi tantum foliatam formantes dispositis; perigonii phyllis non carinatis, haud clausis; seminibus nitidis, sub lente minute punctulatis, margine obtusis, omnibus verticalibus.

In pascuis regionis subalpinae et alpinae omnium montium elatiorum. — Maio, Aug. ♃.

2. **C. rubrum** L. sp. p. 218; Ch. et B. exp. p. 17 (deest in Fl. pelop., ubi vicissim *C. urbicum* enumeratur); Friedr. Reise p. 274. — *Blitum rubrum* Rchb. fl. germ. p. 582. — Icon: Fl. dan. t. 1149.

Annuum, inodorum, viride, non farinosum; caule erecto, simplici vel ramoso; foliis petiolatis, triangulari-rhombeis, sinuato-dentatis; florum glomerulis in spicas axillares, densas, foliatas, folio axillari breviores dispositis; perigonii phyllis non carinatis, imperfecte clausis; seminibus nitidis, sub lente minute punctulatis, margine obtusis, plerumque verticalibus.

In ruderatis. Indicatur in planitie Helos Peloponnesi (Chaub.) et in insula Poros (Friedr.); sed probabiliter ex confusione. — Aug. Sept. ⊙. N. v.

b. Folia oblonga vel ovato-oblonga, discoloria.

3. **C. glaucum** L. sp. p. 220; Haussk. symb. p. 58. — *Blitum glaucum* Koch syn. p. 608. — Icon: Fl. dan. t. 1151.

Annuum, inodorum; caulibus erectis vel adscendentibus, simplicibus vel ramosis; foliis petiolatis, oblongis vel ovato-oblongis, sinuato-vel repando-dentatis, discoloribus, supra viridibus, subtus valde glauco-farinosis; florum glomerulis in spicas axillares et terminales, nudas vel foliatas, folio axillari plerumque breviores dispositis; perigonii phyllis carinatis, imperfecte clausis; seminibus nitidis, sub lente minute punctulatis, acute marginatis, plerumque verticalibus.

In humidis maritimis pr. Volo Thessaliae (Haussk.). — Jul. Sept. ⊙. N. v.

2. Sectio. *Chenopodiastrum* Moqu. in DC. pr. XIII. 2 p. 61. — Semina omnia lenticularia, horizontalia. — Plantae laeves vel farinoso-pulverulentae, nunquam pubescenti-glandulosae.

a. Folia dentata.

α. Semina minutissime punctulata.

4. **C. urbicum** L. sp. p. 218; Ch. et B. fl. pelop. p. 17 (deest. in Exp. sc., ubi vicissim *C. rubrum* enumeratur); Bois. fl. or. IV· p. 902; Heldr. fl. cephal. p. 62, in Sitzungsb. acad. Wiss. Berlin p. 9. Haussk. symb. p. 57. — Icon: Fl. dan. t. 1148. — Exsicc.: Orph; fl. gr. n. 804; Sint. it. or. a. 1889 n. 1926, it. thessal. n. 1307.

Annuum, inodorum, viride; caule erecto, stricte ramoso; foliis petiolatis, junioribus subtus subpulverulentis, inferioribus et mediis triangularibus, in petiolum protractis, sinuato-dentatis, superioribus rhombeis et lanceolatis, subintegris; florum glomerulis in spicas axillares arrectas, ramosas, densas, nudas vel inferiores basi foliatas, folio axillari longiores dispositis, thyrsum longum angustum formantibus; perigonii phyllis non carinatis, fructu non adpressis; seminibus nitidis, margine obtusis. -
C. rubro habitu simile, ab eo praeter semina horizontalia spicis nudis praesertim discedit.

In ruderatis, ad vias. Thessalia: pr. Karditza (Sint.), Larissa (Haussk.), Catherina (Sint.), Volo (Heldr.); Attica: pr. Athenas (Heldr.); Argolis: pr. Nauplia (Orph.); Laconia: in planitie Helos (Chaub.); Cephalonia: pr. Drapano, Same (Heldr.). — Jul. Sept. ⊙.

5. **C. murale** L. sp. p. 219; Marg. et R. fl. Zante p. 79; Friedr. Reise p. 370; Raul. cret. p. 945; Bois. fl. or. IV. p. 902, cum var.

microphyllum; Heldr. fl. cephal. p. 62, Fl. Aegina p. 387, prosth. chlor. Thera p. 3; Haussk. symb. p. 57. — Icon: Fl. dan. t. 2048. Exsicc.: Heldr. pl. fl. hellen a. 1879.

Annuum, inodorum, viride; caule erecto, vel adscendente, a basi ramoso; foliis petiolatis, rhombeis vel rhombeo-oblongis, inaequaliter dentatis, junioribus subtus subpulverulentis; florum glomerulis in spicas axillares, patulas, ramosas, laxiusculas, nudas, folio axillari saepius sublongiores, paniculas laxas, effusas formantes dispositis; perigonii phyllis subcarinatis, clausis; seminibus opacis, margine acutis.

In ruderatis, ad muros, vias. Thessalia: pr. Palaeokastro, Karditza (Haussk.); Euboea (Heldr.); Attica: pr. Athenas, Phaleron (Heldr.); insula Aegina: ad promontorium Perdicca (Friedr.); Messenia: pr. Kalamata (Zahn); Cycladum insula Thera (Heldr.); Creta: pr. Canea (Raul.); Zante (Marg.); Cephalonia: pr. Argostoli, Poros (Heldr.); et certe alibi. — Apr. Sept. ⊙.

6. **C. album** L. sp. p. 219; S. et S. pr. I. p. 168; Ch. et B. exp. p. 80, Fl. pelop. p. 17; Clem. sert. p. 82; Weiss in z. b. G. 1869 p. 753; Raul. cret. p. 845; Bois. fl. or. IV. p. 901; Form. in D. bot. Mon. 1890 p. 12, in Ver. Brünn 1895 p. 24, 1896 p. 34, 1897 p. 27; Haussk. symb. p. 57. — *C. viride* L. sp. p. 219; Ch. et B. exp. p. 80, Fl. pelop. p. 17; (f. *viridis*). — Icon: Fl. dan. t. 1150. — Exsicc.: Heldr. it. thessal. a. 1885.

Annuum, inodorum, albo-farinosum vel viride; caule erecto, simplici vel ramoso; foliis petiolatis, inferioribus rhombeo-ovatis, sinuatis vel dentatis, summis oblongis vel lanceolatis, integris; florum glomerulis axillaribus, in spicas interruptas vel densas, simplices vel ramosas, nudas vel foliatas dispositis, paniculam pyramidatam formantibus; perigonii phyllis carinatis, clausis; seminibus nitidis, margine acutis.

In cultis et ruderatis regionis inferioris et subalpinae per totam Graeciam. — Jun. Oct. ⊙.

7. **C. opulifolium** Schrad. in Koch et Ziz cat. pl. palat. p. 6; Bois. fl. or. IV. p. 901; Heldr. fl. cephal. p. 62, Fl. Aegina p. 387, chlor. Thera p. 20, Heldr. chlor. Mykon. p. 250; Form. in Ver. Brünn 1896 p. 34; Haussk. symb. p. 57. — Icon: Dietr. fl. boruss t. 296. — Exsicc.: Heldr. pl. fl. hellen. a. 1901.

Annuum, inodorum, plus minus glauco-farinosum; caule erecto, patule ramoso; foliis petiolatis, inferioribus et mediis subrotundo-rhombeis, subtrilobis, inaequaliter dentatis, superioribus rhombeo-vel ellipticolanceolatis, subintegris; florum glomerulis axillaribus, in spicas ramosas, subnudas dispositis, paniculam effusam formantibus; perigonii phyllis carinatis, fructum tegentibus; seminibus nitidis, margine obtusis.

In cultis, ruderatis regionis inferioris et subalpinae. Frequens in Thessalia et Attica; indicatur porro in regione media mt. Kyllene Achaiae, in insula Aegina, Delos, Mykonos, Thera, nec non in Cephalonia (Heldr.). — Jun. Oct. ⊙.

β. Semina excavato-punctata.

8. C. serotinum L. sp. ed. 2 p. 319. — *C. ficifolium* Sm. fl. brit. I. p. 276; Ch. et B. exp. p. 80, Fl. pelop. p. 17. — Icon: Dietr. fl. boruss. t. 298.

Annuum, inodorum, plus minus glauco-farinosum; caule erecto, ramoso; foliis petiolatis, tenuibus, sinuato-dentatis, inferioribus et mediis hastato-subtrilobis, superioribus rhombeo-lanceolatis, summis lineari-lanceolatis, integris; florum glomerulis axillaribus, in racemos spiciformes, paniculam pyramidatam foliatam formantes congestis; perigonii phyllis acute carinatis, fructum tegentibus; seminibus nitidis, margine obtusis.

In planitie pr. Argos (Chaub.). — Jun. Oct. ⊙. N. v.

b. Folia omnia integra.

9. C. vulvaria L. sp. p. 220; S. et S. pr. I. p. 169; Dallap. prosp. p. 35; Ch. et B. exp. p. 339, Fl. pelop. p. 17; Friedr. Reise p. 274; Clem. sert. p. 83; Raul. cret. p. 845; Bois. fl. or. IV. p. 901; Heldr. fl. cephal. p. 61, Fl. Aegina p. 387, chlor. Mykon. p. 250; Bald. viagg. Creta p. 88; Haussk. symb. p. 58. — *C. olidum* Curt. fl. lond. V. t. 20; Marg. et R. fl. Zante p. 79.

Annuum, foetidum, albo-farinosum; caule diffuso, ramosissimo; foliis parvis, petiolatis, rhombeo-ovatis; florum glomerulis in spicas axillares, breves, ramosas, nudas congestis; perigonii phyllis ecarinatis, fructum tegentibus; seminibus nitidis, margine acutiusculis.

In ruderatis, cultis, ad muros regionis inferioris et montanae. Frequens in Thessalia (Haussk.); Attica: pr. Athenas (Haussk.), mt. Pentelicon, Hymettus (Clem.); Laconia: pr. Sparta (Chaub.); insula Aegina (Heldr.), Poros (Friedr.), Rhenea (Tunt.); Creta: pr. Canea (Raul.), in oropedio Omalos (Bald.); Zante (Sibth.); Cephalonia (Dall.). — Jul. Aug. ⊙. N. v.

10. C. polyspermum L. sp. p. 220; Pieri corc. fl. p. 35. — *C. acutifolium* Sm. comp. fl. brit. p. 42, f. erecta, racemis strictis. — Icon: Fl. dan. t. 1153. — Exsicc.: Heldr. pl. fl. bellen. a. 1890.

Annuum, inodorum, viride; caule erecto vel diffuso, ramoso; foliis petiolatis, ovatis vel oblongis; florum glomerulis axillaribus et terminalibus in spicas elongatas, nudas vel cymulas divaricatas, effusas dispositis; perigonii phyllis planis, fructiferis patentibus.

In cultis, ruderatis regionis inferioris ut videtur rarissime. Euboea: pr. Kastaniotissa (Heldr.); Corcyra (Pieri). — Jun. Sept. ⊙.

3. Sectio. *Botryoides* C. A. Mey. in Led. fl. alt. I. p. 410. — Semina omnia lenticularia, horizontalia. — Plantae glanduloso-pubescentes, nunquam farinosae, odore aromatico.

11. C. ambrosioides L. sp. p. 219; Ch. et B. exp. p. 80, Fl. pelop. p. 17; Raul. cret. p. 845; Bois. fl. or. IV. p. 904; Heldr. fl. cephal. p. 62; Hal. Beitr. fl. Aetol. p. 10; Bald. viagg. Creta p. 88; Form. in D. bot. Mon. 1898 p. 77. — Icon: Sturm heft. 76. — Exsicc.: Orph. fl. gr. n. 803; Rev. pl. cret. n. 150; Bald. it. cret. n. 91.

Annuum; caule erecto, stricte ramoso; foliis petiolatis, oblongis vel lanceolatis, inferioribus sinuato-dentatis, superioribus integris; florum glomerulis in racemos spiciformes, elongatos, axillares, saepius compositos dispositis, paniculum elongatam foliosam formantibus; perigonii phyllis ecarinatis, clausis; seminibus nitidis, laevibus, margine obtusis.

In glareosis, olivetis, incultis regionis inferioris et montanae. Aetolia: pr. Agrinion (Hal.); Attica: in oliveto Athenarum, ad Cephissum (Heldr.), mt. Hymettus (Reiser); Laconia: mt. Malevo (Orph.), pr. Mistra (Chaub.); Creta: pr. Canea (Rev.), Platania (Bald.), Theriso (Raul.); Cephalonia: pr. Kontogianata (Heldr.). — Jun. Aug. ☉.

12. C. botrys L. sp. p. 219; Ch. et B. exp. p. 80, Fl. pelop. p. 17; Fraas fl. class. p. 234; Bois. fl. or. IV. p. 903; Form. in D. bot. Mon. 1890 p. 12, in Ver. Brünn 1895 p. 24, 1896 p. 34, 1897 p. 27; Hal. Beitr. fl. Epir. p. 39, Beitr. fl. Thessal. p. 18; Haussk. symb. p. 58. — Icon: Fl. gr. t. 253. — Exsicc.: Heldr. it. gr. septentr. a. 1879.

Annuum; caule erecto, a basi subfastigiatim-ramoso; foliis petiolatis, ovatis vel oblongis, obtuse sinuato-pinnatifidis, superioribus conformibus, diminutis; florum glomerulis in cymas dichotomas recurvatas, breves, axillares dispositis, paniculam thyrsoideam elongatam formantibus; perigonii phyllis ecarinatis, subincurvis; seminibus nitidis, laevibus, margine acutiusculis.

In arenosis, glareosis regionis inferioris et submontanae. Epirus: pr. Arta (Hal.), Safikbi, Han Kanberga, in valle Dipotami (Form.); Thessalia: frequens a Malakasi usque Volo; Phthiotis: pr. Lamia (Fraas); Laconia: ad fl. Eurotas, pr. Sparta (Chaub.); Messenia: pr. Kalamata (Zahn). — Jun. Nov. ☉.

Obs. *C. multifidum* L. sp. p. 220; Ch. et B. fl. pelop. p. 17. = *Roubieva multifida* Moqu. in ann. sc. nat. II. 1 p. 293. — In Peloponneso pr. Adrusa probabiliter ex confusione quadam indicatur.

2. Tribus. ATRIPLICEAE C. A. Mey. l. c.

3. Spinacia L. gen. n. 1112.

1. S. oleracea L. sp. p. 1027; Mill. dict. n. 1; Dallap. prosp. p. 129; Marg. et R. fl. Zante p. 86; Heldr. fl. cephal. p. 62. — *S. spinosa* Moench meth. p. 318. — *S. oleracea v. spinosa* Heldr. Nutzpfl. p. 23. — Exsicc.: Heldr. pl. fl. hell. a. 1891.

Annua, glabra, viridis; caule erecto, ramoso; foliis petiolatis, inferioribus et mediis triangularibus, sagittatis, superioribus hastatis vel lanceolatis; floribus dioicis, masculis in spicas terminales, aphyllas dispositis, femineis axillaribus, glomeratis; perigoniis fructiferis inter se connatis, utriculum arcte includentibus, cornutis, corniculis 2—4, spinosis.

Colitur ubique ad usum culinarem et hinc inde, e. g. in arenosis maritimis ad Phaleron Atticae subspontanea (Heldr.). — Apr. Maio. ☉.

2. **S. glabra** Mill. dict. n. 2. — *S. oleracea β.* L. sp. p. 1027. — *S. inermis* Moench meth. p. 313. — *S. oleracea v. inermis* Heldr. Nutzpfl. p. 23. — Icon: Schk. handb. III. t. 324. — Exsicc.: Heldr. pl. fl. hellen. a. 1891.

Differt a praecedente perigonio fructifero rotundato, inermi.

Colitur ad usum culinarem et hinc inde, e. g. in arenosis maritimis ad Phaleron Atticae subspontanea (Heldr.). — Apr. Maio ☉.

4. Atriplex L. gen. n. 1153.

1. Sectio. *Dichospermum* Dum. fl. belg. p. 21. — Flores polygami; feminei perigonio carentes, bibracteati, bracteis distinctis, semine verticali; hermaphroditi perigonio quinquephyllo ebracteati, semine horizontali.

1. **A. hortensis** L. sp. p. 1053; Dallap. prosp. p. 131; Fraas fl. class. p. 233; Clem. sert. p. 82; Heldr. Nutzpfl. p. 23, Fl. cephal. p. 62; Raul. cret. p. 845; Bois. fl. or. IV. p. 907; Haussk. symb. p. 58. — Icon: Schk. handb. III. t. 349.

Caule erecto, ramoso; foliis alternis, viridibus, petiolatis, cordato-triangularibus vel triangulari-oblongis; racemis ex axillis superioribus et terminalibus, paniculatis, elongatis, laxiusculis; bracteis fructiferis ovatis vel suborbiculatis, mucronulatis, integris, reticulato-venosis. — Bracteae fructiferae magnae, fere 1 cm. longae.

Colitur in usum culinarium et hinc inde in ruderatis, cultis subsponte. Thessalia: ad monasterium Korona (Haussk.); Attica: ad Phaleron (Clem.); Creta (Raul.); Cephalonia (Dallap.): pr. Lordata, Aphrato, Steno, Kutavo (Heldr.). — Jul. Sept. ☉. N. v.

2. Sectio. *Teutliopsis* Dum. fl. belg. p. 20. — Flores monoici; feminei perigonio carentes, bibracteati, bracteis fructiferis inferne saepius connatis, semine verticali; masculi ebracteati, perigonio quinquephyllo.

a. Annuae.

α. Bracteae fructiferae herbaceae, virides, liberae.

2. **A. hastata** L. sp. p. 1053; Bois. fl. or. IV. p. 909; Heldr. fl. cephal. p. 62. — *A. triangularis* Willd. sp. IV. p. 963. — Icon: Fl. dan. t. 1286. — Exsicc.: Heldr. pl. fl. hellen. a. 1901.

Caule erecto vel adscendente, patule ramoso; foliis petiolatis, alternis et oppositis, viridibus vel lepidoto-canescentibus, inferioribus triangulari-hastatis, basi truncatis, integris vel sinuato-dentatis, superioribus hastato-lanceolatis, summis interdum lanceolatis, integris; florum glomerulis in spicas axillares et terminales, inferne foliatas dispositis; bracteis fructiferis triangularibus, integris vel inferne 1—2 dentatis, disco laevibus vel tuberculatis.

β. **salina** Wallr. sched. crit. p. 506 pro var. *A. patulae*; Bois. fl. or. IV. p. 909. — Saepius procumbens, plus minus lepidato-canum;

folia minora, hastata sed integra. — Exsicc.: Heldr. pl. fl. bellen. a. 1886.

In ruderatis, arenosis, subsalsuginosis Graeciae et ejus insulis (Bois.): pr. Epidaurus Argolidis (Friedr.), insula Mykonos Cycladum et pr. Drapano Cephaloniae (Heldr.); — β. in Graecia et ejus insulis (Bois.): ad ripas fl. Lerna pr. Mylus Argolidis (Heldr.). — Jul. Sept ☉.

Obs. *A. graeca* Willd. sp. IV. p. 958. = *Obione graeca* Moqu. in DC. pr. XIII. 2 p. 108. — „Frutex decumbens, apicibus adscendentibus; folia glauca semipollicaria, brevissime petiolata, inferiora lanceolata hastata integerrima, quandoque in medio dente notata, superiora lineari-lanceolata integerrima" Willd. l. c. — Teste Boissier fl. or. IV. p. 909 non fruticosum, sed inferne tantum induratum, et ad *A. hastatam v. salinam* pertinet. — Mihi ignota. — Cycladum insula Paros (Willd.).

3. A. patula L. sp. p. 1053; Friedr. Reise p. 263; Bois. fl. or. IV. p. 909; Haussk. symb. p. 58. — Icon: Schk. handb. III. t. 347.

Caule erecto vel procumbente, patule ramoso; foliis petiolatis, alternis et oppositis, viridibus vel lepidoto-canescentibus, ovato-lanceolatis vel lanceolatis, subintegris, basi attenuatis; florum glomerulis in spicas axillares et terminales, basi foliatas dispositis; bracteis fructiferis rhombeis vel ovato-rhombeis, 1—2 dentatis, disco tuberculatis. — A praecedente praesertim foliorum forma discedit.

β. **oblongifolia** W. et K. pl. rar. hung. III. p. 278 pro sp. — *A. tatarica* Schk. handb. III. t. 349, non L. *Schizotheca tatarica* Cel. pr. fl. Böhm. p. 149; Form. in D. bot. Mon. 1890 p. 12, in Ver. Brünn 1895 p. 23, 1896 p. 34. — *S. oblongifolia* Form. in D. bot. Mon. 1890 p. 12. — (Sed a Form. nomina specialia interdum confunduntur). - - Bracteae fructiferae ovatae, integrae, disco laeves. —

In ruderatis, ad vias. Attica: pr. Athenas (Heldr.); Corcyra: ad lago di Valle (Friedr.); — β. Epirus: pr. Prevesa (Form.); Thessalia: pr. Trikala, Velestinos, Larissa (Form.). — Jul. Sept. ☉. N. v.

4. A. litoralis L. sp. p. 1054; Clem. sert. p. 82. — Icon: Fl. dan. t. 1287.

Caule erecto, stricte ramoso; foliis petiolatis, alternis, anguste lineari-lanceolatis, integris vel denticulatis, viridibus, basi non dilatatis; florum glomerulis in spicas axillares et terminales, nudas dispositis; bracteis fructiferis ovato-rhombeis, integris vel basi 1—2 dentatis, disco plerumque tuberculatis, patulo-recurvis. — Caule stricte ramoso, foliis angustis, obsolete venosis, spicis strictis a praecedentibus discedit.

In arenosis maritimis et subsalsis. Corcyra (Clem.). — Jul. Sept. ☉. N. v.

β. Bracteae fructiferae induratae, canescentes, ad medium usque connatae.

5. **A. tatarica** L. sp. p. 1053; Bois. fl. or. IV. p. 910; Heldr. fl. cephal. p. 62, chlor. Thera p. 20. — *A. laciniata* S. et S. pr. I. p. 267; Ch. et B. exp. p. 81, Fl. pelop. p. 17; Friedr. Reise p. 274; Heldr. in ö. b. Z. 1898 p. 185; non L. — *Schizotheca laciniata* Celak. pr. fl. böhm. p. 150; Form. in Ver. Brünn 1896 p. 34, in D. bot. Mon. 1898 p. 77. — Icon: Sturm. h. 80.

Caule erecto, adscendente vel prostrato, ramosissimo, foliis petiolatis, ambitu triangulari-rhombeis vel hastatis, profunde et irregulariter sinuato-incisis, inferioribus oppositis, superioribus alternis, summis interdum laciniatis, subintegris, omnibus plus minus lepidoto-canis; florum glomerulis in spicas praeter basin nudas, elongatas, inferne saepe interruptas congestis; bracteis fructiferis rhombeis vel subtrilobis, dentatis vel integris, disco laevibus vel tuberculatis. — Variat:

α. **typica.** — Foliis tenuibus, rhombeo-ovatis, vel-oblongis, sinuato-incisis, supra virescentibus, subtus lepidoto-canis. — Exsicc.: Heldr. pl. fl. hellen. a. 1891.

β. **Sibthorpii.** — *A. graeca* S. et S. pr. II. p. 267, Fl. gr. t. 963, non Willd. — Foliis rhombeo-ovatis vel-oblongis, sinuato-incisis. utrinque lepidoto-canis. — Exsicc.: Heldr. herb. norm. n. 1277; Bald. it. cret. alt. n. 96.

γ. **recurva** Urv. enum. p. 28; Ch. et B. exp. p. 81, Fl. pelop. p. 17; Hal. in ö. b. Z. 1897 p. 98; Heldr. chlor. Mykon. p. 250; pr. sp.; Moqu. in DC. pr. XIII. 2 p. 93. — Folia coriacea, subhastata, profunde laciniata aut sinuata, utrinque densissime farinoso-argentea, saepius recurva. — Variat insuper (f. *sporadum*), foliis angustis, elongatis. — Exsicc.: Heldr. pl. exs. e Cycl. ins. a. 1881, pl. fl. hellen. a. 1901; Heldr. et Hal. fl. sporad. a. 1896.

In ruderatis, arenosis praesertim maritimis. Thessalia: pr. Trikala, Pharsala, Larissa (Form); Attica: pr. Athenas, ad Phaleron (Heldr.); Argolis: pr. Nauplia, Argos (Chaub.), insula Poros (Friedr.), Naxos Thera (Heldr.); Cephalonia: pr. Livadi, Samoli (Heldr.); — β. Attica: ad Phalerum (Heldr.); Euboea (Sibth.); Creta: in scopulo Petalidhan prope insulam Dhia (Bald.); — γ. Attica: ad litus Atticum insulae Helenae oppositum (Urv.); Argolis: pr. Nauplia, Argos (Chaub.); in scopulo Hagios Georgios pr. Mykonos, insula Prasonisi pr. Delos et Barbarussa pr. Syra (Heldr.); f. *sporadum*, in scopulo Melissi pr. Pelagonisi Sporadum (Leon.). — Jun. Sept. ☉.

6. **A. rosea** L. sp. ed. 2 p. 1493; Ch. et B. exp. p. 18, Fl. pelop. p. 17; Friedr. Reise p. 284; Clem. sert. p. 82; Weiss in z. b. G. 1869 p. 753; Bois. fl. or. IV. p. 911; Haussk. symb. p. 58. — *Schizotheca rosea* Cel. pr. fl. Böhm. p. 150; Form. in Ver. Brünn 1896 p. 34, 1897 p. 27, in D. bot. Mon. 1898 p. 77. — Icon: Fl. dan. t. 1284. — Exsicc.: Sint. it. thessal. n. 1306.

Canescens vel canum; caule erecto, a basi divaricatim ramosissimo; foliis petiolatis, alternis, rhombeis vel ovatis, sinuato-dentatis; florum glomerulis axillaribus, dissitis, superne in spicas foliatas, interruptas abeuntibus; bracteis fructiferis triangulari-rhombeis, angulatis vel dentatis, disco laevibus vel tuberculatis. — Inflorescentia ad apicem usque foliata a praecedente facile distinguitur.

In ruderatis, olivetis, argillosis regionis inferioris. Thessalia: pr. Karditza (Sint.), Pharsala, Miluna, Koryza (Form.), Volo (Haussk.); Phthiotis: pr. Lamia (Form.); Attica: pr. Athenas (Heldr.), ad Phaleron (Hal.); Corinthus: pr. Kalamaki (Clem.); Argolis: pr. Nauplia, Argos, Epidaurus (Chaub.); Cycladum insula Syra (Weiss), Tenos, Melos (Chaub.), Naxos (Heldr.); Creta: pr. Canea (Rev.). — Jul. Sept. ⊙.

b. Fruticosae.

7. A. halimus L. sp. p. 1052; S. et S. pr. II. p. 266, Fl. gr. t. 962; Urv. enum. p. 28; Ch. et B. exp. p. 80, Fl. pelop. p. 17; Fraas fl. class. p. 233; Clem. sert. p. 82; Raul. cret. p. 845; Bois. fl. or. IV. p. 916; Hal. Beitr. fl. Achaia p. 31; Haussk. symb. p. 58; Heldr. in ö. b. Z. 1898 p. 185, chlor. Thera p. 20. — Exsicc.: Orph. fl. gr. n. 274; Dörfl. fl. aeg. n. 263 b.

Caulibus lignosis, elatis, patentim ramulosis; foliis petiolatis, alternis, a basi cuneata ovatis, obtusis, integris, rarius basi obsolete repandis, lepidoto-argenteis; florum glomerulis spicatis, spicis praeter basin nudis, paniculam pyramidatam effusam formantibus; bracteis fructiferis rhombeo-deltoideis, integris vel denticulatis, disco laevibus, reticulatis.

In arenosis maritimis, collibus argillosis. Attica (Urv.): ad Phaleron (Orph.), Sunium (Chaub.); Achaia (Heldr.): pr. Patras (Hal.); Argolis: pr. Nauplia, Argos, Astros (Chaub.); Cyclades (Sibth.): insula Melos (Urv.), Naxos, Thera (Heldr.); Creta: pr. Canea, Candia (Raul.), Retymo (Tourn. voy. I. p. 15). — Aug. Sept. ♄.

5. Obione Gaertn. fruct. II. p. 198.

1. O. portulacoides L. sp. p. 1053; Sieb. avis p. 3, rem. p. 3; Ch. et B. exp. p. 80, Fl. pelop. p. 17; Marg. et R. fl. Zante p. 79; Clem. sert. p. 82; Ung. Reise p. 121; Bois. fl. or. IV. p. 913; Heldr. fl. cephal. p. 62. in Sitzungsb. acad. Wiss. Berlin 1883 p. 9; Form. in Ver. Brünn 1896 p. 34; *(Atriplex);* Moqu. chenop. enum. p. 75; Raul. cret. p. 846; Spreitz. in z. b. G. 1877 p. 729, 1887 p. 667; Form. in Ver. Brünn 1895 p. 23; Haussk. symb. p. 58; Heldr. in ö. b. Z. 1898 p. 185, chlor. Mykon. p. 250, prosth. chlor. Thera p. 3. — *Halimus portulacoides* Wallr. sched. crit. p. 117. — Icon: Engl. bot. t. 261. — Exsicc.: Orph. fl. gr. n. 801; Dörfl. fl. aeg. n. 263 a.

Basi suffruticosa; caulibus procumbentibus vel adscendentibus, ramosis; foliis petiolatis, oppositis, oblongis vel lanceolato-linearibus, obtusis, integris, lepidoto-canis; florum glomerulis laxiuscule spicatis, in paniculas terminales, breves, nudas dispositis; bracteis fructiferis subsessilibus, fere ad apicem usque connatis, obovato-cuneatis, tridentatis, laevibus vel subverrucosis.

In salsis, maritimis. Thessalia: pr. Volo (Heldr.); Corinthus: pr. Kalamaki (Clen.); Argolis: pr. Nauplia (Haussk.); insula Aegina: pr. Perivolia (Orph.); Cyclades: insula Delos (Chaub.), Naxos, Thera (Heldr.); Creta (Sieb.); Zante: pr. Crionero (Marg.); Cephalonia: pr. Kutavo (Heldr.); Corcyra: pr. Potamo (Ung.), Paludi (Spreitz.), Kipuria, Kanoni (Form.); occurrit quoque pr. Vallona Albaniae mer. (Bald.) — Jul. Oct. ♃.

2. **O. pedunculata** L. sp. ed. 2 p. 1675 (*Atriplex*); Moqu. chenop. enum. p. 75. — *Halimus pedunculatus* Wallr. sched. crit. p. 117; Friedr. Reise p. 264. — Icon: Fl. dan. t. 304.

Annua; caule erecto, simplici vel ramoso; foliis subpetiolatis, alternis, oblongis vel lanceolato-spathulatis, obtusis, integris, lepidoto-canis; florum glomerulis paucifloris, in racemos breves, nudos, ex axillis superioribus et terminales dispositis; bracteis fructiferis longe pedicellatis, ad apicem usque connatis, obverse triangularibus, emarginato-bilobis. —

In salsis, maritimis. Corcyra: ad lago di Valle (Friedr.). — Aug. Oct. ☉. N. v.

3. Tribus. **CAMPHOROSMEAE** Moqu. chenop. enum. p. 83.

6. Camphorosma L. gen. n. 164.

1. **C. monspeliaca** L. sp. p. 122; Bois. fl. or. IV. p. 920. — Icon: Nees gen. pl. VII. n. 9. — Exsicc.: Heldr. pl. gr. a. 1871.

Suffruticosa, camphoram spirans; caulibus adscendentibus, basi ramosissimis, ramis caespitosis, dense et fasciculato-foliosis; foliis rigidis, lineari-subulatis, pubescentibus, axillis fasciculigeris; floribus in glomerulos densos, ovatos dispositis, paniculam angustam formantibus; perigonii breviter tubulosi quadridentati, dentibus acutis.

In aridis, arenosis siccis Peloponnesi: pr. Xylocastron Sicyoniae et pr. Corinthum (Heldr.). — Aug. Sept. ♃.

Obs. *Kochia scoparia* L. sp. p. 221 (*Chenopodium*); Schrad. neues journ. 1809 III. 3—4 Stück p. 85; Heldr. Nutzpfl. p. 23. — Colitur hinc inde, praesertim in Creta, ad usum scoparum.

4. Tribus. **SALICORNIEAE** Dum. fl. belg. p. 23.

7. Salicornia L. gen. n. 10.

1. **S. herbacea** L. sp. p. 3, pro var. *S. europeae*; L. sp. ed. 2 p. 5; S. et S. pr. I. p. 1; Pieri corc. fl. p. 1; Dallap. prosp. p. 1; Urv. enum. p. 1; Ch. et B. exp. p. 13, Fl. pelop. p. 1; Mazz. in ant. ion. II. p. 430; Raul. cret. p. 846; Bois. fl. or. IV. p. 933; Heldr. fl. cephal. p. 62. — Icon: Fl. dan. t. 303. — Exsicc.: Heldr. pl. fl. hellen. a. 1899.

Annua, glabra; caule erecto vel procumbente, ramoso; articulis apice dilatatis, emarginato-bilobis, membranaceo-marginatis; spicis axillaribus et terminalibus, cylindricis, apice attenuatis; areae florigerae foveolis tribus, profundis, in triangulum dispositis; perigonii floris medii vertice obovato, subrhombeo; staminibus 1—2; seminibus hirtis.

In maritimis, salsis. Corcyra (Pieri.): pr. Lefchimo (Mazz.); Cephalonia (Dallap.); Elis: pr. Kunupeli (Heldr.); Creta (Sibth.); Cyclades: insula Melos (Sibth.), Naxos (Chaub.). — Aug. Sept. ⊙.

2. **S. fruticosa** L. sp. p. 3, pro var. *S. europeae*; L. sp. ed. 2. p. 5; S. et S. pr. I. p. 1; Pieri. corc. fl. p. 1; Sieb. avis. rem. p. 2; Ch. et B. exp. p. 13, Fl. pelop. p. 1; Mazz. in ant. ion. II. p. 430; Marg. et R. fl. Zante p. 79; Clem. sert. p. 82; Ung. Reise p. 121; Weiss in z. b. G. 1869 p. 754; Spreitz. in z. b. G. 1877 p. 730, 1887 p. 667; Bois. fl. or. IV. p. 932; Heldr. fl. cephal. p. 62, in Sitzungsb. acad. Wiss. Berlin 1883 p. 9, Fl. Aegina p. 388, chlor. Thera p. 20; Form. in Ver. Brünn 1895 p. 24, 1897 p. 27; Haussk. symb. p. 58. — *S. anceps* Lag. pl. barrill. p. 52; Ch. et B. fl. pelop. p. 1. — *S. arbuscula* Mazz. in ant. ion. II. p. 430. — *Arthrocnemum fruticosum* Moqu. chenop. enum. p. 111 pro p. — Icon: Guss. fl. sic. t. 3. — Exsicc.: Orph. fl. gr. n. 397.

Fruticosa, glabra; caulibus erectis vel adscendentibus, ramosis, articulis apice dilatatis, bilobis, membranaceo-marginatis; spicis axillaribus et terminalibus, cylindricis vel cylindrico-clavatis, obtusis; areae florigerae foveolis tribus, profundis, collateralibus; perigonii floris medii vertice pentagono vel trapezoideo; staminibus 2; seminibus hirtis.

β. **radicans** Sm. engl. bot. XXIV. p. et tab. 1691; Gelmi in bull. soc. bot. ital. 1889 p. 451; pro sp. — Caules procumbentes, radicantes. — Exsicc.: Baen. herb. europ. n. ♃ 330.

In maritimis, salsis. Epirus: pr. Pale (Form.); Thessalia: pr. Volo (Heldr.); Aetolia: in insula Turlida pr. Mesolongion (Heldr.); Attica: ad lacus Rheitoi pr. Eleusis (Heldr.), pr. Piraeum (Sterneck), Phaleron (Haussk.), Daphni, insula Salamis (Orph.); Corinthia: pr. Kalamaki (Clem.); Achaia: pr. Patras (Daeuzer); Laconia: in planitie Helos (Chaub.); insula Aegina et in adjacente scopulo Metopi (Heldr.), Naxos (Chaub.), Thera (Sart.); Creta: pr. Canea (Weiss); Zante: pr. Katastari (Marg.); Cephalonia: pr. Argostoli (Spreitz.); Corcyra: pr. Castrades, Potamo, Lefchimo (Mazz.), Paludi (Spreitz.), Kanali (Form.); — β. Corcyra: pr. Potamo (Gelmi). — Jul. Sept. ♃.

8. **Arthrocnemum** Moqu. chenop. enum. p. 111.

1. **A. glaucum** Del. fl. aegypt. ill. p. 69 (*Salicornia*); Ung. Sternb. salicorn. syn. p. 27; Bois. fl. or. IV. p. 932. — *Salicornia macrostachya* Moricand fl. ven. I. p. 2; Ch. et B. exp. p. 13, Fl. pelop. p. 1; Raul. cret p. 846. — *Arthrocnemum fruticosum* Moq. chenop. enum. p. 111 pro p. — *A. macrostachyum* Moris et Delponte in ann. sc. nat. ser. 4 II. p. 377; Form. in Ver. Brünn 1895 p 24.

— Icon: Guss. fl. sic. t. 4. — Exsicc.: Rev. pl. cret. n. 151; Dörfl. fl. aeg. n. 26.

Fruticosum, glabrum; caulibus erectis et procumbentibus, saepe radicantibus, ramosissimis; articulis apice dilatatis, bilobis, membranaceomarginatis; spicis crassis, cylindrico-clavatis, saepius tantum terminalibus, nunquam ex apice caulium primariorum erectorum, sed e ramulis ipsorum basilaribus oriundis; areae florigerae foveolis tribus, superficialibus, collateralibus; perigonio apice trifido, obtuse pyramidato; staminibus 2; seminibus papillis brevibus conicis obsitis. — Differt a *Salicornia fruticosa* praeter characteres genericos, spicis crassioribus, saepius tantum terminalibus, non secus caules primarios axillaribus et terminalibus, sed e ramulis basilaribus caulium primariorum oriundis, area florigera non profunda.

In maritimis, salsis. Attica: pr. Sunium (Chaub.); Peloponnesus (Bois.); Cycladum insula Prasonisia pr. Delos (Heldr.), Naxos (Leon.); Creta: pr. Kissamos, Canea, Suda (Raul.); Corcyra (Friedr.): pr. Hagios Joannes (Form.). — Maio, Aug. ♃.

9. Halocnemum M. a B. fl. taur. cauc. III. p. 3.

1. **H. strobilaceum** Pall. it. I. p. 412, ill. I. p. 9 t. 4 (*Salicornia*); M. a B. l. c.; Friedr. Reise p. 264; Bois. fl. or. IV. p. 936; Form. in Ver. Brünn 1895 p. 23. — Exsicc.: Form. pl. corcyr. a. 1894.

Fruticosum, glabrum; caulibus procumbentibus vel erectiusculis, ramosissimis; ramis ramulisque assurgentibus, gemmis sterilibus globosis onustis; articulis apice dilatatis, subbilobis, membranaceo-marginatis; spicis cylindricis, terminalibus et axillaribus; areis florigeris trifloris; perigonio triphyllo, clavato, phyllis apice fornicato-inflexis; stamine unico; seminibus papillosis. — A praecedentibus articulis brevioribus, copiose gemmiferis, moniliformibus primo aspectu diagnoscitur.

In maritimis, salsis. Corcyra: ad lago di Valle (Friedr.), pr. Corfu, Kipuria, Kanone (Form.). — Jul. Sept. ♃.

5. Tribus. **SUAEDEAE** Moqu. in ann. sc. nat. ser. 2 IV. p. 209. —

10. Suaeda Forsk. fl. aeg. arab. p. 69.

a. Fruticosa.

1. **S. fruticosa** L. sp. p. 221; Ch. et B. exp. p. 80, Fl. pelop. p. 17; (*Chenopodium*); Forsk. fl. aeg. arab. p. 70; Friedr. Reise p. 273; Raul. cret. p. 846; Bois. fl. or. IV. p. 939, cum v. *brevifolia* (f. foliis abbreviatis tres lineas longis). — *Salsola fruticosa* L. sp. ed. 2 p. 324; S. et S. pr. I. p 171, Fl. gr. III. p. 50 t. 255; Sieb. avis p. 3, rem. p. 3. — *Schoberia fruticosa* C. A. Mey. in Led. fl. alt. I. p. 402. — Exsicc.: Heldr. herb. fl. hellen. a. 1877; Dörfl. fl. aeg. n. 88.

Glabra, viridis; ramis erectis vel adscendentibus, ramulosis; ramulis dense foliatis; foliis carnosulis, semiteretibus, obtusis, floralibus conformibus, brevioribus; floribus axillaribus 1—3nis, in spicas densiusculas foliatas dispositis; perigonii subglobosi laciniis ovatis, concavis, obtusis, apice incurvis; seminibus laevibus, nitidis, saepius verticalibus.

In salsis, maritimis. Attica: pr. Athenas (Sibth.), Phaleron (Heldr.); Argolis: pr. Poros (Friedr.); Laconia: in planitie Helos, pr. Marathonisi, Chimova, Vitulo, in Maina (Chaub.); Cycladum insula Naxos (Chaub.), insula Prasonisia pr. Delos (Tunt.); Creta (Sieb.): pr. Suda, Retymo (Raul.). — Jun. Nov. ♃.

b. Annuae.

α. Folia tenuia, filiformia.

2. **S. altissima** L. sp. p. 221 (*Chenopodium*); Pall. ill. pl. p. 49 t. 42; Bois. fl. or. IV. p. 940; Haussk. symb. p. 58. — *Salsola altissima* C. A. Mey. in Led. fl. alt. I. p. 402. — Exsicc.: Orph. herb. n. 3530; Heldr. herb. norm. n. 1278 (Thessalonica).

Glabra, viridis vel glaucescens; caule elato, a basi strictiuscule et pyramidatim ramoso; foliis tenuibus, filiformibus, longis, acutis, floralibus abbreviatis; florum glomerulis axillaribus, pauci vel plurifloris, pedicellatis et sessilibus, in spicas laxas foliatas dispositis, paniculam elongato-pyramidatam formantibus; perigonii subglobosi laciniis ovatis, concavis, fructum includentibus; seminibus horizontalibus vel verticalibus, punctulato-rugulosis.

In maritimis pr. Volo Thessaliae (Orph.). — Jun. Sept. ☉.

β. Folia carnosa, semiteretia.

3. **S. maritima** L. sp. p. 221 (*Chenopodium*); Dum. fl. belg. p. 22; Friedr. Reise p. 263 et 273; Raul. cret. p. 846; Bois. fl or. IV. p. 941. — *Schoberia maritima* C. A. Mey. in Led. fl. alt. I. p. 400. — *Salsola salsa* S. et S. pr. I. p. 170, non L. . — Icon: Fl. dan. t. 489.

Glabra, glaucovirens; caule erecto, saepe a collo ramoso, ramis erectis vel diffusis; foliis carnosis, semiteretibus, obtusis vel mucronulatis, floralibus subbrevioribus, flores superantibus, basi dilatatis; florum glomerulis axillaribus, 2 — 3 floris, sessilibus, in spicas laxas foliatas dispositis, paniculam amplam formantibus; perigonii globoso-depressi laciniis ovatis, fructum includentibus; seminibus verticalibus vel horizontalibus, punctulato-rugulosis. — Foliis brevioribus, carnosis, glaucis, floralibus basi valde dilatatis, floribus sessilibus a praecedente statim diagnoscitur.

In maritimis, salsis. Attica: pr. Athenas (Sibth.), Phaleron (Heldr.); Argolis: pr. Nauplia (Sart.), Poros (Friedr.); Creta: pr. Hierapetra, insula Gaidaronisi (Raul.); Corcyra: ad lago di Valle (Friedr.). — Jun. Nov. ☉. N. v.

4. **S. setigera** DC. cat. hort. monsp. p. 94 (*Chenopodium*); Moqu. in ann. sc. nat. XXIII. p. 309; Weiss in z. b. G. 1869 p. 754; Bois. fl. or. IV. p. 942; Heldr. in Sitzungsb. acad. Wiss. Berlin 1883 p. 9; Form. in Ver. Brünn 1896 p. 34. — *Schoberia setigera* C. A. Mey. in Led. fl. alt. I. p. 402. — *Suaeda splendens* Gr. et Godr.

fl. fr. III. p. 30. — Exsicc.: Orph. fl. gr. n. 802: Heldr. it. thessal. n. 109.

Glabra, albido-glauca; caule erecto vel adscendente, a basi ramoso, ramis erectis vel diffusis; foliis carnosis, semiteretibus, setula pellucida facile evanescente terminatis, floralibus abbreviatis, flores subsuperantibus, basi parum dilatatis; florum glomerulis axillaribus, 2—3 floris, sessilibus, in spicas longas densiusculas dispositis, paniculam elongatam formantibus; perigonii carnoso-inflati laciniis ovatis, fructu adpressis; seminibus verticalibus et horizontalibus, laevissimis. — Praecedenti magis glauca, a qua praeter hanc notam foliis setigeris facile distinguenda.

In maritimis. Aetolia: pr. Missolungi (Heldr.); Thessalia: pr. Volo (Orph.); Cycladum insula Syra (Weiss). — Jun. Sept. ☉.

6. Tribus. **SALSOLEAE** Moqu. in ann. sc. nat. ser. 2 IV. p. 209.

11. **Salsola** L. gen. n. 311.

a. Fruticosa.

1. **S. vermiculata** L. sp. p. 223; Bois. fl. or. IV. p. 962. — *S. microphylla* Cav. ic. III. p. 45 t. 287. — *S. brevifolia* Desf. fl. atl. I. p 218; Urv. enum. p. 29; Ch. et B. fl. pelop. p. 17. — *S. prostrata* Ch. et B. exp. p. 81, non L. — Exsicc.: Orph. fl. gr. n. 803.

Glauca, pulverulento-puberula vel glabrescens, ramosissima; ramis adscendentibus vel erectis, paniculatim et crebre ramulosis; foliis alternis semiteretibus, brevibus, obtusis; floribus axillaribus, solitariis, spicatis; perigonii phyllis parte libera ovato-triangularibus, alis rotato-patulis, magnis, obovato-rotundatis, subsinuatis.

In rupibus maritimis Cycladum: insula Aspronisos pr. Syra (Reis.), insula Seriphopula (Heldr.), Siphnos (Chaub.), Melos (Urv.). — Jul. Sept. ♄.

b. Annuae.

2. **S. soda** L. sp. p. 223; Urv. enum. p. 29; Ch. et B. exp. p. 81, Fl. pelop. p. 17; Marg. et R. fl. Zante p. 79; Friedr. Reise p. 264; Bois. fl. or. IV. p. 953; Heldr. fl. cephal. p. 62, in Sitzungsb. acad. Wiss. Berlin 1883 p. 9; Bald. in nuovo giorn. bot. ital. 1894 p. 101; Form. in Ver. Brünn 1896 p. 34. — Icon: Jacq. hort. vindob. t. 68. — Exsicc.: Heldr. it. thessal. n. 110.

Glabra; caule a basi diffuse ramoso; foliis a basi dilatata, semiamplexicauli elongatis, semiteretibus, carnosis, mucronulatis, floralibus basi valde dilatatis; infimis oppositis, caeteris alternis; floribus axillaribus, solitariis, interdum geminis, remotis; perigonii laciniis membranaceis, alis brevissimis, squamaeformibus.

In maritimis, salsis. Epirus: pr. S. Quaranta (Bald.); Thessalia: pr. Larissa (Form.), Volo (Heldr.); Attica: ad Piraeum (Urv.); Aetolia: pr. Missolungi (Rhumb.); Messenia: pr. Methone (Chaub.); Zante: pr.

Crionero (Marg.); Cephalonia: ad Drapano, Lixuri (Heldr.); Corcyra: ad lago di Valle (Friedr.). — Jul. Sept. ☉.

3. **S. kali** L. sp. p. 222; S. et S. pr. I. p. 170; Marg. et R. fl. Zante p. 79; Clem. sert. p. 83; Ung. Reise p. 121; Weiss in z. b. G. 1869 p. 754; Raul. cret. p. 846; Bois. fl. or. IV. p. 954; Heldr. fl. cephal. p. 62, in Sitzungsb. acad. Wiss. 1883 p. 8, chlor. Thera p. 20, chlor. Mykon. p. 250; Form. in D. bot. Monat. 1890 p. 12, in Ver. Brünn 1895 p. 24, 1896 p. 34, 1897 p. 28; Haussk. symb. p. 58. — *S. Kali v. hirta* Ten. syll. fl. nap. p. 124; Heldr. Nutzpfl. p. 23. — Icon: Fl. dan. t. 818. — Exsicc.: Sint. it. thessal. n. 1305.

Hirta vel glabrescens; caule a basi divaricatim ramoso; foliis alternis, a basi semiamplexicauli semiteretibus, lanceolato-subulatis, spinula pungente terminatis, floralibus basi subdilatatis; floribus axillaribus, solitariis vel 2—3 glomeratis, remotiusculis; perigonii laciniis demum cartilagineis, alis rotato-patentibus, flabellato obovatis.

β. **tragus** L. sp. ed. 2 p. 322; S. et S. pr. I. p. 170; Sieb. avis p. 3, rem. p. 3; Friedr. Reise p. 264; Clem. sert. p. 83; pro sp.; Moqu. in DC. pr. XIII. 2 p. 187; Heldr. Nutzpfl. p. 23; Bois. fl. or. IV. p. 954; Haussk. symb. p. 58. — Glabrescens; perigonii alis rudimentariis; sed interdum alae brevissimae et dilatatae in eodem caule occurrunt. — Exsicc.: Sint. et Bornm. it. turc. n. 1444.

In locis arenosis, salsis maritimis et interioribus per totam Graeciam. — Maio, Jul. ☉.

Obs. *S. glauca* M. a. B. fl. taur. cauc. I. p. 185; Sieb. avis rem. p. 3; = *Caroxylon glaucum* Moqu. in DC. pr. XIII. 2 p. 173; Raul. cret. p. 846. — Dein *S. inermis* Forsk. fl. aeg. arab. p. 57; Moqu. l. c., Raul. l. c. — Indicantur, sed probabiliter erronee, in Creta.

12. **Noaea** Moqu. in DC. pr. XIII, p. 207.

1. **N. spinosissima** L. f. suppl. p. 173 (*Anabasis*); Moqu. l. c. p. 209; Bois. fl. or. IV. p. 965; Haussk. symb. p. 58. — *Salsola echinus* Lab. syr. dec. II. p. 10 t. 5; Ch. et B. exp. p. 81, Fl. pelop. p. 17. — Exsicc.: Heldr. herb. norm. n. 976.

Fruticosa, glabra; caule erecto vel adscendente, a basi ramosissimo, ramulis alternis, patentibus, spinosis; foliis alternis, semiteretibus, mucronatis, superioribus sub anthesi plerumque iam emarcidis vel deciduis; bracteis a basi ovata triquetro-subulatis; floribus in axillis subsolitariis, ad ramulorum basin saepe approximatis; perigonii phyllis lanceolatis, alis obovatis vel oblongis, perigonio ipso longioribus.

In saxosis maritimis ad promontorium Hagios Nicolaos prope Thorikos in promontorio Sunium Atticae (Heldr.); Cycladum insula Melos (Chaub.). — Aug. Oct. ♄.

13. Petrosimonia Bunge anab. rev. p. 52.

1. P. crassifolia Pall. ill. p. 64 t. 55 (*Polycnemum*); Bunge l. c. p. 55. — *Halimocnemis crassifolia* C. A. Mey. in Led. fl. alt. I. p. 385. — Exsicc.: Bald. it alb. n. 92, it. alb. alt. n. 108.

Annua, pube bicuspidata canescens, a collo ramosa; caulibus diffusis vel adscendentibus, ramosissimis; ramis alternis, infimis oppositis; foliis alternis, carnosis, semiteretibus, acutiusculis; floribus axillaribus, in spicas laxiusculas dispositis; bracteolis navicularibus, apice acute carinatis, fructiferis basi gibbis, fructum amplexantibus et cum eo deciduis; perigonii phyllis fere tantum binis; staminibus 5.

In maritimis pr. Gorica et Vallona Albaniae meridionalis (Bald.), iam extra ditionem nostram; occurrit quoque probabiliter ad litus epiroticum. — Jul. Sept. ☉.

2. P. brachiata Pall. ill. p. 62 t. 52 (*Polycnemum*); Bunge l. c. p. 59; Bois. fl. IV. p 974. — *Halimocnemis brachiata* C. A. Mey. in Led. fl. alt. I. p. 381.

Annua, pube bicuspidata canescens, a collo ramosa; caulibus erectis, ramosis; ramis omnibus oppositis; foliis oppositis, carnosis, semiteretibus, acutiusculis; floribus axillaribus, dense glomerato-spicatis; bracteolis navicularibus, foliaceo-attenuatis, fructiferis basi gibbis, fructum amplexantibus et cum eo deciduis; perigonii phyllis 5; staminibus 5. — A praecedente ramis foliisque oppositis, floribus glomerato-spicatis et perigonii phyllis quinis discedit.

In salsis Atticae pr. Athenas (Urv. sec. Moqu. in DC. pr. XIII. 2 p. 197). — Jul. Sept. ☉ N. v.

XCV. Ordo. Polygonaceae Juss. gen. p. 82.

Dispositio generum.

a. Achenium triquetrum vel lenticulare, apterum.
  α. Perigonium 6 dentatum vel 6 partitum, viride, laciniis inaequalibus; stigmata penicillata.
    × Flores polygamo-monoici, in pseudoverticillos vel racemos axillares dispositi: inferiores feminei, subsessiles, perigonio trigono-infundibuliformi, 6 dentato, dentibus 3 exterioribus spinescentibus recurvato-patentibus, 3 interioribus minoribus conniventibus; superiores hermaphroditi vel masculi, pedicellati, perigonio 5—6 partito, laciniis aequalibus patentibus; stamina 4—6; styli 3; achenium triquetrum, tubo perigonii arcte inclusum. — Herbae.
        1. Emex Neck.
    ×× Flores hermaphroditi, polygami vel dioici, pedicellati, fasciculati vel pseudoverticillati, in racemos simplices vel paniculas dispositi; perigonium 6 partitum, laciniis 3 exterioribus minoribus, 3 interioribus majoribus (valvis dictis), post anthesin saepissime auctis, conniventibus; stamina 6; styli 3; achenium trigonum, valvis tectum. — Herbae (nostrae).
        2. Rumex L.

β. Perigonium 3—5 partitum, corollinum, laciniis aequalibus vel internis majoribus; stigmata capitata.
× Flores hermaphroditi, pedicellati, racemosi vel in apice ramulorum fasciculati; perigonium 4—5 partitum, laciniis internis demum accretis; stamina 6—8; styli 2—3; achenium triquetrum vel lenticulare, perigonii laciniis internis arcte tectum. — Frutices.

3. Atraphaxis L.

×× Flores hermaphroditi, pedicellati vel sessiles, racemosi vel spicati, rarius solitarii axillares; perigonium 3—5 partitum, laciniis subaequalibus, post anthesin marcescentibus, raro auctis; stamina 8, rarius 5—4; styli 2—3; achenium lenticulare vel trigonum, perigonio inclusum. — Herbae, rarius suffrutices.

4. Polygonum L.

b. Achenium lenticulare, ala lata diaphana cinctum; flores hermaphroditi, pedicellati, in semiverticillos, racemum formantes dispositi; perigonium 4 partitum, viride, laciniis 2 interioribus majoribus, achenio adpressis, 2 exterioribus reflexis; stamina 6; stigmata 2, subsessilia, penicillata.

5. Oxyria Hill.

1. Emex Neck. elem. II. p. 214.

1. E. spinosus L. sp. p. 337; S. et S. pr. I. p. 247, Fl. gr. t. 347; Sieb. avis p. 3; Urv. enum. p. 41; Ch. et B. exp. p. 108, Fl pelop. p. 24; Marg. et R. fl. Zante p. 80 (*Rumex*); Campd. mon. rum. p. 58, t. 1; Friedr. Reise p. 265; Weiss in z. b. G. 1869 p. 753; Raul. cret. p. 848; Bois. fl. or. IV. p. 1005; Haussk. symb. p. 58; Heldr. fl. Aegina p 388. — Exsicc.: Heldr. herb. norm. n. 1186.

Glaber, a collo saepe pluricaulis; caulibus erectis vel decumbentibus, simplicibus vel ramosis; foliis petiolatis, ovatis, integris, basi truncatis vel subcordatis; perigonii fructiferi indurati, tubo lacunoso, dentibus 3 interioribus dorso tricostatis, 3 exterioribus spinescentibus.

In cultis, ruderatis, arenosis regionis inferioris. Attica: pr. Athenas (Sibth.), Phaleron (Heldr.), Laurion (Haussk.), insula Aegina (Heldr.); Messenia: pr. Pylos (Zahn), Methone, Messene (Chaub.); Zante (Sibth.); insula Aegina, Cythnos (Heldr.), Melos (Urv.); Creta; pr. Canea (Weiss), Candia, Guves (Raul.). — Febr. Maio. ⊙.

2. Rumex L. gen. n. 451.

Dispositio specierum.

1. Sectio. *Lapathum* Tourn. inst. p. 504. — Flores hermaphroditi, rarius polygami, pedicello tenui vel parum incrassato insidentes; styli liberi; valvae demum auctae, coriaceo-membranaceae, integrae vel dentatae, nervo medio saepe in callum incrassato. — Folia basi attenuata, rotundata vel cordata, nunquam hastata nec sagittata.

a. Valvae omnes ecallosae, integrae vel subrepandae, 4 mm. longae.
    1. R. alpinus L.   2. R. aquaticus L.
b. Valvae omnes vel saltem anterior calliferae.
    α. Valvae integrae, rarius basin versus obsolete eroso-vel undulato-dentatae.

× Valvae rotundatae vel triangulari-ovatae, 4—8 mm. longae, integrae vel nonnullae denticulatae.
○ Folia plana vel subundulata; valva unica tantum callifera.
3. R. patientia L.   **4. R. graecus** Bois. et Heldr.
○○ Folia undulato-crispa; valvae omnes calliferae (calli valvarum 2 interdum indistincti).
5. R. crispus L.
×× Valvae lineari-oblongae, 3 mm. longae, integrae.
6. R. sanguineus L.   **7. R. conglomeratus** L.
β. Valvae serrulatae vel inciso-dentatae (cf. *R. obtusifolius* var. γ).
× Folia ovata vel oblonga: verticilli aphylli vel inferiores tantum foliiferi
○ Perennes; pedicelli elongati.
8. R. obtusifolius L.   **9. R. nepalensis** Spreng.
◐ Biennes; pedicelli brevissimi.
10. R. pulcher L.
⋋× Folia lineari-lanceolata, angusta; verticilli omnes foliiferi.
11. R. limosus Thuill.

2. Sectio. *Platypodium* Willk. et Lge. pr. fl. hisp. I. p. 284. — Flores hermaphroditi, pedicello demum valde clavato-incrassato insidentes; styli ovarii angulis adnati; valvae demum auctae, coriaceae, ecallosae, utrinque in dentes rigidulos, saepe uncinatos divisae. — Folia integerrima, basi attenuata.
12. R. bucephalophorus L.

3. Sectio. *Acetosa* Tourn. inst. p 602. — Flores dioici, rarius hermaphrodito-polygami, pedicello tenui insidentes; styli ovarii angulis adnati; valvae demum auctae, tenuiter membranaceae, integrae, nervo basi saepe in squamulam deflexam incrassato. — Folia hastata vel sagittata.

a. Perennes; valvae ad 6 mm. longae.
α. Flores dioici.
× Radix fibrosa, tuberibus ovato-oblongis nullis.
○ Inflorescentia paniculata.
13. R. montanus Desf.   **14. R. auriculatus** (Wallr.).   **15. R. acetosa** L.
◠○ Inflorescentia racemosa vel subpaniculata.
16. R. nebroides Campd.
×× Radix filipendula, tuberibus ovato-oblongis.
17. R. tuberosus L.
β. Flores polygami.
18. R. scutatus L.
b Annuus; valvae maximae, ad 15 mm. longae.
19. R. vesicarius L.

4. Sectio. *Acetosella* Meisn. in DC. pr. XIV. p. 63. — Flores dioici, pedicello tenui insidentes; styli ovarii angulis adnati; valvae immutatae, integrae, schenio arcte adpressae. — Folia hastato-vel sagittato-laciniata, rarius indivisa.
20. R. acetosella L.

1. Sectio. *Lapathum* Tourn. inst. p. 504. —

a. Valvae omnes ecallosae, integrae vel subrepandae, 4 mm longae.

1 **R. alpinus** L. sp. p. 334; S. et S. pr. I. p. 247; Ch. et B. exp. p. 107, Fl. pelop. p. 24; Form. in Ver. Brünn 1896 p. 33 Haussk. symb. p. 58. — Icon: Hayne. arzneigew. XIII. t. 7.

Caule erecto, in paniculam strictam, elongatam, subaphyllam abeunte; foliis petiolatis, inferioribus amplis, cordato-subrotundis vel cordato-ovatis, obtusis vel breviter acuminatis, superioribus ovato-lanceolatis, acutis; valvis cordato-ovatis, integris vel subrepandis, ecallosis.

In pascuis alpinis. Thessalia: mt. Zygos (Form.) et Karava (Haussk.) in Pindo; Laconia (Sibth.): mt. Taygetos (Chaub.). — Jul. Aug. ♃. N. v.

2. **R. aquaticus** L. sp. p. 336; S. et S. pr. I. p. 246; Ch. et B. exp. p. 107, p. p., Fl. pelop. p. 24; Fraas fl. class. p. 232; Bois. fl. or. IV. p. 1008. — Huc forsan: *R. hydrolapathum* Pieri corc. fl. p. 47, vix Huds. — Icon: Hayne arzneigew. XIII. t. 4. —

Caule elato, in paniculam strictam, densam, subaphyllam abeunte; foliis petiolatis, inferioribus amplis, cordato-ovatis, acutiusculis, superioribus oblongis vel lanceolatis; valvis subcordato-ovatis, integris vel subrepandis, ecallosis. — Praecedenti affinis, ab eo caule elatiore, ad 1 m. alto, foliis tenuibus, angustioribus et longioribus, thyrso ampliori compacto, valvis subcordatis discedit.

Ad fossas, in uliginosis regionis inferioris, rarissime. Argolis (Sibth.); indicatur deinde ad Phaleron Atticae et in insula Zante (Fraas); Corcyra, si *R. hydrolapathum* Pieri re vera huc pertineat. — Jul. Aug. ♃. N. v.

b. Valvae omnes vel saltem anterior calliferae.

α. Valvae integrae, rarius basin versus obsolete eroso-vel undulato-dentatae.

× Valvae rotundatae vel triangulari-ovatae, 4—8 mm. longae, integrae vel nonnullae denticulatae.

○ Folia plana vel subundulata; valva unica tantum callifera.

3. **R. patientia** L. sp. p. 333; S. et S. pr. I. p. 244; Pieri corc. fl. p. 47; Dallap. prosp. p. 53; Ch. et B. exp. p. 107, Fl. pelop. p. 24; Fraas fl. class. p. 231; Heldr. fl. cephal. p. 62; Haussk. symb. p. 58. — Icon: Schk. handb. t. 100.

Caule erecto, in paniculam strictam, elongatam, superne aphyllam abeunte; foliis petiolatis, inferioribus amplis, a basi cordata vel rotundata oblongis, obtusis vel acuminatis, superioribus lanceolatis, acutis, basi attenuatis; valvis cordato-orbiculatis, margine integris vel repandis, anteriore callifera.

In pascuis montanis et subalpinis. Thessalia: mt. Ghavellu et Karava in Pindo (Haussk.); Phthiotis (Fraas); Elis (Sibth.); Cephalonia (Dall.); Corcyra (Pieri). — Jul. Aug. ♃. N. v.

4. **R. graecus** Bois. et Heldr. diagn. ser. 2 IV. p. 80; Heldr. Nutzpfl. p. 24; Hal. Beitr. fl. Achaia p. 31; Haussk. symb. p. 5⁸. — *R. orientalis* Bernh. in Schult. fil. syst. VII. p. 1433, *v. graecus* Bois. fl. or. IV. p. 1009. — Exsicc.: Heldr. pl. fl. hellen. a. 1887.

Differt a praecedente, an satis, valvis breviter eroso-denticulatis.

In ruderatis, herbidis, in pagos regionis inferioris et montanae. Thessalia: pr. Kalabaka, Demirli, Aivali, Orman Magula, Pharsalus, ad ripas Tsinarli, pr. Volo, ad radices mt. Pelion (Haussk.); Achaia: in pago Sudena (Hal.), pr. Trikala (Heldr.); Laconia: pr. Anavryti ad radices mt. Taygetos (Heldr.) — Jun. Aug. ♃.

4 × 7. **R. graecus × conglomeratus.** — *R. conglomeratus × graecus (R. semigraecus)* Haussk. symb. p. 60. — Differt a *R. graeco* caule a basi divaricatim ramoso, valvis minoribus, omnibus calliferis; — a *R. conglomerato* pseudoverticillis approximatis, valvis cordato-ovatis, breviter eroso-denticulatis. — Exsicc.: Haussk. it. graec. a. 1885.

Ad ripas fl. Tsinarli pr. Pharsalum (Haussk.). —

∞ Folia undulato-crispa; valvae omnes calliferae (calli valvarum 2 interdum indistincti).

5. **R. crispus** L. sp. p. 335; Ch. et B. fl. pelop. p. 24; Fraas fl. class. p. 231; Bois. fl. or IV. p. 1009; Hal. Beitr. fl. Epir. p. 39; Haussk. symb. p. 58. — *R. aquaticus* Ch. et B. exp. p. 107 p. p., non L. — Huc spectat fortasse: *R. hellenicus* Form. in Ver. Brünn 1897 p. 27 (Descriptio summopere confusa). — Icon: Fl. dan. t. 1334. — Exsicc.: Heldr. it IV. Thessal. a. 1885.

Caule erecto, in paniculam longam, angustam, inferne foliatam abeunte; foliis plus minus undulato-crispis, inferioribus petiolatis, oblongis vel oblongo-lanceolatis, acutiusculis vel obtusis, basi attenuatis vel rotundatis vel interdum subcordatis, superioribus lanceolato-linearibus acutis, floralibus subsessilibus; valvis ovato-orbiculatis, subcordatis, integris vel basi subdentatis, omnibus calliferis.

β. **unicallosus** Peterm. fl. lips. p. 266. — *R. crispus v. nudivalvis* Meisn. in DC. pr. XIV. p. 45; Haussk. symb. p. 58. — Valvis ecallosis vel unica tantum callifera. — Exsicc.: Heldr. it. thessal. IV. a. 1885.

In ruderatis, pratis, ad sepes regionis inferioris et montanae. Epirus: pr. Kalarrytes (Hal.); Thessalia: pr. Neuropolis, Korona (Haussk.), Pharsalus (Heldr.); Euboea: Kastaniotissa (Heldr.); Attica: pr. Athenas (Fraas), Caloreuma (Orph.); Peloponnesus: ad fl. Pamisus, ad Magula pr. Sparta (Chaub.); — β. Thessalia: mt. Zygos, pr. Korona, Orman Magula (Haussk.). — Jun. Aug. ♃.

4 × 5. **R. graecus × crispus.** — *R. crispus × graecus (R. dimidiatus)* Haussk. symb. p. 60. — Habitu *R. crispo*-accedens, a quo caule robustiore, elatiore, foliis maioribusque, vix crispis et valvis maioribus denticulatis discedit. Valvae interdum fere ecallosae. — Exsicc.: Haussk. it. gr. a. 1885.

In humidis Thessaliae pr. Orman Magula (Haussk).

×× Valvae lineari-oblongae, 3 mm longae, integrae.

6. **R. sanguineus** L. sp. p. 344; S. et S. pr. I. p. 245; Ch. et B. exp. p. 107, Fl. pelop. p. 24; Haussk. symb. p. 59. — *R.*

viridis Sm. fl. brit. I. p. 390. — *R. nemorosus* Schrad. in Willd. enum. hort. berol. I. p. 397; Form. in Ver. Brünn 1897 p. 27. — *R. nemolapathum* Ehrh. in L. fil. suppl. p. 212 p. p.; Friedr. Reise p. 276. — Icon: Fl. dan. t. 2229. —

Caule erecto, gracili, in paniculam laxam abeunte; paniculae ramis erecto-patulis, ima basi tantum foliatis; foliis tenuibus, petiolatis, inferioribus cordato-oblongis, obtusis vel acutis, superioribus lanceolatis, acutis; verticillastris remotiusculis; valvis lineari-oblongis, integris, unica callifera.

In nemorosis, silvaticis regionis montanae. Thessalia: ad monasterium Korona (Haussk.), pr. Asproklisia (Form.); Argolis: pr. Poros (Friedr.); Laconia (Sibth.): pr. Androvista, Scardamula, mt. Taygetos, pr. Kalamata, Methone, Corone (Chaub.). — Jun. Aug. ♃. N. v.

7. **R. conglomeratus** Murr. pr. stirp.-gotting. p. 52; Heldr. Nutzpfl. p. 25; Heldr. fl. cephal. p. 63, Fl. Aegina p. 388; Raul. cret. p. 847; Spreitz. in z. b. G. 1877 p. 729; Bois. fl. or. IV, p. 1010; Form. in D. bot. Mon. 1890 p. 62, in Ver. Brünn 1895 p. 23, 1897 p. 27; Hal. Beitr. fl. Epir. p. 39, Beitr. fl. Achaia p. 31; Haussk. symb. p. 59. — *R. glomeratus* Schreb. spic. lips. ed. 2 p. 64; Marg. et R. fl. Zante p. 80. — Icon: Fl. dan. t. 2228. — Exsicc.: Orph. herb. n. 2989; Sint. it. thessal. n. 983.

Differt a praecedente racemis fere ad apicem usque foliatis, valvis sublatioribus, omnibus grosse calliferis.

In ruderatis, ad saepes, in nemorosis regionis inferioris et montanae. Epirus: pr. Janina (Bald.), Kalarrytes (Hal.); Thessalia: pr. Malakasi (Sint.), ad monasterim Korona, Phanari, Karditza, Orman Magula, Aivali, Pharsalus (Haussk.), pr. Vlachava, Selicany et Spilia in mt. Ossa (Form.); Euboea: mt. Telethrion (Heldr.); Attica: mt. Pentelicon, pr. Myli (Haussk.), Phaleron, insula Aegina (Heldr.); Achaia: pr. Patras (Hal.); Laconia: mt. Malevo (Orph.); Argolis: pr. Nauplia (Haussk.); Creta: pr. Nerokuru, Canea (Raul.); Zante (Marg.); Cephalonia: pr. Argostoli (Heldr.); Corcyra: pr. Benizze (Spreitz.). — Maio, Aug. ♃.

β. Valvae serrulatae vel inciso-dentatae. (cf. *R. obtusifolius* var. γ.)

× Folia ovata vel oblonga; verticilli aphylli vel inferiores tantum foliiferi.

○ Perennes; pedicelli elongati.

8. **R. obtusifolius** L. sp. p. 335; S. et S. pr. I. p. 246; Ch. et B. exp. p. 107, Fl. pelop. p. 24; Bois. fl. or. IV. p. 1011; Haussk. symb. p. 58. — *R. Friesii* Gr. et Godr. fl. fr. III. p. 36. — Icon: Fl. dan. t. 1335. — Exsicc.: N. v.

Caule erecto, cito in paniculam ramosam, strictam, parte inferiori excepta aphyllam abeunte; foliis petiolatis, inferioribus cordato-ovatis vel oblongis, obtusis, superioribus lanceolatis, acutis; verticillastris remotiusculis; valvis ovato-triangularibus, omnibus calliferis, dentatis, dentibus triangulari-subulatis, valvae latitudine brevioribus.

β. **subulatus** Reching. in ö. b. Z. 1892 p. 51. — *R. obtusifolius* Bald. riv. coll. bot. all. 1895 p. 68. — Valvis triangularibus, longe subulato-dentatis, dentibus valvae longitudine aequilongis. — Exsicc : Bald. it. alb. pir. III. n. 86.

γ. **silvestris** Wallr. sched. p. 161 pro sp.; Koch. syn. p. 614. — Valvis triangularibus in apicem protractis, integris vel obsolete dentatis. — A *R. patientia* et *R. graeco*, quibuscum valvis integris vel obsolete dentatis convenit, valvis elongatis in apicem protractis, basi non cordatis, omnibus calliferis facile distinguitur. — Exsicc.: Sint. it. thessal. n. 689 sub *R. orientali*.

In ruderatis, pratis regionis inferioris et montanae. Thessalia: pr. Sophades, Aivali, Pharsala, Volo (Haussk.); Peloponnesus (Sibth.): pr. Mistra, Amyclea (Chaub.); — β. Epirus: pr. Prevesa (Bald.); — γ. Thessalia: pr. Chaliki (Sint.). — Jun. Aug. ♃.

5 × 8. **R. crispus × obtusifolius** Meisn. in DC. p. XIV. p. 54; Haussk. symb. p. 60. — *R. acutus* L. sp. p. 335. — *R. pratensis* M. u. K. deutschl. fl. II. p. 609. — Differt a *R. crispo* foliis cordato-oblongis, minus crispis et valvarum dentibus triangulari-subulatis; a *R. obtusifolio* foliis angustioribus, crispis et valvis brevioribus latioribusque, basi subcordatis, breviter dentatis.

In planitie thessala pr. Pharsalus, Volo (Haussk.). — N. v.

7 × 8. **R. conglomeratus × obtusifolius** *(R. abortivus)* Ruhm. in Jahrb. bot. Gart. Berlin I. p. 253; Haussk. symb. p. 60. — Differt a *R. conglomerato* valvis oblongis, basin versus denticulatis; a *R. obtusifolio* habitu, racemis foliatis, laxis, valvis minoribus, oblongis, nonnullis integris. — Exsicc.: Haussk. it. gr. a. 1885.

Thessalia: in ruderatis pr. Volo (Haussk.).

9. **R. nepalensis** Spreng. syst. II. p. 159; Haussk. in bot. Ver. Thüring. V. p. 61; symb. p. 58. — Exsicc.: Haussk. it. gr. a. 1885.

Caule erecto, in paniculam ramosam, parte inferiori excepta aphyllam abeunte, ramis erecto-patulis; foliis inferioribus petiolatis, cordato-ovatis vel oblongis, acutiusculis, superioribus lanceolatis, subsessilibus; verticillastris remotiusculis; valvis ovato-oblongis, ad vel ultra medium in dentes crebros, subulatos, apice eximie hamatos fissis, inaequaliter calligeris vel unica tantum callosa. — Species valvis longe hamato-subulatis eximia.

In derelictis supra monasterium Korona in vicinia ruinarum castelli turcici in Pindo dolopico (Haussk.); locus hucusque unicus. — Jun. Jul. ♃.

○○ Biennes; pedicelli brevissimi.

10. **R. pulcher** L. sp. p. 336; S. et S. pr. I. p. 245; Ch. et B. exp. p. 107, Fl. pelop. p. 24; Raul. cret. p. 847; Bois. fl. or. IV. p. 1012; Form. in D. bot. Mon. 1890 p. 12, in Ver. Brünn 1897 p. 27; Haussk. symb. p. 59, v. *microdon;* Hal. in ö. b. Z. 1899 p. 25. — *R. divaricatus* L. sp. ed. 2 p. 478; Marg. et R. fl. Zante

p. 80; Heldr. fl. Aegina p. 388, chlor. Mykon. p. 230; f. foliis non strangulato-panduriformibus, pubescentibus. — *R. reticulatus* Weiss. in z. b. G. 1869 p. 753, an Bess. — Icon: Rchb. pl. crit. t. 486. — Exsicc.: Sint. it. thessal. n. 420; Baen. herb. europ. n. 9328; Dörfl. fl. aeg. n. 22.

Glaber vel inferne papilloso-pubescens; caule erecto, flexuoso, patule ramoso, subaphyllo; foliis parvis, inferioribus petiolatis, subcordatis, ovato-oblongis vel panduraeformibus, superioribus lanceolatis; racemis patentissimis, elongatis; verticillastris remotis, inferioribus et mediis folio lineari-lanceolato suffultis, interdum summis tantum nudis; valvis ovato-oblongis, utrinque in 5—6 dentes rigidos rectos subspinescentes, valvulae diametro breviores fissis, omnibus inaequaliter calliferis.

β. **macrodon** Haussk. in Mitth. thür. bot. Ver. 1891 p. 34, symb. p. 59. — Valvis in dentes subulatos valvae diametro longiores fissis. Huc spectare videtur: *R. Raulini* Bois. diagn. XII. p. 100, Fl. or. IV. p. 1012. — Exsicc.: Haussk. it. gr. a. 1885.

γ. **anodon** Haussk. in Mitth. thür. bot. Ver. 1891 p. 34. — Valvis subintegerrimis vel minutissime et perpauce denticulatis. — Exsicc.: Haussk. it. gr. a. 1885.

In cultis, ad vias, in ruderatis regionis inferioris et montanae per totam Graeciam. — Maio, Jul. ☉.

5 × 10. **R. crispus × pulcher** (*R. pseudopulcher*) Haussk. symb. p. 60. — Habitu nunc ad unam, nunc ad alteram stirpem accedens; summatim differt a *R. crispo* caule patule ramoso, foliis minoribus, valvis plus minus denticulatis, a *R. pulchro* pedicellis elongatis, valvis majoribus minute denticulatis. — Exsicc.: Haussk. it. gr. a. 1885.

In humidiusculis pr. Orman Magula Thessaliae (Haussk.).

7 × 10. **R. conglomeratus × pulcher** (*R. Mureti*) Haussk. in Mitth. geogr. Ges. Thür. 1884 p. 73, symb. p. 59. — Differt a *R. conglomerato* praesertim valvis ovato-oblongis denticulatis; a *R. pulchro* pedicellis elongatis, valvis minute denticulatis. — Exsicc.: Haussk. it. gr. a. 1885.

Pr. Karditza Thessaliae et pr. Myli Atticae (Haussk.).

×× Folia lineari-lanceolata, angusta; verticilli omnes foliiferi.

11. **R. limosus** Thuill. fl. par. ed. 2 p. 182; Form. in Ver. Brünn 1897 I. p. 182. — *R. palustris* Sm. fl. brit. I. p. 394. — Icon: Fl. dan. t. 1873. — Exsicc.: Reiser. fl. gr. a 1894.

Caule erecto, in paniculam laxam abeunte; foliis lanceolatis vel lineari-lanceolatis, in petiolum attenuatis, acutis, floralibus verticillastra longe superantibus; verticillastris remotis, omnibus foliiferis; valvis rhombeo-ovatis, utrinque setaceo-bidentatis, apice lanceolatis, integris, omnibus calliferis, dentibus valvae longitudine brevioribus.

In limosis, paludosis regionis inferioris, rarissime. Thessalia: pr. Trikala (Form.), ad lacum Karla (Reis.). — Maio, Jul. ☉.

10 × 11. **R. pulcher** × **limosus.** — *R. Halácsyi* (*limosus* × *pulcher*) Reching. in z. b. G. 1899 p. 105. — Differt a *R. pulchro* pedicellis elongatis, valvis facie minus reticulato-alveolatis, utrinque 2—4 setaceo-dentatis; a *R. limoso* ramis divaricatis, foliis oblongo-lanceolatis, verticillastris superioribus nudis, valvarum dentibus numerosioribus, basi latioribus. — Exsicc.: Form. pl. gr. a. 1896.
Thessalia: pr. Trikala (Form.).

2. Sectio. *Platypodium* Willk. et Lge. pr. fl. hisp. I. p. 284.

12. **R. bucephalophorus** L. sp. p. 336; S. et S. pr. I. p. 246; Sieb. avis p. 3, rem. p. 4; Ch. et B. exp. p. 107, Fl. pelop. p. 24; Marg. et R. fl. Zante p. 80; Friedr. Reise p. 266; Fraas fl. class. p. 231; Clem. sert. p. 83; Ung. Reise p. 122; Weiss in z. b. G. 1869 p 753; Raul. cret. p. 847; Spreitz. in z. b. G. 1877 p. 729, 1887 p. 668; Bois. fl. or. IV. p. 1014; Heldr. fl. cephal. p. 63, chlor. Thera p. 20, chlor. Mykon. p. 250; Gelmi in bull. soc. bot. ital. 1889 p. 451; Haussk. symb. p. 59. — *R. aculeatus* L. sp. ed. 2 p. 481; S. et S. pr. I. p. 249; Sieb. avis rem. p. 4; Ch. et B. exp. p. 108, Fl. pelop. p. 24; f. valvarum spinis validioribus uncinatis. — *R. creticus* Campd. mon. rum. p. 149. — *R. bucephalophorus v. massiliensis* Steinh. in ann. sc. nat. ser. 2 IX. p. 200; Raul. cret. p. 847; f. valvarum dentibus utrinque 3, valvis brevioribus. — *R. bucephalophorus v. creticus* Steinh. l. c., f. valvis bidentatis. — *R. bucephalophorus v. graecus* Steinh. l. c. p. 201; f. valvarum dentibus utrinque 3, subrecurvis, valvam aequantibus. — Icon: Fl. gr. t. 345. — Exsicc.: Heldr. herb. fl. hellen. n. 57, herb. norm. n. 1578; Dörfl. fl. gr. n. 465.

A collo simplex vel saepius pluricaulis; caulibus gracilibus, erectis vel adscendentibus, in racemos simplices abeuntibus; foliis petiolatis, inferioribus ovato-spathulatis vel oblongo-lanceolatis, summis linearibus; verticillastris remotiusculis, 2—3 floris; pedicellis demum clavato-incrassatis, arcuato-deflexis; valvis deltoideo-oblongis, utrinque 2—4 dentatis, dentibus triangulari-subulatis, rectis vel apice uncinatis, valva brevioribus vel longioribus. — Varietates supra enumeratae nil sunt nisi formae minimae valoris, nam numerus et longitudo dentium valvarum variant in speciminibus unius et ejusdem loci, interdum immo in uno eodemque specimine.

In arenosis, maritimis, herbidis regionis inferioris per totam Graeciam. — Mart. Jun. ☉.

3. Sectio. *Acetosa* Tourn. inst. p. 502.

a. Perennes; valvae ad 6 mm longae.

α. Flores dioici.

× Radix fibrosa, tuberibus ovato-oblongis nullis.

○ Inflorescentia paniculata, plerumque ampla.

13. **R. montanus** Desf. tabl. école bot. ed. 2 p. 48. — *R. arifolius* All. fl. ped. II. p. 204; Haussk. symb. p. 59; non L. fil. suppl. p. 212. —

Glaber; rhizomate crasso, pluricipite, fibras tenues vel incrassatas edente; caule erecto, in paniculam elongatam, strictam, laxam abeunte; foliis tenuibus, inferioribus petiolatis, ovato-oblongis, acutis, sinu lato hastato-cordatis, auriculis patentibus, foliis superioribus sessilibus, amplexicaulibus; stipulis integris; valvis subrotundo-cordatis, integris, basi squamula deflexa praeditis. — *R. acetosae* affinis, sed folia maiora, praesertim latiora, auriculis patentibus, non deorsum spectantibus, stipulae integrae et valvae paulo minores.

In alpinis inter jugum Zygos et Oxya supra Chaliki in Pindo tymphaeo (Haussk.). — Jun. Sept. ♃. N. v.

14. R. auriculatus Wallr. scbed. p. 182 pro var. *R. acetosae*. — *R. thyrsiflorus* Fingerh. in Linnaea IV. p. 380. — Exsicc.: Heldr. it IV. thessal. a. 1885.

Glaber; rhizomate crassiusculo, pluricipite, fibras tenues edente; caule erecto in paniculam thyrsoideam, elongatam, strictam, densam, floribundam abeunte; foliis crassiusculis, inferioribus petiolatis, oblongis, oblongo-lanceolatisve, sinu lato hastato-cordatis, auriculis patentibus, foliis superioribus sessilibus, amplexicaulibus; stipulis integris; valvis parvis, truncato-vel subcordato-orbiculatis, integris, basi squamula deflexa praeditis. — Differt a praecedente thyrso denso, floribundo, foliis angustis et valvis fere dimidio minoribus.

In pratis. Thessalia: in oropedio Neuropolis regionis inferioris Pindi dolopici (Heldr.). — Jun. Jul. ♃.

15. R. acetosa L. sp. p. 337; S. et S. pr. I. p. 248; Ch. et B. exp. p. 108, Fl. pelop. p. 24; Friedr. Reise p. 280; Fraas fl. class. p. 231; Heldr. Nutzpfl. p. 24; Bois. fl. or. IV. p. 1015; Form. in D. bot. Mon. 1890 p. 12, in Ver. Brünn 1896 p. 33; Haussk. symb. p. 59. — Icon: Engl. bot. t. 127. — Exsicc.: Sint. it. thessal. n. 417.

Glaber vel inferne puberulus; rhizomate crassiusculo, pluricipite, fibras tenues edente; caule erecto, in paniculam laxam, elongatam, strictam abeunte; foliis crassiusculis, inferioribus petiolatis, ovato-oblongis, hastatis vel sagittatis, auriculis vix divergentibus, foliis superioribus sessilibus, amplexicaulibus; stipulis laciniato-dentatis; valvis maiusculis cordato-orbiculatis, integris, basi squamula deflexa praeditis. — Differt a praecedente foliis latioribus auriculis deorsum spectantibus, panicula laxa, stipulis laciniatis, valvis fere dimidio maioribus basi magis cordatis.

In pratis montanis et subalpinis. Thessalia: mt. Zygos, pr. Makrichori (Form.), mt. Oxya, Ghavellu, pr. Neuropolis (Haussk.), Kalabaka (Sint.), mt. Olympus (Heldr.); Aetolia: mt. Vardusia, Korax (Fraas); Peloponnesus (Sibth.): mt. Diaforti (Friedr.), pr. Argos (Fraas). — Maio, Jul. ♃.

OO Inflorescentia racemosa vel paniculata, angusta, brevis.

16. R. nebroides Campd. mon. rum. p. 150. — *R. triangularis*? Guss. syn. I. p. 434; Raul. cret. p. 847; Hal. in z. b. G. 1888

p. 762; Haussk. symb. p. 59; non DC. fl. fr. suppl. p. 368, qui forma culta *R. acetosae.* — *R. acetosa β. angustifolius* Heldr. Nutzpfl. p. 24. — *R. acetosa β. alpinus* Bois. fl. or. IV. p. 1016; Heldr. chlor. Parn. p. 26; Bald. riv. coll. bot. alb. 1895 p. 68, 1896 p. 92. — *R. Gussonii* Arcang. comp. fl. ital. p. 586. — Exsicc.: Hal. it. gr. a. 1888 et 1893.

Glaber; rhizomate crasso, lignescente, pluricipite, fibras tenues vel incrassatas edente; caule erecto, in paniculam brevem angustam abeunte; foliis tenuibus, inferioribus petiolatis, oblongis vel oblongo-lanceolatis, sagittatis, auriculis longis, angustis, acuminatis, ad basin saepe dentatis, superioribus sessilibus, anguste lineari-lanceolatis, integris vel basi sagittatis; stipulis laciniato-dentatis; valvis maiusculis, cordato-ovatis, integris, basi squamula deflexa praeditis. — Caulis sub anthesi 10—15 cm tantum longus, hac nota et rhizomate crasso, lignescente, foliis parvis, auriculis angustis elongatis praeditis, panicula brevi angusta a praecedentibus certe specifice distinguendus.

In rupestribus herbidis regionis alpinae. Epirus: mt. Olycika, Peristeri (Bald.); Thessalia: mt. Karava (Haussk.); Doris: mt. Kiona (Hal.), mt. Parnassus (Heldr.); Achaia: mt. Kyllene (Heldr.); Creta: mt. Psiloriti, Lassiti (Raul.). — Jun. Aug. ♃.

×× Radix filipendula, tuberibus ovato-oblongis.

17. **R. tuberosus** L. sp. ed. 2 p. 481; Ch. et B. exp. p. 108, Fl. pelop. p. 24; Friedr. Reise p. 269; Weiss in z. b. G. 1869 p. 753; Raul. cret. p. 847; Bois. fl. or. IV. p. 1017; Haussk. symb. p. 59; Heldr. fl. Aegina p. 388, chlor. Thera p. 20, chlor. Mykon. p. 250. — *R. creticus* Bois. diagn. XII. p. 102; Raul. cret. p. 847. — Huc spectat ex descriptione: *R. undulatus* Form. in Ver. Brünn 1896 p. 33. — Icon: Fl. gr. t. 348. — Exsicc.: Orph. fl. gr. n. 981.

Rhizomate crassiusculo, pluricipite, fibras plus minus abrupte in tubera ovato-oblonga incrassatas edente; caule erecto vel adscendente, in paniculam ramosam, laxam abeunte; foliis tenuibus, glabris vel scabridis, inferioribus petiolatis, ovatis vel oblongis, repandis, basi cordatis vel cordato-hastatis, rarius rotundatis, auriculis brevibus, divergentibus, foliis superioribus, sessilibus, lineari-lanceolatis, hastatis; valvis majusculis; cordato-suborbiculatis, basi sqamula deflexa praeditis. — Radice filipendula ab omnibus discedit.

In herbosis saxosis regionis inferioris et montanae. Thessalia: mt. Godaman in Olympo (Form.), pr. Pharsalum (Haussk.); Boeotia: mt. Helicon (Orph.); Attica: mt. Pateras, Parnes (Heldr.), insula Aegina (Friedr.); Corinthus (Orph.); Laconia: pr. Marathonisi (Chaub.); Cycladum insula: Keos, Kythnos, Seriphopula (Tunt.), Syra (Weiss), Tenos, Naxos (Chaub.), Mykonos, Delos (Sart.), Thera (Schmidt); Creta: pr. Candia, Malaxa, Prosnero, Askyphos, Anopolis (Raul.). — Mart. Jun. ♃.

β. Flores polygami.

18. **R. scutatus** L. sp. p. 337; Urv. enum. p. 41; Ch. et B. fl. pelop p 24; Bois. fl. or. IV. p. 1015; Hal. Beitr. fl. Epir. p. 39;

Haussk. symb. p. 59, *v. hastilis* Koch. syn. p. 615 (f. foliis triangularibus, acutis, dente baseos utrinque elongato-hastatis). — *R. hastifolius* M. B. fl. taur. cauc. I. p. 290, f. foliis utrinque sinu profundo et angusto excisis, lobo terminali ovato, brevi, fere latiore quam longo. — Exsicc.: Heldr. herb. norm. n. 1478.

Glaber; rhizomate crassiusculo, interdum lignescente, repente; caulibus numerosis, adscendentibus, flexuosis, ramosis, in racemos elongatos, laxos abeuntibus; foliis carnosulis, petiolatis, ovato-triangularibus, basi sagittatis, vel subpanduraeformibus, hastatis, infimis obtusis, superioribus acutis; verticillastris paucifloris; valvis cordato-orbicularibus.

In lapidosis saepius mobilibus regionis montanae et alpinae, rare. Epirus: mt. Peristeri, pr. Kalarrytes (Hal.); Thessalia: mt. Baba pr. Klinovo in Pindo (Haussk.), mt. Olympus (Heldr.); Laconia: mt. Taygetos (Pichler); Cycladum insula Melos (Urv.). — Maio, Aug. ♃.

b. Annuus; valvae maximae, ad 15 mm longae.

19. **R. vesicarius** L. sp. p. 336; Bois. fl. or. IV. p. 1017. — Icon: Campd. mon. rum. t. 3.

Glaber; radice parce fibrillosa; caulibus erectis vel adscendentibus, ramosis; foliis carnosulis, petiolatis, a basi cordata vel subhastata ovatis vel deltoideis; racemis simplicibus vel paniculatis; verticillastris paucifloris; valvis suborbicularibus vel ovatis, basi cordatis, calliferis vel subnudis. — Valvis maximis egregia.

In rupestribus maritimis, rarissime. Argolis: pr. Nauplia (Sart.). — Apr. Maio ☉.

4. Sectio. *Acetosella* Meisn. in DC. pr. XIV. p. 63.

20. **R. acetosella** L. sp. p. 338; S. et S. pr. I. p. 248, Fl. gr. t. 349; Sieb. avis rem. p. 4; Ch. et B. exp. p. 108, Fl. pelop. p. 24. — *R. multifidus* Haussk. symb. p. 59, cum f. *similatus* (f. foliis tripartitis, lobo medio maiore).

Glaber vel puberulus, saepius multicaulis; caulibus erectis vel adscendentibus, in paniculam strictam abeuntibus; foliis omnibus petiolatis, oblongis, lanceolatis vel linearibus, basi plerumque hastatis vel sagittatis; verticillastris paucifloris, remotiusculis; valvis ovatis, ecallosis.

α. **typicus.** — Valvae achenio adpressae, sed eo liberae. — Exsicc.: Heldr. pl. fl. hellen. a. 1898.

β. **angiocarpus** Murb. Beitr. fl. Südborn. p. 46 pro sp; Celak. in Sitzungsber. böhm. Ges. Wiss. 1892 p. 402; Form. in Ver. Brünn 1896 p. 33. — Valvae achenio adpressae et eo adhaerentes. — Exsicc.: N. v.

γ. **multifidus** L. sp. ed. 2 p. 482; S. et S. pr. I. p. 248, Fl. gr. t. 349; Raul. cret. p. 847, pro sp.; DC. fl. fr. III. p. 378; Ch. et B. exp. p. 108, Fl. pelop. p. 24; Hal. Beitr. fl. Epir. p. 39; Bald. riv. coll. bot. alb. 1896 p. 92. -- Folia ob lacinias laterales fissas palmato-multifida; valvae nunc liberae, nunc adhaerentes. — Exsicc.: Sint. it. thessal. n. 419.

In collibus, agris derelictis, glareosis, in regionem alpinam usque adscendens per totam Graeciam, var. *β.* ceteris ut videtur multo rarior. — Maio, Jul. ♃.

3. Atraphaxis L. gen. n. 356.

1. **A. Billardieri** Jaub. et Sp. ill. or. II. p. 14 t. 111; Raul. cret. p. 846; Bois. fl. or. IV. p. 1022. — *A. Billardieri v. graeca* Meisn. in DC. pr. XIV. p. 77. — Exsicc.: Heldr. pl. gr. a. 1848 n. 1783.

Fruticosa, ramosissima, ramulis spinescentibus vel inermibus, novellis brevissime puberulis; ochreis bicuspidatis; foliis parvis, ovatis vel oblongis, obtusis et acutis, glabris; floribus saepius pentameris, octandris, in racemum terminalem, laxum, basi foliatum dispositis; perigonii valvis petaloideis, roseis, cordato-reniformibus, achenio subduplo longioribus; stylo 2—3 fido.

In rupestribus regionis montanae et subalpinae. Aetolia: mt. Tymphrestus (Zuccar.); Attica: mt. Hymettus (Heldr.); Euboea (Zucc.); Creta: mt. Ida supra Vorisa (Heldr.). — Maio, Jun. ђ.

4. Polygonum L. gen. n. 495.

Dispositio specierum.

A. Plantae non volubiles.

1. Sectio. *Aconogonum* Meisn. monogr. polyg. p. 55. — Flores racemoso-paniculati; ochreae oblique truncatae, margine lacerae.

1. P. alpinum All.

2. Sectio. *Bistorta* Tourn. inst. p. 511. — Flores in spicam unicam terminalem dispositi; ochreae oblique truncatae, margine subintegrae.

2. P. bistorta L.   **3. P. viviparum** L.

3. Sectio. *Persicaria* Tourn. inst. p. 509. — Flores in spicas geminas vel racemoso-paniculatas, raro solitarias dispositi; ochreae horizontaliter truncatae, saepius setaceo-ciliatae.

  a. Achenia nitida.
    α. Ochreae longe setaceo-ciliatae; bracteae ciliatae; perigonium eglandulosum.

4. P. serrulatum Lag.   **5. P. mite** Schrank.   **6. P. persicaria** L.

    β. Ochreae non vel brevissime ciliatae; bracteae non ciliatae; perigonium glanduloso-scabrum.

7. P. lapathifolium L.

  b. Achenia opaca.

8. P. hydropiper L.

4. Sectio. *Avicularia* Meisn. monogr. polyg. p. 85. — Flores axillares, fasciculati vel solitarii, spicas foliatas vel aphyllas formantes; ochreae oblique bifidae vel indivisae, tandem apice lacerae.

a. Basi suffruticosa.
   9. **P. maritimum** L.   10. **P. equisetiforme** S. et S.
b. Herbacea.
   α. Spicae saepissime ad apicem usque foliatae; pedicelli brevissimi; perigonium herbaceum.
       11. **P. aviculare** L.
   β. Spicae nudae vel foliis diminutis praeditae; pedicelli perigonio aequilongi vel longiores; perigonium corollinum.
12. **P. Bellardii** All.   13. **P. arenarium** W. et K.   14. **P. pulchellum** Lois.

B. Plantae volubiles.

5. Sectio. *Tiniaria* Meisn. monogr. polyg. p. 62. — Flores axillares, fasciculati, racemos foliatos vel aphyllos formantes; ochreae oblique truncatae, haud ciliatae.
   15. **P. convolvulus** L.   16. **P. dumetorum** L.

1. Sectio. *Aconogonum* Meisn. monogr. polyg. p. 55.

1. **P. alpinum** All. fl. pad. II. p. 206 t. 68; Bald. riv. coll. bot. alb. 1896 p. 92. — *P. divaricatum* Vill. dauph. III. p. 322; ? Pieri corc. fl. p. 50; non L. . — Exsicc.: Orph. fl. gr. n. 1023 (mt. Peristeri Macedoniae).

Glabrum vel puberulum; caule erecto, ramoso; ochreis hirtis, oblique truncatis, laceris; foliis oblongo-lanceolatis lanceolatisve, acuminatis, subsessilibus; floribus in racemos multifloros dispositis, paniculam terminalem formantibus; perigonio albido vel carneo, basi saepe glanduloso; achenio trigono, nitido.

In herbidis alpinis mt. Smolika supra Kerasovo in Epiro (Bald.); ? Corcyra (Pieri). — Jun. Jul. ♃. N. v.

2. Sectio. *Bistorta* Tourn. inst. p. 511. —

2. **P. bistorta** L. sp. p. 360; S. et S. pr. I. p. 266; Dallap. prosp. p. 55; Ch. et B. exp. p. 112, Fl. pelop. p. 25; Fraas fl. class. p. 230; Bois. fl. or. IV. p. 1027; Heldr. fl. cephal. p. 63. — Icon: Fl. dan. t. 421.

Rhizomate crasso, torto; caule erecto, simplici, glabro; foliis e basi cordata vel truncata ovato-oblongis vel oblongo-lanceolatis, subtus glaucescentibus, saepe puberulis, inferioribus petiolo longo, superne alato suffultis, superioribus sessilibus; floribus in spicam oblongam, densam, non bulbilliferam dispositis, bracteis ovatis subulato-acuminatis suffultis; perigonio roseo; achenio oblongo, acute trigono, nitido.

Laconia (Sibth.) et Cephalonia (Dallap.); sed postea a nemini lectum. — Jun. Aug. ♃. N. v.

3. **P. viviparum** L. sp. p. 360; S. et S. pr. I. p. 266; Ch. et B. exp. p. 112, Fl. pelop. p. 25; Bois. fl. or. IV. p. 1027. — Icon: Fl. dan. t. 13. —

Rhizomate tuberiforme; caule erecto, simplici, glabro; foliis glabris, subtus glaucescentibus, inferioribus ellipticis, petiolo longo aptero suffultis, superioribus lanceolatis, sessilibus; floribus in spicam cylindricam, laxiusculam, inferne bulbilliferam dispositis, bracteis ovatis acuminatis suffultis; perigonio albo vel carneo, achenio ovato, apice trigono, nitido.

In Laconiae montibus (Sibth.); sed postea a nemini lectum. — Jun. Aug. ♃. N. v.

3. Sectio. *Persicaria* Tourn. inst. p. 509.

a. Achenia nitida.

α. Ochreae longe setaceo-ciliatae; bracteae ciliatae; perigonium eglandulosum.

4. P. serrulatum Lag. nov. gen. et sp. p. 14; Raul. cret. p. 847; Bois. fl. or. IV. p. 1028; Heldr. fl. cephal. p. 63; Haussk. symb. p. 60. — *P. persicaria* S. et S. pr. I. p. 265, non L. . — Exsicc.: Heldr. herb. norm. n. 790 et 876.

Perenne; caulibus glabris, inferne prostratis, radicantibus, dein erectis, ramosis; ochreis adpressissime setulosis, margine longe setoso-ciliatis, ciliis validis, eis saepe aequilongis; foliis subsessilibus, lanceolatis vel linearibus, acuminatis, margine adpresse setuloso-ciliatis; spicis filiformibus, laxiusculis, erectis; bracteis crebre ciliatis; perigonio roseo, eglanduloso. Species ochrearum ciliis longis validis eximia.

Ad aquas fluentes, in paludosis, rare. Attica: ad Cephissum (Sprun.); Messenia: inter Kalamata et Nisi (Zahn); Creta: pr. Canea (Heldr.); Cephalonia: pr. Kutavo (Heldr.). — Jun. Nov. ♃.

5. P. mite Schrank baier. Fl. I. p. 668; Hal. in ö. b. Z. 1892 p. 400. — *P. laxiflorum* Weihe in Flora 1826 II. p. 746. — Exsicc.: Sint. et Bornm. it. turc. n. 1452.

Annuum; caulibus erectis vel adscendentibus, glabris, simplicibus vel ramosis; ochreis adpresse et parce hirtis, margine ciliatis, ciliis eis 4 plo brevioribus; foliis breviter petiolatis, lanceolatis vel oblongo-lanceolatis, acutis vel acuminatis, subtus scabridis, margine adpresse ciliatis; spicis filiformibus, interruptis, plus minusve cernuis; bracteis ciliatis; perigonio viridi-purpurascente, eglanduloso.

In humidis ad Chiladomuli pr. Litochori Thessaliae (Sint.); pr. Kalamata Messeniae (Zahn). — Jul. Sept. ☉.

6. R. persicaria L. sp. p. 361; Form. in D. bot. Mon. 1890 p. 12. — *P. biforme* Wahlenb. suec. p. 242. — Icon: Rchb. pl. crit. V. t. 491.

Differt a praecedente spicis oblongo-cylindricis, densis, erectiusculis. Thessalia: pr. Velestinos (Form.). — Jul. Sept. ☉. N. v.

β. Ochreae non vel brevissime ciliatae; bracteae non ciliatae; perigonium glanduloso-scabrum.

7. P. lapathifolium L. sp. p. 360; S. et S. pr. I. p. 265; Ch. et B. exp. p. 112, Fl. pelop. p. 25; Bois. fl. or. IV. p. 1030; Form. in D. bot. Mon. 1890 p. 12; Haussk. symb. p. 60. — *P. nodosum* Pers. ench. I. p. 440, f. nodis caulis incrassatis. — Icon: Engl. bot. t. 1382. — Exsicc.: Heldr. pl. fl. hell. a. 1898.

Annuum; caulibus erectis, ramosis, glabris; ochreis glabris vel pubescentibus, non vel brevissime ciliatis; foliis breviter petiolatis, ovato-ellipticis vel lanceolatis, acutis vel acuminatis, glabris; spicis oblongo-cylindricis vel cylindricis, densiusculis, erectis vel subnutantibus; bracteis non ciliatis; perigonio virenti-albido vel rubello, plus minus glanduloso-scabro

β. **incanum** Schmidt fl. bohem. IV. p. 90 pro sp.; Ch. et B. exp. p. 112, Fl. pelop. p. 25; Bois. fl. or. IV. p. 1030. — Folia subtus praesertim adpresse tomentosa. — Exsicc.: N. v.

In humidis, ad ripas regionis inferioris et montanae. Thessalia: pr. Velitsena (Form.), Pharsalus, Aivali (Haussk.); Boeotia et Attica (Bois.): pr. Athenas (Sibth.); Messenia: pr. Kalamata (Zahn); Laconia: mt. Taygetos, pr. Marathonisia, Monembasia (Chaub.); — β. Laconia: mt. Malevo (Orph.), mt. Taygetos, pr. Marathonisi, Monembasio (Chaub.). — Jul. Sept. ☉.

4 × 7. **P. serrulatum** × **lapathifolium** Heldr. pl. exs. fl. hellen. a. 1898. — *P. Heldreichii.* — Differt a *P. serrulato*, cui habitu magis accedit foliis oblongo-lanceolatis, latioribus, ochreis ciliis nullis vel perpaucis praeditis, bracteis non ciliatis; perigonio scabridulo; a *P. lapathifolio* habitu, ochreis nonnullis longiuscule ciliatis, spica filiformi, elongata, interrupta. —

Inter parentes in paludosis pr. Kalamata Messeniae (Zahn).

b. Achenia opaca.

8. **P. hydropiper** L. sp. p. 361; S. et S. pr. I. p. 265; Fraas fl. class. p. 230; Bois. fl. or. IV. p. 1026. — Icon: Fl. dan. t. 1576.

Annuum; caulibus erectis vel adscendentibus, ramosis, glabris; ochreis subglabris, breviter ciliatis; foliis breviter petiolatis, oblongo-lanceolatis vel lanceolatis, acuminatis, glabris; spicis filiformibus, interruptis, arcuato-pendulis; bracteis non ciliatis; perigonio viridi-purpurascente, glanduloso-punctato. — Sapor totius plantae acerrimus, urens.

In humidis Graeciae (Sibth.): pr. Lamia, Lebadia (Fraas). — Jul. Sept. ☉. N. v.

4. Sectio. *Avicularia* Meisn. monogr. polyg. p. 85.

a. Basi suffruticosa.

9. **P. maritimum** L. sp. p. 361; S. et S. pr. I. p. 266, Fl. gr. IV. p. 55 t. 363; Sieb. avis p. 3, rem. p. 4; Ch. et B. exp. p. 113, Fl. pelop. p. 25; Marg. et R. fl. Zante p. 80; Friedr. Reise p. 270; Clem. sert. p. 83; Ung. Reise p. 122; Weiss in z. b. G. 1869 p. 753; Raul. cret. p. 847; Bois. fl. or. IV. p. 1037; Heldr. fl. cephal. p. 63, Fl. Aegina p. 388, in ö. b. Z. 1898 p. 185; chlor. Thera p. 20; Bald. riv. coll. bot. alb. 1892 p. 69; Hal. in ö. b. Z. 1897 p. 98; Haussk. symb. p. 60. — Exsicc.: Orph. fl. gr. n. 485, Heldr. herb. norm. n. 373; Sint. et Bornm. it turc. n. 1453; Dörfl. fl. aeg. n. 250.

Glabrum; caulibus e rhizomate ramoso, lignoso procumbentibus, tota longitudine foliatis, internodiis brevibus; ochreis internodio longioribus vel parum brevioribus, basi fuscis, superne longe hyalinis, laceris;

foliis subsessilibus ellipticis vel lanceolatis, floralibus vix diminutis, flores longe superantibus; floribus 1—3 nis, axillaribus, breviter pedicellatis in spicas longas laxas dispositis; perigonio albicante vel roseo; achenio laevissimo, nitido.

In arenosis maritimis. Epirus: pr. Prevesa (Bald.); Thessalia: pr. Litochori (Sint.); Sporadum insula Scopelos (Leon.); Euboea: pr. Oreus (Heldr.), Kurbatzi (Wild); Attica: pr. Rheitro (Ung.), Phaleron (Heldr.), Laurion, Sunium (Haussk.); Corinthia: ad sinum Saronicum (Chaub.), pr. Kalamaki (Clem.), Corinthus (Haussk.), insula Aegina (Friedr.); Argolis: pr. Nauplia (Chaub.); Elis (Sibth.); Zante (Marg.); Cephalonia: pr. Drapano (Heldr); Cycladum insula: Cythnos (Tunt.), Delos, Melos (Chaub.), Naxos, Thera (Heldr.); Creta: pr. Canea (Weiss), Suda, Hagios Paulos (Raul.). — Apr. Dec. ♃.

10. **P. equisetiforme** S. et S. pr. I. p. 266, Fl. gr. IV. p. 56 t. 364; Sieb. avis. p. 3, rem. p. 4; Raul. cret. p. 846, v. *trigynum* Bois. voy. esp. II. p. 554; Bois. fl. or. IV. p. 1036; Bald. viagg.; Creta p. 88; Heldr. chlor. Thera p. 20; an: Ch. et B. exp. p. 113, Fl. pelop. p. 25; Link in Linnaea IX. p. 570; Heldr. fl. cephal. p. 63, Fl. Aegina p. 388; quae omnia probabiliter ad *P. littorale* spectant. — *P. equisetiforme* v. *graecum* Meisn. polyg pr. p. 86. — Exsicc.: Heldr. pl. in ins. Creta aestate 1870 collectae; Rev. pl. cret. n. 152, f. ochreis elongatis, magis laceris, foliis floralibus longioribus.

Glabrum; caulibus e rhizomate ramoso, lignoso decumbentibus, demum aphyllis, internodiis elongatis; ochreis internodio multo brevioribus, basi fuscis, apice hyalinis, laceris; foliis subsessilibus, oblongis vel oblongo-lanceolatis, floralibus diminutis, flores aequantibus vel parum superantibus; floribus 2—3 nis, pedicello eis aequilongo suffultis, in racemos laxos elongatos dispositis; perigonio albicante vel roseo; achenio minutim punctato, nitidulo. — *P. scopario* Requ. in Lois. fl. gall. ed. 2 I. p. 284 affine, quod ochreis margine vix hyalinis brevius laceris specifice discedit.

In ruderatis, cultis, ad sepes, vias regionis inferioris. Creta: pr. Kissamos (Rev.), Platania, Canea (Raul.), Candia (Heldr.); Cycladum insula Thera (Heldr.); — indicatur porro: in isthmo Corinthiaco (Chaub.); Argolis: pr. Nauplia, Argos (Link), Epidaurus (Chaub.); insula Aegina, Syra (Chaub.); Cephalonia: pr. Drapano, Lordata, Skala, Piscardo (Heldr.); sed probabiliter ex confusione cum *P. littorale*. — Jun. Sept. ♃.

b. Herbacea.

α. Spicae saepissime ad apicem usque foliatae; pedicelli brevissimi; perigonium herbaceum.

11. **P. aviculare** L. sp. p. 362; S. et S. pr. I. p. 267; Pieri corc. fl. p. 50; Ch. et B. exp. p. 113, Fl. pelop. p. 25; Marg. et R. fl. Zante p. 80; Friedr. Reise p. 264; Fraas fl. class. p. 230; Clem. sert. p. 84; Raul. cret. p. 847; Bois. fl. or. IV. p 1036; Heldr. fl. cephal. p. 63; Form. in D. bot. Mon. 1890 p. 12, 1898 p. 77, in

Ver. Brünn 1895 p. 23; Hal. Beitr. fl. Epir. p. 39; Bald. riv. coll. bot. alb. 1895 p. 68, 1896 p. 92; Haussk. symb. p. 61. — Icon: Fl. dan. t. 803. — Exsicc.: Heldr. it. IV. Thessal. a. 1885; Sint. et Bornm. it. turc. n. 1449.

Annuum, glabrum, a collo ramosum; caulibus procumbentibus vel adscendentibus, tota longitudine foliatis, internodiis elongatis; ochreis intermedio multo brevioribus, basi fuscis, superne hyalinis, laceris; foliis subsessilibus, ellipticis vel lanceolatis, floralibus vix diminutis, flores longe superantibus; floribus 3—5 nis, brevissime pedicellatis, spicam interruptam foliatam formantibus; perigonio albicante vel roseo; achenio granulato-striato, subopaco. — Species polymorpha.

β. **littorale** Link. in Schrad. journ. I. p. 54; Form. in D. bot. Mon. 1896 p. 12; Haussk. symb. p. 61; Heldr. chlor. Thera p. 20; pro sp.; Bois. fl. or. IV. p. 1036; Bald. riv. coll. bot. alb. 1895 p. 68. — *P. longipes* Hal. et Charr. in ö. b. Z. 1890 p. 164. — Perennans, basi induratum, caulibus crassioribus, saepe valde elongatis, foliis rigidioribus, floralibus conformibus, rarius diminutis. — Exsicc.: Heldr. herb. norm. 879 a et b et 1187.

γ. **nanum** Bory fl. nevad. n. 115 pro sp.; Bois. voy. esp. II. p. 554. — *P. aviculare v. alpinum* Bois. fl. or. IV. p. 1036. — Perennans, basi induratum, caulibus brevissimis subsimplicibus.

In cultis, ruderatis, ad vias regionis inferioris et montanae per totam Graeciam; — β. praesertim in maritimis; — γ. in regione subalpina et alpina, mt. Dirphys Euboeae, mt. Ida Cretae (Heldr.), mt. Taygetos (Zahn). — Jun. Nov. ☉ et ♃.

β. Spicae nudae vel foliis diminutis praeditae, pedicelli perigonio aequilongi vel longiores; perigonium corollinum.

12. **P. Bellardii** All. fl. ped. II. p. 207 t. 90; Ch. et B. exp. p. 113, Fl. pelop. p. 25; Bois. fl. or. IV. p. 1034; Bald. in nuovo giorn. bot. ital. 1894 p. 100; Form. in Ver. Brünn 1896 p. 34, 1897 p. 27; Haussk. symb. p. 60. — *P. patulum* M. a B. fl. taur. cauc. I. p. 304. — Exsicc.: Orph. fl. gr. n. 38; Heldr. herb. norm. n. 877.

Annuum, glabrum; caule erecto, ramoso, ramis gracilibus, internodiis elongatis; ochreis internodio multo brevioribus, semihyalinis, laceris; foliis breviter petiolatis, elliptico-lanceolatis, uninerviis, subvenosis, floralibus anguste linearibus, flore brevioribus; floribus 2—3 nis, pedicellis aequilongis vel longioribus suffultis, spicas longas, filiformes, interruptas, superne nudas formantibus; perigonio viridi, rubro-marginato; achenio minutim punctulato, nitido. — Achenio perigonio demum indurato, reticulato, viridi insigne.

In campis, cultis, arenosis regionis inferioris et montanae. Acarnania: pr. Pelagaki (Bald.); Thessalia: pr. Pharsala (Heldr.), Vlachava, Trikala, Velestinos (Form.), Korona, Karditza, Orman Magula, Aivali (Haussk.), Volo (Orph.); Euboea: mt. Telethrion pr. Kastaniotissa (Heldr.); Attica: ad Phaleron (Haussk.); Peloponnesus: mt. Kyllene

(Heldr.), mt. Malevo pr. Vromopigadon (Orph.), pr. Argos, Sparta, Navarin (Chaub.). — Jun. Sept. ⊙.

13. P. arenarium W. et K. pl. rar. hung. I. p. 69 t. 67. — Exsicc.: Heldr. herb. fl. hellen. n. 110, Herb. norm. n. 878.

Annuum, glabrum, saepius a basi ramosum, ramis diffusis vel adscendentibus, internodiis elongatis; ochreis internodio multo brevioribus, superne hyalinis, laceris; foliis breviter petiolatis, lineari-lanceolatis, uninerviis, subvenosis, floralibus brevissimis; floribus 2—3 nis, pedicellis aequilongis suffultis, spicas aphyllas, breves, laxiusculas formantibus; perigonio albo-roseo; achenio laevi, nitido. — Differt a praecedente spicis densioribus, brevioribus, perigonii magis corollini lobis maioribus, achenio minore, laevi, magis nitido.

In vinetis, campis, aggeribus. Attica: pr. Athenas, in valle Cephissi pr. Sepolia (Heldr.); Laconia: Kampos (Zahn). — Jul. Nov. ⊙.

14. P. pulchellum Lois. fl. gall. I. p. 284 t. 26; Bois. fl. or. IV. p. 1035; Hal. in z. b. G. 1888 p. 764; Haussk. symb. p. 61. — *P. pulchellum* v. *remotiflorum* Heldr. in Nym. comp. p. 639. — Exsicc.: Heldr. herb. norm. n. 485, it. thessal. n. 90; Sint. it. thessal. n. 979.

Annuum, glabrum, a basi ramosum, ramis diffusis vel adscendentibus, internodiis elongatis; ochreis internodio multo brevioribus, superne hyalinis laceris; foliis breviter petiolatis, oblongo vel lineari-lanceolatis, uninerviis, subvenosis, floralibus brevissimis; floribus 1—2 nis, pedicellis eis longioribus suffultis, spicas filiformes laxissimas formantibus; perigonio roseo; achenio subopaco, tenuiter ruguloso. — Differt a praecedente spicis filiformibus laxissimis; a *P. Bellardii* perigonio magis corollino, acheniis minoribus; ab ambobus acheniis subopacis, tenuiter rugulosis.

In cultis, ruderatis, campis regionis inferioris et montanae. Thessalia: pr. Malakasi, Korona (Haussk.), Pharsala, ad coenobium Theologos in mt. Ossa (Heldr.); Aetolia: pr. Musinitza ad mt. Korax (Heldr.); Attica: pr. Athenas (Heldr.); Argolis: pr. Argos (Heider), in peninsula Methana (Haussk.). — Jun. Nov. ⊙.

11 × 14. P. aviculare × pulchellum (*P. pseudopulchellum*) Haussk. symb. p. 61. — Differre dicitur a *P. aviculare* habitu, foliis floralibus multo angustioribus, perigonio corollino, roseo; — a *P. pulchello* caulibus crassioribus rigidioribusque, spicis valde elongatis, floribus brevius pedicellatis, folio lineari-lanceolato suffultis; ab ambobus sterilitate. — Inter parentes pr. Volo Thessaliae (Haussk.). — N. v.

12 × 14. P. Bellardi × pulchellum (*P. pseudo-Bellardii*) Haussk. symb. p. 61. — Differre dicitur a *P. Bellardii* caulibus a basi ramosis, floribus numerosioribus, maioribus, roseis; — a *P. pulchello* caule stricto, erecto; ab ambobus sterilitate. — Inter parentes pr. Aivali Thessaliae (Haussk.). — N. v.

5. Sectio. *Tiniaria* Meisn. monogr. polyg. p. 62. —

15. P. convolvulus L. sp. p. 364; S. et S. pr. I. p. 267; Bois. fl. or. IV. p. 1032; Form. in D. bot. Mon. 1890 p. 12, in Ver. Brünn 1897 p. 27; Hal. Beitr. fl. Epir. p. 39; Haussk. symb. p. 60; Heldr. prosth. chlor. Thera p. 3. — Icon: Fl. dan. t. 744. — Exsicc.: Heldr. it IV. Thessal. a. 1885.

Annuum, glabrum; caulibus prostratis vel scandentibus, sulcato-striatis; ochreis brevibus, oblique truncatis; foliis cordato-sagittatis; floribus 3—6 nis, pedicellis nutantibus suffultis, summis racemum interruptum formantibus; perigonio demum aucto sed immutato; acheniis opacis.

In cultis, arvis regionis inferioris et montanae. Epirus: pr. Vulgarelion (Hal.); Thessalia: ad monasterium Korona (Haussk.), pr. Asproklisia, Konisko, Velestinos (Form.); Argolis: in peninsula Methana (Haussk.); Cycladum insula Thera (Heldr.). — Jun, Oct. ⊙.

16. P. dumetorum L. sp. ed 2 p. 522; S. et S. pr. I. p. 267; Bois. fl. or. IV. p. 1032. — Icon: Fl. dan. t. 756. —

Differt a praecedente caulibus multo altius scandentibus, teretibus; florum fasciculis omnibus racemosis; perigonii phyllis exterioribus late alatis; acheniis nitidis.

In sepibus (Sibth.), sine loci indicatione. Jun. Oct. ⊙. N. v.

5. Oxyria Hill. veg. syst. X. p. 24.

1. O. digyna L. sp. p. 337 (*Rumex*); Campd. mon. rum. p. 155 t. 3; Bald. riv. coll. bot. alb. 1896 p. 91. — *O. reniformis* Hook. pl. scot. p. 111. —

Glabra; collo pluricipiti, ochreis et petiolis vetustis sqamoso; caulibus scapiformibus, erectis, subaphyllis, in racemum subsimplicem vel paniculam abeuntibus; foliis cordatis, orbiculatis vel reniformibus; achenii alis purpureis.

In lapidosis mobilibus alpinis mt. Smolika supra Kerasovo in Epiro (Bald.). — Jul. Aug. ♃. N. v.

XCVI. Ordo. Thymelaeaceae Lindl. nat. syst. ed 2 p. 194.

1. Daphne L. gen. n. 485. — Perigonium deciduum; stylus terminalis; bacca carnosa vel coriacea. Frutices.

1. Sectio. *Mezereum* Spach. hist. veg. phan. X. p. 439. — Folia herbacea, decidua; flores laterales, fasciculati; ovarium glabrum; bacca carnosa.

1. D. mezereum L. sp. p. 356; S. et S. pr. I. p. 258; Ch. et B. exp. p. 111, Fl. pelop. p. 25; Bois. fl. or. IV. p. 1046. — Icon: Fl. dan. t. 268.

Erecta, stricte ramosa; ramis glabris; foliis hysteranthiis, oblongo-lanceolatis, in petiolum brevem attenuatis, glabris; florum fasciculis 3—5 floris, racemum interruptum infra gemmas foliorum formantibus; perigonii rosei, rarissime albi, lobis ovatis acutis, tubum sericeum aequantibus; baccis ellipsoidicis, rubris.

Laconia (Sibth.); a recentioribus non lecta. — Febr. Apr. ħ. N. v.

2. Sectio. *Laureola* Meisn. in DC. pr. XIV. p. 538. — Folia coriacea, persistentia; flores laterales, fasciculati vel racemosi; ovarium glabrum; bacca carnosa.

2. D. laureola L. sp. p. 357; Hal. in ö. b. Z. 1892 p. 400; Haussk. symb. p. 62. — Icon: Jacq. fl. austr. II. t. 183. — Exsicc.: Sint. et Bornm. it. turc. n. 1454.

Erecta, simplex vel ramosa; ramis glabris; foliis oblongo-vel obovato-lanceolatis, in petiolum brevem attenuatis, glabris; floribus coetaneis, ad axillas superiores in racemos breves, 3—7 floros, bracteatos, nutantes dispositis; perigonii glabri, viridis, lobis ovatis acutis, tubo triplo brevioribus; baccis ovoideis, nigris.

β. **punctulata**. — Foliis utrinque creberrime albo-punctulatis. — Exsicc.: Heldr. fl. thess. a. 1883.

In umbrosis regionis montanae. Thessalia: mt. Baba, Karava et Ghavellu in Pindo (Haussk.), mt. Olympus pr. Hagios Dionysios (Sint.); — *β*. mt. Pelion supra Tzankarata (Heldr.). — Mart. Apr. ħ.

3. Sectio. *Daphnantes* C. A. Mey. ann. sc. nat. 1843 p. 52. — Folia coriacea, persistentia (in nostris); flores terminales, capitati vel fasciculati; ovarium pubescens; bacca coriacea.

a. Capitula ebracteata.

3. D. jasminea S. et S. pr. I. p. 260; Fl. gr. IV. p. 50 t. 358; Fraas fl. class. p. 224; Bois. fl. or. IV. p. 1047. — *D. microphylla* Meisn. in DC. pr. XIV. p. 533, cum *β*. *angustifolia*. — Exsicc.: Heldr. pl. fl. hellen. a. 1878.

Frutex humilis; ramis crassis, depressis, tortuosis; ramulis brevibus, intricatis, glabris, subspinescentibus; foliis parvis, oblongo-spathulatis, obtusis, mucronulatis, brevissime petiolatis, glabris, punctulatis; floribus 2—3 fasciculatis; perigonii luteo-purpurascentis, glabri vel parce puberuli, lobis oblongo-lanceolatis, tubo subtriplo brevioribus; ovario apice pubescente. — Habitus *Salicis retusae*.

In rupestribus regionis submontanae et subalpinae. Phocis: mt. Parnassus (Sibth.); Attica: mt. Pateras (Heldr.), pr. Eleusis (Zuccar.); pr. Megara, Kakiscala in isthmo Corinthiaco (Sart.); Euboea: mt. Dirphys (Sibth.); Argolis: pr. Nauplia (Hager). — Mai, Jun. ħ.

4. D. oleoides Schreb. dec. I. p 13 t. 7; Sieb. avis p. 3, rem. p. 4, in Flora I. p. 276; Ch. et B. exp. p. 112, Fl. pelop. p. 25; Fraas fl. class. p. 224 et 225; Heldr. Nutzpfl. p. 24, chlor. Parn. p. 26; Raul. cret. p. 849; Bois. fl. or. IV. p. 1047; Hal. in z. b. G.

1888 p. 762, Beitr. fl. Epir. p. 39, Beitr. fl. Thessal. p. 18; Spreitz. in z. b. G. 1890 p. 298; Form. in D. bot. Mon. 1890 p. 13, in Ver. Brünn 1896 p. 36, 1897 p. 28; Bald. viagg. Creta p. 69, riv. coll. bot. alb. 1895 p. 68; Haussk. symb. p. 62. — ? *D. alpina* S. et S. pr. I. p. 261; Sieb. in Flora I. p. 276; non L., quae foliis herbaceis deciduis, impunctatis et perigonii lobis brevioribus discedit. — ? *D. cretica* Steud. norm. I. p. 483. — *D. oleoides v. jasminea* Meisn. in DC. pr. XIV. p. 534, non *D. jasminea* S. et S.

Frutex ad 50 cm. altus; ramis plus minus elongatis; ramulis corymbosis, pubescentibus vel tomentosis; foliis mediocribus, obovatis vel obovato-ellipticis, obtusis, saepe mucronulatis, brevissime petiolatis, plus minus pilosis vel glabratis, punctulatis; floribus 3—8 fasciculatis; perigonii albi, dense sericei, lobis lanceolatis vel ovatis, tubum subaequantibus vel eo brevioribus; ovario omnino pubescente.

α. **glandulosa** Bert. amoen. p. 356. — *D. oleoides* S. et S. pr. I. p. 260. — Ramuli puberuli vel subglabri; folia juniora utrinque adpresse pilosa, adulta glabra vel subtus parce puberula; perigonii lobi lanceolati, acuti, tubo subaequilongi. — Exsicc.: Rev. pl. cret. n. 154; Bald. it. cret. n. 140, it. cret. alt. n. 192; Sint. it. thessal. n. 623.

β. **puberula** Jaub. et Sp. ill. IV. t. 305; Keissl. in Engl. bot. Jahrb. 1898 p. 50. — *D. buxifolia* S. et S. pr. I. p. 260, Fl. gr. t. 357; Sieb. in Flora I. p. 276; Orph. fl. gr. n. 35; non Vahl. symb. I. p. 29, quae ramulis et foliis etiam adultis dense tomentosis et perigonii lobis ovatis obtusis tubo triplo brevioribus discedit. — *D. oleoides v. buxifolia* Heldr. herb. norm. n. 444, 1370 et 1579. — Ramuli subtomentosi; folia etiam adulta plus minus dense pilosa; perigonii lobi ut in *α*. . — Exsicc.: Orph. l. c.; Heldr. l. c.; Bald. it. alb. n. 91, it. alb. alt. n. 154.

γ. **brachyloba** Meisn. in DC. pr. XIV. p. 534; Keissl. l. c. — Ramuli puberuli, densius foliosi; folia juniora utrinque adpresse pilosa; adulta supra subglabra, subtus sparse puberula; perigonii lobi ovati, cuspidato-acuminati, tubo dimidio breviores. — Exsicc.: Bois. herb. (mt. Tmolus Lydiae).

In regione subalpina et alpina omnium montium elatiorum, in Epiro, Thessalia, Graecia media, Euboea, Morea et Creta; deesse videtur in montibus Atticae, in insulis Jonicis et maris Aegaei; — *β*. varietate *α*. multo vulgatior; — *γ*. hucusque tantum in mt. Dicta Cretae (Sieb.). — Maio, Aug. ♄.

b. Capitula bracteata.

5. **D. sericea** Vahl symb. I. p. 28; S. et S. pr. I. p. 261; Sieb. avis p. 3, rem. p. 4; Fraas fl. class. p. 224; Raul. cret. p. 849; Bois. fl. or. IV. p. 1048; Bald. viagg. Creta p. 89; Keissl. in z. b. G. 1896 p. 215. in Engl. bot. Jahrb. 1898 p. 99. — *D. oleaefolia* Lam. dict. III. p. 440. — Icon: Desf. choix pl. t. 9. — Exsicc.: Rev. pl.

cret. n. 153, mixta cum *D. Vahlii*; Bald. it cret. n. 95, it. cret. alt. n. 99.

Frutex ad 40 cm. altus, valde ramosus; ramis brevibus, gracilibus, junioribus pubescentibus; foliis lanceolatis, obtusiusculis, brevissime petiolatis, non punctulatis, supra glabris, subtus adpresse tomentosis, adultis interdum glabratis; capitulis 5—8 floris; bracteis obovatis, sericeis, tubo triplo brevioribus, mox deciduis; perigonii rosei, sericei, lobis late ovatis, obtusis, tubo triplo brevioribus; ovario pilosiusculo. — Folia 15—25 mm. longa, 3—6 mm. lata. —

In regione montana et subalpina Cretae: mt. Sphaciotici, Ida et Lassiti; indicatur quoque in mt. Pentelicon Atticae (Ung. Reise p. 122), sed certe ex confusione quadam. — Maio, Jul. ♄.

6. **D. collina** Sm. spic. II. p. 16 t. 18; S. et S. pr. I. p. 261; Keissl. in z. b. G. 1896 p. 219, in Engl. bot. Jahrb. 1898 p. 97. — Icon: Fl. gr. t. 359.

Frutex ad 70 cm. altus, corymboso-ramosus; ramis elongatis, crassis, junioribus villoso-tomentosis; foliis oblongis vel oblongo-lanceolatis, obtusis, brevissime petiolatis, supra glabris, subtus adpresse cano-pilosis; capitulis 10—15 floris; bracteis late-ovalibus, tomentosis, tubo dimidio brevioribus, tarde deciduis; perigonii rosei, dense tomentosi, lobis ovatis, obtusis, tubo subaequilongis; ovario sericeo. — Folia 3—4 cm. longa, 5—9 mm. lata. — Differt a praecedente ramis crassioribus, tomentosis, saepius elongatis, foliis maioribus, magis pilosis, capitulis multifloris, bracteis tarde deciduis.

β. **Vahlii** Keissl. in z. b. G. 1896 p. 214, in Engl. bot. Jahrb. 1898 p. 100; pro sp. — Rami juniores puberuli, folia subtus adpresse puberula; perigonii tubo maiore, sericeo, lobis triplo vel dimidio fere brevioribus. — Exsicc.: Rev. pl. cret. n. 153 mixta cum *D. sericea*; Dörfl. pl. cret. n. 73.

In regione montana et subalpina Cretae: pr. Damasta (Sieb.); — β. ibidem, porro in mt. Amalos (Rev.), mt. Korakes in mt. Lassiti (Leon.). — Apr. Maie ♄.

4. Sectio. *Gnidium* Spach hist. veg. phan. X. p. 443. — Folia coriacea, persistentia; flores terminales, racemosi; ovarium pubescens; bacca carnosa.

7. **D. gnidium** L. sp. p. 357; S. et S. pr. I. p. 259; Ch. et B. exp. p. 111, Fl. pelop. p. 25; Fraas fl. class. p. 224; Heldr. Nutzpfl. p. 24; Bois. fl. or. IV. p. 1049. — *D. paniculata* Lam. fl. fr. III. p. 222. — Icon: Fl. gr. t. 356. — Exsicc.: Orph. fl. gr. n. 414; Heldr. herb. fl. hellen. n. 38.

Frutex erectus, ad 2 m. altus, ramosus; ramis hornotinis foliosis, pulverulento-puberulis; foliis subsessilibus, lineari-lanceolatis, cuspidato-acuminatis, glabris; racemis ad axillas superiores terminalibusque, simplicibus vel compositis, paniculam brevem formantibus; perigonii albi, sericei, lobis ovatis, obtusis, tubo subbrevioribus; bacca rubra, dein nigrescente.

In fruticetis regionis inferioris. Albania meridionalis: insula Saseno (Bald.); Boeotia: pr. Lebadia (Orph.); Attica (Sart.); Euboea: pr. Limni, Mantudi (Fraas), Kastaniotissa (Heldr.), Politica (Holzm.); Morea occidentalis (Chaub.). — Jun. Sept, ♄.

Obs. *D. gnidioides* Jaub. et Sp. ill. pl. or. IV. t. 304; Meisn. in DC. pr. XIV. p. 536; Keissl. in Engl. bot. Jahrb. 1898 p. 71. — Indicatur in insula Skiathos et Euboea, sed probabititer ex quadam confusione. —

2. **Thymelaea** Tourn. inst. p. 594. — Perigonium deciduum vel persistens; stylus lateralis; nucula calyce inclusa vel nuda. Frutices.

a. Nucula perigonio persistente inclusa; flores bracteolati.

1. **T. tartonraira** L. sp. p. 356; Ch. et B. exp. p. 111, Fl. pelop. p. 25; Friedr. Reise p. 267; Fraas fl. class. p. 224; (*Daphne*); All. fl. ped. I. p. 133; Bois. fl. or. IV. p. 1053; Heldr. fl. cephal. p. 63, chlor. Mykon. p. 250; Haussk. symb. p. 62. — *Passerina tartonraira* Schrad. neu. journ. VI. 1. p. 89; Weiss in z. b. G. 1869 p. 753. — *Chlamydanthus tratonraira* C. A. Mey. in bull. ac. St. Petersb. 1843 p. 358; Clem. sert. p. 84. — Icon: Fl. gr. t. 354. — Exsicc.: Heldr. herb. norm. n. 435; Orph. fl. gr. n. 271.

Frutex ramosissimus; ramis inferne nudis, cicatricosis, superne crebre foliosis, sericeis; foliis subsessilibus, obovatis vel spathulato-oblongis, obtusiusculis, argenteo-sericeis, persistentibus; floribus polygamodioicis, 2—5 in axillis superioribus aggregatis; bracteolis imbricatis, ovatis, obtusis, sericeo-tomentosis, perigonio brevioribus; perigonii lutei, extus sericei, intus glabri, lobis tubo subbrevioribus.

In montosis, ad 500 m. adscendens. Attica: pr. Marussi (Friedr.), mt. Kerata (Haussk.), Pentelicon (Clem.), Hymettus (Heldr.); isthmus Corinthiacus (Chaub.); Laconia: in valle fl. Eurotas (Chaub.); Cycladum insula: Tenos, Naxos, Paros, Delos, Melos (Chaub.); Cephalonia: pr. Charakas (Heldr.). — Apr. Maio ♄.

2, **T. argentea** S. et S. pr. I. p. 258, Fl. gr. IV. p. 48 t. 355; Sieb. avis p. 3, rem. p. 4; Ch. et B. fl. pelop. p. 25; Fraas fl. class. p. 224; (*Daphne*); Endl. gen. suppl. IV. 2 p. 65. — *Daphne tartonraira v. angustifolia* Urv. enum. p. 42. — *Chlamydanthus argenteus* C. A. Mey. in bull. ac. St. Petersb. 1843 p. 358. — *C. tartonraira v. angustifolia* Raul. cret. p. 849. — *T. tartonraira v. angustifolia* Bois. fl. or. IV. p. 1053; Spreitz. in z. b. G. 1890 p. 298; Bald. viagg. Creta p. 89. — Exsicc.: Rev. pl. cret. n. 155, in Baen. herb. europ. n. 4870; Bald. it. cret. n. 93.

Differt a praecedente foliis anguste lanceolatis vel linearibus, vix 2 mm. latis, florum glomerulis copiosioribus, floribus minoribus, bracteis adpresse sericeis, acutiusculis.

In iisdem locis, quibus praecedens. Insula Salamis, Corinthus (Sibth.); Sporadum insula Scopelos (Urv.); Archipelagus (Sibth.); Creta: inter Hagios Paulos et Rumeli (Raul.), mt. Lakkus, Amalos (Rev.) in mt. Sphacioticis. — Apr. Jul. ♃.

b. Nucula perigonio demum deciduo nuda; flores ebracteolati.

3. T. hirsuta L. sp. p. 559; S. et S. pr. I. p. 262, Fl. gr. IV. p. 52 t. 360; Sieb. avis p. 3, rem. p. 4; Ch. et B. exp. p. 112, Fl. pelop. p. 25; Marg. et R. fl. Zante p. 81; Friedr. Reise p. 267 et 268; Fraas fl. class. p. 225; Clem. sert. p. 84; Ung. Reise p. 122; Weiss in z. b. G. 1869 p. 753; Bald. viagg. Creta p. 90; Haussk. symb. p. 62; (*Passerina*); Endl. gen. suppl. IV. 2 p. 65; Bois. fl. or. IV. p. 1054; Heldr. fl. cephal. p. 63, chlor. Thora p. 20, chlor. Mykon. p. 250. — *Piptochlamys hirsuta* C. A. Mey. in bull. ac. St. Petersb. 1843 p. 358. — *Chlamydanthus hirsutus* Griseb. spic. II. p. 547; Raul. cret. p. 849. — Exsicc.: Orph. fl. gr. n. 270; Heldr. herb. norm. n. 434; Bald. it. cret. n. 42, it. cret. alt. n. 144.

Frutex ramosissimus; ramis tomentosis; foliis carnosulis, sessilibus, ovatis vel oblongis, obtusis, supra convexis, glabris, subtus concaviusculis, tomentellis; floribus polygamo-dioicis, versus ramulorum apicem glomeratis; perigonii lutescentis, extus sericei, intus glabri, lobis tubo subbrevioribus.

In collibus siccis regionis inferioris et montanae. Attica: frequens pr. Athenas (Sibth.); Corinthus, Argolis, Laconia (Chaub.); Euboea: pr. Loto (Ung.); Cyclades (Chaub.): insula Rhenea, Hagios Georgios pr. Mykonos (Tunt.), Thera (Weiss); Creta (Sibth.): pr. Canea (Weiss), Kalathenes, Candia (Raul.), Platania, Galata, Trapsano distr. Pedhiada (Bald.); Zante: insula Peluso (Marg.); Cephalonia: pr. Mantzavinata (Heldr.). — Oct. Maio. ♄.

Obs. *T. dioica* Gou. ill. p. 27 t. 17; S. et S. pr. I. p. 258; Ch. et B. exp. p. 111, Fl. pelop. p. 25; Fraas fl. class. p. 224; (*Daphne*); All. fl. ped. auct. p. 9. — Probabiliter erronee indicatur pr. Athenas, in agro Argolico (Sibth.) et in mt. Taygetos (Chaub.). —

3. Lygia Fasano atti ac. neap. 1787 p. 235. —
Perigonium persistens; stylus terminalis; nucula calyce persistente inclusa.
Herba annua (nostra.).

1. L. passerina L. sp. p. 559 (*Stellera*); Fas. l. c.; Bois. fl. or. IV. p. 1052; Heldr. chlor. Parn. p. 26. — *Thymelaea arvensis* Lam. fl. fr. III. p. 218; Form. in D. bot. Mon. 1890 p. 13. — *Passerina annua* Wikstr. in act. holm. 1818 p. 320. — Icon: Jacq. pl. rar. I. t. 68. — Exsicc.: Sint. it. or. a. 1889 n. 1894.

Glabriuscula; caule erecto, gracili, simplici vel ramoso; foliis lineari-lanceolatis, sessilibus, glabris; floribus bibracteolatis, solitariis vel 2—3 in axillis sessilibus, spicas longas formantibus; perigonii virescentis, adpresse puberuli, lobis ovatis, obtusis, tubo 2—3 plo brevioribus.

In arvis, collibus regionis inferioris et montanae, rare. Thessalia: pr. Trikala (Form.), mt. Olympus (Sint.); mt. Parnassus (Heldr.); Attica: pr. Tatoi, Heracleion (Heldr.). — Jun. Sept. ☉.

XCVII. Ordo. Lauraceae DC. fl. fr. III. p. 361.

1. Laurus L. gen. n. 503.

1. **L. nobilis** L. sp. p. 369; S. et S. pr. I. p. 268, Fl. gr. IV. p. 57 t. 365; Pieri corc. fl. p. 51; Dallap. prosp. p. 56; Sieb. avis p. 3, rem. p. 4; in Flora I. p. 273; Urv. enum. p. 43; Ch. et B. exp. p. 114, Fl. pelop. p. 25; Friedr. Reise p. 268 et 272; Fraas fl. class. p. 228; Clem. sert. p. 85; Raul. cret. p. 848; Bois. fl. or. IV. p. 1057; Heldr. fl. cephal. p. 63, Fl. Aegina p. 388; Chloros Waldverh. p. 33; Hal. Beitr. fl. Epir. p. 40; Bald. viagg. Creta p. 90; Haussk. symb. p. 62. — Exsicc.: Sint. it. or. a. 1889 n. 1938; Bald. it. cret. n. 167; Baen. herb. europ. n. 9279.

Arbor, interdum frutescens; foliis oblongo-lanceolatis, acutis, in petiolum brevem attenuatis; floribus dioicis, axillaribus, viridi-albis; drupa, nigra.

In dumetis, ad rivulos regionis inferioris, ad 975 m. usque adscendens, hinc inde per totam ditionem, interdum e. g. in Phthiotide silvulas constituens; frequenter quoque colitur. — Mart. Apr. ♄.

XCVIII. Ordo. Elaeagnaceae R. Br. pr. p. 350.

1. Elaeagnus L. gen. n. 159.

1. **E. angustifolia** L. sp. p. 121; Urv. enum. p. 18; Mazz. in ant. ion. IV. p. 952; Fraas fl. class. p. 227; Heldr. Nutzpfl. p. 25; Weiss in z. b. G. 1869 p. 753; Chloros Waldverh. p. 31; Haussk. symb. p. 62: Heldr. fl. Aegina p. 388. — *E. hortensis* M. a B. fl. taur. cauc. II. p. 112; Bois. fl. or. IV. p. 1056. — *E. orientalis* L. mant. p. 51; Ch. et B. exp. p. 57, Fl. pelop. p. 11; f. saepius culta, ramis inermibus, foliis latioribus, fructu maiore eduli. — *E. latifolia* Friedr. Reise p. 277; non L. sp. p. 121, quae insulae Ceylon incola. — Icon: Fl. gr. II. t. 152. — Exsicc.: Orph. fl. gr. n. 187.

Arbor inermis vel spinescens; foliis oblongis lanceolatisve, lepidotoargenteis, in petiolum brevem attenuatis; floribus axillaribus, extus lepidotis, intus flavis, suaveolentibus; fructu ellipsoideo.

In arenosis humidis regionis inferioris, spontanea et culta. Indicatur in Attica: pr. Athenas (Urv.), Phaleron (Fraas), insula Aegina (Heldr.), Poros (Friedr.); Arcadia (Chaub.); Cycladum insula Tenos (Fraas), Melos (Urv.); Creta: pr. Canea (Weiss); Corcyra: in valle Ropa (Mazz.). — Maio, Jun. ♄.

XCIX. Ordo. Santalaceae R. Br. pr. p. 350.

1. Osyris L. gen. n. 1101.

Flores dioici vel polygami; perigonium 3—4 partitum; discus concavus, 3—4 lobus; stamina 3—4; stylus brevis, stigmata 3—4; drupa sicca, coronata. Frutex.

1. **O. alba** L. sp. p. 1022; S. et S. pr. II. p. 254, Fl. gr. X. p. 44, t. 954; Sieb. avis p. 5, rem. p. 6; Ch. et B. exp. p. 278, Fl. pelop. p. 65; Marg. et R. fl. Zante p. 81; Friedr. Reise p. 284; Fraas fl. class. p. 228; Clem. sert. p. 85; Weiss in z. b. G. 1869 p. 753; Raul. cret. p. 850; Bois. fl. or. IV. p. 1058; Heldr. fl. cephal. p. 63, in Sitzungsb. acad. wiss. Berlin 1883 p. 5; Spreitz. in z. b. G. 1887 p. 668; Form. in D. bot. Mon. 1890 p. 13, in Ver. Brünn 1895 p. 24; Bald. riv. coll. bot. alb. 1892 p. 70, viagg. Creta p. 90; Haussk. symb. p. 62; Heldr. in ö. b. Z. 1898 p. 185. — Exsicc.: Orph. fl. gr. n. 798; Sint. it. thessal. n. 421; Dörfl. fl. aeg. n. 89, pl. cret. n. 79.

Frutex sempervirens, ad 120 cm. altus, glaber, ramosissimus; ramis virgatis; foliis lineari-lanceolatis, acutis; cymis axillaribus, masculis multifloris, femineis 1-paucifloris; perigonio trilobo, flavescente; drupa globosa, rubra.

In fruticetis regionis inferioris et montanae passim in tota ditione. — Mart. Maio. ♄.

2. Comandra Nutt. gen. I. p. 107. —

Flores hermaphroditi; perigonium campanulatum, ad medium 5 lobum; discus perigonio adhaerens, eo dimidio brevior, breviter 5 lobus; stamina 5; stylus filiformis, stigma capitellatum; nux subdrupacea, coronata. Suffruticulus.

1. **C. elegans** Roch. in Rchb. ic. bot. I. p. 14 t. 19, pl. banat. p. 36 t. 4 (*Thesium*); Rchb. icon. fl. germ. XXI. p. 11 t. 547; Bois. fl. or. IV. p. 1200. — *Hamiltonia elegans* Rchb. l. c. — Exsicc.: Heldr. pl. fl. hellen. a. 1878.

Suffruticulus glaber; rhizomate repente; caulibus erectis, stricte ramosis, cyma pauciflora terminatis; foliis oblongo-lanceolatis lanceolatisve; floribus unibracteatis; perigonii lobis flavidis; nucis globosis, subsessilibus, perigonio emarcido coronatis.

In fruticetis regionis inferioris mt. Parnes pr. Dekeleia Atticae (Holzm.), rarissime; occurrit quoque pr. Vodena Macedoniae (Form.). — Maio, Jun. ♄.

3. Thesium L. gen. n. 292. —

Flores hermaphroditi; perigonium infundibuliforme, 4—5 fidum; discus indistinctus; stamina 4—5; stylus filiformis, stigma capitellatum; nux coronata. — Herbae (nostrae).

a. Nux longitudinaliter nervosa, inter nervos non reticulata.
   α. Folia 3—5 nervia.

1. **T. montanum** Ehrh. herb. Linn. n. 2, Beitr. V. p. 175; Bois. fl. or. IV. p. 1063. — Icon: Rchb. ic. bot. V. t. 452. —
Radice descendente, ramosa, apice multicauli, estolonosa; caulibus erectis, elatis, a medio pyramidatim paniculatis, paniculae ramis erecto-patentibus; foliis lanceolatis, acuminatis; bracteis ternis, laeviusculis, intermedia saepe longiore; nuce ovoidea, pedicello 3—4 plo breviore, perigonio virescente, fructus involuto, nuce triplo breviore.
In regione silvatica mt. Olympus Thessaliae (Heldr.). — Jun. Aug. ♃. N. v.

β. Folia 1 nervia.

2. **T. divaricatum** Jan in Mert. et Koch Deutschl. fl. II. p. 285; Form. in Ver. Brünn 1896 p. 36; Haussk. symb. p. 62. — Icon: Rchb. ic. bot. V. t. 456. — Exsicc.: Sint. it. thessal. n. 440; Dörfl. fl. gr. n. 324.
Radice descendente, ramosa, apice multicauli, estolonosa; caulibus erectis vel adscendentibus, saepe elatis, a medio pyramidatim-paniculatis, paniculae ramis patentibus vel divaricatis; foliis linearibus, acutis; bracteis ternis, margine scabris, intermedia saepe longiore; nuce ellipsoidea, pedicello 2—3 plo breviore; perigonio virescente, fructus involuto, nuce triplo breviore.

β. **expansum** Bois. et Heldr. diagn. ser. 2 IV. p. 81; Haussk. symb. p. 62. — *T. ramosum* Bois. fl. or. IV. p. 1062, quoad pl. graecam, non Hayne. — Gracilior; paniculae rami magis expansi, bracteae laeviusculae, intermedia elongata, fructu multoties longiore. — Exsicc.: Heldr. it. thessal. IVa. 1885.

In rupestribus regionis montanae, in alpinam usque adscendens. Corcyra: mt. San. Deca (Baen.); Thessalia: mt. Baba, pr. Tsungeri, Kalabaka, mt. Pelion (Haussk.), pr. Miluna in Olympo (Form.); Aetolia: mt. Taphiassos loco Kakiscala dicto (Heldr.), mt. Korax (Leon.); — β. Thessalia: ad monasterium Korona (Heldr.), in oropedio Neuropolis, mt. Ghavellu, Karava (Haussk.); Eurytania (Samarit.). — Maio, Jul. ♃.

3. **T. Parnassi** DC. pr. XIV. p. 643; Bois. fl. or. IV. p. 1062; Heldr. chlor. Parn. p. 26. —
Radice tortuosa, stolones filiformes edente; caulibus brevibus, pusillis, adscendentibus, simplicibus, in racemos breves, paucifloros abeuntibus; foliis linearibus, acutis; bracteis ternis, laevibus, intermedia longiore; nuce ellipsoidea, pedicello 4 plo longiore; perigonio virescente, fructus involuto, 3—4 plo breviore.
In regione superiore mt. Parnassus supra Dakalia (Guicc.). — Jul. Aug. ♃. N. v.

b. Nux inter nervos longitudinales elevatim reticulato-rugulosa.

4. **T. Bergeri** Zucc. pl. nov. fasc. II. p. 16; Bois. fl. or. IV. p. 1065; Heldr. chlor. Parn. p. 26, in ö. b. Z. 1898 p. 185; Hal. Beitr. fl. Epir. p. 40, in ö. b. Z. 1899 p. 193; Bald. viagg. Creta p. 90, riv. coll. bot. alb. 1896 p. 92; Haussk. symb. p. 62. — *T. grae-*

cum Bois. et Spr. diagn. V. p. 47; Raul. cret. p. 849; non Zucc. — Exsicc.: Heldr. herb. norm. n. 593 et 1479; Bald. it. alb. epir. IV. n. 143.

Perenne; radice descendente, ramosa, apice pluricauli, estolonosa; caulibus decumbentibus vel adscendentibus, simplicibus vel ramosis, in racemos tenues abeuntibus; foliis linearibus, acutis, uninerviis; bracteis ternis, scabridis, flore et fructu longioribus, intermedia valde elongata; nuce ellipsoidea, pedicello 4 plo longiore; perigonio virescente, fructus involuto, nuce 6 plo breviore.

In siccis regionis inferioris et montanae. Epirus: ad Vromonero distr. Ljaskovik, mt. Kurenta distr. Janina (Bald.), pr. Vulgarelion (Hal.); Boeotia (Berger); mt. Parnassus (Heldr.); Attica: mt. Pateras supra Mandra, mt. Parnes (Heldr.), Pentelicon, pr. Kamariza, Sunium (Haussk.); Argolis: mt. Chelone (Heldr.); Laconia: mt. Malevo (Orph.), mt. Volimo Alagoniae (Zahn); Cycladum insula Naxos (Heldr.); Creta: ad Akroteri, Meleka, mt. Omalos in mt. Sphacioticis, mt. Ida, Aphendi Kavutsi (Raul.). — Maio, Jul. ♃.

5. **T. humile** Vahl symb. III. p. 43; Urv. enum. p. 25; Ch. et B. exp. p. 78, Fl. pelop. p. 16; Weiss in z. b. G. 1869 p. 753; Raul. cret. p. 849; Bois. fl. or. IV. p. 1064; Haussk. symb. p. 62; Heldr. fl. Aegina p. 388, prosth. chlor. Thera p. 4. — Icon: Guss. pl. rar. t. 200. — Exsicc.: Heldr. herb. norm. n. 394 et 1188.

Annuum; radice descendente, simplici, estolonosa; caulibus erectis vel adscendentibus, simplicibus vel ramosis, in racemos elongatos abeuntibus; foliis linearibus, acutis, univerviis; bracteis ternis, scabridis, flore et fructu longioribus, intermedia valde elongata; nuce ellipsoidea, subsessili; perigonio virescente, fructus involuto, nuce 6 plo breviore. — Differt a praecedente radice annua.

β. **graecum** Zucc. pl. nov. fsc. II. p. 14 pro sp. — *T. humile v. subreticulatum* DC. pr. XIV. p. 651. — Nuce parum reticulata. — Exsicc.: N. v.

In collibus et cultis regionis inferioris. Attica: pr. Athenas, Heracleion (Heldr.), Eleusis, mt. Kerata, pr. Phalerum, Sunium (Haussk.); Argolis: pr. Nauplia (Zuccar.); Laconia: pr. Kardamyle, Marothonisi, in Maina (Chaub.); insula Aegina et adjacente Metopi (Heldr.), Syra (Weiss), Melos (Urv.), Thera (Heldr.); Creta: ad Hierapetra (Raul.). — Apr. Maio ♃.

Obs. *T. linophyllum* L. sp. p. 207; S. et S. pr. I. p. 164; Ch. et B. fl. pelop. p. 16; Mazz. in ant. ion. V. p. 210; Fraas fl. class. p. 228. — Ab auctoribus citatis in Graecia, certe ex confusione cum una vel altera specie supra enumerata, indicatur.

C. Ordo. **Balanophoraceae** Rich. ann. mus. Par. 1822 p. 404.

1. **Cynomorium** Micheli gen. p. 17.

1. C. coccineum L. sp. p. 970; Bois. fl. or. IV. p. 1072. — Icon: Mich. gen. t. 12.

Omnino sanguineum; caulibus carnosis, squamis sparsis, tandem deciduis vestitis, apice in spadicem clavatum abeuntibus; floribus polygamis, in eadem spica permixtis, basi bracteolatis, masculis monantheris, perigonio sqamaeformi munitis, femineis ad pistillum longestylatum, stigmate capitato praeditum reductis.

Ad radices plantarum multarum parasiticum, rarissime. Hucusque tantum in Creta (Bois.) indicatur. — Mart. Jun. ♃. N. v.

CI. Ordo. **Cytinaceae** Lindl. veg. Kingd. t. 91.

1. C. hypocistis L. sp. p. 442 (*Asarum*); L. syst. nat. ed. 12 II. p. 602; S. et S. pr. II. p. 224, Fl. gr. X. p. 29 t. 938; Sieb. avis p. 5; Ch. et B. exp. p. 267, Fl. pelop. p. 62; Marg. et R. fl. Zante p. 81; Fraas fl. class. p. 268; Ung. Reise p. 115; Raul. cret. p. 851; Spreitz. in z. b. G. 1877 p. 729, 1887 p. 668; Bois. fl. or. IV. p. 1071; Heldr. fl. cephal. p. 63, Fl. Aegina p. 388; Gelmi in bull. soc. bot. ital. 1889 p. 451; Haussk. symb. p. 62. — Exsicc.: Dörfl. fl. aeg. n. 105.

Monoicus; caulibus brevibus, carnosis, squamis obovatis vel ellipticis vestitis; floribus in spicas capituliformes dispositis, bibracteatis, femineis lateralibus, masculis centralibus; perigonio pubescente, 4 lobo; antheris 8; stigmate capitato, 8—10 sulcato. — Color plantae flavus flavido-rubens vel sanguineus.

Ad radices *Cistorum* parasiticus. Attica: mt. Pentelicon, pr. Sunium (Haussk.), insula Aegina (Heldr.); Messenia: pr. Arcadia, Rumano, Methone, Corone (Chaub.); Cycladum insula Naxos (Leon.); Creta: pr. Akroteri, promontorium Meleka (Raul.); Zante: mt. Scopo (Marg.); Cephalonia: pr. Argostoli (Spreitz.); Corcyra: mt. Deca (Ung.); et certe alibi. — Mart. Jun. ♃.

CII. Ordo. **Aristolochiaceae** Juss. gen. pl. p. 72.

1. **Asarum** L. gen. n. 589.

Perigonium campanulatum, 3—4 fidum; stamina 12, disco perigyno inserta, filamentis brevibus; stylus brevis, columnaris, stigmate 6 lobo; capsula irregulariter dehiscens.

1. A. europaeum L. sp. p. 442; S. et S. pr. I. p. 319; Dallap. prosp. p. 60; Ch. et B. exp. p. 132, Fl. pelop. p. 29; Fraas fl. class. p. 267; Heldr. fl. cephal. p. 64. — Icon: Fl. dan. t. 633.

Rhizomate repente, ramulos breves, inferne squamatos, apice folia 2 opposita, longe petiolata et florem breve pedunculatum edente; foliis reniformibus, coriaceis, parce hirtulis; perigonii villosi, brunneo-purpurascentis lobis ovatis, in cuspidem brevem contractis.

Indicatur in agro Laconico (Sibth.) et in Cephalonia (Dall.); a recentioribus non lectum. — Mart. Maio ♃.

2. Aristolochia L. gen. n. 1022.

Perigonium tubulosum, apice saepius in ligulam dilatatum; antherae 6, sessiles, columnae stylinae adnatae; stylus brevis, stigmate 6 lobo; capsula septicide 6 valvis.

 a. Perigonium late apertum, in limbum amplitudine formaque varium expansum.

  α. Perigonii tubus valde curvatus.

   × Caulis scandens; perigonium magnitudine *A. clematitis*.

1. **A. sempervirens** L. sp. p. 961; S. et S. pr. II. p. 222, Fl. gr. t. 934; Sieb. avis. p. 5, rem. p. 6; Raul. cret. p. 851; Bois. fl. or. IV. p. 1075; Bald. viagg. Creta p. 90. — Exsicc.: Bald. it. cret. n. 41; it. cret. alt. n. 191.

Caulibus tenuibus, ramosis: debilibus, prostratis vel scandentibus; foliis persistentibus, subcoriaceis, glabris, breviter petiolatis, triangulari-oblongis, acutis vel obtusiusculis, basi cordatis, auriculis rotundatis; floribus axillaribus, solitariis, pedunculo filiformi, petiolo triplo longiori suffultis; perigonio glabro, lutescente, purpureo-vittato, tubo incurvo, a basi angusta sensim ampliato, in labium ovatum, purpurascentem, eo subaequilongum abeunte. — Folia 25—60 mm. longa, basi 15—30 mm. lata.

Ad sepes, in muris, umbrosis regionis inferioris Cretae: pr. Rumata distr. Kissamos (Bald.), Males, Malaxa, Askyphos (Heldr.), Nerokuru, Anatoli, Lithines (Raul.), Hagios Georgios et Psykro distr. Mirabello (Bald.). — Apr. Jul. ♃.

2. **A. altissima** Desf. fl. atl. II. p. 324 t. 249; Bois. fl. or. IV. p. 1075; Bald. riv. coll. bot. alb. 1895 p. 69. — Huc probabiliter pertinent: *A. sempervirens* Ch. et B. exp. p. 267, Fl. pelop. p. 62; Spreitz. in z. b. G. 1877 p. 729. — *A. baetica* Friedr. Reise p. 278 et 282, non L. — Exsicc.: Orph. fl. gr. n. 129; Bald. it alb. epir. III. n. 201.

Praecedenti valde simile, sed caules multo elatiores et crassiores, inferne suffruticosi, folia majora, ad 8 cm. longa et basi ad 5 cm. lata, corolla extus fusco-purpurea, non major sed labio tubi proportione breviore.

Ad sepes, in umbrosis. Epirus: pr. Prevesa (Bald.); Laconia: mt. Malevo pr. Platanos (Orph.); si *A. sempervirens* et baetica autorum supra cit. huc spectet: Argolis: ad lacum Lerna (Friedr.); pr. Arcadia et Pylos Messeniae, in insulis Cycladum (Chaub.) et pr. Vathy in insula Ithaca (Spreitz.). — Apr. Jul. ♃.

   ×× Caulis non scandens.

○ Perigonium parvum, 20—25 mm. longum, supra basin globoso-ventricosum.

3. A. Tournefortii Jaub. et Sp. ill. pl. or. II. p. 39 t. 128; Bois. fl. or. IV. p. 1076. — Exsicc.: Orph. fl. gr. n. 708.

Caulibus filiformibus, prostratis vel adscendentibus, pumilis, ramosis; foliis parvis, glabris, brevissime petiolatis, ovatis, obtusis, basi cordatis, auriculis rotundatis; floribus axillaribus, solitariis, pedunculo ovario vix aequilongo suffultis; perigonio glabro, olivaceo, in labium lineari-lanceolatum, eo vix longius abeunte. — Perigonio basi globoso-inflato insignis.

In mt. Aepos supra Vrontado insulae Chios (Orph.); in Cycladibus inquirenda. —

○○ Perigonium maximum 6—10 cm. longam, amplum, supra basin non globoso-ventricosum.

4. A. cretica Lam. dict. I. p. 255; Sieb. avis p. 5, rem. p. 6, in Flora I. p. 274; Raul. cret. p. 851; Bois. fl. or. IV. p. 1081. — *A. baetica* S. et S. pr. II. p. 221, sec. Raul. l. c. — Icon: Desf. choix. pl. t. 7. — Exsicc.: Rev. pl. cret. n. 156, in Baen. herb. europ. n. 4854; Dörfl. pl. cret. n. 40.

Hirtula; caulibus erectis vel decumbentibus, simplicibus vel parce ramosis; foliis longiuscule petiolatis, reniformi- vel ovato-cordatis, obtusis, auriculis rotundatis; floribus axillaribus, solitariis, pedunculo petiolo longiore suffultis; perigonio hirtulo, purpureo, tubo a basi sensim et valde ampliato, labio ovato-oblongo, basi in auriculas binas latas obtusas fisso.

In locis aridis, saxosis regionis inferioris. Creta (Tourn.): pr. Malaxa (Reverch.), in fauce. Hagios Joannes pr. Critza distr. Mirabello (Heldr.). — Apr. Maio ♃.

5. A. hirta L. sp. p. 961; Bois. fl. or. IV. p. 1079. — Icon: Fl. gr. t. 937. — Exsicc. — Orph. fl. gr. n. 707.

Hirta; caulibus erectis vel adscendentibus, simplicibus vel parce ramosis; foliis longiuscule petiolatis, triangulari- vel subdeltoideo-hastatis, obtusis, basi cordatis, auriculis obtusis, intus incurvis; floribus axillaribus, solitariis, pedunculo petiolo longiore suffultis; perigonio hirto, atropurpureo, tubo a basi sensim ampliato, labio ovato, obtuso, basi non auriculato.

In umbrosis, ad sepes regionis inferioris. Insula Chios (Tourn.): pr. Livadia (Orph.); forsan in Cycladibus. — Apr. Maio ♃.

β. Perigonii 3—4 cm. longi tubus rectus vel vix curvatus.

✕ Flores in axillis fasciculati.

6. A. clematitis L. sp. p. 962; Haussk. symb. p. 62. — Icon: Fl. dan. t. 1235. — Exsicc.: Orph. fl. gr. n. 1012 (Macedonia); Sint. it. thessal. n. 314.

Glabra; rhizomate repente; caulibus erectis, simplicibus vel parce ramosis; foliis longiuscule petiolatis, deltoideo-ovatis, obtusiusculis, basi cordatis, auriculis obtusis, plus minus intus incurvis; floribus breviter pedunculatis, 2—6 fasciculatis; perigonio ochroleuco, tubo cylindrico in labium ovato-lanceolatum subaequilongum abeunte.

In vineis, agrorum marginibus, dumetis regionis inferioris. Thessalia: pr. Kalabaka (Sint.), pr. fontem Paparanza inter Karditza et Palaeokastro (Haussk.). — Maio, Jun. ♃.

×× Flores in axillis solitarii.
○ Folia subsessilia.

7. A. rotunda L. sp. p. 962; S. et S. pr. II. p. 222; Dallap. prosp. p. 119; Ch. et B. exp. p. 267, Fl. pelop. p. 62; Marg. et R. fl. Zante p. 81; Friedr. Reise p. 282; Spreitz. in z. b. G. 1877 p. 729; Bois. fl. or. IV. p. 1077; Heldr. fl. cephal. p. 64; Hal. in ö. b. Z. 1897 p. 98; Form. in Ver. Brünn 1897 p. 30; Haussk. symb. p. 63. — Icon: Rchb. f. 1342. — Exsicc.: Orph. fl. gr. n. 1173; Sint. it. thessal. n. 422; Dörfl. fl. aeg. n. 84.

Rhizomate globoso vel ovato; caulibus erectis, simplicibus vel ramosis; foliis glabris vel subtus puberulis, ovatis, obtusis, basi cordatis, auriculis obtusis; floribus pedunculo brevi, sed petiolo longiore suffultis; perigonio luteo, intus purpureo-striato, extus puberulo, tubo superne subampliato, in labium oblongum, atro-purpureum, subaequilongum abeunte. — Foliis subsessilibus ab affinibus statim diagnoscitur.

In cultis, herbidis regionis inferioris et montanae. Thessalia: pr. Malakasi (Haussk.), Kalabaka (Sint.), Vlachava, Konisko (Form.); Aetolia: pr. Aetolikon (Reis.), mt. Korax (Tunt.); Elis; inter Pyrgos et Arcadia (Friedr.); Messenia: pr. Pylos (Zahn), Methone (Chaub.); Zante (Sibth.); Cephalonia (Dall.): pr. Lixuri (Ung.), Argostoli (Spreitz.). Drapano, Livatho (Heldr.); Ithaca; pr. Vathy (Spreitz.); Corcyra: pr. Peleka (Sterneck); Sporadum insula Scopelos (Leon.); Euboea (Moschos); Cycladum insula: Andros, Tenos (Heldr.), Naxos (Leon.). — Mart. Jul. ♃.

∞ Folia manifeste petiolata.

8. A. longa L. sp. p. 962; S. et S. pr. II. p. 223; Dallap. prosp. p. 119; Fraas fl. class. p. 267; Bois. fl. or. IV. p. 1078; Heldr. fl. cephal. p. 64. — *A. attica* Orph. fl. gr. n. 127. — *A. pallida* β. *elongata* Duch. in DC. pr. XV. p. 847. — Icon: Rchb. f. 1344. Exsicc.: Orph. l. c.; Heldr. herb. norm. n. 1371.

Rhizomate oblongo-fusiforme, tandem cylindrico; caulibus erectis; simplicibus vel ramosis; foliis minute puberulis, ovatis, obtusis vel retusis, basi cordatis, auriculis rotundatis; floribus pedunculo petiolo breviore suffultis; perigonio virenti-brunneo, extus puberulo, tubo superne subampliato, in labium lanceolatum, purpurascentem, eo duplo brevius abeunte.

In arvis, herbidis regionis inferioris et montanae. Attica: mt. Parnes (Orph.), pr. Menidi (Pichl.); Arcadia et Elis (Sibth.); Laconia: mt. Malevo (Orph.), Cycladum insula Andros (Sart.); Cephalonia (Dallap.). — Apr. Maio. ♃.

9. A. pallida Willd. sp. IV. p. 162; W. et K. pl. rar. III. p. 267 t. 240; S. et S. pr. II. p. 223, Fl. gr. t. 936; Fraas fl. class. p. 267; Bois. fl. or. IV. p. 1078; Haussk. symb. p. 63. — *A. lutea* Desf. choix p. 13 t. 8.

Rhizomate globoso; caulibus erectis vel adscendentibus, subsimplicibus; foliis minute puberulis, ovatis, obtusis vel retusis, basi cordatis, auriculis rotundatis; floribus pedunculo petiolo breviore suffultis; perigonio virenti-flavido, glabro, purpureo-striato, tubo sensim ampliato, in labium oblongo-lanceolatum, eo subdimidio brevius abeunte. — Rhizomate globoso praesertim a praecedente distinguitur.

In regione montana. Euboea: mt. Dirphys (Sprun.); Corcyra (Hauss.). — Maio, Jun. ♃. N. v.

    b. Perigonium poro apicali apertum, limbo proprie dicto plus minusve dilatato destitutum.

10. A. microstoma Bois. et Sprun. diagn. V. p. 50, Fl. or. IV. p. 1075; Haussk. symb. p. 63; Heldr. fl. Aegina p. 389. — Huc probabiliter: *A. parvifolia* S. et S. pr. II. p. 222, quoad pl. gr. sec. Bois. fl. or. IV. p. 1076; Ch. et B. fl. pelop. p. 62; Fraas fl. class. p. 267. — Exsicc.: Heldr. herb. norm. n. 106 et 1372; Orph. fl. gr. n. 128.

Rhizomate cylindrico; caulibus filiformibus, adscendentibus, ramosis; foliis minute puberulis, ovato-rotundis, obtusis vel retusis, basi cordatis, auriculis rotundatis; floribus axillaribus, solitariis, pedunculo petiolo subbreviore suffultis; perigonio fusco, obsolete puberulo, supra basin globoso-ventricoso, dein sensim ampliato, clavato, obtusissimo. — Perigonii tubo basi globoso-inflato cum *A. Tournefortii* congruit, a qua autem limbo proprie dicto destituto, clauso egregie differt.

In lapidosis siccis regionis submontanae et montanae, ad 1000 m. adscendens.' Attica: mt. Hymettus, Corydalus (Sprun.), Cithaeron (Heldr.); mt. Parnassus supra Rachova (Orph.); insula Aegina: mt. Oros (Heldr.); Argolis: in peninsula Methana (Haussk.). — Mart. Maio. ♃.

CIII. Ordo. **Buxaceae** Klotsch tric. p. 12.

1. **Buxus** L. gen. n. 1053.

1. B. sempervirens L. sp. p. 983; S. et S. pr. II. p. 232; Fraas fl. class. p. 92; Heldr. Nutzpfl. p. 59, in Sitzungsb. acad. Wiss. Berlin 1883 p. 7 et 9; Bois. fl. or. IV. p. 1144; Chloros Waldverh. p. 30; Form. in D. bot. Mon. 1890 p. 11, in Ver. Brünn 1896 p. 31; Hal. Beitr. fl. Thessal. p. 18; Philippson in naturw. Wochenschr. 1894 p. 423; Haussk. symb. p. 63. — Icon: Engl. bot. t. 1341. — Exsicc.: Orph. fl. gr. n. 697; Sint. it. or. a. 1889 n. 1908 et 1909, it. thessal. n. 697.

In regione silvatica in subalpinam et alpinam adscendens. Epirus (Haussk.); Thessalia: mt. Zygos (Philipps.), pr. Malakasi, Said Pascha

(Form.), Kastania (Hal.), mt. Olympus pr. Laspochori ad 2000 m. adscendens (Heldr.), Hagios Dionysios (Sint.), mt. Pelion (Heldr.); Euboea: mt. Pyxaria supra Marcates (Orph.). — Mart. Jun. ħ.

CIV. Ordo. Euphorbiaceae Juss. gen. p. 384.

Dispositio tribuum generumque.

A. Involucrum nullum vel unisexuale.

1. Tribus. *Acalypheae* Müll. in bot. Zeit. 1864 p. 324. — Florum involucrum nullum vel unisexuale; calycis masculi laciniae aestivatione valvares; petala calycis laciniis alterna vel nulla; stamina numero varia, antheris in alabastro erectis; ovarium 2—3 loculare, loculis uniovulatis.

    a. Flores monoici; calyx 3—5 partitus, aestivatione valvaris; petala nulla; stamina plurima, polyadelphia; ovarium triloculare.

1. Ricinus L.

    b. Flores dioici, rarius monoici; calyx 3—4 partitus, masculus aestivatione valvaris; femineus imbricatus; petala nulla; stamina 8—12, libera; ovarium saepissime biloculare.

2. Mercurialis L.

2. Tribus. *Crotoneae* Müll l. c. — Flores non involucrati; calycis laciniae subvalvares, apice tantum quincunciales; petala calycis laciniis alterna vel nulla; stamina numero varia, antheris in alabastro infracto-incurvis; ovarium triloculare, loculis uniovulatis.

3. Crozophora Neck.

3. Tribus. *Phyllantheae* Müll. l. c. — Florum involucrum nullum rarius unisexuale; calyx 5—6 partitus, laciniis imbricatis; petala calycis laciniis alterna vel nulla; stamina 5 vel plura, antheris in alabastro erectis; ovarium triloculare, loculis biovulatis.

4. Andrachne L.

B. Flores masculi et feminei involucro communi gamophyllo inclusi.

4. Tribus. *Euphorbicae* Bartl. ord. nat. p. 372. — Flores apetali, masculi numero indefiniti, feminei solitarii, petala nulla; filamentum cum pedicello articulatum; ovarium triloculare, loculis uniovulatis.

5. Euphorbia L.

1. Ricinus L. gen. n. 1464.

1. **R. communis** L. sp. p. 1007; S. et S. pr. II. p. 249, Fl. gr. X. p. 42 t. 952; Dallap. prosp. 125; Ch. et B. exp. p. 275, Fl. pelop. p. 64; Fraas fl. class. p. 92; Heldr. Nutzpfl. p. 58; Raul. cret. p. 854; Bois. fl. or. IV. p. 1143; Heldr. fl. cephal. p. 65. —

Glaber, glaucescens; caule erecto, elato, ramoso; foliis petiolatis, peltatis, palmatim lobatis, dentatis; floribus in racemos oppositifolios vel terminales, inferne femineos, superne masculos dispositis; capsulis subglobosis, 15—13 mm. longis, breviter aculeato-echinatis, seminibus 10 mm. longis.

    β. **microcarpus** Müll. in DC. pr. XV. 2 p. 1020. — *R. messeniacus* Heldr. herb. norm. n. 1480. — Capsula 1 cm. longa, semina 8 mm longa.

Frequenter colitur et in ruderatis suburbanis, ad sepes hinc inde subspontanea; — β. pr. Kalamata Messeniae (Zahn). — Apr. Mai ☉. et ♃.

2. Mercurialis L. gen. n. 1125.

1. **M. perennis** L. sp. p. 1035; Ch. et B. fl. pelop. p. 65; Fraas fl. class. p. 92; Bois. fl. or. IV. p. 1142. — Icon: Fl. dan. t. 400.

Perennis; rhizomate repente, nodoso; caulibus erectis, simplicibus, inferne nudis, superne foliatis; foliis breviter petiolatis, oblongis vel oblongo-lanceolatis, acutis, serratis, glabris vel puberulis; floribus dioicis, masculis in glomerulos dissitos, secus pedunculos axillares folio longiores dispositis, femineis solitariis vel paucis glomeratis, ad axillas breviter pedunculatis; capsula sparsim pilosula.

In silvis regionis montanae, rarissime. Phocis: mt. Parnassus (Fraas); Euboea: mt. Dirphys (Heldr.); Morea (Chaub.), sine loci specialis indicatione. — Mart. Maio. ♃ N. v.

2. **M. annua** L. sp. p. 1035; S. et S. pr. II. p. 261; Pieri corc. fl. p. 128; Dallap. prosp. p. 131; Ch. et B. exp. p. 279, Fl. pelop. p. 65; Marg. et R. fl. Zante p. 82; Fraas fl. class. p. 91; Ung. Reise p. 138; Weiss. in z. b. G. 1869 p. 752; Raul. cret. p. 853; Bois. fl. or. IV. p. 1142; Haussk. symb. p. 63; Heldr. fl. Aegina p. 389, chlor. Thera p. 21, chlor. Mykon. p. 250. — Icon: Fl. dan. t. 1890. — Exsicc.: Heldr. herb. fl. hellen. a. 1876.

Annua; radice simplici; caule erecto, ramoso, foliato; foliis breviter petiolatis ovatis vel ovato-lanceolatis, acutis, crenato-serratis, glabris vel sparse pilosis; floribus dioicis, masculis in glomerulos dissitos vel approximatos secus pedunculos axillares folio longiores dispositis, femineis solitariis vel binis ad axillas subsessilibus; capsula parce strigoso-pilosa.

In cultis, ruderatis, vinetis per totam ditionem. — Jan. Jul. ☉.

Obs. *M. alternifolia* Desv. in Lam. enc. IV. p. 20. — (*Claoxylon mercurialis* Thwait. enum. pl. Zeylan. p. 271). — A Pieri corc. fl. p. 129 ex confusione quadam in Corcyra indicatur.

3. Crozophora Neck. elem. II. p. 337.

1. **C. tinctoria** L. sp. p. 1004; S. et S. pr. II. p. 248, Fl. gr. X. p. 40 t. 950; Urv. enum. p. 124; Ch. et B. exp. p. 274, Fl. pelop. p. 64; Friedr. Reise p. 273; (*Croton*); Juss. tent. euphorb. p. 28 t. 7; Sieb. avis p. 5, rem. p. 6; Marg. et R. fl. Zante p. 82; Clem. sert. p. 87; Heldr. Nutzpfl. p. 58, Fl. cephal. p. 65, chlor. Thera p. 21, cum var. *glabrata*; Raul. cret. p. 853; Bois. fl. or. IV. p. 1140; Spreitz. in z. b. G. 1887 p. 668; Form. in D. bot. Mon. 1890 p. 11, 1898 p. 37, in Ver. Brünn 1896 p. 31, 1897 p. 26; Bald. viagg. Creta p. 92; Hauss-k. symb. p. 63. — Exsicc.: Orph. fl. gr. n. 25; Heldr. herb. norm. n. 442 et 1189; Reverch. pl. cret. n. 158, in Baen. herb.

europ. n. 4868; Sint. et Bornm. it. turc. n. 1464; Sint. it. thessal. n. 2087.

Tenuiter stellatim-tomentosa, grisea; caule erecto, patule ramoso; foliis petiolatis, a basi rotundata vel cuneata rhombeo-ovatis, obtusis vel acutiusculis, sinuato- vel repando-dentatis vel integris; racemis axillaribus terminalibusque, superne masculis, subsessilibus, spicatis, inferne femineis, pedunculatis, pedunculis 1—4 floris, demum elongatis, deflexis; calycis laciniis petalisque lineari-lanceolatis; capsula verrucosa, sparsim lepidota; seminibus tuberculato-asperis.

In campis, cultis, ruderatis regionis inferioris. Thessalia: pr. Litochori, Tyrnavo (Sint.), Trikala, Pharsala, Velestinos, Volo (Form); Attica: ubique pr. Athenas; Sicyonia: pr. Kamari (Heldr.); Argolis (Urv.); pr. Argos (Chaub.), Poros (Friedr.); Laconia: pr. Sparta, Coron, Marathonisi (Chaub.); Cyclades (Chaub.): insula Mykonos, Thera (Heldr.); Creta (Sibth.): pr. Canea (Rev.), Agribiliana, Almyros, Hierapetra (Raul.), Vamos (Bald.); Cythaera: pr. Hagios Nicolaos (Spreitz.); Zante (Marg.); Cephalonia: pr. Drapano, Pessada (Heldr.). — Jun. Sept. ☉.

2. **C. verbascifolia** Willd. sp. IV. p. 539; Ch. et B. exp. p. 274 t. 33, Fl. pelop. p. 64 t. 35; (*Croton*); Juss. tent. euphorb. p. 28; Clem. sert. p. 87; Heldr. Nutzpfl. p. 58, Fl. Aegina p. 389, chlor. Thera p. 21; Raul. cret. p. 853; Bois. fl. or. IV. p. 1141; Haussk. symb. p. 63. — *Croton villosum* S. et S. pr. II. p. 249, Fl. gr. X. t. 951. — Exsicc.: Orph. fl. gr. n. 26; Heldr. herb. norm. n. 116 et 1190.

Differt a praecedente foliis dense stellato tomentoso-pannosis, ovatis vel oblongis, leviter repandis, inferioribus basi saepe subcordatis, capsula lepidota, vix verucosa, seminibus duplo minoribus.

In ruderatis, cultis, arvis regionis inferioris. Thessalia: pr. Trikala, Orman Magula (Haussk.); Attica: pr. Athenas (Sibth.), Patissia, Kephissia (Heldr.), Eleusis (Heider): Argolis (Sart.); Laconia: in valle fl. Eurotas, pr. Marathonisi (Chaub.); insula Aegina, Thera (Heldr.); Creta: pr. Canea (Raul.). — Jun. Sept. ☉.

4. **Andrachne** L. gen. n. 709.

1. **A. telephioides** L. sp. p. 1014; S. et S. pr. II. p. 250, Fl. gr. X. p. 43 t. 953; Raul. cret. p. 854; Bois. fl. or. IV. p. 1138; Bald. viagg. Creta p. 92; Haussk. symb. p. 63; Heldr. fl. Aegina p. 389. — Exsicc.: Heldr. in Magn. fl. sel. n. 2567; Bald. viagg. n. 97.

Glabra, glauca, e rhizomate ligno-o-indurato multicaulis; caulibus adscendentibus vel prostratis, filiformibus, simplicibus vel ramosis; foliis parvis, brevissime petiolatis, obovatis vel ellipticis, acutis vel obtusiusculis; floribus axillaribus, solitariis vel paucis, breviter pedunculatis; calycis laciniis fere ad basin liberis, rhombeis, acutiusculis; petalis lanceolatis, calyce subbrevioribus; capsula subglobosa, glabra.

In campis, olivetis, glareosis regionis inferioris, in subalpinam adscendens. Thessalia: ad Monasterium Korona, pr. Pharsala (Haussk.); Attica: in Valle Cephissi pr. Athenas, insula Aegina (Heldr.); Creta: pr. Platania (Rev.), Anopolis, mt. Hagios Pneuma (Raul.), Gigilos, Volakia (Bald.). — Maio, Jul. ♃.

5. Euphorbia L. gen. n. 609.

Dispositio specierum.

1. Sectio. *Tithymalus* Bois. in DC. pr. XV. p. 99. — Folia sparsa, rarius opposita; stipulae nullae; glandulae involucri exappendiculatae, integrae vel bicornes, rarius pectinatae.
  A. Glandulae involucri transverse ovales, rotundatae, integrae.
    a. Semina laevia vel minutissime tuberculata.
      α. Capsula echinata vel verrucosa.
        × Perennes.
          ○ Frutex, umbellae radiis demum spinescentibus.
            1. **E. acanthothamnos** Heldr. et Sart.
          ○○ Plantae inermes.
            . Rhizoma cylindricum, crassum, verticale.
            ; Plantae glabrae.
              2. **E. glabriflora** Vis.   3. **E. palustris** L.
            ;; Plantae villosulae.
            , Semina laevia.
              4. **E. oblongata** Griseb.   5. **E. epithymoides** L.
            ,, Semina minutissime, interdum obsolete tuberculata.
              6. **E. pubescens** Vahl.
            .. Rhizoma tenue, repens.
              7. **E. capitulata** Rchb.
            ... Rhizoma napiforme.
              8. **E. apios** L.
        ×× Annuae.
          ○ Capsulae verrucae elongato-conicae, apice setiferae.
            9. **E. cybirensis** Bois.   10. **E. Zahnii** Heldr.
          ○○ Capsulae verrucae hemisphaericae vel breviter conicae.
            11. **E. platyphyllos** L.
      β. Capsula sub lente puncticulata.
            12. **E. arguta** Soland.
    b. Semina areolatim reticulato-rugosa.
        13. **E. helioscopia** L.   14. **E. pterococca** Brot.
  B. Glandulae involucri truncatae, retusae vel cornutae.
    a. Glandulae cornua (si adsunt) integra.
      α. Semina laevia. Perennes.
        × Folia floralia connata.
          ○ Folia caulium fertilium (saltem superiora) verticillata; capsula glabra.
            . Folia caulium fertilium aequalia, omnia verticillata.
        15. **E. Heldreichii** Orph.   16. **E. Roeseri** Orph.

Euphorbiaceae. 95

.. Folia caulium fertilium inferiora majora, sparsa, superiora verticillata.
17. **E. semiverticillata** Hal.
○○ Folia omnia sparsa; capsula tomentosa.
. Glandulae atro-purpureae.
18. **E. characias** L.
.. Glandulae melleae.
19. **E. Sibthorpii** Bois.   20. **E. veneta** Willd.
×× Folia floralia libera.
○ Frutex erectus, 50—200 cm. altus.
21. **E. dendroides** L.
○⊃ Herbae perennes.
. Rhizoma verticale.
; Folia integra.
, Caules remotiuscule foliati; umbellae radii 6-numerosi.
22. **E. Gerardiana** Jacq.   23. **E. nicaeensis** All.
,, Caules dense imbricatim foliosi; umbellae radii 3—6.
24. **E. paralias** L.
;; Folia saltem apice serrulato-scabra.
25. **E. terracina** L.   26. **E. euboea.** Hal.   27. **E. thessala** (Forn.).
.. Rhizoma repens.
; Folia linearia vel lanceolata.
28. **E. Halácsyi** Form.   29. **E. cyparissias** L.
;; Folia obovata.
30. **E. Orphanidis** Bois.
β. Semina foveolata vel reticulato-rugosa.
× Perennes.
31. **E. deflexa** S. et S.   32. **E. herniariaefolia** Willd.
×× Annuae.
○ Folia caulina decussatim opposita.
33. **E. lathyris** L.
○○ Folia caulina sparsa.
. Capsula dorso rotundata; semina ovata, irregularites et reticulatim foveolata.
34. **E. segetalis** L.   35. **E. graeca** Bois et Sprun.
.. Capsulo dorso alato-bicarinata; semina obtuse-hexagona, ad facies binas interiores sulco exarata, ad quatuor exteriores foveolata.
36. **E. peplus** L.   37. **E. peploides** Gou.
γ. Semina transverse sulcata. Annua.
38. **E. falcata** L.
δ. Semina tuberculata. Annuae.
39. **E. exigua** L.   40. **E. aleppica** L.
b. Glandulae involucri cornutae, cornubus apice lobulatis.
α. Semina vermiculato-rugosa. Perennes.
41. **E. myrsinites** L.
β. Semina laevia.
42. **E. biglandulosa** Desf.

2. Sectio. *Anisophyllum* Roep. in Duby bot. gall. p. 412. — Folia omnia opposita; stipulae lanceolatae vel lineares; glandulae involucri appendiculatae. Annuae.

43. E. peplis L.   44. E. chamaesyce L.

1. Sectio. *Tithymalus* Bois. in DC. pr. XV. p. 99. —
A. Glandulae involucri transverse ovales, rotundatae, integrae.
  a. Semina laevia vel minutissime tuberculata.
    α. Capsula echinata vel verrucosa.
      × Perennes.
        ○ Frutex, umbellae radiis demum spinescentibus.

1. E. acanthothamnos Heldr. et Sart. in Bois. diagn. ser. 2 IV. p. 86; Raul. cret. p. 853; Spreitz. in z. b. G. 1877 p. 728, 1890 p. 299; Bois. fl. or. IV. p. 1105; Heldr. fl. cephal. p. 64; Bald. viagg. Creta p. 91; Haussk. symb. p. 64; Rouy. ill. p. 56 t. 69. — *E. spinosa* S. et S. pr. I. p. 327, Fl. gr. V p. 49 t. 463; Sieb. avis. p. 4; Ch. et B. exp. p. 134, Fl. pelop. p. 30; Friedr. Reise p. 278; Fraas fl. class. p. 91; Ung. Reise p. 137; non L. sp. p. 457, quae spinis simplicibus, nec furcatis, ex extremitate ramorum indurata oriundis, capsula vix trisulca discedit. — Exsicc.: Heldr. herb. norm. n. 129 et 1279; Sterneck it. graeco-turc. n. 444.

Glabra, dumulosa, ramosissima; ramis brevibus, rigidis, intricatis; umbellae radiis brevibus, semel vel bis divaricatim bifidis, post anthesin denudatis, in spinas persistentes, pluries furcatas mutatis; foliis parvis, oblongis oblongo-lanceolati-ve, integris, obtusiusculis, plerumque mucronulatis, floralibus obovatis; involucri breviter turbinati, intus hirtuli lobis truncatis, glandulis transverse ovalibus; capsula globosa, profunde trisulca, verrucis cylindricis dense muricata; semine ovali, laevi.

In collibus saxosis regionis inferioris et montanae, frequens. Aetolia: ad radices mt. Chalkis ad sinum Patranum (Hal.); Attica: pr. Eleusis (Haussk.), Athenas, ad radices mt. Hymettus, in Pharmacusarum insula Lero (Heldr.); in Petaliarum insulis (Holzm.); Argolis: pr. Nauplia (Friedr.); Laconia: ad radices mt. Taygetos, pr. Kardamyle, Androvista, pr. Pylos Messeniae, insula Sapienza (Chaub.); Creta: mt. Sphaciotici, pr. Prosnero, Askyphos, Anopolis (Raul.); Archipelagus (Sibth.); Cephalonia: pr. Argostoli (Spreitz.), Hagios Soter, Omala (Heldr.); Leucas et Corcyra (Mazz.). — Mart. Maio. ħ.

○○ Plantae inermes.
  . Rhizoma cylindricum, crassum, verticale.
    ; Plantae glabrae.

2. E. glabriflora Vis. in Vis. et Panc. pl. serb. rar. dec. II. p. 15 t. 13. — *E. pindicola* Haussk. symb. p. 53; in Mitth. thür. bot. Ver. XII. p. 19. — Exsicc.: Sint. et Bornm. it. turc. n. 1463; Sint. it. thessal. n. 670.

Basi suffrutescens; rhizomate crasso, multicipite; caulibus numerosis, tenuibus, decumbentibus vel arcuato-adscendentibus, inferne parce ramosis, in umbellam simplicem abeuntibus; foliis oblongis oblongo-lanceolatisve, integris vel obsolete denticulatis, infimis obtusis, ceteris acutiusculis, floralibus ovatis; umbellae radiis brevibus, subquinis; involucri turbinati, intus hirtuli lobis truncatis, glandulis transverse ovalibus; capsula globosa, verrucis cylindricis, purpurascentibus dense muricata; semine ovali, laevi. — Specimina serbica in herbario meo asservata, a Pancic in mt. Panjak et Mokra Gora lecta, fóliis angustioribus longioribusque a nostra tantum discedunt.

In subalpinis et alpinis. Thessaliae: mt. Zygos (Haussk.) et pr. Malakasi in Pindo tymphaeo (Sint.), pr. Litochori in mt. Olympus (Bornm.). — Jun. Jul. ♃.

3. **E. palustris** L. sp. p. 462; S. et S. pr. 1. p. 331; Bois. fl. or. IV. p. 1001. — Icon: fl. dan. t. 866.

Herbacea; rhizomate crasso, multicipite; caulibus crassis, elatis, erectis, superne ramosis, in umbellam multiradiatam abeuntibus; foliis lanceolatis oblongo-lanceolatisve, obtusis, integris vel remote denticulatis, floralibus ovato-ellipticis; umbellae radiis numerosis, trifidis, dein bifidis; involucri campanulati, intus hirti lobis truncatis, denticulatis, glandulis transverse ovalibus; capsula globosa, breviter verrucosa; semine ovali-globoso, laevi. — Caulis crassus, 60—150 cm. altus, superne fistulosus, ex axillis ramos steriles edens, folia floralia flavescentia.

In Graeciae et Archipelagi palustribus (Sibth.); postea a nemini lecta. — Maio, Jun. ♃. N. v.

Obs. *E. dulcis* S. et S. pr. I. p. 327, Fl. gr. V p. 50 t. 464, non L.; = *E. thamnoides* Bois. cent. euph. p. 33. — Asiae minoris incola, a Sibthorp in Graecia quoque indicatur, in ditione non crescit.

;; Plantae villosulae.
, Semina laevia.

4. **E. oblongata** Griseb. spic. I. p. 136; Raul. cret. p. 852; Weiss in z. b. G. 1869 p. 752; Bois. fl. or. IV. p. 1102; Heldr. in Sitzungsb. acad. Wiss. Berlin 1883 p. 4; Haussk. symb. p. 64. — *E. pilosa* Ch. et B. exp. p. 138, Fl. pelop. p. 31, non L., sec. Bois. l. c. — *E. erioclada* Bois. et Heldr. diagn. VII. p. 88. — Huc pertinet probabiliter: *E. ceratocarpa* Friedr. Reise p. 283, non Ten. — Icon: Bois. euphorb. t. 76. — Exsicc.: Heldr. herb. norm. n. 2373.

Patule villosula; rhizomate crasso, multicipite; caulibus erectis, sesquipedalibus, simplicibus vel sub umbella ramulos paucos floriferos edentibus, in umbellam amplam abeuntibus; foliis oblongo-lanceolatis, obtusiusculis, tenuiter serrulatis, inferioribus basi attenuatis, superioribus basi rotundatis, floralibus ovalibus vel ovali-oblongis; umbellae radiis quinis, elongatis, 3—5 fidis, dein bifidis; involucri turbinato-campanulati, intus hirtuli lobis truncatis, glandulis transverse ovalibus; capsula globosa, parce breviterque verrucosa; semine ovato-complanato, rufescenti-

— Species ab auctore Grisebach errore annua dicta (cf. Bois. in DC. pr. XV. p. 126).

β. **sessiliflora** Bois. et Sprun. diagn. V. p. 52 pro sp.; Bois. in DC. pr. XV. p. 126, Fl. or. IV. p. 1102. — Humilior, folia minora, umbella ob radios abbreviatos capituliformis. — Facies *E. pubescentis*. — Exsicc.: Heldr. pl. fl. hellen. a. 1894; Orph. fl. gr. n. 701 (specimina herbarii mei saltem).

In olivetis nemorosis regionis inferioris et montanae. Thessalia: pr. Sermeniko et in oropedio Neuropolis in Pindo (Haussk.), mt. Olympus, Pelion (Heldr.); Messenia: pr. Phigalea, Androvista (Chaub.), mt. Selitza pr. Kalamata (Heldr.); Laconia: inter Mistra et Sparta (Bois.), mt. Malevo (Orph.); Cycladum insula Naxos (Despr.); Creta: pr. Canea (Weiss), Rumata (Raul.); — β. Euboea: mt. Dirphys (Sprun.); Laconia: mt. Malevo (Orph.), mt. Selitza pr. Kalamata (Heldr.). — Maio, Jul. ♃.

5. **E. epithymoides** L. sp. ed. 2 p. 656. — *E. fragifera* Jan catal. phanerog. p. 76; Ung. Reise p. 137. — Icon: Rchb. crit. t. 647.

Patule villosula vel tomentella; rhizomate crasso, multicipite; caulibus adscendentibus, simplicibus, inferne induratis, in umbellam laxam abeuntibus; foliis oblongis, acutis vel obtusis, mucronatis, integris, floralibus ovatis vel ovalibus; umbellae radiis 4—5 nis, parum elongatis, bifidis; involucri campanulati, intus hirsuti lobis ovatis, glandulis transverse ovalibus; capsula globosa, verrucis filiformibus, longis, crispis dense obsita et inter eas saepe pilosa; semine ovato-oblongo, plumbeo. — Praecedenti multo gracilior et ab ea praesertim capsulae verrucis filiformibus egregia distincta.

In asperis, saxosis regionis inferioris et montanae. Corcyra (Ung.). — Apr. Jun. ♃. N. v.

„ Semina minutissime, interdum obsolete tuberculata.

6. **E. pubescens** Vahl symb. II. p. 55; Sieb. avis rem. p. 4; Friedr. Reise p. 277; Raul. cret. p. 852; Bois. fl. or. IV. p. 1106; Heldr. fl. cephal. p. 64; Haussk. symb. p. 64. — *E. pilosa* S. et S. pr. I. p. 329, sec. Bois. l. c.;? Friedr. Reise p. 87; non L. — *E. verrucosa* L. sp. p. 459 et herb. p. p., sec. Bois. l. c.;? S. et S. pr. I. p. 329; Ch. et B. fl. pelop. p. 31. — Icon: Jacq. ed. I. p. 98 t. 76. — Exsicc.: Heldr. herb. fl. hellen. a. 1878, 1897 et 1901.

Patule villosa; rhizomate cylindrico, multicipite; caulibus erectis vel adscendentibus, simplicibus vel ramulosis, inferne tandem induratis, in umbellam demum amplam abeuntibus; foliis oblongo-lanceolatis lanceolatisve, acutis vel acuminatis, serrulatis, floralibus a basi subcordata ovato-rhombeis; umbellae radiis quinis, trifidis, dein bifidis, elongatis; involucri campanulati, extus villosuli lobis ovatis, truncatis, ciliatis, glandulis transverse ovalibus; capsula globosa, breviter verrucosa, villigera; semine ovato. — Indumento villoso inter affines egregia.

Ad fossas, in humidis, paludosis regionis inferioris. Aetolia: pr. Krioneri ad sinum Patranum (Hal.); Attica: pr. Athenas, ad Phaleron

(Heldr.); Argolis: pr. Poros (Friedr.); Messenia: pr. Kalamata (Zahn); Laconia: pr. Marathonisi (Pichl.); Cycladum insula Tenos (Tunt.); Creta: pr. Platania, Cercibilia, Hierapetra (Raul.); Cephalonia: pr. Kutavo, Lixuri (Heldr.). — Jan. Oct. ♃.

.. Rhizoma tenue, repens.

7. **E. capitulata** Rchb. fl. germ. exc. p. 873; Vis. fl. dalm. III. p. 224; Bois. fl. or. IV. p. 1106. — *E. soliflora* Vis. l. c. — Icon: Rchb. ic. fl. germ. V. f. 4759. — Exsicc.: Orph. fl. gr. n. 703.

Glabra; rhizomate multicipite, caudiculis longis, radicantibus; caulibus decumbentibus vel adscendentibus, herbaceis, dense foliosis, aliis sterilibus, aliis monocephalis; foliis obovatis, obtusis, integris, floralibus caulinis sessilibus; involucri hemisphaerici lobis octo, oblongis, ciliatulis, denticulatis, glandulis octo, substipitatis, purpureis, transverse oblongis; capsula globosa, verrucis cylindricis vel ovatis, purpurascentibus obsita; semine ovato. — Species inflorescentia monocephala et involucro octolobo insignis.

In regione silvatica mt. Olympus Thessaliae supra Hagios Dionysios (Orph.). — Jun. Jul. ♃.

... Rhizoma napiforme.

8. **E. apios** L. sp. p. 457; S. et S. pr. I. p. 326; Sieb. avis p. 4, rem. p. 4, Reise II. p. 321 t. 8; Ch. et B. exp. p. 138, Fl. pelop. p. 31; Friedr. Reise p. 268; Fraas fl. class. p. 90; Clem. sert. p. 86; Heldr. Nutzpfl. p. 58; Raul. cret. p. 852; Bois. fl. or. IV. p. 1103; Haussk. symb. p. 64. — Exsicc.: Orph. fl. gr. n. 404; Heldr. herb. norm. n. 243 et 1280.

Sparsim hirtula vel glabrescens; rhizomate napiforme, caudiculum brevem, squamulosum, apice multicaulem edente; caulibus decumbentibus vel adscendentibus, simplicibus vel sub umbella ramulosis; foliis parvis oblongo-ellipticis, obtusis, serrulatis, floralibus transverse ovalibus vel rhombeis, retusis; umbellae radiis 3—5, simplicibus vel bifidis; involucri turbinato-campanulati, glabri lobis ovatis, subdentatis, glandulis transverse ovalibus; capsula ovoideo-globosa, breviter verrucosa; semine ovato, laevi.

In saxosis, nemorosis regionis submontanae et subalpinae. Thessalia: mt. Ghavellu (Haussk.), in oropedio Neuropolis (Heldr.); mt. Parnassus (Sibth.); Attica: mt. Parnes (Clem.), Pentelicon (Fraas), Hymettus (Heldr.), Kerata (Haussk.); Peloponnesus: pr. Astros, in planitie Helos, pr. Marathonisi, Methone (Chaub.); Creta (Sibth.): pr. Tripodo (Raul.), Melidoni, in valle Mirabello pr. Lacida (Sieb.). — Febr. Jun. ♃.

×× Annuae.

○ Capsulae verrucae elongato-conicae, apice setiferae.

9. **E. cybirensis** Bois. diagn. VII. p. 89, XII. p. 109, Fl. or. IV. p. 1098. — Icon: Bois. euphorb. t. 7. — Exsicc.: Heldr. herb. norm. n. 1281 (Byzantium).

Annua, glabra; caule erecto, subsimplici; foliis viridibus, serrulatis, infimis obovato-spathulatis obtusis, ceteris ellipticis acutiusculis, floralibus subrotundis vel triangulari-deltoideis; umbellae radiis 4—5, demum elongatis et saepe pluries dichotomis; involucri campanulati, glabri, lobis ovatis, dentatis, glandulis transverse ovalibus; capsula globosa, stipite aequilongo suffulta, vix sulcata, subindehiscenti, aculeis elongato-conicis, apice setiferis obsita; semine oblongo, compresso, laevi.

β. **acutifolia** Bois. diagn. XII. p. 109; Raul. cret. p. 852. — *E. cybirensis*, β. *dehiscens* Bois. in DC. pr. XV. p. 119, Fl. or. IV. p. 1099. — Maior, folia acutiora; capsula dehiscens, aculeis mollibus, basi vix induratis. — *E. echinocarpa* Sieb. avis p. 4, rem. p. 4, non Brot. — Exsicc.: Sint. et Rigo. it. cypr. n. 662.

In campis argillosis, vinetis, cultis regionis inferioris. In ditione nostra tantum var. β. indicatur, idque in Creta pr. Melidoni (Sieb.) et ex Bois. in DC. pr. XV. p. 119 in Zacyntho, sed locus ultimus deest in Fl. or. — Maio, Jun. ⊙. N. v.

10. **E. Zahnii** Heldr. herb. graec. norm. n. 1580. —

Annua, glabra; caule erecto, simplici vel a basi pauciramoso; foliis glaucescentibus, ellipticis vel lanceolatis, acutis, serrulatis, floralibus triangulari-deltoidis; umbellae radiis 4—5, brevibus, 2—3 fidis; involucri turbinato-campanulati, glabri, lobis ovatis, dentatis, glandulis transverse ovalibus; capsula globosa, subsessili, vix sulcata, dehiscente, aculeis filiformibus, apice setiferis obsita; semine ovato-globoso, laevi. — Differt a praecedente foliis glaucescentibus, acutis, umbellae radiis brevibus non pluries dichotomis, capsula subsessili, dehiscente et semine ovato-globoso.

Inter *Lupinos* cultos, in faucibus mt. Selitza ad confines Messeniae pr. Kalamata Laconiae (Zahn). — Mart. Apr. ⊙.

∞ Capsulae verrucae hemisphaericae vel breviter conicae.

11. **E. platyphyllos** L. sp. p. 400; Pieri core. fl. p. 59; Ch. et B. exp. p. 341, Fl. pelop. p. 31; Marg. et R. fl. Zante p. 82; Fraas fl. class. p. 89; Bois. fl. or. IV. p. 1099; Haussk. symb. p. 64. — *E. coralloides* Ch. et B. exp. p. 138, non L. — *E. stricta* Form. in Ver. Brünn. 1896 p. 31, non L. — Icon: Jacq. fl. austr. t. 376. — Exsicc.: Orph. fl. gr. n. 704, herb. norm. n. 1072; Sint. it. thessal. n. 1246.

Glabra vel pilosula; caule erecto, simplici vel ramoso; foliis glabris vel subtus pilosulis, serrulatis, infimis obovato-oblongis, obtusis, ceteris oblongo-lanceolatis lanceolatisve, acutis, basi subcordatis; umbella 3—5 radiata, radiis elongatis, trifidis, dein bifidis; involucri campanulati, intus hirti, lobis ovato-oblongis, fimbriatis, glandulis transverse ovalibus; capsula globosa, breviter verrucosa, glabra vel pilosa; semine ovato, laevi.

β. **literata** Jacq. coll. II. p. 340, ic. rar. t. 482; Form. in Ver. Brünn. 1895 p. 22, 1897 p. 25; pro sp.; Koch syn. p. 627; Bois. fl. or. IV. p. 1099; Form. in D. bot. Mon. 1890 p. 11; Haussk. symb. p. 64. — Foliis subtus vel utrinque dense villosis, interdum fusco-maculatis. — Similis *E. pubescenti* Vahl, sed haec magis villosa, cius capsulae magis verrucosae et semina punctulis elevatis sparsis exasperata sunt. — Exsicc.: N. v.

In cultis, ruderatis, humidis regionis inferioris. Thessalia: pr. Krania (Form.), Kalabaka (Sint.); Euboea: pr. Chalkis (Fraas); Attica: ad Phaleron (Fraas); Elis: pr. Bartholomatos (Heldr.); Argolis: pr. Nauplia, Tyrinthum (Orph.); Cycladum insula: Cythnos (Tunt.), Naxos (Chaub.); Zante (Marg.); Corcyra (Pieri); — *β*. Epirus: pr. Prevesa (Form.); Thessalia: pr. Trikala, Karditza (Haussk.), Velestinos, Mavro Mandila (Form.). — Jun. Jul. ☉.

β. Capsula sub lente puncticulata.

12. **E. arguta** Soland. in Russ. Aleppo ed. 2 p. 329. — Icon: Fl. gr. V. t. 468.

Annua, patule molliterque hispidula; caule erecto, in umbellam simplicem vel saepius in paniculam abeunte; foliis oblongis vel oblongo-lanceolatis, infimis obtusis, ceteris acutis, floralibus parvis, rhombeo-ovatis; umbellae radiis 3—5, semel vel bis 3—5 fidis; involucri turbinati, intus pilosuli lobis ovatis, fimbriato-dentatis, glandulis transverse ovalibus; capsula globosa; semine globoso, laevi. — Facies *E. helioscopiae*, sed laxior et procerior, folia floralia minora.

In cultis. Arcadia (Bois.); Messenia: ad ripas fl. Pamisus, pr. Methone (Chaub.). — Maio. ☉. N. v.

b. Semina areolatim reticulato-rugosa.

13. **E. helioscopia** L. sp. p. 459; S. et S. pr. I. p. 328; Pieri corc. fl. p. 59; Ch. et B. exp. p. 137, Fl. pelop. p. 31; Marg. et R. fl. Zante p. 81; Friedr. Reise p. 265; Fraas fl. class. p. 88; Ung. Reise p. 137; Weiss in z. b. G. 1869 p. 752; Raul. cret. p. 852; Bois. fl. or. IV. p. 1107; Heldr. fl. cephal. p. 64, Fl. Aegina p. 389; Form. in D. bot. Mon. 1890 p. 11; Hal. Beitr. fl. Epir. p. 40; Haussk. symb. p. 64. — Icon: Fl. dan. t. 725. — Exsicc.: Heldr. herb. dimorph. n. 46.

Annua, glabra vel superne sparsim pilosa; simplex vel a basi multicaulis; caulibus simplicibus, erectis vel adscendentibus; foliis obovato-cuneatis vel spathulatis, obtusis, serrulatis, floralibus ellipticis vel orbiculatis; umbellae radiis 5, brevibus, trifidis dein bifidis; involucri tubinati lobis oblongis, fimbriatis; capsulae globosae, laevis, coccis dorso rotundatis; semine ovoideo, favoso-reticulato, caruncula transverse ovali, fere verticali. — Variat (*f. major*) caulibus erectis crassis, saepissime solitariis, foliis magnis.

In cultis, glareosis, ruderatis totius ditionis. — Febr. Jul. ☉.

14. **E. pterococca** Brot. fl. lusit. II. p. 312, phytogr. lusit. I. t. 76; Ch. et B. exp. p. 137, Fl. pelop. p. 31; Marg. et R. fl. Zante

p. 81; Bois. fl. or. IV. p. 1107; Heldr. fl. Aegina p. 389. — Exsicc.: Heldr. herb. fl. bellen. a. 1881.

Annua, glabra; caule solitario, tenui, erecto, simplici vel superne parce ramoso; foliis oblongis vel obovatis, obtusis, serrulatis, floralibus rhombeo-ovatis; umbellae radiis 5, brevibus, semel vel bis bifidis; involucri campanulato-turbinati lobis ovatis, subtruncatis; capsulae globoso-depressae, laevis, coccis dorso bialato-cristatis; semine ovali-subgloboso, tenuiter areolato-reticulato, caruncula nulla.

In collibus herbidis regionis inferioris, rarissime. Zante (Marg.); Arcadia (Chaub.); insula Aegina: mt. Oros (Heldr.). — Apr. Maio ⊙.

B. Glandulae involucri truncatae, retusae vel cornutae.

  a. Glandulae cornua (si adsunt) integra.

    α. Semina laevia. Perennes.

      × Folia floralia connata.

        ○ Folia caulium fertilium (saltem superiora) verticillata; capsula glabra.

        . Folia caulium fertilium aequalia, omnia verticillata.

15. **E. Heldreichii** Orph. in Bois. diagn. ser. 2 IV. p. 90; Bois. Fl. or. IV. p. 1133; Haussk. symb. p. 64. — *E. verticillata* Orph. l. c., non alior. — Icon: Bois. euph. t. 118. — Exsicc.: Orph. fl. gr. n. 201.

Caulibus crassis, elatis, erectis, inferne induratis, denudatis, superne remote et verticillatim foliatis, praesertim ad verticillos villosis, simplicibus, 2—5 umbellas superpositas ferentibus; foliis integris, utrinque breviter velutino-hirtis, caulium sterilium sparsis, obovato-oblongis, fertilium 5—10 verticillatis, oblongo-lanceolatis, acutis, floralibus rhomboideis, obtusis, antice ad medium usque connatis, postice liberis; umbellae radiis 7—15, bis vel ter bifidis; involucri campanulati, fauce hirti lobis ovatis, ciliatis, glandulis semilunatis, transverse latioribus, cornubus curvatis, apice convergentibus; capsula ovata, glabra, laevi; semine ovato, laevi. — Caules 50—80 cm. alti, crassi, ad basin sublignosi, folia verticillorum ad 8 cm. longa, 15 mm. lata, umbellae radii circa 4 cm. longa.

In regione subalpina. Thessalia: mt. Ghavellu in Pindo dolopico (Haussk.), mt. Olympus (Heldr.); Laconia: mt. Malevo pr. Kastanitza (Orph.). — Jul. Aug. ♃.

16. **E. Roeseri** Orph. in Bois. diagn. ser. 2 IV. p. 90, in Bois. fl. or. IV. p. 1134. — *E. Heldreichii β. Roeseri* Bois. diagn. l. c., Fl. or. l. c.; Heldr. chlor. Parn. p. 26. — Exsicc.: Heldr. reliqu. Orph. a. 1886 emissae.

Caulibus gracilibus, adscendentibus, herbaceis, glaberrimis, inferne denudatis, superne remote et verticillatim foliatis, simplicibus, 3—5 umbellas superpositas ferentibus; foliis integris, glabris, caulium sterilium sparsis, infimis obovato-spathulatis, obtusis, ceteris ellipticis vel oblongis, acutiusculis, fertilium 4—8 verticillatis hisce similibus, floralibus rhomboideis, obtusis, antice ad medium usque connatis, postice liberis; umbellae radiis 6—11, brevibus, simplicibus; involucri campanulati, fauce pilosuli lobis ovatis, glandulis semilunatis, transverse latioribus, cornubus curvatis, apice convergentibus; capsula ovata, glabra, laevi; semine ovato, laevi. — Caulibus herbaceis, adscendentibus, tenuibus, 25—40 cm. longis, foliisque glaberrimis, foliis 25 mm. longis, 1 cm. latis, radiis paucioribus abbreviatis, ad 2 cm. tantum longis, simplicibus, a praecedente meo sensu specifice distincta.

In regione abietina et superiore mt. Parnassus (Orph.). — Jul. Aug. ♃.

.. Folia caulium fertilium inferiora majora, sparsa, superiora verticillata.

17. E. semiverticillata. — Exsicc.: Pichler. pl. gr. a. 1876.

Caulibus adscendentibus, herbaceis, basi denudatis, induratis, superne foliatis, praesertim ad basim foliorum villosulis, simplicibus, umbellam solitariam vel 2 superpositas ferentibus; foliis integris, glabris vel sparsim pilosulis, inferioribus majoribus, sparsis, congestis, obovato-oblongis, obtusis, superioribus 3—5 verticillatis, oblongis, acutiusculis, floralibus semiorbicularibus, in patellam concaviusculam ultra medium coalitis; umbellae radiis 5—6, bifidis; involucri campanulati, intus hirtuli lobis ovatis, dentatis, glandularum cornubus longis, convergentibus; capsula subglobosa, glabra, laevi; semine ovato, laevi. — Habitu *E. amygdoloidi* L. similis, sed folia minora, superiora verticillata, nec sparsa.

Ad radices mt. Taygetos Laconiae (Pichl.). — Jun. Jul. ♃.

OO Folia omnia sparsa; capsula tomentosa.

. Glandulae atropurpureae. ·

18. E. characias L. sp. p. 463; Sieb. avis p. 4; Raul. cret. p. 853; Weiss in z. b. G. 1869 p. 752. — *E. cretica* Mill. dict. n. 28. — Icon: Jacq. ic. rar. I. 89.

Tomentella; caulibus crassis, inferne induratis, cicatricosis, superne crebre foliosis, thyrsoideis, ramulis umbellaeque multiradiatae radiis brevibus, bifidis; foliis firmis, a basi longe attenuata oblongo-lanceolatis, acutis, integris, subtus pallidioribus, superioribus sensim abbreviatis, umbellaribus oblongis vel ovato-oblongis, floralibus virentibus, ad medium usque in patellam concaviusculam connatis; involucri campanulati, hirsuti lobis oblongis, bifidis, glandulis transverse latioribus, truncatis, ad angulos acutos muticis vel in cornua brevissima abeuntibus; capsula depressa, tomentosa; semine ovato, laevi.

In regione inferiore Cretae (Sieb.): pr. Malaxa, Canea (Raul.), ad radices mt. Dicta distr. Temenos (Heldr.). — Mart. Maio. ♃. N. v.

.. Glandulae melleae.

19. E. Sibthorpii Bois. cent. euph. p. 39, Fl. or. IV. p. 1133; Heldr. fl. cephal. p. 64, Fl. Aegina p. 389; Haussk. symb. p. 64. — *E. characias* S. et S. pr. I. p. 332; Ch. et B. exp. p. 138, Fl. pelop. p. 31; Friedr. Reise p. 265 et 266: Fraas fl. calss. p. 87; Clem. sert.

p. 87; non L. — *E. Wulfenii* Heldr. Nutzpfl. p. 57, non Hoppe. — Exsicc.: Heldr. herb. norm. n. 530 et 1283, herb. fl. bellen. n. 70.

Tomentella; caulibus crassis, inferne induratis, cicatricosis, superne crebre foliosis, thyrsoideis, ramulis umbellaeque multiradiatae radiis brevibus; foliis firmis, e basi longe attenuata anguste lanceolato-linearibus, acutis, integris, subtus pallidioribus, superioribus parum abbreviatis, umbellaribus brevissimis, floralibus virenti-flavidis, in patellam infundibuliformem ultra medium connatis; involucri campanulati, hirsuti, lobis oblongis, bifidis, glandulis transverse latioribus, truncatis, ad angulos acutos muticis vel in cornua brevissima abeuntibus; capsula depressa, tomentosa; semine ovato, laevi. — Praecedenti simillima, ab ea foliis superioribus parum decrescentibus, floralibus flavidis, in patellam infundibuliformem connatis et glandulis melleis distincta.

In olivetis, collibus saxosis, ad ripas rivulorum, regionis inferioris et montanae. Attica: ad Ilyssum (Friedr.), Cephissum, in colle Lycabetto, pr. Caesariani (Heldr.), mt. Hymettus usque 700 m. alt (Fraas); insula Aegina: ad monasterium (Heldr.); Corinthus (Friedr.); Laconia: pr. Zarnate (Chaub.); Cyclades (Chaub.); Cephalonia: pr. Hagia Thekla, Kontogianata (Heldr.). — Mart. Maio ♃.

20. **E. veneta** Willd. en. I. p. 507. — *E. Wulfenii* Hoppe in Flora XII. 1. p. 159. — *E. messeniaca* Heldr. herb. norm. n. 1481. —? *E. Sibthorpii* Boissieu in bull. soc. bot. Fr. 1896 p. 288, vix Bois. — Icon: Rchb. germ. f. 4800 b. — Exsicc.: Sint. it. thessal. n. 201; Heldr. l. c. —

Praecedenti valde affinis, ab ea foliis latioribus, floralibus majoribus, involucri lobis indivisis, glandulis in cornua glandulae latitudine sublongioribus convergentibus abeuntibus diversa.

In dumosis regionis inferioris. Thessalia: pr. Volo (Sint.); Messenia: pr. Kalamata, in valle fl. Nedon (Zahn), ad radices mt. Taygetos (Heldr.). — Mart. Apr. ♃.

×× Folia floralia libera.

○ Frutex erectus, 50—200 cm. altus.

21. **E. dendroides** L. sp. p. 462; S. et S. pr. I. p. 330, Fl. gr. V. p. 54 t. 470; Urv. enum. p. 52; Ch. et B. exp. 134, Fl. pelop. p. 30; Marg. et R. fl. Zante p. 82; Friedr. Reise p. 272; Fraas fl. class. p. 89; Ung. Reise p. 137; Heldr. Nutzpfl. p. 57, Fl. cephal. p. 64, chlor. Thera p. 21; Raul. cret. p. 851; Bois. fl. or. IV. p. 1093; Spreitz. in z. b. G. 1887 p. 668; Gelmi in bull. soc. bot. ital. 1889 p. 451; Hal. in ö. b. Z. 1896 p. 17, 1897 p. 98. — *E. laeta* Ait. Kew. II. p. 547; Sieb. avis p. 4, in Flora I. p. 271. — *E. divaricata* Jacq. ic. rar. I. p. 9 t. 87. — Exsicc.: Orph. fl. gr. n. 699; Heldr. herb. norm. n. 641, herb. dimorph. n. 45; Rev. pl. cret. n. 157; Dörfl. fl. gr. n. 390.

Glabra; caule crassiusculo, divaricatim dichotomo, ramis vetustis nudis, annotinis crebre foliosis; foliis a basi attenuata lineari-lanceolatis, obtusis vel acutiusculis, integris, subtus pallidioribus, floralibus subcordato-vel rhombeo-semiorbiculatis, lutescentibus; umbellis terminalibus, 3—10 radiatis; involucri campanulati lobis oblongis, 2—3 fidis, glandulis peltatis, transverse ovatis, truncatis vel semilunatis; capsula profunde trisulcata, glabra, laevi; semine ovato, laevi. — Ob glandulas involucri nunc integris nunc fere semilunatis cum *E. Gerardiana* nexum praebet inter species praecedentes et sequentes.

In saxosis et rupestribus regionis inferioris. Aetolia: pr. Guritza (Reis.); Phocis: pr. Amphissa, Delphi (Heldr.); Attica: pr. Buliasmene (Heldr.); Euboea (Heldr.); Sporadum insula Scopelos (Leon.); Argolis: pr. Troezene (Friedr.), Nauplia (Urv.), insula Hydra (Heldr.); Elis, pr. Pylos, Messene, promontorium Malea, pr. Chitries in Maina (Chaub.), Marathonisi, Monembasia (Fraas), mt. Selitza pr. Kalamata (Zahn.); Cycladum insula: Siphnos (Chaub.), Seriphos, Seriphopula, Piperi pr. Kythnos, Thera (Heldr.); Creta: pr. Platania (Rev.), Kissamos, Gonia, Apokorona, Sphakia (Raul.), in fauce Perivolia (Sieb.); Zante: pr. Puncta Davia, insula Peluso (Marg.); Cephalonia: pr. Asso, Hagios Soter, Hagia Thekla, Kontogianata, Vovikes, Drakines (Heldr.); Corcyra (Ung.): pr. Palaeokastrizza (Spreitz.). — Mart. Maio. ♄.

OO Herbae perennes.
. Rhizoma verticale.
; Folia integra.
, Caules remotiuscule foliati; umbellae radii 6— numerosi.

22. E. Gerardiana Jacq. fl. austr. V. p. 17 t. 436; Bois. fl. or. IV. p. 1124. — *E. reflexa* Form. in Ver. Brünn 1895 p. 22 (f. foliis latiusculis). — *E. Gerardiana v. laconia* Heldr. herb norm. n. 1374 (f. foliis angustis, umbellaribus radios aequantibus). — Exsicc.: Heldr. it. IV. thessal. a. 1885, herb. norm. n. 1374; Bald. it. alb. a. 1892 n. 223, it. alb. alt. n. 109; Form. pl. gr. a. 1894.

Glabra, glaucescens, e rhizomate crasso multicaulis; caulibus erectis vel adscendentibus, simplicibus; foliis lanceolatis lineari-lanceolatisve, 2—5 mm. latis, acutis vel acuminatis, mucronatis, integris, floralibus rhomboideo-ovatis; umbellae radiis 8—pluribus, semel vel repetito bifidis; involucri campanulati, fauce hirtuli lobis triangulari-ovatis, glandulis transverse ovalibus, truncatis vel fere semilunaribus, ecornutis; capsula depresso-subglobosa, laevi vel subtilissime punctulato-scabra, glabra; semine ovato, laevi.

In saxosis montanis. Epirus: pr. Govrica, mt. Micikeli (Form.) et extra ditionem nostram pr. Argyrocastron et Smoktina Albaniae meridionalis (Bald.); Thessalia: in pago Sermeniko in Pindo dolopico (Heldr.); Laconia: mt. Malevo supra Kastanitza (Heldr.). — Jun. Jul. ♃.

23. E. nicaeensis All. fl. ped. I. p. 285 t. 69; S. et S. pr. I. p. 332; Heldr. fl. cephal. p. 64.

Glabra, glaucescens, e rhizomate crasso multicaulis; caulibus erectis vel adscendentibus, simplicibus; foliis oblongis oblongo-lanceolatisve, 5—15 mm. latis, acutiusculis, brevissime mucronatis, floralibus ovali-orbiculatis vel rhomboideo-ovatis; umbellae radiis 6—12, semel vel repetito bifidis; involucri campanulati, fauce hirti lobis ovatis, saepe bifidis, glandulis transverse-oblongis, semilunaribus, breviter et crasse bicornutis; capsula ovato-subglobosa, sub lente tenuiter rugulosa, glabra vel puberula; semine ovato, laevi.

In montibus prope mare (Sibth.), sine loci specialis indicatione; Cephalonia (Mazz.). — Maio, Jun. ♃. N. v.

,, Caules dense imbricatim foliosi; umbellae radii 3—6.

24. E. paralias L. sp. p. 458; S. et S. pr. I. p. 328; Sieb. avis p. 4, rem. p. 5; Ch. et B. exp. p. 136, Fl. pelop. p. 30; Marg. et R. fl. Zante p. 82; Friedr. Reise p. 274; Fraas fl. class. p. 88; Ung. Reise p. 137; Weiss in z. b. G. 1869 p. 752; Raul. cret. p. 853; Bois. fl. or. IV. p. 1130; Heldr. fl. cephal. p. 64, Fl. Aegina p. 389, in ö. b. Z. 1898 p. 185, chlor. Thera p. 21, chlor. Mykon. p. 250; Spreitz. in z. b. G. 1887 p. 668; Gelmi in soc. bot. ital. 1889 p. 452; Haussk. symb. p. 64. — Icon: Jacq. hort. vind. t. 188. — Exsicc.: Orph. fl. gr. n. 702; Dörfl. fl. aeg. n. 59.

Glabra, glauca, e rhizomate crasso multicaulis; caulibus erectis vel adscendentibus, simplicibus vel ramulosis; foliis coriaceis, inferioribus brevioribus, lineari-ellipticis, obtusis, superioribus lanceolatis, acutis, umbellaribus ovatis, basi cordatis, floralibus reniformi-cordatis, mucronulatis; umbellae radiis crassiusculis; involucri campanulati, intus hirti lobis oblongis, glandulis transverse oblongis vel ovatis, breviter et divaricato bicornutis; capsula depressa, dorso granulato-rugosa; semine ovato, laevi.

In arenosis praesertim maritimis. Attica: ad Phaleron, Laurion (Haussk.), Megara (Chaub.), pr. Perivolia in insula Aegina (Orph.); Argolis: pr. Poros (Friedr.); Laconia: pr. Vatica, mt. Taygetos usque 250 m. adscendens, pr. Marathonisi (Chaub.); Messenia: pr. Kalamata (Zahn), Nisi, Methone, Pylos (Chaub.); Cycladum insula: Tenos, Mykonos, Rhenea, Naxos, Thera (Heldr.); Creta (Sibth.): pr. Canea (Weiss), insula Dia (Raul.); Zante (Sibth.); Cephalonia: pr. Argostoli, Steno, Asso, Athera, Lixuri (Heldr.); Corcyra: ad promontorium Bianco (Spreitz.), pr. Palaeokastrizza (Gelmi). — Apr. Nov. ♃.

;; Folia saltem apice serrulato-scabra.

25. E. terracina L. sp. ed. 2 p. 654; Ung. Reise p. 137; Weiss in z. b. G. 1869 p. 752; Bois. fl. or. IV. p. 1123; Heldr. in ö. b. Z. 1898 p. 185, chlor. Thera p. 21. — *E. provincialis* Willd. sp. II. p. 914; Sieb. avis p. 4. — Icon: Rchb. germ. f. 4790. — Exsicc.: Dörfl. fl. aeg. n. 60.

Glabra, glaucescens, e rhizomate indurato pluricaulis; caulibus erectis vel adscendentibus, simplicibus vel superne et in axillis ramulosis; foliis a basi subattenuata oblongo-linearibus, lanceolatis vel linearibus, obtusis vel acutis, mucronulatis, a medio sursum serrulatis, inferioribus saepe truncato-retusis, umbellaribus ovato-ellipticis, floralibus semiorbiculatis vel rhombeo-ovatis; umbellae radiis 3—5, tandem pluries dichotomis; involucri campanulati lobis ovatis, fimbriato-laceris, glandulis subsemilunaribus, cornubus setaceis, glandulae latitudine duplo longioribus; capsula depressa, laevi, glabra; semine ovato, laevi.

β. **leiosperma** S. et S. fl. gr. V p. 51 t. 465 pro sp. — *E. portlandica* S. et S. pr. I. p. 327, non L. — *E. terracina v. prostrata* Bois. fl. or. IV. p. 1123. — Caules prostrati vel procumbentes, folia diminuta. — Exsicc.: N. v.

In campis, cultis, ad vias regionis inferioris, rare. Aetolia (Reinh.); Euboea (Ung.); Cycladum insula: Naxos, Thera, Therasia, Kameni (Heldr.); Creta: pr. Canea (Weiss); — β. Achaia maritima (Sibth.); insula Thera (Sart.). — Febr. Aug. ♃.

26. **E. euboea.** — Exsicc.: Pichl. pl. gr. a. 1876.

Glabra, glaucescens, e rhizomate indurato pluricaulis; caulibus erectis, superne ramuloso-floriferis; foliis a basi latiore, semiamplexicauli oblongis vel oblongo-lanceolatis, obtusis, mucronulatis, a medio vel apice serrulato-scabris, umbellaribus abbreviatis, floralibus rhombeo-ovatis; umbellae radiis 6—8, simplicibus vel bifidis; involucri campanulati lobis ovatis, fimbriato-laceris, glandulis semilunaribus, aliis ecornutis, aliis breviter et crasse bicornutis; capsula et seminibus ignotis. — Duo tantum specimina exstant in herbario meo, caulibus 30 cm. altis, firmis, foliis in uno specimine oblongis, 30—35 mm. longis, 6—10 mm. latis, in altero oblongo-linearibus, 5 cm. longis, a basi 5—6 mm. lato sensim attenuatis, capsulis et seminibus nondum evolutis, sed probabilissime laevibus. — Quasi medium tenet inter *E. terracinam* et *E. nicaeensem*, a priori foliis semiamplexicaulibus, basi plerisque dilatatis, umbellae radiis non iteratim bifidis et glandularum cornubus brevibus, crassiusculis, nec elongatis setaceis; ab altero foliis semiamplexicaulibus, serrulato-scabris, basi non attenuatis, floralibus multo minoribus egregie discedit.

In silvaticis montanis pr. Steni Euboeae (Pichler). — Jun. Jul. ♃.

27. **E. thessala** Form. in Ver. Brünn 1896 p. 30 pro subsp. *E. Baselices* Ten.; Deg. et Dörfl. Beitr. fl. Alb. et Maced. in Denkschr. acad. Wiss. Wien 1897 p. 736. — *E. rupestris* Friv. in Flora 1836 p. 435, in magy. tud. társ. évkönyv. 1840 p. 203 t. 9; non Ledeb. — *E. Baselicis* Bois. fl. or. IV. p. 1128, non Ten. — *E. Frivaldszkyana* Dörfl. et Deg. in Dörfl. it. turc. secund. n. 336.

Glabra, glaucescens, e rhizomate indurato pluricaulis; caulibus tenuibus, brevibus, adscendentibus, simplicibus vel superne parce ramuloso-floriferis; foliis serrulato-scabris, mucronulatis, inferioribus et iis caulium sterilium a basi attenuata oblongis vel oblongo-lanceolatis, acutiusculis, superioribus sensim majoribus et umbellaribus basi dilatatis, truncato-cordatis, floralibus semiorbiculatis, obtussisimis; umbellae radiis 3—5, simplicibus vel bifidis; involucri campanulati, intus hirtuli lobis ovatis, fimbriato-laceris, glandulis transverse ovalibus, cornubus crassiusculis, glandulae latitudine sublongioribus; capsula ovato-globosa, laevi, glabra; semine breviter oblongo, laevi. — *E. Baselices* Ten. neapolitanae affinis, quae foliis magis confertis, obtussisimis, glandulis brevius cornutis et capsula granulata tantum differre videtur. — Ab *E. terracina* praeter alias notas glandularum cornubus non setaceis, ab *E. euboea* caulibus tenuibus 10—20 cm. longis, adscendentibus, foliorum forma, umbella 3—5 radiata, foliis floralibus evidenter majoribus, glandularum cornubus longioribus et habitu toto distincta.

In petrosis montanis pr. Patsios in mt. Olympo Thessaliae (Form.). — Jun. Jul. ♃. N. v.

.. Rhizoma repens.
; Folia linearia vel lanceolata.

28. E. Halácsyi Form. in Ver. Brünn 1895 p. 22. — Exsicc.: Form. pl. gr. epir. a. 1894.

Glabra, glaucescens; rhizomate repente (Form. l. c.), pluricauli; caulibus erectis vel adscendentibus, stricte ramosis, inferne induratis; foliis integris vel apicem versus scabridis, mucronatis, inferioribus spathulato-lanceolatis, obtusis vel acutis, superioribus anguste linearibus acutis vel acuminatis, floralibus rhombeo-ovatis, acuminatis; umbellae radiis 2—5, semel vel bis bifidis; involucri campanulati, glabri lobis fimbriatis, glandulis transverse oblongis, setaceo-bicornutis; capsula depressa, tenuiter rugulosa; semine ovato, laevi, glabro. — *E. tenuifoliae* Lam. gallicae ut videtur affinis, a qua caulibus firmis, inferne sublignosis, non tenuiter virgatis, foliis floralibus longe acuminatis et glandularum cornubus setaceis discedit.

In graminosis et sterilibus pr. Hagios Georgios ad Prevesa in Epiro (Form.). — Jul. Aug. ♃.

29. E. cyparissias L. sp. p. 461; S. et S. pr. I. p. 331. — Icon: Jaqu. fl. austr. V. t. 435. —

Glabra, viridis; rhizomate repente, pluricauli; caulibus erectis, patule ramosis, crebre foliosis, ramis saepissime sterilibus; foliis anguste linearibus, obtusis vel acutis, integris, ramorum fere setaceis, floralibus ovato-reniformibus, obtusissimis, muticis vel mucronatis, demum purpurascentibus; umbellae radiis numerosis, semel vel bis bifidis; involucri campanulati lobis ovatis, ciliatis, glandulis semilunatis, breviter bicornutis; capsula depressa, punctulato-scabra, glabra; semine ovato, laevi.

In Graecia (Sibth.), sine loci specialis indicatione. — Apr. Jun. ♃. N. v.

;; Folia obovata.

30. E. Orphanidis Bois. diagn. ser. 2 IV. p. 89, Fl. or. IV. p. 1128; Heldr. chlor. Parn. p. 26. — *E. Hohenackeri* Orph. in Bois. l. c., non Steud. et Hochst. in Steud. nom. bot. I. p. 612, quae sec. Bois. varietas *E. Gerardianae.* — Icon: Bois. euphorb. t. 109. — Exsicc.: Orph. fl. gr. n. 407; Heldr. herb. norm. n. 344.

Glabra, glaucescens; rhizomate repente, caudiculos numerosos, procumbentes, nudos edente; caulibus adscendentibus, simplicibus vel sub umbella ramulosis; foliis obovatis, obtusis, integris, basi longe attenuatis, umbellaribus breviter ovatis, floralibus a basi subcordata semiorbicularibus, obtusis; umbellae radiis 3—5, semel vel bis bifidis; involucri campanulati, intus hirti, lobis late-ovatis, glandulis semilunatis, cornubus glandulae latitudine longioribus; capsula ovata, punctulata, glabra; semine ovato, laevi.

In glareosis regionis abietinae et superioris mt. Parnassus supra Acrinonero (Heldr.), Lugari (Orph.) et loco Gurna dicto (Hal.). — Jun. Jul. ♃.

β. Semina foveolata vel reticulato-rugosa.

× Perennes.

31. E. deflexa S. et S. pr. I. p. 328, Fl. gr. V. p. 52 t. 466; Bois. fl. or. IV. p. 1121; Hal. in z. b. G. 1888 p. 762; Heldr. chlor. Parn. p. 26; Haussk. symb. p. 64. — Exsicc.: Orph. fl. gr. n. 406; Heldr. herb. norm. n. 342 et 1375; Sint. et Bornm. it. turc. n. 1462 et 1941; Dörfl. fl. gr. n. 339 et 241.

Glaucescens; caulibus e rhizomate tenui pluribus, procumbentibus vel adscendentibus, glabris, densiuscule foliosis, simplicibus vel ramulosis; foliis integris, obtusis, glabris, basi rotundatis, ab infimis minimis ovato-orbiculatis ad superiora ovata vel elliptica sensim acutis, tandem saepe deflexis, floralibus deltoideis vel rhombeis, transverse latioribus; umbellis 5 radiatis, radiis tandem elongatis, iteratim bifidis; involucri campanulati, intus hirsuti lobis ovatis, truncatis, ciliatis, glandulis semilunatis, cornubus tenuibus, glandulae latitudine longioribus; capsula ovato-depressa, glabra, dorso elevatim punctulata; semine ovato, crebre foveolato. — Characteribus *E. graecae* affinis, sed perennis.

In lapidosis regionis montanae et subalpinae. Thessalia: mt. Olympus, Pelion (Heldr.); Euboea (Sibth.): mt. Dirphys (Sprun.); Attica: mt. Parnes, Pateras (Heldr.); mt. Parnassus (Sprun.), Kiona (Hal.), Korax (Leon.). — Maio, Jul. ♃.

32. E. herniariaefolia Willd. sp. II. p. 902; Raul. cret. p. 853; Bois. fl. or. IV. p. 1123 p. p. — *E. pumila* S. et S. pr. I. p. 324, Fl. gr. V. p. 47 t. 460. — Exsicc.: Orph. fl. gr. n. 700 (Chios).

Pallide virens; caulibus e rhizomate tenui numerosis, caespitosis, prostratis, pubescentibus, crebre foliosis, ramulosis; foliis minimis, obovatis vel breviter ellipticis, obtusis vel acutis, pubescentibus, floralibus conformibus; umbellis brevissime 3—5 radiatis, interdum ad involucrum solitarium reductis, simplicibus; involucri turbinati, puberuli lobis ovatis, truncatis, glandulis transverse oblongis vel semilunatis, cornubus tenuibus, brevibus; capsula ovato-oblonga, pubescente, dorso angustissime bialata; semine ovato, subtetragono, facie interna longitudinaliter bisulcato, externa parce foveolato.

β. **glaberrima**. — *E. herniariaefolia* Bois. fl. or. IV. p. 1123 p. p.; Hal. in z. b. G. 1888 p. 762, Beitr. fl. Epir. p. 40, in z. b. G. 1899 p. 193; Heldr. chlor. Parn. p. 26; Bald. riv. coll. bot. alb. 1895 p. 69, 1896 p. 92; Form. in Ver. Brünn 1896 p. 30; Haussk.

symb. p. 64. — Caules, folia et capsulae glaberrimae. — Exsicc. Orph. herb. n. 2898; Bald. it. alb. a. 1892 n. 163. —
In saxosis regionis abietinae et alpinae. Creta (Willd.): mt. Theodori et Mavri (Raul.) in mt. Sphacioticis (Sibth.), mt. Psiloriti, Lassiti (Raul.) et extra ditionem nostram in mt. Pellinaeo insulae Chios (Orph.); — β. Epirus: mt. Peristeri (Hal.), mt. Kiore Acrocerauniae, mt. Smolika, Vratedon, Micikeli (Bald.); Thessalia: mt. Karava (Haussk.), Oeta Phthiotidis (Heldr.); mt. Kiona (Hal.), Parnassus (Heldr.); Attica: mt. Parnes (Pichl.); Peloponnesus: mt. Kyllene (Heldr.), Malevo (Orph.), Taygetos (Zahn). — Apr. Jul. ♃.

×× Annuae.

○ Folia caulina decussatim opposita.

33. E. lathyris L. sp. p. 457; S. et S. pr. I. p. 326; Ch. et B. exp. p. 136, Fl. pelop. p. 30; Fraas fl. class. p. 90. — Icon: Rchb. germ. f. 4783. —

Glabra, glauca; caule crassiusculo, stricto; foliis patulis, integris, obtusis; inferioribus lineari-lanceolatis, superioribus a basi subcordata lanceolatis, floralibus ovatis, acuminatis; umbellae radiis 4, iteratim bifidis; involucri campanulati lobis ovatis, fimbriatis, glandulis semilunatis, breviter et obtuse bicornutis; capsula magna, ovata, laevi, glabra; semine ovato, reticulato-rugoso.

In agro Laconico (Sibth.): in paludosis pr. Marathonisi et pr. Kalamata (Chaub.); a recentioribus non lecta. — Jun. Jul. ⊙. N. v.

○○ Folia caulina sparsa.

. Capsula dorso rotundata; semina ovata, irregulariter et reticulatim foveolata.

34. E. segetalis L. sp. p. 458; S. et S. pr. I. p. 328, Fl. gr. V. p. 52 t. 467; Raul. cret. p. 853; Bois. fl. or. IV. p. 1115. —

Glabra, glaucescens, simplex vel a collo pluricaulis; caulibus erectis, crebre foliatis, superne simplicibus vel saepius ramuloso-floriferis; foliis linearibus, acutis vel acuminatis, integris, tandem deflexis, umbellaribus ellipticis vel rhombeo-ovatis, acutis, floralibus reniformibus; umbellae radiis 5—7, repetito-bifidis, tandem ramosissimis; involucri campanulati, intus hirti lobis ovatis, fimbriatis, glandulis semilunatis, cornubus setaceis, glandulae latitudine aequilongis; capsula ovata, glabra, coccis dorso biseriatim granulatis; semine ovato.

In arvis et vineis Cretae (Sibth.): pr. Kladiso, Kalyves (Raul.). — Apr. Nov. ⊙. N. v.

35. E. graeca Bois. et Sprun. diagn. V. p. 53, Fl. or. IV. p. 1115; Form. in D. bot. Mon. 1890 p. 11; Hal. Beitr. fl. Aetol. p. 10; Haussk. symb. p. 64. — Exsicc.: Heldr. herb. norm. n. 343 et 1073.

Glabra, glaucescens, simplex vel a collo pluricaulis; caulibus erectis vel adscendentibus, laxiuscule foliatis, simplicibus vel ramuloso-floriferis; foliis infimis obcordato-cuneatis, ceteris oblongo-linearibus linearibusve, obtusis vel saepius truncatis vel retusis, umbellaribus conformibus vel ovato-lanceolatis et acutis, floralibus a basi cordata triangulari-deltoideis, acutis; umbellae radiis 3—5, bis vel ter bifidis; involucri campanulati, glabriusculi lobis ovatis, fimbriatulis, glandulis semilunatis, cornubus setaceis, glandulae latitudine duplo longioribus; capsula ovata, glabra, coccis minutissime granulatis; semine ovato. — Differt a praecedente foliorum forma, glandulis longius cornutis et capsula minutissime granulata.

In lapidosis regionis inferioris et montanae, rarior. Thessalia: pr. Volo (Form.); Euboea (Sprun.); Attica: pr. Laurion (Haussk.), mt. Hymettus (Sprun.), Pentelicon, in Pharmacusarum insula Lero (Held.); Boeotia (Bois.); Aetolia: mt. Chalkis ad sinum Patranum (Hal.); Acrocorinthus (Haussk.); Argolis: mt. Arachnaeon, pr. Nauplia (Sprun.); Corcyra: mt. Pantocrator supra Spartilla (Baen.). — Apr. Jun. ⊙.

.. Capsula dorso alato-bicarinata; semina obtusehexagona, ad facies binas interiores sulco exarata, ad quatuor exteriores foveolata.

36. **E. peplus** L. sp. p. 456; S. et S. pr. I. p. 325; Sieb. avis rem. p. 4; Ch. et B. exp. p. 136, Fl. pelop. p. 30; Marg. et R. fl. Zante p. 82; Friedr. Reise p. 266 et 283; Ung. Reise p. 137; Raul. cret. p. 852; Bois. fl. or. IV. p. 1112; Haussk. symb. p. 64. — Icon: Fl. dan. t. 1110. — Exsicc.: Heldr. pl. fl. hellen. a. 1897.

Glabra; caule erecto, simplici vel saepius a basi ramoso; foliis tenuiter membranaceis, obovatis, obtusis, integris, floralibus oblique ovatis; umbellae radiis 3, repetito-bifidis; involucri turbinati lobis ovatis, fimbriatulis, stylo brevi, glandulis longe setaceo-bicornutis; capsula ovata, glabra, coccis dorso alato-bicarinatis; semine obtuse-hexagono, ad facies quatuor exteriores foveolis 3—4 exsculpto.

In cultis regionis inferioris. Attica: pr. Athenas (Friedr.); Peloponnesus (Chaub.): inter Pyrgos et Arcadia (Friedr.), in peninsula Methana (Haussk.); Archipelagus (Sibth.); Creta: pr. Akroteri (Raul.); Zante (Marg.); Corcyra (Ung.); et probabiliter alibi. — Mart. Oct. ⊙.

37. **E. peploides** Gou. fl. monsp. p. 174; Marg. et R. fl. Zante p. 82; Weiss. in z. b. G. 1869 p. 753; Bois. fl. or. IV. p. 1112; Fors. in bull. herb. Bois. III. p. 88; Haussk. symb. p. 64; Heldr. fl. Aegina p. 389. — Icon: Rchb. germ. f. 4775. — Exsicc.: Heldr. herb. norm. n. 1282 sub *E. pterococca*.

Differt a praecedente statura humiliore, magis prostrata; foliis minoribus, stigmatibus subsessilibus, seminibus subduplo minoribus, ad facies 4 exteriores foveolis 2—3 exsculptis. — Characteres, sec. Bois. l. c., cultura servat.

In cultis, praecedenti ut videtur vulgatior. Attica: pr. Athenas, Kolonos, Phanari, insula Aegina (Heldr.); Peloponnesus (Bois.): ad Acrocorinthum, in peninsula Methana (Haussk.); Cycladum insula: Syra (Weiss), Seriphopula, Cythnos (Tunt.), Melos (Leon.); Creta: pr. Canea

(Weiss); Zante: pr. Bochali, Litakia (Marg.); Corcyra (Baen.); et certe alibi. — Mart. Maio. ☉. N. v.

γ. Semina transverse sulcata. Annua.

38. **E. falcata** L. sp. p. 456; S. et S. pr. I. p. 325; Ch. et B. fl. pelop. p. 30; Friedr. Reise p. 275; Clem. sert. p. 87; Raul. cret. p. 852; Bois. fl. or. IV. p. 1111; Heldr. fl. cephal. p. 64, Fl. Aegina p. 389; Form in D. bot. Mon. 1890 p. 11; Haussk. symb. p. 64. — *E. acuminata* Lam. dict. II. p. 427; Urv. enum. p. 53. — Icon: Jacq. fl. austr. II. t. 121. — Exsicc.: Sint. it. thessal. n. 1247.

Glabra, glaucescens; caule erecto vel prostrato, a basi ramoso, rarius simplici; foliis spathulatis vel lanceolatis, margine scabriusculis, inferioribus obtusis, superioribus acutis vel acuminatis, floralibus ovatis vel ellipticis, mucronato-acuminatis; umbellae radiis 3—5, iteratim bifidis; involucri turbinati lobis ovatis, fimbriatis, glandulis semilunaribus, longe cornutis; capsula ovata, glabra, coccis obtuse carinatis.

β. **rubra** Cav. ic. I. t. 34, pro sp.; Bois. fl. or. IV. p. 1111. — Nana, depressa, inflorescentia capitato-condensata, rubens. — Exsicc.: N. v.

In cultis regionis inferioris. Thessalia: pr. Malakasi (Form.), Kalabaka (Sint.), Pharsala, Orman Magula (Haussk.); Attica: pr. Athenas (Clem.), mt. Pentelicon (Heldr.); insula Aegina: pr. Perivolia (Friedr.); Argolis (Urv.): insula Poros (Friedr.); Archipelagus (Sibth.); Creta: pr. Canea (Raul.); Cephalonia: pr. Same (Heldr.). — β. pr. Athenas (Sprun.). — Apr. Jul. ☉.

δ. Semina tuberculata. Annuae.

39. **E. exigua** L. sp. p. 456; S. et S. pr. I. p. 326; Ch. et B. exp. p. 136, Fl. pelop. p. 30; Marg. et R. fl. Zante p. 82; Friedr. Reise p. 270; Weiss in z. b. G. 1869 p. 753; Raul. cret. p. 852; Bois. fl. or. IV. p. 1110; Haussk. symb. p. 64; Heldr. fl. Aegina p. 389. — *E. retusa* Cav. ic. t. 34 f. 1; Fraas fl. class. p. 90; f. foliis apice truncatis vel retusis. — *E. tricuspidata* Lap. abr. p. 271, f. foliis apice dilatatis tricuspidatis. — Exsicc.: Sint. thessal. n. 438.

Glabra, viridis; caule erecto vel adscendente, simplici vel a basi ramoso; foliis linearibus, acutis, obtusis, retusis vel tricuspidatis, muticis vel mucronatis, floralibus triangulari-lanceolatis, acutis; umbellae radiis 3—5, pluries dichotomis; involucri turbinati, fauce hirtuli lobis ovatis, dentatis, glandulis semilunatis, cornubus cylindricis, glandulae latitudine longioribus; capsula ovata, laevi, glabra; semine ovato-tetragono. — Folia variant in speciminibus ejusdem loci et interdum in eodem specimine, apice acuto vel truncato vel retuso vel tricuspidato.

In arvis, campis, cultis regionis inferioris, probabiliter in tota ditione. Indicatur in: Thessalia: pr. Vutades (Sint.); Attica: pr. Athenas, in Acropoli (Fraas), insula Aegina (Friedr.); Peloponnesus (Sibth.): pr. Corinthum (Haussk.), Nauplia (Fraas), peninsula Methana (Haussk.); Cycladum insula: Syra (Weiss), Melos (Leon.); Creta: pr.

Akroteri (Raul.), Canea (Weiss); Zante (Marg.); Leucas (Fraas). — Mart. Sept. ☉.

40. **E. aleppica** L. sp. p. 458; S. et S. pr. I. p. 326, Fl. gr. V. p. 49 t. 462; Ch. et B. exp. p. 137, Fl. pelop. p. 31; Fraas fl. class. p. 89; Raul. cret. p. 852; Bois. fl. or. IV. p. 1109; Form in D. bot. Mon. 1890 p. 11, in Ver. Brünn 1896 p. 31, 1897 p. 25. — Exsicc.: Orph. fl. gr. n. 405.

Glabra, glauca, interdum pruinoso-scabridula; caule erecto, simplici vel a basi ramoso, densissime folioso, inferne tandem denudato, cicatricoso; foliis integris, mucronatis, ab inferioribus setaceis, ad superiora anguste linearia sensim dilatatis, umbellaribus lanceolatis, floralibus, ovato-rhombeis, aristatis; umbellae radiis 4—5, crassiusculis, pluries bifidis; involucri turbinati, fauce hirti lobis oblongis, fimbriatis, glandulis semilunatis, breviter cornutis; capsula depressa, glabra, dorso carinata; semine ovato-tetragono. — Species foliis creberrimis setaceis insignis.

In cultis, campis regionis inferioris. Thessalia: pr. Karditza, Velestinos, Makrichori, Larissa, Volo, Lamia (Form.); Boeotia (Fraas); Corinthia: pr. Vasilica (Orph.), Acrocorinthum (Hal.); Argolis: pr. Nauplia, Argos, Troezene, in peninsula Methana (Chaub.); Achaia (Bois.); Cycladum insula: Tenos, Naxos (Chaub.). — Maio, Aug. ☉.

b. Glandulae involucri cornutae, cornubus apice lobulatis. Perennes.

α. Semina vermiculato-rugosa.

41. **E. myrsinites** L. sp. p. 461; S. et S. pr. I. p. 331, Fl. gr. V. p. 55 t. 471; Ch. et B. exp. p. 136, Fl. pelop. p. 30; Fraas fl. class. p. 88; Clem. sert. p. 87; Spreitz. in z. b. G. 1877 p. 728; Bois. fl. or. IV. p. 1134; Heldr. in Sitzungsb. acad. Wiss. Berlin 1883 p. 4; Gelmi in bull. soc. bot. ital. 1889 p. 452; Form. in D. bot. Mon. 1890 p. 10, in Ver. Brünn 1895 p. 21, 1896 p. 29, 1897 p. 25; Hal. Beitr. fl. Epir. p. 40, Beitr. fl. Thessal. p. 18, Beitr. fl. Achaia p. 31; Haussk. symb. p. 64. — *E. curtifolia* Ch. et B. exp. p. 135, Fl. pelop. p. 30. — Exsicc.: Heldr. herb. norm. n. 130 et 1284; Sint. it. thessal. n. 418.

Glabra, glaucescens; rhizomate crasso, multicauli; caulibus adscendentibus decumbentibusve, simplicibus, foliosis; foliis crassiusculis, obovatis vel obovato-oblongis, acutis, mucronatis, margine scabriusculis, floralibus reniformibus; umbellae radiis 7—12, semel vel bis bifidis, brevibus; involucri subglobosi lobis ovatis, ciliatis, glandulis transverse oblongis, cornubus glandulae latitudine aequilongis, apice dilatis, sublobatis; capsula ovato-globosa, laevi, glabra, dorso carinata; semine obsolete tetragono.

In saxosis regionis inferioris, in subalpinum adscendens. Frequens in Pindo epirotico et thessalo, Olympo, Ossa, Pelion, Othrys; mt. Parnassus (Sibth.), Helicon (Fraas), Citheron, Parnes (Heldr.), Hymettus (Sibth.); Corinthia: ad sinum Sozonicum (Chaub.); Achaia: in valle fl. Voreikos pr. Megaspilaeon (Hal.); Argolis: in peninsula Methana (Chaub.); Laconia: pr. Vitilos, Armyros, Marathonisi, in Maina (Chaub.);

Corcyra: mt. Pantocrator (Spreitz.), pr. Palaeokastrizza (Gelmi). — Mart. Jul. ♃.

β. Semina laevia.

42. **E. biglandulosa** Desf. choix pl. p. 88 t. 67; Ch. et B. exp. p. 134, Fl. pelop. p. 30; Raul. cret. p. 853; Spreitz. in z. b. G. 1877 p. 728; Bois. fl. or. IV. p. 1136; Heldr. fl. cephal. p. 64; Hal. in z. b. G. 1899 p. 193. — *E. rigida* M. a B. fl. taur. cauc. I. p. 375; Friedr. Reise p. 279 et 284. — Exsicc.: Orph. fl. gr. n. 698; Heldr. herb. norm. n. 1482.

Glabra, glauca; rhizomate crasso, multicauli; caulibus erectis vel adscendentibus, simplicibus, foliosis; foliis crassiusculis, lanceolatis, acutis vel acuminatis, mucronatis, subpungentibus, floralibus reniformibus; umbellae radiis numerosis, semel vel bis bifidis, brevibus; involucri subglobosi lobis ovatis, ciliatis, glandulis transverse oblongis, cornubus glandulae latitudine aequilongis, apice capitatis, lobulatis; capsula ovata, elevato-punctata, glabra, dorso angulata; semine oblongo-tetragono. — Praecedenti robustior, foliis lanceolatis, capsula punctata et seminibus laevibus ab ea distinctissima.

In saxosis regionis inferioris, in subalpinam adscendens. Prope Corinthum (Bois.); Argolis: mt. Artemision supra Argos (Kalontzis); Laconia: mt. Malevo pr. Hagios Joannes (Orph.), et Hagios Petros (Friedr.), pr. Zarnate, in Maina ad radices mt. Taygetos, pr. Kardamyli, Androvista (Chaub.), Kalamata (Zahn); Arcadia: pr. Tripolizza (Friedr.); Creta (Tourn.); Cephalonia: a litore maris ad cacumina mt. Aeni usque (Heldr.). — Febr. Maio. ♃.

2. Sectio. *Anisophyllum* Roep. in Duby bot. gall. p. 412.

43. **E. peplis** L. sp. p. 455; S. et S. pr. I. p. 325; Sieb. avis p. 4, rem. p. 4; Ch. et B. exp. p. 136, Fl. pelop. p. 30; Fraas fl. class. p. 91; Clem. sert. p. 86; Raul. cret. p. 851; Weiss in z. b. G. 1869 p. 753; Bois. fl. or. IV. p. 1086; Heldr. fl. cephal. p. 64, Fl. Aegina p. 389, chlor. Thera p. 21, chlor. Mykon. p. 250; Bald. viagg. Creta p. 91; Haussk. symb. p. 64. — Icon: Rchb. germ. f. 4753. — Exsicc.: Orph. fl. gr. n. 81; Sint. et Bornm. it. turc. n. 1461.

Glabra, glaucescens, carnosula, a collo ramosa; caulibus prostratis, dichotome ramosis; foliis breviter petiolatis, a basi unilateraliter obtuse auriculata oblique ovalibus, obtusis vel retusis, praeter basin interdum subdentatam integris; stipulis 2—3 fidis, subulatis; involucris in axillis et dichotomiis solitariis, campanulatis, fauce hirtis, lobis triangularibus, glandulis transverse oblongis, appendice integra vel lobulata; capsula laevi, glabra, dorso rotundata.

In arenosis maritimis. Thessalia: pr. Litochori (Sint.); Euboea: pr. Kurbatzi (Wild.); Attica: pr. Phaleron (Orph.), Sunium (Chaub.); Corinthia: pr. Kalamaki (Clem.); Argolis: pr. Nauplia, Argos, Epidaurus (Chaub.), Astros (Fraas); insula Aegina, Tenos, Keos, Mykonos (Heldr.), Delos, Melos (Chaub.), Rhenea (Tunt.), Thera (Heldr.);

Messenia: pr. Kalamata (Zahn); Creta: pr. Canea (Weiss), Stavromenos (Raul.); Cephalonia: pr. Lasi, Steno, Lixuri (Heldr.); Corcyra (Clem.). — Jun. Nov. ☉.

44. E. chamaesyce L. sp. p. 455, ed. 2 p. 652; S. et S. pr. I. p. 24, Fl. gr. V. p. 48 t. 461; Ch. et B. exp. p. 136, Fl. pelop. p. 30; Fraas fl. class. p. 89; Clem. sert. p. 85; Bois. fl. or. IV. p. 1088; Heldr. fl. cephal. p. 64, chlor. Thera p. 21; Form. in D. bot. Mon. 1890 p. 10, in Ver. Brünn 1896 p. 31, 1897 p. 26; Bald. riv. coll. bot. alb. 1895 p. 69; Haussk. symb. p. 64. —

Glabra, glaucescens, a collo ramosa; caulibus prostratis, ramosis; foliis subsessilibus, a basi inaequaliter rotundata ovali-subrotundis, obtusis vel retusis, obsolete crenulatis; stipulis setaceis, basi denticulo saepe auctis; involucris in axillis et dichotomiis solitariis, turbinatis, fauce ciliatis, lobis triangularibus, glandulis transverse linearibus, subconcavis, appendice obtuse triloba; capsula laevi, glabra vel pilosula, dorso carinata.

β. **canescens** L. sp. ed. 2 p. 652; Sieb. avis p. 4; Urv. enum. p. 53; pro sp.; Bois. in DC. pr. XV. p. 35; Raul. cret. p. 851. — Tota dense pilosa, canescens. — Exsicc.: Orph. fl. gr. n. 82. —

In arvis, ad vias regionis inferioris et montanae. Epirus: pr. Janina (Bald.); Thessalia: pr. Trikala, Larissa, Tyrnovo (Haussk.), Koryza, Volo, mt. Pelion, pr. Neraida (Form.); Acarnania: pr. Agrinion (Hal.); Attica: pr. Athenas (Heldr.); Argolis (Urv.): pr. Argos, Nauplia (Chaub.); Laconia: ad fl. Eurotas (Chaub.); Cycladum insula: Tenos, Naxos, Melos (Chaub.), Keos, Amorgos, Thera (Heldr.); Creta (Sieb.); Cephalonia: pr. Piscardo, mt. Phalaris (Heldr.). — Typum e ditione non vidi. — Apr. Sept. ☉.

Obs. *E. serrata* L. sp. p. 459. — Certe erronee a Pieri corc. fl. p. 59 in Corcyra indicatur.

CV. Ordo. **Moraceae** Endl. pr. fl. Norfolk. p. 40.

1. Ficus L. gen. n. 1186.

1. **F. carica** L. sp. p. 1059; S. et S. pr. II. p. 268; Dallap. prosp. p. 132; Sieb. in Flora I. p. 273; Urv. enum. p. 125; Ch. et B. exp. p. 280, Fl. pelop. p. 65; Marg. et R. fl. Zante p. 83; Fraas fl. class. p. 242; Heldr. Nutzpfl. p. 20, Fl. cephal. p. 65, in Sitzungsb. acad. Wiss. Berlin 1883 p. 7, Fl. Aegina p. 389, chlor. Thera p. 27, prosth. chlor. Thera p. 4, chlor. Mykon. p. 251; Raul. cret. p. 855; Bois. fl. or. IV. p. 1154; Form. in D. bot. Mon. 1890 p. 13, in Ver. Brünn 1895 p. 24, 1896 p. 36, 1897 p. 28; Hal. Beitr. fl. Thessal. p. 18, in ö. b. Z. 1897 p. 98; Haussk. symb. p. 64. — Icon: Rchb. f. 1329. — Exsicc.: Heldr. it. thessal. n. 102 et 103.

In fissuris rupium regionis inferioris et montanae passim per totam ditionem; ubique quoque colitur. — Jul. ♄.

Obs. In hortis Cretae colitur: *F. sycomorus* L. sp. p. 1059; Raul. cret. p. 854; — dein in ambulacris vel hortis: *Broussonetia papyrifera* L. sp. p. 986 *(Morus)*; Vent. tabl. III. p. 547. — Ubique quoque coluntur *Morus alba* et *nigra* L. sp. p. 986.

CVI. Ordo. **Platanaceae** Lindl. nat. syst. p. 187.

1. **Platanus** L. gen. n. 1073.

1. **P. orientalis** L. sp. p. 999; S. et S. pr. II. p. 244, Fl. gr. X. p. 36 t. 945; Ch. et B. exp. p. 273, Fl. pelop. p. 64; Link in Linnaea IX. p. 587; Friedr. Reise p. 264 et 272; Fraas fl. class. p. 242; Clem. sert. p. 88; Heldr. Nutzpfl. p. 21, Fl. cephal. p. 66, in Sitzungsb. acad. Wiss Berl. 1883 p. 2, 5 et 7; Raul. cret. p. 857; Weiss in z. b. G. 1869 p. 753; Bois. fl. or. IV. p. 1161; Chloros Waldverh. p. 34; Hal. in z. b. G. 1888 p. 762, Beitr. fl. Epir. p. 40, Beitr. fl. Thessal. p. 18; Spreitz. in z. b. G. 1890 p. 299; Form. in D. bot. Mon. 1890 p. 12, in Ver. Brünn 1895 p. 24, 1896 p. 35. 1897 p. 28; Haussk. symb. p. 65. — Exsicc.: Orph. fl. gr. n. 1174; Sint. et Bornm. it. turc. n. 1467; Sint. it. thessal. n. 318.

Arbor elata, interdum ingens, in silvis montanis solitarie vel praesertim ad flumina gregarie occurrens, secus torrentes usque 1300 m. adscendens et hic tunc saepe fruticeta prostrata efformans; — saepe quoque colitur. — Mart. Maio. ƫ.

CVII. Ordo. **Urticaceae** Endl. gen. p. 282.

1. **Urtica** L. gen. n. 1054. — Herbae oppositifoliae, pilis urentibus (stimulis) armatae; floribus monoicis vel dioicis.

α. Perennis, dioica; petioli lamina breviores.

1. **U. dioica** L. sp. p. 984; S. et S. pr. II. p. 233; Dallap. prosp. p. 121; Ch. et B. exp. p. 269, Fl. pelop. p. 63; Marg. et R. fl. Zante p. 83; Friedr. Reise p. 264; Fraas fl. class. p. 235; Bois. fl. or. IV. p. 1146; Heldr. fl. cephal. p. 65; Hal. in z. b. G. 1888 p. 762, Beitr. fl. Epir. p. 40, Beitr. fl. Thessal. p. 18, Beitr. fl. Achaia p. 31; Form. in Ver. Brünn 1895 p. 24, 1896 p. 35. 1897 p. 28; Haussk. symb. p. 65. — Icon: Fl. dan. t. 746. — Exsicc: Heldr. pl. fl. hellen. a. 1897 et 1899.

Rhizomate repente; caulibus simplicibus rarius ramosis, setosis; foliis a basi cordata ovatis vel oblongo-lanceolatis, acuminatis, argute inciso-dentatis, utrinque parce pubescentibus stimulisque setosis; stipulis inter petiolos utrinque binis; florum glomerulis in spicas axillares, ramosas, petiolo longiores dispositis.

β. **hispida** DC. fl. fr. V. p. 355 pro sp. — Caulis et folia praesertim subtus ad nervos stimulis dense obsita. —

γ. **pubescens** Led. fl. aet. IV. p. 240 pro sp.; Bois. fl. or. IV. p. 1146; Haussk. symb. p. 65. — Molliter pubescenti-canescens, stimulis fere omnino destituta. — Exsicc.: N. v.

In ruderatis, ad sepes, vias, in herbidis regionis inferioris in alpinam adscendens. Frequens in Epiro et Thessalia praesertim montana; indicatur porro in: mt. Kiona (Hal.), mt. Parnasso (Sart.); Achaia: pr. Patras (Friedr.), mt. Olenos (Heldr.); Argolis et Arcadia (Sibth.); Laconia: mt. Taygetos (Zahn), ad fl. Eurotas, pr. Vitilos, Chimova (Chaub.); Zante (Marg.); Cephalonia (Dallap.); Corcyra (Form.); deesse videtur in insulis maris Aegaei et in Creta. — Jul. Sept. ♃.

b. Annuae, monoicae; petioli lamina subaequilongi.

α. Florum glomeruli omnes in spicas graciles dispositi.

2. **U. urens** L. sp. p. 984; S. et S. pr. II. p. 233; Dallap. prosp. p. 121; Ch. et B. exp. p. 269, Fl. pelop. p. 63; Marg. et R. fl. Zante p. 83; Fraas fl. class. p. 234; Ung. Reise p. 121; Raul. cret. p. 855; Bois. fl. or. IV. p. 1196; Heldr. fl. cephal. p. 65; Fl. Aegina p. 389, chlor. Thera p. 21, chlor. Mykon. p. 251. — Icon: Fl. dan. t. 739. — Exsicc.: Baen. herb. europ. n. 9367.

Stimulis setosa, ceterum glabra; caule erecto, simplici vel ramoso; foliis ovatis, acutis, argute inciso-dentatis; stipulis inter petiolos utrinque binis; florum glomerulis in spicas axillares, androgynas, ramosas, petiolo saepius breviores dispositis, rhachide non dilatata.

In ruderatis regionis inferioris, probabiliter in tota ditione. Indicatur: Attica: pr. Athenas, insula Aegina (Heldr.); Peloponnesus (Sibth.): pr. Pylos (Chaub.); Cycladum insula: Cythnos (Tunt.), Mykonos, Thera (Heldr.); Creta: pr. Canea (Raul.); Cephalonia (Dall.): pr. Argostoli (Heldr.); Corcyra (Ung.). — Febr. Jul. ☉.

3. **U. membranacea** Poir. dict. IV. p. 638; Sieb. avis. p. 5, rem. p. 6; Ch. et B. exp. p. 269, Fl. pelop. p. 63; Marg. et R. fl. Zante p. 83; Friedr. Reise p. 283; Fraas fl. class. p. 235; Raul. cret. p. 855; Bois. fl. or. IV. p. 1147; Heldr. fl. cephal. p. 65; Gelmi in bull. soc. bot. ital. 1889 p. 452; Hausk. symb. p. 65. — Icon: Rchb. germ. f. 1321. — Exsicc.: Orph. fl. gr. n. 1175; Heldr. herb. fl. hellen. n. 109, herb. dimorph. n. 48; Baen. herb. europ. n. 9366.

Differt a praecedente stipulis utrinque inter petiolos solitariis, spicis unisexualibus, inferioribus nempe femineis rhachide non dilata, superioribus masculis rhachide membranaceo dilatata. — Flores masculi saepe, feminei rarius desunt, planta ita dioica evadit.

In cultis, ruderatis regionis inferioris. Attica: pr. Athenas (Orph.), in Acropoli, Lycabetto (Heldr.); Messenia: pr. Pylos, Navarin, Methone (Chaub.), Kalamata (Friedr.); Creta (Sieb.): pr. Canea (Raul.); Zante (Marg.); Cephalonia: pr. Argostoli, Aphrato (Heldr.); Corcyra: pr. urbem (Gelmi); et certe alibi. — Febr. Jul. ☉.

β. Florum glomeruli feminei in capitula globosa congesti.

4. **U. pilulifera** L. sp. p. 983; S. et S. pr. II. p. 233; Dallap. prosp. p. 121; Ch. et B. exp. p. 269, Fl. pelop. p. 63; Fraas fl. class. p. 234; Clem. sert. p. 87; Weiss in z. b. G. 1869 p. 753; Raul. cret. p. 855; Spreitz. in z. b. G. 1877 p. 729; Bois. fl. or. IV. p. 1147; Heldr. fl. cephal. p. 65, Fl. Aegina p. 389, chlor. Thera p. 21; Hal. Beitr. fl. Epir. p. 40; Form. in Ver. Brünn. 1896 p. 35; Haussk. symb. p. 65. — Icon; Rchb. germ. f. 1322. — Exsicc.: Rev. pl. cret. n. 159.

Stimulis setosa, ceterum glabra vel pilosa; caule erecto, simplici vel ramoso; foliis ovatis, acutis, profunde arguteque serratis; stipulis inter petiolos utrinque binis; inflorescentiis masculis et femineis in iisdem axillis, vel inferioribus omnibus masculis, harum glomerulis in spicas ramosas dispositis, feminearum in capitula globosa, in. pedunculo solitaria rarius bina congestis.

In ruderatis, ad vias regionis inferioris. Epirus: pr. Arta (Hal.); Thessalia: pr. Volo (Form.); Attica: pr. Athenas, insula Aegina (Heldr.); Messenia: pr. Navarin, Pylos, Messene (Chaub.); Cycladum insula: Syra (Weiss), Thera (Heldr.); Creta: pr. Canea, Malaxa, Almyros (Raul.); Cephalonia (Dall.): pr. Argostoli, Skala, Pylaros, Kontogianata (Heldr.); Ithaca: pr. Vathy (Spreitz.). — Mart. Jul. ⊙.

2. **Parietaria** L. gen. n. 1152. — Herbae alternifoliae, pilis urentibus nullis; floribus polygamis.

a. Perennes; folia triplinervia.

α. Cymae pluriflorae; bracteae fructiferae immutatae.

1. **P. officinalis** L. sp. p. 1052; an S. et S. pr. I. p. 105; Dall. prosp. p. 131; Ch. et B. exp. p. 57, Fl. pelop. p. 11; Marg. et R. fl. Zante p. 83; quae potius ad sequentem spectare videntur. — *P. erecta* M. et R. Deutschl. fl. I. p. 825; Haussk. symb. p. 65. — Icon: Fl. dan. t. 521.

Pubescens; caulibus herbaceis, erectis, simplicibus vel ramosis; foliis punctato-scabriusculis, longe petiolatis, oblongo-lanceolatis, acuminatis, basi longe attenuatis, integris; cymis axillaribus, geminatis, glomeruliformibus, multifloris; bracteis liberis, flore subbrevioribus; flore centrali femineo, lateralibus hermaphroditis; perigonio demum vix elongato, stamina aequante.

In rupestribus regionis inferioris et montanae. Indicatur in Attica: mt. Pentelicon (Haussk.); Peloponnesus: mt. Palamidi pr. Nauplia (Haussk.), pr. Sparta, Navarin, Pylos, mt. Diaforti (Chaub.); Archipelagus (Sibth.); Zante (Marg.); Cephalonia (Dallap.). — Maio, Sept. ♃. N. v.

2. **P. judaica** L. sp. ed. 2 p. 1492; S. et S. pr. I. p. 106; Ch. et B. exp. p. 57, Fl. pelop. p. 11; Marg. et R. fl. Zante p. 83; Friedr. Reise p. 265; Ung. Reise p. 121; Bois. fl. or. IV. p 1149; Heldr. fl. cephal. p. 65, Fl. Aegina p. 389, chlor. Thera p. 21; Form in D. bot. Mon. 1890 p. 13, in Ver. Brünn 1895 p. 24, 1896 p. 35, 1897 p. 28; Hal. in ö. b. Z. 1899 p. 25. — *P. ramiflora* Moench. meth.

p. 327. — *P. punctata* Willd. sp. IV. p. 953. — *P. diffusa* M. u. K. Deutschl. fl. I. p. 827; Fraas fl. class. p. 235; Clem sert. p. 87; Weiss in z. b. G. 1869 p. 753; Raul. cret. p. 855; Spreitz. in z. b. G. 1887 p. 668; Haussk. symb. p. 65. — Icon: Rchb. germ. f. 1318.

Pubescens; caulibus diffusis vel adscendentibus, simplicibus vel ramosis, basi saepius suffrutescentibus; foliis punctato-scabriusculis, petiolatis, ovatis, acutis vel acuminatis, basi cuneatis, integris; cymis axillaribus, geminatis, glomeruliformibus, multifloris; bracteis basi connatis, flore subbrevioribus; flore centrali femineo, lateralibus hermaphroditis; perigonio demum elongato, stamina excedente. — Praecedenti minor, magis pubescens.

α. **typica**. — Folia ovata, longiuscule petiolata, basi breviter cuneata. — Exsicc.: Heldr. herb. norm. n. 880, herb. fl. hellen. n. 94, in Baen. herb. europ. n. 3604; Sint. et Bornm. it. turc. n. 1465; Sint. it. thessal. n. 129.

β. **brevipetiolata** Bois. fl. or. IV. p. 1149; Haussk. symb. p. 65. — Folia ovata, breviter petiolata, basi breviter cuneata. — Huc spectat sec. Bois. l. c. specimen *P. judaica* herb. Linnei. — Exsicc.: Heldr. herb. norm. n. 882.

γ. **lancifolia** Heldr. herb. norm. n. 881; Haussk. symb. p. 65. — Folia oblonga vel oblongo-lanceolata, basi longe attenuata, longiuscule petiolata.

δ. **satureifolia** Heldr. pl. fl. hellen. a. 1898 pro sp. — Folia oblonga vel oblongo-lanceolata, basi breviter attenuata, longe petiolata, petiolis interdum lamina longioribus; florum glomeruli pauciflori. — Debilis, var. *γ*. omnibus partibus minor. —

Ad muros, in rupium fissuris regionis inferioris et montanae *α*. *β*. et *γ*. per totam Graeciam, *δ*. in insula Keos Cycladum (Heldr.). — Floret fere per totum annum ♃.

β. Cymae triflorae; bracteae fructiferae valde auctae.

3. **P. cretica** L. sp. p. 1052; S. et S. pr. I. p. 106, Fl. gr. II. p. 44 t. 154; Sieb. avis. p. 5. rem. p. 6; Urv. enum. p. 123; Ch. et B. exp. p. 57. Fl. pelop. p. 11; Fraas fl. class. p. 235; Weiss in z. b. G. 1869 p. 753; Raul. cret. p. 856; Bois. fl. or. IV. p. 1150; Heldr. fl. cephal. p. 65, Fl. Aegina p. 390, chlor. Thera p. 21, chlor. Mykon. p. 251; Boissieu in bull. soc. bot. Fr. 1896 p. 288; Haussk. symb. p. 65. — Exsicc.: Heldr. herb. norm. n. 883, herb. dimorph. n. 47; Rev. pl cret. n. 160.

Pubescens; caulibus diffusis vel adscendentibus, simplicibus vel ramosis, basi lignescentibus; foliis parvis, punctato-scabriusculis, longiuscule petiolatis, e basi rotundata vel cuneata ovatis vel ellipticis, obtusiusculis, integris; cymis axillaribus, trifloris, flore intermedio femineo, unibracteato, lateralibus hermaphroditis, bibracteatis, bracteis in involucrum quinque-partitum demumque induratum, valde auctum coalitis. — Folia 5—10 mm. longa, 3—8 mm. lata.

Ad muros, in saxosis maritimis, rupinis regionis inferioris. Attica: pr. Athenas, in Acropoli, ad templum Jovis, in colle Lycabetto, Turcovuni, mt. Hymettus, pr. Piraeum, in insulis Pharmacusarum, insula Salamis, Aegina, Pontikonisi (Heldr.); Boeotia: pr. Larnes (Boissieu); Argolis: mt. Palamidi pr. Nauplia (Haussk.), pr. Vromolimni, insula Hydra (Heldr.); Laconia: pr. Malta (Heldr.); Messenia: pr. Chimova, Methone (Chaub.); Cycladum insula: Syra (Weiss), Delos, Mykonos (Heldr.), Kimolos (Sibth.), Melos, Thera (Urv.); Creta: pr. Kissamos (Reverch.), Canea (Raul.); Cephalonia: pr. Francata (Heldr.). — Febr. Jul. ♃.

b. Annuae; folia trinervia.

4. **P. lusitanica** L. sp. p. 1052; Friedr. Reise p. 268; Weiss in z. b. G. 1869 p. 753; Bois. fl. or. IV. p. 1150; Gelmi in bull. soc. bot. it. 1889 p. 452; Haussk. symb. p. 65. — Icon: Wedd. monogr. t 17. —

Puberula; caulibus filiformibus, prostratis, simplicibus vel ramosis; foliis punctato-scabriusculis, longiuscule petiolatis, ovatis vel ellipticis, obtusiusculis, integris; cymis axillaribus, glomeruliformibus, 3—7 floris; bracteis basi connatis, flore subbrevioribus, demum immutatis, perigonia fructifera aequantibus; floribus hermaphroditis paucis, sterilibus, ceteris femineis; perigonio demum vix aucto. — Differt a praecedente radice annua, foliis saepe fere glabratis, cymis 3—7 floris et bracteis fructiferis immutatis.

α. **typica**. — Bracteis aequilongis, ovato-lanceolatis, perigonio fructifero adpressis. — Exsicc.: Orph. fl. gr. n. 303; Heldr. herb. norm. n. 884; Baen. herb. europ. n. 9299.

β. **filiformis** Ten. syll. p. 77 pro sp.; Wedd. monogr. p. 518: Heldr. fl. cephal. p. 65. — *P. parviflora* Friedr. Reise p. 266; Blume bot. mus. lugd. II. p. 249. — Bracteis lanceolatis, inaequalibus, duabus latioribus longioribusque, demum squarroso-patulis. — In statu florifero a typo non diagnoscenda. — Exsicc.: Heldr. pl. fl. hellen. a. 1887, 1898 et 1901.

In umbrosis ad rupes, muros regionis inferioris. Attica: pr. Athenas, mt. Hymettus, Lycabettus, Corydalus (Heldr.), Marussi (Friedr.); Peloponnesus (Bois.); Cycladum insula: Cythnos, Delos (Heldr.), Syra (Weiss); Corcyra: pr. Kastrades (Baen.), Gasturi (Gelmi); — β. Attica: pr. Athenas (Friedr.); insula Poros, Keos, Kalopodi pr. Cythnos (Heldr.); Cephalonia: pr. Pessada (Heldr.). — Mart. Jul. ☉.

CVIII. Ordo. **Theligonaceae** Dum. anal. fam. p. 17.

1. **Theligonum** L. gen. n. 864.

1. **T. cynocrambe** L. sp. p. 993; S. et S. pr. II. p. 237, Fl. gr. X. p. 32 t. 941; Sieb. avis p. 5, rem. p. 6; Ch. et B. exp. p. 271.

Fl. pelop. p. 63; Marg. et R. fl. Zante p. 80, Friedr. Reise p. 266; Fraas fl. class. p. 234; Weiss in z. b. G. 1869 p. 753; Raul. cret. p. 856; Haussk. symb. p. 65; Heldr. fl. Aegina p. 390, chlor. Thera p. 21. — *Cynocrambe prostrata* Gärtn. fr. I. p. 362, t. 75; Bois. fl. or. IV. p. 897; Heldr. fl. cephal. p. 61. — Exsicc.: Orph. fl. gr. n. 806; Sint. it. thessal. n. 133.

Glabra; radice annua; caulibus prostratis vel adscendentibus, simplicibus vel a basi ramosis; foliis longe petiolatis, ovatis vel ellipticis, integris, margine scabris, inferioribus oppositis, ceteris alternis; stipulis membranaceis, amplexicaulibus; floribus minutis, viridibus, sessilibus, masculis geminis, versus summos ramos foliis oppositis, nudis, femineis axillaribus, subternis, bracteolatis; achenio subgloboso, ruguloso-striato.

In cultis, olivetis, fissuris rupium. Thessalia: ad Lechonia pr. Volo (Sint.); Attica: pr. Athenas (Sprun.), in oliveto, mt. Pentelicon, insula Aegina (Heldr.); Corinthus (Haussk.); Argolis (Fraas); Messenia: pr. Methone, Messene (Chaub.); Cycladum insula Kalopodi et Seriphopula pr. Cythnos (Tunt.), Syra, Tenos (Weiss), Thera (Heldr.); Creta (Sibth.): pr. Canea, Akroteri, Askyphos (Raul.); Zante: pr. Litakia (Marg.); Cephalonia: pr. Drapano, Hagios Varvaros, Francata (Heldr.). — Dez. Maio. ☉.

CIX. Ordo. Cannabaceae Endl. gen. p. 286.

1. Humulus L. gen. n. 1116.

1. H. lupulus L. sp. p. 1028; Fraas. fl. class. p. 235; Heldr. Nutzpfl. p. 21; Bois. fl. or. IV. p. 1152; Haussk. symb. p. 65. — Icon.: Fl. dan. t. 1239. — Exsicc.: Sint. it. thessal. n. 1139.

Caulibus elongatis, volubilibus, foliisque scabris; foliis petiolatis, 3—5 lobatis, serratis; racemis pedunculatis, masculis paniculatis, femineis amentaceo-capitatis.

Ad sepes, dumeta regionis inferioris et montanae. Thessalia: in oropedio Neuropolis, pr. Palaeokastro, Karditza (Haussk.); Eurytania: pr. Karpenisi (Heldr.), mt. Tymphrestus (Fraas); pr. Lebadia Boeotiae, in Euboea, Arcadia, mt. Malevo Laconiae (Heldr.). — Jun. Aug. ♃.

Obs. *Cannabis sativa* L. sp. p. 1027; Fraas fl. class. p. 236; Heldr. Nutzpfl. p. 21; Bois. fl. or. IV. p. 1153; Form. in Ver. Brünn 1897 p. 28. — Colitur hic inde.

CX. Ordo. Ulmaceae Mirb. elem. II. p. 905.

1. Ulmus L. gen. n. 316. — Flores hermaphroditi; fructus samaroideus, utriculo circumcirca ala membranacea cincto.

   a. Flores in capitulum subglobosum glomerati, brevissime pedicellati; samara glabra.

1. U. campestris L. sp. p. 225; S. et S. pr. I. p. 171; Dallap. prosp. p. 36; Ch. et B. exp. p. 79, Fl. pelop. p. 17; Marg. et R. fl. Zante p. 83; Friedr. Reise p. 274; Fraas fl. class. p. 243; Raul. cret. p. 855; Bois. fl. or. IV. p. 1157; Heldr. fl. cephal. p. 65, in Sitzungsb. acad. Wiss. Berl. 1883 p. 7; Chloros Waldverh. p. 38; Hal. in z. b. G. 1888 p. 762, Beitr. fl. Epir. p. 40, Beitr. fl. Thessal. p. 18 — *U. glabra* Mill. dict. n. 4; Haussk. symb. p. 18. — *U. nemoralis* Fraas fl. class. p. 244; Heldr. Nutzpfl. p. 19; non Ait. — Icon: Rchb. fl. germ. f. 1331. — Exsicc.: Sint. et Bornm. it. turc. n. 1466.

Arbor vel arbuscula; ramis junioribus puberulis; foliis ovatis vel ellipticis, acuminatis, basi obliquis, duplicato-serratis, supra scabris vel laeviusculis, glabris, subtus praesertim ad nervos pubescentibus; floribus purpurascentibus; samara obovata, basi attenuata, apice emarginata, semine sinu emarginaturae continuo.

β. **tortuosa** Host fl. austr. I. p. 330; Haussk. symb. p. 18; pro sp. — Trunco ramisque flexuosis; foliis diminutis, ovato-lanceolatis, ad basin angustatis; samaris parvis.

In campis, ad rivos, in silvis regionis inferioris et praesertim montanae. Passim in Pindo epirotico et thessalo, nec non in planitie thessala, pr. Laspochori in mt. Ossa (Heldr.), Litochori in mt. Olympus (Sint.); Aetolia: mt. Kapsa, Epanocrepi, Vardusia, Tymphrestus (Fraas), Korax (Heldr.); mt. Kiona (Hal.); pr. Lebadia Boeotiae, pr. Athenas (Fraas): Elis: pr. Bartholomeo (Heldr.); Arcadia (Chaub.); insula Poros (Friedr.); Creta (Sibth.); Zante (Marg.); Cephalonia (Dall.): pr. Argostoli, Koroni, Same (Heldr.), ad monasterium Hagios Gerasimos (Reiser); — β. pr. Aivali, Orman-Magula, Karditza Thessaliae (Haussk.). — Mart. ħ.

2. U. montana Wither. arrang. II. p. 275; Sm. engl. bot. t. 1887; Bois. fl. or. IV. p. 1158; Form. in Ver. Brünn 1896 p. 35, 1897 p. 28. —

Arbor; ramis junioribus tomentellis; foliis ovatis vel late ellipticis, cuspidatis, basi obliquis, duplicato-serratis, supra scabris, subtus pubescentibus; floribus purpurascentibus; samara ovato-orbiculata, apice emarginata, semine sinu emarginaturae remoto.

In silvis montanis. Thessalia: pr. Kalabaka, mt. Othrys (Form.); Peloponnesus (Bois.). — Mart. ħ. N. v.

β. Flores umbellati, longe pedicellati; samara ciliata.

3. U. pedunculata Foug. in mem. ac. Paris 1784 p. 211 t. 2. — *U. effusa* Willd. fl. berol. pr. p. 94; Chloros Waldverh. p. 38. — *U. ciliata* Ehrh. Beitr. Naturk. VI. p. 88.

Arbor; ramis junioribus puberulis vel glabratis; foliis ovatis, acuminatis, basi obliquis, duplicato-serratis, laevibus, subtus pubescentibus, floribus purpurascentibus; samara ovata, apice emarginata, semine sinu emarginaturae subremota.

In silvis montanis. Euboea: mt. Pyxaria (Chlor.); Laconia (Chlor.). — Mart. ħ. N. v.

2. Abelicea Sm. in trans. Linn. soc. 1808 p. 126. — Flores monoico-polygami; utriculus exalatus, rugoso-nervosus.

1. **A. cretica** Sm. l. c. — *Ulmus abelicea* S. et S. pr. I. p. 172; Sieb. avis rem. p. 3, in Flora I. p. 271. — *Planera abelicea* R. et Sch. syst. VI. p. 304; Raul. cret. p. 855; Bald. viagg. Creta p. 92. — *Zelkova cretica* Spach. in sint. Buff. XI. p. 121. — *Z. abelicea* Bois. fl. or. IV. p. 1159. — Exsicc.: Rev. pl. cret. n. 264; Bald. it. cret. n. 143.

Arbuscula; ramis junioribus pubescentibus; foliis subsessilibus, ovatis vel ovato-oblongis, obtusiusculis, crenatis, supra parce, subtus dense pubescentibus; floribus albis, suaveolentibus, masculis in parti inferiori aphylla ramulorum dense glomeratis, hermaphroditis ad axillas foliorum solitariis; nucula exsucca, pubescente.

In saxosis montanis Cretae (Sibth.): in oropedio Omalos (Heldr.), in fauce Perivoglia (Sieb.) et mt. Hagion Pneuma (Bald.) in mt. Sphacioticis. — Mart. Maio. ♄.

3. Celtis L. gen. n. 1143. — Flores hermaphroditi vel abortu polygami; fructus drupaceus, putamine osseo.

1. **C. australis** L. sp. p. 1043; S. et S. pr. I. p. 172; Ch. et B. exp. p. 79, Fl. pelop. p. 17; Marg. et R. fl. Zante p. 83; Fraas fl. class. p. 244; Heldr. Nutzpfl. p. 19, in Sitzungsb. acad. Wiss. Berl. 1883 p. 7; Raul. cret. p. 854; Bois. fl. or. IV. p. 1156; Chloros Waldverh. p. 30; Form. in D. bot. Mon. 1890 p. 12, in Ver. Brünn 1896 p. 35, 1897 p. 28; Hal. Beitr. fl. Aetol. p. 10; Haussk. symb. p. 20. — Icon: Rchb. germ. f. 1338. — Exsicc.: Sint. it. thessal. n. 137.

Arbor; foliis a basi obliqua ellipticis vel ovato-lanceolatis, longe acuminatis, anguste serratis, supra scabriusculis, demum glabris, subtus dense pubescentibus; floribus axillaribus, solitariis, pedunculo petiolo pluries longiore suffultis; drupa subglobosa, nigra, nucleo reticulato-rugoso.

In regione inferiori et praesertim montana. Thessalia: pr. Meteora (Haussk.), Kalabaka, Karditza, Palaeokastro, Vanaluka, Ligaria, Makrychory, Baba, Karacair, Velestinos, Trikala, Volo (Form.), Laspochori ad mt. Ossa (Heldr.), Stylida Phthiotidis (Fraas); Euboea: pr. Achmet Aga (Orph.); Attica: ad Cephissia, mt. Pentelicon (Heldr.); Doris: pr. Amphissa (Fraas), mt. Parnassus (Heldr.); Acarnania: pr. Sorovigli (Hal.); Peloponnesus: ad fl. Alpheus (Sart.), pr. Phigalea, Messene (Chaub.); Creta (Sibth.): pr. Azohires (Raul.); Zante (Sibth.). — Mart. Apr. ♄.

2. **C. Tournefortii** Lam. dict. IV. p. 138; Heldr. Nutzpfl. p. 19; Bois. fl. or. IV. p. 1157; Chloros Waldverh. p. 30. — Icon: Jaub. et Sp. ill. or. t. 400. — Exsicc.: Orph. fl. gr. n. 201, in Baen. herb. europ. p. 5519.

Arbor; foliis a basi obliqua ovatis vel breviter acuminatis, argute serratis, supra scabriusculis, glabris, subtus ad nervos pubescentibus; floribus axillaribus, solitariis, pedunculo petiolo subduplo longiore suffultis; drupa subglobosa, flava, nucleo quadricarinato, ceterum laeviusculo. — Foliorum forma, pedunculo brevi et drupa flava a praecedente distincta.

In regione inferiore mt. Kyllene pr. Zugra (Orph.) et Trikala (Heldr.); ad Hagios Apostoli in insula Keos Cycladum (Heldr.). — Mart. Apr. ♃.

CXI. Ordo. Juglandaceae DC. thor. elem. p. 215.

1. Juglans L. gen. n. 1071.

1. **J. regia** L. sp. p. 997; Dallap. prosp. p. 123; Ch. et B. exp. p. 273, Fl. pelop. p. 63; Fraas fl. class. p. 85; Heldr. Nutzpfl. p. 59, in bot. Ver. Brandenb. 1879 p. 147, Fl. cephal. p. 66; Raul. cret. p. 856; Form. in D. bot. Mon. 1890 p. 12, in Ver. Brünn 1896 p. 33, 1897 p. 26; Philipps. in naturw. Wochenschr. 1894 p. 422; Haussk. symb. p. 20. — Icon: Schk. handb. III t. 302. — Exsicc.: Sint. it. thessal. n. 416.

Colitur per totam Graeciam, quasi sponte in silvaticis mt. Tsumerka pr. Theodoriana in Epiro (Hal.), in Pindo thessalo toto, in mt. Oeta, Kukkos, Chelidoni, Tymphrestus, Korax (Heldr.). — Apr. Maio ♃.

CXII. Ordo. Cupuliferae Rich. anal. fruit. p. 32.

1. Fagus L. gen. n. 1072.

1. **F. silvatica** L. sp. 998; S. et S. pr. II. p. 242; Fraas fl. class. p. 246; Heldr. Nutzpfl. p. 18, in bot. Ver. Brandenb. 1897 p. 150, in Sitzungsb. acad. Wiss. Berl. 1883 p. 5; Bois. fl. or. IV. p. 1175; Chloros Waldverh. p. 28; Hal. in ö. b. Z. 1890 p. 41, Beitr. fl. Thessal. p. 18; Form. in D. bot. Mon. 1890 p. 11, in Ver. Brünn 1896 p. 32, 1897 p. 26; Philipps. in naturw. Wochenschr. 1894 p. 422; Haussk. symb. p. 20. — Icon: Fl. dan. t. 1283. — Exsicc.: Heldr. it. thessal. n. 78; Sint. it. or. a. 1899 n. 1921, it. thessal. n. 958.

In regione montana et subalpina silvas amplas constituens. Thessalia: in Pindo aspropotamitico, tymphaeo et dolopico, in mt. Chassia, Olympus, Ossa et Pelion, dein in Acarnania pr. Karoplesi (Chlor.) et in mt. Kravara eparchiae Naupactos praesertim pr. Palukova et in mt. Oxyes Aetoliae (Heldr.); indicatur quoque in mt. Kyllene et Taygetos Peloponnesi (Pouqueville voy. ed. 2 p. 346), sed certissime erronee. — Apr. Maio. ♃.

2. Castanea Tourn. inst. t. 352.

1. **C. sativa** Mill. dict. n. 1 (1768); Hal. Beitr. fl. Thessal. p. 18; Bald. riv. coll. bot. alb. 1896 p. 62; Form. in Ver. Brünn 1896 p. 32, 1897 p. 26; Haussk. symb. p. 20. — *Fagus castanea* L. sp. p. 997; S. et S. pr. II. p. 243. — *C. vulgaris* Lam. enc. I. p. 708 (1783); Heldr. Nutzpfl. p. 18, in Sitzungsb. acad. Wiss. Berl. 1883 p. 5; Raul. cret. p. 857; Bois. fl. or. IV. p. 1175. — *C. vesca* Gaernt. fruct. I. p. 181 t. 37 (1788); Fraas fl. class. p. 247; Chloros Waldverh. p. 29. — Exsicc.: Sint. it. or. a. 1889 n. 1914, it. thessal. n. 957; Bald. it. alb. epir. IV. n. 95.

In regione montana et subalpina solitarie vel gregarie, hinc inde silvas extensas efformans. Epirus: ad Carkovista distr. Janina (Bald.); Thessalia: in Pindo tymphaeo et dolopico, praesertim pr. Kastania (Hal.), in mt. Agrapha (Form.), mt. Olympus pr. Hagios Dionysios (Sint.), mt. Pelion (Heldr.); Eurytania (Chloros); Aetolia: mt. Korax (Heldr.); Doris: pr. Avoros (Chloros), Delphi (Heldr.); Phthiotis: pr. Laspi (Chloros); Euboea: pr. Steni (Heldr.); Peloponnesus: mt. Kyllene, Taygetos pr. Kastania, in Cynuria (Chloros), mt. Malevo pr. Kastanitza (Fraas); Cycladum insula Keos, Naxos (Heldr.); Creta: pr. Enneachoria, Selino, Phloria (Raul.). — Jun. Jul. ♄.

3. Quercus L. gen. n. 1070.

Dispositio specierum.

1. Sectio. *Robur* Endl. gen. suppl. IV. 2. p. 24. — Folia membranacea, autumno decidua; maturatio fructus annua; cupulae squamae parvae, adpressae.
   a. Pedunculi fructiferi petiolo multoties longiores.
      1. Q. robur L.   **2. Q. pedunculiflora** C. Koch.
   b. Pedunculi fructiferi subnulli vel petiolum vix aequantes.
      α. Folia adulta glabra vel glabrescentia.
         3. Q. sessiliflora Sm.
      β. Folia adulta subtus dense pubescentia.
         4. Q. lanuginosa Thuill.   **5. Q. conferta** Kit.

2. Sectio. *Cerris* Spach hist. veg. XI, p. 171. — Folia membranacea vel coriacea, sero autumno vel tandem vere decidua; maturatio fructus biennis; cupulae squamae elongatae, saepe patenti-recurvae.
   a. Cortex non suberosus.
      6. Q. cerris L.   **7. Q. macedonica** DC.   **8. Q. aegilops** L.
   b. Cortex suberosus.
      9. Q. hispanica Lam.

3. Sectio. *Suber* Spach. hist. veg. XI, p. 171. — Folia coriacea, sempervirentia; maturatio fructus annua vel biennis; cupulae squamae parvae, saepius adpressae.
      10. Q. smilax L.   **11. Q. coccifera** L.

1. Sectio. *Robur* Endl. gen. suppl. IV. 2 p. 24. —
   a. Pedunculi fructiferi petiolo multo longiores.

1. **Q. robur** L. sp. p. 996; Dallap. prosp. 123. — *Q. pedunculata* Ehrh. arb. n. 77, Beitr. V p. 161; Ch. et B. exp. p. 273, Fl. pelop. p 63; Heldr. Nutzpfl. p. 15, in Sitzungsb. acad. Wiss. Berl. 1883 p. 7; Bois. fl. or. IV. p. 1163; Chlor. Waldverh. p. 27; Bald. riv. coll. bot. alb. 1892 p. 71, 1895 p. 69; Haussk. symb. p. 20. — Icon: Rchb. germ. f. 1313.

Arbor; ramis novellis glabris; foliis breviter petiolatis subsessilibusve, petiolisque glabris, oblongo-obovatis vel oblongis, basi cuneatis vel emarginatis, sinuato-lobatis, lobis obtusis, integris; fructibus in apice vel secus latera pedunculi sessilibus; cupulae squamis ovato-triangularibus, adpressis, glabris.

In silvaticis regionis montanae et subalpinae. Indicatur: Epirus: pr. Philippiada, Camarina (Bald.); Thessalia: ad monasterium Korona, pr. Karditza (Haussk.); Aetolia: ad lacum Trichonis, pr. Aetolikon, in silva Manina eparchiae Vonitza (Chlor.); Boeotia: pr. Lebadea (Heldr.); Peloponnesus: Elis (Heldr.), pr. Phigalea, Messene (Chaub.); Cephalonia (Dall.); sed loca plurima (an omnia?) ad sequentem speciem spectare videntur. — Maio. ♃. N. v.

2. **Q. pedunculiflora** C. Koch. in Linnaea 1849 p. 324; Form. in D. bot. Mon. 1890 p. 12, in Ver. Brünn 1896 p. 33. — *Q. haas* v. *atrichoclados* Borb. et Bornm. in bot. Centralbl. 1889 p. 130; Form. in D. bot. Mon. 1890 p. 11, in Ver. Brünn 1896 p. 33. — *Q. haas* v. *pinnatipartita* Form. in D. bot. Mon. 1890 p. 11. — *Q. haas* v. *theriotricha* Borb. ap. Form. in Ver. Brünn 1896 p. 33 (f. ramis pedunculisque canescenti-puberulis). — Huc probabiliter: *Q. brutia* Haussk. symb. p. 20, vix Ten., quae probabiliter hybrida inter *Q. pedunculatam* et *Q. confertam*. — Exsicc.: Heldr. it. thessal. n. 93; Baen. herb. europ. n. 9319; Sint. it. thessal. n. 1244.

Arbor; ramis novellis glabris vel puberulis; foliis breviter petiolatis, oblongo-obovatis vel oblongis, basi truncatis vel emarginatis, sinuato-lobatis pinnatifidisve, supra glabris, subtus praesertim ad nervos petiolisque pubescentibus, lobis obtusis, integris; fructibus in apice vel secus latera pedunculi sessilibus; cupulae squamis ovato-triangularibus adpressis, pube minima obductis. — A praecedente indumento discedit. Affinis *Q. haas* Kty. Eich. t. 2, ramis novellis tomento brevissimo fulvo vestitis, foliis et fructibus majoribus parum diversae.

In silvis montanis et subalpinis. Thessalia: pr. Malakasi, mt. Baba pr. Klinovo (Heldr.), Kalabaka (Sint.), pr. Kastania, Trikala, Larissa, Velestinos (Form.), Orman Magula (Haussk.), pr. Drepania et Ligaria in Olympo (Form.), mt. Ossa pr. Retziani (Heldr.); Corcyra: pr. Kastrades (Baen.). — Maio. ♃.

Obs. *Q. tridactyla* Borb. in termész. Közl. 1886 p. 353; Form. in Ver. Brünn 1896 p. 32, 1897 p. 26. = *Q. pallida* Heuff. in ö.

b. Z. 1858 p. 28, non Blume. — Teste Simk. querc. hung. p. 27 hybrida inter *Q. pedunculatam* et *Q. lanuginosam*, indicatur in valle Penei pr. Kastania et pr. Konisko Thessaliae (Form.). —
 b. Pedunculi fructiferi subnulli vel petiolum vix aequantes.
  α. Folia adulta glabra vel glabrescentia.

  3. **Q. sessiliflora** Sm. fl. brit. III. p. 1026; Fraas fl. class. p. 253; Bois. fl. or. IV. p. 1164; Heldr. fl. cephal. p. 66; Chlor. Waldverh. p. 27. — *Q. robur* Ch. et B. exp p. 273, Fl. pelop. p. 63, non L. — Icon: Rchb. germ. f. 1309.

 Arbor; ramis novellis glabris; foliis longiuscule petiolatis, oblongo-obovatis, basi cuneatis vel emarginatis, sinuato-lobatis pinnatifidisve, adultis utrinque glabris, lobis obtusis, integris; fructibus sessilibus vel brevissime pedunculatis; cupulae squamis ovato-triangularibus, adpressis, glabris.

 In silvis montanis (Bois.). Peloponnesus: mt. Kupe, Kotylus, pr. Phigalea, Bassae (Chaub.); Cephalonia: pr. Mavrata, Skala, Koroni, Heracleon, Asprogeraka, Erisso (Heldr.); sed probabiliter loca plurima (an omnia?) ad sequentem spectant. — Maio. ♄. N. v.

  β. Folia adulta subtus dense pubescentia.

  4. **Q. lanuginosa** Lam. enc. I. p. 709 pro var. *Q. roburis*; Thuill. fl. par. I. p. 502; Hal. in ö. b. Z. 1896 p. 17; Form. in Ver. Brünn 1895 p. 23 *v. subconferta* Borb. in erdész. lap. 1887 p. 746 (f. fructibus evidenter pedunculatis), 1897 p. 26 *v. budensis*; Haussk. symb. p. 20; Heldr. in ö. b. Z. 1898 p. 185. — *Q. pubescens* Willd. sp. IV. p. 450; S. et S. pr. II. p. 242; Ch. et B. exp. p. 273, Fl. pelop. p. 63; Friedr. Reise p. 283; Fraas fl. class. p. 253; Ung. Reise p. 121; Heldr. Nutzpfl. p. 16; Chlor. Waldverh. p. 27; Hal. Beitr. fl. Epir. p. 40, Beitr. fl. Thessal. p. 18. — *Q. crispata* Stev. verz. taur. Halbins.* in bull. soc. nat. Mosc. I. n. 4 p. 386; Form in D. bot. Mon. 1890 p. 11; teste Simk. querc. hung. p. 28 forma fruticosa a pecoribus depasta. — *Q. sessiliflora v. lanuginosa* DC. pr. XVI. 2 p. 10; Raul. cret. p. 856; Bald. viagg. Creta p. 92. — *Q. sessiliflora v. pubescens* Bois. fl. or. IV. p. 1165; Bald. in nuovo giorn. bot. ital. 1894 p. 101, riv. coll. bot. alb. 1895 p. 69. — *Q. budensis* Borb. in Természet 1878 p. 322; Form. in D. bot. Mon. 1890 p. 11 (f. foliis adultis glabrescentibus, fructibus longius pedunculatis).

 Arbor vel arbuscula; ramis novellis velutinis; foliis longiuscule petiolatis, oblongo-obovatis, basi cuneatis vel emarginatis, sinuato-lobatis pinnatifidisve, supra glabrescentibus, subtus pubescentibus, lobis obtusis rarius acutis, integris vel sinuatis; fructibus sessilibus vel brevissime pedunculatis; cupulae squamis ovato-triangularibus, adpressis, tomentellis.
 — Species praesertim quoad foliorum formam variabilis.

  α. **typica.** — Foliorum lobi angustati, obtusi vel obtusiusculi, saepe sinuati, sinubus plus minus profundis. — Exsicc.: Orph. fl. gr. n. 413 et 1174; Heldr. herb. norm. n. 375; Sint. it. or. a. 1889 n. 1889 et

1890, it. thessal. n. 367; Sint. et Bornm. it. turc. n. 1471; Bald. it. alb. epir. III. n. 90, it cret. alt. n. 194; Baen. herb. europ. n. 9326; Dörfl. fl. gr. n. 392.

β. **congesta** Presl del. prag. p. 32; Heldr. Nutzpfl. p. 16; pro sp.; Wenzig in Jahrb. bot. Gart. Berl. 1886 p. 190. — Foliorum lobi acuti, sinubus profundis. — Exsicc.: Heldr. fl. gr. a. 1855.

γ. **Virgiliana** Ten. fl. nap. V. p. 262; Haussk. symb. p. 20; pro sp. — Foliorum lobi lati, breves, obtusi, integri vel vix sinuati. — Exsicc.: N. v.

δ. **brachyphylla** Kty. Eich. t. 9 pro sp.; Chlor. Waldverh. p. 27; pro sp. — *Q. robur v. brachyphylla* DC. pr. XVI. 2 p. 11. — *Q. sessiliflora v. brachyphylla* Raul. cret. p. 856; Bois. fl. or. IV. p. 1165; Bald. viagg. Creta p. 92. — Folia pauciloba, lobis rotundatis obtusissimis, sinubus levissimis. — Exsicc.: Orph. fl. gr. n. 811 et 1176.

ε. **polycarpa** Schur in Verh. siebenb. Ver. 1851 p. 174; Wenzig in Jahrb. bot. Gart. Berl. 1886 p. 188; pro sp. — Foliorum lobi parvi, rotundati; fructus sessiles, numerosi; dense aggregati, parvi. — Exsicc.: Heldr. herb. fl. hell. n. 2529.

ζ. **pinnatifida** Gm. fl. bad. IV. p. 673; Chlor. Waldverh. p. 27; Form. in D. bot. Mon. 1890 p. 12; pro sp.; Form. in Ver. Brünn 1896 p. 32. — *Q. sessiliflora v. pinnatifida* Bois. fl. or. IV. p. 1164. — *Q. Dalechampii* Ten. syll. pl. neap. p. 469; Heldr. Nutzpfl. p. 16. —? *Q. esculus* L. sp. p. 996; S. et S. pr. II. p. 241; Fraas fl. class. p. 252; Heldr. Nutzpfl. p. 16; Chlor. Waldverh. p. 27. — Folia profunde, ultra medium pinnatifida vel partita, lobis longis. — Exsicc.: Orph. fl. gr. n. 1010 (Macedonia); Sint. et Bornm. it. turc. n. 1472; Sint. it. thessal. n. 687. —

In regione montana et subalpina totius Graeciae. — Maio ♃.

Obs. Hybridam inter *Q. lanuginosam γ. Virgilianam* et *Q. cerrin* videre vult in Pindo Haussknecht (symb. p. 21). —

5. **Q. conferta** Kit. in Schult. östr. fl. I. p. 619; Bois. fl. or. IV. p. 1166; Heldr. in Sitzungsb. acad. Wiss. Berl. 1883 p. 5; Chlor. Waldverh. p. 27; Bald. riv. coll. bot. alb. 1892 p. 72, 1895 p. 69; Form. in Ver. Brünn 1896 p. 32, cum v. *hungarica* Haussk. symb. p. 20. — *Q. farnetto* Ten. cat. hort. neap. 1819 p. 65; Hal. in ö. b. Z. 1892 p. 400, Beitr. fl. Thessal. p. 18, Beitr. fl. Achaia p. 31. — *Q. hungarica* Hubeny in Rössl. gemeinnütz. Blätt. XX b p. 754. — Icon: Kty. Eich. t. 14. — Exsicc.: Bald. it. alb. a. 1892 n. 246; Sint. et Bornm. it. turc. n. 1470; Sint. it. thessal. n. 365 et 1271.

Arbor; ramis novellis pubescentibus; foliis subsessilibus, amplis, oblongo-obovatis, basi emarginatis, sinuato-lobatis pinnatifidisve, supra glabrescentibus vel glabris, subtus pubescentibus, lobis numerosis, obtusis, integris vel obtuse-lobulatis; fructibus subsessilibus sessilibusve; cupulae squamis ovato-lanceolatis, tomentellis, apice erecto-patulis.

β. **spectabilis** Kit. ap. Simk. in magy. növ. lap. 1883 p. 67. — *Q. conferta v. racemosa* Haussk. symb. p. 20. — Fructus evidenter pedunculati. — Exsicc.: Bald. it alb. epir. III. n. 89.

γ. **lobulata.** — Foliorum lobi multilobulati, sinubus plus minus profundis. Exsicc.: Heldr. it. IV. thessal. a 1885; Hal. it. gr. II. a. 1893.

In silvis montanis et subalpinis. Epirus: pr. Kanali, mt. Zalongo pr. Prevesa (Bald.); Thessalia: frequens in Pindo tymphaeo et dolopico, rarius in planitie e. g. prope Orman Magula (Haussk.), mt. Olympus (Sint.), Ossa (Heldr.), Pelion (Chlor.); Eurytania (Chlor.): in silva Muntzuraki (Heldr.); Elis: in silva Kapellis pr. Lala (Reis.), pr. Manesi, mt. Olenos (Hal.); Laconia: mt. Malevo (Orph.). — Maio. ♄.

Obs. *Q. lanuginosa* × *conferta* indicatur a Haussk. symb. p. 21 in Pindo. — De hac combinatione cf. Borb. in erd. lap. 1887 p. 679, nec non Simk. querc. hung. p. 15. — Alia hybrida *Q. conferta* × *cerris* Haussk. l. c. etiam in Pindo ab auctore occurrere dicitur.

2. Sectio. *Cerris* Spach hist. veg. XI. p. 171. —

a. Cortex non suberosus.

6. **Q. cerris** L. sp. p. 997; Dallap. prosp. p. 123; Fraas fl. class. p. 253; Heldr. Nutzpfl. p. 16; Form. in Ver. Brünn 1896 p. 37, 1897 p. 26; Haussk. symb. p. 21, cum v. *crispata* (non *Q. crispata* Stev.), de qua cf. adnotationem in synon. *Q. lanuginosae.* — Exsicc.: N. v.

Arbor; ramis novellis velutinis; foliis membranaceis, petiolatis, oblongis, basi truncatis vel cuneatis, pinnatifido-sinuatis, supra glabriusculis, subtus pubescentibus, lobis triangularibus, acutis, dentatis, apice callosis vel mucronatis; stipulis lineari-setaceis, persistentibus; fructibus subsessilibus; cupulae squamis pubescentibus, lineari-subulatis, patentibus vel reflexis et contortis.

β. **austriaca** Willd. sp. IV. p. 454; Form. in D. bot. Mon. 1890 p. 11; pro sp.; Wenzig in Jahrb. bot. Gart. Berl. IV. p. 211; Bald. riv. coll. bot. alb. 1895 p. 69; Form. in Ver. Brünn 1896 p. 32. — Icon: Kty. eich. t. 20. — Folia laeviter sinuato-lobata, lobis integris. — Exsicc.: Bald. it. alb. epir. III. n. 203; Sint. it. thessal. n. 437 et 366 b; Baen. herb. europ. n. 9317.

γ. **pseudocerris** Bois. diagn. XII. p. 118 pro sp.; Bois. fl. or. IV. p. 1171. —? *Q. cerris v. laciniata* Friedr. Reise p. 280. — Folia in lacinias lineares integras vel 2—5 lobulatas pinnatipartita. — Exsicc.: Sint. it thessal. n. 658.

In silvis regionis montanae et subalpinae. Thessalia: frequens in Pindo tymphaeo et dolopico (Haussk.); Cephalonia (Dall.); — β. Epirus:

mt. Prosgoli (Bald.); Thessalia: pr. Tsungeri, Malakasi (Heldr.), Velitsena, Han Tripa in valle Penei, mt. Agrapha (Form.), pr. Klinovo, Kalabaka (Sint.); Peloponnesus: mt. Malevo, Taygetos (Heldr.); Corcyra: pr. Kastrades (Baen.); — γ. Thessalia: in valle Penei pr. Kalabaka (Sint.); ? Arcadia: mt. Diaforti pr. Andrizena (Friedr.). — Maio. ♄.

7. **Q. macedonica** DC. pr. XVI. 2 p. 50; Bald. riv. coll. bot. alb. 1895 p. 70. — *Q. Grisebachii* Kty. eich. p. 3 solum nomen; Bald. riv. coll. bot. alb. 1892 p. 72. — *Q. aegilops* Griseb. spic. II. p. 333, non L. — Exsicc.: Bald. it. alb. n. 167, it. alb. epir. III. n. 88.

Arbor; ramis novellis puberulis glabratisve; foliis coriaceis, brevissime petiolatis, oblongis, denticulatis, basi rotundatis, supra lucidis glabris, subtus glabratis, dentibus mucronatis; stipulis lanceolatis, caducis; fructibus sessilibus; cupulae squamis parvis, ovato-lanceolatis, pubescentibus, apice recurvis. — Folia eis praecedentis minora, denticulata, glabrata, cupulae squamae abbreviatae.

In silvaticis, rarissime. Epirus: mt. Handja pr. coenobium Hagios Elias distr. Philippiada et in agro Belcia distr. Valona (Bald.) — Apr. Maio. ♄.

8. **Q. aegilops** L. sp. p. 996; S. et S. pr. II. p. 240; Sieb. avis p. 5, rem. p. 6, in Flora I. p. 271; Ch. et B. exp. p. 273, Fl. pelop. p. 63; Link in Linnaea IX. p. 587; Fraas fl. class. p. 248; Clem. sert. p. 88; Heldr. Nutzpfl. p. 16, Fl. cephal. p. 66; Bois. fl. or. IV. p. 1171; Hal. Beitr. fl. Aetol. p. 10, in ö. b. Z. 1896 p. 17; Bald. in nuovo giorn. bot. ital. 1894 p. 101; Bornm. in bot. Centralbl.XXXVII. p. 130; Haussk. symb. p. 21. — *Q. graeca* Kty. eich. t. 30. — *Q. look* Bald. riv. coll. bot. alb. 1895 p. 70, non Kty. — Exsicc.: Orph. fl. gr. n. 301 et 1178 (v. *portugalussa*); Bald. it. alb. epir. III. n. 87, f. foliis tenuiter pubescentibus, subconcoloribus.

Arbor; ramis novellis velutinis; foliis coriaceis, petiolatis, ovatis oblongisve, inaequaliter laciniato-dentatis, basi cordatis vel truncato-rotundatis, supra lucidis, stellato-puberulis, subtus pubescentibus vel cano-tomentosis, dentibus ovatis vel triangularibus, aristato-cuspidatis vel mucronatis; stipulis lanceolatis, caducis; fructibus sessilibus vel breviter pedunculatis; cupulae squamis crassis, ovato-lanceolatis, elongatis, erectis; tomentellis. — Species quoad indumentum et foliorum formam valde variat; *Q. cerri* proxima, ab ea foliis coriaceis, etsi deciduis diutius persistentibus et praesertim fructibus multo majoribus crasse squamatis distinctissima.

β. **macrolepis** Kty. eich. t. 16; Raul. cret. p. 856; Chlor. Waldverh. p. 28. — Cupulae squamae recurvae. — Exsicc.: Orph. fl. gr. n. 1178 b v. *taygetea*, et 1179; Bald. it. cret. n. 193.

γ. **cretica** Bald. viagg. Creta p. 93. — Folia utrinque tenuiter pubescentia, concoloria, profunde sinuato-pinnatifida, basi cuneata. — Exsicc.: Bald. it. cret. n. 66.

In regione inferiore et montana, solitarie vel gregarie silvulas efformans. Epirus: pr. Radmia, Delvinon (Bald.); Acarnania (Fraas): pr. Sorovigli (Hal.); Attica: mt. Pentelicon, pr. Eleusis (Heldr.), in silva Manina, Lepenu, Valtos (Chlor); Elis: in silva Manolas (Heldr.); Achaia: pr. Patras (Heldr.); Argolis: mt. Palamidi pr. Nauplia (Haussk.); Arcadia: mt. Diaforti (Chaub.); Laconia: ad fl. Eurotas, pr. Marathonisi (Chaub.), Oetylon (Chlor.), Tarapsa (Reis.), ad radices mt. Taygetos (Psarid.); Cycladum insula: Keos (Heldr.), Tenos (Chaub.), Naxos (Reis.); Creta: pr. Rumata, Canea, Retymo (Raul.), Armenus (Bald.), in fauce Perivoglia (Sieb.); Cephalonia: mt. Aenos supra Heracleon et Karpandriti, mt. Atro, pr. Bari (Heldr.); — γ. Creta: pr. Kanavas sub mt. Hagios Elias distr. Kissamos (Bald.). — Apr. Maio. ♄.

    b. Cortex suberosus.

    9. **Q. hispanica** Lam. enc. I. p. 723. — *Q. pseudosuber* Santi viagg. al Amiate p. 156 t. 3; Haussk. symb. p. 21. — Huc forsan: *Q. suber* Fraas fl. class. p. 254; Bois. fl. or. IV. p. 1168; vix L. sp. p. 995, quae cortice crasse suberoso, foliis sempervirentibus, subintegris vel parce dentato-serratis, subtus albo-tomentosis, cupulae squamis patentibus, apice non recurvis discedit.

    Arbor; ramis novellis puberulis; foliis coriaceis, petiolatis, ovato-oblongis oblongisve, grosse dentato-serratis, basi truncato-rotundatis vel subcordatis vel cuneatis, supra lucidis, parce stellato-puberulis, subtus cano-tomentosis, dentibus mucronatis; stipulis lineari-setaceis, caducis; fructibus subsessilibus; cupulae squamis lineari-subulatis, recurvis, pubescentibus.

    Inter Tsungeri et Malakasi in Pindo tymphaeo, ubi silvas latas aliis speciebus intermixtas constituit (Haussk.); Arcadia, si *Q. suber* Fraas huc pertineat. — Apr. Maio. ♄. N. v.

    3. Sectio. *Suber* Spach. hist. veg. XI. p. 171.

    10. **Q. smilax** L. sp. p. 994. — *Q. ilex* L. sp. p. 995; S. et S. pr. II. p. 239; Sieb. in Flora I. p. 271; Dallap. prosp. p. 122; Ch. et B. exp. p. 272, Fl. pelop. p. 63; Marg. et R. fl. Zante p. 84; Friedr. Reise p. 268; Fraas fl. class. p. 250; Ung. Reise p. 121; Heldr. Nutzpfl. p. 17, Fl. cephal. p. 66, in Sitzungsb. acad. Wiss. Berl. 1883 p. 5 et 7; Raul. cret. p. 856; Spreitz in z. b. G. 1887 p. 730; Bois. fl. or. IV. p. 1167; Chlor. Waldverh. p. 28; Hal. Beitr. fl. Epir. p. 40; Form. in Ver. Brünn 1896 p. 32; Haussk. symb. p. 21. — *Q. gramuntia* L. sp. p. 995. — *Q. calycina* Poir. dict. suppl. II. p. 217; Bornm. in bot. Centralbl. XXVII. p. 130 pro var. *Q. ilicis* (f. cupula elongata). — *Q. ballota* S. et S. pr. II. p. 239; Ch. et B. exp. p. 271, Fl. pelop. p. 63; Fraas fl. class. p. 252; vix Desf. fl. atl. II. p. 350. — Huc probabiliter: *Q. infectoria* Ch. et B. exp. p. 272, Fl. pelop. p. 63; Fraas fl. class. p. 254; Heldr. Nutzpfl. p. 17; Chlor. Waldverh. p. 27; vix Oliv. voy. I. p. 252, quae praesertim foliis non sempervirentibus, subtus glabris vel tenuiter pubescentibus, squamis cupulae gibbis specifice differt. —

Arbor, vel arbuscula; cortice non suberoso; ramis novellis tomentosis; foliis coriaceis, petiolatis, supra nitidulis, glabriusculis glabrisve, subtus plus minus cano-tomentosis, basi rotundatis, cordatis vel attenuatis, forma variis, sed plerumque ovato-oblongis, acutis vel obtusis, integris vel dentatis; stipulis linearibus, caducis; fructibus sessilibus vel breviter pedunculatis; cupulae squamis parvis, ovato-triangularibus, adpressis, tomentosis. — Species quoad indumentum et praesertim foliorum formam maxime polymorpha, sed folia saepius in uno eodemque individuo mire variant. Tales varietates sic dictae sunt:

α. typica. — Folia ovato-oblonga, acuta vel obtusiuscula, integra vel paucidentata, subtus cano-tomentosa. — Exsicc.: Orph. fl. gr. n. 1188; Sint. et Bornm. it. turc. n. 1476.

β. Fordii Wenzig in Jahrb. bot. Gart. Berl. IV. p. 200. — Folia oblonga, basi apiceque acuta, integra vel paucidentata, subtus cano-tomentosa. — Exsicc.: Sint. et Bornm. it. turc. n. 1477.

γ. agrifolia DC. pr. XVI. 2 p. 39. — Folia ovalia, spinoso-dentata, utrinque glabrescentia. — Exsicc.: Sint. et Bornm. it. turc. n. 1474 et 1475.

In regione inferiore et montana per totam ditionem. — Apr. Maio ♄.

11. Q. coccifera L. sp. p. 995; S. et S. pr. II. p. 239; Sieb. avis p. 5, rem. p. 6, in Flora I. p. 271; Ch. et B. exp. p. 272, Fl. pelop. p. 63; Marg. et R. fl. Zante p. 84; Friedr. Reise p. 264; Fraas fl. class. p. 251; Clem. sert. p. 88; Ung. Reise p. 121; Heldr. Nutzpfl. p. 18, Fl. cephal. p. 66, in Sitzungsb. acad. Wiss. Berl. 1883 p. 5 et 7; Raul. cret. p. 857; Bois. fl. or. IV. p. 1169; Chlor. Waldverh. p. 28; Hal. in z. b. G. 1888 p. 762, Beitr. fl. Epir. p. 40, Beitr. fl. Thessal. p. 18; Bornm. in bot. Centralbl. XXXVII. p. 140; Gelmi in bull. soc. bot. ital. 1889 p. 452; Form. in D. bot. Mon. 1890 p. 11, in Ver. Brünn 1895 p. 27, 1896 p. 32, 1897 p. 26; Bald. viagg. Creta p. 92; Haussk. symb. p. 21. — Q. graeca Wenzig in Jahrb. bot. Gart. Berlin IV. p. 203, non Kty. eich. t. 30. —

Arbor vel arbuscula; cortice non suberoso; ramis novellis pubescentibus; foliis coriaceis, rigidis, brevissime petiolatis, ovatis vel ellipticis, basi rotundatis, spinoso-dentatis, demum glaberrimis; stipulis lanceolatis, caducis; fructibus subsessilibus; cupulae squamis parvis, puberulis, ab infimis ovatis ad intermedias oblongo-lanceolatas et superiores angustiores sensim auctis, erectis vel squarrosis vel recurvis. — Formae sequentes certo certissime varietates unius et eiusdem speciei, intermediis coniunctas, nec species proprias, ut volunt auctores nonnulli, sistunt.

α. genuina Bois. fl. or. IV. p. 1169. — Saepius arbuscula humilis, ramis intricatis, foliis parvis valde spinosis, cupulae squamis breviter echinatis. — Exsicc.: Sint. et Bornm. it. turc. n. 1480, 1482, 1483, 1484, 1485 b; Sint. it. thessal. n. 120; Baen. herb. europ. n. 9318.

β. **integrifolia** Bois. l. c. — *Q. coccifera v. adpressa* Form. in D. bot. Mon. 1890 p. 11. — Arbor vel arbuscula, foliis integris vel vix denticulatis, cupulae squamis breviter echinatis. — Exsicc.: Sint. et Bornm. it. turc. n. 1481.

γ. **calliprinos** Webb it. hisp. p. 15; Ung. Reise p. 121; Heldr. Nutzpfl. p. 18; Raul. cret. p. 857; Spreitz. in z. b. G. 1877 p. 730, 1887 p. 668, 1890 p. 209; Chlor. Waldverh. p. 28; pro sp.; Bois. fl. or. IV. p. 1169; Heldr. fl. cephal. p. 66, in Sitzungsb. acad. Wiss. Berl. 1883 p. 5; Bald. in nuovo giorn. bot. it. 1894 p. 101, viagg. Creta p. 93; Haussk. symb. p. 21. — *Q. pseudococcifera* Lab. dec. V. p. 9 t. 6, non Desf. — Arbor vel arbuscula, foliis spinoso-dentatis, cupulae squamis erectis, plus minus adpressis. — Exsicc.: Heldr. it. thessal. n. 74; Bald. it. cret. n. 145.

δ. **pseudococcifera** Desf. fl. atl. II. p. 349; Urv. enum. p. 124; Chlor. Waldverh. p. 28; Hal. in z. b. G. 1888 p. 762; Bornm. in bot. Centralbl. XXXVII. p. 130; Heldr. fl. Aegina p. 390, in ö. b. Z. 1898 p. 185; pro sp.; Bois. fl. or. IV. p. 1169; Heldr. chlor. Parn. p. 27; Form. in Ver. Brünn 1895 p. 23, 1896 p. 32, 1897 p. 26. — Icon: Fl. gr. t. 944; Kty. eich. t. 6. — Arbor vel arbuscula, foliis valde spinosis, cupulae squamis patentibus vel recurvis. — Exsicc.: Orph. fl. gr. n. 1181; Sint. et Bornm. it. turc. n. 1478, 1479, 1485, 1486, 1911 et 1933.

Vulgatissima in regione inferiore et montana ad 1000 m. adscendens, solitarie vel saepius gregarie areas latas obtegens. — Apr. Maio. ♃.

4. Ostrya Mich. gen. p. 223 t. 104.

1. **O. carpinifolia** Scop. fl. carn. ed. 2 II. p. 244; Bois. fl. or. IV. p. 1178; Heldr. fl. cephal. p. 66, in Sitzungsb. acad. Wiss. Berl. 1883 p. 7; Chlor. Waldverh. p. 33; Hal. in ö. b. Z. 1890 p. 41, Beitr. fl. Epir. p. 40, Beitr. fl. Achaia p. 31; Form. in D. bot. Mon. 1890 p. 11, in Ver. Brünn 1895 p. 23, 1896 p. 32, 1897 p. 26; Bald. riv. coll. bot. alb. 1896 p. 92; Haussk. symb. p. 21. — *Carpinus ostrya* L. sp. p. 998; Fraas fl. class. p. 247; Landerer in Flora XV. p. 393. — *O. vulgaris* Willd. sp. IV. p. 469. — Icon: Rchb. germ. XII. f. 1299. — Exsicc.: Orph. fl. gr. n. 286; Sint. it. or. a. 1889 n. 1903, it. thessal. n. 203; Bald. it. alb. epir. IV. n. 257.

Arbor; foliis petiolatis, ovatis vel oblongis, acuminatis, serratis, subtus ad nervos pubescentibus; strobilis ovatis, pendulis, utriculis albidis, ellipticis, mucronatis. — Strobili eis *Humuli lupuli* similes.

In silvis regionis montanae et subalpinae. Frequens in Pindo epirotico et thessalo, Acarnania et Aetolia, in mt. Olympus (Sint.), in valle Tempe (Heldr.), mt. Pelion (Chlor.), Oeta, mt. Parnes Atticae (Heldr.); Peloponnesus: mt. Olenos, Kyllene (Orph.), Chelmos (Hal.), Malevo, Taygetos (Heldr.); Cephalonia: mt. Aenos (Heldr.). — Apr. Maio. ♄.

5. Carpinus L. gen. n. 1079.

1. **C. betulus** L. sp. p. 998; S. et S. pr. II. p. 243; Ch. et B. exp. p. 273, Fl. pelop. p. 63; Fraas fl. class. p. 248; Bois. fl. or. IV. p. 1177; Haussk. symb. p. 21. — Icon: Fl. dan. t. 1345.

Arbor; foliis petiolatis, ovato-oblongis, acutis, duplicato-serratis, subtus ad nervos puberulis; strobilorum squamis tripartitis, laciniis lanceolatis, intermedia lateralibus multo majore saepius serrata.

In silvis montanis (Sibth.); Thessalia: mt. Karava, in oropedio Neuropolis (Haussk.); Arcadia: mt. Kapsa (Fraas), pr. Phigalea, mt. Cotylus, pr. Bassae (Chaub.). — Apr. Maio. ♃. N. v.

2. **C. duinensis** Scop. fl. carn. ed. 2 p. 243 t. 60; Bois. fl. or. IV. p. 1177; Heldr. in Sitzungsb. acad. Wiss. Berl. 1883 p. 7; Hal. Beitr. fl. epir. p. 40, Beitr. fl. Thessal. p. 18; Bald. riv. coll. bot. alb. 1895 p. 70; Form. in Ver. Brünn 1896 p. 32, 1897 p. 26; Haussk. symb. p. 21. — *C. orientalis* Lam. dict. I. p. 707; Friedr. Reise p. 280. — Exsicc.: Orph. fl. gr. n. 103 et 1182; Heldr. it. thessal. n. 104; Bald. it. alb. epir. III. n. 91; Sint. it. thessal. n. 123 b.

Differt a praecedente strobilorum squamis ovatis, indivisis, inaequaliter serratis.

In silvis montanis. Epirus: mt. Handja distr. Philippiada, mt. Tomaros pr. Dodona distr. Janina (Bald.), pr. Kalentini, Mazuki ad radices mt. Tsumerka (Hal.); Thessalia: frequens in Pindo tymphaeo et dolopico (Haussk.), mt. Chassia, pr. Rapsani (Form.), in Olympo, in valle Tempe (Heldr.); Aetolia: mt. Aracynthos (Heldr.); Euboea: pr. Skylojanni (Orph.); Arcadia: mt. Diaforti pr. Andrizena (Friedr.). — Apr. Maio. ♃.

6. Corylus L. gen. n. 1074.

1. **C. avellana** L. sp. 998; S. et S. pr. II. p. 244; Dallap. prosp. p. 124; Marg. et R. fl. Zante p. 85; Fraas fl. class. p. 247; Lander. in Flora XL. p. 387; Heldr. Nutzpfl. p. 15, Fl. cephal. p. 66; Bois. fl. or. IV. p. 1176; Chlor. Waldverh. p. 31; Form. in D. bot. Mon. 1890 p. 11, in Ver. Brünn 1895 p. 23; Haussk. symb. p. 21. — Icon: Fl. dan. t. 1468. — Exsicc.: Orph. fl. gr. n. 800.

Frutex; stipulis oblongis, obtusis; foliis petiolatis, cordato-suborbiculatis, acuminatis, duplicato-serratis, subtus puberulis; cupulae simplicis laciniis inaequalibus, inciso-dentatis, nucem ovatam parum superantibus vel ea brevioribus.

In silvaticis montanis et subalpinis. Epirus: pr. Janina (Form.), Chaliki (Hal.); Thessalia: sparsim in Pindo (Sibth.) tymphaeo (Haussk.), pr. Kastania (Form.), mt. Olympus pr. Hagios Dionysios (Orph.), Pelion (Sibth.); Acarnania (Heldr.); Eurytania: pr. Karpenisi, Artodina (Fraas); Euboea (Landerer); Arcadia: pr. Carithena (Landerer); Laconia: mt. Malevo (Fraas); Cephalonia (Dall.); coliter quoque in hortis. — Febr. Mart. ♃.

2. **C. colurna** L. sp. p. 999; Heldr. Nutzpfl. p. 15; Chloros Waldverh. p. 31; Haussk. symb. p. 21. — Icon: Rchb. XXII. f. 1303.

Arbor vel arborescens; stipulis lanceolatis, acuminatis; foliis petiolatis, cordato-ovatis, acutis vel acuminatis, duplicato-serratis, subtus ad nervos velutinis; cupulae duplicis laciniis elongatis, subpinnatifidis, reflexis, nuce ovato-globosa multo longioribus.

In fruticetis. Thessalia: ad monasterium Korona in Pindo dolopico (Haussk.); Acarnania (Heldr.). — Febr. Mart. ♄. N. v.

CXIII. Ordo. Salicaceae Rich. elem. ed. 4 p. 560.

1. Populus L. gen. n. 1123.

a. Amenti squamae ciliatae; stamina 8.

1. **P. alba** L. sp. p. 1034; S. et S. pr. II. p. 260; Ch. et B. exp. p. 279, Fl. pelop. p. 65; Marg. et R. fl. Zante p. 84; Fraas fl. class. p. 222; Heldr. Nutzpfl. p. 22, Fl. cephal. p. 66, in Sitzungsb. acad. Wiss. Berl. 1883 p. 7; Raul. cret. p. 858; Bois. fl. or. IV. p. 2193; Chlor. Waldverh. p. 34; Form. in Ver. Brünn 1895 p. 23, 1896 p. 33. 1897 p. 26; Haussk. symb. p. 21. — Icon: Fl. dan. t. 2182. — Exsicc.: Heldr. herb. fl. bellen. a. 1878; Sint. it. thessal. n. 122.

Arbor; ramis novellis albo-tomentosis, gemmis tomentosis, non viscidulis; foliis petiolatis, ovato-rotundatis vel ovatis, angulato-vel sublobato-dentatis, supra viridibus, subtus niveo-tomentosis; amenti feminei squamis lanceolatis, subintegris vel apice crenatis, ciliatis.

In nemorosis, ad ripas regionis inferioris et montanae, usque alt. 100 m. spontanea et frequenter culta per totam ditionem. — Febr. Mart. ♄.

2. **P. tremula** L. sp. p. 1034; S. et S. pr. II. p. 260; Ch. et B. exp. p. 279, Fl. pelop. p. 65; Fraas fl. class. p. 223; Heldr. Nutzpfl. p. 22; Bois. fl. or. IV. p. 1193; Chlor. Waldverh. p. 34. — Icon: Fl. dan. t. 2184. — Exsicc.: Heldr. it. gr. septentr. a. 1879.

Arbor; ramis novellis glabris; gemmis glabris, viscidulis; foliis petiolatis, ovato-rotundatis vel ovatis, angulato-dentatis, concoloribus, demum utrinque glabris; amenti feminei squamis digitato-incisis, villoso-ciliatis.

In silvaticis praesertim montanis, usque alt. 1300 m. — Thessalia: mt. Olympus (Orph.); Phthiotis: mt. Oeta (Heldr.); Doris: pr. Lithoriki (Fraas); Bocotia (Sibth.); Attica: mt. Parnes pr. Menidi (Fraas); Laconia: mt. Malevo (Orph.), ad fl. Eurotas (Chaub.). — Mart. Apr. ♄.

b. Amenti squamae glabrae; stamina 12—30.

3. **P. nigra** L. sp. p. 1034; S. et S. pr. II. p. 260; Fraas fl. class. p. 223; Heldr. Nutzpfl. p. 22, fl. cephal. p. 66; Raul. cret. p. 858; Bois. fl. or. IV. p. 1194; Hal. Beitr. fl. Thessal. p. 18; Haussk. symb. p. 21. — Icon: Rchb. Germ. XXI. f. 1275. — Exsicc.: Heldr. pl. fl. hellen. a. 1898.

Arbor; ramis patentibus, novellis glabris; gemmis glabris, visciduli-; foliis petiolatis, rhomboideis vel ovato-triangularibus, serrulatis, concoloribus, glabris; amenti feminei squamis digitato-incisis, glabris.

β. **italica** Duroi harbk. Baumz. II. p. 141; Haussk. symb. p. 21. — *P. pyramidalis* Roz. cours d'agricult. VII. p. 619; Bois. fl. or. IV. p. 1194; Form. in D. bot. Mon. 1890 p 12, in Ver. Brünn 1895 p. 23, 1896 p. 40. — *P. fastigiata* Poir. dict. V. p. 235; Ch. et B. exp. p. 279, Fl. pelop. p. 65; Marg. et R. fl. Zante p. 84; Raul. cret. p. 858. — Ramis erectis pyramidatis, caeterum uti *α*. — Exsicc.: Heldr. fl. thessal. a. 1883.

γ. **pubescens** Parl. fl. it. IV. p. 289; Haussk. symb. p. 21. — *P. hispida* Haussk. et Sint. it. thessal. n. 204. — Ramis patentibus, novellis foliis petiolisque pubescentibus. —

Ad ripas, vias, in nemorosis regionis inferioris. Thessalia: pr. Chaliki, frequentissime in alveo fl. Peneios (Haussk.), pr. Kalabaka (Hal.), ad fl. Achelous et Sperchius (Fraas); Attica: in oliveto Athenarum (Fraas); Cycladum insula Keos (Heldr.); Creta: pr. Zapres (Raul.); Cephalonia (Heldr.); saepe quoque colitur; — *β*. colitur hinc inde; — *γ*. Thessalia: in valle Kutsulia pr. Klinovo in Pindo tymphaeo (Haussk.). — Mart. Apr. ♄.

Obs. *P. graeca* Ait. Kew. III. p. 407; Fraas fl. class. p. 222 species boreali-americana (*P. tremuloides* Michx fl. bor. am. II. p. 243) in ditione ut videtur rarissime tantum colitur.

2. Salix L. gen. n. 1098.

1. Sectio. *Amerina* Fr. nov. mont. I. p. 37. — Amenta lateralia, coetanea; squamae amenti concolores, luteo-virides; antherae flavae.

a. Squamae amenti ante capsulae maturationem deciduae.

1. **S. alba** L. sp. p. 1021; S. et. S. pr. II. p. 253; Ch. et B. exp. p. 277, Fl. pelop. p. 64; Fraas fl. class. p. 221; Ung. Reise p. 121; Heldr. Nutzpfl. p. 22, in Sitzungsb. acad. Wiss. Berl. 1883 p. 7 et 8; Bois. fl. or. IV. p. 1185; Chlor. Waldv. p. 36; Hal. Beitr. fl. Thessal. p. 18; Form. in Ver. Brünn 1896 p. 33; Haussk. symb. p. 21. — Exsicc.: Sint. it. thessal. n. 1148.

Arbor; foliis alternis, lanceolatis, acuminatis, serrulatis, utrinque vel saltem subtus adpresse sericeis; stipulis lanceolatis; amentis cylindricis, pedunculatis, pedunculo foliato; squamis flavidis, apice glabriusculis; staminibus 2, liberis; capsula glabra, sessili vel brevissime pedicellata, pedicello nectarium vix aequante; stylo subnullo, stigmatibus emarginatis.

Ad ripas regionis inferioris et montanae. Thessalia: pr. Kastania (Hal.), Sermeniko in oropedio Neuropolis, pr. Karditza (Haussk.), ad ripas fl. Peneios pr. Larissa et in valle Tempe, mt. Pelion pr. Portaria (Heldr.); Aetolia: ad lacum Lysimachiae (Heldr.), pr. Naupactos (Reis.);

Boeotia: pr. Thebas (Ung.); Attica: ad ripas fl. Cephissus in oliveto Athenarum et pr. Liosia (Heldr.), ad radices mt. Hymettus (Hal.); Peloponnesus (Chaub.); Cycladum insula: Keos, Jos (Heldr.). — Mart. Apr. ħ.

2. **S. fragilis** L. sp. p. 1017; S. et S. pr. II. p. 252; Sieb. avis rem. p. 6; Ch. et B. exp. p. 277, Fl. pelop. p. 64; Fraas fl. class. p. 221; Heldr. Nutzpfl. p. 22; Raul. cret. p. 858; Bois. fl. or. IV. p. 1184; Chlor. Waldverh. p. 37. — Icon: Fl. dan. t. 2484. — Exsicc.: Heldr. pl. fl. hellen. a. 1898.

Arbor; foliis alternis, lanceolatis, acuminatis, serrulatis, junioribus saepe subpilosis, adultis glaberrimis, subtus opacis vel glaucis; stipulis semicordatis; amentis cylindricis, pedunculatis, pedunculo foliato; squamis flavidis, pilis basi praesertim hirsutis; staminibus 2, liberis; capsula glabra, pedicellata, pedicello nectarium 2—3 plo superante; stylo mediocri, stigmatibus bipartitis.

Ad ripas, in humidis regionis inferioris. Argolis: pr. Argos (Chaub.); Arcadia (Sibth.): ad fl. Alpheus (Chaub.); Messenia (Sibth.): pr. Kalamata (Zahn); Creta (Sieb.). — Mart. Apr. ħ.

Obs. S. babylonica L. sp. p. 1017; S. et S. pr. II. p. 252; Ch. et B. fl. pelop. p. 65; Heldr. Nutzpfl. p. 22; Raul. cret. p. 858; arbor ramis elongatis pendulis, colitur hinc inde.

b. Squamae amenti persistentes.

3. **S. triandra** L. sp. p. 1016; S. et S. pr. II. p. 252; Ch. et B. exp. p. 277, Fl. pelop. p. 64; Bois. fl. or. IV. p. 1186; Chlor. Waldverh. p. 37. — Icon: Fl. dan. t. 2558.

Frutex; foliis alternis, oblongis vel lanceolatis, serrulatis, breviter acuminatis, glabris, subtus pallidioribus vel glaucis; stipulis semicordatis; amentis cylindricis, pedunculatis, pedunculo foliato; squamis flavidis, pilosis vel apice glabrescentibus; staminibus 3, liberis; capsula glabra, pedicellata, pedicello nectarium 2—3 plo superante; stylo brevissimo, stigmatibus emarginatis.

Arcadia (Sibth.): ad ripas fl. Alpheus (Chaub.). — Mart. Apr. ħ. N. v.

2. Sectio. *Purpureae* Koch syn. p. 646. — Amenta lateralia, praecocia; squamae amenti persistentes, apice nigricantes; antherae purpureae.

4. **S. purpurea** L. sp. p. 1017; S. et S. pr. II. p. 251; Bois. fl. or. IV. p. 1186; Chlor. Waldverh. p. 37; Hal. Beitr. fl. Epir. p. 41, Beitr. fl. Thessal. p. 18, Beitr. fl. Achaia p. 31; Haussk. symb. p. 22. — S. helix L. sp. p. 1017; S. et S. pr. II. p. 251; Fraas fl. class. p. 222; f. foliis angustis, lineari-lanceolatis. — Icon: Rchb. germ. f. 2030. — Exsicc.: Sint. it. thessal. n. 206.

Frutex; ramis saepius purpureis, epruinosis; foliis saepissime alternis, brevissime petiolatis, lanceolatis, acutis vel breviter acuminatis, obsolete serrulatis, basin versus attenuatis, glabris vel junioribus subpuberulis, subtus glaucis; stipulis obsoletis; amentis sessilibus, cylindricis; squamis discoloribus, apice nigricantibus, villosis; staminibus 2, monadelphis; capsula tomentosa, sessili; stylo subnullo, stigmatibus emarginatis.

Ad ripas regionis montanae et subalpinae. Epirus: ad radices mt. Tsumerka pr. Theodoriana (Hal.); Thessalia: ad fl. Aspropotamos pr. Chaliki (Hal.), pr. Malakasi (Haussk.), pr. Klinovo (Sint.); Phthiotis: ad fl. Sperchius (Fraas); Peloponnesus: pr. Kalavryta (Hal.), ad fl. Alpheus (Fraas). — Mart. Apr. ♄.

5. **S. amplexicaulis** Ch. et B. exp. p. 277 t. 34, Fl. pelop. p. 64 t. 36; Fraas fl. class. p. 221; Heldr. Nutzpfl. p. 22; Fritsch in Gartenfl. 43 p. 39; Hal. Beitr. fl. Achaia p. 31. — *S. purpurea v. amplexicaulis* Bois. fl. or. IV. p. 1187; Haussk. symb. p. 22. — Exsicc.: Hal. it. gr. II. n. 1893.

Frutex vel arbor; ramis purpureis, junioribus caesio-pruniosis; foliis oppositis, oblongis oblongo-lanceolatisve, acutis vel obtusis, breviter acuminatis, serrulatis, basin versus non vel parum angustatis, truncatis vel cordato-amplexicaulibus, glabris, subtus glaucis; stipulis obsoletis; amentis sessilibus, cylindricis; squamis discoloribus, apice nigricantibus, villosis; staminibus ignotis; capsula tomentosa, sessili; stylo subnullo, stigmatibus emarginatis. — Ramis novellis caesio-pruinosis, foliis oppositis, amplexicaulibus, praesertim eis ramorum sterilium hornotinorum oblongis vel ovato-oblongis, auriculato-amplexicaulibus, obtusissimis, mucronatis, 3—4 cm. longis, 25 mm. latis, eis *Lonicerae implexae* non assimilibus, a *S. purpurea* meo sensu specifice distincta.

In humidis regionis submontanae et montanae. Thessalia: ad monasterium Korona (Haussk.); Attica: ad fl. Cephissus (Fraas); Achaia: pr. Eglikada ad meridiem urbis Patras (Hal.), pr. Hagios Vlasios, Kalavryta, Trikala Xylocastron (Heldr.); Laconia: ad fl. Eurotas, in planitie Helos (Chaub.). — Mart. Apr. ♄.

3. Sectio. *Capreae* Bois. fl. or. IV. p. 1182. — Amenta lateralia, praecocia vel coetanea; squamae amenti persistentes, apice saepissime nigricantes, antherae flavae.

a. Capsula sessilis.

6. **S. viminalis** L. sp. p. 1021; S. et S. pr. II. p. 253; Bois. fl. or. IV. p. 1191. — Icon: Fl. dan. t. 2485.

Frutex; foliis alternis, lineari-lanceolatis, acuminatis, integris, supra glabris, subtus adpresse argenteo-sericeis, micantibus; stipulis lineari-lanceolatis; amentis sessilibus, cylindricis; squamis discoloribus, apice nigricantibus, villosis; staminibus 2, liberis; capsula tomentosa, sessili; stylo elongato, stigmatibus integris vel bifidis,

In humidis Graeciae (Sibth.); a recentioribus non lecta. — Mart. Apr. ♄. N. v.

6 ×. **S. viminalis × caprea** Wim. in Flora 1848 II. p. 321. — *S. acuminata* Sm. fl. brit. III. p. 1068, engl. bot. t. 1434; S. et

S. pr. II. p. 253. — *S. cinerea* Ch. et B. exp. p. 277, Fl. polop. p. 64, non L. — A *S. viminali* foliis oblongo-lanceolatis, latioribus, subtus argenteo-tomentosis, vix micantibus et capsula pedicellata; — a *S. caprea* amentis tenuioribus, capsula brevius pedicellata et indumento paginae foliorum inferioris submicante discedit. — In agro Argolico (Sibth.). — N. v.

 b. Capsula pedicellata.
  α. Capsula glabra.

7. **S. incana** Schrank baier. fl. I. p. 230; Heldr. Nutzpfl. p. 22; Bois. fl. or. IV. p. 1187; Chlor. Waldverh. p. 37; Hal. in z. b. G. 1888 p. 762, Beitr. fl. Epir. p. 40, Beitr. fl. Thessal. p. 18, Beitr. fl. Achaia p. 32; Form. in D. bot. Mon. 1890 p. 12, in Ver. Brünn 1895 p. 23, 1896 p. 33, 1897 p. 26; Bald. riv. coll. bot. alb. 1896 p. 92; Haussk. symb. p. 22. — *S. cyllenea* Bois. et Orph. in Orph. fl. gr. n. 363; Heldr. Nutzpfl. p. 22. — Icon: Rchb. germ. f. 1247. — Exsicc.: Orph. l. c.; Sint. it. or. a. 1889 n. 1906, it. thessal. n. 205.

Arbor vel frutex; foliis alternis, lineari-lanceolatis, acuminatis, integris vel denticulatis, supra glabris, subtus adpresse cano-tomentosis; stipulis nullis, amentis sessilibus, cylindricis; squamis flavido-fulvis, apice saepissime nigricantibus, rarius concoloribus; staminibus 2, inferne connatis; capsula glabra, pedicellata, pedicello nectarium bis superante; stylo brevi, stigmatibus bifidis.

In faucibus umbrosis, ad ripas regionis montanae et subalpinae. Epirus: in valle Dipotami (Form.), ad fl. Xeropotamos distr. Janina (Bald.), pr. Vulgarelion in mt. Tsumerka (Hal.); Thessalia: pr. Chaliki (Hal.), Klinovo, Koturi, Han Tripa, Malakasi, Velitsena, Vendista, Karditza, Sermeniko (Haussk.) in Pindo (Form.), mt. Olympus (Orph.); Doris: mt. Kiona (Hal.); Achaia; mt. Kyllene pr. Fhamburitza (Orph.), Trikala (Heldr.), pr. Kalavryta (Hal.). — Mart. Apr. ♄.

  β. Capsula tomentosa.

8. **S. caprea** L. sp. p. 1020; S. et S. pr. II. p. 253; Ch. et B. exp. p. 277, Fl. pelop. p. 64; Friedr. Reise p. 278; Bois. fl. or. IV. p. 1188; Chlor. Waldverh. p. 36. — Icon: Fl. dan. t. 245.

Arbor vel frutex; ramis gemmisque glabris; foliis alternis, ovato-lanceolatis, ellipticis vel ovali-orbiculatis, breviter acuminatis, serrulatis, supra glabris, subtus cano-tomentosis; stipulis reniformibus; amentis sessilibus vel subsessilibus, crassis; squamis lanatis, apice nigris; staminibus 2, liberis; capsula tomentosa, pedicellata, pedicello nectarium 4—6 plo superante; stylo subnullo, stigmatibus bifidis.

In silvaticis montanis. — Argolis: ad lacum Lerna (Friedr.); Arcadia (Sibth.); Messenia (Chaub.). — Mart. Apr. ♄. N. v.

9. **S. cinerea** L. sp. p. 1021; Heldr. Nutzpfl. p. 22, Fl. cephal. p. 66; Bois. fl. or. IV. p. 1188; Chlor. Waldverh. p. 36. — Icon: Rchb. germ. f. 2022. — Exsicc.: Heldr. pl. fl. bellen. a. 1878.

Frutex; ramis novellis gemmisque tomentosis; foliis alternis, ellipticis vel obovato-lanceolatis, acutis, integris vel obsolete undulato-serrulatis, supra pubescentibus, subtus cano-tomentosis; stipulis reniformibus; amentis sessilibus vel subsessilibus, crassis; squamis lanatis, apice nigris; staminibus 2, liberis; capsula tomentosa, pedicellata, pedicello nectarium 4—5 plo superante; stylo subnullo, stigmatibus bifidis.

In dumosis humidis regionis inferioris et montanae. Aetolia: ad effluvium lacus Lysimachiae; mt. Parnassus (Heldr.); Arcadia (Bois.); Cephalonia: pr. Akoli (Heldr.). — Mart. Apr. ħ.

4. Sectio. *Glaciales* Koch syn. p. 660. — Amenta terminalia, coetanea; squamae amenti concolores, virescentes; antherae flavae vel purpurascentes.

10. **S. retusa** L. syst. ed. 10 p. 1287; S. et S. pr. II. p. 252; Bois. fl. or. IV. p. 1192. — Icon: Rch. germ. f. 1186.

Suffrutex; ramis tortuosis, prostratis; foliis obovatis vel oblongocuneatis, obtusis vel retusis, glabris; amentis breviter pedunculatis, ovali-subglobosis; squamis flavidis, apice nigricantibus, demum glabris; staminibus 2, liberis, antheris flavis; capsula glabra, pedicellata, pedicello nectarium duplo superante; stylo brevissimo, stigmatibus bipartitis.

In montibus Graeciae (Sibth.); postea a nemini lecta. — Jun. Jul. ħ. N. v.

CXIV. Ordo. **Betulaceae** Bartl. ord. nat. p. 99.

1. **Alnus** Tourn. inst. I. p. 587.

1. **A. glutinosa** L. sp. p. 983 pro var. *Betulae alnus*; Gaertn. fr. II. p. 54; S. et S. pr. II. p. 232; Land. in Flora XV, p. 394; Heldr. Nutzpfl. p. 15, in Sitzungsb. acad. Wiss. Berl. 1883 p. 4 et 5; Bois. fl. or. IV. p. 1180; Chlor. Waldverh. p. 30; Haussk. symb. p. 22. — *Betula alnus* L. sp. p. 983 p. p.; Ch. et B. exp. p. 269, Fl. pelop. p. 63; Fraas fl. class. p. 254. — Icon: Fl. dan. t. 3202. — Exsicc.: Orph. fl. gr. n. 1011 (Macedonia); Dörfl. fl. aeg. n. 100.

Arbor; foliis obovatis vel suborbiculatis, obtusis vel retusis, inaequaliter crenatis vel denticulatis, supra glabris, subtus ad venarum axillas barbatis; amentis 3—5, in racemum dispositis, masculis cylindricis, femineis oblongis.

In humidis, ad rivos regionis inferioris et montanae, rare. Thessalia: in oropedio Neuropolis (Haussk.), mt. Ossa, Pelion (Heldr.); Phthiotis: in silva Muntzuraki ad mt. Kukkos (Heldr.), ad fl. Sperchius (Fraas); Boeotia (Sibth.); Aetolia: ad lacum Lysimachiae (Heldr.), pr. Agrinion (Chlor.); Euboea: pr. Achmet Aga (Orph.); Elis et Laconia (Sibth.); Cycladum insula Naxos: mt. Koroni (Leon.). — Jan. Febr. ħ.

Obs. *Betula alba* L. sp. p. 982. — In mt. Aenos Cephaloniae (Dallap. prosp. p. 120) indicatur, sed teste Heldr. fl. cephal. p. 67 certe erronce.

II. Classis. MONOCOTYLEDONES Juss.

CXV. Ordo. **Hydrocharidaceae** Rich. mem. inst. 1811. p. 1.

1. Hydrocharis L. gen. n. 1126.

1. **H. morsus ranae** L. sp. p. 1036; Bois. fl. or. V. p. 5; Bald. riv. coll. bot. alb. 1895 p. 70, 1896 p. 92. — Icon: Fl. dan. t. 878.

Glabra; rhizomate tenui, stolonifero, e nodis deorsum fibras, sursum rosulas foliorum edente; foliis longe petiolatis, orbiculari-reniformibus, integris; floribus dioicis, masculis pedicellatis, ternis, spatha diphylla cinctis, femineis longe pedicellatis, minoribus, solitariis, spatha monophylla cinctis; perigonii phyllis 3 externis herbaceis, 3 internis petaloideis, albis, basi luteo-maculatis; bacca ellipsoidea.

In aquis stagnantibus, rarissime. Epirus: ad lacum Janina (Bald.); Aetolia: pr. Mesolongion (Nieder). — Jun. Jul. ♃. N. v.

CXVI. Ordo. **Butomaceae** Lindl. Key. syst. bot. p. 72.

1. Butomus L. gen. n. 507.

1. **B. umbellatus** L. sp. p. 372; Fraas fl. class. p. 270; Form. in D. bot. Mon. 1890 p. 10; Bald. riv. coll. bot. alb. 1895 p. 70; Haussk. symb. p. 22. — Icon: Fl. dan. t. 604.

Glaber; rhizomate carnoso, horizontali; foliis radicalibus, longissimis, linearibus, integris; scapo erecto, elato, in umbellam terminalem, multiflorum, basi involucro triphyllo cinctam abeunte; pedicellis longis, inaequalibus; floribus hermaphroditis; perigonio 6 phyllo, roseo, phyllis 3 internis submajoribus; capsula polysperma.

In paludosis, ad ripas, fossas, rare. Epirus: ad lacum Janina (Bald.); Thessalia: pr. Trikala, in palude Karacair pr. Larissa (Form.), pr. Pharsala, Karditza, Demirli, Sophates (Haussk.); ad fl. Sperchius Phthiotidis et ad lacum Kopais Boeotia (Fraas). — Jun. Aug. ♃. N. v.

CXVII. Ordo. **Alismaceae** Juss. dict. sc. nat. VII. p. 474.

1. Alisma L. gen. n. 460. — Flores hermaphroditi; carpella numerosa, in receptaculo disciformi vel globoso-verticillata vel capitata, libera, uniovulata.

1. **A. plantago** L. sp. p. 342; S. et S. pr. I. p. 251; Ch. et B. exp. p. 109, Fl. pelop. p. 24; Marg. et R. fl. Zante p. 85; Fraas fl.

class. p. 270: Raul. cret. p. 861; Bois. fl. or. V. p. 9; Heldr. fl. cephal. p. 72; Form. in D. bot. Mon. 1890 p. 10, in Ver. Brünn 1895 p. 21, 1896 p. 29; Haussk. symb. p. 23. — Icon: Fl. dan. t. 561. — Exsicc.: Sint. et Bornm. it. turc. n. 1506.

Glabra; rhizomate fibroso; foliis radicalibus, longe petiolatis, cordatis vel ovatis, acutis, integris; scapo erecto, superne in paniculam pyramidatam abeunte; pedicellis elongatis; perigonio 6 phyllo, phyllis 3 externis herbaceis, 3 internis petaloideis, albo-lilacinis, basi luteis; carpellis orbiculatim et uniseriatim in capitulum depressum congestis, obovatis, obtusis, dorso 1—2 sulcatis, lateraliter valde compressis.

β, **lanceolatum** Wither. bot. arr. ed. 3 II. p. 362 pro sp.; Schultz in Spreng. syst. II. p. 163; Haussk. symb. p. 23. — Folia lanceolata vel oblongo-lanceolata, utrinque attenuata. — Exsicc.: Heldr. pl. fl. hellen. a. 1878 et 1890.

In paludosis, ad aquas. Epirus: pr. Prevesa, Philippiades, Han Kukleus, Janina, monasterium Hagios Paraskevi (Form.); Thessalia: in oropedio Neuropolis, pr. Karditza (Haussk.), Trikala, Pharsala, in palude Karacair pr. Larissa (Form.), pr. Katherina (Sint.); Aetolia: pr. Aetolicon (Heldr.); Euboea: in stagno Suvala in mt. Tympanon (Heldr.); Arcadia: pr. Sinano, Megalopolis (Chaub.); Creta: pr. Canea, Nerokuru (Raul.); Zante: in palude Makri (Marg.); Cephalonia: pr. Kutavo, Argostoli (Heldr.). — Jun. Sept. ♃.

2. **A. ranunculoides** L. sp. p. 343; Haussk. symb. p. 23. — *Echinodorus ranunculoides* Engelm. in Aschers. fl. Brandenb. I. p. 651; Bois. fl. or. V. p. 10. — *Baldellia ranunculoides* Parl. nuov. gen. monoc. p. 58. — Icon: Fl. dan. t. 222. — Exsicc.: Heldr. reliqu. Orph. a. 1886.

Glabra; rhizomate fibroso; foliis radicalibus, lanceolatis, acutis, integris, in petiolum longum attenuatis; scapo erecto vel procumbente, apice umbellato vel verticillatim-biumbellato; pedicellis elongatis; perigonio 6 phyllo, phyllis 3 externis herbaceis, 3 internis petaloideis, ex albo roseis; carpellis pluriseriatim in capitulum globosum congestis, ellipsoideo-subquadrangularibus, mucronatis, dorso 3—4 sulcatis, vix compressis.

In paludosis, rarissime. Argolis: pr. Tirynthum (Orph.). — Apr. Jul. ♃.

2. **Damasonium** Juss. gen. p. 46. — Flores hermaphroditi; carpella 6—8, in receptaculo plano verticillata, basi connata, 2—pluri-ovulata.

1. **D. Bourgaei** Coss. not. pl. crit. esp. p. 47; Bald. riv. coll. bot. alb. 1896 p. 93. —

Glabrum; rhizomate fibroso; foliis longe petiolatis, oblongis, acutiusculis, integris, basi truncatis vel cordatis; scapis erectis vel adscendentibus; floribus pedicello crasso, fructu vix longiore insidentibus, in verticillos plures densiusculos dispositis; perigonio 6 phyllo, phyllis 3 externis herbaceis, 3 internis petaloideis, albis; carpellis triangulari-lanceolatis, acutis, valde nervosis, stellatim-divergentibus.

In fossis, stagnis, rarissime. Epirus: ad Lapsista distr. Janina (Bald.). — Jun. Jul. ♃. N. v.

3. Sagittaria L. gen. n. 1067. — Flores monoici; carpella numerosa, in receptaculo globoso capitata, libera, uniovulata.

1. **S. sagittifolia** L. sp. p. 993; Form. in Ver. Brünn 1895 p. 21. — Icon: Fl. dan. t. 172.

Glabra; rhizomate fibroso; foliis longe petiolatis, profunde sagittatis, infimis saepe linearibus, submersis; scapo erecto, simplici; floribus ternatim verticillatis, breviuscule pedicellatis, inferioribus femineis, superioribus masculis; perigonio 6 phyllo, phyllis 3 externis herbaceis, 3 internis petaloideis, albis; carpellis obovatis, dorso alatis, oblique et obtuse rostratis.

In aquis stagnantibus, rarissime. Epirus: ad lacum Janina (Form.). — Maio, Jul. ♃. N. v.

CXVIII. Ordo. Juncaginaceae Rich. in mem. mus. I. p. 365.

1. Triglochin L. gen. n. 453.

1. **T. bulbosum** L. mant. II. p. 226. — *T. Barrelieri* Lois. fl. gall. p. 725; Ch. et B. exp. p. 109, Fl. pelop. p. 24; Raul. cret. p. 860; Bois. fl. or. V. p. 13; Gelmi in bull. soc. bot. ital. 1889 p. 452; Heldr. fl. Aegina p. 390, in ö. b. Z. 1898 p. 185; Hal. in z. b. G. 1899 p. 193; Haussk. symb. p. 23. — Icon: Rchb. germ. f. 91. — Exsicc.: Baen. herb. europ. n. 9358.

Glabrum; rhizomate bulbiformi; foliis lineari-subulatis, semicylindricis, erectiusculis, superne sulco exaratis; scapo erecto vel adscendente, in racemum laxum abeunte; pedicellis fructu subaequilongis, erectopatentibus.

In arenosis, herbosis maritimis. Attica: pr. Phaleron, Eleusis (Heldr.), Laurion (Haussk.), insula Aegina (Sprun.), Naxos (Heldr.); Messenia: pr. Navarin, Pylos (Chaub.); Creta: pr. Suda (Raul.); Corcyra: pr. Kastrades (Baen.), Potamo (Gelmi). — Apr. Maio. ♃.

2. **T. laxiflorum** Guss. ind. sem. hort. Boccadif. 1825 p. 12; Bald. in nuovo giorn. bot ital. 1894 p. 102. —

Differt a praecedente foliis varie flexis, utrinque planis et sulcatis, pedicellis subbrevioribus, scapo adpressis et florescentia autumnali.

In maritimis pr. Actium Acarnaniae (Bald.). — Sept. Nov. ♃. N. v.

CXIX. Ordo. **Potamaceae** Juss. dict. sc. nat. 43 p. 93.

Dispositio generum.

a. Flores spicati, nudi, saepissime hermaphroditi.
   α. Axis spicae, sub anthesi vagina folii summi floralis (spatha) inclusae, complanata; flores hermaphroditi; stamen 1; ovarium 1, stylo brevi, in stigmata duo fasciiformia abeunte; fructus membranaceus, ovali-cylindricus, indehiscens.

1. Zostera L.

   β. Axis spicae, sub anthesi vagina non inclusae, teres.
     × Spica composita, ut et spiculae bracteis foliaceis involucrata; flores polygami; stamina 3; ovarium 1 stigmate sessili, echinato; fructus baccatus, sessilis, irregulariter dehiscens.

2. Posidonia Koen.

     ×× Spica simplex, sub anthesi non involucrata; flores hermaphroditi; stamina 2; ovaria saepissime 4, stigmate subsessili vel sessili, peltato; fructus drupaceus, ineunte germinatione operculo dehiscens.
     ○ Stamina 2, appendiculis perigoniformibus, antheras superantibus praeditis; fructus demum longe stipitatus.

3. Ruppia L.

     ○○ Stamina 4, appendiculis minutis, antheris brevioribus praeditis; fructus sessilis.

4. Potamogeton L.

b. Flores solitarii vel cymosi, unisexuales.
   α. Flores dioici, nudi; stamina 2; ovaria 2, stigmatibus 2 elongatis, fasciiformibus; fructus osseus, indehiscens, sessilis.

5. Cymodocea Koen.

   β. Flores monoici; masculi nudi, stamina 1; feminei perigonio cupuliformi praediti; ovaria saepissime 4, stylo brevi vel elongato, stigmate peltato; fructus coriaceus, dehiscens, sessilis vel breviter pedicellatus.

6. Zannichellia L.

1. Zostera L. westgöth. resa p. 167.

1. **Z. marina** L. sp. p. 968; Ch. et B. exp. p. 270, Fl. pelop. p. 63; Marg. et R. fl. Zante p. 85; Fraas fl. class. p. 272; Raul. cret. p. 860; Heldr. in Sitzungsb. acad. Wiss. Berl. 1883 p. 9; Bois. fl. or. V. p. 25 et 753. — Icon: Rchb. germ. VII. t. 4. — Exsicc.: Heldr. it. thessal. n. 112.

Submersa; rhizomate repente, ad nodos radicante; foliorum vagina clausa exauriculata, lamina longissima, lineari, apice rotundata, 3—5, rarius 7—9 nervi, nervis lateralibus margine distantibus, secundariis in quovis interstitio 4—7; spatha internodio praecedenti et laminae aequilata; fructibus longitudinaliter costatis.

In vadosis arenosis et limosis maris. Thessalia: in sinu Pegasaeo pr. Volo (Heldr.); Peloponnesus (Chaub.); ad oras Argolidis (Sprun.); Cycladum insula Mykonos (Heldr.); Creta (Raul.); Zante (Marg.); secundum Fraas ad litora omnia. — Jun. Jul. ♃.

2. **Z. nana** Roth. en. pl. germ. I. p. 8; Heldr. in Sitzungsb. acad. Wiss. Berl. 1883 p. 9; Bois. fl. or. V. p. 753. — Icon: Rchb.

germ. VII. t. 2. — Exsicc.: Heldr. pl. fl. hellen. a. 1878 (specimina quidem sterilia, sed huc spectare videntur).

Differt a praecedente foliorum vagina superne fissa biauriculata, lamina angustissima apice emarginata, trinervi, nervis lateralibus marginantibus, secundariis 3—4; spatha internodio praecedenti et lamina multo latiore, fructibus laevibus.

In vadosis arenosis maritimis, in aquis salsis. Indicatur: in sinu Pegasaeo pr. Volo (Heldr.); Attica: in lacu salso Buliasmene ad radices mt. Hymettus (Heldr.). — Jun. Jul. ♃.

2. Posidonia Koen. in ann. bot. II. p. 95 t. 6.

1. **P. oceanica** L. mant. I. p. 123 (*Zostera*); Del. fl. aeg. ill. p. 30; Raul. cret. p. 860; Bois. fl. or. V. p. 26; Heldr. chlor. Thera p. 22. — *Caulinia oceanica* DC. fl. fr. III. p. 156. — *P. Caulini* Koen. l. c. p. 96; Heldr. fl. cephal. p. 68; Haussk. symb. p. 23. — Exsicc.:

Submersa; rhizomate crasso, repente, comoso, radices fasciculatas validas edente; foliis vaginantibus, late linearibus, multinerviis; spica composita spiculisque bracteis magnis foliaceis involucrata; fructibus baccatis, demum irregulariter dehiscentibus.

In fundo arenoso maris. Thessalia: pr. Volo (Haussk.); Attica: ad Phaleron (Heldr.), pr. Sunium (Haussk.); Argolis: pr. Nauplia (Berger); Cycladum insula: Syra (Raul.), Delos, Mykonos, Thera (Heldr.); Creta: pr. Canea (Raul.); Cephalonia: copiosissime pr. Lixuri (Heldr.) et certe alibi. — Apr. Maio. ♃.

3. Ruppia L. gen. n. 175.

1. **R. maritima** L. sp. p. 127; S. et S. pr. I. p. 109; Ch. et B. exp. p. 59, Fl. pelop. p. 12; Mazz. in ant. ion. IV. p. 956; Raul. cret. p. 860. — *R. spiralis* Dum. fl. belg. p. 164; Heldr. fl. cephal. p. 81, chlor. Mykon. p. 251; Bois. fl. or. V. p. 19; Haussk. symb. p. 23. — Icon: Rchb. germ. f. 26. — Exsicc.: Heldr. pl. fl. hellen. a. 1884.

Caulibus filiformibus, fluitantibus; foliis filiformibus; floribus spadici filiformi axillari insertis; pedunculis post anthesin longissimis, basi spiraliter tortis; antherarum thecis oblongis; fructibus ovoideis, obliquis, apice sensim attenuatis.

β. **rostellata** Koch in Rchb. ic. crit. II. p. 66 f. 306; Bois. fl. or. V. p. 20; Haussk. symb. p. 23; pro sp.; Aschers. syn. I. p. 357. — Pedunculis brevioribus, non spiraliter tortis; antherarum thecis subglobosis; fructibus ovoideo-seminulatis, apice valde et oblique attenuatis. — Exsicc.: Haussk. it. gr. a. 1885.

In aquis salsis, maritimis et stagnis salsuginosis interioribus. Epirus: pr. Arta (Clarke); Aetolia: pr. Mesolongion (Nied.); Attica: ad Phaleron (Heldr.); Argolis (Sibth.): in palude Lerna (Sprun.), pr.

Nauplia (Haussk.); pr. Methone Messeniae, Armyros in Maina (Chaub.); Cycladum insula: Delos, Melos (Chaub.); Creta: pr. Hierapetra (Raul.); Cephalonia (Heldr.); Corcyra: pr. Potamo (Mazz.). — Maio, Sept. ♃.

4. Potamogeton L. gen. n. 174.

1. Sectio. *Heterophylli* Koch syn. p. 672. — Folia inferiora submersa, pellucida, alterna, floralia natantia suboppoxita coriacea, dissimilia; stipulae liberae.

    a. Folia submersa margine laevia.

        α. Folia omnia longe petiolata.

1. **P. natans** L. sp. p. 126; S. et S. pr. I. p. 108; Ch. et B. exp. p. 58, Fl. pelop. p. 12; Mazz. in ant. ion. IV. p. 954; Fraas fl. class. p. 271; Raul. cret. p. 860; Bois. fl. or. V. p. 15; Form. in D. bot. Mon. 1890 p. 6, in Ver. Brünn 1896 p. 22; Heldr. chlor. Mykon. p. 251. — Icon: Fl. dan. t. 1025. — Exsicc.: Sint. et Bornm. it. turc. n. 1493.

Caule simplici vel ramoso; foliis longe petiolatis, submersis membranaceis, pellucidis, lanceolatis oblongisve, acutis, integris, sub anthesi destructis, ad petiolum reductis, natantibus coriaceis, ovatis oblongisve, basi rotundatis subcordatisve; petiolis semiteretibus, supra planis; pedunculis caulem crassitie aequantibus; spica cylindrica, densa; fructibus ovatis, breviter rostratis, margine obtuse-carinatis.

    β. **fluitans** Roth tent. I. p. 72; Mazz. in ant. ion. IV. p. 954; Bois. fl. or. V. p. 16; Haussk. symb. p. 23; pro sp; Cham. adnot. p. 4. — Icon: Fl. dan. t. 2105. — Foliis submersis sub anthesi persistentibus, natantibus oblongo-lanceolatis, basi attenuatis; petiolis subtriquetris, supra convexis; pedunculis caule crassioribus; fructibus margine acutiuscule-carinatis. — Exsicc.: Heldr. it. thessal. IV. a. 1885.

In aquis stagnantibus et fluentibus. Thessalia: pr. Kalabaka, Trikala (Form.), in fl. Potoki pr. Megala Kalyvia (Heldr.), ad lacum Nezeros (Form.), pr. Litochori (Sint.); Attica: in fl. Cephissus (Fraas); Messenia: in fl. Pamisus pr. Methone et Andrussa (Chaub.); Cycladum insula: Delos, Tenos (Heldr.), Antimilos (Reis.); Creta: in fl. Kladiso pr. Canea (Raul.); Corcyra: pr. Potamo, Stavropotamo, Chrysida, Calcuma (Mazz.). — Maio, Aug. ♃.

        β. Folia submersa sessilia, natantia petiolata.

2. **P. alpinus** Balb. misc. p. 13. — *P. annulatus* Bell. in mem. acad. Turin VII. p. 445; Mazz. in ant. ion. IV. p. 956. — *P. rufescens* Schrad. in Cham. adnot. p. 5; Bois. fl. or. V. p. 16. — Icon: Rchb. germ. t. 32.

Caule simplici vel ramoso; foliis submersis sessilibus, membranaceis, pellucidis, lanceolatis, acutis vel obtusis, integris, basi attenuatis, sub anthesi persistentibus, natantibus coriaceis, oblongis, in petiolum attenuatis, interdum deficientibus; pedunculis caule subcrassioribus; spica cylindrica, densa; fructibus ovatis, breviter rostratis, margine acute-carinatis.

In aquis stagnantibus. Corcyra: in lacu S. Catherina (Mazz.). — Jun. Aug. ♃. N. v.

  b. Folia submersa margine scabriuscula.

3. **P. gramineus** L. sp. p. 127; S. et S. pr. I. p. 109 (sed pl. Sibth. sec. Bois. fl. or. V. p. 18 forsan ad *P. obtusifolium* referenda est); Ch. et B. exp. p. 59, Fl. pelop. p. 12; Mazz. in ant. ion. IV. p. 956. —

Caule ramoso; foliis submersis sessilibus, membranaceis, pellucidis, lineari-lanceolatis lanceolatisve, acutis, margine scabriusculis, sub anthesi persistentibus, natantibus petiolatis, coriaceis, ellipticis vel ovatis, basi interdum subcordatis, saepe deficientibus; pedunculis caule crassioribus; spica cylindrica, densa; fructibus ovatis, breviter rostratis, margine obtuse-carinatis.

  α. **graminifolius** Fr. nov. fl. suec. ed. 2 p. 36. — Folia omnia submersa, lanceolato-linearia, floralia breviter petiolata. — Speciebus sectionis III. habitu simillima, differt tamen a *P. acutifolio* et *P. compresso* caule tereti, nec alato-complanato, a *P. obtusifolio* spica cylindrica, nec ovato-oblonga et a *P. pusillo* spica multiflora densa, nec 4—8 flora interrupta. — Icon: Fl. dan. t. 222.

  β. **heterophyllus** Schreb. spic. lips. p. 21; Willd. sp. I. p. 713; Mazz. in ant. ion. IV. p. 954; pro sp.; Fr. nov. fl. suec. ed. 2 p. 37. — *P. hybridus* Thuill. fl. par. p. 86; Mazz. l. c. p. 956. — Folia submersa lanceolata, summa elliptica vel ovato-elliptica, saepius longepetiolata et natantia. — Icon: Fl. dan. t. 1263.

In aquis stagnantibus et lente fluentibus. Indicatur in Arcadiae rivulis (Sibth.); Corcyra: pr. Castrades, in valle Ropa, in lacu Onufrio, S. Catherina et Corizia (Mazz.). — Jun. Aug. ♃. N. v.

2. Sectio. *Homophylli* Koch syn. p. 675. Folia omnia submersa, pellucida, conformia, ovata vel oblonga, floralia subopposita, cetera alterna, stipulae liberae.

  a. Folia non cordato-amplexicaulia.

4. **P. lucens** L. sp. p. 126; S. et S. pr. I. p. 109; Ch. et B. fl. pelop. p. 12; Mazz. in ant. ion. IV. p. 956; Bois. fl. or. V. p. 16; Bald. in nuovo giorn. bot. ital. 1894 p. 101, riv. coll. bot. alb. 1896 p. 93. — Icon: Fl. dan. t. 195.

Caule ramoso; foliis submersis, membranaceis, pellucidis, breviter petiolatis, a basi cuneata ovatis vel oblongo-lanceolatis, mucronatis, serrulato-scabris, omnibus sub anthesi persistentibus; pedunculis caule crassioribus; spica cylindrica, densa; fructibus ovatis, breviter rostratis, margine obtuse-carinatis.

In aquis stagnantibus vel lente fluantibus. Corcyra: in valle Ropa (Mazz.); Epirus: in lacu Janina, in fl. Luros pr. Prevesa (Bald.); Elis (Sibth.). — Jun. Aug. ♃. N. v.

5. **P. crispus** L. sp. p. 126; Mazz. in ant. ion. IV. p. 956; Fraas fl. class. p. 271; Hal. in ö. b. Z. 1896 p. 18; Haussk. symb. p. 23. — Icon: Fl. dan. t. 927. — Exsicc.: Sint. it. thessal. n. 1096.

Caule ramoso; foliis submersis, membranaceis, pellucidis, sessilibus, lineari-oblongis, obtusis, undulato-crispis, serrulatis, omnibus sub anthesi persistentibus; pedunculis caulem crassitie aequantibus; spica cylindrica vel oblonga, interrupta; fructibus ovatis, rostro tenui recurvo eis subaequilongo terminatis, margine obtuse-carinatis.

In aquis stagnantibus vel lente fluentibus. Corcyra: in lacu Onufrio (Mazz.); Thessalia (Fraas): in fl. Kampylos oropedii Neuropolis (Haussk.), in lacu Karla (Reiser). — Maio, Jul. ♃.

b. Folia cordato-amplexicaulia.

6. **P. perfoliatus** L. sp. p. 126; Fraas. fl. class. p. 271; Bald. riv. coll. bot. alb. 1895 p. 70. — Icon: Fl. dan. t. 196.

Caule ramoso; foliis submersis, membranaceis, pellucidis, a basi cordata-amplexicauli ovatis vel ovato-lanceolatis, obtusiusculis, margine scabriusculis, omnibus sub anthesi persistentibus; pedunculis caulem crassitie aequantibus; spica cylindrica, densa; fructibus ovatis, breviter rostratis, margine obtuse-carinatis.

In aquis stagnantibus vel lente fluentibus. Epirus: in lacu Janina (Bald.); Thessalia (Fraas). — Jun. Jul. ♃. N. v.

3. Sectio. *Chloephylli* Koch syn. p. 677. — Folia omnia submersa, pellucida, conformia, graminea, floralia subopposita, cetera alterna; stipulae liberae.

a. Caulis alato-complanatus.

7. **P. compressus** L. sp. p. 127; Mazz. in ant. ion. IV. p. 956. — *P. zosteraefolius* Schumach. en. pl. Saelland. I. p. 50. — Icon: Fl. dan. t. 1865.

Caule ramoso, ancipiti; foliis submersis, membranaceis, pellucidis, sessilibus, linearibus, multinerviis, integris, obtusiusculis, cuspidatis, omnibus sub anthesi persistentibus; pedunculis caule subaequilatis, spica cylindrica, 10—15 flora, densa 2—4 plo longioribus; fructibus oblique ovatis, margine obtuse-carinatis.

Corcyra: in lacu Cavrolimi (Mazz.). — Jun. Aug. ♃. N. v.

8. **P. acutifolius** Link in Roem. et Schult. syst. II. p. 513; Haussk. symb. p. 23. — Icon: Fl. dan. t. 1747.

Differt a praecedente pedunculis spicam breviter ovatam, 4—6 floram, laxiusculam aequantibus vel ea brevioribus, fructibus semiorbiculatis, uncinato-rostratis.

In rivulis pr. Trikala Thessaliae (Haussk.). — Jun. Aug. ♃. N. v.

b. Caulis teretiusculus.

9. **P. obtusifolius** M. u. K. Deutschl. fl. I. p. 854; Bois. fl. or. V. p. 18; Hal. in ö. b. Z. 1890 p. 41. — *P. gramineus* Sm. fl. brit. I. p. 196; ? S. et S. pr. I. p. 109; non L. — Icon: Fl. dan.

t. 2107. — Exsicc.: Sint. it. or. a. 1889 n. 1869 (sed specimina omnino sterilia, ideo dubia).

Caule ramoso, tenui, subcompresso; foliis submersis, membranaceis, pellucidis, sessilibus, linearibus, 3—5 nerviis, integris, obtusis, breviter mucronatis, omnibus sub anthesi persistentibus; pedunculis caule subcrassioribus, spica ovato-oblonga, 6—8 flora, densiuscula aequilongis; fructibus oblique obovatis, breviter rostratis, margine obtuse-carinatis. — Differt a praecedente caule tenui, non alato-compresso et fructibus non uncinato-rostratis.

In aquis stagnantibus et lente fluentibus. Thessalia: inter Katherina et Spigi ad radices mt. Olympus (Sint.) et in Arcadiae rivulis (Sibth.); species pro Graecia dubia. — Jun. Jul. ♃.

10. **P. pusillus** L. sp. p. 127; Mazz. in ant. ion IV. p. 954. — Icon: Fl. dan. t. 1451. — Exsicc.: n. v. —

Caule ramosissimo, tenui, cylindrico-subcompresso; foliis submersis, membranaceis, pellucidis, sessilibus, anguste-linearibus, sub- 3 nerviis, integris, acutis, mucronulatis, omnibus sub anthesi persistentibus; pedunculis tenuibus, spica brevi, 4—8 flora, interrupta 2—3 plo longioribus; fructibus parvis, oblique ellipticis, breviter rostratis, margine obtuse carinatis.

β. **tenuissimus** Koch syn. p. 677. — Foliis angustissimis, fere setaceis, 1 nerviis. — Exsicc.: Bald. it. alb. epir. IV. n. 258 (specimina sterilia).

In aquis stagnantibus et lente fluentibus. Corcyra (Mazz.); — β. Epirus: in lacu Janina (Bald.). — Jul. Aug. ♃.

4. Sectio. *Coleophylli* Koch syn. p. 677. — Folia omnia submersa, pellucida, conformia, graminea, basi in vaginam stipulae adnatam abeuntia, floralia subopposita, cetera alterna.

11. **P. pectinatus** L. sp. p. 127; S. et S. pr. I. p. 109; Ch. et B. exp. p. 59, Fl. pelop. p. 12; Mazz. in ant. ion. IV. p. 954; Fraas fl. class. p. 271; Ung. Reise p. 120; Raul. cret. p. 860; Heldr. fl. cephal. p. 68; Bois. fl. or. V. p. 18; Bald. riv. coll. bot. alb. 1896 p. 92; Haussk. symb. p. 23. — Icon: Fl. dan. t. 1746. — Huc probabiliter: *P. setaceus* Mazz. l. c. p. 956. — Exsicc.: Sint. et Bornm. it. turc. n. 1494.

Caule ramosissimo, tenui, tereti; foliis submersis, membranaceis, pellucidis, sessilibus, lineari-setaceis, 1 nerviis, integris, acutis, omnibus sub anthesi persistentibus; pedunculis elongatis; spica elongata, multiflora, interrupta; fructibus oblique-ovatis vel subrotundis, breviter rostratis, margine obtuse-carinatis. — Foliis vaginatis et floribus in fasciculos remotos dispositis, spicam longam, valde interruptam formantibus, a praecedentibus facile diagnoscitur.

In aquis stagnantibus et lente fluentibus. Epirus: in lacu Janina (Bald.); Thessalia: pr. Trikala (Haussk.), Litochori (Sint.); Boeotia: in lacu Kopais (Fraas); Messenia (Sibth.): pr. Hagios Flores, in valle fl.

Pamisus (Chaub.); Creta: ad ostium fl. Kladiso, pr. Kalyves (Raul.); Zante (Letourn.); Cephalonia: pr. Same (Heldr.); Corcyra: pr. Tiflo, Sidari. — Maio, Jul. ♃.

5. Sectio. *Enantiophylli* Koch syn. p. 678. —· Folia omnia submersa, pellucida, subopposita, elliptica vel ovato-lanceolata, inferiora exstipulata, florale superius vel bina suprema unilateraliter vel utroque latere stipula aucta.

12. **P. densus** L. sp. p. 126; S. et S. pr. I p. 109; Ch. et B. exp. p. 59, Fl. pelop. p. 12; Fraas fl. class. p. 271; Bois. fl. or. V. p. 19. — Icon: Fl. dan. t. 1264. —

Caule ramoso; foliis decussatis, sessilibus, amplexicaulibus; spicis e dichotomiis subglobosis, parvis, 2—4 floris, pedunculis brevibus, demum recurvis suffultis; fructibus obovatis, late carinatis, in rostrum breve recurvum abeuntibus.

In aquis stagnantibus et lente fluentibus. Argolis (Sibth.); Laconia: pr. Marathonisi (Chaub.). — Jun. Jul. ♃. N. v.

Obs. Species dubia: *P. lanceolatus* Mazz. in ant. ion. IV. p. 954. Corcyra. —

5. Cymodocea Koen. ann. bot. II. p. 96 t. 7.

1. **C. nodosa** Ucr. pl. ad Linn. op. add. n. 30 (*Zostera*); Aschers. in Sitzungsb. Ges. nat. Fr. Berl. 1867 p. 4; Heldr. in Sitzungsb. acad. Wiss. Berl. 1883 p. 9; Bois. fl. or. V. p. 21 et 753. — *Phucagrostis major* Cav. phucagr. p. 13. — *C. aequorea* Koen. l. c.; Haussk. symb. p. 23. — *Zostera mediterranea* DC. fl. fr. III. p. 154; Ch. et B. exp. p. 270, Fl. pelop. p. 63. — Exsicc.: Heldr. it. thessal. n. 113.

Submersa; rhizomate repente, ad nodos radicante, foliorum delapsorum cicatricibus annulato; foliorum vagina distincte auriculata, lamina longissima, lineari, 7 nervi, superne denticulata, apice rotundata; flore masculo longe pedunculato, e vagina folii supremi exserto, femineo praeter stigmatum apices incluso; fructu semiovato. —· *Zosterae marinae* simillima, sed ab ea iam in statu sterili foliis superne denticulatis facile diagnoscitur. — Folia 2—5 mm. lata.

In vadosis limosis et subarenosis maris. Thessalia: in sinu Pegasaeo pr. Volo (Heldr.); Attica: pr. Ergastiria, Sunium (Haussk.); ad oras Peloponnesi (Chaub.). — Apr. Jul. ♃.

6. Zannichellia L. gen. n. 1034.

1. **Z. palustris** L. sp. p. 969; Mazz. in ant. ion. II. p. 430; Ung. Reise p. 120; Heldr. fl. cephal. p. 68; Bois. fl. or. IV. p. 14; Haussk. symb. p. 23. — Icon: Fl. dan. t. 67. —

Rhizomate tenui, repente; caulibus filiformibus, ramosissimis, fluitantibus vel in limosis repentibus; foliis angustissime linearibus vel filiformibus, integris, oppositis vel ternis; floribus monoicis, axillaribus, masculis et femineis solitariis vel in una eademque axilla commixtis; carpellis 2—6, in umbellulam breviter pedunculatam congestis, oblique-oblongis vel semilunatis, laevibus vel margine dorsali, interdum etiam ventrali crenato-dentatis. — Species quoad longitudinem pedunculi floris masculi et pedicellorum carpellorum, porro quoad carpella plus minus longe stylata, margine integra vel dentata, formas plures intermediis conjunctas praebet.

α. **typica.** — *Z. dentata* Willd. sp. IV. p, 181. — Carpella sessilia vel brevissime pedicellata, stylo duplo longiora, margine integra vel dentata, stigma denticulatum. — Exsicc.: Heldr. pl. fl. hellen. a. 1879.

β. **pedicellata** Wahlenb. et Ros. nov. act. Ups. VIII. p. 227; Bois. fl. or. V. p. 15. — *Z. pedicellata* Fr. nov. mant. I. p. 18; Haussk. symb. p. 23. — Carpella pedicello 1—2 mm. longo suffulta, stylo aequilonga vel parum longiora, margine saepissime dentata, stigma obscure denticulatum. — Exsicc.: Baen. herb. europ. n. 9371.

In aqua dulci et salina, in limosis, inundatis. Thessalia: pr. Karditza (Haussk.), Bubulitra pr. Volo (Heldr.); Attica: ad Phaleron (Orph.), Laurion (Haussk.); Argolis: pr. Nauplia, Tirynthum (Haussk.); Cephalonia: pr. Akoli (Heldr.); Corcyra: pr. Kastrades (Baen.), Potamo, Govino (Mazz.). — Mart. Sept. ♃.

CXX. Ordo. **Najadaceae** Lindl. veg. kingd. p. 143.

1. **Najas** L. gen. n. 1096.

1. **N. minor** All. fl. ped. II. p. 221. — *Caulinia fragilis* Willd. in act. acad. berol. 1798 p. 88; Haussk. symb. p. 23. — Icon: Nees gen. X. t. 1. — Exsicc.: Haussk. it. gr. a. 1885.

Submersa; caulibus ramosis; foliis oppositis vel ternis, anguste linearibus, recurvatis, remote dentato-spinulosis, vaginis superne ciliato-denticulatis; floribus monoicis, axillaribus, solitariis vel aggregatis; involucro floris masculi duplici, externo tubuloso-ventricoso, apice denticulato; filamento brevi, anthera uniloculari; fructu anguste-cylindrico.

In stagnis ad fl. Peneios pr. Kutzochero inter Trikala et Larissa Thessaliae in societate *Ceratophylli submersi* (Haussk.). — Aug. Sept. ☉.

CXXI. Ordo. **Orchidaceae** L. phil. bot. 1751 p. 27.

Dispositio tribuum generumque.

1. **Tribus.** *Cypripedieae* Lindl. orch. p. 525. — Antherae binae laterales fertiles, centralis sterilis petaloidea.

1. Cypripedium L.

2. Tribus. *Neottieae* Lindl. orch. p. 441. — Anthera unica, ima basi tantum cum gymnostemio connata, ceterum libera; pollinaria 2—4, farinosa, non stipitata; plantae plerumque rhizomate fibroso vel grumoso, raro tuberiforme, praedita.
  a. Caulis aphyllus.
    α. Labellum ecalcaratum.
2. Neottia L.
    β. Labellum calcaratum.
3. Limodorum Tourn.
  b. Caulis foliatus.
    α. Ovarium contortum.
4. Cephalanthera Rich.
    β. Ovarium non contortum.
      × Labellum ad medium contractum, ecalcaratum.
5. Epipactis Hall.
      ×× Labellum non contractum, ecalcaratum.
        ○ Rhizoma fibrosum; labellum ligulatum, apice bifidum
6. Listera R. Br.
        ○○ Rhizoma tuberiforme; labellum indivisum.
7. Spiranthes Rich.

3. Tribus. *Ophrydeae* Lindl. orch. p. 257. — Anthera unica, gymnostemio tota adnata; pollinaria 2, ceracea, stipitata, glandulis stigmatis (retinaculis) adglutinata; plantae rhizomate tuberiformi praeditae.
  a. Retinaculum unicum.
    α. Ovarium non contortum; labellum ecalcaratum.
8. Serapias L.
    β. Ovarium contortum.
      × Labellum ecalcaratum; phylla omnia in galeam conniventia.
9. Aceras R. Br.
      ×× Labellum calcare crasso, ovario multo breviore munitum.
        ○ Phylla omnia in galeam conniventia; labellum tripartitum, lobis linearibus, intermedio longissimo, lateralibus 3—4 plo longiore.
10. Himantoglossum Spreng.
        ○○ Phylla externa lateralia patentia; labellum tripartitum, lobo intermedio obcordato, lateralibus parum longiore.
11. Barlia Parl.
      ××× Labellum calcare filiformi, ovario longiore munitum.
12. Anacamptis Rich.
  b. Retinacula duo.
    α. Bursicula nulla; labellum calcaratum; ovarium contortum.
      × Labellum trilobum.
13. Gymnadenia R. Br.
      ×× Labellum integrum.
14. Platanthera Rich.
    β. Bursicula unica; labellum calcaratum.
      × Perigonii phylla externa lateralia basi subsaccata; ovarium contortum.
15. Neotinea Rchb.
      ×× Perigonii phylla non saccata.
        ○ Labellum anticum; ovarium contortum.
16. Orchis L.

◯◯ Labellum posticum (resupinatum); ovarium non contortum.
17. Nigritella Rich.
γ. Bursiculae duo; labellum ecalcaratum; ovarium non contortum.
18. Ophrys L.

1. Tribus. CYPRIPEDIEAE Lindl. orch. p. 525.

1. Cypripedium L. gen. n. 1015.

1. **C. calceolus** L. sp. p. 951; Bois. fl. or. V. p. 94. — Icon: Fl. dan. t. 999.

Rhizomate horizontali, cylindrico, fibras numerosas edente; caule erecto, pubescente, 1—2 floro; foliis amplexicaulibus, ovato-oblongis, puberulis; perigonii brunneo-purpurascentis phyllis quaternis, lanceolatis, superiore binis connatis constante; labello calceoliforme luteo, intus purpureo-picto.

In rupestribus dumosis regionis montanae, rarissime. Aetolia: mt. Tymphrestus (Sprun.). — Maio, Jun. ♃. N. v.

2. Tribus. NEOTTIEAE Lindl. orch. p. 441.

2. Neottia L. in act. ups. 1740 p. 33.

1. **N. nidus avis** L. sp. p. 945 (*Ophrys*); Rich. in ann. mus. IV. p. 59; Bois. fl. or. V. p. 91; Form. in Ver. Brünn 1897 p. 25; Haussk. symb. p. 23. — *Epipactis nidus avis* Cr. stirp. VI. p. 475; Ch. et B. exp. p. 266, Fl. pelop. p. 62. — Icon: Fl. dan. t. 181. —

Tota glabra, pallide brunnea; rhizomate fibris numerosis, carnosis, intertextis constante; caule crasso, aphyllo, vaginis obsito; spica densiuscula; bracteis lineari-lanceolatis, ovario dimidio brevioribus; floribus erecto-patulis; perigonii phyllis ovato-oblongis, obtusis; labello oblongo, non constricto, apice bilobo, lobis oblongis, obtusis; ovario non contorto.

In silvis montanis, rare. Thessalia: in oropedio Neuropolis Pindi dolopici (Haussk.), mt. Mitrica in mt. Chassia (Form.), mt. Olympus (Heldr.); Messenia (Chaub.). — Jun. Jul. ♃. N. v.

3. Limodorum Tourn. inst. t. 250.

1. **L. abortivum** L. sp. p. 943 (*Orchis*); Sw. in nov. act. soc. ups. 1799 p. 80; Ch. et B. exp. p. 265, Fl. pelop. p. 62; Fraas fl. class. p. 280; Raul. cret. p. 863; Bois. fl. or. V. p. 89; Hal. in ö. b. Z. 1896 p. 18, in z. b. G. 1899 p. 193; Heldr. fl. Aegina p. 390; Haussk. symb. p. 23. — Icon: Jacq. fl. austr. t. 193. — Exsicc.: Sint. it. thessal. n. 1548.

Totum glabrum, violaceum; rhizomate obliquo, brevi, fibras carnosas numerosas edente; caule crasso, elato, aphyllo, vaginis obsito; spica laxa; bracteis lanceolatis, ovario saepe longioribus; floribus strictis; perigonii phyllis lanceolatis, internis subminoribus; labello oblongo-lanceolato, versus medium constricto, calcare subulato, ovario non contorto, aequilongo.

In silvaticis regionis montanae. Thessalia: pr. Malakasï in Pindo tymphaeo (Sint.), mt. Ghavellu (Haussk.); Attica: mt. Hymettus, Pentelicon (Fraas), Parnes (Heldr.); Boeotia: pr. Thebas (Sart.); in scopulo Angistri pr. Aegina (Heldr.); Peloponnesus: in silva Kapellis pr. Lala (Reis.), pr. Gargaliano, Philiatra, Methone, Corone (Chaub.); Creta: pr. Males, mt. Lassiti, Aphendi Kavutsi (Raul.); Corcyra (Reiser). — Apr. Jul. ♃.

4. Cephalanthera Rich. in ann. mus. IV. p. 43.

a. Flores rosei; ovarium pubescens.

1. **C. rubra** L. syst. ed. 12 p. 594 (*Serapias*); Rich. l. c. p. 60; Heldr. fl. cephal. p. 81; Bois. fl. or. V. p. 84; Hal. in z. b. G. 1899 p. 193; Haussk. symb. p. 23. — *Epipactis rubra* All. fl. ped. II. p. 153; S. et S. pr. II. p. 221, Fl. gr. X. p. 25 t. 933. — Exsicc.: Orph. fl. gr. n. 850.

Rhizomate obliquo, fibrifero; caule erecto, superne pubescente; foliis glabris, lanceolatis, acutis; spica laxa; bracteis lanceolatis, ovarium aequantibus vel superantibus; floribus erectis; perigonii phyllis oblongo-lanceolatis, acuminatis, labello sublongioribus; labello versus medium constricto, ecalcarato, lamina ovato-lanceolata, acuminata.

In silvaticis regionis montanae et subalpinae. Thessalia: in oropedio Neuropolis Pindi dolopici (Haussk.), mt. Olympus (Orph.); Aetolia: mt. Tymphrestus (Samar.), mt. Vardusia (Fraas); mt. Parnassus (Sibth.); Attica: mt. Parnes (Heldr.); Arcadia: pr. Zatuna (Orph.); Laconia: mt. Taygetos (Reis.); Cephalonia: mt. Aenos (Letourn.). — Jun. Jul. ♃.

b. Flores albi vel ochroleuci; ovarium glabrum.

α. Flores albi; labellum ecalcaratum.

2. **C. longifolia** L. sp. p. 950 pro var. *Serapiadis helleborines*; Fritsch in ö. b. Z. 1888 p. 81; Hal. in ö. b. Z. 1897 p. 98. — *Serapias xiphophyllum* Ehrh. in L. fil. suppl. p. 404. — *S. ensifolia* Murr. syst. ed. XIV. p. 815. — *Epipactis ensifolia* Schmidt in Mey. fysik. Aufs. 1791 p. 251; Ch. et B. exp. p. 267, Fl. pelop. p. 62. — *C. ensifolia* Rich. in ann. mus. IV. p. 60; Bois. fl. or. V. p. 85; Heldr. chlor. Parn. p. 27; Haussk. symb. p. 23. — *C. xiphophyllum* Rchb. ic. XXIII. p. 135 t. 118; Ung. Reise p. 120. — Exsicc.: Heldr. herb. norm. n. 1376.

Glabra; rhizomate obliquo, fibrifero; caule erecto; foliis lanceolatis, acutis, superioribus linearibus; spica laxa; bracteis minutis, ovatis, acutis, ovario multo brevioribus; floribus erectis; perigonii phyllis externis lanceolatis, acutis, labellum superantibus, internis brevioribus, ellipticis, obtusis; labello versus medium constricto, ecalcarato, lamina triangulari, transverse latiore, obtusa.

In silvaticis regionis montanae et subalpinae. Thessalia: mt. Peliou pr. Kissos (Heldr.); Sporadum insula Scopelos (Leon.); Aetolia: mt. Tymphrestus (Fraas), pr. Karpenisi (Sprun.); mt. Parnassus (Sart.); Attica: mt. Pentelicon (Ung.); Messenia: pr. Navarin, mt. Kupe (Chaub.). — Apr. Jun. ♃.

3. **C. alba** Cr. stirp. VI. p. 460 (*Epipactis*); Simk. en. fl. trans. p. 504; Hal. Beitr. fl. Achaia p. 32. — *Serapias grandiflora* Scop. fl. carn. ed. 2 II. p. 203. — *S. lonchophyllum* Ehrh. in L. fil. suppl. p. 405. — *Epipactis grandiflora* Sm. in Rees. cycl. n. 4; S. et S. pr. II. p. 220; Fraas fl. class. p. 280. — *C. pallens* Rich. l. c. p. 60; Bois. fl. or. IV. p. 85; Heldr. chlor. Parn. p. 27; Bald. riv. coll. bot. alb. 1895 p. 71, 1896 p. 93; Haussk. symb. p. 23. — Icon: Fl. dan. t. 1400. — Exsicc.: Hal. it. gr. sec. a. 1893.

Differt a praecedente foliis ovatis vel ovato-oblongis, bracteis inferioribus foliaceis, flores superantibus, perigonii phyllis omnibus oblongis, obtusis.

In silvaticis regionis montanae et subalpinae. Epirus: mt. Olycika (Bald.); Thessalia: mt. Karava in Pindo (Haussk.); Aetolia: mt. Tymphrestus (Sart.); mt. Parnassus (Fraas); Attica: mt. Hymettus (Sibth.); Achaia: mt. Panachaicon, Chelmos (Hal.), Kyllene (Orph.). — Maio, Jun. ♃.

β. Flores sordide ochroleuci; labellum breviter calcaratum.

4. **C. cucullata** Bois. et Heldr. diagn. XIII. p. 12, Fl. or. V. p. 86; Raul. cret. p. 863. — Icon: Rchb. germ. XIV. t. 120. — *Epipactis cucullata* Wettst. in ö. b. Z. 1889 p. 11. — Exsicc.: Heldr. pl. cret. n. 1482.

Glabra; rhizomate obliquo, fibrifero; caule erecto; foliis inferioribus ad vaginas reductis, superioribus oblongo-lanceolatis, acutis; spica laxa; bracteis inferioribus foliaceis, flores superantibus, superioribus sensim diminutis; floribus erectis; perigonii phyllis externis lanceolatis, acutis, labellum superantibus, internis brevioribus, oblongis, obtusiusculis; labello versus medium constricto, calcarato, lamina ovato-oblonga, acutiuscula, calcare brevi, conico, subincurvo. — Species a congeneribus calcare sesquilineam longo statim distinguenda.

In pinetis montanis, alt. 1200—1400 m., Cretae: mt. Psiloriti (Raul.) et mt. Lassiti supra Males (Heldr.). — Maio ♃.

5. Epipactis Hall. stirp. helv. I. p. 276.

a. Rhizoma stoloniferum; labelli lamina plana, obtusa.

1. **E. palustris** L. sp. p. 950 pro var. *Serapiadis helleborines*; Cr. stirp. VI. p. 462; Bois. fl. or. V. p. 87; Form. in D. bot. Mon. 1890 p. 10; Haussk. symb. p. 23. — *Serapias palustris* Scop. fl. carn. ed. 2 II. p. 204. — *S. longifolia* L. syst. ed. 12 p. 593. — *E. longifolia* All. fl. ped. II. p. 152. — Icon: Fl. dan. t. 267. — Exsicc.: Heldr. it. thessal. IV. a 1885.

Rhizomate repente, fibrifero; caule erecto, superne pubescente; foliis glabris, acutis, internodio longioribus, inferioribus ovatis vel ellipticis, superioribus lanceolatis; floribus pedicellatis, pendulis, racemum laxum formantibus; bracteis lanceolatis, inferioribus ovarium aequantibus; perigonii griseo-virentis, rubello suffusi phyllis externis oblongis, acutiusculis, internis subbrevioribus, ovatis, labelli albidi lamina rotundata, crenulata; ovario pubescente.

In paludosis regionis montanae, rarissime. Thessalia: in valle superiori fl. Achelous inter Koturi et Velitsena in Pindo (Heldr.); Phocis: ad lacum Kopais (Fraas). — Jun. Jul. ♃.

    b. Rhizoma estolonosum; labelli lamina concava, acuminata.

    α. Folia internodio longiora.

    2. **E. latifolia** L. sp. p. 949 pro var. *Serapiadis helleborines;* All. fl. ped. II. p. 152; S. et B. pr. II. p. 220; Ch. et B. exp. p. 267. Fl. pelop. p. 62; Bois. fl. or. V. p. 87; Heldr. chlor. Parn. p. 27; Hal. Beitr. fl. Epir. p. 41; Bald. riv. coll. bot. alb. 1895 p. 71; Form. in Ver. Brünn 1897 p. 25. — *Serapias latifolia* Fl. dan. t. 811. — *E. viridans* Cr. stirp. VI. p. 467. — Exsicc.: Hal. it. gr. II. a. 1893.

Rhizomate crassiusculo, fibrifero; caule erecto, superne pubescente; foliis ad nervos et margines pubescentibus, internodio longioribus, inferioribus ovatis vel ovato-lanceolatis, acutis vel obtusis, superioribus lanceolatis; floribus pedicellatis, nutantibus, racemum saepius densiusculum formantibus; bracteis late lanceolatis, inferioribus flore longioribus; perigonii virentis, violaceo suffusi phyllis ovatis acutis, labelli purpurascentis lamina ovata, acuminata, apice recurva, gibbis baseos subobsoletis; ovario parce puberulo.

In silvaticis regionis montanae et subalpinae. Epirus: mt. Murga distr. Paramythia (Bald.), mt. Tsumerka pr. Vulgarelion (Hal.); Thessalia: mt. Ghavellu, pr. Sermenikon (Form.); Aetolia: mt. Tymphrestus (Sprun.); mt. Parnassus (Guicc.); Peloponnesus (Sibth.): in Achaia (Heldr.). — Jun. Jul. ♃.

    3. **E. rubiginosa** Cr. stirp. VI. p. 467 pro var. *E. helleborines*; Koch syn. ed. 2 p. 801; Heldr. fl. cephal. p. 69. — *E. atrorubens* Schult. östr. fl. ed. 2 I. p. 58; Bois. fl. or. V. p. 58; Heldr. chlor. Parn. p. 27; Haussk. symb. p. 23. — Icon: Rchb. germ. IX. f. 1141.

Praecedenti gracilior, ab ea racemo laxo, floribus minoribus, obscure purpureis, longius pedicellatis, bracteis anguste lanceolatis, labelli laminae gibbis plicato-crispis, discedit.

In silvaticis regionis montanae et subalpinae. Epirus: pr. Chaliki (Haussk.); Thessalia: mt. Olympus (Heldr.); Aetolia: mt. Tymphrestus (Fraas); mt. Parnassus (Guicc.); Cephalonia: mt. Aenos (Letourn.). — Jun. Jul. ♃. N. v.

    β. Folia parva, internodio breviora.

    4. **E. microphylla** Ehrh. beitr. IV. p. 42 (*Serapias*); Sw. in vet. acad. handl. 1800 p. 232; Hal. Beitr. fl. Epir. p. 41; Form in

Ver. Brünn 1897 p. 25; Haussk. symb. p. 13. — Icon: W. et K. pl. rar. hung. III. t. 270. — Exsicc.: Heldr. pl. fl. hell. a. 1890.

Rhizomate crassiusculo, fibrifero; caule erecto, superne pubescente; foliis oblongis vel oblongo-lanceolatis, acutis, margine pubescentibus, internodio brevioribus; floribus pedicellatis, nutantibus, racemum laxum, saepius pauciflorum formantibus; bracteis lanceolatis, inferioribus flores aequantibus; perigonii fuscescenti-sanguinei phyllis ovato-oblongis, acutis, externis furfuraceis, labelli lamina ovata, apiculata, gibbis baseos gyrosoplicatis; ovario furfuraceo.

In silvaticis subalpinis, rarissime. Epirus: mt. Tsumerka pr. Vulgarelion (Hal.); Thessalia: mt. Karava (Haussk.), pr. Neochorion in mt. Agrapha, mt. Mitrica in mt. Chassia (Form.). — Jun. Jul. ♃.

6. Listera R. Br. hort. kew. ed. 2 V. p. 201.

1. **L. ovata** L. sp. p. 946 (*Ophrys*); R. Br. l. c.; S. et S. pr. II. p. 219; Raul. cret. p. 863; Bois. fl. or. V. p. 92. — Icon: Fl. dan. t. 137.

Rhizomate fibrifero; caule erecto, infra medium bifolio, superne pubescente; foliis oppositis, ovatis, mucronatis, glabris; racemo elongato, laxo; bracteis pedicello brevioribus; perigonii virentis phyllis externis ovatis, internis linearibus, labello phyllis duplo longiore, lineari, profunde bifido, lobis linearibus.

In silvaticis montanis, rarissime. Aetolia: mt. Tymphrestus (Fraas); Laconia (Sibth.): ad ripas Sarantopotami pr. Hagios Petros (Sart.); Creta: pr. Enneachoria (Raul.). — Jun. Jul. ♃. N. v.

7. Spiranthes Rich. in ann. mus. IV. p. 42.

1. **S. aestivalis** Lam. enc. IV. p. 567 (*Ophrys*); Rich. l. c. p. 58; Bois. fl. or. V. p. 91. — *Neottia aestivalis* DC. fl. fr. III. p. 258; Ch. et B. exp. p. 266, Fl. pelop. p. 62. — Icon: Rchb. germ. XXIII. t. 123.

Rhizomate tuberiforme, tuberibus cylindraceis; caule erecto, inferne 1—3 folio, superne vaginis 2—4, lanceolatis obsito; foliis lineari-lanceolatis, glabris; spica puberula, spirali, unilaterali; bracteis lanceolatis, ovario longioribus; perigonii albi phyllis lineari-lanceolatis, labello eis aequilongo, oblongo-lineari, margine fimbriato, apice rotundato.

In pratis humidis, rarissime. Messenia: mt. Kupe (Chaub.). — Jul. Aug. ♃. N. v.

2. **S. spiralis** L. sp. p. 946; Pieri corc. fl. p. 126; (*Ophrys*); C. Koch. in Linnaea XIII. p. 290. — *Epipactis spiralis* Cr. stirp. VI. p. 473. — *Neottia spiralis* Sw. in vet. acad. handl. 1800 p. 226; Ch. et B. fl. pelop. p. 62. — *N. autumnalis* Pers. syn. II. p. 510. — *S. autumnalis* Rich. l. c. p. 59; Raul. cret. p. 863; Bois. fl. or. II. p. 90; Bald. riv. coll. bot. alb. 1895 p. 71. — Icon: Fl. dan. t. 387. — Exsicc.: Heldr. herb. a. 1875.

Rhizomate tuberiforme, tuberibus napiformibus; caule erecto, aphyllo, vaginis breviter lanceolatis obsito; foliis in fasciculum radicalem, caule lateraliter oppositum dispositis, ovatis, glabris; spica puberula, spirali, unilaterali; bracteis ovato-acuminatis, ovario aequilongis vel sublongioribus; perigonii albi phyllis lineari-lanceolatis, labello eis aequilongo, obovoto-emarginato, crenulato-fimbriato.

In pascuis siccis regionis inferioris et montanae, rare. Epirus: mt. Olycika (Bald.); Attica: ad Piraeum (Reinert); Argolis (Chaub.); Laconia (Psarides); Messenia (Bois.); Creta (Fried.); Leucas (Bryonis); Corcyra (Pieri). — Aug. Oct. ♃.

3. Tribus. OPHRYDEAE Lindl. orch. p. 257.

8. Serapias L. gen, n. 1012.

a. Labellum basi bicallosum.

1. **S. cordigera** L. sp. ed. 2 p. 1345; S. et S. pr. II. p. 218, Fl. gr. t. 932; Ch. et B. exp. p. 266, Fl. pelop. p. 62; Raul. cret. p. 863; Bois. fl. or. V. p. 54; Gelmi in bull. soc. bot. ital. 1889 p. 452. — Icon: Rchb. germ. t. 88. — Exsicc.: Dörfl. pl. cret. n. 118.

Tuberibus ovatis; caule erecto, 10—30 cm. alto; foliis lineari-lanceolatis, superioribus ad vaginas reductis; spica 3—7 flora, sub anthesi congesta, ovata; bracteis ovato-lanceolatis, acutis, flores aequantibus vel excedentibus; perigonii purpurei phyllis externis ovato-lanceolatis, acutis, apice plerumque liberis, internis brevioribus, e basi ovata in cuspidem abrupte contractis; labello maximo, atro-purpureo, phyllis externis subduplo longiore, trilobo, lobis lateralibus rotundatis, intermedio dependente, cordato-ovato, acuminato, hirsuto, lateralibus aequilato.

In collibus, pratis saepe humidis. Attica (Fraas); Messenia: pr. Kyparissia (Friedr.), Methone (Depreaux), mt. Kupe, pr. Phigalea (Chaub.); Cycladum insula Kimolos (Leon.); Creta: pr. Canea (Raul.), Candia (Heldr.), Hierapetra (Leon.); Corcyra: pr. Manducchio (Gelmi). — Mart. Maio ♃.

2. **S. longipetala** Ten. fl. nap. pr. p. 53 (*Helleborine*); Poll. fl. veron. III. p. 30; Ch. et B. exp. p. 266 p. p.; Marg. et R. fl. Zante p. 87; Raul. cret. p. 863. — *S. pseudocordigera* Moric. fl. venet. I. p. 374; Bois. fl. or. V. p. 54; Aznav. in magy. bot. lap. I. p. 196. — *S. lancifera* St. Am. fl. agen p. 378; Urv. enum. p. 121. — *S. laxiflora* β. *lancifera* Ch. et B. fl. pelop. p. 62. — *S. lingua* Hal. Beitr. fl. Aetol. p. 10, non L. — *S. cordigera* Hal. in z. b. G. 1899 p. 193, non L. — Icon: Rchb. germ. t. 89. — Exsicc.: Orph. fl. gr. n. 851.

Differt a praecedente habitu strictiore, rigidiore, caule elatiore, 20—40 cm. alto, spica longiore, iam anthesi ineunte laxa, bracteis angustioribus longioribusque, labelli lobo intermedio a basi cuneata oblongo-lanceolato, lateralibus subangustiore.

In pascuis regionis inferioris. Aetolia: pr. Antirrhion (Hal.);

Attica: mt. Hymettus (Fraas), pr. Raphina (Heldr.); Elis: pr. Kunupeli (Heldr.); Messenia: pr. Methone (Chaub.); Laconia: mt. Malevo pr. Platanos (Orph.); Cycladum insula Syra (Lobry), Melos (Urv.); Creta: pr. Dramia, Retymo, Karadagh (Raul.); Zante (Marg.): pr. Katastari (Reis.). — Apr. Maio ♃.

3. **S. occultata** Gay. in sc. nat. 1836 p. 119. — *S. parviflora* Parl. in giorn. sc. Sicilia 1837 p. 66; Ung. Reise p. 120; Spreitz. in z. b. G. 1877 p. 730; Gelmi in bull. soc. bot. ital. 1889 p. 452; Hal. in ö. b. Z. 1897 p. 98; Heldr. fl. Aegina p. 390; Haussk. symb. p. 24. — *S. longipetala* Ch. et B. exp. p. 266 p. p., non Ten. — *S. laxiflora* Ch. et B. fl. pelop. p. 62; Bois. fl. or. V. 53. — *S. laxiflora v. parviflora* Rchb. ic. germ. XIII. p. 13; Heldr. fl. cephal. p. 68. — Icon: Rchb. germ. t. 90. — Exsicc.: Orph. fl. gr. n. 154; Sint. it. thessal. n. 494.

Tuberibus ovatis; caule gracili, 15—40 cm. alto; foliis lineari-lanceolatis, superioribus ad vaginas reductis; spica 4—12 flora, elongata, laxa; bracteis oblongo-lanceolatis, acutis, flores subaequantibus; perigonii pallide rubri phyllis externis lanceolatis vel lineari-lanceolatis, acutis, apice liberis, internis brevioribus, e basi ovato-oblonga longe acuminatis; labello parvo, atro-purpureo, phyllis externis aequilongo, trilobo, lobis lateralibus rotundatis, phyllis externis occultatis, intermedio dependente, lanceolato, acuminato, pubescente vel glabriusculo, lateralibus angustiore. — Differt a praecedentibus floribus remotis, bracteis et phyllis externis angustioribus, labello parvo, lobis lateralibus occultatis.

In pascuis regionis inferioris. Thessalia: in oropedio Neuropolis (Haussk.), ad Metochi pr. Kalabaka (Sint.); Attica: mt. Pentelicon (Ung.), insula Aegina (Heldr.); Acrocorinthus, Nauplia (Haussk.); Messenia: mt. Kupe (Chaub.); Sporadum insula Scopelos (Leon.); Cephalonia: pr. Livatho (Heldr.); Corcyra: pr. Potamo, Benizze (Spreitz.), Bragagniotica (Ung.). — Apr. Jun. ♃.

b. Labellum basi unicallosum.

4. **S. lingua** L. sp. p. 950; S. et S. pr. II. p. 218, Fl. gr. t. 931; Sieb. avis p. 5; Ch. et B. exp. p. 266, Fl. pelop. p. 62; Marg. et R. fl. Zante p. 87; Friedr. Reise p. 282; Fraas fl. class. p. 280; Weiss in z. b. G. 1869 p. 754; Raul. cret. p. 863; Spreitz. in z. b. G. 1877 p. 730; Bois. fl. or. V. p. 53; Gelmi in bull. soc. bot. ital. 1889 p. 452; Haussk. symb. p. 24. —? *S. oxyglottis* Willd. sp. IV. p. 71. — Icon: Rchb. germ. t. 87. — Exsicc.: Spreitz. it. ion. a. 1877 et 1878; Dörfl. pl. cret. n. 119.

Tuberibus subglobosis; caule humili, 10—25 cm. alto; foliis lineari-lanceolatis, superioribus ad vaginas reductis; spica 2—6 flora, laxa; bracteis oblongo-lanceolatis acutis, flore brevioribus; perigonii pallide violaceo-virentis phyllis externis ovato-lanceolatis, acutis, apice liberis, internis brevioribus, e basi ovata longe acuminatis; labello mediocri, obscure purpureo, phyllis externis subduplo longiore, trilobo, lobis lateralibus rotundatis, phyllis externis vix occultatis, intermedio subdependente, ovato-oblongo, acuto, pubescente vel glabriusculo, lateralibus subaequilato. — Praecedenti valde affinis et e sicco saepe aegre distinguenda, differt praesertim caule saepius humiliore, spica pauciflora, bracteis et perigonii phyllis externis brevioribus, labello latiore, basi unicalloso.

In pascuis regionis inferioris. Attica: mt. Hymettus, Parnes (Fraas), Pentelicon (Sart.); Elis: inter Pyrgos et Arcadia (Friedr.); Messenia: mt. Kupe (Chaub.), Andrusa (Bois.); Cycladum insula Melos (Weiss); Creta: pr. Suda (Weiss), Meleka, Canea, Malaxa, Damasta, Rukaka (Raul.), Hierapetra (Leon.); Zante (Sibth.); Corcyra: ubique vulgatissima (Gelmi). — Apr. Maio. ♃.

9. Aceras R. Br. in Ait. Kew. V. p. 191.

1. **A. anthropophora** L. sp. p. 948 (*Ophrys*); Fraas fl. class. p. 279; Ung. Reise p. 120; Raul. cret. p. 862; Bois. fl. or. V. p. 55; Gelmi in bull. soc. bot. it. 1889 p. 452; Haussk. symb. p. 25. — Icon: Fl. dan. t. 103. — Exsicc.: Orph. fl. gr. n. 849; Dörfl. pl. cret. n. 2.

Tuberibus globosis; caule superne nudo; foliis oblongo-lanceolatis; spica tenuiter cylindrica, longa, densa, multiflora; bracteis lanceolatis, ovario subbrevioribus; perigonii virenti-flavidi, phyllis conniventibus, externis ovatis, acutis, internis lanceolatis, obtusiusculis, labello plano, lineari, tripartito, laciniis lateralibus linearibus, intermedia paulo longiore et duplo latiore, ultra medium bifida, lacinulis linearibus, subdivaricatis, saepe cum denticulo interjecto.

In herbosis, dumosis regionis montanae. Attica: mt. Parnes Pentelicon, Hymettus (Heldr.); Euboea: mt. Dirphys (Fraas); Laconia: mt. Malevo pr. Platanos (Orph.); Creta: mt. Aphendi Kavutsi (Raul.), pr. Males distr. Hierapetra (Leon.); Corcyra: mt. Pantocrator (Gelmi). — Apr. Maio. ♃.

10. Himantoglossum Spreng. syst. III. p. 675.

1. **H. hircinum** L. sp. p. 944 (*Satyrium*); Spreng. syst. III. p. 694; Bald. riv. coll. bot. alb. 1895 p. 71, 1896 p. 93. — *Orchis hircina* Cr. stirp. VI. p. 484. — *Loroglossum hircinum* Rich. in mem. mus. IV. p. 54. — *Aceras hircina* Lindl. orch. p. 282; Bois. fl. or. V. p. 56. — Icon: Jacq. fl. austr. IV. t. 367.

Tuberibus ovatis; caule elato, crasso; foliis oblongo-lanceolatis; spica longa, oblongo-cylindrica, laxa, multiflora; bracteis linearibus, ovario longioribus; perigonii virentis, intus purpureo-punctati phyllis conniventibus, ovatis, acutis, labello calcare saccato brevissimo aucto, pendulo, undulato-crenato, tripartito, virente vel purpurascente, laciniis lateralibus linearibus, falcatis, intermedia longissima, spiraliter torta, 2—3 partita, lacinulis linearibus.

β. **caprinum** M. B. fl. taur. cauc. III. p. 602 pro sp. (*Orchis*); Richt. pl. europ. I. p. 276. — *H. caprinum* Spreng. l. c. — *Aceras* *caprina* Lindl. orch. p. 282. — *A. hircina v. caprina* Bois. fl. or. V. p. 56; Heldr. fl. cephal. p. 81. — Galea subelongata, calcar longius. —

In collibus siccis. Epirus: pr. Suli distr. Paramythia, pr. Kastrica distr. Janina (Bald.), ad Kestoration pr. Argyrocastron (Chodsez); Cephalonia (Letourn.); Euboea (Fraas); loci probabiliter ad var. spectant. Jun. Jul. ♃. N. v.

11. Barlia Parl. nuov. gen. piant. monocot. p. 5.

1. **B. longibracteata** Biv. cent. sic. I. p. 57 t. 4; Ch. et B. exp. p. 262, Fl. pelop. p. 61; Marg. et R. fl. Zante p. 86; Friedr. Reise p. 282; Raul. cret. p. 861; (*Orchis*); Parl. l. c. p. 6. — *Orchis Robertiana* Lois. fl. gall. II. p. 606; Sieb. avis p. 5, rem. p. 6; Friedr. Reise p. 266. — *Aceras longibracteata* Rchb. icon. XIII. p. 3; Heldr. fl. cephal. p. 68; Bois. fl. or. V. p. 55; Hal. in ö. b. Z. 1897 p. 325. — Huc forsan: *Orchis cataphracta* Sieb. in Flora I. p. 271, nomen solum. — Exsicc.: Orph. fl. gr. n. 15.

Tuberibus oblongis; caule elato, crasso; foliis oblongis; spica ovata vel oblongo-cylindrica, densa, multiflora; bracteis lanceolatis, ovario longioribus; perigonii purpurascentis vel sordide purpurei phyllis ovatis, obtusis, externis lateralibus patentibus, intermedio cum binis interioribus in galeam connivente, labello, calcare crasso brevi obsito, phyllis duplo longiore, tripartito, ad centrum pallide roseo, purpureo-punctato, ad lobos et margines purpureo, laciniis lateralibus lanceolatis, falcatis, intermedia paulo longiore, divaricatim biloba, obcordata, lobulis obtusis, saepe crenulatis.

In collibus herbidis, rare. Acarnania: pr. Astakos (Reis.); Attica: mt. Pentelicon (Orph.), Hymettus (Fraas), pr. Athenas (Friedr.); Achaia: pr. Patras (Chaub.); Arcadia: mt. Alvena et Smirna pr. Krysthena (Friedr.); Cephalonia: pr. Same (Mazz.); Zante: insula Trentanove (Marg.); Creta: pr. Malaxa, Takodopora, Rhamni, Anopolis, Perivoglia (Raul.); Cycladum insula Andros: pr. Messaria (Heldr.). — Mart Apr. ♃.

12. Anacamptis Rich. orch. adnot. p. 13.

1. **A. pyramidalis** L. sp. p. 940; S. et S. pr. II. p. 211; Pieri corc. fl. p. 124; Ch. et B. exp. p. 262, Fl. pelop. p. 61; Friedr. Reise p. 283; Ung. Reise p. 120; Weiss in z. b. G. 1869 p. 754; (*Orchis*); Rich. l. c.; Marg. et R. fl. Zante p. 86; Raul. cret. p. 862; Bois. fl. or. V. p. 57; Gelmi in bull. soc. bot. ital. 1889 p. 452; Hal. Beitr. fl. Epir. p. 41, in ö. b. Z. 1897 p. 98; Bald. riv. coll. bot. alb. 1896 p. 93; Heldr. fl. Aegina p. 391; Haussk. symb. p. 24. — *Aceras pyramidalis* Rchb. icon. XIII. p. 6 t. 361. — Exsicc.: Hal. it. gr. II. a. 1893; Sint. it. thessal. n. 543.

Tuberibus ovatis; caule gracili, elato; foliis lineari-lanceolatis; spica densa, multiflora, conica, dein ovata vel oblonga; bracteis lineari-lanceolatis, ovario aequilongis; perigonii coccinei phyllis ovato-lanceolatis, acutiusculis, externis lateralibus patentibus, intermedio cum binis interioribus in galeam connivente, labello trilobo, calcare filiformi, ovario longiore obsito, lobis oblongis, obtusis.

β. **brachystachys** Urv. enum. p. 121; Ch. et B. fl. pelop. p. 61; pro sp.; Bois. fl. or. V. p. 57; Haussk. symb. p. 24. — *A. pyramidalis v. albiflora* Raul. cret. p. 862. — Spica tenuior, flores minores albidi vel carnei, bracteae cuspidatae. — Exsicc.: Heldr. et Hal. fl. sporad. a. 1896.

In dumosis, silvaticis regionis inferioris et subalpinae. Epirus: mt. Micikeli (Bald.), mt. Tsumerka pr. Theodoriana (Hal.); Thessalia: pr. Vutades in Pindo tymphaeo (Sint.); pr. Karpinitza Aetoliae, mt. Helicon Boeotiae (Fraas); Attica: mt. Pentelicon (Ung.), in Pharmacusarum insula Lero, insula Aegina (Heldr.); Achaia: mt. Omplo pr. **Patras** (Heldr.), pr. Megaspilaeon (Hal.); Acrocorinthus (Haussk.); Elis: pr. Pyrgos (Friedr.), Arcadia (Chaub.); Messenia (Sibth.): mt. Ithome (Friedr.), pr. Phigalea, Manglava, mt. Kupe (Chaub.), pr. Methone (Despr.); **Laconia** (Sibth.); Cycladum insula Tenos, Syra (Weiss); Creta: pr. **Canea** (Weiss), Pelekano, Spilaea, Akroteri, Meleka (Raul.); Zante: mt. Scopo, insula Peluso (Marg.); Corcyra (Pieri): pr. Pelleca (Gelmi); — β. Thessalia: mt. Karava in Pindo (Haussk.); Sporadum insula Skopelos (Leon.); Attica: mt. Parnes, Pentelicon (Bois.); Argolis (Chaub.); Cycladum insula Melos (Urv.); Creta: ad Khersonisos (Raul.). — Apr. Jun. ♃.

13. Gymnadenia R. Br. in Ait. kew. V. p. 191.

1. **G. conopsea** L. sp. p. 942; S. et S. pr. II. p. 214; Ch. et B. exp. p. 260, Fl. pelop. p. 61; (*Orchis*); R. Br. l. c.; Bois. fl. or. V. p. 81; Heldr. chlor. Parn. p. 27; Haussk. symb. p. 25. — *G. comigera* Rchb. exp. p. 121; Friedr. Reise p. 273; f. bracteis longe ultra alabastra productis. — Icon: Fl. dan. t. 224. — Exsicc.: Heldr. it. IV. Thessal. a. 1885.

Tuberibus palmatis; caule gracili, elato; foliis lineari-lanceolatis; spica oblongo-cylindrica, multiflora, densiuscula; bracteis lanceolatis, ovarium aequantibus vel superantibus; perigonii rosei phyllis oblongis, obtusis, externis lateralibus patentibus, intermedio cum binis interioribus in galeam connivente, labello trilobo, calcare filiformi, ovario plerumque duplo longiore munito, lobis subaequalibus, ovatis, obtusis vel truncatis.

In pascuis regionis montanae et subalpinae. Thessalia: mt. Baba pr. Klinovo in Pindo (Haussk.); mt. Parnassus (Heldr.); Peloponnesus: in isthmo Dara Argolidis (Friedr.), pr. Manglava, Phigalea, Messene (Chaub.). Jun. Jul. ♃.

14. Platanthera Rich. in mem. mus. IV. p. 35.

1. **P. bifolia** L. sp. p. 939 (*Orchis*); Rich. in mem. mus. p. 57; Bois. fl. or. V. p. 82; Haussk. symb. p. 25. — *Orchis montana*

Schmidt. fl. bohem. I. p. 35. — *P solstitialis* Boenning. in Rchb. fl. exc. p. 120. — Icon: Fl. dan. t. 235.

Tuberibus oblongis; foliis radicalibus 2, magnis, obovato-oblongis oblongisve, obtusis, in petiolum attenuatis, caulinis 2—3, bracteiformibus, lanceolatis, sessilibus; spica oblonga, multiflora, laxiuscula; bracteis lanceolatis, ovario aequilongis; perigonii albi vel albido-virenti phyllis externis lateralibus lanceolatis, obtusis, patentibus, intermedio paulo latiore et breviore, cum binis interioribus subconnivente, labello indiviso, anguste lineari, indiviso, phyllis longiore, calcare filiformi, arcuato, ovario sesquilongiore; antherae loculis approximatis, parallelis.

In silvaticis montanis. Thessalia: mt. Ghavellu in Pindo (Haussk.); Phthiotis: pr. Lamia (Fraas); Corcyra (Heldr.). — Maio, Jul. ♃. N. v.

2. **P. chlorantha** Cust. in Mössl. handb. ed. 2 II. p. 1565; Haussk. symb. p. 25. — *P. montana* Rchb. ic. XIII. p. 123 t. 78. —

Praecedenti maxime similis, ab ea perigonii phyllis latioribus et praesertim antherae loculis distantibus, basin versus divergentibus discedit.

In nemorosis oropedii Neuropolis in Pindo dolopico (Haussk.). — Maio, Jul. ♃. N. v.

15. **Neotinaea** Rchb. de poll. orch. gen. p. 29. — *Tinaea* Biv. in giorn. sc. Sicilia (1833) p. 149; non Spreng. —

1. **N. intacta** Link in Schrad. journ. (1799) p. 322 (*Orchis*); Rchb. l. c. — *Satyrium maculatum* Desf. fl. atl. II. p. 319 (1800). *Satyrium densiflorum* Brot. fl. lusit. I. p. 22 (1804). — *Orchis atlantica* Willd. sp. IV. p. 42 (1805). — *Orchis secundiflora* Bert. rar. ital. pl. dec. II. p. 42 (1806). — *Ophrys densiflora* Desf. choix pl. p. 11 t. 6 (1808). — *Gymnadenia Linkii* Pr. fl. sic. p. 41 (1826). — *Himantoglossum secundiflorum* Rchb. fl. exc. p. 120 (1830). — *Peristylus densiflorus* Lindl. orch. p. 298 (1830). — *P. atlanticus* Lindl. orch. p. 300 (1830). — *Aceras secundiflora* Lindl. bot. reg. t. 1525 (1832). — *Tinaea cylindracea* Biv. in giorn. sc. sicil. p. 149 (1833); Spreitz. in z. b. G. 1887 p. 669; Haussk. symb. p. 25. — *Ophrys secundiflora* Steud. nom. bot. I. p. 768 (1840). — *Aceras densiflora* Bois. voy. esp. p. 595. — *Aceras intacta* Rchb. icon. XIII. p. 2 (1851). — *Coeloglossum densiflorum* Nym. syll. p. 359 (1854). — *T. intacta* Bois. fl. or. V. p. 58; Hal. in ö. b. Z. 1879 p. 98. — Exsicc.: Heldr. et Hal. fl. Sporad. a. 1896.

Tuberibus ovatis; caule gracili; foliis ovali-oblongis, interdum maculatis; spica densiflora, cylindrica; bracteis membranaceis, lanceolatis, ovario subaequilongis; perigonii virenti-carnei phyllis conniventibus, externis ovato-lanceolatis, inferne connatis, lateralibus basi subsaccatis, labello phyllis subaequilongo, trifido, laciniis linearibus, intermedia latiore, apice bifida; calcare conico, ovario 5plo breviore.

In dumosis regionis et montanae. Thessalia: mt. Pelion pr. Kissos (Heldr.); Sporadum insula Skopelos (Leon.); Attica: mt. Corydalus (Sprun.), Pentelicon, Parnes (Heldr.); Laconia: mt. Malevo (Orph.); Corcyra: mt. Deca (Spreitz.). — Apr. Maio ♃.

16. Orchis L. gen. 1009.
Dispositio specierum.
1. Sectio. *Herorchis* Lindl. orch. pl. p. 259. — Perigonii phylla omnia in galeam conniventia.
  a. Labellum trilobum vel trifidum.
    α. Labelli lobus intermedius bifidus vel truncato-emarginatus.
      × Bracteae brevissimae, squamiformes.
        1. O. longicruris Link.
      ×× Bracteae ovarium aequantes vel eo breviores, sed non squamiformes.
        ○ Labelli lobus medius lateralibus major et longior; calcar dependens.
          2. O. commutata Tod.   3. O. lactea Poir.
        ○○ Labelli lobus medius lateralibus minor vel subnullus; calcar horizontale vel adscendens.
          . Calcar cylindricum.
            4. O. picta Lois.   5. O. longicornu Poir.
          .. Calcar filiforme.
            6. O. Boryi Rchb.
    β. Labelli lobus medius indivisus.
      × Tubera ovato-globosa.
        ○ Flores brunneo-purpurei; galea acuta.
          7. O. coriophora L.
        ○○ Flores sordide-purpurascentes; galea acuminata.
          8. O. fragrans Poll.   9. O. sancta L.
      ×× Tubera cylindracea, longe attenuata, acuta, plerumque apice 2—3fida.
        10. O. iberica M. a. B.
  b. Labellum indivisum.
    11. O. papilionacea L.

2. Sectio. *Androrchis* Endl. gen. p. 208. — Perigonii phylla externa lateralia patentia vel reflexa.
  a. Tubera integra; bracteae membranaceae vel submembranaceae.
    α. Labellum indivisum.
      12. O. saccata Ten.
    β. Labellum trilobum.
      × Bracteae simplicinerves.
        ◡ Calcar cylindricum.
          . Flores purpurei.
            13. O. mascula L.
          .. Flores pallide flavi.
           ; Folia obovata vel oblonga.
            14. O. pallens L.
            ;; Folia lanceolata.
      15. O. provincialis Balb.   16. O. pauciflora Ten.

◯ Calcar filiforme; flores purpurei.
        17. **O. quadripunctata** Cyr.
×× Bracteae saltem inferiores retinerves.
        18. **O. laxiflora** Lam.
b. Tubera saepissime palmata vel digitata; bracteae herbaceae, retinerves.
  α. Caulis fistulosus.
    × Folia a basi latiore sensim attenuata.
        19. **O. incarnata** L.
    ×× Folia a basi angustiore versus medium vel apicem dilatata.
     ◯ Tubera palmatifida; folia saepissime maculata.
        20. **O. latifolia** L.
     ◯◯ Tubera apice breviter 2—3 loba, rarius indivisa; folia immaculata.
       21. **O. sambucina** L.   22. **O. romana** Seb.
  β. Caulis solidus.
        23. **O. maculata** L.

1. Sectio. *Herorchis* Lindl. orch. pl. p. 259. — Perigonia phylla omnia in galeam conniventia.
  a. Labellum trilobum vel trifidum.
    α. Labelli lobus intermedius bifidus vel truncato-emarginatus.
      × Bracteae brevissimae, sqamiformes.

1. **O. longicruris** Link in Schrad journ. II. p. 323; Ch. et B. exp. p. 261, Fl. pelop. p. 61; Weiss in z. b. G. 1869 p. 754; Spreitz. in z. b. G. 1877 p. 730; Bois. fl. or. V. p. 65; Haussk. symb. p. 24. — *O. tephrosanthos* Desf. fl. alt. II. p. 319; Friedr. Reise p. 279 et 280; non Vill. pl. dauph. II. p. 32, quae = *O. simia* Lam. fl. fr. III. p. 507. — *O. undulatifolia* Biv. sic. pl. cent. II. p. 44; S. et S. pr. II. p. 213, Fl. gr. X. p. 20 p. 927; Friedr. Reise p. 277; Fraas fl. class. p. 279; Raul. cret. p. 861; Gelmi in bull. soc. bot. it. 1889 p. 452. — Exsicc.: Orph. fl. gr. n. 144; Heldr. herb. norm. n. 265; Rev. pl. cret. n. 162; Dörfl. pl. cret. p. 123.

Tuberibus oblongis, indivisis, raro bifidis; foliis oblongo-lanceolatis lanceolativse, margine undulatis; spica ovata, densa; bracteis membranaceis, ovatis, acuminatis, uninerviis; perigonii rosei, purpureo-nervosi phyllis in galeam alatam conniventibus, externis lanceolatis, acuminatis, labello brevioribus, binis internis duplo brevioribus, oblongis, acutis; labello tripartito, laciniis lateralibus linearibus, elongatis, subfalcatis, intermedia longiore et latiore, divaricatim bifida, lacinulis linearibus elongatis, cum denticulo interjecto; calcare cylindrico, dependente, ovarium dimidium aequante.

In collibus, olivetis, herbosis regionis inferioris et montanae. Aetolia (Nied.); mt. Kiona (Fraas); Attica: mt. Parnes, Pentelicon (Orph.), Kerata pr. Eleusis (Haussk.), Hymettus, insula Salamis (Heldr.); Argolis: pr. Potamia (Friedr.); Arcadia: in valle fl. Alpheus pr. Carithena (Friedr.); Messenia (Sibth.): pr. Arcadia, Methone, mt. Kupe (Chaub.);

Creta: pr. Platania, Akroteri, Malaxa, Takodopora, Rhamni, Damasta, Chersonisos (Raul.), Christos distr. Viano (Leon.); Zante (Weiss); Ithaca: pr. Vathy (Spreitz.); Corcyra: pr. San Deca (Spreitz.). — Apr. Maio. ♃.

1 × 2. **O. longicruris × commutata.** — *O. longicruris* × *tridentata* (*O. attica*) Haussk. symb. p. 24. — Ab *O. longicruri* foliis minus undulatis, bracteis longioribus, labii laciniis latioribus brevioribusque; — ab *O. commutata* caule validiore, foliis subundulatis, bracteis dimidio brevioribus, perigonii phyllis longius acuminatis, labio elongato, lacinulis dimidio angustioribus longioribusque, discedit.

In herbidis supra Eleusis Atticae (Haussk.). — N. v.

×× Bracteae ovarium aequantes vel eo breviores, sed non squamiformes.

○ Labelli lobus medius lateralibus major et longior; calcar dependens.

2. **O. commutata** Tod. orch. sic. p. 24; Spreitz. in z. b. G. 1877 p. 730. — *O. variegata* S. et S. pr. II. p. 213; Ch. et B. fl. pelop. p. 61; non All. — *O. acuminata* Ch. et B exp. p. 262; Friedr. Reise p. 277; non Desf. — *O. tridentata* Bois. fl. or. V. p. 62; Haussk. symb. p. 24; non Scop. — Icon: Rchb. germ. t. 19. — Exsicc.: Orph. fl. gr. n. 856.

Tuberibus oblongis, indivisis; foliis oblongo-lanceolatis, non undulatis; spica subglobosa, densa; bracteis membranaceis, lanceolato-subulatis, uninerviis, ovarium aequantibus; perigonii rosei, purpureo-nervosi phyllis acuminatis, in galeam acutam conniventibus, externis ovato-lanceolatis, labello longioribus, binis internis brevioribus, linearibus; labello trifido, lobis lateralibus late lineari-spathulatis, divaricatis, denticulatis, intermedio majore, obovato-cuneato, emarginato-bilobo, denticulato; calcare cylindrico, dependente, ovarium dimidium superante. — Subspecies australis *O. tridentatae* Scop. fl. carn. ed. 2 II. p. 190 (*O. variegatae* All. fl. ped. II. p. 147), perigonii phyllis acutis, non attenuato-acuminatis, labello plerumque aequilongis, labelli lobis non vel minus denticulatis, diversae. — Habitu *O. longicruri* accedens, a qua bracteis elongatis et labelli forma omnino aliena statim diagnoscitur.

In collibus, herbidis regionis inferioris et montanae. Attica: mt. Parnes, Pentelicon (Heldr.), Kerata (Haussk.); Argolis: pr. Potamia (Friedr.); Laconia: mt. Malevo pr. Platanos (Orph.); Messenia: pr. Methone (Chaub.); Corcyra: pr. San Deca (Spreitz.). — Apr. Maio. ♃.

3. **O. lactea** Poir. enc. IV. p. 594 (1797); Bois. fl. or. V. p. 63. — *O. acuminata* Desf. fl. atl. II. p. 318 t. 247 (1800); Sieb. avis p. 5; Weiss in z. b. G. 1869 p. 754. — *O. conica* Willd. sp. IV. p. 14 (1805). — *O. corsica* Viv. fl. cors. p. 16 (1824). — *O. Tenoreana* Guss. fl. sic. syn. II. p. 533 (1844); Raul cret. p. 861. —

Tuberibus oblongis, indivisis; foliis oblongis oblongo-lanceolatisve, non undulatis; spica ovata, densa; bracteis membranaceis, lineari-lanceolatis, uninerviis, ovarium aequantibus; perigonii albi vel subrosei phyllis in galeam acutam conniventibus, externis ovato-lanceolatis, acuminatis, labello aequilongis, binis internis brevioribus, linearibus, obtusiusculis; labello trifido, lobis lateralibus oblique-rotundatis, divaricatis, intermedio majore, flabelliformi, emarginato vel emarginato-bilobo, crenulato; calcare cylindrico, dependente, medio subinflato, ovario breviore. — Praeter notis indicatis caule validiore et humiliore a praecedente discedit.

In collibus regionis inferioris. Creta: ad Akroteri (Heldr.), Suda (Weiss), Hagia Triada, Retymo (Raul.). — Apr. Maio. ♃. N. v.

⚬⚬ Labelli lobus medius lateralibus minor vel subnullus; calcar horizontale vel adscendens.

. Calcar cylindricum.

4. **O. picta** Lois. fl. gall. ed. 2 II. p. 264; Gelmi in bull. soc. bot. it. 1889 p. 452; Hal. in ö. b. Z. 1897 p. 98. — *O. morio* Pieri corc. fl. p. 125; Urv. enum. p. 120; Fraas fl. class. p. 279; non L. sp. p. 940. — *O. morio v. picta* Rchb. icon. XIII. p. 17 t. 13; Bois. fl. or. V. p. 60. — *O. Boryi* Spreitz. in z. b. G. 1877 p. 730, 1887 p. 669, non Rchb. — Exsicc.: Orph. fl. gr. n. 148.

Tuberibus ovato-globosis, indivisis; foliis oblongo-lanceolatis; spica laxa, saepius abbreviata; bracteis oblongo-lanceolatis, ovarium subaequantibus, trinerviis, summis univerviis; perigonii phyllis oblongis, obtusis, viridi-purpurascentibus, labello subaequilongis, in galeam obtusam conniventibus; labello trilobo vel interdum subindiviso, crenulato, purpureo-violaceo, concolore, lobis lateralibus rotundatis, intermedio minore, truncato-emarginato, interdum subnullo; calcare cylindrico vel subclavato, recto, ovario subaequilongo. — *O. morionis* L. subspecies australis, floribus minoribus et calcare sublongiore.

In herbidis regionis inferioris et montanae. Thessalia: in Pindo (Fraas), mt. Pelion (Heldr.); Sporadum insula Skopelos (Leonis); Aetolia (Fraas); Attica: mt. Pentelicon (Fraas); Cycladum insula Melos (Urv.); Corcyra (Pieri): vulgatissima (Gelmi). — Apr. Maio. ♃.

5. **O. longicornu** Poir. voy. barb. II. p. 247; S. et S. pr. II. p. 212; Ch. et B. exp. p. 260, Fl. pelop. p. 61. — Icon: Desf. fl. alt. II. t. 246.

Praecedenti simillima, ab ea labello phyllis longiore, lobis lateralibus fusco-violaceis, lobo intermedio brevissimo, albido, calcare incurvo, apice compresso-spathulato, longiore, discedit.

In agro Messeniaco (Sibth.); a recentioribus non lecta. — Apr. Maio. ♃. N. v.

.. Calcar filiforme.

6. **O. Boryi** Rchb. ic. fl. germ. XIII. p. 19 t. 151; Bois. fl. or. V. p. 73. —

Tuberibus ovatis, indivisis; foliis oblongo-lanceolatis; spica brevi, laxa; bracteis ovatis vel oblongis, acutis, ovario duplo vel subtriplo brevioribus, uninerviis; perigonii phyllis oblongis, obtusis, purpureis, labello aequilongis, in galeam obtusam conniventibus; labello trilobo, lobis lateralibus rotundatis, crenulatis, intermedio sublongiore, retuso; calcare filiformi, recto, ovario subbreviore. — Species dubia, ex icone forsan hybrida inter *O. pictam* et *O. quadripunctatam*, a quo posteriore specimen anthenticum Boissier tamen distinguere nequivit.

Messenia: pr. Phigalea, Bassae, mt. Ithome (Despréaux). — Maio, Jun. ♃. N. v.

β. Labelli lobus medius indivisus.

× Tubera ovato-globosa.

○ Flores brunneo-purpurei; galea acuta.

7. **O. coriophora** L. sp. p. 940; Fraas fl. class. p. 279; Haussk. symb. p. 24. — *O. cimicina* Cr. stirp. VI. p. 498. — *O. cassidea* M. a B. fl. taur. cauc. III. p. 600, sec. Bois. fl. or. V. p. 61. — Icon: Jacq. fl. austr. II. t. 122. — Exsicc.: Sint. it. thessal. n. 850.

Tuberibus ovato-globosis, indivisis; foliis lanceolatis vel linearilanceolatis; spica oblonga, densa; bracteis submembranaceis, linearilanceolatis, uninerviis, purpurascentibus, ovario aequilongis vel longioribus, perigonii phyllis oblongis, acutis, in galeam acutam, labello vix longiorem conniventibus; labello trifido, lobis lateralibus subrhombeis, subcrenatis, intermedio paulo longiore, oblongo, integro, calcare conico, recto, dependente, ovario duplo breviore.

In pratis montanis, rarissime. Thessalia: in Pindo (Fraas) ad Said Pascha (Sint.) et in oropedio Neuropolis (Haussk.). — Maio. Jun. ♃.

∞ Flores sordide-purpurascentes; galea acuminata.

8. **O. fragrans** Poll. elem. bot. II. p. 155; Weiss in z. b. G. 1869 p. 754; Raul. cret. p. 861; Haussk. symb. p. 24; Heldr. prosth. chlor. Thera p. 4. — *O. coriophora* S. et S. pr. II. p. 212; Pieri corc. fl. p. 125; Sieb. avis. rem. p. 6; Urv. enum. p. 119; Ch. et B. exp. p. 262, Fl. pelop. p. 61; Marg. et R. fl. Zante p. 85; Ung. Reise p. 120; Raul. cret. p. 861; Gelmi in bull. soc. bot. ital. 1880 p. 452. — *O. Polliniana* Spreng. pug. II. p. 68. — *O. cassidea* M. a B. fl. taur. cauc. III. p. 600, sec. Parl. fl. ital. III. p. 469;? Urv. enum. p. 119. — *O. coriophora v. fragrans* Vis. fl. dalm. I. p. 170; Bois. fl. or. V. p. 61. — Icon: Rchb. germ. t. 14. — Exsicc.: Orph. fl. gr. n. 1108; Heldr. herb. norm. n. 1074.

Tuberibus ovato-globosis, indivisis; foliis lanceolatis vel linearilanceolatis; spica oblonga, densa; bracteis membranaceis, lineari-lanceolatis, uninerviis, albidis, ovario aequilongis vel longioribus; perigonii phyllis oblongo-lanceolatis, acuminatis, in galeam acuminatam, labello longiorem conniventibus; labello trifido, lobis lateralibus subrhombeis, integris vel parce subcrenatis, intermedio subduplo longiore, lanceolato, acuto, integro, calcare conico, arcuato, dependente, ovario sub vel subduplo breviore. — A praecedente floribus majoribus, dilutioribus, suaveolentibus, nec cimicinis, bracteis albidis, pellucidis, perigonii phyllis acuminatis, labelli lobo medio longiore, calcare arcuato, sublongiore facile distinguitur.

In pinetis, pratis saepe humidiusculis regionis inferioris et montanae. Aetolia: pr. Antirrhion (Hal.); mt. Parnassus; Phthiotis: pr. Lamia (Fraas); Attica: mt. Lycabettus (Orph.), Pentelicon (Ung.), Kerata (Haussk.), pr. Raphina (Heldr.); Elis: pr. Kunupeli (Heldr.); Messenia: mt. Kupe, pr. Messene (Chaub.); Argolis: pr. Nauplia (Haussk.); Cycladum insula: Tenos (Weiss), Melos, St. Istad pr. Cimolos (Urv.), Thera (Heldr.); Creta: pr. Akroteri, Nerokuru, Suda, Sina, Damasta, Candia, Guves (Raul.); Zante (Sibth.); Corcyra (Pieri). — Apr. Maio ♃.

9. **O. sancta** L. sp. ed. 2 p. 1330; Heldr. fl. Aegina p. 396. — *O. Urvilleana* Steud. nomencl. bot. II. p. 225. — *O. coriophora v. sancta* Rchb. icon. XIII. p. 173. — Exsicc.: Orph. fl. gr. n. 855 (Chios); Dörfl. fl. aeg. n. 21.

Differt a praecedente, cui habitu similis, bracteis inferioribus 3—5 nerviis, floribus majoribus pallidioribusque, perigonii phyllis longius acuminatis, labelli lobis lateralibus acute 1—4 serratis („labium in dentes 5 acutos divisum" L. l. c.), intermedio integro vel denticulato, calcare recurvo.

In herbidis regionis inferioris, rarissime. Insula Aegina (Sprun), Tenos (Sart.), Naxos (Leon.). — Apr. Maio. ♃.

×× Tubera cylindracea, longe attenuata, acuta, plerumque apice 2—3 fida.

10. **O. iberica** M. a B. in Willd. sp. pl. IV. p. 25; Haussk. symb. p. 24. — *O. angustifolia* M. a B. fl. taur. cauc. II. p. 368; Bois. fl. or. V. p. 65. — *O. angustifolia v. Fraasii* Rchb. icon. XIII. p. 34. — Icon: Rchb. germ. t. 156. — Exsicc.: Heldr. it. gr. septentr. a. 1879, it. thessal. IV. a. 1885, reliqu. Orph. a. 1886.

Foliis lineari-lanceolatis; spica angusta, elongata, laxiuscula; bracteis herbaceis, lanceolatis, trinerviis, ovarium aequantibus vel superantibus; perigonii rosei phyllis oblongo-lanceolatis, in galeam acutam conniventibus; labello trilobo, lobis subaequalibus, lanceolatis, porrectis; calcare anguste-cylindrico, acuto, ovario duplo breviore.

In paludosis, scaturiginosis regionis subalpinae, rarissime. Thessalia: mt. Zygos et pr. Malakasi in Pindo tymphaeo (Haussk.), in oropedio Makrokampi mt. Oeta (Heldr.); Aetolia: mt. Tymphrestus (Fraas); Achaia: mt. Kyllene supra Trikala (Orph.). — Jun. Jul. ♃.

b. Labellum indivisum.

11. **O. papilionacea** L. sp. ed. 2 p. 1331; S. et S. pr. II. p. 213, Fl. gr. X. p. 21 t. 928; Sieb. avis p. 5; Urv. enum. p. 121; Ch. et B. exp. p. 261, Fl. pelop. p. 61; Friedr. Reise p. 277 et 283; Fraas fl. class. p. 279; Weiss in z. b. G. 1869 p. 754; Bois. fl. or. V. p. 60; Haussk. symb. p. 24. — *O. rubra* Marg. et R. fl. Zante p. 86; Raul. cret. p. 861; non Jacq. ic. pl. rar. I. p. 28, quae probabiliter hybrida (*O. papilionacea* × *Serapias lingua*). — Exsicc.: Orph. fl. gr. n. 857.

Tuberibus ovato-globosis, indivisis; foliis lanceolatis; spica ovata, pauciflora, laxiuscula; bracteis membranaceis, lanceolatis, 3—5 nerviis, purpurascentibus, ovarium superantibus; perigonii purpurei phyllis ovato-lanceolatis, obtusiusculis, labello brevioribus, conniventibus; labello flabelliformi vel subdeltoideo, basi constricto, rubro-venoso, margine crispo, denticulato vel crenulato; calcare cylindrico-subulato, subdependente, ovario subbreviore.

In herbidis regionis inferioris et montanae. Attica: mt. Pentelicon (Sprun.), Hymettus (Fraas), insula Salamis (Lefèbre), in Pharmacusarum insula Lero (Heldr.); Boeotia: pr. Oropos (Heldr.); Argolis: pr. Nauplia (Sprun.), pr. Potamia (Friedr.); Laconia: mt. Malevo pr. Platanos (Orph.); Arcadia: mt. Ithome (Friedr.); Messenia: pr. Methone (Chaub.); Cycladum insula: Cythnos (Tunt.), Melos (Urv.), Kimolos, Syra (Weiss); Creta: pr. Suda, Canea (Weiss), Meleka, Malaxa, Damasta (Raul.); Zante (Marg.); Corcyra: mt. Deca (Spreitz.). — Apr. Maio. ♃.

2. Sectio. *Androrchis* Endl. gen. p. 208. — Perigonii phylla externa lateralia patentia vel reflexa.

    a. Tubera integra; bracteae membranaceae vel submembranaceae.

    α. Labellum indivisum.

12. **O. saccata** Ten. fl. neap. pr. p. 53, Fl. nap. V. p. 240 t. 248; Raul. cret. p. 861; Bois. fl. or. V. p. 67; Heldr. fl. Aegina p. 391. — Exsicc.: Heldr. herb. a. 1845 (Rhodus).

Tuberibus ovato-oblongis, indivisis; foliis oblongo-lanceolatis, saepe brunneo-maculatis; spica breviter-cylindrica, laxiuscula; bracteis ovato-lanceolatis, subseptemnerviis, saepius purpureis, ovario longioribus; perigonii phyllis purpureo-violaceis, externis oblongis, obtusis, interdum livido-olivaceis, lateralibus subretroflexis, intermedio cum binis internis paulo minoribus connivente; labello purpureo-violaceo, phyllis externis sublongiore, obovato vel fere orbiculari, margine crenulato; calcare crasso, subdependente, pallidiore, ovario duplo breviore.

In collibus regionis inferioris, rarissime. Attica: ad Phaleron, in insula Aegina (Sprun.); Creta: inter Rhamni et Neochori (Heldr.). — Febr. Apr. ♃. N. v.

    β. Labellum trilobum.

      × Bracteae simplicinerves.

        ○ Calcar cylindricum.

          . Flores purpurei.

13. **O. mascula** L. fl. suec. ed. 2 p. 310; S. et S. pr. II. p. 212; Ch. et B. exp. p. 261, Fl. pelop. p. 61; Friedr. Reise p. 269; Bois. fl. or. V. p. 68; Heldr. fl. Aegina p. 390. — Icon: Rchb. germ. t. 38.

Tuberibus ovato-oblongis, indivisis; foliis oblongis vel oblongo-lanceolatis; spica oblonga, densiuscula, demum elongata; bracteis lineari-lanceolatis, 1—3 nerviis, purpurascentibus, ovario aequilongis; perigonii purpurei phyllis externis ovatis, obtusiusculis, lateralibus subpatentibus, demum reflexis, intermedio cum binis internis minoribus connivente; labello trilobo, lobis lateralibus rotundatis, intermedio paulo majore, retuso, mucronato; calcare cylindrico, horizontali vel adscendente, ovario subaequilongo.

In silvaticis regionis montanae. Aetolia: pr. Karpenisi (Sprun.); mt. Parnassus (Sibth.); insula Aegina (Friedr.); Arcadia, Argolis et Laconia (Sibth.): mt. Malevo (Orph.); Messenia: pr. Phigalea (Despréaux), Methone (Chaub.). — Maio, Jun. ♃. N. v.

.. Flores pallide flavi.

; Folia obovata vel oblonga.

14. **O. pallens** L. mant. II. p. 292; Friedr. Reise p. 279; Bois. fl. or. V. p. 68; Bald. riv. coll. bot. alb. 1896 p. 93. — Exsicc.: Jacq. fl. austr. I. t. 45.

Tuberibus ovatis, indivisis; foliis immaculatis, obovatis vel oblongis, supra medium saepius dilatatis; spica ovato-oblonga, densa; bracteis lanceolatis, flavidis, uninerviis, ovario longioribus; perigonii flavi phyllis ovato-oblongis, obtusis, externis lateralibus patentibus, intermedio cum binis internis connivente; labello trilobo, lobis lateralibus rotundatis, intermedio majore, retuso; calcare cylindrico, horizontali vel adscendente, ovario subbreviore.

In dumosis montanis. Epirus: mt. Olycika (Bald.); Attica: mt. Hymettus (Fraas); Arcadia: mt Trikorfo pr. Sinano (Friedr.). — Apr. Maio. ♃. C. v.

;; Folia lanceolata.

15. **O. provincialis** Balb. misc. bot. alt. p. 33 t. 2; Friedr. Reise p. 277; Ung. Reise p. 120; Bois. fl. or. V. p. 69; Bald. riv. coll. bot. alb. 1896 p. 93. — *O. Cyrilli* Ten. fl. nap. 2 p. 287 t. 87. — *O. pallens* Ch. et B. exp. p. 260. Fl. pelop. p. 61, non L. — Exsicc.: Orph. fl. gr. n. 147; Bald. it. alb. epir. IV. n. 146; Sint. it. thessal. n. 493.

Tuberibus oblongis, indivisis; foliis lanceolatis, semper nigro-maculatis; spica subovata, laxa, saepius multiflora, demum elongata; bracteis lanceolatis, flavidis, ovario aequilongis, infimis trinerviis, ceteris uninerviis; perigonii flavi phyllis ovato-oblongis, obtusis, externis lateralibus patentibus, intermedio cum binis internis connivente; labello concolore trilobo, lobis lateralibus rotundatis, intermedio saepius minore, retuso vel bilobo; calcare cylindrico-clavato, adscendente; ovarium subaequante.

In silvaticis montanis. Epirus: mt. Micikeli (Bald.); Thessalia: pr. Vitomo in Pindo tymphaeo (Sint.), mt. Pelion (Heldr.); Euboea (Ung.); Attica: mt. Parnes Pentelicon (Heldr.), Hymettus (Orph.); Argolis: Nauplia (Sprun.), pr. Potamia (Friedr.); Messenia: mt. Kupe, pr. Messene (Chaub.), Methone (Despr.), Kalamata (Zahn). — Apr. Maio. ♃.

16. **O. pauciflora** Ten. fl. nap. II. p. 288 t. 88; Raul. cret. p. 861. — *O. provincialis* Sieb. avis p. 5, non Balb. — *O. provin-*

cialis v. *pauciflora* Lindl. orch. p. 263; Ung. Reise p. 120; Spreitz. in z. b. G. 1877 p. 730; Heldr. fl. cephal. p. 68; Bois. fl. or. V. p. 69. — Exsicc.: Heldr. herb. norm. n. 480 et 1285.

Differt specifice a praecedente statura minori, foliis semper immaculatis, spica saepissime pauciflora, floribus majoribus, labello discolori nempe medio intense croceo et calcare evidenter longiore, ovarium superante.

In silvaticis montosis. Attica: mt. Parnes, Pentelicon, Hymettus (Heldr.); Creta: pr. Meleka, Malaxa, mt. Volakia, pr. Askyphos, Rustika, mt. Aphendi Kavutsi (Raul.), pr. Males distr. Hierapetra (Leon.); Cephalonia: mt. Aenos (Ung.). — Mart. Apr. ♃.

⊙ Calcar filiforme; flores purpurei.

17. O. quadripunctata Cyr. in Ten. fl. neap. pr. p. 53, Fl. neap. II. p. 291 t. 89; Spreitz. in z. b. G. 1877 p. 731; Heldr. fl. cephal. p. 68; Bois. fl. or. V. p. 69; Gelmi in bull. soc. bot. it. 1889 p. 452; Hal. Beitr. fl. Achaia p. 32, in ö. b. Z. 1897 p. 98; Haussk. symb. p. 24. — *O. trichocera* Brong. in exp. mov. p. 260, t. 30. — *O. Brancifortii* Ch. et B. fl. pelop. p. 61 t. 32; Friedr. Reise p. 279; Ung. Reise p. 120; Raul. cret. p. 861; non Biv. stirp. rar. I. p. 11 t. 1, quae floribus minoribus, phyllis externis ellipticis obtusissimis, labello phyllis subaequilongo, trifido, laciniis lateralibus linearibus, specifice differre videtur. — Exsicc.: Orph. fl. gr. n. 146; Heldr. herb. norm. n. 480 et 1581; Rev. pl. cret. n. 163.

Tuberibus ovato-globosis; foliis oblongis oblongo-lanceolatisve; spica laxa, nunc brevi et pauciflora, nunc elongata et multiflora; bracteis lanceolatis, coloratis, ovarium subaequantibus, infimis trinerviis, ceteris uninerviis; perigonii purpurei phyllis ovato-oblongis vel oblongis, obtusis, externis lateralibus patentibus, intermedio cum binis internis subbrevioribus connivente; labello phyllis externis sublongiore, basi 2—4 punctato, trilobo, lobis lateralibus rotundatis, intermedio iis aequilongo vel parum longiore; calcare filiformi, recto vel arcuato, ovarium aequante. — Occurrit rarissime (*v. albiflora* Raul. cret. p. 861) floribus albis.

β. **macrochila.** — Labellum phyllis manifeste longius, trifidum, lobo medio producto, lateralibus longiore. — Exsicc.: Dörfl. pl. cret. n. 121.

In saxosis apricis, pinetis regionis montanae et subalpinae. Epirus: pr. Kestoration (Chodzes), iam extra ditionem nostram; Phthiotis: mt. Oeta (Fraas); Bocotia: pr. Oropos (Heldr.); Attica: mt. Parnes (Heldr.), Pentelicon (Ung.), Hymettus (Orph.), Kerata (Haussk.); Achaia: mt. Panachaicon (Hal.); Arcadia: pr. Phigalea (Despr.), Carithena (Friedr.): Argolis: mt. Arachneon (Sprun.), insula Hydra (Heldr.); Laconia: mt. Malevo (Orph.), mt. Taygetos (Chaub.); Messenia: mt. Kupe (Chaub.); Sporadum insula Skopelos (Leon); Euboea (Heldr.); Creta: pr. Kissamos (Rev.), ad promontorium Meleka, pr. Malaxa, Askyphos, Strombolo, mt. Aphendi Kavutsi (Raul.); Cephalonia: mt. Aenos (Spreitz.); Corcyra (Letorn): mt. Pantocrater (Gelmi); — *β.* Creta: pr. Christos distr. Viano (Leon). — Apr. Jun. ♃.

Obs. *O. anatolica* Bois. diagn. V. p. 56. — Ab affini praecedente floribus multo majoribus et calcare basi ampliato discedens, occurit in insula Chios (Orph. fl. gr. n. 852) et inquirenda in Cycladum insulis orientalibus.

×× Bracteae saltem inferiores retinerves.

18. **O. laxiflora** Lam. fl. fr. III. p. 504; Ch. et B. exp. p. 261, Fl. pelop. p. 60; Weiss in z. b. G. 1869 p. 754; Raul. cret. p. 861; Spreitz. in z. b G. 1877 p. 730; Bois. fl. or. V. p. 71; Hal. in ö. b. Z. 1896 p. 18; Haussk. symb. p. 24, cum *v. platychila*. — *O. platychila* C. Koch in Linnaea XIX. p. 13 (f. labello latissimo). — *O. palustris v. laxiflora* Friedr. Reise p. 278. — Icon: Rchb. germ. XIII. t. 41. — Exsicc.: Orph. fl. gr. n. 854; Sint. it. thessal. n. 848.

Tuberibus oblongis, indivisis; foliis lineari-lanceolatis, a basi sensim attenuatis; spica elongata, laxa; bracteis lineari-lanceolatis, ovario brevioribus, 3—5 nerviis, infimis retinerviis; perigonii purpureo-violacei phyllis oblongis, obtusis, externis lateralibus patentibus, intermedio cum binis internis connivente; labello phyllis longiore, trilobo, lobis lateralibus latis, obtusis, intermedio breviore et angustiore, saepe subnullo; calcare cylindraceo, horizontali, ovarium subaequante.

β. **longibracteata** Haussk. symb. p. 24. — Bracteis elongatis, flores subaequantibus, fere omnibus retinerviis, ad spicae apicem comosis. — Exsicc.: Reiser fl. gr. a. 1897.

γ. **palustris** Jacq. coll. I. p. 75, ic. pl. rar. I. t. 181; Fraas fl. class. p. 279; Bois. fl. or. V. p. 70; Hal. Beitr. fl. Aetol. p. 10; pro sp. — Labelli lobus intermedius lateralibus aequilongo vel longiore, saepe retuso. — Exsicc.: Hal. it. gr. II. a. 1893 (f. *intermedia*).

In paludosis regionis inferioris. Thessalia: pr. Malakasi (Sint.); Aetolia: pr. Aetolikon (Reis.); Boeotia: pr. Thebas (Heldr.); Attica: pr. Phaleron, Chassia, Chelidoni (Heldr.); Elis: pr. Kunupeli (Heldr.); Arcadia: pr. Phigalea (Chaub.); Messenia: pr. Arcadia, Methone (Chaub.); Acrocorinthus (Haussk.); Argolis: in palude Lerna (Friedr.), pr. Nauplia (Orph.); Sporadum insula Skopelos (Leon.); Creta: pr. Suda, Canea (Weiss), Kalyves (Raul.); Corcyra: pr. Potamo (Spreitz.); — β. pr. Nauplia (Haussk.), Argos (Reis.); — γ. Aetolia: pr. Krioneri (Hal.); Attica: ad Phaleron (Bois.); Zante (Schmidt); formam tantum intermediam, lobo intermedio labelli lateralibus aequilongo, vidi. — Apr. Jun. ♃.

b. Tubera saepissime palmata vel digitata; bracteae, retinerves.

α. Caulis fistulosus.

× Folia a basi latiore sensim attenuata.

19. **O. incarnata** L. fl. suec. p. 312; Rchb. ic. fl. germ. XIII. p. 53, f. *lanceata Fraasii* („lobo labelli intermedio lanceo, acuto, sinubus inter lobos magnis"); Bois. fl. or. V. p. 71. —

Tuberibus compressis, palmatifidis; foliis immaculatis, lanceolatis, a basi latiore sensim attenuatis, apice cucullatis; spica oblongo-cylindrica, densa; bracteis herbaceis, lanceolatis, trinerviis, flores aequantibus vel superantibus; perigonii rosei vel albidi phyllis oblongis, obtusiusculis, externis lateralibus patentibus, demum reversis, intermedio cum binis internis connivente; labello trilobo purpureo-maculato, lobis lateralibus rotundatis, intermedio minore, acuto, obtuso vel retuso; calcare cylindrico-conico, descendente, ovario subbreviore.

In paludosis ad Phalerum Atticae (Fraas). — Apr. Maio. ♃. N. v.

×× Folia a basi angustiore versus medium vel apicem dilatata.

○ Tubera palmatifida; folia saepissime maculata.

20. **O. latifolia** L. sp. p. 941; S. et S. pr. II. p. 214; Ch. et B. exp. p. 254, Fl. pelop. p. 61. — Icon: Rchb. germ. t. 50.

Tuberibus palmatifidis; foliis oblongis vel oblongo-lanceolatis, versus medium latissimis, acutis; spica ovato-oblonga, densa; bracteis herbaceis, lanceolatis, trinerviis, inferioribus et mediis flores aequantibus vel superantibus; perigonii purpurei phyllis oblongis, obtusis, externis lateralibus patentibus, intermedio cum binis internis connivente; labello purpureo-maculato, trilobo, lobis lateralibus rotundatis, intermedio minore, acuto, obtuso vel retuso; calcare cylindrico, descendente, ovario subbreviore.

Aetolia: pr. Karpenisi (Sprun.); in palustribus Laconiae (Sibth.) et in mt. Kupe Messeniae (Chaub.). — Apr. Maio. ♃. N. v.

○○ Tubera apice breviter 2—3 loba, rarius indivisa; folia immaculata.

21. **O. sambucina** L. fl. suec. p. 312; S. et S. pr. II. p. 214; Ch. et B. exp. p. 259, Fl. pelop. p. 61; Bois. fl. or. V. p. 72. — Icon: Jacq. fl. austr. II. t. 108. — Exsicc.: Sint. it. thessal. n. 849.

Tuberibus oblongo-fusiformibus, apice breviter 2—3 lobis, rarius indivisis in fibras attenuatis; caule crassiusculo; foliis oblongis oblongo-lanceolatisve, versus apicem latissimis; spica ovata vel oblonga, densiuscula; bracteis herbaceis, late lanceolatis, plurinerviis, flores superantibus vel aequantibus; perigonii purpurei vel pallide flavi phyllis oblongis, obtusis, externis lateralibus patentibus, intermedio cum binis internis connivente; labello obscure trilobo vel indiviso, crenulato; calcare cylindrico-conico, descendente, ovarium aequante vel vix superante. — Varietas purpurea praecedenti valde similis, sed ab ea sat facile distinguitur tuberibus non palmatifidis, foliis apicem nec medium versus latissimis, semper immaculatis, floribus intense purpureis et labello obscure trilobo.

In pratis montanis et subalpinis. Thessalia: mt. Dokimi in Pindo tymphaeo (Sint.); Achaia: pr. Patras (Chaub.); Elis et Laconia (Sibth.): pr. Andrussa (Gittard). — Maio, Jun. ♃.

22. **O. romana** Seb. pl. rem. fasc. I. p. 12 (1813); Hal. in ö. b Z. 1897 p. 98. — *O. bracteata* Ten. fl. nap. pr. p. 411 (1811),

non Willd. — *O. pseudosambucina* Ten. syn. p. 72 (1815); Friedr. Reise p. 282; Bois. fl. or. V. p. 72. — Icon: Ten. fl. nap. t. 86. — Exsicc.: Orph. fl. gr. n. 149.

Tuberibus oblongo-fusiformibus, apice breviter 2—3 lobis, rarius indivisis in fibras attenuatis; caule gracili; foliis lineari-lanceolatis spica ovata vel oblonga, laxiuscula; bracteis herbaceis, lanceolatis, plurinerviis, flores superantibus vel aequantibus; perigonii purpurei vel pallide flavi phyllis oblongis, obtusis, externis lateralibus patentibus, intermedio cum binis internis connivente; labello trilobo, crenulato, lobo medio multo minore; calcare cylindrico, horizontali vel adscendente, ovarium aequante. — Characteribus praecedenti valde affinis, sed ab ea caule gracili, foliis angustis, 3—10 mm. tantum latis, spica laxiuscula et calcare adscendente, primo intuitu diagnoscitur. — Varietas ochroleuca *O. provinciali* et *O. pauciflora* quoque similis, quae autem tuberibus indivisis, bracteis membranaceis, flavidis, 1—3 nerviis, ovario aequilongis, non retinerviis, labello manifeste trilobo facile distinguuntur.

In collibus et saxosis regionis montanae. Attica: mt. Pentelicon (Fraas), Hymettus (Orph.); Sporadum insula Skopelos (Leon.); Arcadia: mt. Alvena et Smirna pr. Krysthena (Friedr.); Messenia: mt. Kupe pr. Pylos (Zahn); Laconia: mt. Taygetos (Fraas). — Mart. Apr. ♃.

β. Caulis solidus.

23. **O. maculata** L. sp. p. 941; S. et S. pr. II. p. 214; Form. in D. bot. Mon. 1890 p. 10. — Icon: Rchb. germ. XIII. t. 55. — Exsicc.: Form. pl. thessal. a. 1895.

Tuberibus palmatifidis; foliis maculatis, inferioribus oblongis, ceteris lanceolatis, summis bracteiformibus; spica cylindrica, densa; bracteis lanceolatis, retinerviis, inferioribus flores, superioribus ovarium aequantibus; perigonii albi vel rosei, purpureo-maculati, phyllis oblongis, acutis vel obtusiusculis, externis lateralibus patentibus, intermedio cum binis internis connivente; labello trilobo, lobis lateralibus rotundatis, crenulatis, intermedio minore, acuto vel obtuso; calcare cylindrico, ovario breviore.

β. **saccifera** Brong. in exp. sc. mor. p. 259 t. 30, Fl. pelop. p. 60 t. 30; Form. in Ver. Brünn 1897 p 25; pro sp.; Parl. fl. it. III. p. 517. — *O. maculata v. saccigera* Rchb. ic. germ. XIII. p. 67; Bois. fl. or. V. p. 73; Heldr. chlor. Parn. p. 27. — *O. saccigera* Rchb. l. c.; Haussk. symb. p. 24. — Calcare subinflato, conico-cylindrico. — Intermediis ad typum transit. — Exsicc.: Heldr. pl. fl. hell. a. 1898.

In silvaticis, pratis humidis regionis montanae et subalpinae. Thessalia: mt. Zygos, pr. Malakasi, Sermeniko, mt. Ghavellu, Karava (Haussk.), Oxya, Ossa, Pelion (Form.), Olympus (Heldr.); mt. Parnassus ad Dipotamos (Heldr.); Achaia: mt. Kyllene (Orph.); Laconia (Sibth.): mt. Taygetos (Chaub.); Messenia (Chaub.). — Maio, Jul. ♃.

Obs. *O. Lindakeri* Sieb. in Flora IX. p. 243. Creta: pr. Rhodopu (Sieb.); species dubia est. — *O. globosa* L. syst. ed. X. p. 1242; a Pieri corc. fl. p. 124 certissime erronee in Corcyra indicatur.

17. Nigritella Rich. orch. europ. p. 19.

1. **N. nigra** L. sp. p. 944 (*Satyrium*); Rchb. fl. exc. p. 121. — *Orchis nigra* Scop. fl. carn. ed. 2 III. p. 200; S. et S. pr. II. p. 215; Ch. et B. exp. p. 259, Fl. pelop. p. 60. — *N. angustifolia* Rich. l. c.; Bois. fl. or. V. p. 74. — Icon: Fl. dan. t. 998.

Tuberibus palmatifidis; caule humili; foliis anguste linearibus, margine papilloso-ciliatis; spica densa, conica, tandem ovata; bracteis lanceolatis, flores subaequantibus; perigonii atropurpurei phyllis lanceolatis, patentibus, labello ovato, acuto, integro, phyllis aequilongo, calcare conico, ovario multo breviore.

In herbidis alpinis, rarissime. Aetolia: mt. Tymphrestus (Sprun.); Phthiotis: mt. Oeta (Fraas); Laconia (Sibth.): mt. Taygetos (Chaub.). — Jun. Aug. ♃. N. v.

18. Ophrys L. gen. n. 1011.

Dispositio specierum.

a. Labellum indivisum.
   α. Perigonii phylla interna velutina vel ciliata.
      × Perigonii phylla interna triangularia; labellum basi bigibbosum.
        1. O. tenthredinifera Willd.   2. O. arachnites L.
      ×× Perigonii phylla interna anguste-linearia; labellum egibbosum.
        3. O. ferrum equinum Desf.
   β. Perigonii phylla interna glabra.
      4. O. aranifera Huds.   5. O. mammosa Desf.
b. Labellum trilobum.
   α. Perigonii phylla interna glabra; labellum egibbos.
      6. O. fusca Link.   7. O. lutea Cav.
   β. Perigonii phylla interna velutina vel ciliata.
    ◯ Labellum egibbosum vel vix gibbosum.
     . Labellum apiculatum.
      8. O. Bertolonii Mor.   9. O. Spruneri Nym.
     .. Labellum non apiculatum.
      10. O. myodes L.   11. O. speculum Link.
    ◯◯ Labellum basi bigibbosum vel corniculatum.
     . Labelli appendicula sursum curvata.
      12. O. oestrifera M. a. B.
     .. Labelli appendicula deorsum flexa.
      13. O. apifera Huds.   14. O. bombyliflora Link.

Obs. Omnes tuberiferae, tuberibus globosis vel oblongis, indivisis; caulibus erectis, inferne foliis oblongis, oblongo-lanceolatisve, superne

vaginaeformibus obsitis; bracteis 3—plurinerviis, perigonio aequilongis vel longioribus; spica laxa, 1—8 flora.
  a. Labellum indivisum.
    α. Perigonii phylla interna velutina vel ciliata.
      × Perigonii phylla interna triangularia; labellum basi bigibbosum.

1. **O. tenthredinifera** Willd. sp. IV. p. 67; Sieb. avis p. 5; Ch. et B. exp. p. 263 t. 32 f. 3, Fl. pelop. p. 61 t. 34 f. 3; Friedr. Reise p. 269; Weiss in z. b. G. 1869 p. 754; Raul. cret. p. 862; Bois. fl. or. V. p. 76; Gelmi in bull. soc. bot. bot. ital. 1889 p. 452; Boissieu in bull. soc. bot. fr. 1896 p. 288; Heldr. fl. Aegina p. 391; Aznav. in magy. bot. lap. I. p. 196. — *O. villosa* Desf. choix. pl. p. 8 t. 4. — *O. episcopalis* Poir. enc. suppl. IV. p. 170. — *O. grandiflora* Ten. fl. nap. II. p. 309. — Exsicc.: Heldr. herb. norm. n. 264; Orph. fl. gr. n. 264.

Perigonii phyllis roseis, 3 externis ellipticis, glabris, 2 internis 3—4 plo brevioribus, triangularibus, villosis; labello phyllis externis longiore, convexo, a basi cuneata obovato, indiviso, lutescenti-velutino, disco fusco lineisque glabris irregulariter picto, prope basin utrinque gibbere conico instructo, apice appendicula obtusa, glabra sursum flexa terminato; gynostemio erostrato, obtuso. — Species phyllis roseis, labello panduriformi, flavescenti-velutino eximia. —

In collibus saxosis regionis inferioris. Boeotia: pr. Larmes (Boissieu); Attica: pr. Athenas (Orph.), mt. Pentelicon (Sprun.), promontorium Sunium (Lefèbre), insula Aegina (Friedr.); Messenia: pr. Methone (Chaub.), Navarin (Urv.); Cycladum insula: Syra (Lobry), Cythnos (Tunt.), Kimolos (Urv.); Creta: ad Akroteri (Tourn. voy. p. 12 cum icone „Orchis cretica maxima flore pallii episcopalis forma"), pr. Hagia Triada (Raul.); Corcyra: pr. urbem (Sagburg), San Deca (Gelmi). — Mart. Apr. ♃.

2. **O. arachnites** L. sp. p. 942 pro var. *O. insectiferae*; Murr. syst. ed. 14 p. 813; Hoffm. fl. germ. p. 311; S. et S. pr. II. p. 216; Pieri corc. fl. p. 126; Marg. et R. fl. Zante p. 86; Bois. fl. or. V. p. 77; Fors. in bull. herb. Bois. III. p. 88. — *O. fuciflora* Rchb. iconogr. IX. p. 24 f. 1162. — Exsicc.: Dörfl. pl. cret. n. 122a.

Perigonii phyllis 3 externis ovato-oblongis, roseis vel albis, glabris, 2 internis 3—4 plo brevioribus, triangularibus, pubescentibus; labello phyllis externis longiore, convexo, obovato-rotundato, indiviso, fuscovelutino, basin versus macula et lineolis glabris, flavidis notato, utrinque gibbere conico instructo, apice appendicula obtusa vel denticulata, glabra, sursum recurva terminato; gynostemio breviter rostrato. — A praecedente labello obovato-rotundato, fusco, gynostemio rostrato discedit.

β. **attica** Bois. et Orph. diagn. ser. 2 IV. p. 91, Fl. or. V. p. 77. — Pumila, flores minores, phylla virentia, labellum flavo-virens, basi breviter attenuatum, maculis brunneis pictum. — Exsicc.: Heldr. reliqu. Orph. a. 1886.

In collibus saxosis, dumosis regionis inferioris et montanae. Corcyra (Pieri); Zante (Marg.); Cycladum insula Syra: mt. Pyrgos (Fors.); Creta: pr. Christos distr. Viano (Leon.); — β. Attica: ad Stadion pr. Athenas (Orph.). — Mart. Apr. ♃.

×× Perigonii phylla interna anguste-linearia; labellum egibbosum.

3. O. ferrum equinum Desf. choix pl. p. 9 t. 5; Ch. et B. exp. p. 264 t. 32 f. 5; Marg. et R. fl. Zante p. 86; Ung. Reise p. 119; Raul. cret. p. 862; Spreitz. in z. b. G. 1877 p. 731. 1887 p. 669; Bois. fl. or. V. p. 78; Heldr. fl. Aegina p. 391. — *O. andrachnites* Ch. et B. fl. pelop. p. 62 t. 34, non Scop. — Exsicc.: Spreitz. it. ion. a. 1877 et 1878.

Perigonii phyllis 3 externis oblongis, roseis, glabris, 2 internis duplo brevioribus, anguste linearibus, pubescentibus; labello phyllis externis longiore, convexo, obovato, indiviso, egibboso, atroviolaceo-velutino, disco lineis binis glabris divergentibus, basi saepe conjunctis, ferrum equinum aemulantibus notato, apice breviter apiculato; gynostemio breviter rostrato. — Labello atro, indiviso et egibboso insignis.

In collibus regionis inferioris et montanae. Aetolia (Nied.); Attica: mt. Lycabettus (Sprun.), Pentelicon (Orph.), insula Salamis, Aegina (Heldr.); Argolis (Sprun.): pr. Nauplia (Orph.); Messenia: pr. Phigalea, Methone, mt. Kupe (Chaub.); Cycladum insula Melos (Leon.); Creta: pr. Anopolis, Malaxa (Raul.); Zante (Marg.); Cephalonia (Sterneck); Corcyra: pr. urbem (Sagburg), Mont Repos, San Deca, Benizze, Barbati, Bragagniotica (Spreitz). — Mart. Apr. ♃.

β. Perigonii phylla interna glabra.

4. O. aranifera Huds. fl. angl. ed. 2 II. p. 393; Raul. cret. p. 862; Bois. fl. or. V. p. 77. — Icon: Rchb. germ. XIII. t. 97.

Perigonii phyllis virentibus, glabris, 3 externis ovato-oblongis, 2 internis brevioribus, lineari-lanceolatis; labello phyllis externis aequilongo, convexo, obovato vel subrotundo, indiviso, fuscopurpureo-velutino, disco lineis binis glabris varie connexis notato, utrinque prope basin gibbere brevi instructo, apice integro vel obsolete 2—3 denticulato, exappendiculato; gynostemio breviter rostrato.

In collibus regionis montanae, rare. Achaia: mt. Kyllene pr. Flamburitza (Orph.); Creta: pr. Platania, Akroteri, Rustica (Raul.). — Mart. Apr. ♃. N. v.

5. O. mammosa Desf. choix pl. p. 5 t. 2. — *O. atrata* Lindl. bot. reg. t. 1087; Ch. et B. exp. p. 264 t. 32 f. 4, Fl. pelop. p. 62 t. 34 f. 4; Marg. et R. fl. Zante p. 86; Ung. Reise p. 120; Weiss in z. b. G. 1869 p. 754; Raul. cret. p. 862; Spreitz. in z. b. G. 1877 p. 731; Bois. fl. or. V. p. 78; Heldr. fl. Aegina p. 391; Haussk. symb. p. 25. — *O. aranifera v. atrata* Rchb. ic. germ. XIII. p. 90; Heldr. fl. cephal. p. 68. — Exsicc.: Heldr. herb. norm. n. 68; Orph. fl. gr. n. 151.

Perigonii phyllis virentibus, glabris, 3 externis oblongis, 2 internis brevioribus, linearibus; labello phyllis externis longiore, convexo, obovato, indiviso, atroviolaceo-velutino, disco lineis binis glabris, parallelis, distinctis notato, utrinque prope basin gibbis conicis elongatis instructo, apice minute apiculato; gynostemio breviter rostrato. — A praecedente labello majore, magis elongato, atro, aliter picto, apiculato, basi gibbis longioribus crassioribusque instructo specifice discedit. — *O. mammosa* formam labello brevius velutino, *O. atrata* contra formam labello longius velutino unius et eiusdem speciei sistit.

In olivetis, collibus dumosis regionis inferioris et montanae. Thessalia: mt. Pelion (Heldr.); Attica: pr. Athenas, mt. Pentelicon (Sprun.), Kerata (Haussk.); Boeotia: pr. Oropos (Heldr.); Acrocorinthus (Haussk.); Argolis: pr. Nauplia (Berger); insula Aegina, Andros (Heldr.), Melos (Leon.); Messenia: pr. Methone (Despréaux); Creta: pr. Platania, Akroteri (Raul.); Zante (Marg.); Cephalonia (Ung.); Corcyra: pr. Monrepos, San Deca (Spreitz.). — Mart. Maio. ♃·

b. Labellum trilobum.

α. Perigonii phylla interna glabra; labellum egibbosum.

6. **O. fusca** Link in Schrad. journ. 1799 II. p. 324; S. et S. pr. II. p. 218, Fl. gr. X. p. 22 t. 930; Ch. et B. exp. p. 263 t. 32 f. 1, Fl. pelop. p. 61 t. 34 f. 1; Marg. et R. fl. Zante p. 86; Friedr. Reise p. 268 et 269; Ung. Reise p. 120; Weiss in z. b. G. 1869 p. 754; Raul. cret. p. 862; Spreitz. in z. b. G. 1877 p. 731; Heldr. fl. cephal. p. 65, fl. Aegina p. 391; Bois. fl. or. V. p. 75; Fors. in bull. herb. Bois. III. p. 88; Haussk. symb. p. 25. — Exsicc.: Orph. fl. gr. n. 153.

Perigonii phyllis virentibus, glabris, 3 externis ovato-ellipticis, 2 internis brevioribus, sublinearibus; labello phyllis externis aequilongo vel longiore, convexiusculo, cuneato-oblongo, atroviolaceo-velutino, egibboso, maculis binis oblongis glabris notato, apicem versus trilobo lobis lateralibus brevibus, obtusis, intermedio majore, emarginato-bilobulato, exappendiculato; gynostemio erostrato, obtuso.

β. **iricolor** Desf. choix pl. p. 6 t. 3 pro sp.; Rchb. ic. XIII. p. 74; Bois. fl. or. V. p. 75; Heldr. fl. Aegina p. 391. — Flores 2—3 plo majores, labellum phyllis externis subduplo longius, maculis coeruleis obsitum. — Formae extremae typo habitu valde dissimiles, sed intermediis ut videtur cum eo conjunctae sunt. — Exsicc.: Orph. herb. a. 1853; Heldr. pl. fl. hellen. a. 1889; Dörfl. pl. cret. n. 122.

In collibus graminosis, dumosis regionis inferioris et montanae. Phocis: mt. Parnassus (Heldr.); Boeotia: pr. Oropos (Heldr.); Attica: pr. Athenas (Orph.), mt. Pentelicon (Fraas), pr. Phaleron (Sprun.), mt. Corydalus, insula Aegina et in adjacente scopulo Angistri (Heldr.); Acrocorinthus (Haussk.); Argolis (Sibth.): pr. Nauplia (Haussk.); Messenia (Sibth.); Cycladum insula Syra (Fors.), Melos (Leon.); Creta: pr. Akroteri, Malaxa, Apokorona (Raul.), pr. Christos distr. Viano (Leon.);

Zante (Marg.); Cephalonia (Ung.); Corcyra: pr. urbem (Sagb.), San Deca, Barbati (Spreitz.). — Mart. Apr. ♃.

5 × 6. **O. mammosa × fusca.** — *O. atrata × fusca* (*O. corinthiaca*) Haussk. symb. p. 25. — Discedit a *O. mammosa* labello planiusculo, plus minus lobato, basi gibberibus minutis instructo; ab *O. fusca* labello minus profunde lobato, basi gibboso, apice apiculato. — Inter parentes ad radices Acrocorinthi (Haussk.). — N. v.

7. **O. lutea** Cav. ic. et descript. II. p. 46 t. 160; Ch. et B. exp. p. 263 t. 32 f. 2, Fl. pelop. p. 61, t. 34 f. 2; Marg. et R. fl. Zante p. 86; Ung. Reise p. 119; Weiss in z. b. G. 1869 p. 754; Raul. cret. p. 862; Spreitz. in z. b. G. 1877 p. 731; Heldr. fl. cephal. p. 68, Fl. Aegina p. 391, f. *minor* Parl. fl. it. III. p. 558 (f. parviflora), chlor. Thera p. 122; Bois. fl. or. V. p. 75; Gelmi in bull. soc. bot. ital. 1889 p. 452; Haussk. symb. p. 25. — Exsicc.: Heldr. pl. fl. hellen. a. 1879; Dörfl. pl. cret. n. 120.

Perigonii phyllis glabris, 3 externis ovato-ellipticis, virentibus, 2 internis subbrevioribus, lineari-oblongis, luteis; labello phyllis externis longiore, convexo, obovato, vix cuneato, disco purpurascenti-velutino, egibboso, basi maculis binis, oblongis, glabris, flavis notato, margine glabro flavo cincto, apicem versus trilobo, lobis lateralibus brevibus, obtusis, intermedio majore, emarginato-bilobulato, exappendiculato; gynostemio erostrato, obtuso. — Differt a praecedente, quacum in sicco facile confunditur, phyllis internis luteis, labello purpurascenti, margine glabro. — In ditione nostra var. *minor* Parl. l. c. (= *O. sicula* Tin. pl. rar. sic. I. p. 13) tantum occurrere videtur, nam formam typicam grandifloram e Graecia hucusque non vidi.

In collibus graminosis, dumosis regionis inferioris et montanae. Attica: pr. Athenas, mt. Parnes (Heldr.), Hymettus (Sprun.), insula Aegina (Friedr.); Acrocorinthus (Haussk.); Argolis: pr. Nauplia (Mayrhofer), Argos (Sprun.); Achaia: pr. Patras (Reis.); Messenia: pr. Methone (Chaub.); Cycladum insula; Cythnos (Tunt.), Syra (Orph.), Melos (Leon.), Thera (Heldr.); Creta: pr. Canea (Raul.), Christos distr. Viano (Leon.); Zante (Marg.); Cephalonia: pr. Argostoli (Spreitz.); Ithaca: pr. Vathy (Spreitz.); Corcyra: pr. Pelleka (Sterneck), Potamo (Grimburg), Mon Repos, San Deca, Gasturi, Benizze, Bragagniotica (Spreitz.). — Mart. Apr. ♃.

6 × 7. **O. fusca × lutea** Haussk. symb. p. 25. —? *O. lutea v. subfusca* Rchb. ic. fl. germ. XIII. p. 76. — Characteribus *O. luteae* ut videtur magis accedens, sed labellum ad marginem usque velutinum. Inter parentes ad radices Acrocorinthi (Haussk.). — N. v.

β. Perigonii phylla interna velutina vel ciliata.

○ Labellum egibbosum vel vix gibbosum.

. Labellum apiculatum.

8. **O. Bertolonii** Moretti pl. ital. dec. VI. p. 9; Heldr. fl. cephal.

p. 68; Gelmi in bull. soc. bot. ital. 1889 p. 452. — Icon: Rchb. germ. XIII. t. 103.

Perigonii phyllis roseis vel albidis, 3 externis oblongis, glabris 2 internis paulo brevioribus, linearibus, ciliatis; labello phyllis externis longiore, obovato-oblongo, a basi ad apicem antrorsum curvato, concavo, fusco-velutino, apicem versus macula subquadrata, glabra notato, basi utrinque gibbis minutis instructo, trilobo, lobis lateralibus rotundatis, inflexis, intermedio multo majore, emarginato, apiculo interjecto, plus minus sursum flexo terminato; gynostemio breviter rostrato. — Habitu *O. ferrum equinum* similis, sed ab ea labello trilobo statim diagnoscitur, hac nota *O. iricolori* accedit, quae autem labello minori, non antrorsum curvato, profundius lobato, egibboso, disco maculis binis oblongis notato egregie discedit. — Ab *O. aranifera* et *O. mammosa* perigonii phyllis internis ciliatis, labello trilobo, ab ulteriori insuper labello gibbis brevissimis instructo differt.

In collibus apricis regionis inferioris. Corcyra (Gelmi); Cephalonia: ad Hagios Theodoros pr. Argostoli (Heldr.). — Mart. Apr. ♃. N. v.

9. **O. Spruneri** Nym. consp. p. 698. — *O. hiulca* Sprun. in Rchb. ic. germ. XIII. p. 93 t. 101; Bois. fl. or. V. p. 79; non Seb. et Maur. fl. rom. cent. XIII. p. 43. — Huc sec. Bois. l. c.: *O. ferrum equinum v. aeginensis* Rchb. ic. XIII. p. 92; Heldr. fl. Aegina p. 391. — Porro: *O. Reinholdi* Sprun. in sched. et *O. galactostictos* Heldr. in sched. — Exsicc.: Sprun. pl. gr. a. 1840.

Perigonii phyllis virentibus, 3 externis oblongis, glabris, 2 internis paulo brevioribus, linearibus, velutinis; labello phyllis externis longiore, ovato-oblongo, convexo, atropurpureo-velutino, lineis binis parallelis, glabris, apicem versus transverse coalitis notato, egibboso, trilobo, lobis lateralibus ovatis, obtusis, intermedio majore, in apiculum brevem adscendentem abeunte; gynostemio obtusiusculo. — Differt a praecedente labello non antrorsum curvato, nec macula subquadrata notato; ab *O. ferrum equinum* labello trilobo et lituris versus labelli apicem, nec ad eius basin conjunctis.

In collibus apricis. Attica: mt. Lycabettus (Heldr.), Hymettus, insula Aegina (Sprun.). — Mart. Apr. ♃·

.. Labellum non apiculatum.

10. **O. myodes** L. sp. p. 948 pro var. *O. insectiferae*; Jacq. misc. bot. II. p. 373; Friedr. Reise p. 269 et 279; Heldr. fl. Aegina p. 391. — *O. muscifera* Huds. fl. angl. p. 340; S. et S. pr. II. p. 216; Ch. et B. fl. pelop. p. 61. — Icon: Rchb. germ. XIII. t. 95.

Perigonii phyllis viridibus, 3 externis oblongis, glabris, 2 internis duplo brevioribus, filiformibus, velutinis; labello phyllis externis longiore oblongo, convexiusculo, fuscopurpureo-velutino, egibboso, ad medium trilobo, ad basin macula glabra notato, lobis lateralibus brevibus, porrectis, lanceolatis, intermedio majore, bilobulato, non appendiculato; gynostemio erostrato, obtuso.

In collibus apricis. Indicatur in Achaia (Sibth.), in valle fl. Alpheus pr. Carithena Arcadiae et in insula Aegina (Friedr.); sed a recentioribus non lecta. — Maio, Jun. ♃. N. v.

11. **O. speculum** Link in Schrad. journ. 1799 II. p. 324; Ch. et B. fl. pelop. p. 61; Bois. fl. or. V. p. 76; Boissieu in bull. soc. bot. fr. 1896 p. 288. — *O. scolopax* Willd. sp. IV. p. 69, non Cav. — Icon: Rchb. germ. XIII. t. 96. — Exsicc.: Heldr. pl. fl. bellen. a. 1889.

Perigonii phyllis 3 externis ovato-oblongis, lutescentibus, glabris, 2 internis duplo brevioribus, triangularibus, obscure purpurascentibus, puberulis; labello phyllis externis subduplo longiore, obovato, convexiusculo, egibboso, basin versus trilobo, disco glabro, fusco-coerulescente, vitta flavida cincto, secus marginem fuscum, revolutum longe denseque villoso, lobis lateralibus oblongo-linearibus, patentibus, intermedio majore, ovato, obtuso vel subretuso, non appendiculato; gynostemio erostrato obtuso. — Labello dorso longe denseque villoso egregia.

In collibus regionis inferioris, rarissime. Boeotia: pr. Oropos (Heldr.), Larmes (Boissieu); Attica (Fraas); Argolis: pr. Argos (Sprun.); Messenia: pr. Kalamata (Gittard.). — Mart. Apr. ♃.

OO Labellum basi bigobbosum vel corniculatum.

. Labelli appendicula sursum curvata.

12. **O. oestrifera** M. a B. fl. taur. cauc. II. p. 369; Bois. fl. or. V. p. 79; Haussk. symb. p. 25. — *O. bremifera* Stev. in M. a. B. l. c. p. 370, in mem. mosc. II. p. 174. — *O. bombylifera* Ch. et B. exp. p. 265 t. 32 f. 7. — *O. scolopax* Ch. et B. fl. pelop. p. 62 t. 34 f. 7; Friedr. Reise p. 279; non Cav. ic. II. p. 47, quae species occidentatis et labello antrorsum attenuato, appendice lanceolato angusto et gynostemio longe tenuissimeque rostrato specifice discedit. — *O. scolopax v. oestrifera* Rchb. ic. fl. germ. XIII. p. 99; Heldr. fl. cephal. p. 68. — *O. Reinholdi* Sprun. in sched. sec. Rchb. l. c. — Exsicc.: Heldr. herb. norm. n. 70.

Perigonii phyllis 3 externis oblongis, roseis, glabris, 2 internis multo minoribus, lanceolatis vel linearibus, velutinis; labello phyllis externis subaequilongo vel longiore, oblongo-obovato, convexo, fusco-velutino, trilobo, lobis lateralibus densius longiusque velutinis, triangularibus, basi gibbosis, intermedio majore, oblongo, margine revoluto, disco maculis glabris notato, appendice brevi, lata, sursum curvata terminato; gynostemio breviter rostrato.

β. **cornuta** Stev. in M. a B. fl. taur. cauc. II. p. 370, in mem. Mosc. II. p. 175; Gelmi in bull. soc. bot. ital. 1889 p. 452; Hal. Beitr. fl. Achaia p. 32, in ö. b. Z. 1897 p. 98; Heldr. fl. Aegina p. 391; pro sp.; Bois. fl. or. V. p. 80. — *O. oestrifera* Ch. et B. exp. p. 265 t. 31 f. 1, t. 32 f. 8; Marg. et R. fl. Zante p. 86. — *O. bicornis* Sadl. in Nendtv. pl. Quinqueccl. p. 35; Haussk. symb. p. 25. — *O. picta* Ch. et B. fl. pelop. p. 62 t. 33 f. 1, t. 34 f. 8 cum β. *oestrifera*; Raul. cret. p. 863; Spreitz. in z. b. G. 1877 p. 731;

non Link in Schrad. journ. 1899 II. p. 329, quae = *O. scolopax* Cav. — *O. scolopax v. cornuta* Rchb. ic. fl. germ. XIII. p. 99; Heldr. fl. cephal. p. 69. — Labelli subminoris gibbi in cornua horizontalia vel recurva elongati. — Exsicc.: Orph. fl. gr. n. 152.

In collibus regionis inferioris et montanae. Aetolia (Nieder); Attica: pr. Athenas, Bari, mt. Parnes (Heldr.), Pentelicon (Orph.), Hymettus (Sprun.), Kerata (Haussk.), insula Aegina (Heldr.); Achaia: pr. Patras (Hal.); Elis: pr. Chlemutzi (Heldr.); Messenia: pr. Arcadia, Methone, Andrusa (Chaub.); Arcadia: in valle Alphei pr. Carithena (Friedr.); Argolis: pr. Nauplia (Haussk.); Sporadum insula Skopelos (Leon.); Cycladum insula: Syra (Orph.), Melos (Leon.); Creta: promontorium Meleka (Sieb.), pr. Canea, Candia (Raul.); Zante (Marg.); Cephalonia: pr. Argostoli, Pessada (Heldr.); Ithaca: pr. Vathy (Spreitz.); Corcyra (Gelmi). — Apr. Maio. ♃.

.. Labelli appendicula deorsum flexa.

13. **O. apifera** Huds. fl. angl. p. 340; S. et S. pr. II. p. 216; Ch. et B. exp. p 264 t. 32 f. 6, Fl. pelop. p. 62 t. 34 f. 6; Ung. Reise p. 120; Bois. fl. or. V. p. 79; Heldr. fl. Aegina p. 391. — Icon: Rchb. germ. XIII. t. 105. — Exsicc.: Heldr. pl. fl. hellen a. 1891 et 1895.

Perigonii phyllis 3 externis ovato-oblongis, glabris, roseis vel albis, 2 internis brevissimis, triangularibus, velutinis; labello phyllis externis breviore, convexo, subrotundo, fusco-purpureo-velutino, macula glabra lineolisque notato, trilobo, lobis lateralibus oblongis, gibbosis, intermedio multo majore, obovato, apice retuso, appendiculo glabro, deorsum flexo terminato; gynostemio in rostrum tenue flexuosum producto.

In collibus herbosis regionis inferioris et montanae, rare. Attica: mt. Pentelicon (Ung.), mt. Parnes, in valle Cephissi pr. Chelidoni (Heldr.); Euboea, insula Aegina (Sprun.); Peloponnesus (Sibth.): pr. Messene (Chaub.). — Apr. Maio. ♃.

14. **O. bombyliflora** Link in Schrad. journ. 1799 II. p. 325; Raul. cret. p. 863; Spreitz. in z. b. G. 1877 p. 731; Bois. fl. or. V. p. 80; Heldr. fl. Aegina p. 391. — *O. tabanifera* Willd. sp. IV. p. 88; Sieb. avis p. 5; Ch. et B. exp. p. 264 t. 31 f. 2; Marg. et R. fl. Zante p. 86: Ung. Reise p. 119. — *O. umbilicata* Desf. choix pl. p. 10 t. 5. — *O. hiulca* Seb. et Maur. rom. pl. cent. XIII. p. 43. — *O. bombylifera* Ch. et B. fl. pelop. p. 62 t. 33 f. 2. — Exsicc.: Orph. fl. gr. n. 150.

Perigonii phyllis 3 externis ovatis, pallide virentibus, 2 internis brevissimis, triangularibus, velutinis; labello phyllis externis breviore, suborbiculari, trifido, lobis lateralibus anguste oblongis, villosis, basi gibbosis, intermedio multo majore, obsolete trilobo, hemisphaerico, fuscovelutino, macula glabra notato, apiculo deorsum verso terminato; gynostemio erostrato, obtuso. — Labelli parvi lobo medio ob margines valde reflexas hemisphaerico eximia.

In arenosis humidis, praesertim maritimis, in collibus graminosis. Attica: mt. Pentelicon (Ung.), ad Phaleron (Orph.); insula Aegina

(Sprun.), Cythnos (Tunt.); Messenia: pr. Methone (Depréaux); Creta: promontorium Meleka, pr. Tuzla (Raul.), Cydonia (Heldr.); Zante: mt. Scopo (Marg.); Corcyra: ad Monrepos (Spreitz.). — Mart. Apr. ♃.

CXXII. Ordo. Iridaceae R. Br. pr. fl. nov. holl. p. 302.

Dispositio generum.

a. Herbae caulescentes.
   α. Perigonium irregulare, subbilabiatum; rhizoma tuberosum.
1. Gladiolus L.
   β. Perigonium regulare.
     × Perigonii laciniae internae externis dissimiles, stigmata 3, petaliformia, stamina tegentia.
       ○ Filamenta basi laciniarum exteriorum perigonii inserta.
         . Ovarium triloculare; rhizoma (in nostris) repens.
2. Iris L.
         . . Ovarium uniloculare; rhizoma tuberosum.
3. Hermodactylus Tourn.
       ○○ Filamenta inter se et cum stylo in columnam centralem connata; rhizoma tuberosum.
4. Gynandriris Parl.
     ×× Perigonii laciniae subconformes; stigmata 3, angustissima; rhizoma tuberosum.
5. Romulea Maratti.
b. Herbae acaules; perigonii laciniae conformes; rhizoma tuberosum.
6. Crocus L.

1. Gladiolus L. gen. n. 57[1]).

a. Semina globosa-pyriformia, non alata.

1. G. segetum Gawl. in bot. mag. t. 719; Mazz. in ant. ion. II. p. 456; Frans fl. class. p. 293; Weiss in z. b. G. 1869 p. 754; Raul. cret. p. 864; Spreitz. in z. b. G. 1877 p. 731, 1887 p. 669; Heldr. fl. cephal. p. 69, Fl. Aegina p. 392; Bois. fl. or. V. p. 139; Bald. riv. coll. bot. alb. 1896 p. 94. — Huc probabiliter: *G. communis* S. et S. pr. I. p. 25, Fl. gr. I. p. 27 t. 37; Pieri corc. fl. p. 8; Sieb. avis. rem. p. 2; Ch. et B. exp. p. 22, Fl. pelop. p. 3; Ung. Reise p. 119; Heldr. fl. cephal. p. 69; non L. sp. p. 36, qui perigonii tubo valde curvato, antheris filamento brevioribus et seminibus late alatis discedit. — *G. Ludovicae* Jan. elench. p. 1; Friedr. Reise p. 283. — *G. italicus* Gaud. fl. helv. I. p. 96. — Icon: Rchb. germ. f. 731. — Exsicc.: Orph. fl. gr. n. 976 (Chios); Heldr. et Hal. fl. aeg. a. 1889.

Fibris tunicarum radicalium validiusculis, parallelis, superne anastomosantibus, areolis oblongis vel linearibus; spica 3—13 flora, disticha,

---

[1]) Species characteribus non sat firmis interdum distinctae et specimina e sicco, insuper saepe incompleta, interdum aegre determinanda.

subunilaterali; spathae valvis inaequilongis, inferiore in floribus inferioribus perigonium subaequante; perigonii coccinei tubo brevi, parum incurvo, laciniis oblongis, obtusis, basi angustatis, 3 superioribus inaequalibus, intermedia longiore et subduplo latiore, a lateralibus recessa, 3 inferioribus subaequalibus, lacinias laterales superiores paulo superantibus; antheris filamento sublongioribus, auriculis baseos subdivergentibus; stigmatibus a basi ad medium angustis, sensim in laminam oblongam dilatatis; capsula globosa vel globoso-obovata, trisulca, obtuse trigona, apice impressa.

Inter segetes, in olivetis, arvis regionis inferioris et submontanae. Epirus: mt. Kurenta distr. Janina (Bald.); Attica: mt. Parnes, insula Aegina et in adjacente scopulo Metopi (Heldr.); Argolis: pr. Argos (Reiser), insula Hydra (Heldr.); Laconia: in valle fl. Eurotas inter Leondari et Misitra (Friedr.); Messenia: pr. Arcadia, Methone, Messene (Chaub.); Sporadum insula Skopelos (Leon.); Cycladum insula Melos (Armenis); Creta: pr. Canea (Weiss), Akroteri, Malaxa, mt. Lassiti (Raul.); Cephalonia (Ung.): pr. Argostoli, Simiadata, in oropedio Omalo, pr. Aphrata (Heldr.); Corcyra: pr. Manducchio, Potamo (Mazz.), Gasturi, Benizze, Skripero (Spreitz.); — sed loca nonnulla forsan ad *G. illyricum* spectant. — Apr. Jun. ♃·

a. Semina compressa, alata.

α. Antherae filamento subaequilongae.

2. **G. byzantinus** Mill. dict. n. 3; Gawl. in bot. mag. t. 874; Mazz. in ant. ion. II. p. 456; Marg. et R. fl. Zante p. 87; Weiss in z. b G. 1869 p. 754. — Icon: Rchb. crit. VII. f. 866.

Fibris tunicarum radicalium tenuibus, parallelis, stipatis; spica 6 — 10 flora, disticha, subunilaterali; spathae valvis inaequilongis, inferiore in floribus inferioribus perigonium subaequante vel superante; perigonii coccinei tubo brevi, subincurvo, laciniis obtusis, basi angustatis, 3 superioribus subaequalibus, approximatim porrectis, lateralibus late ovato-rhombeis, intermedia late elliptica, eis contigua, 3 inferioribus inaequalibus, lacinias superiores subsuperantibus; antheris filamento subaequilongis, auriculis baseos divergentibus; stigmatibus fere a basi sensim in laminam oblongam dilatatis; capsula oblongo-obovata, obtuse trigona, apice impressa. — Differt a praecedente praesertim perigonii laciniis 3 superioribus approximatis et seminibus alatis.

Inter segetes, in cultis regionis inferioris. Indicatur pr. Casopo et Lavchi Corcyrae (Mazz.), nec non a Margot et Weiss in insula Zacyntho. — Apr. Maio. ♃· N. v.

β. Antherae filamento breviores.

3. **G. illyricus** Koch syn. p. 699; Haussk. symb. p. 26. — *G. dubius* Guss. pr. fl. sic. suppl. p. 8; Spreitz. in z. b. G. 1877 p. 732; Hal. Beitr. fl. Aetol. p. 10; Haussk. symb. p. 26, qui notis infirmis tantum (tunicae fibris vix anastomosantibus perigonii laciniis obtusis, laciniis lateralibus superioribus angustioribus et stigmatibus fere

a basi sensim dilatatis) discedere videtur. — Huc forsan: *G. communis* Fraas fl. class. p. 294; vix L. sp. p. 36, qui fibris tunicarum validis, in areolas angustas anastomosantibus, perigonii tubo valde incurvo, laciniis campanulatim conniventibus et seminibus latius alatis differt. — Icon: Rchb. germ. f. 780. — Exsicc.: Heldr. herb. norm. n. 1075; Sint. it. thessal. n. 854; Dörfl. fl. aeg. n. 93.

Fibris tunicarum radicalium tenuibus, parallelis, stipatis, superne anastomosantibus; spica 3—10 flora, disticha, secunda; spathae valvis inaequilongis, inferiore perigonio breviore; perigonii coccinei tubo incurvo, laciniis obtusis, saepe mucronulatis, basi angustatis, 3 superioribus inaequalibus, lateralibus oblongis vel obovato-oblongis, intermedia longiore, late elliptico-oblonga, 3 interioribus subaequalibus intermedia latiore, lacinias superiores vix superantibus; antheris filamento brevioribus, auriculis baseos divergentibus; stigmatibus fere a basin vel a medio sensim in laminam obovato-oblongam dilatatis; capsula obovato-triquetra, apice impressa. — A praecedentibus floribus saepius minoribus et praesertim antheris filamento brevioribus sat facile diagnoscitur.

In dumosis, locis humidis, uliginosis regionis inferioris et submontanae. Thessalia: ad Said Pascha (Sint.) et in oropedio Neuropolis (Haussk.) in Pindo, mt. Othrys (Fraas); Euboea (Fraas); Aetolia: pr. Antirrhion (Hal.); Attica: mt. Pentelicon (Heldr.); Elis: pr. Lintzi, Kunupeli (Heldr.); Cycladum insula Naxos (Leon.); Corcyra: pr. Potamo (Spreitz.). — Apr. Jun. ♃.

4. **G. glaucus** Heldr. herb. norm. n. 1379 (solum nomen).

Fibris tunicarum radicalium crassiusculis, parallelis, vix anastomosantibus; spica 3—7 flora, disticha, secunda; spathae valvis subaequalibus, perigonio brevioribus; perigonii coccinei tubo incurvo, laciniis acutis, basi angustatis, 3 superioribus inaequalibus, lateralibus oblongis vel obovato-oblongis, intermedia longiore, late elliptico-oblonga, 3 inferioribus subaequalibus, intermedia latiore, lacinias superiores vix superantibus; antheris filamento brevioribus, auriculis baseos subparallelis; stigmatibus a medio sensim in laminam obovato-oblongam dilatatis; capsula ellipsoidea, obtuse trigona, apice non impressa. — Differt a praecedente glaucedine, tunicarum fibris crassiusculis, minus congestis, perigonii laciniis acutis, capsulis ellipsoideis, apice non impressis.

Laconia borealis: in distr. Alagonia pr. Megali Anastosova ad radices mt. Taygetos (Zahn). — Maio, Jun. ♃.

Obs. *G. imbricatus* L. sp. p. 37. Indicatur a Haussk. symb. p. 26 in humidiusculis oropedii Neuropolis in Pindo dolopico, sed cum specimina in statu fructifero tantum lecta fuerunt, determinatio mihi incerta videtur.

2. Iris L. gen. n. 59.

1. Sectio. *Barbatae* L. sp. p. 38. — Perigonii laciniae externae intus basi secus lineam mediam barbatae.

a. Caulis elatus, 50—100 cm. altus, pluriflorus.

1. **I. pallida** Lam. dict. IH. p. 294; Bois. fl. or. V. p. 138. — *I. germanica* S. et S. pr. I. p. 26 p. p., Fl. gr. I. p. 29 t. 40, non L. — Icon: Rchb. f. 767.

Foliis late ensiformibus, caule brevioribus; spathae valvis oblongis, iam ante anthesin omnino scariosis; perigonii tubo ovarium aequante, limbo pallide violaceo, laciniis amplis, obovatis, externis deflexis, intus flavo-barbatis, internis erectis, abrupte unguiculatis.

In campestribus Cretae (Sibth.). — Maio, Jun. ♃. N. v.

2. **I. germanica** L. sp. p. 38; S. et S. pr. I. p. 26 p. p.; Pieri corc. fl. p. 9; Sieb. avis rem. p. 2; Mazz. in ant. ion. II. p. 546; Friedr. Reise p. 279; Fraas fl. class. p. 292; Raul. cret. p. 863; Bois. fl. or. V. p. 137; Heldr. fl. Aegina p. 391. — *I. nostras* Dall. prosp. p. 10. — Icon: Rchb. germ. f. 765. — Exsicc.: Heldr. fl. thessal. a. 1883.

Foliis late ensiformibus, caule brevioribus; spathae valvis oblongo-navicularibus, sub anthesi a basi ad medium herbaceis; perigonii tubo ovarium 2—3 plo superante, limbo intense violaceo, rarissime albo, laciniis amplis, externis obovatis, reflexis, intus luteo-barbatis, internis ovalibus, erectis, abrupte unguiculatis. — Differt ab antecedente spathis inferne herbaceis, floribus saturatioribus et perigonii tubo longiore.

In rupestribus regionis inferioris et montanae, sed non ubique spontanea. Thessalia: mt. Pelion pr. Makrinitza (Heldr.); Achaia: pr. Megaspilaeon (Heldr.); Arcadia: pr. Carithena, etiam flore albo (Friedr.); insula Aegina, Cythnos (Heldr.); Creta (Sieb.); Cephalonia (Dall.); Corcyra: pr. Perulades (Mazz.). — Apr. Maio. ♃·

3. **I. florentina** L. sp. ed. 2 p. 55; S. et S. pr. I. p. 26, Fl. gr. I. p. 28 t. 39; Pieri corc. fl. p. 8; Dallap. prosp. p. 9; Ch. et B. exp. p. 22, Fl. pelop. p. 3; Mazz. in ant. ion. II. p. 456; Marg. et R. fl. Zante p. 87; Fraas fl. class. p. 293. — Icon: Rchb. germ. f. 766. — Exsicc.: Sint. it. thessal. n. 497.

Foliis late ensiformibus, caule brevioribus; spathae valvis lanceolato-navicularibus, sub anthesi herbaceis, margine scarioso cinctis; perigonii tubo ovario sublongiore, limbo albo vel dilute coerulescente, laciniis amplis, externis obovatis, reflexis, intus albido-barbatis, internis oblongis, erectis, basi angustatis. — A praecedentibus florum colore et spathae valvis lanceolato-navicularibus, margine tantum scariosis discedit.

In rupestribus dumosis regionis inferioris. Thessalia: ad Lechonia pr. Volo quasi sponte (Sint.); Laconia (Sibth.): mt. Taygetos (Fraas); Messenia: pr. Pylos (Chaub.); Zante: pr. Adyssos (Marg.); Cephalonia: introducta (Dall.); Corcyra (Pieri): pr. Manducchio (Mazz.). — Apr. Maio. ♃.

b. Caulis pumilus, 5—30 cm. altus, uniflorus.

4. **I. lutescens** Lam. dict. III. p. 297; Pieri corc. fl. p. 9; Raul. cret. p. 864; Boissieu in bull. soc. bot. ic. 1896 p. 288. — Icon: Bot. mag. t. 2861.

Caule 20—30 cm. alto; foliis ensiformibus, 15 mm. latis, caule brevioribus; spathae valvis lanceolatis, acuminatis, sub anthesi herbaceis, apice scariosis; perigonii tubo ovario duplo longiore, limbo pallide flavo, laciniis externis, oblongo-obovatis, reflexis, intus luteo-barbatis, internis ovalibus, erectis, basi angustatis. — Flores eis praecedentium minores.

In rupestribus. Thessalia: pr. Litochori (Boissieu); Creta: pr. Canea, Candia (Heldr.); Corcyra (Pieri). — Apr. Maio. ♃. N. v.

5. **I. attica** Bois. et Heldr. diagn. ser. 2 IV. p. 91, Fl. or. V. p. 134; Boissieu in bull. soc. bot. Fr. 1896 p. 288; Haussk. symb. p. 26. — *I. pumila* S. et S. pr. I. p. 27; Ch. et B. exp. p. 22. Fl. pelop. p. 3; Clem. sert. p. 89; non L. sp p. 38, quae foliis latioribus rectis vel subcurvatis, spathae valvis magis inflatis, acutioribus, floribus majoribus, perigonii tubo quoad ovarium breviori et laciniis externis proportione interiorum longioribus, minus reflexis discedit. — *I. pseudopumila* Nym. consp. p. 701, quoad pl. atticam, non Tin. — Icon: Reg. Gartenfl. t, 377. — Exsicc.: Orph. fl. gr. n. 192; Heldr. herb. norm. n. 50 et 1377.

Caule brevi vel subnullo; foliis ensiformibus, 3—15 mm. latis, falcatis, spatham aequantibus vel eae sublongioribus; spathae valvis lineari-lanceolatis, obtusis, sub anthesi herbaceis, apice scariosis; perigonii tubo ovario 5 plo longiore, e spatha exserto, limbo violaceo vel ochroleuco, laciniis ovato-oblongis, externis subbrevioribus, reflexis, intus luteo-barbatis, internis erectis, basi angustatis.

In saxosis montanis. Thessalia: mt. Olympus (Boissieu); Phocis: mt. Parnassus pr. Rachova (Guicc.); Attica: mt. Corydalus, Parnes, Pentelicon, Hymettus, pr. Laurion, Pharmacusarum insula Lero (Heldr.); Peloponnesus (Chaub.). — Febr. Apr. ♃.

2. Sectio. *Imberbes* L. sp. p. 38. — Perigonii laciniae imberbes.

a. Folia late ensiformia; flores lutei.

6. **I. Monnieri** DC. in Red. liliac. t. 236; Sieb. avis p. 2; Spreng. syst. I. p. 160; Bois. fl. or. V. p. 130. — *Xiphion Monnieri* Alef. in bot. Zeit. 1863 p. 297. — *Xyridion Monnieri* Klatt in bot. Zeit. 1872 p. 500.

Caule elato, tereti, plurifloro; foliis late ensiformibus, caulem subaequantibus; spathae valvis lanceolatis, sub anthesi herbaceis; perigonii tubo ovario breviore, limbo luteo, laciniis externis, ovatis, obtusis, deflexis, ungui aequilongis, concoloribus, internis subaequilongis, oblongo-spathulatis, bilobis, erectis; stigmatibus ungue laciniarum externarum vix longioribus, lobis obtusis.

Creta (Sieb.); a recentioribus non lecta. — Mart. Apr. ♃. N. v.

7. **I. pseudacorus** L. sp. p. 38; S. et S. pr. I. p. 27; Pieri corc. fl. p. 9; Ch. et B. exp. p. 23, Fl. pelop. p. 3; Mazz. in ant. ion. II. p. 456; Marg. et R. fl. Zante p. 87; Friedr. Reise p. 278; Fraas fl. class. p. 293; Raul. cret. p. 864; Bois. fl. or. V. p. 127; Hal. Beitr. fl. Aetol. p. 2; Haussk. symb. p. 26. — *Xiphion pseudacorus* Parl.

nuov. gen. e sp. monocot. p. 45. — *Xyridion pseudacorus* Klatt in bot. Zeit. 1872 p. 500. — Icon: Fl. dan. t. 494. — Exsicc.: Reis. fl. gr. a. 1894.

Caule elato, subcompresso, plurifloro; foliis late ensiformibus, caulem subaequantibus; spathae valvis lanceolatis, sub anthesi herbaceis; perigonii tubo ovario breviore, limbo luteo, laciniis externis ovatis, obtusis, reflexis, unque longioribus, ad basin fulvo-maculatis et radiatim purpureo-venosis, internis triplo minoribus, oblongo-spathulatis, obtusiusculis, erectis; stigmatibus laciniis externis brevioribus, in lobos acutos externe dentatos bifidis.

Ad aquas regionis inferioris. Thessalia: pr. Trikala, Larissa (Haussk.), ad lacum Karla (Reis.); Aetolia: in palude pr. Krioneri ad sinum Patranum (Hal.); Attica: ad Phaleron (Fraas); Argolis: pr. Argos (Fraas), in palude Lerna (Friedr.); Peloponnesus (Sibth.): pr. Pylos, Helos (Chaub.); Creta: pr, Stylo, Kalyves, Neochorio (Raul.); Zante (Marg.); Corcyra (Pieri): pr. Botumia (Mazz.). — Maio, Jun. ♃.

b. Folia linearia, graminea; flores lilacini.

8. **I. cretica** Janka in ö. b. Z. 1868 p. 298. — *I. cretensis* Janka l. c. p. 382; Bois. fl. or. V. p. 125. — *I. tenuifolia* Pieri corc. fl. p. 10; non Pall. it. III. app. p. 714, quae habet perigonii lacinias lanceolatas. — *I. humilis* Sieb. avis p. 2, rem. p. 2; Raul. cret. p. 864; non M. a B. fl. taur. cauc. I. p. 33, quae perigonii laciniis externis panduraeformibus praesertim discedit. — *I. unguicularis* Ch. et B. exp. p. 22, Fl. pelop. p. 3; Marg. et R. fl. Zante p. 87; Ung. Reise p. 119; Spreitz. in z. b. G. 1877 p. 699; non Poir. it. II. p. 86, quae foliis longioribus latioribusque, stigmatibus lobis in caudas setaceas bifidis, discedit. — *I. stylosa* Mazz. in ant. ion. II. p. 456; Weiss in z. b. G. 1869 p. 754; non Desf. fl. alt. I. p. 40, quae synonimum *I. unguicularis* Poir. — *I. stylosa v. angustifolia* Bois. et Heldr. diagn. XIII. p. 15; Raul. cret. p. 864; non *I. angustifolia* Gilib. exerc. phyt. II. p. 498, quae ad *I. sibiricam* L. pertinet. — Icon: Bot. mag. t. 6343. — Exsicc.: Orph. fl. gr. n. 977; Heldr. herb. norm. n. 1378.

Caule subnullo; foliis omnibus radicalibus, caespitosis, anguste linearibus, flore brevioribus vel eum aequantibus vel nonnullis superantibus; spathae uniflorae valvis herbaceis, lanceolatis, acuminatis; perigonii tubo ovario sessili multo longiore, laciniis aequilongis, coeruleo-lilacinis, ovato-oblongis, in unguem tenuem longe attenuatis, exteriorum lamina reflexa, interiorum erecta; stigmatibus lobis anguste lanceolatis, extrorsum serrulatis. — Species pulchra, foliis gramineis et floribus majusculis laete coeruleis egregia.

In olivetis, herbidis, rupestribus regionis inferioris et montanae; ad 1600 m. usque. Thessalia et Attica (Bois.), sine loci specialis indicatione; Laconia: mt. Malevo (Orph.); Messenia: pr. Navarin, Methone (Chaub.), Kalamata (Zahn); Creta (Sieb.): pr. Suda (Weiss), mt. Lazaros in Lassiti, mt. Aphendi Kavutsi (Raul.); Zante (Marg.); Leucas (Letourn.); Corcyra (Pieri): ad Monrepos, San Pantaleone (Spreitz.), Govino (Mazz.). — Febr. Apr., in montibus elatioribus usque Maio ♃.

9. **I. Sintenisii** Janka adat. erd. p. 173; Hal. Beitr. fl. Achaia p. 33; Bald. riv. coll. bot. alb. 1895 p. 72, 1896 p. 94. — Probabiliter huc spectat: *I. graminea* S. et S. pr. I. p. 27; Friedr. Reise p. 279; Weiss. in z. b. G. 1869 p. 754; Bois. fl. or. V. p. 128, quoad pl. cephalonicam; non L. sp. p. 39. — Nec non: *Xiphion gramineum* Heldr. fl. cephal. p. 69 (specimina sine flore tantum observata); non Parl. — Icon: Rouy ill. t. 97. — Exsicc.: Sint. it. thessal. n. 608. —

Caule tenui, humili vel plus minus elongato, parce foliato; foliis linearibus, flores subaequantibus vel superantibus; spathae 1—3 florae valvis herbaceis, lanceolatis, acuminatis; perigonii tubo, ovario pedicello subaequilongo suffulto, duplo longiore, laciniis lilacinis, pulchre venosis, exteriorum lamina parva, subdeflexa, elliptico-rotundata, in unguem dilatatum abruptiuscule attenuata, laciniis internis subbrevioribus, erectis, lanceolato-cuneatis, apice truncatis vel retusis; stigmatis lobis triangularibus. — *I. gramineae* L., foliis elongatis, flores multo superantibus, perigonii tubo brevissimo, laciniis externis panduraeformibus diversae, habitu valde similis. — Ab antecedente notis indicatis diversissima.

In dumosis regionis montanae. Epirus: mt. Cuka distr. Janina, ad Luros pr. Prevesa (Bald.); Cephalonia: ad Karavias in oropedio Omala (Heldr.); Achaia: pr. Gura ad radices mt. Kyllene (Hal.); Arcadia: in valle Alphei pr. Carithena (Friedr.); Creta: pr. Suda, Cydonia (Weiss). — Maio, Jun. ♃.

Obs. *I. xyphium* Ehrh. beitr. VII. p. 139; Mazz. in ant. ion. II. p. 458. — A Mazziari pr. Crevazzula Corcyrae probabiliter ex confusione indicatur.

3. **Hermodactylus** Tourn. coroll. p. 50.

1. **H. tuberosis** L. sp. p. 40; S. et S. pr. I. p. 23, Fl. gr. I. p. 29 t. 41; Sieb. avis p. 2, rem. p. 2; Ch. et B. exp. p. 23, Fl. pelop. p. 3; Mazz. in ant. ion. II. p. 456; Marg. et R. fl. Zante p. 87; Friedr. Reise p. 279; Fraas fl. class. p. 293; Raul. cret. p. 864; Spreitz. in z. b. G. 1877 p. 731, 1887 p. 669; Bois. fl. or. V. p. 124 (*Iris*); Salisb. in trans. hort. soc. I. p. 304; Heldr. chlor. Mykon. p. 251. — Huc forsan: *I. spuria* Pieri corc. fl. 10 („radice bulbosa!"), non L. — Exsicc.: Orph. herb. n. 14.

Rhizomate horizontale, brevi, apice digitatim 2—4 tubera oblongocylindrica, nuda edente; caule unifloro; foliis linearibus, tetragonis, caule longioribus; spatha saepius univalvi, lanceolata, acuminata, herbacea; perigonii tubo, ovario pedicello eo longiore suffulto breviote; laciniis imberbibus, exteriorum lamina reflexa, ovata, fusca, ungue oblongocuneiformi, viridi-flavo duplo breviore, laciniis internis brevioribus, erectis, oblongo-cuneiformibus, viridi-flavis, cuspidatis; stigmatis lobis lanceolatis.

In collibus siccis, cultis regionis inferioris et montanae. Thessalia: mt. Pelion pr. Makrinitza (Heldr.); Boeotia: mt. Helicon (Fraas); Attica: mt. Parnes (Fraas), Pentelicon (Orph.); Achaia: pr. Patras (Chaub.); Elis et Arcadia (Sibth.): mt. Trikorfo pr. Sinano, pr. Tripolizza (Friedr.); Messenia: pr. Navarin, Methone (Chaub.), Kalamata (Zahn.); Creta: promontorium Meleka, pr. Niato (Raul.); Cycladum insula: Andros, Mykonos (Heldr.), Melos (Armenis); Zante: pr. Tsilivi (Marg.); Corcyra: ad Monrepos, Alipu, Pelleca (Spreitz.), Potamo (Mazz.), mt. Pantocrator (Baen.). — Febr. Apr. ♃.

4. Gynandriris Parl. nuov. gen. e sp. monocot. p. 49.

1. G. sisyrinchium L. sp. p. 40; S. et S. pr. I. p. 28, Fl. gr. I. p. 30 t. 42; Sieb. avis p. 2, rem. p. 2; Urv. enum. p. 6; Ch. et B. exp. p. 23, Fl. pelop. p. 3; Marg. et R. fl. Zante p. 87; Fraas. fl. class. p. 293; Ung. Reise p. 119; Weiss in z. b. G. 1869 p. 754; Raul. cret. p. 864; Heldr. cong. Firenze 1874 p. 234; Spreitz. in z. b. G. 1877 p. 731; Bois. fl. or. V. p. 120; Aznav. in magy. bot. lap. I. p. 196; (*Iris*); Parl. l. c. p. 52; Heldr. fl. cephal. p. 69, Fl. Aegina p. 391, chlor. Mykon. p. 251; Gelmi in bull. soc. bot. it. 1889 p. 452. — *Moraea sisyrinchium* Ker. in bot. mag. t. 1407; Mazz. in ant. ion. II. p. 456; Friedr. Reise p. 269. — *Xiphion sisyrinchium* Bak. in Seem. journ. IX. p. 42. — Exsicc.: Rev. pl. cret. n. 164, in Magn. fl. sel. n. 3435, in Baen. herb. europ. n. 4878.

Tubere globoso, tunicis fibrosis vestito; caule flexuoso; foliis binis, falcatis, linearibus, dorso rotundatis, flores superantibus; floribus 2—4, fasciculatis; spathis membranaceis, lanceolatis, acuminatis; perigonii tubo ovario subsessili longiore; laciniis coeruleis, externis obovato-spathulatis, flavo-maculatis, reflexis, internis subbrevioribus, lanceolatis, erectis; stigmatibus in lobos lanceolato-subulatos bifidis.

β. **monophylla** Bois. et Heldr. in Heldr. herb. norm. n. 51, pro sp.; Heldr. in atti congr. Firenze 1874 p. 234. — Minor, caule 2—4 pollicari, folio unico, perigonio fere duplo minori, sordide coerulescenti-butescente.

In aridis, collibus saxosis regionis inferioris. Attica: pr. Athenas, Megara (Fraas), insula Aegina (Friedr.) et in adj. scopulo Metopi (Heldr.); Achaia: pr. Patras (Chaub.); Messenia: pr. Navarin, Methone, insula Sapienza (Chaub.), pr. Petalidi (Zahn.); Laconia (Sibth.); Cycladum insula: Tenos, Syra (Weiss), Cythnos, Delos, Mykonos, Seriphos (Tunt.), Melos, Kimolos (Urv.); Creta: pr. Kissamos (Rev.), Canea (Raul.); Zante (Sibth.): pr. Krionero, Chieri (Marg.); Cephalonia: pr. Lixuri (Spreitz.), Panagia Kechrianotissa (Heldr.); Corcyra: pr. Botumia, Ascensione (Mazz.), Barbati, mt. Pantocrator (Spreitz.), Signes (Gelmi); — β. Attica: pr. Patissia, Phaleron, Piraeus (Heldr.). — Febr. Jun. ♃.

5. Romulea Maratti pl. romul. et saturn p. 13 (1772). — *Trichonema* Ker in ann. bot. I. p. 222 (1805).

a. Stamina pistillo breviora; stigmata ad basin usque bipartita; flores maiusculi.

1. **R. bulbocodium** L. sp. p. 36 (*Crocus*); Seb. et M. fl. rom. pr. p. 17; Bois. fl. or. V. p. 115; Spreitz. in z. b. G. 1887 p, 669; Hal. in ö. b. Z. 1897 p. 326; Form. in . D. bot. Mon. 1898 p. 77; Haussk. symb. p. 26; Aznav. in magy. bot. lap. I. p. 196. — *Ixia bulbocodium* L. sp. ed. 2 p. 51; Sieb. avis. p. 2, rem. p. 2, in Flora I. p. 275; Ch. et B. exp. p. 22, Fl. pelop. p. 3. — *Trichonema bulbocodium* Ker. in ann. bot. I. p. 222; Mazz. in ant. ion. II. p. 454; Marg. et R. fl. Zante p. 88; Friedr. Reise p. 279; Raul. cret. p. 864. — *T. subpalustre* Herb. in bot. reg. XXX. t. 40 f. 1. — *T. pylium* Herb. l. c. f. 2. — *R. uliginosa* Kunze in Flora 1846 p. 690. — *R. Leichtliniana* Heldr. ap. Hal. in ö. b. Z. 1896 p. 18. — *R. Zahnii* Heldr. herb. norm. n. 1483. — Icon: Rchb. germ. f. 782. — Exsicc.: Orph. herb. et 579; Rev. pl. cret. n. 265, in Magn. fl. sel. n. 3601; Heldr. herb. norm. n. 1463.

Tuberis tunicis coriaceis; caule 1—3 floro; foliis filiformibus, recurvato-flexuosis, caule longioribus; spathae valvis subaequalibus, plus minus hyalino-membranaceis; perigonii spatha subduplo longioris, fauce pilosuli, laciniis elliptico-lanceolatis, basi croceis, ceterum albis, externis dorso saepissime lilacinis; filamentis pilosulis; capsula ovata. — Variat quoad florum magnitudinem et colorem.

In sabulosis, rupestribus regionis inferioris et montanae, ad 1300 m. adscendens. Aetolia: pr. Aetolikon, Mesolonghion (Reis.); Argolis: pr. Nauplia (Haussk.); Arcadia: mt. Parthenion pr. Tripolizza (Friedr.); Messenia: pr. Navarin, Methone (Chaub.), Petalidi, Kalamata (Zahn); Laconia: mt. Malevo pr. Hagios Joannes (Leon.); Cycladum insula: Thermia (Chaub.), Syra (Orph.), Melos (Leon.); Creta: pr. Kissamos (Rev.), Platania, Niato (Raul.); Zante (Marg.); Corcyra (Mazz.): pr. Potamo, Pelleka (Spreitz.). — Jan. Apr. ♃.

b. Stamina pistillo longiora; stigmata biloba; flores parvi.

α. Perigonii violacei, faux intense purpurea.

2. **R. Linaresii** Parl. fl. panorm. I. p. 38; Clem. sert. p. 89; Bois. fl. or. V. p. 116; Hal. in ö. b. Z. 1897 p. 326, in z. b. G. 1899 p. 193. — *Trichonema Linaresii* Klatt in Linnaea XXIV. p. 660; Raul. cret. p. 864. — *Ixia bulbocodium* S. et S. pr. I. p. 25, Fl. gr. I. p. 26 t. 36, non L. — Exsicc.: Heldr. herb. norm. n. 378 et 1076, herb. fl. hellen. n. 53, in Baen. herb. europ. n. 3133.

Tuberis tunicis coriaceis; caule 1—3 floro; foliis filiformibus, recurvato-flexuosis, caule longioribus; spathae valvis inaequalibus, inferiore herbacea, superiore fere omnino hyalino-membranacea; perigonii violacei, spatha subduplo longioris, fauce pilosula, atropurpurea, laciniis lanceolatis; filamentis, pilosulis; capsula oblonga. — A praecedente floribus minoribus, concoloribus, omnino violaceis, fauce intensius coloratis statim diagnoscitur.

In collibus saxosis regionis inferioris et montanae. Thessalia (Sprun.); Acarnania: mt. Zygos (Reis.); Attica: mt. Parnes (Orph.), Pentelicon, Hymettus (Heldr.); Messenia: pr. Petalidi (Zahn); Laconia: mt. Taygetos (Bois.); Cyclades (Sibth.): insula Melos (Leon.); Creta (Monachini). — Febr. Apr. ♃.

β. Perigonii albidi vel violacei faux citrina.

3. **R. ramiflora** Ten. fl. neap. pr. add. in app. ad ind. sem. h. neap. 1827 p. 3, Fl. nap. t. 203; Bois. fl. or. V. p. 117; Haussk. symb. p. 26. — *Trichonema ramiflorum* Sw. brit. fl. gard. p. 596. — *Ixia ramiflora* Ten. syll. p. 25. — Exsicc.: Heldr. pl. fl. hellen a. 1876 et 1885.

Tuberis tunicis coriaceis; caule 2—3 floro; foliis linearibus, recurvato-flexuosis, caule longioribus; spathae valvis herbaceis, anguste membranaceo-marginatis; perigonii parvi, pallide violacei, spatha sublongioris, fauce pilosula, citrina, laciniis lanceolatis, externis extus viridescentibus; filamentis pilosulis; capsula oblonga. — Spathae valvis herbaceis et floribus parvis egregia.

In collibus herbosis, arenosis. Attica: ad radices mt. Parnes pr. Ano-Liosia, pr. Kephissia (Heldr.), Phaleron (Sprun.); Argolis: pr. Nauplia (Haussk.). — Febr. Mart. ♃.

4. **R. Columnae** Seb. et M. fl. rom. pr. p. 18; Clem. sert. p. 89; Bois. fl. or. V. p. 117; Haussk. symb. p. 26. — *Ixia Columnae* Roem. et Schult. syst. veg. mant. p. 30. — *Trichonema Columnae* Rchb. fl. germ. exc. p. 83; Friedr. Reise p. 265, 267 et 268; Raul. cret. p. 864. — Icon: Rchb. germ. f. 784. — Exsicc.: Orph. fl. gr. n. 47; Heldr. in Baen. herb. europ. n. 2430 et ? 4201.

Tuberis tunicis coriaceis; caule 1—3 floro; foliis linearibus, recurvato-flexuosis, caule longioribus; spathae valva inferiori herbacea, superiori late hyalino-membranacea; perigonii parvi, pallide coerulei vel albidi, spatha sublongioris, fauce glabra, citrina, laciniis oblongo-lanceolatis; filamentis glabris vel facie interna tantum pilosulis; capsula ovoidea. — Differt a praecedente spathae valva superiori late membranacea, perigonii fauce glabra, filamentis glabris vel facie interne tantum pilosulis.

In arenosis, ad vias regionis inferioris. Attica: pr. Athenas vulgaris (Orph.), ad Phaleron, mt. Pentelicon (Friedr.), ad radices mt. Hymettus, in valle fl. Ilissus, ad promontorium Hagios Cosmas (Heldr.), specimina e loco ultimo, sub nomine *R. ramiflora v. subuniflora* distributa forsan ad *R. Rollii* Parl. fl. it. III. p. 251 pertinent; Creta: ad Akroteri (Raul.). — Febr. Mart. ♃.

Obs. *Trichonema minutum* Mazz. in ant. ion. II. p. 454 probabiliter ad unam vel alteram speciem supra enumeratam spectat. — Corcyra: pr. Ypso et San Marco (Mazz.).

6. Crocus L. gen. n. 55.

Dispositio specierum.

a. Tuberis tunicae membranaceae, inferne in annulos horizontaliter circumscissos, demum fissiles secedentes; stigmata indivisa.

α. Flores aurantiaci.

1. C. chrysanthus Herb.

β. Flores albi vel violaceo-striati vel violacei.

2. C. biflorus Mill. **3. C. Crewei** Hook.

b. Tuberis tunicae membranaceae, saepius fibris parallelis constantes, inferne demum in fibras vel lacinias verticales solutae, rarius coriaceae et basi in lacinias triangulares fissae; stigmata multifida.

α. Flores aurantiaci, concolores.

4. C. Olivieri Gay.

β. Flores albi, vittati vel violacei.

× Tuberis tunicae membranaceae, inferne in fibras tenues solutae.

5. C. Tournefortii Gay. **6. C. Veneris** Tapp. **7. C. Boryi** Gay.

×× Tuberis tunicae coriaceae, basi in lacinias triangulares fissae.

8. C. laevigatus L.

c. Tuberis tunicae reticulatim fibrosae.

α. Flores vernales.

9. C. veluchensis Herb. **10. C. Sieberi** Gay.

β. Flores autumnales.

× Folia hysteranthia.

11. C. cancellatus Herb. **12. C. peloponnesiacus** Orph.

×× Folia synanthia.

13. C. hadriaticus Herb. **14. C. Cartwrightianus** Herb.

a. Tuberis tunicae membranaceae, inferne in annulos horizontaliter circumscissos, demum fissiles secedentes; stigmata indivisa.

α. Flores aurantiaci.

1. **C. chrysanthus** Herb. hist. croc. sp. p. 30, in journ. hort. soc. II. p. 285; Bois. fl. or. V. p. 111; Heldr. chlor. Parn. p. 26. — *C. annulatus v. chrysanthus* Herb. in bot. mag. 1841 t. 3862. *C. sulphureus* Heldr. herb. norm. n. 633, non Ker. — Icon: Maw croc. t. 62.

Foliis synanthiis, angustis, ciliatulis; floribus 1—3, vernalibus; perigonio aurantiaco, laciniis oblongis, obtusiusculis, fauce glabris; filamentis anthera aurantiaca subbrevioribus; stigmatibus spathulatis, integris, aurantiacis, antheras subsuperantibus.

Ad nives deliquescentes regionis abietinae, ad collem Leucocastron supra Livadi in mt. Parnassus (Guicc.). — Mart. Apr. ♃.

β. Flores albi vel violaceo-striati vel violacei.

2. **C. biflorus** Mill. dict. n. 4; Ch. et B. exp. p. 21, Fl. pelop. p. 3; Mazz. in ant. ion. II. p. 454. — *C. circumscissus* Haw. in

trans. hort. soc. I. p. 137. — *C. lineatus* Jan elench. p. 1; Mazz. in ant. ion. II. p. 454; (f. perigonio violaceo-vittato). — *C. annulatus v. biflorus* et *lineatus* Herb. hist. croc. sp. p. 39 et 40. — Icon: Maw croc. t. 59.

Foliis synanthiis, angustis, glabris; floribus 1—3, vernalibus; perigonii laciniis elliptico-oblongis, obtusiusculis, albis, externis saepe violaceo-vittatis, fauce glabra, lutescente; filamentis anthera lutea brevioribus; stigmatibus spathulatis, integris vel apice erosulis, aurantiacis, antheras subsuperantibus.

β. **Adami** Gay. in Fer. bull. sc. nat. XXV. p. 319 pro sp.; Bak. in journ. linn. soc. 1878 p. 81. — *C. annulatus v. Adamicus* Herb. in journ. hort. soc. H. p. 285. — *C. biflorus v. violaceus* Bois. fl. or. V. p. 112. — Perigonii laciniae violaceae extus intensius vittatae.

In collibus dumosis, graminosis. Indicatur: pr. Bucari Corcyrae (Mazz.) et ad sinum Saronicum Atticae (Chaub.), an recte?; — β. in montibus Argolidis (Sprun.). — Febr. Mart. ♃. N. v.

3. **C. Crewei** Hook. in bot. mag. 1875 t. 6168; Bois. fl. or. V. p. 112; Hal. in ö. b. Z. 1896 p. 18. — *C. melanantherus* Bois. et Orph. in atti congr. Firenze 1876 p. 214, solum nomen. — Icon: Maw croc. t. 60. — Exsicc.: Heldr. pl. fl. hellen. a. 1879 et 1893, reliqu. Orph. a. 1886.

Foliis synanthiis, angustis, glabris; floribus 1—3, autumnalibus; perigonii laciniis oblongo-lanceolatis, acutis, albis, externis extus atroviolaceo-vittatis, fauce glabra, lutescente; filamentis antherae purpureonigricanti aequilongis; stigmatibus aurantiacis, vix incrassatis, integris vel apice erosulis, antheris aequilongis. — Differt a praecedente praesertim antherarum colore. — Flores ab autoribus vernales dicuntur, specimina mea autem mense Novembri lecta sunt.

In montosis. Attica: mt. Hymettus (Orph.); Peloponnesus: pr. Tripolis, mt. Malevo ad Hagios Joannes (Heldr.), mt. Taygetos (Psarid.); Cycladum insula Syra (Elwes). — Nov. Febr. ♃.

b. Tuberis tunicae membranaceae, saepius fibris parallelis constantes, inferne demum in fibras vel lacinias verticales solutae, rarius coriaceae et basi in lacinias triangulares fissae; stigmata multifida.

a. Flores aurantiaci, concolores.

4. **C. Olivieri** Gay in Fer. bull. sc. nat. XXV. p. 219; Körn. in Flora XXXIX. p. 470; Bois. fl. or. V. p. 107. — *C. chrysanthus* Herb. in bot. reg. 1847 t. 4, non hist. croc. sp. p. 39. — *C. lagenaeflorus v. Olivierianus* Herb. in journ. hort. soc. II. p. 282. — Huc probabiliter: *C. sulphureus* Ch. et B. exp. p. 21, Fl. pelop. p. 3; Mazz. in ant. ion. II. p. 454; non Ker. in bot. mag. t. 938. — *C. aureus* Friedr. Reise p. 277, non S. et S. pr. I. p. 24. — *C. moesiacus* Raul. cret. p. 864, non Ker. in bot. mag. t. 652. — Icon: Maw

croc. t. 53. — Exsicc.: Orph. fl. gr. n. 72; Heldr. herb. norm. n. 114 (sub *C. Aucheri*) et 1286.

Tunicis membranaceis, demum in lacinias anguste lineares planas inferne fissis; foliis synanthiis, latiusculis, glabris; floribus 1—2, vernalibus; perigonii aurantiaci laciniis oblongis, obtusis, fauce glabra: filamentis anthera citrina brevioribus; stigmatibus aurantiacis, antheris brevioribus, in lacinias apice subincrassatas pluries multifidis. — *C. aureo* S. et S., stigmatibus subintegris praesertim diverso, affinis. — *C. chrysanthus* Herb. hist. croc. sp. p. 39 tunicis inferne in annulos secedentibus, foliis angustis et stigmatibus integris a nostro distinctissimus.

In montosis. Attica: mt. Parnes (Orph.), Cithaeron (Heldr.); Argolis: pr. Nauplia (Sprun.), Poros (Friedr.); Achaia: mt. Kyllene (Orph.); Cyclades (Chaub.); Creta: pr. Akroteri (Raul.);? Corcyra: pr. Porto Collura, Catu Garunna (Mazz.). — Febr. Mart. ♃.

β. Flores albi, vittati vel violacei.

× Tuberis tunicae membranaceae, inferne in fibras tenues solutae.

5. **C. Tournefortii** Gay in Fer. bull. sc. nat. XXV. p. 320; Bois. fl. or. V. p. 109; Heldr. chlor. Thera p. 22. — *C. Tournefortianus* Herb. in bot. reg. 1845 t. 37 f. 3. — *C. Orphanidis* Hook. in bot. mag. 1869 t. 5776. — *C. pholegandrius* Orph. in sched. — Icon: Maw croc. t. 47. — Exsicc.: Orph. fl. gr. n. 704 et 1184 b.

Foliis synanthiis, angustis, glabris; floribus 1—3; perigonii violacei, interdum purpureo-venosi, laciniis ellipticis, acutiusculis, fauce lutescenti, glabra; filamentis anthera alba subbrevioribus; stigmatibus aurantiacis, antheras superantibus, demum e perigonio longe exsertis, in lacinias tenues pluries multifidis. — Flores ab autoribus autumnales dicuntur specimina herbarii mei autem mense Februario et Martio lecta sunt.

In Archipelagi insulis: Hydra, Cythnos, Tenos (Maw), Syra, Pholegandros (Orph.), Melos (Armenis), Thera (Heldr.). — Sept. Mart. ♃.

6. **C. Veneris** Tappein. in Pocch Cypr. enum. p. 10 (1842); Bois. fl. or. V. p. 109. — *C. Tournefortianus v. venereus* Herb. in bot. reg. 1845 misc. p. 6. — *C. cretensis* Körn. in Flora XXXIX. p. 409 (1856). — Icon: Maw croc. t. 48. — Exsicc.;? Heldr. pl. fl. hellen. a. 1879.

Foliis synanthiis, angustis, glabris, floribus 1—3, autumnalibus; perigonii albi, concoloris, rarius violaceo-lineati, laciniis lineari-lanceolatis, acutusculis, fauce flavescente, glabra; filamentis anthera alba brevioribus; stigmatibus aurantiacis, antheras superantibus, perigonio inclusis, in lacinias tenues pluries multifidis. — Differt a praecedente scapo humili, floribus minoribus, albis.

Creta (Olivier); sine loci specialis indicatione; huc probabiliter planta e mt. Malevo pr. Hagios Joannes Laconiae (Heldr.). — Nov. ♃.

7. **C. Boryi** Gay in Fer. bull. sc. nat. XXV. p. 320; Ch. et B. exp. p. 21 t. 3, Fl. pelop. p. 3 t. 3; Marg. et R. fl. Zante p. 88;

Körn. in Flora 1856 p. 472; Bois. fl. or. V. p. 110. — *C. ionicus* Herb. in bot. reg. 1845 misc. p. 3. — *C. Boryanus* Herb. in bot. reg. 1847 t. 16. — Forsan huc ex loco: *C. flavus* Mazz. in ant. ion. II. p. 454. — Icon: Maw. croc. t. 47 b. — Exsicc.: Heldr. herb. norm. n. 1484.

Foliis synanthiis, angustis, glabris; floribus 1—4, autumnalibus; perigonii lactei, fauce aurantiaci, glabri, laciniis ellipticis, acutiusculis, concoloribus; filamentis anthera alba subbrevioribus; stigmatibus aurantiacis, antheras superantibus, in lacinias tenues pluries multifidis. — Praecedenti affinis, ab eo scapo elatiore, perigonio lacteo, fauce insigne aurantiaco, specifice ut videtur discedit.

β. **marathonisius** Heldr. in atti. congr. Firenze 1874 p. 235; Hal. in ö. b. Z. 1896 p. 18, in z. b. G. 1899 p. 193. — Major, robustus, ad 25 cm. altus, perigonii laciniae ad 6 cm. longa et 15 mm. lata, interdum pallide lilacino-suffusae *(f. lilacina)*. — Exsicc.: Heldr. herb. norm. n. 1485; Orph. fl. gr. n. 1185.

In herbidis regionis inferioris et montanae. Boeotia (Sprun.); Achaia: pr. Patras (Maw); Messenia: mt. Ithome (Maw), pr. Navarin, Methone (Chaub.); Laconia: in regione inferiori mt. Taygetos pr. Gaitzies (Zahn); Cycladum insula Syra (Maw); Zante (Marg.): mt. Scopo (Maw.); Cephalonia: mt. Aenos (Schimp.); Leucas: inter Phrine et Phaneromine usque Zucalades (Mazz.); Corcyra: pr. Botunia, Cephaloipso (Pieri), San Deca, Garuna, Pelleca (Maw), insula Vido (Bornm.); — β. Laconia: pr. Gaitzies et Marathonisi (Heldr.); Leucas (Mazz. sec. Heldr. l. c.). — Nov. Dec. ♃.

×× Tuberis tunicae coriaceae, basi in lacinias triangulares fissae.

8. C. laevigatus Ch. et B. exp. p. 21 t. 2 f. 2, Fl. pelop. p. 2 t. 2 f. 2; Körn. in Flora 1856 p. 468; Raul. cret. p. 865; Bois. fl. or. V. p. 110. — Huc probabiliter: *C. vernus* Friedr. Reise p. 267 et 274. — *C. vernus v. albiflorus* Fraas fl. class. p. 292. — Icon: Maw croc. t. 49. — Exsicc.: Orph. fl. gr. n. 70; Heldr. herb. norm. n. 440, 885 α. *genuinus*, 886 β. *Gayanus* (qui autem a typo nullo modo discedit), in Baen. herb. europ. n. 2358, in Magn. fl. sel. n. 2850; Dörfl. fl. gr. n. 156.

Foliis synanthiis, angustis, glabris; floribus 1—3, autumnalibus; perigonii violacei vel albidi, saepius vittis violaceis percursi, rarius albi et concoloris, laciniis ellipticis, acutiusculis, fauce aurantiaca; filamentis anthera alba brevioribus; stigmatibus aurantiacis, antheras superantibus, in lacinias apice subincrassatas pluries multifidis. — Tunicae fibris in lacinias triangulares, adpresse imbricatas fissis, egregia.

β. **Fontenayi** Reut. in Heldr. pl. exs. n. 2804; Heldr. chlor. Mykon. p. 251. — Perigonii laciniae pallide azurei, basi tantum tenuissime breviterque violaceo-striati. — Intermediis ad typum transit. — Exsicc.: Heldr. herb. norm. n. 1380; Dörfl. fl. aeg. n. 444, herb. norm. n. 3997.

In collibus saxosis, dumosis. Attica: mt. Corydalus pr. Daphni, mt. Parnes pr. Tatoi, mt. Hymettus pr. Caesariani (Heldr.); Euboea (Heldr.); Argolis (Sprun.); Cycladum insula: Syra (Cadet), Cythnos, Melos (Chaub.), Naxos (Leon.), Delos, Rhenea, Mykonos (Heldr.); Creta: pr. Malaxa, Vrisinas (Raul.). — Oct. Dez. ♃.

    c. Tuberis tunicae reticulatim fibrosae.

    α. Flores vernales.

    9. C. veluchensis Herb. in bot. reg. 1845 misc. p. 80, 1847 t. f. f. 3; Bois. fl. or. V. p. 103; Heldr. chlor. Parn. p. 26; Hal. Beitr. fl. Epir. p. 41, in ö. b. Z. 1896 p. 18; Bald. riv. coll. bot. alb. 1895 p. 71; Form. in Ver. Brünn 1896 p. 29; Haussk. symb. p. 26. — *C. minimus* Fraas fl. class. p. 292 p. p., non DC. — Icon: Maw croc. t. 32. — Exsicc.: Sint. it. thessal. n. 830; Dörfl. fl. gr. n. 361.

    Foliis synanthiis, latiusculis, glabris; floribus vernalibus, solitariis; perigonii violacei, concoloris, laciniis oblongis, obtusis, fauce barbatula, concolore; filamentis anthera lutea subaequilongis; stigmatibus aurantiacis, dilatatis, lobulatis vel breviter fissis, antheras subsuperantibus.

    Ad nives deliquescentes regionis alpinae. Epirus: mt. Olycika, Micikeli (Bald.), Peristeri, 'Tsumerka (Hal.); Thessalia: mt. Salatura (Sint.) et Karava in Pindo (Haussk.), mt. Pelion (Heldr.), Othrys, Oeta (Herb.); Aetolia: mt. Tymphrestus (Fraas), Vardusia (Reis.); mt. Parnassus (Fraas). — Maio, Jul. ♃.

    10. C. Sieberi Gay in Fer. bull. sc. nat. XXV. p. 320; Bois. fl. or. V. p. 102; Hal. Beitr. fl. Achaia p. 33; Form. in D. bot. Mon. 1898 p. 77; Haussk. symb. p. 26. — *C. nivalis* Ch. et B. exp. p. 21. t. 2 f. 1, Fl. pelop. p. 2 t. 2 f. 1; Ung. Reise p. 119. — *C. variegatus* Friedr. Reise p. 268, non Hoppe. — *C. minimus* Fraas fl. class. p. 292 p. p., non DC. — *C. Sieberianus* Herb. in bot. mag. t. 6036. — *C. Sibthorpianus* Herb. in bot. reg. 1845 misc. p. 28. — *C. sublimis* Herb. in bot. reg. misc. p. 81. — *C. thessalus* Bois. et Spr. diagn. XIII. p. 17. — *C. atticus* Orph. in sched. (f. robusta). — Huc probabiliter: *C. niveus* Friedr. Reise p. 264. — Icon: Maw croc. t. 33. — Exsicc.: Orph. fl. gr. n. 67; Heldr. herb. norm. n. 115 (sub *C. veluchensis*) et 1487.

    Valde similis praecedenti, a quo tuberibus saepissime majoribus, fibris grossius et magis reticulatis, floribus 1—3 nis, perigonii fauce eximia aurantiaca, glabra et stigmatibus subintegris parum discedit.

    β. **heterochromus**. — *C. vernus* S. et S. pr. I. p. 34; Sieb. in Flora I. p. 275; non L. — *C. Sieberi v. versicolor* Bois. et Heldr. fl. or. V. p. 103; Raul. cret. p. 865; non *C. versicolor* Gawl. — Perigonii fauce aurantiaci laciniae pallidiores vel albae, medio plus minus late violaceae, rarius omnino albae, concolores. — Exsicc.: Reverch. pl. cret. n. 165, in Magn. fl. sel. n. 1815; Bald. it. cret. alt. n. 196.

    In regione montana usque ad nives deliquescentes regionis alpinae.

Aetolia: mt. Varassova (Friedr.); Thessalia: mt. Oeta (Sprun.); Euboea: mt. Dirphys (Ung.); Attica: mt. Corydalus, Parnes (Heldr.), Pentelicon (Friedr.); Achaia: mt. Panachaicon, Chelmos (Hal.), Kyllene (Heldr.); Laconia: mt. Taygetos (Chaub.); Cephalonia: mt. Aenos (Reis.); —
β. Creta: mt. Drakona, Volokia (Rev.), Theodori, Anoia, Ida, Lazaros, Magola, Males, Aphendi Stavro (Raul.), Aphendi Kristo (Bald.). — Febr. Jun. ♃.

β. Flores autumnales.
× Folia hysteranthia.

11. C. cancellatus Herb. in bot. mag. 1841 t. 3864; Bois. fl. or. V. p. 101; Heldr. fl. aeg. p. 392. — *C. nudiflorus* S. et S. pr. I. p. 13, non Sm. engl. bot. t. 491. — *C. Schimperi* Gay in Schimp. pl. cephal. exs. a. 1834, solum nomen; Heldr. fl. cephal. p. 69. — *C. cancellatus v. nauplicnsis* Herb. in bot. reg. 1843 misc. p. 30. — *C. Mazziaricus* Herb. in bot. reg. 1845 misc. p. 3. — *C. cancellatus v. margaritaceus* Herb. in bot. reg. 1845 misc. p. 81. — *C. Spruneri* Bois. et Heldr. diagn. VII, p. 193; Clem. sert. p. 89. — Huc forsan: *C. reticulatus* Mazz. in ant. ion. II. p. 454, vix M. a B. fl. taur. cauc. I. p. 28. — Icon: Maw croc. t. 31. — Exsicc.: Orph. fl. gr. n. 69; Heldr. herb. norm. n. 441 et 1486; Dörfl. fl. gr. n. 155, fl. aeg. n. 445.

Tunicis fibris crassiusculis, eximie reticulatis, comam elongatam densam, scapi partem inferiorem amplectantem formantibus; foliis hysteranthiis, angustis, ciliatulis; floribus autumnalibus, saepissime solitariis; perigonii albidi vel pallide lilacini laciniis oblongis, acutiusculis, basi striatis, fauce glabra; filamentis anthera flava 4 plo brevioribus; stigmatibus aurantiacis, antheras superantibus, in lacinias apice subdilatatas pluries multifidis. — Foliis sub anthesi nullis ab omnibus praecedentibus statim diagnoscitur.

In collibus saxosis regionis inferioris et montanae. Attica: pr. Athenas (Sprun.), mt. Parnes (Clem.), Hymettus (Orph.), ad Piraeum, in insula Aegina (Heldr.); Euboea: mt. Dirphys (Vrioni); Argolis: pr. Nauplia, Epidaurus (Herb.); Cephalonia: mt. Aenos (Schimp.); Leucas: mt. Megavros et Phaneromeni (Mazz.); Corcyra: pr. Catonichi (Mazz.). — Sept. Nov. ♃.

12. C. peloponnesiacus Orph. in Bois. diagn. ser. 2 IV. p. 95. — *C. hadriaticus v. peloponnesiacus* Bois. fl. or. V. p. 101. — Exsicc.: Orph. fl. gr. n. 68.

Tunicis fibris tenuissimis, superne reticulatis, comam brevem formantibus; foliis ignotis; floribus autumnalibus, solitariis; perigonii albi, concoloris, laciniis ellipticis, obtusiusculis, fauce glabra; filamentis anthera lutea brevioribus; stigmatibus aurantiacis, clavatis, subintegris, antheras superantibus. — Differt a praecedente statura minori, tunicarum fibris tenuibus, minus reticulatis, floribus minoribus, stigmatibus subintegris. — Species non satis nota, sed meo sensu a *C. hadriatico*, quacum a Boissier in fl. or. et a Maw croc. p. 175 conjungitur iam foliis hysteranthiis specifice diversa.

In regione media mt. Malevo pr. Ajanni Laconiae, alt. 1000 m., rare (Orph.). — Oct. Nov. ♃.

×× Folia synanthia.

13. C. hadriaticus Herb. in bot. reg. 1843 misc. p. 77, 1844 t. 3 f. 6; Bois. fl. or. V. p. 101; Bald. riv. coll. bot. alb. 1895 p. 71, 1896 p. 93. — *C. Cartwrightianus v. leucadius* Herb. in bot. reg. 1845 misc. p. 4. — *C. hadriaticus v. Saundersianus* et *chrysobelonicus* Herb. in bot. reg. 1847 t. 16. — Icon: Maw croc. t. 30. — Exsicc.: Heldr. herb. fl. hellen. a. 1878; Bald. it. alb. epir. IV. n. 421; Dörfl. fl. aeg. n. 444 a.

Tunicis tenuiter fibroso-reticulatis; foliis angustis, ciliatis; floribus 1—3, autumnalibus; perigonii albi laciniis ellipticis, obtusiusculis, basi interdum rubro-tinctis vel flavescentibus, fauce barbulata; filamentis anthera lutea brevioribus; stigmatibus coccineo-aurantiacis, clavatis, subintegris, antheras superantibus.

In collibus saxosis, montosis. Epirus: ad Bisdun pr. Janina (Saunders), mt. Micikeli, Olycika (Bald.); insula Leucas: in collibus Marandaiora, in scopulis Scorpio et Meganisi (Mazz.); Achaia: mt. Omplo pr. Patras (Heldr.); Cycladum insula: Syra (Maw), Naxos (Leon.). — Oct. Nov. ♃.

14. C. Cartwrigthianus Herb. in bot. reg. 1843 misc. p. 82, 1844 t. 3, 1845 t. 37; Heldr. fl. aeg. p. 392, chlor. Mykon. p. 251. — *C. sativus* S. et S. pr. I. p. 23; Pieri corc. fl. p. 7; Fraas fl. class. p. 292; Heldr. Nutzpfl. p. 8; Raul. cret. p. 865; Bois. fl. or. V. p. 100; Fors. in bull. herb. Bois. III. p. 88; an L. — *C. Pallasii* Ch. et B. exp. p. 21, Fl. pelop. p. 2, non M. a B. —? *C. autumnalis* Mazz. in ant. ion. II. p. 454, non M. a B. — *C. Cartwrightianus v. creticus* Herb. in bot. reg. 1845 misc. p. 4. — *C. graecus* Chap. in bull. soc. bot. Fr. XX. p. 193; Heldr. in atti congr. Firenze 1876 p. 235. — *C. sativus v. Cartwrightianus* Maw croc. p. 170 t. 29 b. — Exsicc.: Orph. fl. gr. n. 71; Heldr. herb. norm. n. 521 et 979, in Baen. herb. europ. n. 2359; Dörfl. fl. gr. n. 157.

Tunicis tenuiter fibroso-reticulatis; foliis angustis, ciliatulis; floribus 1—4, autumnalibus; perigonii violacei laciniis oblongis, 'obtusis, fauce barbulata; filamentis anthera lutea dimidio brevioribus; stigmatibus coccineo-aurantiacis, clavatis, integris vel obscure lobulatis, antheras superantibus. — Floribus violaceis a praecedente vix specifice discedit.

In collibus aridis, maritimis. Attica: pr. Athenas (Sibth.), mt. Lycabettus (Orph.), ad Phaleron, Piraeum (Heldr.), mt. Hymettus, ad Sunium (Fraas), insula Aegina, Syra, Tenos, Mykonos, Delos, Rhenea (Heldr.); Creta: pr. Canea (Raul.); Corcyra: pr. Spartilla, Chiefaloipso (Pieri), Missostrati (Mazz.). — Oct. Dec. ♃.

Obs. Species dubia: *C. vernus* Mazz. in ant. ion. II. p. 454; non L. — Corcyra: pr. Canjaros (Mazz.).

CXXIII. Ordo. **Amaryllidaceae** R. Br. pr. fl. nov. holl. p. 296.

Dispositio generum.

a. Perigonii faux corona aucta.
    × Perigonium album, infundibuliforme, tubo longo, limbo 5 partito; corona campanulata, in dentes fissa; stamina 6, coronae inserta.
1. Pancratium L.
    ×× Perigonium hypocrateriforme, tubo elongato, limbo 6 partito; corona campanulata vel cupularis, integra vel crenulata vel partita; stamina 6, perigonii tubo inserta.
2. Narcissus L.
b. Perigonii corona destituta.
    α. Perigonium flavum, infundibuliforme, tubo recto, limbo 6 partito; stamina 6, summo tubo inserta.
3. Sternbergia W. et K.
    β. Perigonium album, campanulatum, tubo carens, 6 partitum, stamina 6, fauci perigonii inserta.
    × Perigonii laciniae aequales, apice incrassatae.
4. Leucoium L.
    ×× Perigonii laciniae inaequales, 3 externae longiores, patentes, 3 internae breviores, erectae.
5. Galanthus L.

1. Pancratium L. gen. n. 161.

1. **P. maritimum** L. sp. p. 291; S. et S. pr. I. p. 220, Fl. gr. IV. p. 8 t. 309; Sieb. avis p. 3, rem. p. 4; Ch. et B. exp. p. 99, Fl. pelop. p. 22; Marg. et R. fl. Zante p. 88; Fraas fl. class. p. 286; Raul. cret. p. 865; Heldr. fl. cephal. p. 69, Fl. Aegina p. 392, chlor. Thera p. 22, chlor. Mykon. p. 251; Bois. fl. or. V. p. 152; Haussk. symb. p. 26. — Exsicc.: Orph. fl. gr. n. 1186; Rev. pl. cret. n. 193; Sint. et Bornm. it. turc. n. 1503.

Bulbo magno; foliis subsynanthiis, late linearibus, scapum crassum subaequantibus; spatha diphylla, floribus 3—4plo breviore; floribus 2—8, subsessilibus; perigonio 10—15 cm. longo, tubo elongato, limbo in lacinias lanceolato-lineares partito longiore.

In arenosis maritimis. Thessalia: pr. Litochori (Sint.); Attica: ad Phaleron (Orph.), Laurion, Sunium (Haussk.), insula Aegina et in scopulo adjacente Metopi (Heldr.); Argolis: pr. Astros (Fraas); Laconia: pr. Helos (Chaub.), Cycladum insula: Melos, Naxos (Chaub.), Rhenea, Thera (Heldr.); Creta: pr. Platania (Rev.), Candia, Retymo (Raul.); Cephalonia: pr. Steno, Lixuri (Heldr.). — Jul. Sept. ♃.

2. Narcissus L. gen. n. 403.

    a. Scapus 1 florus; perigonii tubus laciniis brevior; corona subpatellaris, perigonii laciniis multo brevior; folia synanthia, latiuscule linearia.

1. N. poeticus L. sp. p. 289; S. et S. pr. I. p. 220; Fraas fl. class. p. 286; Haussk. symb. p. 26. — Icon: Red. lil. III. t. 160. — Exsicc.: Sint. it. thessal. n. 831.

Bulbo ovato; scapo ancipiti, unifloro; foliis latiuscule linearibus, scapo brevioribus; pedicello spatha breviore; ovario oblongo, subcompresso; perigonii nivei laciniis patentissime-subreflexis, ovato-oblongis, obtusis, mucronulatis, contiguis, tubo sublongioribus; corona brevissima, lutescente, in patellam planiusculam expansa, margine subcrenato coccineo cincta.

In pratis subalpinis. Thessalia: mt. Salatura pr. Chaliki (Sint.) et in oropedio Neuropolis (Haussk.) in Pindo; Baeotia: mt. Helicon (Sibth.), sed hic locus sec. Bois. fl. or. V. p. 150 ad speciem sequentem spectat. — Apr. Jun. ♃.

2. N. radliflorus Salisb. pr. p. 225; Bois. fl. or. V. p. 150. — *N. angustifolius* Curt. in bot. mag. t. 193.

Differt a praecedente statura minori, foliis angustioribus, ovario oblongo-lineari, subtereti, perigonii sordide albi laciniis minoribus, elliptico-oblongis, discretis et corona subcupulari.

In pratis subalpinis. Thessalia: mt. Oeta (Heldr.). — Apr. Maio. ♃. N. v.

    b. Scapus 2-multiflorus; perigonii tubus laciniis longior; corona cupuliformis, perigonii laciniis brevior; folia synanthia, latiuscule linearia.

        α. Perigonii laciniae albae, corona alba.

3. N. papyraceus Gawl. in bot. mag. 1806 t. 947; Bois. fl. or. V. p. 151. — Exsicc.: Spreitz. it. ion. a. 1878.

Bulbo ovato; scapo ancipiti, umbellatim multifloro; foliis latiuscule linearibus, scapo subaequilongis; pedicellis inaequalibus, spatha longioribus; ovario oblongo, triquetro; perigonii nivei laciniis patentibus, ovato-oblongis, obtusis, mucronulatis, tubo brevioribus; corona alba, cyathiforme, crenulato-dentata, laciniis subquadruplo breviore. — Floribus albis concoloribus egregia.

In vinetis, collibus. Attica: ad Phaleron (Sprun.); Argolis: pr. Nauplia (Sprun.); Messenia: pr. Kalamata, Navarin (Daenzer); Zante (Marg.); Corcyra: ad Mon Repos (Spreitz.); forsan huc pertinet quoque planta flore pleno a Psarides in mt. Taygetos Laconiae lecta. — Mart. Apr. ♃.

Obs. *N. dubius* Gou. ill. p. 22; Ch. et B. fl. pelop. p. 22. — Schedulae mendacis Gittardi fide pr. Kalamata Messeniae indicatur, sed specimina sec. Bois. fl. or. V. p. 151 certe ex Gallia oriunda. — Idem est cum *N. odoro* L.

        β. Perigonii laciniae luteae, corona aurea.

4. N. aureus Lois. nouv. not. p. 13; Bois. fl. or. V. p. 151. — *N. orientalis* var ♂. bot. mag. t. 1026.

Bulbo ovato; scapo subtereti, umbellatim multifloro; foliis latiuscule linearibus, scapum aequantibus vel superantibus; pedicellis inaequalibus, longioribus spatham superantibus; ovario ovato-oblongo, triquetro; perigonii lutei laciniis patentibus, ellipticis obovatisve, obtusis, mucronulatis, tubo brevioribus; corona aurea, cyathiforme, subintegra, laciniis triplo breviore. — Floribus luteis concoloribus insignis.

In collibus ad Phaleron Atticae (Sprun.); a recentioribus ut videtur von lectum. — Febr. Mart. ♃. N. v.

γ. Perigonii laciniae albae, corona lutea.

5. **N. tazetta** L. sp. p. 290; S. et S. pr. I. p. 220; Ch. et B. exp. p. 98, Fl. pelop. p. 22; Link in Linnaea IX. p. 140; Marg. et R. fl. Zante p. 88; Friedr. Reise p. 267; Fraas fl. class. p. 286; Weiss. in z. b. G. 1869 p. 754; Raul. cret. p. 865; Bois. fl. or. V. p. 150; Heldr. chlor. Mykon. p. 251. — *Hermione tazetta* Haw. rev. p. 142; Heldr. fl. cephal. p. 69. — Icon: Rchb. germ. t. 815. — Exsicc.: Rev. pl. cret. n. 198.

Bulbo ovato; scapo subtereti, multifloro; foliis latiuscule linearibus, scapum subaequantibus; pedicellis inaequalibus, longioribus spatham superantibus; ovario oblongo, triquetro; perigonii laciniis albis, patentibus, ovato-ellipticis, obtusis, mucronulatis, tubo brevioribus; corona lutea, cupulari, subcrenulata, laciniis duplo breviore. — Species variabilis, formae graecae ulterius in vivo observandae.

β. **patulus** Lois. narc. p. 34 pro sp.; Richt. pl. europ. I. p. 242. — *N. etruscus* Parl. fl. ital. III. p. 146. — Scapo humiliore, 2—4 floro, foliis a basi patulis, corona ampliore, magis aperta. — Formis intermediis, e sicco aegre distinguendis ad typum transire videtur. — Exsicc.: Heldr. herb. norm. n. 1288 et 1488.

In campestribus, graminosis regionis inferioris et submontanae. Attica: ad Cephissum (Friedr.), mt. Parnes pr. Tatoi et Menidi, pr. Kallitea, Piraeus, insula Aegina (Heldr.); Boeotia (Fraas); Elis (Sibth.); Messenia (Chaub.): pr. Kalamata (Zahn.); Cycladum insula: Andros, Mykonos (Heldr.); Creta: pr. Platania (Raul.), Suda, Canea (Weiss); Zante: mt. Scopo (Marg.); Cephalonia (Mazz.); Corcyra: pr. Sideri, Penulades, Velonades (Spreitz.). — Dec. Apr. ♃.

c. Scapus 1-pauciflorus; perigonii tubus laciniis subaequilongus; corona brevissima; folia angustissime linearia, plerumque hysteranthia.

6. **N. serotinus** L. sp. p. 290; Urv. enum. p. 36; Ch. et B. exp. p. 98, Fl. pelop. p. 22; Link. in Linnaea IX. p. 141 et 569; Marg. et R. fl. Zante p. 88; Fraas fl. class. p. 285; Raul. cret. p. 855; Bois. fl. or. V. p. 151; Heldr. chlor. Mykon. p. 252. — *Hermione serotina* Haw. monogr. n. 13; Heldr. fl. cephal. p. 69. — Huc probabiliter: *N. aphyllus* Sieb. Reise p. 472 (solum nomen); Raul. cret. p. 865. — Icon: Desf. fl. atl. I. t. 82. — Exsicc.: Heldr. herb. norm. n. 810 et 887; Dörfl. fl. aeg. n. 431.

Bulbo ovato; scapo tereti, tenui, 1 rarius 2 floro; foliis filiformibus, scapo brevioribus; pedicellis spatha brevioribus; ovario ovato-oblongo, subtereti; perigonii albi laciniis patentibus, oblongis, obtusis, mucronulatis, tubo subbrevioribus; corona flavida, brevissima, trifida, lobis retusis.

In collibus aridis regionis inferioris et montanae. Boeotia: mt. Helicon (Fraas); Attica: ad Piraeum (Heldr.), mt. Parnes (Fraas); Achaia: pr. Aegion (Link.); Messenia: pr. Navarin, Methone (Chaub.); Cycladum insula: Syra, Naxos (Leon,), Mykonos, Rhenea (Heldr.), Melos (Urv.); Creta: pr. Canea, Gherani, Arcadi, Phre, Tripodo (Raul.); Zante (Link); Cephalonia (Mazz.); Leucas (Fraas). — Sept. Dez. ♃.

Obs. *N. corcyrensis* Herb. amar. p. 323 t. 37; Bois. fl. or. V. p. 152. — Species dubia, praecedenti affinis (ex Bois. l. c. forsan hybrida), scapo unifloro, perigonii laciniis reflexis, anguste lineari-lanceolatis, pallide flavis, corona flava cupulari, laciniis 4—5 plo breviore, trifida. — Corcyra (Herb.). —

Obs. *N. moschatus* L. sp. ed. 2 p. 415, *N. trilobus* Ker. in bot. mag. t. 945 et *N. jonquilla* L. sp. p. 290, indicantur a Dallap. prosp. p. 46 in Cephalonia, sed ibi sponte certe non occurrunt.

3. Sternbergia W. et K. pl. rar. hung. II. p. 172.

a. Perigonii tubus brevissimus.

1. **S. lutea** L. sp. p. 292; S. et S. pr. I. p. 221 p. p.; (*Amaryllis*); Gawl. in R. et Sch. syst. VII. p. 795; Bois. fl. or. V. p. 147 p. p.; Heldr. fl. cephal. p. 81. — Icon: Fl. gr. t. 310. — Exsicc.: Schimp. et Wiest ext. a. 1834.

Bulbo ovato-globoso; scapo subcompresso, unifloro; foliis synanthiis, late linearibus, margine minutissime denticulato-scabris, scapo longioribus; spatha ovato-lanceolata, perigonium dimidium aequante; perigonii lutei tubo brevissimo, infundibuliformi, laciniis oblongo-ellipticis, obtusis; staminibus perigonii quarta parte brevioribus.

In saxosis montanis. Cephalonia: pr. Faraelata (Schimp.); Peloponnesus: mt. Olenos (Sibth.), Chelmos (Orph.), Taygetos (Psarid.). — Sept. Nov. ♃.

2. **S. sicula** Tin. in Gus. fl. sic. syn. II. p. 811; Bois. fl. or. V. p. 148; Heldr. fl. Aegina p. 392. — *Amaryllis lutea* S. et S. pr. I. p. 221 p. p.; Urv. enum. p. 36; Ch. et B. exp. p. 98, Fl. pelop. p. 22; non L. — *S. lutea* Link in Linnaea IX. p. 141; Fraas fl. class. p. 285; Clem. sert. p. 89; Raul. cret. p. 865; Bois. fl. or. V. p. 147 p. p.; non Gawl. — Exsicc.: Heldr. herb. norm. n. 1489.

Parum differt a praecedente foliis anguste linearibus, perigonii laciniis ellipticis, acutiusculis, staminibus perigonio tertia parte brevioribus.

β. **graeca** Rchb. ic. germ. IX. p. 13 f. 828 pro var. *S. luteae*; Heldr. in Dörfl. herb. norm. n. 4350. —? *Amaryllis citrina* Ch. et B. exp. p. 98, Fl. pelop. p. 22; vix S. et S. — Minor, folia subsynanthia, angustissima, perigonium pallidum, laciniis lineari-lanceolatis. — Exsicc.: Orph. fl. gr. n. 142; Heldr. herb. norm. n. 496 et 888, in Dörfl. herb. norm. n. 3250.

In collibus saxosis regionis inferioris et montanae. Phthiotis (Urv.); Attica: mt. Parnes, Hymettus (Heldr.); Cycladum insula Keos (Heldr.); — β. Attica: mt. Lycabettus (Heldr.), pr. Sunium (Chaub.), insula Aegina (Orph.); Argolis: pr. Epidaurus (Chaub.), Poros (Wiedem.); Cycladum insula Andros (Heldr.); Creta: pr. Phre, Koridaki (Raul.). — Sept. Dec. ♃.

b. Perigonii tubus elongatus, laciniis saepius subaequilongus.

3. **S. colchiciflora** W. et K. pl. rar. hung. II p. 172 t. 159; Bois. fl. or. V p. 147; Hal. Beitr. fl. Achaia p. 33. — *Amaryllis citrina* S. et S. pr. I p. 222, Fl. gr. IV p. 11 t. 311. — *S. aetnensis* Guss. pr. fl. sic. I p. 395. — Exicc.: Hal. it. gr. sec. a. 1893.

Bulbo ovato; scapo humili, unifloro; foliis hysteranthiis, vernalibus, anguste linearibus, margine integris, scapo multo longioribus; spatha oblongo-lanceolata, tubo sublongiore, apice saepe bifida; perigonii pallide lutei tubo elongato, cylindrico, laciniis linearibus, saepius mucronulatis; staminibus limbo 2—3 plo brevioribus.

In rupestribus regionis subalpinae. Achaia: mt. Olenos (Sibth.), Chelmos (Hal.). — Sept. Oct. ♃.

4. Leucoium L. gen. n. 402.

1. **L. aestivum** L. syst. nat. ed 10 p. 975; Bois. fl. or. V p. 143; Hal. in ö. b. Z. 1897 p. 99. — Icon: Jacq. fl. austr. t. 203, Exsicc.: Heldr. et Hal. fl. sporad. a. 1896.

Bulbo magno; scapo crasso, ancipiti, 3—6 floro; foliis synanthiis, late linearibus; spatha lanceolata; pedicellis inaequalibus, longioribus spatham superantibus; perigonii nutantis, albi, laciniis integris, apice virescentibus; stylo claviformi; seminibus globosis.

In herbidis humidis regionis inferioris, rarissime. Euboea septentrionalis (Heldr.); Sporadum insula Scopelos (Leon.). — Febr. Apr. ♃.

2. **L. autumnale** L. sp. p. 289; Bois. fl. or. V p. 144; Heldr. fl. cephal. p. 81. — *Acis autumnalis* Herb. amar. p. 332. — Icon: Rchb. germ. f. 806.

Bulbo parvo; scapo filiforme, 1—3 floro; foliis subhysteranthiis, subfiliformibus; spatha lineari; pedicellis inaequalibus, longioribus spatham superantibus; perigonii nutantis, albi, laciniis apice subtridentatis; stylo filiformi; seminibus angulatis.

In collibus demissis Cephaloniae (Schimp.). — Sept. Oct. ♃. N. v.

Amaryllidaceae.

5. Galanthus L. gen. n. 401.

1. **G. nivalis** L. sp. p. 288; S. et S. pr. II p. 357; Pieri corc. fl. p. 42; Ch. et B. exp. p. 96, Fl. pelop. p. 21.

Bulbo ovato; scapo ancipiti, unifloro; foliis binis, synanthiis, glaucis, linearibus, subcanaliculatis; flore pendulo; perigonii phyllis externis albis, oblongis obovato-oblongisve, obtusis, basi attenuatis, internis dimidio brevioribus, obcordato-cuneatis, albis, lobis rotundatis, macula viridi semi-circulari obsitis; staminibus phyllis internis subdimidio brevioribus; filamentis anthera apice subulato-attenuata 4 plo brevioribus. — Specimina non vidi, ideo nescio, an planta graeca re vera cum Linneana identica sit.

β. **corcyrensis** Shortt in gard. chron. 1883 p. 728, pro sp.; Beck in ill. gartenzeit. 1894 p. 7. — Folia hysteranthia, supra glauco-canaliculata, flores minores, mense Oct.-Jan. jam evoluti. — Hoc spectare videtur *G. Rachelae* Burb. in gard. chron. 1890 p. 268 e mt. Hymetto.

In herbidis humidis regionis montanae. Arcadia: in mt. Lyceo, „haud longe ab Apollinis epicurii fano diruto" (Sibth.); Messenia: pr. Arcadia (Chaub.); Cycladum insula: Tenos, Naxos (Chaub.); — *β*. Corcyra (Pieri); Attica: mt. Hymettus (Mahaffy). — Oct. Febr. ♃. N. v.

Obs. *G. craecus* Orph. exs. a. 1856 (mt. Pellinaeus in insula Chios), in Bois. fl. or. V p. 145. — A praecedente scapo subcompresso, phyllis internis parte inferiori viridibus, apice obtuse bilobis et viridi-bimaculatis discedens, in insulis maris Aegaei inquirendus.

2 **G. reginae Olgae** Orph. in atti congr. Firenze 1876 p. 214. — *G. Olgae* Orph. in Bois. fl. or. V p. 146; Form. in D. bot. Mon. 1898 p. 77. — *G. nivalis v. Olgae* Beck in ill. gartenzeit. 1894 p. 7. — Exsicc.: Heldr. herb. norm. n. 1381; Dörfl. fl. gr. n. 176, herb. norm. n. 3585.

Bulbo ovato; scapo ancipiti, unifloro; foliis binis, hysteranthiis vel subhysteranthiis, valde glaucis, linearibus, subcanaliculatis, demum valde elongatis; perigonii phyllis externis albis, longe ellipticis, saepius in unguem attenuatis, internis subtriplo brevioribus, oblongis, albidis, apicem versus diffuse virescentibus, bilobis, lobis rotundatis; filamentis brevissimis; antheris apice longe subulato-attenuatis.

In regione abietina mt. Taygetos Laconiae, ubi pr. Gaitza detexit a. 1872 dives Psarides. — Oct. Dec. ♃.

Obs. *Agave americana* L. sp. p. 323; Dallap. prosp. p. 51; Sieb. avis rem p. 4, in Flora I p. 270; Ch. et B. exp. p. 102, Fl. pelop. p. 23; Marg. et R. fl. Zante p. 88; Fraas fl. class. p. 292; Heldr. Nutzpfl. p. 9, Fl. cephal. p. 69, Fl. Aegina p. 392, chlor. Thera p. 30; Raul. cret. p. 865. — *Aloe vulgaris* Form. in Ver. Brünn. 1895 p. 21, non Lam. — Colitur, ad vias et in vineis sepes effomans et nunc fere spontanea, copiose crescens in rupibus et locis incultis regionis calidae. — Exsicc.: Rev. pl. cret. n. 266.

CXXIV. Ordo. **Smilaceae** Lindl. intr. ed. 2 p. 359.

1 Smilax L. gen. n. 1120.

1. **S. aspera** L. sp. p. 1009; S. et S. pr. II p. 259, Fl. gr. X p. 49 t 959, Pieri corc. fl. p. 128; Sieb. avis p. 5; Ch. et B. exp. p. 279, Fl. pelop. p. 65; Marg. et R. fl. Zante p. 89; Friedr. Reise p. 263 et 264; Fraas fl. class. p. 281; Clem. sert. p. 89; Raul cret. p. 870; Bois. fl. or. V p. 343; Heldr. fl. cephal. p. 69, Fl. Aegina p. 392; Spreitz. in z. b. G. 1887 p. 669; Gelmi in bull. soc. bot. ital. 1889 p. 452; Hal. Beitr. fl. Epir. p. 41; Form. in Ver. Brünn 1895 p. 21; Haussk. symb. p. 26.

Fruticosa, glabra, cirrhis scandens; ramis angulatis, aculeatis; foliis coriaceis, sempervirentibus; floribus dioicis, umbellatis; umbellis in racemos aphyllos, axillares et terminales dispositis.

α. **typica.** — Rami crebriuscule aculeati; folia hastato-vel cordato-triangularia, margine costaque aculeata; bacca rubra. — Exsicc.: Orph. fl. gr. n. 117.

β. **mauritanica** Desf. fl. atl. II p. 367; Clem. sert. p. 89; Raul. cret. p. 870; Hal. in ö. b. Z. 1892 p. 400; pro sp.; Bois. fl. or. V p. 343. — Rami minus aculeati; folia cordato-rotundata, inermia vel parce aculeata; bacca rubra. — Exsicc.: Orph. fl. gr. n. 1078 (Athos); Sint. et Bornm. it thessal. n. 1502.

γ. **nigra** Willd. sp. IV p. 773; Ch. et B. exp. p. 279, Fl. pelop. p. 65; Fraas fl. class. p. 281; pro sp. — Rami subinermes; folia oblonga, profunde cordata, inermia; bacca nigra. — Exsicc.: N. v.

In dumosis regionis inferioris et montanae per totam Graeciam; — *β*. Thessalia: pr. Litochori (Sint.); Attica: pr. Athenas (Clem.); Creta: pr. Rumata, Prosnero, Askyphos (Raul.); — *γ*. Peloponnesus: pr. Hiera Argolidis, pr. Gargaliano, Pylos, Navarin Messeniae (Chaub.). — Aug. Oct. ♄.

CXXV. Ordo. **Dioscoreaceae** R. Br. pr. fl. nov. holl. p. 294.

1. Tamus L. gen. n. 1119.

1. **T. communis** L. sp. p. 1028; S. et S. pr. II p. 258; Dallap. prosp. p. 129; Ch. et B. exp. p. 278, Fl. pelop. p. 65; Marg. et R. fl. Zante p. 89; Friedr. Reise p. 272; Fraas fl. class. p. 280; Raul. cret. p. 865; Spreitz. in z. b. G. 1877 p. 732; Bois. fl. or. V p. 344; Hal. in ö. b. Z. 1897 p. 99; Haussk. symb. p. 26. — Icon: Rchb. germ. f. 971. — Exsicc.: Sint. it thessal. n. 599.

Herbacea, glabra, volubilis; caulibus striatis; foliis tenuibus, cordato-ovatis, acuminatis, integris; floribus parvis, dioicis, racemosis;

racemis axillaribus, masculis multifloris, folio longioribus, femineis paucifloris, brevibus; bacca rubra.

β. **cretica** L. sp. p. 1028; S. et S. pr. II p. 258, Fl. gr. X t. 958; Fraas fl. class. p. 280; Ung. Reise p. 119; Raul. cret. p. 866; Gelmi in bull. soc. bot. ital. 1889 p. 452; pro sp.; Bois. fl. or. V p. 344; Heldr. fl. cephal. p. 69, Fl. Aegina p. 392; Haussk. symb. p. 26. — Folia cordato-triloba, lobis lateralibus rotundatis, terminali plus minus elongato, acuminato. — Intermediis ad typum transit. — Exsicc.: Bickn. pl. corc. a. 1891.

In dumetis, sepibus, silvaticis regionis inferioris et montanae per omnem Graeciam. — Mart. Jun. ♃.

CXXVI. Ordo. Asparagaceae Bak. in Linn. soc. XIV p. 508.

Dispositio generum.

a. Flores dioici; perigonium 6 partitum; stamina 3, monadelpha; suffrutices, foliis minutis squamaeformibus, ramulis in phyllocladia ovata vel oblonga, persistentia, solitaria mutatis.

1. Ruscus L.

b. Flores dioici vel hermaphroditi; perigonium 6 partitum vel 6 dentatum; stamina 6, libera; suffrutices vel herbae, foliis minutis squamaeformibus, ramulis in phyllocladia linearia, saepissime fasciculata mutatis.

2. Asparagus L.

c. Flores hermaphroditi; perigonium 6 dentatum; stamina 6, libera; herbae, foliis magnis, phyllocladiis nullis.

α. Herbae caulescentes; flores axillares; perigonium cylindrico-tubulosum; stamina tubo inserta.

3. Polygonatum Tourn.

β. Herbae acaules; flores in racemum terminalem dispositi; perigonium campanulato-globosum; stamina fundo inserta.

4. Convallaria L. gen. n. 425.

1. Ruscus L. gen. n. 1139.

1. **R. aculeatus** L. sp. p. 1041; S. et S. pr. II p. 255; Friedr. Reise p. 279; Fraas fl. class. p. 282; Raul. cret. p. 870; Bois. fl. or. V p. 340; Heldr. fl. cephal. p. 70; Form. in D. bot. Mon. 1890 p. 10, in Ver. Brünn 1895 p. 21, 1896 p. 29, 1897 p. 25; Haussk. symb. p. 26. — Icon: Rchb. germ. f. 968. — Exsicc.: Heldr. pl. fl. hellen. a. 1899.

Suffrutex; caule erecto; phyllocladiis coriaceis, ovatis, acuminatis, pungentibus; floribus 1—2, parvis, versus medium phyllocladii ortis, breviter pedicellatis, bractea lanceolata suffultis; bacca rubra.

In dumosis, silvaticis regionis inferioris et montanae. Indicatur in Epiro: pr. Prevesa, Sadovica, Hagia Paraskevi (Form.); Thessalia: pr. Klinovo (Haussk.), Kalabaka, Pharsalus, Miluna, Patsios, Kapurna,

Portaria, Kastri, Kopraena, Longici (Form.); Attica: mt. Pentelicon (Haussk.), Hymettus (Fraas); Arcadia: pr. Tripoliza (Friedr.); Creta: pr. Spilaea, Rumata (Raul.); Cephalonia: pr. Argostoli, Phokada, Lakythra, mt. Phalaris et Atro (Heldr.). — Mart. Apr. ♃.

2. Asparagus L. gen. n. 424.

a. Caulis inermis; flores dioici vel polygami.

a. Herbacei; bacca rubra.

1. **A. officinalis** L. sp. p. 313; Heldr. Nutzpfl. p. 8; Form. in D. bot. Mon. 1890 p. 10; Haussk. symb. p. 26. — *A. sativus* Mill. dict. n. 1; Dall. prosp. p. 50; Marg. et R. fl. Zante p. 85. — *A. silvestris* Dall. l. c. — Icon: Fl. dan. t. 805. — Exsicc.: Heldr. it. thessal. IV a. 1885.

Caule herbaceo, erecto, ramosissimo, glabro; foliis squamiformibus, basi brevissime calcaratis; phyllocladiis 3—6 nis fasciculatis, setaceis, mollibus; floribus solitariis geminisve; pedicellis perigonio campanulato 1—3 plo longioribus, medio articulatis; filamentis anthera aequilongis.

β. **maritimus** L. sp. p. 313; Raul. cret. p. 870. — Caulis decumbens; phyllocladia breviora, crassiuscula. — Exsicc.: N. v.

In humidiusculis, arenosis regionis inferioris, rarissime. Thessalia: ad ripas Penei pr. Katzocheri haud procul Larissa (Heldr.); Cephalonia (Dall.); — *β.* Creta (Parkinson). — Colitur quoque ob turiones carnosos edules hinc inde in hortis. — Jun. Jul. ♃.

β. Suffruticosi; bacca nigra.

× Phyllocladia fasciculata.

○ Perigonium globosum.

2. **A. verticillatus** L. sp. ed. 2 p. 450; S. et S. pr. I p. 236; Ch. et B. exp. p. 103, Fl. pelop. p. 23; Fried. Reise p. 280. — *A. tricarinatus* DC. in Red. lil. t. 451.

Basi suffruticosus; caulibus subscandentibus, flexuosis, ramosissimis, glabris; foliis squamiformibus, inferioribus in calcar duriusculum productis; phyllocladiis subulatis, acute trigonis, arcuatis, saepe valde elongatis (ad 45 mm. longis), inferioribus 8—12 nis fasciculatis, superioribus ternis et solitariis; floribus masculis 3—4 nis, femineis 1—2 nis; pedicellis perigonio sesquilongioribus, medio articulatis; perigonio hemisphaerico-globoso; filamentis anthera sublongioribus.

In montosis. Arcadia: mt. Diaforti pr. Andrizena (Friedr.); in agro Laconico (Sibth.). — Maio, Jun. ♄. N. v.

○○ Perigonium campanulatum.

3. **A. acutifolius** L. sp. p. 314; S. et S. pr. I p. 235, Fl. gr. IV p. 31 t. 337; Pieri corc. fl. p. 46; Ch. et B. exp. p. 103, Fl. pelop. p. 23; Friedr. Reise p. 264; Fraas fl. class. p. 283; Ung. Reise p. 119; Heldr. Nutzpfl. p. 8; Raul. cret. p. 870; Bois. fl. or. V

p. 337; Spreitz in z. b. G. 1887 p. 669; Gelmi in bull. soc. bot. ital. p. 452; Hal. in ö. b. Z. 1890 p. 41, Beitr. fl. Aetol. p. 10; Form. in D. bot. Mon. 1890 p. 10, in Ver. Brünn 1895 p. 21, 1896 p. 29, 1897 p. 25; Haussk. symb. p. 26. — Exsicc.: Sint. it. or. a. 1889 n. 1871, it. thessal. n. 1303; Sint. et Bornm. it. turc. n. 1495.

Suffruticosus; caulibus subscandentibus, flexuosis, ramosissimis, ramis teretibus, striatis, brevissime velutinis; foliis squamiformibus, inferioribus ramorum basi calcaratis; phyllocladiis 4—12 nis fasciculatis, subulatis, teretibus, subaequalibus, mucronato-pungentibus; floribus solitariis geminisve; pedicellis perigonio sublongioribus, versus medium articulatis; perigonio campanulato, laciniis subaequalibus; filamentis anthera subduplo longioribus.

In sepibus, dumetis, saxosis regionis inferioris et montanae, passim ut videtur in tota ditione. — Aug. Sept. ♃.

4. A. aphyllus L. sp. p. 314; S. et S. pr. I p. 235, Fl. gr. IV p. 32 t. 338; Sieb. avis. p. 3; Urv. enum. p. 39; Ch. et B. exp. p. 103, Fl. pelop. p. 23; Marg. et R. fl. Zante p. 88; Friedr. Reise p. 275; Clem. sert. p. 89; Weiss in z..b. G. 1869 p. 755; Raul. cret. p. 870; Bois. fl. or. V p. 337; Hldr. fl. cephal. p. 70, Fl. Aegina p. 392, chlor. Mykon. p. 252; Chloros Waldverh. p. 22; Haussk. symb. p. 26. — Exsicc.: Heldr. pl. fl. hellen. a. 1900.

Praecedenti similis, ab eo ramis angulatis, scabriusculis, phyllocladiis crassis, inaequalibus, angulatis, magis pungentibus, perigonii laciniis internis brevioribus, apice incurvis et baccis majoribus discedit.

In sepibus, dumetis, saxosis regionis inferioris et submontanae. Attica: ad Cephissum (Friedr.), mt. Parnes (Haussk.), Pentelicon, insula Aegina (Heldr.); Peloponnesus (Chaub.): pr. Poros (Friedr.); Cycladum insula: Syra (Weiss), Mykonos, Delos, Rhenea (Heldr.), Kameni pr. Thera (Urv.), Nikaria pr. Amorgos (Tourn. voy. p. 88); Creta (Sibth.): pr. Ortunes, Agria, insula Dia (Raul.); Zante (Marg.); Cephalonia: pr. Argostoli, Piscardo (Heldr.). — Aug. Oct. ♄.

×× Phyllocladia solitaria.

5. A. stipularis Forsk. fl. aeg. arab. p. 72 (1775); Bois. fl. or. V p. 338; Heldr. chlor. Thera p. 22. — *A. horridus* L. fil. suppl. p. 203 (1781); Raul. cret. p. 870. — Icon: Fl. gr. t. 339.

Suffruticosus; caulibus erectis saepe scandentibus, ramosissimis, ramis, angulatis, scabridulis; foliis squamiformibus, inferioribus ramorum basi calcarato-spinosis; phyllocladiis solitariis vel in apice ramorum 2—3 nis, angulatis, crassis, mucronato-pungentibus; floribus solitariis geminisve vel fasciculatis; pedicellis perigonio subaequalibus, ad medium articulatis; perigonio campanulato, laciniis aequalibus; filamentis anthera longioribus. — Ab omnibus cladodiis solitariis statim distinguitur.

In collibus siccis, ad vias regionis inferioris. Cycladum insula Thera (Sart.); Creta (Tourn.). — Apr. Maio. ♃. N. v.

 b. Caulis spinis validis rectis armatus; flores hermaphroditi; bacca nigra.

6. A. albus L. sp. p. 314; Raul. cret. p. 870. — *Asparagopsis alba* Kunth enum. pl. V. p. 84.

Suffruticosus; caulibus erectis, ramosissimis, albo-corticosis; foliis in spinam validam, rectam, patentissimam mutatis; phyllocladiis 8—13 nis fasciculatis, subulatis, mollibus; floribus fasciculatis; pedicellis perigonio sublongioribus, supra basin articulatis; perigonio campanulato, laciniis aequalibus; filamentis anthera longioribus; bacca nigra. — Flores odoratissimi; species ramis spinosis insignis.

In dumosis regionis calidae. Indicatur in Creta (Belli), sed postea a nemini lectum. — Aug. Sept. ♃. N. v.

3. Polygonatum Tourn. inst. p. 78.

1. P. officinale All. fl. ped. I p. 131. — *Convallaria polygonatum* L. sp. p. 315; S. et S. pr. I p. 236; Fraas. fl. class. p. 283. — *P. vulgare* Desf. in ann. mus. IX p. 49; Bois. fl. or. V p. 332; Heldr. chlor. Parn. p. 28. — Icon: Fl. dan. t. 377.

Rhizomate horizontali, nodoso; caule erecto, glabro, angulato, inferne nudo; foliis alternis, amplexicaulibus, ovato-oblongis vel ellipticis, glabris; pedunculis axillaribus, 1—2 floris; perigonii tubo subventricoso, albo, limbo virescente; filamentis glabris; bacca atro-coerulea.

In mt. Parnassi silvis umbrosis (Sibth.); postea a nemini lectum. — Maio, Jun. ♃. N. v.

2. P. pruinosum Bois. fl. or. V. p. 332. — *Convallaria pruinosa* Hal. in scbed. — Exsicc.: Sint. et Bornm. it. turc. n. 1496.

Rhizomate horizontali, nodoso; caule erecto, glabro, angulato, inferne nudo; foliis alternis, breviter petiolatis, oblongis, acutiusculis, subtus undique sub lente minutissime pruinoso-punctulatis; pedunculis axillaribus, uni rarius bifloris; perigonii tubo subventricoso, albo, limbo virescente; filamentis glabris; bacca ignota. — Differt a praecedente foliis petiolatis, nec amplexicaulibus, subtus pruina scabrida vestitis. — Specimina persica quidem non vidi, sed nostra cum diagnosi autoris optime quadrant.

In silvis montanis. Thessalia: mt. Olympus ad Hagios Dionysios (Sint.); eandem plantam habeo e mt. Korthiati Macedoniae (Charrel). — Maio, Jul. ♃.

3. P. multiflorum L. sp. p. 315; S. et S. pr. I. p. 236; Ch. et B. exp. p. 103, Fl. pelop. p. 23; (*Convallaria*); All. fl. ped. I. p. 131; Bois. fl. or. V. p. 332; Heldr. chlor. Parn. p. 28; Bald. riv. coll. bot. alb. 1896 p. 96. — Icon: Fl. dan. t. 152. — Exsicc.: Orph. herb. a. 1854.

Rhizomate horizontali, nodoso; caule erecto, glabro, tereti, inferne nudo; foliis alternis, sessilibus, oblongis, acutiusculis, glabris; pedunculis axillaribus, 3—5 floris; perigonii tubo medio subconstricto, albo, limbo virescente; filamentis pilosis; bacca atro-coerulea. — A praecedentibus caule tereti, pedunculis plerumque plurifloris, perigonio subconstricto et filamentis pilosis, a *P. pruinoso* insuper foliis sessilibus, glabris, discedit.

In silvis montanis. Epirus: mt. Olycika (Bald.); Phocis: mt. Parnassus ad Dipotamo (Orph.); Laconia (Sibth.); Messenia: pr. Messene, Phigalea (Chaub.). — Maio, Jul. ♃.

4. Convallaria L. gen. n. 425.

1. **C. majalis** L. sp. p. 314; S. et S. pr. I. p. 236; Ch. et B. exp. p. 103, Fl. pelop. p. 23; Bois. fl. or. V. p. 331; Bornm. in ö. b. Z. 1894 p. 215; Bald. riv. coll. bot. alb. 1896 p. 96. — Icon: Fl. dan. t. 854. — Exsicc.: Sint. et Borm. it. turc. n. 1497.

Rhizomate repente; foliis binis, radicalibus, oblongis, glabris, in petiolum elongatum attenuatis; scapo foliis subbreviore, in racemum subsecundum abeunte; pedicellis flore subaequilongis, cernuis; perigonio albo, suaveolente; bacca rubra.

In silvis montanis, rarissime. Epirus: mt. Konitza (Bald.); Thessalia: ad monasterium Hagios Dionysios in Olympo (Bornm.); Laconia (Sibth.). — Maio, Jun. ♃.

CXXVII. Ordo. Liliaceae. DC. theor. elem. p. 219.

Dispositio tribuum generumque.

I. Rhizoma fibrosum.

1. Tribus. *Anthericeae* Endl. gen. p. 147. — Perigonii phylla vel urceolo angustissimo basilari connata vel omnino libera; plantae caulescentes vel scaposae.
   a. Caulis aphyllus; flores albi.
     α. Perigonii phylla trinervia.
1. Anthericum L.
     β. Perigonii phylla uninervia.
2. Asphodelus L.
   b. Caulis foliatus; flores flavi.
3. Asphodeline Rchb.

II. Rhizoma bulbosum.
   A. Perigonii phylla libera.

2. Tribus. *Tulipeae* Bois. fl. or. V. p. 172. — Plantae caulescentes; semina (except. *Gagrae* spec.) compressa; discoidea.
   a. Stylus plus minus elongatus.
     α. Perigonium deciduum.
       × Perigonii phylla basi sulco nectarifero instructa; antherae medio dorso affixae.
4. Lilium L.
       ×× Perigonii phylla foveola nectarifera instructa; antherae prope basin affixae.
5. Fritillaria L.
     β. Perigonium persistens.
       × Perigonium album, (in nostra) nectario destitutum.
6. Lloydia Salisb.

Liliaceae.

×× Perigonium flavum, nectario destitutum.
7. Gagea L.
b. Stylus nullus; nectarium nullum.
8. Tulipa L.

3. Tribus. *Scilleae* Bois. fl. or. V. p. 211, ampl. — Plantae scaposae; semina (excepta *Urginea*) globosa vel angulata.
a. Stylus terminalis.
α. Semina globosa vel angulata.
× Perigonium album, saepius viridi-vittatum.
9. Ornithogalum L.
×× Perigonium coeruleum.
10. Scilla L.
β. Semina compressa, alata.
11. Urginea Steinh.
b. Stylus a basi ovarii ortus, in ejus tubo centrali receptus, dein liber.
12. Allium L.
B. Perigonii phylla connata.

4. Tribus. *Hyacintheae* Bois. fl. or. V. p. 286. — Plantae scaposae; perigonii phylla saltem basi vel altius connata; semina globosa vel angulata.
a. Ovarium triloculare, loculis pluriovulatis.
α. Perigonium profunde sexpartitum.
× Perigonii segmenta rotatim patentia; filamenta lineari-cuneata, simplicia, inter se libera.
13. Chionodoxa Bois.
×× Perigonii segmenta erecto-patula; filamenta petaloidea, apice tridentata, basi inter se coalita.
14. Straugweia Bert.
β. Perigonium ad medium sexfidum, infundibuliforme; filamenta simplicia.
15. Hyacinthus Tourn.
b. Ovarium triloculare, loculis biovulatis; filamenta simplicia.
α. Perigonium ore non constrictum, limbo sexfidum.
16. Bellevalia Lap.
β. Perigonium ore constrictum, limbo breviter sexdentatum.
× Racemus plerumque elongatus, floribus olivaceis, inodoris, supremis plerumque abortivis et comam terminalem formantibus, amethystinis; perigonium cylindrico-urceolatum; filamenta biseriata, seriebus distinctis, remotiusculis.
17. Leopoldia Parl.
×× Racemus brevis, densiflorus, floribus atroviolaceis vel coeruleis, subodoris, supremis abortivis paucis vel nullis; perigonium urceolatum vel subglobosum; filamenta uniseriata vel obscure biseriata.
18. Muscari Tourn.

1. Tribus. **ANTHERICEAE** Endl. gen. p. 147.

1. Anthericum L. gen. n. 422.

1. **A. liliago** L. sp. p. 310; Bois. fl. or. V. p. 328; Hal. Beitr. fl. Achaia p. 33. — *Phalangium liliago* Schreb. spic. lips. p. 36. —

Icon: Jacq. hort. vindob. I. t. 83. — Exsicc.: Orph. herb. a. 1857; Hal. it. gr. sec. a. 1893.

Rhizomate brevi, fibras cylindricas edente; foliis radicalibus, linearibus, glabris, caule aphyllo, simplici vel rarius parce ramoso brevioribus; racemo laxo; perigonii albi phyllis oblongo-lanceolatis, trinerviis; capsula ovata.

In pinetis subalpinis, rarissime. Thessalia: mt. Olympus (Orph.); Achaia: in jugo Durduvana mt. Chelmos supra Syvista (Hal.). — Jun. Jul. ♃.

2. Asphodelus L. gen. n. 421.

a. Perennes; rhizoma tuberoso-fasciculatum; caulis non fistulosus.

α. Racemus simplex vel basi subramulosus.

1. **A. albus** Mill. dict. n. 3; Hal. in z. b. G. 1899 p. 194. — Icon: Rchb. germ. f. 1119. — Exsicc.: Sint. it. thessal. n. 824.

Rhizomate brevi, tubera napiformia edente, collo fibris setosis obsito; foliis radicalibus, late linearibus, planis, carinatis; caule tereti, elato, solido, in racemum compactum, simplicem, rarius basi subramulosum abeunte; bracteis a basi ovata lanceolatis, pedicello longioribus; pedicellis infra medium articulatis, flore subbrevioribus; perigonii albi phyllis lineari-oblongis, obtusis, uninerviis; filamentis a basi oblonga sensim attenuatis; capsula majuscula, ovato-globosa, hexagona, apice truncata, valvis dorso rugis reticulatis, transversis notatis.

In pratis subalpinis, rarissime. Thessalia: mt. Tragopetra pr. Malakasi in Pindo tymphaeo (Sint.). — Maio, Jun. ♃.

β. Racemi paniculati.

2. **A. microcarpus** Viv. fl. cors. diagn. p. 5; Raul. cret. p. 869; Spreitz. in z. b. G. 1877 p. 732, 1887 p. 669; Bois. fl. or. V. p. 313; Heldr. fl. cephal. p. 71, Fl. Aegina p. 392, chlor. Thera p. 22, chlor. Mykon. p. 252; Gelmi in bull. soc. bot. ital. 1889 p. 452; Form. in D. bot. Mon. 1890 p. 10; Haussk. symb. p. 26; Aznav. in magy. bot. lap. I. p. 196. — *A. ramosus* L. sp. p. 310 p. p.; S. et S. pr. I. p. 233, Fl. gr. IV. p. 28 t. 334; Pieri corc. fl. p. 45; Dallap. prosp. p. 50; Sieb. avis p. 3, rem. p. 3, in Flora I. p. 271; Urv. enum. p. 39; Ch. et B. exp. p. 100, Fl. pelop. p. 22; Link in Linnaea IX. p. 141; Friedr. Reise p. 266; Fraas fl. class. p. 288; Ung. reise p. 118; Weiss in z. b. G. 1869 p. 754. — Huc probabiliter: *A. neglectus* Marg. et R. fl. Zante p. 89, vix R. et Sch. syst. VII. p. 489, qui ex Parl. fl. it. II. p. 601 ad *A. album* pertinet. — Exsicc.: Sint. it. thessal. n. 156; Heldr. herb. norm. n. 1491.

Rhizomate brevi, tubera napiformia edente, collo fibris setosis obsito; foliis radicalibus, late linearibus, planis, acute carinatis; caule tereti, elato, solido, in paniculam amplam thyrsoideam abeunte; bracteis lanceolatis, pedicello longioribus; pedicellis infra medium articulatis, flore brevioribus; perigonii albi phyllis oblongo-ligulatis, obtusis, uninerviis; filamentis basi oblongo-quadratis, abrupte attenuatis; **capsula obovata,**

parva, 5—6 mm. longa, 4 mm. lata, hexagona, apice truncata, valvis dorso rugis 2—5, transversis, parum elevatis, vix reticulatis notatis. — Caule thyrsoideo et fructu parvo a praecedente statim diagnoscendum est.
In pratis, collibus regionis inferioris ut videtur per totam Graeciam. — Jan. Apr. ♃.

3. **A. messeniacus** Heldr. ap. Hal. in z. b. G. 1899 p. 194. — Exsicc.: Heldr. herb. norm. n. 1490.
Differt a praecedente capsulis majusculis, 10 mm. longis, 8 mm. latis, valvis dorso rugis 6—9, elevatis, reticulatis obsitis.
In aridis, locis incultis regionis inferioris. Elis: pr. Lintzi (Heldr.); Messenia: pr. Meligala, Kalamata (Zahn); — nescio an locis indicatis species praecedens etiam proveniet. — Jan. Apr. ♃.

b. Monocarpici; radix fibrosa; caulis fistulosus.

4. **A. fistulosus** L. sp. p. 309; S. et S. pr. I. p. 233, Fl. gr. IV. p. 29 t. 335; Sieb. avis p. 3, rem. p. 3; Ch. et B. exp. p. 100, Fl. pelop. p. 22; Link in Linnaea IX. p. 141; Friedr. reise p. 266 et 278; Fraas fl. class. p. 290; Clem. sert. p. 91; Weiss in z. b. G. 1869 p. 754; Raul. cret. p. 869; Bois. fl. or. V. p. 314; Heldr. fl. cephal. p. 71, Fl. Aegina p. 393, chlor. Mykon. p. 252; Haussk. symb. p. 27; Aznav. in magy. bot. lap. I. p. 196. —? *Anthericum fistulosum* Sieb. Reise I. p. 472 (? ex mendo scripturae). — Exsicc.: Heldr. herb. norm. n. 508 et 1192 et 1582; Sint. it. thessal. n. 496.
Radice fibras tenues edente; foliis radicalibus, anguste linearibus, subfistulosis, margine scabridulis; caule erecto, fistuloso, simplici vel saepius ramoso, ramis in racemos laxifloros abeuntibus; bracteis lanceolatis, acuminatis; pedicellis ad medium articulatis, flore multo brevioribus; perigonii albi vel carnei phyllis ellipticis, obtusis, uninerviis; filamentis a basi oblonga cito angustatis, superne fusiformi-dilatatis; capsula globosa, parva, apice truncata, valvis dorso rugis 2—3, transversis, elevatis notatis.
In campis, collibus apricis regionis inferioris. Thessalia: pr. Volo (Sint.); Attica: frequens pr. Athenas (Sibth.); Peloponnesus (Chaub.): pr. Pylos (Zahn.), Nauplia (Friedr.); insula Aegina, Mykonos, Tenos, Jos (Heldr.), Syra (Weiss); Creta: pr. Lutro, Hierapetra, Askyphos (Raul.); Cephalonia: pr. Kastro, San Giorgio, Pessada (Heldr.). — Mart. Maio. ♃.

5. **A. tenuifolius** Cav. anal. cienc. nat. III. p. 46 t. 27; Heldr. in ö. b. Z. 1877 p. 157, Fl. cephal. p. 71, Fl. Aegina p. 393; Spreitz. in z. b. G. 1877 p. 732; Bois. fl. or. V. p. 314; Haussk. symb. p. 27. — Exsicc.: Heldr. herb. norm. n. 1193, herb. fl. hellen. n. 95, in Baen. herb. europ. n. 3597.
Differt a praecedente, cui simillimus, radice annua, foliis scabridioribus, pedicellis infra medium articulatis, floribus et fructibus 2—3 plo minoribus, perigonio sub anthesi campanulato, nec rotatim expanso, 5 mm. nec 10 mm. longo.

In collibus saxosis regionis inferioris, rare. Attica: pr. Eleusis, Megara, in Pharmacusarum insula Lero et Megali-Kyra, insula Salamis, Aegina (Heldr.); Cephalonia: pr. Angostoli (Heldr.); occurrit quoque sec. Held. in Cycladibus, sed specimina omnia sub *A. tenuifolio* distributa, quae vidi ad praecedentem spectant. — Mart. Maio. ♃.

3. Asphodeline Rchb. fl. germ. exc. p. 116.

1. **A. lutea** L. sp. p. 309; S. et S. pr. I p. 232; Pieri corc. fl. p. 45; Ch. et B. exp. p. 101, Fl. pelop. p. 22; Raul. cret. p. 869; (*Asphodelus*); Rchb. l. c.; Bois. fl. or. V p. 316; Heldr. chlor. Parn. p. 28; Gelmi in bull. soc. bot. it. 1889 p. 452; Hal. Beitr. fl. Epir. p. 41, in z. b. G. 1899 p. 194; Bald. riv. coll. bot. alb. 1895 p. 73, 1896 p. 95; Form. in Ver. Brünn 1895 p. 21, 1896 p. 28; Haussk. symb. p. 27. — Icon: Jacq. hort. vind. I t. 77. — Exsicc.: Sint. it. thessal. n. 823.

Rhizomate brevi, fibras crassiusculas, elongatas cylindricas edente; caule crasso, tota longitudine folioso, in racemum simplicem, compactum abeunte; foliis subulatis, triquetris, laevibus, caulinis basi in vaginam membranaceam dilatatis; bracteis ovatis, cuspidatis, scariosis; pedicellis infra medium articulatis; perigonii lutei phyllis oblongo-lanceolatis, uninerviis; filamentis inaequalibus, internis longioribus; capsula majuscula, globosa, valvis irregulariter rugosis.

In rupestribus herbidis regionis inferioris et montanae. Epirus: mt. Cuka, Micikeli (Bald.), ad radices mt. Peristeri pr. Kalarrytes et Chaliki (Hal.); mt. Parnassus (Sibth.), Cithaeron, Parnes, Pentelicon, Hymettus (Heldr.); Peloponnesus: pr. Arcadia, Messene, Methone, mt. Taygetos (Chaub.); Archipelagus (Wiedem.); Creta: pr. Malaxa, Rhamni, Prosnero, Askyphos, Anopolis, mt. Sphaciotici (Raul.); Corcyra: pr. Gasturi (Form.), mt. Pantocrator (Gelmi). — Apr. Jun. ♃.

2. **A. liburnica** Scop. fl. carn. ed. 2 I p. 245 t. 12; (*Asphodelus*); Rchb. l. c.; Bois. fl. or. p. 316; Heldr. in Sitzungsb. acad. Wiss. Berl. 1883 p. 6; Hal. in z. b. G. 1888 p. 762; Bald. viagg. Creta p. 95; Form. in Ver. Brünn 1897 p. 25. — *Asphodelus creticus* Lam. enc. I p. 300; S. et S. pr. I p. 233; Sieb. avis p. 3, rem. p. 3, in Flora I p. 274; Ch. et B. exp. p. 101, Fl. pelop. p. 22; Link in Linnaea IX p. 141; Raul. cret. p. 869. — *Asphodeline cretica* Vis. fl. dalm. I p. 152. — Icon: Desf. choix pl. t. 1. — Exsicc.: Orph. fl. gr. n. 834; Rev. pl. cret. n. 170, in Baen. herb. europ. p. 4855, in Magn. fl. sel. n. 683; Sint. it. or. n. 1872.

Rhizomate brevi, fibras crassiusculas, elongatas, cylindricas edente; caule gracili, parte inferiori folioso, superiori nudo, in racemum simplicem vel basi ramosum, laxum abeunte; foliis filiformibus, subtriquetris, margine scabris, caulinis basi in vaginam membranaceam dilatatis; bracteis parvis, cuspidatis, scariosis; pedicellis prope basin articulatis; perigonii lutei phyllis lineari-lanceolatis, uninerviis; filamentis inaequalibus, internis longioribus; capsula mediocri, globosa, valvis tenuiter rugulosis.

In dumosis, rupestribus regionis montanae. Epirus: mt. Acroceraunici (Bald.); Thessalia: mt. Olympus (Orph.), Ossa (Heldr.), Othrys (Form.); Doris: pr. Amphissa (Hal.); Megaris: ad Kakiscala (Heldr.); Laconia: mt. Taygetos (Chaub.); Creta: mt. Lakus (Rev.), Omalos, Anatoli (Raul.), pr. Serisso (Sieb.) in mt. Sphacioticis (Sibth.). — Maio. Jul. ♃.

Obs. *Aloe vera* L. sp. p. 320 pro var. *A. perfoliatae*; Webb phyt. canar. III p. 348; Sieb. avis p. 3; Bois. fl. or. V p. 329. — *A. barbadensis* Mill. dict. n. 3; Raul. cret. p. 867. — *A. vulgaris* Lam. enc. I p. 86; S. et S. pr. I p. 239, Fl. gr. IV t. 341. — *A. perfoliata* Fraas fl. class. p. 291. — Species ex America tropica introducta in Europam meridionalem, colitur hinc inde in hortis et subspontanea in rupestribus ad Urkale supra Nauplia Argolidis (Orph.), in insula Andros (Sibth.) et ad monasterium Gonia in Creta (Raul.). — Ex hortis quoque elapsae occurrunt: *A. picta* Willd. sp. II p. 186, pr. Navarin Messeniae (Ch. et B. exp. p. 102, Fl. pelop. p. 22) et *A. humilis* L. sp. p. 320 pro sp. *A. perfoliatae*, in Creta (Sieb. avis rem. p. 4). — Saepe colitur: *Yucca gloriosa* L. sp. p. 319.

2. Tribus. **TULIPEAE** Bois. fl. or. V p. 172.

4. Lilium L. gen. n. 410.

a. Perigonii albi phylla apice tantum recurvata.

1. **L. candidum** L. sp. p. 302; S. et S. pr. I p. 227; Ch. et B. exp. p. 98, Fl. pelop. p. 22; Fraas fl. class. p. 287; Bois. fl. or. V p. 172; Heldr. fl. cephal. p. 70; Hal. Beitr. fl. Epir. p. 41. — Icon: Red. lil. t. 199. — Exsicc.: Held. herb. norm. n. 1583.

Glabrum; caule crasso, elato, folioso, in racemum breviter thyrsoideum abeunte; foliis radicalibus oblanceolatis, obtusis, caulinis sparsis, ab inferioribus erecto-patentibus, oblanceolatis, obtusiusculis, ad superiora adpressa lanceolata acuta abbreviatis; pedicellis erectis, apice cernuis; perigonio magno, fragrantissimo, late infundibuliformi, phyllis oblanceolatis, basi in unguem attenuatis, obtusis, apice puberulis; antheris flavis.

In rupestribus regionis montanae. Epirus: pr. Kalarrytes (Hal.); Thessalia: in valle Tempe (Sibth.); Peloponnesus: pr. Kastania in demo Kastorii Laconiae borealis (Zahn), mt. Kupe Messeniae (Chaub.); Cephalonia: in oropedio Omala (Heldr.); frequenter colitur quoque in hortis. — Maio, Jul. ♃.

b. Perigonii flavi vel rubri phylla valde revoluta.

α. Folia sparsa, sessilia.

× Flores flavi.

2. **L. albanicum** Griseb. spic. II p. 385; Bald. riv. coll. bot. alb. 1896 p. 94. — Exsicc.: Dörfl. it turc. sec. n. 359 (mt. Kaimakcalan Macedoniae).

Caule erecto, glabro, infima parte nudo, ceterum folioso, unifloro; foliis oblongo-lanceolatis lanceolatisve, erectis, margine papilloso-scabris; perigonio nutante, flavo, phyllis revolutis, immaculatis; antheris flavis.

In herbidis alpinis mt. Smolika supra Kerasovo in Epiro boreali (Bald.). — Jul. ♃. N. v.

×× Flores cinnabarini.

3. **L. Heldreichii** Freyn in Flora 1880 p. 28; Bois. fl. or. V p. 175; Heldr. chlor. Parn. p. 27; Haussk. symb. p. 27. — *L. chalcedonicum* S. et S. pr. I p. 228, saltem quoad pl. parnassicam; Bois. fl. or. V p. 176 quoad pl. peloponnes., non L. — *L. bulbiferum* Fraas fl. class. p. 287, non L. — Exsicc.: Heldr. herb. norm. n. 654 et 1077; Orph. fl. gr. n. 39; Sint. it. thessal. n. 1213.

Caule erecto, papilloso, basi nudo, ceterum folioso, unifloro; foliis oblongo-lanceolatis lanceolatisve, planis, margine papilloso-scabris, a basi fere ad medium caulis subconformibus, patulis, dein subito diminutis, erectis; perigonio nutante, intense cinnabarino, phyllis revolutis, immaculatis, intus base papillis elongatis obsitis, apice papilloso-scabris; antheris miniatis. — Folia inferiora ad 1 cm. lata.

In saxosis silvaticis regionis montanae. Thessalia: mt. Ghavellu (Sint.), pr. Korona (Haussk.); Phocis: ad Gurna (Hal.), Pagna et Dipotamo (Heldr.) in mt. Parnassus (Sibth.); Attica: mt. Parnes (Heldr.); Achaia: mt. Kyllene (Heldr.), Malevo supra Castanitza (Orph., quod meo sensu huc, nec ad *L. chalcedonicum* spectat). — Jun. Jul. ♃.

4. **L. chalcedonicum** L. sp. p. 302; S. et S. pr. I p. 228 p. p.; Marg. et R. fl. Zante p. 90; Fraas fl. class. p. 287; Bois. fl. or. V p. 176, quoad pl. olympicam; Form. in Ver. Brünn 1897 p. 25.

Caule erecto, papilloso, fere a basi folioso, 2—3 floro, rarius unifloro; foliis lineari-lanceolatis, margine valde papilloso-scabris, subconformibus, erectis, apicem versus sensim diminutis; perigonio nutante, intense cinnabarino-igneo, phyllis revolutis, immaculatis, intus basi papillis elongatis obsitis, apicem versus dense papilloso-scabris; antheris miniatis. — Differt a praecedente caule saepissime 2—3 floro, foliis angustis, ad 4 mm. tantum latis, omnibus erectis, margine valde scabris, sensim diminutis, perigonii submajoris, intensius cinnabarini phyllis apicem versus scabridioribus.

In silvaticis montanis. Thessalia: in regione faginea ad Hepdoninta Aderfia in mt. Oxya, pr. Phlambures et mt. Mitrica in mt. Chassia (Form.), mt. Olympus (Heldr.); Euboea: mt. Kandyli versus Limni (Fraas); Zante (Sibth.); specimina ex ultimis locis non vidi. — Jul. Aug. ♃.

β. Folia verticillata breviter petiolata.

5. **L. martagon** L. sp. p. 303; S. et S. pr. I p. 228; Bois. fl. or. V p. 173; Heldr. chlor. Parn. p. 27; Haussk. symb. p. 27. —

Icon: Jacq. fl. austr. t. 351. — Exsicc.: Orph. fl. gr. n. 833; Sint. it. thessal. n. 832.

Caule elato, glabro vel puberulo, inferne nudo; foliis in verticillos paucos 6—11 phyllos dispositis, late lanceolatis, ciliatulis, basi in petiolum brevem attenuatis, superioribus sparsis, diminutis, sessilibus; floribus in racemum thyrsoideum laxum dispositis; perigonio nutante, roseo-vinoso, phyllis revolutis, dorso puberulis, intus punctatis; antheris rubris.

In silvis montanis. Thessalia: mt. Zygos (Haussk.), Tragopetra (Sint.) in Pindo, mt. Pelion (Heldr.); mt. Parnassus ad Dipotamo (Orph.). — Jul. Aug. ♃.

5. Fritillaria L. gen. n. 411.

a. Stylus in stigmata tria partitus.
α. Perigonium campanulatum.
× Caulis 30—45 cm. altus; folia lineari-lanceolata vel linearia.

1. F messanensis Raf. prec. decouv. p. 44; Raul. cret. p. 867; Bois. fl. or. V p. 181. — Icon: Rchb. germ. f. 981. — Exsicc.: Orph. fl. gr. n. 846.

Caule elato, 1—3 floro, inferne nudo; foliis alternis, lineari-lanceolatis vel linearibus, floralibus saepe 2—3 verticillatis; perigonio cernuo, campanulato, phyllis non tesselatis, luride purpurascentibus, dorso fascia lata viridi-lutescente donatis, externis oblongis, internis latioribus, cuneato-obovatis; filamentis papillosis, anthera sublongioribus; stylo ad tertiam partem trifido.

In dumosis montanis. Laconia: mt. Malevo pr. Hagios Joannes (Orph.); Creta: pr. Anopolis (Heldr.). — Apr. Maio. ♃.

×× Caulis humilior; folia oblonga vel oblongo-lanceolata.
○ Perigonii phylla sordide virentia, apicem versus margine rubello-tincta.

2. F. ionica. — *F. messanensis* Bois. fl. or. V p. 181 quoad pl. corc. et probabiliter quoque leucadiam; Hal. Beitr. fl. Epir. p. 41, in ö. b. Z. 1896 p. 18, 1897 p. 326; Haussk. symb. p. 27; non Raf. — *F. species?* Gelmi in bull. soc. bot. it. 1889 p. 452. — Valde suspicor *F. messanensem* Marg. et R. fl. Zante p. 89, ideo quoque *F. tenellam* Bois. fl. or. V p. 179 quoad pl. zacynthiam huc pertinere. — Exsicc.: Arthab. pl. corc.; Hal. it. gr. sec. a. 1893; Reis. fl. gr. a. 1894 et 1897; Baen. pl. corc. a. 1896.

Caule erecto, unifloro, inferne nudo; foliis oblongis oblongo-lanceolatisve, oppositis, rarius folio superiore sparso, floralibus 2—3 verticillatis, lanceolatis; perigonio cernuo, campanulato, phyllis tesselatis, sordide virentibus, apicem versus sordide purpurascentibus, externis oblongis, internis sublatioribus; filamentis glabris, anthera 2—3 plo longioribus; stylo fere ad medium trifido. — Differt a *F. messanensi* foliis fere omnibus oppositis, inferioribus oblongis, 2—4 cm. latis, perigonio tesselato, minus rubello; *F. ponticae*, caule elatiori, foliis angustioribus, intermediis sparsis, perigonio non tesselato diversae, magis affinis.

In dumosis regionis inferioris et montanae. Corcyra: mt. Deca (Arthaber), ad monasterium Phanocrates, mt. Pantocrator (Gelmi); Epirus: mt. Tsumerka (Hal.); ? Thessalia: mt. Karava (Haussk.); Aetolia: pr. Aetolikon, insula Petala Echinadum (Reis.); ? Leucas (Bois.) et Zante (Marg.). — Mart. Maio, in mt. elatioribus usque Julio. ♃.

OO *Perigonii phylla sordide purpurea, dorso fascia lata luteo-virenti donata.*

3. **F. graeca** Bois. et Spr. diagn. VII p. 104, Fl. or. V p. 181; Haussk. symb. p. 27; Aznav. in magy. bot. lap. I p. 196. — *F. pyrenaica* Fraas fl. class. p. 287 p. p. — Exsicc.: Orph. fl. gr. n. 111; Held. herb. norm. n. 457 et 889.

Caule gracili, saepe humili, unifloro, rarius bifloro, inferne nudo; foliis sparsis vel inferioribus oppositis, oblongis oblongo-lanceolativse, floralibus angustissime linearibus; perigonio cernuo, campanulato, phyllis obscure tesselatis, sordide purpureis, dorso fascia lata luteo-virenti donatis, externis oblongis, internis saepius apicem versus latioribus; filamentis glabris, anthera sublongioribus; stylo ad medium usque trifido.

β. **thessala** Bois. fl. or. V p. 182; Bald. riv. coll. bot. alb. 1896 p. 94. — Folia inferiora opposita vel subopposita, floralia 3 verticillata. — Exsicc.: N. v.

In dumosis montanis. Attica: mt. Hymettus (Sprun.), Pentelicon (Haussk.), Mavrovuni in insula Salamis (Heldr.); Peloponnesus: mt. Malevo (Orph.); Cycladum insula Syra (Lobry); — β. Thessalia: mt. Oeta (Sprun.); Epirus: mt. Olycika, Smolika (Bald.) — Mart. Maio. ♃.

4. **F. Guicciardi** Heldr. et Sart. in Bois. diagn. ser. 2 IV p. 102, chlor. Parn. p 27; Hal. Beitr. fl. Achaia p. 33; ? Form. in Ver. Brünn 1897 p. 25. — *F. pyrenaica* S. et S. pr. I p. 228, Fl. gr. IV t. 328; Friedr. Reise p. 282; Fraas fl. class. p. 287 p. p. — *F. graeca v. Guicciardii* Bois fl. or. V p. 182. — Huc forsan: *F. tulipifolia v. montana* Ch. et B. exp. p. 98, Fl. pelop. p. 22. — Exsicc.: Heldr. herb. norm. n. 1289.

Differt a praecedente caule crassiusculo sed humiliore, plerumque 2—3 floro, foliis magis glaucis, perigonio campanulato-conniventi, nec campanulato-patenti et fascia viridi phyllorum a margine purpureo manifeste distincta.

In rupestribus regionis subalpinae et alpinae. Thessalia: mt. Oeta (Sprun.); Attica: mt. Parnes (Heldr.); mt. Parnassus (Sibth.) loco Licopessa dicto (Guicc.); Achaia: mt. Kyllene (Orph.); Arcadia: mt. Alvena et Smirna pr. Krysthena (Friedr.); Laconia: mt. Taygetos (Chaub.); indicatur quoque cum? in mt. Ghavellu et Othrys (Form.). — Apr. Maio. ♃.

◯◯◯ Perigonii phylla parte inferiori intense luride purpurea, superiori viridi-flavida.

5. F. Rhodokanakis Orph. in atti congr. Firenze 1876 p. 214 (solum nomen); Baker in journ. bot. 1878 p. 323; Bois. fl. or. V p. 182. — Icon: Rouy ill. t. 96. — Exsicc.: Orph. fl. gr. n. 1187.

Caule gracili, unifloro, rarius bifloro, inferne nudo; foliis sparsis, inferioribus oblongis oblongo-lanceolatisve, superioribus angustissime linearibus; perigonio cernuo, campanulato, phyllis oblongis, subaequalibus, obsure tesselatis, parte inferiori intense luride purpureis; superiori viridi-flavidis; filamentis papillosis, anthera sublongioribus; stylo fere ad medium trifido. — *F. gracae* maxime affinis, ab ea floribus subminoribus, aliter coloratis tantum discedit.

In vinetis claustri Profetae Elias in insula Hydra (Orph.) — Mart. Apr. ♃.

β. Perigonium obconicum.

× Perigonium concolor, atro-purpureum.

6. F. obliqua Gawl. in bot. mag. t. 857; Bois. fl. or. V. p. 184. — *F. tristis* Heldr. et Sart. in Bois. diagn. ser. 2 IV. p. 104. — Exsicc.: Heldr. herb. norm. n. 458.

Caule gracili, elongato, unifloro, rarius bifloro, inferne nudo; foliis sparsis vel inferioribus oppositis, oblongis vel oblongo-lanceolatis, superioribus linearibus; perigonio cernuo, obconico, phyllis oblongo-obovatis, aequalibus, omnino atro-purpureis, non tesselatis; filamentis papillosis, anthera subduplo longioribus; stylo fere ad tertiam partem trifido. — Perigonio atro-purpureo concolori insignis.

In submontosis Atticae: supra Hagia Glykaria pr. Patissia et ad radices mt. Parnes supra Markopulo (Heldr.). — Mart. Apr. ♃.

×× Perigonium saltem parte inferiori flavidum.

7. F. conica Bois. diagn. VII. p. 105, Fl. or. V. p. 184. — *F. tulipifolia* Ch. et B. exp. p. 98, Fl. pelop. p. 22; non M. a. B. fl. taur. cauc. I. p. 270, quae perigonio saturate purpureo et stylo integro egregie discedit. — Exsicc.: Heldr. herb. norm. n. 1584.

Caule gracili, unifloro, rarius bifloro, inferne nudo; foliis sparsis vel inferioribus oppositis, oblongo-lanceolatis, superioribus lineari-lanceolatis; perigonio cernuo, obconico, phyllis elliptico-oblongis, non tesselatis, flavo- vel luride-virentibus, apicem versus rubellis; filamentis puberulis, anthera sublongioribus; stylo ultra tertiam partem trifido. — A praecedente florum colore et filamentis abbreviatis distincta.

In collibus saxosis regionis inferioris. Achaia: pr. Patras (Chaub.); Messenia: pr. Arcadia, Navarin, Methone (Chaub.) praesertim in colle Hagios Nicolaos (Zahn), insula Sapienza (Chaub). — Mart. Apr. ♃.

8. F. Sibthorpiana Sm. in S. et S. pr. I. p. 229, Fl. gr. IV. t. 339; Ch. et B. exp p. 98, Fl. pelop. p. 22 (*Tulipa*); Bois. fl. or. V. p. 187. — Huc probabiliter ex loco: *F. Fleischeriana* Ung. Reise p. 118, non Schult. — Exsicc: Orph. fl. gr. n. 1107.

Caule humili, unifloro, inferne nudo; foliis sparsis vel inferioribus oppositis, oblongis oblongo-lanceolatisve, superioribus lineari-lanceolatis; perigonio cernuo, obconico, phyllis ellipticis, non tesselatis, flavidis, interdum praesertim apicem versus rubellis; filamentis puberulis anthera duplo longioribus; stylo breviter trilobo. — Differt a praecedente (an specifice?) caule humiliore, perigonio plerumque longiore et praesertim stylo breviter trilobo.

In saxosis regionis montanae in subalpinam adscendens. Euboea: mt. Dirphys (Orph.), Kandyli (Leutw.); Messenia: pr. Navarin (Hawkiris). — Mart. Apr. ♃.

b. Stylus integer; perigonium obconicum.

9. **F. Ehrhardii** Bois. et Orph. diagn. ser. 2 IV. p. 105, Fl. or. V. p. 186 (false *Ehrharti*). — *F. tristis* Weiss in z. b. G. 1869 p. 754, non Heldr. et Sart. — *F. regis Georgii* Heldr. in Nym. consp. p. 772. — Exsicc.: Orph. fl. gr. n. 845; Heldr. herb. norm. n. 1078.

Caule humili, unifloro, rarius bifloro, inferne nudo; foliis oblongo-lanceolatis, inferioribus saepius oppositis, superioribus sparsis, linearibus; perigonio cernuo, obconico, phyllis elliptico-oblongis, luride purpureis, non tesselatis, apice in mucronem flavidum obtusum abeuntibus; filamentis glabris, anthera sesquilongioribus; stylo integro.

In dumosis, montosis insulae Syra (Orph.), Andros (Heldr.) Cycladum et in Petalium insula Xeronisi (Holzm.). — Mart. Apr. ♃·

Obs. *F. Pinardi* Bois. diagn. VII. p. 106; Orph. fl. gr. exs. n. 847 ex insula Chios; perigonio sulfureo, filamentis pubescentibus, antheris mucronulatis, nec muticis a praecedente diversa, occurrit forsan in Cycladibus.

10. **F. Tuntasia** Heldr. pl. fl. hellen. a. 1900.

Caule elato, ad 30 cm. alto, crassiusculo, 2—4 floro, inferne nudo; foliis numerosis, lanceolato-linearibus linearibusve, elongatis, patentibus, floralibus sparsis, diminutis; perigonio cernuo, obconico, phyllis oblongis, obtusis, atro-purpureis; filamentis glabris, anthera longioribus; stylo integro. — Species habitu peculiari, ex unico specimine, ab autore paulo ante suum discessum e vita communicato, mihi nota et ulterius observanda; differt a praecedente caule elato, plurifloro, foliis numerosis, oppositis, elongatis, angustis, flexuosis, perigonii minoris phyllis angustioribus, conniventibus, atro-purpureis, concoloribus.

In collibus saxosis inter phrygana in insula Cythnos Cycladum (Tuntas). — Mart. Apr. ♃.

6. Lloydia Salisb. in Rchb. fl. germ. exc. p. 102.

1. **L. graeca** L. sp. ed. 2 p. 444; S. et S. pr. I. p. 234, Fl. gr. IV. t. 336; Sieb. avis p. 3, rem. p. 3; Urv. enum. p. 39; Ch. et B. exp. p. 101, Fl. pelop. p. 22; Link in Linnaea IX. p. 141; Friedr. Reise p. 270; (*Anthericum*); Kunth enum. IV. p. 245; Fraas fl. class. p. 289; Ung. Reise p. 119; Weiss in z. b. G. 1869 p. 754;

Raul. cret. p. 866; Spreitz. in z. b. G. 1877 p. 732, 1887 p. 669; Bois. fl. or. V. p. 202; Heldr. fl. cephal. p. 70, Fl. Aegina p. 393, chlor. Thera p. 22; Hal. in ö. b. Z. 1897 p. 99; Fors. in bull. herb. Bois. III. p. 88; Haussk. symb. p. 27; Aznav. in magy. bot. lap. I. p. 196. — *Phalangium graecum* Poir. enc. V. p. 250; Marg. et R. fl. Zante p. 90. — Exsicc.: Orph. fl. gr. n. 313; Heldr. herb. norm. n. 359 et 1384, in Magn. fl. sel. n. 973 bis; Rev. pl. cret. n. 167, in Magn. fl. sel. n. 973; Sint. it. thessal. n. 146; Dörfl. pl cret. n. 108.

Bulbo valde fibrifero; caule erecto, 1—5 floro; foliis anguste linearibus, radicalibus caule brevioribus, caulinis alternis, diminutis; perigonii primum cernui, dein erecti, infundibuliformis, phyllis oblanceolatis, obtusis, albis, nervis subternis purpurascentibus obsitis, basi nectario destitutis.

In rupestribus regionis inferioris et montanae. Thessalia: ad Lechonia pr. Volo (Sint.); Sporadum insula: Skopelos, Skiathos (Leon.); Attica: frequens pr. Athenas; Boeotia: pr. Thebas (Heldr.); Achaia: pr. Patras (Reis.), pr. Megaspilaeon, Syvista (Hal.); Messenia: pr. Manglava, mt. Kupe, Arcadia, Methone (Chaub.); Argolis: pr. Nauplia (Link); Archipelagus: insula Aegina (Friedr.), Hydra (Pickl), Cythnos (Tunt.), Tenos, Syra (Weiss), Melos (Urv.), Kimolos, Thera (Heldr.); Creta (Sibth.): pr. Kissamos, Canea (Reverch.), Suda, Askyphos, Anopolis (Raul.), pr. Christos distr. Viano (Leon.); Zante (Marg.); Cephalonia: pr. Argostoli (Spreitz.), Kulumo, Pessada, Hagios Phanentes (Heldr.); Ithaca: pr. Vathy (Spreitz.); Leucas: ad monasterium Hagios Georgios (Spreitz.). — Mart. Jun. ♃.

7. Gagea Salisb. in ann. bot. II. p. 553.

1. Sectio. *Tribolbodae* Neilr. fl. Wien p. 105. — Rhizoma e bulbis 3, horizontalibus, nudis, neque tunica communi inclusis constans, ex his 2 hornotini et aphylli, tertius biennis, folium et caulem edens.

1. **G. pratensis** Pers. in Ust. neu. annal. 1794 V. p. 8 t. 2 f. 1 (*Ornithogalum*); Schult. syst. VII. p. 536. — *Ornithogalum stenopetalum* Fr. fl. hall. p. 58. — *G. stenopetala* Rchb. fl. exc. p. 107; Bois. fl. or. V. p. 204; Heldr. chlor. Parn. p. 27. — Exsicc.: Heldr. herb. norm. n. 644.

Caule erecto, glabro; folio radicali lineari, glabro, subtus carinato, flores superante; foliis caulinis binis, oppositis, lanceolatis vel lineari-lanceolatis, glabris vel ciliatulis; floribus 1—5, pedicellis glabris, inaequalibus suffultis; perigonii glabri phyllis, lineari-oblongis, obtusiusculis, luteis, dorso late viridi-vittatis; capsula ovato-oblonga; seminibus ovatis.

In colle Leucocastron regionis abietinae mt. Parnassus supra Livadi alt. 1200 m. (Heldr.). — Apr. Maio ♃.

2. Sectio. *Dibolbodae* Neilr. fl. Wien p. 105. — Rhizoma e bulbis 2, erectis, tunica communi inclusis, inter quos caulis prodit,

constans; bulbus alter major, fibris radicalibus instructus, alter minor, hornotinus, iis carens, ambo vel major tantum folium edens.

a. Folia radicalia fistulosa.

2. **G. fistulosa** Ram. in DC. fl. fr. (1805) III. p. 215 (*Ornithogalum*); Duby. bot. gall. I. p. 467. — *O. Liottardi* Sternb. in denkschr. bot. ges. regensb. II. p. 56. — *G. Liottardi* Schult. syst. VII. p. 545; Hal. in z. b. G. 1888 p. 762; Bald. riv. coll. bot. alb. 1895 p. 72. — Icon: Rchb. f. 1041. — Exsicc.: Heldr. reliqu. Orph. a. 1886.

Caule erecto, glabro; folio radicali saepius solitario, semicylindrico-junciformi, fistuloso, flores subaequante vel superante, caulinis binis, oppositis, lanceolatis, glabris vel ciliatulis; floribus 1—5, pedicellis villosis, inaequalibus suffultis; perigonii glabri vel extus basi puberuli phyllis lanceolato-ellipticis, obtusis, luteis, dorso viridi-vittatis; capsula turbinata, retusa, perigonio quarta parte breviore; seminibus ovato-globosis.

In rupestribus regionis subalpinae et alpinae. Epirus: mt. Micikeli (Bald.); Doris: mt. Kiona (Hal.); Peloponnesus: mt. Chelmos (Hal.), Malevo (Orph.). — Maio, Jun. ♃·

b. Folia radicalia plana vel canaliculata, interdum filiformia.

    α. Bulbus hornotinus sessilis, altero majori lateraliter adnatus; folia radicalia bina.

       × Perigonii phylla antice non dilatata, acuta vel obtusa.

          ○ Caulis 3—12 florus; perigonii phylla lanceolata, acuta.

3. **G. arvensis** Pers. in Ust. neu. ann. 1794 V. p. 8 t. 1 f. 2; S. et S. pr. I. p. 230, Fl. gr. IV. p. 27 t. 332; (*Ornithogalum*); Schult. syst. VII. p. 547; Bois. fl. or. V. p. 205; Hal. Beitr. fl. Achaia p. 33. — *G. Guicciardii* Heldr. herb. norm. n. 1383.

Caule erecto, glabro vel superne puberulo; foliis radicalibus binis, linearibus, canaliculatis, flores superantibus, caulinis binis, oppositis vel suboppositis, lanceolatis, pubescentibus vel villosis; floribus 3—12, umbellatis vel corymbosis; pedicellis inaequalibus, villosis basi saepe bracteis linearibus obsitis, perigonii phyllis lanceolatis, acutis, luteis, extus viridi-vittatis, pubescentibus; capsula obovato-oblonga, retusa, perigonio subbreviore; seminibus ovato-globosis.

In rupestribus silvaticis regionis montanae et subalpinae. Attica: mt. Parnes (Heldr.); Peloponnesus (Sibth.): mt. Chelmos (Hal.) et Maenalus (Heldr.) Arcadiae. — Apr. Maio. ♃·

          ○○ Caulis 1—5 florus; perigonii phylla elliptica vel oblonga, acutiuscula vel obtusa.

4. **G. foliosa** Presl del. prag. p. 149 (*Ornithogalum*); Schult. syst. VII. p. 1703; Spreitz. in z. b. G. 1877 p. 732; Bois. fl. or. V. p. 205; Heldr. fl. cephal. p. 70; Form. in D. bot. Mon. 1898 p. 77.

— *O. spathaceum* S. et S. pr. I. p. 229, Fl. gr. IV. t. 331, non Hayne. — *G. pygmaea* Schult. syst. VIII. p. 1705 p. p.; Raul. cret. p. 866. — *O. luteum* Ch. et B. exp. p. 339, Fl. pelop. p. 22; non L. — ? *O. arvense* Ch. et B. exp. p. 99, Fl. pelop. p. 22; Clem. sert. p. 91; non Pers. — ? *G. lutea* Friedr. Reise p. 282, non Schult. — *G. polymorpha* Bois. voy. esp. II. p. 611, quoad pl. graecam; Ung. Reise p. 119; Spreitz. in z. b. G. 1877 p. 732; Heldr. fl. ceph. p. 70 et 81. — *G. Billardieri* Raul. cret. p. 866, non Kunth. — Exsicc.: Orph. fl. gr. n. 119; Heldr. herb. norm. n. 139 et 1079; Rev. pl. cret. n. 267; Dörfl. fl. gr. n. 448.

Caule erecto, puberulo; foliis radicalibus binis, anguste linearibus vel filiformibus, canaliculatis, flores saepe superantibus, caulinis binis, alternis, remotiusculis, rarius approximatis, glabris vel ciliatis, lanceolatis, acuminatis, inferioribus saepe latioribus longioribusque, spathaceis; floribus 1—3, pedicellis inaequalibus, villosis, basi saepe bracteis lanceolatis vel linearibus obsitis; perigonii phyllis lineari-oblongis, acutiusculis vel obtusis, luteis, extus viridi-vittatis, basi villosulis; filamentis perigonio tertia parte brevioribus; capsula obcordata, perigonio subduplo breviore; seminibus ovato-globosis. — Differt a *G. arvensi* umbella pauciflora, foliis radicalibus saepius filiformibus, caulinis remotis, saepius spathaceis, perigonii phyllis obtusis vel minus acutis.

In collibus siccis regionis inferioris et montanae. — Phocis: mt. Parnassus (Heldr.); Attica: pr. Athenas (Orph.), mt. Lycabettus, Parnes, Hymettus (Heldr.); ad sinum Saronicum, in isthmo Corinthiaco, pr. Epidaurus (Chaub.); Arcadia: pr. Bassae (Friedr.); Laconia: mt. Malevo, ad Arachova (Bois.), mt. Taygetos, pr. Mistra (Chaub.); Cycladum insula Melos (Leon.); Creta: pr. Kissamos (Rev.), Askyphos (Raul.); Cephalonia: mt. Aenos (Ung.). — Febr. Apr. ♃.

5. **G. amblyopetala** Bois. et Heldr. diagn. VII. p. 107, Fl. or. V. p. 206; Boissieu in bull. soc. bot. fr. 1896 p. 288. — Huc forsan: *G. arvensis v. saxatilis* Friedr. Reise p. 267. — Exsicc.: Heldr. herb. norm. n. 1290.

Caule erecto, glabro; foliis radicalibus binis, anguste linearibus, canaliculatis, flores superantibus, caulinis binis, alternis, rarius suboppositis, glabris vel basi ciliatulis, lanceolatis, acuminatis, inferioribus saepe latioribus longioribusque, subspathaceis; floribus 1—7, pedicellis inaequalibus, glabris, basi bracteis lanceolatis vel linearibus obsitis; perigonii phyllis ellipticis obtusis vel obtusiusculis, luteis, extus luteovirescentibus, glabris; filamentis perigonio subbrevioribus; capsula obovata, apice truncata, perigonio tertia parte breviore; seminibus ovatoglobosis. — Differt a praecedente glabritie, caule ad 7 floro, perigonii minoris phyllis brevioribus, obtusioribus, filamentis perigonii proportione longioribus.

In montosis. Thessalia: pr. Kalabaka (Boissieu); Attica: in regione abietina mt. Parnes (Heldr.). — Mart. Apr. ♃.

×× Perigonii phylla antice evidenter dilatata, obtusissima.

6. G. bohemica Zauschn. in abhandl. priv. ges. II. p. 121 (*Ornithogalum*); Schult. syst. VII. p. 549; Bois. fl. or. V. p. 206; Form. in D. bot. Mon. 1898 p. 77. — *G. Billardieri* Kunth. en. IV. p. 242. — Icon: Rchb. germ. f. 1052. — Exsicc.: Reis. fl. gr. a. 1897.

Caule nano, glabro; foliis radicalibus binis, filiformibus, sulcatis, flores superantibus, caulinis binis alternis, glabris vel ciliatulis, lanceolatis acuminatis; floribus 1—3, pedicellis puberulis, basi bracteis lanceolatis, obsitis; perigonii phyllis oblongo-spathulatis, obtusissimis, luteis, extus luteo-virescentibus, glabris; filamentis perigonio quarta parte brevioribus; capsula obcordata, perigonio subduplo breviore; seminibus ovato-globosis. — Affinis *G. foliosae*, sed minor, caulis 3—8 cm. altus: folia radicalia tenuissima, perigonii phylla obtusissima, attamen ab ejus formis parvis interdum aegre distinguitur; ab *G. amblyopetala* caule nano, paucifloro, floribus fere duplo majoribus, phyllis obtusissimis facilius diagnoscenda.

In montosis. Attica: mt. Parnes (Heldr.); Cephalonia: mt. Aenos (Reis.). — Mart. Apr. ♃.

β. Bulbus hornotinus basilaris, stipitatus; folium radicale unicum.

7. G. minima L. sp. p. 306 (*Ornithogalum*); Schult. syst. VII. p. 539: Bald. riv. coll. bot. alb. 1895 p. 72. — Icon: Fl. dan. t. 1331. — Exsicc.: Dörfl. it. turc. secund. n. 363 (mt. Kossov Macedoniae).

Caule erecto, glabro; folio radicali unico, lineari, subsulcato, caulinis binis, alternis, glabris, inferiore late lanceolato, acuminato, spathaceo, superiore multo minore, lanceolato; floribus 1—8, pedicellis glabris vel puberulis, basi saepe bracteis linearibus obsitis; perigonii phyllis lineari-lanceolatis, valde acuminatis, pallide luteis, extus virescentibus, glabris; filamentis perigonio duplo brevioribus; capsula ovata perigonio triplo breviore; seminibus ovato-globosis. — Caulis 10—15 cm. altus; species folio radicali unico, caulino inferiore late spathaceo, phyllis angustis acutissimis egregia.

Ad nives mt. Micikeli distr. Janina in Epiro (Bald.). — Apr. Maio. ♃. N. v.

3. Sectio. *Monobolbodae* Neilr. fl. Wien p. 106. — Rhizoma e bulbo unico erecto, tunica incluso constans, apice folium et lateraliter prope basin caulem edens.

8. G. reticulata Pall. reis. russ. III. p. 553 (*Ornithogalum*); Schult. syst. VII. p. 542; Fors. in bull. Bois. III. p. 88. — *O. circinnatum* L. fil. suppl. p. 199. — *O. fibrosum* Sieb. in Flora I. p. 274, non Desf. — *G. rigida* Bois. et Spr. diagn. VII. p. 108. — *G. reticulata* γ *fibrosa* Bois. fl. or. V. 208. — Icon: Rchb. germ. f. 1054. — Exsicc.: Orph. herb. n. 560; Heldr. herb. norm. n. 1080.

Bulbo fibris crassiusculis intricatis dense vestito; caule saepius brevissimo, unifloro, rarius 2—3 floro; folio radicali unico, caulinis oppositis, omnibus basi vagina inclusis, linearibus, canaliculatis, recurvis, ut et pedicelli saepius puberulis; perigonii glabri vel adpresse puberuli phyllis lanceolatis, acuminatissimis, pallide flavis, extus virentibus; filamentis perigonio dimidio brevioribus; capsula obovato-oblonga, perigonio triplo breviore; seminibus plano-compressis, triangularibus, bimarginatis.

In collibus siccis. Acrocorinthus (Bois.); Argolis (Sprun.); Cycladum insula Melos (Heldr.), Syra, Amorgos (Orph.); Creta: pr. Serisso (Sieb.). — Jan. Mart. ♃.

8. Tulipa L. gen. n. 405.

1. Sectio. *Leiostemones* Bois. fl. or. V. p. 191. — Filamenta glabra.

a. Bulbi tunicae glabrae.

1. T. boeotica Bois. et Heldr. diagn. ser. 2 IV. p. 99, Fl. or. V. p. 195. — Icon: Rouy ill. t. 197. — Exsicc.: Heldr. pr. fl. hellen. a. 1889.

Caule flexuoso, glabro vel superne breviter puberulo, unifloro; foliis 3—4, inferioribus oblongo-lanceolatis, margine undulatis, superioribus anguste lanceolatis; perigonio campanulato, 5—6 cm. longo, intense purpureo, phyllis oblongis vel obovato-oblongis, caudato-acuminatis, basi macula oblongo-lineari, nigricanti, flavido-marginata, phyllis 4 plo breviori, notatis; filamentis glabris; ovario cylindrico, stigmate duplo angustiore.

β. **Eunanthiae** Orph. in Bois. diagn. ser. 2 IV. p. 100 pro sp. — *P. boeotica v. Euanthiae* Bois. fl. or. V. p. 195. — Humilior, perigonio majore, ad 7 cm. longo, phylla latiora, brevius caudato-acuminata. — Exsicc.: Orph. fl. gr. n. 844.

In agris ad litus Euripos pr. Oropos non procul ab ostio fl. Asopos (Heldr.) et pr. Thebas (Orph.) Boeotiae; mt. Parnes Atticae ad Hagios Mercurios (Heldr.); — β. in regione media mt. Malevo Laconiae pr. Xirocampi supra Hagios Joannes, rarissime (Orph.). — Apr. Maio.

b. Bulbi tunicae intus dense lanatae.

2. T. praecox Ten. fl. nap. I. p. 170, t. 32; Bois. fl. or. V. p. 192. — Exsicc.: Orph. fl. gr. n. 842 (insula Chios).

Caule elato, glabro, unifloro; foliis 3—5, oblongo-lanceolatis, plus minus undulatis; perigonio campanulato, 5—9 cm. longo, splendide coccineo, phyllis late ovato-oblongis, basi macula ampla, obovata, nigrescente, flavo-cincta, apice erosa obsitis, exterioribus acutis, interioribus brevioribus obtusis; filamentis glabris; ovario cylindrico, stigmatibus parvis.

In cultis, sine loci specialis indicatione (Orph. in Bois. l. c.); teste Heldr. in Lev. tulip. p. 54 deest Graeciae. — Mart. Apr. ♃. N. v.

Obs. Praecedenti affinis *T. oculus solis* St. Am. rec. soc. agen I. p. 75, sed ab ea perigonii phyllis aequilongis, ellipticis, acuminatis, basi macula oblongo-lanceolata obsitis distincta, indicatur a Ch. et B. fl. pelop. p. 22 inter Arcadia et Philiatra Messeniae (Gittard), sed cum schedulis hujus collectoris minime fidendum, species ad dubias Graeciae collocanda. — An *T. flos solis* Sieb in Flora. I. p. 272 e Creta eamdem speciem sistet, nescio.

3. **T. Clusiana** DC. in Red. lil. I. t. 37; Bois. fl. or. V. p. 194. — Icon: Fl. gr. IV. t. 329.

Caule elato, glabro, unifloro; foliis 4—5, linearibus vel lineari-lanceolatis, canaliculatis; perigonio infundibuliformi-campanulato, 3—6 cm. longo, phyllis elliptico-lanceolatis, albis, extus roseis, fundo coerulescentibus, exterioribus acutis, interioribus obtusis; filamentis glabris; ovario apice attenuato, stigmate aequilato.

In cultis Peloponnesi (Fauché ex Bois. l. c.). — Mart. Apr. ♃. N. v.

2. Sectio. *Eriostemones* Bois. fl. or. V. p. 191. — Filamenta basi barbata.

a. Perigonii phylla intus basi macula atro-purpurea obsita; filamenta atro-coerulea.

4. **T. Hageri** Heldr. in gartenfl. 1874 p. 97 t. 790; Bois. fl. or. V. p. 197. — Exsicc.: Heldr. herb. norm. n. 811 et 811 b; Orph. fl. gr. n. 1106.

Bulbi tunicis apice intus fulvo-pilosis; caule 25—40 cm. alto, glabro, unifloro; foliis 3—4, linearibus, canaliculatis; perigonio campanulato, 35—50 mm. longo, phyllis subaequalibus, oblongo-lanceolatis, acutis, extus purpurascentibus, intus intense coccineis, basi macula atro-purpurea, rhombea, apice lacera obsitis, glabris; staminibus perigonio 2—3 plo brevioribus; filamentis atro-coeruleis, basi dilatata barbatis; ovario ovato, in rostrum conicum sensim attenuato.

In regione montana. Attica: mt. Parnes loco Megalo Chorifi dicto et in mt. Pentelicon loco Dionyson dicto (Heldr.). — Apr. Maio. ♃.

5. **T. Orphanidea** Bois. ap. Heldr. in gartenfl. 1862 p. 309 t. 373; Hal. in ö. b. Z. 1897 p. 326. — Exsicc.: Orph. fl. gr. n. 843; Heldr. herb. norm. n. 812 bis.

Differt a praecedente (an specifice?) perigonio intus luteo, phyllis interioribus basi ciliatis.

In regione montana. Attica: mt. Parnes loco Megalo Chorifi dicto (Heldr.); Arcadia: in valle Bytina (Heldr.), mt. Menalus supra Alonistena (Bayern). pr. Tripoliza (Leon.); Laconia: mt. Malevo pr. Hagios Petros (Orph.). — Apr. Maio. ♃.

b. Perigonii phylla basi immaculata; filamenta lutea.

6. **T. australis** Link in Schrad. journ. 1799 II. p. 717; Hal. Beitr. fl. Achaia p. 33. — *T. Celsiana* DC. in Red. lil. I. t. 38; Ch. et B. fl. pelop. p. 22. — *T. silvestris* Bois. fl. or. V. p. 197;

non. L. sp. p. 305, quae perigonio luteo, concolore, phyllis inaequilatis, interioribus latioribus, exterioribus extus saepe virentibus parum discrepat. — Exsicc.: Orph. fl. gr. n. 193; Heldr. herb. norm. n. 397 et 1382; Sint. it. thessal. n. 847.

Bulbi tunicis apice intus fulvo-pilosis; caule 15—30 cm. alto, glabro, unifloro; foliis 2—3, lineari-lanceolatis, canaliculatis; perigonio campanulato, 2—4 cm. longo, phyllis subaequalibus, elliptico-lanceolatis, acutis, luteis, exterioribus dorso, praesertim basin versus sordide-subrubentibus, interioribus basi ciliatis; staminibus perigonio subduplo brevioribus; filamentis luteis, basi dilatata barbatis; ovario ovato, in rostrum conicum sensim attenuato.

β. **montana** Kunze in Flora 1896 p. 637 pro var. *T. silvestris*; Willk. et Lge. pr. fl. hisp. I. p 219; Hal. Beitr. fl. Achaia p. 33. — *T. Grisebachiana* Bald. riv. coll. bot. alb. 1896 p. 95; non Pant. in ö. b. Z. 1873 p. 265, quae ex descriptione perigonio citrino concolore, phyllis omnibus basi ciliatis et ovario pilis glanduliferis tecto discedit. — Perigonii phylla exteriora omnino rubella, interiora vitta rubella media notata. — Exsicc.: Hal. it. gr. sec. a. 1893; Bald. it. alb. epir. IV. n. 145.

In saxosis regionis montanae, usque ad nives deliquescentes regionis alpinae. Thessalia: mt. Zygos in Pindo tymphaeo (Sint.); Attica: mt. Hymettus, Parnes (Heldr.); Peloponnesus: mt. Malevo (Orph.), ad ripas Alphaei (Chaub.); — β. Epirus: mt. Kuruna, Nimercka, Smolika (Bald.); Peloponnesus: mt. Kyllene, Chelmos (Hal.). — Apr. in alpibus usque Jul. ♃.

c. Perigonii phylla intus basi macula lutea obsita; filamenta lutea.

7. **T. saxatilis** Sieb. avis p. 3, rem. p. 3; Raul. cret. p. 866; Bois. fl. or. V. p. 196. — Icon: Rchb. crit. t. 396. — Exsicc.: Sieb. pl. cret.; Dörfl. pl. cret. n. 148.

Bulbi tunicis apice intus tenuiter pilosis; caule 5—25 cm. alto, glabro, unifloro, rarius bifloro; foliis 3—4, inferioribus late oblongo-lanceolatis, superioribus angustioribus; perigonio infundibuliformi-campanulato, 3—5 cm. longo, phyllis acutis, extus roseo suffusis, intus albis, fundo luteis, exterioribus angustioribus, ellipticis, glabris, interioribus obovatis, basi ciliatis; staminibus perigonio triplo brevioribus; filamentis luteis, basi dilatata barbatis; ovario cylindrico, apice breviter attenuato — Flore albo, roseo suffuso ab omnibus praecedentibus statim diagnoscenda.

In locis aridis regionis inferioris et montanae. Creta: ad promontorium Maleca (Sieb.), pr. Christos distr. Viano (Leon.). — Mart. Apr. ♃.

8. **T. cretica** Bois. et Heldr. diagn. XIII. p. 19, Fl. or. V. p. 200; Raul. cret. p. 866 t. 18; Bald. viagg. Creta p. 94. — Exsicc.: Rev. pl. cret. n. 166, in Baen. herb. europ. n. 5070, in Magn. fl. sel. n. 972; Dörfl. pl. cret. n. 32.

Bulbi tunicis apice intus tenuiter pilosis; caule saepius nano, 5—20 cm. alto, glabro, unifloro, rarius bifloro; foliis 2, rarius 3, lanceolatis, canaliculatis, saepius falcato recurvis; perigonio infundibuliformi-campanulato, 15—25 mm. longo, phyllis subaequalibus, oblongo-ellipticis, breviter acuminatis, extus pallide roseis, intus albis, fundo luteis, interioribus basi ciliatis; staminibus perigonio duplo brevioribus; filamentis luteis, basi dilatata barbatis; ovario ovato-globoso, in rostrum conicum sensim attenuato. — Praecedenti affinis, sed caulis tenuior, humilior, folia angustiora, breviora, flores minores, filamenta perigonii proportione longiora, ovarium subglobosum.

In locis aridis regionis inferioris et montanae, ad 2000 m. adscendens. Creta: ad Kissamos, Akroteri (Reverch.), promontorium Maleca pr. Hagios Joannes (Heldr.), mt. Volokia in mt. Sphacioticis (Bald.), mt. Ida, Lassiti, Aphendi Kavutsi (Raul.), Lazaro (Leon.). — Mart. Apr. ♃.

3. Tribus. **SCILLEAE** Bois. fl. or. V. p. 211.

9. Ornithogalum L. gen. n. 418.

Dispositio specierum.

1. Sectio. *Euornithogalum* Griseb. spic. II p. 391. — Filamenta omnia integra.
  a. Perigonium dorso viridi-vittatum.
    α. Flores in racemum elongatum dispositi.
       1. O. pyrenaicum L. 2. O. narbonense L.
    β. Flores in racemum abbreviatum, ovatum vel corymbosum dispositi.
       × Folia glaberrima.
         ○ Folia lineari-lanceolata, 5—12 mm. lata.
3. O. montanum Cyr. 4. O. atticum Orph. 5. O. oligophyllum Clarke.
         ○○ Folia anguste linearia.
           . Pedicelli fructiferi inferiores deflexi.
       6. O. divergens Bor. 7. O. nanum S. et S.
           .. Pedicelli fructiferi non deflexi.
       8. O. tenuiflorum Guss. 9. O. umbellatum L.
       ×× Folia margine ciliata vel undique pilosa.
         ◯ Scapus glaber; folia margine ciliata.
           10. O. comosum L. 11. O. collinum Guss.
         ◯◯ Scapus pilosus vel rarius glaber, folia undique patule pilosa.
           12. O. fimbriatum Willd.
  b. Perigonium concolor, lacteum.
       13. O. arabicum L.
2. Sectio. *Myogalum* Link handb. gew. I p. 163. — Filamenta omnia vel tria apice tridentata.
           14. O. nutans L.

1. Sectio. *Euornithogalum* Griseb spic. II. p. 391. — Filamenta omnia integra.
  a. Perigonium dorso viridi-vittatum.
    α. Flores in racemum elongatum dispositi.

1. **O. pyrenaicum** L. sp. p. 306; S. et S. pr. I. p. 231; Pieri corc. fl. p. 43; Sieb. avis p. 3; Ch. et B. exp. p. 99, Fl. pelop. p. 22; Marg. et R. fl. Zante p. 91; Fraas fl. class. p. 289; Bois. fl. or. V. p. 213; Heldr. fl. Aegina p. 393; Hal. in ö. b. Z. 1899 p. 25. — Icon: Jacq. fl. austr. II. t. 103. — Exsicc.: Heldr. pl. fl. hell. a. 1899.

Bulbo ovato; scapo elato, 40—80 cm. alto, glabro; foliis linearibus, canaliculatis, glabris, sub anthesi jam saepius emarcidis; racemo elongato, multifloro; pedicellis erecto-patulis, fructiferis scapo subadpressis; perigonii phyllis lineari-oblongis, albo-virentibus, fascia media viridi; capsula ovata.

In herbidis regionis inferioris. Corcyra (Pieri); Zante (Marg.); Strophadum insula major (Reiser); Elis: pr. Chlemutzi (Heldr.); Messenia: pr. Methone (Chaub.); Laconia: in Vatika (Fraas); insula Aegina (Heldr.), Creta (Sibth. — Loca nonnulla forsan ad sequentem spectant. — Maio, Jun. ♃.

2. **O. narbonense** L. amoen. ac. IV. p. 312; Friedr. Reise p. 274; Weiss. in z. b. G. 1869 p. 754; Raul. cret. p. 868; Bois. fl. or. V. p. 214; Heldr. fl. cephal. p. 71, Fl. Aegina p. 393; Spreitz. in z. b. G. 1887 p. 669; Haussk. symb. p. 27. — *O. stachyoides* Ait. hort. Kew. I. p. 441; S. et S. pr. I. p. 231; Marg. et R. fl. Zante p. 91. — Icon: Rchb. germ. X. f. 1228. — Exsicc.: Orph. fl. gr. n. 831 (Chios); Sint. it. thessal. n. 821.

Bulbo ovato; scapo elato, 30—80 cm. alto, glabro; foliis linearibus, canaliculatis, glabris, sub anthesi saepius persistentibus; racemo elongato, multifloro; pedicellis erecto-patulis, fructiferis scapo subadpressis; perigonii phyllis oblongo-lanceolatis, lacteis, fascia media viridi; capsula ovata.

In herbidis regionis inferioris et montanae. Thessalia: pr. Chaliki, ad monasterium Korona (Haussk.); Attica: frequens pr. Athenas (Haussk.), mt. Citheron, insula Aegina (Heldr.); Aetolia: pr. Antirrhion (Hal.); Laconia (Sibth.); insula Poros (Friedr.), Syra (Weiss); Creta: pr. Canea, Suda (Weiss), Akroteri, Malaxa, Francocastello (Raul.); Zante (Marg.); Cephalonia: pr. Argostoli, Aphrato (Heldr.); Leucas: pr. Kulmos (Spreitz.). — Maio, Jul. ♃.

β. Flores in racemum abbreviatum, ovatum vel corymbosum dispositi.

× Folia glaberrima.

○ Folia lineari-lanceolata, 5—12 mm lata.

3. **O. montanum** Cyr. in Ten. fl. nap. I. p. 176, t. 33; Bois. fl. or. V. p. 216 p. p.; Heldr. chlor. Parn. p. 27. — Exsicc.: Heldr. reliqu. Orph. a. 1886; Sint. it. thessal. n. 835.

Bulbo ovato, simplici; scapo gracili, 5—20 cm. alto, glabro; foliis 2—4, viridibus, late lineari-lanceolatis, acutiusculis, planis, glabris; racemo 3—20 floro, subcorymboso, laxo; pedicellis patentibus, inferioribus

5—8 cm. longis; bracteis lanceolatis, longe acuminatis, pedicello 2—3 plo brevioribus; perigonii phyllis oblongo-lanceolatis, acutiusculis, dorso late viridi-fasciatis; filamentis perigonio 2—3 plo brevioribus; capsula ellipsoidea, costis anguste alatis. — Planta graeca cum calabrica (Rigo it. ital. IV. n. 441) optime congruit, sed ab icone citata utraeque racemo laxo pedicellisque elongatis discedunt.

In saxosis subalpinis, rare. Thessalia: mt. Tragopetra pr. Malakasi in Pindo (Sint.); mt. Parnassus ad Dipotamo (Orph.). — Jun. Jul. ♃.

4. O. atticum Bois. et Orph. in Orph. fl. gr. exs. n. 975. — *O. montanum* Bois. fl. or. V. p. 216 p. p.; Hal. Beitr. fl. Achaia p. 33; Hausk. symb. p. 27; non Cyr. — Exsicc.: Orph. l. c.; Heldr. herb. norm. n. 266 et 1081.

Bulbo ovato, magno, simplici; scapo crassiusculo ad 15 cm. alto, interdum subnullo; foliis 2—6, glaucis, late lineari-lanceolatis, acuminatis, subundulatis, glabris; saepe falcato-recurvis; racemo multifloro, corymboso, denso; pedicellis erecto-patulis, 3—5 cm. longis; bracteis late lanceolatis, longe acuminatis, pedicellum saepius aequantibus; perigonii phyllis oblongo-lanceolatis, acutiusculis, dorso late viridi-fasciatis; filamentis perigonio 2—3 plo brevioribus; capsula ellipsoidea, costis exalatis. — Differt a praecedente, quocum, uti jam Heldreich l. c. monuit, immerito a Boissier in fl. or. l. c. associatum, bulbo majore, scapo crassiore, interdum subnullo, foliis glaucis acuminatis, subundulatis, corymbo denso, pedicellis brevibus et capsula exalata.

In saxosis regionis inferioris et montanae, ad 1300 m. adscendens, Attica: mt. Pentelicon (Orph.), Kerata (Haussk.), Parnes, ad Piraeum, mt. Hagios Nicolaos pr. Mulki in insula Salamis (Heldr.); Achaia: mt. Chelmos supra Sudena (Hal.). — Apr. Jun. ♃.

5. O. oligophyllum Clarke trav. in var. countr. of. Eur. Asia and Afr. II. 3. p. 555 (1816); Bois. fl. or. V. p. 220; Hal. Beitr. fl. Achaia p. 33; Bald. riv. coll. bot. alb. 1895 p. 72; Haussk. symb. p. 27. — Exsicc.: Sint. it. thessal. n. 834.

Bulbo ovato, simplici; scapo gracili, 5—10 cm. alto, glabro; foliis 2—3, rarius 4—5, glaucescentibus, late lineari-lanceolatis, obtusis vel obtusiusculis, canaliculatis, glabris; racemo 1—3 floro, rarius corymbose 5—9 floro, denso; pedicellis erecto-patulis, flore brevioribus vel sublongioribus, fructiferis demum reflexis; bracteis lanceolatis, pedicello saepius longioribus; perigonii phyllis oblongis, obtusiusculis, dorso late viridi-fasciatis; filamentis perigonio duplo brevioribus; capsula ellipsoidea, costis late alatis. — Species foliis obtusis, scapo paucifloro, floribus breviter pedicellatis, perigonii phyllis latis, obtusiusculis et capsula late alata insignis.

In saxosis regionis subalpinae, rare. Epirus: mt. Micikeli, Olycika (Bald.); Thessalia: mt. Salatura pr. Chaliki (Sint.) et mt. Karava (Haussk.) in Pindo, mt. Pelion (Heldr.); Aetolia: mt. Tymphrestus (Heldr.); Achaia: mt. Chelmos supra Sudena (Hal.). — Jun. Jul. ♃.

○○ Folia anguste linearia.
. Pedicelli fructiferi inferiores deflexi.

6. O. divergens Bor. not. et obs. 36 n. 3, Fl. centr. ed 2. p. 507; Heldr. chlor. Mykon. p. 252. — Icon: Jord. et Fourr. ic. t. 125. — Exsicc.: Orph. herb. n. 279 (Chios).

Bulbo bulbillis numerosis, tunica inclusis constante, scapo crassiusculo, elato, 20—30 cm. alto, glabro; foliis 6—8, linearibus, 3—5 mm latis, canaliculatis, albo-vittatis, glabris; racemo corymboso, multifloro, expanso; pedicellis inferioribus 5—12 cm. longis, fructiferis patentibus vel subrefractis; bracteis lanceolatis, acuminatis, pedicello 2—3 plo brevioribus; perigonio maximo, phyllis elliptico-lanceolatis, acutiusculis, 25—30 mm. longis, dorso late viridi-fasciatis; filamentis perigonio subtriplo brevioribus; capsula ovoidea, costis acutis aequidistantibus. — Omnium stirpium affinium maxima.

In locis cultis incultisque regionis inferioris. Cycladum insula Mykonos (Heldr.) ubi quoque var. *fimbriata* (i. e. scapo fimbriato) indicatur. — Apr. Maio. ♃. N. v.

7. O. nanum S. et S. pr. I. p. 230, Fl. gr. IV. p. 28 t. 332; Ch. et B. exp. p. 100. Fl. pelop. p. 22; Bois. fl. or. V. p. 220; Boissieu in bull. soc. bot. fr. 1896 p. 288; Fors. in bull. herb. Bois. III. p. 88; Haussk. symb. p. 27. — *O. refractum* Friedr. Reise p. 266 et 282, non Kit. — *O. exscapum* Heldr. fl. cephal. p. 70; vix Ten. fl. nap. I. p. 175, quod autem, saltem in exsiccatis, difficillime distinguitur. — Exsicc.: Rev. pl. cret. n. 269.

Bulbo subgloboso, simplici, scapo brevissimo vel subnullo, glabro; foliis 5—8, linearibus, 1—3 mm. latis, canaliculatis, concoloribus vel vix albo-vittatis, glabris; racemo 1—3 floro vel corymbose plurifloro; pedicellis inferioribus 15—30 mm. longis, fructiferis arcuato-patentibus vel subrefractis; bracteis oblongo-lanceolatis, acuminatis, pedicello brevioribus; perigonii phyllis elliptico-lanceolatis, obtusiusculis, 10—15 mm. longis, dorso late viridi-fasciatis; filamentis perigonio dimidio brevioribus; capsula subglobosa, costis binatim approximatis, superne alatis.

β. **longipes** Bois. fl. or. V. p. 220; Hal. in ö. b. Z. 1897 p. 326. — Huc vel ad speciem sequentem pertinere videtur: *O. minus* Ch. et B. exp. p. 100, Fl. pelop. p. 22; Spreitz. in z. b. G. 1877 p. 732, 1887 p. 669; Heldr. fl. cephal. p. 70; non L. — Scapus plerumque evolutus; corymbus laxior, pedicellis fructiferis elongatis, bractea duplo et ultra longioribus. — Intermediis in typum transit; affinis illinc quoque *O. tenuifolio*, a quo specimina nonnulla, saltem exsiccata, aegre distinguntur. — Exsicc.: Heldr. herb. norm. n. 481.

In collibus aridis regionis inferioris, in alpinam usque 2000 m. adscendens. Thessalia: pr. Kalabaka (Boissieu), Velestinos (Heldr.); Attica: pr. Athenas, mt. Corydalus, pr. Sunium (Heldr.); Aetolia: pr. Mesolongion (Reis.); Achaia: pr. Patras (Bois.), Kyllene (Orph.); Arcadia (Sibth.): mt. Maenalus (Heldr.); Messenia: mt. Diaforti, pr. Arcadia,

Methone (Chaub.); Laconia: pr. Androvista, mt. Taygetos (Chaub.), Malevo (Orph.); Cycladum insula Syra (Fors.); Creta: pr. Kissamos (Reverch.); Zante (Marg.); Cephalonia: pr. Argostoli, Aphrato, in oropedio Omalo ad Hagios Gerasimos et in cacumine mt. Aenos (Heldr.); Corcyra: mt. Deca, pr. Pelleca (Spreitz.); — sed loca nonnulla probabiliter ad speciem sequentem spectant. — Mart. Apr., in alp. usque Jun. ♃.

.. Pedicelli fructiferi non deflexi.

8. O. tenuifolium Guss. fl. sic. pr. I. p. 413; Link in Linnaea IX. p. 140; Bois. fl. or. V. p. 218; Heldr. chlor. Parn. p. 27; Gelmi in bull. soc. bot. it. 1889 p. 453; Hal. Beitr. fl. Achaia p. 33; Haussk. symb. p. 27. — *O. Gussonii* Ten. syll. p. 171. — Exsicc.: Sint it. thessal. n. 1476.

Bulbo ovato, simplici; scapo gracili 5—15 cm. alto, glabro; foliis 5—6, anguste linearibus vel filiformibus, planiusculis, concoloribus, glabris; racemo 2—12 floro, corymboso; pedicellis inferioribus 3—5 cm. longis, semper erecto-patulis; bracteis lanceolatis, acuminatis, pedicello duplo brevioribus; perigonii phyllis elliptico-vel lineari-lanceolatis, obtusis vel obtusiusculis, 10—15 mm. longis, dorso virentibus; filamentis perigonio dimidio brevioribus; capsula obovata, costis binatim approximatis, acutis.

In collibus saxosis regionis inferioris, in alpinam adscendens. Thessalia: ad monasterium Hagios Stephanos pr. Kalabaka (Sint.); mt. Parnassus pr. Livadi (Heldr.); Attica: pr. Athenas (Heldr.), mt. Hymettus (Reis.); Acrocorinthus (Orph.); Achaia: mt. Panachaicon, Olenos (Heldr.); Cycladum insula Kimolos (Leon.); Cephalonia: mt. Aenos (Bois.); Corcyra (Gelmi). — Mart. Jun. ♃.

9. O. umbellatum L. sp. p. 307; S. et S. pr. I. p. 230; Pieri corc. fl. p. 43; Ch. et B. exp. p. 100, Fl. pelop. p. 22; Marg. et R. fl. Zante p. 91; Fraas fl. class. p. 289; Bois. fl. or. V. p. 218. — *O. pater familias* Heldr. herb. norm. n. 785, teste Bois. l. c.; non Godr. not. fl. montp. p. 27, quod pedicellis post anthesin refractis gaudet. — Icon: Jacq. fl. austr. IV. t. 343.

Praecedenti omnibus partibus major; bulbo prolifero, scapo 20—30 cm. alto; foliis 4—6 mm. latis, crassiusculis, canaliculatis, albo-vittatis; pedicellis ad 8 cm. longis, post anthesim horizontaliter patentibus; capsula ovato-oblongo.

In cultis, lapidosis, a regione inferiore ad subalpinam. Attica: pr. Athenas (Heldr.); Cyclades (Sart.); indicatur quoque pr. Arcadia, Navarin et Methone Messeniae (Chaub.), in insula Zacyntho (Marg.) et in Corcyra (Pieri), sed determinatio mihi dubia videtur. — Mart. Apr. ♃· N. v.

×× Folia margine ciliata vel undique pilosa.

⊙ Scapus glaber; folia margine ciliata.

10. **O. comosum** L. amoen. IV. p. 312, Bois. fl. or. V. p. 216; Haussk. symb. p. 27. — Icon: Jacq. ic. pl. rar. II. t. 426.

Bulbo ovato, simplici; scapo 10—25 cm. alto, glabro; foliis 5—6, linearibus, 3—10 mm. latis, canaliculatis, concoloribus, margine minutissime ciliatis; racemo 4-multifloro, denique oblongo; pedicellis erecto-patulis, inferioribus 15—25 mm. longis; bracteis lanceolatis, acuminatis, pedicellum aequantibus vel superantibus; perigonii phyllis, elliptico-oblongis, obtusis vel obtusiusculis, 10—15 mm. longis, dorso late viridi-fasciatis; filamentis perigonio duplo brevioribus; capsula obovata, costis aequidistantibus, acutis. — Racemo demum oblongo, nec corymboso et foliis ciliatis ab omnibus antecedentibus statim diagnoscendum.

In montanis apricis. Thessalia: pr. monasterium Korona in Pindo dolopico (Haussk.); Attica: mt. Parnes (Heldr.), Pentelicon ad cacumen usque (Sart.), Hymettus (Haussk.). — Maio, Jun. ♃. N. v.

11. **O. collinum** Guss. ind. sem. hort. bocc. a. 1825, pr. fl. sic. I. p. 412; Freyn in Flora 1880 n. 2 p. 41 (sep.); non Koch syn. ed. 2 p. 281, quod = *O. Kochii* Parl. fl. it. II. p. 440, et ob folia glabra *O. tenuifolio* et *O. umbellato* magis affine est, a priori foliis albo-lineatis, ab altero habitu gracili et bulbo non prolifero discedens. — *O. umbellatum v. creticum* Rev. pl. cret. a. 1883, teste Freyn l. c. — Exsicc.: Weiss. pl. cret. a. 1867; Heldr. pl. fl. bellen. a. 1900 et 1901.

Bulbo ovato, simplici; scapo 3—10 cm. alto, glabro; foliis 5—12, angustissime linearibus, canaliculatis, albo-vittatis, margine longiuscule ciliatis; racemo 3-multifloro, expanso, corymboso; pedicellis erecto-patulis, inferioribus 3—5 cm. longis, post anthesin horizontaliter patentibus vel refractis; bracteis lanceolatis, pedicello triente vel duplo brevioribus; perigonii phyllis lineari-oblongis, obtusiusculis, 10—15 mm. longis, dorso late viridi-fasciatis; filamentis perigonio duplo brevioribus; capsula obovata, costis binatim approximatis, superne alatis. — Scapo humili, foliis angustis, albo-vittatis, longius ciliatis, inflorescentia ample corymbosa, pedicellis infimis patentissimis vel refractis a praecedente distinctissimum, et habitu magis *O. nano β. longipes* vel formis *O. tenuifolii* simile, a quibus autem foliis crebre ciliatis statim diagnoscitur.

In collibus saxosis regionis inferioris, rarissime. Cycladum insula Cythnos (Tunt.); Creta: pr. Canea (Weiss). — Mart. Apr. ♃.

OO Scapus pilosus rarius glaber; folia undique patule pilosa.

12. **O. fimbriatum** Willd. in neu. verh. nat. fr. Berlin III. p. 420; Ch. et B. exp. p. 100, Fl. gr. p. 22; Bois. fl. or. V. p. 221; Hal. beitr. fl. Achaia p. 33. — Icon: Bot. mag. t. 3077. — Exsicc.: Orph. fl. gr. n. 1079.

Bulbo ovato, simplici; scapo 2—8 cm. alto, patule vel retrorsum piloso; foliis 3—8, late linearibus, 4—8 mm. latis, planiusculis, concoloribus, undique patule pilosis; racemo 3-multifloro, laxe corymboso, expanso; pedicellis 2—3 cm. longis, erecto-patulis, fructiferis arcuatis, horizontaliter patulis vel subdeflexis; bracteis lanceolatis, pedicelloparum vel duplo brevioribus; perigonii phyllis oblongo-linearibus, obtusiusculis, 10—15 mm. longis, dorso late viridi-fasciatis; filamentis dimidium perigonium vix aequantibus; capsula obovata, costis binatim approximatis, alatis. — Indumento patule piloso egregium.

β. **decalvans.** — *O. fimbriatum v. ciliatum* Boissieu in bull. soc. bot. fr. 1896 p. 288; non Bois. fl. or. l. c., quod a typo foliis margine ciliatis tantum discedit. — Scapus glaber. — Exsicc.: N. v.

In saxosis regionis inferioris et montanae, rare. Boeotia: mt. Helicon (Orph.); ad sinum Saronicum Atticae et in isthmo Corinthiaco (Chaub.); Achaia: mt. Panachaicon (Hal.); Arcadia: ad Diaselo (Heldr.); — *β*. pr. Larmes Boeotiae (Boissieu). — Apr. Maio ♃.

b. Perigonium concolor, lacteum.

13. O. arabicum L. sp. p. 307; Bois. fl. or. V. p. 215. — *Caruelia arabica* Parl. nouv. gen. monoc. p. 22. — Icon: Red. lil. II. t. 63. — Exsicc.: Orph. fl. gr. n. 830.

Glabrum; bulbo magno, ovato; scapo crasso, elato, 30—60 cm. alto; foliis late linearibus, subcanaliculatis; racemo brevissimo, densiusculo, corymboso; pedicellis erecto-patulis, 4—7 cm. longis; bracteis late triangulari-lanceolatis, pedicello subbrevioribus; perigonio maximo, phyllis ovatis, obtusis, concavis, 20—25 mm. longis, externis carinatis, mucronatis et obsolete trilobulatis; filamentis perigonio 4 plo brevioribus; capsula obovata, costis aequidistantibus, subalatis. — Species pulcherrima, nulla alia comparanda.

In locis herbidis, argillosis regionis inferioris insulae Chios pr. Mezaria (Orph.), extra ditionem nostram, sed forsitan in hac etiam reperiendum. — Apr. Maio. ♃.

2. Sectio. *Myogalum* Link handb. gew. I. p. 163. — Filamenta omnia vel tria apice tridentata.

14. O. nutans L. sp. p. 308; Ch. et B. exp. p. 99. Fl. pelop. p. 22; Friedr. Reise p. 267; Fraas fl. class. p. 289; Raul cret. p. 867. — *Myogalum nutans* Link l. c. p. 164. — *Albucea nutans* Rchb. fl. germ. exc. p. 110. — Icon: Jacq. fl. austr. IV. t. 301. — Exsicc.: Reverch. pl. cret. n. 268.

Glabrum; bulbo ovato, simplici; scapo elato, 30—50 cm. alto; foliis late linearibus, canaliculatis; racemo 3—12 floro, secundo, demum elongato; floribus maximis, pedicellis eis multo brevioribus suffultis, demum pendulis; bracteis lanceolato-acuminatis, pedicello longioribus; perigonii phyllis 25—30 mm. longis, oblongo-lanceolatis, acutiusculis, dorso late viridibus; filamentis dilatatis, apice tridentatis, dente intermedio antherifero; capsula ovata.

β. **prasandrum** Griseb. spic. II. p. 390 pro sp.; Baker in journ. linn. soc. XIII. p. 272; Bois. fl. or. V. p. 213. — Gracilior, perigonii phyllis angustioribus, staminibus brevioribus simplicibus. — Exsicc.: Orph. fl. gr. n. 194; Sint. it. thessal. n. 550.

In arvis, cultis, silvaticis regionis inferioris et montanae: Attica: ad Cephissum (Friedr.), in oliveto Athenarum (Heldr.); Messenia: pr. Methone, Corone (Chaub.); Creta: pr. Canea (Raul.), Kissamos (Rev.); — β. Thessalia: pr. Vitomo in Pindo tymphaeo (Sint.); Attica: pr. Athenas (Orph.), in regione abietina mt. Parnes (Heldr.); Laconia: pr. Megali Anastasova (Zahn). — Apr. Jun. ♃.

10. Scilla L. gen. n. 419.

a. Flores vernales.

α. Ovarium obtuse 6 costatum, ad basin foris 3 nectarifluis instructum.

1. S. hyacinthoides L. syst. veg. ed. 13 p. 272; Raul. cret p. 867; Bois. fl. or. V. p. 225. — *Nectaroscilla hyacinthoides* Parl. nuov. gen. e sp. monoc. p. 27. — Icon: Rchb. germ. f. 1016. — Exsicc.: Orph. herb. n. 3379 (Chios); Spreitz. it. jonic. a. 1878.

Bulbo magno, scapo solitario, elato, 40—80 cm. alto, crassiusculo, glabro; foliis 10—12, lanceolato-linearibus, 15—30 mm. latis, breviter acutatis, planis, margine minutissime ciliatis; racemo cylindrico-conico, multifloro, demum longissimo, laxo; pedicellis flore 3—5 plo longioribus, patentibus, bractea minutissima deltoidea suffultis, perigonii violaceo-coerulei phyllis patentibus, elliptico-lanceolatis, obtusis; filamentis subulatis, perigonio subbrevioribus; antheris violaceis; ovarii loculis biovulatis; seminibus non arillatis.

In collibus saxosis, rarissime. Corcyra: ad Mon Repos (Spreitz.); Creta (Olivier). — Apr. Maio. ♃.

β. Ovarium obtuse trigonum, foris nectarifluis carens.

2. S. messeniaca Bois. diagn. VII. p. 226, Fl. or. V. p. 226. — *S. amoena* S. et S. pr. I. p. 232; Ch. et B. exp. p. 101, Fl. pelop. p. 23; Friedr. Reise p. 282; non L. — Exsicc.: Heldr. herb. norm. n. 1385.

Bulbo magno; scapis 1—5, gracilibus, glabris, 10—20 cm. altis; foliis 4—7, linearibus, 10—15 mm. latis, breviter acutatis, planis, margine laevibus; racemo ovato-oblongo, 7—14 floro, densiusculo; pedicellis erecto-patulis, flore aequilongis vel vix longioribus, bractea minutissima deltoidea suffultis; perigonii azurei phyllis subpatentibus, linearibus, obtusis; filamentis a basi dilatata sensim attenuatis, perigonio subbrevioribus; antheris coeruleis; ovarii loculis biovulatis; seminibus ignotis.

In saxosis herbidis regionis inferioris et montanae. Arcadia: mt. Diaforti (Chaub.), pr. Bassae (Friedr.); Messenia: in valle Nedon pr.

Kalamata (Zahn); Laconia (Sibth.): ad radices mt. Taygetos (Chaub.).
— Febr. Apr. ♃.

3. **S. bifolia** L. sp. p. 309; S. et S. pr. I. p. 232 p. p.; Ch. et B. exp. p. 102, Fl. pelop. p. 23; Bois. fl. or. V. p. 227; Hal. in ö. b. Z. 1896 p. 18; Bald. riv. coll. bot. alb. 1896 p. 95; Form. in D. bot. Mon. 1898 p. 77; Heldr. chlor. Thera p. 23. — *S. nivalis* Bois. diagn. V. p. 63; Ung. Reise p. 118; Spreitz. in z. b. G. 1877 p. 732. — = *S. bifolia v. nivalis* Bak. in journ. linn. soc. XIII. p. 239; Bois. fl. or. V. p. 227; Hal. Beitr. fl. Epir. p. 46, Beitr. fl. Achaia p. 33. — = *S. bifolia v. minor* Bois. in Heldr. fl. cephal. p. 70. — (Forma minimae dignitatis, typo saepius, sed non semper gracilior, racemo depauperato, pedicellis interdum bractea minuta deltoidea suffultis, ad eum sine limites transiens). — *Adenoscilla bifolia* Gr. et Godr. fl. fr. III. p. 187. — Icon: Jacq. fl. austr. II. t. 117. — Exsicc.: Heldr. herb. norm. n. 1585; Dörfl. fl. gr. n. 358.

Bulbo mediocri; scapo saepissime solitario, gracili, glabro, 5—25 cm. alto; foliis 2, rarissime 3, linearibus, 2—6 mm. latis, canaliculatis, apice obtusiusculo subconvolutis, margine laevibus; racemo 1—8 floro, laxo; pedicellis erecto-patulis, flore aequilongis vel inferioribus 3—5 plo longioribus, bractea nulla vel interdum minutissima deltoidea suffultis; perigonii azurei phyllis subpatentibus oblongo-ellipticis, obtusis; filamentis a basi dilatata sensim attenuatis, perigonio tertia parte brevioribus: antheris coeruleis; ovarii loculis 5—6 ovulatis; seminibus basi arillo obsitis.

β. **polyphylla** Bois. fl. or. V. p. 228; Hal. in ö. b. Z. 1896 p. 18. — Folia 4—5. — Exsicc.: Heldr. et Hal. fl. aeg. a. 1889.

γ. **subnivalis** Nym. consp. p. 730 pro sp. — Plerumque robustior, folia 2—5, racemus ad 12 florus, pedicelli saepissime bractea lanceolato-setacea, rarius deltoidea vel obsoleta suffulti. — Intermediis ad typum transit. — Exsicc.: Orph. fl. gr. n. 314; Heldr. herb. norm. n. 82 et 1291.

In dumosis regionis montanae et praesertim alpinae, ubi cum *Croci* et *Corydalis* speciebus, saepe in consortio *Anemonis blandae* et *Ficariae ficarioidis*, ad nives deliquescentes vegetationem decoram constituit. Epirus: mt. Micikeli (Bald.), Peristeri, Tsumerka (Hal.); Aetolia: mt. Korax (Heldr.); Attica: mt. Parnes (Heldr.); Euboea: mt. Dirphys (Ung.), Ocha (Heldr.); Achaia: mt. Panachaicon (Heldr.), Chelmos (Hal.), Kyllene (Orph.); Arcadia (Sibth.): mt. Maenalus (Heldr.); Laconia: mt. Malevo (Leon.), mt. Taygetos, pr. Vitilos, Chimova (Chaub.); Cycladum insula Thera (Heldr.); Cephalonia: mt. Aenos (Ung.); — β. insula Melos (Leon.); — γ. Thessalia: mt. Pelion (Heldr.); Attica: mt. Pentelicon (Orph.), Parnes (Heldr.). — Mart. Aug. ♃.

b. Flores autumnales.

4. **S. autumnalis** L. sp. p. 309; S. et S. pr. I. p. 232; Pieri corc. fl. p. 44; Sieb. avis p. 3, rem. p. 3; Ch. et B. exp. p. 102, Fl.

pelop. p. 23; Marg. et R. fl. Zante p. 90; Friedr. Reise p. 263; Fraas fl. class. p. 285; Clem. sert. p. 91; Raul. cret. p. 867; Bois. fl. or. V. p. 224; Bald. riv. coll. bot. alb. 1895 p. 72; Heldr. fl. Aegina p. 393. — *S. Holzmannia* Heldr. fl. Aegina p. 393, chlor. Mykon p. 252; f. foliis synanthiis vel subsynanthiis, notae aliae differentiales, ab auctore indicatae, veluti „bulbus major, folia prostrata planiuscula, scapus adscendens, racemus densior, pedicelli fructiferi elongati secundi, perigonium minus, campanulatum", aut minimae dignitatis sunt, aut e. g. quoad semina, quae cymbaeformia dicuntur, perperam observatae videntur. — Icon: Red. lil. t. 317. — Exsicc.: Orph. herb. n. 719; Sint. it. or. a. 1889 n. 1940; Heldr. herb. norm. n. 1492 (*S. Holzmannia*); Dörfl. fl. aeg. n. 441.

Bulbo ovato; scapis 1—3, gracilibus, erectis vel adscendentibus, 5—20 cm. altis, inferne scabridulis; foliis 4—8, anguste linearibus, subcanaliculatis, acutiusculis, margine scabridulis; racemo plurifloro, ineunte anthesi subcorymboso, dein elongato, laxo; pedicellis adscendentibus, flore aequilongis vel subduplo longioribus; bracteis nullis; perigonii lilacini phyllis subpatentibus, lineari-oblongis, persistentibus; filamentis perigonio subbrevioribus; antheris obscure lilacinis; ovarii obtuse trigoni, loculis biovulatis; seminibus obovatis, subtrigonis, non arillatis.

In collibus saxosis regionis inferioris et montanae. Epirus: pr. Dodona (Bald.); Thessalia: pr. Litochori (Sint.); Attica: mt. Hymettus pr. Caesariani (Fraas), ad Phaleron (Leonis); Corinthus (Chaub.); Argolis (Sibth.): pr. Epidaurus (Chaub.); Messenia: pr. Navarin, Methone(Chaub.); Laconia: pr. Gythium (Psarid.); insula Aegina (Heldr.), Keos, Delos, Rhenea, Mykonos (Tunt.), Syra, Naxos (Leon.); Creta: pr. Phre, in planitie Lassiti (Raul.); Zante (Marg.); Corcyra (Pieri). — Sept. Nov. ♃.

11. Urginea Steinh. in ann. sc. nat. 1834 p. 321.

1. **U. maritima** L. sp. p. 308; S. et S. pr. I. p. 231; Pieri corc. fl. p. 43; Dallap. prosp. p. 48; Sieb. avis p. 3, rem. p. 3; Urv. enum. p. 39; Ch. et B. exp. p. 101, Fl. pelop. p. 22; Marg. et R. fl. Zante p. 90; Friedr. Reise p. 275; Fraas fl. class. p. 285; Clem. sert. p. 91; Heldr. Nutzpfl. p. 7; Raul. cret. p. 867; Spreitz. in z. b. g. 1877 p. 732, 1887 p. 670; (*Scilla*); Bak. in journ. linn. soc. XIII. p. 221; Bois. fl. or. V. p. 224; Heldr. fl. Aegina p. 393, chlor. Thera p. 23, chlor. Mykon. p. 252. — *U. scilla* Steinh. l. c. p. 330; Heldr. fl. cephal. p. 70; Gelmi in bull. soc. bot. it. 1889 p. 453; Form. in Ver. Brünn 1895 p. 21. — Icon: Red. lil. t. 116. — Exsicc.: Heldr. herb. fl. hell. a. 1894.

Bulbo maximo; scapo crasso, elato, 40—100 cm. alto, glabro; foliis hysteranthiis, lanceolatis, 4—8 cm. latis, acutis, glabris; racemo floribundo, praelongo, cylindrico-conico, ebracteato; pedicellis adscendentibus, flore aequilongis vel duplo longioribus; perigonii albi, viridi-vel purpureostriati phyllis lineari-oblongis, obtusis, persistentibus; filamentis perigonio subbrevioribus; antheris flavis; ovarii loculis 3—4 spermis; seminibus compressis, alatis.

In arenosis maritimis, in colles regionis montanae saepe adscendens per totam ditionem. Aug. Oct. ♃.

Obs. *U. undulata* Desf. fl. atl. I. p. 300 (*Scilla*); Steinb. in ann. sc. nat. 1834 I. p. 330. — Colitur hinc inde in hortis.

12. Allium L. gen. n.

Dispositio specierum.

1. Sectio. *Porrum* Don. in mem. wern. nat. hist. soc. VI. p. 4. — Filamenta tria interiora tricuspidata, cuspidibus filiformibus vel setaceis, intermedia antherifera.
  a. Umbella non bulbillifera.
    α. Filamenta exserta.
      × Folia plana, carinata.
        ◯ Flores albi.
          1. A. leucanthum C. Koch.
        ◯◯ Flores rosei vel purpurei.
          2. A. ampeloprasum L.   **3. A. descendens** L.
      ×× Folia semiteretia, saepe fistulosa.
        ◯ Scapus ad umbellam usque foliatus.
          4. A. chamaespathum Bois.
        ◯◯ Scapus ad medium circiter foliatus.
          . Pedicelli externi flore 2—3 plo, interni eo pluries longiores; spatha cito decidua.
            5. A. confusum Hal.   **6. A. margaritaceum** S. et S.
          .. Pedicelli externi flore breviores vel aequilongi, interni eo 2—3 plo tantum longiores; spatha persistens.
            ; Flores albi.
              7. A. arvense Guss.
            ;; Flores purpurei vel purpureo-vittati.
              8. A. sphaerocephalum L.   **9. A. rubrovittatum** Bois. et Heldr.
    β. Filamenta inclusa.
      × Perigonium breviter campanulatum, ad 5 mm. usque longum, phyllis ovatis vel oblongis.
        10. A. rotundum L.   **11. A. gomphrenoides** Bois. et Heldr.
      ×× Perigonium longe campanulatum, ad 1 cm. usque longum, phyllis lanceolato-attenuatis.
        12. A. Heldreichii Bois.
  b. Umbella bulbillifera.
    α. Folia plana.
      13. A. scorodoprasum L.
    β. Folia semicylindrica, fistulosa.
      14. A. assimile Hal.

2. Sectio. *Haplostemon* Bois. fl. or. V. p. 249. — Filamenta omnia simplicia rarissime tria interiora basi utrinque denticulo aucta.

a. Folia filiformia vel anguste linearia, canaliculata, interdum fistulosa; scapus ad tertiam partem vel ultra foliatus.
  α. Spatha erostris vel breviter rostrata, umbellam non vel vix superans.
    × Folia fistulosa.
          15. A. sibiricum L.
    ×× Folia non fistulosa.
      ○ Bulbi tunicae non reticulatim-fibrosae.
       . Antherae et stylus inclusae.
16. A. meteoricum Heldr. et Haussk. **17. A. frigidum** Bois. et Heldr.
          18. A. maritimum Raf.!
       .. Antherae et stylus exsertae.
19. A. staticiforme Sibth. **20. A. phalereum** Heldr. et Sart.
      ○○ Bulbi tunicae reticulatim fibrosae.
         21. A. moschatum L. **22. A. Cupani** Raf.
  β. Spatha rostrata, umbellam aequans vel saepissime longe superans.
    × Filamenta perigonio longiora.
        23. A. stamineum Bois. **24. A. Guicciardii** Heldr.
    ×× Filamenta perigonio breviora vel eo aequilonga.
      ○ Scapus ad umbellam usque foliatus; spatha univalvis.
          25. A. callimischon Link.
      ○○ Scapus ad medium usque foliatus; spatha bivalvis.
        . Folia glabra (cf. *A. paniculatum* β).
          ; Flores rosei vel albi.
            , Scapus 10—20 cm. altus; umbella 5—18 flora.
              26. A. parnassicum (Bois.)
            ,, Scapus elatus, 30—80 cm. altus; umbella multiflora.
        27. A. paniculatum L. **28. A. pallens** L.
          ;; Flores straminei.
            29. A. luteolum Hal.
        .. Folia vaginisque pilis patentibus villosa.
            30. A. pilosum S. et S.
b. Folia plana; spathae valvae latae, vix caudatae; bulbi tunicae in fibras non solutae; scapus plerumque ima basi tantum foliatus.
  α. Ovula in loculis 2, collateralia.
    × Scapus pygmaeus; folia pilosa.
        31. A. chamaemoly L. **32. A. circinnatum** Sieb.
    ×× Scapus elatior, 10—60 cm. altus.
      ○ Folia ciliata.
       . Genitalia inclusa.
         33. A. subhirsutum L. **34. A. trifoliatum** Cyr.
       .. Genitalia exserta.
          35. A. Clusianum Retz.
      ○○ Folia glabra.
        . Bulbi tunicae externae non perforatae; flores albi.
          ; Spatha persistens; pedicelli patentes vel stricti.
    36. A. neapolitanum Cyr. **37. A. phthioticum** Bois. et Heldr.
          ;; Spatha decidua; pedicelli unilateraliter penduli.
            38. A. triquetrum L.

.. **Bulbi tunicae externae alveolis rotundis crebris perforatae; flores rosei.**
  39. A. roseum L.
β. Ovula in loculis 3—10, biseriata.
  40. A. Cyrilli Ten.   **41. A. nigrum** L.

1. Sectio. *Porrum* Don. in mem. wern. nat. hist. soc. VI. p. 4.
— Filamenta tria interiora tricuspidata, cuspidibus filiformibus vel setaceis, intermedia antherifera.
  a. Umbella non bulbillifera.
    α. Filamenta exserta.
      × Folia plana, carinata.
        ○ Flores albi.

1. **A. leucanthum** C. Koch in Linnaea XXII. p. 240. — *A. ampeloprasum v. leucanthum* Reg. allior. monogr. p. 54; Bois. fl. or. V. p. 232. — *A. Wildii* Heldr. in atti congr. Firenze 1876 p. 232. — Huc probabiliter spectat: *A. multiflorum* Marg. et R. fl. Zante p. 91, non Desf., nec DC. — Exsicc.: Heldr. pl. fl. hellen. a. 1900.

Bulbo ovato, bulbillos stipitatos edente, tunicis scariosis; scapo tereti, elato, robusto, usque ad tertiam partem foliato; foliis planis, carinatis, late linearibus, carina marginequeque apicem versus scabriusculis; spatha univalvi, late ovata, decidua, umbella breviore; umbella multiflora, subglobosa, densa, 6—7 cm. diametro; pedicellis subaequalibus, flores pluries superantibus; perigonii albi, campanulati, phyllis oblongo-lanceolatis, obtusiusculis, carinatis, dorso scabridulis; filamentis perigonio longioribus, tribus interioribus tricuspidatis, cuspide intermedia lateralibus cirrhoso-contortis breviore, lamina filamenti subaequilonga; stylo longe exserto, ovarium aequante. — *A. ampelopraso* L. valde affinis, ab eo floribus lacteis, perigonii phyllis angustioribus, filamentis longioribus et stylo ut videtur semper longius exserto distinctum.

In cultis incultisque regionis inferioris. In insula Prasu-Euboeam septentrionalem pr. Kurbatzi adjacente (Wild), insula Cythnos Cycladum (Heldr.) et in insula Zacynthus (Marg., teste Bois.). — Apr. Maio. ♃.

  ○○ Flores rosei vel purpurei.

2. **A. ampeloprasum** L. sp. p. 294; S. et S. pr. I. p. 221, Fl. gr. IV. p. 11 t. 312; Fraas fl. class. p. 290; Weiss in z. b. G. 1869 p. 755; Bois. fl. or. V. p. 232; Haussk. symb. p. 29. — *A. pylium* Notar. ind. sem. hort. gen. a. 1843, in Linnaea XVIII. p. 157 (f. gracilior, flores minores, minus numerosi. — *A. thessalum* Bois. in Orph. pl. exs. a. 1857. — Exsicc.: Heldr. reliqu. Orph. a. 1886, pl. fl. bellen. a. 1900.

Bulbo ovato, bulbillos subsessiles, tunica communi scariosa inclusis edente; scapo tereti, elato, robusto, usque ad medium foliato; foliis planis, carinatis, late linearibus, carina marginequeque apicem versus scabriusculis; spatha univalvi, late ovata, decidua, umbella subbreviore;

umbella multiflora, subglobosa, densa, 4—7 cm. diametro; pedicellis subaequalibus, flores pluries superantibus; perigonii rosei vel purpurei, campanulati, phyllis ovato-lanceolatis, obtusiusculis, carinatis, dorso laevibus vel scabridulis; filamentis perigonio paulo longioribus, tribus interioribus tricuspidatis, cuspide intermedia lateralibus cirrhoso-contortis breviore, lamina filamenti subaequilonga; stylo exserto, ovarium subaequante.

β. **pruinosum** Bois. fl. or. V. p. 233. — Perigonium totum dorso pruinoso-scabridum; filamenta longius exserta. — Exsicc.: N. v.

In campis, olivetis, dumosis regionis inferioris et montanae. Thessalia: ad radices mt. Olympus (Orph.), mt. Pelion supra Volo (Haussk.); Attica (Fraas): pr. Tatoi (Hal.); Achaia: mt. Omplo pr. Patras (Heldr.); Messenia: pr. Pylos (Ciocca); Cylades (Sibth.): insula Andros, Tenos (Fraas), Cythnos (Tunt.), Syra (Weiss); — β. Attica: in Pharmacusarum insula Arpedoni (Heldr.). — Apr. Jul. ♃.

Obs. *A. porrum* L. sp. p. 295; Dall. prosp. p. 47; Marg. et R. fl. Zante p. 85; Fraas fl. class. p. 290; Raul. cret. p. 868; Heldr. fl. cephal. p. 71. — Probabiliter forma, bulbo saepius simplici et spatha calyptraeformi longe acuminata, e cultura orta praecedentis, in usum culinarem frequenter colitur.

3. **A. descendens** L. sp. p. 298; S. et S. pr. I. p. 224, Fl. gr. IV. p. 15 t. 316; Fraas fl. class. p. 290; Raul. cret. p. 868; Bois. fl. or. V. p. 236; Heldr. chlor. Parn. p. 27; Bald. riv. coll. bot. alb. 1896 p. 92; Haussk. symb. p. 29. — *A. segetum* Jan. in Schult. syst. VII. p. 1020. — *A. Rollii* Terrac. in malpigh. 1890 p. 289 t. 11. — *A. atroviolaceum* Hal. beitr. fl. epir. p. 41, non Bois. — Exsicc.: Orph. fl. gr. n. 837; Sint. it. thessal. n. 822 (specim. luxuriantia); Dörfl. fl. gr. n. 244.

Bulbo ovato, simplici vel bulbillos longe stipitatos, intra tunicas adscendentes ·edente; scapo tereti, saepius elato et robusto, usque ad medium foliato; foliis planis, carinatis, linearibus, laevibus; spatha univalvi, late ovata, decidua, umbella breviore; umbella multiflora, globosa, densa, 25—60 mm. diametro, demum difformi; pedicellis inaequalibus, saepe purpureis, exterioribus brevibus, flore aequilongis, interioribus sensim longioribus, centralibus demum saepe valde elongatis, flores pluries superantibus, veluti umbellam superpositam formantibus; perigonii saturate violaceo-purpurei vel virenti-purpurei, campanulati, phyllis oblongo-linearibus, obtusiusculis, carinatis, laevibus; filamentis perigonio longioribus, tribus interioribus tricuspidatis, cuspide intermedia lateralibus cirrhosocontortis breviore, laminam filamenti aequante; stylo exserto, ovarium aequante. — Species pedicellis floribusque obscure vel virescenti-purpureis, pedicellis externis abbreviatis, deflexo-pendulis, flores steriles gerentibus, centralibus fructiferis demum saepius valde elongatis, fere umbellam alteram superpositam formantibus, egregia.

In cultis, dumosis regionis inferioris et montanae. Epirus: pr. Janina (Bald.), Kalarrytes ad radices mt. Peristeri (Hal.); Thessalia.

mt. Karava, pr. Kalabaka (Haussk.); Aetolia: pr. Mesolongion (Heldr.); mt. Parnassus (Orph.); Achaia: mt. Omplo pr. Patras (Heldr.); Laconia: mt. Malevo pr. Hagios Joannes (Orph.), Anavryti (Heldr.); in Tzakonia (Fraas); Archipelagus (Sibth.); Creta: pr. Guves, Potamies (Raul.). — Maio, Jul. ♃.

×× Folia semiteretia, saepe fistulosa.
○ Scapus ad umbellam usque foliatus.

4. A. chamaespathum Bois. diagn. VII. p. 113, Fl. or. V. p. 238; Heldr. fl. cephal. p. 71, Fl. Aegina p. 394; Nym. consp. p. 737. — Exsicc.: Heldr. herb. norm. n. 3 et 1196.

Bulbo ovato, simplici, tunicis membranaceis; scapo tereti, crassiusculo, 20—60 cm. alto; foliis sub anthesi emarcidis, vaginis longissimis, lamina tereti, fistulosa, suprema spathae more umbellam basi amplectante, reflexa, spatham ipsam univalvem, a basi ovatam subulato-convolutam includente; umbella multiflora, globosa, majuscula; pedicellis subaequalibus, flore 3—4 plo longioribus; perigonii albido-virentis, campanulati, phyllis oblongo-linearibus, obtusis, laevibus; filamentis perigonio longioribus, tribus interioribus tricuspidatis, cuspide intermedia lateralibus longiore, lamina filamenti paulo breviore; stylo exserto. — Species ad umbellam usque foliato eximia.

In collibus saxosis regionis inferioris et montanae. Attica: mt. Lycabettus, pr. Stadium (Heldr.), mt. Hymettus (Sprun.), insula Aegina (Nym.); Laconia: mt. Taygetos (Psarid.); Creta: mt. Ida (Heldr.); Zante (Bois.); Cephalonia: pr. Kastro, Palaeokastro pr. Lixuri (Heldr.). — Sept. Oct. ♃.

○○ Scapus ad medium circiter foliatus.
. Pedicelli externi flore 2—3 plo, interni eo pluries longiores; spatha cito decidua.

5. A. confusum. — *A. segetum* Freyn et Sint. in Sint. it. thessal. n. 1191; non Jan. in Schult. syst. VII. p. 1020, quod teste Guss. fl. sic. syn. I. p. 392 et Parl. fl. it. II. p. 567 synonymum *A. descendentis*. — *A. Wildii* Haussk. symb. p. 29; non Heldr., quod iam foliis late linearibus planis egregie discedit. —

Bulbo ovato, bulbillos subsessiles, tunica communi scariosa, demum fibroso-laciniata inclusis, edente; scapo tereti, elato, crassiusculo, 60—80 cm. alto, ad medium circiter foliato; foliis semiteretibus, fistulosis; spatha cito decidua; umbella mulfiflora, globosa, densa, 35—55 mm. diametro; pedicellis inaequalibus, exterioribus flore 2—3 plo longioribus, interioribus valde elongatis, flores pluries superantibus, usque 5 cm. longis; perigonii majusculi, campanulati phyllis oblongo-linearibus, obtusis, laevibus, albis, carina saepius pallide flavescentibus; filamentis perigonio paulo longioribus, tribus interioribus tricuspidatis, cuspide intermedia lateralibus subbreviore, lamina filamenti aequilonga; stylo exserto. — Characteribus *A. margaritaceo* affinis, sed omnibus partibus robustior, scapus crassior et altior, folia fistulosa, umbella et flores duplo majores, filamentorum interiorum cuspis antherifera lateralibus paulo brevior.

In nemorosis, inter frutices regionis montanae. Thessalia: pr. Malakasi, monasterium Korona (Haussk.), in fauce Karava (Sint.). — Jun. Jul. ♃.

6. A. margaritaceum S. et S. pr. I. p. 224. Fl. gr. IV. p. 14 t. 315; Ch. et B. exp. p. 97, Fl. pelop. p. 21; Link in Linnaea IX. p. 139 et 569; Marg. et R. fl. Zante p. 91; Weiss in z. b. G. 1869 p. 755; Bois. fl. or. V. p. 239; Heldr. fl. cephal. p. 81, in ö. b. Z. 1898 p. 185, chlor. Thera p. 23; Hal. in z. b. G. 1888 p. 762, Beitr. fl. epir. p. 41, Beitr. fl. aetol. p. 10, in ö. b. Z. 1896 p. 19; Form. in Ver. Brünn 1895 p. 21; Bald. riv. coll. bot. alb. 1895 p. 72; Haussk. symb. p. 29. — *A. Frivaldszkyanum* Kunze in Linnaea XVI. p. 311. — *A. densiflorum* Hampe in Flora XXV. p. 80. — Exsicc. Orph. fl. gr. n. 240 et 1190; Bald. it. alb. epir. III. n. 93; Dörfl. fl. gr. n. 246.

Bulbo ovato, simplici, tunicis scariosis, demum fibroso-laciniatis; scapo tereti, saepius gracili, 15—60 cm. alto, ad medium circiter foliato; foliis semicylindricis, superne canaliculatis; spatha ovata, cito decidua; umbella multiflora, globosa, densa, 10—35 mm. diametro; pedicellis inaequalibus, exterioribus flore subduplo longioribus, interioribus elongatis, flores pluries superantibus, usque 3 cm. longis; perigonii parvi, campanulati phyllis oblongo-linearibus, obtusis, laevibus, albis, carina virentibus; filamentis perigonio longioribus, tribus interioribus tricuspidatis, cuspide intermedia lateralibus multo breviore, filamenti laminam subaequante; stylo exserto.

β. **guttatum** Stev. in mem. mosc. II. p. 173; Urv. enum. p. 38; Ch. et B. exp. p. 97, Fl. pelop. p. 21; Marg. et R. fl. Zante p. 91; pro sp.; Gay in ann. mus. hist. nat. ser. 3 VIII. p. 223. — Perigonii phylla carina intense violacea. — Formis intermediis, carina violescenti vel viridi-violescenti, ad typum transit. — Exsicc.: Heldr. pl. fl. hell. a. 1899.

In collibus saxosis, arenosis maritimis, olivetis regionis inferioris et montanae. Epirus: pr. Prevesa (Bald.), Kalentini (Hal.); Thessalia: pr. Orman Magula, Aivali, mt. Pelion (Haussk.); Acarnania: pr. Agrinion (Hal.); Aetolia (Samar.); Doris: pr. Amphissa (Hal.), mt. Parnassus pr. Agoriani (Leon.); Attica: pr. Kephissia, mt. Hymettus (Heldr.); Messenia: pr. Arcadia, in valle fl. Alpheus, pr. Francovritzi, Chimova, Kalamata (Chaub.); Laconia: mt. Taygetos (Zahn); Achaia: mt. Klokos supra Phteri (Orph.); Cycladum insula: Tenos, Jos, Pantelonisi pr. Antiparos, Thera (Heldr.), Syra (Weiss), Aspronisi pr. Syra (Reiss.), Naxos, Cimolos (Sibth.); Zante (Link); Cephalonia (Letourn.); Corcyra: pr. urbem (Hal.), pr. Analypsis (Form.); — *β*. Elis: pr. Lintzi (Heldr.); Arcadia: mt. Diaforti (Chaub.); Cycladum insula Syra (Urv.); Zante (Marg.). — Maio, Jul. ♃.

.. Pedicelli externi flore breviores vel aequilongi, interni eo 2—3 plo tantum longiores; spatha persistens.
; Flores albi.

7. A. arvense Guss. ind. sem. hort. boccad. a. 1825, pr. fl. sic. I. p. 403; Heldr. fl. cephal. p. 71, chlor. Parn. p. 27; Form. in Ver. Brünn 1895 p. 21. — *A. sphaerocephalum viridialbum* Tin. cat. horn. pan. 1827 p. 275; Bois. fl. or. V. p. 236. — Exsicc.: Heldr. herb. fl. hellen. a. 1877; Sint. et Bornm. it. turc. n. 1499.

Bulbo bulbillos longe stipitatos, intra tunicas adscendentes edente; scapo tereti, elato, 30—60 cm. alto, ad medium foliato; foliis semiteretibus basi fistulosis, superne canaliculatis; spatha bivalvi, late ovata, breviter mucronata, umbella breviore, persistente; umbella multiflora, globosa, densa, 20—25 mm. diametro; pedicellis externis flore brevioribus, internis eo 2—3 plo longioribus; perigonii campanulati phyllis ovato-oblongis, obtusis, albis, carina laevibus; filamentis perigonio sublongioribus, tribus interioribus tricuspidatis, cuspide intermedia laterales aequante vel subsuperante, filamenti lamina duplo breviore; stylo exserto.

β. **trachypus** Bois. diagn. VII. p. 114; Hal. in ö. b. Z. 1890 p. 41; pro sp. — *A. sphaerocephalum v. trachypus* Bois. fl. or. V. p. 236. — Perigonii phylla dorso, praesertim ad carinam scabrida. — Exsicc.: Sint. it. or. a. 1889 n. 1864.

In collibus saxosis, dumosis regionis inferioris et montanae. Epirus: pr. Prevesa (Form.); Thessalia: in valle Megarema pr. Litochori in Olympo (Sint.); Attica: mt. Parnes pr. Tatoi (Heldr.); mt. Parnassus (Heldr.); Cephalonia: in oropedio Omala pr. Karavias (Heldr.); — β. Thessalia: pr. Hagios Dionysios in Olympo (Sint.); Argolis: pr. Nauplia (Sprun.). — Jul. Sept. ♃.

;; Flores purpurei vel purpureo-vittati.

8. A. sphaerocephalum L. sp. p. 297; Bois. fl. or. V. p. 236; Form. in D. bot. Mon. 1890 p. 10, in Ver. Brünn 1896 p. 28, 1897 p. 25; Haussk. symb. p. 25. — Icon: Fl. dan. t. 2111. — Exsicc.: Orph. fl. gr. n. 839.

Bulbo ovato, bulbillos longe stipitatos, intra tunicas adscendentes edente: scapo tereti, gracili, 30—50 cm. alto, ad medium foliato; foliis semiteretibus, basi fistulosis, superne canaliculatis; spatha bivalvi, late ovata, breviter mucronata, umbella breviore, persistente; umbella multiflora, globosa, densa, 20—25 mm. diametro; pedicellis externis flore brevioribus, internis eo 2—3 plo longioribus; perigonii campanulati phyllis ovato-oblongis, obtusis, purpureis, dorso scabridulis, rarius laevibus; filamentis perigonio longioribus, tribus interioribus tricuspidatis, cuspide intermedia laterales aequante vel subsuperante, filamenti lamina duplo breviore; stylo exserto. — Floribus purpureis subminoribus tantum a praecedente discedit. —

β. **aegaeum** Heldr. et Hal. in Heldr. herb. norm. n. 1090, in ö. b. Z. 1898 p. 185, in z. b. G. 1899 p. 195; pro sp. — Caulibus flexuosis, nec strictis, crassioribus brevioribusque; umbella saepius pauciflora; flores laete purpurei. — Exsicc.: Heldr. l. c.; Dörfl. fl. aeg. n. 165.

In collibus saxosis, arenosis maritimis, dumosis regionis inferioris et montanae. Thessalia: pr. Kalabaka, Korona (Haussk.), pr. Malakasi in Pindo, pr. Hagios Elias, Kerasia Sina, Hagia Paraskevi et Kucuro in mt. Chassia, pr. Trikala, Kastri, Palaeokastro, Velestinos, Volo, Kapurna, mt. Pelion, pr. Larissa, pr. Spilia et Ambelakia in mt. Ossa, pr. Miluna, Patsios, Tafilvris in mt. Olpmpus, inter Litochoron et Skala (Orph.), pr. Katasara in mt. Othrys, pr. Ruso, Stylida (Form.); Argolis: in peninsula Methana (Haussk.); — β. insula Naxos (Leon.). — Jun. Jul. ♃.

9. **A. rubrovittatum** Bois. et Heldr. diagn. XIII. p. 29, Fl. or. V. p. 234; Raul. cret. p. 868; Bald. viagg. Creta p. 94. — Exsicc.: Heldr. pl. cret. n. 1558; Bald. it. cret. alt. n. 48.

Bulbo ovato, simplici, tunicis membranaceis; scapo tereti, humili, 5—15 cm. alto, ad medium foliato; foliis semiteretibus, superne canaliculatis, non fistulosis; spatha bivalvi, ovata, breviter mucronata, umbella triplo breviore, persistente; umbella multiflora, globosa, densa, 15 mm. diametro; pedicellis externis brevissimis, ceteris flore aequilongis vel duplo longioribus; perigonii campanulati phyllis ovato-oblongis, obtusiusculis, albis, ad carinam rubro-vittatis, scabridis; filamentis perigonio sublongioribus, tribus interioribus tricuspidatis, cuspide intermedia lateralibus dimidio breviore, filamenti lamina multo breviore; stylo subexserto. — Differt a praecedente scapo humili, pedicellis brevioribus, perigonii colore et dentium filamentorum proportione. — Staminibus parum exsertis transitum ad species sequentes praebet.

β. **gracillimum.** — Scapus filiformis, folia setacea, umbella 8—10 flora, perigonii phylla ad carinam flavo-purpurascentia. — Exsicc.: Bald. it. cret. n. 45.

In saxosis, aridis regionis inferioris Cretae: pr. Canea (Raul.), in faucibus Kordaliotiko (Heldr.), pr. Daphnes distr. Malevisi (Bald.); — β. ad Plakures peninsulae Akroteri (Bald.). — Maio, Jun. ♃.

β. Filamenta inclusa.

× Perigonium breviter campanulatum, ad 5 mm. usque longum, phyllis ovatis vel oblongis.

10. **A. rotundum** L. sp. ed. 2 p. 423; Bois. fl. or. V. p. 233; Heldr. chlor. Thera p. 23; Haussk. symb. p. 29. — *A. porphyroprasum* Heldr. et Sart. in Heldr. pl. exs. n. 1887, herb. norm. n. 800 et 1387, in fl. Aegina p. 394. — *A. multiflorum* Kunth enum. IV. p. 387; ? Weiss in z. b. G. 1869 p. 755; non Desf., nec DC. — Icon: Rchb. germ. XX. f. 1079. — Exsicc.: Heldr. herb. norm. n. 800 et 1387.

Bulbo ovato, bulbillos subsessiles vel stipitatos, tunica communi membranacea inclusos, edente; scapo tereti, elato, 40—60 cm. alto, ad medium foliato; foliis linearibus, planis, carinatis; spatha ovata, breviter mucronata, umbella breviore, cito decidua; umbella multiflora, globosa, densa, 25—40 mm. diametro; pedicellis inaequalibus, exterioribus brevissimis, interioribus flore dimidio vel duplo longioribus; perigonii intense purpurei, basi saepe pallidi, phyllis ovato-oblongis, obtusis vel mucronulatis, dorso vel tantum ad carinam scabridis; filamentis inclusis, tribus interioribus tricuspidatis; cuspide intermedia lateralibus multo breviore, filamenti lamina tertiam partem aequante; stylo incluso.

In arvis, vinetis regionis inferioris. Thessalia: pr. Meteora, Kalabaka (Haussk.); Attica: pr. Athenas, in oliveto, ad Phalerum, insula Aegina (Heldr.); Archipelagus (Bois.): insula Syra (Weiss); Creta: pr. Canea (Weiss), si *A. multiflorum* Weiss re vera huc pertineat. — Maio, Jul. ♃.

11. A. gomphrenoides Bois. et Heldr. diagn. VII. p. 114, Fl. or. V. p. 243; Hal. in z. b. G. 1899 p. 194. — *A. ascalonicum* Ch. et B. exp. p. 97, Fl. pelop. p. 21, non L. — Exsicc.: Heldr. pl. fl. hell. n. 212, herb. norm. n. 1493; Stern. it. gr. n. 492.

Bulbo ovato, simplici, tunicis subreticulatim fibrosis; scapo 5—45 cm. alto, inferne tantum foliato; foliis linearibus vel lineari-filiformibus, carinatis; spatha bivalvi, valvis ovatis, acutis, umbella brevioribus, persistentibus; umbella pauci- vel pluriflora, globosa, densa, 10—30 mm. diametro; pedicellis inaequalibus, exterioribus brevissimis, interioribus flore subaequilongis; perigonii purpurei vel rosei, basi pallidi, phyllis oblongis, obtusiusculis, laevibus; filamentis inclusis, tribus interioribus tricuspidatis, cuspide intermedia lateralibus duplo breviore, lamina filamenti tertiam partem aequante; stylo incluso. — Praecedenti affine, ab eo bulbo solitario, tunicis fibrosis, nec membranaceis, scapo saepissime humiliori, interdum 5 cm. tantum alto, foliis angustis, umbella minori, perigonio laevissimo egregie differt.

In rupestribus, arenosis regionis inferioris et montanae. Laconia: in regione abietina mt. Taygetos supra Androvista (Heldr.), pr. Almyros (Zahn), Vitilos, Chimova, in Maina (Chaub.); Cythaera: in porto Hagios Nicolaos (Sterneck). — Apr. Jun. ♃.

×× Perigonium longe campanulatum, ad 1 cm. usque longum, phyllis lanceolato-attenuatis.

12. A. Heldreichii Bois. diagn. ser. 2 IV. p. 116, Fl. or. V. p. 237. — Exsicc.: Heldr. herb. n. 2535; Orph. fl. gr. n. 838.

Bulbo ovato, simplici, tunicis membranaceis; scapo tenui, 20—30 cm. alto, basi 2—3 phyllo, ceterum nudo; foliis tenuibus, teretibus, fistulosis; spatha bivalvi, valvis ovatis, breviter acuminatis, pedicellis aequilongis, persistentibus; umbella multiflora, globosa, densiuscula, 3—4 cm. diametro; pedicellis subaequalibus, flore aequilongis vel paulo brevioribus; perigonii rosei phyllis lanceolatis, laevibus; filamentis inclusis, tribus interioribus tricuspidatis, cuspide intermedia lateralibus duplo breviore, lamina filamenti tertiam partem aequante; stylo incluso. — Species ab omnibus adhuc enumeratis diversissima, quoad umbellam et flores *A. schoenopraso* simillima, a quo staminum fabrica longe distat.

In regione silvatica mt. Olympus Thessaliae (Heldr.). — Jul. Aug. ♃.

  b. Umbella bulbillifera.
    α. Folia plana.

13. A. scorodoprasum L. sp. p. 297; S. et S. pr. I. p. 223; Fraas fl. class. p. 290; Bois. fl. or. V. p. 232. — *A. arenarium* Sm. fl. brit. I. p. 356; ? Friedr. Reise p. 277; non L. — Icon: Fl. dan. t. 290.

Bulbo ovato, bulbillifero, tunicis membranaceis; scapo tereti, elato, 50—100 m. alto, ad medium foliato; foliis late vel latiuscule linearibus, planis; spatha ovata, abrupte acuminata, umbella breviore, decidua; umbella laxiflora, bulbillifera, perigoniis purpureis, pedicellis eis 2—3 plo longioribus suffultis, interdum abortivis vel nullis, et tunc umbella e bulbillis confertis tantum constante; filamentis subexsertis, tribus interioribus tricuspidatis, cuspide intermedia lateralibus duplo breviore, lamina filamenti tertiam partem aequante; stylo subexserto.

In herbidis regionis inferioris. Archipelagus (Sibth.): insula Andros (Fraas), Poros (Friedr.), si *A. arenarium* Friedr. huc spectet. — Maio, Jun. ♃. N. v.

Obs. *A. sativum* L. sp. p. 296; Dall. prosp. p. 47; Marg. et R. fl. Zante p. 85, Fraas fl. class. p. 290; Heldr. Nutzpfl. p. 7; Raul. cret. p. 868; porro praecedenti maxime affine: *A. ophioscorodon* Don in mem. wern. nat. hist. soc. VI. p. 5; — coluntur in usum culinarem.

  β. Folia subcylindrica, fistulosa.

14. A. assimile. — *A. affine* Bois. et Heldr. diagn. ser. 2 IV. p. 114, non Led. — *A. vineale β. virens* Bois. fl. or. V. p. 236, non *A. virens* Lam. — *A. vineale v. compactum* Haussk. symb. p. 29; *A. compactum* Thuill. fl. par. p. 167. — Exsicc.: Heldr. herb. n. 9767. herb. norm. n. 705; Orph. fl. gr. n. 425.

Bulbo ovato, simplici, tunicis subreticulatim fibrosis; scapo tereti, elato, 30—50 cm. alto, ad medium foliato; foliis subcylindricis, fistulosis; spatha ovata, abrupte acuminata, umbella breviore, decidua; umbella laxiflora, perigoniis virescentibus, pedicellis eis 2—4 plo longioribus suffultis, interdum abortivis vel nullis et tunc umbella e bulbillis confertis tantum constante; filamentis exsertis, tribus interioribus tricuspidatis, cuspide intermedia lateralibus cirrhoso-contortis multo breviore, laminam filamenti subaequante; stylo exserto. — *A. compacto* Thuill. valde affine, attamen ab eo bulbo non bulbillifero, tunicis fuscis, nec pallidis, floribus virescentibus, cuspidibus lateralibus filamentorum interiorum longioribus, saltem ut subspecies distinctum esse videtur. — Nomen specificum ob homonyma mutare debui.

In pascuis subalpinis et alpinis, rare. Thessalia: in oropedio Neuropolis (Haussk.); Eurytania: in mt. Tymphrestus jugo Petra (Samarit.); mt. Parnassus (Heldr.); Achaia: mt. Kyllene (Orph.). — Jun. Aug. ♃.

2. Sectio. **Haplostemon** Bois. fl. or. V. p. 249. — Filamenta omnia simplicia, rarissime tria interiora basi utrinque denticulo aucta.

a. Folia filiformia vel anguste linearia, canaliculata, interdum fistulosa; scapus ad tertiam partem vel ultra foliatus.

α. Spatha erostris vel breviter rostrata, umbellam non (cf. (*A. Cupani*) superans.

× Folia fistulosa.

15. **A. sibiricum** L. mant. II. p. 562. — *A. schoenoprasum* L. sp. p. 301 p. p.; Ung. Reise p. 119; Bois. fl. or. V. p. 250; Heldr. fl. cephal. p. 71. — Icon: Rchb. germ. XX. f. 1086.

Bulbo oblongo vel oblongo-cylindrico, simplici, tunicis membranaceis; scapo tereti, 10—50 cm. alto, parte inferiori foliato; foliis tereti-compressis vel teretibus, fistulosis; spatha 1—3 valvi, valvis ovatis, breviter acuminatis, umbella brevioribus, persistentibus; umbella multiflora, globosa, densa, 25—35 mm. diametro; pedicellis subaequalibus, flore brevioribus; perigonii infundibuliformi-campanulati phyllis roseis vel purpureis, lanceolatis, attenuato-acuminatis; filamentis perigonio duplo brevioribus; stylo incluso.

In graminosis humidis regionis alpinae, rarissime. Aetolia: mt. Tymphrestus (Sprun.); ? Cephalonia (Ung.). — Jun. Aug. ♃. N. v.

Obs. *A. cepa* L. sp. p. 300; S. et S. pr. I. p. 226; Dallap. prosp. p. 48; Marg. et R. fl. Zante p. 85; Fraas fl. class. p. 291; Heldr. Nutzpfl. p. 7, Fl. cephal. p. 71; Raul. cret. p. 868; — porro: *A. fistulosum* L. sp. p. 301; Fraas fl. class. p. 290; — coluntur ad usum culinarem.

×× Folia non fistulosa.

○ Bulbi tunicae non reticulatim fibrosae.

. Antherae et stylus inclusae.

16. **A. meteoricum** Heldr. et Haussk. in Heldr. it. IV. per Thessal. a. 1885. — *A. tenuiflorum* Haussk. symb. p. 30, non Ten. — Exsicc.: Heldr. l. c.; Bald. it. alb. V. n. 355.

Bulbo parvo, ovato, simplici, tunicis membranaceis; scapo gracili, tereti, 10—25 cm. alto, ad tertiam partem summum foliato; foliis lineari-setaceis; spatha bivalvi, valvis oblongis, breviter acuminatis, pedicellis aequilongis vel brevioribus, persistentibus; umbella pluriflora, laxiuscula, circiter 25 mm. diametro; pedicellis inaequalibus, flore aequilongis, aliis 2—4 plo longioribus; perigonii campanulato-cylindrici phyllis pallide roseis, oblongo-lanceolatis, acutiusculis, 5 mm. longis; filamentis lanceolato-subulatis, perigonio triente brevioribus; stylo incluso. — Species *A. tenuifloro* Ten. fl. nap. I. p. 165, italico, scapo ad medium foliato, spathae valvis longe acuminatis, saltem altera pedicellos vel saepius umbellam superante, perigonio angustiore, saturate roseo, diverso, affinis.

In collibus saxosis. Thessalia: supra Kalabaka pr. portam monasterii Hagios Stephanos (Heldr. et Haussk.); — occurrit quoque ad Renci pr. Scutari Albaniae borealis (Bald.). — Jun. Jul. ♃.

17. A. frigidum Bois. et Heldr. diagn. XIII. p. 34, Fl. or. V. p. 262. — *A. achaium* Bois. et Orph. fl. or. V. p. 259, excl. β. — Exsicc.: Orph. fl. gr. n. 427; Heldr. pl. fl. hellen. n. 413.

Bulbo parvo, ovato, simplici, tunicis membranaceis; scapo gracili, tereti, 20 cm. alto, ad medium usque foliato; foliis semiteretibus, canaliculatis; spatha bivalvi, valvis oblongis, acuminatis, pedicellos aequantibus vel superantibus; umbella 8—10 flora, laxa, 25—30 cm. diametro; pedicellis subinaequalibus, flore triplo vel subtriplo longioribus; perigonii obconico-campanulati phyllis stramineo-rubellis, oblongis, acutiusculis, 5 mm. longis; filamentis lanceolato-subulatis, perigonio subaequilongis; stylo perigonium aequante. — Differt a praecedente scapo ad medium foliato, foliis firmioribus, spatha pedicellos aequante vel superante, umbella pauciflora effusa et stylo perigonium aequante. — Inter *A. frigidum* et *A. achaium* differentiam videre nequeo.

In mt. Clokos Achaiae pr. Vostitza loco Pente-Vryses dicto, rarissime (Orph.); in regione alpina mt. Taygetos ad cacumen Hagios Elias (Heldr.). — Jun. Aug. ♃.

18. A. maritimum Raf. caratt. p. 86; Haussk. symb. p. 30. — *A. obtusiflorum* Poir. dict. suppl. I. p. 272. — *A. pusillum* Cyr. in Ten. cat. pl. hort. neap. 1813 p. 4. — *A. erythraeum* Griseb. spic. II. p. 396, teste Haussk. l. c., qui specimen authenticum vidit. — Icon: Red. lit. t. 118. — Exsicc.: Heldr. herb. norm. n. 1091 (Thessalonica).

Bulbo parvo, ovato, simplici, tunicis membranaceis; scapo gracili, tereti, 10—25 cm. alto, ad tertiam partem circiter foliato; foliis lineari-setaceis; spatha 1—2 valvi, valvis ovatis, acuminatis, pedicellis aequilongis vel brevioribus, persistentibus; umbella multiflora, circa 2 cm. diametro; pedicellis valde inaequalibus; infimis flore aequilongis, ceteris longioribus, centralibus eum pluries superantibus; perigonii breviter campanulati phyllis pallide roseis, oblongis, obtusis, 2—3 mm. longis; filamentis lanceolato-subulatis, perigonio triente brevioribus; stylo incluso. — Differt a duobus praecedentibus praesertim perigonii phyllis fere duplo brevioribus, obtusis.

In collibus herbosis pr. Thessalonicam Macedoniae (Triv.); inquirendum in Thessalia boreali-orientali, ubi probabiliter occurrit. — Jun. Jul. ♃.

.. Antherae et stylus exsertae.

19. A. staticiforme S. et S. pr. I. p. 225, Fl. gr. IV. t. 320; Bois. fl. or. V. p. 252 p. p.; Bald. viagg. Creta p. 95. — *A. flexuosum* Urv. enum. p. 38. — *A. erythraeum* Weiss in z. b. G. 1869 p. 755, non Griseb. — *A. Weissii* Bois. fl. or. V. p. 253; Hal. in ö. b. Z. 1896 p. 19; Heldr. chlor. Mykon. p. 252. — Exsicc.: Dörfl. fl. aeg. n. 164.

Bulbo ovato, bulbillos subsessiles vel stipitatos, tunica communi membranacea inclusos, edente; scapo tereti, flexuoso, 5—25 cm. alto, ad medium foliato; foliis semiteretibus, canaliculatis; spatha bivalvi, valvis ovato-oblongis, caudatis, umbellam subaequantibus, persistentibus;

umbella multiflora, globosa, densa, 15—25 mm. diametro; pedicellis subaequalibus, flore 2—3 plo longioribus; perigonii breviter campanulati phyllis roseis, ovatis, obtusis, 2—3 mm. longis; filamentis lanceolato-subulatis, perigonio sublongioribus; stylo exserto. — Specimina *A.* **Weissii** a Heldreich missa cum icone et descriptione *A. staticiformis* in Flora graeca omnino congruunt.

In arenosis maritimis. Cycladum insula: Syra (Weiss), Thermia (Orph.), Mykonos (Sart.), Naxos (Heldr.), Cimolos (Sibth.); Creta: pr. Canea (Weiss), Kavutsi-Asomatos (Bald.). — Apr. Jun. ♃.

20. **A. phalereum** Heldr. et Sart. in atti congr. Fir. 1876 p. 233, Fl. Aegina p. 394; Haussk. symb. p. 31. — *A. staticiforme* Bois. fl. or. V. p. 252 p. p.; Weiss in z. b. G. 1869 p. 755. — Exsicc.: Heldr. herb. norm. n. 101 et 1388; Orph. fl. gr. n. 241.

Bulbo ovato, bulbillos sessiles, tunica communi membranacea inclusos, edente; scapo tereti, flexuoso, 2—25 cm. alto, ad medium foliato; foliis semiteretibus, canaliculatis; spatha bivalvi, valvis ovato-oblongis, caudatis, persistentibus, umbellam subaequantibus vel altera eam parum excedente; umbella multiflora, globosa, densa, 15—25 mm. diametro; pedicellis subaequalibus, flore 2—3 plo longioribus; perigonii breviter campanulati phyllis lacteis, rarius ad carinam purpurascentibus, ovatis, obtusis, 2—3 mm. longis; filamentis lanceolato-subulatis, perigonio sublongioribus; stylo exserto. — Praecedenti maxime affine et ab eo bulbillis sessilibus, spathae valvis plerumque longioribus et perigonio lacteo, vix specifice discedit.

In arenosis maritimis. Attica: pr. Eleusis, insula Salamis, ad Phaleron, Laurion, insula Aegina (Heldr.); Cycladum insula: Syra (Weiss), Prasonisi inter Mykonos et Delos (Tunt.). — Jun. Jul. ♃.

◯◯ Bulbi tunicae reticulatim fibrosae.

21. **A. moschatum** L. sp. p. 298; Ch. et B. fl. pelop. p. 21; Bois. fl. or. V. p. 265; Form. in D. bot. Mon. 1890 p. 10, in Ver. Brünn 1896 p. 28; Bald. riv. coll. bot. alb. 1895 p. 73; Haussk. symb. p. 31. — *A. capillare* Cav. ic. et descr. III. p. 4 t. 206. — *A. setaceum* W. et K. pl. rar. hung. I. p. 70 t. 68. — Exsicc.: Bald. it. alb. ep. III. n. 205; Sint. it. thessal. n. 1308.

Bulbo ovato-oblongo, simplici, tunicis totis vel apice elongato reticulatim fibrosis; scapo gracili, tereti, 5—30 cm. alto, inferne vel ad medium usque foliato; foliis setaceis; spatha bivalvi, valvis persistentibus, inaequalibus, a basi latiore linearibus, longiore pedicellos saepe superante; umbella saepius pauciflora, fastigiata, laxiuscula; pedicellis aequalibus vel inaequalibus, flore vix vel 2—4 plo longioribus; perigonii campanulato-cylindrici phyllis roseis, lanceolatis, acutiusculis; filamentis lanceolato-subulatis, perigonio triente brevioribus; stylo incluso.

In rupestribus montanis. Epirus: mt. Prosgoli (Bald.); Thessalia: pr. Malakasi (Haussk.), Velestinos, mt. Pelion (Form.); Messenia: pr. Kalamata (Chaub.); erronee indicatur a Boissier in Cycladum insulis. — Jul. Aug. ♃.

22. A. Cupani Raf. caratt. p. 86; Bois. fl. or. V. p. 265; Hal. in ö. b. Z. 1890 p. 41, in z. b. G. 1899 p. 195; Heldr. chlor. Thera p. 23, chlor. Mykon. p. 252. — *A. setaceum* Urv. enum. p. 37, non L. — *A. pusillum* Presl del. prag. p. 147, non Cyr. — Icon: Cup. panph. II. t. 201. — Exsicc.: Orph. fl. gr. n. 836; Heldr. herb. norm. n. 759; Sint. it. or. a. 1899 n. 1937; Dörfl. fl. aeg. n. 162.

Bulbo ovato-oblongo, simplici, tunicis tenuiter et dense reticulatim fibrosis; scapo gracili, tereti, flexuoso, 5—50 cm. alto, ad vel ultra medium foliato; foliis semitereti-filiformibus; spatha univalvi, lanceolata, acuminata, pedicellos vaginante, umbella breviore vel eam superante; umbella pauciflora, laxa; pedicellis valde inaequalibus, aliis florem parum, aliis eum longe superantibus; perigonii campanulato-cylindrici phyllis roseis, oblongo-linearibus, obtusiusculis; filamentis lanceolato-subulatis, perigonio triente brevioribus; stylo incluso. — Differt a praecedente tunicis dense fibrosis; umbella valde irregulari, spatha univalvi, saepius umbellam superante; hac ultima nota ad species sequentes accedit, a quibus tunicis reticulatim fibrosis statim diagnoscitur.

α. **typicum**. — Glaberrimum. —

β. **hirtovaginatum** Kunth enum. IV. p. 412 pro sp. — Foliorum vaginae pubescentes vel villosae. —

In locis aridis saxosis regionis inferioris, in alpinam usque adscendens. E ditione var. β. tantum vidi. Thessalia: mt. Olympus pr. Hagios Dionysius (Sint.); Attica: pr. Athenas (Heldr.); Acrocorinthus (Heldr.); Laconia: mt. Malevo (Orph.), pr. Megali Anastasova Alagoniae (Zahn); Cycladum insula: Syra, Delos, Rhenea, Naxos, Thera (Heldr.), Anaphi (Leon.). — Jun. Sept. ♃.

β. Spatha rostrata, umbellam aequans vel saepissime longe superans.

× Filamenta perigonio longiora.

23. A. stamineum Bois. diagn. ser. 2 IV. p. 119, Fl. or. V. p. 256; Haussk. symb. p. 31. — *A. pulchellum* Bois. diagn. XIII. p. 34 in obs., ex ipso; ? Form. in Ver. Brünn 1896 p. 28, 1897 p. 25; non Don. — Exsicc.: Orph. fl. gr. n. 835 (mt. Korfiati Macedoniae; Heldr. herb. dimorph. n. 49, cum var. β. mixtum; Sint. it. thessal. n. 1274.

Bulbo ovato, simplici, tunicis membranaceis; scapo tereti, 10—30 cm. alto, ad tertiam partem foliato; foliis semiteretibus, canaliculatis; spatha bivalvi, valvis lanceolatis, longe subulato-attenuatis, altera saltem umbellam longe superante; umbella multiflora, effusa; pedicellis inaequalibus, flore pluries longioribus, perigonio breviter campanulato, alio roseo, alio flavido-rubello vel flavescente, phyllis oblongis, obtusis, abrupte breviterque mucronatis; filamentis lanceolato-subulatis, perigonio sesquilongioribus; stylo longe exserto.

β. **hymettium** Bois. diagn. ser. 2 IV. p. 120; Form. in D. bot. Monat. 1898 p. 78; Hal. in z. b. G. 1899 p. 194; pro sp.; Bois. fl. or. V. p. 257. — Scapus humilis; umbella depauperata, pedicellis abbreviatis, minus inaequalibus. — Certe forma *A. staminei*, quocum intermediis sine limites conjunctum est, et nec ad *A. frigidum* pertinet, ut voluit Reg. in alior. monogr. p. 205. — Variat foliis laevibus et (f. *scabridula*) foliis vaginisque minutissime scabridulis. — Exsicc.: Heldr. herb. norm. n. 980; Dörfl. fl. aeg. n. 40 et 61 (f. filamentis brevius exsertis. —

In campis, collibus aridis, saxosis regionis inferioris et montanae. Thessalia: pr. Kalabaka (Haussk.), Pharsalus (Heldr.), mt. Chassia, mt. Godaman in Olympo (Form.); Euboea (Sprun.); Attica: mt. Lycabettus, Philopappus, pr. Heptalophos, Stadium (Heldr.), Tatoi (Hal.), mt. Hymettus (Sprun.); pr. Kalamaki in isthmo Corinthiaco et pr. Malta Laconiae (Heldr.); Cycladum insula Amorgos (Leon.). — Jun. Aug. ♃.

24. A. Guicciardii Heldr. in atti congr. Fir. 1876 p. 233, chlor. Parn. p. 27; Hal. in ö. b. Z. 1897 p. 326; Haussk. symb. p. 31. — *A. flavum v. Guicciardii* Bois. fl. or. V. p. 256. — Exsicc.: Heldr. reliqu. Orph. a. 1896, pl. fl. hellen. a. 1896.

Bulbo ovato, simplici, tunicis membranaceis, apice longe productis; scapo tereti, 5—20 cm. alto, ultra medium foliato; foliis semiteretibus, canaliculatis; spatha bivalvi, valvis lanceolatis, longe subulato-attenuatis, umbella pluries longioribus; umbella multiflora, effusa; pedicellis inaequalibus, flore pluries longioribus; perigonio breviter campanulato, pallide stramineo, phyllis oblongis, truncatis, interdum apiculatis; filamentis lanceolato-subulatis, perigonio sesquilongioribus; stylo longe exserto. — Praecedenti valde affine, sed differre videtur, quoad ex speciminibus paucis distributis dijudicare licet, tunicis ad basin scapi longe productis, scapo altius foliato et floribus stramineis; affinis quoque *A. flavo* L. sp. p. 298, quod perigonio majori, phyllis laete flavis, latioribus, apice rotundato-obtusissimis discedit.

In saxosis subalpinis et alpinis. Thessalia: pr. Chaliki (Haussk.); Aetolia: mt. Korax (Tunt.); mt. Parnassus (Heldr.). — Jun. Aug. ♃.

×× Filamenta perigonio breviora vel eo aequilonga.

○ Scapus ad umbellam usque foliatus; spatha univalvis.

25. A. callimischon Link in Linnaea IX. p. 140; Bois. fl. or. V. p. 258; Heldr. in ö. b. Z. 1898 p. 185. — *A. montanum* Ch. et B. exp. p. 98; Fl. pelop. p. 21, non Schm., nec S. et S. — *A. Boryanum* Kunth enum. IV. p. 411. — Exsicc.: Heldr. herb. norm. n. 1495.

Bulbo ovato vel ovato-oblongo, simplici, tunicis subfibrosis, laceris; scapo sulcato, 15—25 cm. alto, ad umbellam usque foliato; foliis semiteretibus, canaliculatis, longissimis; spatha univalvi lanceolata, cuspidato-attenuata, umbellam superante, pedicellos vaginante; umbella pluriflora, fastigiata, laxa; pedicellis inaequalibus, flore 2—3 plo longioribus; perigonio infundibuliformi-campanulato, phyllis pallide roseis, carina purpureis, late linearibus, apice truncatis, saepe apiculatis; filamentis lanceolato-subulatis, perigonio aequilongis; stylo incluso. — Species scapo ad apicem usque foliatus, spatha univalvi, perigonii phyllis truncatis distinctissima; mirum in modum a Reg. alior. monogr. p. 192 ad *A. paniculatum* ducitur.

In maritimis, saxosis regionis inferioris et montanae. Messenia: inter Navarin et Methone (Chaub.), inter Janitzanica et Janitza pr. Kalamata (Zahn.); in regione media mt. Taygetos (Orph.), pr. Neocastro (Sart.), in via quae a Nauplia versus Corinthum ducit (Link); indicatur quoque in Cycladum insula Naxos (Heldr.) et pr. Mesolongion et in mt. Korax Aetoliae (Bois.), sed planta ex ultimo loco saltem, ibi a Heldreich lecta ad *A. parnassicum* pertinet. — Oct. Nov. ♃.

OO Scapus ad medium usque foliatus; spatha bivalvis.

. Folia glabra (cf. *A. paniculatum* β.).

; Flores rosei vel albi.

, Scapus 10—20 cm. altus; umbella 5—18 flora.

26. **A. parnassicum** Bois. fl. or. V. p. 259; Heldr. chlor. Parn. p. 27, pro var. *A. achaii*. — *A. tenuiflorum* Heldr. herb. norm. n. 2, non Ten. —

Bulbo ovato, simplici, tunicis membranaceis; scapo tereti, 10—20 cm. alto, ad medium usque foliato; foliis semiteretibus, canaliculatis; spatha bivalvi, valvis lanceolatis, cuspidato-attenuatis, altera saltem umbellam longe superante; umbella pauciflora, laxa, fastigiata; pedicellis inaequalibus, flore 2—4 plo longioribus; perigonio infundibuliformi-campanulato, phyllis roseis, oblongis, obtusis vel obtusiusculis; filamentis lanceolato-subulatis, perigonio brevioribus; stylo perigonio aequilongo. — Differt ab *A. achaio*, quo meo sensu ab *A. frigido* non diversum, spatha elongata, perigonii phyllis angustioribus, filamentis perigonio brevioribus, nec eo subaequilongis; ab *A. callimischon* scapo tenuiter striato, nec sulcato et non ad umbellam usque foliato, spatha bivalvi, perigonii phyllis non truncatis.

In saxosis regionis abietinae: mt. Korax Aetoliae, mt. Parnassus (Heldr.); Laconia: mt. Malevo (Orph.). — Jul. Aug. ♃.

,, Scapus elatus, 30—80 cm. altus; umbella multiflora.

27. **A. paniculatum** L. sp. ed. 2 p. 428; Ch. et B. fl. pelop. p. 21; Bois. fl. or. V. p. 259; Bald. in bull. herb. Bois. IV. p. 206; Form. in Ver. Brünn 1896 p. 28, 1897 p. 25; Haussk. symb. p. 31. — *A. intermedium* DC. fl. fr. V. p. 318; Marg. et R. fl. Zante p. 91. — Icon: Fl. gr. t. 318. — Exsicc.: Heldr. pl. fl. hellen a. 1899.

Bulbo ovato, simplici, tunicis membranaceis; scapo tereti, 30—80 cm. alto, ad medium usque foliato; foliis semiteretibus, subcanaliculatis; spatha bivalvi, valvis a basi oblonga in caudam elongatam, umbellam saepius multo superantem abeuntibus; umbella multiflora, effusa, plerumque ampla; pedicellis inaequalibus, erectis pendulisve, perigonio pluries longioribus; perigonio roseo, campanulato, phyllis oblongis, obtusis, interdum apiculatis; filamentis lanceolato-subulatis, perigonio brevioribus; stylo exserto.

β. villosulum. — Folia vaginisque pilis patentibus villosa; flores pallide rosei. — Exsicc.: Hal. it. gr. a. 1888.

In cultis, olivetis, vinetis, campis regionis inferioris et montanae. Thessalia: pr. Aivali, Pharsalus (Haussk.), Velestinos, mt. Othrys, Karava, Ghavellu (Form.); Argolis: inter Naupliam et Corinthum (Chaub.); Elis: pr. Lintzi (Heldr.); Zante (Marg); Leucas: pr. Karya (Bald.); — β. ut videtur rarissime, hucusque tantum in campis Atticae pr. Tatoi (Hal.). — Jun. Jul. ♃.

28. A. pallens L. sp. ed. 2 p. 427; S. et S. pr. I. p. 224, Fl. gr. IV. p. 16 t. 317; Friedr. Reise p. 273; Hal. in z. b. G. 1888 p. 762. — *A. paniculatum v. pallens* Bois. fl. or. V. p. 260; Heldr. chlor. Parn. p. 28. — Exsicc.: Sint. et Bornm. it. turc. n. 1501.

Differt a praecedente umbella minus effusa, pedicellis minus inaequalibus; perigonii phyllis albis vel carina tantum rubellis.

β. Coppoleri Tin. cat. hort. pan. 1827 p. 275 pro sp.; Parl. fl. ital. II. p. 550. — Umbella globosa. densa, pedicellis abbreviatis; spatha umbellam parum superante. — Exsicc.: Heldr. herb. norm. n. 1494.

In locis similibus, quibus praecedens. Thessalia: pr. Litochori (Sint.); Euboea: mt. Dirphys (Heldr.); Aetolia (Samarit.); Doris: pr. Amphissa (Hal.), mt. Parnassus pr. Pagna (Heldr.); Attica: pr. Patissia, Ano-Liosia, mt. Parnes, Hymettus (Heldr.); Argolis (Sart.): pr. Poros (Friedr.); mt. Clokos Achaiae, mt. Malevo Laconiae (Orph.); Cyclades (Sibth): insula Mykonos (Heldr.); Zante (Bois.); Corcyra: pr. Kanali (Form.). — Jun. Aug. ♃.

;; Flores staminei.

29. A. luteolum. — Huc forsan: *A. flavum* S. et S. pr. I p. 224. — Exsicc.: Heldr. pl. fl. hellen. a. 1897.

Bulbo ovato, simplici, tunicis membranaceis; scapo tereti, humili, 10 cm. alto, ad medium usque foliato; foliis semiteretibus, canaliculatis; spatha bivalvi, valvis lanceolato-attenuatis, umbellam parum superantibus; umbella pluriflora, densiuscula; pedicellis subinaequalibus, perigonio duplo longioribus; perigonio pallide sulfureo, breviter campanulato, phyllis conniventibus, oblongis, obtusis; filamentis lanceolato-subulatis, perigonio brevioribus; stylo parum exserto. — A praecedentibus perigonio flavo distinctum, hac nota ad *A. flavum* L. accedit, quod autem statura majori, pedicellis longioribus et praesertim filamentis perigonio subduplo longioribus longe distat. — Species ex speciminibus paucis tantum nota et ulterius observanda.

In cycladum insula Naxos (Heldr.). — Jun. Jul. ♃.

.. Folia vaginisque pilis patentibus villosa.

30. **A. pilosum** S. et S. pr. I. p. 225, Fl. gr. IV. p. 18 t. 321; Bois. fl. or. V. p. 257.

Bulbo subgloboso, simplici, tunicis membranaceis; scapo tereti, humili, 15 cm. alto, ad medium usque foliato; foliis semiteretibus, canaliculatis, vaginisque pilis patentibus villosis; spatha bivalvi, valvis a basi latiore caudatis, altera umbellam subaequante, altera eam subsuperante; umbella multiflora, globosa, densa; pedicellis subinaequalibus, perigonio 2—3 plo longioribus; perigonio breviter campanulato, lilacino, phyllis ovatis, obtusis; filamentis lanceolato-subulatis, perigonio aequilongis; stylo parum exserto. — Villositate insigne.

In Cycladum insula Cimolos (Sibth.) et Melos (Arm.). — Jun. Jul. ♃. N. v.

 b. Folia plana; spathae valvae latae, vix caudatae; bulbi tunicae in fibras non solutae; scapus plerumque ima basi tantum foliatus.

  α. Ovula in loculis 2, collateralia.

   × Scapus pygmaeus; folia pilosa.

31. **A. chamaemoly** L. sp. p. 301; S. et S. pr. I. p. 227; Marg. et R. fl. Zante p. 92; Bois. fl. or. V. p. 268. — Icon: Bot. mag. t. 1203. — Exsicc.: Orph. fl. gr. n. 426.

Bulbo ovato, simplici, tunicis membranaceis, non perforatis; scapo tereti, glabro, brevissimo, terra sepulto; foliis 3—5, planis, linearibus, accuminatis, gramineis, ciliatis, umbellam multo superantibus; spatha univalvi, bi-trifida, umbella subbreviore; umbella 1—12 flora, pedicellis subaequalibus, flore aequilongis vel subduplo longioribus; perigonii albi phyllis lanceolatis, acutis; filamentis a basi triangulari-ovata subulato-attenuatis, perigonio subdimidio brevioribus; stylo stamina subaequante.

In agris, collibus regionis inferioris, rare. Peloponnesus (Fauché): in maritimis isthmi Corinthiaci (Orph.); Zacynthus (Sibth.). — Nov. Febr. ♃.

32. **A. circinnatum** Sieb. avis. p. 3, rem. p. 3, Reise Creta II. p. 316 t. 6; Raul. cret. p. 869; Bois. fl. or. V. p. 269. — *A. Clusianum* Ch. et B. exp. p. 96, Fl. pelop. p. 21, teste Bois. l. c. — Exsicc.: Sieb. pl. cret.

Bulbo ovato, simplici, tunicis externis alveolis rotundis crebris perforatis; scapo tenui, tereti, patule piloso, circa 5 cm. alto; foliis 2—3, planis, anguste linearibus, patule pilosis, caule aequilongis vel longioribus, parte superiori spiraliter tortis; spatha bipartita, pedicellos subaequante; umbella 3—5 flora; pedicellis subaequalibus, flore duplo longioribus; perigonii albi phyllis oblongis, acutiusculis; filamentis lanceolato-subulatis, perigonio tertia parte brevioribus; stylo stamina subaequante. — Plantula gracilis, foliis anguste linearibus, circinnatis, patule pilosis eximia.

In apricis saxosis maritimis. Creta: ad promontorium Maleka (Sieb.); Messenia: pr. Methone, Navarin, Pylos (Chaub.). — Febr. Mart. ♃.

×× Scapus elatior, 10—60 cm. altus.
○ Folia ciliata.
. Genitalia inclusa.

33. A. subhirsutum L. sp. p. 295; Sieb. avis p. 3; Urv. enum. p. 36; Ch. et B. exp. p. 96, Fl. pelop. p. 21; Marg. et R. fl. Zante p. 91; Fraas fl. class. p. 291; Ung. Reise p. 119; Weiss in z. b. G. 1869 p. 755; Spreitz in z. b. G. 1877 p. 733, 1887 p. 670; Bois. fl. or. V. p. 270; Heldr. fl. cephal. p. 71, Fl. Aegina p. 394; Gelmi in bull. soc. bot. ital. 1889 p. 453; Hal. in ö. b. Z. 1897 p. 99; Haussk. symb. 29 v. *hellenicum* (f. bulbo minore, scapo vix 20 cm. alto, foliis plerumque binis, brevioribus angustioribusque, umbella pauciflora, pedicellis brevioribus, floribus seminibusque minoribus). — *A. ciliatum* Cyr. pl. rar. neap. fasc. II. p. 16 t. 6; Friedr. Reise p. 268; Haussk. symb. p. 30 (f. bulbo majore, scapo usque 60 cm. alto, foliis 3—4, elongatis, latioribus, umbella multiflora, pedicellis longioribus, floribus seminibusque majoribus). — Exsicc.: Sint. it. thessal. n. 223.

Bulbo subgloboso vel ovato, bulbillifero, tunicis membranaceis, non perforatis; scapo 1—3, tereti, glabro, 20—60 cm. alto, inferne foliato; foliis 2—4, linearibus, acuminatis, planis, flaccidis, margine et interdum dorso et facie ciliato-pilosis; spatha ovata, acuminata, univalvi, rarius 2—3 valvi, pedicellis 2—3plo breviore; umbella multiflora, patente; pedicellis flore 3—5plo longioribus; perigonii albi phyllis patentibus, oblongis, obtusiusculis; filamentis lanceolato-acuminatis, perigonio tertia parte brevioribus; stylo staminibus sublongiore.

In collibus herbosis, arenosis regionis inferioris et montanae. Thessalia: ad Agria pr. Volo (Sint.); Attica (Fraas): pr. Athenas, Eleusis (Haussk.), in Pharmacusarum insula Lero (Heldr.), Aegina (Friedr.); Acrocorinthus (Haussk.); Argolis (Fraas): in peninsula Methana, pr. Nauplia (Haussk.); Messenia: pr. Methone (Chaub.); Sporadum insula Scopelos (Leon.); Cycladum insula: Syra (Weiss), Melos (Urv.); Creta (Sieb.); Zante (Marg.); Cephalonia: in oropedio Omalo, pr. Lixuri (Heldr.); Corcyra: pr. San Deca (Spreitz.), mt. Pantocrator (Grimb.). — Mart. Maio. ♃.

34. A. trifoliatum Cyr. pl. rar. neap. fasc. II. p. 11 t. 3; Link in Linnaea IX. p. 139; Raul. cret. p. 869; Weiss in z. b. G. 1869 p. 755; Spreitz. in z. b. G. 1877 p. 733; Bois. fl. or. V. p. 270; Heldr. fl. cephal. p. 71, Fl. Aegina p. 394, chlor. Thera p. 23; Gelmi in bull. soc. bot. it. 1889 p. 453; Haussk. symb. p. 30; Aznav. in magy. bot. lap. I. p. 196. — *A. subhirsutum* S. et S. pr. I. p. 223,

Fl. gr. t. 313; Ch. et B. fl. pelop. p. 21 var. β.; non L. — *A. graecum* Urv. enum. p. 37; Ch. et B. exp. p. 96; Marg. et R. fl. Zante p. 91; Raul. cret. p. 868. — Exsicc.: Baen. herb. europ. n. 9200.

Differt a praecedente spatha plerumque longiore, saepius pedicellis aequilonga, rarius breviore; pedicellis flore 2—3 plo tantum longioribus; perigonii phyllis lanceolatis, acutis, carina vel omnino roseis; filamentis perigonio dimidio brevioribus; stylo stamina superante.

In collibus herbosis regionis inferioris et montanae. Achaia (Link.); Messenia (Chaub.); Laconia: pr. Kardamyle, Androvista, mt. Taygetos (Chaub.); insula Aegina (Heldr.), Syra (Aznav.), Melos (Urv.), Thera (Heldr.); Creta (Sibth.): ad promontorium Meleka, pr. Komitades, Malaxa, Askyphos, Anopolis (Raul.); Zante (Sibth.); Cephalonia: pr. Aphrato (Heldr.); Corcyra: pr. Castrades, Mon Repos (Baen.), Potamo (Spreitz.); sed loca nonnulla probabiliter ad speciem praecedentem spectant. — Apr. Maio. ♃.

.. Genitalia exserta.

35. **A. Clusianum** Retz. in Willd. sp. II. p. 79. — *A. subvillosum* Salzm. in R. et Sch. syst. VII. p. 1104; Haussk. symb. p. 30. — *A. vernale* Tin in Guss. fl. sicc. pr. suppl. I. p. 96. — Icon: Clus. hist. I. p. 192.

Bulbo ovato, bulbillifero, tunicis membranaceis, non perforatis; scapo solitario, tereti, glabro, 10—30 cm. alto, inferne foliato; foliis 3—4, linearibus, acuminatis, planis, flaccidis, margine ciliatis, subtus pilosis; spatha ovata, acuminata, univalvi vel 2—3 valvi, pedicellis aequilonga vel parum breviore; umbella multiflora, subfastigiata; pedicellis flore 2—3 plo longioribus; perigonii albi phyllis patentibus, ovato-oblongis, acutis; filamentis lanceolato-subulatis, perigonio longioribus; stylo staminibus aequilongo. — Genitaliis exsertis a duobus praecedentibus statim diagnoscitur.

Attica (Sprun.), teste Haussk. l. c., loco non notato. — Apr. Maio. ♃. N. v.

OO Folia glabra.

. Bulbi tunicae externae non perforatae; flores albi.

; Spatha persistens; pedicelli patentes vel stricti.

36. **A. neapolitanum** Cyr. pl. rar. neap. fasc. I. p. 13 t. 4; Friedr. Reise p. 266; Raul. cret. p. 868; Bois. fl. or. V. p. 274; Haussk. symb. p. 30; Aznav. in magy. bot .lap. I. p. 196. — *A. album* Santi viagg. mont. Amiat. I. p. 352; Ch. et B. exp. p. 97, Fl. pelop. p. 21. — *A. lacteum* S. et S. pr. I. p. 226, Fl. gr. IV. p. 21 t. 325. — *A. amblyopetalum* Link. in Linnaea IX. p. 139, teste Reg. allior. monogr. p. 225, sed descriptio Linkii valde abhorret ab *A. neapolitano*. — Exsicc.: Orph. fl. gr. n. 239.

Bulbo subgloboso, bulbillifero, tunicis membranaceis, non perforatis; scapo 1—2, trigono, glabro, 20—60 cm. alto, inferne foliato; foliis 2—4, late linearibus, acuminatis, planis, flaccidis, glabris; spatha univalvi, ovata, acuminata, pedicellis breviore; umbella multiflora, fastigiata vel convexa; pedicellis subaequalibus, patentibus, flore 2—4 plo longioribus; perigonii albi phyllis patentibus, late elliptico-ovatis, obtusiusculis; filamentis lanceolato-subulatis, perigonio duplo brevioribus; stylo stamina subaequante.

β. **breviradium.** — *A phthioticum* Sint. it. thessal. n. 846; Haussk. symb. p. 30; non Bois. et Heldr. — Scapo teretiusculo, pedicellis abbreviatis, flore aequilongis vel subduplo longioribus; perigonio albo-stramineo. — Differt ab *A. phthiotico* pedicellis subaequalibus, abbreviatis, patentibus, perigonio minore 7—8 mm. longo, phyllis subpatentibus, ovato-ellipticis, obtusis; ulterius observandum, anne speciem propriam sistet.

In herbosis, dumosis regionis inferioris et montanae. Attica: pr. Athenas (Friedr.), ad Phaleron (Heldr.), mt. Kerata (Haussk.); Messenia: pr. Methone (Chaub.); Creta: pr. Canea (Raul.); Cycladum insula: Syra (Aznav.), Cythnos (Tunt.); — β. Thessalia: mt. Zygos (Haussk.), ad Said Pascha in Pindo tymphaeo (Sint.); probabiliter huc spectat quoque specimen unicum nondum evolutum, a me in mt. Olenos Achaiae lectum. — Febr. Maio. ♃.

37. **A. phthioticum** Bois. et Heldr. fl. or. V. p. 274. — Exsicc.: Heldr. it. gr. septentr. a. 1879.

Bulbo subgloboso, bulbillifero, tunicis membranaceis, non perforatis; scapo solitario, tereti, glabro, 45—55 cm. alto, inferne foliato; foliis 3—4, linearibus, acuminatis, planis, flaccidis, glabris; spatha uni- vel bivalvi, valvis ovatis, breviter acuminatis, pedicellis breviore; umbella 12—15 flora, interdum bulbillifera; pedicellis valde inaequalibus, strictis, brevioribus florem subduplo, longioribus cum 4—5 plo superantibus; perigonii albo-straminei phyllis strictis, lanceolatis, acutatis; filamentis lanceolato-subulatis, perigonio tertia parte brevioribus; stylo stamina vix aequante. — Species pedicellis strictis, valde inaequalibus, perigonio 12—17 mm. longo, phyllis strictis, lanceolatis, acutatis, distincta.

In pascuis subalpinis mt. Oeta Phthiotidis, loco Livadies dicto (Heldr.). — Jun. Jul. ♃.

;; Spatha decidua; pedicelli unilateraliter penduli.

38. **A. triquetrum** L. sp. p. 300; Ch. et B. fl. pelop. p. 21; Bois. fl. or. V. p. 275. — Icon: Fl. gr. IV. t. 324.

Bulbo oblongo, saepius simplici, tunicis membranaceis, non perforatis; scapo 1—2, acute triquetro, glabro, 20—50 cm. alto, inferne foliato; foliis 2—5, late linearibus, acutis, flaccidis, glabris, subtus acute carinatis; spatha bivalvi, valvis oblongis, acuminatis, umbella aequilonga vel breviore; umbella pauciflora; pedicellis inaequalibus, flore aequilongis vel duplo longioribus, unilateraliter pendulis; perigonii albi phyllis elliptico-lanceolatis, acutiusculis, patentibus, demum conniventibus; filamentis e basi dilatata abrupte attenuatis, perigonio dimidio brevioribus; stylo stamina aequante.

In campis pr. Kalamata Messeniae (Gittard), sed schedulis hujus collectoris pauca fides habenda (Bois.). — Dec. Mart. ♃. N. v.

.. Bulbi tunicae externae alveolis rotundis crebris perforatae; flores rosei.

39. A. roseum L. sp. p. 296; S. et S. pr. I. p. 223, Fl. gr. IV. p. 13 t. 314; Ch. et B. exp. p. 96, Fl. pelop. p. 21; Marg. et R. fl. Zante p. 91;' Friedr. Reise p. 282; Weiss in z. b. G. 1869 p. 755; Raul. cret. p. 868; Spreitz. in z. b. G. 1877 p. 733, 1887 p. 670; Bois. fl. or. V. p. 273; Heldr. fl. cephal. p. 71, chlor. Mykon p. 252; Haussk. symb. p. 29. — Exsicc.: Heldr. et Hal. fl. aeg. a. 1889.

Bulbo ovato, bulbillifero, tunicis externis perforatis; scapo tereti, glabro, 20—50 cm. alto, inferne foliato; foliis 2—4, linearibus, longe acuminatis, planis, glabris; spatha univalvi, 3—4 loba, pedicellis breviore; umbella multiflora, fastigiata; pedicellis flore 2—3 plo longioribus; perigonii pulchre rosei phyllis elliptico-oblongis, obtusis, apice saepe crenulatis; filamentis lanceolato-subulatis, perigonio tertia parte brevioribus; stylo stamina subsuperante.

β. **carneum** Bert. rar. lig. pl. dec. I. p. 7 pro sp.; Rchb. ic. fl. germ. X. f. 1103. — *A. ambiguum* S. et S. pr. I. p. 227, Fl. gr. IV. p. 23 t. 327; Friedr. Reise p. 282. — *A. roseum v. bulbilliferum* Vis. fl. dalm I. p. 135; Heldr. fl. Aegina p. 349; Haussk. symb. p. 29. — *A. bulbiferum* Kunth enum IV. p. 439; Bois. fl. or. V. p. 274; Heldr. fl. cephal. p. 71. — Umbella bulbifera, floribus paucioribus. — Exsicc: N. o.

In collibus, maritimis, arvis, inter segetes. Attica: ad Piraeum, insula Aegina (Heldr.); Elis: pr. Olympia, inter Pyrgos et Arcadia (Friedr.); Messenia: pr. Methone (Chaub.), Kalamata (Zahn); Achaia: ad radices mt. Kyllene (Orph.); Acrocorinthus (Haussk.); Argolis: ad paludem Lerna (Sprun.), pr. Nauplia (Haussk.); Cycladum insula: Tenos (Leon.), Mykonos (Sart.); Creta (Sibth.): pr. Zakro (Raul.), Canea (Weiss); Zante (Sibth.): pr. Tsilivi (Marg.); Cephalonia: pr. Argostoli, Lixuri (Heldr.); Corcyra: pr. Manducchio, promontorium Bianco (Spreitz.). — Apr. Maio. ♃.

β. Ovula in loculis 3—10, biseriata.

40. A. Cyrilli Ten. fl. nap. III. p. 364; Bois. fl. or. V. p. 280; Heldr. fl. Aegina p. 394; Haussk. symb. p. 39. — Exsicc.: Orph. fl. gr. n. 840 (Chios); Heldr. herb. norm. n. 1292.

Bulbo magno, ovato, saepe bulbillifero; scapo robusto, tereti, glabro, 50—80 cm. alto, basi foliato; foliis lineari-lanceolatis, acuminatis, 1—2 cm. latis, planis, glabris; spatha univalvi, 2—4 fida, pedicellis breviore; umbella floribunda, densa, convexa, pedicellis subaequalibus, flore 4—5 plo longioribus; perigonii albo-virentis vel purpurascentis phyllis lineari-lanceolatis, acuminatis, tandem deflexis; filamentis lanceolatis, perigonio tertia parte brevioribus; stylo staminibus breviore.

In arvis, cultis. Attica: inter Athenas et Phaleron, pr. Eleusis, pr. Perivolia in insula Aegina (Heldr.); Boeotia: pr. Thebas (Sprun.). — Apr. Maio. ♃.

41. A. nigrum L. sp. ed. 2 p. 430; Sieb. avis p. 3, rem. p. 3; Marg. et R. fl. Zante p. 92; Weiss in z. b. G. 1869 p. 755; Bois. fl. or. V. p. 279; Heldr. fl. cephal. p. 71. — *A. magicum* Ch. et B. fl. pelop. p. 21; non L. sp. ed. 2 p. 424, quod „capitulo bulbifero describitur. — Icon: Fl. gr. IV. t. 323. — Exsicc.: Orph. fl. gr. n. 841 (Chios); Rev. pl. cret. n. 169, in Baen. herb. europ. n. 5656.

Differt a praecedente scapo saepius elatiore, foliis latioribus, usque 6 cm. latis, perigonii phyllis oblongis, obtusis, demum flaccidis, filamentis brevius acuminatis.

Inter segetes, in olivetis, vinetis. Peloponnesus: inter Armyros et Kalamata (Gittard); Cyclades (Bois.); Creta (Sieb.): pr. Suda, Canea (Weiss); Zante (Marg.); Cephalonia: pr. Drapano, Omala, Francata (Heldr.). — Apr. Maio. ♃.

Obs. *A. odorum* L. mant. p. 62; species asiatica, a Pieri corc. fl. p. 42 ex quadam confusione in Corcyra indicatur. — *A. cruentatum* Sieb. Reise I. p. 472; Raul. cret. p. 869; nomen solum; mihi ignotum.

4. Tribus. HYACINTHEAE Bois. fl. or. V. p. 286.

13. Chionodoxa Bois. diagn. V. p. 61.

1. C. nana R. et Sch. syst. VII. p. 581 (*Hyacinthus*); Bois. diagn. XIII. p. 24; Raul. cret. p. 867; Spreitz. in z. b. G. 1890 p. 299. — *Scilla bifolia* S. et S. pr. I. p. 232, quod pl. cret.; Sieb. avis p. 3, in Flora I. p. 275, V. 2 p. 639. — *Puschkinia scilloides* Sieb. Reise II. p. 319 t. 7; Bald. viagg. Creta p. 94; non Ad. — *C. cretica* Jaub. et Sp. ill. t. 433, non Bois. et Heldr. — Exsicc.: Heldr. pl. cret. n. 1374a; Bald. it. cret. n. 149, it. cret. alt. 197; Dörfl. pl. cret. n. 23, herb. norm. n. 4091.

Bulbo ovato; scapo gracili, 1—3 floro; foliis binis, anguste linearibus, obtusis, canaliculatis; pedicellis erectis, flore longioribus; bracteis nullis; perigonii parvi, albidi, superne pallide lilacini segmentis elliptico-oblongis, obtusis, tubo triplo longioribus; filamentis perigonio triplo brevioribus, alternatim sublongioribus, apice truncato-retusis.

Ad nives deliquescentes regionis alpinae, 2000—2300 m. Cretae: mt. Hagion Pneuma (Bald.) et Theodori in mt. Sphacioticis (Sieb.), mt. Psiloriti (Raul.), mt. Lassiti (Heldr.). — Maio, Oct. ♃.

2. C. cretica Bois. et Heldr. diagn. XIII. p. 24, Fl. or. V. p. 311; Raul. cret. p. 867. — Exsicc.: Rev. pl. cret. n. 168, in Baen. herb. europ. n. 4859.

Parum differt a praecedente perigonio majore coeruleo, segmentis oblongo-spathulatis, filamentis perigonii quartam partem aequantibus, aequilongis, apice valde retusis. — Anne ejus forma subalpina.

In dumosis regionis subalpinae Cretae: mt. Volokia. Drakona (Reverch.) et pr. Askyphos (Heldr.) in mt. Sphacioticis, mt. Psiloriti et Lassiti (Bois.). — Apr. Jul. ♃.

14. Strangweia Bert. in mem. soc. ital. XXI. p. 1.

1. S. spicata S. et S. pr. I. p. 237; Ch. et B. exp. p. 102, Fl. pelop. p. 23; Marg. et R. fl. Zante p. 90; (*Hyacinthus*); Bois. fl. or. V. p. 309. — *S. hyacinthoides* Bert. l. c., non L. — *Puschkinia dubia* Kunth enum. IV. p. 338. — *Bellevalia spicata* Bois. diagn. VII. p. 110; Hal. in ö. b. Z. 1897 p. 326. — Exsicc.: Heldr. herb. norm. n. 618, herb. fl. hellen. n. 50, in Baen. herb. europ. n. 3167.

Bulbo ovato; foliis 4—8, lineari-lanceolatis, scapum superantibus, margine ciliatulis; scapo humili, glabro, in spicam ovato-oblongam, brevem, densam, 5—10 floram abeunte; bracteis lanceolatis, deflexis; perigonii campanulati, triste coerulescentis, segmentis oblongo-lanceolatis, obtusiusculis, subpatulis, tubo duplo longioribus; filamentis cuneato-ovatis, apice tridentatis, tubo inclusis; antheris coeruleis; stylo staminibus breviore.

In collibus saxosis regionis inferioris et montanae. Leucas (Letourn.); Zante (Sibth.); Acarnania (Nieder); Aetolia: pr. Aetolikon (Reis.); mt. Parnassus pr. Rachova (Guicc.); Attica: pr. Eleusis (Orph.), Trakones ad radices mt. Hymettus (Heldr.); Argolis (Sibth.). — Jan. Mart. ♃.

15. Hyacinthus Tourn. inst. p. 344.

1. H. orientalis L. sp. p. 317; Ch. et B. exp. p. 23; Friedr. Reise p. 268; Bois. fl. or. V. p. 309. — Icon: Bot. mag. t. 937. — Exsicc.: Charr. fl. europ. ottom. a. 1890 (Maced.).

Bulbo ovato; foliis late linearibus, obtusis, canaliculatis; scapo foliis longiore, in racemum laxum, 4—10 florum abeunte; bracteis pedicello brevioribus; perigonii tubuloso-infundibuliformis, coerulei, segmentis lineari-spathulatis, subrecurvis, tubo subbrevioribus: filamentis linearibus, tubo inclusis; antheris coeruleis; stylo staminibus breviore.

In cultis pr. Messene (Gittard); in valle Gul-baba pr. Thessaloniam Macedoniae (Charr.); colitur frequenter in hortis. — Mart. Apr. ♃.

16. Bellevalia Lap. in journ. phys. 1808 p. 425.

a. Folia margine ciliata.

1. B. ciliata Cyr. pl. rar. neap. fasc. II. p. 23 t. 10 (*Hyacinthus*); Nees gen. IV. t. 8; Bois. fl. or. V. p. 302; Heldr. fl. Aegina p. 393; Haussk. symb. p. 27. — Exsicc.: Heldr. herb. norm. n. 1028.

Bulbo ovato; foliis 4—6, late lanceolatis, canaliculatis, margine crebre ciliatis; scapo tereti, foliis longiore, in racemum ovato-oblongum, laxum abeunte; pedicellis flore multo longioribus, fructiferis rigidis, horizontaliter patentibus; bracteis minimis; perigonii tubuloso-campanulati, livide purpurascentis, segmentis ovatis, acutiusculis, virescentibus, tubo 3 plo brevioribus; filamentis lineari-subulatis; antheris violaceis; capsula oblonga, trigona, utrinque attenuata. — Pedicellis elongatis, fructiferis usque 8 cm. longis et capsula oblonga 14 mm. longa egregia. Perigoniun 1 cm. longum.

In arvis. Boeotia: pr. Oropos (Heldr.); Attica: pr. Athenas, ad radices mt. Parnes pr. Liosia, pr. Palaeokundura in mt. Pateras, insula Salamis et Aegina (Heldr.); Argolis (Sprun.). — Mart. Apr. ♃.

2. **B. trifoliata** Ten. fl. nap. III. p. 376 t. 135 (*Hyacinthus*); Kunth. enum. IV. p. 308.

Bulbo ovato; foliis 3—4, late lanceolato-linearibus, canaliculatis, margine brevissime ciliolatis; scapo tereti, foliis breviore, in racemum cylindricum, laxum abeunte; pedicellis flore sub vel duplo brevioribus, patentibus vel cernuis; bracteis minimis; perigonii tubuloso-campanulati, sordide violacei, segmentis oblongis, obtusis, virescentibus, tubo 4 plo brevioribus; filamentis lineari-subulatis; antheris violaceis; capsula subrotundo-elliptica, trigona. — Pedicellis flore brevioribus a praecedente statim diagnoscitur. — Perigoniun 12—14 mm. longum.

In arvis insulae Aegina pr. coenobium (Heldr.). — Mart. Apr. ♃. N. v.

b. Folia glabra.

3. **B. romana** L. mant. alt. p. 224; S. et S. pr. I. p. 237, Fl. gr. IV. p. 33 t. 340; Ch. et B. exp. p. 102, Fl. pelop. p. 23; Marg. et R. fl. Zante p. 90; Friedr. Reise p. 274; (*Hyacinthus*); Rchb. fl. exc. p. 105; Bois. fl. or. V. p. 301; Spreitz. in z. b. G. 1887 p. 670; Bald. in nuov. giorn. bot. ital. 1894 p. 102; Haussk. symb. p. 27. — Exsicc.: Sagb. pl. ins. Corc. n. 50.

Bulbo ovato; foliis 4—5, linearibus, canaliculatis, glabris; scapo tereti, foliis breviore, in racemum demum elongatum, laxum abeunte; pedicellis erecto-patulis, flore aequilongis vel sublongioribus; bracteis minimis; perigonii campanulati, albidi, basi coerulescentis, tandem sordide violaceo-virentis, segmentis lineari-oblongis, acutiusculis, tubo aequilongis; filamentis lanceolatis, sensim attenuatis; antheris violaceis; capsula subrotunda, trigona. — A praecedente perigonio 7—9 mm. tantum longo, segmentis tubo aequilongis, nec eo 4 plo brevioribus facile diagnoscitur.

In herbidis, cultis regionis inferioris. Corcyra: pr. urbem (Sagb.), Mon repos (Spreitz.); Zante (Marg.); Epirus: ad Skafidaki pr. Prevesa (Bald.); Argolis (Sibth.): pr. Poros (Friedr.), — Mart. Apr. ♃.

4. **B. dubia** Guss. cat. hort. boccad. 1821 p. 82 (*Hyacinthus*); R. et Sch. syst. VII. p. 1709; Bois. fl. or. V. p. 302; Heldr. fl. cephal. p. 70; Gelmi in bull. soc. bot. ital. 1889 p. 453. — *B. Boissieri* Freyn in Flora 1885 p. 95. — Exsicc.: Orph. herb. n. 3385.

Bulbo ovato; foliis 2—4, linearibus, canaliculatis, glabris; scapo tereti, foliis breviore, in racemum demum elongatum, laxum abeunte; pedicellis patentibus, flore subaequilongis; bracteis minimis; perigonii campanulati, coerulei, segmentis ovato-deltoideis, obtusis, tubo subtriplo brevioribus; filamentis lineari-subulatis; antheris coeruleis; capsula obcordata, trigona. — Differt a praecedente perigonii coerulei, segmentis ovato-deltoideis, obtusis, tubo subtriplo brevioribus, nec eo aequilongis et capsulae forma; a *B. trifoliata* foliis angustioribus, non ciliatis, perigonio breviore, 5—8 mm. tantum longo et capsula obcordata. — Freyn l. c. plantam graecam, ob flores minores, ab italica diversam autumnat et sub nomine *B. Boissieri* salutat, sed haec differentia meo sensu minimi momenti est, nam planta sicula saepe perigoniis aeque parvis, ac graeca gaudet.

In cultis, herbidis regionis inferioris et montanae. Corcyra: pr. urbem (Sagb.); Cephalonia: mt. Aenos (Heldr.); Zante (Bois.); Aetolia (Nied.); Achaia: pr. Patras (Heldr.); Laconia: mt. Malevo (Orph.); insula Hydra (Heldr.). — Mart. Apr. ♃.

17. Leopoldia Parl. fl. palerm. I. p. 435.

Quoad specierum dispositionem generis adhuc non satis noti, Heldreichii opusculum „Über die Liliaceen-Gattung Leopoldia" secutus sum, sed species nonnullas ut varietates tantum enumerare malui.

a. Racemus elongatus; perigonium florum sterilium diametro suo 3—4 plo longius.

α. Pedicelli florum fertilium perigonium aequantes vel eo longiores.

1. **L. Pinardi** Bois. diagn. V. p. 62 (*Bellevalia*); Parl. fl. palerm. I. p. 440; Heldr. leop. p. 14, chlor. Thera p. 23. — *Muscari Pinardi* Bois. diagn. VII. p. 110, Fl. or. V. p. 289.

Bulbo ovato: foliis anguste linearibus, canaliculatis, scapo brevioribus; scapo elato, 30—45 cm. alto; racemo elongato, cylindraceo, laxifloro; pedicellis florum fertilium horizontaliter patentibus, perigonio tenui, tubuloso-cylindraceo aequilongis vel longioribus; floribus abortivis numerosis, cylindraceo-ovatis, pedicello-erecto-patulo, eis 2—3 plo longiore suffultis, comam laxam elongatam formantibus. — Floribus abortivis erecto patulis, in comam elongatam laxam dispositis a *L. tenuifloro* differre dicitur.

Cycladum insula Thera (Schmidt). — Mart. Maio. ♃. N. v.

β. Pedicelli florum fertilium perigonio breviores.

2. **L. tenuiflora** Tausch in Flora 1841 p. 234; Bois. fl. or. V. p. 290; (*Muscari*); Heldr. leop. p. 15, in bot. ver. brandenb. XXI. p. 62. — *M. tubiflorum* Stev. in bull. mosc. XXX. 3 p. 84. — *M. tenuiflorum v. pindicolum* Haussk. symb. p. 28 (f. racemo valde elongato, floribus sterilibus pedicellisque longioribus, his arcuato-adscendentibus). — Exsicc.: Bickn. herb. a. 1891.

Bulbo ovato; foliis anguste linearibus, canaliculatis, scapo brevioribus; scapo elato, 30—45 cm. alto; racemo elongato, cylindraceo, laxifloro; pedicellis florum fertilium horizontaliter patentibus vel subdeflexis, perigonio tubuloso-cylindraceo subbrevioribus; floribus abortivis numerosis, approximatis, tubuloso-subclavatis, pedicello patenti vel pendulo eis aequilongo vel longiore suffultis, comam densiusculam, parum elongatam formantibus.

In collibus apricis, dumosis regionis inferioris et montanae. Corcyra: pr. Spartilla (Bickn.); Epirus: pr. Kestoration (Chodes); Thessalia: in quercinis supra monasterium Korona in Pindo dolopico (Haussk.); in Petalium insula Platera (Holzm.). — Maio, Jun. ♃.

3. **L. theraea** Heldr. leop. p. 14, chlor. Thera p. 23. — *Muscari theraeum* Bois. fl. or. V. p. 290. — Exsicc.: Heldr. herb. a. 1866.

Bulbo ovato; foliis latiuscule linearibus, canaliculatis, undulatis, scapo brevioribus, scapo 30 cm. alto; racemo elongato, cylindraceo, laxifloro; pedicellis florum fertilium horizontaliter patentibus, perigonio tuboloso-cylindraceo dimidio brevioribus; floribus abortivis parvis, paucis, breviter pedicellatis, comam brevem formantibus. — Species ex speciminibus tribus, fere omnino defloratis, 1 in herbario meo et 2 in Heldreichiano asservatis, tantum nota et ulterius observanda; a praecedente foliis latioribus, undulatis, floribus fertilibus brevius pedicellatis, abortivis paucis, multo minoribus specifice differre videtur.

In solo vulcanico insulae Thera Cycladum (Schmidt). — Mart. ♃.

    b. Racemus plus minus elongatus; perigonium florum sterilium diametro suo parum vel vix duplo longius.

        α. Flores steriles longe pedicellati, pedicelli nempe perigonio manifeste longiores.

4. **L. comosa** L. sp. p. 318; S. et S. pr. I. p. 238; Ch. et B. exp. p. 102, Fl. pelop. p. 23; (*Hyacinthus*); Parl. fl. palerm. I. p. 438; Heldr. fl. cephal. p. 70, leop. p. 9. — *Muscari comosum* Mill. dict. n. 2; Pieri corc. fl. p. 44; Marg. et R. fl. Zante p. 90; Friedr. Reise p. 268; Fraas fl. class. p. 289; Ung. Reise p. 119; Weiss in z. b. G. 1869 p. 754; Raul. cret. p. 867; Bois. fl. or. V. p. 291; Spreitz. in z. b. G. 1887 p. 670; Bald. riv. coll. bot. alb. 1896 p. 95; Haussk. symb. p. 27. — *L. graminifolia* Heldr. et Holzm. in Nym. consp. p. 733, Fl. Aegina p. 394. — *L. Charrelii* Heldr. herb. norm. n. 1084. — *L. polita* Heldr. herb. norm. n. 1386. — Exsicc.: Heldr. l. c.; Sint. it. thessal. n. 177.

Bulbo ovato; foliis linearibus, canaliculatis, scapum aequantibus vel superantibus; scapo elato, 30—60 cm. alto; racemo elongato, cylindraceo, laxifloro; pedicellis florum fertilium horizontaliter patentibus vel subdeflexis, perigonio basi subattenuato, superne subcampanulato, sublongioribus vel subbrevioribus; floribus abortivis numerosis, elliptico-clavatis, pedicello arcuato-adscendenti, eis pluries longiore suffultis, comam brevem, corymboso-effusam formantibus.

β. **Holzmanni** Heldr. in atti congr. Firenze 1896 p. 228 pro sp. *Bellevaliae.* — *Leopoldia Holzmanni* Heldr. leop. p. 10, Fl. Aegina p. 394. — *Muscari Holzmanni* Bois. fl. or. V. p. 292; Freyn in Flora 1885 p. 22; Haussk. symb. p. 28. — Gracilis; scapo humili, 10—20 cm. alto; foliis saepius longiore; coma florum abortivorum saepius pauciflora. — Forma collina aprica, intermediis ad typum sensim transiens. — Exsicc.: Heldr. herb. fl. bellen. n. 49, in Baen. herb. europ. n. 3166, herb. norm. n. 1083.

γ. **pharmacusana** Heldr. leop. p. 11 pro sp. — *Muscari pharmacusanum* Bois. fl. or. V. p. 291; Freyn in Flora 1885 p. 26; Haussk. symb. p. 28. — *L. Bouriana* Heldr. herb. norm. n. 1085. — Scapo elato, crassiusculo; foliis latioribus, elongatis; racemo cylindraceo-conico; floribus fertilibus majoribus, sterilibus minoribus, pallidis, brevius pedicellatis. — Assentior opinioni Haussknechtii l. c., qui hanc plantam *L. comosae* formam vegetam esse censet. — Exsicc.: Heldr. herb. fl. hellen. a. 1878, herb. norm. n. 1085.

In arvis, olivetis, herbidis, collibus apricis, regionis inferioris et montanae. Epirus: pr. Kurenta distr. Janina (Bald.); Thessalia: pr. Volo (Haussk.), Lechonia (Sint.); Aetolia (Heldr.); mt. Parnassus (Fraas); Attica: pr. Athenas, Eleusis, mt. Pentelicon, Hymettus (Haussk.), insula Aegina (Friedr.); Corinthus, Acrocorinthus, Nauplia (Haussk.); Messenia: pr. Pylos, Methone, insula Sapienza (Chaub.); Cycladum insula Cythnos (Tunt.); Creta: pr. Canea (Weiss), Platania, Akroteri, Malaxa (Raul.); Zante (Sibth.); Cephalonia: pr. Argostoli (Heldr.); Leucas: ad monasterium Hagios Georgios (Spreitz.); Corcyra (Pieri); — β. Attica: mt. Lycabettus, Turcovuni, Corydalus, Hymettus, Pentelicon, pr. Heracleon, Cephissia, insula Salamis, Aegina (Heldr.); Argolis (Sprun.), mt. Palamidi pr. Nauplia (Haussk.), insula Hydra (Pichl.); Cyclades: insula Cythnos (Tunt.), Melos (Leon.); Creta: pr. Cydonia (Heldr.); — γ. Attica: in oliveto Athenarum, in Pharmacusarum insula Megali et Mikra Kyra (Heldr.); Achaia: mt. Panachaicon, Olenos (Hal.). — Apr. Maio. ♃.

β. Flores steriles breviter pedicellati vel subsessiles.

× Pedicelli florum fertilium perigonio sublongiores vel subbreviores.

5. **L. graeca** Heldr. in atti congr. Firenze 1876 p. 228 (*Bellevalia*); Heldr. leop. p. 12. — *Muscari graecum* Bois. fl. or. V. p. 291.

Bulbo magno, subgloboso; foliis anguste linearibus, canaliculatis, scapo brevioribus; scapo crasso, elato, 45 cm. alto; racemo elongato, cylindraceo, laxifloro; pedicellis florum fertilium horizontaliter patentibus, perigonio cylindraceo-oblongo aequilongis; floribus abortivis numerosis, ellipticis, breviter pedicellatis, comam densam conicam formantibus. — Planta teste autore robustissima, bulbo globoso nec ovato, tunicis pallide fuscis nec rufescentibus vestito distincto; flores fertiles eis *L. comosae* majores, parte inferiori pallide virentes; superiori fusco-violacei, flores abortivi amethystini. An a var. γ. praecedentis specifice diversa?

In submontosis Achaiae pr. Megaspilaeon (Heldr.). — Apr. Maio. ♃. N. v.

6. **L. maritima** Desf. fl. atl. I. p. 308; Raul. cret. p. 867; Bois. fl. or. V. p. 293; (*Muscari*); Parl. fl. palerm. I. p. 440; Heldr. leop. p. 11. —

Bulbo ovato; foliis linearibus, canaliculatis, scapum aequantibus vel superantibus; scapo 10—25 cm. alto; racemo conico, laxiusculo; pedicellis florum fertilium erecto patentibus, perigonio cylindraceo subbrevioribus; floribus abortivis paucis, ovato-clavatis, pedicellis erecto-patulis eis brevioribus suffultis, comam parvam formantibus. — Species mihi ignota, differt a *L. comosa* racemo conico, floribus sterilibus paucis, multo brevius pedicellatis; a praecedente statura gracili, racemo conico floribus sterilibus paucis, laxiusculis.

In arenosis maritimis. Creta: pr. Francocastron (Heldr.), Gaidaronisi, mt. Apendi Kavutsi (Raul.). — Mart. Apr. ♃. N. v.

7. L. Sartoriana Heldr. leop. p. 11. — *Muscari Sartorianum* Bois. fl. or. V. p. 292. — Exsicc.: Heldr. pl. fl. bellen. a. 1879, 1900 et 1901.

Bulbo ovato vel subgloboso; foliis linearibus, canaliculatis, flaccidis, attenuato-acuminatis, scapum aequantibus vel superantibus; scapo 10—30 cm. alto; racemo conico-attenuato, superne denso; pedicellis florum fertilium horizontaliter patentibus, perigonio cylindrico-subcampanulato subaequilongis vel sublongioribus; floribus abortivis subsessilibus, obovatis, spicam densam formantibus. — Racemo superne denso, valde conico, perigoniis pallide fusco-flavidis, floribus abortivis subsessilibus, condensatis, coerulescentibus distincta.

β. **curta** Heldr. leop. p. 10 pro sp. — *Muscari curtum* Bois. fl. or. V. p. 292. — Scapus abbreviatus 6—10 cm. altus; pedicelli florum fertilium perigonio aequilongi; flores abortivi pauci. — Exsicc.: Heldr. herb. a. 1879.

In collibus apricis, arenosis. Attica: mt. Parnes pr. Dekeleia (Heldr.); Cycladum insula: Andros, Cythnos (Tunt.); — β. in colle Turcovuni et ad Ilyssum pr. Athenas (Heldr.). — Mart. Maio. ♃.

×× Pedicelli florum fertilium perigonio 4—5 plo breviores.

8. L. Weissii Freyn in ö. b. Z. 1878 p. 87; Heldr. leop. p. 12, chlor. Mykon. p. 252. — *Muscari sp. nov.?* Weiss in z. b. G. 1869 p. 755. — *M. Weissii* Freyn l. c.; Bois. fl. or. V. p. 239; Fors. in bull. herb. Bois. III. p. 88. — Vereor ne *L. Gussonii* Heldr. leop. p. 13, vix Parl. fl. it. II. p. 498, ex insula Syra, huc pertineat. — Exsicc.: Orph. fl. gr. n. 832.

Bulbo ovato; foliis linearibus, canaliculatis, scapum superantibus; scapo humili, 15—20 cm. alto; racemo cylindraceo, laxiusculo; pedicellis florum fertilium horizontalibus, perigonio ovato-campanulato 4—5 plo brevioribus; floribus abortivis paucis, minutis, subsessilibus vel breviter pedicellatis, comam brevissimam formantibus.

In Cycladum insula: Syra (Weiss), Mykonos (Heldr.), Amorgos (Schmidt). — Apr. Maio. ♃.

9. L. Spreitzenhoferi Heldr. in z. b. G. 1890 p. 299. — Exsicc.: Spreitz. it. cret. a. 1882.

Bulbo subgloboso; foliis anguste linearibus, canaliculatis; racemum aequantibus; scapo gracili, 10—20 cm. alto; racemo cylindraceo, brevi, laxiusculo; pedicellis florum fertilium subhorizontalibus, perigonio cylindraceo 5 plo brevioribus; floribus abortivis paucis, minutis, subsessilibus vel breviter pedicellatis, comam brevissimam formantibus. — Praecedenti affine, sed gracilior, folia angustiora, flores duplo minores, brevissime pedicellati. — An a *L. Gussonii* Parl. fl. it. II. p. 998 specifice diversa, ex paucis speciminibus visis, dijudicare nequeo.

Inter lapides calcareos pr. Mavrus Lakus, in regione superiori mt. Sphacioticorum Cretae (Spreitz.). — Jul. ♃.

c. Racemus ovato-oblongus, abbreviatus; flores steriles subnulli; planta nana, alpina.

10. **L. Neumayrii** Heldr. leop. p. 15. — *Muscari Neumayeri* Bois. fl. or. V. p. 293.

Bulbo ovato; foliis anguste linearibus, obtusiusculis, erecto-patulis, scapum aequantibus; scapo nano, 6 cm. alto; racemo ovato-oblongo, 15 floro, pedicellis patulis vel subrecurvis, perigonio ovato-campanulato brevioribus; floribus abortivis subnullis. — „Species peculiaris, habitu fere Muscaris, foliis et racemo brevi a *Leopoldiae* speciebus genuinis discrepans et ulterius observanda" Heldr. l. c. — Perigonium pallide violaceum, 4 mm. longum.

In summi mt. Kiona regione alpina (Neumayr). — Maio. ♃. N. v.

18. Muscari Tourn. inst. I. p. 347.

a. Perigonium atro-violaceum vel coeruleum, fauce non intumescens.

α. Perigonium ovato-oblongum.

× Perigonii dentes concolores, conniventes.

1. **M. commutatum** Guss. pl. rar. p. 145; Friedr. Reise p. 280; Heldr. in atti congr. Firenze 1876 p. 231; Bois. fl. or. V. p. 296; Heldr. et Hal. in ö. b. Z. 1896 p. 19 *v. Leonis*; Haussk. symb. p. 28. — *Botryanthus commutatus* Kunth enum. IV. p. 311; Heldr. fl. Aegina p. 394, chlor. Thera p. 23. — Icon: Ten. fl. nap. t. 229. — Exsicc.: Heldr. herb. norm. n. 154, 1086 et 1087, in Baen. herb. europ. n. 2409; Dörfl. fl. gr. n. 391.

Bulbo ovato; foliis linearibus, canaliculatis, flaccidis, scapum subaequantibus vel eo parum longioribus; racemo breviter ovato, densifloro; floribus deorsum imbricatis, inodoris, sterilibus subnullis; perigonii atroviolacei, ovato-oblongi, turbinati, superne eximie 5 angulati, dentibus concoloribus, ante anthesin conniventibus; capsulae valvulis ovato-oblongis, apice rotundatis. — Species haec sequentesque in plantis vivis faciliter, in exsiccatis aegre distinguendae, inde saepe confusae.

In collibus regionis inferioris et in submontosis. Attica: frequens pr. Athenas, mt. Lycabettus, Kerata, Pentelicon, Hymettus, in insulis Pharmacusis, Aegina (Heldr.); Phocis: pr. Delphi (Leon.); Corinthia,

Argolis (Heldr.); Arcadia: mt. Diaforti pr. Andrizena (Friedr.); Euboea, Melos, Thera (Heldr.); Zante (Bois.); Corcyra (Sagb.). — Febr. Jun. ♃.

×× Perigonii dentes discolores, recurvi.

○ Racemus densiflorus, floribus omnibus saturate coeruleis.

2. **M. racemosum** L. sp. p. 318; S. et S. pr. I. p. 238; Dallap. prosp. p. 51; Ch. et B. exp. p. 102, Fl. pelop. p. 23 (*Hyacinthus*); Mill. dict. n. 5; Marg. et R. fl. Zante p. 90; Friedr. Reise p. 267 et 268; Üng. Reise p. 119; Raul. cret. p. 867; Heldr. in atti congr. Firenze 1876 p. 231; Bois. fl. or. V. p. 295; Gelmi in bull. soc. bot. it. 1889 p. 453; Haussk. symb. p. 28. — *Botryanthus odorus* Kunth enum. IV. p. 131. — *B. racemosus* Heldr. fl. cephal. p. 70. — Icon: Jacq. fl. austr. t. 187. — Exsicc.: Sint. it. thessal. n. 855.

Bulbo ovato; foliis anguste linearibus, junciformibus, flaccidis, superne sulco exaratis, scapo longioribus; racemo breviter ovato, densifloro, floribus odoris, supremis sterilibus, erectis, perigonii saturate coerulei, ovato-oblongi, tubuloso-urceolati, dentibus albidis, dein coeruleis, deltoideis, reflexis; capsulae valvis suborbiculatis, apice late retusis.

In cultis, collibus herbidis regionis inferioris, in alpinam adscendens. Epirus: mt. Peristeri (Sint.); Thessalia: pr. Klinovo (Haussk.); Attica: pr. Athenas, mt. Pentelicon (Friedr.); Achaia: mt. Chelmos (Hal.). Panachaicon (Heldr.); Arcadia: mt. Maenalus pr. Bityna (Heldr.); Messenia: pr. Pylos, Methone (Chaub.); Laconia: mt. Taygetos, pr. Androvista (Chaub.); Archipelagus (Bois.); Creta: mt. Sphaciotici (Sibth.); Zante (Marg.); Cephalonia (Dall.); mt. Aenos (Ung.); Corcyra: mt. Pantocrator (Gelmi); sed loca nonnulla forsan ad praecedentem vel sequentem spectant. — Mart. Maio. ♃.

3. **M. neglectum** Guss. in Ten. in fl. neap. syll. app. V. p. 13; Heldr. in atti congr. Firenze 1876 p. 230; Bois. fl. or. V. p. 296; Bald. riv. coll. bot. alb. 1895 p. 73; Haussk. symb. p. 28. — *Botryanthus neglectus* Kunth enum. IV. p. 679. — Exsicc.: Heldr. herb. norm. n. 155 et 1088; Bald. it. alb. ep. III. n. 92; Sint. it. thessal. n. 225; Dörfl. fl. gr. n. 447. —

Species omnium vegetior, differt a praecedente scapo elatiore robustiore, foliis longissimis, late canaliculatis, nec junciformibus, perigoniis majoribus, atro-coeruleis, capsulae valvis apice rotundatis.

In olivetis, locis cultis fertilibus regionis inferioris. Epirus: mt. Micikeli, Olyeika (Bald.); Thessalia: pr. Kalabaka (Sint.), Pharsalus (Haussk.); Attica: pr. Athenas, Liosia, Kephissia (Heldr.). — Mart. Maio. ♃.

○○ Racemus laxiflorus, floribus fertilibus saturate coeruleis, sterilibus laete coeruleis.

4. **M. Mordoanum** Heldr. ap. Spreitz. in z. b. G. 1877 p. 732, in ö. b. Z. 1878 p. 52. — *Botryanthus Mordoanus* Nym. consp. p. 734. — Exsicc.: Spreitz. it. ion. n. 108.

Bulbo ovato; foliis anguste linearibus, canaliculatis, flaccidis, scapum aequantibus vel eo longioribus; racemo breviter ovato, laxifloro; floribus inferioribus fertilibus, oblongo-urceolatis, atro-coeruleis, longiuscule pedicellatis, dentibus pallide purpurascentibus, brevibus, obtusis; floribus superioribus sterilibus, ovato-cylindricis, laete amethystinis; capsula late obcordata. — A duobus praecedentibus racemo laxifloro, floribus longius pedicellatis, sterilibus majoribus, laete amethystinis, specifice differre videtur.

Corcyra: in olivetis secundum viam inter urbem et Hagios Deca, inter Barbati et Spartilla ad radices mt. Pantocrator, nec non in speciminibus humilioribus in oropedio hujus montis (Spreitz.). — Apr. ♃.

5. **M. pulchellum** Heldr. et Sart. in Bois. diagn. ser. 2 IV. p. 109, in Reg. gartenfl. 1862 p. 342 t. 377, in atti cong. Firenze 1876 p. 231; Bois. fl. or. V. p. 295; Haussk. symb. p. 29. — *Botryanthus pulchellus* Nym. consp. p. 734; Heldr. chlor. Parn. p. 28, Fl. Aegina p. 394. — *B. Sartorii* Tod. hort. panorm. t. 5. — Exsicc.: Heldr. herb. norm. n. 156 et 1089, in Baen. herb. europ. n. 2410.

Bulbo ovato; foliis angustis, junciformibus vel subsetaceis, scapum saepius superantibus; racemo oblongo, laxifloro; floribus inferioribus fertilibus, ovato-urceolatis, saturate coeruleis; breviter pedicellatis, dentibus candidis, ovato-triangularibus, obtusis; floribus superioribus sterilibus, ovatis; laete coeruleis; capsula rotundata. — /Ab affinibus statim diagnoscitur gracilitate, statura humiliore, foliis angustioribus, perigonio ob dentes majores et candidiores magis discolori et floribus sterilibus laete coeruleis.

β. **amoenum** Heldr. pl. exs. fl. hellen. a. 1901 sub *Botryantho amoeno*. — Robustius, scapo elatiore, foliis latiuscule linearibus, floribus dimidio majoribus.

In collibus saxosis regionis inferioris et montanae, usque 1000 m. adscendens. Phocis: pr. Rachova in mt. Parnasso (Guicc.); Attica: mt. Kerata, Turcovuni, Lycabettus, Parnes, Pentelicon, insula Aegina (Heldr.); Argolis: pr. Nauplia (Haussk.), insula Poros (Reinhold); — β. in insula Cythnos Cycladum (Tunt.). — Jan. Mart., omnium praecocius ♃.

β. Perigonium ovato-globosum.

× Flores vernales.

6. **M. Kerneri** March. in boll. soc. adr. sc. nat. VII. p. 266; Haussk. symb. p. 28. — *Botryanthus Kerneri* Nym. consp. suppl. II. p. 307. — *M. Heldreichii* Bois. fl. or. V. p. 298, quoad pl. chelmeam (= *M. nivale* Heldr. et Sart. in sched.); Hal. beitr. fl. Achaia p. 33; Freyn in Sint. it. thessal. n. 224. — Suspicor quin: *M. botryoides* Pieri corc. fl. p. 44; Weiss in z. b. G. 1869 p. 755; Bois. fl. or. V. p. 297, quoad pl. ex insula Melos; huc pertineat et nec cum specie Linnaeana identica sit. — Exsicc.: Heldr. herb. norm. n. 1194 (Macedonia); Hal. it. gr. secund. a. 1893.

Bulbo ovato; foliis latiuscule linearibus, canaliculatis, superne subdilatatis, scapo brevioribus vel eum subsuperantibus; racemo ovato, laxiusculo; floribus breviter pedicellatis, subnutantibus, summis sterilibus, erectis; perigonio ovato-globoso, coeruleo, dentibus albidis, subrecurvis; capsula subrotunda. — Affine *M. botryoidi* L. sp. p. 318 (*Hyacinthus*); foliis latissimis diverso.

In herbidis lapidosis regionis montanae et alpinae. Thessalia: pr. Klinovo (Sint.); Achaia: in saxosis regionis alpinae mt. Chelmos (Heldr.) et Kyllene (Hal.); Cycladum insula Tenos (Weiss), Melos (Armenis); Corcyra (Pieri). — Maio. Jun. ♃.

7. **M. Heldreichii** Bois. diagn. ser. 2 IV. p. 109, Fl. or. V. p. 298; Heldr. in atti congr. Firenze 1876 p. 230. — *Botryanthus Heldreichii* Reg. gartenfl. 1863 p. 371 t. 419; Heldr. chlor. Parn. p. 28. — *M. hymenophorum* Heldr. herb. norm. n. 662.

Bulbo ovato; foliis latiuscule linearibus, canaliculatis, superne subdilatatis, scapo longioribus; racemo ovato, densiusculo; floribus breviter pedicellatis, horizontalibus, summis sterilibus, subsessilibus; perigonio obovato-urceolato, superne leviter angulato, pallide coeruleo, dentibus albis, recurvatis; capsula rotunda. — Differt a praecedente floribus horizontalibus, perigonio magis elongato, angulato-costato, dentibus latioribus, valde revolutis.

In regione media et superiori mt. Parnassus loco Chambibi dicto (Orph.) et supra Rachova (Guicc.). — Apr. Jul. ♃.

×× Flores autumnales.

8. **M. parviflorum** Desf. fl. atl. I. p. 309; Marg. et R. fl. Zante p. 90; Heldr. in atti congr. Firenze 1896 p. 230; Bois. fl. or. V. p. 299. — *Hyacinthus parviflorus* Pers. syn. I. p. 375. — *Botryanthus parviflorus* Kunth enum. IV. p. 312. — Exsicc.: Orph. fl. gr. n. 1189; Heldr. herb. norm. n. 1195.

Bulbo ovato; foliis linearibus, canaliculatis, scapo brevioribus; racemo brevi, laxifloro; floribus breviter pedicellatis, patentibus, sterilibus subnullis; perigonio ovato-urceolato, pallide coeruleo, dentibus concoloribus, brevissimis, recurvatis; capsulae valvis orbiculatis.

In collibus siccis, rarissime. Attica: in colle Turcovuni pr. Psychiko (Heldr.) et Kalokresa (Orph.); Zante (Marg.). — Sept. Oct. ♃.

    b. Perigonium oblongo-cylindricum, primum violaceum, sub anthesi flavum, fauce externe in coronam sexlobam, dentibus patentibus ampliorem, intumescens.

9. **M. macrocarpum** Sweet flow. gart. t. 210; Bois. fl. or. V. p. 289. — *M. moschatum β. flavum* Bot. mag. t. 1565. — Exsicc.: Orph. herb. a. 1860 (insula Simi pr. Rhodos).

Bulbo ovato; foliis latiuscule linearibus, canaliculatis, scapo longioribus; racemo cylindrico; densiusculo; floribus subsessilibus, horizontali-subnutantibus, sterilibus subnullis; perigonio oblongo-cylindrico, apice extus gibboso, dentibus demum patentibus; capsula magna, acute trigona, valvis transverse latioribus, non retusis.

In Graecia (Bois.), loco non notato. — Febr. Apr. ♃.

CXXVIII. Ordo. Melanthaceae R. Br. pr. fl. nov. holl. p. 272.

1. Tribus. **COLCHICEAE** Nees et Eberm. handb. I. p. 50.

Caulis subnullus, floribus solitariis vel fasciculatis; perigonii laciniae longissime unguiculatae, unguibus plerumque in tubum connatis.

1. Colchicum L. gen. n. 457. —

Perigonii laciniae in tubum longissimum connatae. — Distinctio specierum propter characteres interdum minus graviores saepe difficilis.

1. Sectio. *Blastodes* Bois. fl. or. V. p. 156. — Rhizoma horizontale, cylindricum.

a. Folia hysteranthia.

1. **C. Boissieri** Orph. in atti congr. Firenze 1876 p. 31; Bois. fl. or. V. p. 156. — Exsicc.: Heldr. herb. norm. n. 981 et 1497.

Rhizomate subflexuoso, extremitate postica subincrassato, antica spatham elongatam, unifloram, rarissime 2—3 floram edente; foliis 2—3, hysteranthiis, subrecurvo-patulis, linearibus, canaliculatis, circa 8 mm. latis, margine ciliatis; perigonii roseo-lilacini laciniis oblongo-ellipticis, obtusis, non tesselatis; staminibus limbo duplo brevioribus; antheris luteis, filamento triplo brevioribus; stylis limbo quarta parte brevioribus, apice subincurvis, breviter stigmatosis. — Perigonii tubus 7—15 cm. longus, laciniae 3—5 cm. longi et 6—12 mm. lati.

In regione inferiori et media mt. Taygetos pr. pagum Gaitzes (Psarides). — Sept. Dec. ♃.

b. Folia synanthia.

2. **C. Zahnii** Heldr. herb. norm. n. 1586.

Rhizomate subflexuoso, extremitate postica subincrassato, antica spatham elongatam, bifoliam, 1—2 floram edente; foliis synanthiis, erecto-patulis, lineari-lanceolatis, obtusis, planiusculis, 4—7 mm. latis, glabris; perigonii roseo-lilacini laciniis oblongo-ellipticis, obtusis, 7—13 nerviis, non tesselatis; staminibus limbo duplo brevioribus; antheris fuscis, filamento triplo brevioribus; stylis antheras superantibus, rectis, stigmate punctiformi. — Planta 9—15 cm. alta, perigonii laciniae 15—25 mm. longae et 3—4 mm. latae.

In valle fl. Nedon inter Kalamata et Alagonia Messeniae, in variis locis, nec non in Laconia pr. Sotorianika (Zahn). — Nov. Dez. ♃.

3. C. Psaridis Heldr. herb. norm. n. 982.

Rhizomate subflexuoso, extremitate postica subincrassato, antica spatham elongatam, bifoliam 1—2 floram edente; foliis synanthiis erecto-patulis, anguste linearibus, acutis, planiusculis, 1—3 mm. latis, glabris; perigonii roseo-lilacini laciniis lineari-oblongis, acutiusculis, 5—7 nerviis, non tesselatis; staminibus limbo duplo brevioribus; antheris fuscis, filamento 3—4 plo brevioribus; stylis antheras superantibus, rectis, stigmate punctiformi. — Planta 7—13 cm. alta, perigonii laciniae 15—20 mm. longae et 2—3 mm. latae. Praecedenti affine, ab eo statura graciliore, foliis anguste linearibus, acutis, perigonii laciniis angustioribus, acutis, paucinerviis et antheris minoribus discedit.

Laconia: mt. Taygetos (Psarides); Messenia: pr. Kalamata (Zahn). — Sept. Nov. ♃.

2. Sectio. *Eucolchicum* Bois. fl. or. V. p. 157. — Rhizoma bulbo-tuberosum, ovatum.

a. Folia synanthia.

α. Perigonii laciniae 15—21 nerviae.

4. C. bulbocodioides M. a B. fl. taur. cauc. I. p. 293; Fraas fl. class. p. 284. — *C. montanum* Clem. sert. p. 93; Bois. fl. or. V. p. 164; Heldr. chlor. Parn. p. 27; non L. sp. p. 342 (cf. Vis. fl. dalm. I. p. 157). — *C. Catacuzenium* Heldr. herb. norm. n. 628.

Tunicis coriaceis, secus spatham breviter productis; foliis synanthiis, saepissime 3, subrecurvo-patulis, lanceolato-linearibus, obtusis, canaliculatis, 7—13 mm. latis, glabris vel scabrido-ciliatulis; floribus 1—8, fasciculatis; perigonii roseo-lilacini laciniis oblongo-ellipticis, obtusis, 15—21 nerviis, non tesselatis; staminibus limbo duplo brevioribus; antheris fuscis, filamento 3—4 plo brevioribus; stylis antheras aequantibus, rectiusculis, stigmate punctiformi.

In saxosis regionis abietinae. Attica: mt. Parnes (Heldr.); mt. Parnassus pr. Leucocastron supra Livadi (Guicc.). — Mart. Maio. ♃.

5. C. glossophyllum Heldr. herb. norm. n. 1496.

Praecedenti maxime affine, sed robustius, ad 20 cm. altum, folia glaucescentia, demum valde aucta, perfecta in speciminibus defloratis interdum longitudinem 25 cm. et latitudinem 2—3 cm. attingentia; flores autumnales.

Messenia: in collibus circa coenobium Velania et pr. Thurium secus vallem fl. Nedon, haud procul a Kalamata (Zahn); specimina ex Attica in mt. Hymetto meridionali ab Orphanides lecta et a Heldreich in reliqu. Orph. a. 1886 sub nomine *C. Bertolonii f. latifolia* distributa huc spectare videntur. — Nov. ♃.

β. Perigonii laciniae 5—7 nerviae.

6. C. Bertolonii Stev. in nouv. mem. mosc. VII. p. 268; Marg. et R. fl. Zante p. 92; Fraas fl. class. p. 284; Bois. fl. or. V. p. 165; Heldr. fl. cephal. p. 82, chlor. Thera p. 23; Bald. riv. coll. bot. alb.

1895 p. 72, 1896 p. 94. — *C. montanum* S. et S. pr. I. p. 250; Urv. enum. p. 41; Ch. et B. fl. pelop. p. 24; Fraas fl. class. p. 284; non L. — Huc spectare videtur ex descriptione: *C. timidum* Heldr. chlor. Mykon. p. 252. — Exsicc.: Orph. fl. gr. n. 113; Heldr. herb. norm. n. 330, 766 et 890, herb. fl. bellen. n. 51, in Baen. herb. europ. n. 3182; Dörfl. fl. gr. n. 160.

Tunicis coriaceis, secus spatham breviter productis; foliis 2—3, synanthiis, erecto-patulis patulisve, lanceolato-linearibus, acutiusculis, canaliculatis, 2—4 mm. latis, glabris vel scabrido-ciliatulis; floribus 1—5, fasciculatis; perigonii roseo-lilacini laciniis elliptico-linearibus, obtusis, 5—7 nerviis, non tesselatis: staminibus limbo duplo brevioribus; antheris fuscis, filamento 3—4 plo brevioribus; stylis antheras vix superantibus, rectis, stigmate punctiformi. — Antecedentibus gracilius.

In saxosis regionis inferioris et montanae, usque 1000 m. adscendens. Epirus: pr. Dodona, mt. Micikeli (Bald.); Aetolia: pr. Mesolongion (Nieder); Attica: mt. Parnes (Holzm.), Hymettus (Sibth.); Argolis: pr. Nauplia (Orph.); Cycladum insula: Syra (Cadet), Melos (Urv.), Rhenia, Thera (Heldr.); Zante (Marg.); Cephalonia (Schimp.). — Sept. Nov. ♃.

7. **C. pusillum** Sieb. Reise I. p. 482, in Flora 1822 I. p. 248; Roem. et Sch. syst. VII. p. 1520; Fraas fl. class. p. 284; Raul. cret. p. 871. — *C. Bertolonii* Bois. fl. or. V. p. 165 quoad pl. cret., non Stev. — Exsicc.: Sieb. pl. cret.

Tunicis coriaceis, in collum productis; foliis 3—4, subsynanthiis, erecto-patulis, anguste linearibus, acutiusculis, canaliculatis, 1 mm. latis, glabris; floribus 3—4, fasciculatis, minutissimis; perigonii roseo-lilacini laciniis, lineari-subulatis, obtusiusculis, 5 nerviis, non tesselatis; staminibus limbo duplo brevioribus; antheris flavis, filamento 3 plo brevioribus; stylis antheras superantibus, rectis, stigmate punctiformi. — Plantula 3—4 cm. alta, gracillima, cum praecedente meo sensu non confundenda.

In collibus aridis, saxosis regionis inferioris Cretae: ad promontorium Maleka (Sieb.), pr. Malaxa, Tripodo (Raul.). — Oct. Nov. ♃.

b. Folia hysterantha, vernalia; flores autumnales.

α. Perigonii limbus non tesselatus.

× Folia angustissime linearia, graminea.

8. **C. Parlatoris** Orph. in atti congr. Firenze 1876 p. 32; Bois. fl. or. V. p. 163. — Huc probabiliter: *C. parvulum* Link in Linnaea IX. p. 139, vix Ten. — Exsicc.: Heldr. reliqu. Orph. a. 1886, herb. norm. n. 1587.

Tunicis coriaceis, in collum longe productis; foliis 4—9, hysteranthiis, rarius subsynanthiis, erecto-patulis, gramineis, acutiusculis, sulcatis, 1—4 mm. latis, glabris; floribus 1—2, parvis; perigonii pallide lilacini laciniis ellipticis, obtusis, 7—13 nerviis; staminibus limbo duplo brevioribus; antheris flavis; stylis stamina superantibus, rectiusculis, apice breviter stigmatosis. — Perigonii laciniae 2—3 cm. longae. Species

18*

foliis angustissimis insignis; affinis *C. parvulo* Ten. viagg. basil. p. 120, tunicis membranaceis, parum productis, foliis binis, nec numerosis, latioribus et floribus minoribus diverso.

In montosis. Argolis: mt. Arachneon (Sart.); Laconia: mt. Taygetos (Psarid.), in regione abietina 1. d. Chiliovracho Neraidovuni (Zahn); in mt. praerupto pr. Akrata Achaiae, si *C. parvulum* Link revera huc pertineat. — Aug. Sept. ♃.

×× Folia nunquam graminea.

9. **C. Kochii** Parl. fl. ital. II. p. 188; Bois. fl. or. V. p. 162; Heldr. fl. cephal. p. 71. — *C. polymorphum* Orph. in atti congr. Firenze 1876 p. 29 et 214, solum nomen. — Huc probabiliter spectant: *C. autumnale* Pieri corc. fl. p. 48: Dallap. pros. p. 54; non L. — *C. arenarium* Fraas fl. class. p. 284, non W. et K. — Exsicc.: Orph. herb. n. 571; ? Sint. it or. 100 a. 1889 n. 1919.

Tunicis coriaceis, in collum productis; foliis 2—5, hysteranthiis, patentibus, lanceolato-linearibus, acutiusculis, canaliculatis, glabris; floribus 1—2, mediocribus; perigonii pallide lilacini laciniis oblongo- vel lanceolato-linearibus, acutiusculis, 9—13 nerviis; staminibus limbo 2—3 plo brevioribus; antheris flavis, filamento parum brevioribus; stylis stamina superantibus, apice curvato-uncinatis, unilateraliter stigmatosis.

In aridis, saxosis regionis inferioris et montanae. Thessalia: pr. Katerina (Sint.); Attica: mt. Hymettus (Orph.); Cephalonia: mt. Gerolaki supra Akoli et ad fontem Michalitza, mt. Rhudi, pr. Same, Lixuri, Masakarata, Hagios Andreas, Taphius, Kipuria (Heldr.); Corcyra (Pieri). — Aug. Sept. ♃.

10. **C. parnassicum** Sart. Orph. et Heldr. in Bois. diagn. ser. 2 IV. p. 122, Fl. or. V. p. 161; Haussk. symb. p. 31. — *C. autumnale* S. et S. pr. I. p. 250; Fraas fl. class. p. 284. — Exsicc.: Orph. herb. n. 174 et 2548, fl. gr. n. 465; Heldr. fl. gr. n. 1823, herb. norm. n. 331; Sint. it. thessal. n. 551.

Tunicis membranaceis, in collum longe productis; foliis 4—5, hysteranthiis, erecto-patulis, late oblongo-lanceolatis, obtusis, glabris; floribus 1—3, mediocribus; perigonii rosei laciniis elliptico-oblongis, obtusis, 15—21 nerviis; staminibus limbo duplo brevioribus; antheris flavis, filamento sublongioribus; stylis stamina valde superantibus, apice circinnatim falcatis, unilateraliter stigmatosis. — Folia eis praecedentis latiora, flores majores. Habitus et plerique characteres *C. autumnalis* L., a quo praeter florescentiam praecociorem tamen specifice differre videtur: folia ejusdem latitudinis plerumque obtusiora sunt, perigonii laciniae pro latitudine breviores obtusiores, styli antheras multum superantes, nec eis subaequales, capsulae minores.

In humidis, saxosis regionis montanae et subalpinae. Thessalia: pr. Vitomo (Sint.), mt. Zygos, in oropedio Neuropolis (Haussk.) in Pindo; Aetolia: mt. Tymphrestus (Fraas); mt. Parnassus (Heldr.), Helicon (Orph.); Peloponnesus: mt. Chelmos (Orph.), Taygetos (Zahn). — Jul. Sept. ♃.

11. C. lingulatum Bois. et Spr. diagn. V. p. 66, Fl. or. V. p. 161. — Exsicc.: Heldr. herb. norm. n. 31 et 1391.

Tunicis coriaceis, in collum longe productis; foliis 4—6, patentibus, breviter et latiuscule oblongo-lingulatis, obtusis, subundulatis, glabris; floribus 1—4, mediocribus; perigonii rosei laciniis oblongo-linearibus, acutiusculis, 11—17 nerviis; staminibus limbo subduplo brevioribus; antheris flavis, filamento brevioribus; stylis stamina superantibus, apice incurvis, unilateraliter stigmatosis. — Teste Boissier foliis grosse undulatis insigne.

In regione abietina mt. Parnes Atticae (Sprun.). — Sept. Oct. ♃.

β. Perigonii limbus tesselatus.

12. C. amabile Heldr. in atti congr. Firenze 1876 p. 227; Bois. fl. or. V. p. 158. — Forsan huc pertinet teste Boissier: *C. pulchrum* Herb. ap. Bak. in journ. linn. soc. XVII. p. 425. — Exsicc.: Heldr. herb. norm. n. 764.

Tunicis membranaceis, superne non productis; foliis hysteranthiis, ignotis; floribus 1—2, mediocribus; perigonii rosei laciniis ellipticis, obtusiusculis, pulchre tesselatis; staminibus limbo 3 plo brevioribus; antheris flavis, filamento brevioribus; stylis stamina superantibus, apice recurvis, unilateraliter stigmatosis. — Perigonii laciniae 35 mm. longae, 5 mm. latae. A praecedentibus perigonio tesselato discedit.

In cacumine Xirobuni dicto mt. Dirphys Euboeae (Heldr.); dein in Epiro et Cephalonia, si *C. pulchrum* Herb. revera huc spectet. — Aug. ♃.

13. C. variegatum L. sp. p. 343; Urv. enum. p. 41; Ch. et B' exp. p. 109, Fl. pelop. p. 24. — *C. fritillaricum chiense* Parkins' parad. p. 155 f. 5. — *C. Parkinsoni* Hook. in bot. mag. t. 6090; Bois. fl. or. V. p. 158; Hal. in z. b. G. 1899 p. 195; Heldr. chlor. Mykon. p. 253. — Exsicc.: Orph. herb. a. 1870; Heldr. herb. a. 1889.

Tunicis coriaceis, in collum productis; foliis hysteranthiis, lanceolatis, solo adpressis, margine undulatis; floribus 1—3, majusculis; perigonii rosei laciniis elliptico-lanceolatis, acuminatis, acutiusculis, pulchre tesselatis; staminibus limbo triente brevioribus; antheris coerulescentibus, filamento multo brevioribus; stylis stamina superantibus, apice subincurvis, breviter stigmatosis. — Perigonii laciniae 3—5 cm. longae, 10—15 mm. latae. Perigonii laciniis acuminato-attenuatis, staminibus stylisque longissimis insigne.

Attica: promontorium Sunium (Chaub.); Argolis: peninsula Methana (Chaub.); Sporadum insula Scopelos (Urv.); Cycladum insula: Syra (Orph.), Cythnos, Delos, Mykonos, Siphnos, Naxos, Melos (Chaub.), Jos (Thermites). — Sept. ♃.

14. C. latifolium S. et S. fl. gr. IV. p. 43 t. 350 quoad flores (folia ad *C. byzantinum* Park. pertinent); Ten. annot. fl. gr. p. 10; Heldr. Nutzpfl. p. 6; Bois. fl. or. V. p. 159; Hal. in ö. b. Z. 1890 p. 41. — *C. variegatum* S. et S. pr. I. p. 250; Sieb. avis p. 3, rem.

p. 4, Reise I. p. 482; Fraas fl. class. p. 284; Clem. sert. p. 92; Bois. fl. or. V. p. 158. — *C. Bivonae* Fraas fl. class. p. 284; Heldr. Nutzpfl. p. 6; Raul. cret. p. 871; non Guss. — *C. Sibthorpii* Bak. in journ. linn. soc. XVII. p. 427; Heldr. fl. Aegina p. 395. — *C. Tuntasium* Heldr. fl. Aegina p. 395. — Exsicc.: Heldr. herb. norm. n. 805 et 1390; Sint. it. or. a. 1889 n. 1865; Sint. et Bornm. it. turc. n. 1504, in Baen. herb. europ. n. 7632.

Tunicis coriaceis, secus spatham plus minus productis; foliis hysteranthiis, late ovato-oblongis, obtusis, planiusculis; floribus 1—7, magnis; perigonii lilacino-purpurei laciniis ellipticis, obtusis vel acutiusculis, pulchre tesselatis; staminibus limbo duplo brevioribus; antheris lutescentibus, filamento 3 plo brevioribus; stylis stamina superantibus, superne curvatis, unilateraliter stigmatosis. — Speciosum, perigonii laciniae usque 8 cm. longae et 35 cm. latae.

β. **euboeum** Orph. in atti congr. Firenze 1876 p. 29 pro sp.; Bois. fl. or. V. p. 159. — Flores minores, solitarii, rarius bini, laciniis subangustioribus, elliptico-linearibus. — Exsicc.: Orph. herb. n. 631.

Thessalia: pr. Litochori (Sint.); mt. Parnassus, Helicon, Messapius (Fraas); Attica: mt. Parnes (Heldr.), Hymettus (Fraas), insula Aegina (Heldr.); Peloponnesus: mt. Chelmos et Kyllene Achaiae, pr. Megalopolis Arcadiae, mt. Malevo et Taygetos Laconiae (Orph.), pr. Petalidi Messeniae (Zahn); Creta: pr. Sphakia, Tripodo, Viano (Raul.); — β. Euboea: mt. Kandyli (Orph.), Dirphys (Bois.). — Sept. Nov. ♃.

Obs. Quid sit *C. multiflorum* Friedr. Reise p. 265 et Fraas fl. class. p. 284, nescio.

2. **Merendera** Ram. in bull. soc. phil. 1798 n. 43. — Perigonii laciniae liberae.

1. **M. attica** Sprun. in Flora 1840 p. 728 (*Colchicum*); Bois. et Spr. diagn. V. p. 67, Fl. or. V. p. 168; Clem. sert. p. 93. — ? *Colchicum caucasicum* Ch. et B. fl. pelop. p. 24. — Exsicc.: Orph. fl. gr. n. 92; Heldr. herb. norm. n. 65 et 891, in Baen. herb. europ. n. 2407; Dörfl. fl. gr. n. 158, herb. norm. n. 3266.

Bulbotubere oblongo, tunicis coriaceis vestito; foliis 3—4, synanthiis, anguste linearibus, canaliculatis, falcato-patentibus; floribus 1—5, fasciculatis; perigonii lilacini, ad basin usque sexpartiti laciniis lanceolato-linearibus, longe unguiculatis; filamentis perigonio brevioribus; antheris coerulescentibus; stylis stamina aequantibus.

In aridis, campis, collibus maritimis. Attica: pr. Marathon, ad Lycabettum, Piraeum (Sprun.), ad radices mt. Hymettus (Leon.); ? Messenia: pr. Kalamata (Gittard). — Oct. Dec. ♃.

2. Tribus. *Veratreae* Nees et Eberm. handb. I. p. 150. — Caulis erectus, foliatus, floribus racemosis vel paniculatis; perigoniae laciniae liberae, non unguiculatae.

3. Veratrum L. gen. n. 1144.

1. **V. Lobelianum** Bernh. in Trommsd. journ. XVI. p. 208; Hal. beitr. fl. epir. p. 41, beitr. fl. thessal. p. 19; Form. in Ver. Brünn 1896 p 28, 1897 p. 25. — *V. album* S. et S. pr. I. p. 249; Bois. fl. or. V. p. 171; Form. in D. bot. Monat. 1890 p. 10; non L. sp. p. 1044, quod perigonio intus albo extus virescente discedit. — *V. album v. Lobelianum* Rchb. ic. XX. f. 938; Haussk. symb. p. 31. — Exsicc.: Orph. fl. gr. n. 1077 (mt. Peristeri Macedoniae); Sint. it. thessal. n. 1169.

Caule elato, foliato, basi bulbiformi-incrassato, superne pubescente, in paniculam elongatam, amplam abeunte; foliis integris, plicatis, subtus pubescentibus, basi vaginantibus, inferioribus late ellipticis, superioribus lanceolatis; perigonii dilute viridis laciniis oblongo-lanceolatis, crenato-denticulatis, pedicello multo longioribus.

In pascuis regionis subalpinae et alpinae. Epirus: ad cacumen mt. Peristeri (Hal.); Thessalia: in omnibus montibus elatioribus Pindi tymphaei et dolopici. — Jun. Aug. ♃.

2. **V. nigrum** L. sp. p. 1044; S. et S. pr. I. p. 249; Ch. et B. exp. p. 108, Fl. pelop. p. 24; Bois. fl. or. V. p. 171. — Icon: Jacq. fl. austr. IV. t. 336.

Differt a praecedente foliis glabris, perigonio atropurpureo, laciniis integris, pedicello aequilongis.

In Laconiae montibus (Sibth.), sed a recentioribus non lectum. — Jul. Aug. ♃. N. v.

CXXIX. Ordo. Juncaceae Agardh aphor. bot. p. 156.

1. Juncus L. gen. n. 437.

Capsula trilocularis vel septis retractis unilocularis, loculicide trivalvis; semina numerosa.

Dispositio specierum.

1. Sectio. *Adenojuncus* Kitt. taschenb. p. 125. — Semina caudato-appendiculata.
    1. J. acutus L.   2. J. maritimus Lam.
2. Sectio. *Juncinus* Kitt. taschenb. p. 121. — Semina ecaudata.
   a. Aphylli; anthela pseudolateralis.
      α. Caulis medulla continua farctus; stamina 3.
         3. J. effusus L.   4. J. Leersii Marss.
      β. Caulis medulla lacunoso-interrupta farctus; stamina 6.
         5. J. inflexus L.   6. J. paniculatus Hoppe.
   b. Foliati; anthela terminalis.
      α. Folia non septata.
         × Folia teretia, fistulosa.
            7. J. subulatus Forsk.
         ×× Folia canaliculata.
            ○ Perennes, rhizomate repente.

8. **J. compressus** Jacq.   9. **J. Gerardi** Lois.
○○ Annui, radice fibrosa.
. Flores solitarii vel fasciculati, in cymas laxas terminales dispositi; stamina 6.
10. **J. tenageia** Ehrh.   11. **J. bufonius** L.
.. Flores in glomerulum terminalem, subglobosum, solitarium vel 1—2 glomerulis superpositis dispositi; stamina 3.
12. **J. capitatus** Weig.
β. Folia septata.
× Capsula trilocularis.
13. **J. obtusiflorus** Ehrh.
×× Capsula unilocularis.
○ Perennes.
. Folia laevia, exsiccata subtiliter striata.
14. **J. alpinus** Vill.   15. **J. articulatus** L.
.. Folia striata, exsiccata sulcata.
; Capsula ovato-lanceolata, in rostrum perigonium aequans vel superans sensim attenuata.
16. **J. striatus** Schousb.   17. **J. Fontanesii** Gay.
;; Capsula ovata, obtusa, breviter mucronata, perigonio brevior.
18. **J. Thomasii** Ten.   19. **J. melanocephalus** Friv.
○○ Annuus.
20. **J. pygmaeus** Theill

1. Sectio. *Adenojuncus* Kitt. taschenb. p. 125. — Semina caudato-appendiculata.

1. **J. acutus** L. sp. p. 325; S. et S. pr. I. p. 339; Pieri corc. fl. p. 46; Ch. et B. exp. p. 103, fl. pelop. p. 23; Marg. et R. fl. Zante p. 92; Weiss in z. b. G. 1869 p. 755; Raul. cret. p. 871; Bois. fl. or. V. p. 353; Heldr. fl. cephal. p. 72, in Sitzungsb. acad. Wiss. Berlin 1883 p. 8, Fl. Aegina p. 395; Form. in Ver. Brünn 1895 p. 21, 1897 p. 24; Haussk. symb. p. 31. — Icon: Rchb. germ. f. 894. — Exsicc.: Heldr. herb. norm. n. 466; Baen. herb. europ. n. 9270.

Rhizomate crasso, repente; caulibus teretibus, elatis, laevibus, basi vaginis foliiferis, fuscis, nitidis cinctis; foliis teretibus, non septatis, bracteaque anthelam superante pungentibus; anthela pseudo-laterali, decomposita, plus minusve conglobata; perigonii fuscescentis phyllis extecioribus lanceolatis, obtusiusculis, internis ovatis, obtusis, apice scariosis; staminibus 6; capsula ovato-globosa, acuta, ferruginea, imperfecte triloculari, perigonio duplo longiore.

β. **Heldreichianus** Marss. in Heldr. herb. norm. n. 141; Heldr. fl. cephal. p. 72; Spreitz. in z. b. G. 1887 p. 670; Haussk. symb. p. 32; pro sp.; Heldr. chlor. Thera p. 23, chlor. Mykon. p. 253. — Ramis inflorescentiae elongatis, capsulis minoribus (Buchen. in Engl. Jahrb. XII. p. 251). — Medium tenere videtur inter *J. acutum* et

J. maritimum; ulterius observanda, nam ab auctoribus nonnullis (Parl. fl. ital. II. p. 315; Haussk. 1. c.) speciem propriam sistere dicitur.

In maritimis et salsuginosis interioribus frequens. — Apr. Jul. ♃·

2. **J. maritimus** Lam. dict. III. p. 264; S. et S. pr. I. p. 240; Sieb. avis p. 3, rem. p. 4; Ch. et B. exp. p. 104, fl. pelop. p. 23; Link in Linnaea IX. p. 138, Friedr. Reise p. 278; Fraas fl. class. p. 294; Ung. Reise p. 118; Raul. cret. p. 871; Bois. fl. or. V. p. 354; Heldr. fl. cephal. p. 72; Bald. in nuov. giorn. bot. ital. 1894 p. 102; Haussk. symb. p. 31. — *J. acutus β.* L. sp. p. 325. — Icon: Rchb. germ. f. 895. — Exsicc.: Heldr. reliqu. Orph. a. 1886.

Rhizomate crasso, repente; caulibus teretibus, elatis, tenuiter striatis, basi vaginis foliiferis, fuscis, nitidis cinctis; foliis teretibus, non septatis, bracteaque anthelam aequante vel superante pungentibus; anthela pseudo-laterali, supradecomposita, laxe subpaniculata; perigonii pallidi phyllis lanceolatis, exterioribus acutis vel acuminatis, internis brevioribus, obtusiusculis; staminibus 6; capsula elliptica, obtuse trigona, acuta, straminea, triloculari, perigonio aequilonga vel sublongiore. — Perigonii phyllis capsulam aequantibus, capsula minore, pallida, triloculari a praecedente discedit.

In salsis maritimis et interioribus. Acarnania: pr. Paliampela (Bald.); Attica (Sprun): ad Phaleron (Orph.); Corinthus (Haussk.); Argolis: ad lacum Lerna (Friedr.), pr. Nauplia, Argos, Damala, Poros (Chaub.); Creta (Sibth.): pr. Suda (Raul.); Cephalonia (Ung.); et probabiliter alibi. — Jun. Jul. ♃·

2. Sectio. *Juncinus* Kitt. taschenb. p. 121. — Semina ecaudata.

a. Aphylli; anthela pseudo-lateralis.

α. Caulis medulla continua farctus; stamina 3.

3. **J. effusus** L. sp. p. 326; Bois. fl. or. V. p. 352; Form. in Ver. Brünn 1895 p. 21, 1896 p. 28; Haussk. symb. p. 32. — Icon: Fl. dan. t. 1096. — Exsicc.: Heldr. it. thessal. IV. a. 1885.

Rhizomate repente; caulibus teretibus, elatis, laevibus, basi vaginis aphyllis, fuscis, opacis cinctis; anthela pseudolaterali, supradecomposita, effusa; perigonii straminei phyllis lanceolatis, acutis, subaequalibus; capsula obovato-elliptica, obtusa, styli basi foveolae insidente terminata, triloculari, perigonio subbreviore.

β. **compactus** Lej. et Court. comp. fl. belg. II. p. 23. — *J. conglomeratus* L. sp. p. 326 p. p. — Inflorescentia glomerata, internodiis brevibus. — Exsicc.: Heldr. it. thessal. IV. a. 1885.

In humidis regionis inferioris et montanae. Epirus: pr. Prevesa, Agiotoma (Form.); Thessalia: ad monasterium Korona in Pindo (Heldr.), ad Diodendron in Olympo, mt. Pelion (Form.); Attica: pr. Athenas (Heldr.); — β. Thessalia: in oropedio Neuropolis in Pindo (Heldr.). — Jun. Aug. ♃.

4. J. Leersii Marss. fl. neuvorpomm. p. 451. — *J. conglomeratus* L. sp. p. 326 p. p.; Bois. fl. or. V. p. 352. — Icon: Fl. dan. t. 1094.

Differt a praecedente caulibus subtiliter striatis, anthela globoso-conglomerata, capsula styli basi mamillae elevatae insidente terminata.

In regione superiori mt. Dirphys Euboeae (Heldr. ex Bois. l. c.). — Maio, Jul. ♃. N. v.

β. Caulis medulla lacunoso-interrupta farctus; stamina 6.

5. J. inflexus L. sp. p. 326. — *J. glaucus* Ehrh. calam. n. 85, Beitr. VI. p. 83; S. et S. pr. I. p. 240; Ch. et B. exp. p. 104, fl. pelop. p. 23; Clem. sert. p. 93; Bois. fl. or. V. p. 353; Hal. Beitr. fl. Achaia p. 33; Bald. viagg. Creta p. 95, riv. coll. bot. alb. 1895 p. 73; Haussk. symb. p. 32. — Icon: Fl. dan. t. 1159. — Exsicc.: Orph. herb. n. 2929.

Rhizomate repente; caulibus teretibus, elatis, striatis, medulla crebre lacunosa praeditis, basi vaginis aphyllis, castaneis, nitidis cinctis; anthela pseudo-laterali, supradecomposita, subconferta, floribus approximatis; perigonii fuscescentis phyllis lanceolatis, acuminatis, subaequalibus; capsula castanea, elliptico-oblonga, mucronata, triloculari, perigonio subaequilonga.

β. **Angelisii** Ten. viagg. abr. in atti. ac. pontan. I. p. 207, Fl. nap. III. p. 380 t. 227, pro sp.; Arc. comp. fl. ital. p. 714; Bald. riv. coll. bot. alb. 1896 p. 96. — Anthela coarctata; perigonii phyllis castaneis, acuminato-setaceis; staminibus plerumque 3; filamentis longioribus. — Exsicc.: Bald. it. alb. epir. III. n. 207.

In humidis, ad fontes regionis montanae et subalpinae. Thessalia: mt. Zygos (Haussk.); Attica: ad Cephissum (Clem.); Achaia: mt. Kyllene (Orph.), pr. Kalavryta (Hal.); Arcadia, Argolis, Elis, Laconia (Sibth.): mt. Malevo (Orph.); Messenia (Chaub.); Creta: pr. Alikianu (Bald.); — β. Epirus: mt. Smolika, Tsumerka (Bald.); Phthiotis: mt. Oeta (Heldr.). — Jun. Aug. ♃.

6. J. paniculatus Hoppe dec. gram. n. 156; Bald. riv. coll. bot. alb. 1895 p. 73; Haussk. symb. p. 32. — Exsicc.: Sint. it. thessal. n. 1256.

Rhizomate repente; caulibus teretibus, elatis, striatis, medulla laxe lacunosa praeditis, basi vaginis aphyllis, castaneis, nitidis cinctis; anthela pseudolaterali, supradecomposita, laxa, floribus remotis; perigonii straminei phyllis lanceolatis, acuminatis, subaequalibus, capsula fuscescenti, elliptica, mucronata, triloculari, perigonio subaequilonga. — Differt a praecedente statura altiore, caulibus magis striatis, laxe lacunosis, anthela laxa, majore, ramis elongatis, floribus distantibus, perigonio et capsula pallidiore.

In humidis, ad fossas regionis inferioris et subalpinae. Epirus: pr. Luros distr. Prevesa (Bald.); Thessalia: mt. Karava, in oropedio

Neuropolis, pr. Karditza, Volo (Haussk.); Attica: mt. Pentelicon (Haussk.).
— Jun. Aug. ♃.

    b. Foliati; anthela terminalis.

      α. Folia non septata.

        × Folia teretia, fistulosa.

      7. **J. subulatus** Forsk. fl. aeg. arab. p. 75; Bois. fl. or. V. p. 354; Haussk. in bot. ver. thür. 1886 p. 60, symb. p. 33; Boissieu in bull. soc. bot. fr. 1896 p. 288; Form. in Ver. Brünn 1896 p. 28. — *J. multiflorus* Desf. fl. atl. I. p. 313 t. 91; Urv. enum. p. 40; Raul. cret. p. 871. — Exsicc.: Heldr. herb. norm. n. 983; Baen. herb. europ. n. 9273.

    Rhizomate crasso, repente; caulibus teretibus, elatis, striatis; foliis teretibus, fistulosis; anthela terminali, folio brevi, ad vaginam saepe reducto suffulta, supradecomposita, elongata, paniculaeformi, ramis inaequalibus; perigonii pallidi phyllis lanceolatis, acuminato-mucronatis, externis sublongioribus; staminibus 6; capsula triloculari, elliptica, mucronata, perigonio subaequilonga.

    Ad aquas stagnantes, in humidis regionis inferioris. Thessalia: ad Han Tripa in valle Penei (Form.): Aetolia: pr. Mesolongion (Nieder); Attica: ad Phaleron (Heldr.); Peloponnesus (Bois.); Cycladum insula Syra (Urv.); Creta: pr. Suda (Raul.), Canea (Boissieu); Corcyra: pr. Potamo (Baen.). — Maio, Jul. ♃.

        ×× Folia canaliculata.

      (, Perennes, rhizomate repente.

      8. **J. compressus** Jacq. en. vindob. p. 60 et 235; Haussk. symb. p. 33. — *J. bulbosus* L. sp. ed. 2 p. 266, nec ed. 1 p. 327 (qui = *J. supinus* Moench). — Huc forsan: *J. uliginosus* S. et S. pr. I. p. 241, non Roth. — Icon: Fl. dan. t. 431. — Exsicc.: Heldr. it. thessal. IV. a. 1885.

    Rhizomate repente; caulibus gracilibus, compressis, infra medium foliatis; foliis anguste linearibus; anthela terminali, composita, bractea brevi vel longiuscula suffulta; floribus solitariis, in cymulas dispositis; perigonii pallide vel fuscescentis phyllis ovato-oblongis, obtusis, subaequalibus; staminibus 6; capsula triloculari, subglobosa, breviter mucronata, perigonio fere duplo longiore.

    In paludosis regionis inferioris et montanae. Thessalia: in oropedio Neuropolis (Heldr.); Attica: ad Phaleron (Haussk.); Argolis: pr. Poros (Freudo); et probabiliter alibi. — Jun. Aug. ♃.

      9. **J. Gerardi** Lois. not. p. 60; Bois. fl. or. V. p. 356; Haussk. symb. p. 33. — Icon: Rchb. germ. XIX. f. 888. — Exsicc.: Orph. fl. gr. n. 770; Baen. herb. europ. n. 9272.

    Differt a praecedente simillimo, caule subtereti, floribus minoribus, capsula ovato-oblonga, perigonio parum vel vix longiore, stylo plerumque longiore, seminibus majoribus.

In paludosis regionis inferioris. Attica: ad Phaleron (Orph.), Laurion (Haussk.); Argolis: pr. Nauplia (Haussk.). — Maio, Jul. ♃.

OO Annui, radice fibrosa.

. Flores solitarii vel fasciculati, in cymas laxas terminales dispositi; stamina 6.

10. J. tenageia Ehrh. in L. fil. suppl. p. 208; Haussk. symb. p. 33. — Icon: Fl. dan. t. 1160.

Radice fibrosa; caulibus filiformibus, humilibus, 1—2 foliis; foliis setaceis; floribus solitariis, remotis, subsessilibus. in cymas laxas, paniculam laxam formantes dispositis; perigonii phyllis ovato-lanceolatis, acutis, fuscis, aequalibus; capsula subglobosa, triloculari, breviter mucronata, perigonio aequilonga.

In humidiusculis Thessaliae: pr. Orman Magula, in oropedio Neuropolis in Pindo dolopico (Haussk.). — Jun. Aug. ☉.

11. J. bufonius L. sp. p. 328; S. et S. pr. I. p. 241; Sieb. avis rem. p. 4; Ch. et B. exp. p. 104, Fl. pelop. p. 23; Friedr. Reise p. 276; Ung. Reise p. 118; Weiss in z. b. G. 1869 p. 755; Raul. cret. p. 871; Bois. fl. or. V. p. 361; Heldr. fl. cephal. p. 72; Haussk. in bot. ver. thüring. V. p. 62, symb. p. 33; Form. in Ver. Brünn 1896 p. 28, 1897 p. 24; Bald. riv. coll. bot. alb. 1896 p. 96. — Icon: Fl. dan. t. 1098. — Exsicc.: Sint. it. thessal. n. 492.

Radice fibrosa; caulibus filiformibus, hnmilibus, foliatis; foliis setaceis; floribus solitariis, plus minus remotis, subsessilibus, in cymas erectas, corymbosas dispositis; perigonii phyllis lanceolatis, acuminato-subulatis, pallidis, exterioribus longioribus; capsula oblonga, triloculari, mucronata, perigonio breviore.

β. **hybridus** Brot. fl. lus. I. p. 513; Gelmi in bull. soc. bot. ital. 1889 p. 453; pro sp.; Parl. fl. it. II. p. 353. — *J. mutabilis* Savi fl. pis. I. p. 36, non Lam. — *J. insulanus* Viv. fl. cors. p. 5. — *J. bufonius v. fasciculatus* Koch. syn. p. 732; Spreitz. in z. b. G. 1877 p. 733; Bois. fl. or. V. p. 361; Heldr. fl. cephal. p. 72; Haussk. symb. p. 33. — *J. fasciculatus* Bert. fl. it. IV. p. 190, non Schousb. — *J. bufonius v. mutabilis* Heldr. fl. Aegina p. 395. — Flores approximato-fasciculati. — Exsicc.: Orph. herb. n. 2880; Baen. herb. europ. n. 9271; Dörfl. fl. aeg. n. 16.

In humidis regionis inferioris et montanae, per totam ditionem; varietas ut videtur typo vulgatior. — Apr. Aug. ☉.

.. Flores in glomerulum terminalem, subglobosum, solitarium, vel 1—2 glomerulis superpositis dispositi; stamina 3.

12. J. capitatus Weig. obs. XIV. p. 28; Friedr. Reise p. 284; Weiss in z. b. G. 1869 p. 755; Spreitz. in z. b. G. 1877 p. 733; Bois. fl. or. V. p. 361; Heldr. fl. cephal. p. 72, chlor. Mykon p. 253; Haussk. symb. p. 32. — *J. mutabilis* Lam. enc. III. p. 270 p. p.; Cav. ic. III. p. 49 t. 296. — *J. triandrus* Gou. herb. p. 25. —

Radice fibrosa; caulibus filiformibus, humilibus, ima basi foliatis; foliis setaceis; inflorescentia e capitulo 3—8 floro, terminali, solitario, rarius 2—3 superpositis constante; perigonii pallidi phyllis oblongo-lanceolatis, exterioribus longioribus, acuminato-cuspidatis, interioribus acutis vel acuminatis; capsula ovato-globosa, triloculari, mucronata, phyllis longe superata.

In humidis arenosis regionis inferioris, rare. Argolis: pr. Vromolimni (Haussk.), Epidaurus (Friedr.); Cycladum insula Rhenea (Heldr.); Creta: pr. Canea (Weiss); Cephalonia: pr. Same (Weiss); Corcyra: pr. Potamo (Spreitz.). — Maio, Jun. ⊙. N. v.

β. Folia septata.

× Capsula trilocularis.

13. J. obtusiflorus Ehrh. calam. n. 76, Beitr. VI. p. 83; Bois. fl. or. V. p. 357. — Icon: Fl. dan. t. 1872.

Rhizomate crasso, repente; caulibus teretibus, elatis, inferne vaginis aphyllis obsitis, medium versus 1—3 foliis; foliis teretibus, fistulosis; anthela terminali, decomposita, corymboso-paniculata, ramis divaricatis, lateralibus saepe refractis; floribus 4—12 glomeratis; perigonii pallidi phyllis oblongis, obtusis, subaequalibus; staminibus 6; capsula ovata, mucronata, perigonio aequilonga.

Ad scaturigines regionis abietinae mt. Parnes Atticae (Heldr.). — Jun. Jul. ♃. N. v.

×× Capsula unilocularis.

○ Perennes.

. Folia laevia, exsiccata subtiliter striata.

14. J. alpinus Vill. hist. pl. dauph. II. p. 233; Haussk. symb. p. 33. — *J. ustulatus* Hoppe anleit. p. 30. — *J. nodosus* Wahlenb. fl. ups. p. 114. — Icon: Fl. dan. t. 2171.

Rhizomate horizontale, plerumque breve; caulibus erectis, teretibus, modice elongatis, subbifoliis; foliis tereti-compressis; anthela terminali, composita, ramis erectis; floribus 3—8 glomeratis; perigonii nigri phyllis ovatis, obtusis, externis sub apice mucronatis; staminibus 6; capsula ovato-oblonga, mucronata, perigonium superante.

In scaturiginosis Pindi tymphaei supra Malakasi et in jugo alpino Zygos (Haussk.). — Jun. Aug. ♃. N. v.

15. J. articulatus L. sp. p. 327; S. et S. pr. I. p. 241; Form. in Ver. Brünn 1896 p. 28. — *J. lampocarpus* Ehrh. calam. n. 126; Ch. et B. exp. p. 104, Fl. pelop. p. 23; Weiss in z. b. G. 1869 p. 755; Raul. cret. p. 871; Bois. fl. or. V. p. 358; Heldr. fl. cephal. p. 72; Bald. riv. coll. bot. alb. 1896 p. 96; Form. in Ver. Brünn 1897 p. 24; Haussk. symb. p. 32. — Icon: Rchb. germ. XIX. f. 902. — Exsicc.: Heldr. pl. fl. hellen. a. 1890.

Rhizomate horizontale, plerumque breve; caulibus adscendentibus, tereti-compressis, modice elatis; foliis tereti-compressis; anthela terminali, decomposita, ramis patentibus; floribus 4—10 glomeratis; perigonii brunneo-virescentis phyllis lanceolatis, acutis vel internis obtusiusculis; staminibus 6; capsula ovata, abruptiuscule mucronata, perigonio sublongiore. — Differt a praecedente anthelae ramis patentibus, perigonii phyllis brunneo-virescentibus, acutis.

In humidis regionis inferioris et montanae. Epirus: pr. Kurenta distr. Janina (Bald.); Thessalia: mt. Zygos, Said Pascha, pr. Malakasi, mt. Karava, Ghavellu, pr. Neuropolis, Karditza, Orman Magula (Haussk.), Jerakari (Form.); Euboea: mt. Telethrion (Heldr.); Messenia: pr. Methone, Corone, ad fl. Eurotas (Chaub.); Cycladum insula Mykonos (Heldr.); Creta: pr. Canea (Weiss), Cercibilia (Raul.); Cephalonia: pr. Katelios (Heldr.); et certe alibi. — Jun. Aug. ♃.

.. Folia striata, exsiccata sulcata.

; Capsula ovato-lanceolata, in rostrum perigonium aequans vel superans sensim attenuata.

16. J. striatus Schousb. in Mey. syn. junc. p. 27; Bois. fl. or. V. p. 359. — *J. Fontanesii* Ch. et B. exp. p. 104, Fl. pelop. p. 23, non Gay, teste Bois. l. c. — Icon: Duv. Jouve in rev. sc. nat. 1872 t. 5 f. 4, 5, 6, t. 6, f. 17—22.

Rhizomate subterraneo, horizontali, repente; caulibus erectis vel adscendentibus, teretibus, modice elatis, sulcato-scabris, etiam superne foliatis; foliis fistulosis, teretiusculis, profunde striato-sulcatis, scabris; anthelae corymbosae, brevis vel decompositae ramis divergentibus; glomerulis majusculis, 10—20 floris; perigonii nigricantis phyllis lanceolatis, acuminato-aristatis, subaequalibus; staminibus 6; capsula ovato-lanceolata, acute trigona, in rostrum perigonium aequans vel vix superans sensim attenuata. — Differt a duobus praecedentibus foliis valde striato-sulcatis, scabridis, glomerulis multifloris, multo majoribus, pisum aequantibus vel superantibus, perigonii phyllis acuminato-aristatis et capsula in rostrum sensim attenuata.

Ad scaturigines, in paludosis. Argolis: pr. Argos (Chaub.), in palude Lerna (Despreau); Messenia: pr. Methone, ad fl. Alpheus (Chaub.). — Maio, Jun. ♃. N. v.

17. J. Fontanesii Gay in Lah. junc. p. 42; Haussk. in mittheil. thür. bot. Ver. 1886 p. 60, symb. 32. — Icon: Duv. Jouve in rev. sc. nat. 1872 t. 5 f. 1, 2, 3 t. 6 f. 13—16.

Rhizomate brevissimo, surculos supraterraneos repentes edente; caulibus erectis, subcompressis, modice elatis, laevibus, etiam superne foliatis; foliis subcompressis, fistulosis, crebre striatis, laevibus; anthelae corymbosae, simplicis vel subcompositae ramis brevibus, patentibus; glomerulis majusculis, 6—10 floris; perigonii pallide brunnei phyllis late lanceolatis, acuminatis, subaequalibus; staminibus 6; capsula ovato-lanceolata, acute trigona, in rostrum perigonium superans sensim attenuata. — Differt a praecedente rhizomate surculos supra solum expansos edente, foliis minus striatis, laevibus, perigonii phyllis acuminatis, nec aristatis.

β. **pyramidatus** Lah. junc. p. 40, pro sp.; Buchen. in Engl. Jahrb. VII. p. 16*, XII. p. 329; Haussk. symb. p. 32. — Robustior, capitula majora, 10—14 mm. diametro, ob capsulas divergentes echinata; capsulae majores, perigonium longius superantes, saepius longe rostrati. —

In humidis. Thessalia: pr. Karditza, in subalpinis inter Chaliki et Klinovo et in oropedio Neuropolis in Pindo, typus cum varietate intermixtus (Haussk.). — Jun. Aug. ♃. N. v.

;; Capsula ovata, obtusa, breviter mucronata, perigonio brevior.

18. J. Thomasii Ten. in app. ind. sem. h. neap. a. 1827, fl. neap. IV. p. 53; Buchen. in Engl. jahrb. p. 368. — *J. silvaticus v. multiflorus* Roch. pl. banat. p. 31. — *J. Rochelianus* R. et Sch. syst. VII. p. 1658; Haussk. in Mittheil. thür. bot. ver. 1886 p. 60, symb. p. 32. — Exsicc.: Heldr. it. thessal. IV. a. 1885; Sint. it. thessal. n. 1294.

Rhizomate repente; caulibus erectis, teretibus, foliatis; foliis subcompressis, sulcato-striatis; anthelae supradecompositae ramis erectis; glomerulis numerosis, 5—10 floris; perigonii nigri phyllis lanceolatis, acuminato-aristatis, externis sublongioribus; staminibus 6; capsula ovata, obtusa, breviter mucronata, perigonio breviore. — *J. atrato* Krock. fl. sil. I. p. 562, capsula longe cuspidata, perigonio longiore, diverso, habitu similis.

In pratis humidis regionis montanae. Thessalia: mt. Sina pr. Malakasi (Sint.), in oropedio Neuropolis (Haussk.), ad monasterium Korona (Heldr.) in Pindo. — Jun. Aug. ♃.

19. J. melanocephalus Friv. in Flora 1836 II. p. 437. — *J. alpigenus* C. Koch in Linnaea 1848 p. 627; Buchen. in Engl. bot. Jahrb. p. 370; Velen. fl. bulg. p. 570. —

Differt a praecedente foliis obscurius nodosis, inflorescentia in capitulum unicum, subglobosum, interdum sublobatum conglobata; staminibus 3—6.

In pratis montanis. Thessalia: mt. Agrapha (Haussk. teste Buchen. l. c.). — Jun. Aug. ♃. N. v.

○○ Annuus.

20. J. pygmaeus Thuill. fl. par. p. 178; Urv. enum. p. 41; Ch. et B. fl. pelop. p. 23; Bois. fl. or. V. p. 360. — Icon: Fl. dan. t. 1871.

Radice fibrosa; caulibus nanis, filiformibus, inferne paucifoliis; foliis setaceis, obsolete septatis; inflorescentia e capitulo 2—5 floro terminali, solitario vel 2—4 superpositis constante; perigonii pallidi phyllis lanceolatis, sensim acutatis, subaequalibus; staminibus 3—6; capsula oblonga, uniloculari, phyllis perigonii longe superata. — *J. capitato* et *J. bufonio* β. similis, ab eis foliis septatis, perigonii phyllis aequalibus et capsula uniloculari discedit.

Ad torrentes insulae Melos Cycladum (Urv.). — Maio, Jun. ☉. N. v.

2. Luzula DC. fl. fr. III. p. 158.

Capsula unilocularis, trivalvis, valvulis septo destitutis, trisperma.
  a. Semina apice appendicula magna cristaeformi instructa, basi non carunculata.

1. L. Forsteri Sm. in engl. bot. XVIII. t. 1293, Fl. brit. III. p. 1395; Ch. et B. exp. add. p. 340, Fl. pelop. p. 23; (*Juncus*); DC. syn. fl. gall. p. 150; Link in Linnaea IX. p. 139; Ung. Reise p. 118; Bois. fl. or. V. p. 347; Heldr. fl. cephal. p. 72; Hal. Beitr. fl. Achaia p. 34; Boissieu in bull. soc. bot. fr. 1896 p. 288; Haussk. symb. p. 33. — *Juncus pilosus* Ch. et B. exp. p. 105, non L. — *L. pilosa* Friedr. Reise p. 281, non Willd. — Exsicc.: Sint. it. thessal. n. 600.

Rhizomate abbreviato, caespitoso; caulibus erectis, teretibus, laevibus; foliis linearibus, margine pilosis; anthelae corymbosae ramis 1—3 floris, inaequalibus; pedicellis unifloris; perigonii phyllis subaequalibus, cuspidato-acuminatis; capsula ovata, mucronata, perigonium subaequante.

In silvaticis regionis montanae et subalpinae. Thessalia: mt. Tragopetra pr. Malakasi (Sint.), pr. Kalabaka (Boissieu), in oropedio Neuropolis, mt. Pelion (Haussk.); Euboea: mt. Telethrion (Heldr.), Dirphys (Orph.); Attica: mt. Parnes (Heldr.), Pentelicon (Ung.); Achaia: mt. Panachaïcon (Hal.), pr. Patras (Link); Arcadia: mt. Diaforti (Chaub.); Messenia: mt. Kupe (Chaub.); Cycladum insula Naxos: mt. Dia (Chaub.); Cephalonia: mt. Aenos (Heldr.). — Apr. Jun. ♃.

  b. Semina apice appendicula punctiformi vel obsoleta instructa, basi non carunculata.

2. L. silvatica Huds. fl. angl. p. 132 (*Juncus*); Gaud. agrost. II. p. 240; Bois. fl. or. V. p. 348; Bald. riv. coll. bot. alb. 1896 p. 96. — *Juncus maximus* Reich. fl. moen. franc. II. p. 182. — *L. maxima* DC. fl. fr. III. p. 160. — Icon: Host. gram. III. t. 98.

Rhizomate obliquo, caespitoso; caulibus erectis, teretibus, laevibus; foliis late lineari-lanceolatis, margine pilosis; anthela supradecomposita, diffusa, ramis numerosis; floribus 2—4 fasciculatis; perigonii phyllis subinaequalibus, cuspidatis; capsula ovata, mucronata, perigonium aequante.

In silvaticis regionis montanae. Epirus: mt. Papignon (Bald.); Thessalia: mt. Olympus (Heldr.). — Maio, Jun. ♃. N. v.

3. L. nodulosa Ch. et B. exp. p. 105 t. 11 (*Juncus*); Mey. in Linnaea 1849 p. 410; Hal. beitr. fl. Achaia p. 34. — *Juncus graecus* Ch. et B. fl. pelop. p. 23 t. 12. — *L. graeca* Kunth enum. III. p. 310; Raul. cret. p. 871; Bois. fl. or. V. p. 348; Rouy ill. p. 23 t. 74; Haussk. symb. p. 33. — Exsicc.: Heldr. herb. norm. n. 148, in Magn. fl. sel. n. 3131; Orph. fl. gr. n. 1105.

Rhizomate obliquo, caespitose; caulibus erectis, teretibus, laevibus; foliis lineari-lanceolatis, pilosis; anthela corymbosa, ramis 3—7, valde inaequalibus; floribus 3—7 capitato-congestis; perigonii phyllis aequalibus, cuspidatis; capsula ovata, perigonium subaequante. — Flores eis praecedentis duplo majores.

In silvaticis montanis. Attica: mt. Hymettus, Pentelicon, Parnes, Corydalus, Pateras (Heldr.); Achaia: pr. Megaspilaeon (Hal.); Messenia: pr. Arcadia, Pylos (Chaub.); Laconia: mt. Malevo (Orph.), Taygetos (Heldr.); Creta: pr. Askyphos, mt. Psiloriti (Raul.). — Apr. Jun. ♃.

 c. Semina apice non appendiculata, basi caruncula conica instructa.

  α. Flores nigri, in spicam nutantem, oblongam, saepe lobatam congesti; semina breviter carunculata.

 4. **L. spicata** L. sp. p. 330 (*Juncus*); DC. fl. fr. III. p. 161. — Icon: Fl. dan. t. 270.

Rhizomate obliquo, caespitoso; caulibus gracilibus, erectis, teretibus, laevibus; foliis anguste linearibus, canaliculatis, inferne plus minusve pilosis; perigonii phyllis subaequalibus, cuspidatis; capsula ovata; mucronata, perigonium subaequante.

 β. **pindica** Haussk. symb. p. 33. — Caules crassiores, elatiores; folia brevia, lata, plana, ea rosularum sterilium multo angustiora, caniculata; spica crassior, magis compacta, floribus fere duplo majoribus; capsula perigonium superans; semina subduplo majora. — Exsicc.: Sint. it. thessal. n. 844 (teste Haussk.).

In saxosis regionis alpinae. Thessalia: mt. Zygos (Haussk.) et mt. Sina pr. Malakasi (Sint.). — Jun. Aug. ♃. N. v.

  β. Flores pallidi vel fusci, in spicas ovatas, paniculam umbelliformem formantes, dispositi; semina longe carunculata.

 5. **L. campestris** L. sp. p. 329; S. et S. pr. I. p. 242; Ch. et B. exp. p. 105, Fl. pelop. p. 23 (*Juncus*); DC. fl. fr. III. p. 161; Bois. fl. or. V. p. 349. — Icon: Rchb. germ. XIX. f. 831.

 Rhizomate obliquo, caespitoso, breviter stolonifero; caulibus gracilibus, erectis, teretibus, laevibus; foliis linearibus, margine pilosis; spicis sessilibus pedunculatisque, his denique subcernuis; perigonii phyllis subaequalibus, acuminatis; filamentis anthera sexies brevioribus; capsula obovata, mucronata, perigonium aequante vel subaequante.

In silvaticis siccis. Peloponnesus (Sibth.); a recentioribus non lecta. — Jun. Jul. ♃. N. v.

 6. **L. multiflora** Ehrh. calam. n. 127 (*Juncus*); Lej. fl. Spa. I. p. 169. — *Juncus erectus* Pers. syn. I. p. 386. — *L. erecta* Desv. journ. I. p. 156; Haussk. symb. p. 33. — Icon: Rchb. germ. XIX. f. 838.

Rhizomate dense caespitoso; caulibus plus minus elongatis, erectis, teretibus, laevibus; foliis linearibus, margine pilosis; spicis sessilibus pedunculatisque, strictis; perigonii phyllis subaequalibus, acuminatis;

filamentis antheram subaequantibus; capsula obovata, mucronata perigonium subaequante.

In nemorosis oropedii Neuropolis in Pindo dolopico (Haussk.). — Jun. Jul. ♃. N. v.

Obs. Ex ordine *Palmacearum* frequenter coluntur in regione calida: *Phoenix dactylifera* L. sp. p 1188; Dallap. prosp. p. 136; Ch. et B exp. p. 106, Fl. pelop. p. 24; Marg. et R. fl. Zante p. 92; Fraas fl. class. p. 275; Heldr. Nutzpfl. p. 11, Fl. cephal. p. 67, chlor. Mykon. p. 253; Raul. cret. p. 871; Bois. fl. or. IV. p. 47. — Rarius: *Chamaerops humilis* L. sp. p. 1187; Bois. fl. or. V. p. 46.

CXXX. Ordo. Araceae Juss. gen. p. 23.

Dispositio generum.

1. Tribus. *Euaraceae* Bois. fl. or. V p. 31. — Flores nudi.
a. Spatha basi convoluta, nec connata.
 α. Folia pedatisecta; antherae connatae.
   1. **Dracunculus** Schott.
 β. Folia sagittata; antherae distinctae.
   2. **Arum** L.
b. Spatha basi connato tubulosa.
 α. Spathae lamina plana; inflorescentia mascula a femina sejuncta.
   3. **Biarum** Schott.
 β. Spathae lamina fornicata; inflorescentia mascula et femina contigua.
   4. **Arisarum** Targ.
2. Tribus. *Orontiaceae* R. Br. pr. p. 337. — Flores perigonio obsiti.
   5. **Acorus** L.

1. Dracunculus Schott. melet. I. p. 17.

1. **D. vulgaris** Schott. l. c.; Weiss in z. b. G. 1869 p. 755; Bois. fl. or. V. p. 43; Hal. in ö. b. Z. 1896 p. 19; Form. in Ver. Brünn 1897 p. 20; Haussk. symb. p. 33. — *Arum dracunculus* L. sp. p. 964; S. et S. pr. II. p. 245, Fl. gr. V. p. 27 t. 946; Sieb. avis p. 5; Ch. et B. exp. p. 267, Fl. pelop. p. 62; Friedr. Reise p. 267 et 284. — *D. polyphyllus* Blume in Rumphia I. p. 124 t. 375; Fraas fl. class. p. 272; Raul. cret. p. 872. —

Tubere crasso, rotundato; foliorum petiolis pedunculum eis longiorem arcte amplexantibus, lamina pedatisecta, segmentis 11—15, oblongo-lanceolatis, decurrentibus; spathae tubo ventricoso, lamina atro-purpurea multo breviore; spadice atro-purpureo, spathum aequante; inflorescentia feminea cum mascula paulo breviore contigua. — Spathae tubus 6—7 cm. longus, lamina 20—30 cm. longa, 10—15 cm. ampla.

α. **typicus.** — Foliorum vaginae maculis majusculis, **verticalibus**, remotiusculis pictae, petiolus viridis, segmenta laete viridia, juxta nervos hinc inde albo-notata; pedunculus immaculatus; spathae tubus fundo purpureo-striatus. — Exsicc.: Sint. it. thessal. n. 495.

β. **creticus** Schott. pr. aroid. p. 120 pr. sp.; Engl. in DC. monogr. phaner. p. 603. — Foliorum vaginae maculis minutis, transverse consociatis, interdum confluentibus pictae, petiolus inferne maculatus, segmenta latiora, atroviridia, juxta nervos distincte albo-notata; pedunculus dense maculatus; spathae tubus fere ad faucem striis punctisque purpureis ornatus. — Exsicc.: Rev. pl. cret. n. 171.

In umbrosis, castanetis, olivetis. Thessalia: pr. Kalabaka, Povelci, Palaeokastro, Ruso (Form.), Ormanmagula (Haussk.), ad lacum Karla (Reis.); Attica: ad Cephissum (Friedr.), pr. Tatoi (Spreitz.); Euboea (Beck); Argolis: pr. Epidaurus (Friedr.); Messenia: pr. Magula, mt. Kupe (Chaub.); Cycladum insula Tenos (Chaub.); — β. Boeotia: pr. Thebas (Fraas); Creta: ad Acroteri, Suda (Weiss), Toplu (Raul.), Kissamos, Malaxa (Rev.), Therisso (Sieb.). — Apr. Maio ♃.

2. Arum L. gen. n. 1028.

a. Tuber rotundatum, e centro depresso folia et pedunculum emittens.

1. **A. orientale** M. a B. fl. taur. cauc. II. p. 407; Fraas fl. class. p. 272. — *A. nigrum* Schott in ö. b. Wochenbl. 1857 p. 213, ic. aroid. t. 37, 38. — Exsicc.: Reis. fl. gr. a. 1894.

Tubere subgloboso; foliorum petiolis lamina 3—4 plo longioribus, lamina hastato-sagittata, saepe maculata, lobis ovato-triangularibus, divergentibus; pedunculo petiolo paullo breviore; spathae tubo oblongo, lamina oblonga, intense nigro-purpurea $2^1/_2$—3 plo breviore; spadice nigro-purpureo, spatha breviore; inflorescentia femina mascula duplo longiore, ab ea remota; genitalibus abortivis infra et supra annulum masculum paucis, setaceis. — Spatha mediocri, atro-purpurea insigne.

In saxosis regionis inferioris et montanae. Sporadum insula Jura (Reiser); indicatur quoque in Euboea et Attica (Fraas). — Apr. Maio ♃.

2. **A. creticum** Bois. et Heldr. diagn. XIII. p. 9, Fl. or. V. p. 37; Raul. cret. p. 872 t. 17; Weiss in z. b. G. 1869 p. 755. — Exsicc.: Rev. pl. cret. n. 172, 277 et 278, in Magn. fl. sel. n. 704

Tubere globoso, depresso; foliorum petiolis lamina sesquilongioribus, lamina sagittata, lobis late triangularibus, divergentibus; pedunculo petiolis aequilongo vel sublongiore; spathae tubo ovato, lamina oblonga, acuminata, albida, interdum rubello punctata triplo breviore; spadice rubello, spatha breviore; inflorescentia femina mascula subaequilonga, cum ea subcontigua; genitalibus abortivis inter annulos paucissimis, supra annulum masculum nullis. — Foliorum lamina 10—15 cm. longa et lata, spatha 12—22 cm. longa; species spadicis appendice crassiuscula, fusiformi, nec distincte stipitata, floribus femineis et masculis subcontiguis et genitalium sterilium deficientia notabilis.

19*

In saxosis umbrosis regionis inferioris, in subalpinam adscendens. Creta: pr. Canea (Weiss), Amalos (Rev.), Hagios Joannes Kaimenos, Melabes, Niato supra Askyphos, Strombolo, mt. Aphendi Kavutsi (Raul.). — Apr. Maio. ♃.

b. Tuber ovato-oblongum; horizontaliter protensum, folia et pedunculum apice emittens.

α. Spadicis appendix flava.

3. **A. italicum** Mill. dict. n. 2; Sieb. avis p. 5; Ch. et B. exp. p. 268, Fl. pelop. p. 62; Marg. et R. fl. Zante p. 92; Friedr. Reise p. 283; Fraas fl. class. p. 272; Raul. cret. p. 872; Spreitz. in z. b. G. 1877 p. 733, 1887 p. 670; Bois. fl. or. V. p. 40; Heldr. fl. cephal. p. 68; Form. in D. bot. Mon. 1890 p. 6, in Ver. Brünn 1895 p. 17, 1896 p 22, 1897 p. 20, Hal. Beitr. fl. Epir. p. 41, Beitr. fl. Achaia p. 34; Haussk. symb. p. 33. — *A. maculatum* Dall. prosp. p. 119, non L. — Huc quoque probabiliter: *A. Dioscoridis* Fraas fl. class. p. 272, non S et S. — Icon: Rchb. germ. VII. t. 11. — Exsicc.: Sint. it. thessal. n. 549.

Tubere oblongo; foliorum petiolis lamina 2—3 plo longioribus, lamina hastata, albo-venosa, lobis triangularibus, divaricatis; pedunculo petiolis breviore; spathae tubo oblongo-cylindrico, lamina oblonga, alba pluries breviore; spadice flavo, spatha breviore, appendice stipiti aequilonga, inflorescentia femina mascula 3—4 plo longiore, ab ea remota; genitalibus abortivis infra annulum masculum paucis, supra eum numerosis, verruculosis, longe setaceis. — Spatha 15—25 cm. longa.

β. **byzantinum** Schott ic. aroid. t. 34, 35, prodr. p. 86, pro sp.; Engl. in DC. monogr. phaner. p. 593. — Spathae tubus fauce purpurascens; spadicis appendix stipiti 3—4 plo longior. — Exsicc.: Rev. pl. cret. n. 172.

In umbrosis regionis inferioris, in subalpinam adscendens per totam ut videtur ditionem, sed non indicatur in insulis maris Aegaei; — β. Creta: pr. Neochorio (Sieb.), Kissamos (Rev.). — Apr. Maio. ♃.

β. Spadicis appendix purpureo-violacea.

4. **A. maculatum** L. sp. p. 966; S. et S. pr. II. p. 245; Ch. et B. exp. p. 268, Fl. pelop. p. 62; Fraas fl. class. p. 272; Bois. fl. or. V. p. 39; Heldr. chlor. Parn. p. 27; Form. in Ver. Brünn 1897 p. 20. -- Icon: Fl. dan. t. 505. — Exsicc.: Heldr. reliqu. Orph. a. 1886.

Tubere ovato-oblongo; foliorum petiolis lamina duplo longioribus, lamina hastata, concolori vel fusco-maculata, lobis triangularibus, divaricatis; pedunculo petiolis saepius breviore; spathae tubo oblongo, lamina oblongo-lanceolata, viridi-flavida triplo breviore; spadice purpureo-violaceo, spatha breviore, appendice stipiti aequilonga vel breviore, inflorescentia femina mascula 3—4 plo longiore, ab ea remota; genitalibus abortivis infra annulum masculum paucis, supra eum numerosis, inferne verruculosis, subulato-attenuatis. — Spatha 10—20 cm. longa.

In umbrosis regionis montanae et subalpinae, rarius. Thessalia: ad Mavreli et Kerasia Sina in mt. Chassia, ad Mandri Dristila in mt. Othrys (Form.); Euboea (Fraas); mt. Parnassus (Orph.); Attica: mt. Parnes (Heldr.); Peloponnesus (Sibth.): mt. Kyllene (Orph.); Archipelagus (Sibth.). — Maio ♃.

3. Biarum Schott melet. I. p. 17.

a. Genitalia abortiva inter inflorescentiam masculam et femineam, atque etiam supra masculam obvia.

1. **B. tenuifolium** L. sp. p. 967; Ch. et B. exp. p. 268, Fl. pelop. p. 63; Friedr. Reise p. 283; Clem. sert. p. 88 (*Arum*); Schott melet. I. p. 17; Fraas fl. class. p. 272; Bois. fl. or. V. p. 31; Heldr. fl. cephal. p. 81; Haussk. symb. p. 33. — *B. abbreviatum* Schott pr. aroid. p. 62. — *B. Spruneri* Schott gen. aroid. t. 7, prodr. p. 61; Bald. riv. coll. bot. alb. 1895 p. 71; non Bois. — Exsicc.: Heldr. herb. norm. n. 17 et 1392; Bald. it. alb. III. n. 206.

Tubere globoso, depresso; foliis hysteranthiis, spathulato-lanceolatis; pedunculo saepissime brevi, hypogaeo, vaginis membranaceis, spathae tubum saepe superantibus obsito; spathae lamina lanceolata, atro-purpurea, tubo 5—8 plo longiore; spadicis appendice tenuiter cylindrica, purpurea, spatham plerumque excedente; inflorescentia feminea globosa, a mascula cylindrica remota; genitalibus abortivis infra et supra inflorescentiam numerosis, laxis, retrorsis; antheris connectivo haud prominulo praeditis; stigmate sessile. — Spatha 8—12 cm. longa.

In collibus saxosis regionis inferioris et montanae. Epirus: supra lacum Janina versus mt. Micikeli, mt. Xerovuni supra Kalentza distr. Janina (Bald.); Attica: pr. Athenas, mt. Turcovuni (Heldr.), mt. Parnes (Fraas); Argolis (Chaub.); Arcadia: pr. Carithena, mt. Diaforti (Chaub.); Messenia: mt. Ithome (Friedr.); Laconia: mt. Xerovuni pr. Langhada (Reiser), pr. Golass (Pichl.), mt. Taygetos (Chaub.); Cycladum insula: Tenos, Naxos (Chaub.); Cephalonia: supra monasterium Hagios Gerasimos (Schimp.); sed loca nonnulla probabiliter ad speciem sequentem spectant. — Apr. Julio et Sept. Oct. ♃.

b. Genitalia abortiva inter inflorescentiam masculam et femineam tantum obvia.

2. **B. Spruneri** Bois. diagn. XIII. p. 5, Fl. or. V. p. 32; Haussk. symb. p. 33. — *Ischarum Spruneri* Schott syn. p. 7. — *Cyllenium Spruneri* Schott gen. aroid. t. 9. — Exsicc.: Heldr. herb. norm n. 512; Orph. fl. gr. n. 1109.

Praecedenti habitu simillimum, a quo differt foliis latioribus brevioribusque, undulatis, deficientia genitalium sterilium supra inflorescentiam masculam et antherae connectivo apice prominulo.

In campis sterilibus. Attica: pr. Eleusis, Phaleron (Sprun.), ad radices mt. Hymettus (Heldr.); Peloponnesus: ad Acrocorinthum (Haussk.), mt. Taygetos (Bory, teste Engl. monogr. p. 575). — Apr. Maio. ♃.

3. B. Fraasianum Schott in ö. b. Wochenbl. 1859 p. 98, prodr. aroid. p. 68 (*Ischarum*); Nym. consp. p. 755. —

„Vaginis bracteantibus 5—6, latis; foliis ignotis; spathae tubo parum ventricoso, subcylindroideo, ad medium circiter connato, lamina ovato-lanceolata vel oblonga, breviter cuspidata, expansa; spadice mediam spatham paulo superante, dimidia sua longitudine sexuali; ovario longe stylato; organis neutris raris, sparsis, longis, ovariis vicinis; appendice sensim incrassato, apicemque versus reattenuato". — Non commemoratur in monographia Engleri.

In campis Thebaicis Boeotiae (Fraas). — N. v.

4. Arisarum Targ. in ann. mus. Firenze II. p. 67.

1. A. vulgare Targ. l. c.; Friedr. Reise p. 266; Fraas fl. class. p. 272; Weiss in z. b. G. 1869 p. 755; Raul. cret. p. 872; Spreitz. in z. b. G. 1877 p. 733, 1887 p. 670; Bois. fl. or. V. p. 44; Heldr. fl. cephal. p. 68, Fl. Aegina p. 395, prosth. chlor. Thera p. 4, chlor. Mykon. p. 254; Haussk. symb. p. 33. — *Arum arisarum* L. sp. p. 966; S. et S. pr. II. p. 246, Fl. gr. X. p. 38 t. 948; Pieri corc. fl. p. 126; Sieb. avis rem. p. 6; Ch. et B. exp. p. 268, Fl. pelop. p. 62. — *Arisarum Sibthorpii* Schott prodr. p. 21. — *A. Veslingii* Schott prodr. p. 20, f. spathae longioris lamina tubum subaequante, appendice spadicis tenuissima, apicem versus vix incrassata, longius exserta. — Exsicc.: Orph. fl. gr. n. 217; Sint. it. thessal. n. 176; Dörfl. fl. gr. n. 432.

Tubere ovato vel breviter cylindrico; foliorum petiolis lamina pluries longioribus, lamina ovato-cordata vel sagittata, lobis ovatis, obtusis; pedunculo petiolum plerumque superante; spathae tubo cylindrico, purpureo-lineato, in laminam purpuream, ovatam vel lanceolatam, incurvam abeunte; spadice purpureo, supra tubum antice curvato et exserto, apice plerumque leviter incrassato; inflorescentia feminea brevissima, mascula laxa, elongata; genitalibus abortivis nullis.

In collibus saxosis, olivetis regionis inferioris et submontanae. Thessalia: ad Lechonia pr. Volo (Sint.); Attica: pr. Athenas (Friedr.). in colle Philopappos (Leon.), ad Piraeum, insula Aegina (Heldr.); Argolis: pr. Nauplia (Berger), Argos (Sprun.); Messenia: pr. Navarin, Methone, insula Sapienza (Chaub.); Cycladum insula: Syra (Weiss), Cythnos, Delos, Mykonos, Rhenia, Thera (Heldr.), Melos (Lefèvre); Creta (Sieb.): ad Akroteri (Reverch.), Suda, Canea (Weiss), Kladiso. Candia (Raul.); Cephalonia: pr. Argostoli (Heldr.); Ithaca (Spreitz.); Corcyra (Pieri): ad Monrepos, San Pantaleone, Scripero (Spreitz.). — Oct. Apr. ♃.

Obs. *Colocasia antiquorum* Schott melet. I. p. 18; Raul. cret. p. 872; Bois. fl. or. V. p. 45. — = *Arum colocasia* L. sp. p. 965; S. et S. pr. II. p. 245. — Species indica, indicatur a Sibthorp in insulis Zante et Creta, sed postea a nemini reperta fuit.

5. Acorus L. gen. n. 434.

1. A. calamus L. sp. p. 324; S. et S. pr. I. p. 239; Ch. et B. exp. p. 103, Fl. pelop. p. 23; Fraas fl. class. p. 274; Bois. fl. or. V. p. 44. — Icon.: Fl. dan. t. 1158.

Rhizomate crasso, repente; ecapo erecto, triquetro; foliis ensiformibus, scapo longioribus; spatha scapum continuante, ensiformi, spadice multo longiore; spadice crasso, cylindrico-subconico, viridi; floribus hermaphroditis, numerosissimis; perigonii phyllis 6, obtusis, apice inflexis; ovario superne constricto, fere umbonato.

Ad aquas. Laconia (Sibth.), sed a recentioribus non lectum. — Jun. Jul. ♃.

CXXXI Ordo. Lemnaceae Duby bot. gall. I. p. 532.

1. Lemna L. gen. n. 1038.

1. L. trisulca L. sp. p. 970; Ch. et B. exp. p. 17, Fl. pelop. p. 2; Fraas fl. class. p. 271. — Icon: Fl. dan. t. 1586.

Frondibus membranaceis, oblongo-lanceolatis, apice acutis, minute denticulatis, in stipitem tandem longum attenuatis, cruciatim congestis; radicis calyptra acuta.

In aquis stagnantibus. Peloponnesus: pr. Carithena, Messene (Chaub.). — Maio, Aug. ☉ N. v.

2. L. minor L. sp. p. 970; S. et S. pr. I. p. 11; Ch. et B. exp. p. 18, Fl. pelop. p. 2; Friedr. Reise p. 278; Fraas fl. class. p. 231; Raul. cret. p. 860; Bois. fl. or. V. p. 29; Heldr. fl. cephal. p. 68, chlor. Mykon. p. 254; Hal. Beitr. fl. Aetol. p. 10. — Icon: Fl. dan. t. 1587. — Exsicc.: Hal. it. gr. a. 1893.

Frondibus crassiusculis, obovatis vel oblongo-obovatis, utrinque planis, non spongiosis; radicis calyptra rotundato-obtusa.

In aquis stagnantibus per totam Graeciam. — Maio, Aug. ☉

3. L. gibba L. sp. p. 970; Bois. fl. or. V. p. 30; Haussk. symb. p. 34. — *Telmatoplace gibba* Schleid. in Linn. XIII. p. 391. — Icon: Fl. dan. t. 1588. — Exsicc.: Heldr. pl. fl. hellen. a. 1887.

Frondibus crassis, obovatis, superne convexiusculis, subtus convexis, spongioso-inflatis, radicis calyptra saepius acutata.

In aquis stagnantibus. Aetolia: pr. Mesolongion (Heldr.); Attica: in Ilyssum, ad Phaleron (Heldr.); Argolis: pr. Nauplia (Haussk.). — Maio, Aug. ☉

CXXXII Ordo. **Typhaceae** Juss. gen. p. 25.

1. Typha L. gen. n. 1040.

a. Flores feminei bracteolis superne spathulatis instructi.

1. **T. angustata** Ch. et B. exp. p. 338, Fl. pelop. p. 4; Frass fl. class. p. 270; Raul. cret. p. 872; Bois. fl. or. V. p. 50; Hal. in ö. b. Z. 1892 p. 400; Haussk. symb. p. 34. — *T. angustifolia* S. et S. pr. I. p. 226; Marg. et R. fl. Zante p. 92; probabiliter quoque: Fraas fl. class. p. 270; Heldr. Nutzpfl. p. 11, Fl. cephal. p. 68; Form. in Ver. Brünn 1895 p. 17, 1896 p. 22, 1897 p. 20; non L. — *T. media* Ch. et B. exp. p. 29, non Schleich. — *T. latifolia* Friedr. Reise p. 265 et 274, teste Rohrb. in bot. Ver. Brandenb. p. 88, non L. — *T. aequalis* Schnitzl. typh. p. 25 f. 28. — Icon: Kronf. in z. b. G. 1889 t. 4 f. 6, t. 5 f. 1. — Exsicc.: Heldr. herb. norm. n. 892; Rev. pl. cret. n. 173; Sint. et Bornm. it. turc. n. 1508 et 1509; Sint. it. thessal. n. 1091.

Rhizomate crasso, repente; caule elato, 150—300 cm. alto, foliato; foliis anguste linearibus, extus valde convexis, intus planis, inflorescentia superantibus; spicis cylindricis, mascula et feminea saepissime remotis; bracteolis a basi filiformi dilatatis, ovato-spathulatis, stigmata linearia subaequantibus, setas perigoniales superantibus; polline simplici; nuculae pericarpio cum semine non connato, sulco longitudinali, fructu madefacto dehiscente, obsito. — *T. angustifoliae* L. sp. p. 971, bracteolis brevioribus, setis perigonii aequilongis, diversae affinis. — Colore pallide brunneo spicae femineae insignis.

In aquis. Epirus: pr. Luros, Han Kukleus, Panegeia, Janina, Han Levka (Form.); Thessalia: in valle Penei, pr. Kalabaka, Phanarion, Phanariakula, Agria, Stylida, Avraki, Mavromandila, Megalivris, Demirli, Stefanosaioi (Form.), Orman Magula (Haussk.), Catherina, Litochori (Sint.); Euboea: pr. Oreus (Heldr.); Baeotia: ad lacum Kopais (Heldr.); Attica: ad Cephissum, Phaleron (Heldr.); Corinthia: pr. Kalamaki (Heldr.); Argolis: pr. Nauplia (Orph.), Tiryns (Heldr.), Argos, Poros (Friedr.); Elis: pr. Lintzi (Heldr.); Messenia: pr. Methone, Corone, Kardamyle, ad ostium fl. Eurotas (Chaub.); Cycladum insula Mykonos (Heldr.); Creta: pr. Kissamos, Platania (Raul.); Zante (Marg.); Cephalonia: pr. Kutavo, Hagios Joannes, Livadi Karpuri, Akoli (Heldr.). — Jun. Aug. ♃.

b. Flores feminei ebracteati.

2. **T. latifolia** L. sp. p. 971; S. et S. pr. II. p. 225; Fraas fl. class. p. 270; Form. in Ver. Brünn 1895 p. 18. — Icon: Fl. dan. t. 645. — Exsicc.: Sint. it. thessal. n. 852.

Rhizomate crasso, repente; caule elato, 150—250 cm. alto, foliato; foliis late linearibus, planis, inflorescentiam superantibus; spicis cylindricis, mascula et feminea aequilongis, saepissime contiguis; stigmatibus spathulato-lanceolatis, setas perigoniales longe superantibus; polline 4-dymo; nuculae pericarpio cum semine non connato, sulco longitudinali, fructu madefacto dehiscente, obsito.

In aquis. Graecia, sine loci specialis indicatione (Sibth.), pr. Han Kacka in Epiro (Form.), ad Han Tripa in valle Penei Thessalia (Sint.). — Jun. Aug. ♃.

3. **T. Laxmanni** Lepech. in nov. act. acad. petrop. 1801 p. 84 t. 4; Kronf. in z. b. G. 1889 p. 167 t. 4 f. 5, t. 5 f. 15; Hal. in ö. b. Z. 1892 p. 400 (non Led., nec Rohrb., nec Bois.). — *T. stenophylla* Fisch. et Mey. in bull. phys. math. Petersb. 1845 p. 209. — Exsicc.: Sint. et Bornm. it. turc. n. 1507; Sint. it. thessal. n. 1092.

Rhizomate crasso, repente; caule gracili, 100—120 cm. alto, foliato; foliis angustissime linearibus, ad vaginas semicylindricis, inflorescentia superantibus; spicis remotis, feminea breviter cylindrico-elliptica, mascula 3—3 plo breviore; stigmatibus spathulato-lanceolatis, setas perigoniales longe superantibus; polline simplici; nuculae pericarpio cum semine connato, esulcato, indehiscente. — *T. Laxmanni* Led. fl. ross. IV. p. 3 et aut. alior., quae = *T. minima* Funk. in Hoppe bot. Taschenb. 1794 p. 118, differt a nostra foliis caulinis ad vaginas reductis et floribus femineis bracteolatis.

In paludosis. Thessalia: ad Prevenda pr. Kalabaka et pr. Katharina (Sint.). — Jun. Aug. ♃.

CXXXIII. Ordo. **Sparganiaceae** Engl. nat. Pflanzenfam. II. I. p. 192.

1. **Sparganium** L. gen. n. 1041.

1. **S. erectum** L. sp. p. 971, excl. β. — *S. ramosum* Huds. fl. angl. ed. 2. p. 401; S. et S. pr. II. p. 226; Ch. et B. fl. pelop. p. 4; Friedr. Reise p. 283; Bois. fl. or. V. p. 48; Form. in Ver. Brünn 1895 p. 18. — Icon: Fl. dan. t. 1282.

Rhizomate stolonifero; caule erecto, foliato, in paniculam patule ramosam abeunte; foliis linearibus, basi triquetris; florum capitulis remotiusculis, inferioribus femineis, sessilibus rarius pedunculatis, superioribus masculis; fructibus obpyramidatis, angulatis, nigro-fuscis, haud nitidis, apice abrupte in stylum attenuatis. — Nescio an revera haec species in Graecia crescat; forsan loca huc indicata omnia ad sequentem spectant.

Ad aquas. Epirus: pr. Janina, Kacka (Form.); Laconia: in valle Eurotas inter Leondari et Misitra (Friedr.); Messenia: pr. Kalamata, Nisi (Gittard.). — Jun. Aug. ♃ N. v.

2. **S. neglectum** Beeby in journ. bot. 1885 p. 26 t. 258; Form. in Ver. Brünn 1897 p. 81; Haussk. symb. p. 34. — *S. ramosum* Form. in Ver. Brünn 1897 p. 96, non L. — Exsicc.: Heider pl. gr. a. 1888.

Differt a praecedente fructibus stramineo-fuscis, nitidis, apice sensim in stylum longum attenuatis.

Ad aquas. Thessalia: pr. Neuropolis, Palaeokastro, Karditza, Pharsalus (Haussk.); Attica: ad Phaleron (Haussk.); Argolis: pr. Tiryns (Heider). — Jun. Aug. ♃.

CXXXIV. Ordo. Cyperaceae Juss. gen. p. 26.

Dispositio tribuum generumque.

1. Tribus. *Cypereae* Koch syn. p. 735. — Flores hermaphroditi; glumae distichae.
   a. Spiculae saepius multiflorae, vario modo saepius in umbellam vel capitulum dispositae; glumae regulariter distichae, univalves, omnes floriferae vel 2—3 infimae minores et vacuae; setae hypogynae nullae.
   ### 1. Cyperus L.
   b. Spiculae pauciflorae, in fasciculum ovalem compactum congestae; glumae obscurius distichae, univalves, superiores 1—3 floriferae, inferiores minores et vacuae; setae hypogynae 1—6 vel nullae.
   ### 2. Schoenus L.

2. Tribus. *Scirpeae* Koch syn. p. 737. — Flores hermaphroditi; glumae undique imbricatae
   a. Spiculae pauciflorae, in anthelas compositas, terminales et axillares inflorescentiam paniculatam formantes dispositae; glumae univalves, inferiores 3—4 ceteris minores, vacuae; setae hypogynae nullae.
   ### 3. Cladium Patr. Browne.
   b. Spiculae saepius multiflorae, solitariae vel consociatae; glumae univalves, inferiores majores, infimae 1—2 vacuae.
     α. Setae hypogynae numerosae, glumis demum multo longiores, achenium lana longissima involventes.
     ### 4. Eriophorum L.
     β. Setae hypogynae glumis breviores vel nullae.
       × Stylus compressus, ciliatus, basi bulboso-incrassatus, cum ovario articulatus; setae hypogynae nullae.
       ### 5. Fimbristylis Vahl.
       ×× Stylus teres, glaber.
         ○ Stylus basi incrassatus, cum ovario articulatus, basi persistente achenium coronans; spicula terminalis solitaria; setae hypogynae 2—6.
         ### 6. Eleocharis R. Br.
         ○○ Stylus basi non incrassatus, nec articulatus, deciduus.
           . Setae hypogynae nullae.
             ; Spiculae 1—10, in fasciculum lateralem aggregati, vel spicula terminalis solitaria.
             ### 7. Isolepis R. Br.
             ;; Spiculae numerosae, in capitula globosa, compacta, sessilia et pedunculata, anthelam lateralem formantia, congestae.
             ### 8. Holoschoenus Link.
           .. Setae hypogynae 2—12.
             ; Spiculae in anthelam terminalem vel lateralem dispositae.

9. **Scirpus** L.
;; Spiculae in spicam terminalem, disticham approximatae.
10. **Blysmus** Panz.
;;; Spicula terminalis, solitaria.
11. **Baeothryon** N. ab E.
3. Tribus. *Cariceae* Koch syn. p. 746. — Flores dioliues, spicati; glumae undique imbricatae.
12. **Carex** L.

1. Tribus. **CYPEREAE** Koch. syn. p. 735.

1. Cyperus L. gen. n. 66.

Dispositio specierum.

1. Sectio. *Eucyperus* Willk. pr. fl. hisp. p. 138. — Glumae omnes floriferae; stylus trifidus; achenia triquetra.
  a. Perennes; spiculae rachis alis membranaceis decurrentibus aucta.
    α. Stolones crassi, absque tuberibus.
        1. C. longus L. 2. C. badius Desf.
    β. Stolones filiformes, tuberiferi.
        3. C. rotundus L. 4. C. esculentus L.
  b. Annui; spiculae rachis angulata vel marginata, non alata.
    α. Glumae lineares; achenia lineari- oblonga.
        5. C. glomeratus L.
    β. Glumae ovato-oblongae vel orbiculatae; achenia obovata.
     × Glumae ovato-oblongae.
        6. C. glaber L. 7. C. fuscus L.
     ×× Glumae suborbiculatae.
        8. C. difformis L.

2. Sectio. *Pycreus* Kunth enum. II p. 3. — Glumae omnes floriferae; stylus bifidus; achenia compressa.
  a. Glumae in mucronem subsquarrosum attenuatae.
        9. C. pygmaeus Rottb.
  b. Glumae obtusae.
    α. Inflorescentia terminalis; glumae flavescentes vel brunneae.
        10. C. flavescens L. 11. C. globosus All.
    β. Inflorescentia lateralis; glumae atro-fuscae.
        12. C. distachyus All.

3. Sectio. *Galilea* Parl. fl. palerm. I p. 297 pro gen. — Glumae inferiores 1—2 steriles; stylus trifidus; achenia compresse trigona.
        13. C. aegyptiacus Glox.

1. Sectio. *Eucyperus* Willk. pr. fl. hisp. p. 138. — Glumae omnes floriferae; stylus trifidus; achenia triquetra.

  a. Perennes; spiculae rachis alis membranaceis decurrentibus aucta.

  α. Stolones crassi, absque tuberibus.

1. **C. longus** L. sp. p. 45; S. et S. pr. I. p. 29; Sieb. avis rem. p. 2; Urv. enum. p. 6; Ch. et B. exp. p. 23, Fl. pelop. p. 3; Mazz.

in ant. ion. II. p. 462; Schenk cyp. gr. p. 6; Fraas fl. class. p. 295; Bois. fl. or. V. p. 375; Hal. Beitr. fl. Epir. p. 42, Beitr. fl. Aetol. p. 10; Form. in Ver. Brünn 1895 p. 20, 1896 p. 27, 1897 p. 24; Haussk. symb. p. 34. — Icon: Host. gram. III. t. 76. — Exsicc.: Sint. et Bornm. it. turc. n. 1510; Sint. it. thessal. n. 1095.

Rhizomate stolonifero, stolonibus crassis, squamatis; culmo elato, triquetro, inferne foliato; foliis culmo saepius brevioribus; umbella multiradiata, radiis elongatis, inaequalibus, longioribus iterum umbellatim ramulosis, ramulis strictis, umbellulam centralem sessilem longe superantibus; involucri phyllis 3—4, longioribus umbellam superantibus; spiculis linearibus, compressis, spicato-fasciculatis; glumis oblongis, rufescentibus, carina virentibus, 3—5 nerviis; staminibus 3; achenio obovato, triquetro, gluma triplo breviore. — Variat glumis intensius coloratis et pallidioribus.

In paludosis regionis inferioris. Epirus: pr. Prevesa, Nicopolis, Philippiades, Han Kuklesi, Panegia, Janina, Sadovica (Form.), Arta (Hal.); Thessalia: pr. Sermeniko, Karditza, Orman Magula (Haussk.), Han Kastania, ad fl. Longi, pr. Pharsalus, Velestinos, Stylida (Form.), Litochori (Sint.); Euboea: pr. Oreus (Heldr.); Aetolia: pr. Krioneri (Hal.); Baeotia (Heldr.); Attica (Fraas); Argolis: in palude Lerna (Urv.), pr. Nauplia (Berger); Elis: pr. Lintzi (Heldr.); Messenia: pr. Methone, Zonchio, Palaeogrisi, Corone, Didgiori, Nisi (Chaub.); Creta (Sieb.); Corcyra: pr. Analypsis, Kontokali (Form.), Botumia (Mazz.). — Jun. Sept. ♃.

Obs. *C. longus* × *rotundus* (*C. hybridus*) Haussk. symb. p. 34. — Forma intermedia, sterilis, indicatur inter parentes pr. Karditza Thessaliae (Haussk.).

2. **C. badius** Desf. fl. alt. I. p. 45 t. 7; Mazz. in ant. ion. II. p. 460; Marg. et R. fl. Zante p. 93; Clem. sert. p. 93; Raul. cret. p. 874; Bois. fl. or. V. p. 376; Form. in D. bot. Monat, 1898 p. 77; Heldr. chlor. Mykon. p. 254; Haussk. symb. p. 34. — *C. tenuiflorus* Presl cyp. et gram. sic. p. 15; Mazz. in ant. ion. II. p. 462; Friedr. Reise p. 265; Schenk cyp. graec. p. 5; vix Rottb.; — = *C. Preslii* Parl. fl. ital. II. p. 40; Heldr. fl. cephal. p. 72; f. ad *C. longum* transiens forsan hybrida (*C. badius* × *longus* Haussk. symb. p. 35). — *C. myriostachys* Ten. fl. nap. III. p. 4; Schenk cyp. p. 5; teste Bois. l. c. — Huc quoque probabiliter: *C. spectabilis* Mazz. l. c. p. 462. — Exsicc.: Orph. fl. gr. n. 973 et 975 bis; Rev. pl. cret. n. 270; Baen. herb. europ. n. 9249.

Differt a praecedente statura graciliori; foliis dimidio angustioribus; umbellae radiis abbreviatis, ramulis brevissimis, angulo saepius recto patentibus, nec strictis.

In paludosis regionis inferioris. Thessalia: pr. Karditza, Pharsalus, Orman Magula (Haussk.); Euboea: pr. Oreus (Heldr.); Attica: pr. Athenas (Clem.), ad fl. Ilyssus (Fraas), Cephissus (Orph.); Achaia: pr. Aegion (Orph.); Argolis: pr. Argos (Friedr.), Nauplia (Berger), in palude Lerna (Zuccar.); Cycladum insula: Tenos, Rhenia (Heldr.); Creta: pr.

Kissamos (Rev.). Enneachoria, Rumata, Kladiso, Nerokuru, Suda (Raul.); Zante (Marg.); Cephalonia : pr. Argostoli (Heldr.); Corcyra: pr. Kastrades (Baen.), ad lacum San Catherina, pr. Merlera, Lefchimo (Mazz.). — Maio, Sept. ♃.

β. Stolones filiformes, tuberiferi.

3. **C. rotundus** L. syst. p. 98; S. et S. pr. I. p. 29; Ch. et B. exp. p. 34, Fl. pelop. p. 3; Schenk cyp. graec. p. 6; Fraas fl. class. p. 296; Heldr. Nutzpfl. p. 6, Fl. Aegina p. 395, chlor. Thera p. 23; Raul. cret. p. 884; Bois. fl. or. V. p. 376 cum β. *mucrostachyus*. — Haussk. symb. p. 34. — *C. hexastachyus* Rottb. descr. p. 28 t. 14. — *C. tetrastachyus* Desf. fl. atl. I. p. 45 t. 8. — *C. comosus* S. et S. pr. I. p. 30; Fl. gr. I. p. 31 t. 44; Sieb. avis p. 2, rem. p. 2; Ch. et B. exp. p. 24, Fl. pelop. p. 3; Fraas fl. class. p. 297; f. spiculis elongatis — *C. radicosus* S. et S. pr. I. p. 30, Fl. gr. p. 32 t. 45; Mazz. in ant. ion. II. p. 462. — *C. olivaris* Targ. in mem. soc. it. sc. XIII. 2 p. 338; Mazz. l. c. — Exsicc.: Orph. fl. gr. n. 259; Heldr. herb. norm. n. 33.

Rhizomate stolonifero, stolonibus filiformibus, squamatis, in tubera ovato-oblongo desinentibus; culmo triquetro, basi foliato; foliis culmum subaequantibus; umbella 3-pluriradiata, radiis inaequalibus, interdum ramosis; involucri phyllis 3—5, longioribus umbellam superantibus; spiculis lineari lanceolatis, compressis, spicato-fasciculatis; glumis oblongis, rufis, carina virentibus, subtrinerviis, lateribus subenerviis; staminibus 3; achenio obovato, triquetro, gluma dimidio breviore. Variat glumis intense rufis et pallidioribus.

In arenosis, cultis regionis inferioris. Epirus: pr. Arta (Hal.); Thessalia: ad ripas Penei pr. Trikala (Heldr.); Attica: frequens pr. Athenas, insula Aegina (Heldr.); Baeotia: pr. Lebadea (Fraas); Achaia: pr. Patras (Sibth.); Messenia: pr. Kalamata (Zahn); Cycladum insula: Keos (Heldr.), Syra (Weiss), Paros, Naxos, Thera (Sibth.); Creta: pr. Canea (Weiss), Candia (Sieb.); Corcyra: pr. Garizza, Ascensione (Mazz.). — Maio, Oct. ♃.

4. **C. esculentus** L. sp. p. 45; Ch. et B. fl. pelop. p. 3; Schenk cyp. graec. p. 7; Heldr. Nutzpfl. p. 6; Raul. cret. p. 874; Bois. fl. or. V. p. 377. — *C. melanorrhizus* Del. ill. fl. aeg. n. 40. — *C. pallescens* Sieb. avis p. 2; non Desf. fl. atl. I. p. 45, qui species aegyptiaca. — *C. aureus* Ten. fl. nap. pr. p. 8, fl. nap. III. p. 46 t. 101. — *C. Tenorii* Presl. fl. sic. p. 43. — *C. Tenorianus* Schult. mant. III. p. 544. — *C. Sieberianus* Link hort. I. p. 313. — *C. pallidus* Savi cat piant. egiz. p. 23. —

Rhizomate stolonifero, stolonibus filiformibus, squamatis, in tubera subglobosa desinentibus; culmo triquetro, basi foliato; foliis culmum subaequantibus; umbella multiradiata, radiis inaequalibus, longioribus, saepe ramosis; involucri phyllis 3—5, longioribus umbellam superantibus; spiculis lineari-lanceolatis, compressis, spicato-fasciculatis; glumis oblongis, stramineis, carina virentibus, plurinerviis et sulculosis; staminibus 3; achenio obovato, triquetro, gluma dimidio breviore. — Differt a praecedente glumis stramineis, lateribus nervosis sulculosisque.

In arenosis, cultis regionis inferioris. Laconia: pr. Androvista (Fauché); Messenia: pr. Nisi, Andrusa (Chaub.); Creta: pr. Canea (Sieb.). — Jul. Oct. ♃. N. v.

b. Annui; spiculae rachis angulata vel marginata, non alata.

α. Glumae lineares; achenia lineari-oblonga.

5. **C. glomeratus** L. amoen. IV. p. 301. — *C. australis* Schrad. fl. germ. I. p. 116; Mazz. in ant. ion. II. p. 462. — Icon: Host. gram. III. t. 71.

Radice fibrosa; culmo triquetro, inferne foliato; foliis culmo subbrevioribus; umbella multiradiata, radiis inaequalibus, brevibus; involucri phyllis 3—6, longissimis; spiculis linearibus, compressis, in spicas globosas vel ovatas dense conglomeratis; glumis linearibus, obtusis vel retusis, subenerviis, praeter carinam virentem rufis; staminibus 3; achenio linearioblongo, triquetro, gluma dimidio breviore.

In humidis regionis inferioris. Corcyra: pr. Spartilla (Mazz.). — Jul. Oct. ☉. N. v.

β. Glumae ovato-oblongae vel suborbiculatae; achenia obovata.

× Glumae ovato-oblongae.

6. **C. glaber** L. mant. p. 179; Bois. fl. or. V. p. 371; Haussk. symb. p. 35. — *C. pictus* Ten. fl. nap. III. p. 47. — *C. patulus* Kit. in Host. gram. III. p. 49 t. 74. — Huc forsan: *C. vegetus* Mazz. in ant. ion. II. p. 462, vix Willd. — Exsicc.: Heldr. et Hal. fl. aeg. a. 1889.

Radice fibrosa; culmo triquetro, inferne foliato; foliis culmo brevioribus; umbella simplici vel saepius 3—8 radiata, radiis inaequalibus, centrali subsessili; involucri phyllis 2—4, longioribus valde elongatis; spiculis lineari-lanceolatis, in capitulum ovatum vel globosum confertis; glumis ovato-oblongis, carina virentibus, lateribus trinerviis, purpurascentibus, albo-marginatis, apice obtusis, emarginato-mucronatis; staminibus 3; achenio obovato, triquetro, nigro, gluma triplo breviore.

In humidis regionis inferioris, rare. Thessalia: pr. Malakasi in Pindo tymphaeo (Haussk.); Attica: pr. Athenas (Heldr.); Cycladum insula Jos (Heldr.); Corcyra: mt. San Mattia, si *C. vegetus* Mazz. l. c. huc spectet. — Jun. Sept. ☉.

7. **C. fuscus** L. sp. p. 46; Ch. et B. exp. p. 24, Fl. pelop. p. 3; Mazz. in ant. ion. II. p. 462; Friedr. Reise p. 265; Schenk cyp. graec. p. 4; Fraas fl. class. p. 295; Clem. sert. p. 93; Raul. cret. p. 874; Bois. fl. or. V. p. 370; Heldr. in Sitzungsb. ac. Wiss. Berlin 1883 p. 4; Bald. riv. coll. bot. alb. 1896 p. 96; Haussk. symb. p. 35. — *C. virescens* Hoffm. Deutschl. fl. I. p. 21; Sieb. avis p. 3; f. spiculis virescentibus. — Icon: Fl. gr. I. t. 48. — Exsicc.: Orph. fl. gr. n. 398; Heldr. it. thessal. n. 52; Sint. et Bornm. it. turc. n. 1512.

Radice fibrosa; culmo triquetro, inferne foliato; foliis culmo subbrevioribus; umbella simplici vel saepius 3—7 radiata, radiis brevibus, subinaequalibus; involucri phyllis 3—4, umbellam superantibus; spiculis oblongo-linearibus, confertis; glumis ovato-oblongis, praeter carinam virentem fuscis vel virescentibus, subenerviis, apice obtusiusculis, mucronulatis; staminibus 2; achenio obovato, triquetro, albido, gluma subbreviore.

In humidis regionis inferioris et montanae. Epirus: pr. Janina (Bald.); Thessalia: pr. Karditza (Haussk.), Litochori (Sint.), mt. Pelion (Heldr.); Attica: pr. Athenas (Clem.), ad Cephissum (Orph.), mt. Pentelicon (Heldr.); Argolis: pr. Nauplia, Argos, Troezene (Chaub.); Messenia: pr. Kalamata (Zahn); Creta: pr. Canea (Sieb.); Corcyra: pr. Botumia (Mazz.). — Jul. Nov. ☉.

×× Glumae suborbiculatae.

8. **C. difformis** L. sp. ed. 2 p. 67; S. et S. pr. I. p. 31, Fl. gr. I. p. 32 t. 46; Ch. et B. exp. p. 24, Fl. pelop. p. 3; Mazz. in ant. ion. II. p. 462; Schenk cyp. gr. p. 4; Bois. fl. or. V. p. 370. — Exsicc.: Bald. it. alb. a. 1892 n. 228.

Radice fibrosa; culmo triquetro, inferne foliato; foliis culmo saepe longioribus; umbella simplici vel saepius 3-multiradiata, radiis brevibus, inaequalibus; involucri phyllis 2—4, umbellam superantibus; spiculis oblongo-lanceolatis, in capitula globosa dense congestis; glumis minimis, suborbiculatis, obtusis, muticis, subenerviis, viridi-rubellis; staminibus 3; achenio obovato, triquetro, apiculato, albido, glumam aequante. — Spiculis in capitula globosa, pisi magnitudine densissime congestis, glumisque minutis orbiculatis insignis.

In paludosis, inundatis regionis inferioris, rare. Albania: pr. Berat (Bald.), jam extra ditionem nostram; Corcyra: pr. Levataio (Mazz.); Achaia: pr. Patras (Sibth.); Creta (Sieb.). — Aug. Oct. ☉.

2. Sectio. *Pycreus* Kunth enum. II. p. 3. — Glumae omnes floriferae; stylus bifidus; achenia compressa.

a. Glumae in mucronem subsquarrosum attenuatae.

9. **C. pygmaeus** Rottb. descr. p. 20 t. 14 f. 4; Haussk. symb. p. 35. — Exsicc.: Heldr. it. thessal. IV. a. 1885.

Radice fibrosa; caule nano, triquetro, inferne foliato; foliis culmo aequilongis; involucri phyllis 2—5 inaequalibus, elongatis; spiculis oblongo-lanceolatis, in capitulum globosum, simplicem vel compositum dense congestis; glumis oblongo-lanceolatis, 5—7 nerviis, praeter carinam viridem, in mucronem subsquarrosum attenuatum, albido-hyalinis; stamine saepius unico; achenio oblongo, utrinque attenuato, gluma duplo breviore. — Stylo interdum trifido et achenio tunc triquetro transitum ad species sectionis praecedentis praebet. — *Scirpo Micheliano* L., glumis 3 nerviis, undique imbricatis, diverso, habitu valde similis.

In inundatis, rarissime. Thessalia: pr. Karditza (Heldr.). — Jul. Sept. ☉.

b. Glumae obtusae.

α. Inflorescentia terminalis; glumae flavescentes vel brunneae.

10. **C. flavescens** L. sp. p. 46; Pieri corc. fl. p. 10; Sieb. avis rem. p. 2; Ch. et B. exp. p. 338, Fl. pelop. p. 3; Schenk cyp. graec. p. 3; Mazz. in ant. ion. II. p. 462; Fraas fl. class. p. 295; Clem. sert. p. 93; Raul. cret. p. 874; Heldr. in Sitzungsb. acad. Wiss. Berl. 1883 p. 4. — Icon: Fl. gr. I. t. 47. — Exsicc.: Heldr. it. thessal. n. 53.

Radice fibrosa; culmo gracili, triquetro, inferne foliato; foliis culmo subbrevioribus; involucri phyllis 2—5, inaequalibus, elongatis; spiculis lanceolatis, in umbellam simplicem vel inaequaliter 2—5 radiatam dispositis; glumis ovatis, obtusis, praeter carinam viridem, subtrinerviam, flavescentibus; achenio globoso-lenticulari, mucronulato, punctulato, gluma dimidio breviore.

In humidis, scaturiginosis regionis inferioris et montanae. Thessalia: mt. Pelion (Heldr.); Attica (Fraas): pr. Athenas (Clem.); Peloponnesus (Chaub.); Argolis (Fraas); Archipelagus (Chaub.); Creta (Sieb.); Corcyra (Pieri): pr. Crevazzula (Mazz.). — Jul. Sept. ☉.

11. **C. globosus** All. auct. p. 49; Mazz. in ant. ion. II. p. 462. — Icon: Rchb. germ. f. 665.

Differt a praecedente radice perenni, culmo elatiore, spiculis longioribus, magis multifloris, glumis intensius coloratis, trinerviis et acheniis obovato-oblongis, valde compressis.

In humidis Corcyrae: pr. Chrysides (Mazz.); a recentioribus non lectus. — Jul. Oct. ♃. N. v.

β. Inflorescentia lateralis; glumae atro-fuscae.

12. **C. distachyus** All. auct. p. 48 t. 2; Mazz. in ant. ion. II. p. 462; Weiss in z. b. G. 1869 p. 755; Bois. fl. or. V. p. 367; Heldr. fl. cephal. p. 72; Bald. viagg. Creta p. 95. — *C. junciformis* Cav. ic. et descr. III. p. 2; Sieb. avis p. 2. — *C. mucronatus* S. et S. pr. I. p. 32, Fl. gr. I. p. 34 t. 49; Sieb. avis rem. p. 2; Ch. et B. exp. p. 24, Fl. pelop. p. 3; Mazz. l. c. p. 460; Schenk cyp. graec. p. 3; Raul. cret. p. 874; non Rottb. progr. p. 17. — Exsicc.: Heldr. herb. fl. hellen. n. 52, in Baen. herb. europ. n. 3186.

Rhizomate repente; culmo erecto, superne triquetro, basi vaginato, monophyllo; folio culmo breviore; spiculis 1—5, lineari-lanceolatis, in fasciculum sessilem lateralem dispositis; involucri phyllis 2, altero brevissimo, altero elongato, culmi processum formante; glumis atro-fuscis, oblongis; staminibus 3; achenio ovato-elliptico, mucronulato, gluma tertia parte breviore.

In humidis, salsuginosis. Thessalia: ad Bubulitra pr. Volo (Heldr.); Attica: ad lacum Rheitoi (Heldr.); Corinthus (Sibth.); Argolis (Chaub.): ad fontem Cortessa (Berger); Cycladum insula: Syra (Weiss), Tenos (Heldr.), Thermia (Zuccar.); Creta: ad rivum Psathi pr. Platania (Bald.), pr. Hierapetra (Sieb.); Cephalonia: pr. Kutavo (Heldr.); Corcyra: ad lacum Corizia (Mazz.). — Maio, Nov. ♃·

3. Sectio. *Galilea* Parl. fl. palerm. I. p. 297 pro gen. — Glumae inferiores 1—2 steriles; stylus trifidus; achenia compresse trigona.

13. **C. Kalli** Forsk. fl. aeg. arab. p. 15 (1775) (*Scirpus*); Murb. contrib. fl. afrique III. p. 24 (1899). — *Schoenus mucronatus* L. sp. p. 42 (1753); S. et S. pr. I. p. 28, Fl. gr. I. p. 30 t. 43; Sieb. avis p. 2, rem. p. 2; Urv. enum. p. 6; Ch. et B. exp. p. 23, Fl. pelop. p. 3; Mazz. in ant. ion. II. p. 458; Marg. et R. fl. Zante p. 93; Friedr. Reise p. 282; Schenk. cyper. graec. p. 7; Weiss in z. b. G. 1869 p. 755; Raul. cret. p. 873; Haussk. symb. p. 35; non *Cyperus mucronatus* Rottb. descr. p. 19 (1773). — *C. capitatus* Vand. fasc. p. 5 (1771), non Burm. fl. ind. p. 21 (1768). — *C. aegyptiacus* Gloxin obs. bot. p. 20 t. 3 (1785). — *C. schoenoides* Griseb. spic. II. p. 421 (1844); Bois. fl. or. V. p. 368. — *Galilea mucronata* Parl. fl. palerm. I. p. 299 (1895); Heldr. in ö. b. Z. 1898 p. 185. — Exsicc.: Orph. fl. gr. n. 209; Sint. et Born. it. turc. n. 1511; Dörfl. fl. aeg. n. 94.

Rhizomate repente, stolonifero; culmo tereti, basi vaginato et foliato; foliis incurvis, canaliculatis; spiculis saepe numerosis, in capitulum globosum, compactum congestis; involucri phyllis 2—4, inaequalibus, capitulo multo longioribus; glumis ovatis, mucronatis, rufescentibus, basi spadiceis; staminibus 3; achenio obovato, compresse trigono, gluma triplo breviore.

In arenosis maritimis. Thessalia: pr. Litochori (Sint.); Attica: ad Phaleron (Orph.); Elis: pr. Lintzi (Heldr.), inter Pyrgos et Arcadia (Friedr.); pr. Messene, Corone, Marathonisi (Chaub.), ad promontorium Tenarum (Zucc.); Cycladum insula: Syra (Urv.), Naxos (Heldr.); Creta (Sibth.): pr. Canea (Weiss); Zante (Marg.); Corcyra: pr. Potamo (Mazz.). — Maio, Sept. ♃.

Obs. *C. alopecuroides* Rottb. descr. p. 38. — Indicatur ex confusione pr. Chrysides Corcyrae (Mazz. in ant. ion. II. p. 462). — Quid sit *Mariscus umbellatus* Mazz. l. c. e valle Ropa Corcyrae, nescio.

2. Schoenus L. gen. n. 65.

1. **S. nigricans** L. sp. p. 43; S. et S. pr. I. p. 29; Sieb. avis rem. p. 2; Ch. et B. exp. p. 23, Fl. pelop. p. 3; Mazz. in ant. ion. II. p. 458; Marg. et R. fl. Zante p. 93; Fraas fl. class. p. 295; Clem. sert. p. 94; Ung. Reise p. 118; Raul. cret. p. 873; Bois. fl. or. V. p. 393; Bald. in nuov. giorn. bot. it. 1894 p. 102; Haussk. symb. p. 35. — Probabiliter huc quoque: *S. ferrugineus* Mazz. l. c., vix L. — Icon: Fl. dan. t. 2281. — Exsicc.: Baen. herb. europ. n. 9334.

Dense caespitosus; culmo tereti, basi foliato et vaginis nigris cincto; foliis culmum aequantibus; spiculis lanceolatis, compressis, in capitulum terminalem congestis; involucri phyllis 2, inferiore capitulum superante;

glumis spadiceis, lanceolatis; staminibus 3; setis hypogynis 3—5 minimis vel saepius nullis; achenio obovato-elliptico, triquetro.

In humidis, paludosis regionis inferioris et montanae. Thessalia: pr. Malakasi (Haussk.); Acarnania: pr. Actium (Bald.); Attica: mt. Pentelicon (Heldr.), ad Phaleron (Fraas); Elis: pr. Lintzi (Heldr.); Messenia: mt. Kupe (Chaub.); Argolis: pr. Nauplia, Argos (Chaub.); Creta: pr. Hagia Erini, Tuzla ad Suda (Raul.); Zante (Marg.); Corcyra: pr. Tiflo (Mazz.), Egripo, Levkimo (Ung.), Potamo (Spreitz.), Benizze (Baen.). — Febr. Jul. ♃.

2. Tribus. SCIRPEAE Koch syn. p. 737.

3. Cladium Patr. Browne nat. hist. Jamaica p. 114.

1. **C. mariscus** L. sp. p. 42; S. et S. pr. I. p. 28; Ch. et B. exp. p. 23, Fl. pelop. p. 2 (*Schoenus*); R. Br. pr. fl. nov. hell. p. 236; Marg. et R. fl. Zante p. 93; Schenk cyp. gr. p. 14; Heldr. fl. cephal. p. 72; Bois. fl. or. V. p. 392; Hal. in ö. b. Z. 1892 p. 400. — *C. germanicum* Schrad. fl. germ. I. p. 75; Mazz. in ant. ion. II. p. 458. — Icon: Host gram. austr. III. t. 53. — Exsicc.: Sint. et Bornm. it. turc. n. 1514.

Rhizomate repente, stolonifero; culmo crasso, elato, 1—2 m. alto, tereti, foliato; foliis arundinaceis, margine et carina asperrimis; umbellis decompositis, axillaribus terminalibusque, paniculam elongatam formantibus; spiculis oblongis, acutiusculis, subbifloris; glumis ovatis, arcte imbricatis, ferrugineis, inferioribus minoribus, vacuis; staminibus 2; stylo 2—3 fido, raro 4 fido; achenio ovato, mucronato.

In paludosis regionis inferioris. Thessalia: ad Braiabalti pr. Lithochori (Sint.); Euboea: pr. Chalkis (Fraas); Aetolia: pr. Mesolongion (Nièd.); Attica: ad Phaleron (Fraas); Elis: pr. Lintzi (Heldr.); Achaia: pr. Psathopyrgos (Heldr.); Laconia: pr. Kardamyle, Chimova, in planitie Helos (Chaub.), pr. Marathonisi (Pichl.); Zante (Marg.); Cephalonia: pr. Livadi Karpuri (Heldr.); Corcyra: pr. Epischepsi, Cavrolimi (Mazz.). — Maio, Jul. ♃.

Obs. Certe ex confusione quadam indicantur in Corcyra: *Rhynchospora alba* L. sp. p. 44; Mazz. in ant. ion. II. p. 458; (*Schoenus*); Vahl. en. II. p. 236; — et *R. fusca* L. sp. ed. 2 p. 1664; Mazz. l. c.; (*Schoenus*); Roem. et Sch. sept. II p. 88.

4. Eriophorum L. gen. n. 68.

1. **E. latifolium** Hoppe Taschenb. 1800 p. 108; Bald. riv. coll. bot. alb. 1896 p. 97; Haussk. symb. p. 35. — Icon: Fl. dan. t 1381. — Exsicc.: Sint. it. thessal. n. 870.

Rhizomate repente, culmo superne subtrigono; foliis apice triquetris; spiculis pluribus, ovatis, in anthelam dispositis, demum **nutantibus**; pedunculis inaequalibus, scabris; staminibus 3; stylo trifido; **achenio** obovato-oblongo, subtriquetro, obtuso, setis hypogynis copiosissimis, demum in lanam valde elongatis, cincto.

In pratis uliginosis regionis subalpinae, rarissime. Epirus: mt. Smolika (Bald.); Thessalia: mt. Sina (Sint.), pr. Malakasi in Pindo tymphaeo. — Apr. Jul. ♃.

5. Fimbristylis Vahl enum. II. p. 285.

1. **F. dichotoma** L. sp. p. 50; Ch. et B. exp. p. 25, Fl. pelop. p. 3; (*Scirpus*); Vahl enum. II. p. 287; Heldr. in Sitzungsb. ac. wiss. Berl. 1883 p. 8; Bois. fl. or. V. p. 389; Form. in Ver. Brünn 1896 p. 27. — Huc forsan: *Scirpus gracilis* Mazz. in ant. ion. II. p. 460; non Savi bot. etr. II. p. 25, quae = *F. squarrosa* Vahl. en. II. p. 286. — ? *F. annua* Schenk cyp. gr. p. 13, vix R. et Sch. — Icon: Fl. gr. I. t. 50. — Exsicc.: Heldr. it. thessal. n. 108.

Caespitosus; culmis 3—10 cm. altis, subtrigonis, basi foliatis; foliis anguste linearibus; anthela dichotome composita; involucri phyllis 3—6, inaequalibus, longioribus anthelam saepe superantibus; spiculis ovali-oblongis; glumis pallide fuscescentibus, carina viridibus, mucronatis stylo bifido; achenio biconvexo, longitudinaliter striato, transverse rugoso.

In arenosis humidis regionis inferioris et submontanae. Thessalia: ad ripas Penei pr. Larissa (Heldr.), pr. Pharsalus (Form.); Laconia: mt. Taygetos (Chaub.); ? Corcyra: pr. Botumia (Mazz.). — Maio, Aug. ⊙.

6. Eleocharis R. Br. fl. nov. holl. p. 224. (*Heleocharis*)

a. Culmi capillares, tetragoni; stigmata 3.

1. **E. acicularis** L. sp. p. 48 (*Scirpus*); R. Br. l. c. p. 224; Mazz. in ant. ion. II. p. 460. — ? *E. minor* Mazz. l. c. — Icon: Fl. dan. t. 287.

Rhizomate filiformi, repente; culmis capillaribus, tetragonis, basi vagina aphylla cinctis, fertilibus apice in spiculam solitariam, oblongam, pauciforam desinentibus; glumis rufescentibus, oblongis, obtusis, infima spiculae basin fere amplectente; achenio oblongo, tenuiter costato, transverse subtilissime striatulo; setis paucis, achenio duplo brevioribus.

In limosis. Corcyra: pr. Cacochieri (Mazz.). — Jun. Sept. ♃. N. v.

b. Culmi validiores, teretes; stigmata 2.

2. **E. palustris** L. sp. p. 47; S. et S. pr. I. p. 33; Ch. et B. exp. p. 24, Fl. pelop. p. 3; Marg. et R. fl. Zante p. 93; Schenk cyp. gr. p. 12; (*Scirpus*); R. Br. l. c. p. 224; Mazz. in ant. ion. II. p. 460; Raul. cret. p. 873; Heldr. fl. cephal. p. 72; Bois. fl. or. V. p. 386; Haussk. symb. p. 35, cum f. *frigida* (culmis digitalibus, flaccidis,

pallide virentibus, spiculis abbreviatis). — Icon: Fl. dan. t. 273. — Exsicc : Sint. it. thessal. n. 227.

Rhizomate repente; culmis teretibus, basi vaginis aphyllis cinctis, fertilibus apice in spiculam oblongam desinentibus; glumis fuscescentibus, oblongis, obtusiusculis, infima ovata, obtusa, spiculae basin dimidiam amplectente; achenio, ovato, compresso, laevi; setis plerumque 4, achenio sublongioribus.

In paludosis, humidis regionis inferioris, in alpinam adscendens. Thessalia: mt. Zygos, pr. Malakasi, Neuropolis, Kalabaka, Karditza (Haussk.), Palaeokastro (Reis.); Attica: ad Phaleron (Fraas); Messenia: pr. Methone, mt. Kupe (Chaub.); Argolis: in palude Lerna (Zucc.); Cyclades (Sibth.): insula Mykonos (Heldr.); Creta: pr. Nerokuru, Tuzla ad Suda (Raul.); Zante (Marg.); Cephalonia: mt. Aenos (Heldr.); Corcyra: pr. Kastrades, Chrysides (Mazz.), Potamo (Baen.). — Mart. Jul. ♃.

3. **E. uniglumis** Link Jahrb. I. 3. p. 77 (*Scirpus*); Schult. mant. II. p. 88; Bald. riv. coll. bot. alb. 1896 p. 97. — Icon: Rchb. germ. XVIII. f. 703.

Differt a praecedente statura graciliore, culmis tenuioribus, spica minore, gluma infima spiculae basin omnino amplectente, achenio punctulato.

Ad margines lacuum regionis alpinae mt. Papignon pr. Radovolj distr. Zagorion in Epiro (Bald.). — Jun. Aug. ♃. N. v.

7. **Isolepis** R. Br. pr. fl. nov. holl. p. 221.

a. Involucri folium culmo multo brevius.

1. **I. setacea** L. sp. p. 49; S. et S. pr. I. p. 34; Bois. fl. or. V. p. 379; (*Scirpus*); R. Br. l. c. p. 222; Mazz. in ant. ion. II. p. 458; Schenk cyp. graec. p. 9; Haussk. symb. p. 35. — Icon: Fl. dan. t. 311. — Exsicc.: Heldr. it. thessal. n. 54.

Radice fibrosa; culmis filiformibus, striatis, basi vaginis breviter foliaceo-acuminatis cinctis; spiculis 1—3 sessilibus, in fasciculum lateralem aggregatis; involucri folio setaceo, spiculas saepius superante; glumis ovatis, mucronatis; stigmatibus 3; achenio obovato, triquetro, mucronulato, longitudinaliter striato.

In caenosis, arenosis maritimis, scaturiginosis regionis inferioris et montanae. Thessalia: pr. Sermeniko in Pindo (Haussk.), mt. Pelion (Heldr.); Attica: ad Phaleron (Bois.); Argolis: pr. Nauplia (Berger); Cycladum insula Seriphos (Sibth.); Corcyra: pr. Potamo (Grimb.), ad lacum Onufrio (Mazz.). — Apr. Sept. ☉.

2. **I. Savii** Seb. et Maur. fl. rom. pr. p. 22; Ch. et B. exp. p. 24, Fl. pelop. p. 3; Marg. et R. fl. Zante p. 94; Raul. cret. p. 874; Bois. fl. or. V. p. 380 (*Scirpus*). — *S. filiformis* Savi fl. pis. I. p. 46; Mazz. in ant. ion. II. p. 460; non Lam. — *I. sicula* Presl. cyp. fet gram. sic. p. 13. — *I. Saviana* Schult. mant. II. p. 63; Gelmi in

bull. soc. bot. ital. 1889 p. 453; Haussk. symb. p. 35. — *I. pygmaea* Kunth cyp. p. 101; Schenk cyp. gr. p. 9. — *I. controversa* Steud. syn. pl. cyp. p. 92. — Exsicc.: Dörfl. fl. aeg. n. 33.

Differt a praecedente acheniis tenuissime punctatis.

In arenosis maritimis, caenosis regionis inferioris et montanae. Thessalia: mt. Zygos, pr. Malakasi, mt. Karava, in oropedio Neuropolis (Haussk.), pr. Sermeniko (Heldr.); Attica: mt. Parnes, Pentelicon, ad Cephissum, pr. Chelidoni, Phaleron (Heldr.); Argolis: pr. Nauplia (Berger); Messenia: pr. Methone; ad fl. Eurotas (Chaub.), pr. Kumusta Laconiae (Pichl.); Cycladum insula: Jos, Naxos (Leon.); Creta: pr. Enneachoria, Phoria, Hagia Erini, Suda, Selino, mt. Kophino supra Lukia (Raul.); Zante (Marg.); Corcyra: pr. Botumia (Mazz.). — Apr. Sept. ☉.

b. Involucri folium culmo aequilongus.

3. **I. supina** L. sp. p. 49; Bois. fl. or. V. p. 380 (*Scirpus*); R. Br. l. c. p. 221; Haussk. symb. p. 35. — Icon: Host. gram. III. t. 64. — Exsicc.: Heldr. it. thessal. IV. a. 1885.

Radice fibrosa; culmis striatis, inferne vaginatis, vagina superiore in folium subulatum abeunte; spiculis 2—10, sessilibus, in fasciculum lateralem aggregatis; involucri folio culmum aequante; glumis ovatis, mucronatis; stigmatibus 3; achenio obovato, triquetro, mucronulato, transverse undulato-rugoso.

In arenosis, inundatis regionis inferioris. Thessalia: pr. Larissa (Heldr.); Baeotia: ad Herkyna pr. Lebadea (Heldr.). — Jul. Sept. ☉,

Obs. *I. fluitans* L. sp. p. 48; Mazz. ant. ion. II. p. 460 (*Scirpus*): R. Br. l. c. p. 221. — A praecedentibus radice perenne, culmo radicante, folioso, spiculis solitariis, terminalibus diversa, probabiliter ex confusione pr. Stavropotamo Corcyrae (Mazz.) indicatur.

8. Holoschoenus Link hort. berol. I. p. 293.

1. **H. vulgaris** Link l. c.; Haussk. symb. p. 35. — *Scirpus holoschoenus* L. sp. p. 49; S. et S. pr. I. p. 33; Urv. enum. p. 6; Friedr. Reise p. 274; Fraas fl. class. p. 295; Ung. Reise p. 118; Weiss in z. b. G. 1869 p. 755; Form. in D. bot. Mon. 1890 p. 9; Hal. Beitr. fl. thessal. p. 19. — *Isolepis holoschoenus* R. et Sch. syst. II. p. 115; Mazz. in ant. ion. II. p. 458; Schenk cyp. gr. p. 9. —

Rhizomate crasso, repente ; culmis teretibus, inferne vaginatis, vaginis 1—2 superioribus in folium semitereti-canaliculatum abeuntibus, spiculis numerosis, in capitula globosa, compacta, solitaria vel plura, anthelam lateralem formantia, congestis ; glumis ovatis, mucronatis; stigmatibus 3; achenio obovato, triquetro; minute punctulato.

α. **typicus.** — *Holoschoenus Linnaei* Rchb. fl. exc. p. 76. — Icon: Rchb. germ. f. 739. — Culmi elati, robusti; anthela composita; capitula majuscula. — Exsicc.: Sint. it. thessal. n. 1313.

β. **romanus** L. sp p. 49; S. et S. pr. I. p. 33; Ch. et B. exp. p. 26, Fl. pelop. p. 4; Mazz. in ant. ion. II. p. 460; Marg. et R. fl. Zante p. 93; pro sp. (*Scirpus*); Vis. fl. dalm. I. p. 111. — *Scirpus holoschoenus v. romanus* Koch. syn. p. 743; Raul. cret. p. 874. — *H. Linnaei β. romanus* Rchb. ic. f. 740. — *Isolepis holoschoenus v. romanus* Schenk cyper. gr. p. 9. — Culmi humiliores et tenuiores: capitulum magnum, sessile, solitarium vel uno duobusve minoribus fultum. — Exsicc.: Heldr. pl. fl. hellen. a. 1901.

γ. **australis** L. syst. veg. p. 85; Heldr. chlor. Mykon. p. 254; pro sp. (*Scirpus*). — *Scirpus holoschoenus v. australis* Koch. syn. p. 743; Raul. cret. p. 874; Heldr. fl. ceph. p. 72; Bois. fl. or. V. p. 382; Form. in Ver. Brünn 1895 p. 20, 1896 p. 27, 1897 p. 24; Bald. riv. coll. bot. alb. 1896 p. 96. — *I. holoschoenus v. australis* Schenk cyp. gr. p. 9. — Icon: Rchb. germ. f. 737. — Culmi graciles; anthela simplex; capitula parva. — Exsicc.: Baen. herb. europ. n. 9335.

In arenosis humidis regionis inferioris, *γ*. ut videtur ceteris multo frequentior. — Maio, Sept. ♃.

9. Scirpus L. gen. n. 67.

a. Anthela terminalis.

1. **S. silvaticus** L. sp. p. 51; Mazz. in ant. ion. II. p. 460. — Icon: Fl. dan. t. 307.

Rhizomate repente, culmo elato, triquetro, foliato; foliis planis; spiculis parvis, 3—4 mm. longis, viridi-nigricantibus, ovatis, in anthelam terminalem, supradecompositam, involucratam dispositis; glumis obtusis, mucronulatis; stigmatibus 3; achenio obovato-trigono, laevi; setis hypogynis retrorsum scabris.

Ad ripas, in humidis. Corcyra: pr. Carocollo (Mazz.). — Jun. Jul. ♃. N. v.

2. **S. maritimus** L. sp. p. 51; S. et S. pr. I. p. 34; Ch. et B. exp. p. 24, Fl. pelop. p. 3; Mazz. in ant. ion. II. p. 458; Marg. et R. fl. Zante p. 93; Schenk cyp. gr. p. 11; Raul. cret. p. 873; Bois. fl. or. V. p. 384; Heldr. fl. ceph. p. 72; Form. in Ver. Brünn 1895 p. 20; Haussk. symb. p. 35. — *S. macrostachyus* Willd. en. I. p. 78; Mazz. l. c. p. 460. — *S. vulgaris* Mazz. l. c. p. 460. — Icon: Fl. dan. t. 937. — Exsicc.: Orph. fl. gr. n. 1104.

Rhizomate repente; culmo elato, triquetro, foliato; foliis canaliculatis; spiculis 10—15 mm. longis, brunneis, ovato-oblongis, in anthelam terminalem, involucratam dispositis; glumis acute bifidis, sinu mucronifero; stigmatibus 3; achenio obovato-trigono, laevi; setis hypogynis retrorsum scabris.

Ad aquas regionis inferioris. Thessalia: pr. Larissa, Karditza, Orman Magula (Haussk.); Phthiotis: ad Thermopylas (Sprun.); Attica: ad Phaleron (Orph.); Achaia: pr. Psathopyrgos (Hal.); Arcadia: pr. Megalopolis (Chaub.); Messenia: pr. Arcadia (Chaub.); Argolis: pr.

Nauplia (Berger); Cycladum insula Mykonos (Heldr.); Creta: pr. Nerokuru (Raul.); Zante: pr. Krionero (Marg.); Cephalonia: pr. Argostoli (Heldr.); Corcyra: pr. urbem, Kanone (Form.), Lefchimo, Botumia, Chrysida, Peramo (Mazz.). — Maio, Jul. ♃.

b. Anthela lateralis.

α. Culmus triqueter.

3. **S. litoralis** Schrad. germ. I. p. 142 t. 5; Sieb. avis p. 2, rem. p. 2; Ch. et B. exp. p. 23; Mazz. in ant. ion. II. p. 460; Schenk cyp. graec. p. 10; Raul. cret. p. 873; Bois. fl. or. V. p. 383; Bald. viagg. cret. p. 95; Form. in Ver. Brünn 1896 p. 27. — *S. triqueter* Ch. et B. fl. pelop. p. 3; ?Mazz. in ant. ion. II. p. 460; Form. in D. bot. Mon. 1890 p. 9; non L. — Exsicc.: Bald. it. cret. n. 169.

Rhizomate repente; culmo elato, triquetro, inferne vaginato; vaginis culmorum juniorum foliatis, adultorum subaphyllis; spiculis pallide brunneis, ovato-oblongis, sessilibus vel saepius pedunculatis, in anthelam compositam lateralem dispositis; glumis ovatis, laevibus, margine membranaceis, apice obtusis vel retusis, mucronatis; stigmatibus 2; achenio obovato, plano-convexo, laevi; setis hypogynis penicillato-plumosis.

Ad ripas, in paludosis regionis inferioris. Thessalia: pr. Larissa (Form.); Aetolia (Wiedem.); Attica (Sprun.); Argolis: pr. Tirynthum, Nauplia (Chaub.); Creta: pr. Candia (Raul.), Stavromenos in distr. Rethymniotika (Bald.); Corcyra: insula Vido (Mazz.). — Maio, Jun. ♃.

4. **S. mucronatus** L. sp. p. 50; S. et S. pr. I. p. 34; Ch. et B. fl. pelop. p. 3; Mazz. in ant. ion. II. p. 458; Schenk cyp. graec. p. 12; Heldr. fl. ceph. p. 72; Bois. fl. or. V. p. 382. — *S. glomeratus* Scop. fl. carn. ed. 2, I. p. 47. — Icon: Host. gram. t. 68.

Rhizomate fibroso; culmo elato, triquetro, basi vaginis aphyllis cincto; spiculis viridi-fuscescentibus, oblongis, sessilibus, in fasciculum lateralem aggregatis; glumis ovatis, striatis, acutis, integris; stigmatibus 3; achenio obovato-subrotundo, plano-convexo, transverse ruguloso; setis hypogynis retrorsum aculeolatis.

In paludosis, arenosis maritimis, ad fossas regionis inferioris. Baeotia: pr. Lebadea (Heldr.); Cephalonia: pr. Same (Heldr.). — Jun. Aug. ♃. N. v.

β. Culmus teres.

5. **S. lacustris** L. sp. p. 48; S. et S. pr. I. p. 33; Ch. et B. exp. p. 25, Fl. pelop. p. 3; Mazz. in ant. ion. II. p. 458; Marg. et R. fl. Zante p. 93; Friedr. Reise p. 278; Schenk cyp. graec. p. 11; Raul. cret. p. 873; Heldr. fl. ceph. p. 72; Bois. fl. or. V. p. 383; Form. in Ver. Brünn 1896 p. 27; Haussk. symb. p. 35. — Icon: Fl. dan. t. 1142. — Exsicc.: Baen. pl. corc. a. 1896.

Rhizomate repente; culmo elato, tereti, basi vaginato, vagina superiore in laminam brevem abeunte; spiculis ovato-oblongis, rufescentibus, in anthelam lateralem, compositam dispositis; anthelae ramis valde inaequalibus; glumis ovatis, retusis, mucronatis, dorso laevibus, margine fimbriatis; stigmatibus 3; achenio trigono, laevi; setis hypogynis retrorsum aculeolatis.

In paludosis regionis inferioris et montanae. Thessalia: in oropedio Neuropolis (Haussk.), mt. Baba pr. Klinovo in Pindo, ad lacum Nezeros in Olympo (Form.); Argolis: in palude Lerna (Friedr.); Messenia: pr. Methone (Chaub.); Creta (Sibth.); Zante (Marg.); Cephalonia: pr. Kutavo, Akoli (Heldr.); Corcyra: pr. Kastrades (Baen.), ad lacum Ropa et Onufrio (Mazz.); loca plura ad sequentem speciem spectare videntur. — Maio, Aug. ♃.

6. S. Tabernaemontani Gmel. fl. bad. I. p. 101; Mazz. in ant. ion. II. p. 460; Schenk cyp. graec. p. 10; Haussk. symb. p. 35. — *S. glaucus* Sm. in engl. bot. t. 2321. — *S. lacustris v. digynus* Godr. fl. lorr. III. p. 90. — Exsicc.: Sint. et Borum. it. turc. n. 1513.

Differt a praecedente culmo glaucescente, glumis punctato-scabris, stigmatibus binis.

In paludosis regionis inferioris. Thessalia: ad Stolos pr. Litochori (Sint.); Aetolia (Heldr.); Attica: ad Phaleron (Fraas); Argolis: pr. Nauplia (Haussk.), in palude Lerna pr. Argos (Orph.); Laconia: ad ripas fl. Eurotas, in Maina (Zuccar.); Zante (Bois.); Corcyra: ad lacum San Catterina di Ghiro (Mazz.). — Maio, Aug. ♃.

10. Blysmus Panz. in Schult. mant. II. p. 41.

1. **B. compressus** L. sp. p. 43; Mazz. in ant. ion, II. p. 458; (*Schoenus*); Panz. in Link hort. hot. berol. I. p. 278; Form in D. bot. Mon. 1890 p. 9, in Ver. Brünn 1896 p. 27; Haussk. symb. p. 35. — *Scirpus compressus* Pers. syn. I. p. 66; Bald. riv. coll. bot. alb. 1896 p. 97. — *S. caricinus* Schrad. fl. germ. p. 132; Mazz. l. c. — Icon: Fl. dan. t. 1622. — Exsicc.: Sint. it. thessal. n. 867.

Rhizomate repente; culmo obtuse angulato, foliato; spiculis fuscis sessilibus, in spicam terminalem, disticham dispositis; glumis oblongolanceolatis, striatis; stigmatibus 2; achenio obovato, compresso, laevi; setis hypogynis retrorsum aculeolatis. — Habitu *Carice* quadam e sectione *Vignea* similis, sed flores hermaphroditi.

In pratis montanis et subalpinis. Epirus: mt. Papignon (Bald.); Thessalia: mt. Dokimi (Form.), pr. Malakasi, mt. Karava (Haussk.) in Pindo; Corcyra (Mazz.). — Jun. Jul. ♃.

11. Baeothryon N. ab E. gen. IX. t. 12.

1. **B. pauciflorum** Lightf. fl. scot. II. p. 1078; Haussk. symb. p. 35; (*Scirpus*); Dietr. sp. II. p. 90. — *S. baeothryon* Ehrh. in L. fil. suppl. p. 103. — *Eleocharis pauciflora* Link hort. reg. berol. I. p. 284. — *Limnochloa baeothryon* Rchb. fl. exc. p. 78. — Icon: Host. gram. III. t. 58.

Rhizomate stolonifero; culmo tereti, basi vaginis aphyllis cincto; spicula terminali, solitaria, ovata, 3—5 flora; glumis fuscis, obtusis, muticis; stigmatibus 3; achenio obovato, trigono, reticulato-striato; setis hypogynis scabris. — Habitu *Eleochari palustri* simile, ab ea statura graciliori, stylo basi non incrassato et stigmatibus 3 distinctum.

In scaturiginosis supra Malakasi et in jugo Zygos in Pindo tymphaeo (Haussk.). — Jun. Jul. ♃. N. v.

3. Tribus. CARICEAE Koch syn. p. 746.
12. Carex L. gen. n. 1046.
Dispositio specierum.

1. Sectio. *Legitimae* Koch syn. p. 754. — Spicae plures, terminalis vel superiores masculae, inferiores femineae (rarius masculi plures vel terminalis androgynae); stigmata 2—3.

   a. Utriculi rostro plus minusve elongato, tereti vel compresso, saepius bifido vel bicuspidato terminati; stigmata 3.

      α. Rostrum teres vel compressum, marginatum, bicuspidatum, cuspidibus divergentibus; spiculae masculae saepissime plures.

         × Utriculi glabri.

            1. C. riparia Curt.   2. C. rostrata With.

         ×× Utriculi hirti.

            3. C. hirta L.

      β. Rostrum marginatum vel ore scariosum, antice planum, bidentatum vel retusum, dentibus porrectis; spicula mascula solitaria.

         × Utriculi flavidi, stellatim patentes.

            4. C. lepidocarpa Tausch.   5. C. Oederi Ehrh.

         ×× Utriculi virides vel fuscescentes, erecti vel erecto-patuli.

           ◯ Utriculi glabri.

             . Spicae femineae multiflorae.

               ; Bracteae breves, spica parum longiores; rostrum margine serrulato-scabrum.

                6. C. fulva Good.   7. C. distans L.

               ;; Bracteae longissimae, culmum valde superantes; rostrum laeve.

                  8. C. extensa Good.

             .. Spicae femineae pauciflorae.

                9. C. ventricosa Curt.

           ◯◯ Utriculi adpresse hirti.

             10. C. macrolepis DC.   11. C. laevis Kit.

   b. Utriculi erostres vel rostro brevi, tereti, oblique truncato vel retuso terminati.

      a. Stigmata 3.

         × Utriculi glabri.

           ◯ Rhizoma fibrosum, caespitosum.

             12. C. pendula Huds.   13. C. pallescens L.

           ◯◯ Rhizoma stoloniferum.

              . Glumae ferrugineae vel virescentes.

                14. C. glauca Murr.   15. C. hispida Willd.

.. Glumae atrae.
16. C. atrata L.
×× Utriculi pubescentes.
○ Rhizoma repens, stoloniferum.
17. C. caryophyllea Latour. 18. C. tomentosa L.
○○ Rhizoma fibrosum, caespitosum.
19. C. Halleriana Asso. 20. C. humilis Leys.
β. Stigmata 2.
× Rhizoma stoloniferum; foliorum vaginae integrae.
21. C. ruffa L. 22. C. nigra L.
×× Rhizoma estolonosum; foliorum vaginae reticulato-fissae.
23. C. stricta Good.

2. Sectio. *Vigneae* Koch syn. p. 748. — Spicae (spiculae) androgynae, in spicam continuam vel interruptam dispositae vel paniculatae; stigmata 2—3.
  a. Stigmata 3.
24. C. illegitima Ces. 25. C. distachya Desf.
  b. Stigmata 2.
  a. Spiculae inferne masculae, superne femineae; rhizoma fibrosum, caespitosum.
  × Bracteae inferiores foliaceae, longissimae, culmum superantes.
26. C. remota L.
×× Bracteae brevissimae, squamaeformes.
○ Spiculae remotiusculae, spicam linearem vel oblongo-linearem formantes.
27. C. echinata Murr. 28. C. elongata L.
○○ Spiculae valde approximatae, spicam ovatam formantes.
29. C. leporina L.
β. Spiculae superne masculae, inferne femineae.
× Rhizoma fibrosum, caespitosum.
○ Glumae fuscae, utriculum aequantes; utriculi erecti, biconvexi.
30. C. paradoxa Wild.
○○ Glumae virescentes, utriculi breviores; utriculi plus minus patentes.
. Utriculi elevatim 5—7 nervii; culmi angulis scaberrimi.
31. C. vulpina L.
.. Utriculi obsolete nervosi; culmi superne scabri.
32. C. muricata L. 33. C. divulsa Good.
×× Rhizoma repens.
34. C. divisa Huds.
γ. Spiculae supremae et inferiores femineae, intermediae masculae.
35. C. disticha Huds.

3. Sectio. *Psyllophorae* Lois. fl. gall. ed. 2 II p. 282. — Spica solitaria, terminalis, dioica vel androgyna.
36. C. Davalliana Sm.

1. Sectio. *Legitimae* Koch syn. p. 754.
  a. Utriculi rostro plus minusve elongato, tereti vel compresso, saepius bifido vel bicuspidato terminati; stigmata 3.

α. Rostrum teres vel compressum, marginatum, bicuspidatum, cuspidibus divergentibus; spiculae masculae saepissime plures.
× Utriculi glabri.

1, 1. C. riparia Curt. fl. lond. IV. t. 60; S. et S. pr. II. p. 231; Ch. et B. exp. p. 28, Fl. pelop. p. 4; Schenk cyp. graec. p. 23; Bois. fl. or. V. p. 430; Hal. in ö. b. Z. 1896 p. 19. — Exsicc.: Reis. fl. gr. a. 1894.

Rhizomate repente; culmis elatis, acutangulis; foliis late linearibus, carinatis, scabris; spicis masculis 2—5, approximatis; femineis 2—5, remotis, cylindricis, sessilibus vel pedunculatis, erectis vel demum cernuis; bracteis foliaceis, non vaginantibus, culmum superantibus; glumis lanceolatis, cuspidatis, utriculum superantibus; utriculis ovato-conicis, biconvexis, olivaceis, glabris, erectis, in rostrum breve bicuspidatum attenuatis. — Robusta, culmis 60—100 cm. altis, folia 6—15 mm. lata, spicae 3—8 cm. longae.

Ad aquas regionis inferioris. Aetolia: ad lacum Agrinion (Reis.); Peloponnesus (Sibth.): in palude Lerna (Zuccar.) — Maio, Jun. ♃.

2. C. rostrata With. arr. p. 1059. — *C. obtusangula.* Retz. fl. scand. p. 223. — *C. ampullacea* Good. in trans. linn. soc. II. p. 207; S. et S. pr. II. p. 231; Ch. et B. exp. p. 29, Fl. pelop. p. 4; Schenk cyp. graec. p. 23. — Icon: Fl. dan. t. 2248.

Rhizomate repente; culmis elatis, obtusangulis; foliis linearibus, canaliculatis, margine scabridis; spicis masculis 2—4, approximatis; femineis 2—4, remotis, cylindricis, breviter pedunculatis, erectis vel demum cernuis; bracteis foliaceis, non vaginantibus, culmum superantibus; glumis oblongo-lanceolatis, acutis, utriculo brevioribus; utriculis subglobosis, inflatis, flavis, glabris, patentissimis, in rostrum longum abrupte contractis. — Culmi 30—60 cm. alti, folia 3—5 mm. lata, spicae 4—8 cm. longae.

In Peloponnesi aquosis (Sibth.); a recentioribus non lecta. — Maio, Jun. ♃. N. v.

Obs. *C. paludosa* Good. in trans. linn. soc. II. p. 202; Schenk cyper. graec. p. 23. — Probabiliter ex confusione in palude Lerna indicatur.

×× Utriculi hirti.

3. C. hirta L. sp. p. 975; Ch. et B. exp. p. 28, Fl. pelop. p. 4; Schenk cyp. graec. p. 23; Haussk. symb. p. 36. — Icon: Fl. dan. t. 425. — Exsicc.: Sint. it. thessal. n. 868.

Rhizomate repente; culmis obtusangulis; foliis planis, hirtis; spicis masculis 1—3, approximatis; femineis 2—4, remotis, oblongis, pedunculatis, erectis; bracteis foliaceis, vaginantibus, culmum saepe aequantibus; glumis oblongis, cuspidatis; utriculis ovato-oblongis, hirtis, sensim in rostrum bicuspidatum attenuatis. — Culmi 15—40 cm. alti, folia 3—5 mm. lata, spicae 25—40 mm. longae.

In nemorosis regionis inferioris et montanae. Thessalia: mt. Zygos, pr. Malakasi (Haussk.), in oropedio Neuropolis (Heldr.) in Pindo; Messenia (Chaub.). — Maio, Jul. ♃.

β. Rostrum marginatum vel ore scariosum, antice planum, bidentatum vel retusum, dentibus porrectis; spicula mascula solitaria.

× Utriculi flavidi, stellatim patentes.

4. **C. lepidocarpa** Tausch in Flora 1834 p. 179; Haussk. symb. p. 36. — *C. lipsiensis* Peterm. fl. lips. p. 58. —

Rhizomate fibroso; culmis obtusangulis; foliis canaliculatis; spicis femineis 1—3, ovatis vel subglobosis, approximatis, sessilibus vel breviter pedunculatis, infima saepe remotiore; bracteis breviter vaginantibus, culmum superantibus; glumis ovato-oblongis, acutiusculis; utriculis ovatis, inflatis, flavidis, glabris, stellatim patentibus, sensim in rostrum bidentatum, subrecurvum, utriculo subaequilongum attenuatis. — Culmus 15—30 cm. altus, foliisque flavo-virens.

In jugo alpino Zygos in Pindo tymphaeo (Haussk.). — Maio, Jul. ♃. N. v.

5. **C. Oederi** Ehrh. calam. n. 79; Haussk. symb. p. 36. — Icon. Rchb. germ. f. 652. — Exsicc.: Heldr. it. thessal. IV. a. 1885.

Differt a praecedente statura minori, utriculis minoribus, rostro saepius recto, eis dimidio breviori, terminatis.

In regione superiori mt. Karava in Pindo dolopico (Heldr.). — Jun. Jul. ♃.

×× Utriculi virides vel fuscescentes, erecti vel erecto-patuli.

○ Utriculi glabri.

. Spicae femineae multiflorae.

; Bracteae breves, spica parum longiores; rostrum margine serrulato-scabrum.

6. **C. Hornschuchiana** Hoppe in Flora 1824 p. 595. — *C. fulva* Good. in trans. linn. soc. II. p. 177 p. p.; Ch. et B. exp. p. 27. Fl. pelop. p. 4; Schenk cyp. graec. p. 21; Bois. fl. or. V. p. 426. — Icon: Fl. dan. t. 2249.

Rhizomate caespitoso, breviter stolonifero; culmis obtusangulis; foliis planis; spiculis femineis 2—3, ovatis vel oblongis, remotis, pedunculatis; bracteis longe vaginantibus, infima spicam suam superante; glumis ovatis, acutis, late albo-marginatis; utriculis ovatis, subinflatis, glabris, viridibus, erecto- patulis, in rostrum bifidum attenuatis, rostri dentibus apice scariosis, margine externo serrulato-scabris, interno laevibus. — Culmi 20—45 cm. alti, foliisque viridis.

In humidis regionis inferioris. Messenia: pr. Methone, ad ostium fl. Pamisus, inter Nisi et Kalamata (Chaub.). — Maio, Jun. ♃. N. v.

7. **C. distans** L. syst. ed. 10 p. 1263; S. et S. pr. II. p. 229; Ch. et B. exp. p. 27, Fl. pelop. p. 4; Friedr. Reise p. 272; Schenk cyp. graec. p. 20; Ung. Reise p. 118; Raul. cret. p. 873, cum var.

rigidifolia (f. dense caespitosa, foliis rigidis, subpungentibus); Bois. fl. or. V. p. 425; Heldr. fl. cephal. p. 72, Fl. Aegina p. 396; Spreitz. in z. b. G. 1887 p. 670; Hal. in ö. b. Z. 1897 p. 99; Bald. riv. coll. bot. alb. 1896 p. 97; Haussk. symb. p. 36. — *C. fulva* Sieb. avis rem. p. 6, non Good. — Icon: Fl. dan. t. 2434. — Exsicc.: Orph. herb. n. 2693.

Differt a praecedente, cui persimilis, spicis femineis remotioribus, glumis femineis latioribus, mucronatis, utriculis brevius rostratis, rostri dentibus herbaceis, margine externo et interno serrulato-scabris.

In pratis, dumosis, silvaticis regionis inferioris et montanae, sat frequens. Epirus: pr. Vromonero (Bald.); Thessalia: in oropedio Neuropolis (Haussk.); Aetolia: pr. Aetolikon (Reis.); Attica: mt. Pentelicon (Ung.), Parnes (Fraas), ad Phaleron (Sart.), insula Aegina (Heldr.); Achaia: pr. Patras (Chaub.), mt. Chelmos (Hal.), Kyllene (Orph.); Messenia: pr. Methone (Chaub.); Argolis: pr. Vromolimni, Troezene (Friedr.), Tyrins, Nauplia (Haussk.), Epidaurus (Zucc.); Sporadum insula Skopelos (Leon.); Creta: pr. Rumata, Kladiso, Murnies, Malaxa, Rhamni, mt. Psiloriti, Lassiti, Aphendi Kavutsi (Raul.); Cephalonia (Heldr.); Corcyra: pr. urbem (Spreitz.), Potamos, Pyrgi, Ipso, Benizze (Baen.). — Apr. Jul. ♃.

;; Bracteae longissimae, culmum valde superantes; rostrum laeve.

8. **C. extensa** Good. in trans. linn. soc. II. p. 175 t. 21; Raul. cret. p. 873; Bois. fl. or. V. p. 424; Haussk. symb. p. 36, *v. graeca* (f. elatior, foliis elongatis, flaccidis, spicis cylindricis, utriculis pallidioribus, crassius nervosis). — *C. nervosa* Desf. fl. atl. II. p. 337. — Exsicc.: Heldr. pl. fl. hellen. a. 1899.

Rhizomate fibroso; culmis obtusangulis; foliis convoluto-canaliculatis spicis femineis 2—3, ovato-oblongis, sessilibus, masculae approximatis, infima saepius remotiore; bracteis foliiformibus, culmum longe superantibus, infima breviter vaginata; glumis ovatis, acutis, fulvis; utriculis ovatis, biconvexis, glabris, in rostrum breve, laeve, bidentatum contractis. — Habitus praecedentis, a quo foliis convolutis, bracteis elongatis, rostro laevi facile distinguitur.

In pratis arenosis, maritimis. Elis: pr. Lintzi (Heldr.); Argolis: pr. Vromolimni, Nauplia (Haussk.); Creta: pr. Suda (Raul.). — Maio, Jul. ♃.

.. Spicae femineae pauciflorae.

9. **C. ventricosa** Curt. fl. lond. VI. t. 68. — *C. monilifera* Thuill. fl. par. p. 490. — *C. depauperata* Good. in trans. linn. soc. II. p. 181; S. et S. pr. II. p. 229; Ch. et B. exp. p. 27, Fl. pelop. p. 4; Schenk. cyp. graec. p. 24; Haussk. symb. p. 36. — *C. triflora* Willd. phytogr. II. t. 1. —

Rhizomate fibroso; culmis striatis; foliis planis; spicis femineis 2—3, remotis, pedunculatis, plerumque 3 floris, rarius 2—4 vel 3—7 loris; bracteis foliaceis, vaginantibus, culmum aequantibus; glumis ovatis, mucronatis, viridibus, late albo-marginatis; utriculis ovatis, turgidis, glabris, longe rostratis, ore obliquo, scarioso-subbilobo. — Culmi 30—50 cm. alti; species spicis femineis laxiusculis, paucifloris, utriculis turgidis, insignis.

In silvaticis. Thessalia: in oropedio Neuropolis in Pindo (Haussk.); in Laconiae silvis (Sibth.). — Jun. Jul. ♃. N. v.

Obs. Species mihi ignota, ex descriptione praecedenti ut videtur affinis: *C. thebaica* Schenk. cyp. graec. p. 21. — „Radice fibrosa; culmo triquetro, folioso, superne scabriusculo; foliis linearibus, acuminatis, margine scabris; spicula mascula solitaria, terminali, femineis distantibus, omnibus exserte, inferioribus longe pedunculatis, bracteis foliaceis suffultis; stylis trifidis; fructibus triquetris, paleam aristato-mucronatam, scabram aequantibus, longe rostratis, rostro emarginato trigono. — Habitu *C. strigosae* Huds., sed spiculis longius pedunculatis, paleis longe mucronatis, fructum aequantibus et dorso scabris fructibusque rostratis satis diversa". In paludosis ad Baeotiae lacum Copaim pr. Thebas (Fraas).

○○ Utriculi adpresse hirti.

10. **C. macrolepis** DC. cat. hort. monsp. p. 89; Schenk cyp. graec. p. 19; Bois. fl. or. V. p. 422; Hal. beitr. fl. Achaia p. 34; Haussk. symb. p. 36. — *C. platystachya* Ten. fl. nap. IV. p. 133. — *C. Tenorii* Kunth enum. p. 437. — Icon: Rchb. germ. f. 668. — Exsicc.: Orph. herb. n. 2746 et 2751; Heldr. herb. norm. n. 1588.

Rhizomate caespitoso, fibroso; culmis striatis; foliis planis; spicis femineis 1—3 approximatis, ovatis, erectis, sessilibus vel brevissime pedunculatis; bracteis foliaceis, vaginantibus, spica saepius brevioribus; glumis late ovatis, obtusis, latissime albo-marginatis; utriculis oblongis, triquetris, adpresse hirtis, in rostrum ore hyalinum, emarginatum abruptiuscule abeuntibus. — Culmi 30—40 cm. alti, glumae dorso ferrugineae, margine late albo-scariosae.

In dumosis, silvaticis regionis montanae et subalpinae. Thessalia: mt. Zygos (Haussk.); Attica: mt. Hymettus (Fraas); Achaia: mt. Kyllene supra Flamburitza, mt. Chelmos supra Klukines (Orph.) et supra Syvista (Hal.); Laconia: mt. Malevo (Sart.), Taygetos (Zahn); Corcyra: mt. Pantocrator (Baen.). — Maio, Jul. ♃.

11. **C. laevis** Kit. in Willd. sp. IV. p. 292; Hal. Beitr. fl. Epir. p. 42, Beitr. fl. Achaia p. 34; Bald. riv. coll. bot. alb. 1895 p. 73, 1896 p. 97. — Exsicc.: Hal. it. gr. secund. a. 1893.

Rhizomate caespitoso; culmis striatis; foliis rigidulis, filiformibus, convoluto-plicatis; spicis femineis 2—3, oblongis, erectis, pedunculatis remotiusculis; bracteis subulatis, longe vaginantibus, pedunculo aequilongis; glumis oblongis, acutis vel obtusis, nigricantibus; utriculis elliptico-lanceolatis, triquetris, adpresse puberulis, in rostrum bidentatum sensim attenuatis. — Culmi 15—30 cm. alti, folia glaucescentia.

In rupestribus regionis alpinae, rarissime. Epirus: mt. Konitza,

Tsumerka (Bald.), Strungula (Hal.); Achaia: in cacumine mt. Kyllene (Hal.). — Jun. Jul. ♃.

    b. Utriculi erostres vel rostro brevi, tereti, oblique truncato vel retuso terminati.
      α. Stigmata 3.
        × Utriculi glabri.
        ○ Rhizoma fibrosum, caespitosum.

    12. **C. pendula** Huds. fl. angl. p. 352; Haussk. symb. p. 36. — *C. maxima* Scop. fl. carn. ed. 2 II. p. 229; Ch. et B. exp. p. 27, Fl. pelop. p. 4; Bois. fl. or, V. p. 418. — *C. agastachys* Ehrh. in L. fil. suppl. p. 414. — *C. penduloides* Schenk cyper. graec. p. 21, ex descriptione non differre videtur. — Icon: Host. gram. I. t. 100. — Exsicc.: Heldr. pl. fl. hellen. a. 1890.

    Rhizomate fibroso, caespitoso; culmis elatis, triquetris; foliis late linearibus, planis, glabris; spica mascula saepissime unica; femineis 3—7 distantibus, pedunculatis, lineari-cylindricis, arcuatis, denique pendulis; bracteis inferioribus foliaceis, longe vaginatis, culmum saepe superantibus, superioribus brevibus, subulatis, breviter vaginatis; glumis ovato-lanceolatis, mucronatis, fusco-marginatis; utriculis ellipticis, triquetris, laevibus, viridibus, in rostrum breve retusum attenuatis. — Culmi 60—120 cm. alti, folia 8—18 mm. lata, scabrida, spicae 8—10 cm. longae, circa 3 mm. tantum latae, glumae dorso virides, fusco-marginatae, utriculi parvi.

    In silvaticis, ad rivulos regionis inferioris et montanae. Thessalia: in oropedio Neuropolis (Haussk.); Attica (Heldr.); Euboea: mt. Telethrion (Heldr.); Messenia: pr. Phigalea, Messene, mt. Kupe (Chaub.). — Maio, Jun. ♃.

    13. **C. pallescens** L. sp. p. 977; Haussk. symb. p. 36. — Icon: Fl. dan. t. 1050.

    Rhizomate fibroso, caespitoso; culmis triquetris; foliis linearibus, planis, pubescentibus; spica mascula unica; femineis 2—3, approximatis, pedunculatis, ovato-oblongis, erectis vel subnutantibus; bracteis foliaceis, breviter vaginatis, inferiore culmum superante; glumis ovatis, cuspidatis, pallide fulvis; utriculis ellipticis, subventricosis, obsolete nervatis, viridibus, erostribus. — Culmi 20—35 cm. alti, folia 2—4 mm. lata, spicae femineae 8—14 mm. longae, virides.

    β. **tymphaea** Form. in Ver. Brünn 1896 p. 27, pro sp. — *C. pallescens v. glabrifolia* Haussk. symb. p. 36. — Folia glabra.

    In nemorosis, herbidis regionis montanae et subalpinae. Thessalia: mt. Zygos, in oropedio Neuropolis (Haussk.) in Pindo; — β. mt. Zygos (Form.). — Maio, Jul. ♃. N. v.

        ○○ Rhizoma, stoloniferum.
        . Glumae ferrugineae vel virescentes.

    14. **C. glauca** Murr. pr. stirp. gott. p. 76; Scop. fl. carn. ed. 2 p. 223; Ch. et B. exp. p. 28, Fl. pelop. p. 4; **Marg.** et R. fl. Zante

p. 94; Ung. Reise p. 118; Weiss in z. b. G. 1869 p. 755; Raul. cret. p. 873; Bois. fl. or. V. p. 417; Haussk. symb. p. 36. — *C. flacca* Schreb. spic. fl. lips. app. n. 969. — *C. recurva* Huds. fl. angl. ed. 2 II. p. 413; S. et S. pr. II. p. 230. — Icon: Host. gram. I. t. 90.

Rhizomate repente; culmis obtusangulis; foliis linearibus, planis margine scabriusculis; spicis masculis 1—3, oblongis, erectis; femineis 2—3, remotis, cylindricis, densifloris; bracteis inferioribus foliaceis, breviter vaginantibus, culmum subaequantibus; glumis oblongo-lanceolatis, muticis vel mucronatis; utriculis ellipticis, compressis, enerviis, scabriusculis, rostro brevissimo apiculatis. — Culmi 15—40 cm. alti, folia glauca, rigidula, 2—4 mm. lata, spicae femineae 12—30 mm. longae, glumae ferrugineae, nervo dorsali viridi.

α. **typica.** — Spicae femineae longiuscule pedunculatae, demum pendulae, glumis acutis. — Exsicc.: N. v.

β. **erythrostachys** Hoppe in Linnaea XIII. p. 63 pro sp.; Schur sert. p. 80. — Spicae femineae breviter pedunculatae vel sessiles, erectae, glumis saepe acutioribus longioribusque. — Exsicc.: Sint. it. thessal. n. 229.

γ. **cuspidata** Host. gram. austr. I. p. 71 t. 97 pro sp.; Asch. et Gr. syn. II. p. 138. — *C. serrulata* Biv. sic. pl. man. IV. p. 9; Ch. et B. exp. p. 28, Fl. pelop. p. 4; Gelmi in bull. soc. bot. ital. 1889 p. 453. — *C. truncata* Fenzl in Friedr. Reise p. 278; Schenk cyp. graec. p. 22. — *C. serrulata v. corcyrensis* Kük. in Baen. prosp. 1897 p. 7. — *C. glauca v. serrulata* Richt. pl. europ. I. p. 160; Haussk. symb. p. 36. — Spicae femineae sessiles vel breviter pedunculatae, erectae, glumis longe cuspidatis. — Intermediis ad var. *β.* transit. — Exsicc.: Baen. herb. europ. n. 9234.

In olivetis, collibus, pratis, humidis regionis inferioris et montanae. Thessalia: in oropedio Neuropolis (Heldr.), pr. Kalabaka (Sint.); Euboea: inter Chalkis et Kumi (Sart.); Attica: mt. Pentelicon, pr. Amarysia (Heldr.), Laurion (Haussk.); Argolis: ad paludem Lerna (Friedr.), pr. Melissa (Berger); Achaia: pr. Patras (Chaub.), mt. Corphi (Orph.); Messenia: mt. Kupe, pr. Methone (Chaub.); Laconia (Sibth.): pr. Armyros, Kardamyle, in Maina (Chaub.); Cycladum insula: Tenos, Naxos (Chaub.); Creta: pr. Khalepa, Nerokuru, Malaxa (Raul.); Zante (Marg.); Corcyra: pr. urbem, Levkimo (Ung.), Kastrades (Baen.), mt. Deka (Gelmi); in Graecia ut videtur var *β.* et *γ.* tantum crescit. — Apr. Jun. ♃.

15. **C. hispida** Willd. in Schk. riedgr. I. p. 63; Haussk. symb. p. 36. — *C. echinata* Desf. fl. atl. I. p. 338; Schenk. cyp. graec. p. 19; Bois. fl. or. V. p. 417; Form. in D. bot. Mon. 1890 p. 9. — *C. longearistata* Biv. stirp. rar. IV. p. 8 t. 2; Marg. et R. fl. Zante p. 94. — *C. provincialis* Degl. in Lois. fl. gall. II. p. 307 t. 31; Friedr. Reise p. 278. — Exsicc.: Heldr. herb. norm. n. 1092.

Rhizomate repente; culmis crassis, elatis, obtusangulis; foliis late linearibus, planis vel carinatis, margine scabriusculis; spicis masculis 3—6, cylindricis, erectis; femineis 3—4, remotis, cylindricis, crassis, densissimis, erectis, saepissime sessilibus vel infimo breviter pedunculato; bracteis inferioribus foliaceis, brevissime vaginantibus, culmum superantibus; glumis lineari-lanceolatis, cuspidatis, margine ciliato-serratis; utriculis obovatis, planoconvexis, subnervatis, scabris vel laevibus, margine denticulatis, abrupte et breviter rostratis. — Habitu *C. ripariae* similis; praecedenti multo robustior, culmis 40—150 cm. altis, foliis rigidis, glaucis, ad 1 cm. latis, spicis femineis crassis, 6—10 cm. longis et ad 1 cm. latis, saepe acrandris, glumis viridibus, fusco-marginatis.

β. **Soleirolii** Dub. bot. gall. p. 471, pro sp.; Asch. et Gr. syn. II. p. 141. — Glumae muticae. — Exsicc.: Rev. pl. cret. a. 1883.

In paludosis, ad fossas, regionis inferioris et montanae. Thessalia: mt. Ossa (Form.); Attica: ad Cephissum, pr. Podoniphti, Patissia, mt. Pentelicon, pr. Buliasmene (Heldr.), ad Phaleron (Haussk.); Argolis: in palude Lerna (Friedr.), pr. Nauplia (Berger); Elis: pr. Lintzi (Heldr.); — *β.* Argolis: pr. Nauplia (Haussk.); Creta: pr. Platania (Rev.); Zante: pr. Argassi (Marg.). — Apr. Jun. ♃.

.. Glumae atrae.

16. C. atrata L. sp. p. 976; Bois. fl. or. V. p. 415; Form. in Ver. Brünn 1896 p. 27. — Icon: Fl. dan. t. 158.

Rhizomate stolonifero; culmis triquetris; foliis latiuscule linearibus; planis; spicis 3—5, ovato-oblongis, approximatis, atris, terminali androgyna, basi mascula, ceteris femineis, breviter pedunculatis, demum pendulis; bracteis breviter vaginantibus, inferiore foliacea, spicam superante; glumis ovato-oblongis, acutis; utriculis ovato-orbicularibus, compressis, rostro brevi, minute bidentato terminatis.

In pascuis alpinis. Thessalia: mt. Dokimi in Pindo (Form.); Aetolia: mt. Korax (Heldr.). — Jun. Aug. ♃. N. v.

×× Utriculi pubescentes.

○ Rhizoma repens, stoloniferum.

17. C. caryophyllea Latour. chlor. p. 27. — *C. praecox* Jacq. fl. austr. V. p. 23 t. 446; S. et S. pr. II. p. 229; Ch. et B. fl. pelop. p. 4; Schenk cyp. graec. p. 20; Bois. fl. or. V. p. 410; Haussk. symb. p. 36. — *C. verna* Chaix in Vill. pl. dauph. II. p. 204.

Rhizomate repente; culmis gracilibus, abbreviatis, obtusangulis; foliis planis, culmo brevioribus, spica mascula unica; femineis 1—4, approximatis, ovato-oblongis, sessilibus vel inferiore subpedunculata; bracteis membranaceis, inferiore vaginante, in cuspidem subulatam, erectam, spicula breviorem contracta; glumis ovatis, mucronatis, brunneis; utriculis obovatis, trigonis, pubescentibus, brevissime rostratis. — Culmi 5—20 cm. alti, spicae femineae 5—12 mm. longae.

In nemorosis montanis. Thessalia: in oropedio Neuropolis in Pindo dolopico (Haussk.); Attica: in montibus circa Athenas (Sibth.). — Apr. Maio. ♃. N. v.

18. C. tomentosa L. mant. I. p. 123; Haussk. symb. p. 36. — Icon: Host. gram. I. t. 82.

Rhizomate repente; culmis gracilibus, triquetris; foliis planis, culmo subbrevioribus; spica mascula unica; femineis 1—3, approximatis, breviter cylindricis, subsessilibus; bracteis foliaceis, inferiore brevissime vaginante, patente, culmum saepius aequante; glumis ovato-lanceolatis, acutis, viridibus, rubro-marginatis; utriculis ovato-globosis, trigonis, dense tomentosis, brevissime rostratis. — Culmi 20—30 cm. alti, spicae femineae 10—15 mm. longae. Utriculis cano-tomentosis insignis.

In nemorosis oropedii Neuropolis in Pindo dolopico (Haussk.). — Apr. Maio. ♃. N. v.

OO Rhizoma fibrosum, caespitosum.

19. C. Halleriana Asso syn. pl. arag. p. 135 t. 9. — *C. alpestris* All. fl. ped. II. p. 270; Friedr. Reise p. 271; Schenk cyp. graec. p. 24; Ung. Reise p. 118. — *C. gynobasis* Vill. hist. pl. dauph. II. p. 206; Bois. fl. or. V. p. 409; Boissieu in bull. soc. bot. fr. 1896 p. 288. — Exsicc.: Heldr. pl. fl. hellen. a. 1884 et 1887.

Rhizomate caespitoso; culmis gracilibus, subtriquetris, scabriusculis, demum nutantibus; foliis angustis, planis; spica mascula unica, femineis 2—4, subquinquefloris, ovatis, superioribus basi bractea a basi vaginante subulata suffultis, subsessilibus, masculae plus minusve approximatis, infima subradicali, longissime pedunculata, decumbenti; glumis oblongo-lanceolatis, obtusiusculis; utriculis obovato-oblongis, trigonis, elevato-nervatis, tenuiter puberulis, brevissime rostratis. — Culmi 10—25 cm. alti; species spica infima longissime pedunculata basilari egregia.

In collibus saxosis regionis montanae. Thessalia: mt. Olympus (Boissieu); Attica: mt. Pentelicon (Heldr.), Hymettus (Fraas); insula Poros: ad monasterium Panagia Kandellota (Friedr.); Laconia: mt. Malevo (Sart.), mt. Taygetos pr. Golass (Pichl.). — Apr. Maio. ♃.

20. C. humilis Leys. fl. hal. p. 175; Heldr. fl. cephal. p. 73. — Icon: Host. gram. I. t. 67.

Differt a praecedente culmis abbreviatis, inter foliorum caespitem occultis, spicis femineis remotis, subtrifloris, totam fere culmi longitudinem occupantibus, pedunculis bractea membranacea vaginante inclusis, glumis late albomarginatis, utriculis leviter striatis.

In herbosis culminibus septentrionalibus mt. Nero Cephaloniae, ad margines faucium nivalium (Condoguri). Maio. ♃.

β. Stigmata 2.

× Rhizoma stoloniferum, vaginae integrae.

21. C. ruffa L. sp. p. 978 pro var. β. *C. acutae*; Simk. en. fl. trans. p. 350. — *C. acuta* L. sp. p. 978 pro p.; S. et S. pr. II. p. 230; Ch. et B. exp. p. 29, Fl. pelop. p. 4; Friedr. Reise p. 272; Schenk cyper. graec. p. 18; Bois. fl. or. V. p. 419; Bald. riv. coll. bot. alb. 1896 p. 97. — *C. gracilis* Curt. fl. lond. IV. t. 62. — Exsicc.: Bald. it. alb. epir. IV. p. 199.

Rhizomate caespitoso. stolonifero; culmis elatis, triquetris; foliis latiuscule linearibus, 2—7 mm. latis; spicis masculis 2—4; femineis 3—5, gracilibus cylindricis, 4—10 cm. longis, approximatis vel remotis, saepe nutantibus, superioribus sessilibus, inferioribus longius breviusve pedunculatis; bracteis foliaceis, non vaginatis, basi biauriculatis, infima culmum superante; glumis lanceolatis, acutis, praeter nervum albidum nigris; utriculis ellipticis, subinflatis, obsolete nervatis, glabris, brevissime rostratis. — Culmi 40—100 cm. alti, spicae saepe acroandrae.

In paludosis regionis montanae, in alpinam adscendens. Epirus: in lacu alpino Radovolj mt. Papignon distr. Zagorion (Bald.); Argolis: pr. Troezene (Friedr.); Messenia (Sibth.): mt. Kupe (Chaub.). — Apr. Jul. ♃.

22. **C. nigra** L. sp. p. 970 pro var. *a. C. aculae*; Beck fl. Niederöst. p. 136. — *C. Goodenowii* Gay in ann. sc. nat. 1839 p. 191. — *C. vulgaris* Fr. nov. mant. III. p. 153; Haussk. symb. p. 37. — Icon: Host. gram. I. t. 91. — Exsicc.: Sint. it. thessal. n. 866.

Differt a praecedente foliis anguste linearibus, 2—3 mm. latis, bractea infima culmum rarius aequante, spicis femineis 2—3 tantum, 20—35 mm. longis, utriculis minoribus.

Ad rivulos, in pratis humidis, regionis montanae. Thessalia: mt. Sina pr. Malakasi (Sint.) et in oropedio Neuropolis (Haussk.) in Pindo. — Jun. Jul. ♃.

×× Rhizoma estolonosum, foliorum vaginae reticulato-fissae.

23. **C. stricta** Good. in trans. linn. soc. II. p. 196 t. 21; S. et S. pr. II. p. 230; Ch. et B. exp. p. 27, Fl. pelop. p. 4; Schenk cyp. graec. p. 18; Bois. fl. or. V. p. 419; Hal. in ö. b. Z. 1897 p. 626; Form. in D. bot. Mon. 1898 p. 77. — Exsicc.: Dörfl. fl. gr. n 245.

Rhizomate densissime caespitoso; culmis elatis, triquetris; foliis linearibus, 2—5 mm. latis; spicis masculis 1—2; femineis 2—3, cylindricis, 3—6 cm. longis, approximatis vel remotis, erectis, sessilibus vel infima breviter pedunculata; bracteis foliaceis, non vaginatis, basi biauriculatis, culmo brevioribus; glumis oblongis, acutis, omnino nigris vel ad nervum medium albidis; utriculis ovato-ellipticis, enerviis, glabris, brevissime rostratis. — Habitu praecedentium.

In paludosis. Aetolia: ad lacum Trichonis (Reis.); Peloponnesus (Sibth.). — Mart. Maio. ♃.

2. Sectio. *Vigneae* Koch. syn. p. 748.

a. Stigmata 3.

24. **C. illegitima** Ces. in Friedr. Reise p. 271; Schenk cyp. graec. p. 23; Bois. fl. or. V. p. 407; Heldr. fl. cephal. p. 82, Fl. Aegina p. 396; Haussk. symb. p. 37. — *C. pharensis* Vis. fl. dalm. III. p. 346. — *C. naufragii* Hochst. et Steud. in Steud. syn. cyp. p. 062. — Icon: Vis. fl. dalm. suppl. t. 10. — Exsicc.: Heldr. herb. norm. n. 422 et 1293, in Baen. herb. europ. n. 2346.

Rhizomate repente; culmis triquetris; foliis linearibus, rigidis, planis, culmos superantibus; spiculis remotis, paucifloris, apice masculis, spicam interruptam formantibus, superioribus sessilibus, infima subradicali, longissime pedunculata; bracteis lineari-subulatis, culmum saepius superantibus; glumis oblongis, ferrugineis, mucronatis vel aristatis; utriculis ovato-oblongis, utrinque attenuatis, glabris, inferne nervosis, erostribus. — Herba glauca, 20—40 cm. alta, glumae ferrugineae, utriculi virides.

In dumosis regionis sempervirentis submontanae. Attica: ad radices mt. Pentelicon pr. Kephissia, mt. Hymetti pr. Asteri (Heldr.), mt. Kerata (Haussk.), insula Aegina (Heldr.); Argolis: pr. Nauplia (Berger), insula Poros ad monasterium Panagia Kandellota (Friedr.); Cephalonia (Schimp.). — Mart. Apr. ♃.

25. **C. distachya** Desf. fl. atl. II. p. 336; Ch. et B. exp. p. 26, Fl. pelop. p. 4. — *C Linkii* Schk. riedgr. II. p. 39 f. 118; Marg. et R. fl. Zante p. 94; Friedr. Reise p. 271, 273 et 279; Bois. fl. or. V. p. 407; Gelmi in bull. soc. bot. ital. 1889 p. 453; Haussk. symb. p. 37. — *G. gynomane* Bert. rar. pl. lig. dec. II. p. 43. — Exsicc.: Baen. herb. europ. n. 9233.

Rhizomate repente; culmis triquetris; foliis anguste linearibus, flaccidis, carinatis, culmos superantibus; spiculis remotis, paucifloris apice masculis, spicam interruptam formantibus, inferiore saepe pedunculata; bracteis foliaceis, inferiore culmum saepius superante; glumis ovato-lanceolatis, acutis vel acuminatis, viridibus, margine membranaceis, fuscescentibus; utriculis oblongo-triquetris, glabris, subenerviis, breviter rostratis. — Culmi 20—30 cm. alti, utriculi virides; habitu *C. Hallerianae* non absimilis.

In collibus siccis regionis inferioris et montanae. Thessalia: pr. Malakasi (Haussk.); Attica: mt. Pentelicon, Hymettus, insula Salamis (Heldr.); Achaia: mt. Chelmos (Orph.); Argolis: in peninsula Methana (Haussk.), in isthmo Dara, insula Poros (Friedr.); Arcadia: pr. Tripolizza (Friedr.); Messenia: pr. Methone, Messene (Chaub.); Laconia: mt. Taygetos (Bois.); Zante (Marg.); Corcyra: pr. Kastrades (Baen.), mt. Deca (Gelmi). — Maio, Jun. ♃.

b. Stigmata 2.

α. Spiculae inferne masculae, superne femineae; rhizoma fibrosum, caespitosum.

× Bracteae inferiores foliaceae, longissimae, culmum superantes.

26. **C. remota** L. am. IV. p. 293; S. et S. pr. II. p. 227; Ch. et B. exp. p. 26, Fl. pelop. p. 4; Schenk cyp. graec. p. 18; Raul. cret. p. 873; Bois. fl. or. V. p .403; Form. in Ver. Brünn 1897 p. 24; Haussk. symb. p. 37. — Icon: Fl. dan. t. 370. — Exsicc.: Heldr. it. gr. septentr. a. 1879.

Rhizomate caespitoso; culmis debilibus, triquetris; foliis flaccidis, culmos aequantibus; spiculis ovatis vel oblongis, remotis, bractea in inferioribus longissima, culmum superante, suffultis; glumis ovatis, acutis, albidis; utriculis erectis, ovato-oblongis, plano-compressis, glabris, in rostrum breve, bidentatum, serrulato-scabrum attenuatis.

In umbrosis, silvaticis regionis montanae et subalpinae. Thessalia: in oropedio Neuropolis in Pindo (Haussk.), ad Hepdominta Aderfia in mt. Oxya (Form.); Aetolia: mt. Korax (Heldr.); Euboea: mt. Telethrion (Heldr.); Messenia (Sibth.); Creta: pr. Enneachoria (Raul.). — Maio, Jul. ♃.

×× Bracteae brevissimae, squamaeformes.
   ○ Spiculae remotiusculae, spicam linearem vel oblongo-linearem formantes.

27. C. echinata Murr. pr. stirp. gott. p. 76. — *C. stellulata* Good. in trans. linn. soc. II. p. 144; Haussk. symb. p. 37. — Icon: Fl. dan. t. 1236.

Rhizomate caespitoso; culmis gracilibus, obtusangulis; foliis linearibus, culmos subaequantibus; spiculis ovatis, remotis, bractea brevissima squamaeformi suffultis; glumis ovatis, acutis, flavidis vel pallide brunneis; utriculis stellatim squarroso-patentibus, ovato-lanceolatis, plano-convexis, glabris, in rostrum longiusculum, bidentatum, margine scabrum attenuatis.

In scaturiginosis alpinis mt. Zygos in Pindo tymphaeo (Haussk.). — Jun. Jul. ♃. N. v.

28. C. elongata L. sp. p. 974; S. et S. pr. II. p. 226; Ch. et B. exp. p. 26, Fl. pelop. p. 4; Schenk cyp. graec. p. 18; Bois, fl. or. V. p. 404. — Icon: Fl. dan. t. 1236.

Rhizomate caespitoso; culmis gracilibus, triquetris; foliis linearibus, culmos aequantibus; spiculis oblongo-cylindricis, remotiusculis, bractea brevissima squamaeformi suffultis; glumis ovatis, acutis, ferrugineis, albo-marginatis; utriculis patentibus vel extrorsum-subcurvatis, elliptico lanceolatis, plano-convexis, glabris, in rostrum breve, subintegrum, margine scabriusculum attenuatis. — Differt a praecedente utriculis brevius rostratis, non stellatim squarroso-patentibus.

In agro Messeniaco (Sibth.). — Jun. Jul. ♃. N. v.

○○ Spiculae valde approximatae, spicam ovatam formantes.

29. C. leporina L. sp. p. 973; Schenk cyp. graec. p. 18; Bois. fl. or. V. p. 405; Form. in D. bot. Mon. 1890 p. 9; Haussk. symb. p. 37. — *C. ovalis* Good. in trans. linn. soc. II. p. 148; S. et S. pr. II. p. 227; — Icon: Fl. dan. t. 294. — Exsicc.: Sint. it. thessal. n. 865.

Rhizomate caespitoso; culmis obtusangulis; foliis latiuscule linearibus, culmo brevioribus; spiculis obovatis, majusculis, approximatis, bractea squamaeformi suffultis; glumis lanceolatis, acutis, fulvis; utriculis erectis, ovatis, plano-convexis, membranaceo-marginatis, glabris, in rostrum longiusculum, bidentatum, serrulato-scabrum attenuatis.

In nemorosis montanis et subalpinis. Thessalia: mt. Dokimi

(Form.), pr. Malakasi, in oropedio Neuropolis (Haussk.) in Pindo. — Maio, Jul. ♃.

    β. Spiculae superne masculae, inferne femineae.
      × Rhizoma fibrosum, caespitosum.
        ○ Glumae fuscae, utriculum aequantes; utriculi erecti, biconvexi.

30. C. paradoxa Willd. in act. ac. berol. 1794 p. 39 t. 1, spec. pl. IV. p. 243; Haussk. symb. p. 37. — Ion: Fl. dan. t. 1887. — Exsicc.: Sint. it. thessal. n. 858.

Rhizomate caespitoso; culmis elatis, triquetris; foliis linearibus, culmos aequantibus; spiculis approximatis, paniculam elongatam, strictam formantibus; bracteis membranaceis, brevibus, inferioribus cuspidatis; glumis ovatis, acuminatis, fuscis; utriculis erectis, ovato-globosis, elevatim nervosis, in rostrum conicum, breve, bidentatum, margine scabrum, abruptiuscule attenuatis.

In humidis subalpinis. Thessalia: mt. Zygos (Haussk.), mt. Sina pr. Malakasi (Sint.). — Jun. Jul. ♃.

        ○○ Glumae virescentes, utriculo breviores; utriculi plus minus patentes.
          . Utriculi elevatim 5—7 nervii; culmi angulis scaberrimi.

31. C. vulpina L. sp. p. 973; S. et S. pr. II. p. 228; Ch. et B. exp. p. 27, Fl. pelop. p. 4; Marg. et R. fl. Zante p. 44; Schenk cyp. graec. p. 16; Weiss in z. b. G. 1869 p. 755; Raul. cret. p. 873, Bois. fl. or. V. p. 402; Heldr. fl. cephal. p. 73; Form. in Ver. Brünn 1897 p. 24; Haussk. symb. p. 37. — Icon: Fl. dan. t. 308. — Exsicc.: Baen. herb. europ. n. 9235.

Rhizomate caespitoso; culmis acute triquetris, angulis scaberrimis; foliis linearibus, culmos aequantibus; spiculis ovatis, spicam ovatam vel oblongam, densam vel interruptam, basi saepe subramosam formantibus, omnibus vel inferioribus setaceo-bracteatis; glumis ovatis, acutis vel acuminatis, praeter striam dorsalem viridem brunneis; utriculis squarroso-patentibus, plano-convexis, ovato-lanceolatis, glabris, in rostrum bifidum, margine scaberrimum attenuatis. — Culmi 30—80 cm. alti, spica 3—5 cm. longa, utriculi virides.

    β. **nemorosa** Reb. prodr. fl. neomarch. p. 21; Haussk. symb. p. 37; pro sp.; Koch syn. p. 750; Schenk cyp. graec. p. 17. — Glumis praeter striam dorsalem viridem albidis, margine pallide brunneis; typo omnibus partibus gracilior, quocum intermediis formis conjungitur. — Exsicc.: Baen. pl. core. a. 1896.

In paludosis, ad fossas, rivos regionis inferioris et montanae. Thessalia: mt. Ghavellu, in oropedio Neuropolis (Haussk.), mt. Chassia (Form.); Attica: pr. Athenas (Sart.), mt. Pentelicon, ad Phaleron (Frnas), Laurion (Haussk.); Argolis: pr. Nauplia (Haussk.); Messenia: pr. Methone (Chaub.), Kalamata (Zahn); Creta: pr. Canea, Nerokuru (Raul.); Zante

(Marg.); Cephalonia (Heldr.); Corcyra: pr. Kastrades, Govino (Baen.). — Apr. Jun. ♃.

. . Utriculi obsolete nervosi; culmi superne scabri.

32. **C. muricata** L. sp. p. 974; Raul. cret. p. 873; Bois. fl. or. V. p. 403. — *C. spicata* Huds. fl. angl. p. 349. — *C. contigua* Hoppe in Sturm Heft 61; Haussk. symb. p. 37. —

Rhizomate caespitoso; culmis triquetris, superne scabris; foliis linearibus, culmis brevioribus, ligula oblonga, margine tenui, demum lacera; spiculis globosis, spicam oblongam, densam vel basi interruptam et interdum subramosam formantibus; bracteis membranaceis, brevibus vel inferioribus setaceo-elongatis; glumis ovatis, acutis vel acuminatis, dorso, viridibus, late membranaceo-castaneis; utriculis viridibus, demum brunneis, squarroso-divaricatis, plano-convexis, ovatis, glabris, basi subspongiosis, in rostrum bifidum, serrulato-scabrum attenuatis. — Culmi 30—50 cm. alti, utriculi 5 mm. longi.

β. **Pairaei** Schultz in Flora 1868 p. 303; Haussk. symb. p. 31; pro sp.; Kneuck. in Seub. exc. fl bad. p. 52. — Ligula breviter triangularis, integra, utriculi minores, 3—3^1/$_2$ mm. longi, demum saturate brunnei, basi tenuiter membranacei.

In dumosis, silvaticis regionis montanae et subalpinae. Thessalia: in oropedio Neuropolis (Haussk.); Graecia (Bois.); Creta: mt. Volokia (Raul.); — β. Thessalia: in oropedio Neuropolis, pr. Orman Magula (Haussk.). — Maio, Jul. ♃. N. v.

33. **C. divulsa** Good. in trans. linn. soc. II. p. 160; Sieb. avis. rem. p. 6; Ch. et B. fl. pelop. p. 4; Marg. et R. fl. Zante p. 94; Schenk cyp. graec. p. 17; Weiss in z. b. G. 1869 p. 755; Raul. cret. p. 873; Bois. fl. or. V. p. 403; Heldr. fl. cephal. p. 73; Form. in Ver. Brünn 1896 p. 27, 1897 p. 24; Haussk. symb. p. 37. — ?*C. virens* Lam. dict. III. p. 384. — Icon: Fl. dan. t. 1280. — Exsicc.: Heldr. it. thessal. IV. a. 1885.

Differt a *C. muricata* ligulis brevibus, rotundatis, margine incrassatis, integris; spica cylindrica, elongata, ad 10 cm. longa, interrupta, inferne saepe ramulosa; utriculis erecto-patulis, subminoribus, tenuiter membranaceis.

β. **Chaberti** Schultz in Flora 1871 p. 21, pro sp.; Kneuck. in Seub. exc. fl. bad. p. 52. — Spica 3—4 cm. longa, simplici, utriculis submajoribus. — Exsicc.: Baen. herb. europ. n. 9228.

In olivetis, dumosis regionis inferioris et montanae. Thessalia: mt. Zygos, in oropedio Neuropolis (Haussk.), mt. Chassia, pr. Patsios et Tafilvris in Olympo (Form.), pr. Orman Magula (Heldr.); Aetolia: pr. Vrachori (Fraas); Euboea: pr. Kumi (Sart.); Arcadia: ad lacum Pheneon (Orph); Messenia: mt. Kupe, pr. Methone (Chaub.); Creta (Sieb.): pr. Pyrgos distr. Messara, pr. Hagios Joannes distr. Sitia (Raul.); Zante (Marg.); Cephalonia: pr. Argostoli (Heldr.); Corcyra: pr. Kastrades, Potamo, mt. Deka (Baen.). — Apr. Jun. ♃.

×× Rhizoma repens.

34. C. divisa Huds. fl. angl. p. 348; Marg. et R. fl. Zante p. 94; Schenk cyp. graec. p. 15; Weiss in z. b. G. 1869 p. 755; Raul. cret. p. 873; Spreitz. in z. b. G. 1877 p. 733, 1887 p. 670; Bois. fl. or. V. p. 401; Heldr. fl. cephal. p. 73; Gelmi in bull. soc. bot. it. 1889 p. 453; Haussk. symb. p. 37. — *C. schoenoides* Thuill. fl. par. ed. 2 p. 480; Host. gram. I. p. 35 t. 45; Friedr. Reise p. 276. — *C. Bertolonii* Schk. app. p. 5; Sieb. avis p. 873. — *C. incurva* S. et S. pr. II. p. 227; Schenk cyp. graec. p. 16; Raul. cret. p. 873; non Willd., teste Bois. l. c. — *C. lobata* Link in Linnaea 1834 p. 138; Ch. et B. fl. pelop. p. 4; non alior. — Exsicc.: Orph. fl. gr. n. 972 (Chios); Baen. herb. europ. n. 9230.

Rhizomate repente; culmis triquetris; foliis anguste linearibus, culmis brevioribus; spiculis ovato-oblongis, spicam oblongam densam vel inferne interruptam formantibus; bracteis inferioribus aristatis, spiculam saepe superantibus; glumis ovatis, acutis vel mucronatis, brunneis; utriculis ovatis, plano-convexis, glabris, obsolete nervosis, superne margine scabris, in rostrum brevissimum bidentatum attenuatis. — Culmi 20—50 cm. alti.

β. **rivularis** Schk. riedgr. I. p. 30 pro sp.; Asch. et Gr. syn. p. 26. — *C. chaetophylla* Steud. syn. cyp. p. 187; Heldr. chlor. Mykon. p. 254 pro var. *C. divisae*. — *C. setifolia* Godr. not. fl. monsp. p. 25. — Folia setacea, complicata. — Exsicc.: Baen. herb. europ. n. 9232.

In herbidis, humidis regionis inferioris et montanae totius ditionis. — Apr. Jun. ♃.

γ. Spiculae supremae et inferiores femineae, intermediae masculae.

35. C. disticha Huds. fl. ang. p. 347. — *C. arenaria* Leers fl. herborn. t. 14 f. 2; Bois. fl. or. V. p. 401 quoad pl. pelop.; non L. — *C. intermedia* S. et S. pr. II. p. 227; Ch. et B. exp. p. 26, Fl. pelop. p. 4; Schenk cyp. graec. p. 16; Ung. Reise p. 118.

Rhizomate repente; culmis triquetris; foliis linearibus, culmos aequantibus; spiculis ovatis, spicam oblongam densam vel basi interruptam, saepe lobatam formantibus; bracteis membranaceis, inferioribus saepe setaceo-aristatis; glumis oblongis, acuminatis, ferrugineis; utriculis ovatis, plano-convexis, glabris, nervatis, margine scabris, in rostrum bidentatum attenuatis. — Culmi 30—80 cm. alti.

In humidis regionis inferioris. Attica: pr. Athenas (Sart.) et Phaleron (Fraas) ex Schenk. cyp. graec. p. 16; Elis et Messenia (Sibth.): pr. Arcadia, Pylos, Methone (Chaub.); Corcyra (Ung.); sed indicationes mihi dubiae videntur, quum botanici recentiores speciem in Graecia non observaverint. — Maio, Jun. ♃. N. v.

3. Sectio. *Psyllophorae* Lois. fl. gall. ed. 2 II. p. 282.

36. C. Davalliana Sm. in trans. linn. soc. V. p. 266; Schenk cyp. graec. p. 15. — Icon: Rchb. germ. XVIII. f. 523.

Rhizomate fibroso, dense caespitoso; culmis teretiusculis, scabris; foliis setaceis, scabris; spica dioica, mascula lineari-cylindrica, feminea oblonga; glumis ovato-lanceolatis, fuscis; stigmatibus 2; utriculis oblongo-lanceolatis, biconvexis, glabris, multinerviis, longe-rostratis, demum patentibus vel reflexis. — Caespites densissimos formans; culmi 10—30 cm. alti, filiformes.

In paludosis pr. Carpenitze Aetoliae (Fraas) et ad litora maris pr. Nauplia Argolidis (Berger), teste Schenk l. c.; sed a recentioribus non lecta. — Apr. Maio ♃. N. v.

CXXXV. Ordo. Gramineae Juss. gen. p. 28.

1. Tribus. ANDROPOGONEAE Kunth en. I. p. 470.

1. Imperata Cyr. pl. rar. neap. II. p. 26.

1. **I. cylindrica** L. syst. ed. 10 p. 878 (*Lagurus*); Pal. agrost. p. 7; Link in Linnaea IX. p. 138; Weiss in z. b. G. 1869 p. 755; Raul. cret. p. 884; Bois. fl. or. V. p. 452; Heldr. fl. ceph. p. 73; Gelmi in bull. soc. bot. it. 1889 p. 453; Haussk. symb. p. 37. — *Saccharum cylindricum* Lam. enc. I. p. 594; S. et S. pr. I. p. 36, Fl. gr. I. p. 40 t. 54; Sieb. avis p. 2, rem. p. 3; Ch. et B. exp. p. 42, Fl. pelop. p. 7; Mazz. in ant. ion. III. p. 694; Fraas fl. class. p. 299. — *I. arundinacea* Cyr. l. c.; Marg. et R. fl. Zante p. 101; Form. in Ver. Brünn 1895 p. 18, 1896 p. 22. — Exsicc.: Orph. fl. gr. n. 960 et 1099.

Rhizomate repente; culmis strictis, basi vaginis foliorum emortuorum stipatis; foliis margine scabris; paniculae cylindricae spiciformis ramis adpressis; glumis oblongo-linearibus, extus longe albo-sericeis, apice denticulatis; paleis apice fimbriatis.

In arenosis regionis inferioris, praecipue litoralis. Thessalia: pr. Trikala (Form.); Phthiotis: pr. Lamia (Fraas); Euboea: pr. Carysto (Orph.); Attica: pr. Athenas (Sibth.), mt. Parnes (Heldr.), ad Phaleron (Orph.); Baeotia (Fraas); Achaia: pr. Patras (Hal.); Elis (Sibth.); Messenia: pr. Arcadia, Methone, Korone (Chaub.); Laconia: ad fl. Eurotas, in planitie Helos (Chaub.); Cycladum insula: Syra (Weiss), Naxos (Reis.); Creta: pr. Canea (Weiss), Khalepa, Preveli, ad fl. Megapotamos, pr. Kalogeros, Arkanes (Raul.); Zante (Marg.); Cephalonia: pr. Lixuri, Mantzavinata (Heldr.); Corcyra: pr. Kanale, S. Elena (Mazz.), Potamos (Form.), Gasturi (Baen.). — Apr. Jul. ♃.

2. Erianthus Rich. in Pal. agrost. p. 14.

1. **E. Ravennae** L. sp. ed. 2 p. 1481; S. et S. pr. I. p. 36, Fl. gr. I. p. 38 t. 52; Sieb. avis p. 2, rem. p. 2; Ch. et B. exp. p. 42, Fl. pelop. p. 7; Link in Linnaea IX. p. 138 et 569; Fraas fl. class. p. 298; Clem. sert. p. 94; Form. in Ver. Brünn 1895 p. 18 (*Saccharum*); Pal. agr. p. 14; Raul. cret. p. 884; Bois. fl. or. V. p. 454. — Exsicc.: Orph. fl. gr. n. 282.

Rhizomate repente; culmis elatis; foliis margine serrulato-scaberrimis, vaginis inferioribus villosis; panicula ampliata, rhachide pedicellisque hispidissimis; glumis pallidis, plus minus hispidis, acuminatis, muticis; palea inferiore in aristam ea sublongiorem producta.

In arenosis, ad ripas regionis inferioris. Epirus: pr. Prevesa, Philippiades (Form.); Baeotia: ad lacum Kopais, pr. Lebadea (Fraas); Achaia: pr. Xylocastron (Link); Argolis: pr. Nauplia (Fraas); Messenia: pr. Pylos (Chaub.); Laconia: ad fl. Eurotas, in planitie Helos (Chaub.); Creta: pr. Candia (Sieb.); Corcyra (Form.). — Aug. Oct. ♃.

2. E. Hostii Griseb. spic. II. p. 548; Hal. in ö. b. Z. 1892 p. 400. — *Andropogon strictus* Host. gram. II. t. 2. — *Saccharum strictum* Spreng. pug. II. p. 16, non Nutt. — *E. strictus* Bluff et Fing. fl. germ. ed. 2 I. p. 105, non Baldw. — Exsicc.: Sint. et Bornm. it. turc. n. 1516.

Rhizomate repente; culmis elatis; foliis margine scabriusculis, vaginis glabris; panicula stricta, subcontracta, ramis glabris; spiculis basi annulo pilorum cinctis; glumis rufescentibus, obtusis, subbidentatis, muticis, inferiore margine longe ciliata, superiore glabra; palea inferiore in aristam ea sublongiorem producta.

In dumosis regionis inferioris, rarissime. Thessalia: ad Leptokaryes pr. Litochori (Sint.). — Jun. Aug. ♃.

Obs. *Saccharum officinarum* L. sp. p. 54; Heldr. Nutzpfl. p. 3; Raul. cret. p. 883. — Olim pr. Athenas, in Messenia et Creta cultum.

3. Sorghum Pers. syn. I. p. 101.

1. S. halepense L. sp. p. 1047; Ch. et B. exp. p. 40, Fl. pelop. p. 7; Clem. sert. p. 96 (*Holcus*); Pers. l. c.; Fraas fl. class. p. 301; Weiss in z. b. G. 1869 p. 756; Bois. fl. or. V. p. 459; Heldr. fl. ceph. p. 74, in Sitzungsb. acad. wiss. Berl. 1883 p. 4; Form. in Ver. Brünn 1895 p. 18; Haussk. symb. p. 37. — *Andropogon halepense* Brot. fl. lus. I. p. 89; S. et S. pr. I. p. 47, Fl. gr. I. p. 52 t. 68; Marg. et R. fl. Zante p. 101. — Exsicc.: Rev. pl. cret. n. 183.

Rhizomate repente; culmis elatis; foliis glabris; panicula pyramidata, laxa; spiculis basi pilis brevibus obsitis; glumis pubescentibus, muticis; palea inferiore aristata, rarius mutica.

In cultis, ruderatis regionis inferioris et submontanae, ut videtur in ditione tota. — Jun. Aug. ♃.

Obs. *S. saccharatum* L. sp. p. 1047; Ch. et B. fl. pelop. p. 7; (*Holcus*); Pers. l. c.; Heldr. Nutzpfl. p. 4; Form. in Ver. Brünn 1896 p. 22. — *S. vulgare* Pers. l. c.; Heldr. Nutzpfl. p. 3; = *Holcus sorghum* L. sp. p. 1047; Ch. et B. exp. p. 40, Fl. pelop. p. 7. — *S. cernuum* Ard. in saggi acad. Pad. I. p. 128 (*Holcus*); Host gram. IV. t. 3; Ch. et B. exp. p. 40; Fraas fl. class. p. 31. — Coluntur hinc inde.

4. Chrysopogon Trin. fund. agrost. p. 187.

1. C. gryllus L. am. ac. IV. p. 332; S. et S. pr. I. p. 46, Fl. gr. I. p. 51 t. 67 (*Andropogon*); Trin. l. c. p. 188; Raul. cret. p. 884; Bois. fl. or. V. p. 458; Heldr. fl. ceph. p. 74; Hal. Beitr. fl. Epir. p. 42; Form. in Ver. Brünn 1895 p. 18, 1896 p. 22; Haussk. symb. p. 37. — *Pollinia gryllus* Spreng. pug. II. p. 10. — Exsicc.: Heldr. it. thessal. IV. a. 1885.

Rhizomate crasso, sublignoso; culmis erectis; foliis ciliatis; paniculae ramis effusis, verticillatis, capillaribus; spiculis in apice ramorum ternis, violascentibus, intermedia hermaphrodita, sessili, basi pilis rufescentibus barbata, ejus gluma inferiore mutica, margine serie spinularum instructa, superiore in aristam aequilongam abeunte, palea inferiore aristata, arista geniculata, contorta, ea pluries longiore, inferne hirta; spiculis lateralibus masculis, pedicellatis, glabris, glumis brevius aristatis.

In collibus aridis. Epirus: pr. Kalentini (Hal.), Prevesa, Agiotoma, Han Balduma, mt. Prosgoli, ad fl. Dipotamo (Form.); Thessalia: pr. Malakasi, Korona, Demirli, Pharsalus, Orman magula (Haussk.), Aivali (Heldr.), pr. Miluna, Patsios et Lokatamburia in Olympo (Form.); Aetolia, Attica et Elis (Heldr.); Creta (Sibth.); Cephalonia: mt. Aenos (Mazz.); Corcyra: pr. Palaeokastrizza (Baen.). — Maio, Jul. ♃.

5. Andropogon L. gen. n. 1145.

a. Spicae terminales, digitato-fasciculatae vel geminatae, non bracteatae.

1. A. ischaemum L. sp. p. 1047; Ch. et B. exp. p. 42, Fl. pelop. p. 7; Bois. fl. or. V. p. 463; Form. in D. bot. Mon. 1890 p. 6, in Ver. Brünn 1896 p. 23, 1897 p. 20; Haussk. symb. p. 37. — *A. angustifolius* S. et S. pr. I. p. 47. — Icon: Jacq. austr. t. 384. — Exsicc.: Sint. et Bornm. it. turc. n. 1526 et 1829.

Rhizomate repente; culmis simplicibus vel parce ramosis; foliis puberulis; spicis 3—12, subdigitatim fasciculatis, subsessilibus, rhachide pedicellisque spicularum mascularum et gluma inferiore hermaphroditarum sericeo-villosis; spicula mascula mutica; spiculae hermaphroditae glumis muticis, palea inferiore fere tota ad aristam geniculatam, spicula 3—4 plo longiorem reducta, palea superiore nulla.

In siccis regionis inferioris et montanae. Thessalia: pr. Malakasi, Korona (Haussk.), Han Tripa in valle Penei, mt. Chassia, pr. Miluna in Olympo (Form.), pr. Litochori (Sint.); Phthiotis: pr. Hypata (Heldr.), Nereida (Form.); Eurytania (Heldr.); Peloponnesus (Sibth.); Archipelagus (Chaub.). — Jul. Sept. ♃.

2. A. distachyon L. sp. p. 1046; S. et S. pr. I. p. 48, Fl. gr. I. p. 53 t. 69; Sieb. avis p. 2, rem. p. 3; Ch. et B. exp. p. 42, Fl. pelop. p. 7; Friedr. Reise p. 272; Ung. Reise p. 117; Raul. cret. p. 884. — *Pollinia distachys* Spreng. syst. I. p 288; Weiss in z. b. G. 1869 p. 756; Bois fl. or. V. p. 456; Heldr. fl. ceph. p. 74,

Fl. Aegina p. 396, chlor. Mykon. p. 254; Spreitz. in z. b. G. 1887 p. 670; Gelmi in bull. soc. bot. it. 1889 p. 453; Hal. Beitr. fl. Aetol. p. 10; Haussk. symb. p. 37. — Exsicc.: Baen. herb. europ. n. 9203; Dörfl. pl. cret. n. 14.

Rhizomate caespitoso; culmis simplicibus; foliis glabris pilosulisve; spicis geminatis, subsessilibus, rhachide pedicellisque pilosis; spiculae masculae gluma inferiore ex apice bifido aristata, superiore paleisque mutica; spiculae hermaphroditae gluma inferiore submutica, superiore ex apice bifido aristata; palea inferiore bifida, longe aristata, superiore subintegra. — Spicis semper geminatis a praecedente statim diagnoscitur.

In rupestribus apricis regionis inferioris. Aetolia: pr. Krioneri ad sinum Patranum (Hal.); Argolis: pr. Vromolimni (Friedr.), mt. Palamidi pr. Nauplia (Haussk.); Messenia: pr. Arcadia, Methone, Korone (Chaub.); Laconia (Chaub.); Archipelagus (Sibth.): insula Aegina, Hydra, Cythnos, Mykonos (Heldr.), Syra (Weiss); Creta: pr. Murnies, Canea (Raul.), Hierapetra (Leon.); Cephalonia: pr. Argostoli (Heldr.); Corcyra: pr. urbem (Baen.), mt. Deka (Spreitz.), Potamos (Griseb.). — Apr. Jul. ♃.

    b. Spicae ad ramulos geminatae, bracteis spathaeformibus suffultae.

    3. **A. hirtum** L. sp. p. 1046; S. et S. pr. I. p. 48; Sieb. avis p. 2, rem. p. 3, in Flora I. p. 271; Ch. et B. exp. p. 42, Fl. pelop. p. 7; Link in Linnaea IX. p. 138; Marg. et R. fl. Zante p. 101; Ung. Reise p. 118; Weiss in z. b. G. 1869 p. 756; Raul. cret. p. 884; Bois. fl. or. V. p. 464; Heldr. fl. ceph. p. 73; Gelmi in bull. soc. bot. it. 1889 p. 453; Form. in Ver. Brünn 1895 p. 18; Haussk. symb. p. 37. — Icon: Host. gram. IV. t. 1.

Rhizomate caespitoso; culmis superne ramosis; foliis glaucescentibus, planiusculis, margine scabridis; ramulis in axillis superioribus 1—3 fasciculatis, bractea spathaeformi pilosa suffultis; spicis ad ramulorum apicem geminis, rhachide pedicellisque longe pilosis; spiculis sericeo-villosis, masculis muticis, hermaphroditarum palea inferiore ex apice breviter bidentato aristata, arista geniculata, pubescente, ea 4 plo longiore.

    β. **pubescens** Vis. in Flora XII. ergänzbl. p. 3, Fl. dalm. I. p. 51 t. 2; Friedr. Reise p. 274; Clem. sert. p. 94; Weiss in z. b. G. 1869 p. 756; Raul. cret. p. 884; Heldr. fl. ceph. p. 73, Fl. Aegina p. 396, chlor. Thera p. 24, chlor. Mykon. p. 254; Spreitz. in z. b. G. 1887 p. 670; Bald. in nuov. giorn. bot. it. 1894 p. 102, viagg. Creta p. 95; Haussk. symb. p. 37; pro sp.; Vis. fl. dalm. suppl. p. 14; Bois. fl. or. V. p. 465; Form. in D. bot. Mon. 1890 p. 6, in Ver. Brünn 1897 p. 20. — Folia angusta, setiformia; bracteae glabrae; spicae tenuiores, adpressius et brevius pilosi. — Exsicc.: Orph. fl. gr. n. 1193, herb. n. 576; Heldr. herb. norm. n. 893; Rev. pl. cret. n. 182; Baen. herb. europ. n. 9204 et 9205.

In olivetis, collibus apricis, saxosis regionis inferioris et montanae per totam ditionem, var. ut videtur typo multo frequentior; ipse typum e Graecia non vidi. — Apr. Aug. ♃.

Obs. *Zea mays* L. sp. p. 971; Dall. prosp. p. 120; Ch. et B. exp. p. 26, Fl. pelop. p. 4; Fraas fl. class. p. 312; Heldr. Nutzpfl. p. 3, Fl. ceph. p. 73, in Sitzungsb. acad. wiss. Berl. 1883 p. 7; Raul. cret. p. 874; Haussk. symb. p. 37. — Colitur ad usum oeconomicum. — *Coix lacryma Jobi* L. sp. p. 972; Raul. cret. p. 875. — Olim in Creta inquilina, sed a recentioribus non reperta.

2. Tribus. **PANICEAE** Kunth en. I. p. 40.

6. Setaria Pal. agrost. p. 51.

α. Involucri setae luteae; paleae transverse rugosae.

1. S. glauca L. sp. p. 56; S. et S. pr. I. p. 39 (*Panicum*); Pal. l. c.; Marg. et R. fl. Zante p. 95; Haussk. symb. p. 38. — Icon: Host gram. II. t. 16. — Exsicc.: Heldr. pl. fl. hellen. a. 1900.

Culmis erectis vel geniculato-adscendentibus; foliis scabridis; panicula spiciformi, densa, cylindrica vel oblonga; involucri setis 6—12, antrorsum aculeolatis.

In arenosis, cultis. Thessalia: pr. Volo, Trikala (Haussk.); Corcyra (Mazz.); Zacynthus (Sibth.); Messenia: pr. Kalamata (Zahn). — Febr. Maio. ☉.

β. Involucri setae virentes; paleae laeviusculae.

2. S. viridis L. syst. ed. 10 p. 870 (*Panicum*); Pal. l. c.; Mazz. in ant. ion. II. p. 464; Form. in D. bot. Mon. 1890 p. 6, in Ver. Brünn 1896 p. 23; Haussk. symb. p. 37. — Icon: Host. gram. II. t. 14. — Exsicc.: Sint. et Bornm. it. turc. n. 1527.

Culmis erectis vel geniculato-adscendentibus; foliis scabridis; panicula spiciformi, densa, cylindrica; involucri setis 3—6, antrorsum aculeolatis. —

β. **ambigua** Guss. fl. sic. pr. I. p. 80 pro var. *Panici verticillati*; Coss. expl. alg. p. 36. — *S. ambigua* Guss. syn. I. p. 114; Haussk. symb. p. 38; pro sp. — Panicula interrupta, involucri setae 1—2. — Exsicc.: N. v.

In cultis. Corcyra (Mazz.); Thessalia: pr. Han Tripa in valle Penei, pr. Trikala, Velestinos (Form.), Orman Magula (Haussk.), Litochori (Sint.); Attica: pr. Athenas (Haussk.); et certe alibi; — β. pr. Athenas (Haussk.). — Maio, Sept. ☉.

3. S. verticillata L. sp. ed. 2 p. 82; S. et S. pr. I. p. 39 (*Panicum*); Pal. l. c.; Mazz. in ant. ion. II. p. 464; Marg. et R. fl. Zante p. 95; Raul. cret. p. 876; Bois. fl. or. V. p. 443; Form. in Ver. Brünn 1896 p. 23, 1897 p. 20; Heldr. fl. Aegina p. 396, chlor. Mykon. p. 254; Haussk. symb. p. 37. — Icon: Host. gram. II. t. 13.

Panicula subverticillata, inferne saepe interrupta; involucri setis retrorsum aculeolatis; ceteris praecedentis.

β. **breviseta** Godr. fl. lorr. III. p. 126; Haussk. symb. p. 37.
— Involucri setae abbreviatae, spiculas parum superantes.

In cultis. Thessalia: pr. Trikala, Velestinos (Form.), Orman Magula, Larissa, Volo (Haussk.); Attica: pr. Athenas, insula Aegina (Heldr.); Cyclades (Sibth.): insula Mykonos (Heldr.); Creta: pr. Canea (Raul.); Zante (Marg.); Corcyra (Mazz.). — Maio, Jul. ☉. N. v.

Obs. *S. italica* L. sp. p. 56; Fraas fl. class. p. 311 (*Panicum*); Pal. l. c. — Rarissime colitur.

7. Tragus Hall. hist. stirp. helv. II. p. 203.

1. **T. racemosus** L. sp. p. 1049 (*Cenchrus*); Desf. fl. atl. II. p. 386; Bois. fl. or. V. p. 450; Bald. riv. coll. bot. alb. 1895 p. 73; Haussk. symb. p. 38. — *Lappago racemosa* Schreb. gen. I. n. 31. — Icon: Fl. gr. II. t. 101. — Exsicc.: Heldr. it. gr. septentr. a. 1879, it. thessal. IV. a. 1885.

Culmis diffusis; foliis margine setoso-ciliatis; spiculis 2—3 nis, plerumque violascentibus, in fasciculos brevissime pedicellatos, racemum spiciformem, cylindricum formantes, dispositis; gluma superiore longe echinata.

In glareosis regionis inferioris et submontanae. Epirus: pr. Vrodon (Bald.); Thessalia: mt. Baba pr. Klinovo (Heldr.), pr. Trikala, Karditza (Haussk.); Phthiotis: pr. Lamia (Heldr.). — Jul. Sept. ☉.

8. Digitaria Heist. in Adans. fam. II. p. 38.

1. **D. sanguinalis** L. sp. p. 57; S. et S. pr. I. p. 40; Bois. fl. or. V. p. 433; Bald. viagg. Creta p. 95; Form. in Ver. Brünn 1896 p. 23 (*Panicum*); Scop. fl. carn. ed. 2 I. p. 52; Ch. et B. exp. p. 31, Fl. pelop. p. 5; Mazz. in ant. ion. II. p. 464; Fraas fl. class. p. 303; Clem. sert. p. 96; Raul. cret. p. 876; Heldr. fl. ceph. p. 73; Haussk. symb. p. 38. — Icon: Host. gram. II. t. 17. — Exsicc.: Heldr. pl. fl. hell. a. 1877.

Culmis geniculato-adscendentibus; foliis plus minus pilosis; spicis 3—10, digitatis, anguste linearibus; spiculis oblongo-lanceolatis, saepius rubellis, gluma inferiore vix conspicua, superiore apice pilosa, palea neutra dimidio breviore; flosculo hermaphrodito oblongo, paleae neutrae aequilongo.

In cultis regionis inferioris. Thessalia: pr. Velestinos (Form.); Attica: pr. Athenas (Heldr.), ad Cephissum (Clem.); Peloponnesus: pr. Nauplia, in planitie Helos, pr. Scutari in Maina, Methone (Chaub.); Cycladum insula Mykonos (Heldr.); Creta: pr. Murnies (Raul.), Stavromenos (Bald.); Cephalonia: pr. Same (Heldr.); Corcyra (Mazz.); et certe alibi. — Jun. Nov. ☉.

9. Panicum L. gen. n. 76.

1. **P. repens** L. sp. ed. p. 87; S. et S. pr. I. p. 41, Fl. gr. I. p. 45 t. 61; Urv. enum. p. 8; Ch. et B. exp. p. 30, Fl. pelop. p. 5;

Mazz. in ant. ion. II. p. 464; Raul. cret. p. 876; Bois. fl. or. V. p. 440; Bald. in nuov. giorn. bot. 1894 p. 102. — *P. coloratum* Cav. ic. t. 110; Sieb. avis p. 2; non L. — Exsicc.: Rev. pl. cret. n. 175, in Baen. herb. europ. n. 5054.

Rhizomate longe repente, stolonifero; culmis crassiusculis; foliis glaucescentibus, rigidis, subdistichis, basi ciliatis; paniculae ramis solitariis vel 2—3 nis, strictis; spiculis laxissimis, glabris, albidis; gluma inferiore superiori quadruplo breviore.

In arenosis praesertim maritimis. Corcyra: pr. Manducchio (Mazz.); Epirus: pr. Prevesa (Bald.); Elis: pr. Lintzi (Heldr.); Messenia: pr. Kalamata (Zahn); Laconia: pr. Chimova, Kardamyle (Chaub.); Argolis: pr. Tyrinthum (Urv.); Cycladum insula Mykonos (Heldr.); Creta: pr. Kissamos, Canea (Rev.), Plataniu (Sibth.), ad ostium fl. Kladiso (Raul.). — Jun. Dec. ♃.

Obs. *P. miliaceum* L. sp. p. 58; S. et S. pr. I. p. 41; Fraas fl. class. p. 310; Heldr. Nutzpfl. p. 3; Form. in D. bot. Mon. 1890 p. 6. — Passim colitur et hinc inde subsponte occurrit. — Ex confusione quadam indicantur: *P. Burmanni* Retz. obs. III. p. 10; Willd. sp. I. p. 339; in Corcyra pr. S. Catherina di Ghiro (Mazz. in ant. ion. II. p. 464) et *P. fluitans* Retz. obs. III. p. 8; in Creta (Sieb. in Flora V. 2 p. 634). —

10. Echinochloa Pal. agrost. p. 53.

1. **E. crus galli** L. sp. p. 56; Ch. et B. exp. p. 30, Fl. pelop. p. 5; Clem. sert. p. 96; Bois. fl. or. V. p. 435 (*Panicum*); Pal. l. c.; Mazz. in ant. ion. II. p. 464; Raul. cret. p. 876; Heldr. fl. ceph. p. 73; Form. in D. bot. Mon. 1890 p. 6, in Ver. Brünn 1896 p. 23; Haussk. symb. p. 38. — *P. crus corvi* L. sp. ed. 2 p. 84; Mazz. l. c. — *Oplismenus crus galli* Kunth gram. I. p. 44; Friedr. Reise p. 273. — Icon: Host. gram. II. t. 19.

Pluriculme; foliis latiusculis, glabris; panicula contracta, racemiforme, spicis sessilibus vel breviter pedunculatis constante; spiculis hispidis vel scabris, breviter pedicellatis; gluma inferiori subtriplo minore, mutica, superiore flosculum hermaphroditum aequante, plus minus longe mucronato-aristata, palea inferiore flosculi inferioris in aristam saepius longiorem producta.

α. **submutica** Neilr. fl. Niedöstr. p. 31; Heldr. fl. ceph. p. 73. — Arista flosculi neutri brevis vel subnulla. — Exsicc.: Orph. fl. gr. n. 1194.

β. **aristata** Rchb. ic. XI. f. 1412. — *P. stagninum* Host gram. III. t. 51, non Retz. — *P. crus galli v. echinatum* Bois. fl. or. V. p. 435. — Arista flosculi neutri in aristam interdum longissimam producta. — Exsicc.: Heldr. it. gr. septentr. a. 1879.

In ruderatis, ad vias. Frequens in Thessalia (Haussk.); Eurytania: pr. Mikrochorio (Heldr.); Attica: pr. Athenas (Orph.); Argolis: pr. Poros

(Friedr.); Messenia (Chaub.); Cycladum insula Mykonos (Heldr.); Creta: pr. Canea (Raul.); Cephalonia: pr. Kutavo (Heldr.); Corcyra: in valle Ropa, pr. Garizza (Mazz.); et certe alibi. — Jun. Oct. ⊙.

Obs. *E. eruciformis* S. et S. pr. I. p. 40 (*Panicum*); Rchb. fl. exc. p. 140. — Praecedenti omnibus partibus multo gracilior, vaginis foliisque molliter pubescenti-pilosis, spiculis hirtis muticis; occurrit in arvis derelictis pr. Thessalonicam Macedoniae (Heldr. herb. norm. n. 1197), in Thessalia boreali inquirenda.

11. Beckmannia Host gram. III. p. 5 t. 6.

1. B. eruciformis L. sp. p. 55; Mazz. in ant. ion. III. p. 670 (*Phalaris*); Host. l. c.; Ch. et B. exp. p. 31, Fl. pelop. p. 5; Bois. fl. or. V. p. 451; Form. in D. bot. Mon. 1890 p. 6; Hal. Beitr. fl. Thessal. p. 19; Bald. riv. coll. bot. alb. 1895 p. 73; Haussk. symb. p. 38. — Exsicc.: Bald. it. alb. epir. III. n. 96.

Rhizomate repente; culmis elatis, basi incrassatis; foliis scabridis; spicis sessilibus, in racemum longum alternatim et unilateraliter dispositis; spiculis imbricatim distichis; glumis subcoriaceis, semiorbiculatis, apice oblique acutatis, praeter nervos transverse rugosis; palea inferiore 5 nervia, superiorem binervem amplectente.

In humidis, ad fossas regionis inferioris. Corcyra: pr. Climatia (Mazz.); Epirus: ad Luros pr. Prevesa (Bald.); Thessalia: in oropedio Neuropolis (Heldr.), pr. Palaeokastro (Leon.), in palude Karacair pr. Larissa (Form.); Elis: pr. Lechaena (Heldr.); Arcadia: in planitie Sinano pr. Megalopolis (Chaub.). — Maio, Jul. ♃.

3. Tribus. ORYZEAE Kunth en. I. p. 5.

12. Lygeum Loefl. it. hisp. p. 285.

1. L. spartum L. sp. ed. 2 p. 78; Sieb. avis p. 2, rem. p. 2; Raul. cret. p. 874; Bois. fl. or. V. p. 452. — Icon: Lam. ill. t. 39.

Rhizomate repente; culmis foliisque junceis; spiculis 2—3, hermaphroditis, unifloris, glumis destitutis, inferne in tubum longe sericeohirsutum connatis, folio spathaeformi involucratis; paleis lanceolatis, muticis, inferiore breviore, acuta, basi carnoso-coriacea, superiore hyalina, apice bifida.

In arenosis et argillosis maritimis Cretae (Sieb.): ad promontorium Sidero et pr. Pilalimmata (Raul.). — Apr. Jul. ♃. N. v.

Obs. *Oryza sativa* L. sp. p. 333; Fraas fl. class. p. 312; Heldr. Nutzpfl. p. 2. — Colitur pr. Zarkos Thessaliae in valle fl. Sperchius Phthiotidis (Heldr.), pr. Lebadia Baeotiae et pr. Mesolongion Aetoliae (Fraas).

4. Tribus. **CHLORIDEAE** Kunth en. I. p. 258.

13. Cynodon Rich. in Pers. syn. I. p. 85.

1. **C. dactylon** L. sp. p. 58; S. et S. pr. I. p. 40, Fl. gr. I. p. 45 t. 60; Sieb. avis p. 2, rem. p. 2 (*Panicum*); Pers. l. c.; Link in Linn. IX. p. 134; Mazz. in ant. ion. III. p. 688; Marg. et R. fl. Zante p. 97; Friedr. Reise p. 273; Fraas fl. class. p. 302; Clem. sert. p. 96; Heldr. Nutzpfl. p. 4, Fl. ceph. p. 74, Fl. Aegina p. 396, chlor. Thera p. 24; Weiss in z. b. G. 1869 p. 758; Raul. cret. p. 878; Bois. fl. or. V. p. 553; Form. in D. bot. Mon. 1896 p. 6, in Ver. Brünn 1895 p. 18, 1896 p. 23, 1897 p. 20; Haussk. symb. p. 38. — *Digitaria stolonifera* Schrad. fl. germ. p. 165; Ch. et B. exp. p. 31, Fl. pelop. p. 5. — Exsicc.: Sint. et Bornm. it. turc. n. 1517; Baen. herb. eur. n. 9247.

Rhizomate repente, stolonifero; culmis adscendentibus; foliis glaucis, glabrescentibus, spicis 3—7, digitatis, anguste linearibus, virentibus vel violaceis; spiculis sessilibus, unifloris, muticis, hermaphroditis, cum rudimento secundi flosculi; glumis subaequalibus, paleis brevioribus.

In incultis, arenosis, ad vias regionis inferioris et montanae totius ditionis. — Maio, Aug. ♃.

14. Dactyloctenium Willd. en. h. berol. II. p. 1029.

1. **D. aegyptium** L. sp. p. 72; S. et S. pr. I. p. 59 (*Cynosurus*); Willd. l. c.; Bois. fl. or. V. p. 556. — *Eleusine cruciata* Lam. ill. t. 48. —

Radice annua; culmis geniculato-adscendentibus; foliis latiusculis vaginisque saepius ciliatis; spicis 3—5, digitatis, crassiusculis, virentibus vel aeneis; spiculis sessilibus, 2-plurifloris, ciliatis; glumis subaequalibus, mucronato-aristatis; paleis inaequalibus, inferiore carinato-naviculari, mucronato-aristata, superiore canaliculata.

In Graecia haud infrequens (Sibth.), sed postea a nemini lectum. — Sept. Oct. ☉. N. v.

Obs. *Eleusine indica* L. sp. p. 72 (*Cynosurus*); Gaertn. fruct. I. p. 8. — Adest introducta extra ditionem nostram pr. Thessalonica (Heldr. herb. norm. n. 1294). — *Spartina stricta* Sol. in Ait. Kew. p. 104; Mazz. in ant. ion. III. p. 678 (*Dactylis*); Roth cat. III. p. 9. — Probabiliter errone in Corcyra pr. Lefchimo (Mazz.) indicatur.

5. Tribus. **PHALARIDEAE** Kunth en. I. p. 18.

15. Anthoxanthum L. gen. n. 42.

1. **A. odoratum** L. sp. p. 28; S. et S. pr. I. p. 19; Ch. et B. exp. p. 29, Fl. pelop. p. 4; Mazz. in ant. ion. II. p. 448; Marg. et R. fl. Zante p. 95; Ung. Reise p. 116; Raul. cret. p. 875; Bois. fl. or. V. p. 470; Heldr. fl. ceph. p. 73, chlor. Mykon. p. 254; Form. in D. bot. Mon. 1890 p. 7, in Ver. Brünn 1897 p. 21; Haussk. symb.

p. 38. — *A. amarum* Link in Linn. IX. p. 135, non Brot. — Icon: Host. gram. I. t. 5. — Exsicc.: Heldr. pl. fl. hellen. a. 1878, 1898 et 1899.

Perenne, caespitosum; culmis erectis vel adscendentibus, simplicibus; foliis glabris; panicula spiciformi, oblonga, densiuscula; glumis lanceolatis, scabriusculis, muticis; flosculis sterilibus gluma interiore subbrevioribus, palea hirsuta dorso aristata, flosculi inferioris arista glumam interiorem aequante vel subsuperante; flosculo fertili sterilibus paulo breviore.

β. **ramosum** Haussk. symb. p. 38. — Culmis infra medium ramosis. — Exsicc.: Heldr. it. thessal. IV. a. 1885.

γ. **villosum** Lois. not. p. 7; Haussk. symb. p. 38. — *A. villosum* Dum. obs. gram. belg. p. 129. — Vaginis, foliis glumisque pubescentibus. — Exsicc.: Heldr. pl. fl. hell. a. 1900.

In herbidis regionis inferioris et subalpinae. Thessalia: pr. Malakasi, Kalabaka, in oropedio Neuropolis (Haussk.), mt. Baba, pr. Jerakari, mt. Alafovris in Olympo, pr. Selicany in mt. Ossa (Form.); Attica: mt. Parnes, Hymettus (Heldr.); Messenia: pr. Methone (Chaub.); Laconia: mt. Malevo (Orph.), Taygetos pr. Neraidovuni et Megali Anastasova (Zahn); Cycladum insula: Keos, Mykonos (Heldr.); Creta: pr. Enneachoria, Sevronas, Rumata, Nerokuru, Askyphos, Anopolis, Hagios Pavlos (Raul.); Zante: mt. Scopo (Marg.); Cephalonia (Ung.); Corcyra: pr. Ascensione (Mazz.); — β. pr. Kalabaka Thessaliae (Heldr.); — γ. Thessalia: pr. Malakasi (Haussk.); Argolis: in peninsula Methana (Haussk.); Cycladum insula Cythnos (Tunt.). — Apr. Jul. ♃.

2. **A. gracile** Biv. stirp. rar. sic. manip. I. p. 2 t. 1; Ch. et B. exp. p. 29, Fl. pelop. p. 4; Marg. et R. fl. Zante p. 95; Raul. cret. p. 875; Bois. fl. or. V. p. 470. — Exsicc.: Bickn. pl. corc. a. 1891.

Annuum; culmis erectis vel adscendentibus, simplicibus; foliis glabris ciliatisve; panicula spiciformi, ovato-oblonga, laxiuscula; glumis lanceolatis, glabris vel parce hirtulis, acuminatis; flosculis sterilibus gluma interiore subbrevioribus, palea hirsuta, dorso aristata, flosculi inferioris arista glumis 2—2$^{1}/_{2}$ plo longiore, longe exserta; flosculo fertili sterilibus triplo breviore.

In herbidis, arenosis maritimis. Corcyra: pr. Pyrgi (Bicknell); Zante: pr. Litakia (Marg.); Messenia: pr. Methone (Chaub.); Creta: mt. Arkuda supra Alikampos (Raul.). — Apr. Maio. ⊙.

16. Phalaris L. gen. n. 74.

a. Panicula spiciformis, ovata vel oblongo-cylindrica, densa; spiculae latere externo subconvexae, interno subconcavae; glumae dorso alatae.

α. Ala glumarum integerrima.

1. **P. brachystachys** Link in Schrad. journ. I. 3 p. 134, in Linnaea I. p. 96; Haussk. symb. p. 38. — *P. canariensis* S. et S.

pr. I. p. 36, Fl. gr. I. p. 40 t. 55; Bois. fl. or. V. p. 471, quoad pl. graec.; Form. in Ver. Brünn 1895 p. 18, 1896 p. 23, 1897 p. 21; non L. sp. p. 54. — Exsicc.: Heldr. it. thessal. IV. a. 1885.

Annua; radice fibrosa; culmis elatis, vaginis summis inflatis; panicula ovato-oblonga; glumis semioblongis, acutis, albidis, utrinque uninerviis, ad carinam viridem late alatis, ala integra, infra apicem oblique evanida; flosculis rudimentariis binis, ovatis, glabris, fertili multoties brevioribus. — Facile commutatur cum *P. canariensi* L., in ditione hucusque nondum reperta, quae autem differt flosculis rudimentariis lanceolatis, ciliatis, fertili dimidio brevioribus.

In herbidis regionis inferioris. Thessalia: pr. Trikala (Form.), Pharsalus (Heldr.), Aivali, Orman Magula (Haussk.); Corcyra (Form.). — Apr. Jun. ☉.

2. P. bulbosa L. am. ac. IV. p. 204; Ch. et B. exp. p. 30, Fl. pelop. p. 5; Mazz. in ant. ion. III. p. 670. — *P. tuberosa* L. mant. II. p. 557; Haussk. symb. p. 38. — *P. nodosa* L. syst. ed. 13 p. 88; S. et S. pr. I. p. 37, Fl. gr. I. p. 41 t. 56; Fraas fl. class. p. 302; Raul. cret. p. 875; Bois. fl. or. V. p. 473; Heldr. fl. ceph. p. 73; Bald. viagg. Creta p. 95; Hal. in ö. b. Z. 1899 p. 25. — Exsicc.: Orph. fl. gr. n. 1195.

Perennis; rhizomate obliquo, subrepente; culmis elatis, basi in nodos 1—4 moniliformiter incrassatis, vaginis vix inflatis; panicula oblonga vel cylindracea; glumis lanceolatis, acutis, albidis, utrinque uninerviis, ad carinam viridem anguste alatis, ala integra, apice sensim attenuata; flosculo rudimentario unico, lineari, villoso, fertili multoties breviore.

In herbidis, humidis, cultis regionis inferioris. Attica (Fraas): pr. Kephissia (Orph.), mt. Pentelicon, pr. Laurion (Haussk.); Elis: pr. Lintzi, Bartholomeo (Fraas); Messenia: pr. Methone (Chaub.); Archipelagus (Sibth.); Creta: pr. Cercibilia, Canea (Raul.), Omalo (Bald.); in Strophadum insula majore (Reis.); Cephalonia: pr. Same (Heldr.); Corcyra (Mazz.). — Maio, Jun. ♃.

b. Ala glumarum denticulata.

α. Annuae, culmo basi vix incrassato.

3. P. minor Retz. obs. III. p. 8; Mazz. in ant. ion. III. p. 670; Marg. et R. fl. Zante p. 95; Ung. Reise p. 116; Weiss in z. b. G. 1869 p. 756; Raul. cret. p. 875; Spreitz. in z. b. G. 1877 p. 733; Bois. fl. or. V. p. 472; Heldr. fl. ceph. p. 73, Fl. Aegina p. 396, chlor. Mykon. p. 254; Haussk. symb. p. 38. — *P. aquatica* Willd. sp. I. p. 326; S. et S. fl. gr. I. p. 42 t. 57;? Mazz. l. c.; vix L. am. ac. IV. p. 264, quae ex synonymis ad· *P. coerulescentem* Desf., ex herbario autoris autem a *P. bulbosam* L. spectat. — Exsicc.: Baen. herb. europ. n. 9302.

Annua; radice fibrosa; culmis elatis, vaginis summis inflatis; panicula ovato-oblonga, spiculis omnibus conformibus, fertilibus; glumis semioblongis, acutis, albidis, utrinque uninerviis, ad carinam viridem late alatis, ala lacero-denticulata, ante apicem evanida, flosculo rudimentario unico, subvilloso, fertili triplo breviore.

β. **comosula** Heldr. fl. Aegina p. 396. — *P. canariensis* Friedr. Reise p. 269, non L. — Glumae praesertim ad paniculae apicem violascentes, comulam simulantes. — Exsicc.: Heldr. pl. fl. hell. a. 1881.

In arvis, vinetis, herbidis regionis inferioris. Thessalia: pr. Pharsalus, Volo (Haussk.); Euboea: pr. Chalkis (Ung.); Attica: pr. Pikermi (Heldr.), Eleusis, Laurion (Haussk.); Messenia: pr. Kalamata (Zahn); Archipelagus: insula Aegina, Mykonos, Cythnos (Heldr.), Syra, Tenos (Weiss); Creta: pr. Canea (Weiss), Khalepa (Raul.); Zante (Marg.); Cephalonia: pr. Lixuri (Spreitz.), Argostoli, Kastro, Francata (Heldr.); Corcyra: pr. Kastrades (Baen.), Govino (Mazz.); — β. insula Aegina (Heldr.). — Apr. Jun. ☉.

4. **P. paradoxa** L. sp. ed. 2 p. 1665; S. et S. pr. I. p. 39, Fl. gr. I. p. 43 t. 38; Ch. et B. exp. p. 30, Fl. pelop. p. 5; Mazz. in ant. ion. III. p. 670; Friedr. Reise p. 276; Weiss in z. b. G. 1869 p. 756; Raul. cret. p. 875; Bois. fl. or. V. p. 472; Haussk. symb. p. 38. — *P. Sibthorpii* Griseb. spic. II. p. 468; Weiss in z. b. G. 1869 p. 756. — Exsicc.: Orph. fl. gr. n. 1196; Heldr. herb. norm. n. 894.

Annua; radice fibrosa; culmis elatis, vaginis summis inflatis, basin spicae saepius involucrantibus; panicula oblongo-cylindrica, spiculis ramulorum lateralibus minoribus, sterilibus, centrali fertili, iis ramulorum inferiorum, saepe omnibus deformatis; glumis spiculae fertilis lanceolatis, aristato-acuminatis, albidis, utrinque trinerviis, ad carinam viridem late alatis, ala apice eroso-denticulata, basin versus evanida; flosculis rudimentariis binis, minutissimis.

β. **praemorsa** Lam. enc. I. p. 93, pro sp.; Coss. et Dur. expl. Alg. II. p. 24; Bois. fl. or. V. p. 472; Haussk. symb. p. 38. — Spiculae omnes omnium ramulorum, hermaphrodito excepto, deformatae, truncatae cum mucronulo. — Meo sensu status morbosus, nec varietas.

In arvis, olivetis, humidis regionis inferioris. Thessalia: pr. Pharsalus (Heldr.), Aivali, Ormanmagula (Haussk.); Euboea: pr. Kastaniotissa (Heldr.); Attica: pr. Athenas (Heldr.), Laurion (Haussk.); Argolis: pr. Nauplia, Tyrinthum (Orph.), Mykenae (Haussk.), Poros (Friedr.); Achaia: pr. Patras (Hal.); Elis: pr. Lechaena (Heldr.); Messenia: pr. Methone, mt. Kupe (Chaub.); Cycladum insula Syra (Weiss), Creta: pr. Canea (Weiss), Candia (Raul.); Corcyra (Mazz.): pr. Gasturi, Benizze (Baen.). — Apr. Jun. ☉.

β. Perennis, culmo basi nodoso-incrassato.

5. **P. coerulescens** Desf. fl. atl. I. p. 56; Link in Linnaea IX. p. 569; Mazz. in ant. ion. III. p. 670; Marg. et R. fl. Zante p. 95; Bois. fl. or. V. p. 473; Gelmi in bull. soc. bot. it. 1889 p. 453; Hal. in ö. b. Z. 1899 p. 25. — Icon: Trin. gram. t. 76. — Exsicc.: Baen. herb. eur. n. 9301.

Perennis; rhizomate obliquo; culmis basi nodoso-incrassatis, vaginis vix inflatis; panicula oblongo-cylindrica; glumis lanceolatis, acuminatis, saepius coerulescentibus, utrinque uninerviis, ad carinam late alatis, ala superne eroso-denticulata, sub apice evanida; flosculis rudimentariis binis, minutissimis.

In humidis regionis inferioris. Corcyra (Mazz.): pr. Potamo (Gelmi); Zante (Marg.); Strophades (Reis.). — Apr. Maio. ♃.

b. Panicula ramosa, patens; spiculae utrinque convexae; glumae non alatae.

6. P. arundinacea L. sp. p. 55; Mazz. in ant. ion. III. p. 670. — *Digraphis arundinacea* Trin. fund. agrost. p. 127. — *Baldingera arundinacea* Dum. obs. gram. p. 130. — Icon: Host. gram. II. t. 33. —

Perennis; rhizomate repente; culmis elatis; panicula elongata, ramosa, post anthesin contracta; glumis lanceolatis, acuminatis, albidis vel subrubentibus, utrinque binerviis; flosculis rudimentariis binis, minimis.

In humidis. Corcyra: pr. Botumia (Mazz.); a recentioribus non lecta. — Maio, Jul. ♃. N. v.

17. Crypsis Ait. hort. Kew. I. p. 48.

a. Panicula spiciformis, hemisphaerica; palea superior uninervis; stamina 2.

1. C. aculeata L. sp. p. 42 (*Schoenus*); Ait. l. c.; Sieb. avis rem. p. 2; Ch. et B. exp. p. 30, Fl. pelop. p. 5; Mazz. in ant. ion. III. p. 668; Link in Linnaea IX. p. 134; Raul. cret. p. 875; Bald. in nuov. giorn. bot. 1894 p. 102; Heldr. chlor. Mykon. p. 254. — *Anthoxanthum aculeatum* L. fil. suppl. p. 89; ? Mazz. in ant. ion. II. p. 450 = *Raddia aculeata* Mazz. l. c. — Icon: Host. gram. I. t. 31. — Exsicc.: Heldr. pl. fl. hellen. a. 1871, pl. Cyclad. ins. a. 1881.

Caespitosa; culmis expansis, ramosis; foliis glaucis, patentibus, vaginis dilatatis; paniculis densis, involucro foliaceo, 2—4 phyllo immersis, phyllis patentissimis, basi ventricoso-dilatatis; glumis carinatis, subaequalibus, ad carinam scabris, paleisque muticis.

In arenosis, humidis, praesertim maritimis. Corcyra (Mazz.); Epirus: pr. Prevesa (Bald.); Acarnania: pr. Skipasto (Bald.); Attica: ad Phaleron (Heldr.); Messenia: pr. Methone (Chaub.); Argolis: pr. Nauplia (Link.); Cycladum insula: Cythnos, Rhenea (Tunt.), Amorgos (Heldr.); Creta (Sieb.). — Jun. Oct. ⊙.

b. Panicula spiciformis, ovato-oblonga vel oblongo-cylindrica; palea superior binervis; stamina 3.

2. C. schoenoides L. sp. p. 60 (*Phleum*); Lam. ill. I. p. 166 t. 42; Mazz. in ant. ion. III. p. 668; Marg. et R. fl. Zante p. 94; Raul. cret. p. 875. — *Heleochloa schoenoides* Host. gram. I. t. 30; Bois. fl. or. V. p. 476. — *Phalaris vaginiflora* S. et S. pr. I. p. 38. — Exsicc.: Rev. pl. cret. n. 174.

Caespitosa; culmis expansis; foliis glaucis, patentibus, superiorum vaginis dilatatis; paniculis ovato-oblongis, densis, involucro foliaceo 1—2 phyllo inclusis, phyllis patentibus, basi dilatatis; glumis carinatis subaequalibus, ad carinam scabris, paleisque muticis.

In arenosis, humidis. Corcyra: pr. Potamo (Mazz.); Zante (Marg.); Attica: ad ripas Cephissi pr. Tsilani (Orph.); Creta: pr. Canea (Rev.), ad ostium fl. Kladiso, pr. Aradhena (Raul.). — Apr. Sept. ☉.

3. **C. alopecuroides** Host gram. I. t. 29; Form. in Ver. Brünn 1896 p. 23; Haussk. symb. p. 39 (*Heleochloa*); Schrad. fl. germ. p. 167; Mazz. in ant. ion. III. p. 668. — *Phalaris geniculata* S. et S. pr. I. p. 38. — Exsicc.: Bald. it. alb. alt. n. 160.

Differt a praecedente culmis geniculato-adscendentibus, saepissime simplicibus; paniculis cylindricis, a vagina suprema non dilatata saepius remotis. — Habitu *Alopecuro geniculato* L. similis, sed spiculae muticae.

In humidis, arenosis. Corcyra: pr. Cacochieri (Mazz.); Epirus: in planitie Valona (Bald.); Thessalia: pr. Karditza, Tyrnovo (Haussk.), Larissa (Form.). — Jul. Sept. ☉.

18. Alopecurus L. gen. n. 78.

a. Glumae liberae, sericeo-villosae, breviter aristatae; palea superior inferiori parum brevior.

1. **A. Gerardi** Vill. fl. delph. p. 5, hist. pl. dauph. II. p. 66 t. 2; Bois. fl. or. V. p. 488; Hal. in z. b. G. 1888 p. 762, beitr. fl. Epir. p. 42, beitr. fl. Thessal. p. 19; Heldr. chlor. Parn. p. 28; Form. in Ver. Brünn 1896 p. 23; Haussk. symb. p. 39. — *Phleum Gerardi* All. fl. ped. II. p. 232. — *Colobachne Gerardi* Link hort. berol. I. p. 74. — *C. Gerardi v. Heldreichii* Hack. in Nym. consp. p. 793 (f. aristis glumarum divergentibus). — Exsicc.: Orph. fl. gr. n. 365.

Rhizomate crasso, obliquo, vaginis tandem in fibras solutis vestito; culmo erecto vel inferne geniculato, 10—30 cm. alto, foliis 1—3, brevibus, ad vaginas inflatis obsito; foliis radicalibus anguste linearibus; panicula spiciformi, globosa vel ovata; glumis lanceolatis sericeo-villosis, breviter attenuato-aristatis; palea inferiore oblique truncata, infra medium arista brevissima circa 1 mm. longa obsita; palea superiore lineari, acuminata, inferiori parum breviore.

In pascuis alpinis, saepe ad nives. Epirus: mt. Tsumerka (Hal.); Peristeri (Form.); Thessalia: mt. Tringia (Hartl.), Dokimi (Form.), Karava (Haussk.) in Pindo, mt. Olympus (Heldr.); Aetolia: mt. Tymphrestus (Sprun.); Doris: mt. Kiona (Hal.); mt. Parnassus (Orph.); Achaia: mt. Panachaicon, Kyllene (Heldr.); indicatur quoque in mt. Stavro Corcyrae (Mazz. in ant. ion. III. p. 668), sed certe ex confusione. — Maio, Jul. ♃.

b. Glumae basi vel ultra medium connatae, muticae; palea superior nulla.

α. Vagina folii supremi utriculoso-inflata.

2. **A. utriculatus** L. sp. ed. 2 p. 80 (*Phalaris*); Pers. syn. I. p. 80; S. et S. pr. I. p. 43, Fl. gr. I. p. 47 t. 63; Ch. et B. exp. p. 29, Fl. pelop. p. 4; Friedr. Reise p. 279; Bois. fl. or. V. p. 486; Gelmi in bull. soc. bot. it. 1889 p. 453; Hal. beitr. fl. Aetol. p. 10, in ö. b. Z. 1896 p. 19; Bald. riv. coll. bot. alb. 1896 p. 98; Haussk. symb. p. 39. — *Tozzettia pratensis* Savi in mem. ac. ital. sc. VIII. 2 p. 477; Mazz. in ant. ion. III. p. 670. — *T. utriculata* Savi in Ust. ann. bot. XXIV. p. 49. — Exsicc.: Orph. fl. gr. n. 1197; Bald. it. alb. epir. IV. n. 98.

Annuus; culmis caespitosis, 10—40 cm. altis; panicula spiciformi, ovata vel oblonga; glumis subcoriaceis, valde compressis, fere ad medium connatis, supra medium lateraliter gibbosis et abrupte in acumen depressum contractis, ad carinam ciliatis; palea glumis sublongiore, suboblique acuta, prope basin arista glumis duplo longiore instructa.

In herbidis praesertim humidis regionis inferioris. Corcyra: pr. Garizza (Mazz.); Epirus: pr. Lapsista (Bald.); Thessalia: in oropedio Neuropolis (Heldr.), pr. monasterium Korona (Haussk.) in Pindo; Aetolia: pr. Mesolongion (Heldr.), Antirrhion (Hal.); Achaia: pr. Psatopyrgos (Reis.); Elis: pr. Bartholomeo (Heldr.); Messenia: pr. Meligala (Heldr.), Methone (Chaub.); Arcadia: in valle fl. Alpheus pr. Carithena (Friedr.); Argolis: pr. Tirynthum (Orph.). — Apr. Jun. ☉.

β. Vagina foliorum non utriculoso-inflata.

× Glumae ad carinam alatae, brevissime ciliatae.

3. **A. creticus** Trin. sp. gram. I. t. 41, in Spreng. neue entd. II. p. 45; Sieb. avis. p. 2, in Flora V. 2 p. 639; Raul. cret. p. 875; Haussk. in bot. Ver. thür. 1886 p. 61, symb. p. 39. — Exsicc.: Heldr. pl. cret. n. 1512.

Annuus; culmis geniculato-adscendentibus, 10—40 cm. altis, vaginis subdilatatis; panicula spiciformi, oblonga vel oblongo-cylindrica; glumis ad $^4/_5$ connatis, acutiusculis, ad carinam superne late alatis, breviter ciliatis; palea glumis aequilonga, horizontaliter truncata et subfimbriata, supra basin arista glumis duplo longiore instructa.

β. **corcyrensis.** — Elatior, vaginis vix dilatatis; panicula elongata, ad 5 cm. longa, cylindrica; glumis mucronulatis. — Exsicc.: Bickn. pl. corc. a. 1891.

In herbidis humidis regionis inferioris et montanae. Thessalia: pr. Orman Magula, Pharsalus (Haussk.); Creta: in oropedio Omalo mt. Lassiti (Heldr.). — β. Corcyra: pr. Peleka (Bickn.). — Maio, Jun. ☉.

4. **A. myosuroides** Huds. fl. angl. p. 23. — *A. agrestis* L. sp. ed. 2 p. 89; Ch. et B. exp. p. 29, Fl. pelop. p. 4; Mazz. in ant. ion. III. p. 668; Bois. fl. or. V. p. 485; Bald. riv. coll. bot. alb. 1896 p. 97; Haussk. symb. p. 39. — Icon: Host. gram. III. t. 12. — Exsicc.: Heldr. pl. fl. hellen. a. 1878, Fl. thess. a. 1883.

Annuus; culmis erectis, 30—50 cm. altis, vaginis cylindricis;

panicula spiciformi, cylindrica, utrinque attenuata; glumis ad medium connatis, acutatis, ad carinam anguste alatis, breviter ciliatis; palea glumis aequilonga, lanceolata, prope basin arista glumis subduplo longiore instructa. — Differt a praecedente vaginis non dilatatis, panicula elongata, cylindrica, glumis brevius connatis, anguste alatis, palea non truncata.

In herbidis saepius humidis regionis inferioris. Corcyra (Mazz.); Epirus: pr. Lapsista (Bald.); Thessalia: pr. Volo (Heldr.); Attica: in halipedo Phaleri (Heldr.); Messenia: pr. Methone (Chaub.). — Creta: pr. Canea (Sieb.). — Mart. Jun. ⊙.

×× Glumae ad carinam non alatae, longe ciliatae.

5. **A. fulvus** Sm. in engl. bot. XXI. t. 1467; Bald. riv. coll. bot. alb. 1896 p. 98.

Annuus; culmis geniculato-adscendentibus, 20—60 cm. altis, vaginis subdilatatis; panicula spiciformi, cylindrica, obtusa; glumis basi connatis, obtusis, subtruncatis, ad carinam longe ciliatis; palea glumis subaequilonga, obtusa, glabra, versus medium arista glumis subbreviore instructa. — Differt ab affini *A. geniculato* L. sp. p. 60, in Graecia adhuc non reperto, foliis glaucescentibus, nec viridibus, palea versus medium, nec ad basin aristata et antheris fulvis, nec ochroleucis.

In humidis ad Lapsista distr. Janina et ad lacum alpinum mt. Papignon distr. Zagorion in Epiro (Bald.). — Maio, Aug. ⊙. N. v.

6. **A. pratensis** L. sp. p. 60; S. et S. pr. I. p. 42; Mazz. in ant. ion. III. p. 668. — Icon: Host. gram. II. t. 31.

Perennis; culmis erectis, 30—100 cm. altis, vaginis subdilatatis; panicula spiciformi, cylindrica, crassiuscula, obtusa; glumis ad $1/3$ connatis, acutis, ad carinam longe ciliatis; palea glumis subaequilonga, acuta, apice puberula, versus basin arista glumis aequilonga vel duplo longiore instructa.

Indicatur pr. Garizza Corcyrae (Mazz.) et circa Athenas (Sibth.), sed a recentioribus non lectus. — Maio, Jun. ♃. N. v.

Obs. Ex confusione indicantur in Corcyra: *A. angustifolius* S. et S. pr. I. p. 43, a Mazz. in ant. ion. III. p. 668; et *A. bulbosus* L. sp. ed. 2 p. 1665, a Pieri corc. fl. p. 11. —

19. **Phleum** L. gen. n. 77.

a. Glumae non alatae; stamina 3.

α. Palea inferior trinervis.

× Perennia.

◡ Glumae ad carinam longe ciliatae.

. Glumae apice horizontaliter vel oblique truncatae.

1. **P. commutatum** Gaud. agrost. I. p. 40; Hal. in z. b. G. 1888 p. 762, Beitr. fl. Epir. p. 42, Beitr. fl. Thessal. p. 19. — *P. alpinum v. commutatum* Bois. fl. or. V. p. 484; Heldr. chlor.

Parn. p. 28. — Icon: Trin. gram. t. 22. — Exsicc.: Hal. it. gr. a. 1888 et 1893.

Rhizomate subrepente; culmis erectis vel geniculato-adscendentibus; foliis margine asperis, summorum vaginis subinflatis; panicula spiciformi, ovata; glumis virescentibus vel violascentibus, lineari-oblongis, margine late membranaceis, apice oblique truncatis, dorso trinervi, exarato, ad carinam longe ciliato, in aristam glumae aequilongam producto.
— Subspecies *P. alpini* L. sp. p. 59, in Graecia adhuc non reperti, panicula majori, ovata vel breviter cylindrica, aristis ciliatis, nec scabris, diversi.

In pascuis alpinis. Epirus: mt. Tsumerka, Peristeri (Hal.); Thessalia: mt. Tringia (Hartl.) et Korona in Pindo, mt. Ossa (Heldr.); Aetolia: mt. Tymphrestus (Heldr.); mt. Kiona (Hal.), Parnassus (Orph.); Achaia: mt. Kyllene (Heldr.). — Jun. Aug. ♃.

2. **P. pratense** L. sp. p. 59; Mazz. in ant. ion. III. p. 668; Friedr. Reise p. 277; Bois. fl. or. V. p. 484; Heldr. chlor. Parn. p. 28; Hal. beitr. fl. Epir. p. 42; Form. in Ver. Brünn 1895 p. 18. — Icon: Fl. dan. t. 1984. — Exsicc.: Hal. it. gr. sec. a. 1893.

Rhizomate subrepente; culmis erectis vel subgeniculatis; foliis margine asperis, summorum vaginis non inflatis; panicula spiciformi, cylindrica, saepius elongata; glumis viridibus, lineari-oblongis, margine late membranaceis, apice horizontaliter truncatis, dorso trinervi, exarato, ad carinam longe ciliato, in aristam glumae 3—4 plo breviorem producto.

β. **nodosum** L. syst. ed. '10 p. 871; S. et S. pr. 7 p. 41; Ch. et B. fl. pelop. p. 4; Mazz. in ant. ion. III. p. 668; pro sp.; Bois. fl. or. V. p. 484; Haussk. symb. p. 38. — *P. parnassicum* Bois. diagn. ser. 2 IV. p. 126. — Rhizoma bulboso-incrassatum. — Exsicc.: Heldr. herb. norm. n. 267.

γ. **fallax** Janka in term. Közlem. 1876 p. 168; Haussk. symb. p. 39; pro sp.; Simk. en. fl. trans. p. 562; Form. in Ver. Brünn 1896 p. 23, 1897 p. 21. — Glumae longius aristatae. — Exsicc.: N. v.

In herbidis regionis montanae et subalpinae. Epirus: in valle Dipotami (Form.), pr. Vulgarelion (Hal.); Thessalia: in oropedio Neuropolis (Heldr.), mt. Ghavellu (Haussk.); mt. Parnassus (Heldr.); Peloponnesus (Sibth.): pr. Poros (Friedr.), Nisi (Chaub.); Corcyra: pr. Messongi (Mazz.); — γ. Epirus: mt. Peristeri (Form.); Thessalia: mt. Zygos, Ghavellu, Karava, monasterium Korona (Haussk.), mt. Dokimi in Pindo, mt. Othrys (Form.). — Jun. Aug. ♃.

.. Glumae apice sensim attenuatae.

3. **P. montanum** C. Koch in Linnaea XXI. p. 383 (1848). — *P. Boehmeri v. ciliatum* Griseb. in Led. fl. ross. IV. p. 457 (1853); Bois. fl. or. V. p. 483; Form. in Ver. Brünn 1807 p. 21; Haussk. symb. p. 39. — *P. serrulatum* Bois. et Heldr. diagn. ser. 2 IV. p. 125 (1859).

Rhizomate fibroso; culmis erectis; foliis margine serrulato-scabris, vaginis non inflatis; panicula spiciformi, cylindrica, elongata; glumis viridibus, lineari-lanceolatis, margine membranaceis, dorso trinerviis, exaratis, ad carinam longe ciliatis, apice sensim attenuatis, breviter aristato-mucronatis. — Glumis sensim attenuatis, nec truncatis, a praecedentibus egregie differt.

In herbidis regionis inferioris, in subalpinam adscendens. Thessalia: mt. Zygos, Karava, Ghavellu, in oropedio Neuropolis, pr. Aivali, Pharsalus (Haussk.), Kastri (Form.); Aetolia: mt. Tymphrestus (Samar.). — Jun. Aug. ♃. N. v.

OO Glumae ad carinam scabrae, rarissime (cf. β. blepharodes) parce breviterque ciliatae.

4. **P. phleoides** L. sp. p. 55; S. et S. pr. I. p. 37 (*Phalaris*); Simk. en. fl. trans. p. 563. — *P. Boehmeri* Wib. prim. fl. werth. p. 125; Bois. fl. or. V. p. 483; Heldr. chlor. Parn. p. 28; Haussk. symb. p. 39. — *P. phalaroides* Koel. gram. p. 52. — *P. laeve* M. a B. fl. taur. cauc. I. p. 46. — *P. Boehmeri v. laeve* Form. in Ver. Brünn 1896 p. 23, 1897 p. 21. — Icon: Host. gram. II. t. 34.

Rhizomate fibroso; culmis erectis; foliis margine scabridis, vaginis non inflatis; panicula spiciformi, cylindrica, elongata; glumis viridibus, lineari-lanceolatis, margine membranaceis, oblique truncatis, dorso trinerviis, exaratis, ad carinam scabridis, apice breviter aristato-mucronatis. — A *P. montano* glumis oblique truncatis, non ciliatis; a *P. pratense* glumis non horizontaliter truncatis et non ciliatis discedit.

β. **blepharodes** Asch. et Gr. syn. II. p. 148 pro var. *P. Boehmeri.* — Glumae ciliatae. — Medium tenet inter *P. phleoides* typicum et *P. montanum*, a quo glumis oblique truncatis tantum discedit. A *P. pratense* glumis oblique truncatis et carina convexis, nec horizontaliter truncatis et carina concaviusculis differt. — Exsicc.: Heldr. it. gr. septentr. a. 1879.

γ. **gracile** Haussk. symb. p. 39. pro var. *P. Boehmeri.* — Gracilior, panicula duplo tenuiore, 2 mm. tantum lata, caeterum ut in typo. — Exsicc.: Heldr. it. thessal. IV. a. 1885.

In herbidis regionis inferioris, in subalpinam adscendens. Epirus: mt. Peristeri, pr. Malakasi (Form.); Thessalia: ad monasterium Korona, pr. Pharsalus (Haussk.), mt. Phlamburo in mt. Oxya, pr. Patsios et Tafilvris in Olympo (Form.); mt. Parnassus (Guicc.); in insulis (Sibth.); — β. Phthiotis: mt. Oeta (Heldr.); — γ. Thessalia: in oropedio Neuropolis (Heldr.), monasterium Meteora pr. Kalabaka (Haussk.). — Jun. Jul. ♃.

×× Annua.
O Glumae ad carinam ciliatae.

5. **P. echinatum** Host gram. III. p. 8 t. 11; Ch. et B. exp. p. 30, Fl. pelop. p. 4; Marg. et R. fl. Zante p. 94; Friedr. Reise p. 264 et 283; Ung. Reise p. 116; Spreitz. in z. b. G. 1877 p. 734,

1887 p. 671; Bois. fl. or. V. p. 482; Heldr. fl. ceph. p. 73; Bald. riv. coll. bot. alb. 1895 p. 73; Hal. in z. b. G. 1899 p. 195. — *P. felinum* S. et S. pr. I. p. 42; Mazz. in ant. ion. III. p. 668; Raul. cret. p. 875. —

Culmis erectis vel geniculato-adscendentibus; foliis margine saepius laevibus, summorum vaginis subinflatis; panicula spiciformi, ovata vel ovato-oblonga; glumis laete vel obscure viridibus, oblongis, late membranaceo-marginatis, inferne subinflatis, apice fere horizontaliter truncatis, dorso trinerviis, ad carinam longe ciliatis, in aristam divergentem, gluma longiorem productis.

In herbidis regionis inferioris et montanae. Epirus: mt. Micikeli (Bald.); Argolis: pr. Nauplia (Orph.); Laconia: pr. Sparta (Bois.), Selitza (Zahn.); Arcadia: mt. Diaforti (Chaub.); Messenia (Chaub.); Elis: mt. Sekhi pr. Alithura (Friedr.); Zante (Sibth.); Cephalonia: pr. Argostoli (Spreitz.), Kontogianata, mt. Aenos (Heldr.); Leucas: pr. San Giorgio (Spreitz.); Corcyra: pr. Fortezza Abramo, Kanone (Baen.), Lago di Valle (Friedr.), Manducchio, mt. Deka (Spreitz.), pr. Melichia (Mazz.); Creta: pr. Khalepa, Akroteri (Raul.). — Apr. Jun. ☉.

6. P. arenarium L. sp. p. 60; Ch. et B. fl. pelop. p. 5; Clem. sert. p. 95; Bois. fl. or. V. p. 481; Hal. in ö. b. Z. 1892 p. 400; Heldr. chlor. Thera p. 24, chlor. Mykon. p. 254; Haussk. symb. p. 39. — *Phalaris arenaria* Willd. sp. I. p. 328; S. et S. pr. I. p. 37; Mazz. in ant. ion. III. p. 670. — *Achnodon arenarium* Link hort. berol. I. p. 65, in Linnaea IX. p. 134. — Icon: Engl. bot. t. 222. — Exsicc.: Sint. et Bornm. it. turc. n. 1523; Dörfl. fl. aeg. n. 91.

Culmis erectis vel geniculato-adscendentibus; foliis margine scabridulis, summorum vaginis subinflatis; panicula spiciformi, oblonga vel breviter cylindrica, utrinque attenuata; glumis viridibus, lanceolatis, late membranaceo-marginatis, basi angustatis, apice sensim attenuato-mucronatis, dorso trinerviis, ad carinam longe ciliatis.

In arenosis praesertim maritimis. Thessalia: pr. Litochori (Sint.); Attica: pr. Athenas (Link), mt. Hymettus (Clem.), pr. Ergastiria Laurii (Heldr.), Sunium (Haussk.); Petalium insula Pontikonisi (Holzm.); Corinthus (Bois.); Argolis: pr. Nauplia (Link.); Cycladum insula Tenos, Mykonos, Hagios Georgios, Rhenea, Thera (Heldr.), Naxos (Leon.); Corcyra: insula Vido (Mazz.). — Apr. Jul. ☉.

○○ Glumae scabrae.

7. P. paniculatum Huds. fl. angl. p. 23. — *Phalaris aspera* Retz. obs. bot. IV. p. 14. — *Phleum viride* All. fl. ped. II. p. 232. — *P. asperum* Jacq. coll. I. p. 110; Vill. fl. delph. II. p. 61 t. 2; Raul. cret. p. 875. — *Chilochloa aspera* Pal. agrost. p. 158; Mazz. in ant. ion. III. p. 670.

Culmis erectis vel geniculato-adscendentibus; foliis margine scabris, summorum vaginis subinflatis; panicula spiciformi, cylindrica, elongata; glumis viridibus, obovato-cuneatis, subcoriaceis, inferne angustatis, superne inflatis, apice horizontaliter truncatis, dorso carinatis, scabris, in mucronem brevissimum contractis.

In herbidis regionis inferioris. Corcyra: pr. Clomo (Mazz.); Creta: pr. Canea (Raul.). — Maio, Jun. ☉. N. v.

β. Palea inferior quinquenervis.

8. **P. graecum** Bois. et Heldr. diagn. XIII. p. 42, Fl. or. V. p. 481; Haussk. symb. p. 39. — *P. exaratum* Griseb. spic. II. p. 462; Weiss in z. b. G. 1869 p. 758; Heldr. fl. cephal. p. 73. — Exsicc.: Heldr. herb. norm. n. 369, herb. fl. hellen. a. 96, in Baen. herb. europ. n. 3605; Orph. fl. gr. n. 967.

Culmis erectis vel geniculato-adscendentibus; foliis laeviusculis, vaginis vix inflatis; panicula spiciformi, cylindrica; glumis viridibus, lanceolatis, membranaceo-marginatis, dorso trinerviis, ad carinam longe ciliatis, apice sensim attenuato-aristatis, subdivergentibus. — *P. arenario* simile, ab eo spicis plerumque longioribus, glumis apice divergentibus, nec rectis et palea 5 nervi distinctum.

In arenosis, vinetis, campis regionis inferioris. Thessalia: pr. Pharsalus, Aivali (Haussk.); Attica: pr. Athenas, pr. Bari, Phaleron (Heldr.), Laurion, Sunium (Haussk.); Corinthus (Haussk.); Cycladum insula: Syra, Tenos (Weiss), Cythnos, Rhenea (Tunt.); Creta: pr. Canea (Weiss); Cephalonia: in oropedio Omala (Heldr.). — Apr. Jun. ☉.

9. **P. subulatum** Savi fl. pis. I. p. 57; Mazz. in ant. ion. III. p. 670 (*Phalaris*); Asch. et Gr. syn. II. p. 154. — *Phalaris tenuis* Host. gram. II. t. 36. — *Phalaris sativa* Pers. syn. I. p. 78; Mazz. l. c. — *Phleum tenue* Schrad. fl. germ. I. p. 161; Ch. et B. exp. p. 30, Fl. pelop. p. 4; Ung. Reise p. 116; Weiss in z. b. G. 1869 p. 758; Raul. cret. p. 875; Bois. fl. or. V. p. 480; Form. in D. bot. Mon. 1890 p. 7, in Ver. Brünn 1895 p. 18, 1986 p. 23, 1897 p. 21; Bald. riv. coll. bot. alb. 1896 p. 97; Heldr. chlor. Thera p. 24; Haussk. symb. p. 39. — Exsicc.: Rev. pl. cret. n. 188.

Culmis erectis vel geniculato-adscendentibus; foliis margine asperis, vaginis vix inflatis; panicula spiciformi, cylindrica; glumis viridibus, semiovatis, membranaceo-marginatis, dorso trinerviis, glabris, acutis, conniventibus.

β. **ciliatum** Bois. fl. or. V. p. 480, pro var. *P. tenuis*. — Glumae ad carinam ciliatae. — Exsicc.: N. v.

In herbidis regionis inferioris et montanae. Epirus: pr. Prevesa, Agiotoma, Ephemiades, Hagios Nicolaos pr. Janina, Han Balduma, in valle Dipotami (Form.); Thessalia: pr. Klinovo, Kalabaka, Aivali (Haussk.), Pharsalus (Heldr.), Trikala, Velestinos, Lechonia (Form.); Euboea: pr. Kyme, Chalkis (Ung.); Aetolia: mt. Chalkis, Taphiasso (Hal.); Attica: pr. Athenas, mt. Parnes, ad Phaleron (Heldr.), Laurion (Haussk.); Corinthus (Haussk.); Elis: pr. Chlemutzi, Bartholomeo (Heldr.); Messenia: pr. Arcadia, Gortys, Methone (Chaub.); Cycladum insula Keos, Thera (Heldr.); Creta: pr. Kissamos (Rev.), Canea (Weiss), Cercibilia, Khalepa, Akroteri (Raul.); Corcyra: pr. Kastrades (Mazz.); — β. Cycladum insula Syra (Bois.). — Maio, Jul. ⊙.

b. Glumae dorso alatae; palea inferior subenervis; stamina 2.

10. **P. crypsoides** Urv. enum. p. 7 *(Phalaris)*; Hack. in bull. soc. bot. fr. 1892 p. 274. — *Maillea Urvillei* Parl. pl. nov. p. 31. — *M. crypsoides* Bois. fl. or. V. p. 479; Haussk. in bot. Ver. Thür. 1886 V. p. 61, symb. p. 38; Heldr. chlor. Mykon. p. 254. — *P. crypsoideum* Rouy in bull. soc. bot. fr. 1892 p. 259. — Exsicc.: Tunt. pl. exs. n. 1900.

Culmis nanis, foliorum vaginis subinflatis dense obtectis; panicula spiciformi, ovata, vaginis summis spathaeformibus basi suffultis; glumis albidis, semiovatis, carinatis, ad carinam alatam aculeolatis, submucronatis.

In arenosis maritimis. Attica: in scopulo Raphti (Urv.); Neocorinthus (Haussk.); Cycladum insula Cythnos et Rhenea (Tunt.). — Mart. Jun. ⊙.

20. Mibora Adans. fam. II. p. 493.

1. **M. minima** L. sp. p. 63 *(Agrostis)*; Desv. fl. anj. p. 46; Spreitz. in z. b. G. 1877 p. 734; Bois. fl. or. V. p. 479. — *Chamagrostis minima* Borkh. fl. catzen. in Botaniker 1796 p. 16. — *M. verna* Pal. agrost. p. 29; Heldr. fl. ceph. p. 73; Form. in D. bot. Mon. 1898 p. 77. — Icon: Trin. gram. II. t. 17. — Exsicc.: Heldr. reliqu. Orph. a. 1886; Reis. fl. gr. a. 1897.

Culmis setaceis, pumilis, ima basi tantum foliatis; spiculis solitariis, in spicam tenuem subunilateralem dispositis; glumis ovato-oblongis, purpurascentibus, glabris, apice truncato membranaceis; paleis villosis margineque dentatis et ciliatis.

In argillosis regionis montanae et subalpinae, rarissime. Laconia: mt. Malevo (Orph.); Cephalonia: mt. Aenos (Spreitz.). — Apr. Maio. ⊙.

6. Tribus. **AGROSTIDEAE** Benth. et Hook. gen. III. p. 1084.

21. Aristella Bert. fl. ital. I. p. 690.

1. **A. bromoides** L. mant. I. p. 30 *(Agrostis)*; Bert. l. c.; Clem. sert. p. 98; Bois. fl. or. V. p. 504; Heldr. fl. ceph. p. 74; Haussk. symb. p. 41. — *Stipa aristella* L. syst. nat. ed. 12 III. p. 229; S. et S pr. I. p. 66, Fl. gr. I. p. 69 t. 87; Sieb. avis p. 2, rem. p. 3; Ch. et B. exp. p. 40, Fl. pelop. p. 7; Link in Linnaea IX. p. 135; Mazz. in ant. ion. II. p. 466; Raul. cret. p. 877; Form. in D. bot. Mon. 1890 p. 7, in Ver. Brünn 1895 p. 19, 1896 p. 24, 1897 p. 22. — Exsicc.: Rev. pl. cret. n. 271; Sint. et Bornm. it. turc. n. 1530.

Rhizomate crasso, lignoso, subrepente; culmis elatis, 50—100 cm. altis; foliis convolutis, scabridis; paniculae anguste linearis, elongatae, ramis axi adpressis; glumis lanceolatis, acuminatis, prominenter trinerviis; paleis adpresse hirtis, inferiore aristam ea duplo longiorem, scabridam, non tortam, nec geniculatam gerente.

In saxosis, fruticetis regionis inferioris et montanae. Epirus: pr. Prevesa, Han Mescho (Form.); Thessalia: ad monasterium Korona (Haussk.), pr. Kalabaka, Velestinos, Pharsalus, Vanaluka, mt. Chassia, in valle Tempe, pr. Neraida (Form.), monasterium Metoji in Olympo (Sint.); Euboea: pr. Kastaniotissa (Heldr.), Steni (Leon.); Attica: pr. Athenas (Sibth.), mt. Parnes (Clem.), Pentelicon, in valle Cephissi, mt. Hymettus (Heldr.); Elis: pr. Chlemutzi (Heldr.); Laconia: mt. Malevo (Orph.), Kardamyle, promontorium Malea (Chaub.); Creta: promontorium Meleka, pr. Amalos (Rev.), mt. Sphakia, Psiloriti, pr. Mirabello (Raul.); Cephalonia: pr. Erisso (Heldr.); Corcyra: pr. Garizza (Mazz.), Stratia, Gasturi, Afra (Form.). — Maio, Jul. ♃.

22. Stipa L. gen. n. 90.

a. Arista glabra vel breviter et adpressiuscule pubescens.

α. Annua.

1. **S. tortilis** Desf. fl. atl. I. p. 99 t. 31; Sieb. avis p. 2; Ch. et B. exp. p. 41, Fl. pelop. p. 7; Link in Linnaea IX. p. 135; Marg. et R. fl. Zante p. 95; Mazz. in ant. ion. II. p. 466; Friedr. Reise p. 285; Clem. sert. p. 98; Weiss in z. b. G. 1869 p. 756; Raul. cret. p. 877; Bois. fl. or. V. p. 500; Heldr. fl. ceph. p. 74, Fl. Aegina p. 397; Form. in D. bot. Mon. 1890 p. 7, in Ver. Brünn 1896 p. 24; Bald. viagg. Creta p. 95; Haussk. symb. p. 41. — *S. paleacea* S. et S. pr. I. p. 65, Fl. gr. I. p. 68 t. 86; Sieb. avis rem. p. 3; Mazz. in ant. ion. II. p. 466; non Vahl symb. II. p. 24, quae = *Anthistiria glauca* Desf. — Exsicc.: Heldr. herb. norm. n. 591 et 1395.

Radice annua; culmis erectis vel geniculato-adscendentibus; foliis convoluto-filiformibus, intus pubescentibus; ligula brevissima, truncata; panicula subspicata, contracta, vagina summa basi involucrata, demum contorta; glumis subinaequalibus, anguste lineari-lanceolatis, in aristam eis breviorem attenuatis; palea inferiore undique pubescente, aristam semel vel bis geniculatam, inferne breviter pubescenti-ciliatam, superne scabram gerente. — Culmi 10—60 cm. alti, arista 8—10 cm. longa.

In arenosis, saxosis regionis inferioris et submontanae. Thessalia: pr. Tyrnovo, Pharsalus (Haussk.), Kalabaka, Velestinos, Koryza, Portaria, Volo (Form.); Attica: pr. Athenas, in colle Ardetto, Lycabetto, pr. Bari (Heldr.), mt. Hymettus (Clem.), pr. Eleusis, Laurion (Haussk.); Argolis: pr. Nauplia (Friedr.), mt. Palamidi (Haussk.); Messenia: pr. Methone (Chaub.); Archipelagus: insula Aegina (Heldr.), Cythnos (Tunt.), Syra (Weiss); Creta (Sibth.): pr. Alikianu (Bald.), Meleka, Stylo, Prosnero, Sphakia, Istovai (Raul.); Zante (Marg.); Cephalonia: pr. Drapano, Lixuri (Heldr.); Corcyra: pr. Potamo (Mazz.). — Mart. Jul. ☉.

β. Perennes; rhizomate fibroso, caespitoso.

× Fructus 5—6 mm. longus.

2. **S. parviflora** Desf. fl. atl. I. p. 98 t. 29; Ch. et B. fl. pelop.

p. 7; Raul. cret. p. 877; Bois. fl. or. V. p. 499. — *S. Bergeri* Link. in Linnaea IX. p. 135.

Culmis erectis; foliis convoluto-filiformibus, vaginis ore pilosis; ligula brevissima, truncata; panicula vagina summa basi involucrata, diffusa, ramis semiverticillatis; glumis hyalinis, inferne violaceis, valde inaequalibus, anguste lanceolatis, exteriore in aristam ei aequilongam attenuata, interiore subdimidio breviore, acuminata; pale inferiore basi pilosa, superne adpresse sericea, aristam capillaceam, geniculatam, tenuiter pubescenti-scabram, superne arcuatam gerente. — Culmi 40—80 cm. alti, arista 8—10 cm. longa.

In Graeciae montibus (Berger), loco non indicato (Link), sed probabiliter pr. Nauplia Argolidis; Creta (Sieb.). — Maio, Jun. ♃. N. v
×× Fructus 12—13 mm. longus.

3. **S. capillata** L. sp. ed. 2 p. 116; Mazz. in ant. ion. II. p. 466. — Icon: Host. gram. II. t. 5.

Culmis erectis; foliis convolutis, glabris vel glabriusculis; ligula lanceolata, glabra; panicula vagina summa basi involucrata, laxe ramosa, ramis strictis; glumis virescentibus, subinaequalibus, anguste lanceolatis, cuspidato-attenuatis; palea inferiore lineatim sericea, superne glabra, aristam glabram, geniculatam, flexuoso-curvatam, inferne scabram gerente. — Culmi 40—60 cm. alti, arista 10—15 cm. longa, fructus 12 mm. longus.

β. **thessala** Haussk. symb. p. 41, pro sp. — Panicula magis stricta, arista 20 cm. longe et ultra, fructus 13 mm. longus. — Exsicc.: Heldr. it. thessal. IV. a. 1885.

In saxosis regionis inferioris et montanae. Corcyra: pr. Cacazarus (Mazz.); — β. Thessalia: in valle superiore Penei inter Tsungeri et Uranaeos (Heldr.), pr. Malakasi, Pharsalus (Haussk.). — Jun. Jul. ♃.

4. **S. Fontanesii** Parl. fl. it. I. p. 167; Haussk. symb. p. 41. — *S. juncea* S. et S. pr. I. p. 65, Fl. gr. I. p. 67 t. 85; Sieb. avis rem. p. 3; ? Mazz. in ant. ion. II. p. 464; non L. — *S. Sibthorpii* Bois. et R. in Raul. cret. p. 876; Weiss in z. b. G. 1869 p. 756; Heldr. fl. Aegina p. 396. — *S. Lagascae* Ung. Reise p. 116; Bois. fl. or. V. p. 500; non R. et Sch. — Exsicc.: Heldr. herb. norm. n. 392 et 1394.

Differt a praecedente arista arcuato-nutante, undique breviter et adpressiuscule pubescenti-ciliata.

In saxosis regionis inferioris et montanae. Attica: in colle Ardetto et Lycabetto, pr. Liopesi (Heldr.), mt. Pentelicon (Ung.), mt. Kerata, pr. Laurion (Haussk.); insula Aegina: ad templum (Heldr.); Euboea: pr. Chalkis (Ung.); Argolis: mt. Palamidi pr. Nauplia (Haussk.); Laconia: mt. Malevo (Orph.); Cycladum insula: Syra (Weiss); Creta (Sibth.); Corcyra: pr. Spartilla (Mazz.). — Apr. Jul. ♃.

b. Arista plumosa.

5. **S. pennata** L. sp. p. 78; Ch. et B. fl. pelop. p. 7; Bois. fl. or. V. p. 502; Heldr. fl. ceph. p. 74; Hal. in z. b. G. 1888 p. 763, Beitr. fl. Epir. p. 42; Bald: riv. coll. bot. alb. 1896 p. 98. — Icon: Host. gram. IV. t. 33. — Exsicc.: N. v.

Culmis erectis; foliis convoluto-filiformibus, glabris; ligula oblonga; panicula vagina summa basi saepius involucrata, ramis brevibus; glumis subaequalibus, lanceolatis, in cuspidem eis 2—3 plo longiorem attenuatis; palea inferiore parte dimidio inferiore seriatim et adpresse hirsuta, apice glabra, aristam geniculatam, infra genu glabram, supra genu pilis longis patentibus plumosam, gerente. — Fructus 15—20 mm. longus.

β. **pulcherrima** C. Koch in Linnaea 1848 p. 440 pro sp. — *S. Grafiana* Stev. verz. taur. Halbins. 1857 p. 116; Form. in Ver. Brünn 1896 p. 24, 1897 p. 22; Haussk. symb. p. 41. — Robustior; foliis validioribus, convolutis vel planiusculis; glumis longioribus; palea inferiori secus lineam marginalem totam adpresse hirsuta; fructu 20—25 mm. longo; arista longiore et crassiore. — Exsicc.: Sint. it. thessal. n. 843.

In saxosis regionis montanae, in alpinam adscendens. Epirus: mt. Kuruna (Bald.); Attica: ad Heraclea (Heldr.); Messenia: pr. Kalamata (Chaub.); Cephalonia: pr. Pylaros (Heldr.); — *β.* Epirus: pr. Kalarrytes (Hal.); mt. Peristeri (Form.); Thessalia: pr. Chaliki, Malakasi, Tsungeri (Haussk.), mt. Dokimi, Giseltepe, Mandra Hodza, Oxya, Chassia, pr. Patsios, Lokatamburia et Godaman in mt. Olympo, mt. Othrys (Form.), Oeta (Heldr.); Doris: mt. Kiona (Hal.); Laconia: in cacumine mt. Malevo (Orph.). — Jun. Jul. ♃.

Obs. *S. tenacissima* L. sp. ed. 2 p. 116. — Ex confusione quadam a S. et S. pr. I. p. 65 in collibus Atticae indicatur, ubi certe non crescit.

23. Lasiagrostis Link hort. berol. I. p. 91.

1. **L. calamagrostis** L. syst. ed. 10 p. 872 *(Agrostis)*; Link l. c.; Bois. fl. or. V. p. 505; Heldr. chlor. Parn. p. 28; Bald. riv. coll. bot. alb. 1895 p. 74; Haussk. symb. p. 41. — *Arundo speciosa* Schrad. fl. germ. I. p. 219; Mazz. in ant. ion. III. p. 676. — Icon: Rchb. germ. f. 167. — Exsicc.: Orph. herb. n. 3697; Sint. it. or. 1889 n. 1867; Sint. et Bornm. it. turc. n. 1519; Bald. it. alb. epir. III. a. 211.

Rhizomate fibroso, caespitoso; culmis elatis; foliis linearibus, scabris; panicula flavida, ramis patentibus; glumis subinaequalibus, acuminatis; palea inferiore villosa, arista basi curvata, eo plus duplo longiore gerente; palea superiore glabra, dimidio breviore.

In saxosis subalpinis. Corcyra: pr. Messongi (Mazz.); Epirus: pr. Syraku ad radices mt. Peristeri (Bald.); Thessalia: pr. Chaliki, Klinovo, mt. Baba, pr. Malakasi (Haussk.) in Pindo, ad Hagios Dionysios (Orph.) et in valle Megarema (Sint.) in Olympo; mt. Oeta Phthiotidis, mt. Parnassus ad Dipotamo (Heldr.). — Jul. Aug. ♃.

24. Oryzopsis Mich. fl. bor. Am. I. p. 51.

a. Ligula brevis, 2 mm. longa; spiculae 3 mm. longae.

1. **O. miliacea** L. sp. p. 61; Mazz. in ant. ion. II. p. 468 *(Agrostis)*; Asch. et Schweinf. mem. inst. Eg. II. p. 169; Heldr. fl. Aegina p. 397, chlor. Thera p. 24, chlor. Mykon. p. 254. — *Milium multiflorum* Cav. prael. p. 36; Ch. et B. exp. p. 32, Fl. pelop. p. 5; Friedr. Reise p. 277 et 282; Clem. sert. p. 96. — *M. arundinaceum* S. et S. pr. I. p. 45, Fl. gr. I. p. 50 t. 66; Sieb. avis p. 2, rem. p. 2; Mazz. in ant. ion. II. p. 464. — *Piptatherum multiflorum* Palis. agrost. p. 18; Marg. et R. fl. Zante p. 96; Weiss in z. b. G. 1869 p. 756; Raul. cret. p. 876; Heldr. fl. ceph. p. 74; Form. in Ver. Brünn 1895 p. 19, 1896 p. 24, 1897 p. 22; Haussk. symb. p. 41. — *P. frutescens* Link en. alt. I. p. 72. — *Urachne frutescens* Link hort. berol. I. p. 93, in Linnaea IX. p. 134. — *Agrostis minor* Mazz. in ant. ion. II. p. 468. — *P. miliaceum* Coss. not. crit. p. 129; Bois. fl. or. V. p. 506; Hal. in z. b. G. 1888 p. 763. — Exsicc.: Heldr. pl. fl. hellen. a. 1888 et 1890; Dörfl. fl. aeg. n. 75.

Rhizomate fibroso, caespitoso; culmis elatis; foliis planis; panicula ampla, multiflora, ramosissima, ramis numerosis, verticillatis, scabris, glumis lanceolatis, acuminatis, virescentibus vel violascentibus; paleis glabris, inferiore aristata, arista ea duplo longiore, glumis excedente, caduca.

β. **Thomasii** Duby bot. gall. I. p. 525; Ch. et B. exp. p. 32, Fl. pelop. p. 5; pro sp. *(Milium)*; Richt. pl. europ. I. p. 33; Heldr. fl. Aegina p. 397. — *Piptatherum Thomasii* Kunth enum. I. p. 177. — *P. miliaceum* β. *Thomasii* Bois. fl. or. V. p. 507. — Paniculae ramis inferioribus multiplicatis floribusque destitutis. — Exsicc.: Sint. it. thessal. n. 1049; Baen. herb. europ. n. 9307.

In dumosis, vineis, olivetis, incultis regionis inferioris, in tota ditione. — Maio, Sept. ♃.

b. Ligula elongata, 6—10 mm. longa; spiculae 6—12 mm. longae.

2. **O. coerulescens** Desf. fl. atl. I. p. 66 t. 12; S. et S. pr. I. p. 45; Sieb. avis p. 2, rem. p. 2; Ch. et B. exp. p. 31, Fl. pelop. p. 5; Clem sert. p. 96 *(Milium)*; Richt. pl. europ. I. p. 34; Heldr. fl. Aegina p. 397. — *Piptatherum coerulescens* Palis. agrost. p. 172; Ung. Reise p. 116; Weiss in z. b. G. 1869 p. 756; Raul. cret. p. 876; Bois. fl. or. V. p. 507; Heldr. fl. ceph. p. 74; Hal. in ö. b. Z. 1896 p. 19; Form. in Ver. Brünn 1896 p. 24; Haussk. symb. p. 41. — *Agrostis coerulescens* DC. fl. fr. V. p. 250. — *Urachne coerulescens* Trin. fund. agrost. p. 110. — Exsicc.: Orph. herb. n. 2700; Rev. pl. cret. n. 176; Sint. et Bornm. it. turc. n. 1532.

Rhizomate fibroso, caespitoso; culmis elatis; foliis anguste linearibus, convolutis; panicula laxa, pauciflora, ramis solitariis vel geminis, brevibus, scabridulis; spiculis 6—7 mm. longis; glumis lanceolatis, acuminatis, inferne coerulescentibus; paleis glabris, inferiore aristata, arista eae aequilonga, glumas non excedente, decidua.

β. **straminea** Haussk. symb. p. 42 pro var. *Piptatheri coerulescentis*. — Spiculis pallide viridibus, demum stramineis. — Exsicc.: Heldr. herb. dimorph. n. 51.

In collibus saxosis regionis inferioris et montanae. Thessalia: pr. Pharsalus (Form.), Litochori (Sint.); Sporadum insula Jura (Reis.); Euboea: pr. Chalkis (Ung.); Attica: mt. Lycabettus (Heldr.), Kerata, pr. Eleusis (Haussk.), Hymettus (Clem.), ad Kakiskala pr. Megara (Orph.), Pharmacusarum insula Lero, insula Aegina (Heldr.); Argolis: pr. Nauplia (Orph.); pr. Methone Messeniae et in Laconia (Chaub.); Cycladum insula: Keos, Kythnos (Heldr.), Syra (Weiss); Creta: pr. Canea (Weiss.), Malaxa, promontorium Meleka (Raul.), Akroteri, Kissamos (Rev.); Zante (Bois.); Cephalonia (Ung.). — Apr. Jun. ♃.

3. **O. holciformis** M. a B. fl. taur. I. p. 54 (*Agrostis*); Richt. pl. europ. I. p. 34. — *Piptatherum holciforme* R. et Sch. syst. II. p. 328; Heldr. fl. ceph. p. 74. — *Urachne grandiflora* Trin. gram. unifl. p. 174. — *Milium holciforme* Spreng. syst. I. p. 251.

Differt a praecedente culmis elatioribus, foliis late linearibus, planis, ad 9 mm. latis; ligula longiore, ad 1 cm. longa; paniculae ramis elongatis, scabris; spiculis longius pedicellatis, 8 mm. longis; glumis pallidis; palea inferiore adpresse pilosa, aristam ea triplo longiorem, glumas excedentem, gerente.

β. **longiglumis** Haussk. symb. p. 42 pro var. *Piptatheri holciformis*. — Robustior, panicula stricte erecta, ramis inferne culmo adpressis; glumis longius acuminatis, ad 12 mm. longis, evidenter nervatis; fructu majore.

In herbidis, rupestribus, rarissime. Cephalonia (Heldr.); — *β*. Argolis: mt. Palamidi supra Nauplia. — Maio, Jun. ♃. N. v.

25. Milium L. gen. n. 79.

1. **M. vernale** M. a B. fl. taur. cauc. I. p. 53; Bois. fl. or. V. p. 510. — *M. scabrum* Rich. in Merl. herb. Maine p. 131; Raul. cret. p. 876. — Icon: Rchb. germ. f. 1458. — Exsicc.: Heldr. pl. fl. hellen. a. 1878 et 1880.

Annuum; culmis solitariis vel pluribus; foliis brevibus, longe vaginatis; paniculae compositae, laxae, ramis scabris, semiverticillatis sparsisque, erecto-patentibus; glumis obtusiusculis, scabro-tuberculatis; paleis glabris.

β. **Montianum** Parl. fl. it. I. p. 156; Heldr. fl. ceph. p. 74; pro sp.; Coss. exp. alg. p. 72; Bois. fl. or. V. p. 510. — Culmis saepe fere ad apicem usque foliatis; paniculae subsimplicis ramis inferioribus geminis, ceteris solitariis, erectis; glumis acuminatis. — Exsicc.: N. v.

In dumosis regionis montanae. Attica: mt. Hymettus, Cithaeron (Heldr.); — *β*. Creta: mt. Lassiti (Heldr.); Cephalonia: mt. Aenos (Heldr.). — Apr. Maio. ☉.

26. Sporobolus R. Br. pr. nov. holl. I. p. 170.

1. S. pungens Schreb. graes. II. p. 46 t. 27; S. et S. pr. I. p. 46; Sieb. avis rem. p. 2; Ch. et B. exp. p. 32, Fl. pelop. p. 5 (*Agrostis*); Kunth gram. I. p. 68; Bois. fl. or. V. p. 512; Heldr. fl. ceph. p. 74, in ö. b. Z. 1898 p. 185, chlor. Mykon. p. 254; Haussk. symb. p. 40. — *Agrostis arenaria* Gou. ill. p. 3. — *Vilfa pungens* Palis. agrost. p. 182. — Exsicc.: Dörfl. fl. aeg. n. 252.

Rhizomate repente, stolonifero; culmis adscendentibus, distiche foliosis; vaginis sese tegentibus, ore barbatis; foliis rigidis, convolutis, intus puberulis, pungentibus; panicula vagina summa suffulta, brevi, contracta; glumis lanceolatis, acutiusculis, inferiore tertia parte breviore; paleis muticis.

In arenosis maritimis. Attica: ad Phaleron (Haussk.), Sunium (Chaub.); Laconia: ad ostium fl. Eurotas (Chaub.); Cycladum insula: Tenos (Chaub.), Naxos, Rhenea (Heldr.); Creta (Sieb.); Cephalonia (Heldr.). — Jun. Oct. ♃.

27. Agrostis L. gen. n. 80.

1. Sectio. *Euagrostis* Neilr. fl. Niederöst. p. 43. — Perennes; glumae subaequales; paleae 1—2; rudimentum floris secundi nullum.

a. Paleae binae.

α. Glumae breviter et adpresse pubescentes.

1. A. verticillata Vill. prosp. fl. dauph. p. 116; Mazz. in ant. ion. II. p. 466; Clem. sert. p. 96; Weiss in z. b. G. 1869 p. 756; Raul. cret. p. 877; Bois. fl. or. V. p. 513; Heldr. fl. ceph. p. 74; Hal. in z. b. G. 1899 p. 195; Haussk. symb. p. 40. — *A. stolonifera* L. sp. p. 62 p. p.;? S. et S. pr. I. p. 45; Pieri corc. fl. p. 11; Mazz. l. c.; Marg. et R. fl. Zante p. 96. — *A. aquatica* Pourr. in mem. act. toul. III. p. 306. — *A. rivularis* Brot. fl. lus. I. p. 75; Ch. et B. exp. p. 32, Fl. pelop. p. 5. — Icon: Trin. gram. t. 36. — Exsicc.: Heldr. pl. fl. hellen. a. 1890.

Stolonifera; culmis basi decumbentibus, ad nodos inferiores saepe radicantibus; foliis planis; ligula brevi, truncata; paniculae densiusculae, lobatae, ramis semiverticillatis, scabris; glumis aequilongis, obtusiusculis, undique adpresse pubescentibus; paleis subaequilongis, muticis, glumis dimidio brevioribus.

β. **frondosa** Ten. fl. nap. III. p. 53 t. 102 pro sp.; Asch. et Gr. syn. I. p. 179. — Panicula laxiuscula, ramis inferioribus longioribus; spiculis minus glomeratis, majoribus, longius pedicellatis; glumis acuminatis, ssepe minus pubescentibus. — Exsicc.: N. v.

In humidis regionis inferioris et montanae. Attica: mt. Pentelicon (Clem.), ad Phaleron, Laurion (Haussk.); Euboea: mt. Telethrion (Heldr.); Argolis: pr. Nauplia (Haussk.); Messenia: pr. Methone (Chaub.); Cycladum insula: Keos, Kythnos, Tenos (Heldr.), Syra (Weiss), Naxos

(Chaub.); Creta: pr. Rumata, Canea, Akroteri (Raul.); Zante (Marg.); Cephalonia: pr. Kutavo (Heldr.); Corcyra: pr. Katonichi (Mazz.); — β. Graecia (Aschers.), loco non notato. — Maio, Jul. ♃.

β. Glumae ad carinam vel undique scabrae, sed non pubescentes.

2. **A. alba** L. sp. p. 63; S. et S. pr. I. p. 46; Mazz. in ant. ion. II. p. 468; Bois. fl. or. V. p. 514; Hal. in z. b. G. 1888 p. 763; Form. in D. bot. Mon. 1890 p. 7, in Ver. Brünn 1895 p. 18, f. *breviligulata*, 1896 p. 23; Haussk. symb. p. 40, cum v. *flaccidula* Hack. (sine diagn.). — *A. silvatica* Host. gram. IV. t. 58; Mazz. l. c. p. 463. — *A. diffusa* Host. gram. IV. t. 55; Mazz. l. c. p. 468; (f. panicula diffusa). — Exsicc.: Orph. herb. a. 1851.

Saepius stolonifera; culmis erectis vel adscendentibus vel decumbentibus, ad nodos inferiores saepe radicantibus; foliis planis; ligula elongata, acuta; paniculae viridis vel purpurascentis, laxiusculae, ramis inaequalibus, scabris, sub anthesi patentibus, demum coarctatis; glumis subaequilongis, acutis, carina scabris; paleis inaequalibus, muticis, inferiore glumis breviore, superiorem duplo superante. — Species polymorpha.

β. **scabriglumis** Bois. et R. pug. p. 125 pro sp.; Bois. fl. or. V. p. 514. — Glumae undique scabrae. — Exsicc.: Heldr. rel. Orph. a. 1886.

γ. **varia** Host gram. IV. t. 57 pro sp. — *A. stolonifera v. longearistata* Janka in Linn. 1859 p. 618; Form. in Ver. Brünn 1897 p. 21. — *A. alba v. aristata* Bald. riv. coll. bot. alb. 1896 p. 98. — Palea inferior aristata. — Exsicc.: Bald. it. alb. epir. IV. n. 150.

In pratis, arenosis, humidis regionis inferioris in alpinam adscendens per totam ditionem. — Jun. Sept. ♃.

3. **A. vulgaris** With. arr. ed. 3 p. 132; Mazz. in ant. ion. II. p. 466; Hal. Beitr. fl. Epir. p. 42; Bald. riv. coll bot. alb. 1896 p. 98. — *A. stolonifera* L. sp. p 62 p. p. — *A. intermedia* Balb. el. p. 85; Mazz. l. c. p. 468. — Huc forsan: *A alpina* Mazz. l. c., non Scop.; et *A. rupestris* Mazz. l. c., non All., ambo e Corcyra. — Icon: Host gram. IV. t. 59. — Exsicc.: Heldr. it. thessal. IV. a. 1885.

Plus minusve stolonifera; culmis erectis vel adscendentibus; foliis planis; ligula brevissima, truncata; paniculae purpurascentis, laxiusculae, ramis inaequalibus, scabris, patentibus; glumis subaequilongis, acutis, carina scabris; paleis inaequalibus, muticis, inferiore glumis subbreviore, superiorem duplo superante.

β. **aristata** Bois. fl. or. V. p. 515; Haussk. symb. p. 40. — Palea inferior aristata. — Exsicc.: N. v.

In collibus herbidis regionis montanae et alpinae, rare. Epirus: mt. Smolika (Bald.), pr. Kalentini (Hal.); Thessalia: ad monasterium Meteora (Heldr.); Corcyra (Mazz.); — β. Thessalia: pr. Chaliki et Klinovo in Pindo (Haussk.), mt. Olympus (Auch.). — Jun. Jul. ♃.

4. **A. byzantina** Bois. diagn. XIII. p. 46; Form. in Ver. Brünn 1897 p. 21; Haussk. symb. p. 40. — *A. olivetorum* Gr. et Gdr. fl. fr. III. p. 483. — *A. tarda* Form in Ver. Brünn 1896 p. 24, non Drude. — *A. castellana* Bois. et R. diagn. pl. hisp. p. 26, var. *byzantina* Hack. in allg. bot. Zeitschr. 1901 p. 10. — Exsicc.: Sint. it. thessal. n. 863.

Interdum stolonifera; culmis erectis; foliis angustis, planiusculis, superioribus convolutis; ligula brevi, ovata; paniculae virescentis vel purpurascentis, contractae, ramis strictis, scabris; glumis subaequilongis, acutis, ad carinae apice scabris; paleis inaequalibus, muticis, inferiore glumis breviore, superiorem triplo superante. — Teste Hackel l. c. subspecies mutica *A. castellanae* Bois. et R.; differt ab *A. vulgari* culmis gracilibus, foliis angustis, superioribus convolutis, ligula longiore, ovata, non truncata, panicula stricta, spiculis minoribus; habitu sequenti similis, a qua paleis binis discedit.

In herbidis nemorosis regionis inferioris et montanae. Thessalia: mt. Sina pr. Malakasi (Sint.), pr. Karditza, in oropedio Neuropolis, ad monasterium Korona (Haussk.), mt. Ghavellu, pr. Sermeniko in Pindo, mt. Phlamburo in mt. Oxya, pr. Patsios in Olympo (Form.). — Jun. Jul. ♃.

b. Palea unica.

5. **A. canina** L. sp. p. 62; Bois. fl. or. V. p. 516. — *Trichodium caninum* Schrad. fl. germ. p. 198. — Icon: Host gram. IV. t. 53.

Plus minusve stolonifera; culmis erectis vel adscendentibus; foliis radicalibus setaceis, complicatis, culmis angustis, planis; ligula oblonga; paniculae rubellae, diffusae, post anthesin contractae, ramis scabris; glumis subaequilongis, acutis, carina scabris; palea glumis quarta parte breviore, aristata.

β. **mutica** Gaud. fl. helv. I. p. 172. — Palea mutica. — Exsicc.: Heldr. pl. fl. hell. n. 3292. —

In mt. Conino pr. Karpenisi Eurytaniae (Samar.); — f. typica in Graecia nondum reperta. — Jul. Aug. ♃.

2. Sectio. *Apera* Palis. agrost. p. 31. — Annuae; glumae inaequales, inferior brevior; paleae 2; rudimentum floris secundi stipitiforme.

6. **A. spica venti** L. sp. p. 61; Ch. et B. exp. p. 32, Fl. pelop. p. 5; Mazz. in ant. ion. II. p. 466. — *Apera spica venti* Palis. agrost. p. 151; Form. in Ver. Brünn 1897 p. 21; Haussk. symb. p. 40. — Icon: Host gram. III. t. 47.

Culmis erectis; foliis planis; ligula elongata; paniculae elongatae, diffusae, ramis semiverticillatis, inaequalibus; glumis acuminatis, carina scabris; paleis 2, inferiore glumis sublongiore, arista flexuosa, glumis 3—4 plo longiore aucta.

In agris, arenosis, regionis inferioris et montanae. Corcyra: pr. Botumia (Mazz.); Thessalia: pr. Malakasi, Kalabaka, Orman Magula,

Pharsalus (Haussk.), pr. Vlachava, mt. Phlamburo in mt. Oxya, mt. Cuka et Mitrica in mt. Chassia (Form.). — Jun. Jul. ♃.

Obs. Quid sit *A. retrofracta* Mazz. in ant. ion. II. p. 468 e mt. Deka Corcyrae nescio. — Ab eodem autore indicatur in Corcyra pr. Spartero (l. c. p. 466) *A. capillaris* L. sp. p. 62; sed certe ex confusione.

28. Calamagrostis Adans. fam. II. p. 31.

1. **C. epigeios** L. sp. p. 81; Ch. et B. exp. p. 43, Fl. pelop. p. 8; Fraas fl. class. p. 300 (*Arundo*); Roth. tent. I. p. 34; Mazz. in ant. ion. III. p. 676; Bois. fl. or. V. p. 525; Form. in Ver. Brünn 1897 p. 20; Haussk. symb. p. 40. — ? *C. vulgaris* Mazz. l. c. — ? *Arundo pseudophragmites* Mazz. l. c., non Schrad. — Icon: Host gram. IV. t. 42. — Exsicc.: Heldr. it. thessal. IV. a. 1885.

Rhizomate repente; culmis elatis, ad paniculae basin valde asperis; foliis asperis; paniculae violascentis vel pallidae, strictae, lobatae, ramis erectis; glumis subinaequalibus, lanceolatis, subulato-attenuatis, pilis numerosis glumas aequantibus; paleis pellucido-albis, inferiore glumis dimidio breviore, ad medium dorsum aristata; rudimento floris secundi nullo.

In nemorosis regionis montanae et subalpinae. Thessalia: in oropedio Neuropolis (Heldr.), mt. Ghavellu (Haussk.), mt. Mitrica in mt. Chassia (Form.); Peloponnesus: pr. Arcadia et Methone Messeniae, Laconia, Argolis (Chaub.); Corcyra (Mazz.). — Jun. Jul. ♃.

2. **C. varia** Schrad. fl. germ. I. p. 216 (*Arundo*); Host gram. IV. t. 47. — *A. montana* Gaud. agrost. helv. I. p. 91. — *C. montana* DC. fl. fr. V. p. 254. — Exsicc.: Heldr. it. gr. septentr. a. 1879; Sint. et Bornm. it. turc. n. 1528.

Rhizomate repente; culmis elatis, ad paniculae basin plerumque asperis; foliis asperulis; paniculae pallidae vel violascentis, strictae, ramis brevibus; glumis subaequalibus, lanceolatis, acutis, pilis numerosis glumas subaequantibus; paleis submembranaceis, dorso virescentibus vel violascentibus, inferiore glumis subbreviore, supra basin dorsi aristata; rudimento floris secundi pedicelliforme, piloso.

In silvis subalpinis. Thessalia: ad Hagios Dionysios in mt. Olympo (Sint.); Phthiotis: in faucibus Ruphias mt. Oeta (Heldr.). — Jun. Jul. ♃.

29. Gastridium Palis. agrost. p. 21.

1. **G. lendigerum** L. sp. ed. 2 p. 91; Ch. et B. fl. pelop. p. 5; (*Milium*); Gaud. fl. helv. I. p. 176; Mazz. in ant. ion. II. p. 466; Raul. cret. p. 877; Bois. fl. or. V. p. 519; Heldr. fl. ceph. p. 74, Fl. Aeginu p. 396; Form. in Ver. Brünn 1895 p. 18; Hal. in ö. b. Z. 1899 p. 25. — *Agrostis australis* L. mant. I. p. 30. — *A. lendigera* DC. fl. fr. III. p. 18; Mazz. l. c. p. 468. — *G. australe* Palis.

agrost. p. 164; Marg. et R. fl. Zante p. 96; Ung. Reise p. 116; Weiss in z. b. G. 1869 p. 756; Haussk. symb. p. 40. — Icon: Fl. gr. t. 65. — Exsicc.: Heldr. herb. fl. bellen. a. 1877.

Saepius pluriculme; culmis erectis vel geniculato-adscendentibus; foliis planis; panicula spiciformi, lineari-lanceolata, pallescente, nitida; glumis lanceolatis, acuminato-attenuatis, basi ventricosis, carina scabris; palea inferiore hirsuta, apice truncato-dentata, sub apice aristata, rarius mutica.

In arenosis, collibus, cultis regionis inferioris et montanae. Epirus: pr. Prevesa (Form.); Thessalia: pr. Karditza, Sophades (Haussk.); Euboea: pr. Chalkis (Ung.); Attica: mt. Pentelicon, pr. Laurion (Haussk.), Pharmacusarum insula Lero, insula Aegina (Heldr.); Elis: pr. Lintzi (Heldr.); Messenia: pr. Nisi, Djalova (Chaub.); Argolis: pr. Nauplia, in peninsula Methana (Haussk.); Laconia: mt. Taygetos (Zahn); Cycladum insula: Tenos, Keos, Kythnos (Heldr.), Syra (Weiss); Creta (Raul.); Strophades (Reis.); Zacynthus (Marg.); Cephalonia: in oropedio Omala, pr. Kampanistra, Piscardo (Heldr.); Corcyra: pr. Alipu, Spartilla (Mazz.). Maio, Jul. ⊙.

2. **G. scabrum** Presl gram. sic. p. 21; Bois. fl. or. V. p. 519. — *G. muticum* Günth. in Spreng. nov. prov. hort. ac. hal. et berol. p. 20; Ch. et B. fl. pelop. p. 5; Raul. cret. p. 877. — Icon: Coss. et Dur. alg. t. 40. — Exsicc.: Heldr. pl. fl. hell. a. 1899.

Differt a praecedente panicula densiore, glumis undique scabris acutis, palea inferiore glabra, saepissime mutica.

In arenosis praesertim maritimis, rare. Elis: pr. Lintzi (Heldr.); Messenia: pr. Kalamata (Chaub.), Nisi (Bois.); Creta: pr. Nerokuru (Raul.). — Maio, Jul. ⊙.

30. Polypogon Desf. fl. atl. I. p. 67.

1. **P. monspeliense** L. sp. p. 61 (*Alopecurus*); Desf. l. c.; Sieb. avis p. 2; Ch. et B. exp. p. 32, Fl. pelop. p. 5; Mazz. in ant. ion. III. p. 694; Marg. et R. fl. Zante p. 96; Fraas fl. class. p. 302; Weiss in z. b. G. 1869 p. 756; Raul. cret. p. 877; Bois. fl. or. V. p. 520; Heldr. fl. ceph. p. 74; Form. in Ver. Brünn 1895 p. 18, 1896 p. 24, 1897 p. 21; Haussk. symb. p. 41. — *Phleum crinitum* Schreb. gräs. I. p. 151 t. 20; S. et S. pr. I. p. 42, Fl. gr. I. p. 46 t. 62; Mazz. l. c. p. 668. — Exsicc.: Orph. fl. gr. n. 955; Baen. herb. europ. n. 9314.

Culmis erectis vel geniculato-adscendentibus; foliis planis; panicula spiciformi, oblonga, saepe lobulata; glumis pubescenti-scabris, margine ciliolatis, oblongis, ex apice breviter emarginato, obtuse bilobo, arista tenui eis 3—4 plo longiori instructis; palea inferiore glumis dimidio breviore, apice 4 dentata, breviter aristata.

In arenosis praesertim maritimis, humidis regionis inferioris. Thessalia: pr. Pharsalus, Volo (Form.); Attica: pr. Athenas (Sibth.), Phaleron (Orph.), Laurion (Haussk.); Corinthia: pr. Lecheon (Heldr.);

Argolis in peninsula Methana (Haussk.), pr. Nauplia, Argos (Fraas); Messenia (Chaub.); Cycladum insula: Kythnos (Fraas), Keos, Tenos, Mykonos (Heldr.), Syra (Weiss); Creta: pr. Canea (Raul.); Zante (Marg.); Cephalonia: pr. Lixuri (Heldr.); Corcyra: pr. Kastrades, Peramo (Mazz.), Kipuria, Kanoni (Form.). — Apr. Jul. ⊙.

2. **P. maritimum** Willd. neu. schr. ges. nat. fr. Berl. III. p. 442: Mazz. in ant. ion. III. p. 692; Marg. et R. fl. Zante p. 96; Raul. cret p. 877; Spreitz. in z. b. G. 1877 p. 734; Bois. fl. or. V. p. 520; Hal. beitr. fl. Aetol. p. 10; Haussk. symb. p. 41. — Icon: Guss. pl. rar. t. 5. — Exsicc.: Sint. et Bornm. it. turc. n. 1520.

Differt a praecedente glumis bifidis, valde ciliatis, dorso basin versus interdum squamulis argenteis exasperatis, palea inferiore mutica.

β. **subspathaceum** Req. in ann. sc. nat. V. p. 386; Gelmi in bull. soc. bot. it. 1889 p. 453; pro sp.; Dub. bot. gall. p. 508; Spreitz. in z. b. G. 1887 p. 671. — Vagina folii summi subinflata, paniculam plerumque amplectente; glumis dorso inferne squamulis valde prominentibus obsitis. — Exsicc.: N. v.

In arenosis praesertim maritimis. Thessalia: pr. Kalabaka (Haussk.), Litochori (Sint.); Aetolia: pr. Krioneri, Antirrhion (Hal.); Attica: pr. Phaleron, Laurion (Haussk.); Argolis: in peninsula Methana, pr. Nauplia (Haussk.); Messenia: pr. Kalamata (Zahn); Cycladum insula Syra (Bois.), Kythnos, Keos, Rhenia (Heldr.); Creta: pr. Cercibilia, Nerokuru, Suda, Pilialimata, Omalos (Raul.); Zante (Marg.); Corcyra: pr. Peramo, Potamo (Mazz.); — β. Corcyra (Spreitz.): pr. Alipu (Gelmi). — Apr. Jul. ⊙.

31. Lagurus L. gen. n. 104.

1. **L. ovatus** L. sp. p. 81; S. et S. pr. I. p. 68, Fl. gr. I. p. 71 t. 90; Pieri corc. fl. n. 13; Sieb. avis rem. p. 3; Urv. enum. p. 10; Ch. et B. exp. p. 42, Fl. pelop. p. 7; Link in Linn. IX. p. 138; Mazz. in ant. ion. II. p. 466; Marg. et R. fl. Zante p 97; Friedr. Reise p. 282; Clem. sert. p. 94; Ung. Reise p. 116; Weiss in z. b. G. 1869 p. 756; Raul. cret. p. 878; Spreitz. in z. b. G. 1877 p. 734; Bois. fl. or. V. p. 521; Heldr. fl. ceph. p. 74, Fl. Aegina p. 396, chlor. Thera p. 24; Gelmi in bull. soc. bot. it. 1889 p. 453; Form. in D. bot. Mon. 1890 p. 7, in Ver. Brünn 1895 p. 19, 1896 p. 24, 1897 p. 22; Hal. in ö. b. Z. 1897 p. 99. 1899 p. 25; Haussk. symb. p. 41. — Exsicc.: Baen. herb. europ. n. 9276.

Culmis erectis vel adscendentibus; foliis planis, molliter villosis, superiorum vaginis inflatis; panicula spiciformi, ovata, densa; glumis anguste linearibus, in aristam plumosam desinentibus; palea inferiore apice bisetosa, aristam dorsalem longe exsertam gerente.

In arenosis praesertim maritimis totius ditionis. — Apr. Jun. ⊙.

32. Ammophila Host gram. IV. p. 24.

1. A. arenaria L. sp. p. 82; S. et S. pr. I. p. 69; Ch. et B. exp. p. 43, Fl. pelop. p. 8 (*Arundo*); Link hort. berol. I. p. 105; Mazz. in ant. ion. III. p. 668; Raul. cret. p. 877; Bois. fl. or. V. p. 526. — *Ammophila arundinacea* Host gram. IV. p. 24 t. 41; Marg. et R. fl. Zante p. 96. — *Psamma arenaria* R. et Sch. syst. II. p. 845; Weiss in z. b. G. 1869 p. 756. — Exsicc.: Dörfl. fl. aeg. n. 110.

Rhizomate indurato, longe repente; culmis elatis; foliis involutis, rigidis, subpungentibus; panicula spiciformi, cylindrica, elongata; glumis lanceolatis, acutis, asperulis; palea inferiore basi barbata, bidentata et mucronata.

In arenosis maritimis. Attica: pr. Raphina (Heldr.); Elis (Sibth.): pr. Lintzi (Heldr.); Messenia: pr. Pylos (Chaub); Cycladum insula: Mykonos (Heldr.), Naxos (Leon.); Creta: pr. Canea, Khalepa, Candia, Guves (Raul.); Zante (Marg.); Corcyra: ad lacum Calichiopulo (Mazz.). — Apr. Jun. ♃.

7. Tribus. ARUNDINEAE Kunth en. I. p. 236.

33. Ampelodesmos Link hort. berol. I. p. 136.

1. A. tenax Vahl symb. II. p. 25 (*Arundo*); Link l. c.; Bois. fl. or. V. p. 563. — *Arundo ampelodesmos* Cyr. neap. fasc. II. p. 30 t. 12. — *Arundo festucoides* Desf. fl. atl. I. p. 100 t. 34.

Rhizomate repente; culmis elatis; foliis rigidis, canaliculatis; panicula elongata, laxa, subsecunda, cernua, ramis semiverticillatis, scabris; spiculis 2—5 floris, viridi-purpurascentibus, rhachide hirsuta; glumis subaequalibus, mucronato-aristatis, flosculis subbrevioribus; paleis subaequalibus, inferiore 5 nervi, extus inferne pilis sericeis obsita, ex apice bifido breviter aristata, superiore bicarinata, bidentata.

In apricis incultis ad radices mt. Scopo insulae Zacynthus (Schmidt). — Maio, Jun. ♃. N. v.

34. Phragmites Trin. fund. agrost. p. 134.

1. P. communis Trin. l. c.; Bois. fl. or. V. p. 563; Heldr. fl. ceph. p. 74; Hal. in z. b. G. 1888 p. 763; Form. in D. bot. Mon. 1890 p. 7, in Ver. Brünn 1896 p. 23, 1897 p. 20; Haussk. symb. p. 40. — *Arundo phragmites* L. sp. p. 81; S. et S. pr. I. p. 68; Ch. et B. exp. p. 43, Fl. pelop. p. 8; Mazz. in ant. ion. III. p. 676; Fraas fl. class. p. 300. — Icon: Fl. dan. t. 2164.

Rhizomate repente; culmis elatis; foliis planis; panicula erecta, densa, ramosissima; spiculis 3—7 floris, brunneis, rhachide barbata; glumis inaequalibus, acutatis, flosculis brevioribus; paleis inaequalibus, inferiore trinervi, glabra, subulato-acuminata, superiore brevi bicarinata.

β. **flavescens** Cust. in Gaud. fl. helv. VI. p. 341. — ? *A. maxima* Ch. et B. fl. pelop. p. 8, vix Forsk. — *A. graeca* Link in Linnaea IX. p. 136. — Spiculae flavescentes, angustiores. — Variat (*stenophylla* Bois. fl. or. V. p. 563), culmis minus elatis, saepe humilibus, foliis abbreviatis, angustioribus, saepe subconvolutis. — Exsicc.: Sint. it. or. a. 1889 n. 1868.

In paludibus, ad ripas, fossas, sepes, regionis inferioris, in ditione tota, varietas typo multo vulgatior. — Aug. Oct. ♃.

35. Arundo L. gen. n. 93.

1. **A. donax** L. sp. p. 81; S. et S. pr. I. p. 68; Dallap. prosp. p. 11; Ch. et B. exp. p. 43, Fl. pelop. p. 8; Mazz. in ant. ion. III. p. 674; Marg. et R. fl. Zante p. 97; Fraas fl. class. p. 299; Heldr. Nutzpfl. p. 4, Fl. cephal. p. 74; Raul. cret. p. 877; Bois. fl. or. V. p. 564; Haussk. symb. p. 40. — ? *Cenchrus frutescens* S. et S. pr. I. p. 76; Sieb. avis rem. p. 3, in Flora V, p. 14; Raul. cret. p. 876. — Icon: Host gram. IV. t. 38.

Rhizomate repente, tuberifero; culmis valde elatis; foliis planis; panicula longe thyrsoidea, stricta, ramosissima, densa, ramis scaberrimis; spiculis 3—4 floris, pallescentibus, rhachide glabra; glumis subaequalibus, carina scabridis, flosculis subbrevioribus; paleis inaequalibus, inferiore dorso sericeo-pilosa, bifida, inter lobos breviter aristata, superiore brevi, truncata, bidenticulata.

In humidis, ad ripas, regionis inferioris passim in tota ditione, saepe quoque colitur. — Aug. Oct. ♃.

2. **A. Plinii** Turra farset. nov. gen. p. 11 (1765). — *A. Pliniana* Turra fl. it. pr. p. 63 (1780); Bald. riv. crit. alb. 1892 p. 75, viagg. Creta p. 96. — Icon: Rchb. germ. f. 505. — Exsicc.: Heldr. herb. a. 1878.

Differt a praecedente culmis gracilibus, paniculae ramis laevibus vel vix scabridis, spiculis 1—2 floris, dimidio minoribus, glumis carina laevibus, palea inferiore brevissima bifida.

Ad sepes, in collibus regionis inferioris. Epirus: infra Kanali et Mitika distr. Prevesa (Bald.); Euboea: pr. Politika (Holzm.); Creta: pr. Kapidiana et Russospiti distr. Rethymniotika (Bald.). — Aug. Oct. ♃.

8. Tribus. SESLERIEAE Koch. syn. p. 788.

36. Echinaria Desf. fl. atl. I. p. 365. —

1. **E. capitata** L. sp. p. 1049; Mazz. in ant. ion. II. p. 464; (*Cenchrus*); Desf. l. c.; Urv. enum. p. 6; Weiss in z. b. G. 1869 p. 758; Raul. cret. p. 878; Bois. fl. or. V. p. 565; Haussk. symb. p. 39. — *Dactylus pungens* Schreb. gram. II. t. 27. — *Sesleria capitata* Lam. ill. I. t. 47; Ch. et B. fl. pelop. p. 8. — Icon: Fl. gr. I. t. 100. — Exsicc.: Sint. et Bornm. it. turc. n. 1531; Orph. fl. gr. n. 962 (Chios).

Culmis solitariis vel pluribus, pumilis; foliis planis, puberulis; spica capitato-globosa; glumis inaequalibus, inferiore breviter 2—3 aristata, superiore uniaristata; palea inferiore coriacea, in 5 lacinias spinescentes, divaricatas abeunte, superiore bicarinata, carinis apice spinescentibus.

In collibus aridis regionis inferioris. Thessalia: pr. Litochori (Sint.); Attica: pr. Athenas (Haussk.); Cycladum insula: Tenos, Syra (Weiss), Melos (Urv.); Creta: pr. Malaxa (Raul.); Corcyra: pr. Levchimo (Mazz.). — Apr. Jul. ☉.

37. Sesleria Scop. fl. carn. p. 189. —

1. **S. nitida** Ten. fl. neap. I. p. 322, III. p. 57 t. 103; Parl. fl. it. I. p. 313; Hal. in z. b. G. 1888 p. 763. — *S. alba* Ch. et B. exp. p. 44, Fl. pelop. p. 8; non S. et S. pr. I. p. 52, quae = *S. argentea* Savi bot. etr. I. p. 68 et panicula cylindrica nec non glumis angustioribus longioribusque discedit. — *S. Heufleriana* Schur. in Verh. siebenb. Ver. VII. p. 203; Janka in ö. b. Z. 1867 p. 33; Haussk. symb. p. 39. — *S. argentea β. nitida* Bois. fl. or. V. p. 567. — *S. coerulans* Hal. beitr. fl. Epir. p. 42, non Friv. — Huc fortasse spectat quoque: *Cynosurus cylindricus* Mazz. in ant. ion. III. p. 676, vix Balb. el. p. 86, quae = *S. argentea* Savi. — Exsicc.: Pichl. pl. gr. a. 1876.

Caespitosa; rhizomate cylindrico, vaginato; culmis saepius elatis; foliis firmis, latiuscule linearibus, abruptiuscule cuspidatis, vaginisque glabris; panicula spiciformi, oblonga, compacta, nitida, saepe coerulescente, basi bractea lata suffulta; glumis a basi ovata lanceolatis, cuspidatis, carina scabris, flosculos subaequantibus; palea inferiore glabra vel brevissime adpresseque puberula, in setas 2—4 breves aristamque intermediam, paleam dimidiam aequantem abeunte. — Subspecies *S. argenteae*. Planta graeca ab italica nullo modo discedit et meo sensu quoque identica cum *S. Heufleriana* Schur. —

β. **brevidentata** Hack. in Heldr. pl. exs. a. 1896. — Paleae inferioris setae brevissimae, ejus arista paleae quartam partem aequans.

In rupestribus regionis subalpinae et alpinae. Epirus: mt. Strungula supra Melisurgi (Hal.); Thessalia: mt. Ghavellu, Karava (Haussk.); Aetolia: mt. Korax (Tunt.); mt. Kiona (Hal.); Peloponnesus: mt. Olenos (Heldr.), Kyllene supra Livadi (Orph.), mt. Taygetos (Chaub.); ? Corcyra (Mazz.). — Jun. Aug. ♃.

2. **S. coerulans** Friv. in Flora 1836 p. 428; Bois. fl. or. V. p. 567; Heldr. chlor. Parn. p. 28; Hal. beitr. fl. Achaia p. 34; Haussk. symb. p. 39. — *S. coerulea* S. et S. pr. I. p. 52; Ung. Reise p. 117; non (L.) Scop. — *S. marginata* Griseb. spic. II. p. 442. — *S. vaginalis* Bois. et Orph. diagn. ser. 2 IV. p. 130. — Exsicc.: Orph. fl. gr. n. 953 et 1100.

Caespitosa; rhizomate cylindrico, vaginato; culmis tenuibus; foliis anguste linearibus, abruptiuscule cuspidatis, ad vaginam et interdum ad laminam adpressiuscule puberulis; panicula spiciformi, ovata vel oblonga, compacta, coerulescenti, basi bractea ovato-oblonga suffulta; glumis a basi ovata lanceolatis, cuspidatis, carina hirtis, flosculos aequantibus: palea inferiore tota hirtella, in setas 2—4 breves aristamque intermediam, paleam dimidiam aequantem abeunte. — Praeter notas indicatas habitu graciliori, foliis duplo angustioribus a praecedente diversa.

β. **tenerrima** Fritsch in Bald. riv. coll. bot. alb. 1894 p. **44**. 1896 p. 98. — Folia angustissima, paleae inferiores longius aristatae. — Exsicc.: Bald. it. alb. epir. IV. n. 148; Sint. it. thessal. n. 845.

In rupestribus regionis subalpinae et alpinae. Epirus: mt. Nimercka (Bald.), mt. Peristeri (Sint.); Thessalia: mt. Ghavellu, Karava (Haussk.) in Pindo, mt. Olympus (Auch.); Euboea: mt. Dirphys (Ung.), **Xerovuno** (Pichl.); mt. Parnassus (Sibth.); Peloponnesus: mt. Kyllene. Chelmos, Malevo (Orph.). — Maio, Jul. ♃.

9. Tribus. **CYNOSUREAE** Nees gen. pl. fl. germ. (1843) I.

38. Cynosurus L. gen. n. 87. —

a. Perennis.

1. **C. cristatus** L. sp. p. 72; S. et S. pr. I. p. 58; Mazz. in ant. ion. III. p. 676; Ch. et B. fl. pelop. p. 8; Bois. fl. or. V. p. 570; Form. in Ver. Brünn 1895 p. 18; Bald. riv. coll. bot. alb. 1896 p. 98; Haussk. symb. p. 40. — Icon: Host gram. II. t. 96. — Exsicc.: Heldr. it. thessal. IV. a. 1885.

Rhizomate fibroso, caespitoso; culmis erectis; foliis planis; panicula spiciformi, lineari, ramis brevissimis asperis, spiculas 3—4, alias fertiles 2—5 floras, alias steriles pectiniformes edentibus; glumis acuminatis; palea inferiore lanceolata, obsolete bidentata, mucronata, spiculae sterilis lineari, mucronata.

In pratis, graminosis regionis inferioris et montanae. Epirus: mt. Olycika (Bald.); Thessalia: in oropedio Neuropolis (Heldr.), pr. Pharsalus (Haussk.); Attica: pr. Athenas (Sibth.); Messenia: pr. Andrusa (Gittard); Corcyra: pr. Analypsis, Kanali, Gasturi (Form.), Capsochitades (Mazz.). — Maio, Jun. ♃.

b. Annui.

2. **C. echinatus** L. sp. p. 72; S. et S. pr. I. p. 58, Fl. gr. I. p. 61 t. 78; Ch. et B. exp. p. 44, Fl. pelop. p. 8; Mazz. in ant. ion. III. p. 678; Clem. sert. p. 97; Weiss in z. b. G. 1869 p. 756; Raul. cret. p. 880; Spreitz. in z. b. G. 1877 p. 734, 1887 p. 671; Bois. fl. or. V. p. 571; Heldr. fl. ceph. p. 75, Fl. Aegina p. 396; Form. in D. bot. Mon. 1890 p. 7, in Ver. Brünn 1895 p. 18, 1896 p. 23, 1897 p. 21; Hal. beitr. fl. Epir. p 42, Beitr. fl. Thessal. p. 19, in ö. b. Z. 1897 p. 99, 1899 p. 25; Haussk. symb. p. 39. — *Chrysurus echinatus* Palis. agrost. p. 123. — *Ch. giganteus* Ten. syll. p. 37 (f. robusta). — *C. erroneus* Jord. in Schultz herb. norm. nov. ser. cent. 21 n. 2093; Haussk. symb. p. 40; (f. aristis violaceis). — Exsicc.: Dörfl. fl. aeg. n. 74.

Culmis erectis; foliis planis; panicula ovata, densa, unilaterali, ramis brevissimis, spiculas alias fertiles, bifloras, alias steriles pectiniformes edentibus; glumis subulato-attenuatis; palea inferiore bidentata, inter dentes arista ea longiore aucta; palea inferiore aristam ea duplo longiorem gerente.

In graminosis regionis inferioris et montanae, per totam Graeciam. — Apr. Jul. ☾.

3. **C. elegans** Desf. fl. atl. I. p. 82 t. 17; Ch. et B. exp. p. 44, Fl. pelop. p. 8; Clem. sert. p. 97; Bois. fl. or. V. p. 571; Heldr. fl. ceph. p. 75; Hal. in ö. b. Z. 1897 p. 99, in z. b. G. 1899 p. 195; Haussk. symb. p. 40. — *C. polybracteatus* Gr. et Godr. fl. fr. III. p. 563; non Poir. voy. II. p. 97, qui species Algeriensis, *C. cristato* affinis. — Exsicc.: Orph. fl. gr. n. 390; Heldr. herb. norm. n. 238 et 1393.

Differt a praecedente statura graciliore, panicula ob ramos longiores laxiore, spicularum sterilium paleis brevius, tenuius et aequaliter aristatis.

In graminosis regionis inferioris et montanae, rarior. Thessalia: pr. Pharsalus, Aivali (Haussk.); Attica: mt. Kerata (Haussk.), Parnes (Orph.), Pentelicon (Bois.), Hymettus (Clem.); Achaia: pr. Patras (Chaub.); Sporadum insula Skopelos (Leon.); Cycladum insula Keos (Heldr.); Creta (Heldr.); Cephalonia: mt. Atro (Heldr.). — Maio, Jun. ☉.

39. Lamarckia Moench meth. p. 201.

1. **L. aurea** L. sp. p. 72; S. et S. pr. I. p. 59, Fl. gr. I. p. 62 t. 79 (*Cynosurus*); Moench l. c.; Urv. enum. p. 8; Ch. et B. exp. p. 44, Fl. pelop. p. 8; Weiss in z. b. G. 1869 p. 756; Raul. cret. p. 880; Bois. fl. or. V. p. 570; Heldr. chlor. Mykon. p. 254; Haussk. symb. p. 40. — *Chrysurus cynosuroides* Pers. syn. I. p. 80; Mazz. in ant. ion. III. p. 676. — *Ch. aureus* Palis. agrost. p. 123; Friedr. Reise p. 265. — Exsicc.: Orph. fl. gr. n. 970; Heldr. herb. fl. hellen. n. 107.

Culmis humilibus; foliis planis; panicula oblonga, laxiuscula, demum aurea, ramis nutantibus, 3—4 spiculas fasciculatas pendulas ferentibus, unica fertili aristata, ceteris sterilibus, muticis, elongatis.

In pascuis arenosis regionis inferioris. Attica: in stoa Attali et in colle Philopappi pr. Athenas (Heldr.), pr. Eleusis (Haussk.); Argolis: pr. Nauplia (Orph.); Messenia: pr. Methone, mt. Ithome (Chaub.); Laconia (Chaub.); Cycladum insula: Cythnos, Mykonos (Tunt.), Tenos (Weiss), Melos, Kimolos (Urv.); Creta: pr. Aludha (Raul.); Corcyra: in Porta reale, pr. Spilea (Mazz.). — Mart. Maio. ☾.

10. Tribus. AVENEAE Kunth en. I. p. 286.

40. Airopsis Desv. journ. bot. I. p. 200.

1. **A. tenella** Cav. ic. III. t. 299 (*Milium*); Aschers. et Gr. syn. II. p. 298. — *Aira globosa* Thore journ. bot. I. p. 197 t. 7; Ch. et

B. fl. pelop. p. 5; Bois. fl. or. V. p. 527. — *Airopsis globosa* Desv. l. c. — *Agrostis tenella* Poir. enc. suppl. I. p. 257.

Culmis gracilibus, erectis, solitariis vel pluribus; foliis canaliculatis, scabridis; panicula oblonga, spiciformi, densa, ramis strictis; spiculis minutis, globosis; glumis pallidis; palea inferiore pilosa, superiore glabra. — Spiculis minutis, globosis, muticis egregia.

In arenosis regionis inferioris Peloponnesus: pr. Andrusa, Nisi et Kalamata (Gittard), „sed vereor ne locus erronee indicatus sit, nam hic collector saepe plantas hispanicas pro graecis communicavit" Bois. l. c. — Apr. Maio. ⊙. N. v.

41. Antinoria Parl. fl. palerm. I. p. 92.

1. **A. insularis** Parl. fl. palerm. I. p. 94; Raul. cret. p. 878. — *Aira insularis* Bois. fl. or. V. p. 528. — Icon: Cup. pamph. sic. I. t. 237. — Exsicc.: Rev. pl. cret. n. 272.

Culmis gracilibus, solitariis vel pluribus, saepe geniculatis; foliis planis, scabridis; panicula diffusa, laxa, ramis patentibus; pedicellis spicula longioribus; spiculis minutis, coloratis; glumis ovato-oblongis, obtusis, per anthesin erecto-patentibus.

In stagnis montanis exsiccatis, rarissime. Creta: in oropedio Omalos mt. Sphacioticorum (Heldr.). — Jun. Jul. ⊙.

Obs. *A. agrostidea* Lois. not. p. 16; Mazz. ant. ion. III. p. 672 (*Aira*); Parl. fl. palerm. I. p. 95. — Indicatur a Mazziari pr. Egripo Corcyrae, sed probabiliter ex confusione.

42. Aira L. gen. n. 81.

a. Pedicelli spicula subbreviores vel 1—2 plo tantum longiores.

1. **A. caryophyllea** L. sp. p. 66; S. et S. pr. I. p. 50; Sieb. avis rem. p. 2; Urv. enum. p. 7; Ch. et B. exp. p. 33, Fl. pelop. p. 5; Mazz. in ant. ion. III. p. 672; Marg. et R. fl. Zante p. 97; Bois. fl. or. V. p. 529. — *Avena caryophyllea* Wigg. prim. fl. hols. p. 10; Ung. Reise p. 116. — Icon: Host gram. II. t. 44.

Culmis tenuibus, erectis, solitariis vel pluribus; foliis setaceis; panicula plus minus effusa, ramis capillaribus, brevibus; spiculis approximatis, ad 3 mm. longis; glumis oblongo-lanceolatis, acutis, albidis; palea inferiore apice bisetosa, in flosculo utroque sub medio dorsi aristata, arista glumis duplo longiore.

In arenosis regionis inferioris et montanae. Peloponnesus (Sibth.): Argolis, Laconia, mt. Ithome, pr. Methone (Chaub.); Cycladum insula Melos (Urv.); Corcyra: pr. Castagna (Mazz.); sed ab auctoribus citatis probabiliter cum sequentibus confusa, ideo meo sensu pro Graecia dubia. — Maio, Jun. ⊙. N. v.

2. **A. Cupaniana** Guss. fl. sic. syn. I. p. 145; Raul. cret. p. 878. — Exsicc.: Rev. pl. cret. a. 1883.

Differt a praecedente spiculis subminoribus, 2 mm. longis, glumis obtusiusculis, palea inferiore breviter bifida, saepissime flosculi superioris tantum aristata, arista glumis subduplo longiore.

In aridis, arenosis regionis inferioris. Creta: pr. Canea (Rev.). Francocastello, Hierapetra (Heldr.). — Apr. Maio. ☉.

    b. Pedicelli elongati, spicula 4—8 plo (nonnulli tantum duplo) longiores.

    3. **A. capillaris** Host gram. IV. p. 20 t. 35; Raul. cret. p. 878; Spreitz. in z. b. G. 1877 p. 734; Bois. fl. or. V. p. 529; Hal. beitr. fl. Epir. p. 42, beitr. fl. Achaia p. 34; Bald. riv. coll. bot. alb. 1896 p. 98; Form. in Ver. Brünn 1896 p. 24, 1897 p. 22; Heldr. fl. Aegina p. 397. — *A. elegans* Willd. in Gaud. agrost. I. p. 130. — *Avena capillaris* M. et K. deutsch. fl. I. p. 573; Ung. Reise p. 116; Gelmi in bull. soc. bot. it. 1889 p. 453; Haussk. symb. p. 43. — *Avena caryophyllea β. capillaris* Weiss in z. b. G. 1869 p. 756. — Huc forsan: *Aira pulchella* Mazz. in ant. ion. III. p. 672, vix Link. — Exsicc.: Heldr. herb. norm. n. 984; Bald. it. alb. epir. IV. n. 98.

Culmis tenuibus, erectis, solitariis vel pluribus; foliis setaceis; panicula effusissima, ramis capillaribus, elongatis; spiculis distantibus, vix 2 mm. longis; glumis oblongis, mucronatis, albidis; palea inferiore apice longe bisetosa, in flosculo inferiore mutica, in superiore infra medium dorsi aristata, arista glumis duplo longiore.

    β. **ambigua** Not. in ann. sc. nat. III. 2 p. 365, pro sp.; Aschers. fl. Brandenb. I. p. 831. — *A. capillaris v. biaristata* Bois. ap. Heldr. fl. cephal. p. 74. — Flosculis utrisque aristatis. — Exsicc.: Heldr. pl. fl. hellen. a. 1878, 1881, 1884, 1885 et 1900.

In siccis, arenosis regionis inferioris et montanae. Epirus: mt. Cuka distr. Janina (Bald.), mt. Tsumerka supra Vulgarelion (Hal.); Thessalia: pr. Pharsalus, Karditza (Haussk.), monasterium Korona, mt. Chassia, mt. Godaman in Olympo (Form.); Euboea: pr. Steni (Ung.); Aetolia (Heldr.); Attica: pr. Athenas, Eleusis, mt. Pentelicon, insula Aegina (Heldr.); Acrocorinthus, Nauplia (Haussk.); Achaia: mt. Panachaicon (Hal.); Messenia: pr. Longa (Heldr.); Laconia: pr. Hagios Konstantinos Alagoniae (Zahn); Cycladum insula Melos (Armenis); Creta: pr. Canea (Weiss), Akroteri, Suda, mt. Aphendi Kavutsi (Raul.); Corcyra: pr. Potamo (Spreitz.), Lefchimo (Mazz.); — *β.* Attica: pr. Eleusis, mt. Pentelicon, Hymettus, insula Aegina (Heldr.); Cycladum insula Cythnos (Tunt.); Cephalonia: pr. Pessada (Heldr.). — Apr. Maio, in montibus usque Jul. ☉.

    4. **A. intermedia** Guss. fl. sic. pr. suppl. p. 16; Bois. fl. or. V. p. 530. — *A. corymbosa* Fauché et Ch. in Ch. et B. fl. pelop. p. 5 t. 7. — *Avena corymbosa* Nym. consp. p. 814; Haussk. symb. p. 43.

Differt ab *A. capillari* panicula subcorymbosa, spiculis majoribus, 2—3 mm. longis, glumis obtusis, palea inferiore brevissime bifida, arista glumas vix excedente instructa.

In siccis, arenosis regionis inferioris et montanae. Thessalia: ad monasterium Korona (Haussk.); Peloponnesus: ad Acrocorinthum (Haussk.), pr. Andrusa, Pyrgos, Kalamata (Chaub.). — Apr. Jun. ⊙. N. v.

Obs. Per errorem ut videtur indicatur pr. Athenas *A. praecox* L. sp. p. 65; Friedr. Reise p. 266. — Quid sint: *A. arundinacea, involucrata* et *medicoides* Mazz. in ant. ion. III. p. 672, e Corcyra, nescio.

43. Molineria Parl. fl. it. I. p. 236.

1. **M. minuta** L. sp. p. 64; Ch. et B. exp. p. 33, Fl. pelop. p. 5; Mazz. in ant. ion. III. p. 672; Bois. fl. or. V. p. 528; Hal. in z. b. G. 1899 p. 195 (*Aira*); Parl. l. c. p. 237. — *Airopsis minuta* Desv. in R. et Schult. syst. II. p. 578. — *Catabrosa minuta* Trin. fund. agrost. p. 136. — Icon: Schreb. gram. II. t. 21. — Exsicc.: Orph. fl. gr. n. 968; Heldr. herb. norm. n. 1498.

Culmis tenuibus, erectis, solitariis vel pluribus; foliis setaceo-linearibus; panicula effusa, ramis capillaribus; spiculis distantibus, minutis, pedicello brevioribus; glumis oblongis, obtusis; palea inferiore valide 5 nervia, apice erosa, obtusa. — Glumis flosculis brevioribus ab *Airae* speciebus statim distinguitur.

In arvis derelictis, siccis regionis inferioris et montanae. Thessalia: mt. Pelion pr. Portaria (Heldr.); Attica: mt. Pentelicon supra coenobium (Heldr.); Arcadia: pr. Megalopolis (Chaub.); Messenia: pr. Methone (Chaub.), Kalamata (Zahn); Laconia: mt. Malevo pr. Hagios Petros (Orph.); Corcyra: pr. Chiprianades (Mazz.). — Mart. Maio. ⊙.

44. Weingaertneria Bernh. syst. verz. pfl. Erf. I. p. 51.

1. **W. articulata** Desf. fl. atl. I. p. 70 t. 13; Mazz. in ant. ion. III. p. 672 (*Aira*); Aschers. et Gr. syn. II. p. 301. — *Aira canescens* S. et S. pr. I. p. 50, sec. Bois. fl. or. V. p. 531, non L. — *Corynephorus articulatus* Palis. agrost. p. 159; Bois. fl. or. V. p. 530; Hal. beitr. fl. Aetol. p. 10; Heldr. chlor Thera p. 24, chlor. Mykon. p. 254. — Huc quoque forsan: *C. canescens* Mazz. in ant. ion. III. p. 670, non Palis. — Exsicc.: Heldr. pl. fl. hellen. a. 1878; 1887 et 1901.

Culmis gracilibus, erectis, solitariis vel pluribus; foliis convoluto-setaceis; panicula erecta, post anthesin subconferta; spiculis breviter pedicellatis, variegatis; glumis lanceolatis, acutis; palea inferiore supra basin aristata, arista glumis inclusa, medio articulata, ibique barbata, infra articulum tortili; apice clavato-incrassata. — Aristis clavato-incrassatis ab omnibus graminibus ditionis distincta.

In arenosis praesertim maritimis. Aetolia: ad radices mt. Taphiassos (Hal.); Attica: pr. Raphina, Spilazeza pr. Laurion (Heldr.); Achaia (Sibth.); Cycladum insula: Mykonos, Thera (Heldr.); Corcyra: pr. San Marco, Peritia (Mazz.). — Apr. Jun. ⊙.

45. Deschampsia Palis. agrost. p. 91.

1. D. caespitosa L. sp. p. 64; S. et S. pr. I. p. 49; Mazz. in ant. ion. III. p. 672 (*Aira*); Palis. agrost. p. 160; Bois. fl. or. V. p. 531. — Icon: Host gram. II. t. 42.

Dense caespitosa; culmis elatis; foliis linearibus, planis, superne scaberrimis; panicula pyramidali; spiculis bifloris, virescentibus; gluma superiore 1—3 nervi; palea inferiore apice truncato-denticulata, supra basin aristata, arista recta subaequilonga instructa.

In graminosis campestribus insularum Graecarum frequens (Sibth.); Corcyra: pr. Egripo (Mazz.); sed a recentioribus ut videtur non lecta. — Jun. Jul. ♃. N. v.

Obs. *D. media* Gou. ill. p. 3; Mazz. in ant. ion. III. p. 672 (*Aira*); R. et Sch. syst. II. p. 687. — A praecedente foliis convoluto-setaceis, ligula valde elongata et glumis longioribus discedens, indicatur pr. Peramo Corcyrae (Mazz.), sed probabiliter erronee.

2. D. flexuosa L. sp. p. 65; Mazz. in ant. ion. III. p. 672 (*Aira*); Trin. in bull. ac. St. Pet. I. p. 66. — Icon: Host gram. II. t. 43. — Exsicc.: Orph. fl. gr. n. 1075 (Macedoniae).

Caespitosa; culmis erectis; foliis setaceo-convolutis, vix scabridulis; panicula oblonga; spiculis bifloris, variegatis; gluma superiore 1 nervi; palea inferiore apice truncato-denticulata, supra basin aristata, arista geniculata et inferne torta, ea sesquilongiore instructa.

In graminosis montanis. Indicatur pr. Potamo Corcyrae (Mazz.); occurrit in mt. Peristeri Macedoniae (Orph.); fortasse in Thessalia boreali. — Jun. Jul. ♃. N. v.

46. Avenastrum Koch syn. p. 795.

a. Gluma inferior uninervia, superior trinervia.

1, A. convolutum Presl. cyp. et gram. sic. p. 31; Bois. fl. or. V. p. 545; Gelmi in bull. soc. bot. it. 1889 p. 453; Haussk. symb. p. 42 (*Avena*). — *Avena fallax* Ten. fl. nap. III. p. 96. — *Avena sempervirens* Ch. et B. exp. p. 41, Fl. pelop. p. 7; Fraas fl. class. p. 304; Ung. Reise p. 116; non Vill. prosp. p. 17, quae foliis minus rigidis, planis vel laxe convolutis et flosculis spicularum summis muticis distinguitur. — *Avena striata* Vis. fl. dalm. I. p. 70; non Lam. enc. I. p. 332, quae = *A. sempervirens* Vill. — *A. Heldreichii* Parl. fl. palerm. I. p. 111. — *Avena filifolia* Hal. beitr. fl. Achaia p. 34; Bald. riv. coll. bot. alb. 1895 p. 74; non Lag. elench. p. 4, quae culmis rigidioribus, basi vaginis intensius fuscis cinctis, foliis junceis, pungentibus, prope ligulam tomentoso-pubescentibus et spiculae axi longius pilosa specifice differre videtur. — Huc forsan quoque: *A. versicolor* Mazz. in ant. ion. III. p. 674. — Icon: Guss. pl. rar. t. 9. — Exsicc.: Orph. fl. gr. n. 1101; Heldr. herb. norm. n. 1295; Baen. herb. europ. n. 9213.

Dense caespitosa; culmis elatis basi vaginis pallidis involutis; foliis radicalibus convolutis, rigidis, laevibus; ligula brevissima, truncata, glabra; panicula erecto-patula, demum contracta; spiculis 3—4 floris, pallidis vel violaceo-variegatis; glumis acuminatis; axi flosculorum omnium pilosa; palea inferiore nitida, punctato-scabrida, apice scariosa, ad medium dorsum aristata, aristae parte inferiore cylindrica, a dorso subcompressa, demum cochleatim torta. — Planta graeca ab italo-dalmatica, meo sensu, nullo modo discedit.

In saxosis apricis regionis montanae. Epirus: mt. Strungula (Bald.); Attica: mt. Parnes, Pentelicon, Hymettus (Heldr.); Achaia: mt. Panachaicon (Hal.), mt. Korfi pr. Xylocastron (Orph.); Arcadia (Chaub.); Laconia: mt. Taygetos pr. Androvista (Heldr.); Corcyra: mt. Deca (Gelmi), pr. Garuna (Baen.), Crevazzula (Mazz.). — Apr. Jun. ♃.

b. Gluma utraque trinervia.

2. **A. australe** Parl. fl. it. I. p. 285; Haussk. symb. p. 42; (*Avena*). — *Avena pratensis* S. et S. pr. I. p. 67; ? Mazz. in ant. ion. III. p. 674; Fraas fl. class. p. 304; non L. sp. p. 80, quae foliis latioribus, spiculis minoribus, 4—5 floris, axi barbata discedit. — *Avena caryophyllea* S. et S. pr. I. p. 67, Fl. gr. I. p. 71 t. 89 et II. p. 3; Bois. fl. or. V. p. 546; non Wigg. — *Avena Sibthorpii* Nym. syll. p. 412. — *Avena pratensis* β. *australis* Bois. l. c. — Exsicc.: Orph. fl. gr. n. 956; Heldr. herb. norm. n. 1589.

Caespitosa; culmis elatis; foliis planis, margine incrassato scabris; ligula oblonga, lacera, glabra; panicula elongata, angusta, contracta; spiculis 5—9 floris, stramineis, 1—2 nis, breviter pedicellatis subsessilibusve; glumis acuminatis; axi glabra vel pilosiuscula; palea inferiore nitida, scabridula, glabra, apice scariosa, ad medium dorsum aristata, aristae parte inferiore complanata, demum spiraliter torta.

In saxosis montanis. Thessalia: mt. Ghavellu, Karava (Haussk.); Laconia: mt. Malevo (Orph.), in faucibus Langada (Zahn) montis Taygetos (Pichl.); Cycladum insula Cimolos (Sibth.); ? Corcyra (Mazz.). — Jun. Jul. ♃.

3. **A. agropyroides** Bois. diagn. XIII. p. 50, Fl. or. V. p. 547 (*Avena*). —

Caespitosa; culmis erectis, gracilibus; foliis planis, brevibus, margine cartilagineo scabridis, culmorum lamina patenti; ligula elongata, acuta, glabra; panicula spiciformi, angustissima, laxa; spiculis subtrifloris, solitariis vel inferioribus geminis, breviter pedicellatis; glumis acuminatis; axi glabra; palea inferiore adpresse et brevissime sericea, superne hyalina, supra medium aristata, arista inferne complanata et tortili. — Unicum specimen hucusque notum. — A praecedente foliorum limbo patente, spiculis subsolitariis distantibus differre dicitur.

In Argolide (Sprun.). — N. v.

c. Gluma utraque quinquenervia.

4. **A. compactum** Bois. et Heldr. diagn. VII. p. 122, Fl. or. V. p. 547; (*Avena*). — *Avena Neumayeriana* Vis. fl. dalm. III. p. 339,

suppl. p. 17 t. 10. — Exsicc.: Bald. it. alb. epir. III. n. 210; Heldr. herb. norm. n. 1590.

Densissime caespitosa; culmis gracilibus, basi vaginis pallide fuscis involutis; foliis setaceo-convolutis, subpungentibus; ligula lanceolata, glabra vel apice pilosula; panicula spiciformi, brevi, interrupta; spiculis 5—7 floris, flavidis, subsessilibus; glumis acuminatis, saepissime 5 nerviis; axi longe pilosa; palea inferiore apice profunde bifida, dentibus lanceolato-aristatis, dorso pilosa, medio dorsi vel paullo infra aristata, aristae parte inferiore complanata, demum spiraliter torta. — Planta graeca a dalmatica certe non differt. — Nervorum numerus variat interdum in glumis unius et ejusdem speciminis, et in planta graeca et in dalmatica, occurrunt nempe saepe spiculae cum gluma inferiore trinervia et superiore quinquenervia, aliae cum gluma inferiore quinquenervia et superiore septemnervia.

In rupium fissuris regionis superioris. Epirus: mt. Cika Acrocerauniae, in jugo Strungula mt. Tsumerka (Bald.); Laconia: ad Megala Zonaria, Kakochioni et Hagios Paraskevi in mt. Taygetos (Heldr.). — Jun. Aug. ♃.

47. Avena L. gen. n. 91.

a. Flosculi cum spiculae rhachide non articulati, ideo non caduci in statu maturo.

1. **A. sativa** L. sp. p. 79; Dallap. prosp. p. 11; Ch. et B. exp. p. 41, Fl. pelop. p. 7; Mazz. in ant. ion. III. p. 674; Friedr. Reise p. 276; Fraas fl. class. p. 304; Heldr. Nutzpfl. p. 4, Fl. cephal. p. 74; Raul. cret. p. 878; Bois. fl. or. V. p. 541. — Icon: Host gram. II. t. 49. — *A. fatua v. sativa* Haussk. symb. p. 45. — Exsicc.: Heldr. pl. fl. hellen. a. 1885.

Culmis elatis; foliis lineari-lanceolatis, glabris vel pilosulis; panicula undique diffusa; spiculis 2—3 floris; glumis subaequalibus, acuminatis, superiore 9 nervia; rhachide glabra vel ad basin flosculi inferioris pilosa; palea inferiore glabra, breviter bidentata, flosculi inferioris aristata, superioris saepius mutica, interdum utriusque mutica, arista inferne tortili.

Frequenter culta et hinc inde subspontanea. — Maio, Jul. ♃.

Obs. *A. brevis* Roth tent. I. p. 40; Mazz. in ant. ion. III. p. 674; Ung. Reise p. 116; Heldr. fl. ceph. p. 74; panicula unilaterali, spiculis parvis, 13 mm. longis, rhachide pilosula, palea inferiore pubescente; indicatur tantum in Corcyra et Cephalonia. — *A. strigosa* Schreb. spic. p. 52 (= *A. alta* Cav. ex R. et Sch. syst. II. p. 691; Mazz. in ant. ion. III. p. 674) panicula subsecunda, palea inferiore apice bifida; lobis longe aristatis; indicatur in Corcyra.

b. Flosculi omnes aut inferior tantum cum spiculae rhachide articulati, ideo saepissime facile secedentes.

α. Palea inferior breviter bifida, lobis non aristatis.

2. **A. sterilis** L. sp. ed. 2 p. 118; S. et S. pr. I. p. 66; Urv. enum. p. 11; Mazz. in ant. ion. III. p. 674; Ch. et B. fl. pelop. p. 7; Fraas fl. class. p. 304; Weiss in z. b. G. 1869 p. 756; Raul. cret. p. 878; Bois. fl. or. V. p. 542; Gelmi in bull. soc. bot. it. 1889 p. 453; Haussk. in Mittheil. thür. bot. Ver. 1894 p. 17, symb. p. 43. — Icon: Host gram. II. t. 57. — Exsicc.: Heldr. herb. norm. n. 895.

Culmis elatis; foliis lineari-lanceolatis, glabris; panicula subsecunda; spiculis 3—5 floris; glumis subaequalibus, magnis, 30—35 mm. longis, acuminatis; rhachide pilosa, rarius glabra; palea inferiore breviter bifida, in flosculis inferioribus a basi ad medium usque longe flavescente-sericeo-setosa, aristam validam, basi tortam, geniculatam gerente. — Variat quoad spicularum colorem (f. *straminea*, *fusca*, *nigrescens* Haussk. l. c.), longitudinem spicularum (f. *longi-* et *breviglumis* Haussk. l. c.) et aristarum (f. *macrathera* et *breviathera* Haussk. l. c.), numerum flosculorum (f. *bi-quinqueflora* Haussk. l. c.) et glumarum nervorum (f. *7—11 nervata* Haussk. l. c.), occurrunt porro f. *aprica* et f. *vegeta* Haussk. l. c. — Varietas frequens, memoratu digna est:

β. **Ludoviciana** Dur. in act. soc. linn. bord. XX. p. 41, pro sp.; Haussk. symb. p. 43. — Statura minore, spiculis constanter bifloris, glumis circa 20 mm. longis. — Exsicc.: Sint. it. thessal. n. 180.

In cultis, olivetis, vinetis regionis inferioris, per totam ditionem. — Maio, Jul. ☉.

3. **A. fatua** L. sp. p. 80; S. et S. pr. I. p. 60; Ch. et B. exp. p. 41, Fl. pelop. p. 7; Mazz. in ant. ion. III. p. 674; Friedr. Reise p. 270; Fraas fl. class. p. 303; Ung. Reise p. 116; Bois. fl. or. V. p. 593; Heldr. fl. Aegina p. 397. — Icon: Host. gram. t. 58.

Culmis elatis; foliis lineari-lanceolatis, glabris; panicula undique patente; spiculis 2—3 floris; glumis subaequalibus, 20—25 mm. longis, acuminatis; rhachide pilosa; palea inferiore breviter bifida, a basi ad medium setoso-pilosa, aristam validam, basi tortam, geniculatam gerente. — Panicula patente, spiculis minoribus a praecedente, panicula patente, palea inferiore apice bidentata a sequente diversa.

In cultis. Indicatur inter segetes Graeciae (Sibth.); in Euboea: pr. Kyme (Ung.); insula Aegina: ad promontorium Perdicca (Friedr.); Peloponnesus, insula Sapienza (Chaub.); Corcyra (Mazz.); sed mihi loca omnia dubia videntur et probabiliter ex confusione cum specie sequente indicantur. — Jun. Jul. ☉. N. v.

β. Palea inferior bifida, lobis longe aristatis.

× Glumae subaequales.

4. **A. barbata** Brot. fl. lusit. I. p. 108; Weiss in z. b. G. 1869 p. 756; Spreitz. in z. b. G. 1877 p. 734; Bois. fl. or. V. p. 543; Heldr. fl. cephal. p. 74, Fl. Aegina p. 397, chlor. Thera p. 24; Haussk. in Mitth. thür. bot. Ver. 1894 p. 20, symb. p. 47. — *A. hirsuta* Roth cat. III. p. 19; Marg. et R. fl. Zante p. 97; Fraas fl. class. p. 304; Raul. cret. p. 878. — *A. atherantha* Presl cyp. et gram.

sic. p. 30. — Icon: Webb. phyt. can. t. 247. — Exsicc.: Heldr. herb. norm. n. 1396; Baen. herb. europ. n. 9212.

Culmis erectis; foliis lineari-lanceolatis, patule pilosis, rarius glabris; panicula subsecunda; spiculis bifloris; glumis subaequalibus, 7—9 nerviis, circa 20 mm. longis; rhachide infra flosculum inferiorem glabra, ad basin caeterorum pilosissima; palea inferiore a basi ad medium fuscopilosa, apice bifida, lobis in aristas longas productis, ad medium dorsi arista longa, inferne tortili instructa. — Differt ab *A. sterili* statura minori, spiculis minoribus, semper bifloris, palea inferiore longe bisetosa, ab *A. fatua* panicula subsecunda, spiculis minoribus, palea inferiore longe bisetosa.

β. **Hoppeana** Scheele in Flora 1844 p. 57, pro sp.; Richt. pl. europ. I. p. 62. — *A. barbata v. triflora* Willk. et Lge. pr. fl. hisp. I. p. 68; Haussk. symb. p. 20. — Spiculis minoribus, 15 mm. longis, trifloris. — Exsicc.: Hal. it. gr. secund. a. 1893.

γ. **solida** Haussk. in Mitth. thür. bot. Ver. 1894 p. 20, symb. p. 47. — Flosculis binis, maturis non secedentibus. — Exsicc.: N. v.

δ. **longiglumis** Dur. in Duch. rev. bot. I. p. 359, pro sp.; Haussk. symb. p. 48. — Spiculis bifloris, glumis ad 3 cm. longis, 9—11 nerviis. — Exsicc.: N. v.

ε. **Wiestii** Steud. syn. glum. I. p. 231, pro sp.; Haussk. in Mitth. thür. bot. Ver. 1894 p. 21, symb. p. 48. — Spiculis bifloris, abbreviatis, glumis 15—20 mm. longis, 7 nerviis, aristis brevioribus et tenuioribus. — Exsicc.: N. v.

In collibus siccis, cultis, rupestribus dumosis regionis inferioris et montanae. Thessalia: ad monasterium Korona, pr. Kalabaka, Pharsalus, Orman Magula (Haussk.); Attica: pr. Athenas, in colle Ardetto, mt. Hymettus (Heldr.), Kerata, ad Phaleron (Haussk.); Acrocorinthus, mt. Palamidi pr. Nauplia (Haussk.); insula Aegina, Cythnos, Jos, Thera (Heldr.), Syra (Weiss); Creta: pr. Canea (Weiss), Akroteri, Nerokuru, Suda, Malaxa (Raul.); Zante (Marg.); Cephalonia: pr. Drapano (Heldr.); Corcyra: pr. urbem (Baen.), Potamo (Spreitz.); — β. Aetolia: mt. Taphiassos (Hal.); mt. Kerata Atticae, pr. Nauplia (Haussk.); — γ. Attica: pr. Eleusis (Haussk.); — δ. Corcyra, mt. Kerata Atticae (Haussk.); — ε. pr. Malakasi in Pindo tymphaeo (Haussk.). — Mart. Jun. ☉.

×× Glumae valde inaequales.

5. **A. clauda** Dur. in Duch. rev. bot. I. p. 360; Bois. fl. or. V. p. 542; Haussk. in Mittheil. thür. bot. Ver. 1894 p. 21, symb. p. 47. — Icon: Exp. sc. alg. t. 41. — Exsicc.: Heldr. pl. fl. hellen. a. 1878.

Culmis erectis; foliis lineari-lanceolatis, patule pilosis; panicula subsecunda; spiculis 3—4 floris; glumis valde inaequalibus, inferiore dimidio minore, 5 nervia, superiore 7 nervia, circa 20 mm. longa; rhachide pilosa; palea inferiore glabra, apice bifida, lobis in aristas longas productis, ad medium dorsi arista valida, inferne tortili instructa. — Glumis valde inaequalibus et paleis glabris egregia.

In saxosis regionis inferioris et montanae, rarissime. Attica: mt. Kerata supra Eleusis (Haussk.), mt. Hymettus, Pharmacusarum insula Lero (Heldr.). — Apr. Maio. ☉.

48. Ventenata Koel. descr. gram. p. 273.

1. **V. dubia** Leers. fl. herborn. p. 41 t. 9 (*Avena*); Schultz in Pollich. 1863 p. 273. — *Avena fertilis* All. auct. p. 45; Mazz. in ant. ion. III. p. 674. — *A. tenuis* Moench. meth. p. 195; Mazz. l. c. — *V. bromoides* Koel. l. c. — *V. avenacea* Koel. l. c. p. 274; Haussk. symb. p. 51. — Exsicc.: Heldr. it. thessal. IV. a. 1885. —

Culmis erectis, gracilibus; foliis anguste linearibus, glabris vel pilosulis, ligula oblonga; panicula effusa, laxa, ramis elongatis, semiverticillatis, inferne longe denudatis; spiculis 2—3 floris; glumis 7—9 nerviis, ad nervos scabris, inferiore tertia parte breviore; palea inferiore flosculi inferioris in aristam attenuata, dorso non aristata, florum superiorum apice bisetosa, dorso ad medium aristam geniculatam, inferne tortam gerente.

In dumetis, rarissime. Thessalia: pr. Malakasi (Haussk.), in oropedio Neuropolis (Heldr.); Corcyra: pr. Peritia (Mazz.). — Jun. Jul. ☉.

2. **V. macra** Stev. in M. a B. fl. taur. cauc. I. p. 77 (*Avena*); Bal. in Bois. fl. or. p. 540. — *Trisetum macrum* Palis. agrost. p. 88. — *Gaudinia Biebersteinii* Trin. suppl. p. 21. — Exsicc.: Saint Lager pl. gr. a. 1900.

Culmis erectis vel inferne geniculatis, gracilibus; foliis anguste linearibus, glabris, ligula lanceolata, lacera; panicula spiciformi; spiculis 2—7 floris; glumis 3 nerviis, ad nervos scabris, inferiore tertia parte breviore; palea inferiore flosculi inferioris acuta, dorso non aristata, florum superiorum apice breviter bidentata, dorso ad medium aristam geniculatam, divaricatam, inferne tortam gerente. — Habitu *Gaudiniae fragili* non absimilis.

In siccis regionis inferioris, rarissime. Laconia: ad radices mt. Taygetos pr. Pentaplu supra Kumusta (Saint Lager). — Jun. Jul. ☉.

49. Arrhenatherum Palis. agrost. p. 55.

1. **A. elatius** L. sp. p. 79; Pieri corc. fl. p. 13; Mazz. in ant. ion. III. p. 674 (*Avena*); Presl. fl. cech. p. 17; Bois. fl. or. V. p. 550. — *A. avenaceum* Palis. agrost. p. 152; Haussk. symb. p. 42. — Icon: Host gram. II. t. 49. — Exsicc.: Heldr. it. gr. septentr. a. 1879, reliqu. Orph. a. 1886, pl. fl. bellen. a. 1899.

Rhizomate fibroso; culmis elatis; foliis planis, glabris; panicula elongata, effusa, dein contracta, ramis brevibus; spiculis bifloris; glumis lanceolatis, inferiore uninervia, superiore 3—5 nervia; palea inferiore breviter bidentata, flosculi inferioris glabra, infra medium aristam, glumas longe superantem gerente, flosculi superioris glabra vel a basi ad medium adpresse sparseque pilosa, breviter aristata. — Specimina omnia, quae vidi, paleam inferiorem flosculi superioris sparse pilosam habent.

β. **tuberosum** Gilib. exerc. II. p. 538 pro sp. (*Avena*). — *Avena bulbosa* Willd. in neue schrift. ges. nat. Berl. II. p. 116. — *Arrh. elatius β. bulbosum* Koch syn. p. 793; Heldr. chlor. Parn. p. 28. — Rhizoma in tubera 2—3 superposita incrassatum. — Exsicc.: N. v.

γ. **palaestinum** Bois. diagn. XIII. p. 51; Haussk. symb. p. 42; pro sp.; Bois. fl. or. V. p. 550. — Spiculae minores (teste Haussk. l. c. majores), flosculi superioris palea inferior ad $^2/_3$ longitudinis longe et adpresse hirsuta. — Exsicc.: N. v.

In pascuis montanis et alpinis. Thessalia: in oropedio Neuropolis (Haussk.), mt. Oeta (Heldr.); mt. Parnassus, Hymettus (Orph.); Peloponnesus: mt. Chelmos (Orph.), mt. Taygetos l. d. Neraidovuni (Zahn); Corcyra (Pieri); — *β*. mt. Parnassus (Heldr.); — *γ*. mt. Hymettus (Haussk.). — Jun. Jul. ♃.

50. Trisetum Pers. syn. I. p. 97.

a. Perennia.

1. **T. flavescens** L. sp. p. 80; Haussk. symb. p. 42 (*Avena*); Gaud. agrost. I. p. 323; Mazz. in ant. ion. III. p. 674; Heldr. in Sitzungsb. acad. Wiss. Berl. 1883 p. 4; Bois. fl. or. V. p. 537; Hal. beitr. fl. Epir. p. 42; Form. in Ver. Brünn 1896 p. 24, 1897 p. 22. — *T. splendens* Presl cyp. et gram. sic. I. p. 30, f. panicula conferta. — Icon: Host gram. III. t. 38. — Exsicc.: Heldr. it. gr. septentr. a. 1879.

Rhizomate caespitoso, breviter stolonifero; culmis erectis; foliis planis, inferioribus praesertim ad vaginas pubescentibus; panicula composita, condensata vel laxa, ramis brevibus; spiculis 2—3 floris, flavidis; glumis inaequalibus, inferiore minore, uninervi, superiore trinervi, supra medium attenuato-acuminata; axi pilis flosculis multo brevioribus obsito; palea inferiore breviter biseta, supra medium dorsum arista geniculata, ea longiore obsita. —

β. **tenue** Hack. ap. Form. in Ver. Brünn 1897 p. 22. — *A. flavescens v. pindica* Haussk. symb. p. 43. — Rhizomate non stolonifero; culmis gracilibus, humilioribus; foliis angustis, glabris vel vix pubescentibus, panicula pauciflora. — Exsicc.: Heldr. it. thessal. IV. a. 1885.

In pascuis regionis inferioris in alpinam adscendens. Epirus: mt. Peristeri (Form.), Tsumerka pr. Theodoriana (Hal.); Thessalia: frequens in omnibus Pindi montibus, in planitie pr. Pharsalus (Haussk.), mt. Othrys (Form.), Oeta, Pelion (Heldr.); Euboea: mt. Dirphys (Heldr.); mt. Parnassus (Orph.); Corcyra: pr. Crevazzula (Mazz.); — *β*. mt. Ghavellu, ad monasterium Korona (Form.), mt. Karava (Haussk.) in Pindo. — Jun. Jul. ♃.

2. **T. laconicum** Bois. et Orph. diagn. ser. 2 IV. p. 129, Fl. or. V. p. 537. — Exsicc.: Orph. herb. n. 2890.

Differt a praecedente, cui maxime affinis, spiculis paulo majoribus, gluma superiore sensim attenuata, palea inferiore obsolete bidentata, nec biseta, axi pilis multo longioribus, flosculum dimidium aequantibus.

In pascuis regionis subalpinae mt. Malevo Laconiae pr. Vromopigadon (Orph.). — Jun. Jul. ♃.

Obs. *T. distichophyllum* Vill. pl. dauph. II. p. 144 (*Avena*); Palis. agrost. p. 88. — Erronee in Corcyra pr. Lavcbi (Mazz. in ant. ion. III. p. 674) indicatur.

b. Annua.

3. **T. myrianthum** Bert. fl. ital. I. p. 722; Haussk. symb. p. 43 (*Avena*); Parl. fl. ital. I. p. 270; Bois. fl. or. V. p. 533. — Icon: Ces. ic. stirp. ital. fasc. 3. — Exsicc.: Heldr. it. IV. thessal. a. 1885.

Culmis caespitosis, 20—40 cm. altis; foliis convolutis, glabris; panicula elongata, post anthesin contracta; spiculis minutis, bifloris; glumis subaequalibus, inferiore uninervi, superiore trinervi; flosculis basi brevissime barbatis; palea inferiore breviter biseta, ad medium dorsum arista geniculata, ea subtriplo longiore instructa.

In herbidis regionis inferioris et montanae. Thessalia: pr. Karditza (Heldr.), Sophades, Trikala, Korona (Haussk.); Aetolia: pr. Agrinion (Heldr.); Arcadia (Sart.); Laconia: mt. Taygetos (Pichl.). — Maio, Jul. ☉.

4. **T. aureum** Ten. cors. bot. lez. I. p. 58 (*Koeleria*); Ten. fl. nap. II. p. 378 t. 107. — *Avena condensata* Link en. alt. hort. berol. I, p. 82; Gelmi in bull. soc. bot. it. 1889 p. 453; Haussk. symb. p. 43. — *T. condensatum* Schult. syst. mant. II. p. 366; Bois. fl. V. p. 534. — *A. Loeflingiana* Mazz. in ant. ion. III. p. 674, non L. — *A. chlorantha* Link in Linn. 1843 p. 401. — Exsicc.: Orph. fl. gr. n. 971; Heldr. herb. fl. hellen. n. 106, in Baen. herb. europ. n. 4034, herb. norm. n. 1198; Baen. herb. europ. n. 9360.

Culmis caespitosis, pumilis, 5—20 cm. altis; foliis planis, superne pilosis; panicula brevi, ovata, post anthesin contracta; spiculis minutis, subtrifloris; glumis inaequalibus, inferiore duplo minore, uninervi, superiore trinervi; flosculis glabris; palea inferiore breviter biseta, supra medium dorsum arista geniculata, ea subduplo longiore instructa.

In collibus, sterilibus, arenosis praesertim maritimis. Attica: pr. Eleusis (Heldr.); Peloponnesus: pr. Kalamaki in isthmo, Corinthus, Xylocastron, Nauplia (Orph.); Corcyra: in urbe (Baen.), pr. Stavropotamo (Mazz.). — Apr. Maio. ☉.

51. Koeleria Pers. syn. I. p. 97.

a. Palea inferior apice integra, non aristata. Perennes.

1. **K. cristata** L. sp. p. 63; S. et S. pr. I. p. 49 (*Aira*); Pers. syn. I. p. 97; Mazz. in ant. ion. III. p. 676; Ch. et B. fl. pelop. p. 6; Friedr. Reise p. 285; Bois. fl. or. V. p. 574; Form. in D. bot. Monatschr. 1890 p. 7, in Ver. Brünn 1896 p. 24; Bald. riv. coll. bot.

alb. 1895 p. 74; Haussk. symb. p. 51. — Icon: Host gram. II. t. 75.
— Exsicc.: Heldr. it. IV. thessal. a. 1885.

Rhizomate caespitoso; culmis erectis, glabris vel apice puberulis; foliis planis, glabris vel inferioribus ciliatis; panicula spiciformi, densa, saepius elongata, basi interdum interrupta; glumis subinaequalibus, carina asperulis; palea inferiore lanceolata, acuta.

β. **splendens** Presl cyp. et gram. sic. p. 34; Hal. in z. b. G. 1888 p. 763, Beitr. fl. Epir. p. 42, in ö. b. Z. 1897 p. 326; pro sp. — *K. grandiflora* Bert. in R. et Schult. mant. II. p. 345. — *K. cristata v. grandiflora* Bois. fl. or. V. p. 575; Heldr. chlor. Parn. p. 28; Haussk. symb. p. 51. — *K. gracilis* Guss. fl. sic. pr. I. p. 121; Haussk. l. c.; non Pers. — Rhizoma tuberoso-incrassatum; folia plus minus convoluta; panicula plerumque splendens, spiculis majoribus. — Intermediis ad typum transit et teste Bois. l. c. potius forma, quam varietas distincta. — Exsicc.: Bald. it. alb. epir. III. n. 209; Heldr. herb. norm. n. 1397.

In collibus, rupestribus regionis inferioris in alpinam adscendens. Epirus: mt. Tsumerka (Hal.), Kakardista (Bald.); Thessalia: frequens in Pindo, pr. Pharsalus (Haussk.), pr. Patsios et Tafilvris in Olympo, mt. Ossa (Form.), Oeta (Heldr.); Euboea: mt. Dirphys (Heldr.); Aetolia: mt. Velugo (Heldr.), Korax (Tuntas); Doris: mt. Kiona (Hal.), Parnassus (Sprun.); Attica: mt. Parnes, Pentelicon (Heldr.); Achaia: mt. Kyllene (Orph.); Arcadia: mt. Diaforti (Chaub.); Argolis (Sibth.): pr. Nauplia (Friedr.); Laconia: mt. Taygetos (Heldr.); Corcyra: pr. Botumia (Mazz.). — Jun. Aug. ♃.

b. Palea inferior apice bidentata et aristata.

a. Spiculae 1—2 florae, glumis aequalibus.

2. **K. pubescens** Lam. enc. I. p. 92; Mazz. in ant. ion. III. p. 670 (*Phalaris*); Palis. agrost. p. 85; Bois. fl. or. V. p. 573. — *Aira pubescens* Vahl symb. III. p. 9. — *K. villosa* Pers. syn. I. p. 97; Marg. et R. fl. Zante p. 98; Weiss in z. b. G. 1869 p. 756. — Icon: Rchb. f. 1667.

Culmis erectis vel adscendentibus; foliis molliter pubescentibus; panicula spiciformi, ovato-oblonga vel oblongo-cylindracea, densissima, non lobulata; spiculis 1—2 floris; glumis aequalibus, piloso-hispidis; palea inferiore ad carinam breviter ciliata, ceterum glabra, emarginata, brevissime aristata vel mutica.

In arenosis regionis inferioris, rarissime. Corcyra: pr. Potamo (Mazz.); Zacynthus (Marg.); Creta: pr. Canea (Weiss). — Maio, Jun. ☉. N. v.

β. Spiculae 3—5 florae, glumis inaequalibus.

3. **K. phleoides** Vill. fl. delph. II. p. 95 t. 2; Sieb. avis p. 2, rem. p. 3 (*Festuca*); Pers. syn. I. p. 97; Urv. enum. p. 10; Ch. et B. exp. p. 36, Fl. pelop. p. 6; Link in Linnaea IX. p. 137; Mazz. in ant. ion. III. p. 676; Marg. et R. fl. Zante p. 98; Weiss in z. b.

G. 1869 p. 756; Raul. cret. p. 879; Bois. fl. or. V. p. 572; Heldr. fl. cephal. p. 75, Fl. Aegina p. 397, chlor. Thera p. 24, chlor. Mykon. p. 254; Spreitz. in z. b. G. 1887 p. 671; Form. in Ver. Brünn 1895 p. 19, 1897 p. 22; Haussk. symb. p. 51. — *Festuca cristata* L. sp. p. 76. — *K. brachystachya* DC. cat. monsp. p. 11, f. panicula abbreviata. — Exsicc.: Orph. fl. gr. n. 169 et 966; Baen. herb. europ. n. 9275.

Culmis erectis vel adscendentibus; foliis pilosis; panicula spiciformi, cylindrica, densa, saepe lobulata; spiculis 3—5 floris; glumis inaequalibus, glabris vel puberulis, ad carinam asperis; palea inferiore villosa vel glabriuscula, breviter bidentata, aristam setaceam, ea saepius breviorem, interdum brevissimam gerente.

In cultis, arenosis, ad vias regionis inferioris et submontanae, per totam ditionem. — Apr. Jun. ☉.

4. **K. hispida** Savi fl. pis. I. p. 117 t. 1 (*Festuca*); DC. cat. monsp. p. 119; Hal. beitr. fl. Aetol. p. 10. — *Cynosurus phleoides* Desf. fl. atl. I. p. 82 t. 18; S. et S. pr. I. p. 58; Marg. et R. fl. Zante p. 95. — *Bromus hispidus* Savi bot. etrusc. II. p. 62. — Huc forsan: *Cenchrus echinatus* Mazz. in ant. ion. II. p. 464, non L. — Exsicc.: Bicknell herb. a. 1891; Hal. it. gr. II. a. 1893.

Culmis erectis vel adscendentibus; foliis villosis; panicula spiciformi, ovata, densissima, non lobulata; spiculis 3—4 floris; glumis inaequalibus, glabris; palea inferiore hispida, emarginata, aristam rigidulam, ea sublongiorem gerente.

In collibus dumosis, campis regionis inferioris, rarissime. Corcyra: pr. Levkimo (Bicknell); Zacynthus (Sibth.); Aetolia: pr. Antirrhion (Hal.) — Maio, Jun. ☉.

52. Avellinia Parl. pl. nov. p. 59.

1. **A. Michelii** Savi bot. etrusc. I. p. 78 (*Bromus*); Parl. l. c.; Nym. consp. p. 815; Heldr. fl. Aegina p. 397. — *Koeleria macilenta* DC. fl. fr. V. p. 270. — *Avena puberula* Guss. pl. rar. p. 55 t. 10. — *Vulpia Michelii* Rchb. fl. germ. exc. p. 1403. — *Avena macilenta* Guss. fl. sic. pr. suppl. I. p. 29. — *Festuca Michelii* Kunth en. I. p. 397. — *Avena Michelii* Guss. syn. I. p. 151. — *Koeleria Michelii* Coss. expl. sc. alger. II. p. 120. — Exsicc.: Heldr. herb. norm. n. 1093.

Culmis erectis vel adscendentibus; foliis puberulis; panicula spiciformi, oblonga vel oblongo-cylindrica, densa; spiculis 3—4 floris; glumis valde inaequalibus, inferiore brevissima, fere setacea, superiore 2—4 plo longiore, oblongo-lanceolata, flosculis sublongiore; palea inferiore subulata, sub apice bidentata aristam ea breviorem gerente.

In collibus aridis, dumosis regionis inferioris et submontanae, rarissime. Attica: mt. Pentelicon (Heldr.), pr. Laurion (Nym.); insula Aegina: ad monasterium (Heldr.). — Apr. Maio. ☉.

53. Holcus L. gen. n. 1146.

1. H. lanatus L. sp. p. 1048; Ch. et B. exp. p. 40, Fl. pelop. p. 7; Raul. cret. p. 875; Bois. fl. or. V. p. 532; Form. in D. bot. Mon. 1890 p. 7, in Ver. Brünn 1896 p. 24; Hal. beitr. fl. Epir. p. 42; Bald. riv. coll. bot. alb. 1896 p. 98; Haussk. symb. p. 42. — — Icon: Host gram. I. t. 2. — Exsicc.: Heldr. pl. fl. hellen. a. 1887 et 1899.

Culmis erectis; foliis molliter villosis; panicula oblonga, albida vel rubella, demum contracta; spiculis bifloris; glumis puberulis; palea inferiore flosculi superioris supra medium aristam uncinatam, glumis non vel vix longiorem gerente.

In herbidis, silvaticis, scaturiginosis, regionis inferioris in subalpinam adscendens. Epirus: ad Kastrica pr. Janina (Bald.), pr. Kalentini ad septentrionem urbis Arta (Hal.); Thessalia: in oropedio Neuropolis, pr. Pharsalus (Haussk.), mt. Oeta (Heldr.), pr. Tafilvris in Olympo, Spilia in mt. Ossa (Form.); Euboea (Wild); Aetolia: mt. Korax (Heldr.); Attica: pr. Kephissia (Heldr.); Elis: pr. Manolas (Heldr.); Arcadia: pr. Karithena (Chaub.); Laconia: mt. Malevo (Orph.); Creta: pr. Enneachoria (Raul.). — Maio, Jul. ♃.

54. Melica L. gen. n. 82.

α. Palea inferior margine villosa.

1. M. ciliata L. sp. p. 66; S. et S. pr. I. p. 50, Fl. gr. I. p. 54 t. 70; Ch. et B. exp. p. 33, Fl. pelop. p. 5; Mazz. in ant. ion. III. p. 684; Friedr. Reise p. 276 et 277; Raul. cret. p. 879; Bois. fl. or. p. 588; Heldr. chlor. Parn. p. 28; Form. in D. bot. Mon. 1890 p. 7, in Ver. Brünn 1897 p. 22; Hal. beitr. fl. Epir. p. 42, Beitr. fl. Thessal. p. 19. — *M. micrantha* Bois. et Hoh. diagn. XIII. p. 53; Hal. in z. b. G. 1888 p. 763; f. panicula angustiore, laxa, spiculis minoribus, glumis minus acuminatis. — *M. ciliata β. micrantha* Bois. fl. or. V. p. 589; Haussk. symb. p. 51. — *M. cretica v. major* Heldr. fl. ceph. p. 75. — *M. ciliata α. Linnaei* Hack. in Hal. et Br. nachtr. fl. Niederöst. p. 19; Form in Ver. Brünn 1897 p. 22; Haussk. symb. p. 51. — Exsicc.: Orph. fl. gr. n. 367; Heldr. herb. norm. n. 63 et 1591. —

Rhizomate breviter repente; culmis elongatis; foliis linearibus, glabris vel sparse pilosis, planis, demum subinvolutis; panicula spiciformi, laxiuscula, cylindrica, subsecunda, rhachide altero latere subnudo, ramis erectis, rhachide adpressis, laxe paucispiculatis, primariis 5—10, basalibus secundariis 3—5 et tertiariis 1 spiculas 2—3 floras gerentibus; glumis stramineis, subaequalibus; palea inferiore dorso glabra, tuberculato-scabra, margine pilis albo-lutescentibus, longis ciliata.

β. **Magnolii** Gr. et Godr. fl. fr. III. p. 550; Weiss in z. b. G. 1869 p. 756; pro sp.; Pant. Ver. naturk. Presb. 1872 p. 15; Haussk. symb. p. 51. — Elatior, foliis minus involutis, panicula crassiore, ramosiore, superne densa, basi saepius interrupta. — Intermediis ad typum transit. — Exsicc.: Heldr. herb. norm. n. 1296, herb. dimorph. n. 50.

γ. **nebrodensis** Parl. fl. palerm. I. p. 120, pro sp.; Coss. expl.
sc. Alger. II. p. 133; Bois. fl. or. V. p. 589; Form. in Ver. Brünn
1896 p. 24; Haussk. symb. p. 51. — Minor, foliis angustissimis, arcte
involutis, panicula depauperata, laxa, glumis magis acuminatis, saepe
rubellis, paleae inferioris pilis niveis. — Variat: *f. cretica* B. et H.
diagn. XIII. p. 54; Raul. cret. p. 879; Heldr. chlor. Parn. p. 28,
pro sp.; Culmis nanis, 8—10 cm. longis, panicula 2—3 cm. tantum
longa. — Huc probabiliter: *M. nebrodensis β. Parlatorii* Asch. et Gr.
syn. II. p. 346, f. valde depauperata, culmis adscendentibus, spiculis
paucis, ramis monostachyis. — Exsicc.: N. v.

In collibus, rupestribus, typus et var. β. frequens, prior praesertim
in regione subalpina et alpina, posterior in regione submontana et inferiore; — γ. Creta: mt. Volakia et Theodori in mt. Sphacioticis (Raul.),
porro indicatur in mt. Peristeri in Epiro (Form.); mt. Parnassos (Heldr.);
mt. Palamidi Argolidis (Heldr.). — Maio, Jul. ♃.

2. **M. transsilvanica** Schur sert. fl. Trans. p. 86, en. pl. Trans.
p. 764 pro sp.; Hack. in Hal. et Br. nachtr. fl. Niederöst. p. 19;
Form. in Ver. Brünn 1895 p. 19, 1896 p. 24, 1897 p. 22; Haussk.
symb. p. 51. — *M. ciliata* Gr. et Godr. fl. fr. III. p. 550, teste
Hack. l. c., non L. —

Differt a praecedente panicula densissima, circumcirca aequaliter
spiculis rhachin fere omnino tegentibus obsita, ramis erecto-patentibus,
dense multispiculatis, primariis 12—20, basilaribus secundariis 5—6 et
tertiariis 3—5 spiculas gerentibus; glumis plerumque coloratis, inferiore
manifeste breviore.

In collibus. Thessalia: frequens (Form.), ad monasterium Korona,
pr. Orman Magula (Haussk.). — Maio, Jul. ♃. N. v.

b. Paleae glabrae.

α. Spiculae demum nutantes.

3. **M. minuta** L. mant. I. p. 32; S. et S. pr. I. p. 50; Ch. et
B. exp. p. 34, Fl. pelop. p. 5; Weiss in z. b. G. 1869 p. 756; Raul.
cret. p. 879; Heldr. fl. ceph. p. 75. — *M. ramosa* Vill. pl. dauph.
II. p. 91; Sieb. avis rem. p. 2; Mazz. in ant. ion. III. p. 684; Friedr.
Reise p. 277; Bois. fl. or. V. p. 585. — *M. pyramidalis* Lam. fl.
fr. ed. 2 III. p. 585; Sieb. avis p. 2; Mazz. in ant. ion. III. p. 684;
Ung. Reise p. 117; Raul. cret. p. 879. — *M. aspera* Desf. fl. atl.
I. p. 71; Mazz. in ant. ion. III. p. 684. — *M. major* S. et S. pr. I.
p. 51. — Exsicc.: Heldr. pl. fl. hellen. a. 1878.

Rhizomate indurato; culmis erectis vel adscendentibus, saepius
elongatis; foliis rigidis, anguste convolutis, ligula oblonga, apice saepe
lacera; panicula pyramidata, ramis patentibus, inferioribus geminis;
spiculis pedicellatis, 4 floris, 7—10 mm. longis, demum nutantibus;
glumis late scariosis, saepe rubellis, subquinquenerviis, superiore sublongiore; palea inferiore punctato-scabra, plurinervi, apice scariosa.

β. **saxatilis** S. et S. pr. I. p. 51, Fl. gr. I. p. 55 t. 71; Hal.

in ö. b. Z. 1896 p. 19, 1897 p. 99; pro sp.; Bois. fl. or. V. p. 585; Heldr. chlor. Mykon. p. 254. — Panicula racemiformis, secunda, simplex vel basi ramis 1—3 solitaribus, brevibus, striatis aucta. — Exsicc.: Heldr. et Hal. fl. sporad. a. 1896.

γ. **longiglumis** Haussk. symb. p. 52, pro var. *M. ramosae.* — Folia convoluta vel plana; paniculae rami erecti, breves, unispiculati, vel inferiores patentes, elongati plurispiculati; spiculae coloratae, 10— 12 mm. longae. — Exsicc.: Orph. fl. gr. n. 954 (Chios), herb. a. 1849.

In rupestribus regionis inferioris et montanae. Sporadum insula Jura (Reiser); Attica: mt. Cithaeron, Hymettus, insula Lero (Heldr.); Peloponnesus (Sibth.): insula Poros (Friedr.), Hydra (Heldr.); Cycladum insula: Cythnos (Tuntas), Syra, Tenos (Weiss); Creta: pr. Malaxa (Rev.), Almyros (Raul.); Cephalonia (Ung.); Corcyra: pr. Scripero, Messongi (Mazz.); — β. Laconia: mt. Taygetos (Pichl.); in insulis (Sibth.): Mykonos Cycladum (Sart.), Peristeri Sporadum (Leonis); — γ. Attica: in fauce magno mt. Hymettus (Haussk.); Cycladum insula Syra: pr. Coimos (Orph.); Creta: ad promontorium Maleka (Sieb.). — Apr. Jun. ⚄·

β. Spiculae erectae.

4. **M. rectiflora** B. et H. diagn. XIII. p. 56, Fl. or. V. p. 588; Raul. cret. p. 879. — Exsicc.: Rev. pl. cret. n. 273.

Rhizomate caespitoso; culmis erectis; foliis planis, lanceolato-linearibus, glabris vel ad vaginam pubescentibus, ligula brevissima, marginiformi, in dentem ovatam oppositifoliam producta; panicula racemiformi, erecta laxa, subsimplici; spiculis erectis, subsessilibus, bifloris, flosculo superiore sterili; glumis stramineis, subaequalibus; palea inferiore laevi, coriacea, elevatim plurinervia.

In rupestribus regionis inferioris et montanae. Creta: ad promontorium Maleka, pr. Aradhena, in fauce Hagia Rumeli (Raul.) et in oropedio Omalos (Rev.) in mt. Sphacioticis. — Apr. Maio. ⚄·

5. **M. uniflora** Retz obs. I. p. 10; S. et S. pr. I. p. 51; Ch. et B. exp. p. 33, Fl. pelop. p. 5; Mazz. in ant. ion. III. p. 684; Friedr. Reise p. 280; Bois. fl. or. V. p. 587; Hal. beitr. fl. Achaia p. 34; Haussk. symb. p. 52. — Icon: Host gram. II. t. 11. — Exsicc.: Heldr. reliqu. Orph. a. 1886.

Rhizomate repente; culmis flexuosis; foliis planis, lanceolato-linearibus, glabris vel parce pilosulis, ligula truncata, in dentem lanceolatam oppositifoliam producta; panicula laxa, secunda, ramis erecto-patulis, paucispiculatis; spiculis erectis, pedicellatis, bifloris, flosculo superiore sterili; glumis violaceo-suffusis, subaequalibus; palea inferiore dorso scabriuscula, apice scariosa, nervis 5 parum prominulis. — Differt a praecedente rhizomate repente, ligulae forma, spiculis majoribus, pedicellatis et palea inferiore minus nervosa.

In silvis montanis et subalpinis. Thessalia: in oropedio Neuropolis (Haussk.); Euboea: mt. Dirphys (Heldr.); Attica: mt. Parnes (Pichl.); Peloponnesus: pr. Syvista ad radices mt. Chelmos (Hal.), mt. Kyllene pr. Flamburitza (Orph.), mt. Diaforti pr. Andrizena (Friedr.), mt. Generion, pr. Messene, Phigalea, Bassae, mt. Taygetos (Chaub.); Corcyra: pr. Spartilla (Mazz.). — Maio, Jun. ♃.

Obs. *M. nutans* L. sp. p. 66; Ch. et B. fl. pelop. p. 5. — Indicatur pr. Messene (Gittard), „sed hujus collectoris indicationes saepe nimium fallaces" (Bois. fl. or. V. p. 587). —

11. Tribus. **FESTUCEAE** Kunth enum. I. p. 321.

55. Molinia Schrank baier. fl. I. p. 334.

1. **M. coerulea** L. sp. p. 62; Mazz. in ant. ion. III. p. 672 (*Aira*); Moench meth. p. 183; Mazz. l. c. p. 684; Haussk. symb. p. 52. — *Melica coerulea* L. mant. II. p. 325. — Icon: Host gram. II. t. 8.

Rhizomate caespitoso; culmis elatis; foliis latiuscule linearibus, glabris vel parce pilosis, ligula ad pilos reducta; paniculae angustae ramis flexuosis; spiculis 2—3 floris, saepe violaceis, muticis; glumis subinaequalibus; palea inferiore dorso convexa, obtusa.

In scaturiginosis regionis montanae, rarissime. Thessalia: supra Malakasi in Pindo tymphaeo (Haussk.); Corcyra: in valle Ropa (Mazz.). — Jul. Sept. ♃. N. v.

56. Diplachne Palis. agrost. p. 80.

1. **D. serotina** L. sp. ed. 2 p. 111 (*Festuca*); Link hort. berol. I. p. 155; Haussk. symb. p. 52. — *Molinia serotina* M. et K. deutsch. fl. I. p. 585. — Icon: Host gram. II. t. 92. — Exsicc.: Charrel fl. Maced. a. 1890 (Macedonia).

Rhizomate subrepente; culmis erectis, fere ad apicem foliatis; foliis lineari-lanceolatis, glabris, culmeis patentibus, ligula brevissima; panicula brevi, rigida, ramis brevibus, erecto-patulis; spiculis 3—5 floris, violascentibus; glumis valde inaequalibus, muticis; palea inferiore sub apice breviter aristata.

In aridis, rupestribus regionis montanae, rarissime. Thessalia: pr. Chaliki, Krania et Klinovo in Pindo (Haussk.); occurrit quoque pr. Thessalonica (Charr.). — Jul. Sept. ♃.

Obs. *D. fusca* L. sp. ed. 2 p. 109 (*Festuca*); Palis. agrost. p. 163. — *Leptochloa fusca* Kunth. agrost. p. 271; Friedr. Reise p. 277 *v. vivipara*. — Indicatur cum? pr. Poros (Friedr.).

57. Dactylis L. gen. n. 86.

1. **D. glomerata** L. sp. p. 71; S. et S. pr. I. p. 58; Marg. et R. fl. Zante p. 98; Friedr. Reise. p. 277; Bois. fl. or. V. p. 596; Heldr. fl. cephal. p. 75, chlor. Parn. p. 28; Form. in D. bot. Mon. 1890 p. 7, in Ver. Brünn 1895 p. 19, 1896 p. 24, 1897 p. 22; Hal.

beitr. fl. Epir. p. 42, beitr. fl. Thessal. p. 19; Haussk. symb. p. 52.
— *D. glaucescens* Willd. en. hort. berol. I. p. 111; Mazz. in ant. ion. III. p. 678. — *Koeleria dactylis* Ch. et B. exp. p. 6. — Icon: Host gram. II. t. 94.

Rhizomate caespitoso; culmis erectis; foliis planis vel canaliculatis, glabris, ligula elongata, saepius lacera; panicula erecta, unilaterali, lobata, fasciculis densissimis, spiculis 4—10 floris; glumis inaequalibus, lanceolatis, mucronatis, inferiore breviore, uninervi, superiore 3 nervi, ad carinam saepe ciliata; palea inferiore lanceolata, ex apice integro vel bilobo mucronato-aristata, ad carinam ciliata.

α. **typica.** — Elata; foliis planis, viridibus; paniculae ramis, praesertim inferioribus, elongatis, basi longe nudis; spiculis 3—6 floris, saepe coloratis. — In ditione, ut videtur, f. paniculae ramis abbreviatis (*D. abbreviata* Bernh. in Link hort. berol. I. p. 152) obvia, transitum ad var. sequentem praebens. — Exsicc.: Tunt. pl. gr. a. 1896.

β. **hispanica** Roth. cat. bot. I. p. 8; Link in Linnaea IX. p. 137; Hal. in z. b. G. 1888 p. 763, in ö. b. Z. 1897 p. 99, 1899 p. 25; pro sp.; Ch. et B. exp. p. 34, Fl. pelop. p. 6; Marg. et R. fl. Zante p. 98; Weiss in z. b. G. 1869 p. 757; Raul. cret. p. 879; Bois. fl. or. V. p. 596; Heldr. chlor. Parn. p. 28, Fl. Aegina p. 397; Hal. beitr. fl. Achaia p. 34, in ö. b. Z. 1896 p. 19; Haussk. symb. p. 52. — Saepius humilior; foliis angustioribus, glaucescentibus, demum involutis vel complicatis; paniculae ramis brevibus, a basi spiculas gerentibus, ideo panicula abbreviata, ovata, compacta; spiculis 4—6 floris, viridibus. — Exsicc.: Heldr. herb. norm. n. 1297, f. *ammophila*, quae transitum ad var. γ. praebere videtur; Baen. herb. europ. n. 9250, f. *valdeciliata*; Dörfl. fl. aeg. n. 90, pl. cret. n. 140.

γ. **dactyloides** S. et S. pr. I. p. 61, Fl. gr. I. p. 64 t. 81 (*Festuca*) pro sp. — *D. hispanica v. Sibthorpii* Hack. in ö. b. Z. 1878 p. 191. — *D. glomerata v. Sibthorpii* Bois. fl. or. V. p. 596; Haussk. symb. p. 52. — Foliis angustis, patentibus; panicula brevi, ovata, compacta; spiculis majoribus, 10 floris, glumis undique scabris. — Exsicc.: N. v.

In pratis, collibus, vineis, arenosis, rupestribus regionis inferioris in alpinam adscendens, per totam ditionem, α. praesertim in montanis. β. saepius in regione calidiore; γ. in insula Melos (Sibth.), indicatur quoque in Acropoli Athenarum et in mt. Palamidi pr. Nauplia (Haussk.). — Maio, Aug. ♃.

2. **D. rigida** Bois. et Heldr. diagn. XIII. p. 60, Fl. or. V. p. 596; Raul. cret. p. 879.

Rhizomate caespitoso; culmis pumilis, crassiusculis, rigidis, inferne tantum foliatis, foliisque radicalibus vaginis membranaceis arcte tunicatis; foliis brevibus, angustis, canaliculatis, glabris, ligula oblonga, acuta; culmeis paucis, vagina angusta longa, lamina brevi; panicula anguste lineari, brevi, stricta, densa, basi interdum subinterrupta, ramis a basi spiculas gerentibus; spiculis trifloris; glumis subinaequalibus, oblongo-linearibus, obtusis, mucronatis; palea inferiore oblongo-lineari, ad carinam vix scabrida, obtuse biloba, breviter mucronata. — Vix semipedalis, panicula, 15—22 mm. longa, 3 mm. lata. — Ab omnibus formis praecedentis culmis crassis, rigidis, panicula tenuissima, glumis paleisque obtusis, oblongo-linearibus, nec lanceolatis acutis, palea inferiore fere laevi, nec ciliata differre dicitur.

In saxosis subalpinis et alpinis mt. Ida Cretae (Heldr.). — ⚄. N. v.

Obs. *D. caespitosa* Willd. Forst. comm. gött. IX. p. 22 et *D. spicata* Willd. nov. act. berol. III. p. 415. — In Corcyra pr. Ascensione et Valcocori (Mazz. in ant. ion. III. p. 678) ex confusione indicatur.

58. Aeluropus Trin. fund. agrost. p. 143.

1. **A. litoralis** Gou. fl. monsp. p. 470; Raul. cret. p. 878 (*Poa*); Parl. fl. it. I. p. 461; Clem. sert. p. 96; Bois. fl. or. V. p. 594; Haussk. symb. p. 52. — *Dactylis litoralis* Willd. sp. I. p. 408; Ch. et B. exp. p. 35; Mazz. in ant. ion. III. p. 678. — *D. maritima* Suffr. fl. foroj. p. 116; Sieb. avis rem. p. 3. — *Festuca litoralis* S. et S. pr. I. p. 61, Fl. gr. I. p. 63 t. 80. — *Poa pungens* M. a B. fl. taur. cauc. I. p. 65; Sieb. Reise p. 436. — *D. distichophylla* Brign. fasc. pl. foroj. p. 16. — *D. repens* Sieb. avis p. 2, Mazz. l. c.; non Desf. — *Koeleria litoralis* Ch. et B. fl. pelop. p. 6. — Exsicc.: Heldr. herb. norm. n. 303.

Rhizomate repente, longe stolonifero; culmis adscendentibus; foliis glaucis, distichis, rigidis, erecto-patentibus, glabris, demum involutis; ligula nulla; panicula spiciformi, ovata vel cylindrica, densa ramis brevibus, a basi spiculas gerentibus; spiculis glabris, ad 10 floris; glumis oblongis, acutiusculis; palea inferiore oblongo-lanceolata, mucronata.

β. **hispidula.** — Foliis albo-villosis; spiculis pilosis. — Transitum praebet ad *A. repentem* Desf. fl. atl. I. p. 79 (*Dactylis*); Parl. fl. it. I. p. 462, a quo spiculis 10 floris, nec 4—5 floris differt. — Exsicc.: Heldr. pl. fl. hellen. a. 1901.

In inundatis, arenosis, praesertim maritimis. Aetolia: pr. Mesolongion (Nieder); Attica: ad Phaleron (Heldr.), Laurion (Haussk.), Sunium (Chaub.); Corinthia: pr. Kalamaki (Clem.); Elis: pr. Kunupeli (Heldr.); Messenia (Sibth.); Cycladum insula: Tenos (Chaub.), Cimolos (Sibth.); Creta: pr. Anoia (Sieb.); Corcyra: pr. Afiona, Potamo (Mazz.); — β. Cycladum insula Rhenia (Tuntas). — Maio, Sept. ⚄.

59. Vulpia Gmel. fl. bad. I. p. 8.

a. Stamina 3, antheris magnis, 2—4 mm. longis.

1. **V. ligustica** All. fl. ped. II. p. 249; Sieb. avis rem. p. 3; Mazz. in ant. ion. III. p. 682 (*Bromus*); Link hort. berol. I. p. 148; Bois. fl. or. V. p. 630. — *Festuca ligustica* Bert. in opusc. sc. bot.

I. p. 64; Weiss in z. b. G. 1869 p. 757. — *Lorezia ligustica* Duv. in rev. sc. nat. 1888 p. 35. — Icon: Rchb. ic. f. 1528. — Exsicc.: Rev. pl. cret. n. 186.

Annua; culmis erectis vel adscendentibus; foliis planis, demum convolutis, superne pubescentibus, ligula subnulla; panicula composita, secunda, subnutante, demum contracta; pedicellis ancipitibus, apice sensim incrassatis, spicula multo brevioribus; spiculis 2—4 floris, glabris; glumis valde inaequalibus, inferiore minima vel obsoleta, superiore lanceolata, aristata, ad carinam scabra, flosculos superante; palea inferiore lanceolata, ad carinam scabriuscula, in aristam aequilongam vel longiorem abeunte; antheris 3—4 mm. longis.

In aridis, incultis regionis inferioris. Creta (Sieb.): pr. Canea (Weiss), Kissamos (Rev.). — Apr. Maio. ☉.

2. **V. setacea** Parl. in ann. sc. nat. Paris 1841 p. 297. — *Festuca setacea* Parl. in Guss. fl. sic. syn. I. p. 83. — *Loretia setacea* Duv. in rev. sc. nat. 1888 p. 38. — *F. sicula* Presl cyp. et gram. sic. p. 36, var. *setacea* Asch. et Gr. syn. II. p. 554. —

Perennis; culmis erectis vel adscendentibus; foliis convolutis, glabris, ligula subnulla; panicula composita, subsecunda, stricta, demum contracta; pedicellis ancipitibus, spicula multo brevioribus, apice sensim incrassatis; spiculis 2—4 floris, glabris; glumis inaequalibus, inferiore 2—3 plo breviore, subulata, superiore lanceolata, aristata, ad carinam scabridula, flosculos superante; palea inferiore lanceolata, ad carinam scabridula, in aristam ea longiorem abeunte; antheris 2 mm. longis. — Differt a praecedente praesertim radice perenni et gluma inferiore longiore.

In aridis Cretae (Reverch. teste Hack. in Asch. et Gr. l. c.). — Apr. Maio. ♃. N. v.

b. Stamina 1 vel 3, antheris minimis, $^1/_2$—1 $^1/_2$ mm. longis.

α. Gluma inferior brevissima vel subnulla.

3. **V. bromoides** L. sp. p. 75; Pieri corc. fl. p. 12; Ch. et B. exp. p. 37, Fl. pelop. p. 6; Mazz. in ant. ion. III. p. 678 (*Festuca*); Rchb. fl. germ. exc. p. 37. — *Festuca uniglumis* Sol. in Ait. Kew. I. p. 108; S. et S. pr. I. p. 61; Weiss in z. b. G. 1869 p. 757. — *V. uniglumis* Dum. agrost. belg. p. 100; Raul. cret. p. 880; Bois. fl. or. V. p. 629. — *V. membranacea* Link hort. berol. I. p. 147; Haussk. symb. p. 52. — Exsicc.: Heldr. pl. fl. hellen. a. 1878, 1885 et 1899; Sint. et Bornm. it. turc. n. 1521.

Culmis basi saepe geniculatis; foliis demum convolutis, glabris, ligula brevissima; panicula subsimplici, subunilaterali, erecta, contracta; pedicellis compressis, spicula brevioribus, apice sensim incrassatis; spiculis 4—7 floris, glabris; glumis valde inaequalibus, inferiore minima vel obsoleta, superiore lineari-lanceolata, longe aristata, ad carinam scabra, flosculos subaequante; palea inferiore lineari-lanceolata, ad carinam scabra, in aristam aequilongam vel longiorem abeunte; staminibus 3, antheris 1—1 $^1/_2$ mm. longis. — *Bromi* speciebus nonnullis habitu similis, ab eis gluma inferiore subnulla statim diagnoscenda.

In arenosis maritimis. Thessalia: pr. Litochori (Sint.); Attica: pr. Phaleron, Raphina (Heldr.); Elis: pr. Kyllene (Heldr.); Messenia (Sibth.); Creta: pr. Canea (Weiss), Khalepa (Raul.); Zacynthus (Sibth.); Corcyra (Pieri): pr. Sidari (Mazz.). — Apr. Jun. ☉.

4. **V. ciliata** Danth. in DC. fl. fr. III. p. 55; Sieb. avis p. 2, rem. p. 3; Urv. en. p. 10; Marg. et R. fl. Zante p. 98; Weiss in z. b. G. 1869 p. 757 (*Festuca*); Link. hort. berol. I. p. 147; Ch. et B. exp. p. 37, Fl. pelop. p. 6; Bois. fl. or. V. p. 628; Heldr. fl. ceph. p. 75, Fl. Aegina p. 397; Form. in Ver. Brünn 1895 p. 19, 1896 p. 25; Bald. riv. coll. bot. alb. 1895 p. 74; Hal. in z. b. G. 1899 p. 195; Haussk. symb. p. 52. — *Mygalurus ciliatus* Link in Linnaea IX. p. 136. — Icon: Host gram. IV. t. 65. — Exsicc.: Heldr. pl. fl. hellen. a. 1881, 1897 et 1900.

Culmis erectis; foliis setaceis, involutis, superne puberulis, ligula brevi; panicula subsimplici, subsecunda, stricta, contracta; pedicellis brevissimis, ancipitibus; spiculis 4—6 floris, flosculo infimo tantum plerumque fertili; glumis glabris, valde inaequalibus, inferiore minima vel obsoleta, superiore anguste lineari, aristata, flosculis multo breviore; palea inferiore anguste lineari, basi et margine, rarius undique longe villoso-ciliata, in aristam ea duplo longiorem attenuata; stamine 1, anthera $^1/_2$ mm. longa.

β. **imberbis** Vis. fl. dalm. I. p. 75 pro var. *Festucae ciliatae*. — *V. ciliata v. hymettia* Haussk. symb. p. 52. — Paleae fere vel omnino glabrae. — Exsicc.: N. v.

γ. **plumosa** Bois. fl. or. V. p. 629; Haussk. l. c. — Spiculae 3 florae, flosculis spiraliter, nec distiche dispositis; gluma superior etiam brevissima; paleae cilia densiora et longiora. — Exsicc.: N. v.

In collibus aridis, arenosis regionis inferioris et montanae. Epirus: mt. Micikeli (Bald.), pr. Janina (Form.); Thessalia: pr. Trikala, Sophades, Karditza (Haussk.), pr. Patsios in Olympo (Form.); Attica: mt. Parnes (Sprun.), pr. Eleusis, Geraka (Haussk.), Laurion, insula Aegina (Heldr.); Messenia: pr. Kalamata (Zahn); Cycladum insula: Cythnos (Tunt.), Melos (Urv.); Creta (Sieb.): pr. Canea (Weiss); Zacynthus (Marg.); Cephalonia: pr. Pessada (Heldr.); — β. in fauce magno mt. Hymetti (Haussk.); — γ. mt. Palamidi supra Nauplia (Haussk.). — Apr. Jun. ☉.

β. Gluma inferior superiori dimidio vel triplo brevior.

5. **V. myurus** L. sp. p. 74; S. et S. pr. I. p. 60; Sieb. avis rem. p. 3; Friedr. Reise p. 271 (*Festuca*); Gmel. fl. bad. I. p. 8; Bois. fl. or. V. p. 628; Form. in D. bot. Mon. 1890 p. 8, in Ver. Brünn 1896 p. 25, 1897 p. 22; Haussk. symb. p. 52. — *Mygalurus caudatus* Link. en. pl. I. p. 115; Mazz. in ant. ion. III. p. 680. — *Festuca pseudomyurus* Soy. Will. obs. pl. fr. p. 132. — *V. pseudo-*

myurus Rchb. fl. germ. exc. p. 37. — Icon: Host gram. II. t. 93. — Exsicc.: Heldr. it. thessal. IV. a. 1885.

Culmis erectis; foliis lineari-setaceis, convolutis, supremi vagina paniculae basi proxima vel eam involucrante, ligula brevi, truncata; panicula stricta, elongata, contracta, secunda, apice nutante; pedicellis brevissimis, compressis; spiculis 4—6 floris, flosculis pluribus fertilibus; glumis linearibus, setaceo-acuminatis, glabris, inaequalibus, inferiore triplo breviore, superiore flosculo proximo subdimidio breviore, ad carinam scabra; palea inferiore lineari-lanceolata, glabra, scabra, in aristam subduplo longiorem abeunte; stamine 1, anthera $^1/_2$ mm. longa.

In arenosis, cultis regionis inferioris et montanae. Thessalia: ad monasterium Korona (Heldr.), pr. Malakasi, Said Pascha, Velitsena, Koturi, Borovikon, Han Kukleus, Han Kuraneos, Asproklisia, Vlachava, Konisko, mt. Ossa, mt. Pelion pr. Volo (Form.); Attica: pr. Geraka, Laurion (Haussk.); Argolis: pr. Poros (Friedr.); Messenia (Sibth.); Laconia: pr. Megali Anastasova (Zahn); Creta (Sieb.); Corcyra: pr. urbem (Sagb.), Chinarades (Mazz.). — Apr. Jun. ☉.

6. **V. Broteri** Bois. et R. pug. p. 128; Haussk. symb. p. 52. — *Festuca Broteri* Nym. syll. p. 418. — Exsicc.: Heldr. it. thessal. IV. a. 1885.

Differt a praecedente culmis superne longe nudis; panicula erecta, multo breviore et minus ramosa; gluma superiore flosculum proximum subaequante, inferiore subdimidio breviore; paleae arista ea duplo subtriplo longiore.

In herbidis, arenosis regionis inferioris et montanae. Thessalia: in oropedio Neuropolis (Haussk.); Attica: pr. Geraka (Heldr.), Cycladum insula Melos (Leonis). — Mart. Jun. ☉.

Obs. Probabiliter ex confusione indicantur: *V alopecurus* Schousb. maroc. I. p. 25 (*Festuca*); Link hort. berol. I. p. 147; = *F. alopecuroides* Savi cos. bot. p. 53; Mazz. in ant. ion. III. p. 678. — In Corcyra pr. Spartero (Mazz.). — Dein: *V. geniculata* L. mant. I. p. 33 (*Bromus*); Link hort. berol. I. p. 148; = *Festuca geniculata* Willd. en. I. p. 118; Friedr. Reise p. 266 et 267. — In Attica: pr. Athenas et ad Ilyssum (Friedr.). — Porro: *V. tenuis* Tin. pug. p. 3; Mazz. in ant. ion. III. p. 682 (*Bromus*); Parl. in ann. sc. nat. 1841 p. 299. — In Corcyra pr. Arcudilla (Mazz.). —

60. Bromus L. gen. n. 89.
Dispositio specierum.

1. Sectio. *Schoenodorus* Griseb. spic. II p. 447. — Perennes; spiculae defloratae superne vix latiores; glumae inaequales, inferior uninervia, superior trinervia
   a. Panicula nutans, laxissima.
      1. B. asper Murr.
   b. Panicula erecta.
      α. Vaginae radicales emarcidae integrae vel in fibras non reticulatim intertextas solutae.
         2. B. erectus Huds. **3. B. pindicus** Haussk.

β. Vaginae radicales emarcidae in fibras reticulatas solutae.
× Folia glabra vel parce piloso-ciliata.
4. B. fibrosus Hack. **5. B. lacmonicus** Haussk.
×× Folia velutina.
6. B. tomentellus Bois.
2. Sectio. *Stenobromus* Griseb. spic. II. p. 448. — Annui; spiculae defloratae superne latiores, flosculis divergentibus; glumae inaequales, inferior uninervia, superior trinervia.
a. Panicula apice vel demum omnino nutans, ramis elongatis, apice nutantibus.
7. B. tectorum L. **8. B. sterilis** L.
b Panicula erecta, ramis erectis.
α. Panicula plus minus laxa, internodiis spiculis aequilongis vel parum brevioribus; spiculae magnae, (sine arista) plerumque ad 3 cm. longae vel longiores.
× Spiculae maximae, glumis 18 et 25 mm. longis.
9. B. Gussonei Parl. **10. B. rigidus** Roth.
×× Spiculae mediocres, glumis 9 et 13 mm. longis.
11. B. madritensis L.
β. Panicula compacta, internodiis spiculis multo brevioribus; spiculae mediocres, (sine arista) circa 2 cm. longae.
12. B. rubens L. **13. B. fasciculatus** Prest.
3. Sectio. *Zeobromus* Griseb. spic. II p. 448. — Annui vel biennes; spiculae defloratae apicem versus angustiores; glumae subaequales vel inaequales, inferior 3—5 nervia, superior 7—9 nervia.
a. Flosculi fructiferi remotiusculi, margine non sese obtegentes.
14. B. secalinus L.
b. Flosculi etiam fructiferi margine imbricatim sese obtegentes.
α. Palea inferior ad 7 mm. longa (rarius longior), superiori aequilonga; antherae 2—3 mm. longae.
15. B. arvensis L. **16. B. racemosus** L.
β. Palea inferior ad 9—14 mm. longa, superiori manifeste longior; antherae 1—1 ½ mm. longae.
× Panicula plus minus laxa, ramis saepius subnutantibus, vel erectis et tunc spicula plerumque pluries longioribus; palea inferior ovata vel ovato-lanceolata, raro lanceolata, marginibus ad vel supra medium angulum obtusum exhibens.
○ Spiculae ovato-oblongae vel oblongae aristae semper rectae, omnes aequales vel arista flosculi imi parum brevior.
17. B. hordeaceus L. **18. B. commutatus** Schrad.
○○ Spiculae lanceolatae aristae inaequales, eae flosculorum superiorum geniculato-divaricatae, ea flosculi imi valde abbreviata vel subnulla.
19. B. japonicus Thunb. **20. B. squarrosus** L.
×× Panicula plerumque densa, ramis saepissime erectis et spicula pluries brevioribus, rarius (*B. intermedius*) laxa, ramis elongatis, sed tunc spiculae laterales omnium ramorum brevissime pedicellatae; palea inferior lanceolata, marginibus non vel vix angulatis.
○ Palea inferior ad 9 mm. longa.
. Panicula erecta, patens, demum contracta, saepius composita, ramis erecto-patulis, inferioribus spicula aequilongis vel sublongioribus.
21. B. intermedius Guss.

.. Panicula erecta, conferta, ramis brevissimis, erectis.
22. B. scoparius L. **23. B. alopecuroides** Poir.
◯ Palea inferior 12—14 mm. longa.
24. B. macrostachys Desf.

1. Sectio. *Schoenodorus* Griseb. spic. II. p. 447. — Perennes; spiculae defloratae superne vix latiores; glumae inaequales, inferior uninervia, superior trinervia.

a. Panicula nutans; laxissima.

1. B. asper Murr. pr. stirp. gotting. p. 42; Bois. fl. or. V. p. 643. — Icon: Host gram. I. t. 7.

Rhizomate fibroso; culmis elatis, pubescentibus; foliis late linearibus, pilosulis, vaginis villosis; panicula ampla, laxissima, flaccide nutante, ramis 2—4 semiverticillatis; spiculis 7—9 floris, glabris vel pubescentibus, pedicellis flexuosis, eis aequilongis vel longioribus suffultis; glumis inaequalibus, muticis; palea inferiore 5—7 nervia, ad apicem breviter bidentatum aristata, arista ea breviore.

In silvaticis montanis. Laconia: mt. Malevo supra Kastanitza (Orph.). — Jun. Jul. ♃. N. v.

b. Panicula erecta.

α. Vaginae radicales emarcidae integrae vel in fibras non reticulatim intertextas solutae.

2. B. erectus Huds. fl. angl. p. 39; Mazz. in ant. ion. III. p. 682; Form. in Ver. Brünn 1896 p. 25 *v. australis* Griseb. ap. Pant. in Ver. nat. Presb. II. p. 13 (f. foliis anguste linearibus, imis recurvis); 1897 p. 23. — *Festuca montana* Savi fl. pis. I. p. 118. — Icon: Fl. dan. t. 1383.

Rhizomate caespitoso, brevi, vaginis in fibras solutis vel indivisis tecto; culmis elatis, glabris; foliis linearibus, imis angustioribus, plicatis, vaginisque sparsim pilosis, culmeis latioribus, planis, glabris vel sparsim pilosis; panicula erecta, rigida, ramis inferioribus 3—6 semiverticillatis; spiculis 4—8 floris, glabris vel puberulis; glumis inaequalibus, lanceolatis, acutissimis; palea inferiore lanceolata, 5—7 nervia, ex apice bidentato aristata, arista ea duplo breviore; palea superiore puberula. — Folia radicalia 1—2 mm., culmea 2—4 mm. lata, spiculae 15—25 mm. longae.

In pratis et collinis montanis. Epirus: mt. Peristeri (Form.); Thessalia: mt. Mitrica in mt. Chassia (Form.); Corcyra: pr. Lavchi (Mazz.); specimina non vidi, ideo nescio, an re vera planta typica in ditione nostra proveniet. — Maio, Jul. ♃.

3. B. pindicus Haussk. symb. p. 53. —

Rhizomate breviter stolonifero, vaginis in fibras solutis vel indivisis tecto; culmis elatis, glabris; foliis conformibus, planis, imis ad vaginas ciliatis, ceterum culmeisque glabris; panicula erecta, conferta, ramis infimis solitariis vel binis; spiculis 6—7 floris, glabris; glumis subinaequalibus, lanceolatis, acutissimis; palea inferiore lanceolata, 5 nervia ex apice bifido aristata, arista ea duplo longiore; palea superiore ad margines ciliata. — Folia 3 mm. lata, spiculae 30 mm. longae; saepe brunneomaculata. — Rhizomate stolonifero, foliis conformibus, spiculis majoribus, brevius pedicellatis et longius aristatis a praecedente discedit.

In schistosis humidis jugi Zygos in Pindo tymphaeo (Haussk.). — Jul. ♃. N. v.

β. Vaginae radicales emarcidae in fibras reticulatas solutae.

× Folia glabra vel parce piloso-ciliata.

4. B. fibrosus Hack. in ö. b. Z. 1879 p. 207; Bois. fl. or. V. p. 645; Hal. in z. b. G. 1888 p. 763; Haussk. symb. p. 53. — *B. transsilvanicus* Schur in ö. b. Z. 1860 p. 227; Simk. in ö. b. Z. 1888 p. 343; an Steud. syn. glum. I. p. 320? — Exsicc.: Heldr. herb. norm. n. 1592.

Rhizomate caespitoso, stolonifero, vaginis reticulatim fibrosis tecto; culmis elatis; foliis linearibus, plicatis, parce piloso-ciliatis vel glabris, imis angustioribus; panicula erecta, laxa vel subconferta, ramis 2—5 nis, spicula aequilongis vel longioribus; spiculis 7—9 floris; glumis inaequalibus, lanceolatis, acutis, glabris; paleis glabris, inferiore lanceolata, 5 nervia, glabra, ex apice bifido aristata, arista ea breviore. — Spiculae 3—5 cm. longae.

β. **contractus** Haussk. symb. p. 53. — Culmi humiles; folia brevia, plana, glabra, vagina infima pilosa; panicula depauperata, angusta; spiculae minores, glumis brevissime subvelutinis. — Exsicc.: N. v.

In pascuis subalpinis et alpinis. Thessalia: mt. Baba pr. Krania (Heldr.), mt. Zygos, Karava, Ghavellu (Haussk.) in Pindo, mt. Oeta Phthiotidis (Heldr.); Aetolia: mt. Tymphrestus (Heldr.); Doris: mt. Kiona (Hal.); Laconia: mt. Taygetos (Zahn); — *β.* supra Malakasi in Pindo (Haussk.). — Jul. ♃. —

5. B. lacmonicus Haussk. symb. p. 53. —

Rhizomate caespitoso, breviter repente, vaginis reticulatim fibrosis tecto; culmis elatis; foliis infimis brevibus, angustissimis, involutis, rigidulis, pilis patentibus obsitis, culmeis parum latioribus; panicula stricta, depauperata, ramis imis 1—5 nis; spiculis ad 5 floris; glumis paleisque dense sursum hirsutis. — An a *B. barcensi* Simk en. fl. Trans. p. 584 sat distinctus? — Differt a *B. fibroso* culmis gracilioribus, foliis angustissimis, rigidulis, paniculae ramis brevioribus, spiculis paucifloris, minoribus, glumis paleisque glabris.

In jugo Zygos in Pindo tymphaeo (Haussk.). — Jul. ♃. N. v.

×× Folia velutina.

6. B. tomentellus Bois. diagn. VII. p. 126, Fl. or. V. p. 646; Raul. cret. p. 880.

Rhizomate caespitoso, vaginis reticulatim fibrosis arcte tecto; culmis elatis; foliis linearibus, planis, breviter et plus minus dense velutinis, praetereaque patule ciliatis, culmeis parum latioribus; panicula stricta, ramis 2—3 nis; spiculis 6—9 floris; glumis subinaequalibus, lanceolatis, acutis, glabris; palea inferiore lanceolata, 5 nervia, glabra, ex apice bidentato aristata, arista ea aequilonga; palea superiore ad carinas ciliata. — Indumento velutino a praecedentibus facile diagnoscendum.

In pascuis alpinis Cretae: mt. Volakia in mt. Sphacioticis (Raul.), mt. Ida loco Eistakolyta (Heldr.). — Jun. Jul. ♃. N. v.

Obs. *B. inermis* Leyss. fl. hal. p. 16. — Certe erronee pr. Anemomilo Corcyrae (Mazz. in ant. ion. III. p. 682) indicatur.

2. Sectio. *Stenobromus* Griseb. spic. II. p. 448. Annui; spiculae defloratae superne latiores, flosculis divergentibus; glumae inaequales, inferior uninervia superior trinervia.

    a. Panicula apice vel demum omnino nutans, ramis elongatis, apice nutantibus.

    7. **B. tectorum** L. sp. p. 77; S. et S. pr. I. p. 63, Fl. gr. I. p. 65 t. 82; Ch. et B. exp. p. 39, Fl. pelop. p. 7; Mazz. in ant. ion. III. p. 682; Weiss in z. b. G. 1869 p. 757; Raul. cret. p. 881; Bois. fl. or. V. p. 647; Form. in Ver. Brünn 1895 p. 19, 1896 p. 25, 1897 p. 22; Heldr. chlor. Thera p. 25; Haussk. symb. p. 52. — Icon: Host gram. I. t. 15. — Exsicc.: Heldr. it. thessal. IV. a. 1885.

Culmis erectis, apice pubescentibus; foliis planis, vaginisque molliter pubescentibus, ligula lacera; panicula laxa, brevi, subsecunda, pendula, ramis semiverticillatis, capillaribus, elongatis, molliter hirtis; spiculis 5—9 floris, villoso-pubescentibus, rarius glabris; glumis inaequalibus, lanceolatis, 8 et 12 mm. longis, scarioso-cuspidatis; palea inferiore lineari-lanceolata, sub apice acute bifido aristata, arista recta, ea aequilonga.

    β. **ponticus** C. Koch in Linnaea 1848 p. 394, pro sp. *Anisanthae*; Aschers. et Gr. syn. II. p. 594. — *B. tectorum v. anisanthus* Hack. in acta h. Petrop. 1887 p. 251; Form. in D. bot. Mon. 1890 p. 8, in Ver. Brünn 1897 p. 22. — Spiculae flosculo unico fertili. — Exsicc.: N. v.

In sterilibus, ad muros, vias regionis inferioris, in subalpinam adscendens, per totam ditionem. — Apr. Jun. ☉.

    8. **B. sterilis** L. sp. p. 77; S. et S. pr. I. p. 62; Ch. et B. exp. p. 39, Fl. pelop. p. 7; Mazz. in ant. ion. III. p. 682; Marg. et R. fl. Zante p. 99; Weiss in z. b. G. 1869 p. 757; Raul. cret. p. 880; Bois. fl. or. V. p. 648; Heldr. fl. cephal. p. 75; Gelmi in bull. soc. bot. ital. 1889 p. 453; Form. in Ver. Brünn 1895 p. 19, 1896 p. 25; Haussk. symb. p. 52. — Icon: Host gram. I. t. 16. — Exsicc.: Sint. it. thessal. n. 1881.

Culmis erectis, glabris; foliis planis, vaginisque pubescentibus; ligula lacera; panicula valde laxa, ramis semiverticillatis, elongatis, scabris, undique nutantibus; spiculis 6—10 floris, glabris vel pubescenti-scabris; glumis inaequalibus, lanceolatis, longe attenuato-acuminatis, 10 et 16 mm. longis; palea inferiore lineari-lanceolata, sub apice acute bifido aristata, arista recta, ea longiore.

In cultis, sterilibus, ad vias regionis inferioris et montanae, totius ditionis. — Apr. Jun. ☉.

    b. Panicula erecta, ramis erectis.

        α. Panicula plus minus laxa, internodiis spiculis aequilongis vel parum brevioribus; spiculae magnae (sine arista), plerumque ad 3 cm. longae vel longiores.

        × Spiculae maximae, glumis 18 et 25 mm. longis.

    9. **B. Gussonei** Parl. pl. rar. II. p. 8. — *B. rigidus v. Gussonei* Bois. fl. or. V. p. 649. — *B. maximus* Haussk. symb. p. 52, non Desf. — Exsicc.: Heldr. pl. fl. hellen. a. 1879 et 1900.

Culmis elatis, superne pubescentibus; foliis planis, vaginisque pilosis, ligula lacera; panicula laxa, apice subnutante, ramis semiverticillatis, erectis, pubescentibus, spicula aequilongis vel longioribus, ad 10 cm. longis; spiculis 6—8 floris, glabris; glumis inaequalibus, lanceolatis, acuminatis; palea lanceolata, sub apice bidentato aristata, arista recta, ea duplo longiore. — Panicula erecta, ramis erectis, spiculis majoribus, longius aristatis a specie praecedente distincta.

In arenosis praesertim maritimis. Attica: ad Phaleron (Heldr.); Cyclades: insula Cythnos (Tunt.); Corcyra (Haussk.) et probabiliter alibi. — Apr. Maio. ☉.

    10. **B. rigidus** Roth in Roem et Ust. mag. X. p. 21; Sieb. avis p. 2, rem. p. 3; Bois. fl. or. V. p. 649; Boissieu in bull. bot. Fr. 1896 p. 288; Haussk. symb. p. 52. — *B. maximus* Desf. fl. atl. I. p. 95 t. 15; Raul. cret. p. 881. — Exsicc.: Orph. fl. gr. n. 1102 et 1198; Dörfl. pl. cret. n. 61.

Differt a praecedente panicula contracta, spiculis breviter pedicellatis, pedicellis 5—10 mm. tantum longis.

In sterilibus, arenosis praesertim maritimis. Thessalia: pr. Orman Magula (Haussk.); Attica: ad Phaleron (Orph.); Elis: pr. Lintzi (Heldr.); Cycladum insula: Cythnos (Tunt.); Syra (Orph.); Creta: pr. Canea, Khalepa (Raul.), pr. Christos distr. Viano (Leonis), Zacynthus (Boissieu); et probabiliter alibi. — Apr. Jun. ☉.

        ×× Spiculae mediocres, glumis 9 et 13 mm. longis.

    11. **B. madritensis** L. amoen. IV. p. 265; Mazz. in ant. ion. III. p. 682; Marg. et R. fl. Zante p. 99; Friedr. Reise p. 274 et 277; Ung. Reise p. 117; Raul. cret. p. 881; Bois. fl. or. V. p. 649; Heldr. fl. cephal. p. 75, Fl. Aegina p. 397, chlor. Mykon. p. 254; Hal. beitr. fl. Aetol. p. 10, beitr. fl. Achaia p. 34, in ö. b. Z. 1896 p. 19; Form. in ver. Brünn 1896 p. 25; Haussk. symb. p. 52. — *B. diandrus* Curt. fl. lond. VI. t. 5. — *B. polystachyus* Dc. fl. Fr. V. p. 276; Ch. et B. exp. p. 39, Fl. pelop. p. 7. — Icon: Host gram. I. t. 17. — Exsicc.: Heldr. pl. fl. bellen. a. 1880 et 1899; Baen. herb. europ. n. 9221.

Culmis erectis, gracilibus, glabris; foliis planis, vaginisque pubescentibus vel glabriusculis, ligula lacera; panicula erecta, saepius densiuscula, contracta et violascenti, ramis 2—5 nis, erectis, brevibus, scabris; spiculis 5—12 floris, glabris vel rarius pubescentibus, glumis inaequalibus, lanceolatis, acutis; palea inferiore lanceolato-subulata, sub apice longe bifido aristata, arista demum extrorsum curvata, ea aequilonga vel longiore. — Differt a praecedente statura minori, culmis glabris, spiculis minoribus, aristis demum extrorsum curvatis.

In sterilibus, cultis, arenosis, rupestribus regionis inferioris, probabiliter totius ditionis. Indicatur in Thessalia: pr. Volo (Form.); Sporadum insula: Scopelos (Leon.), Jura (Reis.); Petalium insula Pontikonisi (Holzm.); Attica: pr. Athenas (Heldr.), Eleusis (Hausk.), insula Aegina (Heldr.); Aetolia: pr. Antirrhion (Hal.); Elis: pr. Lintzi (Heldr.); Achaia: pr. Patras (Hal.); Argolis: pr. Nauplia (Haussk.), Poros (Friedr.); Cycladum insula Rhenia (Tunt.); Creta: pr. Akroteri, Canea, Malaxa (Raul.); Zante: pr. Krionero (Marg.); Cephalonia (Ung.); Leucas: pr. Freeni (Spreitz.); Corcyra (Mazz.): pr. Kastrades (Baen.). — Mart. Jun. ☉.

β. Panicula compacta internodiis spiculis multo brevioribus; spiculae mediocres, (sine arista) circa 2 cm. longae.

12. **B. rubens** L. am. acad. IV. p. 265; S. et S. pr. I. p. 63, Fl. gr. I. p. 66 t. 83; Urv. enum. p. 10; Ch. et B. exp. p. 39, Fl. pelop. p. 7; Mazz. in ant. ion. III. p. 682; Friedr. Reise p. 267; Ung. Reise p. 117; Weiss in z. b. G. 1869 p. 757; Raul. cret. p. 881; Bois. fl. or. V. p. 650; Heldr. fl. cephal. p. 75, Fl. Aegina p. 397; Hal. in ö. b. Z. 1897 p. 99; Haussk. symb. p. 53. — Exsicc.: Heldr. herb. norm. n. 312 et 1298.

Culmis erectis, superne pubescentibus; foliis planis, vaginisque molliter pubescentibus, ligula oblonga, lacera; panicula erecta, densissima, saepe violascenti, ramis brevissimis, strictis, pubescentibus; spiculis 4—8 floris, pubescentibus vel glabratis; glumis inaequalibus, lanceolatis, acutis; palea inferiore lanceolata, manifeste 5—7 nervia, sub apice bifido aristata, arista demum extrorsum curvata, ea sublongiore. — Panicula densissima, penicilliforme ab affinibus statim diagnoscendus; a praecedente insuper culmis pubescentibus et paleis manifeste nervosis distinctus.

In collibus aridis, arvis derelictis, olivetis, vinetis regionis inferioris. Attica: pr. Athenas (Friedr.), pr. Ampelokipos, Kephissia (Heldr.), mt. Pentelicon, Kerata, Lycabettus, Hymettus (Haussk.); Peloponnesus (Sibth.): ad Acrocorinthum (Haussk.), Argolis (Sprun.); Sporadum insula Skopelos (Leon.), ad Paleochora in insula Aegina (Heldr.), Cythnos (Tunt.), Syra, Tenos (Weiss), Melos (Urv.); Creta (Sibth.): pr. Canea, Candia, insula Gaidaronisi (Raul.); Cephalonia: pr. Pessada (Heldr.); Corcyra: pr. Govino (Mazz.). — Apr. Maio. ☉.

13. **B. fasciculatus** Presl cyp. et gram. sic. p. 39; Bois. fl. or. V. 650; Heldr. fl. cephal. p. 75, Fl. Aegina p. 397; Boissieu in bull. soc. bot. Fr. 1896, p. 288; Hal. in ö. b. Z. 1897 p. 99; Haussk.

symb. p. 53. — *B. fascicularis* Ten. fl. nap. IV. p. 17. — Icon: Guss. pl. rar. t. 8. — Exsicc.: Heldr. et Hal. fl. sporad. a. 1896.

Culmis humilibus, glabris; foliis planis, vaginisque breviter puberulis, ligula brevi, truncata, lacera; panicula erecta, conferta, plerumque violascenti, ramis brevissimis, strictis, glabris; spiculis 8—10 floris, glabris rarius puberulis; glumis subinaequalibus, lanceolatis, acutis; palea inferiore lineari-subulata, nervis lateralibus obsoletis, sub apice longe bifido aristata, arista demum subtorta et subpatente, ea aequilonga. — Culmis glabris, spiculis plurifloris, compressis, nec teretiusculis, palea inferiore angustiore, arista demum contorta, patenti a praecedente; a *B. madritensi* praesertim aristarum charactere, distinctus.

In collibus saxosis, aridis, pinetis regionis inferioris, rarior. — Boeotia: pr. Larmes (Boissieu); Attica: mt. Kerata (Haussk.), pr. Kephissia, mt. Hymettus, pr. Raphina, Pharmacusarum insula Lero, insula Aegina, Cyclades (Heldr.); Sporadum insula Scopelos (Leon.); Cephalonia: pr. Argostoli (Heldr.). — Apr. Maio. ☉.

3. Sectio. *Zeobromus* Griseb. spic. II. p. 448. — Annui vel biennes; spiculae defloratae apicem versus angustiores; glumae subaequales vel inaequales, inferior 3—5 nervia, superior 7—9 nervia.

a. Flosculi fructiferi remotiusculi, margine non sese obtegentes.

14. **B. secalinus** L. sp. p. 77; Mazz. in ant. ion. III. p. 680. — Icon: Host gram. I t. 12. — *Serrafalcus secalinus* Bab. man. brit. bot. p. 374. — Icon: Host gram. I. t. 12.

Culmis elatis, glabris; foliis planis, vaginisque glabris vel pilosulis, ligula brevi, saepe lacera; panicula erecta, laxa, demum subnutante, ramis asperis, spicula longioribus; spiculis ovato-oblongis, valde compressis, 5—15 floris, glabris; glumis inaequalibus, oblongo-lanceolatis, acutis, superiore latiore et longiore; paleis aequilongis, inferiore elliptica, 8—11 mm. longa, obsolete 7 nervia, marginibus convexa, sub apice integro vel obsolete bifido aristata, arista recta vel flexuosa, eae aequilonga vel dimidio breviore vel ad mucronem reducta.

β. **velutinus** Schrad. fl. germ. p. 349; Mazz. in ant. ion. III. p. 682; pro sp.; Koch syn. I. p. 819. — Spiculis majoribus, hirtovelutinis. —

In segetibus. Corcyra: pr. S. Elena (Mazz.); — β. Corcyra: pr. Platiterra (Mazz.); a recentioribus non observatus. — Jun. Jul. ☉. N. v.

b. Flosculi etiam fructiferi margine imbricatim sese obtegentes.

α. Palea inferior ad 7 mm. longa (rarius longior), superiori aequilonga; antherae 2—3 mm. longae.

15. **B. arvensis** L. sp. p. 77; Mazz. in ant. ion. III. p. 680; Ung. Reise p. 117; Bois. fl. or. V. p. 655; Form. in Ver. Brünn 1897, p. 23; Haussk. symb. p. 54. — *Serrafalcus arvensis* Parl. fl. it. I p. 393; Heldr. fl. ceph. p. 75. — Icon: Host. gram. I. t. 14. — Exsicc.: Heldr. it. thessal. IV. a. 1885.

Culmis elatis, glabris; foliis planis, vaginisque pilosis, ligula brevi, saepe lacera; panicula ampla, laxissima, ramis verticillatis, longissimis, tandem patulis; spiculis lanceolatis, compressis, 5—12 floris, glabris; glumis oblongo-lanceolatis, inaequalibus, superiore majore; paleis aequilongis, inferiore elliptica, ad 7 mm. longa, obsolete 7 nervia, marginibus supra medium angulum obtusum exhibente, sub apice bifido aristata, arista erecta, ea aequilonga; antheris maximis, 3 mm. longis. — Hac ultima nota ab omnibus affinibus facillime distinguitur.

β. **hyalinus** Schur en. pl. Trans. p. 803 pro sp.; Asch. et Gr. syn. II. p. 609. — *Serrafalcus arvensis* × *patulus* Heldr. it. IV. thessal. a. 1885. — Palea inferior, 8—10 mm. longa.

γ. **sericostachys**. — *B. arvensis v. velutinus* Haussk. symb. p. 54, non *B. velutinus* Schrad. — Spiculae dense velutino-pubescentes. — Exsicc.: N. v.

In cultis, vinetis, herbosis regionis inferioris et montanae. Thessalia: pr. Malakasi (Heldr.), Karditza, Aivali, Orman Magula (Haussk.), mt. Mitrica in mt. Chassia (Form.); Eurytania: pr. Karpenisi (Heldr.); Attica: mt. Hymettus (Ung.); Cephalonia (Ung.); Corcyra: pr. Anemomilo (Mazz.); — *β*. Thessalia: pr. Orman Magula (Heldr.); — *γ*. Thessalia: pr. Karditza, Aivali (Haussk.). — Maio, Jul. ☉ et ⊙.

16. **B. racemosus** L. sp. ed. 2 p. 114; Haussk. symb. p. 54. — *Serrafalcus racemosus* Parl. pl. rar. sicc. II. p. 14. — Icon: Rchb. XI. f. 1590. — Exsicc.: Sint. it. thessal. n. 489.

Culmis elatis, glabris; foliis planis, vaginisque pilosis, ligula brevi, saepe lacera; panicula angusta, racemiformi, post anthesin contracta, ramis 1—3 nis, brevibus, ad 3 cm. longis, asperis; spiculis ovatis, compressis, 5—8 floris, glabris; glumis inaequalibus, inferiore lanceolata, superiore majore, oblonga; paleis aequilongis, inferiore late-elliptica, 7 mm. longa, obsolete 7 nervia, marginibus non angulata, sub apice subintegro aristata, arista erecta ea aequilonga; antheris 2—2 $^1/_2$ mm. longis. —

β. **neglectus** Parl. fl. it. I. p. 391 pro sp. (*Serrafalcus*); Asch. et Gr. syn. II. p. 614. — *B. neglectus* Nym. syll. p. 419. — *B. commutatus v. neglectus* Haussk. symb. p. 54. — Spiculis velutino-pubescentibus. — Exsicc.: N. v.

In pratis regionis inferioris et montanae, rarissime. Thessalia: pr. Guwelzi (Sint.), in oropedio Neuropolis (Haussk.); — *β*. Thessalia: pr. Orman Magula (Haussk.). — Maio, Jun. ⊙.

β. Palea inferior ad 9—14 mm. longa, superiori manifeste longior; antherae 1—1 $^1/_2$ mm. longae.

× Panicula plus minus laxa, ramis saepius subnutantibus, vel erectis et tunc spicula plerumque pluries longioribus; palea inferior ovata vel ovato-lanceolata, raro lanceolata, marginibus ad vel supra medium angulum obtusum exhibens.

○ Spiculae ovato-oblongae vel oblongae aristae semper rectae, omnes aequales vel arista flosculi imi parum brevior.

17. B. hordeaceus L. sp. p. 77. — *B. mollis* L. sp. ed. 2 p. 112; S. et S. pr. I. p. 62; Ch. et B. exp. p. 37, Fl. pelop. p. 6; Mazz. in ant. ion. III. p. 680; Marg. et R. fl. Zante p. 99; Bois. fl. or. V. p. 653; Form. in D. bot. Mon. 1890 p. 8, in Ver. Brünn 1895 p. 19, 1896 p. 35, 1897 p. 23; Haussk. symb. p. 54. — *Serrafulcus mollis* Parl. pl. rar. sic. II. p. 11. — Icon: Host gram. I. t. 19. — Exsicc.: Baen. herb. europ. n. 9222.

Culmis erectis, pubescentibus vel glabris; foliis planis, vaginisque molliter pilosis, ligula brevi, sublacera; panicula erecta, demum contracta, oblonga, ramis semiverticillatis, brevibus, erectis, inferioribus saepe plurispiculatis; spiculis oblongis, subcompressis, 5—10 floris, molliter pubescentibus; glumis subinaequalibus, lanceolatis, superiore submajore; palea inferiore oblongo-lanceolata, elevatim 7—9 nervia, sub apice vix bifido aristata, arista recta, ea subbreviore.

β. **molliformis** Lloyd fl. Loire inf. p. 315 pro sp. — *Serrafalcus Lloydianus* Gr. et Godr. fl. fr. III. p. 591. — *B. Lloydianus* Nym. syll. suppl. p. 73. — *B. mollis v. molliformis* Crép. man. fl. belg. ed. 2 p. 351; Haussk. symb. p. 54. — Panicula magis conferta, ramis brevissimis; spiculis densius et longius velutino-pilosis, aristis demum extrorsum subcurvatis. — Exsicc.: Heldr. pl. fl. hellen. a. 1891.

In ruderatis, cultis, arenosis, vinetis regionis inferioris et montanae, var. ut videtur typo frequentior. Thessalia: in oropedio Neuropolis (Haussk.), mt. Ghavellu (Heldr.), Zygos, pr. Malakasi, Trikala, Pharsalus, Koryza, Volo (Form.); Aetolia: pr. Mesolongion (Heldr.); Attica: pr. Athenas, Phaleron (Heldr.); Arcadia: pr. Carithena (Chaub.); in insulis (Sibth.): Zacynthus (Marg.), pr. Kastrades (Baen.), Gasturi, Potamo (Form.) et Platiterra (Mazz.) in Corcyra. — Apr. Jul. ⊙.

18. B. commutatus Schrad. fl. germ. I. p. 354; Bois. fl. or. V. p. 654; Haussk. symb. p. 54. — *B. pratensis* Ehrh. calam. n. 116; Mazz. in ant. ion. III. p. 682. — Icon: Rchb. f. 1589. — Exsicc.: Heldr. it. thessal. IV. a. 1885.

Culmis erectis, glabris; foliis planis, vaginisque pubescentibus, ligula brevi, truncata; panicula erecto-subnutante, contracta, simplici vel ramis inferioribus plurispiculatis, pedicellis erectis, spiculae aequilongis vel longioribus; spiculis ovato-lanceolatis, compressis, 5—9 floris, glabris; glumis inaequalibus, inferiore lanceolata, acuta, superiore longiore, oblonga, obtusiuscula; palea inferiore ovato-oblonga, 7 nervia, sub apice obtusiusculo, subintegro aristata, arista recta, ea subaequilonga.

In cultis, ad vias regionis inferioris. Thessalia: pr. Korona, Aivali (Haussk.), Orman Magula (Heldr.); Euboea (Wild); Aetolia: pr. Mesolongion (Heldr.); Corcyra: pr. Ascensione (Mazz.). — Maio. Jun. ⊙.

OO Spiculae lanceolatae aristae inaequales, eae flosculorum superiorum geniculato-divaricatae, ea flosculi imi valde abbreviata vel subnulla.

19. **B. japonicus** Thunb. fl. japon. p. 52 t. 11. — *B. patulus* M. et K. deutsch. fl. I. p. 685; Hal. beitr. fl. Epir. p. 42; Bald. riv. coll. bot. alb. 1896 p. 99; Haussk. symb. p. 54. — *Serrafalcus patulus* Parl. fl. it. I. p. 394. — Exsicc.: Heldr. it. thessal. IV. a. 1885. — Bald. it. alb. epir. IV. n. 200.

Culmis erectis, glabris; foliis planis, vaginisque pubescentibus vel glabriusculis, ligula subelongata, saepe lacera; panicula laxa, pyramidata, demum nutante, ramis semiverticillatis, elongatis, flexuosis, erecto-patulis, demum nutantibus; spiculis lanceolatis, compressis, 6—12 floris, glabris; glumis subinaequalibus, elliptico-oblongis, superiore submajore; palea inferiore elliptico-lanceolata, elevatim 7—9 nervia, sub apice bifido aristata, arista demum geniculato-divaricata, ea aequilonga. — Habitu *B. arvensi* similis, a quo flosculis remotiusculis, aristis divaricato-recurvis et antheris duplo brevioribus praesertim discedit; affinis quoque *B. commutato*, panicula demum contracta, spiculis ovato-lanceolatis, flosculis non remotiusculis, paleis inferioribus ovato-oblongis, aristis rectis, diverso.

β. **vestitus** Schrad. götl. gel. anz. III. p. 2074 pro sp. — *B. patulus v. velutinus* Koch syn. p. 821; Heldr. fl. Aegina p. 397; Haussk. symb. p. 54; non *B. velutinus* Schrad. — *B. patulus v. vestitus* Stapf in Thyselt. fl. cap. VII. p. 730. — *B. japonicus v. velutinus* Aschers. et Gr. syn. II. p. 619. — Spiculis dense velutino-pubescentibus. — Exsicc.: N. v.

In cultis, arvis, herbidis regionis inferioris et montanae. Epirus: pr. Vromonero distr. Ljaskovik (Bald.), pr. Vulgarelion ad radices mt. Tsumerka (Hal.); Thessalia: pr. Malakasi, Orman Magula, Pharsalus, Aivali, Volo (Haussk.); Argolis: paeninsula Methana (Haussk.). — β. Argolis: in peninsula Methana (Haussk.); insula Aegina (Heldr.). — Maio, Jul. ⊙.

20. **B. squarrosus** L. sp. p. 76; Ch. et B. exp. p. 38, Fl. pelop. p. 6; Mazz. in ant. ion. III. p. 680; Bois. fl. or. V. p. 651; Form. in D. bot. Mon. 1890 p. 8, in Ver. Brünn 1895 p. 19, 1896 p. 25, 1897 p. 23; Hal. beitr. fl. Epir. p. 42, beitr. fl. Achia p. 34; Haussk. symb. p. 55. — *B. leptostachys* Mazz. in ant. ion. III. p. 680. — *Serrafalcus squarrosus* Bab. man. bot. p. 375. — Icon: Host gram. I. t. 13. — Exsicc.: Hal. it. gr. secund. a. 1893.

Culmis gracilibus, glabris; foliis planis, vaginisque pubescentibus, ligula brevi, truncata; panicula laxa, simplici, flaccide nutante, ramis tenuibus, spicula brevioribus, demum nutantibus; spiculis ovato-lanceolatis vel lanceolatis, compressis, 8—20 floris, glabris; glumis subinaequalibus, oblongis, superiore submajore; palea inferiore oblongo-rhombea, obsolete 7 nervia, apice breviter bifida, aristata, arista ab apice remota, demum divaricatim-patente. — Culmis humilibus, panicula simplici, paucispiculata, spiculis saepissime majoribus, ovato-lanceolatis, palea inferiore late rhombeo-elliptica, a praecedente differt.

β. **villosus** Gmel. fl. bad. I. p. 229 pro sp.; Koch syn. p. 821. — *B. pubescens* Mazz. ia ant. ion. III. p. 680. — *B. squarrosus v. pubescens* Ung. Reise p. 117. — Spiculis puberulis vel villosulis. — Exsicc.: Orph. fl. gr. n. 391.

In rupestribus, collibus siccis, regionis inferioris, montanae et subalpinae, var. typo frequentior. Epirus: pr. Ephemiades, Janina, mt. Micikeli, pr. Han Balduma (Form.), mt. Tsumerka supra Theodoriana (Hal.); Thessalia: pr. Malakasi, mt. Ghavellu, pr. monasterium Korona (Haussk.), Klinovo, Said Pascha, in valle Penei, mt. Agrapha, Oxya, Chassia, Ossa, Pelion, Othrys (Form.); Aetolia: mt. Korax (Heldr.); Attica: mt. Parnes (Orph.); Euboea: pr. Chalkis (Ung.); Achaia: pr. Patras (Chaub.), mt. Panachaicon (Hal.), Kyllene (Orph.); Corcyra: pr. Mammalus (Mazz.). — Maio, Jul. ☉.

×× Panicula plerumque densa, ramis saepissime erectis et spicula pluries brevioribus, rarius (*B. intermedius*) laxa, ramis elongatis, sed tunc spiculae laterales omnium ramorum brevissime pedicellatae; palea inferior lanceolata, marginibus non vel vix angulatis.

○ Palea inferior ad 9 mm. longa.

. Panicula erecta, patens, demum contracta, saepius composita, ramis erecto-patulis, inferioribus spicula aequilongis vel sublongioribus.

21. **B. intermedius** Guss. pr. fl. sic. I. p. 114; Marg. et R. fl. Zante p. 99; Clem. sert. p. 98; Weiss in z. b. G. 1869 p. 757; Raul. cret. p. 880; Bois. fl. or. V. p. 653; Hal. beitr. fl. Achaia p. 34, in ö. b. Z. 1896 p. 19, 1897 p. 99; Form. in Ver. Brünn 1895 p. 19, 1896 p. 25, 1897 p. 23; Heldr. fl. Aegina p. 397; Haussk. symb. p. 55. — *Avena lasiantha* Link in Linnaea IX. p. 135 et 568; Ch. et B. fl. pelop. p. 7; Fraas fl. class. p. 304. — *Serrafalcus intermedius* Parl. pl. rar. sic. II. p. 17; Heldr. fl. cephal. p. 75. — Huc forsan veluti forma depauperata: *B. simplicissimus* Ces. in Friedr. Reise p. 273. — Exsicc.: Heldr. herb. n. 184; Rev. pl. cret. n. 177.

Culmis erectis, glabris; foliis planis, vaginisque molliter pubescentibus, ligula brevissima; panicula laxa vel laxiuscula; spiculis ovato-oblongis vel lanceolatis, compressis, 6—10 floris, molliter pubescentibus, saepe rubello-variegatis; glumis subinaequalibus, lanceolatis, superiore submajore; palea inferiore lanceolata, apice longe bifida, ad tertiam partem superiorem aristata, arista ea aequilonga, demum contorta, divaricatim patente.

β. **laevis** Haussk. symb. p. 55. — Culmis pumilis; spiculis glaberrimis. — Exsicc.: N. v.

In collibus, ad vias, in arenosis, aridis, regionis inferioris et montanae. Epirus: pr. Prevesa, Agiotoma, mt. Prosgoli (Form.); Thessalia:

pr. Korona, Karditza, Aivali, Orman Magula (Haussk.), Vlachava, Konisko, Kastri, Han Tripa in valle Penei, Trikala, Volo (Form); Sporadum insula: Scopelos (Leon.), Jura (Reiser); Euboea (Wild); Aetolia: pr. Mesolonghion (Nieder); Attica: ad radices mt. Cithaeron, mt. Lycabettus, pr. Bari (Heldr.), mt. Hymettus (Clem.), Pentelicon, Kerata, in Acropoli Athenarum, pr. Laurion (Haussk.), in insula Lero Pharmacusarum, insula Aegina (Heldr.); Elis: pr. Lintzi (Heldr.); Achaia: pr. Patras (Hal.); Corinthus (Haussk.); Argolis: in isthmo Dara (Friedr.), pr. Vromolimni in peninsula Methana (Haussk.), inter Nauplia et Epidaurus (Link); Cycladum insula: Keos (Heldr.), Syra (Weiss); Creta: pr. Akroteri, Canea, Malaxa (Raul.); Zacynthus (Marg.); Cephalonia: pr. Lixuri (Heldr.); Corcyra: pr. Kanali (Form.) — Apr. Jun. ⊙.

.. Panicula erecta, conferta, ramis brevissimis, erectis.

22. B. scoparius L. am. acad. IV. p. 266; S. et S. pr. I. p. 63; Ch. et B. exp. p. 38 t. 5 f. 1, Fl. pelop. p. 6 t. 5 f. 1 (male); Mazz. in ant. ion. III. p. 682; Weiss in z. b. G. 1869 p. 757; Bois. fl. or. V. p. 650; Form. in D. bot. Mon. 1890 p. 8, in Ver. Brünn 1896 p. 25, 1897 p. 23; Haussk. symb. p. 55. — *B. confertus* M. a. B. fl. taur. cauc. I. p. 71; Link in Linnaea IX. p. 137; Ung. Reise p. 117. —- *Serrafalcus scoparius* Parl. fl. palerm. I. p. 174. — Huc forsan: *B. compactus* Sieb. avis rem. p. 3. — Exsicc.: Heldr. herb. norm. n. 896; Reverch. pl. cret. n. 274.

Culmis erectis, glabris; foliis planis, vaginisque sparsim pilosis, ligula brevissima; panicula erecta, confertissima, ovata vel oblonga, ramis brevissimis; spiculis oblongis, subcompressis, 6—8 floris, pubescentibus; glumis subinaequalibus, lanceolatis, acutis; palea inferiore oblonga, sub apice breviter bifido aristata, arista ea subaequilonga, demum divaricatim patente et subcontorta.

β. **psilostachys.** — Spiculis glabris. — Exsicc.: Heldr. herb. norm. a. 896 cum typo; Rev. pl. cret. n. 274 cum typo. —

In incultis, arenosis regionis inferioris. Thessalia: ad monasterium Korona (Haussk.), Han Kuranaeos in valle Penei, Kalabaka, Konisko, Trikala, Karditza, Larissa, Janoli, Makrychori ad mt. Ossa (Form.), Pharsalus, Aivali (Heldr.); Euboea: pr. Kyme (Ung.); Boeotia (Heldr.); Attica: pr. Athenas (Pichler), Eleusis, Laurion (Haussk.); Messenia (Sibth.); Cycladum insula Cythnos (Tuntas); Creta: pr. Kissamos (Reverch.), Canea (Weiss); Corcyra: pr. Ascensione (Mazz.). — Apr. Jun. ⊙.

23. B. alopecuroides Poir. voy. barb. II. p. 100; Weiss in z. b. G. 1869 p. 757; Gelmi in bull. soc. bot. ital. 1889 p. 453. — *B. contortus* Desf. fl. atl. I. p. 95 t. 25. — *B. alopecurus* Pers. syn. I. p. 95; Ch. et B. exp. p. 38 t. 5 f. 2, Fl. pelop. p. 7 t. 5 f. 2, (male); Marg. et R. fl. Zante p. 99; Bois. fl. or. V. p. 651.—*Serra-*

falcus alopecuroides Parl. fl. it. I. p. 399. — Exsicc.: Heldr. pl. fl. hellen. a. 1901.

Culmis erectis, glabris; foliis planis, vaginisque molliter pilosis, ligula brevi, lacera; panicula erecta, stricta, conferta, oblongo-lanceolata, ramis brevissimis; spiculis lanceolatis, subcompressis, 8—15 floris, pubescentibus; glumis inaequalibus, lanceolatis, acuminatis; palea inferiore oblongo-lanceolata, apice bifida, ad tertiam partem superiorem aristata, arista ea sublongiore, demum divaricatim patente et spiraliter contorta. — Differt a praecedente panicula elongata, spiculis elongatis, multifloris, aristis validioribus, eximie contortis.

β. **calvus.** — Spiculis glabris. — Exsicc.: Heldr. pl. fl. hellen. a. 1880.

In collibus aridis, montosis, rare. Messenia: pr. Methone, mt. Kupe, pr. Messene (Chaub.); Cycladum insula Mykonos (Heldr.); Creta: pr. Canea (Weiss); Zacynthus (Marg.); Corcyra: pr. Scripero (Mazz.); — Attica: mt. Cithaeron (Heldr.). — Apr. Jun. ☉.

○○ Palea inferior 12—14 mm. longa.

24. **B. macrostachys** Desf. fl. atl. I. p. 96 t. 19. — *B. lanceolatus* Roth cat. bot. II. p. 18. — *B. divaricatus* Rhode in Lois. not. p. 22. —

Culmis erectis, glabris; foliis planis, vaginisque molliter pubescentibus, ligula brevi, lacera; panicula erecta, stricta, conferta, lanceolata, ramis brevissimis vel inferioribus longiusculis; spiculis maximis, lanceolatis, subcompressis, 10—16 floris, glabris; glumis inaequalibus, oblongo-lanceolatis, obtusiusculis; palea inferiore oblongo-elliptica, sub apice bifido aristata, arista ea sublongiore, divaricatim patente, demum subcontorta. Species spiculis magnis, ad 3 cm. longis, eximia.

β. **lanuginosus** Poir. enc. suppl. I. p. 703 pro sp.; Bois. fl. or. V. p. 652. — *B. lanceolatus* Guss. fl. sic. pr. I. p. 115; Ch. et B. exp. p. 38 t. 4, Fl. pelop. p. 6 t. 4; Link in Linnaea IX. p. 137; Raul. cret. p. 880. — *B. divaricatus* Kunth enum. I. p. 415; Friedr. Reise p. 276. — Panicula sublaxiore, spiculis lanuginosis. — Exsicc.: Heldr. herb. norm. n. 282 et 1199.

In arenosis, herbidis, olivetis regionis inferioris et montanae, in ditione ut videtur varietas tantum obvia. Attica: in oliveto Athenarum, ad Cephissi ripas pr. Podoniphti, ad Phaleron (Heldr.); Argolis: pr. Poros (Friedr.); pr. Methone Messeniae, in planitie Helos (Chaub.); Creta: mt. Ida (Heldr.) — Apr. Jun. ☉.

61. Festuca L. gen. n. 88.

1. Sectio. *Ovinae* Hack. monogr. fest. p. 81. — Foliorum laminae aut omnes complicatae, aut culmeorum plus minus planae, vernatione conduplicata; ligula brevissima, truncata, saepe biauriculata; ovarium

glabrum, raro vertice parce hispidulum, stylis exacte terminalibus; caryopsis ventre profunde canaliculata, paleis arcte adhaerens.

    a. Foliorum omnium lamina complicata; surculi foliosi e gemmis apogeotropicis nascentes, intra vaginas succrescentes.

    1. **F. ovina** L. sp. p. 73; Hack. monogr. fest. p. 82.

Rhizomate fibroso, caespitoso; culmis erectis; foliis omnibus complicatis, ligula brevissima, manifeste biauriculata; panicula oblonga vel elliptica, erecta, sub anthesi patente; spiculis ovatis vel oblongis, 3—9 floris; glumis inaequalibus, lineari-lanceolatis; palea inferiore lanceolata, mutica vel aristata; ovario glaberrimo. — Species maxime polymorpha; forma typica (*F. ovina v. vulgaris* Koch syn. p. 812) in ditione nostra non crescit. — *F. ovina* S. et S. pr. I. p. 59; Ch. et B. exp. p. 36, Fl. pelop. p. 6; Link in Linnaea IX. p. 136; Mazz. in ant. ion. III. p. 678; — porro: *F. vivipara* S. et S. l. c.; Mazz. l. c. p. 680; *F. Halleri* Mazz. l. c. p. 678, non All.; *F. laxa* Mazz. l. c. p. 678, non Host; *F. alpina* Raul. cret. p. 880, non Sut.; *F. aurata* Raul. cret. p. 880, non Gaud.; ad unam vel alteram varietatem hic enumeratam spectare videntur. — Variat:

    × Vaginae foliorum surculorum ima basi tantum indivisae, ceterum fissae.

        ○ Foliorum lamina cylindrica, sicca lateribus convexis, stratis sclerenchymaticis continuis vel subinterruptis instructa; spiculae 7—10 mm. longae.

            . Laminae et vaginae virides vel glaucescentes, nec pruinosae.

    α. **polita** Hack. in Heldr. herb. gr. norm. n. 1398 pro var. *F. strictae* Host gram. II. t. 86. — Culmi 30—40 cm. alti, superne scabriusculi; foliorum vagina glabra, laevis, ligula glabra, lamina subjuncea, laevis, 5 nervia; palea inferior aristata. — Differt a *F. stricta* Host, in ditione hucusque non reperta, foliis laevibus, nec scabris.

    In saxosis regionis alpinae mt. Korax Aetoliae (Tunt.).

    β. **duriuscula** L. sp. p. 74; S. et S. pr. I. p. 60; Ch. et B. exp. p. 37, Fl. pelop. p. 6; Mazz. in ant. ion. III. p. 678; Spreitz. in z. b. G. 1887 p. 671; Haussk. symb. p. 55; pro sp.; Hack. l. c. p. 89. — Foliorum lamina 7—9 nervia, ceterum uti *α*. — Variat (*F. longifolia* Viv. ann. bot. 1 II. p. 145; ? Mazz. in ant. ion. III. p. 680) laminibus valde crassis, junceis culmo aequilongis, spiculis majoribus, longius aristatis. — Exsicc.: N. v.

    In herbidis regionis montanae et alpinae. Thessalia: mt. Zygos, Karava, Ghavellu, in oropedio Neuropolis (Haussk.); indicatur quoque (an recte?) in Achaia (Sibth.); Laconia occ. (Chaub.); Leucas: ad promontorium Zuana (Spreitz.); Corcyra: pr. Vitulades (Mazz.); *F. longifolia* pr. Ducades Corcyrae (Mazz.). —

        .. Laminae et vaginae pruinosae.

γ. **glauca** Lam. enc. II. p. 459; Mazz. in ant. ion. III. p. 678; Hal. in z. b. G. 1888 p. 763; pro sp.; Koch syn. p. 812; Bois. fl. or. V. p. 617; Heldr. chlor. Parn. p. 28. — Folia glauco-pruinosa, ceterum uti β. — Exsicc.: Hal. it. gr. a. 1888.

In monte Kiona (Hal.), Parnassus (Heldr.); Corcyra: pr. Lacones (Mazz.). —

○ Foliorum lamina a latere compressa, sicca lateribus sulcatis, stratis sclerenchymaticis discretis 3—5 instructa.

. Laminae et vaginae virides vel glaucescentes, nec pruinosae; spiculae 7—8 mm. longae.

δ. **Panciciana** Hack. fest monogr. p. 106; Haussk. symb. p. 55. — Culmi 20—40 cm. alti, superne plerumque scabri; foliorum vagina laevis, ligula manifeste ciliolata, lamina grosse setacea vel subjuncea, scabra vel laevis, stratis sclerenchymaticis 5 instructa; palea inferior aristata. — Exsicc.: N. v.

In alpinis mt. Karava in Pindo (Haussk.).

ε. **saxatilis** Schur en. pl. Trans. p. 791, pro sp.; Hack. fest. monogr. p. 105; Hal. beitr. fl. Epir. p. 43; Form. in Ver. Brünn 1897 p. 22. — Culmi 30—50 cm. alti, laeves; foliorum vagina laevis, ligula glabra, lamina subjuncea, laevis, stratis sclerenchymaticis 3 instructa; palea inferior aristata. — Exsicc.: Hal. it. gr. II. a. 1893.

Copiosissime in cacumine mt. Peristeri in Epiro (Hal.); Thessalia: mt. Ghavellu (Form.).

.. Laminae et vaginae pruinosae; spiculae $5^{1}/_{2}$— 6 mm. longae.

ζ. **valesiaca** Schleich. ap. Gaud. agrost. helv. I. p. 242; Hal. beitr. fl. Epir. p. 43; Haussk. symb. p. 35; pro sp.; Koch. syn. p. 812; Hack. l. c. p. 101; Bois. fl. or. V. p. 618; Heldr. chlor. Parn. p. 28; Form. in D. bot. Mon. 1890 p. 8. — Culmi 20—50 cm. alti, laeves vel superne scabriusculi; foliorum vagina laevis, ligula glabra, lamina capillaris vel subsetacea, scabra, stratis sclerenchymaticis 3 crassis instructa; palea inferior aristata. — Exsicc.: Heldr. it. thessal. IV. a. 1885.

In rupestribus regionis montanae et alpinae. Epirus: mt. Tsumerka (Hal.); Thessalia: mt. Zygos, Karava, in oropedio Neuropolis (Haussk.), pr. Velestinos (Form.), mt. Oeta (Heldr.); Phocis: mt. Parnassus (Heldr.); Achaia: mt. Panachaicon (Heldr.).

×× Vaginae foliorum surculorum a basi ad medium vel ultra indivisae, ceterum fissae.

η. **laevis** Hack. festuc. monogr. p. 107; Bois. fl. or. V. p. 618; Hal. in z. b. G. 1888 p. 763, beitr. fl. Achaia p. 34; Form. in D. bot. Mon. 1890 p. 8, in Ver. Brünn 1896 p. 25, 1897 p. 22; Haussk. symb. p. 55. — *F. ovina* Ung. Reise p. 117. — *F. duriuscula* Raul. cret. p. 880; Heldr. fl. ceph. p. 75. — *F. valesiaca* Hal. beitr. fl.

Achaia p. 34. — Huc quoque probabiliter: *F. amethystina* Ch. et B. exp. p. 36, Fl. pelop. p. 6, non L. — Culmi 30—50 cm. alti, laeves; foliorum vagina laevis, ligula glaberrima, lamina grosse setacea vel juncea, laevis, glaucescens, a latere compressa, sicca lateribus sulcatis, stratis sclerenchymaticis 3 validis instructa; spiculae 6—7 mm. longae; palea inferior aristata. — Variat (f. *longearistata* Hack. in Hal. it. gr. a. 1888) arista elongata, paleam saepe aequante; (f. *gracilis* Hack. fest. mon. p. 109; Bois. fl. or. V. p. 619; Form. in Ver. Brünn 1896 p. 25) culmis 10—15 cm. tantum altis, foliis brevissimis, panicula depauperata; porro (f. *Heldreichii* Hack. l. c.; Hal. beitr. fl. Achaia p. 34; Form. in Ver. Brünn 1897 p. 22), culmis elatioribus, ad 60 cm. altis, panicula angusta, elongata, ad 12 cm. longa, flavo-viridi. — Exsicc.: Sint. it. thessal. n. 838; Heldr. pl. fl. hellen. a. 1878; Pichl. pl. gr. a. 1876.

In saxosis regionis montanae et alpinae, omnium maxime pervulgata. Epirus: mt. Tsumerka (Hal.); Thessalia: pr. Chaliki (Sint.), Malakasi, mt. Zygos, Karava, Ghavellu, in oropedio Neuropolis (Haussk.), mt. Oxya in Pindo, mt. Pelion (Form.); Doris: mt. Kiona (Hal.); Attica: mt. Cithaeron (Ung.), Pateras, Parnes, Pentelicon, Hymettus (Heldr.); Euboea: mt. Dirphys (Heldr.); Achaia: mt. Omplo pr. Patras (Heldr.), mt. Olenos, Chelmos, pr. Megaspilaeon (Hal.), mt Kyllene (Pichl.); Acrocorinthus (Haussk.); Laconia: mt. Taygetos (Heldr.); Messenia (Chaub.); Cephalonia: mt. Aenos (Heldr.); — f. *gracilis* ut videtur rara, indicatur in mt. Peristeri in Epiro (Form.) et in mt. Ida Cretae (Heldr.). — Maio, in alpibus usque Aug. ♃.

  b. Foliorum surculorum lamina setacea, complicata, culmorum plana; surculi foliosi e gemmis diageotropicis nascentes, dein vaginarum basin perrumpentes et extra vaginas succrescentes

2. **F. heterophylla** Lam. fl. fr. p. 600; Mazz. in ant. ion. III. p. 678; Haussk. symb. p. 55. — Exsicc.: Heldr. it. thessal. IV. a. 1885.

Rhizomate fibroso, caespitoso; culmis elatis, ad 80 cm. altis; foliis laete viridibus, difformibus, surculorum capillaribus, arcte complicatis, fasciculis sclerenchymaticis 3 instructis, ligula non auriculata, culmeis latioribus, planis, fasciculis sclerenchymaticis 5—7 instructis, ligula inaequaliter biauriculata, vaginis omnibus indivisis; panicula oblonga, subnutante, sub anthesi patente; spiculis lineari-oblongis, 3—9 floris; glumis subinaequalibus, lanceolato-subulatis; palea inferiore lineari-lanceolata, aristata; ovario apice hispidulo.

In nemorosis regionis montanae et subalpinae, rare. Thessalia: pr. Malakasi (Haussk.), in oropedio Neuropolis (Heldr.); Corcyra: pr. Benizze (Mazz.) — Jun. Jul. ♃.

3. **F. rubra** L. sp. p. 74; Mazz. in ant. ion. III. p. 680; Bois. fl. or. V. p. 621; Form. in Ver. Brünn 1896 p. 25; Hal. in ö. b. Z. 1897 p. 326; Haussk. symb. p. 55. — *F. pubescens* Willd. en. p. 6; Mazz. l. c. p. 678 (f. spiculis puberulis). — Exsicc.: Heldr. it. gr. septentr. a. 1879.

Rhizomate caespitoso, surculis plus minusve repentibus; culmis 30—60 cm. altis; foliis viridibus, fasciculis sclerenchymaticis 5—9 instructis, difformibus, surculorum setaceis complicatis, ligula non auriculata, culmeis latioribus, planis, ligula inaequaliter biauriculata, vaginis omnibus indivisis; panicula oblonga vel ovata, erecta, sub anthesi patente; spiculis lanceolatis, 3—7 floris; glumis subinaequalibus, lanceolatis; palea inferiore lanceolata, aristata; ovario glabro.

β. **planifolia** Hack. fest. monogr. p. 140. — Folia omnia plana, 2—3 mm. lata. — Planta graeca surculis non repentibus discedit. — Exsicc.: Heldr. pl. fl. hellen. a. 1894.

In herbidis praesertim montanis et subalpinis, rare. Thessalia: mt. Zygos, Karava, in oropedio Neuropolis (Haussk.), mt. Mandra Hodza (Form.) in Pindo, mt. Oeta (Heldr.); Aetolia: mt. Korax (Tunt.); Euboea: mt. Dirphys (Pichl.); Corcyra: pr. Casopo, Castagna (Mazz.); — β. Aetolia: in pratis paludosis pr. Krioneri (Heldr.). — Maio, Jul. ♃.

2. Sectio. *Bovinae* Hack. l. c. p. 148. — Folia omnia plana, vernatione convoluta; ligula brevissima, truncata, exauriculata (sed vaginae os saepe in auriculas falciformes protractum); ovarium glabrum, stylis subterminalibus; caryopsis ventre late canaliculata, paleis arcte adhaerens.

    a. Palea inferior mutica vel aristata, sed tunc arista ad summum dimidiam paleam aequans.

    4. **F. elatior** L. sp. p. 75; Mazz. in ant. ion. III. p. 680. — *F. pratensis* Huds. fl. angl. p. 37; Mazz. l. c. — *Bromus elatior* Koel. descr. gram. p. 214; Mazz. l. c. — *F. elatior subsp. pratensis* Hack. l. c. p. 150; Bois. fl. or. V. p. 622. —

Rhizomate fibroso, caespitoso; culmis 30—70 cm. altis; foliis flaccidis, viridibus, planis, ligula brevissima, vaginis ad basin usque fissis; panicula composita vel subsimplici, erecta vel apice subnutante, ramis infimis geminis, primario panicula dimidio breviore, spiculas 4—6, secundario 1—3 gerente; spiculis lanceolatis vel lineari-oblongis, laxiuscule 3—13 (saepius 7—8) floris; glumis subinaequalibus, lanceolatis; palea inferiore lanceolata, mutica vel mucronata; ovario glabro; caryopsi obovato-oblonga.

β. **pluriflora** Schult. mant. II. p. 402; pro sp.; Asch. et Gr. II. p. 504. — *F. multiflora* Presl cyp. et gram. sic. p. 37, non Hoffm. deutsch. fl. ed. 2 p. 52, quae ad f. planifoliam *F. rubrae* pertinet. — *F. pratensis v. multiflora* Hack. fest. monogr. p. 151; Haussk. symb. p. 55. — Palea inferior aristata, arista paleam dimidiam superante. —

In pascuis praesertim montanis. Corcyra: pr. Cacochieri, Lefchimo, Messongi (Mazz.); Attica: mt. Pentelicon (Heldr.); — β. Thessalia: in oropedio Neuropolis (Haussk.). — Jun. Jul. ♃. N. v.

    5. **F. arundinacea** Schreb. spic. lips. p. 57; Form. in Ver. Brünn 1896 p. 25; Haussk. symb. p. 55. — *F. elatior* Huds. fl. angl. p. 37;

Hal. beitr. fl. Epir. p. 43; non L. — Exsicc.: Heldr. it. thessal. IV. a. 1885.

Praecedenti robustior; foliis rigidulis; panicula composita, ampla, plerumque subnutante, ramo primario infimo panicula 2—3 plo breviore, multispiculato, secundario 3—20 (saepius 5—8) spiculato; spiculis ellipticis, densiuscule 4—8 floris; palea inferiore mutica; caryopsi oblonga; caeterum uti praecedens. — Variat (*strictior* Hack. monogr. fest. p. 154; Haussk. symb. p. 55) foliis rigidis, siccando subconvolutis, ligula manifestiore, panicula breviore, stricta.

β. **fenas** Lag. gen. p. 4; Hal. in z. b. G. 1899 p. 195; pro sp.; Hack. monogr. fest. p. 156; Bois. fl. or. V. p. 622; Haussk. symb. p. 55. — *F. pratensis* Raul. cret. p. 880, non Huds. — Folia rigida, glaucescentia, siccando convoluta; panicula strictissima, lineari; spiculis minoribus, 7—9 mm. tantum longis, plerumque pallidis. — Exsicc.: Heldr. herb. norm. n. 1094.

In herbidis regionis inferioris et montanae. Epirus: pr. Vulgarelion (Hal.); Thessalia: mt. Said Pascha (Form.), pr. Malakasi, Karava, Ghavellu, in oropedio Neuropolis, ad monasterium Korona (Haussk.); — β. Attica: mt. Parnes, Pentelicon, ad Phaleron (Heldr.); Laconia: mt. Malevo, pr. Kastanitza (Orph.); Creta: inter Kasteliana et Pyrgos in valle Messara (Raul.). — Maio, Jul. ♃.

b. Palea inferior longe aristata, arista palea duplo longiore.

6. **F. gigantea** L. sp. p. 77; Mazz. in ant. ion. III. p. 682 (*Bromus*); Vill. hist. pl. dauph. II. p. 110. — Icon: Host gram. I. t. 6.

Rhizomate fibroso, caespitoso; culmis 50—100 cm. altis; foliis planis, viridibus; ligula brevissima, vaginis ad basin usque fissis; panicula ampla, patentissima, ramis elongatis, flaccide nutantibus, inferioribus plerumque binis et multispiculatis; spiculis lineari-lanceolatis, 3—8 floris; glumis subaequalibus, lanceolato-subulatis; palea inferiore lanceolata, arista flexuosa subapicali terminata; ovario glabro; caryopsi obovato-oblonga. — Aristis longis, flexuosis distincta.

In umbrosis, silvaticis. Indicatur pr. Potamo et Lefchimo Corcyrae (Mazz.), sed postea a nemini lecta; species pro ditione dubia. — Jun. Jul. ♃. N. v.

3. Sectio. *Variae* Hack. l. c. p. 169. — Folia complicata vel plana, vernatione conduplicata vel convoluta, ligula varia, saepissime exauriculata; ovarium plus minusve hispidulum, stylis exacte terminalibus; caryopsis libera, ventre canaliculata.

a. Surculi foliosi e gemmis apogeotropicis nascentes, intra vaginas succrescentes.

7. **F. varia** Haenke in Jacq. coll. II. p. 94; Bois. fl. or. V. p. 624; Hal. in z. b. G. 1888 p. 763; Form. in Ver. Brünn 1897 p. 22. — *F. acuminata* Gaud. agrost. helv. II. p. 287; Hal. beitr.

fl. Epir. p. 43, in ö. b. Z. 1897 p. 326. — *F. varia v. acuminata* Hack. festuc. monogr. p. 173; Haussk. symb. p. 55; (f. spiculis albovirentibus vel dilutissime violaceo-variegatis). — *F. varia v. graeca* Hack. l. c. p. 174 (f. foliis et spiculis leviter glauco-pruinosis, his dilute variegatis. — Exsicc.: Hal. it. gr. II. a. 1893.

Rhizomate fibroso, caespitoso; culmis 15—35 cm. altis; foliis setaceis vel subjunceis, convolutis, glaucescentibus, fasciculis sclerenchymaticis in strata continua vel subinterrupta confluentibus, ligula oblonga, vaginis omnino fissis; panicula oblonga, subnutante, ramo imo elongato, plurispiculato; spiculis oblongo-lanceolatis, 4—7 floris; albo-virentibus vel variegatis; glumis subaequalibus, lanceolatis; palea inferiore lanceolata, mutica vel breviter aristata; ovario apice hispidulo.

β. **cyllenica** Bois. et Heldr. diagn. XIII. p. 58 pro sp.; Hack. monogr. festuc. p. 175; Bois. fl. or. V. p. 624; Heldr. chlor. Parn. p. 29. — Panicula oblongo-linearis, erecta, depauperata, ramo imo brevi, 2—3 spiculato. — Variat (*F. taygetea* Hack. in Heldr. herb. norm. n. 1593, in ö. b. Z. 1903 p. 32) ligula manifeste biauriculata. — Exsicc.: Orph. herb. a. 1851; Heldr. l. c. —

In saxosis regionis alpinae. Epirus: mt. Peristeri (Hal.); Thessalia: mt. Ghavellu (Heldr.), Karava (Haussk.) in Pindo; Aetolia: mt. Tymphrestus (Heldr.), Korax (Tunt.); Doris: mt. Kiona (Hal.); — β. Phocis: mt. Parnassus (Heldr.); Achaia: mt. Kyllene (Orph.); Laconia: mt. Malevo (Orph.), Taygetos (Pichl.). — Jul. Aug. ♃.

b. Surculi foliosi e gemmis diageotropicis nascentes, dein vaginarum basin perrumpentes et extra vaginas succrescentes.

8. **F. affinis** Bois. et Heldr. pl. gr. exs. n. 2776. — *F. cyllenica v. multiflora* Bois. diagn. ser. 2 IV. p. 137. — *F. spectabilis* Jan. elench. p. 2 *subsp. affinis f. graeca* Hack. monogr. fest. p. 189. — *F. spectabilis v. affinis* Bois. fl. or. V. p. 625; Heldr. chlor. Parn. p. 29. — Exsicc.: Heldr. herb. norm. n. 346; Orph. fl. gr. n. 368.

Rhizomate fibroso, caespitoso; culmis 60—80 cm. altis; foliis glaucescentibus, fasciculis sclerenchymaticis distinctis, surculorum siccando convolutis, culmis planis, ligula brevi ciliolata, vaginis omnino fissis; panicula lineari vel lineari-oblonga, strictissima, ramo imo panicula 3—4 plo breviore, 2—3 spiculato; spiculis obovato-oblongis, 4—6 floris, flavidis; glumis subaequalibus, lanceolatis; palea inferiore lanceolata, mutica vel mucronulata; ovario apice hispidulo.

In lapidosis regionis alpinae mt. Tymphrestus (Samar.) et Parnassus (Heldr.). — Jun. Jul. ♃.

4. Sectio. *Montanae* Hack. fest. monogr. p. 195. — Folia plana, vernatione convoluta, ligula truncata, exauriculata; ovarium apice hispidulum, stylis subterminalibus; caryopsis libera vel basi paleis subadhaerens, ventre plana vel subsulcata.

9. **F. drymeia** Mert. et Koch deutschl. fl. I. p. 670. — *F. silvatica* Host gram. austr. II. t. 78, non Vill. — *F. montana* M. a. B. fl. taur. cauc. III. p. 75; Bois. fl. or. V. p. 627; — non Savi fl. pis. I. p. 118, quae *Bromus erectus* Huds. —

Rhizomate laxe caespitoso, longe stolonifero; culmis elatis, 70—150 cm. altis; surculis basi squamis 2—3, tenuibus, mox dilabentibus cinctis, non incrassatis, vaginis omnibus fissis, ore fimbriatis, laminis late linearibus, planis; panicula ampla, composita, nutante; spiculis elliptico-lanceolatis, 3—5 floris; glumis subinaequalibus, lanceolatis; palea inferiore lanceolata, mucronata; obsolite 5 costata, punctulato-scabra.

In silvis montanis mt. Olympus Thessaliae (Heldr.). — Jun. Jul. ♃. N. v.

10. **F. silvatica** Poll. fl. palat. I. p. 83 (*Poa*); Vill. hist. pl. dauph. II. p. 105. — *F. altissima* All. auct. p. 43; Mazz. in ant. ion. III. p. 680. — *F. latifolia* Host fl. austr. I. p. 52. — Icon: Host gram. IV. t. 60.

Rhizomate dense caespitoso, non stolonifero; culmis elatis, 70—110 cm. altis; surculis basi squamis 4—5, latis, diu persistentibus cinctis, incrassatis, vaginis omnibus fissis, ore glabris, laminis late linearibus, planis; panicula ampla, composita, nutante; spiculis elliptico-lanceolatis, 3—5 floris; glumis inaequalibus, subulato-lanceolatis; palea inferiore subulato-lanceolata, mucronata, manifeste tricostata, aculeolato-scabra.

Indicatur pr. Stavro Corcyrae (Mazz.); a recentioribus non lecta. — Jun. Jul. ♃. N. v.

Obs. *F. bulbosa* Biv. manip. IV. p. 7 et *F. pumila* Vill. hist. pl. dauph. I. p. 316, evidenter ex confusione, altera pr. S. Mattia, altera pr. Peramo Corcyrae (Mazz. in ant. ion. III. p. 680 et 678) indicantur. — *F. reptatrix* L. sp. ed. 2 p. 108; S. et S. pr. I. p. 59; in Achaiae litoribus arenosis, sec. Hack. fest. monogr. p. 200 certe alius generis est; exstat sec. Munro in herbario Linnaeano sub hoc nomine *Diplachne fusca* Palis.

62. Glyceria R. Br. pr. fl. nov. holl. p. 179.

1. **G. fluitans** L. sp. p. 75 (*Festuca*); R. Br. l. c.; Mazz. in ant. ion. III. p. 678; Friedr. Reise p. 277; Bald. rlv. coll. bot. alb. 1896 p. 99. — *Poa fluitans* Scop. fl. carn. ed. 2 I. p. 73; S. et S. pr. I. p. 53. — Exsicc.: Heldr. it. thessal. IV. a. 1885.

Rhizomate repente; culmis elatis, inferne radicantibus; foliis late linearibus, ligula brevi; panicula racemiformi, longa, laxa, erecta, subunilaterali, ramis sub anthesi patentibus, dein erectis, paucispiculatis, inferioribus saepissime binis; spiculis pedicellatis, 15—25 mm. longis, 7—11 floris; glumis brevibus, obtusiusculis; palea inferiore oblongo-lanceolata, acutiuscula, apice scariosa, elevatim 7 nervia; antheris violaceis.

β. **loliacea** Huds. fl. angl. p. 38; Mazz. in ant. ion. III. p. 686; pro sp. (*Festuca*); Aschers. fl. brandenb. I. p. 850. — Panicula subsimplici, racemosa. — Exsicc.: N. v.

γ. **spicata** Biv. piante ined. p. 3, pro sp. (*Poa*); Form. in Ver. Brünn 1896 p. 25. — *G. spicata* Guss. fl. sic. syn. II. p. 784. — Ligula elongata; spiculis lateralibus sessilibus subsessilibusve; palea inferiore obtusiuscula, nervis parum prominentibus. — Exsicc.: N. v.

Ad ripas, in paludosis regionis inferioris et montanae. Epirus: pr. Lapsista distr. Janina (Bald.); Thessalia: in oropedio Neuropolis in Pindo (Heldr.); Peloponnesus (Sibth.): pr. Poros Argolidis (Friedr.); Corcyra: pr. Botumia (Mazz.); — β. Corcyra: insula Sorci (Mazz.); — γ. Thessalia: ad lacum Nezeros in Olympo (Form.). — Jun. Aug. ♃.

2. **G. plicata** Fr. nov. mant. III. p. 176; Bois. fl. or. V. p. 614; Haussk. symb. p. 55. — Icon: Rchb. f. 381. — Exsicc.: Heldr. pl. fl. bellen. a. 1890.

Rhizomate repente; culmis elatis, inferne radicantibus; foliis late linearibus, ligula brevi; panicula elongata, laxa, apice nutanti, ramis erecto-patentibus, tandem patulis, inferioribus subquinis; spiculis pedicellatis, 10—15 mm. longis, 5—10 floris; glumis brevibus, obtusis; palea inferiore ovato-oblonga, obtusa, apice late scariosa, elevatim 7 nervia; antheris flavis.

Ad ripas, in paludosis regionis inferioris et montanae. Thessalia: mt. Karava, in oropedio Neuropolis in Pindo (Haussk.); Euboea: pr. Kastaniotissa (Heldr.). — Jun. Aug. ♃.

63. Atropis Rupr. fl. samojed. p. 64.

a. Folia plana.

1. **A. distans** L. mant. I. p. 32; Mazz. in ant. ion. III. p. 684; Ch. et B. fl. pelop. p. 6 (*Poa*); Griseb. in Led. fl. ross. IV. p. 388; Bois. fl. or. V. p. 615; Heldr. fl. Aegina p. 397. — *Glyceria distans* Wahlenb. fl. upsal. p. 36. — *Festuca distans* Kunth enum. I. p. 393. — Icon: Host gram. II. t. 63. — Exsicc.: N. v.

Rhizomate fibroso; culmis erectis vel adscendentibus; foliis linearibus, latiusculis, planis, ligula brevi; panicula erecta, pyramidata, ramis basi longe nudis, post anthesin deflexis, inferioribus subquinis; spiculis oblongis, compressis, 4—7 floris; glumis ovatis, obtusis; palea inferiore oblonga, obtusa, obsolete 5 nervia.

β. **salinaria** Simk. en. fl. Trans. p. 586, pro sp. (*Festuca*); Haussk. symb. p. 55. — Spiculis elongatis, 7—9 floris; flosculis linearibus vel lineari-oblongis. — Exsicc.: N. v.

γ. **maxima** Haussk. symb. p. 56. — Culmis pluripedalibus; foliis elongatis; panicula eximie rubro-variegata, ramis elongatis; spiculis elongatis, 7—9 floris. — Exsicc.: Heldr. herb. fl. hellen. a. 1885.

In maritimis et salsis interioribus. Messenia: pr. Methone (Chaub.); insula Aegina (Heldr.); Corcyra: ad lacum Onufrio (Mazz.); — *β*. pr. Phaleron et Laurion Atticae, pr. Nauplia Argolidis (Haussk.); — *γ*. Attica: pr. Thorico (Heldr.), Laurion (Haussk.). — Maio, Jun. ♃.

    b. Folia convoluta.

    2. **A. convoluta** Horn. hort. hafn. II. p. 953 (*Poa*); Griseb. in Led. fl. ross. IV. p. 389; Hal. in ö. b. Z. 1896 p. 19; Haussk. symb. p. 56. — *Festuca convoluta* Kunth enum. I. p. 393. — *Glyceria convoluta* Fr. mant. III. p. 173; Nym. consp. p. 831. — Huc probabiliter: *Poa maritima* S. et S. pr. I. p. 53; Mazz. in ant. ion. III. p. 684; vix Huds. — Exsicc.: Heldr. herb. norm. n. 1594.

    Rhizomate fibroso: culmis erectis vel adscendentibus; foliis angustis, convolutis, ligula brevi; panicula erecta, pyramidata, ramis longioribus basi breviter nudis, post anthesin patulis, inferioribus subgeminis; spiculis lineari-oblongis, subcompressis, 5—11 floris; glumis ovato-lanceolatis, acutiusculis; palea inferiore oblonga, obtusa, obsolete 5 nervia.

    In maritimis et salsis interioribus. Aetolia: pr. Aetolikon (Reiser), Mesolonghion (Heldr.); Attica: pr. Ergastiria Laurii, ad promontorium Sunium (Haussk.), insula Salamis (Heldr.); Elis: pr. Kunupeli (Heldr.); Argolis: pr. Nauplia (Haussk.); ? Corcyra: pr. Casopo (Mazz.). — Maio, Jun. ♃.

    3. **A. festucaeformis** Host gram. III. p. 12 t. 17; Link in Linnaea IX. p. 137 (*Poa*); Bois. fl. or. V. p. 615. — *Festuca Hostii* Kunth rev. gram. I. p. 129. — *Glyceria festucaeformis* Heynh. in Rchb. fl. germ. exc. p. 45. — Exsicc.: Baen. herb. europ. n. 9211.

    Rhizomate fibroso; culmis elatis, erectis; foliis convolutis, junciformibus, ligula brevi; panicula erecta, pyramidata, ramis basi longe nudis, erecto-patulis, demum strictis, inferioribus subquinis; spiculis lineari-oblongis, subcompressis, 5—11 floris; glumis lineari-oblongis, acutiusculis; palea inferiore oblonga, obtusa, obsolete 5 nervia. — Differt a praecedente culmis elatis, 30—80 cm. altis, foliis junciformibus, paniculae ramis post anthesin strictis. — Planta nostra cum speciminibus pr. Tergestum lectis, in Rchb. fl. germ. exs. n. 1815 distributis, optime congruit.

    Ad fossas pr. Potamo Corcyrae (Baen.); — in Graecia (Link) sine loci specialis indicatione. — Maio, Jun. ♃.

64. Scleropoa Griseb. spic. II. p. 431.

    a. Panicula bifurcationibus spiculam subsessilem gerens.

    1. **S. maritima** L. sp. ed. 2 p. 128; S. et S. pr. I. p. 75; Sieb. in Flora V. 2 p. 639, avis p. 2, rem. p. 2 (*Triticum*); Parl. fl. it. I. p. 468; Weiss in z. b. G. 1869 p. 757; Raul. cret. p. 880; Bois. fl. or. V. p. 637. — *Festuca lanceolata* Forsk. fl. aeg. arab. p. 22. — *F. maritima* DC. fl. fr. III. p. 47; Marg. et R. fl. Zante p. 98; non L. — *Sclerochloa maritima* Sw. hort. brit. p. 453; Haussk. symb.

p. 56. — Icon: Rchb. germ. f. 371. — Exsicc.: Heldr. herb. norm. n. 179.

Culmis adscendentibus, basi ramosis, geniculatis; foliis demum convolutis, superiorum vagina dilatata, paniculam amplectente; panicula ovato-oblonga, composita, ramis triquetris; spiculis oblongis, compressis, 5—9 floris; flosculis approximatis; glumis lanceolatis, carinatis, laevibus, 3—5 nerviis; palea inferiore oblongo-lanceolata, obtusiuscula, mucronulata, laevi, nervis lateralibus utrinque binis, margini approximatis.

In arenosis maritimis. Attica: ad Phaleron, Laurion (Heldr.), Sunium (Haussk.); Cycladum insula Caphonissa pr. Naxos (Sibth.); Creta (Sieb.): pr. Canea (Weiss), Khalepa (Raul.); Zacynthus (Marg.). — Apr. Jun. ☉.

b. Panicula bifurcationibus nuda.

2. **S. hemipoa** Del. in Spreng. syst. IV. 2 p. 36 (*Festuca*); Parl. fl. it. I. p. 472. — *Triticum hemipoa* Del. in Ten. fl. nap. IV. p. 18. — *Sclerochloa hemipoa* Guss. syn. fl. sic. I. p. 93; Haussk. symb. p. 56. —

Culmis erectis vel adscendentibus, basi ramosis, geniculatis; foliis demum convolutis, supremis a panicula remotis; panicula ovato-lanceolata, composita, ramis triquetris; spiculis lineari-oblongis, compressis, 5—9 floris; flosculis approximatis; glumis lanceolatis, carinatis; laeviusculis, 1—3 nerviis; palea inferiore lanceolata, acutiuscula, mucronulata, ad carinam scabra, nervis lateralibus utrinque binis, margini approximatis.

In arenosis maritimis pr. Neocorinthum (Haussk.). — Apr. Maio ☉. N. v.

3. **S. rigida** L. amoen. acad. IV. p. 265; S. et S. pr. I. p. 54; Ch. et B. exp. p. 36, Fl. pelop. p. 6 (*Poa*); Griseb. spic. II. p. 431; Raul. cret. p. 880; Bois. fl. or. V. p. 638; Heldr. fl. cephal. p. 75, Fl. Aegina p. 397, chlor. Mykon. p. 254; Spreitz. in z. b. G. 1887 p. 671; Hal. in ö. b. Z. 1899 p. 25. — *Megastachya rigida* Roem. et Sch. syst. II. p. 591; Mazz. in ant. ion. III. p. 686. — *Festuca rigida* Kunth enum. I. p. 392; Marg. et R. fl. Zante p. 95; Friedr. Reise p. 265 et 283. — *Sclerochloa rigida* Link hort. berol. I. p. 150; Weiss in z. b. G. 1869 p. 757; Form. in D. bot. Mon. 1890 p. 8, in Ver. Brünn 1895 p. 19, 1896 p. 25, 1897 p. 23; Haussk. symb. p. 56. — Huc forsan: *Sclerochloa divaricata* Mazz. in ant. ion. III. p. 688, vix Link. — Icon: Host gram. II. t. 74. — Exsicc.: Orph. fl. gr. n. 958; Baen. herb. europ. n. 9336.

Culmis erectis vel adscendentibus, basi ramosis, geniculatis; foliis demum convolutis, supremis a panicula remotis; panicula oblongo-lanceolata, composita, ramis triquetris; spiculis lineari-oblongis, compressis, 5—11 floris; flosculis remotiusculis; glumis lineari-lanceolatis, carinatis, laeviusculis, 1—3 nerviis; palea inferiore lineari, obtusa, interdum mucronulata, ad carinam laeviuscula, nervis lateralibus obsoletis.

In graminosis, ad vias, in rupestribus regionis inferioris, in subalpinam adscendens, per totam ditionem. — Apr. Jul. ☉.

Obs. *S. procumbens* Curt. fl. lond. VI. t. 11 (*Poa*); Bois. fl. or. V. p. 637. — Erronee indicatur pr. Synarades Corcyrae (Mazz. in ant. ion. III. p. 686).

65. Sclerochloa Palis. agrost. p. 97.

1. S. dura L. sp. p. 72 (*Cynosurus*); Palis. agrost. p. 98; Mazz. in ant. ion. III. p. 688; Bois. fl. or. V. p. 635; Haussk. symb. p. 56. — *Poa dura* Scop. fl. carn. ed. 2 I. p. 70; S. et S. pr. I. p. 53. — Icon: Host gram. II. t. 53. — Exsicc.: Orph. fl. gr. n. 774.

Culmis caespitosis, prostratis; foliis planis; panicula spiciformi, densa, ovato-oblonga, simplici vel brevissime ramosa; spiculis subsessilibus, oblongis, 3—6 floris; glumis late albo-scariosis, obtusis, 3—5 nerviis; palea inferiore truncata vel emarginata, membranaceo-marginata, elevatim 5 nervia.

In arenosis, ad vias, regionis inferioris et montanae, rare. Attica: pr. Athenas (Orph.), ad Phaleron (Heldr.); Achaia (Sibth.); Arcadia: mt. Maenalus (Heldr.); Corinthia: pr. Kalamaki, Corinthum (Haussk.); Corcyra: pr. Potamo (Mazz.). — Apr. Jun. ☉.

66. Schismus Palis. agrost. p. 73.

1. S. calycinus L. am. acad. III. p. 400 (*Festuca*); Coss. et Dur. expl. alg. p. 138. — *S. marginatus* Palis. agrost. p. 74. — *Koeleria calycina* DC. fl. fr. VI. p. 271. — Icon: Cav. I. t. 44. — Exsicc.: Heldr. herb. norm. n. 1200 (Macedonia).

Caespitosus, culmis diffusis; foliis anguste linearibus, sparsim ciliatis; panicula oblonga, contracta, ramis brevibus; pedicellis scabridis, spicula 2—3 plo brevioribus; glumis lanceolatis, acutis, superiore 5 mm. longa; palea inferiore obovata, obtusa, glabra vel laxe breviterque pilosa, ad quintam partem obtusiuscule biloba, superiori aequilonga.

In siccis, ad vias Thessalonicae Macedoniae (Charrel), in Thessalia boreali inquirendum. — Apr. Jun. ☉.

2. S. arabicus Nees fl. Afr. austr. p. 422; Hack. in ö. b. Z. 1878 p. 189; Bois. fl. or. V. p. 597; Heldr. fl. Aegina p. 397; Haussk. symb. p. 86. — *S. marginatus* Link in Linnaea 1834 p. 136; Clem. sert. p. 101; Weiss in z. b. G. 1869 p. 756; non Palis. — *Koeleria calycina* Ch. et B. fl. pelop. p. 6, non DC. — Exsicc.: Orph. fl. gr. n. 13; Heldr. herb. norm. n. 81, herb. fl. bellen. n. 108.

Differt a praecedente statura submajori, glumis subulato-acuminatis, 7 mm. longis, palea inferiore oblongo-lanceolata, longe sericea, ad tertiam partem vel profundius acute bifida, superiori longiore.

In tectis, muris, arenosis regionis inferioris. Attica: in colle Philopappo (Clem.), pr. Menidi (Orph.), Athenas, Sepolia, Phaleron, insula Salamis, Aegina (Heldr.); pr. Kalamaki in isthmo Corinthiaco (Haussk.);

Argolis: pr. Nauplia (Link); Cycladum insula: Cythnos (Tunt.), Syra (Weiss). — Mart. Apr. ⊙.

67. Briza L. gen. n. 84.

a. Panicula nutans, paucispiculata; spiculae magnae, ad 2 cm. longae; caryopsis paleae superiori adnata.

1. **B. maxima** L. sp. p. 70; S. et S. pr. I. p. 57, Fl. gr. I. p. 60 t. 76; Pieri corc. fl. p. 12; Ch. et B. exp. p. 34, Fl. pelop. p. 6; Mazz. in ant. ion. III. p. 684; Link in Linnaea IX. p. 138; Marg. et R. fl. Zante p. 98; Friedr. Reise p. 267 et 270; Weiss in z. b. G. 1869 p. 757; Raul. cret. p. 879; Spreitz. in z. b. G. 1877 p. 734, 1887 p. 671; Bois. fl. or. V. p. 593; Heldr. fl. cephal. p. 75, Fl. Aegina p. 398, chlor. Mykon. p. 255, prosth. chlor. Thera p. 4; Gelmi in bull. soc. bot. it. 1889 p. 453; Form. in D. bot. Mon. 1890 p. 8, in Ver. Brünn 1895 p. 19, 1896 p. 25, 1897 p. 23; Bald. riv. coll. bot. alb. 1896 p. 99; Haussk. symb. p. 56. — Exsicc.: Orph. herb. a. 1849.

Annua, culmis erectis, inferne saepe geniculatis; foliis planis, ligula lanceolata; panicula subsimplici, subsecunda, apice nutante, ramis capillaribus, flexuosis; spiculis ovatis, pendulis, 7—17 floris, glabris vel pubescentibus, stramineis vel rubellis; palea inferiore cordato-ovata, dorso convexa.

In collibus, herbidis regionis inferioris et submontanae, passim per totam ditionem. — Mart. Maio. ⊙.

b. Panicula erecta, multispiculata; spiculae ad 7 mm. longae caryopsis libera.

α. Panicula laxa, composita, ramis elongatis, capillaribus.

2. **B. media** L. sp. p. 70; Mazz. in ant. ion. III. p. 684; Ung. Reise p. 117; Heldr. fl. ceph. p. 75. — Icon: Host gram. II. t. 29. — Exsicc.: N. v.

Perennis; culmis erectis; inferne saepe geniculatis; foliis planis, ligula brevissima, truncata; panicula composita, vaga, erecta, ramis capillaribus; spiculis ovato-orbiculatis, 5—9 floris, glabris, stramineis vel violaceo-variegatis; palea inferiore cordata, dorso convexa.

β. **elatior** S. et S. pr. I. p. 57, Fl. gr. I. p. 59 t. 75, II. p. 3; Hal. beitr. fl. Epir. p. 43; Haussk. symb. p. 56; pro sp. — Spiculae ad 12 florae, palea inferiore ad dorsi basin gibba. — Exsicc.: Heldr. it. thessal. IV. a. 1885.

In graminosis montanis, in regionem alpinam adscendens. Corcyra (Mazz.); Cephalonia (Ung.); Euboea: pr. Kyme (Ung.); — β. Epirus: mt. Tsumerka (Hal.); Thessalia: in oropedio Neuropolis in Pindo (Haussk.). — Maio, Jul. ⊙.

3. **B. minor** L. sp. p. 70; S. et S. pr. I. p. 56, Fl. gr. I. p. 58 t. 74; Ch. et B. exp. p. 34, Fl. pelop. p. 6; Mazz. in ant. ion. III.

p. 684; Marg. et R. fl. Zante p. 98; Weiss in z. b. G. 1869 p. 757; Raul. cret. p. 879; Bois. fl. or. V. p. 593; Spreitz. in z. b. G. 1887 p. 671; Gelmi in bull. soc. bot. ital. 1889 p. 453; Haussk. symb. p. 56. — *B. virens* L. sp. ed. 2 p. 103; Ch. et B. exp. p. 34, Fl. pelop. p. 6. — Exsicc.: Heldr. herb. norm. n. 1095; Dörfl. fl. aeg. n. 73.

Annua (vel ? biennis); culmis erectis, inferne saepe geniculatis; foliis planis, ligula lanceolata, acuta; panicula composita, vaga, erecta, ramis capillaribus; spiculis parvis, triangularibus, 5—7 floris, glabris, virescentibus; palea inferiore orbiculari-cordata, dorso valde gibba. — Differt a praecedente ligula elongata, ad 1 cm. longa, spiculis minoribus triangularibus et radice non perenni.

In herbidis regionis inferioris et montanae. Thessalia: in oropedio Neuropolis (Haussk.); Euboea (Pichl.); Attica: mt. Parnes, Pentelicon (Heldr.); Aetolia: pr. Mesolonghion (Nieder); Argolis: in peninsula Methana (Haussk.); Messenia: pr. Methone (Chaub.), Kalamata (Zahn); Laconia (Sibth.): pr. Leondari, Sinano (Chaub.); Cycladum insula Naxos (Leon.); Creta: pr. Canea (Weiss), Enneachoria, Nerokuru, Avdu (Raul.); Zacynthus (Sibth.): Corcyra: pr. Ascensione (Mazz.), Potamo (Spreitz.). — Apr. Jun. ☉ et ? ⊙.

β. Panicula contracta, racemiformis, saepius simplex, ramis brevissimis.

4. B. spicata S. et S. pr. I. p. 57, Fl. gr. I. p. 60 t. 77; Bois. fl. or. V. p. 593; Heldr. chlor. Parn. p. 28; Bald. riv. coll. bot. alb. 1895 p. 74, 1896 p. 98; Haussk. symb. p. 56. — Exsicc.: Heldr. herb. norm. n. 217 et 1299, in Baen. herb. europ. n. 4162; Bald. it. alb. epir. III. n. 94.

Annua; culmis erectis, inferne saepe geniculatis; foliis anguste linearibus, ligula oblonga, acuta, lacera; panicula erecta, ramis strictis, brevissimis, praeter infimos monostachyis, pedicellis spicula brevioribus; spiculis ovatis, 7—9 floris, scabridulis, virescentibus; palea inferiore ovato-oblonga, acutiuscula, dorso convexa.

In saxosis regionis inferioris et montanae. Epirus: mt. Micikeli, Olycika (Bald.); Phocis: mt. Parnassus (Sibth.); Attica: mt. Parnes, Pentelicon, Hymettus (Heldr.); Laconia: mt. Taygetos (Pichler). — Apr. Jun. ☉.

68. Eragrostis Host gram. austr. IV. p. 14.

a. Paniculae rami solitarii vel infimi gemini.

1. E. megastachya Koel. descr. gram. p. 181; Sieb. avis rem. p. 3; Friedr. Reise p. 273 (*Poa*); Link hort. berol. I. p. 187; Raul. cret. p. 879; Bois. fl. or. V. p. 580; Heldr. fl. ceph. p. 75. — *Briza eragrostis* L. sp. p. 70; Ch. et B. exp. p. 34, Fl. pelop. p. 6. — *Poa eragrostis* S. et S. pr. I. p. 54, Fl. gr. I. p. 57 t. 73, non L. — *E. major* Host gram. austr. IV. p. 14 t. 24; Form. in Ver. Brünn 1895 p. 18, 1896 p. 25, in D. bot. Mon. 1898 p. 77; Haussk. symb.

p. 56, cum var. *conferta* Ten. syll. p. 558 (f. panicula conferta elongata, spiculis erectis). — *Megastachya eragrostis* Palis. agrost. p. 74; Mazz. in ant. ion. III. p. 686. — *M. amabilis* Mazz. I. c., non Palis. — Exsicc.: Heldr. pl. fl. hellen. a. 1886.

Culmis geniculato-adscendentibus; foliis planis, glabris, vaginis ore pilosis, ceterum glabris; panicula ovato-oblonga, ramis brevissimis, glabris; pedicellis spicula multo brevioribus; spiculis fasciculatis vel solitariis, lineari-oblongis, ad 2 cm. vel ultra longis, 15—30 floris; palea inferiore oblonga subretusa, breviter mucronulata, nervo laterali valido.

In cultis, ad vias, muros, in arenosis regionis inferioris. Thessalia: pr. Trikala, Larissa, Tyrnovo (Haussk.), Velestinos (Form.); Attica: pr. Athenas (Sibth.), Kephissia (Heldr.); Argolis: pr. Nauplia, Argos (Chaub.), Mykenae (Heider), Poros (Friedr.); Cycladum insula Naxos (Chaub.); Creta: pr. Murnies (Raul.); Cephalonia: pr. Spilaea, Argostoli, Pessada, Pylaros (Heldr.); Corcyra: pr. Corfu, Canali (Form.), Garizza, Figareto, S. Mattia (Mazz.). — Jun. Oct. ☉.

2. **E. minor** Host gram. IV. p. 15; Form. in Ver. Brünn 1897 p. 23; Haussk. symb. p. 57. — *Poa eragrostis* L. sp. p. 68. — *E. poaeoides* Palis. agrost. p. 71; Bois. fl. or. V. p. 580; Form. in D. bot. Mon. 1890 p. 8. — Icon: Host gram. II. t. 69. — Exsicc.: Sint. et Bornm. it. turc. n. 1525.

Differt a praecedente vaginis pilosis, ore longe barbatis, paniculae ramis elongatis, spiculis anguste lanceolato-linearibus, ad 7 mm. longis, 8—20 floris.

In herbidis, arenosis regionis inferioris et montanae. Thessalia: pr. Han Kuraneos et Kukleus in valle Penei, Kalabaka, Asproklisia, Larissa, Velestinos (Form.), Trikala, Meteora (Haussk.), Litochori (Sint.); Eurytania: pr. Karpenisi (Heldr.); Attica: in colle Philopappo, pr. Athenas (Leon.). — Jun. Oct. ☉.

b. Paniculae rami 3—4 semiverticillati.

3. **E. pilosa** L. sp. p. 68; Mazz. in ant. ion. III. p. 686 (*Poa*); Palis. agrost. p. 71; Bois. fl. or. V. p. 581; Haussk. symb. p. 57. — *Poa verticillata* Cav. icon. I. p. 63 t. 93. — *Eragrostis verticillata* Palis. agrost. p. 162. — Huc probabiliter: *E. aegyptiaca* Link in Linnaea IX. p. 138, non Del.; = *Poa aegyptiaca* Ch. et B. fl. pelop. p. 6, non Willd. — Exsicc.: Heldr. pl. exs. a. 1871.

Culmis geniculato-adscendentibus; foliis planis, glabris, vaginis ore longe barbatis, ceterum glabris; panicula oblonga, ramis capillaribus, inferioribus ad basin subpilosis; pedicellis spicula aequilongis vel longioribus; spiculis linearibus, 4—5 mm. longis, 5—11 floris; palea inferiore oblonga, acutiuscula, nervo laterali debili.

In arenosis, glareosis regionis inferioris et montanae, rare. Thessalia: pr. Sarkos (Haussk.); Aetolia: pr. Karpenisi (Heldr.); Achaia: pr. Xylocastron (Heldr.); Corcyra: pr. Scipero (Mazz.). — Jul. Oct. ☉.

69. Sphenopus Trin. fund. agrost. p. 135.

1. S. divaricatus Gou. ill. IV. t. 2; Ch. et B. fl. pelop. p. 6 (*Poa*); Rch. fl. germ. exc. p. 45; Bois. fl. or. V. p. 575. — *Poa expansa* Gm. syst. p. 181; Mazz. in ant. ion. III. p. 686. — *Sclerochloa divaricata* Palis. agrost. p. 98. — *S. Gouani* Trin. l. c.; Haussk. symb. p. 58. — *Festuca expansa* Kunth rev. gram. I. p. 129. — *Sclerochloa expansa* Link. hort. berol. II. p. 274. — Exsicc.: Orph. fl. gr. n. 57.

Culmis geniculato-adscendentibus; foliis tenuissimis, glabris, demum involutis, ligula elongata, fissa; paniculae ovatae ramis 2—3 nis, dein valde divaricatis, basi longe nudis; spiculis 2—2 $^1/_2$ mm. longis, 2—7 floris, pedicello clavato insidentibus, fasciculatis; glumis obtusis, valde inaequalibus, superiore triplo majore; palea inferiore carinata, acutiuscula.

β. **confertus** Haussk. symb. p. 57 pro var. *S. Gouani*. — Culmis pumilis, pollicaribus, ligula breviore; panicula parva, vix 3 cm. longa, ramis brevioribus, parum divaricatis; pedicellis brevioribus; palea inferiore subobtusa. — Exsicc.: N. v.

In campestribus, arenosis maritimis. Attica: pr. Eleusis (Heldr.), Phaleron (Orph.); Peloponnesus: pr. Nisi, Andrusa (Chaub.); Corcyra: mt. S. Mattia (Mazz.); — *β*. pr. Kalamaki in isthmo Corinthiaco (Haussk.). — Mart. Maio. ☉.

70. Catabrosa Palis. agrost. p. 97.

1. C. aquatica L. sp. p. 64; S. et S. pr. I. p. 49; Mazz. in ant. ion. III. p. 672; Ch. et B. fl. pelop. p. 6; Friedr. Reise p. 274 (*Aira*); Palis. agrost. l. c.; Bois. fl. or. V. p. 576; Form. in Ver. Brünn 1896 p. 26; Haussk. symb. p. 59 cum var. *ochroleuca* Dum. agrost. belg. p. 108 pro sp., (f. panicula pallida). — *Poa airoides* Koel. descr. gram. p. 194. — *Glyceria aquatica* Presl fl. cech. p. 25. — Huc forsan: *Poa aquatica* Mazz. in ant. ion. III. p. 684, non L. — Icon: Host gram. II. t. 41. — Exsicc.: Orph. fl. gr. n. 1072.

Rhizomate repente; culmis elatis; foliis late linearibus, glabris, ligula oblonga; paniculae pyramidatae ramis semiverticillatis, demum patentibus; spiculis oblongis, saepissime bifloris; glumis inaequalibus, obtusis; palea inferiore trinervi, glabra vel hirtula, apice truncata, erosodenticulata.

In aquosis regionis inferioris et montanae. Thessalia: mt. Pelion (Form.); Euboea: pr. Kastaniotissa (Heldr.); Attica: ad Cephissum pr. Athenas (Heldr.); Boeotia: pr. Lebadea (Orph.); Argolis: pr. Nauplia (Haussk.), Poros (Friedr.); Messenia: pr. Methone (Chaub.); Corcyra: pr. Avliotes (Mazz.). — Maio, Jul. ♃.

71. Poa L. gen. n. 83.
Dispositio specierum.

a. Palea inferior basi pilis tenuissimis, mollibus, intertextis plus minus dense obsita, vel rarissime *(P. trichopoda)* glabra.

α. Paleae inferioris nervi laterales prominuli.
× Annua vel biennis.
1. P. annua L.
×× Perennes.
○ Panicula simplicissima, 1—5 spiculata.
2. P. capitata (Balb.).
○○ Panicula composita, multispiculata (cf. *P. Frearitis*).
. Ligula saltem foliorum superiorum oblonga, acuta.
3. P. trivialis L.   4. P. silvicola Guss.
.. Ligula brevis, truncata.
5. P. pratensis L.
β. Paleae inferioris nervi laterales obsoleti.
× Annua.
6. P. Grimburgii Hack.
×× Perennes.
○ Rhizoma fibrosum dense vel laxe caespitosum.
. Culmi basi bulbiformi incrassati; ligula oblonga, acuta.
.7. P. bulbosa L.   8. P. Timoleontis Heldr.
.. Culmi basi non bulbiformi-incrassati.
; Vagina suprema lamina sua multo longior.
, Ligula foliorum inferiorum brevis, truncata, superiorum subelongata, acuta.
9. P. Bivonae Parl.   10. P. alpina L.
,, Ligula foliorum omnium oblonga, acuta.
— Panicula multiflora; spiculae pubescentes, 5—9 florae.
11. P. pumila Host.   12. P. thessala Bois. et Orph.
= Panicula pauciflora; spiculae glaberrimae, 3—4 florae.
13. P. trichopoda Heldr. et Sart.
;; Vagina suprema lamina sua brevior vel ea aequilonga, rarius *(P. sterilis)* ea longior.
, Ligula brevissima, truncata.
14. P. nemoralis L.
,, Ligula elongata, acuta.
— Panicula ampla, ramis elongatis.
15. P. palustris L.   16. P. pannonica Kern.
= Panicula contracta, tenuis, linearis, ramis brevissimis.
17. P. sterilis M. a. B.
○⊙ Rhizoma repens, stolones ad 10 cm. longos edens; ligula brevis; vagina suprema lamina sua saepius longior.
. Culmi ancipiti-compressi.
18. P. compressa L.
.. Culmi teretiusculi.
19. P. cenisia All.   20. P. caesia Sm.
b. Palea inferior basi fasciculo pilorum rigidulorum barbata, obsolete nervia.
21. P. violacea Bell.

a. Paleae inferior basi pilis tenuissimis, mollibus, intertextis plus minus dense obsita vel rarissime (*P. trichopoda*) glabra.
α. Palea inferioris nervi laterales prominuli.
× Annua vel biennis.

1. **P. annua** L. sp. p. 68; S. et S. pr. I. p. 56; Mazz. in ant. ion. III. p. 686; Friedr. Reise p. 271; Bois. fl. or. V. p. 601; Hal. beitr. fl. Epir. p. 43; Bald. riv. coll. bot. alb. 1896 p. 99; Haussk. symb. p. 59. — Icon: Host gram. II. t. 64. — Exsicc.: Heldr. it. thessal. IV. a. 1885.

Caespitosa; culmis subcompressis, basi interdum radicantibus; foliis planis, ligula obtusa, foliorum superiorum oblonga, inferiorum brevi; panicula ovata vel pyramidata, laxa, erecta, saepe subsecunda, ramis laevibus, solitariis vel geminis, demum patentibus vel subreflexis; spiculis ovatis, 3—7 floris; glumis oblongo-lanceolatis, laevibus; flosculis approximatis, lana non connexis; palea inferiore obtusiuscula, late scariosa, ad carinam et margines sericea, interdum glabriuscula.

β. **remotiflora** Hack. in Baen. prosp. herb. europ. 1880 p. 5; Haussk. symb. p. 59. — *Poa remotiflora* Murb. contrib. fl. Afr. IV. p. 22 t. 14. — Flosculi in quaque spicula remoti, rhachillam non vel vix occultantes, antherae minores. — Exsicc.: Heldr. in Baen. herb. europ. n. 3999, herb. fl. hellen. n. 103, herb. norm. n. 1098.

Ad vias, in cultis, arenosis, herbidis regionis inferioris in alpinam adscendens. Epirus: mt. Gamila (Bald.), pr. Melisurgi (Hal.); Thessalia: ad monasterium Korona (Heldr.); Euboea: mt. Telethrion (Heldr.); Argolis: pr. Poros (Friedr.); Laconia (Sibth.); Corcyra (Mazz.); et certe alibi; — β. Attica: pr. Athenas (Heldr.); Cycladum insula: Cythnos (Tunt.), Melos (Heldr.). — Fl. fere toto anno ☉ et ⊙.

×× Perennes.

○ Panicula simplicissima, 1—5 spiculata.

2. **P. capitata** Balb. in Spreng. syst. IV. 2 p. 36 (*Festuca*); Asch. et Gr. syn. II. p. 406. — *Dactylis capitata* Schult. syst. mant. III. p. 626. — *Festuca depauperata* Bert. fl. it. I. p. 620. — *P. Balbisii* Parl. fl. it. I. p. 360; Gelmi in bull. soc. bot. it. 1889 p. 453.

Rhizomate fibroso; culmis teretibus, scabriusculis; foliis angustissime linearibus, ligula oblonga, obtusa; spiculis ovatis, 3—6 floris, viridistramineis vel subauratis, interdum purpurascenti-variegatis; glumis oblongo-lanceolatis, carina scabriusculis; palea inferiore obtusiuscula, exquisite 5 nervi, dorso margineque basin versus pubescenti-sericea. — Species mihi e descriptionibus tantum nota.

In olivetis versus Gasturi Corcyrae (Gelmi). — Maio. ♃. N. v.

○○ Panicula composita, multispiculata.

. Ligula saltem foliorum superiorum oblonga, acuta.

3. **P. trivialis** L. sp. p. 67; S. et S. pr. I. p. 55; Ch. et B. exp. p. 36, Fl. pelop. p. 6; Mazz. in ant. ion. III. p. 686; Marg. et R. fl. Zante p. 97; Weiss in z. b. G. 1869 p. 757; Bois. fl. or. V. p. 602; Bald. riv. coll. bot. alb. 1896 p. 99. — Icon: Host gram. II. t. 62. — Exsicc.: Baen. pl. corcyr. a. 1896.

Rhizomate fibroso, caespitoso, saepe breviter stolonifero; culmis tereti-subcompressis, vaginisque saepius scabriusculis; foliis planis, vagina suprema lamina sua longiore, ligula oblonga, acuta; panicula oblouga vel pyramidali-oblonga, laxa, erecta vel apice nutante, ramis scabris, inferioribus subquinis; spiculis ovatis, 2—4 floris, viridibus vel violaceovariegatis; flosculis basi obsolete pilosis; glumis lanceolatis, mucronatis; palea inferiore lanceolata, ad carinam subsericea.

In pratis, silvaticis regionis inferioris et montanae. Indicatur in Epiro: pr. Kastrica (Bald.); Peloponneso (Sibth.); Cycladum insula Syra (Weiss); Creta (Bois.); Zacyntho (Marg.); Corcyra (Mazz.): mt. San Deca (Baen.); sed probabiliter saepe cum sequente confusa. — Maio, Jul. ♃·

4. **P. silvicola** Guss. enum. pl. inarim. p. 271 t. 18. — *P. attica* Haussk. symb. p. 58, non Bois. et Heldr. — Exsicc.: Orph. fl. gr. n. 1199 sub *P. trivialis*; Heldr. herb. norm. n. 1399.

Differt a praecedente rhizomate stolones moniliformes edente; ligula plerumque subbreviore.

β. **violascens.** — *P. attica v. versicolor* Haussk. symb. p. 58, non *P. versicolor* Bess. — Spiculis violascentibus, paleis apice pellucide albo-membranaceis. — Exsicc.: Heldr. pl. fl. hellen. a. 1890.

In humidis, maritimis, umbrosis regionis inferioris et montanae. Thessalia: in oropedio Neuropolis, mt. Pelion pr. Paxedes (Heldr.); Attica: ad Cephissum (Heldr.), Phaleron (Orph.), Laurion (Haussk.); Argolis: pr. Nauplia (Haussk.), Tirynthum (Orph.); Cycladum insula Keos (Heldr.); — β. Attica: pr. Podoniphti (Heldr.); Argolis: pr. Nauplia (Haussk.). — Maio, Jul. ♃·

.. Ligula brevis, truncata.

5. **P. pratensis** L. sp. p. 67; S. et S. pr. I. p. 55; Ch. et B. exp. p. 35, Fl. pelop. p. 6; Mazz. in ant. ioh. III. p. 686; Friedr. Reise p. 272 et 276; Weiss in z. b. G. 1869 p. 757; Bois. fl. or. V. p. 661. — Icon: Host gram. II. t. 61. — Exsicc.: N. v.

Rhizomate fibroso; caespitoso, stolones elongatos edente; culmis teretibus vaginisque laevibus; foliis planis, vagina suprema lamina sua longiore, ligula brevissima truncata; panicula oblonga, laxa vel laxiuscula, erecta, ramis scabris, inferioribus subquinis; spiculis ovatis, 3—5 floris, viridibus vel violaceo-variegatis; flosculis lana protrahenda connexis; glumis lanceolatis, acutis; palea inferiore lanceolata, dorso et margine sericea.

β. **attica** Bois. et Heldr. diagn. XIII. p. 57, pro sp.; Bois. fl. or. V. p. 601. — Culmi inferne subcompressi; palea inferiore ad carinam et nervos glabriuscula vel glabra. — Exsicc.: Heldr. pl. fl. hell. a. 1878.

γ. **angustifolia** L. sp. p. 67; Ch. et B. exp. p. 35, Fl. pelop. p. 6; Form in Ver. Brünn 1897 p. 23; pro sp; Sm. fl. brit. p. 108; Haussk. symb. p. 58. — Foliis saltem radicalibus, setaceo-convolutis. — Exsicc.: Baen. pl. corcyr. a. 1896.

In pratis regionis inferioris et montanae. Attica: mt. Parnes, Pentelicon (Heldr.); Peloponnesus (Sibth.): pr. Vromolimni et Poros Argolidis (Friedr.); Creta: pr. Canea (Weiss); Corcyra (Mazz.); — *β*. Attica: in oliveto, ad Cephissum pr. Athenas, mt. Pentelicon (Heldr.). — *γ*. Thessalia: mt. Zygos in Pindo tymphaeo (Haussk.), mt. Cuka in mt. Chassia (Form.); Corcyra: mt. San Deka (Baen.). — Apr. Jun. ♃.

β. Paleae inferioris nervi laterales obsoleti (cf. *P. pannonica*).
× Annua.

6. P. Grimburgii Hack. in ö. b. Z. 1898 p. 12. — Exsicc.: Dörfl. herb. norm. n. 4186; Sterneck it. graec. turc. n. 496.

Radice tenui, fibrosa; culmis solitariis vel ex eadem radice paucis, subcompressis, vaginisque laevibus; foliis planis, anguste linearibus, vagina suprema lamina sua multo longiore, ligula oblonga, obtusa, apice lacera; panicula brevi, ovata, laxa, erecta, ramis patentibus, laeviusculis, inferne longe nudis, solitariis vel infimis geminis; spiculis ad apicem ramorum congestis, ovatis, dense 4—6 floris, violaceo-variegatis; glumis ovatis, acutiusculis, laevibus; flosculis basi lana crispa longe protrahenda cohaerentibus; palea inferiore ovata, obtusa, saepe leviter emarginata, carina et margine dense pectinato-ciliata, ciliis patentibus, arcte contiguis niveis, paleae latitudinem subaequantibus. — Radice annua, panicula laxa, palea inferiore obtusa, ciliis niveis contiguis late marginata ab affinibus sequentibus egregie distincta.

In arenosis maritimis ad ostia fl. Potamo Corcyrae (Grimb.) copiose. — Mart. Apr. ☉.

×× Perennes.

○ Rhizoma fibrosum, dense vel laxe caespitosum.

. Culmi basi bulbiformi-incrassati; ligula oblonga, acuta.

7. P. bulbosa L. sp. p. 70; Ch. et B. exp. p. 35, Fl. pelop. p. 6; Link in Linnaea IX. p. 138; Mazz. in ant. ion. III. p. 686; Marg. et R. fl. Zante p. 97; Ung. Reise p. 116; Weiss in z. b. G. 1869 p. 757; Raul. cret. p. 879; Bois. fl. or. V. p. 605; Heldr. fl. cephal. p. 75; Form. in D. bot. Mon. 1890 p. 8, in Ver. Brünn 1895 p. 19, 1896 p. 25, 1897 p. 23; Haussk. symb. p. 59. — Icon: Host gram. II. t. 65. — Exsicc.: Dörfl. fl. gr. n. 313.

Rhizomate fibroso, caespitoso, non stolonifero; culmis basi bulbiformi-incrassatis, vaginis laevibus foliorum radicalium dilatatis tunicatis; foliis anguste linearibus, planis vel convolutis, vagina suprema lamina sua multo longiore, ligula oblonga, acuta, foliorum radicalium breviter exserta; panicula brevi, ovata vel oblonga, contracta, erecta, densa, ramis brevibus, erectis, solitariis vel geminis; spiculis ad apicem ramorum confertis, ovatis, 4—7 floris, viridibus vel violaceo-variegatis; glumis ovatis, acutis, carina scabriusculis; flosculis basi lana longe protrahenda cohaerentibus; palea inferiore oblonga, acuta, carina et margine sericea. — Variat (f. *vivipara*), uti etiam aliae species, paleis in gemmas foliaceas mutatis.

β. **pseudoconcinna** Schur en. pl. Trans. p. 773 pro sp.; Aschers. et Gr. syn. II. p. 392. — Saepius humilior; foliis brevibus, subsetaceo-convolutis. — Sequenti simillima, ab ea ligulis foliorum radicalium minus protractis et flosculis basi lana cohaerentibus tantum diversa. — Exsicc.: Heldr. fl. thessal. a. 1883.

In collibus apricis, rupestribus regionis inferioris, ad alpinam usque adscendens, per totam ditionem; — β. Thessalia: pr. Velestinos (Heldr.); Euboea: pr. Chalkis (Heldr.), et probabiliter alibi. — Mart. Jun. ♃.

8. **P. Timoleontis** Heldr. in Bois. fl. or. V. p. 607; Hal. beitr. fl. Epir. p. 43, Beitr. fl. Achaia p. 35, in ö. b. Z. 1897 p. 99, in z. b. G. 1899 p. 195; Haussk. symb. p. 59. — Exsicc.: Heldr. herb. fl. bellen. n. 104, in Baen. herb. europ. n. 4001, herb. norm. n. 1097.

Rhizomate fibroso, caespitoso, non stolonifero; culmis basi bulbi-formi-incrassatis, vaginis laevibus foliorum radicalium valde dilatatis tunicatis; foliis brevibus, subsetaceo-convolutis, vagina suprema lamina sua multo longiore, ligula lanceolato-acuminata, foliorum radicalium longe exserta; panicula brevi, ovata, contracta, erecta, densa, ramis brevibus, erectis, solitariis vel geminis; spiculis ad apicem ramorum confertis, ovatis, 6—9 floris, violaceo-variegatis; glumis oblongis, acuminatis, carina scabriusculis; flosculis liberis; palea inferiore oblonga, acutiuscula, carina et margine sericea. — *P. concinnae* Gaud. agrost. I. p. 196 helveticae proxima et ab ea foliis tenuioribus, ligulis foliorum radicalium valde protractis discedens; *P. ligulatae* Bois. voy. II. p. 659 quoque maxime affinis, quae foliis latioribus et palea inferiore angustius membranacea discedit.

In pascuis aridis regionis inferioris et montanae. Epirus: pr. Theodoriana ad radices mt. Tsumerka (Hal.); Phocis: mt. Parnassus loco Gurna dicto (Hal); Attica: mt. Parnes (Orph.), Cithaeron, pr. Athenas, Cephissia, mt. Pentelicon, Hymettus, pr. Laurion (Heldr.); Achaia: mt. Panachaicon (Heldr.), Chelmos (Hal.); Sporadum insula Scopelos (Leonis). — Apr. Jul. ♃.

.. Culmi basi non bulbiformi-incrassati.
; Vagina suprema lamina sua multo longior.
, Ligula foliorum inferiorum brevis, truncata, superiorum subelongata, acuta.

9. **P. Bivonae** Parl. in Guss. fl. sic. syn. I. p. 99; Haussk. symb. p. 58; — *P. insularis v. Bivonae* Parl. fl. it. I. p. 342. —

Rhizomate caespitoso, saepius repente; culmis erectis, saepe ad apicem usque foliatis; foliis late linearibus, subito in apicem acutam contractis; panicula oblonga, erecta, sub anthesi patente, dein contracta, ramis abbreviatis, inferioribus subquinis; spiculis ovatis, remotiusculis, 4—6 floris, saepius concoloribus, stramineo-virentibus; glumis oblongis, mucronatis, ad carinam scabriusculis; flosculis liberis; palea inferiore oblongo-lanceolata, inferne ad carinam et marginem sericea. — Sequenti valde affinis, ab ea rhizomate repente, culmo magis firmo, foliis latioribus, ad 5 mm. latis, panicula magis elongata ac minus compacta, flosculis magis approximatis, palea inferiore latiore, margine latius membranacea discedit.

In jugo alpino Zygos in Pindo tymphaeo (Haussk.). — Maio, Jul. ♃. N. v.

10. **P. alpina** L. sp. p. 67; Mazz. in ant. ion. III. p. 684; Hal. in z. b. G. 1888 p. 763; Form. in Ver. Brünn 1897 p. 23; Haussk. symb. p. 58. — Icon: Host gram. II. t. 67. — Exsicc.: Hal. it. gr. a. 1888.

Rhizomate caespitoso, fibroso; culmis erectis, superne longe nudis; foliis latiuscule linearibus, subito in apicem acutam contractis; panicula ovata, erecta, sub anthesi patente, dein contracta, ramis abbreviatis, inferioribus geminis; spiculis ovatis, 4—6 floris, variegatis vel stramineovirentibus; glumis oblongis, mucronatis, ad carinam scabriusculis; flosculis liberis; palea inferiore oblongo-lanceolata, ad carinam et marginem vel undique sericea.

β. **parnassica** Bois. fl. or. V. p. 605; Heldr. chlor. Parn. p. 28; Hal. beitr. fl. Epir. p. 43, Beitr. fl. Thessal. p. 19, Beitr. fl. Achaia p. 34; Haussk. symb. p. 58. — *P. Parnassi* Bois. et Heldr. in Heldr. pl. exs. n. 1851 n. 1986; Hal. in z. b. G. 1888 p. 763. — Huc forsan: *P. alpina v. badensis* Friedr. Reise p. 279, vix *P. badensis* Haenke in Willd. sp. I. p. 392, quae foliis rigidioribus, glaucescentibus, cartilagineo-marginatis parum enim discedit; — nec non *P. Molinerii* Mazz. in ant. ion. III. p. 686, an Balb. add. fl. ped. in elench p. 85, quae synonymum *P. badensis*. — Folia angustiora, sensim superne acutata, brevia, rarius elongata; panicula saepissime magis attenuata, ramis brevissimis. — Polymorpha, variat nempe praesertim in excelsioribus culmis pumilis, foliis valde abbreviatis, panicula parva. — Exsicc.: Heldr. herb. norm. n. 564, 1400, 1595 a. b. et c.

In saxosis regionis montanae et praesertim alpinae. Thessalia: mt. Zygos, Ghavellu (Haussk.), Karava (Form.); Doris: mt. Kiona (Hal.); Attica: mt. Pentelicon (Heldr.); Corcyra: pr. Jannades (Mazz.); — β. Epirus: mt. Tsumerka, Peristeri (Hal.), Tringia (Hartl); Thessalia: mt. Zygos, Karava (Haussk.); Aetolia: mt. Tymphrestus, Korax (Heldr.); mt. Kiona (Hal.), Parnassus, mt. Dirphys Euboea (Heldr.); Achaia: mt. Kyllene (Orph.), Chelmos (Hal.);? Arcadia: pr. Tripolizza (Friedr.);? Corcyra: pr. Arcudilla (Mazz.). — Jun. Aug. ♃.

,, Ligula foliorum omnium oblonga, acuta.
— Panicula multiflora; spiculae pubescentes, 5—9 florae.

11. **P. pumila** Host fl. austr. I. p. 146. — *P. alpina v. pumila* Rchb. ic. I. p. 35 t. 83; Form. in D. bot. Mon. 1890 p. 8. — Exsicc.: Sint. it. thessal. n. 839.

Rhizomate caespitoso, fibroso; culmis gracilibus, inferne saepe geniculatis, superne longe nudis; foliis anguste linearibus, subito in apicem acutam contractis; panicula ovato-pyramidali, laxa, ramis geminis vel solitariis, patentibus; spiculis ovatis, laxiuscule 5—7 floris, viridibus vel variegatis; glumis oblongis, acuminatis, ad carinam scabriusculis; flosculis liberis; palea inferiore oblonga, ad carinam et marginem pubescente. — Differt ab affini *P. alpina* culmis tenuioribus, foliis angustioribus, ligulis omnibus elongatis, panicula pyramidali, laxa, ramis patentibus.

In rupestribus herbidis regionis montanae et subalpinae. Thessalia: pr. Chaliki in Pindo, mt. Ossa (Form.); Doris: mt. Kiona (Hal.). — Jun. Jul. ♃.

12. **P. thessala** Bois. et Orph. diagn. ser. 2 IV. p. 135. — *P. pumila v. thessala* Bois. fl. or. V. p. 605; Haussk. symb. p. 59. — Exsicc.: Heldr. reliqu. Orph. a. 1886.

Differt a praecedente pedicellis abbreviatis et ideo spiculis magis condensatis, spiculis majoribus, 7—9 floris, palea inferiore praeter pubem marginum et carinae inferne undique hirta.

In saxosis regionis inferioris mt. Olympus Thessaliae, loco Crio-Vrisi dicto (Orph.). — Jul. Aug. ♃.

= Panicula pauciflora, spiculae glaberrimae, 3—4 florae.

13. **P. trichopoda** Heldr. et Sart. in Bois. diagn. ser. 2 IV. p. 136. — *P. trichophylla* Heldr. et Sart. in Bois. fl. or. V. p. 604; Heldr. chlor. Parn. p. 28; Haussk. symb. p. 59. — Exsicc.: Heldr. herb. norm. n. 272 et 1096; Orph. fl. gr. n. 366.

Rhizomate dense caespitoso, fibroso; culmis humilibus, tenuissimis, inferne saepe geniculatis, superne longe nudis; foliis setaceo-capillaribus, brevissimis; panicula paucispiculata, brevi, laxa, ramis erecto-patulis, solitariis vel infimis geminis; spiculis parvis, ovatis, laxiuscule 3—4 floris, variegatis; glumis oblongis, acutiusculis, laevibus; flosculis liberis; palea inferiore ovato-oblonga, glaberrima. — Species insignis, pulvinaria compacta efformans, ab affinibus foliis capillaribus, panicula depauperata et paleis glaberrimis distinctissima.

In pascuis alpinis humidiusculis, rarissime. Thessalia: mt. Karava, Ghavellu in Pindo (Haussk.); Phocis: mt. Parnassus (Sart.). — Jun. Aug. ♃.

;; Vagina suprema lamina sua brevior vel ea aequilonga, rarius ea (*P. sterilis*) longior.

, Ligula brevissima, truncata.

14. **P. nemoralis** L. sp. p. 69; Mazz. in ant. ion. III. p. 686; Bois. fl. or. V. p. 607; Heldr. chlor. Parn. p. 28; Form. in D. bot. Mon. 1890 p. 9, in Ver. Brünn 1896 p. 25, 1897 p. 23; Hal. beitr. fl. Thessal. p. 19; Haussk. symb. p. 58. — *P. montana* All. fl. ped. II. p. 245; Mazz. l. c. — Icon: Host gram. II. t. 71. — Exsicc.: Orph. herb. n. 2592; Heldr. it. thessal. n. 20.

Rhizomate caespitoso, fibroso, interdum substolonifero; culmis gracilibus, nodis denudatis, vaginisque laevibus; foliis anguste linearibus, vagina suprema lamina sua breviore; panicula elongata, sub anthesi patenti, dein contracta, apice saepius nutante, ramis 2—5 semiverticillatis; spiculis parvis, ovato-lanceolatis, 2—5 floris, virentibus; glumis lanceolatis, acutis; flosculis basi lana parcissima connexis; palea inferiore lanceolata, inferne ad carinam et marginem pubescenti-sericea.

In silvaticis regionis montanae et subalpinae. Thessalia: in fagetis mt. Oxya supra Chaliki (Hal.), pr. Velitsena, mt. Ochsa Despot, pr. Mandra Hodza, mt. Phlamburo (Form.), pr. Malakasi, ad monasterium Korona (Haussk.) in Pindo, pr. Spilia in mt. Ossa (Form.), mt. Pelion, Oeta (Heldr.); Phocis: mt. Parnassus (Orph.); Laconia: mt. Malevo (Orph.); Corcyra: pr. Calefactiones, Prinilla (Mazz.). — Jun. Jul. ♃.

,, Ligula elongata, acuta.
— Panicula ampla, ramis elongatis.

15. **P. palustris** L. syst. ed. 10 p. 874; S. et S. pr. I. p. 54; Mazz. in ant. ion III. p. 686. — *P. serotina* Ehrh. beitr. VI. p. 86; Haussk. symb. p. 58. — *P. fertilis* Host gram. III. p. 10 t. 14; Bois. fl. or. V. p. 608. —

Rhizomate caespitoso, fibroso, interdum substolonifero; culmis elatis, vaginisque laevibus; foliis anguste linearibus, laevibus, vagina suprema lamina sua aequilonga vel ea breviore; panicula diffusa, patente, apice subnutante, ramis elongatis, inferioribus subquinis; spiculis parvis, ovato-lanceolatis, 2—5 floris, virentibus; glumis lanceolatis, acutis; flosculis basi lana connexis; palea inferiore oblonga, lutescente, inferne ad carinam et marginem pubescenti-sericea. — Differt a praecedente ligula elongata, acuta.

In pratis humidis (Sibth.). Thessalia: in oropedio Neuropolis (Haussk.); Aetolia: pr. Mesolonghion (Nieder); Corcyra: pr. Crevazzula (Mazz.). — Jun. Jul. ♃. N. v.

16. **P. pannonica** Kern. in ö. b. Z. 1864 p. 84; Form. in Ver. Brünn 1896 p. 25. —

Rhizomate caespitoso, fibroso, interdum substolonifero; culmis elatis, vaginisque scabriusculis; foliis anguste linearibus, scabriusculis, vagina suprema lamina sua aequilonga vel sublongiore; panicula diffusa, patente, erecta, ramis elongatis, inferioribus subquinis; spiculis parvis, ovato-lanceolatis, 3—4 floris, virentibus; glumis lanceolatis, acutis: flosculis basi lana connexis; palea inferiore oblonga, virescente, inferne ad carinam et marginem pubescenti-sericea, nervis lateralibus prominulis. — Differt a praecedente culmis, foliis vaginisque scabris, lamina folii supremi breviore, panicula erecta, ramis rigidulis. — Planta nostra differt, teste Hackel ap. Form. l. c., parum a pannonica, ligulis subbrevioribus obtusiusculis.

In regione superiori mt. Peristeri in Epiro (Form.). — Jun. Jul. ♃. N. v.

= Panicula contracta, tenuis, linearis, ramis brevissimis.

17. **P. sterilis** M. a B. fl. taur. cauc. I. p. 62; Haussk. symb. p. 58.

Rhizomate caespitoso, fibroso, saepe breviter stolonifero; culmis rigidulis, vaginisque scabriusculis; foliis anguste linearibus, scabriusculis, vagina suprema lamina sua longiore; panicula erecta, ramis strictis, scabriusculis, inferioribus subbinis; spiculis parvis, ovatis, 2—4 floris, pallidis; glumis lanceolatis, acutis, scabridulis; flosculis basi parcissime lanatis; palea inferiore oblongo-lanceolata, scabridula, ad carinam et marginem sericeo-lineata, nervis lateralibus subprominulis. — Panicula tenui a praecedentibus diversa, a simili *P. nemorali* insuper ligulis elongatis et lamina folii supremi vagina sua breviore, a *P. compressa* culmis non ancipiti-compressis, ligula elongata, discedit.

In jugo Zygos in Pindo tymphaeo (Haussk.). — Jun. Jul. ♃. N. v.

○○ Rhizoma repens, stolones ad 10 cm. longos edens; ligula brevis; vagina suprema lamina sua saepius longior.

. Culmi ancipiti-compressi.

18. **P. compressa** L. sp. p. 69; Haussk. symb. p. 58. — Icon: Host gram. II. t. 70. — Exsicc.: Heldr. it. thessal. IV. a. 1885.

Rhizomate fibrosa, laxe caespitoso, stolones ultra 10 cm. longos edente; culmis basi saepe geniculatis, vaginisque laevibus; foliis latiuscule linearibus, glaucis, laevibus, ligula brevi, truncata; panicula erecta, angusta, oblonga, rarius pyramidata, ramis brevibus, asperis, inferioribus 2—3 nis; spiculis ovato-oblongis, 5—9 floris, virentibus vel variegatis; glumis oblongis, acutis, carina scabridulis; flosculis liberis vel basi lana parca cohaerentibus; palea inferiore oblonga, obtusa, ad carinam et marginem glabra. — Caule manifeste ancipiti ab aliis facile distinguitur.

In nemorosis, ad muros regionis montanae. Thessalia: pr. Chaliki (Haussk.) et in oropedio Neuropolis (Heldr.) in Pindo. — Jun. Jul. ♃.

.. Culmi teretiusculi.

19. **P. cenisia** All. auct. p. 40; Sieb. Reise I. p. 436; Raul. cret. p. 878; Bois. fl. or. V. p. 603. — *P. stolonifera* Bell. act. taur. V. p. 215. — *P. flexuosa* Host gram. IV. t. 26. — *P. distichophylla* Gaud. fl. helv. I. p. 250. — *P. psychrophila* Bois et Heldr. diagn. XIII. p. 57. — *P. oreophila* Heldr. herb. norm. n. 563. — Exsicc.: Orph. herb. n. 2600.

Rhizomate laxe caespitoso, longe repente; culmis adscendentibus vel erectis, vaginisque laevibus; foliis latiuscule linearibus, glaucescentibus, laevibus, subito in apicem acutam contractis, fasciculorum sterilium subdistichis, ligula foliorum inferiorum subnulla, superiorum ovata, obtusa; panicula erecta, oblonga, sub anthesi patente, ramis subelongatis, inferioribus 2—3 nis; spiculis ovatis, 3—5 floris, variegatis vel virentibus; glumis lanceolatis, acuminatis, carina scabris; flosculis lana protrahenda connexis; palea inferiore lanceolata, acuta, ad carinam et marginem sericea.

β. **dolosa** Bois. et Heldr. diagn. ser. 2 IV. p. 136 pro sp.; Bois. fl. or. V. p. 603. — Folia anguste linearia, subconvoluta; panicula angusta, depauperata. — Exsicc.: N. v.

In rupestribus regionis alpinae. Phocis: mt. Parnassus loco Trypios Vrachos dicto (Heldr.); Creta: pr. Anoia (Sieb.); — β. Thessalia: mt. Olympus (Heldr.). — Jul. Aug. ♃.

20. **P. caesia** Sm. fl. brit. p. 103; Bald. riv. coll. bot. alb. 1895 p. 74. — *P. Gaudini* R. et Schult. syst. II. p. 548. — Exsicc.: N. v.

Rhizomate caespitoso, stolones ad 10 cm. longos edente; culmis erectis, laevibus vel superne vaginisque scabriusculis; foliis anguste linearibus, caesiis, superne scabriusculis, sensim acutatis, ligula foliorum inferiorum subnulla, superiorum ovata, obtusa; panicula erecta, angusta, oblongo-lineari, ramis brevibus, inferioribus 2—3 nis; spiculis ovato-lanceolatis, 2—5 floris, variegatis; glumis lanceolatis, acutis, carina scabris; flosculis basi lana parca connexis; palea inferiore lanceolata, obtusa, ad carinam et marginem sericea.

β. **Frearitis** Orph. mss. pro sp. — Dense caespitosa; panicula simplicissima, racemiformis, ex spiculis 3—5 minutis constans. — Exsicc.: Heldr. reliqu. Orph. a. 1886.

Ad nives deliquescentes sub summo jugo mt. Peristeri in Epiro (Bald.); — β. in cacumine mt. Peristeri Macedoniae (Orph.). — Jul. Aug. ♃.

  b. Palea inferior basi fasciculo pilorum rigidulorum barbata, obsolete nervia.

21. **P. violacea** Bell. app. ad fl. ped. p. 8 t. 1; Mazz. in ant. ion. III. p. 686; Hal. beitr. fl. Epir. p. 43, in ö. b. Z. 1897 p. 326, in z. b. G. 1899 p. 195; Haussk. symb. p. 59. — *Festuca poaeformis* Host gram. II. t. 82. — *F. rhaetica* Sut. fl. helv. I. p. 56. — *F. pilosa* Hal. in Sut. fl. helv. I. p. 56. — Exsicc.: Orph. fl. gr. n. 1074 (mt. Peristeri Macedoniae); Sint. it. thessal. n. 862 b; Heldr. herb. norm. n. 1596.

Rhizomate caespitoso, fibroso; culmis erectis, superne vaginisque scabriusculis; foliis convoluto-setaceis, ligula oblonga, saepe lacera; panicula oblonga, dein contracta, ramis brevibus, inferioribus semiverticillatis; spiculis oblongis, 3—5 floris, violaceo-variegatis; glumis lanceolatis, acutis; palea inferiore lanceolata, acuta, mutica vel breviter aristata.

In pascuis regionis alpinae. Epirus: mt. Tsumerka (Hal.); Thessalia: mt. Zygos (Haussk.), mt. Sina pr. Malakasi (Sint.); Aetolia: mt. Korax (Tunt.); Laconia: mt. Taygetos (Zahn.); indicatur quoque Spartero Corcyrae (Mazz.), sed probabiliter ex confusione. — Jun. Aug. ♃.

Obs. *P. laxa* Haenke reis. in Ries. p. 118. — Indicatur in montibus Peloponnesi (Ch. et B. exp. p. 35, Fl. pelop. p. 6), sed certe erronee, cf. quoque Link in Linnaea IX. p. 137. — Ex confusione quoque indicatur *P. rubens* Moench. meth. p. 187; Willd. sp. I. p. 389

(= *P. Chaixi* Vill. fl. delph. p. 7) in Corcyra pr. Sidari (Mazz. in ant. ion. III. p. 686). — In hac insula indicatur etiam pr. S. Marco, a Mazziari l. c. *P. sabauda* All. fl. ped. II. p. 245, species mihi ignota.

12. Tribus. **HORDEACEAE** Kunth. en. pl. I. p. 435.

72. Elymus L. gen. n. 96.

1. E. caput Medusae L. sp. p. 84. — *Hordeum caput Medusae* Coss. et Dur. expl. sc. alg. II. p. 198. — *H. jubatum* DC. fl. fr. V. p. 286, non L. — *H. Bobartii* Aschers. et Gr. syn. II. p. 743. —

Culmis rigidulis, erectis vel geniculato-adscendentibus; foliis anguste linearibus, glabris vel pilosulis; spica oblonga; spiculis praeter infimas interdum solitarias, geminis, unifloris cum rudimento flosculi secundi; glumis subulatis, rigidis, aristatis, cum arista 25—50 mm. longis; palea inferiore lanceolata, cum arista, 5—10 cm. longa, in aristam tenuem, ea glumarum validiorem et longiorem, inferne complanatam, margine scaberrimam, extrorsum arcuatam sensim abeunte.

α. **typicus**. — Glumae cum arista ad 5 cm. longae, a basi fere horizontaliter patente sursum arcuatae; palea inferior sublaevis, cum arista 7—10 cm. longa.

β. **asper** Simk. in term. Közl. XXIX. pótf. p. 230 pro var. *Cuvierae caput Medusae*. — *E. crinitus* Mazz. in ant. ion. III. p. 690; Form. in D. bot. Mon. 1890 p. 9, in Ver. Brünn 1896 p. 26, 1897 p. 23; non Schreb. — *E. caput Medusae* Bois. fl. or. V. p. 691 p. p. — *Hordeum crinitum* Haussk. symb. p. 59, non Desf. — *H. asperum* Deg. in Aschers. et Gr. syn. II. p. 744. — Glumae cum arista 25—30 mm. longae, a basi erecto-patula subarcuatae; palea inferior scaberrima, cum arista 5—8 cm. longa. — Exsicc.: Heldr. it. thessal. IV. a. 1885.

In arenosis, rupestribus regionis inferioris et montanae. α. Planta gallo-hispanica in ditione non occurrit; — β. Thessalia: frequens a Malakasi in Pindo per planitiem usque ad litora maris Aegnei; Corcyra: pr. Porta reale (Mazz.). — Apr. Jul. ☉.

2. E. crinitus Schreb. beschreib. gräs. II. p. 15 t. 74; Fraas fl. class. p. 303; Clem. sert. p. 99; Heldr. fl. Aegina 398. — *Hordeum crinitum* Desf. fl. atl. I. p. 113. — *E. intermedius* M. a. B. fl. taur. cauc. I. p. 82. — ?*H. jubatum* Urv. en. p. 12; Ch. et B. fl. pelop. p. 8; non L., nec DC. — *E. platyatherus* Link hort. berol. I. p. 18. — *E. caput Medusae* Bois. fl. or. V. p. 691 p. p. — *H. intermedium* Haussk. symb. p. 59. — Exsicc.: Heldr. pl. fl. hellen. a. 1875 et 1881, it. gr. septentr. a. 1879.

Praecedenti robustior, gluma cum arista 25—30 mm. longa, a basi erecta, palea inferior scabra vel sublaevis, cum arista valida, inferne taeniaeformi dilatata, ad 15 cm. longa. — Meo sensu specifice diversus.

In arenosis, rupestribus regionis inferioris et montanae. Phthiotis: mt. Oeta pr. Lapakia (Heldr.); Attica: pr. Buliasmene (Heldr.), mt. Hymettus (Fraas), ad Kamariza pr. Laurion (Haussk.); pr. Janitzio in insula Aegina (Heldr.); Euboea (Fraas); Argolis: pr. Nauplia (Fraas); Cycladum insula Melos (Urv.). — Apr. Jul. ☉.

Obs. Erronee in ditione indicantur: *E. arenarius* L. sp. p. 83, in litoribus maritimis insularum (S. et S. pr. I. p. 72) et pr. Manducchio Corcyrae (Mazz. in ant. ion. III. p. 690); dein *E. europaeus* L. mant. I. p. 35, pr. Marmora Corcyrae (Mazz. l. c.). —

73. Hordeum L. gen. n. 98.

a. Perennia.

1. **H. bulbosum** L. am. acad. IV. p. 304; Sieb. avis. p. 2; Mazz. in ant. ion. III. p. 692; Raul. cret. p. 882; Bois. fl. or. V. p. 688; Hal. beitr. fl. Epir. p. 34; Form. in Ver. Brünn 1897 p. 23; Heldr. fl. Aegina p. 398, chlor. Mykon. p. 255, chlor. Thera p. 25; Haussk. symb. p. 60 cum *v. minus* (f. humilis, spica abbreviata, spiculis minoribus). — *H. nodosum* Ucr. hort. reg. panorm. p. 64, vix L. — *H. strictum* Desf. fl. atl. I. p. 113; Link in Linnaea IX. p. 133; Weiss in z. b. G. 1869 p. 757. — Icon: Fl. gr. I. t. 98. — Exsicc.: Orph. fl. gr. n. 963 (Chios); Heldr. herb. norm. n. 648; Rev. pl. cret. n. 178, in Baen. herb. europ. n. 4896; Dörfl. fl. gr. n. 216, pl. cret. n. 114.

Rhizomate caespitoso; culmis elatis, basi bulboso-incrassatis; foliis linearibus; spica elongata, lineari, subcompressa, disticha; spiculis ternis, unifloris cum rudimento, intermedia subsessili hermaphrodita, lateralibus pedicellatis masculis; glumis omnibus aristatis, scabris, spicularum lateralium setaceis, spiculae intermediae lanceolatis; palea inferiore spicularum lateralium mutica, spiculae intermediae longe aristata.

In herbidis regionis inferioris et montanae totius ditionis. — Apr. Jun. ♃.

2. **H. secalinum** Schreb. spic. fl. lips. p. 148; Mazz. in ant. ion. III. p. 692. — *H. pratense* Huds. fl. angl. ed. 2 p. 56; Mazz. l. c.; Friedr. Reise p. 277. — Icon: Host. gram. I. t. 33.

Rhizomate caespitoso; culmis gracilibus, basi non incrassatis; foliis linearibus; spica teretiuscula; spiculis ternis, unifloris cum rudimento, intermedia subsessili hermaphrodita, lateralibus pedicellatis masculis; glumis omnibus setaceis, aristatis, scabris; palea inferiore spicularum lateralium breviter, spiculae intermediae longe aristata.

Indicatur in Corcyra (Mazz.) et in insula Poros (Friedr.), forsan ex confusione; postea a nemini lectum. — Maio, Jun. ♃. N. v.

β. Annua.

3. **H. murinum** L. sp. p. 85; S. et S. pr. I. p. 74; Ch. et B. exp. p. 44, Fl. pelop. p. 8; Mazz. in ant. ion. III. p. 690; Friedr. Reise p. 269; Ung. Reise p. 117; Weiss in z. b. G. 1869 p. 757;

Raul. cret. p. 883; Bois. fl. or. V. p. 686; Heldr. fl. ceph. p. 76, Fl. Aegina p. 398, chlor. Thera p. 25; Hal. beitr. fl. Epir. p. 43; Form in Ver. Brünn 1897 p. 22; Haussk. symb. p. 60. — Icon: Host gram. I. t. 32. — Exsicc.: N. v.

Culmis erectis vel geniculato-adscendentibus; foliis linearibus; spica teretiuscula; spiculis ternis, omnibus subaequilatis et aequilongis, unifloris cum rudimento, intermedia subsessili, rarius stipitata, hermaphrodita, lateralibus pedicellatis masculis; glumis omnibus aristatis, spiculae intermediae lineari-subulatis, utrinque longe ciliatis, spicularum lateralium inaequalibus, interna anguste lineari-setacea, utrinque breviter ciliata, externa setacea eciliata; palea inferiore spicularum omnium lanceolata, longe aristata.

β. **leporinum** Link in Linnaea IX. p. 133 pro sp.; Ch. et B. fl. pelop. p. 8; Form. in Ver. Brünn 1896 p. 26; Haussk. symb. p. 60. — *H. pseudomurinum* Tapp. in Koch. syn. ed. 2 p. 955. — *H. ambiguum* Döll in Mart. fl. brasil. II. p. 323 t. 57. — Robustior, spiculae fere dimidio majores, intermedia lateralibus tertia parte brevior; glumae spicularum lateralium latiores, interna utrinque longe ciliata, externa eciliata vel basi latere interno breviter ciliata. — Exsicc.: Heldr. it. thessal. IV. a. 1885.

γ. **pruinosum** Haussk. symb. p. 61. — Culmis glauco-pruinosis, spiculis cum aristis violaceo-pruinosis; caeteris ut in β. — Exsicc.: N. v.

In ruderatis, aridis, ad vias, regionis inferioris et montanae per totam ditionem, β. ut videtur typo multo frequentior; — γ. Attica: ad radices mt. Hymettus, pr. Kamariza Laurii (Haussk.). — Apr. Jul. ☉.

4. **H. maritimum** Wirth. bot. arr. p. 172; S. et S. pr. I. p. 74; Sieb. avis rem. p. 3; Ch. et B. exp. p. 44, Fl. pelop. p. 8; Mazz. in ant. ion. III. p. 692; Friedr. Reise p. 277; Raul. cret. p. 883; Bois. fl. or. V. p. 687; Heldr. fl. cephal. p. 76; Spreitz. in z. b. G. 1887 p. 671; Gelmi in bull. soc. bot. it. 1889 p. 453; Hal. beitr. fl. Aetol. p. 11; Form. in Ver. Brünn 1896 p. 26; Bald. riv. coll. bot. alb. 1896 p. 99; Haussk. symb. p. 61. — *H. geniculatum* All. fl. ped. II. p. 259 t. 91. — Exsicc.: Rev. pl. cret. n. 179; Heldr. herb. norm. n. 985; Baen. herb. europ. n. 9268.

Culmis geniculato-adscendentibus; foliis linearibus; spica teretiuscula, brevi; spiculis tenuis, unifloris cum rudimento, intermedia submajore, subsessili, hermaphrodita, lateralibus pedicellatis masculis; glumis omnibus aristatis, scabris, eciliatis, spiculae intermediae setaceis, spicularum lateralium inaequalibus, externa setacea, interna semilanceolata, subulato-attenuata; palea inferiore spicularum omnium lanceolata, in aristam glumis sublongiorem abeunte.

β. **Gussoneanum** Parl. fl. palerm. I. p. 156 pro sp.; Richt. pl. europ. I. p. 131; Haussk. symb. p. 61. — *H. Winkleri* Hack. in ō. öb. Z. 1877 p. 49. — Glumae spicularum lateralium inter se subaequales. — Exsicc.: Orph. herb. n. 623.

In pascuis praesertim salsis et maritimis, regionis inferioris et montanae. Epirus: pr. Lapsista (Bald.); Thessalia: pr. Larissa (Form.), Pharsalus (Haussk.); Aetolia: pr. Antirrhion (Hal.); Attica: ad Phaleron (Heldr.), Laurion (Haussk.); Achaia: mit. Kyllene, 1500 m. (Heldr.); Arcadia: ad fl. Alpheus, pr. Francovrisi (Chaub.); Argolis: pr. Poros (Friedr.); Cycladum insula: Mykonos (Heldr.), Rhenea (Tunt.); Creta: pr. Nerokuru, Suda, in oropedio Omalos (Raul.); Cephalonia: pr. Katelios (Heldr.); Corcyra (Mazz.): pr. Kastrades (Baen.); — β. Thessalia: ad monasterium Korona, pr. Pharsalus, Orman Magula (Haussk.);· Attica: ad Phaleron (Orph.); Elis: pr. Lechaena (Heldr.); Argolis: pr. Tirynthum (Orph.). — Maio, Jun. ☉.

Obs. Ad usum oeconomicum coluntur: *H. vulgare* L. sp. p. 84; Dallap. prosp. p. 12; Mazz. in ant. ion. III. p. 692; Fraas fl. class. p. 305; Heldr. Nutzpfl. p. 5, Fl. cephal. p. 76; Raul. cret. p. 882; Haussk. symb. p. 61, cum var. *coerulescens* Ser. cer. europ. p. 27. — *H. coeleste* Vib. cereal. p. 32 t. 1; Heldr. Nutzpfl. p. 6. — *H. distichum* L. sp. p. 85; Heldr. fl. cephal. p. 76; var. *nudum* L. l. c.; Heldr. fl. cephal. p. 76. — *H. hexastichon* L. sp. p. 85; Fraas fl. class. p. 305; Heldr. Nutzpfl. p. 5, Fl. cephal. p. 76; Raul. cret. p. 882; Haussk. symb. p. 61 cum v. *erectum* Schübl. char. cer. p. 36 et *pyramidatum* Körn. handb. getr. I. p. 152.

74. Secale L. gen. n. 97.

1. **S. montanum** Guss. ind. hort. boccad. a. 1825, prodr. fl. sic. I. p. 145; Bois. fl. or. V. p. 670; Heldr. chlor. Parn. p. 29. — Exsicc.: Heldr. it. gr. septentr. a. 1879.

Rhizomate fibroso, caespitoso; culmis elatis; foliis linearibus; spica lineari, compressa, subnutante, rhachide fragili, marginibus piloso-barbatis; spiculis solitariis, bifloris; glumis linearibus, carinatis, glabris, acutis vel attenuato-aristatis; palea inferiore lanceolata, pectinato-ciliata, in aristam aequilongam vel breviorem abeunte.

In pascuis subalpinis et alpinis rarissime. Phthiotis: mt. Oeta (Heldr.); Phocis: mt. Parnassus (Orph.). — Jun. Jul. ♃.

Obs. Ad usum oeconomicum colitur: *S. cereale* L. sp. p. 84; Dallap. prosp. p. 12; Mazz. in ant. ion. III. p. 690; Fraas fl. class. p. 306; Heldr. Nutzpfl. p. 5, Fl. cephal. p. 76; Raul. cret. p. 882; Haussk. symb. p. 61. —

Obs. Ad speciem praecedentem fortasse spectat ex phrasi „gramen creticum spicatum secalinum, tuberosa radice Tourn. cor. 39": *Secale creticum* L. sp. p. 84; Sieb. avis p. 2; Raul. cret. p. 882 (= *S. bulbosum* Sieb. avis. rem. p. 3); in herbario Linnaeano extat quidem sec. Munro sub hoc nomine *Haynaldia villosa*. —

75. Haynaldia Schur en. pl. Trans. p. 807.

1. **H. villosa** L. sp. p. 84; S. et S. pr. I. p. 73, Fl. gr. I. p. 77 t. 97; Sieb. avis p. 2; Ch. et B. exp. p. 46, Fl. pelop. p. 9 (*Secale*); Schur l. c.; Hal. beitr. fl. Epir. p. 43, Beitr. fl. Thessal. p. 19; Heldr. fl. Aegina p. 398; Haussk. symb. p. 63. — *Hordeum ciliatum* Lam. enc. IV. p. 604. — *Triticum villosum* M. a B. fl. taur. cauc. I. p. 85; Mazz. in ant. ion. III. p. 688; Marg. et R. fl. Zante p. 100; Friedr. Reise p. 275; Ung. Reise p. 117; Weiss in z. b. G. 1869 p. 757; Raul. cret. p. 881; Heldr. fl. ceph. p. 76; Form. in D. bot. Mon. 1890 p. 9, in Ver. Brünn 1895 p. 20, 1896 p. 26, 1897 p. 23. — *Agropyrum villosum* Link. hort. berol. I. p. 31; Bois. fl. or. V. p. 669. — Exsicc.: Baen. herb. europ. n. 9265.

Radice annua; culmis elatis; foliis linearibus, flaccidulis, glabris vel pubescentibus; spica densa, oblonga, rhachide demum fragili, barbata; spiculis 3—5 floris, flosculis binis inferioribus aristatis, superioribus tabescentibus, muticis; glumis palea subdimidio brevioribus, lineari-oblongis, dorso bicarinatis, ad carinas penicillato-pilosis, apice truncato-biauriculatis, in aristam lanceolato-subulatam, gluma 3—4 plo longiorem productis; palea inferiore lanceolata, dorso infra apicem penicillato-pilosa, apice bidentata, in aristam saepius palea multoties longiorem abeunte.

In herbosis, olivetis, aridis regionis inferioris, in subalpinam adscendens, per totam ditionem. — Maio, Jul. ☉.

2. **H. hordeacea** Coss. et Dur. in expl. alg. phanerog. p. 202 (*Triticum*); Hack. in Engl. et Pr. pflanzenf. II. 2 p. 80; Heldr. in bull. ac. intern. geogr. bot. 1899 p. 230. — Exsicc.: Heldr. herb. norm. n. 1597.

Rhizomate repente; culmis elatis; foliis linearibus, rigidulis, glaucescentibus, glabris, rarius pilosis; spica densa, oblonga, demum fragili, barbata; spiculis 3—5 floris, flosculis binis inferioribus aristatis, superioribus tabescentibus, muticis; glumis palea subdimidio brevioribus, lineari-oblongis, dorso bicarinatis, ad carinas hirsuto-pilosis, apice truncato-biauriculatis, in aristam lanceolato-subulatam, gluma 2—3 plo longiorem productis; palea inferiore lanceolata, dorso superne longe hirsuto-pilosa, apice brevissime bidenata vel subintegra, in aristam, glumella aequilongam vel breviorem abeunte. — Differt a praecedente rhizomate, foliis rigidulis, plerumque glabris, glumis paleisque non penicillato-pilosis, brevius aristatis.

In rupestribus regionis alpinae. Laconia: in mt. Taygetos (a. d. Pichler a. 1876 detecta) loco Kakochioni et pr. cacumen Hagios Elias (Zahn). — Jun. Jul. ♃.

76. Aegilops L. gen. n. 1150.

a. Glumae spicularum omnium aristatae.

1. **A. ovata** L. sp. p. 1050; S. et S. pr. I. p. 71, Fl. gr. I. p. 74 t. 93; Ch. et B. exp. p. 45, Fl. pelop. p. 8; Link in Linnaea

IX. p. 131; Marg. et R. fl. Zante p. 100; Friedr. Reise p. 274; Fraas fl. class. p. 304; Ung. Reise p. 117; Weiss in z. b. G. 1869 p. 757; Raul. cret. p. 883; Bois. fl. or. V. p. 673; Hal. beitr. fl. Thessal. p. 19; Heldr. fl. Aegina p. 398, prosth. chlor. Thera p. 4; Haussk. symb. p. 61. — *Triticum ovatum* Gr. et Godr. fl. fr. III. p. 601. — Exsicc.: Heldr. it. thessal. IV. a. 1885; Sterneck it. graeco-turc. n. 503.

Culmis geniculato-adscendentibus; foliis linearibus, glabris vel pilosis; spica brevi, ovata vel oblonga, dense 2—5 spiculata, demum ab apice culmi secedente, rhachide non fragili, rhacheos excisura infima spiculam rudimentariam saepissime unicam gerente; spiculis inferioribus 3—4 floris, ovatis, ventricosis, superne constrictis, superioribus tenuibus, sterilibus, bifloris; glumis ovato-oblongis, hirtis, plerumque quadriaristatis, aristis spicularum omnium subaequalibus, lanceolato-subulatis, a basi margine scabris; palea inferiore glumas subaequante, 2—3 aristata, aristis palea multo longioribus, eis glumarum tenuioribus.

β. **triaristata** Willd. sp. IV. p. 943; Ch. et B. exp. p. 45, Fl. pelop. p. 8; Marg. fl. Zante p. 100; Weiss in z. b. G. 1869 p. 757; Raul. cret. p. 883; Spreitz. in z. b. G. 1887 p. 671; Form. in D. bot. Mon. 1890 p. 9, in Ver. Brünn 1895 p. 20, 1896 p. 26, 1897 p. 23; Haussk. symb. p. 61; pro sp.; Coss. et Dur. expl. alg. II. p. 211; Bois. fl. or. V. p. 674. — *Triticum triaristatum* Gr. et Godr. fl. fr. III. p. 602. — Culmi saepius altiores; spica 4—5 spiculata, superne magis attenuata, ad basin saepius 2—3 spiculas rudimentarias gerens; glumae 3—2 aristatae, aristis basi margine laevibus; palea inferior 2—1 aristata. — Intermediis ad typum transit. — Variat (*A. macrochaeta* Schuttl et Huet ap. Duv. in bull. soc. bot. fr. 1869 p. 384; Form. in Ver. Brünn 1895 p. 20) spiculis dense canohirsutis. — Exsicc.: Rev. pl. cret. n. 180; Baen. herb. europ. n. 9197; Dörfl. fl. aeg. n. 92, pl. cret. n. 117.

γ..**biuncialis** Vis. fl. dalm. III. p. 344 t. 1; Nym. consp. p. 839 Heldr. chlor. Thera p. 25; pro sp. — *T. ovatum v. biunciale* Asch. et Gr. syn. p. 706. — Spica bispiculata, glumis spiculae inferioris biaristatis, superioris triaristatis. — Exsicc.: Heldr. pl. fl. hellen. a. 1879.

In aridis, graminosis, ad vias regionis inferioris et montanae, per totam ditionem, β. ut videtur typo multo frequentior; — γ. rare, in Aetolia: pr. Hagios Elias in mt. Korax (Heldr.); Cycladum insula Keos et Thera (Heldr.); Creta (Hackel). — Maio, Jun. ☉.

2. **A. triuncialis** L. sp. p. 1051; Ch. et B. fl. pelop. p. 8; Fraas fl. class. p. 304; Bois. fl. or. V. p. 674; Form. in Ver. Brünn 1895 p. 20, 1896 p. 26, 1897 p. 23; Haussk. symb. p. 61. — *Triticum triunciale* Gr. et Godr. fl. fr. III. p. 602. — Icon: Host gram. II. t. 6. — Exsicc.: Heldr. it. thessal. IV. a. 1885.

Culmis geniculato-adscendentibus; foliis linearibus, glabris vel pilosis; spica elongata, cylindrica, 5—7 spiculata, rhachide non fragili, ad basin 2—3 spiculas rudimentarias gerente, demum ab apice culmi secedente; spiculis 2—3 floris, oblongis, non ventricosis, supremis sterilibus; glumis oblongis, hirtis vel muricatis, triaristatis vel spicularum inferiorum biaristatis, aristis lanceolato-subulatis, basi margine laevibus, spicularum superiorum duplo longioribus; palea inferiore spicularum inferiorum tridentata, dentibus muticis vel breviter aristatis, spicularum supremorum longissime aristatis. — Differt a praecedente praesertim spiculis non ventricosis, glumarum aristis inaequalibus, illis inferiorum nempe duplo brevioribus et paleis spicularum inferiorum dentatis vel breviter aristatis.

In herbidis regionis inferioris et montanae. Epirus: pr. Prevesa, mt. Prosgoli (Form.); Thessalia: pr. Malakasi (Heldr.), ad monasterium Korona, pr. Pharsalus, Orman Magula, Aivali (Haussk.), Trikala, Volo (Form.); Attica: in colle Turcovuni, mt. Pentelicon, ad Phaleron (Haussk.); Messenia: pr. Nisi (Chaub.); Argolis: in peninsula Methana (Haussk.); Cycladum insula Mykonos (Heldr.). — Jun. Jul. ☉.

 b. Glumae spicularum inferiorum muticae vel brevissime aristatae, spicularum terminalium longe aristatae.

  α. Glumae spiculae terminalis uniaristatae.

 3. **A. caudata** L. sp. p. 1051; Sieb. avis rem. p. 3; Cb. et B. exp. p. 46, Fl. pelop. p. 9; Raul. cret. p. 883; Bois. fl. or. V. p. 675; Bald. viagg. Creta p. 96; Form. in Ver. Brünn 1896 p. 26; Haussk. symb. p. 61. — *A. cylindrica* S. et S. pr. I. p. 72, Fl. gr. I. p. 75 t. 95; Sieb. avis p. 2; Link in Linnaea IX. p. 131; Fraas fl. class. p. 304; non Host. — *Triticum caudatum* Gr. et Godr. fl. fr. III. p. 709. — Exsicc.: Heldr. herb. norm. n. 605 et 605 b; Rev. pl. cret. n. 181; Bald. it. cret. n. 50.

Culmis erectis vel geniculato-adscendentibus; foliis linearibus, pilosis; spica elongata, gracillime cylindrica, 4—7 spiculata, ad basin 2 spiculas rudimentarias gerente, rhachide vix fragili, demum ab apice culmi secedente; spiculis 2—4 floris, linearibus, non ventricosis, rhachidi adpressis; glumis linearibus, scabris, spicularum lateralium bidentatis, dentibus triangulari-lanceolatis, muticis vel brevissime aristatis, spiculae terminalis in aristam unicam, a basi lanceolata subulatam, longissimam abeunte; palea inferiore spicularum lateralium inaequaliter 2—3 dentata, mutica, spiculae terminalis mucronata vel brevissime aristata.

 β. **polyathera** Bois. fl. or. V. p. 675; Haussk. symb. p. 61. — Spicularum lateralium glumae dens alter in aristam gluma 2—3 plo longiorem producta. — Exsicc.: N. v.

In aridis, arvis derelictis regionis inferioris et montanae. Thessalia: pr. Pharsalus (Heldr.), Orman Magula, Aivali (Haussk.), mt. Pelion, ad Koryza pr. Volo (Form.); Attica: mt. Parnes pr. Tatoi, ad Phaleron (Heldr.), in colle Turcovuni pr. Athenas, pr. Laurion (Haussk.); Achaia: pr. Pellene in mt. Kyllene (Heldr.); Argolis: pr. Nauplia (Orph.), in peninsula Methana (Haussk.); pr. Karithena Arcadiae, Zarnate in Maina (Chaub.); Cycladum insula: Keos, Mykonos (Heldr.); Creta (Sibth.): pr. Kissamos, Canea (Reverch.), pr. Plakures (Bald.) et et promontorium Meleka in peninsula Akroteri, pr. Nerokuru, Suda, in planitie Messara (Raul.); — *β.* pr. Aivali Thessaliae, in colle Turcovuni Atticae et in peninsula Methana Argolidis (Haussk.). — Maio, Jul. ☉.

4. **A. cylindrica** Host gram. austr. II. p. 6 t. 7; Form. in Ver. Brünn 1895 p. 20.

Praecedenti valde affinis et ab ea praesertim differt: glumae spicularum lateralium dente altero breviter triangulari, altero in aristam gluma saepius sublongiorem abeunte; palea inferiore spicularum lateralium emarginata et inter lobos brevissime ,aristata, spiculae terminalis in aristam longam, illae glumarum aequilongam vel tertia parte breviorem abeunte.

In aridis Corcyrae: pr. urbem, Kanali et Gasturi (Form.). — Maio, Jun. ☉. N. v.

β. Gluma spiculae terminalis saltem inferior triaristata.

5. **A. Heldreichii** Holzm. in Heldr. pl. exs. fl. hellen. a. 1881, in Heldr. herb. norm. n, 898 et 986; Hal. in z. b. G. 1888 p. 763; Bornm. in z. b. G. 1898 p. 651; Haussk. symb. p. 62. — *A. caudata v. Heldreichii* Bois. fl. or. V. p. 675. — *A. comosa v. subventricosa* Bois. l. c. p. 676; Haussk. symb. p. 62. — *A. turcica* Aznav. in bull. soc. bot. Fr. 1897 p. 177.

Culmis geniculato-adscendentibus; foliis linearibus, pilosis; spica breviter cylindrica, 2—3 spiculata, ad basin 1—2 spiculas rudimentarias gerente, rhachide vix fragili, demum ab apice culmi secedente; spiculis 2—3 floris, ovatis vel ovato-oblongis, plus minus ventricosis, rhachidi adpressis; glumis oblongis, scabris vel hirsutis, spicularum lateralium bidentatis, dentibus triangulari-lanceolatis, muticis, spiculae terminalis gluma inferiore triaristata, aristis a basi lanceolata subulatis, media longissima, lateralibus minus validis brevioribusque, gluma superiore uniaristata, arista longissima, aristam mediam glumae inferioris aequante, interdum unilateraliter basi aristula brevi aucta; palea inferiore spicularum lateralium bicuspidata, spiculae terminalis tricuspidata, cuspide media in aristam brevem vel glumas 2—3 plo superantem producta. — *A. comosae*, nec *A. caudatae* uti voluit Boissier, affinis et ab ea glumis ventricosis, terminali superiore uniaristata meo sensu specifice discedit. — *A. turcica* Aznav. et ex diagnosi accurata et ex speciminibus authenticis, cum *A. Heldreichii* omnino congruit, uti iam monuit Haussk. l. c.

In aridis, collibus herbosis regionis inferioris et montanae. Thessalia: pr. Aivali (Heldr.); Doris: pr. Segditza (Hal.); Attica: mt. Parnes pr. Tatoi (Heldr.); Elis: pr. Chlemutzi (Heldr.); Achaia: pr. Pellene in mt. Kyllene (Heldr.); Messenia: pr. Kalamata (Zahn); Laconia: pr. Sparta (Bois.); occurrit quoque extra ditionem nostram ad Kartal pr. Byzantium (Aznav.). — Maio, Jul. ☉.

6. **A. comosa** S. et S. pr. I. p. 72, Fl. gr. I. p. 75 t. 94; Ch. et B. exp. p. 45, Fl. pelop. p. 8; Fraas fl. class. p. 304; Bois. fl.

or. V. p. 676 excl. var. *β.*; Heldr. fl. Aegina p. 398; Haussk. symb. p. 62. — *Triticum comosum* Richt. pl. europ. I. p. 128. — Exsicc.: Heldr. herb. norm. n. 606 et 606 b.

Culmis geniculato-adscendentibus; foliis linearibus, pilosis; spica elongata, gracillime cylindrica, 3—4 spiculata, ad basin saepe spiculam rudimentariam gerente, rhachide vix fragili, demum ab apice culmi secedente; spiculis 2—3 floris, lineari-cylindricis, non ventricosis, rhachidi adpressis; glumis linearibus, scabris, spicularum lateralium bidentatis, dentibus triangulari-lanceolatis, muticis, spiculae terminalis triaristatis, aristis longissimis, a basi lanceolata subulatis, lateralibus media quarta parte brevioribus, minus validis; palea inferiore spicularum lateralium bicuspidata, spiculae terminalis tricuspidata, cuspide med a in aristam tenuem, setaceam illis glumarum duplo breviorem producta.

β. **pluriaristata.** — *A. comosa v. polyathera* Haussk. symb. p. 62. — Spiculis omnibus aristatis. — Exsicc.: N. v.

In aridis, arvis, ad vias regionis inferioris et montanae. Thessalia: pr. Pharsalus, Aivali, Orman Magula (Haussk.); Attica: mt. Pentelicon (Haussk.), Parnes, Lycabettus, pr. Athenas, Phaleron, Raphina, Pharmacusarum insula Lero, insula Aegina (Heldr.); Acrocorinthus, peninsula Methana Argolidis (Haussk.); Messenia: pr. Methone (Chaub.); Cyclades (Sibth.); — *β.* pr. Aivali, Orman Magula Thessaliae, Phaleron Atticae (Haussk.). — Maio, Jun. ☉.

3 × 6. **A. caudata × comosa (A. ambigua)** Haussk. symb. p. 62. — Habitu *A. caudatae* accedens, sed arista glumae inferioris spiculae terminalis utrinque aristula, vel altero latere aristula, altero denticulo aucta, glumae superioris arista unilateraliter aristulam vel utrinque denticulum gerens; palea inferior breviter aristata. — Attica: ad Phaleron (Orph.), ad Kamariza distr. Laurii (Haussk.). — Exsicc.: Heldr. reliqu. Orph. a. 1886.

77. Triticum L. gen. n. 99.

1. **T. boeoticum** Bois. diagn. XIII. p. 69; Haussk. symb. p. 67. — *Crithodium aegilopoides* Link in Linnaea IX. p. 132 t. 3; Ch. et B. fl. pelop. p. 8; non Forsk. — *Aegilops crithodium* Steud. syn. glum. I. p. 355. — *T. monococcum β. lasiorrhachis* Bois. fl. or. V. p. 673 p. p. — *T. tenax* Haussk. symb. p. 67, quod ex autore rhachide tenace differre dicitur, teste Körnicke in Aschers. et Gr. syn. II. p. 701 neque tamen discrepat *T. boeotico*, cum haec nota in speciminibus nondum maturis tantum adest. — Exsicc.: Heldr. herb. norm. n. 897.

Culmis elatis; foliis linearibus, pilosis; spica anguste lineari, disticha, densa, rachide fragili, margine et ad basin spiculae longe denseque albo-pilosa; spiculis oblongis, bifloris, flosculo inferiore fertili, aristato, superiore sterili, mutico; glumis oblongis, bicarinatis, ad carinas scabris, apice bidentatis, dentibus triangularibus, inaequalibus, muticis;

palea inferiore flosculi inferioris carinata, infra apicem breviter bidentatum, aristam scabram ea multoties longiorem gerente. — *T. monococci* L. sp. p. 86 culti, rhachide glabra vel glabriuscula diversi, origo.

In collibus herbosis regionis inferioris. Thessalia: pr. Pharsalus (Haussk.), Aivali (Heldr.); Boeotia: pr. Thebas (Sprun.); Achaia, pr. Nauplia Argolidis (Link). — Maio, Jun. ⊙.

Obs. Ad usum oeconomicum coluntur: *T. sativum* Lam. enc. II. p. 554 = *T. vulgare* Vill. hist. pl. dauph. II. p. 153 = *T. aestivum et hibernum* L. sp. p. 85—86. — *T. spelta* L. p. p. 86. — *T. dicoccum* Schrank. baier. fl. I. p. 389. — *T. durum* Desf. fl. atl. I. p. 114. — *T. turgidum* L. sp. p. 86.

78. Agropyrum Palis. agrost. p. 101.

a. Palea inferior in aristam ea aequilongam vel saepius longiorem attenuata; rhizoma fibrosum.

1. A. caninum L. sp. p. 86; Mazz. in ant. ion. III. p. 688 (*Triticum*); Palis. agrost. p. 146. — *Elymus caninus* L. fl. suec. p. 39. — Icon: Host gram. II. t. 25.

Culmis erectis; foliis latiuscule linearibus, planis, glabris vel hirtis; spica lineari, disticha, elongata; spiculis lineari-oblongis, glabris, subquinquefloris; glumis lanceolatis, acuminatis, 3—5 nerviis, breviter aristatis, flosculos non aequantibus; palea inferiore apice bidentata, in aristam flexuosam ea longiorem abeunte.

In sepibus pr. Potamo Corcyrae (Mazz.), sed a recentioribus non lectum. — Jun. Jul. ♃. N. v.

2. A. panormitanum Parl. pl. rar. sic. II. p. 20; Bois. fl. or. V. p. 663; Haussk. symb. p. 70. — *Triticum panormitanum* Bert. fl. ital. IV. p. 780. — *T. petraeum* Vis. et Panc. in mem. ist. venet. X. p. 24 t. 5. — *A. petraeum* Vis. in mem. ist. venet. X. p. 25. — Exsicc.: Orph. fl. gr. n. 959.

Differt a praecedente spiculis (saepe duplo) majoribus, laxius distichis, glumis 7—9 nerviis, flosculos aequantibus.

In nemorosis regionis montanae et subalpinae. Thessalia: in oropedio Neuropolis in Pindo dolopico (Haussk.); Laconia: pr. Castanitza in mt. Malevo (Orph.). — Jun. Jul. ♃.

b. Palea inferior mutica vel brevissime aristata.

α. Rhizoma fibrosum.

3. A. elongatum Host gram. austr. II. p. 18 t. 23; Sieb. avis rem. p. 3; Form. in D. bot. Mon. 1890 p. 9 (*Triticum*); Palis. agrost. p. 146; Bois. fl. or. V. p. 665; Form. in Ver. Brünn 1897 p. 24. — *Triticum rigidum* Schrad. fl. germ. I. p. 392 p. p.; Friedr. Reise p. 273; Raul. cret. p. 882. — *T. giganteum* Roth cat. bot. III. p. 22 (f. maxima). — *A. giganteum* R. et Schult. syst. II. p. 753. — *A. scirpeum* Presl. cyp. et gram. sic. p. 49 (f. gracilior). — *T. scir-*

peum Guss. fl. sic. pr. I. p. 148; Link in Linnaea IX. p. 133. — Exsicc.: Heldr. herb. norm. n. 1099.

Culmis erectis; foliis glaucis, anguste linearibus, demum convolutis, superne scabris; spica laxe multispiculata, saepe valde elongata; spiculis ovato-oblongis, compressis, distiche et imbricatim 5—13 floris; glumis lineari-oblongis, obtusissimis vel truncatis, 7—9 nerviis, muticis, spicula dimidio brevioribus; palea inferiore lineari-oblonga, obtusa, mutica.

β. **flaccidifolium** Bois. et Heldr. diagn. ser. 2 IV. p. 142, pro var. *A. scirpei*; Bois. fl. or. V. p. 666; Haussk. symb. p. 69. — *T. scirpeum v. flaccidifolium* Weiss in z. b. G. 1869 p. 757. — Folia flaccida, superne hirtula. — Exsicc.: Heldr. herb. norm. n. 501 et 988.

In arenosis humidis maritimis. Thessalia: pr. Volo (Heldr.); Attica: ad Phaleron (Heldr.); Argolis: pr. Nauplia (Link); Cycladum insula Jos (Heldr.); Creta (Sieb.); — β. Attica: ad Phaleron (Heldr.); Argolis: in peninsula Methana pr. Vromolimni, pr. Nauplia (Haussk.), Poros (Friedr.); Cycladum insula: Syra (Weiss), Mykonos (Heldr.); Creta (Raul.). — Jun. Jul. ♃.

β. Rhizoma repens.

× Glumae obtusae.

○ Folia superne laevia; spicae axis fragillima.

4. **A. junceum** L. am. acad. IV. p. 266?, mant. alt. p. 327; S. et S. pr. I. p. 74, Fl. gr. I. p. 80 t. 99; Sieb. avis p. 2; Mazz. in ant. ion. III. p. 690; Marg. et R. fl. Zante p. 100; Weiss in z. b. G. 1869 p. 757 (*Triticum*); Palis. agrost. p. 146; Bois. fl. or. V. p. 665. — *T. farctum* Viv. ann. bot. I. p. 2; Mazz. in ant. ion. III. p. 690. — *A. farctum* Viv. fl. it. fragm. I. p. 28 t. 26. — Exsicc.: Heldr. pl. fl. hellen. a. 1899.

Rhizomate longe repente; culmis crassiusculis; foliis firmis, elevatim multinerviis, superne brevissime velutinis, demum convolutis; spicae crassae, rigidae, axi fragillima; spiculis crassis, ellipticis, compressis, distiche et imbricatim 5—13 floris, distantibus, inferioribus internodio brevioribus; glumis lineari-lanceolatis, obtusis 7—11 nerviis, muticis; palea inferiore oblongo-lanceolata, obtusa, mutica.

β. **Sartorii** Bois. et Heldr. diagn. ser. 2 IV. p. 142, Fl. or. V. p. 665; Raul. cret. p. 882; Haussk. symb. p. 68 f. *humilis* et *major*. — Vaginae dense velutinae, glumae subquinquenerviae. — Variat spiculis confertis, internodio longioribus, glumis interdum nervo medio excurrente mucronulatis (v. *confertum* Haussk. symb. p. 68). — Exsicc.: Orph. fl. gr. n. 957; Heldr. herb. norm. n. 987.

In arenosis maritimis. Attica: ad Phaleron (Orph.); Elis: pr. Lintzi (Heldr.); Cycladum insula Mykonos (Heldr.), Syra (Weiss); Creta (Sieb.); Zacynthus (Marg.); Corcyra: pr. Casopo, Sammatrachi (Mazz.); — β. Attica: ad Phaleron (Heldr.), Sunium, Laurion (Haussk.); Argolis: pr.

Nauplia (Haussk.); Cycladum insula Tenos (Sart.); Creta: pr. Kissamos, Platania, Canea (Raul.); Zacynthus (Bois.). — Jun. Jul. ♃.

OO Folia superne scabra; spicae axis tenax.

5. **A. litorale** Host gram. austr. · IV. p. 5 t. 9; Friedr. Reise p. 285 (*Triticum*); Bois. fl. or. V. p. 664. — Exsicc.: Heldr. herb. norm. n. 989.

Rhizomate longe repente; culmis elatis; foliis glaucis, rigidis, planis vel demum convolutis, superne scabris; spica densiuscula, rigida; spiculis magnis, ovato-oblongis, compressis, distiche et imbricatim 5—11 floris; glumis oblongo-lanceolatis, obtusis, elevatim 5—7 nerviis, muticis; palea inferiore oblongo-lineari, obtusa vel truncata, interdum brevissime mucronulata.

In arenosis maritimis, ad ripas, inter frutices, regionis inferioris et montanae. Attica: pr. Tatoi, ad Cephissum, Phaleron (Heldr.); ad sinum Corynthiacum (Heldr.); Achaia: mt. Kyllene (Heldr.); Argolis: pr. Nauplia (Friedr.); Cycladum insula Tenos (Heldr.); Zacynthus (Bois.); Cephalonia (Schimp.); Corcyra (Ball.). — Jun. Jul. ♃.

6. **A. intermedium** Host. fl. austr. I. p. 180; Form. in Ver. Brünn 1895 p. 20 (*Triticum*); Palis. agrost. p. 146; Haussk. symb. p. 69. — Exsicc.: N. v.

Rhizomate repente; culmis elatis; foliis glaucescentibus, rigidulis, planis vel demum convolutis, superne scabris; spica densiuscula; spiculis mediocribus, oblongis, compressiusculis, distiche 3—5 floris; glumis lineari-lanceolatis, truncatis, elevatim 5—7 nerviis, muticis; palea inferiore oblongo-lineari, obtusiuscula, brevissime mucronulata vel aristulata. — Foliis vix rigidis, viridibus vel minus glaucis, spiculis multo minoribus, paucifloris, minus densifloris a praecedente distinctum.

β. **trichophorum** Link in Linnaea XVII. p. 395 pro sp. (*Triticum*). — *A. Savignonii* Denot. prosp. fl. ligur. p. 57. — *T. Savignonii* Nym. syll. p. 424. — *T. intermedium v. villosum* Hack. in Hal. et Br. fl. Niederöst. p. 43; Form. in Ver. Brünn 1897 p. 23; Haussk. symb. p. 69. — Spiculae pilosae. — Exsicc.: Heldr. it. thessal. IV. a. 1885.

γ. **ambigens** Haussk. symb. p. 70. — Glumae obtusae, abrupte in apiculum contractae, ad nervos pilosae; palea inferior superne pilosa, arista ad 10 mm. longa munita. — Exsicc.: N. v.

In dumosis regionis inferioris et montanae. Epirus: pr. Prevesa (Form.); Thessalia: pr. Malakasi, Klinovo, Pharsalus (Haussk.); Corcyra: pr. Kontokali (Mazz.); — β. Thessalia pr. Chaliki (Heldr.), Malakasi, Kalabaka (Haussk.), mt. Chassia (Form.); — γ. pr. Chaliki, Malakasi in Pindo (Haussk.). — Jun. Jul. ♃.

×× Glumae acutae vel acuminatae.

7. **A. repens** L. sp. p. 86; S. et S. pr. I. p. 74; Dallap. prosp. p. 16; Ch. et B. exp. p. 46, Fl. pelop. p. 9; Mazz. in ant. ion. III.

p. 688; Marg. et R. fl. Zante p. 100; Heldr. Nutzpfl. p. 4 (*Triticum*); Palis. agrost. p. 146; Bois. fl. or. V. p. 663; Heldr. fl. cephal. p. 76, chlor. Parn. p. 29; Bald. riv. coll. bot. alb. 1895 p. 74. — Icon: Host gram. II. t. 21. — Exsicc.: N. v.

Rhizomate repente; culmis erectis; foliis viridibus, planis, superne scabris; spica densiuscula, axi tenace; spiculis ovato-lanceolatis, compressis, distiche subquinquefloris; glumis lineari-lanceolatis, acutis vel acuminatis, elevatim 5 nerviis, muticis; palea inferiore lanceolata, obtusiuscula vel acuminata vel breviter aristulata.

β. **caesium** Presl del. prag. I. p. 213, pro sp.; Hack. in Hal. et Br. beitr. fl. Niederöst. p. 43; Hal. in ö. b. Z. 1897 p. 326. — *T. repens ramificum* Link in Linnaea IX. p. 133. — Folia rigidiora, glauca; spiculae glaucae, saepissime muticae. — Exsicc.: Heldr. herb. norm. n. 990; Bald. it. alb. epir. III. n. 212 (f. morbosa).

In glareosis, cultis, dumosis regionis inferioris et montanae, β. ut videtur typo, a me nondum viso, multo frequentior. — Epirus: mt. Prosgoli (Bald.); Aetolia: mt. Korax (Tunt.); mt. Parnassus (Heldr.); Attica: ad ripas Cephissi pr. Myli (Heldr.); Argolis: pr. Nauplia (Orph.); Messenia: pr. Methone (Chaub.); Zacynthus (Marg.); Cephalonia (Dall.); Corcyra (Mazz.). — Jun. Aug. ♃.

8. **A. biflorum** Brign. fasc. pl. rar. forojul. p. 18; Mazz. in ant. ion. III. p. 690 (*Triticum*); R. et Schult. syst. II. p. 760. —

Differt a praecedente rhizomate breviter repente, spiculis 2-, rarius 3—4 floris, glumis trinerviis, palea inferiore aristata, arista ea subtriplo breviore.

Ad muros pr. Afiona Corcyrae (Mazz.), a recentioribus non lectum. — Jun. Jul. ♃. N. v.

4 × 7. **A. junceum × repens.** — *Triticum pungens* Pers. syn. I. p. 109; Friedr Reise p. 285; Form. in Ver. Brünn 1895 p. 20. — *T. acutum* DC. cat hort. monsp. p. 153; Marg. et R. fl. Zante p. 100. — *A. acutum* R. et Schult. syst. II. p. 751. — *A. pungens* R. et Schult. l. c. p. 753. — Differt ab *A. junceo* foliis superne scabris, spicae axi vix fragili, spiculis approximatis, minoribus, glumis acutis vel obtusiusculis, saepissime 6 nerviis, palea inferiore interdum aristulata; ab *A. repente* foliis rigidioribus, saepe pungentibus, spicae axi saepe subfragili, spiculis majoribus, glumis saepe obtusiusculis, saepissime 6-, interdum 9 nerviis. — Argolis: pr. Nauplia (Friedr.); Zacynthus: inter Trentanove et Krionero (Marg.); Cephalonia: pr. Drapano, Steno, Spartia (Heldr.); Corcyra: pr. Kanali, Potamo, Kontokali (Form.). — N. v.

79. **Brachypodium** Palis. agrost. p. 100.

a. Perennia.

α. Folia rigida, convoluta.

1. **B. sanctum** Janka in ö. b. Z. 1871 p. 250 (*Festuca*); Janka in ö. b. Z. 1872 p. 181; Haussk. in mitth. bot. Ver. Thür. 1886 V.

p. 61. — *Triticum sanctum* Janka in ö. b. Z. 1872 p. 181. — *Agropyrum sanctum* Hack. ap. Form. in Ver. Brünn 1897 p. 24; Haussk. symb. p. 70. — Icon: Rouy. ill. t. 49. — Exsicc.: Janka it. turc. a. 1871 (Athos); Heldr. it. thessal. IV. a. 1885.

Rhizomate caespitoso, crasso, vaginis in fibras nigricantes, reticulatas solutas arcte vestito; culmis erectis vel adscendentibus; foliis junceis, laete viridibus, laevibus, subpungentibus, radicalibus arcuatis; spiculis numerosis, ellipticis vel oblongis, 5—10 floris, in spicam linearem elongatam dispositis; glumis subinaequalibus, lineari-lanceolatis, elevatim 3 nerviis, obtusiusculis vel subacutis, interdum mucronulatis; palea inferiore lanceolata, in aristam aequilongam abeunte.

In saxosis calcareis regionis mediae mt. Ghavellu loco Gion Skala dicto supra Sermeniko in Pindo dolopico (Heldr.). — Jun. Jul. ♃.

2. **B. ramosum** L. mant. I. p. 34; S. et S. pr. I. p. 64, Fl. gr. I. p. 66 t. 84; Ch. et B. exp. p. 39, Fl. pelop. p. 7 (*Bromus*); R. et Schult. syst. II. p. 737; Clem. sert. p. 98; Bois. fl. or. V. p. 658; Bald. in nuov. giorn. bot. 1894 p. 103; Form. in Ver. Brünn 1895 p. 20; Hal. in ö. b. Z. 1897 p. 99; Heldr. fl. Aegina p. 398; Haussk. symb. p. 70. — *Festuca caespitosa* Desf. fl. atl. I. p. 91 t. 24; Ch. et B. l. c. — *Triticum caespitosum* DC. hort. monsp. p. 163; Ung. Reise p. 117. — Exsicc.: Baen. herb. europ. n. 9219.

Rhizomate tenui, repente, vaginis indivisis obsito; culmis erectis vel adscendentibus, basi ramosis; foliis subulatis, convolutis, glaucis, scabriusculis, subpungentibus, patentibus; spiculis paucis, interdum solitariis, lineari-lanceolatis, 6—16 floris, in spicam brevem dispositis; glumis subinaequalibus, lineari-lanceolatis, 3—5 nerviis, acutis; palea inferiore lanceolata, mucronata vel in aristam ea breviorem abeunte. — Occurrit, uti quoque species sequens spiculis elongatis cornuque instar curvatis.

β. **Plukenetii** All. fl. ped. II. p. 25; Sieb. avis p. 2, rem. p. 3; Mazz. in ant. ion. III. p. 682; pro sp. (*Bromus*); Asch. et Gr. syn. II. p. 639. — *Brachypodium Plukenetii* Link hort. berol. I. p. 40, in Linnaea IX. p. 568. — Gracilior, foliis tenuissimis. — Intermediis ad typum transit. — Exsicc.: Heldr. et Hal. fl. sporad. a. 1896.

γ. **phoenicoides** L. mant. I. p. 33 pro sp. (*Festuca*); Koch syn. ed. 2 p. 944; Raul. cret. p. 882. — *Brachypodium phoenicoides* R. et Schult. syst. II. p. 740. — Robustior, foliis saepe planiusculis; spica multispiculata, interdum ramosa. — Exsicc.: N. v.

In arenosis, rupestribus regionis inferioris et montanae. Epirus: pr. Ephemiades (Form.); Attica: pr. Athenas (Sibth.), Ampelokipos, Podoniphti, Pikermi (Heldr.), mt. Hymettus (Clem.), Laurion (Haussk.), Megara (Orph.), insula Aegina (Heldr.); Elis: pr. Lintzi (Heldr.); Messenia: pr. Methone, promontorium Hieraki (Chaub.); Laconia: mt. Taygetos (Chaub.); Sporadum insula Pelagonisi (Leon.); Creta: pr. Canea, ad promontorium Sidero (Bois.); Corcyra: ad Monrepos, pr. Palaeokastrizza (Baen.), Spartilla (Mazz.), mt. Deka (Bald.); — γ. Epirus: pr. Ephemiades (Form.); Creta: pr. Canea, Akroteri, Kalolimniones, promontorium Matala, pr. Toplu, in oropedio Omalos (Raul.). — Maio, Jul. ♃.

β. Folia plana.

3. **B. pinnatum** L. sp. p. 78; S. et S. pr. I. p. 64; Ch. et B. exp. p. 39, Fl. pelop. p. 7; (*Bromus*); Palis. agrost. p. 155; Bois fl. or. V. p. 658; Heldr. fl. cephal. p. 75; Form. in D. bot. Mon. 1890 p. 9, in ver. Brünn 1895 p. 20, 1897 p. 24; Hal. in ö. b. Z. 1892 p. 400; Haussk. symb. p. 70. — *Festuca pinnata* Huds. fl. angl. p. 48. — *Triticum pinnatum* DC. fl. fr. III. p. 84; Mazz. in ant. ion. III. p. 688; Marg. et R. fl. Zante p. 100. — Icon: Rchb. germ. f. 1376. — Exsicc.: Sint et Bornm. it. turc n. 1534.

Rhizomate repente; culmis erectis, rigidulis; foliis lanceolato-linearibus, rigidulis, glabris vel puberulis; spiculis oblongo- vel lineari-lanceolatis, 8—20 floris, in spicam erectam vel subnutantem laxiuscule et distiche dispositis, glabris vel villosulis; glumis subinaequalibus, lanceolatis, 5—7 nerviis, mucronatis; palea inferiore lanceolata, in aristam ea breviorem abeunte.

β. **caespitosum** Host gram. IV. p. 11 t. 18 pro sp. (*Bromus*); Koch syn. p. 818. — *Brachypodium caespitosum* R. et Schuld. syst. II. p. 737; Haussk. symb. p. 70. — *B. distachyum* Hal. beitr. fl. Epir. p. 43, non R. et Schult. — Gracilior, plus minusve dense caespitosa, foliis angustioribus rigidiusculis, spiculis minoribus, glabris. — Exsicc.: Tunt. et Leon. exs. a. 1896.

In herbidis, collibus dumosis regionis inferioris et montanae. Epirus: pr. Prevesa, Agiotoma, Ephemiades (Form.); Thessalia: pr. Malakasi, mt. Chassia (Form.), pr. monasterium Korona, Orman Magula, Volo (Haussk.), Portaria et Plessidi in mt. Pelion (Haussk.), Litochori ad radices mt. Olympus (Sint.); Phocis: mt. Parnassus (Heldr.); Messenia: pr. Pylos (Chaub.); Achaia: mt. Chelmos (Orph.); Argolis: pr. Nauplia (Orph.); in insulis (Sibth.); Zacynthus (Marg.); Cephalonia: pr. Piscardo, mt. Aenos (Heldr.); Corcyra: pr. Melichia (Mazz.); — β. Epirus: pr. Vulgarelion in mt. Tsumerka (Hal.); Thessalia: mt. Ghavellu, in oropedio Neuropolis (Haussk.); Aetolia: mt. Korax (Tunt.); Elis: pr. Lintzi (Heldr.) — Jun. Aug. ♃.

4. **B. silvaticum** Huds. fl. angl. p. 38 (*Festuca*); R. et Schult. syst. II. p. 741; Bois. fl. or. V. p. 657; Heldr. chlor. Parn. p. 29; Form. in D. bot. Mon. 1890 p. 9, in Ver. Brünn 1895 p. 20, 1896 p. 26, 1897 p. 24; Hal. in ö. b. Z. 1892 p. 400; Haussk. symb. p. 70. — *Triticum silvaticum* Moench fl. hass. n. 103. — *Bromus silvaticus* Poll. hist. pl. palat. I. p. 118. — Icon: Host gram. I. t. 21. — Exsicc.: Sint. et Bornm. it. turc. n. 1533.

Rhizomate fibroso; culmis erectis, gracilibus; foliis lanceolato-linearibus, flaccidulis, vaginisque saepius pilosis vel villosulis; spiculis lineari-lanceolatis, 5—12 floris, in spicam subnutantem laxiuscule et distiche dispositis, villosulis, rarius glabris; glumis subinaequalibus, lanceolatis, 5—7 nerviis, mucronatis; palea inferiore lanceolata, aristata, arista flosculorum superiorum in omnibus spiculis palea ipsa longiore.

In silvaticis regionis montanae et subalpinae. Epirus: pr. Prevesa, Ephemiades (Form.); Thessalia: ad monasterium Korona (Heldr.), in oropedio Neuropolis (Haussk.), Han Kukleus in valle Penei, mt. Oxya, Chassia, Othrys, Pelion (Form.), Oeta (Heldr.), pr. Litochory in Olympo (Sint.); mt. Parnassus ad Dipotamo (Heldr.); Attica: mt. Parnes (Heldr.); Euboea: mt. Telethrion (Heldr.); Peloponnesus: mt. Chelmos, Kyllene, Malevo (Orph.); Corcyra: pr. Analypsis, Kanali, Kontokali (Form.). — Jun. Aug. ♃.

b. Annuum.

5. **B. distachyum** L. am. ac. IV. p. 304; S. et S. pr. I. p. 64; Ch. et B. exp. p. 40, Fl. pelop. p. 7; Mazz. in ant. ion. III. p. 680; (*Bromus*); R. et Schult. syst. H. p. 741; Weiss in z. b. G. 1869 p. 758; Raul. cret. p. 882; Bois. fl. or. V. p. 657; Form. in Ver. Brünn 1895 p. 20, 1896 p. 26; Bald. in bull. herb. Bois. 1896 p. 206; Heldr. fl. Aegina p. 398, prosth. chlor. Thera p. 4; Haussk. symb. p. 70, cum f. *asperum*. — *Festuca ciliata* Gou. hort. monsp. p. 48. — *Bromus ciliatus* Lam. fl. fr. III. p. 609. — *F. distachya* Koel. descr. gram. p. 269. — *Triticum ciliatum* DC. fl. fr. III. p. 85; Marg. et R. fl. Zante p. 100; Friedr. Reise p. 277. — *Bromus pentastachyus* Tin. pl. rar. sic. I. p. 4; Mazz. in ant. ion. III. p. 682; Friedr. Reise p. 271. — *Brachypodium asperum* R. et Sch. syst II. p. 742 (f. culmo aspero). — *Trachynia distachya* Link hort. berol. I p. 43. — Icon: Host gram. I. t. 20. — Exsicc.: Baen. herb. europ. n. 9218.

Culmis geniculato-adscendentibus; foliis lanceolato-linearibus, flaccidulis, pilosis vel puberulis; spiculis lineari-lanceolatis, 6--multifloris, glabris vel puberulis, in spicam brevem, distichaim dispositis; glumis inaequalibus, lanceolatis, 5—7 nerviis, acuminatis; palea inferiore lineari-lanceolata, in aristam ea longiorem abeunte, superne margine ciliis rigidis pectinata.

In cultis, argillosis, aridis regionis inferioris. Epirus: pr. Prevesa (Form.); Thessalia: frequens (Haussk.); Attica: pr. Athenas, mt. Lycabettus, insula Lero Pharmacusarum, Aegina (Heldr.); Argolis: in peninsula Methana (Haussk.), pr. Poros (Friedr.); Achaia: pr. Patras (Hal.); Messenia: pr. Arcadia, Gargaliano, Methone (Chaub.); Sporadum insula Jura (Reis.); Cycladum insula: Cythnos (Tunt.), Thera (Heldr.); Creta: pr. Canea (Weiss), Akroteri (Raul.); Zacynthus (Marg.); Leucas: mt. Hagios Ilias (Bald.); Corcyra: pr. Kastrades (Baen.), Porto Timone (Mazz.), Kanali, Gasturi (Form.). — Apr. Maio. ☉.

Obs. *Triticum Halleri* Viv. ann. bot. I. 2. p. 155 (*Nardurus Lachenalii* Godr. fl. lorr. III. p. 187) et *T nardus* DC. fl. fr. III. p. 87 (*Nardurus tenellus* Godr. l. c.) probabiliter ex confusione quadam pr. Sidari et Gasturi (Mazz. in ant. ion. III p. 688 et 690) indicantur.

80. Catapodium Link hort. berol. I. p. 44.

1. **C. loliaceum** Huds. fl. angl. I. p. 43 (*Poa*); Link hort. berol. I. p. 45; Raul. cret. p. 880; Bois. fl. or. V. p. 634; Heldr. fl. cephal. p. 75 v. *ramosa*; Hal. in ö. b. Z. 1899 p. 25. — *Triticum unilaterale* L. mant. I. p. 35; S. et S. pr. I. p. 75. — *T. loliaceum* Sm. fl. brit. I. p. 159; Mazz. in ant. ion. III. p. 688. — *Brachypodium loliaceum* R. et Sch. syst. II. p. 746. — ? *Festuca unilateralis* Ch. et B. exp. p. 37, Fl. pelop. p. 6. — ? *Brachypodium unilaterale* Mazz. l. c. p. 684. — *Desmazeria loliacea* Nym. syll. p. 426; Haussk. symb. p. 70. — Exsicc.: Heldr. herb. norm. n. 26, herb. fl. hellen. n. 105.

Culmis pumilis, prostratis vel adscendentibus; foliis linearibus, planis; spica simplici vel inferne ramosa, rigida, unilaterali, disticha; spiculis oblongis, 7—11 floris erectis, in rhachide crassa, valde excavata approximatis, pedicellis brevissimis crassis suffultis; glumis oblongo-lanceolatis, obtusis, subcarinatis, trinerviis, flosculis multo brevioribus; palea inferiore elliptico-lanceolata, obtusa, mutica, obsolete nervosa, laevi; ovario glabro.

In arenosis maritimis, aridis regionis inferioris et montanae. Attica: in Pharmacusarum insula Lero et Mikra-Kyra (Heldr.); Neocorinthus (Haussk.); Messenia: pr. Methone (Chaub.); Creta: pr. Canea: (Raul.); Strophadum insula major (Reiser); Cephalonia: in oropedio Omala (Heldr.); Corcyra: pr. Climatia, insula Vido (Mazz.) — Apr. Juli. ☉.

2. **C. tuberculosum** Moris in atti riun. scienz. ital. 1841 p. 481; Bois. fl. or. V. p. 634. — *Castellia tuberculata* Tin. pl. rar. sic. II. p. 18. — Exsicc.: Heldr. herb. fl. hellen. n. 97.

Culmis elatis, erectis; foliis linearibus, planis; spiculis ovato-oblongis, 6—12 floris, erectis, valde compressis, in rhachide excavata, subsessilibus, distichis, in paniculam rigidam, remote et patule ramosam vel spicam simplicem dispositis; glumis linearibus, acutis, trinerviis, flosculis multo brevioribus; palea inferiore oblongo-lanceolata, obtusiuscula, mutica, 5 nervia, tuberculis crebris exasperata.

In aridis regionis inferioris, rarissime, hucusque tantum in Pharmacusarum insula Lero Atticae (Heldr.). — Apr. Maio. ☉.

81. Gaudinia Palis. agrost. p. 95.

1. **G. fragilis** L. sp. p. 80; S. et S. pr. I. p. 67, Fl. gr. I. p. 70 t. 88; Ch. et B. exp. p. 41, Fl. pelop. p. 7; Fraas fl. class. p. 304 (*Avena*); Palis. agrost. p. 164; Mazz. in ant. ion. III. p. 674; Marg. et R. fl. Zante p. 100; Raul. cret. p. 878; Bois. fl. or. V. p. 549; Spreitz. in z. b. G. 1887 p. 671; Gelmi in bull. soc. bot. it. 1889 p. 453; Hal. beitr. fl. Achaia p. 35, in z. b. G. 1899 p. 195;

Haussk. symb. p. 70. — Exsicc.: Orph. fl. gr. n. 965 (Chios); Baen. herb. europ. n. 9263.

Culmis erectis vel geniculato-adscendentibus; foliis planis, vaginisque molliter villosis; spica lineari, elongata, axi fragili; spiculis in rhacheos excisuris sessilibus, glabris vel pubescentibus; glumis valde inaequalibus, lineari-lanceolatis, muticis, inferiore trinervi, superiore multo majore, 7—9 nervi; palea inferiore lanceolata, margine late scariosa, apice bidentata, dorso aristata, arista patula, inferne tortili, palea aequilonga.

In arenosis maritimis, herbidis regionis inferioris. Thessalia: pr. Kalabaka, Neuropolis, Korona, Karditza, Sophades (Haussk.); Aetolia: pr. Mesolongion (Heldr.); Achaia: pr. Patras (Hal.); Elis: pr. Chlemutzi, Bartholomeo (Heldr.); Messenia: pr. Methone (Chaub.); Laconia: pr. Selitza (Heldr.); Corinthia: pr. Kalamaki (Haussk.), Corinthum (Heldr.); Argolis (Sprun.): pr. Nauplia (Haussk.); Creta: pr. Nerokuru, Suda (Raul.); Zacynthus (Marg.); Corcyra: pr. urbem (Mazz.), Kastrades (Baen.). — Apr. Jun. ☉.

82. Lolium L. gen. n. 95.

a. Spica plano-compressa; spiculae axi spicae non vel non arcte adpressae.

× Glumae spicula longiores.

1. L. temulentum L. sp. p. 83; S. et S. pr. I. p. 70; Dallap. prosp. p. 12; Ch. et B. fl. pelop. p. 8; Mazz. in ant. ion. III. p. 690; Fraas fl. class. p. 305; Ung. Reise p. 117; Weiss in z. b. G. 1869 p. 758; Raul. cret. p. 881; Bois. fl. or. V. p. 631; Heldr. fl. cephal. p. 76, Fl. Aegina p. 398; Hal. beitr. fl. Achaia p. 35, in z. b. G. 1899 p. 195; Haussk. symb. p. 70. —

Radice fibrosa, fasciculos steriles non edente; culmis erectis vel basi geniculatis, saepe elatis; foliis planis, rigidulis; spica rigida, laxa, elongata; spiculis cuneato-oblongis, 5—8 floris; gluma rigida, lineari, acuta, multinervi; palea inferiore oblonga, obtusiuscula.

α. **typicum.** — *L. temulentum v. macrochaeton* A. Br. in Flora 1834 I. p. 252. — Palea inferiore aristata, arista ea longiore. — Exsicc.: Heldr. pl. fl. hellen. a. 1897.

β. **arvense** With. arrang. ed. 3 II. p. 168; S. et S. pr. I. p. 70; Link in Linnaea IX. p. 133; Mazz. in ant. ion. III. p. 690; pro sp.; Bab. man. brit. bot. p. 377. — *L. speciosum* Stev. in M. B. fl. taur. cauc. I. p. 80; Marg. et R. fl. Zante p. 99. — *L. flosculis muticis* Mazz. l. c. — *L. temulentum v. leptochaeton* A. Br. l. c. — *L. temulentum v. muticum* Raul. cret. p. 881; Bois. fl. or. V. p. 681. — Palea inferiore mutica vel brevissima aristata. — Variat: (*oliganthum* Gr. et Godr. fl. fr. III. p. 615, excl. synon.; Haussk. symb. p. 70) spiculis minoribus 3 floris. — Exsicc.: Heldr. pl. fl. hellen. a. 1890.

In arvis, inter segetes. Attica: in ditione Mesogaeon (Heldr.), mt. Hymettus (Sprun.); Euboea: pr. Chalkis (Ung.); insula Aegina (Heldr.); Achaia: pr. Kalavryta (Hal.); Argolis: pr. Nauplia (Chaub.), in peninsula Methana pr. Vromolimni (Haussk.); Messenia: pr. Kalamata (Zahn.); Laconia: mt. Taygetos (Heldr.); Creta: pr. Canea (Weiss.); Cephalonia: in oropedio Omala (Heldr.); Corcyra (Mazz.); — β. Attica: ad Phaleron (Heldr.); Creta: pr. Canea, Hierapetra (Raul.); Zacynthus (Marg.); Corcyra (Mazz.); — γ. pr. Corinthum (Haussk.). — Maio, Jul. ⊙.

×× Glumae spiculae breviores.

○ Glumae obtusae; ligulae subelongatae, ad 3 mm. longae.

2. **L. siculum** Parl. fl. palerm. I. p. 252; Aschers. et Gr. syn. II. p. 753. —

Radice fibrosa, fasciculos steriles non edente; culmis erectis vel geniculato-adscendentibus; foliis planis; spica densiuscula, lata, disticha; spiculis ovato-lanceolatis, approximatis, subimbricatis, patentibus, 8-multifloris; gluma oblonga, obtusa, 7 nervia; palea inferiore oblonga, apice albo-scariosa, sublacera.

Zacynthus et Creta (Aschers. et Gr. l. c.). — Apr. Maio. ⊙ et ⊙. N. v.

○○ Glumae acutae vel acutiusculae; ligulae breves.

. Perennia, fasciculos foliorum steriles edentia.

3. **L. perenne** L. sp. p. 83; S. et S. pr. I. p. 70; Ch. et B. exp. p. 44, Fl. pelop. p. 8; Mazz. in ant. ion. III. p. 690; Marg. et R. fl. Zante p. 99; Fraas fl. class. p. 305; Friedr. Reise p. 276 et 278; Ung. Reise p. 117; Raul. cret. p. 881; Bois. fl. or. V. p. 679; Hal. beitr. fl. Epir. p. 43; Form. in Ver. Brünn 1895 p. 20; Haussk. symb. p. 71. — *L. vulgare* Host gram. I. p. 25; Mazz. l. c. — Exsicc.: Heldr. pl. fl. hellen. a. 1897.

Rhizomate fibroso, culmos florentes erectos vel adscendentes et foliorum fasciculos steriles edente; foliis novellis simpliciter complicatis; spica lineari, disticha; spiculis oblongis, laxiusculis, erectis, 7—12 floris; gluma lanceolata, acutiuscula, 7—9 nervia; palea inferiore lanceolata, mutica. — Variat monstrose (*L. compositum* Thuill. fl. paris ed. 2 p. 62; Mazz. l. c.) spiculis ex axilla glumae ramosis et (var. *ramosum* Sm. fl. brit. I. p. 149; Mazz. l. c.) spica ramosa.

β. **tenue** L. sp. ed. 2 p. 122; Mazz. l. c.; Raul. cret. p. 881; pro sp.; Schrad. germ. I. p. 397; Form. in Ver. Brünn 1865 p. 20, 1896 p. 26; Haussk. symb. p. 71. — Spica angusta, laxa, spiculis 3—4 floris. — Exsicc.: Heldr. it. thessal. IV. a. 1895.

γ. **compressum** Bois. et Orph. in Orph. fl. gr. exs. n. 364; Ung. Reise p. 117; pro sp.; Haussk. symb. p. 71. — *L. strictum v. compressum* Bois. et Heldr. diagn. ser. 2 IV. p. 144. — *L. rigidum v. compressum* Bois. fl. or. V. p. 680. — Culmi abbreviati, crassiusculi, decumbentes; spica saepe curvula, spiculis saepius approximatis, interdum imbricatis, magis compressis et latioribus. — Exsicc.: Orph. fl. gr. n. 334; Heldr. herb. norm. n. 548.

Ad vias, in arenosis, agris, regionis inferioris et montanae, typus et var. β. per totam ditionem; — γ. Thessalia: pr. Karditza (Haussk.); Boeotia: ad lacum Hylike (Ung,); Attica: pr. Eleusis (Ung.), Kephissia, Phaleron (Heldr.); Corinthus (Orph.), Acrocorinthus (Haussk.). — Apr. Jul. ♃.

4. **L. multiflorum** Lam. fl. fr. III. p. 921; Marg. et R. fl. Zante p. 99; Form. in Ver. Brünn 1896 p. 26. — *L. Boucheanum* Kunth rev. gram. II. t. 220. — *L. italicum* A. Br. in Flora 1834 I. p. 259; Haussk. symb. p. 71. — Exsicc: Sint. it. thessal. n. 228.

Differt a praecedente foliis novellis convolutis, palea inferiore aristam ea aequilongam vel breviorem gerente, in flosculis inferioribus spicularum saepe mutica.

In pratis praesertim humidis, regionis inferioris. Thessalia: pr. Kalabaka (Sint.), Pharsalus (Form.), Volo (Haussk.); Aetolia: pr. Krioneri (Heldr.); Zacynthus (Marg.); Corcyra (Haussk.). — Maio, Jul. ♃.

.. Annua vel biennia, fasciculis foliorum sterilium destituta.

5. **L. Gaudini** Parl. fl. it. I. p. 532. — *L. multiflorum* Gaud. fl. helv. I. p. 354; Link in Linnaea IX. p. 133; Weiss in z. b. G. 1869 p. 758; Haussk. symb. p. 71; non Lam. — Exsicc.: Heldr pl. fl. hellen. a. 1898.

Radice fibrosa; culmis geniculato-adscendentibus; foliis linearibus, flaccidis; spica latiuscule lineari, disticha, elongata; spiculis lanceolato-linearibus, laxiusculis, erectis, 7—20 floris; gluma lanceolata, acutiuscula, 7—9 nervia, spicula dimidio vel triente breviore; palea inferiore lanceolata, mutica vel breviter aristata.

In herbidis regionis inferioris. Attica: pr. Laurion (Haussk.); Argolis: pr. Nauplia (Haussk.); Cycladum insula Keos (Heldr.); Creta: pr. Canea (Weiss). — Maio, Jul. ☉ et ⊙.

6. **L. rigidum** Gaud. agrost. helv. I. p. 334; Weiss in z. b. G. 1869 p. 758; Bois. fl. or. V. p. 680; Bald. viagg. Creta p. 96, in bull. herb. Bois. IV. p. 206; Form. in Ver. Brünn 1896 p. 26, 1897 p. 24; Heldr. fl. Aegina p. 398, chlor. Thera p. 25; Haussk. symb. p. 71. — Exsicc.: Heldr. herb. norm. n. 255.

Radice fibrosa; culmis geniculato-adscendentibus; foliis linearibus, flaccidis; spica lineari, disticha, elongata; spiculis lanceolato-linearibus, laxiusculis, erectis, 5—11 floris; gluma lanceolata, acutiuscula, 5 nervia, spicula parum breviore; palea inferiore, lanceolata, mutica. — Praecedente maxime affine, ab autoribus multis, forsan recte, cum eo conjunctum.

β. **strictum** Presl gram. et cyp. sic. p. 49 pro sp. — Spica anguste lineari; spiculis strictis, rigidis; gluma acuta; palea inferiore

interdum aristulata. — Intermediis ad typum transit. — Exsicc.: Bald. it. cret. n. 49; Bald. it. alb. epir. III. n. 97, Dörfl. pl. cret. n. 116.
γ. **loliaceum** Ch. et B. exp. p. 46, t. 3, Fl. pelop. p. 9, t. 3 (male), pro sp. (*Rottboella*). — *Crypturus loliaceus* Link in Linnaea XVII. p. 387. — *L. lepturoides* Bois. diag. XIII. p. 67; Weiss in z. b. G. 1869 p. 758. —· *L. rigidum* v. *rottbollioides* Heldr. in Bois. fl. or. V. p. 680. — *L. rigidum* v. *lepturoides* Haussk. symb. p. 71.
— Culmis abbreviatis, crassis, saepe decumbentibus; spica recta vel incurva, rhachide crassiori et profundius excisa; spiculis strictis, approximatis; gluma interdum flosculis sublongiore. — Exsicc.: Heldr. herb. norm. n. 360.

In aridis, arvis, collibus siccis, ad vias, regionis inferioris et montanae. Thessalia: mt. Chassia, in valle Penei, pr Kalabaka, Trikala (Form.); Attica: pr. Eleusis (Haussk.), Athenas, in colle Lycabettus, in Pharmacusarum insula Lero, insula Aegina (Heldr.); Cycladum insula: Syra (Weiss), Tenos, Thera (Heldr.); Corinthus, Nauplia, peninsula Methana (Haussk.); Creta (Bois.); — *β*. Corcyra: in jugo Panteleimon (Baen.); Leucas: pr. Sphakiotes (Bald.); Elis: pr. Bartholomeo (Heldr.); Cycladum insula: Keos, Tenos (Heldr.), Syra (Orph.); Creta: ad muros ecclesiae in pago Topolia distr. Kissamos (Bald.), pr. Males distr. Hierapetra (Leon.); — *γ*. Attica: ad Phaleron (Heldr.); Neocorinthus (Haussk.); Messenia: pr. Methone (Chaub.); Cycladum insula: Syra (Weiss). — Apr. Jul. ⊙ et ⊙.

b. Spica cylindrica; spiculae in rhachidis excavationibus immersae, axi arcte adpressae.

7. **L. subulatum** Vis. fl. Dalm. I. p. 90 t. 3. — *L. rigidum* v. *subulatum* Haussk. symb. p. 71. — Exsicc.: Sint. et Bornm. it. turc. n. 1524.

Radice fibrosa; culmis erectis vel basi geniculatis; foliis linearibus; spica cylindrica, elongata; spiculis remotis, alternis, 3—4 floris; gluma lanceolata, obtusiuscula, 5 nervia, spicula longiore, palea inferiore, lanceolata, mutica. — Praecedentis var. *β*. affine, ab eo spica cylindrica, spiculis remotis, paucioribus et majori glumae longitudine, habituque proprio discedit, attamen cum eo intermediis ut videtur conjunctum est.

In arenosis maritimis. Thessalia: pr. Litochori (Sint.); Attica: ad Phaleron, ad radices mt. Hymettus, pr. Laurion (Haussk.); occurrit quoque extra ditionem nostram pr. Thessalonicam (Charrel). — Maio, Jul. ⊙ et ⊙.

Obs. *L. suffultum* Sieb. avis rem. p. 3; Raul. cret. p. 881; solum nomen. — Mihi ignotum est.

13. Tribus. **ROTTBOELLIACEAE** Kunth enum. I. p. 460.

83. Hemarthria R. Br. pr. fl. nov. holl. p. 207.

1. **H. fasciculata** Desf. fl. atl. I. p. 110 t. 36 (*Rottbolla*); Kunth enum. I. p. 465; Bert. fl. it. I. p. 769; Nym. consp. p. 845. — *Rott-*

boellia fasciculata R. et Schult. syst. II. p. 787; Mazz. in ant. ion. III. p. 692. —

Culmis erectis vel decumbentibus; foliis carinato-canaliculatis, glabris, vaginis compressis, ore pilosulis; spicis in foliorum axillis 3—6 fasciculatis, pedunculatis, basi vagina spathaeformi suffultis; spiculis in rhacheos excavationibus binis, unifloris, altera sessili, per glumam superiorem rhachidi adnata, altera pedicellata, pedicello rhachidi adnato; glumis oblongo-lanceolatis; paleis muticis, inferiore oblonga, superiore oblongo-lineari.

In humidis regionis inferioris. Corcyra (Bertoloni): pr. porta S. Antonio (Mazz.); Zacynthus (Nym.); a recentioribus non lecta. — Jul. Nov. ♃. N. v.

84. Phacelurus Griseb. spic. II. p. 423.

1. **P. digitatus** S. et S. pr. I. p. 71, Fl. gr. I. p. 73 t. 92; Form. in D. bot. Mon. 1890 p. 9 cum f. *monostachya*; Haussk. symb. p. 71 cum f. *simplex*; (*Rotbollia*); Griseb. l. c.; Hal. in ö. b. Z. 1892 p. 401, beitr. fl. Thessal. p. 19. — *R. Sándorii* Friv. in magy. tud. társ. évk. IV. p. 206 t. 12. — Exsicc.: Sint. et Bornm. it. turc. n. 1515.

Rhizomate crasso, repenti; culmis elatis; foliis planis, margine scabris, ad vaginas praesertim inferiores dense patuleque pilosis; spicis 1—7 fasciculatis, strictis, ad 30 cm. longis, laxifloris; spiculis in rhacheos excavationibus binis, liberis, altera sessili, altera pedicellata, utraque bifloris; glumis lanceolatis, acuminatis; paleis lanceolatis, muticis, inferiore acuta, superiore acuminata.

In paludosis regionis inferioris. Thessalia: pr. Trikala, in palude Karacair pr. Larissa (Form.), Karditza, Phanari (Haussk.), Palaeokastro (Leon.), Malathria pr. Catherina (Sint.). — Jul. Aug. ♃.

85. Monerma Palis. agrost. p. 116.

1. **M. cylindrica** Willd. sp. I. p. 464 (*Rottboellia*); Coss. et Dur. exp. alg. p. 214; Bois. fl. or. V. p. 683; Bald. in nuov. giorn. bot. 1894 p. 103; Haussk. symb. p. 71. — *Rottbollia subulata* Savi due cent. p. 35; Ch. et B. exp. p. 46, Fl. pelop. p. 9. — *Rottbollia incurvata* S. et S. pr. I. p. 71, Fl. gr. I. p. 72 t. 91, non L. — *M. subulata* Palis. agrost. p. 117; Mazz. in ant. ion. III. p. 694. — *Lepturus cylindricus* Trin. fund. agrost. p. 123. — *Ophiurus subulatus* Link hort. berol. II. p. 3. — *Lepturus subulatus* Kunth. gram. I. p. 151; Friedr. Reise p. 272, 273 et 284. — Exsicc.: Heldr. herb. fl. hellen. a. 1878.

Culmis erectis vel adscendentibus, inferne saepe ramosis; foliis demum involutis; spica tereti, elongata, recta, rarius incurva; spiculis internodio longioribus, solitariis in rhacheos excavationibus occultatis, unifloris; glumis lanceolatis, acutis, spiculae terminalis binis, oppositis, spicularum lateralium omnium unica; palea inferiore lanceolata, acuta.

In arenosis, pascuis regionis inferioris et montanae. Epirus: pr. Vutzindro (Bald.); Thessalia: pr. Korona, Trikala, Karditza, Sophades (Haussk.); Aetolia: pr. Mesolongion (Heldr.); Attica: pr. Tatoi in mt. Parnes (Heldr.), Pentelicon (Haussk.); Euboea (Wild.); Elis: pr. Bartholomeo (Heldr.); Argolis: in peninsula Methana, pr. Poros, Epidaurus (Friedr.); Arcadia: pr. Francovrisi, ad fl. Alpheus (Chaub.); Zacynthus (Sibth.); Corcyra: pr. Garizza (Mazz.). — Maio, Jul. ☉.

86. Lepturus R. Br. pr nov. holl. I. p. 207.

1. **L. incurvatus** L. sp. ed. 2. p. 1490 (*Aegilops*); Trin. fund. agrost. p. 123; Mazz. in ant. ion. III. p. 692; Weiss in z. b. G. 1869 p. 758; Raul. cret. p. 883; Bois. fl. or. V. p. 684; Heldr. fl. cephal. p. 76; Gelmi in bull. soc. bot. 1889 p. 453; Bald. riv. coll. bot. alb. 1895 p. 75; Hal. in ö. b. Z. 1897 p. 99, in z. b. G. 1899 p. 195; Heldr. chlor. Mykon. p. 255; Haussk. symb. p. 71 cum f. *minor* et *major*. — *Rottboellia incurvata* L. fil. suppl. p. 114; Ch. et B. exp. p. 47, Fl. pelop. p. 9. — *Ophiurus incurvatus* Palis. agrost. p. 168. — Icon: Host gram. I. t. 23. — Exsicc.: Heldr. et Hal. fl. sporad. a. 1896.

Culmis decumbentibus vel adscendentibus, inferne saepe ramosis; foliis demum convolutis; spica tereti, arcuata; spiculis internodio longioribus, solitariis in rhacheos excavationibus occultatis, unifloris; glumis omnium spicularum binis, lineari-lanceolatis, acuminatis, flosculum tertia vel dimidia parte superantibus; palea inferiore lanceolata, acuminata; antheris minutis, ovato-oblongis. — Spicis arcuatis, glumis omnium spicularum binis, flosculis latere oblique, nec dorso, rhachidem spectantibus a *Monerma* statim distinguitur.

In salsis, arenosis maritimis. Epirus: pr. Prevesa (Bald.); Attica: ad Phaleron, pr. Kamariza Laurii (Haussk.); Euboea: pr. Kurbatzi (Wild.); Sporadum insula Peristeri (Leon.); Argolis: in peninsula Methana, pr. Nauplia (Haussk.); Messenia: pr. Methone usque mt. Kupe et ad Zarnate Laconiae (Chaub.); Cycladum insula: Keos (Heldr.), Kythnos, Rhenea (Tunt.); Creta: pr. Canea, Suda, Aludha, Pilialimata (Raul.); Cephalonia (Heldr.); Corcyra: pr. Kastrades (Gelmi), Castagna (Mazz.). — Apr. Aug. ☉.

2. **L. filiformis** Roth cat. I. p. 21 (*Rottbollia*); Trin. fund. agrost. p. 123; Mazz in ant. ion. III. p. 692; Raul. cret. p. 883; Bois. fl. or. V. p. 864; Spreitz. in z. b. G. 1887 p. 671; Form. in Ver. Brünn 1895 p. 20; Haussk. symb. p. 71. — Icon: Rchb. germ. f. 223. — Exsicc.: Orph. Fl. gr. n. 961; Baen. herb. europ. n. 9282.

Differt a praecedente culmis gracillimis, glumis flosculum subaequantibus et antheris majusculis, linearibus.

In salsis, arenosis maritimis. Aetolia: pr. Mesolongion (Heldr.); Attica: ad Phaleron (Orph.), Laurion (Heldr.); Elis: pr. Kunupeli (Heldr.); Creta: pr. Suda (Raul.); Corcyra: pr. urbem (Spreitz.), Kastrades (Mazz.), Alipu, Kanali (Form.), insula Pontikonisi (Baen.). — Maio, Jul. ☉.

87. Psilurus Trin. fund. agrost. I. p. 73.

1. **P. aristatus** L. sp. ed. 2. p. 78; Mazz. in ant. ion. II. p. 464; (*Nardus*); Duv. in bull. soc. bot. fr. XIII. p. 132; Hal. in ö. b. Z. 1897 p. 99; Heldr. fl. Aegina p. 398. — *Rottboellia monandra* Cav. ic. I. p. 27. — *Asprella nardiformis* Host gram. IV. p. 17 t. 29. — *Monerma monandra* Palis. agrost. p. 168. — *P. nardoides* Trin. l. c.; Clem. sert. p. 100; Raul. cret. p. 883; Bois. fl. or. V. p. 682; Heldr. fl. cephal. p. 76; Gelmi in bull. soc. bot. it. 1889 p. 453; Bald. riv. coll. bot. alb. 1896 p. 99; Form. in Ver. Brünn 1897 p. 24; Hal. in ö. b. Z. 1899 p. 25; Haussk. symb. p. 71. — Exsicc.: Bald. it. alb. epir. IV. n. 50; Dörfl. pl. cret. n. 141.

Culmis tenuissimis, erectis vel adscendentibus; foliis subsetaceis; spica gracillima, elongata, plus minus flexuosa; spiculis remotis, solitariis, in rhacheos excavationibus nidulantibus, bifloris, flosculo altero sessili, altero pedicellato, plerumque abortivo; gluma unica, dentiformi, spicula multo breviore; palea inferiore lanceolata, in aristam aequilongam abeunte.

In aridis regionis inferioris et montanae. Epirus: pr. Koncikas distr. Janina (Bald.); Thessalia: ad monasterium Korona (Haussk.), mt. Cuka et Hagios Elias in mt. Chassia (Form.); Sporadum insula Scopelos (Leonis); Attica: pr. Athenas, mt. Lycabettus (Orph.), pr. Eleusis (Haussk.), mt. Hymettus (Clem.), pr. Raphina, insula Aegina (Heldr.); Argolis: in peninsula Methana, pr. Nauplia (Haussk.); Laconia: pr. Megali Anastasova (Zahn.); Cycladum insula: Keos (Heldr.), Kythnos, Rhenea (Tunt.); Creta: pr. Akroteri, mt. Aphendi Kavutsi (Raul.), pr. Males distr. Hierapetra (Leon.); in Strophadum insula majore (Reiser); Cephalonia: pr. Pessada, Piscardo (Heldr.); Corcyra: pr. Lacones (Gelmi), San Rocco (Mazz.). — Apr. Oct. ☉.

14. Tribus. NARDEAE Link hort. berol. I. p. 9.

88. Nardus L. gen. n. 69.

1. **N. stricta** L. sp. p. 53; Mazz. in ant. ion. II. p. 464; Bois. fl. or. V. p. 682; Form. in Ver. Brünn 1896 p. 27; Bald. riv. coll. bot. alb. 1896 p. 99; Haussk. symb. p. 71. — Icon: Host gram. II. t. 4. — Exsicc.: Orph. fl. gr. n. 1073 (mt. Peristeri Macedoniae); Heldr. it. thessal. IV. a. 1885, pl. fl. bellen. a. 1898.

Dense caespitosa; culmis tenuibus, erectis; foliis subulatis, convolutis; spica tenuissima, laxa, unilaterali; spiculis violascentibus, secus rhachidem excavatam solitarie sessilibus, unifloris; glumis obsoletis; palea inferiore lineari-subulata, aristata.

In pascuis subalpinis et alpinis. Epirus: mt. Smolika (Bald.); Thessalia: mt. Zygos, Dokimi (Form.), Karava (Haussk.) in Pindo, mt. Oeta Phthiotidis (Heldr.); Laconia: mt. Taygetos loco Vathia dicto (Zahn); Corcyra: pr. Peramo (Mazz.). — Maio, Jul. ♃.

II. Gymnospermae Lindl.

CXXXVI. Ordo. **Coniferae** L. phil. bot. 1751 p. 28.

1. Tribus. **ABIETINEAE** Rich. conif. p. 145.

1. **Abies** Tourn. inst. t. 353 p. p.

1. **A. cephalonica** Loud. arb. brit. IV. p. 2325; Heldr. Nutzpfl. p. 13, fl. cephal. p. 67; Spreitz. in z. b. G. 1877 p. 730; Bois. fl. or. V. p. 702; Chloros Waldverh. p. 24. — *Pinus abies* Dallap. prosp. p. 124; non Duroi obs. bot. p. 39, quae foliis obtusis nec acuminatis, et gemmis floriferis non resinosis discedit. — *P. cephalonica* Endl. syn. conif. p. 98; Ung. Reise p. 63 et 121. — *A. reginae Amaliae* Heldr. in Gartenfl. 1860 p. 300, 1861 p. 286, Nutzpfl. p. 13; Fraas fl. class. 1861 p. 62; Chloros Waldverh. p. 23; (f. ex ramis lateralibus et ex trunci primarii basi turiones in truncos verticales secundarios demum crescentes edente). — *A. panachaica* Heldr. in Gartenfl. 1861 p. 286, Nutzpfl. p. 13; Chloros Waldverh. p. 23. — *A. Apollinis β. panachaica* et *γ. reginae Amaliae* Bois. fl. or. V. p. 702. — *A. Apollinis* Hal. in z. b. G. 1888 p. 762, non Link. — Icon: Pinet. woburn. t. 42; encycl. of trees and shrubs 1842 f. 1945 et 1946. — Exsicc.: Heldr. herb. norm. n. 801, 802 et 803.

Trunco pyramidali, ramis horizontalibus, patentissimis; foliis subdistichis, linearibus, acuminatis, mucronato-pungentibus, supra viridibus, subtus carinatis, albo-bilineatis; gemmis floriferis resinosis; amentis masculis oblongis, ad axillas lateris inferioris ramulorum congestis, femineis ad ramulos superiores solitariis, erectis; strobilis cylindraceis, obtusis, squamis e basi cuneata rotundatis, transverse latioribus, dorso prope marginem tomentellis, bractea stipitata, obcordata, apice denticulata, inter lobos in cuspidem breviter exsertam abeunte; seminibus ala cuneata brevioribus. — *A. reginae Amaliae* et *A. panachaica* ab *A. cephalonica* meo sensu specifice non differunt.

β. **Apollinis** Link in Linnaea XV. p. 528; Clem. sert. p. 88; Heldr. Nutzpfl. p. 13, chlor. Parn. p. 29; Bois. fl. or. V. p. 702; Chloros Waldverh. p. 22; Form. in D. bot. Mon. 1890 p. 6, in Ver. Brünn 1896 p. 20, 1897 p. 20; Hal. beitr. fl. Epir. p. 43; pro sp. — *Pinus picea* S. et S. pr. II. p. 247; Ch. et B. exp. p. 274, Fl.

pelop. p. 64; non L. sp. p. 1001, quae foliis obtusis vel retusis et gemmis floriferis non resinosis discedit. — *Abies pectinata* DC. fl. fr. ed. 3 III. p. 276 *v. graeca* Fraas fl. class. p. 262. — *P. picea v. graeca* Fraas l. c. p. 265. — *P. Apollinis* Ant. conif. p. 73; Ung. Reise p. 121. — Folia acuta vel acutiuscula. — Aliam differentiam etiam in arborem vivam videre nequeo; ceterum intermediis quoque ad typum transire videtur. — Exsicc.: Sint. it. or. a. 1889 n. 1870, it. thessal. n. 960b; Sint. et Bornm. it. turc. n. 1489.

In regione subalpina fere omnium montium elatiorum, alt. 800 — 1700 m., silvas extensas formans. Cephalonia (Dallap.): mt. Aenos, Rhudi (Heldr.); Doris: mt. Kiona (Hal.); Attica: mt. Parnes (Heldr.); Achaia: mt. Panachaicon (Heldr.), Olenos (Hal.); Arcadia: mt. Maenalus, Madara, Thaumasion, Rhudia (Heldr.); — β. Epirus: mt. Tsumerka, Strungula, Peristeri (Hal.); Thessalia: in Pindo tymphaeo et dolopico, in Olympo (Heldr.); Euboea: mt. Dirphys (Heldr.); mt. Oeta, Tymphrestus (Fraas), Parnassus, Helicon, Cithaeron, Pateras, Parnes (Heldr.); Peloponnesus: mt. Chelmos (Heldr.), Olenos, Malevo, Taygetos (Chaub.); loca nonnulla forsan ad typum spectant. — Maio, Jun. ♄.

2. Pinus L. gen. n. 1077.

2. Sectio. *Strobus* Spach. veg. plan. XI. p. 394. Foliorum fasciculi 5 phylli; squamarum strobili primo anno maturantis apophysis dimidiato-pyramidata, umbone in margine superiori sito; semina alata.

1. **P. peuce** Griseb. spic. II. p. 349; Bois. fl. or. V. p. 698. — Exsicc.: Orph. fl. gr. n. 762.

Trunco pyramidali, cortice fusco, ramis erecto-patulis; foliis quinis, tenuiter filiformi-triquetris, ad angulos serrulato-scabris; strobilis lateralibus, pendulis, brevissime pedunculatis, cylindraceis, obtusis, squamis cuneatis, coriaceis, apophysi rhombea, laevi, convexa, longitudinaliter subcarinata, umbone terminali, late et obtuse conico, transverse latiore; ala semine duplo longiore.

In regione subalpina mt. Peristeri Macedoniae (Griseb.); fortasse in Thessaliae borealis montibus. — Maio, Jun. ♄.

2. Sectio. *Pinaster* Engelm. revis. pin. p. 16. — Foliorum fasciculi 2—3 phylli; squamarum strobili secundo vel tertio anno maturantis apophysis superne dilatata, umbone dorsali; semina alata vel fere aptera.

a. Semina fere aptera.

2. **P. pinea** L. sp. p. 1000; S. et S. pr. II. p. 247; Dallap. prosp. p. 124; Ch. et B. fl. pelop. p. 64; Marg. et R. fl. Zante p. 84; Friedr. Reise p. 282 et 283; Fraas fl. class. p. 262; Heldr. Nutzpfl. p. 13; Raul. cret. p. 858; Lander. in Flora XL. p. 385; Bois. fl. or. V. p. 694; Chloros Waldverh. p. 26; Form. in Ver. Brünn 1895 p. 17. — Icon: Rchb. germ. f. 1135.

Trunco erecto, cortice cinereo, demum rufescente, coma umbraculiformi, ramis horizontalibus; foliis geminis, tenuibus, serrulato-scabris; strobilis subterminalibus, solitariis geminisve, subsessilibus, horizontalibus vel subreflexis, ovato-oblongis, obtusis, sqamarum apophysi rhomboidea, depresse pyramidata, nitida, annulis quadratis concentricis notata, umbone parvo depresso; seminibus magnis, obovatis.

In sabulosis regionis inferioris et submontanae. Attica: pr. Marathon (Heldr.); Euboea (Heldr.); Peloponnesus (Sibth.): pr. Olympia, inter Pyrgos et Arcadia (Friedr.); Cycladum insula: Jos, Naxos (Landerer); Creta: pr. Enneachoria, Phoria, Canea, Retymo, Arkadi (Raul.); Zacynthus (Marg.); Cephalonia (Dall.); Corcyra: hinc inde culta (Form.). — Apr. Maio. ♄.

b. Semina alata.
α. Strobili subterminales.

3. **P. nigra** Arn. Reise Mariazell p. 8 cum tab. sensu ampl.; Hal. beitr. fl. Achaia p. 35; Bald. riv. coll. bot. alb. 1896 p. 99. — *P. laricio* Poir. enc. V. p. 339; Fraas fl. class. p. 263; Heldr. Nutzpfl. p. 14, chlor. Parn. p. 29; Raul. cret. p. 859; Bois. fl. or. V. p. 696; Chloros Waldverh. p. 24. — *P. austriaca* Höss in Flora VIII., beibl. p. 115. — *P. nigricans* Host in Saut. vers. geogr. bot. schild. p. 23. — *P. Pallasiana* Lamb. descr. pin. ed. 2 I. p. 11 t. 5; Hal. beitr. fl. thessal. p. 19. — *P. silvestris* Fraas fl. class. p. 262, non L. — *P. pindica* Form. in D. bot. Mon. 1890 p. 5, in Ver. Brünn 1896 p. 20, 1897 p. 20; Haussk. symb. p. 22; quae ex speciminibus loco classico lectis non differre videtur. — Exsicc.: Bald. it. alb. epir. IV. a. 151; Sint. it. thessal. n. 962; Heldr. herb. norm. n. 1598.

Trunco erecto, cortice nigricante, coma subpyramidali vel umbraculiforme, ramis subhorizontalibus; foliis geminis, rigidis, serrulato-scabris; antherarum appendice dense arguteque denticulata; strobilis solitariis vel 2—4 verticillatis, sessilibus, horizontalibus, ovato-conicis, acutiusculis, squamarum ungue extus sub apophysi nigro, apophysi rhomboidea, convexa, nitida, transverse carinata, umbone planiusculo vel depresso, saepe mucronato; ala semine triplo longiore. — *P. nigra, laricio* et *Pallasiana* formas, characteribus hucusque notis, non certe distinctas unius et ejusdem speciei sistunt, quamobrem eas, prioritatis causa nomine *P. nigra* sensu ampl. salutavi et earum studium monografo futuro permittere malui. Arbor graeca characteribus, praesertim coma pyramidata, nunquam umbraculiforme et carina apophysis obtusiuscula, ad plantam hispanico-italicam accedere videtur.

In regione montana et subalpina, saepe silvas extensas formans. Epirus: pr. Konitza (Bald.), mt. Peristeri supra Chaliki (Haussk.); Thessalia: mt. Dokimi, Zygos, Said Pascha, pr. Malakasi (Form.), mt. Oxya (Hal.) in Pindo, mt. Oeta (Heldr.), Othrys (Fraas), Olympus (Heldr.); Euboea: mt. Xeronoros (Chloros); Aetolia: mt. Tymphrestus (Chloros); mt. Parnassus (Sart.); Peloponnesus: in jugo Durduvana, mt. Chelmos usque pagum Zachuli (Hal.), mt. Kyllene (Orph.), Malevo, Taygetos (Fraas); Creta: mt. Sphaciotici, Ida, Lassiti, Aphendi Kavutsi (Raul.). — Apr. Jun. ♄.

4. **P. leucodermis** Ant. in ö. b. Z. 1864 p. 212; Bois. fl. or. V. p. 697. — *P. Heldreichii* Christ in naturf. ges. Basel III. 4 1862 p. 549, in Flora 1867 p. 83. —

Trunco erecto, cortice cinereo, coma subpyramidali, ramis subhorizontalibus; foliis geminis, rigidis, serrulato-scabris; antherarum appendice irregulariter denticulata; strobilis solitariis vel binis, subsessilibus, horizontalibus, ovato-conicis, acutiusculis, squamarum ungue extus dilute fusco, apophysi rhomboidea, margine saepe repanda, leviter convexa, acute carinata, umbone acuto, recurvo; ala semine triplo longiore. —

In regione montana. Thessalia: mt. Olympus, ubi cum *Abiete Apollinis* et *P. nigra* crescit (Heldr.). — Apr. Maio. ♄. N. v.

β. Strobili laterales.

5. **P. brutia** Ten. fl. nap. I. p. 72, V. p. 266 t. 200; Bois. fl. or. V. p. 695; Bald. viagg. Creta p. 96. — *P. pyrenaica* Lap. hist. abr. p. 146. — Exsicc.: Bald. it. cret. n. 194.

Trunco erecto, cortice cinereo-fuscescente, coma effusa, ramis erectopatulis; foliis geminis, rigidis, obscure-virentibus, margine serrulata-scabris; strobilis 2—6 verticillatis, subsessilibus vel breviter pedunculatis, erectopatulis, ovato-conicis, obtusiusculis, squamarum apophysi planiuscula, transverse plus minus elevatim carinata, umbone vix prominenti; ala semine 3—4 plo longiore. — Differt a sequente foliis rigidis, obscurevirentibus, strobilis reflexis.

In regione montana. Creta: pr. Askyphos (Heldr.), supra pagum Phurphuras in mt. Ida (Bald.). — Apr. Maio. ♄.

6. **P. halepensis** Mill. dict. n. 8; Ch. et B. exp. p. 273, Fl. pelop. p. 64; Marg. et R. fl. Zante p. 84; Fraas fl. class. p. 261; Clem. sert. p. 88; Ung. Reise p. 121; Heldr. Nutzpfl. p. 14, Fl. cephal. p. 67, Fl. Aegina p. 398; Raul. cret. p. 859; Spreitz. in z. b. G. 1877 p. 730; Bois. fl. or. V. p. 695; Chloros Waldverh. p. 25; Bald. viagg. Creta p. 96; Haussk. symb. p. 22. — *P. maritima* S. et S. pr. II. p. 247, Fl. gr. X. p. 39 t. 949; Ch. et B. exp. p. 274, Fl. pelop. p. 64; Link in Linnaea IX. p. 588; Friedr. Reise p. 264; non Mill. dict. n. 7, quae probabiliter ad *P. nigram*; nec Lam. fl. fr. II. p. 201, quae ad *P. pinaster* Sol. in Ait. hort. Kew. III. p. 367; nec Lamb. pin. ed. 2. p. 13, quae probabiliter ad *P. brutiam* spectat. — *P. telethria* Heldr. pl. exs. fl. hellen. a. 1890. — Exsicc.: Heldr. herb. norm. n. 1300; Baen. herb. europ. n. 9306.

Trunco erecto, cortice cinereo, coma effusa, ramis erecto-patulis; foliis geminis, tenuissimis, subflaccidis, laete virentibus, margine serrulato-scabriusculis; strobilis solitariis vel 2—3 verticillatis, junioribus subsessilibus, dein in pedunculo crasso reflexis, oblongo-conicis, obtusiusculis, squamarum apophysi planiuscula, transverse leviter carinata, umbone vix prominenti; ala semine 3—4 plo longiore.

In regione inferiore praecipue litorali, ad 1000 m adscendens, saepe silvas extensas formans. Frequens in Attica, Megaride, Boeotia, Locride; insula Salamis, Aegina, Angistri (Heldr.); Euboea: distr. Chalkis et Xerochorion (Chlor.), mt. Telethrion (Heldr.); Sporadum insula Skopelos (Chlor.); Elis (Chaub.); Achaia: ad sinum Corinthiacum (Friedr.); Corinthia (Chlor.); Argolis (Chaub.); deest in Peloponneso australi; Creta: pr. Anopolis, Aradhena, insula Gaidaronisi (Raul.), insula Gaudhos (Bald.); Zante (Marg.); Cephalonia: pr. Samo (Spreitz.); colitur quoque. — Apr. Maio. ♄.

2. Tribus. **CUPRESSINEAE** Rich. conif. p. 137.

3. **Cupressus** Tourn. inst. p. 358.

1. **C. sempervirens** L. sp. p. 1002; S. et S. pr. II. p. 248; Dallap. prosp. p. 125; Sieb. in Flora I. p. 274; Ch. et B. exp. p. 274, Fl. pelop. p. 64; Marg. et R. fl. Zante p. 84; Friedr. Reise p. 283; Fraas fl. class. p. 258; Heldr. Nutzpfl. p. 12, Fl. cephal. p. 67, Fl. Aegina p. 398; Weiss in z. b. G. 1869 p. 754; Raul. cret. p. 859; Bois. fl. or. V. p. 705; Bald. viagg. cret. p. 96; Form. in Ver. Brünn 1895. p. 17, 1897 p. 20; Haussk. symb. p. 22. — Icon: Rchb. germ. f. 1140. — Exsicc.: Baen. herb. europ. n. 9246; Dörfl. pl. cret. n. 9.

Trunco erecto, ramis confertis, ramulis subdistichis, compresso-tetragonis; foliis squamaeformibus, imbricatis, adpressis, obtusis, convexis; strobilis subpendulis, subglobosis, squamis 8—14, apice suborbiculatis, mucronatis, muticis; seminibus sub quavis squama pluribus, anguste alatis. Variaat:

α. **horizontalis** Mill. dict. n. 2; Raul. cret. p. 859; pro sp.: Godr. pinet. p. 68; Heldr. Nutzpfl. p. 12, Fl. cephal. p. 67. — Coma effusa.

β. **pyramidalis** Targ. Tozz. obs. bot. dec. III—IV. p. 53, pro sp.; Nym. consp. 675; Heldr. fl. Aegina p. 398. — *C. fastigiata* DC. fl. fr. V. p. 336; Heldr. Nutzpfl. p. 12, Fl. cephal. p. 67. — Coma pyramidalis.

In regione montana. Sponte in mt. Parnassus (Sibth.); Peloponnesus: inter Messene et Kalamata silvam efformans (Fraas); Creta: in mt. Sphacioticis (Sibth.), silvas efformans in mt. Volakia (Bald.), mt. Lassiti (Leon.); in tota ditione frequenter colitur, praesertim var. β. — Apr. ♄.

4. **Juniperus** L. gen. n. 1134.

1. Sectio. *Oxycedrus* Spach. in ann. sc. nat. 2 ser. XVI. p. 282. — Folia ternatim-verticillata, basi articulata, libera, acicularia, pungentia, eglandulosa.

a. Galbulorum squamae margine elevato prominentes; semina in unicum triloculare connata.

1. J. drupacea Lab. pl. syr. dec. 2 p. 14 t. 8; Heldr. Nutzpfl. p. 13; Bois. fl. or. V. p. 706; Chloros Waldv. p. 32. — *Arceuthos drupacea* Ant. et Kty. in ö. b. Wochenbl. 1854 p. 249. — Exsicc.: Orph. fl. gr. n. 392; Heldr. herb. norm. n. 758.

Arborea, pyramidata, ramis plus minus erectis, ramulis erecto-patulis; foliis patulis, lanceolatis, acerosis, supra nervo mediano canaliculato-notatis, subtus acute carinatis; galbulis maximis, drupaceis, ovato-globosis, caesio-pruinosis, squamis 7—8, trifariam imbricatis, margine elevato, acute prominentibus.

Laconia: in mt. Malevo Laconiae supra Hagios Joannes, alt 1100—1200 m silvulam efformans, ubi detexit Bayer a. 1853. — Maio. ħ.

b. Galbulorum squamae margine planae; semina distincta.

a. Folia supra nervo mediano prominulo notata, subtus acute carinata; galbuli maturi rubiginosi.

2. J. macrocarpa S. et S. II. p. 263; Fraas fl. class. p. 259; Heldr. Nutzpfl. p. 13; Raul. cret. p. 859 f. *arborea*; Bois. fl. or. V. p. 706; Chloros Waldv. p. 32; Bald. viagg. cret. p. 96; Haussk. symb. p. 22. — *J. attica* Orph. fl. gr. exs. n. 393; Heldr. Nutzpfl. p. 13; solum nomen. — Icon: Rchb. germ. f. 1146. — Exsicc.: Orph. l. c.; Heldr. herb. norm. n. 977.

Fruticosa vel arborescens, ramis patentibus; foliis patentibus, lineari-lanceolatis, acerosis, supra plus minus pruinosis, nervo mediano prominulo, viridi notatis, subtus carinatis; galbulis magnis, ad 15 mm. diametro, globosis, pruinoso-caesiis, demum rubiginosis, lucidis, squamis 3, raro 6, arcte connatis, apice areolam obtuse-triangularem formantibus.

In arenosis maritimis, collibus apricis regionis inferioris. Attica: pr. Marathon (Chlor.), mt. Pentelicon, Hymettus (Sprun.), ad promontorium Colias (Heldr.); Cycladum insula: Melos (Heldr.), Evreokastron (Leon.); Creta: pr. Hagia Rumeli, Hierapetra, insula Gaudhos et Gaidaronisi (Raul.). — Jan. Mart. ħ.

3. J. oxycedrus L. sp. p. 1038; S. et S. pr. II. p. 263; Urv. enum. p. 125; Ch. et B. exp. p. 279, Fl. pelop. p. 65; Fraas fl. class. p. 259; Clem. sert. p. 88; Lander. in Flora XL p. 386; Weiss in z. b. G. 1869 p. 754; Raul. cret. p. 860; Heldr. in Sitzungsb. acad. Wiss. Berl. 1883 p. 4 et 5, chlor. Parn. p. 29; Bois. fl. or. V. p. 707; Hal. in z. b. G. 1838 p. 762, beitr. fl. Epir. p. 43, beitr. fl. Thessal. p. 19; Form. in D. bot. Mon. 1890 p. 5, in Ver. Brünn 1895 p. 17, 1896 p. 20, 1897 p. 19; Haussk. symb. p. 22. — *J. rufescens* Link in Flora 1846 p. 579; Ung. Reise p. 120; Heldr. Nutzpfl. p. 13. — Icon: Rchb. germ. f. 1145. — Exsicc.: Orph. fl. gr. n. 979 (Chios); Heldr. it. thessal. n. 75; Sint. et Bornm. it. turc. n. 1490; Sint. it. thessal. n. 1207.

Fruticosa vel arborescens, ramis patentibus, paucioribus, gracilioribus; foliis lineari-lanceolatis, acerosis, supra plus minus pruinosis, nervo mediano prominulo, viridi notatis, subtus carinatis; galbulis mediocribus, 6—8 mm. diametro, globosis, rubiginosis, lucidis, squamis 3 vel 6, arcte connatis, apice areolam triangularem vel irregularem formantibus. — Galbulis dimidio minoribus praesertim, saepius valde numerosis, congestis a praecedente distincta.

In regione montana et subalpina fere omnium montium elatiorum. Frequens in Pindo epirotico et thessalo; mt. Chassia, Othrys, Olympus (Form.), Ossa, Pelion (Heldr.); Euboea (Lander.), mt. Telethrion (Heldr.); mt. Kiona (Hal.), Parnassus (Heldr.); Attica: mt. Parnes (Clem.), Pentelicon (Ung.); Peloponnesus: mt. Maenalus (Heldr.), Diaforti, Manglava (Chaub.), Malevo (Orph.); Cycladum insula: Syra (Weiss), Naxos (Chaub.), Melos (Urv.); Creta: mt. Volakia, Ida (Raul.). — Mart. Apr. ♄.

β. Folia supra nervo mediano saepius obsolete notata, subtus obtuse carinata, carinam linea impressa saepe perducente; galbuli maturi nigri.

4. **J. communis** L. sp. p. 1040; Ch. et B. exp. p. 280, Fl. pelop. p. 65; Fraas fl. class. p. 260; Heldr. Nutzpfl. p. 13, chlor. Parn. p. 29; Bois. fl. or. V. p. 707; Chloros Waldv. p. 32; Form. in Ver. Brünn 1896 p. 20, 1897 p. 19, in D. bot. Mon. 1897 p. 73, subsp. *microcarpa*, quae autem e descriptione a typo non differt; Haussk. symb. p. 22. — Icon: Rchb. germ. f. 1141. — Exsicc. Sint. it. thessal. n. 1138.

Fruticosa, ramis patentibus; foliis patentibus, linearibus, acerosis, supra viridibus vel subpruinosis, nervo mediano obsolete notatis, subtus obtuse carinatis; galbulis parvis, 4—8 mm. diametro, subglobosis, foliis 2—3 plo brevioribus, glauco-pruinosis, squamis subternis, arcte connatis, apice areolam triangularem saepe indistinctam formantibus.

β. **hemisphaerica** Presl del. prag. p. 142 pro sp.; Parl. fl. ital. V. p. 83. — *J. depressa* Stev. in bull. soc. nat. Mosc. 1856 V. p. 398; Heldr. chlor. Parn. p. 29. — *J. nana* Heldr. Nutzpfl. p. 13, non Willd. — *J. communis* v. *compressa* Bois. fl. or. V. p. 707; Haussk. symb. p. 22. — Humilis, saepe depressa; foliis subimbricatis, patulis, superne plerumque intense caesio-pruinosis, nervo mediano prominulo notatis; galbulis submajoribus. — Exsicc.: Sint. it. thessal. n. 1168; Heldr. herb. norm. n. 1599; Dörfl. fl. gr. n. 424.

γ. **nana** Willd. sp. IV. p. 854; Haussk. symb. p. 22; pro sp.; Loud. arb. et fr. brit. p. 2486. — Decumbens, ramis prostratis; foliis subimbricatis, curvulis rectisve, plus minus erectis, superne viridibus vel caesio-pruinosis. — Exsicc.: N. v.

In regione montana et subalpina. Thessalia: inter Kotura et Vilitza (Heldr.), mt. Ghavellu, in oropedio Neuropolis (Haussk.), ad monasterium Korona (Form.), pr. Karditza (Sint.), mt. Olympus (Heldr.), Pelion (Form.); mt. Parnassus pr. Rachova (Guicc.); Peloponnesus (Chaub.);

mt. Taygetos, Kyllene (Heldr.); — β. Thessalia, mt. Baba (Haussk.), Ghavellu (Sint.), Karava (Heldr.); mt. Parnassus (Guicc.); Peloponnesus: Chelmos (Leon.), Kyllene, Taygetos (Heldr.); — γ. Thessalia: mt. Baba, Karava (Haussk.) — Mart. Apr. ♄.

2. Sectio. *Sabina* Spach in ann. sc. nat. 2. ser. XVI. p. 291. — Folia ternatim verticillata vel quadrifariam opposita, basi non articulata, ramulis adnata, apice libera, saepe mucronulata, dorso saepius glandula resinifera obsita.

a. Galbuli nigrescentes.

5. **J. excelsa** M. a B. fl. taur. cauc. II. p. 425; Forsyth. in bull. herb. Bois. III. p. 88. — Exsicc.: Sint. et Bornm. it. turc. 1117 (Thasos).

Arborea, ramis erectis vel patulis, ramulis subtetragonis; foliis oppositis ternisque, ovato-triangularibus, acutis, dorso glandula oblonga, impressa notatis; galbulis mediocribus, globosis, nigris, caesio-pruinosis, squamis subquaternis, marginibus obliteratis; seminibus 4—6.

In montosis. Cycladum insula Syra: mt. Pyrgo (Forsyth.). — Mart. Apr. ♄. N. v.

6. **J. foetidissima** Willd. sp. IV. p. 853; Ung. Reise p. 121; Heldr. Nutzpfl. p. 13, Chlor. Parn. p. 29; Bois. fl. or. V. p. 709; Chloros Waldv. p. 26; Hal. z. b. G. 1888 p. 762, beitr. fl. Epir. p. 43, beitr. fl. Thessal. p. 19, in ö. b. Z. 1896 p. 17; Bald. riv. coll. bot. alb. 1895 p. 75; Form in Ver. Brünn 1896 p. 20 v. *pindicola* (a typo nullo modo diversa), 1897 p. 19; Haussk. symb. p. 22. — *J. sabina* S. et S. pr. II. p. 264; Ch. et B. exp. p. 280, Fl. pelop. p. 65; Fraas fl. class. p. 260; Form. in D. bot. Mon. 1890 p. 5; non L. sp. p. 1039, quae fruticosa et foliis acutioribus, dorso glandula oblongo notatis distinguitur. — *J. sabinoides* Griseb. spic. II. p. 352; Heldr. Nutzpfl. p. 13. — *J. excelsa* Fraas fl. class. p. 260, non M. a. B. — Exsicc.: Orph. fl. gr. n. 978; Sint. it. thessal. n. 961.

Arborea, interdum fruticosa, ramis patulis, ramulis subtetragonis; foliis oppositis ternisque, ovato-triangularibus, vel ovato-rhombeis, acutis, dorso eglandulosis; galbulis mediocribus, globosis, nigris, caesio-pruinosis, squamis 4—6, marginibus obliteratis; seminibus 1—2. — Ramuli eis praecedentis crassiores, folia minus adpressa.

In regione subalpina, solitarie vel hinc inde gregarie, silvulas efformans. Epirus: mt. Micikeli (Bald.), mt. Tsumerka pr. Vulgarelion (Hal.); Thessalia: mt. Ghavellu, pr. Chaliki, ad monasterium Korona, mt. Baba (Haussk.), mt. Beluja, Said Pascha, pr. Malakasi, Krania, Lepenica, Velitsena, Kastania (Form.) in Pindo, mt. Oeta (Heldr.); Euboea: mt. Dirphys (Ung.); Aetolia: mt. Tymphrestus (Heldr.), Korax (Chlor.); mt. Kiona (Hal.), Parnassus (Sibth.); Peloponnesus: mt. Olenos, Kyllene (Heldr.), Malevo (Fraas). — Mart. Apr. ♄.

b. Galbuli maturi rubiginosi.

7. **J. phoenicea** L. sp. p. 1040; S. et S. pr. II. p. 264; Sieb. avis p. 2, rem. p. 6; Ch. et B. exp. p. 280, Fl. pelop. p. 65; Friedr. Reise p. 264; Fraas fl. class. p. 258; Clem. sert. p. 88; Ung. Reise p. 120; Heldr. Nutzpfl. p. 12, Fl. cephal. p. 67, Fl. Aegina p. 398, in ö. b. Z. 1898 p. 185; Weiss in z. b. G. 1869 p. 754; Raul. cret. p. 860; Bois. fl. or. V. p. 710; Spreitz. in z. b. G. 1890 p. 299; Hal. in z. b. G. 1899 p. 193; Aznav. in magy. bot. lap. I. p. 196. — *J. lycia* L. sp. 1039 p. p.; S. et S. I. c. — Icon: Rchb. germ. f. 1144. — Exsicc.: Orph. fl. gr. n. 255; Dörfl. fl. aeg. n. 146.

Arborescens, ramis erectis vel adscendentibus, ramulis teretibus; foliis oppositis ternisque, adpressissimis, ovato-rhombeis, obtusis, dorso glandula lineari impressa notatis; galbulis majusculis, subglobosis, vix glaucescentibus, demum rubiginosis, squamis 6—8, marginibus indistinctis vel vix prominulis; seminibus 3—6.

β. **turbinata** Guss. syn. fl. sic. II. p. 634 pro sp.; Parl. fl. ital. IV. p. 91; Bois. fl. or. V. p. 710; Hal. in ö. b. Z. 1896 p. 17. — Galbuli ovati vel subturbinati. — Intermediis ad typum transit. — Exsicc.: Orph. fl. gr. n. 761; Heldr. herb. norm. n. 978.

In collibus, rupestribus regionis inferioris. Attica: mt. Pentelicon, Corydalus (Heldr.), pr. Daphni (Bois.), mt. Hymettus (Clem.); Elis: pr. Lintzi (Heldr.); Achaia: ad sinum Corinthiacum (Friedr.); in isthmo Corinthiaco (Clem.); insula Aegina (Heldr.), Syra (Weiss), Paros, Melos (Bois.), Naxos, Denusa, Evreokastron, Amorgos (Leon.); Creta (Sibth.): pr. Hagia Rumeli (Spreitz.), Hierapetra, insula Gaudbos (Raul.); Cephalonia: ad Same (Ung.), Grilia, Mavrata, Piscardo, Kipuria (Heldr.); Leucas (Parl.); — β. Aetolia: pr. Guritza ad lacum Agrinion (Reiser); Attica: in maritimis (Bois.); Corinthia: pr. Lutraki in isthmo (Heldr.); Argolis: ad paludem Lerna (Orph.); in Petaliarum insulis (Holzm.). — Mart. Apr. ♃.

3. Tribus. **TAXINEAE** Rich. conif. p. 124.

5. **Taxus** L. gen. n. 1135.

1. **T. baccata** L. sp. p. 1040; S. et S. pr. II. p. 265; Ch. et B. fl. pelop. p. 65; Fraas fl. class. p. 256; Lander. in Flora XL. p. 386; Heldr. Nutzpfl. p. 13, chlor. Parn. p. 29; Bois. fl. or. V. p. 711; Chloros Waldv. p. 37; Hal. beitr. fl. thessal. p. 19. — Icon: Rchb. germ. f. 1147. — Exsicc.: Sint. it. or. a. 1889 n. 1935; Dörfl. fl. gr. n. 235.

Arbor vel frutex; foliis distichis, planis, linearibus, mucronatis, subtus glaucescentibus; floribus dioicis, amentaceis, masculis squamis peltatis, subtus antheris 5—8 concentrice obsitis, femineis bracteis imbricatis urceoloque annuliformi basi cinctis; fructu subdrupaceo, involucro duplici, altero exteriori bracteis imbricatis brevibus constante, altero cupulari, carnoso, puniceo, apice aperto, semen ovatum includente.

In silvis regionis montanae et subalpinae, solitarie. Thessalia: pr. Kastania in Pindo (Hal.), mt. Olympus (Sint.), Oeta (Heldr.); Eurytania: pr. Karoplesi (Chlor.), mt. Tymphrestus; mt. Parnassus pr. Karkaria (Heldr.); Euboea: pr. Kumi, mt. Dirphys (Fraas); Achaia: mt. Kyllene (Sibth.), Chelmos (Orph.); Arcadia: pr. Kapsa (Fraas); Laconia: mt. Malevo (Orph.). — Apr. Maio. ♄.

CXXXVII. Ordo. Gnetaceae Blum. nov. fam. exp. p. 23.

1. Ephedra L. gen. n. 1136.

1. **E. campylopoda** C. A. Mey. monogr. eph. p. 73 t. 2; Raul. cret. p. 858; Bois. fl. or. V. p. 715; Heldr. fl. cephal. p. 67; Hal. in ö. b. Z. 1892 p. 400, 1896 p. 18, Beitr. fl. Aetol. p. 11, Beitr. fl. Achaia p. 35; Bald. in nuov. giorn. bot. 1894 p. 103, viagg. cret. p. 96; Form. in Ver. Brünn 1896 p. 20; Haussk. symb. p. 22; Heldr. chlor. Thera p. 25. — *E. altissima* Sieb. avis rem. p. 6, non Desf. — *E. fragilis* Sieb. avis p. 5, in Flora I. p. 273; Fraas fl. class. p. 256 v. *graeca*; Clem. sert. p. 88; Bois. fl. or. V. p. 714, teste Stapf ephed. p. 57; non Desf. fl. atl. II. p. 372, quae subspecies occidentalis, saepius erecta et ramulis valde rigidis, siccis mox secedentibus, amentis femineis angustioribus, plerumque unifloris discedit. — *E. distachya* S. et S. pr. II. p. 265, Fl. gr. X. p. 51 t. 961; Urv. enum. p. 126; Ch. et B. exp. p. 280, Fl. pelop. p. 65; Fraas fl. class. p. 257; non L. — *E. fragilis v. campylopoda* Stapf ephed. p. 56. — Exsicc.: Orph. fl. gr. n. 268; Heldr. herb. norm. n. 449 et 1191; Reverch. pl. cret. n. 161, in Baen. herb. europ. p. 4873; Sint. et Bornm. it. turc. n. 1491 et 1492; Baen. herb. europ. n. 9252.

Fruticosa, ramosissima, ramis striatis, asperulis, ad 4 m. longis, scandentibus et ex arboribus vel rupibus dependentibus; foliis ad vaginas reductis; amentis masculis ovatis, aggregatis, rarius subsolitariis, sessilibus, antheris 4—6, sessilibus, columna longe exserta suffultis; amentis femineis pedunculo reflexo vel recurvo, eis aequilongo vel longiore suffultis, bifloris, rarius unifloris, involucri vaginis 2—3 nis, infimis breviter, intermediis longius connatis, intimis multo majoribus, ad $^3/_4$ connatis; tubillo recto; seminibus ovatis.

In muris, rupestribus, sepibus regionis inferioris et montanae. Epirus: ad Nicopolis pr. Prevesa (Bald.); Thessalia: pr. Pharsalus (Haussk.), in valle Tempe (Heldr.), pr. Litochori (Sint.); Sporadum insula Jura (Reiser); in Petaliarum insulis (Holzm.); Aetolia: pr. Karpenisi in mt. Tymphrestus (Orph.), mt. Chalkis pr. Krioneri (Hal.); Phocis: mt. Parnassus (Heldr.); Attica: pr. Piraeum (Fraas), Stadion, in colle Lycabettus, in scopulo Rhaphti (Heldr.), mt. Pentelicon (Haussk.), Hymettus (Clem.); Achaia: pr. Patras (Heldr.), Megaspilaeon (Hal.); Argolis: pr. Nauplia (Orph.); Laconia: mt. Taygetos (Psarides), ad fl. Eurotas, pr. Chimova, in Maina (Chaub.); Cycladum insula: Keos (Sart.), Kythnos, Siphnos, Paros (Heldr.), Melos, Nea Kameni (Urv.), Thera

(Letourn.); Creta: pr. Akroteri (Raul.), Theriso, mt. Sphaciotici, Ida (Sieb.); Cephalonia: pr. Kastro, Same, Poros, Charakas, Athera (Heldr.); Corcyra (Mazz.): in Fortezza vecchia (Baen.). — Febr. Apr. ♄.

2. **E. procera** Fisch. et Mey. ind. X. hort. petrop. 1844 p. 45. — *E. graeca* C. A. Mey. mon. eph. p. 91 t. 5. — *E. nebrodensis* Bois. fl. or. V. p. 713, non Tin. in Guss. fl. sic. II. p. 638, quae ramulis scabris, amentis femineis semimaturis latioribus, seminibus plerumque ovatis parum discedit. — Exsicc.: Orph. fl. gr. n. 267.

Fruticosa, ramosissima, erecta, ramis rectis, striatis, laevissimis; foliis ad vaginam reductis; amentis masculis subglobosis, solitariis vel 2—3 aggregatis, sessilibus, antheris 6—8, sessilibus, columna breviter exserta suffultis; amentis femineis brevissime pedunculatis, erectis, unifloris, involucri vaginis 2—3 nis, inferioribus ad $^1/_3$, superioribus ad $^1/_3$ vel brevius connatis; tubillo recto; seminibus elongato-ovatis.

In rupestribus regionis montanae et subalpinae. Phthiotis: mt. Oeta (Heldr.); Achaia: mt. Kyllene pr. Zugra (Orph.); Laconia: mt. Malevo (Heldr.). — Apr. Jun. ♄.

III. Acotyledones vasculares.

CXXXVIII. Ordo. **Equisetaceae** Rich. in Mich. fl. bor. am. II. p. 28.

1. Equisetum L. gen. n. 1169.

a. Caules fertiles et steriles difformes.
  α. Caules fertiles praecoces, pallidi, simplices, sporis dispersis cito marcescentes et evanescentes, steriles serotini, virides, ramosi, persistentes.

1. **E. maximum** Lam. fl. fr. I. p. (7); Form. in D. bot. Mon. 1890 p. 5, in Ver. Brünn 1895 p. 17; Haussk. symb. p. 72. — *E. telmateia* Ehrh. in hannöv. mag. 1783 p. 287; Bois. fl. or. V. p. 741. — *E. fluviatile* Gou. fl. monsp. p. 439; S. et S. pr. II. p. 270; Ch. et B. exp. p. 281, Fl. pelop. p. 66; Marg. et R. fl. Zante p. 102; non L. sp. p. 1062, quod = *E. limosum* L. l. c. — Icon: Fl. dan. t. 1469. — Exsicc.: Sint. et Bornm. it. turc. n. 1546; Sint. it. thessal. n. 226.

Caulium fertilium vaginis turbinato-tubulosis, superne scariosis, in 20—30 dentes subulato-setaceos fissis, spica obtusa; caulibus sterilibus eburneis, multistriatis, verticillato-ramosis, ramis simplicibus, viridibus, vaginis caulium 20—40 dentatis, ramorum 4—5 dentatis.

In umbrosis humidis regionis inferioris et montanae. Epirus: pr. Prevesa, Philippiades (Form.); Thessalia: pr. Vitomo (Sint.), Malakasi, mt. Zygos (Haussk.), Velitsena, Chilziades, Han Kuraneos (Form.) in Pindo, ad Chiladomuli pr. Litochori in Olympo (Sint.); Attica: in valle Cephissi superioris pr. Chelidonu (Heldr.); Peloponnesus (Sibth.): mt. Kupe, pr. Manglava, Ligondista, Phigalea (Chaub.); Zacynthus (Sibth.): ad sinum Chieri (Marg.); Corcyra: pr. Corfu, Potamos, Evropuli, Afra (Form.). — Mart. Apr. ♃.

2. **E. arvense** L. sp. p. 1061; S. et S. pr. II. p. 269; Bois. fl. or. V. p. 741; Form. in D. bot. Mon. 1890 p. 4. — Icon: Fl. dan. t. 2001.

Caulium fertilium vaginis turbinato-tubulosis, superne scariosis, in 5—10 dentes lanceolatos fissis, spica obtusa; caulibus sterilibus viridibus, 6—19 costatis, verticillato-ramosis, ramis simplicibus vel ramulosis, vaginis caulium 8—12 dentatis, ramorum, 3—5 dentatis. — Praecedenti omnibus partibus gracilius.

In agris, pratis humidis regionis inferioris et montanae. Thessalia: pr. Selicany in mt. Ossa (Form.); Arcadia, Elis (Sibth.). — Mart. Apr. ♃. N. v.

    β. Caules coetanei, fertiles albicantes vel rubentes, fructificationis tempore simplices vel ramis brevissimis instructi, demum spica emarcida ramosi et cum caulibus sterilibus viridibus, ramosis persistentes.

3. **E. silvaticum** L. sp. p. 1061; S. et S. pr. II. p. 269; Bois. fl. or. V. p. 741. — Icon: Fl. dan. t. 1182.

Caulibus fertilibus coetaneis, denudatis, 10—18 costatis, demum spica obtusa, emarcida ramosis, ramis caulium fertilium sterilumque dense verticillatis, verticillatim ramulosis, apice arcuato-nutantibus; vaginis caulium turbinato-tubulosis, scariosis, in lacinias 4—6, late-lanceolatas fissis, ramorum tridentatis, dentibus subulatis.

In irriguis umbrosis (Sibth.), sine loci specialis indicatione. — Apr. Maio. ♃. N. v.

    b. Caules fertiles et steriles conformes.

4. **E. palustre** L. sp. p. 1061; S. et S. pr. II. p. 270; Ch. et B. exp. p. 281, Fl. pelop. p. 66; Bois. fl. or. V. p. 742; Hal. beitr. fl. Epir. p. 44, Beitr. fl. Achaia p. 35. — Exsicc.: Heldr. pl. fl. hellen. a. 1891.

Caulibus profunde 6—8 sulcatis, viridibus ineunte hyeme emorientibus, ramosis vel raro simplicibus, ramis simplicibus vel ramulosis; vaginis caulium subturbinatis, in 6—8 dentes lanceolatos, nigros, late albo-marginatos abeuntibus, vaginis ramorum 5—6 dentatis; spicis vel tantum unica terminali, vel ad ramorum superiorum apicem quoque sitis, obtusis.

In humidis regionis inferioris et montanae. Epirus: pr. Theodoriana (Hal.); Attica: pr. Kephissia, Chelidonu (Heldr.); Achaia: pr.

Kalavryta (Hal.); Elis (Sibth.); Messenia: pr. Methone (Chaub.). — Apr. Maio. ♃.

5. **E. ramosissimum** Desf. fl. atl. II. p. 398; Heldr. chlor. Thera p. 25; Haussk. symb. p. 72. — *E. ramosum* DC. syn. pl. fl. gall. p. 118; Bois. fl. or. V. p. 742. — *E. pannonicum* Kit. in Willd. sp. pl. V. p. 6; Ch. et B. exp. p. 282, Fl. pelop. p. 66; f. caulibus simplicibus vel parce irregulariter ramosis. — *E. variegatum* Ch. et B. exp. p. 282, Fl. pelop. p. 66, non Schleich.; f. ramis caespitosis, tenuibus, simplicissimis. — Huc quoque probabiliter: *E. limosum* Fraas fl. class. p. 314, non L. —- Exsicc.: Heldr. et Hal. fl. aeg. a. 1889; Baen. herb. europ. n. 9374 et 9375.

Caulibus 8—20 costatis, glaucescentibus, hyeme perdurantibus, simplicibus vel ramosis, saepe caespitosis, ramis simplicibus vel ramulosis, saepius valde inaequilongis; vaginis caulium cylindricis, ramorum turbinatis, concoloribus vel rarius fuscis, 6—8 dentatis, dentibus breviter triangularibus, saepe nigro-maculatis, acumine membranaceo lanceolato-subulata, diu persistenti terminatis; spicis vel tantum unica terminali, vel ad ramorum superiorum apicem quoque sitis, acuminato-mucronatis.

β. **pallidum** Bory in exp. sc. Mor. p. 282 t. 35, Fl. pelop. t. 37; Raul. cret. p. 886; pro sp. — *E. ephedroides* Bory in Ch. et B. fl. pelop. p. 66. — Glaucum, caulibus elatis, crassioribus, ad 5 mm. diametro, inferne regulariter verticillatim-ramosis, ramis interdum longissimis. — Intermediis ad typum transit. — Exsicc.: Orph. fl. gr. n. 498; Reverch. pl. cret. n. 276; Heldr. pl. fl. hellen. a. 1899.

In arenosis, humidis regionis inferioris. Thessalia: pr. Malakasi in Pindo tymphaeo (Haussk.); Attica (Fraas); Argolis: pr. Argos (Fraas); Messenia: pr. Djalova, Pylos, Methone, Corone (Chaub.); Cycladum insula: Cythnos, Jos, Mykonos, Thera (Heldr.), Corcyra: pr. Kastradee (Baen.); — *β.* Attica: pr. Athenas, rarissime (Orph.); Elis: pr. Lintzi (Heldr.); Laconia: ad fl. Eurotas (Chaub.); Creta: pr. Kissamos (Rev.), Cercibilia (Raul.). — Sept. Maio. ♃.

CXXXIX. Ordo. Filices Juss. gen. p. 14.

Dispositio tribuum generumque.

1. Tribus. *Polypodieae* R. Br. pr. fl. nov. holl. p. 145. — Sporangia unilocularia, reticulato-venosa, annulo articulato, verticali, plerumque in altero latere incompleto cincta, transversim irregulariter rumpentia.

   a. Sori nudi, nec indusio membranaceo, nec margine frondis revoluto tecti.

     α. Sori lineares vel oblongi.

       × Frondes subtus paleaceae.

1. Ceterach Willd.

      ×× Frondes subtus epaleaceae.

2. Gymnogramme Desv.

     β. Sori subrotundi.

✕ Petiolus sub rhizomate articulatus.
3. Polypodium L.
✕✕ Petiolus rhizomati continuus.
4. Phegopteris Fée.
b. Sori margine reflexo membranaceo (indusio spurio) pinnarum, indusium verum supplente plus minus tecti.
   α. Sori marginales, oblongo-orbiculares, in lineam marginalem non indusiatam, sed saepe margine frondis revoluto pro parte tectam cito confluentes.
5. Notholaena R. Br.
   β. Sori in venarum apice incrassato parvi, subglobosi, oligocarpi, distincti vel demum subconfluentes, lineam intramarginalem sinuosam, plus minus continuam formantes, lobulorum margine reflexo membranaceo plus minus velati.
6. Cheilanthes Sw.
c. Sori, saltem juniores, indusio membranaceo tecti (cf. *Pteridis* sp.).
  α. Sori exacte marginales.
   ✕ Sori transverse oblongi vel lineares, in parte suprema loborum, marginales, indusio membranaceo, cum frondis margine continuo, squamaeformi, semilunari, intus aperto, obtecti.
7. Adianthum L.
✕✕ Sori marginales, lineares, continui, indusio membranaceo, e margine frondis vel paulo intra marginem oriundo, continuo, lineari, plus minus tecti.
8. Pteris L.
  β. Sori paginam frondis segmentorum inferiorem occupantes.
   ✕ Sori lineares, oblongi vel semilunati.
    ○ Frondes biformes, centrales fertiles contractae, periphericae steriles planae; sori lineares, nervo segmentorum medio paralleli, demum confluentes, indusio lineari, latere interno libero.
9. Blechnum L.
○○ Frondes omnes conformes.
   . Frondes indivisae; sori lineares, inter se paralleli, in fronde oblique transversi, indusio lineari, rima media longitudinali dehiscente.
10. Scolopendrium L.
  .. Frondes varie divisae; sori lineares vel oblongi, secus nervos secundarios unilaterales, indusio soro conforme, margine interiore aperto.
   ; Paleae rigidae, clathratae, obscurae; petiolus fasciculo centrali plerumque unico percursus.
11. Asplenium L.
  ;; Paleae molles, cystopterideae (id est cellulis laxis ad parietes non incrassatis constantes); petiolus fasciculis binis periphericis percursus.
12. Athyrium Roth.
✕✕ Sori rotundati vel orbiculares.
   . Indusium orbiculare, peltatum, centro affixum, margine liberum.
13. Aspidium Sw.
  .. Indusium orbiculari-reniforme, plica e centro ad periferiam tendente affixum.
14. Nephrodium Rich.

... Indusium orbiculare vel ovatum, denticulato-lacerum, puncto marginis affixum, demum corrugatum et evanescens.

15. Cystopteris.

2. Tribus. *Osmundeae* R. Br. l. c. p. 161. — Sporangia unilocularia, membranaceo-reticulata, exannulata, in valvas binas regulariter dehiscentia; indusium nullum.

16. Osmunda L.

3. Tribus. *Ophioglosseae* R. Br. l. c. p. 171. — Sporangia unilocularia, exannulata, bivalvia, transverse dehiscentia; indusium nullum.

a. Frondes steriles pinnatisectae; sporangia libera, paniculata.

17. Botrychium Sw.

b. Frondes steriles simplices, integerrimae; sporangia connata, spicata.

18. Ophioglossum L.

1. Tribus. **POLYPODIEAE** R. Br. pr. fl. V. p. 145.

1. Ceterach Willd. sp. pl. V. p. 135.

1. **C. officinarum** Willd. sp. pl. V. p. 136; Ch. et B. exp. p. 285, Fl. pelop. p. 66; Friedr. Reise p. 277; Clem. sert. p. 101; Ung. Reise p. 115; Weiss in z. b. G. 1869 p. 758; Spreitz. in z. b. G. 1877 p. 734; Bois. fl. or. V. p. 722; Gelmi in bull. soc. bot. it. 1889 p. 453; Form. in D. bot. Mon. 1890 p. 5, in Ver. Brünn 1895 p. 17, 1896 p. 19, 1897 p. 19; Hal. beitr. fl. Epir. p. 44; Heldr. fl. Aegina p. 399; Haussk. symb. p. 72. — *Asplenium ceterach* L. sp. p. 1080; Pieri corc. fl. p. 130; Sieb. avis p. 5, rem. p. 6; Fraas fl. class. p. 316; Heldr. chlor. Thera p. 25. — *Scolopendrium ceterach* Roth tent. III. p. 48; S. et S. pr. II. p. 277. — *Grammitis ceterach* Sw. syn. fil. p. 23; Heldr. in Sitzungsb. acad. Wiss. Berl. 1883 p. 7. — *Gymnogramme ceterach* Spreng. syst. IV. p. 38; Raul. cret. p. 884; Heldr. fl. cephal. p. 76. — Icon: Engl. bot. t. 1244. — Exsicc.: Orph. fl. gr. n. 139; Sint. it. or. a. 1889 n. 1860.

Rhizomate caespitoso; frondibus lanceolatis, in segmenta ovata, obtusa, integra, supra viridia glabra, subtus paleis rufis soros occultantibus obsita, pinnatipartitis.

In rupibus, ad muros regionis inferioris et montanae, per totam ditionem. — Jan. Decembr. ♃.

2. Gymnogramme Desv. in mag. ges. nat. Berl. V. p. 305.

1. **G. leptophylla** L. sp. p. 1092; S. et S. pr. II. p. 272 (*Polypodium*); Desv. l. c.; Ch. et B. exp. p. 284, Fl. pelop. 66; Weiss in z. b. G. 1869 p. 758; Spreitz. in z. b. G. 1877 p. 734; Bois. fl. or. V. p. 271; Gelmi in bull. soc. bot. it. 1889 p. 454; Heldr. chlor. Thera p. 25; Haussk. symb. p. 72. — *Grammitis leptophylla* Sw. syn. fil. p. 218; Sieb. avis p. 5, rem. p. 6; Marg. et R. fl. Zante p. 102; Raul. cret. p. 885; Heldr. fl. ceph. p. 76. — *Acrostichum leptophyllum* DC. fl. fr. II. p. 565; Urv. enum p. 126. — Huc

forsan: *A. polypodioides* Pieri corc. fl. p. 131, non L. — Icon: Schkuhr krypt. gew. t. 26. — Exsicc.: Baen. herb. europ. n. 9377.

Radice annua; frondibus teneris, pellucidis, purpureo-petiolatis, glabris, junioribus brevissimis, pinnatisectis, pinnis flabellatis, ceteris 2—3 pinnatisectis, segmentis obovato-cuneatis, incisis; soris denique totam paginam inferiorem obtegentibus.

In cryptis, lacunosis, muris umbrosis regionis inferioris. Aetolia (Nied.); Attica: in antro Nympharum pr. Kephissia (Heldr.); Acrocorinthus (Haussk.); Messenia: ad fl. Neda, pr. Arcadia, Rumano pr. Pylos, ad radices Hag. Nicolaos, pr. Methone, insula Sapienza (Chaub.); Argolis: in peninsula Methana (Heldr.); Cycladum insula: Syra, Tenos (Weiss), Melos, Kameni (Urv.), Thera (Heldr.); Creta (Sieb.): pr. Canea, insula Dia (Raul.); Zacynthus (Sibth.); Cephalonia: pr. Argostoli, Kastro, Scala, mt. Atro (Heldr.); Corcyra: pr. Kanone (Baen.), San Deca (Spreitz.). — Mart. Maio. ⊙.

3. Polypodium L. gen. n. 1179.

1. **P. vulgare** L. sp. p. 1085; S. et S. pr. II. p. 272; Pieri corc. fl. p. 130; Dallap. prosp. p. 133; Ch. et B. exp. p. 286, Fl. pelop. p. 67 cum f. *majqr*; Marg. et R. fl. Zante p. 102; Friedr. Reise p. 274 et 279; Fraas fl. class. p. 315; Ung. Reise p. 115, f. *australis* Raul. cret. p. 885; Bois. fl. or. V. p. 723; Heldr. fl. ceph. p. 76, in Sitzungsb. acad. Wiss. Berl. 1883 p. 8, chlor. Mykon p. 255 f. *minor*; Gelmi in bull. soc. bot. it. 1889 p. 454; Form. in Ver. Brünn 1896 p. 19; Haussk. symb. p. 72 f. *acuta* et *obtusa*. — Icon: Fl. dan. t. 1060. — Exsicc.: Orph. fl. gr. n. 1076.

Rhizomate repente, paleis fuscis dense vestito; frondibus ambitu oblongo-lanceolatis, pinnatipartitis, pinnis oblongis vel lineari-lanceolatis, acutis obtusisve, integris vel serrulatis, a basi versus apicem sensim decrescentibus; soris orbiculatis, inter nervum medianum et marginem utrinque uniseriatis.

Ad rupes umbrosas et truncos regionis inferioris et montanae. Thessalia: in valle Tempe (Heldr.); Euboea: mt. Dirphys (Fraas); Attica: ad antrum Nympharum pr. Kephissia (Orph.); Acrocorinthus (Haussk.); Achaia: mt. Kyllene (Fraas), Chelmos pr. Klukines (Orph.); Arcadia: mt. Trikorfo pr. Sinano (Friedr.); Messenia: pr. Phigalea, ad fl. Neda, pr. Messene, Pylos, mt. Kupe (Chaub.); Laconia: in castanetis Alagoniae (Zahn); Argolis: pr. Poros (Friedr.); Cycladum insula: Keos (Tunt.), Mykonos (Heldr.); Creta: pr. Rhamni in mt. Sphacioticis (Raul.); Zacynthus (Marg.); Cephalonia (Dallap.): pr. Hagios Georgios, Peratada, Taphius (Heldr.); Corcyra (Pieri). — Jan. Dez. ♃.

4. Phegopteris Fée gen. fil. p. 242.

a. Frondes pinnatisectae, pinnis pinnatifidis.

1. **P. polypodioides** Fée gen. fil. p. 243. — *Polypodium phegopteris* L. sp. p. 1089. — Icon: Fl. dan. t. 1241.

Rhizomate repente; frondibus longe petiolatis, ambitu triangulari-ovatis, longe acuminatis, utrinque sparse pilosis, pinnatisectis, pinnis oblongo-lanceolatis, acuminatis, a basi versus apicem sensim decrescentibus, pinnatifidis, pinnulis oblongis, obtusis, integris vel obsolete crenulatis; soris rotundis, margini pinnularum approximatis.

In Peloponnesi petrosis (Sibth.); a recentioribus non lecta. — Jun. Sept. ♃. N. v.

b. Frondes bipinnatisectae, pinnis inferioribus pinnatifidis.

2. **P. Robertiana** Hoffm. deutschl. fl. II. p. 20 (*Polypodium*); A. Br. in Aschers. fl. brandenb. II. p. 198; Bois. fl. or. V. p. 724. — *Polypodium calcareum* Sm. fl. bril. III. p. 1117. — Icon: Engl. bot. t. 1525. — Exsicc.: Sint. it. or. a 1889 n. 1863; Sint. et Bornm. it. turc. 1541 et 1541 b.

Rhizomate repente, subopaco; frondibus rectis, longe petiolatis, ambitu deltoideo-triangularibus, superne glabriusculis, subtus rhachidisque glanduloso-pubescentibus, bipinnatisectis, pinnis inferioribus pinnatifidis, pinnulis oblongis, obtusis, integris vel crenatis; soris rotundis, margini laciniarum approximatis, denique confluentibus.

In lapidosis umbrosis, silvis regionis montanae et subalpinae. Thessalia: mt. Olympus (Orph.), pr. Hagios Dionysios et Litochori (Sint.). — Jun. Sept. ♃.

3. **P. dryopteris** L. sp. p. 1093; Sieb. Reise II. p. 35; Raul. cret. p. 885; (*Polypodium*); Fée gen. fil. p. 243. — Icon: Fl. dan. t. 1943.

Rhizomate repente, tenui, ebeneo; frondibus horizontaliter inclinatis, glabris, longe petiolatis, ambitu subaequilateraliter triangularibus, bipinnatisectis, pinnis inferioribus pinnatifidis, pinnulis oblongis, obtusis, integris; soris rotundis, margini laciniarum approximatis, distinctis. — Praeter notas indicatas differt a praecedente, pinna lateris inferioris segmenti primarii tertium (in *P. Robertiana* quartum) totum segmentum primarium aequante.

In montosis Cretae (Sieb.), sine loci specialis indicatione. — Jun. Sept. ♃. N. v.

5. Notholaena R. Br. pr. fl. nov. holl. p. 445.

1. **N. Marantae** L. sp. p. 1071; S. et S. pr. II. p. 271, Fl. gr. X. t. 964; (*Acrostichum*); R. Br. l. c. — Raul. cret. p. 885; Bois. fl. or. V. p. 725. — *Gymnogramme Marantae* Mett. fil. hort. lips. p. 43. —

Rhizomate repente, dense paleaceo; frondibus petiolo paleaceo, eis longiore suffultis, ambitu oblongis vel oblongo-lanceolatis, bipinnatisectis, pinnulis oblongis, obtusis, integris, supra viridibus glabris, subtus paleis imbricatis, rufis densissime vestitis; soris margine revoluto membranaceo frondis subtectis.

In fissuris rupium regionis submontanae, rarissime. Creta (Sibth.), sine loci specialis indicatione; a recentioribus non lecta. — Mart. Sept. ♃. N. v.

2. **N. vellea** Ait. hort. Kew. III. p. 457 (1789); S. et S. pr. II. p. 271, Fl. gr. X..t. 965; (*Acrostichum*); Desv. journ. bot. 1813 III. p. 92. — *Acrostichum lanuginosum* Desf. fl. atl. II. p. 400 t. 256 (1800); Sieb. avis p. 5, rem. p. 6, Reise I. p. 149; Marg. et R. fl. Zante p. 102. — *N. lanuginosa* Desv. journ. bot. III. p. 92; Ch. et B. exp. p. 285, Fl. pelop. p. 67; Clem. sert. p. 101; Weiss in z. b. G. 1869 p. 758; Raul. cret. p. 885; Bois. fl. or. V. p. 725. — *Gymnogramme lanuginosa* A. Br. app. ind. hort. berol. p. 28. — Exsicc.: Heldr. pl. fl. hellen. a. 1887 et 1898.

Rhizomate caespitoso, dense paleaceo; frondibus petiolo paleaceo eis multo breviore suffultis, ambitu lanceolatis, bipinnatisectis, pinnulis rotundatis vel ovatis, obtusis, integris vel crenatis, utrinque pilis mollibus, flexuosis, albis, demum cinnamomeis, dense vestitis; soris ad marginem frondis subrevolutae nudis.

In muris, rupestribus regionis inferioris. Attica: ad Piraeum (Clem.); Argolis: in peninsula Methana (Chaub.) pr. Vromolimni (Heldr.); Messenia: pr. Kalamata (Zahn); Laconia: ad promontorium Malea (Chaub.); Creta (Sieb.): ad monasterium Hagios Joannes, promontorium Maleka, pr. Lutro, insula Dia (Raul.); Zacynthus (Sibth.). — Nov. Jun. ♃.

6. Cheilanthes Sw. syn. fil. p. 5 et 126.

1. **C. fragrans** L. mant II. p. 307 (*Polypodium*); Webb et Berth. hist. nat. canar. III. p. 452; Bois. fl. or. V. p. 725; Heldr. fl. Aegina p. 399; Haussk. symb. p. 72. — *C. odora* Sw. syn. fil. p. 127; Sieb. avis rem. p. 6, in Flora I. p. 271; Ch. et B. exp. p. 289, Fl. pelop. p. 67; Clem. sert. p. 101; Ung. Reise p. 115; Weiss in z. b. G. 1869 p. 758; Raul. cret. p. 886; Heldr. fl. cephal. p. 77; Gelmi in bull. soc. bot. it. 1889 p. 453. — *C. suaveolens* Sw. syn. fil. p. 127; Sieb. avis p. 5; Friedr. Reise p. 266 et 274. — Icon: Fl. gr. X. t. 966. — Exsicc.: Orph. fl. gr. n. 140.

Rhizomate caespitoso, paleis membranaceis ferrugineis dense vestito; frondibus petiolo elongato, paleaceo-piloso suffultis, ambitu ovato-oblongis, bi-, tripinnatisectis, praeter rhachidem paleaceam glabris, laciniis minutis, ovatis vel oblongis, inferioribus obtuse paucilobatis, superioribus integris; indusio spurio integro vel repando vel brevissime ciliato, soros non occultante.

In fissuris rupium regionis inferioris et montanae. Phocis: pr. Delphi (Leon.); Attica: pr. Athenas (Friedr.), mt. Corydalus (Orph.), Lycabettus (Heldr.), Hymettus (Clem.), ad Piraeum (Weiss), insula Aegina (Heldr.); Acrocorinthus, pr. Vromolimni in peninsula Methana (Haussk.), insula Poros (Friedr.); Messenia et Laconia: pr. Andrusa, Kisternes, pr. Petalidi, Kardamyle, Kitries, promontorium Tainaron (Chaub.); Cycladum insula Syra (Weiss); Creta (Sieb.): pr. Canea. Akroteri, insula Dia (Raul.); Cephalonia: pr. Kastro, Pessada, Omala (Heldr.); Corcyra: pr. Pelleca (Gelmi): — Nov. Jun. ♃.

2. **C. persica** Bory in Belang. voy. ind. or. II. crypt. p. 21 a.

1833 (*Notholaena*); Mett. fil. afr. p. 73. — *C. Szovitsii* Fisch. et Mey. in bull. soc. imp. Mosc. 1833 VI. p. 260 solum nomen, ibidem 1838 III. p. 241; Milde filic. europ. et atlant. p. 33. — *C. fimbriata* Vis. fl. dalm. I. p. 42 t. 1 (1842). — *Acrostichum microphyllum* Bert. in G. Bert. propag. agric. VI. p. 343 (1856), misc. bot. 18 p. 10. — *Oeosporangium Szovitsii* Vis. in atti ist. venet. III. ser. 12. p. 663. — *O. persicum* Vis. fl. dalm. suppl. p. 12. —

Rhizomate caespitoso, paleis fuscis angustis vestito; frondibus petiolo elongato, paleis subsquamosis obsito suffultis, ambitu oblongo-lanceolatis, 3—4 pinnatisectis, supra glabris, subtus cum rhachide dense villosis, laciniis minutissimis, orbiculatis vel ovatis, integris; indusio spurio ciliato, ciliis longissimis, soros omnino occultantibus. — Lanugine albo, demum ferrugineo paginae inferioris frondis a praecedente primo visu facillime distinguitur.

In fissuris rupium. Morea et Creta (Milde). — Mart. Aug. ♃. N. v.

7. Adianthum L. gen. 1180.

1. **A. capillus Veneris** L. sp. p. 1096; S. et S. pr. II. p. 278; Pieri corc. fl. p. 129; Dallap. prosp. p. 134; Sieb. avis p. 5; Ch. et B. exp. p. 290, Fl. pelop. p. 68; Marg. et R. fl. Zante p. 102; Friedr. Reise p. 274 et 286; Fraas fl. class. p. 317; Clem. sert. p. 101; Ung. Reise p. 115; Heldr. Nutzpfl. p. 2, Fl. cephal. p. 77, Chlor. Parn. p. 30, Fl. Aegina p. 399, Chlor. Thera p. 25; Weiss in z. b. G. 1869 p. 758; Raul. cret. p. 886; Bois. fl. or. V. p. 730; Spreitz. in z. b. G. 1887 p. 672, 1890 p. 300; Hal. beitr. fl. Epir. p. 44; Form. in Ver. Brünn 1895 p. 17, 1896 p. 20; Haussk. symb. p. 72. — Icon: Engl. bot. t. 1564. — Exsicc.: Orph. fl. gr. n. 1200.

Rhizomate repente, caespitoso, paleis nigricantibus vestito; frondibus petiolo elongato, ebeneo, glabro suffultis, ambitu late-oblongis, tripinnatisectis, laciniis petiolulatis, teneris, glabris, obovato-cuneatis, inaequilateris, apice obtusissime palmatifido-incisis, lobis antice, rarius ad latera crenato-denticulatis.

β. **trifidum** Willd. herb. n. 20108 pro sp. ex Asch. et Gr. syn. I. p. 88; Milde fil. europ. et atl. p. 30. — Laciniae in 3—7 lacinulas cuneatas vel lineares, argute serratas palmatifidae. — Exsicc.: Heldr. et Hal. fl. aeg. a. 1889.

In umbrosis humidis, speluncis, stillicidiis regionis inferioris et montanae, passim per totam ditionem; varietatem tantum ex insula Jos Cycladum vidi. — Jan. Dec. ♃.

8. Pteris L. gen. n. 1174.

a. Frondes pinnatisectae.

1. **P. cretica** L. mant. p. 130; Friedr. Reise p. 275; Raul. cret. p. 886; Bois. fl. or. V. p. 727. — Icon: Schkuhr crypt. t. 90.

Rhizomate repente, fusco-paleaceo; frondibus longe petiolatis, ambitu oblongis, glabris, pinnatisectis, segmentis 3—9 jugis, remotis, oppositis, lanceolato-linearibus, longissimis, basi breviter attenuata subsessilibus, superioribus breviter decurrentibus, inferioribus saepe geminatis, sterilibus serrulatis, fertilibus angustioribus, integris; soris indusio vero destitutis.

In nemorosis regionis inferioris, rarissime. Argolis: pr. Poros (Friedr.); Creta (Morison). — Maio, Jul. ♃. N. v.

2. **P. longifolia** L. sp. p. 1074; Raul. cret. p. 886; Bois. fl. or. V. p. 727. — *P. vittata* L. sp. p. 1074; S. et S. pr. II p. 277. — *P. ensifolia* Sw. syn. fil. p. 95; Ch. et B. fl. pelop. p. 68 t. 39. — *P. lanceolata* Desf. fl. atl. II p. 401, von L. . — *P. Alpini* Spreng. syst. IV. p. 71. — Icon: Schkuhr Krypt. t. 88. — Exsicc.: Orph. fl. gr. n. 500; Heldr. herb. norm. n. 1499.

Rhizomate repente, fusco-paleaceo; frondibus breviter petiolatis, ambitu lanceolatis, glabris, vel subtus brevissime puberulis, pinnatisectis, segmentis multijugis, subapproximatis, suboppositis, lineari-lanceolatis, elongatis, basi inaequaliter cordata subsessilibus, superioribus non decurrentibus, omnibus solitariis, sterilibus omnino, fertilibus angustioribus apice tantum cartilagineo-serrulatis; soris indusii veri loco paraphysibus instructis.

In faucibus umbrosis, ad rivos regionis inferioris, rarissime. Zacynthus (Sibth.); Messenia: in valle fl. Nedon ad molam Valis et in adjacente loco Kalamitza dicto haud procul ab urbe Kalamata (Gittard); Creta (Alpin). — Jun. Dec. ♃.

b. Frondes 2—3 pinnatisectae.

3. **P. arguta** Ait. hort. Kew. p. 458; Milde fil. europ. et atlant. p. 44; Bois. fl. or. p. 728. — *P. palustris* Poir. enc. V. p. 722. — Icon: Tourn. inst. t. 313.

Rhizomate repente; frondibus elatis, longe petiolatis, amplis, ambitu ovatis, basi deorsum bipinnatisectis, glabris, segmentis lineari-lanceolatis, longissimis, profunde pinnatipartitis, pinnulis a basi latiore, decurrente, oblongo-lanceolatis, sursum subfalcatis, serratis, superne ad nervi basin spinula e costa segmenti oriunda instructis; soris indusii veri loco paraphysibus instructis.

In humidis, ad rivos, rarissime. Corcyra (Mazz.), loco non notato. — Jun. Dec. ♃. N. v.

4. **P. aquilina** L. sp. p. 1075; S. et S. pr. II. p. 277; Dallap. prosp. p. 134; Urv. enum. p. 126; Ch. et B. exp. p. 290, Fl. pelop. p. 67; Marg. et R. fl. Zante p. 120; Friedr. Reise p. 264 et 279; Fraas fl. class. p. 316; Heldr. Nutzpfl. p. 2, in Sitzungsb. acad. Wiss. Berl. 1883 p. 7, fl. cephal. p. 77, chlor. Parn. p. 29, chlor. Thera p. 25; Raul. cret. p. 886; Spreitz. in z. b. g. 1877 p. 734, 1887 p. 672; Bois. fl. or. V. p. 728; Form. in D. bot. Mon. 1890 p. 5, in Ver. Brünn 1895 p. 17, 1896 p. 19, 1897 p. 19; Hal. beitr. fl. epir. p. 44, beitr. fl. Thessal. p. 19; Haussk. symb. p. 72. — Icon: Schkuhr krypt. t. 95. — Exsicc.: Heldr. et Hal. fl. aeg. a. 1889.

Rhizomate repente; frondibus elatis, longe petiolatis, amplis, **ambitu ovato-deltoideis**, 2—3 pinnatisectis, subtus plus minus pubescentibus, segmentis lanceolatis, pinnulis oblongo-lanceolatis, basi lata sessilibus, inferioribus pinnarum plus minus pinnatifidis, superioribus **integris**; soris indusio vero, costali, ciliato instructis.

In silvaticis submontosis, in regionem subalpinam adscendens et interdum magnas areas dense obtegens, per totum territorium. — Jul. Sept. ♃.

9. Blechnum L. gen. n. 1175.

1. **B. spicant** L. sp. p. 1066 (*Osmunda*); Wither. arrang. ed. 3 III p. 765; Raul. cret. p. 886; Heldr. in Sitzungsb. acad. Wiss. Berl. 1883 p. 3; Bois. fl. or. V. p. 729; Haussk. symb. p. 72. — *Lomaria spicant* Desv. in mag. ges. nat. fr. Berl. V. p. 325. — Icon.: Fl. dan. t. 2303. — Exsicc.: Heldr. it. thessal. n. 35; Sint. it. thessal. n. 1312.

Rhizomate caespitoso, paleaceo; frondibus biformibus, **breviter petiolatis**, ambitu lanceolatis, **glabris**, pinnatipartitis, pinnis a medio deorsum et sursum decrescentibus, integris, sterilibus lineari-lanceolatis, approximatis, fertilibus anguste linearibus, distantibus.

In silvaticis, ad rivulos regionis montanae et subalpinae. Thessalia: mt. Pelion (Heldr.); Creta: pr. Enneachoria, Sarakino, Ortunes (Raul.). — Jul. Sept. ♃.

10. Scolopendrium Sm. in mem. ac. sc. Turin V. p. 410.

1. **S. vulgare** Sm. l. c. p. 421; S. et S. pr. II. p. 276; Haussk. symb. p. 72. — *Asplenium scolopendrium* L. sp. p. 1079. — *S. officinarum* Sw. in Schrad. journ. II p. 61; Fraas fl. class. p. 317. — *S. officinale* DC. fl. fr. II p. 552; Marg. et R. fl. Zante p. 102; Bois. fl. or. V. p. 729. — Icon: Curt. fl. lond. I. t. 67. — Exsicc.: Sint. et Bornm. it. turc. n. 1535; Bald. it. cret. alt. n. 274.

Rhizomate brevi, petiolisque paleaceo; frondibus breviter **petiolatis**, glabris, elongato-lingulatis, basi cordatis, rotundatim biauriculatis, margine integris vel erosulis; soris saepius elongatis.

In rupestribus humidis, silvis umbrosis regionis montanae et subalpinae. Thessalia: mt. Ghavellu (Haussk.), Olympus pr. Hagios Dionysios (Orph.); Euboea.: mt. Dirphys (Heldr.); Aetolia: mt. Tymphrestus, Korax (Fraas); Laconia: mt. Malevo pr. Platanos (Orph.). mt. Taygetos (Heldr.); Creta (Heldr.): in oropedio Omalo (Bald.); Zacynthus: in pago Bochali (Marg.); Leucas (Orph.). — Jun. Sept. ♃.

2. **S. hemionitis** Sw. in Schrad. journ. II. p. 50; Milde fil. europ. et atlant. p. 90; Bois. fl. or. V. p. 90. — *S. sagittatum* DC. fl. fr. V. p. 238. — *S. breve* Bert. p. 20 misc. bot. XVIII. t. 5; Spreitz. in z. b. g. 1890, 300, f. juvenilis, foliis cordato-ovatis. — Icon: Schkuhr krypt. t. 84.

Rhizomate brevi, petiolisque paleaceo; frondibus breviter vel **longe petiolatis**, glabris, junioribus cordato-ovatis, tandem oblongo-lanceolatis,

supra basin dilatatam, profunde cordatam, saepe divaricatim hastato-
2—4 lobam, constrictis, margine integris vel erosulis; soris saepius
abbreviatis.

In rupibus umbrosis, ad muros regionis inferioris et montanae,
rarissime. Graecia (Milde), sine loci specialis indicatione; Creta: ad
Mavrus Lakus in mt. Sphacioticis (Spreitz.). — Nov. Maio. ♃. N. v.

11. Asplenium L. gen. n. 1178.

a. Frondes in 2—5 segmenta linearia divisae; sori lineares.

1. A. septentrionale L. sp. p. 1068 (*Acrostichum*); Hoffm.
deutschl. fl. II. p. 12; Hal. beitr. fl. thessal. p. 19. — Icon: Fl. dan.
t. 60. — Exsicc.: Hal. it. gr. sec. a. 1893.

Rhizomate fibroso, caespitoso, paleaceo; frondibus longe petiolatis,
glabris, in 2—5 segmenta elongato-linearia, acuta, integra vel superne
in 2—3 dentes subulatos incisa, furcatim divisis; soris linearibus, denique
confluentibus, totam paginam inferiorem obtegentibus, indusio margine
integro.

In rupibus serpentinicis mt. Oxya supra pagum Kastania in Pindo
(Hal.). — Jul. Sept. ♃.

b. Frondes pinnatisectae; sori oblongi.

α. Frondes glabrae.

2. A. viride Huds. fl. angl. p. 385; Bois. fl. or. V. p. 731. —
Icon: Fl. dan. t. 1289.

Rhizomate fibroso, caespitoso, paleaceo; frondibus glabris, ambitu
lineari-lanceolatis, pinnatisectis, petiolis lamina multo brevioribus, praeter
basin nigrescentem viridibus, rhachide viridi exalata, segmentis brevissime petiolulatis, rhombeo-ovatis, basi cuneatis, crenatis, persistentibus;
soris oblongis, denique confluentibus, indusio integro vel denticulato.

In fissuris rupium regionis subalpinae et alpinae mt. Olympus
Thessaliae (Heldr.). — Jul. Sept. ♃. N. v.

3. A. trichomanes L. sp. p. 1080; S. et S. pr. II. p. 275; Ch.
et B. exp. p. 288, Fl. pelop. p. 67; Friedr. Reise p. 281; Fraas fl.
class. p. 316; Clem. sert. p. 101; Ung. Reise p. 115; Raul. cret. p. 885;
Bois. fl. or. V. p. 731; Heldr. fl. cephal. p. 77, in Sitzungsb. acad.
Wiss. Berl. 1883 p. 8, chlor. Parn. p. 30; Gelmi in bull. soc. bot.
it. 1889 p. 453; Form. in D. bot. Mon. 1890 p. 5, in Ver. Brünn
1895 p. 17, 1896 p. 19, 1897 p. 19; Hal. beitr. fl. Epir. p. 44;
Haussk. symb. p. 72. — *A. trichomanoides* Cav. demonstr. p. 257;
Friedr. Reise p. 266. — Icon: Fl. dan. t. 119. — Exsicc.: Heldr. pl.
fl. hellen. a. 1890.

Rhizomate fibroso, caespitoso, paleaceo; frondibus glabris, ambitu
lineari-lanceolatis, pinnatisectis, petiolis lamina multo brevioribus, rhachideque scariose alato, ebeneis, segmentis sessilibus vel brevissime petiolulatis, obovato-subrotundis, crenulatis, deciduis; soris oblongis, denique
confluentibus, indusio integro vel repando.

Ad rupes umbrosas regionis montanae et subalpinae totius ditionis. — Maio, Sept. ♃.

β. Frondes glanduloso-pubescentes.

4. **A. Petrarchae** Guerin descr. vauch. I. p. 124 (*Polypodium*); DC. fl. fr. V. p. 238; Ch. et B. fl. pelop. p. 67. — *A. glandulosum* Lois. not. p. 145. — *A. vallisclausae* Reg. in Guerin descr. vauch. ed. 2 p. 239. — *A. pilosum* Guss. fl. sic. syn. p. 661. — *A. trichomanes* β. *pubescens* Gr. et Godr. fl. fr. III. p. 636. — Icon: Hook. et Grev. filic. t. 152.

Rhizomate fibroso, caespitoso, paleaceo; frondibus undique cum petiolo rhachideque dense glanduloso-pubescentibus, ambitu lineari-lanceolatis, pinnatisectis, petiolis lamina multo brevioribus, rhachideque exalata ebeneis, segmentis brevissime petiolulatis, ovatis vel oblongis, crenulatis, deciduis; soris oblongis, denique confluentibus, indusio denticulato.

In rupium fissuris pr. Arcadia Messeniae (Gittard). — Maio, Sept. ♃. N. v.

c. Frondes 2—4 pinnatisectae.

α. Petiolus lamina brevior; segmenta versus apicem et basin frondis decrescentia.

5. **A. fontanum** L. sp. p. 1089 (*Polypodium*); Bernh. in Schrad. journ. I. p. 314; Bois. fl. or. V. p. 733. — *Aspidium fontanum* Willd. sp. V. p. 272; S. et S. pr. II. p. 274; Raul. cret. p. 885. — Icon: Luerss. farnpfl. p. 201 t. 115. —

Rhizomate fibroso, caespitoso, paleis atrofuscis vestito; frondibus petiolo inferne ebeneo-fusco suffultis, ambitu oblongo-lanceolatis, bipinnatisectis, rhachide viridi, late costata, plerumque glabra, pinnis ovatis vel oblongis, pinnulis 2—6 jugis, obovato-cuneatis, spinuloso-dentatis soris ovatis, nervo mediano approximatis, indusio subintegro.

In umbrosis irriguis, loco non notato (Sibth.); Creta: mt. Hagion Pneuma in mt. Sphacioticis (Heldr.). — Apr. Jul. ♃. N. v.

6. **A. lanceolatum** Huds. fl. angl. p. 454; S. et S. pr. II. p. 276; Bois. fl. or. V. p. 733. — Icon: Luerss. farnpfl. p. 205 t. 116. — Exsicc.: N. v.

Rhizomate fibroso, caespitoso, paleis fuscis vestito; frondibus petiolo fusco suffultis, ambitu oblongo-lanceolatis, bipinnatisectis, rhachide viridi, late costata, juvenili saltem sparse pilis fuscis vestita, pinnis ovato-lanceolatis, pinnulis 5—10 jugis, obovato-cuneatis, spinuloso-dentatis; soris ovatis, margini approximatis, indusio integro.

β. **obovatum** Viv. fl. lib. sp. p. 68; Ch. et B. fl. pelop. p. 67; Heldr. chlor. Mykon. p. 255; pro sp.; Moore ind. filic. p. 140. — Pinnulis latius obovato-rotundatis, subintegris vel brevius et obtusius dentatis. — Exsicc.: Heldr. herb. norm. n. 1100; Dörfl. fl. aeg. n. 102.

In fissuris humidis rupium regionis inferioris. Arcadia (Gittard);

insula Poros (Reinhold), Tenos (Chaub.), Delos (Tunt.), Mykonos (Heldr.), Andros, Naxos (Sart.), Melos (Leon.). — Mart. Jul. ♃.

β. Petiolus lamina longior; frondis segmenta a basi ad apicem sensim decrescentia.

7. A. onopteris L. sp. p. 1081. — *A. adiantum nigrum* Friedr. Reise p. 281; Fraas fl. class. p. 316; Spreitz. in z. b. G. 1877 p. 734; Form. in D. bot. Mon. 1890 p. 5; Haussk. symb. p. 72; non L. sp. p. 1081. — *A. acutum* Bory in Willd. sp. V. p. 347; Gelmi in bull. soc. bot. it. 1889 p. 453. — *A. Virgilii* Ch. et B. exp. p. 289, Fl. pelop. p. 67; Ung. Reise p. 115; Hal. in ö. b. Z. 1890 p. 41, Beitr. fl. Epir. p. 44. — *A. adiantum nigrum v. Virgilii* Raul. cret. p. 885; Bois. fl. or. V. p. 734; Heldr. chlor. Parn. p. 30; Form. in Ver. Brünn 1896 p. 19. — *A. serpentini* Form. in D. bot. Mon. 1890 p. 5, non Tausch. — Icon: Luerss. farnpfl. p. 271 t. 125 b. — Exsicc.: Orph. fl. gr. n. 975.

Rhizomate fibroso, caespitoso, nigro-paleaceo; frondibus glabris, nitidis, petiolo nigricante suffultis, ambitu triangulari-lanceolatis, acuminatis, 3—4 pinnatisectis, segmentis primariis petiolulatis, ovato-lanceolatis, saepius sursum curvatis, eis ultimi ordinis lanceolatis vel linearilanceolatis, mucronato-dentatis; soris oblongis, indusio integro. — Subspecies australis *A. adianti nigri* L., segmentis rectis, patentibus, eis ultimi ordinis ovatis vel obovatis, minus acute dentatis diversi.

In umbrosis regionis submontanae, in subalpinam adscendens· Epirus: pr. Kalentini ad septentrionem urbis Arta (Hal.); Thessalia: pr. Velitsena, Malakasi, Kalabaka, Velestinos, Patsios, Tafilvris, Lokatamburia (Form.), Hagios Dionysios in Olympo (Sint.); Euboea: mt. Telethrion (Heldr.), Steni (Ung.); Aetolia: mt. Arakynthos (Heldr.); mt. Parnassus, Helicon, Parnes (Fraas); Messenia: ad fl. Rumano, mt. Kupe, pr. Messene (Chaub.); Arcadia: mt. Diaforti pr. Andrizena (Friedr.); Argolis: in peninsula Methana (Haussk.); Laconia: mt. Malevo pr. Hagios Petros (Orph.); Cycladum insula Naxos (Heldr.); Creta: pr. Enneachoria, Rumata, Arkadi (Raul.); Corcyra: pr. Barbati ad radices mt. Pantocrator (Spreitz.). — Maio, Sept. ♃·

8. A. ruta muraria L. sp. p. 1081; S. et S. pr. II. p. 275; Dallap. prosp. p. 133; Bois. fl. or. V. p. 732; Heldr. fl. ceph. p. 77, chlor. Parn. p. 30. — Icon: Fl. dan. t. 190.

Rhizomate fibroso, caespitoso, paleaceo; frondibus glabris vel glandulosis, opacis, petiolo viridi suffultis, ambitu triangulari-ovatis, 2—3 pinnatisectis, segmentis primariis et secundariis petiolulatis, patentibus, eis ultimi ordinis a basi cuneata obovatis vel oblongo-obovatis, antice crenulatis vel dentatis, rarius subintegris; soris elongatis, indusio margine fimbriato.

In rupium fissuris regionis montanae et alpinae, rarissime. Phocis: mt. Parnassus loco Gurna dicto (Heldr.); Cephalonia (Dallap.). — Jun. Sept. ♃. N. v.

12. Athyrium Roth tent. III. p. 58.

1. A. filix femina L. sp. p. 1090 (*Polypodium*); Roth tent. III. p. 65; Raul. cret. p. 885; Bois. fl. or. V. p. 735; Bald. viagg. cret. p. 97; Form. in Ver. Brünn 1896 p. 20, 1897 p. 19; Haussk. symb. p. 72. — *Aspidium filix femina* Sw. in Schrad. journ. II. p. 41; Heldr. Nutzpfl. p. 3. — *Asplenium filix femina* Bernh. in Schrad. neu. journ. I. 2 p. 48. — Icon: Fl. dan. t. 2436. — Exsicc.: Orph. herb. n. 3297; Sint. it. thessal. n. 1276.

Rhizomate crasso, brevi, paleaceo; frondibus elatis, amplis, petiolo paleaceo suffultis, ambitu elliptico-oblongis, acuminatis, glabris, bipinnatisectis, pinnis multijugis, longe acuminatis, pinnulis lanceolatis, multijugis, in lobos ovatos, apice saepius acute 2—4 dentatos pinnatifidis; soris oblongis vel semilunatis, indusio margine fimbriato.

In silvis umbrosis regionis montanae et subalpinae. Thessalia: mt. Zygos, Oxya (Form.), Ghavellu, pr. Sermeniko, Bezula in Pindo, mt. Pelion (Haussk.); Laconia: mt. Malevo pr .Castanitza (Orph.), mt. Taygetos (Heldr.); Creta: pr. Enneachoria, Sarakino (Raul), ad fontem Kapidiana distr. Rethymniotika (Bald.). — Jul. Sept. ♃.

13. Aspidium Sw. in Schrad. journ. II. p. 29.

a. Frondes bipinnatisectae.

1. A. lobatum Huds. fl. angl. p. 469 (*Polypodium*); Sw. in Schrad. journ. II. p. 37; Form. in D. bot. Mon. 1890 p. 5, in Ver. Brünn 1897 p. 19. — *A. aculeatum v. vulgare* Döll. rhein. fl. p. 20; Bois. fl. or. V. p. 736. — Icon: Schkuhr Krypt. t. 40. — Exsicc.: Sint. et Bornm. it. turc. n. 1543.

Rhizomate crasso, dense paleaceo; frondibus elatis, lanceolatis, basin versus decrescentibus, petiolo brevi, crebre paleaceo, ad 7 mm. diametro, suffultis, subtus paleaceis, ambitu oblongo-lanceolatis, bipinnatisectis, pinnis multijugis, acuminatis, pinnulis multijugis, 8—15 mm. longis, sessilibus, rarius breviter petiolulatis, trapezoideo-rhombeis, basi cuneatis, inaequaliter denticulatis, dentibus spinula valdiore terminatis, plerumque inferioribus tantum latere superiori auriculatis, auricula infima lateris superioris pinnae ceteris multo longiore; soris secus nervum medium uniseriatis, indusio magno, peltato.

In silvaticis regionis montanae et subalpinae. Thessalia: mt. Olympus (Heldr.); indicatur quoque pr. Chaliki, Lepeniza, Sermenikon, mt. Ghavellu et Itamos (Form.) in mt. Pindo, sed probabiliter ex confusione cum sequente. — Jun. Sept. ♃.

2. A. aculeatum L. sp. p. 1090 (*Polypodium*); Sw. in Schrad. journ. II. p. 37; S. et S. pr. II. p. 274; Friedr. Reise p. 282; Heldr. Nutzpfl. p. 3. chlor. Parn. p. 30; Bald. viagg. cret. p. 97. — *A. angulare* Kit. in Willd. sp. V. p. 257. — *Hypopeltis lobulata* Ch. et B. exp. p. 286, Fl. pelop. p. 67. — *A. aculeatum v. Swartzianum* Koch syn. ed. 2 p. 976; Bois. fl. or. V. p. 736. — Exsicc.: Orph. herb. a. 1850; Sint. it. thessal. n. 1209 (ad *A. hastulatum* vergens).

Differt a praecedente frondibus oblongo-lanceolatis, basin versus parum decrescentibus, petiolo tenuiore ad 5 mm. diametro suffulto, pinnulis minoribus, ad 10 mm. longis, breviter petiolulatis, dentibus spinula setacea terminatis, fere omnibus latere superiori auriculatis, auricula infima lateris superioris pinnae ceteris plerumque paulo longiore, indusio minore.

β. **hastulatum** Ten. atti istit. incor. nap. V. p. 149 t. 4 pro sp.; Christ. farnkr. Schw. p. 122. — *A. angulare v. hastulatum* Haussk. symb. p. 72. — Pinnulae inciso-pinnatifidae, auricula sublibera. — Exsicc.: N. v.

In silvis regionis montanae et subalpinae. Thessalia: pr. Sermeniko (Sint.), monasterium Korona (Heldr.); mt. Parnassus (Heldr.); Euboea: mt. Telethrion (Heldr.); Arcadia: mt. Alvena et Smirna pr. Krysthena (Friedr.); Messenia: mt. Kupe, Manglava, pr. Ligudista (Chaub.); Laconia: mt. Malevo pr. Kastanitza (Orph.), mt. Taygetos (Heldr.); — β. Thessalia: pr. Sermeniko in Pindo dolopico (Haussk.). — Jun. Sept. ♃.

3. **A. lonchitis** L. sp. p. 1088 (*Polypodium*); Sw. in Schrad. journ. II. p. 30; S. et S. pr. II. p. 273; Fraas. fl. class. p. 315; Raul. cret. p. 885; Bois. fl. or. V. p. 735; Heldr. chlor. Parn. p. 30; Hal. in ö. b. Z. 1896 p. 19. — Icon: Fl. dan. t. 497. — Exsicc.: Heldr. herb. norm. n. 1600.

Rhizomate crasso, brevi, dense paleaceo; frondibus petiolo brevi paleaceo suffultis, subtus sparsim paleaceis, ambitu elongato-lanceolatis, pinnatisectis, pinnis multijugis, lanceolatis, saepe falcatis, breviter petiolatis, basi latere superiori vel utrinque auriculatis, inaequaliter spinuloso-denticulatis; soris secus nervum medium utrinque uniseriatis, indusio peltato. — A praecedentibus frondibus simpliciter pinnatisectis statim diagnoscitur. Specimina graeca pinnis rectis vel vix falcatis a planta typica parum discedunt.

In rupestribus subalpinis et alpinis. Doris: mt. Kiona (Reiser), Parnassus (Heldr.); Euboea (Fraas); Achaia: mt. Chelmos (Orph.); Laconia: mt. Taygetos (Zahn); Creta: mt. Sphaciotici (Raul.). — Jun. Sept. ♃.

2 × 3. **A. aculeatum × lonchitis. (A. lonchitiforme)** Hal. in z. b. G. 1904 p. 129 cum ic. — Differt a priore frondibus simpliciter pinnatisectis, pinnis multo minoribus, ab altero frondibus longioribus latioribusque, profunde inciso-dentatis, praesertim basi ad nervum medium usque incisis; sterile. — Exsicc.: Zahn exsicc. a. 1898.

In rupestribus regionis superioris mt. Taygetos Laconiae (Zahn). —

14. Nephrodium Rich. in Mich. fl. amer. bor. II. p. 666.

α. Petiolus fasciculis 2 percursus; pinnulae integrae vel subrepandae; indusia parva, decidua, glandulo-denticulata.

1. **N. thelypteris** L. sp. p. 1071 (*Acrostichum*); Desv. in ann. soc. linn. Par. VI. p. 257; Heldr. fl. cephal. p. 77. — *Polypodium*

thelypteris L. mant. p. 505. — *Polystichum thelypteris* Roth tent. fl. germ. III. p. 77. — *Aspidium thelypteris* Sw. in Schrad. journ. II. p. 40; Hal. in ö. b. Z. 1892 p. 401. — Icon.: Fl. dan. t. 760. — Exsicc: Sint. et Bornm. it. turc. n. 1542.

Rhizomate tenui, repente, apice sparsim paleaceo; frondibus longe petiolatis, eglandulosis, ambitu oblongo-lanceolatis, pinnatisectis, pinnis pinnatipartitis, pinnulis oblongis, acutis, integris subrepandisve, basi confluentibus, fertilibus margine revolutis; soris secus nervum medium seriatis, confluentibus et pinnulam totam subtus obtegentibus.

In paludosis, arundinetis, regionis inferioris, rarissime. Thessalia: ad Scala Theodoros pr. Litochori (Sint.); Argolis: ad ripas paludis Lerna pr. Mylus (Heldr.); Cephalonia: pr. Akoli (Heldr.). — Jul. Sept. ♃.

2. **N. montanum** Vogler diss. inaug. polyp. mont. Gissae a 1781 (*Polypodium*); Bak. in Hook. et Bak. syn. fil. p. 271. — *Polypodium oreopteris* Ehrh. krypt. n. 22. — *Polystichum montanum* Roth tent. fl. germ. III. p. 74. — *Aspidium oreopteris* Sw. in Schrad. journ. II. p. 35; S. et S. pr. II p. 273. — *Polystichum oreopteris* DC. fl. fr. II. p. 563. — Icon: Fl. dan. t. 1121.

Rhizomate crasso, obliquo, paleaceo; frondibus breviter petiolatis, subtus glanduloso-punctatis, ambitu ellipticis vel elliptico-oblongis, pinnatisectis, pinnis pinnatipartitis, pinnulis oblongis, obtusis, integris subrepandisve, basi confluentibus, fertilibus margine subrevolutis; soris secus marginem pinnularum seriatis, inter se subconfluentibus. — Differt a simili *N. filix mas* pinnulis plerumque integris, subtus glandulosis et soris marginalibus.

In montibus (Sibth.), loco non notato; a recentioribus non lectum. Jul. Sept. ♃. N. v.

β. Petiolus fasciculis 5—11 percursus; pinnulae dentatae — pinnatisectae; indusia majuscula, persistentia.

α. Frondes pinnatisectae, pinnis pinnatipartitis.

3. **N. filix mas** L. sp. p. 1090; Dallap. prosp. p. 133; (*Polypodium*); Rich. cat. med. Par. 1801, 129; Bois. fl. or. V. p. 737; Heldr. fl. cephal. p. 77, chlor. Parn. p. 30. — *Polystichum filix mas* Roth tent. fl. germ. III. p. 82. — *Aspidium filix mas* Sw. in Schrad. journ. II. p. 38; S. et S. pr. II. p. 373; Marg. et R. fl. Zante p. 102; Fraas fl. class. p. 315; Heldr. Nutzpfl. p. 3; Raul. cret. p. 855; Hal. in ö. b. Z. 1890 p. 41, beitr. fl. Epir. p. 44; Form. in D. bot. Mon. 1890 p. 50 (f. *crenatum* Milde fil. p. 119), in ver. Brünn 1895 p. 17 f. *dentatum*, 1896 p. 20, 1897 p. 19; Haussk. symb. p. 72. — Icon: Fl. dan. t. 1346. — Exsicc.: Sint. it. or. a. 1889 n. 1862a.

Rhizomate crasso, obliquo, paleaceo; frondibus petiolo brevi paleaceo suffultis, eglandulosis, ambitu elliptico-oblongis, sursum et deorsum decrescentibus, pinnatisectis, pinnis approximatis, lanceolatis, acuminatis, profunde pinnatipartitis, pinnulis oblongis, obtusis, crenatis vel dentatis, tota basi confluentibus, margine non revolutis, dentibus muticis; soris paucis, in parte inferiore pinnularum seriatis, indusio eglanduloso.

In silvis montanis et subalpinis. Epirus: pr. Sadovica, mt. Peristeri (Form.), pr. Kalentini (Hal.); Thessalia: mt. Ghavellu, Oxya, pr. Neochori (Form.) in Pindo, mt. Olympus pr. Hagios Dionysios (Sint.); Phocis: mt. Parnassus (Heldr.); Laconia: mt. Taygetos (Fraas); Creta (Sibth.); Zacynthus (Sibth.); Cephalonia (Dall.); loca nonnulla forsan ad *N. pallidum* spectant. — Jul. Sept. ♃·

4. **N. cristatum** L. sp. p. 1090 (*Polypodium*); Mich. fl. bor. amer. II. p. 269; Bois. fl. or. V. p. 739. — *Polypodium callipteris* Ehrh. Beitr. III. p. 77. — Icon: Fl. dan. t. 1517.

Rhizomate crasso, obliquo, paleaceo; frondibus petiolo longo paleaceo suffultis, eglandulosis, ambitu elongato-lanceolatis, sursum et deorsum decrescentibus, pinnatisectis, pinnis, triangulari-lanceolatis vel lanceolatis, acuminatis, inferioribus remotis, omnibus profunde pinnatipartitis, pinnulis oblongis, obtusis, dentatis, tota basi confluentibus, margine non revolutis, dentibus mucronatis; soris paucis, secus nervum medium pinnularum seriatis, indusio eglanduloso.

Baeotia (Sibth.), loco non notato; postea a nemini lectum. — Jul. Sept. ♃. N. v.

β. Frondes bipinnatisectae.

5. **N. pallidum** Ch. et B. exp. p. 287 t. 36, Fl. pelop. p. 67 t. 38; Raul. cret. p. 885; Heldr. fl. cephal. p. 77. — *Aspidium rigidum v. australe* Ten. in atti ist. incor. nap. V. p. 144 t. 2. — *A. pallidum* Link sp. fil. p. 107; Ung. Reise p. 115; Gelmi in bull. soc. bot. it. 1889 p. 453; Haussk. symb. p. 72. — *A. rigidum* Friedr. Reise p. 280; Bois. fl. or. V. p. 738; Heldr. chlor. Parn. p. 30; Bald. riv. coll. bot. alb. 1895 p. 75; non Sw. — *A. nivale* Bory mss.; Milde fil. europ. et atl. p. 129. — *Hypodematium nivale* Fée gen. fil. p. 298. — *Lastrea nivalis* Moore ind. fil. 1857 p. 98. — *A. rigidum f. meridionale* Milde l. c. p. 127, saltem quoad pl. graecam. — Exsicc.: Orph. fl. gr. n. 974; Sint. it. or. a. 1889 n. 1862.

Rhizomate crasso, obliquo, paleaceo; frondibus subcoriaceis, adultis cinerascenti-viridibus, petiolo brevi vel elongato paleaceo suffultis, praesertim subtus glandulosis, ambitu elliptico-oblongis oblongisve, saepius amplis, deorsum vix decrescentibus, bipinnatisectis, pinnis lanceolatis, pinnulis sessilibus vel subpetiolulatis, oblongis, obtusis, pinnatilobatis, lobis ovatis, mucronato-denticulatis, margine non revolutis; soris secus nervum medium pinnularum subcontiguis, indusio plerumque eglanduloso. — Affine *N. rigidum* Sw. in Schrad. journ. II. p. 37 (*Aspidium*); Desv. in ann. soc. linn. VI. p. 261, alpium Europae mediae incola, deest in ditione et differt frondibus angustis, oblongo-lanceolatis, membranaceis, viridibus, pinnulis plerisque sessilibus, acutius dentatis.

β. **tripinnatisectum** Milde fil. europ. et atl. p. 127 pro f. *A. rigidi*. — *N. rigidum v. australe* Bois. fl. or. V. p. 738. — Pinnulae pinnarum inferiores saepius petiolulatae et parte inferiore pinnatisectae. — Intermediis ad typum transit. — Exsicc.: Heldr. pl. fl. hellen. a. 1887 et 1890; Sint. et Bornm. it. turc. n. 1544.

In rupestribus regionis submontanae in subalpinum adscendens. Epirus: mt. Handja distr. Philippiada (Bald.); Thessalia: mt. Zygos, Karava, Ghavellu (Haussk.) in Pindo, pr. Hagios Dionysios et Litochori in Olympo (Sint.); Euboea: mt. Telethrion (Heldr.); Phocis: mt. Parnassus (Heldr.); Achaia: mt. Pánachaicon (Hal.), Kyllene (Heldr.); Arcadia: mt. Diaforti (Friedr.); Messenia: pr. Navarin, mt. Manglava, pr. Akato et Katotrigodi ad mt. Cotylus (Chaub.); Laconia: mt. Taygetos (Heldr.), mt. Malevo pr. Platanos (Orph.); Argolis: pr. Kranidi (Despreaux); Cycladum insula: Andros, Keos (Heldr.); Creta: pr. Rumata, Malaxa, in fauce Nipros, Hagia Rumeli (Raul.); Cephalonia: pr. Athera, Charakas, Asso, Kokolata (Heldr.); Ithaca (Ung.); Corcyra: pr. Garuna (Ung.). — Maio, Oct. ♃.

6. **N. spinulosum** Müll. in fl. dan. XII. p. 7 t. 707 (*Polypodium*); Stremp. syn. fil. berol. p. 30. — *Polypodium cristatum* Huds. fl. angl. p. 390, non L. — *Aspidium spinulosum* Schkuhr Krypt. p. 48; Haussk. symb. p. 72. — *Polystichum spinulosum* DC. fl. fr. II. p. 561. — Exsicc.: Charrel fl. emp. ottom. n. 105 (mt. Korthiati).

Rhizomate crasso, obliquo, paleaceo; frondibus membranaceis, laete viridibus, petiolo elongato paleaceo suffultis, plerumque eglandulosis, ambitu triangulari-ovatis vel ovato-oblongis, saepe amplis, deorsum non decrescentibus, bipinnatisectis, pinnis triangularibus vel oblongo-lanceolatis, pinnulis subpetiolulatis, oblongis, acutiusculis, pinnatipartitis vel inciso-dentatis, lobis oblongis, spinuloso-denticulatis, margine non revolutis; soris paucis, secus nervum medium pinnularum discretis, indusio plerumque eglanduloso.

In silvis montanis et subalpinis. Thessalia: in oropedio Neuropolis, pr. Sermeniko (Haussk.). — Jul. Sept. ♃. N. v.

15. **Cystopteris** Bernh. in Schrad. neu. journ. I. 2 p. 26.

1. **C. fragilis** L. sp. p. 1091 (*Polypodium*); Bernh. l. c. p. 27; Bois. fl. or. V. p. 740; Form. in D. bot. Mon. 1890 p. 5, in Ver. Brünn 1896 p. 20, 1897 p. 19; Hal. beitr. fl. Epir. p. 44. — *Aspidium fragile* Sw. in Schrad. journ. II. p. 40; Sieb. avis rem. p. 6. — Icon: Fl. dan. t. 401.

Rhizomate horizontali, apice paleaceo; frondibus petiolis gracilibus, lamina brevioribus suffultis, glabris vel glandulosis, ambitu oblongo-lanceolatis, 2—3 pinnatisectis, segmentis primariis inferioribus magis dissitis, pinnulis ovatis, basi decurrentibus, pinnatifidis vel sectis, lobulis ovatis vel lanceolatis, denticulatis vel retusis; soris utrinque ad costulam uniseriatis. — Quoad pinnularum divisionem et formam valde variabilis.

α. **typica**. — Pinnulae pinnatifidae, lobulis ovatis vel obovatis, integris vel denticulatis. — Exsicc.: Heldr. it. gr. septentr. a. 1879.

β. **regia** L. sp. p. 1091 pro sp. (*Polypodium*); Bernouilli gefässcrypt. Schweiz p. 44. — *Polypodium alpinum* Wulf. in Jacq. coll. II. p. 171, f. pinnulis angustioribus. — *Aspidium regium* Sw. in Schrad. journ. II. p. 41. — *A. alpinum* Sw. l. c. p. 42. — *C. regia* Desv. in ann. soc. linn. Par. VI. p. 264. — *C. alpina* Desv. l. c. — *A. taygetense* Ch. et B. exp. p. 288, Fl. pelop. p. 67; Raul. cret. p. 885. — *C. taygetensis* Heldr. et Sart. in Heldr. herb. norm. n. 35; Spreitz. in z. b. G. 1890 p. 300. — *C. fragilis v. tenuisecta* Bois. fl. or. V. p. 740; Heldr. chlor. Parn. p. 30; Haussk. symb. p. 72. — Pinnulae profundius et tenuius sectae, lobulis angustioribus oblongis vel linearibus, truncatis vel retusis, interdum serrulatis. — Exsicc.: Orph. fl. gr. n. 499; Heldr. herb. norm. n. 35 et 1500; Sint. it. thessal. n. 827. —

In rupestribus umbrosis regionis subalpinae et alpinae, *β*. typo multo frequentior. Epirus: mt. Peristeri (Hal.), mt. Salatura pr. Chaliki (Sint.); Thessalia: mt. Oxya, Ghavellu, Karava, Chassia (Form.), ad monasterium Meteora (Haussk.); Aetolia: mt. Korax (Heldr.); Phocis: mt. Parnassus (Heldr.); Peloponnesus: mt. Kyllene, Malevo (Orph.), Taygetos ad Hagios Paraskevi (Chaub.); Creta: mt. Mavrus Lakus in mt. Sphacioticis (Spreitz.), mt. Ida (Raul.). — Jun. Sept. ♃.

2. Tribus. **OSMUNDEAE** R. Br. pr. fl. nov. holl. p. 161.

16. Osmunda L. gen. n. 1172.

1. **O. regalis** L. sp. p. 1065; Raul. cret. p. 884; Bois. fl. or. V. p. 720; Bald. viagg. cret. p. 97. — Icon: Fl. dan. t. 217. — Exsicc.: Sint. et Bornm. ir turc. n. 1074 (Hagion Oros).

Rhizomate obliquo, valido; frondibus elatis, bipinnatis, pinnis suboppositis, breviter petiolulatis, inferioribus sterilibus, pinnulis brevissime petiolulatis, lanceolatis, basi oblique truncatis, crenulatis, obtusis, pinnis superioribus fertilibus, in paniculam terminalem angustam dispositis, contractis, anguste linearibus, tota superficie dense soriferis.

In umbrosis udis, castanetis. Cephalonia (Heufl.); Creta: pr. Ennenchoria distr. Kissamos (Heldr.), ad fontem Kapidiana distr. Rethymniotika (Bald.). — Maio, Jul. ♃. N. v.

3. Tribus. **OPHIOGLOSSEAE** R. Br. pr. fl. nov. holl. p. 171.

17. Botrychium Sw. in Schrad. journ. II. p. 110.

1. **B. lunaria** L. sp. p. 1064; Sieb. Reise I. p. 188 (*Osmunda*); Sw. l. c.; Raul. cret. p. 884. — Icon: Fl. dan. t. 18.

Rhizomate brevi, fibroso; fronde sterili solitaria, oblonga, petiolum frondis fertilis ad medium adnatim involvente, pinnatipartita, pinnis semilunaribus vel reniformibus, integris, repandis vel crenatis; panicula fertili angusta, 2—3 pinnatisecta.

In montosis pr. Vrisinas Cretae (Sieb.). — Maio, Jul. ♃. N. v.

18. Ophioglossum L. gen. n. 1171.

1. O. lusitanicum L. sp. p. 1063; Ch. et B. exp. p. 284, Fl. pelop. p. 66; Bois. fl. or. V. p. 720. — Icon: Lam. ill. t. 864.

Pusilla, rhizomate brevi, fibroso; frondibus plerumque 2—3, sterilibus lanceolatis, basi attenuatis; spica lineari, longe pedunculata, frondes steriles superante.

Messenia: pr. Navarin et Methone (Chaub.). — Nov. Mart. ♃. N. v.

CXL. Ordo. Lycopodiaceae DC. fl. fr. II. p. 571.

1. Selaginella Palis. prodr. aetheogam. p. 101.

1. S. helvetica L. sp. p. 1104; S. et S. pr. II. p. 271 (*Lycopodium*); Link fil. sp. hort. berol. p. 159. — Icon: Schkuhr Krypt. t. 165.

Caespitosa, radicans, ramosa; foliis tetrastichis, dimorphis, lateralibus patentibus, ovato-oblongis, obtusiusculis, obsolete denticulatis, intermediis dimidio minoribus, adpressis; spicis tenuiter cylindricis, simplicibus geminatisve, pedunculo distincto, minutius foliato suffultis; bracteis folio minoribus, ovatis, acutis.

Peloponnesus: ad rupes (Sibth.), loco non notato. — Maio, Jul. ♃. N. v.

2. S. denticulata L. sp. p. 1106; S. et S. pr. II. p. 271; Sieb. avis p. 5, rem. p. 6; Ch. et B. exp. p. 283, Fl. pelop. p. 66; Friedr. Reise p. 263 et 275; Raul. cret. p. 886 (*Lycopodium*); Link fil. sp. hort. berol. p. 159; Ung. Reise p. 115; Weiss in z. b. G. 1869 p. 758; Bois. fl. or. V. p. 746; Heldr. fl. cephal. p. 76, Fl. Aegina p. 399, chlor. Thera p. 26; Spreitz. in z. b. G. 1887 p. 672; Gelmi in bull. soc. bot. it. 1889 p. 454; Haussk. symb. p. 73. — Icon: Dill. musc. t. 66. — Exsicc.: Orph. fl. gr. n. 277; Heldr. herb. norm. n. 900.

Differt a praecedente foliis lateralibus late ovatis, cuspidatis, serrulatis; spicis sessilibus; bracteis longe cuspidatis.

In argillosis subhumidis, ad rupes umbrosas, ripas, fossas, regionis inferioris et submontanae, per totam ditionem. — Nov. Mart. ♃.

CXLI. Ordo. Isoetaceae Trev. herb. crypt. Trev. I. p. 16.

1. Isoetes L. gen. n. 1184.

1. Sectio. *Terrestres* A. Br. in Gr. et Godr. fl. fr. III. p. 652. — Phyllopodia persistentia, cormum vestientia; foliorum lacunae angustae; folia stomatibus instructa; velum completum. Plantae terrestres.

1. I. hystrix Bory in compt. rend. ac. sc. XVIII. p. 1167; Bois. fl. or. V. p. 748; Gelmi in bull. soc. bot. it. 1889 p. 454. — Exsicc.: Rev. pl. cret. n. 275, in Baen. herb. europ. n. 5246.

Isoetaceae.

Cormo ovato, trisulcato, radicibus tomentosis inferne vestito; phyllopodiis coriaceis, nigris, in cornua bina lineari-subulata, adjecto interdum dente tertio intermedio, abeuntibus vestito; foliis filiformibus, 3—8 cm. longis, patentibus; macrosporis globosis, albis, tenuiter costatis et tuberculatis; microsporis fuscis, densissime aculeis subtruncatis vestitis.

β. **subinermis** Bois. fl. or. V. p. 748. — Cormus citius desquamatus; phyllopodiorum cornua breviora. — Exsicc.: N. v.

β. **phrygia** Bois. fl. or. V. p. 748. — *I. phrygia* Haussk. symb p. 72. — Phyllopodia in dentes breves triangulares abeuntia; macrospora obsolete et parce tuberculata, fere laevia, costa transversa fere obsoleta. — Exsicc.: Haussk. it. gr. a. 1885; Heldr. it. IV. thessal. a. 1885.

In collibus incultis, olivetis, saxosis, subhumidis, locis hyeme inundatis. Corcyra: pr. Gasturi (Gelmi); Creta: pr. Kissamos (Heldr.); — *β*. Peloponnesus et Zacynthus (Letourn.); — *γ*. Thessalia: in oropedio Neuropolis in Pindo dolopico (Haussk.). — Mart. Jul. ♃.

2. Sectio. *Palustres* A. Br. in Gr. et Godr. fl. fr. III. p. 650. — Phyllopodia nulla; foliorum lacunae amplae; folia stomatibus instructa; velum saepius incompletum. Plantae submersae vel aestate plus minus exsiccatae.

2. **I. setacea** Del. in mem. hist. nat. XIV. p. 20 t. 6 et 7; Haussk. in Mittheil. bot. Ver. Thüring. 1886 V. p. 62, symb. p. 72. — Exsicc.: Heldr. herb. norm. n. 899.

Cormo ovato, bisulcato, radicibus glabrescentibus inferne vestito; foliis tenuibus, flexilibus, 20—40 cm. longis; velo subnullo; macrosporis globosis, albis, tenuiter costatis et praesertim facie basali tuberculatis; microsporis fuscis, alatis, ala longitudinaliter striata.

In uliginosis oropedii Neuropolis in Pindo dolopico (Heldr.). — Maio, Jul. ♃.

3. Sectio. *Aquaticue* A. Br. in Gr. et Godr. fl. fr. III. p. 650. — Phyllopodia nulla; foliorum lacunae amplae; stomata nulla; velum incompletum. Plantae submersae.

3. **I. Heldreichii** Wettst. in z. b. G. 1886 p. 239; Haussk. in Mittheil. thür. bot. Ver. Thüring. 1886 V. p. 62, symb. p. 72. — Exsicc.: Heldr. it. IV. thessal. a. 1885.

Cormo ovato, trisulcato, radicibus glabrescentibus inferne vestito; foliis tenuibus, flexilibus, 10—25 cm. longis; velo subnullo; macrosporis globosis, albo-flavescentibus, costatis et tuberculatis; microsporis fuscis, spinulosis.

In stagnis. Thessalia: in palude pr. Palaeokastron (Heldr.). — Jun. Jul. ♃.

Index
ordinum, generum, specierum, varietatum et synonymorum.

A.

	pag.
Abelicea Sm.	123
cretica Sm.	123
Abies Tourn.	450
Apollinis Link	450
v. panachaica Bois.	450
v. reginae Amaliae Bois.	450
cephalonica Loud.	450
v Apollinis (Link)	450
panachaica Heldr.	450
pectinata DC.	451
v. graeca Fraas	451
reginae Amaliae Heldr.	450
Acantholimon Bois.	14
androsaceum Bois.	14
echinus Bois.	14
v. creticum Bois.	14
Aceras R. Br.	160
anthropophora R. Br.	160
caprina Lindl.	161
densiflora Bois.	163
hircina Lindl.	160
v. caprina Bois.	161
intacta Rchb.	163
longibracteata Rchb.	161
pyramidalis Rchb.	161
secundiflora Lindl.	163
Achnodon arenarium Link	347
Acis autumnalis Herb.	205
Acorus L.	295
calamus L.	295
Acrostichum lanuginosum Desf.	467
leptophyllum DC.	464
Marantae L.	466
microphyllum Bert.	468
polypodioides Mazz.	465

	pag.
Acrostichum septentrionale L.	471
thelypteris L.	475
velleum Ait.	467
Adenoscilla bifolia G. et G.	238
Adianthum L.	468
capillus veneris L.	468
v. trifidum Milde	468
trifidum Willd.	468
Aegilops L.	430
ambigua Haussk.	434
biuncialis Vis.	431
caudata L.	432
v. Heldreichii Bois.	433
v. polyathera Bois.	432
caudata × comosa Hssk.	434
comosa S. et S.	433
v. pluriaristata Hal.	434
v. polyathera Haussk.	434
v. subventricosa Bois.	433
crithodium Steud.	434
cylindrica Host.	433
cylindrica S. et S.	432
Heldreichii Holzm.	433
incurvata L	484
macrochaeta Schuttl.	431
ovata L.	430
v. biuncialis (Vis.)	431
v. triaristata Coss. et Dur.	431
triaristata Willd.	431
triuncialis L.	431
turcica Azn.	433
Aeluropus Trin.	384
litoralis Parl.	384
v hispidula Hal.	384
repens Parl.	384
Agathophyton bonus Henricus Moq.	42

	pag.
gave americana L.	206
Agropyrum Pal.	435
acutum R. et Sch.	438
biflorum R. et Sch.	438
caesium Presl.	438
caninum Pal.	435
elongatum Pal.	435
v. flaccidifolium Bois.	436
farctum Viv.	436
giganteum R. et Sch	435
intermedium Pal.	437
v. ambigens Hausak.	437
v. trichophorum (Link.)	437
v. villosum Hack	437
junceum Pal.	436
v. Sartorii B. et H.	436
junceum × **repens**	438
litorale Bois.	437
panormitanum Parl.	435
petraeum Vis.	435
pungens R. et Sch.	438
repens Pal.	437
v. caesium Hack.	438
v. ramificum Link.	438
sanctum Hock.	439
Savignonii Denot.	437
scirpeum Presl	435
v. flaccidifolium B. et H.	436
villosum Link	430
Agrostis L.	355
alba L.	356
v. aristata Bald.	356
v. breviligulata Form.	356
v. flaccidula Hack.	356
v. scabriglumis Bois.	356
v. varia (Host)	356
alpina Mazz.	356
aquatica Pourr.	355
arenaria Gou.	355
australis L.	358
bromoides L	349
byzantina Bois.	357
calamagrostis L.	352
canina L.	357
v. mutica Gaud.	357
capillaris L.	358
castellana B. et R.	357
v. byzantina Hack.	357
coerulescens DC.	353
diffusa Host	356
frondosa Ten.	355
holciformis M. B.	354
intermedia Balb.	356
lendigera DC.	358
miliacea L.	353

	pag.
minima L.	349
minor Mazz.	353
montana Gaud	358
olivetorum G. et G.	357
pungens Schreb.	355
retrofracta Mazz.	358
rivularis Brot.	355
rupestris Mazz.	356
scabriglumis B. et R.	356
silvatica Host.	356
spica venti L.	357
stolonifera L.	355
v. longearistata Ika	356
tarda Form	357
tenella Poir	366
varia Host.	356
verticillata Vill.	355
v. frondosa Aschet G.	355
vulgaris With.	356
v. aristata Bois.	356
Aira L.	366
agrostidea Lois.	366
ambigua Not.	367
aquatica L.	415
articulata Desf.	368
arundinacea Mazz.	368
caespitosa L.	369
canescens S. et S.	368
capillaris Host.	367
v. ambigua Asch.	367
v. biaristata Bois.	367
caryophyllea L.	366
caerulea L.	382
corymbosa Fauché	367
cristata L.	376
Cupaniana Guss.	366
elegans Willd.	367
flexuosa L.	369
globosa Thore	365
insularis Bois.	366
intermedia Guss.	367
involucrata Mazz.	368
media Gou.	369
medicoides Mazz.	368
minuta L.	368
praecox L.	368
pubescens Vahl	377
pulchella Mazz.	367
Airopsis Desv.	365
globosa Desv.	366
minuta Desv.	368
tenella Aesch. et Gr.	365
Albersia blitum Kunth	37
deflexa Bois.	37
prostrata Kunth	37
Albucea nutans Rchb.	236

31*

Index.

	pag.
Alisma L.	141
lanceolatum With.	142
plantago L.	141
v. lanceolatum Schultz	142
ranunculoides L.	142
Alismaceae Juss.	141
Allium L.	240
achaium B. et O.	251
v. parnassicum Bois.	255
aegaeum Heldr. et Hal.	246
affine B. et H.	249
album Santi	259
ambiguum S. et S.	261
amblyopetalum Link	259
ampeloprasum L.	242
v. leucanthum Reg.	242
v. pruinosum Bois.	243
arenarium Sm.	249
arvense Guss.	246
v. trachypus Bois.	246
ascalonicum Ch. et B.	248
assimile Hal.	249
atroviolaceum Hal.	243
Boryanum Kunth	254
callimischon Link	254
capillare Cav.	252
carneum Bert.	261
cepa L.	250
chamaemoly L.	257
chamaespathum Bois.	244
ciliatum Cyr.	258
circinnatum Sieb.	257
Clusianum Ch. et B.	257
Clusianum Retz.	259
compactum Thuill.	249
confusum Hal.	244
Coppoleri Tin.	256
cruentatum Sieb.	262
Cupani Raf.	253
v. hirtovaginatum (Kunth).	253
Cyrilli Ten.	261
densiflorum Hampe	245
descendens L.	243
erythraeum Griseb.	251
erythraeum Weiss	251
fistulosum L.	250
flavum L.	254
v. Guicciardii Bois.	254
flavum S. et S.	256
flexuosum Urv.	251
frigidum B et H.	251
Frivaldszkyanum Kunze	245
gomphrenoides B. et H.	248

	pag.
graecum Urv.	259
Guicciardii Heldr.	254
guttatum Stev.	245
Heldreichii Bois.	248
hirtovaginatum Kunth	253
hymettium Bois.	253
intermedium Dc.	255
lacteum S. et S.	259
leucanthum C. Koch	242
luteolum Hal.	256
magicum Ch. et B.	262
margaritaceum S. et S.	245
maritimum Raf.	251
meteoricum Heldr. et H.	259
montanum Ch. et B.	254
moschatum L.	252
multiflorum Kunth	247
multiflorum M. et R.	242
neapolitanum Cyr.	250
v. breviradium Hal.	260
nigrum L.	262
obtusiflorum Poir.	251
odorum L.	262
ophioscorodon Don.	249
pallens L.	256
v. Coppoleri Parl.	256
paniculatum L.	255
v. pallens Bois.	256
v. villosulum Hal.	256
parnassicum (Bois.)	255
phalereum H. et S.	252
phthioticum B. a H.	260
phthioticum Sint.	260
pilosum S. et S.	257
porphyroprasum Heldr.	247
porrum L.	243
pulchellum Bois.	253
pusillum Cyr.	251
pylium Not.	242
Rollii Terrac.	243
roseum L.	261
v. bulbilliferum Kunth	291
v. carneum Rchb.	261
rotundum L.	247
rubrovittatum B. et H.	247
v. gracillimum Hal.	247
sativum L.	249
schoenoprasum L.	250
scorodoprasum L.	249
segetum Fr. et Sint.	244
segetum Jan.	243
setaceum Urv.	253
setaceum W. et K.	252
sibiricum L.	250

	pag.		pag.
sphaerocephalum L.	246	chlorostachys Willd.	36
v. aegaeum H. et H.	246	deflexus L.	37
v. trachypus Bois.	246	graecicans L.	36
v. viridialbum Tin.	246	prostratus Balb.	37
stamineum Bois.	253	retroflexus L.	35
v. hymettium Bois.	253	silvestris Desf.	36
staticiforme Bois.	252	viridis L.	37
staticiforme S. et S.	251	viridis Willd.	36
subhirsutum L.	258	**Amaryllidaceae** R. Br.	201
v. hellenicum Haussk.	258	Amaryllis citrina Ch. et B.	205
subhirsutum S. et S.	258	citrina S. et S.	205
subvillosum Salzm.	259	lutea L.	204
tenuiflorum Haussk.	250	lutea S. et S.	204
tenuiflorum Heldr.	255	**Ammophila** Host.	361
thessalum Bois	242	arenaria Link	361
trifoliatum Cyr.	258	arundinacea Host	361
triquetrum L.	260	**Ampelodesmos** Link	361
vernale Tin.	259	tenax Link	361
vineale v. compactum Hssk.	249	Anabasis spinosissima L.	56
v. virens Bois.	249	**Anacamptis** Rich.	161
Weissii Bois.	251	pyramidalis Rich.	161
Wildii Haussk.	244	v. albiflora Raul.	162
Wildii Heldr.	242	v. brachystachys Urv.	162
Alnus Tourn.	140	**Anagallis** L.	9
glutinosa L.	140	amoena Heldr.	11
Aloe barbadensis Mill.	217	arvensis L.	10
humilis L.	217	v. coerulea Mazz.	10
perfoliata L.	217	v. phoenicea Mazz.	10
v. humilis L.	217	coerulea Schreb.	10
v. vera L.	217	v. latifolia (L.)	10
picta Willd	217	v. parviflora Salzm.	10
vera Webb.	217	latifolia L.	10
vulgaris Form.	206	Monelli L.	10
vulgaris Lam.	217	parviflora Salzm.	10
Alopecurus L.	342	phoenicea Scop.	10
agrestis L.	343	tenella L.	9
angustifolius S. et S.	344	verticillata All.	10
bulbosus L.	344	**Androachne** L.	93
creticus Trin.	343	telephioides L.	93
v. corcyrensis Hal.	343	**Andropogon** L.	331
geniculatus L.	344	angustifolius S. et S.	331
Gerardi Vill.	342	distachyon L.	331
fulvus Sm.	344	gryllus L.	331
monspeliensis L.	359	halepense Brot.	330
myosuroides Huds	343	hirtum L.	332
pratensis L.	344	v. pubescens Vis	332
utriculatus Pers.	343	ischaemum L.	331
Amarantaceae Juss.	35	pubescens Vis.	332
Amarantus Juss.	35	strictus Host.	330
albus L.	37	**Androsace** L.	5
blitum Jacq.	37	villosa L.	5
blitum L.	36	Anisantha pontica C. Koch	391
v. graecicans Moq.	36		
caudatus L.	36		

	pag.
Antherium L.	213
fistulosum Sieb.	215
graecum L.	222
liliago L.	213
A'nthistiria glauca Desf.	350
Anthoxanthum L.	337
aculeatum L.	341
amarum Link	338
gracile Viv.	338
odoratum L.	337
v. ramosum Hausak.	338
v. villosum Lois.	338
villosum Dum.	338
Antinoria Parl.	366
agrostidea Parl.	366
insularis Parl.	366
Apera spica venti Pal.	357
Araceae Juss.	290
Arceuthos drupacea Ant.	455
Arisarum Targ.	294
Sibthorpii Schott	294
Veslingii Schott	294
vulgare Targ.	294
Aristella Bert.	349
bromoides Bert.	349
Aristolochia L.	87
altissima Desf.	87
attica Orph.	89
baetica Friedr.	87
baetica S. et S.	87
clematitis L.	88
cretica Lam.	88
hirta L.	88
longa L.	89
lutea Desf.	90
microstoma B. et Spr.	90
pallida Willd.	90
v. elongata Duch.	89
parvifolia S. et S.	90
rotunda L.	89
sempervirens Ch. et B.	87
sempervirens L.	87
Tournefortii J. et Sp.	88
Aristolochiaceae Juss.	86
Armeria Willd.	23
argyrocephala Wallr	24
canescens Host.	23
v. majellensis Bald.	23
v. rumelica Bald.	23
cariensis Bois	24
v. rumelica Bois.	24

	pa
v. thessala Bois.	
lacmonica Hausak.	
majellensis Bois.	
v. brachyphylla Bois.	
v. leucantha Bois.	
Orphanidis Bois.	
rumelica Bois.	
thessala B. et H.	
undulata Bois.	
v. graeca Beck.	
Arrhenatherum Pal.	37
avenaceum Pal.	374
elatius Presl.	374
v. bulbosum Koch	375
v. palaestinum Bois.	375
v. tuberosum (Gilib.)	375
palaestinum Bois.	375
Arthrocnemum Moq.	52
fruticosum Moq.	52
glaucum Ung.	52
macrostachyum Mor.	52
Arum L.	291
arisarum L.	294
byzantinum Schott	291
colocasia L.	294
creticum B. et H.	291
Dioscoridis Fraas	292
italicum Mill.	292
v. byzantinum Engl.	292
maculatum Dall.	292
maculatum L.	292
nigrum Schott	291
orientale M. B.	291
tenuifolium L.	293
Arundo L.	362
ampelodesmos Cyr.	361
arenaria L.	361
donax L.	362
epigeios L.	358
festucoides Desf.	361
graeca Link	362
maxima Ch. et B.	362
montana Gand.	358
phragmites L.	361
Pliniana Turra	362
Plinii Turra	362
pseudophragmites Mazz.	358
speciosa Schrad. tenax	352
varia Schrad.	358
Asarum L.	86
europaeum L.	86
hypocystis L.	86
Asparagaceae Bak.	208
Asparagopsis alba Kunth	211

	pag.
Asparagus L.	209
acutifolius L.	209
albus L.	211
aphyllus L.	210
maritimus L.	209
officinalis L.	209
v. maritimus Raul.	209
sativus Mill.	209
silvestris Dall.	209
stipularis Forsk.	210
tricarinatus DC.	209
verticillatus L.	209
Asphodeline Rchb.	216
cretica Vis.	216
liburnica Rchb.	216
lutea Rchb.	216
Asphodelus L.	214
albus Mill.	214
creticus Lam.	216
fistulosus L.	215
liburnicus Scop.	216
luteus L.	216
messeniacus Heldr.	215
microcarpus Viv.	214
neglectus M. et R.	214
ramosus L	214
tenuifolius Cav.	215
Aspidium Sw.	474
aculeatum Sw.	474
v. hastulatum Christ.	475
v. Swartzianum Koch	474
v. vulgare Döll.	474
aculeatum × lonchitis H.	475
alpinum Sw.	479
angulare Kit.	474
v. hastulatum Hausek.	475
filix femina Sw.	474
filix mas Sw.	476
v. crenatum Milde	476
v. dentatum Form.	476
fontanum Willd.	472
fragile Sw.	478
hastulatum Ten.	475
lobatum Sw.	474
lonchitiforme Hal.	475
lonchitis Sw.	475
nivale Bory	477
oreopteris Sw.	476
pallidum Link	477
regium Sw.	479
rigidum Friedr.	477
rigidum Sw.	477
v. australe Ten.	477

	pag.
v. meridionale Milde	477
v. tripipnatisectum Milde	477
spinulosum Schk.	478
taygetense Ch. et B.	479
thelypteris Sw.	476
Asplenium L.	471
acutum Bory	473
adianthum nigrum Friedr.	473
adianthum nigrum L.	473
v. Virgilii Raul.	473
ceterach L.	464
filix femina Bernh.	474
fontanum Bernh.	472
glandulosum Lois.	472
lanceolatum Huds.	472
v. obovatum Moore	472
obovatum Viv.	472
onopteris L.	473
Petrarchae DC.	472
pilosum Guss.	472
ruta muraria L.	473
scolopendrium L.	470
septentrionale Hoffm.	471
serpentini Form.	473
trichomanes L.	471
v. pubescens G. et G.	472
trichomanoides Cav.	471
vallisclausae Req.	472
Virgilii Ch. et B.	473
viride Huds.	471
Asprella nardiformis Hort	449
Asterolinum H. et L.	5
linum stellatum H. et L.	5
Athyrium Roth	474
filix femina Roth	474
Atraphaxis L.	69
Billardieri J. et Sp.	69
v. graeca Meisn.	69
Atriplex L.	47
graeca S. et S.	49
graeca Willd.	48
halimus L.	50
hastata L.	47
v. salina Bois.	47
hortensis L.	47
laciniata S. et S.	49
litoralis L.	48
oblongifolia W. et K.	48
patula L.	48
v. oblongifolia (W. et K.)	48
v. salina Wallr.	47
pedunculata L.	51
portulacoides L.	50

	pag.
recurva Urv.	49
v. sporadum Hal.	49
rosea L.	49
tatarica L.	49
v. recurva Moq.	49
v. Sibthorpii Hal.	49
tatarica Schk.	48
triangularis W.	47
Atropis Rupr.	408
convoluta Griseb.	409
distans Griseb.	408
v. maxima Haussk.	408
v. salinaria Haussk.	408
festucaeformis Bois.	409
Avellinia Parl.	378
Michelii Parl.	378
Avena L.	371
agropyroides Bois.	370
alta Cav.	371
atherantha Presl	372
australis Parl.	370
barbata Brot.	372
v. Hoppeana Richt.	373
v. longiglumis Haussk.	373
v. solida Haussk.	373
v. triflora W. et L.	373
v. Wiestii Haussk.	373
brevis Roth	371
bulbosa Willd.	375
capillaris M. et K.	367
caryophyllea S. et S.	370
caryophyllea Wigg.	266
v. capillaris Weiss	367
chlorantha Link	376
clauda Dur.	373
compacta B. et H.	370
condensata Link	376
convoluta Presl	369
corymbosa Nym.	367
distichophylla Vill.	376
dubia Leers	374
elatior L.	374
fallax Ten.	369
fatua L.	372
v. sativa Haussk.	371
fertilis All.	374
filifolia Hal.	369
filifolia Lag.	369
flavescens L	365
v. pindica Haussk.	375
fragilis L.	442
Heldreichii Parl.	369
hirsuta Roth	372
Hoppeana Scheele	373
lasiantha Link	389

	pag.
longiglumis Dur.	373
Ludoviciana Dur.	372
macilenta Guss.	378
macra Stev.	374
Michelii Guss.	378
myriantha Bert.	376
Neumayeriana Vis	370
pratensis L.	370
v. australis Bois.	370
pratensis S. et S.	370
puberula Guss.	378
sativa L.	371
sempervirens Ch. et B.	369
sempervirens Vill	369
Sibthorpii Nym.	370
sterilis L.	372
v. Ludoviciana Haussk.	372
striata Vis.	369
strigosa Schreb.	371
tenuis Moench	374
tuberosa Gil.	375
versicolor Mazz.	369
Wiestii Steud.	373
Avenastrum Koch.	369
agropyroides (Bois.)	370
australe (Parl.)	370
compactum (B. et H.)	370
convolutum (Presl.)	369

B.

Baeothryon N. ab E.	312
pauciflorum Dietr.	312
Balanophoraceae Rich.	86
Baldellia ranunculoides Parl.	142
Baldingera arundinacea Dum.	341
Barlia Parl.	161
longibracteata Parl.	161
Beckmannia Host.	336
eruciformis Host.	336
Bellevalia Lap.	263
Boissieri Freyn.	264
ciliata Nees	263
dubia R. et Sch.	264
graeca Heldr.	267
Holzmanni Heldr	266
Pinardi Bois.	265
romana Rchb.	264
spicata Bois.	263
trifoliata Kunth.	264
Beta L.	41
Bourgaei Coss.	41
cicla L.	41

	pag.
macrocarpa Guss. . . .	41
v. elata Haussk.	41
v. minor Haussk.	41
maritima L.	41
nana B. et H.	42
perennis L.	41
rubra L.	41
vulgaris L.	41
Loeflingiana Mazz. . . .	376
v. maritima Koch . . .	41
Betula alba L.	140
alnus L.	140
Betulaceae Bartl. . . .	140
Biarum Schott	293
abbreviatum Schott . . .	293
Fraasianum Nym. . . .	294
Spruneri Bois.	293
Spruneri Schott	293
tenuifolium Schott . . .	298
Blechnum L.	470
spicant With.	470
Blitum bonus Henricus Mey. . .	42
v. nanum Bois.	42
glaucum Koch.	43
rubrum Rchb.	42
Blysmus Panz.	212
compressus Panz. . . .	212
Botryanthus amoenus Heldr. . .	71
commutatus Kunth . . .	269
Heldreichii Reg.	271
Kerneri Nym.	271
Mordoanus Nym.	270
neglectus Kunth	270
odorus Kunth	270
parviflorus Kunth . . .	272
pulchellus Nym.	271
racemosus Heldr.	270
Sartorii Tod.	271
Botrychium Sw.	479
lunaria Sw.	479
Brachypodium Pal. . .	438
asperum R. et Sch. . . .	441
caespitosum S. et Sch. . .	440
distachyon Hal.	440
distachyum R. et Sch. .	441
loliaceum R. et Sch. . .	442
phoenicoides R. et Sch . .	439
pinnatum Pal.	440
v. caespitosum Koch . . .	440
Plukenetii Link	439
ramosum R. et Sch. . .	439
v. phoenicoides Koch . .	439
v. Plukenitii Asch. et Gr. .	439

	pag.
sanctum Ika	438
silvaticum R. et Sch. .	440
unilaterale Mazz.	442
Briza L.	412
elatior S. et S.	412
eragrostis L.	413
maxima L.	412
media L.	412
v. elatior (S. et S.) . . .	412
minor L.	412
spicata S. et S.	413
virens L.	413
Bromus L.	387
alopecuroides Pois. . .	399
v. calvus Hal.	400
alopecurus Pers.	399
arvensis L.	394
v. hyalinus Asch. et Gr. .	395
v. sericostachys Hal. . .	395
v. velutinus Haussk . . .	395
asper Murr.	389
caespitosus Host	440
ciliatus Lam.	441
commutatus Schrad. . .	396
v. neglectus Haussk. . .	395
compactus Sieb.	399
confertus M. a. B.	399
contortus Desf.	399
diandrus Curt.	392
distachyus L.	441
divaricatus Kunth . . .	400
divaricatus Rhode	400
elatior Koch	404
erectus Huds	389
v. australis Griseb. . . .	389
fascicularis Ten.	394
fasciculatus Presl . . .	393
fibrosus Hack.	390
v. contractus Haussk. . .	390
geniculatus L.	387
giganteus L.	405
Gussonei Parl.	392
hispidus Savi	378
hordeaceus L.	396
v. molliformis Hal. . . .	396
hyalinus Schur	385
inermis Leyn.	391
intermedius Guss. . . .	398
v. laevis Haussk.	398
japonicus Thunb. . . .	397
v. velutinus Asch. et Gr. .	397
v. vestitus Hal.	397
lacmonicus Haussk. . .	390

	pag.
lanceolatus Guss.	400
lanceolatus Roth.	400
lanuginosus Poir	400
leptostachys Mazz.	397
ligusticus All.	384
macrostachys Desf.	400
v. lanuginosus Bois.	400
madritensis B.	392
maximus Desf.	392
maximus Hausek.	392
Michelii Savi	378
mollis L.	396
v. molliformis Crep.	396
neglectus Nym.	395
patulus M. u. K.	397
v. vestitus Stapf	397
v. velutinus Koch	397
pentastachyus Tin.	441
pindicus Haussk.	389
pinnatus L.	440
Plukenetii All.	439
polystachyus DC.	392
pratensis Ehrh.	396
pubescens Mazz.	398
racemosus L.	395
v. neglectus Asch. et Gr.	395
ramosus L.	439
rigidus Roth	392
v. Gussonei Bois.	392
rubens L.	393
scoparius L.	399
v. psilostachys Hal.	399
secalinus L.	394
v. velutinus Koch	394
silvaticus Poll.	440
simplicissimus Ces	398
squarrosus L.	397
v. pubescens Ung.	398
v. villosus Koch.	398
sterilis L.	391
tectorum L.	391
v. anisanthus Hack.	391
v. ponticus Asch. et Gr.	391
tenuis Tin.	387
tomentellus Bois.	390
transsilvanicus Schur	390
velutinus Schrad.	394
vestitus Schrad.	397
villosus Gm.	398
Broussonetia papyrifera Vent.	116
Butomaceae Lindl.	141
Butomus L.	141
umbellatus L.	141
Buxaceae Klotsch	90

Buxus L.	
sempervirens L.	9

C.

Calamagrostis Ad.	358
epigeios Roth.	358
montana DC.	358
varia Host	358
vulgaris Mazz.	358
Camphorosma L.	51
monspeliaca L.	51
Cannabaceae Endl.	121
Cannabis sativa L.	121
Carex L.	313
acuta L.	322
v. nigra L	323
v. ruffa L.	322
agastachys Ehrh.	319
alpestris All.	322
ampullacea Good	315
arenaria Leers	328
atrata L.	321
Bertolonii Schk.	328
caryophyllea Lat.	321
Chaberti Schultz	327
chaetophylla Steud.	328
contigua Hoppe	327
cuspidata Hirt	320
Davalliana Sm.	328
depauperata Good.	317
distachya Desf.	325
distans L.	316
v. rigidifolia Raul.	317
disticha Huds.	328
divisa Huds.	328
v. rivularis Asch. et Gr.	328
divulsa Good.	237
v. Chaberti Kneuck.	327
echinata Desf.	320
echinata Murr.	325
elongata L.	325
erythrostachys Hoppe	320
extensa Good.	317
v. graeca Hausk.	317
flacca Schreb.	320
fulva Good.	316
fulva Sieb.	317
glauca Murr.	319
v. cuspidata A. et Gr.	320
v. erythrostachys Schur	320
v. serrulata Richt.	320
Goodenowii Gay.	323

	pag.		pag.
gracilis Curt.	322	Soleirolii Dub.	321
gynobasis Vill.	322	spicata Huds.	327
gynomane Bert.	324	strigosa Huds.	318
Halleriana Asso	322	stricta Good.	323
hirta L.	315	Tenorii Kunth.	318
hispida Willd.	320	thebaica Schenk	318
v. Soleirolii A. et Gr.	321	**tomentosa** L.	321
Hornschuchiana Hoppe	316	triflora Willd.	317
humilis Leyss.	322	truncata Fenzl	320
illegitima Ces.	323	**ventricosa** Curt.	317
incurva S. et S.	328	verna Chaix	321
intermedia S. et S.	328	virens Lam.	327
laevis Kit.	318	vulgaris Fr.	328
lepidocarpa Tausch.	316	vulpina L.	326
leporina L.	325	v. nemorosa Koch	326
Linkii Schk.	324	Caroxylon glaucum Moq.	56
lipsiensis Peterm.	316	**Carpinus** L.	134
lobata Link	328	**betulus** L.	134
longearistata Biv.	320	**duinensis** Scop.	134
macrolepis DC.	318	orientalis Lam.	134
maxima Scop.	319	ostrya L	133
monilifera Thuill.	317	Caruelia arabica Parl.	236
muricata L.	327	**Castanea** Tourn.	125
v. Pairaei Kneuck.	327	**sativa** Mill.	125
naufragii Hochst.	323	vesca Gaertn.	125
nemorosa Reb.	326	vulgaris Lam.	125
nervosa Desf.	317	Castellia tuberculata Tin.	442
nigra Beck	323	**Catabrosa** Pal.	415
obtusangula Retz.	315	**aquatica** Pal.	415
Oederi Ehrh.	316	v. ochroleuca Dum.	415
ovalis Good.	325	minuta Trin.	368
Pairaei Schultz	327	**Catapodium** Link	442
pallescens L.	319	**loliaceum** Link	442
v. glabrifolia Hausek.	319	**tuberculosum** Moris	442
v. tymphaea Form.	319	Caulinia fragilis Willd.	151
paludosa Good.	315	oceanica DC.	145
paradoxa Willd.	326	**Celtis** L.	123
pendula Huds.	319	**australis** L.	123
penduloides Schenk	319	**Tournefortii** Lam.	123
pharensis Vis.	323	Cenchrus capitatus L.	362
platystachya Ten.	318	echinatus Mazz.	378
praecox Jacq.	321	frutescens S. et S.	362
provincialis Degl.	320	racemosus L	334
remota Schk.	328	**Centunculus** L.	9
recurva Huds	326	**minimus** L.	9
riparia Curt.	318	**Cephalanthera** Rich.	154
rivularis Schk.	328	**alba** Simk.	155
rostrata With.	315	**cucullata** B. et H.	155
rufa Simk.	322	**ensifolia** Rich.	154
schoenoides Thuill.	328	**longifolia** Fritsch.	154
serrulata Biv.	320	**pallens** Rich.	155
v. corcyrensis Kück.	320	**rubra** Rich.	154
setifolia Godr.	328		

	pag.
Ceterach Willd.	464
officinarum Willd.	464
Chamagrostis minima Borkh.	349
Chamaerops humilis L.	290
Cheilanthes Sw.	467
fimbriata Vis	468
fragrans Webb	467
odora Sw.	467
persica Mett.	467
Szovitsii F. et M.	468
suaveolens Sw.	467
Chenopodiaceae Vent.	39
Chenopodium L.	42
acutifolium Sm.	45
album L.	44
altissimum L.	54
ambrosioides L.	45
bonus Henricus L.	42
botrys L.	46
ficifolium Sm.	45
fruticosum L.	53
glaucum L.	43
maritimum L.	54
multifidum L.	46
murale L.	43
v. microphyllum Bois.	44
olidum Curt.	45
opulifolium Schrad.	44
polyspermum L.	45
rubrum L.	42
scoparium L.	51
setigerum DC.	54
urbicum L.	43
viride L.	44
vulvaria L.	45
Chilochloa aspera Pal.	347
Chionodoxa Bois.	262
cretica B. et H.	262
nana Bois.	262
Chlamydanthus argenteus C. A. M.	80
hirsutus Griseb.	81
tartonraira C. A. M.	80
v. angustifolia Raul.	80
Chrysopogon Trin.	331
grillus Trin.	331
Chrysurus aureus Pal.	365
cynosuroides Pers.	365
echinatus Pal.	364
giganteus Fen.	364
Cladium Patr. Br.	306
germanicum Schrad.	306
mariscus R. Br.	306

	pag
Claoxylon mercurialis Thwait	92
Coeloglossum densiflorum Nym.	163
Coix lacryma Jobi L.	333
Colchicum L.	273
amabile Heldr.	277
arenarium Fraas	276
atticum Sprun.	278
autumnale Pieri	276
autumnale S. et S.	276
Bertolonii Bois.	275
Bertolonii Stev.	274
Bivonae Fraas	278
Boissieri Orph.	273
bulbocodioides M. a. B.	274
byzantinum Park.	274
Catacuzenium Heldr.	274
caucasium Ch. et B.	278
euboeum Orph.	278
fritillaricum chiense Park.	277
glossophyllum Heldr.	274
Kochii Parl.	276
latifolium S. et S.	277
v. euboeum Bois.	278
lingulatum Bois.	277
montanum Clem.	274
montanum S. et S.	275
multiflorum Friedr.	278
parnassicum Sart.	276
Parkinsonii Hook	277
Parlatoris Orph.	275
parvulum Link	275
parvulum Ten.	276
polymorphum Orph.	276
Psaridis Heldr.	274
pulchrum Herb.	277
pusillum Sieb.	275
Sibthorpii Bak.	278
timidum Heldr.	275
Tuntasium Heldr.	278
variegatum L.	277
variegatum S. et S.	277
Zahnii Heldr.	273
Colobachne Gerardi Link	342
v. Heldreichii Hausak.	342
Colocasia antiquorum Schott	294
Comandra Nutt.	83
elegans Rchb.	83
Coniferae L.	450
Convalaria L.	212
majalis L.	212
multiflora All.	211
polygonatum L.	211
pruinosa Hal.	211

	pag.		pag.
Coris L.	5	**Olivieri** Gay.	195
monspeliensis L.	5	Orphanidis Hook	196
Corylus L.	134	Pallasii Ch. et B.	200
avellana L.	134	peloponnesiacus Orph.	199
colurna L.	134	pholegandrius Orph.	196
Corynephorus articulatus Pal.	368	reticulatus Mazz.	199
canescens Mazz.	368	sativus S. et S.	200
Crithodium aegilopoides Lk.	434	v. Carthwrigthianus Maw.	200
Crocus L.	194	Schimperi Gay	199
Adami Gay	195	Sibthorpianus Herb.	198
annulatus v. Adamicus Herb.	195	**Sieberi** Gay.	198
v. biflorus Herb.	195	v. heterochromus Hal.	198
v. chrysanthus Herb.	194	v. versicolor B. et H.	198
v. lineatus Herb.	195	Sieberianus Herb.	198
atticus Orph.	198	Spruneri B. et H.	199
aureus Friedr.	195	sublimis Herb.	198
autumnalis Mazz.	200	sulphureus Ch. et B.	195
biflorus Mill.	194	sulphureus Heldr.	194
v. Adami Bak.	195	thessalus Bois.	198
v. violaceus Bois.	195	Tounefortianus Herb.	196
Boryanus Herb.	194	v. venereus Herb.	196
Boryi Gay.	196	**Tournefortii** Gay.	196
v. marathonisius Heldr.	197	variegatus Friedr.	198
bulbocodium L.	192	**veluchensis** Herb.	198
cancellatus Herb.	199	**Veneris** Tapp.	196
v. margaritaceus Herb.	199	vernus Friedr.	197
v. naupliensis Herb.	199	vernus Mazz.	200
Cartwrigthianus Herb.	200	vernus S. et S.	198
v. creticus Herb.	200	v. albiflorus Fraas	197
v. leucadius Herb.	200	Croton tinctorium L.	92
chrysanthus Herb.	194	verbascifolium W.	93
circumscissus Haw.	194	villosum S. et S.	93
cretensis Körn.	196	**Crozophora** Neck.	92
Crewei Hook.	195	**tinctoria** Juss.	92
flavus Mazz.	197	v. glabrata Heldr.	92
graecus Chap.	200	**verbascifolia** Juss.	93
hadriaticus Herb.	200	**Crypsis** Ait.	341
v. chrysobelonicus Herb.	200	**aculeata** Ait.	341
v. peloponnesiacus Bois.	199	**alopecuroides** Schrad.	342
v. Saundersianus Herb.	200	**schoenoides** Lam.	341
ionicus Herb.	197	Crypturus loliaceus Link	446
laevigatus Ch. et B.	197	**Cupressus** Tourn.	454
v. Fontenayi Reut.	197	fastigiata DC.	454
v. Gayanus Heldr.	197	**sempervirens** L.	454
lagenaeflorus v. Oliverianus Herb.	195	v. horizontalis Mill.	454
lineatus Jan.	195	v. pyramidalis Targ.	454
Mazziaricus Herb.	199	**Cupuliferae** Rich.	124
melanantherus B. et O.	195	Cuviera caput Medusae Simk.	426
minimus Fraas	198	**Cyclamen** L.	7
moesiacus Raul.	195	coum Mazz.	8
nivalis Ch. et B.	198	europaeum Friedr.	9
niveus Friedr.	198	europaeum S. et S.	8
nudiflorus S. et S.	199	**graecum** Link.	8

Index.

	pag.
hederaceum Sieb.	8
hederaefolium Ait.	7
v. graecum H. et S.	9
hederaefolium Sieb	8
hederaefolium W.	8
hederifolium S. et S.	7
immaculatum Mazz.	9
latifolium Mill.	8
latifolium S. et S.	7
Miliarakesii Heldr.	9
Mindleri Heldr.	8
neapolitanum Ten.	8
persicum S. et S.	8
repandum S. et S.	7
vernum Rchb.	7
Cyllenium Spruneri Schott	293
Cymodocea Koen.	150
aequorea Koen.	150
nodosa Asch.	150
Cynocrambe prostrata Gärtn.	121
Cynodon Rich.	337
dactylon Pers.	337
Cynomorium Mich.	86
coccineum L.	86
Cynosurus L.	364
aegyptius L.	337
aureus L.	365
cristatus L.	364
cylindricus Mazz.	363
durus L.	411
echinatus L.	364
elegans Desf.	365
erroneus Jord.	364
indicus L.	337
phleoides Desf.	378
polybracteatus G. et G.	365
Cyperaceae Juss.	298
Cyperus L.	299
aegyptiacus Glox.	305
alopecuroides Rottb.	305
aureus Ten.	301
australis Schrad.	301
badius Desf.	300
badius × longus Haussk.	300
capitatus Vand	305
comosus S. et S.	301
difformis L.	303
distachyus All.	304
esculentus L.	301
flavescens L.	304
fuscus L.	302
glaber L.	302

	pag.
globosus All.	304
glomeratus L.	302
hexastachyus Rottb.	301
hybridus Haussk.	300
junciformis Cav.	304
Kalli Murb.	305
longus L.	299
longus × rotundus Haussk.	300
melanorrhizus Del.	301
mucronatus Rottb.	305
mucronatus S. et S.	304
myriostachys Ten.	300
olivaris Targ.	301
pallescens Sieb.	301
pallidus Savi	301
patulus Kit.	302
pictus Ten.	302
Preslii Parl.	300
pygmaeus Rottb.	303
radicosus S. et S.	301
rotundus L.	301
v. mucrostachyus Bois.	301
schoenoides Griseb.	305
Sieberianus Link	301
spectabilis Mazz.	300
Tenorianus Schult.	301
Tenorii Presl.	301
tenuiflorus Presl.	300
tetrastachyus Desf.	301
vegetus Mazz.	302
virescens Hoffm.	302
Cypripedium L.	153
calceolus L.	153
Cystopteris Bernh.	478
alpina Dew.	479
fragilis Bernh.	478
v. regia Bernh.	479
v. tenuisecta Bois.	479
regia Desv.	479
taygetensis H. et S.	479
Cytinaceae Lindl.	86
Cytinus L.	86
hypocistis L.	86

D.

	pag.
Dactylis L.	382
abbreviata Bernh.	383
caespitosa Willd.	384
capitata Schult.	417
distichophylla Brign.	384
glaucescens Willd.	383
glomerata L.	382
v. dactyloides Hal.	383

	pag.		pag.
v. hispanica Ch. et B.	383	**Dioscoreaceae** R. Br.	207
v. Sibthorpii Bois.	383	**Diplachne** Pal.	382
hispanica Roth.	383	fusca Pal.	382
v. Sibthorpii Hack.	383	serotina Link.	382
litoralis Willd.	384	**Dracunculus** Schott	290
maritima Suffr.	384	creticus Schott	291
pungens Schreb.	362	**vulgaris** Schott	290
repens Desf.	384	v. creticus Engl.	291
repens Sieb.	384		
rigida B. et H.	383	**E.**	
spicata Willd.	384		
stricta Sol.	337	**Echinaria** Desf.	362
Dactyloctenium Willd.	337	**capitata** Desf.	362
aegyptiacum Willd.	337	**Echinochloa** Pal.	335
Damasonium Juss.	142	**crus-galli** Pal.	335
Bourgaei Coss.	142	v. aristata Rchb.	335
Daphne L.	76	v. submutica Neilr.	335
alpina S. et S.	78	cruciformis Rchb.	336
argentea S. et S.	80	Echinodorus ranunculoides Eng.	142
buxifolia S et S.	78	**Elaeagnaceae** R. Br.	82
collina Sm.	79	**Elaeagnus** L.	82
v Vahlii Keissl.	79	**angustifolius** L.	82
cretica Steud.	78	hortensis M. B.	82
dioica Gou.	81	latifolia Friedr.	82
glandulosa Bert.	78	orientalis L.	82
gnidium L.	79	**Eleocharis** R. Br.	307
jasminea S. et S.	77	**acicularis** R. Br.	307
laureola L.	77	minor Mazz.	307
v. punctulata Hal.	77	**palustris** R. Br.	307
mezereum L.	76	v. frigida Haussk.	307
microphylla Meisn.	77	pauciflora Link	312
v. angustifolia Meisn.	77	**uniglumis** Link	308
oleaefolia Lam.	78	Eleusine cruciata Lam.	337
oleoides Schreb.	77	indica Gaertn.	337
v brachyloba Meisn.	78	**Elymus** L.	426
v. buxifolia Heldr.	78	arenarius L.	427
v. glandulosa (Bert.)	78	caninus L.	435
v. puberula J. et Sp.	78	caput Medusae Bois.	426
oleoides S. et S.	78	**caput Medusae** L.	426
paniculata Lam.	79	v. asper (Simk.)	426
sericea Vahl.	78	crinitus Mazz.	426
tartonraira L.	80	**crinitus** Schreb.	426
v. angustifolia Urv.	80	europaeus L.	427
Vahlii Keissl.	79	intermedius M. B.	426
Deschampsia Pal.	369	platyatherus Link	426
caespitosa Pal.	369	**Emex** Neck.	58
flexuosa Trin.	369	**spinosus** Campd.	58
media R. et Sch.	369	**Ephedra** L.	459
Dezmazeria loliacea Nym.	442	altissima Sieb.	459
Digitaria Heist.	334	**campylopoda** C. A. M.	459
sanguinalis Scop.	334	distachya S. et S.	459
stolonifera Schrad.	337	fragilis Desf.	459
Digraphis arundinacea Trin.	341		

	pag.
v. campylopoda Stapf	459
v. graeca Fraas	459
fragilis Sieb.	459
graeca C. A. M.	460
nebrodensis Bois.	460
procera F. et M.	460
Epipactis Hall.	154
alba Cr.	155
atrorubens Schult	155
cucullata Wettst.	155
ensifolia Schm.	154
grandiflora Sm.	155
latifolia All.	156
longifolia All.	155
microphylla Sw.	156
nidus avis Cr.	153
palustris Cr.	155
rubiginosa Koch.	156
rubra All.	154
spiralis Cr.	154
viridans Cr.	156
Equisetaceae Rich.	460
Equisetum L.	460
arvense L.	461
ephedroides Bory.	462
fluviatile Gou.	460
limosum Fraas	462
maximum Lam.	460
pallidum Bory	462
palustre L.	461
pannonicum Kit.	462
ramosissimum Desf.	462
v. pallidum (Bory)	462
ramosum DC.	462
silvaticum L.	461
telmateia Ehrh.	460
variegatum Ch. et B.	462
Eragrostis Host.	413
aegyptiaca Link	414
major Host.	413
megastachya Link	413
minor Host.	414
pilosa Pal.	414
poaeoides Pal.	414
verticillata Pal.	414
Erianthus Rich.	529
Hostii Griseb.	530
Ravennae Pal.	529
strictus Bl. et F.	530
Euphorbia L.	94
acanthothamnos H. et S.	96
acuminata Lam.	112

	pag.
aleppica L.	113
apios L.	99
arguta Sol.	101
Baselices Bois.	107
v. thessala Form.	107
biglandulosa Desf.	114
canescens L.	115
capitulata Rchb.	99
ceratocarpa Friedr.	97
chamaesyce L.	115
v. canescens Bois.	115
characias L.	103
characias S. et S.	103
coralloides Ch. et B.	100
cretica Mill.	103
curtifolia Ch. et B.	113
cybirensis Bois.	99
v. acutifolia Bois.	100
v. dehiscens Bois.	100
cyparissias L.	108
deflexa S. et S.	109
dendroides L.	104
dulcis S. et S.	97
echinocarpa Sieb.	100
epithymoides L.	98
erioclada B. et H.	97
euboea Hal.	107
exigua L.	112
falcata L.	112
v. rubra Bois.	112
fragifera Jan.	98
Frivaldszkyana D. et D.	107
Gerardiana Jacq.	105
v. laconica Heldr.	105
glabriflora Vis.	96
graeca B. et Sp.	110
Halácsyi Form.	108
Heldreichii Orph.	102
v. Roeseri Bois.	102
helioscopia L.	101
herniariaefolia W.	199
v. glaberrima Hal.	109
Hohenackeri Orph.	108
lathyris L.	110
leiosperma S. et S.	107
literata Jacq.	101
messeniaca Heldr.	104
myrsinites L.	113
nicaeensis All.	105
oblongata Griseb.	97
v. sessiliflora Bois.	98

Index. 497

	pag.
Orphanidis Bois.	108
palustris L.	97
paralias L.	106
peplis L.	114
peploides Gou.	111
peplus L.	111
pilosa Ch. et B.	97
pilosa S. et S.	98
pindicola Haussk.	96
platyphyllos L.	100
v. literata Koch	101
portlandica S. et S.	107
provincialis W.	106
pterococca Brot.	101
pubescens Vahl	98
pumila S. et S.	109
reflexa Form.	105
retusa Cav	112
rigida M. a B.	114
Roeseri Orph.	102
rubra Cav.	112
segetalis L.	110
semiverticillata Hal.	108
serrata L.	115
sessiliflora B. et Spr.	98
Sibthorpii Bois.	103
Sibthorpii Boissieu	104
soliflora Vis.	99
spinosa S. et S.	96
stricta Form.	100
tenuifolia Lam.	108
terracina L.	106
v. leiosperma (S. et S.)	107
v. prostrata Bois.	107
thamnoides Bois.	97
thessala Deg. et D.	107
tricuspidata Lap.	112
veneta Willd.	104
verrucosa L.	98
verticillata Orph.	102
Wulfeni Heldr.	104
Wulfeni Hoppe	104
Zahnii Heldr.	100
Euphorbiaceae Juss.	91
Euxolus deflexus Mog.	37
viridis Mog.	37

F.

Fagus L.	124
castanea L.	125
silvatica L.	124

v. Halácsy, Flora Graeca III.

	pag
Festuca L.	400
acuminata Gaud.	405
affinis B. a H.	406
alopecuroides Savi	387
alopecurus Schousb.	387
alpina Raul.	401
altissima All.	407
amethystina Ch. et B.	403
arundinacea Schreb.	404
v. fenas Hack.	405
v. strictior Hack.	405
aurata Raul.	401
bromoides L.	385
Broteri Nym.	387
bulbosa Biv.	407
caespitosa Desf.	439
calycina L.	411
capitata Balb.	417
ciliata Danth	386
v. imberbis Vis	386
ciliata Gou.	441
convoluta Kunth.	409
cristata L.	377
cyllenica B. et H.	406
v. multiflora Bois.	406
dactyloides S. et S.	383
depauperata Bert.	417
distachya Koel	441
distans Kunth	408
drymeia M. a K.	407
duriuscula L.	401
duriuscula Raul.	402
elatior Huds.	404
elatior L.	404
v. pluriflora A. et Gr.	404
v. pratensis Hack.	404
expansa Kunth	415
fenas Lag.	405
fluitans L.	407
fusca L.	382
geniculata Willd	387
gigantea Vill.	405
glauca Lam.	402
Halleri Mazz.	401
hemipoa Del.	410
heterophylla Lam.	403
hispida Savi	378
Hostii Kunth.	409
lanceolata Forsk.	409
latifolia Host.	407
laxa Mazz.	401
ligustica Bert.	384
litoralis S. et S.	384
loliacea Huds.	408
longifolia Viv.	401
maritima DC.	409

32

	pag.
Michelii Kunth	378
montana M. u. B.	407
montana Savi	389
multiflora Presl.	404
myurus L.	386
ovina L.	401
v. duriuscula Hack.	401
v. glauca Koch	402
v. gracilis Hack.	403
v. Heldreichii Hack.	403
v. laevis Hack.	402
v. longearistata Hack.	403
v. Panciciana Hack.	402
v. polita Hack.	401
v. saxatilis Hack.	402
v. valesiaca Koch	402
v. vulgaris Koch	401
ovina Ung.	402
phleoides Vill.	377
phoenicoides L.	439
pilosa Hall.	425
pinnata Huds.	440
pluriflora Schult.	404
poaeformis Host.	425
pratensis Huds.	404
v. multiflora Hack.	404
pratensis Raul.	405
pseudomyurus Soy.	386
pubescens Willd.	403
pumila Vill.	407
reptatrix L.	407
rhaetica Sut.	425
rigida Kunth	410
rubra L.	403
v. planifolia Hack.	404
salinaria Simk.	408
sancta Ika	488
saxatilis Schur	402
serotina L.	382
setacea Parl.	385
sicula Presl.	385
v. setacea A. et G.	385
silvatica Host.	407
silvatica Huds.	440
silvatica Vill.	407
spectabilis Jan.	406
v. affinis Bois.	406
v. graeca Hack.	406
stricta Host.	401
v. polita Hack.	401
taygetea Hack.	406
uniglumis Sol.	385
unilateralis Ch. et B.	442
valesiaca Hal.	402
valesiaca Schleich.	402
varia Haenke	405
v. acuminata Hack.	406

	pag.
v. cylenica Hack.	406
v. graeca Hack.	406
vivipara S. et S.	401
Ficus L.	115
carica L.	115
sycomorus L.	116
Filices Juss.	462
Fimbristylis Vahl.	307
annua Schenk	307
dichotoma Vahl.	307
squarrosa Vahl.	307
Fritillaria L.	219
conica Bois.	221
Ehrhardii B. et O.	222
Fleischeriana Ung.	221
graeca B. et Spr.	220
v. Guicciardii Bois	220
v. thessala Bois.	220
Guicciardii H. et S.	220
ionica Hal.	219
messanensis Bois.	219
messanensis Raf.	219
obliqua Gawl.	221
Pinardi Bois.	222
pyrenaica Fraas	220
pyrenaica S. et S.	220
regis Georgii Heldr.	222
Rhodokanakis Orph.	221
Sibthorpiana Bois.	221
tenella Bois.	219
tristis H. et S.	221
tristis Weiss	222
tulipifolia Ch. et B.	221
v. montana Ch. et B.	220
Tuntasia Heldr.	222

G.

Gagea Sal.	223
amblyopetala B. et H.	225
arvensis Schult.	224
v. saxatilis Friedr.	225
Billardieri Kunth	226
Billardieri Raul.	225
bohemica Schult.	226
fistulosa Duby	224
Guicciardii Heldr.	224
Liottardii Schult.	224
lutea Friedr.	225
minima Schult.	226
polymorpha Bois.	225
pratensis Schult.	223

	pag.		pag.
pygmaea Schult.	225	**Heldreichii** Hal.	15
reticulata Schult.	226	**Sartorii** Bois.	14
v. fibrosa Bois.	226	**Gramineae** Juss.	329
rigida B. et Spr.	226	Grammitis ceterach Sw.	464
stenopetala Rchb.	223	leptophylla Sw.	464
Galanthus L.	206	**Gymnadenia** R. Br.	162
graecus Orph.	206	cornigera Rchb.	162
nivalis L.	206	**conopsea** R. Br.	162
v. Corcyrensis Shortt.	206	Linkii Presl.	163
v. Olgae Beck	206	**Gymnogramme** Desv.	464
Olgae Orph.	206	ceterach Spreng.	464
Rachelae Burb.	205	lanuginosa A. Br.	467
reginae Olgae Orph.	206	**leptophylla** Desv.	464
Galilea mucronata Parl.	305	Marantae Mett.	466
Gastridium Pal.	358	**Gynandriris** Parl.	191
australe Pal.	358	monophylla B. et H.	191
lendigerum Gaud.	358	**sisyrinchium** Parl.	191
muticum Günth.	359	v. monophylla Heldr.	191
scabrum Presl	359		
Gaudinia Pal.	442	**H.**	
Biebersteinii Trin	374		
fragilis Pal.	442	Halimocnemis brachiata C. A. M.	57
Gladiolus L.	184	crassifolia C. A. M.	57
byzantinus Mill.	185	Halimus pedunculatus Wallr.	51
communis S. et S.	184	portulacoides Wallr.	50
dubius Guss.	185	**Halocnemum** M. a. B.	58
glaucus Heldr.	186	**strobilaceum** M. a. B.	58
illyricus Koch	185	Hamiltonia elegans Rchb.	88
imbricatus L.	186	**Haynaldia** Schur.	430
italicus Gaud.	184	**hordeacea** Hack.	430
Ludovicae Jan.	184	**villosa** Schur.	430
segetum Gawl.	184	**Heleocharis** R. Br.	307
Globularia L.	11	Heleochloa alopecurioides Host	342
alypum L.	11	schoenoides Host	341
cordifolia L.	11	Helleborine longipetala Ten.	158
nana Lam.	12	**Hemarthria** R. Br.	446
stygia Orph.	11	**fasciculata** Kunth.	446
vulgaris L.	12	Hermione serotina Haw.	203
		tazetta Haw.	203
Globulariaceae DC.	11	**Hermodactylus** Tourn.	190
Glyceria R. Br.	407	**tuberosus** Sal.	190
aquatica Presl	415	**Himantoglossum** Sprg.	160
convoluta Fr.	409	caprinum Spreng.	160
distans Wahlenb.	408	**hircinum** Spreng.	160
festucaeformis Heynh.	409	v. caprinum Richt.	160
fluitans R. Br.	407	secundiflorum Rchb.	163
v. loliacea A. et G.	408	**Holcus** L.	379
v. spicata Form.	408	cernuus Ard.	330
plicata Fr.	408	halepensis L.	330
spicata Guss.	408	**lanatus** L.	379
Gnetaceae Blum.	459	saccharatus L.	330
Goniolimon Bois.	14	sorghum L.	330

32*

Index.

Holoschoenus Link . . 300
  Linnaei Vchb. 309
  v. romanus Rchb. . . . 310
vulgaris Link 309
  v. australis (L.) . . . 310
  v. romanus (L.) . . . 310
Hordeum L. 427
  ambiguum Döll. 428
  asperum Deg. 426
  Bobartii A. et G. . . . 426
  bulbosum L. 427
    v. minus Haussk. . . . 427
  caput Medusae Coss. . . 426
  ciliatum L. 430
  coeleste Vib. 429
  crinitum Desf. 426
  crinitum Haussk. . . . 426
  distichum L. 429
    v. nudum L. 429
  geniculatum All. . . . 428
  Gussoneanum Parl. . . . 428
  hexastichum L. 429
    v. erectum Schübl. . . 429
    v. pyramidatum Körn. . 429
  intermedium Haussk. . . 426
  jubatum DC. 426
  jubatum Urv. 426
  leporinum Link 428
  maritimum With. . . 428
    v. Gussoneanum Parl. . 428
  murinum L. 427
    v. leporinum Ch. et B. 428
    v. pruinosum Haussk. . 428
  nodosum Ucr. 427
  pratense Huds. 427
  pseudomurinum Tapp. . . 428
  secalinum Schreb. . 427
  strictum Desf. 427
  vulgare L 429
    v. coerulescens Ser. . 429
  Winkleri Hack. 428
Humulus L. 121
  lupulus L. 121
Hyacinthus Tourn. . . 263
  botryoides L. 272
  ciliatus Cyr. 263
  comosus L. 266
  dubius Guss. 264
  orientalis L. . . . 263
  parviflorus Pers. . . . 272
  racemosus L. 270
  romanus L. 264
  spicatus S. et S. . . . 263
  trifoliatus Ten. . . . 264
Hydrocharidaceae Rch. 141

Hydrocharis L. . . . 141
  morsus ranae L. . . 141
Hypodematium nivale Fée . 47
Hypopeltis lobulata Ch. et B. . 47

I.

Imperata Cyr. . . . .
  arundinacea Cyr. . . . 3
  cylindrica Pal. . . . 3
Iridaceae R. Br. . . . 1
Iris L. 1
  attica B. et H. . . 1
  cretensis Ika 18
  cretica Ika 189
  florentina L. . . . 187
  germanica L. . . . 187
  germanica S. et S. . . 187
  graminea L. 1
  humilis Sieb. 1
  lutescens Lam. 18
  Monnieri DC. . . . 18
  nostras Dall. 18
  pallida Lam. . . . 18
  pseudacorus L. . . 1
  pseudopumila Nym. . . 188
  pumila S. et S. . . . 188
  Sintenisii Ika . . 190
  sisyrinchium L. . . . 191
  spuria Pieri 190
  stylosa Desf. 189
    v. angustifolia B. et H. 189
  stylosa Mazz. 189
  tenuifolia Pieri . . . 189
  tuberosa L. 190
  unguicularis Ch. et B. 189
  xyphium Ehrh. 190
Ischarum Fraasianum Schott . 294
    Spruneri Schott . . 293
Isoetaceae Trev. . . 480
Isoetes L. 480
  Heldreichii Wettst. 481
  hystrix Bory . . . 480
    v. phrygia Bois. . . 481
    v. subinermis Bois. . 481
  phrygia Haussk. . . . 481
  setacea Del. . . . 481
Isolepis R. Br. . . 308
  controversa Steud. . . 309
  fluitans R. Br. . . . 309
  holoschoenus R. et Sch. 309
    v. australis Schenk . 310

	pag.
v. romanus Schenk	310
pygmaea Kunth	309
Saviana Schult.	308
Savii (Seb. et M.)	308
setacea R. Br.	308
sicula Presl.	308
supina R. Br.	309
Ixia bulbocodium L.	192
bulbocodium S. et S.	192
columnae R et Sch.	193
ramiflora Ten.	193

J.

Jirasekia tenella Rchb.	9
Juglandaceae DC.	122
Juglans L.	124
regia L.	124
Juncaceae Ag.	279
Juncaginaceae Ruh.	143
Juncus L.	279
acutus L.	280
v. Heldreichianus Heldr.	280
alpigenus C. Koch	287
alpinus Vill.	285
Angelisii Ten.	282
articulatus L.	285
bufonius L.	284
v. fasciculatus Koch	284
v. hybridus Parl.	284
v. mutabilis Heldr.	284
bulbosus L.	283
campestris L.	281
capitatus Weig.	284
compressus Jacq.	281
conglomeratus L.	281
effusus L.	281
v. compactus Lij.	281
fasciculatus Bert.	284
Fontanesii Ch. et B.	286
Fontanesii Gay	286
v. pyramidatus Buch.	287
Forsteri Sm.	288
Gerardi Lois.	283
glaucus Ehrh.	282
v. Angelisii Arc.	282
graecus Ch. et B.	288
Heldreichianus Mars.	280
hybridus Brot.	284
inflexus L.	282
insulanus Viv.	284

	pag.
lampocarpus Ehrh.	285
Leersii Mars.	282
maritimus Lam.	281
maximus Reich.	288
melanocephalus Friv.	287
multiflorus Desf.	283
multiflorus Lej.	289
mutabilis Lam.	284
nodosus Wahlenb.	285
nodulosus Ch. et B.	288
obtusiflorus Ehrh.	285
paniculatus Hoppe	282
pilosus Ch. et B.	288
pygmaeus Thuill.	287
pyramidalis Lah.	287
Rochelianus R. et Sch.	287
silvaticus Huds.	288
v. multiflorus Roch.	287
spicatus L.	289
striatus Schönsb.	286
subulatus Forsk.	283
supinus Moench	283
tenageia Ehrh.	284
Thomasii Ten.	287
triandrus Gou.	284
uliginosus S. et S.	283
ustulatus Hoppe	285
Juniperus L.	454
attica Orph.	455
communis L.	456
v. depressa Bois.	456
v. hemisphaerica Presl.	456
v. microcarpa Form.	456
v. nana Loud.	456
depressa Stev.	456
drupacea Lab.	455
excelsa Fraas	457
excelsa M. a B.	457
foetidissima W.	457
v. pindicola Form.	457
hemisphaerica Presl	456
lycia L.	458
macrocarpa S. et S.	455
nana Heldr.	456
nana Willd.	456
oxycedrus L.	455
phoenicea L.	458
v. turbinata Parl.	458
rufescens Link.	455
sabina S. et S.	457
sabinoides Griseb.	457
turbinata Guss.	458

K.

	pag.
Kochia scoparia Schrad.	51
Koeleria Pers.	376
aurea Ten.	376
brachystachya DC.	377
calycina Ch. et B.	411
calycina DC.	411
cristata Pers.	376
v. grandiflora Bois.	377
v. splendens (Presl)	377
dactylis Ch. et B.	383
gracilis Guss.	377
grandiflora Bert.	377
hispida DC.	378
litoralis Ch. et B.	384
macilenta DC.	378
Michelii Coss.	378
phleoides Pers.	377
pubescens Pal.	377
splendens Presl	377
villosa Pers.	377

L.

Lagurus L.	360
cylindricus L.	329
ovatus L.	360
Lamarckia Moench.	365
aurea Moench.	365
Lappago racemosa Schreb.	334
Lasiagrostis Link	352
calamagrostis Link	352
Lastrea nivalis Moore	477
Lauraceae DC.	82
Laurus L.	82
nobilis L.	82
Lemna L.	295
gibba L.	295
minor L.	295
trisulca L.	295
Lemnaceae Duby	295
Lentibulariaceae Rich.	1
Leopoldia Parl.	265
Bouriana Heldr.	267
Charrelii Heldr.	266
comosa Parl.	266
v. Holzmanni (Heldr.)	266
v. pharmacusana (Heldr.)	267
curta Heldr.	268
graeca Heldr.	267
graminifolia Heldr.	266

Gussonii Heldr.	
Holzmanni Heldr.	
maritima Parl.	
Neumayrii Heldr.	
pharmacusana Heldr.	
Pinardi Parl.	
polita Heldr.	
Sarteriana Heldr.	
v. curta (Heldr.)	
Spreitzenhoferi Heldr.	
tenuiflora Heldr.	
theraea Heldr.	
Weissii Freyn	
Leptochloa fusca Kunth	
Lepturus R. Br.	
cylindricus Trin.	
filiformis Trin.	
incurvatus Trin.	
subulatus Kunth	
Leucoium L.	
aestivum L.	
autumnale L.	
Liliaceae DC.	21
Lilium L.	21
albanicum Griseb.	21
bulbiferum Fraas	21
candidum L.	21
chalcedonicum L.	21
chalcedonicum S. et S.	21
Heldreichii Freyn	21
martagon L.	21
Limnochloa baeothryon Rchb.	31
Limodorum Tourn.	1
abortivum Sw.	1
Limoniastrum Moench.	
monopetalum Bois.	
Listera R. Br.	157
ovata R. Br.	157
Lloydia Sal.	222
graeca Kunth	222
Lolium L.	443
arvense With.	443
Boucheanum Kunth	445
compositum Thuill.	444
compressum B. et O.	444
Gaudini Parl.	445
italicum A. Br.	445
lepturoides Bois.	446
multiflorum Gaud.	445
multiflorum Lam.	445

	pag.
perenne L.	444
v. compressum B. et O.	444
v. tenue Schrad.	444
rigidum Gaud.	445
v. compressum B. et H.	444
v. lepturoides Haussk.	446
v. loliaceum (Ch. et B)	446
v. rottbollioides Heldr.	446
v. strictum (Presl)	445
v. subulatum Haussk.	446
siculum Parl.	444
speciosum Stev.	443
strictum Presl	445
v. compressum B. et H.	444
subulatum Vis.	446
suffultum Sieb.	446
temulentum L.	443
v. arvense Bab.	443
v. leptochaeton A. Br.	443
v. macrochaeton A. Br.	443
v. muticum Raul.	443
v. oliganthum G. et G.	443
tenue L.	444
vulgare Host.	444
Lomaria spicant Desv.	470
Lorezia ligustica Dur.	385
setacea Dur.	385
Loroglossum hircinum Rich.	160
Luzula DC.	288
campestris DC.	289
erecta Desv.	289
Forsteri DC.	288
graeca Kunth	288
maxima DC.	288
multiflora Lij.	289
nodulosa Mey.	288
pilosa Friedr.	288
silvatica Gaud.	288
spicata DC.	289
v. pindica Haussk.	289
Lycopodiaceae DC.	480
Lycopodium denticulatum L.	480
helveticum L.	480
Lygaeum Loefl.	336
spartum L.	336
Lygia Fas.	81
passerina Fas.	81
Lysimachia L.	2
anagalloides S. et S.	4
atropurpurea L.	2
v. thessala Form.	3
dubia Ait.	3

	pag.
linum stellatum L.	5
nummularia L.	4
punctata L.	4
v. villicaulis Hal.	4
vulgaris L.	3

M.

Maillea crypsoides Bois.	349
Urvillei Parl.	349
Mariscus umbellatus Marz.	305
Megastachya amabilis Marz.	414
eragrostis Pal.	414
rigida R. et Sch.	410
Melanthaceae R. Br.	273
Melica L.	379
aspera Desf.	380
ciliata G. et G.	380
ciliata L.	379
v. Linnaei Hack.	379
v. Magnolii Paut.	379
v micrantha Bois.	379
v. nebrodensis Coss.	380
coerulea L.	382
cretica B. et H.	380
v. major Heldr.	379
Magnolii G. et G.	379
major S. et S.	380
micrantha B. et H.	379
minuta L.	380
v. longiglumis Hal.	381
v. saxatilis Hal.	380
nebrodensis Parl.	380
v. cretica (B. et H.)	380
v. Parlatorii A. et G.	380
nutans L.	382
pyramidalis Lam.	380
ramosa Vill.	380
v. longiglumis Haussk.	381
rectiflora B. et H.	381
saxatilis S et S.	380
transsilvanica Schur.	380
uniflora Retz	381
Mercurialis L.	92
alternifolia Desv.	92
annua L.	92
perennis L.	92
Merendera Ram.	278
attica B. et Spr.	278
Mibora Ad.	349
minima Desv.	349
verna Pal.	349
Milium L.	354

		pag.
arundinaceum S. et S.	. . .	353
coerulescens Desf.	. . . .	358
holciforme Spreng.	. . . .	354
lendigerum L.	. . . .	358
Montianum Parl.	. . . .	354
multiflorum Cav.	. . . .	353
scabrum Rich.	. . . .	354
tenellum Cav.	. . . .	365
Thomasii Duby	. . . .	353
vernale M. a. B.	. . .	354
v. Montianum Coss.	. . .	354
Molineria Parl.	. . . .	368
minuta Parl.	. . . .	368
Molinia Schrank	. . .	382
coerulea Moench	. . .	382
serotina M. u. K.	. . . .	382
Monerma Pal.	. . . .	447
cylindrica Coss. et Dur.		447
monandra Pal.	. . . . .	449
subulata Pal.	. . . . .	447
Moraceae Endl.	. . . .	115
Morus alba L.	. . . .	116
nigra L.	. . . .	116
papyrifera L	. . . . .	116
Moraea sisyrinchium Ker.	. . .	191
Muscari Tourn.	. . . .	269
botryoides Pieri	. . . .	271
botryoides (L.)	. . . .	272
commutatum Guss.	. . .	269
v. Leonis H. et H.	. . .	269
comosum Mill.	. . . . .	266
curtum Bois.	. . . . . .	268
graecum Bois.	. . . . .	267
Heldreichii Bois.	. . .	272
Holzmannii Bois.	. . . .	266
hymenophorum Heldr.	. .	272
Kerneri March.	. . . .	271
macrocarpum Sw.	. . .	273
maritimum Desf.	. . .	267
Mordoanum Heldr.	. . .	270
moschatum v. flavum Bot. mag.	. . . .	273
neglectum Guss.	. . .	270
Neumayeri Bois.	. . . .	269
nivale H. et S.	. . . . .	271
parviflorum Desf.	. . .	272
pharmacusanum Bois.	. . .	267
Pinardi Bois.	. . . . . .	265
pulchellum H. et S.	. .	271
v. amoenum Heldr.	. . .	271
racemosum Mill.	. . .	270
Sartorianum Bois.	. . . .	268
tenuiflorum Tausch	. . .	265

		pag.
v. pindicolum Haussk.	. . .	265
theraeum Bois.	. . . . . .	266
tubiflorum Stev.	. . . . .	265
Weissii Freyn	. . . . .	268
Mygalurus caudatus Link	. . .	386
ciliatus Link	. . . .	386
Myogalum nutans Link	. . . .	236

N.

Najadaceae Lindl.	. . .	151
Najas L.	. . . . . .	151
minor All.	. . . . . .	151
Narcissus L.	. . . .	201
angustifolius Curt.	. . . .	202
aphyllus Sieb.	. . . . .	203
aureus Lois.	. . . . . .	202
corcyrensis Herb.	. . . .	204
dubius Gou.	. . . . . .	202
jonquilla L.	. . . . . .	204
moschatus L.	. . . . . .	204
odorus L.	. . . .	202
orientalis Bot. mag.	. . .	202
papyraceus Gacol.	. . .	202
patulus Lois.	. . . . . .	203
poeticus L.	. . . . . .	202
radiiflorus Sal.	. . . .	502
serotinus L.	. . . . . .	293
tazetta L.	. . . .	203
v. patulus Richt.	. . . .	203
trilobus Ker.	. . . . . .	204
Nardurus Lachenalii Godr.	. . .	441
Nardurus tenellus Godr.	. . . .	441
Nardus L.	. . . . . .	449
aristata A.	. . . . . .	449
stricta L.	. . . . . .	449
Nectaroscilla hyacinthoides Paul.		237
Neotinaea Rchb.	. . .	163
intacta Rchb.	. . . .	163
Neottia L.	. . . . . .	153
aestivalis DC.	. . . . .	157
nidus avis Rich.	. . . .	153
Nephrodium Rich.	. . .	475
cristatum Mich.	. . . .	477
filix mas Rich.	. . . .	476
montanum Bak	. . .	476
pallidum Ch. et B.	.	477
v. tripinnatisectum (Milde)		477
rigidum Sw.	. . . . . .	47
v. australe Bois.	. . . .	47
spinulosum Stremp.	. .	47
thelypteris Desv.	. . .	47.

	pag.		pag
Nigritella Rich.	176	insectifera L.	177
angustifolia Rich.	176	v. arachnites L.	177
nigra Rchb.	176	v. myodes L.	181
Noaea Moq.	56	iricolor Desf.	179
spinosissima Moq.	56	**lutea** Cav.	180
Notholaena R. Br.	466	v. subfusca Rchb.	180
lanuginosa Desv.	467	**mammosa** Desf.	188
Marantae R. Br.	466	**mammosa** × **fusca**	178
persica Bory	467	muscifera Huds.	181
vellea Desv.	467	**myodes** Jacq.	181
		nidus avis L.	153
		oestrifera Ch. et B.	182
O.		**oestrifera** M. a. B.	182
		v. cornuta Bois.	182
Obione Gartn.	50	ovata L.	157
graeca Moq.	48	picta Ch. et B.	182
pedunculata Moq.	51	v. oestrifera Ch. et B.	182
portulacoides Moq.	50	Reinholdi Sprun.	181
Oeosporangium persicum Vis.	468	scolopax Cav.	182
Szovitsii Vis.	468	v. cornuta Rchb.	183
Ophioglossum L.	480	v. oestrifera Rchb.	182
lusitanicum L.	480	scolopax Willd.	182
Ophiurus incurvatus Pal.	448	secundiflora Steud.	163
subulatus Link.	447	**speculum** Link	182
Ophrys L.	176	spiralis L.	157
aestivalis L.	157	Spruneri Nym.	181
andrachnites Ch. et B.	178	tabanifera Willd.	183
anthropophora L.	160	**tenthredinifera** W.	177
apifera Huds.	183	umbilicata Desf.	183
arachnites Murr.	177	villosa Desf.	177
v. attica B. et O.	177	Oplismenus crus galli Kunth.	385
aranifera Huds.	178	**Orchidaceae** L.	151
v. atrata Rchb.	178	**Orchis** L.	165
atrata L.	178	abortiva L.	153
atrata × fusca Haussk.	180	acuminata Ch. et B.	173
autumnalis L.	157	acuminata Desf.	166
Bertolonii Mor.	180	anatolica Bois.	173
bicornis Sadl.	182	angustifolia M. a. B.	169
bombylifera Ch. et B.	182	v. Fraasii Rchb.	169
bombyliflora Link	183	atlantica W.	163
bremifera Stev.	182	attica Haussk.	166
corinthiaca Haussk.	180	bifolia L.	162
cornuta Stev.	182	**Boryi** Rchb.	167
episcopalis Poir.	177	Boryi Spreitz.	167
ferrum aequinum Desf.	178	brachystachys Urv.	162
v. aeginensis Rchb.	181	bracteata Ten.	174
fusca Link	179	Brancifortii Ch. et B.	172
v. iricolor Rchb.	179	caprina M. a. B.	160
fusca × **lutea** Haussk.	180	cassidea M. a. B.	168
galactostictos Heldr.	181	cataphracta Sieb.	161
grandiflora Ten.	177	**commutata** Tod.	166
hiulca Seb. et M.	183	conica Willd.	166
hiulca Sprun.	181	conopsea L.	162
		coriophora L.	168

	pag.		pag.
v. fragrans Vis.	168	saccata Ten.	170
v. sancta Rchb.	169	saccifera Brong.	175
coriophora S. et S.	168	**sambucina** L.	174
corsica Viv.	166	**sancta** L.	169
Cyrilli Ten.	171	secundiflora Bert.	163
fragrans Poll.	168	simia Lam.	165
globosa L.	176	Tenoreana Guss.	166
hircina L.	160	tephrosanthos Desf.	165
iberica M. a. B.	169	trichocera Brong.	172
incarnata L.	173	tridentata Bois.	166
v. lanceata Frasaii Rchb.	173	undulatifolia Biv.	165
intacta Link	163	Urvilleana Steud.	169
lactea Poir.	166	variegata S. et S.	166
latifolia L.	174	**Ornithogalum** L.	230
laxiflora Lam.	173	**arabicum** L.	236
v. longibracteata Hausek.	173	arvense Ch. et B.	225
v. palustris (Jacq.)	173	arvense Pers.	224
v. platychila Hausek.	173	**atticum** B. et O.	232
Lindakeri Sieb.	176	bohemicum Zauschn.	226
longibracteata Bid.	161	circinnatum L.	226
longicornu Poir.	167	**collinum** Guss.	235
longicruris Link	165	**comosum** L.	235
longicruris × commutata	166	**divergens** Bov.	233
longicruris × tridentata Hsek.	166	exscapum Heldr.	233
maculata L.	175	fibrosum Sieb.	226
v. saccifera Parl.	175	**fimbriatum** W.	235
v. saccigera Rchb.	175	v. ciliatum Boissieu	236
mascula L.	170	v. decalvans Hal.	236
montana Schm.	162	fistulosum Ram.	224
morio L.	167	foliosum Presl	224
v. picta Rchb.	167	Gussonii Ten.	234
morio Pieri	167	Kochii Parl.	235
nigra Scop.	176	Liottardi Sternb.	224
pallens Ch. et B.	171	luteum Ch. et B.	225
pallens L.	171	minimum L.	226
palustris Jacq.	173	minus Ch. et B.	233
v. laxiflora Friedr.	173	**montanum** Cyr.	231
papilionacea L.	169	**nanum** S. et S.	232
pauciflora Ten.	171	v. longipes Bois.	233
picta Lois.	167	**narbonense** L.	231
platychila C. Koch	173	**nutans** L.	236
Polliniana Spreng.	168	v. prasandrum Bak.	237
provincialis Balb.	171	**oligophyllum** Clarke	232
v pauciflora Lindl.	172	pater familias Heldr.	234
provincialis Sieb.	171	prasandrum Griseb.	237
pseudosambucina Ten.	175	pratense Pers.	223
pyramidalis L.	161	**pyrenaicum** L.	231
quadripunctata Cyr.	172	refractum Friedr.	233
v. macrochila Hal	172	reticulatum Pall.	226
Robertiana Lois.	161	spathaceum S. et S.	225
romana Seb.	174	stachyoides Ait.	231
rubra Jacq.	169	stenopetalum Fr.	223
rubra M. et Br.	169	**tenuifolium** Guss.	234

	pag.
umbellatum L.	234
v. creticum Rev.	285
Oryza sativa L.	336
Oryzopsis Mich.	353
coerulescens Richt.	353
v. straminea (Haussk.)	354
holciformis Richt.	354
v. longiglumis (Haussk.)	354
miliacea Asch. et Sch.	353
v. Thomasii Richt.	353
Osmunda L.	479
lunaria L.	479
regalis L.	479
spicant L	470
Ostrya Mich.	133
carpinifolia Scop.	133
vulgaris Willd.	133
Osyris L.	88
alba L.	88
Oxyria Hill.	76
digyna Campd.	76
reniformis Hook.	76

P.

Palladia atropurpurea J. et Spr.	3
Pancratium L.	201
maritimum L.	201
Panicum L	334
Burmanni Retz	335
coloratum Cav.	335
crus corvi L.	335
crus galli L.	335
v. echinatum Bois.	335
dactylon L.	337
eruciforme S. et S.	336
fluitans Retz	335
glaucum L.	333
italicum L.	334
miliaceum L.	335
repens L.	334
sanguinale L.	334
stagninum Host	335
verticillatum L.	333
v. ambiguum Guss.	333
viride L.	333
Parietaria L.	118
cretica L.	119
diffusa M. u K.	119
erecta M. u. K.	118
filiformis Ten.	120
judaica L.	118

	pag.
v. brevipetiolata Bois.	119
v. lancifolia Heldr.	119
v. satureifolia Heldr.	119
lusitanica L.	120
v. filiformis Wedd.	120
officinalis L.	118
parviflora Friedr.	120
punctata Willd.	119
Passerina annua Wick.	81
hirsuta L.	81
tartonraira Schrad.	80
Peristylus atlanticus Lindl.	163
densiflorus Lindl.	163
Petrosimonia Bunge	57
brachiata Bunge	57
crassifolia Bunge	57
Phacelurus Griseb.	447
digitatus Griseb.	447
Phalangium graecum Poir.	253
liliago Schreb.	213
Phalaris L.	338
aquatica Willd.	339
arenaria Willd.	347
arundinacea L.	341
aspera Retz	347
brachystachys Link	338
bulbosa L.	339
canariensis Friedr.	340
canariensis L.	339
canariensis S. et S.	338
coerulescens Desf.	340
crypsoides Urv.	349
eruciformis L.	336
geniculata S. et S.	342
minor Retz	339
v. comosula Heldr.	340
nodosa L.	339
paradoxa L.	340
v. praemorsa Coss. et Dur.	340
phleoides L.	346
praemorsa Lam.	340
pubescens Lam.	377
sativa Pers.	348
Sibthorpii Griseb.	340
subulata Savi	348
tenuis Host	348
tuberosa L.	339
utriculata L.	343
vaginiflora S. et S.	341
Phegopteris Fée	465
dryopteris Fée	466
polypodioides Fée	465
Robertiana A. Br.	466

	pag.
Phleum L.	344
alpinum L.	345
v. commutatum Bois.	344
arenarium L.	347
asperum Jacq.	347
Boehmeri Wib.	346
v. blepharodes A. et G.	346
v. ciliatum Grisb.	345
v. gracile Haussk.	346
v. laeve Form.	346
commutatum Gaud.	344
crinitum Schreb.	359
crypsoides Hack.	349
crypsoideum Rouy	349
echinatum Host	346
exaratum Griseb.	348
fallax Ika	345
felinum S. et S.	347
Gerardi All.	342
graecum B. et H.	348
laeve M. a. B.	346
montanum C. Koch.	345
nodosum L.	345
paniculatum Huds.	347
parnassicum Bois.	345
phalaroides Koel.	346
phleoides Simk.	346
v. blepharodes (A. et G)	346
v. gracile (Haussk.)	346
pratense L.	345
v. fallax Simk.	345
v. nodosum Bois.	345
schoenoides L.	341
serrulatum B. et H	345
subulatum A. et G.	348
v. ciliatum (Bois.)	348
tenue Schrad	348
v. ciliatum Bois.	348
viride All.	347
Phoenix dactylifera L.	290
Phragmites Trin.	361
communis Trin.	361
v. flavescens Cust.	362
v. stenophylla Bois	362
Phucagrostis major Cav.	150
Phytollaca L.	39
decandra L.	39
dioica L.	39
Phytolaccaceae Endl.	39
Pinguicula L.	1
alpina L.	1
hirtiflora Ten.	1
megaspilaea B. et H.	1

	pag.
Pinus L.	451
abies Dall.	450
Apollinis Ant.	451
austriaca Höss	452
brutia Ten.	453
cephalonica Endl.	450
halepensis Mill.	453
Heldreichii Christ	453
laricio Poir	452
leucodermis Ant.	453
maritima S. et S.	453
nigra Arn.	452
nigricans Host	452
Pallasiana Lamb.	452
peuce Griseb.	451
picea S. et S.	450
v. graeca Fraas	451
pindica Form.	452
pinea L.	451
pyrenaica Lap.	453
silvestris Fraas	452
telethria Heldr.	453
Piptatherum coerulescens Pal.	353
v. stramineum Haussk.	354
frutescens Lk.	353
holciforme R. et Sch.	354
v. longiglume Haussk.	354
miliaceum Coss.	353
v. Thomasii Bois.	353
multiflorum Pal.	353
Thomasii Knth.	353
Piptochlamys hirsuta C. A. M.	81
Planera abelicea R. et Sch.	123
Plantaginaceae Juss.	25
Plantago L.	25
afra S. et S.	27
albicans L.	32
altissima L.	31
ambigua Guss.	31
amplexicaulis Cav.	32
arenaria W. et K.	26
v. divaricata Bois.	27
asiatica Fraas	35
Bellardi All.	32
brutia Ten.	34
v. epirota Hal.	34
capitata Ten.	31
carinata Schrad.	29
Columnae Gou.	28
commutata Guss.	28
v. longifolia Link	28
coronopus L.	28
v. integrata G. et G.	28
v. simplex Dcne.	28

	pag.
crassifolia Forsk.	29
v. compacta W. et L.	29
cretica Ch. et B.	33
cretica L.	33
cynops L.	26
dentata Mazz.	34
eriophora H. et L.	31
eriophylla Form.	31
graeca Hal.	30
hirsuta Mazz.	28
humilis Jan.	29
intermedia Gil.	35
Jacquini R. et Sch.	28
lagopus L.	33
v. lusitanica (W.)	34
v. major Bois.	34
lanceolata L.	31
v. altissima Dcne	31
v. capitata Presl	31
v. capitulata Haussk.	31
v. eriophora (H. et L.)	31
v. eriophylla Dcne	31
longiscapa Mazz.	31
lusitanica Willd.	34
major L.	34
v. intermedia Dcne	35
v. minor Bois.	35
maritima L.	29
maritima S. et S.	29
media L.	34
v. epirota Hal.	34
v. pindica Haussk.	34
minor Mazz.	31
montana Lam.	30
v. graeca Hal.	30
nutans Poir.	31
pilosa Ch. et B.	34
pilosa Pourr.	33
polystachya Mazz.	34
psyllium L.	27
pulla Mazz.	35
pumila S. et S.	27
pygmaea Lam.	33
recurvata L.	29
serraria L.	28
subulata Wulf.	29
trinervis Mazz.	31
victorialis Raul.	31
Platanaceae Lindl.	116
Platanus L.	24
orientalis L.	116
Planthera Rich.	162
bifolia Rich.	162

	pag.
chlorantha Cust.	163
montana Rchb.	163
solstitialis Boenn	163
Plumbaginaceae Vent.	13
Plumbago L.	13
europaea L.	13
Poa L.	415
aegyptiaca Ch. et B.	414
airoides Koel.	415
alpina L.	421
v. badensis Friedr.	421
v. parnassica Bois.	421
v. pumila Rchb.	421
angustifolia L.	418
annua L.	417
v. remotiflora Hack.	418
aquatica Mazz.	415
attica B. et H.	418
attica Haussk.	418
v. versicolor Haussk.	418
badensis Haenke.	421
Balbisii Parl.	417
Bivonae Parl.	420
bulbosa L.	419
v. pseudoconcinna A. et G.	420
caesia Sm.	425
v. Frearitis Orph.	425
capitata A. et G.	417
cenisia All.	424
v. dolosa Bois.	425
Chaixi Vill.	426
compressa L.	424
concinna Gaud.	420
convoluta Horn.	409
distans L.	408
distichophylla Gaud	424
divaricata Gou.	415
dolosa B. et H.	425
dura Scop.	411
eragrostis L.	414
eragrostis S. et S.	413
expansa Gm.	415
fertilis Host	423
festucaeformis Host	409
flexuosa Host.	424
fluitans Scop.	407
Frearitis Orph.	425
Gaudini R. et Sch.	425
Grimburgii Hack.	419
insularis v. Bivonae Parl.	420
laxa Haenke	425
ligulata Bois.	420
litoralis Gou.	384
loliacea Huds.	442

	pag.
maritima S. et S.	409
megastachya Koel.	413
Molinerii Mazz.	421
montana All.	422
nemoralis L.	422
oreophila Heldr.	424
palustris L.	423
pannonica Kern.	423
Parnassi B. et H.	421
pilosa L.	414
pratensis L.	418
v. angustifolia Sm.	418
v. attica Bois.	418
procumbens Curt.	411
pseudoconcinna Schur.	420
psychrophila B. et H.	424
pumila Host.	421
v. thessala Bois.	422
pungens M. a. B.	384
remotiflora Murb.	417
rigida L	410
rubens Moench	425
sabauda All.	426
serotina Ehrh.	423
silvatica Poll.	407
silvicola Guss.	418
v. violascens (Hal.)	418
spicata Biv.	408
sterilis M. a B.	424
stolonifera Bell.	424
thessala B. et O.	422
Timoleontis Heldr.	420
trichophylla H. et S.	422
trichopoda H. et S.	422
trivialis L.	417
verticillata Cav.	414
violacea Bell.	425
Pollinia distachys Spreng.	331
gryllus Spreng.	331
Polycnemum L.	38
arvense L.	38
brachiatum Pall.	57
crassifolium Pall.	57
Heuffelli Lang.	38
Polygonaceae Juss.	57
Polygonatum Tourn.	211
multiflorum All.	211
officinale All.	211
pruinosum Bois.	211
vulgare Desf.	211
Polygonum L.	69
alpinum All.	70

arenarium W. et K.	7
aviculare L.	7
v. alpinum Bois.	7
v. litorale Bois.	7
v. nanum Bory	7
auriculare × pulchellum Haussk.	7
Bellardii All.	7
Bellardii × pulchellum Haussk.	7
biforme Wahlenb.	7
bistorta L.	7
convolvulus L.	7
divaricatum Vill.	7
dumetorum L.	7
equisetiforme S. et S.	7
v. graecum Meisn.	7
v. trigynum Bois.	7
Heldreichii Hal.	7
hydropiper L.	7
incanum Schm.	7
lapathifolium L.	7
v. incanum Ch. et B.	7
laxiflorum Weihe	7
litorale Link	7
longipes Hal.	7
maritimum L.	7
mite Schrank	7
patulum M. a B.	7
persicaria L.	7
persicaria S. et S.	7
pseudo-Bellardii Haussk.	7
pseudopulchellum Haussk.	7
pulchellum Lois.	7
v. remotiflorum Heldr.	7
scoparium Req.	7
serrulatum Lag.	7
viviparum L.	7
Polypodium L.	
aculeatum L.	4
alpinum Wulf.	4
calcareum Sm.	4
callipteris Ehrh.	47
cristatum Huds.	478
cristatum L.	477
dryopteris L.	466
filix femina L.	474
filix mas L.	476
fontanum L.	472
fragile L.	478
fragrans L.	467
leptophyllum L.	464
lobatum Huds.	474

	pag.
lonchitis L.	475
montanum Vogl.	476
oreopteris Ehrh.	476
Petrarchae Guer.	472
phegopteris L.	465
regium L.	479
Robertianum Hoffm.	466
spinulosum Müll.	477
thelypteris L.	475
vulgare L.	465
Polypogon Desf.	359
maritimum W.	360
v. subspathaceum Dub.	360
monspeliense Desf.	359
subspathaceum Reg.	360
Polystichum filix mas Roth	476
montanum Roth	476
oreopteris DC.	476
spinulosum DC.	478
thelypteris Roth	476
Populus L.	135
alba L.	135
fastigiata Poir.	136
graeca Ait.	136
hispida H. et Sint.	136
nigra L.	135
v. italica Dur.	136
v. pubescens Parl.	136
pyramidalis Roz.	136
tremula L.	135
tremuloides Mich.	136
Posidonia Koen.	145
caulini Koen.	145
oceanica Del.	145
Potamaceae Juss.	144
Potamogeton L.	146
acutifolius Link.	148
alpinus Balb.	146
annulatus Bell.	146
compressus L.	148
crispus L.	148
densus L.	150
fluitans Roth	146
gramineus L.	147
v. graminifolius Fr.	147
v. heterophyllus Fr.	147
gramineus Sm.	148
heterophyllus Schreb.	147
hybridus Thuill.	147
lanceolatus Mazz.	150
lucens Mazz.	147
natans L.	146

	pag.
v. fluitans Cham.	146
obtusifolius M. a K.	148
pectinatus L.	149
perfoliatus L.	148
pusillus L.	149
v. tenuissimus Koch	149
rufescens Schrad.	146
setaceus Mazz	149
zosteraefolius Schum	149
Primula L.	6
acaulis Jacq.	6
v. rosea Bois.	6
v. rubra (S. et S.)	6
Columnae Ten.	6
grandiflora Lam.	6
officinalis Ch. et B.	6
suaveolens Bert.	6
veris L.	6
v acaulis L.	6
vulgaris Huds.	6
v. rubra S. et S.	6
Primulaceae Vent.	2
Psamma arenaria A. et Sch.	361
Psilurus Trin.	449
aristatus Duv.	449
nardoides Trin.	449
Pteris L.	468
Alpini Spreng.	469
aquilina L.	469
arguta Kit.	469
cretica L.	468
ensifolia Sw.	469
lanceolata Desf.	469
longifolia L.	469
palustris Poir.	469
vittata L.	469
Puschkinia dubia (Kunth)	263
scilloides Sieb.	262

Q.

Quercus L.	125
aegilops Griseb.	130
aegilops L.	130
v. cretica Bald.	130
v. macrolepis Kty.	130
austriaca Willd.	129
ballota S. et S.	131
brachyphylla Kty.	128
brutia Haussk.	126
budensis Borb.	127
calliprinos Webb.	133
calycina Poir.	131

	pag.
cerris L.	129
v. austriaca W.	129
v. crispata Haussk.	129
v. laciniata Friedr.	129
v. pseudocerris Bois.	129
coccifera L.	132
v. adpressa Form.	133
v. calliprinos Bois.	133
v. integrifolia Bois.	133
v. pseudococcifera Bois.	133
conferta Kit.	128
v. hungarica Haussk.	128
v. lobulata Hal.	129
v. racemosa Haussk.	129
v. spectabilis Kit.	129
conferta × cerris Haussk.	129
congesta Presl	128
crispata Stev.	127
Dalechampii Ten.	128
esculus L.	128
farnetto Ten.	128
graeca Kty.	130
graeca Wenzig	132
gramuntia L.	131
Grisebachii Kty.	130
haas Kty.	126
v. atrichoclados B. et B.	126
v. pinnatipartita Form.	126
v. theriotricha Borb.	126
hispanica Lam.	131
hungarica Hub.	128
ilex L.	131
v. calycina Bornm.	131
infectoria C. et B.	131
lanuginosa Thuill.	127
v. brachyphylla (Kty)	128
v. budensis Borb.	127
v. congesta Wenz.	128
v. pinnatifida Gm.	128
v. polycarpa (Schur.)	128
v. subconferta Borb.	127
v. Virgiliana (Ten.)	128
lanuginosa × conferta Hssk.	129
look Bald.	130
macedonica DC.	130
macrolepis Kty.	130
pallida Heuff.	126
pedunculata Ehrh.	126
pedunculiflora C. Koch.	126
pinnatifida Gm.	128
polycarpa Schur	128
pseudocerris Bois.	129
pseudococcifera Desf.	133
pseudococcifera Lab.	133
pseudosuber Santi	131
pubescens Willd.	127

	pag.
robur Ch. et B.	127
robur L.	126
v. brachyphylla DC.	128
v. lanuginosa Lam.	127
sessiliflora Sm.	127
v. brachyphylla Raul.	128
v. lanuginosa DC.	127
v. pinnatifida Bois.	128
v. pubescens Bois.	127
smilax L.	131
v. agrifolia DC.	132
v. Tordii Wenz.	132
suber Fraas	131
tridactyla Borb.	126
Virgiliana Ten.	128

R.

Raddia aculeata Mazz.	341
Rhynchospora alba Vahl.	306
fusca R. et Sch.	306
Ricinus L.	91
communis L.	91
v. microcarpus Müll.	91
messeniacus Heldr.	91
Romulea Mar.	192
bulbocodium S. et M.	192
Columnae S. et M.	193
Leichtliniana Heldr.	192
Linaresii Parl.	192
ramiflora Ten.	193
v. subuniflora Heldr.	193
Rollii Parl.	193
uliginosa Kze.	192
Zahnii Heldr.	192
Rottboella cylindrica W.	447
digitata S. et S.	447
fasciculata R. et Sch.	447
filiformis Roth	448
incurvata L.	448
incurvata S. et S.	447
loliacea Ch. et B.	446
monandra Cav.	449
Sándorii Friv.	447
subulata Savi	447
Roubieva multifida Moq.	46
Rumex L.	58
abortivus Ruhm.	63
acetosa L.	66
v. alpinus Bois.	67
v. angustifolius Heldr.	67
v. auriculatus Wallr.	66
acetosella L.	68
v. angiocarpus Cel.	68
v. multifidus DC.	68

	pag.
aculeatus L.	63
acutus L.	63
alpinus A.	59
angiocarpus Murb.	58
aquaticus Ch. et B.	61
aquaticus L.	60
arifolius L.	65
auriculatus Wallr.	66
bucephalophorus L.	65
v. creticus Steinh.	65
v. graecus Steinh.	65
v. massiliensis Steinh.	65
conglomeratus Murr.	62
conglomeratus × graecus H.	61
conglomeratus × obtusifolius Ruhm.	63
conglomeratus × pulcher H.	64
creticus Bois.	67
creticus Campd.	68
crispus L.	61
v. nudivalvis Meisn.	61
v. unicallosus Pet.	61
crispus × graecus Haussk.	61
crispus × obtusifolius Meisn.	63
crispus × pulcher Hssk.	64
digynus L.	76
dimidiatus Haussk.	61
divaricatus L.	63
Friesii G. et G.	62
glomeratus Schreb.	62
graecus B. et H.	60
graecus × crispus Hal.	61
graecus × conglomeratus Hal.	61
Gussonii Arc.	67
Halácsyi Rech.	65
hastifolius M. a B.	68
hellenicus Form.	61
hydrolapathum Pieri.	60
limosus Thuill.	64
montanus Desf.	65
multifidus L.	68
v. similatus Haussk.	68
Mureti Haussk.	64
nebroides Campd.	66
nemalopathum Ehrh.	62
nemorosus Schrad.	62
nepalensis Spreng.	63
obtusifolius Bald.	63
obtusifolius L.	62
v. silvestris Koch	63
v. subulatus Rech.	63
orientalis Bernh.	60
v. graecus Bois.	60

	pag.
palustris Sm.	64
patientia L.	60
pratensis M. u. K.	63
pseudopulcher Haussk.	64
pulcher L.	63
v. anodon Haussk.	64
v. macrodon Haussk.	64
v. microdon Haussk.	63
Raulini Bois.	64
sanguineus L.	61
scutatus L.	67
v. hastilis Koch	68
semigraecus Haussk.	61
silvestris Wallr.	63
spinosus L.	58
thyrsiflorus Fing	66
triangularis Guss.	66
tuberosus L.	67
undulatus Form.	67
vesicarius L.	68
viridis Sm.	61
Ruppia L.	145
maritima L.	145
v. rostellata Asch.	145
rostellata Koch	145
spiralis Drun.	145
Ruscus L.	208
aculeatus L.	208

S.

Saccharum cylindricum Lam.	329
officinarum L.	330
Ravennae L.	329
strictum Spreng.	330
Sagittaria L.	143
sagitifolia L.	143
Salicaceae Rich.	135
Salicornia L.	51
anceps Lag.	52
arbuscula Mazz.	92
europaea L.	51
fruticosa L.	52
v. radicans (Sm.)	52
glauca Del.	52
herbacea L.	51
macrostachya Mov.	52
strobilacea Pall.	53
Salix L.	136
acuminata Sm.	138
alba L.	136
amplexicaulis Ch. et B.	138
babylonica L.	137

Index.

	pag.
caprea L.	139
cinerea Ch. et B.	139
cinerea L.	139
cyllenea B. et O.	139
fragilis L.	137
helix L.	137
incana Schrank	139
purpurea L.	137
v. amplexicaulis Bois.	138
retusa L.	140
triandra L.	137
viminalis L.	138
viminalis × caprea Wim.	138
Salsola L.	55
altissima C. A. M.	54
brevifolia Desf.	55
echinus Lab.	56
fruticosa L.	53
glauca M. a B.	56
inermis Forsk.	56
Kali L.	56
v. hirta Ten.	56
v. tragus Moq.	56
microphylla Cav.	55
prostrata Ch. et B.	55
salsa S. et S.	54
soda L.	55
tragus L.	56
vermiculata L.	55
Samolus L.	11
Valerandi L.	11
Santalaceae R. Br.	83
Satyrium densiflorum Brot.	163
hircinum L.	160
maculatum Desf	163
nigrum L.	176
Schismus Pal.	411
arabicus Nees	411
calycinus Coss. et Dur.	411
marginatus Link	411
marginatus Pal.	411
Schizotheca laciniata Cet.	49
oblongifolia Form.	48
rosea Cel.	49
tatarica Cel.	48
Schoberia fruticosa C. A. M.	53
maritima C. A. M.	54
setigera C. A. M.	54
Schoenus L.	305
aculeatus L	341
albus L.	306
compressus L.	312

	pag.
ferrugineus Mazz.	305
fuscus L.	306
mariscus L.	306
mucronatus L.	305
nigricans L.	305
Scilla L.	237
autumnalis L.	238
bifolia L.	238
v. minor Bois.	238
v. nivalis Bak.	238
v. polyphylla Bois.	238
v. subnivalis (Nym)	238
Holzmannia Heldr.	239
hyacinthoides Bert.	263
hyacinthoides L.	237
maritima L.	239
messeniaca Bois.	237
nivalis Bois.	238
subnivalis Nym.	238
undulata Desf.	240
Scirpus L.	310
acicularis L.	307
australis L.	310
baeothryon Ehrh.	312
caricinus Schrad.	312
compressus Pers.	312
dichotomus L.	307
filiformis Savi	308
fluitans L.	300
glaucus Sm.	312
glomeratus Scop.	310
gracilis Mazz.	301
holoschoenus L.	307
v. australis Koch	319
v. romanus Koch	315
Kalli Forsk.	300
lacustris L.	311
v. digynus Godr.	312
litoralis Schrad.	311
macrostachyus W.	310
maritimus L.	310
Michelianus L.	303
mucronatus L.	311
palustris L.	307
pauciflorus Light.	312
romanus L.	310
Savii S. et M.	308
setaceus L.	308
silvaticus L.	310
supinus L.	309
Tabernaemontani Gm.	312
triqueter Ch. et B.	311
uniglumis Link	308
vulgaris Mazz.	310

	pag.
Sclerochloa Pal.	411
divaricata Mazz.	410
divaricata Pal.	415
dura Pal.	411
expansa Link.	415
hemipoa Guss.	410
maritima Sw.	409
rigida Link	410
Scleropoa Griseb	409
hemipoa Parl.	410
maritima Parl.	409
procumbens Bois.	411
rigida Griseb.	410
Scolopendrium Sm.	470
breve Bert.	470
ceterach Roth	464
hemionitis Sw.	470
officinale DC.	470
officinarum Sw.	470
sagittatum DC	470
vulgare Sm.	470
Secale L.	429
bulbosum Sieb.	429
cereale L.	429
creticum L.	429
montanum Guss.	429
villosum L.	430
Selaginella Pal.	480
denticulata Link	430
helvetica Link	480
Serapias L.	158
cordigera Hal.	158
cordigera L.	158
ensifolia Murr.	154
grandiflora Scop.	155
helleborine L.	154
v. latifolia L.	156
v. longifolia L.	154
v. palustris L.	155
v. rubiginosa Cr.	156
lancifera St. Am	158
latifolia Fl. dan.	159
laxiflora Ch. et B.	159
v. lancifera Ch. et B.	158
v. parviflora Rchb.	159
lingua Hal.	158
lingua L.	159
lonchophyllum Ehrh.	155
longifolia L.	155
longipetala Ch. et B.	159
longipetala Poll.	158
microphylla Ehrh.	156
occultata Gay.	159

	pag.
oxyglottis Willd.	159
palustris Scop.	155
parviflora Parl.	159
pseudocordigera Mor.	258
rubra L.	154
xiphophyllum Ehrh.	154
Serrafalcus alopecuroides Parl.	400
arvensis Parl.	394
arvensis × patulus H.	395
intermedius Parl.	398
Lloydianus G. et G.	396
mollis Parl.	396
neglectus Parl.	395
patulus Parl.	397
racemosus Parl.	395
scoparius Parl.	399
secalinus Bab.	394
squarrosus Bab.	397
Sesleria Scop.	363
alba Ch. et B.	363
argentea Savi	363
v. nitida Bois.	363
capitata Lam.	362
coerulans Hal.	363
coerulans Friv.	363
v. tenerrima Fritsch	364
coerulea S. et B.	363
Heufleriana Schur.	363
marginata Griseb.	363
nitida Ten.	363
v. brevidentata Hack.	363
vaginalis B. et O.	363
Setaria Pal.	333
ambigua Guss.	333
glauca Pal.	333
italica Pal.	334
verticillata Pal.	333
v. breviseta Godr.	334
viridis Pal.	333
v. ambigua Guss.	333
Smilaceae Lindl.	207
Smilax L.	207
aspera L.	207
v. mauritanica Bois.	207
v. nigra (Willd.)	207
mauritanica Desf.	207
nigra Willd.	207
Soldanella L.	7
pindicola Haussk.	7
Sorghum Pers.	330
cernuum Ard.	330
halepense Pers.	330
saccharatum Pers.	330
vulgare Pers.	330

Index.

	pag.
Sparganiaceae Engl.	297
Sparganium L.	297
erectum L.	297
neglectum Beeby	297
ramosum Form.	297
ramosum Huds.	297
Spartina stricta Roth	337
Sphenopus Trin.	415
divaricatus Rchb.	415
v. confertus (Haussk.)	415
Gouani Trin.	415
v. confertus Haussk.	415
Spinacia L.	46
glabra Mill.	47
inermis Moench	47
oleracea L.	46
v. inermis Heldr.	47
v. spinosa Heldr.	46
spinosa Moench	46
Spiranthes Rich.	157
aestivalis Rich.	157
autumnalis Rich.	157
spiralis C. Koch	157
Sporolobus R. Br.	355
pungens Kunth	355
Statice L.	15
alliacea S. et S.	24
androsacea J. et S.	14
aristata S. et S.	22
armeria S. et S.	23
bellidifolia S. et S.	18
bellidifolia Urv.	18
cancellata Bernh.	21
v. glabra Bois.	21
v. laxa Bois.	21
cancellata Spreitz.	19
canescens Host	23
caspia Willd.	22
cordata Guss.	21
v. major Bois.	21
cordata Sieb.	19
corinthiaca B. et H.	17
cosyrensis Guss.	21
v. major Bois.	21
dichotoma S. et S.	21
Dörfleri Hal.	18
echinus L.	14
echioides L.	22
v. exaristata Murb.	22
echioides S. et S.	20
furfuracea Rchb.	21
Gmelini Friedr.	17

	pag.
Gmelini Willd.	17
graeca Poir.	20
v. hyssopifolia Bois.	20
v. microphylla Bois.	20
v. prolifera Bois.	20
v. Sieberi Bois.	20
Heldreichii Hal.	15
hyssopifolia Gir.	20
limonium L.	16
v. macroclada Bois.	17
Meyeri Bois.	17
minuta Ch. et B.	21
monocephala L.	23
ocimifolia Hal.	18
ocimifolia Poir.	18
v. bellidifolia Bois	18
oleifolia Willd.	19
palmaris S. et S.	20
prolifera Urv.	20
reticulata Ch. et B.	21
rorida S. et S	20
rorida × virgata Haussk	18
scoparia Friedr.	17
serotina Rchb.	17
Sieberi Bois.	18
sinuata L.	16
spathulata Sieb.	18
Thouini Viv.	16
undulata Bois.	24
viminea Schrad.	19
virgata Willd.	19
Willdenowiana Friedr.	18
Stellera passerina L.	81
Sternbergia W. et K.	204
aetnensis Guss.	205
colchiciflora W. et K.	205
lutea Gawl.	204
v. graeca Rchb.	205
sicula Tin.	204
v. graeca Heldr.	205
Stipa L.	350
aristella L.	349
Bergeri Link	351
capillata L.	351
v. thessala (Haussk.)	351
Fontanesii Parl.	351
Grafiana Stev.	352
juncea S. et S.	351
Lagascae Ung.	351
paleacea S. et S.	350
parviflora Desf.	350
pennata L.	352
v. pulcherrima (C. Koch)	352

	pag.
pulcherrima C. Koch	352
Sibthorpii B. et R.	351
tenacissima L.	352
thessala Haussk.	351
tortilis Desf.	350
Strangweia Bert.	263
spicata Bois.	263
Suaeda Forsk.	53
altissima Pall.	54
fruticosa Forsk.	53
v. brevifolia Bois.	53
maritima Dum.	54
setigera Moq.	54
splendens G. et G.	54

T.

Tamus L.	207
communis L.	207
v. cretica Bois	208
cretica L	208
Taxus L.	458
baccata L.	458
Telmatophace gibba Schleid.	295
Theligonaceae Dum.	120
Theligonum	120
cynocrambe L.	120
Thesium L.	83
Bergeri Zucc.	84
divaricatum Jan.	84
v. expansum Bois.	84
elegans Koch.	83
graecum Zucc.	85
humile Vahl	85
v. graecum (Zucc.)	85
v. subreticulatum DC.	85
linophyllum L.	85
montanum Ehrh.	84
Parnassi DC.	84
ramosum Bois.	84
Thymelaea Tourn	80
argentea Endl.	80
arvensis Lam.	81
dioica All.	81
hirsuta Endl.	81
tartonraira All.	80
v. angustifolia Bois.	80
Thymelaeaceae Lindl.	76
Tinaea cylindracea Biv.	163
intacta Bois.	163

	pag.
Tozzettia pratensis Savi	343
utriculata Savi	343
Trachynia distachya Link	441
Tragus Hall.	334
racemosus Desf.	334
Trichodium caninum Schrad	357
Trichonema bulbocodium Ker.	192
Columnae Rchb.	193
Linaresii Klatt	192
minutum Mazz.	193
pylium Herb.	192
ramiflorum Sw.	193
subpalustre Herb	192
Triglochin L.	143
Barrelieri Lois.	143
bulbosum L.	143
laxiflorum Guss.	143
Trisetum Pers.	375
aureum Ten.	376
condensatum Schult.	376
distichophyllum Vill	376
flavescens Gaud.	375
v. tenue Hack.	375
laconicum B. et O.	375
macrum Pal.	374
myrianthum Parl	376
splendens Presl.	375
Triticum L.	434
aestivum L.	435
acutum DC.	438
biflorum Brign.	438
boeoticum Bois.	434
caespitosum DC.	439
caninum L	435
caudatum G. et G	432
ciliatum DC.	441
comosum Rich.	434
dicoccum Schrank	435
durum Desf.	435
elongatum Host	435
farctum Viv.	436
giganteum Roth	435
Halleri Viv.	441
hemipoa Del.	410
hordeaceum C. et D.	430
hybernum L.	435
intermedium Host	437
junceum L.	436
litorale Host	437
loliaceum Sm.	442
maritimum L	409
monococcum L.	435
v. lasiorhachis Bois.	434
nardus DC.	441
ovatum G. et G.	430

		pag.
v. biunciale A. et G.		431
panormitanum Bert.		435
petraeum Vis. et Panc.		435
pinnatum DC.		440
pungens Pers.		438
repens L.		437
rigidum Schrad.		435
sanctum Ika		439
Savignonii Nym.		437
sativum Lam.		435
scirpeum Guss.		435
v. flaccidifolium Weiss		436
silvaticum Moench		440
spelta L.		435
tenax Haussk.		434
triaristatum G. et G.		431
trichophorum Link		437
triunciale G. et G.		431
trugidum L.		435
unilaterale L.		442
villosum M. a B		430
vulgare Vill.		435
Tulipa L.		227
australis Link.		228
v. montana (Kze)		229
boeotica B. et H.		227
v. Euanthiae Bois.		227
Celsiana DC.		228
Clusiana DC.		228
cretica B. et H.		229
Eunanthiae Orph.		227
flos solis Sieb.		228
Griesebachiana Bald.		229
Hageri Heldr.		228
oculus solis St. Am.		228
Orphanidea Bois.		228
praecox Ten.		227
saxatilis Sieb.		229
Sibthorpiana Sm.		221
silvestris Bois.		228
silvestris L.		228
v. montana Kze.		229
Typha L.		296
aequalis Schnizl.		296
angustata Ch. et B.		296
angustifolia L.		296
angustifolia S. et S.		296
latifolia Friedr.		296
latifolia L.		296
Laxmanni Led.		297
Laxmanni Lep.		297
media Ch. et B.		296
minima Funk		297
stenophylla F. et M.		297
Typhaceae Juss		296

		pag.
U.		
Ulmaceae Mirb.		121
Ulmus L.		121
abelicea S. et S.		123
campestris L.		122
v. tortuosa (Host)		122
ciliata Ehrh.		122
effusa Willd.		122
glabra Mill.		122
montana With.		122
nemoralis Fraas		122
pedunculata Foug.		122
tortuosa Host		122
Urachne coerulescens Trin.		353
frutescens Link		353
grandiflora Trin.		354
Urginea Steinb.		239
maritima Bak.		239
scilla Steinh.		239
undulata Steinh.		240
Urtica L.		116
dioica L.		116
v. hispida (DC.)		116
v. pubescens Bois.		117
hispida DC.		116
membranacea Poir.		117
pilulifera L.		118
pubescens DC.		117
urens L.		117
Urticaceae Endl.		116
Utricularia L.		1
vulgaris L.		1
V.		
Ventenata Koel.		374
avenacea Koel.		374
bromoides Koel.		374
dubia Schultz		374
macra Bal.		374
Veratrum L		279
album L.		279
v. Lobelianum Rchb.		279
album S. et S.		279
Lobelianum Bernh.		279
nigrum L.		279
Vilfa pungens Pal.		355
Vulpia Gm.		384
alopecurus Link		387
bromoides Rchb.		384
Broteri B. et R.		387
ciliata Link		386

	pag.		pag.
v. hymettia Haussk.	386	Xyridion Monnieri Klatt.	188
v. imberbis (Vis.)	386	pseudacorus Klatt	189
v. plumosa Bois.	386		
geniculata Link	387		
ligustica Link	384	**Y.**	
membranacea Link	385	Yucca gloriosa L.	217
Michelii Rchb.	378		
myurus Gm.	386	**Z.**	
pseudomyurus Rchb	386		
setacea Parl.	385	**Zanichellia** L.	150
tenuis Parl.	387	dentata Willd.	151
uniglumis Dum.	385	**palustris** L.	150
		v. pedicellata Wahlenb.	151
W.		pedicellata Fr.	151
		Zelkova abelicea Bois.	123
Weingaertneria Bernh.	368	cretica Spach.	123
articulata A. et G.	368	Zea mays L.	333
		Zostera L.	144
X.		**marina** L.	144
Xiphion gramineum Heldr.	190	mediterranea DC.	150
Monnieri Alef	188	**nana** Roth	144
pseudacorus Parl.	188	nodosa Ucr.	150
sisyrinchium Bak.	191	oceanica L.	145

Errata.

In Volum I.

Pag.	11	lin 10 ab inf.	petala	lege petalis.
„	29	„ 5 „ „	Pascta	„ Pascha.
„	44	„ 6 a sup.	*C. solida*	„ *F. solida.*
„	46	„ 22 „ „	Patalium	„ Pharmacusarum
„	55	„ 11 ab inf.	addatur post ♃	N. v.
„	75	„ 3 „ „	Milikeli	lege Micikeli.
„	78	„ 2 „ „	napis	„ napus.
„	102	„ 12 „ „	*verma*	„ *verna.*
„	103	„ 7 a sup.	Neilz	„ Neilr.
„	123	infra **Capparidaceae** pone *Capparis* L. gen. n. 643.
„	152	„ 13 ab inf	*quadrifido*	lege *quadrifida.*
„	165	„ 18 a sup.	apice contractus	„ apice non contract.
„	213	„ 9 ab inf.	capitalis	„ capitulis.
„	235	„ 22 „ „	Abs.	„ Obs.
„	248	„ 8 „ „	*S. marina*	„ *S. marina.*
„	280	„ 14 a. sup.	S.	„ L.
„	299	„ 12 ab inf.	*aristatum*	„ *cristatum.*
„	432	„ 7 „ „	addatur post „*Wulfeni*"	β. *Chaubardi.*
„	463	„ 1 „ „	A.	lege L.
„	485	„ 18 „ „	S.	„ L.
„	511	„ 14 „ „	cret.	„ crit.
„	793	„ 7 a sup.	*aristatum*	„ *cristatum.*

In Volum. II.

Pag. 6 infra *Microlonchus* Cass. pone ◯◯ Achenia apice intra pappum inferiorem cupula crenulata superata.

57. Crupina Cass.

„	143	lin 18 a sup.	Hall.	lege Hal.
„	179	„ 21 ab inf.	Anoraera	„ Anomera.
„	389	„ 22 „ „	addatur post „discedens. —" Thessalia: pr. Aivali et Karditza (Heldr.). —

In Volum. III.

Pag. 25 infra „**Plantaginaceae**" pone *Plantago* L. gen. n. 142.

„ 86 „ „**Cytinaceae**" pone *Cytinus* L. gen. n. 1252.

Lightning Source UK Ltd.
Milton Keynes UK
UKHW020428210219
337573UK00007B/1633/P